SÉRIE à Un Franc
Avec BON de PRIME Gratuit

Ces bons doivent être découpés et présentés à l'Administration par le Souscripteur lorsqu'il veut prendre possession de ses primes.

LE

GRAND DICTIONNAIRE

ILLUSTRÉ

DE LA LANGUE FRANÇAISE LITTÉRAIRE, USUELLE ET FANTAISISTE,
AVEC LES RÈGLES GRAMMATICALES, LA PRONONCIATION FIGURÉE QUAND IL Y A LIEU,
LES ÉTYMOLOGIES, SYNONYMIES, ETC.;
DE LA LITTÉRATURE ET DE L'HISTOIRE GÉNÉRALES; DES SCIENCES PURES ET APPLIQUÉES
DES BEAUX-ARTS, DE L'AGRICULTURE, ARTS INDUSTRIELS, MÉTIERS ET PROFESSIONS;
DE LA GÉOGRAPHIE UNIVERSELLE ET DES VOYAGES; DES RELIGIONS ET MYTHOLOGIES;
D'HISTOIRE ET DE BIOGRAPHIE CONTEMPORAINES, ETC., ETC., ETC.

FORMANT LA PLUS COMPLÈTE

ENCYCLOPÉDIE DES CONNAISSANCES HUMAINES

*Depuis les temps de la civilisation les plus reculés par les récentes découvertes
et dans l'état actuel de leur développement*

PAR

ADOLPHE BITARD

PARIS
ADMINISTRATION : PASSAGE SAULNIER, 9

LE
GRAND DICTIONNAIRE
ILLUSTRÉ

TOME PREMIER

IMPRIMERIE D. BARDIN ET Cie, A SAINT-GERMAIN.

SÉRIE A UN FRANC

LE
GRAND DICTIONNAIRE
ILLUSTRÉ

DE LA LANGUE FRANÇAISE LITTÉRAIRE, USUELLE ET FANTAISISTE,
AVEC LES RÈGLES GRAMMATICALES, LA PRONONCIATION FIGURÉE QUAND IL Y A LIEU,
LES ÉTYMOLOGIES, SYNONYMIES, ETC.;
DE LA LITTÉRATURE ET DE L'HISTOIRE GÉNÉRALES; DES SCIENCES PURES ET APPLIQUÉES;
DES BEAUX-ARTS, DE L'AGRICULTURE, ARTS INDUSTRIELS, MÉTIERS ET PROFESSIONS;
DE LA GÉOGRAPHIE UNIVERSELLE ET DES VOYAGES; DES RELIGIONS ET MYTHOLOGIES;
D'HISTOIRE ET DE BIOGRAPHIE CONTEMPORAINES, ETC., ETC., ETC.

FORMANT LA PLUS COMPLÈTE
ENCYCLOPÉDIE DES CONNAISSANCES HUMAINES

*Depuis les temps de la civilisation les plus reculés par les récentes découvertes
et dans l'état actuel de leur développement,*

PAR

ADOLPHE BITARD

TOME PREMIER

PARIS
ADMINISTRATION, PASSAGE SAULNIER, 9.

LE
GRAND DICTIONNAIRE
ILLUSTRÉ

A

A, s. m., voyelle. Ne prend pas la marque du pluriel (des a). — Avec l'accent grave, l'à a toujours le son bref; il l'a toujours long, avec l'accent circonflexe; sans accent, il peut avoir le son du bref, ou long (latte, sabre), et aucune règle autre que l'usage ne détermine cette différence de valeur absolument arbitraire. C'est là, du reste, une anomalie qui se rencontre également dans la plupart des langues de l'Europe, principalement celles d'origine germanique. Avant que l'emploi de l'accent circonflexe fût répandu comme il l'est aujourd'hui, on doublait l'a pour indiquer que le son devait être long (aage, pour âge); certains mots, dont les plus nombreux tirés de l'allemand, qui commencent par deux a successifs, se prononcent également comme s'ils commençaient par un â (Aalen pour Aalen, Aron, pour Aaron, etc. L'A perd entièrement le son qui lui est propre, lorsqu'il est accolé à l'E (Æ), pour ne laisser subsister que celui de l'É. Joint de même à l'I ou à l'Y, il forme une fausse diphtongue qui prend le son de l'É fermé ou de l'È ouvert, suivant les cas. Il perd également tout son propre dans certains mots où il précède l'O, sans modifier celui de la lettre qui suit (Saône, août, qui se prononcent sône, oût); tandis que dans d'autres il annule complètement l'O (paon, faon, qui se prononcent pan, fan). De même il annule l'E, diversement placé, dans Caen, Jean, sans qu'on puisse dire pourquoi. Combiné avec l'U (au), il prend le son de l'O. Enfin devant m, n, im, in, le son de l'A, tout à fait dénaturé, prend une intonation nasale, qui est une particularité à peu près exclusive à la langue française.

Nous ne croyons pas devoir nous appesantir, avec nos aînés de toute origine, sur le son de l'A primitif, matière à discussion stérile; ni sur la forme que prend l'ouverture de la bouche dans l'émission de ce son, sujet qui nous paraît avoir été épuisé par le maître de philosophie de M. Jourdain.

LE MAITRE DE PHILOSOPHIE. — La voix A se forme en ouvrant fort la bouche.
M. JOURDAIN. — A, A. — Oui...
(MOLIÈRE, *Le Bourgeois gentilhomme*.)

Ainsi peuvent, croyons-nous, se résumer toutes les considérations philosophiques relatives au mode d'émission du son voyelle A.

— HIST. La place occupée ici par la lettre A indique assez qu'elle est la première de notre alphabet; elle tient également la première place dans les alphabets de toutes les langues indo-européennes. Les alphabets de l'Europe, et probablement aussi ceux de l'Inde, sont tous d'origine sémitique, et dans presque tous les alphabets sémitiques, c'est ce même signe, sous des formes diverses, qui tient la tête, mais avec une valeur différente de celle de notre voyelle A et de l'*alpha* des Grecs. Les langues sémitiques n'ont pas de voyelles, et ce que l'*aleph* et les autres symboles alphabétiques des Hébreux dont nous avons fait des voyelles représentaient en réalité, ce sont des aspirations gutturales particulières. Mais quand les Grecs eurent emprunté leur alphabet aux Phéniciens, il leur fallut encore des signes pour représenter les sons-voyelles, qui, dans leur langue, avaient une importance considérable; ils prirent donc ces signes figurant les aspirations propres aux langues sémitiques, et qu'ils avaient tout d'abord rejetés comme bizarres et inutiles, et les appliquèrent à cet objet. C'est ainsi que l'équivalent phénicien de l'*aleph* des Hébreux devint l'*alpha* des Grecs, c'est-à-dire la voyelle A.

A au commencement des mots prend souvent un sens privatif ou augmentatif. Il est privatif dans presque tous les mots formés du grec, comme *achromatisme* (privation, absence de couleur), *adynamie* (absence de force), *acranie* (absence de crâne). Il est augmentatif dans *agrandir*, *accroître*, etc.

— SIGNES COURANT. OU ABRÉVIAT. — A est le signe distinctif des monnaies frappées à Paris, indiquant qu'elles sortent de la première et de la meilleure fabrique de l'État; d'où vient probablement l'usage de dire d'un homme du plus haut mérite qu'il *est* « marqué à l'a ».

Sur les monnaies grecques, l'A indique également les lieux de frappe : Athènes ou Argos. Sur les médailles romaines ce signe signifie Auguste, Antioche, Aquilée, Arles, Aulus, etc.

— A, lettre numérale, valant en Grèce 1; à Rome, 500 et barrée ainsi Ā, 5,000. — A, en Grèce, était une lettre de mauvais augure, étant l'initiale d'*ara* (malédiction) et les sacrificateurs en usaient volontiers dans ce sens; il était au contraire de bon augure à Rome, où les juges appelés à décider du sort d'un prévenu, s'ils le reconnaissaient non coupable, le traçaient sur leurs tablettes par abréviation du mot *absolvo* (j'absous). — A était à Rome la première des huit lettres *nundinales*, c'est-à-dire qui indiquaient les marchés. Par une sorte d'analogie, il devint sous l'ère chrétienne la première des sept lettres dominicales du calendrier Julien. — Avant l'adoption du système de Guido d'Arezzo, l'A désignait, en musique, le sixième ton de la gamme diatonique naturelle, aujourd'hui le *la*; il remplit toujours le même office en Allemagne et en Angleterre, dont les musiciens ont conservé l'ancienne notation. Écrit sur une partition, l'A indique *l'atto* (aujourd'hui contralto ou haute-contre). — Dans le commerce, la lettre A placée seule à la suite d'un compte, d'une facture, d'une proposition écrite, d'un avis de lettre de change, signifie *accepté*. — L'A et les premières lettres de l'alphabet sont employées, en algèbre, pour désigner les quantités connues. — A, en astronomie, désigne la première étoile d'une constellation.

A, 3e pers. sing. du prés. de l'indicatif du verbe AVOIR. — Il se joint aux participes, même au sien propre, en qualité d'auxiliaire : *Il a eu du bonheur*. Il est verbe impersonnel dans la locution *il y a*, qui peut être rendue, par la moindre modification dans le sens, par *il est*. — A verbe ne prend jamais d'accent.

A, prép., est toujours marqué de l'accent grave; devant l'article masculin sing. suivi d'une consonne, il se contracte en *au* (pour *à* _), et en *aux* (pour *à les*) devant l'article même.

L'à prép. joue un si grand rôle dans la langue, il est appliqué à une si grande variété d'emplois, que ses acceptions nombreuses ne sont généralement séparées l'une de l'autre que par des nuances à peine saisissables et que l'usage seul peut faire découvrir. Cette multiplicité d'acceptions rendrait plus pénible et hasardeux, peut-être, que vraiment utile un classement systématique. Nous nous bornerons donc à l'indication des principales. En principe, le but général nettement déterminé de l'emploi de la préposition *à*, c'est de marquer un rapport à une fin. Littré admet qu'elle exprime trois rapports différents : direction, aller à Paris; repos, résider à Paris; extraction, prendre à un tas. « Quand, dit-il, partant de ces trois acceptions fondamentales, on examine les acceptions telles qu'elles se comportent dans le langage, on rencontre une variété extrême de nuances, qui rend très difficile le classement des sens. » En effet. Voyons donc ce que nous en pourrons tirer de suffisamment clair. *à* s'emploie devant les mots indiquant le but d'une action : *écrire à son notaire, jeter à la rue*. Il sert à marquer la distance ou l'intervalle d'un lieu ou d'un objet à un autre : *de Paris à Fontainebleau, de la porte à la fenêtre*; une relation entre les personnes ou les choses : *de vous à moi, du plomb à l'or*. Il s'emploie dans certaines locutions elliptiques : *à vous l'honneur*; surtout dans celles de ces locutions qui indiquent une enseigne : *au bœuf à la mode, aux forges de Vulcain*. Il sert à marquer le rapport d'un objet avec son prix : *du thé à 20 fr. le kilogr.*; le moyen qu'on emploie pour accomplir une action : *travailler à la machine, peindre à l'aquarelle*; à déterminer un lieu où se trouve, ou bien où ne se trouve pas quelqu'un ou quelque chose : *mon frère est à la Bibliothèque, la maison n'est pas au coin du quai*. Il sert encore à marquer la possession : *cette canne est à moi*; la qualité, la nature d'une chose : *du punch au rhum, des biscuits à la vanille, un homme à bonnes fortunes*; la forme de certains objets : *un écrou à oreilles, des bottes à l'écuyère*; la destination à un usage particulier : *une chambre à coucher, une plume à écrire, de la poudre à canon*. — On l'emploie entre deux nombres pour indiquer que le vrai, qui est inconnu, se trouve approximativement dans les limites de ces deux-ci : *il y avait sept à huit mille hommes engagés*; mais dans ce cas, il faut qu'on puisse supposer un nombre intermédiaire, à moins qu'il ne s'agisse de choses divisibles par fractions : 7 à 8 *kilogrammes de sucre*. L'Académie, pourtant, n'a pas hésité à donner l'exemple suivant, dans une des dernières éditions de son Dictionnaire : *il y avait sept à huit personnes dans cette assemblée*; ce qui donne à supposer qu'il pouvait y en avoir sept et demie, sept trois quarts ou huit moins une légère fraction. — En pareil cas, il est plus sûr d'employer la préposition *ou*. — Du reste, dans sa septième édition, le *Dictionnaire* exprime la même opinion que nous.

Dans toutes ses acceptions, celles précédemment indiquées et les nuances intermédiaires, la préposition *à* remplace ou a remplacé beaucoup d'autres prépositions, telles que *par, pour, sur, dans, vers, de, ou, après, avec* : *Donnez dessus à* (avec) *vostre mast* (Rabelais).

AA. *Numism.* Marque des monnaies de cuivre de la République frappées à Metz.

AA. *Méd.* Abréviation du mot grec *ana*, qui signifie *chaque partie égale*, employée par les médecins dans la rédaction de leurs ordonnances. — Exemple (composition de l'*Elixir de longue vie*) :

Aloès..................	20 grammes
Agaric blanc.........	
Gentiane.............	
Safran	
Rhubarbe............	*aa* 2 grammes
Cannelle	
Zédoaire	
Thériaque...........	
Quinquina...........	
Sucre...................	15 grammes
Alcool..................	1 kilogr.

AA ou **AAA.** *Chim.* Signifie *amalgame* ou *amalgamez* (vieux). — Ces mêmes signes, barrés à leur pointe de droite ou de gauche, indiquent, dans les nivellements de terrain, soit un nivellement, soit une coupe à exécuter.

AA. Mot dérivé du teuton *aach*, équivalent du latin *aqua* (eau), et qui désigne un grand nombre de rivières d'Europe. Voici les plus importantes : 1. Rivière du N d de la France; prend sa source au-dessous du village de Bourthes (Pas-de-Calais), traverse Fauquembergues, Arques, Saint-Omer, pénètre dans le département du Nord et va se jeter dans la mer près de Gravelines, après un parcours d'environ 80 kilomètres. — 2. Rivière de Suisse, dans le canton d'Underwald, se jette dans le lac des Quatre-Cantons. — 3. Autre rivière de Suisse, cantons de Lucerne et d'Argovie, affluent de l'Aar auquel il apporte les eaux des lacs Baldeker et Hallwyler. 4. Rivière de Hollande, dans le Brabant septentrional, affluent de la Dommel à laquelle il s'unit à Bois-le-Duc. — 5 et 6. Deux rivières russes, se jetant toutes deux dans le golfe de Livonie, de chaque côté de Riga, qui se trouve ainsi entre les deux.

AA, C. H. van der (1618-1692), théologien hollandais de la confession luthérienne, célèbre prédicateur, fondateur de la Société des Sciences de Haarlem.

AA, Pierre van der, libraire hollandais, célèbre par ses magnifiques publications scientifiques et surtout géographiques, ornées ou composées entièrement de belles et nombreuses gravures, cartes et plans divers. Il est mort à Leyde en 1730. Outre les *Œuvres d'Erasme* (Leyde, 1706, 11 vol. in f°), les *Trésors des antiquités grecques, romaines, de l'Italie et de la Sicile* de J.-G. Graet et le *Botanicum parisiense* de Levaillant (Leyde, 1723, in-f°), on doit à ce laborieux éditeur : *Collection de voyages dans les deux Indes* (L., 1706. 8 vol. in-f°); *Recueil de voyages en France, en Italie, en Angleterre, en Hollande et en Moscovie* (L., même année, 30 vol. in-12); *Galerie agréable du Monde*, etc.; album-atlas des voyages de long cours exécutés depuis 1246 jusqu'en 1696, contenant un grand nombre de cartes, vues, scènes de mœurs, etc., sans autre texte que celui des légendes, mais précieux à consulter pour l'histoire de la géographie (L., 66 vol. in-f°); *Recueil de divers voyages curieux faits en Tartarie, en Perse et ailleurs* (L., 1729, 2 vol in-4°), etc. — Hildebrand van der Aa, graveur, frère du précédent et son collaborateur fidèle, a surtout exécuté les nombreuses planches de ces ouvrages. Ses autres œuvres ne sortent pas d'une honnête médiocrité.

AACH, ville de Bavière (bas Danube), près de laquelle existe un lieu de pèlerinage célèbre. — Petite ville du grand-duché de Bade, sur les bord de la rivière du même nom. Autrefois ville libre impériale, elle fut cédée, avec le landgraviat de Vellenbourg, au Wurtemberg, à la paix de Presbourg (1491). En 1810, elle passa au grand-duché de Bade, dont elle a suivi la destinée, et fait par conséquent partie aujourd'hui du nouvel empire d'Allemagne. C'est près de cette ville qu'eut lieu, le 25 mars 1799, entre les Français et les Autrichiens, le combat auquel a été donné le nom de « bataille de Stockaach. »

AACHEN. Nom allemand d'Aix-la-Chapelle. (V. ce nom.)

AADJOUNAHS, *s. m.* Géogr. Nom d'une tribu du Sénégal, d'origine berbère.

AAGESEN, Svend ou Sueno, historien danois, mort da s les dernières années du XIIe siècle. Il était secrétaire d'Absalon, évêque de Lund, sur l'ordre de qui il composa la première histoire écrite du Danemark. Le titre de l'ouvrage d'Aagesen est : *Compendiosa historia regum Daniæ a Skioldo ad Canutum VI*; il embrasse toute la période comprise entre l'an 300 et l'an 1187. Canut VI étant mort en 1202, il y a lieu de croire que Aagesen n'a pas vécu jusqu'à l'aurore du XIIe siècle, quoiqu'on n'en ait aucune preuve.

AAI-CHARIM. Village de l'ancienne Palestine, près de Jérusalem; lieu de naissance de saint Jean-Baptiste et, croit-on, de résidence de Zacharie.

AAL, *s. m.* Bot. Arbre de l'archipel d'Amboine (Moluques), à écorce aromatique utilisée dans l'alimentation (térébinthacées).

AALBORG, ville maritime du Danemark, sur le Liimfjord, à environ 25 kilomètres de sa jonction avec le Cattégat; capitale du district du même nom, qui forme une des subdivisions de la province de Jütland. Population 12,000 habitants. Cette ville est un centre commercial très important; elle est le siège d'un évêché luthérien, possède une belle cathédrale, une école de navigation et une bibliothèque considérable; on y trouve des manufactures d'armes blanches, de soieries, de tabac, de savon, des tanneries, des raffineries, des distilleries; la pêche du hareng s'y fait sur une grande échelle, aussi l'exportation de ce poisson est-elle une partie importante du commerce de ce port. On y exporte également beaucoup de grains, des laines, des peaux, des bestiaux, du suif, des salaisons et des alcools. Le port, qui est bon et sûr, est toutefois d'un accès difficile et n'admet que des bâtiments n'ayant pas plus de 3 mètres de tirant d'eau; il n'en reçoit pas moins 800 chaque année, et un service à vapeur direct met Aalborg en communication avec Copenhague. Le district tout entier est célèbre pour l'élève des chevaux. — Aalborg fut brûlée presque entièrement en 1530. Prise par les Suédois en 1658, le traité de paix de Rœskilde (même année) la restitua au Danemark.

AALEN, ville de Wurtemberg, cercle de l'Iaxt, agréablement située sur le Kocher, au pied des Alpes souabes, à 80 kilom. E. de Stuttgart; patrie de l'historien allemand Pahl. Filatures de laine et de coton, fabrique de rubans, tanneries, brasseries renommées; une vaste usine métallurgique a été établie dans les environs, à proximité des mines de fer. Population 5,600 habitants. — Aalen appartenait primitivement au roi de Bohême; elle reçut en 1360 le titre de ville libre impériale et le conserva jusqu'en 1802, époque à laquelle elle fut annexée au Wurtemberg. — Valentin Andræ y fit le premier prêche en 1575.

A'ALI-PACHA, Mehemet Emin (1815-1871). Célèbre homme d'Etat ottoman, né à Constantinople en 1815 (1230 de l'hégire). Comme tous les jeunes Turcs d'avenir, A'ali commença de très bonne heure sa carrière; il avait à peine quinze ans lorsqu'il fut admis dans les bureaux de la Porte, où sa vive intelligence ne tarda pas à le faire remarquer. Deuxième secrétaire d'ambassade à Vienne dès 1834, il fut rappelé en 1836 et revint à Constantinople, par la Russie, pour recevoir sa nomination de premier drogman (interprète) du Divan, ou Grand Conseil impérial (1837). Il devint alors, successivement, conseiller d'ambassade (1838), puis chargé d'affaires à Londres (1839), sous-secrétaire d'Etat aux affaires étrangères (1840), ambassadeur près la cour de Saint-James (1841), membre du Conseil suprême de justice et ministre intérimaire des affaires étrangères (1844), chancelier du Divan (1846). La même année, Reschid, son patron et son ami, ayant été élevé au poste de grand vizir, lui confia le portefeuille des affaires étrangères, qu'il quittait. Devenu président du Conseil en 1848, il abandonnait ce poste la même année pour rentrer aux affaires étrangères. Dans cette situation, on peut dire qu'il s'est illustré par sa ferme et noble attitude envers l'Autriche, à laquelle il refusa de livrer, malgré son insistance, les insurgés hongrois vaincus qui étaient venus chercher un refuge en Turquie. Peu après, il était promu à la dignité de *muchir* (maréchal).

Au mois d'août 1852, il remplaçait Reschid au grand vizirat; mais il quittait ce poste trois mois après, à la suite du rejet du premier emprunt ottoman, et était nommé gouverneur général à Smyrne, puis à Brousse (1854). Mais les événements qui se préparaient ne pouvaient laisser longtemps un homme de la valeur d'A'ali dans ce poste obscur de disgracié : dès le mois d'octobre il fut rappelé à Constantinople, où il prit la présidence du conseil du *tanzimat*, ou commission des réformes administratives, et rentra presque aussitôt aux affaires étrangères. Il assistait aux conférences de Vienne comme représentant de la Porte, lorsqu'en juillet 1855, il fut appelé de nouveau au poste de grand vizir. Premier plénipotentiaire de la Porte au congrès de Paris, il signait, le 30 mars 1856, un traité de paix qu'il avait fait tous ses efforts pour rendre plus avantageux à son pays. Les difficultés qu'il avait prévues ne tardèrent pas à se dévoiler, surtout dans l'application des stipulations du traité relatives aux Principautés danubiennes; A'ali quitta donc le grand vizirat et y fut remplacé par Reschid, en novembre. Peu de jours après, le sultan le faisait rentrer au Conseil avec le titre, nouveau en Turquie, de ministre sans portefeuille. Rentré aux affaires étrangères en juillet 1857, il était de nouveau nommé grand vizir à la mort de Réschid, le 11 janvier 1858. Il fut remplacé dans ce poste par Méhémet-Ruchdi, quelques mois plus tard; il le reprit et le quitta de nouveau, entremêlant de courts passages aux affaires étrangères ces mutations trop répétées, caractéristiques de la politique ottomane, et

A'ali Pacha.

conservant toutefois la présidence du tanzimat, ainsi que son influence considérable et justifiée dans les conseils de la Sublime Porte, que le grand seigneur fût Abd-ul-Medjid ou Abd-ul-Azis. Pendant son passage aux affaires étrangères en 1861, A'ali conclut des traités de commerce avec la France et l'Angleterre; en 1864, il présida la conférence diplomatique où les représentants des puissances signataires du traité de Paris réglèrent la situation politique des Provinces danubiennes. Dans aucune circonstance, du reste, l'administration de cet homme d'État éclairé, libéral et actif, n'est restée entièrement stérile, et le plus grand éloge qu'on puisse faire de son mérite, c'est de dire que son rappel au pouvoir s'est toujours produit sans hésitation, toutes les fois que la situation du gouvernement est devenue embarrassée. C'est ainsi, par exemple, qu'il redevint grand vizir en février 1867, à l'époque de l'insurrection crétoise, et que le sultan Abd-ul-Azis, ayant jugé à propos de visiter la France et l'Angleterre quelques mois plus tard, l'investit de la régence de l'empire pendant son absence.

La situation était doublement difficile; mais si l'on ne peut dire qu'A'ali-Pacha s'en soit tiré d'une manière tout à fait satisfaisante, on ne saurait méconnaître que nul autre à sa place n'y eût réussi à moitié aussi bien. Son attitude envers les insurgés candiotes fut d'abord celle de la clémence; il leur accorda une amnistie, mais les résultats ne répondant pas assez vite à ses espérances, il se décida brusquement pour les mesures de rigueur et en appela aux conseils de guerre. Il se rendit lui-même en Crète, en février 1868, dans le ferme propos de pacifier complètement l'île, mais sans y parvenir. Il réussit, toutefois, à prévenir le conflit qui menaçait d'éclater entre la Grèce et la Turquie, en conséquence de ces événements.

Durant un nouveau passage aux affaires étrangères, en 1869, A'ali-Pacha sut amener le vice-roi d'Égypte à reconnaître solennellement, malgré certaines influences étrangères, la suzeraineté du sultan. Son attitude en 1870, lorsque éclata la guerre entre la Prusse et la France, ne doit jamais s'effacer de notre mémoire; en effet, A'ali manifesta hautement ses sympathies pour la France, à laquelle il était décidé même à apporter un concours matériel; et l'on sait combien la France rencontra alors de sympathies qui ne fussent platoniques. Malheureusement, sa santé, sérieusement ébranlée, le força à abandonner le pouvoir, et cette fois sans retour; il mourut dans sa maison de campagne d'Érenkeuī, sur la côte asiatique, le 6 septembre 1871.

A'ali-Pacha, malgré le peu de loisirs que lui laissaient les affaires, s'adonnait à la poésie; il a acquis même, comme poète, une très honorable réputation dans son pays.

AALKLIM, s. m. Bot. Liane de l'Inde, du genre Bauhinie (Légumineuses).—V. BAUHINIE.

AALL, Jacob (1773-1844), homme d'État norvégien, né à Porsgrund le 27 juillet 1773. Ses études littéraires terminées à Copenhague, il visita la plupart des académies d'Allemagne, où il étudia de préférence la géologie, la minéralogie et l'histoire naturelle. De retour dans son pays en 1799, il prit la direction d'une usine métallurgique à Arendal, sans cesser de s'occuper de ses études scientifiques, y ajoutant au contraire l'étude de l'histoire nationale et de la politique. En 1814, il fut député à l'Assemblée constituante réunie à Eidsvold, après la cession faite de la Norvège à la Suède, par le traité de Kiel, et y fut l'un des promoteurs les plus ardents de la nouvelle constitution délibérée dans cette assemblée et qui constitue encore aujourd'hui, à quelques modifications près, la loi fondamentale de la Norvège. Il fit ensuite partie du storthing de 1816 à 1830, comme représentant de la circonscription de Nadesne, et exerça une grande influence sur les résolutions de cette assemblée. L'état de sa santé le contraignit alors à la retraite, et il mourut le 4 août 1844. — On a de lui, entre autres écrits, de très intéressants *Mémoires relatifs à l'histoire de la Norvège, de 1800 à 1815*.

Son frère aîné Nils AALL, né au même lieu en 1770, mort en 1855, après avoir fait une grande fortune dans le commerce, fut ministre du commerce et des douanes du royaume de Norvège en 1814; unis il se retira après le vote du storthing sanctionnant la réunion de la Norvège à la Suède (20 octobre), et resta dès lors dans la vie privée.

AALTEN, ville de Hollande, chef-lieu de canton de la province de Gueldre, à 53 kilom. de Zutphen. Population 6,200 hab., ayant presque doublé depuis vingt ans. Tanneries, briqueteries, tissage de toiles, moulins à huiles, etc.

AAM, s. m. Ancienne mesure de capacité pour les liquides, encore en usage dans quelques provinces de la Hollande et de la Belgique. Elle diffère de valeur suivant qu'elle s'applique à la mensuration des vins et des alcools ou à celle des huiles. Dans le premier cas, l'Aum équivalait à peu près à 155 litres 20 centilitres; dans le second, il ne vaut plus que 145 litres et demi.

AANTGIGH, s. m. Ornith. Nom russe d'un canard à queue longue, effilée et fourchue, variété de l'espèce appelée miclon ou canard glacial (*anas glacialis*. Lin.), qui abonde dans la Russie septentrionale.

AAR. L'une des plus grandes rivières de la Suisse, la plus importante après le Rhône et le Rhin. Elle prend sa source dans les glaciers des Alpes bernoises, le Finster-aar-horn, le Schreck-horn et le Grimsel; arrivée à la Handeck, elle tombe d'une hauteur de 65 mètres, bondissant de rochers en rochers en cascade écumante, dans la vallée de Hasli. Poursuivant alors son cours, elle se jette successivement dans les lacs de Brienz et de Thun et, désormais navigable jusqu'au Rhin, traverse les cantons de Berne, de Soleure et d'Argovie avant de se jeter dans ce fleuve non loin de Coblentz, en face de Waldshut. Son cours est d'environ 280 kilomètres. Les principaux affluents de l'Aar sont : le Kander, la Saane et la Thiele sur la rive gauche; l'Emmen, le Surin, l'Aa, la Reuss et la Limmat sur la droite. Elle passe à Unterseen, Thun, Berne, Soleure, Aarbourg et Aarau. C'est une magnifique rivière aux flots argentés, abondante en poissons de toute espèce; elle roule des paillettes d'or, mais en quantité insuffisante, semble-t-il, pour qu'on cherche à les recueillir. — Pendant la guerre de 1799, l'Archiduc Charles tenta le passage de l'Aar, mais sans succès; il fut repoussé par les Français ayant à leur tête les généraux Ney et Hecadelet de Bierre.

AARAU. Ville de Suisse, chef-lieu du canton d'Argovie, située au pied des Monts Jura, sur la rive droite de l'Aar, à 67 kil. N.-E. de Berne et à 168 kil. O. de Genève. Population 5,500 habitants. Cette ville est bien bâtie; elle possède un bel hôtel de ville, des casernes, un gymnase, plusieurs musées (collections paléontologique, géognostique, ornithologique, zoologique et oryctognostique), et une bibliothèque riche en manuscrits relatifs à l'histoire helvétique. Citons la tour féodale des comtes de Rohr, que les récits de Zschokke ont rendue célèbre et l'Église paroissiale, qui sert aux deux cultes indifféremment. Aarau possède, en outre, une fonderie de canons, des fabriques de coutellerie et d'instruments de physique et de mathématiques d'une réputation européenne; des manufactures de soierie, de rubans, de coton imprimé, de cuir, d'acide sulfurique, etc. Cette ville est située dans une contrée pittoresque, ses environs sont charmants; la pente des montagnes voisines est couverte de vignes; les bains de Schinznach n'en sont éloignés que de 16 kil. — Aarau a été fréquemment le théâtre des luttes politiques. En 1712, le traité qui mit fin à la guerre de Toggenbourg entre les cantons y fut conclu. En 1798, cette ville fut quelque temps la capitale de la République helvétique.

AARBOURG. Bourg de Suisse (Argovie), sur l'Aar, à 15 kil. S.-O. d'Aarau. Popul. 2,000 habitants. Ce bourg, presque complètement détruit par un incendie, en 1840, a été reconstruit depuis et son importance s'en est accrue. On y trouve diverses manufactures et des forges de fer et de cuivre; dans le voisinage s'élève une vaste filature de coton. On y voit, à l'embouchure de la Wigger, un château fort s'élever sur un rocher, ancienne résidence des baillis bernois, construite en 1660; c'est aujourd'hui un arsenal; on y accède par un escalier de 384 marches taillées dans le roc.

AARBRER, v. neut. Se cabrer. — Terme hors d'usage.

AARD-VARK, ou COCHON DE TERRE, s. m. Mamm. (V. ORYCTÉROPE.)

AARD-WOLF, s. m. Mamm. Animal de la Cafrerie, rare sans doute, en tout cas peu connu. D'après des voyageurs il procéderait à la fois de la civette et du chien.

AARGAU. Nom allemand d'Argovie (v. ce mot).

AARHUUS. Ville maritime du Danemark, sur le Cattégat, à l'embouchure d'un petit cours d'eau qui la divise en deux, chef-lieu du diocèse et du bailliage du même nom. Population 15,000 hab. — La cathédrale d'Aarhuus, monument gothique du XIIIe siècle, est la plus grande et la plus belle église de tout le Danemark. Cette ville est le siège d'un évêché; elle possède un lycée, une école de commerce renommée, un gymnase, un musée, une bibliothèque importante. Elle a un port excellent, est en communication directe avec Copenhague, par un service régulier de bateaux à vapeur et avec Viborg et l'intérieur, par une ligne de chemins de fer. Centre commercial d'une grande importance, elle est en relations avec l'Inde occidentale, et exporte les produits agricoles du pays, du bétail, des eaux-de-vie, des cuirs, des gants, etc. On y trouve des manufactures de laine, de coton (tissus et blondes), de tabac, ainsi que des raffineries, des distilleries et des brasseries considérables. — Succursale de la banque de Copenhague.

AARIFI-PACHA. Homme d'État ottoman, né à Constantinople en 1830. Entré dès l'âge de quinze ans dans les bureaux du Divan impérial, en qualité de surnuméraire, il accompagnait à Rome, deux ans plus tard, son père, Shékib-Pacha, diplomate distingué, qu'il suivait après cela à Vienne. De retour à Constantinople en 1850, il fut successivement attaché au bureau de traduction de la Porte et au ministère des affaires étrangères; puis il accompagna à nos conférences de Vienne en 1855, et au Congrès de Paris en 1856, en qualité de premier secrétaire. Sa parfaite connaissance de la langue française le fit, dans cette occasion, choisir pour premier traducteur de la Porte à Paris; à son retour il fut nommé premier drogman du Divan, fonctions qu'il conserva jusqu'en 1872. Il a été, depuis, sous-secrétaire d'État aux affaires étrangères, inspecteur de l'artillerie, membre de la chambre suprême de justice et président de la chambre civile de la cour de cassation. Après quelques mois passés de nouveau dans ses anciennes fonctions d'interprète, il devint ministre de l'instruction publique en 1874, puis ministre de la justice, trois mois plus tard, et reprit le chemin de Vienne en 1875. — Lors de la promulgation de la nouvelle constitution ottomane, Aarifi-Pacha fut nommé président du Sénat (décembre 1876); mais très peu de temps après, il fut appelé aux affaires étrangères, puis nommé ambassadeur à Paris, le 3 septembre 1877, en remplacement de Khalil-Chérif-Pacha. Le 28 juillet 1879, le titre de grand vizir, sinon les fonctions, étant aboli par décret du padischah, Aarifi fut appelé au poste nouveau de premier ministre, dans un cabinet qui dura à peine quelques mois.

AARON (c.-à-d. *Montagne forte*), premier grand pontife des Juifs, fils d'Amram et de Jochebed, de la tribu de Lévy, frère de Moïse et son aîné de trois années; il naquit en Egypte en 1574 av. J.-C. Aaron eut part à toutes les entreprises de Moïse qui, se défiant de sa propre éloquence, ne manquait pas de passer la parole à son frère dans toutes les occasions difficiles. La puissance de persuasion de celui-ci ne fut pas cependant assez grande pour décider les Israélites à la patience, pendant que Moïse s'attardait sur le Sinaï, alors même que Moïse s'attardait sur le Sinaï, alors mème temps dans les tables de la loi; au contraire, ce fut lui qui se laissa persuader d'élever un veau d'or, réminiscence évidente du bœuf Apis qu'adoraient les Egyptiens, pour satisfaire à la soif de dévotion qui les consumait. Cette singulière condescendance, dans laquelle il n'y a pas autre chose à voir qu'une complaisance d'ambitieux sans scrupule et parfaitement sceptique, n'empêcha pas Aaron d'être consacré grand pontife par l'ordre même du Dieu ainsi outragé, qui fit tomber sa colère précisément sur la tête de ceux qui protestaient contre cette consécration, et en particulier sur celles de Coré, Dathan et Abiron, chefs du soulèvement provoqué à cette occasion; en même temps, il manifestait sa volonté par un miracle devant lequel il n'y avait plus qu'à s'incliner : la verge d'amandier placée dans le tabernacle se couvrit de feuilles et de fruits ! — Aaron jouit paisiblement dès lors du sacerdoce; mais, comme son frère, et en expiation de sa coupable faiblesse, il ne lui fut donné de voir la Terre promise que de loin. Il mourut l'an 1452, à l'âge de 123 ans, sur le mont Hor, à la frontière de l'Idumée, après que son fils Eléazar eut été consacré grand pontife sous ses yeux, pour lui succéder.

Aaron-ben-Aser. Célèbre rabin du v° siècle. Il eut part à l'invention de la ponctuation et des accents hébreux.

Aaron d'Alexandrie. Prêtre chrét., méd. Il vivait vers le commencement du VIIᵉ siècle. Auteur d'un grand ouvrage sur la médecine dont il ne nous est parvenu que des fragments, il est le premier qui ait décrit la variole. Les Arabes paraissent avoir beaucoup puisé dans cet ouvrage.

AAROUN-AL-RASCHID, célèbre calife. (V. HAROUN-AL-R.)

AARSSENS (VAN), FRANÇOIS (1572-1641). Homme politique et diplomate hollandais. Il représenta les Provinces-Unies pendant un certain nombre d'années à la cour de France, puis à Venise, en Allemagne et en Angleterre, et eut une grande part aux négociations qui amenèrent une trêve de douze ans entre l'Espagne et les Pays-Bas. Ce qu'il rapporte, dans ses intéressants *Mémoires*, de ses rapports avec Richelieu à cette occasion, justifie amplement cette réputation d'habileté qui l'a fait proclamer l'un des plus grands hommes politiques de son temps.—Sa mémoire est restée souillée, toutefois, de la part qu'il prit à la mort de l'illustre Barnevelat, véritable assassinat politique, et de l'espèce la plus odieuse, pour complaire à Maurice de Nassau, dont il avait épousé la cause.

AARTSEN ou **AERTSEN**, PIERRE (1519-1585), peintre hollandais surnommé *Pietro Longo* en Italie, à cause de sa taille élevée, est né à Amsterdam en 1519. Il peignit d'abord des intérieurs de cuisine, puis s'adonna à la peinture historique et religieuse. Il jouit d'une grande réputation, et une *Mort de la Vierge*, peinte pour la ville d'Amsterdam et qui périt dans les troubles dont cette ville fut agitée, est désignée comme un chef-d'œuvre; il reste encore de lui quelques tableaux d'autels. — Aartsens, que les notices du XVIIᵉ siècle nomment *Aarsens*, mourut à 66 ans, le 2 juin 1585, et non en 1573.

AASEN, IWAR ANDRÉ, philologue norvégien, né à Œrsten en 1813. Fils de paysans pauvres, n'ayant que tout juste l'instruction élémentaire, ce fut pourtant vers les études philologiques que ses goûts l'entraînèrent de bonne heure. Il recherche d'abord l'origine des noms populaires des plantes, dont il recueillit un grand nombre. S'étant rendu à Christiania en 1847, pour tirer parti de ses matériaux accumulés, il publiait dès l'année suivante une *Grammaire de la langue populaire norvégienne*; puis, en 1850, un *Dictionnaire* de cette même langue populaire. L'attention s'était portée sur lui dès la publication de son premier ouvrage; son dictionnaire lui ouvrit les portes de l'Académie des sciences de Christiania, et le storthing lui votait en même temps une pension nationale. — Il a publié depuis : *Exemples des dialectes norvégiens* (1853); *Proverbes norvégiens* (1856); *Dictionnaire norvégien-danois* (1865), etc.

AASVAER, îles de Norvège, dans l'Océan glacial arctique, à environ 20 kilomètres de la côte. Dans les saisons abondantes, il s'y réunit plus de 10,000 pêcheurs pour la pêche du hareng.

AAVORA ou **AAVOIRA**, s. m. Bot. Espèce de palmier du genre *elœis*, tribu des *cocoïnées*, originaire de la Guinée. — Les elœis forment un des genres les plus intéressants de la famille des palmiers; ils croissent dans les régions tropicales de l'Afrique et de l'Amérique, dans des terrains argileux et calcaires. Ce genre comprend fort peu d'espèces connues, et il a pour type l'Aavora, plus communément « palmier avoira », par corruption sans doute (*elœis guineensis*), qui se trouve en abondance sur toute la côte occidentale de l'Afrique, mais plus particulièrement sur la côte de Guinée, d'où son nom scientifique (Linné). On le trouve, toutefois, en grande quantité aussi dans la Guyane et les Antilles, où il recherche les lieux élevés.

L'Aavora.

Ce bel arbre atteint souvent une grande hauteur. Sa tige élancée est hérissée d'épines et de débris de pétioles. Il donne un fruit pulpeux, drupacé, vert, puis de la grosseur d'une noix, d'un beau jaune orangé; ce fruit se compose d'un mésocarpe fibreux et huileux, et d'un noyau très dur renfermant une amande solide, mais huileuse également; de sorte qu'il y a dans le fruit de l'elœis de Guinée deux huiles distinctes : celle du mésocarpe, ou plutôt du sarcocarpe, c'est-à-dire de l'enveloppe fibreuse du noyau, et celle de l'amande contenue dans ce même noyau. Ces deux espèces d'huile sont extraites systématiquement. La première, jaune, liquide et légèrement parfumée, est connue sur les marchés européens sous le nom d'*huile de palme*; il est fait un grand commerce de cette huile, et l'on sait qu'elle est employée à la fabrication des savons et des bougies. L'huile extraite de l'amande, beaucoup moins abondante que l'autre, est épaisse et blanche; elle reste dans le pays d'origine, où on l'emploie aux mêmes fins que chez nous le beurre. Elle est connue sous le nom de *beurre de Galam*.

L'huile de palme, liquide quand on la récolte, ne se trouve dans le commerce qu'à l'état solide, c'est-à-dire ayant la consistance du beurre; elle a une saveur douce et parfumée, une odeur d'iris ou de violette, et a conservé sa couleur jaune orangé; elle fond à 27 ou 28 degrés, lorsqu'elle est fraîche; à une température un peu plus élevée, elle est ancienneté. Elle se saponifie aisément. Quant à ses propriétés physiologiques, elles sont les mêmes que celles des corps gras en général.

ABA, s. m. Sorte de manteau, ou plutôt de burnous en poil de chameau, rayé de deux couleurs, généralement brun et bleu, que portent les tribus nomades de l'Arabie et de la Perse. — Vêtement de drap grossier porté autrefois par les soldats et les marins turcs.

ABA ou **ABÆ**, ville de Phocide, province d'Achaïe, dans l'ancienne Grèce, fondée par Aba, roi des Abantes, peuple originaire de Thrace, et non par Abas, roi des Argiens. Cette ville était célèbre par un temple d'Apollon Abœus, et l'oracle infaillible qu'il abritait. Le temple fut deux fois pillé et brûlé : par les Perses d'abord, en 480 av. J.-C.; puis par les Béotiens, en 346. Il fut rebâti par l'empereur Adrien, mais sur des proportions moins vastes. — On voit encore les traces des ruines de la ville et du temple sur une colline voisine d'Exarkho. — D'après Strabon, il existait deux autres villes du même nom, une en Carie et une en Italie.

ABA, montagne d'Arménie où prennent leur source le Frat et le Mourad, qui, par leur réunion, forment l'Euphrate.

ABA ou **ALBOIN** ou **OVON**, roi de Hongrie. Il était le beau-frère de saint Etienne, dont le neveu, Pierre l'Allemand, était alors sur le trône, exerçant la tyrannie et se livrant sans aucune mesure à ses penchants à la cruauté et à la débauche. Aba souleva le peuple, qui était tout préparé à cette manifestation, chassa une race étrangère, et prit sa place (1040), où il s'empressa aussitôt de limiter de tout point. Alors Pierre revint, à la tête d'une armée que lui avait confié l'empereur Henri III, son ennemi de la veille; il battit complètement Aba, près de Javarin, s'empara de sa personne et lui fit trancher la tête (1044). — Aba, d'après une autre version, aurait été massacré par ses propres sujets révoltés, dans un village nommé Schope, où il s'était arrêté dans sa fuite.

ABABAS, s. m. Géogr. Peuplade brésilienne habitant le nord de la prov. de Matto-Grosso.

ABABDEHS, s. m. Géogr. Tribu africaine nomade, occupant le pays situé entre la mer Rouge et le Nil, au sud de Kosseir et jusqu'au près de Derr. Un certain nombre se sont établis à demeure sur la rive orientale du Nil; mais la grande majorité mène toujours la vie nomade des Bédouins. Les Ababdehs constituent une race distincte; ils sont noirs, mais leurs traits les rapprochent du type européen. D'ailleurs traîtres et sans foi à leurs traités, les ababdehs guident les caravanes à travers le désert ou les pillent indifféremment. Ils ont quelques chevaux, mais combattent de préférence montés sur des chameaux, dont ils ont la réputation d'être les meilleurs éleveurs du désert. Ils possèdent de vastes propriétés et font le commerce de la gomme, du charbon de bois d'acacia, etc., qu'ils transportent jusqu'au Caire.

ABABOUINÉ, ÉE, adj. Mar. Terme à peu près hors d'usage, même à bord des voiliers. *Un navire ababouiné*, c'est-à-dire un navire retenu par le calme plat.

ABABOUY, s. m. Bot. Oranger des Antilles, à tige épineuse. Cultivé en serre chaude sous le climat de Paris, il réussit tr bien, sauf que ses fruits n'arrivent pas à maturité.

AB ABSURDO, loc. adv. lat., signifie *par l'absurde*. Se dit d'un mode de raisonnement qui consiste à supposer un principe contraire à celui dont on prétend démontrer l'infaillibilité, et de tirer de cette supposition des conséquences nécessairement absurdes. Conclusion : si de telles prémisses ne peut tirer que des conséquences ridicules, des conséquences contraires ne peuvent manquer de découler des principes également contraires. Cette façon de raisonner, souvent très amusante, lorsqu'une personne spirituelle veut bien en user, produit l'effet contraire aussi, employée par quelque lourdaud prétentieux, comme c'est généralement le cas.

ABACA s. m. Bot. Nom donné à la *Musa textilis*, ou chanvre de Manille, provenant des fibres d'une espèce de bananier des îles Philippines, et dont on fait principalement des cordages très estimés. On l'emploie, surtout en Angleterre, au lieu de chanvre ou mélangé avec cette fibre, à toutes les applications de celle-ci.

ABACATES, s. m. pl. Géog. Nom d'une peuplade indigène brésilienne, habitant les bords de l'Amazone.

ABACATUIA, s. m. Ichtyol. Espèce de poisson marin, type du genre vomer, famille des scombéroïdes, mesurant environ 0ᵐ,40 de longueur. — C'est le *vomer de Brown* de Cuvier (V. VOMER).

ABAGÈTE, s. m. Entomol. Genre d'insectes coléoptères pentamères (cinq articles à tous les tarses), de la famille des carabides, tribu des féronistes. L'espèce type, d'un beau noir brillant, se trouve au Sénégal et en Guinée. — Larve inconnue.

ABACO, île de l'Océan Atlantique, l'une des Bahama (Indes occident. anglaises). Culture et commerce considérable d'ananas et d'oranges. — Une autre île, plus petite, du même archipel, porte le nom de PETIT ABACO.

ABACOT, s. m. (lat. *abacus*). Couronne double, que portaient les rois anglo-saxons (V. ABACUS). — Auge à laver l'or dans les mines.

ABACUC ou **HABACUC** (c.-à-d. *le Lutteur*). Le huitième des douze petits prophètes d'Israël. Il s'est immortalisé en prophétisant la captivité de Babylone; s'étant retiré en Judée pendant le temps de cette captivité, il y mourut deux ou trois ans avant son terme, vers 535 av. J.-C. — Un autre ABACUC fut enlevé par un ange, qui lui fit ensuite porter à manger à Daniel dans la fosse aux lions.

ABACUS, (du Grec *abax*, table), s. m. Mot latin passé tel quel dans la langue où traduit par le mot ABAQUE, cause de confusion que nous avons voulu éviter en réunissant ici tous les objets auxquels cette dénomination s'applique, soit sous sa forme latine, soit sous sa forme française, au lieu de les diviser arbitrairement comme font la plupart des dictionnaires. Généralement, on désignait sous le nom d'*abacus*, à Rome et d'*abax*, en Grèce une table rectangulaire en marbre, en pierre, en terre-cuite et même en bois; mais on appelait aussi de ce nom, par extension, divers objets ayant la forme d'une tablette ou dont la partie principale et ostensible était une tablette.

— ARCHITECT. Tablette supérieure d'un chapiteau de colonne, supportant l'architrave. Suivant Vitruve, c'était là le principe d'une tablette carrée placée par les premiers constructeurs sur leurs colonnes de bois, de manière à ménager une large surface plate pour recevoir la poutre destinée à supporter la toiture; et ce serait là l'origine de l'ornement appelé chapiteau. Longtemps, probablement, on ne connut pas d'autre disposition que cette simple tablette qui, du reste, a conservé son caractère d'origine dans l'ordre dorique, le plus simple aussi et le plus ancien des ordres grecs. L'invention des autres ordres d'architecture, plus riches, plus compliqués d'ornements, provoqua la modification de l'*abaque* dans ses dimensions, son ouverture et surtout sa forme; mais le nom, qui s'est conservé à travers les siècles, s'applique toujours au couronnement du chapiteau, au *tailloir*, quel qu'il soit. Dans les tombeaux sculptés de Beni-Hassan, dont la construction remonterait à 1740 av. J.-C. (G. Wilkinson), on voit des colonnes cannelées, sans base ni plinthe, et dont le chapiteau est formé d'un simple *abaque*. — On employait le diminutif *abaculus* pour désigner de petits carreaux ou cubes de pierre artificielle, de matière vitreuse, de poterie entrant dans la composition des pavés de mosaïque.

— JEUX. Les anciens donnaient le nom d'*abacus* à différentes sortes de tables ou de tablettes à jouer. — 1. Table sur laquelle on jouait au jeu des douze lignes (*ludus duodecim scriptorum*), à la fois de calcul et de hasard et ressemblant beaucoup à notre trictrac. Elle

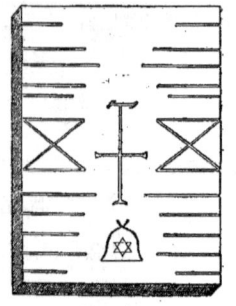

Abacus trictrac.

était divisée en quatre parties par des lignes entrecroisées, et chaque côté était lui-même divisé en douze compartiments par un même nombre de lignes sur lesquelles des jetons se déplaçaient, suivant l'indication donnée par le chiffre des dés jetés. — 2. Table d'échecs ou de jeu des brigands (*ludus latrunculorum*). Ce jeu, qui remonte à une très haute antiquité, ressemblait beaucoup à notre jeu d'échecs, par les règles auxquelles il était soumis et aussi par les pièces qu'on faisait mouvoir sur la table, et qui représentaient soit des brigands, soit deux armées aux prises; mais on ne connaît que des représentations faites de profil de la table qu'on y employait et dont, par conséquent, on ignore les véritables dispositions.

— ESSENT. L'*abacus* était aussi, peut-être avant d'être une table de jeu, une table disposée pour faire des calculs. Elle était divisée en compartiments par des rainures verticales parallèles, dans chacune desquelles on introduisait un certain nombre de chevilles mu-

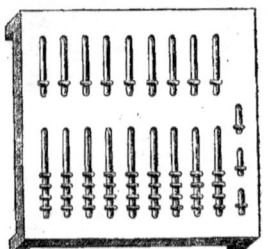

Abacus à calculer.

nies d'un bouton à chaque bout, pour permettre de les faire aller et venir le long des rainures sans en sortir. Ces rainures étaient disposées sur deux rangs, et au nombre de sept par chaque rang. En bas, les rainures étaient plus longues que celles du rang supérieur et contenaient chacune quatre chevilles qu'on pouvait avancer à mesure du besoin; la première à droite contenait les chevilles représentant les unités, les autres représentant les dizaines, les centaines, et ainsi de suite jusqu'au million; en tête de chaque rainure ces valeurs étaient indiquées. Les rainures plus courtes d'en haut ne contenaient qu'une seule cheville chacune, mais ces chevilles avaient une valeur quintuple des autres, qui leur faisaient vis-à-vis; ainsi chaque cheville, ou plutôt chaque bouton des petites rainures valait respectivement 5 unités, 5 dizaines, 5 centaines, etc. Enfin au côté droit de l'*abaque*, régnaient trois rainures plus courtes encore, une avec deux boutons et les deux autres avec chacune un, pour compter les fractions. — Nous avons décrit assez clairement l'*abaque* à calculer des Romains pour qu'on en comprenne bien le maniement, sans qu'il soit nécessaire d'y insister. Nous parlerons tout à l'heure de l'*abaque* des Chinois, basé sur le même principe et sur les autres appareils qui en dérivent. — Les anciens se servaient également pour le même usage d'une tablette couverte de sable sur laquelle étaient tracées des lignes, les chevilles y étaient remplacées par des cailloux ou des jetons (*abaculi*), qu'on plaçait sur des lignes suivant le besoin. L'*abaque* ou table de Pythagore ne paraît pas avoir d'autre origine. — De semblables tables sablées servaient encore à tracer des lettres, des figures géométriques, etc., toujours sous la même dénomination.

L'*abaque* à calculer, ou *souan-pan*, des Chinois, inventé par eux à une époque extrêmement reculée, suivant leur habitude, aurait été introduit en Russie, dans les premières années de ce siècle, et s'est depuis peu répandu depuis dans les autres contrées européennes, où il sert à enseigner aux enfants les premiers éléments de l'arithmétique, notamment en France, sous le nom de *boulier*. C'est seulement sous ce dernier aspect que nous le connaissons. C'est bien le même principe que l'*abacus* romain, mais au lieu de chevilles glissant dans des rainures, ce sont de petites boules de bois perforées glissant sur des tringles horizontales, dans un cadre oblong divisé en deux parties par une barre verticale; les tringles sont au nombre de sept, comme les rainures; chaque tringle porte neuf boules; la première en bas du tableau figure les unités, la seconde les centaines, et ainsi de suite en remontant. On opère très aisément, au moyen de cet appareil, les additions et les soustractions, mais seulement de nombres entiers. — John Napier, l'illustre mathématicien écossais qui inventa les logarithmes, avait imaginé un appareil, qu'on pourrait appeler *une table de Pythagore mobile*, donnant sur-le-champ le produit d'un nombre par un chiffre quelconque, en faisant en quelque sorte *toucher* le produit d'un chiffre par un chiffre, c'est-à-dire par tous les autres ou le boulier. Supposons une disposition de dix colonnes portant les dix chiffres horizontalement et leurs multiples verticalement; si l'on porte à la première ligne les chiffres mobiles constituant un nombre donné, chaque division horizontale présentera du même coup les produits de chacun des chiffres multipliés par les neuf premiers nombres portés à la tête de ces divisions, mais de *chacun de ces chiffres* seulement, et isolément; de sorte que l'opération n'est pas complète : il reste à additionner les reports; l'avantage n'est donc pas très considérable. Nous retrouverons, à l'article *Machines à calculer*, des appareils plus ingénieux; mais celui de Napier est le premier de ce genre, après l'*abaque* primitif.

— Géom. Il y a des *abaques* de divers systèmes, imaginés pour faciliter les calculs géométriques. Tel est celui de M. Piccard, de Lausanne, fondé sur les propriétés des triangles semblables, et pouvant servir à opérer numériquement la multiplication et la division ou à calculer graphiquement avec le compas, sans aucun calcul, la surface des figures planes décomposées en triangles et en rectangles. — M. L. Lalanne, directeur de l'École des ponts et chaussées, a également donné le nom d'*abaque* à un tableau graphique construit par lui, permettant de faire, à simple vue, des calculs d'une assez grande complication, par la simple direction d'une ligne, tels que l'extraction de la racine carrée ou de la racine cubique d'un nombre donné, la mesure du volume de la sphère, etc.

— Div. On appelait encore *abacus* dans l'antiquité, une sorte de buffet formé de deux tables de marbre ou de bronze, superposées et réunies par une colonne, ou pied central; sur l'une et l'autre de ces tables, on plaçait la vaisselle et les autres ustensiles nécessaires à l'ordonnance du repas. Ce meuble n'a donc rien, ou presque rien, qui se rapproche de notre buffet de salle à manger moderne; si somptueux qu'il pût être ce n'était guère qu'une *servante*. Du reste, le mot *abacus* avait d'aussi nombreuses acceptions que notre mot *tablette* qui le traduit : une table de cuisine, un comptoir de marchand, une table de lutrin, un banc, un tableau quelconque, une simple planche : *abaques* que tout cela. —

Abacus buffet.

Ceci explique, sans doute, le nom d'*abacus* donné au bâton de commandement que portait le grand maître des Templiers, lequel était plat, à l'exception de la pomme d'argent où la croix de l'ordre était gravée.

ABAD Ier, ABOUL-KASSEM-MOHAMED. Premier roi maure de Séville, fondateur de la dynastie des Abadites. Il était fils d'un riche marchand syrien et devint le favori du roi de Cordoue, qui le fit grand cadi et gouverneur de Séville. A la chute du roi de Cordoue, en 1026, Abad proclama l'indépendance de Séville et prit le titre de roi. Il défendit les armes à la main l'indépendance de son royaume, et, vainqueur, gouverna avec une grande sagesse et une douceur tempérée par la justice qui lui assura l'amour de ses sujets. Il mourut en 1042.

ABAD II, ABOUL-AMROU-BEN-ABAD (1012-1069), fils du précédent. Il continua avec succès les guerres entreprises contre les princes du sud de l'Espagne par son père, et agrandit ses États aux dépens de ceux-ci. Il a laissé la réputation d'un prince magnifique, mais ambitieux, cruel et débauché.

ABAD III, ABOUL-KASSEM-MOHAMMED-BEN-ABAD (1039-1075), fils du précédent, auquel il succéda en 1069, fut le dernier roi de cette dynastie. Son règne débuta glorieusement par la conquête de Cordoue et de Malaga. Il fit alliance, après cela, avec les rois maures de Badajoz, Valence et Grenade, dans le but d'écraser les chrétiens dans une action générale; le roi de Maroc Yussuf, venu apporter son concours à ses coreligionnaires d'Espagne, reçut le commandement de l'armée musulmane, qui battit en effet complètement l'armée chrétienne, commandée par Alphonse de Castille, à Zalaca (1086). Le roi de Maroc retourna dans ses États, couvert de gloire mais rongé d'ambition, ne tarda pas à reparaître en Espagne, avec l'intention, bien dissimulée par exemple, de s'y tailler aussi quelque joli royaume. Il commença par s'emparer de Grenade, puis repartit pour l'Afrique, laissant le commandement à Shir-Abou-Bekr, son lieutenant, qui se disposa aussitôt à attaquer Abad. Celui-ci, effrayé, accepta l'alliance que lui offrait Alphonse de Castille, et lui donna une de ses filles en mariage. Les autres rois maures, indignés, se tournèrent alors contre lui. Vaincu et fait prisonnier, il fut emmené en Afrique avec sa famille et enfermé dans une tour, où il mourut dans le plus triste abandon. — Abad III était un prince éclairé et un brillant capitaine, ami des arts et de la poésie, qu'il cultivait dans ses loisirs.

ABAD Y QUEYPEO, MANOEL, ecclésiastique et homme politique espagnol, né vers 1775. Ayant fait ses études et reçu les ordres en Espagne, il partit pour le Mexique, où il se rendit populaire et devint juge des testaments à Valladolid, chef-lieu de l'intendance de Méchoacan et siège d'un évêché dont il devint titulaire en 1809, au retour d'une mission à Madrid. Forcé d'abandonner son diocèse en proie à l'insurrection, Abad, à son retour, refusa de se faire l'instrument des vengeances monarchiques, par cette attitude, contribua beaucoup à pacifier les esprits. En 1814, pendant les orgies sanglantes par lesquelles Ferdinand VII célébrait sa restauration inespérée, Abad eut le courage de protester contre tant d'infamies, œuvre de l'Inquisition toute puissante. On s'empara de sa personne et il fut expédié à Madrid. Là, il réussit à ramener à des idées d'humanité le faible roi, qui le nomma ministre de la Justice; mais, la nuit même qui suivit sa nomination, le grand inquisiteur le faisait enlever et enfermer dans un couvent. La révolution de 1820 lui ouvrit les portes de sa prison avant qu'on ait eu le temps de lui faire son procès, et il fut nommé membre du gouvernement provisoire et évêque de Tortose. Mais, en 1823, Abad fut de nouveau arrêté par ordre du grand inquisiteur; on lui fit rapidement son procès, qui se termina par une condamnation à six années de réclusion, au cours desquelles il mourut.

ABADIA, FRANÇOIS-XAVIER (1774-1830), général espagnol. Il s'illustra lors du soulèvement contre la domination française, d'abord comme officier, chef d'état-major de l'armée de la Manche, puis ministre de la Guerre, maréchal de camp à l'armée de Cadix et enfin général en chef de l'armée de Galice (1812). Il fut promu lieutenant général.

ABADIANO, bourg d'Espagne, près de Villaréal, dans la province de Biscaye. Pop. 1,200 habit. Ce bourg est entouré de montagnes où pullulent les ermitages, dans l'un desquels, celui de San Antolin, Espartero se rencontra avec Maroto, en 1839, pour arrêter les termes de la convention dite de Vergara, qui mit fin, pour cette fois, à la guerre civile.

ABADIE, PAUL (1783-1868), architecte français, né à Bordeaux, où il commença ses études artistiques. Venu à Paris en 1806, il suivit les cours de l'École des Beaux-Arts pendant cinq années ; il fut ensuite attaché aux travaux entrepris par l'État, puis nommé en 1818 architecte du département de la Charente, dont il exécuta de nombreux monuments. Nous citerons : à Angoulême, la préfecture, le palais de justice, le portail de l'église Saint-André, la prison, la halle au blé; à Confolens, la sous-préfecture; à Ruffec, la sous-préfecture, le palais de justice, la prison, le marché ; à Cognac et à Jarnac, les temples protestants de ces deux villes, etc. — Nommé membre correspondant de l'Institut en 1832 et chevalier de la Légion d'honneur en 1836, M. Abadie est mort le 3 décembre 1868.

ABADIE, PAUL, architecte français, fils du précédent, né à Paris le 10 décembre 1812, fit ses études à Angoulême et à Bordeaux. Venu à Paris en 1832, il y suivit en même temps les leçons du peintre Alaux et celles de l'architecte Achille Leclerc. Ses préférences se manifestèrent bientôt pour l'architecture; il finit donc par s'y vouer exclusivement et demeura attaché à l'atelier d'Achille Leclerc jusqu'en 1842. Entré en 1835 à l'École des Beaux-Arts, il fut admis à prendre part au concours du grand prix de 1839. En 1840, M. Abadie fut attaché aux travaux de construction des Archives; auditeur au conseil des bâtiments civils, de 1842 à 1845, il fut nommé premier inspecteur de l'hôtel de la présidence de la Chambre des députés, mais donna sa démission presque aussitôt pour être attaché, en la même qualité, aux travaux de Notre-Dame de Paris, que dirigeaient Lassus et Viollet-Leduc. Il fut nommé en 1846 auditeur du comité des édifices diocésains au ministère des cultes, et architecte diocésain en 1849. M. Abadie a été, en 1869, un des dix candidats au grand prix de 100,000 francs offert par le gouvernement à la meilleure œuvre d'art produite dans la période des cinq années précédentes. Il a été nommé membre de la commission des monuments historiques en 1871, et inspecteur général du concours de l'église du « Vœu national » en 1874. Il a été élu membre de l'Institut en 1875. M. Abadie a été nommé chevalier de la Légion d'honneur le 16 juin 1836, et promu officier le 14 août 1869.

Dans l'œuvre de M. Paul Abadie, trop considérable pour être entièrement citée, on remarque la construction de l'église Saint-Ferdinand, à Bordeaux; l'Hôtel de Ville et plusieurs églises, à Angoulême ; l'église Saint-Georges, à Périgueux ; les églises de Faux et de Mussidan (Dordogne). On lui doit, en outre, la restauration d'un grand nombre d'édifices historiques, tels que la tour Saint-Michel et l'église Sainte-Croix, à Bordeaux; les cathédrales d'Angoulême et de Périgueux, lesquelles lui font le plus grand honneur. On sait enfin que c'est à M. Paul Abadie qu'a été confiée la direction des travaux de l'église du Sacré-Cœur, ou du *Vœu national*, qui doit s'élever sur le sommet de la butte Montmartre.

ABADIE, LOUIS (1813-1858), chanteur et compositeur populaire français. Louis Abadie n'est pas une de ces illustrations dont l'éclat brille à la fois sur les deux hémisphères ; ce n'est qu'un modeste compositeur de romances, chanteur nomade pendant de longues années, qui eut un lit d'hôpital pour dernier refuge. Mais les romances d'Abadie ont laissé de doux souvenirs, qui se sont perpétués jusqu'à la génération actuelle, dans vingt ans, peut-être, ces souvenirs seront complètement évanouis; aujourd'hui, on nous saura gré encore de rappeler les *Feuilles mortes*; *Jeanne*, *Jeannette* et *Jeanneton*, les *Jolis pantins*, et de mettre ainsi sur la voie de ces autres compositions d'Abadie, qui parurent sous forme d'albums pendant un certain nombre d'années, toujours accueillies par le succès dans les salons d'abord, dans les ateliers ensuite. Frappé d'apoplexie, Abadie fut transporté à l'hôpital Lariboisière, où il mourut de cette attaque.

ABADIOTES, s. et adj. Géogr. V. ANDIOTES.

ABADIR, ABADDIR ou **ABDIR**, s. m. Myth. Pierre que Cybèle présenta, enveloppée de langes à Saturne, au moment de la naissance de Jupiter. Saturne, prenant cette pierre pour son fils, la dévora. — Nom donné en général, dans l'anc. myth. africaine, aux météorites divinisés. D'après saint Augustin, les *abaddirs* étaient adorés à Carthage. — V. BÉTYLE.

ABADIS, s. m. Argot. Rassemblement de badauds. *Un abadis du raboin*, une foule énorme, mot à mot : une foule du diable.

ABADIVA, s. m. Ichtyol. Poisson du genre gade, ressemblant à la morue, mais ayant le corps à la fois plus large et plus mince. Il est connu en France sous le nom de LIEU. On le pêche dans la mer du Nord.

ABADZO ou **ABAZZO-TCHERKESSES**, s. m. pl. Géogr. Peuples d'origine indo-européenne, qui habitent le Caucase et y forment, sous le nom de CAUCASIENS OCCIDENTAUX, l'une des six grandes divisions anthropologiques de Klaproth.

ABAFFI Ier, MICHEL, prince de Transylvanie. Élu en 1661, grâce à l'appui de la Porte, contre le candidat autrichien, il se joignit en 1681 à Tékéli, chef de l'insurrection hongroise, et fit la guerre à l'empereur. Il conclut la paix avec celui-ci en 1687, et mourut trois ans après, transmettant son autorité à son fils — ABAFFI II, MICHEL, fils du précédent, auquel il succéda en 1690, fut le dernier prince de Transylvanie. L'empereur le contraignit à lui céder sa principauté moyennant pension, avant même qu'il eût régné; et c'est ainsi que la Transylvanie devint partie intégrante de l'Empire (1691). Le jeune Abaffi se retira à Vienne, où il mourut en 1713.

ABAGA KHAN, deuxième empereur Mogol de la Perse, de la race de Gengis Khan. Il succéda à son père, Holakou Khan, en 1265 et envoya des ambassadeurs au deuxième concile général de Lyon en 1274. Ce prince soumit les dernières provinces de la Perse qui s'étaient rendues indépendantes sous le règne précédent; mais après la guerre, il mourut à Hamadan (1282), empoisonné, dit-on, à cause de ses sympathies pour les chrétiens, qu'il avait pourtant combattus à outrance en Terre Sainte. — Son frère Ahmed lui succéda.

ABAGI ou **ABASSI**, *s. m.* Monnaie d'argent de Perse valant environ 0 fr. 41. Il faut 1 *abagi*, 1 *chayé* et 4 *denars* pour faire 1 franc.

ABAÏ (c.-à.-d. *Père des eaux*). Nom donné, au commencement de son cours, au Bahr-el-Azrak, ou *Nil bleu*, qui descend des montagnes de Godjam (Abyssinie) et va se jeter, près de Khartoum, dans le Bahr-el-Abjad ou *Nil blanc* (le Nil vrai).

ABAILARD ou **ABÉLARD**, PIERRE, (1079-1142). Célèbre philosophe du XIIe siècle, naquit au bourg du Pallet, près de Nantes, d'une famille noble. Destiné à la carrière des armes, en qualité d'aîné de la famille, son penchant décidé pour l'étude l'en détourna de bonne heure; il résigna donc son droit d'aînesse et s'assimila rapidement la somme entière des connaissances de son temps. Après avoir erré quelque temps d'école en école, étudiant toujours, mais s'exerçant encore plus à la dispute sur tous les sujets qui s'offraient à ses coups, il vint à Paris, au moment où la querelle entre le *nominalisme*, représenté par Jean Roscelin et le *réalisme*, par Philippe de Champeaux atteignait la période aiguë. Il suivit d'abord les leçons de l'un et de l'autre; puis il se tourna contre tous les deux, mais surtout contre le dernier, dont la réputation était immense, et qu'il vainquit à la fin, le contraignant à renoncer à ses vues sur la nature des *universaux*. Ces disputes, qui nous sembleraient puériles aujourd'hui, et pour cause (consulter les articles consacrés aux trois mots soulignés), avaient alors le don de passionner les esprits au dernier point; on n'obtenait quelque notoriété qu'à la condition d'y prendre part, et il suffisait d'y triompher pour être célèbre et se voir entouré d'une épaisse phalange de disciples zélés. Abailard, qui avait à peine vingt-deux ans, ayant pris position, alla ouvrir une école à Melun, où se trouvait la cour, pour y enseigner sa propre doctrine, le *conceptualisme*, espèce de « centre-gauche » philosophique. Cette école, fréquentée par de nombreux disciples, il la transporta d'abord à Corbeil, non pas spontanément, mais à la suite des intrigues dirigées contre lui par le clergé de Melun. Tombé malade par suite d'excès de travail, le jeune docteur revint à Paris pour se soigner; dès qu'il fut rétabli, il ouvrit sur la montagne Sainte-Geniévre, une nouvelle école, en 1118, où un grand nombre de personnes s'empressèrent à ses leçons.

Abailard avait acquis une renommée qui attirait autour de sa chaire des disciples enthousiastes, venus des parties les plus éloignées de l'Europe; il était pour tout dire à l'apogée de sa gloire, entouré d'admirateurs, mais aussi d'envieux, que le funeste dénouement de ses amours avec la jeune Héloïse, nièce et pupille de Fulbert, chanoine de Paris, remplirent certainement de joie. On ne s'expliquerait pas l'atroce vengeance du vieux chanoine, malgré son juste ressentiment contre le séducteur de sa pupille, s'il n'y avait été poussé par quelque influence haineuse et vindicative. C'est lui qui avait choisi ce précepteur à sa studieuse nièce, et qui l'avait installé dans sa propre maison; or Abailard était jeune, beau, riche, noble et enfin illustre : comment n'eût-il pas plu à son élève? — Jeune, toutefois il avait trente-neuf ans pour le moins, tandis que sa pupille en avait à peine dix-sept, il convient de ne pas oublier cela, si l'on veut rester juste. — Héloïse devenue grosse, son amant l'emmène secrètement dans son pays, où elle met au monde un fils, baptisé sous le nom d'Astrolabe; Abailard propose alors à Fulbert de légitimer son union avec Héloïse par un mariage secret. Le chanoine ayant consenti, le mariage fut conclu, et les jeunes époux revinrent à Paris. C'est ici, en réalité, que le drame commence. La fausse position d'Héloïse importait peu à celle-ci, toute remplie de son amour; mais son oncle en souffrait beaucoup : il ne pouvait accepter sans un sentiment de révolte aisé à comprendre, et en tout cas éminemment respectable, que sa nièce demeurât à jamais perdue d'honneur. Il divulgua donc le secret dont dépendait l'honneur de sa nièce, mais aussi la position élevée d'Abailard. Alors Héloïse, dans son dévouement aveugle, héroïque, voulut se sacrifier à la gloire de son époux; en conséquence elle protesta, et déclara sous serment qu'elle n'était point l'épouse d'Abailard. Et celui-ci la laissa faire !... On peut avouer, du moins, qu'il n'eut pas le beau rôle dans cette affaire. Le prix terrible dont il paya son égoïsme ne saurait faire oublier la faute qui lui attira ce cruel châtiment, lequel n'était peut-être pas aussi disproportionné qu'il le paraît à pareille distance. Après cet éclat, l'infortunée Héloïse fut obligée de se réfugier chez les religieuses d'Argenteuil, pour se dérober à la fureur de son oncle. Celui-ci tourna alors sa colère contre le véritable auteur de tout le mal; il introduisit nuitamment dans la chambre d'Abailard plusieurs de ses gens, qui firent subir au malheureux docteur la plus ignoble des mutilations.

Cette catastrophe interrompit nécessairement l'enseignement d'Abailard; en 1119, il se réfugia à l'abbaye de Saint-Denis, où il se fit religieux. Mais ses anciens disciples l'ayant pressé de reprendre ses leçons, il céda à leur prières, et en ayant obtenu l'autorisation de ses supérieurs, il alla ouvrir une nouvelle école près de Provins. On rapporte que le nombre de ceux qui se pressaient pour entendre sa parole était si grand, qu'ils durent se construire des huttes dans le désert où il professait faute d'un local assez vaste, et qu'il appelait son *camp*. Ce fut alors qu'il publia son *Introduction à la théologie* et son *Traité de la Trinité*, qui le firent accuser d'hérésie; il fut en conséquence appelé au Concile de Soissons pour se justifier (1121), mais il n'y réussit point et fut condamné à être enfermé au couvent de Saint-Médard, et ses ouvrages à être livrés aux flammes. Il obtint pourtant la remise de la peine prononcée contre lui et revint s'enfermer à l'abbaye de Saint-Denis. Mais il y avait une grave querelle, en ce temps-là, entre diverses églises qui prétendaient posséder seules les véritables reliques de saint Denis, et l'on discutait très fort la question de savoir si saint Denis évêque de Paris était ou non l'Aréopagite; Abailard, s'étant prononcé pour la négative, fut obligé de quitter l'abbaye; il se retira à Nogent-sur-Seine où il bâtit un oratoire auquel il donna le nom de Paraclet, qui veut dire *consolateur*. Il ne tarda pas à y être rejoint par de nombreux disciples et reprit le cours de ses leçons, qu'il continua jusqu'en 1126, époque à laquelle les moines de Saint-Gildas de Ruys, dans le diocèse de Vannes, l'élurent supérieur. Il quitta donc le Paraclet, qu'il donna à Héloïse, et se rendit à son abbaye.

Le monastère de Saint-Gildas, dont Abailard venait d'être nommé abbé, était dans un étrange état de désordre et d'anarchie. Un seigneur voisin ayant envahi tous les biens de cette abbaye, les moines s'étaient trouvés réduits à détrousser les passants pour vivre. C'était donc à la tête d'une bande de voleurs de grands chemins et de naufrageurs que l'illustre docteur se trouvait placé. Il entreprit pourtant de les réformer; mais voyant à n'en pouvoir douter qu'ils étaient plus disposés à l'égorger qu'à suivre ses sages conseils, Abailard les abandonna à leur destin, et se retira à l'abbaye de Cluny, dont l'abbé, Pierre le Vénérable, qui l'avait accueilli avec autant de sympathie que de distinction, réussit à le réconcilier avec saint Bernard et le pape Innocent II; car, pendant qu'il était aux prises avec ses moines de Saint-Gildas, Abailard avait été frappé de nouveau par le Concile de Soissons (1140), à la sollicitation de saint Bernard principalement; et la peine prononcée contre ses ouvrages et contre lui-même avait reçu l'approbation du Saint-Siège. Abailard prit l'habit de Cluny, fit des leçons aux moines et les édifia par l'austérité de sa conduite, mais peu de temps : les infirmités s'emparèrent de son corps trop éprouvé, et on dut le transporter au prieuré de Saint-Marcel, retraite délicieuse sur les bords de la Saône, non loin de Châlon; il y mourut le 21 avril 1142, âgé seulement de 63 ans. Son corps fut envoyé au Paraclet, où Héloïse, supérieure de l'abbaye qu'elle y avait fondée, le fit enterrer; à sa mort, arrivée en 1163, elle fut réunie à son illustre et malheureux amant. — En 1808, le tombeau d'Héloïse et d'Abailard fut transporté au musée des Monuments français, et dix ans plus tard transféré au cimetière du Père Lachaise, où il est devenu un lieu de pèlerinage pour les amants mélancoliques, qui l'ont abusivement détérioré en le couvrant d'inscriptions gravées à coups de couteau.

On peut dire d'Abailard qu'il fut le fondateur de la philosophie du moyen âge; ce fut un précurseur, quoique aujourd'hui il soit difficile d'accorder à ses ouvrages la haute valeur qu'ils avaient incontestablement il y a sept siècles, les principales questions qui y sont agitées ayant perdu, depuis longtemps, presque tout intérêt. Beaucoup de ses disciples atteignirent aux plus hautes dignités ecclésiastiques : cinquante furent archevêques ou évêques, vingt furent cardinaux, un fut pape et succéda à Innocent II, qui l'avait naguère condamné, sous le nom de Célestin II. — Les œuvres d'Abailard furent publiées pour la première fois par François d'Amboise, conseiller d'État, en 1516; les *Lettres d'Héloïse et d'Abailard* le furent séparément à Londres en 1718, et Dom Gervaise, ancien abbé de la Trappe, en donna une traduction française qui a, à peu près, la valeur d'un roman, quoi qu'il y en ait de beaucoup plus ridicules. La meilleure traduction de ces *Lettres* est celle de Mme Guizot (1837). Des éditions des œuvres d'Abailard ont été données, en outre, en 1845 par Rémusat et en 1850 par Cousin.

ABAISSABLE, *adj.* Qui peut être abaissé.

ABAISSANT, *adj.* Qui abaisse, réduit à une attitude, à une condition basse.

ABAISSE, *s. f.* Pâtiss. Pièce de pâte amincie ou *abaissée* au rouleau.

ABAISSÉ ÉE, *adj.* et *part. pass.* de ABAISSER, dont il a toutes les acceptions. — Blas. Se dit du pal, du chevron, de la fasce, en un mot des pièces de l'écu placées au-dessous de leur position régulière; *vol abaissé*, se dit des ailes d'un oiseau héraldique dont les extrémités sont tournées vers la pointe de l'écu ou qui sont pliées à un angle plus ou moins aigu; *chef abaissé*, placé sous un autre chef.

ABAISSEMENT, *s. m.* Réduction de hauteur; résultat de l'action d'abaisser ou de s'abaisser, ou cette action même. — Fig. Diminution, amoindrissement, déchéance, humiliation, dépression. Abaissement d'une barrière, du niveau du sol. *L'abaissement du mercure dans le baromètre indique une augmentation dans la pression atmosphérique.* Abaissement de la voix; abaissement de la position sociale, de crédit, d'honneur : *Son existence s'achève dans l'abaissement.* Humiliation volontaire ou involontaire : *L'abaissement des grands affermit l'autorité monarchique. Les abaissements volontaires de la vie religieuse.* Abaissement des caractères, des mœurs, des lettres et des arts. — Algèb. Abaissement d'une équation, sa réduction à un moindre degré. — Astr. Abaissement d'un astre (dépression), son rapprochement de l'horizon. — Chirurg. Abaissement de la cataracte, abaissement du cristallin opaque au-dessous du niveau de la pupille. Abaissement de la matrice, lésion qui la fait descendre plus bas que son point normal. — Géom. Abaissement d'une perpendiculaire à une ligne droite. — Blas. Modification ou addition à quelque pièce des armoiries, pour perpétuer le souvenir d'une vilaine action. C'est ainsi que le fils aîné de Bouchard d'Avesnes et de Marguerite de Flandre ayant, au rapport de Mézeray, insulté sa mère en présence de saint Louis, le roi fit couper la langue et les griffes du lion de sable qu'il portait sur champ d'or, en punition de cette action. Mais ces *abaissements* ont de tout temps été fort rares, ou ceux qui les ont subis se

sont hâtés de les faire disparaître, car on n'en connaît pas d'exemples authentiques.
— Syn. Abaissement, bassesse, abjection. Absence d'élévation morale. Mais l'abaissement suppose un état différent dans le passé, une certaine élévation perdue accidentellement; tandis que la bassesse, l'abjection, indiquent une manière d'être emportant l'idée de permanence.

ABAISSER, v. a. Diminuer de hauteur, faire descendre ou décroître : *Abaisser un mur trop élevé, le niveau du sol, un voile; abaisser le prix du pain, le taux de l'escompte; abaisser les yeux sur un pauvre paria.* — Fig. Diminuer, modérer, adoucir, humilier, avilir, faire déchoir : *abaisser le ton de sa colère; abaisser la voix; abaisser les prétentions, l'orgueil de quelqu'un, son autorité; abaisser la vertu, la majesté du suffrage universel;* abaisser un fonctionnaire, le faire descendre à un rang inférieur. — Arithm. Abaisser un chiffre. — Algèb. Abaisser une équation. — Chirurg. Abaisser la cataracte. — Géom. Abaisser une perpendiculaire. (V. Abaissement.) — Pâtiss. Amincir et étendre la pâte au rouleau. — Faucon. Abaisser un oiseau, c'est diminuer sa nourriture pour le rendre plus ardent à la poursuite de sa proie. — Horticult. Abaisser une branche, la raccourcir.
— S'abaisser, v. pr. Perdre de son élévation. — Fig. S'humilier, se mettre à un niveau inférieur, condescendre. *Le niveau du fleuve s'abaisse graduellement. Le profil des montagnes s'abaisse vers la vallée. Le soleil s'abaisse à l'horizon. Il s'abaisse à solliciter son ancien valet. Le bon maître s'abaisse au niveau intellectuel de ses élèves. Il s'abaisse à vouloir trop s'élever. Je m'abaisserai à l'entendre.*

Syn. Baisser, abaisser. Baisser une chose, c'est l'amener plus bas; l'abaisser, c'est la baisser avec, exprimant une idée de direction vers un objet déterminé. — Fig. Abaisser, rabaisser. Dans le sens d'humilier, de ravaler, les deux synonymes n'ont pas non plus la même valeur; rabaisser exprime plus énergiquement qu'abaisser l'idée d'amoindrir, d'humilier quelqu'un, de déprécier une chose : c'est abaisser avec aggravation, joindre à l'action l'insulte, en quelque sorte.

ABAISSEUR, adj. m. Anat. Les muscles dits *abaisseurs* sont ceux dont la fonction est de déterminer l'abaissement des parties auxquelles ils sont reliés. *Un des quatre muscles de l'œil a pour office d'abaisser le regard vers la terre, et on l'a distingué des autres muscles abaisseurs en l'appelant le muscle humble* (Acad.). S'emploie aussi substantiv. : l'abaisseur de l'œil, de la paupière inférieure, des sourcils, de l'aile du nez, de l'angle des lèvres, de la lèvre inférieure, de la mâchoire inférieure, etc. — s. m. Chirurg. *Abaisseur de la langue*, dit aussi *abaisse-langue* et *glossocatoche*. Instrument servant à abaisser la langue pour permettre d'explorer le fond de la cavité buccale. — *Abaisseur de la paupière*. Instrument avec lequel on abaisse la paupière : se dit aussi *abaisse-paupière*.

ABAIT, s. m. (a-bè). Pêche. Appât pour le poisson (angl. *bait*, norm. *abet*, même sens). Peu usité ailleurs que sur nos côtes de l'Ouest.

ABAJOUE, s. f. Espèce de poche placée de chaque côté de la bouche chez différents mammifères, entre les mâchoires et les joues. Cette poche leur sert de magasin de réserve pour les aliments qu'ils ne peuvent consommer immédiatement. — Étym. On cherche généralement bien loin l'étymologie de ce mot, quand la chose qu'il désigne, par sa situation au bas de la *joue*, paraît la trahir avec une si grande naïveté. — Fam. *abajoues* se dit aussi de joues bouffies et pendantes.

ABAKAN, rivière de la Russie d'Asie, gouvernement de Tomsk, district de Krasnoiarsk. L'Abakan prend sa source dans les monts Altaï, et, après un cours de 320 kilom., se jette dans l'Iénisséï, à Oulianova (r. g.).

ABAKANSK, fort de la Russie d'Asie, sur l'Abakan, près du confluent de cette rivière avec l'Iénisséï, à 200 kilom. environ de Krasnoiarsk. Ce fort, construit par Pierre le Grand en 1707 et réparé en 1818, renferme dans ses murs un millier d'habitants. On considère Abakansk comme le point de toute la Sibérie où le climat est le plus doux et le plus salubre. Dans les environs, remarquables par des tombeaux et quelques statues anciennes de 2m.50 à 3 mèt. de hauteur, on se livre principalement à la culture du houblon et à l'élève des bestiaux, dont Abakansk fait un important commerce avec Krasnoiarsk.

ABAKUR, s. m. Myth. L'un des chevaux de Sunna, déesse du soleil, dans la mythologie des peuples septentrionaux.

ABALAK, bourg de la Russie d'Asie, gouvern. de Tobolsk, sur l'Irtich. Popul. 2,000 habitants. Lieu célèbre par une image miraculeuse de la Vierge, qui y attire un grand nombre de pèlerins. Cette image, transportée chaque année, en grande pompe, à Tobolsk, qui n'est éloigné d'Abalak que de 20 kil.; y reste exposée du 8 au 22 juillet à la vénération des fidèles.

ABALIÉNATION, s. f. Dr. rom. Cession, aliénation de biens divers.

ABALIÉNÉ, part. pas. du v. Abaliéner. — Fig. Pathol. Paralysé : des *membres abaliénés*.

ABALIÉNER, v. a. Négocier une abaliénation.

ABALOURDI, part. pas. d'Abalourdir.

ABALOURDIR, (rad. *balourd*), v. a. abêtir par les brutalités. — S'abalourdir, v. pron. Devenir lourd, s'abrutir.

ABALOURDISSANT, adj. Qui abalourdit, abrutit, stupéfie.

ABALOURDISSEMENT, s. m. Action d'abalourdir, résultat de cette action.

ABAMA, s. m. Bot. Genre de plantes vivaces de la famille des liliacées, tribu des hyacinthées; type du groupe des Abamées. V. Narthéciées.

ABAN, s. m. Le huitième mois de l'année et le dixième jour du mois solaire chez les Persans. — Le mois correspondant à octobre chez les Syro-Macédoniens.

ABANÇAY, ville du Pérou, sur la riv. du même nom, département de Cuzco et à 104 kil. O.-S.-O. sa capitale. Population 20,000 habit. Culture du blé, du maïs, et surtout de la canne à sucre, raffineries importantes, mines d'argent; magnifique pont sur l'Abançay, l'un des plus beaux du Pérou.

ABANCOURT (d'), Charles-Xavier-Joseph de Franqueville (1788-92), homme politique français, né à Douai le 4 juillet 1758, neveu de M. de Calonne. Capitaine de cavalerie lorsque éclata la Révolution, il se fit remarquer par son ardeur royaliste en se faisant ministère de la Guerre par Louis XVI, après les événements du 20 juin 1792. L'assemblée nationale fit comparaître d'Abancourt à sa barre, d'abord pour lui fournir des renseignements relativement aux mesures prises pour la défense de notre frontière N.-O.; ensuite pour répondre à l'accusation d'avoir fait mêler du verre pilé au pain destiné à l'armée, formulée par des soldats. Quelque incroyable que cela soit, le fait de cet affreux mélange était vrai en lui-même; mais d'Abancourt put prouver qu'il n'y était pour rien. Cependant, après le 10 août, il fut envoyé dans les prisons d'Orléans sur la dénonciation de Thuriot. Les massacres de septembre ayant mis en goût leurs auteurs, ceux-ci décidèrent de se rendre à Orléans pour ramener à l'hôte; le gouvernement fit alors évacuer en toute hâte les prisons de cette ville, pleines de suspects et de ci-devants qu'il ordonna de diriger sur Versailles. Les prisonniers, au nombre de cinquante-deux, protégés par une escorte assez forte sous les ordres du commandant Fournier, arrivèrent à Versailles dans la nuit du 9 au 10 septembre. A leur arrivée, et en dépit de l'escorte, dont le commandant fut jeté à bas de son cheval, les voitures furent prises d'assaut, et tous ceux qu'elles contenaient massacrés sans pitié; les meurtriers se dirigèrent ensuite vers les prisons, où l'horrible boucherie se poursuivit. — Le duc de Brissac, Delissart et d'Abancourt furent ainsi égorgés avec leurs quarante-neuf compagnons.

ABANCOURT (d'), François-Jean Willemain (1743-1803). Poète français assez médiocre, né à Paris le 22 juillet 1743. On lui doit une traduction de la *Mort d'Adam*, de Klopstock et une grande variété de poèmes et de petits vers disséminés dans les recueils du temps, mais complètement oubliés aujourd'hui et bien dignes de l'être.

ABANCOURT (d'), Charles Frénot. Ingénieur français. Au commencement de la Révolution, Frérot d'Abancourt revint d'une mission officielle en Turquie, chargé de cartes et de plans levés par lui. Il accueillit avec joie le nouvel état de choses et devint membre de la Constituante; puis la direction du bureau topographique de l'armée du Danube lui fut confiée. Forcé de s'expatrier par la réaction thermidorienne, il mourut à Munich en 1801.

ABANDON, s. m., (de a priv. et du vieux mot fr. *bandon*, signif. autorisation par ban ; *abandon*, c'est-à-dire à discrétion). Action d'abandonner, délaissement. — État d'une personne ou d'une chose délaissée : dans cette acception, il peut avoir le sens actif ou passif, c.-à-d. qu'en parlant de l'abandon de ses amis, on peut vouloir exprimer ou que l'on est abandonné de ses amis, ou qu'on les a abandonnés. — Action de se livrer avec confiance à quelqu'un : *Il s'est ouvert à moi de ses projets avec abandon*; ou de se laisser entraîner à ses passions, à ses sentiments. — Sorte de négligence heureuse, naturelle ou affectée, dans l'extérieur, dans la conversation : *Une attitude pleine d'abandon*. *Un gracieux abandon donne à la causerie un charme de plus.* — Dr. c. Acte de cession volontaire à ses créanciers de tous les biens d'un débiteur. — Dr. marit. Action d'abandonner un navire et son fret brut, ou une marchandise chargée par un importateur, ou son quartier marit., ou ses fonctions nautiques. En droit marit. ce mot a donc une signification complexe.

— A l'abandon. loc. adv. Avec négligence, en désordre. *Une maison à l'abandon. Laisser aller ses affaires à l'abandon.*
— Bourse. Acte de renonciation à un marché moyennant paiement de la prime.

ABANDONNATAIRE, s. des 2 g. Jurispr. Bénéficiaire d'un abandon de biens, — par opposition à abandonnateur.

ABANDONNATEUR, TRICE, s. Jurispr. Celui ou celle qui consent un abandon de biens.

ABANDONNÉ, ÉE, part. pas. d'Abandonner. — Substantiv. Celui ou celle que sa mauvaise conduite a fait délaisser des siens, ou qui s'est abandonné à ses passions.

ABANDONNEMENT, s. m. Action d'abandonner, résultat de cette action. S'emploie, de nos jours, presque tous les cas où le mot abandon peut le remplacer et où l'usage fait préférer ce dernier. — Signifie en outre abnégation, sacrifice, démission, renonciation, et aussi dérèglement de conduite, désordre. — Jurispr. Désigne le lot abandonné à chacune des parties, dans un partage ou une liquidation.

ABANDONNÉMENT, adv. Sans réserve, avec abandon (vieux).

ABANDONNER, v. act. Délaisser, céder, livrer, négliger, se séparer de..., désespérer de..., renoncer à..., laisser à la discrétion de... *Abandonner ses enfants, sa maison. Je vous abandonne la place, mes droits. Abandonner l'étude, le travail. La faculté l'abandonne. Abandonner tout espoir de réussir à quelque chose. Abandonner ses blessés sur un champ de bataille. Abandonner ses biens à ses créanciers.* — Faucon. Laisser l'oiseau agir librement. — Vén. Un chien qui *abandonne* la voie, la piste, c.-à-d. qui prend le change.

— S'abandonner, v. pr. Avoir de l'abandon, se laisser aller, se livrer sans réserve, se confier, prendre confiance, se négliger, se lancer sans précaution. — Fig. En parlant d'une femme, se prostituer. — Équit. Un cheval s'abandonne lorsqu'il ralentit visiblement son allure, malgré les efforts de son cavalier.

ABANNATION, s. f.(du lat. *ab*, et *annus*). Dr. anc. Peine d'une année d'exil infligée à un homicide volontaire.

ABANO, ville d'Italie, province de Vénétie, à 8 kil. S.-E. de Padoue. C'est l'*Aponum des*

Romains. Ses eaux thermales que Claudien a chantées sous le nom d'*Aquæ Aponi* et sous celui de *Pontavinae aquæ*, n'ont rien perdu de leur célébrité. Ce sont des eaux iodo-bromurées, considérées comme d'une efficacité souveraine dans le traitement des maladies de la peau, des scrofules et de la goutte. Popul. 3,000 habit. — Patrie supposée de Tite-Live.

ABANO (d'), PIETRO, également connu sous le nom de *Petrus de Apono* ou *Aponensis* (1246-1316). Médecin, philosophe et alchimiste italien, né à Abano en 1246 suivant les uns, 1250 suivant d'autres. Il fit très jeune un voyage en Orient pour se fortifier dans la connaissance du grec, après avoir étudié, toutefois, les mathématiques à Padoue; puis il vint à Paris, où il prit le grade de docteur en médecine et celui de docteur en philosophie. De retour à Padoue, il aborda l'enseignement et acquit rapidement une grande réputation, surtout comme médecin; il en profita, dit-on, pour imposer à ses malades le paiement d'honoraires exorbitants : il refusait de se déranger à moins de 50 écus à la couronne. On affirme même qu'il ne consentit à aller à Rome pour soigner Honoré IV, qu'après qu'on lui eut assuré un traitement fixe de 400 écus par jour. Cette conduite souleva contre lui des haines violentes, et comme ses succès rapides lui avaient fait des envieux parmi ses collègues, ses ennemis de l'une et de l'autre origine se liguèrent pour le perdre. Il fut dénoncé à l'Inquisition comme se livrant à la magie, et singulièrement, comme ayant le pouvoir, émanant du diable en ligne directe, de faire rentrer dans sa bourse tout l'argent qu'il dépensait; il était aussi véhémentement soupçonné de posséder la pierre philosophale. A cette époque l'alchimie était en quelque sorte la science fondamentale, et Pierre d'Abano, en conséquence, s'occupait d'alchimie; la convaincre de magie était alors la chose du monde la plus facile. Deux fois il fut assigné devant le tribunal de l'Inquisition : la première, il fut acquitté; mais il mourut au cours du second procès, qui se termina par la condamnation de son cadavre à être brûlé publiquement. Un ami de Pierre d'Abano, d'autres disent sa servante, ayant prévu le coup, avait exhumé les restes du condamné, qu'il avait mis en sûreté. L'Inquisition dut alors se contenter de publier la sentence et de brûler le coupable en effigie sur la place publique de Padoue.

P. d'Abano, brûlé en effigie.

Dans ses écrits, Pierre d'Abano expose et fait valoir les systèmes philosophique et médical d'Averrhoès et des autres auteurs arabes. Ses meilleurs ouvrages connus sont les *Conciliator differentiarum quæ inter philosophos et medicos versantur* (Mantoue, 1472; Venise, 1476); *De venenis eorumque remediis* (1472), dont une traduction française a été publiée à Lyon en 1593; *Supplementum in mesusiam*; *Expositio problematum Aristotelis.* — Environ un siècle après sa mort, ses concitoyens placèrent son buste à côté de celui de Tite-Live, sur l'une des portes du palais public.

ABANTES, *s. m. pl.* Géogr. anc. Peuple originaire de Thrace qui vint s'établir dans la Phocide, où il bâtit la ville d'Aba ou Abæ, du nom de son chef. Plus tard, chassés de leur ville par l'invasion de Xerxès, les Abantes passèrent en Eubée, à laquelle ils donnèrent le nom d'Abantide. — Les Abantes, qu'Hérodote comprend parmi les Ioniens, se ruaient le devant de la tête, en conservant leurs cheveux longs que par derrière, contrairement aux autres peuples de Thrace, surnommés *acrocomes*, parce qu'ils portaient les cheveux longs également par devant.

ABANTIDAS, tyran de Sicyone. Il s'empara du pouvoir en 267 av. J.-C., par le meurtre de Clinias, père du célèbre Aratus, plus tard chef de la ligue Achéenne et qui avait alors cinq ans. Après un court règne, qu'il remplit d'infamies et de cruautés, Abantidas fut à son tour assassiné par les philosophes Dinias et Aristote le dialecticien.

ABANTO, île d'Égypte. V. ABATE.

ABAPTISTE, *s. m.* Anc. nom du *trépan.*

ABAPUS, *s. m.* Bot. Genre de plantes de l'Afrique et de l'Amérique méridionales, de la famille des amaryllidées, formée aux dépens de celle des narcissées de la classification de Jussieu.

ABAQUA, femme célèbre de l'antiquité. Issue de la nation des Alains, nomades et pasteurs, elle épousa un paysan Goth du nom de Mecca, qui lui donna pour fils celui qui devait être un jour l'empereur Maximin (173 av. J.-C.). En cela consiste toute sa célébrité.

ABAQUE, *s. m.* V. ABACUS.

ABARBANEL, ABRABANEL, ou **AVRAVANEL,** ISAAC (1437-1508). Célèbre rabbin portugais, dont les coreligionnaires font un descendant du roi David, en dépit d'Abraham-ben-Dior, qui affirmait que, depuis 1154, le dernier rejeton de la race de David avait disparu de la Péninsule. Il naquit à Lisbonne en 1437. Jeune encore, il fut le conseiller intime d'Alphonse V de Portugal, puis il passa au service de Jean II d'Aragon et resta à celui de Ferdinand le Catholique. Mais lors de l'expulsion des Juifs du pays, en 1492, Abarbanel fut forcé de quitter l'Espagne comme les autres. Il se rendit à Naples, puis à Corfou; enfin après avoir erré pendant plusieurs années de ville en ville, il s'établit à Venise, où il mourut en 1508, laissant une grande réputation de sagesse et d'érudition théologique. On lui doit des *Commentaires* très estimés sur l'Anc. Testament; un *Traité* de la Création du monde, réfutation du système d'Aristote; un *Traité* sur les articles de foi, etc. — Son fils Léon ABARBANEL, resté à Venise, a écrit un ouvrage philosophique intitulé *Dialogues d'amour,* composé en italien.

ABARBARÉE. Myth. Naïade qui épousa Bucolion, roi de Troie. Elle en eut deux fils, Elese et Pédase.

ABARCA, PIERRE (1619-1693), Jésuite espagnol, né à Jaca, prov. de Huesca. Il fut professeur à l'université de Salamanque et devint maître de la corporation de cette université. On a de lui une *Histoire des rois d'Aragon,* publiée à Madrid en 1682 (2 vol. in-f°) et divers ouvrages de théologie.

ABARCA, D. JOAQUIN (1780-1844), prélat et homme politique espagnol. Attaché au parti de Don Carlos de l'époque, depuis sa jeunesse, il en devint bientôt l'un des chefs. Nommé au siège épiscopal de Léon en 1823, il conserva malgré cela un rôle politique, et fut premier ministre du prétendant dans les provinces basques. L'évêque de Léon, banni de son diocèse et de son pays en 1839, alla se réfugier dans un couvent piémontais, près de Turin, où il mourut cinq ans plus tard.

ABARE, chef des Arabes célèbre dans l'histoire pour avoir trahi M. Crassus, gouverneur de Syrie, dans son expédition contre les Parthes, où il périt.

ABARES, *s. m. pl.* Anc. peuples de Tartarie, appelés aussi AVARES.

ABARIGA, *s. m.* Bot. Palmier des Antilles. De son fruit, appelé *abanga* ou *abauga,* on tire la liqueur fermentée connue en Europe sous le nom de *vin de Palme.*

ABARIM. Chaîne de montagnes de la Palestine, située à l'Est du Jourdain et de la mer Morte. Elle s'étendait, d'après la géographie biblique, à travers le pays de Moab et la tribu de Ruben, et était séparée en deux par le torrent d'Arnon. Le mont Nébo, où Moïse mourut en vue de la Terre promise, se trouve dans la partie septentrionale des monts Abarim.

ABARIM, nom des Hébreux en langue hébraïque. (E. P.)

ABARIS. Poète scythe, auteur, d'après Suidas et autres, de plusieurs ouvrages excellents, tant en prose qu'en vers, mais dont nous ne savons pas autre chose. Il fut envoyé en ambassade à Athènes, par les Hyperboréens, vers 564 av. J.-C. et y devint, quoique barbare, l'objet de l'admiration des Grecs, par sa sagesse, sa vertu et ses talents. Habile, entre autres talents, à prédire les événements météorologiques, il passa bientôt pour être fils d'Apollon, et l'on affirma de Hyperboréen et, qui chevauchait à l'occasion pour franchir les distances sans s'inquiéter des fleuves, ni des mers, ni des lieux les plus inaccessibles aux mortels. Abaris passe également pour avoir délivré le monde, c'est-à-dire la Grèce, d'une peste affreuse. — Sur un fond évidemment vrai, il est clair que l'histoire d'Abaris a été brodée des couleurs les plus vives que puisse fournir une imagination orientale; dans la flèche d'or, présent d'Apollon, qu'on lui donne d'ailleurs pour père, on peut trouver une allégorie poétique de la science profonde pour le temps que possédait l'Hyperboréen, et qui semblait renverser devant lui tous les obstacles. L'immense fatras des légendes *abariques*, plus ridicules les unes que les autres, n'a fait malheureusement qu'obscurcir davantage l'obscurité de cette histoire.

— Il y eut un autre ABARIS, qui fut tué par Persée, suivant Ovide. — Un autre encore, d'après Virgile (*Enéide L.* 9.) fut tué par Euryale.

ABAS, *s. m.* Métrol. Poids de Perse, spécial pour le pesage des perles et valant 7/8 de carat, ou environ 0 gr. 18.

ABAS. Douzième roi des Argiens, fils de Lyncée et d'Hypermnestre, régna vers 1510 av. J.-C. C'est le fondateur de la dynastie des Abantidades. Il fut père de Prœtus et d'Acrisius, et grand-père de Persée, de Danaé et d'Atalante, qui portaient elles-mêmes le surnom d'Abantidades. — Il y eut plusieurs autres ABAS, notamment un des compagnons d'Enée, qui fut tué à la prise de Troie et un général Toscan, tué par Lausus. (V. ABDAS.)

ABASCAL, D. JOSÉ FERNANDO (1743-1821), général espagnol, né à Oviedo en 1743. Entré au service à dix-huit ans, il en avait atteint le grade lorsqu'il obtint les épaulettes de colonel. Nommé en 1793, gouverneur ou lieutenant du roi à l'île de Cuba, il défendit énergiquement la Havane contre les Anglais en 1796, et reçut, en récompense de sa brillante conduite dans cette affaire, le commandement général de la Nouvelle-Galice. Nommé vice-roi du Pérou en 1804, il montra dans ce nouveau poste une activité et une intelligence hors de pair et sut se concilier l'estime et l'affection des Péruviens dont il emporta les regrets, lorsqu'il dut les quitter en 1816, sous le coup d'une sorte de disgrâce. Pourtant, dans le cours de son administration, Abascal avait créé de nombreux centres de population nouveaux et donné au commerce et à l'industrie du Pérou une impulsion dont le gouvernement central aurait pu lui tenir compte, car la prospérité qu'il avait fait naître dans cette colonie, eu outre au moins puissamment développée, lui avait permis de fournir des subsides à Ferdinand VII, pour soutenir la guerre contre Napoléon. Or, il y avait six ans que le Chili et la Plata avaient secoué le joug de l'Espagne, et il devait se passer encore près de quatre années à qui donc était quelque chose l'attitude des Péruviens, sinon au vice-roi? — Abascal se retira à Madrid en 1817 et mourut en 1821.

ABASCANTES, *s. m. pl.* Caractères magiques que l'on gardait sur soi, afin qu'ils portassent bonheur, selon la vertu qu'on leur attribuait. — *Adjectiv.* Des caractères abascantes.

ABASES, *s. pl.* Géogr. Habitants de l'Abasie, les *Achœi* ou *Abasci* des anciens. Généralement nomades, les Abases élèvent des chevaux d'une race petite mais vigoureuse et estimée, des moutons, des chèvres, des volailles et des abeilles; ils cultivent diverses céréales et sont armuriers habiles; mais ils sont peut-être encore plus grands voleurs et pirates audacieux. Ce sont de beaux hommes, et leurs femmes rivalisent avec les Circassiennes les plus authentiques. Les hommes et les enfants mâles ne se montrent guère qu'armés jusqu'aux dents. Convertis au christianisme dès le temps du Bas-Empire, les Abases se firent musulmans avec la plus parfaite résignation quand les Turcs succédèrent aux Byzantins; mais à la suite d'un soulèvement qui eut lieu en 1771, ils rejetèrent l'islamisme et ne jugèrent pas à propos de rien mettre à la place. Ils conservèrent toutefois leurs églises chrétiennes, pour lesquelles ils n'ont pas cessé d'avoir une grande vénération, et célèbrent toujours quelques-unes des fêtes du christianisme qui font le plus d'impression sur leur esprit inculte et barbare. — Ces peuples, à travers les vicissitudes de leur histoire, ont toutefois conservé leur idiome particulier, appelé l'*abase* ou l'*absné*, qui diffère de toutes les autres langues du Caucase; elle a cependant, suivant Balbi, plusieurs mots communs avec la langue circassienne, dont elle observe d'ailleurs les règles syntaxiques.

ABASIE. Vaste contrée de la Russie orientale, divisée en *Grande Abasie*, au Sud du Caucase et en *Petite Abasie*, au Nord, entre le Kouban et le Terek. L'Abasie est bornée à l'E. par la Mingrélie, au S.-O. par la mer Noire et au N.-E. par le Caucase et la Circassie. Soumise successivement aux Persans, aux Georgiens, aux Byzantins et aux Turcs, elle fut cédée par ceux ci à la Russie en 1813. Les Russes, toutefois, se bornent à y occuper quelques forts et points militaires, autrement leur autorité n'y est guère que nominale. Cette contrée, coupée de montagnes et de vallées boisées et arrosées par de nombreux cours d'eau, est très fertile; ses habitants, les *Abases* ou *Abkhases*, y cultivent principalement le blé, le seigle, le millet, et y élèvent de nombreux troupeaux. La population totale est d'environ 145,000 habitants; mais outre les indigènes, il y a plusieurs tribus composées de Georgiens, de Turcomans, de Grecs, d'Arméniens et de Russes.

ABASOURDI, IE, *part. pass.* du v. ABASOURDIR.

ABASOURDIR, *v. a.* Assourdir par un grand tapage, étourdir physiquement et moralement. *Cette explosion, ce coup de foudre m'a abasourdi.* — Il s'emploie plus fréquemment au figuré, dans le sens de consterner, accabler, stupéfier. *Il a été abasourdi de sa disgrâce, de la perte de son procès. Cette nouvelle l'a abasourdi.* (Acad.)

ABASOURDISSANT, *part. prés.* du v. ABASOURDIR. — *Adj.* capable d'abasourdir, stupéfiant. — Figuré. Ennuyeux au suprême degré. Fatigant à l'excès.

ABASOURDISSEMENT, *s. m.* Consternation, accablement, stupeur; action d'abasourdir, effet de cette action. *Cette révélation n'est pas seulement surprenante, elle est abasourdissante.*

ABASSA. Homme politique et officier ottoman du XVIIe siècle. Il se révolta sous Mustapha Ier, pour venger la mort d'Osman; le vainquit et passa au fil de l'épée tous ceux de ses janissaires qui lui tombèrent sous la main. Mustapha ayant été déposé et remplacé sur le trône par Amurat IV (1625), Abassa, à la tête d'une armée de 60,000 hommes, fut envoyé en 1634 contre les Polonais. D'abord victorieux, il fut battu complètement par l'ennemi, et quoiqu'il en eût rejeté la faute, à tort ou à raison, sur la lâcheté des Moldaves et des Valaques qui formaient la majorité de ses troupes, il fut arrêté et étranglé dans sa prison par ordre du sultan.

ABAT, *s. m.* Action d'abattre, de mettre à mort. *Abat d'un cheval, d'un bœuf.* — *Plur.* Parties d'un animal abattu, dont la chair est destinée à l'alimentation, qu'il faut vendre à part, comme les cornes, les sabots, la peau, le suif, les viscères, les intestins, etc.; toutefois on dit de préférence, dans ce cas, *abatis;* et l'Académie, du reste, n'admet pas d'autre mot que celui-ci. (V. ABATIS.)

ABAT ou **ABAS**, *s. m.* (étym. *à* et *bas* ou *à* et *battre*). Averse, pluie soudaine et abondante, avalanche.

ABATAGE, *s. m.* Action d'abattre les bois sur pied, les arbres; de mettre à mort, en les abattant, c.-à-d. en les faisant tomber, les animaux de boucherie et les animaux divers atteints de maladies contagieuses. *Nous procéderons demain matin à l'abatage de nos chevaux morveux.* — Art. vétér. Action de renverser et de coucher par terre un animal qui doit subir une opération chirurgicale. — Constr. Action de retourner, dans un chantier, une pièce de bois ou une pierre. — Mar. Action d'abattre un navire, de le coucher sur un côté pour réparer l'autre. — Typogr. *Abatage de la frisquette.* Action d'abattre le châssis appelé frisquette sur le tympan.

— MIN. *Abatage à la chaux.* Un nouveau procédé d'abâtage du charbon a été essayé en Angleterre et paraît avoir donné d'excellents résultats. Il est fondé sur l'augmentation de volume qu'éprouve la chaux caustique lorsqu'elle se combine avec l'eau. La chaux, réduite en poudre fine, est moulée sous une pression de 40 tonnes en cylindres de 65 millimètres de diamètre, creusés d'une rainure suivant une génératrice. On commence, dans le travail d'abatage, par dégager le charbon à sa partie inférieure, et l'on perce des trous semblables aux trous de mine, contre le toit, au moyen de perforatrices à la main. On engage dans chaque trou un cylindre de fer de 25 millimètres de diamètre environ, en le maintenant contre la partie supérieure du trou. Ces cylindres de fer sont munis d'une fente longitudinale à leur partie supérieure et percés de trous; ils sont munis d'un ajutage à leur partie antérieure, et maintenus enveloppés dans un étui de calicot. On place ensuite les cartouches de chaux de telle manière que le tube de fer soit engagé dans la fente longitudinale des cartouches, puis on fait un bourrage serré. On chasse alors de l'eau dans le tube, par l'intermédiaire d'une pompe foulante et de l'ajutage, puis on ferme le robinet. L'augmentation du volume de la chaux (rapport de 4 à 1) et la pression de la vapeur qui se produit en même temps déterminent une désagrégation lente du charbon, qui tombe au bout de 10 à 15 minutes environ, lorsqu'on enlève les étais qui le soutenaient. Ce procédé évite tout danger d'explosion, tout développement de gaz délétères, et la désagrégation se produit sans ébranlement général. Il est plus rapide que l'abatage à la poudre, paraît-il, car une expérience comparative a donné 628 tonnes de charbon par l'abatage à la poudre en 320 heures, et 758 tonnes en 220 heures par l'abatage à la chaux.

— ARGOT. *Vente à l'abatage.* Vente sur le pavé de la rue d'objets qui y sont jetés en désordre, comme s'ils y avaient été violemment *abattus*. *Avoir de l'abatage*, être très grand, de manière à tomber ou à *s'abattre* de plus haut, à l'occasion : se dit, dans ce cas, aussi bien des choses que des personnes.

— REM. On écrit également ABATTAGE, en dépit de l'Académie, dont il nous paraît meilleur, plus utile surtout, d'observer les prescriptions. Mais il n'est pas facile de s'expliquer pourquoi l'Académie écrit d'une part *abatage, abatant, abatis*, et de l'autre *abattre, abattement, abatteur, abattoir*, et même *abattures!* Le sait-elle, elle-même? — Par quelle bizarrerie procède-t-on à l'abatage dans un abattoir?...

ABATANT, *s. m.* Partie d'une table, d'un comptoir, etc., qui, uni au reste au moyen de charnières, peut se lever et s'abaisser suivant le besoin. — Techn. Pièces d'un métier à bras qui fait descendre les platines à plomb.

ABATARDI, IE, *part. pas.* de ABATARDIR. *C'est une race, une nation, une famille abâtardie.* — Fig *Principes abâtardis par de fausses interprétations.*

ABATARDIR, *v. a.* faire dégénérer, altérer profondément, corrompre. *Des croisements mal entendus ont abâtardi les meilleures races de chiens français. Ces belles plantes ont été abâtardies par une culture inintelligente.* — Fig. *L'abus des plaisirs abâtardit le courage, les talents.*

— S'ABATARDIR, *v. pr.* Dégénérer, se corrompre. *Les plus beaux dons de la nature finissent par s'abâtardir par le manque d'emploi. Ces rosiers s'abâtardiront si vous ne les entourez de soins constants.*

ABAT-CHAUVÉE, *s. f.* (Etym. *abattre* et *chaux*). Techn. Nom que l'on donne dans nos prov. centrales à la laine détachée à l'aide de la chaux, de la peau qu'elle couvrait. — *pl.* des ABAT-CHAUVÉE.

ABATE, **ABANTO** ou **ABATOS**, Géogr. anc. Ile d'Egypte située au milieu d'un marais, près de Memphis, célèbre par le tombeau d'Osiris qui y était conservé. On y cultivait avec grand succès le lin et le papyrus.

ABATE ANDREA. Peintre napolitain, mort en 1732. Il s'était voué à la peinture des objets d'histoire naturelle, et a laissé dans ce genre des œuvres très estimées, exécutées principalement pour le roi d'Espagne.

ABATÉE, *s. f.* Mar. Mouvement involontaire d'un navire qui, d'abord immobile, tourne autour de son axe vertical sous l'impulsion de la lame ou du vent. — Se dit aussi de l'espace que le navire a parcouru dans l'exécution de ce mouvement. — On dit quelquefois ABATTUE. (Nous supposons que l'Académie écrirait ainsi ce mot, puisqu'elle écrit ABATTU, *part. passé.*)

ABATELLEMENT, *s. m.* (de *abattre*).— Jurispr. Comm. Sentence portée par le consul français contre les débiteurs et les contractants de mauvaise foi, leur interdisant tout commerce dans les Échelles du Levant. — Ce mot a disparu de la dernière édit. du Dictionnaire de l'Académie; il n'a pas cessé d'être en usage, pourtant, que nous sachions, et surtout la chose n'a, malheureusement, jamais cessé d'être nécessaire.

ABAT-FAIM, *s. m.* Cuis. Pièce de résistance d'un repas. — *Plur.* des ABAT-FAIM.

ABAT-FOIN, *s. m.* Écon. agric. Ouverture pratiquée dans le plancher d'un grenier, pour *abattre* le foin dans l'écurie ou l'étable au-dessous. — *Pl.* des ABAT-FOIN.

ABATI ou **DELL'ABBATE**, NICOLO (1512-1571). Célèbre peintre italien, élève de Raphaël et du Corrége, après Ruggieri; se fit connaître surtout par ses fresques, conçues dans ce genre mixte qui fut plus tard le caractère distinctif des œuvres de la décadence. Né à Modène en 1512, il accompagna en France, en 1552, le Primatice et prit part avec lui à la décoration du palais de Fontainebleau, principalement à la restauration des fresques représentant les *Aventures d'Ulysse*, fort endommagées par la négligence des maçons. Abati est mort à Paris en 1571.— Ses œuvres les plus remarquables se trouvent à Modène et à Bologne. On cite dans cette dernière ville son *Adoration des bergers*, peinte à fresque au portique du palais Leoni. Quelques toiles de chevalet d'Abati se rencontrent aussi dans les collections. Une des plus belles, représentant le *Martyre de saint Pierre et saint Paul*, est à la galerie de Dresde; une autre, *le Mariage de sainte Catherine*, est au Musée français de Bologne.

ABATIA (1530-1590), médecin et astrologue français, né à Toulouse vers 1530. Il professa à Paris la médecine, les mathématiques, l'astrologie et le droit, et écrivit divers ouvrages; notamment un *Grand herbier*, resté manuscrit, et une *Pronostication sur le Mariage de Henri, roi de Navarre, et de Marguerite de France, son épouse*, imprimé à Paris en 1572. Aucun des ouvrages d'Abatia ne nous est parvenu.

ABATIS, *s. m.* Amas de choses abattues, renversées, démolies. *On a fait un grand abatis de chênes dans cette forêt.* (Acad.). — Chasse. *Avoir fait un grand abatis de gibier*, en avoir tué beaucoup. — Se dit aussi du chemin tracé par le piétinement des louveteaux pour se rendre *au carnage*, c.-à-d. à l'endroit où ils savent trouver leur nourriture. — Cuis. Les pattes, les ailerons, la tête et le cou, le gésier, le foie, le cœur d'une volaille, constituent son ou ses abatis. — Bouch. Boyaux, graisse, peau, etc. d'un animal de boucherie (syn. ABAT).

— ARGOT. Les pieds et les mains d'une personne. *Veux-tu bien cacher tes abatis!*

ABAT-JOUR, *s. m.* Réflecteur placé au-dessus du foyer lumineux d'un appareil d'éclairage quelconque, dans le but d'en condenser les rayons et de les rabattre sur un point donné. — Sorte de fenêtre en forme de trémie ou de hotte, par où le jour pénètre d'en haut. — Volet plein ou à claire-voie, store de tissu plus ou moins serré que l'on dispose devant une ouverture d'habitation ou au-dessus d'un étalage, pour intercepter les rayons du soleil, quelquefois avec l'intention de diminuer l'éclat du jour. *Les marchands ont des abat-jour dans leurs magasins pour faire paraître leurs marchandises plus belles.* (Acad.). *Pl.* des ABAT-JOUR.

— ARGOT. Visière.

ABATON, *s. m.* (du grec *a* priv. et *batos*, accessible; inaccessible, interdit). Partie du chœur interdite au public dans les églises grecques. — Nom d'un temple de l'île de Rhodes renfermant un trophée de la reine Artémise, et dont l'entrée était interdite en conséquence. — Se disait aussi de tout passage interdit. *Abata loca* (Vitruve).

ABATOS, *s. m.* Myth. Nom d'un des chevaux de Pluton. — Ile d'Egypte. V. ABATE.

ABAT-SON, *s. m.* Disposition de lames de bois, recouvertes d'ardoises, de tuiles ou de lames de plomb, ajoutées aux fenêtres des clochers et beffrois et dont l'office principal est d'abattre le son des cloches. — *Plur.* des ABAT-SON.

ABATTABLE, *adj.* Bon à abattre, dans tous les sens.

ABATTEMENT, *s. m.* État de qui est abattu, affaiblissement, perte d'énergie, de forces. *Il put jouir en conscience de l'abattement de ses ennemis. Il est dans l'abattement de la douleur que lui cause cette perte.*— Méd. L'abattement exprime une lésion fonctionnelle dont les conditions organiques nous échappent et qui a pour symptôme une diminution notable et soudaine des phénomènes vitaux dépendant de l'action nerveuse, du mouvement, des sensations, de l'entendement, des affections, des instincts (Littré).

— SYN. ABATTEMENT, ACCABLEMENT, ÉPUISEMENT, AFFAISSEMENT, ANÉANTISSEMENT. Abattement et accablement s'entendent du moral aussi bien que du physique, les autres états ne peuvent s'entendre que du physique. En outre, dans le premier état, les forces vitales sont abattues, c'est-à-dire tombées; dans le second, elles sont opprimées, écrasées; dans le troisième, la source en est ou en paraît être tarie; dans le quatrième, elles sont abîmées et se perdent sensiblement; enfin, dans le dernier, il n'y a plus de forces vitales du tout, c'est le néant. Le caractère distinctif de l'*abattement*, c'est qu'il survient tout à coup, à la nouvelle d'un malheur; tandis que l'anéantissement c'est la fin de tout, et que les états intermédiaires conduisent, par gradations insensibles, du premier au dernier.

ABATTEUR, *s. m.* Celui qui abat. — Fig. abatteur d'hommes, guerrier. *Napoléon fut un terrible abatteur d'hommes.* Abatteur d'ouvrage, celui qui fait beaucoup de besogne dans un temps plus court qu'il n'en faudrait à d'autres.— Abatteur de quilles, locution rarement employée au propre et qui, figurément, veut dire la même chose que la précédente; mais, le plus souvent, elle s'applique par ironie à quelque vantard : *Voilà un fameux abatteur de quilles!*

ABATTOIR, *s. m.* Bâtiment destiné à l'abatage des animaux de boucherie, ou à celui des chevaux. *Au point de vue de la police municipale et de la salubrité publique, l'établissement d'un abattoir de chevaux a donc réalisé une amélioration d'une haute importance* (Ch. Laboulaye). — Fig. Lieu de massacre. *Magenta fut un véritable abattoir.* — Arg. Cachot des condamnés à mort à la prison de la Roquette.

ENCYCL. L'embryon de notre système moderne d'abattoirs peut être, à la rigueur, retrouvé dans l'organisation de l'abatage des animaux de boucherie qui existait à Rome sous l'empire. Il n'est pas douteux qu'il y avait alors à Rome une corporation de bouchers, qui choisissait des délégués chargés de mettre à mort les bestiaux destinés aux besoins de leur clientèle et de celle de leurs confrères. D'abord, les établissements nécessaires étaient, comme ils furent trop longtemps chez nous, disséminés dans plusieurs quartiers; puis on les réunit dans un seul quartier, à proximité du marché public à la viande et comme annexes à ce marché qui, au temps de Néron, comme en témoignent quelques médailles parvenues jusqu'à nous, était une des constructions les plus importantes de la cité. (V. BOUCHERIE.) Ce système, qui a longtemps prévalu en France et prévaut encore en Angleterre, ou plutôt à Londres, paraît s'être introduit dans les Gaules avec la civilisation romaine, mais ne s'y est jamais installé d'une manière définitive. A Paris et dans les grandes villes de France, pourvues aujourd'hui de véritables établissements modèles, l'institution des abattoirs publics est de date récente, quoique plus ancienne que dans aucune autre contrée de l'Europe. Auparavant, chaque boucher avait sa tuerie particulière, annexe de son étal, souvent établie dans sa propre maison. Longtemps l'abatage des animaux et la vente de la viande destinée à l'alimentation de Paris fut le privilège de quelques familles; sans que les errements traditionnels parussent devoir être modifiés, la grande cité augmentait d'importance et sa population doublait, triplait; de sorte que, à la fin, l'idée que l'éloignement des abbatoirs ou *écorcheries* hors de la ville, ou tout au moins de ses quartiers populeux serait une mesure salutaire, commença de se faire jour. On trouve trace de cette préoccupation dans un édit de Charles IX, du 25 fevrier 1567. Mais les meilleurs arguments en faveur d'une pareille transformation devaient être faibles, sous un règne où les rues de Paris étaient transformées en abattoirs humains au nom de la religion, sans nul souci de la salubrité publique! Le fait est que les choses demeurèrent dans l'état où elles se trouvaient, non quelques années encore, mais jusqu'au commencement du XIXe siècle. — Le mal avait alors atteint des proportions vraiment effrayantes. La plupart des tueries étaient installées dans des quartiers populeux, où la circulation était à chaque instant entravée par le passage des troupeaux de gros et de petit bétail, où il ne se passait pas de jour que quelque animal pris de furie soudaine ne causât de terribles et inévitables malheurs; en outre, le sang coulait, par les rigoles et les gouttières, dans les ruisseaux des rues, les débris de matière animale jonchaient les dépendances des *tueries;* la putréfaction rapide de ces débris empoisonnait l'atmosphère parisienne et les Parisiens respiraient la mort avec une insouciance merveilleuse.

Un premier décret de l'empereur, en date du 10 novembre 1807, prescrivit une enquête ayant pour but d'éloigner du centre de Paris ces foyers d'infection par la création d'abattoirs dans le voisinage des barrières. Les événements retardèrent l'exécution de ce décret, mais un autre, en date du 9 février 1810, provoqua la formation d'une commission chargée de réaliser le projet formulé dans le précédent. Cinq abattoirs furent alors construits aux extrémités de la ville, savoir : l'abattoir de Montmartre, situé avenue Trudaine; celui du Roule, près du parc Monceau; celui de Ménilmontant, avenue Parmentier; celui de Villejuif, près de l'ancienne barrière Fontainebleau et celui de Grenelle. Ces abattoirs, presque tous disparus aujourd'hui, furent inaugurés le 15 septembre 1818. Ils rendirent d'immenses services. Mais la suppression des barrières, en 1860, et l'extension de Paris jusqu'aux fortifications, suivies du percement de larges et magnifiques voies nouvelles dans des quartiers naguère encore presque déserts, donnèrent à ces quartiers une importance et un mouvement considérables. On songea donc à la création d'un abattoir général, d'immenses proportions, qui pût satisfaire aux besoins de tous les bouchers de Paris, tout au moins de ceux de la rive droite, car les abattoirs de Montmartre, de Ménilmontant et du Roule se trouvaient particulièrement menacés par les projets d'embellissement dont étaient l'objet les quartiers où ils se trouvaient. C'est ainsi que fut décidée la création de l'abattoir général de la Villette.

Le marché aux bestiaux et les abattoirs de la Villette ont été construits de 1865 à 1867 par M. Janvier, sur les plans de M. Baltard. Ils sont situés entre le canal Saint-Denis, la route de Flandre, la rue d'Allemagne et les fortifications et occupent une superficie totale de 45 hectares. Ils sont reliés à toutes les grandes gares par un embranchement spécial de chemin de fer de ceinture amorcé sur cette ligne entre Belleville et la Villette, derrière les buttes Chaumont. Une entrée du marché s'ouvre en outre sur la rue d'Allemagne pour les bestiaux venus à pied. Le marché et les abattoirs, séparés par le canal de l'Ourcq, qui croise le canal Saint-Denis en ce point, sont réunis par deux passerelles jetées sur ce canal. — Le marché est divisé en trois pavillons construits en fer et pouvant contenir, celui du milieu 4,000 bœufs, celui de gauche 22,000 moutons et le dernier plus de 4,000 veaux et de 7,000 porcs installés séparément. — L'entrée principale des abattoirs s'ouvre sur la route de Flandre. A droite se trouve une cour et à gauche, deux grands échaudoirs en forme de croix grecque. Groupés autour de trente-deux vastes cours en forme de carrés longs, se trouvent les autres échaudoirs, au nombre de cent vingt-trois et pouvant satisfaire aux besoins quotidiens de 1,200 bouchers. Ces cours sont désignées par des lettres alphabétiques et séparées par des voies à rails se croisant sur des plaques tournantes, comme celles que l'on remarque dans les gares, afin de faciliter le déchargement des bestiaux et le demi-tour des wagons repartant à vide. A gauche du premier groupe de ces cours, se trouvent le brûloir et le fondoir. Un vaste système d'égouts règne sous le sol des abattoirs, conduisant au canal les eaux de lavage. Nous ne parlerons pas de la ventilation, de l'approvisionnement d'eau nécessairement abondant, de toutes les mesures hygiéniques, en un mot, que présente un établissement aussi bien entendu; nous le répétons : les abattoirs de Paris constituent un établissement unique au monde à tous les points de vue.

Déjà dans les abattoirs de quartiers, devenus inutiles, l'industrie avait trouvé de grands avantages dans la mise en valeur des résidus dont la plus grande partie se perdait auparavant chez le boucher; celui-ci, d'autre part, n'avait plus à s'occuper de la préparation de ses viandes, s'il préférait, pour une faible rétribution, faire faire à l'abattoir tout ou partie de cette besogne, par des ouvriers devenus d'habiles spécialistes, par l'habitude acquise. Ces avantages et bien d'autres qu'il serait trop long d'étudier, n'ont fait que s'accroître par la nouvelle organisation.

Des améliorations dans les procédés même d'abatage des gros bestiaux se sont produites également dans ces derniers temps. On abattait un bœuf naguère encore, au moyen soit d'une masse de fer, soit du merlin anglais, qui se termine par un couteau circulaire; mais il paraît que les races françaises et en particulier celles du Charolais, de l'Auvergne, du Nivernais et de la Vendée ont la tête plus dure que les races anglaises, de sorte que le merlin ne réussit pas toujours avec elles. Ce que voyant, M. Bruneau, président de la commission de l'abattoir général de la Villette, imagina un appareil ingénieux que M. J.-A. Barral présenta en ces termes à la société centrale d'Agriculture : « Il consiste en un masque en cuir que l'on met devant les yeux du bœuf et qu'on maintient par deux courroies, l'une qui passe par-dessus la tête et l'autre sous la gorge. Au milieu de ce masque et sur l'emplacement du front, M. Bruneau a fait encadrer dans le cuir une plaque de fer, dont le dessous s'applique parfaitement sur le front. Au milieu de cette plaque est un trou cylindrique, dans lequel on introduit un boulon. Aussitôt le bœuf arrivé à l'échaudoir, on lui met le masque, on introduit le boulon dans le trou de la plaque, puis on frappe avec un maillet de bois sur la tête du boulon, qui pénètre de 0m,05 à 0m,06 dans la cervelle de l'animal, lequel est tué presque instantanément. Le boulon était d'abord en pointe; mais M. Bruneau, ayant reconnu ensuite que la mort aurait lieu plus promptement si l'air pénétrait, fit usage d'un boulon percé ou terminé à sa partie inférieure par un emporte-pièce. — Aussitôt que l'animal est tombé, on introduit un jonc ou une petite baguette très flexible dans le trou que le boulon vient de faire; la baguette suit l'axe de la moelle épinière, et alors le mouvement des membres est totalement arrêté. Tout ceci est exécuté en bien moins de temps qu'il n'en faut pour le dire, car il faut à peine de trente à quarante secondes pour l'opération. On pratique immédiatement la saignée, et le sang sort à flots noirs et précipités, indice certain de la mort complète de l'animal. Ce système a de nombreux avantages, ajoute M. Barral; il permet à un homme de très moyenne force, même à un jeune homme de quatorze à quinze ans, d'assommer d'un seul coup de maillet, et sans aucun danger, le bœuf ou le taureau à la tête la plus épaisse et la plus dure... Il abrège les tortures de ces malheureux animaux et supprime tous les inconvénients résultant de l'ancien mode d'abatage. »

A Londres, le marché aux bestiaux d'Islington, ouvert le 15 juin 1855, est entouré de quelques abattoirs privés, c'est-à-dire loués aux bouchers pour abattre les animaux qu'ils viennent d'y acheter. La grande métropole britannique n'a pas joui de ce progrès relatif plus tôt que dans l'année 1852. Jusqu'à cette époque, le marché se tenait à Smithfield, et les bestiaux étaient tués dans d'ignobles écorcheries du voisinage, rappelant celles de Paris avant 1818. L'Encyclopédie britannique décrit avec détail les abattoirs ouverts à Paris à cette date, mais ne dit mot de l'abattoir de la Villette, qui existait depuis près de dix ans à l'époque de l'apparition de son premier fascicule. Elle décrit en outre l'abattoir d'Édimbourg, construit en 1851, et qui constitue certainement un perfectionnement notable sur notre ancien système; mais c'est tout. Les États-Unis d'Amérique se sont également pourvus, dans ces dernières années, d'établissements semblables fort bien conçus.

ABATTOIRS DE CHEVAUX. L'hygiène publique a peut-être profité davantage encore de l'éloignement des centres et de l'organisation méthodique des établissements destinés à l'abatage des chevaux blessés, incurables ou impropres au service et à l'équarrissage des abattoirs affectés aux animaux de boucherie. Mais l'examen de cette question viendra plus à propos quand nous serons parvenus au mot ÉQUARRISSAGE.

ABATTRE, v. a. Mettre à bas, jeter à terre de quelque manière que ce soit. Abattre des arbres, des maisons, une muraille; abattre un homme, un animal; abattre la tête, un membre d'un coup de masse; abattre la tête, un membre d'un coup de hache ou de sabre ; abattre des pommes, des châtaignes à coups de gaule; abattre du blé, de la luzerne : les faucher ; abattre un cheval pour lui faire subir une opération, pour le ferrer quand il est vicieux. — Jeux. Abattre du bois, aux quilles, c'est renverser beaucoup de quilles; au tricrac, c'est prendre au talon de nouvelles dames au lieu de se servir de celles déjà jouées. Abattre son jeu, renverser ses cartes ou les dominos pour les montrer à son adversaire. — Fig. Abattre de la besogne, en faire beaucoup en peu de temps. Faire retomber : Il pleut, cela va abattre le vent. Laisser tomber ou retomber : abattre le rideau, abattre son tablier. Abaisser, affaiblir : Il ne faut pas se laisser abattre par les revers. Cette fièvre l'a complètement abattu. Il faut abattre cet orgueil insensé. — Techn. Abattre l'ouvrage, faire descendre les anciennes boucles, qui ont passé par-dessus leurs becs, sous les aiguilles du métier (Bonneterie). — Abattre les peaux, les tremper d'eau (chamois). Abattre les cuirs, dépouiller les animaux tués (corroierie); Abattre du pied, enlever de la corne sous le sabot d'un cheval, etc. (maréchal.). Abattre un chapeau, aplatir les bords et le fond de la forme (chapel.). — Manège. Abattre l'eau, bouchonner un cheval de ce nom qui sort de l'eau. — Mar. Abattre un vaisseau du quart de rumb pour lui faire changer sa route; abattre un vaisseau en carène, l'incliner suffisamment pour le caréner, le réparer; abattre (p. n.), se dit absolument d'un navire qui arrive au vent, lorsque l'ancre a quitté le fond : abattre à la côte; abattre est encore s'écarter de l'aire du vent qui règle la marche du vaisseau pour avoir plus de facilité. — Ch. de fer. Abattre une voîture, une machine, les coucher sur le côté pour les réparer. — Typ. Abattre la frisquette et le tympan, les abaisser quand la feuille à imprimer est placée sur le tympan.

S'ABATTRE, s. m. Se jeter à terre, tomber violemment, se précipiter, fondre sur; se calmer, s'apaiser. Son cheval s'est abattu sous lui. Il s'abattit sous le coup. L'aigle, du haut des airs, s'abattit sur sa proie. Un vol de canards s'abattit sur l'étang. La fièvre enfin s'abattit. Je crois que le vent s'abat.

— Syn. ABATTRE, RENVERSER, DÉMOLIR. Abattre, dans l'idée générale, c'est jeter de haut; renverser, c'est en réalité mettre à l'envers, et il n'y a pas besoin pour cela que l'objet à renverser soit placé bien haut; démolir, d'autre part, signifie proprement désunir des matériaux entassés, réunis (de moliri, dresser, bâtir). C'est par l'idée complémentaire de destruction, de ruine, qu'abattre, renverser et démolir deviennent synonymes.

ABATTU, UE, part. pass. d'ABATTRE. — Fig. Aller à bride abattue, se dit d'un cheval que son cavalier laisse courir la bride lâche, pour que rien ne retienne son élan.

ABATTUE, s. f. Salin. Se dit du travail accompli par une chaudière remplie d'eau salée qu'on y fait bouillir et évaporer. — Archit. anc. Syn. de RETOMBÉE.

ABATTURES, s. f. pl. Traces laissées par le cerf en abattant sur son passage les broussailles, dans le sens de la direction qu'il a prise.

ABAT-VENT, s. m. Dispositif quelconque

Abat-vent de N.-D. de Paris.

dont l'office est de garantir du vent, par occasion de la pluie ou de la neige : un simple paillasson disposé pour abriter une plante est un abat-vent; les abat-son d'un clocher, par analogie, sont aussi des abat-vent (pas de s au plur.)

ABAT-VOIX, s. m. Se dit plus spécialement du toit voûté d'une chaire à prêcher, parce que, en vertu du phénomène de résonance des voûtes, dont l'Acoustique nous en entretiendra, ce toit abat la voix du prédicateur vers son auditoire ; mais peut se dire de tout objet rendant un service analogue.

ABA-UJVAR. Prov. de la Haute Hongrie, l'un des dix comitats qui divisent le cercle en deçà de la Theiss. Superficie, 3,500 kil. Popul. 243,000 habit., Hongrois, Esclavons, Bosniniques et Allemands. Le chef-l. de ce comitat est Kaschau. Une partie des Karpathes sillonne son territoire, qu'il enrichit de ses mines de fer et de cuivre; on trouve en outre, au N. de ces montagnes, des mines d'opale, et au S., après des eaux minérales estimées, des mines d'or. Les vallées, très fertiles, produisent des céréales et des fruits en quantité, particulièrement des raisins : c'est dans le district de Zemplin, voisin du comitat de ce nom, au sud de celui d'Aba-Ujvar, que se trouve la montagne de Tokay, sur les versants de laquelle on cultive la vigne qui produit un vin célèbre.

ABAUZIT, FIRMIN (1679-1767). Théologien protestant et érudit français, né à Uzès en 1679. Il n'avait que deux ans lorsqu'il perdit son père, qui était d'origine arabe. Lors de la révocation de l'Édit de Nantes, en 1685, sa mère, zélée protestante, à qui les autorités ecclésiastiques d'Uzès voulaient enlever son enfant pour l'élever dans la foi catholique, réussit à assurer sa fuite, ainsi que celle de son frère aîné, se laissant jeter en prison par représailles. Pendant deux années, les deux frères vécurent en fugitifs dans les Cévennes; puis ils atteignirent Genève, où leur mère, échappée de sa prison, vint les rejoindre dans la suite. Le jeune Firmin montra de bonne heure un goût décidé pour l'étude, et fit en conséquence de rapides progrès dans les sciences physiques, la théologie et la connaissance des langues. En 1698, il voyagea en Hollande, où il se lia avec Bayle, Jurieu et Basnage ; puis se rendit en Angleterre, où il se lia plus intimement encore avec l'illustre Newton, qui trouva en lui un des premiers admirateurs de ses immortelles découvertes. Newton corrigea, dans la seconde édition de ses Principia, une erreur que lui avait signalée Abauzit; et il le prit en si haute estime qu'il lui envoya le Commercium Epistolicum, en lui disant : « Vous êtes vraiment digne de juger entre Leibnitz et moi. » Le roi Guillaume III tenta de retenir Abauzit en Angleterre; mais celui-ci refusa, préférant retourner à Genève, ce qu'il fit. En 1713, il institua une société chargée de la traduction en français du Nouveau Testament, et il ne fut pas l'un des moins actifs de ses membres. Il refusa, en 1723, l'offre de la chaire de philosophie à l'Université de Genève; mais il accepta, quatre ans plus tard, l'emploi de bibliothécaire de la ville, véritable sinécure, d'ailleurs.

Abauzit était un homme d'un vaste savoir, parfaitement coordonné. Quel que fût le sujet d'une discussion à laquelle les circonstances le forçaient à prendre part, il semblait, disait-on, qu'il en eût fait une étude spéciale. Jean-Jacques Rousseau, qui l'estimait beaucoup, le cite avec éloges dans sa Nouvelle Héloïse; et l'on rapporte que Voltaire, un étranger qui s'était présenté chez lui et lui affirmait s'être dérangé tout exprès pour une grande chose, répondit par cette interrogation : « Avez-vous vu Abauzit, ou moins ? »

Il nous est resté, cependant, fort peu des ouvrages d'Abauzit, parce que ses héritiers, dont les croyances religieuses n'étaient plus les siennes, auraient jugé à propos, dit-on, d'en détruire tout ce qu'ils purent. On cite : Un Essai sur l'Apocalypse, des Réflexions sur l'Eucharistie, sur l'Idolâtrie et sur les mystères de la Religion ; des mémoires de théologie, d'archéologie et d'astronomie, publiés dans le Journal helvétique et ailleurs ; plusieurs articles du Dictionnaire de Musique de J.-J. Rousseau, etc. Il publia une édition de l'Histoire de Genève de Spon, avec des additions importantes.

— Un recueil de ses ouvrages fut publié à Genève en 1773. Les principaux ont été depuis traduits en anglais et en allemand.

ABAX, s. m. (du grec abax, table). Entom. Genre d'insectes coléoptères, fam. des carabiques, au corps ovale et aplati, d'un noir luisant. Ils habitent en général le centre de l'Europe, où ils se tiennent sous les pierres, dans les endroits sombres et frais ; carnassiers féroces, ils poursuivent avec une singulière agilité les petits insectes dont ils font leur proie.

ABAYANCE, s. f. Dr. coutum. Terme par lequel on désignait, en Normandie, l'état d'un domaine sans propriétaire ni héritier légal et que l'État détenait, en conséquence, à titre de dépôt.

ABAYANT, s. m. Celui qui prétendait à bien d'abayance, sans parvenir à prouver ses droits. — Abayant est proprement le mot aboyant prononcé à la normande, et il paraît que c'est bien le sens que lui donnait dans ce cas.

ABAYER, v. n. (V. BAYER.)

ABAZÉES, s. f. pl. (gr. des priv. et bazein, parler). Antiq. Nom donné aux fêtes instituées par Denys, fils de Caprée, roi d'Asie, en l'honneur de Bacchus, et où se distinguaient des autres parce qu'on les célébrait en silence.

ABB, ville d'Arabie (Yemen), située sur une montagne, au milieu d'une contrée fertile, à 116 kil. de Mocha. Popul. 5,000 habit. environ. Cette ville, qui contient à peu près 800 maisons, est entourée d'un mur élevé, solidement construit, et ses rues sont régulières et bien pavées. Un aqueduc d'une construction hardie y apporte l'eau d'une montagne voisine, dans un vaste réservoir établi en face de la principale mosquée.

ABBACH, bourg de Bavière, sur la rive droite du Danube, à 12 kil. S.-S.-E. de Ratisbonne. Popul. 1,000 habit. Ce bourg est la patrie de l'empereur Henri II, le Saint, qui fonda le royaume de Hongrie.

ABBACOMITE, *s. m*, c'est-à-dire *abbé-comte* ou comte abbé. — Hist. Seigneur possédant une abbaye comme commendataire. — Abbé ayant titre de comte.

ABBADIE, Jacques (1654-1727). Célèbre théologien protestant; naquit à Nay, en Béarn, en 1654 suivant les uns, en 1657 suivant d'autres. Ses parents étaient pauvres, mais des amis généreux firent les frais de son éducation; il fit ses études à Sedan et ses progrès furent tels, qu'il obtenait le grade de docteur en théologie à dix-sept ans. Il voyagea ensuite en Hollande et en Allemagne. Après quelques années passées à Berlin, comme ministre de l'église française, il accompagna le maréchal de Schomberg en Angleterre en 1688, et devint pasteur de l'église française du quartier de Savoy, à Londres. Il publia alors une *Défense de la Révolution*, en faveur de la nouvelle dynastie et une *Histoire de la Conspiration dernière* (1696) dont les documents lui furent, dit-on, fournis par les ministères. En récompense de ces services, le roi Guillaume le nomma au doyenné de Killaloe, en Irlande. Il mourut en 1727, à Marylebone, alors banlieue de Londres.

Jacques Abbadie était un prédicateur éloquent et un habile homme sous tous les rapports. Mais il est principalement connu de ce côté du détroit par ses traités religieux, dont les principaux sont : *Traité de la Vérité de la Religion chrétienne* (Rotterdam, 1684; Londres, 1688, augm.); *Traité de la Divinité de J.-C.* (1689), suite du précédent; l'*Art de se connaître soi-même* (1692). Ces ouvrages eurent un immense succès tant en France qu'en Allemagne et en Angleterre; de plus, ce qui est une preuve de l'habileté de l'auteur, ils satisfirent à un égal degré catholiques et protestants.

ABBADIE (d'), Antoine Thompson, voyageur français, né à Dublin, en 1810, de parents français rentrés dans leur pays dès 1818. En 1836, M. Antoine d'Abbadie se rendait au Brésil chargé d'une mission scientifique; vers la fin de l'année suivante, il se trouvait à Alexandrie, où, ayant rencontré son frère, M. Arnaud d'Abbadie (voyez ci-après), il entreprit, de concert avec lui, l'exploration de l'Ethiopie. Les deux frères séjournèrent douze années dans ce pays (1836-48) et ne rentrèrent en France, où le bruit de leur mort s'était accrédité, qu'à la fin de 1848. Outre de nombreux articles publiés, isolément ou en collaboration avec son frère, dans le *Bulletin* de la Société de géographie, on a de M. Antoine d'Abbadie : *Catalogue de manuscrits éthiopiens* (1859); *Géodésie d'une partie de la haute Ethiopie*, revue par M. R. Radau (1860-73); *Hermæ Pastor*, texte éthiopien et traduction latine (1860); l'*Arabie* (1866); l'*Abyssinie* (1868); *Monnaie des rois d'Ethiopie*, avec M. de Longperrier (1868); *Observations relatives à la physique du globe, faites au Brésil et en Ethiopie* (1873). Il est membre de la Légion d'honneur depuis 1850, et membre de l'Académie des sciences depuis 1867. Il a été appelé au bureau des Longitudes en 1878.

M. Antoine d'Abbadie était chef de la mission chargée d'aller observer le passage de Vénus sur le soleil à Porto-Rico, en décembre 1882.

ABBADIE (d'), Arnaud Michel, voyageur français, frère du précédent, né comme lui à Dublin, en 1815. M. Arnaud d'Abbadie était allé en Algérie, à la suite du maréchal Clauzel, en 1833, et en était depuis peu revenu, lorsqu'en 1836, il résolut d'y retourner, afin de prendre part à la première expédition contre Constantine. Une tempête survint qui s'opposa à la réalisation de ce projet, et dont les conséquences le forcèrent à se rendre à Alexandrie, où il devait rencontrer son frère aîné, M. Antoine d'Abbadie. Les deux frères, à partir de ce moment, réunissant leurs efforts, eurent une destinée longtemps commune. En 1853, pourtant, M. Arnaud d'Abbadie est retourné seul en Afrique. Il a publié à part : *Observations sur le tonnerre en Ethiopie* (1859); *Travaux récents sur la langue basque* (même année); *Douze ans dans la haute Ethiopie* (1868 et suiv.), etc. Il a été nommé chevalier de la Légion d'honneur en même temps que son frère (27 septembre 1850).

ABBAS, oncle de Mahomet (566-652), naquit à la Mecque, en 566. Son père, Abd-el-Mottalib, était gardien du puits sacré de Zemzem, charge dans laquelle il lui succéda après sa mort. Lorsque Mahomet commença à prêcher la foi nouvelle, Abbas employa son influence à lui susciter toute sorte d'obstacles; il prit à la fin les armes contre lui. A la tête de la tribu de Caraïschites, gardiens du temple, à laquelle il appartenait et d'où sortait Mahomet lui-même, il livra bataille aux disciples de son neveu, à Bedr; mais il fut battu et fait prisonnier, et ne s'en tira que moyennant une forte rançon. Il se rallia dès lors à la doctrine de Mahomet, qu'il aida de ses conseils et de son bras, et mourut à la Mecque en 652.

ABBAS Ier, le Grand, roi de Perse (1557-1628). Il était le plus jeune des fils de Shah Mohammed Khodabendi. A dix-huit ans, la mort de son frère aîné lui suggéra l'idée de s'emparer du trône; en conséquence, il fit assassiner ses deux autres frères, qui gênaient ses projets ambitieux, se révolta contre son père et se fit proclamer roi (1585). Décidé à relever la fortune de son pays, il commença par attaquer les Usbecks, qui désolaient le Khorassan, les tailla en pièces près d'Hérat, dans une action décisive (1597), et les chassa une bonne fois de son territoire. Il tourna ensuite ses armes contre les Turcs, qu'il ne cessa de combattre pendant presque toute la durée de son règne, avec un succès constant, et agrandit son empire à leurs dépens; la victoire qu'il remporta sur eux à Bassorah (1605) recula de ce côté ses frontières jusqu'à l'Euphrate. Achmet Ier fut forcé de lui céder Schirwan et le Kourdistan en 1611; en 1618, il battit complètement, près de Sultanieh, l'armée alliée des Turcs et des Tartares, et profita de cette victoire pour conclure une paix avantageuse. Mais les Turcs ayant recommencé les hostilités, Abbas s'empara de Bagdad, après un siège d'une année, en 1623. La même année, avec le secours des Anglais, il enlevait l'île d'Ormuz aux Portugais, qui la possédaient depuis 1507. A sa mort, en 1628, l'empire persan s'étendait depuis le Tigre jusqu'à l'Indus.

Abbas ne se rendit pas célèbre seulement par ses exploits militaires et la magnificence orientale de sa cour, mais aussi par les réformes qu'il apporta dans l'administration intérieure de son vaste empire; il encouragea le commerce, ouvrit des routes nouvelles et construisit des ponts pour faciliter les transactions; il se montra tolérant pour les étrangers et spécialement pour les chrétiens. Abbas fut, en un mot, l'un des plus grands souverains qui aient régné sur la Perse, dont il transporta la capitale à Ispahan; mais sa mémoire est souillée par des crimes nombreux, dont sa famille eut principalement à souffrir. Outre le meurtre de ses deux frères, Abbas, en effet, fit égorger son fils aîné et arracha les yeux à ses autres enfants. — On croit que c'est le remords qui l'a tué : cela ne serait pas étonnant.

ABBAS II, petit-fils du précédent (1628-1666). Il n'avait que treize ans lorsqu'il succéda à son père Séfi, et que dix-huit lorsqu'il s'empara de Kandahar que Séfi avait cédé au Grand Mogol; il sut conserver sa conquête malgré les tentatives répétées de celui-ci pour la lui reprendre. Il protégeait ouvertement les chrétiens et fit un très sympathique accueil aux voyageurs français Chardin et Tavernier. Très sage, à ce qu'il semble, les idées de conquête qu'il nourrissait lui firent amasser de grosses sommes dans le but de s'étendre vers le nord, mais en retranchant sur ses dépenses superflues, au lieu de pressurer ses sujets. — Il mourut prématurément, en 1666, emporté par la syphilis.

ABBAS-MIRZA, prince de Perse (1785-1833), troisième fils du shah Feth Ali, qui le destinait à lui succéder, à raison de la parenté de sa mère avec la tribu royale des Khadjars. Gouverneur de Tébris fort jeune encore, il s'entoura d'officiers européens qui l'aidèrent à réformer l'armée persane, lorsque l'influence française décida la Perse à déclarer la guerre à la Russie (1811). Le jeune prince fut appelé au commandement en chef de l'armée. Mais le sort des armes n'ayant pas été favorable à la Perse, elle dut signer, le 12 octobre 1813, le traité de Gulistan, qui assurait à la Russie toutes les contrées situées au pied du Caucase. Abbas-Mirza employa les loisirs de la paix à l'instruction de ses soldats et revint à la charge en 1826. Mais, après plusieurs succès importants, il fut vaincu de nouveau et obligé de demander la paix. Une des conditions du traité intervenu était que Abbas-Mirza serait exclu de la succession au trône; il l'accepta. Cependant les exigences de la Russie avaient vivement irrité la population persane; en 1829, un soulèvement populaire eut lieu à Téhéran, à la faveur duquel les ambassadeurs moscovites furent massacrés. Abbas-Mirza fut forcé de se rendre en personne à Saint-Pétersbourg pour présenter des excuses au czar, pour s'offrir en otage plutôt. Nicolas, toutefois, l'accueillit avec bienveillance, lui fit de riches présents et le renvoya.

L'esprit belliqueux d'Abbas-Mirza ne lui permettant pas de rester tranquille, il résolut de s'emparer de Hérat et y mit le siège, dont les opérations étaient dirigées par son fils aîné, lorsqu'il fut atteint du choléra et mourut en décembre 1823. Son fils succéda à Feth-Ali, sous le nom de Mohammed-Mirza.

Abbas-Mirza avait des connaissances fort étendues et des goûts littéraires peu communs dans aucun temps en Orient; il était, ce qui y est encore plus rare, d'une parfaite loyauté, plein de courtoisie et d'aménité.

ABBAS-PACHA, vice-roi d'Egypte (1816-1854), était fils de Toussoun et petit-fils de Méhémet-Ali, dont il était le favori. Il naquit à Djeddah et fut élevé dans les principes du plus étroit fanatisme musulman. A peine âgé de seize ans, il était à la tête d'une partie de la cavalerie égyptienne et en 1841, commandait une division dans la campagne de Syrie. Ibrahim-Pacha étant mort, en 1848, Abbas lui succéda et se rendit, selon l'usage, à Constantinople pour recevoir l'investiture. A cette époque, le tanzimat élaborait le projet de réformes, objet de la sollicitude de Reschid et d'A'ali, influencés par les idées européennes; Abbas s'y montra fort opposé. Il ne consentit pas sans résistance à mettre en vigueur en Egypte le hatti-chérif de Gulhané, encore ne fut-ce qu'à la condition que le sultan abandonnât le droit de grâce sur les sujets égyptiens. Très opposé à tout ce qui venait d'Europe, contrairement à son prédécesseur, il chassa les Français du pays. Il réduisit ensuite considérablement l'effectif de l'armée et celui des fonctionnaires, et employa partie des économies ainsi réalisées à des fondations religieuses et hospitalières; il diminua enfin les impôts et interdit la chasse aux esclaves. A ces traits, on pourrait reconnaître dans Abbas un prince sage et excellent; mais le fanatisme, la brutalité, la cupidité, l'intempérance forment un revers de médaille assez sombre pour atténuer considérablement la *face* de ses qualités très réelles. En effet, la source la plus féconde à laquelle il puisait l'argent, c'était la confiscation des biens des étrangers expulsés et des fonctionnaires mécontents qu'il envoyait dans le Soudan réfléchir à l'instabilité des charges officielles; s'il fondait des établissements hospitaliers, il faisait tout le possible pour entraver les transactions commerciales. Il s'opposa au projet de barrage du Nil, approuvé par Ibrahim, et borna ses concessions à l'établissement par des compagnies anglaises d'un chemin de fer et d'une ligne télégraphique reliant Suez au Caire. Sa tyrannie, ses spoliations devinrent enfin tellement insupportables que des membres de sa famille même réclamèrent l'intervention du sultan; mais Abbas envoya au trésor ottoman, qui était vide, une année de tribut d'avance, et on le laissa tranquille en conséquence.

Lors de la guerre de Crimée, Abbas envoya à Abd-ul-Medjid un corps de 15,000 hommes de troupes et une flotte magnifiquement équipée. Peu après, le 13 juillet 1854, on trouvait son corps étendu sans vie sur son divan : il avait été étranglé par deux de ses mamelucks, crut-on, mais sans pouvoir le prouver.

ABBASSIDES. Califes de Bagdad (750-1538). La seconde et la plus illustre des dynasties qui régnèrent sur les Arabes, fondée par Aboul-Abbas, arrière-petit-fils d'Abbas, oncle de Mahomet. Au commencement du VIIIe siècle, la famille d'Abbas, à raison de sa parenté avec le Prophète, jouissait d'une grande influence sur les Arabes, et Ibrahim, le quatrième descendant d'Abbas, soutenu par la province de Khorassan, obtenait plusieurs succès sur les troupes de Merwan II, de la dynastie des Ommiades, califes de Damas ; mais à la fin, il fut vaincu et pris, et le calife Merwan le fit mettre à mort (747). Le frère d'Ibrahim, Aboul-Abbas, qu'il avait fait son héritier, prit le titre de calife, et grâce à une victoire décisive remportée sur les bords du Zab (750), renversa la dynastie des Ommjades. Merwan s'enfuit en Egypte, mais il fut poursuivi, atteint et égorgé avec sa famille. Ce massacre valut à Aboul-Abbas le surnom de *al Saffah*, qui veut dire le « verseur de sang. » A partir de ce moment, la dynastie des Abbassides était fondée, mais les provinces espagnoles furent bientôt perdues pour l'empire, grâce à la création d'un califat indépendant à Cordoue (756), sous l'autorité d'Abderrahman, seul membre de la famille de Merwan échappé au massacre.

A la mort d'Aboul-Abbas, Almansour, qui lui succéda, transféra à Bagdad le siège de l'empire. Lui et son fils Mohdi guerroyèrent contre les Turcomans et les Grecs de l'Asie Mineure ; mais dès cette époque, le règne des Abbassides est plutôt marqué par le développement des arts libéraux que par des extensions de territoire. L'austérité de l'islamisme se relâcha et la foi se laissa entraîner aux séductions du luxe. Les califes Haroun-al-Raschid (786-809) et Al-Mamoun (813-833) se rendirent célèbres dans tout l'univers par la magnificence de leurs palais, leurs brillants équipages et les richesses inépuisables de leurs trésors, d'autant plus que leur opulence contrastait violemment avec la misère relative des souverains d'Europe. Le premier est resté célèbre et même populaire, comme l'un des héros des *Mille et une Nuits* ; mais l'autre était encore plus digne de son illustration, en sa qualité de protecteur éclairé des lettres, des arts et même des sciences.

Les Abbassides, cependant, subirent des pertes de territoire et leur puissance commença à décliner. Des puissances rivales (les Ashlabites, les Edrisites, etc.) s'élevèrent en Afrique, et un gouvernement indépendant s'établit dans le Khorassan (820), sous les Tahérites. Dans l'ouest, les Grecs s'emparaient de quelques parties de leur territoire de l'Asie mineure. Ce n'était pas encore la ruine, toutefois ; elle devait venir d'ailleurs.

Les califes n'avaient pas cessé de guerroyer contre les hordes tartares du Turkestan, et beaucoup de captifs tartares ou turcs, faits dans ces guerres, avaient été dispersés dans toute l'étendue de l'Empire. Motassem (833-842), le fondateur de Samarah, craignant une révolte de ses sujets et connaissant la bravoure audacieuse de ces captifs, imagina de les réunir autour de sa personne, d'en faire en un mot ses gardes du corps ; mais par ce moyen, il se donna des maîtres, et ce furent ces prisonniers de guerre qui dès lors gouvernèrent en réalité l'Empire. Motassem ne fut plus qu'un pantin dont ils manœuvraient à leur gré les fils. Rahdi (934-941) fut contraint par l'état de désorganisation où se trouvait l'Empire, lorsqu'il arriva au trône, de déléguer le pouvoir à Mohammed-ben-Rayek (936), qui prit le titre d'Emir-al-Omara, commandeur des commandeurs. Cet état de choses ne pouvait faire que des mécontents ; aussi arriva-t-il ceci, que les provinces, l'une après l'autre, proclamèrent leur indépendance, et que le gouvernement des califes se trouva réduit à Bagdad et à ses environs. Enfin la maison d'Abbas perdit définitivement tout pouvoir en Occident, lorsque Houlagou, prince des Mongols, incendia Bagdad et tua Motassem, le calife alors régnant, le 20 février 1258.

La famille de Motassem se réfugia en Egypte, où ses descendants continuèrent à porter le titre de califes, purement nominal d'ailleurs. Ils tentèrent à plusieurs reprises, mais sans chances sérieuses, de reconquérir leurs droits. Enfin le sultan Sélim Ier, conquérant de l'Egypte, s'empara du dernier d'entre eux, Mottawakkel III, qu'il emmena à Constantinople et retint prisonnier pendant plusieurs années. Mottawakkel, rendu à la liberté, reprit le chemin de l'Egypte et s'établit au Caire, avec une pension que lui servait le gouvernement ottoman. Il y mourut en 1538.

ABBATIAL, ALE, *adj.* Appartenant à l'abbé, à l'abbaye, ou dépendant de l'un ou de l'autre. *Palais abbatial. Droits, privilèges abbatiaux.*

ABBATUCCI, (*pron.* Ab'-ba-tout'-chi), JACQUES-PIERRE (1726-1812), général français, né en Corse en 1726, fit ses études à Pise et revint aussitôt après pour prendre part au soulèvement en faveur de l'indépendance de son pays. Il fut quelque temps, toutefois, l'adversaire de Paoli, chef de ce soulèvement, mais se réconcilia avec lui par patriotisme. Il combattit les troupes de Gênes qui, en présence de l'impossibilité de ramener l'île sous sa domination, la céda à la France. Abbatucci résista de même à l'armée française, commandée par le marquis de Chaumelin ; mais le sort des armes ne lui ayant pas été favorable, il se soumit. Louis XV le nomma lieutenant-colonel. Compromis plus tard dans l'affaire des patriotes corses, il fut condamné ; mais sur le rapport des Etats corses, l'affaire se termina plus heureusement. Louis XVI rendit alors son grade à Abbatucci, puis le nomma maréchal de camp et lui donna la croix de Saint-Louis. En 1793, Paoli ayant provoqué un nouveau soulèvement et appelé les Anglais au secours de la Corse, Abbatucci le combattit au nom de la France. Mais il perdit sa popularité dans son pays et fut obligé de revenir sur le continent. Il fut nommé général de division et envoyé à l'armée d'Italie ; mais obligé de la quitter par raison de santé, il revint en Corse, où il mourut en 1812.

ABBATUCCI, CHARLES, fils du précédent (1771-1796), général français. Né à Ajaccio, il fit ses études militaires à Metz, entra dans l'armée française, comme lieutenant d'artillerie, en 1787, et était lieutenant-colonel en 1793. En 1794, il était aide de camp de Pichegru à l'armée du Rhin et fut promu cette année-là général de brigade en récompense de sa bravoure. En 1796, il se signala de nouveau au passage du Rhin, à Kehl, et fut fait général de division. Il défendit Huningue, qu'assiégeaient les Autrichiens, avec une vaillance peut-être téméraire, et fut tué dans une sortie, dans la nuit du 1er au 2 décembre 1796. — Ses compatriotes lui ont élevé une statue de bronze dans sa ville natale, en 1854.

ABBATUCCI, JACQUES-PIERRE-CHARLES, neveu du précédent (1791-1857), homme d'Etat français. Né en Corse, à Zicavo, le 22 décembre 1791, après avoir terminé ses études classiques à Paris, il alla faire son droit à Pise. Il revint ensuite à Paris et entra dans la magistrature. Envoyé en 1839 à la Chambre des députés par le collège électoral d'Orléans, il prit place sur les bancs de l'opposition (ministère Guizot). En 1848, il prit une part active à la manifestation des banquets réformistes ; puis, le gouvernement provisoire le nomma conseiller à la cour de cassation. Envoyé à la constituante, puis à la législative par les électeurs du Loiret, il devint l'un des plus zélés partisans du prince Louis-Napoléon, quoique d'abord opposé à ses projets, et devint, après le coup d'Etat, membre de la Commission consultative, puis ministre de la justice (22 juin 1852), et enfin sénateur. Il est mort le 11 novembre 1857.

ABBATUCCI, CHARLES, fils du précédent, est né le 25 mars 1816, à Paris, où il fit son droit et fut reçu avocat. Le gouvernement provisoire (1848) le nomma substitut du procureur général à la cour d'appel de Paris ; en 1849 il fut élu, par le département de la Corse, représentant à l'Assemblée législative, où il prit aussitôt place parmi les partisans de la politique napoléonienne, dont son père faisait déjà partie. L'empire le fit maître des requêtes au conseil d'Etat en 1852 et conseiller d'Etat en 1857. A la suite du décès de M. Conti, M. Charles Abbatucci fut élu député de la Corse à l'Assemblée nationale, aux élections complémentaires du 9 juin 1872. Aux élections du 20 février 1876, il se présenta de nouveau aux suffrages des électeurs de la circonscription de Sartène ; mais cette fois il échoua, et ce fut le candidat républicain, M. Bartoli, qui fut élu. Il l'emporta, toutefois, sur celui-ci aux élections, après dissolution, du 14 octobre 1877 ; mais il échoua de nouveau, toujours contre le même adversaire, aux élections du 21 août 1881. — Un frère du précédent, Antoine-Dominique ABBATUCCI, né à Zicavo en 1818, mort à Nancy en 1878, suivit la profession des armes. Entré dans le corps des zouaves, il se signala dans diverses occasions, fut décoré sur le champ de bataille de Laghouat, en décembre 1852, et fit la campagne de Crimée. Lieutenant-colonel en 1856, il fut nommé colonel du 91e de ligne au début de la campagne d'Italie (mai 1859), promu général en 1868 et général de division le 24 juin 1871. Il mourut dans son commandement de Nancy le 24 juin 1878. — Enfin M. Paul-Séverin ABBATUCCI, frère du précédent et le plus jeune des trois fils de l'ancien ministre, préféra la carrière politique. Il est né à Zicavo le 28 juin 1821. Elu en 1852 député de la Corse au Corps législatif, il n'a pas cessé d'être réélu depuis lors, même aux élections du 8 février 1871. Ardemment dévoué à la cause bonapartiste, M. Séverin Abbatucci, dans cette dernière occasion, ne siégea sur les bancs de l'Assemblée nationale que six mois, et donnait sa démission le 17 août 1871, pour faire place à M. Rouher, que la Corse, en effet, envoya à Versailles le 11 février 1872. M. S. Abbatucci ne s'est pas présenté aux élections du 20 février 1876. — Il fut question, un moment (mai 1876), de l'opposer, à Ajaccio, au prince Jérôme Napoléon, battu une première fois par M. Rouher ; mais le mot d'ordre venu de Chiselhurst modifia à la dernière heure le plan en vertu duquel cette attitude lui était commandée, et il s'abstint en conséquence.

ABBATUJOGO, *s. m.* Thérap. Petit oignon résineux d'Abyssinie très efficace, dit-on, employé cuit ou cru, contre le ver solitaire.

ABBAYE, *s. f.* (pron. *Abé-ie*). Monastère, les bâtiments de ce monastère, l'église, enfin le bénéfice ou revenu attaché au titre d'abbé. — On distinguait l'*abbaye en règle*, dont l'abbé était élu, et l'*abbaye en commende*, dont l'abbé pouvait être un laïque dont toutes les fonctions consistaient à encaisser les revenus de l'abbaye, ses fonctions ecclésiastiques étant déléguées à un *prieur claustral*. *Abbaye mère* ou *chef d'ordre*, monastère d'où avaient pris naissance plusieurs autres monastères du même ordre. *Abbaye royale*, qui avait été fondée ou était dotée par le roi.

— ARGOT. *Abbaye*, four ; *abbaye ruffante*, four chauffé (du lat. *rufus*, rouge, d'après M. L. Larchey) ; *abbaye de monte à regret*, l'échafaud.

— PROV. *Faute d'un moine l'abbaye ne faut*, c'est-à-dire ne manque pas, n'est pas en danger de disparaître. Se dit pour engager une société réunie dans un but concerté à ne pas s'inquiéter de l'absence ou du retard d'un de ses membres.

— HIST. L'origine des abbayes remonte aux premiers temps du christianisme. Les premières furent fondées sur le sol même qui vit naître la religion chrétienne, dans les déserts de l'Orient, comme autant de centres d'où les principes nouveaux devaient rayonner sur le monde. Ce n'est guère avant le commencement du Ve siècle que s'élevèrent les premiers monastères de l'Occident. La plus ancienne abbaye de France est celle de Ste-Radegonde, à Poitiers (567) ; celle du Mont-Cassin date de 529 ; celle de Bangor, en Angleterre, de 560. Au début, comme nous l'avons dit, toutes les abbayes élisaient leurs supérieurs ou *abbés* ; ce ne fut qu'assez tard, à la suite du concordat de 1516, consenti par Léon X, que le roi eut le droit de nomi-

ABBÉ

nation à toutes les abbayes, celles de Prémontré, Cluny, Cîteaux et une ou deux autres exceptées, et qu'il y eut des *abbayes en commende*. Des abus s'ensuivirent : les rois

Abbaye de Cîteaux (aujourd'hui en ruines).

donnèrent des abbayes à des cadets sans fortune, pour obliger leurs familles ; à des courtisans, pour les récompenser de leurs bons et loyaux services, de leurs complaisances ou de leurs trahisons, etc. ; c'est tout au plus s'ils tenaient compte non de la piété, mais de la religion même du bénéficiaire ; ainsi Sully, qui était protestant, fut pourvu d'une abbaye. Des abus aussi criants devaient nécessairement en entraîner d'autres, et toutes les abbayes ne furent pas des modèles de vertu austère et de dévotion outrée ; mais on remarquera que c'est principalement des abbayes en commende que sont sortis tous ces sujets de scandale dont on a fini par abuser, de bonne foi, contre la vie monastique en général. — Il ne faut pas oublier que, dans un temps où les plus grands seigneurs n'étaient que des soudards ignorants, sinon pis encore et le peuple sans initiative et sans force, les abbayes, presque sans exception, ont été des foyers de lumière sans lesquels il se pourrait que nous fussions encore plongés dans les ténèbres du Moyen Age. La vie intellectuelle s'y était, pour ainsi dire, enfermée. La culture des lettres et des sciences n'était pratiquée que là, et plus le progrès moderne se développe, plus nous nous trouvons forcés de leur rendre justice en ce point. Sans doute il s'y est commis des fautes dont nous souffrons : elles ont sciemment altéré certains textes qui les gênaient, elles en ont anéanti d'autres que nous regrettons ; mais sans les chefs-d'œuvre de l'antiquité qu'elles nous ont conservés et transmis, serions-nous capables de sentir une telle perte ! C'est aussi dans les abbayes et les monastères qu'ont été rédigées et colligées les vieilles chroniques de l'histoire nationale, et il n'y avait là qu'on fût capable de le faire. Enfin, c'est encore aux communautés religieuses que nous sommes redevables du défrichement d'une partie du sol de notre pays, dans un temps où elles seules pouvaient le faire ; de la mise en culture d'une quantité de forêts et de déserts incultes ; de la création, pour ces moyens, d'une source de richesse publique et de bien-être.

On comptait en France, avant la révolution, 225 abbayes d'hommes *en commende* et 115 abbayes d'hommes *en règle* ; il y avait, en fait de communautés de femmes, 253 abbayes régulières, sans compter les abbayes et chapitres nobles et les abbayes annexées à des hôpitaux, des collèges, etc. ; enfin, il y avait en tout 15 abbayes chefs d'ordres, dont une seule de filles. C'était beaucoup. On en supprima le plus grand nombre en 1790, et à l'heure actuelle, il reste bien peu de grandes abbayes en France, où elles n'ont plus d'autre raison d'être que le goût de la vie monastique, si profond dans certaines natures et que nous croyons, d'ailleurs, parfaitement respectable en lui-même.

— ABBAYE (prison de l'). Bâtie en 1522 par l'abbé de Saint-Germain-des-Prés. De prison seigneuriale, elle devint prison militaire en 1789, pour y enfermer les gardes françaises qui avaient fraternisé avec le peuple, dans l'échauffourée du 23 juin ; ils en furent bientôt délivrés par une émeute. On en fit ensuite un lieu de détention politique ; dans les journées des 2 et 3 septembre 1792, 164 prisonniers politiques y furent massacrés, après un simulacre de procédure. La Restauration en fit de nouveau une prison politique ; puis elle redevint prison militaire. En 1854, les prisonniers militaires qui s'y trouvaient furent transférés à la prison de la rue du Cherche-Midi, et elle fut démolie. Aujourd'hui, une large et magnifique voie, le boulevard Saint-Germain, passe sur l'emplacement presque entier du vieux et sinistre édifice.

ABBÉ, s. m. (du latin *abbas*, père, supérieur d'un monastère, abbé). Celui qui possède un abbaye en règle ou en commende — Se dit en outre, dans un sens général, de tout homme portant l'habit ecclésiastique. *Abbé mitré et crossé. Abbé régulier, commendataire, chef d'ordre. Abbé des abbés*, titre que prenaient l'abbé du Mont-Cassin et celui de Cluny ; *abbé en second*, prieur d'un monastère, et c'est là ce qui distingue le monastère proprement dit. *Abbé cardinal* ou *cardinal abbé*, titre honorifique. — *Abbé au petit collet*, se disait, au siècle dernier, d'intrigants qui n'avaient de l'abbé que l'habit, qui suffisait à leur ouvrir les maisons des grands et des riches. — On disait encore *abbé in partibus* d'un abbé sans abbaye, parce que son abbaye était ou détruite ou occupée par des infidèles ; *abbé putatif*, de celui qui ne touchait aucun revenu ou bénéfice de la sienne, etc.

— PROV. *Attendre quelqu'un comme les moines font l'abbé*, le mettre à table sans lui. *Les moines répondent comme l'abbé chante*, les valets singent leurs maîtres. *Pour un moine on ne laisse pas de faire un abbé*, on ne laisse pas de faire ce pourquoi on s'est réuni, parce qu'il manque une personne à l'assemblée. *Il n'y a de meilleur abbé que celui qui a été moine*, celui qui a commencé par obéir est le plus propre qu'un autre à commander.

Aussi fut *abbé*, magistrat du peuple, à Gênes. C'était une dignité sans pouvoir direct, mais entourée de toute sorte d'honneurs. Créée en 1120, elle fut abolie en 1339, et remplacée par la magistrature autrement sérieuse des doges.

HIST. Un membre éminent de l'Académie des inscriptions et belles-lettres, M. Siméon Luce, donnait lecture à ses collègues, en 1882, d'un intéressant mémoire ayant trait aux *Menus d'un abbé du XVe siècle*; nous en avons gardé le souvenir, et il nous paraît bien à propos de le résumer ici. L'abbé en question était un grand seigneur, possesseur d'un des plus gros bénéfices des églises de Paris; sur sa censive vivait une population d'environ 30,000 âmes. Il était prieur de l'abbaye de Saint-Martin-des-Champs; on l'appelait Jacques Séguin, et les documents qui le concernent datent des années 1438 et 1439, années sombres et de lamentable souvenir. La France semble sur le point de périr ; le cœur du royaume est aux mains de l'étranger ; les Anglais tiennent la campagne partout aux environs de Paris, ils occupent Meaux, Pontoise, Chevreuse ; leurs gens d'armes font des incursions jusqu'à Saint-Denis. La terreur, la dévastation, la famine, les accompagnent. Soudain la peste se déclare ; elle fait à Paris plus de 50,000 victimes; le nombre des malheureux qui meurent à l'Hôtel-Dieu, de faim encore plus que de maladie, dépasse 5,000. On doit donc bien penser que les menus de M. l'abbé doivent se ressentir des malheurs du temps : les légumes, les fruits, les figues du Midi sont rares ; la marée manque souvent ; les invitations, les réceptions ne vont pas sans gêne ; on paye son écot, on apporte son pain ou son vin, même ses plus intimes. C'est la misère !...

L'origine du registre découvert et édité par M. Luce vaut la peine d'être mentionnée. Devenu prieur, Jacques Séguin entre en lutte avec l'hôtelier de l'abbaye (nous disons économe aujourd'hui). Le dignitaire chargé de pourvoir à la subsistance des moines, le fait décréter d'accusation, le destitue et le remplace. Mais le pauvre diable se défend ; de là procès, et un procès qui dura deux ans ; de là aussi la découverte du document qui nous occupe.

L'abbé Jacques Séguin exigeait que le compte des dépenses pour sa table fût tenu rigoureusement ; il y fournissait chaque jour de ses propres deniers ; lui-même allait acheter au marché les morceaux les plus importants, une carpe dodue, une anguille de choix, un cabillaud bien nourri. Nous sommes, en effet, au carême de 1439. Pourtant, les harengs sauris et salés sont les régals les plus ordinaires. Au surplus, la misère était grande ; pendant que les denrées enchérissaient, les salaires avaient diminué et le livre de beurre représentait le prix de quatre journées de travail d'un manouvrier. Nous sommes loin des splendeurs faciles du commencement du siècle. En 1405, un dîner d'apparat du prieur de Saint-Martin, réunissant 36 convives, et dans lequel on avait servi, entre les pièces principales, 36 pâtés, 6 oisons gras, 4 douzaines de poussins, de grosses pièces de bœuf et de mouton, 12 chapons, coûtait 10 livres. En 1448, le dîner de Noël du prieur et de ses amis monte seulement à 10 sols. Adieu les vins étrangers; adieu les fines épices, les oranges et les saumons frais! Vous voyez bien. Mais les temps ne sont pas tellement durs que le prieur ne trouve moyen encore de traiter ses amis à la taverne du « Lyon d'Or » ; toutefois la mention rigoureuse du registre atteste la préoccupation de la dépense et la difficulté de vivre.

Le document signalé par M. Siméon Luce fournira aux économistes des renseignements intéressants et très précis, pour l'appréciation desquels il faudra, par exemple, tenir compte des circonstances exceptionnelles. D'un autre côté, et par comparaison, il nous prouve les menus de M. l'abbé sont relativement modestes; ce qu'ils étaient exactement dans les temps prospères, nous n'avons pas de documents authentiques qui nous l'apprennent, mais on peut les présumer beaucoup plus somptueux et mieux approvisionnés, en de telles circonstances, sans crainte d'errer. D'un autre côté, le registre offre encore l'avantage précieux de caractériser d'une manière singulièrement frappante la simplicité et la familiarité des mœurs de ce temps-là ; à la table du prieur viennent s'asseoir des moines, des gens de loi, des médecins, des fonctionnaires du rang le plus humble et jusqu'au boucher de Jacques Séguin ; — et ce n'était pas, à la table du prieur, une manière de payer les membres de ce dernier.

ABBEOKUTA ou **ABEOKUTA**, ville de l'Afrique occidentale, sur l'Ogun, à 80 kil. N. de Lagos à vol d'oiseau, et par eau à 130 kil., capitale de l'État d'Egbaland, dans le royaume de Yoruba. Cette ville est située dans un pays pittoresque et fertile, dont le sol est d'un lit entrecoupé de roches de granit bleu massives. Comme la plupart des villes africaines, elle s'étend sur une vaste superficie et est entourée d'un mur en pisé de près de 35 kilomètres de longueur. Les maisons y sont construites d'après les mêmes procédés sommaires appliqués au mur d'enceinte, et presque toutes les rues étroites et sales. Cependant il y est tenu de nombreux marchés pour la vente des produits indigènes et de divers articles manufacturés importés d'Europe. — Les principaux articles d'exportation sont l'huile de palme et le beurre de Galam ; le coton commence à donner des espérances également comme article de commerce. — Les efforts des Anglais et des Américains ont réussi à faire cesser dans le pays les sacrifices humains et la traite des esclaves ; mais les guerres fréquentes avec le roi voisin du Dahomey entravent le cours des progrès de la civilisation. La population d'Abbeokuta est évaluée à environ 150,000 habitants, et celle du reste de l'État, qui comprend des territoires assez considérables d'étendue, à 50,000. La prospérité d'Abbeokuta remonte à 1825, époque à laquelle le chef Shodekkey noua des relations commerciales avec les Européens, qu'il attira dans son pays.

ABBESSE, s. f. Supérieure d'une abbaye de femmes. Elle avait le droit de porter la crosse. Les abbesses continuèrent à être nommées à l'élection après le concordat de 1516, où elles n'étaient pas comprises. Conformément à un décret du concile de Trente, elles devaient avoir au moins quarante ans au moment de leur élection. — *Abbesse générale*, dont l'autorité s'étendait sur plusieurs monastères. *Abbesse perpétuelle*, nommée à vie.

Fig. et triv. On donne par antiphrase le nom d'*abbesse* ou de *mère abbesse* à la maîtresse d'un mauvais lieu.

ABBEVILLE (lat. *Abbatis villa*, maison de campagne ou villa de l'abbé). Ville de France, ch.-l. d'arrondiss. du départ. de la Somme, anciennement pl. forte de 3e classe, mais déclassée depuis 1866. Elle est située dans une vallée agréable et fertile, partie sur une île formée par la séparation de la Somme en deux bras sur ce point, et partie sur les rives de ces bras, à 19 kil. S.-E. de l'embouchure de la rivière et à 160 kil. N. de Paris; un canal l'entoure du sud à l'ouest. Trib. de première instance et de comm., collège, bibliothèque de plus de 20,000 vol., fondée en 1690, musée, hospice d'enfants trouvés, casernes, haras, station du ch. de f. du Nord, petit port pouvant recevoir des bâtiments de 200 à 300 tonneaux. Abbeville fait un commerce considérable en céréales, graines oléagineuses, bois de construction, eaux-de-vie, ardoises, etc.; elle possède de nombreuses manufactures : filatures de chanvre, de lin et de coton, fabriq. de toile à voiles, de cordages pour la marine et de ficelle, de draps et tissus de laine divers, moquette, tapis veloutés et autres, bonneterie, teinture et impression des étoffes, tannerie, savonnerie, verrerie, scierie mécanique, bijouterie, papeterie, etc. La population est supérieure à 22,000 habitants.

Au IXe siècle, Abbeville n'était qu'une maison de campagne, ou ferme, dépendant de l'abbaye de Saint-Riquier, d'où son nom. Fortifiée par Hugues Capet au siècle suivant, dans le but de mettre obstacle aux incursions des Normands, de cette époque date le développement de cette ville, devenue capitale du Ponthieu. En 1130, Abbeville obtenait une charte communale. En 1258 y fut ratifié le traité par lequel Louis IX rendait à Henri III d'Angleterre le Limousin, le Périgord, l'Agénois, le Quercy et partie de la Saintonge, à condition qu'il lui rendrait hommage pour ces provinces et pour Bordeaux et Bayonne. Soumise à la domination anglaise vers la fin du XIIIe siècle, malgré la résistance héroïque de ses habitants, puis sous celle des ducs de Bourgogne en 1466, elle faisait retour à la France en 1477. C'est à Abbeville qu'eut lieu le mariage de Louis XII avec Marie d'Angleterre, en 1514. D'autres faits historiques moins considérables eurent encore Abbeville pour théâtre; enfin les luttes religieuses y furent très ardentes tant à l'époque de la Réforme que plus tard, et c'est à Abbeville que le chevalier de La Barre, accusé d'avoir craché sur une croix, fut condamné à mort pour ce fait et pendu : on s'occupe actuellement (1884) de lui élever un monument expiatoire. — Abbeville est la patrie des géographes N. Sanson, Ph. Briet et P. Duval; des graveurs Cl. Mellau et de Poilly, du compositeur J.-F. Lesueur, du poète Millevoye, de Pongerville, etc.

Dans le centre d'Abbeville se trouvent encore de vieilles rues étroites, bordées de maisons pittoresques construites en bois et datant des XVe et XVIe siècles, avec de sombres porches et des pignons délabrés. On remarque, parmi les monuments religieux de cette ville, l'église de Saint-Vulfran, bâtie par Louis XII, dont la façade principale est un spécimen magnifique du style ogival appelé *gothique flamboyant* et la façade de l'ouest flanquée de deux tours gothiques; les églises Saint-Gilles, Saint-Jacques, du Saint-Sépulcre et l'abbaye, reconstruite depuis peu; parmi les édifices civils, le palais de justice, l'hôtel de ville, la tour du beffroi, la halle aux toiles.

La carrière de Moulin-Quignon, où M. Boucher de Perthes découvrit un fragment de mâchoire humaine et des armes en silex éclaté d'une époque antérieure aux temps historiques, se trouve tout près d'Abbeville; de nombreuses découvertes analogues à celles-ci, qui ont si fort ému le monde savant depuis 1847, ont du reste été faites sur d'autres points du voisinage d'Abbeville, dont le musée communal s'est enrichi de ces trouvailles. On y voit, en effet, outre des antiquités de l'époque romaine et une pirogue celtique, de nombreux spécimens de l'industrie préhistorique.

ABBIATEGRASSO, ville d'Italie, ch.-l. du district de ce nom, prov. de Milan, sur le Naviglio-Grande, à 30 kil. N.-O. de Pavie. Popul. 5,000 habit. Barberousse la saccagea en 1167 et Bayard y fut tué le 30 avril 1524. — Manuf. de soieries.

ABBON, moine de l'abbaye de Saint-Germain-des-Prés, mort en 891. Il s'est rendu célèbre par la composition d'un poème sur le *Siège de Paris par les Normands en* 886 *et* 887; les vers sont pauvres, mais le poème, écrit par un témoin oculaire des faits qu'il relate, a une grande valeur historique. Il a été traduit et inséré dans les grandes collections des historiens de France.

ABBON, ou Albon, abbé de Fleury (945-1004), l'un des plus savants religieux de son temps. Après s'être distingué dans les écoles de Reims et de Paris, il passa en Angleterre, où il séjourna deux années, assistant l'archevêque d'York, Oswald, dans l'exécution de son projet de réforme du système monastique; puis il retourna en France, où il fut fait abbé de Fleury en 970. Il fut, à deux reprises, envoyé à Rome par Robert-le-Sage (en 986 et 996), dans le but de prévenir la mise en interdit du royaume de France, et réussit pleinement dans ces deux ambassades. Zélé défenseur, en outre, des privilèges monastiques, il n'en fut pas moins massacré dans une révolte des moines de l'abbaye de la Réole, dont il avait entrepris la réforme (1004). Il était natif de l'Orléanais. — On doit à Abbon de Fleury divers ouvrages en latin : une *Apologie des moines*, une *Vie de saint Edmond, roi d'Angleterre*, un recueil de *Lettres*, un autre de *Canons* et surtout un *Abrégé des vies des pontifes romains*.

ABBOT, George, archevêque de Cantorbéry (1562-1633). Il naquit à Guildford (Surrey), où son père était drapier, le 19 octobre 1562. Il fit ses études à Oxford, devint professeur et principal du collège de l'Université, et fut élu trois fois chancelier de l'Université. Lorsque la traduction de la Bible actuellement en usage dans l'Eglise d'Angleterre fut décidée, George Abbot fut désigné le second sur la liste des théologiens d'Oxford chargés de ce travail. En 1608, il se rendit en Ecosse avec le comte de Dunbar pour préparer la fusion des deux Eglises. Cette négociation lui ouvrit l'accès des honneurs : sans avoir jamais rempli les fonctions de ministre, il fut nommé évêque de Lichfield et Coventry en 1609, fut promu au siège de Londres un mois après et fait archevêque de Cantorbéry en 1610. Ce rapide avancement fut, dit-on, bien moins dû à ses mérites, très sérieux, qu'à son habileté de courtisan. Toutefois, après son élévation, il fit en plusieurs occasions une courageuse résistance aux fantaisies royales. En 1618, par exemple, Abbot, étant alors à Croydon, s'opposa à la lecture de l'édit royal portant que les jeux publics étaient désormais autorisés le jour du Sabbat, et ordonnant que lecture fût faite de cet édit dans toutes les églises du royaume. Il appartenait donc au parti puritain. En conséquence, très opposé au mariage du prince de Galles, plus tard Charles Ier, avec l'infante d'Espagne; cette opposition lui attira la haine de la cour, et en particulier celle du prince de Galles, de Buckingham et de Laud, qui devait réussir à le supplanter comme archevêque de Cantorbéry. En 1622, il lui arriva un accident malheureux : comme il chassait dans le parc de lord Zouch, à Bramzill, il tua un des gardes en visant un daim. Ses ennemis ne manquèrent pas de dire que ce meurtre, quoique involontaire, le rendait désormais incapable de remplir son office sacré, et que d'ailleurs la chasse n'était pas un sport permis au clergé. Le roi nomma une commission de dix membres pour décider la chose; cette commission rendit un jugement favorable à l'archevêque; mais malgré cela, celui-ci ne parut plus au conseil, s'excusant sur ses infirmités. Il veilla, toutefois, le roi dans sa dernière maladie et présida à la cérémonie du couronnement de son successeur Charles Ier. Mais ayant interdit un sermon du dr Sibthorp sur les prérogatives royales, auxquelles il donnait une extension abusive, il fut destitué de toutes ses fonctions comme primat. Réintégré peu après dans son autorité, mais voyant sa présence tolérée avec peine à la cour, Abbot vécut désormais dans la retraite, et mourut au château de Croydon le 5 août 1633; il fut inhumé à Guildford, son pays natal, où il avait doté un hôpital d'un domaine portant un revenu annuel de 75,000 fr.

On doit à George Abbot un grand nombre d'ouvrages de théologie, et de plus une *Géographie* ou *Brève description de l'Univers*, qui eut de nombreuses éditions et une *Histoire du massacre de la Valteline*; ces deux ouvrages sont écrits en anglais et la plupart de ses ouvrages théologiques en latin.

ABBOT, Robert, soi-disant frère aîné du précédent, n'est mentionné nulle part dans les ouvrages biographiques anglais. Tous les dictionnaires français, en revanche, lui consacrent un article assez étendu, et qui paraît avoir pour origine une première notice composée à la façon des légendes des saints, c'est-à-dire en prenant au hasard dans la vie de tous les *Robert Abbot* de quelque notoriété locale, lesquels sont fort nombreux, pour en confectionner un frère au célèbre archevêque de Cantorbéry.

ABBOT, Charles, Baron de Colchester (1757-1829), homme d'Etat anglais, né à Abingdon (comté de Berk). Il n'avait que trois ans lorsqu'il perdit son père et eut pour beau-père le fameux jurisconsulte et pamphlétaire Jérémie Bentham. Après avoir terminé ses études à Oxford, il alla à Genève suivre les cours de droit, puis revint en Angleterre et fut élu membre de la Chambre des Communes (1795). Il prit son siège dans les rangs des whigs et devint le favori de Pitt. Nommé secrétaire du vice-roi d'Irlande en 1801, il rentra la même année à la Chambre des Communes, qui l'élut *speaker* (président) en 1802. En quittant ce poste, en 1817, il fut élevé à la pairie, comme c'est l'usage, et créé baron de Colchester. — Il est mort à Londres en 1829.

ABBOT, Charles, Lord Tenterden (1762-1832). D'abord précepteur particulier, Charles Abbot étudia le droit et se fit inscrire au barreau de Londres. Lié d'amitié avec Edouard Law, le défenseur de Waren Hastings, plus tard président de la cour du Banc du roi et pair d'Angleterre sous le titre de baron Ellenborough, Abbot entra dans la magistrature avec l'appui de son ami, et y obtint un rapide avancement; devint à son tour président de la cour du Banc du roi en 1818, et fut élevé à la pairie en 1827, avec le titre de lord Tenterden. — On lui doit un traité universellement estimé *Sur les lois relatives à la marine marchande et aux marins*. — Il est mort à Londres en 1832.

ABBOTSFORD, château d'Ecosse, dans le comté de Roxburgh, à 5 kil. de Melrose, sur la rive méridionale de la Tweed, célèbre par la résidence de Walter Scott. C'était dans l'origine une petite ferme d'environ 100 acres, appelée *Clarly Hole*, que Walter Scott acheta en 1811, pendant qu'il occupait comme locataire, dans le voisinage, la maison d'Ashestiel. Il l'augmenta graduellement par diverses acquisitions, dont la dernière et la plus importante fut celle de Toftfield, appelée ensuite Huntlyburn, qui date de 1817. Ce fut aussitôt après cette acquisition, que la construction de la nouvelle demeure fut commencée; elle était achevée en 1824. Le plan général forme un parallélogramme irrégulier; une des façades a vue sur la Tweed, l'autre s'élève en face d'une cour d'honneur; le style est celui d'un ancien château baronial écossais. Scott avait habité sa nouvelle résidence pendant une année à peine, lorsqu'il éprouva de terribles revers de fortune (1825) dont il sera parlé ailleurs, lesquels l'endettèrent à tout jamais. — En 1830, ses créanciers lui présentèrent en pur don la bibliothèque et le musée, et après sa mort, qui arriva à Abbotsford en septembre 1832, un comité d'amis de la famille souscrivit une somme d'environ 8,000 livres, ou 200,000 francs, afin d'aider à dégrever la propriété, qui ne fut entièrement dégagée qu'en 1847, par l'éditeur Cadel, lequel reçut en retour les droits de propriété entière sur les œuvres de l'illustre écrivain.

Le fils unique de Walter Scott, qui était lieutenant-colonel au 15ᵉ hussards, ne put jouir de la propriété acquise et rachetée une seconde fois par le produit du génie paternel : il mourut, cette même année 1847, pendant son retour des Indes. La propriété passa alors aux mains du gendre de l'auteur de *Waverley* J.-G. Lockhart, qui y mourut en 1854 ; puis au gendre de celui-ci, J.-R. Hope-Scott, dont la fille, petite-fille par conséquent de Walter Scott, en est la propriétaire actuelle.

ABBOTT, Jacob (1803-1879), écrivain américain, né à Hallowell, *Maine*, le 14 novembre 1803. Il fit ses études au collège Bowdoin, qu'il quitta en 1820 pour entrer au séminaire d'Andover. De 1825 à 1829, il professa les mathématiques et la physique au collège d'Amherst, et accepta ensuite la direction de la « Mount Vernon Female School » de Boston. En 1834, il organisait une Eglise congrégationaliste à Roxbury, *Massachusetts*, dont il cédait la direction à son frère John St. C. Abbott (voyez ci-après) en 1838, pour fixer sa résidence à New-York et se dévouer exclusivement à l'enseignement et à la préparation des livres d'éducation morale et religieuse destinés à l'enfance. Ses œuvres dans ce genre ne comprennent guère moins de 300 volumes, dont beaucoup forment des séries. Nous citerons : *le Jeune Chrétien* (the Young Christian), 4 vol.; les *Livres de Rollon* (Rollo Books), 28 volumes.; les *Lucy Books*, 6 vol.; les *Jonas Books*, 6 vol.; les *Franconia stories*, 10 vol.; les *Harper's story books*, 36 vol.; la *Gay family*, 12 vol. ; *Science for the young*, 5 vol., etc., etc. Il a écrit, en collaboration avec son frère John S. C. Abbott, environ 40 volumes de biographies des personnages célèbres de tous les temps et de tous les pays. M. Jacob Abbott a encore publié : *Un été en Ecosse* (a Summer in Scotland); *le Professeur* (the Teacher) ; *Procédés favorables pour l'instruction de la jeunesse* (Gentle Measures in training the young), etc. — Il est mort le 31 octobre 1879.

ABBOTT, John Stephens Cabot (1805-1877), frère du précédent, né à Hallowell, *Maine*, le 18 septembre 1805 ; fit, comme lui, ses études au collège Bowdoin et au séminaire d'Andover, et fut reçu docteur en théologie en 1829. Il se fit alors ministre congrégationaliste et exerça en cette qualité, dans divers lieux, jusqu'en 1844, époque à laquelle il résigna ses fonctions pastorales pour se vouer entièrement à la littérature. Ses premiers ouvrages : *la Mère au foyer domestique* ; *l'Enfant au foyer domestique*, et *le Christianisme pratique* (the Mother at home, the Child at home, et Practical Christianity) ont seuls un caractère religieux, les autres sont surtout des travaux historiques. Parmi ces derniers, il faut compter : 10 petits volumes écrits en collaboration avec son frère Jacob : *Rois et Reines* (Kings and Queens, or Life in the palaces); une *Histoire de la guerre civile en Amérique* ; *Romance of Spanish History* ; une *Histoire de Frédéric II dit le Grand*, qui n'est guère qu'une compilation de Carlyle. Admirateur enthousiaste de Napoléon Iᵉʳ, M. John S. C. Abbott a également publié, d'abord dans le *Harper's Magazine*, puis en deux gros volumes in-8°, une *Histoire de Napoléon Bonaparte* (New-York, 1855), jugée, même aux Etats-Unis, sans grande valeur historique, bien que ce soit son principal ouvrage. Cet ouvrage a été suivi de : *Napoléon à Sainte-Hélène* ; la *Révolution française de 1789* ; *Histoire de Napoléon III* (New-York, 1868), etc. Malgré quelques boursouflures et des longueurs à peine supportables, le style de cet écrivain est pittoresque et animé ; mais sous le rapport de l'exactitude historique et de la critique des idées et des faits, il est absolument insuffisant. M. J. S. C. Abbott a en outre écrit une nouvelle *Biographie de Washington*, publiée dans les « American Pioneers and Patriots » de Dodd and Mead (1876). — Il est mort le 17 juin 1877.

ABBOTT, Gorham Dummer (1807-1874), docteur en droit, frère des précédents, né à Hallowell, le 3 septembre 1807. Comme ses frères, il étudia la théologie et devint, en 1837, pasteur d'une église presbytérienne à New-Rochelle, *New-York*. Il fonda, en 1843, à New-York, l'*Abbot collegiate Institute*, école de filles qui a pris depuis le nom de « Spingler Institute. » Retiré de l'enseignement en 1866, M. G. D. Abbott publia quelques ouvrages religieux et édita plusieurs ouvrages d'éducation. On a de lui également : *Mexico and the United States*. — Ce dernier des frères Abbott a jugé à propos d'orthographier son nom *Abbot*, sous prétexte de rectification, ce qui ne pouvait nous empêcher de le placer à son véritable rang. — Il est mort le 3 août 1874.

ABBOTT, Lyman, fils de Jacob Abbott, né à Roxbury, *Massachusetts*, le 18 décembre 1835. Il fit ses études à l'Université de New-York, qu'il quitta en 1853, et étudia le droit dont il commença la pratique avec ses frères ; mais il abandonna bientôt la carrière du droit pour étudier la théologie avec son oncle John S. C. Abbott. Il fut pasteur de diverses églises, jusqu'en 1865, et devint alors secrétaire de la « Commission des nègres affranchis, » fonctions qu'il conserva jusqu'en 1868. Après avoir été environ une année, ensuite, pasteur d'une église de New-York, il abandonna définitivement le saint ministère pour se consacrer à la littérature. Avant cette époque, il avait déjà publié deux romans en collaboration avec deux de ses frères et sous le pseudonyme de *Benauly*, formé des syllabes initiales des prénoms des trois auteurs : Benjamin, Austin et Lyman ; ces deux romans ont pour titre : *Conecut Corners* et *Matthew Carnaby*. En 1872, M. Lyman Abbott est devenu un des rédacteurs du *Harper's Magazine*, dont il dirige la partie littéraire ; il est aussi l'éditeur de l'*Illustrated Christian Weekly*, publié par « l'American Tract Society. — Outre plusieurs ouvrages peu importants, M. L. Abbott a publié *Jésus de Nazareth, sa vie et ses enseignements* (J. of N., his life and teachings, 1869) ; *Old Testament shadows* (1870) ; *Histoire d'un laïque* (1873). Dictionnaire de la Bible (1875). *Commentaires sur le Nouveau Testament* (1875-1877). Il a édité plusieurs volumes de *Sermons* et d'*Exercices* du fameux M. Henry-Ward Becker (V. ce nom), et un *Dictionnaire de la science religieuse* avec T. C. Conant. L'un des rédacteurs du *Harper's Monthly Magazine* et rédacteur en chef de l'*Illustrated Christian Weekly*, il est devenu récemment rédacteur du *Christian Union*.

ABBOTT, Edwin, Professeur et théologien protestant anglais, né à Londres en 1838. Il fit ses études à l'Université de Cambridge, y prit le grade de maître ès Arts et devint maître adjoint de l'école du roi Edouard à Birmingham, en 1862 et en 1865, principal de l'Ecole de la cité de Londres. Il fit, en 1876, des cours à Cambridge, fut choisi deux fois comme prédicateur par cette université et une fois par celle d'Oxford. L'archevêque de Cantorbéry lui conféra le titre de docteur en théologie en 1872. — M. E. Abbot a publié : *Leçons sur la Bible* (1872); *Sermons prêchés à Cambridge* (1875) ; *Sur la nature du Christ* (1878) ; et dans un autre ordre de travaux : *Grammaire shakespearienne* (1870) ; une édition des *Essais* de Bacon (1876) ; *Bacon et Essex* (1877) et une *Grammaire de la langue anglaise*. Il a enfin publié, sous le voile de l'anonyme, deux romans religieux : *Philochristus*, mémoires d'un disciple de N. S. (1878) ; *Onésimus*, mémoires d'un disciple de Saint-Paul (1882).

ABBT, Thomas, (1738-1766). Philosophe et mathématicien allemand, né à Ulm. Après avoir fait ses études à Hall, il alla professer la philosophie à Francfort-sur-l'Oder, puis les mathématiques à Rinteln (1762). Pendant un séjour à Berlin, il se lia avec les notabilités scientifiques de la capitale prussienne, notamment avec Euler et Mendelsohn. En 1763, il voyagea dans le sud de l'Allemagne, la Suisse et la France. Il s'était dès lors acquis une grande réputation par ses écrits, lorsque le comte Guillaume de Schaumbourg-Lippe le nomma conseiller à Rückebourg ; mais il mourut prématurément le 3 novembre 1766. — Ses principaux ouvrages sont : *La Mort pour la Patrie* (1761), inspiré par le patriotisme le plus élevé, et le *Traité du Mérite* (1764); qui fut traduit en français presque aussitôt son apparition.

ABC, ABCD, *s. m.* Petit livre contenant l'alphabet et les combinaisons élémentaires des lettres, pour apprendre à lire aux enfants. — Fig. Les premiers éléments d'une science ou d'un art. — On écrit aussi *abécé, abécédé*.

ABCÉDER, *v. n.* (lat. *abcedere*, de *ab*, sortie et *cedere*, se porter). Chirurg. Tourner en abcès.

ABCÈS (pron. ab-sè), *s. m.* Chirurg. Amas de pus dans une cavité accidentelle de quelque partie du corps, formée aux dépens du tissu ou dans les cavités naturelles. On distingue les abcès en *chauds* et en *froids*. L'abcès chaud est celui qui succède à une inflammation vive et franche ; on le dit aussi *aigu* ou *phlegmoneux*. L'abcès froid ou *chronique* succède à une inflammation lente et sourde, à un engorgement chronique, à une sorte d'induration des tissus ; il se développe ordinairement dans le tissu cellulaire sous-cutané et les ganglions lymphatiques. On donne enfin le nom d'*abcès par congestion* à des abcès froids généralement symptomatiques d'une carie ou d'une nécrose, et se formant en un point plus ou moins distant du siège de la maladie dont ils dépendent. Pas trace d'inflammation en ce point, presque toujours dans une situation déclive relativement à celle de l'affection principale : le pus s'est frayé un passage à travers le tissu cellulaire, sur un parcours plus ou moins long, et s'est amassé, par exemple, à l'aine, sur le pourtour du bassin, aux lombes, au cas d'une affection des vertèbres. — Les abcès chauds demandent un traitement général antiphlogistique et les topiques émollients ; on attend ordinairement, pour les ouvrir, que le pus soit bien formé, que l'abcès soit bien mûr, suivant l'expression vulgaire ; mais il se présente des exceptions. — On traite les abcès froids qui doivent se terminer par suppuration au moyen des excitants et des topiques dits « emplâtres fondants » ; on ne laisse jamais l'évacuation du pus se produire naturellement, mais on la provoque ; pour cela, si la tumeur est peu étendue, on produit, par l'application d'un morceau de potasse caustique en son centre, une escarre qui, en se détachant, ouvre l'issue nécessaire ; mais si l'étendue est un peu considérable, il est préférable de pratiquer d'abord, à des intervalles de plus en plus rapprochés, des ponctions au moyen du bistouri : le foyer, en se resserrant graduellement, n'offre bientôt plus que des dimensions restreintes qui permettent l'emploi du procédé ci-dessus décrit. — Les abcès par congestion, enfin, ne doivent être ouverts qu'à la dernière extrémité, pour faciliter seulement l'ouverture spontanée désormais inévitable ; le bistouri, plongé obliquement et avec précaution dans la paroi externe, de manière que l'air ne s'y introduise que le moins possible et que les parties divisées puissent se réunir aisément et vite, fera toute l'affaire ; un morceau de sparadrap est ensuite appliqué sur la plaie. V. Dépôt et Tumeur.

ABDALLAH (c.-à-d. *serviteur de Dieu*), fils d'Abd-el-Mottalib et père de Mahomet (545-570). Né à la Mecque, il était, paraît-il, simple chamelier ; cependant une reine de Syrie lui proposa le mariage et il devint, on ne sait comment, d'une richesse fabuleuse. La vérité est que l'histoire de sa vie n'est qu'un tissu de fables ridicules. Il mourut deux mois environ après la naissance de Mahomet.

Abdallah, fils d'Abbas et oncle du calife Aboul-Abbas, qu'il aida puissamment à renverser la dynastie des Ommiades et à se substituer au dernier calife de cette dynastie, Merwan II. Il avait de grands talents militaires, mais c'est surtout à ses actes de cruauté que son neveu, responsable, dut le surnom de *Sanguinaire* (al Saffah). A la mort de ce dernier, en 754, il voulut s'emparer du pouvoir, mais il fut vaincu par l'héritier direct, Al Mansour, ou plutôt Abou Giafar, son neveu aussi, deuxième calife, et tué dans la mêlée.

Abdallah, fils de Zobair, calife de la Mecque. Elu, en 680, calife par les Arabes de la Mecque et de Médine révoltés contre Yésid, il fut assiégé par Abd-el-Melek en 691, vaincu et tué dans le temple même de la Mecque. — Les Arabes disaient de lui : « La bravoure et la libéralité se rencontrent toujours ensemble, excepté dans la personne d'Abdallah-ben-Zobair. » Il était donc brave, mais avare.

ABDALLAH, fils de Balkin, dernier souverain arabe de Grenade. Il succéda, en 1073, à Bardis, son aïeul, et protégea les arts et les lettres. Lui-même écrivit des *Commentaires* sur le Coran. Il fut détrôné par le roi du Maroc, Youssouf, en 1090.

ABDALLAH, fils de Jassin. Premier prophète de la secte des Almoravides, ou Marabouts d'Afrique; il fit mettre à mort le chef de la tribu, Giauhar Gedali, pour avoir transgressé une loi qu'il s'était imposée à lui-même (vers 1050). Il mourut en 1058, dans un combat, laissant un vaste royaume créé par ses victoires, dans le N.-O. de l'Afrique, dont hérita Abou Bekr.

ABDALLAH LE MOHAVEDIN. Prophète berbère, né à Tenmellet, en Barbarie, et auteur des Mohavedins ou *Almohades*. Il fit de nombreux prosélytes et mit à leur tête Abdel-Moumen, qui détrôna et fit décapiter Abraham, roi de Maroc. Abdallah mourut peu après, vers 1148.

ABDALLAH, dernier chérif des Wahabites. petit-fils d'Abd-el-Azis. Il succéda à Sehoud, son père, en 1805, et combattit contre Toussoun, fils du vice-roi d'Egypte Méhémet-Ali, envahit la Syrie et prit Damas. La lutte se prolongea pendant plusieurs années, au bout desquelles Abdallah dut mettre bas les armes et se livrer sans conditions au chef de l'armée égyptienne, Ibrahim-Pacha, qui le fit conduire à Constantinople. Le sultan Mahmoud le fit mettre à la torture, puis décapiter (1808).

ABD-AL-LATIF, célèbre médecin, historien et voyageur arabe (1162-1231), l'un des plus féconds écrivains de l'Orient, est né à Bagdad en 1162. Abd-al-Latif reçut dans sa ville natale ce qu'on était convenu d'appeler alors une éducation supérieure, consistant dans une étude approfondie des règles de la grammaire et des préceptes du Coran, un peu de philologie, de poésie et de jurisprudence arabes. Lorsqu'il se fut convenablement assimilé ces précieuses connaissances, le jeune homme s'appliqua spontanément à l'étude de la physique et de la médecine. Il se rendit ensuite à Mossoul, en 1189, puis à Damas, qui était le lieu de réunion privilégié des hommes éminents de cette époque; mais les rêveries des alchimistes, qui faisaient partie de ces réunions, n'avaient aucun attrait pour lui. Pourvu de lettres de recommandation de Saladin, il partit pour l'Egypte, où il entra en relations avec l'illustre Maimonide, *l'Aigle des docteurs*. Il fit partie ensuite du cercle de savants dont Saladin s'entoura à Jérusalem. Abd-al-Latif professa la médecine et la philosophie au Caire et à Damas, puis quelque temps à Alep. Son goût des voyages le porta, dans un âge avancé, à visiter différentes parties de l'Arménie et de l'Asie mineure, et il se préparait à faire un pèlerinage à la Mecque, lorsqu'il mourut à Bagdad, en 1231.

Des nombreux ouvrages d'Abd al-Latif, dont Ibn-abou-Ossaiba donne la liste, un seul nous est parvenu, ou du moins est connu en Europe, c'est une *Description de l'Egypte*, dont le manuscrit, découvert par l'orientaliste anglais Pococke, est conservé à la bibliothèque bodléienne. Il a été traduit en latin par White, professeur d'Oxford, en 1800, et en français, avec des notes intéressantes, par Sylvestre de Sacy, en 1810. Il se compose de deux parties, la première donnant une description générale de l'Egypte, la seconde traitant du Nil et contenant une description émouvante d'une famine causée, pendant la résidence de l'auteur dans le pays, par le défaut d'inondation des eaux du fleuve. Cet ouvrage donne un récit détaillé et authentique de la situation de l'Egypte pendant le Moyen âge.

ABD-AL-LATIF. Grand khan des Tartares, le dernier de la race de Gengis-Khan. Il est mort en 1435.

ABDAS, évêque persan, qui vivait sous le règne de Théodose le Jeune. S'étant avisé, dans un accès de fanatisme, de faire démolir un temple païen, le roi de Perse, qui avait toujours laissé les chrétiens pratiquer librement leur culte, lui ordonna seulement de faire rebâtir ce temple. Abdas s'y refusa. Le roi, furieux, le fit mettre à mort, fit raser toutes les églises et exerça dès lors des persécutions contre les chrétiens, en représailles du crime de leur évêque.

ABD-EL-AZIS, vice-roi d'Espagne qui, après s'être emparé des provinces de Jaen, Murcie et Grenade (715), se jugea assez fort pour proclamer son indépendance. Mais le calife Soliman eut raison de ses projets ambitieux en le faisant poignarder en pleine mosquée.

ABD-EL-AZIS, fils de Mohammed-ibn-Sehoud, chef des Wahabites. Au commencement du siècle actuel, la secte musulmane des Wahabites ou Wahabis, avait fait de nombreux prosélytes et accru son territoire en proportion, sans que la Porte parût s'en inquiéter. La soumission récente de plusieurs tribus nouvelles vint enfin donner l'alarme à Constantinople, et le pacha de Bagdad reçut l'ordre d'exterminer ces sectaires, ou du moins de les chasser du pays. Celui-ci envoya une armée contre les Wahabites, dont le chef était alors Abd-el-Azis, et qui, les ayant atteints, les battit en effet complètement et les força de fuir. Mais Abd-el-Azis, ayant corrompu le guide, un certain Mohammed-Bey, réussit, par l'intermédiaire de ce dernier, à obtenir une trêve dont il profita pour réunir une armée avec laquelle il tomba à l'improviste sur Iman-Hussein, ville située sur un bras de l'Euphrate, et où était conservé le tombeau d'Ali (avril 1801), que ses soldats pillèrent outrageusement. Alors il se rendit à la Mecque, dont son fils Sehoud s'empara à la tête de 100,000 Wahabites. Ce dernier revenait, après avoir échoué dans l'attaque de Médine et de Djeddah, lorsqu'il apprit que son père Abd-el-Azis venait d'être poignardé par l'un des siens (3 novembre 1803) pendant qu'il faisait sa prière.

L'assassin d'Abd-el-Azis était un Persan nommé Hussein, dont les trois fils avaient été massacrés par les Wahabites, et qui, dans un but de vengeance, avait feint la conversion et réussi à capter la confiance du chef. Il fut brûlé vif.

ABD-EL-HALIM, prince égyptien, quatrième fils de Méhémet-Ali, est né au Caire en 1826. Fils d'une esclave du harem, Abd-el-Halim fit toute son éducation à Paris. A son retour, il trouva au pouvoir Abbas-Pacha, qui, non content de l'autorité suprême, s'était emparé de l'héritage patrimonial des enfants de Méhémet, ses propres oncles. Halim en appela au sultan; il se rendit à Constantinople, d'où il revint avec le titre de pacha et la dignité de muchir; pour le reste, nous avons dit ailleurs (V. ABBAS-PACHA) comment la question d'argent fut habilement tournée par Abbas. Sous le règne de son frère Mohammed-Saïd, Abd-el-Halim fut quelque temps gouverneur général du Soudan oriental (1855-56).

ABD-EL-KADER, SIDI-EL-HADJ-OULED-MAHEDDIN (1807-1883), le troisième des quatre fils de Sidi-el-Hadji-Maheddin, célèbre marabout de la province d'Oran; naquit près de Mascara, vers 1807. Dès son extrême jeunesse, Abd-el-Kader montra la plus vive intelligence, une habileté extraordinaire à tous les exercices de corps et une ambition à laquelle il était difficile d'assigner des bornes; le dey d'Alger était si bien convaincu de cette difficulté, au reste, qu'il n'y vit qu'une solution : faire assassiner le jeune ambitieux; mais celui-ci, prévenu à temps, put s'enfuir avec son père en Egypte, d'où il se rendit en pèlerinage à la Mecque, la ville sainte. Pendant son absence, l'expédition française en Algérie avait été résolue et avait eu même un commencement d'exécution, puisque Alger était entre nos mains quand il fut de retour. Ce fut à cette époque que les tribus du pays d'Oran, voulant profiter de ce que les Turcs, leurs oppresseurs, étaient occupés par les troupes françaises, résolurent de se soulever et choisirent pour chef Sidi-el-Hadji-Maheddin, sous le commandement duquel ils s'emparèrent de Mascara. Sidi-el-Maheddin ayant refusé le titre d'émir, qu'après la victoire voulaient lui conférer les habitants de Mascara, ceux-ci élirent à sa place son fils Abd-el-Kader, qui, à dater de ce moment, ne cessa d'étendre son autorité en même temps que ses succès. Ce fut alors que, ne doutant plus de la puissancce de ses armes, il se mit à prêcher la guerre sainte et vint assiéger Oran, occupé par les Français ayant à leur tête le général Boyer; il dut se retirer après trois jours d'une lutte acharnée mais sans résultat (1832). Un traité conclu en 1834 avec le général Desmichels, en délimitant nettement les possessions d'Abd-el-Kader, le reconnaissait comme souverain de la plus grande partie du territoire qui constitue aujourd'hui la province d'Oran, avec un droit de monopole sur le commerce de tout le pays, identique à celui qu'exerçait en Egypte Méhémet-Ali. On sait ce qui arriva : au lieu d'être utile aux Français, que l'occupation militaire d'une si grande étendue de territoire alarmait avec raison, il se servit d'eux pour se débarrasser de ses compétiteurs, sema la zizanie entre leurs principaux chefs, puis, jetant le masque, leur déclara de nouveau la guerre, au mépris des traités.

Pendant près de quinze ans, enfin, Abd-el-Kader, avec des fortunes diverses, devait tenir la campagne contre les Français. L'arrivée du général Bugeaud en Algérie (1835) y changea toutefois la face des affaires, assez pour permettre de dire qu'à dater de cette époque, il n'y eut plus guère que des revers pour l'émir; cependant, par le traité de la Tafna (3 mai 1837), le général Bugeaud concluait la paix avec Abd-el-Kader à des conditions encore plus avantageuses pour celui-ci que celles que lui avait faites le général Desmichels. Il en profita comme il avait fait de l'autre, et recommença les hostilités en novembre 1839, en faisant massacrer des colons inoffensifs. Alors commença une véritable guerre d'extermination; Bugeaud, nommé gouverneur de l'Algérie (1840), inaugura une nouvelle tactique et organisa un système de *razzias* qui eut pour effet, plus d'une fois, de réduire nos ennemis à la famine. Abd-el-Kader redoublait d'énergie, mais inutilement; la prise de sa *smalah* par le duc d'Aumale, aidé de Lamoricière, le découragea momentanément; il se réfugia au Maroc, dont le sultan, Abd-ur-Rahman, qui l'avait toujours appuyé secrètement, se décida à une démonstration ouvertement hostile contre les troupes françaises (1844), ce qui lui attira le bombardement de Tanger et de Mogador. Abd-ur-Rhaman se le tint pour dit : mais Abd-el-Kader, son hôte compromettant, se tourna contre lui, souleva ses sujets, et finalement reprit la campagne contre les Français (1845). Ce ne fut que deux ans plus tard qu'on eut enfin raison de cet intrépide guerrier, de cet ennemi passionné des conquérants de son pays. Le 23 décembre 1847, vaincu, ses derniers partisans tués ou dispersés, il se rendit au général Lamoricière, mais à la condition qu'il pourrait se retirer, soit à Alexandrie, soit à Saint-Jean-d'Acre.

Par suite de dissentiments survenus entre le duc d'Aumale et le maréchal Bugeaud, ce dernier avait quitté peu de temps auparavant l'Algérie, et le duc d'Aumale, qui l'y remplaçait comme gouverneur, avec les pouvoirs les plus étendus, approuva ces conditions. Malgré cela, Abd-el-Kader fut emprisonné, d'abord au fort Lamargue, puis au château de Pau, d'où il fut transféré, en 1848, au château d'Amboise, près de Blois. Il y resta prisonnier jusqu'à la proclamation de l'empire, à l'occasion de laquelle Napoléon III lui rendit la liberté, après qu'il eut juré sur le Coran de ne jamais plus prendre les armes contre la France. Non seulement Abd-el-Kader tint parole, mais il traita toujours avec considération et bienveillance les populations chrétiennes de l'Orient, et lors des massacres de Syrie, en 1860, il prit énergiquement la défense des malheureux chrétiens; il fut fait grand-croix de la Légion d'honneur, en reconnaissance des services qu'il rendit aux chrétiens en général et aux Français en particulier, dans cette douloureuse occasion. Abd-el-Kader, à cette époque, résidait à Damas; il s'était d'abord retiré à Brousse, mais le tremblement de terre qui détruisit presque entièrement cette ville le 25 février 1853, l'en avait chassé, et il s'était alors rendu à Constantinople, puis à Damas où il résida jusqu'à sa mort. En 1863, il visita l'Egypte, examina curieusement les travaux du canal de Suez et fit un nouveau pèlerinage à la Mecque. — En 1867, il vint à Paris visiter l'Exposition; puis il retourna en Egypte, où il assista à l'inauguration du canal de Suez (15 août 1869). Toujours fidèle à sa parole, l'ex-émir non seulement ne fit jamais rien d'hostile contre la France, mais en toute occasion prit ses intérêts et sa défense. En 1870, aussitôt après nos premiers revers, il offrit de se mettre à la tête des Algériens pour combattre la Prusse. On put croire qu'il y avait une arrière-pensée dans cette offre ; cependant, rien dans la conduite d'Abd-el-Kader n'autorisait à concevoir une pareille pensée. En 1872, son fils aîné, Mohammed, ayant participé plus ou moins à une tentative de soulèvement de nos tribus d'Algérie, l'émir le désavoua hautement et publiquement, protestant pour sa part de son entière fidélité à la France. En 1873, il envoyait 3,000 francs à la caisse des Alsaciens-Lorrains.

Dans cette dernière année 1873, le bruit de la mort d'Abd-el-Kader courut à deux reprises; c'était une fausse alerte, en avance de dix années. L'émir est mort à Damas le 25 mai 1883; ses funérailles furent magnifiques: plus de 60,000 personnes y assistaient, parmi lesquelles les autorités civiles et militaires, cinq généraux en grande tenue, toute la garnison, les consuls en uniforme, ayant à leur tête le consul de France conduisant le deuil. Le corps de l'émir fut inhumé dans une des mosquées de Damas. On sait qu'il était considéré comme un saint par ses coreligionnaires.

ABD-EL-MELEK, 5e calife de Damas, de la dynastie des Ommiades, fils de Merwan Ier. Il accéda au pouvoir en 684, conquit les Indes, s'empara de la Mecque et de Médine et pénétra jusqu'en Espagne. Il est mort en 705. —Abd-el-Melek passe pour être le premier qui ait fait frapper de la monnaie arabe. Il était d'une avarice sordide, qui le fit surnommer l'*Ecorcheur de pierres;* on rapporte, en outre, de ce conquérant que son haleine était si puante, que les mouches qui s'aventuraient trop près de sa bouche tombaient mortes aussitôt.

ABD-EL-MELEK, dernier prince de la dynastie des Samanides, fils de Nouh IX. Il ne régna que seize mois et dix-sept jours, mais assez pour donner la mesure de sa cruauté et de ses vices. Mahmoud s'étant emparé du Khorassan en 999, Abd-el-Melek fut pris et mis à mort par les ordres du sultan, et ses Etats passèrent à la dynastie des Gaznévides.

ABD-EL-MELIK, fils d'Omar (718-788), général arabe, le Marsille des romans de chevalerie et des anciennes chroniques. Fidèle lieutenant d'Abdérame Ier, il était à ses côtés lorsqu'il fit la conquête de Cordoue et d'une partie de l'Espagne, en 755, et fut nommé gouverneur de Séville. Après avoir vaincu Youssouf et planté sa tête sanglante à une des portes de Séville (759), il combattit victorieusement les partisans du fils de l'ancien émir et comprima plusieurs tentatives de soulèvement contre l'autorité d'Abdérame. Le gouverneur de Méquinez ayant tenté de s'emparer de Séville avec des forces considérables, Abd-el-Mélik lui opposa son fils Khossym, qui, forcé de se replier, fut tué d'un coup de lance par son père, qui avait cru à une déroute; mais lorsqu'il eut appris les faits, Abd-el-Mélik, désespéré, chercha la mort dans le combat; il ne fut que grièvement blessé, repoussa l'ennemi et fut nommé gouverneur de Saragosse et de l'Espagne. Il mourut dans son gouvernement en 788.

ABD-EL-MOTTALIB ou Mothleb, grand père et tuteur de Mahomet, (497-579). Son nom était Amer; mais il prit celui de son oncle paternel Mottalib, qui l'avait adopté. Son fils Abdallah mourut, comme nous l'avons dit, lorsque Mahomet avait à peine ouvert les yeux à la lumière du jour. Abd-el-Mottalib avait voulu que cet enfant fût appelé Mahomet, ou plutôt Mohammed, qui veut dire *le Glorifié*, disant qu'en effet il serait glorifié dans le ciel et sur la terre. A la mort de sa mère Amina, Mahomet, qui avait six ans, fut adopté par son aïeul, dont la vive affection ne se démentit jamais, et qui se chargea de son éducation. Mais trois ans plus tard, Abd-el-Mottalib mourait à son tour, à l'âge de quatre-vingt-deux ans.

ABD-EL-MOUMEN, calife almohade d'Afrique. Il était fils d'un potier, lorsque Abdallah-le-Mohavedin, apôtre de la secte nouvelle, le distingua et le choisit, en 1130, pour commander l'armée de ses adeptes, (quelques auteurs assurent qu'il était le propre fils d'Abdallah). Abd-el-Moumen ne tarda pas à faire parler de ses prouesses. Il battit et tua Abraham, roi de Maroc (1148), étrangla de ses propres mains Isaac, son héritier, et se fit proclamer roi à sa place. Il conquit successivement les royaumes de Fez, de Tunis et de Tlemcen, et se disposait à passer en Espagne, lorsqu'il mourut en 1156, laissant son fils Youssouf réaliser ce projet.

ABD-EL-RASCHID, huitième prince de la dynastie des Gaznévides. Il était fils du sultan Mahmoud. Proclamé sultan de Gazna après la mort de son neveu Ali, il fut détrôné et mis à mort par l'ambitieux Thogrul, alors gouverneur du Segestan, fondateur de la dynastie des Seldjoucides (1053).

ABD-EL-REZZAK, fondateur de la dynastie des Sarbédariens. D'abord huissier d'Abou-Saïd Khan, chargé de la perception des impôts dans le Kirman, il en profita pour se recruter des partisans; le nom de la dynastie qu'il a fondée vient du singulier moyen qu'il employa pour cela : il faisait attacher des bonnets à une potence, et ceux qui voulaient se déclarer en sa faveur devaient jeter des pierres à ces bonnets (*sarbèdar* veut dire : « tête sur une potence »). Il s'empara de Sebbuzzar et se fit proclamer sultan; mais peu après il se jetait par une fenêtre et se tuait, en voulant échapper à la fureur de son frère Massoud, qui lui succéda.

ABD-EL-WAHAB, fondateur de la secte des Wahabites (1692-1787). Il naquit sur les bords de l'Euphrate, près de Hillah, fit de bonnes études à Ispahan, et se mit aussitôt à prêcher une doctrine nouvelle, à Bagdad, Bassora, etc. Cette doctrine, qui fit de nombreux prosélytes, rejetait le Coran en tant que livre inspiré, n'admettait pas d'intermédiaire entre Dieu et les fidèles, permettait de tuer un agresseur sans recourir à la justice pour en obtenir vengeance, interdisait de se lier par des vœux irrévocables, etc. (V. Wahabites). — Attaqués par le cheik d'Al-Ahsa, les Wahabites, déjà fort nombreux, battirent les troupes du cheik. Ce succès les rendit audacieux, et les Wahabites, groupés pour professer une doctrine de paix et de liberté, ne furent plus guère qu'une bande de brigands, pillards et sanguinaires.

ABDÉRAME ou Abd-ul-Rahman. Septième vice-roi d'Espagne, sous Yésid. Après avoir achevé la soumission de l'Espagne, il pénétra en France à la tête d'une armée formidable, en 732; prit Bordeaux, dont il brûla les églises; défit Eudes, duc d'Aquitaine, dans un combat sanglant et acharné; s'avança, enfin, au milieu des ruines amoncelées sur sa route, jusqu'à Tours. C'était le terme de sa carrière : Charles-Martel, qui gagna là son surnom, était venu à la rencontre de l'armée sarrasine, qu'il écrasa complètement. — Abdérame chercha son salut dans la fuite, mais il fut arrêté par la mort.

ABDÉRAME Ier. Premier calife des Ommiades d'Espagne, fils de Merwan II. Après le massacre de sa famille par le premier des Abbassides, auquel il échappa seul, Abdérame se réfugia en Mauritanie. Il fut appelé en Espagne, en 754, par les Sarrasins révoltés contre l'émir Youssouf. Abdérame battit ce dernier, s'empara de Cordoue et prit le titre de calife en 762. Il s'empara successivement, à dater de cette époque, des royaumes de Castille, d'Aragon, de Navarre, de Portugal, prit Tolède, ruina complètement dans la péninsule la puissance des Abassides et conclut avec Aurélius un traité de paix par lequel celui-ci s'engageait à lui payer annuellement un tribut de *cent jeunes filles*. Il mourut en 790, laissant onze fils et neuf filles. — Abdérame Ier, qui reçut le surnom de *Juste*, eut un règne glorieux à plusieurs titres; il se distingue surtout par la protection dont ce prince honorait les arts et les lettres; il était poète lui-même. Enfin on sait que c'est lui qui bâtit la magnifique mosquée de Cordoue.

Les Ommiades d'Espagne comptent encore trois califes du nom d'Abdérame : le quatrième, qui régna de 822 à 852 et fut surnommé le *Victorieux*, pour les succès qu'il remporta sur les princes chrétiens; le huitième, moins complètement heureux (912 à 961); enfin le dernier de la dynastie, vicieux et corrompu, et aussi vil que ses ancêtres s'étaient montrés véritablement grands à la mesure de l'époque. Il fut détrôné, après quelques mois de règne, en 1008.

ABDÈRE. Ancienne ville maritime de la Thrace, à l'Est de l'embouchure du Nessus. La fable assure que cette ville fut bâtie par Hercule, en mémoire d'Abdérus, son favori, enterré sur son emplacement après y avoir été mis en pièces par les chevaux de Diomède. Mais d'après Hérodote, elle aurait été d'abord colonisée par Timésias de Clazomène, qui en fut expulsé peu après par les Thraces. Quoi qu'il en soit, lorsqu'elle fut réduite par Thrasybule, en 408, la ville d'Abdère avait pris une importance considérable, et l'illustre Athénien la décrivait comme étant dans une très florissante condition. Elle souffrit beaucoup, plus tard, des guerres désastreuses des Triballes (vers 376). — Cicéron prétend que les Abdéritains étaient sujets à une maladie qui les rendait stupides. Juvénal appelle Abdère la patrie des moutons (*vervecum patriam*). Hippocrate décrit la maladie des Abdéritains (*malum Abderitanum*) une fièvre accompagnée de délire. Mais d'après Lucien, la maladie des Abdéritains aurait été tout bonnement un amour passionné pour la poésie et la musique, qui les portait à débiter des vers, jouer des farces, chanter et gesticuler sur la voie publique, comme s'ils avaient été la proie d'un délire perpétuel, ce qui était l'opinion non dissimulée des étrangers : Cicéron lui-même, homme grave, voire quelque peu atrabilaire, avait pu s'y tromper. Comme certaines villes qui, chez nous, jouissent d'une réputation analogue à celle d'Abdère, cette ville a pourtant donné naissance à nombre d'hommes illustres, au physicien Démocrite, aux philosophes Protagoras et Anaxagore, au poète Nicénète, à l'historien Hécatée et à bien d'autres. — Mais la fable populaire de La Fontaine : *Démocrite et les Abdéritains*, est trop spirituelle pour qu'on s'aperçoive, en la lisant, que Démocrite était lui-même Abdéritain.

ABDÈRE, *s. m.* Entom. Genre d'insectes coléoptères hétéromères, dont on ne connaît que peu d'espèces indigènes.

ABDEST, *s. m.* Purification des musulmans, consistant dans une ablution de la tête au pieds avant les cérémonies religieuses.

ABDIAS. Le quatrième des douze petits prophètes d'Israel. Il vivait sous le règne d'Ezéchias (vers 726) et s'est fait connaître en prédisant la ruine des Iduméens, qui devaient s'allier aux Chaldéens pour attaquer les Israélites.

ABDIAS, évêque de Babylone. Il prétendait avoir connu Jésus-Christ et avoir fait partie de ses disciples, dont il porte le nombre à soixante-douze; puis avoir suivi en Perse saint Simon et saint Jude, qui l'avaient ordonné prêtre-évêque de Babylone. Toutes ces choses se trouvent dans son *Histoire du combat des apôtres*, avec bien d'autres encore et quelques anachronismes trahissant l'imposture; le manuscrit de cette insanité épiscopale fut trouvé dans une caverne de Carinthie par Wolfgang Lazius, qui en est peut-être l'auteur et qui le fit imprimer à Bâle en 1551.

ABDICATION, *s. m.* Résignation de l'autorité souveraine, et, par extension, d'un emploi considérable, d'une dignité, d'un titre, de certains droits ou privilèges. — Jurispr. On appelait ainsi, dans notre ancienne jurisprudence, l'acte par lequel un père privait son fils de ses droits à sa succession; cet acte, fait pendant la vie, était toujours révocable. *Abdication de propriété*, abandon volontaire de ce qui appartient de droit

Hist. Les abdications les plus célèbres sont, dans l'antiquité, celles de Sylla, le dictateur (49 av. J.-C.) et de l'empereur Dioclétien (305). Dans les temps modernes, nous citerons celles de Benoît IX, pape, en 1048; Étienne II, de Hongrie, en 1131; d'Albert l'Ours, de Brandebourg, en 1169; de Ladislas III, duc de Pologne, en 1207; de John Balliol, d'Ecosse, en 1296; de Othon de Hongrie, en 1309; de Jean Cantacuzène, empereur d'Orient, en 1355; de Jean XXIII, pape, en 1415; de Clément VIII, pape, en 1429; d'Eric VII, de Danemark, en 1439; d'Amurat II, empereur ottoman, en 1444; de Charles-Quint, empereur d'Allemagne et roi d'Espagne, en 1555 et 1556; de Christine, de Suède, en 1654; de Jean-Casimir, de Pologne, en 1668; de Jacques II, d'Angleterre, en 1688; de Frédéric-Auguste, de Pologne, en 1706; de Philippe V, d'Espagne, en 1724; de Victor-Amédée, de Sardaigne, en 1730; de Achmet III, empereur ottoman, aussi en 1730; de Charles VII, de Naples, en 1759; de Stanislas II, de Pologne, en 1795; de Charles-Emmanuel II, de Sardaigne et de Poniatowski, de Pologne, en 1802; de Charles IV, d'Espagne, en 1808; de Joseph Bonaparte, de Naples (pour remplacer le précédent), en 1808; de Gustave IV, de Suède, en 1809; de Louis Bonaparte, de Hollande, en 1810; de Jérôme Bonaparte, de Westphalie, en 1813; de Napoléon Ier, de France, en 1814 et 1815; de Victor-Emmanuel Ier, de Sardaigne, en 1821; de Pedro IV, de Portugal, en 1826 et Ier, du Brésil, en 1831; de Charles X, de France, en 1830; de Miguel, de Portugal, en 1834; de Guillaume Ier, de Hollande, en 1840; de Louis-Philippe, de France, de Louis Ier, de Bavière et de Ferdinand, d'Autriche, en 1848; de Charles-Albert, de Sardaigne, en 1849; de Léopold II, de Toscane, en 1859; d'Isabelle II, d'Espagne, en 1870; d'Amédée, d'Espagne, en 1873; d'Abd-ul-Azis, empereur ottoman, en 1876; du maréchal de Mac-Mahon, président de la République française, le 30 janvier 1879.

ABDIOTES ou ABADIOTES, *s. m. pl.* Géogr. Peuple d'origine arabe, établi dans l'île de Candie depuis le commencement du IXe siècle. Les Abdiotes occupent une vingtaine de villages situés vers le sud du mont Ida; ils sont agriculteurs et pasteurs, et aussi quelque peu pirates, moins que dans le passé toutefois; ils professent l'islamisme. Ils sont au nombre de 4 à 5,000.

ABDIQUÉ, ÉE, *part. pass.* de ABDIQUER. *Le trône de la Grande-Bretagne ne peut être abdiqué qu'avec le consentement des deux chambres du Parlement.*

ABDIQUER, *v. a.* Renoncer à l'autorité souveraine d'une manière absolue. Se dit aussi par extension de l'abandon de certains privilèges ou droits, de la résignation d'une charge, dignité, etc., quoiqu'ici *se démettre* serait plus correct. — Jurispr. Abandonner volontairement ses droits à une propriété dont on n'a pas encore pris possession. — *Abdiquer la couronne. Abdiquer son indépendance, sa dignité.* — Fig. Agir contrairement aux exigences du rang qu'on occupe dans la société. Se mal conduire après avoir donné l'exemple de l'honneur.

— SYN. Se démettre.

ABDISSI, dit EBED JESU. Patriarche de Muzal, dans l'Assyrie orientale. Il vint à Rome présenter ses hommages à Pie IV, qui lui remit le *Pallium*, en 1562, et envoya sa profession de foi au concile de Trente. Ce patriarche, très instruit et habile dialecticien, dit-on, possédait parfaitement le chaldéen, l'arabe et le syriaque. — Il a laissé plusieurs ouvrages en syriaque, entre autres un *Catalogue des écrivains chaldéens*, qu'Abraham Ecchellensis a publié, avec des remarques, à Rome, en 1653.

ABDOLONYME ou ABDALONYME. Prince de Sidon, en Phénicie. Bien que de sang royal, il en était réduit, pour vivre, à travailler à la journée chez un jardinier, lorsque Alexandre le Grand, frappé de sa sagesse et de ses vertus, le choisit pour remplacer Straton, le prince régnant de Sidon, qui s'était déclaré en faveur de Darius. Alexandre ajouta même une des contrées voisines au territoire de Sidon. — Comme son bienfaiteur s'étonnait qu'il eût pu supporter la misère, Abdolonyme montra en effet sa sagesse en lui répliquant qu'il craignait de ne pas supporter aussi bien les grandeurs.

ABDOMEN, *s. m.* (pron. ab-do-mène). Mot entièr. lat., de *abdo*, je cache, et *omentum*, l'épiploon, ou *omen*, le présage, parce que l'abdomen cache les entrailles et que c'était dans les entrailles des victimes que l'on cherchait le secret de l'avenir. Cette dernière étymologie, donnée par Littré comme une supposition à laquelle il n'ose s'arrêter, pourrait bien être la vraie. — Anatom. Le ventre, qui enveloppe les intestins, les reins, le foie, la rate, l'estomac, etc. Il est fermé à sa partie supérieure par le *diaphragme*, borné en bas par le *bassin*, en arrière par les *lombes*, sur les côtés par divers plans musculeux d'épaisseur variable et intérieurement tapissé par le *péritoine*. Il est divisé en trois régions principales : *épigastrique, ombilicale* et *hypogastrique;* ce qui répond aux termes : région supérieure, région médiane et région inférieure. — Physiol. entom. Se dit de la partie postérieure du corps des insectes. — Chez les reptiles et les oiseaux, il n'y a pas d'abdomen; la cavité intérieure est nue, le ventre et la poitrine se confondent.

ABDOMINAL, ALE, (au *plur.* ABDOMINAUX), *adj.* Qui appartient, qui se rapporte à l'abdomen. *Muscles abdominaux. Vertèbres abdominales.*

ABDOMINOSCOPIE (du gr. *scopeô*, voir), *s. f.* Anat. Exploration de l'abdomen.

ABDOMINO-UTÉROTOMIE, *s. f.* Chirurg. Opération vulgairement dénommée *césarienne*.

ABDON, fils d'Hillel, successeur d'Elon et 15e juge des Israélites. Il était natif de Pharathon. Il gouverna les Israélites pendant huit années et mourut dans un âge très avancé. Il avait quarante fils et trente petits-fils qui l'accompagnaient partout, montés sur des ânons; signe d'opulence et de faste qu'on n'apprécierait pas à sa valeur aujourd'hui.

ABDUCTEUR, *adj.* Anat. Se dit de muscles ayant pour fonction d'écarter de la ligne médiane du corps les parties auxquelles ils sont attachés (du lat, *ab.*, hors, marquant séparation, et *ducere*, conduire). — Il s'emploie aussi substantiv. *L'abducteur de l'œil, de l'oreille, de la cuisse*, etc.

ABDUCTION, *s. f.* Anat. Action des abducteurs. Il y a abduction lorsque, de l'état de repos, les jambes s'écartent pour entrer en marche. — Chirurg. Se dit de la fracture transversale d'un os qui en écarte les parties. — Log. Eclaircissement d'une argumentation. — Philos. Retranchement d'une proposition devenue inutile, par mesure de simplification. — Jurispr. angl. Enlèvement d'une jeune fille au-dessous de vingt et un ans, et en particulier d'une héritière, en vue d'un mariage secret.

ABD-UL-AZIS, sultan ottoman (1830-1876). Il était le second fils de Mahmoud II. Elevé dans la retraite du sérail, mais par un précepteur français, Abd-ul-Azis apprit les langues française et anglaise et acquit des connaissances plus étendues qu'il n'est habituel à un prince ottoman d'en posséder. Très au courant de la politique contemporaine, versé particulièrement dans la littérature française, il s'occupait en outre beaucoup d'agriculture et avait fondé près de Scutari, sur la rive asiatique du Bosphore, la première ferme modèle qui ait jamais existé en Turquie. Cependant il passait, aux yeux du vieux parti turc, comme plus ferme dans la foi, moins disposé à subir l'influence des idées européennes que son frère Abd-ul-Medjid, auquel il succéda le 25 juin 1861. Deux années auparavant, une conspiration des vieux Turcs avait tenté déjà de le porter au pouvoir à la place de son frère; mais celui-ci n'en avait gardé aucun ressentiment à Abd-ul-Azis, qu'il savait innocent de cette escapade avortée. Les premiers actes du nouveau sultan démontrèrent à ses partisans forcés qu'ils s'étaient trompés sur son compte. Il commença, en effet, par ratifier le hatti-chérif de Gulhané et le hatti-humayun de 1856; conserva les ministres de son frère, sauf le ministre des finances, Riza-Pacha, convaincu de dilapidation; promit l'égalité à tous ses sujets, sans distinction de religion; indiqua enfin par ses actes qu'il voulait suivre, en l'améliorant dans la mesure du possible, la politique de son prédécesseur; et, de plus, il réduisit spontanément sa liste civile de 72 millions à 12 millions et réalisa d'autres économies importantes, notamment en licenciant la nombreuse garnison du harem impérial, ne conservant qu'une femme et les sultanes mères. Au lieu de faire élever ses neveux dans la retraite, suivant l'usage, il les retint auprès de lui, nommant pacha l'aîné, Mourad, qui, sous le nom de Mourad V, devait lui succéder pendant si peu de temps et plaçant les autres à l'Ecole militaire; il leur présenta son fils Youssouf-Izzeddin, né en 1857, qu'il avait fait élever secrètement malgré l'usage, mais d'accord en cela avec son frère, et dont il rêvait peut-être déjà de faire son successeur, en changeant l'ordre de succession établi; il l'incorpora, en attendant, dans la garde impériale.

Abd-ul-Azis montra, en un mot, son intention d'entrer dans la voie des réformes et du progrès selon l'esprit de la civilisation occidentale. Il s'empressa donc de conclure des traités avec la France, l'Angleterre et l'Italie; réduisit les Monténégrins soulevés et leur imposa la paix (1862); encouragea l'industrie séricicole, si importante, à Brousse, par de sérieuses subventions ou avantages divers; fit représenter son pays à l'Exposition universelle de Londres. Malgré son intention hautement proclamée d'assurer une sage économie dans les finances, les subventions au commerce et à l'industrie, certaines largesses faites à l'armée, etc. le contraignirent bientôt à faire appel aux capitaux de l'Europe par la voie de l'emprunt : ce n'était que le premier pas; d'autres suivirent, justifiés, au moins en apparence, par des constructions de chemins de fer. En 1863, Ismaïl-Pacha, le nouveau vice-roi d'Egypte, étant venu demander l'investiture, Abd-ul-Azis en profita pour faire à son tour un voyage en Egypte. En 1864, il accueillit favorablement les Circassiens qui, écrasés par les Russes, demandaient à s'établir sur le territoire turc. Cette même année et les deux suivantes, il eut à réprimer des troubles qui avaient éclaté sur divers points de l'Asie. En 1866, sur la demande du vice-roi d'Egypte Ismaïl, il changea l'ordre de succession au trône d'Egypte, substituant la succession en ligne directe à la succession en ligne collatérale, consacrée par la loi musulmane; il consentit d'autres avantages à ce prince, moyennant diverses compensations en hommes et en argent. C'est en 1866 également qu'éclata l'insurrection crétoise, écrasée seulement, et au prix de grands sacrifices, deux années après. Malgré la situation critique faite à l'empire par cette nouvelle complication, le sultan se rendait à Paris, avec une suite nombreuse, à l'occasion de l'Exposition universelle de 1867, confiant la régence à A'ali-Pacha (V. ce nom), son grand vizir et le véritable auteur des mesures importantes prises dans cette période, notamment de la loi étendant le droit de succession aux terres domaniales et aux biens religieux administrés par l'Etat (vakoufs) et de celle accordant aux étrangers le droit de posséder des immeubles en territoire ottoman (1867). En quittant Paris, où son *kazi-askar* ou grand aumônier musulman fraternisa avec l'archevêque et le nonce du pape, Abd-ul-Azis alla rendre visite, à Londres, à la reine Victoria. En mai 1868, il créait à Constantinople un conseil d'Etat; un lycée impérial à Galata, ouvert aux chrétiens comme aux musulmans; un observatoire météorologique. Un projet de code civil fut élaboré à la même époque.

Cependant, les vieux Turcs avaient de moins en moins lieu d'être satisfaits des agissements de celui en qui ils avaient mis toutes leurs espérances; en conséquence ils conspirèrent son renversement. Mais la conspiration fut découverte à temps (1868). — L'insurrection crétoise n'était pas étouffée, que les Bulgares, évidemment poussés par des agents russes, furieux de voir les Circassiens établis parmi eux, se soulevèrent à leur tour : cette insurrection fut étouffée dans le sang, et l'Europe, excitée par les lamentations hypocrites de la Russie, maudit les Turcs à satiété, — comme s'il y avait une seule puissance, dans toute l'Europe occidentale, qui connût d'autres procédés pour *étouffer* une insurrection, si légère qu'elle puisse être!... D'autres difficultés ne tardèrent pas à surgir. D'abord les prétentions exorbitantes d'Ismaïl-Pacha, qui aboutirent toutefois à une reconnaissance solennelle de la suzeraineté du sultan, que le vice-roi d'Egypte fut contraint d'aller manifester en personne à Constantinople, en 1870; mais qui, finalement, amenèrent l'abandon de presque tous les droits de cette suzeraineté de la Porte sur l'Egypte (1873).

L'effacement de la France, vaincue en 1871; la mort d'A'ali pacha, arrivée dans le même temps, laissèrent l'empire ottoman à l'influence des intrigues moscovites et des rivalités intérieures. Cependant Abd-ul-Azis, dont la santé était fort chancelante, tenta de réaliser le projet longtemps caressé de changer l'ordre de succession au trône en faveur de son fils Youssouf et au détriment de Mourad, son neveu; il en fut empêché par l'opposition du cheik-ul-islam, chef suprême de la religion, gardien de la loi, plus puissant que le sultan lui-même, lorsqu'il est en même temps l'organe d'un parti puissant. L'état des finances de plus en plus déplorable, l'échec de l'emprunt de 1873, nécessitèrent une augmentation des impôts qui amena des soulèvements sur divers points de l'Empire: en Bosnie et en Herzégovine d'abord, en Bulgarie ensuite; les troupes ottomanes envoyées contre les révoltés, combattaient dans un dénuement lamentable. A Constantinople, l'agitation était grande. Une manifestation énergique des softas (étudiants en théologie) obtint du sultan la destitution du cheik-ul-Islam et l'appel au pouvoir du chef du parti de la Jeune Turquie, Midhat-Pacha, en qualité de ministre sans portefeuille (12 mai 1876). Le 27, Midhat, le grand vizir Méhemet-Ruchdi et le ministre de la guerre Hussein-Avni décidèrent en petit comité que l'abdication du sultan était devenue nécessaire. Les conjurés se procurèrent un fetva du cheik-ul-islam Haïrulha, et le 30, ils se rendirent auprès du sultan, qui céda, non sans résistance, et fut enfermé, avec sa mère et ses femmes, dans le vieux sérail de Top Capou, dès la nuit même, pendant qu'on proclamait à sa place Mourad V, son neveu, héritier présomptif selon la loi qu'il avait voulu modifier.

Le 4 juin suivant, on trouvait le cadavre d'Abd-ul-Azis gisant sur un divan, ayant auprès de lui une paire de petits ciseaux ensanglantés, avec lesquels il était censé s'être ouvert les veines et l'artère cubitale, ainsi qu'en témoigne un procès-verbal en due forme; signé par *dix-neuf médecins*, dont plusieurs ne savaient pas lire. — En juillet 1881, Midhat et sept de ses complices (ou prétendus tels) étaient, malgré le procès-verbal en question, condamnés à mort, sous l'inculpation d'assassinat du malheureux Abd-ul-Azis; peine commuée pour les principaux condamnés en celle du bannissement.

ABD-UL-HAMID Ier, sultan ottoman (1724-1789). Fils d'Achmet III et frère de Mustapha III, il succéda à ce dernier en 1774, en pleine guerre avec la Russie et en pleine révolte des hauts dignitaires de l'empire, et le trésor si complètement à sec, que le nouveau sultan se trouva dans l'impossibilité de faire aux janissaires, suivant l'usage, son don de joyeux avènement. Enfin la défaite de Varna le contraignit à signer la paix avec la Russie (21 juillet). Par ce traité de Varna, la Turquie reconnaissait l'indépendance des Tartares, c'est-à-dire abandonnait la Crimée, le Boudjak et le Kouban; accordait aux Russes la libre navigation dans les mers de l'empire et leur cédait diverses places, celles d'Azof et de Kinburn notamment; en outre elle acceptait le partage de la Pologne. En retour, la Russie lui restituait la Moldavie, la Valachie, la Bessarabie et quelques îles de la Méditerranée, en attendant une autre occasion. Enfin, en 1783 eut lieu, de la part de la Russie, la prise de possession de la Crimée et du Kouban. A cette nouvelle humiliation, la Turquie reprit les armes, espérant dans les vagues promesses de l'Angleterre et de la Prusse. Les troupes ottomanes remportèrent d'abord des succès importants en Hongrie, mais leur flotte ayant été détruite par les Russes devant Kinburn, entraîna la perte d'Okzakof (6 décembre 1788). C'était la ruine. — Abd-ul-Hamid ne survécut que quelques jours à tant de revers. Il mourut en 1789, laissant à son neveu Sélim un empire aussi agité et humilié qu'il l'avait pris lui-même.

Abd-ul-Hamid Ier était un prince éclairé, libéral, bon et d'humeur pacifique; il jouissait de l'affection et du respect de ses sujets, qui pleurèrent sa triste fin.

ABD-UL-HAMID II, sultan ottoman, deuxième fils d'Abd-ul-Medjid, est né le 22 septembre 1842. Il fut élevé au trône ottoman, en remplacement de son frère, Mourad V, écrasé par trois mois de règne inespéré dans des circonstances particulièrement difficiles, le 31 août 1876 et ceignit solennellement le sabre d'Othman, à la mosquée d'Eyoub, le 7 septembre suivant. — La révolte des Serbes allait prendre fin, selon toute probabilité, quand, après la prise d'Alexinatz, l'ambassadeur russe intervint, exigeant péremptoirement un armistice de six semaines, lequel fut accordé le 1er novembre. La nouvelle constitution ottomane établissant un gouvernement parlementaire inspiré des institutions semblables de l'Europe occidentale, fut promulguée à Constantinople le 23 décembre. Dans le courant du même mois, les représentants des grandes puissances s'étaient réunis en conférence pour régler certains points des réformes projetées et éviter, s'il était possible, la guerre imminente avec la Russie, mais sans succès. Le 18 janvier 1877, le grand conseil, présidé par Midhat-Pacha, rejeta purement et simplement les propositions des puissances européennes concernant les réformes administratives, sous le prétexte que leur acceptation compromettrait l'indépendance de l'Empire, et les représentants européens quittèrent Constantinople en conséquence dans la huitaine. Le 1er mars, un traité de paix fut conclu entre la Turquie et la Serbie, sur la base du *statu quo ante bellum*; malgré le peu d'exigence montré par la Porte en cette occasion, le 21 avril suivant la Russie adressait aux puissances une dépêche-circulaire leur notifiant la déclaration de guerre à la Turquie. — Cette guerre sanglante offrit aux troupes turques l'occasion de prouver leur valeur réelle; mais elles devaient fatalement succomber sous le nombre, et après la chute de Plewna, la Porte fut obligée de demander la paix. Un traité de paix fut signé à San-Stéfano, le 3 mars 1878, mais il fut ensuite considérablement modifié par le congrès de Berlin, qui laissait l'empire ottoman plus réduit, plus ruiné et humilié que jamais, et le règne d'Abd-ul-Hamid II de plus en plus semblable à celui d'Abd-ul-Hamid Ier, sauf ce que l'avenir lui réserve.

Pendant que le sort de la Turquie était ainsi débattu à Berlin entre les grandes puissances européennes, le représentant de l'Angleterre à Constantinople obtenait de la Porte la cession de l'île de Chypre, moyennant un traité définitif par lequel l'Angleterre s'engageait à garantir les possessions du sultan en Asie.

ABD-UL-HAMID BEY, voyag. franç. (v. Ducouret).

ABD-UL-MEDJID, sultan ottoman (1823-1861). Fils aîné de Mahmoud II, né le 22 avril 1823, il succéda à son père le 2 juillet 1839, dans un moment extrêmement difficile. Ibrahim-Pacha, vice-roi d'Égypte, s'était révolté, et le nouveau padischah recevait, presque le jour même de son avènement, la nouvelle que ses troupes avaient été battues à Nézib par celles du rebelle, le 24 juin précédent, et, que celui-ci menaçait Constantinople; tandis que sa flotte se dirigeait vers l'Égypte, où son commandant allait traîtreusement la livrer à l'ennemi. Heureusement la diplomatie européenne s'en mêla: Ibrahim fut arrêté en plein succès, et l'intégrité du territoire ottoman garanti par traité. — Par respect pour les intentions de son père, Abd-ul-Medjid s'occupa de poursuivre l'œuvre de réforme entreprise par Mahmoud. Le hatti-chérif de Gulhané, du 3 novembre 1839, sanctionna ces réformes, dont le point capital fut l'amélioration considérable de la situation des chrétiens en Turquie, et il fut lui-même complété par le hatti-humayun du 18 février 1856 et la création du tanzimat, ou commission des réformes, instituée comme garantie de l'exécution des deux édits impériaux, qui ne fut jamais complète malgré cela. Ils proclamaient l'égalité des droits civils, la liberté religieuse, la protection de la vie et de la propriété, la distribution impartiale des impôts, sans distinction de religion, à tous les sujets de l'Empire. Mais ces réformes parurent audacieusement révolutionnaires au parti des vieux Turcs et aux classes privilégiées et instruites (ulemas), qui firent à leur exécution une opposition souvent victorieuse. Des autres réformes provoquées par Abd-ul-Medjid, les plus importantes sont la réorganisation de l'armée (1843-44), l'institution d'un conseil de l'instruction publique (1846), l'abolition de l'impôt de capitation, la répression de la traite des esclaves et diverses améliorations dans l'administration.

Comme c'était fatal, Abd-ul-Medjid eut à réprimer divers soulèvements, notamment en Albanie, en Bosnie, en Syrie, dans le Montenegro; encore, à propos de ce dernier, l'Autriche s'y opposa-t-elle (1852). L'affaire s'arrangea à l'amiable; toutefois la Russie jugea le moment opportun pour tomber sur l'empire ottoman, qui n'échappait à une difficulté que pour retomber dans une autre, et en conséquence, elle ressuscita l'éternelle question des Lieux-Saints. Abd-ul-Medjid ayant répondu par une fin de non-recevoir aux tentatives de Menschikoff, la Russie envahit les Principautés danubiennes, *casus belli* auquel la Turquie ne pouvait se soustraire. La guerre fut donc déclarée, et la lutte s'engagea aussitôt, en Europe et en Asie à la fois. Ce n'est pas ici le lieu de rappeler les péripéties de la guerre, à laquelle on sait que la France, l'Angleterre et le Piémont prirent une part décisive, et qui se termina par le traité de Paris (30 mars 1856), moins avantageux à la Turquie qu'il ne semblait devoir l'être, malgré les efforts d'A'ali Pacha, plénipotentiaire ottoman.

La paix conclue, la faiblesse personnelle du sultan, tout en indisposant contre lui le parti libéral, ou de la jeune Turquie, encouragea les ulémas à comploter contre sa vie. Le complot fut déjoué, les coupables pris; mais Abd-ul-Medjid leur fit grâce (1859). Il est de notoriété publique, du reste, qu'il ne voulut jamais confirmer une sentence de mort prononcée pour crime de haute trahison. Rappelons encore à sa louange, qu'en 1849, il refusa à la Russie et à l'Autriche de leur livrer Kossuth et les autres chefs de l'insurrection hongroise vaincue, qui s'étaient réfugiés sur le territoire ottoman. Mais quant au côté administratif, son règne n'a rien offert de mieux que ceux de ses prédécesseurs, et sur sa fin, les opérations financières suspectes, les dépenses extravagantes augmentèrent encore la pénurie du trésor, au point que plusieurs branches des revenus publics durent être aliénées. Ajoutons à ces causes de désarroi les soulèvements périodiques de vassaux toujours impatients du joug, ou de peuples incessamment travaillés par d'ambitieux et puissants voisins dont ils se font les Ratons; le fanatisme sanguinaire des vrais croyants, empressés au massacre des chrétiens, comme en Syrie en 1860; et l'on jugera qu'à la mort d'Abd-ul-Medjid, le 25 juin 1861, son successeur Abd-ul-Azis ne fut pas précisément porté sur un trône qui ait rien d'analogue à un lit de roses.

ABD-UR-RAHMAN, Muley, sultan de Fez et du Maroc (1778-1859). Il succéda à son oncle Muley-Soliman en 1823. Après avoir soumis les tribus montagnardes soulevées, Abd-ur-Rahman entra en conflit avec l'Autriche (1828) et plus tard avec l'Espagne qui, lui ayant demandé satisfaction de l'assassinat de son consul (1843), vit ses envoyés massacrés et le vaisseau qu'ils montaient capturé. L'intervention de l'Angleterre empêcha la guerre. Mais alors, Abd-el-Kader, en lutte avec la France, et momentanément réfugié au Maroc, entraîna les Marocains dans sa cause. Mais le prince de Joinville bombardait Tanger et Mogador et le général Bugeaud écrasait à Isly Arabes et Marocains (1844), ce qui mettait un terme à la résistance d'Abd-el-Kader lui-même, en même temps qu'aux manifestations hostiles des bandes turbulentes du Maroc. Abd-el-Kader, furieux, après le traité de Tanger (10 septembre), se tourna contre son hôte, souleva ses sujets et essaya de le renverser pour se mettre à sa place; mais ayant échoué, il reprit la lutte contre les Français (1845). Ce ne fut que deux ans après, comme on sait, qu'il fut contraint de mettre bas les armes et de se livrer prisonnier. Abd-ur-Rahman, débarrassé de ce dangereux adversaire, ne tarda pas à éprouver de nouvelles difficultés sur son propre territoire : un nouveau soulèvement des montagnards d'abord, puis une révolte d'un prince de sa famille aspirant au trône. Ces deux affaires apaisées, il en surgit d'autres, occasionnées par les brigandages des pirates du Riff, avec l'Angleterre, la France et la Prusse; cette dernière puissance éprouva un échec grave, lorsqu'elle voulut obtenir satisfaction. Peu après, les possessions espagnoles de la côte marocaine, Ceuta et Melilla, ayant été l'objet d'agressions gratuites de la part des Marocains, l'Espagne demanda à son tour réparation de ces faits. Abd-ur-Rahman ne voulut rien entendre, et la guerre était imminente lorsqu'il mourut, en août 1859, laissant son fils et successeur Sidi-Mohammed se démêler avec l'Espagne. — Ce ne fut pas long : déclarée le 22 octobre, la guerre était terminée par le traité du 26 mars suivant, qui devait servir de leçon au nouveau sultan.

ABÉCÉDAIRE, s. m. Petit livre où l'on apprend l'alphabet. (V. Abc). — *Adj.* Qui est classé alphabétiquement, âge *ordre abécédaire*. — Se dit aussi d'une connaissance très élémentaire qu'on peut avoir d'une chose. *Science abécédaire*.

ABÉCÉDAIRE, s. f. Bot. Plante des tropiques, dont le vrai nom est *Spilanthe oléracé*, qu'on assaisonne en salade et qu'on appelle par cette raison *cresson du Brésil* ou du *Para*. On l'appelle *abécédaire*, parce qu'on prétend qu'elle a la propriété de délier la langue et d'aider la mémoire des enfants qui la mâchent. (V. Spilanthe).

ABÉCÉDAIRE ou ABÉCÉDARIEN, s. m. Hist. relig. Membre d'une secte d'anabaptistes qui florissait principalement en Allemagne au xvie siècle, et dont la doctrine était des plus faciles à suivre. Elle consistait à ne rien apprendre sous aucun prétexte, attendu que l'étude nous détourne de l'attention nécessaire pour entendre la parole divine. Ne savoir lire ni écrire, ignorer même l'*a b c*, de peur de distraction : le salut est à ce prix. Pour le reste, l'Esprit saint y pourvoira, s'il le juge nécessaire. — Cette secte, paraît-il, existe toujours, mais elle ne porte plus ouvertement son nom comme elle faisait jadis. Peut-être est-ce dans ses rangs que se recrutent les brûleurs de bibliothèques.

ABÉCÉDÉ, s m. (V. Abc et ABÉCÉDAIRE). — Se dit par extens. d'un livre insuffisant, trop élémentaire ou mal fait.

A'BECKET, Thomas, archevêque de Cantorbéry et chancelier d'Angleterre (1118-1170), appelé communément en France Thomas Becket, orthographe que nous ne pouvons admettre, à raison des personnages de même nom qui suivent.

Au xiie siècle, les peuples courbaient le front sous la main de fer d'un pouvoir despotique, ombrageux, violent, n'ayant pour l'ordinaire d'autre règle que sa fantaisie, qui était rarement aimable. Si l'Église, tout en défendant ses propres prérogatives, n'avait pris en main la cause des faibles et des opprimés, la cause du droit, en fait, contre l'arbitraire tout-puissant, le despotisme sans frein se fût livré aux turpitudes les plus épouvantables; et peu de princes se fussent avisés qu'ils avaient des devoirs à remplir envers les peuples soumis à leur domination, si l'Église n'eût pris la peine de le leur rappeler de temps en temps. Quelques-uns penseront que c'eût été préférable, et que le mal se détruit plus rapidement par son excès même. C'est possible, quoique contestable, mais nous ne pouvons nous occuper que de ce qui est, ou plutôt de ce qui fut; et dans ces luttes acharnées entre le pouvoir religieux et le pouvoir civil, dont le moyen âge nous offre de si nombreux exemples, c'est bien rarement avec celui-ci que sont le droit et la raison. Que des princes de l'Église nient souvent agi, dans ces luttes, par pur esprit de domination, nous ne le contestons pas; mais en général, la cause des peuples et celle de l'Église étaient connexes, et beaucoup de prélats se sont illustrés à la défendre. Thomas A Becket, évêque de Canterbury (ou Cantorbéry), primat d'Angleterre, fut un de ces héros qui défendirent la liberté contre l'oppression, en même temps qu'il représentait en Angleterre la suprématie pontificale contre la royauté et la résistance anglo-saxonne contre le despotisme normand. C'est sous ce triple point de vue qu'il faut considérer l'illustre prélat, auquel l'histoire a rendu une justice tardive mais complète.

Thomas A Becket naquit à Londres, de parents d'origine normande, le 21 décembre 1118. Son père, Gilbert Becket, était négociant et fut quelque temps sheriff de Londres. Élevé avec le plus grand soin par sa famille, le jeune Thomas étudiait à l'université d'Oxford lorsqu'il perdit, à peu de distance l'un de l'autre, son père et sa mère. Il quitta Oxford à la suite de ce douloureux événement, et vint continuer ses études à Paris. De retour en Angleterre, Thomas entra comme clerc chez un homme de loi; il y resta trois ans et mena, dit-on, une vie fort dissipée; mais à la suite d'un accident de chasse qui avait failli lui coûter la vie, il renonça aux plaisirs stériles auxquels il s'était laissé entraîner dans la fougue de la jeunesse et s'appliqua à l'étude du droit. Il s'était déjà fait une certaine réputation de jurisconsulte, lorsque Théobald, archevêque de Cantorbéry, se l'attacha, en lui donnant un archidiaconé. Thomas ne tarda pas à posséder toute la confiance du prélat, qui le chargea à plusieurs reprises de missions difficiles à la cour pontificale, sous le règne troublé d'Étienne de Blois.

A l'avènement d'Henry Plantagenet au trône d'Angleterre (1154), Théobald, que le nouveau roi avait d'ailleurs rétabli sur son siège archiépiscopal, lui présenta Thomas A Becket comme un partisan dévoué de sa cause ayant fait ses preuves, et Henry II se l'attacha, en lui conférant la dignité de chancelier du royaume (1155); il lui confia enfin l'éducation de son fils aîné Richard. Thomas A Becket exerça ces hautes fonctions avec une probité scrupuleuse, quoiqu'il s'attachât avant toute chose à faire respecter le pouvoir du souverain, qui est était l'objet à peu près unique des lois en vigueur alors. Sa conduite à la cour de l'époux d'Éléonore de Guyenne n'eut rien de particulièrement austère, et il y afficha un luxe princier qu'on lui a peut-être trop reproché, considérant sa position auprès du roi, dont il ne cessa de se montrer le serviteur fidèle, au besoin en opposition avec le clergé. Mais il n'y a pas deux manières de servir, que nous sachions, et Thomas, comme nous le verrons, était incapable, dans sa loyauté, de servir deux maîtres, c'est-à-dire ses propres intérêts au prix d'un déshonneur. Henry II avait dans son chancelier une confiance illimitée, que tout justifiait. En 1159, il l'avait envoyé en ambassade à la cour de France, pour procéder aux fiançailles de la fille de Louis VII avec son fils aîné. Le prédécesseur de Théobald (1161), il voulut le nommer à sa place archevêque de Cantorbéry et primat d'Angleterre. En vain sa mère, la princesse Mathilde, les seigneurs normands, un grand nombre d'évêques, qui voyaient en lui un défenseur naturel de la race anglo-saxonne, et en lui Thomas lui-même s'essayèrent-ils de le faire revenir sur sa résolution; Henry y persista. Thomas A Becket fut donc nommé, en quelque sorte malgré lui, archevêque de Cantorbéry, en 1162, la Normandie, où se trouvait alors la cour, pour aller prendre solennellement possession de son siège.

Le nouveau primat, avec sa rectitude d'esprit habituelle, comprit les obligations que lui imposait cette haute dignité, et qu'il ne pourrait les remplir qu'en rompant avec la cour. Il résigna donc les fonctions de chancelier; cette démission froissa profondément le roi, qui vit dès lors un adversaire dans cet ancien favori et serviteur jusque-là si dévoué à ses intérêts. Thomas poursuivant sa transformation, professa bientôt toutes les vertus chrétiennes. De l'homme de cour à la vie fastueuse et bruyante, il ne resta plus rien qu'un prélat humble, frugal, studieux et digne, plein de charité pour les faibles et les pauvres, dont il était fait l'ami et le connaissait comme il l'était naguère des plus puissants de ce monde. D'autre part, il ne se connaissait toujours qu'un maître, mais ce n'était plus le même : le souverain pontife avait succédé au roi d'Angleterre dès le moment où le prélat avait succédé au chancelier, quoique Becket ne dût se soulever contre son roi qu'à la dernière extrémité. En 1164, Henry II convoqua le concile de Clarendon pour faire reconnaître certaines coutumes que le clergé lui contestait. Rédigées en seize articles approuvés par le concile, ces coutumes reçurent les signatures de douze évêques et de deux archevêques, dont Thomas de Cantorbéry, bien qu'elles portassent abolition de la juridiction des cours épiscopales et rendissent le clergé justiciable des tribunaux civils. Thomas n'eut pas plus tôt signé cet acte, qu'il comprit la faute énorme qu'il venait de commettre. Il s'adressa au pape Alexandre III pour lui demander l'absolution de cette faute. Le pape la lui accorda, mais il déclara en même temps que les *constitutions* ou coutumes de Clarendon, contraires aux droits de l'Église, ne seraient point confirmées. Sur seize articles, six seulement furent *tolérés*, les dix autres étaient complètement repoussés. Henry voulut passer outre. Thomas A Becket résista courageusement. De là cette lutte, qui ne devait plus s'arrêter, entre l'autorité royale et les droits de l'Église, même après la mort de Thomas, qui, pour le moment, dut toutefois quitter son siège et chercher un refuge en France, après avoir été traduit devant le grand conseil, à Northampton, pour répondre à l'accusation d'avoir détourné ou mal employé une somme de 44,000 marks, au temps où il était chancelier. Il se retira d'abord à la célèbre abbaye de Pontigny, qu'il fut bientôt obligé de quitter, puis à Lyon, où il fut bien accueilli par le chapitre de la métropole. Cependant, le roi de France, Louis VII, qui avait pris Thomas de Cantorbery sous sa protection, réussit à le réconcilier avec Henry II; et en 1170, l'exilé rentrait dans son église, au milieu des acclamations du peuple, ayant voyagé aux frais du roi Henry. En France, Thomas avait répondu aux représailles du roi d'Angleterre en condamnant les coutumes de Clarendon et en déliant les évêques de leur serment de fidélité; en représailles, avait confisqué les biens du siège de Cantorbéry; Thomas frappa d'excommunication ceux qui détenaient ces biens. La réconciliation n'avait pas eu lieu, on le comprend, sans d'importantes concessions de part et d'autre; et si le monde n'avait pas lieu de s'en trouver satisfait. A peine réinstallé, Thomas de Cantorbéry se mit à sévir contre quelques prélats qui lui étaient opposés, l'archevêque d'York et les évêques de Londres et de Salisbury ; ceux-ci allèrent se plaindre au roi, et la lutte recommença. La

Assassinat de Thomas A'Becket.

cour se trouvait de nouveau en Normandie lorsque, sur quelque nouveau rapport des exploits de l'archevêque de Cantorbéry, Henry II, impatienté, s'écria : « Parmi tant de lâches qui mangent mon pain, il ne s'en trouvera donc pas un pour me débarrasser de ce prêtre turbulent ! » Le propos ne tomba pas sur un terrain aride. Quatre honnêtes gentilshommes de la chambre du roi, voulant se distinguer des lâches en question, partirent immédiatement pour l'Angleterre. Ils s'appelaient Fitzurse, Tracy, Morville et Brito. Ils se rendirent sans retard à Canterbury, trouvèrent le prélat à la cathédrale et, après l'avoir menacé de mort s'il n'absolvait immédiatement les évêques excommuniés, menaces auxquelles il répondit par un fier refus, ils se jetèrent sur lui comme des brutes et le massacrèrent sur les marches mêmes du chœur, très convaincus d'avoir fait ce qu'il fallait pour paper du rôle de lâches à celui de héros !...

C'était le 29 décembre 1170. A la nouvelle de cette ignoble et sacrilège boucherie, le monde chrétien tout entier fit entendre une clameur d'indignation. Alexandre III excommunia les assassins, prononça l'interdit sur toutes les possessions du roi d'Angleterre sur le continent et lui défendit l'entrée des lieux saints.

Henry II, voyant que les choses tournaient décidément contre lui, jura sur l'Evangile qu'il n'avait jamais ni ordonné ni même désiré la mort de l'archevêque. Il fit amende honorable au tombeau de Thomas A Becket, dans la cathédrale de Canterbury, pieds nus, couvert d'une robe de pèlerin, et reçut la flagellation de la main d'un moine avec la plus édifiante humilité.

Deux ans après sa mort, l'archevêque de Canterbury était canonisé par Alexandre III. Mais on ne devait point laisser ses os tranquilles ; après les grands honneurs que leur fit rendre Henry III, Henry VIII les fit brûler, et jeter leurs cendres au vent (1538). Ce dernier roi d'Angleterre, ayant éprouvé le besoin de s'emparer du trésor que la piété des fidèles avait amoncelé, pendant plus de trois siècles, dans la chapelle de Saint-Thomas de Cantorbéry, n'avait rien trouvé de mieux que de citer celui-ci devant sa cour de justice, et sur son *refus* de comparaître, de le faire condamner par défaut, comme coupable de lèsemajesté ! Cette procédure n'était pas aussi bête qu'elle le paraît ; Henry VIII put ainsi s'emparer légalement des biens du condamné, l'arrêt de la cour entraînant confiscation desdits biens, savoir, du trésor de la chapelle, alimenté par la foi des pèlerins au tombeau du saint ; car il se trouva des magistrats pour se prêter à cette honteuse comédie. Thomas de Cantorbury fut donc assassiné deux fois, dont une fois juridiquement.

L'infortuné archevêque de Paris, Mgr Darboy, a laissé une *Vie de Saint Thomas Becket*, extrêmement intéressante.

A'BECKETT, GILBERT ABBOTT, auteur comique anglais (1811-1856). Fils d'un avoué de Londres, il fut élevé à l'école de Westminster, entra au droit et fut admis au barreau en 1841. Il fut ensuite magistrat de police à Greenwich, puis à Southwark, depuis 1849 jusqu'à la fin de sa vie, sans préjudice pour l'activité de sa vie d'écrivain et de publiciste surtout. — Dès l'âge de quatorze ans, M. A'Beckett écrivait des pièces burlesques, en vers aussi bien qu'en prose, dont le succès ne tarda pas à être très vif. Il prit une part active à la fondation de diverses feuilles comiques, notamment le *Figaro à Londres* et le *Punch*, et resta attaché à cette dernière depuis le début jusqu'à sa mort. A'Beckett collabora au *Times*. — Ses principaux ouvrages sont : *Parodies des dramaturges vivants*, lui-même compris, extraites du *Punch* (1844) ; la *Loi des petites dettes*, avec annotations et éclaircissements (1845) ; la *Revue critico-burlesque* (the *Quizziology*) *du théâtre britannique*, et la *Blackstone comique* (1846) ; *Histoire comique d'Angleterre* (1847) ; *Histoire romaine comique* (1852), etc. — A'Beckett est mort à Boulogne le 30 août 1856.

A'BECKETT, ARTHUR WILLIAM, romancier et auteur dramatique anglais, fils du précédent, est né à Hammersmith, le 25 oct. 1844. Après avoir terminé ses études au collège de Felstead, il entra dans les bureaux de la guerre, à l'âge de dix-sept ans ; mais il quitta l'administration au bout de trois ans et devint alors rédacteur du *Ver luisant* (*Glowworm*) de Londres, journal du soir, comme de juste. Il collabora pendant plusieurs années à divers journaux comiques et magazines, puis devint correspondant du *Standard* et du *Globe* pendant la guerre franco-allemande. A son retour là Pall, pendant deux années, secrétaire particulier du duc de Norfolk ; mais il abandonna cette position pour se livrer tout entier à la littérature et entra en 1874 à la rédaction du *Punch*. — M. A'Beckett a publié : *Tombé au milieu des voleurs*, roman (1870) ; *Nos vacances dans les montagnes d'Ecosse*, illustr. par Linley Sembourne et les *Mille et une Nuits modernes*, d° (1876) ; le *Fantôme de Greystone Grange* (1877) ; le *Mystère de Mostyn Manor* (1878). Il a écrit en outre, en collaboration avec M. F. C. Burnand, la *Ruine de Saint-Querec* (1875), et l'*Ombre du témoin* (1876). Il a fait représenter deux comédies en trois actes : L. S. D. ; au Royalty (1872) et *Autour de la Ville*, qui eut cent cinquante représentations ininterrompues au théâtre de la Cour (1873) ; *Une strike*, drame intime en 1 acte, même théâtre (1873). Les *Fleurs fanées*, à Haymarket et *Ly a longtemps*, au Royalty (1882). Il a enfin porté à la scène, avec la collaboration de M. J. Palgrave Simpson, son premier roman, sous ce titre : *Du père au fils*, 3 act., Liverpool (1881). — M. A'Beckett s'est fait inscrire au barreau à Grays'inn et est capitaine de la milice du Cheshire.

ABECQUER, *v. a.* Donner la becquée à un oiseau, lui porter la nourriture au bec. — Fam., se dit fam. d'un enfant à qui l'on porte la nourriture à la bouche. — *Afriander* : c'est dans ce sens qu'on dit, en t. de fauconn., *abecquer l'oiseau*, lorsqu'on ne lui donne qu'une part de sa nourriture, afin de le tenir en appétit. — Après avoir écrit *anéequea*, puis donné cette forme comme un équivalent, l'Académie a fini par accepter la forme ABECQUER, seule conforme à la racine *bec*, dans sa 7° édit.

ABÉE, *s. f.* Ouverture du livre passage à l'eau d'une rivière allant faire tourner un moulin. — Celle par laquelle l'eau coule quand le moulin est au repos.
— ETYM. L'origine de ce mot étant *baie* (autrel. *bée*), ce n'est que par corruption qu'on en est venu à dire l'*abée* ; anc. on disait la *bée*, et il ne serait que juste de dire auj. la *baie*.

ABEGG, JEAN-FRÉDÉRIC-HENRI, criminaliste allemand (1796-1868). Né à Erlangen, il prit le grade de docteur en droit en 1818. Il fut successivement professeur de droit criminel à Kœnigsberg, de 1821 à 1826, puis à l'Université de Breslau, qui le choisit pour son représentant à la diète de Prusse en 1848. M. Abegg collabora à la *Revue de Jurisprudence*, aux *Nouvelles archives de droit criminel* et à d'autres recueils spéciaux. Il a publié : *Manuel de procédure criminelle* (1825) ; *Science du droit criminel* (1836) ; *Recherches sur la science du droit pénal* (1830) ; *Essai historique sur la législation pénale en Prusse* (1835) ; *Des théories du droit pénal dans leurs rapports entre elles et avec le droit positif* (1835) ; *De la législation en matière pénale* (1841) ; *Essai historique sur la législation civile en Prusse* (1848) ; *Des rapports de la législation pénale en Prusse et de la littérature judiciaire* (1854) ; *La Demande* (1864), etc.

ABEGG, BRUNO ERHARD, parent du précédent, homme politique allemand (1803-1848). Il naquit à Elbing (Prusse), le 17 janvier 1803. Ayant fait son droit, il se mêla au mouvement politique et fut envoyé au Landrath pressier par les électeurs du cercle de Fischhausen. En 1835, il était appelé aux fonctions de président de police à Kœnigsberg. En 1845, il remplit l'intérim du ministère de la Justice, et en 1848, fit partie de la députation chargée de présenter au roi le programme populaire. Les électeurs de Breslau l'envoyèrent alors siéger au Parlement de Francfort, où il fit preuve de patriotisme et de dévouement à la cause populaire ; puis à la Chambre des députés. Mais il eut à peine le temps de prendre son siège, et mourut le 16 décembre 1848.

ABEILLAGE, *s. m.* Essaim d'abeilles. (v. et inus.). Dr. anc. Droit seigneurial sur les essaims non poursuivis. — Autre en vertu duquel un seigneur s'emparait d'une partie du miel ou de la cire des ruches de ses vassaux.

ABEILLE, *s. f.* (du lat. *apis*, bas lat. *abis*, mêmes sens). Entom. Insecte domestique de la famille des apiaires, ordre des hyménoptères aiguillonnés. Cet ordre est caractérisé par quatre ailes à nervures cornées, uniformes, une bouche ou trompe conductrice du venin sécrété par deux vésicules intérieures (aiguillonnés). Les abeilles nous donnent le miel et la cire. Elles vivent en sociétés nombreuses et admirablement organisées et disciplinées, dans des ruches naturelles ou artificielles, mais plus souvent artificielles, habitées dans la belle saison par trois sortes très distinctes d'individus, qui

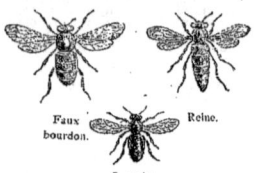

LES ABEILLES

Faux bourdon.   Reine.
Ouvrière.

sont : une femelle unique, appelée communément, mais à tort, *reine* ; d'un nombre assez grand d'*ouvrières* et de quelques mâles ou *faux-bourdons*. La reine est en réalité la seule abeille pondeuse, la mère, l'âme de la ruche ; elle ne fait pas autre chose que pondre et l'on dit bien assez. Elle se distingue des autres membres de la colonie par sa tête ovoïde, sa couleur claire, particulièrement en dessous ; son abdomen effilé ; en un mot, par des formes plus élégantes. Les faux-bourdons ou mâles ont la tête ronde, des yeux latéraux se rejoignant au milieu du front, un corps épais et velu que les ailes dépassent, enfin ils n'ont point d'aiguillon ; ils doivent à leur vol bruyant le surnom de faux-bourdons. Les mâles n'ont pas d'autre fonction, non seulement dans la ruche, mais dans toute leur vie, que de féconder la mère ; cette opération s'effectue en dehors de la ruche et les mâles n'y rentrent pas s'ils se trouvent en route. Les abeilles ouvrières diffèrent autant de la mère que des mâles. Elles sont de taille sensiblement plus petite ; les mandibules, de structure fort délicate chez les mâles aussi bien que chez l'abeille mère, sont au contraire chez elles des instruments de travail d'une merveilleuse puissance ; avec leur langue plus longue, elles puisent le miel dans le calice des fleurs ; avec leurs pattes postérieures garnies de poils serrés et raides et dont l'articulation supérieure est creusée en forme de pelle triangulaire appelée *cuelleron*, elles recueillent le pollen des fleurs pour l'alimentation générale et le propolis des bourgeons de peuplier pour en fabriquer le mastic dont elles calfeutrent les lézardes de l'habitation commune ou blindent un rempart contre l'envahisseur ; elles pétrissent ces matériaux avec leurs pattes antérieures, de véritables mains, et les emportent à la colonie maintenues fermement sous le corselet. Ajoutons que l'abeille ouvrière a deux estomacs : l'un, le jabot, dans lequel elle emmagasine sa récolte de miel, qu'elle dégorgera en lieu opportun, c'est-à-dire dans l'alvéole de la ruche, et l'estomac proprement dit, qui lui rend les menus services qu'aux autres animaux. Voilà pour les travaux extérieurs. — A l'intérieur, la mission des ouvrières n'est pas moins importante. Elles sont chargées des soins du ménage, de l'éducation des jeunes, du maintien de la discipline, de l'exécution sommaire des mâles lorsqu'on n'a plus besoin de leurs services, mais surtout de la construction de la ruche, de sa réparation quand il y a nécessité et de sa défense, ainsi que de celle du *couvain* confié à leur garde, contre tout ennemi qui tenterait de l'envahir, dussent-elles y perdre la vie, ce qui leur arrive quelquefois. On connaît, dans la ruche, le prix d'une intelligente distribution du travail, aussi les ouvrières qui vont à la récolte ne sont-elles pas les mêmes que celles qui travaillent à la maison : aux plus jeunes incombent ces derniers travaux, jusqu'à ce qu'elles aient pris de la force et que leur esprit soit assez ouvert pour bien se pénétrer des instructions de leurs aînées, ce qui leur arrive à l'âge d'environ dix-sept à dix-huit jours.

Nouvellement installées dans une ruche, dit un naturaliste, « les abeilles commencent par boucher toutes les ouvertures inutiles, n'en réservant que une ou deux qui servent d'entrée et de sortie. Ce premier travail accompli, d'autres ouvrières commencent à construire les galeries destinées à recevoir les œufs de la reine ; ces constructions sont faites en cire, matière ductile qui se forme par voie de transsudation entre les anneaux de leur abdomen. Ce prodigieux travail de maçonnerie est commencé dans la partie la plus élevée de la ruche; il consiste d'abord en un noyau informe que les ouvrières façonnent et transforment peu à peu. Les cellules sont toutes à peu près d'égale grandeur, hexagonales, et en général d'une régularité presque géométrique; elles s'adossent les unes aux autres et sont toutes d'une éclatante blancheur, teinte qui disparaîtra avec le temps pour se transformer en une couleur jaune doré. Deux rangs de cellules, se touchant par leur fond, forment un *rayon* ou *gâteau*. Les rayons sont toujours commencés par le haut, et descendent verticalement; leur solidité ne laisse rien à désirer et, pour plus de commodité, les abeilles ingénieuses ménagent entre eux des intervalles de distance en distance, qui leur servent de couloirs. Les cellules une fois construites, il faut les employer. Les unes vont recevoir du miel qui servira à alimenter la colonie pendant la mauvaise saison, les autres vont recevoir chacune un œuf que va y déposer la reine : cette ponte se fait au printemps et en été. Au bout de cinq à six jours, sortent de ces œufs des larves blanchâtres, que les ouvrières visitent à toute heure et nourrissent avec soin d'une sorte de bouillie qu'elles préparent avec du miel et de l'eau. Si la reine abeille a été fécondée, les larves donnent des abeilles de divers sexes; dans le cas contraire, tous les individus sont du même sexe; cependant ce dernier cas se présente assez rarement. Ces larves ayant subi plusieurs mues et ayant atteint un certain degré de développement, la reine, aidée de quelques ouvrières, véritables bourreaux, inspectent les alvéoles et tuent sans pitié toutes les *reines* qu'elles rencontrent; car, dans aucun cas, il ne peut exister deux reines en liberté dans une même ruche. Quelque temps après la fécondation de la reine, les mâles, devenus inutiles, sont, eux aussi, massacrés par les terribles ouvrières, qui les poursuivent sans trêve ni relâche; de sorte qu'à un certain moment de l'année, une ruche ne se compose plus que d'un certain nombre d'ouvrières et d'une reine abeille. » Il est bon d'ajouter que les mâles périssent souvent de leur belle mort, en automne; ce qui n'arrive jamais aux ouvrières : celles-ci, lorsqu'elles sont nées à la fin de la campagne, peuvent vivre jusqu'à huit mois, à la faveur du repos de l'hiver, après lequel leur existence ne se prolonge pas au delà de six à huit semaines, limites de celle de l'ouvrière née au printemps. L'abeille mère vit ordinairement trois, et quelquefois quatre à cinq ans. Enfin, dans une ruche, nous rappellerons que l'abeille mère ou *reine* est toujours seule; elle y règne peut-être, mais n'y gouverne pas; les mâles y sont au nombre variable de 100 à 2,000 et les ouvrières de 12,000 jusqu'à 100,000 et plus, suivant l'importance de la ruche. (V. Apiculture).

— Anecd. L'utilisation des abeilles comme armes de guerre, sinon comme de vrais soldats, est une chose assez rare pour que nous en citions l'exemple probablement unique : En 1642, pendant la guerre de trente ans, Kissingen, assiégée par l'armée suédoise et qui n'avait qu'une faible garnison pour défendre ses murs, était réduite à la dernière extrémité, lorsqu'un citoyen du nom de Peter Hein conçut la triomphante idée de rassembler toutes les ruches qui se trouvaient dans la ville et de les jeter sur la tête des assaillants. Cette sortie de guerriers d'une nouvelle espèce causa de tels ravages dans les rangs des Suédois que, du coup, ils levèrent le siège.

— Abeille (Danse de l'). Danse des almées égyptiennes caractérisée par une mimique expressive, par laquelle la danseuse indique qu'elle est à la recherche d'une abeille égarée dans ses vêtements et qu'elle a grand' peur des conséquences.

ABEILLE, Gaspard, membre de l'Académie française (1648-1718). Né à Riez (Provence), il vint jeune à Paris, embrassa l'état ecclésiastique et s'adonna à la poésie. Attaché successivement au duc de Vendôme, au maréchal de Luxembourg et au prince de Conti, il devint ensuite secrétaire général de la province de Normandie et prieur du prieuré de N.-D. de Merci ; enfin, en 1704, il entrait à l'Académie française. Il mourut à Paris le 22 mai 1718, et d'Alembert fit son éloge; une difficile corvée pour lui, sans doute, car les ouvrages de l'abbé Gaspard Abeille sont depuis longtemps oubliés, comme ils le méritaient bien. — Son bagage est assez considérable pourtant : il se compose d'odes, d'épîtres, de poésies fugitives et autres, d'une comédie, de plusieurs tragédies et de deux opéras.

ABEILLE, Scipion, frère du précédent, mort à Paris le 9 décembre 1697, avait embrassé la profession de chirurgien, et fit deux campagnes en Allemagne comme chirurgien-major du régiment de Picardie. Il composa une *Histoire des os* assez bonne, mais dans laquelle, piqué de la tarentule fraternelle, il s'avisa d'insérer des vers de sa façon. On a de lui, dans le même goût, un *Traité des plaies d'arquebusade* et le *Parfait chirurgien d'armée*. La poésie a certainement fait beaucoup de tort à ces ouvrages, qui sont loin d'être sans valeur.

ABEILLE, Jonas, chirurgien militaire français, né à Saint-Tropez, le 28 novembre 1809. Ayant pris le grade de docteur à Montpellier, en 1837, il devint médecin-adjoint, puis médecin des hôpitaux et attaché successivement à divers hôpitaux militaires à Paris. Il s'est retiré en 1857 pour s'en tenir à sa clientèle civile. Le docteur Abeille est surtout connu comme l'un des promoteurs de l'emploi de la strychnine dans le traitement du choléra. — Ses principaux ouvrages sont : *Des variations des parties constituantes du sang* et *Sur les injections isolées* (1849); *Traité des hydropisies et des kystes* (1852); *Études cliniques sur la paraplégie indépendante de la myélite* (1853); *Du sulfate de strychnine dans le choléra* (1854); *Traité des maladies des urines albumineuses et sucrées* (1862); *Traitement du croup* (1867); *Des corps fibreux de l'utérus* (1868); *l'Électricité appliquée à la thérapeutique chirurgicale* (1870); *Chirurgie conservatrice* (1874); *Traitement des maladies chroniques de la matrice* (1875), etc., etc.

ABEILLER, *v. a.* Fam. Broder des abeilles sur un tissu.

ABEILLER, ÈRE, *adj.* Relatif aux abeilles. S'emploie surtout au fém., comme dans cet exemple : *L'industrie abeillère.*

ABEILLON, *s. m.* Petit essaim d'abeilles (v. et peu usité).

ABEL (c.-à-d. Vanité). Second fils d'Adam, tué par son aîné Caïn, vers l'an du monde 130.

ABEL, roi de Danemark, fils de Waldemar II. Ayant provoqué un soulèvement à la faveur duquel il fit assassiner son frère aîné Éric VI, qui occupait le trône depuis près de dix ans, il y accéda à sa place en 1250. Mais, moins de deux années après, dans une tentative pour réduire les Frisons révoltés, il se perdit dans un marais et y trouva la mort. On l'en retira et on l'inhuma dans une église; mais, d'après la légende, son âme poursuivie de remords ne cessait d'errer sous les arceaux en gémissant d'une manière lamentable. On le transporta donc en un lieu où ses fantaisies fussent moins gênantes, et on l'enterra près du marais de Gottorp. Mais les habitants de cette région assurent que, chaque nuit, Abel conduit à travers l'espace, montant un cheval aux naseaux en feu, une chasse endiablée. — On croit que c'est là l'origine de la légende du *Chasseur Noir*, populaire en Allemagne et dans l'est de la France.

ABEL, Carl Friedrich, musicien allemand (1726-1787). Il naquit à Cœthen, dans le duché d'Anhalt-Dessau et fut élève de Jean-Séb. Bach. De 1738 à 1748, il fit partie, à Dresde, de l'orchestre formé par l'électeur de Saxe et confié à l'habile directeur de Hasse; puis il passa en Angleterre et devint musicien de la chambre de la reine, femme de George III, en 1256. Son instrument était la *viola di gamba* (basse viole): il a laissé quelques compositions très agréables, mais c'est surtout comme virtuose qu'il conquit une véritable célébrité.— Sa vie, qui n'était pas exemplaire, fut abrégée par ses habitudes d'intempérance.

ABEL, Thomas, prêtre catholique anglais, du temps de Henri VIII. On ignore le lieu et la date de sa naissance; on sait seulement qu'il fit ses études à Oxford, où il prenait en 1516 le grade de maître ès arts, puis celui de docteur en théologie. Le 23 juillet 1530, Thomas Abel avait été présenté à l'infortunée reine Catherine, au rectorat de Bradwell (Essex). Il fut ensuite introduit à la cour à raison de sa parfaite connaissance des langues classiques et de son talent musical. Nommé chapelain particulier de la reine Catherine, il prit sa défense avec ardeur, et publia à ce propos un pamphlet intitulé *Invicta Veritas*, imprimé à Lunebourg en 1532, d'une logique si serrée que ceux qui essayèrent de le réfuter se firent invariablement bafouer par le public impartial et désintéressé. Le statut de Henri VIII l'accuse, en outre, d'avoir « provoqué l'impression et la circulation dans ce royaume de divers ouvrages contre le divorce et la séparation. » Tout ce qu'on peut démêler dans l'affaire de Thomas Abel, c'est qu'il défendit avec un énergique dévouement la cause de sa royale protectrice, qui avait incontestablement le droit de son côté. Il fut décrété en conséquence de *misprision of treason*, jugé et condamné au dernier supplice. Son exécution eut lieu à Smithfield, le 30 juillet 1540, avec tous les ignobles détails que comportait un arrêt ainsi formulé.

ABEL, Joseph, peintre autrichien (1766-1818). Il était natif d'Aschach, et a laissé un assez grand nombre de toiles estimées, parmi lesquelles on cite : *Antigone à genoux près du cadavre de son fils, Socrate enseignant* et *l'Apothéose de Klopstock.*

ABEL, Clarke, naturaliste anglais (1779-1826). Attaché à l'ambassade de lord Amherst en Chine, Abel écrivit et publia la relation de son voyage, où se trouve la description de divers animaux et de plantes pour la plupart inconnues avant lui, observés à Java et en Chine. Il est mort à Calcutta, chirurgien en chef de la Compagnie des Indes.

ABEL, Niels Henrik, mathématicien norvégien (1802-29), fit ses études à Christiania. Passionné pour les mathématiques, après avoir donné des preuves de sa science, il obtint du gouvernement une mission dans les principales villes de l'Europe. A Berlin, il se lia avec Crelle, par une communauté de goûts et d'âge fort rares, et collabora au *Journal de mathématiques pures et appliquées*, que celui-ci venait de fonder (1826). Il revint l'année suivante et tenta de publier ses magnifiques travaux sur les équations et surtout sur la théorie des fonctions elliptiques, à propos desquels Legendre s'écriait : « Quelle tête a ce jeune Norvégien! » Il ne put cependant y parvenir et mourut près d'Arendal, âgé à peine de vingt-sept ans, plus de découragement encore que de misère. Sa triste mort causa dans le monde savant une émotion aussi vive qu'inutile. — Ses ouvrages, recueillis par son ancien professeur, M. Holmboe, de Christiania, furent publiés en 1839, aux frais du gouvernement suédois.

ABEL (von), Karl, homme d'État bavarois (1788-1859). Après avoir fait son droit à Giessen, il fut nommé, en 1827, conseiller du ministre de l'intérieur, puis, en 1831, commissaire du gouvernement près la diète de Munich. Dès ce moment, M. d'Abel affirma son esprit réactionnaire et répressif. A la nomination du prince Othon au trône de Grèce (1832), M. d'Abel suivit le jeune prince à Athènes, comme membre du conseil de régence ; mais il fut obligé d'abandonner ce poste au bout de deux années. En 1838, il remplaça le prince d'Œttingen-Wallerstein au ministère de l'intérieur, et en profita pour montrer son intolérance systématique, particulièrement envers les protestants, ainsi que sa partialité envers les congrégations religieuses catholiques (1840). La célèbre Lola Montès était alors la maîtresse du roi, qui venait de la nommer comtesse de Landsfeldt, mais la signature du ministre était nécessaire au bas du brevet ; M. d'Abel refusa la sienne (ce n'est pas ce qu'il fit de pis) ; mais il fut obligé de déposer son portefeuille (13 février 1847). Nommé plénipotentiaire à Turin , M. d'Abel en fut chassé par les événements de 1848, qui n'étaient pas de son goût à aucun degré ; il devint alors, pendant quelque temps, le chef du parti réactionnaire à la seconde Chambre ; mais sa santé ayant été gravement ébranlée, il passa dans la retraite les dernières années de sa vie, et mourut à Munich en 1859.

ABEL, Charles, littérateur et archéologue alsacien, né à Thionville en 1824. Reçu docteur en droit, M. Abel se fit inscrire au barreau de Metz, mais se livra à peu près uniquement à des travaux d'histoire et d'archéologie et devint président de l'académie de cette ville. M. Abel n'a pas cessé d'habiter Metz depuis que cette ville est devenue allemande, et il a été élu et réélu, depuis cette époque néfaste, député au Reichstag allemand par ses concitoyens. Aux dernières élections cependant, le gouvernement prussien, qui voit de mauvais œil l'influence de M. Abel, influence toute française de caractère, sur les électeurs alsaciens, l'accusa de haute trahison et le tint quelque temps en prison.

Les principaux ouvrages de M. Abel sont : *Du passé, du présent et de l'avenir de la législation militaire en France* (1857) ; *Des institutions communales dans le département de la Moselle* (1860) ; *Le mystère de Saint-Clément, d'après un manuscrit* (1861) ; *César dans le nord-est de la Gaule* (1863) ; *Un chapitre inédit de l'histoire de la comtesse Mathilde* (1863) ; *Séjour de Charles IX à Metz et Recherches historiques sur les premiers essais de navigation à la vapeur dans l'est de la France* (1866) ; *Recherches sur d'anciens ivoires sculptés de la cathédrale de Metz* (1869) ; *Rabelais, médecin stipendié de la cité de Metz* (1870) ; *Deux bas-reliefs gaulois du musée de Metz* et la *Bulle d'or à Metz* (1875) ; la *Vigne dans la Moselle ; les Vignobles de la Moselle et les nuages artificiels*, etc., etc.

ABEL DE PUJOL, Alexandre-Denis, peintre français (1785-1861). Fils naturel d'un émigré, Pujol de Martry, baron de la Grave, par sa mère et sa grand'mère. Elève de l'Ecole des beaux-arts de Valenciennes, son père, rentré en France, l'envoya à Paris avec une petite pension. Il fréquenta l'atelier de David et remporta le grand prix de Rome en 1811. Entre temps, Abel de Pujol avait envoyé à sa ville natale un *Philopæmen* qui lui valut une pension de 1,200 fr. fort bien accueillie ; il avait aussi exposé, en 1810, un *Jacob bénissant les enfants de Joseph*. Fier de ces succès, son père appela notre jeune peintre auprès de lui et le reconnut avant son départ pour la Ville éternelle.

Abel de Pujol a peint un grand nombre de toiles généralement estimées, quoique jugées un peu froides. Il entra à l'Institut en 1835 en remplacement de Gros, en 1835. On lui doit les grisailles de la Madeleine, le plafond de la salle des Antiquités égyptiennes du Louvre : l'*Egypte sauvée par Joseph* ; celui du grand escalier de ce palais, démoli en 1857 ; la *Renaissance des arts*, qu'il a reproduite dans la grande salle de la bibliothèque ; vingt-deux tableaux dans la galerie de Diane, à Fontainebleau ; des fresques à Saint-Roch et à Saint-Sulpice ; plusieurs tableaux pour le musée de Versailles, dont la *Clémence de César* et *Achille de Harlay devant les Ligueurs*. Ses meilleures toiles, en dehors des ouvrages cités, sont *Saint Etienne* et la *Vierge au tombeau*, qui figurèrent à l'Exposition universelle de 1855. La première se trouve à l'église Saint-Etienne-du-Mont.

ABEL DE PUJOL (dame), Adrienne-Marie-Louise Grandpierre-Deverzy, femme peintre, veuve du précédent et son élève. Elle est née en 1798 et débuta au Salon de 1836, avec un *Intérieur de l'atelier d'Abel de Pujol*. On cite encore de cette dame une *Scène du roman de Gil Blas* et un *Portrait* en pied, qui fut son dernier envoi, au Salon de 1857.

ABELA. Giovanni Francesco, archéologue italien (1582-1655). Il naquit à Malte, fit de nombreux voyages et devint vice-chancelier et commandeur de l'ordre de Malte. On lui doit un ouvrage très intéressant, écrit en italien et intitulé : *Malta illustrata, ou Description de Malte, de ses antiquités*, etc.

ABÉLARD (V. Abailard).

ABÈLE, s. m. Nom vulgaire du peuplier blanchâtre, ou *peuplier de l'Ontario*.

ABÉLIENS ou Abélites, s. m. pl. Saint Augustin, dans son traité *De Hæresibus*, parle d'une secte qu'il appelle *Abelita* ou Abéliens, qui aurait vécu dans l'Afrique septentrionale et particulièrement dans le voisinage d'Hippo-Regius (Hippone, en Numidie). D'après leurs traditions, Abel, quoique marié, vivait dans la plus entière continence ; et ils suivaient son exemple, afin d'être bien sûrs de ne pas introduire de nouvelles créatures pécheresses dans ce monde déjà assez pervers. Le bizarre, c'est qu'ils ne laissaient pas de se marier et que leurs femmes paraissent s'être accommodées fort bien de cette situation.

ABÉLIR, v. a. Rendre beau, orner, parer (v. et inus.)

ABÉLISER, v. a. Flatter, caresser, charmer (mêm. observ.)

ABELL, John, chanteur et poète anglais du XVIIe siècle, plus célèbre, semble-t-il, par l'aventure qui lui arriva à la cour de Varsovie que par son talent de virtuose. Ayant refusé de chanter devant le roi de Pologne, notre chanteur fut lui solidement à un fauteuil dans lequel il fut hissé au plafond ; puis on introduisit dans la salle des ours qu'on avait eu soin d'agacer, et on l'invita à choisir entre entonner avec ces hôtes mal commodes une conversation intime ou se décider à chanter. L'artiste s'exécuta, à l'applaudissement de tout le monde ; mais dans l'état où ce monde devait se trouver au moment de cette aimable plaisanterie, il ne faut pas trop s'en rapporter à lui sur ce qui s'est passé. — De retour en Angleterre, en 1701, Abell publia un volume de chansons. C'est tout ce qu'on sait de lui et des ours du roi de Pologne.

ABELLY, Louis, évêque de Rodez (1603-1691). Il naquit dans le Vexin français, devint vicaire, puis curé à Paris. Devenu très dévot, il quitta son évêché et se retira au couvent de Saint-Lazare, où il mourut à 88 ans. — Louis Abelly s'est rendu célèbre par sa haine contre les Jansénistes, haine qu'il manifeste surtout dans la *Vie de saint Paul* et dans sa *Moelle théologique*, qui le fit surnommer par Boileau le « Moelleux Abelly. » Il a donné de plus un *Traité de la hiérarchie et de l'autorité du pape* ; les *Traditions de l'Eglise touchant la dévotion à la sainte Vierge* ; un *Traité sur les devoirs des évêques, grands vicaires*, etc.

ABEL-MOSCH, s. m. Bot. Genre de plantes équatoriales (Malvacées), dont la graine est appelée vulgairement ambrette, graine de musc, à raison de son parfum pénétrant.

ABÉNAQUIS, s. m. Géogr. Nom d'un peuple de l'Amérique septentrionale aujourd'hui à peu près disparu.

Il en existe encore une petite fraction vers l'embouchure du Saint-Laurent. Charlevoix traduit leur nom par *Peuple de l'Est*, ce qui avait faussement induit certains ethnographes à croire que les peuples de race algique ont immigré en Amérique de l'Europe occidentale ; mais cette étymologie est fictive. *Abénaqui* ou *Abnaki* dérive de *Waban-Akiy* (Détroit-Terre) c'est-à-dire *Terre du Détroit*, ce qui nous reporte en esprit au détroit de Behring, d'où une foule de peuples à peau rouge ont passé sur le continent colombien. — E. P.

ABENCERRAGES, s. m. pl. Nom supposé d'une famille ou faction puissante, du royaume de Grenade, dans le XVe siècle, et qui dériverait de celui de Yussuf-ben-Serragh, le chef de cette tribu sous Mahomet VII, qu'il aurait puissamment secondé dans ses luttes répétées pour rattraper la couronne, qui lui fut trois fois ravie. Seulement rien n'est moins prouvé que cette généalogie, et l'histoire du *Dernier des Abencerrages*, empruntée par Chateaubriand aux *Guerras civiles de Granada* de Gines Perez de Hita, qui est un simple roman, n'est pas plus authentique que celles des chevaliers de la table ronde. La cour des Abencerrages, qui serait l'endroit du palais de l'Alhambra où Boabdil aurait fait massacrer cinquante des membres de cette famille, n'a été appelée ainsi qu'à une époque tardive.

ABENDROTH, Amédée-Auguste (1767-1842), administrateur hambourgeois. Il était né à Hambourg le 16 octobre 1767. Maire de sa ville natale pendant l'occupation française et l'occupation austro-russe, il s'illustra par son patriotisme et son habileté à défendre les intérêts de ses concitoyens ; plusieurs fois il exposa sa vie pour empêcher les rixes qui éclataient entre ceux-ci et les soldats de l'armée d'occupation. La première station de bains de mer fut créée par lui à New-Haven, sur la mer du Nord.

ABEN EZRA, ou IBN EZRA Abraham, (1090-1168), célèbre rabbin, l'un des juifs lettrés les plus célèbres du Moyen-Age. Il était né à Tolède et quitta l'Espagne pour Rome vers 1140 ; il résida ensuite à Mantoue en 1145, à Lucques en 1154, à Rhodes en 1155 et 1156, et se rendit ensuite en Angleterre. Il était distingué comme philosophe, astronome, médecin et poète, mais particulièrement comme grammairien et commentateur de la Bible ; c'est surtout en cette dernière qualité qu'il est bien connu. Ses ouvrages théologiques sont grandement estimés, et ses Commentaires ont été insérés pour la plupart dans les grandes bibles hébraïques de Bamberg (1525-26), Buxtorf (1618-19) et Francfort (1724-27) ; mais il a également écrit plusieurs traités d'astronomie et d'astrologie, et nombre d'œuvres grammaticales.

ABENSBERG. Petite ville de Bavière, à 20 kil. de Ratisbonne ; l'ancienne *Abusina* des Romains, célèbre par la victoire que Napoléon Ier y remporta sur les Autrichiens le 20 avril 1809. Popul. 1,300 hab. — On trouve dans le voisinage d'anc. ruines romaines.

ABÉOKUTA (v. Abbéokuta).

ABER, s. m. Coquille bivalve du genre pinne, aux couleurs brillantes et variées, qu'on trouve dans les eaux du Sénégal.

ABERAVON, bourg municipal et parlementaire du pays de Galles, dans le comté de Glamorgan, sur l'Avon, non loin de son embouchure et à 13 kil. de Swansea. La paroisse compte 4,000 habit. et le bourg parlementaire 12,000. Mines de fer et de charbon dans le voisin. ; grande fonderie d'étain, de zinc et de cuivre ; bon port, récemment amélioré.

ABERCONWAY (v. Conway).

ABERCORN (duc d'), James Hamilton, chevalier de la Jarretière. Il est né à Londres le 21 janvier 1811 et succéda à son grand-père comme 2e marquis d'Abercorn en 1818. Il fit ses études à Oxford et prit le grade de docteur en droit. Il épousa en 1832 la seconde fille du 6e duc de Bedford, fut créé chevalier de la Jarretière en 1844, et devint en 1846 premier gentilhomme de la chambre du prince-consort, charge qu'il conserva jusqu'en 1859. En 1864, le marquis d'Abercorn chercha à faire valoir des titres au duché de Châtellerault, remontant, d'après ses prétentions, à 1548 ; les prétentions en question dataient d'après Napoléon III, alors en faveur du duc de Hamilton qui, petit fils de la grande-duchesse de Bade, qui était une Beauharnais, était par conséquent un beau parent de l'empereur aussi bien que le marquis d'Abercorn. Celui-ci ne laissa pas de se parer du titre malgré cela. Membre du parti conservateur, lord Abercorn entra dans le cabinet Derby, en 1866, en qualité de lord-lieutenant d'Irlande; il conserva ce poste jusqu'en 1868, époque à laquelle il fut élevé au rang de duc d'Aerborn dans la pairie d'Irlande. Au retour au pouvoir des conservateurs, avec Disraeli, en février 1874, le duc reprit son poste de lord-lieutenant d'Irlande, dans lequel il fut remplacé par le duc de Marlborough en décembre 1876. En 1878, il fut envoyé en mission spéciale à Rome, pour présenter au nom de la reine l'ordre de la Jarretière au roi d'Italie.

Le duc d'Abercorn est lord-lieutenant et gouverneur des archives du comté de Donegal, grand maître des francs-maçons d'Irlande depuis le 5 novembre 1874, major général des archers royaux (garde du corps écossaise de la reine) et capitaine des carabiniers (*riflemen*) volontaires écossais de Londres.

ABERCROMBIE, John, médecin écossais (1781-1844). Il naquit à Aberdeen, où son père était pasteur, fit ses études littéraires dans sa ville natale et sa médecine à Edimbourg. Son diplôme de docteur dans sa poche, il partit en 1803 pour Londres et entra à l'hôpital Saint-George, dont il suivit pendant une année les leçons théoriques et pratiques. Il alla ensuite s'établir à Edimbourg (1804). Sa réputation de praticien ne tarda pas à grandir, grâce à une perspicacité rare dans le diagnostic et à une méthode excellente. Le premier dans son pays, il attacha une importance capitale à l'étude de l'anatomie pathologique des transformations produites dans les organes par la maladie; il les suivait d'un œil scrutateur, notait les faits nouveaux qui se présentaient avec un soin scrupuleux, et amoncelait ainsi de véritables trésors. Par ce moyen, on peut dire qu'ayant à peine plus de trente ans, Abercrombie avait une plus profonde et plus claire expérience de son art que la plupart de ses confrères; à la mort du célèbre Dr Grégory, en 1822, on le proclama le premier médecin de l'Ecosse. Dès 1816, Abercrombie publia dans l'*Edinburgh medical and surgical Journal* des mémoires et articles très étudiés sur les maladies du cerveau et de la moelle épinière, sur le spleen, sur les maladies du canal intestinal, le pancréas, etc. — En 1828, il publia deux ouvrages d'une très grande importance dont ses études citées plus haut forment en quelque sorte l'embryon : *Recherches pathologiques et cliniques sur les maladies du cerveau et de la moelle épinière* et *Recherches sur les maladies du canal intestinal, du foie et autres viscères de l'abdomen*; nous citerons encore : *Etudes sur la puissance intellectuelle de l'homme et la recherche de la vérité* (1830); *Philosophie des sensations morales* (1833), suite du précédent. Ces deux derniers ouvrages traitent de philosophie beaucoup plus que de médecine, et ce n'est pas le mieux, selon nous, qu'ait fait Abercrombie; ils n'en avaient pas moins atteint, en 1869, le premier sa 18e et le second sa 14e édition. Les honneurs et la fortune ne manquèrent pas au docteur Abercrombie, qui fut couvert des diplômes les plus variés dont les universités, collèges et écoles de son pays pussent disposer; en 1835, il fut élu lord-recteur du collège Maréchal d'Aberdeen. — Il est mort le 14 novembre 1844, de la rupture des vaisseaux cardiaques.

ABERCROMBY, David. Célèbre médecin et métaphysicien écossais du XVIIe siècle. Né à Seaton, on ne sait au juste à quelle date, il est mort dans les premières années du XVIIIe siècle, à ce qu'on suppose. Il appartenait à la religion catholique et même à la compagnie de Jésus, mais il se convertit au protestantisme et publia en 1686 un livre dans lequel il prétendait prouver que le salut est assuré beaucoup plus sûrement par le protestantisme que par le catholicisme (*Protestancy proved safer than Popery*). Le *Discourse of wit*, qu'il avait publié l'année précédente, est un ouvrage de métaphysique reproduisant les principes de la philosophie écossaise. Comme médecin, il prétendait que la vertu des médicaments pouvait être reconnue à leur saveur; il a laissé de nombreux ouvrages d'une réelle valeur, généralement écrits en latin : *Tuta ac efficax luis veneræ sæpe ubique mercurio ac semper absque salivatione mercuriali curando methodus* (1684), ouvrage traduit en allemand et publié à Dresde en 1702; *De pulsus variatione* (Londres et Paris, 1688); *Nova medicinæ praxis* (1685), réimprimé à Paris en 1740; *Ars explorandi medicas facultates plantarum ex solo sap.*; un recueil d'*Opuscula* (1687), etc.

ABERCROMBY, Patrick, médecin et historien écossais (1656-1720). Il naquit à Forfar, d'une famille catholique du comté d'Aberdeen, et son frère aîné Francis fut créé lord Glasford par Jacques II. Il fit ses études médicales à l'Université de Saint-Andrews et prit le grade de docteur en 1685; puis il se rendit à Paris et fréquenta l'Université de cette ville avec assiduité; après quoi il retourna en Ecosse et s'établit à Edimbourg. Le Dr Patrick Abercromby, tout en pratiquant son art en conscience, s'adonna avec passion aux études archéologiques, auxquelles il doit, d'ailleurs, de n'être pas oublié. Patriote écossais de la vieille roche, dans ce temps d'agitation qui précéda et suivit l'union de l'Ecosse et de l'Angleterre, il prit part à la guerre de pamphlets que soutenaient les hommes les plus influents des deux partis et prit pour adversaire particulier le célèbre Daniel de Foe. Nommé toutefois médecin de Jacques II, il fut privé de cet emploi par la révolution. La date de sa mort est très incertaine; nous avons choisi 1720, parce que nous avons la preuve qu'il vivait après 1716, mais certains biographes anglais portent cette date jusqu'à 1726, époque à laquelle nous avons perdu sa trace depuis longtemps.

L'ouvrage qui a préservé de l'oubli le nom de Patrick Abercromby est une sorte d'histoire des développements et des exploits militaires de l'Ecosse, ayant pour titre : *Martial achievements of the Scots nation* (1711-1716, 2 vol. in-fo). Le premier volume n'est qu'une série de biographies, et, dans sa préface, l'auteur repousse la prétention d'avoir rien voulu faire de plus que de la biographie; mais le second est incontestablement un ouvrage historique, et de la meilleure sorte. Les *Martial achievements*, qui n'ont pas été réimprimés, ont en outre le mérite d'être le premier livre sorti, dans un état de parfaite exécution, des presses écossaises : il fut imprimé sous la surveillance exercée de Thomas Ruddiman.

ABERCROMBY, sir Ralph, général anglais (1734-1801). D'une ancienne famille écossaise, il naquit à Tullibody, dans le comté de Clakmannan (Ecosse), en octobre 1734, termina ses études à l'Université d'Edimbourg et se rendit à Leipzig en 1754, suivre les cours de droit avec l'intention de s'inscrire ensuite au barreau écossais dont son père était déjà membre. Mais, à son retour, ses idées avaient pris une autre direction, et il entrait au 3e dragons, en 1756, avec le grade de cornette. Devenu lieutenant-colonel dans le même régiment en 1773, il était promu colonel du 103e d'infanterie en 1781; ce régiment ayant été licencié deux ans après, le colonel Abercromby prit sa retraite de demi-solde. Il n'avait été, dans toute sa carrière, que fort peu employé à un service actif, à raison de ses opinions politiques opposées au gouvernement actuel et surtout de ses sympathies pour les colons d'Amérique révoltés; mais en 1793, la France ayant déclaré la guerre à son pays, il reprit du service, fut appelé au commandement d'une brigade sous les ordres du duc d'York et envoyé en Hollande. Il commandait l'avant-garde dans le combat qui eut lieu sur les hauteurs du Cateau et fut blessé à Nimègue. Après la désastreuse retraite de l'armée britannique, dans l'hiver de 1794-1795, qu'il avait eu mission de protéger, il fut créé chevalier de l'ordre du Bain; la même année, il était nommé commandant en chef de l'armée des Indes occidentales. En 1796, un détachement de son armée s'emparait de Grenade, et il prenait possession des établissements de Demerara et d'Essequibo, dans l'Amérique du Sud, ainsi que des îles de Sainte-Lucie, Saint-Vincent et la Trinidad. De retour en Europe en 1797, il reçut, en récompense de ses services, le commandement des *Scots Greys*, fut investi des gouvernements de l'île de Wight, du fort George et du fort Auguste et promu lieutenant général. Il commanda en Irlande en 1797 et 1798, avec une sagesse et une modération qui lui valurent les sympathies de tous : on sait qu'à cette époque on s'attendait à une descente des Français en Irlande. Il trouva une vive opposition, naturellement, chez ceux-là mêmes qui, selon ses sentiments, auraient dû le seconder, et se crut par là dans la nécessité de résigner son commandement. Il fut alors appelé à commander l'armée d'Ecosse; mais, en 1799, il reçut de nouveau un commandement actif dans l'armée du duc d'York, chargé d'attaquer la Hollande, entreprise désastreuse d'ailleurs. Enfin, en 1801, sir Ralph fut envoyé en Egypte, à la tête d'une armée de 18,000 hommes, pour tenter d'en expulser les Français. Débarqué le 8 mars sous le feu de l'ennemi, il attaquait le 21, près d'Alexandrie, l'armée française sous les ordres du général Menou. Il fut frappé dans l'action par une balle perdue qu'on ne put extraire et mourut sept jours après. — Un monument fut élevé au général Abercromby dans l'église Saint-Paul, conformément à un vote de la chambre des Communes, et sa veuve, élevée à la pairie, reçut une pension annuelle de 50,000 fr., réversible sur les deux plus proches héritiers du titre.

Sir Ralph Abercromby avait représenté son comté natal à la chambre des Communes en 1773; mais la vie parlementaire n'ayant aucune séduction pour lui, il n'avait pas cherché à se faire réélire. — Son fils, lord Dunfermline, a laissé des *Mémoires* sur les dernières années de sa vie, qui furent publiés en 1861.

ABERCROMBY, James, homme d'Etat anglais (1776-1858), troisième fils du précédent, est né le 7 novembre 1776; il fut admis au barreau à Lincoln's Inn en 1801, et occupa presque aussitôt les emplois de commissaire des banqueroutes, puis d'intendant du duc de Devonshire. Il débuta dans la carrière politique en 1807, comme membre du Parlement pour le bourg de Midhurst, et ne cessa, à partir de ce moment, d'être attaché au parti Whig. En 1812, il fut élu par Calne, qu'il représenta à la chambre des Communes jusqu'en 1830. A l'avénement de son parti au pouvoir, avec Canning, Abercromby fit partie du ministère en qualité de juge-avocat général et membre du Conseil privé, et en 1830 il fut nommé chef baron de l'échiquier en Ecosse, charge qui fut supprimée en 1832; mais à cette époque l'autonomie d'Edimbourg, qu'il avait réclamée à deux reprises, en 1824 et 1826, et qui n'avait été alors refusée qu'à une faible minorité, venait enfin d'être reconnue, et la grande cité écossaise, reconnaissante, choisit Abercromby pour l'un de ses deux représentants à la chambre des Communes. En 1834, il fut directeur de la Monnaie, sous le ministère de lord Grey; puis, l'année suivante, il fut élu président de la chambre des Communes, après une lutte mémorable. Ayant donné sa démission en 1839, Abercromby fut, suivant l'usage, élevé à la pairie, sous le titre de lord Dunfermline. — Le nouveau lord passa les dernières années de sa vie dans un repos bien gagné, à Colinton, près d'Edimbourg, où il mourut le 17 avril 1858.

ABERDALGIE, village d'Ecosse, dans le comté de Perth, et à 4 kil. S.-O. de la ville de ce nom, sur l'Earn. Popul. 720 habit. Pêche et commerce du saumon. Près de ce village eut lieu la sanglante bataille de Duppling, dans laquelle le régent d'Ecosse, comte de Marr, fut complètement écrasé par Edward Baliol, le roi détrôné, appuyé par les Anglais (1322).

ABERDARE, ville du pays de Galles (Angleterre), dans le comté de Glamorgan, sur la rive droite du Cynon, à 6 kil. S.-O. de Merthyr-Tydvil. Popul. env. 40,000 habit. Mines de fer et de houille dans les environs. D'importantes fonderies d'étain ont, en outre, été construites dans ces dernières années. Les usines métallurgiques de la contrée ne suffisent pas à consommer le charbon extrait tout autour d'Aberdare, qui en transporte beaucoup à Cardiff pour l'exportation, étant reliée à la côte par un canal et un chemin de fer. L'accroissement de la population de cette ville industrielle a été très rapide; le chiffre de cette population, qui était de 6,471 en 1841, était de 37,774 trente ans après (1871). De magnifiques églises, des écoles, des banques, des hôtels splendides s'y sont élevés tour à tour; un beau parc public y a été planté, etc.

ABERDARE (LORD), HENRY AUSTIN BRUCE, second fils de feu John Bruce Pryce, né à Duffryn-Saint-Nicholas, dans le comté de Glamorgan (Galles), le 16 avril 1815; avocat en 1837, il remplit les fonctions de magistrat de police de Merthyr-Thydvil et Aberdare, dans le comté de Glamorgan, de 1847 à 1852, époque à laquelle il entra à la Chambre des communes comme représentant libéral de Merthyr-Thydvil. Il continua de représenter ce bourg jusqu'aux élections de décembre 1868, où il échoua; mais, en janvier 1869, le comté de Renfrew lui rendait son siège. M. Bruce fut sous-secrétaire d'État au département de l'Intérieur de novembre 1862 à avril 1864; et de cette date à juillet 1866, vice-président du comité du Conseil pour l'éducation, outre plusieurs autres charges importantes qu'il remplit simultanément. Membre du Conseil privé depuis 1864, il accepta, à la formation du cabinet Gladstone, en décembre 1868, le portefeuille de l'intérieur. En août 1873, il fut élevé à la pairie, sous le titre de LORD ABERDARE, afin de pouvoir remplir dignement le poste de lord-président du Conseil, auquel il était appelé en remplacement de lord Ripon, démissionnaire. Il ne conserva toutefois cette haute position que fort peu de temps, c'est-à-dire jusqu'à la défaite du parti libéral, en février 1874.

En 1875, lord Aberdare présidait l'assemblée de l'Association des sciences sociales. Il a édité une *Vie du général sir Wm. Napier*, auteur de l'*Histoire de la guerre de la Péninsule* (1864, 2 vol.). Il a publié, en outre : *Adresse lue à l'Association nationale pour le développement de la science sociale* (1866) et *Discours à propos de la seconde lecture du* bill *sur l'éducation des pauvres* (1867).

ABERDEEN, ville d'Écosse, chef-lieu du comté du même nom, est le principal port de mer du nord de l'Écosse et la quatrième ville de ce royaume par rang d'importance, comme populat., industrie et fortune publique; elle est située sur la mer du Nord, près de l'embouchure de la Dee, à 177 kil. N. d'Edimbourg et à 870 kil. N. de Londres par les plus courtes lignes de ch. de fer. C'est une ville très ancienne, qu'on suppose être la Devana ou Diva de Ptolémée, mais qui, en tout cas, avait acquis une grande importance dès le XIIe siècle. Guillaume le Lion y avait sa résidence; en 1179, il lui accordait une charte confirmant les droits communaux qu'elle tenait déjà de David. Aberdeen fut brûlée par Edouard III en 1336, mais bientôt rebâtie et étendue, après quoi elle prit le nom de New-Aberdeen; ses maisons, par exemple, étaient en bois et couvertes de chaume, et on en pouvait voir encore quelques spécimens en 1741. Avant la Réforme, cette ville comptait plusieurs monastères. En proie aux attaques des barons du voisinage pendant plusieurs siècles, elle fut au XVIIe, pendant les troubles religieux, pillée à diverses reprises par les deux partis, royalistes et convenanters, tour à tour. En 1715, le comte-maréchal Jacques Keith proclama le Prétendant à Aberdeen. Jusqu'au commencement de ce siècle, la ville ne s'étendait que sur quelques éminences, était mal bâtie, sillonnée de rues étroites, tortueuses et accidentées; mais à partir de cette époque, les rues larges, les places aérées, les squares, les terrasses plantées s'y succédèrent sans interruption. La principale rue d'Aberdeen, Union Street, a plus d'un kil. et demi de long; la ville a environ 13 kil. de tour; on y traverse le chemin de fer, qui s'enfonce dans la vallée de Denburn, sur un pont de granit de 132 pieds de développement sur 50 pieds de hauteur. Ses principaux monuments sont le collège Marischal et les bâtiments de l'Université, rebâtis de 1836 à 1841 sur l'emplacement d'un ancien couvent de Franciscains; le séminaire, bâti en 1850 dans le style du temps des Tudor; le marché Neuf, bâti en 1842. Aberdeen compte, en outre, 60 églises ou temples voués à des cultes divers, outre les chapelles de missions, dont les principales sont l'église Saint-Nicolas et l'église épiscopale de Saint-André; et 110 écoles, sans compter le collège catholique Sainte-Marie, situé à 8 kil., sur la rive gauche de la Dee. Citons encore l'hôpital Gordon, fondé en 1729, l'Asile des orphelines, l'infirmerie royale, le dépôt d'aliénés, etc.

A l'extrémité orientale d'Union street, et donnant en partie sur Castle street, s'élèvent les nouvelles constructions réunissant les bureaux de l'administration du comté et de la commune, ainsi que le palais de Justice, immense édifice gothique bâti de 1867 à 1873, et qui n'a pas coûté moins de 2,000,000 de fr. Il ne faut pas oublier non plus le Music Hall, bâti en 1821 et restauré en 1859, et le nouvel Opéra, en 1872; les stations de chemin de fer, les parcs publics, les statues, dont les principales sont celles du duc de Gordon, en granit bleu du pays; de la reine Victoria, en marbre sicilien; du prince Albert assis, en bronze. Au sud de la ville, la Dee est traversée par trois ponts, dont un suspendu, en fils de fer.

L'industrie d'Aberdeen comprend la filature et le tissage de la laine, du lin et du coton; la fabrication du tricot, des tapis et des couvertures; celle du papier et du carton; c'est dans cette ville qu'est établie la plus grande manufacture de peignes en corne, caoutchouc, écaille, etc. du monde entier, celle de MM. Stewart et Cie, qui date de 1827 et emploie 900 ouvriers; enfin, sept fonderies et un grand nombre de fabriques de machines diverses, à vapeur et autres, y emploient plus de 1,000 ouvriers. Nous n'insistons pas sur les tanneries, corderies, teintureries, savonneries, fabriques de produits chimiques, de conserves alimentaires, distilleries, brasseries, qui sont nombreuses et importantes; ni sur les chantiers de construction de navires, qui comptent parmi les plus prospères. L'exportation porte principalement sur le bétail élevé aux environs, le saumon pêché dans la Dee, le Don et la mer, grains, beurre, œufs et granit bleu du pays que Londres a employé au pavage de ses rues la première. Le port d'Aberdeen, qui a reçu dans ces dernières années des améliorations considérables, possède 240 navires, dont 26 à vapeur. Aberdeen possède une banque nationale, deux banques locales, trois compagnies d'assurances, quatre compagnies de chargeurs, trois compagnies de chemins de fer, etc., etc.

Parmi les sociétés savantes d'Aberdeen, nous citerons la Société médico chirurgicale, fondée en 1789 et la Société des Avocats, pour le perfectionnement de leur organisation. L'imprimerie y fut introduite en 1622; le principal journal, l'*Aberdeen Journal*, existe depuis 1748, c'est le plus ancien de toute la région septentrionale. — Enfin, Aberdeen est la patrie d'Hector Boethius, de l'évêque Elphinstone, fondateur de l'Université; du premier imprimeur de la ville, Edward Raban; du peintre de portraits George Jamesone; de James Gregory, l'inventeur du télescope à réflexion; de sir James Mackintosh, de lord Byron, — du moins suivant l'opinion du pays, etc.

Aberdeen est gouvernée par un conseil municipal composé de 25 membres, compris un prévôt, six baillis, un trésorier, etc.; sa population, qui était de 3,000 habit. en 1396, est aujourd'hui, en chiffre rond, de 90,000 habit.

ABERDEEN (OLD). Old Aberdeen ou le vieux Aberdeen est une petite ville paisible, très ancienne, ancien *burgh* baronial, situé au sud-ouest de l'embouchure du Don, à 1 kil. et demi d'Aberdeen. Au nord de la ville, on traverse le Don, au moyen d'un pont gothique d'une seule arche, qui est le plus vieux pont du nord de l'Ecosse, le *Brig' o' Balgowine* de lord Byron. Cette ville qui, aujourd'hui, compte à peine 1,900 habit., fut le siège d'un évêché et eut une vaste cathédrale sous l'invocation de saint Machar, dont il reste les deux ailes et la nef, appropriées aujourd'hui à l'église paroissiale. On y remarque, en outre, le Collège du roi, réparé en 1860, mais dont la partie principale, la tour et la chapelle, en style gothique flamboyant, date de 1500 environ; la chapelle est encore employée au service du culte à l'époque de la session universitaire.

Le Vieil Aberdeen a sa municipalité propre, composée d'un prévôt, quatre baillis et treize conseillers; il possède plusieurs institutions charitables, deux écoles primaires, deux secondaires, une église libre; il y a une brasserie renommée dans ses murs et une fabrique de brique et de poterie grossière dans son voisinage. Il fait partie du bourg parlementaire du Nouvel Aberdeen.

ABERDEEN (COMTE D'), GEORGE HAMILTON GORDON (1784-1860), homme d'État anglais; né à Edimbourg le 28 janvier 1784. Il succéda à son grand-père comme 4e comte d'Aberdeen, en 1801. Après avoir terminé ses études à Cambridge, il visita la France, l'Italie et la Grèce, et fonda à son retour le *Club Athénien*, dont nul ne pouvait être membre à moins d'avoir voyagé en Grèce. Il publia peu après, dans la *Revue d'Edimbourg*, un article sur la *Topographie de Troie*, de Gell; puis, en 1822, des *Recherches sur les principes du beau dans l'architecture grecque*. Ayant été élu en 1806 pair représentatif pour l'Écosse, il avait pris son siège à la Haute chambre dans les rangs des Tories; il fut envoyé à Vienne en 1813, avec mission d'amener l'empereur d'Autriche à une alliance contre Napoléon, et réussit à lui faire conclure le traité de Tœplitz (septembre). A la fin de la guerre, il fut, en récompense, élevé à la pairie anglaise avec le titre de vicomte Gordon. Entré en 1828 dans le cabinet formé par le duc de Wellington, il fut d'abord chancelier du duché de Lancastre, puis secrétaire des affaires étrangères. Il eut successivement le portefeuille colonial dans le cabinet tory de 1834-35 et de nouveau celui des affaires étrangères sous Robert Peel (1841), position dans laquelle il satisfit assez peu le sentiment national pour se faire accuser à plusieurs reprises de manque de patriotisme. Ayant, d'autre part, fait preuve, pendant son administration, de modération et même d'un certain libéralisme, lorsque, en 1852, la défaite du ministère Derby trouva le parti tory désorganisé, ce fut à lord Aberdeen que la couronne confia la mission épineuse de former le cabinet dit « de coalition, » qui aurait été mieux appelé de transition. Son administration est intimement liée avec la guerre d'Orient, qu'il prépara et qu'on lui a beaucoup reprochée dans l'assurance qu'il eût été facile de la prévenir, ce qui est rigoureusement vrai; mais c'est surtout grâce à l'incroyable impéritie de tous les chefs de service et aux conséquences désastreuses qui en résultèrent pour l'armée, principalement pendant le terrible hiver de 1854-55, que le sentiment public se souleva contre le ministre, qu'il rendait responsable de ces mécomptes. Une demande d'enquête, présentée par M. Roebuck, ayant été votée par la chambre des Communes, lord Aberdeen se retira. Il ne prit plus que fort peu de part aux affaires. — Il reçut, peu après sa retraite, l'ordre de la Jarretière, et mourut le 13 décembre 1860.

ABERNETHY, ville d'Ecosse, comté de Perth, à 11 kilom. au-dessous de la ville de ce nom, sur la rive droite de la Tay. Abernethy passe pour avoir été la capitale des anciens rois Pictes; cette ville fut le siège d'un évêché, transféré à Saint-Andrews au IXe siècle. On y voit une curieuse vieille tour formée de 64 rangs de pierres de taille et mesurant 23 m. de haut sur 15 m. de circonférence, mais dont la destination est fort contestée.

ABERNETHY, JOHN, théologien dissident irlandais (1680-1740). Il naquit à Coleraine, dans le comté de Londonderry (Ulster), où son père était ministre non conformiste, le 19 oct. 1680, et fit de brillantes études à Glasgow et à Édimbourg. Nommé pasteur à Antrim en 1703, sa vie, à partir de ce moment, ne fut qu'une longue suite de disputes et de controverses religieuses qui provoquèrent l'admiration de ceux, amis et adversaires, qui aiment ce genre d'exercices, mais qui nous laissent absolument froids. Abernethy écrivit un grand nombre de *tracts*, qui sont des chefs-d'œuvre, à ce qu'il paraît, pour poursuivre après sa mort l'œuvre de sa vie.

ABERNETHY, JOHN, chirurgien anglais, petit-fils du précédent (1764-1831). Son père était négociant à Londres, où il naquit le 3 avril 1764. Élève de sir Charles Blicke à 15 ans, il fut ensuite attaché à sir William Blizzard, de l'hôpital de Londres, dont il préparait le cours d'anatomie. Il suivait en outre les cours du chirurgien Pott et de l'illustre John Hunter. Nommé aide-chirurgien de l'hôpital Saint-Barthélemy en 1787, il y fit des cours qui furent suivis par une foule si considérable, que les gouverneurs de l'hôpital se crurent moralement engagés à lui construire un amphithéâtre plus vaste (1791). Malgré ses succès de toute nature, sa réputation toujours croissante, ce ne fut qu'en 1815 qu'Abernethy obtint la place de chirurgien en chef de l'hôpital Saint-Barthélemy. Il avait précédemment été nommé chirurgien de l'hôpital du Christ (1813) et professeur d'anatomie chirurgicale au Collège des chirurgiens de Londres (1814).

Le Dr Abernethy avait une très grande réputation, tant comme praticien que comme professeur. Il est auteur d'un ouvrage justement célèbre et même populaire ayant pour titre : *Observations chirurgicales sur l'origine constitutionnelle et le traitement des maladies locales* (1809), dans lequel il professe que les affections locales ne sont très souvent que des symptômes de maladies constitutionnelles qu'il faut d'abord découvrir et traiter ; que l'origine des maladies est en général dans le dérangement des fonctions de l'estomac et des intestins. Il fut le premier à exécuter l'opération audacieuse de la ligature des artères carotide et iliaque externe. Sa célébrité était presque autant due à ses manières originales qu'à son habileté d'opérateur et à sa science profonde. Très courtois et même affectueux dans le cercle de famille, il traitait ses malades avec une brusquerie presque grossière. D'un autre côté, il était la probité et l'honorabilité mêmes. Une de ses manies était de renvoyer toujours au texte de ses *Observations chirurgicales* qui, par suite, ne furent plus désignées que sous le nom de « Mon livre. »

Le Dr Abernethy donna sa démission de chirurgien de l'hôpital Saint-Barthélemy en 1827, et de professeur au Collège des chirurgiens deux ans plus tard, par raison de santé. Il mourut à sa résidence de Enfield le 20 avril 1831. — Une édition complète de ses œuvres, en 5 vol., fut publiée à Londres en 1830.

ABERRATION, *s. f.* (Lat. *aberratio, égarement*). Astron. Mouvement apparent des étoiles résultant du mouvement annuel de la terre, phénomène reproduit par le mouvement apparent des objets qui vous entourent lorsqu'on passe devant, emporté par une course rapide, mais compliqué ici de celui de la lumière. — Opt. Phénomène produit par la dispersion des rayons lumineux rencontrant des surfaces courbes qui les réfractent ou les réfléchissent. *Aberration de réfrangibilité*. Les rayons lumineux diversement colorés n'ayant pas la même réfrangibilité, une lentille biconvexe ne pourra les concentrer tous en un seul foyer situé dans le prolongement de son axe, et il en résultera un phénomène d'irisation au moins fort gênant pour l'observateur. *Aberration de sphéricité*. Défaut des lentilles biconvexes à courbe trop accusée, qui ne leur permet de concentrer au foyer commun que les rayons les plus rapprochés de leur axe ; les autres rayons étant réfractés en deçà du foyer, celui-ci ne représente plus un point, mais une vague étendue et l'image principale se trouve alors entourée et comme noyée par d'autres images qui brouillent tout. *Aberration des fonctions visuelles*. Erreurs de la vue qui ont évidemment des causes identiques à celles dont nous venons de parler, l'œil étant en réalité un instrument d'optique et le plus parfait de tous, mais comme tous sujet à l'erreur. — Fig. Erreur de jugement, égarement des sens, écart d'imagination.

— Astron. Outre le mouvement annuel de la terre, le mouvement de la lumière concourt à produire ce phénomène d'aberration qui nous fait croire que l'astre que nous examinons se trouve dans la direction d'où les rayons lumineux qui émanent de lui viennent frapper notre œil ; mais le point où se trouve l'observateur est mobile, et de plus il a fallu du temps pour que les rayons de l'astre lui parviennent. En se déplaçant lui-même, un observateur ignorant est convaincu que c'est l'astre qui se déplace ; pour comble de confusion, il voit l'astre au point d'où ses rayons lui arrivent ; et l'expérience seule peut lui apprendre que la direction de ces rayons est déterminée par le mouvement apparent de l'astre combiné avec le mouvement réel de la lumière. Avant 1727, date de la découverte du phénomène par Bradley, tous les observateurs étaient ignorants en ce point, ou du moins connaissaient mal les causes de l'aberration des étoiles.

— Opt. Avant la découverte de l'*achromatisme* (v. ce mot), pour combattre les effets désastreux de la dispersion des rayons lumineux dans les lentilles biconvexes et l'irisation insupportable qui en résultait, on en était venu à construire des lunettes de 100 mètres de longueur, manœuvrées à l'aide d'échafaudages enchevêtrés dans les cordes de nombreuses poulies et ne donnant, malgré tout, qu'un grossissement insuffisant. La lunette d'Auzout, par exemple, qui avait 98 mètres et dont l'objectif était installé au sommet d'une tour élevée, tandis que l'observateur tenait l'oculaire dans ses deux mains, ne donnait qu'un grossissement de six cents fois. A la suite de cette découverte, les plus grands instruments ne dépassaient plus 20 mètres et faisaient obtenir des grossissements supérieurs à 3,000 fois. La différence était assez sensible et bien loin des prévisions les plus optimistes ; d'autant plus que l'illustre Newton ayant déclaré qu'il était impossible d'obtenir l'achromatisme des verres de lunettes sans les priver du même coup de la propriété de former des images, cet arrêt était regardé comme définitif et sans appel, malgré quelques expériences paraissant démontrer le contraire. Jean Dollond reprit, en 1758, l'expérience fondamentale cause de l'erreur de Newton, et s'aperçut que les résultats n'étaient pas tout à fait tels que Newton les avait vus. Poursuivant ses recherches, il découvrit que, si un faisceau lumineux traversant successivement un prisme de verre et un prisme rempli d'eau, et émergeant parallèlement à sa direction première, donnait bien encore des bandes irisées, il suffisait pourtant de lui faire subir une certaine déviation pour obtenir un faisceau de lumière parfaitement blanche. Il n'y avait donc plus qu'à trouver le moyen de combiner des verres possédant respectivement les mêmes propriétés que le verre ordinaire et l'eau, et par cette combinaison on arriverait certainement à construire des lunettes achromatiques. L'ingénieux opticien, après bien des tâtonnements, réussit enfin à construire de telles lentilles, en collant l'une contre l'autre une lentille convexe de *crown-glass* et une lentille concave de *flint-glass* ; la lentille concave décomposant la lumière du faisceau, qu'elle rend très convergent, tandis que l'autre annule presque cette convergence, et par conséquent l'aberration de réfrangibilité et l'irisation qui en résulte.

L'auteur de cette belle découverte pratique, que la Société royale de Londres récompensa par la médaille de Copley, Jean Dollond, était un ouvrier tisseur de soie, né à Spitalfields en 1706, fils d'un tisseur normand chassé de son pays par la révocation de l'édit de Nantes. Il avait commencé à s'occuper d'optique, et en particulier de la construction des lentilles, à quarante-six ans, pour amuser son jeune fils, Pierre, qui devint célèbre à son tour par la découverte, en 1765, d'un moyen de diminuer considérablement l'aberration de sphéricité produite par la forme des lentilles, en combinant un système dans lequel une lentille biconcave de flint-glass est placée entre deux lentilles convexes de crown-glass ; combinaison permettant, en outre, une ouverture plus large pour l'observation des objets avec des instruments à court foyer.

— Aberr. de la vision. Les aberrations des fonctions visuelles sont multiples dans leur nature aussi bien que dans leurs effets et constituent de véritables maladies. Les illusions proprement dites, provenant sans doute autant du cerveau que de l'œil, devront être traitées à part ; mais il est une aberration de la vision très répandue et qui porte sur l'appréciation des couleurs, dont c'est ici le lieu de parler. Beaucoup de personnes confondent habituellement deux ou plusieurs couleurs, ou même sont incapables d'en discerner soit une, soit plusieurs ; cette aberration est souvent accidentelle et passagère, elle est aussi constante et habituelle comme nous venons de le dire. On en a fait un cas pathologique sous la dénomination de *daltonisme* ou *dyschromatopsie* ; mais c'est avant tout un fait d'optique physique. Quoi qu'il en soit, cette aberration peut causer de graves accidents ; passagère surtout, chez des personnes ayant pour fonctions de lire et de transmettre des signaux, chez les employés de chemins de fer, par exemple, elle peut avoir les plus terribles conséquences, comme cela est arrivé notamment en Angleterre et aux États-Unis. Mais qu'y faire ? — Il y a quelques années, la Compagnie des chemins de fer de Pensylvanie procédait, sur cinq mille de ses agents, à des expériences relatives à la faculté plus ou moins développée de distinguer les couleurs et l'apparence des objets à une certaine distance. On commença, pour apprécier la netteté de la vue, à se servir de cartons imprimés, placés à 6 mètres environ (20 pieds) de distance et d'écrans percés de petites ouvertures et éclairés par derrière. Beaucoup de ceux qui avaient réussi dans ces premières épreuves échouèrent dans les suivantes, où il s'agissait de distinguer les couleurs. On prit trois écheveaux de laine : le premier d'un vert pâle, le deuxième et le troisième rouges. On les plaça sur une table, à la distance d'un mètre, devant l'agent examiné, qui les regardait à travers un verre transparent et devait désigner les couleurs et choisir une couleur correspondante à celle de l'écheveau, dans un paquet d'autres écheveaux de toutes couleurs et numérotés de 1 à 36. Un jeune homme, prié de désigner la couleur rouge, le fit sans hésiter, mais lorsqu'on lui demanda de chercher le rouge dans le paquet, il se trompa complètement et désigna trois écheveaux bleus, deux jaunes et un rouge. Il ne voyait aucune différence entre ces couleurs. Le même fait fut observé chez plusieurs individus qui furent examinés dans la suite. Une troisième expérience consista à diviser les écheveaux en trois groupes de douze numéros chacun. Quelques individus distinguèrent parfaitement toutes les nuances du vert, mais furent incapables de distinguer celles du rouge.

Dans des expériences plus récentes encore, le Dr Favre, de Lyon, a pu constater que 10 p. 100 des personnes examinées sont incapables de distinguer une ou plusieurs des cinq couleurs élémentaires. L'administration a dû agrandir le diamètre des chiffres des timbres-poste pour prévenir les erreurs trop fréquentes de ses employés chargés d'en déterminer la valeur à première vue. Cela tient évidemment, dans ce cas et dans beaucoup d'autres, à une trop grande rapidité d'opération. Nous ne croyons donc pas qu'il y ait ici aberration dans l'acception rigoureuse du mot.

— Méd. Dérangement dans la disposition des organes ou dans l'exercice de leurs fonctions. *Aberration des fluides*. Passage de ces fluides dans des vaisseaux où ils ne doivent point pénétrer ; passage du sang, par exemple dans les vaisseaux lymphatiques. Ce phénomène constitue un des points de la théorie mécanique de Boerhaave. — Se dit également du transport d'un des fluides du corps vivant vers un organe autre que celui où il doit se porter ; ainsi lorsque l'hémorragie menstruelle se trouve remplacée par une hémorragie pulmonaire ou nasale, il y a *aberration*. Tout un ordre de maladies caractérisées par un transport de ce genre a même été établi sous ce nom par divers auteurs, mais cette classification, aussi bonne qu'une autre, n'a décidément pas prévalu.

ABERRER, *v. n.* Errer au loin, s'égarer, être sous l'influence d'aberrations.

ABER WRACH, rivière de Bretagne, qui prend sa source au plateau de Saint-Thonan, dans le départ. du Finistère et se jette dans la Manche, formant à son embouchure un petit port de refuge d'un abord assez difficile.

ABERT, Jean-Joseph, compositeur allemand, né à Kachowitz (Bohême), le 21 septembre 1832. Une belle voix de soprano l'ayant fait admettre au nombre des enfants de chœur de l'église de sa ville natale, il acquit là les éléments de son art. Il avait à peine huit ans lorsque le prieur des Augustins, frappé de ses dispositions, l'emmena à son couvent, où il lui fit donner une instruction littéraire et musicale à peu près complète ; et il y fit, dans l'étude de la musique, des progrès si rapides que bientôt la maîtrise de la chapelle du couvent lui fut confiée. Il commença dès lors à faire exécuter des morceaux religieux de sa composition et se fortifia par l'étude des maîtres que renfermait la bibliothèque de la maîtrise. Mais, poussé par l'esprit d'indépendance, il s'enfuit du couvent — il avait à peine quinze ans — et alla se réfugier chez un oncle qui habitait Prague, lequel le reçut cordialement et le fit entrer peu après au Conservatoire de cette ville, dont il ne tarda pas à devenir un des élèves les plus distingués. Au bout de trois ans, il faisait exécuter par ses camarades deux ouvertures et une grande symphonie qui lui valut les éloges, puis la protection du maître de chapelle, grâce à laquelle il entra, comme contrebassiste, en 1832, au service du roi de Wurtemberg, poste qu'il conserva jusqu'en 1867, tout en se livrant à la composition. Il produisit dans cet intervalle une *Symphonie en ut mineur* (1853); une *Symphonie en la majeur* (1856); un opéra : *Anna von Landskron* (1859), représenté sur le théâtre de Stuttgart et fort bien accueilli; un autre opéra : le *Roi Enzio* (1862). Mais son titre le plus sérieux à la réputation est son poème symphonique *Colombus*, exécuté à Stuttgart au commencement de 1864 et mis, par M. Pasdeloup, au programme des concerts populaires. Il fit également représenter à Stuttgart, en 1866, un troisième opéra : *Astorga*, joué ensuite avec succès sur les principales scènes allemandes et traduit en français par M. Victor Wilder. Pendant la fermeture du théâtre de Stuttgart, en 1867, M. Abert suivit, comme chef d'orchestre, une partie de la troupe en représentation à Bade, et il se distingua si bien dans les nouvelles fonctions, qu'il y fut maintenu en remplacement d'Eckert, qui venait de donner sa démission. Marié avec une riche héritière, M. Abert n'a plus produit grand'chose depuis cette époque, à l'exception de quelques *lieder* et d'un opéra nouveau dont on parle toujours, mais voilà tout.

ABERYSTWITH, ville maritime et station balnéaire du pays de Galles, dans le comté de Cardigan, au centre de la baie de Cardigan et près du confluent des rivières Ystwith et Rheidol; station terminale du chemin de fer Cambrien et ligne spéciale mettant en communication directe Aberystwith avec le sud de la principauté, Bristol, etc. Popul. 7,000 hab. La ville est bien bâtie et possède plusieurs constructions élégantes; port récemment amélioré, jetée formant une promenade très fréquentée. Au S.-O. de la ville, sur une sorte de promontoire, s'élèvent les ruines de son ancien château, érigé en 1277 sur l'emplacement d'une forteresse bâtie par Gilbert de Strongbow et détruite par Owen Gwynedd. Le site d'Aberystwith est extrêmement pittoresque et entouré de plusieurs des curiosités du pays de Galles les plus renommées, notamment le pont du Diable, sur la Rheidol. — Exportation de plomb, de flanelle, écorce de chêne, céréales, etc.

ABÉTI, part. pass. du v. ABÊTIR.

ABÊTIR, v. a. Rendre bête. — v. n. Devenir bête. — S'ABÊTIR, v. pr. Se rendre stupide. On s'abêtit dans l'inaction.

ABÊTISSEMENT, s. m. Action d'abêtir ou état d'une personne abêtie.

ABGAR. Nom et titre commun à plusieurs rois d'Édesse, en Mésopotamie, d'origine arabe. Le plus connu (et il l'est bien mal) est celui qui vivait au temps de J.-C. — Souffrant de la goutte, suivant quelques-uns, et d'après d'autres rongé par la lèpre, il écrivit à J.-C., dont les prodiges étaient venus à sa connaissance, pour le prier de venir et de le guérir, lui offrant en outre un refuge assuré contre la haine des Juifs. Jésus lui répondit qu'il lui enverrait un de ses disciples après son ascension. La légende ajoute qu'en effet saint Thaddée fut envoyé à Édesse par saint Thomas et guérit miraculeusement Abgar. Eusèbe donne la lettre de ce prince et la réponse qu'y fit Jésus, et ne doute pas de l'authenticité de l'une et de l'autre.

AB HOC ET AB HAC, loc. adv. lat. (de celui-ci et de celle-là). *Parler ab hoc et ab hac*, c.-à-d. à tort et à travers. — L'Académie a en-

levé, dans sa dernière édition, l'accent circonflexe de l'*â* dans *hac*; c'est parfait, mais elle l'a laissé, comme nous le verrons, sur l'*a* d'autres mots latins qui n'en ont pas un plus grand besoin.

ABHORRÉ, part. pass. de ABHORRER. — On disait ABHORRI dans la langue du XVIe siècle.

ABHORRER (lat. *abhorrere*, de *ab*, indiq. l'éloignement, et de *horrere*, avoir horreur). v. a. Éprouver de la répulsion pour quelqu'un ou quelque chose; détester, haïr avec l'aggravation d'un sentiment d'éloignement. *Je l'abhorre et ne pourrais plus le voir même en peinture*. — S'est dit ABHORRIR primitivement.

ABIA ou ABIAH, fils de Roboam, roi de Juda. Dans la deuxième année de son règne, il remporta sur Jéroboam, roi d'Israël, une victoire éclatante dans laquelle il ne lui tua pas moins de 500,000 hommes (I). Il mourut l'année suivante (vers 955 av. J.-C.), laissant 14 veuves et 38 orphelins, dont 22 fils et 16 filles.

ABIA, chef de la huitième des vingt-quatre classes de prêtres juifs, suivant la division de David. Chacune de ces classes servait à son tour dans le temple pendant sept jours, d'un sabbat à l'autre, sous le nom du chef de classe, parcourant ainsi un cercle de 168 jours. Zacharie, père de saint Jean-Bapt., était de la classe d'Abia.

ABIA, roi des Parthes, qui fit la guerre au roi des Adiabéniens, Izate, converti au christianisme. Mais celui-ci le vainquit et le força de se tuer.

ABIA, fille d'Hercule et nourrice de son frère Hyllus. Elle avait un temple très fréquenté en Messénie.

ABIAD (BAHR-EL-). Nom de la branche occidentale du Nil, au-dessus de Khartoum, à peu près complètement délaissé aujourd'hui pour celui de *Nil blanc*.

ABIATHAR, gr. prêtre des Juifs, succ. d'Achimélech. Très attaché à David, il voulut à la mort de ce roi (1014 av. J.-C.), faire monter sur le trône Adonias. La tentative ayant échoué, Salomon dépouilla Abiathar de toutes ses dignités et l'envoya en exil.

ABIB. Premier mois de l'année sainte des Hébreux, correspondant à mars-avril de notre calendrier.

ABICH, GUILLAUME-HERMANN, naturaliste allemand. Né en 1806 à Berlin, où il fit ses études et prit le grade de docteur en 1831; il s'adonna principalement à l'étude de la géologie, visita l'Italie, puis le Caucase, l'Asie mineure, etc., publiant à mesure le résultat de ses explorations scientifiques. Il fut nommé professeur à l'Université de Dorpat en 1842, et fixé dès lors en Russie, devenait membre de l'Académie de Saint-Pétersbourg en 1853. On doit à M. Abich : *Observations géologiques sur le Vésuve et l'Etna* (1837); *Géologie de la Haute-Arménie* (1843); *Etude comparée des eaux de la mer Caspienne* (1856); *Recherches sur la paléontologie de la Russie asiatique* (1858); *Etude géologique comparée des montagnes du Caucase, de l'Arménie et du nord de la Perse* (1859); *Formations géologiques du Daghestan* (1863), etc., etc.

ABICHT, JEAN-GEORGES, hébraïsant allemand (1672-1740). Né à Kœnigsee, il devint professeur d'hébreu à Wittenberg et collabora aux *Acta eruditorum*. Avec J. Franke, il eut une dispute mémorable sur l'usage des accents hébreux dans l'antiquité, qui ne paraît pas avoir notablement éclairé la question. Enfin il écrivit plusieurs ouvrages en latin, dont voici les principaux : *Accensus Hebræorum ex antiquissimo usu lectori explicatis*; puis *Selecta rabbino-philologica*; *De limitibus humani intellectus*, etc.

ABIDA. Myth. Divinité des Kalmouks dont la mission est de recevoir les âmes au moment de leur sortie de l'enveloppe mortelle où elles ont vécu jusque-là prisonnières. Abida les examine, et tandis qu'elle laisse s'envoler à leur gaise dans le ciel celles qui sont pures, elle chasse au loin celles que le péché a souillées, en les laissant libres toutefois de rentrer dans un autre corps, soit d'homme, soit d'animal.

ABIE, s. f. Genre d'insectes hyménoptères, de la famille des tenthrédines, formé aux dépens des CYMBEX (v. ce mot).

ABIÉTATÉS, s. m. pl. Chim. Sels incristallisables formés par la combinaison des bases avec l'acide abiétique. Ils se présentent en flocons blancs ou en masses opaques, friables ou gélatineuses.

ABIÉTINE, s. f. Chim. Matière cristallisable découverte dans certaines térébenthines (v. ci-après). Elle se trouve en aiguilles pyramidales, groupées en rosaces, en sphères creuses ou en étoiles. Sans odeur ni saveur, presque incolore, transparente à chaud et opaque à froid, elle est facilement fusible en résine; insoluble dans l'eau, elle se dissout dans l'alcool à 36°, l'éther, le naphte et l'acide acétique, et cristallise par l'évaporation des dissolvants. On l'obtient en distillant la térébenthine et traitant le résidu par l'alcool, puis on évapore à siccité. Le reste est traité par une dissolution aqueuse de carbonate de potasse, contenant un poids de carbonate double de celui de la substance à traiter, on fait bouillir, et il se forme une masse savoneuse que l'on recueille et que l'on délaye dans environ 30 parties d'eau. La matière cristalline se dépose alors sur les parois du récipient.

ABIÉTINÉES, s. f. pl. Bot. Nom donné à la tribu de la famille des conifères ayant pour type le genre sapin (*abies*). On y remarque l'*abies pectinata*, l'*abies balsamea* et l'*abies excelsa*, qui fournissent les térébenthines de Strasbourg, du Canada et des Vosges. L'analyse a fait reconnaître dans celles-ci un produit, une résine neutre insoluble dans l'alcool, une résine soluble, acide à laquelle on a donné le nom d'*acide abiétique* et une sub-

Epicéa (*Abies Picea*).

stance cristallisable dénommée ABIÉTINE (v. ce mot). — Citons encore l'*abies picea*, communément *Epicea*, plante d'ornement, qui peut devenir un arbre de 30 mètres, quoique élevée en pot.

ABIGAIL, femme de Nabal, riche propriétaire du Carmel, lequel ayant repoussé en l'insultant David fugitif et réduit par Saül à la dernière extrémité, s'était attiré la haine de ce roi, qui avait juré de l'exterminer avec tous les siens. Mais Abigail alla trouver David, qu'elle séduisit si bien, que non seulement il renonça à sa vengeance, mais épousa la femme de son ennemi aussitôt que celui-ci fut mort.

ABILA, anc. ville de Syrie, sur les bords du Chrysoroas (Barada), entre Baalbec et Damas à 20 kil. environ de cette dernière ville. Abila était, d'après Pline le Jeune, la capitale de la tétrarchie d'Abilène. Hercule et le Soleil en étaient les divinités principales. Ses ruines sont connues sous le nom de *Nebi-Abel*; et quoique les noms d'Abel et d'Abila n'aient ni la même étymologie ni la même signification, une tradition veut que ce soit là le lieu où le second fils d'Adam fut tué par son frère Caïn.

ABILDGAARD, Nikolaj, célèbre peintre danois, surnommé le *Père de la peinture danoise* et le *Raphaël du Nord* (1744-1809). Il naquit à Copenhague le 4 septembre 1744, et fut élève de Claude le Lorrain et de Nicolas Poussin. De retour à Copenhague après un séjour de cinq années en Italie, il y acquit bientôt une très grande réputation. Il professa à l'Académie des beaux-arts jusqu'en 1802, époque à laquelle il fut appelé à la direction de cette institution, et mourut à Frédériksdal le 4 juin 1809. Abildgaard fut le véritable fondateur de l'école danoise de peinture. Ses ouvrages sont peu connus, à la vérité, en dehors de Copenhague; mais il faut dire qu'un grand nombre et de ses meilleurs ont péri dans l'incendie du palais de Christianborg, en 1794. On cite, parmi ceux qui restent, un *Jupiter pesant les destinées des humains* et un *Philoctète* blessé. Abildgaard a été le maître de Thorvaldsen et d'Eckersberg.

ABIME (Gr. *abussos*, lat. *abyssus*, sans fond), *s. m.* (fém. dans la langue du xvie s.) Gouffre dont on ne peut sonder le fond. *Les tremblements de terre changent les montagnes en abîmes. L'abîme des mers ne rend point les trésors qui s'y sont engloutis.* — Poét. *L'abîme des enfers.* — Fig. abîme se dit figurément pour ruine irrémédiable; malheur, chagrin sans espoir. *Un abîme de misère sera la fin de tout ceci. Cette perte l'a plongé dans un abîme de douleur.* Il se dit également dans ce sens, des choses qui échappent à l'intelligence. *Le cœur de la femme est un abîme. N'essayons pas de pénétrer l'abîme des mystères.* Pour excès de jouissance ou de mérite. *Un abîme de délices. Un abîme d'érudition.*

— Techn. Sorte d'auge contenant le suif fondu dans lequel le chandelier trempe sa mèche de coton.

— Blas. Une ou plusieurs pièces placées au centre de l'écu de manière à ne charger aucune des autres pièces, se disent *en abîme*, le centre de l'écu figurant l'abîme.

— Prov. *L'abîme appelle l'abîme.* La foule attire la foule, un malheur en appelle un autre.

ABIMÉ, *part. pas.* de Abimer.

ABIMÉLECH, mot qui signifie en hébreu *Mon père est* ou *fut roi*; nom commun, ou plutôt qualificatif officiel des rois philistins de Gerare, dont les plus connus sont :

ABIMÉLECH, contemporain d'Abraham. Tombé amoureux de Sarah, femme du patriarche, quoiqu'elle eût 90 ans d'âge, il la fit enlever et se disposait à l'épouser lorsque Dieu lui apparut pendant la nuit et lui commanda de rendre Sarah à son époux, qui, à la vérité, l'avait fait passer pour sa sœur. Abimélech s'exécuta, renvoya Sarah chargée de présents, tout en se plaignant que Abraham l'eût trompé. Mais celui-ci lui prouva que Sarah était bien au moins sa demi-sœur.

ABIMÉLECH, contemporain d'Isaac, qui s'était retiré chez lui, fuyant la famine, avec sa femme Rebecca, qu'il lui présenta aussi comme sa sœur. Mais ici, le roi de Gerare s'aperçut des véritables nœuds qui liaient Isaac et Rébecca et se borna à les protéger; de quoi il fut naturellement récompensé plus tard.

ABIMÉLECH, fils nat. de Gédéon et de l'esclave Druma. Après la mort de son père, il se retira à Sichem, pays de sa mère (1239 av. J.-C.); mais il en revint à la tête d'une bande de vauriens à sa solde, massacra 70 fils légitimes de Gédéon, laissant seulement échapper le jeune Jonathan (sans le faire exprès) et s'empara de l'autorité. Il gouverna en tyran, si bien qu'après trois ans de règne, les Sichimites se soulevèrent et chassèrent Abimélech de leur ville; mais celui-ci revint à la charge, vainquit les gens de Sichem, qu'il passa au fil de l'épée, fit raser la ville et semer du sel sur son emplacement; il brûla enfin la tour et le temple du dieu Bérith où s'étaient réfugiés plus de 1,000 personnes. Après cet exploit, il alla mettre le siège devant une ville du nom de Thèbes, également révoltée contre son autorité; il voulut encore mettre le feu à une tour de cette ville où un grand nombre d'habitants, des plus considérables, s'étaient enfermés; mais il fut blessé mortellement par un fragment de meule de moulin qu'une femme de Thèbes lui fit tomber sur la tête. — Ne voulant point passer pour avoir été tué par une femme, Abimélech se fit achever par son écuyer, qui lui passa son épée au travers du corps (1233). — On considère généralement le règne d'Abimélech comme la première tentative faite pour établir une monarchie en Israël.

ABIMER, *v. a.* Précipiter dans un abîme. *Un tremblement de terre imprévu vient d'abîmer l'île d'Ischia.* — Fig. Endommager, gâter, ruiner. *La grêle abîme les arbres fruitiers. La pluie abîmera ta toilette. Sa fortune est abîmée par ces procès continuels.*

— *V. n.* Tomber en ruines. *Sodome abîma dans une nuit.*

— S'abimer, *v. pr.* Tomber dans un abîme, s'engloutir, se détruire. *La montagne s'est abîmée en 5 minutes. Il s'est abîmé par ses désordres.* — Fig. Se gâter. *Ce chapeau s'abîme à la pluie.* — S'abstraire. *S'abîmer dans la contemplation, dans ses rêves, dans son chagrin.*

ABINGDON, ville d'Angleterre (comté de Berks), sur un bras de la Tamise, à 11 kil. sud d'Oxford et à 82 kil. O.-N.-O. de Londres. Popul. 6,650 hab. Abingdon était une ville importante au temps de l'Heptarchie; elle tire son nom d'une ancienne abbaye. Ses rues, bien pavées, convergent vers une vaste place centrale où s'élève le marché, belle et solide construction supportée par de lourds piliers, et ayant une grande salle supérieure où se tiennent les assises d'été. Abingdon possède deux églises, plusieurs institutions charitables et une école gratuite délivrant des bourses pour le collège de Pembroke, à Oxford. Une statue du prince Albert y a été érigée en 1864. — Commerce de céréales et de drèche; fabrique de toiles grossières et de tapis.

ABINGTON, Thomas, historien anglais (1560-1647). Né à Thorpe, dans le comté de Surrey, il fut élevé dans la foi catholique. Compromis, très jeune, dans un complot ayant pour but de délivrer Marie Stuart, il fut jeté à la tour de Londres, où il resta enfermé pendant six ans. Il se fit ensuite condamner à mort pour avoir donné asile à deux jésuites accusés de complicité dans le complot des poudres (1605), peine commuée en un simple exil à une certaine distance de Londres. On lui doit une *Histoire d'Edouard IV*; l'*Histoire de la cathédrale de Worcester* et des *Recherches sur les antiquités de la province de Worcester* (ces deux derniers en manuscrit).

AB INTESTAT, *loc. adv. lat.* Sans testament. — Jurispr. *Succession ab intestat*, qui est ouverte après la mort d'une personne qui n'a pas testé.

ABINTZIS, *s. m. pl.* Géogr. Peuples de la Russie d'Asie, dans le gouv. de Tomsk. Ils sont d'origine tartare, et forment plusieurs tribus qui se livrent principalement à la chasse et au commerce des fourrures et à l'exploitation du minerai de fer. Ils cultivent seulement pour leurs besoins.

ABIOGÉNIE (du gr. *a* priv., *bios*, vie, et *genesis*, naissance), *s. f.* Synonyme de *Génération spontanée*, ajouté par le prof. Huxley à ceux que nous possédions déjà : *Hétérogénie, Xénogénie.* Ce mot, qui signifie production d'êtres vivants par des substances non vivantes, nous paraît plus impropre encore que les autres à caractériser le phénomène qu'il prétend désigner. Mais il « enrichit » la langue scientifique, et c'est toujours cela.

AB IRATO, *loc. adv. lat.* Sous la pression de la colère. *Décision prise ab irato.*

ABISAI, neveu et officier de David, fils de Sarvia. Il est célèbre par son attachement et sa fidélité inébranlable à son oncle et roi, mais plus encore par ses exploits guerriers. Il tua à lui seul, de sa propre lance, 300 hommes, et tailla en pièces 18,000 Iduméens; il tua enfin un géant philistin nommé Sesbibenoc, dont la lance avait un fer pesant 300 sicles. — Les armes à feu à tir rapide eussent servi de peu, en vérité, à un tueur de la force d'Abisaï.

ABJECT, TE, *adj.* (lat. *abjectus*, de *ab*, marq. éloignement, et *jacere*, jeter). Digne d'être rejeté, à raison de sa conduite honteuse, de sa situation vile, de sa bassesse. *Un être abject. Une naissance, une position, une attitude abjecte.*

ABJECTEMENT, *adv.* D'une manière abjecte.

ABJECTION, *s. f.* Etat abject. *Il croupit dans l'abjection.* — Bassesse. *L'abjection de ses sentiments ne lui permet pas d'ambitionner une position plus honorable.* — Dévot. Humiliation profonde.

ABJURATION, *s. f.* Action d'abjurer. Renonciation à une doctrine qu'on a cessé de croire juste, ou dont la profession devient dangereuse ou gênante. *L'abjuration de Henri IV est basée sur ce principe, d'une morale vraiment commode, que « Paris vaut bien une messe. » — Perrot d'Ablancourt fit deux abjurations à cinq ans d'intervalle, celle du calvinisme d'abord, puis celle du catholicisme pour retourner au calvinisme.*

ABJURATOIRE, *adj.* Qui a rapport à l'abjuration. *Formule abjuratoire.*

ABJURÉ, ÉE, *part. pas.* de Abjurer.

ABJURER, *v. a.* (lat. *ab*, marq. éloignement, et *jurare*, jurer). Renier, renoncer solennellement à... *Abjurer l'hérésie.* — Se dit absolument : *Les Russes abjurèrent en masse sur l'ordre de Vladimir Ier.* — Fig. *Abjurer l'honneur. Abjurer ses ressentiments, les affections, les sentiments de sa jeunesse.*

ABKHASIE ou Abasie (v. Abasie).

ABLACTATION (lat. *ab*, marq. séparat. et *lactatio* de *lac*, lait), *s. f.* Méd. Cessation de l'allaitement, en parlant de la mère; la condition de l'enfant est, dans ce cas, caractérisée plutôt par le mot *sevrage*, quoique le latin ne fasse pas cette distinction.

ABLAIS, *s. m. pl.* Agric. Blés coupés gisant encore sur le champ.

ABLANCOURT (sieur d'), Nicolas Perrot. Célèbre traducteur, membre de l'Académie française (1606-1664). Fils de Paul Perrot de la Salle, l'un des auteurs du *Catholicon*, sans parler de ses petits ouvrages en prose et en vers accueillis avec faveur dans les salons littéraires. Nicolas Perrot naquit à Châlons-sur-Marne, le 5 avril 1606. D'une famille protestante, il fit ses humanités au collège de Sedan, puis un précepteur lui enseigna la philosophie, et enfin il fit son droit à Paris et fut reçu avocat au Parlement à l'âge de dix-huit ans. Deux ans après, influencé par un de ses oncles, conseiller à la Grand'-Chambre, qui voulait lui faire embrasser l'état ecclésiastique pour lui procurer de gros bénéfices, Nicolas Perrot abjurait solennellement la calvinisme; mais il refusa obstinément de satisfaire son oncle sur l'autre point de son programme. Il paraît même avoir passé plusieurs années d'une vie fort dissipée, après lesquelles il songea sérieusement à retourner au giron du calvinisme. Il se mit à étudier bien à fond la philosophie et la théologie, pour agir cette fois en parfaite connaissance de cause; travailla ainsi pendant trois années, sans rien dire à personne de son nouveau projet; puis, vers l'âge de vingt-huit ans, se rendit en Champagne et fit sa seconde abjuration, mais moins solennellement que la première, dans un village voisin de Vitry. Il passa ensuite en Hollande, demeura un an à Leyde, où il se lia avec Saumaise et apprit la langue hébraïque, visita l'Angleterre et revint à Paris où, comme il l'espérait, il n'était plus question de son retour à la religion de son enfance. Il entreprit alors l'éducation de ses deux neveux, fréquenta les personnages les plus distingués et fut reçu de l'Académie française en 1637, n'ayant à peu près rien fait pour cela, excepté sa *Préface* de l'*Honnête femme* de Jacques du Bosc, cordelier. Ce fut peu de temps après qu'il entreprit sa traduction de Tacite. Il ne tarda pas à se retirer à sa terre d'Ablancourt, ne venant à Paris que pour veiller à l'impression de ses ouvrages, et y mourut de la gravelle le 17 novembre 1664.

Perrot d'Ablancourt a donné les traductions de : *Minutius Félix, Quatre oraisons de Cicéron; Tacite; Lucien*; la *Retraite des dix mille* de Xénophon ; Arrien, *Des guerres d'Alexandre* ; les *Commentaires de César* ; *Thucydide* ; l'*Histoire grecque de Xénophon* ; *Apophtegmes des anciens* ; les *Stratagèmes de Frontin* et l'*Histoire d'Afrique de Marmol*. On a encore de lui un *Traité de la bataille des Romains*, placé à la suite des *Stratagèmes* ; un *Discours sur l'immortalité de l'âme* et des *Lettres à Patru*. Colbert l'avait choisi pour écrire l'Histoire de Louis XIV et lui faisait servir à cet effet une pension de 2,000 écus. Louis XIV, cependant, ne voulut pas entendre parler d'un historiographe protestant ; de sorte que Perrot ne fit point l'histoire, mais ne laissa pas de toucher la pension.

On a beaucoup reproché à Perrot d'Ablancourt l'inexactitude de ses traductions ; reproche tout à fait mérité pour celles qu'il fit dans les dernières années de sa vie ; mais peut-être exagéré pour les autres, pour son *Tacite* notamment. La vérité est qu'au lieu de traduire servilement et mot à mot ses auteurs, Perrot d'Ablancourt s'attachait surtout à bien rendre, en excellent français, le sens du texte qu'il avait sous les yeux. Cette méthode a ses périls, sans doute ; mais elle offre beaucoup d'avantages aussi, dont le premier de tous est de rendre lisibles des ouvrages qu'une traduction mot à mot rendrait insupportables. C'est, du reste, la méthode en faveur aujourd'hui, et ceux qui blâment Perrot d'Ablancourt n'ont pas l'air de s'apercevoir qu'une phrase chose que des perroquets répètant une phrase entendue en passant, sans s'être assurés de l'exactitude de leur propre traduction.

ABLANIER, *s. m.* Bot. Grand arbre de la Guyane, qui atteint 15 à 20 mètres de hauteur et dont le bois, au cœur d'un beau rouge, tandis que l'aubier est blanc comme celui du palissandre, est employé dans l'ébénisterie et la marqueterie. — Genre de la famille des liliacées, dit aussi *ablanie*, dont l'unique représentant est l'arbre dont nous venons de parler. — Cette classification hâtive ne nous semble pas devoir faire l'objet d'une étude un peu profondie.

ABLAQUÉATION (lat. *ab* et *laqueare*, arroser), *s. f.* Sylvic. Action de creuser un fossé autour du pied d'un arbre dans l'intention que l'eau d'arrosage, s'y trouvant retenue, ne se perde point. — Suiv. Columelle, déchaussement des arbres, des vignes, pour leur donner de l'air par le pied.

ABLATIF, *s. m.* Gramm. Sixième cas de la déclinaison latine, dit aussi *cas latin*, parce qu'il n'existe pas en grec.

ABLATION, *s. f.* Chirurg. Action d'enlever, de retrancher. *Ablation d'un organe, d'une tumeur, d'un bras, d'un membre*, en totalité ou en partie. — Gramm. Retranchement d'une lettre, d'une syllabe au commencement d'un mot (V. APHÉRÈSE).

ABLAVIUS. Préfet du prétoire et favori de Constantin le Grand, de 326 à 337. Constantin le désigna, en mourant, pour conseiller à son successeur Constance ; mais celui-ci ne fut pas plus tôt en possession du trône, qu'il dépouilla Ablavius de son emploi ; et l'ancien préfet s'étant retiré dans une propriété qu'il possédait en Bithynie, il lui envoya des hommes de son entourage avec mission de l'assassiner. Ablavius reçut d'abord quelques délégués de cette ambassade, officiers de l'armée, qui lui présentèrent une lettre de l'empereur, dans laquelle Constance lui offrait de l'associer à l'Empire. « Mais, où est la pourpre que vous m'apportez ? » demanda Ablavius inquiet. « La voici, » répondirent les officiers. Et aussitôt d'autres officiers entrèrent et massacrèrent Ablavius.

ABLE, *s. m.* (lat. *albus*, blanc). Ichtyol. Genre de poissons d'eau douce, dits *Poissons blancs*, par opposition au genre voisin de la même famille, les *Cyprins*, dits *Poissons rouges*, et qui comprend un grand nombre d'espèces, parmi lesquelles les gardons, le chevesne ou meunier, l'ide, le jesse, le nobule, le naze, la vandoise ou dard, l'ablette et le véron, dont quelques-unes placées dans le genre *Able* par Cuvier, l'avaient été dans le genre *Cyprinus* par Linné ; ce qui indique que cette classification n'est pas irréprochable. — L'Académie ne fait pas de différence entre *able*, nom du genre, et *ablette*, nom d'une espèce : elle en fait une cependant entre la brème et le véron.

ABLÉGAT, (lat. *ablegatus*, de *ablegatio*, commission·), *s. m.* Vicaire d'un légat, ou envoyé extraordinaire du pape. *L'Ablégat est un commissaire chargé de porter à un cardinal qui vient d'être promu, la barrette et le petit bonnet carré* (Littré).

ABLEGMINA, *s. n. pl.* Hist. des relig. Parties des entrailles choisies pour être offertes en sacrifice.

ABLERET, ETTE, *s.* Pêch. On donne ce nom à plusieurs sortes de filets destinés à la pêche du petit poisson et en particulier des *ablettes*.

ABLETTE, *s. f.* Ichtyol. Espèce de poissons du genre *able*, très abondants dans nos cours d'eau, très prolifiques, mais dont la chair molle est moins estimée comme aliment que comme engrais. L'ablette est l'un de nos

Ablette.

plus petits poissons d'eau douce ; elle parcourt nos rivières en troupes nombreuses, d'où quelque individu se détache à chaque instant pour sauter en l'air à une hauteur énorme pour sa petite taille. L'ablette est sans cesse à la poursuite de quelque insecte ; très rapide, très ardente à l'attaque, elle mord également à tous les appâts, et quand l'appât est trop volumineux, s'y pend en véritable grappe, au grand désespoir du pêcheur sérieux, qui veut tout autre gibier. — On compte plusieurs variétés d'ablettes, trois au moins, dont l'une, l'*ablette alburnoïde*, atteint la taille du hareng, dont elle a d'ailleurs la forme extérieure.

IDIOSYN. Petite ou grosse, l'ablette n'est point recherchée pour sa chair qui, nous l'avons dit, est molle et peu savoureuse ; mais sur la face inférieure de ses écailles, ainsi que de celles de la vandoise, du gardon blanc, etc., se trouve un pigment argentin dont ces écailles tirent leur vif éclat caractéristique, et c'est cette substance qu'on emploie, sous le nom d'*essence d'Orient*, à l'imitation la plus exacte des perles fines. Voici les procédés d'extraction de cette substance et de son application industrielle : on commence par enlever les écailles des ablettes (et de quelques autres espèces du genre *able*, moins, sur les lieux le grande que sur un tamis clair, à travers le réseau duquel passe la substance nacrée entraînée par l'eau de lavage ; on renouvelle l'expérience jusqu'à ce que le poisson ait perdu tout brillant, car alors il n'y a plus rien à en tirer. La matière nacrée ayant reposé assez longtemps dans le vaisseau qui l'a reçue, on la met, après décantation, en suspension dans une quantité suffisante de colle de poisson clarifiée. — Voilà l'essence d'Orient préparée, toute prête à servir. Il n'y a plus qu'à plonger dans cette essence le vase qui la contient et à en introduire, par l'orifice libre de la pipette, une goutte à l'intérieur de la perle de verre soufflée qui attend. La liqueur nacrée, mêlée du liquide collant qui doit la fixer, bien uniformément étendue sur les parois intérieures de la perle, on la fait sécher en présentant celle-ci au feu d'un fourneau. Après cela, on bourre de cire la perle creuse, qui devient pesante et solide comme la perle véritable. — Bien que le gardon blanc et la vandoise fournissent le pigment argenté de leurs écailles pour la fabrication de l'essence d'Orient, c'est celui de l'*ablette* qui est le plus recherché, parce qu'il est de beaucoup le plus fin.

— PÊCH. L'ablette est très employée comme appât pour le gros poisson, quoiqu'elle meure un peu vite pour rendre de bons services comme appât vivant. Pour la pêcher elle-même, il n'est guère besoin d'instructions spéciales après ce que nous avons dit de ses mœurs.

ABLIS, bourg et commune de France, canton de Dourdan, arrondissement de Rambouillet (S.-et-Oise). Popul. 950 hab. Le 9 octobre 1870, les Prussiens incendièrent Ablis, en représailles des actes accomplis l'avant-veille par des francs-tireurs, qui, ayant rencontré dans ce village un escadron de hussards ennemis, l'avaient attaqué et presque détruit.

ABLUER, *v. a.* (lat. *abluere*, même sens). Laver, rincer, purifier, enlever au moyen d'un lavage. — Techn. Faire reparaître l'écriture d'un vieux parchemin par un lavage avec une dissolution légère de noix de galle.
— S'**ABLUER**, *v. pr.*, se laver, se purifier, faire ses ablutions.

ABLUTION, *s. f.* Action d'abluer, de laver, de purifier. — Hyg. *Les ablutions du siège rendent des services aux personnes menacées de congestions à la tête* (Dr F. Brémont). — Chez les Romains, action de se laver le corps avant de se rendre au temple. Cette sorte d'ablution, qui a le sens de purification dans ce cas, est toujours pratiquée par les Musulmans et les Israélites. — Dans la religion catholique, on appelle ablution l'action accomplie par le prêtre officiant, de prendre du vin après la communion et celle de se laver les doigts dans l'eau et le vin versés par l'assistant. — Pharm. Préparation d'un médicament pour le nettoyer.

ABNÉGATION, *s. f.* Renoncement, sacrifice de soi-même, de ses plaisirs, de ses intérêts. — *L'abnégation maternelle, L'abnégation chrétienne.*

ABNER (c.-à-d. *Père de la Lumière*). Cousin de Saül et général en chef des armées d'Israël. A la mort de Saül, qu'il avait toujours servi avec fidélité, il passa sur le trône son fils Isboseth, qui régna tranquillement environ deux années ; mais la tribu de Juda ayant choisi David pour roi, Israël et les autres tribus, obéissant à l'influence d'Abner, lui déclarèrent la guerre. Abner, commandant en chef de l'armée coalisée, fut outrageusement battu, mis en fuite et personnellement poursuivi l'épée dans les reins par Asahel, frère de Joab, général de l'armée de David ; ce que voyant, et ne pouvant le décider à cesser sa poursuite, Abner tua Asahel. Peu après, Abner ayant voulu épouser une fille de Saül et d'une de ses nombreuses concubines, nommée Rizpah, Isboseth vit dans ce fait l'intention de lui disputer le trône ; il le traita en conséquence de façon à lui faire craindre pour sa sûreté. Abner le quitta donc et se rendit à Hébron, auprès de David, qui l'accueillit avec de grandes démonstrations d'amitié, comme on pense. Il venait de le quitter et se disposait à aller soulever Israël en sa faveur, lorsqu'à la porte même d'Hébron, il fut assassiné par Joab, vengeur de son frère, suivant les uns ; homme prévoyant, flairant dans Abner un rival, suivant d'autres (v. 1048 av. J.-C.). David éleva un magnifique tombeau à Abner, avec une épitaphe de sa royale main ; ce serait même à l'occasion de cet événement tragique qu'il aurait composé le psaume 143 : *Seigneur, vous m'avez éprouvé*, etc. — Un si grand déploiement de douleur pour un homme, peu suspect, paraît tout dangereux, nous paraît quelque peu suspect.

ABNET, *s. m.* Hist. relig. Écharpe du Grand prêtre chez les Hébreux.

ABNEY, WILLIAM DE WIVELESLIE, savant officier anglais, né en 1843, à Derby. Élève de l'Académie royale militaire de Woolwich, M. Abney fut nommé lieutenant au corps royal du génie en 1861 et prit, au capitaine en 1873. Il professa la chimie au dépôt du corps auquel il appartient, à Chatham, puis devint inspecteur de sciences à la direction des Sciences et Arts. Le capitaine Abney fit partie d'une mission pour l'observation du passage de Vénus en 1874, et du jury de l'exposition électrique de Londres de 1882. En 1883, la Société royale de Londres lui décerna la médaille Rumford pour ses recherches en photographie et sur l'analyse spectrale. — On lui doit les ouvrages suivants : *Instruction sur la photographie* ; *Émulsion photographique* ; *Thèbes et ses cinq principaux temples*. Il a publié, en outre, de nombreux mémoires et articles dans les *Transactions philosophiques* et les *Proceedings* de la Société royale et dans le *Philosophical Magazine*.

ABO, ville marit. de la Russie d'Europe, chef-lieu du district du même nom, dans la province de Finlande, sur l'Aurajoki, à 5 kil. environ de l'embouchure de cette rivière dans le golfe de Bothnic. Popul. 20,000 hab., la plupart d'origine suédoise. — Cette ville, dont la fondation remonte au XIIIe siècle, était très importante au temps où la Finlande était une province suédoise; mais elle fut en grande partie cédée à la Russie par le traité de paix d'Abo, signé à Abo même le 17 août 1743. Abo comptait 13,000 habitants, 1,100 maisons et un certain nombre d'édifices remarquables; elle possédait une université à laquelle quarante professeurs étaient attachés et dont les cours étaient suivis par cinq cents étudiants, un observatoire, un jardin botanique, un laboratoire de chimie, une bibliothèque de plus de 30,000 vol.; lorsque, en 1827, un incendie détruisit la ville presque tout entière, avec ses établissements scientifiques et en particulier l'Université et la bibliothèque. L'Université fut rétablie ensuite à Helsingfors. Abo est le siège d'un archevêché protestant et de la cour suprême de justice du sud de la Finlande; on cite sa cathédrale, son hôtel de ville et l'hôtel des Douanes. Tanneries, fabriq. de toiles, toile à voiles, scieries mécaniques, manuf. de tabac, construction de navires. Commerce important de bois de construction, de goudron et de résine. — Les bâtiments n'ayant qu'un tirant d'eau de trente mètres peuvent seuls remonter jusqu'à Abo, les autres sont déchargés à l'embouchure de la rivière, qui forme un port excellent et bien protégé.

ABOBRA, s. f. Bot. Plante grimpante, famille des cucurbitacées.

ABOI, s. m. Cri du chien. — s. m. pl. Se dit du moment où le cerf exténué de fatigue, étourdi par les *abois* des chiens, s'abandonne. *Le cerf est aux abois.* — Fig. Se dit par extension et figurément de toute personne réduite à l'extrémité dans quelque circonstance que ce soit.

ABOIEMENT, s. m. Synon. d'ABOI.

ABOLI, IE, *part. pas.* de ABOLIR.

ABOLIR, v. a. (lat. *abolere*). Anéantir, supprimer, abroger. *Abolir une loi, une coutume.* — Dr. *anc.* Abolir *une créance, un crime*, interdire les poursuites contre un débiteur, un criminel.
— S'ABOLIR, v. pr. S'effacer, s'anéantir. *Une mauvaise loi s'abolit d'elle-même par l'usage. Cette sotte coutume s'abolira peu à peu. Un crime s'abolit par la prescription.*

ABOLISSEMENT, s. m. Disparition, anéantissement. — Méd. *Abolissement de la faculté de sentir.*

ABOLITION, s. f. (syn. d'ABOLISSEMENT). Action d'abolir. *Abolition de l'esclavage.* — Dr. anc. Rémission par le souverain d'une condamnation encourue. Suppression du crime même, par l'interdiction de le poursuivre.

ABOLITIONNISTE, s. Polit. Partisan de l'abolition de l'esclavage aux Etats-Unis. Ce terme, né de circonstances qui ont cessé d'exister, n'a plus aujourd'hui qu'une signification rétrospective.

ABOLLA, s. m. Antiq. Manteau de toile mis en double et attaché sous le cou ou au

Abolla militaire.   Abolla major.

haut de l'épaule par une broche, porté dans l'origine par les soldats romains. Les habitants des villes l'ayant substitué à la toge dans les temps de troubles, l'usage finit par s'en répandre dans toutes les classes. — L'*abolla major*, qui constituait tout l'habillement des philosophes cyniques, était au contraire une sorte de couverture très ample dont ils s'enveloppaient tout le corps.

ABOMASUM, s. m. (lat. *Abomasum*, gros intestin). Anat. Quatrième cavité de l'estomac des ruminants. — Vulgair. *Caillette.*

ABOMEY, ville de l'Afrique occidentale, cap. du roy. de Dahomey, à environ 95 kil. nord de Whydah, est le port du royaume. Popul. 30,000 hab. environ. C'est une ville bâtie en terre glaise, entourée d'un fossé et d'une muraille également en terre; les maisons sont construites seulement les unes des autres et ne forment point de rues régulières. Il y a par exemple quatre vastes places où se tiennent les marchés, qui sont approvisionnés par les marchands arabes d'huile de palme, d'ivoire, d'or et aussi de bétail humain apportés de l'intérieur. Le principal palais du roi de Dahomey se trouve à Abomey, qui est en outre le théâtre de fréquents sacrifices humains. Il est de règle, notamment, que, chaque année, un grand sacrifice ait lieu sous les yeux du roi et de sa cour, où sont massacrés de nombreux condamnés, criminels à un degré plus ou moins grand et des captifs. A la mort du roi de Dahomey, le bruit public n'exige pas moins de 3,000 victimes sanglantes, immolées sur la tombe de ce prince.

ABOMINABLE, adj. Digne d'abomination, détestable, exécrable. — Fig. Mauvais, ennuyeux. *Un temps abominable.*

ABOMINABLEMENT, adv. D'une manière abominable.

ABOMINATION, s. f. (lat. *Abominatio*). Etat de ce qui est abominable. *Tâchons que cette abomination demeure ignorée.* — Exécration, horreur. *Avoir quelqu'un en abomination.* — Se dit aussi de l'objet même de l'abomination. *Ce misérable est l'abomination de tous les gens de bien.* — *L'abomination de la désolation*, loc. empruntée à l'Ecriture. Le comble de l'infamie, de la profanation.

ABOMINER, v. a. Avoir en abomination. Verbe ancien, abandonné sans raison, car il est excellent sous tous les rapports, et qui est redevenu d'un usage courant, bien que l'Académie n'ait pas l'air de s'en douter.

A-BON-COMPTE, s. m. (pl. des A-BON-COMPTE). Admin. Acompte sur payement dont la somme totale reste à déterminer.

ABONDAMMENT, adv. D'une manière abondante, avec abondance.

ABONDANCE, s. f. Grande quantité. *Cette source donne de l'eau en abondance. Abondance de toutes choses.* — Absolument. *Il est dans l'abondance. C'est une année d'abondance. Parler d'abondance*, sans hésiter. — *Abondance de cœur*, épanchement. — *Grenier d'abondance*, lieu où l'on emmagasine les grains en prévision de la disette. — *Corne d'abondance*, sorte de corne remplie de toutes sortes de bonnes choses destinées à être distribuées. — Fig. On appelle aussi *abondance* un mélange de peu de vin avec de l'eau *en abondance*, servi principalement sur la table des collégiens pensionnaires.

ABONDANT, ANTE, adj. Qui abonde. — Se dit absolument pour copieux, riche, ample. *Une récolte, une alimentation abondante.* — Fig. *Un style abondant.*
— ABONDANT (D'), loc. adv. depuis longtemps hors d'usage et que nous ne sommes pas peu étonné de voir conservée par l'Académie, car elle n'a aucune chance d'être reprise. — Il signifiait de plus, en outre.

ABONDAT, bourg de France (Eure-et-Loir), canton d'Anet, arrondiss. à 8 kil. de Dreux. Carrières de terre à porcelaine, fabr. de poterie. Beau château moderne avec parc de 50 hectares. Popul. 1,280 hab.

ABONDE, s. f. La fée Abonde, Dame Abonde. La reine des fées bienfaisantes, dont la visite nocturne, suivant une croyance populaire qui s'en va grand train, annonçait l'abondance de toute sorte de biens, quand elle ne l'apportait pas elle-même.

ABONDER, v. n. (lat. *Abundare*), affluer, déborder, regorger; avoir en quantité, être en grand nombre, en abondance. *Cette contrée abonde en céréales. L'eau abonde ici à la fonte des neiges. Le gibier abonde dans cette forêt. Les fruits à noyau abondent cette année.* — Jurispr. *Qui abonde ne vicie pas*, c.-à-d. une formalité de plus dans une procédure, un argument de plus dans une plaidoirie qu'il n'est absolument nécessaire, ne compromet pas la validité de l'une ou de l'autre. — Prov. *Qui abonde ne nuit pas* ou *Abondance de biens ne nuit pas.* — *Abonder dans son propre sens*, y revenir pour s'y cramponner opiniâtrement. *Abonder dans le sens de quelqu'un*, appuyer son opinion d'arguments nouveaux, parler dans le même sens que lui.

ABONNABLE, adj. Susceptible de s'abonner ou d'être abonné. *La matière abonnable* (journ. le *Siècle*).

ABONNÉ, ÉE, part. pas. de ABONNER. *Je me suis abonné à...* — subst., qui a pris un abonnement. *Je suis un abonné de...*

ABONNEMENT, s. m. Convention passée à un prix inférieur au prix ordinaire, mais payé d'avance, pour un temps déterminé, pour l'acquit d'un service quelconque, d'une taxe, du droit de voyager en chemin de fer, d'assister à des fêtes ou à des spectacles, de recevoir son journal à domicile, etc. *Prendre un abonnement à la compagnie des eaux, du gaz, à un journal.* Les débitants de vin et de spiritueux font des abonnements avec la régie.

ABONNER, v. a. Faire un abonnement. — Jurispr. Réduire à une somme convenue un droit à payer dont la somme devrait être plus importante.
— S'ABONNER, v. pr. Faire pour soi-même un abonnement. *Je m'abonne à cette publication. On s'abonnait jadis avec les curés pour les dîmes.* (Acad.).

ABONNI, IE, part. pas. de ABONNIR.

ABONNIR, v. a. Rendre bon. *Les bons exemples finiront par l'abonnir.* — v. n. Devenir meilleur. *Ce vin abonnit dans une cave fraîche et sèche.* — v. pr. Même sens. *Le vin s'abonnit*, etc.
— Techn. En terme de potier, abonnir la terre, la sécher à demi en la pressant.

ABORD, s. m. Accès, approche, accueil, action d'aborder. *Cette côte est d'un abord dangereux. Dès notre arrivée, une grêle de flèches nous accueillit. X est un homme fort aimable, mais d'un abord froid.* — Accès. *Les abords de la citadelle.*
— A L'ABORD, AU PREMIER ABORD, D'ABORD, DE PRIME ABORD, TOUT D'ABORD, DÈS L'ABORD, loc. adv. Au commencement, premièrement, à première vue, sur le champ, à l'instant.
— D'ABORD QUE, loc. conj. Dès que, aussitôt que. *D'abord que je vous vis...*

ABORDABLE, adj. Qu'on peut aborder. — Fig. d'accès facile. *Ne craignez pas de l'aller voir, il est très abordable.*

ABORDAGE, s. m. Action d'aborder. — Mar. Dans une action navale, se dit de la manœuvre ayant pour but d'accrocher le navir du navire ennemi, pour la prendre d'assaut. — Se dit également du rapprochement fortuit de deux navires en mer.
— Dr. MARIT. On distingue, en droit maritime, sous le nom d'*abordage*, le choc de navires l'un contre l'autre (c. com. 407); il peut être causé soit par négligence, maladresse, soit par imprudence, soit par la force des vents, des courants ou de l'agitation de la mer, soit par fausse manœuvre, quand les navires chassent sur leurs ancres ou par impossibilité réciproque de s'apercevoir en temps de brouillard. Quand l'accident est purement fortuit, le dommage est supporté sans répétition par le navire qui l'a éprouvé; s'il a été produit par la faute de l'un des capitaines, c'est celui-ci qui le paie; s'il y a doute, la réparation a lieu à frais communs, après estimation des experts et par égale portion, sans s'arrêter à la valeur respective des navires. En cas d'abordage fortuit, c'est le navire qui supporte le dommage; en cas d'abordage fautif, la responsabilité s'étend aux personnes, et le dommage comprend alors, outre la perte partielle ou totale du

navire atteint ou de la cargaison, les frais de sauvetage, de remorquage, de renflouement, du déchargement des marchandises, de leur transport, entretien et magasinage, de séjour dans un port, y compris ceux d'entrée et de sortie, les gages et la nourriture de l'équipage, les droits de navigation ou de douane, les frais de justice, d'interprète s'il y a lieu, la dépréciation du navire réparé, des marchandises à raison du retard qu'elles éprouvent dans leur livraison, la perte du gain fondé sur la bonne réussite de l'opération entreprise, etc., etc. — L'abordage a une signification très nette, que les tribunaux ont toutefois été appelés à préciser à diverses reprises. Ainsi

Abordage.

lorsqu'un navire se heurte contre un ouvrage à demeure, non destiné à la navigation, fût-ce un ponton établi sur la coque d'un ancien navire, il n'y a pas abordage dans le sens juridique du mot. Le fait de laisser tomber l'ancre d'un navire sur celui d'un autre navire qui gisait au fond, n'est point considéré comme fait d'abordage. Mais il y a plus : si l'un des deux navires en danger, en évitant l'abordage, s'est jeté sur une estacade où il s'est endommagé, il ne peut invoquer les dispositions des art. 435 et 436 du c. com. dans l'action qu'il intente à l'autre navire, pour le rendre responsable de l'accident ; en un mot son action n'est pas recevable au titre de l'abordage. — Il y a malheureusement des abordages dont les conséquences sont beaucoup plus graves, et les dommages irréparables ; nous voulons parler de ceux dans lesquels des centaines d'existences sont perdues, en dépit de toutes les mesures préventives imposées à la navigation, mais trop souvent négligées par les capitaines. Ces malheurs se répètent trop fréquemment pour nous permettre autre chose qu'une mention générale.

ABORDÉ, ÉE, part. pas. de ABORDER.

ABORDER, v. a. Venir à bord. Arriver. *Aborder à la côte, aborder à la maison*. — Mar. Se dit également en terme de marine pour venir à bord d'un navire dans une intention amicale, aussi bien pour le prendre à l'abordage, et aussi pour le heurter. — Art milit. *Aborder l'ennemi*. — Fig. En venir à une question présente, à un sujet en discussion, *Il a fini par aborder la question. Aborder quelqu'un*, s'approcher de. q. q.

— S'ABORDER, v. pr., se rencontrer volontairement, s'approcher l'un de l'autre, s'accoster.

— À L'ABORDER, loc. adv. à l'abord. Ce monsieur est peu gracieux à l'aborder.

ABORGNER (S), v. pr. Arg. Se considérer mutuellement d'un œil, en fermant l'autre.

ABORIGÈNE, adj. (lat. *aborigenes*, de *ab*, dès, et *origo*, origine). Originaire du sol où il vit. *Peuple aborigène. Végétaux, animaux aborigènes*.

ABORIGÈNES, s. m. pl. Habitants primitifs d'une contrée (syn. gr. AUTOCHTONES). — Antiq. Nom donné à d'anciens habitants du Latium dont l'origine était inconnue. D'après Denys d'Halycarnasse, ils auraient fait partie des Enotriens, qui avaient occupé tout le pays depuis la côte de Tarente jusqu'à la ville de Posidonie, et seraient venus s'établir dans le Latium en gagnant peu à peu du terrain le long des frontières des Sabins et des Ombriens ; ils auraient alors pris le nom de *Latins* ; celui d'*Aborigènes* leur serait venu de ce qu'ils habitaient d'abord dans les montagnes. Cette version n'a pas prévalu, et l'on s'en tient généralement à l'étymologie *ab origine*. — Les relations touchant le débarquement d'Énée en Italie représentent les Aborigènes comme opposés d'abord, puis alliés du peuple habitant ce pays portant alors le nom de *Latins*, de celui de leur roi, *Latinus*. Les Latins étaient donc un peuple formé d'un mélange de races diverses, comme le prouve d'ailleurs la construction de leur langue, dans laquelle se trouvent beaucoup de mots grecs ou dérivés du grec et beaucoup d'autres aussi d'une origine toute différente, la plupart évidemment empruntés aux dialectes des tribus osques. — En tout cas, la signification du mot *Aborigène* a reçu dans les temps modernes une extension qu'il n'avait pas certes au début.

ABORNEMENT, s. m. Action d'aborner. V. BORNAGE.

ABORNER, v. a. Mettre des bornes, particulièrement à un terrain. V. BORNER. — Quoique vieillis, ABORNEMENT et ABORNER ne laissent pas d'être encore fréquemment employés dans le langage usuel.

ABORTIF, IVE, adj. (Lat. *abortivus*, d'*aboriri*, naître avant le temps). Avorté, venu avant terme et incomplètement développé. *Enfant abortif*, venu avant l'époque où il est réputé viable. *Fleur abortive, pistil abortif*, imparfaitement venus. — Par extens. Se dit de tout ce qui peut provoquer l'avortement. *Manœuvres abortives, substances abortives*. — Thérapeut. Pris substantiv., ce mot désigne certaines substances, généralement drastiques ou de violents emménagogues, auxquelles on attribue la propriété de faire avorter. On ne dit donc pas seulement *des substances abortives*, mais aussi tout simplement *des abortifs*.

ABOT, s. m. Entrave que l'on fixe au paturon du cheval mis au piquet. — Peu employé, on dit plus ordinairement *une entrave*.

ABOU. Hist. relig. Montagne sacrée de l'Inde occidentale, sur le territoire des Radjpoutes, État de Sirohi ; environ 1,800 mètres d'altitude. Cette montagne est célèbre par les temples qu'y a élevés la secte bouddhiste des Jains, qui professent les doctrines théistes du Bouddhisme modifiées par le culte des saints et les incarnations. Toutes les éminences et plates-formes de la montagne sont couvertes de temples, de châsses et de tombeaux merveilleusement sculptés ; à son sommet existe un large plateau circulaire où se trouve, à l'abri d'une caverne, un bloc de granit portant la marque imprimée des pieds de Data-Brighou, une des incarnations de Vichnou. C'est le lieu de pèlerinage le plus fréquenté par les Jains, les Schrawaks et les Banians. Les deux temples principaux s'élèvent vers le milieu de la montagne, à Deulwara, à 8 kil. S.-O. de Guru-Sikra, le plus haut sommet ; ils sont en marbre blanc et remarquables autant par leur beauté que par leur types de l'architecture des Jains. L'un a été bâti en 1032 et l'autre de 1197 à 1247. Dans le premier, l'un des plus anciens aussi que toute l'Inde, on remarque une statue assise , jambes croisées, du dieu Paresnath, dans une cellule ne prenant jour que par la porte. Le portique se compose de 48 piliers, renfermés dans une cour oblongue de 43 mètres sur 27 mètres 50, qu'entoure une double colonnade de piliers plus petits, formant portiques à leur tour à une rangée de 55 cellules, chacune pourvue d'une statue de Paresnath, avec des scènes de la vie de ce dieu sculptées au-dessus de la porte. L'intérieur du temple est magnifiquement décoré. L'empereur Akbar, par un firman en date du mois de *Rabi-el-Aül* de la 37e année de son règne, correspondant à 1593, fit don de la montagne et des temples d'Abou, ainsi que des autres montagnes et lieux de pèlerinage Jains de l'empire, au célèbre précepteur de la secte, Harbijai-Sur. Ce monarque éclairé interdit aussi le sacrifice d'animaux dans ces lieux. Enfin il déclare dans son firman qu'il doit être à règle pour les adorateurs de Dieu de conserver toutes les religions. »

ABOU-ALI EL KOSSEIN. V. AVICENNE.

ABOUAM, ville du Maroc, dans la prov. de Tafilet. C'est le grand centre commercial du Sahara, la station principale et forcée de toutes les caravanes partant du littoral de l'Afrique septentrionale, et en particulier du Maroc, pour Tombouctou et le Soudan. Il s'y tient trois grands marchés par semaine, où se trouvent, avec des marchandises d'Europe et les produits du Maroc, de l'Algérie, du Tafilet même, principalement les dattes, qui sont les meilleures du désert, ceux de l'Oued-Dran, du Touat, du Soudan, du Sénégal, etc.; là se mêlent sans se confondre : peaux tannées, draps et tissus divers, armes européennes et indigènes, ivoire, poudre d'or, plumes d'autruche, gomme du Sénégal et jusqu'à des esclaves, dont le commerce n'a jamais été abandonné, malgré les illusions européennes à cet égard. « Les marchandises françaises, dit un voyageur, commencent à en chasser les anglaises. Depuis qu'ils possèdent l'Algérie, les Français ont appris à connaître les goûts, les préférences des musulmans pour tels ou tels objets et ils ont su en profiter. Déjà l'Algérie envoie à Abouam autant de coton et de sucre que l'Angleterre elle-même. De même, en fait de monnaie, le Tafilet le doubro espagnol, comme aussi de tout le Maroc. »

ABOU-BEKR, (*Père de la Vierge*). D'abord appelé ABD EL-CAABA (*serviteur du temple*), il reçut le nom sous lequel il est connu dans l'histoire, lors du mariage de sa fille Aïcha avec Mahomet. Il naquit à la Mecque en 573, d'une famille caraïchite. Possesseur d'une fortune énorme, acquise dans le commerce, et jouissant d'une grande réputation comme juge et comme interprète des songes, sa conversion au mahométisme fut d'une importance énorme pour le succès de cette religion. Il ne borna pas ses services à sa propre conversion, mais provoqua celle d'un grand nombre de personnes, et par ses relations personnelles avec le Prophète, ne

Abou-Bekr.

manquait jamais de lui montrer la plus grande vénération et un dévouement à toute épreuve. Quand Mahomet s'enfuit de la Mecque, Abou-Bekr fut son unique compagnon, il partagea ses peines et ses triomphes, et ne le quitta point jusqu'à sa mort ; de sorte que, pendant sa dernière maladie, le Prophète le désigna pour son successeur (632). Ce choix fut ratifié par les chefs de l'armée et finalement confirmé en dépit de l'opposition d'Ali, gendre de Mahomet, qui, fort par un titre dont on ne saurait contester la valeur, ne cessa de chercher à faire valoir ses droits méconnus que lorsque l'inutilité de ses revendications lui fut enfin démontrée. Mais de cet antagonisme naquit une controverse qui divisa en deux partis les sectateurs du Prophète, et ces deux partis, connus sous les noms de *Sunnites* et *Shiites*, n'ont pas encore désarmé aujourd'hui.

Abou-Bekr avait à peine pris l'autorité en mains, avec le titre de Khalifet-Res-ul-Allah (*Successeur du prophète de Dieu*), qu'il eut à réprimer deux révoltes: celles des tribus de l'Hedjaz, qui avaient déjà assez de l'islamisme, et du Nedjed, qui refusaient le tribut. Il eut d'autre part à combattre de formidables soulèvements. Mais il sortit vainqueur de toutes ces épreuves, et l'Arabie fut complètement soumise à son autorité après la sanglante victoire d'Akraba, remportée par Khaled sur l'imposteur Moseilima. Alors, le calife songea à étendre la nouvelle foi au dehors par des conquêtes sur ses voisins. En moins d'un année, son général Khaled soumit la Perse et la Syrie.

Aussitôt après la défaite de Moseilima, Omar, craignant que la parole du Prophète s'oubliât quand ceux qui l'avaient entendue seraient morts, induisit Abou-Bekr à recueillir ces enseignements et à les fixer pour l'avenir au moyen de l'écriture. De ce recueil, très vénéré des premiers musulmans mais sans autorité canonique réelle, sont sortis les matériaux du Coran tel qu'il existe aujourd'hui. — Abou-Bekr mourut à Médine le 23 août 634. Comme Mahomet avait fait pour lui-même, il avait désigné, quelques jours auparavant, Omar pour son successeur. D'après une tradition, Abou-Bekr serait mort empoisonné; une autre, il est vrai, donne sa mort comme parfaitement naturelle.

ABOUCARA, Théodore. Métropolitain de la prov. de Carie, au IXe siècle et auteur de divers pamphlets théologiques contre les Sarrasins et autres hérétiques. D'abord attaché au parti de Photius, il se rendit au Concile de Constantinople (869) où il ne fut admis à siéger qu'après avoir sollicité et obtenu son pardon et s'être réconcilié avec saint Ignace.

ABOUCHEHR, ville de Perse (Farsistan), située sur une presqu'île de la côte orientale du golfe Persique. Cette ville compte environ 15,000 habitants, Arabes ou Hindous, gouvernées par un cheik arabe tributaire du Shah. Elle est bâtie en forme de triangle, défendue par de grosses tours, sillonnée de rues étroites et irrégulières et possède deux caravansérails, trois bains publics et sept mosquées. Son port, d'accès assez difficile, admet des bâtiments de 4 mètres de tirant d'eau et leur offre un abri sûr. Rendez-vous des caravanes et des marchands de l'Inde anglaise, Abouchehr fait un grand commerce de tous les produits naturels ou manufacturés des Indes orientales.

ABOUCHEMENT, s. m. Action d'aboucher (vieux dans ce sens). — Anat. Syn. d'*anastomose*: jonction de deux vaisseaux. — Tech. Jonction de deux tuyaux, de deux tubes par leurs bouches.

ABOUCHER, v. a. Fournir à diverses personnes l'occasion de se joindre pour conférer ensemble. — Réunir bouche à bouche deux tubes, etc.
— S'aboucher, v. pr. S'aboucher avec quelqu'un pour délibérer d'une affaire. — Anat. *Ces deux vaisseaux s'abouchent* (c'est-à-dire se réunissent et communiquent l'un avec l'autre) *en tel point. Le canal thoracique s'abouche dans la veine sous-clavière* (Littré).

ABOU-DHAER, chef de la secte des Karmathes qui, s'étant emparé de la Mecque en 940, imagina de conduire son cheval à l'entrée de la Caaba, où celui-ci fit ses ordures sans le moindre respect pour ce lieu sacré. Cette grande satisfaction de son maître. Cet exploit précipita le fait important de la vie d'Abou-Dhaer, qui mourut en 953, chef de sa secte communiste musulmane et maître d'un territoire considérable.

ABOU-GIAFAR, surnommé l'*Invincible* (El Mansour), second calife de la dynastie des Abbassides, ayant succédé à son frère Aboul-Abbas, en 754. Il fit la conquête de l'Arménie, de la Cilicie, de la Cappadoce et fonda Bagdad (762), où il transféra le siège de l'empire. — El Mansour fut en outre un protecteur éclairé des lettres et des arts.

ABOUGRISSEMENT, s. m. Etat d'un bois endommagé dans sa première croissance (Littré).

ABOU-HANIFAH, célèbre théologien musulman, fondateur de la secte orthodoxe des Hanéfites (699-757). Il était de Koufah et avait été ouvrier tisserand dans sa jeunesse; mais il devint l'un des plus illustres docteurs de l'islamisme et fit de nombreux prosélytes, d'autant plus aisément qu'il donnait l'exemple de la piété et des plus aimables vertus. Ayant voulu s'opposer au massacre des habitants de Mossoul, projeté par le calife Abou-Giafar, celui-ci le fit jeter dans une prison de Bagdad, où il mourut vers 757 (mais non en 767 en tout cas), empoisonné, dit on, par ordre du calife. Les Hanéfites le considèrent, et lui justement, comme un martyr. On a de lui un commentaire sur le Coran, sous le titre de *Sened* (l'Appui), qui n'a rien perdu encore de sa haute réputation.

ABOUKIR, village maritime de la Basse-Egypte, sur la Méditerranée, à 21 kil. N.-E. d'Alexandrie. Aboukir est bâti sur l'emplacement de l'ancienne Canope, et abonde par conséquent en ruines intéressantes. On y voit une citadelle qui servit de prison d'Etat sous Méhémet-Ali. Près du village, et relié à la côte par une chaîne de rochers, se trouve une petite île remarquable par les ruines qu'elle renferme. S'étendant vers l'Est jusqu'à l'embouchure du Nil, à Rosette, on voit la vaste baie d'Aboukir, où la flotte française, commandée par Brueys, fut détruite par la flotte anglaise sous les ordres de Nelson, le 1er août

Bataille d'Aboukir.

1798. Le 24 juillet de l'année suivante, Bonaparte vengeait cette défaite par une victoire éclatante remportée près d'Aboukir sur l'armée ottomane commandée par Mustapha, et dont la supériorité numérique était presque détruite, malgré l'avantage numérique énorme en sa faveur. Mais, le 7 mars 1801, les Anglais, sous les ordres de sir Ralph Abercromby, débarquèrent de nouveau à Aboukir, dont la garnison française était de 1,200 hommes à peine, en nombre dix fois plus considérable; après avoir combattu vaillamment jusqu'à épuisement complet de tous les moyens de défense, les Français durent évacuer le village, qui fut aussitôt occupé par l'ennemi. On fit grand étalage de cette facile victoire en Angleterre, et le général Abercromby lui dut sa fortune.

ABOUL-ABBAS, fondateur de la dynastie des Abbassides. V. Abbassides.

ABOULAGE, s. m. Argot. Abondance, affluence; action d'abouler.

ABOULER, v. a. (Etym. *Ebouler*). Argot. Arriver précipitamment, d'une manière imprévue et soudaine. *J'aboule du coche*, je descends de voiture. — Payer avec largesse, livrer quelque chose sans parcimonie, comme si on l'*éboulait*. *Aboule les marrons, Jules est notre caissier ce soir, c'est lui qui aboule les monac...* — Se dit aussi absolument : *Aboule, mon bonhomme! Inutile de faire des manières.*

ABOUL-FARADJ, Grégoire (Grégorius Aboulfaragius), célèbre historien arabe d'origine israélite, à laquelle il dut le surnom de Barhebræus (1226-86), était de Malatia, l'antique Mélitène, située à quelques kilomètres des sources de l'Euphrate. Son père, nommé Aaron, exerçait la médecine; il fut le précepteur de son fils, et Aboul-Faradj exerça à son tour la médecine avec succès. Tout en étudiant cet art sous la direction d'Aaron, il apprit l'arabe, le syriaque et le grec, la philosophie et la théologie, et acquit très rapidement une grande réputation de science. En 1244, il se rendit à Antioche, puis à Tripoli de Syrie, où il fut consacré évêque de Gouba ayant à peine vingt ans. Transféré peu après au siège d'Alep, il fut élu, en 1266, *maphrian*, c'est-à-dire de la branche orientale de la secte chrétienne des Jacobites, dignité qu'il conserva jusqu'à sa mort, arrivée en 1286 à Maragha, en Perse (province d'Azer-Baïdjan).
— Aboul-Faradj écrivit un grand nombre d'ouvrages sur les sujets les plus variés; mais celui qui a immortalisé son nom est son *Histoire du monde depuis la création jusqu'à son temps*, écrite d'abord en syriaque, puis, après un long intervalle, abrégée en arabe par l'auteur même, à la sollicitation de ses amis. Cet abrégé est divisé en dix parties, contenant l'histoire d'une dynastie. Cet ouvrage a une grande valeur historique seulement pour ce qui concerne les nations de l'Orient, spécialement les Sarrasins et les Tartars-Mongols, et en particulier pour ce qui a trait aux conquêtes de Gengis-Khan. Les parties restantes sont remplies d'erreurs. — Une traduction latine en fut publiée à Oxford en 1663, par Pocockie; une partie du texte original (syriaque) et de la version latine fut publiée à Leipzig en 1788; elle passe pour peu exacte.
— Trois poètes arabes de différentes époques ont porté également ce nom d'Aboul-Faradj, notamment Aboul-Faradj-Ali, d'Ispahan (897-967), à qui l'on doit un *Recueil des Vieilles chansons arabes*.

ABOUL FAZL, vizir et historiographe de l'empereur mogol Akbar, naquit vers le milieu du XVIe siècle. Sa carrière comme homme d'Etat, pour si brillante qu'elle ait pu être, n'aurait pas sauvé son nom de l'oubli, s'il n'était, en même temps que grand vizir, l'auteur d'une histoire du règne d'Akbar très estimée. Cet ouvrage porte le titre général de *Livre d'Akbar* (Akbar Nameh); il est divisé en deux parties, dont la première est l'histoire complète des faits qui se sont produits sous le règne d'Akbar, et la seconde, qui porte le titre spécial d'*Institutes d'Akbar* (Ayin-ı-Akbari), l'exposé de la constitution politique et religieuse et de l'administration de l'empire. Le style de cet ouvrage est d'une élégance singulière, et l'intérêt qu'il offre sa lecture est de nos jours temps général que la première. A été traduite en anglais et publiée à Calcutta par M. Francis Gladwin (1783-86), et réimprimée plus tard à Londres.

Aboul-Fazl mourut assassiné, à son retour d'une mission dans le Deccan, par Sélim, fils et héritier d'Akbar, ce dernier ayant été, comme l'on croit, inspiré par la jalousie qu'avait fait naître en lui la faveur dont le ministre jouissait auprès de son père.

ABOUL-FÉDA, Ismaïl-Ben-Ali, Emad Eddin, célèbre historien et géographe arabe (1273-1331). Né à Damas, l'an de l'hégire 672, il était descendant direct d'Ayoub, père de l'empereur Saladin. Livré à l'étude dès la plus tendre enfance, il en fut arraché dès l'âge de douze ans par les exigences de la guerre que les croisés chrétiens apportaient dans son pays, et non d'un Dieu de paix et d'amour. En 1285, il assistait à l'assaut d'une place forte défendue par les chevaliers de Saint-Jean de Jérusalem et participait aux sièges de Tripoli, d'Acre et de Roum. En 1298, le principauté de Hamath et d'autres honneurs lui furent conférées, comme héritage d'Omar; mais ses deux frères les lui ayant disputé avec acharnement, l'affaire n'eut de suite avantageuse pour aucun d'eux, et ce ne fut qu'en 1310 qu'Aboul-Féda fut définitivement investi de sa principauté, sans parler d'autres honneurs et dignités indisputables, par le service militaires contre les Tartares et les Bibares. Il reçut une souveraineté indépendante, avec le droit de battre monnaie, et eut le titre de Melik Mowayyad (*Prince Victorieux*). A partir de cette époque jusqu'à sa mort, arrivée en octobre 1331, Aboul-Féda eut un règne brillant et tranquille, qui lui permit de se livrer à la composition des ouvrages qui ont immortalisé son nom plus sûrement que tous ses exploits militaires; il vécut entouré d'écrivains et de savants, dont il était le patron et l'ami en même temps que le confrère.

Le principal ouvrage historique d'Aboul-Féda est un *Abrégé de l'Histoire de la Race humaine*, sous forme d'annales, et s'étendant depuis la création jusqu'en 1328; c'est une compilation des auteurs précédents, du moins en grande partie. Jusqu'à la naissance de Mahomet, le récit est très succinct; mais plus il se rapproche du temps actuel, plus il prend de corps et de réel intérêt. C'est l'unique source d'information sur une quantité de faits relatifs à l'empire des Sarrasins, et de beaucoup l'ouvrage historique arabe le plus important que nous possédions; aussi en a-t-on fait de nombreuses traductions, mais partielles seulement. Dobelius, professeur d'arabe à Palerme, a traduit en latin la partie concernant les conquêtes des Arabes en Sicile (1610). L'histoire du temps de Mahomet a été traduite en latin par Reiske, sous le titre d'*Annales Moslemici* (Copenhague, 1789-94, 5 vol.) et une traduction semblable de la première partie a été donnée par Fleischer, à Leipzig, en 1831, sous ce titre : *Abulfedæ Historia Ante-Islamitica*. Sa *Géographie* est surtout précieuse dans ses parties historiques et descriptives de l'empire musulman. De son imparfaite connaissance de l'astronomie il résulte que ses indications de latitude et de longitude, quoique meilleures que celles des géographes précédents, sont généralement très inexactes. Il a toutefois déterminé les véritables dimensions et la position de la mer Caspienne, que Ptolémée croyait beaucoup plus étendue. Une édition de la *Géographie d'Aboul-Féda*, texte arabe, a été publiée à Paris aux frais de la Société asiatique, par J.-T. Reinaud et de Slane (1840, in-4°), et Reinaud en a publié ensuite une traduction française, accompagnée de notes et éclaircissements (Paris, 1848, 2 vol. in-4°). Le même orientaliste a également traduit des parties de l'*Histoire* dans ses diverses *Collections des historiens arabes*.

Il existe des manuscrits des deux grands ouvrages d'Aboul-Féda à la bibliothèque de Leyde, à la bibliothèque bodléienne, à Oxford et à la bibliothèque Nationale, à Paris.

ABOUL-GHAZI-BAHADOUR, Khan de Khiva, historien mongol (1605-1663). Il était de la race de Gengis-Khan. Après avoir abdiqué en faveur de son fils, il vécut dans la retraite, occupant ses loisirs à composer une *Histoire des Mongols et des Tartares*, qui a été traduite en français, en allemand et en russe.

ABOULIOUM, lac de la Turquie d'Asie (Anatolie), non loin de Brousse. C'est l'*Apolloniatis lacus* des anciens. Ce lac, de forme irrégulière, renferme plusieurs îles sur l'une desquelles s'élève la petite ville d'Aboulioum, probablement l'antique *Apollonia*. Le Supal y prend sa source.

ABOUL MAHACEN, Ben-Taghri-Berdi, écrivain arabe du xve siècle, natif d'Alep. On lui doit une histoire de l'Égypte depuis la conquête jusqu'en 1453, intitulée *Nodjoum elzahereh* (les *Etoiles brillantes*), qui a été traduit en latin et publié à Leyde par Juynboll, en 1848 et dont il existe un manuscrit à la bibliothèque Nationale; *Maured elethafeh*, abrégé du précédent, publié à Cambridge en 1792; *Menhel-el-Safi*, dictionnaire biographique abondant en renseignements précieux et dont la bibliothèque Nationale possède également un manuscrit. Il s'arrête, malheureusement, avec la lettre M. — On ne connaît rien de la vie d'Aboul-Mahacen, si ce n'est qu'il reçut d'un sultan circassien le titre d'émir et qu'il vécut longtemps au Caire.

ABOU-LOULA, Ahmed, dit EL MAARI, célèbre poète arabe (973-1057). Né à Maara en 973, il fut frappé si cruellement de la petite vérole, à l'âge de trois ans, qu'il en perdit complètement la vue. Ses descriptions n'en sont pas moins vives et pittoresques.

ABOUL SOOUD, poète arabe, né vers 1828, de pauvres paysans égyptiens; les grandes dispositions qu'il montra à l'école primaire le firent admettre à l'école des langues fondée au Caire par Méhémet-Ali et dont il fut un des meilleurs élèves. Employé dans l'administration à sa sortie de cette école, il occupa les loisirs que lui laissait son emploi à cultiver la poésie. Ses premiers vers trahissent naturellement des réminiscences des poètes arabes, ses maîtres; mais la prise de Sébastopol rompit le charme en lui inspirant un dithyrambe où la forme orientale ne sert qu'à mieux faire ressortir des aspirations inattendues vers une civilisation plus complète et un idéal de fraternité universelle qui font de Aboul Sooud un poète absolument original. Il a écrit en outre des odes et des romances dont quelques-unes ne tardèrent pas à devenir populaires, et enfin une épopée dont le héros est Méhémet-Ali.

ABOUMANA, village de la prov. de Girgeh (Haute-Egypte), sur la rive droite du Nil, près duquel le général Friant battit une armée arabe, le 17 février 1799.

ABOU-MANSOUR, astronome arabe du ixe siècle. Il fut président du collège des astronomes et directeur des observatoires de Bagdad et de Damas. On lui doit une *table* vérifiée sur les observations faites dans ces deux observatoires, et des *Vies des poètes arabes*.

ABOU-MOSLEM, fameux capitaine musulman. Il était gouverneur du Khorasan lorsque Aboul-Abbas tenta de renverser les Ommiades et de fonder sa propre dynastie sur les ruines de celle-ci. Abou-Moslem l'aida puissamment dans cette entreprise, on dit même que le soulèvement du Khorasan dans cet intérêt dynastique coûta la vie à 600,000 hommes! Mais le succès d'Aboul-Abbas ne profita guère à Abou-Moslem, que le frère et successeur du premier calife abbasside, Al-Mansour, fit massacrer quelques années après (754).

ABOUNA. Titre porté par l'archevêque ou métropolitain d'Abyssinie.

ABOU-NAVAS, poète arabe du viiie siècle, natif de Bassora, et qui florissait à la cour d'Haroun-al-Raschid.

ABOU-SAID-MIRZA, petit-fils de Tamerlan et le dernier souverain de son vaste empire (1427-1469). Il conquit d'abord le Turkestan, la Transoxiane et le Korasan et se disposait à envahir l'Irak et l'Azerbaïdjan, lorsqu'il fut arrêté par le Khan de Perse Ouzoun-Hassan, qui s'empara de sa personne et le fit mettre à mort.

ABOU-SIMBEL ou **IPSAMBOUL**, ville de Nubie, sur la rive gauche du Nil, à 80 kil. S.-O. de Derr, l'antique *Abuncis*. Cette ville est célèbre par ses anciens temples égyptiens et ses statues colossales taillées dans le roc.

ABOUT, *s. m.* Constr. Extrémités des pièces de bois de charpente ou menuis. taillées en équerre. *Assembler en about.* — Papet. Base du cylindre broyeur. — *Manier en about*, relever les tuiles ou les ardoises d'une couverture pour réparer les lattes; relever les pavés d'une rue pour les remplacer ou les redresser.

ABOUT, Edmond-François-Valentin, écrivain français, né à Dieuze (Meurthe), le 14 février 1828, fit ses études au lycée Charlemagne et remporta le prix d'honneur de philosophie en 1846; il entra alors à l'Ecole normale supérieure, où il resta jusqu'en 1851, et entra ensuite à l'Ecole française d'Athènes. En Grèce, M. About s'occupa d'abord sérieusement d'archéologie, comme il convenait, témoin certain mémoire sur l'*Ile d'Egine*, qu'il en rapporta et publia à Paris en 1854; mais il s'occupa aussi de beaucoup d'autres choses, nous en avons la preuve par *la Grèce contemporaine* (1855), son véritable début, qui fut un triomphe. Il publia la même année, dans la *Revue des Deux Mondes*, dont le succès de son premier livre lui ouvrait les portes, *Tolla*, sorte de roman quasi-autobiographique, qui fit un bruit plus grand, mais d'une nature différente, que celui par lequel *la Grèce contemporaine* avait été accueillie; car le bruit accusait M. About de plagiat, et il est utile de faire remarquer ici que s'il n'avait pas commencé par s'en accuser lui-même, il y avait de grandes chances pour que personne ne s'aperçût de son crime. Vinrent ensuite *les Mariages de Paris* et *le Roi des montagnes* (1856); *Germaine* et *les Echasses de maître Pierre* (1857); *Trente et Quarante* (1858). Il avait entre temps fait jouer à l'Odéon *Guillery*, comédie en trois actes (2 février 1856), dont le succès fut tel qu'on dut la retirer après deux représentations, et était entré au *Figaro* où, sous le pseudonyme de Valentin de Quévilly, il se mit à dauber, avec l'esprit railleur et la finesse de style qui forment le fond de son talent, les ennemis et les critiques passionnés qu'il avait su faire lever sous ses premiers pas. Il fit également au *Moniteur* alors *officiel*, où beaucoup de ses ouvrages parurent, d'ailleurs, en feuilletons avant de revêtir la forme du livre, plusieurs *Revues de salon* réunies plus tard en volumes et qui, sous ces deux formes, eurent un succès auquel ces sortes de travaux ne sont pas ordinairement accoutumés. Il publia ensuite un pamphlet politique : *la Question romaine* (Bruxelles, 1859), qui eut un grand retentissement et dont on attribua l'inspiration, les uns à l'empereur, les autres au prince Jérôme Napoléon. Ce pamphlet, qui s'élevait avec vivacité contre le pouvoir temporel du pape, eut en quelque sorte une suite, sous forme de chronique écrite par l'auteur à *l'Opinion nationale*, qui venait de se fonder, et portant ce titre humoristique : *Lettres d'un bon jeune homme à sa cousine Madeleine*; vinrent ensuite (1860) : *la Nouvelle Carte d'Europe*, *la Prusse en 1860*, *la Rome contemporaine*; puis : *Ces coquins d'agents de change*, brochure d'économie politique (1861); *l'Homme à l'oreille cassée* (1861), traduit en anglais sous le titre de *Colonel Fougas' Mistake*; *le Nez d'un notaire* (1862) et *le Cas de M. Guérin* (1862), trois romans dans un genre auquel l'auteur n'avait pas encore touché, ni personne avant lui avec moitié autant de talent : l'exagération jusqu'à l'absurde de certaines théories physiologiques; *Madelon* (1863). *Les lettres d'un bon jeune homme* furent réunies en volume en 1861; puis, en 1863, *les Dernières Lettres*. L'année 1864 vit encore paraître de M. About un ouvrage d'économie politique : *le Progrès*; en 1865, *le Moniteur du soir* publia en feuilleton : *la Vieille Roche*; parurent successivement après cela : *Le Mari imprévu* (1865), *les Vacances de la comtesse*, le *Marquis de Lanrose*, *le Turco* (1866); *l'Infâme* (1867); *les Mariages de province* (1868); *l'A B C du travailleur*, manuel populaire d'économie politique (1868); le *Fellah*, souvenirs d'Egypte (1869); le *Bal des artistes*, le *Poivre*, *l'Ouverture du château* (1870); *l'Alsace* (1872); le *Roman d'un brave homme* (1883), etc. Outre ces ouvrages, dont la liste est déjà longue, M. About a publié quelques volumes de causeries et de critique d'art et a abordé le théâtre à plusieurs reprises avec des fortunes diverses. Nous citerons parmi ses œuvres dramatiques : *Guillery*, comédie en trois actes, jouée à l'Odéon (1856); *Risette, ou les Millions de la mansarde*, un acte, joué au Gymnase (1858); *le capitaine Bitterlin*, un acte (Gymnase, 1860); *un Mariage de Paris*, trois actes (Vaudeville, 1861), en collaboration avec M. de Najac; *Gaëtana*, cinq actes, joués quatre fois à l'Odéon, et c'est même une sorte de miracle que cette pièce ait pu l'être une première fois, en présence de l'opposition systématique et scandaleusement bruyante qui s'adressait personnellement à l'auteur et s'inquiétait de la pièce aussi peu que possible. — C'est de cette pièce que date la renommée du fameux *Pipe-en-Bois*. — Nous citerons encore : *Nos gens* (Gymnase, 1866); *Histoire ancienne* (Français, 1868), avec M. de Najac; l'*Education d'un prince* (Union artistique, 1869); *Retiré des affaires* (Vaudeville, 1869), etc. Enfin, sous le titre de *Théâtre impossible*, M. About avait publié, dès 1861, un volume de pièces non jouées ou à peu près. Décoré de la Légion d'honneur en 1858 (le 15 août), M. About fut promu officier le 15 août 1867.

Après avoir été successivement attaché à la rédaction du *Moniteur*, du *Figaro*, de *l'Opinion nationale*, du *Constitutionnel*, du *Gaulois*, du *Soir*, auquel il envoya, des contrées envahies où il avait son propre domicile, des lettres fort remarquées de tout le monde, mais surtout de nos ennemis, qui les lui firent payer plus tard, en mai 1872, il quittait *le Soir* pour prendre la direction du journal républicain *le XIXe Siècle*. Au mois de septembre suivant, pendant un voyage en Alsace-Lorraine, il était arrêté et brutalement incarcéré par les Allemands, en représailles des lettres dont nous avons parlé plus haut. La captivité de M. About, qui dura peu en somme, lui fournit le sujet d'une relation d'un intérêt piquant, et défraya, pendant sa durée, la polémique des journaux des deux mondes ; enfin des protestations énergiques s'élevèrent de partout contre les agissements quelque peu *peau-rouge* de l'autorité allemande, qui paraît s'en être émue à la fin. A la mort de Philarète Chasles (juillet 1873), M. Edmond About remplaçait cet autre journaliste de génie comme correspondant parisien de *l'Athenœum*, de Londres.

Edmond About.

M. Edmond About a des ennemis, mais il a beaucoup plus de détracteurs, et le public est accoutumé à le considérer comme l'imitateur systématique, tranchons le mot, comme le singe de Voltaire, ce qui n'est pas déjà si honteux. Il est certain qu'en lisant M. About avec les yeux prévenus, armés de lunettes convenables, on peut quelquefois s'y tromper; il n'est pas moins sûr que, sous la pression de l'opinion, M. About a quelquefois inconsciemment donné raison à l'accusation portée contre lui, ce que les plus sévères seraient capables de faire, après tout. Cependant, s'il a l'esprit voltairien, et il n'en a pas le monopole, que nous sachions, si son talent d'écrivain, sa facilité d'assimilation, qui lui permet de traiter avec succès les sujets les plus opposés, peuvent être comparés aux mêmes qualités dont Voltaire était également doué, tout cela n'ôte rien à l'originalité certaine de cet écrivain, et il est merveilleux que ce soit justement la qualité qu'on lui refuse, sans doute par impossibilité de lui contester les autres.

Sous l'empire, M. About était très en faveur à la cour, ce qui ne fut pas étranger à ses premiers succès, non plus qu'à ses premiers déboires littéraires. On a suffisamment parlé de ses erreurs politiques, qui ont, du moins, le mérite d'avoir été sincères, ce qui est rarement le cas des erreurs de ce genre. Il faut lui savoir gré, en 1870 pour la première fois, et obtenait *cinq* voix ; après s'être vu préférer aux élections qui se sont succédé depuis, beaucoup de concurrents qui ne le valaient pas, il était enfin élu au fauteuil de Jules Sandeau, le 24 janvier 1884, mais seulement au deuxième tour, par *dix-neuf* voix sur 34 votants, contre 14 données à M. Coppée, devenu son collègue quelques jours après !...

M. About a été élu membre du comité de la Société française de colonisation en juin 1884.

ABOUTAGE, *s. m.* Mar. Action d'abouter deux cordages, c.-à-d. d'en réunir les deux bouts au moyen d'un nœud ou autrement. Fam. et applicable à toute action analogue partout ailleurs que dans la marine. — On dit aussi ABOUTEMENT.

ABOUTÉ, ÉE, *part. pass.* de ABOUTER. Techn. *Pièces de bois, etc., aboutées.* — Blas. *Pièces héraldiques aboutées*, c.-à-d. se répondant par les bouts ou pointes.

ABOU-TEMAN, célèbre poète arabe du IXe siècle, né à Djacem (Syrie) en 806. Après avoir passé sa jeunesse en Égypte, dans une condition très humble, peut-être même servile, son rare talent poétique lui assura une position distinguée et bientôt brillante à la cour des califes de Bagdad. Les historiens arabes prétendent qu'un seul poème valut souvent à Abou-Teman des milliers de pièces d'or ; il était, du reste, si estimé de ses contemporains qu'ils disaient que celui-là ne pouvait mourir dont le nom était célébré dans ses vers. — Parmi ses ouvrages originaux, Abou-Teman réunit trois collections de morceaux choisis de la poésie orientale, dont la principale, ayant pour titre *Hamasa*, a été l'objet de fréquentes citations de la part des orientalistes européens. Freytag en a publié à Bonn une édition, texte et traduction latine, en 1828-31 ; et Rückert a donné une excellente traduction allemande de cet ouvrage en 1846. — Abou-Teman mourut en 845.

ABOUTER, *v. a.* Joindre deux pièces de bois, deux objets quelconques bout à bout.

ABOU-THALEB, oncle de Mahomet. Après la mort du grand-père du futur prophète, Abd-el-Mottalib, qui l'avait adopté (579), son oncle le recueillit, continua son éducation et l'emmena en Syrie en 584, dans l'intention de l'initier aux secrets du grand commerce. Cette éducation fut la cause des premiers succès de Mahomet, c'est-à-dire du riche mariage qu'il contracta à 25 ans. Un peu plus tard, des revers de fortune atteignirent Abou-Thaleb ; alors son neveu se souvint, lui ouvrit sa bourse, et après sa mort, recueillit à son tour la famille de son bienfaiteur.

ABOUTI, IE, *part. pas.* de ABOUTIR.

ABOUTIG, ville de la Haute-Égypte (*l'Abotis des anciens*), sur la rive gauche du Nil, à 350 kil. S. du Caire. Culture du pavot noir pour le fabricant de l'opium. Ruines de l'antique *Lycopolis* dans le voisinage.

ABOUTIR, *v. n.* Toucher par un bout, arriver à terme, venir à bout. *Cette avenue aboutit au perron. Cette affaire ne peut aboutir qu'à un désastre* (fig.). — Méd. Venir à terme, c'est-à-d. à suppuration, en parlant d'un abcès. *Faire aboutir un clou.*

ABOUTISSANT, ANTE, *adj.* Qui aboutit. *Terrain aboutissant à la rivière.* — Substantiv. et au *m. pl.* Les entours, les détails et choses accessoires. *Connaître les tenants et les aboutissants* d'un héritage, d'une affaire équivoque, et même, par extens. et fig., d'une personne avec laquelle on va entrer en relations.

ABOUTISSEMENT, *s. m.* Action d'aboutir dans tous les sens. — Techn. Morceau d'étoffe ajoutée par le tailleur ou la couturière à une pièce trop courte.

ABOUTOIRS, *s. m. pl.* Œillères des chevaux de trait, faisant partie d'un harnachement solide, mais grossier, destiné à des travaux de force.

ABOUZYR, village de la Basse-Égypte, prov. de Garbieh, sur une des branches du Nil et à 88 kil. N. du Caire. A peu de distance s'élève une grande pyramide, mesurant 330 m. de haut., ainsi que les ruines d'un temple d'Isis. On pense que ce village occupe l'emplacement de l'antique *Busiris*, car on a trouvé dans le voisinage, outre ce temple d'Isis, les catacombes ornithologiques renfermant des momies d'oiseaux précieusement conservées dans des vases.

ABOVILLE, (Cte d'), FRANÇOIS-MARIE, général français (1730-1817), natif de Brest. Il fit la guerre de l'indépendance américaine

sous les o.dres de Rochambeau, avec le grade de colonel d'artillerie ; fut promu général de brigade en 1789 et divisionnaire en 1792, date à laquelle il reçut le commandement de l'armée du Nord, puis le commandement en chef des armées du Nord et des Ardennes. Il fut un des premiers à protester avec la plus grande énergie contre l'infâme défection de Dumouriez. Il fut nommé, après le 18 brumaire, inspecteur général de l'artillerie et sénateur, puis gouverneur de Brest en 1809. Rallié à la Restauration, il fut nommé pair de France en 1814, et bien qu'ayant conservé cette dignité pendant les Cent Jours, il y fut maintenu au second retour des Bourbons. C'est au général d'Aboville que l'on doit les roues métalliques dites *à voussoirs* des voitures d'artillerie, ainsi que d'autres perfectionnements moins importants dans le matériel de cette arme.

ABOVILLE (vte d'), AUGUSTE-ERNEST, agronome et homme politique français, petit-fils du précédent et fils du général d'AboVILLE (Augustin-Marie), qui perdit un bras à Wagram, fut commandant de l'École de La Fère et pair de France sous la Restauration. Né à Paris, le 4 décembre 1819, M. d'Aboville fit ses études à l'école Polytechnique et à l'école d'application de Metz d'où il sortit premier en 1841. Il entra alors comme lieutenant dans l'artillerie ; mais trois ans après, il quittait l'armée pour se livrer à des travaux agricoles sur sa terre de Rouville (Loiret). Membre de la Société forestière de France, président du comice agricole de Pithiviers en 1869, il a publié des articles variés dans *l'Annuaire de la Société des Agriculteurs de France*, les *Annales forestières* et d'autres publications spéciales. Elu représentant du Loiret à L'Assemblée nationale de 1871, M. le vte d'Aboville prit place à l'extrême droite, et son attitude, conforme à un pareil choix, ne se démentit pas un seul instant. Il fut un des signataires de la proposition La Rochefoucauld-Bisaccia tendant au rétablissement de la royauté. Les électeurs du Loiret ne voulurent pas suivre jusque-là M. le vicomte d'Aboville qui, malgré ses mérites, ne réussit pas à se faire réélire par eux à l'une ou l'autre chambre, aux élections de 1876.

AB OVO, *loc. adv. lat.* Mot à mot, *Dès l'œuf. Dès l'origine. Depuis le commencement. Reprenez votre histoire ab ovo.*

ABOYANT, ANTE, *adj.* Qui aboie. *Une meute aboyante.*

ABOYER, *v. n.* Crier, en parlant du chien, du renard et de quelques autres animaux. — Fig. *Aboyer contre quelqu'un*, le poursuivre de ses réclamations ou de ses injures. *Aboyer après une place, après une distinction*, la solliciter avec ardeur, s'adressant à tout le monde pour réussir.

— V. a. *Aboyer le sanglier. Les chiens aboient le hérisson, mais se gardent bien de l'attaquer.* — Fig. *Aboyer à la lune. Crier inutilement, menacer, réclamer en pure perte. — Tous les chiens qui aboient ne mordent pas. Ce ne sont pas ceux qui crient qui sont le plus à craindre. Jamais bon chien n'aboie à faux. Jamais un homme juste n'accuse sans de bonnes raisons.* — S'ABOYER, *v. pr.* Se dit de deux chiens aboyant l'un après l'autre. — Fig. se dit aussi de deux individus s'invectivant à qui mieux mieux.

ABOYEUR, *s. m.* Vén. Chien qui aboie à la vue du sanglier sans en approcher point. — Fig. et fam. Celui qui fatigue de ses criailleries, qui poursuit de ses réclamations ou de ses injures. — Ornithol. Oiseau échassier d'Europe, de la famille des longirostres, dont le cri ressemble un peu à celui du chien. C'est la barge à queue rayée, ou *aboyeuse* de Cuvier. — Argot. Crieur qui appelle les voitures à la porte des théâtres. Crieur de contremarques, de complaintes dans les rues. Crieur des ventes publiques, des bazars. Enfin, agent des prisons chargé d'appeler les prisonniers au parloir.

ABRABANEL. V. ABARBANEL.

ABRACADABRA (de l'hébr. *ab*, père, *ruah*, esprit, et *dabar*, parole, désignant la Trinité). Littré cite l'opinion de Grotefend, d'après laquelle ce mot serait formé du persan *abras*, dénomination mystique de la divinité et de l'hébreu *dabar*, ce qui signifierait Parole

ABRA

divine. Le fait est que ce mot s'écrit en grec *Abrasadabra*. D'après Selden, c'était le nom d'une idole syrienne) *s. m.* Mot cabalistique auquel on attribuait la propriété de guérir diverses maladies, soit qu'on le prononçât d'une certaine manière, soit qu'on le portât au cou écrit dans un ordre déterminé sur une feuille de papier. Il était tout à fait efficace contre les fièvres quarte et demitierce.

La manière de s'en servir est indiquée avec les plus minutieux détails dans les *Préceptes de Médecine* de Serenus Sammonicus, médecin de Caracalla. Le papier sur lequel le mot était écrit devait être plié en forme de croix, suspendu au cou par un fil blanc, de manière à reposer sur le creux de l'estomac, et porté de cette manière pendant neuf jours; au bout de ce temps, le malade se rendait avant le lever du soleil sur le bord d'une rivière coulant dans la direction de l'Est, et, le dos tourné à cette rivière, jetait par-dessus son épaule et sans la regarder, la précieuse amulette à l'eau. Après cela, s'il n'était pas guéri, il avait tort.

— Quant à l'ordre dans lequel les lettres de ce mot devaient être disposées, en voici deux exemples, et ce ne sont pas les seuls :

```
ABRACADABRA      ABRACADABRA
 ABRACADABR       BRACADABR
  ABRACADAB        RACADAB
   ABRACADA         ACADA
    ABRACAD          CAD
     ABRACA           A
      ABRAC
       ABRA
        ABR
         AB
```

Dans l'un de ces exemples, celui de gauche, on lit le mot entier sur deux faces; dans l'autre, on le lit sur toutes les faces du triangle; il n'est répété que deux fois dans chacun. Chaque disposition particulière avait, d'ailleurs, ses partisans.

ABRACADABRANT, ANTE, *adj.* Argot de bon ton. Stupéfiant, merveilleux, magique, audacieux.

ABRACALAN, *s. m.* Mot magique des Juifs. Équivalent d'ABRACADABRA.

ABRACAX, ABRAC (par abrév.), ou mieux ABRAXAS, *s. m.* Hist. relig. Réunion de lettres grecques imaginée par Basilide, sophiste d'Alexandrie qui vivait au IIe siècle et fonda la secte hérétique qui porte son nom. Ces lettres grecques, considérées dans leurs valeurs numériques additionnées, donnent au total 365, c'est-à-dire le nombre de jours composant une année, le nombre des cieux créés par Basilide, des divinités qui les habitaient et des vertus qui animaient ces divinités, quintessenciées dans la vertu suprême résidant dans Abracax ou ABRAXAS. En effet, la valeur totalisée des lettres formant ce dernier mot, donne bien le nombre 365, comme on peut aisément s'en assurer :

Caract. grecs... Α Β Ρ Α Ξ Α Σ
Équiv. en franç. A B R A X A S
Chiffres...... 1+2+100+1+60+1+200=365

ABRACAX ne donne, à la vérité, ce même chiffre 365, au total, qu'à la condition de subir la modification orthographique déjà faite au mot *Abrasadabra*, c.-à-d. de substituer le *sigma* au *cappa* de l'orthographe adoptée en français, et d'écrire :

A B R A S A X
1+2+100+1+200+1+60=365

Maintenant, qu'est-ce qu'on faisait de ce mot, parmi les sectaires basilidiens? Évidemment ce qu'on faisait ailleurs du mot Abracadabra : une amulette, un talisman qui ne pouvait moins faire que d'appeler sur celui qui le portait la protection des 365 divinités ou Intelligences des 365 cieux dont l'existence ne faisait pas doute pour les sectateurs de Basilide. Du reste, Abracax est le père d'Abracadabra et l'aïeul d'Abracalan.

— GLYPT. On donne le nom d'*Abraxas* ou *pierres basilidiennes* à toute une catégorie de pierres gravées sur lesquelles on lit le mot *Abraxas* ou *Abracax* accompagnant généralement une figure de génie à tête de coq, ayant pour jambes des serpents et la poitrine couverte d'une cuirasse; ce génie ou dieu égyptien porte en outre un bouclier d'une main et un fouet de l'autre. Il y est quelque fois remplacé par le serpent à tête de lion ou de chien entouré d'une auréole. D'autres fois c'est Harpocrate, fils d'Isis et d'Osiris, assis sur un lotus et le fouet à la main, que représente la gravure de la pierre; toujours avec l'inscription *Abraxas* en caractères grecs. Toutes ces pierres n'appartiennent évidemment pas à la secte basilidienne; beaucoup proviennent des sectes; d'autres sont été exécutées longtemps après que cette secte eut disparu, pour être portées comme amulettes, sans parler de celles qui se fabriquent tous les jours pour satisfaire aux exigences impudentes des collectionneurs. Quant à leur vraie signification, à leur origine exacte, il faut avouer que tous les efforts des archéologues n'ont réussi qu'à augmenter la confusion qui règne sur cette question toujours fort controversée.

ABRACHIE, *s. f.* (pron. *abrakî*. — Grec. *a* priv. et *brachion*, bras). Tératol. Se dit de l'état d'un fœtus privé de bras.

ABRACHIOCÉPHALE, *s. m.* (pron. *a-bra-kio-cef-al*. — Grec *abrachion* et *kephalé*, tête). Tératol. Fœtus n'ayant ni bras ni tête.

ABRAHAM, célèbre patriarche hébreu, surnommé le père des croyants et le père de la nation Juive, était le huitième des descendants de Sem, fils aîné de Noé. Abraham naquit à Ur, en Chaldée, vers 1996 av. J.-C. Sur l'ordre de Dieu, il quitta Ur avec sa femme Sarah, son neveu Loth et son père Tharé pour aller s'établir à Haran, dans le N.-E. de la Mésopotamie, où son père mourut âgé de 205 ans. Il avait 75 ans lorsque, sur l'ordre de Dieu encore, il quitta Haran pour Damas, puis pour Sichem. L'histoire d'Abraham, même d'après les traditions bibliques seules, manque d'unité, mais ce n'est pas son plus grand défaut : elle est contradictoire sur beaucoup de points. Abraham, en fait, fut un réformateur religieux ; ces ordres de Dieu qui lui firent quitter Haran après Ur, on peut les considérer, avec beaucoup de vraisemblance au moins, comme autant d'échecs dans les tentatives répétées pour substituer au polythéisme des Chaldéens et des peuples du voisinage le culte monothéistique de *Jéhovah*. D'après Nicolas de Damas, ce n'est pas seulement avec sa famille et ses serviteurs qu'Abraham quitta la Chaldée, mais avec une véritable armée, probablement vaincue dans diverses rencontres et cherchant sous sa conduite des cieux plus cléments. A Sichem, Dieu lui apparut et lui annonça que sa postérité posséderait la terre où il était venu. Malgré cela, il reprit son voyage et alla planter sa tente à l'E. de Béthel; puis, continuant dans la même direction, alla s'établir à Négeb, à la limite méridionale de la Palestine, d'où, la famine l'ayant contraint de partir, il se réfugia en Égypte. Il s'établit dans la vallée de Mambré. Là, il lui arriva une aventure désagréable. Le roi d'Égypte s'éprit de sa femme Sarah, qu'il faisait passer pour sa sœur (et qui l'était en effet) et l'enleva pour l'installer dans son harem. Mais Dieu ordonna au Pharaon de rendre Sarah à Abraham, et celui-ci s'empressa de le faire, en accompagnement de présents, mais en ordonnant à son tour à Abraham d'aller planter sa tente plus loin et se faisant reconduire, pour plus de sûreté, par une escorte imposante. On remarquera que la même aventure devait arriver un peu plus tard à cette beauté nonagénaire, enlevée par le roi des Philistins Abimélech (v. ce nom) dans des circonstances identiques (Genèse, xx); sans parler de Rébecca, involontairement enlevée par un autre Abimélech (Genèse, xxvi); ce qui fait, sans aucun doute, trois versions différentes d'Abraham, même fait, invraisemblable par lui-même, pour ce qu'il se rapporte à Sarah, du moins.

On ne dit nulle part quelle durée eut le séjour d'Abraham en Égypte, mais il eut une grande influence sur son esprit. D'après Josèphe, il aurait appris aux Égyptiens l'arithmétique et l'astronomie; il semble plus raisonnable de croire qu'il reçut plus des Égyptiens qu'il ne leur apporta, en fait de science surtout. Quoi qu'il en soit, le patriarche quitta l'Égypte pour le pays de Chanaan, que Dieu lui promit à nouveau pour lui et ses descendants, lui ordonnant de le parcourir en long et en large, et de le considérer dès le moment comme un héritage assuré. Là, toutefois, il fut obligé de se séparer de son neveu Loth, à la suite de disputes provoquées entre leurs bergers par la difficulté de loger leurs nombreux troupeaux; et Loth alla s'établir à Sodome. Un peu plus tard, les rois de Shinar, Ellasar, Elam et Goyim, ayant battu ceux de Sodome et de Gomorrhe, emmenèrent Loth prisonnier; mais Abraham les poursuivit, avec ses 318 esclaves et de nombreux voisins, et les ayant atteints à Hobah, près de Damas, les mit en pièces et ramena Loth avec les autres prisonniers et tout le butin.

Dieu apparut encore à Abraham, et lui annonça la venue d'un fils qui serait père de sa grand peuple et de plusieurs rois, et que ses descendants, après être restés 700 ans sur la terre étrangère, reviendraient dans le pays pour en être les possesseurs exclusifs; il lui commanda ensuite de se circoncire, avec toute sa postérité, en signe de l'alliance qu'il venait de contracter, avec Dieu. L'année suivante, en effet, Isaac vint au monde. Abraham avait alors 100 ans et Sarah environ 90. Il avait eu précédemment d'Agar, belle esclave égyptienne que Sarah elle-même, désolée de sa stérilité, lui avait procurée, Ismaël, l'ancêtre des Arabes comme Isaac est celui des Hébreux. — Quant à la circoncision, qui était d'usage salutaire parmi les Egyptiens, il est probable qu'Abraham, ayant jugé cet usage salutaire, l'imposa aux siens de son propre mouvement, en lui donnant le caractère d'alliance religieuse imprimé sur toutes les institutions de ces temps grossiers. Le patriarche ne paraît pas, toutefois, avoir jamais tenté d'imposer cet usage à ses voisins, mais dans le cercle de sa famille et de sa domesticité en général, il y avait peine de mort pour quiconque aurait voulu s'y soustraire.

Après la destruction de Sodome, dont Jehovah avait eu l'attention de prévenir Abraham, et le sauvetage miraculeux de Loth, à la sollicitation de celui-ci, Abraham aurait fait un voyage à Gérare, où Abimélech aurait enlevé Sarah. A Gérare également Dieu lui ordonna de sacrifier son fils Isaac sur le mont Morija, ordre qu'il allait exécuter lorsqu'un ange intervint à propos

Le sacrifice d'Abraham.

pour lui arrêter le bras. Alors il retourna à Beersheba (*Puits du Serment*), où il fit un traité d'alliance avec Abimélech. Sarah mourut ce temps-là et fut inhumée dans la caverne de Machpeloh, près d'Hébron, où Abraham alla la rejoindre, mais longtemps encore après et non sans s'être remarié, dit-on, plusieurs fois. Le patriarche mourut en effet à 175 ans (v. 1821 av. J.-C.).

Une église de Rome, San Giacomo, possède la pierre sur laquelle Abraham avait placé son fils au moment de l'immoler. — Du moins, elle l'affirme.

ABRAHAM (SAINT). Natif de Syrie, il fut pris par les Sarrasins dans un voyage qu'il avait entrepris pour visiter les Anachorètes en Égypte. Il réussit à s'échapper et à passer en France, et fonda en Auvergne un monastère dont il mourut abbé, vers 472.

ABRAHAM, juif portugais, surnommé ABRAHAM USQUE, traducteur de la Bible en langue espagnole, imprimée à Ferrare en 1553 et réimprimée en Hollande en 1630, sous ce titre : *Biblia en lengua española, traducida de la verdadera origen hebraica, por muy excelentes letrados*. Cette Bible, extrêmement rare, est fort recherchée, surtout l'édition de Ferrare, remarquable par les étoiles dont certains mots sont marqués, indiquant qu'ils peuvent être interprétés en divers sens. Abraham avait pour collaborateur dans cette traduction Tobie Athias.

ABRAHAM, patriarche arménien (1673-1749). Natif de Cilicie, il se fit moine du patriarcat de Sis, devint évêque de Trébizonde et alla prêcher le catholicisme à Alep avec beaucoup d'ardeur. Pour éviter les persécutions, il dut se réfugier dans le Liban, et y fonda le monastère de Saint-Sauveur. Ayant fait un voyage à Rome en 1742, Benoît XIV le nomma patriarche de Cilicie et le décora du pallium.

ABRAHAM A SANCTA-CLARA, (Ulrich MEGERLE, dit), prédicateur allemand (1642-1709). Né à Krœhenheimstetten, village de Souabe, le 4 juin 1642, il entrait à vingt ans dans l'ordre des Augustins déchaussés et prenait dès lors le nom sous lequel il est connu. Élevé par degrés jusqu'à la dignité de prieur provincial de sa province, il se lit une si grande réputation par ses prédications qu'il fut rappelé à Vienne, au couvent de Taxa, dans la Haute-Bavière, et nommé prédicateur de la cour (1669). Il attirait autour de sa chaire une foule énorme par l'extrême familiarité de son langage, la sévérité impartiale de son jugement, et surtout par l'originalité burlesque de son style. Il combattit courageusement les vices de son temps, épargnant moins la cour, lui prédicateur de la cour, que la ville, et moins les heureux de ce monde que les pauvres. Son éloquence bizarre, son langage presque grossier à le prendre mot à mot, ne s'élevaient nullement le véritable esprit ni la profondeur des pensées, et il sut dans beaucoup d'occasions s'élever jusqu'aux régions du sublime, dans un langage raffiné et même raffiné dont beaucoup de passages de ses sermons portent témoignage. Il mourut à Vienne le 1er décembre 1709.

Les sermons d'Abraham de Sainte-Claire ont été souvent reproduits, en tout ou partie, dans diverses publications et très lus, autant par les protestants que par les catholiques. Ses œuvres choisies ont été publiées à Heilbron en 1843, et ses œuvres complètes, en 21 vol., à Passau et à Lindau en 1835 et 1854. On cite comme type de ses ouvrages son *Judas der Erzschelm* (*Judas l'archifripon*).

ABRAHAM ECCHELLENSIS, savant maronite, professeur de syriaque et d'arabe à Rome et à Paris. Appelé de Rome par Le Jay, en 1630, pour l'aider à l'impression de sa Bible polyglotte, Abraham Ecchellensis eut d'abord maille à partir avec un autre Maronite, Gabriel Sionita, qu'il remplaçait dans ce travail et qui s'en vengeait en lui contestant toute capacité. L'affaire fit grand bruit ; il y eut échange de brochures non seulement entre les deux Maronites, mais entre leurs tenants. Cependant, en 1636, la congrégation de la Propagande le rappela à Rome pour travailler à la traduction de la Bible en arabe qu'elle préparait, et le nomma professeur de langues orientales. Peu après, le grand-duc Ferdinand II lui faisait traduire en latin les Ve, VIe et VIIe livres des *Coniques* d'Apollonius, travail dans lequel il fut aidé par le savant J.-A. Borelli, qu'il y ajouta des commentaires. Toutes ces choses semblent prouver qu'Abraham Ecchellensis était moins incapable que ne le prétendait son rival, comme c'est l'opinion générale aujourd'hui. Il mourut à Rome en 1664. Il a laissé quelques ouvrages de polémique théologique, principalement contre Selden et Hottinger et des *Remarques sur le Catalogue des écrivains Chaldéens*, d'Ebed Jesu ou Abdissi (v. ce nom).

ABRAHAM, EMILE, journaliste et auteur dramatique français, né à Paris en 1833. Rédacteur à divers journaux de théâtre, principalement à *l'Entr'acte*, M. Émile Abraham a collaboré également à quelques feuilles quotidiennes pour la partie théâtrale et rédige encore aujourd'hui les nouvelles des théâtres au *Petit Journal*. On lui doit un grand nombre de pièces, généralement courtes, écrites seul ou en collaboration ; notamment : *l'Homme entre deux âges*, opérette (1862) ; *l'Amour d'une ingénue*, vaudeville (1866) ; *le Train des maris*, vaudeville (1868) ; *Tu l'as voulu*, opérette (1869) ; *la Cruche cassée* (1870), etc., etc. On lui doit encore un ouvrage biographique : *les Acteurs et les Actrices de Paris* (1861). M. Émile Abraham a été secrétaire général au théâtre de la Porte Saint-Martin.

ABRAHAMITES, s. m. pl. Sectaires allemands, qui avaient conservé la doctrine d'un hérésiarque du IXe siècle, niant la divinité de Jésus-Christ et prétendant suivre la religion du patriarche Abraham avant sa circoncision. Ils habitaient le comitat de Pardubitz, en Bohême, fort paisibles et muets, lorsqu'en 1782, l'empereur Joseph II publia son édit sur la liberté des cultes. Se croyant désormais à l'abri des poursuites, ils firent publiquement profession de foi : c'est ce qui les perdit. Joseph II voulut bien tolérer l'exercice de tous les cultes dans l'empire, mais des cultes jouissant d'une publicité déjà ancienne. Les Abrahamites furent mis en demeure d'opter entre les diverses sectes chrétiennes et hébraïques ; et comme ils refusèrent, ils furent incorporés isolément dans les colonies militaires des frontières nutriciennes, et on n'entendit plus parler d'eux.

ABRAHAMS, NICOLAS CHRISTIAN, philologue danois (1798-1870). Né à Copenhague le 6 septembre 1798. S'étant préparé aux voyages par l'étude des langues vivantes, ses études classiques achevées, il visita à partir de 1819, l'Allemagne, la Suisse, l'Italie et la France ; fit à Paris un séjour prolongé, étudia d'une manière spéciale la langue française du moyen âge et se livra à de laborieuses recherches parmi les monuments de notre littérature pendant cette période. De retour à Copenhague, il poursuivit ses recherches à la Bibliothèque royale, puis fit des conférences sur la littérature française ancienne, fut nommé successivement professeur de langue française en 1832 et professeur de langue allemande en 1839. Il abandonna toutefois l'enseignement peu de temps après, pour se faire notaire. Il fut président du conseil de l'Association pour le progrès de la littérature et de l'Union artistique de Copenhague, où il est mort le 26 janvier 1870.

On doit à M. Abrahams : *De Roberti Waci carmine quod inscribitur Brutus* (1828) ; *Description des manuscrits français du moyen âge de la Bibliothèque royale de Copenhague*, précédée d'une notice historique sur cette bibliothèque (1844) ; une *Grammaire française à l'usage des Danois* (1845) ; *Balthazari castilionei aulici liber tertius, secundum veterem versionem gallicam* (1848) et divers autres ouvrages moins importants, ayant trait la plupart à la littérature française.

ABRAHAMSON, WERNER-JEAN-FRÉDÉRIC, écrivain danois (1744-1812). Il servit d'abord dans l'artillerie et se retira de l'armée avec le grade de capitaine pour se livrer à la littérature, s'attachant principalement à rechercher et recueillir les chants nationaux de son pays. On lui doit notamment un *Recueil des chants danois du moyen âge*, en 5 vol. (1812), publiés avec le concours de Nyerup et Rahbek.

Son fils, Joseph N.-B. ABRAHAMSOHN, fut commissaire général des guerres et s'occupa avec ardeur d'assurer l'instruction gratuite aux populations danoises.

ABRAHAMSON, ABRAHAM, graveur allemand (1754-1811). Il fut directeur de la Monnaie à Berlin, et fit faire, par ses travaux, de grands progrès à l'art de la gravure des médailles. Il était né à Potsdam.

ABRAM, NICOLAS, savant jésuite lorrain (1589-1655). Né à Xaronval. Nommé professeur de théologie à Pont-à-Mousson, il mourut dans cette ville le 7 septembre 1655. On a de lui des commentaires sur *Virgile* et sur *Nonnus* ; d'autres commentaires en 2 vol., sur le troisième livre des *Oraisons* de Cicéron ; un recueil de questions théologiques très estimé, sous ce titre : *Pharus veteris Testamenti, sive sacrarum questionum libri XV* (1648), etc.

ABRANCHES, s. m. pl. (grec a priv. et *branchia*, branchies). Entom. Ordre d'annélides dépourvus de branchies, comme les lombrics et les sangsues, et qu'on suppose en conséquence respirer par la peau.

ABRANTÈS, ville forte du Portugal, prov. d'Estramadure, à 112 kil. N.-E. de Lisbonne, sur le Tage. Popul. 6,500 hab. environ. Cette ville est délicieusement située sur une colline dont les pentes sont couvertes d'oliviers, de vignes et de jardins de plaisance ; elle fait avec Lisbonne un grand commerce de céréales, de fruits et d'huile d'olive. Elle possède un vieux château, trois églises, parmi lesquelles Saint-Vincent, l'une des plus grandes et des plus riches du royaume. Par sa position au milieu des montagnes et ses fortifications, Abrantès est un des boulevards de Lisbonne. Le général Junot s'en empara le 22 novembre 1807, d'où son titre de duc d'Abrantès.

ABRANTÈS, (duc et duchesse d'). V. JUNOT.

ABRAS, s. m. Techn. On nomme ainsi la garniture de fer qui entoure le manche d'un marteau de forge.

ABRASIN, s. m. Bot. Espèce d'arbres du genre éléococque, famille des euphorbiacées, qui croît dans l'Inde et au Japon et y est connu sous le nom vulgaire d'*arbre à l'huile*. On tire de sa graine une huile abondante, non séchante, qui est fort utile à l'alimentation, mais qui sert à l'éclairage et entre dans la composition d'un vernis proche parent de la laque.

ABRASION, s. f. (lat. de *ab* et *radere*, racler ; *abrasio*). Méd. Détacher en raclant. Séparation par petits fragments de l'épithélium qui recouvre les membranes muqueuses, et plus particulièrement la membrane muqueuse intestinale ; on appelle vulgairement *raclures de boyaux* ces fragments membraniformes mêlés dans ces cas aux déjections alvines. — Se dit également de l'action de racler sur les cariés, la cornée ulcérée, le tartre déposé sur les dents.

A-BRAS-LE-CORPS, loc. adv. Prendre quelqu'un à bras-le-corps, pour l'entourer le corps de ses bras.

ABRAXAS, s. m. Hist. relig. et Glypt. V. ABRACAX. — Entom. Genre de lépidoptères nocturnes.

ABRAZITE, s. f. Minéral. Substance pierreuse composée d'alumine, de silice et de chaux, qui se trouve près de Giessen (Hesse), de Dumbarton (Écosse), dans les laves anciennes de Capo di Bove (Italie). Elle porte plus ordinairement le nom de GISMONDINE.

ABRE ou **ABRUS**, s. m. (Grec *abros*, délicat). Bot. Genre de plantes équatoriales à tige grimpante et comprimée (légumineuses), à fleurs rouges inodores, disposées en épis. On en connaît 5 espèces, dont la plus commune est généralement désignée sous le nom de *liane à réglisse*. En effet, les racines de cette plante ont une saveur sucrée et sucrée qui rappelle celle de la racine de réglisse, dont elles ont d'ailleurs les propriétés. Ses feuilles sont employées, sur la côte du Malabar, contre les maladies de la gorge. Ses graines, d'un beau rouge de corail, servent à faire des colliers, des chapelets, des bracelets, etc. Naguère encore, ces graines faisaient l'objet d'un commerce assez important.

ABRÉGÉ, ÉE, part. pas. de Abréger.
— s m. Ouvrage réduit à de plus petites proportions que son modèle. Écrit, discours, conférence ce donnant que la substance de la question qui en fait l'objet. *Abrégé de l'histoire universel. Un abrégé de la question à l'ordre du jour. Il nous faut un abrégé des faits principaux de sa vie.* — Par analog. *L'homme est un abrégé des merveilles de la nature* (Acad.) *Cet homme est un abrégé de tous les vices.*
— En **Abrégé,** loc. adv. En peu de mots, d'une manière sommaire. *C'est un récit à faire en abrégé.* — Par abréviation. *Écrivez les titres, qualités et dates en abrégé.* — Luth. On appelle *abrégés,* dans la construction des orgues, les rouleaux qui transmettent, dans leur mouvement rotatif, le mouvement des touches du clavier aux soupapes des sommiers.
— Syn. Abrégé, Précis, Sommaire, Résumé, Épitomé. L'abrégé est la réduction limitée d'un ouvrage; l'épitomé une réduction plus étroite, plus succincte; le précis ne doit rigoureusement contenir rien de superflu, il doit présenter la substance même de l'ouvrage, mais rien de plus; le sommaire n'indique que les faits saillants dont il est question dans l'ouvrage, les points sur lesquels l'attention du lecteur doit être particulièrement attirée; le résumé a pour mission de rappeler sommairement ces points capitaux de l'ouvrage qu'on vient de lire et qu'il y a intérêt à se rappeler, aussi le résumé est-il placé à la fin de l'ouvrage, tandis que le sommaire occupe la tête.

ABRÉGER, v. a. Rendre plus bref, plus court, diminuer, réduire, faire un *abrégé.* — Faire paraître moins long. *La compagnie abrège le chemin.* — Abréger une syllabe, la prononcer, quoique longue, comme si elle était brève, comme *rotî* pour *rôti.*
— v. n. Raccourcir, se résumer. *Prenons ce sentier, il abrège de beaucoup. Dites-lui donc d'abréger, il devient endormant!*
— v. pr. S'abréger, se raccourcir. *La vie s'abrège à de pareilles épreuves.* — Abréger ses propres ouvrages. *Ce serait à l'auteur, s'il en était capable, de s'abréger lui-même.*

ABREUVÉ, part. pas. de Abreuver.

ABREUVER, v. a. Faire boire, en parlant des animaux domestiques. — Fam. Donner à boire. *J'ai copieusement abreuvé toute la compagnie.* — Humecter, pénétrer d'eau, saturer; arroser à profusion. *Les dernières pluies ont suffisamment abreuvé la terre. Ces salades insipides viennent dans des marais abreuvés à satiété.* — Fig. Remplir, combler. *Elle m'abreuve de félicités toujours nouvelles. Je suis abreuvé d'ennuis, de dégoûts, de chagrins.*
— **S'Abreuver,** v. pr. Etre abreuvé, au propre et au figuré. — Arg. Faire excès de boissons enivrantes, se griser.

ABREUVOIR, s. m. Lieu quelconque disposé, naturellement ou artificiellement, pour mener boire les animaux. — Arboric. Fentes produites dans l'écorce des arbres par les fortes gelées. — Arg. Cabaret. — *Abreuvoir à mouches.* Arg. Bouche percée de mauvaises s'attacher.

ABRÉVIATEUR, s. m. Auteur d'abrégés. *Eusèbe est l'abréviateur peu fidèle de Moïse.* — Officier de la chancellerie du Saint-Siège, rédacteur des brefs, bulles, etc. — S'emploie adject., et alors rien ne s'oppose à l'adoption du fém. Abréviatrice.

ABRÉVIATIF, IVE, adj. Qui abrège.

ABRÉVIATION, s. f. Retranchement de lettres dans un mot, de mots dans une phrase, ou leur remplacement à l'aide de signes dits *abréviatifs,* afin de ménager soit le temps, soit la place. *Ne faites pas abus d'abréviations, vous avez bien le temps. Le style télégraphique abonde en abréviations, la dépêche se payant à raison de tant par mot.* — Nous ne donnerons pas ici, où on ne viendrait jamais les chercher, la liste des abréviations même les plus usitées, qu'on trouvera plus naturellement et plus utilement surtout à leur rang alphabétique, comme A pour *accepté,* etc.; AA pour *ana,* AD pour *anno domini*; M., Mmes, Mgr; S. A., V. M., etc., etc., outre les abrév. techniques et scientifiques.

ABRÉVIATIVEMENT, adv. D'une manière abrégée, ou abréviative.

ABRI, s. m. Lieu ou objet propre à abriter, à mettre à couvert les personnes et les choses, soit des désagréments météorologiques, soit des projectiles lancés par l'ennemi ou provenant d'explosion accidentelle, d'éboulis, d'avalanche, d'écroulement, etc. — Fig. Tout ce qui protège, préserve, met en sûreté. *Je ne demande rien de plus qu'un abri pour mes vieux jours. Une bonne conscience est un abri contre l'injustice. J'ai trouvé un abri dans ton amour. Le foyer paternel est un abri inviolable.* — Art milit. **Tente-Abri.** Pièces de coutil imperméable que le soldat porte avec

Tente-Abri.

lui en campagne et qui, réunies au moyen de boutons et disposées à l'aide de bâtons, de piquets et de ficelles, forment un abri sous lequel il peut se tenir couché. On réunit généralement quatre *tentes-abris* pour que l'abri ainsi formé puisse former bien hermétiquement et opposer une résistance efficace au mauvais temps.

— A L'Abri, loc. adv. et prép. Se tenir à l'abri. *A l'abri du soleil. A l'abri de son masque elle intriguait tout le monde.* — Se dit aussi de l'objet même qui abrite. *A l'abri d'un bastion, d'un auvent, d'un parasol.* — Mar. *Se mettre à l'abri sous le vent d'une terre.*

ABRIAL (comte), André-Joseph, jurisconsulte français (1760-1828). Il naquit à Annonay. Entré dans la magistrature, il devint commissaire de la République près la Cour de cassation. C'est lui qui fut chargé, en 1799, de l'organisation de la République parthénopéenne. Appelé au Ministère de la Justice après le 18 brumaire, il fut l'un des rédacteurs du Code Napoléon et devint sénateur et comte de l'Empire. Il vota en 1814 la déchéance de celui-ci, avait fait un juste, et de sénateur de l'Empire devint pair de France sous la Restauration, ayant servi avec la même somme de fidélité toutes les variétés de gouvernement alors connues.

ABRIANI, Paolo, écrivain italien (1607-1699). Natif de Vicence, il entra très jeune dans l'ordre des Carmes. Après avoir été prédicateur, puis successivement professeur à Gênes, Vérone, Padoue et Vicence, il prit le froc aux orties. On a de lui *I Funghi,* recueil des discours ; *il Vaglio,* œuvre de polémique littéraire, à propos du *Goffredo du Tasso* ; des traductions en vers de l'*Art poétique* et des *Odes* d'Horace, ainsi que de la *Pharsale* de Lucain.

ABRICOT, s. m. Fruit de l'abricotier, dont le nom latin (*Praecoquis* ou *Pracox*) signifie précoce. C'est un fruit à noyau d'une saveur délicate et d'un parfum agréable, mais un peu indigeste, mangé cru et sans modération. On en fait d'excellentes confitures, des conserves à l'eau-de-vie, etc. L'abricot mûrit en juillet et août. — *Abricot pêche,* grosse variété d'abricot dont la saveur rappelle celle de la pêche. — *Abricot de plein vent,* par opposition à l'*abricot d'espalier,* fruit venu sur un arbre en plein vent ; — *Abricot albergo,* grosse variété à chair vineuse et à saveur amère.

— Écon. domest. *Beignets d'abricots.* On coupe les abricots en deux, on les plonge dans la pâte et on les fait frire comme les beignets de pommes. Il suffit de mentionner cette friandise pour que tout le monde soit apte à la préparer.

Compote d'abricots. Pelez vos abricots, ôtez-en les noyaux, que vous les laissiez entiers ou les coupiez en deux ; faites-les cuire dans un sirop de sucre, jusqu'à ce qu'ils cèdent franchement à la pression du doigt. Vous les retirez alors, les placez dans le compotier, et les recouvrez d'un peu de leur sirop de cuisson légèrement réduit au feu.

Marmelade d'abricots. Prenez des abricots mûrs, mais sans excès ; coupez-les en deux, ôtez les noyaux dont vous mettrez de côté une certaine quantité, que vous casserez pour en extraire les amandes. Ajoutez à vos abricots poids égal de sucre en morceaux et laissez-les macérer ainsi une couple d'heures ; puis mettez sur le feu, faites cuire en remuant constamment jusqu'à ce que la marmelade soit bien fondue. Jetez-y vos amandes. Laissez bouillir dix minutes. Mettez en pots.

Confitures d'abricots. Faites un sirop de sucre, en faisant fondre du sucre dans de l'eau dans la proportion d'un verre d'eau par kilogramme de sucre employé. Faites bien cuire (cuisson dite *au grand lissé*). Prenez des abricots assez mûrs, enlevez les noyaux et les queues. Jetez vos abricots dans votre sirop, dans lequel vous aurez fait entrer un poids de sucre plutôt un peu supérieur à celui des fruits, lorsqu'il est bouillant. Les abricots cuits, on met dans les pots, on pare des amandes blanchies et divisées. Placez sur le tout du sirop bouillant.

Abricots à l'eau-de-vie. Faites-les blanchir à l'eau bouillante, jetez-les ensuite dans l'eau froide. Mettez-les en bocaux après les avoir bien égouttés, de manière à avoir pour mélange de : eau-de-vie à sa degrés, deux parties ; sirop de sucre, trois parties. Avant de les jeter dans l'eau bouillante, il faut les piquer, jusqu'au noyau, de place en place avec une grosse aiguille. — Quelques personnes leur font jeter un bouillon dans le sirop même, pour les égoutter ensuite et procèdent pour le reste comme nous venons de le dire.

Ratafia d'abricots. Prenez 25 à 30 abricots de plein vent bien mûrs, coupez-les en morceaux, cassez les noyaux, dont vous extrairez les amandes pour les piler avec soin. Cela fait, mettez fruit, noyaux concassés et amandes dans une cruche contenant 2 litres d'eau-de-vie ; ajoutez un peu de cannelle, deux ou trois clous de girofle. Faites macérer trois semaines, ayant soin d'agiter chaque jour. Filtrez. Ajoutez 300 grammes de sucre fondu dans un peu d'eau. Faites reposer ; mettez en bouteilles.

Il y a un autre procédé qui consiste à faire cuire les fruits dans du vin blanc, à y ajouter du sucre, de la cannelle et de l'eau-de-vie à fruits au moment de l'ébullition. Après 4 ou 5 jours de repos, on filtre la liqueur et on la met en bouteille.

ABRICOTIER, s. m. Bot. Arbre qui produit l'abricot et dont le nom scientifique est *Prunus armeniaca,* parce qu'on le croit originaire d'Arménie. Il croît naturellement en tout cas, dans presque toute l'Asie mineure et en Perse. Introduit à Rome dès une époque très reculée, c'est d'Italie qu'il s'est propagé en France, en procédant du midi vers le nord, on ne sait quand au juste. L'abricotier fait partie de la grande famille des rosacées, composée de végétaux très divers mais dont les fleurs sont toujours disposées en forme de roses ; le type de cette famille est le rosier. De l'amandier, le prunier, le pêcher, le cerisier, etc., il y a forme la tribu parfaitement naturelle des amygdalées, qui portent des fruits à noyau, et contenant à l'amande (*amygdalé* en grec). Peu d'arbres, même des plus connus, occupent dans la classification botanique une place aussi heureusement déterminée.

— **Arbonic.** L'abricotier est cultivé en France, en plein vent dans le Midi et le Centre, en espalier dans le Nord. Il pourrait être cultivé sous une latitude septentrionale plus élevée, et ses fruits y mûrir, mais à la condition que les gelées de printemps ne viennent pas griller ses fleurs trop précoces. Les abricotiers en espalier donnent des fruits moins savoureux qu'en plein vent, mais généralement plus abondants. — Il faut à l'abricotier un terrain calcaire, un peu léger. Il se propage par la greffe sur les espèces plus communes, sur prunier ou sur amandier; mais il se propage aussi par semis, et c'est, je crois, une question de savoir si, pour certaines variétés, comme l'abricot-pêche par exemple, il y a un avantage réel à l'emploi de la greffe, et quel il est.

— INDUST. L'abricotier est incomparablement plus précieux comme arbre fruitier que comme bois d'ébénisterie, toutefois on ne laisse pas d'en tirer quelque parti pour cet objet. Ce bois, jaunâtre, orné de veines plus foncées, rougeâtres ou brunes et semées quelquefois de taches rouges, d'une structure fibreuse dure et compacte, est loin d'être sans beauté; il se travaille assez bien et peut même recevoir un beau poli, non sans peine toutefois; mais le cœur est rarement sain, et le débitage ne peut guère donner que des morceaux propres à être employés par le tourneur et le tabletier. Il y a d'assez nombreuses espèces d'abricotiers, mais qui offrent toutes les mêmes défauts, simplement parce qu'on ne les abat que lorsqu'ils sont déjà vieux, c'est-à-dire stériles. — L'Abricotier de Saint-Domingue, au bois blanchâtre, filandreux et mou, est employé dans l'Amérique centrale, son pays d'origine, à la fabrication de meubles communs, de chaises, etc.; il entre aussi dans la construction des charpentes légères; mais il n'apportient pas à la même famille : c'est une Mumnée, dont le fruit a à peine l'apparence extérieure de l'abricot.

ABRIER, v. a. Marine. Abriter contre le vent. *Le Stromboli va nous abrier.* — v. pr. *Les voiles s'abrient les unes les autres.* — C'est un vieux mot, au demeurant peu employé aujourd'hui, mais qui était d'un usage général avant le XVI° siècle, dans toutes les acceptions de *abriter.*

ABRITÉ, ÉE, part. pas. de ABRITER.

ABRITER, v. a. Mettre à l'abri. Offrir un refuge — S'ABRITER, v. pr., se mettre à l'abri, se réfugier, chercher protection (fig.)

ABROGATION, s. f. Action d'abroger.

ABROGÉ, ÉE, part. pas. de ABROGER.

ABROGER, v. a. (Il abroge, nous abrogeons, vous abrogeâtes). Abolir ; annuler, mettre hors d'usage une loi, une ordonnance, une coutume, une formalité, une cérémonie.

— S'ABROGER, v. pr. S'annuler. *Celle loi s'abrogera par son usage même. Cette coutume s'est abrogée avec le temps.*

ABROME, s. m. (Grec a priv. et *broma*, nourriture). Bot. genre d'arbrisseaux de la famille des Byttnériacées, dont l'écorce filandreuse est employée dans l'Inde à faire des cordages. Ce genre ne compte que trois espèces, originaires des tropiques ; l'une d'elles, l'*Abroma angusta*, très ornementale, à rameaux duvetés, à feuilles anguleuses et larges, à fleurs rouge foncé, est cultivée en serre chaude sous nos climats. — Ce nom bizarre d'*Abrome* a été donné à ces végétaux par opposition au genre voisin des *théobromes* (nourriture des dieux), parce que, ressemblant en effet au théobrome ou *cacaoyer*, l'abrome n'offre pas comme celui-ci un aliment agréable à l'homme. Cette explication n'étant pas inutile, on le voit, il est vrai qu'on pourrait croire qu'il vit de l'air du temps seulement, et ce n'est pas tout à fait cela.

ABROUTI, IE, adj. Sylvic. Se dit des bois dont les jeunes pousses et les bourgeons ont été *broutés* par le gibier ou les animaux domestiques.

ABRUPT, TE, adj. (lat. *abruptus*, de *ab* et *ruptus*, rompu). Le mot propre est semée d'aspérités et de pics raides, comme rompue çà et là; — Fig. *style abrupt*, manières abruptes, manières ou style heurtés, incorrects, impolis.

ABRUPTEMENT, adv. D'une manière abrupte.

ABRUPTO (EX), loc. adv. lat. Sans préparation, brusquement. *Parler ex abrupto.* V. AD ABRUPTO.

ABRUS, s. m. Bot. V. ABRE.

ABRUTI, IE, part. p. de ABRUTIR. — Fam. S'emploie substantivement pour désigner un homme abruti : *C'est un abruti.*

ABRUTIR, v. a. Rendre brute, stupide. *Vous abrutissez cet enfant par vos duretés. Votre façon d'enseigner l'abrutira.*

— S'ABRUTIR, v. pr. Devenir brute. *Il s'abrutit par la débauche. On s'abrutit aussi sûrement par l'excès de l'étude que par l'excès des plaisirs.*

ABRUTISSANT, ANTE, adj. Propre à abrutir. *Mais votre manière de vivre est abrutissante!*

ABRUTISSEMENT, s. m. Action d'abrutir, résultat de cette action. *L'abrutissement de ce peuple, jadis si bien doué, est le résultat de longues années de servitude. La misère est une des causes les plus puissantes d'abrutissement.*

ABRUTISSEUR, s. m. Qui abrutit. *Les despotes sont ou des persécuteurs, ou des abrutisseurs.* — Adj. *Un joug, un système abrutisseur*, synon. de *abrutissant*, dans ce cas.

ABRUZZES (les). Anciennement une des quatre provinces continentales du royaume des Deux-Siciles, divisée depuis en Abruzze ultérieure Iʳᵉ, chef-lieu Terrano; en Abruzze ultérieure IIᵉ, ch.-l. Aquila et Abruzze citérieure, ch.-l. Chieti, ainsi nommées à raison de leur position relativement à Naples. Cette contrée, qui était la plus septentrionale de l'anc. roy. des Deux-Siciles, est bornée à l'E. par l'Adriatique, par le pays d'Ascoli Piceno au N., de l'Ombrie et de Rome à l'O., de la Terre de Labour, de Molise et de la Capitanate au S., et couvre une étendue de 12,690 kil. carrés. Sa popul. est de 920,000 hab. Avec près de 130 kil. de côtes sur l'Adriatique, elle n'a pourtant pas un bon port. Quoique montagneux, abrupt et sauvage, couvert d'immenses forêts, le territoire des Abruzzes ne manque pas de vallées fertiles et bien arrosées. Les Apennins la traversent dans toute son étendue, du N.-O. au S.-E., et ils y atteignent leur plus grande élévation. Près d'Aquila se trouve Monte Corno, le sommet le plus élevé, non seulement du *Gran Sasso d'Ita-*

LE MONTE CORNO
Point culminant du *Gran Sasso d'Italia*.

lia, mais aussi de toute l'Italie, mesurant 2,990 m. d'altitude. De la principale chaîne des Apennins se détachent des chaînes secondaires qui se dirigent vers l'O. Le pays est arrosé par de nombreuses rivières qui se jettent presque toutes dans l'Adriatique; les principales sont le Tronto, le Trontino, le Vomano, le Sangro, le Trigno et la Pescara. Dans l'Abruzze ultérieure IIᵉ se trouve le lac Celano ou Fucino, le *lacus Fucinus* des Romains, réduit aujourd'hui au tiers environ de son ancienne étendue. Le climat varie avec l'altitude, mais en général il est sain et tempéré. L'agriculture est peu pratiquée dans les Abruzzes, quoiqu'il n'y manque pas de terres fertiles; aucun système d'irrigation, de sorte que les terres sont fréquemment noyées par le débordement des rivières dans la saison pluvieuse, et brûlées par le soleil en été. Les produits principaux du pays sont les céréales, le chanvre, le lin, les amandes, les olives, les figues, le raisin, les châtaignes et le safran dont il se fait une culture importante dans les environs d'Aquila; l'élève et la garde des troupeaux est l'occupation principale des montagnards; la laine, qui est de qualité supérieure, y fait l'objet d'un grand commerce et les peaux de mouton sont exportées en quantité dans le Levant. Les montagnes sont habitées par des ours, des loups et des sangliers, tandis que de nombreux troupeaux de porcs sont nourris plantureusement dans les espaces forêts de chênes, fournissant les jambons dont la réputation est considérable et bien acquise. Il y a dans les villes ou aux alentours quelques fabriques de draps, de toile, d'étoffes de soie, quelques poteries de terre, boisselleries, etc., mais on ne peut guère la peine d'en parler.

Les Abruzzes formaient le rempart naturel, presque inexpugnable de l'anc. roy. des Deux-Siciles vers le Nord, et pendant les guerres de la Révolution, par exemple, les colonnes françaises y éprouvèrent beaucoup de dommage. Le général Hilarion y fut tué. Ces montagnes presque impénétrables ont été célèbres jadis par les bandits auxquels elles servaient de refuge; elles en sont aujourd'hui complètement purgées. Les Abruzziens sont une race forte, robuste, brave et dans une certaine mesure industrieuse. Leurs maisons, toutefois, ne sont que de misérables huttes; ils se nourrissent surtout de maïs et boivent de mauvais vin fabriqué par eux-mêmes.

Le chemin de fer d'Ancone à Brindisi traverse l'Abruzze ultérieure Iʳᵉ et l'Abruzze citérieure, longeant la côte. Une ligne a été, en outre, construite de Pescara au lac Fucino par Popoli et la vallée du Liris, s'embranchant sur la ligne de Rome à Naples, et ouvrant ainsi un libre accès à l'intérieur du pays.

ABSALON, ou mieux ABSALOM. Troisième fils de David, roi d'Israël. Son nom signifie *Père de la paix*, mais sa vie n'a pas justifié cette qualification. Ses principales qualités consistaient à être le plus bel homme de son temps et à posséder les cheveux les plus lourds; on dit en effet que, coupés, ils pesaient 100 sicles, ou environ 920 grammes; mais il s'est élevé à ce sujet de violentes disputes entre les savants, et nous ne saurions rien garantir. Sa sœur Thamar ayant été violée par Ammon, fils aîné de David, il le fit assassiner dans un festin auquel il avait convié tous ses frères, puis il s'enfuit chez son grand-père maternel, où il demeura trois années. David lui ayant pardonné, parce que, à ce qu'il semble du moins, il était à cette époque le dernier survivant de ses fils, il revint près de lui. Mais comme il crut s'apercevoir que l'intention de son père n'était pas de lui laisser le trône, il conspira, et fut envoyé à Jérusalem avec quelques gardes seulement. L'opinion publique étant d'abord pour lui, David jugea prudent de se retirer au delà du Jourdain; mais au lieu de profiter de la circonstance, Absalon s'attarda à Jérusalem, laissant au roi le temps de lever une nombreuse armée contre lui; de sorte que lorsqu'il se décida à agir, sa propre armée fut complètement mise en déroute. La rencontre avait eu lieu dans la forêt d'Ephraïm; en fuyant, Absalon se trouva pris par les cheveux aux branches d'un chêne et y resta suspendu, Joab arrivant sur ces entrefaites et le trouvant dans une position si favorable, lui perça le cœur de trois dards. David avait expressément défendu de tuer son fils rebelle; il pleura donc amèrement sa mort, prenant Dieu à témoin qu'il eût préféré mourir à sa place, mais la chose lui était alors plus possible (env. 1023 av. J.-C.).

ABSALON, ou de son nom de famille AXEL, célèbre prélat et homme d'État danois (1128-1201). Il naquit près de Soroe (Seeland) et se rendit à Paris, en 1148, pour achever ses études au Collège danois. Après avoir employé quelques années à voyager, il rentra dans son pays en 1157, et fut élu immédiatement évêque de Roeskilde. Instruit, éloquent, doué d'une vigueur physique extraordinaire, Absalon ne tarda pas à posséder toute la confiance du roi Waldemar Iᵉʳ, dit le Grand, et à jouir sous son règne d'une influence considérable tant dans l'Église que dans l'État. Aussi vaillant guerrier que zélé ecclésiastique, ce cumul était alors admis et Absalon professant que l'Église avait reçu de Dieu le dépôt des « deux épées spirituelle et temporelle », il fut d'un grand secours à Waldemar et après lui d'un homme d'État, pour assurer l'indépendance et la puissance du royaume. Choisi par le chapitre pour achevêque et primat de l'Église danoise en 1177, Absalon refusa; et comme on tenta de l'installer de force, il en appela à Rome : le Pape lui fit réponse qu'il devait respecter le choix du chapitre, et lui ordonna d'accepter le primatie sous peine d'excommunication. Il dut s'incliner, et fut consacré en 1178 par le légat Galaudius. Les religieux cisterciens de Soroe furent chargés par lui de préparer l'histoire du Danemark; il en résulta principalement la *Chronique danoise* de Saxo Grammaticus, qui avait été son secrétaire et l'avait accompagné dans son expédition contre les pirates Wendes et l'*Histoire du royaume de Danemark*, de Svend Aagesen. Une forteresse bâtie par les ordres d'Absalon pour s'opposer aux incursions des pirates, donna naissance à une ville qui, d'abord connue sous le nom d'Axelstadt, est devenue Copenhague, la capitale actuelle du royaume. L'archevêque mourut en 1201, au monastère de Soroe, et fut enterré dans l'église paroissiale, où son tombeau existe encore.

ABSCISSE, s. m. (lat. *abscissus,* de *ab* et *scindere*, couper). Géom. L'une des deux coordonnées qui servent à déterminer la position de chaque point d'une courbe plane; l'autre s'appelle alors *ordonnée.* Les axes des abscisses et des ordonnées sont des droites indéfinies qui se coupent en un point à partir duquel abscisses et ordonnées se comptent.

ABSENCE, s. f. Éloignement du lieu de sa résidence, de l'endroit où l'on a coutume de se trouver. Il s'emploie absolum. *Les tourments de l'absence.* — Fig. Absence d'esprit. S'emploie aussi absolum. Sous ce cas. *Vous avez des absences. Vous êtes distrait, préoccupé d'autre chose que de l'objet en question.* — Jurispr. État d'une personne éloignée dont on est depuis longtemps sans nouvelles. Après quatre années, l'absence peut être légalement *déclarée,* à la requête des intéressés; époux disparus et se remarier ou héritiers pressés de jouir; ceux-ci ne sont mis toutefois en possession des biens de l'absent que d'une manière provisoire; cette possession ne devient définitive qu'après trente années révolues d'absence légalement déclarée. L'apparition de l'absent rompt naturellement les choses en l'état; il peut aussi attaquer le second mariage de l'époux abandonné, et qui, par la déclaration d'absence, n'a pas acquis le droit absolu de se remarier; mais lui seul peut le faire, et s'il ne le fait pas, s'il ne fait rien, quoique présent, pour rétablir les choses telles qu'elles étaient à son départ, elles demeurent ce qu'elles sont à son retour.

ABSENT, ENTE. Qui n'est pas présent. Éloigné, sorti. — Fig. distrait, inattentif. — On l'emploie substantiv. *Ne parlons pas mal d'un absent. Les absents ont tort.* — Jurispr. Personne dont on est sans nouvelles depuis un certain temps. V. ABSENCE.

ABSENTÉISME, s. m. Néol. Manie d'absence dans toutes les acceptions de ce mot, et en particulier habitude souvent funeste qu'ont les grands propriétaires fonciers d'Angleterre et surtout d'Irlande de résider partout ailleurs que sur leurs domaines, peut-être par embarras du choix.
— Polit. Action de s'abstenir, parti de l'abstention.

ABSENTÉISTE, s. m. Néol. Qui pratique l'absentéisme. Au XVIIIe siècle, le gouvernement de la Grande-Bretagne imagina de frapper d'une taxe les revenus des Absentéistes irlandais, espérant faire cesser un état de choses qui est la principale cause de la misère du peuple en Irlande; mais il n'y réussit point : ces messieurs payèrent la taxe et continuèrent à aller dépenser au dehors les revenus qu'ils tiraient de la terre d'Irlande. — Polit. Partisan de l'abstention, de l'absence morale. On dit mieux, en France, ABSTENTIONNISTE, et

depuis peu, en souvenir d'un scandale dont la Chambre des communes d'Angleterre fut le théâtre, OBSTRUCTIONNISTE.

ABSENTER (S') v. pr. Se rendre absent, s'éloigner, sortir, quitter. *Je m'absente seulement un quart d'heure. La sentinelle qui s'absente de son poste est passible de la peine de mort.* — Anciennement, ABSENTER était employé activement, dans le sens d'éloigner quelqu'un de soi.

ABSIDE ou **APSIDE** (lat. *Absis* ou *Apsis*, gr. *Apsis*). Voûte, arc élevé, cercle, jante de roue; toute figure courbe dont les parties avancent l'une vers l'autre). Architect. Quoiqu'ayant conservé toutes les acceptions qu'il avait au temps de Pline, le mot *abside* sert principalement à désigner aujourd'hui le chevet d'une église, cette partie courbe du sanctuaire qui règne autour du maître-autel.
— ANTIQ. On nommait ainsi un enfoncement semi-circulaire pratiqué au fond d'une chambre rectangulaire, et tenant lieu de ce que nous appelons *alcôve*; ou dans une cour de justice, où placer les sièges des juges; ou encore dans un temple, c'était dans ce cas une sorte de niche à l'usage de la divinité du lieu. Il ne manque pas de ruines romaines où l'on peut constater la présence de ces *absis.*—
On donna ce nom ensuite à la grande niche voûtée qui terminait les vieilles basiliques (Rem. le lieu où l'on rendait la justice portait aussi le nom de *basilion*), au siège élevé de l'évêque, à la châsse renfermant des reliques de saint. — Astron. Pline donne déjà le nom d'*abside* non à chacun des deux points extrêmes de l'orbite d'une planète, mais à la ligne inférieure de cette orbite, ce qui paraît infiniment plus correct.

ABSIE (L'), commune de France, canton Moncoutant, arrond. de Parthenay (D.-Sèvres) et à 27 kilomètres de cette ville. Popul. 1,400 h. Carrières de pierre à bâtir; tanneries, étoffes de laine, boissellerie; grand commerce de bestiaux. Source d'eau ferrugineuse froide.

ABSINTHE (du lat. *absinthium*, gr. *absinthion*, qu'on ne peut boire), s. f. Plante à fleurs composées, très amère et aromatique, avec laquelle on n'a dû songer que fort tard à faire une liqueur ou un breuvage quelconque. Liqueur faite avec des feuilles d'absinthe ou quelque drogue à laquelle on a donné un arome rappelant celui de cette plante. — Par extens. Un verre de cette liqueur. *Nous n'avons pris qu'une absinthe. Absinthe panachée*, absinthe mélangée avec une liqueur sucrée quelconque. — Fig. Amertume, chagrin amer et persistant comme l'arome de l'absinthe. *Les courtes joies de la vie sont noyées dans des flots d'absinthe.*
— Bot. L'absinthe est une plante vivace de la famille de l'armoise (*artemisia*). Il y a plusieurs espèces d'absinthes contenant toutes de la santonine, principe cristallisable vermifuge. Ce sont : 1° L'armoise absinthe (*A. absinthium*), ou grande absinthe. Cette plante se plaît dans les lieux incultes et montagneux de nos climats, on la cultive aussi

Artemisia Absinthium.

dans nos jardins; ses feuilles sont soyeuses sur les deux faces et argentées en dessous, elle fleurit de juillet à septembre. Cette espèce, fortement aromatique, est très amère et communique une amertume au lait des animaux qui en ont beaucoup mangé. On l'emploie comme stomachique, vermifuge et diurétique; elle donne à la distillation une assez forte proportion d'essence verte, qui

rappelle l'odeur et la saveur de la plante. 2° L'armoise pontique (*A. pontica*), ou petite absinthe, est une plante rameuse du nord et de l'est de l'Europe; ses feuilles sont très petites. L'odeur est moins forte que celle de la grande absinthe dont elle possède à peu près les mêmes propriétés, quoique à un degré moindre. 3° L'armoise maritime (*A. maritima*), ou absinthe maritime, pousse sur les bords de l'Océan; elle fleurit en septembre et octobre. Cette plante est aussi un puissant vermifuge, mais on l'emploie beaucoup moins que les précédentes.

— IND. et HYG. L'absinthe, qui n'est pas une plante vénéneuse, qui est employée en thérapeutique comme remède, devient au contraire un poison terrible, quoique lent, lorsqu'elle est absorbée à l'état de liqueur. La France en consomme d'énormes quantités sous cette forme. Dans toutes les villes sans exception, et malheureusement dans beaucoup de campagnes, l'usage de cette liqueur se propage avec rapidité. Pauvres et riches sont affectés de cette funeste passion, et l'on ne peut guère que le déplorer... Disons d'abord un mot de la composition de la liqueur d'absinthe; nous décrirons ensuite ses terribles effets.

Pour préparer cette liqueur, on mélange en proportions déterminées des sommités de grande et de petite absinthe, des feuilles de dictame, des semences de badiane ou anis étoilé, de la racine d'angélique et quelques autres plantes, suivant les fabricants; l'on fait infuser toute ces la à quinze jours dans de l'alcool à 75° et l'on distille. On ajoute ensuite au gramme et demi à deux grammes d'huile essentielle d'anis ou de menthe pour chaque litre de liquide; c'est ce qui explique qu'en additionnant d'eau, on produise cette purée si appréciée des consommateurs; en effet, les huiles essentielles insolubles dans l'eau et dans l'alcool étendu, se précipitent sous la forme d'un dépôt blanchâtre. On met aussi dans la liqueur de la teinture de curcuma ou du jus d'orties, pour lui donner la couleur convenable. Quelques fabricants y mêlent même du sulfate de cuivre. Cette dernière falsification, signalée par M. Derheims, il y a déjà bien longtemps, est des plus dangereuses, car aux propriétés vénéneuses de l'absinthe viennent s'ajouter les propriétés toxiques du cuivre.

A ce propos, et entre autres moyens, nous signalerons une expérience très simple qui permet de reconnaître la présence de ce métal dans la liqueur. Il suffit d'y introduire pendant plusieurs heures une aiguille d'acier bien luisante; s'il y a des traces de cuivre, l'aiguille prendra la teinte rouge du métal. En effet, le fer décomposant le sel de cuivre, il y a mise en liberté du cuivre qui se précipite et il se forme du sulfate de fer; cette réaction est extrêmement sensible.

Un pharmacien, M. Stanislas Martin, affirme qu'on introduit dans la liqueur d'absinthe du chlorure d'antimoine, substance éminemment vénéneuse dont la présence doit être évitée au moins autant que celle du cuivre.

Mais ce n'est pas seulement par les substances nuisibles qu'on peut y ajouter que cette boisson est dangereuse. Contenant des alcools très concentrés, elle agit sur le système nerveux à un très haut degré. De plus, les plantes dont la liqueur d'absinthe est composée sont susceptibles de donner des huiles essentielles; on en a d'ailleurs augmenté la dose en ajoutant de l'essence d'anis ou de menthe; or ces huiles sont comptées parmi les poisons les plus violents.

Le délire particulier amené par l'usage de l'absinthe se présente sous deux formes : la forme *aiguë* et la forme *chronique*. La forme *aiguë* se produit chez les personnes qui boivent de très grandes quantités d'absinthe sans y être arrivées graduellement, par l'habitude. Alors éclate chez elles une espèce de folie, de délire, qui ressemble beaucoup à celui de l'alcoolisme. Mais au lieu du tremblement musculaire appelé *delirium tremens*, qui a lieu dans ce dernier cas, le buveur d'absinthe se trouve dans cet état particulier de torpeur appelé *stupeur ébrieuse*. « Les malades, dit le docteur Motet, auteur d'une étude sur les effets de l'alcoolisme et spécialement sur ceux qui résultent de l'abus de l'absinthe, les malades se distinguent des autres par l'inquiétude peinte sur leur physionomie; ils se tiennent à l'écart, cherchent à s'isoler, non pas tristes et concentrés comme les mélancoliques, non pas inertes comme les stupides, mais présentent un état mixte dans lequel les objets extérieurs revêtent toutes les formes correspondantes du délire. Voulant sans cesse échapper à des persécutions imaginaires, ayant même parfois la crainte de se voir méconnus, accusés de crimes qu'ils savent n'avoir pas commis, tantôt ils fuient, tantôt ils s'avancent vers vous pour protester de leur innocence. Les désastres vont croissant à mesure que le jour tombe, et c'est au milieu de la nuit que les plus fantastiques images font leur apparition. »

La forme chronique se produit chez les buveurs de profession pour qui l'usage de la liqueur d'absinthe a été lent et progressif. Les symptômes sont bien différents de ceux du cas précédent; le malade est affecté de tremblements nerveux des membres inférieurs, ses genoux fléchissent et il lui faut un point d'appui pour se soutenir; il a, de plus, des engourdissements fréquents, ses mains laissent tomber ce qu'elles tiennent. Il maigrit à vue d'œil; son regard devient terne, sa peau jaunâtre, son visage se ride et présente bientôt tous les caractères de la vieillesse. Comme dans la forme aiguë, il a des hallucinations, des cauchemars, leur sommeil est agité; ils éprouvent aussi une grande difficulté pour parler. Chez les individus arrivés à cet état avancé, les médecins constatent tous les symptômes de la folie; rien ne peut plus alors les guérir, et au bout d'un temps plus ou moins long, les accidents congestifs finissent par les emporter. « Un peu plus tôt, un peu plus tard, dit encore le docteur Motter, la mort arrive au milieu d'accès épileptiformes, à un moment où il ne reste plus rien de l'intelligence humaine, où l'animal seul vit de la vie végétative, et dans un tel état de dégradation que nulle description n'en pourrait donner une idée exacte. »

On vous dira peut-être que nous avons exagéré les dangers de l'absinthe et que nous avons pris un cas exceptionnel. Il est certain que tous les buveurs d'absinthe ne finissent pas par la folie, mais leur intelligence s'affaisse de plus en plus, et tel homme qui était remarquable par ses facultés intellectuelles, finira par tomber dans l'état le plus dégradant. — Alb. M.

ABSINTHÉE, ÉE, adj. Pharm. Additionné d'absinthe. — Arg. Saturé d'absinthe, ivre d'absinthe.

ABSINTHER (S'), v. pr. Arg. Boire de l'absinthe, S'abreuver, se griser d'absinthe. — Rem. Les puristes de l'argot font peu d'usage de l'expression boire de l'absinthe; s'absinther représente la signification la plus active avec excès, lorsqu'il s'agit d'en user modérément, on parle d'écraser, d'étouffer, d'étrangler un perroquet : tous les perroquets ne sont pas verts, mais l'allusion est transparente malgré cela.

ABSOLU, UE, adj. (lat. Absolutus, parfait, accompli; de absolvere, absoudre, délivrer, absoudre, et aussi accomplir). Souverain, en qui rien ne lie, ne retient; que le roi gêne aucun contrôle. Autorité absolue. Ce qu'il faut à ce pays c'est le despotisme d'un pouvoir absolu. — Qui exige l'obéissance, impérieux. Ce monsieur est trop absolu dans ses volontés. — Complet, entier. Il est d'une incapacité absolue. — Gramm. et log. Se dit par opposition à relatif. — Gramm. Lt. et gr. Cas qui n'est régi par aucun mot exprimé dans le discours. — Métaphys. Les idées absolues sont celles que l'expérience n'a pas suggérées, qui ne doivent rien qu'à elles-mêmes. On emploie aussi ce mot substantiv. en métaphys. pour désigner ce qui existe indépendamment de toute condition — on pourrait dire de toute raison humaine.

ABSOLUMENT, adv. Complètement, sans restriction, sans limites, d'une manière absolue, déterminée; indispensablement. Il dispose absolument de l'armée. Ce turbot est absolument délestable. Il a voulu le faire absolument. Je n'ai pas voulu m'y opposer absolument. —

Absolument parlant. En généralisant, sans entrer dans les détails. — Gram. Employer un mot absolument, c.-à-d. l'employer sans complément, quoiqu'il soit plus ordinaire de lui en donner un. Dans cette phrase : C'est un homme absolu, absolu est pris absolument, tandis que dans l'ex. précédent (V. Absolu) il est au contraire suivi d'un complément.

ABSOLUTION, s. f. Action d'absoudre. Action par laquelle le confesseur remet les péchés à un pénitent. — Dr. crim. Jugement par lequel un accusé, quoique coupable du fait qu'on lui reproche, est renvoyé de l'accusation, parce que le fait, qu'aucune loi n'a prévu, ne peut être puni. — Rem. On ne peut absoudre qu'un coupable; il est donc mal de parler d'absolution à propos d'un accusé déclaré innocent; celui-ci ne peut être acquitté.

ABSOLUTISME, s. m. Système, théorie du gouvernement absolu.

ABSOLUTISTE, adj. Partisan de l'absolutisme, qui a rapport à l'absolutisme. Des idées absolutistes. — S'emploie substantiv. C'est un absolutiste (ces deux mots ont été adoptés par l'Acad.).

ABSOLUTOIRE, adj. Qui porte absolution. Jugement, bref absolutoire.

ABSORBANT, ANTE, adj. (lat. absorbens, de ab, de, et sorbere, boire). Qui absorbe, boit. C'est une terre trop légère, trop absorbante pour ce genre de culture. — Anat. Système absorbant. Suivant Magendie, les veines; suivant Bichat et Hunter, ensemble des vaisseaux et ganglions lymphatiques, supposés produire l'absorption, mais à tort; par conséquent ce terme n'a plus d'application en ceci. — Chirurg. Substances propres à absorber les liquides épanchés, employées dans un pansement, telles que la charpie, l'agaric, l'amadou, etc. — Méd. Substances propres à absorber les acides développés dans les voies digestives, telles que les carbonates calcaires, la magnésie, etc. On l'emploie si substantiv. de préférence. On lui ordonne des absorbants. — Fig. qui absorbe, occupe exclusivement l'esprit. Un travail absorbant.

ABSORBÉ, part. pas. de Absorber.

ABSORBEMENT, s. m. État d'une personne absorbée.

ABSORBER, v. a. Se pénétrer de, pomper, boire, engloutir. Les sables du désert absorbent en un moment les pluies les plus abondantes. Le noir absorbe presque en totalité les rayons lumineux. Coupez ces gourmands, qui absorbent toute la nourriture de la plante. — Captiver l'attention des autres. Absorber l'attention d'un auditoire. — Fig. Faire disparaître, consumer. Les frais de procédure finirent par tout absorber. Vingt entreprises malheureuses ont absorbé son patrimoine.

ABSORBER (S'), v. pr. Être absorbé.

ABSORPTION, s. f. Action d'absorber. — Phys. Phénomène par lequel certains corps attirent et font pénétrer en eux des gaz, des liquides et même des solides très divisés, soit par affinité chimique, soit par attraction capillaire. — Physiol. Action des tissus organiques vivants, et non de quelques-uns mais de tous, par laquelle ils attirent et s'assimilent les substances moléculaires extérieures nécessaires à l'entretien de leur existence.

ABSOUDRE, v. a. (J'absous, tu absous, il absout, nous absolvons, ils absolvent; J'absolvais; nous avons absous ; j'absoudrai, nous absoudrez; absolvez; que nous absolvons; que j'absolve (Littré); absolvant; absous-oute). — Droit crim. Renvoyer de l'accusation un coupable dont l'action n'est pas déclarée punissable par la loi. — Théol. Remettre les péchés. — Fam. Pardonner. Allons, nous êtes un enfant, je vous absous pour celle fois : n'en parlons plus.

ABSOUS, OUTE, part. pass. de Absoudre.

ABSOUTE, s. f. Liturg. cathol. Absolution solennelle et publique donnée le Jeudi saint. — Dernières prières dites sur un cercueil.

ABSTÈME, s. m. et f. (Lat. de abs, priv. et temetum, vin). Qui ne boit pas de vin, volontairement ou par ce qu'il ne peut le supporter.

— Hist. relig. Au commencement du christianisme, on désignait sous ce nom les fidèles qui éprouvaient une invincible répugnance, fruit de leur éducation, pour le vin, et auxquels on ne donnait la communion que sous l'espèce du pain; les calvinistes imitèrent cette sage mesure : pourvu que les fidèles touchassent la coupe des lèvres, c'est les uns comme les autres, le sacrement était reconnu valable. Mais les Luthériens déclarèrent que c'était une profanation. Diverses sectes protestantes ont surgi en Angleterre, et en Amérique ces derniers temps, dont les membres se disent abstèmes, mais s'abstiennent en réalité de toute boisson fermentée, affirmant que l'usage des stimulants est essentiellement un grave péché, attendu que le Christ, à la Cène, but du vin à la vérité, avec ses apôtres, mais du vin non fermenté. Et partant de là, c'est avec du jus de raisin non fermenté qu'ils communient. Cette question de savoir si le vin de la Cène était fermenté ou non, a soulevé des disputes ardentes; on a fini par admettre, en dépit de cause, les deux espèces de vin sur la table de la communion; et la paix est rentrée dans les congrégations.

ABSTÉMIUS, Lorenzo Abstemio (dit), littérateur et professeur italien des xv° et xvi° siècles, natif de Macerata. Il florissait vers la fin du pontificat d'Alexandre Borgia. Professeur de belles-lettres à Urbino, il devint bibliothécaire du duc Guido Ubaldo. On ne sait rien de plus de sa vie, sinon qu'il a laissé deux recueils de fables en parties seulement originales, sous ce titre : Hecatomythium, publiés à Venise en 1495 et 1499; une traduction des Fables d'Ésope, où Lafontaine a puisé; des Notes sur les passages les plus difficiles des auteurs anciens; enfin une Préface en tête des œuvres d'Aurelius Victor, publiées à Venise en 1505. On l'accuse d'avoir introduit dans ses fables originales des traits satiriques contre le clergé.

ABSTENIR (S'), (Lat. de abs, indiq. séparat. et tenere, tenir; v. pr. Se tenir à l'écart. Je me retiens de faire quelque chose. S'abstenir de boire, de manger, de faire une démarche, etc. — Absolum. Dans le doute, abstiens-toi. — Jurispr. Se récuser, en parlant d'un juge.

ABSTENTION, s. f. Action de s'abstenir.

ABSTENTIONNISTE, s. m. Polit. Partisan du système de l'abstention. — Adj. Je repousse les manœuvres abstentionnistes.

ABSTERGÉ, part. pas. d'Absterger.

ABSTERGENT, TE, adj. Chirurg. Substances qui servent à absterger, c.-à-d. à enlever les matières visqueuses et putrides qui coulent des plaies ulcérées, etc. — On dit aussi substantiv. Un abstergent.

ABSTERGER, v. a. Chir. Nettoyer une plaie, un ulcère.

ABSTERSIF, IVE, adj. Chir. Syn. d'abstergent, qui est plus usité.

ABSTERSION, s. f. Action d'absterger.

ABSTINENCE, s. f. (lat. abstinentia). Action de s'abstenir. Abstinence des plaisirs, du vin, de la viande. — Asolum. L'abstinence est salutaire. — L'Église catholique fait une distinction entre le jeûne et l'abstinence. L'abstinence qu'elle prescrit ne s'entend que de la privation de viande, à certains jours désignés. Il pratique le jeûne et l'abstinence. Il n'en est pas de même de certaines personnes dont l'histoire a enregistré les hauts faits, parmi lesquels nous choisirons les Étrang. physiol. Les mentions de faits d'abstinence complète prolongée plus ou moins longtemps, par dévotion exagérée ou autrement, sans péril pour la vie de l'expérimentateur, sont innombrables ; mais heureusement, la plupart sont insensées et le choix est moins difficile qu'il le paraît. Nous ne parlerons même pas de ceux qui prétendent avoir vécu longtemps avec une sobriété exemplaire, mais seulement de ceux qui ont vécu en ne mangeant pas du tout et ne buvant que de l'eau claire ou à peu près ; nous laisserons également de côté les exemples d'abstinence complète poussée avec succès pendant sept années et plus, quoique garantis par des médecins ; le cas cité par Borelli, anatomiste italien du xviie siècle, d'une personne ayant vécu trois mois sans manger ni boire, nous paraît une limite raisonnable. Un autre savant italien, professeur de clinique médicale à Padoue, Vallipieri, parle d'un malade ayant vécu d'eau seulement pendant 46 jours. A peu près dans le même temps, l'illustre Haller apprenait d'un de ses confrères de Londres, sans en avoir autrement la preuve, qu'un fanatique s'était avisé de jeûner 40 jours. En 1831, un condamné à mort, enfermé dans la prison de Toulouse, jeûna volontairement et ne mourut qu'au bout de 63 jours d'abstinence complète, au rapport de la *Gazette des hôpitaux*, qui cite en outre dans un numéro de septembre de la même année, le cas d'un autre individu qui, dans les mêmes conditions, vécut jusqu'au 60e jour. Certainement il y a eu plus d'une fois des charlatans qui se sont moqués du public, notamment cet Irlandais resté sans nourriture pendant deux années et qui, arrêté pour quelque délit, ne put rester deux jours en prison sans réclamer des aliments; mais les faits que nous avons cités nous semblent sérieux pour la plupart, et prouvent que le Dr Tanner, qui jeûna 40 jours par gageure, n'a eu des devanciers. Du reste, au moment où le médecin américain faisait le plus parler de lui (juill. 80), un prêtre italien défroqué, nommé Francesco Dovigo, écrivait au *Giornale* de Vicence, pour lui apprendre qu'il s'était soumis lui-même « deux fois à un long jeûne, en vivant, content et gai, avec un peu d'eau fraîche, par une grâce particulière de Dieu. » La première fois, il jeûna depuis le 16 mai 1874 jusqu'au 25 juin suivant; la seconde, depuis le 16 septembre de la même année jusqu'au soir du 3 novembre suivant. Mais l'affaire du Dr Tanner, montée pour l'effet et surtout comme un prétexte à paris insensés, est naturellement mieux connue.

Gardé à vue de nuit par des « gardiens expectants, » le Dr Tanner paraît avoir exécuté avec sincérité les conditions de son pari.

Abstinence prolongée du Dr Tanner.

L'expérience n'a pas donné lieu à des observations physiologiques qui ne fussent prévues, mais il n'en est pas de même ensuite, et il nous paraît intéressant de résumer ici les notes prises au jour le jour par les médecins, qu'attirait le côté scientifique de l'expérience, sur la manière dont le patient reprit, dès l'abord, la vie de nutrition depuis si longtemps suspendue.

Le samedi 7 août 1880, à midi, expiraient les 40 jours d'abstinence absolue que s'était imposés le Dr Tanner, et durant lesquels il avait éprouvé des symptômes assez alarmants. Les médecins des deux écoles, allopathes et homœopathes, étaient d'accord pour reconnaître le grand danger qu'il y avait à redouter dans le premier acte de la digestion des aliments introduits dans l'estomac; une inflammation gastrique paraissait certaine aux savants praticiens, et dans l'état de faiblesse où était tombé le Dr Tanner, la maladie redoutée devait avoir une issue fatale. Grande fut leur surprise, en conséquence, lorsqu'ils le virent reprendre brusquement, sans tenir compte de leurs avis,

ses habitudes alimentaires d'antan. Il paraissait, néanmoins, d'autant plus probable qu'il adviendrait un grand trouble dans l'organisme, que les paroxysmes de nausées, puis de vomissements avaient été violents et persistants pendant les dix derniers jours, et que, surtout les cinq derniers jours, l'estomac du jeûneur ne pouvait même supporter une once d'eau de croton filtrée, sans qu'elle suscitât des symptômes du plus dangereux caractère. On savait également, par les déjections analysées après les accès de vomissements, contenant de nombreux fragments du tissu de la membrane muqueuse de l'estomac, que celle-ci était gravement endommagée. Les docteurs en inféraient que, dans de telles conditions, il serait urgent de prendre les plus grandes précautions lorsque les organes digestifs devraient fonctionner, car il était probable que, toutes précautions prises, il surgirait des complications pouvant amener la mort. Contrairement à ces prévisions, l'absorption du premier aliment n'amena aucun trouble gastrique. Dès que la cloche eut sonné midi, le Dr Tanner se leva et fut conduit par les Drs Gunn et Wark dans la grande salle, où une table était dressée. La première chose qu'il mangea fut le quart d'une pêche du Delaware, qu'il avait épluchée pendant les derniers instants de son jeûne. Nous faisons grâce des acclamations de la foule qui, naturellement, assistait aux détails de la cérémonie et traitait le Dr Tanner comme un héros ou une bête curieuse. A midi 5 min., le Dr Wark brisa le cachet d'une bouteille contenant le meilleur lait qu'on eût pu se procurer et en remplit un verre que le Dr but en déclarant que c'était bon. On lui en servit un second verre, dont il ne prit que quelques cuillerées, car ce qui le tentait c'était un gros melon d'eau de Géorgie, arrivé le matin même. Le Dr insista pour qu'il fût entamé. D'une seule entaille, le Dr Politzer ouvrit le melon, et le Dr Wark en passa une grosse tranche à l'affamé qui, avec une avidité muette, dévora la savoureuse cucurbitacée. A midi 10 m., il quittait Clarendon Hall en voiture, accompagné d'une dame et des docteurs Wark, Resley et Gunn, se rendant à la demeure de celui-ci, où étant arrivé, il s'empressa de se coucher. Il reposa quelques instants seulement avant de demander d'autre nourriture. A 3 h., un bifteck pesant une demi-livre lui fut servi dans sa chambre ; il le mâcha tout entier, en avala le suc, mais en rejeta la fibre ; et il but, en outre, un peu de lait ; après quoi, il passa une heure en conversation avec les médecins, et ensuite il se coucha pendant une heure ou deux. Le même jour, samedi 8 août, il commanda un autre bifteck, un morceau de filet bien juteux pesant une demi-livre, convenablement grillé et qu'il mangea jusqu'au dernier morceau, ayant toujours la précaution de rejeter la fibre. Le Dr Tanner avait demandé des pommes, mais le Dr Gunn s'y opposa, mais le docteur Wark combattit l'opposition, en disant qu'on pourrait lui servir des pavés sans inconvénient, si telle était sa fantaisie. Les fruits ayant été épluchés, coupés en quartiers, le Dr Tanner mangea quatre pommes en 15 minutes ; pour en activer la digestion on lui donna, dans l'après-midi, 4 onces de vin de Hongrie de premier choix, par doses d'une cuillerée à la fois. A 9 heures du soir, le Dr se coucha en disant : « Je me sens dans tout le corps comme une ruche d'abeilles en travail ; tout mon organisme est en action, et je pourrai faire un tour dans la ville, et m'occuper d'affaires dès lundi. »

A partir du moment où il avala les premières onces de lait, il n'y eut plus traces de nausées, ni d'autres accidents gastriques, et les symptômes que l'on augurait si gros de dangers, pendant les derniers dix jours, disparurent dès l'absorption du premier morceau de nourriture, et ils ne se sont plus représentés un seul instant, malgré que la quantité de nourriture absorbée ait dû considérablement ce qu'on eût regardé comme certain qu'une quantité moindre eût amener des accidents funestes ; le docteur Tanner ne s'est pas même plaint d'une légère lourdeur d'estomac. L'irritation nerveuse avait absolument disparu, et son esprit (toujours calme) avait retrouvé sa gaieté habituelle. Samedi, il dor-

mit bien, excepté quand le désir de manger le réveillait pour demander un verre de lait, un bifteck saignant ou un verre de vieux vin de Hongrie. Chaque goutte de ce vin, courant dans ses veines, semblait y porter la vie. A 1 h. 30, le docteur Tanner sortit d'un profond sommeil et déclara qu'il était temps de lui servir son troisième bifteck, qui, en prévision de cette demande, était tenu prêt. Comme celui des autres fois, le poids du troisième bifteck était d'une demi-livre ; il était accompagné de deux tranches de *milk toast*, que le docteur déclara délicieux ; et, en dix minutes, les deux assiettes furent vidées, tout en prenant encore la précaution de rejeter la fibre du bœuf, pour n'en avaler que le jus. Après avoir mangé, il but un grand verre de vin de Hongrie plein à déborder, et qu'il porta à la bouche d'une main si sûre qu'il n'en répandit pas une seule goutte. Dix minutes après, il était rendormi, pour ne se réveiller qu'à 3 h. 35. Alors il redemanda un verre de lait dont il avala 4 onces. A 4 h. du matin, il redemanda 4 autres onces de lait, et puis il se rendormit, pendant 3 h. 1/2, d'un sommeil aussi tranquille qu'eût pu l'être celui d'un enfant en parfaite santé. Ce repos dura jusqu'à 7 h. 45 m. Au réveil, il se trouvait si rafraîchi et si revivifié, qu'il l'expliqua ainsi : « Mon corps a travaillé pendant 3 heures, et, pour préparer la digestion du premier déjeuner, il faut que je prenne un verre de vin. » On lui en servit ½ le but avec un grand plaisir ; il dormit une heure après l'avoir bu. A 10 h. 40, le dimanche, il commanda son déjeuner, composé d'un bifteck du même poids que les précédents et d'un verre de vin. Pour la première fois depuis sa longue abstinence, le docteur Tanner se risqua à avaler la fibre du bœuf, mais après l'avoir longuement mastiquée ; on peut donc dire qu'il mangea complètement le bœuf ; et il but encore du tokaï. Ensuite il se leva et se vêtit sans le secours d'autrui. Son aspect avait subi une surprenante transformation, en tenant compte de la brièveté du temps écoulé depuis qu'il avait commencé à se sustenter. Son teint avait repris son ton naturel, ses rides profondes, descendant des narines aux commissures de la bouche, étaient presque effacées ; ses yeux brillaient d'un éclat naturel, ses cheveux, qui étaient devenus secs et cassants, avaient repris du lustre et de la souplesse. A midi (juste 24 heures après avoir pris les premiers aliments), le docteur s'achemina gaiement vers les balances, et son poids, soigneusement déterminé et enregistré, donna 5 livres d'augmentation depuis qu'avait été bu le premier verre de lait à Clarendon Hall, le samedi ; à ce moment-là, il ne pesait que 125 livres 1/2.

Un rétablissement si rapide et sans précédent dans les annales de la physiologie. Tous les détails des fonctions toujours interrompues ont été observés et mentionnés, à l'exception de l'urée, pendant les 24 premières heures. Cependant ces déterminations furent faites après ce laps de temps, afin de pouvoir décider si le retour à la quantité normale sécrétée est graduelle ou soudaine.

Nous ne décrirons pas par le menu des observations poursuivies pendant quatre jours sur les phénomènes de reconstitution rapide d'un corps ayant perdu environ 18 kil. par le jeûne, nous en donnerons simplement le résumé tout à l'heure. Mais ce qui est curieux à constater, c'est que, sans tenir compte de la perte à la cuisson et ailleurs, la quantité d'aliments prise pendant les 36 premières heures, est très inférieure à l'augmentation de poids correspondante. Le bœuf, par exemple, contient 728,75 parties d'eau par mille parties et seulement 174,22 de substances albumineuses, tandis que le lait contient 861,53 parties d'eau et seulement 39,43 de substances albumineuses ; de sorte qu'en défalquant l'eau et autres pertes, en dehors du compte, on voit que le poids de la nourriture absorbée est beaucoup moindre que le poids gagné par le corps du docteur Tanner. Le phénomène se produisit jusqu'à la fin. Il n'est pas le fait le moins important pour le physiologiste, dans cette surprenante expérimentation d'un jeûne aussi absolu et aussi prolongé. Les chiffres suivants sont des preuves à l'appui :

C'est le 28 juin à midi que le jeûne a été

commencé, et l'on constata qu'à cette heure le poids du docteur Tanner était de 157 liv. 1/2

Le 7 août, à midi, le poids trouvé était de	121 —	1/2
Le 8, à midi, de	125 —	1/2
Le 8, à 6 h. du soir, de	130 —	
Le 9 août, à midi, de	132 —	1/2
Le 9 août, à 6 h. du soir, de	135 —	
Le 10 août, à 9 h. du matin, de	136 —	
Le 10 août, à 6 h. du soir, de	141 —	
Le 11 août, à midi, de	144 —	
Le 11 août, à 7 h. du soir, de	147 —	

A partir du mercredi, 11, le docteur a choisi sa nourriture seulement au point de vue de son goût, et sans se préoccuper avec le même soin qu'il l'avait fait, qu'elle fût plus ou moins nutritive et d'une facile digestion. Le teint du docteur était bon, et son visage reprenait les contours et l'aspect d'une parfaite santé.

L'exploit du docteur Tanner suscita des imitateurs un peu partout; mais ils échouèrent honteusement tous, sauf un certain M. Griscom, autre Américain qui, résolu à dépasser le docteur, terminait en effet, le 11 juillet 1881, une période de 45 jours d'abstinence complète.

ABSTINENT, ENTE, *adj.* Qui pratique l'abstinence.

ABSTINENTS, *s. m. pl.* Hist. relig. Hérétiques du IIIe siècle qui repoussaient le mariage et l'usage alimentaire de la chair.

ABSTRACTION, *s. f.* Opération intellectuelle permettant de considérer isolément une idée, un fait qui, dans les conditions normales, ne se présentent qu'accompagnés d'autres faits, d'autres idées; de détacher d'un sujet une de ses qualités pour l'étudier à part. —Se dit aussi des qualités, des propriétés, etc. séparées par l'esprit des sujets auxquels elles appartiennent. *Le bonheur, la vertu, la gloire sont des abstractions.* — *Faire abstraction de.* Mettre de côté une partie de la question pour ne s'occuper que du reste. — Au *plur.* idées théoriques considérées « abstraction faite » de leurs résultats pratiques, et qui ont par conséquent toutes les chances d'être fausses. —Préoccupations qui détournent des choses actuelles l'esprit qui s'y laisse entraîner. *Il est toujours perdu dans les abstractions. Il n'y a rien à lui dire, le voici de nouveau plongé dans ses abstractions.*

ABSTRACTIVEMENT, *adv.* Par abstraction.

ABSTRAIRE, *v. a.* (Conjug. J'abstrais, il abstrait, vous abstrayez, ils abstraient; j'abstrayais, nous abstrayions; j'abstrairai; abstrais, abstrayons, abstrayez; que j'abstraie, que tu abstraies, que nous abstrayions, qu'ils abstraient; j'abstrairais, vous abstrairiez, abstrayant. Pas de passé défini ni d'imparf. du subjonctif.) Philos. Considérer isolément les choses qui, dans la nature, se présentent unies. *En arithmétique, on abstrait les nombres de toute valeur particulière. On abstrait la forme, la couleur d'un objet et le mot qui désigne cette couleur ou cette forme devient un terme général.* — Abstraire se dit absolument pour indiquer l'exercice de la puissance d'abstraction. *Il possède à un degré élevé la faculté d'abstraire.*

— S'ABSTRAIRE, *v. pr.* *C'est un heureux don que le pouvoir de s'abstraire du bruit qui vous entoure, quand le besoin s'en fait sentir.*

SYN. ABSTRAIRE. FAIRE ABSTRACTION. Abstraire, c'est isoler d'un objet une qualité déterminée pour la considérer isolément. Faire abstraction d'une chose, c'est l'écarter, pour n'avoir point à en tenir compte plus que si elle n'existait pas.

ABSTRAIT, AITE, *part. pas.* de ABSTRAIRE (lat. *abstractus*, de *abs* et *trahere*, tirer en dehors, séparer, arracher).

ABSTRAIT, AITE, *adj.* Qui a le caractère d'une abstraction. *Terme abstrait*, qui exprime une qualité considérée isolément de l'objet auquel elle appartient. *Nombre abstrait*, considéré indépendamment d'une valeur quelconque, comme une simple collection d'unités, ainsi trois, seize; par opposition à *nombre concret* : trois francs, seize billes. *Idée abstraite*, se dit dans un sens analogue. *Sciences abstraites*, qui s'appliquent aux lois des phénomènes exclusivement; comme les mathématiques, qui s'appliquent aux nombres, aux formes et aux mouvements, et la chimie, aux lois de la composition et de la décomposition moléculaires, non aux corps eux-mêmes, ce qui est l'affaire des *sciences concrètes*, comme la géologie, par exemple, qui a la terre pour sujet. — Abstrait se dit encore d'une chose ou d'une personne difficile à comprendre. *Une question abstraite. Un philosophe abstrait.* — On dit enfin qu'elle est *abstraite*, d'une personne préoccupée, plongée dans la méditation ou dans un travail intellectuel, au point de ne point entendre ce qu'on lui dit ou le bruit qui se fait autour d'elle. *Il est tellement abstrait dans la composition de son couplet qu'il n'entend rien.*

ABSTRAIT, *s. m.* Se dit par opposition à concret : *L'abstrait et le concret.*

— SYN. ABSTRAIT. DISTRAIT. Ces deux mots expriment bien le défaut d'attention aux choses actuelles, mais dû à des causes différentes. *On est abstrait par application exclusive à une chose, par une méditation intérieure; on est distrait, au contraire, par inapplication, par légèreté, par entraînement vers les objets extérieurs.*

ABSTRAITEMENT, *adv.* D'une manière abstraite.

ABTRUS, USE, *adj.* Difficile à concevoir sans une extrême application. *Sciences abstruses. Question, étude, recherche abstruse.* — Ironiq. *Cet écrivain est filandreux et abstrus au delà de toute permission.*

ABSURDE, *adj.* (Etym. douteuse). Contraire au bon sens. *Cela est absurde.* — S'applique à la personne qui commet l'absurdité. *Cette femme est absurde avec ses prétentions.*— S'emploie enfin substantiv. pour ABSURDITÉ. *Il tombe dans l'absurde.* — *Réduire un homme à l'absurde*, l'amener à déraisonner. *Réduire une proposition à l'absurde*, prouver qu'elle est absurde dans ses conséquences ou dans son principe. V. AB ABSURDO.

ABSURDÈMENT, *adv.* D'une manière absurde.

ABSURDITÉ, *s. f.* Chose absurde, vice de ce qui est absurde.

ABSYRTE, Myth. fils d'Æta, roi de Colchide et d'Hypsée. Il était encore enfant lorsque sa sœur Médée, qui s'enfuyait avec Jason et craignait d'être poursuivie par son père, jugea habile de l'égorger et de semer ses membres sur le chemin qu'elle devait parcourir, afin que son père, arrêté par ce spectacle lamentable, suspendît sa poursuite et lui donnât le temps de se mettre hors de ses atteintes; ce qui arriva en effet.

ABSYRTIDES. Groupe d'îles de la mer Adriatique, situées près des côtes d'Illyrie, ainsi nommées du nom d'Absyrte; l'une de ces îles portait le nom d'*Absyrtis*, l'autre celui d'*Absorus*. Suivant Strabon, Pline et Méla, elles se trouvaient dans le golfe Polatique ou Flanatique (aujourd'hui Carnero). • C'est là, dit Strabon, que Médée tua son frère Absyrte et le mit en morceaux. • — Pour Lucain, toutefois, Absyrtis n'était pas une île, mais un fleuve.

ABT, FRANZ, musicien allemand, fils d'un ministre luthérien. Né le 22 décembre 1819 à Eilenburg, dans la prov. de Saxe (Prusse), il alla étudier la théologie à l'université de Leipzig, car il se destinait à la carrière ecclésiastique. C'est là qu'il publia ses premières compositions pour le piano, et bientôt il se livra entièrement à son penchant pour la musique. Il devint successivement directeur de la musique au théâtre de Berne (1841), puis au théâtre de Zurich (1844) et enfin maître de chapelle de la cour de Brunswick et professeur de chant. Très estimé comme chef d'orchestre et professeur, il ne l'est pas moins comme compositeur de nombreuses mélodies dont le succès a souvent franchi les frontières de l'Allemagne.

ABUB, *s. m.* Luth. Instrument de musique des anciens Hébreux, sorte de flûte ou plutôt de flageolet, rappelant par sa forme les anciens modèles de la tibia romaine, et dont les prêtres jouaient pendant les sacrifices.

ABUHASSIENS ou ABOUHASSIENS, *s. m. pl.* Nom d'une dynastie marocaine, emprunté à son fondateur Abou-Hassan.

ABULITE. Général perse, gouverneur de la ville de Suse, capitale du royaume, pour le roi Darius. Lorsque Alexandre le Grand se présenta, Abulite s'empressa d'aller lui offrir les clefs de Suse; en retour, Alexandre maintint dans sa place un si fidèle serviteur, mais pas longtemps.

AB UNO DISCE OMNES, *loc. adv. lat.* Un seul suffit à les faire connaître tous.

ABUS, *s. m.* Usage excessif ou mauvais d'une chose. *Abus de la force. Abus de pouvoir. L'abus de la liberté s'appelle licence.* Se dit absolum. pour désigner un abus pernicieux, une coutume mauvaise qui tendent à s'introduire dans les mœurs ou qui s'y sont introduits déjà. *Il faut prévenir de tels abus. On n'arrivera jamais à corriger tant d'abus.* — Abus se dit encore pour erreur. *C'est un abus de croire à la justice des hommes.*

— JURISPR. *Abus de pouvoir*, acte d'un fonctionnaire qui outrepasse son pouvoir. On dit aussi *abus d'autorité*. Le code pénal distingue l'abus d'autorité contre les personnes et contre la chose publique. — *Abus de confiance*, délit caractérisé par un mauvais usage de la confiance dont on est investi, et sans laquelle il n'aurait pu être commis. Le code en distingue quatre catégories : 1° l'abus de la faiblesse d'un mineur pour lui faire souscrire quelque obligation à son préjudice; 2° l'abus d'un blanc-seing; 3° le détournement d'un dépôt qui vous est confié; 4° la soustraction d'une pièce d'un dossier dans un procès. — Révéler un fait qui vous a été confié sous le sceau du secret est un *abus de confiance* dans le langage courant.

— APPEL COMME D'ABUS. Anciennement, appel interjeté contre une sentence rendue par un juge ecclésiastique. D'après la loi du 18 germinal an X, acte par lequel on défère au Conseil d'Etat un prélat qui, dans ses discours ou ses mandements, a excédé son pouvoir ou contrevenu aux lois et règlements; ou tout ecclésiastique qui, dans l'exercice du culte, s'est rendu coupable d'actions constituant un réel abus de pouvoir, ou ayant causé du scandale, troublé la conscience des citoyens et compromis leur honneur. Tout citoyen a le droit d'*appel comme d'abus* contre un ecclésiastique qui s'est rendu coupable à son préjudice des actes que nous venons de mentionner ou d'autres analogues; mais il est rare qu'un simple citoyen en vienne à cette extrémité, surtout parce qu'il y a trop de chances pour qu'on lui donne tort et que, réussît-il à avoir raison, fût-ce contre le curé de son village, il est bien sûr de s'en repentir toute sa vie, quand même il jouirait d'une position et d'une fortune en apparence indépendantes. C'est donc généralement le ministre, ou tout au moins le préfet, qui poursuit l'appel comme d'abus, et en général, ces poursuites sont motivées par des infractions graves aux lois du pays ou aux décrets du gouvernement justifiés par un événement actuel, infractions que ne manquent jamais de commettre les prélats dits *ultramontains*, parce qu'ils ne reconnaissent d'autre autorité que celle du souverain pontife et que c'est une occasion de lui faire leur cour. Le péril n'est pas grand, après tout. En effet, après une procédure plus ou moins longue, le Conseil d'Etat se décide quelquefois à déclarer qu'il y a eu abus... Et c'est tout. Aucune sanction pénale n'est donnée à cet arrêt, pas la moindre : que sert alors de l'avoir prononcé? — L'encyclique du 8 décembre 1864, envoyée de Rome dans tous les diocèses, avec ordre de la faire lire dans toutes les églises, donna lieu à de nombreuses poursuites comme d'abus, exercées contre des ecclésiastiques de tout rang, évêques et archevêques ultramontains, agissant d'après le principe exposé plus haut; curés prétendant n'avoir point à discuter les ordres de leurs supérieurs hiérarchiques, ce qui était une excuse; lesquels avaient lu publiquement cette encyclique, malgré la défense formelle du gouvernement. Le Conseil d'Etat eut donc beaucoup de besogne, comme toujours sans le moindre résultat pratique. Les journaux discutèrent longuement sur l'utilité de l'appel comme d'abus. Au *Charivari*, seul journal dans lequel une pareille question pouvait être traitée avec compétence, M. Clément Caraguel caractérisait comme il suit cette étrange procédure et ses conséquences non moins étranges, ou plutôt l'absence de ses conséquences :

« Le gouvernement dit à l'évêque : — Aux termes du Concordat, la publication de tel document vous est interdite.

« L'évêque répond : — Cette interdiction m'afflige au point que, s'il me fallait m'y soumettre, j'en mourrais de douleur. Souffrez donc que je n'en tienne nul compte.

« Le gouvernement. — Alors, je vais vous envoyer du papier timbré.

« L'évêque. — Faites ; le papier timbré n'a été inventé que pour être envoyé, quoique dans l'état de nos finances ce soit une dépense bien inutile. Envoyez donc votre papier ; j'en regarderai le timbre avec une admiration artistique bien sentie, qui n'exclura pas le respect ; et c'est ainsi que je rends à César ce qui est à César.

« Le gouvernement envoie du papier timbré, et l'évêque se dit : Vraiment, l'art de la gravure est arrivé de nos jours à sa perfection !

« Au bout du trimestre, on entend un bruit inusité au ministère des finances : — Qu'est-ce que c'est? demande le caissier principal ; cela ressemble au cri plaintif du passereau sur les toits, au gémissement du pélican solitaire dans le désert.

« Le garçon de bureau répond : — C'est Mgr un Tel, l'évêque au papier timbré, qui est sorti un instant de ses catacombes pour venir toucher le dernier quartier de ses appointements, afin de renouveler sa provision de pain noir.

« Le caissier tend à monseigneur la feuille d'émargement ; monseigneur signe, empoche son quartier et s'en va en gémissant : — Hélas ! hélas ! les temps des Néron et des Dioclétien sont revenus, et nous avons grandement besoin d'être consolés !

« Telle est la conclusion ordinaire des appels comme d'abus devant le Conseil d'État. »

Il n'y a rien à ajouter à ce croquis qui, pour si plaisamment tracé qu'il soit, n'en est pas moins de la plus parfaite exactitude. — Appel comme d'abus se dit encore des poursuites exercées contre un fonctionnaire laïque qui se serait rendu coupable d'atteinte au libre exercice d'un culte reconnu par l'État.

ABUSÉ, ÉE, part. pas. de ABUSER.

ABUSÉE, s. f. Femme trompée, séduite, égarée par une croyance folle, par le fanatisme religieux. *Pauvre abusée, elle prétend avoir vu la Vierge, elle, aussi!*

ABUSER, v. a. Tromper. *Ne vous laissez pas abuser par de belles paroles. — Abuser une fille, la séduire.*

— Abuser, v. n. User mal. *Abuser de la bonté, de l'innocence de quelqu'un. — Abuser d'une fille, la posséder en profitant de sa faiblesse.*

— S'abuser, v. p. Se tromper, se faire illusion. *Si vous comptez réussir par de semblables moyens, je dois vous avertir que vous vous abusez.*

ABUSEUR, s. m. Trompeur. Qui abuse.

ABUSIF, IVE, adj. Qui tient, qui est de la nature de l'abus. *Des priviléges abusifs. Donner à son discours une extension abusive. Employer un mot dans un sens abusif.*

ABUSIVEMENT, adv. D'une manière abusive.

ABUTER, v. a. Mar. Syn. de ABOUTER. — V. n. Jeux. Viser un but pour savoir qui jouera le premier, au jeu de palet, de boules, etc.

ABUTILON, s. m. Bot. Genre de plantes de la famille des *malvacées*, vulgairement *fausse guimauve*. Elle croît dans l'Amérique et l'Asie méridionales et en Afrique; une espèce même habite le midi de la France. C'est une plante d'agrément, à écorce filandreuse, qui est employée dans certaines contrées comme matière textile. Ses feuilles rappellent assez bien celles de la guimauve par leur forme et leur disposition; ses fleurs sont jaunes veinées de pourpre.

ABY, CHRISTOPHE THÉODORE, savant anatomiste suisse, né en 1835, près de Phalsbourg, de parents suisses. Il fit sa médecine à Bâle, alla passer deux années (1857-58) à l'Université de Gœttingue, puis revint prendre ses grades à Bâle et devint successivement professeur d'anatomie et de physiologie, prosecteur d'anatomie, enfin professeur d'anatomie humaine et d'anatomie comparée à Berne (1863). M. Aby, membre du club alpin suisse, a employé ses vacances en excursions scientifiques et en ascensions de montagnes, dont les résultats ont été publiés. — On lui doit notamment : *Nouvelle méthode pour la détermination de la forme du crâne chez l'homme et les mammifères* (1862); la *Forme du crâne de l'homme et du singe* (1865); la *Construction du corps humain, au point de vue morphologique et physiologique* (1871), etc. Il a publié en outre en 1865, avec MM. Gerwer et de Fellenberg : la *Chaîne du Grindelwald, esquisse naturelle des Alpes suisses.*

ABYDOS, Géogr. anc. Ville de Mysie, dans l'Asie mineure, située sur l'Hellespont, qui, en cet endroit, ne mesure guère plus d'un kilom. de large (7 stades). Bâtie par les Milésiens, ou plus probablement par les Thraces et colonisée ensuite par les Milésiens, cette ville se trouvait à peu près en face de Sestos, bâtie sur la rive européenne, et c'est sur ces deux points qu'aboutissait le pont de bateaux sur lequel Xerxès passa le détroit pour aller envahir la Grèce. Abydos s'illustra par la vigoureuse résistance qu'elle opposa à Philippe de Macédoine ; ses habitants se tuèrent et s'ensevelirent sous les ruines de leur cité plutôt que d'en ouvrir les portes à l'assiégeant. — Abydos est la patrie du beau Léandre, qui se noya dans l'Hellespont, en cherchant à atteindre à la nage, par une nuit tempétueuse, Sestos, où l'attendait Héro, son amante. Le vieux château des Dardanelles, de construction turque, se trouve un peu au sud de Sestos et d'Abydos.

Un autre Abydos existait dans la Haute Egypte, un peu à l'Ouest du Nil, et qui ne le cédait, pour la magnificence de ses monuments, qu'à Thèbes aux cent portes elle-même, qui n'en est éloignée que d'environ 90 kil. Elle était située entre Ptolémaïs et Diospolis Parva. Ce n'est plus aujourd'hui qu'un amas de ruines, dont les plus importantes sont celles du Palais de Memnon et du temple d'Osiris ; c'est dans ce dernier que l'archéologue anglais Bankes découvrit en 1818 la fameuse *table d'Abydos*, aujourd'hui déposée

La Table d'Abydos.

au Musée britannique, et qui porte une double série de 26 inscriptions faisant connaître la chronologie des rois antérieurs à Ramsès le Grand.

ABYLA, Haute montagne située sur la côte marocaine, vis-à-vis de Calpé, sur la côte espagnole. Ces deux montagnes étaient réunies autrefois, suivant la tradition poétique. Séparées par Hercule, pour clore la série de ses douze travaux, elles livrèrent passage aux flots de l'Océan, et telle serait l'origine de la Méditerranée. On appela colonnes d'Hercule ces deux montagnes, qui forment l'entrée du détroit de Gibraltar. La montagne d'Abyla porte aujourd'hui le nom d'Almina.

ABYSSIN, s. m. Anthrop. et ethnogr. Habitant de l'Abyssinie. — Les Abyssins appartiennent originairement à la race dite éthiopienne. Ils n'ont pas cessé, du reste, de donner le nom d'Éthiopiens, (*Hiopravan*). Mais des croisements multipliés avec les envahisseurs autrefois, les populations voisines ou en rapports constants avec l'Abyssinie, ont singulièrement modifié les caractères primitifs de cette race. En fait, ces caractères se rapprochent beaucoup de ceux de la race européenne, sauf la couleur noire ou presque noire du teint ; les cheveux de l'Éthiopien sont plutôt frisés que crépus, son nez est généralement long et ses lèvres bien moins épaisses que celles des autres nègres. Mais, nous le répétons, ces caractères typiques sont plus ou moins atténués chez ceux qui forment la population de l'Abyssinie, suivant les contrées qu'ils habitent. Ainsi l'habitant du Tigré a la tête longue et étroite, un front proéminent, des yeux vifs et profonds, un nez long et busqué, les pommettes saillantes, le teint bronzé, le corps est bien proportionné. C'est le type éthiopien par excellence. L'habitant du Choa et de l'Amhara a le crâne notablement plus large et les yeux grands et ouverts. Celui de la frontière orientale est très noir de teint ; mais il a le nez aquilin, les cheveux lisses et tous les traits, en somme, de la race indienne. Sur la frontière nubienne, le type se rapproche beaucoup du type nègre voisin ; avec le front déprimé, les grosses lèvres, etc. L'Abyssin est en général de taille élevée, bien fait, d'une constitution vigoureuse; il en est de même, toute proportion gardée, de la femme, qui est généralement d'une beauté très remarquable. L'industrie n'est pas très avancée en Abyssinie, et se borne à peu près au tissage et au travail des métaux. Divisée en nobles, agriculteurs, lettrés, marchands et domestiques, la société abyssinienne possède en outre une classe de troubadours errants appelés *asmaris*. Leur clergé cophte s'occupe surtout d'agriculture ; peu de ses membres sont capables de figurer dans la classe des lettrés.

ABYSSINIE, Géogr. Contrée de l'Afrique orientale dont les limites exactes sont assez mal définies, mais qui constitue, à tout prendre, un vaste plateau borné au Nord et au N.-Ouest par la Nubie, à l'Ouest par les régions du Haut Nil, au Sud par le pays des Gallas et à l'Est par le territoire des Danakils. Sa superficie est d'environ 500,000 kil. carrés; sa populat. peut s'élever au chiffre de 5 millions d'habitants. Il n'est pas exact de joindre au territoire de l'Abyssinie, comme on le fait habituellement, le pays plat qui s'étend jusqu'à la mer Rouge, et se considérer, par suite, cette dernière comme sa limite orientale naturelle : cette contrée fait partie des États du Khédive, et est habitée par des tribus distinctes et hostiles. Il n'y a pas lieu, du reste, à se disputer ce territoire malsain, au sol sec, aride, presque partout frappé d'une stérilité incurable et qui, à vers le sud, à l'Ingarrah, de 3oo à 45o kil. de large, n'a plus que quelques kilom. au nord, à Massouah. L'Abyssinie propre est un pays montagneux, bien arrosé, très sain et en quelques parties extrêmement fertile. Par exemple, il faut reconnaître que la possession de cette langue de terre, depuis trois siècles au pouvoir d'une population sauvage et inhospitalière, parce qu'elle borde la mer Rouge, aurait une influence énorme sur la civilisation de l'Abyssinie et sur ses progrès matériels de toute nature ; tandis qu'elle se trouve ainsi pour ainsi dire séparée complètement du monde civilisé.

— Orogr. Le plateau abyssin, qui s'incline légèrement au N.-O., s'échancre à l'E. et au S. en deux grands escarpements offrant des chaînes régulières ponctuées de hauts sommets ça et là et qui, depuis l'isthme de Suez, divise le pays en deux versants, l'un portant ses eaux dans la mer Rouge, l'autre, plus important, traçant le bassin oriental du Nil. Le plateau d'Abyssinie présente une suite de vastes plaines ondulées, coupées de nombreuses rivières qui viennent, après un cours d'une étendue plus ou moins considérable sur la surface presque horizontale du plateau, se précipiter brusquement dans de larges et profondes vallées. Là où les rivières se précipitent, elles forment des cataractes de 25 à 3o mètres de chute, après lesquelles leur cours n'est qu'une suite de rapides et de cascades, de manière à descendre du plateau, centrales de dizaines de mètres dans l'espace de quelques kilomètres. L'uniformité de la surface du plateau n'est, rompue par des massifs de montagnes détachées, atteignant une hauteur de 3 à 4,000 mètres. Ces massifs, résultat d'un soulèvement volcanique, sont couverts de cratères éteints et ont l'aspect le plus pittoresque, à cause de leurs découpures; les plus curieux sont ceux du Semen, dont la masse est surmontée de rochers nus, semblables à des remparts ou à des embrasures de forteresses, à des tours crénelées, à des clochers d'églises pointant dans les nues leurs flèches élancées. Le Lamalmon et le Zalta forment avec le Semen une longue chaîne de montagnes traversant le pays du nord au sud, avec quelques solutions de continuité.

— Hydrogr. Les principaux cours d'eau de l'Abyssinie sont ceux qui se jettent dans le Nil. Le plus important est le Nil bleu ou Bahr-el-Azrak, affluent du Nil Blanc. Il descend par trois sources des montagnes de Godjam et porte d'abord le nom d'Abaï ou *Père des eaux*. Il devient bientôt un torrent bruyant coupé de cascades et se jette dans le lac Tzana ou Dembea, à la sortie duquel il décrit un demi-cercle au N.-O., autour de la province de Godjam, puis va se jeter, près de Khartoum, dans le Bahr-el-Abiad ou Nil blanc, reconnu aujourd'hui comme le vrai Nil. L'Atbara ou Takazza prend sa source dans les montagnes de Lasta, coule d'abord vers le N., puis incline à l'O., et revenant enfin à sa direction première, va se jeter dans le Nil, après un parcours total de près de 1,300 kil. Le Mareb est la plus septentrionale des rivières de l'Abyssinie; il descend des montagnes de Taranta, coule vers le S., puis vers l'O, tourne ensuite au N. et se perd dans les sables, sauf dans la saison des pluies où, grossi outre mesure, il va se jeter dans l'Atbara, après un cours de 800 kil. Nous citerons encore l'Hawash, la principale rivière orientale, qui coule dans une direction N.-E. vers la mer Rouge et se perd dans le lac Aoussa. — Les principaux lacs de l'Abyssinie sont ceux de Dembea, mesurant environ 100 kil. de long sur 65 kil. de large, lequel contient de nombreuses petites îles et est alimenté par une multitude de cours d'eau; d'Achangi; de Saint-Étienne, qui tire son nom d'un couvent s'élevant sur une des îles qu'il renferme; d'Aoussa, etc.

— Climat. D'après un voyageur anglais, Parkyns, « l'Abyssinie jouit d'un climat aussi salubre qu'aucun pays à la surface du globe. » C'est vrai, mais ce qui l'est davantage encore, c'est que le climat y est très varié à cause de sa nature montagneuse; en général, la température y est moins élevée qu'en Nubie ou en Egypte; mais dans les vallées, qui sont presque toutes profondément encaissées et mal aérées, on éprouve les effets réunis d'une chaleur étouffante et d'exhalaisons malsaines. Les pluies sont fréquentes; elles tombent surtout de juin à septembre et sont accompagnées d'ouragans affreux, causés par une mousson de l'E. qui ne cesse de souffler durant toute cette période.

— Product. natur. Les principales productions minérales de l'Abyssinie sont le sel, l'or et le fer. Sous le rapport de la végétation, la nature particulière du pays a fait diviser le sol en trois zones : la zone des basses terres, ou Kollas, de 1,000 à 1,600 m. d'altitude; la zone des terres moyennes ou Ouaïna-Dégas, de 1,600 à 3,000 m.; la zone des hautes terres, ou Dégas, de 3,000 à 4,600 m. Les Kollas sont chaudes et très fertiles, mais il y règne des fièvres mortelles; elles sont recouvertes en grande partie de jungles et de forêts habitées par de nombreuses bêtes fauves. Les Ouaïna-Dégas, ou terres de moyenne élévation, sont les plus peuplées et les plus saines; elles renferment toutes les cultures et d'excellents pâturages. Enfin les Dégas ou hautes terres sont formées de vastes plateaux où paissent les bestiaux; la température n'y dépasse guère 18 degrés et tombe souvent au-dessous de zéro. L'agriculture est pratiquée, en général, avec plus de soin et d'intelligence qu'on ne serait tenté de le croire; les cultivateurs abyssins en sont toujours aux procédés généraux les plus primitifs, il est vrai; toutefois, leurs champs sont convenablement irrigués : ils savent, du moins, tirer parti sous ce rapport des avantages que leur offre la nature. La fertilité est si grande dans certaines contrées, qu'on y fait trois récoltes par an. On y cultive en grand le maïs, le froment, l'orge, les pois, les haricots, et surtout une plante herbacée appelée *teff*, dont les grains, gros comme des têtes d'épingles, servent à faire du pain. Dans les basses terres, on récolte aussi une espèce de blé noir appelé *tocussa*, dont on fait un pain consommé par les classes pauvres. Le caféier croît spontanément dans les montagnes de l'O.; la canne à sucre et la vigne sont également cultivées avec succès dans certaines localités favorables, ainsi que le coton, qui y occupe une assez vaste étendue. Parmi les arbres fruitiers, nous citerons les dattiers, les orangers, les citronniers, les grenadiers et les bananiers.

La plupart des animaux domestiques de l'Europe se retrouvent en Abyssinie. On cite les bœufs gallas pour leur forte taille; les moutons sont au contraire petits, mais couverts d'une laine excellente; les chèvres sont remarquables par des cornes très longues; les chevaux sont vigoureux et actifs. Les animaux sauvages sont principalement la hyène tachetée, qui s'introduit jusque dans les habitations. L'éléphant et le rhinocéros se rencontrent en grand nombre dans les basses terres; le crocodile et l'hippopotame abondent dans les rivières; le lion, la panthère, le léopard y sont peu nombreux; on y trouve enfin le buffle, plusieurs espèces d'antilopes, le sanglier, divers singes, le chacal, l'écureuil, le lièvre, etc. Les oiseaux sont très nombreux, et plusieurs sont remarquables par la beauté de leur plumage, nous citerons des aigles, des vautours, des faucons, etc. parmi les oiseaux de proie; la perdrix, la bécassine, le pigeon, la grive, l'hirondelle, et jusqu'au moineau s'y trouvent en grand nombre. Le plus commun des insectes utiles est l'abeille; mais le criquet dévastateur y cause d'aussi terribles ravages que dans les autres parties de l'Afrique septentrionale. Enfin, il y a peu de serpents, mais plusieurs espèces très venimeuses.

Villes princip. — Les trois provinces principales du royaume d'Abyssinie sont le Tigré au N.; l'Amhara au centre et le Choa au S. Les trois autres provinces de quelque importance sont celles de Lasta et Waag, capitale Sokota; de Godjam, au S. du lac Dembea et de Kivara, patrie de Théodoros, à l'O. de ce même lac. La province de Choa est presqu'entièrement séparée de celle d'Amhara par le pays des Gallas. — Les villes principales sont Gondar (Amhara), capitale du royaume, contenant environ 7,000 habit.; Debra-Tabor (même prov.), naguère un simple village, mais que la résidence de Théodoros fit rapidement prospérer. L'empereur l'incendia lorsqu'il partit pour Magdala, où sa destinée devait se dénouer. Adoua, capitale du Tigré et la seconde ville de l'empire, compte environ 6,000 habit.; Antalo, chef-lieu du district d'Enderta, est aussi une des principales villes du Tigré; Chelicut, près d'Antalo; Sokota, capitale du Lasta-Waag; Ankober, cap. du Choa; Angolala, près d'Ankober, et enfin Agamé, capitale de l'Adigerat, sont les autres villes principales de ce pays.

Comm. et industr. Le commerce et l'industrie sont sans importance, l'agriculture et l'élève des bestiaux étant les principales occupations du peuple; on y tisse le coton, qui forme la principale étoffe employée dans le pays à la confection des vêtements; il y a aussi quelques tanneries et des fabriques de parchemin; enfin on y travaille le fer et le bronze dans quelques usines. Le port commercial est Massouah. Les articles d'importation sont principalement le plomb, le cuivre, la soie, la poudre à canon, la verrerie, les tapis de Perse et les toiles imprimées; les principales marchandises exportées sont l'or, l'ivoire, le café, le miel, le beurre, la cire et les esclaves. Rien ne manque, d'ailleurs, à l'Abyssin pour faire un commerçant et même un industriel, rien qu'un peu plus de relations extérieures et surtout de sécurité intérieure.

— Littérat. et lang. La langue religieuse et littéraire de l'Abyssinie est le Geez, qui est une langue éthiopienne, l'ancienne langue nationale du Tigré, qui n'en a conservé qu'un dialecte corrompu. L'Amharique, ou dialecte d'Amhara, est celle de la cour, de l'armée et de la classe marchande et par conséquent celle dont les étrangers qui pénètrent au delà du Tigré ont l'occasion de faire usage. Mais la langue populaire est l'Agow, qui est restée celle des classes inférieures, même dans les provinces où une race conquérante s'est établie. On croit que c'est la langue primitive des indigènes, et de l'affinité existant entre le Geez, l'Amharique et les dialectes analogues, avec la langue arabe, il paraît probable qu'il furent introduits par des conquérants ou des colons venus de l'autre rive de la mer Rouge. Les Gallas, qui ont envahi une grande partie de l'Abyssinie, ont d'autre part imposé leur propre langue dans diverses parties du pays; mais dans d'autres, ce sont eux au contraire qui ont adopté la langue en usage. La littérature abyssinienne est fort pauvre et n'offre aucune œuvre de quelque valeur. Les bibliothèques des communautés religieuses, même, ne contiennent que des ouvrages modernes sans intérêt. A la prise de Magdala, les Anglais s'emparèrent de 359 manuscrits, dont les plus anciens ne remontent pas au delà du xve siècle et dont le plus grand nombre sont du xviie et du xviiie siècles, actuellement déposés au musée Britannique; ce sont pour la plupart des copies des Ecritures, canoniques ou apocryphes, livres d'hymnes et de prières, missels, vies des saints et traductions des Pères grecs.

— Hist. Le nom d'Abyssinie, que porte aujourd'hui cette contrée, est une corruption de son nom véritable, qui devrait être *Habeschinie*, puisqu'il vient d'*Habesch*, mot arabe signifiant « mélange confus », et qui lui fut donné à raison du mélange de races que nous avons signalé chez ses habitants. Ce nom devint pour les Portugais *Abassia*, et ils nommèrent les habitants de ce pays *Abassinos*, d'où nous fîmes Abyssinie, Abyssiniens et Abyssins. Mais, pour ceux-ci, ils n'ont pas cessé d'être *Itiopyavan* ou Ethiopiens, et leur pays *Manghesta Itiopia* ou royaume d'Ethiopie. Toutefois l'Abyssinie d'aujourd'hui ne constitue que la partie la plus méridionale de l'antique Ethiopie. Dans l'antiquité les relations entre l'Egypte et l'Ethiopie étant très intimes, la civilisation était au même niveau à peu près dans les deux pays; de même, les Hébreux entretenaient des relations commerciales avec les Ethiopiens. D'après les Abyssins modernes, la reine de Saba, qui visita Salomon en si grande pompe, était reine de leur pays et s'appelait Makéda. Elle eut de Salomon un fils, Ménilek, qui régna sur l'Ethiopie après elle, et dont la dynastie continua de régner jusqu'au xie siècle de notre ère. Pendant la captivité, beaucoup de Juifs s'établirent en Ethiopie, y apportant leurs mœurs et leur religion. Sous les Ptolémées, des colonies grecques s'y installèrent. Une inscription grecque trouvée à Adulis, sur la mer Rouge, rappelle que Ptolémée Evergètes envahit les pays situés sur les deux rives de la mer Rouge, et ayant soumis la plupart des villes du Tigré, retourna à Adulis pour offrir des sacrifices à Jupiter, Mars et Neptune. Une autre inscription, moins ancienne, trouvée à Axoum, porte qu'Aeizanas, roi des Axomites, des Homérites, etc., conquit le territoire des Bogos et rendit grâces au dieu Mars de sa victoire. Le royaume d'Axoum florissait au iie siècle de notre ère et coexista quelque temps avec l'Abyssinie moderne. Sa capitale, Axoum, et le port d'Adulis étaient alors les principaux centres commerciaux du pays avec l'intérieur de l'Afrique, en ivoire, cuir, poudre d'or, aromates, etc. On retrouve encore à Axoum des vestiges de son ancienne splendeur; quant au port d'Adulis, ses ruines se trouvent aujourd'hui à près de 7 kil. de la mer.

Le christianisme fut introduit en Abyssinie par Frumence, premier évêque d'Abyssinie, consacré par saint Athanase d'Alexandrie en 330. Le système monastique s'y implanta bientôt après; depuis ce temps, le monachisme n'a pas cessé d'exercer une grande influence sur le peuple, et par suite sur les destinées du pays. En 522, le roi des Homérites, sur la rive opposée de la mer Rouge, ayant persécuté les chrétiens de son royaume, l'empereur Justinien requit le roi d'Abyssinie, Caleb ou Eslebaan, de les venger. Celui-ci rassembla une armée, se rendit en Arabie et conquit l'Yémen, qui demeura soumis à l'Abyssinie pendant soixante-sept ans. Cette époque fut la plus florissante de l'histoire de l'Abyssinie. Possesseurs de la partie la plus riche de l'Arabie, les Abyssins étendirent leur commerce jusque dans l'Inde et établirent des relations constantes avec l'empire grec. Leur expulsion de l'Arabie, suivie de la conquête de l'Egypte par les mahométans, vers le milieu du VIIe siècle, changea l'état des choses, jusqu'à isoler bientôt les Abyssins du monde civilisé, qui oublia jusqu'à leur existence. Vers 960, une princesse juive, nommée Judith, conçut le projet de faire assassiner tous les membres de la famille régnante et de se faire proclamer reine, projet qu'elle exécuta, sauf qu'un jeune prince échappa au massacre et fut transporté au Choa, où son autorité fut reconnue. Mais Judith n'en régna pas moins quarante ans sur le reste du royaume et en transmit la couronne à ses descendants. En 1268, le royaume d'Abyssinie, rétabli dans son intégrité, fit retour à l'ancienne dynastie, dans la personne d'Icon-Imlac.

Vers la fin du XVe siècle parurent les premières missions portugaises. Le bruit s'était répandu en Europe, depuis longtemps déjà, depuis le retour de Marco Polo, qu'il existait quelque part en Orient un Etat chrétien gouverné par un roi qui prenait le nom de *Prêtre Jean*. Plusieurs expéditions furent envoyées à la découverte, l'une desquelles, commandée par Pedro de Covilham, arrivait en Abyssinie en 1490. Pedro de Covilham, ne doutant nullement qu'il n'eût trouvé le but de ses recherches, présenta au *négus* une lettre du roi de Portugal adressée au fameux et introuvable Prêtre Jean, et s'installa dans le pays. En 1507, un Arménien nommé Mathieu fut envoyé le négus en mission auprès du roi de Portugal, pour demander secours contre les Turcs. Cette mission réussit, et Mathieu revint avec une flotte portugaise. Une délégation descendit à terre, qui comptait parmi ses membres le P. Alvarez, à qui l'on doit la première description de ce pays, et non la moins bonne. Ce fut encore aux Portugais que le négus s'adressa lorsque, en 1528 à 1540, l'Abyssinie fut envahie par une armée mahométane commandée par le célèbre Mohammed Gragne. Bermudez, qui était resté dans le pays après le départ de la première ambassade, fut nommé *abouna* ou évêque et chargé de cette mission. Une flotte portugaise, commandée par Etienne de Gama, envoyée de l'Inde, parut bientôt à Massouah. Un détachement de 450 mousquetaires, sous le commandement du jeune frère de l'amiral, Christophe de Gama, s'engagea dans l'intérieur; renforcée par les troupes indigènes, la petite armée, d'abord victorieuse, fut battue ensuite par les musulmans, et leur jeune chef, fait prisonnier, fut mis à mort; mais peu après, Mohammed Gragne ayant été tué dans un engagement peu important, le désordre se mit dans son armée, qui fut taillée en pièces.

L'Abyssinie débarrassée des mahométans, une autre difficulté s'éleva. L'abouna Bermudez exigea du négus qu'il fit publiquement acte de soumission à Rome; celui-ci s'y refusa avec énergie, et finit par expulser le trop zélé prélat; il laissa toutefois tranquilles dans leur quartier général de Fremona, les jésuites qui avaient accompagné ou suivi Bermudez. Au commencement du siècle suivant, le P. Paez arriva à Fremona. Plus habile, plus insinuant que Bermudez, il ne tarda pas à gagner la faveur du souverain et à l'amener à se convertir au catholicisme. Cet abouna bâtit dans le pays non seulement des églises, mais des palais civils, des ponts et de nombreux établissements utiles. Son successeur Mendez, d'un esprit beaucoup moins conciliant, gâta tout; il s'en fallut de peu que le peuple ne se soulevât contre les jésuites oppresseurs de leur conscience, quand le négus mourut; son fils Facilidas, qui n'était pas converti, lui succéda (1633). Le premier acte de son règne fut l'expulsion des jésuites, qui étaient installés dans le pays depuis plus d'un siècle et demi. Le médecin français Poncet, qui visita le pays en 1698, fut le premier Européen qui y fut admis dans la suite, et Bruce (1769) fut le second.

Vers le milieu du XVIe siècle, les Gallas avaient pénétré en Abyssinie par le sud, derrière les mahométans; et depuis, en dépit de tous les efforts, ils n'avaient cessé de s'y étendre et de renforcer leurs positions acquises, jusqu'à ce qu'enfin ils eurent envahi la plus grande partie du pays. La puissance du monarque abyssin s'en trouva tellement affaiblie, que les *ras*, ou chefs de provinces, finirent par usurper la plus grande partie du pouvoir, réduisant le négus à l'état de roi fainéant. Cet état de choses ne fit qu'empirer avec le temps. L'anarchie devint l'état normal de l'Abyssinie démembrée. Enfin un certain Lij Kassaï, ex-gouverneur de Kuara, de noble extraction et marié à la fille d'un ras influent, conçut le projet de restaurer à son profit l'ancienne puissance des monarques abyssins. Ayant battu les uns après les autres tous ces grands chefs, entre lesquels il n'y avait aucune entente, il se faisait couronner *roi des rois d'Ethiopie* par l'abouna, sous le nom de Théodore III, en mars 1855. — V. THÉODOROS.

Le nouveau négus était loin cependant d'étendre sa souveraineté sur un territoire aussi vaste, que ses prédécesseurs à deux siècles de distance; il ne possédait que l'Amhara et le Tigré. Mais il se tourna bientôt contre les Gallas, qu'il battit à plusieurs reprises et auxquelles il prit notamment Magdala, dont il fit une de ses principales places fortes. Peu après, il soumit le Choa et prit Ankobar, sa capitale. Malheureusement, toutes ces guerres amenaient forcément des impôts contre lesquels le peuple protesta d'abord; il ne tarda pas à se soulever ensuite, et Théodore fut obligé de combattre divers soulèvements de ce genre, fomentés par les princes dépossédés. En 1862, il fit contre les Gallas une seconde expédition heureuse, mais souillée de cruautés atroces. — En 1860, au plus fort de la rébellion, un consul anglais, M. Plowden, avait été tué; comme il retournait à son poste, à Massouah, par un chef rebelle. Théodore n'eut point de repos qu'il n'eût tiré vengeance de ce meurtre, et il est hors de doute que le négus et M. Plowden, ainsi que plusieurs compagnons de ce dernier, étaient liés d'amitié réciproque. Le gouvernement britannique remplaça le consul, en 1862, par le capitaine Cameron, qui ne plut pas au négus, lequel lui manda par lettre adressée à la reine Victoria; cette lettre resta sans réponse, le capitaine Cameron exerça ses fonctions pendant plus d'une année malgré le monarque abyssin. Enfin en janvier 1864, celui-ci, poussé à bout par de nouvelles impertinences, à moins que ce ne soient de simples maladresses, fit mettre en prison le consul et sa suite. Telle fut l'origine de l'expédition anglaise en 1867. Le succès de cette expédition, dirigée par Sir Robert Napier, fut surtout dû, à l'aveu des vainqueurs, à la trahison — au concours obligeant, si l'on préfère — des chefs indigènes, rivaux de Théodore et d'ailleurs soulevés contre son autorité, et en particulier du gouverneur du Tigré, Dejach Kassaï, lequel fut récompensé par le don d'une quantité d'armes, canons, armes portatives, munitions, etc., dont il sut bien se servir plus tard. Quant à l'infortuné négus, enfermé dans Magdala avec les débris de son armée et voyant toute résistance impossible, il envoya au camp anglais une mission dont faisait partie le lieutenant Prideaux, un de ses prisonniers, pour faire des propositions de paix. Il lui fut répondu qu'il délivrait tous ses prisonniers européens et faisait acte de soumission à la reine d'Angleterre, il serait traité honorablement. Il le fit et envoya sa lettre de soumission avec un présent de 1,000 vaches et de 500 moutons. On eut soin de lui faire croire que son présent avait été accepté, ce qui impliquait conclusion de la paix; et le lendemain, 13 avril, Magdala était pris d'assaut; mais où n'y trouva que le cadavre de Théodore III, qui s'était fait sauter la cervelle. Ainsi se termina cette guerre; entreprise en apparence pour se venger des représailles fort modérées et toutes naturelles d'insultes gratuites et préméditées, poursuivie avec le concours de toutes les trahisons, elle ne pouvait prendre fin que par une trahison plus odieuse que toutes les autres. Je crains bien que cette facile victoire n'ait ajouté que fort peu à la gloire des armes britanniques. — Théodore avait prouvé, au bout du compte, aux délégués de la civilisation européenne, qu'il était homme de cœur. Il était fantasque, un peu adonné à l'eau-de-vie, et l'aventure de notre consul Lejean, arrêté et mis aux fers pendant 25 *heures* (janvier 1863), sans rime ni raison, ne laisse aucun doute là-dessus. Cependant le beau rôle dans cette odieuse affaire, ce fut le sien. Les fortifications de Magdala furent détruites et la ville livrée à l'incendie. L'unique fils légitime de Théodore, Alam Ayayu, fut em-

Mort de Théodoros.

mené en Angleterre, soi-disant d'après le désir de son père. Les troupes anglaises n'avaient pas plus tôt quitté le sol de l'Abyssinie, que le prince Kassaï, abondamment pourvu d'armes par ses nouveaux amis, se déclarait indépendant et levait l'étendard de la révolte. Enfin, ayant triomphé de tous ses adversaires, il se faisait couronner roi d'Abyssinie à Axam, en grande cérémonie, en 1872, sous le nom de Johannès. Ce prince paraît gouverner assez sagement. Il sut, en 1876, repousser une armée égyptienne qui, sous un prétexte quelconque, tenta d'envahir son royaume.

Deux points du territoire abyssinien appartiennent à la France, Adulis depuis 1859 et Obok depuis 1860. Depuis quelque temps seulement, grâce à l'initiative privée, Obok paraît prendre une grande importance comme lieu de transit et de dépôt des marchandises d'Europe à destination de l'Afrique centrale. Espérons que des avantages analogues pourront être tirés d'Adulis, dont la situation à quelques kil. de la mer Rouge n'est guère moins favorable que celle d'Obok.

ABYSSINIEN, ENNE, s. Géogr. Habitant de l'Abyssinie. — On dit aussi ABYSSIN; mais on préfère généralement AUYSSINIEN dans la conversation — V. ABYSSIN.

— **Adj.** Qui appartient à l'Abyssinie. *Commerce abyssinien. Langue, littérature abyssinienne.*

ABYSSUS ABYSSUM INVOCAT, loc. lat. L'abîme appelle l'abîme. C'est-à-dire: *Une première faute induit fatalement à une seconde*, et par extens.: *Un malheur n'arrive jamais seul.*

ABZAC, commune de France, canton et arr. de Confolens (Charente), située à 11 kil. de cette ville et à 74 kil. d'Angoulême, sur la rive droite de la Vienne. Popul. 1,200 habitants. Sources dites d'Availles; eau de table chlorurée-sodique. — Dans le voisinage se trouve le château de Vitrac, où naquit Mme de Montespan, née de Rochechouart-Mortemart.

ABZAC (comte d'), RAYMOND DE VANDIÈRES DE VITRAC, agronome et éleveur français, né le 1er janvier 1808, à Loudoino (Dordogne); fut attaché, au sortir du collège, comme élève d'abord, puis comme écuyer, au manège du roi, à Versailles, dont son grand-oncle le vicomte d'Abzac, qui venait de l'adopter, était alors commandant. Il exerça ces fonctions jusqu'à la révolution de Juillet, puis se retira dans ses propriétés de Milon-la-Chapelle (Seine-et-Oise), où il se consacra désormais tout entier à l'agriculture et principalement à l'élève du cheval. On lui doit la création du service des étalons du département de Seine-et-Oise, qu'il dirigea gratuitement jusqu'en 1849. Membre de la Société d'agriculture de Versailles, dont il fut président en 1849, M. le comte d'Abzac était maire de Milon-la-Chapelle depuis 1831, lorsqu'il donna sa démission en mai 1871. Les perfectionnements accomplis dans l'agriculture par M. le comte d'Abzac portent sur toutes les branches de ce grand art, et, notamment, on lui attribue l'honneur d'avoir appliqué le premier le système de drainage aujourd'hui si largement pratiqué partout. En somme, il a devancé, accéléré ou suivi ardemment tous les progrès accomplis en agriculture proprement dite ou dans la construction et l'emploi du matériel agricole, qui auront marqué les deux derniers tiers de ce siècle. — M. le comte d'Abzac est mort le 30 mars 1881.

ABZAC (marquis d'), Marie-Charles-Venance, général français né à Saintes, le 29 mars 1822. Sorti de l'école militaire de Saint-Cyr en 1843, comme sous-lieutenant de cavalerie, il était lieutenant-colonel d'état major depuis 1866, lorsqu'éclata la guerre avec l'Allemagne. M. le marquis d'Abzac fut alors promu colonel (août 1870). Il fit la campagne dans l'état-major du maréchal de Mac-Mahon, dont il devint le premier aide de camp lorsque le maréchal fut appelé à la présidence de la République. Promu général de brigade le 30 décembre 1875, M. d'Abzac fut chargé de diverses missions extraordinaires auprès de plusieurs cours européennes et fit partie de la commission internationale de l'Exposition de 1878. — Un cousin du général d'Abzac, M. le vicomte Paul d'Abzac, a choisi la carrière des consulats. Il est aujourd'hui consul général à la Nouvelle-Orléans.

ACABIT, *s. m.* (étym. douteuse, celle en faveur absolum. grotesque). Qualité bonne ou mauvaise d'une personne ou d'une chose. *Voici un individu d'un vilain acabit. Gens, objets de même acabit. Je veux des vêtements du meilleur acabit.*

ACACALLIS. Myth. Nymphe qui plut à Apollon dont elle eut deux fils, Phylandre et Phylacis, lesquels furent allaités par une chèvre qui, pour la peine, eut son image placée au temple de Delphes.—Rem. Suivant quelques mythologues, Phylacis était une fille. — Une autre Acacallis, également aimée d'Apollon, était une fille de Minos; elle eut aussi deux fils de ce dieu : Miletus, qui fut allaité par des louves, et Amphitémis. — Une autre encore était femme de Minos et mère d'Oaxus, fondateur de la ville d'Oaxe. Il y a toutefois une confusion évidente entre ces deux dernières, car certains mythologues donnent Apollon pour père à Oaxus.

ACACE, le Borgne (*Acacius Luscus*), disciple d'Eusèbe et son successeur au siège épiscopal de Césarée (338). Déposé, avec tous les évêques eusébiens, au concile de Sardique (347), il fut rétabli dans son siège peu après et fit à son tour déposer saint Cyrille, patriarche de Jérusalem, qu'il accusait d'avoir vendu des ornements et des vases sacrés (357). Saint Cyrille fut rétabli par le concile de Séleucie, en 359, et par représailles, Acace fut de nouveau déposé par le même concile. Celui-ci se rendit alors à Constantinople et s'étant insinué dans les bonnes grâces de l'empereur Constance, il fit de nouveau déposer Cyrille, en 360. Il eut, dit-on, une grande part à la déposition et au bannissement du pape Libère, en 355 et à l'intronisation de celui qu'on est convenu d'appeler l'*anti-pape* Félix; mais Constance n'avait pas besoin d'être poussé par personne à cette mesure extrême. Ce remuant prélat a écrit une vie d'Eusèbe. Il est le fondateur de la secte arienne des *acaciens*, qui soutenaient que le Fils n'était pas consubstantiel au Père, ni même semblable à lui.

ACACE (saint), évêque d'Amide, sur le Tigre, vers 420. Cet évêque s'illustra par sa piété et surtout par sa charité. Son plus beau titre de gloire est celui-ci, et on aimerait à en relever de semblables dans la vie d'un plus grand nombre de pères de l'Église : il vendit les vases sacrés de son église pour racheter 7,000 esclaves perses mourant de misère et de faim et les renvoyer dans leur pays avec un peu d'argent. Le roi de Perse Véranius, touché de cet acte d'extraordinaire bonté, voulut voir, quoiqu'il ne fût pas chrétien, l'homme capable de l'accomplir. L'entrevue eut lieu, et il en résulta la paix entre Véranius et Théodose le Jeune.

ACACIA, *s. m.* Bot. Genre de plantes de la famille des légumineuses, généralement épineuses (du gr. *akakia*, qui pique); à feuilles ailées ou, dans certaines espèces, réduites au pétiole aplati (*leafless acacia* d'Autralie); à fleurs réunies en bouquets arrondis ou allongés en grappes. Ce genre renferme un très grand nombre d'espèces (420), arbres et arbrisseaux, habitant la zone équatoriale, toutes très utiles à l'industrie, à des titres divers.

— Industr. Parmi les acacias utiles à l'industrie, nous signalerons les espèces *vera*, *arabica*, *Ehrenbergii* et *tortilis*, qui fournissent la gomme arabique; *verek*, *seyal* et *Adansonii*, qui fournissent la gomme du Sénégal. Ces diverses espèces sont originaires de l'Arabie, du nord-est de l'Afrique et des Indes orientales. L'*acacia catechu* et quelques autres espèces donnent le cachou. L'*acacia dealbata*, l'*acacia nilotica*, l'*acacia arabica* donnent une écorce astringente employée à tanner les peaux. Les graines torréfiées de l'*acacia nioppo* remplacent le tabac à priser dans l'Amérique du Sud.—L'emploi comme fébrifuge de l'écorce astringente des espèces citées plus haut est aujourd'hui tombé en désuétude.

Le bois des acacias est généralement trop tordu pour être d'un grand usage dans la menuiserie, l'ébénisterie et les industries voisines. Il y a toutefois des exceptions. L'*acacia formosa*, des Antilles, donne l'excellent bois de charpente appelé *sabicu* à Cuba; l'*acacia seyal* donne également un bon bois connu sous le nom de bois d'Arabie (*shittim wood* des Anglais); l'*acacia melanoxylon* d'Australie, qui atteint une grande hauteur, donne un bois noir, léger, susceptible d'un très beau poli, qu'on emploie à la fabrication des meubles; l'*acacia homalophylla* fournit un bois odorant, dit *myall wood*, employé dans la sculpture et la marqueterie; enfin l'*acacia Lebbeck*, qui croît principalement aux îles Maurice, de la Réunion et du Cap Vert, et dont les feuilles tiennent lieu de savon aux indigènes, donne un bois d'ébénisterie très beau, capable de rivaliser avec le citronnier et qu'on emploie en effet à produire l'illusion de ce bois trop cher et rarement avantageux à travailler.

— Acacia (Faux). Ce que nous appelons *acacia*, dans le langage ordinaire, n'est pas un acacia : on ne voit guère d'acacia en France, même sous la forme de bois propre à l'industrie. Parmi les arbres préférés pour l'ornement de nos parcs et des promenades publiques, il en est peu d'aussi élégants que celui dont nous voulons parler, avec sa haute tige grise, ses rameaux pressés, couverts de petites feuilles ovales, « imparipennées », d'un vert lumineux et gai, et ses fleurs blanches pendant en longues grappes délicieusement parfumées le long des avenues, quand mai tire à sa fin. Or cet arbre, originaire de la Virginie, et introduit en France en 1635, par le botaniste Vespasien Robin, sous les espèces d'un jeune individu aussitôt repiqué au Jardin des Plantes de Paris, où il continue de vivre et se porte comme un charme, cet arbre, disons-nous, est communément mais très improprement désigné sous le nom d'*acacia*; de la même famille que ce dernier, à la vérité, il y constitue toutefois un genre parfaitement distinct, quant aux caractères extérieurs surtout et auquel on a donné le nom de son introducteur en France : c'est le *robinier faux-acacia*. Sa croissance est très rapide, c'est ce qui l'a fait choisir pour l'ornement des promenades publiques, dont ceux qui en ont le soin ne sont pas fâchés de pouvoir jouir; sa propagation est également facile. — Le bois du robinier faux-acacia est jaunâtre tirant un peu sur le vert, poreux, mais fort dur; il est cassant si on l'emploie en fragments de peu d'épaisseur, mais élastique et résistant en gros morceaux; enfin, il peut recevoir assez aisément un beau poli. On l'emploie dans les travaux de charpente et les constructions navales, dans la menuiserie, la carrosserie, l'ébénisterie et le tour. On en fait des échalas, des brancards de voiture, des rais et des moyeux de roues, des poulies, des roulettes de lit, des cercles de cuve, des mortiers et des pilons, des vis et des meubles de toute espèce. Ajoutons que ce bois prend bien toute sorte de teinture. V. Robinier.

— Physiol. vég. D'observations toutes récentes dues à M. Phipson, il résulte que le *robinier faux-acacia* n'aurait pas moins de sensibilité que la mimeuse pudique, arbrisseau de la même famille et d'un genre voisin, plus populaire sous le nom caractéristique de *sensitive*. Voici, du reste, comment M. Phipson rend compte des expériences qui lui ont révélé cette propriété de notre pseudo-acacia : « Le sujet, dit-il, est un fort bel arbre de 5 à 6 ans, dont le feuillage est luxuriant. J'ai voulu voir si l'on pourrait causer dans cet arbre quelques phénomènes de sensibilité, ou plutôt d'*excitabilité*, analogues à ce qu'on observe dans la sensitive. La première expérience se fit le 17 septembre 1883, à cinq heures 30 minutes du soir, vent sud-est, température 17 degrés centigrades, et pendant un beau soleil. J'ai pu faire *dormir* les feuilles de cette plante, pendant le temps où elles furent encore vivement éclairées par les rayons solaires, en soumettant la foliole terminale à une série de coups frappés avec le doigt. Après avoir appliqué sur cette foliole de dix à vingt petits coups assez forts, les autres folioles commencent bientôt à se rapprocher, et, *au bout de cinq minutes*, elles sont toutes rabattues, ou dans un état de *sommeil*, comme au milieu de la nuit. Dans cette expérience, les folioles latérales se courbent *l'une après l'autre*, en commençant par celle qui est le plus près de la pointe de la feuille, c'est-à-dire de l'endroit frappé. Le lendemain, 18 septembre, à midi et demi, je fis encore la même expérience avec le mêmes résultats; les feuilles, sur la foliole terminale desquelles je frappai une vingtaine de petits coups secs avec le doigt, s'endormirent de la façon décrite, *en l'espace de quatre minutes et demie*. En observant une feuille à laquelle j'avais fait prendre ainsi les allures du *sommeil* en plein soleil, j'ai remarqué qu'elle a exigé de *deux à trois heures* d'éclairage par les rayons solaires, pour reprendre sa position primitive, c'est-à-dire pour que les folioles latérales devinssent de nouveau horizontales. » V. Mimeuse.

ACACIENS, *s. m. pl.* Membres de la secte arienne fondée par Acace le Borgne, évêque de Césarée, au IVe siècle. V. Acace.

ACADÉMICIEN, ENNE, *s.* Membre d'une académie. L'adoption du féminin est amplement justifiée par ce fait, que nombre d'académies, depuis l'académie d'Arles qui admit Mme Deshoulières, reçoivent des femmes dans leur sein. — Antiq. Philosophe de l'école platonicienne dite l'Académie. — Adjectiv. Propre à l'Académie ou à ses membres. *Une éloquence académicienne* (Peu usité, on dit mieux *académique*).

ACADÉMIE, *s. f.* Promenade située près d'Athènes, à environ un kil. de la porte Dypile, où Platon, qui avait sa maison près de là, enseignait la philosophie. — On donne également ce nom à l'école même de Platon. —Enfin, par extension, on nomme encore *académie* une réunion d'écrivains, d'artistes ou de savants. *L'Institut de France est formé de la réunion des cinq académies : l'Académie française, l'Académie des inscriptions et belles-lettres, l'Académie des sciences, l'Académie des beaux-arts, l'Académie des sciences morales et politiques.* Mais il ne manque pas d'académies en dehors de l'Institut. Il y a d'abord l'Académie de médecine; puis, et surtout, l'Académie royale (aujourd'hui *nationale*) de musique et de danse, ainsi qualifiée, par un ridicule abus des mots, dans ses lettres patentes d'établissement : c'est le théâtre de l'Opéra, comme on sait. Du reste, on appelait aussi *académies* naguère les lieux où l'on apprend l'équitation, l'ensemble des cours qu'on y suit, la réunion même des élèves-écuyers; de même, on appelait ainsi, jadis, les maisons de jeu. On donne encore le nom d'*académie*, enfin, à des écoles d'escrime, de gymnastique, etc. — Il y a à Paris une *académie de cuisine*. — Enseign. Division territoriale de l'Université de France ayant à sa tête un recteur. — Peint. Figure dessinée ou peinte d'après un modèle et qui doit rester isolée.— Absolum., se dit de l'Académie française. *Les quarante de l'Académie. Il prépare son discours de réception à l'Académie.*

— Antiq. Les jardins de l'Académie faisaient partie du Céramique extérieur. Ils avaient appartenu à un personnage des temps héroïques appelé Académus ou Hécadémus qui, à l'époque de la guerre que firent les Lacédémoniens à Athènes, pour reprendre Hélène enlevée une première fois par Thésée, leur indiqua la retraite de celle-ci. En récompense, ses biens, *situés à mille pas d'Athènes*, ne furent point ravagés comme le reste. Légué à la République par Académus mourant, ce terrain fut entouré d'un mur par Hipparque, puis orné d'avenues, de bosquets, de fontaines par Cimon, fils de Miltiade. L'Académie était le lieu de réunion des disciples de Platon, qui possédait une petite propriété dans le voisinage. Il y enseigna sa doctrine pendant près de cinquante ans, jusqu'à sa mort, arrivée en 348 av. J.-C; et de ces bosquets de l'Académie où elle se réunissait, l'école de Platon prit le nom d'Académie, pour se distinguer de l'école péripatéticienne, fondée par Aristote, élève de Platon, et qui se rassemblait dans le Lycée. Plus tard, Cicéron donna ce même nom d'Académie à sa villa de Puteoli (Pouzzoles), où il composa son livre des *Questions académiques*. L'Académie dura depuis Platon, son fondateur, jusqu'à Cicéron. Il y eut en réalité plusieurs académies, deux suivant Cicéron et Varron, trois si nous en croyons Sextus Empiricus : l'ancienne, la moyenne et la nouvelle ; d'autres ajoutent à ce chiffre une quatrième école, celle de Philon et de Charmidas ; d'autres encore une cinquième, l'académie d'Antiochus d'Ascalon. La plus importante est naturellement l'ancienne. Platon y eut pour successeurs d'abord Speusippe, son neveu ; puis Xénocrate de Chalcédoine, qui accompagna, avec Speusippe, Platon dans son voyage en Syrie ; Polémon, ce jeune dissolu qui, venu entendre Xénocrate pour se moquer, demeura et se convertit, Crantor et Cratès. Le successeur de Cratès, Arcesilas, fonda la deuxième, ou la moyenne académie ; c'est aussi le fondateur du scepticisme académique, érigé en système et développé par Carnéades, fondateur de la troisième, ou nouvelle académie. Philon et Antiochus, fondateurs de la quatrième et de la cinquième académies, furent les maîtres de Cicéron. Nous ne nous étendrons pas davantage ici sur les différences de doctrine qui séparent les chefs de l'Académie, renvoyant au mot Platonisme l'exposition de la doctrine du maître et l'étude des modifications qu'elle subit dans la suite des temps.

— M. âge. La première *académie*, en prenant ce mot dans son acception moderne, fut instituée par Ptolémée Soter et reçut le nom de *Museum* ou plutôt de *Mouseion* (vers 280 av. J.-C.). A la faveur de la paix, il s'entoura d'un grand nombre de lettrés, qu'il employa à réunir les trésors de la littérature et des arts et qui créèrent en fait la fameuse bibliothèque d'Alexandrie. — Il y avait eu déjà auparavant la Société des Soixante d'Athènes (IVe s. av. J.-C.) et même le Mouseion de Marseille (VIe s. av. J.-C.) ; mais l'importance de ces deux institutions était bien moindre. Négligeant les académies fondées par les Maures d'Espagne, nous arriverons à l'académie instituée par Charlemagne à l'instigation du célèbre Alcuin, pour le développement de l'étude de la grammaire, de l'orthographe, de la rhétorique, de la poésie, de l'histoire et des mathématiques. Les membres de cette académie, afin d'établir parmi eux la plus parfaite égalité, laissaient à la porte leur nom avec leur rang et prenaient un pseudonyme emprunté à quelque personnage de l'antiquité ; ainsi Charlemagne, qui n'était pas le moins zélé, bien qu'il ne dût jamais parvenir à écrire autre chose que son nom, s'appelait *David* ; Alcuin, *Flaccus Albinus*, etc. Au siècle suivant, Alfred d'Angleterre fondait à Oxford une académie du même genre, origine de l'Université actuelle d'Oxford. Mais l'institution que l'on peut considérer comme la mère de toutes les académies européennes modernes, c'est sans contredit l'*Académie des jeux floraux* de Toulouse, fondée en 1323 par Clémence Isaure, dans le but de distribuer des prix et des récompenses diverses aux troubadours, sous la forme de fleurs en or et en argent. Approuvée par l'Etat en 1694, elle fut confirmée par lettres patentes du roi et le nombre de ses membres fixé à trente-six. Cette institution ne tarda pas à être imitée ; — il convient même de dire qu'elle avait été précédée par des institutions semblables, car le *Puy* de Caen, institué exactement dans le même but, date du XIe siècle, ainsi que l'Académie de l'Immaculée-Conception de Rouen.

— Renaiss. La Renaissance fut par excellence l'ère des Académies, et naturellement ce fut en Italie qu'elles se répandirent d'abord. La première fut l'*Académie platonicienne*, fondée à Florence par Côme de Médicis, pour l'étude des œuvres de Platon, à laquelle fut ajoutée par la suite celle des œuvres de Dante et des autres grands poètes nationaux. Les institutions de cette sorte, ayant toutefois des objets différents, devinrent bientôt si nombreuses, que Jarkins en compte près de sept cents, dont beaucoup portent les noms les plus bizarres, tels que les *Lunatiques* de Naples, les *Endormis* de Gênes, les *Fous* de Parme, les *Extravagants*, les *Fantastiques*, les *Etourdis*, les *Inquiets*, les *Brouillons*, les *Rustiques*, les *Inconstants*, etc., etc. La plus célèbre de beaucoup fut l'*Accademia della Crusca* ou *furfuratorum* (1582), ce qui veut dire la même chose, signification traduite d'ailleurs par des armes parlantes sous la forme d'un crible, avec cette devise : *Il più bel fior ne coglie* (il n'en garde que la plus fine fleur). C'est de la *lingua toscana* qu'il est ici question, naturellement. Le grand ouvrage de cette compagnie fut le *Vocabulario della Crusca*, dont la première édition parut en 1613. Cette académie a fusionné aujourd'hui avec deux autres anciennes sociétés : l'*Accademia degli Apatici* et l'*Accademia fiorentina*. Nous ne saurions passer en revue toutes les académies italiennes ; si intéressante que soit leur histoire, ce n'est pas ici qu'elle doit être faite : elles sont beaucoup trop nombreuses pour cela ; nous nous attacherons donc seulement à signaler les plus importantes dans tous les pays.

— Académie française. L'origine de l'Académie française remonte à 1570, époque à laquelle Ronsard et quelques amis fondèrent une *Académie de langue française* qui dura une quinzaine d'années. Soixante ans plus tard, quelques hommes de lettres, liés d'amitié, imaginèrent de se réunir hebdomadairement chez l'un d'eux. Dans ces réunions, on débattait à l'ordinaire toutes les questions à l'ordre du jour, mais principalement les questions littéraires ; et quand un des membres de la société avait achevé un nouvel ouvrage, c'est là qu'il était lu tout d'abord, et l'auteur recevait les avis et au besoin les critiques de ses amis. C'était chez Conrart qu'on se réunissait ainsi chaque semaine, parce que sa maison était la plus commode de toutes, par sa position centrale, relativement aux demeures des autres sociétaires. Ces assemblées étaient tenues secrètes, pas assez cependant pour que le cardinal de Richelieu ne finît par en entendre parler et par éprouver le besoin d'offrir aux sociétaires trop modestes une protection dont ils se seraient bien passés. Mais il ne pouvait être question de refuser : la loi interdisant absolument toute réunion de la sorte, le puissant cardinal protégerait certainement la société malgré elle, ou bien la tuerait. On s'organisa donc, on rédigea des statuts, on nomma un directeur-président (Sérizay), un chancelier garde du sceau (Desmarest) et un secrétaire perpétuel (Conrart). Alors, par lettres patentes royales en date du 2 janvier 1635, l'*Académie française* reçut l'existence légale. L'objet principal de l'Académie était l'épuration de la langue française de toutes les impropriétés qu'elle a contractées dans la bouche du bas peuple et celle des gens de loi, etc. (Art. 24 des statuts et *Lettre de l'Académie au cardinal de Richelieu.*) Le nombre des membres de l'Académie fut fixé à 40 ; les fondateurs n'étaient toutefois que 10, et ce ne fut qu'en 1639 que le nombre réglementaire fut parfait. Voici quels furent, par rang d'ordre, ces premiers immortels ; il est bon de rappeler leurs noms, car où est celui d'entre nous capable de citer six de ces noms sans recherches préalables ? — 1. P. Bardin ; 2. P. Hay du Chastelet ; 3. Ph. Habert ; 4 B. de Méziriac ; 5. Auger de Mauléon ; 6. Arbaud de Porchères ; 7. Séguier ; 8. Faret ; 9. F. Maynard ; 10. C. de Malleville ; 11. Cauvigny-Colomby ; 12. Voiture ; 13. J. Sirmond ; 14. Vaugelas ; 15. B. Baro ; 16. J. Baudoin ; 17. Cl. l'Estoile ; 18. Sérizay ; 19. Balzac ; 20. Laugier-Porchères ; 21. G. Habert ; 22. Servien ; 23. Colletet ; 24. Saint-Amant ; 25. Boissat ; 26. Bois-Robert : 27. Bautru ; 28. L. Giry ; 29. Gombauld ; 30. J. de Silhon ; 31. M. C. de la Chambre. 32. Racan ; 33. D. Hay du Chastelet ; 34. Godeau ; 35. De Bourzeys ; 36. Gomberville ; 37. Chapelain ; 38. Conrart ; 39. J. Desmarest ; 40. Montmort.

Les dix fondateurs malgré eux étaient Chapelain, Godeau, Gombault, les deux Habert, Giry, Desmarest, Conrart, Sérizay et Malleville. Sous la haute protection du cardinal-ministre, il va sans dire que l'Académie française jouit d'une liberté d'allures excessivement restreinte. Fondée pour épurer la langue française, elle dut commencer par composer une critique du *Cid* de P. Corneille, que Richelieu ne protégeait pas. Elle y travailla six mois, modifiant, corrigeant, *épurant* sans cesse, avant que son illustre protecteur se déclarât satisfait. Nous n'insisterons pas sur ces détails misérables ; aussi bien l'Académie abordait-elle, dès 1639, la composition de son *Dictionnaire*, dont Chapelain traça le plan et dont Vaugelas fut le rédacteur en chef. La plupart des rédacteurs de ce premier *Dictionnaire de l'Académie* étaient morts lorsque, cinquante-cinq ans après, parut la première édition de ce monument de notre langue (1694). Les statuts de fondation de l'Académie l'obligeaient à la composition d'un Dictionnaire, d'une Grammaire, d'un Traité de rhétorique, d'un Traité de poésie ! Mais l'éternité n'eût pas été de trop pour accomplir ces travaux d'Hercule. Il y eut pourtant plus de hâte dans la préparation des éditions suivantes du Dictionnaire ; ainsi la 2e édition parut en 1718, la 3e en 1740, la 4e en 1762, la 5e en 1798, la 6e en 1835 et la 7e en 1878. Supprimée en 1793, par décret de la Convention, comme constituant une aristocratie intellectuelle, l'Académie française fut reconstituée, comme 3e classe de l'Institut national des sciences et des arts (*Littérature et Beaux-arts*), par la loi du 3 brumaire an IV (25 octobre 1795). L'arrêté du 3 pluviôse an XI, daté de Saint-Cloud, en détacha les Beaux-Arts pour en constituer une 4e classe. Une ordonnance de Louis XVIII, du 21 mars 1816, modifie l'organisation de l'Institut, surtout en ce qu'il qualifie d'Académies les diverses classes existantes et donne le premier rang à l'Académie française. Elle porte aussi création d'académiciens libres à l'Académie des sciences et à l'Académie des inscriptions. Avec le rétablissement par Louis-Philippe de l'*Académie des sciences morales et politiques*, supprimée par l'arrêté de Saint-Cloud, telles sont les seules modifications importantes subies par l'Institut depuis sa fondation. V. Institut.

— Acad. des Inscrip. et Belles-Lettres. La fondation de l'Académie des Inscriptions et Belles-Lettres est due à Colbert. Elle porta d'abord le nom d'*Académie des Inscriptions et médailles*, étant chargée spécialement de la composition des inscriptions pour les monuments élevés sous Louis XIV, et des médailles frappées à diverses occasions. Ce n'était pas là une besogne écrasante, aussi les membres de cette *Petite Académie*, comme on l'appelait familièrement, n'étaient-ils au début (1663) qu'au nombre de quatre ; ils étaient choisis parmi les membres de l'Académie française. Les premiers furent l'inévitable Chapelain, l'abbé de Bourzeys, François Charpentier, savant antiquaire et l'abbé Cassagne, traducteur de Cicéron et de Salluste. Ces académiciens se réunissaient chez Colbert, au Louvre en hiver, à sa maison de Sceaux en été. L'Académie s'était un peu relâchée de ses travaux lorsque Louvois succéda à Colbert ; il la stimula et ajouta à ses membres Eusèbe Renaudot, Boileau, Racine et Félibien. Pontchartrain y ajouta encore Toureil et l'abbé Bignon, bibliothécaire du roi, son neveu, et lui donna, en 1701, un règlement qui portait le nombre de ses membres honoraires à 10, auxquels il ajouta 10 membres pensionnaires et 10 associés. En même temps la sphère d'action de l'Académie était étendue. Rollin, un de ses associés, lui soumettait son *Histoire ancienne*; en 1711, elle publiait une *Histoire métallique du roi*, dont saint Simon a écrit la préface. Enfin, en 1716, le Régent lui donnait son titre actuel d'*Académie des Inscriptions et Belles-Lettres*, indiquant l'extension nouvelle, donnée à sa juridiction. Des mémoires d'histoire et d'archéologie commencèrent à être lus ou publiés par ses membres.—La Révolution supprima cette compagnie comme les autres, et dans l'organisation de l'Institut, il n'y avait pas de classe qui y correspondît exactement. L'Académie des Inscriptions et Belles-Lettres fut rétablie sur de nouvelles bases en 1816; elle n'a pas cessé depuis de rendre d'importants services, surtout en comprenant dans un tout autre sens qu'au début ses travaux relatifs aux *Inscriptions*. Elle se compose actuellement de 40 membres titulaires, 10 honoraires, 8 étrangers et 50 correspondants.

— Acad. des Sciences. L'Académie des Sciences a eu une origine analogue à celle de l'Académie française. D'abord ce fut une société privée de savants, qui se réunissait chez Montmort, puis chez le voyageur Thévenot, pour s'entretenir de leurs sujets d'étude et se communiquer leurs découvertes. Les principaux membres de cette société furent Descartes, Pascal et Gassendi. Colbert résolut de régulariser la situation de cette société savante. Huygens et de Bessy furent chargés de son organisation. Ils recrutèrent d'autres savants, chimistes, physiciens, anatomistes, etc.; Louis XIV leur accorda des pensions; des fonds furent affectés à l'achat d'instruments, aux frais d'expériences. Enfin leur première séance officielle eut lieu le 22 décembre 1666, à la Bibliothèque royale. L'Académie ne comprenait d'abord que les sections de géométrie, d'astronomie, de mécanique, de chimie, d'anatomie et de botanique. La physique, la minéralogie, l'agriculture et l'histoire naturelle y avaient enfin trouvé place, lorsque survint la Révolution. A la création de l'Institut national, l'Académie des Sciences en devint la première classe. La Restauration la replaça à son rang d'origine et la réorganisa sur des bases à peu près identiques à celles de ses débuts. Elle se compose aujourd'hui de onze sections : géométrie, mécanique, astronomie, géographie et navigation, physique générale, chimie, minéralogie, botanique, économie rurale, zoologie et anatomie, médecine et chirurgie, se partageant 65 membres titulaires; la 4e section (géographie), n'en a que trois, mais les deux secrétaires perpétuels compensent la différence. Il y a en outre 10 membres libres, 8 étrangers et de nombreux correspondants.

— Acad. des Beaux-Arts. L'origine de l'Académie des Beaux-Arts remonte plus haut que celle d'aucune autre Académie, si nous la prenons dans les sociétés artistiques privées, car il existait de ces sociétés en France avant le xive siècle. Mais l'origine vraie de cette institution, c'est l'*Académie de peinture et de sculpture*, créée en 1648 et définitivement constituée par Mazarin en 1655. En 1671, Colbert fonda l'*Académie d'architecture*. Ces deux compagnies vécurent ainsi jusqu'à la Révolution. A la réorganisation de l'Institut national, en 1795, leur réunion fut consacrée par la création d'une 3e classe de l'Institut comprenant, outre la littérature, les Beaux-Arts en général. En 1816, l'Académie des Beaux-Arts reçut, comme les autres, son organisation actuelle, peu différente, au reste, de ce qu'elle était précédemment. Cette compagnie, qui se divise en cinq sections: peinture, sculpture, architecture, gravures, musique, compte 40 membres titulaires, 10 honoraires, 10 étrangers et 40 correspondants. Elle distribue les prix de Rome, dont la plupart des grands artistes ont dû se passer, et présente les candidats aux chaires de l'Ecole.

— Acad. des Sciences morales et politiques. L'Académie des Sciences morales et politiques, contrairement aux autres, a été créée par la loi du 3 brumaire an IV, sous sa forme définitive, comme seconde classe de l'Institut (*Sciences morales et politiques*). Supprimée par l'arrêté de Bonaparte, consul (3 pluv. an XI), elle fut rétablie par Louis-Philippe, sur l'organisation actuelle des autres Académies, par ordonnance en date du 26 octobre 1832, contresignée Guizot. L'Académie des Sciences morales et politiques, qui pourrait rendre de grands services, se divise en 5 sections : philosophie, morale, législation, droit public et jurisprudence, économie politique et statistique, histoire générale et philosophique. Elle compte 40 membres titulaires, 6 membres libres, 5 associés étrangers et 40 correspondants. — « L'Académie des Sciences morales et politiques, a dit Balzac, est le lieu de déportation pour les esprits graves : une fois là, ils se tiennent tranquilles. »

— Acad. de Médecine. En dehors des cinq académies précédentes, constituant l'Institut national de France, nous devons signaler l'*Académie de Médecine*, qui succéda en 1820 à la *Société de Médecine* et à l'*Académie de Chirurgie*, disparues à la Révolution. Elle fut instituée dans le but principal d'éclairer le gouvernement sur les questions d'hygiène publique, quand celui-ci voudrait bien la consulter, et surtout de propager l'usage de la vaccination, qui n'a plus guère aujourd'hui que des partisans honteux parmi ses membres indépendants. Fondée en trois sections, bien suffisantes : médecine, chirurgie et pharmacie, elle en compte onze aujourd'hui : anatomie et physiologie, pathologie médicale, pathologie chirurgicale, thérapeutique et histoire naturelle médicale, médecine opératoire, anatomie pathologique, accouchements ; hygiène publique, médecine légale et police médicale ; médecine vétérinaire, physique et chimie médicale, pharmacie. Il est actuellement question d'en ouvrir cinq ou six nouvelles. — Elle se compose de 40 membres titulaires et de nombreux associés libres et correspondants.

— Acad. de France a Rome. Signalons enfin l'*Académie de France* à Rome, fondée en 1666 par Colbert. C'est une sorte de caravansérail destiné à l'entretien, aux frais de l'Etat, des jeunes lauréats du grand prix de Rome; décerné chaque année par l'Académie des Beaux-Arts.

— Acad. de Prov. La plupart des grandes villes de province ont des académies scientifiques, littéraires ou les deux à la fois, dont quelques-unes ont une très sérieuse importance, lesquelles envoient, d'ailleurs, chaque année, des délégués à la réunion des sociétés savantes qui se fait à la Sorbonne au mois d'août. Nous ne manquerons pas de les mentionner en parlant des villes auxquelles elles appartiennent et dont elles font la gloire parfois, mais ici, leur liste serait trop longue pour trouver place.

— Acad. étrangères. Si nous ne pouvons citer toutes les académies de France, à plus forte raison devons-nous être réservés pour les académies étrangères, dont beaucoup ne valent pas d'ailleurs nos académies de province, malgré leur nom retentissant ou leur célébrité superficielle parmi les érudits. Nous ne signalerons donc que les principales.

— *Belles-Lettres*. Italie. Après ce que nous avons dit des académies italiennes, il nous reste à mentionner l'*Académie de Naples*, fondée en 1440 par le roi Alphonse; celles des *Intronati*, de Sienne (1525); des *Infiammati*, de Padoue (1534); l'*Académie de Florence* (1540); celle des *Umoristi*, de Rome; mais surtout l'*Académie* ou *Société des Arcadiens*, fondée à Rome par Crescimbini en 1690, pour la restauration de la poésie italienne. Cette société compta 600 membres, la plupart appartenant au haut clergé romain et à l'aristocratie princière, et ne restaura rien du tout. Ses membres n'assistaient à ses séances que masqués, et sous des noms de bergers arcadiens, pour éviter les disputes de préséance. Citons aussi l'*Académie de Savoie*, fondée en 1719 et devenue *royale* en 1848.— Allemagne. La plus célèbre des anciennes académies littéraires d'Allemagne fut fondée à Weimar en 1617, sous le nom de Féconde société (*Die Fruchtbringende Gesellschaft*), pour l'épuration de la langue nationale. Beaucoup d'autres académies se répandirent dans les principales villes allemandes, se donnant le même but; mais elles n'eurent qu'une existence éphémère et nulle influence sur la langue et la littérature du pays. — Espagne. L'*Académie royale espagnole de Madrid* fut fondée en 1713 par le duc d'Escaluña, et confirmée l'année suivante par lettres royales. Elle comptait 24 membres, et avait pour armes un creuset placé sur la feu, avec cette légende : *Limpia, fija y da esplendor* (il purifie, fixe et donne l'éclat). Son objet était la purification, la fixation et l'éclat de la langue castillane. — Suède. L'*Académie royale de Suède* a été fondée en 1786, pour le maintien de la pureté de la langue nationale. — *Belgique*. Il existe encore en Belgique de très anciennes sociétés littéraires telles que les *Catherinistes* d'Alost, qui datent de 1107 et la *Société des poètes* de Diest, de 1302. On sait que de nombreuses *Chambres de rhétorique*, qui n'étaient pas autre chose que des académies véritables, existaient en Belgique sous le règne de la maison de Bourgogne. L'*Académie royale de Belgique*, quoi qu'il en soit, fut fondée en 1769, par le comte de Cobientz et confirmée en 1772 par lettres patentes de Marie-Thérèse. Une classe des Beaux-Arts y fut ajoutée en 1845.

— *Hist. et Archéol*, Italie. Nous commencerons par l'*Académie d'Herculanum* (*Accademia Ercolana*), fondée à Naples en 1755, avec mission d'étudier les peintures, inscriptions, etc., trouvées à Herculanum et à Pompéi. Le premier volume de ses travaux parut en 1775, sous le titre d'*Antichità di Ercolano*. En 1807, Joseph Bonaparte créa, sur un plan différent, une *Académie d'histoire et d'antiquités*; mais elle ne survécut pas au règne de son fondateur. En 1807 également, Florence fut dotée d'une *Académie des antiquités toscanes*, qui eut le même sort.

— *Sciences*. Italie. C'est encore en Italie que nous trouvons les plus anciennes académies scientifiques. D'abord l'*Academia secretorum Naturæ*, fondée à Naples en 1560, sous la présidence de Batista Porta, née, comme la nôtre, d'une réunion intime de savants qui avait lieu chez Porta. Le nom était mal choisi : les *secrets de la nature*, aux yeux du vulgaire, ne pouvaient être dévoilés à ces académiciens qu'au moyen de la magie; et ils durent fermer leurs portes. L'*Accademia de' Lincei (des Lynx)* fut fondée à Rome par Federigo Cesi, marquis de Monticelli, en 1589; elle compta parmi ses membres Galilée, Porta et Colonna. Elle avait pour armes un lynx déchirant un cerbère avec ses ongles, indiquant son intention arrêtée de combattre l'erreur et la fourberie; sa devise était ce vers de Lucrèce décrivant la pluie qui tombe d'un nuage : *Redit agmine dulci*. Elle n'alla pas loin dans cette voie avant d'être forcée de s'arrêter. Dissoute en 1632, elle a été ressuscitée, du moins son titre, en 1784. L'*Accademia del Cimento*, créée à Florence en 1657, avec l'appui du grand-duc Ferdinand II, à l'instigation du célèbre géomètre Viviani, acquit rapidement une très grande réputation. Le mot *cimento* (essai, expérience) indique le but poursuivi par cette compagnie; elle n'avait d'autre guide que la méthode expérimentale, ne tenant aucun compte des hypothèses et des théories préconçues. Ses membres les plus illustres furent Torricelli, Magalotti, Borelli et Viviani. Malheureusement, leur vrai protecteur, le prince Léopold, frère du grand-duc, devenu cardinal Medici, quitta Florence en 1667, et l'Académie ne survécut pas longtemps à cette perte. L'*Académie des Sciences* de Turin tire son origine d'une société intime, comme tant d'autres; fondée en 1757, elle fut constituée peu d'années après par le roi Charles-Emmanuel III, et devint Académie royale en 1783, sous Amédée III. Elle se compose de 40 membres résidants, 20 non résidants et 20 étrangers. — Allemagne. L'*Académie des Sciences* de Berlin, fondée par Frédéric le Grand en 1700, ne fut ouverte qu'en 1711. Leibnitz, qui en avait fourni le programme, la présida le premier. Ce fut Maupertuis qui lui succéda. Réorganisée en 1812, elle se divise en quatre sections : physique, mathématiques, philosophie et histoire et porte le titre d'*Académie royale des sciences et belles-lettres*. Mais il existait d'autres sociétés scientifiques en Allemagne avant celle-ci, notamment le *Collegium curiosum*, fondé à Altorff (Franconie) en 1672, sur le plan de l'*Accademia del Cimento*, par J. C. Sturm, professeur de mathématiques à l'Université de cette ville. Citons encore l'*Académie des Sciences* de Mannheim, fondée en 1755 par l'Electeur-palatin Charles Théodore, sur les plans de Schœpflin; l'*Académie électorale bavaroise des Sciences*, de Munich, fondée en 1759 et devenue royale en même temps que l'Electeur de Bavière devenait roi; les *Académies des Sciences* d'Erfurth, de Giessen, etc. — RUSSIE. L'*Académie des Sciences de Saint-Pétersbourg* avait été projetée par Pierre le Grand, qui en signait le programme le 10 février 1724; mais la mort l'empêcha de réaliser ce programme et ce fut Catherine Ire qui l'exécuta. Le 27 décembre 1725, l'Académie tenait sa première séance. Un fond de 125,000 fr. fut créé pour subvenir aux frais de cette compagnie, composée de 15 membres, parmi lesquels Daniel et Nicolas Bernouilli, les deux de Lisle, Wolff, Bulfinger, etc. Peu de sociétés savantes ont eu une carrière aussi glorieuse que l'Académie des Sciences de Saint-Pétersbourg, et surtout aussi soutenue. — SUÈDE. L'*Académie royale des Sciences de Stockholm* fut fondée par une société de six savants dont Linné faisait partie; sa première séance eut lieu le 2 juin 1739. Elle fut réorganisée deux ans plus tard et placée sous la protection royale, qui ne lui rapporte rien de plus. — DANEMARK. Comme la précédente, l'*Académie royale des Sciences* de Copenhague doit son origine à une réunion intime de six savants employés par Christian VI, en 1742, à mettre en ordre son cabinet de médailles; et parmi lesquels nous voyons figurer Moelmann, Pontoppidan et J. F. Ramus. Ces savants en recrutèrent d'autres, obtinrent l'appui du comte de Holstein, qui fut leur premier président, et dès 1743 furent placés sous la protection royale; leur association fut dès lors qualifiée Académie royale des Sciences. — GRANDE-BRETAGNE. Une première tentative fut faite en 1616, par un antiquaire du nom de Bolton, appuyé par Georges Villiers, duc de Buckingham, pour obtenir du roi Jacques qu'il voulût bien s'intéresser à la création d'une *Académie ou Collège royal des Sciences*; la mort du roi empêcha la réussite de cette tentative. En 1635, une nouvelle tentative fut faite dans le même but auprès de Charles Ier; mais les événements politiques ne permirent pas longtemps de songer aux choses de la science, et le projet n'eut pas de suite. Enfin, vers 1645, d'ardents disciples de Bacon prirent l'habitude de se réunir périodiquement les uns à Londres, les autres à Oxford, pour discuter sur diverses questions de science expérimentale. Telle est l'origine de la *Société royale* ou Académie des Sciences de Londres, approuvée en 1662. Il y a également une *Société royale* d'Edimbourg, fondée en 1731, et une *Académie royale irlandaise* à Dublin, fondée en 1782, née aussi d'une réunion privée de membres de l'Université. Dès 1683, une première Société des Sciences avait été instituée à Dublin, mais elle n'avait pas vécu. — HOLLANDE. L'*Académie royale des Sciences* d'Amsterdam, fondée par ordonnance royale en 1852, a succédé à l'*Institut des Pays-Bas*, créé en 1808 par Louis Napoléon, qui régnait alors sur ce pays. — ESPAGNE. L'*Académie des Sciences* de Madrid date de 1774, et s'est modelée sur la nôtre. — PORTUGAL. L'*Académie des Sciences* de Lisbonne a été fondée en 1779; elle s'est divisée en trois classes : histoire naturelle, mathématiques et histoire nationale.

— *Beaux-Arts.* Une *Académie de peinture et de sculpture* fut créée à Turin en 1778. Galeas Visconti fondait, dès 1380, une *Académie d'architecture* à Milan, qui eut, vers le milieu du siècle dernier, une *Académie des Arts* organisée d'après celle de Paris. Il y a ou il y a eu des académies d'art dans toutes les villes de l'Italie, d'ailleurs; nous citerons celles de Florence, de Modène, de Venise, de Mantoue. — L'*Académie de peinture, de sculpture et d'architecture* de Madrid fut fondée par Philippe V. —Stockholm possède une *Académie des Beaux-Arts* depuis 1733. — Vienne, une *Académie de peinture, sculpture et architecture* depuis 1705. — L'*Académie royale des arts* de Londres fut créée en 1768, sous la présidence de sir J. Reynolds. Il y a également à Londres une *Académie de musique ancienne* qui date de 1710, et une *Académie royale de musique* datant de 1822, qui se rapproche par son organisation de notre Conservatoire. — Il y a une *Académie des arts* à Saint-Pétersbourg, fondée par l'impératrice Elisabeth, qui est une véritable école des arts.

— *Médecine et chirurgie.* L'*Académie léopoldine* ou *des Curieux de la nature*, de Leipzig, fut fondée en 1662 par J.-L. Bausch, célèbre médecin. L'empereur Léopold la prit sous sa protection en 1687, d'où son nouveau titre.— L'*Académie de chirurgie* de Vienne a été fondée par l'empereur actuel. — L'*Académie de médecine* de Genève date de 1715.

Evidemment nous négligeons beaucoup d'*Académies*, mais surtout de celles qui, malgré leur nom, ne répondent pas à l'idée que nous nous en faisons ou qui, y répondant, n'ont qu'une faible importance ; nous retrouverons les autres à la description des villes auxquelles elles appartiennent. Nous n'avons point parlé de l'Amérique, où il y a de nombreuses académies pourtant : c'est justement parce qu'elles sont trop nombreuses pour être décrites isolément. Nous signalerons cependant d'une manière spéciale l'*Academia de las tres nobles Artes* de Mexico, fondée en 1773 par Charles III, parce qu'elle est probablement la plus ancienne académie d'art du Nouveau-Monde.

ACADÉMIQUE, *adj.* Qui appartient, qui se rapporte à l'Académie, soit que ce mot soit pris dans son acception actuelle ou dans le sens de doctrine platonicienne. *Philosophie académique. Fauteuil, discours académique.* — B.-Arts. *Figure académique*, figure d'étude, traitée isolément.

ACADÉMIQUEMENT, *adv.* D'une manière académique.

ACADIE, Géog. Ancienne dénomination d'un territoire de l'Amérique du Nord qui fut colonie française et auquel les Anglais ont donné celle de *Nova Scotia*. V. ÉCOSSE (Nouvelle-).

ACAGNARDÉ, *part. pass.* de ACAGNARDER.

ACAGNARDER, *v. a.* Rendre cagnard. Forcer quelqu'un à vivre dans la paresse et l'obscurité, accroupi, pour ainsi dire.

S'ACAGNARDER, *v. pr.* Devenir cagnard, s'habituer à l'oisiveté. *S'acagnarder au coin du feu.* (C'est une expression vieillie et peu usitée, surtout sous la forme active.)

ACAIRE (saint). Evêque de Noyon au VIIe siècle, qui eut pour successeur saint Eloi. C'est de son nom que quelques plaisants font dériver le mot *acariâtre*. L'était-il? Nous n'en savons rien ; mais il paraît que ses reliques avaient le pouvoir de guérir les personnes affectées de cette maladie.

ACAJOU, *s. m* (du brésilien *acajaba*, ou du malais *caju*). Bois d'ébénisterie, de couleur rouge, agréablement veiné ou moucheté, fourni par des arbres appartenant à des familles de végétaux assez variés.

— BOT. ET INDUSTR. L'acajou vrai, ou mahogany de Van Swiéten (*Swietenia mahogani*), est un grand et bel arbre de la famille des cédrélacées, géant des forêts de l'Amérique tropicale dans sa pleine croissance; on le trouve aussi dans les îles de l'Inde occidentale. Sa tige énorme atteint à une grande élévation, d'où ses branches massives, entourées de rameaux sans nombre couverts d'un feuillage léger, brillant, lustré et tenace, se déploient en ondulations gracieuses sur une immense étendue. Ses feuilles sont petites, délicates et luisantes comme celles des lauriers; ses fleurs, également petites, sont blanches ou d'un jaune verdâtre. Le fruit du mahogany est une capsule ligneuse, dure et ovoïde, ayant à la fois le volume et l'aspect d'un œuf de dinde, et divisée en cinq loges renfermant chacune une quinzaine de graines environ. L'énorme tronc de ces arbres est souvent creux à sa base. C'est à cette cause probablement qu'il faut attribuer le système d'abatage toujours en usage, qui consiste à entourer d'une plate-forme élevée à près de 4 mètres du sol le sujet condamné et à le scier au-dessus du niveau de cette plate-forme, de telle sorte qu'il en reste toujours une hauteur de 4 à 5 mètres enfoncée dans la terre et perdue. On débite malgré cela, dans un tronc d'acajou, trois ou quatre billes mesurant un peu plus de 4 mètres de longueur sur 1^m^,45 à 1^m^,70 de diamètre et pesant chacune de 7,000 à 15,000 kilogrammes. Quelques-uns de ces arbres dépassent 365 mètres superficiels et sont vendus environ 75,000 francs. Il n'y a pas lieu de s'étonner, ces détails étant connus, que l'acajou n'entre pas couramment en France dans les travaux de charpente, comme cela a lieu dans les pays de production. Nous nous bornons presque, quant à nous, à l'employer en placage, du moins l'espèce la plus précieuse, car il ne manque pas d'espèces inférieures et quelques-unes même de tout à fait détestables. Pour placage, on recherche d'abord l'acajou uni, dont la couleur est un beau rouge vif et dont le grain est le plus fin; l'acajou veiné de lignes plus foncées et presque parallèles; l'acajou ronceux, qui provient de l'endroit du tronc où une branche a pris naissance; l'acajou moucheté, flambé, moiré, etc., ainsi nommés de la disposition des dessins qui les décorent et qui sont très variés. Dans chaque division, il y a encore des distinctions à faire; ainsi il y a bien au moins une demi-douzaine d'espèces d'acajou ronceux, dont les prix varient parfois sensiblement d'une espèce à l'autre. Inutile de dire qu'une grande expérience est nécessaire pour ne point se tromper dans un pareil choix.

Parmi les bois qui se rapprochent de l'acajou vrai par l'aspect, et qui sont d'ailleurs de la même famille, nous signalerons l'*acajou à planches*, léger et poreux, d'un rouge brun fort laid et que les plus beaux vernis ne feraient qu'enlaidir encore, je pense ; mais qui offre le précieux avantage de tenir éloignés les insectes perceurs de bois et les teignes en général. On en fait donc... des planches et avec ces planches des cassettes et des boîtes variées à assemblages très sommaires, dont on est libre de déterminer pour le mieux la destination. Comme il nous arrive en billes, ce n'est pas à dire qu'on ne l'emploie jamais dans l'ébénisterie ; on le façonne également sur le tour, pour quelques ouvrages peu soignés, mais « garantis acajou massif ; » garantie qui suffit quelquefois à de certains clients. — *L'acajou de Cayenne*, plus généralement connu sous le nom de *bois d'amarante*, vient en effet de la Guyane française. C'est un bois très beau, dont le nom indique suffisamment la teinte caractérisque d'un violet vineux clair, légèrement moiré, et qui parut en France, pour la première fois, à l'Exposition nationale de 1827. Il entre avec succès dans les compositions de marqueterie; on en fait également de jolis petits meubles tels que coffrets, nécessaires de dames, boîtes à gants, etc., ainsi que de petits objets de tour. *L'acajou du Sénégal*, appelé dans les ateliers *cailcedra*, est une espèce de cédrel, de la même famille que l'acajou vrai, qui croît principalement aux îles du Cap-Vert. Il est d'un rouge plus foncé, légèrement vineux, pesant, dur et difficile à travailler, ménageant à l'ouvrier la désagréable surprise de s'en aller par longs éclats sous l'outil au moment où il s'y attend le moins et quoique aucun défaut dans sa texture n'ait pu faire pressentir pareille escapade. On l'emploie néanmoins à la fabrication des meubles communs; le tourneur surtout en tire un grand parti : il en fait des pieds de table, des montants d'étagères et des casiers à musique, etc., — mais avec un plaisir extrêmement modéré.

Les acajous forment une famille nombreuse, dont tous les individus ne sont certainement pas connus ; pour ceux qui le sont, ce que nous venons de dire des principaux nous paraît bien suffisant. Le mahogany de Van Swieten lui-même présente un certain nombre d'espèces de qualités fort diverses, suivant qu'il vient de l'Inde, des Bahamas, d'Haïti, de Cuba, du Honduras, du Yucatan ou de la Floride ; nous ne saurions pourtant nous attarder à étudier les qualités de chacun, puis ensuite de chacune de leurs parties : l'ébéniste intelligent et expérimenté sait en faire la différence, et nos instructions seraient insuffisantes pour empêcher le premier venu d'être trompé à l'occasion, car elles ne prétendent pas suppléer l'expérience.

— HIST. La première mention historique du bois d'acajou se trouve dans la relation de l'expédition de sir Walter Raleigh à la recherche de l'Eldorado, en 1595. Ses vaisseaux, à l'ancre dans le port de la Trinidad, avaient besoin de réparations, et ce fut l'acajou qu'on y employa. Mais des préoccupations autrement sérieuses que la découverte d'un bois nouveau, propre à l'ébénisterie ou à la construction, absorbaient les navigateurs anglais : ils touchaient aux pays de l'or !... On perdit

ANACARDIUM OCCIDENTALE .
Feuilles, fleurs et fruits (dits noix d'acajou).

donc bientôt jusqu'au souvenir de cette rencontre fortuite, et près d'un siècle et demi s'écoula avant qu'on renouvelât connaissance avec l'acajou. C'était en 1724. Un certain capitaine Gibbons, de retour des Indes occidentales, avait rapporté, pour lui servir de lest, quelques madriers et billes d'acajou dont il fit présent à son frère, médecin à Londres et activement occupé pendant le quart d'heure à se faire construire une maison dans Covent Garden. Le docteur Gibbons trouva bonne apparence à ce bois et le remit en conséquence aux charpentiers, avec mission d'en tirer le meilleur parti possible ; mais ceux-ci, après quelques tentatives funestes à l'affût de leurs outils, ne voulurent plus en entendre parler. Le docteur, très entêté, ne pouvant les faire revenir sur cette détermination, se rabattit sur son ébéniste, lequel, tout en protestant avec énergie, finit par en confectionner une boîte à chandelles. Cette caisse achevée et polie, il se trouva qu'elle surpassait en éclat les plus belles pièces de l'ameublement du docteur. L'ébéniste, très satisfait lui-même du résultat, consentit sans beaucoup de peine à recommencer l'épreuve. Il s'agissait cette fois d'un bureau, qui fut, une fois terminé, exposé à l'admiration des amis du médecin. Le succès de ce meuble, ou plutôt du bois d'acajou dont il était fait, fut si grand, que Sa Grâce la duchesse de Buckingham voulut avoir un meuble exactement semblable, dont l'ébéniste dut entreprendre l'exécution toute affaire cessante. Dès lors, la fortune de l'acajou fut assurée, — et celle de l'ébéniste Wollaston aussi ; et l'on peut bien dire que ce n'est sur l'eur faute ni à l'un ni à l'autre.

— NOIX D'ACAJOU. Fruit de l'anacardium occidentale (térébinthacées). Il a la forme d'une fève ; est coriace, lisse, d'un brun grisâtre. L'enveloppe renferme un suc huileux, caustique, d'une couleur noire ; mais on trouve à l'intérieur une amande très bonne à manger. A Saint-Domingue on en fait des infusions dans l'eau fraîche, en y laissant pendant quelques heures tremper des morceaux coupés de cette amande, et obtient ainsi une liqueur qui passe pour excellente dans les maladies de l'estomac.

ACALE, Myth. Neveu de Dédale à qui on attribue l'invention du compas et de la scie. Son oncle, jaloux de ses succès, le jeta du haut d'une tour ; mais Minerve, émue de compassion, le rattrapa au vol et le métamorphosa en perdrix.

ACALEPHE (du gr. akalêphé, ortie), s. m. Bot. Nom que les anciens donnaient à l'ortie. — Zool. Classe de zoophytes, appelés communément orties de mer, dont le contact (de quelques-uns au moins) produit une sensation de piqûre brûlante analogue à celle de l'ortie, et comprenant les sertulaires, les hydraires, les siphonophores et les médusaires. C'est, du reste, une classe à étudier de plus près et qui appelle un remaniement nécessaire. V. ACTINIES.

ACALICULÉ, ÉE, adj. (du grec a priv. et kalux, calice). Physiol. végét. Fleur acaliculée, qui est dépourvue de calicule, c.-à-d. de second calice externe.

ACALOT, s. m. Ornithol. Espèce d'échassier longirostre du genre tantale (tantalium mexicanum. Linn.), appelé vulgairement corbeau aquatique, à cause de la nuance de son plumage, et qui fréquente les bords des rivières et des lacs du Mexique.

ACALYPHE, s. f. (même étym. que ACALÈPHE). Bot. Genre de plantes de la famille des euphorbiacées, dont le nom vulgaire est ricinelle. V. ce mot.

ACAMAS. Myth. Fils de Thésée et de Phèdre. Envoyé en ambassade à Troie, avec Diomède, pour réclamer Hélène, il échoua dans cette mission mais y obtint des succès d'un autre genre, et Laodicée, fille de Priam, eut de lui un fils. Acamas faisait partie des Grecs qui pénétrèrent dans la ville assiégée dissimulés dans les flancs d'un cheval de bois. Il eut le bonheur, paraît-il, de retrouver son fils et de le sauver du carnage qui suivit cette entrée plus ingénieuse que loyale. — Du nom d'Acamas, l'une des dix tribus d'Athènes prit le nom d'Acamantide ; et l'on attribue en outre à Acamas la fondation de la ville d'Acamantium, en Phrygie. — Géog. anc. Cap. de l'île de Chypre, aujourd'hui cap Pifano.

ACANTHE s. f. (du grec akantha, épine). Bot. Genre de plantes herbacées, vivaces, type de la famille des acanthacées, dont les deux

Feuille d'acanthus mollis.

espèces principales sont : 1° l'acanthus mollis, appelée aussi branche-ursine, à raison d'une ressemblance dont tout le monde ne s'aperçoit pas, qui existerait entre ses feuilles larges, velues, profondément découpées et la patte de l'ours ; 2° l'acanthus spinosus, à feuilles épineuses. — Thérapeut. Les feuilles de l'acanthe jouissent de propriétés émollientes et servent en conséquence à préparer des lavements et des cataplasmes. — Myth. Fils d'Antinoüs et d'Hippodamie, changé en acanthe après avoir été dévoré par les chevaux de son père. Quelques-uns croient que c'est en acanthide (en serin) qu'il fut changé après cet accident. Nous ne saurions faire choix. — Géogr. anc. Ville marit. de Macédoine, dans la presqu'île chalcidique, au nord du mont Athos. Il y eut plusieurs autres villes de ce nom, en Carie, en Égypte et ailleurs.

— ARCHIT. Ornement d'architecture décorant le chapiteau corinthien et qui, d'après Vitruve, aurait été inspiré au sculpteur Callimaque à la vue de feuilles d'acanthus mollis favorablement disposées. Vitruve, du reste, cite à l'appui de son opinion la légende suivante : Après la mort prématurée d'une jeune Corinthienne, ses jouets furent réunis dans une corbeille et placés par sa nourrice sur sa sépulture. Au printemps, l'acanthe entoura la corbeille de ses feuilles nombreuses ; mais celles-ci, rencontrant une résistance qui les comprimait dans les angles d'une tuile qui recouvrait cette corbeille, furent forcées de se replier en forme de volutes. » Et c'est alors que Callimaque, frappé de la grâce de cette décoration naturelle, l'aurait imitée dans le chapiteau corinthien. — Il y a longtemps que la chose a été contestée pour la première fois, du moins en ce qu'elle a trait à l'invention de Callimaque ; mais quant à l'origine du chapiteau corinthien, il est certain qu'elle ne peut être autre que celle indiquée par cette légende touchante.

ACANTHIE, s. f. Entomol. Nom donné autrefois, d'après Latreille, au genre d'insectes hémiptères hétéroptères appelés aujourd'hui arades et dont le type : le plus connu est la punaise des lits (cimex lectularius), type de la tribu des cimicides, fam. des réduvides ou réduviens. V. PUNAISE.

ACANTHOCARPE, adj. (du gr. acantha, et karpos, fruit). Végétaux qui donnent des fruits garnis d'épines.

ACANTHOCÉPHALE (du gr. acantha, et képhalé, tête). adj. Animal dont la tête est armée d'épines, d'aiguillons ou de crochets.

ACANTHOCLADE, adj. (du gr. acantha et klados, branche). Se dit des rameaux épineux de certains végétaux.

ACANTHODACTYLES (du gr. acantha et dactylos, doigt), s. m. Erpét. Genre de lézards aux doigts armés d'ongles pointus, qui habitent l'Europe méridionale et l'Afrique.

ACANTHOPHIS, s. m. (du gr. acantha et ophis, serpent). Erpét. Genre de reptiles ophidiens, de la famille des vipères, dont l'extrémité de la queue est armée d'une épine forte et aiguë. On ne l'a rencontré jusqu'ici qu'en Australie.

ACANTHOPHORE (du gr. acantha et phoros, qui porte), s. f. Bot. Genre de plantes aquatiques, tuberculeuses, annuelles, de la famille des floridées, originaires des régions équatoriales. — S'emploie adjectiv. pour désigner des plantes armées d'épines ou de poils rudes, comme les varechs. — Entom. Insecte coléoptère tétramère, du genre prione, famille des cérambycides. Les acanthophores sont des coléoptères géants, au labre rudimentaire, mais aux mandibules longues et aux antennes munies d'une petite épine à chacun des articles, que l'on ne rencontre guère que dans l'Inde. A Pondichéry, on trouve particulièrement l'acanthophore aux

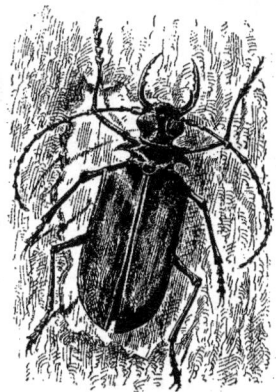

Acanthophore serraticorne.

antennes en sc e (acanthophorus serraticornis), d'un beau brun, passant au ferrugineux sur les élytres, dont l'énorme larve se construit une coque proportionnée, à parois très épaisses, au moyen de fragments de bois taillés avec une grande régularité. Ces larves lignivores vivent dans le tronc et les maîtresses branches des arbres où, avant de s'enfermer dans leurs coques, elles n'ont pas manqué de creuser de longues et désastreuses galeries.

ACANTHOPODE, *adj.* (du gr. *acantha* et *podos*, pied). Se dit de tout végétal à pétioles épineux, de tout animal portant des épines à leurs pieds. — *S. m.* Ichtyol. Genre de poissons de la famille des acanthoptérygiens squampinnés.

ACANTHOPTÉRYGIEN (du gr. *acantha* et *ptérux*, aile), *adj.* Ichtyol. Ordre des poissons osseux, dont la nageoire dorsale, et quelquefois l'anale, sont soutenues par des rayons solides et épineux; les ventrales sont également munies d'une ou deux épines. Cet ordre comprend environ les trois quarts des poissons connus.

ACANTHURE, *s. m.* (du gr. *acantha* et *oura*, queue). Ichtyol. Genre de poissons acanthoptérygiens, voisins des chétodons et caractérisés par une forte épine mobile et tranchante, qu'ils portent de chaque côté de la queue et dans laquelle on a vu une lancette, de sorte qu'on leur a donné le nom de Chirurgiens. Comme le chétodon, l'acanthure habite les mers chaudes, telles que celles des Antilles, du Brésil, de l'Arabie, l'océan Indien, etc. La chair des acanthures est très recherchée.

A CAPELLA, *loc. adv. ital.* Musiq. relig. Terme indiquant que les instruments doivent marcher à l'unisson ou à l'octave avec les voix.

ACAPULCO, ville marit. du Mexique, état, et à 274 kil. S.S.O. de Mexico. Elle est située dans la baie du même nom, sur l'océan Pacifique; son port, presque entièrement enfoncé dans les terres, est certainement le meilleur de toute la côte; il est d'un facile accès, et les bâtiments les plus lourds peuvent venir jeter l'ancre jusqu'au pied des rochers qui l'entourent. La ville, bâtie au N.O. du port, est défendue du côté de la mer par le fort San Diego, qui s'élève sur une éminence voisine. Pendant la saison sèche, l'air est empesté par les émanations des marais situés à l'E. de la ville; ceci, joint aux innombrables moustiques, à la chaleur torride aggravée encore par la réflexion des rayons solaires à la surface blanche des rochers qui environnent Acapulco, rend son séjour extrêmement malsain, surtout pour les Européens. Autrefois, Acapulco était le grand entrepôt du commerce de l'Espagne avec les Indes orientales; un galion partait de ce port pour Manille et un autre en revenait une fois l'an, chargé des produits et des trésors de l'Orient. A l'arrivée de ce dernier, il y avait une grande fête à laquelle prenaient part les marchands de toutes les parties du Mexique. L'indépendance du Mexique mit fin à cet état de choses, et depuis, Acapulco n'a jamais pu retrouver entièrement son ancienne splendeur commerciale. La découverte de l'or, en Californie donna cependant une impulsion inespérée à son commerce, et son port est devenu le plus important du Mexique. Les steamers qui font la navigation du Pacifique y touchent régulièrement. Outre son commerce de transit, qui est considérable, Acapulco exporte des laines, des peaux, du cacao, de l'indigo et de la cochenille; ses principales marchandises d'importation sont le coton, la soie et la quincaillerie. Sa population est d'environ 5,000 habit. Elle en a eu près du double, mais elle était tombée à moins de 4,000.

ACARE ou **ACARUS** (du gr. *akari*, mite), *s. m.* Entom. Genre d'arachnides trachéens, de l'ordre des acariens, ou plutôt cet ordre tout entier, dont le type est la mite du fromage et dont l'espèce la plus intéressante, sinon la plus connue, est le ciron qui se trouve dans les vésicules de la gale. On lui donne aussi le nom de *sarcopte*. La découverte de l'acare de la gale a été longtemps contestée, la présence et l'action de cet acarien dans la maladie de la peau que nous venons de mentionner est toutefois reconnue aujourd'hui par tout le monde. Moquin-Tandon, prof. de zoologie à la faculté de Paris, raconte de la manière suivante comment s'est faite cette découverte : « En 1821, dit-il, Mouronval publia une dissertation pour établir que la cause de la gale n'est un un ciron ni un virus. L'auteur avait fait des recherches sur *plus de dix-huit cents galeux!* Enfin, le docteur Lugol offrit 300 francs comme défi, à celui qui montrerait l'animalcule de la gale. Cependant, en 1834, François Renucci, étudiant en médecine, natif de Corse, assistant à la clinique du professeur Alibert, proposa d'extraire et de faire voir, séance tenante, l'animalcule objet de tant de controverses. L'expérience eut un succès complet. » Voir MITE et SARCOPTE.

ACARIATRE, *adj.* (étym. douteuse). Qui est d'humeur hargneuse, qui a des façons aigres et criardes à l'habitude. *Une personne acariâtre. Des façons acariâtres.* V. ACAIRE.

ACARIENS, *s. m.* Entom. Ordre d'arachnides comprenant une multitude d'espèces, aux conditions d'existence les plus variées. Ces arachnides naissent avec trois paires de pattes; les parties de leur corps sont plus ou moins confondues, les antennes en pinces ou en griffes, la bouche conformée pour la succion dans le plus grand nombre. V. ACARE.

ACARNANIE. Géog. anc. Province de l'anc. Gréce, appelée aujourd'hui *Carnia*. Elle était bornée au N. par le golfe Ambracique qui la séparait de l'Epire, par la mer Ionienne à l'O. et au S. O., à l'E. par le fleuve Achéloüs la séparant de l'Etolie et par l'Amphiloquie au N.E. C'était une contrée montagneuse, où l'on rencontrait beaucoup de lacs et de excellents pâturages; elle est aujourd'hui couverte d'épaisses forêts. L'Acarnanie, qui comptait sous les Romains 200,000 habit. au bas mot, avait de bons ports sur la côte; les chevaux qu'on y élevait étaient très renommés. Quoique admis aux jeux panhelléniques et por mêlés aux affaires de la Grèce, les Acarnaniens ou Acarnaniens se rapprochaient davantage par leurs mœurs de leurs barbares voisins, les Epirotes, si même ils ne les dépassaient en barbarie, car les Grecs les désignaient volontiers sous la qualification par parlementaire de *porcus acarnas*. Belliqueux, bons soldats et surtout habiles francs-tireurs, employés fréquemment en guerre avec les Etoliens, dont ils se distinguaient par la fidélité et la constance de leur caractère. Jusqu'à la guerre du Péloponèse, ils ne sont mentionnés toutefois que comme un peuple de pasteurs, divisé en nombreuses petites tribus, en querelle constante avec leurs voisins et exerçant à leurs moments perdus la piraterie et le brigandage; mais à partir de cette époque, ils s'alliant aux Grecs, ont fait meilleure figure dans l'histoire. Ils firent aux Romains une résistance courageuse, qui ne prit fin qu'à la bataille de Cynocéphale, suivie aussitôt de la prise de Leucade par Flaminius. Leur capitale fut d'abord Stratos et enfin Leucade. — Après la prise de cette ville par les Romains, l'Acarnanie, ou du moins son nom, disparaît de l'histoire. Cette contrée fut habitée successivement par divers peuples, et nous voyons Roger, roi de Sicile, ajouter à ce titre celui de roi des Acarnans et des Etoliens; mais ces Acarnans n'étaient déjà plus les habitants originaires de l'antique Acarnanie.

ACARPE, *adj.* (du gr. *a* priv. et *karpos*, fruit). Végétaux qui ne donnent point de fruits.

ACARUS, *s. m.* V. ACARE.

ACASTE. Myth. Fils de Pélion, roi de Thessalie et l'un des Argonautes. Il succéda à son père, que ses sœurs, sur le conseil de Médée, avaient fait bouillir pour lui rendre la jeunesse, et institua des jeux funèbres en son honneur. Le thème ayant conçu une grande passion pour Pélée, qui n'y répondit pas, accusa celui-ci d'avoir voulu lui faire outrage. Alors Acaste résolut de se venger. Il invita Pélée à une partie de chasse sur le mont Pélion, et là, l'ayant dépouillé de ses armes, l'abandonna aux fantaisies probables des bêtes féroces. Mais Mercure eut pitié de l'innocent et le délivra. Pélée se rendit en toute hâte chez Acaste, à Iolchos, et le tua, ainsi que sa femme Hippolyte, cause de tout le mal. Telle est du moins la version d'Ovide, acceptée par Horace; mais Pindare prétend que c'est Acaste qui tua Pélée. — Nom d'une nymphe fille de l'Océan et de Téthys.

ACATALECTIQUE, *adj.* (du gr. *a* priv. et *kataleklikos*, qui a une finale). Métr. anc. Vers auxquels il ne manquait aucune syllabe, par opposition aux vers *catalectiques*, auxquels il en manque à la fin.

ACATALEPSIE, *s. f.* (du gr. *a* priv. et *katalepsia*, compréhension). Philos. anc. Impossibilité de connaître, suivant la doctrine pyrrhonienne. — Méd. Affection cérébrale qui enlève la faculté de comprendre. (Peu usité).

ACATALEPTIQUE, *adj.* Qui se rapporte à l'acatalepsie. — *S. m.* Personne frappée d'acatalepsie.

ACAULE, *adj.* (de *a* priv. et *caulis*, tige). Bot. Privé de tige apparente.

ACCABLANT, ANTE, *adj.* Qui accable. — Fig. Importun à l'excès. *Personnage accablant. Occupations accablantes.*

ACCABLÉ, ÉE, *part. pas.* de ACCABLER.

ACCABLEMENT, *s. m.* Action d'accabler, résultat de cette action, c.-à-d. état d'une personne qui a été la réunion de personnes que qq. chose accable. — Fig. surcharge.
— SYN. ACCABLEMENT. ABATTEMENT. L'une et l'autre expression impliquent l'affaissement moral, le découragement. Cependant l'abattement est un état passager dont on se relève; l'accablement, au contraire, suppose la perte de toute énergie, l'écrasement irrémédiable.

ACCABLER, *v. a.* Abattre, faire succomber sous le poids excessif d'un fardeau, sous les coups, la multiplicité des affaires, les chagrins, l'excès du travail, tout ce qui donne le sentiment d'un poids physique ou moral. — Fig. *Accabler d'injures, de reproches, de mauvais procédés.* — Se prend en bonne part, avec un complément favorable à cette interprétation. *Accabler quelqu'un de bienfaits, de caresses, de compliments, de cadeaux.*

S'ACCABLER, *v. p. Vous vous accablez de travail.*

ACCA LAURENTIA. Myth. Nourrice de Romulus et de Rémus. Elle était femme du berger Faustulus, et a reçu de quelques auteurs le surnom de *Lupa*, louve, à raison de la conduite déréglée dont ils la gratifient. Ce surnom de louve, en tout cas, a donné naissance à la légende d'après laquelle les fondateurs de Rome auraient eu une louve pour nourrice. Plus tard, Acca Laurentia fut élevée au rang de divinité; une fête annuelle lui était consacrée, et le flamine de Jupiter lui offrait son sacrifice public. Il y eut une autre ACCA LAURENTIA, qui était reine des Volsques et sœur de Camille.

ACCALMIE, *s. f.* Mar. Moment de calme relatif succédant à une bourrasque ou en suspendant les effets. — Fig. Phénomène analogue se produisant dans les affaires ou dans la politique d'une nation active ou agitée.

ACCAPARÉ, ÉE, *part. pas.* de ACCAPARER.

ACCAPAREMENT, *s. m.* Action d'accaparer, d'acheter toutes les marchandises de première nécessité qui se trouvent sur un marché, dans le but d'en faire hausser le prix et de les revendre alors avec un bénéfice énorme. L'accaparement des blés, des farines a causé, à différentes époques de notre histoire, des famines suivies de représailles sanglantes à l'abri desquelles les accapareurs ont presque toujours su se mettre; il n'est donc pas étonnant que la Convention ait considéré l'accaparement comme un crime capital; ce n'est plus qu'un délit aujourd'hui, et il n'y a plus guère d'occasions de sévir : l'accapareur du bon vieux temps a fait place au vulgaire spéculateur. Une liberté relative des échanges entre nations, en dépit des protectionnistes enragés, nous garantit pour toujours contre les calamités résultant de l'âpreté au gain de spéculateurs sans entrailles. Depuis 1846, époque à laquelle le salaire d'une journée d'ouvrier ne suffisait pas à payer le pain tout sec de sa famille, par suite d'accaparements scandaleux, on ne saurait relever une seule tentative sérieuse d'accaparement.

ACCAPARER, *v. a.* Acheter une grande quantité de marchandises de vente courante, les amasser, pour les revendre quand la demande deviendra pressante et les prix en conséquence très élevés. — Fig. S'emparer de tout, sans considération pour les autres. *Ce client accapare tous les journaux. Il accapare toutes les affaires un peu avantageuses.*

ACCAPAREUR, EUSE, *s.* Celui, celle qui accapare.

ACCARIAS, Calixte, jurisconsulte français, né au bourg de Mens (Isère), en 1831. Élève de l'École normale supérieure (section des lettres), il entra dans l'enseignement libre en 1852, puis suivit les cours de l'École de droit, prit le grade de docteur, en 1863, se fit agrégé et fut chargé d'un cours de droit romain à la Faculté de Douai. Il fut, plus tard, chargé d'un cours de Pandectes à la Faculté de Paris; et à la création de la nouvelle chaire de Pandectes à cette Faculté, en 1878, il fut appelé à la remplir. M. Accarias avait été nommé maître des requêtes au Conseil d'État réorganisé, après la révolution du 4 septembre; mais, absent de Paris, il ne put remplir ces fonctions. Il a été nommé inspecteur général des facultés de droit en 1882. — Il a publié : *Étude sur la transaction, en droit romain et en droit français* (1863); *Théorie des contrats innommés* (1866); *Précis du droit romain* (1873), etc. Son *Rapport* au ministre de l'instruction publique sur le concours de 1884, pour l'agrégation des facultés de droit, a été très remarqué.

ACCASTILLAGE, *s. m.* (Esp. *acastillaje*, même sens). Mar. Dans l'anc. marine, on appelait ainsi l'ensemble des châteaux élevés à l'avant et à l'arrière d'un navire pour sa défense. — Se dit aujourd'hui de la partie de l'œuvre morte d'un navire ordinairement décorée de sculptures, de dorures et de peintures.

ACCASTILLER, *v. a.* Procéder à l'accastillage d'un bâtiment.

ACCÉDER, *v. n.* Adhérer à des engagements pris par d'autres. *J'accède à ces conventions. La Turquie n'accédera jamais à ce traité.* — Accepter une proposition, exaucer une prière. *J'accède à votre demande pour cette fois.* — Avoir accès, arriver à. *On accède à cette partie de la maison par une porte vitrée ouvrant sur la serre.*

ACCÉLÉRATEUR, TRICE, *adj.* Qui provoque l'accélération.

ACCÉLÉRATION, *s. f.* Augmentation de vitesse. *L'accélération de la marche. L'accélération du pouls.* — Fig. Expédition, exécution d'un travail rendues plus rapides.

ACCÉLÉRÉ, ÉE, *part. pas.* de Accélérer. — Art milit. *Pas accéléré*, pas plus rapide que le pas ordinaire.

ACCÉLÉRER, *v. a.* Augmenter la vitesse, presser, hâter.

ACCENSE (*Accensus*), *s. m.* Antiq. rom. Officier civil attaché au service des consuls, préteurs, gouverneurs de provinces, etc.; sorte d'huissier chargé de convoquer le peuple aux assemblées, les plaideurs au tribunal et de crier l'heure. — Il y avait aussi des *accensi* militaires. C'étaient, dans l'origine, des soldats surnuméraires, ayant pour mission de combler les vides produits dans les légions pendant la bataille; on en forma dans la suite un corps spécial de troupes de réserve, armées à la légère et même pas du tout. Pendant l'action, leur place était tout à fait en arrière de l'armée, jusqu'à ce que les nécessités de l'attaque les fissent diriger sur quelque point en avant; alors ils combattaient des pieds et des poings, à coups de pierres, avec tout ce qu'ils pouvaient rencontrer qui pût leur tenir lieu d'armes. On désignait encore sous le nom d'*accensi*, les jeunes soldats de recrue, les « conscrits. »

ACCENT, *s. m.* (pron. *ak-san*). Modification de la voix suivant le ton ou la durée des voyelles et des syllabes ou des mots à la formation desquels elles participent. — Inflexion de la voix due à une influence locale. *L'accent parisien, gascon, normand. L'accent italien, allemand, anglais.* Un savant, généralement mieux inspiré, exposait à l'Académie des sciences, en novembre 1881, le résultat d'observations d'après lesquelles les sourds-muets qu'on réussit à faire parler, parleraient avec l'accent de leur province. Il y mit tant d'insistance, que la docte assemblée fut obligée de s'occuper de cette étrange question pendant plusieurs séances. — Se dit absolument, *C'est un Basque, son accent le trahit. L'Allemand perd difficilement son accent.* — Inflexion de voix due à l'influence des sentiments, des pensées exprimés. *Accent pathétique, accent joyeux, accent oratoire.*

—Gram. Petits signes placés sur les voyelles, pour les caractériser ou pour indiquer l'*accent.* Il y a trois sortes d'accents, l'accent *aigu*, l'accent *grave* et l'accent *circonflexe.* L'accent aigu se place sur l'*é* fermé, dont il indique la prononciation, *beauté, fédéré.* L'accent grave se met sur l'*è* ouvert, pour en indiquer la prononciation : *père, mère, succès, collège;* il se place sur *à* prép. et sur *ù* de *où*, adv., seulement dans un but de distinction grammaticale. L'accent circonflexe s'emploie sur la voyelle d'une syllabe longue pour en indiquer la prononciation, comme dans *mâle, fête, paraître, bélître, trône, flûte*; dans certains cas, l'emploi de l'accent circonflexe indique la suppression d'une lettre, comme dans *âge, paraître, apôtre*, vous *reçûtes*, qui s'écrivaient jadis *aage, paraistre, apostre, reçustes,* mais le résultat est le même, puisque la syllabe est longue, et cette origine peut être oubliée sans danger; enfin, on emploie encore l'accent circonflexe par simple désignation grammaticale, dans *dû* part. pas. pour le distinguer de *du* article composé; *tû* part. pas. de *tu* pr. pers., *crû* part. pas. de croître de *cru* part. pas. de croire, *sûr* et *mûr*, adj. de *sur* prép. et *mur* subst.; dans plusieurs de ces derniers exemples, il y a bien aussi suppression d'une lettre dans les mots où l'accent circonflexe est employé; mais il est certain que la vraie cause de cet emploi c'est la nécessité de distinguer deux mots de construction semblable autrement et se prononçant exactement de même, comme *sur* et *sûr*, qui s'écrivait *seur* autrefois et qui a conservé son ancienne prononciation. — Musiq. Signe indiquant l'intensité du son d'une note ou d'une phrase.

— Accents, *s. m. pl.* Poét. *Écoutez ces accents divins. Les accents de la passion, de la douleur, de la tendresse, de la fureur.* — *Prêtez une oreille attentive à mes accents*, se traduit en vile prose par *Écoutez-moi.*

ACCENTUATION, *s. f.* Manière d'accentuer en parlant, de placer les accents sur les lettres qui l'exigent.

ACCENTUÉ, ÉE, *part. pas.* de Accentuer. Marquer d'un accent. Prononcer suivant les règles de l'accent tonique. Donner des inflexions de voix pour augmenter l'énergie du langage, faire ressortir certaines phrases, certaines expressions du discours.

ACCEPTABLE, *adj.* Qu'on peut accepter. *Faites-nous des offres acceptables.*

ACCEPTATION, *s. f.* Action d'accepter. — Jurispr. Acceptation d'une donation, d'une succession. Acte par lequel on formule cette acceptation. — Banq. Promesse de payer à l'échéance une lettre de change ou une traite, formulée par les mots *accepté pour la somme de...* et la signature de l'accepteur tracés en travers de l'effet. *Envoyer une traite à l'acceptation.*

ACCEPTÉ, *part. pas.* de Accepter. — Banq. *Accepté pour la somme de...*, formule de l'acceptation d'une traite.

ACCEPTER, *v. a.* Agréer l'offre qui vous est faite ou l'objet de cette offre, consentir à une proposition, s'engager à en remplir les conditions. *Accepter un emploi, une charge, une donation, un défi, le combat. Accepter une lettre de change* (V. Acceptation). — *En accepter l'augure*, agréer l'espoir qu'une chose désirable arrive. — Se dit absolument : *J'accepte.*

— S'accepter, *v. pr.* Être accepté. *Ce sont de ces propositions qui s'acceptent toujours.*

ACCEPTEUR, *s. m.* Ne s'emploie qu'en terme de banque, pour désigner la personne qui *accepte* une lettre de change tirée sur elle.

ACCEPTION, *s. f.* Action d'admettre par préférence. *Faire acception de personnes*, avoir égard aux unes de préférence aux autres. *Ne point faire acception de parti* ou *de fortune*, n'y avoir point égard. — Gram. Sens dans lequel un mot doit être pris. *Est-ce dans son acception propre ou dans son acception figurée que vous l'entendez?*

ACCÈS, *s. m.* Arrivée, entrée, qui permet d'accéder en quelque endroit ou auprès de quelqu'un. *Lieu de facile* ou *de difficile accès*, qu'on aborde facilement ou avec difficulté; et dans le même sens : *Une personne d'accès facile*, à qui l'on peut parler sans difficulté. *Avoir accès dans un lieu, auprès d'une personne. Cette porte donne accès dans les ateliers.* On dit aussi figurément, dans un sens analogue : *Avoir accès aux honneurs, aux dignités. La pitié n'a point accès dans l'âme d'un avare.*

— Pathol. Accidents morbides qui se reproduisent périodiquement ou non. Se dit spécialement de la fièvre intermittente, parce que dans les fièvres continues, il n'y a pas réellement accès, mais *paroxysme*, c.-à-d. aggravation des symptômes. L'accès complet de fièvre intermittente se compose de trois temps : le froid, la chaleur et la sueur; lorsqu'un ou deux de ces temps font défaut, l'accès est dit incomplet. Ces accès sont séparés par des intervalles dits *intermission.* — On dit par extens. accès de goutte, accès de folie, d'épilepsie, d'apoplexie, etc.; mais dans ces sortes d'accès, les trois temps n'existent pas, et il est préférable de leur donner le nom d'*attaques.* — Fig. Mouvement intérieur et momentané à l'influence duquel on obéit. *Accès de colère, de pitié, de mélancolie, de gaieté. Elle a des accès de dévotion.*

— Dr. can. Scrutin de ballottage pour l'élection d'un pape, lorsque, dans les scrutins précédents, aucun des cardinaux n'a obtenu le nombre de voix requis; on fait alors un essai d'élection entre les cardinaux proposés, au scrutin, et celui qui a réuni la pluralité des voix est élu : La formule est *accedo domino...* (Je me joins à...), voilà pourquoi on donne le nom d'accès à cette sorte de scrutin. *Le scrutin n'ayant donné aucun résultat on alla à l'accès. Il a été fait pape à l'accès.*

ACCESSIBILITÉ, *s. f.* État de ce qui est accessible.

ACCESSIBLE, *adj.* Où l'on peut accéder, abordable, que l'on peut approcher ou atteindre.

ACCESSION, *s. f.* Adhésion, consentement, action d'accéder. *Accession au pouvoir, au trône. Il faudrait être sûr de l'accession des grandes puissances à ce projet. L'accession du père au contrat est indispensable.* — Jurispr Droit d'un propriétaire sur ce que produit sa propriété et sur ce qui s'y unit ou s'y incorpore. L'objet même qui motive l'exercice de ce droit. *Les fruits de la terre, les fruits civils, le croît des animaux appartiennent au propriétaire par droit d'accession. Les atterrissements insensibles, les arbres qu'on plante sur un terrain, les constructions qu'on y fait sont des accessions, appartiennent au propriétaire par droit d'accession* (Acad.)

ACCESSIT, *s. m.* (le t se prononce dans tous les cas). Mot latin (3ᵉ pers. sing. du prétér. d'*accedere*, il s'est approché). Distinction accordée dans les écoles et les académies à ceux qui ont le plus approché du prix.

— Rem. L'Académie constate que « quelques-uns écrivent au plur. *Des accessits.* » Elle eût mieux fait d'imposer à tous cette forme du pluriel, en admettant *accessit* parmi les subst. ordinaires. Quelle raison y a-t-il d'écrire *des accessit*?

ACCESSOIRE, *adj.* Dépendant du principal. *Mettons de côté ce qui n'est qu'accessoire, pour nous occuper du principal* — Méd. Se prend dans le même sens que dans le langage ordinaire. *Symptômes accessoires, sciences accessoires* à la médecine. — Anatom. Nerfs ou muscles dont l'action aide ou règle celles des muscles ou des nerfs principaux qu'ils accompagnent. *Muscle accessoire du long fléchisseur des orteils*, muscle de la plante du pied, auxiliaire du long fléchisseur. *Nerf accessoire du crural*, branche du 3ᵉ nerf lombaire. On dit aussi substantiv. *L'accessoire du nerf ou du muscle ..*

— *S. m.* Ce mot s'emploie substantivement pour désigner l'objet accessoire lui-même. *L'accessoire suit le principal.* — Arts. Parties qui ne sont pas essentielles à la composition et qui y figurent comme accompagnement. Voici *des accessoires ingénieusement traités et qui font bien valoir la scène principale.* Se dit au théâtre des costumes, des décors, et plus spécialement d'objets très variés qui peuvent être nécessaires à la représentation : des instruments de musique dont on fera semblant de jouer, une tabatière, les éléments d'un repas, une lettre, « tout ce qu'il faut pour écrire, une serviette d'avocat, un rouleau de musique, etc.

ACCESSOIREMENT, *adv.* D'une manière accessoire.

ACCIAJUOLI. Nom d'une famille florentine originaire de Bixia, et que l'on assure, mais sans preuve, avoir tiré son nom du commerce de l'acier dans lequel s'étaient enrichis ses ancêtres (de *acciajo*, acier). C'est, croyons-nous, une simple coïncidence; quoi qu'il en soit, voici les principaux membres de cette famille, féconde en illustrations (pron. A-tchia-iou-oli).

ACCIAJUOLI, Nicolo (1310-1366). Grand sénéchal du roy. de Naples sous Jeanne Iʳᵉ. Il parvint à rétablir la reine chassée de ses Etats par Louis de Hongrie (1348). Mort sans enfants, il laissa à son neveu Reinier une fortune énorme.

ACCIAJUOLI, Reinier, duc d'Athènes, neveu du précédent. Appelé de Florence auprès de son oncle Nicolo, qui l'adopta, il obtint de Marie de Bourbon, impératrice de Constantinople, la concession d'un vaste territoire en Grèce, comprenant les seigneuries d'Athènes, de Thèbes, de Corinthe, de Vonitza, etc., et prit le titre de duc d'Athènes. (1364). Il maria sa fille à Théodore Paléologue, fils de l'empereur Jean, lui donnant pour dot la plus grande partie de ses possessions, et mourut au commencement du xvᵉ siècle. Sa famille conserva le duché d'Athènes jusqu'en 1456, époque à laquelle le dernier duc, Francesco Acciajuoli, fut dépossédé par Mahomet II, (1456), emmené prisonnier à Thèbes et étranglé dans sa prison deux ans après.

ACCIAJUOLI, Angelo. Parent des précédents, cardinal légat et archevêque de Florence, mort en 1407.

ACCIAJUOLI, Donato, (1428-1478). Célèbre helléniste et mathématicien, parent des précédents et natif de Florence. Il remplit des fonctions importantes dans sa patrie, fut chargé de diverses missions diplomatiques, et devint enfin gonfalonier de Florence en 1473. Il mourut à Milan, en 1478, comme il se rendait auprès de Louis XI demander des secours contre le pape Sixte IV, qui menaçait sa patrie. Son corps, ramené à Florence, fut inhumé dans l'église des Carthusiens, aux frais de l'Etat. De même, les filles d'Acciajuoli furent dotées par leurs compatriotes, car leur père, probe et désintéressé, les laissait sans fortune malgré sa haute position. Politien composa son épitaphe. — On a de Donato Acciajuoli une trad. lat. des *Vies* de Démétrius et d'Alcibiade, de Plutarque (1478); des Commentaires latins sur *l'Ethique* et la *Politique* d'Aristote, d'après les leçons d'Argyrophile, son maître; les *Vies d'Annibal* et de *Scipion* et un abrégé de la *Vie de Charlemagne*.

ACCIAJUOLI, Zenobio, religieux dominicain, natif de Florence. Il fut bibliothécaire du Vatican de 1518 à 1520. Il a laissé des trad. lat. de quelques ouvrages d'Olympiodore, d'Eusèbe, de Théodoret et de saint Justin; des poèmes, sermons, lettres, panégyriques, etc.

ACCIDENCE, *s. f.* Philos. Possibilité d'être, qualité de l'accident.

ACCIDENT, *s. m.* Chose arrivée d'une manière fortuite, imprévue. *Un accident désagréable. C'est un accident tout à fait opportun.* Absolument, il se prend toujours en mal. *Il vient d'arriver un accident. Une foule d'accidents entravent et compromettent notre carrière en dépit de tous nos efforts.* Se dit aussi des inégalités de sol naturelles ou artificielles. *Accidents de terrain.* — Gramm. Changements que subissent les mots, tels que les genres et les nombres, les temps et les modes, etc. — Philos. Ce qui est accidentel, ce qui existe dans un sujet et pourrait n'y pas être sans que le sujet même cessât d'exister ; telles la blancheur du papier où j'écris et la noirceur de l'encre, la forme de l'encrier, etc. Qui pourraient disparaître, et disparaissent en effet dans certaines circonstances, sans que l'encrier, l'encre, la plume cessent d'exister. — Théol. Se dit de la figure, de la couleur, de la saveur, etc. en parlant du sacrement de l'eucharistie, accidents qui existaient avant la consécration et subsistent après. — B.-Arts. *Accident de lumière.* Effet de lumière plus ou moins ingénieusement disposé pour éclairer quelque partie d'un tableau, indépendamment de la lumière qui éclaire la scène principale. — Mus. Signe qui élève ou abaisse le ton : les bémols, les bécarres et les dièzes sont des accidents. — Méd. Phénomène imprévu qui n'est pas essentiel au caractère de la maladie, et qui vient l'aggraver. Des convulsions, une hémorragie venant compliquer une affection dont ils ne sont pas des symptômes essentiels, sont des accidents.

— PAR ACCIDENT, *loc. adv.* Par hasard.

ACCIDENTÉ, ÉE, *adj.* Présentant des accidents. Se dit proprement du terrain. *Un terrain accidenté. Une route, une plaine accidentée.* — Fig. *Une existence accidentée*, une existence inégale, abondamment mêlée de succès et de revers. *Un style accidenté*, varié, inégal.

ACCIDENTEL, ELLE, *adj.* Qui arrive par accident. — Gram. Se dit des termes non essentiels, comme le complément d'un verbe. — Philos. Qui est dans un sujet par accident, comme la pesanteur, la forme, la couleur la saveur d'un sujet. — Musiq. Les bémols, les dièses et les bécarres sont des signes accidentels. On appelle lignes accidentelles, celles que l'on trace au-dessus ou au-dessous de la portée quand besoin est. — Méd. *symptômes accidentels*, symptômes non essentiels à une maladie, qui se produisent au cours de cette maladie.

ACCIDENTELLEMENT, *adv.* D'une manière accidentelle.

ACCIUS ou **ATTIUS**, Lucius. Poète tragique latin né, suivant saint Jérome, l'an 583 de la fondation de Rome. Il était fils d'un affranchi et se fit connaître par une tragédie qu'il fit représenter la même année que Pacuvius en faisait représenter une de son côté. Il avait alors 30 ans, tandis que Pacuvius en avait 80 ; on ignore par exemple le titre de cette tragédie. Accius porta à la scène romaine les tragédies les plus célèbres du théâtre grec, mais il en composa certainement d'originales, ne fût-ce que son *Brutus* ; il composa aussi des *Annales*, citées par Macrobe, Priscien, Festus et autres. Il ne nous est parvenu que des fragments de ses tragédies. — Accius mourut dans un âge avancé. Cicéron affirme l'avoir connu et lui avoir parlé dans sa jeunesse.

ACCIUS. TULLIUS, roi des Volsques et ennemi de Rome, auprès duquel Coriolan exilé se réfugia (l'an de Rome 263), et qui lui donna une armée pour aller combattre son pays.

ACCIUS DE PISAURE, orateur romain. Cicéron, qui défendit contre lui Aulus Cluentius, fait le plus grand éloge de son talent dans ses livres de *l'Orateur*.

ACCLAMATION, *s.f.* Action d'acclamer. Cris d'enthousiasme poussés par la foule pour honorer quelque personnage ou marquer sa joie d'un événement heureux. *Cet événement fut accueilli par les acclamations de la foule.*

— PAR ACCLAMATION, *loc. adv.* Sans qu'il soit besoin de recourir aux formalités d'un vote. *Nous le reçûmes par acclamation. C'est une loi qui sera votée par acclamation.*

ACCLAMÉ, ÉE, *part. pas.* de ACCLAMER.

ACCLAMER, *v. a.* Accueillir par des acclamations.

ACCLIMATATION, *s. f.* Action d'acclimater, c.-à-d. d'habituer au climat d'un pays, les plantes et les animaux originaires de contrées où les conditions météorologiques sont toutes différentes. Ensemble des procédés employés pour obtenir ce résultat.

— Théorie. L'acclimatation est souvent confondue avec la *naturalisation* et la *domestication*, qui sont des phénomènes très différents. Une plante cultivée ou un animal peuvent être domestiques et ne pouvoir supporter les rigueurs d'un nouveau climat, ce qui est le caractère essentiel de l'acclimatation. Par exemple, nous avons domestiqué le perroquet, le canari, diverses espèces de singes, etc. mais nous ne les avons pas acclimatés ; et un grand nombre de nos plantes cultivées sont dans le même cas. D'autre part, une plante ou un animal naturalisés peuvent subir toutes les vicissitudes des saisons dans leur nouvel habitat, mais sans donner aucun témoignage de graduelle adaptation aux nouvelles conditions d'existence qui leur sont imposées, restant toujours ce qu'ils étaient au début et sensibles aux mêmes influences : il n'y a donc pas acclimatation dans l'acception rigoureuse du mot. Au contraire, beaucoup d'espèces, surtout végétales, transportées dans des contrées nouvelles et soumises à des influences météorologiques totalement différentes, paraissent s'y trouver beaucoup mieux que dans leur pays d'origine, et en conséquence croissent plus vigoureuses, se développent et se répandent abusivement dans le pays, dont elles finissent quelquefois par chasser les premiers habitants : ces *naturalisées* ne sont pourtant pas toujours acclimatées. Le pêcher, par exemple, qui est originaire des contrées ensoleillées de l'Orient, est naturalisé en France et cultivé très facilement, sous le climat de Paris, voire un peu plus au Nord, avec le plus grand succès, car c'est sous ce climat qu'il donne les meilleurs fruits : rien de comparable à la pêche de Montreuil ne se trouve, en effet, en Perse, son pays d'origine. Et pourtant le pêcher n'est pas acclimaté chez nous ; tout le monde sait qu'il est incapable de supporter la rigueur du froid, non pur lui-même, mais pour ses fruits. Il en est ainsi de beaucoup de nos plantes cultivées utiles ou d'agrément, et il n'est pas nécessaire de les énumérer pour convaincre le lecteur d'un phénomène qui se reproduit constamment sous ses yeux ; de ces plantes, les unes sont simplement domestiquées, et il leur faut de toute nécessité l'abri de la serre pour passer la mauvaise saison ; les autres sont naturalisées, elles se sont adaptées au climat, mais n'ont subi aucune modification témoignant d'une adaptation complète et sont restées sensibles aux effets de certaines influences. Dans les pays nouveaux, les exemples sont plus frappants. C'est ainsi que dans la Nouvelle-Zélande, on compte plus de 250 espèces végétales naturalisées, bonnes ou mauvaises, dont une centaine ont pris un tel développement, qu'elles ont fini, sur certains points du pays, par chasser devant elles la végétation aborigène. Là encore, parmi les animaux d'Europe naturalisés, on compte le rat, la chèvre et le cochon, qui y pullulent de manière à devenir un véritable fléau. Mais ils ne paraissent pas, jusqu'ici, présenter les caractères d'une véritable acclimatation.

D'un autre côté, le fait qu'un animal, une plante ne peuvent pas être naturalisés, ne saurait prouver qu'ils sont rebelles à l'acclimatation. Ainsi très peu de nos plus vigoureuses plantes de jardin peuvent vivre à l'état sauvage, et les tentatives que l'on a faites pour les y contraindre ont complètement échoué ; elles ne sont donc pas naturalisées. En Angleterre, contrée bien peu éloignée de la nôtre, pourtant, on a cherché à naturaliser des insectes du continent, en les plaçant dans des contrées identiques à leurs contrées natales, où les plantes qui leur servaient de nourriture abondent ; on n'y a pas réussi. Une preuve plus décisive se trouve, d'ailleurs, dans ce fait que la pomme de terre, tellement cultivée dans diverses parties de l'Europe, ne s'y trouve pourtant à l'état sauvage dans aucune.

Les plantes sont beaucoup plus rebelles à l'acclimatation que les animaux. Ainsi, non seulement les plantes tropicales ne peuvent vivre dans les régions tempérées, mais il suffit de les déplacer de quelques degrés de latitude, pour qu'elles souffrent beaucoup de ce changement, si elles n'en meurent pas. Cette sensibilité aux impressions extérieures serait due, suivant Becquerel, à ce fait que les plantes n'ont pas de température propre, comme les animaux, ce qui les livre entièrement à l'influence du milieu où elles sont placées. Les animaux, surtout les plus parfaits, sont au contraire plus ou moins bien pourvus pour résister aux rigueurs d'un climat qui leur est nouveau.

— PRATIQUE. Les plantes, comme les animaux, offrent, du reste, des degrés différents d'aptitude à l'acclimatation, qui peut être réalisée soit par des modifications organiques de l'individu soumis à l'expérience, soit par l'élève de descendants mieux préparés que leurs parents aux nouvelles conditions d'existence. Mais ce qu'il ne faut pas perdre de vue, c'est que des changements extrêmes et soudains sont extrêmement défavorables aux essais d'acclimatation, quel que soit leur objet. Toutes les chances de succès sont, au contraire, pour une série de changements patiemment gradués. On recueille au lieu d'origine un aussi grand nombre que possible d'individus adultes sains et vigoureux, qu'on établit d'abord dans une station intermédiaire où on les laisse plusieurs années subir les modifications organiques nécessaires sous l'influence des saisons; après quoi, les spécimens les plus vigoureux de cette première station seront seuls transférés à la station suivante, et ainsi de suite. Sans doute la méthode n'est pas des plus rapides, mais elle est sûre, autant que peut être sûr le résultat d'une expérience bien conduite; elle est en tout cas la seule raisonnable. Recommandée par Darwin, nous avons vu M. Geoffroy-Saint-Hilaire, dans une réunion de la société zoologique d'acclimatation, insister sur ce point, que c'est la seule par laquelle l'acclimatation fût possible; elle est, du reste, indiquée par le bon sens.

Nous avons dû négliger beaucoup d'exemples d'acclimatation, naturelle ou artificielle, des animaux et des plantes, parce qu'un volume ne suffirait pas à une pareille étude pour qu'elle fût complète; mais en déterminant les points principaux de la question, nous avons, du moins, fait l'indispensable, et plus qu'aucun de nos devanciers. Des races humaines, nous n'avons même rien dit, parce qu'il n'est pas commun de voir tenter l'*acclimatation* systématique des hommes; mais ils s'acclimatent eux-mêmes, avec plus ou moins de succès, dans certaines circonstances qu'ils ne cherchent pas toujours : c'est une question distincte, qui sera traitée au mot ACCLIMATEMENT.

— ACCLIMATATION (Société zoologique d'). Fondée en 1854 à Paris, par M. Isidore Geoffroy Saint-Hilaire, a eu l'objet de concourir à l'introduction, à l'acclimatation et à la domestication des espèces d'animaux utiles ou d'ornement; au perfectionnement et à la reproduction des races nouvellement introduites ou domestiquées; programme qui s'est naturellement étendu aux espèces végétales. Cette société, qui a donné naissance à une foule d'institutions semblables fondées en province ou à l'étranger, a rendu de très grands services, mais bien plus, comme on pouvait s'y attendre, sous le rapport de la domestication que sous celui de l'acclimatation d'espèces nouvelles, végétales ou animales. Nous avons vu tout à l'heure M. Isidore Geoffroy-Saint-Hilaire préconiser la seule méthode vraiment pratique d'acclimatation, mais tout s'est borné, jusqu'à présent, à cette profession de foi platonique. C'est que la réalisation d'un pareil plan rencontre de fort sérieuses difficultés, dans les dépenses qu'elle nécessite, sans qu'on puisse montrer d'une manière évidente et incontestable les bénéfices qu'il est malheureusement dans nos mœurs d'attendre d'une *affaire*. En fait, ce que la Société d'acclimatation a fait le moins, c'est de l'acclimatation.

— ACCLIMATATION (Jardin zoologique d'). Il a été fondé au bois de Boulogne par la société dont nous venons de parler, et pour lui permettre la réalisation de son programme dans la mesure possible. Très pittoresque, très bien tenu, rendu attrayant non seulement par la présence d'animaux et de plantes exotiques très bien soignés, mais surtout par un choix varié de divertissements qui n'ont rien à démêler avec l'acclimatation, le jardin zoologique est le rendez-vous du monde parisien dans la belle saison; les étrangers de passage à Paris ne manquent guère de le

Un coin du Jardin d'acclimatation.
(Bois de Boulogne.)

visiter, et ils ne le regrettent pas, car c'est une promenade fort intéressante. — Mais nous ne pouvons nous y attarder, puisqu'on n'y acclimate point.

ACCLIMATÉ, ÉE, part. pass. de ACCLIMATER.

ACCLIMATEMENT, s. m. Etat de ce qui est acclimaté. Résultat de l'acclimatation. Ce mot, que l'Académie (qui n'a admis le mot ACCLIMATATION que dans sa 7ᵉ édit.), continue de repousser, fait, depuis près d'un siècle, partie du langage scientifique) et le langage usuel l'a à son tour adopté. Il a une expression propre, qui fait défaut au langage académique et dont il n'est pas possible de se passer qu'à la condition d'une douce ignorance ou d'une indifférence parfaite. ACCLIMATEMENT caractérise, en effet, le résultat des modifications organiques déterminées par un long séjour en un climat différent du climat d'origine, soit des plantes, soit des animaux. En d'autres termes, l'ACCLIMATEMENT est l'effet dont l'*acclimatation* est la cause : il faut donc un terme pour l'exprimer.

— HYG. Bien que l'homme soit essentiellement cosmopolite, il lui faut un certain temps, quand il va d'un pays dans un autre, pour que son organisme s'habitue au changement de climat. Les modifications qui se produisent alors en lui constituent l'*acclimatement*. Les enfants s'acclimatent plus difficilement que les adultes, lorsque la localité nouvelle qu'ils vont habiter diffère beaucoup de celle où ils sont nés. Les femmes, au dire de M. Aubert-Roche, s'acclimatent mieux que les hommes, dans les climats très chauds. Les nègres supportent mal l'acclimatement dans les régions septentrionales, beaucoup succombent emportés de la phtisie. Les Européens sont très éprouvés dans les pays chauds à faible altitude; à la Guadeloupe par exemple, la mortalité des troupes coloniales françaises atteint la proportion énorme de dix pour cent. Quelques auteurs croient que l'acclimatement n'est jamais parfait. A leur tête il faut placer le docteur Bertillon, directeur du bureau de statistique de la ville de Paris, qui a écrit ceci à propos de l'Egypte : « Nulle contrée n'offre des faits plus caractéristiques de l'*inacclimatement*; car aucune n'a été plus foulée que cette antique terre, l'aînée de toutes par sa splendeur et sa civilisation. Sa fertilité, ses merveilles, ses antiquités, lui ont attiré toutes les curiosités, toutes les convoitises à tous les âges de l'histoire : Ethiopiens, Indiens, Assyriens, Nubiens, Arabes, Juifs, Persans, Mongols, Grecs, Romains, Vénitiens, Turcs, Circassiens et Mingréliens, Anglais et Français, où l'ont possédée pendant des siècles, ou y ont établi des colonies que l'avide passion du gain a longtemps soutenues par des immigrations incessantes. » M. Aubert-Roche, qui a parcouru le littoral de la mer Rouge, remarque que « les localités les plus salubres sont toutes marquées par des *ruines* de constructions romaines. Les souverains étrangers qui l'ont possédée s'y sont entourés d'une nombreuse population étrangère... et de toutes ces populations, il ne reste que le souvenir. La terre d'Egypte a tout dévoré. Sa population vivante, Coptes et Fellahs (et autour d'elle, Nubiens, Abyssins, Juifs, Arabes et Berbères), sont la même que celle de ses tombeaux, la même que ses artistes gravaient sur le granit, il y a cinquante ou cent cinquante siècles. » Toute cette belle tirade peut prouver que les races ne s'acclimatent pas dans tous les pays; elle ne démontre pas que l'acclimatement soit impossible pour les individus. On pourrait en citer des exemples pris en Egypte même. (Dr. F. B.)

ACCLIMATER, v. a. Habituer à un nouveau climat.

— S'ACCLIMATER, v. n. *Cette plante ne s'acclimatera jamais ici. Les Européens s'acclimatent difficilement dans l'Afrique centrale.*

ACCO, Géog. anc. Ville de Phénicie, aujourd'hui ACRE, ou SAINT-JEAN-D'ACRE.

ACCO, chef gaulois, l'un des partisans les plus énergiques de la résistance à l'invasion romaine. A son instigation, les Senons soulevés chassèrent leur roi Cavarin, imposé par César. Ils avaient refusé de se rendre à l'assemblée générale convoquée par César, de concert avec les Carnutes; mais le proconsul, qui venait de recevoir des renforts d'Italie, écrasa ces derniers puis se jeta sur les Senons avant qu'ils aient pu se mettre en défense, et les battit. Pour obtenir leur pardon, les Senons durent, avant tout, livrer à leurs vainqueurs cent otages, choisis parmi les principaux de leur nation, et en tête desquels se trouvait naturellement Acco, qui, pelé, le galeux... Acco fut mis à mort après quelques jours d'une dure captivité (vers 53 av. J.-C.).

ACCOINÇONS, s. m. pl. Techn. Parties de charpente ajoutées à un toit pour le rendre bien égal. V. ECOINÇON.

ACCOINTANCE, s. f. Liaison intime. Se dit quelquefois ironiquement, pour désigner une liaison illicite. C'est un vieux mot français, qui n'est resté dans la langue usuelle qu'à la condition de perdre tous les jours quelque bribe de son acception première; passé dans la langue anglaise avec des modifications orthographiques insignifiantes, il y a, jusqu'à présent, conservé son acception intacte.

ACCOINTER (S'), v. pr. Se lier intimement, se familiariser.

ACCOLADE, s. f. Embrassade, les bras passés autour du cou. Simulacre de cette démonstration affectueuse qui se fait dans certaines cérémonies. — Trait à crochets (—) embrassant, dans l'écriture, plusieurs mots ou chiffres ayant un rapport commun, ou les portées des différentes parties d'un morceau de musique. — Archit. Courbe participant au couronnement des linteaux de portes et de fenêtres.

ACCOLADER, v. a. Réunir par une accolade.

ACCOLAGE, s. m. Jard. Action de fixer à l'espalier les branches d'un arbre fruitier ou à l'échalas les sarments d'une vigne.

ACCOLÉ, ÉE. part. pas. de ACCOLER. — *Adj*. Joint, réuni. *Deux noms accolés.* — Blas. se dit de diverses pièces de l'écu qui se touchent, de deux écus joints ensemble, d'animaux ayant un collier. — Numism. Se dit aussi de deux têtes réunies sur la même médaille ou sur le même carnet.

ACCOLEMENT, s. m. Action d'accoler. — Archit. Espace de terrain servant à l'encaissement d'un chemin, entre les fossés et les bordures des pavés.

ACCOLER, v. a. Jeter les bras autour du col. — Lier les sarments des vignes aux échalas, les branches des arbres fruitiers aux espaliers. Réunir par une accolade (*accolader* nous semble préférable, en dépit de l'Académie). — Fig. *Accoler deux noms, deux per-*

sonnes, les faire figurer intentionnellement à côté l'un de l'autre dans un discours ou un écrit.

— S'ACCOLER, v. pr. Se jeter réciproquement les bras autour du col, s'embrasser. — Se dit aussi des rameaux d'une plante qui s'unissent, s'embrassent.

ACCOLTI, Benedetto, jurisconsulte et historien italien (1415-1466). Il était d'Arezzo et appartenait à une famille noble, féconde en hommes distingués. Professeur de jurisprudence à l'Université de Florence pendant quelques années, il devint chancelier de la république à la mort de l'illustre Poggio (1459). Il a écrit, en collaboration avec son frère Leonardo, une histoire de la première croisade en latin, sous ce titre : *De bello a christianis contra barbaros, pro Christi sepulchro et Judæa recuperanda, libri tres* (Venise 1432, trad. en ital. en 1543, et en franç. en 1620). On dit que cet ouvrage a fourni, quoique d'un assez médiocre intérêt, inspira au Tasse sa *Jérusalem délivrée*. On doit encore à B. Accolti : *De præstantia virorum sui Ævi.* (Parme, 1689).

ACCOLTI, Bernardo, poète italien, fils du précédent, né également à Arezzo (1465-1535). Il vécut à la cour de Jules II et de Léon X, où il jouit d'une grande célébrité, grâce à son talent d'improvisateur. On l'avait surnommé l'*Unico Aretino*; et le cardinal, Bembo, entre autres, témoigne de son talent extraordinaire, dont ses ouvrages imprimés ne donnent toutefois qu'une idée assez médiocre. Nous citerons parmi ces derniers: *Virginia*, *Commedia*, *Capitoli* e *Strambotti di Messer Accolti Aretino*. (Florence, 1513), souvent réimprimés, mais il y a longtemps.

ACCOLTI, Pietro, frère aîné du précédent (1455-1532), né à Florence. Il fut abréviateur du pape Léon X, et en cette qualité, rédigea en 1520, la fameuse bulle contre Luther. Il fut ensuite secrétaire de Clément VII, qui le fit cardinal en 1527.

ACCOLTI, Benedetto, cardinal et jurisconsulte italien, de la même famille que les précédents, né à Florence (1497-1549) et surnommé le *Cicéron de son temps*. Il a écrit un traité *Des droits du Saint-Siège sur le royaume de Naples et des Podesca* publiées à Venise en 1519 et 1553.

ACCOLURE, s. f. Lien servant à accoler. — Assemblage de fond d'un train de bois flotté. — Ligature opérée dans la reliure d'un volume.

ACCOMMODABLE, adj. Qu'on peut accommoder.

ACCOMMODAGE, s. m. Cuis. Apprêt des viandes par le cuisinier.

ACCOMMODANT, adj. Qui s'accommode aisément, complaisant, d'un commerce agréable et facile. *C'est un homme accommodant.*

ACCOMMODATION, s. f. Action d'accommoder. — *Cette doctrine a besoin d'une accommodation intelligente pour être acceptée par le vulgaire.* — Physiol. *Accommodation de l'œil aux distances.* Phénomènes physiologiques qui rendent la vision distincte à des distances diverses.

ACCOMMODEMENT, s. m. Action d'accommoder, de mettre d'accord des personnes divisées par un différend, une querelle, un procès, d'arranger leurs affaires à l'amiable. *Il y a matière à accommodement. Un mauvais accommodement vaut mieux qu'un bon procès.* — Se dit aussi des expédients qu'on peut trouver pour concilier les choses. *Il est avec le ciel des accommodements.* — Beaux-Arts : Disposition des draperies, étoffes et accessoires dans un tableau.

ACCOMMODER, v. a. Procurer de l'aisance, de la commodité. *Voilà une résolution qui m'accommode fort. On peut s'arranger pour accommoder tout le monde.* — Arranger, ajuster, agencer : *Accommoder ses affaires. Accommoder son appartement.* — Traiter bien ou mal. *C'est une bonne maison, où l'on vous accommode bien. Si tu y reviens, je t'accommoderai de la belle façon.* — Apprêter. *Accommoder une volaille, des truffes, des pommes de terre.* — *Accommoder quelqu'un,* en terme de coiffeur, signifie lui arranger les cheveux; en terme de bonne langue, en dire le plus de mal possible. — Con-

cilier, mettre d'accord. *Accommoder deux personnes brouillées. Accommoder une querelle, une affaire, un procès.* — Céder à quelqu'un quelque chose qui peut lui convenir. *Je l'accommoderai de ces armes albanaises.* — Approprier, mettre au niveau, à l'unisson. *Accommoder son humeur à celle de son entourage, ses discours aux circonstances.*

— S'ACCOMMODER, v. pr. Prendre ses aises, s'emparer de choses qui ne vous appartiennent pas. *Il s'accommode de tout.* — Se conformer. *Il faut s'accommoder aux usages des peuples parmi lesquels on vit, au temps où l'on vit.* — S'arranger de quelque chose, se décider à l'acquérir. *Il pourra s'en accommoder à un prix raisonnable.*

ACCOMPAGNATEUR, TRICE, s. Celui ou celle qui accompagne, et en particulier la partie principale d'un morceau de musique.

— Mus. Tout instrumentiste chargé d'une partie accessoire destinée à soutenir et embellir la mélodie principale, reçoit le nom d'*accompagnateur*. Un bon accompagnateur doit pouvoir lire à première vue, voire en transposant, toute espèce de musique soit gravée, soit manuscrite; il doit être familiarisé avec les difficultés du rythme et de la mesure; enfin, il doit toujours proportionner son jeu à la puissance de l'organe des chanteurs. Dans un orchestre d'accompagnement, toute individualité s'efface en faveur de la partie qui chante; il en est de même si cet accompagnement est confié à un instrument polyphone, tel que l'orgue ou le piano. C'est surtout dans

L'accompagnateur.

ce dernier cas, où la tâche incombe à un seul artiste, que le rôle d'accompagnateur devient aussi difficile que délicat. En effet, ici, il est presque indispensable de posséder à fond tous les secrets de la science harmonique, car il arrive souvent qu'on ait à accompagner sur une *basse chiffrée,* ou même sur une simple mélodie sous laquelle il faut alors improviser une harmonie correcte, dessiner un accompagnement varié, faire les *rentrées*, les *ritournelles*, etc. On le voit, ce travail exige autant d'intuition que de savoir de la part de l'exécutant. Nous ne parlons pas des accompagnements à audition nul, même sous une main habile, ne donnent jamais que des résultats insignifiants. De nos jours, la plupart des partitions sont réduites pour le piano, de sorte que l'accompagnement n'est plus qu'une simple question de lecture ou de transposition. Il n'en était pas ainsi autrefois, l'accompagnateur, n'ayant à sa disposition que la grande partition d'orchestre, devait d'un coup d'œil rapide embrasser toutes les parties écrites sur quatre et cinq clefs différentes, rétablir la tonalité réelle dans les instruments transpositeurs et choisir, parmi les différents dessins d'accompagnement, celui qui mettait le plus en relief les qualités de l'œuvre interprétée. Ce n'est qu'à force de pratique qu'on arrive à ce résultat, qui est peut-être le dernier mot de l'art du piano.

En général, on a le tort de croire qu'il faut

suivre pas à pas le chanteur dans ses moindres inflexions, dans ses nuances d'expression, dans toutes ses altérations de la mesure. Ce défaut est surtout fréquent chez les natures délicates qui, sous l'impression de la musique, s'efforcent de seconder l'artiste, ou au contraire elles paralysent ainsi tous les moyens. Il faut encore observer que le frappé de l'accord ne doit jamais correspondre exactement au frappé de la note du chant, mais bien le suivre immédiatement. Il ne faut donc pas oublier que l'accompagnement est le fond sur lequel la mélodie dessine ses contours capricieux; tantôt rapide et comme se jouant de la mesure, tantôt soupirante, alanguie, et semblant suivre à peine la marche mesurée, mais assez raideur, des parties accompagnantes. Pour ce qui est des nuances, on s'en tiendra aux demi-teintes, afin de ne pas détourner le son profit les effets de colorés auxquels le chant emprunte son charme et sa parure. Mais, dès que la voix a cessé de se faire entendre, l'accompagnateur redevient virtuose, et son droit, aussi bien que son devoir, est alors de briller à son tour et de solliciter l'attention du public. (H.-Ed. B.)

ACCOMPAGNÉ, ÉE, part. pas. de ACCOMPAGNER. — Blas. Se dit des croix, sautoirs, chevrons et autres pièces réparties auprès de la pièce principale, quand ils sont également disposés dans les quatre cantons de l'écu. — Vén. Cerf qui, pressé par les chiens, se mêle à d'autres bêtes pour mieux donner le change.

ACCOMPAGNEMENT, s. m. Action d'accompagner, ce qui accompagne, accessoire. — Blas. Tout ce qui est hors de l'écu, cimier, supports, lambrequins, etc. — Chirurg. *Accompagnement de la cataracte.* Matière visqueuse blanchâtre observée parfois autour du cristallin opaque, ou portion de la membrane cristalline devenue opaque, qu'il faut déplacer pour le succès de l'opération de la cataracte. — Musiq. Parties secondaires servant à accompagner la mélodie principale d'un morceau de musique ou de voix. V. ACCOMPAGNATEUR.

ACCOMPAGNER, v. a. Aller de compagnie. *Je dois l'accompagner dans ce voyage.* — Fig. *Que mes bénédictions et mes vœux l'accompagnent dans ce voyage.* — Suivre par honneur, conduire, reconduire, écarter. *Il accompagne le prince. Accompagnez Monsieur jusqu'à sa voiture. Ayant tout à craindre, il ne sort que bien accompagné.* — Assortir, aller avec, convenir à (dans ce cas, on y ajoute presque toujours l'adverbe *bien*). *Les cheveux accompagnent bien le visage. Voici une garniture qui accompagnera bien votre malinde. Ces accessoires accompagnent très bien la scène. Le geste accompagne à propos la parole.* — Accompagner de, joindre, ajouter à. *Son message était accompagné d'un fort beau présent. Il accompagnas ses conseils de reproches amers.* — Musiq. Exécuter un accompagnement.

— S'ACCOMPAGNER, v. pr. Etre accompagné. *Ne vous accompagnez pas d'un individu que vous connaissez à peine.* — Pathol. *La fièvre s'accompagne de délire.* — Musiq. Se faire à soi-même son accompagnement. *Elle chantait en s'accompagnant de la harpe.*

ACCOMPLI, IE, part. pas. de ACCOMPLIR. Complété, achevé, révolu, rempli. — Adj. Parfait. *C'est un homme accompli. Ce n'est pas une beauté accomplie, mais elle n'en est pas moins charmante. Voici une charmante beauté de tout point.*

ACCOMPLIR, v. a. Achever complètement, mener à fin, réaliser. *Le temps de la souffrance est accompli. J'espère voir accomplir mes vœux. J'accomplirai mes devoirs.* — Techn. *Accomplir la cuve.* Y ajouter la teinture complémentaire pour le teint (teint).

— S'ACCOMPLIR, v. pr. S'effectuer, se réaliser, s'achever. *Voilà un projet qui ne s'accomplira pas. Et ces prophéties s'accompliront. Que vos vœux s'accomplissent. Ce traité est en train de s'accomplir.*

ACCOMPLISSEMENT, s. m. Action d'accomplir, état de ce qui est accompli.

ACCON, s. m. Mar. Sorte d'allège ou de bateau à fond plat, servant principalement au chargement des navires dans les ports de commerce.

ACCORAGE, s. m. Mar. Action d'accorer. Matériel servant à accorer un bâtiment, c.-à-dire à l'étayer pour en faciliter la réparation.

ACCORAMBONI, VITTORIA. Italienne célèbre au XVIe siècle par sa beauté extraordinaire et sa tragique histoire. Elle était recherchée en mariage par Paolo-Girolamo Orsini, duc de Bracciano, que la rumeur publique accusait d'avoir assassiné sa première femme, Isabella Medici; mais son père ayant donné la préférence à Francesco Peretti, neveu du cardinal Montalto, celui-ci fut assassiné (1581), et Vittoria s'enfuit de la maison de Bracciano, avec lequel rien ne put l'empêcher de s'unir, bien que le pape Grégoire XIII l'eût fait enfermer au fort Saint Ange et l'y eût gardée près d'un an, comme prévenue du meurtre de Peretti. A l'accession de Montalto au trône. pontifical sous le nom de Sixte-Quint (24 avril 1585), le duc jugea prudent de se réfugier sur le territoire de la République de Venise. Au bout de quelques mois de résidence à Salo, sur le lac de Garde, il mourut, léguant à sa veuve toute sa fortune, qui était considérable. Le frère du défunt entra en fureur à cette nouvelle, et Vittoria s'étant retirée à Padoue, il l'y fit assassiner, le 22 décembre 1585, par une bande de bravi conduits par le propre frère de la victime. — Vittoria Accoramboni a laissé des poésies signées Virginia N... — F. de Rosset et Stendhal ont fait de sa vie le sujet de nouvelles émouvantes. Tieck en a fait un roman avec le nom de l'héroïne pour titre, et Webster une tragédie intitulée *The White Devil (Le Diable blanc)*.

ACCORD, s. m. Conformité voulue de sentiments, de volontés sur un même point ou sur tous les points. *Ils vivent dans le plus parfait accord.* Il s'emploie dans le même sens précédé de la préposition *de*. *Ils sont toujours d'accord. Nous nous sommes mis d'accord sur cette question.* Par ellipse, on dit absolument *d'accord*, pour c'est entendu, nous sommes du même avis. — Accommodement, convention. *Faire un accord. L'accord conclu entre le sultan et le khédive.* — Au plur.: dans un sens analogue, Accords se dit des conventions préliminaires d'un mariage. — Juste rapport, ensemble. *Il faut de l'accord entre les principes et les actions. Tâchez de le ramer d'accord.* — Gram. Rapports des mots entre eux, exprimés par le genre et le nombre principalement. *Accord du verbe avec son sujet.* — B.-Arts. Harmonie des couleurs, des lumières et des ombres, des accessoires et du sujet principal. En musiq. Union de plusieurs sons combinés entendus simultanément et formant harmonie. *On peut définir l'harmonie, la science des accords.* Il se dit aussi de l'état des instruments dont les cordes sont montées au ton exact. — Poét. plur. *Les accords de la lyre*, chants, strophes lyriques.

ACCORDABLE, adj. Qui se peut accorder.

ACCORDAILLES, s. f. pl. Réunion pour la signature d'un contrat de mariage.

ACCORDANT, ANTE, adj. Qui s'accorde, consent. — Musiq. *Sons accordants* et *sons discordants*. Expres. remplacées aujourd'hui par *consonants* et *dissonants*.

ACCORDÉ, ÉE, part. pas. de ACCORDER. — Se dit absolum. pour *il l'accorde*.

ACCORDÉ, ÉE, s. Il ne s'emploie guère qu'au féminin, pour désigner la jeune fille accordée à celui qui l'a demandée en mariage. Il peut s'entendre de la vérité dans le sens de *mis d'accord*, liés par un engagement réciproque; mais on dit mieux FIANCÉS dans ce cas.

ACCORDÉON, s. m. Instrument de musique à soufflet et à clavier, tenu et mis en mouvement avec les mains.
Le 17 janvier 1829, Pinsonnat, contrôleur des contributions directes à Amiens, prit un brevet pour un nouveau diapason qu'il nommait *typotone*, et qui consistait en une plaque de nacre ou d'argent sur laquelle était fixée une languette métallique capable de vibrer sous l'action du souffle des lèvres. Presque aussitôt, des facteurs d'instruments ayant eu l'idée de réunir sur un même plan une série de ces petits appareils accordés diatoniquement, il en résulta un jouet, *l'harmonica de bouche*, dont la vogue fut immense. Enfin, ce dernier ayant pris une extension assez grande pour rendre insuffisante l'insufflation au moyen de la bouche, on y adapta une soufflerie mise en œuvre par le mouvement des mains, on le dota d'un clavier, et l'*accordéon* fut créé. Sans nous arrêter aux développements considérables que l'industrie des accordéons prit, tant en France qu'en Allemagne, constatons en passant que son succès fut prodigieux, et qu'il donna naissance à d'autres instruments tels que le *mélophone*, le *concertina*, l'*harmoniflûte*, etc., tous préférables à leur prototype, soit par la facilité d'exécution, soit par les qualités sonores. D'abord d'une étendue très restreinte et purement diatonique, l'échelle de l'accordéon a été portée, depuis, à plus de trois octaves, et elle possède aujourd'hui tous les degrés de la gamme chromatique. Mais, malgré tous les soins apportés à la facture de ce pauvre instrument, on n'est jamais parvenu à lui faire prendre rang parmi les voix de l'instrumentation. Son timbre pâle, misérable, souffreteux, le rend fatigant et monotone au delà de toute expression; puis, son mécanisme, qui partage les notes en deux séries dont l'une résonne par *inspiration* et l'autre par *expiration*, ne permet de faire parler plusieurs touches à la fois, qu'autant qu'elles sont sous le même vent de la soufflerie; enfin, les *deux clefs d'accords* dont on l'a surchargé, loin d'augmenter ses moyens, ne font que donner lieu à des harmonies mous que douteuses, bien capables de le faire prendre en horreur par tout musicien dont l'oreille n'est pas complètement dépravée. (H.-Éd. B.)

— AAO. Chapeau mécanique, parce qu'il se replie et s'allonge comme un soufflet d'accordéon.

ACCORDER, v. a. Concilier, arranger, mettre d'accord, rapprocher, faire disparaître les motifs de contrariété, de désaccord. *Accorder deux adversaires. Accorder un procès. Accorder les cœurs. Accorder les textes.* — Demeurer d'accord, concéder. *Je vous accorde ce point-ci.* — Octroyer une grâce, un privilège. *Je vous accorde ce que vous m'avez demandé.* — Accorder une fille en mariage, la promettre verbalement ou par écrit à celui qui la demande pour l'épouser (Acad.). — Rem. Il est donc bien clair que, dans la même acception, Accorder ne devrait pas avoir de masc. — Gram. Mettre l'accord syntaxique entre les mots d'une même phrase. *Accorder un verbe avec son sujet*, etc. — Mus. Mettre d'accord. *Accorder des instruments entre eux, le voix avec des instruments*, amener les uns et les autres en mettre toutes les cordes au même ton. — Peint. *Accorder les tons*, assortir les couleurs et fondre les nuances dans une harmonie générale.

— S'ACCORDER, v. pr. Être d'accord, avec toutes les nuances d'acception, sous la forme réfléchie, de ACCORDER.

ACCORDEUR, s. m. Artiste faisant profession d'accorder les pianos, orgues, etc.

ACCORDOIR, s. m. Outil d'accordeur, ou permettant d'accorder soi-même un instrument de musique. Dans cette dernière acception, on dit également ACCORDEUR.

ACCORDS (Seigneur des), ETIENNE TABOUROT, plus connu sous le nom de *Seigneur des Accords*. Poète français, né à Dijon (1549-1590). Avocat au Parlement de Bourgogne, puis avocat du roi au bailliage et à la chancellerie de Dijon, il occupait ses loisirs à composer des sonnets. S'avisa un jour d'en adresser un à la fille du président Bégat, signé : *A tous Accords*. La demoiselle répondit au poète en y joignant *Seigneur des Accords*, et son père prit aussi l'habitude de lui donner ce nom dans l'intimité. Tabourot, dès lors, l'adopta comme signature de ses effusions poétiques. Le plus connu de ses ouvrages a pour titre : *Bigarrures et Touches du Seigneur des Accords*. Il paraît qu'il le composa ayant à peine 18 ans, mais il le retoucha plus tard, avant publication (1582). Les poésies du Seigneur des Accords sont remplies de gaieté, mais généralement fort licencieuses. Elles ont eu de nombreuses éditions. — Etienne Tabourot mourut à Dijon à l'âge de 41 ans.

ACCORE, s. m. Mar. Pièce de bois servant à étayer un navire en construction ou en réparation. — Contour d'un écueil ou d'un banc. — On dit adjectiv. d'une côte coupée à pic ou penchée vers la mer qu'*elle est accore*.

ACCORER, v. a. Etayer un navire à l'aide d'accores.

ACCORNÉ, ÉE, adj. Blas. Se dit des animaux à cornes, lorsque ces cornes sont d'une couleur différente de celle des animaux.

ACCORSO, FRANCESCO, célèbre jurisconsulte et jésuite italien, né à Florence (1152-1229). Il professa le droit à l'université de Bologne, avec un très grand succès; puis il entreprit un travail considérable, qu'il qualifia de *Grande Glose*, consistant dans la réunion en corps et l'élucidation des Remarques et Commentaires presque innombrables dont le *Code*, les *Institutes* et le *Digeste* avaient été l'objet jusqu'à son temps. Comme il était depuis peu occupé à cet ouvrage, il entendit parler d'un travail analogue entrepris par son collègue Odofred. Alors il feignit la maladie, résigna sa chaire et s'enferma jusqu'à ce que son projet fût entièrement réalisé. Sa *Glose*, rédigée en latin barbare, est toutefois remarquable par une méthode ingénieuse, qui rend très faciles les recherches. Cet ouvrage, dont la meilleure édition est celle de Godefroi, publié à Lyon en 1589 (6 vol. in-F), fit délaisser tous les ouvrages du même genre qui l'avaient précédé, et valut à Accorso, ou plutôt à *Accursius*, le titre d'*Idole des Jurisconsultes*. Il trahit pourtant chez son auteur une ignorance singulière de l'histoire, qui lui fait quelquefois dire des sottises. Mais il prouve aussi qu'il a su démêler avec une grande habileté le sens de beaucoup de lois fort obscures. — Accursius mourut à Bologne et fut inhumé dans l'église des Cordeliers de cette ville.

Son fils aîné, Francesco ACCORSO, suivit la carrière du père. Il professa le droit à l'Université de Bologne avec une grande réputation. Sur l'invitation du roi d'Angleterre, Edouard Ier, il alla faire un cours de droit à l'Université d'Oxford, vers 1275. Il retourna à Bologne en 1280 et y mourut en 1293.

ACCORSO, MARIANGELO, savant et ingénieux critique italien (1490-1560). Il était d'Aquila (roy. de Naples) et vécut pendant 33 ans à la cour de Charles-Quint, dont il fut le favori et qui l'employa à diverses missions à l'étranger. Une parfaite connaissance du grec et du latin, il joignait celle de la plupart des langues européennes vivantes. Dans les voyages auxquels le contraignaient ses missions diplomatiques, il eut l'occasion de découvrir de curieux manuscrits et l'intelligence de profiter de ces découvertes. Son ouvrage intitulé *Diatribæ in Ausonium, Solinum et Ovidium* (Rome, 1524, in-Fo) est un véritable monument d'érudition et d'ingéniosité critique. D'après divers manuscrits, il fit amené à faire plus de 700 corrections dans les œuvres imprimées de Claudien, mais ce travail n'a pas été publié. Accorso fut le premier éditeur des *Lettres de Cassiodore* et de son *Traité de l'âme*, et son édit. d'*Ammien Marcellin* (Augsbourg, 1533) contient 5 livres de plus que les précédentes. L'affectation des termes archaïques en usage chez les écrivains latins de cette époque est ridiculisée avec esprit par Accorso, dans un *Dialogue* qu'il publia anonyme en 1531, et qui fut réimprimé en 1754, sous ce titre : *Osco, Volsco, Romanaque Eloquentia Interlocutoribus, Dialogus. Ludis Romanis actus*. — Accorso fut accusé de s'être approprié, dans ses *Diatribes*, le travail de Fabricio Varano sur Ausone; mais il l'a défendit avec chaleur et par serment solennel, montrant ainsi un soin si jaloux de sa réputation d'honnêteté littéraire, qu'il n'est guère possible de ne point le croire.

ACCORT, ORTE, adj. Avenant, à la fois avisé et gracieux. *Une jeune servante fraîche et accorte vint à nous.*

ACCORTEMENT, adv. D'une manière accorte, engageante.

ACCORTISE, s. f. Humeur accorte.

ACCOSTABLE, adj. Qu'on peut accoster sans difficulté.

ACCOSTE! *impér.* de Accoster. — Mar. Commandement d'approcher, d'accoster.

ACCOSTÉ, *part. pas.* de Accoster. — Blas. Se dit des pièces de longueur, en pal ou en bande, quand elles sont accompagnées d'autres pièces semblables disposées de même.

ACCOSTER, *v. a.* Aborder quelqu'un brusquement. *Il m'accoste dans la rue comme si j'étais son camarade.* — Mar. *Accoster un navire, le quai,* venir se ranger tout auprès.

ACCOT, *s. m.* Hortic. Couverture de fumier consommé à une couche nouvelle, pour la préserver du froid.

ACCOTÉ, *part. pas.* de Accoter. — Blas. *Pièces accolées*, pièces placées à côté d'une autre pièce de l'écu.

ACCOTEMENT, *s. m.* Action d'accoter. — P. et ch. Espace entre la chaussée et le fossé d'une route, entre les rails et le trottoir d'une route ferrée, entre le ruisseau et la maison d'une rue. — Horlog. Rencontre à frottement d'une roue et d'un pignon. Contact vicieux de deux pièces qui n'étaient pas disposées pour se toucher. Les anciens auteurs spéciaux écrivaient *cottement* ou *quottement*.

ACCOTER, *v. a.* Appuyer par le côté ; et par extens. abusive, mais admise, consolider à l'aide d'une cale. *Accoter une roue.*

ACCOTOIR, *s. m.* Dispositif quelconque permettant de s'y accoter. — *Accotoirs d'un fauteuil, d'un carrosse.*

ACCOUCHÉE, *part. pas.* de Accoucher. — S. *f.* Femme qui vient d'accoucher. — On qualifie plaisamment *caquets de l'accouchée,* les bavardages frivoles rappelant ceux des bonnes amies en visite chez leur amie en couche.

ACCOUCHEMENT, *s. m.* Travail de l'enfantement, depuis la première douleur jusqu'à sa terminaison. *Elle a eu un accouchement laborieux.* — Action d'aider une femme à accoucher. *La spécialité de ce médecin est l'accouchement.* — Fig. Difficulté d'arriver à prendre une résolution. *Je crus qu'il ne se déciderait jamais, tant ce fut un accouchement pénible.*

— Méd. L'accouchement est cette fonction de l'organisme féminin par laquelle le fœtus, jusque-là renfermé dans la matrice, ayant acquis un certain degré de développement et pouvant vivre de sa vie propre, est séparé du sein de sa mère, lui et ses annexes, c'est-à-dire les membranes, le placenta, le cordon et les eaux. Si cet acte se termine autrement que par les seules forces de la nature, il se nomme *accouchement artificiel* (Scanzoni). L'époque de l'accouchement ordinaire, appelé *accouchement à terme,* varie entre 260 et 280 jours depuis la conception. Lorsque l'expulsion du fœtus a lieu avant 180 jours, sa sortie prend le nom d'avortement. Les accouchements survenus avant 260 jours sont dits prématurés ; ceux qui surviennent après 280 jours sont appelés tardifs. D'après la loi française actuelle, les accouchements tardifs ne sont admis que jusqu'au 300° jour, l'ancienne législation était plus large. En 1637 un arrêt du parlement de Grenoble légitima un enfant né après quatre ans d'absence du mari de la mère, sur l'attestation de plusieurs médecins. Rabelais, qui étudiait à Montpellier à cette époque, nota le fait pour en se moquer hardiment, comme il l'a fait de toutes les croyances absurdes. Dans le chapitre III de *Gargantua,* le grand satirique énumère complaisamment les auteurs qui admettent la possibilité de l'accouchement après onze mois écoulés ; il cite Aulu-Gelle, Pline, Plaute, Varron, Censorinus, Aristote, et il termine sa liste par cet *et cetera* significatif « et mille autres fous ». Pour Rabelais, c'est donc folie que de croire aux accouchements trop tardifs. Il n'en est pas moins juste de dire pourtant qu'on ne doit pas nier absolument la possibilité des naissances retardées. Si l'article 315 du code civil est ainsi conçu : « La légitimité de l'enfant né trois cents jours après la dissolution du mariage pourra être contestée », cette formule, peu affirmative, montre la pensée du législateur. Il n'a pas cru absolument impossible la maturité du fœtus chez la femme plus retardée comme on l'est parfois dans la végétation et dans l'éclosion des animaux. Briand, dans son *Manuel de médecine légale,* admet la gestation prolongée jusqu'à dix mois et demi, si la femme a ressenti, au neuvième mois, les douleurs qui précèdent ordinairement l'accouchement.

L'accouchement, a dit Pajot, est le seul signe certain de la grossesse. Cet axiome, qui a l'air d'une plaisanterie, est plus sérieux qu'on ne croit. En voici la raison : Il n'est pas rare de voir des femmes se croire enceintes sans l'être. Tardieu a publié l'observation d'une dame qui, à la suite d'une erreur semblable, prenait les borborygmes de l'intestin pour les vagissements de son enfant ; tous les neuf mois, il lui semblait ressentir les douleurs de l'enfantement. Russel cite une femme chez qui les principaux symptômes de la grossesse (suppression des règles, développement du ventre, seins gorgés de lait, mouvements du fœtus) disparaissaient, en produisant une perte, tous les neuf mois, pendant vingt ans. Le docteur Witkowski, qui a rappelé ces divers exemples dans son *Traité de la Génération,* ajoute : On sait que la reine Marie d'Angleterre eut aussi une grossesse illusoire, et qu'elle croyait percevoir les mouvements du fœtus. — D^r. F. B.

ACCOUCHER, *v. n.* Enfanter. — Fig. *Accoucher d'une idée, d'un ouvrage, d'un projet,* les mettre au jour. Il se dit absolum. dans un sens analogue, pour se décider. *Il a fini par accoucher. Accouchez donc, car nous ne devinerons pas.*

— *v. a.* Aider une femme à accoucher. *Le célèbre docteur X. viendra l'accoucher.*

ACCOUCHEUR, EUSE, *s.* Médecin qui fait la profession d'accoucher. Sage-femme.

— Méd. Tout médecin, en vertu de son diplôme, peut se livrer à l'art des accouchements ; mais ceux qui ont étudié cet art d'une manière spéciale, seuls, prennent le titre et exercent les fonctions délicates de médecin-accoucheur, et ils sont peu nombreux. Pourquoi ? Par une considération contre laquelle l'éminent professeur, Dr Pajot, a protesté en ces termes : « Dire que dans une ville comme Paris et dans un pays comme la France, l'accès de la Maternité est interdit aux médecins ! Velpeau et bien d'autres ont réclamé, il y a quarante ans déjà, que ce ban de chose fût changé. Mais non, ce bel établissement est réservé aux sages-femmes départementales, parce qu'elles n'auront jamais à pratiquer que les accouchements naturels ; on leur ferme les portes aux médecins, auxquels reviennent, seuls, la charge et la responsabilité des accouchements dangereux ! C'est tout simplement insensé, mais cela se conserve précisément parce que c'est insensé ! » Ce n'est pas tout à fait pour cela, sans doute ; mais cette exclusion n'en est pas moins regrettable, quoi que l'on puisse invoquer en faveur de la préférence dont les sages-femmes sont ici l'objet. — V. Sage-femme.

ACCOUDÉ, ÉE, *part. pas.* de S'accouder.

ACCOUDEMENT, *s. m.* Action de s'accouder.

ACCOUDER (S'), *v. pr.* S'appuyer du coude sur un objet quelconque. — Rem. En dépit de plusieurs ouvrages estimés qui l'affirment, les expressions Accoudement et S'accouder n'ont point cours en art militaire, quoique les coudes y aient un rôle important. On dit *se sentir les coudes, ne pas s'accouder,* notamment ; s'exprimer autrement, ce serait provoquer une confusion inévitable ; de même que dans une marche de cavalerie on dit *se sentir la botte,* et non *s'abotter,* ce qui ne serait pas moins sensé que s'accouder.

ACCOUDOIR, *s. m.* Objet sur lequel on s'accoude.

ACCOUER, *v. a.* Attacher par la queue. Se dit des chevaux que l'on conduit à la file, le licou de chacun, sauf le premier, attaché à la queue du précédent.

ACCOUPLE, *s. f.* Vén. Lien servant à accoupler les chiens.

ACCOUPLÉ, ÉE, *part. pas.* d'Accoupler. — B.-Arts. En t. d'archit. *Colonnes accouplées* et de sculpt. *Têtes accouplées,* colonnes et têtes réunies par couples et s'entretouchant.

ACCOUPLEMENT, *s. m.* Action d'accoupler. Réunion par couples. Se dit surtout des animaux, et figurément des choses. *Voilà un bizarre accouplement d'objets hétérogènes, de mots, d'idées.* — Se dit aussi des animaux pour exprimer la conjonction du mâle et de la femelle ; et parfois de l'homme et de la femme, mais dans une intention crapuleusement injurieuse. — Archit. *Accouplement de colonnes.*

ACCOUPLER, *v. a.* Réunir par couples, deux à deux. *Accoupler du linge,* le réunir en paquets, en attachant plusieurs pièces ensemble, avant de les mettre à la lessive. — Econ. agric. Apparier les mâles et les femelles de certains animaux, pour en obtenir des petits. — Jeux. *Accoupler ses dames,* les mettre deux à deux sur les flèches, au trictrac.

S'Accoupler, *v. pr.* Se dit des animaux qui s'unissent en vue de la reproduction.

ACCOURCI, IE, *part. pas.* de Accourcir.

ACCOURCIE, *s. f.* Galerie, passage, chemin qui accourcit.

ACCOURCIR, *v. a.* Rendre plus court, dans tous les sens.

— S'Accourcir, *v. pr.* Devenir plus court.

— Syn. Accourcir, Raccourcir. L'usage donnera exactement le même sens à ces deux mots, mais rigoureusement, il est clair que *raccourcir* signifie accourcir de nouveau.

ACCOURCISSEMENT, *s. m.* Action d'accourcir. Réduction d'étendue ou de durée. *L'accourcissement des jours devient très sensible.*

ACCOURIR, *v. n.* (conjug. comme Courir, sauf l'emploi des deux auxil. qui lui est propre : *J'ai* ou *Je suis accouru*). Courir vers. Se transporter rapidement, venir en hâte en un lieu où quelque intérêt vous attire.

— Syn. C'est justement que l'on distingue Accourir de Courir. Courir c'est aller rapidement, mais sans préoccupation du but à atteindre, le plus souvent même avec celle d'échapper à un danger ; tandis qu'on ne peut accourir que vers un but déterminé.

ACCOURES, *s. f. pl.* Vén. Plaines entre deux bois, où sont placés les chiens chargés de coiffer le sanglier au débucher.

ACCOURSE, *s. f.* Archit. Galerie extérieure donnant accès aux appartements.

ACCOURU, UE, *part. pas.* de Accourir.

ACCOUS, bourg de France (B.-Pyr.), ch. l. de canton de l'arr. d'Oloron, à 10 kil. de cette ville. Pop. 1510 hab. — Sources minérales accoutrées.

ACCOUTRÉ, ÉE, *part. pas.* de Accoutrer. — Fig. *Accoutré de toutes pièces,* malmené de toutes les façons.

ACCOUTREMENT, *s. m.* Action d'accoutrer. L'ensemble du vêtement, surtout si cet ensemble produit un effet bizarre, ridicule.

ACCOUTRER, *v. a.* Couvrir de vêtements et spécialement de vêtements ridicules, prétentieux ou mal assortis. — Fig. Maltraiter. — Techn. En t. de tireur d'or, relever et polir les filières.

— S'Accoutrer, *v. pr.* S'habiller d'une manière bizarre et maladroite.

ACCOUTUMANCE, *s. f.* Habitude contractée. Action de s'accoutumer.

ACCOUTUMÉ, ÉE, *part. pas.* de Accoutumer. — A *l'accoutumée,* loc. adv. Comme d'habitude, à la manière accoutumée.

ACCOUTUMER, *v. a.* Faire prendre une habitude. *Il est temps d'accoutumer cet enfant au travail.*

— Avoir Accoutumé, *v. n.* Avoir l'habitude. Continuez comme vous avez accoutumé de faire (il exige toujours la préposition *de* devant un infinitif).

S'Accoutumer, *v. pr.* Prendre une habitude. *Il faut bien pouvoir s'accoutumer à tout, dans la vie.*

ACCRA ou **ACRA**. Ville de l'Afrique occidentale (Côte d'Or), ou plutôt réunion de forts sur le territoire du même nom, à environ 80 kil. de Cape-Coast-Castle. Ces forts, appelés Saint-James, Crèvecœur et le Christiansborg, appartiennent tous trois aux Anglais. Le premier a été construit par eux ; Christiansborg, construit par les Danois, leur fut cédé en 1850, et Crèvecœur en 1871 par les Hollandais. — Accra est considérée comme l'une des stations les plus salubres de la côte occidentale de l'Afrique. Elle fait un certain commerce des produits de l'intérieur : ivoire, poudre d'or, huile de palme, etc., en échange desquels elle reçoit des cotonnades, des colliers de verroterie, du tabac et du rhum, Résidence d'un gouverneur anglais.

ACCRÉDITÉ, ÉE, part. pas. de ACCRÉDITER.

ACCRÉDITER, v. a. Mettre en crédit. — Attacher officiellement un ministre à une cour étrangère, comme représentant de son gouvernement. Autoriser, favoriser la diffusion de. C'est lui qui a accrédité cette calomnie, cette nouvelle.
— V. n. Aller en augmentant, s'agrandir. Son orgueil accroît avec sa fortune. — Jurisp. Appliquer le droit d'accroissement. La part de l'héritier renonçant accroît à ses cohéritiers. Ce terrain est accru à son domaine par atterrissement.
— S'ACCROÎTRE, v. pr. Prendre de l'accroissement. Son domaine s'est accru de tout le bien de son voisin.

ACCROUPI, IE, part. pas. de S'ACCROUPIR. — Blas. se dit des animaux représentés assis.

ACCROUPIR (S'), v. pr. S'asseoir sur les talons.

ACCROUPISSEMENT, s. m. État d'une personne accroupie.

ACCRU, UE, part. pas. de ACCROÎTRE.

ACCRUE, s. f. Jurispr. Augmentation d'un terrain provenant soit d'atterrissement, soit du retrait des eaux, soit encore par l'extension des bois. — Techn. Maille ajoutée à un filet, sur chaque rang, pour en augmenter la largeur.

ACCUBITUM, s. m. Ant. rom. Lit de repos, sorte de chaise longue substituée sous l'empire au lectus triclinarius (V. LIT), comme lit de table, et sur lequel une seule personne

était placée; de sorte qu'on pouvait disposer autour de la table autant de ces lits qu'on avait de convives et en ajouter un au besoin, s'il survenait un convive inattendu, tandis que lorsque le lectus triclinarius, qui contenait neuf personnes, était rempli, il n'y avait plus rien à faire. La position adoptée par les anciens, sur le lit de table, qui affectait d'ailleurs des formes très variées, tenait le milieu entre être couché et être assis, comme on peut le voir dans la gravure ci-dessous, prise du Virgile du Vatican : les jambes seules étaient étendues entièrement, la partie supérieure relevée, et reposant sur le coude gauche, qui reposait sur le coussin, de manière à laisser libre le bras droit, fort occupé d'autre part. Pendant la dernière période romaine , les femmes prenaient leurs repas avec les hommes et comme eux étendues sur des lits; mais les femmes grecques, lorsqu'elles n'étaient pas assises à une table séparée, se plaçaient, assises également, à l'une ou à l'autre extrémité du lit où les hommes se tenaient couchés suivant l'usage, cette posture étant considérée comme indécente pour une femme. Suivant la forme du lit, toutefois, elles pouvaient se tenir au

milieu, entre deux hommes couchés, mais toujours dans la position assise, comme le montre notre seconde gravure.

ACCUEIL, s. m. Action d'accueillir, réception faite à une personne qui se présente. Il lui fit un gracieux accueil, Un accueil réservé. — Absolument, il se prend toujours en bonne part. Il lui fit accueil.

ACCUEILLANT, ANTE, adj. Personne accueillante, facilement accessible, qui reçoit d'une manière aimable ceux qui s'adressent à elle. C'est le plus accueillant des hommes.

ACCUEILLI, IE, part. pas. de ACCUEILLIR.

ACCUEILLIR (Conj. comme CUEILLIR), v. a. Recevoir, bien ou mal, quelqu'un qui se présente à nous; une chose qui nous est proposée. Nous fûmes assez mal accueillis. Il accueillit nos propositions avec empressement. — Fig. Se dit également d'événements fâcheux qui surviennent dans certaines circonstances. La colonne, qui s'avançait en toute sécurité, fut accueillie, au détour du bois, par un feu de mousqueterie qui lui tua dix hommes. A peine avions-nous quitté le port, que nous fûmes accueillis par la tempête. — Absol., bien accueilli.

ACCUL, s. m. (pron. a-kul). Endroit sans issue, où l'on se trouve acculé. — Artill. Appareil disposé pour amoindrir l'effet de recul d'une pièce. — Chas. Fond du terrier où se réfugie le blaireau, le renard, etc. qui se sent poursuivi. — Mar. Petite baie dont les grands bâtiments ne peuvent tirer avantage à l'occasion, parce qu'ils n'en pourraient plus sortir.

ACCULÉ, ÉE, part. pas. de ACCULER. — Blas. Canons acculés, canons dont les culasses se font face. — Cheval, lion acculé, cabré.

ACCULÉE, s. f. Mar. Action d'un bâtiment dont la poupe touche la mer. Le navire fit une acculée.

ACCULEMENT, s. m. Action d'acculer.

ACCULER, v. a. Pousser dans un accul, dans un milieu où il est impossible de reculer. Il l'accula contre le mur. — Chas. Le blaireau était acculé dans son terrier. Le sanglier était acculé par les chiens. — Fig. Mettre quelqu'un dans l'impossibilité d'agir ou de répondre. Acculé, il ne sut plus que faire ni que dire.
— S'ACCULER, v. v. S'adosser sur un point d'appui pour se défendre. Il s'accula dans un coin et se défendit vaillamment contre les malfaiteurs qui en voulaient à sa vie. — Equit. Se dit d'un cheval qui recule en pliant les jarrets devant un obstacle, ou qui se jette sur les jarrets et baisse la croupe lorsqu'on l'arrête tout à coup; ou bien encore lorsqu'il n'avance pas assez sur ses voltes et ne va de côté, rapprochant sa croupe du centre.

ACCUM, FRIEDRICH, chimiste allemand (1769-1838). Il était de Buckeburg, se rendit à Londres en 1793 et fut nommé professeur de chimie et de minéralogie à la Surrey Institution en 1801. Ce qui a rendu célèbre le nom d'Accum, c'est la part prise par ce chimiste à l'introduction en Angleterre de l'éclairage au gaz. Comme la plupart des savants qui se mêlent d'industrie, Accum fut l'objet d'accusations entachant son honneur; il quitta alors l'Angleterre, retourna en Allemagne, et devint en 1822 professeur de chimie appliquée à l'Institut industriel et à l'Académie d'architecture de Berlin. Il mourut dans cette ville en 1838. — On doit à ce savant un assez grand nombre d'ouvrages scientifiques; notamment un Traité de chimie, (Londres 1803); Minéralogie (id. 1808); Cristallographie (id. 1813); Traité pratique de l'éclairage au gaz (id. 1815); Traité de la falsification des aliments et des poisons culinaires (id. 1820). Ces deux derniers ouvrages furent traduits en allemand aussitôt leur apparition. Il a donné, en outre, bon nombre de publications diverses, de moindre importance, qu'il serait trop long d'énumérer.

ACCUMULATEUR, TRICE, s. Celui, celle qui accumule.
— PHYSIQ. Accumulateurs d'électricité. 1. Terme appliqué quelquefois à de puissantes machines qui accumulent, par le frottement, les courants électriques de haute tension et donnent en conséquence des étincelles d'une grande longueur, qu'on emploie pour provoquer l'explosion d'une mine ou d'une torpille. L'accumulateur ainsi compris constitue un simple perfectionnement de la machine

ordinaire à cylindre ou à plateau; l'excitateur est généralement un plateau d'ébonite, substitué au plateau de verre ordinaire. — 2. On donne presque exclusivement le nom d'*accumulateurs* aujourd'hui aux piles secondaires, que M. Gaston Planté a été le premier à rendre utilisables. Les premières piles présentaient un grave défaut, qui se manifestait par une diminution rapide de l'intensité du courant produit, due à la formation de courants secondaires en sens inverse du courant principal, qu'ils affaiblissent et même finissent par anéantir. Ces courants secondaires ont été remarqués et étudiés d'abord par Gautherot, vers la fin du dernier siècle; mais après la mort de ce physicien (1803), personne ne s'occupa plus de cette question en France; un ou deux savants allemands y touchèrent légèrement, assez pour pouvoir s'en déclarer les inventeurs, et tout fut là, jusqu'à l'apparition, en 1869, des *Recherches sur l'électricité* de M. G. Planté, qui, toutefois, peut faire remonter la découverte à 1859, date à laquelle il présentait à l'Académie des Sciences ses premières recherches sur la polarisation voltaïque. Nous allons tâcher, premièrement, de rendre bien claire la théorie des courants secondaires, par une exposition courte et précise. Si l'on prend le plus simple des éléments, une lame de zinc, pôle négatif, plongeant dans un acide et une lame de cuivre, pôle positif, qui prendra par conductibilité la qualité d'acide, et qu'on réunisse ces deux lames par un fil, il se formera un courant continu entre les deux pôles. Le courant formé sur un galvanomètre, le galvanomètre éprouvera une déviation, mais bientôt cette déviation s'affaiblira, elle cessera même et l'aiguille du galvanomètre retournera au repos. Les causes de cet affaiblissement du courant sont diverses, mais se résument dans un travail produit au sein du liquide, à la faveur duquel une infinité de petits couples secondaires se forment, diminuant la force électro-motrice du couple principal auquel ils opposent une résistance qui peut aller jusqu'à détruire complètement son action.

M. Planté chercha à tirer parti de ce travail intérieur des courants secondaires et à les mettre à profit pour accumuler la force électrique. « Nous avions trouvé, dit-il, que la force électro-motrice secondaire d'un voltamètre à lames de plomb dans l'eau acidulée par l'acide sulfurique était plus énergique et plus persistante que celle de tous les autres métaux, et qu'elle dépassait même de moitié celle de l'élément voltaïque le plus énergique, comme celui de Grove ou de Bunsen. » En augmentant les surfaces, il obtenait un élément électrique très puissant. Dès 1860, M. Planté imaginait de rouler en spirale deux lames de plomb à grandes surfaces, séparées par une toile, qu'il supprima plus tard pour la remplacer par des bandes de caoutchouc, et plongées dans un bocal d'eau acidulée au dixième d'acide sulfurique. Supposons cet appareil placé sur le trajet d'un courant ordinaire et voyons ce qui se passera. « Lorsqu'un courant secondaire de grande surface, dit M. Planté, tout neuf, et qu'on vient à le faire traverser par le courant de deux couples de Bunsen, le gaz oxygène apparaît presque immédiatement sur la lame positive; une portion oxyde, en même temps, la surface de la lame, et celle-ci ne tarde pas à être recouverte d'une couche très mince de peroxyde de plomb. D'un autre côté, l'hydrogène, en après avoir réduit la faible couche d'oxyde dont le plomb est déjà couvert par l'exposition à l'air, ne tarde pas à apparaître; et si, au bout de quelques instants, on essaye le courant secondaire produit par l'appareil, on constate qu'il est déjà très énergique par la vivacité de l'étincelle produite, lorsqu'on ferme et qu'on rompt aussitôt le circuit secondaire, avec un conducteur de cuivre peu résistant. Mais le courant ainsi obtenu est de très peu de durée. D'un après avoir fermé le circuit jusqu'à l'anéantissement du courant secondaire, on charge une seconde fois l'appareil, les lames se trouvent alors dans un état un peu différent de celui où elles étaient en commençant. Pendant la fermeture du circuit secondaire, l'oxygène se portant sur la lame qui était négative lors du passage du cou-

rant, a peroxydé cette lame, en même temps que le peroxyde formé sur l'autre lame, lors du passage du courant principal, se réduisait par l'oxygène. On a donc, après une première expérience, deux lames dont la surface présente un état moléculaire différent de celui où elles se trouvaient lorsqu'elles étaient neuves. Elles sont recouvertes de couches minces d'oxyde de métal réduit qui facilitent l'action ultérieure du courant principal sur le courant secondaire. Lorsqu'on aura renouvelé ces opérations un très grand nombre de fois, les surfaces de plomb du couple secondaire se trouveront dans un état plus favorable pour l'oxydation ou la réduction; les couches d'oxyde alternativement formées ou réduites deviendront plus épaisses, et les effets secondaires qui en résulteront présenteront plus de durée et d'intensité. C'est en effet ce qu'on observe; plus un couple secondaire reçoit l'action d'un courant primaire et fonctionne lui-même après cette action, plus est longue la durée du courant secondaire. Et M. Planté ajoute: Lorsqu'un couple est bien formé, il peut s'écouler 20 à 30 minutes pendant la charge du couple avec deux éléments de Bunsen, si la surface du couple atteint un mètre carré. Tout le travail des piles s'accumule sous forme d'oxydation du plomb d'une part, et d'autre de réduction du plomb oxydé. »

Or ces deux surfaces, l'une de plomb oxydé et l'autre de plomb revenu à l'état métallique, fourniront, si on les réunit, une décharge électrique d'une intensité proportionnée à leur étendue, à l'épaisseur de la couche d'oxyde et à la résistance extérieure du circuit; et cette décharge continue tant qu'il y a de l'électricité emmagasinée, sous forme de travail chimique, dans la pile. Cette pile peut également se charger à l'aide d'une machine de Gramme, ou pour mieux dire de toute espèce de générateur. Les applications de la pile Planté peuvent s'étendre à bien des objets. Nous ne voulons pas, toutefois, nous hasarder trop loin dans la voie des suppositions, les résultats n'étant pas encore absolument décisifs.

Accumulateurs d'électricité.
La machine génératrice Edison.

Divers systèmes d'accumulateurs d'électricité ont vu le jour depuis l'apparition de la pile Planté. Nous citerons le couple secondaire de M. Pezzer, formé de lames de plomb gaufrées; la pile Méritens, formée de feuilles de papier de plomb; celle de M. de Combettes, de fils de plomb en hélice serrée; celle de M. d'Arsonval, présentée à l'Académie des Sciences en 1880, et qui est composée d'une lame de zinc et d'une lame de charbon placées dans un vase peu rempli de grenaille du plomb, le tout baignant dans une solution de sulfate de zinc. Citons encore le couple de MM. Houston et Thompson, des États-Unis, formé d'une plaque de cuivre et d'une plaque de zinc, reliées chacune à une borne et plongeant dans une solution de sul-

fate de zinc. Enfin nous parlerons de l'accumulateur de M. Camille Faure, présenté à l'Académie des Sciences par M. Régnier, dans la séance du 17 avril 1881. Les électrodes de la pile Faure, qui procède directement de la pile Planté, sont en plomb comme dans cette dernière; l'eau acidulée dans laquelle elles plongent est aussi la même. Seulement, dans la pile Planté, l'épaisseur des plaques limite la charge, qui s'opère lentement; tandis que M. Faure, en recouvrant ses électrodes d'une couche de minium, donne à la sienne un pouvoir d'accumulation rapide et presque illimité. Dans ce système, les deux lames de plomb du couple, respectivement recouvertes de minium ou d'un autre oxyde de plomb insoluble, sont entourées d'un cloisonnement en feutre solidement retenu par des rivets de plomb; ces deux électrodes sont ensuite placées, l'une près de l'autre, dans un récipient contenant de l'eau acidulée. Si elles sont d'une grande longueur, on les roule en spirale comme l'a fait M. Planté. Le couple une fois monté, quand on fait passer un courant électrique, le minium passe à l'état de peroxyde sur l'électrode positive, et à l'état de plomb réduit sur l'électrode négative. Quand toute la masse a été ainsi transformée, et que l'oxydation d'une part, l'autre la réduction sont achevées, le couple secondaire est prêt; il n'a à charge. Quand on le décharge, le plomb réduit s'oxyde de nouveau, le plomb peroxydé se réduit jusqu'à ce que le couple soit devenu inerte. Dans des expériences faites en Angleterre sur les accumulateurs Faure, et auxquelles présidait le savant physicien sir William Thomson, il fut constaté qu'avec 75 kilogrammes des accumulateurs Faure, on peut emmagasiner et dépenser en travail, environ un cheval de force, pendant une heure, pour l'usage de la lumière électrique, et cela en ne perdant, par le fait de cet emmagasinement, que 10 0/0 environ de l'énergie totale emmagasinée; et que par l'usage des moteurs électriques, et en tenant compte des pertes inévitables dues à ces moteurs, un accumulateur pesant 750 kilogrammes pourrait rendre un travail d'un cheval, pendant six heures. Dans la pratique, ces chiffres n'ont pas été complètement atteints, mais les résultats obtenus n'en sont pas moins très considérables.

— MÉCANIQ. Appareil intermédiaire entre les pompes et les presses hydrauliques d'une usine, inventé par sir William Armstrong. Grâce à cet appareil, l'ouvrier pressenti peut régler à sa fantaisie la marche du travail qu'il dirige, simplement en tournant un robinet.

ACCUMULATION, s. f. Entassement d'objets divers. — Rhét. L'*Accumulation* est un entassement de détails ayant pour but le développement de l'idée principale. — Jurisp. *Accumulation de droit*, augmentation légale sur un objet quelconque. — Fig. On dit figurément *Accumulation de preuves, de prétextes, de paroles*, sans que le sens général du mot subisse aucune modification.

ACCUMULÉ, ÉE, part. pas. de Accumuler.

ACCUMULER, v. a. Amasser, entasser. — Absol. Thésauriser, entasser des richesses. — Fig. Se dit au sens moral. *Accumuler les honneurs sur la tête de quelqu'un. Accumuler chagrin sur chagrin, crime sur crime*. — S'ACCUMULER, v. pr. Être accumulé. *Les malheurs s'accumulent toujours. Les marchandises s'accumulent au dépôt, faute de moyens de transport.*

ACCURSE ou **ACCURSIUS**. V. Accorso.

ACCUSABLE, adj. Qui peut être accusé.

ACCUSATEUR, TRICE, s. Celui ou celle qui accuse. — Jurisp. *Accusateur public*. Magistrat dont les fonctions étaient identiques à celles du procureur de la République ou du procureur général, suivant la juridiction.
— *Adj.* On dit adjectiv. *Un tressaillement accusateur, une preuve accusatrice.*

ACCUSATIF, s. m. Gram. Cas qui indique le régime direct des verbes actifs ou transitifs et celui des prépositions, dans les langues où les noms se déclinent.

ACCUSATION, s. f. Action d'accuser en

justice, et généralement d'imputer à quelqu'un une faute ou une action condamnable non seulement en justice, mais en conscience.

ACCUSÉ, ÉE, *part. pas.* de Accuser.
— *s.* Celui ou celle qu'on accuse. *Ah! voici l'accusé. Le défenseur du principal accusé est M* X... — Accusé de réception*. Attestation écrite du reçu d'une lettre ou d'un objet quelconque qui vous a été adressée à cette condition.

ACCUSER, *v. a.* Imputer à quelqu'un un crime, un délit, une vilaine action, des intentions mauvaises. — Jurispr. Poursuivre en vertu d'un arrêt de la chambre des mises en accusation. — Jeux. *Accuser son jeu*, en déclarer la nature et la valeur réglementaire. — B.-Arts. En peinture ou en sculpture, on dit accuser certaines parties des corps sous l'enveloppe qui les dissimule, pour les indiquer clairement, les faire ressortir. *Il sait accuser les muscles sous la peau de ses personnages.* L'expression a cours également, et avec la même valeur, dans le langage ordinaire. *La robe collante accusait des formes d'une perfection extraordinaire.* — Fournir des preuves contre quelqu'un. *Cette démarche imprudente vous accuse.* — Blâmer, morigéner. *Je m'accuse que votre paresse, votre indécision.* — Méd. Manifester. *La douleur que le malade accuse n'est pas directe, mais sympathique.* — *Accuser réception.* Reconnaître par écrit qu'on a reçu un envoi fait à cette condition.
— S'accuser, *v. p.* Se reconnaître coupable d'un méfait qui vous est imputé. Se déclarer coupable d'une faute dont on n'est pas soupçonné.

ACÈNE, *s. f.* Mesure de longueur des Grecs, servant à l'arpentage. Elle formait la 10e partie du plèthre. L'acène olympique équivalait à 10 pieds olympiques. Il y avait aussi l'acène carrée, valant 100 pieds grecs.

ACENSER, *v. a.* Dr. cout. Donner à cens, c.-à-d. moyennant une rente.

ACÉPHALE, *adj.* (du gr. *a* priv. et *kephalê*, tête), qui n'a point de tête, ou de chef. *Monstre acéphale. L'huître est un mollusque acéphale.* — Secte, réunion acéphale, qui n'a point de chef, de président. — Il s'emploie aussi substantiv. *Les huîtres sont des acéphales.*

ACÉPHALES, *s. m. pl.* Nom donné à diverses sectes qui ne voulaient point reconnaître de chef, et en particulier à celle qui, pour cette cause, se sépara des chrétiens obéissant aux patriarches d'Alexandrie, vers la fin du ve siècle, et demeura ainsi pendant environ trois siècles, sans évêque ni directeur d'aucune sorte. — Ce nom fut également donné à un parti politique de l'Angleterre, sous le règne d'Henry Ier, que ses principes égalitaires portaient à refuser tout directeur, tout maître, préféraient vivre dans la plus complète indigence : ce qui leur arriva en effet, parce qu'ils restèrent en petit nombre et isolés.

ACERATUS. Pelote grec, qui s'est rendu célèbre en demeurant seul dans la ville de Delphes, attendant Xercès qui venait assiéger cette ville, tandis que tous ses concitoyens avaient pris la fuite pour échapper à cette éventualité périlleuse, nous fournissant ainsi la preuve que les *francs-fileurs* ne sont pas d'origine moderne.

ACERBE, *adj.* D'un goût âpre. *Fruits acerbes.* — Fig. Dur, sévère, âpre. *La réponse de ce monsieur a été bien acerbe. C'est un être acerbe et violent.*

ACERBI, Giuseppe. Voyageur italien (1773-1846). Né à Castel-Goffredo, dans le Mantouan, le 3 mai 1773, il fit ses études à Mantoue et s'adonna principalement aux sciences naturelles. En 1798, il entreprit un voyage à travers le Danemark, la Suède, la Finlande, la Laponie, jusqu'au cap Nord, qu'il atteignit l'année suivante, accompagné dans la dernière partie de son voyage par le colonel suédois Skicolebrand, qui était un paysagiste distingué. A son retour en Europe, Acerbi s'arrêta quelque temps en Angleterre, où il publia ses *Voyages à travers la Suède*, etc. (Londres, 1802), lesquels furent traduits en allemand et publiés à Weimar dès l'année suivante; puis en français, par Vallée, et publiés à Paris, sous la direction de l'auteur, en 1804. Il se rendit ensuite en Italie et publia à Milan, en 1816, la *Biblioteca italiana*, recueil périodique dans laquelle il fit une vive opposition aux prétentions de l'*Accademia della Crusca*. Nommé consul général d'Autriche en Egypte, en 1826, il remit la direction de la *Biblioteca* à Gironi, mais ne cessa pas d'y collaborer, par d'excellents articles sur l'Egypte principalement. Il recueillit en Egypte beaucoup d'antiquités pour les musées de Vienne, de Milan, de Padoue et de Pavie. Enfin il revint dans son pays en 1836 et se retira à Castel-Goffredo, où il il passa les dernières années de sa vie dans ses études favorites. Il y mourut au mois d'août 1846.

ACÈRE (du gr. *a* priv. et *kera*, corne), *adj.* Zool. Se dit des insectes dépourvus d'antennes et des mollusques dépourvus de tentacules (vulg. *sans cornes*).

ACÉRÉ, ÉE, *part. pas.* de Acérer.

ACERENZA (*Acherontia* des Romains), ville d'Italie, prov. et à 160 kil. E. de Naples, sur le Brandano. Popul. 4,000 hab. environ. C'était, dans l'antiquité, une ville importante, considérée comme le boulevard de la Pouille et de la Lucanie. — Château fort, cathédrale remarquable, hospice, séminaire, deux couvents.

ACÉRER, *v. a.* Souder de l'acier à la pointe ou au tranchant d'un instrument en fer pour ajouter à leur force de résistance. — Par extens., aigu et affilé. — Fig. Se dit des traits satiriques laborieusement préparés pour blesser profondément un adversaire. *Il lançait des traits acérés qui, heureusement, ne portaient pas.*

ACERINA. Géog. anc. Ville de la Grande-Grèce, fondée et colonisée par les Bruttiens, qui fut prise et pillée par Alexandre, roi d'Epire.

ACÉRINÉES, *s. f. pl.* Bot. Famille de végétaux répandue dans les régions tempérées des deux hémisphères, et qui a pour type le genre Érable.

ACERNUS, Sébastien-Fabien Klonowicz (dit). Poète polonais né à Sulmierzyce (1551-1608). Il fit ses études à Cracovie, où il obtint les grades de docteur en droit et en philosophie. Après quelques années de résidence à Lemberg, il alla se fixer à Lublin, où il remplit pendant quelque temps les fonctions de bourgmestre et de président du tribunal civil des juifs. D'un commerce très agréable personnellement, Klonowicz put son existence empoisonnée par les extravagances et l'inconduite de sa femme, et finit ses jours à l'Hôpital public de Dublin, en 1608. Il avait composé, tant en latin qu'en polonais, des poèmes qui lui valurent le surnom d'*Ovide sarmate*. Les titres de quatorze de ses ouvrages sont connus, mais le plus grand nombre furent détruits par les Jésuites et une coterie de nobles polonais. Nous citerons : *Roxalana* (1584), le *Sac de Juda* (1585), les *Regrets* (1589), l'*Incendie*, l'*Appel au secours*, *Prédiction de la chute de la puissance turque* (1597); *Catonis disticha moralia castigationibus*; *Victoria Deorum ubi continetur Veri Herois Educatio*, poème en 44 chants, qui lui coûta dix années de travail (1602); *Ad nobilitatem regni Poloniæ de eligendo rege*, etc.

ACERRA. Antiq. rom. Cassette avec couvercle contenant l'encens destiné aux sacrifices. On y prenait l'encens et on le répandait sur l'autel brûlant.

ACERRA. Géog. anc. Ville d'Italie, province de Naples, à 11 kil. N.-E. de cette ville, sur la rive gauche de l'Agno. Popul. 12,000 hab. Fondée par les Etrusques, elle fut érigée en municipe romain en 322 av. J.-C. Elle fut prise d'assaut et brûlée par Annibal pendant la 2e guerre punique, et rebâtie ensuite aux frais de Rome. Ses habitants étaient connus sous le nom d'*Acerrani*. Quelques inscriptions témoignent seules de son ancienneté.

ACÉRURE, *s. f.* Techn. Pièce d'acier préparée pour acérer une lame de fer.

ACESCENCE, *s. f.* Chim. État de ce qui commence à s'acidifier, à s'aigrir.

ACESCENT, ENTE, *adj.* Qui s'aigrit.

ACESTA. Géog. anc. Ville de Sicile, bâtie par Acesta. Enée y laissa une partie de son monde pour y former un noyau de population. (Virg. *Æneid.* L. V.) Quelques auteurs croient que c'est la même que Egesta, depuis Ségesta.

ACESTUS. Myth. Fils du fleuve Crimisus et de la Troyenne Egesta. Acestus, suivant Virgile, régnait sur la partie de la Sicile qui fait face à la mer de Toscane. Il alla au secours de Priam pendant le siège de Troie, et fit ensuite un accueil cordial et plein de générosité à Énée et à ses compagnons.

ACÉTABULE (lat. *Acetabulum*, vase de vinaigre à tremper). Antiq. rom. Gobelet ou coupe contenant du vinaigre dans lequel les Romains trempaient leur pain. A la vérité, on n'a pas d'autre autorité pour assigner cet office au vase en question que l'étymologie même de son nom, et cette autorité nous paraît insuffisante. — Mesure de capacité répondant à la cotyle acétabule et contenant environ 0,27 litres. — Zool. Ventouses ou sucoirs dont sont garnies les tentacules de certains mollusques céphalopodes. — Anat. Nom donné anciennement aux cavités articulaires aujourd'hui appelées cavités cotyloïdes.

ACÉTATE, *s. m.* Chim. Sel produit par la combinaison de l'acide acétique avec une base.

ACÉTEUX, EUSE, *adj.* Qui a le goût, qui procède de la nature du vinaigre.

ACÉTIFICATION, *s. f.* Chim. Réaction chimique transformant l'esprit-de-vin en vinaigre, ou acide acétique.

ACÉTIQUE, *adj.* Chim. Se dit de l'acide qui est le principe du vinaigre, et qu'on peut obtenir par sa distillation. Il se trouve aussi parmi les produits de la seconde fermentation des vins, bières, cidres, etc., et s'obtient encore par la carbonisation du bois en vases clos, mais il n'y point alors le nom d'*acide pyroligneux*, vulgairement *vinaigre de bois*. C'est presque uniquement avec cette forme que l'acide acétique se trouve dans le commerce; et ce qui est infiniment plus fâcheux, c'est que le vinaigre à bon marché, ou à grand prix, est fabriqué avec cet acide pyroligneux, au lieu de l'acide acétique provenant de la fermentation du vin, etc. — *Fermentation acétique*. V. Fermentation.

ACÉTOLAT, *s. m.* Pharm. Nom par lequel on désigne les vinaigres médicinaux.

ACÉTOMÈTRE, *s. m.* Sorte d'aréomètre servant à déterminer le degré de concentration de l'acide acétique et, par suite, du vinaigre.

ACEVEDO, Félix Alvarez, général espagnol. Colonel en 1808, Acevedo opposa à l'invasion française une énergique résistance et souleva ses compatriotes en faisant appel à leur esprit d'indépendance et à leur patriotisme. Ses services furent pourtant absolument méconnus par Ferdinand VII de retour au trône d'Espagne. Se voyant regardé comme suspect à la cour de ce monarque à la conduite équivoque, il s'en retira. Acevedo se trouvait dans l'île de Léon lorsque se produisit le soulèvement qui donna naissance à la révolution de 1820; il n'hésita pas à se mêler aux insurgés, dont il devint dès lors l'un des chefs principaux, et repoussa les troupes royales jusqu'au defilé du Minho. Le 8 mars, il se rendait à Zadornelo, haranguant l'armée royaliste pour l'engager à faire cause commune avec la révolution, lorsqu'il fut tué, peut-être par un ennemi personnel.

ACHAB, roi d'Israël. Il succéda à Amri, en l'an 918 av. J.-C., et surpassa ses prédécesseurs en impiété. A la sollicitation de Jézabel, sa femme, il établit le culte de Baal à Samarie. Ce fut, dès lors, une lutte constante entre les prophètes du vrai Dieu et ceux de Baal. Elie se surpassa, mais vainement. Achab persista dans son erreur. Le règne de ce roi fut marqué en outre par ses victoires sur les Syriens; mais il se termina par la défaite d'Achab par Aminadab, roi de Syrie (v. 897). Achab fut tué dans l'action et, suivant la prédiction de Michée, les chiens léchèrent le sang qui coulait de ses blessures, et que les chiens ne manquent jamais de faire en pareille circonstance, qu'il y ait eu ou non un Michée pour le prédire. Le fils d'Achab, Ochosias, lui succéda sur le trône d'Israël.

ACHÆUS. Poète tragique grec du ve siècle av. J.-C. Il était né à Erétrie, en Eubée.

Dans un style élégant, mais souvent obscur, au témoignage d'Athénée, il écrivit un assez grand nombre de tragédies et de drames satiriques, outre un poëme satirique intitulé : *Alcmæon*; de tout quoi il ne nous est parvenu que des fragments insuffisants.

ACHÆUS, roi de Syrie (270-215 av. J.-C.). Il était lieutenant de Seleucus III, alors en guerre contre Attale, roi de Pergame, quand deux généraux gaulois au service de Seleucus conçurent la malencontreuse idée d'empoisonner celui-ci et de venir offrir la couronne à Achæus. Achæus fit mettre à mort les meurtriers et appela au trône le frère du roi assassiné (222). Antiochus répondit en toute hâte à son appel, et par un sentiment de reconnaissance assez rare, il lui donna le gouvernement de toute l'Asie-Mineure. Mais Achæus était dans une position trop élevée et surtout trop indépendante pour ne point faire naître l'envie. On l'accusa d'aspirer au trône, lui qui n'avait eu qu'à l'accepter quelques années auparavant; mais comme Antiochus était occupé à guerroyer en Médie, il n'y prit pas garde. Bientôt, cependant, la calomnie trouva le chemin de l'oreille d'Antiochus, et celui-ci, furieux, proféra des menaces terribles contre celui qui lui avait donné la couronne. Ne sachant plus que faire et poussé par ses partisans, Achæus se fit proclamer roi en effet; il leva une armée pour opposer à celle d'Antiochus, mais plusieurs de ses officiers ayant refusé de marcher contre leur roi légitime, il jugea plus prudent de se retirer derrière le Taurus et de s'installer à Sardes. Il y demeura trois ans, jouissant de tous les priviléges de la royauté. Au bout de ce temps, Antiochus parut devant Sardes et en commença le siége, qui dura une année entière. Achæus était enfermé dans la citadelle, lorsque la ville allait être emportée. Deux de ses officiers vinrent lui offrir de le faire évader; il les suivit seul, et les deux traîtres, se jetant sur lui, le massacrèrent et lui coupèrent la tête, qu'ils allèrent présenter au vainqueur.

ACHAIE. Géog. anc. Nom qui a eu des applications différentes suivant les temps. D'abord ce nom d'Achaïe servit à désigner une contrée peu étendue du sud de la Thessalie, qui fut la première résidence des Achéens; ceux-ci avaient chassé les Ioniens de ce pays, qui portait alors le nom d'Ægialea et paraît avoir été fondé par les Ægialéens. Plus tard, l'Achaïe propre comprenait une bande de terre peu étendue en largeur, dans le nord du Péloponèse, bordant sur une longueur de plus de 100 kil. le golfe de Corinthe, et bornée par la mer Ionienne à l'O., l'Élide et l'Arcadie au S., et par la Sicyonie à l'E. Au S. elle était séparée de l'Arcadie par de hautes montagnes, mais les plaines qui s'étendaient de ces montagnes à la mer étaient très fertiles. Sa capitale était Patras. On donna ensuite le nom d'Achaïe à la collectivité des villes et États qui formèrent la ligue Achéenne (V. ce nom). Quand les Romains eurent soumis la Grèce, ils nommèrent Achaïe la plus méridionale des provinces de leur nouvelle division administrative, comprenant le Péloponèse, la plus grande partie de la Grèce propre et les îles.

ACHAIE (Principauté d'). Division de l'empire byzantin comprenant le Péloponèse et la suzeraineté d'Athènes et de Thèbes, formée en principauté par les Croisés en 1205, et qui, après la deuxième conquête de Constantinople, fut donnée aux Villehardouin.

ACHAIE-ET-ÉLIDE. Prov. de la Grèce moderne, comprenant toute la partie N.O. de la Morée, sur une étendue d'environ 5,000 kil. carrés. Popul. 150,000 hab. Cap. Patras. — C'est un pays très accidenté, aux vallées fertiles, abondant surtout en arbres fruitiers, vignes, etc.

ACHAINTRE, Nicolas-Louis, philologue français (1771-1840). Né à Paris, il se destinait à l'enseignement, lorsqu'il fut enrôlé dans les armées de la République, en 1793. Fait prisonnier à Landrecies, il passa près d'une année en Hongrie. De retour à Paris, il entra dans l'enseignement, et s'occupa en outre de publier des éditions d'auteurs grecs et latins qui seront toujours estimées pour leur extrême correction. Dans les dernières années de sa vie, Achaintre était correcteur d'imprimerie; une existence mal ordonnée devait, du reste, le conduire tout à fait à la misère. — On lui doit : *Cours d'humanités depuis la sixième jusqu'à la rhétorique* (13 vol.); la première traduction française de l'*Histoire de Troie* attribuée à Dictys de Crète (1813, 2 vol.); la traduction d'un écrit de saint Jean Damascène sur la musique, des *Traités* de Cicéron, etc.; des éditions annotées d'*Horace* (1806), de *Juvénal* (1810), de *Perse* (1812), de *Phèdre*, de *Tacite*, etc.

ACHALANDAGE, *s. m.* Action d'achalander. Ensemble des chalands d'une maison de commerce. *Le fonds et l'achalandage ont certainement une valeur assez considérable.*

ACHALANDÉ, ÉE, *part. pas.* de Achalander.

ACHALANDER, *v. a.* Procurer des chalands. *C'est une boutique bien achalandée. Celui qui se vante très haut n'est pas le mieux achalandé.*

ACHAN, fils de Carmi, de la tribu de Juda. A la prise de Jéricho, il cacha 200 sicles d'argent, un manteau d'écarlate et une règle d'or, contre la défense expresse de Dieu, qui s'inquiétait alors d'une foule de misères de ce genre. Le crime d'un des leurs fut fatal aux Israëlites, qui furent repoussés au siége d'Haï. Convaincu de son crime par la voie du sort, Achan fut lapidé, *avec sa femme et ses enfants*, par ordre de Josué. Cette exécution terminée, on prit aisément Haï... par trahison (Josué, vii, viii). — Nous rappelons cette histoire biblique, surtout pour l'étonnante morale qui en découle.

ACHANAMASI, *s. m.* (pron. Akanamasi). Relig. Prière du soir, la quatrième des cinq prières quotidiennes d'obligation, chez les musulmans.

ACHANTI (angl. *Ashantee*, même pron.), *s.* Géog. Habitant du royaume africain portant le même nom. Idiome de cette contrée. — *Adj.* Qui est propre, qui appartient à l'Achanti. *Les mœurs achanties. Un bijou achanti.* — Quelques-uns disent achantin, ine; mais l'usage n'est pas encore bien fixé.

ACHANTI (angl. *Ashantee*). Géogr. État nègre de la Guinée supérieure (Afrique occident.), composé de l'Achanti propre, situé à l'intérieur des terres, derrière la Côte d'Or et des royaumes de Moisan, Tukima, Coranza au N.; Tufel au S.; Amienn, Akim et Assin à l'E; Saoui et Dankara à l'O. Cet état occupe une superficie de 195,000 kil. car., limitée par les fleuves Saint-André et Volta, et compte au moins 3 millions d'habitants. Le pays des Achantis n'est guère connu que depuis le commencement du siècle; les Hollandais et les Anglais sont les premiers qui y aient mis le pied. Les Achantis habitaient jadis des régions situées à l'est, dans l'intérieur, et en auraient été repoussés par un peuple noir très puissant qu'on n'a pu découvrir encore. Ils ne se sont groupés autour de Coumassie, leur capitale, que depuis le commencement du xviiie siècle.

— Prod. industr. com. Le pays est montagneux et couvert d'épaisses forêts où s'épanouit dans toute sa gloire la végétation des tropiques, des arbres géants tels que le baobab, et que hantent le lion, le tigre, le chat sauvage, l'éléphant, le rhinocéros, la girafe, l'hyène, le chacal et son cousin l'arompo, le sanglier, le daim, plusieurs espèces d'antilopes et de singes; outre des oiseaux d'espèces diverses : perroquets aux brillantes couleurs, paons non moins parés et une immense variété de petits oiseaux chantants et gazouillants, sans parler des aigles, faucons, vautours et autres brigands ailés. Les fleuves abondent en hippopotames et en crocodiles; les lieux humides en serpents venimeux, en reptiles et batraciens de toute espèce et de taille colossale. Les animaux élevés en domesticité sont le bœuf, le mouton, la chèvre, le cheval, l'âne et le mulet. La canne à sucre, le riz, le maïs, le tabac y poussent spontanément. La recherche de l'or, la fabrication des armes blanches, des cotonnades imprimées et des étoffes en plumes, la bijouterie, la tannerie, l'art de construire constituent à peu près toute l'industrie des Achantis. Les éléments principaux de leur commerce sont la poudre d'or, l'ivoire, les pelleteries, les cornes de divers animaux, les bois de teinture et d'ébénisterie, le tabac, l'huile de palme, le beurre de galam, la noix de kola, l'arachide et l'arrow-root. Le climat, très chaud, est toutefois généralement sain, excepté dans la saison des pluies, qui amène des fièvres paludéennes dont les indigènes ne sont pas exempts.

— Popul. Mœurs. Les Achantis s'occupent principalement de guerre. Ils sont fort braves, mais non moins sanguinaires; aussi ont-ils un goût prononcé pour les sacrifices humains. Leur religion est fort élémentaire : c'est un fétichisme mêlé d'islamisme, dont la base consiste dans les deux principes antagonistes du bien et du mal, la préexistence de l'âme et sa transmutation. Les Achantis se distinguent des autres nègres par une grande propreté. Ils ne se tatouent pas comme leurs voisins. Ils pratiquent la polygamie, et l'esclavage est d'institution nationale chez eux. Quant à leur système politique, leur roi, ou *zat*, est un monarque absolu; il nomme cependant chaque année une sorte de conseil d'État, composé de quatre personnes. A sa mort, on égorge sur sa tombe ses femmes et tous les gens de sa maison, qui vont ainsi, d'après la croyance des Achantis, le rejoindre dans la vie future et y jouer le même rôle que sur la terre. Quoique industrieux, il n'y a guère que parmi les classes riches que l'on voie quelques tentatives de toilette. Le costume d'un chef achanti se compose d'une espèce de casque de cornes de cerf dorées, attaché sous le menton par une courroie ornée de coquillages et surmonté de plumes d'aigle; plusieurs sacs de cuir se balancent sur sa poitrine; ses bras sont ornés de queues de cheval; il est chaussé de hautes bottes de peau rouge qui lui montent à mi-cuisses. Il est armé d'un arc et d'un carquois rempli de flèches empoisonnées et porte un bâton d'ivoire gravé en spirale, signe de commandement. Le *cabécère* (grand chef), un peu mieux vêtu que les simples chefs, se distingue surtout de ceux-ci par une ombrelle. Quant aux soldats, ils sont aussi peu vêtus que possible; ils portent plusieurs couteaux attachés à un collier et sont armés de fusils, s'ils le peuvent, mais plus souvent d'une lance, d'un arc et d'un carquois.

Les Anglais, qui avaient déjà eu maille à partir avec les Achantis en 1823-26, envoyaient une armée contre eux en septembre 1873, laquelle, après une campagne laborieuse et pénible, dont le succès avait été quelque temps douteux, s'emparait de Coumassie, leur capitale, en février 1874. La cause principale de cette guerre paraît avoir été le zèle convertisseur des missionnaires anglais, et les difficultés commencèrent par l'emprisonnement de ceux-ci, que suivit de près l'invasion du territoire d'Elmina, établissement anglais de la Côte d'Or, par les Achantis, favorisés au moins par l'inertie des tribus qui avaient accepté la protection anglaise, des Fantis notamment, ennemis pourtant des Achantis. Bref, après quatre mois de lutte, les Anglais venaient à bout de leurs incommodes voisins. Leur roi Koffee-Calcali finit par consentir à traiter, après mille tergiversations menaçantes dont l'attitude énergique de sir Garnet Wolseley, aujourd'hui lord Wolseley, finit par avoir raison, avec les agents des vainqueurs; lesquels se retirèrent précipitamment avant l'arrivée de la saison des pluies, mortelle aux Européens, en emportant un important et curieux butin, et en s'en assurant par traité un beaucoup plus riche encore, dont la description suivante, empruntée au *Scientific American*, et qui ne se rapporte qu'aux objets composant le premier acompte, donne une idée de l'industrie singulière d'un peuple méconnu jusque-là, du moins à ce point de vue : « Les 1,000 onces d'or amassées à la hâte par le roi Koffee, dit la revue américaine, pour le premier acompte à donner sur l'indemnité de guerre demandée par les vainqueurs, ont fourni de très curieux spécimens du développement de l'art de l'orfèvrerie dans ce pays. L'habileté que montrent les Achantis à travailler l'or, le métal le plus commun du pays, semble en vérité égaler de tous points celle des meilleurs artistes de l'Europe; en même temps, leur fertilité d'imagination est tout à fait étonnante. Parmi les principaux objets rapportés par les Anglais, est une tête humaine d'or massif qui pèse près de 5 livres et représente probablement la tête d'une victime vouée au sacrifice. On doit citer, parmi les œuvres d'un caractère plus attrayant, deux lourds griffons qui paraissent avoir été enlevés au trône du roi. On trouve en outre de nombreux objets d'ornement de différents styles, notamment de massives fibules d'or ouvragé d'un dessin exquis. Il faut également énumérer une quantité infinie d'objets de non moins d'importance comme valeur artistique. Ce sont des ornements en or repoussé pour les coiffures des divinités, des bouts d'ombrelle et de bâtons de commandement, des têtes de lion pour les sceptres, des mâchoires, des fémurs, des crânes d'or, un grand couteau de sacrifice avec le manche en or, nombre d'objets indescriptibles, qui ont sans doute leur emploi dans les cérémonies fantastiques du culte des Achantis; une foule d'imitations en or des travaux des autres nations et des autres âges, des bracelets, quelques-uns si lourds, qu'ils seraient pour ceux qui les porteraient une véritable charge, d'autres d'une extrême légèreté et d'une grande délicatesse; des colliers, des chaînes, des pendants, des broches, des bagues, etc. Les imitations donnent une idée de l'habileté avec laquelle les ouvriers de ce pays copient tout ce qui leur vient du vieux monde. On y trouve des cadenas, des boucles, des cloches et même des clefs de montre. Les moins curieux de ces objets ne sont pas certainement des copies de reliquaires, laissés peut-être par des missionnaires catholiques sur cette terre idolâtre, et reproduits avec une fidélité et une exactitude qu'un Chinois envierait. Parmi les broches, bagues, pendants, il y a des spécimens qui sont des fac-similés parfaits des premiers ornements employés dans l'Inde; d'autres approchent du genre égyptien; d'autres encore rappellent les types scandinaves et anglo-saxons. Le monde entier semble en quelque sorte avoir payé son tribut aux artistes achantis. Quelques-uns de ces objets sont tout neufs, et la terre dans laquelle ils ont été coulés adhère encore après. D'autres sont vieux et usés et portent de nombreuses traces de raccommodages et de soudures. Le plus remarquable des objets en argent qui ont été rapportés du pays des Achantis est un énorme baudrier ou ceinturon qui se suspend au cou par une chaîne massive se croisant diagonalement sur la poitrine. Du baudrier pendent sept ou huit gaines, pour des couteaux dont il n'est pas difficile de deviner l'usage. »

La capitale de l'Achanti, *Coumassie*, est la plus belle des villes nègres de l'Afrique occidentale. On y voit de larges rues bordées de maisons en bois bien construites; la seule habitation qui soit construite en pierre est celle du roi; les dessins en furent donnés il y a au moins une vingtaine d'années par un Anglais qui faisait le commerce entre la côte et le Soudan, et que le *zat* tenait en grande estime. Sa population est de 15,000 hab.; les environs sont fertiles, mais mal cultivés; on y rencontre la canne à sucre, le palmier, le cotonnier, le tabac. Parmi les objets de fabrication indigène, on cite surtout des armes et des étoffes en plumes artistement travaillées. Coumassie est l'entrepôt d'un grand commerce qui se fait avec toutes les parties de l'empire. Elle a été prise par les Anglais en 1874. — Les autres villes importantes sont: *Saint-André*, près de l'embouchure du fleuve de ce nom, vers le milieu de la Côte d'Ivoire; *Lahon*, également près de l'embouchure d'une rivière du même nom; *Grand-Bassam*, *Dabou*, *Assinie*, capitale de l'Assin, villes maritimes très commerçantes, où nous avons des comptoirs; *Dankara*, autre ville maritime, capitale d'un petit royaume du même nom; *Selga*, ville industrielle et commerçante, au nord de Coumassie, sur le Volta. M. Bonnat qui l'a visitée, n'estime pas le chiffre de sa population à moins de 50,000 habitants. C'est, avec *Dagoumba*, le marché le plus important de l'Achanti. Il s'y fait un commerce très considérable, principalement en poudre d'or et pelleteries. A Selga, l'abondance des bêtes de somme, ânes, mulets et bœufs, permet de se dispenser de portefaix pour le transport des marchandises.

ACHAR, ou ACHARD, *s. m.* Art culin. Nom donné en France, d'après celui du voyageur qui en importa la recette de l'Inde, aux conserves de racines, tiges, feuilles, fleurs, graines ou fruits de divers végétaux dans le vinaigre; préparations qui ont obtenu une vogue européenne, et qui procèdent de conserves analogues faites des bourgeons naissants de certains végétaux, principalement du palmier-chou et d'une espèce particulière de bambou, dont on est très friand dans l'Inde.

ACHARD, FRANZ CARL, chimiste prussien (1753-1821). A son nom, il n'est pas difficile de reconnaître dans Franz Achard un descendant des protestants français chassés de leur pays par la révocation de l'édit de Nantes, et réfugiés en grand nombre dans le voisinage de Berlin, où ils ont fondé le village industriel de Moabit, aujourd'hui faubourg de la capitale prussienne. Il naquit à Berlin, le 28 avril 1753, et se rendit célèbre par la découverte d'un procédé de fabrication industrielle de sucre de betterave. Marggraff découvrit la présence du sucre dans cette précieuse racine, en 1796; mais le moyen de l'en tirer, d'en fabriquer industriellement le sucre comestible faisait travailler tous les esprits, quand Achard le trouva en 1800. Le roi de Prusse, pour lui faciliter l'exploitation de cette heureuse découverte, fit don à l'inventeur d'un domaine situé au village de Kunern, dans le cercle de Breslau (Silésie). Il y établit une fabrique de sucre dont le succès fut immédiat et dont les progrès furent si rapides, qu'en 1811, pendant le blocus continental, qui nous privait du sucre de canne des colonies, elle produisait 300 livres de sucre par jour. En 1812, Achard joignait à son établissement une école industrielle où la nouvelle fabrication était enseignée, et qu'un grand nombre d'étrangers suivirent avec empressement. L'Académie de Berlin l'admit au nombre de ses membres et le nomma directeur de sa classe de physique. Achard fut un des collaborateurs les plus assidus des *Mémoires* de cette académie, où il inséra de nombreux mémoires de physique, de chimie et d'économie industrielle et agricole; il publia divers ouvrages, notamment des *Mémoires de Physique et de Chimie* (*Chemisch und Physisch Schriften*, 1780), contenant une description de ses expériences sur l'adhérence des corps et de leurs résultats.

ACHARD, LOUIS-EUGÈNE-AMÉDÉE, romancier français (1814-1875). Né à Marseille, il était employé dans une maison de commerce de cette ville, s'exerçant déjà à la composition littéraire et ayant fait accepter quelques articles au *Sémaphore*, lorsqu'il partit en Algérie, en 1834, attaché à une entreprise agricole. Il revenait en France dès l'année suivante, pour prendre la direction du cabinet du préfet de l'Hérault. En 1838, il arrivait à Paris, entrait à la rédaction du *Charivari*, collaborait à diverses petites feuilles satiriques et rédigeait enfin le feuilleton dramatique du *Courrier français*. Il donnait ensuite à l'*Epoque*, sous le pseudonyme de GRIMM, des *Lettres parisiennes* qui furent bien accueillies (1845-46). En 1846, il suivit le duc de Montpensier en Espagne, comme historiographe des fêtes de son mariage. A son retour il obtint un véritable succès par la publication d'un roman de cape et d'épée, intitulé *Belle-Rose*, qui ne vaut certainement pas ceux de son inspirateur, Alexandre Dumas, mais qui est très mouvementé et très attachant (1847); ce succès n'est, d'ailleurs, pas encore épuisé, malgré de nombreuses réimpressions.

La révolution de février fit verser pour un moment le romancier en si bon chemin dans l'ornière politique. Ses sympathies étaient naturellement acquises à la famille d'Orléans; il fonda donc, pour la venger dans la mesure qui lui était possible, un journal satirique appelé le *Pamphlet*, qui vécut jusqu'aux journées de juin, c'est-à-dire à peu près un mois. Amédée Achard prit part à la guerre des rues, en qualité de capitaine d'état-major de la garde nationale, vit son frère, blessé de deux coups de feu, tomber à ses côtés et fut fait prisonnier par les insurgés; mais il s'échappa de leurs mains. Ayant donné sa démission d'officier, après la pacification de Paris, Amédée Achard donna de nouvelles *Lettres parisiennes* à l'*Assemblée nationale*, sous le pseudonyme d'ALCESTE. En 1850, il eut avec Fiorentino, fameux critique dramatique d'origine italienne, un duel où il faillit perdre la vie. Fiorentino était accusé, depuis quelque temps déjà, de « faire chanter les artistes ailleurs que sur la scène. » La Société des gens de lettres, saisie de l'affaire, nomma un jury d'honneur dont Amédée Achard eut le malheur de faire partie, lequel déclara Fiorentino coupable de ce dont on l'accusait. Furieux, celui-ci prit sa plume la plus acérée, et dans un article publié par le *Corsaire*, il commença à exercer sa vengeance contre ses juges de la veille. Achard, particulièrement maltraité, ne crut pas pouvoir se dispenser d'envoyer des témoins à son insulteur; une rencontre eut lieu, et Achard eut la poitrine traversée d'un maître coup d'épée, dont il réchappa, mais souffrit toute sa vie, et qui sans aucun doute abrégea ses jours. A. Achard, qui avait été déjà correspondant de guerre pendant la campagne d'Italie (1859), suivit nos armées dans l'est, au commencement de la guerre de 1870-71, comme correspondant du *Moniteur*. — Il est mort à Paris, le 25 mars 1875.

Amédée Achard fut un écrivain extrêmement fécond, malgré son état de souffrance continuel. La liste de ses ouvrages est donc particulièrement touffue. Nous citerons: *Une arabesque* (1840); *Nelly* (1842); *Un mois en Espagne*, *Belle-Rose* (1847); la *Chasse royale*, *Une saison à Aix-les-Bains*, où il était allé soigner sa blessure (1850); *Roche-Blanche* (1852); *Chien et Chat* (1853); les *Châteaux en Espagne*, les *Petits-fils de Lovelace* (1854); la *Robe de Nessus* (1855); *Parisiennes et Provinciales* (1856); *Madame Rose*, *Maurice de Treuil* (1857); le *Clos Pommier*, les *Dernières marquises*, les *Femmes honnêtes* (1858); l'*Ombre de Ludovic*, *Montebello*, *Magenta*, *Marignan*, lettres d'Italie; la *Sabotière*, les *Vocations*, le *Musicien de Blois* (1859); la *Famille Guillemot*, les *Séductions*, les *Rêveurs de Paris* (1860); les *Misères d'un millionnaire*, la *Fille de Jephté* (1861); *Noir et Blanc*, le *Roman d'un mari* (1862); *Histoire d'un homme*, la *Traite des blondes* (1863); le *Duc de Carlepont*, les *Coups d'épée de M. de la Guerche* (1864); *Madame de Sarens*, etc. (1865); les *Fourches caudines* (1866); la *Chasse à l'idéal*, les *Chaînes de fer* (1867); *Marcelle*, la *Vie errante*, le *Journal d'une héritière* (1868); le *Serment d'Edwige* (1869); les *Trois grâces* (1870); *Olympe de Mézières*, le *Mari de Delphine*, *Récits d'un soldat* (1871); *Souvenirs personnels d'émeutes et de révolutions* (1872); *Sur la guerre de 1870*, *Droit au but*, *Envers et contre tous*, la *Vipère*, *Madame de Villersexel* (1874), la *Toison d'or*, la *Cape et l'Epée* (1875), etc. On lui doit, en outre, plusieurs itinéraires de voyage en chemin de fer. Enfin, il a donné au théâtre: le *Socialiste en province* (1849); *Donnant, donnant*, *Par les fenêtres*, le *Duel de mon oncle* (1852); *Souvenirs de voyage* (1853); *Souvent femme varie* (1854); le *Jeu de Sylvia* (1859); le *Clos Pommier*, avec Ch. Deslys, drame en 5 actes (1865); *Albertine de Mierris*, 3 actes, (1867); les *Tyrannies du colonel* (1872); le *Sanglier des Ardennes*, 1 acte (1875), etc.

ACHARD, PIERRE-FRÉDÉRIC, acteur et chanteur français, né à Lyon (1808-1856). D'abord ouvrier tisseur en soie, très estimé de ses camarades comme chanteur de chansonnettes, il parut sur diverses scènes de province avant de venir à Paris (1834). Il entra la même année au théâtre du Palais-Royal, et jouit longtemps d'une très grande vogue, tant à ce théâtre qu'à celui du Gymnase, par le comique très franc de son jeu et aussi par sa manière très fine de dire la chansonnette, dont il mit le genre à la mode, — genre qui a disparu presque en même temps que lui.

ACHARD, LÉON, chanteur français, fils du précédent, né à Lyon, le 16 février 1831. S'étant mis, avant toute chose, à l'étude de la musique, il entra au collège Henri IV, suivit les cours de la Faculté de droit de Paris et fut reçu licencié en 1852. Il entra alors chez un avoué et, pour faire diversion sans doute à l'étude de la procédure, suivit les cours de chant du Conservatoire, où il fut élève de Bordogni. Ayant remporté le 1er prix en 1854, il débutait le 9 octobre suivant au Théâtre-Lyrique, dans le *Billet de Marguerite*, de M. Gevaert. Ce début fut un succès, et il fit ensuite plusieurs créations: dans les *Charmeurs*, de M. Poise; le *Muletier de Tolède*, d'Adam; les

Compagnons de la Marjolaine, de M. Hignard; l'*Habit de noces*, de Paul Cuzent; jouant également dans divers ouvrages du répertoire : le *Barbier de Séville*, *Ma tante Aurore*, la *Sirène*, *Marie*, etc. — La mort de son père (août 1856) le tint quelques mois éloigné du théâtre; il finit par accepter, en 1857, un engagement au Grand-Théâtre de Lyon, dont le directeur était M. Halanzier. Lorsque M. Perrin reprit, en 1862, la direction de l'Opéra-Comique, il appela M. Achard, toujours à Lyon, et l'engagea télégraphiquement. Le jeune ténor débutait le 4 octobre suivant dans la *Dame blanche*; il joua ensuite *Haydée*, le *Songe d'une nuit d'été*, le *Pré aux clercs*, le *Domino noir*, l'*Eclair*, *Lucie*, les *Mousquetaires de la Reine*, le *Postillon*, *Zampa*, la *Part du diable*, et fit plusieurs créations importantes : dans le *Capitaine Henriot*, *Mignon*, *Flor d'Aliza*, *Jaguarita l'Indienne*, etc. — M. Achard, qui, dans ses loisirs, s'était livré à l'étude du chant italien, partit pour Milan en 1871, étudia de nouveau et fut engagé pour une saison au théâtre de la Fenice, de Venise. Mais M. Halanzier, étant devenu directeur de l'Opéra, l'engagea pour créer le rôle de Yorick dans la *Coupe du roi de Thulé*, de M. Diaz. Après cette création, M. Achard se fit entendre dans les *Huguenots*, l'*Africaine*, la *Favorite*, *Faust* et *Don Juan*. M. Achard était retourné à Lyon lorsque, de même qu'en 1862, M. Perrin, reprenant momentanément les rênes administratives de l'Opéra-Comique, l'appela par le télégraphe. Il a fait sa rentrée à ce théâtre, comme quatorze ans auparavant, dans le rôle de Georges de la *Dame Blanche*, le 22 mars 1876. Le 11 avril suivant, il créait celui de Frédéric dans le *Piccolino*, de son ami et ancien condisciple à Henri IV, M. Victorien Sardou (musique de M. Guiraud). — M. L. Achard a fait, à différentes reprises, de fructueuses tournées en province.

ACHARI, docteur arabe, fondateur de la secte des Achariens. (884-936). S'écartant du fatalisme musulman dans une mesure qui le rapproche singulièrement des catholiques modernes, Achari enseignait que l'homme, tout en conservant son libre arbitre pour mériter ou démériter, n'était qu'un instrument dans les mains d'Allah, auteur de toutes choses. Pour les musulmans orthodoxes, il va sans dire qu'Achari n'est pas autre chose qu'un hérésiarque; et pourtant, nous connaissons, dans le monde musulman, un grand nombre d'Achariens sans le savoir.

ACHARIUS, Eric, naturaliste et médecin suédois, né à Gefle (1757-1819). Il était fils d'un contrôleur des douanes. Ayant commencé ses études dans sa ville natale, il entra en 1773 à l'Université d'Upsal, où il eut pour maître le grand Linné. Reçu docteur en médecine à l'Université de Lund, en 1782, il pratiqua son art, sans jamais abandonner l'étude de la botanique, dont Linné lui avait inspiré l'amour; et ce fut avec bonheur qu'il reçut, en 1801, sa nomination à la chaire de botanique de l'Académie de Wadstena. Il avait été élu membre de l'Académie de Stockholm cinq ans auparavant. — Acharius se voua dès lors à l'étude de l'ordre des cryptogames, et spécialement de la famille des lichens, dont il eut la gloire de tracer un système rationnel de classification, quand il n'y avait que confusion avant lui dans cette branche intéressante de la botanique. Tous les ouvrages laissés par Acharius se rapportent à ce sujet; le plus important est sa *Lichenographia Universalis*. (Gœttingen, 1804).

Acharius mourut d'apoplexie, à Wadstena, en 1819. Son nom a été donné par les botanistes à des espèces très diverses de végétaux pour rendre hommage à sa mémoire.

ACHARNÉ, ÉE, *part. pas.* de Acharner.

ACHARNEMENT, *s. m.* Action d'un animal s'attachant avec une ardeur féroce à la chair de sa victime. — Fureur déployée dans un combat, soit entre animaux, soit entre hommes. — Fig. Se dit de l'animosité que l'on montre dans une querelle, dans un procès, dans les poursuites que l'on exerce contre quelqu'un. *On a mis à la répression de cet enfantillage un acharnement odieux. Rien de ridicule comme l'acharnement de deux plaideurs.* — Se dit aussi, par extension, de la passion que l'on met à la poursuite d'un objet quelconque. *Il met à l'étude un acharnement tel, qu'il ne peut manquer de remporter le prix. Il deviendra riche, s'il continue de travailler avec cet acharnement.*

ACHARNER, *v. a.* Exciter la fureur des hommes ou des animaux, pour qu'ils se jettent les uns sur les autres. — Chas. Donner le goût de la chair aux animaux de proie.

— S'Acharner, *v. pr.* S'attacher avec fureur à la chair d'un ennemi, mettre dans la lutte une opiniâtreté cruelle. *Les deux adversaires s'acharnaient l'un sur l'autre. Le tigre s'acharne sur sa proie par pure cruauté.* — Fig. S'appliquer avec passion. *Il s'acharne à la besogne.*

ACHAT, *s. m.* Action d'acheter. Acquisition faite à prix d'argent. — L'objet même de cette acquisition.

ACHATE (pron. Akate). Géogr. anc. Fleuve de Sicile dans lequel Pline assure qu'on trouvait une pierre précieuse portant le même nom, qui devenait fort belle à la taille. C'est aujourd'hui le *Dirillo*. — Myth. Nom de l'écuyer et confident d'Enée, modèle de fidélité. On applique familièrement ce nom à un ami dévoué. *Son fidèle Achate* (fidus Achates) *est avec lui, il n'a donc rien à craindre.*

ACHAZ, roi de Juda. Il succéda à son père Jonathan vers 742 av. J.-C. Après avoir vaincu Razin, roi de Syrie, il ferma les portes du Temple, sacrifia aux idoles et voua ses enfants à Baal. Dieu le punit de ces crimes en le faisant vaincre à son tour par Razin, puis par Phacée, roi d'Israël. Achaz appela alors Téglath Phalazar, roi d'Assyrie, à son secours, pillant le Temple de ce qu'il avait de plus précieux pour le lui porter, afin de se l'attacher plus sûrement. Mais il mourut vers 726, avant d'avoir tiré aucun profit de tous ces méfaits.

ACHE, *s. f.* Bot. Genre de plantes de la famille des ombellifères, dont plusieurs espèces sont devenues comestibles par la culture: le céleri et le céleri-rave. Une autre espèce, l'ache des marais, dite *céleri* ou *persil des marais*, est employée en médecine, comme excitante et diurétique. Elle entre dans la composition du *sirop de chicorée composé* et du *sirop des cinq racines*. Une autre espèce encore, appelée *berle* ou ache d'eau, est considérée, dans le midi de la France, comme antiscorbutique. — Antiq. On donnait, en Grèce, une couronne d'ache au vainqueur de certains jeux.

ACHÉENS, *s. m. pl.* Peuples de l'Achaïe. Ce nom fut également donné à diverses tribus habitant les régions orientales du Péloponèse, celles d'Argos et de Sparte notamment. Enfin les habitants de l'Achaïe propre conservèrent seuls ce nom. Au commencement, cette république n'était considérable ni par le nombre de ses soldats, ni par ses richesses, ni par l'étendue de son territoire; mais elle était célèbre par sa sagesse et ses vertus. Les Crotoniates et les Sybarites adoptèrent ses lois Après la bataille de Leuctres, un différend s'étant élevé entre les Thébains et les Lacédémoniens, ceux-ci en référèrent à l'arbitrage des Achéens. Leur gouvernement était démocratique. Ils le conservèrent, ainsi que leur indépendance, jusqu'au temps de Philippe et d'Alexandre; mais à partir de cette époque, ils furent ou soumis aux Macédoniens, maîtres de toute la Grèce, ou opprimés par des tyrans nationaux. La république achéenne comprenait douze villes du Péloponèse, dont la plus importante était Patras. Vers 280 av. J.-C., elle recouvra son intégrité et ses vieilles institutions; ce fut une sorte de renaissance de l'ancienne confédération qui devint plus tard si fameuse sous le nom de *Ligue achéenne*.

— Ligue achéenne. Quoique datant de l'an 280, la ligue achéenne ne commença à prendre de l'importance que 30 ans environ plus tard, sous la direction d'Aratus de Sicyone, importance qui augmenta encore sous celle de l'illustre Philopœmen de Mégalopolis. Les tyrans bannis, les villes rétablirent l'ancienne confédération. On institua un conseil public où furent portées toutes les affaires de quelque importance, et dont les décisions furent soigneusement enregistrées. Cette assemblée avait deux présidents dont la nomination appartenait, à tour de rôle, à chacune des villes de la confédération ; bientôt, toutefois, elle se contenta d'un seul président, mais sans rien modifier au mode d'élection. Beaucoup de villes voisines, qui admiraient la constitution de cette république, fondée sur l'égalité, la liberté, l'amour de la justice et du bien public, sollicitèrent et obtinrent leur admission dans la confédération, c'est-à-dire dans la ligue achéenne, devenue rapidement l'Etat le plus puissant de toute la Grèce. La ligue achéenne offre certainement le plus parfait exemple du gouvernement fédéral dans l'antiquité, et l'on peut dire qu'il a servi de modèle à la confédération des Etats-Unis d'Amérique, qui ne l'a point surpassée dans ses points essentiels.

Dernier rempart de l'indépendance grecque, la Ligue achéenne, si puissante et si redoutée pendant près d'un siècle et demi, mais dont l'histoire laisse toutefois deviner un certain affaiblissement graduel, fut vaincue par les Romains, commandés par le consul Lucius Mummius (146 av. J.-C.), et ses Etats formèrent une province de l'empire romain. — V. Achaïe.

ACHELOUS. Géogr. anc. Fleuve de la Grèce (aujourd'hui *Aspro Potamo*) qui séparait l'Etolie de l'Acarnanie. Il prenait sa source au pied du Pinde (Mont Agrapha d'aujourd'hui) pour aller se jeter dans la mer Ionienne par deux embouchures, comparées à deux cornes par la féconde imagination des poètes, parce que le tumulte de ses eaux roulant dans un lit sinueux et accidenté, abondamment hérissé de roseaux, leur faisait l'effet d'un mugissement de taureau. On débarrassa ce fleuve de sa végétation marine pour le rendre navigable. Avec la Fable, il va sans dire qu'Achelous devient un dieu-fleuve, et que son curage se changea en une défaite que lui infligea Hercule. Les suites de l'aventure peuvent être laissées dans l'oubli sans inconvénient.

ACHEM ou Achin (pron. Atchem ou Atchine). Toutefois, d'après certains auteurs hollandais, le vrai nom de cette contrée serait Atjih, mot emprunté à la langue tulugu par la langue malaise, et qui signifie *Lieu de paix*. Mais il y a encore ici confusion, causée par une différence de prononciation. C'est *Acheh* que s'appelait ce pays, quand les Portugais en firent Achem.

— Géogr. phys. Le royaume d'Achem, pour conserver l'orthographe depuis longtemps adoptée en France, forme la partie septentrionale de l'île de Sumatra, et occupe une superficie estimée approximativement à 50,000 kil. carrés. Il est baigné à l'O. et au N. par l'Océan indien, et à l'E. par les eaux du détroit de Malacca, qui le séparent de la presqu'île du même nom. Le chiffre de la population, par exemple, diffère singulièrement avec les sources; il flotte généralement entre 500,000 et 2 millions d'habitants : le Dictionnaire géographique des Indes ne le porte pas au delà de 450,000 hab., et il y a encore des estimations plus faibles. La vérité est qu'on connaît mal l'intérieur de ce pays, que l'on n'y a pu recenser la population et que les estimations faibles n'ont d'autre base que le caractère essentiellement montagneux du territoire d'Achem, pour supposer l'intérieur peu peuplé. La chaîne imposante de montagnes qui traverse l'île entière de Sumatra dans toute sa longueur, le Boukit-Barisan, couvre naturellement aussi la plus grande partie de l'Achem, dans le sens de son grand axe, où elle prend le nom de Pedir Daholi.

La pointe septentrionale de l'île, qui renferme la capitale, et qu'on appelle le *Grand-Achem*, forme à proprement parler le cœur du pays. Il se compose, non compris la capitale, de trois districts formant les 22ᵉ, 25ᵉ et 26ᵉ *moukims* ou *sagis*. Une moukim est une agglomération de plusieurs villages ou *kampongs*, répondant assez exactement à l'idée qu'on se fait d'une paroisse. Cette région qui s'étend sur les deux rives de l'Achem, paraît être l'une des plus belles et des plus fertiles du royaume. Le bas-fond où est située la ville d'Achem est, par endroits, marécageux et exposé à de fréquentes inondations; mais à quelque distance, vers le midi, la plaine est bordée d'agréables collines, au-dessus desquelles le *Ya-Moura* élève sa tête volcanique. En outre, le pays est relativement bien peuplé, et soigneusement cultivé.

— LOCALITÉS PRINCIPALES. Achem, la capitale, n'est plus ce qu'elle était autrefois. On estime encore à 30 ou 40,000 âmes le chiffre de ses habitants, répartis en 8,000 maisons. Dampier l'évaluait, en 1689, à 50,000 âmes; mais, somme toute, l'endroit a peu d'importance. Le palais du sultan, appelé *kraton* ou *karaton* (en javanais), est très délabré et fait plutôt l'effet d'une forteresse démantelée que d'une résidence princière. La mosquée, bâtie en 1617, incendiée, puis rebâtie, et qui, à cause d'une image de saint, est le but d'un pèlerinage, constitue à peu près le seul monument remarquable. Les maisons sont en général exhaussées sur pilotis, à cause des inondations et souvent entourées d'une palissade. Une même enceinte en terre renferme plusieurs habitations. Du côté de la mer, dont elle est éloignée de 4 à 5 kil., la ville est protégée par quelques redoutes et fortifications, entre autres par le *Massigit*, situé sur la rive gauche de l'Achem. La ville elle-même se trouve en partie sur la rive droite; le kraton du sultan occupe seul la rive gauche. A quelques lieues au-dessous, dans la direction du nord, la rivière se divise en trois embranchements; le bras du milieu, qui est le principal, peut avoir une largeur de 90 m. et une profondeur de 8 à 10 m., tandis que les deux autres, le Marussa, à l'est, et le Gigi, à l'ouest, sont en général peu profonds, et ne peuvent pas, dans la saison des pluies, porter des navires d'un assez fort tonnage. La rade d'Achem, qui passe pour assez sûre, s'étend à la pointe qu'on appelle l'été-d'Achem et le bras occidental de la rivière; elle est protégée par les îles de Waï, de Bras et de Nasi, qui en défendent l'entrée; les orages du N.-O. y sont seuls à craindre. C'est dans le Grand-Achem que se concentre toute la vie commerciale et active du pays. Les autres côtes ne présentent que peu de localités intéressantes parmi lesquelles les stations pour le commerce du poivre méritent seules une mention. En suivant la côte orientale, qui longe le détroit de Malacca, Pedir est le premier kampong qu'on rencontre. De là jusqu'au cap Diamant, règnent les palmiers d'aréka ou *pinangs*, qui ont fait donner à cette côte le nom de *Côte des Noix de bétel*. Plus loin, à l'embouchure de rivières portant des noms analogues, on trouve Gigian, Beuron, Ajer-Labaji; le village de plusieurs Telokh-Samoi, mal famé pour ses pirateries, etc. Au delà du cap Diamant jusqu'à la rivière du Tamiang, toute une étendue de côtes à peu près inconnues et dont les ports habités ne peuvent se déterminer avec certitude. Le dernier kampong achemois situé de ce côté, est Seruwei, sur le Tamiang, qui forme la limite connue entre le territoire d'Achem et les pays dépendants du sultan de Siak. Longeant la côte O. de Sumatra, sur l'océan Indien, nous rencontrons d'abord Kluwang, le havre tranquille de Siddo, Telo-Krout, importante station à poivre, Rigas, marché florissant de commerce, avec 5,000 habitants, et d'autres encore, parmi lesquelles Labuan-Hadji, station à poivre, Bakoungan, où la culture de cette épice est bien tombée aujourd'hui.

— PRODUIT. COMM. Autrefois, le poivre était le principal produit du pays; aujourd'hui, le Grand-Achem même n'en fournit presque plus. La récolte entière du pays, évaluée jadis à 300,000 pikuls, s'élève à peine aujourd'hui à 100,000 pikuls (1 pikul = 60 kilogr. 1/2 environ). Les marchés principaux de cette denrée sont les ports de la côte occidentale, d'où l'article s'exporte aux établissements plus méridionaux que la Hollande possède à Sumatra, puis de là à Pinang, à Singapore et à la côte de Coromandel. Depuis quelque temps, c'est l'Amérique qui achète surtout le poivre d'Achem. Après le poivre viennent le riz et le camphre, comme produits les plus importants. Il est vrai que les champs de riz (*sawas*) sont souvent dévastés et que Baros, le centre de la culture du camphre sur la côte ouest, est depuis longtemps dans les mains des Hollandais. On exporte en outre toutes sortes de résines, entre autres le benjoin et la gutta-percha, puis des bois de bambou et d'autres productions naturelles. Les Achemois cultivent aussi le café et le coton; ils obtiennent de plus du tabac et de la soie, ce dernier article en faible quantité.

L'île de Waï, en face de la capitale, renferme du soufre, qu'on exploite peu. L'intérieur fournit de l'étain, qui ne peut rivaliser avec celui de Banka ou Billiton. En revanche, les mines d'or sont très productives. Jadis, on racontait des choses étranges sur l'abondance de l'or à Achem. Valentyn estimait l'exportation de ce métal, en certaines années, à 60 ou 80 bahars, c'est-à-dire 512,000 onces; Crawfurd, en 1820, ne l'évaluait plus qu'à 10,450, tandis qu'en 1826, Anderson la déclarait encore de 15 pikuls ou 32,000 onces.

L'exportation des produits du règne animal se borne à l'ivoire et à une race de chevaux petits, mais bien faits, très recherchés à Pinang. Fort patients, et surtout propres au service des montagnes, ces animaux viennent principalement du nord de l'île et du pays des Battas. L'ivoire se recueille plus qu'on faible quantité, bien que l'éléphant ne soit pas rare à Achem. L'espèce y diffère de celle de l'Inde et se rapproche de celle de Ceylan. Jadis, ces animaux jouaient un grand rôle à la cour achemoise; au temps de Beaulieu (1621), on n'entretenait pas moins de 900 de ces pachydermes, dont les plus marquants jouissaient, comme l'éléphant blanc à la cour d'Ava, du privilège d'être abrités par de grands parasols contre les violentes atteintes du soleil. On les emmenait aussi dans les expéditions guerrières; Iskander-Mouda en employa, dit-on, une centaine au siège de Delhi; actuellement, le sultan d'Achem ne nourrit plus d'éléphants. — L'importation est faible et ne consiste qu'en produits que le pays ne fournit pas, tels que l'opium, le sel et une espèce de poisson sec, le *koumbal-mas*, venu des îles Maldives.

Le climat de l'île et ses productions font d'Achem une des régions les plus favorisées de Sumatra. Malgré ces avantages naturels, le pays ne s'est pas développé; au contraire, sa force productive et son essor commercial se sont arrêtés plutôt; la faute en est dans le désordre des affaires intérieures, aux agitations continuelles des Achemois, toujours disposés à courir aux armes sous le plus léger prétexte pour se mesurer avec quelque voisin plaisant ou exigeant, ou, à son défaut, pour se battre entre eux.

— HIST. Jean de Barros cite Achem parmi les 29 États qui divisaient le littoral de Sumatra, quand les Portugais s'emparèrent de Malacca (1511). Le nord de Sumatra avait été visité, au moyen âge, par plusieurs voyageurs européens, notamment par Marco-Polo, Fr. Odorico et Nicolo Conti; mais le premier qui mentionna cet État en lui donnant le nom d'Achem, fut Alvaro Tellez, capitaine de la flotte de Tristan d'Acunha (1506). C'était alors une simple dépendance du Pédir qui, sur le Pasir, formait les États les seuls États de la côte dont les chefs prissent le titre de sultan. Vingt ans plus tard, Achem avait conquis son indépendance, et même absorbé les autres États du nord de Sumatra. Sa gloire arriva au zénith avec Iskander-Mouda (1607-1636). Sous le règne de ce sultan, le territoire d'Achem s'étendit jusqu'à Aroa, en face de Malacca, et par un retour vers le nord, jusqu'à Padang, sur la côte occidentale, présentant une étendue de côtes d'au moins 1,800 kilom.; et de plus, l'autorité du sultan était reconnue par la grande île de Nyas et par les États malais du continent, Johor, Pahang, Quéddah et Pérak.

La cour d'Achem, au XVIIe siècle, déployait un grand faste. D'après Beaulieu, le sultan entretenait alors 900 éléphants. Ces animaux étaient aussi employés dans les armées en grand nombre. Bien que les éléphants ne manquent pas dans le pays, on y a renoncé à leurs services.

Les hostilités s'ouvrirent contre les Portugais au temps du premier sultan indépendant d'Achem; elles ne s'arrêtèrent qu'à l'anéantissement de la puissance des Portugais dans cette partie des Indes, consommé par la prise de Malacca (1641) par les Hollandais. Plusieurs sultans d'Achem envoyèrent à différentes reprises, et notamment en 1537, 1547, 1567, 1575, 1583, 1615, 1628, des expéditions contre Malacca. Une de ces expéditions, organisée par Iskander-Mouda en 1615, comprenait 500 vaisseaux dont moitié étaient des galères, et parmi ces galères, il y en avait une centaine forte de 60,000 hommes; le luxe et sa femme s'embarquèrent avec elle. L'expédition ne réussit point, mais l'énumération sommaire de ses forces montre quelle était alors la puissance de l'État d'Achem. — A la mort d'Iskander-Sami (1641), sa veuve lui succéda; et après elle, trois autres reines furent successivement élevées au trône par les chefs de districts (*panglimas*), dont les tendances oligarchiques s'accommodaient fort bien de ce genre de gouvernement. Cette période, pendant laquelle Achem fut, en apparence, gouverné par des femmes, ne dura que 58 ans; cependant, l'ignorance de son histoire était si grande chez les étrangers résidant dans le pays, que longtemps avant sa fin, ils croyaient qu'il y en avait été toujours ainsi, et que la première reine d'Achem n'était autre que la fameuse reine de Saba. En 1699, le parti militaire et les chefs de choses en plaçant sur le trône un chef de son sang; mais il était trop tard pour prévenir la décadence, en trop bonne voie déjà, du royaume jadis si puissant d'Achem, et qui s'accentua, au contraire, de plus en plus. — Après la rétrocession aux Hollandais, en 1816, de leurs possessions de Java dont ils s'étaient emparés en 1795, les Anglais conclurent avec ceux-ci un traité qui excluait toute autre nationalité européenne du droit de fonder des établissements dans le pays. Un autre traité anglo-néerlandais, en date de 1824, par lequel les premiers cédaient aux seconds leurs possessions de Sumatra en échange de certains territoires sur le continent asiatique, stipulait qu'aucune entreprise hostile ne serait tentée par les Hollandais contre les Achémois; mais cette réserve fut formellement abandonnée en 1871, en présence des provocations contraires des Achémois. Cet abandon fut l'objet d'une convention signée à La Haye le 2 novembre 1871; un peu plus d'un an après, les Hollandais déclaraient la guerre à leurs voisins. Une armée néerlandaise débarquait à Achem en avril 1873 et commençait les hostilités; mais elle était repoussée avec de grandes pertes, et le général Kœhler qui la commandait était tué. Il y eut grand émoi à La Haye; enfin les hostilités furent reprises, et Achem était soumis en janvier 1874.

— GOUVERN. — D'abord, chaque *kampong* est sous la surveillance d'un chef de village appelé *panghoulou* ou *radscha*, qui peut prendre conseil en dehors de la commune, mais non arrêter des résolutions de sa propre autorité; pour les affaires importantes, il doit consulter les *panglimas* ou *touwankous* et obtenir leur approbation. Ces derniers sont les présidents de districts (*sagis*); leurs fonctions sont héréditaires et leur rôle dans la politique du pays est fort important. Les panglimas forment non-seulement le conseil du sultan, mais ils ont le droit de nommer son successeur, et par conséquent aussi de le déposer s'il n'agit pas, à leur gré, conformément au bien du pays. Leurs résolutions sont simplement portées à la connaissance du sultan, qui, lui, ne peut agir sans s'être entendu avec eux. Il leur paye un traitement annuel de 5 kattis d'or (450 piastres espagnoles), regardé

Kampong achemois.

comme un dédommagement des revenus fonciers que les panglimas lui abandonnent. Il est probable pourtant qu'on ne lui abandonne, sur ces revenus, que ce qu'il plaît aux conseillers. Aussi la liste civile du sultan est-elle fort maigre. Il touche 5 p. 100 sur toutes les marchandises entrées dans le port de la capitale, ainsi que sur les droits que payent les denrées importées dans les districts et que rend la vente du poivre. Ces différents articles ne font monter qu'à 15,000 ou 18,000 dollars, bon an, mal an, le budget du souverain d'Achem. La levée de ces impôts d'entrée et de sortie s'effectue par l'intermédiaire d'un ministre particulier, le *shabandar*, qui est chargé en même temps de la direction des affaires commerciales. Aussi est-ce le fonctionnaire qui se trouve le plus en rapport avec les étrangers. Après les fonctions d'administrateur du royaume, qui sont actuellement remplies par Sidi-Mohammed, c'est un des plus hauts postes de l'État. Bien que le pouvoir soit principalement entre les mains des chefs de tribus ou panglimas, leur influence dépend toutefois, en grande partie, de leurs qualités personnelles. Mais il faut ajouter que le respect et la soumission que leur témoigne le peuple est en raison directe de leur opulence.

Quant à donner un nom à cette forme singulière de gouvernement, nous ne l'essayerons même pas. C'est bien une oligarchie, mais modifiée dans son essence par des circonstances variables, et puis l'oligarchie est moins une forme de gouvernement qu'une forme de l'anarchie, dans la pratique. — V. ACHÉMOIS.

ACHÉMÈNE. Roi des Perses célèbre par ses immenses richesses. Il était fils d'Égée et fonda la dynastie des Achéménides — Rem. Il ne faut pas perdre de vue, toutefois, que ces noms de Achémène, Sapor, Artaxercès étaient communs aux rois des Perses, et qu'ils ont la signification de *Roi des rois*.

ACHÉMÉNIE. Géogr. anc. Prov. de Perse, et par extension le royaume de Perse tout entier, qu'on désignait ainsi en raison de sa puissance et de ses richesses, au temps où il était riche et puissant.

ACHEMINÉ, ÉE, *part. pas.* de ACHEMINER.

— *adj.* Equit. *Un cheval acheminé*, se dit d'un cheval dont l'éducation commence à donner des résultats, qui commence à se dresser. — Techn. *Une glace acheminée*, se dit d'une glace dont les aspérités les plus apparentes ont été enlevées, à demi *dressée* aussi, par conséquent.

ACHEMINEMENT, *s. m.* Action d'acheminer, d'être ou de mettre dans le chemin, d'avancer ou de faire avancer vers un but quelconque. *Cette manière de vivre est un acheminement à la misère. Un armistice est un acheminement à la paix. Cette situation modeste est un acheminement à la fortune.*

ACHEMINER, *v. a.* Mettre dans le chemin, faire avancer vers un but déterminé. *Faites acheminer des vivres vers le quartier général. Chaque heure de la vie nous achemine à la mort.* — Equit. *Acheminer un cheval*, commencer son éducation et spécialement l'habituer à marcher droit.

— S'ACHEMINER, *v. pr.* Etre acheminé, se diriger vers un but, avancer. *Je m'acheminai vers le village.* — Fig. *L'affaire s'achemine*, c.-à-d. Elle avance sensiblement vers sa solution.

ACHÉMOIS, OISE, *s.* Habitant du roy. d'Achem. — *Adj.* Qui est relatif au royaume d'Achem ou à ses habitants, qui leur appartient.

— ETHNOG. A l'époque de la guerre de 1873, toute la presse néerlandaise s'occupa du roy. d'Achem et des Achémois, peu connus jusque-là en Europe. L'*Ausland* recueillit toutes ces relations diverses et en fit un résumé substantiel auquel nous avons déjà fait des emprunts; c'est encore à cette source que nous avons puisé les principaux éléments de l'article qui suit :

Origine. L'origine des Achémois est difficile à déterminer. Suivant les uns, ils sont d'origine chinoise; suivant les autres, d'origine siamoise; d'autres, au contraire, prétendent voir en eux des bohémiens venus soit de la côte de Malabar, soit de l'île des Célèbes. L'opinion la plus vraisemblable, c'est que ce sont des Malais (c'est l'avis de Junghuhn) qui se sont mélangés dans de fortes proportions avec les peuples de la côte opposée, sur le continent indien; l'élément Batta n'y serait pas non plus resté entièrement étranger. Ce qui autorise cette dernière supposition, ce sont les traces de mots battas qu'on rencontre dans la langue achémoise, puis la conformité qui existe entre les deux peuples sous le rapport des coutumes et au point de vue du type physique. Leur naturel sauvage et sanguinaire paraît être un héritage des Battas. Cependant il ne conviendrait pas de les regarder comme des descendants directs (quoique fortement mélangés avec d'autres éléments dans le cours des âges) de ces féroces anthropophages de l'archipel indien. D'un autre côté, on ne peut nier que les Achémois ne diffèrent beaucoup du reste des Malais. Ils sont non seulement plus grands et plus beaux, mais encore la teinte de leur peau est beaucoup plus foncée, comme il en est d'ailleurs chez la plupart des naturels de l'île de Sumatra; M. de Holander, dans son tableau géographique et ethnographique des Indes néerlandaises (*Land en Volkenkunde van Nederlandsch Oslindie*. Breda 1861), les dépeint comme une race bien conformée, mais qui ne laisse aucune impression agréable, à cause d'un air de fausseté répandu sur toute leur physionomie. Les habitants de l'Achem, en réalité, se divisent en trois peuples : les Achémois proprement dits, le peuple de Pédir et les Malais pur sang. Les premiers sont répandus sur toute la surface du territoire et se divisent en trois groupes ou tribus, dont deux habitent les côtes et le troisième l'intérieur de préférence. Les gens du Pédir, les plus pauvres et les plus dégradés du sultanat, résident principalement sur la côte septentrionale, appelée Côte d'Aréka, ou des Noix de bétel. Leurs principaux établissements sont Pédir, Pasangan, Samoï et Pasir. Enfin les Malais, qui peuvent être venus des côtes méridionales de Sumatra, ont envahi la partie ouest d'Achem, où leurs principales stations sont Analabon, Tampat, Touwan, Asahan et Bakoungan. Les Achémois proprement dits passent pour des guerriers sanguinaires, des négociateurs infidèles à la parole donnée et des marchands peu sûrs. De son temps déjà, Beaulieu les dépeignait comme insolents, altiers, perfides et de mauvaise foi, surtout contre les chrétiens. « Ce sont, dit-il, des traîtres, des voleurs et des empoisonneurs. » Leurs qualités se réduiraient donc à une bravoure incontestable et à un sentiment d'indépendance qu'ils raisonnent souvent assez mal.

Mœurs. Leur manière de vivre ne diffère pas essentiellement de celle des autres habitants de l'archipel. Ils se contentent, pour leur nourriture, d'un peu de riz, de légumes et de poisson. Avec cet ordinaire, ils bravent les fatigues et supportent les plus rudes labeurs. Ils sont donc assez sobres, pour le boire et le manger, au moins dans la vie ordinaire; mais dans les occasions solennelles, leur tempérance ne soutient pas l'épreuve. Les Achémois sont adonnés à l'opium; les hommes aiment les combats de coqs (*menjaboung*) et les dés; en général, le farniente leur plaît et ils s'y livrent le plus possible, en mâchant du bétel. Pendant ce temps, les femmes vaquent aux soins domestiques, et font les travaux de jardinage. Leurs demeures, au reste, présentent si peu de confortable qu'on ne s'étonne guère qu'ils ne veuillent pas y rester. Ce sont des habitations en planches, couvertes de feuilles de palmiers (*atap*), formant un carré long et ne contenant en général que les ustensiles indispensables pour faire la cuisine, quelques pots et marmites, des nattes pour s'y reposer le jour, et une couche séparée du reste par un rideau de toile ou de coton toujours sale, qu'on appelle *tabir*. Ces gens marchent toujours armés. Ils aiment à porter le *kriss*, poignard malais, ou le *klewang*, couteau-sabre, la lance, le fusil, et un bouclier de bois. Ils ont de l'artillerie, mais ils ne se servent pas des armes à feu aussi habilement que les Malais. Leur habillement consiste, pour les hommes, en un pantalon (*seluhar afjih*), par-dessus lequel s'attache un surtout de toile ou de soie appelé *sarong*. Le haut du corps reste habituellement nu; ce n'est que dans des cas exceptionnels qu'on le couvre d'un *badjou* à courtes manches, descendant jusqu'aux hanches, ou d'un manteau d'étoffe blanche jeté négligemment sur l'épaule. Ce costume masculin ressemble beaucoup à celui des femmes, avec cette différence que celles-ci s'enveloppent la tête d'un morceau de toile blanche, tandis que les hommes portent un bonnet autour duquel ils enroulent un lambeau d'étoffe plus ou moins précieuse, en forme de turban.

Ce que nous avons dit plus haut du caractère des Achémois, ne ferait pas supposer que le vol doive être puni chez eux d'une façon rigoureuse. Il en est pourtant ainsi. Ce qui, du reste, n'empêche pas la fréquence de ces délits, non plus que celle de certains crimes, celui d'adultère, par exemple, puni également avec beaucoup de sévérité. En cas d'adultère, le coupable est livré aux parents de la femme. Chacun accourt, on forme un cercle autour de lui; préalablement, on a mis dans ses mains une arme, le *gadonbang*, avec laquelle il doit essayer de se frayer un passage à travers la foule qui l'environne. S'il y réussit, il est quitte de toute poursuite à l'avenir; mais le cas contraire se présente plus souvent : aussi le malheureux est-il d'ordinaire mis en pièces sur-le-champ et enfoui sur place, sans aucune espèce de cérémonie. — Les pénalités contre le vol sont les suivantes. Quiconque rencontre un voleur sur son terrain a le droit de le tuer, sans autre forme de procès. Si le coupable est conduit devant le juge, on le fouette de verges quand le délit est minime, ou même on le pend, pour l'exemple, à une estrapade. La valeur de l'objet dérobé surpasse-t-elle une certaine somme, un tahil, par exemple? Le coupable a la main droite coupée; au delà de 5 tahils, on lui coupe souvent les pieds et les mains; même punition pour une simple récidive; si le vol est de 10 tahils, on l'embroche vivant. Les voleurs de grands chemins sont brûlés vifs. Les coupables mutilés sont bannis ordinairement dans l'île Waï, où on les nourrit par compassion; plus souvent on les y abandonne à leur malheureux sort, et ils périssent de faim plutôt encore que des suites de leurs blessures. On en rencontre quelquefois faisant le service de matelots sur les *prâts* ou embarcations malaises.

Religion. Les Achémois reconnaissent, au moins de nom, l'islamisme, qu'ils ont introduit à Sumatra. Mais en réalité, ils en prennent à leur aise avec la religion qu'ils professent, et ce sont de détestables sectateurs du Prophète, ne montrant aucun respect pour le Coran et pour ses prescriptions; en revanche, assez tolérants pour ceux qui suivent un autre culte.

Langue. Classer ethnographiquement les Achémois d'après leur langue serait assez difficile. La plus grande obscurité règne à ce sujet. Tout ce que nous possédons, pour éclairer cette question de linguistique, se réduit à un vocabulaire de trente-six mots recueillis par Marsden; et encore ces trente-six vocables, sauf quatre, sont-ils malais ou javanais. Le savant éditeur du *Journal of the Indian Archipelago*, Logan, qui avait une connaissance approfondie des races de l'archipel indien, mais qui a emporté son savoir dans la tombe, Logan paraît avoir eu en sa possession des matériaux plus étendus relativement à la langue des Achémois. A l'en croire, cette langue, où l'on sent l'influence de l'idiome des Battas, diffère assez sensiblement du malais. En malais, comme au reste dans la plupart des langues de l'archipel indien, on accentue la pénultième syllabe des mots; les Achémois, au contraire, accentuent la dernière. Enfin, dans la tendance monosyllabique de la langue, ainsi que dans certaines désinences, on croit reconnaître de l'affinité avec le chinois. Actuellement, le peuple d'Achem se sert pour l'écriture des caractères arabes.

Littér. et philos. On se demande, au reste, si la langue primitive d'Achem a jamais été écrite. La littérature achémoise, au moins, relève entièrement du malais. Il existe en cette langue plusieurs chroniques et d'autres ouvrages, parmi lesquels l'*Adal Bandar Acheh*, ou les Coutumes du Port d'Achem, le *Majlis Acheh*, ou les Devoirs du Prince, avec cérémonial de cour. Le XVIIe siècle fut l'époque la plus florissante du mouvement littéraire à Achem comme en Europe. Alors surgirent divers ouvrages de jurisprudence et de théologie, qui passent encore aujourd'hui pour être les meilleurs travaux de ce genre dans la littérature malaise. Au temps d'Ibn-Batouta, la cour de Sumatra était déjà le foyer de la théologie musulmane, et l'on n'est pas médiocrement surpris d'apprendre qu'au XVIIe siècle, les tendances philosophiques, à Achem, étaient pour le mysticisme, avec une légère teinte de panthéisme. Le principal propagateur de ces idées était le savant Shamsuddin-Ibn-Abdallah Shamatrani, mort en 1630. Cependant les poésies d'Hamza-Fantsuri, originaire de Baros, le pays du camphre, contribuèrent encore plus efficacement à la diffusion et à la popularité de cette doctrine. Dans la suite pourtant, sous le gouvernement d'Iskander-Sami (1636-1641), les partisans de cette école furent vivement poursuivis, et les œuvres de Shamsuddin et d'Hamza brûlées publiquement devant la grande mosquée.

ACHENBACH, HEINRICH. Homme d'État prussien, né à Saarbruch en 1829. Ayant fait son droit à Berlin et à Bonn, il passa quelque temps dans la magistrature, mais abandonna cette carrière pour occuper une chaire de droit allemand à l'Université de Bonn. Dès lors membre du Conseil supérieur des mines, il fonda dans cette dernière ville, en 1860, le *Journal de droit minier*, qu'il dirigea jusqu'en 1874. En 1866, M. Achenbach était élu député au Reichstag prussien; la même année, il était attaché, comme conseiller pour les mines, au ministère du commerce, et en 1870, à la chancellerie fédérale. Nommé sous-secrétaire d'État au ministère des affaires ecclésiastiques en 1872, sous l'administration de M. Falk, M. Achenbach prit, en cette qualité, une part très active aux travaux parlementaires, ainsi qu'aux discussions parlementaires et extra-parlementaires auxquelles donnèrent lieu les lois de mai sur les rapports entre l'Église et l'État. Il fut appelé, le 13 mai 1873, au ministère du commerce, de l'industrie et des travaux publics, et sut obtenir du parlement les crédits nécessaires à l'achèvement du réseau des chemins de fer allemands. M. Achenbach appartient au parti dit conservateur indépendant. — On lui doit un certain nombre d'ouvrages de jurisprudence spéciale, parmi lesquels: *le Droit minier français et son développement sous l'influence du droit minier prussien* (1869); *le Droit minier allemand dans ses rapports avec le droit prussien* (1871), etc.

ACHENEAU, riv. de France (Loire-Inf.). Elle prend sa source dans le lac de Grand-Lieu et va se jeter dans la Loire au-dessous de Nantes, après un parcours de 21 kil. et demi, sur toute l'étendue duquel elle est aujourd'hui canalisée.

ACHENWALL, GOTTFRIED, économiste prussien, créateur et surtout parrain de la science statistique (1719-1772). Né à Elbing, le 20 octobre 1719, il fit ses études à Iéna, Halle et Leipzig. Ayant pris ses degrés à cette dernière Université, il se rendit à Marbourg en 1746, où il fit pendant deux ans des conférences sur l'histoire et sur les *Lois de la nature et des nations*, et commença ses recherches de statistique. Appelé à Gœttingen, en 1748, par le ministre hanovrien Münchhausen, pour y occuper une chaire de l'Université, il accepta et ne quitta plus cette dernière ville jusqu'à sa mort, arrivée le 1er mai 1772. — C'est à Gœttingen qu'Achenwall publia le plan raisonné de la science nouvelle, qu'il appelait statistique ou science des États (*Wissenschaft der Staaten*). Il visita toutes les nations de l'Europe, en quête de documents pour ses ouvrages statistiques, dont le plus important fut publié en 1752, sous ce titre: *Staatsverfassung der Europæischen Reiche*, et eut plusieurs éditions, notamment en 1762 et 1768. On lui doit aussi des *Observations sur les finances françaises*.

Achenwall avait épousé, en 1752, une demoiselle WALTHER, qui s'était fait une certaine réputation par ses écrits, notamment par un volume de poésies paru en 1750.

ACHÉRON. Myth. Fleuve qui était fils de Titan et de la Terre. Il fut précipité dans les enfers pour avoir donné à boire aux Titans dans la chaleur du combat qu'ils soutenaient contre les dieux. — Suivant d'autres mythologues, il serait fils de Cérès et de père inconnu; après l'avoir enfanté au fond d'une grotte, Cérès l'aurait conduit aux enfers.

— Géog. anc. L'Achéron était, en réalité, un fleuve du Péloponèse sur les bords duquel Cérès, Proserpine et Pluton avaient des temples et des autels; d'où l'inspiration des poètes d'en faire un fleuve des enfers, que les âmes des morts doivent traverser dans la barque de Caron, moyennant payement. — Du reste, le nom d'Achéron était aussi donné à un bras du Nil que les Égyptiens traversaient pour aller enterrer leurs morts dans une île du lac Achérusia, où il se jetait, près de Memphis. — Il y avait d'autres fleuves portant ce même nom d'Achéron, notamment en Italie, dans le Brutium.

ACHERONTIA. V. ACERENZA.

ACHÉRUSE ou ACHÉRUSIA. Géog. anc. Nom de plusieurs lacs diversement situés, mais où un Achéron quelconque prenait sa source ou se jetait. — Par suite lac des enfers où se jetait l'Achéron de la Fable. — Certaines grottes ou cavernes regardées comme entrées de l'enfer portaient également ce nom d'Achéruse.

ACHÉRY (d'), DOM LUC, savant bénédictin de la congrégation de Saint-Maur (1609-1685). Né à Saint-Quentin, il passa toute sa vie dans la retraite et se rendit célèbre autant par sa modestie que par sa vaste érudition; il devint bibliothécaire de l'abbaye de Saint-Germain-des-Prés, où il mourut le 29 avril 1685. — Il a publié: en 1645, l'*Epître* attribuée à saint Barnabé; les *Œuvres de Lanfranc* (1647); celles de Guibert, abbé de Nogent (1651); la *Règle des Solitaires* (1653); un recueil de pièces importantes restées manuscrites jusque-là, et auquel il donna le titre de *Spicilegium*, avec des préfaces très judicieuses sur ces diverses pièces, relatives à l'histoire du moyen âge (1655-77, 13 vol.); et un recueil de *Livres ascétiques*, imprimé en 1648 et 1671.

ACHETABLE, *adj.* Qui vaut la peine d'être acheté.

ACHETÉ, *part. pas.* de ACHETER.

ACHETER, *v. a.* Acquérir à prix d'argent. — Corrompre. *Il prétend avoir acheté les juges, le silence du principal témoin.* — Fig. Obtenir au prix d'un travail énorme, de grandes peines. *J'ai acheté l'indépendance et la tranquillité de ma vieillesse par quarante ans de labeurs. Vous me faites acheter votre bienveillance trop cher.*

— S'ACHETER, *v. pr.* Être acheté. *La paix de la conscience est un bien qui ne s'achète pas. L'honneur d'un pareil drôle, cela s'achète, ce n'est qu'une question de prix.*

ACHETEUR, *s. m.* Celui qui achète. — Se dit aussi de qui a la manie d'acheter, et dans ce cas, il prend le féminin ACHETEUSE.

ACHEUL (SAINT-). Hameau du département de la Somme, ou plutôt faub. d'Amiens, dont il est éloigné de 2 kil. Saint-Acheul doit son origine à une abbaye de l'ordre de Saint-Benoît, occupée avant la Révolution par des chanoines réguliers de l'ordre de Sainte-Geneviève, et qui était, au VIIe siècle, l'église cathédrale d'Amiens. Elle avait été bâtie au IVe siècle par saint Firmin, premier évêque d'Amiens. Sous la Restauration, les Jésuites y installèrent un séminaire qui eut pour directeur le P. Loriquet et qui est resté célèbre. — A Saint-Acheul, des fouilles ont amené la découverte de nombreux témoignages de l'industrie préhistorique, sous la forme d'armes et d'ustensiles en silex.

ACHEVAGE, *s. m.* Techn. Dernière façon donnée par l'ouvrier à une poterie moulée, par le ciseleur à une pièce sortant de la fonte, etc.

ACHEVÉ, ÉE, *part. pas.* de ACHEVER. — *Adj.* Accompli, en bien ou en mal. *Un ouvrier, un écrivain, un artiste achevé. Un scélérat, un fou achevé.*

ACHÈVEMENT, *s. m.* Action d'achever, de finir un travail, une entreprise quelconque. *On songe à l'achèvement des Halles centrales pour le centenaire de 1889.* — Fig. Se dit de la perfection d'un ouvrage. *L'achèvement d'une pareille œuvre demande du temps.*

ACHEVER, *v. a.* Terminer, finir une chose. *Achever une besogne. Achever sa carrière, ses jours.* — *Achever un blessé*, lui donner le coup de la mort, soit par excès de fureur, soit pour *achever* ses souffrances. *Son cheval, blessé d'un éclat d'obus au poitrail, trébuchait à chaque pas; il l'acheva d'un coup de revolver dans la tête.* — Fig. *Ceci va l'achever*, c.-à-d. va consommer sa ruine, mettre le comble à ses malheurs, à ses ennuis; ou encore: ceci va compléter son état d'ivresse.

ACHEVEUR, EUSE, *s.* Techn. Dans plusieurs industries, ouvrier ou ouvrière dont la spécialité est d'achever l'ouvrage. *Dans beaucoup d'industries d'art, l'acheveur a remplacé le ciseleur.* — Vaisseau employé par le batteur d'or.

ACHILIE, *s. f.* (du gr. *a* priv. et *cheilos*, lèvre). Térat. Monstruosité caractérisée par l'absence de lèvres (pron. A-ki-lî).

ACHILL (ILE D'), ou ILE DE L'AIGLE. Ile irlandaise, au large de la côte du comté de Mayo dont elle fait partie. Elle est de forme triangulaire et mesure 24 kil. de l'E. à l'O. et 20 kil. du N. au S. Très montagneux et presque complètement stérile, le territoire de cette île est un mélange de fondrières incultes et de montagnes dénudées; sa pointe occidentale, appelée Achill-Head, est un promontoire escarpé s'élevant à 680 mètres au-dessus du niveau de la mer. Achill Island a pourtant des habitants, qui gagnent une vie misérable à la pêche, faisant en outre des efforts inouïs pour tirer quelque très peu de chose de ce sol ingrat, et s'abritant sous des huttes.

ACHILLAS, général de Ptolémée-Denys, dernier roi d'Égypte, et qui, sur l'ordre de ce prince, assassina lâchement Pompée, venu plein de confiance chercher un asile auprès de lui après sa défaite à Pharsale. — César le récompensa suivant ses mérites, en le faisant mettre à mort.

ACHILLE. Mythol. Fils de Pélée et de Thétis. Il naquit à Phtie, capitale de la Phtiotide, en Thessalie, dont son père était roi. Il fut, comme on sait, le plus vaillant des Grecs; mais on sait aussi que, grâce à une petite précaution prise à temps par son excellente mère, il était à l'abri de presque tout danger, ce qui donnerait de la vaillance au plus couard. Thétis, en effet, avait porté son fils aux Enfers, où, en sa qualité de fille du vieux Nérée, le plus ancien des dieux, elle allait comme chez elle, et elle l'avait plongé dans les eaux du Styx, en le tenant par le talon: ce qui avait eu pour effet de le rendre invulnérable, excepté toutefois en l'endroit par lequel sa mère le tenait, car elle n'avait pas songé à le retourner dans son bain. L'éducation d'Achille fut confiée au centaure Chiron, qui lui enseigna l'équitation et la musique, tandis que le sage Phœnix lui enseignait l'éloquence et l'art militaire. L'oracle ayant appris à Thétis que son fils mourrait couvert de gloire mais jeune, ou bien obscur mais dans un âge très avancé, et cette mère voyant que le « bouillant Achille » méditait de se rendre au siège de Troie avec les autres princes grecs, elle l'envoya sous un prétexte à la cour de Lycomède, roi de Scyros, habillé en fille. C'est là qu'Ulysse, qu'un autre oracle avait averti que Troie ne pourrait être prise sans le concours d'Achille, et s'étant mis à sa recherche, déguisé de son côté en marchand, finit par le découvrir; et il l'emmena à l'armée. Thétis, désespérée, courut se jeter aux pieds de Vulcain, qu'elle amena à forger pour Achille des armes à l'épreuve de tous les coups, et qui lui permirent, en effet, de faire sans le moindre risque des prodiges de valeur. Mais Agamemnon lui ayant enlevé Briséis, une jeune esclave qu'il aimait passionnément, Achille, furieux (et c'est surtout cette grande fureur et ses effets qui forment le sujet de l'*Iliade*), se retira sous sa tente, et malgré toutes les supplications, il n'en voulut sortir à aucun prix, buvant et chantant les exploits auxquels il renonçait, pendant que les Grecs se faisaient battre invariablement dans toutes leurs rencontres avec les Troyens qui, d'assiégés, devenaient assiégeants et bloquaient le camp de leurs ennemis. Patrocle, l'ami le plus tendre d'Achille, ne put rien obtenir de lui, si ce n'est l'autorisation de revêtir ses armes; ce qu'il fit, mais avec peu de succès, car il n'en fut pas moins tué par Hector.

En apprenant cette nouvelle, Achille fut plongé dans la plus sombre douleur; il se reprocha la mort de son ami et, oubliant sa résolution de ne bouger de sa tente, jura de le venger. A la demande de sa mère, Vulcain lui fit d'autres armes, qu'il revêtit aussitôt

Ulysse découvre Achille à la cour de Lycomède.

qu'il les eut reçues. Alors il se jette comme un fou dans la mêlée, renversant tout ce qui lui fait obstacle, marchant sur les cadavres renversés par ses armes redoutables jusqu'à ce qu'il ait atteint Hector, le meurtrier de son ami, qu'il terrasse à son tour. Après l'avoir tué, il l'attache à son char le cadavre du malheureux prince troyen et le traîne trois fois autour des murailles de la ville assiégée, sous les yeux de ses parents et de ses amis au désespoir. Il voulait abandonner ensuite le corps d'Hector, sans sépulture, aux chiens et aux vautours, mais Priam vint le supplier de lui rendre son fils, et le magnanime fils de Thétis finit par y consentir... moyennant une grosse somme.

Peu après, et avant la chute de Troie, dans un combat qui eut lieu à la porte Scænne, Achille recevait à son talon vulnérable une flèche empoisonnée décochée par Pâris, mais avec le concours matériel d'Apollon, qui avait probablement quelque petite vengeance particulière à exercer sur le jeune héros. Celui-ci mourut de sa blessure, qu'aucun médecin ne put guérir; il fut enterré sur le promontoire de Sigée et les Grecs lui élevèrent un tombeau magnifique.

L'*Iliade* se termine avec la description des funérailles de Patrocle, et par conséquent quitte Achille en pleine gloire. Arctinus de Milet reprend l'histoire du jeune héros, dans son poème intitulé *Æthiopis*. Il y raconte le combat d'Achille contre l'amazone Penthésilée, puis contre Memnon, la déroute des Troyens et enfin la catastrophe de la porte Scænne. D'autres auteurs racontent différemment la fin d'Achille : C'est dans le temple même d'Apollon, où il se disposait à épouser Polyxène, fille de Priam et sœur de Pâris, qu'il aurait reçu la fatale flèche (Virgile, Ovide, Juvénal, etc.); mais c'est toujours à son talon qu'il la reçut, et il en mourut pour justifier l'oracle.

— ACHILLE (Tendon d'), Anat. Tendon commun des muscles jumeaux de la jambe et du muscle soléaire, s'implantant à la face postérieure du calcanéum. Il est ainsi appelé parce qu'il ce serait au moins supposable que c'est par cette partie, et non pas exactement par le talon, que Thétis devait tenir Achille lorsqu'elle le plongea dans le Styx.

ACHILLE TATIUS, ou STATIUS. Écrivain grec d'Alexandrie, qui florissait à une époque incertaine, mais qui ne doit pas remonter au delà du v° siècle avant notre ère, parce que l'imitation d'Héliodore est évidente dans son ouvrage principal. D'après Suidas,

T. I.

qui l'appelle Achille Statius, il était païen, mais se convertit au christianisme et devint évêque; c'est aussi d'après lui qu'on lui attribue le *Livre sur la sphère* (*Peri Sphairas*), que le P. Petau a traduit en latin. On lui attribue encore, avec un peu plus de certitude, le roman érotique intitulé : *Les Amours de Clitophon et de Leucippe*, qu'il n'a vraisemblablement pas écrit à l'époque de son épiscopat chrétien. Le style de cet ouvrage est très élégant, très orné, mais l'*intrigue*, comme on dit aujourd'hui, est généralement pauvre, mal conduite, souvent interrompue et fourmille de détails grossiers, jugés tels au moins par nos contemporains. En tout cas, le succès avec lequel l'apparition de cet ouvrage fut accueillie est prouvé par les manuscrits du temps qui nous sont parvenus, et sa réputation auprès des savants et des critiques modernes par le grand nombre d'éditions qui en ont été données. — Une traduction latine, par Annibal Crucceius, fut publiée, partielle d'abord, à Leyde en 1544, et complète, à Bâle, dix ans plus tard. Le texte grec fut imprimé, en 1601, sous les presses de Commelin. Une traduction anglaise, par Anthony Hodges, parut à Oxford en 1638. Saumaise en publia une très belle édition, texte grec et traduction latine, à Leyde en 1640. Nous citerons en outre celles de Mitscherlich (Deux-Ponts, 1792), de Jacobs (Leipzig, 1821), de Hirschwig (Paris, 1856) et d'Hercher (Leipzig, 1857), parmi beaucoup d'autres.

ACHILLÉE, s. f. (pron. Akilée). Bot. Genre de plantes vivaces à fleurs radiées et disposées en corymbe, de la famille des composées, ainsi nommées, suivant Pline, de ce qu'Achille se servit le premier, du moins de l'*achillée millefeuille*, pour panser les blessures. — Pharm. On emploie spécialement deux espèces du genre : l'*achillée millefeuille* et l'*achillée ptarmique*, la première comme aromatique et vulnéraire ; longtemps, depuis Achille, réputée pour la guérison des coupures, la millefeuille était aussi connue sous le nom d'*herbe au charpentier*, mais il paraît que c'était une réputation usurpée : en un mois bien du temps à s'en apercevoir. Elle entre encore dans quelques formules officinales, comme l'eau vulnéraire et son eau distillée, ainsi que son huile essentielle dans les potions antispasmodiques. Quant à l'achillée ptarmique, appelée *herbe à éternuer*, ses feuilles et ses fleurs, réduites en poudre, sont employées comme sternutatoires. Sous le nom de *génépi des Alpes*, on emploie, surtout en Suisse, les espèces *achillea atrata* et *nana* comme sudorifiques, en infusion théiforme; enfin l'*achillea ageratum*, ou *eupatoire* de *Mézué*, qu'on lui a une variété de la mille feuille, passe pour purgative et légèrement tonique, mais est peu employée en médecine aujourd'hui. Ces espèces d'achillées entrent généralement dans la composition du *fallirank* (boisson contre les chutes), plus populaire sous le nom de *vulnéraire* ou *thé de Suisse*. — Hortic. L'achillée millefeuille devient pour le jardinier l'*achillée rose* : c'est une plante vivace qui atteint 0 m. 65 de hauteur, à feuilles longues, étroites et dentées, à fleurs d'un rouge aurore brillant, en corymbe terminal, et qui fleurit tout l'été. L'achillée ptarmique, ou *bouton d'argent*, à feuilles longues, étroites et dentées également, à fleurs blanches en corymbe, fleurit de juillet à septembre. Enfin l'*achillée dorée* (*achillea filipendulina*), à feuilles découpées et corymneuses, donne des fleurs d'un beau jaune d'or, en corymbe lâche, de juillet à septembre; elle atteint 0 m. 50 de hauteur. — Les achillées sont très rustiques; elles se cultivent en pleine terre, tout terrain, mais réussissent mieux au soleil.

ACHILLINI, ALESSANDRO, anatomiste italien (1463-1512). Natif de Bologne, il professa la médecine et la philosophie à l'Université de cette ville, où il acquit une si grande popularité qu'on le surnomma le *second Aristote*. Il est le second depuis l'antiquité grecque (Mondino étant le premier) qui ait disséqué des corps humains, pour ses recherches anatomiques. — On a de lui un traité philosophique intitulé *De Universalibus*, imprimé à Venise en 1508; et divers ouvrages d'anatomie et de médecine.

ACHILLINI, GIOVANNI FILOTEO, poète italien, parent du précédent (1466-1538). Il

était aussi de Bologne. On cite parmi ses principaux ouvrages : *Il Viridario* (1513); *Il Fiele* (1525), poèmes; outre des *Annotazioni della lingua volgare* (1536).

ACHILLINI, CLODIO, poète italien, petit-fils du célèbre anatomiste bolonais Alessandro ACHILLINI (1574-1640). On lui doit des *Lettres* estimées, en latin, et des *Poésies* laudatives à l'adresse des puissants du jour, qui lui valurent de superbes gratifications. Un simple sonnet (il est vrai qu'un sonnet bien tourné vaut, seul, un long poème) qu'il adressa à Louis XIII lui fut payé, par le cardinal de Richelieu, la bagatelle de *mille écus* sonnants et trébuchants.

ACHIMÈNE, s. m. Bot. Genre de plantes de la famille des gessériacées, tribu des bélériées, comprenant plusieurs espèces. — Hortic. Ce sont de jolies plantes herbacées, à racines tuberculeuses; on les cultive en serre chaude; on les arrose que lorsqu'elles commencent à pousser et elles doivent être tenues au sec pendant l'hiver. — Les principales espèces cultivées sont : l'*achimène à longues fleurs*, atteignant 20 à 30 cent. de hauteur, à feuilles ovales, pourpres en dessous, à fleurs solitaires, bleues, roses ou blanches, fleurissant tout l'été; l'*achimène à fleurs larges*, qui s'élève à 0 m. 50, ses feuilles ovales sont d'un rouge rose violacé; enfin l'*achimène écarlate*, qui est une belle plante de 1 m. de hauteur, à feuilles ovales, rudes, rouges en dessous, à fleurs portées sur un long pédoncule, d'un beau rouge écarlate et ponctué à l'intérieur de points légers, rouges sur fond jaune.

ACHMET, nom de trois sultans ottomans qui régnèrent, le premier de 1603 à 1616; le second de 1691 à 1695 et le troisième de 1703 à 1730. — Le règne d'ACHMET Ier, fils de Mahomet III, auquel il succéda, n'offre pas de faits bien intéressants. — Pour ACHMET II, qui succéda à son frère Soliman III, son grand vizir, Oglou Kiouperli, perdit la bataille de Salankemen contre les Impériaux (1691) et y fut tué, ce qui n'arrangea pas ses affaires; les intrigues politiques achevèrent de les embrouiller. Poète et musicien, Achmet II était, paraît-il, un prince vivant comme on en voit peu, d'humeur gaie, d'un commerce agréable et plein de bonne volonté; il avait un défaut capital, sa jeunesse : monté sur le trône à seize ans, il n'avait que vingt ans lorsqu'il mourut. — Le règne d'ACHMET III, plus long, fut aussi plus accidenté. Fils de Mahomet IV, Achmet monta sur le trône ottoman après la déposition de son frère Mustapha II par les Janissaires (1703). Les meneurs de la sédition qui l'avaient porté au pouvoir l'obligèrent d'abord d'éloigner la sultane mère ; il leur obéit, mais dans la suite, il se venges de leurs exigences en les faisant périr. Il accorda sa protection à Charles XII de Suède, lorsqu'après sa défaite à Pultawa, il se réfugia à Bender (1709). A Pinctitation de ce prince, Achmet fit la guerre à la Russie; il la fit également aux Vénitiens, auxquels il reprit la Morée (1715), et aux Persans. Dans son expédition en Hongrie, il fut moins heureux : son armée fut battue en 1716 à Peterwaradine, par le prince Eugène, et l'année suivante près de Belgrade; il dut alors traiter avec les Impériaux, et signa en 1718 le traité de Passarowitz. En 1730, il était en guerre avec la Perse et se trouvait à Scutari avec ses ministres délibérant tranquillement sur les moyens de donner à cette guerre une impulsion décisive, lorsqu'une sédition militaire le précipita du trône. Achmet accepta son sort avec la plus parfaite résignation; et en quittant le trône, il fit à son neveu, qui lui succéda sous le nom de Mahmoud Ier, le petit discours suivant, sorte de testament politique : « Souvenez-vous que votre père perdit le trône que je vous cède aujourd'hui pour avoir eu, pour le mufti Faizula-Effendi, une complaisance trop aveugle; que je le perdis moi-même que par un excès de confiance en Ibrahim-Pacha, mon vizir. Ne vous attachez pas trop à vos ministres, et ne vous reposez pas sur eux qu'avec beaucoup de circonspection. Si j'avais toujours suivi mon ancienne politique, de ne jamais laisser trop longtemps mes ministres en place, ou de leur faire rendre compte souvent des affaires de l'empire avec la plus grande exactitude, j'eusse peut-être fini mon règne aussi glorieusement que je l'ai commencé. Adieu. Je souhaite que le vôtre soit plus heureux, et je vous recommande mes fils, ainsi que ma propre personne. » — Ce furent des paroles perdues pour Mahmoud ; mais n'est-il pas curieux de constater combien peu les choses ont changé en Turquie, depuis le temps d'Achmet ! — Le sultan détrôné fut enfermé dans la prison où, d'ailleurs, il avait tenu son neveu jusqu'au jour où il dut lui céder la place pour prendre la sienne; il y mourut en 1736.

ACHMET-GEDUC, général ottoman (1430-1483). Il était d'origine albanaise. Ce fut lui qui, en 1460, enleva Otrante par un coup de main audacieux; il fit passer ses habitants au fil de l'épée : quoiqu'il ne dût pas conserver cette place, il eut toutefois le temps de se livrer à cet épouvantable carnage. Otrante conserve encore les boulets de granit que les Turcs lui envoyèrent dans cette occasion. A la mort de Mahomet II (1482) Achmet-Geduc se déclara pour Bajazet II, qu'il porta au trône au détriment de son frère Zizim, lequel se retira à Rhodes. En récompense, Bajazet le faisait assassiner quelques mois plus tard. — C'est assez la destinée des faiseurs de rois, que de mourir de la main de ceux qui leur doivent leur élévation; il n'y a même pas besoin d'être Turc pour cela. Mais au fond, je suis d'avis qu'ils n'ont que ce qu'ils méritent.

ACHMET-PACHA, général ottoman (1486-1524). L'un des meilleurs officiers de Soliman le Magnifique, Achmet assistait au siège de Rhodes, défendue par Villiers de l'Isle-Adam, lorsque Soliman, furieux de voir les choses traîner en longueur, fit tuer son général en chef Mustapha à coups de flèches, et lui confia cette périlleuse succession. La besogne étant plus d'à moitié faite, Achmet ne tarda guère à l'amener à fin, et fut chargé, ensuite, de débattre avec le gouverneur chrétien les conditions de la capitulation (1521). En 1524, Soliman le nommait gouverneur de l'Égypte et l'envoyait, avec une armée importante, prendre possession de son gouvernement, avec mission d'y étouffer d'abord une rébellion qui menaçait de trop s'étendre. Achmet-Pacha réussit parfaitement dans cette mission ; puis, se voyant loin du gouvernement central, dans un pays qu'il venait de soumettre et au milieu d'une armée dévouée, la faim, l'occasion, l'herbe tendre... le portèrent à se déclarer lui-même souverain, et à en prendre toutes les façons. Mais Soliman, averti, envoya contre le présomptueux Achmet une armée considérable sous le commandement du général albanais Ibrahim-Pacha, non moins habile et vaillant que lui, et de plus courtisan retors. A la seule vue de l'armée d'Ibrahim, les partisans d'Achmet tremblèrent; et dès qu'Ibrahim eut parlé, ils abandonnèrent leur chef. — Achmet-Pacha fut étouffé dans son bain, on trancha la tête de ce cadavre et on l'envoya dûment empaquetée au padischah complètement satisfait.

ACHOPPEMENT, *s. m.* Action d'achopper, de heurter du pied un obstacle en marchant. — Fig. *Pierre d'achoppement.* Obstacle imprévu qui peut ruiner une combinaison longuement mûrie, renverser un projet. *L'affaire ira, s'il ne surgit quelque pierre d'achoppement.* — Occasion de faillir. *Cette femme a été la pierre d'achoppement de sa vie.*

ACHOPPER, *v. n.* Trébucher, heurter du pied quelque obstacle en marchant. — Fig. Faillir. Quitter la bonne voie pour la mauvaise, comme si on y était jeté par suite d'un heurt, d'un achoppement.

ACHORES, *s. m. pl.* (pron. Akor). Méd. Petites croûtes ou écailles jaunâtres, très humides, d'où découle une matière muqueuse ayant l'aspect du miel corrompu, caractéristiques de la teigne muqueuse, et très différentes des *croûtes laiteuses* avec lesquelles on les confond quelquefois. Celles-ci, par exemple, ne donnent jamais lieu à aucun accident, tandis que les achores peuvent en déterminer de très graves, si on les laisse se développer.

ACHOURA, *s. m.* Premier mois de l'année musulmane.

ACHRAY, lac pittoresque d'Écosse (comté de Perth), près de Loch-Katrine, à 32 kil. O. de Stirling, que Walter Scott a rendu célèbre dans sa *Lady of the Lake.*

ACHROMATIQUE, *adj.* (du gr. *a* priv. et *chroma*, couleur). Opt. Qui fait disparaître les couleurs. *Verres achromatiques*, verres disposés de manière à ne point décomposer les rayons lumineux, comme c'était le cas avec les anciens verres de lunettes, et à se laisser traverser par la lumière blanche.

ACHROMATISME, *s. m.* Qualité des verres achromatiques. — V. le paragr. *Optique*, au mot ABERRATION; nous y avons donné la théorie de l'achromatisme en même temps que l'histoire de sa découverte.

ACHROMATOPSIE, *s. f.* Aberration des fonctions visuelles qui ne permet point de distinguer les couleurs et les montre à la personne atteinte de cette affection, blanchâtres, noirâtres ou des nuances grises intermédiaires.

ACHTERFELD, JOHANN HEINRICH, philosophe et théologien catholique prussien, né à Wessel (1788-1877). Presque aussitôt après avoir reçu les ordres, il fut envoyé comme vicaire à Wessel, en 1814, et nommé en 1817 professeur de théologie au séminaire de Braunsberg, qu'il fut chargé de réorganiser en 1823 et dirigea jusqu'en 1826, époque à laquelle il fut appelé à la chaire de théologie catholique de l'Université de Bonn. Il perdit cette position pour avoir publié un ouvrage philosophique intitulé : *Dogmatique chrétienne catholique* (1831), et rédigea ensuite, avec Braun, le *Journal de philosophie et de théologie catholique.* — On lui doit en outre un *Manuel de la foi et de la morale chrétienne* (1819), dont il fit plus tard un abrégé, etc., etc.

ACHTHÉOMÈTRE, *s. m.* (du gr. *achthos*, poids, et *metron*, mesure). Appareil servant à peser les voitures sur les routes et à déterminer l'importance de la surcharge, s'il y a lieu.

ACHYRANTE, *s.m.* (du gr. *akuron*, paille, et *anthé*, floraison). Bot. Genre de plantes de la famille des amarantacées. — Hortic. *L'achyrantes verschaffelti* est une jolie petite plante à feuilles rouge foncé ou rose violacé qui produit un effet charmant. On la cultive en pleine terre pendant l'été, dans la terre de bruyère; la multiplication se fait de boutures que l'on fait passer l'hiver en serre chaude.

ACICULAIRE, *adj.* (du lat. *acicula*, dim. de *acus*, aiguille). Qui rappelle la forme d'une aiguille.

ACIDALIUS, VALENS, poète et érudit allemand, né à Wittstock (Brandebourg) et mort à vingt-huit ans (1567-1595). Après avoir fait ses études à Rostock et à Helmstaedt, il partit pour l'Italie, où il résida trois ans. A son retour, il s'établit à Breslau. Son application à l'étude, depuis l'enfance, était si grande, qu'on lui attribue sa mort prématurée. — On lui doit des *Notes* très estimées sur Tacite et Curtius et un *Commentaire* sur Plaute, outre de nombreuses poésies latines insérées dans les *Deliciæ* des poètes allemands. — Baillet, qui le fait figurer dans ses *Enfants devenus célèbres par leurs études et par leurs écrits* (1688), dit qu'il écrivit son Commentaire sur Plaute et plusieurs de ses poèmes latins lorsqu'il avait de dix-sept à dix-huit ans.

ACIDE, *adj.* Aigre. *Ces fruits sont acides.* — Chim. Qui possède les propriétés des acides. *Une liqueur, un sel acide.* — Fig. et fam. *Il nous a tenu un discours singulièrement acide.* — Substantiv. *Cela tourne à l'acide.* Cela devient aigre.

ACIDE, *s. m.* (gr. *âke*, pointe; lat. *acutus*, aigu). Chim. On donne le nom d'*acides* à des corps composés qui ont pour propriétés principales de laisser sur la langue l'impression d'une saveur acide, c.-à-d. *sûre* et de faire passer au rouge les couleurs bleues végétales, telles que le bleu de tournesol, le sirop de violettes, etc., servant dans ce cas de réactifs; si ces couleurs ont été préalablement changées en vert par les alcalis, les acides les ramènent purement et simplement à leur état primitif. Une propriété essentielle des acides (car les précédentes ne sont que secondaires, comme on le verra tout à l'heure, et sont loin de caractériser tous les acides, quoique toujours mises en avant), c'est de se combiner chimiquement avec un alcali, ou base, pour former un composé nouveau qui n'a les caractères ni de l'acide, ni de l'alcali. Ces nouveaux corps sont appelés *sels.* Tout acide peut donc former autant de sels qu'il y a de substances basiques à neutraliser. Cette propriété est celle qui offre les éléments les plus sûrs d'une bonne définition de l'acide; car les propriétés secondaires ne se rencontrent pas dans tous. Ainsi en est-il de la silice, par exemple, que l'examen le plus superficiel nous montre comme insoluble dans l'eau, dénuée de saveur, sans aucune action sur les couleurs végétales; et ce n'en est, pourtant, pas moins un acide, car soumis à une température élevée en présence de la soude ou de la chaux, il formera un corps nouveau, qui est le *verre* pour le commun des gens, et pour le chimiste un *sel* silicique. D'autres corps peuvent être considérés tantôt comme acides et tantôt comme bases, suivant qu'ils jouent dans les combinaisons le rôle de l'élément électro-négatif ou de l'élément électro-positif. Ainsi, dans la crème de tartre soluble (tartrate boropotassique), l'acide borique joue le rôle de base par rapport à l'acide tartrique; nous voyons également des oxydes métalliques jouer le rôle d'acides véritables, par exemple les oxydes de plomb et de cuivre en présence des oxydes de potassium, de calcium, etc.

L'oxygène a été considéré, pendant longtemps, comme le principe acidifiant unique; mais on a dû reconnaître, depuis, la même faculté à l'hydrogène, qui entre dans la composition d'un grand nombre d'acides, tels que les acides hydrochlorique, hydrocyanique, hydrosulfurique, etc.; les acides organiques, très complexes, admettent aussi fréquemment l'intervention de l'hydrogène. On appelle *oxacides* les acides composés d'oxygène et d'un radical, et *hydracides* ceux dans lesquels c'est l'hydrogène qui est le principe acidifiant. Si, par sa combinaison avec un corps simple, l'oxygène ne forme qu'un seul acide, l'acide ainsi formé prend le nom du corps simple auquel est ajoutée la terminaison *ique;* mais si cette combinaison peut produire plusieurs acides, suivant la proportion d'oxygène qui y entre, celui de ces acides qui contient la moindre proportion d'oxygène prend le nom du corps simple avec la terminaison *eux*, et le préfixe *hypo* (sous); le plus oxygéné ajoute la terminaison *ique* au nom du corps simple; celui qui vient immédiatement avant lui s'approprie le nom ainsi formé en y ajoutant le préfixe *hypo;* enfin celui qui suit immédiatement le moins oxygéné prend le nom de ce dernier débarrassé de son préfixe. Exemple : Acides *hyposulfureux* (le moins oxygéné), *sulfureux*, *hyposulfurique* et *sulfurique* (le plus oxygéné). — Quant aux hydracides, on les désigne sous le nom du corps simple précédé de *hydro* et suivi de *ique :* acide *hydrosulfurique.* — Les acides composés de deux corps simples, autres que l'oxygène et l'hydrogène, portent un nom composé de ceux de ces deux corps et terminé en *ique;* et ceux dans la composition desquels il entre un plus grand nombre d'éléments empruntent généralement leurs noms des substances d'où on les tire : tels l'acide *urique*, l'acide *formique*, etc.; quelquefois aussi, on leur donne un nom qui caractérise leurs qualités essentielles. Les acides produits par l'action du feu sur d'autres acides, portent le nom de ces derniers allongé du préfixe *pyro*, indiquant ce qu'il doit à cette action du feu : acides *pyroligneux*, *pyrotartrique*, etc.

Les acides sont des substances solides, liquides ou gazeuses. On appelle généralement *acide liquide* la dissolution d'un acide soit gazeux, soit solide dans l'eau; les *acides faibles* sont ceux qu'on a étendus d'eau libéralement, les *acides concentrés*, ceux au contraire où il n'y en a qu'une petite quantité. On distingue, parmi les acides organiques, très nombreux, les acides *naturels* et les acides *artificiels*, c.-à-d. résultant d'opérations chimiques; parmi ces derniers, les uns sont créés de toutes pièces, les autres existent dans la nature, que la chimie se borne à imiter, comme dans la fabrication des acides formique, oxalique, etc. — Enfin, on appelle *acides gras* ceux que l'on obtient des matières grasses, soit directement, soit par l'action de l'air, de la chaleur, des acides ou des oxydes; ils ont généralement la consistance pâteuse et l'aspect des corps gras, et cristallisent pour la plupart; plusieurs se trouvent dans les tiges et les racines de certaines plantes, d'autres forment la base des savons. Nous mentionnerons seulement, comme les plus connus, les acides *butyrique*, *oléique*, *margarique*, *stéarique*, etc.

Par leur action sur la composition des corps, qu'ils modifient, transforment et des éléments desquels ils contribuent à créer des produits nouveaux, les acides sont les agents les plus énergiques qu'emploie la chimie industrielle. On peut dire que leur importance, dans l'industrie, n'est pas inférieure à celle des machines; il y en a qui y sont d'un emploi constant et indispensable dans l'état actuel des progrès réalisés dans tous les arts. — Nous les retrouverons à leurs noms d'origine.

ACIDIFICATION, *s. f.* Chim. Transformation en acide.

ACIDIMÉTRIE, *s. f.* Mesure des acides. — Chim. Les acides du commerce sont toujours étendus d'eau. Pour déterminer leur valeur, on se sert d'aréomètres, et spécialement de l'instrument dénommé acidimètre ou *acétomètre* (v. ce nom), qui établit leur densité; d'où l'on peut déduire leur force, mais seulement d'une manière approximative, à raison des substances étrangères qui manquent rarement de se trouver mêlées à l'acide, qu'elles affaiblissent en même temps qu'elles modifient leur densité en plus ou en moins. Mais il est possible d'arriver à une détermination exacte de la force de l'acide en saturant celui-ci avec une dissolution titrée d'alcali. On commence par additionner l'acide de quelques gouttes de teinture bleue de tournesol, qui le colorent en rouge; puis on ajoute l'alcali graduellement, par petites quantités, jusqu'à ce que la teinture redevienne bleue : le point de saturation se trouve alors atteint; il n'y a plus qu'à s'assurer de la quantité d'alcali employée (ce qui est facile, puisqu'il a été versé d'une fiole titrée), et d'en déduire la valeur exacte de la dissolution en acide pur.

ACIDITÉ, *s. f.* Qualité de ce qui est acide.

ACIDULE, *adj.* Légèrement acide. *Boisson acidule*, boisson additionnée d'une petite quantité d'acide.

ACIDULÉ, ÉE, *part. pas.* de ACIDULER.

ACIDULER, *v. a.* Rendre acidule, additionner d'une petite quantité d'acide.

ACIER, *s. m.* (pron. a-sié, sans liaison). Métal produit par la combinaison du fer avec une quantité de carbone inférieure à celle qui se trouve dans la fonte, et qui, par le moyen de la trempe, acquiert une dureté supérieure à celle de tout autre métal. — Par extens. Arme faite d'acier. *Il est tombé sous l'acier d'un traître.* — Fig. Se dit figurément en parlant de quelque chose de dur, résistant, inusable, pénétrant, s'appliquant indifféremment aux choses animées et aux choses inanimées. *C'est un homme au cœur d'acier*, c.-à-d. dur, impitoyable. *Une langue d'acier*, qui va toujours, sans fatigue ou usure apparente (en mauvaise part). *Un regard d'acier*, un regard pénétrant comme une lame d'acier. *Caractère d'acier*, inflexible.

— INDUST. L'acier est un fer dans la composition duquel il entre une proportion de carbone qui peut varier, dans les bonnes sortes, de 0,7 à 1,7 pour cent; il s'y trouve même par la voie du silice, et il n'est pas rare de voir d'excellents aciers en contenir de 0,1 à 1,5 pour cent. Par la proportion de carbone qu'il contient, l'acier se trouve donc être un produit intermédiaire entre le fer et la fonte, auxquels il emprunte leurs plus précieuses qualités. On peut, chauffé au blanc, le forger sur l'enclume, et porté à une température plus élevée, le fondre et le mouler. Son grain fin et serré le distingue de la fonte, tandis que sa ténacité est deux fois et demie plus grande en moyenne que celle du fer forgé, et peut atteindre jusqu'à quatre fois. Mais la propriété la plus remarquable de l'acier, c'est qu'étant chauffé au rouge ou rigide ou élastique, il subit le traitement qu'on lui aura fait subir. Si, porté au rouge, il est ensuite brusquement plongé dans l'eau froide, il devient d'une extrême dureté, très élastique et susceptible d'un beau poli ; ces qualités sont modifiées suivant le besoin par le degré de la trempe et par le recuit. (V. TREMPE).

Fabrication. Connaissant la composition de l'acier, on se rend aisément compte des méthodes employées à sa fabrication, et qui consistent soit dans la carburation du fer au degré convenable, soit dans la décarburation de la fonte, qui contient du carbone en excès. Dans le premier cas, on fait chauffer en vases clos d'excellent fer en barres avec du charbon de bois en poudre, pendant une semaine ; le résultat est *l'acier de cémentation*; on obtient de même *l'acier naturel*, en traitant le minerai au charbon de bois, de manière à permettre à la combinaison de s'opérer. Dans le second cas, on suspend l'affinage de la fonte au point précis où la quantité de carbone requise se trouve seule en combinaison dans le métal ; et l'on a *l'acier d'affinage*. Mais les anciennes méthodes de fabrication ont perdu tout intérêt depuis la découverte de M. H. Bessemer, qui permet de débarrasser la fonte de l'excès de carbone et de silice qu'elle contient par le moyen d'un courant d'air froid passant à travers une masse de métal en fusion.

Acier fondu. Procédé Bessemer. C'est en 1856, au meeting de l'Association britannique pour l'avancement des sciences, que M. Bessemer fit connaître sa découverte, par la lecture d'un mémoire portant ce titre alléchant : *De la fabrication du fer et de l'acier* SANS COMBUSTIBLE (*On the Manufacture of Iron and Steel without fuel*). Dans ce procédé, la masse entière de métal en fusion est exposée à l'action de l'air, sans que l'intervention du crochet du puddleur soit nécessaire; l'agitation étant produite par le même, la combustion du carbone et de la silice, ainsi que d'une quantité de fer importante, développe une chaleur énorme, qui maintient la masse métallique en parfait état de fusion, même après que toute substance étrangère a été consommée; et c'est ainsi que M. Bessemer a pu présenter le spectacle jusque-là inconnu d'une masse de plusieurs tonnes de fer pur en fusion. Le brevet de M. Bessemer datait du 17 octobre 1855 et visait l'introduction d'un courant de vapeur aussi bien que d'un courant d'air dans le métal en fusion; nous ne décrirons pas les expériences qui démontrèrent à l'inventeur qu'il devait y en tenir au courant d'air; il nous suffit qu'il s'y soit tenu, après bien des contretemps qui eussent découragé de moins opiniâtres. — On aura remarqué, aussi, qu'il y a une grosse exagération à dire que le fer ou l'acier fondu est fabriqué, par ce procédé, *sans combustible*; car le carbone et la silice constituent en réalité le combustible, sans lequel la chaleur énorme nécessaire à la fusion ne pourrait être maintenue. Quoi qu'il en soit, nous allons dire quelques mots de la manière dont l'opération est conduite aujourd'hui.

Marche de l'opération. Le récipient dans lequel s'opère la conversion de la fonte en acier, dans le procédé Bessemer, s'appelle

Le convertisseur Bessemer.

convertisseur. De forme ovale, en panse de cornue, il est fait de tôle très forte doublée intérieurement d'une épaisse couche de terre réfractaire, et divisé en deux parties que l'on réunit par leurs bords au moyen de solides boulons. Le convertisseur ainsi disposé est supporté par deux tourillons dont l'un est creux et donne accès au courant d'air amené d'une machine soufflante, lequel est transmis par un tuyau extérieur à une chambre à air située sous le récipient et communiquant avec le fond par une cinquantaine de petits trous; de sorte que l'air s'élance par ces trous à travers le récipient, activant la combustion et précipitant la transformation qui s'accomplit dans le métal incandescent. L'autre tourillon est monté sur une roue dentée engrenant dans une crémaillère mise en mouvement par une machine hydraulique. Mobiles sur leurs tourillons, les convertisseurs, qui se terminent à leur partie supérieure en un bec oblique, s'inclinent et se redressent sans difficulté, suivant le besoin. — La fonte destinée à être convertie en acier est préparée dans un fourneau dont le foyer se trouve à un niveau plus élevé que celui du convertisseur; celui-ci est disposé horizontalement, le bec tourné vers le haut, c'est-à-dire vers le fourneau. Une gouttière en fer, intérieurement doublée de sable, suspendue à une grue tournante, est amenée entre l'ouverture béante du convertisseur et l'orifice de coulée. A un signal, la percée est faite : un ruisseau de fonte incandescent se précipite par le bec près de laquelle et tombe dans le convertisseur. Quand la surface de la fonte liquide atteint le niveau du plus bas des trous à air, on arrête l'opération; le trou de coulée est vivement tamponné, la gouttière est enlevée et la machine hydraulique mise en mouvement : alors, le convertisseur se relève et va placer sous la hotte d'une cheminée sa gueule toute rouge, qui devient davantage encore lorsque, le vent étant donné, le bouillonnement de la masse liquide soulève une immense jet de flamme rouge, accompagné d'une gerbe d'étincelles brillantes. Au bout de quelques minutes (de 12 à 20) les étincelles, devenues rares, finissent par disparaître : la silice, le manganèse, le carbone contenus dans la fonte sont consumés. Le courant d'air est arrêté; le convertisseur, reprenant la position horizontale, reçoit une quantité de fonte préparée dans un cubilot à part et est aussitôt replacé dans sa position verticale; on donne le vent de nouveau et on laisse l'opération se poursuivre comme devant, pendant environ 5 minutes, pour que l'incorporation se fasse parfaitement. Au bout de ce temps, le creuset est abaissé de nouveau et son contenu versé dans une poche de fer préparée à cet effet, d'où il sera porté dans les moules. — Le convertisseur a ainsi transformé en acier, en quelques minutes, 5,000 kilogr. de fonte.

Dans le procédé Bessemer ainsi pratiqué, l'acier n'est pas obtenu directement en arrêtant l'opération au point précis où la décarburation de la fonte est suffisante, c'est-à-dire où la proportion de carbone nécessaire pour constituer l'acier s'y trouve tout juste encore : ce que l'aspect de la flamme indiquerait, car un fondeur expérimenté n'a pas besoin d'autre indicateur pour juger du degré où la combustion est arrivée. En Suède, où l'on a à sa disposition des fontes excellentes, l'opération se pratique ainsi, en effet; ailleurs, c'est impossible. — On commence donc par décarburer entièrement la fonte, et l'on a alors du fer fondu; puis on suspend l'opération, comme nous l'avons vu faire, et on ajoute au fer fondu du creuset de la fonte d'addition très carburée et contenant une proportion déterminée de manganèse. L'opération est reprise, à la *décarburation* complète succède une *récarburation* proportionnelle.

On fabrique l'acier Bessemer, aujourd'hui, dans toutes les grandes usines, à Eissen, à Seraing, au Creusot, etc. Cette découverte, qui a étendu les applications de l'acier à des objets multiples, exige en effet, tous les jours, plus d'efforts de la production, qui a peine à répondre aux demandes. — Ce n'est pas sans raison que ce siècle a été appelé le *siècle d'acier.*

— DIVERS. — L'acier reçoit, pour la fabrication d'instruments très délicats, des alliages en faible proportion de métaux divers, tels que l'argent ou le platine, le chrome, le tungstène, le titane, le palladium et l'iridium. L'alliage de ces deux derniers métaux est, toutefois, trop cher et leur extraction trop difficile aussi bien que coûteuse, pour que l'acier dans la composition duquel ils entrent devienne

industriel avant longtemps. Les alliages ont pour principal avantage de donner à l'acier, à des degrés différents, une grande dureté et une finesse de tranchant extraordinaire. Les instruments fabriqués avec l'acier au tungstène, par exemple, entament l'acier trempé sans difficulté. On fait beaucoup d'outils d'acier de tungstène et de titane pour les ouvriers horlogers et les fabricants d'instruments de précision.
— Histor. V. Fer.

ACIÉRAGE, s. m. Techn. Opération qui consiste à donner à des planches de cuivre la dureté de l'acier. (Acad.) — Application d'une feuille d'acier sur du fer, pour lui donner extérieurement la dureté de l'acier.

ACIÉRATION, s. f. Action d'aciérer.

ACIÉRÉ, part. pas. d'Aciérer.

ACIÉRER, v. a. Techn. Convertir en acier. — Appliquer une mise ou feuille d'acier sur un instrument de fer, pour lui donner la dureté et le tranchant de l'acier sans être obligé de le faire entièrement en acier. Outre le motif d'économie, on a recours à l'aciérage quand il s'agit d'un outil destiné à supporter de grands efforts, pour éviter qu'il soit aussi fragile qu'un outil en acier pur; l'outil aciéré offre encore cet avantage, précieux dans beaucoup de circonstances, de s'affûter sur la meule plus facilement et plus vite qu'un outil en acier. On appelle soudure à chaude portée l'opération qui consiste à fixer sur le fer la feuille d'acier.
— S'aciérer, v. pr. Etre aciéré, se transformer en acier. Cette fonte doit commencer à s'aciérer.

ACIÉRIE, s. f. Manufacture où l'on fait spécialement l'acier.

ACINDYNUS, Grégoire, moine grec du xvᵉ siècle, il s'est donné beaucoup de peine pour confondre Palamas et les moines de l'Athos, qui professaient que la lumière apparue sur le Thabor était incréée.

ACI REALE, ville maritime de Sicile, prov. de Catane, au pied de l'Etna. Cette ville, dont la popul. s'élève à 24,200 hab., est bâtie sur une épaisseur de lave solidifiée de près de 180 mètres. Presque entièrement reconstruite après le tremblement de terre de 1693, elle l'a été également en lave. Elle possède plusieurs édifices remarquables et est défendue par un fort du côté de la mer. — Manufactures de soieries, linge ouvré, coutellerie, etc.; commerce important de coton, de lin, de grains et de vins; eaux minérales sulfureuses froides très renommées.
Aci Reale est célèbre par les aventures mythologiques d'Acis et Galatée, dont elle fut le théâtre. On y voit la caverne du cyclope jaloux Polyphème, le rocher dont il écrasa Acis, le doux berger, et la grotte où celui-ci se rencontrait avec la nymphe Galatée. Bien plus, on y voit Acis lui-même, métamorphosé en fleuve Aci, comme chacun sait, et qui se jette dans la mer de Sicile, près d'Aci Reale. Cette légende mythologique a conservé, d'ailleurs, une si grande influence dans le pays, que plusieurs villes des environs d'Aci Reale portent également ce nom d'Aci, telles que Aci-Terra, Aci-Castello, etc. — Quant au fleuve, qui prend sa source sous un lit de laves du versant E. de l'Etna, et n'a guère plus d'un kilom. et demi de cours, on le désigne sous le nom de Fiume di Jaci, ou encore sous celui d'Acqua Grandi. Ses eaux, jadis renommées pour leur pureté, ont fini par devenir sulfureuses.

ACKERMANN, Johann-Christian Gottlieb, médecin allemand (1756-1801). Né à Zeulenroda (Saxe), il commença sa médecine à Iéna en 1771, et ne tarda pas à attirer l'attention de Baldinger, qui se chargea de diriger ses études et l'emmena avec lui lorsqu'il fut appelé à Gœttingue en 1773 ; Ackermann étudia ensuite à Halle pendant deux années, puis alla s'établir dans la ville manufacturière de Stendal. Nommé professeur à l'Université d'Altorf (Franconie) en 1786, il y occupa d'abord la chaire de chimie pathologique ; puis celle de pathologie et de thérapeutique, de 1794 jusqu'à 1801, date de sa mort. — Le Dʳ Ackermann possédait une connaissance approfondie de l'histoire de la médecine. Il a collaboré d'une manière brillante à la Bibliotheca Græca de Fabricius (édit. Harless), et a écrit de nombreux ouvrages originaux, sans oublier les traductions. Parmi ces dernières, nous citerons celles du Traité des maladies des artisans, de Ramazzini, qu'il a enrichies de notes et d'observations personnelles du plus grand intérêt.

ACKERMANN, Rodolphe, industriel allemand (1764-1834), né à Schneeberg (Saxe). Travaillant de son métier de sellier, il entreprit de visiter les principales villes de l'Europe. A Londres il fit la rencontre d'un compatriote qui publiait un journal de modes ; il y inséra des dessins coloriés de voitures qui eurent beaucoup de succès et l'engagèrent à abandonner son état pour celui de dessinateur. Peu après il s'occupa du commerce d'objets d'art et créa peu à peu un grand établissement. Mais c'est par ses inventions surtout qu'il mérite de fixer l'attention. Ackermann imagina des essieux mobiles pour prévenir le renversement des voitures, découvrit des procédés pour rendre les tissus imperméables, participa à l'introduction en Angleterre de l'éclairage au gaz, etc., ayant toujours grand soin de tirer le plus grand avantage possible de ses innovations. Étant allé trouver, en 1818, Senefelder pour apprendre de lui les procédés de la lithographie, il fondait à son retour à Londres une imprimerie lithographique et publiait une revue illustrée de planches coloriées intitulée Repository of Arts, literature and fashion. Il publia dans la suite divers ouvrages ainsi illustrés, notamment un almanach de poche portant ce titre : Forget me not (Ne m'oubliez pas), réminiscence du Vergissmeinnicht allemand; sans parler d'autres publications, parmi lesquelles des traductions espagnoles destinées à l'Amérique méridionale. — Ackermann s'était marié en Angleterre et était devenu citoyen anglais. Il mourut à Londres en 1834.

ACKERMANN (dame), Louis-Victorine Choquet, femme poète française, née à Paris en 1813, mariée à Berlin à M. Paul Ackermann, mort jeune. Elle a publié, sous le titre de Contes, Contes et poésies, etc., quelques volumes de vers fort remarqués et plusieurs fois réimprimés.

ACLAND, Henry Wentworth, médecin anglais. Né en 1815, il fit ses études à l'Université d'Oxford, où il prit le grade de docteur en médecine en 1848, étant depuis plusieurs années chargé d'un cours d'anatomie. Il prit une grande part, avec d'autres professeurs d'Oxford, à l'organisation des collections physiologiques de Christ Church, réunies depuis au musée de l'Université. Nommé professeur royal de médecine en 1858, le Dʳ Acland fit partie depuis lors de nombreuses commissions scientifiques et d'hygiène publique et représenta l'Université d'Oxford au Conseil médical de 1858 à 1875. En 1860, il suivit le prince de Galles en Amérique, comme médecin particulier, et à son retour fut nommé médecin honoraire de S. A. R. — Le Dʳ Acland a publié un certain nombre d'ouvrages sur des sujets d'hygiène et de médecine, notamment : Memoir on the Visitation of Cholera in Oxford, in 1854 ; il a publié en outre un traité sur les Plains of Troy, en 1839.

ACLOCQUE, Paul-Léon, ancien officier d'état-major, homme politique et industriel français, né le 19 janvier 1834, à Montdidier (Somme). Sorti de Saint-Cyr pour entrer à l'Ecole d'application, en 1855, il quitta cette dernière institution avec le grade de lieutenant d'état-major, en 1857. Il donnait sa démission en 1858 et concourait à la même année à la fondation d'un grand établissement métallurgique dans l'Ariège. Chargé de la formation d'un bataillon de mobiles de ce département, au début de la guerre de 1870, M. Aclocque fut peu après nommé colonel commandant le 69ᵉ régiment de la garde mobile de la Loire et des Vosges. Il avait été, en 1869, lieutenant-colonel d'état-major de la garde nationale de la Seine. — Nommé représentant de l'Ariège à l'Assemblée nationale, aux élections du 8 février 1871, M. Aclocque a été réélu le 20 février 1876, par l'arrondissement de Foix. Mais, le 14 octobre 1877, candidat du maréchal de Mac-Mahon, il échouait. M. Aclocque est resté depuis lors dans la vie privée. — Il a été nommé chevalier de la Légion d'honneur en récompense de sa brillante conduite à la bataille de Coulmiers, et promu officier en février 1878.

M. Aclocque est un peintre amateur distingué, et a exposé à divers salons. Il est, du reste, élève de Picot. — S'occupant également d'études géologiques, il a publié en 1869 un ouvrage important sur l'Origine et la composition du globe terrestre.

ACLOCQUE, Charles-Paul-Jacques, dit C. D'Amezeuil, écrivain français, frère du précédent, né à Montdidier le 25 mai 1832. Il a collaboré, un peu par occasion d'abord, croyons-nous, à la Liberté, à la Chasse illustrée et à d'autres journaux politiques ou de sport, sous le pseudonyme de Comte, puis de C. d'Amezeuil, qu'il a conservé pour ses autres publications, parmi lesquelles nous citerons : Légendes bretonnes, caractérisée des pustules isolées, acuminées, développées à la face ou, le plus souvent même, sur les régions scapulaire et sternale et suivies, après leur dessication, de taches violacées, d'indurations tuberculeuses, ou de petites cicatrices et presque toujours entremêlées de tannes ou d'élevures folliculeuses. Il existe plusieurs variétés d'acné : la plus commune est due à la suppuration du follicule sébacé et à la formation d'un petit bouton; on la nomme acné simple. Vient ensuite l'acné rosacée ou couperose, goutte rose, par-

L'Acné rosacée.

ticulière à l'âge adulte, principalement chez les femmes, à l'époque du retour d'âge et chez certains hommes adonnés aux liqueurs fortes ou aux travaux excessifs de l'esprit. Elle commence par quelques points rouges sur le nez et les joues, qui sont le siège d'une sorte de chaleur et de tension après le repas, et surtout après des écarts de régime. Ces points s'étendent, se réunissent, se convertissent en pustules, qui se multiplient, se succèdent sans cesse, déterminent une irritation permanente du système capillaire cutané, et, par suite, le gonflement de la peau, laquelle reste d'un rouge violacé. L'acné rosacée, ou couperose, résiste le plus souvent à toutes les méthodes curatives. Le régime habituel des personnes atteintes de cette affection doit consister en viandes blanches, en légumes frais, aqueux et fondants ; elles doivent éviter la fatigue de corps et d'esprit, les lieux où règne une tem-
(1863); Récits bretons (1863); les Parias de l'amour (1864); les Amours de contrebande, scènes de la vie réelle (1866); l'Amour en partie double (1868); les Chasseurs excentriques, souvenirs de chasse (1874); Comment l'esprit vient aux bêtes et Ce que l'on voit en chassant (1876), etc.

ACMELLE, s. f. Bot. Plante tropicale, de la famille des radiées. Fraîche, elle est d'une saveur âcre et poivrée; elle contient des propriétés analogues à celles du pyrèthre.

ACNÉ, s. f. Pathol. Maladie cutanée pustuleuse. C'est une inflammation chronique des glandes sébacées, pérature trop élevée, etc. L'*iodure de chlorure mercureux* a été employé contre la *couperose* et vanté comme d'une efficacité à peu près constante. La médication est à la fois externe et interne; on fait des frictions sur la face et l'on prescrit des pilules contenant le même médicament; on y associe des boissons dépuratives. Une heure et souvent deux heures après les frictions, le médicament, étant entièrement absorbé, détermine une très vive animation de la peau, un mouvement fébrile; c'est alors qu'il s'échappe de toutes les parties de la face une sérosité jaunâtre ou une matière plus épaisse, qui forme des croûtes dont la chute a lieu quelques jours plus tard. Lorsque tout est détergé, on fait successivement de nouvelles frictions, jusqu'à ce qu'il ne sorte plus rien. Toutefois, il est souvent nécessaire de laisser reposer le malade pendant quelque temps avant de recommencer le traitement.

ACŒMÈTES, *s. m. pl.* (du gr. *akoimetos*, sans sommeil). Nom donné à un ordre monastique grec fondé par un Syrien du nom d'Alexandre, vers le milieu du ve siècle. Prenant au pied de la lettre le précepte : *Il faut prier sans cesse*, il célébrait le service divin nuit et jour, sans interruption. Pour cela (car il ne faut pas prendre au pied de la lettre la signification de leur nom), l'ordre était divisé en trois sections qui se relevaient l'une l'autre et se reposaient à tour de rôle. Le siège principal des Acœmètes était le cloître *Studium*, à Constantinople; ce qui fait qu'on les appelle quelquefois *Studites*. — Ayant adopté l'hérésie monophysite, vers l'an 536, ils furent mis au ban de l'Eglise par le pape, et il ne fut plus question d'eux.

ACOGNOSIE ou Akognosie, *s. f.* (du gr. *akos*, remède, et *gnosis*, connaissance). Science de la matière médicale. — Terme depuis longtemps hors d'usage, ainsi que ceux de la même famille, *Acographie*, *Acologie*, etc., quoique adoptés par des dictionnaires de composition récente, pour faire du nouveau, probablement.

ACOLIN, *s. m.* Ornith. Espèce de râle d'eau qui habite principalement le grand lac de Mexico, et auquel on donne aussi familièrement le nom de caille d'eau.

ACOLLAS, Émile, publiciste et jurisconsulte français, né le 25 juin 1826, à la Châtre; fit ses études au collège de Bourges, et vint ensuite à Paris suivre les cours de l'Ecole de droit. Depuis 1850, M. Acollas a pratiqué l'enseignement du droit en qualité de professeur libre. Poursuivi, en décembre 1867, pour sa participation active au congrès démocratique tenu à Genève la même année, il fut condamné à un an de prison. Au 4 septembre 1870, M. Acollas sollicita du gouvernement de la Défense nationale les fonctions de commissaire civil près du général Garibaldi; ce poste lui ayant été refusé, il se tint dès lors à l'écart, et lorsque, la paix signée, les communications furent rétablies, il s'empressa d'accepter l'offre qui lui était faite d'une chaire de droit français à l'Université de Berne. — Aux élections législatives du 20 février 1876, M. Acollas, rentré en France, posa sa candidature dans le VIe arrondissement de Paris; mais en dépit de la recommandation particulière de Garibaldi, qui n'avait probablement aucune idée de la situation, il n'obtint qu'un nombre de voix insignifiant : les électeurs du VIe arrondissement préférèrent au jurisconsulte Emile Acollas, le colonel Denfert-Rochereau, l'illustre défenseur de Belfort; préférence parfaitement justifiée.

Les principaux ouvrages de M. Acollas sont : l'*Enfant né hors mariage, Recherche de la paternité* (1865, 2e édition 1870); *Nécessité de refondre l'ensemble de nos codes*, etc. (1866); la *Question de conscience* (même année); *Manuel de droit civil* (1871), première partie (en 3 volumes) d'un *Cours élémentaire de droit*, annoncé en 1868, et qui devait se diviser en sept parties. Depuis, M. Acollas a publié : l'*Idée du droit; Trois Leçons sur les principes philosophiques et juridiques du mariage*; la *République* et la *Contre-Révolution*; l'*Autonomie de la personne humaine; Cours de droit politique professé à l'Université de Berne :* Première partie, *Commentaires de la Déclaration des droits de l'homme* (1873); la *Science politique, Philosophie du Droit* (1877), etc. — Il a fondé en 1878 une revue in-8° portant le titre de *Science politique*.

ACOLYTE, *s. m.* Cult. cath. Clerc promu à l'un des quatre ordres mineurs et qui a pour mission de porter les cierges, d'entretenir le feu de l'encensoir, de préparer le vin et l'eau du service divin et de servir à l'autel le prêtre, le diacre et le sous-diacre. — Fam. Se dit par extens. et ironiq. de toute personne qui en suit toujours une autre. *Acolyte* dans ce sens est presque synonyme de complice.

ACOMPTE, *s. m.* Paiement partiel d'une dette, en attendant un règlement de compte (*pl. Des acomptes*). *Il paie toujours par acomptes.*

A COMPTE, *adv.* (s'écrit en deux mots). *Il a donné tant à compte.*

ACONCAGUA, prov. du Chili (Amérique méridionale), située entre les provinces de Valparaiso et de Santiago au N. et de Coquimbo au S. et mesurant environ 160 kil. de long sur 65 kil. de large. Sa population était, avant la guerre, de 135,000 hab. environ. La plus grande partie de la prov. est très montagneuse; mais il n'y manque pas non plus de riches et fertiles vallées où l'on cultive le blé, le maïs, la canne à sucre, une grande variété de fruits, etc. L'Aconcagua est riche en produits minéraux, mais moins que le Coquimbo et l'Atacama ; on y trouve cependant l'or, l'argent et le cuivre. La capitale, *San Felippe*, compte environ 7000 hab. — Le mont *Aconcagua*, l'un des géants de la cordillère des Andes, s'élève à 7,200 m. au-dessus du niveau de la mer sur la frontière, entre cette province et Mendoza, département de la République-Argentine. — Un fleuve portant également ce nom d'*Aconcagua*, prend sa source sur le penchant méridional de la montagne et, après un cours de 365 kil., se jette dans l'océan Pacifique, à 18 kil. de Valparaiso.

ACONCIO, Giacomo, ingénieur et théologien protestant italien, plus connu sous son nom latinisé d'Acontius (1492-1566). Né à Trente, il embrassa la religion réformée et dut en conséquence fuir son pays. Il se réfugia d'abord en Suisse, puis résida quelque temps à Strasbourg; enfin, il passa en Angleterre en 1558 et fut accueilli avec faveur par la reine Elisabeth. Acontius vécut longtemps à la cour d'Elisabeth; avec la sanction du parlement, il entreprit d'immenses travaux pour la régularisation du cours de la Tamise à Londres et la construction de quais, et ayant récupéré ainsi une grande quantité de terrains jusque-là improductifs, il en reçut une partie considérable à titre de récompense; de quoi il manifeste sa reconnaissance à la reine, dans la dédicace qu'il lui fait de son célèbre *Recueil des stratagèmes de Satan*, qui eut de nombreuses éditions et fut traduit dans la plupart des langues de l'Europe. On lui doit divers autres ouvrages de théologie, notamment un traité *De Methodo*, publié à Bâle en 1558 et un autre sur l'*Art de faire des livres*. Il mourut à Londres en 1566. — On l'accusait d'arianisme.

ACONIT, *s. m.* (de *Aconis*, ville de Bythinie, où cette plante abondait, suivant Théophraste). Bot. Genre de plantes de la famille des renonculacées, dont on connait une vingtaine d'espèces, toutes très vénéneuses, habitant les régions froides et tempérées des deux hémisphères. — Hort. Plusieurs variétés d'aconit sont cultivées dans les jardins comme plantes d'agrément; elles sont vivaces et croissent dans tous les terrains sans difficulté. Nous citerons l'*aconit napel*, ainsi nommé à raison de la forme de sa racine, qui rappelle le navet (*napus*); c'est une belle plante de 0,80 à 1 m. de hauteur, à feuilles palmées, à fleurs grandes, disposées en grappes dressées et ayant la forme de deux casques superposés, bleu foncé, bleu tendre ou blanches suivant les variétés, fleurissant en juin et juillet. On cultive encore l'*aconit panaché*, fleurs bleues et blanches ; l'*aconit à grandes fleurs* ou de Candolle, fleurs bleu pâle, plus foncé sur les bords; l'*aconit paniculé*; l'*aconit tue-loup*, fleurs jaunes; l'*aconit du Japon*, etc. Mais l'aconit napel est le plus répandu dans nos jardins. — Thérap. Plusieurs variétés d'aconit, l'aconit napel principalement, ont trouvé et trouvent encore un emploi dans la thérapeutique médicale (feuilles et racines), contre les rhumatismes chroniques, la goutte, les névralgies, la syphilis constitutionnelle, les affections cancéreuses et dartreuses, les hydropisies, les paralysies, etc.; on emploie ce médicament à l'intérieur et à l'extérieur, à l'état d'extrait et de teinture alcoolique, aqueuse ou éthéré et en poudre. Il est narcotique, antispasmodique, sudorifique et diurétique. « Dans l'étude de l'aconit comme agent thérapeutique, dit le Dr F. Brémond, mon excellent collaborateur Trichon note l'influence remarquable qu'il exerce sur la circulation, influence qui lui donne un rang élevé parmi les médicaments de l'état morbide connu sous le nom de *fièvre*; c'est l'antiphlogistique par excellence et un succédané de la lancette. Il faut bien considérer cependant que sa sphère d'action n'est pas localisée sur le sang lui-même, d'où il suit qu'il ne produit que peu d'effets sur les fièvres qui sont sous la dépendance d'un état septique de ce fluide, ni sur une inflammation localisée, ce qui amène à conclure qu'une fièvre qui résiste vingt-quatre heures à son administration est de celles auxquelles il ne convient pas. C'est un médicament initial par excellence, et on ne saurait trop le recommander lorsqu'un malaise commence, que la chaleur du visage, la fréquence du pouls, l'agitation et l'absence d'appétit et de sommeil dénotent l'état fébrile, qui est le germe de presque toutes les maladies; il a aussi d'autres applications sur lesquelles il serait trop long d'insister; contentons-nous de dire que l'aconit peut faire avorter un coryza, une angine commençante et même une pneumonie, mais en raison de l'énergie de ce médicament et du danger qu'il présente dans des mains inexpérimentées, nous conseillons, pour son administration et le dosage, de demander toujours la prescription d'un homme de l'art. » — Toxic. A haute dose, l'aconit est un poison narcotico-âcre très énergique. Voici, du reste, en quels termes le professeur Héraud décrit son action physiologique : « Si on l'applique sur une région où les téguments sont fins, ou si l'on a préalablement frictionné la peau, on observe une chaleur intense, des picotements, des démangeaisons, puis un engourdissement avec sentiment de pesanteur et de tension. A l'intérieur, l'aconit détermine une action irritante locale sur les voies que la plante traverse, une impression de chaleur à l'estomac, des nausées, des coliques, une sensation d'engourdissement sur les nerfs périphériques de la sensibilité et spécialement sur le trijumeau, de la faiblesse musculaire, une diminution du pouls et du mouvement respiratoire, des sueurs générales, de la diurèse, du refroidissement, la dilatation de la pupille. Si la dose est toxique, il y a paralysie, convulsions tétaniques, coma, mort. On ne connaît jusqu'à présent aucun antidote ni spécifique certain. On doit, dans le cas d'empoisonnement, favoriser les vomissements. »

ACONITINE, *s. f.* Chim. Alcaloïde de l'aconit, jouissant de la plupart des propriétés de la plante et généralement employé dans les mêmes cas ; et en outre, comme il contracte la pupille, dans l'amaurose récente et l'iritis, ainsi que dans plusieurs maladies de l'oreille. — Cet alcaloïde se présente sous la forme d'une poudre blanche amorphe, à saveur âcre et brûlante; peu soluble dans l'eau, il se dissout dans l'alcool, l'éther, le chloroforme et la benzine, donnant une dissolution limpide et incolore, si les produits employés sont purs.

ACOQUINANT, ANTE, *adj.* Qui acoquine.

ACOQUINÉ, ÉE, *part. pas.* de Acoquiner.

ACOQUINER, *v. a.* Faire contracter des habitudes mauvaises. *Le vagabondage et la paresse acoquinent rapidement celui qui s'y est laissé entraîner.*

— S'acoquiner, *v. pr.* Contracter de mauvaises habitudes.

ACORE, *s. m.* Bot. Genre de plantes monocotylédones, de la famille des aroïdées, dont l'espèce la plus connue est l'*acore calame*, appelé aussi *canne aromatique, lis des marais*, etc.; il habite les contrées marécageuses de l'Europe septentrionale, de l'Asie et de l'Amérique. Sa racine, ou rhizome, grosse comme le doigt, est spongieuse, brunâtre, rosée intérieurement; elle a une odeur agréable et une saveur aromatique piquante. On l'emploie de différentes manières dans la confiserie et la parfumerie; ses feuilles, froissées, répandent une odeur agréable et ses graines servent à aromatiser l'eau-de-vie de Dantzig. On extrait de sa racine, dans certaines contrées du nord, une liqueur alcoolique. En pharmacie, elle est considérée comme stimulant, mais on l'emploie peu.

AÇORES. Géogr. Archipel de l'Océan atlantique (Portugal), composé de neuf petites îles, qui sont *San Miguel, Santa Maria, Terceira, Pico, Fayal, San Jorge, Graciosa, Florès* et *Corvo*, et dont la plus grande, San Miguel, mesure à peine 50 kil. de long sur 15 kil. de large; la superficie entière de l'archipel est de 2,500 kil. car. Une ligne de steamers, l'*Empreza Insulana*, fait tous les quinze jours le trajet des 980 kil. qui séparent Lisbonne de San Miguel. L'archipel des Açores, dont la population totale est d'environ 265,000 hab., forme une province du Portugal, divisée en trois districts: *Angra, Horta* et *Ponta-Delgada*. Le ch.-l. du premier est Angra, dans l'île de

La Bocca d'inferno (Furnas).

Terceira, ville de 15,000 hab., capitale de la province et siège du gouvernement général, ainsi que d'un évêché. Horta, dans l'île de Fayal, est le ch.-l. du district de ce nom; presque aussi importante par le chiffre de sa population qu'Angra, Horta possède un vaste port et fait un commerce important. Ponta-Delgada, ch.-l. du district du même nom et capitale de San Miguel, est la plus grande ville du groupe; sa population est d'environ 22,000 hab.; elle possède un théâtre et de nombreux couvents et églises, et fait un commerce considérable des produits du pays avec l'Europe et l'Amérique. Le commerce des Açores avec l'Europe est presque confiné au Portugal et à l'Angleterre, et consiste principalement dans l'exportation de grains et de fruits, surtout d'oranges et d'ananas; Fayal et Pico envoient en Angleterre une certaine quantité de gros vin destiné à être transformé en *sherry*. — Les Açores, sauf Santa Maria, découverte par Cabral vingt-cinq ans auparavant, ne sont connues que depuis 1457. Leur nom leur vient du grand nombre d'autours (*açores* en portug.) qu'y trouvèrent ceux qui y débarquèrent les premiers.

Le climat des Açores est tempéré, un peu humide, mais fort sain. Les sites extrêmement pittoresques de ces îles d'origine volcanique, longtemps ignorés des touristes, sont très fréquentés depuis quelque temps. A l'extrémité orientale de San Miguel se trouve un bassin volcanique où abondent les sources chaudes et les geysers; on y voit un beau lac dominé par une véritable montagne d'obsidienne: c'est le *lagoa dos Furnas*. Le petit village de ce nom est très fréquenté par les Açoréens, qui viennent en juillet et en août prendre les bains sulfureux et ferrugineux naturels, très célèbres, dont il est entouré. A l'extrémité occidentale de cette même île se trouve un autre cratère plus grand et plus pittoresque

encore, appelé, on a oublié pour quelle raison, les *Sete Ciudades* (les Sept Villes); il a 16 kil. de circonférence et renferme un petit village et deux beaux lacs. A Fayal, il s'en trouve un autre, appelé la *Caldeira* (la Chaudière); presque circulaire et profond de plus de 30 m., il donne assez bien l'idée de son nom. — Séparée de Fayal par un canal étroit, l'île du Pic ou Pico attire l'attention par le superbe *pic* qui lui a donné son nom et qui s'élève à 2,450 mètres au-dessus du niveau de la mer; Pico est en outre le jardin fruitier des Açores, et les figuiers se mêlent aux vignes sur ses coteaux pierreux. — Quelques sites très pittoresques se rencontrent également dans l'île voisine de San Jorge, notamment dans le voisinage de Nellas, mais moins dignes de description, où il faudrait tout décrire. — Nous ajouterons que, d'une manière générale, le sol des Açores est bien arrosé, très fertile et produit, grâce à son climat exceptionnel, les végétaux de presque toutes les contrées du monde. On y élève des bêtes à cornes et des bêtes à laine en grand nombre. D'ailleurs, aucun animal dangereux ou malfaisant dans ces îles. Elles sont, par exemple, exposées à de terribles ouragans, de fréquents tremblements de terre y ont lieu et des éruptions volcaniques d'une rare énergie viennent de temps en temps y rappeler leur origine. On se souvient encore du tremblement de terre de 1811 à San Miguel. C'était le 30 janvier : en même temps que de terribles secousses de tremblement se faisaient sentir dans l'île, à quelques milles au large, une épaisse colonne de fumée et de feu s'élevait du sein de la mer, rejetant des pierres, des masses de lave et de boue, assez pour en constituer bientôt une masse conique de 300 pieds de hauteur, avec un cratère central vomissant des matières volcaniques sans discontinuer; une dixième île venait de naître à l'archipel, ce n'était point douteux; on la baptisa *Sabrina*. Mais après quelques mois d'une existence précaire, elle s'abîma sous les flots.

AÇORÉEN, ENNE, s. Habitant des Açores. — Ethn. La population des Açores est d'origine portugaise. Il y a peu à tenir compte, je crois, des mélanges qui ont pu se produire avec les nègres indigènes. En tout cas, le caractère des Açoréens, qui se proclament Portugais mais sont profondément attachés au sol natal, diffère sensiblement, sous beaucoup de rapports, de celui de leurs compatriotes du continent. Ils sont robustes, loyaux, simples, aimables et très hospitaliers. Ils portent généralement un costume pittoresque caractéristique. Les femmes de Fayal, notamment, ont de vastes manteaux garnis de capotes monumentales, capables d'abriter une douzaine de têtes comme les leurs; la coiffure des hommes de San Miguel, appelée *carapuça*,

Dames de Fayal.

n'est pas moins curieuse : elle a la forme d'une casquette de chasse, mais avec une immense visière projetée en avant et un long morceau d'étoffe pendant par derrière. Les vêtement proprement dit n'a rien de remarquable. Les Açoréens, vraie leurs bonnes qualités, ont le malheur de vivre dans une ignorance profonde.

— *Adj.* Qui appartient aux Açores ou à

leurs habitants. On dit également : AÇORIEN, IENNE

ACOSTA (DE), CHRISTOVAL, naturaliste portugais, né à Mozambique au commencement du XVIe siècle. Dans un voyage qu'il fit en Asie, il fut capturé par des pirates, qui ne le relâchèrent que moyennant une forte rançon. Après quelques années passées dans l'Inde, principalement à Goa, il retourna en Portugal, puis s'établit comme chirurgien à Burgos. C'est là qu'il publia son fameux *Tratado de las drogas y medecinas de las Indias orientales* (1578), lequel fut traduit en latin, en italien et en français, et bientôt connu de toute l'Europe; il peut, d'ailleurs, être consulté aujourd'hui encore avec grand profit. — Acosta a publié, en outre, une Relation de ses voyages, un livre à la louange des femmes et divers autres ouvrages. — Il est mort à Burgos en 1580.

ACOSTA (DE), MANOEL, jurisconsulte portugais, disciple de Martinez Azpilcueta, dit *Navarro*. Il fut professeur de droit à l'Université de Salamanque, vers 1550, et publia un certain nombre d'ouvrages de jurisprudence très estimés et cités avec éloge par Covarrubias et les plus savants jurisconsultes espagnols. Ses œuvres ont été imprimées en 2 vol. in-f°.

ACOSTA (DE), José, célèbre écrivain espagnol, natif de Medina del Campo (1539-1600). Il appartenait à l'ordre des Jésuites, et partit au Pérou comme provincial de son ordre, en 1571. De retour en Espagne après dix-sept ans de séjour au Pérou, il devint successivement visiteur en Aragon et en Andalousie, supérieur de Valladolid, puis recteur de l'Université de Salamanque. En 1590, il publiait à Séville sa célèbre *Historia natural y moral de las Indias*, dont une partie avait déjà paru en latin auparavant sous le titre de : *De Natura novi orbis, libri duo*. Cet ouvrage, bientôt traduit dans presque toutes les langues de l'Europe, donne des détails d'une grande valeur sur la situation de l'Amérique méridionale à cette époque. A propos des Indiens, Acosta est le premier à exposer la théorie de l'action des vents, adoptée ensuite par Buffon; il contredit, d'après son expérience personnelle, l'allégation d'Aristote considérée jusqu'alors comme article de foi, que la zone centrale de la terre, brûlée par le soleil, dépourvue de toute humidité, était absolument inhabitable. Mais d'un autre côté, malgré les cruautés sauvages exercées par les Espagnols dans les pays conquis par eux sur l'autre hémisphère, Acosta n'hésite pas à les proclamer choisis par Dieu même pour répandre l'Évangile parmi les nations de l'Amérique, et il nous rappelle d'une grande foule de miracles attestant cet heureux choix. — On doit encore à cet écrivain : *De Promulgatione Evangelii apud Barbaros; De Christo revelatio; De Temporibus novissimis, liber VI; De Procuranda Indorum salute; Concionum tomi III*. On lui attribue, en outre, les décrets du Concile de Lima.

ACOSTA (de), GABRIEL, ou URIEL, gentilhomme portugais, né à Oporto vers la fin du XVIe siècle. Son père était un juif converti, et il fut élevé dans la foi catholique ; mais ramené au judaïsme par la nature de ses études, il passa en Hollande et abjura dans la synagogue d'Amsterdam, où son nom de Gabriel fut changé en celui d'Uriel. Ayant reconnu dans la suite que les interprètes de la loi, successeurs de Moïse, en étaient au contraire les contempteurs décidés, il ne put se taire et fut en conséquence excommunié par les rabbins. Il répondit aux persécutions par la publication d'un *Examen das tradições Pharisæas*, etc., dans lequel il ne se borne pas à démontrer que les docteurs juifs s'écartent des traditions, mais où, épousant les opinions des Sadducéens, il combat la doctrine d'une vie future, sous prétexte que les livres mosaïques ne parlent de paradis ni d'enfer. Poursuivi cette fois comme blasphémateur et athée, il fut condamné à la prison et à une forte amende. Ceci ne le guérit point de sa passion de critique : répudiant l'autorité de la loi de Moïse, qu'il déclara apocryphe, tout nettement, il émit l'opinion, assez audacieuse en tout temps, que les religions se valent et n'ont pas de plus solide fondement les unes que les autres. Arrivé ainsi au dernier degré du scepticisme, mais gémissant sur son isolement, il n'hésita pas à faire les démarches nécessaires pour rentrer dans le giron du judaïsme. Il rétracta donc tous ses écrits et ses discours passés, et fut admis de nouveau, après une excommunication de quinze ans. Mais peu après, il paraît qu'un sien neveu le dénonça à lasynagogue comme coupable de ne point observer dans la vie privée les prescriptions de la loi, et il fut excommunié une seconde fois. Sept années plus tard, il obtenait sa réadmission, au prix des pénitences les plus humiliantes. Il mourut vers 1640 ; voici comment quelques auteurs rendent compte de sa fin : s'étant rendu auprès de son ennemi le plus acharné, dans l'intention de le tuer, il tira sur lui un coup de pistolet qui rata ; il prit alors une autre arme et la dirigea contre lui-même, cette fois le coup partit et il fut tué. Mais cette version de la mort d'Acosta ne repose sur aucune apparence de preuve. — Uriel d'Acosta a laissé une très dramatique relation de sa triste existence, sous le titre d'*Exemplar humanæ vitæ*; elle a été publiée en Hollande, avec une *Réfutation* de Limborch, qui était à peine né à la mort d'Acosta. — Gutzkow en a fait une tragédie, sous le titre de *Uriel Acosta* (Dresde, 1847), qui est considérée comme un des chefs-d'œuvre de la scène moderne.

ACOTYLÉDONE, *adj*. (du gr. a, priv. et kotyledon, cavité.) Bot. Se dit des plantes dont les semences sont dépourvues de *cotylédons* (v. ce mot.) *Des plantes acotylédones.* — On dit également ACOTYLÉDONÉ, ÉE.

ACOTYLÉDONE. s. *f.* Bot. Première des trois grandes divisions du règne végétal, dans la méthode naturelle de Jussieu, répondant à la classe des *cryptogames* de Linné. Elle comprend les plantes dépourvues de fleurs, telles que les fougères, les lycopodes, les hépatiques, les mousses, les lichens, les champignons, etc., dans l'embryon desquelles on ne rencontre pas de cotylédons, tandis que les plantes qui fleurissent en ont toujours un ou deux, du moins généralement. Les organes de la reproduction chez les plantes acotylédones sont des *spores*, enveloppés dans des cellules appelées *sporanges*. Quelques-unes de ces spores, en se développant, donnent naissance à un appendice foliacé appelé *prothallium* ou *procembryon*, sur lequel se produisent les organes appelés *anthéridies* et *archégones*, qui remplacent chez ces végétaux les étamines et le pistil des autres plantes. Ces caractères sont particulièrement remarquables dans les fougères.

ACOUMÈTRE, s. *m*. Phys. Instrument pour mesurer la portée du sens de l'ouïe.

A-COUP, s. *m*. (pron. a-kou en toute situation.) Mouvement brusque, saccadé ; arrêt soudain. — *Pl. Des à-coups* (Acad.) Il se dit en parlant des mouvements de ce genre et des temps d'arrêt qui nuisent à la précision, à la régularité dans les exercices d'équitation et dans les manœuvres d'une troupe. Telle est la définition de l'Académie, et nous lui en laissons la responsabilité. — Techn. Se dit des mouvements brusques, saccadés, produits dans les machines mal montées, ou des mouvements semblables dus à la brusquerie naturelle ou accidentelle d'un ouvrier, principalement dans l'action de tirer ou de pousser un fardeau avec ensemble. *Si nous procédons ainsi par à-coups, nous ne parviendrons jamais à déplacer cette pierre.*

ACOUSTICIEN, s. Physicien qui s'est fait une spécialité de l'acoustique. — C'est encore un de ces mots d'un usage courant, dont on ne saurait se passer, et dont l'Académie ne veut cependant parler à aucun prix néanmoins. Il est vrai que l'*électricien* n'existe pas d'avantage pour elle, bien qu'elle reconnaisse l'*opticien*, le *mécanicien*, etc., etc.

ACOUSTIQUE, *adj*. (du gr. *akouein*, entendre.) Qui sert à entendre, qui fait entendre. Se dit des instruments propres à produire, à propager les sons, à en augmenter le volume. *Les anciens garnissaient leurs immenses théâtres de vases acoustiques pour en augmenter la sonorité. Une voûte acoustique, un tube, un cornet acoustique.* — Anat., *nerf acoustique*, nerf aboutissant au conduit externe de l'oreille, appelé aussi quelquefois *conduit acous-* *tique*, mais plus ordinairement *conduit auditif.* — Pharm. Nom donné à certains médicaments qui ont la prétention de guérir la surdité. *Eau acoustique de Ludwig.*

ACOUSTIQUE. s. *f*. Partie de la Physique qui traite du son, de sa nature et des lois qui régissent sa production et sa propagation, en tant qu'elles découlent de principes physiques.

Nature et origine du son. — Le son est une vibration. Si l'ouïe ne nous en rend pas un témoignage parfaitement clair, la vue et surtout le toucher nous permettront de le constater dans le plus grand nombre de cas. Le son se manifeste chaque fois qu'un corps doué d'une élasticité suffisante éprouve, dans l'arrangement de ses molécules, une perturbation tendant à détruire la force de cohésion qui les unit : il cesse de se faire entendre lorsque, cédant aux lois de la pesanteur, chacune des parties ébranlées a repris son aplomb primitif ; dépinel le ferait un pendule dont on aurait déplacé le centre de gravité. Dans cette évolution moléculaire, l'espace parcouru constitue ce que les physiciens appellent une *vibration*. — Il convient de dire ici qu'en Allemagne et en Angleterre, une vibration comporte à la fois un mouvement en avant et un mouvement de recul des molécules du corps sonore ; en France, on appelle *vibration* un seul de ces mouvements. Notre *vibration* simple équivaut donc à la moitié de la *vibration* des Anglais et des Allemands, à laquelle on donne aussi le nom d'*oscillation* et d'*ondulation*. — La constatation, soit tactile, soit visuelle, du mouvement vibratoire chez les corps en état d'émission sonore est à la portée de chacun. Lequel de nous, en effet, n'a remarqué les trépidations rapides des branches de pincettes qui, suspendues par un cordon, vibrent au moindre choc en rendant un son grave ? Quel futur Paganini ne voit, dès son premier coup d'archet, les cordes de son instrument battre l'air comme feraient les ailes d'un insecte, tandis que son menton saisit jusqu'au moindre frémissement de la table d'harmonie ? Enfin, personne n'ignore le tremblement qui gagne les habitations voisines des cathédrales, lorsque, aux jours de fêtes, le bourdon est lancé à toute volée. Dans la pratique expérimentale, on se sert d'une mince tige d'acier que l'on assujettit, par l'une de ses extrémités, entre les mâchoires d'un étau. Aussitôt qu'au bout du doigt on imprime à la partie de la tige restée libre une impulsion capable de lui faire abandonner la verticale, on la voit osciller avec une telle rapidité que la rétine perçoit en une seule image les phases de ses positions extrêmes et moyennes, pendant que se produit un son dont l'intensité décroît graduellement avec les proportions de l'image, pour s'éteindre au moment où la tige a repris son immobilité première. On peut encore rendre visibles les vibrations d'un liquide ou d'une colonne gazeuse ; mais de tous les procédés mis en œuvre pour la démonstration des *lois mécaniques* qui régissent la science acoustique, celui employé par Chladni, dans

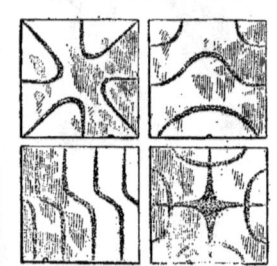

Acoustique. — Figures de Chladni.

ses savantes recherches touchant les vibrations des plaques, et exposé par ce savant dès 1787, mérite particulièrement d'attirer l'attention. Nous devons rappeler que tout corps sonore peut être soumis à divers modes vibratoires, dont la direction est ou *transversale*, ou *longitudinale*, ou *tournante*, et se partager en un nombre quelconque de parties vibrantes dont les excursions sont appelées *ventres de vibrations*, et les limites *nœuds de vibrations*. De plus, la coexistence de plusieurs mouvements dans un même corps sonore est un fait assez fréquent. Dans les plaques, qui peuvent être de bois, de verre, ou d'un métal très homogène, les *nœuds* ne sont pas des points immobiles, mais des lignes immobiles que l'on nomme *lignes nodales*. Pour les rendre visibles, il suffit de fixer par son centre ou par quelqu'un de ses points une plaque de dimension et de forme quelconque, sur laquelle on a eu soin d'étendre une légère couche de sable bien sec. En présence de la multiplicité des lignes obtenues dans certains cas, Savart imagina de remplacer le sable par de la poudre de tournesol gommée ; ce qui lui permettait d'obtenir facilement l'empreinte des figures les plus compliquées, par la simple application de la plaque d'un linge légèrement humecté, et de la mettre en vibration par le frottement, sur l'un de ses bords, d'un archet enduit de colophane. Aussitôt, le sable, repoussé par les tremblements des parties vi-

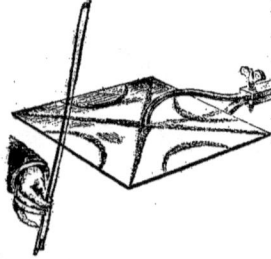

Acoustique. — Vibration des plaques.

brantes, va s'accumuler sur les *lignes nodales*, qui offrent alors à l'œil les contours les plus variés. En appuyant un ou deux doigts sur telle ou telle partie de la plaque, on modifiera l'aspect des lignes et la hauteur du son, autant de fois que le permettront la nature et la forme de cette plaque. Cependant, il peut fort bien se produire des distorsions des lignes sans qu'il se manifeste, pour cela, d'altération appréciable dans l'intonation ; car il faut, pour que cette altération se réalise, qu'il y ait, soit diminution, soit augmentation dans la dimension des *ventres* ou parties vibrantes. Ainsi, les plaques présentant des lignes peu nombreuses, et par conséquent des parties vibrantes relativement grandes, donneront des sons graves ; au contraire, les plaques offrant une grande quantité de lignes, des figures complexes, ne rendront que des sons dont l'acuité sera d'autant plus accentuée que les parties vibrantes diminueront en étendue.

Nous disions tout à l'heure qu'il est possible de rendre visibles les vibrations des liquides et des gaz. Voici, pour les liquides, une petite expérience amusante qui le prouve : On fait l'obscurité dans une chambre où coule d'un robinet une veine liquide très mince, puis on projette sur cette veine liquide un jet de lumière, tandis qu'on donne, de la voix ou d'un coup d'archet, une note claire et vibrante. On voit alors comme des gouttes formant le filet d'eau, qui sous le jet lumineux prennent l'aspect d'étoiles brillantes, se trémoussent sous l'influence de cette note ; puis toutes se réunissent et forment comme un collier de perles éclatantes que l'on disperse en un instant en cessant de chanter.

Propagation du son. — L'air est le véhicule

du son par excellence. Sans air, donc, point de son ; et pour vous en assurer, il vous suffira de placer sous le récipient de la machine pneumatique une sonnerie quelconque, et d'y faire ensuite le vide ; si la sonnerie est en mouvement dès le début, on entendra les sons s'affaiblir graduellement à mesure que l'air disparaîtra de la machine, puis s'éteindre dès que le vide sera fait. Une expérience plus convaincante encore, s'il est possible, consiste à tirer un coup de pistolet sous la cloche pneumatique : on verra l'éclair du coup, mais de détonation point. — Mais le son se propage également par les liquides et par les solides. Ce que nous avons dit de la vibration des plaques et des veines liquides pourrait tenir lieu de démonstration, cependant en voici une plus frappante encore : Placez n'importe où une montre en marche ; appliquez l'une des extrémités d'un long bâton sur la boîte de cette montre et l'autre à votre oreille, le tic tac de la montre vous y parviendra, aussi sensible que si elle-même y était appliquée, quand le bâton en question serait une gaule de 10 mètres.

Vitesse. — Pas plus que la lumière, qui se propage également par vibrations, le son ne se transmet instantanément ; il y met beaucoup plus de temps, même, et il suffit de voir tirer un coup de feu de loin pour se rendre compte de la différence. On a calculé que le son parcourt dans l'air, à la température de 0°, à peu près 333 mètres par seconde ; à une température plus élevée, la densité de l'air étant moindre, cette vitesse augmente proportionnellement. En eau profonde, la vitesse du son est d'environ 1,500 mètres, suivant Beudant ; de 1,435 m. par seconde, d'après les expériences très soigneusement conduites de Colladon et Sturm dans le lac de Genève.

Réflexion. Échos et Résonances. — Dans un milieu de nature homogène et de densité invariable, le son se propage uniformément et en ligne droite, décroissant graduellement d'intensité à mesure que les ondes sonores s'éloignent du centre d'ébranlement. Mais s'il rencontre un obstacle, ou il lui communique son mouvement vibratoire, et dans ce cas il y a résonance ; ou il se réfléchit à sa surface, en faisant un angle de réflexion égal à l'angle d'incidence, et alors il y a écho. La réflexion des ondes sonores a la plus grande analogie avec la réflexion des rayons lumineux ; toutefois, pour être réfléchi avec toute la netteté désirable, le son n'exige pas une surface claire et polie : la voûte humide et sombre d'un caveau ou d'une grotte profonde, une masse de vapeur très dense, un dôme épais de feuillage même constituent à l'occasion des réflecteurs du son d'une grande puissance. Il y a des échos simples ou *monosyllabiques*, c'est-à-dire qui ne répètent qu'une syllabe ou son distinct, et des échos *polysyllabiques*, qui en répètent plusieurs. La même surface réfléchissante peut donner les deux sortes d'échos : c'est une simple question de distance.

Il est admis que, pour placer dans la conversation une simple syllabe, le temps exigé est d'à peu près un dixième de seconde. Le son parcourant dans le même temps une distance d'environ 34 mètres, il faudra donc, pour permettre à l'écho de se produire, c'est-à-dire pour que le son réfléchi ait le temps de revenir à son point de départ avant l'émission d'un nouveau son direct, qu'une distance d'au moins 17 mètres soit observée entre la source du son et le corps réfléchissant. La vitesse du son réfléchi étant naturellement la même que celle du son direct, dans cet intervalle d'un dixième de seconde, il aura parcouru 17 mètres pour aller à l'obstacle et 17 mètres pour en revenir, ce qui fait bien notre total de 34 mètres. Si la distance était plus rapprochée, ou l'émission du son original plus précipitée, le son réfléchi se confondrait au retour avec le son direct, et l'écho ne répèterait que les dernières syllabes prononcées, celles, en un mot, qui n'auraient pas fait de rencontre funeste. En doublant la distance strictement nécessaire pour produire l'écho monosyllabique, on obtiendrait, par contre, un écho de deux syllabes, et ainsi de suite, d'autant de syllabes qu'on apporterait de multiples au chiffre de 17 mètres, pourvu qu'on n'exagérât pas trop la distance.

Les résonances, ou combinaisons de sons directs ou réfléchis, produisent, dans les lieux clos et de peu d'étendue, une confusion souvent insupportable. On peut en faire l'observation dans les grandes pièces désertes d'un appartement démeublé, dans les églises un peu dénuées d'ornements et où les fidèles sont clairsemés, enfin dans toute arène vouée aux exercices oratoires où l'auditoire est peu nombreux. A Notre-Dame de Paris, un jour où c'était un prédicateur obscur qui faisait le sermon, il nous a été donné d'observer un semblable effet de résonance choquante. Malgré tous ses efforts, l'infortuné prédicateur ne parvenait pas à se faire entendre distinctement, et souffrait le martyre d'un phénomène d'acoustique dont le peu d'empressement des fidèles était l'unique et déplorable cause. De même, il paraît qu'à l'église Saint-Paul, de Boston, aux Etats-Unis, la voix du prédicateur ne devient intelligible, même pour lui, qu'aux jours de fête carillonnée, où les ornements qui abondent atténuent les désastreux effets de l'extrême sonorité des voûtes. L'amphithéâtre de physique du Collège de France, le grand amphithéâtre de chimie et de physique du Jardin des Plantes de Paris, l'hémicycle de l'École des beaux-arts de la même ville et diverses autres salles de nos établissements publics, universitaires ou autres, présentent dans ce genre des défectuosités plus ou moins graves auxquelles il semble qu'on ne croie pas pouvoir remédier.

Dans les salles de concert, ces résonances sont plutôt avantageuses, en général, car elles ajoutent à l'effet des instruments, et loin de les éviter, l'architecte vise au contraire à augmenter le plus possible la sonorité des surfaces réfléchissantes. Les anciens, dans ce but, garnissaient leurs théâtres qui, d'ailleurs, étaient immenses, de cloches d'airain renversées que le son des voix faisait vibrer. Mais il est bien entendu que la distance qui sépare le point d'émission du son de son point de réflexion doit toujours être observée, et qu'en fait, ce n'est pas la résonance, mais bien l'écho que l'architecte cherche à produire dans ces sortes de salles dont l'acoustique exige, au reste, des études minutieuses, rendues souvent inutiles par des hasards que rien ne saurait faire prévoir.

Après avoir parlé de la nature et de la formation du son, de ses différents modes de propagation, de sa vitesse de transmission suivant les milieux, de sa réflexion par les surfaces les plus variées, il nous reste à étudier ses formes différentes et leurs modifications, les phénomènes qu'il produit suivant ces modifications et en particulier sous la forme de son musical ; mais nous ne pouvions donner ici que l'exposition des faits qu'embrasse la science acoustique ; aux mots ÉCHO, MUSIQUE, SON, etc., on trouvera les développements nécessaires ; aux mots OREILLE et VOIX, la description anatomique des organes que ces mots désignent, dont l'un est par excellence la source des sons musicaux, et l'autre l'organe du sens qui nous les fait apprécier, au défaut duquel il n'y aurait que silence dans la nature, et par conséquent nulle trace de la science qui nous occupe. Enfin, les articles MICROPHONE, TÉLÉPHONE, TOPOPHONE rendront compte des découvertes récentes résultant de l'union de l'acoustique et de l'électricité dynamique.

ACOVANITES, *s. m. pl.* Secte manichéenne, fondée en Mésopotamie par un disciple de Manès nommé Acovanus.

ACQUAPENDENTE, ville d'Italie, prov. de Rome. Elle doit son nom aux belles cascades qui s'y précipitent d'un rocher élevé. C'était jadis un château avec quelques habitations alentour, mais l'évêque de Castro ayant été massacré dans un soulèvement des habitants de cette ville (1650), Innocent X transféra son siège à Acquapendente, qui devint ainsi ville épiscopale. Actuellement, Acquapendente est une ville assez mal bâtie, possédant une belle cathédrale et cinq autres églises, bien qu'elle compte à peine 2,850 hab. — C'est la patrie de Geronimo Fabrizzio, dit *Fabrizzio d'Acquapendente*, célèbre anatomiste du XVIe siècle.

ACQUAVIVA, ville d'Italie, prov. de Bari et à 25 kil. S. de cette ville. Belle église paroissiale, deux hôpitaux, mont-de-piété. Cette ville est entourée de murailles ; elle compte environ 7,000 habit.

ACQUAVIVA, ANDREA-MATTEO, DUC D'ATRI, PRINCE DE TERRANO, seigneur napolitain, né en 1456. Lorsque Charles VIII de France envahit le royaume de Naples, il prit parti pour ce prince, après le départ duquel il continua de combattre la domination espagnole. Fait prisonnier par Gonzalve de Cordoue, il fut rendu à la liberté après une courte captivité, moyennant rançon, et passa le reste de sa vie dans la retraite, se livrant à la culture des sciences et des belles-lettres. Il avait établi une imprimerie dans son palais et s'y entourait de savants et de lettrés.

ACQUAVIVA, CLODIO, général des Jésuites (1542-1615), petit-fils du précédent. Elu général des Jésuites en 1581, il gouverna son ordre avec prudence et modération, mais non toujours d'accord avec l'Inquisition, qui annula plusieurs de ses ordonnances. Il passe pour avoir formellement approuvé le fameux *De Rege et Regis institutione* du célèbre jésuite espagnol Mariana, son contemporain, qu'on a surnommé le Code du régicide ; mais il ne paraît pas qu'il soit allé jusque-là. On lui doit des ordonnances sur la *Méthode des études de la Société de Jésus* et sur les exercices spirituels, ainsi que divers livres de piété et des *Lettres*. — C'est à lui que les Jésuites doivent d'être rentrés en France, en 1603.

ACQUAVIVA, OTTAVIO, cardinal italien (1559-1612), neveu du précédent. Très instruit, possédant parfaitement les lettres grecques et latines, ainsi que le droit, il devint référendaire de l'une et l'autre signature du pape Sixte-Quint. Innocent IX le fit cardinal à son avènement au trône pontifical (octobre 1591) ; il devint ensuite légat de la campagne de Rome, puis légat d'Avignon, où il gouverna avec assez de sagesse pour qu'on lui attribue le rétablissement du calme dans le comtat. Nommé archevêque de Naples dans les dernières années de sa vie, il mourut dans son diocèse le 15 décembre 1612. — Le cardinal Acquaviva a laissé la réputation d'un prélat libéral et éclairé et d'un protecteur des lettres.

ACQUÉRAU, *s. m.* Art mil. Pièce d'artillerie du XIVe siècle, formée d'un long tube de fer fretté, de calibre peu considérable et servant surtout à lancer des malléoles et des traits énormes. Suivant d'autres auteurs, le calibre de ces tubes était assez fort pour lancer des boulets de pierre. Ces contradictions, et bien d'autres, feraient supposer que le nom d'*acquérau* était donné à toute une série de machines à feu, de formes et de calibres variés.

ACQUÉREUR, *s. m.* Celui qui acquiert.

ACQUÉRIR, *v. a.* (Conjug. J'acquiers, tu acquiers, il acquiert ; nous acquérons, vous acquérez, ils acquièrent ; j'acquérais ; j'acquis ; j'ai acquis ; j'acquerrai ; acquiers ; que j'acquière ; que j'acquisse ; acquérant ; acquis). Devenir propriétaire par achat ou par échange (mais l'achat est un échange, l'Académie doit savoir cela) ; faire une acquisition, devenir possesseur. C'est une erreur de dire que ce terme s'applique de préférence à l'achat d'immeubles : on acquiert aussi bien une table de nuit qu'un château. On ne voit pas, du reste, dans l'étymologie latine *acquirere* de semblable subtilité. *Acquirere* correspond à gagner de manière ou d'autre, à se mettre en possession, et telle est bien la signification d'*acquérir*. — Fig. *Acquérir de la gloire, des honneurs, de la fortune, les faveurs de quelqu'un. Acquérir de la valeur, de la force avec le temps.* Se dit des personnes aussi bien que des choses. Il se dit quelquefois absolument dans ce dernier cas.

— S'ACQUÉRIR, *v. pr.* Etre acquis. *L'autorité s'acquiert par l'expérience. La réputation s'acquiert, non l'honneur.*

ACQUÊT, *s. m.* Jurispr. Chose acquise. — S'emploie surtout au *plur.* et signifie bien acquis pendant le mariage et tombant dans la communauté, tandis que les *propres* restent la propriété de celui des époux qui les possède. — Dr. anc. Droit dû au suzerain par les roturiers qui achetaient des fiefs. — Fam. Gain quelconque. *A faire un tel commerce, il n'y a pas grand acquêt* (peu usité).

ACQUI, ville de l'Italie septentrion., prov.

et à 28 kil. S.-S.-O. d'Alexandrie, sur la r. g. de la Bormida. Popul. 8,600 h. Cette ville est fort ancienne, et ses eaux thermales sulfureuses, encore très fréquentées aujourd'hui, étaient connues des Romains, qui donnèrent à Acqui le nom d'*Acquæ Statiella*. On y trouve encore de nombreuses inscriptions et les ruines d'un aqueduc romain. Cette ville est le siège d'un évêché; elle possède une belle cathédrale, plusieurs couvents, un séminaire et un collège royal. Les vignes des alentours donnent de bon vin; on y trouve des magnaneries, des manufactures de rubans et de cordons de soie, etc. — Prise par les Espagnols en 1745, et reprise l'année suivante par les Piémontais, Acqui fut témoin de la victoire remportée en 1794 par les Français sur les Autrichiens alliés aux Piémontais.

ACQUIESCEMENT, *s. m.* Action d'acquiescer, de se soumettre aux désirs de quelqu'un. *Formulez votre proposition, j'y donne d'avance mon entier acquiescement*.

ACQUIESCER, *v. n.* (lat. *acquiescere*, se reposer). Se soumettre, céder. *Acquiescer aux volontés de quelqu'un*, s'y soumettre.

ACQUIS, ISE, *part. pas.* de Acquérir. *Bien mal acquis ne profite jamais*. — Se dit des avantages ou des qualités obtenus par l'étude ou par une longue pratique, par opposition à naturel. *Sciences acquises*. *Il y a les qualités naturelles et les qualités acquises*. — Substantiv. Expérience, connaissances acquises. *Il a beaucoup d'acquis*.

ACQUISITION, *s. f.* Action d'acquérir. Se dit également de la chose acquise. *Voilà une belle acquisition*.

ACQUISIVITÉ, *s. f.* Phrén. Sentiment de l'acquisition, faculté propre à l'homme et qui le porte à acquérir des biens.

ACQUIT, *s. m.* Fin. Quittance. Signature donnant décharge d'une dette. Au bas d'une facture, d'un compte, d'un mémoire, cette signature est précédée de la formule : *Pour acquit*, parce que rien dans le corps d'une telle pièce n'indique l'idée de quittance. — *Acquit de douane*. Reçu des droits d'entrée ou de sortie perçus par les agents des douanes sur certaines marchandises. — *Payer à l'acquit d'un tiers*, payer en échange d'une quittance faite au nom d'un tiers. — Fig. *Faire une chose pour l'acquit de sa conscience*, par manière d'acquit, la faire sans conviction, pour être débarrassé d'une préoccupation ennuyeuse, en avoir la conscience déchargée. — Jeux. Au billard, *donner l'acquit*, c'est tirer à qui commandera. Chaque joueur pousse une bille sur la table de billard, de manière qu'elle aille frapper la bande du haut pour être renvoyée vers celle du bas. Le joueur dont la bille ainsi conduite approche le plus près de cette bande, s'il n'y a pas eu d'accident en chemin, a le droit de commander, c'est-à-dire de jouer le premier ou de désigner le premier joueur, suivant la façon dont il comprend ses intérêts. — On dit aussi *jouer l'acquit*, à toute espèce de jeu où il y a plusieurs perdants, la partie que font entre eux ces derniers, à qui seulement la perte tout entière.

ACQUIT-A-CAUTION, *s. m.* (pl. Acquits-a-caution). Fin. Autorisation de faire circuler d'un entrepôt à un autre une marchandise qui n'a pas acquitté les droits de consommation, sous *caution* qu'elle parviendra à sa destination et que là, ces droits seront payés.

ACQUITTÉ, ÉE, *part. pas.* de Acquitter.

ACQUITTEMENT, *s. m.* Action d'acquitter, en parlant d'obligations pécuniaires; de déclarer un accusé non coupable.

ACQUITTER, *v. a.* Rendre quitte. Libérer de ses dettes, de ses obligations, en parlant aussi bien des choses que des personnes. — *Acquitter une facture*, constater par l'apposition de la signature pour *acquit*, suivie de la signature, que cette facture a été payée ; se dit également pour payer. Ainsi *Acquitter une facture* c'est, suivant le cas, payer cette facture ou y formuler l'acquit. On dit dans le même sens *Acquitter un contrat, une obligation*. — Jurispr. Renvoyer un accusé absous.

— S'ACQUITTER, *v. pr.* Se libérer, payer ses dettes. *Il a promis de s'acquitter peu à peu*. —

Satisfaire à un devoir. *Il s'acquitte assez mal de cet emploi*. — Reconnaître par son zèle, par des services proportionnés, les obligations qu'on a à quelqu'un. *Je m'acquitterai de cette dette de reconnaissance*. — Rentrer dans ses pertes et se mettre quitte à quitte.

ACRE, *s. f.* (a bref). Mesure agraire de superficie encore employée dans diverses contrées, notamment en Angleterre où elle équivaut à 40 ares 46[71]; c'est l'*acre impériale*, substituée par George IV à la multitude d'acres locales dont l'étendue différente était une cause permanente de confusion. Nous avons paré aux mêmes inconvénients en établissant l'*hectare* comme base de la mesure des terres. Cette mesure correspond à 2 *acres*, 1 *rood* et 35,38 *perches* anglaises.

ÂCRE, *adj.* (a long). Qui produit un effet de picotement, de brûlure. *Saveur âcre*, qui se fait particulièrement sentir au fond de la gorge où elle occasionne un picotement joint à une certaine astriction. *Humeurs âcres*, qui exercent une action corrosive. — Pharm. On dit d'une substance qu'elle est *âcre* lorsque, ratissée ou contuse, elle exhale une vapeur subtile qui excite le prurit dans les narines, le larmoiement et parfois l'éternument, outre la saveur *âcre* ; telles sont la scille, l'arnica, le pyrèthre, le raifort, l'oignon comestible, le cresson, etc. Les substances *âcres* sont employées extérieurement comme excitants et irritants, à l'intérieur comme diurétiques, toniques, antiscorbutiques. — Fig. *Une humeur âcre*. *Il y a toujours quelque chose d'âcre jusque dans ses éloges*. — Substantiv. Méd. Se dit de certains principes qui, d'après les médecins humoristes, irritèraient les nerfs, les membranes, le sang, etc.

ACRE, ou Saint-Jean d'Acre, ville forte de Syrie (Turquie d'Asie), prov. de Damas, à 128 kil. N.-N.-O. de Jérusalem et à 43 kil. S. de Sour. Elle est située au pied du Carmel, sur un promontoire aplati, à l'extrémité N. de la baie d'*Acre* (Médéfer.). Cette baie n'offre point d'abri contre le mauvais temps, et comme le port même, petit et engorgé, peut à peine contenir une douzaine de bâtiments, les navires venant de la côte lui préfèrent le mouillage de Kaïfa, sur la rive S. de la baie. Le port d'Acre est un des moins fréquentés d'un commerce considérable, toujours vif, des cotons de Syrie. La ville compte environ 12,000 hab.

— Hist. Peu de villes au monde ont éprouvé autant de vicissitudes, par suite de guerres ou de révolutions politiques. D'après certains auteurs, il faudrait voir dans Saint-Jean d'Acre l'*Accho* des Ecritures. Leur haute antiquité est d'ailleurs attestée par les monuments en briques crues que des fouilles y ont fait découvrir. Cette ville était connue des anciens sous le nom d'*Ace*, mais c'est seulement à dater de l'époque à laquelle Ptolémée-Soter, roi d'Egypte, s'en empara, et lui donna le nom de *Ptolémaïs*, que son histoire revêt un certain caractère d'authenticité. Quand l'empire romain commença de s'étendre en Asie, Ptolémaïs fut une des premières englobées par lui. Strabon en parle comme d'une cité très importante, et on la retrouve encore des colonnes en granit et en marbre, monuments de son antique grandeur. Au moyen âge, Ptolémaïs tomba au pouvoir des Sarrasins (638), qui n'en furent chassés qu'en 1110 par les Croisés. Ceux-ci en firent leur port principal, mais elle leur fut reprise par Saladin en 1187. Deux ans plus tard, Philippe-Auguste et Richard Cœur-de-Lion y mettaient le siège; mais ce ne fut qu'en juillet 1191 qu'ils s'en emparèrent, au prix d'un sacrifice de plus de 100,000 hommes (d'aucuns disent 300,000, jugeant sans doute qu'à cette distance les chiffres ne se voient bien que grossis), sans compter un nombre incalculable de prélats et de nobles titrés ou non. Les vainqueurs firent don de leur conquête aux chevaliers de Saint-Jean de Jérusalem, desquels elle prit le nom de *Saint-Jean d'Acre*. Ceux-ci en restèrent possesseurs pendant un siècle tout juste, malgré les assauts continuels des Sarrasins pour la reprendre. C'était à cette époque une ville grande, populeuse et riche, renfermant un grand nombre d'églises, de couvents et d'hôpitaux, dont il n'y a plus aucune trace au-

jourd'hui. Enfin, en 1291, les Sarrasins s'en emparèrent de nouveau, après un siège long et sanglant, pendant lequel 60,000 chrétiens périrent. En 1517, elle tomba au pouvoir de

Prise de Saint-Jean d'Acre par les Sarrasins.

Sélim Ier, sultan des Turcs. C'était le dernier coup pour cette cité jadis si florissante. Au commencement du XVIIIe siècle, à l'exception des résidences de quelques commissionnaires français, d'une mosquée et d'un petit nombre de maisons misérables, Acre ne présentait plus qu'un vaste champ de ruines. Dans les dernières années de ce même siècle, notamment sous l'administration de Djezzar-Pacha, les Turcs la restaurèrent et l'entourèrent de remparts. Enfin, en 1799, Djezzar-Pacha y soutint vaillamment les premiers efforts de l'armée française commandée par Bonaparte, et secouru bientôt par les Anglais que commandait sir Sidney Smith, il les força à lever le siège, qui avait duré soixante et un jours, pendant lesquels les assiégeants avaient donné quatorze assauts et repoussé vingt-six sorties des assiégés. Acre, ruinée une fois de plus, s'empressa de réparer ses pertes et elle entrait dans une nouvelle ère de prospérité, son commerce extérieur était considérable, les puissances européennes y avaient pour la plupart des consuls, lorsqu'en 1831, Méhémet-Ali ayant levé l'étendard de la révolte, son fils Ibrahim vint assiéger cette ville vraiment infortunée. Le siège dura 5 mois et 21 jours, et quand Ibrahim-Pacha en fut maître (27 mai 1832), il y avait longtemps déjà que la plupart des édifices publics et privés étaient détruits. Les Egyptiens s'y installèrent et s'occupèrent surtout de réparer ses fortifications. Après huit ans de cette paisible possession, ils en furent délogés par une flotte anglo-austro-ottomane, laquelle fit subir à la ville trois heures de bombardement qui la ruina de fond en comble, ce qui était d'ailleurs plus d'à moitié fait (3 nov. 1840). L'année suivante, Acre était remise au sultan Abd-ul-Medjid; elle n'a pas cessé d'appartenir aux Turcs depuis lors.

ÂCRETÉ, *s. f.* Qualité de ce qui est âcre.

ACRIDIDES, *s. f. pl.* Entom. Genre d'insectes orthoptères dont le type est le criquet voyageur (*acridium peregrinum*). On dit aussi Acridien.

ACRIDOPHAGES, *s. m. pl.* Peuples d'Ethiopie qui étaient fort légers à la course et qui se nourrissaient exclusivement de criquets, improprement nommés *sauterelles* dans le langage vulgaire (du gr. *acris*, criquet, et *phago*, je mange). Ces peuples, d'après Diodore de Sicile, mouraient jeunes, les plus âgés d'entre eux ne dépassant pas 40 ans; mais il ne dit pas si c'est à leur genre de nourriture qu'ils devaient cette mort prématurée. Strabon et Camerarius assurent qu'ils étaient sujets à la maladie pédiculaire. — Adj. Qui se nourrit de criquets, comme certains peuples modernes de l'Afrique et de l'Asie.

ACRIMONIE, *s. f.* Âcreté. — Méd. Ce terme s'applique plus particulièrement aux humeurs, auxquelles on a longtemps attribué la faculté de devenir *acrimonieuses*, et de déterminer par cette transformation, la plupart des maladies. Cette hypothèse condamnée a fait place à d'autres, qui ne valent probablement guère mieux; en tout cas, il n'est pas contestable que les fluides fournis par l'estomac, notamment, ne puissent contracter une espèce d'*acrimonie*, par des causes même assez diverses. — Fig. C'est figurément que ce mot trouve encore son meilleur emploi. *Il m'a parlé de tout cela avec une acrimonie singulière.*

ACRIMONIEUX, EUSE, *adj.* Qui a de l'acrimonie. *Humeur acrimonieuse. Discours acrimonieux.*

ACRISIUS, fils d'Abas, douzième roi des Argiens, succéda à Prætus, son frère jumeau, vers 1360 av. J. C. Averti par l'oracle qu'il mourrait de la main de son petit-fils, il chercha à prévenir ce malheur en enfermant sa fille Danaé dans une tour d'airain. Mais pour pénétrer jusqu'à elle, Jupiter se métamorphosa en pluie d'or, et sous cette forme singulière, s'ouvrit un passage à travers le toit, qui sans doute avait besoin de réparations. Danaé devint grosse, quoi qu'il en soit et son père, furieux, la fit enfermer dans un coffre et jeter à la mer. Ce coffre alla s'échouer sur la côte de la Pouille, où un pêcheur le recueillit, l'ouvrit et non seulement y trouva Danaé, mais encore le fils qu'elle avait mis au monde en chemin, et qui reçut le nom de Persée. Cette affaire fit grand bruit dans la Pouille ; le roi Pilumnus en voulut voir l'héroïne, qui lui raconta le commencement de ses aventures, plus merveilleux encore que la suite ; après quoi il l'épousa et adopta son fils. Persée, dont nous raconterons ailleurs les autres aventures, ayant résolu d'aller combattre les Gorgones, dès qu'il fut en état de porter les armes, réussit assez bien dans son expédition, d'où il rapporta la tête de Méduse, attachée à son bouclier. Il se rendit alors à Argos, et au moyen de cette tête, *médusa* Acrisius, qui fut changé en pierre. — Hyginus, toutefois, rapporte l'histoire d'une autre façon : d'après sa version, Acrisius aurait été accidentellement tué d'un coup de palet par Persée, dont il était inconnu. Dans les deux cas, l'oracle finit par avoir raison, c'est le principal.

ACROAMATIQUE. *adj.* (du gr. *akroamatikos*), qui s'entend. Enseign. acroamatique. Enseign. oral, qu'on ne trouve point dans les livres, *Livres acroamatiques* (Aulu-Gelle), qui ont besoin d'être expliqués ouvertement pour être compris.

ACROBALISTE, *s. m.* V. ACROBOLISTE.

ACROBATE, *s.* (du gr. *akrobatein*, marcher sur les extrémités.) Danseur ou danseuse de corde. — Antiq. *Acrobate* est d'ailleurs un mot grec de fabrication française, comme beaucoup d'autres. On avait dans l'antiquité des danseurs de corde d'une habileté incomparable ; les uns, appelés *neurobates*, en latin *comme en grec*, se servaient d'une corde de boyau si fine, qu'à peu de distance on pouvait croire qu'ils dansaient dans les airs, sans aucun point d'appui ; les autres étaient appelés *skoinobates* chez les Grecs et *funambuli* chez les Romains; ils dansaient sur une corde raide très visible, comme nos *acrobates*, et y exécu-

Funambulus.

taient les tours de force les plus variés. Une peinture trouvée à Herculanum représente neuf figures dansant ainsi sur la corde raide, dans des attitudes absolument différentes, et exécutant chacune de ces tours de force particulier, témoignant du haut degré de perfection auquel les anciens avaient porté cet art. C'est

une de ces figures que nous reproduisons ; on voit qu'elle danse sur la corde en s'accompagnant de la double flûte, ce qui est quelque chose, déjà. — Par extension, on qualifie *acrobate* tout faiseur de tours de force. — Fig. et par une extension nouvelle, tout ambitieux à l'échine souple, et prêt à tous les tours de force pour parvenir à une situation enviable ou pour la conserver, est qualifié *acrobate.*

ACROBATIQUE, *adj.* Machine acrobatique (gr. *acrobatikè mèkanè*; lat. *Scansoria machina.*) Antiq. Selon Vitruve, échafaudage permettant au travailleur à toute hauteur ; échelle de peintre. — Techn. mod. Machine propre à monter les fardeaux.

ACROBOLISTE. *s. m.* Antiq. Soldat grec, cavalier ou fantassin, légèrement armé, qui combattait en tirailleur et lançait de loin des projectiles à l'ennemi. On dit aussi ACROBALISTE.

ACROCÉPHALE, *adj.* (du grec *akros*, haut, et *kèphalé*, tête). Anthrop. Se dit des races humaines présentant pour caractère principal un crâne élevé. — S. *m.* Bot. Genre de plantes herbacées intertropicales, de la famille des labiées.

ACROCÉRAUNIEN, *adj.* Géog. anc. Cap du N.-O. de l'Épire, aujourd'hui *Glossa* pour les grecs, ou *Linguetta* pour les Italiens, dans l'Adriatique. Les uns prétendent qu'il devait ce nom à sa hauteur, les autres (Ovide, etc.) à ce qu'il était souvent frappé de la foudre. — Ce cap termine la chaîne des *Monts Cérauniens (Montes Khimiaroth)*, qui s'étendent le long de la côte jusqu'à 65 kil. S.-E. du cap.

ACROCHORDE, *s. m.* Erpét. Genre de reptiles ophidiens des eaux douces, de l'Inde et des îles océaniennes, caractérisé par une queue en fouet et surtout par les écailles en forme de verrues (V. ACROCHORDON) qui lui couvrent le corps. Ces ophidiens, que les coolies se nourrissent volontiers, n'ont point de crochets à venin.

ACROCHORDON, *s. m.* Méd. On a décrit sous ce nom, aujourd'hui peu usité, des productions organiques des paupières, dures et grêles, espèces de verrues ayant quelque ressemblance avec des bouts de cordes pendantes.

ACRODYNIE, *s. f.* (du gr. *akros*, extrême, et *odunè*, douleur). Pathol. Maladie que l'on croit épidémique, et qui a été observée à Paris en 1828-29 et 1834. Les symptômes principaux sont des fourmillements douloureux aux extrémités, surtout aux pieds; troubles digestifs, nausées, vomissements, diarrhée, insomnie. En 1829, quarante-six pensionnaires de la maison de retraite Marie-Thérèse, sur cinquante, en étaient atteints, et leur état pathologique a été décrit ainsi par Dance : « Des engourdissements, des fourmillements et quelquefois des élancements se faisaient sentir aux mains et plus constamment aux pieds.... Ces douleurs, plus fortes la nuit que le jour, dépassaient rarement les malléoles pour les membres inférieurs, et les poignets pour les membres supérieurs... C'était un début un sentiment de froid, et plus tard du chaleur brûlante, qui forçait les malades à tenir les pieds hors du lit pour se soulager; parfois une exaltation telle de la sensibilité, que la moindre pression ou la moindre contact exercé sur ces parties ne pouvait être supporté. Si ces malades essayaient de marcher, le sol leur semblait hérissé d'épines ou de petits cailloux ; à d'autres il paraissait plus mou, comme si les pieds eussent été garnis de coton ou que la terre se fût enfoncée sous eux... » Il y avait de plus de la rougeur aux paupières, du larmoiement, des picotements dans les yeux ; du gonflement se montrait aux pieds et en d'autres régions, des taches rouges brunes se produisaient au ventre et en suivant des articulations. La fièvre était peu, ou nulle ou fort modérée ; la maladie durait de six à trente jours, sa terminaison était généralement heureuse, sauf chez les sujets âgés ou très affaiblis. — Quelques cas isolés d'acrodynie ont été observés depuis l'épidémie de 1829 : à Lyon par M. Barudel, chez trois ouvriers employés à l'étirage de la bourre de soie; à Constantinople, par M. Tholozan ; en Belgique par divers médecins. Recamier

traitait l'acrodynie par les bains vinaigrés, la salade et l'oseille; Chardon employait les bains tièdes et l'opium ; Rayer et Bailly mettaient en œuvre les sangsues, les vésicatoires, et l'électricité. Tous ces traitements ont donné de bons résultats contre cette affection singulière, considérée par les uns comme rhumatismale, par les autres comme nerveuse ou inflammatoire, et de l'aveu de tous, sa véritable nature, de l'aveu de tous, est encore à découvrir.

ACROMION, *s. m.* Anat. Grosse apophyse terminant en haut et en dehors l'épine de l'omoplate. — On appelle *artère acromiale, veine acromiale, ligaments acromiaux,* les vaisseaux et les nerfs voisins de l'acromion.

ACRON, célèbre médecin sicilien du ve siècle, natif d'Agrigente, aujourd'hui *Girgenti*. Il étudia d'abord la philosophie à Athènes, avec Empédocle; plus tard, il s'adonna à la médecine, l'exerça dans sa ville natale, et écrivit en dialecte dorique plusieurs ouvrages sur cette science, dont Suidas donne les titres, mais qui ne nous sont point parvenus. On doit à Acron l'idée d'allumer de grands feux pour purifier l'air, en temps d'épidémie, idée qu'il mit à exécution pendant la peste d'Athènes de 430 av. J.-C. Pline dit que Acron est le fondateur de la secte des Empiriques, mais l'erreur est évidente, puisque cette secte n'a pas une origine plus ancienne que le IIIe siècle.

ACRON, roi des Céciniens. Après l'enlèvement des Sabines, il prit les armes contre les Romains; mais, bien que sa cause fût incontestablement juste, il fut battu et tué par Romulus, lequel revint chargé de dépouilles opimes, qu'il eut le premier l'idée, dans cette occasion, de consacrer à Jupiter.

ACRON, grammairien dont le nom a été conservé parce qu'il fit don de ses leçons à Horace.

ACRONIUS, JEAN, médecin et mathématicien suisse, qui professa de longues années à Bâle, où il mourut en 1563. Il est auteur de divers ouvrages concernant les sciences qu'il professait. — Par malheur, un autre Jean Acronius, théologien, vivait à peu près en même temps que lui; et plusieurs ouvrages, notamment l'*Elenchus orthodoxus Pseudo-Religionis Romano catholicæ,* imprimé à Deventer, en 1616, et un traité *De studio theologico,* sont attribués tantôt à l'un, tantôt à l'autre.

ACHRONYCHES, *s. m. pl.* (du gr. *akros*, et *nux*, nuit). Astron. Se dit des époques auxquelles les quatre planètes supérieures se réunissent dans le méridien, à minuit.

ACRONYQUE, *adj.* (même étym.). Astron. *Coucher* ou *lever acronyque*, coucher d'un astre au lever du soleil, ou son lever au coucher du soleil.

ACROPOLE, *s. f.* (du gr. *akros*, et *polis*, ville). Antiq. Partie élevée des cités grecques, généralement la citadelle, élevée sur un rocher ou une éminence. On trouve ailleurs également une disposition semblable, par exemple, le Capitole à Rome et l'Antonia à Jérusalem. Mais la plus célèbre acropole est

Acropole d'Athènes.

celle d'Athènes, dont les ruines font encore l'admiration des voyageurs. Athènes se divisait en trois parties ; le port, du Pirée, la ville et la citadelle ou acropole. Cette dernière était close de murs percés de neuf portes, dont l'une était une magnifique construction dorique en marbre pentélique, connue sous le nom de Propylées; parmi les autres édifices renfermés dans l'acropole, nous signalerons le Parthénon, ou temple d'Athenæ, le plus beau monument de l'architecture grecque antique; l'Erecthéion, l'Odéon d'Hérode, des temples dédiés à Minerve, Diane, Vénus, etc. — De tout cela, il ne reste plus que des ruines.

ACROSTICHE, *s. m.* (du gr. *akros* et *stichos*, ligne ou vers. *Acrostichon*, littér. La pointe, l'extrémité d'une ligne). Petit ouvrage composé d'autant de vers que le mot pris pour sujet compte de lettres, lesquelles lettres, placées en tête de ces lignes dans leur ordre successif, reproduisent ce mot verticalement. Cette reproduction est parfois répétée de même à l'autre extrémité des vers, voire une ou deux fois vers le milieu. Le poète américain Edgar Poe a même fait plus fort que cela : il a construit un acrostiche sur le nom de Frances Sargent Osgood, de telle sorte que la première lettre de ce nom correspondait à la première lettre de la première ligne, la seconde à la seconde de la seconde ligne, et ainsi de suite. — C'est une pure jonglerie, ce qu'on est convenu d'appeler un jeu d'esprit, assez dangereux pour l'esprit du reste, du même ordre que la *pointe* et le *calembour*, quoique affichant souvent des prétentions beaucoup plus sérieuses.

L'usage de l'acrostiche remonte à une très haute antiquité; on voit s'accuser une préoccupation de ce genre dans la disposition des lettres de certains mots cabalistiques, tels que *Abracadabra*; et les oracles sibyllins passent pour avoir été rendus souvent en vers acrostiches. Eusèbe et Lactance citent des vers grecs, qu'ils attribuent à la sibylle Erythrée, dont les premières lettres forment des mots correspondants à ceux-ci: *Jésus-Christ fils de Dieu le Sauveur*. On sait que Plaute faisait précéder ses pièces d'*arguments* dont les premières lettres réunies forment le titre de celle dont il était question. A différentes époques, l'acrostiche a été cultivé avec passion; c'est une forme délaissée aujourd'hui, et il n'y a vraiment pas lieu de la regretter.

ACROTÈRE, *s. m.* Archit. Piédestal placé au sommet et aux angles d'un fronton, pour supporter des statues. — Par extens. Piédestal établi çà et là dans une balustrade, avec le même objet. — Mar. Se dit aussi de l'éperon de certains navires.

ACTA (du gr. *akté*, rivage). Mot latin fréquemment employé pour désigner un lieu d'agréable retraite au bord de la mer. — Nom donné à une petite contrée de l'Attique baignée par la mer, à raison justement de cette signification. — ACTA signifiant faits, actions, délibérations, décrets, archives, actes notariés, etc., a été employé en outre comme titre de diverses publications célèbres, dont nous mentionnerons les principales.

— ACTA APOSTOLORUM. V. ACTES DES APOTRES.

— ACTA CONSISTORII. Recueil des édits du consistoire ou conseil d'État des empereurs romains. Par contrainte et plus souvent par flatterie, le Sénat et l'armée juraient sur les *Acta consistorii*. Néron fit rayer du registre le nom d'un sénateur qui refusa de jurer sur les *Acta* d'Auguste.

— ACTA DIURNA, dits aussi *Acta publica et Acta populi*, ou simplement *Acta* ou *Diurna* tout court. C'était une sorte de journal des faits qui se produisaient dans Rome, tels que assemblées, édits des magistrats, procès, exécutions, naissances, mariages, divorces, morts, constructions, accidents, rixes, etc., etc. Dans son *Festin de Trimalcion*, Pétrone nous offre une imitation assez réussie de cette première forme du « Journal » et de la façon dont elle était rédigée; on dirait le *Petit Journal* lu par l'intendant de Trimalcion : « Le 30 juillet, il est né sur la ferme Cuman, appartenant à Trimalcion, 30 garçons et 40 filles; on y a rentré 125,000 boisseaux de froment nouvellement battu. — Le même jour, l'esclave Mithridate a été crucifié pour avoir mal parlé des dieux tutélaires de notre estimable ami Caius...— Le même jour, un incendie a éclaté dans les jardins de Pompée : il avait pris naissance dans la maison de l'intendant... » etc. Quelques auteurs font remonter l'origine des *Acta* à Servius Tullius; Suétone nous apprend, en tout cas, qu'ils devinrent quotidiens à partir de la dictature de Jules César. Les *Acta* étaient exposés en un lieu public où chacun pût les lire, et même les copier si telle était sa fantaisie; après quoi on les retirait, et ils étaient enfermés avec les autres documents publics.

— ACTA ERUDITORUM, revue littéraire mensuelle, fondée à Leipzig en 1682, par Otto Menck. Elle était rédigée en latin. Cette publication, d'un très haut mérite, dura un siècle, et comprend 117 vol. in-4°.

— ACTA MARTYRUM. V. ACTA SANCTORUM.

— ACTA SANCTORUM. Les traits saillants des procès criminels subis par les martyrs chrétiens furent recueillis d'abord sous le titre d'*Acta martyrum*; puis on s'avisa que la vie de beaucoup de saints, privés de la gloire suprême du martyre, offrait cependant des traits dignes d'être rapportés, remplis d'intérêt et édifiants à un haut degré; les martyrs ne furent plus seuls, dès lors, à jouir de cette publicité, si laborieusement méritée, et ce fut des *Acta sanctorum* qu'on écrivit. Il existe un assez grand nombre d'ouvrages de ce genre; mais le plus célèbre et le plus intéressant à tous les titres, c'est celui dont le jésuite belge Bollandus commença vers le milieu du XVIIe siècle la rédaction, poursuivie jusqu'à nos jours par ses successeurs. — V. BOLLANDISTES.

— ACTA SENATUS, minutes des délibérations du Sénat romain. Avant le consulat de Jules César, les minutes des discussions sénatoriales étaient conservées et parfois même publiées, mais non officiellement. César fut le premier à ordonner qu'elles fussent publiées. C'étaient non des comptes rendus *in extenso*, comme nous disons aujourd'hui, mais des sortes de procès-verbaux assez substantiels, dont la rédaction était confiée à un sénateur choisi parmi les plus aptes à cette besogne. Auguste continua de faire rédiger et conserver les *Acta senatus*, mais il en interdit la publication.

ACTE, *s. m.* (lat. *actus*, de *agere*, agir.) Terme d'une application générale à tout ce qui se fait, aux résultats les plus divers de l'action. — En morale, il s'emploie pour désigner toute action bonne ou mauvaise. *Acte de générosité, de courage, de justice, de bonté*; *acte de méchanceté, de perfidie, de lâcheté, d'ingratitude.* Il se dit aussi des actions considérées au point de vue de leurs conséquences. *Ce sera l'acte le plus glorieux de ce siècle. Les actes de son administration auront été d'une bien faible importance. L'aliéné n'est pas responsable de ses actes.* — Relig. Mouvement intérieur. *Faire un acte d'amour. Acte de foi, Acte de contrition*, etc.; il s'étend dans ce sens aux formules de dévotion où sont exprimés ces sentiments. — Logique. Ce qui est fait, par opposition à puissance, qui exprime ce qui peut être fait, une capacité d'agir non encore employée. *Réduire la puissance à l'acte*, c.-à-d. réaliser ce qu'on est en pouvoir de réaliser. — *Faire acte de présence.* Se présenter tout juste, en quelque lieu où l'on est tenu de se montrer par politesse ou par devoir, et se retirer aussitôt. — *Prendre acte. Demander acte.* Prendre note ou demander que note soit prise d'un fait, d'un incident qui vient de se produire, afin de s'en prévaloir si l'occasion vient à le permettre. *Je prends acte de la déclaration du gouvernement. Je demande acte à la cour de l'aveu de la demanderesse.* — Jurispr. Se dit de tout ce qui se fait entre particuliers, avec ou sans le concours d'un officier de justice ou d'un officier ministériel, en jugement ou hors de jugement. *Acte judiciaire* ou *extrajudiciaire*; *Acte notarié, Acte sous seing privé.* Pour les distinguer de cette dernière forme d'actes, on appelle *Actes authentiques, publics* ou *solennels*, ceux qui ont été dressés par des officiers publics. — *Actes respectueux* (V. SOMMATION). — *Actes de l'état civil*, actes constatant la naissance, le mariage, le décès, etc., dressés par les officiers civils. — *Acte d'accusation*, mémoire rédigé par l'organe du ministère public et relatant tous les faits sur lesquels est fondée l'accusation. — Polit. Se dit des décisions du pouvoir législatif ou du pouvoir exécutif. *Acte constitutionnel, Actes de l'autorité publique, Acte d'amnistie. L'Acte d'indépendance des États-Unis fut promulgué le 4 juillet 1776.* — *Actes capitulaires*, délibération prise dans un chapitre de religieux. — Art. dram. Se dit de chacune des parties qui divisent une pièce de théâtre, et entre lesquelles on a ménagé des intervalles de repos appelés *entr'actes*; ou bien, quand l'action est renfermée en quelques scènes et assez courte pour ne pas exiger de divisions, de la pièce même. *Une pièce en un acte.* On dit dans ce cas absolum. : *Il a un acte reçu aux Français.* — *Actes*, au plur., se dit encore des recueils des décisions de l'autorité, des mémoires rédigés par une société de savants, etc. V. ACTA. — Il se dit enfin, en t. d'école, d'une dispute publique dans laquelle on soutient des thèses. *Soutenir un acte en Sorbonne.*

— ACTE ADDITIONNEL. Projet de loi complémentaire de la constitution de l'empire, élaboré pendant les Cent Jours, et qu'un plébiscite sanctionna, à une immense majorité, quoiqu'il ne répondît nullement aux espérances qu'avaient fait concevoir les promesses solennelles de Napoléon. Cet acte additionnel fut publié le 22 avril 1815. Il établissait une pairie héréditaire et une chambre des Députés, et investissait du pouvoir législatif l'empereur assisté des deux chambres. Le 1er juin, Napoléon ouvrait le Champ de Mai avec une pompe extraordinaire; l'acceptation par le peuple de l'*Acte additionnel* y fut solennellement proclamée, en présence des grands corps de l'État, des députations des collèges électoraux et de l'armée réunis dans le Champ de Mars; l'empereur en jura sur l'Évangile l'entière exécution, ce qui ne l'engageait pas beaucoup, après quoi il distribua de sa main des aigles à la garde nationale et à la garde impériale. Dans son discours en réponse à l'orateur des corps électoraux, Napoléon prononça des paroles comme celles-ci : « Comme le roi d'Athènes, je me suis sacrifié pour mon peuple, dans l'espoir de voir se réaliser la promesse donnée de conserver à la France son intégrité naturelle, son honneur et ses droits... Les vœux de la nation m'ont ramené sur ce trône qui m'est cher, parce qu'il est le palladium de l'indépendance, de l'honneur et des droits du peuple!... » Des acclamations enthousiastes saluèrent ce galimatias, et du même coup les dispositions trompeuses de l'*Acte additionnel*. — Le lendemain, l'armée entrait en campagne, et l'empereur allait la rejoindre quelques jours plus tard...

— ACTES DES APÔTRES. Le cinquième des livres canoniques du *Nouveau Testament*, contenant une partie de l'histoire des Apôtres, et attribué à saint Luc. L'authenticité, par exemple, en a été vivement contestée à toutes les époques de l'histoire du christianisme. Nous renverrons le lecteur aux *Apôtres* de M. Renan, plutôt que de nous engager dans cette dispute à la suite des plus éminents critiques, ce qui nous entraînerait trop loin. Il existe un certain nombre d'autres écrits qui prétendent également au titre d'*Actes des Apôtres*, dont un ou deux de date aussi ancienne peut-être que celui de saint Luc, mais ayant visiblement reçu de nombreuses interpolations; les autres sont de date beaucoup plus récente; d'ailleurs tous ont été reconnus apocryphes. Tischendorf les a publiés dans ses *Acta Apostolorum Apocrypha* (Leipzig, 1851).

— ACTES DES APÔTRES, journal royaliste fondé en 1789 par Peltier, avec le concours de Bergasse, du comte de Montlosier, du vicomte de Lauraguais, du comte de Rivarol, du chevalier de Belleville, du vicomte de Mirabeau, du chevalier de Champcenetz, etc. Ces messieurs ne se considéraient pas comme des *apôtres*, et ce n'est point de leurs *Actes* qu'il était question dans leur journal, mais de ceux des « apôtres de la Révolution », qu'ils s'ingéniaient à dénaturer le plus spirituellement du monde. Ils avaient pris pour épigraphe : *Quid domini facient, audent quum talia fures!* — *Liberté, gaieté, démocratie royale (l'an de la Liberté* ZÉRO). Ce Journal eut 317 numéros, formant 12 vol. Il cessa de paraître en octobre 1791. Les *Actes des Apôtres*, avec sa brillante rédaction, ne pouvait être qu'un journal satirique de beaucoup d'esprit; maintenant, il faudrait pouvoir juger de l'espèce d'esprit qui dominait dans ce journal, pour savoir s'il était bien, comme on dit, dans le mouvement. Ce n'est pas difficile. — « Une des singularités des journaux royalistes de cette époque, dit M. Ch. de Monseignat, c'est leur licence; et les *Actes des Apôtres* en ont leur grande part. Rien ne diffère plus de ces feuilles que les journaux royalistes de nos jours avec leur pruderie sévère. Les auteurs des *Actes* défendent, il est vrai, la religion et le clergé; mais il est facile de s'apercevoir que ce n'est pas la foi qui parle, mais la politique; et le ton leste de leur polémique sur ce sujet est beaucoup plus fait pour compromettre les intérêts religieux que pour les servir. A vrai dire, et si l'on déshabille des hypocrisies de convention ces défenseurs de l'autel, on reconnaîtra qu'ils représentent dans la presse la religion des prélats libertins et des abbés philosophes, et qu'ils sont les héritiers directs des roués de la Régence et de la noblesse licencieuse du règne de Louis XV. Au moment où tout croule autour d'eux, en 1790 et 1791, ils n'ont pas l'air de se douter que la philosophie ait pu être pour quelque chose dans cette perturbation universelle. L'auteur qu'ils préfèrent, c'est Voltaire; et le dirai-je? parmi ses ouvrages, la *Pucelle* est celui qu'ils citent de prédilection. C'est à ce poème que les rédacteurs des *Actes* empruntent presque toutes les épigraphes qu'ils mettent en tête de chacun de leurs numéros; on voit qu'ils le savent par cœur, que c'est leur classique et, en quelque sorte, leur bréviaire. Aussi n'est-il pas une de leurs feuilles où ne se rencontre quelque libre épigramme, quelque mot à double sens, quelque gaillarde facétie. Ici ce sont d'intarissables plaisanteries sur les prétendues amours du député Populus et de la célèbre Furie républicaine Théroigne de Méricourt. Là, c'est une pétition fictive des femmes qui réclament contre le fardeau insupportable de l'aristocratie; et ils attachent à cette pétition la signature de quelques dames de la noblesse *dont les maris étaient connus par l'excès de leur rotondité et de leur embonpoint*. Le décret qui relève de leurs vœux les religieux et les religieuses sert de sujet à des chansons fort libres, que le lecteur de nos jours est tout surpris de trouver dans une feuille royaliste. Les goûts, vrais ou supposés, du marquis de Villette, rédacteur du journal démocratique la *Chronique*, donnent lieu à mainte épigramme, qu'à l'élégance près Martial eût pu signer. On peut voir au n° 254 une conversation en style Père-Duchesne, digne de l'auteur du genre et du modèle. C'est la plume de l'Arétin mise au service des haines politiques; et les acteurs qu'on y fait figurer, pour les charger des plus ignobles injures, sont les femmes les plus distinguées, parmi celles dont les maris ont l'impardonnable tort d'appartenir au parti constitutionnel. Ce cynisme, qui peint les hommes et le siècle, s'étale avec une naïveté qui a son côté comique, dans un passage fort curieux sur l'abbé Maury. Ce prêtre, leur chef, leur ami et le plus ferme colonne du royalisme dans l'Assemblée, y est signalé comme un coureur de filles, un diable à quatre et un duelliste... Est-ce donc une satire qu'ils entendent faire du premier des orateurs? Nullement: c'est un panégyrique!... » Nous arrêtons là cette citation, qui nous dispense de donner des extraits du plus spirituel des journaux royalistes du temps: les meilleures, du reste, ne pourraient être reproduites sans froisser le moins pudibond des lecteurs de nos jours; le passage concernant l'abbé Maury, notamment, est tout ce qu'on peut imaginer de plus ordurier et tout à fait digne du ruisseau. Les curieux peuvent le lire, après tout, dans le supplément du n° 95. — On comprend que s'ils traitaient leurs amis de la sorte, les rédacteurs des *Actes* agissaient avec leurs ennemis de façon autrement cavalière. A l'épigramme, à la parodie agaçante, succédaient toujours l'insulte grossière, la menace, la provocation. Comment pensez-vous que cela dût finir?

— ACTES DES CONCILES. — Recueils des délibérations des conciles. Collections fort nombreuses renfermant, les uns, les canons des Conciles généraux; les autres, ceux des Conciles particuliers; d'autres encore, les canons des Conciles tenus dans une région ou dans une ville déterminées. Le plus ancien de ces recueils est écrit en grec et remonte au VIᵉ siècle.

— ACTE D'INDÉPENDANCE DES ÉTATS-UNIS. Les colonies de l'Angleterre s'étaient toujours administrées librement; régies par des constitutions locales, elles ne payaient que les impôts votés par leurs assemblées, auxquelles le roi devait s'adresser, par l'intermédiaire de ses gouverneurs, pour obtenir les subsides dont il avait besoin, et qu'on ne lui refusait jamais. George III résolut de changer tout cela, et spécialement de tirer un revenu direct, et fixé à sa fantaisie, des colonies américaines, trop puissantes pour se laisser écorcher sans se débattre. Celles-ci, en effet, repoussèrent comme inconstitutionnels les projets de taxe soumis successivement à leurs agents à Londres (1763); et lorsque ces taxes, malgré leurs protestations, furent mises en vigueur, ils ne touchèrent plus aux objets qui en étaient frappés; le thé étant seul resté frappé d'un impôt, les thés anglais, apportés par des navires mouillés dans le port de Boston, furent jetés à la mer (1774). Le gouvernement métropolitain répondit à cette manifestation par la fermeture du port où elle avait eu lieu et par l'envoi de troupes. Les Bostoniens, usant de représailles, ouvrirent leur port à toutes les nations, l'Angleterre exceptée, et l'Amérique prit des mesures de défense. Le Parlement d'Angleterre déclara alors en état de rébellion les « colonies de la Nouvelle Angleterre ». Les hostilités ne tardèrent pas à s'ouvrir. Le 19 avril 1775, une première rencontre eut lieu à Lexington entre les troupes anglaises et les milices américaines; une autre à Bunker's Hill, le 17 juin. Boston était occupé militairement. On songea qu'il était temps de donner un chef suprême aux milices américaines et le choix du Congrès se posa sur Washington. — Washington était devant Boston au commencement de mars 1776, et dès le 17, les Anglais évacuaient cette ville et les Américains y opéraient leur entrée aux acclamations des habitants. Bref, en attendant leurs renforts de mercenaires allemands, les Anglais se faisaient battre sur terre et sur mer, ou battaient en retraite sans combat, mais non sans commettre quelque acte de brigandage sur leur chemin.

Ce fut alors que Lee, député de l'État de Virginie, formula nettement une proposition tendant à déclarer l'indépendance des États-Unis. « Puisque notre union avec l'Angleterre, disait Lee, ne peut nous assurer la liberté et le bonheur qui font l'objet de nos vœux, rompons ce lien fatal, et osons nous assurer à jamais la possession de ce bien que nous possédons déjà de fait. » Il ne s'agit pas de la liberté orageuse de la Grèce et de Rome, privilège de quelques patriciens, mais de la liberté *propriété de tous*!... N'écoutons plus la voix de l'Angleterre. Ses promesses sont des trahisons. Ne nous livrons point à sa foi donnée et violée si souvent dans cette querelle... Confions-nous à la Liberté, serrons les sages conseils et à mère des grands hommes!... Hâtons-nous de préparer un asile où l'infortune puisse échapper à la tyrannie. Que l'Amérique ait à son tour ses Lycurgue et ses Numa — qu'elle soit INDÉPENDANTE! » Ces nobles paroles furent accueillies avec une vive sympathie, mais sans explosion. Un comité, composé de Thomas Jefferson, B. Franklin, John Adams, Sherman et Livingston, fut chargé de faire un rapport sur la proposition de Lee, et, considérant que cette proposition exigeait un examen sérieux et approfondi, le Congrès en ajourna la discussion et se sépara. Les membres du Congrès reprirent le chemin de leurs provinces, et la question à l'ordre du jour fut discutée dans les assemblées locales, souvent avec passion. Dans celles de Maryland et de Pensylvanie, la proposition rencontra même une opposition très vive non de la part de « vils suppôts du despotisme monarchique », mais de la part des citoyens les plus honorables, les plus distingués et animés du plus pur patriotisme, différant seulement de manière de voir avec les partisans de l'indépendance, et pour qui les conséquences d'une rupture avec la mère patrie se résumaient en flots de sang répandus et en ruines amoncelées sans résultat pratique. Le succès final leur a donné tort; mais une longue suite de désastres sans compensation, auxquels les secours venus de France mirent enfin un terme, parurent un moment devoir leur donner raison. Quoi qu'il en soit, cette opposition, faible numériquement surtout, fut aisément vaincue à la tribune et dans la presse, où, à Philadelphie, le quaker Dickinson avait pour adversaire direct l'illustre docteur Franklin.

Le 4 juillet 1776, le Congrès étant de nouveau rassemblé, sous la présidence de Hancock: tous ses membres étaient revenus de leurs provinces, munis de pleins pouvoirs pour l'acte solennel qui se préparait. La lecture de l'ACTE D'INDÉPENDANCE, rédigé par Jefferson, commença:

— « Lorsqu'une suite d'abus et d'usurpations, disait le préambule, tendant invariablement au même but, montre avec évidence le dessein de réduire un peuple sous le joug d'un despotisme absolu, *ce peuple a le droit, et il est de son devoir de renverser un pareil gouvernement* et de pourvoir par de nouvelles mesures à sa sûreté dans l'avenir... A ces causes, nous, les représentants des États-Unis d'Amérique, assemblés en Congrès général, attestant le Juge suprême de l'univers de la droiture de nos intentions, au nom et de l'autorité du bon peuple de ces colonies, publions solennellement et déclarons que ces colonies unies sont et doivent être, de droit, des États libres et indépendants; qu'elles sont franches et exemptes de toute obéissance envers la couronne britannique... Et, nous reposant fermement sur la protection de la Providence divine, nous engageons mutuellement les uns envers les autres pour le maintien de la présente déclaration, nous, nos vies, nos biens et notre honneur! » Comme rien n'était moins certain que le succès, et qu'il y allait évidemment de la vie pour les signataires de cette audacieuse déclaration, dans le cas possible du triomphe définitif des Anglais, nous ne disons rien d'une gravité extrême, sans parler du droit des peuples à l'insurrection, dont le préambule pose le principe en termes non équivoques. Mais il faut se rappeler que l'Amérique était depuis douze ans dans la voie des persécutions, et qu'il s'y sentait depuis d'une année! Si jamais circonstances ont justifié une mesure radicale, ce sont bien celles du fait de la confédération des *Treize États-Unis d'Amérique*, affranchis du joug de l'Angleterre. Au reste, l'action avait précédé la parole. — Nous ne dirons rien des transports d'allégresse qui accueillirent partout la promulgation de cet acte décisif: Désormais la lutte avait un but défini; il ne s'agissait plus de repousser l'agression de compatriotes égarés, mais de combattre pour la liberté et pour la patrie!

On désigne toujours, aux États-Unis, les signataires de l'ACTE D'INDÉPENDANCE sous le nom de PÈRES (*the Fathers*). Ces pères d'une nation nouvelle, presque tous Américains d'origine, étaient d'âges fort divers, comme le prouvent les exemples suivants: le président du Congrès, John Hancock, avait alors 39 ans; les six représentants les plus vieux étaient Benjamin Franklin, 70 ans; Stephen Hopkins, 69 ans; James Smith et Francis Lewis, 65 ans; Matthew Thornton, 62 ans et George Taylor, 61 ans: on voit qu'il ne manquait pas d'hommes mûrs par l'âge dans cette glorieuse assemblée ; mais les jeunes gens n'y faisaient pas non plus défaut. Voici, en effet, les noms de sept plus jeunes : Arthur Middleton, de la Caroline du Sud, 27 ans ; Thomas Jefferson, de la Virginie, 33 ans ; Elbridge Gerry, du Massachussets, 32 ans ; Benjamin Rush, de Pennsylvanie, 31 ans ; Thomas Hayward, 30 ans ; Thomas Lynch *junior* et Edward Rutledge, 27 ans : ces trois derniers de la Caroline du Sud. La grande majorité des Pères, comme nous l'avons dit, étaient nés au Amérique : il n'y avait que deux membres nés en Angleterre, deux en Irlande, deux en Ecosse et un dans la principauté de Galles.

ACTÉE, *s. f.* (du gr. *aktaia*, sureau). Bot. Genre de plantes de la famille des renonculacées, dont l'espèce la plus commune, en France du moins, est l'actée à épis, dite aussi actée des Alpes et *herbe de Saint-Christophe*. Son nom lui vient de la ressemblance de ses fruits noirs, très vénéneux, avec ceux du sureau. — Pharm. La racine de l'actée à épis est employée en médecine, assez peu, toutefois, comme purgatif et en médecine vétérinaire, sous le nom d'*ellébore noir*, comme épispastique ; une autre espèce, qui croît en Amérique, l'*actée à grappes*, est employée aux Etats-Unis contre la toux et pour diminuer la trop grande fréquence du pouls.

ACTÉON. Myth. Actéon, fils d'Aristée et d'Autonoé, fille de Cadmus, roi de Thèbes, n'est connu dans l'histoire mythologique que comme grand chasseur et surtout par le destin terrible que lui attira sa fatale curiosité. Etant, comme nous dirions aujourd'hui, en « déplacement de chasse » dans la vallée de Gargaphie, en Béotie, il eut l'infortune de s'arrêter près d'une fontaine délicieuse et pittoresque où Diane, grande chasseresse aussi, comme on sait, prenait ses ébats entourée de ses nymphes. Actéon glissa un regard indiscret à travers le feuillage pour jouir de ce spectacle ; mais il fut surpris, et la déesse, honteuse et courroucée, le changea en cerf ; ven-

Actéon changé en cerf.

geance excessive, car cette métamorphose n'avait certainement été imaginée que pour préparer la scène qui suivit. En effet, le chasseur n'eut pas plustôt revêtu sa nouvelle forme, que ses chiens, enchantés de l'aubaine, lui donnèrent la chasse, le réduisirent aux abois et finalement le déchirèrent à belles dents. — Telle est, du moins, la version d'Ovide, la plus populaire mais non la seule. Au fond de tout cela, cependant, il paraît y avoir tout simplement une histoire de chasseur brutal à qui ses chiens, dans un jour d'exaspération, motivée par une récente avanie, payèrent leur dette avec les intérêts accumulés.

ACTEUR, TRICE, *s.* (lat. *actor*, de *agere*, agir). Celui ou celle qui agit, remplit un rôle indispensable dans un événement quelconque. *Il fut l'un des principaux acteurs dans cet événement capital.* — Celui ou celle qui représente un personnage dans une pièce de théâtre, qui exerce la profession de comédien. — Rem. D'après l'Académie, c'est à ce dernier que la qualification d'*acteur* s'applique dans son sens propre ; ce n'est que figurément qu'on l'applique au personnage agissant d'un événement réel. Nous nous en rapportons à l'étymologie. On appelait *actor*, à Rome, celui qui accomplissait une *action*, de quelque nature qu'elle fût ; le terme, en conséquence, s'appliquait à toute sorte d'*agents*, de fonctionnaires, jusqu'aux avocats et aux procureurs chargés de porter ou de suivre une *action* en justice, voire jusqu'au demandeur dans cette action en justice, son *auteur* de fait. Ce n'est que plus tard, et parce qu'on prit l'habitude de se servir du mot *actio* dans le sens de représentation, en parlant d'une pièce de théâtre, qu'on étendit tout naturellement l'application du terme *actor* à tout individu remplissant un rôle dans une telle pièce.

— Art dram. Les premiers acteurs n'étaient que des bouffons ridicules, qui se barbouillaient le visage de lie pour amuser la populace. Eschyle donna à ses acteurs des masques exprimant les sentiments divers traduits dans ses pièces, les jucha sur le cothurne et les revêtit de robes traînantes, pour paraître avec la majesté qui convient à la tragédie. Les Romains, dont les acteurs étaient généralement Toscans, firent comme les Grecs. Lorsqu'un acteur était chargé de représenter un héros, un dieu, c'était un géant qu'on voyait apparaître ; il était convenu, par exemple, de donner huit pieds de haut à Hercule, et pour atteindre à cette taille, l'acteur qui représentait Hercule était obligé de jouer avec une tête et des membres artificiels et toute sorte d'accessoires encombrants. Il n'y avait pas, à proprement parler, d'actrices chez les anciens : les femmes ne paraissaient sur la scène que pour danser dans les intermèdes. Il ne faut pas voir, dans cette exclusion des femmes des rôles dramatiques, l'excessive et hypocrite réserve qui les en tint éloignées plus tard et jusqu'à une époque récente ; le fait est que dans leurs immenses théâtres, en présence d'une foule énorme, l'acteur était obligé de brailler pour se faire entendre, et qu'on aurait trouvé peu de femmes capables de grossir leur voix dans la mesure nécessaire. A Athènes, la voix des acteurs était renforcée par des vases d'airain disposés çà et là sous les degrés de l'amphithéâtre, faisant office de caisses de résonance (V. Acoustique) ; de plus, l'ouverture buccale des masques était très grande et disposée en porte-voix. Les acteurs romains étaient accompagnés d'un joueur de flûte, qui donnait le ton et renforçait leur voix quand il était nécessaire. — Chez les Grecs, la profession de comédien était un art comme un autre, qu'un homme libre ou même un patricien pouvait exercer sans déshonneur ; aussi les auteurs de pièces dramatiques remplissaient-ils fréquemment les principaux rôles dans leurs pièces. A Rome, au contraire, les acteurs ne se recrutaient que parmi les esclaves. Un sénateur ou un chevalier eût été dégradé de la noblesse, un citoyen rayé de sa tribu, pour avoir souillé son visage du contact du masque, même tragique. Il en fut autrement depuis l'empire, qui ne fut qu'une immense et trop longue orgie ; mais telle était la sévérité des mœurs de la République. Nous avons été longtemps Romains en ceci : mais la parfaite honorabilité de nos comédiens, la dignité de leur vie privée ont fini par triompher d'un préjugé injuste en tout temps, et l'on attache presque aussi volontiers, aujourd'hui, le ruban de la Légion d'honneur à la boutonnière d'un Got ou d'un Delaunay, qu'à celle d'un garçon de ministère ayant manœuvré pendant trente ans le plumeau et le balai officiels.

— Syn. Acteur, Comédien. Un acteur est celui qui agit, remplit un rôle soit sur la scène du monde, soit sur le théâtre. Un comédien est celui qui professe l'art dramatique. Un comédien devient un acteur lorsqu'il remplit un rôle dans une pièce, et on le désigne familièrement comme un *acteur*, mais on ne pourrait employer ce terme en parlant de l'exercice de sa profession. — On appelle aussi *comédien* celui qui, dans la vie, s'est fait un art de la feinte ; mais ce n'est pas ici le lieu d'insister sur cette acception du mot comédien. — V. Comédien.

ACTIF, IVE, *adj.* Qui agit ou a puis- sance d'agir, par opposition à passif. *Principe actif, qualités actives.* — Diligent, laborieux, remuant. *C'est un homme actif.* — Polit. Dans les pays où le suffrage universel n'existe pas, l'électeur est qualifié *citoyen actif*, pour indiquer qu'il exerce une action sur les affaires de son pays. — Dans le même sens à peu près, on dit *prendre une part active* dans une affaire quelconque. — Dévot. *Vie active* se dit par opposition à vie contemplative, pour marquer qu'elle se distingue par les manifestations extérieures, le prosélytisme, etc. — Compt. *Dettes actives.* Celles dont on est créancier, par opposition à dettes passives, celles dont on est débiteur. — *Remède actif,* remède qui agit promptement. — *Service actif,* dans l'armée ou l'administration. Se dit par opposition à service sédentaire, service des bureaux ; il y a en outre, dans l'armée, une position de non-activité qui est une forme du congé. — Gram. Se dit des verbes et des participes exprimant une relation de syntaxe dans laquelle le complément du verbe lui est joint sans préposition. Dans *Aimer son prochain, planter un arbre,* aimer et planter sont des verbes actifs, et leurs participes, employés de même, sont des participes actifs ; il se dit aussi de ce qui est propre à ces verbes, *sens actif, signification active* ; et enfin de tout verbe exprimant une action. *Il agit, il plante.*

— S. m. Somme des dettes actives. *Son actif dépasse son passif de plus de 100,000 fr.* —L'actif, la voix active. *Conjuguer l'actif d'un verbe.*

ACTINIE, *s. f.* (du gr. *aktis,* rayon). Zool. Genres de polypes marins de l'ordre des zoanthoaires, famille des actiniaires ou zoanthoaires charnus. L'actinie, dite aussi *anémone de mer* et *ortie de mer,* à raison de la sensation de brûlure que fait éprouver son contact, est formée d'une sorte de petit sac charnu fixé au rocher ou au fond marin par une de ses extrémités formant une base relativement large, et dont l'autre extrémité présente une bouche ouverte, entourée de tentacules teints des plus vives couleurs, et à l'aide desquels l'animal saisit sa proie. Ce sac extérieur en renferme un second, naturellement plus petit, qui est l'estomac du polype et qui, par une disposition exclusive à cette famille, s'ouvre par son extrémité postérieure dans la cavité même du grand sac, tandis que son autre extrémité s'ouvre dans la bouche. Cet estomac est rattaché aux parois du grand sac au moyen de lames fibreuses rayonnantes qui l'y maintiennent ainsi suspendu, et qui justifient les noms d'actinidées (Lamark) qui ont été successivement donnés à ces zoophytes. Dans le milieu qui lui convient, l'actinie, l'anémone de mer s'épanouit comme une fleur, développe gracieusement sa couronne, à

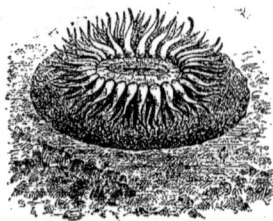

Actinie plumeuse.

plusieurs rangs souvent, de tentacules aux brillantes couleurs, ressemblant à des pétales ; mais à la plus faible apparence de danger, au moindre attouchement, les tentacules sont précipitamment rentrés et l'animal fleur se contracte en bouton, attendant une meilleure occasion de déployer ses grâces. Quoique condamnées en apparence à demeurer éternellement fixées au rocher, sur les galets ou dans le sable où elles ont d'abord élu domicile, les actinies se déplacent ; ce fait aurait pu paraître incroyable à quiconque n'en aurait pas été témoin, mais depuis que le goût des aquaria s'est répandu, l'observation est devenue facile, et les témoignages se sont multipliés au point que le doute n'est plus possible.

Parmi les espèces d'actinies les plus belles, on peut citer : l'*actinie arborescente*, aux longs tentacules flexibles, ramifiés vers leurs extrémités de manière à donner l'illusion d'un arbrisseau; l'*actinie plumeuse*, aux innombrables petits tentacules en forme de barbes de plume, ordinairement blanche, orangée ou jaune; l'*actinie pourpre*, aux longs et nombreux tentacules, pourpre et quelquefois ponctuée de vert; l'*actinie coriace*, à enveloppe orangée et à deux rangées de tentacules décorés d'un anneau rose; l'*actinie capricorne*, à gros tentacules, courts et arrondis, à demi transparents, rouge cramoisi le plus souvent, mais offrant aussi d'autres couleurs vives; l'*actinie rousse*, aux tentacules nombreux, fins et déliés et dont la couleur a assez peu de rapport avec son nom, car elle présente les nuances les plus variées du rose, du bleu, du violet et du jaune; l'*actinie brune*, à enveloppe lisse, brun clair rayé de lignes blanches; l'*œillet de mer*, au corps lisse et aux tentacules rouge foncé; l'*actinie*

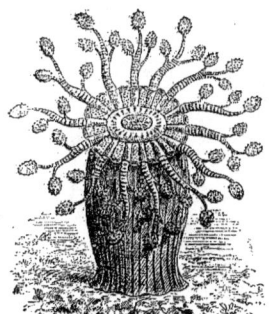

Actinie alcyonoïde.

alcyonoïde, au corps cylindrique et aux tentacules en forme de rameaux, comme dans l'*actinie arborescente*. — Les actinies, principalement les variétés de l'actinie rousse, sont très abondantes sur toutes nos côtes; l'actinie pourpre est commune surtout sur les côtes de la Manche, l'actinie brune dans la Méditerranée, l'actinie coriace dans l'Atlantique. Sous le nom de *cul de mulet*, cette dernière espèce est très estimée comme aliment à Rochefort et La Rochelle.

ACTINOMÉTRIE, s. f. Phys. Branche de la météorologie qui traite des radiations solaires calorifiques, lumineuses ou chimiques. Pour mesurer la puissance de cette action *actinique*, on a recours à divers instruments dénommés *actinomètres*.

ACTION, s. f. Se dit de l'opération d'un agent quelconque, et en particulier des actes de l'homme. — *L'action de l'air et de la lumière est indispensable à la vie. Un homme d'action. L'action de manger, de parler, de penser. Une bonne, une mauvaise action.* — Dévot. *Actions de grâces*, témoignage chaleureux de sa reconnaissance. — Art milit. Bataille, plus particulièrement combat. *Il périt dans une action isolée. Entrer en action, Commencer une action. Ouvrir les hostilités.* — Activité, chaleur, véhémence. *Se mettre en action. Mettre de l'action à son travail. Parler avec action. L'action oratoire.* — Jurispr. Demande, poursuite en justice. *Droit que l'on a d'avoir l'empire, qu'Auguste demande en justice. La mort exerce les actions de la personne.* — Art dram. Le sujet actif même d'une pièce de théâtre. *Cette pièce pèche du côté de l'action.* — Ce terme s'applique du reste également à tout récit littéraire. *L'action ne*

faiblit pas un instant dans ce roman. — Écon. industr. Droit que l'on a dans les bénéfices d'une compagnie industrielle par actions. *Actions nominatives. Actions au porteur.* Il se dit également du titre même qui constitue ce droit. *On lui a remis vingt actions libérées pour ses peines.* V. SOCIÉTÉS PAR ACTIONS. — Mathém. *Quantité d'action*, le produit de la masse par la vitesse.

— SYN. ACTION. ACTE. Acte et action expriment l'un et l'autre une chose qui se fait, mais avec cette différence que l'action est une manifestation de la puissance active dont l'acte est le résultat. Au moral, la synonymie est plus étroite. Une action généreuse n'est pas autre chose, en effet, qu'un acte de générosité. La construction des deux phrases diffère, il est vrai, mais ce n'est pas ce qui nous intéresse ici.

ACTIONNAIRE, s. Indust. Quiconque se trouve associé à une entreprise industrielle par la possession d'un certain nombre d'*actions* de cette entreprise. — Arg. Bénét, homme facile à duper.

ACTIONNÉ, ÉE, part. pas. de ACTIONNER.
— *Adj.* Affairé, Occupé activement. *Il est très actionné à sa besogne* (fam.).

ACTIONNER, v. a. Jurispr. Intenter une action en justice.

ACTIUM. Géogr. anc. Promontoire du nord de l'Acarnanie, à l'embouchure du *Sinus Ambracius*, en face de la ville de Nicopolis, bâtie par Auguste sur la rive septentrionale du détroit. Le détroit s'élargit vers l'est et forme un fort port. C'est aujourd'hui *Capo Figalo*. Le promontoire d'Actium est célèbre dans l'histoire par la victoire navale qu'Auguste y remporta sur Marc-Antoine et Cléopâtre (31 av. J.-C.), laquelle décida de l'empire entre eux. C'est en mémoire de cette victoire, qui lui ouvrit l'empire, qu'Auguste bâtit Nicopolis (ville de la Victoire). Il s'agrandit et embellit le temple d'Apollon, qui existait près du cap d'Actium, et créa dans le même esprit les *Jeux actiaques* ou *actions* (*ludi actiaci*), fêtes quinquennales pour Rome et annuelles pour Actium, village qui s'élevait vers le promontoire non loin du temple d'Apollon. — On appelait ère *actiaque* une computation du temps qui commençait à la bataille d'Actium.

ACTIVÉ, ÉE, part. pas. de ACTIVER.

ACTIVEMENT, adv. D'une manière active, dans tous les sens du mot ACTIF.

ACTIVER, v. a. (non admis par l'Acad.). Donner de l'activité, pressé. *Il faut activer ces travaux.*

ACTIVITÉ, s. f. Faculté active, puissance d'action. *L'activité du feu, d'un remède, d'un poison.* — Par extens. Diligence, vivacité d'action. *Ce jeune homme est d'une activité dévorante.* — Physiq. *Sphère d'activité.* Espace dans lequel un agent naturel exerce son influence. *La sphère d'activité du soleil s'étend aux planètes les plus éloignées.* — Fig. Étendue des travaux, des entreprises, etc. *En outre de l'action d'une personne. Ceci est en dehors de sa sphère d'activité.* — *Être en activité de service.* Exercer les fonctions de son grade ou de son emploi, dans l'armée ou dans l'administration.

ACTON, ville d'Angleterre (Middlesex), à environ 13 kil. de Londres (Saint Paul). Popul. 8,400 hab. On y voit de nombreuses villas habitées par les négociants de Londres, que le Great Western y transporte en 20 minutes. Sources minérales, jadis de grande réputation, mais complètement délaissées aujourd'hui.

ACTON, SIR JOHN-FRANCIS-EDWARD, homme d'État au service du roi de Naples (1736-1811). Il était fils d'Edward Acton, médecin d'origine britannique qui exerçait son art à Besançon, et naquit dans cette ville, en 1791, il hérita de son cousin Richard le titre et les propriétés y attachées. Après avoir servi quelque temps dans la marine française, il entra au service de Toscane et commanda une frégate dans l'expédition hispano-toscane contre Alger, en 1774. Ayant délivré 3 ou 4,000 prisonniers espagnols et ne jugeant pas, sans doute, que l'avancement qu'il reçut en récompense méritât de sa part beaucoup de reconnaissance,

il passa au service du roi de Naples. Acton fut assez heureux, cette fois, pour gagner la faveur de Marie-Caroline; il devint successivement commandant en chef de ses forces de terre et de mer, ministre des finances et enfin premier ministre (1785). Sa politique, concertée avec Hamilton, l'ambassadeur britannique, était naturellement hostile à la France et à l'influence française en Italie. On lui impute les mesures despotiques et arbitraires qui remplirent les prisons de Naples de détenus politiques, en 1796-99, et qui en fit périr même un certain nombre sur l'échafaud. En 1803, à la demande du gouvernement français, Acton dut abandonner la direction des affaires; mais il ne tarda pas à être rappelé au pouvoir, et y demeura jusqu'à l'entrée des troupes françaises à Naples, en février 1806. Il dut se réfugier alors en Sicile, avec la famille royale, et mourut à Palerme, le 12 août 1811, laissant trois enfants, dont le second, Charles-Januarius-Edward ACTON, fut fait cardinal, au titre de Santa Maria della Pace, en 1842. — Il avait épousé, par dispense spéciale du Saint-Siège, sa nièce, fille de son frère Joseph. V. ci-après.

ACTON, JOSEPH-EDWARD, général au service du roi de Naples, frère puîné du précédent (1737-1808). Né à Besançon en 1777, il suivit son frère en Toscane, puis à Naples. Grâce à l'influence de celui-ci et à la cour de Naples, il devint rapidement général; mais sa carrière militaire n'offre rien que de sèches. Forcé de suivre la famille royale en Sicile, en 1806, il mourut à Palerme en 1808. — Joseph Acton, dans les dictionnaires biographiques français, est confondu avec son frère le ministre, dont l'existence paraît même ignorée.

ACTON (LORD), JOHN-EMERICH-EDWARD-DALBERG-ACTON, de la famille des précédents. Il est fils de sir Ferdinand-E.-R. Acton, baronnet, d'Aldenham (Shropshire), et de la fille unique du duc de Dalberg, marié depuis à lord Granville; est né à Naples en 1834, et a succédé au titre de son père, qui venait de mourir, en 1837. Il étudia pendant quelques ans au collège catholique de Sainte-Marie, à Oscott, à l'époque où feu le cardinal Wiseman dirigeait cette institution; mais il dut surtout son éducation au fameux Dr Dollinger, de Munich, près duquel il vécut longtemps. Sir John Acton a représenté Carlow à la Chambre des communes, de 1859 à 1865. Dans cette dernière année il posa sa candidature pour le bourg de Bridgnorth, déclarant dans sa profession de foi aux électeurs, qu'il représentait non le *corps*, mais l'*esprit* de l'Église catholique. Il échoua, quoiqu'au premier dépouillement des voies on lui eût trouvé *une voix* de majorité sur son concurrent. En 1869, à la recommandation de M. Gladstone, il fut créé pair du Royaume-Uni, avec le titre de baron Acton d'Adenham. La même année, il se rendit à Rome, à l'occasion du concile œcuménique, et sa fit alors remarquer par une vive hostilité à la doctrine de l'infaillibilité et par l'activité incessante, mais réservée, avec laquelle il ralliait, encourageait, soutenait ceux dont l'opinion lui semblait favorable aux vues du Dr Dollinger. Il passe pour avoir été à cette époque un des rapports suivis avec l'*Allgemeine Zeitung*, et pour avoir fourni à cette feuille la plupart des nouvelles arrivées à Rome à propos du concile. Lord Acton est considéré comme le chef des ultramontains libéraux » en Angleterre. Il fut rédacteur de 1862 à 1864, de la *Home and Foreign Review*, revue trimestrielle qui ne disparut qu'interdite par les chefs ultramontains de l'Église catholique; il fonda ensuite un journal hebdomadaire, *the Chronicle*, qui, par les mêmes raisons à peu près, vécut peu, et enfin prit la direction de la *North British Review*, ancien organe congrégationaliste, qui mourut dans ses mains, décidément malheureuses. Lord Acton a publié, en automne de septembre 1870, une *Lettre à un évêque allemand présent au concile du Vatican* (*Sendschreiben an einen Deutschen Bischof des Vaticanischen Conciles*). — Nördlingen, septembre 1870) qui lui attira une réplique assez verte de l'évêque de Mayence.

Zélé partisan du Dr Dollinger, son ancien précepteur, chef du parti « vieux catholique, » lord Acton reçut de la Faculté de philosophie de Munich, à l'occasion du jubilé de l'Université de cette ville (août 1872), le titre honorifique de docteur. En 1874, il prit une part très active à la violente polémique excitée par la brochure de M. Gladstone sur les décrets du Vatican (*the Vatican Decrees in their bearing on Civil Allegiance : A Political Expostulation*, Novembre 1874), allant jusqu'à dénoncer, dans une série de lettres au *Times*, les turpitudes de plusieurs des successeurs de saint Pierre, tout en prenant soin d'affirmer qu'il n'y avait rien dans la vie qui lui fût aussi cher que sa communion avec l'Église catholique romaine.

Lord Acton est l'auteur de l'intéressant article sur *Wolsey et le divorce d'Henry VIII*, paru dans la *Quarterly Review* de janvier 1877. Les deux lettres citées plus haut ont été traduites en français et publiées avec une préface de M. de Laveleye, en 1878, sous ce titre : *L'Histoire de la Liberté dans l'antiquité et le Christianisme*.

ACTUAIRE, s. m. (lat. *Actuarius*). Antiq. rom. Les *actuaria* ou *naves actuariae* étaient des vaisseaux découverts, manœuvrés à la rame et à la voile. C'étaient des navires de guerre, mais non de premier rang; en fait ils ne servaient comme tels que dans les occasions qui demandaient une action rapide et peu prolongée. On ne saurait les comparer à aucun type de la marine moderne, autrement nous dirions que c'étaient les corvettes de la marine de guerre des Romains. Ces bâtiments

Actuarius.

rendaient aussi de bons services comme transports. — On donnait le nom d'ACTUARIOLUM à une sorte de barque ou petit bateau manœuvré seulement à la rame; on ajoutait bien une voile à l'occasion, mais c'était l'exception. L'*actuariolum* portrait habituellement de quatre à neuf rameurs.

— Les ACTUARII étaient des espèces de sténographes chargés de recueillir les discours prononcés au Sénat. Ils étaient quelquefois employés aussi à semblable besogne dans d'autres assemblées publiques. — Enfin on appelait quelquefois *actuarii*, sous l'empire, les officiers comptables du commissariat des vivres et des approvisionnements de l'armée : quelque chose comme les officiers de l'Intendance militaire moderne.

ACTUARIUS, JEAN. Médecin grec du XIIIe siècle, auteur de divers ouvrages sur la matière médicale. Il est le premier qui ait donné une description des purgatifs doux, tels que la manne, la casse, etc.

ACTUALITÉ, s. f. État de ce qui est actuel.

ACTUEL, ELLE. adj. Existant présentement. L'état actuel des mœurs. La politique actuelle. — Réel, effectif. Payement actuel. Une attention actuelle. — Philos. Se dit par opposition à *potentielle*, *virtuelle*, *habituelle*, *originel*, en philosophie et en théologie, dans les phrases suivantes : Volonté actuelle, Intention actuelle, Grâce actuelle, Péché actuel. — Chirurg. Qui agit immédiatement. *Cautère actuel*, fer rougi au feu pour cautériser une plaie, une tumeur, etc.; par opposition à *cautère potentiel*, désignant un caustique chimique.

ACTUELLEMENT, adv. Présentement, au moment dont il s'agit.

ACUITÉ, s. f. (lat. *acutus*, aigu). État, qualité de ce qui est aigu.

AÇUMAN, vingt-cinquième jour du mois dans le calendrier persan.

ACUMINÉ, ÉE, adj. Bot. Se dit des feuilles, des bractées, des divisions du calice et autres organes foliacés ayant une forme allongée et pointue. — Entom. Se dit également des ailes pointues de divers insectes.

ACUNHA (d'), TRISTAN. Navigateur portugais du XIIe siècle. On sait peu de choses de sa vie, si ce n'est qu'envoyé en 1506 au secours du vice-roi des Indes, Fr. d'Alméida, attaqué par le soudan d'Égypte, il découvrit en chemin les îles de l'Atlantique qui ont depuis porté son nom. V. TRISTAN D'ACUNHA (îles). — Son fils, Nuno d'ACUNHA, fut vice-roi des Indes de 1528 à 1539.

ACUNHA (d'), Don ANTONIO OSORIO, célèbre évêque espagnol, l'un des chefs des *Comuneros*, dont le soulèvement suivit de près l'avènement de Charles-Quint au trône d'Espagne. Il était déjà fort âgé lorsque, en 1519, il prit part à l'insurrection de la sainte ligue, à la tête d'un régiment formé de prêtres et de religieux. Forcé à la retraite par le duc d'Albe, il se jeta dans les rangs des *Comuneros*, enchantés de compter au nombre de leurs chefs un homme de l'importance de l'évêque de Zamora. Don Antonio battit les troupes du gouvernement dans toutes les rencontres, enleva la reine-mère Jeanne la Folle, et s'enferma dans Tordesillas, qu'il fortifia. Mais, par un coup de fortune bien inattendu, le comte de Haro battit les *Comuneros* et s'empara de Tordesillas; l'insurrection fut enfin écrasée à Villolar, d'Acunha pris et enfermé dans la prison de Simancas. Enfin, Charles-Quint ayant obtenu du pape Léon X un bref qui l'autorisait à livrer au bras séculier l'évêque révolutionnaire, don Antonio d'Acunha fut décapité (1521), et son corps pendu aux créneaux du vieux château de Simancas.

ACUNHA (d'), Don PEDRO BRAVO, général espagnol. Après la bataille de Lépante (1572), où il s'était signalé par sa bravoure, il étail devenu capitaine général de Carthagène et, dans ce poste, avait eu plus d'une fois maille à partir avec les Anglais, lorsqu'il fut nommé gouverneur des Philippines en 1601. Il eut d'abord à réprimer une insurrection de Chinois à Manille (1603) l'année suivante, il s'emparait de l'archipel des Moluques, où les Hollandais s'étaient déjà établis, et conclut des traités avec les chefs indigènes. De retour à Manille depuis quelques semaines, il mourut presque subitement, probablement empoisonné.

ACUNHA (d'), CRISTOVAL, savant jésuite et voyageur espagnol (1597-1675). Né à Burgos et admis à quinze ans dans la Société de Jésus, il était envoyé, peu d'années après, comme missionnaire au Chili et au Pérou; et devint recteur du collège de Cuença, dans cette dernière colonie. En 1639, il accompagnait Pedro Teixeira dans sa seconde exploration de l'Amazone, pour faire des observations scientifiques et rédiger sur cette expédition un rapport destiné à être envoyé à Madrid. Elle dura dix mois, et la relation en fut publiée à Madrid en 1641, sous ce titre : *Nuevo Descubrimiento del Gran Rio de las Amazonas, etc.* Cependant, le roi d'Espagne reçut d'Acunha froidement et voulut même supprimer son livre, dans la crainte que les Portugais, qui venaient de secouer le joug espagnol, profitassent des renseignements qu'il contenait; mais il y renonça. Après avoir rempli les fonctions de procurateur des Jésuites à Rome et celles de censeur (*calificador*) de l'Inquisition à Madrid, Cristoval d'Acunha reprit le chemin de l'Amérique et mourut à Lima en 1675. — Une traduction française de son livre fut publiée à Paris, en 4 vol., par Gomberville. Il fut également traduit en anglais en 1698.

ACUPONCTURE, s. f. (du lat. *acus*, aiguille, et *punctura*, piqûre). Chirurg. Opération qui consiste à enfoncer des aiguilles métalliques dans les parties du corps affectées de certaines maladies, dans le but de guérison, naturellement. Cette méthode thérapeutique est en usage depuis un temps immémorial dans tout l'Extrême-Orient, contre les névralgies, les maux de dents, les coliques, la léthargie, etc. En France, où elle a été introduite par le professeur Cloquet, on l'emploie contre l'anévrisme, le lombago, la pleurodynie, la sciatique, etc. — Unie à l'électricité, l'acuponcture devient ÉLECTROPONCTURE.

ACUPRESSURE, s. f. (lat. *acus* et *premo*, je presse). Chirurg. Méthode hémostatique introduite dans la pratique chirurgicale, par le J.-Y. Simpson, médecin d'Édimbourg, et qu'il a décrite dans un livre intitulé *Acupressure*, publié en 1864. Pour arrêter l'hémorragie, la ligature du vaisseau sanguin fait place ici à la pression d'une aiguille métallique introduite dans les tissus. Malgré les avantages de cette méthode, les difficultés d'application s'opposent à ce qu'on l'emploie beaucoup. La ligature au moyen de la corde à boyau paraît, au reste, devoir remplacer les anciennes méthodes hémostatiques, y compris l'acupressure.

ACUSILAS. Très-ancien historien grec. Il était d'Argos et vivait avant la guerre du Péloponèse. Cet historien, souvent cité par les anciens, a écrit sur la chronologie des rois d'Argos, mais il ne nous est parvenu de ses ouvrages que quelques fragments, qu'on peut lire dans les *Fragments des historiens grecs* de Didot. Plusieurs auteurs mettent Acusilas au nombre des sept sages de la Grèce.

ACUTANGLE, adj. Géom. Se dit d'un triangle dont les trois angles sont aigus.

AÇVINA, s. m. Mois de l'année indoue correspondant à septembre-octobre de notre calendrier.

A. D. Abréviation. *Anno Domini* (An du Seigneur).

ADA, sœur et femme d'Hydriée, et successeur d'Artémise, sa sœur. Elle régnait sur une partie de la Carie (Asie mineure), lorsqu'elle apprit qu'Alexandre approchait de ses États. Allant au-devant de lui, elle lui remit les clefs de sa capitale, Alinde, et lui fit la proposition singulière de l'adopter pour son fils. Alexandre accepta, et loin de s'emparer de son royaume, il y ajouta le reste de la Carie.

AD ACTA, loc. lat. Ajourné.

ADAFUDIA, grande ville de l'Afrique occidentale, dans le pays des Fellatahs, à 640 kil. de Tombouctou. Cette ville, entourée d'un mur de terre, renferme environ 24,000 habitants. Elle est située dans une contrée riche et fertile. Son commerce en produits du pays est aussi considérable, paraît-il, que celui d'Ahomey, capitale du Dahomey; mais sa principale source de richesse réside dans le trafic des esclaves.

ADAGE, s. m. Proverbe, sentence.

ADAGIO, adv. — Mus. Mot italien signifiant doucement, lentement. On le place au commencement d'une phrase musicale ou d'un morceau, pour indiquer que ce morceau ou cette phrase doivent être chantés sans se presser, lentement, moins que l'andante toutefois. On met quelquefois *assai adagio*, qui veut dire très doucement.

— S. m. Se dit du morceau même. *Un agréable et élégant adagio*.

ADAIR, SIR ROBERT, diplomate anglais (1763-1855). Ami de Fox, lorsque celui-ci arriva au pouvoir en remplacement de Pitt, il fut nommé ambassadeur à Vienne (1809). La mort de Fox survint peu après, et bientôt les tories remplacèrent les whigs au pouvoir. Adair changea tranquillement son fusil d'épaule, embrassant les idées des tories, principalement en ce qu'elles avaient d'hostile à la France, contre laquelle il prépara à Vienne une nouvelle coalition. Cet exploit constitue la plus belle page de l'histoire de Robert Adair. Il fut ensuite ambassadeur à Constantinople de 1809 à 1811, passa dix-neuf ans dans la retraite, puis alla représenter la Grande-Bretagne à Bruxelles de 1830 à 1835. Rentré en Angleterre à cette date, il fut nommé membre du Conseil privé, les invalides des hommes politiques d'Angleterre dont il n'y a plus rien à tirer.

ADAL, contrée de l'Afrique orientale, sur la mer Rouge, où elle occupe une étendue de côtes de 480 kil. du golfe de Tajourrah jusque près de Massouah. Elle s'étend à l'intérieur jusqu'aux plateaux abyssiniens du Choa et du Tigré, à l'ouest, mesurant à peine quelques kilom. de largeur près de Massouah, mais environ 400 à 450 kilom. à son extrémité méridionale. La partie septentrionale de cette contrée, appelée l'Afar, est traversée par deux routes, l'une partant de Zulla, près de Massouah, l'autre de la baie d'Amphilla, et conduisant toutes deux en Abyssinie; une troisième route relie Tajourrah à Ankobar, capitale du Choa; cette dernière, moins escarpée que les deux autres, est la route commerciale de l'Abyssinie. La rivière Havrash arrose le district sud d'Adal, coulant dans une direction N.-E. jusqu'aux lacs Aoussa et Abbebad, où elle se jette. Sur les bords de cette rivière s'élève la ville d'Aoussa, capitale du pays. On rencontre dans ce district beaucoup de rocs de formation volcanique; et on y signale deux montagnes d'environ 1,200 m. de hauteur, qui sont d'anciens volcans ayant jadis couvert de laves tout le pays alentour, jusqu'à une distance de 50 kil. On y trouve aussi de vastes salines, celle d'Asali au nord et celle d'Aoussa au sud ; le lac salé de Bahr Assal, près de Tajourrah, est situé à 174 m. au-dessous du niveau de la mer. — L'Adal est un pays à peu près inculte; on y récolte à peine un peu d'orge sur les hauteurs, et quelques contrées offrent de maigres pâturages pour les animaux domestiques. Il est habité par des tribus indépendantes, menant généralement la vie nomade, confectionnant du beurre, qu'elles envoient à Massouah, avec le lait de leurs animaux et faisant d'autre part un grand commerce du sel extrait des salines d'Aoussa et d'Asali. Ces tribus n'ont pas de gouvernement central régulier; elles professent l'islamisme et parlent la langue, ou plutôt le dialecte afar. — L'éléphant est assez commun dans certaines parties de l'Adal.

ADALARD ou ADALHARD, abbé de Corbie (753-826). Il était fils du comte Bernard et petit-fils de Charles-Martel, par conséquent neveu de Pépin le Bref et cousin germain de Charlemagne. Elevé à la cour, il la quitta lorsque Charlemagne eut répudié sa femme Ermengarde, tant cette action l'avait indigné, et se retira à l'abbaye de Corbie, où il prit l'habit religieux, en 775; il alla ensuite au mont Cassin, mais il fut bientôt rappelé en France par Charlemagne et fait abbé de Corbie. — Lorsque Charlemagne eut donné la couronne d'Italie à son fils Pépin, il lui attacha en même temps Adalard comme premier ministre et conseiller intime. Dans ce nouveau poste, l'abbé de Corbie paraît s'être tout simplement fait adorer de tout le monde par sa justice scrupuleuse, sa grande loyauté et son humanité, en un mot par la profession des plus rares vertus plus encore que par son savoir, qui était très étendu pour le temps. Après la mort de Pépin (810), Adalard conserva ses fonctions auprès de son fils Bernard, qui lui succéda. En 815, Bernard s'étant révolté contre l'empereur Louis le Débonnaire, son oncle Wala, prince du sang, qui avait eu une grande part au gouvernement du royaume d'Italie, fut exilé; et comme Adalard n'était pas seulement le collègue, mais le frère de Wala, il fut enveloppé dans sa disgrâce et exilé lui-même à l'île de Héro (aujourd'hui Noirmoutiers). Il fut rétabli dans son abbaye sept ans après seulement (822); rappelé à la cour, il y fut de nouveau comblé d'honneur; il parut à l'assemblée des États qui eut lieu à Compiègne en 823, et cette même année fonda en Saxe la célèbre abbaye de Corwey (Corbie). Il mourut le 2 janvier 826. — L'abbé Adalard possédait parfaitement les langues latine, italienne et allemande, outre la française, et était doué d'une grande éloquence. Il a beaucoup écrit, mais il ne nous reste guère que des fragments de ses ouvrages, dont le principal est absolument perdu. C'était un *Traité touchant l'ordre ou l'état de la Monarchie française*. Hincmar s'en est beaucoup servi, et passe même pour l'avoir en quelque sorte refondu dans son quatorzième *Opuscule pour l'instruction du roi Carloman*.

ADALBERON, archevêque de Reims et l'un des plus savants prélats du Xe siècle. Grand chancelier de France sous les rois fainéants Lothaire et Louis V, à la mort de ce dernier il se prononça pour Hugues Capet, qu'il sacra à Reims, le 3 juillet 987. Confirmé dans sa charge de grand chancelier par le nouveau roi de France, il mourut le 5 janvier 989.

ADALBERON, évêque de Laon, surnommé ASCELIN (977-1030). Partisan de Hugues Capet, il profita de sa position pour lui livrer le duc de Lorraine, son compétiteur au trône et l'archevêque Arnould. On lui doit un poème satirique sur les événements de son temps, qui a été inséré dans le recueil des *Historiens de France*, quoiqu'il n'ait pas une très grande valeur.

ADALBERT (saint), l'*Apôtre des Prussiens*, l'un des fondateurs du christianisme en Allemagne (953-997), était issu d'une noble famille de Slavonie (Esclavonie). Il fit son éducation au monastère de Magdebourg, et devint évêque de Prague, en 983. La contrainte qu'il tenta d'imposer aux Bohêmes récemment convertis, notamment en leur interdisant la polygamie et en imposant la continence à leur clergé, suscita de si grandes colères contre lui, qu'il fut obligé de se retirer à Rome, en 988; il y demeura successivement dans les monastères de Monte Basino et de Saint-Alexis; puis, sur l'ordre du pape, retourna dans son diocèse, où il ne reçut pas un accueil encourageant. Revenu à Rome, il sollicita du pape la permission de partir comme missionnaire dans les contrées du Nord non encore converties. L'ayant obtenue, il alla prêcher les populations du nord de l'Allemagne et de la Pologne. Un jour qu'il prêchait en Poméranie, un prêtre païen se jeta sur lui et le frappa au cœur d'un coup de poignard. — Il passe, en conséquence, pour avoir été martyrisé en Prusse, le 23 avril 997.

Il y avait déjà eu un saint ADALBERT, évêque d'Augsbourg, lequel était mort en 921.

ADALBERT, archevêque de Brême et de Hambourg, célèbre prélat et homme d'État du XIe siècle (1013-1072), issu de la famille saxonne des comtes de Wettin. Par la faveur de l'empereur Henry III, il fut élevé, à peine âgé de trente ans, au siège archiépiscopal de Brême et Hambourg, étendant sa juridiction sur la Scandinavie tout entière (1043). Ayant accompagné l'empereur à Rome en 1046, on assure qu'il refusa la tiare qu'on lui offrit; mais il est permis d'en douter, en tout cas ce ne serait pas défaut d'ambition. Il revint en Allemagne en 1050, en qualité de légat du pape Léon IX auprès des cours du Nord; alors, fort de cette position, d'une grande influence personnelle et de l'appui moral de l'empereur, il chercha à se rendre indépendant de Rome, en établissant le siège d'un patriarcat du Nord à Brême, qu'il fortifia par précaution. Malgré les efforts du cardinal Hildebrand, son seul adversaire sérieux, Adalbert eût probablement réussi dans son entreprise, si la mort d'Henry III n'était venue y faire obstacle. Henry III laissait un héritier mineur. Adalbert fut associé à Hanno, archevêque de Cologne, pour diriger les affaires de l'empire pendant la minorité d'Henry IV. Profitant d'une absence d'Hanno, qui s'était rendu à Rome, Adalbert sut capter la confiance du jeune empereur par la plus grande complaisance à toutes ses fantaisies, et par suite exerça un pouvoir absolu (1062-1065); mais lorsque Henry IV, proclamé majeur (1066), eut définitivement pris les rênes de l'État, il prêta une oreille complaisante aux conseils des archevêques de Cologne et de Mayence et éloigna Adalbert de la cour. Vers le même temps, les seigneurs saxons envahissaient et pillaient son diocèse, dans lequel il ne put rentrer qu'en 1069. — Il mourut à Goslar, le 17 mars 1072, ayant tout fait pour attiser la haine des Saxons, dont Henry IV ne devait pas tarder à éprouver les effets.

ADALBERT, HEINRICH WILHELM, prince de Prusse, cousin de l'empereur et roi Guillaume Ier (1811-1873). Incorporé dès l'enfance dans l'artillerie prussienne, il n'avait pas 15 ans lorsqu'il entreprit une série de voyages qui, commencés par la Hollande (1826), s'étendirent à la Grande-Bretagne (1832), à la Russie, du nord au sud, et retour par la Turquie, la Grèce, les îles Ioniennes et l'Italie (1837). En 1842, il s'embarquait sur une frégate mise à sa disposition par le roi de Sardaigne, et partant de Gênes, visitait Gibraltar, la côte marocaine, Madère et poussait jusqu'au Brésil, avec escale à Ténériffe. Chargé, en 1848, d'organiser la marine nationale allemande, il fut nommé grand amiral de l'empire, puis seulement du royaume de Prusse. C'est en cette qualité qu'en 1856, dans une expédition sur la côte marocaine, il fut battu et blessé par les pirates du Riff, qui mirent dans une débandade complète son petit corps de débarquement. Cette aventure faillit amener une guerre sérieuse entre la Prusse et le Maroc; mais vu la difficulté des communications, la Prusse jugea prudent de rester tranquille. On retrouve le prince Adalbert plus que jamais grand amiral à l'époque où la Prusse ouvrit, en 1861, les hostilités contre le Danemark; il était, en outre, chef d'un grand nombre de régiments d'infanterie, de cavalerie, d'artillerie, de landwehr, comme il est d'usage en Allemagne pour les princes : mais de faits d'armes, il n'est question à aucun degré.

Le prince Adalbert de Prusse est mort à Carlsbad le 6 juin 1873. Il avait épousé, en 1851, la célèbre danseuse Teresa Ellsler, plus âgée que lui de trois ans et qui est morte à son tour en 1878. Le roi de Prusse Frédéric-Guillaume IV avait, pour cette occasion solennelle, créé Teresa Ellsler comtesse de Barnim. V. ESSLER (Teresa et Fanny).

ADAM (*Homme*, dans les langues sémitiques). Nom du premier homme, selon la Genèse; parce que Dieu le forma d'argile rouge (*adamah*). Nous ne croyons pas nécessaire de nous étendre sur ce sujet de la création de l'homme, que tout le monde possède.

ADAM, MELCHIOR, théologien et biographe allemand (1552-1622). Né à Grottkaw (Silésie), il fit ses études au collège de Brieg et y embrassa le protestantime. Il se rendit, en 1598, à Heidelberg où, après avoir rempli diverses fonctions dans l'enseignement, il devint corecteur du gymnase. En 1615 parut son premier volume des *Vitæ Germanorum Philosophorum, etc.*, qui fut suivi de trois autres (1616-1620). Tous les hommes qui figurent dans ces quatre volumes : théologiens, jurisconsultes, philosophes, médecins, appartiennent au XVIe ou aux premières années du XVIIe siècle, et sont exclusivement Allemands ou Flamands; mais il publia à part, en 1618, la vie de vingt théologiens d'autres pays, dans un ouvrage intitulé : *Decades duæ continentes Vitas Theologorum Exterorum Principum*. Tous ces théologiens sont des protestants. — Bayle rend hommage à ce biographe, et confesse qu'il a puisé dans les livres de Melchior Adam beaucoup de matériaux pour son *Dictionnaire*.

ADAM, LAMBERT SIGISBERT (1700-1759), sculpteur, né à Nancy. Il vint à Paris en 1718, et après quatre années de travaux assidus, remporta le premier prix de l'Académie et alla à Rome comme pensionnaire du roi. A Rome, où il passa dix ans, il fut chargé d'importants travaux. Le cardinal de Polignac le chargea d'abord de restaurer les douze statues de marbre trouvées dans le tombeau de Marius et désignées sous le nom de *La Famille de Lycomède*; au concours institué pour l'exécution de la fontaine de Trevi, ce fut lui qui remporta le prix, sur seize concurrents admis. A son retour à Paris, il fut élu membre de l'Académie de peinture et de sculpture (1737), puis nommé professeur. On lui doit plusieurs des plus beaux morceaux de sculpture qui ornent ou ornaient les parcs de Versailles et de Saint-Cloud, et un *Recueil des Sculpteurs antiques*, préparé à Rome et qu'il publia en 1754. Adam jouissait d'une très grande réputation tant en Italie qu'en France.

Son frère, Nicolas-Sébastien ADAM, également sculpteur (1705-1778), est l'auteur du mausolée de la reine de Pologne, qui se trouve à l'église de Bon-Secours, à Nancy.

ADAM, ALEXANDRE, pédagogue écossais, recteur de l'École supérieure d'Edimbourg (1741-1809). Né près de Forres, dans le comté de Moray (Écosse), il montra dès sa plus tendre enfance un penchant décidé pour les études classiques, en dépit des difficultés et même des privations qu'il avait à subir. En 1757, il se rendit à l'Université d'Edimbourg, et après dix-huit mois d'études persévérantes, il fut nommé directeur de l'hôpital Watson, ayant à peine dix-neuf ans. Le 8 juin 1768, il était nommé directeur de l'Ecole supérieure, en remplacement de Matheson qui se retirait. Comme professeur, Alexandre Adam devint rapidement populaire, et le nombre de ses élèves quadrupla; malgré l'opposition de Robertson, principal de l'Université, qui craignait la concurrence, il réussit à introduire dans son école l'étude du grec; circonstance qui ne fut pas étrangère à la prospérité de celle-ci. Du reste, Adam ne vivait que pour son école et n'avait, pour ainsi dire, de société que celle de ses élèves, parmi lesquels nous pouvons citer Walter Scott, lord Brougham et Jeffrey. Il mourut le 18 décembre 1809, après une maladie de cinq jours, et voici quelles furent ses dernières paroles : « Mais la nuit vient : vous pouvez vous en aller » *(But it grows dark; you may go)*; il s'adressait encore à ses élèves, mais ce fut lui qui partit.

On doit encore à Alexandre Adam : *Principes de grammaire latine-anglaise* (1772); *Antiquités romaines* (1791); *Abrégé de géographie et d'histoire* (1794); une *Biographie classique* (1802) et un *Dictionnaire latin* (1805).

ADAM, Robert, architecte écossais (1728-1792). Il naquit à Maryburgh, comté de Fife, et fit ses études à l'Université d'Edimbourg. En 1754, il fit un voyage sur le continent, pour y étudier les merveilles de l'architecture ancienne et moderne, et passa trois ans en Italie, dont partie en compagnie de l'architecte français Clérisseau. A son retour en Angleterre, il acquit une grande réputation et fut nommé architecte du roi en 1762. Quoique élu membre de la Chambre des communes pour Kinross, en 1768, il continua de professer son art, se bornant à résigner sa charge d'architecte du roi. Il bâtit de nombreux châteaux et hôtels, principalement avec la collaboration de son frère James. C'est à la collaboration des deux frères qu'est due la construction, à Londres, de l'ensemble des bâtiments auquel, à cause de cela, on donna le nom d'Adelphi (du gr. *Adelphos*, frères). — Robert Adam publia en 1764 : *Les Ruines du palais de Dioclétien, etc.*, résultat de ses études à Rome.

ADAM, Albert, peintre de batailles et animalier allemand (1786-1862), natif de Nordlingen, fit ses études artistiques à Nuremberg, puis à Munich. Il s'attacha au prince Eugène de Beauharnais, qu'il suivit dans la campagne de Russie (1812). De même, en 1849, il suivit Radetzky en Italie et assista aux batailles de Custozza et de Novare. Il assista, du reste, à bien d'autres batailles, à différentes époques de sa vie, quoiqu'il ait traité avec un égal bonheur les sujets historiques, empruntés principalement aux grandes épopées françaises et allemandes. En 1835, Albert Adam peignait pour le roi Louis de Bavière, une *Bataille de la Moskowa*; lorsqu'il mourut, le 28 août 1862, il venait de donner la dernière main à une *Bataille de Zorndorf*. Beaucoup de ses œuvres sont aux musées de Munich et de Vienne et dans la collection du baron de Rothschild. Il a laissé, en outre, de nombreux dessins, dont un album intitulé : *Souvenirs de la campagne de l'armée autrichienne en Italie, en 1848-1849*, publié à Munich. — C'est à Munich, où il s'était fixé depuis longtemps, qu'Albert Adam est mort.

ADAM, Jean-Victor, peintre et lithographe français (1801-1866). Fils d'un graveur de talent et né à Paris, il eut pour maîtres Meynier et Régnault et suivit les cours de l'École des Beaux-Arts. Il débuta au salon de 1819 par une toile représentant *Hermione secourant Tancrède*. Peintre habile, J.-V. Adam se fiait trop à sa facilité pour devenir jamais un artiste supérieur; il obtint toutefois des médailles en 1824 et 1836. Jeune encore, il abandonna presque complètement la peinture pour se livrer à la lithographie, genre dans lequel il obtint des succès retentissants. — On doit à V. Adam plusieurs batailles au musée de Versailles et d'assez nombreux tableaux historiques ou de genre, parmi lesquels : *Henri IV après la bataille de Coutras*, le *Marché au poisson à Marseille*, *Chartreux en prière*, la *Foire aux chevaux à Caen*, *Trait de bonté du duc de Berry*; les batailles de *Castiglione*, *Neuwied*, *Montebello*; la *Prise de Menin*, la *Capitulation de Nordlingen*; l'*Entrée des Français à Mayence*, le *Combat de Varoux*, le *Combat de Werdt*, etc.; ces batailles sont au musée de Versailles. Nous citerons parmi ses dessins lithographiques : le *Sacre de Charles X*, la *Victoire du général polonais Dwernicki* (1846); plusieurs *Suites d'animaux* et autres albums; les *Promenades de Paris*, les *Environs de Paris* et de nombreux dessins pour des publications illustrées, notamment pour une édition de *Buffon*.

ADAM, Adolphe-Charles, compositeur français, né à Paris le 24 juillet 1803, mort dans la même ville, le 3 mai 1856. Il était fils d'un pianiste compositeur de talent, Jean-Louis Adam, alsacien d'origine et auteur de charmantes mélodies et de *Méthodes* estimées, mort professeur au Conservatoire en 1848. — Après avoir fait ses études classiques au lycée Napoléon, Adolphe Adam entra au Conservatoire de musique, où il eut pour maîtres Reicha et Boïeldieu. Il débuta par des airs de vaudeville et eut beaucoup de succès dans ce genre, mais des succès qui lui rapportaient peu de toutes les façons, de sorte qu'il vécut de longues années obscur et besogneux. En 1829, enfin, il débutait à l'Opéra-Comique par un acte intitulé : *Pierre et Catherine*; c'était le pied à l'étrier. Laborieux autant que musicien consommé, il se mit à l'œuvre et travailla avec une ardeur que la mort seule devait éteindre, conquérant de haute lutte, avec la popularité, la véritable gloire. Il devint à son tour professeur au Conservatoire et fut élu membre de l'Académie des Beaux-Arts en 1844. — Parmi les ouvrages les plus célèbres d'Adolphe Adam, nous citerons : le *Chalet* (1834); le *Postillon de Longjumeau* (1836); le *Fidèle Berger* (1837), le *Brasseur de Preston* (1838); la *Reine d'un jour* (1839); *Giselle* (1842); le *Diable à Quatre* (1845); *Griselidis*, ballet (1848); la *Filleule des Fées* (1849); le *Toréador* (1849); *Giralda* (1850); le *Roi des Halles*, *Si j'étais Roi*, le *Bijou perdu*, la *Poupée de Nuremberg* (1852-1854); le *Hussard de Bercheny* (1855), etc. — En 1853, Adolphe Adam créait le Théâtre Lyrique, qu'il installait dans l'immeuble de l'ancien Théâtre historique d'Alexandre Dumas, et où il donna ses derniers ouvrages. L'entreprise, extrêmement digne de succès, échoua cependant, et cet échec entraîna la ruine de l'infortuné musicien. Il ne s'en releva pas; il traîna deux ans encore, faisant de la critique musicale dans les journaux, et succomba enfin, en 1856, tué, on peut le dire, par cet insuccès si peu mérité.— Il a publié des *Souvenirs d'un Musicien*, en 1855.

ADAM, Antoine-Edmond, homme politique français, sénateur, né le 19 novembre 1816, au Bec-Hellouin (Eure), fit ses classes au collège de Rouen et son droit à Paris. En 1840, il débutait dans la presse, à Angers, et entrait au *National* en 1846. La révolution de février l'enleva au journalisme : nommé d'abord adjoint au maire de Paris, qui n'était autre, comme on sait, que le rédacteur en chef du *National*, Armand Marrast, puis secrétaire général de la préfecture de la Seine, il fut ensuite élu par la Constituante membre du Conseil d'Etat, position qu'il conserva jusqu'au coup d'État du 2 décembre, qui ne pouvait faire moins que de le rendre à la vie privée. De 1853 à 1866, M. Edmond Adam remplit les fonctions de secrétaire général au Comptoir d'escompte de Paris. En 1869, il consentit, non sans peine, à cause de sa répugnance à prêter le serment exigé, à poser sa candidature dans la 3e circonscription de l'Eure, contre celle de M. le comte d'Arjuzon, chambellan de l'empereur, candidat officiel; mais il échoua au scrutin du 24 mai, quoiqu'ayant réuni un assez grand nombre de voix. Membre du conseil général des hospices du département de la Seine, du 29 septembre 1870, il fut nommé préfet de police, par décret du gouvernement de la Défense nationale en date du 11 octobre 1870, en remplacement de M. de Kératry. M. E. Adam ne demeura guère en fonctions qu'une quinzaine de jours; il donna sa démission le 2 novembre, par suite de dissentiments avec le gouvernement sur la question des poursuites à exercer et des arrestations à opérer relativement à l'affaire du 31 octobre, et fut remplacé par M. Cresson. Nommé représentant de la Seine à l'Assemblée nationale aux élections du 8 février 1871, M. Adam siégea à l'extrême gauche. Il fut élu sénateur inamovible, le 16 décembre 1875, par l'Assemblée nationale. — M. Edmond Adam était le tuteur des enfants de M. Henri Rochefort, quand celui-ci, frappé avec la rigueur que l'on sait par le gouvernement de Versailles, après avoir échappé non sans peine aux représailles de celui de Paris, se trouva privé de ses droits civiques; et c'est en quelque sorte avec son secours, qu'il put, non pas précisément effectuer son évasion de la Nouvelle-Calédonie (1874), mais au moins la mener à fin utile. — M. Edmond Adam est mort le 13 juin 1877.

ADAM, Edmond (Mme). V. LAMBER (Mme) Juliette.

ADAM BILLAUT, ou plus communément Maître Adam, surnommé le *Virgile au rabot*. Poète français, né à Nevers dans les premières années du XVIIe siècle. Il exerçait dans sa ville natale la profession de menuisier et ne rimait qu'à ses moments perdus. Les princes de Gonzague, de passage dans leur duché de Nevers, eurent l'occasion de voir quelques-unes de ses poésies; ils lui laissèrent des marques de leur satisfaction. Etant venu à Paris pour un procès, Maître Adam eut la bonne inspiration d'adresser une ode au cardinal de Richelieu, qui lui donna une pension. Ce fut comme un signal; les présents des grands seigneurs et les éloges des beaux esprits plurent sur lui; le Grand Corneille lui-même le compare à Orphée. Heureux et content, Maître Adam, sans quitter son état de menuisier, continua son rôle de poète. Une verve singulière, un génie poétique qu'il ne tenait que de la nature, beaucoup de facilité à bien rendre ce qu'il sentait, le firent regarder, dans son temps, comme une espèce de phénomène. Tous les rimeurs composèrent des vers à sa louange. Le plus spirituel de ces compliments rimés est sans doute ce joli quatrain que lui adressa le duc de Saint-Agnan :

> Ornement du siècle où nous sommes,
> Vous n'aurez rien de moi, sinon
> Que, pour les vers et pour le nom,
> Vous êtes le premier des hommes.

Les incorrections sont assez nombreuses dans les poésies de Maître Adam, et le goût ne s'y montre pas toujours bien pur; toutefois, on y rencontre certainement beaucoup de verve et parfois de la noblesse dans l'expression aussi bien que dans la pensée. Il excellait surtout dans la chanson bachique, comme en témoigne la chanson toujours populaire qui débute ainsi :

> Aussitôt que la lumière
> A redoré nos coteaux,
> Je commence ma carrière
> Par visiter mes tonneaux...

Il est auteur de plusieurs autres pièces, marquées au coin du même génie. Il en forma trois recueils, qu'il appela, par allusion à son métier : les *Chevilles*, le *Vilebrequin* et le *Rabot*. Ce dernier n'a jamais été imprimé; les *Chevilles* ont été imprimées à Paris (1644, in-4), à Rouen (1658, in-8); le *Vilebrequin* (1662 et 1663, in-12), fut publié par Bertier, prieur de Saint-Quaize. En 1806, Pissot a fait imprimer un volume in-12, sous le titre d'*Œuvres de Maître Adam*. Voltaire a fait l'éloge de ce rondeau, que l'on peut citer comme une de ses meilleures pièces :

> Pour te guérir de cette sciatique,
> Qui te retient, comme un paralytique,
> Entre deux draps sans aucun mouvement,
> Prends-moi deux brocs d'un fin jus de sarment,
> Puis lis comment on le met en pratique;
> Prends-en deux doigts, et bien chauds les applique
> Sur l'épiderme où la douleur te pique,
> Et tu boiras le reste promptement
> Pour te guérir.
>
> Sur cet avis ne sois point hérétique;
> Car je te fais un serment authentique,
> Que si tu crains ce doux médicament,
> Ton médecin, pour ton soulagement,
> Fera l'essai de ce qu'il communique
> Pour te guérir.

Deux autres artisans du même temps, qui faisaient aussi de vers, Ragueneau, pâtissier, et Réault, serrurier, lui adressèrent chacun un sonnet. Quelqu'un l'ayant engagé à aller vivre à la cour, il lui répondit par les vers suivants :

Va, ne me parle plus des grandeurs de la terre !
Le brillant des grandeurs est un éclat de verre,
Un ardent qui nous trompe aussitôt qu'on y court :
Ce n'est pas qu'en passant je ne le remercie,
Mais pourtant tu sauras que le bruit de ma scie
Me plaît mille fois mieux que le bruit de la cour.

Maître Adam pensait sainement. — Mainard assurait que les muses n'auraient dû s'asseoir que sur des sièges faits de ses mains. — Seulement les muses ne s'assoient pas, je crois, et Maître Adam, d'ailleurs, ne faisait pas de sièges. Il mourut dans son pays natal le 19 mai 1662.

ADAM DE BRÊME, chroniqueur allemand du XIe siècle, était chanoine de Brême, d'où son nom. Il écrivit dans sa jeunesse une *Histoire ecclésiastique des églises de Brême et de Hambourg*, divisée en 4 liv., où il traite de l'introduction du christianisme dans le Nord, et en particulier dans le diocèse de Brême-Hambourg, depuis Charlemagne jusqu'à Henri IV. Cet ouvrage est suivi d'une *Description du Danemark* où l'on a relevé beaucoup d'erreurs, mais qui, telle qu'elle est, contient d'intéressants renseignements pour l'histoire de la Scandinavie. — Les îles Scandinaves dépendaient alors, au point de vue ecclésiastique, du diocèse de Brême-Hambourg. — Les meilleures éditions de l'ouvrage d'Adam de Brême est celle de Holmstad (1670).

ADAM DE CRAPONNE, ou de CRAPPONNE, ingénieur français (1519-1559), auteur du canal qui porte son nom, est né à Salon. Il appartenait à une famille noble et ancienne de Toscane, qui s'était attachée au duc d'Anjou, et dont des descendants, outre ceux de France, habitent encore, dit-on, le château de *Crappone*, près de Pise. De bonne heure il s'adonna à l'étude des mathématiques, y fit des progrès rapides et devint habile géomètre et ingénieur hydraulicien. On sait peu de choses de sa vie et de ses travaux, dans leur ordre au moins, antérieurement à l'entreprise du canal qui porte son nom et dont il ne vint à bout qu'à force de courage, de persévérance et de sacrifices. Adam y engloutit sa fortune personnelle, une partie de celle de sa famille, qui l'abandonna (à l'exception de sa sœur Jeanne, qui lui resta dévouée toute sa vie et même au delà), et tout l'argent qu'il put se procurer d'ailleurs par voie d'emprunt ; de sorte que, réduit à la plus grande misère, poursuivi par ses créanciers, il dut, en fin de compte, lorsque le succès eut couronné ses efforts, abandonner à ces derniers les profits de son dur labeur.

Au milieu des préoccupations qui l'assiégeaient, son génie infatigable ne cessait de lui suggérer de nouvelles conceptions, plus vastes les unes que les autres. C'est à cette époque qu'il conçut le projet d'un canal navigable de la Durance ou du Verdon à Aix, de la réunion de l'Océan à la Méditerranée par le canal du Centre, et aussi celui du canal du Midi, exécuté par Riquet, cent vingt ans plus tard. Le canal du Centre a, du reste, mis bien plus de temps encore à recevoir son exécution. Mais, avant de rien entreprendre de plus, il fallait achever la besogne commencée, et que tout le monde déclarait irréalisable. Adam y travaillait avec une ardeur que rien ne pouvait lasser, pas même les quolibets de tous les « gens sensés » de Salon, qui le traitaient de rêveur et de fou. Seulement, une sourde irritation mêlée à l'impatience de convaincre ses insulteurs, le porta à une démarche hâtive et évidemment prématurée, qui lui valut une cruelle déception. Le 13 mai 1557, la population de Salon et des environs était conviée par l'ingénieur à venir assister à l'arrivée des eaux de la Durance dans le canal dont la construction était suffisamment avancée pour les recevoir. Personne n'y manqua ; par malheur, ce fut en vain que cette foule, en grande majorité hostile à l'ingénieur, attendit, depuis le matin jusqu'à la nuit tombée, l'apparition annoncée : la Durance ne permit pas à un simple filet de ses eaux de quitter son lit pour le lit artificiel qui lui était offert. Alors, l'agitation des Salonais devint, le soir venu, une véritable fureur. Le malheureux ingénieur fut accablé d'invectives dans le plus pur dialecte provençal, et même de coups. Adam de Craponne aurait pu perdre courage, mais point ; il se remit à l'œuvre avec une ardeur nouvelle, et deux ans après, il prenait une éclatante revanche, aux applaudissements enthousiastes des mêmes gens sensés qui l'avaient dans l'occasion précédente injurié et bousculé. A l'heure dite, les eaux de la Durance s'élançaient du haut du rocher de la Baume, et coulaient ensuite paisiblement dans le lit artificiel qui leur avait été préparé. « Là, raconte Michel de Nostradamus, compatriote, ami et créancier de l'illustre ingénieur, tout le peuple assemblé, non pour voir enfanter une montagne avecque moquerie et risée, mais comme au spectacle de quelque miracle nouveau, receut ceste eau avecque applaudissement, estonnement et joye, autant incroyable qu'inespéré. En ce principalement que plusieurs saiges avoient creu, voire mesmes semé, que Crapponne avoit emprins l'infaisable et l'impossible. »

Le but principal du canal de Craponne, dans l'esprit de son créateur, but en vue duquel il reçut cette pente considérable qui rend tout curage inutile, était de porter sur les 53,000 hectares du désert de la Crau les richesses fertilisantes charriées par la Durance, et qu'avec la précision de ses calculs, la science moderne n'a pas évaluées à moins de 17 millions de tonnes par an; au moyen de cet immense apport d'alluvions, colmater ces steppes de cailloux et les transformer en une plaine aussi riante et plantureuse qu'ils sont aujourd'hui infertiles et désolés, telle était, dans sa simplicité grandiose, l'idée primitive du projet. D'après des évaluations mathématiques, ce prodigieux résultat serait aujourd'hui entièrement atteint, si, sur tout son parcours, le canal de Craponne n'avait été littéralement mis au pillage. Néanmoins, malgré les abondantes saignées pratiquées pour les irrigations, malgré des usurpations sans nombre et sans frein, une superficie de 13,000 hectares, représentant une plus-value de 35 millions de francs, a pu être colmatée. Dans une brochure publiée en 1874, M. Félix Martin, ingénieur, ajoute, à la gloire de Craponne et à la confusion de notre époque, que c'est « le premier essai de cette nature qui ait été tenté, et le seul qui ait été en partie couronné de succès. » On doit à Adam de Craponne divers autres travaux exécutés soit précédemment, soit concurremment avec le canal dont nous venons de raconter l'odyssée ; notamment le dessèchement des marais de Fréjus, d'Arles, de Tarascon, de la Camargue, et les fortifications du château de Nice.

Adam de Craponne mourut en 1559, dans des circonstances dont le mystère n'a pu être entièrement pénétré. Au commencement de cette année-là, il était envoyé par le roi de France Henri II, à qui il avait eu recours dans sa détresse (ayant été obligé d'abandonner à ses créanciers les profits résultant de l'exploitation du canal), à Nantes, pour inspecter des travaux de défense, dont on lui avait signalé les graves défauts et par suite le manque de solidité. Les entrepreneurs de ces travaux, qui n'étaient probablement pas aussi sûrs de leur propre honnêteté que de celle de Craponne, prirent peur, et résolurent de se défaire de ce contrôleur dangereux. Ils invitèrent donc l'ingénieur provençal à un grand dîner donné en son honneur ; et au dessert, on lui présenta une pêche empoisonnée. Quatre heures après, Adam de Craponne rendait le dernier soupir, au milieu d'atroces souffrances. — Si la tradition est vraie, et on ne saurait expliquer comment elle ne le serait pas, on peut dire qu'Adam de Craponne a payé aussi cher qu'il est possible à un mortel ses droits à l'immortalité.

Salon a élevé une statue à Adam de Craponne, avec le concours des dix-neuf communes arrosées par le canal qu'il a construit. Ce monument, hommage tardif de reconnaissance, porte pour inscription le quatrain suivant, en dialecte provençal :

Abrado dè la sé, la larmo à l'uè, pécaïré !
Sèloun vésié passi soun maïgré terradou ;
Crappouno, soun enfant, li fagué tré de païré
Li largue d'aïgo à sa[illegible]

Ce qui peut se traduire ainsi :

Brûlé de soif, la larme à l'œil, *pécaïré !*
Salon voyait s'étendre son maigre territoire ;
Crapponne, son enfant, lui fit ce trait de père
De lui bailler de l'eau tout son soûl.

ADAM DE LA HALE, dit le Bossu D'ARRAS, trouvère français du XIIIe siècle, et l'un des créateurs du théâtre en France. Il était fils d'un bourgeois d'Arras, où il naquit vers 1240. Destiné à la carrière ecclésiastique, il fut élevé à l'abbaye de Vauxcelles, près de Cambrai ; mais, à l'âge d'environ vingt ans, ayant eu occasion de voir les trouvères et les jongleurs, une vocation nouvelle s'empara de son esprit, et il devint trouvère, c'est-à-dire poète, à son tour. Il suivit Robert d'Anjou à Naples, lorsqu'il fut élevé au trône des Deux-Siciles (1309). C'est là qu'il composa la plupart de ses pièces les meilleures, et qu'il mourut à une date qu'on ignore. — On a d'Adam de la Hale des poèmes, des rondeaux, des chansons dont il composait également la musique, et des *Jeux*, c'est-à-dire de véritables pièces de théâtre, notamment : *Li Jeu de Robin et de Marion*, comédie pastorale ; *li Jeu d'Adan ou du Mariage ; li Congié d'Adan d'Arras, C'est du roy de Sézile*, poème, etc.

ADAM-SALOMON, sculpteur français, d'origine israélite (1818-1881). Né à la Ferté-sous-Jouarre, il était employé de commerce à Versailles, lorsqu'il fit la connaissance d'un modeleur italien qui lui donna des leçons. Entré à vingt ans dans la maison Jacob-Petit, en qualité de modeleur, il y exécuta un médaillon de *Béranger* qui attira l'attention sur lui, et une pension du département lui permit de venir étudier la sculpture à Paris. En 1844, il envoyait au Salon un médaillon de *Copernic*, sous le pseudonyme d'ADAMA ; en 1846, il envoyait au salon trois autres médaillons, dont celui d'*Amyot*. Il reprit dès lors son nom, et exposa chaque année de nombreux bustes, parmi lesquels nous citerons ceux du violoniste *Hermann*, de *Hector de Laborde* (bronze), de l'*Amiral de Rigny*, de *Delphine de Girardin*, de M. *Louis Ratisbonne*, de *Léon Faucher*, d'*Alexis de Tocqueville*, d'*Halévy*, d'*Alexandre Bixio*, d'*Orfila*, de *Jules Janin*, de *Garnier-Pagès*, de *Daniel Stern* (Mme d'Agout), de *F. de Lesseps*, de *Ponsard*, de *Lamartine*, de *Léopold Robert*, de *Marie-Antoinette*, de *Rossini*, etc. On lui doit, en outre, un médaillon célèbre de *Charlotte Corday* ; divers bustes, groupes et bas-reliefs allégoriques ; le tombeau du *Duc de Padoue*, aux Invalides, etc. Il avait fondé un atelier de photographie qui eut longtemps une grande vogue. — M. Adam-Salomon est mort à Paris le 28 avril 1881.

— Mme ADAM-SALOMON, née Georgine-Cornélie COUTELLIER, élève de son mari, avait exposé aussi quelques médaillons dans sa jeunesse ; on lui doit, en outre, un ouvrage philosophique intitulé : *De l'éducation, d'après Pan Hoei-Pan* (1856), avec préface de Lamartine. Elle est morte le 8 février 1878.

ADAM (PIC D'). Haute montagne de l'île de Ceylan, 2,206 m. d'altitude. Elle s'élève à 72 kil. de Colombo, dans l'intérieur, mais s'aperçoit du large à une grande distance. Du sommet conique de cette montagne, on jouit d'une vue admirable ; mais ce n'est pas ce qui fait sa célébrité, et surtout ce qui justifie son nom de *Pic d'Adam*. « L'empreinte d'un pied gigantesque, dit M. Elisée Reclus, appartenant, semble-t-il, à un homme haut de dix mètres, est creusée dans la roche, sur la pointe terminale de la cime. Cette empreinte, disent les mahométans et les juifs, est celle d'Adam, le premier homme, qui monta sur le pic pour contempler l'immense terre qui lui était donnée, les vastes forêts, les monts et les plaines, le rivage et le grand Océan, avec ses îles et ses écueils. D'après les Cingalais et les Indous, ce n'est point le pied d'un homme, mais bien celui d'un dieu, qui a laissé cette trace de son passage. Ce dieu dominateur, c'était Siva, nous disent les Brahmanes ; c'était Bouddha, affirment les Bouddhistes ; Jéhovah, écrivent les Gnostiques des premiers siècles chrétiens... » Mais l'empreinte a graduellement perdu de son importance mystique. Pour les Portugais conquérants, elle n'était déjà plus que la marque du pied de saint Thomas, ou même de celui de l'eunuque Judas de

Candace; Moïse de Chorène, un Arménien, jaloux de la gloire de son Ararat, n'y voyait que la trace du pied de Satan, et les touristes européens, dans leur scepticisme impie, assurent y reconnaître les traces du ciseau d'un grossier mystificateur! » Mais aussi de quel mépris ces étrangers barbares sont-ils couverts par les pèlerins convaincus qui vont se prosterner sur la cime, baiser dévotement la trace du pied et déposer leurs offrandes dans la maison du prêtre! Tout leur semble témoigner l'authenticité du miracle: à quelques mètres au-dessous de la cime jaillit une petite source; c'est le bâton du dieu qui l'a fait s'élancer du sol. Des arbres en foule croissent sur les pentes, et ces arbres, ils le voient ainsi du moins, inclinent tous leur branchage vers le sommet pour végéter et grandir en l'adorant. Toutes les roches du mont sont parsemées de pierres précieuses : ce sont les larmes qui se sont échappées des yeux du dieu à la vue des crimes et des souffrances des hommes... » Les contours de l'empreinte sacrée sont ornés de pierres précieuses, et une espèce de petite pagode en bois protège le tout contre les rigueurs du temps. Un prêtre bouddhiste y demeure, afin de donner sa bénédiction aux pèlerins, en échange de leur offrande.

ADAMA. Géogr. anc. Ville de l'ancienne Pentapole de Palestine, qui fut détruite en même temps que Sodome, Gomorrhe, Séboïm et Ségor. Elle était située dans la plaine du Jourdain, au bord de la vallée des Bois, abondante en sources de bitume et devenue depuis la mer Morte. Les ruines d'Adama furent découvertes, croit-on, par M. de Saulcy, en 1850.

ADAMANTIN, INE, *adj.* Qui a les qualités ou quelqu'une des qualités du diamant.

ADAMAWA, ou ADAMAOUA, contrée de l'Afrique occidentale située à peu près à mi-route du lac Tchad à la baie de Biafra, sur la côte de Guinée et occupant une étendue approximative de 300 à 330 kil. de longueur du S.-O. au N.-E. et de 110 à 130 kil. de largeur. Cette contrée est arrosée par le Benouï et le Faro; la première de ces rivières, qui se jette ensuite dans le Niger, traverse entièrement l'Adamaoua, se dirigeant d'abord vers le N., puis vers l'O.; après quoi elle est rejointe par le Faro, qui prend sa source dans le Sud, à 35 kil. de Yolla, capitale du pays. Près de leur confluent, le Benouï ne mesure pas moins de 730 m. de largeur et plus de 30 m. de profondeur; le Faro, avec près de 550 m. de largeur, est généralement peu profond. Ces deux rivières sont sujettes à des débordements extraordinaires, commençant vers la fin de septembre et durant environ quarante jours; les crues du Benouï atteignent souvent 10 m., et ses rives sont submergées à une grande distance. Les parties du territoire de l'Adamaoua les plus fertiles sont les plaines voisines du Benouï, élevées à 240 m. au-dessus du niveau de la mer; plus loin, l'altitude atteint et dépasse même 450 m., sans parler des collines et des massifs montagneux qu'on y rencontre. L'Alantika, qui est le sommet le plus élevé, à 40 kil. environ de Yolla, a 2,743 m. d'altitude.

L'Adamaoua est un pays extrêmement riche et fertile, couvert de villages nombreux et très peuplés; il possède des pâturages luxuriants et on y récolte principalement l'*houque-sorgho* ou doura, ou millet d'Afrique, la noix de terre (*arachis hypogæa* ou *bulbocastanum*), l'yam, le coton; les palmiers et les bananiers y abondent. Les éléphants y étant très nombreux donnent lieu à un grand commerce d'ivoire. On rencontre dans la partie orientale du pays le rhinocéros, et dans les rivières de nombreux crocodiles, ainsi qu'un mammifère nommé *ayou*, inconnu ailleurs et ayant quelque ressemblance avec le phoque.

YOLLA, capitale de l'Adamaoua, compte environ 12,000 habitants; leurs maisons sont construites en argile et entourées de terrains plus ou moins considérables dans lesquels croît le doura nécessaire à la famille; il suit de ce système que, pour une ville dont la population n'est pas plus considérable, Yolla n'en a pas moins quelque chose comme 5 kil. de long. Le calicot, une autre étoffe de coton de couleur sombre appelée *turkedi*, des grains, du sel, sont les marchandises qui alimentent principalement les marchés de Yolla. Comme dans le reste de l'Adamaoua, la cotonnade est généralement employée comme moyen d'échange. La plus grande partie de la population est composée d'esclaves, dont quelques personnages possèdent jusqu'à 1,000 et dont le gouverneur reçoit, dit-on, 5,000 à titre de tribut annuel. — Le gouvernement du pays est entre les mains d'un mahométan, vassal du sultan de Sakatou, mais souverain indépendant en réalité.

Anciennement, l'Adamaoua portait le nom de Fumbina et appartenait à diverses tribus africaines, lorsque au commencement de ce siècle, les Foulbés, ou Foullanes, peuple mahométan, soumirent ces tribus, pas entièrement cependant. Du nom de leur chef *Adama*, le pays prit le nom qu'il porte aujourd'hui.

ADAMITES ou ADAMIENS, *s. m. pl.* Hérétiques qui florissaient aux IIe et IIIe siècles dans le nord de l'Afrique. Se prétendant rétablis dans l'état d'innocence d'Adam avant l'aventure de la pomme, ou plutôt avant la création de la femme, par la passion du Christ rédempteur, ils vivaient à l'état de nature autant que possible, allaient nus aux assemblées, n'obéissaient à aucune règle, ne priaient pas et surtout repoussaient le mariage, comme bon seulement à induire en péché. Cette hérésie grotesque a reparu sous des noms divers, à différentes époques de l'histoire; telle était, par exemple, la doctrine des frères et sœurs du Libre Esprit, qui florissait en Allemagne au XIVe siècle et qu'on y désignait communément sous le nom de *Béghards*. Ce nom était celui d'une secte religieuse ayant pris naissance en Hollande un siècle environ plus tôt et dont la doctrine se rapprochait de celle des nouveaux Adamites à tel point, que les deux sectes finirent par se confondre, sauf une partie des vrais Béghards hollandais, rebelles aux *améliorations* proposées et qui demeurèrent fidèles à leur doctrine primitive, formant une secte distincte dans leur pays. De Béghards, prononcé avec la rudesse d'accent propre aux Bohêmes, chez lesquels la secte avait son quartier général, on ne tarda pas à faire *Picards*, et voilà pourquoi on s'habitua à raconter que les Adamites de Bohême devaient leur existence à un Flamand appelé Picard : l'hypothèse est certainement ingénieuse, mais rien de plus. Les Picards avaient leur siège principal dans une petite île du Luschnitz; ils y vivaient à l'état de nature et les femmes y étaient en commun. Cela déplut au chef des Hussites, Ziska, qui attaqua les Picards, les extermina à peu près complètement et en fit périr autant qu'il put dans les flammes (1421). Ainsi finit cette secte. Mais en 1849, il en parut une semblable dans un district obscur de l'Autriche. Elle fit trois ou quatre ans parler d'elle et semble avoir terminé ses jours sur les bancs de la police correctionnelle, autrement vulgaire et prosaïque qu'un bûcher hussite.

ADAMNAN ou ADOMNAN (Saint). Né en Irlande vers l'an 624, il fut élu abbé de Iona (Hébrides), en 679. Pendant une mission qu'il remplissait à la cour d'Aldfrid de Northumberland, il fut amené à adopter la règle romaine relative à la date de la célébration de la Pâque; de retour dans son monastère, il voulut imposer ce changement à ses moines, mais il rencontra une opposition insurmontable, et on assure qu'il en mourut de dépit, vers 703 ou 704. Saint Adamnan écrivit la *Vie de St Colomban*, laquelle, bien que remplie de fables, n'en est pas moins considérée comme un ouvrage intéressant et de grande valeur historique. On lui doit aussi un ouvrage très intéressant sur la géographie de la Terre Sainte, intitulé: *De Situ Terræ Sanctæ*. Suivant Bede, il aurait écrit cet ouvrage d'après les renseignements que lui aurait fournis un évêque français nommé Arculf, lequel ayant fait naufrage à son retour de la Terre Sainte, aurait été recueilli et soigné au monastère d'Iona.

ADAMS, SAMUEL (1722-1803), l'un des Pères de l'Indépendance américaine. V. ACTE D'INDÉPENDANCE. — Né à Boston le 27 septembre 1722, Samuel Adams entra à quatorze ans au collège d'Harvard, pour y faire ses études. Son intention était de devenir ministre congrégationaliste, mais des revers de fortune éprouvés par son père dans une grande affaire de banque, le forcèrent à quitter prématurément le collège. Il eut, toutefois, le temps de recevoir son premier grade, avec une thèse dont le sujet vaut la peine d'être rappelé : « Est-il légal de résister à la magistrature suprême, si le salut de la République ne peut être autrement assuré ? » Inutile de dire qu'il concluait à l'affirmative. L'échec de l'entreprise de banque dans laquelle la fortune de son père avait été en grande partie engloutie, était dû aux restrictions jalouses apportées par l'Angleterre aux tentatives d'émancipation industrielle des citoyens américains; Samuel Adams n'en était donc que plus disposé à soutenir énergiquement les droits de ceux-ci, dans leur opposition au Parlement. Devenu collecteur de taxes pour la ville de Boston, son attitude politique déjà bien dessinée, cette situation lui attira les quolibets de ses adversaires, qui se plaisaient notamment à l'appeler *Samuel le Publicain*. Mais il s'inquiétait peu de cela, prenant une part des plus actives à tous les actes qui préparaient la révolution et qui aboutit à la déclaration d'indépendance. Nommé en 1765 membre de la Cour générale du Massachusets, il y conquit dès son entrée une grande influence. Le gouverneur anglais fit plus d'une tentative pour le corrompre par l'offre de quelque place considérable, mais toujours en vain; Samuel Adams resta inflexible dans son opposition acharnée au gouvernement britannique. Élu en 1774 membre du Congrès, il fut un des principaux membres de cette grande assemblée, réunie à Philadelphie en 1776, et signa la déclaration d'indépendance. Il fit ensuite partie de la Convention qui élabora la constitution du Massachusets et devint président du Sénat de cet État, dont il fut, de 1789 à 1794, lieutenant-gouverneur et enfin gouverneur de 1794 à 1797. Samuel Adams prit alors sa retraite, partie à raison de son âge avancé, partie parce que la majorité était alors fédéraliste et que lui-même inclinait vers le parti démocratique, dont Jefferson était le chef. Il mourut le 5 octobre 1803.

Dans un discours prononcé le 1er août 1776, à Philadelphie, Samuel Adams traitait les Anglais de nation de boutiquiers (*a nation of Shopkeepers*). Ce discours fut traduit en français et publié à Paris. Des écrivains anglais invoquent ce fait pour contester à Napoléon Ier la priorité de l'invention. Il est certain que Samuel Adams devait mieux connaître que des Français, quels qu'ils fussent, la nation dont il était issu et avec laquelle l'Amérique avait eu de son temps des relations si agréables ; mais il ne faisait que traduire le sentiment universel lorsqu'il se servait de cette expression pour la caractériser.

ADAMS JOHN, homme d'État américain, deuxième président des États-Unis (1736-1826), cousin du président. L'ancêtre de cette famille illustre, Henry Adams, avait émigré du Devonshire en 1632 et s'était établi dans la circonscription de Braintree (Massachusetts) avec ses six fils, qui l'aidaient dans l'exploitation d'une vaste ferme. C'est de l'un de ces fils, restés tous fermiers, que naquit Samuel Adams dont nous venons de parler, et d'un autre, celui qui fait le sujet de la présente notice. — John Adams naquit, le 30 octobre 1736, dans cette partie de la circonscription de Braintree qui, plus tard, reçut le nom de Quincy. Lorsqu'il eut atteint l'âge de quinze ans, son père le mit en demeure de choisir entre rester fermier, avec sa part d'héritage assurée, ou recevoir une instruction supérieure qui lui permît de faire son chemin tout seul et sans rien prétendre de plus. Le jeune homme choisit la dernière alternative. Il entra au collège d'Harvard en 1751, prit ses grades en 1755 et alla s'établir dans la ville de Worcester, où il entra comme instituteur dans une école préparatoire, étudiant le droit à ses moments perdus auprès de l'attorney Putnam, devenu général pendant la Révolution. Il fut admis au barreau en 1758, et peu à peu acquit une grande réputation, qui ne franchit guère, toutefois, les limites de la localité où elle avait pris naissance ; quelques études historiques et juridiques, principalement sur le droit féodal et le droit canon, furent remarquées. Le gouverneur du Massachusetts, devinant dans cet avocat patriote, voulut l'attacher à la cause du roi, et en conséquence, lui offrit le poste d'avocat général à la Cour de l'Amirauté, lui faisant comprendre que c'était seulement le premier pas dans la voie des honneurs et de la fortune. John Adams refusa. Elu membre du congrès provincial en 1765, il organisait à Braintree, la même année, un meeting d'opposition à la loi du timbre, dans lequel il proposait des résolutions énergiques unanimement adoptées non-seulement par la réunion à laquelle il les soumettait, mais par quarante autres villes successivement. En 1768, sa réputation comme avocat s'étant considérablement étendue, il allait s'établir à Boston, centre du mouvement révolutionnaire. Au mois d'avril 1770, il défendait devant le jury un capitaine anglais et quelques soldats, accusés de meurtre, à l'occasion d'une des nombreuses collisions qui se produisaient alors dans la ville entre les trou-

John Adams, deuxième président des Etats-Unis.

pes et les habitants ; et il obtenait le double succès de faire acquitter ses clients sans rien perdre de sa popularité.
En 1774, John Adams fut un des représentants choisis par le Massachusetts pour le Congrès général qui devait se réunir à Philadelphie. Il en devint bientôt l'un des chefs les plus énergiques, y fit partie de la commission chargée d'élaborer la déclaration d'indépendance, et son éloquence ne fut pas étrangère à l'adoption unanime de cet acte. Nommé juge suprême aussitôt après, il refusa, afin de pouvoir se consacrer tout entier à la cause de la patrie. En 1777, il fut un des commissaires envoyés en Europe, avec Arthur Lee et le vénérable B. Franklin, pour gagner des alliés à la cause américaine, et demeura environ dix-huit mois à Paris ; mais des difficultés s'étant élevées entre ses deux collègues, il fut rappelé par le Congrès, tandis que Lee était envoyé en Espagne, où il n'allait pas. Il fut choisi, vers la fin de 1779, comme l'un des plénipotentiaires chargés de négocier la paix, et reçut en outre la mission de conclure un traité de commerce avec la Grande-Bretagne. Cette seconde mission ne pouvait être vue d'un bon œil en France, et M. de Vergennes fit tout son possible pour la faire échouer. Pendant que ces négociations se poursuivaient, Adams se rendait en Hollande et était assez heureux pour conclure avec la République un traité d'alliance et de commerce, et de plus un emprunt qui paraissait à devenir bien nécessaire, malgré l'opposition du ministre anglais, sir Joseph Yorke. Nommé ambassadeur à la cour d'Angleterre en 1785, c'est pendant son séjour à Londres qu'il publia sa *Défense de la Constitution américaine*, ouvrage dans lequel, combattant les opinions de Turgot, de Mably et de Price, favorables à une Chambre unique, il exposait les avantages d'un système basé sur la division du pouvoir, tel que celui qui fut adopté par les Etats-Unis.
Ce fut vers la fin de 1787 que John Adams retourna aux Etats-Unis. Le Congrès lui vota des remerciements pour les précieux services qu'il avait rendus au pays pendant dix années passées en Europe. Peu après, il était élu vice-président, avec Washington, pour le terme commençant le 4 mars 1789. De même que l'illustre président et avec lui, Adams était maintenu à son poste aux élections de 1792. Enfin, en 1797, Washington ayant refusé de se porter pour un troisième terme, ce fut John Adams, son bras droit, peut-être le vrai président actif dans ces quatre dernières années, qui fut élu ; seulement, on lui donnait pour vice-président le chef du parti opposé, un ennemi politique en quelque sorte, Thomas Jefferson. Les rapports entre la République française et la République américaine avaient toujours été fort tendus, principalement à raison des prétentions manifestées par la première à la reconnaissance effective de la seconde, qui n'en pouvait mais, et en conséquence gardait une stricte neutralité. C'est à Adams surtout qu'était due cette attitude des Etats-Unis ; sa sympathie était acquise à la France, mais il ne croyait pas pouvoir aller au delà, dans l'intérêt de son pays, à peine hors d'une crise longue et terrible ; pour être plus près de la vérité, je crois qu'il faudrait même dire que les révolutionnaires français et leurs doctrines n'avaient rien de sympathique au deuxième président des Etats-Unis. Dans tous les cas, cette attitude lui fut vivement reprochée ; plusieurs de ses amis se séparèrent de lui, pour former des groupes politiques particuliers ; et aux élections de 1801, ce fut Thomas Jefferson (V. ce nom) qui fut élu président. John Adams se retira avec dignité, dans son pays natal ; il se garda bien de former un parti d'opposition, comme c'est l'usage, et ne prit plus que peu de part aux affaires publiques. Il était membre de la convention pour la revision de la Constitution du Massachusetts, dans la dernière occasion qu'il eut de s'en occuper.
John Adams mourut le 4 juillet 1826. Par une étrange coïncidence, Thomas Jefferson, son adversaire politique, son successeur et son ami, mais un ami malgré cela, avait rendu le dernier soupir dans la matinée même, presque à l'autre extrémité des Etats-Unis. Le 4 juillet 1826, jour de la mort de deux présidents, se trouvait être le cinquantième anniversaire de l'*Acte d'indépendance*, signé par tous deux.

ADAMS, John Quincy, sixième président des Etats-Unis (1767-1848). Fils aîné du précédent, il était né à Braintree (Massachusetts), le 11 juillet 1767. Ayant suivi son père en Europe dans ses deux missions, son éducation fut à peu près entièrement faite en Europe. Il suivit notamment les cours de l'Université de Leyde. Il n'avait à peine quinze ans lorsqu'il suivit Francis Dana à Saint-Pétersbourg, et revint aux Etats-Unis après avoir visité successivement la Hollande, Londres et Paris, et prit ses grades au collège d'Harvard en 1788 ; après trois années passées chez un avocat, il était à son tour admis au barreau en 1791. Quelques lettres politiques adressées à un journal de Boston l'ayant fait remarquer, Washington le nomma ambassadeur à La Haye en 1794. Il était ambassadeur à Lisbonne à l'avènement de son père; à la présidence, fut alors envoyé à Berlin et négocia un traité de commerce avec le gouvernement prussien. Jefferson, devenu président, rappela le fils de son rival, qui reprit sa profession d'avocat à Boston. L'année suivante (1802), le comté de Suffolk l'envoyait siéger au sénat de Massachusetts, et en 1803, il était élu membre du Congrès des Etats-Unis. D'abord attaché au parti fédéral, J. Q. Adams vota, au bout de quatre ans, avec le parti de Jefferson, c'est-à-dire avec les démocrates, et perdit son siège au Sénat. Pendant sa retraite, il devint professeur de rhétorique et de belles-lettres à l'Université d'Harvard (1806-09). Son cours, le premier qui ait été fait aux Etats-Unis, fut publié en 1810.
Madison, ayant été élu président (1809), offrit à Adams le poste d'ambassadeur en Russie ; celui-ci l'accepta malgré le sentiment de son père, et, quoiqu'il siège à la Cour de justice de la Nouvelle-Angleterre lui eût été offert peu après son arrivée à Saint-Pétersbourg, il préféra le conserver. Lors de la guerre avec l'Angleterre, il annonça le czar à offrir sa médiation, qui fut d'ailleurs déclinée par le gouvernement britannique. Il y eut toutefois des négociations entamées à Gand, et qui durèrent six mois, dans lesquelles les Etats-Unis étaient représentés par J. Q. Adams, Russel et Clay, et qui eurent pour résultat le traité de paix du 24 déc. 1814. Après avoir été ministre à Londres de 1815 à 1817, Adams fut rappelé pour remplir le poste de secrétaire d'État à l'intérieur sous la présidence de John Monroe. En 1825, l'élection présidentielle pour les Etats ayant échoué, la Chambre des Représentants choisit J. Q. Adams pour président, bien que, dans le vote électoral, il eût obtenu moins de voix que son compétiteur, Jackson. L'administration de John-Quincy Adams fut marquée par l'imposition de droits élevés à l'entrée des produits étrangers, dans le but de protéger le développement de l'industrie nationale et par la tentative infructueuse faite auprès de l'Espagne pour lui acheter Cuba. — Il ne fut pas réélu en 1829, et ce fut Jackson qui lui succéda au siège présidentiel. Il se retira à Quincy, auprès de son père.
En 1831, J. Q. Adams reparaît sur la scène politique, comme membre du Congrès, élu par le district où il était né et vivait. Cependant, s'étant présenté pour gouverneur et pour sénateur du Massachussets, il échoua dans ces deux tentatives. Comme président du comité des manufactures, il chercha un terme moyen pour concilier tous les intérêts dans la question des tarifs, sans grand succès ; mais il se fit surtout remarquer comme un adversaire résolu et infatigable de l'esclavage, réunissant peu à peu autour de lui un parti considérable, qui ne devait triompher que près sa mort, mais remporta toutefois quelques succès dont il fut témoin, tels que l'abolition du *gag-rule*, ou loi du bâillon (1845), qui restreignait le droit de pétition au Congrès, à propos d'esclavage. J. Q. Adams mourut paralysé, le 23 février 1848 : il avait été frappé deux jours auparavant, sur les bancs mêmes du Congrès, par le mal qui devait l'emporter. — On lui doit un certain nombre d'ouvrages sans intérêt aujourd'hui, des *Lettres* et des fragments du volumineux *Journal* qu'il avait tenu toute sa vie.

ADAMS, Charles Francis, homme politique américain, fils du précédent, né à Boston, le 18 août 1807. A l'âge de deux ans, il fut emmené à Saint-Pétersbourg par son père, alors ambassadeur à la cour de Russie. Il y resta six ans, pendant lesquels il apprit les langues russe, française et allemande. En 1815, son père ayant été nommé ministre en Angleterre, il l'y suivit et y fut mis en pension. Revenu en Amérique en 1817, il fut placé à l'école préparatoire de Boston, puis entra au collège d'Harvard, où il prit ses grades en 1825. En 1827, il commença l'étude du droit sous Daniel Webster et se fit inscrire au barreau en 1838, mais il n'aborda jamais la pratique de la profession, ayant épousé la fille de Peter C. Brooks, le plus riche marchand de Boston. Elu en 1843 membre de la Législature du Massachusetts, il fut désigné par le parti nouveau du *Free Soil* pour la vice-présidence des Etats-Unis, Martin Van Buren, dont le premier terme allait finir, étant choisi par le même parti pour candidat à la présidence. Mais ce parti, composé en grande partie de démocrates opposés à l'extension de l'esclavage, se réunit que peu de suffrages, jusqu'à ce que, se coalisant en fin de compte avec la plupart des membres du vieux parti whig du Nord, ils formèrent le parti républicain, arrivé au pouvoir en 1860. En attendant, M. Adams était élu, en 1858, membre du Congrès. En 1861, il était envoyé à Londres comme ministre plénipotentiaire par le président Lincoln. Il conserva ce poste important toute la période de la guerre de Sécession, et ne fut rappelé qu'en 1868, sur sa demande. En 1871, il fut nommé à Genève, comme arbitre pour les Etats-Unis, dans la commission chargée de statuer sur les réclamations à exercer contre la Grande-Bretagne dans l'affaire de l'*Alabama*. A son retour, il prit une part active à l'organisation du parti *républicain libéral*, qui échoua dans la personne de Greeley, son candidat à la présidence. M. Adams passa alors au parti démocratique, qui le fit gouverneur du Massachusetts en 1876. Il collabora assidûment à la *North American Review* et au *Christian Examiner*, et fit en 1870, devant la Société historique de New-York, un discours sur la *Neutralité américaine*, qui fut ensuite imprimé à part. Il a publié en outre : the *Life and Works of John Adams*

(10 vol. in 8°. Boston, 1850-56), et *the Life and Works of John Quincy Adams* (1874-76. 13 vol.) Il avait publié précédemment (1875) : *Lettres familières de John Adams et de sa femme, Abigaïl Adams, pendant la Révolution*, suivies des *Mémoires de mistress Adams*.

ADAMS, John Quincy, fils du précédent, né à Boston, le 22 septembre 1833, étudia à l'école préparatoire de Boston, puis au collège d'Harvard, et se fit recevoir avocat en 1855 ; mais il abandonna bientôt la carrière du barreau pour se dévouer entièrement à la politique. Au début, il était républicain, et, comme tel, fut élu en 1866 membre de la Législature de Massachusetts; mais, l'année suivante, ayant donné son adhésion à la politique du président Johnson, il ne fut pas réélu. Depuis lors, il fit cause commune avec le parti démocrate, qui le porta en 1867 au gouvernement du Massachusetts. En 1869 et 1870, il fut de nouveau élu membre de la Législature; mais, en 1871, sa candidature au poste de gouverneur du Massachusetts échoua. Pendant sa carrière, comme membre de la Législature du Massachusetts, M. John-Quincy Adams a été considéré comme le chef *(leader)* du parti démocrate dans cet Etat. Il y prononça d'ailleurs beaucoup de discours importants sur divers sujets de politique générale et particulière et d'économie sociale.

ADAMS, Charles Francis, *junior*, frère du précédent, né à Boston, le 27 mai 1835. Il fit ses études au collége d'Harvard, qu'il quitta en 1855. Il étudia ensuite le droit, et se fit recevoir avocat en 1858. Au début de la guerre de Sécession, il obtint une commission d'officier dans un régiment de cavalerie volontaire, servit pendant toute la durée de la guerre et parvint au grade de colonel ; en juillet 1865, il quittait le service avec le brevet de brigadier général. Il a depuis collaboré à la *North American Review*, où il a publié divers articles, principalement sur le système des chemins de fer; en 1871, en collaboration avec son frère Henry (V. ci-après), il publia un volume ayant pour titre : *Chapters of Erie, and other essays*, relatif à la direction du chemin de fer de l'Erié. Il a publié, en outre (1875-76), une série d'articles dans l'*Atlantic Monthly*, où il passe en revue les plus terribles accidents de chemins de fer qui se sont produits depuis 1829, et les mesures qui en ont été la conséquence. Ces articles ont été depuis réunis en volume sous ce titre : *The Railroad Problem*.

Son frère, Henry Brooke Adams, né en 1838, est sorti du collége d'Harvard en 1858. Pendant la dernière partie des fonctions de son père comme ministre à Londres, il fut son secrétaire privé. En 1870, il a été nommé professeur suppléant d'histoire au collége d'Harvard, et est devenu rédacteur en chef de la *North American Review*.

ADAMS, John Couch, astronome anglais, membre de la Société royale de Londres, est fils d'un petit fermier de Cornouailles et est né dans ce comté, près de Bodmin, en 1818. Il entra au collège Saint-Jean, à Cambridge, où, ayant terminé ses études, il devint répétiteur, puis professeur de mathématiques. Dès 1841, il commença ses recherches sur les causes des irrégularités d'Uranus, afin de pouvoir déterminer si ces irrégularités étaient dues à l'action d'une autre planète, encore inconnue et, dans ce cas, l'orbite de cette planète. En 1844, par l'intermédiaire du professeur Challis, M. Adams ouvrit avec l'astronome royal, M. Airy, une correspondance active sur ce sujet et, en octobre 1845, il envoyait à l'observatoire de Greenwich le résultat de ses recherches, prouvant qu'en effet les perturbations d'Uranns étaient dues à l'influence d'une autre planète, dont la position était indiquée. M. Airy écrivit à M. Adams, le 5 novembre 1845, pour lui demander si la perturbation signalée expliquait suffisamment l'erreur du *radius vector* d'Uranus; mais M. Adams, par des causes restées inexpliquées, ne répondit pas immédiatement et, le 10 du même mois, M. Leverrier publiait, dans les Comptes rendus de l'Académie des sciences de Paris, une étude sur ce même sujet : *les Perturbations d'Uranus produites par Jupiter et Saturne*, dans laquelle il indiquait la place occupée par la planète perturbatrice (connue aujourd'hui sous le nom de *Neptune*), distante à peine d'un degré de celle que lui assignaient les calculs de M. Adams. La Société royale de Londres, ayant à reconnaître solennellement cette grande découverte, se trouva fort embarrassée de savoir à qui, de M. Adams ou de M. Leverrier, elle devait, en bonne justice, conférer sa médaille annuelle; mais comme aucun précédent n'autorisait la distribution de deux médailles, et que, d'un autre côté, la question de priorité, d'ailleurs fort difficile à établir, à part, le mérite des deux savants était égal, le conseil de la Société royale décida d'accorder un « testimonial » particulier à chacun des deux concurrents.

M. Adams publia, en janvier 1847, un mémoire explicatif intitulé : *the Observed irregularities in the motion of Uranus*, qui fut plus tard réimprimé dans l'*Almanach nautique pour* 1851. En 1858, il succéda au feu doyen Peacocke, comme professeur d'astronomie à l'Université de Cambridge. — Il est correspondant de l'Institut de France depuis 1857.

ADAMS, William, théologien américain, naquit à Colchester, *Connecticut*, le 25 janvier 1807; fils de John Adams, docteur en droit, professeur éminent, qui fut longtemps directeur de l'Académie Phillips, d'Andover, *Massachusetts*. Il prit ses grades au collège d'Yale, en 1827, étudia la théologie à Andover, fut ordonné ministre de l'Eglise congrégationaliste en 1831 et s'établit d'abord à Brighton, *Massachusetts*. Il devint ensuite pasteur, en 1834, de l'Eglise presbytérienne de Madison-Square, à New-York, et attira bientôt l'attention par son érudition profonde et son aimable éloquence. Il fut « moderator » de l'assemblée générale de la Nouvelle Ecole, en 1852, et en 1870-71 se dévoua activement à l'union des deux branches de l'Eglise presbytérienne. Elu en 1871 à la chaire de rhétorique sacrée du séminaire de l'Union, à New-York, il déclina cet honneur. En 1874, il se retirait du pastorat, pour cause de santé. Il a, de temps en temps, publié quelques volumes, principalement de discours et de sermons, remarquables surtout par leur style élégant et châtié, parmi lesquels nous citerons : *the Tree Gardens : Eden, Gethsemane, and Paradise* (1867); *Conversations of Jesus Christ with Representative Men* (1868); *Thanksgiving (Actions de grace)* (1869), etc. — Il est mort le 30 août 1880.

ADAMS, William, chirurgien anglais, né à Londres le 1er février 1820. Il fit ses études au Collège du roi et fut nommé démonstrateur d'anatomie pathologique à l'hôpital Saint-Thomas en 1842, aide-chirurgien en 1851 et chirurgien de l'hôpital orthopédique en 1857; en 1874, il est devenu chirurgien de l'hôpital national des paralysés et des épileptiques. Membre de diverses sociétés médicales, il était président de la Société médicale de Londres en 1876. — On doit à M. W. Adams: *Esquisse théorique et pratique de la chirurgie sous-cutanée* (1857); *Sur la réparation des tendons humains après leur rupture* (1860); *Lectures sur la pathologie et le traitement de la courbure latérale de la colonne vertébrale* (1865); *Pathologie et traitement du pied-bot* (1866); *Division sous-cutanée du col du fémur dans l'ankylose de la hanche* (1871); *Sur le Traitement de la contraction des doigts, de Dupuytren*, etc. (1879).

ADAMS, William T., écrivain américain, né à Medway, *Massachusetts*, le 30 juillet 1822. M. W. T. Adams, pendant plusieurs années professeur dans les écoles publiques de Boston, a écrit, sous le pseudonyme devenu populaire d'Oliver Optic, un assez grand nombre de livres destinés à l'enfance. Il a été longtemps éditeur d'un journal périodique intitulé *Oliver Optic's Magazine pour les enfants (for boys and girls)*, lequel a cessé de paraître seulement en janvier 1876. — Ses principaux ouvrages sont : *the Boat Club*; *the Starry Flag* (le Drapeau étoilé); *Lake Shore* (Au bord du lac); *the Riverdale story Books* (Contes du vallon); *the Young America abroad* (la Jeune Amérique à l'étranger); et *In Doors and out* (A la maison et au dehors), recueil de contes familiers.

ADAMS, William Henry Davenport, littérateur et journaliste anglais, né à Londres en 1828. Il débuta dans la carrière comme rédacteur d'un journal de province; se rendit toutefois de bonne heure à Londres, où il ne tarda pas à se trouver en relations avec plusieurs journaux et périodiques influents. Dans ces dernières années, ayant abandonné le journalisme, il s'est entièrement dévoué aux travaux de librairie et, outre qu'il s'est fait une réputation comme auteur fécond et populaire d'ouvrages de littérature instructive destinés à l'enfance, il a écrit un grand nombre de livres sur les sujets les plus divers, tels que : *Mémoires anecdotiques des princes anglais* (Anecdotal Memoirs of English Princes); *Beautés célèbres et femmes historiques* (Famous Beauties and historic Women); *la Magie et les Magiciens* (Magic and Magicians); *the Life-Work of St-Paul*, etc. Il a, de plus, publié une édition annotée des œuvres dramatiques de Shakespeare. — M. Adams a publié des traductions, ou plutôt des « adaptations », des œuvres de nos vulgarisateurs scientifiques les plus populaires, MM. Louis Figuier et Arthur Mangin, qui sont considérés comme ayant été très utiles au progrès de la science populaire dans son pays; il a également traduit les principales œuvres de Michelet : *l'Oiseau, la Mer, la Montagne, l'Insecte*, publiées avec des illustrations de Giacomelli, et qui, grâce à lui, sont aujourd'hui populaires en Angleterre. Il a aussi reproduit, d'après le manuscrit de madame Michelet, sa charmante monographie sur *la Nature, ou Poésie de la terre et de la mer*. Ses autres publications, au nombre d'une centaine environ, ne peuvent naturellement être ici mentionnées avec quelque détail ; nous pouvons toutefois citer encore : *le Monde arctique, la Méditerranée illustrée, Venise, passée et présente, les Cités ensevelies de la Campanie, Batailles mémorables, Scènes du drame de l'histoire d'Europe, Souvenirs de nobles existences, Episodes de l'histoire anglo-indienne ; les Partis et les chefs de partis en Angleterre* depuis *Walpole jusqu'à Peel* (1878, 2 vol.) *Plain living and high thinking* (1881), etc., etc. — M. W. H. D. Adams a été rédacteur en chef du *Scottish Guardian* de 1870 à fin 1877.

Son fils, M. W. D. Adams, est auteur du *Dictionnaire de littérature anglaise* et d'un ouvrage sur les *Livres célèbres*. Il a publié des éditions annotées des *Poètes de l'amour, depuis Shakespeare jusqu'à Tennyson*, des *Poètes comiques du XIX*e *siècle*. *Les Poètes d'aujourd'hui*, etc.

ADAMS-ACTON, John, sculpteur anglais, né à Acton (Middlesex), le 11 décembre 1833. Il fit ses études à l'école d'Ealing Grove et fut reçu en 1853 à l'Académie royale, où il obtint la première médaille d'argent de chaque classe, et de plus, la médaille pour une composition originale de sculpture. Il fut envoyé à Rome par l'Académie. — Ses principaux ouvrages, exécutés tant en Italie qu'en Angleterre, sont : *la Dame du Lac*, le *Premier sacrifice* (mort d'Abel), *il Giuocatore di castelletto*, la *Fille de Pharaon*, *Zénobie*, *Cupidon*, *Psyché*; des portraits-bustes de *M. Gladstone*, pour Liverpool; de lord *Brougham*, de *M. Bright*, de *Cobden*, de sir *Wilfrid Lawson*, du caricaturiste *George Cruikshank*, de *John Gibson*, de *George Moore*, de *Charles Dickens*, du Dr *Jobson*, de *John Prescott Knight* de l'Académie royale, de *Lord Napier de Magdala*, de M. *E. Powell* et du *prince de Galles*. Il a exécuté, en outre, divers monuments dont les plus importants sont: l'*Ange de la résurrection*, le *Mausolée de sir Titus Salt*, le grand manufacturier, à Saltaire; le « Mémorial » de *John* et *Charles Wesley*, à l'abbaye de Westminster; un buste de *John Routledge*; et une statue demi-grandeur de *John Landseer, de l'Académie royale, lisant*. — M. Adams-Acton a été élu membre de la Société des artistes britanniques, en 1883.

ADAMSON, Patrick, prélat écossais (1543-1592). Natif de Perth, il fit ses études à l'Université de St-Andrews, où il obtint le diplôme de Maître-ès-Arts. En 1564, il partit pour Paris, en qualité du tuteur du fils aîné de Sir William Macgill. Marie Stuart, reine d'Ecosse, ayant, en juin de la même année, mis au monde son fils, plus tard Jacques VI d'Ecosse, puis Jacques Ier d'Angleterre, Adamson composa en l'honneur de cet événement un poème latin dans lequel il donnait au nouveau-né le titre de roi de France et d'Angleterre. Il fut arrêté, pour sa peine, tenu en prison pendant six mois, et ne fut relâché que grâce aux démarches personnelles de Marie Stuart. L'infortuné poète s'empressa de s'éloigner, et se retira à Bourges avec son élève. Il y était encore à l'époque des massacres de la St-Barthélemy (24 août 1572), et dut se réfugier dans une auberge tenue par un pauvre vieillard qui, en considération de son humanité envers les hérétiques, fut jeté du haut de sa maison sur le pavé de la rue, où il se brisa le crâne. Pendant son séjour dans cette auberge, qu'il appelle son sépulcre, comme si c'était lui qu'on y eût tué, Adamson composait tranquillement des vers latins, notamment une traduction du *Livre de Job* et une tragédie d'*Hérode*. De retour en Écosse en 1573, il entra dans les ordres et devint ministre de Paisley. En 1575, il entra dans la commission de l'Assemblée générale chargée de fixer la juridiction de l'Église ; étant allé avec David Lindsay, l'année suivante, rendre compte des travaux de cette commission au comte de Morton, alors régent, celui-ci le choisit pour un de ses chapelains, et à la mort de l'archevêque Douglas, il le nomma au siége archiépiscopal de St-Andrews, ce qui provoqua un conflit dans le sein de l'Assemblée générale. Peu après sa promotion, Adamson publiait un *Catéchisme* en vers latins, dédié au roi et admiré même de ses ennemis, paraît-il, mais qui ne les désarma point. Après bien des alternatives de luttes et d'accalmies, un synode provincial tenu à St-Andrews en avril 1586, excommuniait l'archevêque, qui, ayant fait sa soumission à la prochaine Assemblée générale, fut absous. — En 1589, Adamson publiait les *Lamentations du prophète Jérémie*, en vers latins toujours, et toujours dédiées au roi, se plaignant amèrement des mauvais traitements qui lui étaient infligés ; vers la fin de la même année, il envoyait au roi une traduction en vers latins de l'*Apocalypse*. En récompense de cette attention délicate, le roi lui retirait le revenu de son siége archiépiscopal pour en gratifier le duc de Lennox, de sorte que l'archevêque et sa famille se trouvèrent littéralement sans pain ; la charité publique dut en conséquence l'aider à achever de vivre, ce qu'il fit en 1592. — Il avait préalablement dicté une rétractation de ses prétendues erreurs relativement à l'Église épiscopale ; Spottiswoode, toutefois, ne croit pas à cette rétractation *in articulo mortis*, mais cela a peu d'importance.

ADANA, ville de la Turquie d'Asie (Anatolie), chef-lieu du pachalick de ce nom, sur le Seïhoun, à environ 45 kil. de la mer. Popul. 20,000 habit. Elle est construite sur l'emplacement de l'anc. *Antiochia ad Sarum;* d'aspect très pittoresque, ses rues sont pourvues de belles fontaines alimentées par les eaux du fleuve; on y trouve de belles ruines romaines, entre autres celles d'un aqueduc, et le Seïhoun y est traversé par un pont de quinze arches dont la construction est attribuée à l'empereur Justinien. Adana commande le passage des montagnes du nord de la Syrie, ce qui en fait une position militaire importante; Ibrahim-Pacha, fils de Méhémet-Ali, vice-roi d'Égypte, s'en empara en 1832, après avoir vaincu les Turcs à Konieh, mais il dut la leur rendre par le traité de juillet 1840. Le climat y est très doux et très salubre en hiver, mais en été, ses plus riches habitants sont obligés de se réfugier dans la montagne. La plaine voisine est riche et fertile. Ses principaux produits sont le blé, le sésame, les vins, les fruits, le coton et la laine, dont il se fait une grande exportation. — Les rois de la Petite-Arménie avaient jadis leur résidence à Adana.

ADANSON, Michel, naturaliste français (1727-1806). Il descendait d'une famille écossaise qui s'était attachée à la fortune des Stuarts à l'époque de la Révolution, et son père était au service de M. de Vintimille, archevêque d'Aix, en Provence, où il naquit le 7 avril 1727. Lorsque M. de Vintimille fut appelé à l'archevêché de Paris, en 1729, Adanson père l'y suivit avec ses cinq enfants, dont le prélat s'était constitué le protecteur; il fit, par exemple, obtenir un petit canonicat à Michel, dont le revenu servit à défrayer son éducation au collège du Plessis. Le futur savant se fit remarquer à cette époque de sa vie par son intelligence, son penchant à l'étude et une mémoire heureuse, mais sa vocation se dessina seulement lorsque le physicien et micrographe anglais Tuberville Needmann, frappé de l'intelligence du jeune homme, à un examen auquel il assistait, lui fit présent d'un microscope. Dès lors, il ne fut guère possible de rencontrer Adanson sans son instrument, dont l'usage développait en lui la passion de l'observation des mystères de la nature. Après avoir passé quelque temps auprès de Réaumur et de Bernard de Jussieu, ses meilleurs guides, au cours duquel il avait déjà décrit, d'après un système à lui, plus de 4,000 espèces diverses dans les trois règnes, il obtint une mission au Sénégal, résigna son canonicat et partit le 20 déc. 1748. Le Sénégal, à raison probablement de son climat réputé insalubre. était une terre vierge pour les naturalistes, et c'est justement ce qui avait déterminé son choix. Il y demeura cinq années pendant lesquelles il recueillit, classa et décrivit une immense quantité d'animaux, de plantes et de minéraux, réunit des spécimens de tous les articles de commerce du pays, traça des cartes, fit des observations astronomiques et météorologiques et prépara des graminaires et des vocabulaires des dialectes parlés sur les deux rives du Sénégal. Seulement, à son retour à Paris, en 1754, riche de ses trésors scientifiques, il se trouvait complètement sans ressources personnelles. Enfin, encouragé et aidé par Valmont de Bomare, de retour lui-même d'une expédition semblable (1756), il réussit à publier son *Histoire naturelle du Sénégal* (1757), dans laquelle il n'avait fait usage que d'une partie des matériaux qu'il avait apportés, notamment d'une description des coquillages, et qu'il terminait en proposant sa *Méthode universelle* de classification, très différente des systèmes adoptés et que lui avait inspirée l'étude d'espèces toutes nouvelles. Il fondait son propre système de classification de tous les êtres organisés sur l'examen de chaque organe individuel, chaque organe donnant naissance à de nouvelles relations, et par conséquent à de nouvelles divisions arbitraires. Les êtres qui possédaient le plus grand nombre d'organes semblables formaient une grande division, et leurs rapports étaient considérés comme d'autant plus éloignés que leurs organes étaient plus dissemblables. Malgré ses défauts, ce système donne au moins une idée exacte du degré d'affinité existant entre les êtres organisés, indépendamment de toute connaissance physiologique; or, on peut en apprécier tout de suite l'avantage, si l'on songe qu'avant la publication de l'ouvrage d'Adanson, c'est à peine si les testacés avaient pu être étudiés d'une manière à peu près sérieuse, et que l'on y voit pour la première fois non plus la coquille, c.-à-d. l'enveloppe de l'animal, mais l'animal lui-même étudié avec soin.

La publication de cet ouvrage, qui, dans sa pensée, ne devait être que le premier d'une série de huit volumes renfermant toutes ses observations au Sénégal, attira l'attention du monde savant sur Adanson, et l'Académie des sciences l'admit dans son sein en 1759; la même année, il était nommé censeur royal.— En 1763 paraissait son grand ouvrage, les *Familles des plantes*. Adanson y développe le système exposé plus haut sur seize cents plantes, pour lesquelles il établit soixante-cinq divisions artificielles, ayant les organes mêmes et les caractères des végétaux pour base et dont il composa ses cinquante-huit familles. L'ouvrage n'eut pas le succès qu'il méritait et ne fit qu'ouvrir la voie à A.-L. de Jussieu, qui compléta la pensée d'Adanson dans son *Genera Plantarum* (1789); il avait d'ailleurs un grand défaut dans la forme : les termes génériques étranges qui y étaient employés et qui furent tournés en ridicule par les partisans du système sexuel de Linné ; et le fait est que la lecture en était rendue extrêmement fatigante. En 1774, Adanson soumit à l'Académie des sciences le plan d'un ouvrage gigantesque, une véritable encyclopédie d'histoire naturelle, devant renfermer « la description de tous les êtres connus, suivant leur série naturelle indiquée par l'ensemble de leurs rapports. » Vingt-sept volumes (manuscrits) étaient consacrés à l'exposition des rapports généraux, cent cinquante à la distribution alphabétique de 40,000 espèces; il y avait, en outre, un vocabulaire de 200,000 mots, de nombreux mémoires détachés, 40,000 figures et 30,000 spécimens des trois règnes de la nature. La commission académique, en présence de cet amoncellement de richesses, fut quelque peu effrayée ; elle conseilla, peut-être sagement, à Adanson, d'en extraire tout ce qui était original, ce qui lui appartenait réellement, pour le publier, laissant de côté tout ce qui était compilation. Il ne voulut pas entendre raison, et se mit délibérément à l'œuvre.

La Révolution surprit Adanson au milieu de ses trésors scientifiques ; il n'en avait pas d'autres et vivait d'une maigre pension, laquelle, balayée par la tourmente, le laissa dans le dénuement le plus complet ; à tel point que lors de la création de l'Institut national (1795), ayant été formellement invité à siéger parmi ses membres, il dut s'excuser « ne pouvant sortir, faute de souliers. » Le Directoire lui fit une petite pension qui le mit à l'abri du besoin (un savant a si peu de besoins !) pour le reste de ses jours. Il mourut le 3 août 1806, après plusieurs mois de souffrances, demandant qu'on voulût bien orner son tombeau d'une simple guirlande composée de fleurs prises dans les 58 familles établies par son système. Adanson était un homme d'humeur égale, modeste, indifférent à tout ce qui n'était pas la science, imprévoyant au suprême degré pour tout ce qui concernait la vie matérielle ; il mourut regretté de tous ceux qui l'avaient intimement connu. A son retour d'Afrique, il avait proposé à la compagnie des Indes un projet de colonisation du Sénégal par des nègres libres ; on n'en tint aucun compte, et il refusa de porter son projet aux abolitionnistes anglais ; un même sentiment de désintéressement patriotique lui fit refuser les propositions des souverains d'Autriche, de Russie et d'Espagne. — Outre ses grands ouvrages cités plus haut, on lui doit de nombreux mémoires dans le Recueil de l'Académie des sciences, sur le Baobab, arbre gigantesque qu'il étudia le premier, et qu'en son honneur Linné baptisa *Adansonia digitata* ; sur l'origine des variétés des plantes cultivées ; sur les arbres à gomme ; sur le taret ; sur les oscillaires (*oscillatoria Adansonia*), sorte d'algues que leurs mouvements spontanés avaient fait regarder comme des animaux, etc. Il collabora, de plus, à la première partie du supplément de l'*Encyclopédie* ; et on lui attribue la paternité d'une brochure sur l'*Electricité de la tourmaline* (1757), signée du duc de Noya Caraffa.

ADAPTATION, *s. f.* Action d'adapter. — Biol. État d'un organisme subissant les modifications nécessaires pour s'*adapter* à de nouvelles conditions d'existence. — Art dram. Traduction extrêmement libre, remaniement d'une pièce de théâtre en vue d'une scène étrangère.

ADAPTÉ, ÉE, *part. pas.* de Adapter.

ADAPTER, *v. a.* (du lat. *ad* et *aptare*, approprier). Ajuster à.

— S'adapter, *v. pr.*, s'ajuster. *Voici un bouchon qui s'adapte mal à cette carafe.*

ADAR. Sixième mois de l'année civile des Hébreux et douzième de leur année ecclésiastique (29 jours), correspondant à février-mars de notre calendrier.

ADDA, *s. f.* Riv. du nord de l'Italie, formée par la réunion de plusieurs petits cours d'eau, près de la ville de Bormio, dans les Alpes Rhétiques. Elle traverse la Valteline dans une direction occidentale et va se jeter dans le lac de Côme, pour ressortir par le Lecco, qui est une dépendance du premier ; elle traverse ensuite la plaine de la Lombardie, passe à Sondrio, Lodi, Codogno, Pizzighettone et se jette dans le Pô, à 13 kil. au-dessus de Crémone, après un cours d'environ 240 kil. — Formant naguère la limite séparant la Vénétie de la Lombardie, les rives de l'Adda ont été à différentes reprises le théâtre de luttes sanglantes, notamment le

5 mai 1796, où le général Bonaparte, bouscu-

Le passage du Pont de Lodi, sur l'Adda,
par Bonaparte.

lant les Autrichiens, passait le pont de Lodi, traversant l'Adda par conséquent.

AD DEMIRI, Mohammed-ibn-Mourah, surnommé Kemal-ed-Eddin, écrivain arabe du XIVᵉ siècle (mort en 1406), natif de Démir, en Égypte. On lui doit surtout un ouvrage intéressant, intitulé *Vies des créatures animées (Hayatoul-hayouan)*, en forme de dictionnaire, contenant un grand nombre de notices biographiques et historiques.

ADDERLEY, sir Charles Bowyer, homme d'Etat anglais, est né en 1814. Il étudia au collège du Christ à Oxford, dont il sortit en 1835, avec le diplôme de bachelier ès arts. Il a été élu en 1841 membre de la Chambre des communes par les conservateurs de la circonscription Nord du comté de Stafford, qu'il y représente encore aujourd'hui. M. Adderley a été président du *Board of Health* et vice-président du comité du Conseil privé pour l'éducation, sous la seconde administration de lord Derby (1858-59), et sous-secrétaire d'Etat pour les colonies, pendant le troisième passage aux affaires du même homme d'Etat (juillet 1866 à décembre 1868). Il est administrateur de l'école de Rugby et président de la Commission royale sanitaire. En 1869, il fut fait chevalier-commandeur de l'ordre de Saint-Michel et Saint-George. Lors du dernier passage du parti conservateur au pouvoir, en février 1874, il a été nommé au bourg de Devizes, il Charles Adderley a pris une part active à l'établissement de l'autonomie coloniale; il a publié diverses brochures sur l'éducation, sur la discipline pénale et sur des sujets intéressant les colonies. Il est magistrat et député-lieutenant pour les comtés de Warwick et de Stafford.

ADDINGTON, Henry, vicomte Sidmouth, homme d'Etat anglais (1757-1844). Né à Reading, il fit ses études à Winchester et à Oxford, et fut admis au barreau à Lincoln's Inn, en 1784 ; mais, élu vers le même temps membre du Parlement par le bourg de Devizes, il renonça à la pratique des lois. Son père avait été le médecin de lord Chatham, et il se trouva en conséquence lié d'amitié, dès ses débuts, avec le plus jeune des Pitt, au particulier il s'attacha. Élu en 1789 président de la Chambre des communes, il conserva le fauteuil pendant douze ans; lorsque Pitt se retira, en 1801, il le remplaça comme premier ministre et chancelier de l'échiquier. L'événement le plus important de son administration fut la négociation de la paix d'Amiens (1802), suivie à bref délai (mai 1803) de la reprise des hostilités. Peu satisfait du résultat, Addington se rapprocha de l'opposition, et fut obligé de se retirer en mai 1804; mais en janvier 1805, il rentra dans le cabinet comme président du Conseil, acceptant la pairie qu'il avait refusée précédemment, car elle lui revenait presque de droit en quittant le fauteuil de présidence de la Chambre des communes. Il se retira, toutefois, en juillet suivant. A la mort de Pitt, en 1806, il devint lord du sceau privé, puis lord président dans le cabinet Fox-Grenville, mais il donna de nouveau sa démission en 1807. Il fut pour la troisième fois lord président dans le ministère Perceval, au commencement de 1812; et en juin suivant, dans le ministère de lord Liverpool, il devint ministre de l'intérieur, poste qu'il conserva dix ans, dix ans d'agitation et de luttes, pendant lesquels il se distingua par une politique répressive et provocatrice ; on lui reproche notamment la répression sauvage, même pour le temps, du meeting réformiste de Manchester en 1819. Lord Sidmouth donna sa démission de ministre de l'intérieur en 1822, mais fit encore partie du cabinet jusqu'en 1824. Il mourut le 15 février 1844, à 87 ans.

ADDISON, Joseph, célèbre écrivain anglais (1672-1719). Il naquit au rectorat de Milston, dans le comté de Wilt, dont son père était titulaire, le 1ᵉʳ mai 1672. Il fit ses études à Oxford, où son habileté dans la versification latine lui fit obtenir une bourse au collège de la Madeleine, y prit ses degrés en 1693 et y demeura attaché comme agrégé de 1699 à 1711. Il s'était déjà fait une réputation, dans un cercle restreint, par quelques productions littéraires, notamment un poème adressé à Dryden et une odi-ci inséra dans ses *Miscellanées* (3ᵉ vol.). Il traduisit ensuite le 4ᵉ chant des *Géorgiques* de Virgile, une partie d'Ovide, composa un *Essai*, en prose, sur les *Géorgiques* et un *Examen des plus grands poètes anglais* (1694); enfin il adressa au roi un poème sur la prise de Namur (1695) ; tout cela, sans en tirer le moindre profit, de sorte que, comme ses ressources étaient fort minces, il se mit en rapport avec un libraire pour tâcher de s'en procurer d'un peu plus raisonnables, par des travaux de compilation. Ses premiers ouvrages avaient cependant attiré l'attention de quelques personnages influents du parti whig, alors au pouvoir, notamment de Charles Montague, plus tard comte d'Halifax et de lord Somers. En 1699, ces deux patrons d'Addison obtinrent pour leur protégé une pension annuelle de 7,500 fr. « pour voyager et se rendre capable de servir Sa Majesté. » Afin de remplir une si importante mission sans tarder, il se rendit immédiatement en France, où il demeura jusqu'à la fin de 1700, se perfectionnant dans la connaissance de la langue ; il passa ensuite en Italie, et était en Suisse, se disposant à retourner en Angleterre, lorsqu'il reçut notification de sa nomination d'envoyé auprès du prince Eugène, qui combattait alors en Italie. Mais le pouvoir de ses patrons déclinait déjà, et la mort du roi Guillaume (mars 1702) les ayant définitivement dépossédés, la pension d'Addison disparut avec eux. Notre jeune poète proteste qu'il ne reçut jamais qu'une année de cette pension, mais le fait est qu'il dut accepter la position de précepteur errant du fils de l'orgueilleux et économe duc de Somerset, moyennant 2,500 fr. par an, stipulant seulement qu'il comptait sur le patronage de Sa Grâce dans l'avenir. Il visita dans ces conditions une grande partie de l'Allemagne, la Hollande, et revint en Angleterre vers la fin de 1703.

Pendant son séjour en France, Addison avait écrit la tragédie de *Caton*, qu'il l'ait plus ou moins remaniée dans la suite; il composa la plus grande partie de sa *Lettre d'Italie* pendant les arrêts forcés d'une traversée laborieuse du Mont-Cenis, en plein hiver de 1701; ses *Dialogues sur les médailles*, publiés seulement après sa mort, datent de son séjour en Allemagne; enfin ce fut encore à cette époque que furent écrites ses *Remarques sur diverses parties de l'Italie, etc.*, œuvre d'érudition classique avant tout. En 1704, il vit sa situation s'améliorer définitivement. Ses amis whigs, grâce à la composition méticuleuse qu'ils avaient su succédé au pouvoir, avaient conservé une très grande influence. Peu après la victoire de Marlborough à Blenheim, lord Godolphin, qui était lord-trésorier, exprimait à lord Halifax son désir de voir cette victoire célébrée dans un poème digne d'un si grand fait d'armes et d'un général aussi saturé de gloire que celui qu'on appelait déjà partout le Grand Duc. Lord Halifax, ci-devant Charles Montague, s'empressa de proposer Addison comme le plus capable de remplir cet objet, stipulant que ce ne devait pas être un travail gratuit.

Et c'est ainsi que fut composé, par ordre, le poème de *la Campagne*, ni meilleur ni pire, plutôt meilleur même, que la plupart des poèmes de même origine. Ce poème n'était encore qu'en bon chemin, que Locke venait à mourir (27 oct. 1704), le jeune poète officiel était appelé à le remplacer comme commissaire d'appel de l'Excise, une véritable sinécure. En 1706, il devint sous-secrétaire d'Etat, d'abord sous le tory Hedges, puis sous le whig lord Sunderland, gendre de Marlborough et ami de lord Somers, faisant d'ailleurs partie du même ministère. En 1807, les whigs devenant de plus en plus influents, lord Halifax fut envoyé en mission auprès de l'électeur de Hanovre, et emmena avec lui l'auteur dramatique Vanbrugh comme roi d'armes et le poète Addison comme secrétaire. — Le côté le plus drôle, peut-être, de la vie d'Addison commence à se dessiner à cette époque : en 1708, il est élu membre du Parlement par un bourg pourri, mais peu après (1710) par Malmesbury, qui le réélut fidèlement jusqu'à ce que mort s'ensuivit; or, le poète facile et fécond, le causeur spirituel, l'auteur du Babillard, demeura tranquille sur son banc de député, ne soufflant mot pendant plus de dix ans; et il paraît avéré qu'il ne se montra pas plus laborieux dans les commissions. En 1709, lord Wharton étant nommé vice-roi d'Irlande, Addison le suivait comme secrétaire, recevant en même temps, sans sourciller, la sinécure d'archiviste qu'il ne pouvait remplir ; de reste, c'est à tort que nous venons de dire qu'il *suivit* lord Wharton, car il paraît au contraire avoir peu quitté Londres. Vers ce même temps, il publiait un pamphlet anonyme sur *l'État actuel de la guerre*, tout à l'honneur du tout puissant Marlborough ; il composait d'autre part son opéra de *Rosamonde* et écrivait le prologue de la comédie de son ami Dick Steel : le *Tendre époux*.

Cependant le ministère de coalition, où les tories coudoyaient les whigs, tombait au mois d'août 1710 et faisait place à un ministère purement tory, qui dura jusqu'à la mort de la reine Anne (1714). Pendant ces quatre années, Addison se trouva sans emploi, et fut ainsi forcé de faire plus pour sa réputation d'écrivain qu'il n'avait fait jusque-là; non qu'il fut pauvre, car il héritait à cette époque d'un jeune frère mort gouverneur de Madras, et achetait en 1711 la propriété de Bilton, près de Rugby, 250,000 fr. Aussitôt après la chute de son parti, il rédigeait le *Whig Examiner*, mais il le quittait le 1ᵉʳ janvier 1711, pour passer au *Tatler (Babillard)*, dont l'idée et le plan appartenaient, toutefois, à Richard Steele, qui en avait lancé le 1ᵉʳ numéro en avril 1709, pendant une des rares apparitions d'Addison à Dublin. Ce n'est pas ici le lieu d'analyser ce curieux pamphlet périodique, qui cessa de paraître au commencement de 1711, mais pour être bientôt remplacé (1ᵉʳ mars) par le *Spectateur*, plus célèbre encore, et qui, dû à la même collaboration, parut tous les jours de la semaine jusqu'au 6 déc. 1712, formant une série de 555 numéros dont les plus grande partie, et la meilleure, est due à Addison. Steele, camarade d'école d'Addison à la Chartreuse, n'ayant fait que des études incomplètes, était incapable, en effet, d'écrire des morceaux de la force de la Critique du *Paradis perdu*, par exemple. Le célèbre épisode de Sir Roger de Coverley est également d'Addison, ainsi que la *Promenade à l'Abbaye de Westminster*, la *Vision de Mirza*, etc., etc. ; tous morceaux hors de la portée de Steele, le bohème. Après la disparition du *Spectateur*, Steele fondait le *Guardian* (mars à oct. 1713). Ce nouveau journal eut 175 numéros, dont Addison rédigea 53; mai en 1714, le *Spectateur* fut ressuscité, et ce fut lui, No 8 numéros de cette nouvelle série, Addison en composa 24, dans lesquels on trouve le *Mont des misères*, *Shallum et Hilpa*, nouvelle additionnellement, et les *Réflexions au clair de la lune sur les perfections divines*. En avril 1713, il donnait son *Caton* au théâtre avec un succès, surtout politique, très brillant, et chose curieuse, auquel les deux partis participèrent aussi largement que l'un que l'autre, par des raisons différentes. On peut considérer la carrière littéraire d'Addison comme arrivée à son terme à la mort de la reine Anne. En 1715, il ne revenait secrétaire du lord-lieutenant d'Irlande, mais pour peu de temps, ayant été nommé lord du Bureau du commerce la même année. C'est encore dans le cours de l'année 1715 que fut jouée certaine comédie intitulée le *Tambour ou la Maison hantée*, dont l'auteur avoué est Dick Steele, mais dont la voix publique attribue la paternité, au moins partielle, à Addison. Elle n'eut d'ailleurs aucun succès. De septembre 1715 à juin 1716, il rédigea absolument seul les 55 numéros du *Freeholder*, journal gouvernemental et partisan de la maison de Hanovre. Au mois d'août suivant, il épousait la comtesse douairière de Warwick, beaucoup plus vieille que lui, et allait habiter avec elle la magnifique résidence de Holland-House, à Kensington; triste mariage, avec une vieille femme orgueilleuse, querelleuse et jalouse, et qui, suivant toute apparence, abrégea ses jours : l'ambition n'est pas toujours bonne conseillère.

Un changement dans le ministère étant survenu en avril 1717, Sunderland, dont Addison avait été secrétaire en Irlande, devint l'un des deux principaux secrétaires d'Etat du cabinet remanié... et Addison l'autre. A l'avènement de George Ier, Addison avait déjà reçu l'offre d'un portefeuille; il n'était pas marié alors, et en possession de son bon sens, il avait refusé; mais cette fois, la douairière insista, et le malheureux dut se sacrifier. C'était, en effet, un sacrifice véritable, car Addison n'avait aucune des qualités banales qui font la plupart du temps tout le mérite d'un ministre; il n'entendait rien aux affaires, et comme tous les gens d'esprit, était incapable, même sous menace de mort ignominieuse, d'ouvrir la bouche en public. Un beau défenseur qu'avait là le gouvernement, lorsqu'à la tête de l'opposition se dressait un Robert Walpole! Le ministre malgré lui fut donc obligé de se retirer, en mars 1718, « pour raison de santé». Il reçut une pension annuelle de 37,500 fr. comme fiche de consolation ; mais la raison de santé invoquée pour justifier sa retraite était, au fond, si sérieuse, qu'il mourut à Holland-House le 17 juin 1719; de sorte que le gouvernement n'eut pas à lui servir sa pension trop longtemps. Il fut inhumé dans le « coin des poètes » de l'abbaye de Westminster. — Son dernier écrit fut un traité sur les preuves de la foi, intitulé *Of the Christian Religion*.

Nous n'avons pas cru devoir nous arrêter sur la querelle mémorable d'Addison avec Pope, où il paraît avoir eu le beau rôle; ni sur celle qu'il eut plus tard avec son ami Steele, où il eut certainement le vilain. Dans la vie d'un homme de la valeur d'Addison, de tels incidents ont peu d'importance.

ADDITION, *s. f.* (lat. *additio*, de *addere*, ajouter). Ce qu'on ajoute. *Faire une addition à un traité. Il donne une nouvelle édition de son livre, avec des additions nombreuses.* — Arithm. Première règle, qui consiste à ajouter plusieurs nombres l'un à l'autre pour en obtenir la somme totale. — Typog. Citations, notes, dates, etc., placées en dehors de la justification. — Arg. Note de restaurant.

ADDITIONNÉ, ÉE, *part. pas.* de ADDITIONNER.

ADDITIONNEL, ELLE, *adj.* Qui est ou doit être ajouté. *Article additionnel. Clause additionnelle.* — ACTE ADDITIONNEL. V. ACTE.

— Impôts. *Centime additionnel*, partie aliquote d'un impôt, qui est ajoutée au principal pour être payée en même temps par l'imposé.

ADDITIONNER, *v. a.* Ajouter plusieurs nombres l'un à l'autre pour en obtenir le total. Faire une addition.

ADDUCTEUR, *adj.* Anat. Qui opère l'adduction (lat. de *ad* et *ducere*, amener vers), c'est-à-dire qui rapproche de l'axe du corps. Telle est, en effet, la fonction des muscles ainsi nommés, à l'égard des parties auxquelles elles se trouvent fixées. — Ce terme s'emploie aussi substantiv. pour désigner les muscles en question. *L'adducteur de l'œil, les adducteurs de la cuisse*, etc.

ADDUCTION, *s. f.* Mouvement qui rapproche de l'axe du corps une partie qui s'en trouvait écartée, par opposition à ABDUCTION. (V. ce mot.)

ADECTES, *adj.* et *s. m. pl.* (du gr. *a* priv. et *daknô*, je mords.) Thérap. Se dit des médicaments qui calment les accidents dus à l'usage de remèdes trop actifs.

ADEL, vaste contrée de l'Afrique orientale, s'étendant vers l'est depuis Tadjourrah jusqu'au cap Guardafui, largeur incertaine, à raison du défaut de délimitation exacte des frontières. Le pays est marécageux et insalubre. Il est habité par des Somalis, qui professent l'islamisme et sont gouvernés par un iman. Les principaux ports sont Zeila et Berbère ; ils font avec la côte d'Arabie un commerce assez actif, et exportent principalement de l'ivoire, de la poudre d'or, des épices, du bétail et des chevaux.

ADELAAR, CORT SIVÆRTSEN, surnommé ADELAAR, c'est-à-dire l'AIGLE, célèbre marin norvégien (1622-1675.) Il naquit à Brevioj et devint aspirant dans la flotte hollandaise, sous Van Tromp, à 15 ans. Peu après, il entrait au service de la République de Venise, alors en guerre avec les Turcs. En 1645, *Curzio-Suffrido Adelborst*, car tel était devenu son nom en Italie, était promu au rang de capitaine ; après avoir pris sa large part dans plusieurs victoires navales, en qualité de chef d'escadre, il obtenait, le 13 mai 1654, son plus brillant succès dans les Dardanelles : avec son vaisseau tout seul, il traversait une ligne formée par 37 galères turques, en coulant 15 et brûlant le reste, causant ainsi une perte de 5,000 hommes à l'ennemi. Le lendemain, il entrait à Ténédos et forçait les Turcs à capituler. A son retour à Venise, il fut reçu avec les plus grands honneurs, et devint vice-amiral en 1660. Des offres très séduisantes lui ayant été faites par diverses puissances européennes, il retourna en Hollande en 1661 ; mais dès l'année suivante, il acceptait de Frédéric III le commandement de la flotte danoise auquel étaient attachés, avec un traitement considérable, des titres de noblesse. Sous Christian V, il prit le commandement de la flotte danoise destinée à opérer contre la Suède, mais il mourut subitement, avant le départ de l'expédition (5 novembre 1675.)

ADELAIDE, capitale de la colonie britannique de l'Australie du Sud et du comté du même nom, située sur le Torrens, à 11 kil. de Port-Adelaïde avec lequel une ligne de chemin de fer la met en communication. Le fleuve, traversé à cet endroit par plusieurs ponts, divise la ville en deux parties inégales : North-Adelaïde, la plus petite des deux, sur la rive droite, renferme les principales maisons particulières, s'étageant en pente douce ; South-Adelaïde, sur l'autre rive, est le centre commercial de la ville. Les rues d'Adelaïde sont larges et régulières. Parmi ses édifices publics, on remarque les bureaux du gouvernement et la maison du gouverneur, la poste, la prison, cinq banques, le théâtre et la station du chemin de fer. Fondée en 1836, cette ville doit son nom à la reine Adelaïde, femme de Guillaume IV. Sa population ne dépasse pas 27,300 habitants. Siège de deux évêchés, catholique et protestant épiscopal, elle possède des édifices religieux appartenant aux deux sectes, aussi bien qu'aux méthodistes, aux presbytériens, aux unitaires, aux baptistes et à bien d'autres, qui y exercent leur culte en toute liberté ; on y trouve un beau jardin botanique, entouré de vastes promenades publiques appelées Park Lands. Elle est éclairée au gaz et approvisionnée d'eau au moyen d'un réservoir édifié à plusieurs kilomètres en amont du fleuve. La municipalité d'Adelaïde se compose d'un maire et de huit conseillers, deux pour chacun des quartiers de la ville, plus deux auditeurs et un secrétaire. Les principales manufactures sont des fabriques de lainages, de savon, d'amidon, moulins à farine, brasseries, tanneries, poteries, quincailleries. D'importantes mines de plomb et de cuivre sont exploitées dans le voisinage. Enfin on y fait un important commerce de toute sorte de marchandises et produits divers importés d'Europe.

ADELAIDE (PORT) est situé dans un bas-fond marécageux, dans une petite anse du golfe de St-Vincent. Le port est commode et sûr, mais d'accès difficile, ou plutôt impossible aux bâtiments ayant un fort tirant d'eau, parce que sa profondeur, à l'entrée, n'est que de 2 m. 1/2 à 5 mètres, suivant la marée. C'est un port franc, et il est pourvu de quais et d'entrepôts commodes. Les principales importations de Port-Adelaïde portent sur les draps, la quincaillerie, les machines, le papier, les vins, alcools et bières ; les exportations comprennent principalement les grains, les minerais de cuivre et de plomb, la laine en suint, le suif, etc. — La population est de 2,500 hab.

ADÉLAIDE (SAINTE), impératrice (931-999.) Elle était fille de Rodolphe II, roi de Bourgogne, mais ne possédant toutefois que la partie de ce royaume située entre les Alpes et le Jura. Rodolphe ayant conçu le projet de s'emparer de la haute Italie, en proie alors à des troubles intérieurs, il se trouva en compétition avec Hugues, comte de Provence, et cette querelle ne dura pas moins de quinze années, au bout desquelles les deux rivaux consentirent un accommodement qui donnait l'Italie à Hugues et à Rodolphe la Provence, de sorte que ce dernier devenait bien réellement roi de Bourgogne ; en outre, la jeune Adélaïde était fiancée à Lothaire, fils de Hugues et associé par son père au trône d'Italie. Hugues, cependant, gouvernait les Italiens de manière à les soulever contre lui, ce qui arriva. Hugues fut déposé, et son fils Lothaire, qui au contraire avait su se créer beaucoup de sympathies, fut choisi pour régner à sa place (947). Ce fut alors que, fidèle à la promesse donnée en son nom, Lothaire épousa Adélaïde, devenue orpheline. Le nouveau roi d'Italie avait été reconnu pour tel unanimement ; cependant le marquis d'Ivrée, Bérenger III, convoitait la couronne pour lui-même. Il tenta de la ravir de vive force à Lothaire, et n'y pouvant parvenir, il fit empoisonner celui-ci et se fit couronner à sa place (950.) Il voulut alors faire épouser son fils Adalbert à Adélaïde ; mais la jeune veuve ayant repoussé ses propositions avec indignation, Bérenger la jeta en prison et confisqua tous ses biens. L'évêque de Reggio, Adelard, et plusieurs seigneurs réussirent heureusement à pénétrer jusqu'à elle, en gagnant ses geôliers, et l'infortunée reine put s'enfuir à la faveur d'un déguisement.

Vers le même temps, les Italiens, soulevés contre Bérenger, appelaient à leur secours le roi de Germanie Othon, déjà surnommé le Grand, avant qu'il fît suivre ce titre de celui d'empereur. Othon franchit les Alpes, entre sans coup férir à Milan, se fait couronner roi d'Italie (951), et aux fêtes de Noël suivantes épouse solennellement la veuve de Lothaire. De nouveau reine d'Italie, dix ans plus tard Adélaïde devenait impératrice d'Allemagne ; pendant la minorité de son petit-fils, Othon III, elle gouverna l'empire en qualité de régente avec une grande sagesse. Elle mourut au monastère de Seltz, sur le Rhin, en 999, également regrettée en France, en Italie et en Allemagne. — Elle est honorée comme sainte le 16 décembre.

ADÉLAIDE (Madame) DE FRANCE, fille aînée de Louis XV (1732-1800.) Modèle de toutes les vertus passives, au sein de la cour la plus ignoblement corrompue qui ait jamais existé, elle n'a pas d'autre titre à l'admiration de la postérité, car elle ne fut jamais mêlée aux affaires publiques et sa vie privée est sans tache; mais il nous paraît bien suffisant. Lors de la révolution, Madame Adélaïde sollicita et obtint de son neveu, Louis XVI, l'autorisation de fuir les terribles dangers qu'elle présentait. Elle se retira en Italie avec sa sœur, Madame Victoire, et après avoir été obligée de fuir de Rome, puis de Naples devant les troupes françaises, alla mourir à Trieste à l'âge de 67 ans.

ADÉLAIDE (Madame), EUGÉNIE-LOUISE-ADÉLAIDE-D'ORLÉANS, sœur du roi Louis-Philippe (1777-1847). Elle était fille du duc d'Orléans, célèbre pendant la Révolution sous le nom de *Philippe-Egalité*. Portée sur la liste des émigrés à la suite d'un voyage en Angleterre, elle alla rejoindre son frère, passé à l'ennemi avec Dumouriez. Les événements les tinrent longtemps séparés; mais lorsque, devenu duc d'Orléans, il épousa la fille du roi des Deux-Siciles, elle alla le rejoindre à Palerme, et dès lors ne le quitta plus.

Madame Adélaïde prit une grande part aux événements qui préparèrent l'avènement du duc d'Orléans au trône, sous le nom de Louis-Philippe Ier. Elle reçut, le 29 juillet 1830, la députation qui venait lui offrir la couronne et le décida à accepter cette offre, qu'il eût peut-être fini par repousser, non qu'il la dédaignât, mais parce qu'il craignait fort les suites de son acceptation. Tout le temps qu'elle vécut, Madame Adélaïde jouit d'une grande popularité; considérée par l'opinion publique comme l'Égérie de son frère, c'est à ses conseils qu'on attribuait les bonnes résolutions de Louis-Philippe, et les mauvaises à ceux de ses ministres. Il est certain qu'elle eut toujours une grande influence sur l'esprit de son frère, et comme elle mourut le 31 décembre 1847, il n'est pas étonnant, qu'à propos des événements de février 1848, on entendit exprimer partout l'opinion que les choses eussent tourné autrement si Madame Adélaïde eût vécu. » — Mais l'homme est sujet à l'erreur, et Madame Adélaïde avait peut-être, au contraire, bien choisi son heure pour mourir.

ADÉLIE. Terre découverte par Dumont d'Urville, au delà du cercle antarctique, un peu au nord du pôle magnétique austral, sur laquelle il put atterrir en canot le 19 janvier 1840, et dont il prit en conséquence possession au nom de la France. Il lui donna le nom d'Adélie, en l'honneur de sa femme. Cette terre est absolument inhabitable.

ADELINE, prélat anglais du VIIe siècle. Il était fils de Kentred et neveu d'Inas, roi des Saxons occidentaux. Il devint abbé de Malmesbury en 671, puis premier évêque de Stilburn. — Adeline passe pour être le premier Anglais qui ait écrit en latin, et aussi pour avoir introduit la poésie en Angleterre. Cambden et Bède parlent de lui avec éloges. Ses ouvrages ont été imprimés à Mayence en 1601.

ADELOPS, s. m. Entom. Genre d'insectes coléoptères pentamères, de la famille des sylphides ou sylphales, comptant un grand nombre d'espèces, dont plusieurs se rencontrent dans les plus profondes cavernes de la Carniole et des Pyrénées. A raison de leur genre de vie, les adelops n'ont ni yeux, ni ailes; la plupart de leurs espèces vivent, en effet, sous terre, dans les grottes profondes et obscures; mais quelques-unes vivent aussi à la surface du sol, cachées sous les feuilles ou les mousses. On les trouve généralement dans les montagnes, tel est l'*adelops pyrenæus*; mais une autre espèce, l'*adelops Wollastonii*, se plaît au contraire dans nos départements du nord et de l'ouest et dans les régions du sud de l'Angleterre; on l'y rencontre en abondance dans les pommes pourries enterrées.

ADELPHE, adj. (du gr. *adelphos*, frère). Bot. Qui a les filets des étamines soudés.

ADELSBERG, ville de l'empire d'Autriche, prov. de Carniole, à 40 kil. S.-O. de Laybach et à une distance un peu moindre de Trieste, au pied des Alpes Juliennes et Carniques. Pop. 14,000 hab. — Adelsberg est célèbre par la magnifique caverne à laquelle elle a donné son nom, et dont l'entrée se trouve à une distance d'environ 2 kil. de cette ville, la plus grande et la plus belle des curiosités de ce genre qui soit en Europe. Cette caverne se divise en quatre grottes distinctes, avec deux ramifications latérales qui s'étendent jusqu'à un peu plus de 2 kil. de l'entrée. L'une de ces grottes, dite du *Grand dôme*, est traversée par la rivière Poïk. Dans la grotte dite de l'*Empereur Ferdinand* ou grand *Belvédère*, on donne annuellement un grand bal le lundi de la Pentecôte, la grotte étant brillamment illuminée pour la circonstance. La plus grande des quatre est la grotte *François-Joseph-Elisabeth*, qui a près de 200 m. de long sur 195 m. de large et à une hauteur de plus de 30 m. Outre les proportions imposantes de ces grottes, la caverne tout entière est extrêmement remarquable par les formes bizarres que prennent les groupes de stalactites qui y abondent: ici ce sont des draperies transparentes, là de magnifiques cascades, plus loin des arbres de formes variées, des animaux, des êtres humains aux attitudes les plus grotesques. Ces merveilles souterraines étaient connues au moyen âge; mais on avait oublié

Cavernes d'Adelsberg. Le grand Belvédère.

leur existence, et il fallut les découvrir de nouveau en 1816; ce n'est même que beaucoup plus tard, vers 1857, que la caverne d'Adelsberg fut explorée entièrement et que son étendue put être déterminée.

ADELUNG, Johann-Christoph, savant philologue allemand (1732 1806). Il naquit à Spantekow, en Poméranie, le 8 août 1732, et acheva ses études à l'Université de Halle. Nommé professeur au gymnase d'Erfurt en 1759, il résignait ses fonctions au bout de deux années d'exercice pour se retirer à Leipzig, se livrer à la culture des lettres et spécialement à ces vastes et laborieuses recherches philologiques qui ont été si utiles à la langue et à la littérature de son pays. En 1787, il fut nommé premier bibliothécaire de l'électeur de Saxe, avec le titre honorifique de conseiller aulique. Il résida à Dresde dès lors jusqu'à la fin de sa vie, poursuivant sans relâche se plans d'étude, en s'acquittant des devoirs de sa charge. On assure que, jusque près de sa fin, il consacra au travail littéraire quatorze heures par jour. Il mourut à Dresde le 10 septembre 1806.

La vie de savants à ce point remplie par le travail n'offre guère d'incidents curieux, capables d'intéresser le lecteur indifférent; on a pourtant recueilli sur son caractère et ses habitudes quelques détails qui méritent d'être rapportés. Il paraît que ce reclus volontaire était, chez lui, un homme aimable, voire un véritable bon vivant. Sa cave, qu'il appelait plaisamment sa *Bibliotheca selectissima*, était abondamment pourvue des meilleurs vins étrangers: on assure qu'il n'y en avait pas moins de quarante espèces différentes, et des meilleures. Il réunissait autour de sa table un cercle d'amis nombreux et affectionnés, dont il fut sincèrement regretté.

Les ouvrages d'Adelung, très nombreux, embrassent une grande variété de sujets littéraires et scientifiques; mais c'est surtout par ses travaux philologiques qu'il s'est rendu célèbre. Son *Dictionnaire critique du Haut allemand* (Versuch eines Vollstænchiges grammatisch-kritischen Wœrterbuchs der Hoch Teutschen Mundart) (1774-86, 5 vol. in-4°), et son ouvrage intitulé *Mithridate, ou Histoire générale des langues, avec l'Oraison dominicale comme spécimen, en cinq cents langues ou dialectes environ* (Mithridates, oder Allgemeine Sprachenkunde, etc. (Berlin, 1806-1817) sont comme les types de ses productions en ce genre, dont la série se complète par une *Grammaire du haut allemand*; des *Traités sur l'orthographe*, sur le style, etc. On lui doit encore: *Glossarium manuale ad Scriptores mediæ et infimæ Latinitatis, ex magnis glossariis Caroli du Fresne Domini, Ducange et Carpentarii, in compendium redactum* (Halle, 1772-84, 6 vol.) et de nombreuses traductions. — Il mourut, toutefois, avant d'avoir pu terminer son *Mithridate*; le premier volume, contenant les langues asiatiques, put seul être publié immédiatement après sa mort; trois autres furent achevés et publiés par les soins du professeur Vater, de 1809 à 1817.

ADELUNG (Von), Friedrich, philologue allemand, neveu du précédent (1768-1843). Né à Stettin, le 25 février 1768, Friedrich Von Adelung étudia la philosophie et le droit à Leipzig, puis il séjourna en Italie, avec sa famille, pendant plusieurs années. A Rome, il obtint l'accès de la bibliothèque du Vatican, et il en profita pour étudier et transcrire divers anciens manuscrits allemands, venant d'Heidelberg. A son retour en Allemagne, il devint secrétaire privé du comte Pahlen, qu'il accompagna en Russie. En 1803, il fut choisi pour précepteur des fils du czar, les grands-ducs Nicolas et Michel, puis nommé bibliothécaire de l'impératrice. Appelé, en 1824, à la direction de l'Institut oriental annexé au ministère des affaires étrangères, il devenait président de l'Académie des sciences l'année suivante. Il mourut à St-Pétersbourg le 30 janvier 1843.

On doit à Friedrich von Adelung: *Rapports entre le sanscrit et les langues russes* (1815); *Essai sur la littérature sanscrite* (1830; 2e édit. 1837, sous le titre de *Bibliotheca sanscrita*); une *Biographie du baron Herberstein* (1817) et une *Biographie du baron de Meyerberg* (1827).

ADEMPTION, s. f. Jurispr. Révocation d'une donation (peu usité).

ADEN, ville maritime de l'Yémen (Arabie), située sur la presqu'île du même nom, à 160 kil. E. du détroit de Bab-el-Mandeb. Populat. 30,000 hab. La péninsule d'Aden est formée principalement d'un massif de rochers volcaniques dénudés, s'étendant de l'est à l'ouest au cap d'Aden ou Ras-Sanaîlah au sud, sur une longueur de 8 kil.; elle est reliée au continent par un col étroit de quelques mètres d'élévation seulement, et son sommet le plus élevé est le Djebel Shamshan, dont l'altitude est de 540 m. au-dessus du niveau de la mer. La ville est bâtie sur la côte orientale, dans une dépression du sol qui paraît être un ancien cratère de volcan éteint, et se trouve en conséquence entourée d'une ceinture de rochers escarpés qui lui font une défense naturelle

Entrée d'Aden par la mer.

formidable. Il y a deux ports: le port extérieur en face de la ville, aujourd'hui ensablé, et le port intérieur, appelé *Bandor Tunawyri* par les Arabes, à l'ouest de la péninsule; ce dernier admet tout le long de l'année les bâtiments tirant moins de 6 mètres d'eau. Sauf le manque d'eau potable, qui s'y fait parfois cruellement sentir, Aden est un lieu salubre, malgré la chaleur du climat. C'est l'entrepôt nécessaire de tout le commerce qui se fait entre l'Asie et l'Europe. Aden était l'*Athana* ou *Arabic heureuse* (Arabia felix) des anciens. Les Romains s'en emparèrent, vers l'an 24 av. J.-C.; tombée entre les mains des Portugais au commencement du XVIe siècle, elle devint la proie des Turcs en 1538. Mais ceux-ci abandonnèrent leur conquête dès l'année suivante, et le sultan de Senna établit sa suprématie sur le pays; cet état de choses dura jusqu'en 1730, époque à laquelle Aden secoua le joug et se déclara indépendante. Un bâtiment anglais ayant fait naufrage près d'Aden, en 1837, fut pillé par les Arabes; réparation de cet outrage fut aussitôt demandée par le gouvernement de Bombay au sultan régnant, lequel, suivant la version anglaise, s'empressa de consentir à céder Aden aux Anglais. Mais lorsque l'envoyé britannique se présenta pour conclure le traité, il rencontra le fils du sultan, qui refusa tout net de ratifier les engagements pris par son père. La guerre s'ensuivit, et le 16 janvier 1839 Aden tombait entre les mains des Anglais, où elle est restée, relevant administrativement du gouvernement de Bombay.

Le percement de l'isthme de Suez rendit à Aden l'importance commerciale qu'elle avait perdue depuis la découverte de la route de l'Inde par le cap de Bonne-Espérance, bien que ses nouveaux possesseurs eussent déjà rouvert la route de la mer Rouge pour l'avantager le plus possible; son port avait été déclaré port franc et l'on y avait créé un dépôt de charbon pour les steamers de la Compagnie péninsulaire et orientale. On y fait en outre un grand commerce des produits de l'Arabie, tels que café, gomme, plumes, bois de teinture, perles, ivoire ; les principales marchandises importées sont des soieries, des cotonnades, du grain et des provisions alimentaires diverses. Les Anglais en ont fait une position militaire comparable à Gibraltar, en augmentant considérablement ses fortifications, et y entretiennent une importante garnison

ADENEZ, ADAM, surnommé *le roi*. Ménestrel fameux au XIII° siècle. Il florissait aux cours des ducs de Flandre et de Brabant au temps de saint Louis et de Philippe le Hardi. Il est auteur des romans de *Guillaume d'Orange*, d'*Ogier le Danois*, etc.

ADÉNITE, *s. f.* Méd. Inflammation d'une glande ou d'un ganglion. L'adénite est aiguë ou chronique, essentielle ou symptomatique; sous sa première forme, on l'observe surtout au cou, sous l'aisselle, dans l'aine, au creux du jarret; elle s'annonce par un gonflement douloureux, la peau devient rouge, la fièvre se déclare et le pus se forme. Des frictions mercurielles ou l'application de sangsues font souvent avorter l'adénite aiguë, mais quand le pus est formé, on lui donne issue par l'incision. — L'adénite chronique forme une tumeur dure, bosselée, indolente, que l'on traite par la teinture d'iode et les pommades vésicantes. — L'adénite essentielle est souvent causée par un coup ou par une blessure plus grave, comme une blessure au pied, qui produit au jarret; elle n'a aucune gravité elle-même. — Enfin l'adénite symptomatique est une manifestation de la syphilis, de la scrofule, du cancer, de la peste, etc. On appelle communément *bubon* l'adénite syphilitique, et *écrouelles* ou *humeurs froides* les adénites cervicales suppurées.

ADÉNOLOGIE, *s. f.* Anat. Partie de l'anatomie qui traite des glandes.

ADENT, *s. m.* Techn. Ent. de charpent., se dit des entailles pratiquées dans deux pièces de bois destinées à être jointes, pour assurer la solidité de cette union.

ADEPTE, *s.* (lat. *adeptus*, qui a acquis). Se disait exclusivement, à l'origine, des alchimistes convaincus d'avoir *acquis* la connaissance du grand œuvre — Initié aux secrets d'une science, aux mystères d'une secte soit religieuse, soit politique.

ADÉQUAT, ATE, *adj.* (lat. de *ad* et *æquare*, égaler). Philos. Entier, totale, d'une compréhension égale. *Une bonne définition doit être adéquate, c'est-à-dire qu'elle doit convenir à l'objet défini tout entier et ne convenir qu'à lui seul* (Acad.).

ADER, GUILLAUME, médecin toulousain de la fin du XVI° siècle. On lui doit un ouvrage très curieux, intitulé *Enarrationes de ægrotis et morbis Evangelicis*, sur les guérisons miraculeuses opérées par Jésus-Christ, et qu'il juge d'autant plus merveilleuses que la médecine fût restée impuissante dans la plupart des cas. On lui doit une *Henriade* en vers gascons et d'autres ouvrages, qui l'ont fait considérer comme un continuateur des troubadours par les uns, comme un grotesque par les autres.

ADERBAIDJAN, prov. de Perse située entre l'Arménie russe au N., l'Arménie turque et le Kourdistan à l'O., l'Irak-Adjemi au S., le Ghilan et la mer Caspienne à l'E.. Elle occupe une superficie de 77,000 kilom. carrés et renferme une population de 1,600,000 hab. professant, d'une manière générale, la religion musulmane. Sa capitale est Tauris. Le pays est montagneux, mais les vallées fertiles n'y manquent pas; on y trouve des mines de fer et de cuivre très riches, et du lac d'Ourmiah, on tire une grande quantité de sel. Elève de chevaux.

ADERNO, ville de Sicile, prov. et à 27 kil. N.-O. de Catane, au p ed de l'Etna. Popul. 13,000 hab. Aderno a été bâtie sur l'emplacement de l'antique *Adranum*, dont on peut voir encore une partie des murs épais; de nombreux tombeaux romains ont été découverts dans les environs. La ville moderne est bien bâtie; elle possède plusieurs églises dont l'une supportée par des colonnes en laux polie, ainsi qu'un nombre exagéré de couvents. Non loin d'Aderno, le Simeto forme toute une série de belles cascades. — Situation insalubre.

ADERSBACH, village de Bohême, célèbre par un groupe de rochers aux formes bizarres du l'avoisinent et qui peuvent passer pour une véritable merveille de la nature. Les *Rochers d'Adersbach* se dressent dans une vallée du Riesengebirge, sur la frontière qui sépare la Bohême de la Silésie prussienne, à environ 15 kil. O.-N.-O. de Braunau. Sur une étendue de plusieurs kilomètres, la montagne semble découpée en masses détachées par des fentes perpendiculaires qui constituent des précipices de 180 à 400 m. de profondeur, tandis que ces masses sont depuis quelques mètres seulement jusqu'à plus de 100 m. de diamètre. La partie qu'on appelle le labyrinthe est formée d'un amoncellement de colonnes dont la hauteur varie de 30 à 60 m. Tous ces rochers, au bout du compte, affectent les formes les plus variées et les plus fantastiques : figures géométriques, tours, églises, mosquées, arbres, animaux existants ou éteints. on y voit de tout, avec un peu de complaisance. Quelques savants ont cru que ces étranges édifices naturels doivent l'existence à quelque commotion souterraine formidable, mais l'opinion la plus répandue est une substance moins dure, que les plus compactes n'ont fini par désagréger, ne laissant debout que les parties du plateau capables de leur résister. C'est une théorie que nous avons vu soutenir à propos de phénomènes identiques, et qui est, en effet, parfaitement soutenable; mais c'est tout. — Pendant la guerre de Trente ans, les rochers d'Adersbach ont plus d'une fois servi de refuge aux habitants des villages voisins, que les incursions de la soldatesque tenaient dans une perpétuelle terreur.

ADESSENAIRES, ou ADESSÉNIENS, *s. m. pl.* ,du lat. *adesse*, être présent. Hérétiques du XVI° siècle aussi peu d'accord entre eux qu'avec les orthodoxes, car ils se divisaient en quatre sectes. Ils différaient d'opinion avec ces derniers au sujet de la présence réelle de Jésus-Christ dans l'Eucharistie, qu'ils admettaient toutefois en principe; et entre eux, parce que les uns prétendaient que Jésus-Christ était présent *dans* le pain, les autres *autour* du pain, la troisième secte *sur* le pain, et la quatrième dessous!

ADET, PIERRE-AUGUSTE, chimiste et homme politique français (1763-1832). Il était originaire de Paris. Arraché à l'étude des sciences par l'agitation révolutionnaire, il fit partie, en qualité de secrétaire, de la première commission envoyée à Saint-Domingue. A son retour, il fut successivement chef de la direction des colonies au ministère de la marine, membre du conseil des mines et résident à Genève (1794). L'année suivante, il fut envoyé aux États-Unis, comme ministre plénipotentiaire, pour protester contre la nouvelle politique, hostile à la France, qui prévalait vers la fin de l'administration de Washington; mais il échoua dans sa mission, ne paraît pas avoir rempli avec toute l'habileté diplomatique désirable. Après le 18 brumaire, Adet entra au Tribunat, où il s'occupa spécialement des questions coloniales et maritimes. Nommé préfet de la Nièvre en 1803, puis adjoint au maire en 1809, il signala la déchéance de Napoléon en 1814, et entra à la Chambre des députés pendant les Cent-Jours. La seconde Restauration le fit complètement disparaître de la scène politique. — On doit à Adet, outre quelques Mémoires dans les *Annales de physique et de chimie*, des *Leçons élémentaires de chimie* (1804). Il est auteur d'un nouveau système de notation chimique qui ne fut pas adopté.

ADHÉMAR, ALPHONSE-JOSEPH, mathématicien français (1797-1862). Il était de Paris, où il fit ses études et passa sa vie entre l'enseignement libre des mathématiques et la composition d'ouvrages très estimés sur cette -cience. Il s'est rendu célèbre par un ouvrage sur les *Révolutions de la mer*, ou plutôt par sa théorie de la périodicité des déluges qui y est contenue, et qui est fréquemment citée. — On lui doit : une série de traités élémentaires faisant partie de la *Bibliothèque populaire* (1834-35); sous le titre général de *Cours de mathématiques à l'usage de l'ingénieur civil*, une autre série de traités publiés successivement : *Traité de perspective linéaire*, avec atlas (1832); *Traité de la coupe des pierres*, avec atlas (1837); *Traité des ombres*, *Traité d'arithmétique et Traité d'algèbre* (1840); *Traité de géométrie plane, Traité de géométrie des coupe des pierres, Traité théorique et pratique des ponts biais* (1846); *Nouvelles études de coupe des pierres, Traité théorique et pratique des ponts biais* (1856); *Nouvelles études de Questions diverses* (1841), dans lequel l'idée d'établir un chemin de fer de ceinture autour de Paris est exposée pour la première fois; *Révolutions de la mer* (1842); *Beaux-Arts et Artistes* (1861) — La plupart des ouvrages d'Adhémar ont été plusieurs fois réimprimés.

ADHÉRENCE, *s. f.* Etat d'une chose qui adhère, qui est comme collée à une autre. — Fig. Attachement passionné à un parti ou à une doctrine.

ADHÉRENT, ENTE. *adj.* Qui adhère. Ad. Qui est attaché à un parti, à un chef. *Ils parurent dans l'arène suivis de leurs adhérents*. Ne s'emploie guère qu'au pluriel dans ce sens.

ADHÉRER, *v. a.* (lat. *adhærere*, de *ad* et *hærere*, être attaché). Etre attaché, tenir étroitement, être collé. — Fig. Etre attaché fortement au parti de quelqu'un, être de son sentiment, dévoué à ses idées.

ADHÉSIF, IVE, *adj.* Pharm. Qui adhère, tient fortement, colle. *Substances adhésives*.

ADHÉSION, *s. f.* Union étroite, accolement. — Action d'adhérer, de donner son acquiescement. *La plupart des membres ont donné leur adhésion à ce projet*.

AD HOC, *loc. adv. lat.* Expressément, pour l'objet même dont il est question. *Un discours ad hoc*.

AD HOMINEM, *loc. adv. lat.* A l'homme, à la personne même. Ne s'emploie que dans cette phrase : *Un argument ad hominem*, c.-à-d. un argument frappant directement et nettement l'adversaire.

AD HONORES, *loc. adv. lat.* Pour l'honneur. *Un emploi, une distinction ad honores*, c.-à-d. qui ne confère rien de plus que l'honneur. On dit de préférence, dans ce sens, un emploi, une distinction honorifique. Ex. : *L'université de... lui a conféré le titre honorifique de docteur. Il est docteur ad honores de l'université de...*

ADHUC SUB JUDICE LIS EST, phrase latine empruntée à *l'Art poétique* d'Horace. Sa signification est : *Le procès est encore pendant*.

ADIANTE, *s. m.* (du gr. *adiantos*, qui ne se mouille pas). Bot. Genre de plantes cryptogames de la famille des fougères, ainsi nommées parce que l'eau glisse sur leur feuillage lisse, comme vernissé, le laissant parfaitement sec. Les deux espèces principales d'adiante sont employées en médecine sous le nom de CAPILLAIRE (V. ce nom).

ADIAPHONON, *s. m.* Mus. Instrument à anches libres, du genre *harmonium*; une modification de l'*orgue expressif* de Grenié.

ADIAPHORISTES, *s. m. pl.* (du gr. *adiaphoros*, indifferent). Nom donné par Mélanchthon à ses partisans, dans la discussion de l'intérim de Leipzig, Charles-Quint avant rédigé l'intérim (formulaire) d'Augsbourg (1547) dans le but de pourvoir au gouvernement de l'Eglise jusqu'au prochain concile général, mais sans satisfaire les protestants modérés plus que les exaltés, et Mélanchthon essayant de concilier les deux partis par l'intérim de Leipzig, dont la discussion dura de

1548 à 1555. C'est à cette occasion que Mélanchthon déclara certains rites et cérémonies de l'Eglise catholique romaine, aussi bien que la juridiction de ses évêques, *adiaphora* (choses indifférentes). Les protestants avancés, sous la conduite de Flacius, furent d'un avis contraire, et ses partisans se séparèrent de ceux de Mélanchthon, qui furent désignés sous le nom d'*Adiaphoristes*.

ADIEU, *loc. adv.* Terme de civilité dont on se sert en prenant congé de quelqu'un, et impliquant regret de le quitter. — Fam. *Dire adieu*, prendre congé. *Sans adieu*, se dit à une personne dont on compte ne rester séparé que quelques instants. — Fig. *Dire adieu à quelque chose*, y renoncer. — Prov. *Adieu paniers, vendanges sont faites*. Adieu les profits espérés. l'affaire est terminée à l'avantage d'un autre. — Rem. L'application que l'Académie fait de ce proverbe aux vrais paniers et aux vraies vendanges est absolument fausse.
— S. m. *Il est allé faire ses adieux. Quoi de plus désolant qu'un éternel adieu!*

ADIGE, le plus grand fleuve de l'Italie après le Pô (l'anc. *Athesis*). Il est formé par la réunion, non loin de Glaris, de plusieurs cours d'eau descendant des Alpes Rhétiques, coule d'abord vers l'Orient, passe près de Botzen, reçoit l'Eisach et devient ensuite navigable. Tournant alors dans la direction Sud, il quitte le Tyrol et pénètre en Lombardie à 20 kil. S. de Roveredo; traverse le nord de l'Italie, se dirigeant vers le sud, puis vers l'est, et va se jeter dans l'Adriatique à Porto-Fossone, à quelques kil. au nord de l'embouchure du Pô, après avoir passé à Trente et à Roveredo (Tyrol); à Vérone, Legnano, etc., en Italie. L'Adige mesure, en Lombardie, jusqu'à 180 m. de largeur, et a une profondeur, en quelques endroits, de 3 à 5 mètres, cette dernière à l'époque de la fonte des neiges; son cours, très rapide, est de 350 kil. — Les bords de l'Adige ont été plusieurs fois le théâtre d'actions sanglantes. Il a été passé par Bonaparte à Arcole, par Masséna à Caldiero, et par Brune à Marengo.

ADIPEUX, EUSE (lat. *adeps*, graisse), *adj*. Anat. Graisseux. Le *tissu adipeux*, formé de *vésicules adipeuses*, constitue sous la peau ce qu'on appelle le *pannicule graisseux*. L'obésité a pour cause l'hypertrophie générale du tissu adipeux.

ADIPOCIRE, *s. f.* (lat. *adeps*, graisse, et *cera*, cire). Chim. org. Nom donné au *gras des cadavres* ou *gras de cimetière*, formé par la décomposition des substances animales ayant séjourné longtemps dans la terre humide ou dans l'eau. D'après l'analyse faite de cette substance en 1812, par M. Chevreul, elle se compose d'ammoniaque, de potasse, de chaux et de quelques autres substances en petite quantité combinées avec de l'acide margarique en grande quantité et un peu d'acide oléique. — Fourcroy l'avait confondue, sous la même dénomination, avec la *cétine* (blanc de baleine) et la cholestérine ou matière grasse des calculs biliaires; mais les expériences de M. Chevreul ont démontré que la composition de ces deux substances est tout à fait différente de celle de la première à laquelle, seule, le nom d'*adipocire* a été conservé. — Fourcroy avait été amené à étudier l'adipocire, dont l'aspect lui inspira ce nom, lors de l'exhumation des cadavres du cimetière des Innocents, en 1786-87; ces cadavres, enveloppés dans leurs suaires, étaient réduits en une masse informe de matière blanchâtre tenant à la fois de la graisse et de la cire et très serrée, comme si elle avait subi une forte pression; les os, à l'intérieur de cette masse, étaient restés intacts, mais extrêmement fragiles. Fourcroy analysa cette matière, la compara avec d'autres analogues et connues, et porta devant l'Académie des sciences, en 1789, un mémoire contenant le résultat de ses observations.

ADIRÉ, ÉE, *part. pas.* de ADIRER.

ADIRER, *v. a.* Jurispr. Perdre, égarer. Se dit d'une pièce égarée. — L'étymologie de ce mot est fort discutée, mais son inutilité n'est pas discutable. V. ADITION.

ADIRONDACK (MONTS). Montagnes de l'Amérique du Nord, situées au nord de l'État de New-York entre les lacs Champlain et Ontario. Elles s'élèvent d'un vaste plateau de 600 m. d'altitude au-dessus du niveau de la mer et sont principalement de formation granitique; leur plus haut sommet, le mont Marcy, a 1,625 m d'altitude. Les deux principaux fleuves qui prennent leur source dans ces montagnes sont l'Hudson, qui se dirige vers le sud et le Richelieu (qui sort du lac Champlain), vers le nord. Par ces fleuves s'effectue le transport des bois de construction récoltés sur divers points des monts Adirondack, où l'on trouve principalement le sapin, l'érable, le frêne et le hêtre. On y découvrit, en 1835, de vastes gisements de fer magnétique dont on entreprit aussitôt l'exploitation; des fonderies s'établirent et donnèrent naissance au village d'Adirondack. Mais l'exploitation ne donna pas les résultats espérés, et on l'abandonna.

ADITION, *s. f.* (lat. *ad* et *ire*, aller. *Aditio*). Jurisp. Autre terme du jargon de palais, employé dans une seule locution, où il pourrait être remplacé avantageusement. Signifie accepter, mais seulement dans ce cas: *Adition d'hérédité*. — Rem. On conviendra qu'il n'y a aucune raison pour priver le verbe *Adirer* d'une étymologie qui lui va si bien, et pour ne pas lui faire dire le contraire de ce qu'il dit, ou à peu près, avec le sens qu'on est convenu de lui donner. Ce sont là, en vérité, des termes bien dignes du milieu où ils sont employés. V. ADIRER.

ADJACENT, ENTE, *adj.* (lat. de *ad* et *jacere*, gésir). Qui est situé, qui *gît* auprès, contigu. — Géom. *Angles adjacents*, qui sont contigus et ont un côté commun.

ADJECTIF, *adj. m.* (lat. *adjectivus*, de *adjacere*, ajouter). Gram. Nom joint à un substantif pour le qualifier ou le déterminer. *Beau, grand, plat, rond*, sont des noms adjectifs. — *Adj. 2 g.* Qui tient ou se rapporte à l'adjectif. *Une forme adjective*. — Chim. *Couleur adjective*, qui ne peut être fixée directement sur une étoffe. — *S. m.* Gramm. Se dit substantiv. du nom adjectif même. *L'adjectif s'accorde en genre et en nombre avec le substantif*. Il y a, toutefois, quelques exceptions à ce principe. — Lorsque l'adjectif se rapporte à plusieurs substantifs du même genre, et du nombre singulier, il s'accorde bien en genre avec ces substantifs singuliers, mais il prend le pluriel. *Une dame et une jeune fille charmantes, Un monsieur et un jeune garçon charmants*. Si ces substantifs sont de genres différents et que celui de genre masculin vienne le dernier, cela va tout seul encore: on fait accorder l'adjectif en genre avec ce dernier substantif. *Une dame et un monsieur charmants*. Reste le cas où c'est le substantif féminin qui s'énonce le dernier, et ici il y a difficulté réelle, du moins pour quelques puristes. Rigoureusement, on doit dire: *Un monsieur et une dame charmants;* mais la phrase n'est ni élégante, ni euphonique, et Littré, après Vaugelas, conseille de faire accorder l'adjectif avec le dernier substantif, non seulement en genre, mais aussi en nombre. Malgré l'autorité incontestée de ces deux grammairiens, nous ne saurions accepter leur arrêt dans cette circonstance, car l'amour de l'euphonie les a évidemment égarés. En effet, si j'écris: *Un monsieur et une dame charmante*, le *monsieur*, non qualifié dans cette phrase, de quelque façon qu'on veuille l'interpréter, sera en droit d'attribuer cet oubli à la malveillance. Pour démontrer l'inanité d'une pareille proposition, il n'y a, du reste, qu'à construire autrement la phrase. Dirons-nous donc: *Ce monsieur et cette dame sont* CHARMANTE ou *charmants*? Que si l'oreille est blessée de ce rapprochement d'un adjectif masculin avec un substantif féminin, il n'y a qu'à changer de place les adjectifs; c'est un changement rarement difficile à opérer, et dès lors c'est un substantif masculin qui se trouvera le dernier. — Quand les substantifs qui se suivent ainsi sont synonymes, cependant, l'adjectif s'accorde avec le dernier, considéré comme résumant les précédents. — Avec un substantif pluriel désignant plusieurs objets de même nom qualifiés différemment par autant d'adjectifs, les adjectifs peuvent s'écrire au singulier, s'accordant avec le substantif considéré comme isolé, et par conséquent ayant lui-même la forme singulière. *Les littératures grecque et romaine*, comme s'il y avait *La littérature grecque et la littérature romaine;* l'oreille est le seul guide dans le choix entre les deux formes, également correctes.

ADJECTIVEMENT, *adv.* D'une manière adjective, comme un adjectif. Dans *Cet homme est bête*, le substantif *bête* est employé adjectivement.

ADJOINDRE, *v. a.* (Conjuguez comme JOINDRE). Joindre, associer à.
— S'ADJOINDRE, *v. a.* Se joindre à, s'associer quelqu'un. *Il s'est adjoint à d'autres voyageurs qui se rendaient au même endroit. — Il dut s'adjoindre un aide.*

ADJOINT, *s. m.* Officier de l'état civil adjoint au maire.

ADJOINT, OINTE, *part. pas.* de ADJOINDRE. *Instituteur adjoint.*

ADJONCTION, *s. f.* Etat de ce qui est adjoint. Association d'une personne ou d'une chose à une autre. Gramm. Syn. de ZEUGME. Par le retranchement dans une ou plusieurs parties de phrase, d'un mot exprimé dans une partie voisine, pour éviter la répétition, on provoque l'*adjonction* des autres mots de cette phrase.

ADJUDANT, *s. m.* Adm. milit. Titre porté par des officiers et sous-officiers dont les fonctions ont assez peu de rapport entre elles. L'Académie définit l'adjudant « un officier ou un sous-officier destiné à seconder les chefs dans le commandement. » Cette définition, conforme à l'étymologie, n'est plus scrupuleusement exacte dans la pratique. — *Adjudant de place* (ici l'étymologie a raison), officier adjoint au major de place, dans une ville de guerre; il est chargé des détails du service et remplit à l'occasion les fonctions de major. — *Adjudant-major*, capitaine investi de fonctions particulières, et spécialement de la police générale, des détails du service intérieur et de l'instruction. — *Adjudant sous-officier*, sous-officier ayant sous sa direction les sous-officiers subalternes, dont il reçoit les rapports quand ils sont de service et chargé de la police du quartier, en raison de quoi on le désigne généralement sous le nom de *commissaire de police du quartier;* il est sous le commandement direct de l'adjudant-major. Il y avait aussi, jadis, des *adjudants généraux*, appelés plus tard *adjudants commandants*, et qui avaient le grade de colonel ou celui de lieutenant-colonel; ils ont été remplacés en 1815 par les colonels d'état-major. — *Adjudant d'administration*. Officier de l'intendance chargé des détails d'une partie quelconque de l'administration.

ADJUDICATAIRE, *s.* Celui ou celle à qui on adjuge.

ADJUDICATION, *s. f.* Acte par lequel on adjuge, on conclut un marché, pour lequel plusieurs concurrents ont été admis à faire des offres, avec celui dont les offres ont été reconnues les plus avantageuses. Il y a l'*adjudication volontaire* et l'*adjudication forcée* ou *judiciaire;* l'*adjudication aux enchères*, l'*adjudication sur baisse de mise à prix*, quand la précédente n'a pas donné de résultat; l'*adjudication au rabais*, pour des travaux à exécuter, des fournitures à faire.

ADJUGÉ, ÉE, *part. pas.* de ADJUGER. — *Adjugé!* se dit par ellipse, pour *La chose est adjugée*, dans les ventes à l'encan. — Fig. *Adjugé!* se dit encore, dans le langage familier, pour *C'est une affaire convenue, terminée* ou *abandonnée*.

ADJUGER (On place un *e* entre le *g* et *a* ou *o*. Adjugeons, Adjugeait, etc.). *Prononcer une adjudication*. Attribuer, décerner. *Le prix lui a été adjugé*. — Dr. *Adjuger ses conclusions au demandeur*, Juger conformément à ces conclusions.
— S'ADJUGER, *v. pr.* Etre adjugé. — S'approprier. *Il s'adjugea l'objet en litige.*

ADJURATION, *s. f.* Liturg. Formule des exorcismes. — Fam. Prière instante, supplication. *Malgré mes adjurations et mes larmes, il est resté froid.*

ADJURÉ, ÉE, *part. pas.* de ADJURER.

ADJURER, *v. a.* Liturg. Commander au nom de Dieu de faire ou de dire une chose. Dans les exorcismes commander à Satan de sortir du corps d'un possédé. — Fam. Prier instamment de faire ou de dire quelque chose, en faisant appel aux meilleurs sentiments de la personne adjurée.

ADJUTEUR, *s. m.* (Lat. *adjutor*, de *adjuvare*, aider) Celui qui aide. V. COADJUTEUR.

ADJUVANT, *adj.* (même étym.). Qui aide Auxiliaire. — Pharm. *Médicament adjuvant*, qu'on fait entrer dans une formule comme auxiliaire du médicament principal, plus énergique. — S'emploie aussi substantiv. dans ce cas. *Un adjuvant.*

ADLER, NATHAN MARCUS, rabbin allemand, né en 1803, à Hanovre; fit ses études aux Universités de Gœttingen, Erlangen et Würtzburg. Il fut nommé grand rabbin d'Oldenberg en 1829, du Hanovre et de ses provinces en 1830 et, le 9 juillet 1845, fut installé comme grand rabbin des congrégations unies de l'empire Britannique. — M. N. M. Adler est l'auteur de *Sermons sur la doctrine juive* et de plusieurs ouvrages en hébreu, dont le principal, intitulé *Nethina Lagér*, est un commentaire du *Targum* d'Onkelos, paraphrase chaldaïque sur le *Pentateuque*.

ADLER, HERMANN, fils du précédent, est né à Hanovre, en 1839; il accompagna son père à Londres en 1845, commença ses études au collége de l'université de Londres et les poursuivit à l'université de Prague, puis à celle de Leipzig. Il prit son grade de bachelier ès arts à l'université de Londres en 1859, et celui de docteur en philosophie à Leipzig en 1861. M. H. Adler a été nommé en 1863 principal du collège des Israélites de Londres, et l'année suivante, rabbin de la synagogue de Bayswater. — Ses ouvrages principaux sont: *Sermons sur les passages de la Bible ajoutés par les théologiens chrétiens pour appuyer leur doctrine* (1869); *les Juifs en Angleterre et Ibn Gabirol le poète philosophe*; outre bon nombre de sermons et de conférences et des articles parus dans les feuilles périodiques.

ADLERBERG (comte), WLÄDIMIR-FEDOROWITCH, général russe, né à St-Pétersbourg en 1793. Entré très jeune dans la garde impériale, il fit comme officier les campagnes de 1812 à 1814. En 1817, le grand-duc Nicolas, plus tard empereur (1825), le choisit pour aide de camp et bientôt pour confident. Il accompagna le czar Nicolas, dont il était toujours l'aide de camp, dans l'expédition de 1828 contre les Turcs, devint lieutenant général en 1833 et général en 1843. Il était directeur général des postes de l'empire depuis 1841. Dans ces fonctions, le général Adlerberg apporta d'importantes améliorations au service des postes; c'est à lui, notamment, que l'on doit l'unification de la taxe des lettres circulant dans toute l'étendue du territoire russe. En 1852, il était nommé ministre de la maison du czar et chancelier des ordres russes, sans quitter la direction des postes, qu'il n'abandonna que quatre ans plus tard. Après la mort de Nicolas Ier, il devint le conseiller intime d'Alexandre II, à qui son père l'avait chaudement recommandé en mourant. Le général Adlerberg a pris sa retraite en 1872, laissant deux fils aussi bien en cour qu'il l'avait été lui-même toute sa vie et généraux tous deux. Il avait été créé comte par Nicolas Ier, en 1847.

ADLERCREUTZ (comte), CHARLES-JEAN, général suédois (1757-1815.) Entré dans l'armée encore enfant, il prit part à toutes les guerres que son pays eut alors à soutenir contre la Russie. Lœwenhjelm, qui commandait l'armée suédoise en Finlande, ayant été fait prisonnier, Adlercreutz lui succéda dans le commandement et battit les Russes à Sikjocki (1808). La paix conclue, il se mit à la tête de la révolution, arrêta Gustave IV dans son palais de Gripsholm (13 mars 1809) et le contraignit à abdiquer.

ADLERFELD, GUSTAVE, historien suédois (1671-1709). Officier et gentilhomme de la chambre de Charles XII, il accompagna le *fou couronné* dans toutes ses campagnes, et fut tué à ses côtés à la terrible bataille de Pultawa. Il avait eu le temps, quoique jeune encore et fort occupé, d'écrire, en français, une *Histoire militaire de Charles XII* en 4 vol., très exacte et pleine d'intérêt, que Voltaire consulta avec fruit.

ADLERSPARRE (comte), GEORGES, général suédois (1760-1830). Il fit ses études à l'Université d'Upsal, entra dans l'armée à quinze ans, et trois ans après, prenait part à la guerre contre les Russes. En 1790, le comte Adlersparre acceptait la mission secrète d'aller soulever les Norvégiens contre la domination danoise, mission qui échoua. Il quitta l'armée, avec le grade de chef d'escadrons, après la mort de Gustave III (1792) et se livra à des travaux littéraires embrassant la poésie, l'histoire et l'art militaire. Rappelé par Gustave IV, il obtenait en 1808 le commandement d'une division dans l'armée de l'Ouest. L'année suivante, il prenait une grande part à la révolution qui précipita Gustave IV du trône de Suède et y amena son oncle, Charles XIII. Le comte Adlersparre fut comblé d'honneurs par le nouveau roi, après la mort duquel (1818), il vécut dans la retraite. — Il avait publié un journal d'opposition de 1797 à 1800, et divers ouvrages dont le principal est une étude historique très curieuse, intitulée: *Documents pour servir à l'Histoire de la Suède ancienne, moderne et contemporaine* (1830.)

AD LIBITUM, *loc. adv. lat.* A volonté.

ADMÈTE, roi des Phéréens, peuple de la Thessalie, dont Apollon, chassé de l'Olympe pour avoir tué les Cyclopes, garda neuf ans les troupeaux. Pour récompenser Admète de l'avoir bien accueilli et bien traité, Apollon, redevenu dieu, obtint des Parques que, lorsqu'elles en seraient au dernier jour de sa vie, il pût se soustraire à la mort si quelqu'un voulait bien prendre sa place. Personne autre ne se présentant au moment suprême, ce fut sa femme, Alceste, qui se sacrifia pour prolonger ses jours. Mais Proserpine, touchée de ce sacrifice et des larmes qu'il faisait répandre à celui qui en profitait, ressuscita Alceste.

ADMETTRE, *v. a.* (Conjug. comme METTRE). Recevoir, laisser entrer. *Il s'est fait admettre dans la maison. Admettre quelqu'un au nombre de ses familiers.* — Admettre à... Permettre de... *Admettre quelqu'un à exposer ses plans.* — Accepter. *J'admets votre explication.* — *Je ne puis admettre de semblables excuses.* — Supposer. *J'admets que cela soit ainsi.* — Fig. comporter, en parlant des choses. *C'est une affaire qui n'admet aucun retard.*

ADMINICULE *s. m.* (Lat. *adminiculum*, appui, en général et en particulier, échalas.)— Jurisp. Ce qui contribue à faire preuve, quoique ne constituant pas, seul, une preuve complète. — Par extens., dans le langage ordinaire, secours — Numism Au *plur.* Adminicule se dit des ornements entourant une figure sur une médaille.

ADMINISTRATEUR, TRICE, *s.* Celui ou celle qui administre, qui régit les biens d'une compagnie industrielle, d'une communauté, d'un grand établissement quelconque, et par extension ceux d'une commune, d'un département, de l'Etat enfin. — Absolument, il se dit de celui qui administre bien. *Il n'est pas aimable, mais c'est un excellent administrateur.*

ADMINISTRATIF, IVE, *adj.* Qui appartient ou a rapport à l'administration.

ADMINISTRATION, *s. f.* Gestion, conduite des affaires publiques ou particulières. *L'administration du Trésor est entre bonnes mains. Il lui a confié l'administration de sa fortune.*—Corps d'administrateurs et d'employés. *Il est employé dans une grande administration.*— Absolum. L'administration des affaires publiques. La science même de l'administration. Le gouvernement. *Il est dans l'administration. Il n'entend rien à l'administration. Pendant l'administration de ces gens-là, le commerce national a considérablement souffert.*— Art milit. *Troupes d'administration*, v. INTENDANCE. —Méd. Action de faire prendre. *L'administration des antiphlogistiques est tout indiquée.* — Liturg. *L'administration des Sacrements.*

— ÉCOLE D'ADMINISTRATION. Cette école fut fondée par un arrêté du gouvernement provisoire daté du 8 mars 1848. C'est sur la proposition de Carnot que cet arrêté fut pris, non sans de grands efforts de la part du fondateur auprès de ses collègues du gouvernement provisoire, qu'il ne convainquit pas « Deux de ses membres ont seuls paru en comprendre l'importance, dit-il, Marrast et Louis Blanc. » L'École d'administration avait pour but d'enseigner la science administrative et d'assurer le recrutement des fonctionnaires des diverses branches de l'administration publique. Elle ouvrit le 8 juillet 1848. Le 9 août 1849, l'Assemblée nationale en prononçait la suppression, malgré les excellents résultats qu'elle avait donnés en si peu de temps, malgré les efforts de beaucoup de bons esprits pour en obtenir le maintien. Faut-il imputer cette suppression à l'esprit réactionnaire qui dominait alors, comme l'affirment des partisans de cette institution, un peu superficiels et prompts à s'enflammer? Nullement. D'abord l'esprit réactionnaire n'a pas cessé de dominer pendant toute la durée de la seconde république; ensuite, il y avait des représentants de tous les partis dans les rangs des partisans comme dans ceux des adversaires de l'Ecole d'administration. Vermorel a parfaitement défini, selon nous, les raisons de l'attitude de ceux-ci. « Dans un pays démocratique, dit-il, et même en général dans un pays libre, les fonctions ne constituent pas un métier: elles sont un service public auquel la confiance de leurs concitoyens doit appeler les hommes qui ont donné dans leur carrière antérieure des gages de leur capacité et de leur patriotisme. La plaie du surnumérariat et du fonctionnarisme, qui met en quelque sorte une armée civile au service de tous les gouvernements, est précisément un des grands maux de notre pays et constitue le principal obstacle au développement de nos mœurs publiques. Or, l'École d'administration de M. Carnot n'eût fait que développer et sanctionner cette plaie: du moment que les fonctions publiques sont un métier, et sont obtenues au concours, il ne peut plus être question de convenances ou de convictions personnelles de la part de ceux qui les occupent: c'est une carrière comme une autre, qui ne dispense pas plus qu'une autre sans doute de l'honnêteté privée, mais dans laquelle tous les scrupules politiques seraient hors de saison. Les fonctionnaires sont des instruments dociles et passifs dans les mains des gouvernements qui se succèdent; non seulement ils doivent se rallier à tous les gouvernements, mais les gouvernements eux-mêmes ne pourraient pas se priver de leurs services sans porter atteinte à leurs droits acquis. » Ces raisons sont insuffisantes. De ce que les fonctions ne constituent pas un métier, il ne résulte pas que les meilleurs administrateurs sont ceux qui n'entendent rien à l'administration. Les convictions, le patriotisme... sans doute cela a de l'importance; mais la connaissance de l'administration n'exclut pas nécessairement ces vertus chez ceux qui se destinent à la carrière administrative, et « la confiance de leurs concitoyens » se porterait bien plus sûrement sur des hommes qui pourraient donner des preuves de capacité autres qu'un vague compte rendu d'une « carrière antérieure » que, la plupart du temps, nul n'a été à même de contrôler. En somme, toute la différence existant entre l'administration dont les membres sortiraient d'une école spéciale et l'administration telle qu'elle est, réside en ceci que, en raison de leur incapacité, « les fonctionnaires sont des instruments dociles et passifs dans les mains des gouvernements qui se succèdent... » bien plus complètement que s'ils se sentaient forts de leurs connaissances acquises. C'est pourquoi nous regrettons, quant à nous, l'École d'administration.

ADMINISTRATIVEMENT, *adv.* D'une manière administrative, conforme aux errements de l'administration.

ADMINISTRÉ, ÉE, *part. pas.* de ADMINISTRER. *Des finances bien administrées.— On lui a administré les derniers sacrements*, ou bien, absol. *Il a été administré.* – Donné en remède. *On lui a administré un vomitif.*

— *S. m.* Se dit d'un citoyen relativement à un administrateur quelconque. *Une terrible querelle s'éleva entre le maire et son administré.*

ADMINISTRER, *v. a.* Gouverner, gérer les affaires publiques ou privées. *On n'a jamais vu si mal administrer.* — Conférer, donner. *Administrer les Sacrements. Administrer un remède, une correction. Je vais vous en administrer la preuve.* — *Administrer la justice.* Rendre la justice.

ADMIRABLE, *adj.* Digne d'être admiré.

— C'est aussi dans ce sens qu'on a désigné le sel de Glauber sous le nom de *Sel admirable*.

ADMIRABLEMENT, *adv*. D'une manière admirable.

ADMIRATEUR, TRICE, *adj*. Qui admire. *Une foule admiratrice*.— S'emploie aussi substantiv. *C'est un grand admirateur des choses d'art*.

ADMIRATIF, IVE, *adj*. Qui exprime l'admiration. — Gramm. *Point admiratif*. Point (!) qui se place à la fin d'une phrase exprimant l'admiration. *Que c'est beau!* — On dit plus ordinairement point d'exclamation.

ADMIRATION, *s. f*. Sentiment qu'on éprouve à la vue de ce qui est beau. *Il est tombé en admiration devant elle*. — Se dit aussi de l'objet même qui provoque l'admiration. *Il fait l'admiration de tout le monde*.

ADMIRÉ, ÉE, *part. pas*. de ADMIRER.

ADMIRER, *v. a*. Considérer avec admiration. — Ironiq. *J'admire votre audace*.

— S'ADMIRER, *v. pr*. Se considérer avec admiration.

ADMIS, ISE, *part. pas*. de ADMETTRE.

ADMISSIBILITÉ, *s. f*. Etat de ce qui est admissible.

ADMISSIBLE, *adj*. Qu'on peut admettre, Recevable. *Ceci n'est pas admissible. Il a été jugé admissible à cet emploi*.

ADMISSION, *s. f*. Action d'être admis. *Son admission à l'école polytechnique est chose assurée*. — Douane. Admissions *temporaires*. Se dit de l'importation en franchise de droits de matières premières destinées à l'industrie nationale, à la condition d'être réexportées à l'état de produit manufacturé, dans un délai fixé. Le régime des *admissions temporaires*, établi par la loi de 1836, a été considérablement amendé par les décrets de mai 1870, dus à l'influence de M. Buffet, au grand détriment de notre industrie générale, sinon de celle dont il était plus particulièrement le représentant autorisé.

ADMIXTION, *s. f*. Action d'ajouter en mélangeant.

ADMONESTATION, *s. f*. Réprimande.

ADMONESTÉ, ÉE, *part. pas*. de ADMONESTER.

ADMONESTER, *v. a*. Réprimander.

ADMONITEUR, TRICE. *s*. Celui, celle qui fait des admonitions. Se dit plus spécialement des novices chargés de ce soin, dans les noviciats de religieux ou de religieuses.

ADMONITION, *s. f*. Avertissement ayant le caractère d'une réprimande, mais faite plus doucement que l'admonestation, quoique les deux mots soient synonymes.

ADNÉ, ÉE, *adj*. (Lat. de *ad* et *natus*, né.) Physiol. vég. Immédiatement attaché à une chose et semblant faire corps avec elle.—Physiol. hum. Employé substantiv., ADNÉE ou ADNATA désigne la membrane conjonctive, qui joint le globe de l'œil aux paupières.

ADNET, JEAN-JOSEPH-MARIE-EUGÈNE, homme politique français, né en 1827. La révolution du 4 septembre le trouva procureur impérial à Tarbes, et le révoqua. M. Adnet, porté sur une liste républicaine aux élections du 8 février 1871, fut élu membre de l'Assemblée nationale, par le département des Hautes-Pyrénées. Il prit place au centre droit; déposa sur le bureau de l'Assemblée une proposition opposée à la proposition Rivet (août 1871), dont l'objet était de conférer à M. Thiers le titre de président de la République et de maintenir le pouvoir exécutif entre ses mains pendant toute la durée de l'Assemblée actuelle, bien que ce fût précisément sur la liste où figurait le nom de M. Thiers que le sien avait été offert au choix des électeurs des Hautes-Pyrénées. — M. Adnet fait partie, et partie très active, du groupe de Clercq; il a d'ailleurs invariablement apporté l'appoint de son vote à toutes les mesures de réaction. Le 25 février 1875, il allait même jusqu'à se séparer de la majorité du centre droit pour voter contre la constitution Wallon, non pas, sans doute, parce qu'il la jugeait insuffisamment républicaine.

C'est également comme candidat « conservateur » que M. Adnet s'est présenté aux élections sénatoriales du 30 janvier 1876, dans ce département qui, après l'avoir élu député, l'avait repoussé comme conseiller général. Les électeurs sénatoriaux des Hautes-Pyrénées l'ont toutefois élu. Le sort ayant, pour le renouvellement de ces sénateurs, placé dans la série B le département des Hautes-Pyrénées (28 mars 1876), le mandat de M. Adnet expirait en 1882; mais il échoua aux élections du 3 janvier de cette année.

ADOLESCENCE, *s. f*. Age succédant à l'enfance et qui s'annonce par les premiers signes de la puberté.

ADOLESCENT, ENTE, *s*. (lat. *adolescens*, de *ad* et *olere* ou *olescere*, croître). Jeune garçon ou jeune fille dans l'âge dénommé adolescence. — S'emploie adjectiv. *Il était à peine adolescent lorsqu'il perdit son père*.

ADOLPHE DE NASSAU, empereur d'Allemagne (1250-1298). Il était de la branche de Wiesbaden. Dévoré d'ambition, il commença par réclamer le royaume d'Arles à Philippe le Bel, qui, pour toute réponse, lui envoya une grande feuille de papier blanc avec ces seuls mots écrits en travers: *trop Allemand*. Il se le tint pour dit et porta ses vues d'un autre côté. Il réussit à se faire élire empereur d'Allemagne en 1291, et se fit couronner à Aix-la-Chapelle l'année suivante. Cependant son compétiteur évincé, Albert d'Autriche, marcha contre lui, le vainquit près de Spire, et le tua de sa propre main (1er juillet 1298).

ADOLPHE-FRÉDÉRIC, duc de HOLSTEIN GOTTORP, évêque de Lubeck, puis roi de Suède (1710-1771). Créé prince royal, par l'influence de la Russie, à la suite du traité d'Abo (1743), il succéda à Frédéric IV en 1751 et gouverna avec sagesse et modération, mais constamment en lutte avec le parti aristocratique, dit des *Chapeaux*, par opposition au parti des *Bonnets*, ou du peuple. Profondément dégoûté, il en vint même à abdiquer la couronne, mais il la reprit au bout de huit jours. Il mourut en 1771, laissant le trône à son fils, Gustave III, qui devait finir assassiné par le même parti.

ADOLPHE-GUILLAUME, duc de NASSAU (ADOLPH WILHELM KARL AUGUSTUS FRIEDRICH), né le 24 juillet 1817. Il succéda à son père le 20 août 1839. Une sorte de gouvernement constitutionnel existait, avant son accession au pouvoir souverain, dans le Duché, quoique ce fussent les Etats, et non pas la chambre élue, qui représentaient la nation. Adolphe-Guillaume laissa subsister cet état de choses, sans paraître disposé à le modifier dans un sens libéral, conformément aux aspirations évidentes du peuple. Le soulèvement de 1848 lui arracha une constitution nouvelle, plus libérale, portant création d'une chambre unique, dont la majorité démocratique vota des lois organiques conformes à ses sentiments et approuvées par le duc. Mais une nouvelle loi électorale donna une majorité réactionnaire à cette chambre; la constitution fut abrogée en novembre 1851, et tous les avantages obtenus depuis 1848 furent perdus. C'est un des princes souverains qui se joignit à la Confédération germanique sous la présidence de la Prusse; cette confédération dissoute, il se rallia au parti de l'Autriche (1850), et combattit avec celle-ci en 1866. Il subit donc toutes les conséquences du désastre de Sadowa. Par décret en date du 20 septembre 1866, la Prusse s'annexa ses Etats, dont elle prit officiellement possession le 8 octobre suivant, et confisqua la plus grande partie de ses biens personnels.

— Le duc de Nassau avait épousé en 1844 la princesse Elisabeth, fille du grand-duc Michel de Russie, morte le 28 janvier 1845. Il épousa en secondes noces, en 1851, la princesse Adélaïde-Marie, fille du prince Frédéric d'Anhalt-Dessau, dont il a eu deux fils: GUILLAUME-ALEXANDRE, né en 1852 et FRANÇOIS-JOSEPH, né en 1859.

ADOLPHUS, JOHN, avocat et historien anglais (1768-1845.) Après un voyage aux Indes occidentales, il s'établit avoué (attorney) en 1790, et se fit recevoir avocat en 1807. Il se dévoua dès lors aux procès criminels et se fit une grande réputation, que sa défense des conspirateurs de Cato Street, tout à fait improvisée, augmenta encore. Mais John Adolphus nous intéresse par un autre côté. Il est l'auteur d'une *Histoire d'Angleterre depuis l'accession de George III jusqu'en 1783* (1802-1804), dont une nouvelle édition augmentée, en 8 vol., était en préparation lorsque l'auteur mourut, le 16 juillet 1845. On lui doit, en outre, des *Mémoires biographiques sur la Révolution française* 1799; le *Cabinet britannique* (même année); *Histoire de France de 1790 à 1802*; *Mémoires de John Bannister*, etc.

ADOLPHUS, JOHN LEYCESTER, fils du précédent, mort en 1862, et comme lui avocat distingué et occupant ses loisirs à des travaux littéraires. C'est John L. Adolphus qui, le premier, sut découvrir Walter Scott dans le populaire *auteur de Waverley*.

ADON, chroniqueur français du IXe siècle. Il était archevêque de Vienne, en Dauphiné, et mourut en 875. On a de lui une *Chronique universelle* insérée dans les recueils des Grands historiens de France et un *Martyrologe*.

ADONIBESEC, roi des Chananéens. Vaincu par les Israélites, vers 1424 avant J.C., il eut les extrémités des pieds et des mains coupées. L'infortuné roi détrôné se résigna pourtant au triste sort que lui faisait cette cruelle opération, en se remémorant ses propres exploits. « J'ai fait, disait-il, couper les extrémités des pieds et des mains à soixante-dix rois, qui mangeaient sous ma table les restes de ce qu'on me servait : On me traite comme j'ai traité les autres. » Les rois d'aujourd'hui ont beaucoup plus d'égards les uns pour les autres.

ADONIDE, ou **ADONIS**, *s. f*. Bot. Genre de plantes de la famille des renonculacées, comprenant une douzaine d'espèces, suivant quelques auteurs, mais dont on connaît bien seulement trois espèces, qui sont : *l'adonide printanière*, à fleurs jaunes; *l'adonide d'été*, dite *renoncule des blés* et aussi *goutte de sang*, à fleurs rouges; *l'adonide d'automne* ou *adonide commune*, à fleurs rouges également, mais plus petites que les précédentes.

ADONIE, *s. f*. Air de flûte et chant militaire spartiate. — *s. f. pl*. Fêtes célébrées en Orient et en Grèce, en mémoire de la mort et de la résurrection d'Adonis. Elles étaient, en conséquence, divisées en deux parties, la première consacrée au deuil, la seconde aux réjouissances. Les Adonies se célébraient encore au temps de saint Cyrille d'Alexandrie, c.-à-d. au Ve siècle.

ADONIEN ou **ADONIQUE**, *adj. et s. m*. D'adonis. — Prosod. gr. et lat. Vers composé d'un dactyle et d'un spondée.

ADONIS, géogr. anc. Fleuve d'Asie, qui prend sa source dans le mont Liban et se jette dans la mer près de Byblos, où Adonis avait un temple. Quand le culte d'Adonis, aujourd'hui fleuve Ibrahim (*Ibrahim Nahr*), grossissent et débordent, elles entraînaient des sables qui les rougissent, et il était convenu que c'était le sang des blessures du favori de Vénus qui les teignait ainsi.

ADONIS. Myth. Fils de Cynire, roi de Chypre et de sa fille Myrra. Elevé par les Dryades avec le plus grand soin, il devint d'une beauté si merveilleuse que Vénus elle-même s'en éprit. Le jeune Adonis était passionné pour la chasse, la déesse l'y suivait, pour écarter de son chemin les dangers que son ardeur l'empêchait de prévoir; mais un jour qu'il chassait seul, Adonis manqua un sanglier qui lui fit tête et le blessa mortellement. Vénus accourut, mais trop tard, elle ne put le ranimer; dans son désespoir, elle n'eut d'autre consolation que de métamorphoser le jeune imprudent en une fleur ressemblant à une *grenade* suivant les uns, une *anémone* suivant d'autres : après tout c'est peut-être la même, une fleur rouge dans tous le cas, considérée du point de vue des différents. On a donné son nom à une jolie fleur des champs, qui appartient, en effet, à la tribu des anémonées. V. ADONIDE. — A la sollicitation de la déesse, Jupiter consentit enfin à ce que Adonis passât avec elle une moitié de l'année et l'autre moitié aux enfers.

A l'origine le mythe d'Adonis était un peu différent. Cette origine est d'ailleurs orientale, et l'on croit que c'est Adonis que les Égyptiens adoraient sous le nom d'Osiris, époux d'Isis; on croit également que c'est lui qu'Ezéchiel désigne sous le nom de Thaïnmuz (le *Caché*), par allusion au temps qu'il passait

Mort d'Adonis.

aux Enfers ; ce temps n'était que de quatre mois, il en passait autant avec Vénus et autant n'importe où sa fantaisie le poussait. Or, cette division de son temps se rapporte à celle de l'année agricole égyptienne en trois saisons. Il y a, toutefois, d'autres interprétations encore. Dom Calmet, par exemple, voit dans Adonis le Baal des Moabites; et certains critiques modernes assimilent les honneurs divins que lui rendaient les Syriens, les Phéniciens, les Cypriotes, etc. aux rites mystérieux du culte phallique, si répandu dans l'antiquité païenne. — Ironiq. On appelle *Adonis*, un jeune homme trop soigneux de sa personne.

ADONISÉ, ÉE, *part. pas.* de ADONISER.

ADONISER, *v. a.* Paré avec une recherche excessive, Embellir par tous les artifices possibles.
— S'ADONISER, *v. pr.* S'embellir, Se parer avec excès.

ADONNER, *v. n.* Mar. Devenir plus favorable. Se dit du vent qui, étant contraire, change plus ou moins de direction ; et aussi, dans un sens analogue, des voiles et des cordages neufs dont les fibres s'étirent par un premier travail.

ADONNER S', *v. pr.* Se donner à, s'appliquer, se vouer spécialement; et par extens. fréquenter. *S'adonner à l'étude des sciences. Il s'est adonné à la boisson. S'adonner à une société choisie.*

ADOPTANT, *s. m.* Celui qui adopte.

ADOPTÉ, ÉE, *part. pas.* de ADOPTER.
— S m. Personne adoptée.

ADOPTER, *v. a.* S'attacher quelqu'un ou lui conférant, suivant certaines formes légales, les droits de fils ou de fille. *J'adopterai quelque pauvre orphelin. Le roi de Suède Charles XIII adopta le général Bernadotte.* — Par extens. Se charger de quelqu'un, en prendre soin, sans donner à cet acte la sanction de la loi. — Fig. Admettre, faire sien, voter. *J'adopte votre opinion et je la défendrai* — *La loi sur le divorce a été adoptée par le Sénat.*

ADOPTIEN, IENNE, *s.* Membre d'une secte fondée en Espagne, vers la fin du VIII° siècle, par Elipand, archevêque de Tolède et Félix, évêque d'Urgel, et dont la doctrine était fondée sur l'hérésie nestorienne. Les adoptiens soutenaient que Jésus-Christ n'était le fils de Dieu que dans sa nature divine, mais que dans sa nature humaine, il était le véritable fils de Joseph et de Marie, et fils de Dieu seulement *par adoption*. Ils repoussaient donc du même coup la conception immaculée. Félix propagea cette doctrine dans la partie de l'Espagne où dominaient les Francs, de sorte que Charlemagne se crut obligé de convoquer le synode de Ratisbonne (792) pour savoir à quoi s'en tenir. Appelé devant le synode pour se justifier, Félix se borna à abjurer l'hérésie dont il s'était rendu coupable. Renvoyé au pape Adrien I°, il renouvela devant lui sa rétractation, confirmée par un serment solennel. De retour dans son diocèse, Félix continua cependant, comme si de rien n'était,

l'enseignement de l'adoptianisme, qui fut de nouveau formellement condamné par le synode de Francfort, en 794, en l'absence du coupable. Plusieurs missions furent envoyées en Espagne pour combattre l'hérésie, sans aucun résultat ; enfin l'archevêque de Lyon Leidrad, qui dirigeait une de ces missions, persuada Félix de se présenter devant le synode réuni à Aix-la-Chapelle en 799. Là, après quatre jours de dispute avec Alcuin, il se rétracta de nouveau. Félix ne retourna pas à Urgel ; il passa le reste de sa vie à Lyon, sous la surveillance de l'archevêque Leidrad, et y mourut en 816. Quant à Elipand, tranquille à Tolède, il ne cessa de professer l'adoptianisme. Cette hérésie, du reste, ne survécut pas à ses auteurs; elle fut bien ressuscitée à plusieurs reprises dans le cours du moyen âge, mais sans aucun succès.

ADOPTIF, IVE, *adj.* Qui a ou qui est adopté *Père adoptif. Fille adoptive.*

ADOPTION, *s. f.* Action d'adopter. — Par extens. Action d'admettre, de faire sien, de voter. *Adoption de mots étrangers dans une langue, d'une loi par les Chambres. Pays d'adoption.*

ADORABLE, *adj.* Digne d'être adoré. *Dieu seul est adorable.* — Par extens. Digne d'être aimé avec passion. *C'est une femme adorable.* — Ironiq. *Je vous trouve adorable. C'est-à-dire, je vous trouve tout le contraire.*

ADORATEUR, TRICE, *s.* Celui ou celle qui adore, et par extens. Qui aime passionnément.

ADORATION, *s. f.* Action d'adorer. *L'adoration n'est due qu'à Dieu* — Par extens. Affection passionnée. *Il l'aime à l'adoration.* — Fig. Se dit aussi des choses, dans un sens analogue. *Il aime les truffes à l'adoration.* — *L'adoration du pape.* Cérémonie dans laquelle le pape nouvellement élu, étant porté sur l'autel, les cardinaux vont lui rendre hommage. *Faire un pape par voie d'adoration*, c'est-à-dire sans qu'il y ait eu besoin de recourir au scrutin, tous les cardinaux s'étant spontanément déclarés en sa faveur.

Adoratio.

— ANTIQ. Chez les Romains, l'adoration s'exprimait par une légère inclinaison du corps en avant, les genoux pliés, la main droite touchant l'objet révéré; on portait la main gauche à la bouche (*ad os*), on la baisait et on l'agitait dans la direction de l'idole. L'adorateur avait, pendant cette cérémonie, la tête couverte, excepté pour Saturne et Hercule, qui étaient adorés tête nue. Quelquefois aussi on baisait les pieds ou les genoux de l'image divine. Par une transition trop naturelle, ces marques extraordinaires de respect s'étendirent bientôt aux hommes puissants. On approchait les souverains grecs ou romains en se prosternant en en baisant le bas de leur robe. Les rois de Perse, depuis Cyrus, exigeaient de ceux qui les abordaient qu'ils se prosternassent, le front heurtant le sol, en baissant la terre. Conon refusa de rendre hommage de cette manière avilissante à Artaxercès, et Callisthène à Alexandre le Grand.

Les papes, enfin, ont emprunté à Dioclétien l'usage de faire baiser leur mule aux fidèles, qui peut bien passer pour une forme de l'adoration.

ADORÉ, ÉE, *part. pas.* de ADORER.

ADORER, *v. a.* (lat. *adorare*, se prosterner en baisant la main, de *ad et os*, bouche). Faire acte d'adoration. — Prov. *Adorer le veau d'or.* Rendre des hommages excessifs à un homme vil, en considération de sa fortune.
— S'ADORER, *v. pr.* Etre adoré. *La mère et la fille s'adorent.*

ADORNO, nom d'une famille génoise, appartenant au parti gibelin, laquelle fournit à la République, du XIV° au XVI° siècle, un grand nombre de doges, et fut tout ce temps en lutte constante avec les Fregoses, du parti guelfe. André Doria fit enfin cesser cette rivalité, en ruinant le crédit des deux familles à tout jamais.

ADORNO, FRANCESCO, jésuite (1530-1586), appartenait à la famille précédente. Il fut confesseur de saint Charles Borromée, archevêque de Milan, et écrivit à son instigation un *Traité de la discipline ecclésiastique.*
— Un autre membre de cette famille, Giovanni-Agostino ADORNO, mort en 1590, est fondateur de la Congrégation des clercs réguliers mineurs, approuvée par Sixte-Quint.

ADOS, *s. m.* Hortic. Planche en talus adossée contre un mur, la pente exposée au midi, pour la culture des primeurs.

ADOSSÉ, ÉE, *part. pas.* de ADOSSER.
— Blas. Se dit de deux pièces de l'écu qui sont placées dos à dos. — B. Arts. *Têtes adossées*, celles placées sur une même ligne, en sens opposé. V. ACCOUPLÉ.

ADOSSEMENT, *s. m.* État de ce qui est adossé.

ADOSSER, *v. a.* Appuyer du dos. Placer une chose contre une autre qui lui serve d'appui ; et par extens., une troupe armée contre un obstacle infranchissable à l'ennemi. *Il adossa les hommes à un fleuve.* On dit également *appuyer*, dans cette acception.
— S'ADOSSER, *v. pr.* S'appuyer du dos. *Il s'adossa au mur et se défendit vigoureusement.*

ADOUA, ville d'Abyssinie, capitale du Tigré, sur la rive g. de l'Hasam, à 230 kil. N.-E. de Gondar. Pop. 6,000 hab. Cette ville est bâtie sur la pente orientale d'une montagne hérissée de roches détachées et dominant une vaste plaine, sur la route qui conduit de Massoua à Gondar. Elle est percée de rues régulières et ornée d'avenues et de jardins. Sa situation exceptionnelle en a fait le dépôt en transit d'un grand commerce de poudre d'or, d'ivoire, de céréales, de sel, de bétail et aussi de bétail humain, qui se fait entre le vaste plateau du Tigré et la côte. On y fabrique de la quincaillerie et cette espèce de co-

Adoua.

tonnade grossière qui circule comme moyen d'échange, au lieu de monnaie, dans toute l'Abyssinie et plus loin dans l'intérieur.

ADOUBER, *v. a.* Mar. Réparer un navire, Raccommoder une voile. — V. n. Jeux. Aux échecs et au trictrac, il signifie Arranger, redresser, et ne s'emploie guère que dans cette phrase : *J'adoube*, qu'un joueur est tenu de prononcer avant de toucher une pièce, une dame de son jeu qu'il veut simplement redresser, à peine d'être forcé de jouer cette pièce.

ADOUCI, s. m. Techn Premier poli donné aux glaces, au verre taillé, à diverses pièces métalliques, etc. V. Douci.

ADOUCIE IE, part. pas. de Adoucir.

ADOUCIR. v. a. Rendre plus doux. Atténuer l'âcreté, l'amertume, la rudesse. Apaiser. Polir. *Adoucir une sauce trop salée, l'âcreté du sang. La pluie adoucit le temps trop froid. Adoucir la rudesse de la voix, du style.* — Fig. *Adoucir le chagrin, la douleur, la colère, l'air du visage. Adoucir une expression.* — B –Arts. *Adoucir les contours, les traits d'une figure, les teintes d'un tableau.* — Tchn. En général, effacer les traits laissés par la lime à dégrossir ou par la fraise, avec une lime douce. — Donner le premier poli aux glaces brutes, en les frottant l'une contre l'autre avec du grès interposé entre les deux ; ou aux facettes des verres et des cristaux taillés. — *Adoucir*, en un mot, c'est donner à une pièce quelconque l'état terne qui précède le poli.—Le teinturier, toutefois, adoucit ses couleurs en y ajoutant des substances destinées à les rendre moins vives, comme le peintre.

— S'adoucir, v. pr. Devenir plus doux, dans tous les sens.

ADOUCISSAGE, s. m. Techn. Action d'adoucir. Procédé employé pour y parvenir.

ADOUCISSANT, ANTE, adj. Qui adoucit — Méd *Un remède adoucissant*. Dans cette acception, on l'emploie aussi substantiv. *On lui prescrit des adoucissants*.

ADOUCISSEMENT, s. m. Action par laquelle on adoucit. Etat de la chose adoucie, au propre et au fig. V. Adoucir.

ADOUCISSEUR, EUSE, s. Techn. Ouvrier ou ouvrière qui professe l'adoucissage.

ADOUR, s. m. Neuvième mois du calendrier persan.

ADOUR, fleuve de France. Il prend sa source au mont Tournalet, dans les Hautes-Pyrénées, arrose le département de ce nom et ceux du Gers, des Landes et des Basses-Pyrénées, passant à Bagnères-de-Bigorre, Tarbes, Aire, Saint-Sever, Dax, Bayonne, etc., et se jette dans le golfe de Gascogne au-dessous de cette dernière ville, après un cours d'environ 330 kil. — Deux rivières portant le même nom, dont l'une prend sa source dans la vallée de Campan et l'autre dans la vallée de Baudéan, comptent parmi les affluents de l'Adour.

ADOUSE, riv. de l'Algérie. Elle prend sa source au mont Atlas, passe à Hamza, traverse la chaîne des Bibans et va se jeter dans la Méditerranée, près de Bougie, après un cours d'environ 200 kil.

ADOUX, s. m. Teint. Pastel s'étendant en fleurs bleues dans la cuve où il vient d'être jeté.

AD PATRES, loc. adv. lat.(Vers les pères). *Envoyer ad patres*, faire mourir.

ADRA, ville marit. d'Espagne (l'ancienne *Abdera*), sur la Méditerranée, prov. d'Almeria, à environ 100 kil. S.-E. de Grenade. Mines et manufactures de plomb dans les voisinages. Export. de plomb, de fer et de sucre, Popul. 7,500 hab.

ADRAGANT ou Adragante, adj. (du gr. *tragos*, bouc, et *acantha*, épine). Il se dit d'une sorte de gomme qu'on tire de plusieurs arbrisseaux du genre des astragales. Gomme *adragant* ou *adragante*. On a dit aussi *gomme d'adragant*. — Ainsi s'exprime l'Académie. Cette définition pitoyable est cause d'une confusion facile à prévoir : Pourquoi *adragant* et *adragante*? Y a-t-il un masc. et un fém.? Et pourquoi *gomme d'adragant*? Adragant est donc devenu un substantif ? Pourquoi alors nous renvoie au mot Tragacanthe, qui ne nous donne pas du tout la solution d'*adragant*, mais qui, du moins, nous met sur la voie. En effet, adragante n'est pas autre chose qu'une corruption du mot tragacanthe, qui sert à désigner les arbrisseaux ou sous-arbrisseaux formant la section des espèces épineuse du genre astragale, famille des légumineuses, qui les fournissent la gomme dite aragant ou adragante ou l'adragant C'est donc *gomme de tragacanthe* qu'il faudrait dire, et le fait est qu'il n'y a qu'en France qu'on dise autrement, et seulement depuis le xvii siècle : preuve que c'est à l'Académie que nous devons cette bizarrerie, car on disait tragacanthe avant qu'elle s'en mêlât, et elle commença par dire ainsi elle même.

Chim. La gomme adragante, puisqu'adragante il y a, decoule naturellement de la tige et des rameaux des astragales tragacanthes, arbrisseaux qui croissent en Orient, à partir de l'île de Crète. Elle nous arrive à l'état solide, en morceaux alongés, filiformes, rubanés et irrégulièrement tordus, ou en grumeaux ; elle est mate, blanchâtre ou jaunâtre, inodore et insipide. Plongée dans l'eau froide, un peu plus de la moitié de cette gomme s'y dissout: le reste se transforme en une substance gélatineuse à laquelle on a donné le nom d'*adragantine* ; mais pour obtenir l'adragantine pure, on lave ce résidu à l'eau froide et on sèche à chaleur douce ; elle se présente alors sous forme écailleuse, blanchâtre et se pulvérisant très facilement, ayant la propriété de former un mucilage épais et visqueux. La gomme adragante contient 25 fois plus de principe gommeux que la gomme arabique On l'emploie en pharmacie dans la composition des loochs et des pilules ; et en confiserie, dans la fabrication des pâtes, telles que que la pâte de guimauve et du jujube. Elle est très adoucissante. On l'emploie aussi dans la composition des couleurs à l'aquarelle et des apprêts pour étoffes.

ADRAGANTINE, s. f. Chim. Principe immédiat de la gomme adragante. (V. ci-dessus.) Insoluble dans l'eau froide, qui se borne à la gonfler en la transformant en une gelée épaisse ; elle est soluble dans l'eau chaude. Traitée par l'acide nitrique, elle donne de l'acide mucique en quantité. — On retrouve ce principe dans la gomme qui exsude de nos arbres à noyau. Guibourt n'y voit qu'une combinaison naturelle d'amidon et de ligneux, et non un principe particulier.

ADRASTE, fils de Talaus et de Lysimaque, roi d'Argos. Détrôné par Amphiaraus, il se réfugia auprès de Polybe, son grand-père maternel, roi de Sicyone, auquel il succéda. Il se réconcilia avec Amphiaraus, il lui donna en mariage sa sœur Tryphyle et retourna à Argos. Ayant marié une de ses filles à Polynece, qui avait été chassé du trône de Thèbes, en Béotie, par son frère Etéocle, Adraste leva une armée pour soutenir les droits de son gendre et marcha contre Thèbes. Cette entreprise a reçu dans l'histoire le nom d'*Entreprise des sept héros*, à cause des sept chefs de l'armée, qui étaient : Adraste, chef suprême, Polynece et Tydée ses gendres, Amphiaraus son beau-frère, Capanée, Parthénopée et Hippomédon. Adraste, qui avait fondé en route les jeux néméens, fut le seul des sept héros qui revint de cette expédition, qui leur avait été fatale (v. 1251 av. J.-C.), grâce à la vitesse de son cheval Arion. Il excita dès lors les fils de ses infortunés compagnons à venger la mort de leurs pères. Une nouvelle armée fut donc levée, dix ans plus tard, celle des *Epigones*, c'est-à-dire des fils ayant survécu à leurs pères, qui la commandaient. Cette fois, les Epigones vainquirent les Thébains, s'emparent de Thèbes et la saccagèrent ; un seul des princes périt dans l'affaire, et ce fut, par un retour de fortune facile à prévoir, Egialée, fils d'Adraste. Celui-ci conçut un si grand chagrin de cette perte, qu'il en mourut à Mégare, pendant le retour de l'armée victorieuse.

ADRASTÉE, fille de Jupiter et de la Nécessité, plus connue sous le nom de Némésis.

AD REM, loc. adv. lat. (à la chose). Catégoriquement. *Répondre ad rem*, d'une manière catégorique.

ADRENAM, s. m. L'un des quatre *vedams*, livres sacrés des Indous, que l'on prétend perdu.

ADRESSE, s. f. Indication de la personne à laquelle on doit s'adresser, ou du lieu où l'on doit se rendre. Ecrit portant cette indication, suscription d'une lettre — Ecrit ou discours adressé à un personnage puissant, par un réunion de citoyens ou un corps constitué, pour le féliciter, le remercier ou le solliciter *Le ministre fut reçu à la gare par une députation de ..., venue pour lui présenter une adresse. L'adresse en réponse au Message du souverain a enfin été votée par la Chambre* —Habileté dextérité déployée soit dans les exercices de corps, soit dans les choses de l'intelligence. *Il manie son cheval avec une adresse merveilleuse. Il s'en est tiré avec adresse. Un tour d'adresse.* — Dans la littérature et les arts, *adresse* signifie également dexétérité à manier le pinceau, le crayon, l'ébauchoir, etc., ou finesse de style.

ADRESSE SAINTE-, commune de France (cin-Inf.), à 3 kil. et demi du Havre. Sainte-Adresse n'est qu'un joli village, peuplé de villas élégantes s'étageant en amphithéâtre sur la falaise, la plupart désertes dans la mauvaise saison ; mais c'est aussi une station de bains de mer très fréquentée, dont la belle saison sa population atteint le chiffre de 16,000 hab. Etabl. de bains, casino, parcs à huîtres. Au sommet de la falaise dont Sainte-Adresse

Sainte-Adresse.

occupe la pente, s'élève la chapelle de Notre-Dame-des-Flots, monument gothique inauguré en 1859 ; auprès se trouve le monument en marbre blanc élevé à la mémoire de l'amiral Lefèvre-Desnouettes, mort en mer en vue de Sainte-Adresse, et auquel sa forme a fait donner le nom de *Pain de Sucre*. Sur la pointe de la Hève, les deux phares jumeaux éclairés à la lumière électrique, dont les tours carrées ont 20 m. de hauteur.

Le nom de *Sainte-Adresse* ne se trouve pas dans le calendrier. Voici quelle serait son origine : Un jour qu'un bâtiment tentait, par un très mauvais temps, d'atteindre l'entrée du port, il fut emporté par les courants et menaçait de se briser sur les rochers de la Hève ; les matelots désespérés invoquaient le secours de leur saint patron, saint Denis. « Hé ! mes garçons, cria le capitaine impatienté, laissez donc là saint Denis ! il n'y a que *Sainte-Adresse*, croyez-le, qui puisse nous conduire au port ! » Les matelots écoutèrent leur capitaine et le bâtiment fut sauvé. En conséquence, le nom de Sainte-Adresse fit fortune, et plus tard aussi le village actuel lui fut donné.

ADRESSÉ, ÉE, part. pas. de Adresser.

ADRESSER, v. a. Envoyer à une adresse, à une personne ou à un endroit désignés. Par extens. *Adresser la parole à quelqu'un, lui parler directement. Adresser une question. Adresser ses vœux, ses prières.* Questionner quelqu'un, faire sa cour, prier avec instance. — Fig. *Voilà quelque chose à votre adresse. Ce qui vient d'être dit vous concerne. Adresser ses pas.* Les diriger vers un lieu déterminé.

— V. n. Toucher au but visé. *Voilà qui est adressé.*

— S'adresser, v. pr. S'adresser à une personne, avoir recours à elle. *Est-ce à moi que vous vous adressez ? Je m'adresse à vous dans ma détresse.* — *Ce billet s'adresse à vous. Ce billet porte votre adresse.* — *Adresser la parole à quelqu'un Il s'adressa aux perturbateurs.* — Fig. *Cela s'adresse à vous. Cela vous concerne.*

C'est à vous que mes vœux s'adressent. C'est vous que j'invoque ou c'est vous que j'aime.

ADRETS (baron des), François de Beaumont, type du bandit sanguinaire, sans foi ni loi, comme en font surgir, pour la honte de l'humanité, les discordes civiles et surtout les guerres sanglantes qui ont la religion pour prétexte (1513-1586). Né au château de la Frette, près de Grenoble, il entra au service de François Ier à dix-neuf ans et fit ses premières armes en Italie. Lorsque Pecquigny rendit Montferrat aux Espagnols, il l'insulta et le provoqua en champ clos; mais celui-ci, au lieu de répondre à cette provocation, invoqua l'appui des Guises, qui ne lui fit pas défaut. François de Beaumont, qui n'avait peut-être pas tous les torts dans cette circonstance, fut flétri du nom de calomniateur, par jugement authentique obtenu à la sollicitation des princes de la maison de Lorraine. Le baron des Adrets, qui était alors colonel, quitta l'armée, résolu à venger cette injure dans le sang, de manière ou d'autre. Qu'il nous soit permis de dire, un peu à sa décharge sinon à sa justification, que le choix des moyens ne lui était pas facile. Il se jeta donc dans le parti protestant. En peu de temps, il s'empara d'une dizaine de villes : Valence, Lyon, Grenoble, Vienne, Orange, Montélimar, etc. tombèrent successivement en son pouvoir (1562); chacune de ces conquêtes étant marquée par un épouvantable carnage de catholiques. Investi du gouvernement du Lyonnais par le prince de Condé, il poursuivit le cours de ses tueries, érigées en système, et dans lesquelles il apportait tous les raffinements de cruauté que lui inspirait son cerveau malade. On rapporte qu'à Montbrison, il contraignit de malheureux prisonniers à se précipiter du haut d'une tour sur les piques dressées de ses soldats réunis au-dessous; on raconte également, qu'un jour de carnage, il força ses fils à se baigner dans le sang de ses victimes, afin qu'ils prissent goût à cet exercice et fissent le nécessaire pour se procurer de tels bains dans la suite. Ce monstre inspirait une égale terreur et un dégoût non moins profond aux protestants et aux catholiques; si bien que Condé et l'amiral de Coligny, navrés et honteux qu'on pût dire qu'ils toléraient, et même peut-être encourageaient, les orgies sanglantes de cette bête féroce, mais n'osant faire davantage, lui retirèrent son gouvernement, qu'ils donnèrent à Soubise. Il n'en fallut pas plus pour jeter le baron des Adrets, furieux, dans le parti opposé, jurant qu'il allait s'appliquer à « défaire les huguenots qu'il avait faits. » Mais il n'en défit pas tant et fut, en réalité, d'assez peu d'utilité aux catholiques; de sorte qu'il perdit rapidement la réputation de grand capitaine que ses infamies mêmes lui avaient faite. Chargé, toutefois, en 1571, de la pacification de la Savoie, c'est là que lui parvint la nouvelle de la mort de ses deux fils, tués, l'un pendant les massacres de la Saint-Barthélemy que les siens avaient certainement préparés, l'autre au siège de la Rochelle. Cet homme, qu'on pouvait croire sans entrailles, se sentit frappé, pourtant, à cette nouvelle; il se retira dans son château de la Frette et y passa les dernières années de sa vie infâme, dévoré de chagrin et de remords et l'objet de l'exécration universelle. — Sa mort, arrivée le 2 février 1586, lui fut certainement une délivrance. Si la justice des hommes l'avait frappé, elle en aurait fait un héros: mais, heureusement, la justice des hommes n'a de la justice que le nom.

ADRIAN, ville des Etats-Unis, ch. l. du comté de Lenawee, Etat de Michigan, sur la rivière Raisin, à 117 kil. O.-S.-O. de Détroit. Station du Michigan-Southern Railway. Pop. 8,500 hab. Adrian est le centre d'un grand commerce de grains récoltés dans les districts environnants. Manufactures diverses. On y remarque plusieurs belles églises et autres monuments publics.

ADRIANI, Giovanni Battista, historien florentin (1511-1579). Né à Florence, d'une famille patricienne, il fut pendant 30 ans professeur de rhétorique à l'université de cette ville et devint secrétaire de la République. On lui doit une *Histoire de son temps*, depuis 1536, date à laquelle s'arrête l'Histoire de Guicciardini (dont elle n'est toutefois pas une suite rigoureuse), jusqu'à 1574, et pour la composition de laquelle le grand-duc Côme de Médicis lui fournit les documents nécessaires. Cette histoire est, en tout cas, très estimée pour son exactitude. Adriani composa en outre plusieurs *Oraisons funèbres*, dont celle de Charles-Quint, et une *Lettre* sur les anciens peintres et sculpteurs, placée en tête du 3e vol. de Vasari.

ADRIATIQUE (Mer). Grand golfe d'Europe formé par une portion considérable de la Méditerranée, qui sépare l'Italie de la Croatie, de la Dalmatie et de l'Albanie, formant au N.-O. le golfe de Venise et à l'E. les golfes de Trieste, de Fiume, de Cattaro et de Drino. Elle reçoit de nombreux cours d'eau, dont les principaux sont le Pô et l'Adige. Trieste, Fiume, Venise, Ancône, Brindisi sont ses ports les plus importants; l'importance de ce dernier s'est même beaucoup accrue, depuis qu'il est devenu le point d'arrivée et de départ des steamers de la *Peninsular and oriental Cy*, transportant la malle des Indes. L'Adriatique mesure, dans sa plus grande longueur, 720 kil. sur 145 kil. de largeur moyenne et 20 à 40 kil. de profondeur. Les côtes occidentales de l'Adriatique sont généralement basses et marécageuses; mais les côtes orientales sont hérissées de roches escarpées qui les découpent en criques plus ou moins étroites offrant souvent un refuge très utile aux marins, ainsi que les îles nombreuses qui les avoisinent. La marée est peu appréciable dans l'Adriatique, mais elle l'est un peu plus que dans la Méditerranée; la salure et la densité des eaux y est plus considérable que dans l'Océan. La navigation n'est pas toujours sans danger dans cette mer, à cause des coups de vent soudains du N.-E. ou du S.-E. qui s'y déclarent, particulièrement en hiver. — Le nom d'Adriatique lui a été donné de celui d'*Adria*, petite ville située entre les estuaires de l'Adige et du Pô, aujourd'hui éloignée de près de 20 kil. de la mer qui jadis baignait ses murailles.

ADRICHOMIUS, Christian, géographe hollandais (1533-1585). Né à Delft, ordonné prêtre en 1561, on lui doit quelques ouvrages de théologie et d'histoire sacrée, une *Vie de Jésus-Christ*, et surtout un *Théâtre de la Terre Sainte*, avec cartes géographiques, plans, vues, etc., très-estimé.

ADRIEN, Publius Ælius Adrianus, empereur romain (76-138), né à Italica, dans la Bétique. Un peu parent de Trajan, il fut adopté par cet empereur et lui succéda en 117. Il était alors gouverneur de la Syrie et fut proclamé à Antioche le 11 août. Adrien ne suivit pas la politique de conquêtes qui était celle de Trajan. Il fit la paix avec les Parthes et, au lieu de s'agrandir, il s'occupa au contraire de restreindre les provinces de l'empire, qu'il visitait sans cesse, et ne combattit, en quelque sorte, que strictement pour sa défense. C'est ainsi qu'il eut à combattre les Alains, les Sarmates, les Daces, dont les incursions répétées constituaient un danger permanent. Il dut aussi réprimer une révolte des Juifs fomentée par un faux Messie (131); il chassa alors ceux-ci de Jérusalem, à laquelle il donna le nom d'Ælia, fit placer sur une des portes un pourceau de marbre, érigea un temple à Jupiter sur le calvaire et une statue d'Adonis sur la crèche de Bethléem. Adrien n'était toutefois pas un persécuteur fanatique; les chrétiens poursuivis avec acharnement par ses prédécesseurs jouirent, sous son règne, d'un sort beaucoup meilleur, et à la sollicitation des philosophes chrétiens Quadrat et Aristide, il s'engagea à ne poursuivre ceux de leur religion que pour des crimes nettement constatés et non pour leur foi; ce qu'il fit. Il s'occupa aussi de rendre moins dure la position des esclaves. Enfin il publia l'*Edit perpétuel*, corps de loi qui régit l'empire jusqu'à Justinien. Ses visites dans les provinces y laissèrent des traces durables. Il fit bâtir sur la frontière septentrionale de l'Angleterre une muraille de 120 kil. de longueur, pour s'opposer aux incursions des Calédoniens. Les arènes de Nîmes, le pont du Gard lui sont également dus, ainsi que le château Saint-Ange, à Rome, son propre mausolée. Dans les dernières années de son règne, Adrien se retira à Tibur, laissant Antonin, qu'il avait adopté, s'exercer au gouvernement. Quant à lui, il finit dans la débauche la plus abjecte. L'histoire lui reproche surtout son infâme passion pour Antinoüs, son favori. Il mourut à Baies le 10 juillet 138, et fut enterré à Pouzzoles. Sans l'insistance d'Antonin, le Sénat lui eût refusé les honneurs funèbres dus aux empereurs, quoiqu'il ne se soit pas toujours montré aussi sévère.

Adrien avait des connaissances très étendues; il possédait parfaitement les langues et les lettres grecques et latines, savait chanter, jouer de divers instruments, peindre, graver, etc., avait appris la médecine et la géométrie; il composa dans les deux langues des ouvrages en vers et en prose. Mais il ne pouvait supporter qu'on fît mieux que lui dans aucun des arts qu'il pratiquait, et on risquait la vie à le faire. Il fut le premier empereur romain qui conserva la barbe; il le fit pour cacher des verrues qu'il avait au menton, mais la mode en resta.

ADRIEN Ier, pape (de 772 à 795), fils de Théodore, noble romain, élu pape à la mort d'Etienne III. Peu après son accession au trône pontifical, le territoire dont Pépin le Bref avait fait don au Saint-Siège ayant été envahi par Didier, roi des Lombards, Adrien demanda du secours à Charlemagne, qui mit Didier à la raison et confirma les donations de Pépin, y ajoutant même Ancône et Bénévent; en reconnaissance de quoi, Charlemagne reçut le titre de patricien de Rome. Les relations amicales dès lors établies entre le pape et l'empereur furent un moment troublées, à propos d'une décision du concile de Nicée (787), qui approuvait le culte des images et excommuniait les iconoclastes. L'Eglise des Gaules, et Charlemagne à sa tête, étaient iconoclastes, tandis que le pape Adrien tenait pour les images, avec l'Eglise d'Orient. L'empereur convoqua un synode, à Francfort, en 794; ce synode condamna la décision du concile de Nicée, comme on devait s'y attendre. La mort du pape, arrivée l'année suivante, vint mettre un terme à cette dispute, qui ne paraît pas avoir altéré les sentiments d'affection qui unissaient les deux adversaires, fait rare assurément. — Adrien Ier eut pour successeur au Saint-Siège Léon III.

ADRIEN II, pape (de 867 à 872). Il était Romain et avait 76 ans lorsqu'il fut élu pour succéder à Nicolas Ier, le 1er décembre 867. L'événement capital du règne d'Adrien II fut la séparation définitive de l'Eglise grecque et de l'Eglise romaine, déterminée par la mémorable dispute de Photius, patriarche de Constantinople, avec celui de Rome, laquelle avait commencé sous Nicolas Ier. Adrien avait envoyé deux légats au 4e concile général de Constantinople, qui déposa Photius et rétablit au patriarcat saint Ignace qu'il y avait remplacé; il donna son entière approbation aux décisions de ce concile ainsi qu'à l'attitude de l'empereur Basile, mais ensuite, il se brouilla avec celui-ci et même avec saint Ignace, son client, au sujet de la Bulgarie sur laquelle il prétendait étendre la juridiction du siège de Rome; car dès lors, la séparation des deux églises était consommée. Il eut aussi maille à partir avec Charles le Chauve, à propos d'Hincmar, évêque de Laon, déposé par le concile de Verberie en 869, à la diligence de son oncle, le célèbre archevêque de Reims, et qui en avait appelé au Saint-Siège; il avait également eu des difficultés avec ce dernier, parce qu'il voulait forcer Charles le Mauvais à céder son royaume de Lorraine à l'empereur, et que Hincmar, qui avait couronné Charles, prit fait et cause pour lui, déclarant tout net au pape qu'il se mêlait de ce qui ne le regardait pas et que l'excommunication dont il menaçait les adhérents du roi de Lorraine n'aurait aucune validité. — Tout cela semble prouver qu'Adrien II n'avait pas autant de sagesse qu'aurait pu le faire supposer son grand âge. Il était marié, lorsqu'il fut élu au souverain pontificat, comme beaucoup d'évêques de ce temps, mais il se sépara aussitôt de sa femme, et convoqua le concile de Worms (868), pour faire décréter une fois de plus le célibat du clergé. Il mourut en 872 et eut pour successeur Jean VIII.

ADRIEN III, pape (de 884 à 885). Il succéda à Martin II et eut pour successeur Etienne. Son pontificat ne présente aucun fait remarquable, à raison de sa courte durée. Il était Romain et son nom était Agapet. Il est le premier pape qui changea de nom en montant sur le trône pontifical.

ADRIEN IV, pape (de 1154 à 1159). C'est l'unique pontife que l'Angleterre ait fourni au Saint-Siége. Il s'appelait NICHOLAS BREAKSPEARE et était né à Langley, près de Saint-Albans, dans le comté de Hertford. Après avoir tenté inutilement de se faire admettre au monastère de St-Albans, il vint à Paris, où il étudia principalement la théologie; il se fit ensuite recevoir en qualité de domestique chez les chanoines de Saint-Ruf, en Provence, prit l'habit religieux et finalement, devint général de cet ordre. Le pape Eugène III le fit cardinal et évêque d'Albano en 1146, et deux ans plus tard, l'envoya comme légat en Danemark et en Norvège. Il y fit de nombreuses conversions et érigea Upsal en archevêché. A son retour à Rome, il fut élu pape d'une voix unanime, en remplacement d'Anastase IV, successeur d'Eugène III, qui venait de mourir (11 déc. 1154), et prit le nom d'Adrien IV. Henri II, roi d'Angleterre, éprouvant le besoin de s'approprier l'Irlande, fit une cour assidue à Adrien, et obtint de ce pape anglais l'investiture de la souveraineté d'Irlande, moyennant paiement annuel au Saint-Siége d'un *denier* par maison : telle est l'origine du *denier de St-Pierre*. Le commencement du pontificat d'Adrien fut troublé par les tentatives du peuple de Rome pour reconquérir sa liberté perdue depuis si longtemps; mais le pape réprima ces tentatives, destitua les magistrats civils, mit Rome en interdit et s'étant emparé d'Arnauld de Brescia, cause de cette agitation, il le livra aux flammes (1155). Cette même année, il excommuniait Guillaume, roi des Deux-Siciles, coupable d'avoir envahi le territoire de l'Eglise, mais pour se réconcilier avec lui dès l'année suivante, moyennant un tribut annuel, dans le genre de celui que payait déjà le roi d'Angleterre au Saint-Siége. Avec ce pontife commencèrent les longs et sanglants démêlés entre le pouvoir pontifical et la maison de Hohenstaufen, entre le Saint-Siége et l'empire. Frédéric Barberousse, pour se faire couronner empereur d'Allemagne par le pape, était entré en Italie à la tête d'une nombreuse armée. Adrien le rencontra à Sutri et voulut lui imposer, comme une marque de respect qui lui était due, l'obligation de lui tenir l'étrier. Barberousse refusa avec indignation, et la querelle menaçait de tourner mal immédiatement, lorsque après deux jours de négociations, l'orgueilleux Allemand se soumit à une formalité humiliante qu'on lui représentait comme acceptée par tous ses prédécesseurs. Moyennant cette condescendance, Frédéric fut couronné à Saint-Pierre de Rome quelques jours après (18 juin 1155), des propres mains du non moins orgueilleux représentant de celui qui faisait son entrée triomphale à Jérusalem monté sur un âne, sans qu'il fût besoin, et pour cause, de lui tenir l'étrier pour descendre de sa monture. Eh bien, malgré tout, la querelle devait éclater. Dans une lettre écrite aux évêques d'Allemagne en 1157, Adrien IV disait que l'empereur ne tenait ses Etats qu'à titre de *beneficium*. Cette expression paraissant impliquer une espèce de vasselage, Barberousse se fâcha tout rouge, et tous les Allemands avec lui. Mais les effets de cette brouille ne se firent sentir qu'après la mort d'Adrien IV, qui arriva à Anagni, le 1er septembre 1159, au moment où il se disposait à lancer contre l'empereur les foudres de l'excommunication, qui ne l'eussent point arrêté, d'ailleurs. — Adrien IV eut pour successeur au trône pontifical Alexandre III.

ADRIEN V, pape (juillet 1276). Son nom était Ottoboni FIESCHI; il était de Gênes et neveu du pape Innocent IV. Elu pape, le 11 juillet 1276, après la mort d'Innocent V, il mourait le 30 du même mois, n'ayant pu être consacré. — Comme on le félicitait de son élévation peu de jours avant sa mort, il répondit : « J'aimerais bien mieux que vous me vissiez cardinal en santé que pape mourant. » — Jean XXI lui succéda.

ADRIEN VI, pape (de 1522 à 1523). Adrien-Florent BOYERS, devenu pape sous le nom d'Adrien VI, naquit à Utrecht, le 2 mars 1459. Son père était un simple artisan, un tisserand suivant les uns, un brasseur suivant d'autres, un charpentier de bateaux d'après une troisième version. Il fit, en tout cas, de bonnes études à l'université de Louvain, dont il devint professeur en théologie, puis vice-chancelier. Choisi pour précepteur de son petit-fils par l'archiduc Charles, son élève, devenu Charles-Quint, récompensa ses soins en le faisant élire pape, après la mort de Léon X qui, sur la même recommandation, l'avait fait cardinal en 1517 et évêque de Tortose en 1519. Adrien avait même été quelque temps régent du royaume d'Espagne, après la mort de Ferdinand. A son accession au trône pontifical, le nouveau pape voulut conserver son nom. Il se montra d'une grande simplicité en tout, d'une sobriété d'anachorète, d'une conduite exemplaire : tout le contraire, en un mot, de son prédécesseur et juste ce qu'il fallait pour se rendre impopulaire. La corruption de la cour de Rome le remplissait de honte, et il voyait certainement le danger que faisaient courir à l'Eglise les turpitudes de toute sorte qui la déshonoraient et dont le réformateur Luther profitait largement; il tenta donc de combattre ce danger par de sages réformes, mais il se heurta à l'opposition toute puissante des cardinaux et mourut le 14 septembre 1523, sinon de chagrin, du moins avec le regret sincère d'avoir accepté la pourpre pontificale. — L'inepte populace romaine voyait si bien un ennemi dans cet honnête homme, qu'elle barbouillait la porte de son médecin, feignant de le regarder comme l'auteur de sa mort, d'une inscription où il était qualifié de « Sauveur de son pays ! » — Il eut pour successeur Clément VII.

ADROIT, OITE, *adj.* (lat. *ad* et *directus*, droit, direct). Qui a de l'adresse, soit de corps, soit d'esprit. *C'est une personne fort adroite.* — Se dit aussi de la chose même qui a été exécutée avec adresse. *Ce que vous avez fait là est adroit.*

ADROITEMENT, *adv.* D'une manière adroite.

ADRUMÈTE. Géog. anc. Ville d'Afrique, capitale de la Byzacène, située sur la côte méditerranéenne, entre Carthage et la Petite Syrte, dans une contrée agréable et fertile. Pline la compte au nombre des villes libres. Elle a porté successivement les noms de *Concordia*, que lui donna Trajan, et de *Justiniana*. C'est aujourd'hui SOUSA.

ADSON, hagiographe français, abbé de Deuvres, dans le diocèse de Bourges, mort en 992. On lui doit la vie de plusieurs saints assez peu populaires : saint Bercaire, saint Bastole, saint Fredbert et saint Mansuet. — On le confond souvent avec l'abbé de Luxeuil, son homonyme, hagiographe également et auteur d'une *Histoire de l'abbaye de Luxeuil*, qui vivait à la même époque.

ADSTRICTION, *s. f.* Méd. V. ASTRICTION.

ADUATIQUES, *s. m. pl.* Peuples d'origine cimbrique et teutonique, qui s'établirent dans la Gaule belgique, entre les Nerviens, les Ménapiens et les Eburons, soit sur les frontières de la Flandre, du Hainaut et du Brabant. Ils possédaient une capitale très forte, entourée de rochers, sauf d'un côté, où ils renfermaient leurs trésors. Cette ville, appelée *Aduatuca*, serait Namur, d'après quelques auteurs; Tongres, suivant d'autres.

ADULA. Géog. anc. Ancien nom du mont Saint-Gothard.

ADULATEUR, TRICE, *s.* Flatteur ou flatteuse hypocrite. — Adjectiv. *Un langage adulateur. Une épître adulatrice.*

ADULATION, *s. f.* Flatterie basse. La manière la plus vile de témoigner une admiration, un respect qui, le plus souvent, n'existent pas. *Je tiens l'adulation pour la plus lâche des trahisons.*

ADULÉ, ÉE, *part. pas.* de ADULER.

ADULER, *v. a.* Flatter bassement.

ADULIS. Géog. anc. Ville marit. d'Ethiopie, sur la mer Rouge, dont il ne reste guère que des ruines. C'est aujourd'hui ZULLA.

ADULTE, *adj.* (lat. *adultus*, part. de *adolescere*, se former, croître). *Age adulte*, âge qui succède à l'adolescence et s'étend jusqu'à la vieillesse. On dit aussi *âge viril.* — Il s'emploie substantiv. pour désigner celui ou celle qui a atteint l'âge adulte. *Ecole d'adultes. Les adultes seuls sont admis à ces exercices.*

ADULTÉRATION, *s. f.* Jurispr. Action de gâter, de fausser, de dépraver. *Adultération des monnaies.* — Pharm. Action de falsifier, d'altérer un médicament, un produit quelconque dans un but de lucre. « Les adultérations et falsifications des substances alimentaires ou médicamenteuses, dit le docteur Brémont, sont, malheureusement, très nombreuses. MM. les professeurs Chevallier et Baudrimont les ont étudiées minutieusement, dans un grand ouvrage indiquant les moyens de les reconnaître. Voici quelques exemples d'adultération médicamenteuse : l'acide benzoïque est falsifié par le plâtre et le sucre; l'acide citrique est mélangé d'acide tartrique; l'aloès est falsifié par la colophane, l'ocre et les os calcinés; l'arnica est remplacé par l'aunée; on vend sous le nom de baume tranquille de l'huile d'œillette colorée en vert; on donne pour de la poudre de cannelle des coquilles d'amande pulvérisées, etc. De quelque nom qu'on les appelle, toutes ces substitutions constituent des vols, à moins qu'elles ne soient des empoisonnements. C'est voler un malade que de lui vendre du scrotum de bouc pour du castoreum, ou de la sciure de bois pour du cubèbe; c'est empoisonner quelqu'un que de lui administrer, en guise d'huile de ricin, de l'huile d'œillette additionnée d'huile de croton. »

ADULTÈRE, *adj.* Qui viole la foi conjugale. *Des époux adultères. Brûler d'une flamme adultère.* — Par extens. Qui offre un mélange vicieux, un rapprochement coupable ou contraire à la morale. *Rapprochement adultère.* — Il s'emploie substantiv. pour désigner le crime lui-même ou la personne qui s'en est rendue coupable. *L'adultère est puni sévèrement par les lois de tous les pays. L'adultère est l'objet du mépris de tous les honnêtes gens.*

— HIST. L'adultère était puni de mort chez les Hébreux, chez les Grecs et chez beaucoup d'autres peuples anciens. Lycurgue stipule qu'il sera puni comme le parricide; mais, tandis que les Athéniens se montraient si sévères pour un pareil crime, les Lacédémoniens, au rapport de Plutarque, le toléraient volontiers. D'autre part, les Locriens arrachaient les yeux aux coupables. Les lois romaines portaient que l'adultère serait privé d'engendrer; de plus, le soldat coupable d'adultère avec la femme de son hôte était, ou devait être écartelé; sous Constantin et Justinien, c'était la mort pure et simple. Les Egyptiens, après avoir battu le coupable à tour de bras, le rendaient eunuque, et souvent ajoutaient à cette mutilation celle du nez, des oreilles et de quelque autre partie visible du corps, afin que son crime fût dénoncé à tous ceux qui le voyaient. Chez les Sarmates, on clouait le coupable par les parties génitales et on lui mettait dans la main une arme tranchante, afin qu'il pût se détacher lui-même, s'il ne voulait mourir ainsi. Ce n'est qu'à la femme que le roi Canut, de Danemark, faisait couper le nez et les oreilles; pour l'homme, il se contentait de le bannir. Chez les anciens Saxons, la femme adultère était brûlée vive et son complice pendu à une potence dressée sur les cendres mêmes du bûcher de la malheureuse. Les Francs ne punissaient l'adultère que de l'amende. Au moyen âge, les adultères étaient forcés de courir nus, en plein jour, à travers la ville, tandis qu'on accélérait leur course au moyen du fouet. Au XVIe siècle parut la première ordonnance qui les punissait du fouet et de l'amende: il y avait peine capitale pour la femme qui avait commis un adultère avec son valet; pour le juge, le médecin, l'avocat, etc., avec sa cliente; le confesseur avec sa pénitente. Mais, en général, c'était toujours la femme qui était frappée; ne fût-ce que de la claustration. Aujourd'hui, l'adultère est moins cruellement puni chez les peuples civilisés. En France, il est puni de trois mois à deux ans de prison pour chacun des complices pris en flagrant délit, et de plus, de 100 à 2,000 francs d'amende pour l'homme. Par une distinction hypocrite (pour ne rien dire de plus) de la loi, le mari, qui n'est punissable comme adultère que dans le cas d'entretien d'une concubine sous le toit conjugal, le mari, disons-nous, peut tuer sa femme et le complice de celle-ci, s'il les prend en flagrant délit d'adultère sous ce même toit: il est déclaré excusable (C. p. 324). Cette excuse légale laisse toutefois place à la répression, et la peine applicable à ce cas particulier, c'est l'emprisonnement pendant une durée qui varie de un à cinq ans. Mais, à moins que le meurtrier ne soit d'autre part un scélérat fieffé, le jury l'acquitte presque toujours. Oui, le jury acquitte généralement le meurtrier de sa femme adultère, et il a raison : du moment où il n'a pas à se prononcer sur une question de meurtre pur et simple, quitte à stipuler des circonstances atténuantes résultant des faits mêmes ou des circonstances du débat, il ne lui reste plus qu'à déclarer non coupable l'accusé qu'on lui présente. Cet accusé est souvent intéressant, je l'accorde; mais il y a trop de gredins qui profitent de cette excuse après avoir mis tous leurs soins à préparer la catastrophe, et au bout du compte un meurtre est un meurtre. On nous dira que l'adultère, l'adultère de la femme surtout, entraîne les plus fâcheuses conséquences; c'est vrai, outre la violation de la foi conjugale, qui est certainement un crime odieux et sévèrement punissable, il y a la responsabilité de paternité pour l'époux outragé. Mais on peut parer à ces conséquences : il y a le désaveu, il y a le divorce même; et on n'y pare point du tout par l'assassinat. — Un homme en insulte un autre, celui-ci répond par un soufflet, et la loi condamne ce dernier, car on ne doit pas se faire justice soi-même; le même homme est outragé par sa femme, il la tue; il tue, pendant qu'il y est, son complice, s'il le peut, et la Justice l'absout! S'il n'y a pas là une monstruosité, il faut rayer ce mot du dictionnaire. — On peut envisager l'adultère sous un autre point de vue : il est certain que la trahison de l'un des deux époux peut briser le cœur, ruiner l'avenir de l'autre, compromettre son intelligence et sa vie; mais, outre que la loi ne fait pas de sentiment, la blessure n'est pas moins grave pour la femme que pour l'homme; pourquoi deux poids et deux mesures dans la balance de Thémis?...

ADULTÉRÉ, ÉE, *part. pas.* de ADULTÉRER.

ADULTÉRER, *v. a.* Pharm. Falsifier, altérer un médicament dans un but de lucre.— Jurispr. Fausser les monnaies, altérer des marchandises.

ADULTÉRIN, INE, *adj.* Qui est né de l'adultère *Enfants adultérins.* — Législ. S'emploie substantiv. dans cette phrase: *Les enfants adultérins ne peuvent être légitimés, ni reconnus.* Ainsi le veut la loi, par une autre monstruosité qui punit des enfants innocents du crime de leurs parents. Ils ne peuvent hériter de ceux-ci et, légalement, n'ont point de famille. S'ils veulent se marier, ils n'ont donc pas à demander le consentement de leurs parents; mais comme il leur en faut un tout de même, c'est à un *conseil d'amis*, c'est-à-dire d'indifférents, qu'ils sont forcés de le demander.

ADUSTION, *s. f.* (lat. de *adurere*, brûler). Méd. Cautérisation par le feu.

AD VALOREM, *loc. adv. lat.* Suivant la valeur.—Econ. polit. Droits *ad valorem*, droits de douane proportionnels à la valeur des marchandises qui en sont frappées.

ADVENIR, *v. n.* Arriver par accident. *On ne pouvait prévoir ce qui est advenu.* — Prov. *Fais ce que dois, advienne que pourra.* Fais ton devoir sans te préoccuper des conséquences. — On dit aussi AVENIR, dans le même sens.

ADVENTICE, *adj.* Didact. Qui survient de l'extérieur, éventuellement. *Des idées adventices*, par opposition à *innées.* — Méd. *Maladie adventice*, accidentelle, qui ne tient pas à la constitution. — Bot. *Plante adventice*, venue sans avoir été semée.

ADVENTIF, IVE, *adj.* Dr. rom. Pécule attribué en nue propriété au fils de famille (inusité en dr. franc.). — Bot. se dit d'un organe naissant en un point de la plante où il n'est pas habituel qu'il paraisse. *Bourgeon, œil adventif. Racine adventive.*

ADVERBE, *s. m.* Gramm. Partie invariable du discours, qui se joint avec les verbes, les adjectifs ou d'autres adverbes pour en modifier le sens. Il y a plusieurs sortes d'adverbes. *Tantôt, hier, demain*, sont des adverbes de temps; *beaucoup, énormément, moins, peu*, des adv. de quantité; *meilleur, pis, doucement*, des adv. de qualité. On distingue, en outre, les adv. de négation et d'affirmation, d'ordre, d'interrogation, de doute, de comparaison ; mais la liste pourrait s'allonger à l'infini sans aucun avantage pratique.

ADVERBIAL, ALE, *adj.* Gramm. qui a le caractère de l'adverbe, sans être nécessairement un adverbe. *Lentement* est un adverbe ; *avec lenteur*, qui a la même valeur et la même signification, est une locution adverbiale *Justement* est aussi un adverbe, dire que *Quelqu'un chante juste* est une façon de parler adverbiale, *juste* étant pris ici adverbialement et non adjectiv. comme dans les cas ordinaires.

ADVERBIALEMENT, *adv.* Gramm. D'une manière adverbiale.

ADVERBIALISER, *v. a.* Gramm. Employer adverbialement un mot.

ADVERBIALITÉ, *s. f.* Gramm. Qualité nouvelle donnée à un mot pris adverbialement.

ADVERSAIRE, *s. m.* (du lat. *ad*, contre, et *versus*, tourné). Quiconque est contraire, opposé à quelqu'un dans toute circonstance où il y a lutte. *C'est un adversaire trop fort pour moi. Une femme est* UN *terrible adversaire dans de pareilles discussions.*

ADVERSATIF, IVE, *adj.* Gramm. Qui indique un certain correctif, sinon une opposition réelle, à ce qui a été exprimé précédemment. *Particule adversative.* Dans ces phrases : *Je suis tout prêt à vous obéir,* MAIS... *Je vous appuierai* SI *vous vous en montrez digne. Je vous aime* QUOIQUE *vous ne le méritiez pas,* MAIS, SI, QUOIQUE sont des conjonctions adversatives.— *Proposition adversative.* Celle qui est composée de deux propositions dont la seconde est opposée à la première.

ADVERSE, *adj.* Contraire, opposé. *Fortune adverse.* — Jarg. de Pal. *Partie adverse, Avocat adverse.* La personne qui plaide contre, l'avocat de cette personne.

ADVERSITÉ, *s. f.* Fortune adverse. Etat de celui qui est éprouvé par le malheur. *Il ne faut pas le laisser succomber à l'adversité.*

ADVIELLE, VICTOR, écrivain français, né à Arras en 1823. On lui doit un assez grand nombre de notices historiques et biographiques, tirées à petit nombre, relatives à diverses provinces de la France et d'autres publications ; notamment : *Souvenir d'une visite à l'Abbaye St-Antoine, en Dauphiné* (1859) ; *Souvenirs historiques de l'Artois, Notice sur Thomas Mermet, Notice sur Hugues Merle, le Chevalier Bayard* (1860) ; *Livret de poche du voyageur français à l'Exposition universelle de Londres* (1862) ; *les Artistes dauphinois au salon* (1863) ; *l'Abbé J. H. R. Prompsault, Causeries dauphinoises* (1864) ; *les Ecossais en Rouergue* (1865) ; *le Rouergue dans ses rapports avec le nord de la France* (1866) ; *le Rouergue dans ses rapports avec le Dauphiné et la Savoie*, et *les Beaux-Arts en Rouergue* (1868) ; *Christophe Plantin a-t-il connu le clichage typographique ?* (1870) ; *Lettres et poésies inédites de Voltaire* (1872) ; *Notice sur l'hospice d'Aubrac, en Rouergue, Du bénéfice-cure en Savoie*, etc. ; *les Droits et les devoirs des conservateurs et administrateurs des bibliothèques communales* (1874) ; *Questions de droit relatives aux bureaux de bienfaisance* (1875), etc., etc.

ADYE, SIR JOHN MILLER, général anglais, né en 1819, à Sevenoaks, dans le Kent (Angleterre) ; fit ses études à l'Académie militaire de Woolwich, entra dans l'artillerie royale vers la fin de 1836, où, passant par tous les grades, il atteignit enfin celui de brigadier général. Il a été promu major général en décembre 1875 et lieutenant général en 1879. Pendant la guerre de Crimée et l'insurrection indienne, Sir John Adye était adjudant général de l'artillerie. Il servit également dans la campagne de Sitana (Afghanistan), pour laquelle il reçut une médaille, outre celles de l'insurrection indienne et de la guerre de Crimée, ainsi que la croix du Medjidié, quatrième classe. Créé chevalier de l'ordre du Bain en 1855, il fut promu, dans le même ordre, au grade de commandeur en 1873 et à celui de grand-croix en 1882. Créé, pendant la guerre de Crimée, officier de la Légion d'honneur, pour services rendus à l'armée française, sir J. M. Adye a été promu, en février 1874, commandeur du même ordre par le président de la République. Nommé en 1875 gouverneur général de l'Académie militaire de Woolwich, il donnait sa démission en 1880, étant appelé aux fonctions d'inspecteur général de l'artillerie. Le général Adye était chef de l'état-major général de l'armée expéditionnaire envoyée en Egypte en 1882, sous le commandement de lord Wolseley. A son retour, il fut appelé au gouvernement de Gibraltar, en remplacement de lord Napier de Magdala. Sir Adye a publié : *the Defence of Cawnpore by the troops under the orders of major-general* C. A. *Windham, en novembre* 1857 (1858) ; *A Review of the Crimean war to the winter of* 1854-55 (1860); et *Sitana, Mountain campaign on the borders of Afghanistan, in* 1863 (1867) ; *the British Army in* 1875, etc.

ADYNAMIE, *s. f.* (gr. *a* priv. et *dùnamis*, force). Sans force. — Méd. grande prostration des forces. — On dit aussi ASTHÉNIE, et plus communément PROSTRATION.

ADYNAMIQUE, *adj.* Méd. Qui a le caractère de l'adynamie.

ADYTUM, *s. m.* Antiq. Pièce particulière et secrète d'un temple, où n'avaient accès que les prêtres officiants. C'est dans cette chambre secrète que la prêtresse venait prendre, rarement de bonne volonté, le breuvage stimulant qui devait provoquer en elle ces crises violentes que le vulgaire regardait comme les signes extérieurs de l'inspiration prophétique.

ÆANTIS (gr. *Aiantis*), *s. m. pl.* Antiq. Nom d'une des tribus des Athéniens.

ÆDICULE, *s. f.* (Lat. *ædicula*, de *ædes*, temple). Petit temple, sanctuaire, tabernacle. Meuble en forme de temple où l'on plaçait les images des ancêtres. — Archit. mod. Petit édifice, et particulièrement mausolée ayant la forme d'un temple. On écrit plus communément EDICULE.

ÆDITUENTES, ÆDITIMI ou ÆDITUI, *s. m. pl.* Antiq. Ceux qui avaient soin des temples et des objets sacrés.

ÆETA, roi de Colchos, gardien de la toison d'or ; laquelle fut enlevée, grâce à la trahison de sa fille Médée, par Jason et les Argonautes (v. 1268 av. J.-C.).

ÆGAGRE, *s. m.* Zool. Chèvre sauvage des montagnes de l'Asie, et en particulier de la Perse, que l'on regarde comme le type de notre chèvre domestique.

ÆGAGROPILE, *s. m.* Concrétion calculeuse qui se forme dans les intestins de la chèvre, de l'œgagre et d'autres ruminants. Ces concrétions ressemblent aux bézoards, et on les appelle quelquefois *bézoards d'Allemagne* ; elles paraissent formées des poils même de l'animal, de débris végétaux et de substances calcaires insolubles, que l'animal a avalés, soit en se léchant, soit avec les aliments qu'il a ingérés. Elles se trouvent dans le gros intestin chez le cheval et dans la caillette chez le bœuf.

ÆGEIS, *s. m. pl.* Antiq. Nom d'une des tribus des Athéniens.

ÆGIDI, LUDWIG KARL, jurisconsulte et homme politique allemand, né à Tilsitt vers 1812. Il était fils d'un médecin homœopathe d'une certaine notoriété. M. Ægidi fit ses études à Heidelberg, Berlin et Gœttingue et se lança dans le journalisme libéral. Il rédigeait en 1848, avec Moritz Veit, la *Gazette constitutionnelle* de Berlin. Quelques années plus tard, après avoir passé un an ou deux dans l'administration prussienne, il se fit agréger à Gœttingue et fit des cours de droit national et de droit des gens, dont s'émut le gouvernement à la fin et qui furent, en conséquence, interdits en 1856. En 1857, il obtenait une chaire de droit à Erlangen ; passait de là au gymnase de Hambourg, en 1859, et enfin à l'Université de Bonn en 1868. Il avait été élu, l'année précédente, membre de la Chambre des députés et avait pris place sur les bancs des conservateurs dits indépendants, ce qui lui avait acquis les faveurs du chancelier. — On lui doit diverses publications de droit.

ÆGIDIUS, général romain, qui commandait dans les Gaules au v° siècle. Les Francs le choisirent pour chef en remplacement de Childéric, qu'ils avaient chassé (457). Mais après huit années de despotisme et de guerres, ils furent tout heureux de reprendre leur ancien roi, et Ægidius se retira à Soissons, où il mourut peu après (464).

ÆGIDIUS, religieux bénédictin grec. Natif d'Athènes, il prit l'habit en 700. On lui doit des ouvrages sur les venins, sur les urines et sur la connaissance du pouls. — Un autre ÆGIDIUS, qui était médecin de Philippe-Auguste, et dont divers auteurs font aussi un bénédictin, aurait écrit également un livre en vers hexamètres latins sur la vertu des médicaments, sur les urines et sur la connaissance du pouls; ce dernier était si goûté qu'on le lisait dans les écoles. Il est probable, cependant, que les ouvrages de cet Ægidius n'étaient que des traductions de ceux de son homonyme grec.

ÆGOS POTOMOS (*Rivière des Chèvres*). Géog. anc. Petite rivière de la Chersonèse de Thrace, qui se jetait dans l'Hellespont, un peu au nord de Sestos, entre une ville du même nom, Ægos, à son embouchure, où la flotte athénienne, commandée par Conon, fut défaite par Lysandre, général des Lacédémoniens (405 av. J.-C); ce qui décida la prise d'Athènes et termina la guerre du Péloponèse.

ÆLFRIC, LE GRAMMAIRIEN, l'un des plus féconds écrivains anglais de l'époque antérieure à la conquête, qui florissait vers la fin du x° siècle et le commencement du xi°. Il était élève d'Ethelwold, à Abingdon, quand celui-ci fut appelé au siège épiscopal de Winchester, où il le suivit et remplit les fonctions d'*instructeur*. Il écrivit alors pour ses élèves une *Grammaire* latine anglaise, avec *glossaire* et son *Colloquium*, in latin, avec traduction interlinéaire et mot à mot. Dans son *Glossaire*, il est remarquable que les mots ne sont pas disposés suivant l'ordre alphabétique, mais rangés par classes. Ælfric partit ensuite pour l'abbaye de Cerne, dans le comté de Dorset, où il composa ses *Homélies*, qui ont fait sa réputation comme écrivain. Ces quatre vingts homélies, qui sont intéressantes à d'autres titres, devinrent plus célèbres, peut-être, qu'elles ne l'avaient jamais été, à l'époque de la Réforme; car les protestants y découvrirent qu'au temps d'Ælfric, la doctrine de l'Eglise d'Angleterre différait sensiblement sur beaucoup de points de celle de l'Eglise romaine. Elles ont été réimprimées en 1844-48. On peut citer encore, parmi ses bons ouvrages, un *Traité de l'Ancien et du Nouveau Testaments* et un *Abrégé du Pentateuque* et du *Livre de Job*. — On sait peu de chose de la vie d'Ælfric; il devint abbé, mais est-ce lui ou un autre Ælfric qui mourut archevêque de Cantorbery, en 1006? Les avis sont très partagés sur ce point.

ÆLIA CAPITOLINA. Géog. anc. Nom donné par l'empereur Adrien, qui s'appelait *Ælius*, à la ville qu'il éleva, en 134, près de l'emplacement de Jérusalem détruite. Il y établit une colonie romaine et y éleva un temple à Jupiter Capitolinus.

ÆLODICON, *s. m.* Mus. Espèce d'harmonica.

ÆNEAS SYLVIUS. V. PIE II, pape.

ÆPINUS, FRANZ-MARIA-ULRICH-THEODOR, célèbre physicien allemand (1724-1802). Il naquit à Rostock (Saxe), étudia d'abord la médecine, mais se voua bientôt exclusivement aux sciences physiques et mathématiques et fut admis à l'Académie des Sciences de Berlin. En 1757, il partait pour Saint-Pétersbourg, où il venait d'être nommé membre de l'Académie impériale des Sciences et professeur de physique. Æpinus gagna bientôt la faveur de Catherine II, qui lui confia l'éducation du grand-duc Paul, son fils. Æpinus est surtout connu par ses travaux sur l'électricité et le magnétisme, mais il s'est également occupé avec succès de diverses autres branches de la physique. On lui doit le condensateur d'électricité qui porte son nom et l'un des premiers électrophores; il paraît être, en outre, le premier qui ait soupçonné l'affinité existant entre l'électricité et le magnétisme Son principal ouvrage, *Tentamen theoriæ electricitatis et magnetismi*, fut publié à St-Pétersbourg en 1759. On lui doit en outre un traité *Sur la distribution de la chaleur à la surface de la terre* (1762) et différents mémoires sur l'astronomie, la météorologie, la mécanique, l'optique, les mathématiques pures, etc., publiés dans les recueils des Sociétés savantes de Saint-Pétersbourg et de Berlin. Sa discussion des effets de la parallaxe dans le passage d'une planète sur le disque solaire, publiée entre les deux passages de Vénus du siècle dernier (1762), fit sensation dans le monde savant. — Il est mort à Dorpat, en août 1802.

ÆPIORNIS, *s. m.* (du gr. *aipus*, immense, et *ornis*, oiseau). Ornith. Genre d'oiseaux de la famille des autruches (struthionidés), ordre des échassiers brévipennes, dont on ne connaît que des débris de squelette et des œufs trouvés pour la première fois à Madagascar, par un voyageur français, vers 1850. Malgré l'assurance contraire des indigènes de Madagascar, on ne peut douter que cet « immense oiseau » ne soit complètement disparu; mais il est probable que c'est depuis assez peu de temps, car on trouve partout dans le pays des œufs d'æpiornis convertis en récipients à liquides. En 1851, Isidore Geoffroy-Saint-Hilaire présentait à l'Académie des Sciences plusieurs œufs d'æpiornis, dont le plus grand contenait 9 litres; mais il y en a de plus grands encore, car un voyageur anglais, M. Strickland, rapporte dans les *Annals of natural history* pour 1849, qu'une année précédente, un négociant français de la Réunion, nommé Demarle, avait vu à Port-Leven (Madagascar) un œuf contenant environ dix litres et demi de liquide (*thirteen wine quart bottles of fluid*). On trouva ensuite, en 1851, à plusieurs reprises, toujours à Madagascar, des ossements ayant appartenu à un oiseau géant, notamment des fémurs beaucoup plus grands que ceux d'aucun géant appartenant à l'espèce humaine. De ces ossements, de leurs dimensions et de leur forme, on a pu inférer l'oiseau auquel ils appartenaient, d'une sorte de gigantesque autruche ne mesurant guère moins de trois mètres et demi à quatre mètres de hauteur. En conséquence, après l'avoir baptisé d'un nom si judicieusement choisi, on put classer l'æpiornis et sa famille naturelle. Par malheur, on n'en a pu, jusqu'ici, avoir un squelette à peu près complet.

ÆPUS, *s. m.* Entom. Genre d'insectes coléoptères pentamères de la famille des carabiques ou carnassiers terrestres, dont on connaît bien seulement deux espèces, l'*æpus*

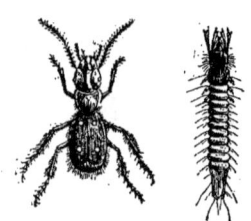

Insecte.   Larve.
Æpus Robinii (très grossi).

fulvescens et l'*æpus Robinii*. Ce sont des insectes de petite taille, ne dépassant guère deux millim. de longueur, d'un jaune paille brillant, à tête grosse, armée de fortes mandibules en crochets et percée de petits yeux latéraux; le quatrième article des tarses est muni d'une épine recourbée en dessous. Les æpus sont des insectes sous-marins; ils vivent dans les fentes des rochers schisteux ou sous les petites roches éparses sur le sable et que la marée recouvre périodiquement. On les rencontre sur les côtes de la Manche et de l'Océan, depuis Dieppe jusqu'au nord de l'Ecosse; mais on ne peut bien les observer qu'un peu après le retrait de la marée, quand la chaleur de l'air les a ranimés.

AÉRAGE, *s. m.* Action de renouveler l'air dans un endroit clos.

ÆRARIUM, *s. m.* Antiq. Trésor public à Rome.

AÉRATION, *s. f.* Action d'aérer, d'agiter une substance au contact de l'air pour lui faire subir une modification déterminée. L'aération de certaines étoffes a pour effet de les blanchir; l'aération de l'eau, de lui rendre l'oxygène que l'ébullition lui a fait perdre ou dont elle se trouve privée par d'autres causes. — On dit aussi *Aération* au lieu d'AÉRAGE, et dans le sens donné à ce dernier mot, seul admis par l'Académie. V. VENTILATION.

AÉRÉ, ÉE, *part. pas.* de AÉRER. — Se dit aussi adjectiv. de ce qui est en plein air. *Ici, du moins, on est aéré.*

ÆREOLUM, Métrol. anc. Poids de deux grains. — Sixième partie de l'obole, à Rome.

AÉRER, *v. a.* Renouveler l'air. *Aérons bien cette chambre.* — Agiter une substance au contact de l'air pour qu'elle s'en pénètre. *Voilà du foin qu'il faut aérer.* — Chasse. Faire son aire. Se dit d'un oiseau de proie. Le terme correct est AIRER, dont *aérer*, dans ce sens, n'est qu'une corruption.

ÆRES (du lat. *æs*, airain, cuivre). Antiq. Divinité des Romains, qui présidait à la monnaie de cuivre. On la représentait tenant de la main droite une balance et s'appuyant sur une lance de l'autre main.

AÉRHYDRIQUE, *adj.* (du gr. *adr*, air, et *udôr*, eau). Se dit d'instruments et d'appareils dans lesquels agissent de manière ou d'autre, mais simultanément, l'air et l'eau. — Techn. *Chalumeau aérhydrique*, chalumeau inventé par M. le comte des Bassyns de Richemond et employé pour la soudure du plomb sans alliage d'étain, celle du platine à la soudure d'or et la brasure du cuivre.

— Phys. *Chaîne aérhydrique*, appareil pouvant servir à remettre à flot les navires coulés à de grandes profondeurs, inventé par M. Toselli.

La chaîne aérhydrique est formée de gros tuyaux de toile imperméable dont les sections sont reliées par des tubes de cuivre. L'ingénieur chargé de la direction des travaux est descendu dans une cloche à plongeur à portée de l'épave, alors on fait, sur son ordre, descendre des grappins automoteurs qui se fermement et se fixent d'eux-mêmes quand ils sont arrivés aux points indiqués. De ces grappins partent des cordes terminées par des bouées flottantes. Plusieurs de ces grappins étant fixés sur la circonférence de l'épave, les bouées se trouvent tracer à la surface de l'eau la figure et les dimensions exactes du bâtiment submergé. Signal nouveau est fait de laisser tomber un grappin plus fort sur un point d'attache, par exemple la base du mât de beaupré. Au lieu de se prolonger par une corde, la tige de ce grappin se rattache à l'extrémité de la chaîne aérhydrique, présentant l'apparence d'un long tuyau de toile. Le canot est alors dirigé de manière à faire le tour de la ligne extérieure des bouées, filant dans sa marche le long tuyau de toile qui vient s'enrouler autour de l'épave. Ce tuyau est gonflé d'air au moyen d'une pompe de compression mise en mouvement par une machine à vapeur, et par exemple la base du mât de beaupré. Quand la différence entre le poids de la chaîne aérhydrique enserrant le navire naufragé et celui du volume d'eau déplacé est devenue suffisante, le navire est soulevé et, à la suite de diverses manœuvres de détail dont la description serait inutile ici, il est amené à fleur d'eau. Le navire se trouve au port voisin pour y subir les réparations nécessaires, le reste alors qu'une affaire de temps.

Il est certainement curieux de constater que c'est par un procédé analogue qu'Achille de

Jouffroy, fils de l'inventeur de la navigation à vapeur, réussit, en 1806 ou 1807, à relever du fond du port de Venise une galère qui y avait coulé longtemps auparavant, assez longtemps pour que nul ne se rappelât l'événement. Remplacez les tuyaux de toile imperméable par des barils, et vous avez la « chaîne aérhydrique » imaginée par Achille de Jouffroy. Nous ne serions pas surpris d'apprendre que M. Toselli connaissait l'histoire du sauvetage opéré par A. de Jouffroy, à peine âgé de vingt ans à cette époque, quand il conçut l'idée de son appareil, qu'il peut très bien, cependant, avoir créé de toutes pièces.

AÉRIEN, IENNE, *adj.* Qui appartient ou ressemble à l'air, participe de sa substance. Qui vit, qui se produit dans l'air. *Esprits aériens. Phénomènes aériens.* — Fig. Léger comme l'air. *C'est son pas aérien. Forme aérienne.* — Anat. *Voies aériennes, conduits aériens.* Canaux qui portent l'air dans les poumons (larynx, trachée, bronches, etc.). On désigne quelquefois sous le nom de *vésicule aérienne* la vessie natatoire des poissons. — Peint. *Perspective aérienne.* Partie de la perspective dont les effets sont dus à l'interposition de l'air entre l'œil de l'observateur et l'objet observé.

AÉRIFÈRE, *adj.* (lat. *aër*, air, et *ferre*, porter). Anat. Qui porte l'air. *Conduits aérifères.* V. Aérien.

AÉRIFICATION, *s. f.* Physiq. Opération qui permet de faire passer une substance de l'état liquide ou solide à l'état gazeux.

AÉRIFORME, *adj.* Physiq. Qui ressemble à l'air, qui a la transparence, l'élasticité, la compressibilité, en un mot la constitution physique de l'air, et pourtant n'est pas l'air. *Tous les gaz sont des fluides aériformes.*

AÉRISER, *v. a.* Physiq. et chim. Faire passer à l'état gazeux.

AÉROCLAVICORDE, *s. m.* Mus. Sorte de clavecin dans lequel l'air était l'agent faisant vibrer les cordes et qui approchait le plus près, par le son, de la voix humaine. Inventé vers 1790, par Schell et Tschirski, cet instrument eut un moment de vogue extraordinaire, suivi d'un injuste oubli.

AÉRODOPORE, *s. m.* Nom donné par l'inventeur, M. L. Pillet, alors professeur à l'École des apprentis du port de Cherbourg, à un appareil aérostatique destiné à résoudre le problème de la navigation aérienne. Cet appareil, qui date de 1857, est construit tout en métal, afin de résister aux pressions plus sûrement ; et pourvu de nageoires rectrices et d'un gouvernail ; il a la forme allongée, ovoïde, se rapprochant le plus de celle du poisson, dont l'imitation va jusqu'à la vessie natatoire, représentée par une capacité compressible et dilatable ménagée à l'intérieur et calculée pour permettre à la machine de monter et de descendre à volonté, sans l'emploi de soupape ni de lest. C'est le système du bateau sous-marin appliqué à la navigation aérienne. Quant aux organes locomoteurs, ils se composent de deux hélices à trois ou quatre ailes, placées à l'avant, entre le premier et le deuxième tiers de la longueur, ou d'une seule hélice placée à l'arrière, ou... d'autre chose qu'il faudrait trouver. Reste la force motrice. M. Pillet, après avoir hésité entre l'acide carbonique, l'air comprimé et la vapeur, se décide pour l'électricité. Tel était, du moins l'état des choses en 1857, et d'après ce que M. Pillet nous faisait l'honneur de nous écrire en 1881, rien ne paraissait changé à ces dispositions générales ; rien non plus au sort de l'aérodopore lui-même, qui n'a pu encore être construit dans les dimensions nécessaires pour que les expériences décisives puissent être faites.

AÉRODYNAMIQUE, *s. f.* Physiq. Partie de cette science qui traite des lois régissant les mouvements des fluides élastiques, la pression de l'air extérieur.

— Syn. Pneumatique.

AEROE, ou Arroe. Ile du Danemark, dans le Petit Belt, à 12 kil. S. de Funen, entre Alsen et Langeland. Cette île forme un triangle irrégulier d'environ 24 kil. de long sur 13 kil. de large, entre ses points les plus éloignés. Son territoire est généralement montagneux, mais fertile et bien cultivé. Sa popul. est d'environ 10,200 hab.

AEROESKJŒBING, ville de Danemar., cap. de l'île d'Aeroe, sur la côte orientale. Env. 2,000 hab.

AÉROGRAPHIE, *s. f.* Physiq. Description de l'air.

AÉROLITHE, *s. m.* (du gr. *aër*, air et *lithos*, pierre). Pierre de l'air. Pierre tombée du ciel après avoir, en s'échauffant considérablement, traversé l'aérosphère. *Les étoiles filantes ne sont pas autre chose que des aérolithes.*

— Physiq. On donne le nom d'aérolithes, de météorites, de pierres météoriques, pierres de foudre, uranolithes, etc., à des masses minérales qui tombent assez fréquemment sur la terre, des hautes régions atmosphériques, souvent avec accompagnement de phénomènes lumineux s'éteignant dans le bruit d'une violente détonation. Ces pierres varient beaucoup de grosseur et de forme, et tombent quelquefois en véritable pluie ; elles sont très irrégulières, offrent de nombreuses aspérités, et sont brûlantes au moment de la chute. Une de ces pierres, tombée le 14 mars 1881 près de Middleborough, dans le comté d'York, mesurait 15 centimètres à sa base et 12 centimètres 7 de hauteur ; son poids dépassait 1 kilogramme ; on remarqua sa surface qui était, comme d'habitude, recouverte d'une couche d'émail noir due à la fusion, ainsi que l'émoussement des angles constaté dans ces sortes de pierres. Lorsque, trois minutes après sa chute, un des témoins de l'événement voulut la retirer du trou qu'elle s'était creusé dans la terre, sa température s'élevait encore à 35 degrés environ.

L'analyse de ces « pierres tombées du ciel » a paru offrir pour caractère principal une unité de composition chimique qui les fait se ressembler toutes, et l'on s'est borné à les diviser d'abord en deux classes : les aérolithes métalliques ou sidériques, composés de fer natif allié au nickel, qui sont les plus rares et les plus volumineux, et les aérolithes pierreux, dans lesquels le fer ne se trouve qu'à l'état de parcelles disséminées dans une gangue pierreuse composée de silice, de nickel, de chrome, de manganèse, de magnésie, d'alumine, de cobalt, de chaux, etc. Cependant une classification plus rigoureuse a prévalu dans ces derniers temps : on a rangé les aérolithes en quatre classes, subdivisées en plusieurs groupes, lesquelles sont les *holosidères*, les *syssidères*, les *sporadosidères* et les *asidères*. La première classe comprend les fers météoriques, dans lesquels on constate la présence du nickel et du phosphore. Un aérolithe holosidère tombé dans le département du Var en 1828 présente cette particularité étrange qu'on y distingue deux alliages différents intimement mélangés. Le syssidère le plus célèbre est l'aérolithe connu sous le nom de *fer de Pallas*, du nom du célèbre naturaliste, découvert en Sibérie en 1776. Cette roche, du poids de 700 kilogrammes, a l'aspect d'une éponge ferrugineuse dont les cavités sont remplies d'olivine. La chute de ces deux classes de pierres météoriques ne se présente que rarement ; il n'en est pas de même des sporadosidères, composées de grenailles de fer disséminées dans une pâte de nature pierreuse, dans des proportions très variables qui justifient la subdivision de cette classe en trois groupes : ce sont les pierres dont il tombe le plus. Enfin, il y a les asidères, qui ne contiennent point de fer du tout. Elles contiennent souvent, par exemple, du carbone et des matières bitumineuses, c'est-à-dire des matières organiques, circonstance extrêmement curieuse et qui a fait naître des espérances qui, peut-être, ne se réaliseront jamais. Les météores lumineux qui accompagnent la chute des aérolithes, et qui ne sont autres que ces pierres mêmes à l'état d'incandescence, sont connus sous le nom de *bolides* ; ils présentent l'aspect de globes enflammés traversant rapidement l'espace atmosphérique et éclatant avec bruit au bout de leur course, en laissant une longue traînée lumineuse de fragments s'éparpillant bientôt sur le sol : c'est ainsi qu'à Pultusk, en janvier 1868, il est tombé une pluie de pierres dont le nombre ne fut pas estimé à moins de 100,000 !

Il y a bien des siècles que l'homme a assisté pour la première fois à ce spectacle étrange d'une chute d'aérolithes ; mais dans l'antiquité, ces pierres ne pouvaient être considérées que comme des envois faits aux hommes par les dieux, sinon comme des dieux mêmes en visite sur la terre. C'est ainsi que, dans le fameux temple d'Emèse, on adorait je ne sais quel dieu solaire sous le nom d'Élagabal et sous la forme d'une pierre météorique conique ; que Cybèle était adorée à Pessinonte et Jupiter Ammon en Libye sous la même forme ; et qu'aujourd'hui encore des météorites sont adorés dans l'Inde, en Afrique (chez les Ashantis notamment), comme des symboles de la divinité.

Nous ne relèverons pas toutes les constatations de chutes météoriques depuis les temps les plus reculés ; nous remonterons seulement à l'époque où le phénomène fut purement et simplement nié par une commission composée de trois académiciens, dont Lavoisier. C'était à l'occasion d'une chute de ce genre, bien et dûment constatée, qui avait eu lieu à Lucé (Sarthe), le 13 septembre 1768. Le curé de Lucé annonça à l'Académie que des témoins dignes de foi, ayant entendu le bruit d'un météore éclatant dans l'air, avaient vu presque aussitôt tomber une pierre pesant 7 livres, qu'il soumettait à l'examen des savants ; qu'ayant porté la main sur cette pierre, ces témoins constatèrent avec effroi qu'elle était brûlante, et prirent la fuite, ne doutant pas de son origine infernale, etc., etc. A ces détails, les académiciens répondirent que les témoins en question étaient fous ; que la pierre qu'on leur présentait ressemblait à plusieurs autres qu'ils avaient déjà examinées ; et que cette ressemblance prouvait seulement ceci, que la foudre tombait de préférence sur des pierres de cette sorte : c'étaient des pierres foudroyées, rien de plus. La cause était jugée, et lorsqu'une véritable pluie de pierres fut signalé à Barbotan (Landes), en juillet 1790, les savants ne trouvèrent rien de mieux que de se moquer... des autres, témoins du phénomène et très assurés de n'avoir point eu la berlue. Mais lorsque, le 26 avril 1803, une nouvelle pluie de pierres tomba à Laigle (Orne), en plein jour, vers une heure et demie après midi, apportée par un gros nuage noir, siège d'explosions formidables entendues de nombreux témoins, il n'y eut plus guère moyen de nier. Biot, envoyé à Laigle par l'Académie des sciences, pour y faire une enquête sévère sur l'événement, en revint entièrement convaincu : ce n'étaient plus seulement deux ou trois paysans superstitieux et illettrés, mais des personnes intelligentes et instruites, d'une bonne foi absolue, qui avaient entendu les explosions et vu tomber les pierres dont il rapportait des spécimens à Paris. Il tombait donc réellement des pierres du ciel ! Quelques savants en étaient déjà persuadés, et Chladni avait publié, en 1794, un traité des *Météores ignés*, où il relevait toutes les observations dont les aérolithes avaient été l'objet et que les auteurs anciens et modernes avaient consignées dans leurs ouvrages. Mais Chladni était Allemand ; et puis cette compilation ne prouvait rien du tout, puisqu'il était convenu que les auteurs de ces observations avaient mal vu. Il en fut autrement du rapport de Biot : l'existence des aérolithes, en dépit de Lavoisier et de ses complices, fut désormais hors de doute. Pour que le doute ait persisté si longtemps, il est à croire que ces chutes de pierres n'avaient encore fait aucune victime, comme cela aurait pu arriver et est arrivé en effet en Amérique, dans l'été de 1880. Un habitant de Kansas-City (Californie), occupé dans son champ, fut tué par un aérolithe. Le météore tomba obliquement à travers les branches d'un érable centenaire, qu'il coupa comme avec un instrument tranchant, et s'abattit sur le malheureux, auquel il enleva l'épaule et une partie de la poitrine avant de s'enfoncer dans le sol. Si un seul des témoins de la chute observée à Lucé en 1768 avait subi une pareille accolade, il est certain que Lavoisier eût été mal venu à prétendre que la pierre était restée sur le sol depuis bien des années, vraisemblablement dissimulée sous l'herbe.

Sur l'origine des pierres météoriques, leur existence établie, plusieurs opinions ont été émises; mais quelques-unes ont fait leur temps, comme celle qui l'attribue à l'agrégation des vapeurs métalliques dégagées par les usines. Laplace croyait que les aérolithes étaient des pierres lancées par les volcans lunaires. D'après d'autres, chaque aérolithe serait un astéroïde, ou petite planète, qui ne deviendrait visible , attendu sa petitesse, qu'au moment où elle pénètre dans notre atmosphère. L'opinion de M. Stanislas Meunier, savant de mérite qui s'est fait une spécialité en quelque sorte de l'étude des météorites, est plus ingénieuse encore, quoique non moins hypothétique. « La Terre, dit M. Meunier, avait autrefois un second satellite, une lune plus petite que la Lune, et qui pour cette raison a traversé plus vite que celle-ci les phases de l'évolution sidérale; cette seconde lune s'est refroidie, a absorbé son océan, ni son atmosphère, s'est crevassée; enfin elle s'est réduite en morceaux, et ceux-ci, glissant les uns contre les autres et se concassant de plus en plus, se sont, d'après leur densité et leur forme, éparpillés le long de l'orbite parcourue par l'astre d'où ils dérivaient, entourant la Terre d'un anneau d'où ils se détachent successivement pour tomber à des époques quelconques. » — Ajoutons, en terminant, qu'on désigne sous le nom de météorites ou ses équivalents de nombreux corps dont on ignore l'origine, c'est-à-dire qu'on n'a point vus tomber du ciel, mais dont la constitution minéralogique est identique aux pierres météoriques dont l'origine est certaine. Il ne faut cependant pas trop s'y fier, car, ainsi que cela a été constaté, certains corps d'origine éruptive montrent, avec ceux d'origine météorique, une identité de constitution très sensible.

AÉROLITHIQUE, adj. De la nature des aérolithes. Qui leur appartient.

AÉROLOCOMOTION, s. f. Terme employé en aéronautique pour désigner l'action de diriger un appareil dans l'air, par opposition à aérostation.

AÉROLOGIE, s. f. Physiq. Partie de cette science qui traite de l'air, de ses propriétés.

AÉROMANCIE, s. f. Divination par l'air et les phénomènes qui s'y produisent.

AÉROMANCIEN, IENNE, s. m. Celui ou celle qui pratique l'art prétendu de l'aéromancie. — Adj. Qui appartient, qui se rapporte à cet art.

AÉROMÈTRE, s. m. Physiq. Instrument servant à mesurer l'air.

AÉROMÉTRIE, s. f. Physiq. Mesure de la constitution physique de l'air et de ses effets mécaniques.

AÉROMÉTRIQUE, adj. Qui appartient ou se rapporte à l'aérométrie.

AÉROMONTGOLFIÈRE, s. f. Nom donné par Pilâtre de Rozier à l'appareil composé d'une montgolfière placée sous un ballon à gaz, avec lequel il voulut tenter la traversée de la Manche et se tua, en 1785: la montgolfière, pourvue de son foyer, ayant mis le feu au ballon gonflé d'hydrogène.

AÉROMOTEUR, s. m. Machine motrice actionnée par l'air comprimé.

AÉRONAUTE, s. (du gr. adr et nautès, navigateur). Celui, celle qui parcourt les airs dans un aérostat. — Rem. Cette définition de l'Académie est inexacte. On ne parcourt pas nécessairement l'air dans un aérostat; ou, du moins, d'après l'étymol, l'aérostat est fait pour se tenir dans l'air, pour y rester immobile ou à peu près (de statos, arrêté). Sans doute on a cherché avec passion à diriger les aérostats, et peut-être y est-on parvenu à l'heure où nous écrivons; mais alors, l'appareil n'est plus un aérostat il faut lui trouver un autre nom, plus conforme avec son état présent.

AÉRONAUTIQUE, s. f. Art de l'aéronaute. Navigation aérienne. — adj. Qui a rapport à cet art ou à l'aéronaute même. Une fantaisie aéronautique. Une expérience aéronautique. — Rem. Par une confusion regrettable, qui découle naturellement de celle que nous venons de signaler, l'adj. aérostatique est généralement préféré.

AÉRONEF, s. m. Nom donné à divers appareils aérostatiques, et dont la signification (navire aérien) dit assez le but. — Nous citerons l'appareil proposé en 1846 par M. Transon, pour diriger les aérostats captifs; il se composait de deux ballons réunis (conjugués), dont l'un avait une force ascensionnelle plus grande que l'autre, qui devait lui servir d'appui. — En 1861, M. A. Ponton d'Amécourt faisait breveter un appareil composé de deux hélices superposées, sur un plan horizontal, et tournant en sens inverse, tandis qu'une troisième hélice faisait office de propulseur; il lui donnait le nom d'aéronef. Cette ingénieuse machine dut être abandonnée faute d'un moteur convenable. — En 1875, l'Institut des sciences, lettres et arts de la Lombardie accordait à M. Pietro Cordenons, professeur au lycée de Rovigo, un encouragement de 1,000 lires, pour l'aider à construire l'aéronef dont il lui avait soumis les plans et à faire les premières expériences. Quelques lignes de description de ses principaux organes, donneront une idée assez complète de l'appareil de M. Cordenons. Il se compose de deux parties

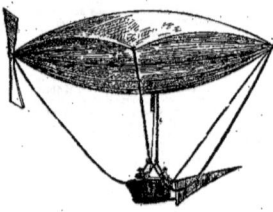

Aéronef Cordenons.

semi-hélicoïdales ayant une base commune : le plus singulier figure la proue, l'autre la poupe du navire aérien. L'axe de l'appareil, qui coïncide avec celui des hélicoïdes, est formé d'un arbre creux en sapin, dont le diamètre est environ trois fois plus étendu que celui de la base des hélicoïdes, lequel vient rencontrer cet axe vers les deux tiers de sa longueur, à partir de la proue ; vers le milieu de l'axe, un autre arbre creux est placé à angle droit avec le premier, et, quand l'appareil est en l'air, reste toujours horizontal, puisque c'est de ses extrémités que pendent les cordes d'égale longueur qui tiennent la nacelle suspendue en dessous comme le plateau d'une balance. Une autre corde, descendant de l'axe même, et s'enrouler sur un treuil disposé dans la nacelle, permettant à l'aéronaute, en en réglant la longueur, de diriger l'axe de la machine vers le haut ou vers le bas. L'organe propulseur est l'hélice, dont l'axe coïncide toujours avec celui de l'aérostat ; le moteur, une machine à gaz ammoniac liquide est contenu dans un vase installé dans la nacelle, et un tube de caoutchouc le conduit à la poupe de l'aérostat, où est fixée l'hélice; là, agissant comme la vapeur d'eau, il presse sur deux cylindres qui, par l'intermédiaire d'une manivelle à angle droit, mettent en mouvement l'arbre de l'hélice. Le gaz ammoniac liquide, à 0°, a une tension de 4 atmosphères; à 20°, de 8 atmosphères; quand la chaleur nécessaire à l'expansion de ce gaz, on profite, dans la théorie du professeur Cordenons, de l'élévation de température résultant de sa condensation dans l'eau. Lorsque la machine motrice de l'hélice a besoin d'être graissée ou d'être réparée, on l'amène jusqu'au bord de la nacelle, en allongeant, au moyen du treuil, la corde de poulie dont nous avons parlé, jusqu'à ce que l'axe de l'aérostat se trouve amené à la verticale. — Nous arrêtons là notre description; les autres détails de l'appareil n'offrant rien d'absolument particulier, et l'aéronef n'ayant d'ailleurs point justifié les espérances que son inventeur avait su faire partager à l'Institut de Milan.

AÉROPHOBIE, s. f. Méd. Crainte extrême de l'action de l'air en mouvement sur la peau, symptomatique de diverses affections nerveuses, et en particulier de la rage.

AÉROPHONE, s. m. Mus. Instrument à anche libre, du genre harmonica, mis en vibration par le souffle de l'exécutant. Cet instrument a été inventé par Christian Dietz, en 1828. — Orgue à vapeur, d'invention américaine (1859). — Physiq. Sorte de porte-voix muni de plaques vibrantes mises en mouvement au moyen de l'air comprimé ou de la vapeur et qui augmente considérablement l'intensité sonore de la voix, mais pas autant, à beaucoup près, et d'une manière moins correcte et moins pratique, que ne l'avait fait espérer le programme. Cet appareil, inventé en 1877 par M. Edison, a toutefois reçu quelques applications utiles dans les manufactures, sur les locomotives, les bateaux à vapeur, etc. Il n'est connu en France que par des descriptions plus ou moins fantaisistes, et nous croyons qu'aux Etats-Unis il n'a même pas conservé son nom d'origine. V. SIFFLET.

AÉROPHORE, adj. (du gr. adr et phoros, qui porte). Qui porte l'air.—Anat. Se dit quelquefois pour aérifère. Canaux aérophores. — S. m. Physiq. Appareil inventé par M. Denayrouze, et qui porte l'air extérieur aux ouvriers revêtus du scaphandre opérant soit sous l'eau, soit au milieu de gaz délétères. Il se compose essentiellement de tubes en caoutchouc, qui constituent le véritable aérophore, d'une pompe à air et d'une lampe électrique.

AÉROPLANE, s. m. Appareil de navigation aérienne, basé sur le principe du « Plus lourd que l'air ». Après sir G. Cayley, à qui l'idée de cet appareil est due, nous le voyons réaliser par un autre Anglais, le mécanicien Henson, qui, par surcroît, y emploie la vapeur comme force motrice. C'est au printemps de 1843 que Henson proposa son appareil, composé d'un châssis léger couvert de soie et placé dans une position telle qu'il fit avec le corps du véhicule aérien un angle absolument équivalent à celui que forme, avec ses ailes, le corps d'un oiseau lancé à travers l'espace. L'impulsion était donnée à la machine au moyen d'un plan incliné sur lequel on la faisait glisser. Avec un appareil ainsi construit, d'après l'inventeur, il n'y avait plus d'autre question à résoudre que celle de savoir si le châssis et sa toile seraient capables de supporter la pression résultant de la rapidité qu'atteindrait nécessairement le mouvement de la machine une fois lancée. Mais peu de secondes suffiraient à l'amener par terre, au dépit de tous les propulseurs mus par la vapeur. Ce qui frappait surtout dans la machine volante de Henson, c'était l'immense toile qui devait y remplir l'office d'ailes. La charpente était parfaitement rigide d'un bout à l'autre et sans articulations propres à faciliter le mouvement de ces ailes. L'un des côtés était plus avancé que l'autre et un peu relevé, et la queue venait se rattacher au milieu de ce dernier ; cette queue avait 50 pieds de longueur, et au-dessous se trouvait un gouvernail. Une petite toile verticale, placée en travers des ailes, vers leur centre, devait servir à prévenir les oscillations latérales. Les parties accessoires, comme la charpente principale, réunissaient la force et la légèreté et étaient disposées avec le plus grand soin pour traverser l'air en lui opposant le moins de résistance possible. La nacelle et une très petite machine à vapeur étaient suspendues du milieu des ailes et tout près de leur surface inférieure. La machine à vapeur mettait en mouvement deux systèmes de rames de 20 pieds de diamètre et six rames placées à chaque bord intérieur des ailes, aussi près l'une de l'autre que le permettait l'insertion de la queue. Cet engin était de la force de vingt chevaux. Le condenseur était formé de petits tubes dans lesquels passait la vapeur et qui étaient exposés au courant d'air que produit par le vol rapide de l'appareil. Inutile d'emporter de l'eau, car, comme dans les machines à haute pression, la vapeur condensée dans les tubes retournait en eau à la chaudière. Le poids entier de cet engin, de la force de vingt chevaux, compris les 91 litres d'eau qui suffisaient à sa consommation, n'était que de 272 kilogr. Mais c'était encore trop.

En France, MM. du Temple, Louvrié, Stringfellow, Jobert, Pénaud ont construit des *aéroplanes* dont les essais ont été très intéressants, mais n'ont pas encore donné de résultats pratiques. « M. Stringfellow, dit à ce propos M. Pénaud, a fait, en 1868, un petit aéroplane à vapeur qui courait avec rapidité sur un fil de fer, mais sans parvenir à quitter le fil de fer. MM. du Temple et Julien obtinrent mieux, en employant le caoutchouc par tension, car leurs appareils allaient, en planant, tomber parfois à une douzaine de pas... Convaincu que le caoutchouc par torsion donnerait de bien meilleurs résultats, nous pensâmes à l'appliquer à l'aéroplane, après avoir appliqué à l'hélicoptère. L'évènement confirma notre attente. » En effet, au mois d'août 1871, M. Pénaud faisait évoluer devant la Société de navigation aérienne, un appareil qui, par sa translation ascendante et son équilibre parfait, donnait pour la première fois une démonstration complète du vol aéroplane. « Outre la question de force, il y avait ici, en effet, poursuit l'inventeur, comme pour tous les appareils qui se meuvent horizontalement, une autre question des plus graves, l'équilibre, et c'était à ce moment, où nous n'avions pas retrouvé les travaux de Cayley, une question entièrement obscure et restée sans solution. Après quelques recherches, nous eûmes la bonne fortune d'en venir à bout, à l'aide d'études sur la chute de diverses surfaces, et surtout de charmants papillons planeurs que construisait M. Pline. M. Pline obtient l'équilibre de ses papillons, découpés dans une feuille de papier, en les chargeant à l'avant d'un petit poids, et en leur donnant un galbe savamment compliqué. Simplement abandonnés en l'air, ils s'élancent en planant descendant obliquement suivant une ligne se rapprochant de l'horizontale, et réalisent à volonté les plongées et les ressources des oiseaux. De là, interprétés par le calcul, nous arrivâmes à dégager un principe général d'équilibre et nous fûmes conduits à l'emploi d'un petit gouvernail horizontal, incliné de quelques degrés vers le dessous du plan subtenteur derrière lequel il se trouve. Ce dispositif réussit, et il n'y eut plus qu'à construire le type que représente la figure, et dans lequel l'hélice est à l'arrière, pour qu'il ne reçoive pas le choc de l'appareil venant heurter un obstacle. » Cette hélice, à deux ailes, est actionnée par la détorsion de la lanière de caoutchouc suspendue au-dessous de la tige, qui sert en quelque sorte, et suivant l'expression de M. Pénaud, de *colonne vertébrale*

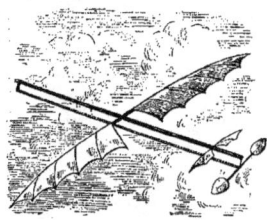

Aéroplane de M. Pénaud.

à l'appareil. « Si, ajoute-t-il, après avoir tordu convenablement le caoutchouc sur lui-même, on abandonne l'appareil à lui-même dans une position horizontale, on le voit descendre un instant; puis, sa vitesse acquise, se relever et décrire d'un mouvement régulier, à 7 ou 8 pieds du sol, une course de 40 mètres environ et qui dure 11 secondes. Certains modèles ont même franchi plus de 60 mètres et se maintenant 13 secondes dans les airs, libres, comme l'oiseau, de tout lien avec le sol. Pendant tout ce temps, le gouvernail réprime avec une exactitude parfaite les inclinaisons ascendantes et descendantes, dès qu'elles se produisent; et l'on observe alors assez souvent des oscillations dans le vol, comme nous

en voyons décrire aux passereaux et principalement au pic-vert. Enfin, lorsque le mouvement est à sa fin, l'appareil tombe doucement à terre, suivant une ligne oblique, et restant lui-même parfaitement d'aplomb. »
D'autres aéronautes se sont occupés de perfectionner, ou tout au moins de modifier, l'aéroplane de M. Pénaud : MM. Pétard et Montfallet, notamment; l'infortuné Croce-Spinelli, etc. Mais on n'est pas encore parvenu à une autre chose qu'un jouet scientifique extrêmement ingénieux. On prend l'appareil d'une main, on tourne l'hélice de l'autre; quand la hélice est au point de projet, et bien tordue, on lâche tout, et l'aéroplane file dans l'air comme un trait, de la manière expliquée plus haut. — On a vu qu'il n'y restait pas longtemps. V. AVIATION.

AÉROSCAPHE, *s. m.* (du gr. *aér*, et *skaphé*, barque). Bateau aérien. Ce nom a été donné à quelques appareils aérostatiques restés à l'état de projet, et plus particulièrement à l'ingénieuse machine imaginée en 1879 par le capitaine russe Kosztovits, et dont nous trouvons la description et le dessin dans le *Vozdouhoplavatel* (*l'Aéronaute*) de Saint-Pétersbourg, du 1er (13) janvier 1881. Ce nom d'aéroscaphe n'est pas absolument bien appliqué à l'appareil du capitaine Kosztovits, qui a plutôt l'apparence d'un immense oiseau, avec des ailes et une queue semblables à celles

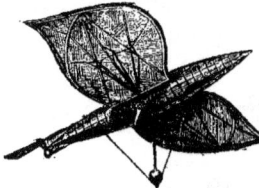

Aéroscaphe du capitaine Kosztovits.

de l'aigle. Le corps de la machine a beaucoup de ressemblance, d'autre part, avec celui de l'aéronef Cordenions et de l'aérodopore Pillet; c'est un cylindre allongé, fermé aux deux bouts par des cônes très aigus. Nous passerons sur les dispositions prises pour assurer à l'aérostat en mouvement la stabilité nécessaire. La queue peut servir en même temps de levier et de gouvernail; les ailes et l'hélice placée à l'arrière, sur le même axe que le cylindre, sont les organes propulseurs; la force motrice est empruntée à l'air comprimé, puisé dans un réservoir au moyen d'une pompe actionnée par la vapeur ou à bras, par deux hommes relayés d'heure en heure; de sorte que la marche de l'aéroscaphe exigerait au moins six hommes, équipage un peu lourd, presque aussi lourd qu'une machine à vapeur. — On comprend que c'est encore par le moteur que pèche la machine du capitaine Kosztovits.

AÉROSCOPE, *s. m.* (du gr. *aér* et *skopein*, voir, examiner). Physiq. Espèce d'aéromètre.

AÉROSPHÈRE, *s. f.* Physiq. Terme employé pour désigner la couche d'air qui enveloppe le globe terrestre, considérée dans sa masse. — On dit aussi *Atmosphère*. Mais *Aérosphère* est vraiment préférable, car l'aérosphère n'est pas exactement une sphère de vapeur ou de corps gazeux, comme l'implique le terme atmosphère. De plus, aérosphère sert, en outre, à désigner une portion quelconque de l'aérosphère; ce qui marque la différence établie par l'usage entre ces deux mots.

AÉROSTAT, *s. m.* (du gr. *aér*, air, et *statos*, arrêté). Appareil, généralement en forme de ballon, rempli de gaz plus léger que l'air, qui lui permet de s'élever dans l'atmosphère et de s'y maintenir un certain temps.
— Physiq. Si l'on pèse successivement un grand ballon en verre de 10 litres de capacité

rempli d'air, puis vidé au moyen de la machine pneumatique, on trouve entre les deux pesées une différence de 13 grammes. La même expérience faite avec le gaz hydrogène, que l'on obtient par la décomposition de l'eau, donnerait seulement, pour le poids de 10 litres, 8g centigrammes. L'hydrogène est donc environ 14 fois moins dense que l'air. De sorte que, si l'on remplit de ce gaz une enveloppe légère en toile gommée ou en taffetas, on voit cet appareil, soulevé par la poussée de l'air, s'élever à une grande hauteur. Plus ses dimensions sont grandes, plus il s'élève; plus grande aussi est la charge qu'il peut enlever avec lui. C'est cet appareil qu'on appelle un *aérostat*; son ascension a lieu en vertu de ce principe d'Archimède, que tout corps plongé dans un *fluide* perd une partie de son poids égale à celle du volume de ce *fluide* qu'il déplace; Archimède a la vérité, ne parle que de l'eau, mais ce principe s'applique à tous les gaz également. — Les aérostats se divisent en deux catégories distinctes, qui sont : les *montgolfières*, simplement gonflées d'air chaud et les *aérostats* proprement dits, montgolfier (1783), et les *charlières*, qui sont gonflés de gaz d'éclairage ou de gaz hydrogène, lesquels ont remplacé généralement les premiers dans la pratique. C'est le physicien Charles, comme on sait, qui a construit le premier ballon à gaz hydrogène (même année), pourvu de tous ses accessoires et presque aussi parfaitque ceux d'aujourd'hui. La montgolfière se compose ordinairement d'une enveloppe sphérique de toile doublée de papier et munie à sa partie inférieure d'une large ouverture au-dessous de laquelle on suspend un réchaud de fil de fer, garni de paille enflammée : l'air, échauffé et dilaté par la combustion, monte avec la fumée et pénètre dans l'intérieur du ballon, qui se gonfle aussitôt et ne tarde pas à s'élever dans l'atmosphère, emportant avec lui le foyer destiné à entretenir sa force ascensionnelle. Dans l'aérostat à gaz, l'appareil est composé de deux parties essentielles : d'une enveloppe renfermant un gaz spécifiquement plus léger que l'air, et d'une nacelle suspendue au ballon et qui emporte avec lui. Tout gaz dont la pesanteur spécifique serait notablement moindre que celle de l'air, pourrait servir pour gonfler un ballon; mais on emploie couramment on l'hydrogène ou le gaz d'éclairage, qui donnent de bons résultats. L'enveloppe doit être imperméable; elle est formée soit de taffetas verni, soit d'une feuille mince de caoutchouc placée entre deux feuilles de taffetas. A la partie inférieure est une ouverture pour l'introduction du gaz, à la partie supérieure est une autre ouverture, garnie d'une soupape de métal, destinée à donner issue au gaz pour faciliter la descente. L'hémisphère supérieur de l'aérostat est recouvert d'un filet à larges mailles portant circulairement un assez grand nombre de cordes, auxquelles est attachée la nacelle. C'est dans celle-ci que se tient l'aéronaute, avec tous les objets nécessaires au voyage et une provision de lest suffisante pour alléger l'aérostat, s'en va débarrassant graduellement, et le forcer à s'élever encore, s'il baisse ou que l'on veuille seulement atteindre une plus grande altitude. Deux causes tendent à diminuer la force ascensionnelle d'un aérostat : la première est la raréfaction du milieu que le ballon atteint en s'élevant et la diminution de poids qui résulte de cette raréfaction; la seconde, et la plus active, est le phénomène d'endosmose qui s'opère à travers l'enveloppe, quelque soin qu'on ait pris de la rendre imperméable, et en vertu duquel une quantité notable d'air extérieur ne tarde pas à pénétrer dans le ballon, en même temps qu'une partie du gaz intérieur s'échappe dans l'atmosphère. Lorsque l'aéronaute veut continuer à s'élever, il décharge, comme nous l'avons dit, la nacelle d'une partie du sable qui lui sert de lest. Lorsqu'il veut arrêter le ballon ou opérer une descente, il ouvre, à l'aide d'une corde qui pend dans la nacelle, la soupape qui ferme l'ouverture supérieure. Si la course est trop rapide, ou si l'aérostat paraît devoir toucher terre en un lieu qui présente quelque danger, on peut diminuer sa vitesse, ou même rendre au ballon son mouvement ascensionnel, en jetant une nouvelle quantité de lest, jusqu'à ce qu'il se trouve, par exemple, au-dessus d'une plaine où la descente ne présente aucun inconvénient. Une ancre, placée à l'extrémité d'une longue corde, sert ordinairement à prendre un point fixe sur le sol et à amener peu à peu la nacelle jusqu'à terre. Avant le départ de l'aérostat, on mesure sa force ascensionnelle au moyen du dynamomètre. Dans le cours de l'ascension, le baromètre permet de vérifier à chaque instant si le ballon s'élève, et dans quelle mesure; ainsi que d'évaluer avec une grande approximation la hauteur à laquelle on se trouve. L'aéronaute peut diriger sa route verticale: c'est-à-dire monter et descendre à volonté; il ne peut pas encore se diriger horizontalement, du moins n'osons-nous pas encore affirmer qu'il le peut; l'expérience lui a bien appris à profiter des courants d'air superposés, souvent contraires; mais ce n'est pas assez. — On trouvera plus loin l'exposé des tentatives faites pour découvrir un moyen de diriger les aérostats, et qui, peut-être, ont réussi au moment où nous écrivons. V. aussi Aérodrome, Aéronef et Aéroscaphe.

Les aérostats captifs. — La première ascension captive, c'est-à-dire limitée à la longueur d'un câble fixé au sol, fut exécutée par Pilâtre de Rozier, chez Réveillon, le 15 octobre 1783; elle fut répétée plusieurs jours de suite, autant pour s'assurer de la possibilité de s'élever dans les airs que parce que le roi Louis XVI refusait l'autorisation de faire davantage. Plus tard, le corps des aérostiers de la République exécuta des ascensions captives de propos délibéré et dans un but utile. Mais dans des temps plus rapprochés de nous, Henri Giffard imagina les ballons captifs monstres, à vapeur, simplement destinés à donner au public la récréation d'une ascension sans danger et le spectacle d'un vaste panorama. Le premier de ces aérostats parut à l'occasion de l'Exposition universelle de 1867. En 1869, Giffard construisait à Londres un autre aérostat destiné au même usage. Celui-ci cubait 12,000 mètres, et pouvait enlever à 650 mètres d'altitude 3o personnes réunies dans sa nacelle. Le câble qui le retenait était engagé dans la gorge d'une poulie de fer et s'enroulait autour d'un treuil de fonte actionné par une machine à vapeur de 150 chevaux. Ce n'est rien, cependant, auprès de l'aérostat captif de l'Exposition universelle de 1878, installé dans la cour des Tuileries. Un peu de statistique le démontrera. D'abord, il ne contenait pas moins de 25,000 m. cubes de gaz; quant à la quantité de matières diverses employées à sa confection, elle est inimaginable. Il se composait d'une enveloppe formée de six couches d'étoffe de toile, de soie et de caoutchouc superposées, extérieurement peinte en blanc, au moyen de 480 kilog. d'oxyde de zinc délayés dans 250 kilog. d'huile de lin, pour combattre l'effet des rayons solaires et la rendre parfaitement imperméable au gaz; sa hauteur était de 55 mètres, son diamètre exact de 38 mètres; son poids total n'excédait pas 3,000 kilog. La construction de cette sphère gigantesque avait nécessité 6,000 mètres de coutures; le filet qui la maintenait, avec ses 60,000 mailles, avait exigé 35,000 mètres de cordes de 11 millimètres de diamètre. Les cordes de ce filet passaient par un premier cercle de 64 poulies, par un second de 32, et enfin par un dernier cercle de 16 poulies, avant de se réunir au câble principal. Ce câble mesurait 650 mètres de long et pesait 2,500 kilog.; il s'enroulait sur un treuil en fonte de 7 mètres de longueur sur 2 mètres de diamètre, mû par une machine à 4 cylindres, de la force de 200 chevaux et pesant 42,000 kilog. On avait calculé que la tension du ballon, chargé de voyageurs, représenterait une force de 5,000 kilog., et le câble était construit de manière à pouvoir supporter une tension de 30,000 kilog. En cas d'accident, la nacelle, qui mesurait 15 mètres de diamètre, était pourvue de guide-ropes, de lest, d'ancres, de grappins, etc. Le lest emmagasiné dans la nacelle à tout hasard n'était pas du sable ordinaire, mais de la cendre de plomb qui, sous un volume moindre, possède un poids beaucoup plus considérable. Malgré cette force imposante, un coup de vent, en le jetant sur les toits du Louvre, à la veille de le dégonfler, suffit pour l'anéantir. — On voit, toutefois, par cette nomenclature, à quel point en est arrivé l'art de construire les aérostats, parti d'une origine si modeste.

AÉROSTATE, *s. f.* Nom qui fut donné aux premiers ballons. L'Académie se prononça bientôt pour le masculin, et l'on a toujours dit depuis aérostat.

AÉROSTATHMION, *s. m.* (du gr. *aêr* et *stathmion*, balance). Phys. Instrument pour déterminer les variations de la pesanteur de l'air et de la température. Cet instrument a été imaginé par Carpi, en 1765.

AÉROSTATIER, *s. f.* S'est dit et se dit quelquefois encore pour aérostier, qui a toutefois prévalu. V. Aérostier.

AÉROSTATION, *s. f.* Art de construire et de manœuvrer les aérostats.

— Encycl. L'invention des aérostats n'a été si longtemps retardée que par l'ignorance complète où l'on était de la nature de l'atmosphère, aussi bien que des propriétés des corps aériformes. C'est pourquoi, désireux de s'élever dans l'air, et y maintenir et même d'y voyager, l'homme ne vit d'abord qu'un modèle à suivre, l'oiseau, et pendant de longs siècles n'en chercha pas d'autres. Aujourd'hui encore, des hommes convaincus, et ce qui vaut mieux, instruits des lois de la physique, poursuivent cette idée de navigation aérienne au moyen d'appareils plus lourds que l'air, et rien ne prouve absolument que leurs efforts doivent rester infructueux. Nous examinerons plus loin ce qui a été fait dans cette voie. (V. Aviation). Pour le moment, nous nous en tiendrons aux tentatives faites pour s'élever dans l'air au moyen de corps plus légers, de s'y maintenir, d'y flotter et de s'y diriger à volonté.

Le premier qui ait eu l'idée des principes sur lesquels est basée la science aérostatique, paraît être un moine augustin du XIVe siècle, nommé Albert de Saxe, commentateur des ouvrages scientifiques d'Aristote, bien que cette idée fût très vague dans son esprit, et même erronée, comme la théorie sur laquelle elle s'appuyait. Adoptant les vues de son auteur sur la composition des éléments, et considérant, en conséquence, que le feu, d'après l'hypothèse aristotélique, flotte à la surface de l'aérosphère, il émet l'avis qu'une petite quantité de ce feu étant enfermée dans un globe creux, ce globe s'élèverait dans l'air à une certaine hauteur et y resterait en suspension; ajoutant que, si de l'air venait à s'introduire dans son globe, lorsqu'il serait ainsi flottant dans les régions élevées, il coulerait aussitôt, comme un navire qui fait eau. — Longtemps après, Francisco de Mendoza, jésuite portugais, mort en 1626, à peu près contemporain d'Albert de Saxe, essayant de démontrer que la nature du feu n'était pas un obstacle sérieux, attendu sa légèreté spécifique et la dilatation de l'air, qui préviendraient l'inflammation. — Un autre jésuite, écossais celui-ci, Casper Schott, remplaçait le feu dans son appareil par une substance éthérée qu'il croyait devoir flotter au-dessus de l'atmosphère; mais il fallait l'y aller chercher. — Les alchimistes s'occupèrent beaucoup des théories aérostatiques aux XVe, XVIe et XVIIe siècles, et Schott cite Laurenz Laurus, qui prétend que, si l'on remplit des œufs de cygnes ou des ballons de peau avec un mélange de nitre, de soufre et de mercure et qu'on les expose ensuite à la chaleur du soleil, ils tiniront par s'enlever. On croyait aussi que la rosée était d'origine céleste et provenait des étoiles, et que, dans le cours de la journée, elle remontait au ciel, attirée par la chaleur solaire. De là à remplir de rosée des œufs ou d'autres récipients analogues et à les exposer au soleil pour qu'ils s'élèvent au ciel, il n'y avait qu'un pas, qui fut bientôt franchi, du moins en théorie. — Notre Cyrano de Bergerac (1620-1655) s'occupa de ces questions plus sérieusement qu'on ne le croit, comme en témoigne sa fameuse *Histoire comique des Estats et Empire de la Lune et des Estats et Empire du Soleil*, où Swift puisa abondamment pour la composition de ses *Voyages de Gulliver*. Cyrano, pour son voyage à travers l'espace, se munit d'une ceinture de flacons à parois très minces, remplis de la *rosée du matin*; et par l'influence du soleil sur le contenu de ces flacons, il ne tarde pas à s'enlever. Mais parvenu vers la région moyenne de l'atmosphère, plusieurs de ses flacons se brisent, et l'aventureux explorateur retombe sur la terre...

D'autres projets d'exploration aérienne ont été proposés; nous parlerons d'abord du plus ingénieux de tous, dont on trouve la description dans un ouvrage du P. Francesco Lana,

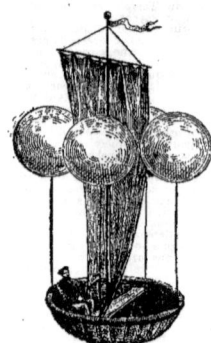

Machine aérostatique du P. Lana.

jésuite italien, intitulé *Prodromo dell' Arte maestra* et publié à Brescia en 1670. Il s'agit d'une espèce de nacelle légère, pourvue d'un mât et d'une voile et soutenue dans l'air par quatre globes de cuivre aux parois très minces, dans lesquels le vide aurait été produit, ce qui les aurait rendus plus légers que le volume d'air déplacé. — J. A. Borelli, mathématicien italien, proposait en 1679, une machine du même genre; et le P. Galien, en 1755, parlait de faire naviguer dans l'atmosphère un vaisseau « plus long et plus large que la ville d'Avignon » et qui pourrait transporter au besoin « une armée avec tout son matériel de guerre », ou « quarante-quatre fois le poids de la cargaison de l'arche de Noé! » Le P. Joseph Galien, dominicain, était professeur de philosophie et de théologie à l'Université pontificale d'Avignon, il devait donc s'y connaître; aussi prétendait-il recueillir l'air raréfié des régions supérieures pour en charger sa machine et la rendre par ce moyen plus légère que l'atmosphère des basses régions. — Enfin, pour ne point trop nous étendre, nous nous bornerons à citer encore la tradition d'après laquelle, dès 1736, un religieux du nom de Gusmão ou Gusman (Barthélemy-Laurent) se serait *élevé* dans les airs, en présence du roi de Portugal (Jean V), de la cour et d'un grand nombre de spectateurs, à l'aide d'un immense panier d'osier recouvert de papier et sous lequel un brasier était allumé. Gusmão, surnommé par ses compatriotes l'*Homme volant* (O Voador), fut considéré, par le vulgaire, comme un habile physicien ou un inventeur intrépide; par l'Inquisition, alors florissante en Portugal, il fut accusé de sorcellerie et plongé dans un cachot. On comprend donc que l'affaire n'ait pas eu de suite, pour ce qui concerne le progrès de la science aérostatique. — Nous donnons le dessin d'une machine aérienne qui, dans divers recueils spéciaux, nous voyons indiquée comme étant celle du P. Gusman. C'est une erreur. Cette machine, œuvre d'un prêtre brésilien, était basée de tout autres principes; d'ailleurs, on en trouve la description dans le journal anglais l'*Evening Post* du 20-22 déc. 1709. (Ce journal avait 2 mois 1/2 d'existence à cette époque.) Cette description démontre que son auteur n'était autre chose qu'un visionnaire ignorant, du même genre que le P. Galien, comme on peut s'en douter à l'examen de notre dessin; il nous a donc paru inutile de le reproduire.

Il est à remarquer que, dans la pensée de tous les inventeurs dont nous venons de parler, l'atmosphère qui nous entoure n'avait

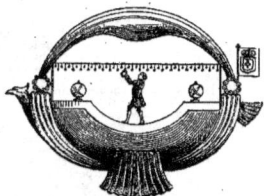

Machine de l'*Evening Post*.

qu'une épaisseur médiocre et couvrait le globe terrestre à la façon d'un océan moins dense, à la surface duquel on devait pouvoir naviguer, exactement comme on le fait à la surface de l'eau. Une connaissance plus correcte de la nature et des propriétés de l'air, facilitée notamment par l'invention du baromètre et les expériences qui suivirent, renversa d'un coup toutes ces théories folles, sans toutefois, les remplacer immédiatement par de plus saines. Mais la découverte du gaz hydrogène, 14 fois plus léger que l'air, par Cavendish, en 1766, vint donner une autre tournure à la question et beaucoup d'espérances aux inventeurs. Dès 1767, le docteur Black, d'Édimbourg, professait dans ses cours qu'une vessie remplie de ce gaz formerait une masse plus légère que l'air atmosphérique qu'elle déplacerait, et par conséquent s'élèverait dans l'espace. Il ne paraît pas, cependant, que Black ait tenté l'expérience. Mais le physicien anglais (ou plutôt portugais résidant en Angleterre), Tibère Cavallo, après avoir fait sans succès de nombreuses expériences à l'aide de vessies ou de ballons faits de membranes fort minces remplies d'air inflammable, réussit pourtant à gonfler de ce gaz des bulles de savon qui s'élevèrent aussitôt et se perdirent dans l'espace. Une note adressée à la Société Royale de Londres, le 20 juin 1782, donne les détails les plus complets et les plus intéressants sur les expériences diverses de T. Cavallo.

La montgolfière. — Ces expériences, quoique

Première Montgolfière.

restées sans résultat, n'en avaient pas moins assez vivement frappé tous les esprits chercheurs. Les frères Étienne et Joseph Montgolfier, propriétaires de la papeterie de Vidalon-les-Annonay, (Ardèche), cherchèrent à leur tour à s'emparer d'un gaz plus léger que l'air et à l'enfermer dans une enveloppe également très légère, avec laquelle il pût s'élever dans l'espace comme il le fait à l'état de liberté. Après de nombreuses expériences, tant sur la substance du contenant que sur celle du contenu, ils se décidèrent à donner à Annonay, le 5 juin 1783, une expérience publique, à laquelle assistèrent les états du Vivarais alors rassemblés. Une grande enveloppe en toile recouverte de papier, maintenue ouverte dans sa partie inférieure par un châssis en bois : telle était la machine que les frères Montgolfier se proposaient de gonfler, en brûlant sous son orifice de la laine et de la paille humide ; dans cet état sa forme serait à peu près sphérique et elle s'élèverait d'elle-même jusqu'aux nuages. L'appareil, une fois gonflé, mesurait 110 pieds de circonférence ; il pesait 500 livres. En dix minutes, il parvint à mille toises d'élévation, aux applaudissements frénétiques de l'assistance. Les membres des états du Vivarais adressèrent aussitôt à l'Académie des sciences un rapport sur cette expérience, et le nom des frères Montgolfier fut bientôt dans toutes les bouches ; on les manda à Paris en toute hâte, afin de pouvoir jouir du spectacle qu'ils avaient donné à Annonay. Mais, comme ils tardaient à répondre à l'appel de Paris, Paris décida qu'il fallait à tout prix, et tout de suite, qu'il eût son ballon, et chercha en conséquence à tirer parti de ses propres ressources.

Le ballon à gaz. — Faujas de Saint-Fond, professeur au jardin des Plantes, recueillit, par voie de souscription, la somme nécessaire à la construction de l'appareil, dont il chargea les frères Robert, constructeurs d'instruments de physique d'une grande réputation. Mais ceux-ci étaient pris au dépourvu, ignorant de quelle substance il fallait le faire, de quel gaz le remplir, et surtout quelle capacité il devait avoir. Ce fut un des entrefaites qu'un jeune physicien, Charles, professeur et surtout conférencier célèbre, intervint. Il fit confectionner un ballon en taffetas recouvert d'un enduit de caoutchouc dissous dans l'essence de térébenthine, et, comme il ignorait quel effet le gaz « moitié moins pesant que l'air » employé par les Montgolfier, Charles eut recours au gaz hydrogène pour emplir son ballon. Ce ballon, le premier ballon à gaz hydrogène, partit du Champ de Mars le 27 août 1783, s'éleva avec rapidité, traversa visiblement plusieurs couches de nuages et reçut la pluie sans être arrêté dans son ascension. C'était un succès plus beau, plus complet que celui des Montgolfier ; mais il faut reconnaître que, sans leur initiative, sans l'émulation causée par leur propre succès, Charles et bien d'autres ne se fussent vraisemblablement pas occupés de cette question.

Voyages aériens. — Cependant Étienne Montgolfier était arrivé à Paris pour renouveler son expérience d'Annonay. Il la renouvela à Versailles, en présence du roi et de toute la cour, le 19 septembre 1783, avec un ballon d'environ 14 mètres de diamètre, semblable quant à la construction au premier ballon à feu enlevé l'année précédente à Annonay, excepté que, dans une espèce de cage d'osier suspendue au-dessous du ballon, on avait enfermé un mouton, un canard et un coq, qui furent les premiers voyageurs aériens, — car il est probable que le Portugais Gusmão n'a assez pour *s'être enlevé* à l'aide de son informe aérostat, que par suite d'une erreur de copiste. Il importe d'ajouter que ces voyageurs, dans leur innocente intrépidité, atteignirent sans accident dans le bois de Vaucresson. Le bon résultat d'une entreprise qui avait, comme on pense, un autre but que celui de mystifier de pauvres bêtes, conduisit Montgolfier à la construction d'un nouveau ballon à air chaud, d'une capacité plus grande et portant, autour de l'orifice inférieur, une galerie circulaire en osier, à hauteur d'appui. Après plusieurs ascensions d'essai qui ne faisaient qu'exciter le désir des aéronautes de s'élancer dans l'espace, désir à la satisfaction duquel le roi s'opposait toujours, Pilâtre de Rozier et le marquis d'Arlandes, l'autorisation royale accordée,

Ascension
de Pilâtre de Rozier et du marquis d'Arlandes.

s'enlevaient du château de la Muette, avec cet aérostat, le 21 novembre 1783. — Ce premier voyage aérien fut heureux ; le ballon descendit sans accident sur la Butte-aux-Cailles, après avoir traversé Paris, enfiévré par un tel spectacle, et les voyageurs furent accueillis à leur atterrissage par une foule enthousiaste,

qui mit en pièces leur ballon et leurs vêtements pour s'en faire des reliques.

De leur côté, Charles et les frères Robert préparaient une ascension avec un ballon à gaz hydrogène. Outre l'avantage incontestable de ce gaz sur l'air chauffé à l'aide d'un réchaud suspendu au-dessus de l'orifice du ballon, Charles avait apporté diverses améliorations, entre autres la nacelle, la soupape ménagée dans l'enveloppe, de manière à pouvoir dégonfler en partie l'aérostat et diriger la descente, et l'emploi du lest. L'ascension eut lieu le 1er décembre 1783. Charles et Robert placés dans la nacelle, le ballon partit des Tuileries aux acclamations d'une foule énorme. Deux heures après, il descendait dans la prairie de Nesles en présence de plusieurs personnes, parmi lesquelles le duc de Chartres. Robert ayant alors quitté la nacelle, Charles disparut de nouveau dans les airs, après avoir promis au duc de n'y pas demeurer plus d'une demi-heure. Ce temps écoulé, et après avoir atteint une hauteur de 1,524 toises, Charles descendait à son tour le plus tranquillement du monde auprès du bois de la Tour-du-Lay.

Désormais, les voyages aériens ne devaient plus s'arrêter. Le défilé des ascensions aérostatiques peut encore être suivi quelque temps, mais cela ne tardera pas à devenir impossible. Il suffira de mentionner les principales. C'est d'abord l'ascension de Lyon (19 janvier 1784), dirigée par Joseph Montgolfier ; celle de Milan, par le chevalier Paolo Andreani (25 février 1784), toutes deux à l'aide d'un ballon à air chaud ; celle de Blanchard, avec un ballon à gaz muni d'ailes inutiles, à Paris (2 mars) ; celle de Mme Thible, à Lyon (4 juin), autre tentative de direction, avec rames et gouvernail ; celle des frères Robert et du duc de Chartres, à Saint-Cloud (15 juillet). Un Américain, nommé Wilcox, exécuta également à Philadelphie, puis à Londres, plusieurs ascensions qui paraissent avoir eu assez peu de succès. Le 27 août 1784, J. Tytler, l'éditeur véritable de l'*Encyclopedia britannica* (2e édit.), s'élevait d'Édimbourg dans une montgolfière construite par lui. Vint ensuite l'ascension de V. Lunardi, secrétaire de l'ambassadeur de Naples, prince Caramanico, à Londres, le 14 septembre 1784. Blanchard, qui s'était précédemment exercé, sans succès, au vol mécanique (1782), s'était jeté à corps perdu, depuis l'invention des ballons, dans l'étude de ce moyen de locomotion aérienne. Après plusieurs ascensions, tant en France qu'en Angleterre, en Belgique et ailleurs, Blanchard, accompagné du docteur Jeffries, entreprit le passage de la Manche en ballon, le 7 janvier 1785. La traversée faillit être fatale aux deux voyageurs : pour n'être pas engloutis dans la mer, ils furent obligés de jeter jusqu'à leurs vêtements, après quoi le docteur Jeffries offrit généreusement à Blanchard de se précipiter lui-même par-dessus bord, s'il jugeait la chose indispensable à son propre salut. Après toutes ces terribles péripéties, ils purent enfin atterrir dans la forêt de Guines. Calais leur fit une réception magnifique, et le maire de cette ville présenta à Blanchard des lettres lui conférant le titre de citoyen de cette ville, titre dont il se para avec un orgueil justifié, dans les affiches annonçant ses ascensions subséquentes.

Les catastrophes. — Par imitation de l'audacieuse tentative qui avait valu à Blanchard le surnom de *Don Quichotte de la Manche*, Pilâtre de Rozier tentait de traverser le canal, à son tour, de Boulogne à la côte anglaise. Il avait avec lui un jeune physicien de Boulogne, nommé Romain. Si Pilâtre s'était contenté de suivre l'exemple de Blanchard, sans doute il y fût parvenu; mais il eut la malencontreuse idée de se servir d'un appareil combiné, désigné sous le nom d'*aéro-montgolfière:* c'est-à-dire que, sous un ballon gonflé de gaz hydrogène, il avait placé un ballon à air chaud avec son foyer. C'était, suivant l'expression de Biot, mettre un fourneau allumé sous un magasin de poudre. Parvenu à une hauteur d'environ 500 mètres, l'appareil prit feu, et les deux malheureux et imprudents voyageurs vinrent se briser sur les rochers du cap Gris-Nez.

Dans cette même année 1785, nous voyons, outre quelques tentatives de direction insignifiantes, le docteur Potain traverser en ballon le canal Saint-Georges, d'Angleterre en Irlande, Testu-Brissy inaugurer à Paris les ascensions *équestres*, et Blanchard inventer le parachute (25 août) à Lille. V. PARACHUTE. Dès lors les expériences se multiplient, peu ont un but scientifique, et aucune ne présente des particularités dignes d'être relevées, sauf les catastrophes. Blanchard, après soixante ascensions exécutées dans les deux mondes, était saisi, croit-on, par une attaque d'apoplexie, à une hauteur relativement élevée, dans celle qu'il exécuta devant le roi de Hollande, en février 1808. Il se servait ce jour-là d'une montgolfière, contre son habitude, et, apoplexie ou non, le fait est que, n'ayant pu renouveler à temps le feu de son foyer, il fit une descente si violente, qu'il en mourut paralytique plus d'une année après (7 mars 1809). Blanchard ne laissait que des dettes, de sorte que sa femme, qui d'ailleurs l'avait accompagné dans plusieurs de ses voyages aériens, poursuivit cette carrière dangereuse, qui devait lui être également fatale. Le 6 juillet 1819, elle s'élevait des jardins de Tivoli, que les constructions de la gare de l'Ouest ont fait disparaître depuis, avec accompagnement de feu d'artifice. Le feu prit à l'aérostat, et la malheureuse vint se briser sur le pavé de la rue de Provence, précipitée hors de sa nacelle, qui avait heurté le toit d'une maison voisine : c'était sa soixante-septième ascension, et elle n'avait que quarante et un ans!

Une des carrières aéronautiques les plus terribles par leurs péripéties, et dont les prémisses faisaient assez pressentir la tragique conclusion pour en éloigner à tout jamais celui qui l'avait choisie, c'est assurément celle du comte Francesco Zambeccari, de Bologne. Ce que cherchait Zambeccari, c'était la direction des aérostats à l'aide de rames et autres engins en usage dans la marine, où il avait d'abord servi. Ses expériences ne réussirent point quant à cet objet spécial, et quant au reste, elles furent la cause de tous ses malheurs. Il employait la montgolfière, dont il chauffait l'air au moyen de l'esprit-de-vin. Une première fois, il mit le feu à son appareil planant déjà à une certaine hauteur; mais il en fut quitte pour de cruelles brûlures. C'était à Bologne, en 1804. Plusieurs tentatives qu'il fit ensuite, à titre d'expériences publiques, ayant échoué, les grossières injures et les menaces de la foule le contraignirent à s'élever enfin, en dépit du temps, le 7 septembre de cette même année. L'infortuné, après des retards dans le gonflement, ne put quitter la terre avant minuit. « Exténué de fatigue, raconte Zambeccari, n'ayant rien pris dans la journée, le fiel sur les lèvres, le désespoir dans l'âme, je m'enlevai à minuit, sans autre espoir que la persuasion où j'étais que mon globe, qui avait beaucoup souffert dans ses différents transports, ne pourrait me porter bien loin. » Il était accompagné de deux de ses amis, Andreoli et Grassetti. Ils passèrent la nuit entière dans leur nacelle, ayant à souffrir des plus cruelles morsures du froid. A deux heures du matin, les voyageurs crurent entendre le mugissement de la mer... La nuit était si obscure qu'ils ne pouvaient même pas observer le baromètre. Une heure après, ils se virent suspendus à quelques mètres seulement des vagues mugissantes de l'Adriatique. Zambeccari et ses compagnons, saisis d'épouvante, jettent par-dessus bord leur lest, leurs instruments et une partie de leurs vêtements. Le ballon remonte dans l'atmosphère, mais il ne tarde pas à être ramené par sa pesanteur à la surface de l'eau. La nacelle s'enfonce, les malheureux voyageurs ont la moitié du corps plongé dans la mer, quand les vagues ne les submergent pas entièrement; le ballon, dégonflé en partie, forme comme une voile qui les traîne de vague en vague, en dépit de leurs efforts, pendant toute la nuit. Enfin, le jour se lève et, spectacle rassurant, la terre surgit à peu de distance. Mais le vent tourne subitement et les rejette vers la haute mer. Plus loin, des navires se présentent à leurs regards; mais alors le ballon, peu connu, était un sujet d'effroi; les navires s'éloignent en toute hâte. Le capitaine de l'un d'eux eut cependant pitié des naufragés. A huit heures du matin, les aéronautes furent hissés à bord du vaisseau; Grassetti donnait à peine signe de vie, Zambeccari et Andreoli étaient presque évanouis. Tous ces contretemps ne devaient avoir aucune influence sur l'étonnante vocation de l'aéronaute bolonais. Le 12 mai 1812, enfin, après s'être péniblement élevé de Bologne, l'aérostat de Zambeccari prenait feu au milieu des airs, et le malheureux, affreusement brûlé, venait se briser sur le sol!

Un assez grand nombre d'accidents, causés le plus souvent par des imprudences, ont coûté la vie à des aéronautes qui n'avaient d'autre but à leurs exercices périlleux que de gagner leur pain quotidien : fin d'autant plus lamentable. Dans beaucoup de cas aussi, les exigences insensées d'une foule stupide ayant pour complice l'amour-propre excessif de l'expérimentateur lui-même, ont causé de plus ou moins terribles catastrophes. C'est ainsi qu'en 1845, l'aéronaute français Arban exécutait à Trieste une des plus périlleuses ascensions qu'on eût jamais vues. C'était le 8 septembre; un accident arrivé aux tuyaux à gaz retardant le gonflement de l'aérostat, la foule, après avoir usé largement de l'ironie et de l'injure, devient furieuse et, rompant les barrières, va faire un mauvais parti à l'aéronaute. Sous cette menace, celui-ci essaye de fixer la nacelle à l'aérostat à demi gonflé, qui refuse d'enlever ce faible poids; Arban abandonne donc la nacelle, se cramponne au cercle qui entoure l'orifice de l'appareil et, assis sur une corde mal assujettie, sans ancre, sans guide-rope, sans rien que cette corde peu sûre, il s'élève dans les airs en saluant de la main cette foule qui, toujours inconséquente, répond à ses saluts par des acclamations enthousiastes. Mais un courant supérieur saisit le frêle équipage, dont le pilote est incapable de guider soit l'ascension, soit la descente, et le pousse vers l'Adriatique! On le suit longtemps avec des lunettes; on fait mieux cependant, car on lance des barques à sa poursuite, tandis que la foule qui beuglait tout à l'heure après lui, muette de stupeur, présente la plus étrange collection de figures contrites de gens pris d'un tardif remords. La femme d'Arban passe la nuit entière à l'extrémité de la jetée, l'œil fixé sur l'horizon brumeux dans lequel le ballon a disparu... Cependant, après avoir plané au-dessus des vagues pendant deux heures, Arban, toujours cramponné à sa corde, était tombé à la mer; jusqu'à onze heures, ballotté de vagues en vagues à la suite de l'aérostat, qu'un reste de gaz force d'obéir à l'action du vent, l'aéronaute épuisé, à demi asphyxié, n'a plus à songer qu'à la mort, lorsqu'une barque surgit des ténèbres à peu de distance; elle est montée par deux braves pêcheurs triestins, le père et le fils, qui n'ont pas cessé de le suivre depuis qu'on l'a vu prendre la direction de la mer. Arban est sauvé, pour cette fois. Mais, quelques années après, à Barcelone, un courant aérien l'ayant, en pareille circonstance, poussé vers la Méditerranée, on ne le revit plus jamais. — C'est encore l'impatience inconsidérée de la foule qui fut cause du naufrage mémorable de l'aéronaute Duruof et de sa femme dans la mer du Nord. L'ascension eut lieu le 31 août 1874, à Calais, par un vent violent soufflant dans la direction de la mer. Quelques personnes sensées cherchent à empêcher une expérience si périlleuse; mais la foule proteste, elle veut son spectacle, et le *Tricolore* s'élance dans les airs, emportant avec l'aéronaute sa jeune femme, qui n'a pas voulu le quitter, de peur de ne point le revoir. Comme il était prévu, l'aérostat se dirige immédiatement vers la mer, au-dessus de laquelle, et à une faible hauteur de sa surface, il passe toute la nuit. A l'aube, Duruof aperçoit quelques navires; il veut rapprocher son appareil de la surface afin de rendre les secours possibles, mais la nacelle plonge au milieu des flots tumultueux, car le vent est toujours de la partie, et non seulement le *Tricolore* court vingt fois le risque imminent d'être englouti, mais aussi la chaloupe que de braves marins écossais ont envoyée à son secours. Enfin, après une lutte longue et terrible, sauveteurs et naufragés sont hors de danger, à bord du caboteur auquel appartenait la chaloupe, conduite d'ailleurs par le capitaine lui-même, aidé de son second. — Tous les aéronautes naufragés n'ont pas été secourus à temps; témoin Arban, témoin aussi le jeune aéronaute, Charles Brest, qui, parti de Marseille le 8 août 1880, par un vent du nord très violent, disparut bientôt au-dessus de la Méditerranée. Quelques jours après, des pêcheurs corses découvraient dans la petite anse d'Arone le ballon dégonflé, avec sa nacelle et ses instruments, mais d'aéronaute point.

Les ballons constituent depuis trop long temps un des spectacles les plus aimés du public, pour que, le nombre des ascensions ayant atteint un chiffre énorme, celui des catastrophes ne se soit pas élevé dans la même proportion. Nous ne pouvons les décrire toutes : elles ne se ressemblent que trop d'ailleurs et la seule liste des victimes exigerait un espace considérable. Nous rappellerons les noms de Harris, Sadler, Mosment, Olivari, Emile Deschamps, Georges Gale, Emma Verdier, Latour, Chambers; du professeur La Mountain, de Brooklyn (États-Unis), tué dans une ascension exécutée le jour de la fête de l'Indépendance, à Jonia, dans l'État de Michigan, le 4 juillet 1873; de Braquet, tué à Royan pendant sa 331e ascension (10 août 1874); de Donaldson, tué en 1875; de Triquet fils, jeune homme de dix-sept ans, qui accompagnait son père dans la nacelle du ballon le *Norvégien*, tué à Issy, près de Paris, le 13 août 1876. Plus récemment, le 28 janvier 1883, un aéronaute français, Félix Mayet, était tué à Madrid dans des circonstances particulièrement malheureuses; car il n'est pas tombé de son ballon, ni avec son ballon, mais du toit d'une maison élevée d'où il repoussait l'aérostat trop rapproché, pour prévenir un accident. Comme Zambeccari, Arban et Duruof, Mayet avait fait naufrage en mer et avait été secouru à temps. Parmi les naufrages en terre ferme aux péripéties dramatiques, quoique non suivis de mort, nous ne pouvons que mentionner celui du *Géant*, dans le voisinage de Niebourg (Hanovre), le 13 octobre 1863, dû surtout à son volume énorme (il cubait 6.000 mètres), et à la force ascensionnelle qui en résultait, le rendant extrêmement peu maniable, quand surgissait la moindre difficulté. — Nous nous occupons plus loin de la catastrophe du *Zénith*, due à quelque chose de plus respectable qu'une imprudence.

Les ascensions scientifiques à grande hauteur. — Blanchard le premier, en novembre 1785, atteignit en ballon une hauteur assez considérable pour ressentir les effets de la dépression atmosphérique. Mais on ne saurait fixer exactement l'altitude à laquelle il s'éleva. Manquant, sinon d'énergie et de sincérité, d'instruction scientifique et surtout d'instruments de mesure convenables, sa prétention d'avoir atteint une hauteur de 32,000 pieds ne saurait être admise. — Le 18 juillet 1803, Robertson et Lhoëst partaient de Hambourg pour les hautes régions atmosphériques, avec l'intention de s'y livrer à une série d'expériences sur le magnétisme, l'électricité, la météorologie, etc. Ils atteignirent 7,350 m., et voici comment Robertson rend compte des effets de la dépression dont son compagnon et lui souffrirent à cette hauteur. « Nous éprouvions une anxiété, un malaise général; le bourdonnement d'oreilles dont nous souffrions depuis longtemps augmentait d'autant plus que le baromètre dépassait 13 pouces. La douleur que nous éprouvions avait quelque chose de semblable à celle que l'on ressent lorsque l'on plonge la tête dans l'eau. Nos poitrines paraissaient dilatées; mon pouls était précipité; celui de mon compagnon, M. Lhoëst, l'était moins : il avait, ainsi que moi, les lèvres grosses, les yeux saignants; toutes les veines étaient arrondies et se dessinaient en relief sur mes mains... J'étais dans une apathie morale et physique; nous pouvions à peine nous défendre du sommeil, que nous redoutions comme la mort... J'avais emporté deux oiseaux : l'un mourut, l'autre était assoupi... » Vient ensuite l'ascension scientifique de Biot et Gay-Lussac, et surtout celle de ce dernier seul, quelques jours plus tard. Gay-Lussac s'élevait de Paris, le 16 septembre 1804, à une altitude de 7,016 mètres au-dessus du niveau de la mer. Les effets de dépression n'eurent qu'une faible influence sur l'organisme de l'intrépide savant à cette hauteur. « Ma respiration était, dit-il, sensiblement gênée, mais j'étais encore bien loin d'éprouver un malaise assez désagréable pour m'engager à descendre. » — Il n'y eut pas d'autre ascension à grande hauteur jusqu'en 1850. Le 27 juillet 1850, MM. Barral et Bixio, partis de l'Observatoire avec un ballon gonflé à l'hydrogène pur, s'élevaient à 7,039 mètres, sans éprouver un malaise extraordinaire, sauf un froid intense. A 7,004 mètres, ils avaient rencontré un nuage formé de paillettes de glace *(cirrhus)*, découverte qui leur est entièrement due, car aucun aéronaute n'avait jusque-là été à même de signaler la présence de nuages glacés dans les plus hautes régions de l'atmosphère. — En 1852, MM. Welsh et Green atteignirent 6,990 mètres sans autre résultat bien important, et là se termine cette nouvelle série de tentatives de découvertes dans les régions élevées. — En 1862, MM. Henry T. Coxwell et James Glaisher, aéronautes anglais, ce dernier directeur du service météorologique à l'observatoire de Greenwich, exécutèrent trois ascensions mémorables, sous le patronage de l'Association britannique. Ces trois ascensions eurent lieu les 30 juin, 18 août et 5 septembre. Dans les deux premières, où ils avaient dépassé l'altitude de 7,000 mètres, les aéronautes éprouvèrent les effets déjà décrits par leurs prédécesseurs dans cette voie peu fréquentée. Dans la troisième, M. Glaisher croit, d'après des calculs dont les résultats sont évidemment contestables, mais dont il n'a d'ailleurs jamais entendu soutenir la scrupuleuse exactitude, que le ballon a dû atteindre la hauteur de 7 milles (11,200 m.). En tous cas, il perdit le sentiment, et par conséquent cessa ses observations, à 8,838 mètres.

Il nous reste à décrire la dernière de ces grandes ascensions, celle du *Zénith*, terminée, à peu près sans profit pour la science, par une terrible catastrophe. Déjà en 1874, pour mettre en pratique les théories du dr Paul Bert sur les effets des faibles pressions sur l'organisme et les moyens d'y remédier par des inspirations d'oxygène, théorie dont ils avaient préalablement fait l'épreuve en se plaçant dans une cloche métallique où une pompe aspirante faisait graduellement le vide, deux aéronautes dont les noms sont désormais impérissables, Sivel et Crocé-Spinelli, tentaient leur première ascension à grande hauteur. Cette entreprise eut lieu sous les auspices du ministère de l'instruction publique. Le 22 mars 1874, les deux aéronautes s'élevaient de l'usine à gaz de la Villette, avec le ballon l'*Etoile polaire*, emportant des balonnets remplis d'air suroxygéné dans des proportions différentes, pour être employé suivant la hauteur, c'est-à-dire l'importance de la dépression. Les aéronautes atteignirent 7,400 mètres. Ils constatèrent que les effets de la dépression commençaient à 4,000 mètres; passé 4,600, ils durent recourir à leur provision d'air suroxygéné. Pour nous occuper seulement de cette partie des observations faites pendant cette intéressante ascension, la théorie de M. Paul Bert se trouva pleinement confirmée. Ce résultat fit naître les plus grandes espérances dans l'avenir de l'aéronautique. La Société française de navigation aérienne, avec le concours de l'Académie des sciences et d'autres sociétés savantes, organisa pour 1875 deux grands voyages aériens pour lesquels Sivel construisit le ballon *le Zénith*. L'un de ces voyages devait être de longue durée, l'autre serait une ascension à grande hauteur. L'ascension de longue durée s'effectua les 23 et 24 mars 1875, de Paris à Arcachon; nous n'y insisterons pas. L'autre eut lieu le 15 avril suivant. L'aérostat, incomplètement gonflé, afin de laisser de l'espace à la dilatation prévue, enlevait, avec Croce-Spinelli et Sivel, M. Gaston Tissandier, qui devait survivre à la catastrophe finale et en rapporter les détails. Les courageux explorateurs, outre leurs ballonnets remplis d'air oxygéné à 70 p. 100, pour les grandes altitudes, étaient munis d'une quantité d'instruments pour les observations, et les mesures de précaution les plus minutieuses avaient été prises. Tout va bien. A 7,000 m., les aéronautes respirent leur mélange d'air et d'oxygène et en éprouvent un excellent effet. « A 7,000 m., rapporte M. G. Tissandier, nous sommes tous debout dans la nacelle. Sivel, un moment engourdi, s'est ranimé; Crocé-Spinelli est immobile en face de moi. « Voyez, me dit ce dernier, comme ces cirrhus sont beaux! » C'était beau, en effet, ce spectacle sublime qui s'offrait à nos yeux. Des cirrhus, de formes diverses, les uns allongés, les autres légèrement mamelonnés, formaient autour de nous un cercle d'un blanc d'argent. En se penchant au dehors de la nacelle, on apercevait, comme au fond d'un puits, dont les cirrhus et la buée inférieure eussent formé les parois, la surface terrestre qui apparaissait dans les abîmes de l'atmosphère. Le ciel, loin d'être noir et foncé, était d'un bleu clair et limpide; le soleil ardent nous brûlait le visage. Cependant le froid commençait à faire sentir son influence, et nous avions, antérieurement déjà, placé nos couvertures sur nos épaules. L'engourdissement m'avait saisi, mes mains étaient froides, glacées. Je voulais mettre mes gants de fourrure; mais, sans en avoir conscience, l'action de les prendre dans ma poche nécessitait de ma part un effort que je ne pouvais plus faire. » Cependant il faut monter plus haut. L'aérostat a atteint l'altitude de 7,540 mètres. Sivel jette du lest, et l'ascension s'effectue avec une rapidité croissante « Vers 7,500 mètres, dit M. Tissandier, l'état d'engourdissement où l'on se trouve est extraordinaire. Le corps et l'esprit s'affaiblissent peu à peu, graduellement, insensiblement, sans qu'on en ait conscience. On ne souffre en aucune façon; au contraire. On éprouve une joie intérieure et comme un effet de ce rayonnement de lumière qui vous inonde. On devient indifférent; on ne pense plus ni à la situation périlleuse ni au danger; on monte, et on est heureux de monter... Lorsque Sivel eut coupé les trois sacs de lest, à l'altitude de 7,540 m. environ, c'est-à-dire sous la pression 300 (c'est le dernier chiffre que j'aie écrit alors sur mon carnet), je crois me rappeler qu'il s'assit alors au fond de la nacelle et prit à peu près la même position qu'avait Crocé-Spinelli. Quant à moi, j'étais appuyé dans l'angle de la nacelle où je me soutenais, grâce à cet appui. Je ne tardai pas à me sentir si faible que je ne pus même pas tourner la tête pour regarder mes compagnons. Bientôt je veux saisir le tube à oxygène, mais il m'est impossible de lever le bras. Mon esprit est cependant encore très lucide. Je considère toujours le baromètre; j'ai les yeux fixés sur l'aiguille, qui arrive bientôt au chiffre de la pression 200, puis 180 qu'elle dépasse. — Je veux m'écrier : « Nous sommes à 8.000 mètres! » Mais ma langue est comme paralysée. Tout à coup, je ferme les yeux et je tombe inerte, perdant absolument le souvenir... » Lorsqu'il se réveille, le ballon descend avec rapidité. Il voit Crocé-Spinelli jeter du lest pour arrêter cette descente périlleuse, mais il perd encore connaissance et ne reprend de nouveau ses sens, une heure environ plus tard, que pour se trouver en présence des cadavres de ses deux compagnons. « Mes deux compagnons, dit-il, étaient accroupis dans la nacelle, la tête cachée sous leurs couvertures de voyage. Je rassemble mes forces et j'essaye de les soulever. Sivel avait la figure noire, les yeux ternes, la bouche béante et remplie de sang. Crocé avait les yeux à demi fermés et la bouche ensanglantée. Raconter en détail ce qui se passa alors m'est impossible. Je ressentais un vent effroyable de bas en haut. Nous étions encore à 6,000 mètres d'altitude. Il y avait encore dans la nacelle deux sacs de lest que j'ai jetés. Bientôt la terre se rapproche. Je veux saisir mon couteau pour couper la cordelette de l'ancre : impossible de le trouver : J'étais comme fou... » M. Tissandier parvient, toutefois, à détacher l'ancre au moment utile, et l'aérostat, après un traînage assez long, s'arrête enfin dans une plaine, près du village de Ciron (Indre), avec sa lugubre charge.

Direction des aérostats. — Excepté pour l'étude de l'atmosphère, où ils ont été d'un grand secours, les aérostats ne peuvent être que d'une utilité restreinte, tant qu'ils vagueront à la dérive, à la merci des vents. Cette réflexion fut faite dès l'origine de la découverte. Mais on ne doutait pas de la possibilité de les diriger, et on se mit presque immédiatement à étudier cette grande question. Sans s'arrêter à la théorie, l'atmosphère est bientôt sillonnée d'aérostats pourvus d'appareils accessoires plus ou moins ingénieusement conçus, mais inutiles sinon nuisibles. En 1784, l'éminent chimiste Guyton de Morveau s'enlève de Dijon avec un ballon muni d'un taille-vent et d'un gouvernail, et les frères Robert font l'expérience infructueuse du système de Meusnier, prétendant imiter dans l'air les effets de la vessie natatoire des poissons dans l'eau, et pour cela, ayant imaginé un ballon à double enveloppe, dont l'une remplie d'air, se gonflant ou se dégonflant à volonté et par suite réglant le mouvement vertical de l'aérostat. En 1785, après avoir tenté l'aventure avec un appareil à ailes, espèce de vaisseau volant, Blanchard exécute une ascension avec un aérostat ordinaire, pourvu toutefois de voiles et de rames inutiles. C'est vers ce même temps aussi, que Robertson imaginait son fameux navire aérien la *Minerve*, très proche parent du navire du P. Galien qui, du moins, n'était que théologien. Les théories les plus bizarres, quelquefois même essayées en pratique, surgirent de tous côtés à cette époque, et n'eurent pas toujours de simples rêveurs ignorants pour promoteurs. On trouve étrange, par exemple, que l'idée de mettre des voiles à un aérostat dans un but de direction, quand c'est le vent qui est le moteur de l'aérostat lui-même, lequel se déplace horizontalement sous son impulsion, c'est-à-dire avec la masse d'air qui l'enveloppe, ait pu venir à l'esprit d'un aéronaute expérimenté. Ceux qui l'ont essayé l'ont pu voir : la voile, au lieu de se gonfler, tombe inerte, comme une misérable guenille, le long de son mât, puisqu'il n'y a d'autre air en mouvement que celui qui emporte l'aérostat et tout ce qui y tient. Presque toutes les inventions de ce temps ont pourtant cet objectif, à moins d'être l'œuvre d'imaginations absolument en désarroi.

Cependant, en 1843, une idée nouvelle surgit, une idée féconde, comme on le verra plus tard : Labrousse propose, en effet, l'application de la vis d'Archimède ou de l'hélice à des ballons de forme allongée et conoïde. (V. ci-après, et aux mots AÉRODOPORE, AÉRONEF et AÉROSCAPHE). On ne tarda pas à en faire l'essai. Nous signalerons pour mémoire le triple ballon de Petin, resté sur le papier; l'aérostat allongé, pourvu d'une hélice mue par la vapeur et d'un plancher en bois inspiré de celui de Petin, de M. Dupuis-Delcourt ; le vaisseau aérien de M. Delamarre, autre aérostat allongé, muni d'hélices sur les côtés et d'un gouvernail à l'arrière, lequel, enlevé au jardin du Luxembourg, le 2 juillet 1865, tournoya un moment sur lui-même et prit le premier courant qui se présenta, très embarrassé des impedimenta qui devaient concourir à le diriger. — Mais, dès 1852, M. Henri Giffard avait construit un aérostat allongé, aux extrémités très coniques, enveloppé d'un filet supportant une traverse horizontale à l'extrémité de laquelle était fixée une voile triangulaire faisant office de gouvernail et supportant elle-même un châssis tenant lieu de nacelle ; ce châssis servait de support à une machine à vapeur actionnant une hélice fixée à son arrière. L'appareil, mis en manœuvre, dévia de la ligne du vent d'une manière assez sensible pour démontrer que l'idée de diriger un aérostat n'était pas une pure utopie ; l'inventeur étant persuadé, d'après ses calculs, qu'il n'obtiendrait pas la direction absolue de son appareil, son but était donc atteint. Il renouvela l'expérience en 1855, avec un aérostat plus grand et plus allongé, et une machine plus puissante; mais il n'obtint pas de résultats sensiblement meilleurs. — En 1871, en pleine guerre, M. Dupuy de Lôme obtenait du gouvernement une somme de 40.000 fr. pour l'exécution d'un aérostat dirigeable. L'appareil ne fut prêt qu'au commencement de 1872. C'était un aérostat allongé, de forme

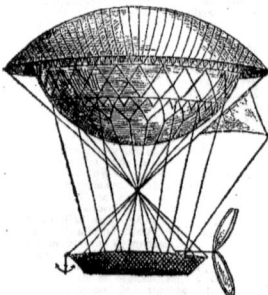

Aérostat dirigeable de M. Dupuy de Lôme.

ovoïde, muni d'une hélice propulsive actionnée par quatre hommes ; quelques détails que nous négligeons assuraient à l'appareil une grande stabilité et la permanence du gonflement malgré les variations de pression. L'ascension d'essai eut lieu le 2 février 1872, et les résultats de cette expérience dépassèrent un peu l'importance des résultats obtenus par M. Giffard en 1852 et 1855. D'après tous les hommes compétents qui en furent témoins, si le ballon de M. Dupuy de Lôme avait été plus volumineux et plus allongé (il n'avait que 36 m. 12 de longueur), et s'il avait été muni d'un moteur à vapeur, la direction des aérostats était trouvée. L'inventeur, ou plutôt le constructeur, car il ne réclama point lui-même d'autre titre quoiqu'il eût démontré à l'Académie des sciences, dès le 5 février, la possibilité de remplacer sept des huit hommes de manœuvre qui lui étaient nécessaires dans l'état actuel ; mais l'expérience n'eut pas lieu. — L'idée de la direction des ballons n'a cependant jamais été abandonnée ; on peut dire, au contraire, que les chercheurs sont innombrables : il n'y a, pour s'en rendre compte, qu'à effleurer la question dans un journal scientifique. Parmi ces chercheurs intaigables, il y a beaucoup d'hallucinés ; mais il y a aussi des hommes fort sérieux, au courant des progrès incontestables réalisés et espérant, en utilisant et perfectionnant des appareils imaginés et déjà perfectionnés par leurs devanciers, arriver à la solution du problème. Ces nouveaux appareils n'ont, toutefois, été construits (ceux qui l'ont été) qu'en petits modèles, propres seulement à des expériences en local fermé ; tels sont l'aérostat de M. Debayeux, de Paris, dont les expériences, notamment celles exécutées dans une salle de la mairie du IVᵉ arrondissement, ont fait quelque bruit en 1880. — Il y a, toutefois, une exception à faire en faveur d'un aéronaut anglais et de son appareil, expérimenté en 1880 à Hartford. Voici ce qu'on nous écrivait au sujet de cette nouvelle machine aérienne, à l'époque où l'expérience eut lieu : « ... La force ascensionnelle est fournie par un cylindre en tissu verni contenant le gaz ; au-dessous, soutenu par de larges bandes d'étamine enveloppant l'aérostat, se trouve un châssis qui supporte l'aéronaute et le mécanisme. Ce mécanisme consiste simplement en une hélice à quatre palettes, d'une surface de 0 m. 30 carrés, placée à l'avant ; à l'arrière, près de l'aéronaute, est une roue dentée qu'il fait tourner à la main. Cette roue communique avec l'arbre de l'hélice et peut lui imprimer une vitesse de deux mille tours à la minute. Le conducteur de la machine est donc, grave inconvénient, son propre moteur ; il se fatigue et il est livré, comme avec le simple aérostat, aux caprices de l'air ». C'est, en effet, ce qui serait arrivé pendant l'expérience dont il est question. Après une lutte victorieuse d'une heure et demie, contre un vent de 6 m. par seconde, l'aéronaute épuisé dut s'arrêter, et l'aérostat fut aussitôt entraîné au gré du vent. — Nous signalerons enfin les expériences plus récentes de M. Gaston Tissandier (en local fermé), relatives à l'application du moteur électrique à la propulsion des aérostats ; nous n'insistons pas sur ces belles expériences, parce que d'autres, paraissant décisives, ont été faites depuis, qui diminuent de beaucoup l'intérêt que leur description aurait pu avoir sans cela.

A la séance de l'Académie des sciences du 18 août 1884, M. Hervé-Mangon a fait la communication suivante, que nous résumons aussi substantiellement que possible : « L'aérostation est une science toute française ; la montgolfière, la soupape, le filet, le parachute, etc., sont autant de découvertes françaises. Nulle part on n'a fait autant d'expériences météorologiques par les aérostats que chez nous. Dès l'époque de la Révolution française, les ballons furent employés aux observations militaires ; chacun se rappelle l'emploi qui en a été fait pendant le siège de Paris qui, s'il ne permit pas de faire communiquer la province avec Paris, la direction des ballons n'étant pas encore résolue, permit au moins de faire communiquer Paris avec la province par des relations à peu près régulières. — Nous ne parlons pas avec détails de nombreuses expériences entreprises dans le but de résoudre le problème de la navigation aérienne. Citons toutefois les essais très sérieux de l'ingénieur Giffard en 1852. Pour la première fois, un ballon s'éleva dans les airs, emportant avec lui un moteur, qui n'était autre qu'une machine à vapeur, et tout un appareil avec hélice et gouvernail destinés à faire manœuvrer l'aérostat. En 1872, M. Dupuy de Lôme étudia la question et ses travaux furent très remarqués. Enfin, l'année dernière, M. Tissandier fit des expériences où la machine à vapeur de Giffard, trop lourde, était remplacée par un moteur électrique. Ces essais, bien qu'élucidant certaines parties du problème, ne conduisirent à aucun résultat pratique. Il n'en est pas de même aujourd'hui ; ce résultat pratique a été atteint. — Un ballon a pu être dirigé.

« Le 9 août dernier, un ballon partait des ateliers d'aérostation de Meudon, monté par deux officiers français. Le temps était joli ; le ballon, de forme elliptique, était muni d'un moteur électrique, d'une hélice et d'un gouvernail ; la disposition spéciale de cet appareil directeur doit naturellement, pour un motif que tout le monde admettra, être tenue secrète. Tout ce que l'on peut dire, c'est que le ballon est en taffetas gommé très résistant et recouvert d'un filet qui supporte la nacelle et l'appareil propulseur. Celui-ci est composé d'une série d'accumulateurs perfectionnés, qui fournissent à un moteur assez de fluide électrique pour produire sur une hélice une force de dix chevaux. Ce ballon s'est élevé à cin-

Aérostat dirigé par MM. Renard et Krebs.

quante mètres de hauteur environ ; le capitaine Krebs manœuvrait le gouvernail, et le capitaine Renard maintenait la permanence de la hauteur. Une fois l'hélice animée d'un mouvement de rotation, l'aérostat se dirigea, comme nous l'avons dit, vers l'ermitage de Villebon ; il convient d'ajouter que ce point avait été désigné d'avance. La brise, à ce moment, soufflait de l'est avec une vitesse de cinq mètres par seconde, et le ballon a marché contre le vent. Arrivés au-dessus de l'ermitage de Villebon, l'officier qui tenait le gouvernail agita un drapeau : c'était le signal du retour. On était arrivé à l'endroit désigné, et il s'agissait de revenir au point de départ. On vit alors l'aérostat virer de bord, en décrivant majestueusement un demi-cercle de 300 mètres de rayon environ, et il se dirigea vers Meudon. Arrivé près de la pelouse où le départ avait eu lieu, le ballon s'abaissa graduellement, obliqua, fit machine en arrière, machine en avant, et, finalement, atterrit à l'endroit voulu.

« Le 9 août, dit en terminant M. Hervé-Mangon, est désormais une date mémorable et la gloire de cette journée revient à deux officiers français dont le nom doit être justement fier. »

A peine l'expérience du capitaine Renard était-elle signalée au monde savant, que de tous côtés surgissaient des inventeurs ayant également réussi. C'est ainsi que la Gazette de Cologne annonçait dès le 30 août qu'un certain Dʳ Woelfert venait de faire, à Kiel, deux expériences consécutives, et couronnées de succès, avec un ballon dirigeable de son invention. La feuille allemande ajoutait : « Ce ballon, comme celui du capitaine Renard, a la forme d'un cigare ; il cube 500 mètres et peut porter une charge de 350 à 800 kilogr., selon qu'il est gonflé à l'aide de gaz d'éclairage ou à l'aide de gaz hydrogène pur. Dans chacun des deux voyages qu'il a faits, et dont l'un a duré deux heures et demie, le docteur Woelfert est parvenu à naviguer contre le vent. L'inventeur a commandé un moteur de deux chevaux à l'usine Schwarz Kopff, à Berlin. M. Woelfert est en pourparlers avec le chef de l'amirauté pour obtenir la création d'ateliers d'aérostation à Kiel.

Aérostation militaire. — V. Aérostier.

AÉROSTATIQUE, s. f. Phys. Partie de cette science traitant des lois de l'équilibre de l'air, et par suite de la théorie des aérostats. — *Adj.* Qui se rapporte aux aérostats ou à l'aérostation, qui leur appartient. *Une ascension, une expérience aérostatique.* V. Aéronautique.

AÉROSTIER, s. m. Ingénieur ou ouvrier voué à la construction des aérostats. Soldat d'un corps spécial créé par le Comité de salut public en 1793. — Il s'est dit aussi pour aéronaute, mais ce dernier terme a depuis longtemps prévalu.

Les aérostiers militaires et l'emploi des aérostats à l'armée. — L'invention des aérostats était encore nouvelle que déjà, en imagination, on les appliquait, à toute sorte d'objets ; mais il est d'autant plus naturel qu'on ait songé à les employer à la guerre aussitôt que l'occasion s'en fut offerte, que cet emploi avait été prévu par le physicien Charles, l'inventeur du ballon à gaz, dans son livre intitulé un peu prétentieusement l'*Art de voyager dans les airs*(1784). « N'oublions pas, y est-il dit, que les aérostats donnent la possibilité de transporter des lettres et des effets par-dessus une armée ennemie ; celle de demander des secours, et peut-être même, quand les neiges séparent les pays, de profiter des vents convenables, d'enjamber les plus hautes chaînes de montagnes, pour se communiquer les nouvelles pressées. » C'était prévoir une rare justesse tout ce qu'on tenterait, au moins, d'obtenir de l'invention nouvelle dès que l'occasion se présenterait, ce qui ne tarda guère. Dans les premiers mois de 1793, le Comité de salut public recevait des lettres et des mémoires émanant de diverses sources, et insistant sur l'utilité de l'emploi des aérostats comme éclaireurs de l'armée. Le Comité s'émut, et ces mémoires furent soumis à l'examen d'une commission de savants que présidait Monge et dont faisaient partie Berthollet, Fourcroy et Guyton de Morveau. Sur le rapport de cette commission, l'aérostation militaire fut créée.

Mais la République a besoin de soufre pour faire de la poudre ; il doit être bien entendu que l'hydrogène destiné au gonflement des ballons ne sera pas préparé avec de l'acide sulfurique extrait du soufre. Guyton de Morveau se charge de l'opération. Lavoisier vient de découvrir le moyen de préparer l'hydrogène par l'action du fer chauffé au rouge sur la vapeur d'eau : l'acide sulfurique n'est donc pas nécessaire, les essais en grand réussissent parfaitement, il n'y a plus qu'à en soigner l'application. Guyton s'était adjoint, pour ses expériences préliminaires, le physicien Coutelle. Le 26 octobre 1793, le Comité de salut public décide la construction d'un ballon pouvant porter deux hommes et destiné à exécuter des ascensions captives, permettant des observations, à l'armée du Nord. Une somme de 50.000 livres est affectée à cet objet, et les citoyens Coutelle, Conté et Lhomond en sont chargés. L'arrêté est signé Robespierre, Carnot, C.-A. Prieur, Collot-d'Herbois, Billaut-Varennes, Barère. Huit jours après tout était préparé, et le 17 brumaire l'aérostat était expédié à l'armée sous la conduite de Lhomond. Coutelle était parti devant, préparer les réquisitions des matières nécessaires à la préparation de l'hydrogène. L'expérience n'eut pas le succès qu'on en attendait, probablement par le mauvais vouloir des chefs de l'armée, comme cela eut lieu plus tard ; Coutelle revint avec son ballon, qui fut transporté à Meudon pour servir à des études qu'on devait utiliser à la prochaine campagne. On travaille avec ardeur à l'atelier de Meudon, et en dehors des travaux techniques, on s'organise. Un arrêté du 13 germinal crée un corps d'*aérostiers* dont Coutelle est nommé capitaine et Lhomond lieutenant. — Les aérostiers revêtaient un uniforme analogue à celui du génie et étaient armés d'un sabre-poignard et de pistolets. Une instruction sur le service en campagne, préparée par les soins du Comité de salut public, leur fut remise, et en floréal suivant, ils rejoignaient à Maubeuge l'armée du Nord et des Ardennes, commandée par Pichegru. — Les essais faits à Maubeuge répondirent enfin aux espérances qu'on avait conçues de cette innovation ; le Comité de salut public appelle Conté à Meudon, en l'absence de Coutelle, avec mission de former une nouvelle compagnie d'aérostiers et de faire exécuter six aérostats *cylindriques*, modèle qu'il avait proposé. Le 8 messidor, l'aérostat de Coutelle plane au-dessus du champ de bataille de Fleurus, faisant des signaux et, par surcroît, effrayant quelque peu l'ennemi, qui croit à une nouvelle machine de guerre. Mais l'essai, la démonstration étant faite, les aérostiers ne quittèrent plus l'armée de Sambre-et-Meuse. — En l'an III, l'établissement de Meudon recevait son organisation définitive, sous le nom d'*École nationale d'aérostiers*.

Les aérostiers faisaient également partie de l'armée d'Egypte, cinq ans plus tard, avec Coutelle et Conté pour chefs de brigade et Lhomond pour chef de bataillon ; ils avaient été considérablement renforcés, comme on le voit. Malheureusement, ils ne purent être employés, parce que le bâtiment qui portait leurs instruments et leur matériel fut capturé en route par les Anglais. En France, le corps d'aérostiers était licencié, vers le même temps, sur la demande de Hoche. Enfin, à son retour d'Égypte, Bonaparte faisait fermer l'École de Meudon, non parce qu'il croyait sans utilité l'enseignement qu'on y donnait, mais parce qu'il le tenait pour dangereux, Coutelle et Conté surtout étant notoirement infestés de l'esprit républicain. Cependant, en 1815, Carnot employa encore l'aérostat pour observer l'ennemi, à Anvers.

Une application différente des ballons à la guerre fut tentée par les Russes, qui nous envoyaient, en 1812, des bombes attachées à des ballons libres ; mais c'était un jeu dangereux, car les courants supérieurs ramenaient quelquefois les ballons à ceux qui les avaient lancés. De même, en 1849, les Autrichiens, en voulant incendier Venise au moyen de ballons, faillirent mettre le feu à leur propre camp.

Pendant la guerre de sécession américaine (1861-1865) il fut fait un grand et utile emploi de l'aérostation pour la reconnaissance des positions de l'ennemi, surtout par le corps de Mac Clellan. Le professeur La Mountain, qui fut tué dans une ascension malheureuse le 4 juillet 1873, à Jonia (Michigan), se distingua tout particulièrement dans les occasions qui lui furent offertes par cette longue lutte fratricide. On fit plus en Amérique alors, dans la voie de l'application des aérostats à l'art de la guerre, qu'on n'avait encore fait jusque-là : on employa l'objectif photographique au relevé des positions de l'ennemi du haut des airs. Enfin les aérostats rendirent encore de grands services, malgré leur imperfection, aux Parisiens assiégés et à la République naissante, en emportant au loin des lettres privées aussi bien que des dépêches officielles et des passagers dont la présence ailleurs était d'une importance plus ou moins considérable. Soixante-quatre ballons enlevés de Paris franchirent les lignes ennemies pendant cette période néfaste ; sur ce chiffre, cinq furent faits prisonniers et deux se perdirent sans qu'on pût jamais retrouver leurs traces. Ces ballons ont enlevé 64 aéronautes, 91 passagers, 363 pigeons voyageurs et 3.000.000 de lettres pesant chacune 3 grammes, soit 9.006 kilogrammes. — On a compris, par les avantages qu'on en a tirés à cette époque et ceux qu'on en aurait pu obtenir, sans les causes de longue indifférence, que les aérostats étaient vraiment de quelque utilité à la guerre. Une commission militaire fut chargée par le gouvernement d'étudier cette question, et l'atelier de Meudon fut rouvert. Enfin M. Renard, capitaine du génie, qui dirige cet atelier depuis 1877, est l'inventeur du ballon dirigeable expérimenté avec succès, le 9 août 1884.

AÉROTECHNIE, s. f. (du gr. *aér*, et *techné*, art). Technologie de l'air. Étude de ses applications variées à l'industrie.

AÉROTHERME, adj. (du gr. *aér* et *thermé*, chaleur). Techn. *Four aérotherme*. Four de boulangerie alimenté par un courant d'air chaud. Cet appareil, dû au grammairien Lemare (v. ce nom), victime du coup d'État de brumaire, fut aussi désigné sous le nom de *caléfateur Lemare*.

AERSCHOT, ville de Belgique (Brabant méridional), sur la Demer, à 15 kil. N.-E. de Louvain. Popul. 4,340 hab.; ch.-l. de canton. Belle église paroissiale gothique, du commencement du XIVe siècle. — Cette ville fut deux fois prise par l'armée française, en 1746 et 1793.

AERTSEN, PIERRE. V. AARTSEN.

ÆSCHNINE, s. f. Entom. Genre d'insectes névroptères, de la famille des libellulides (Blanch.), caractérisés par un corps robuste et arrondi et trois articles aux palpes de la lèvre. La tête des æschnes est pareille à celle des libellules, comme l'on se comme volume, mais le corps est plus étroit et plus allongé. On en distingue deux types principaux : les *Æschnites*, dont les gros yeux sont contigus sur la ligne médiane, et les *Gomphites*, qui ont les yeux écartés. L'æschne tachetée, qui est l'espèce la plus connue et qu'on désigne vulgairement sous le nom de *Julie*, est noire avec des bandes et des taches jaunes et atteint jusqu'à 0^m,07 de longueur ; c'est une

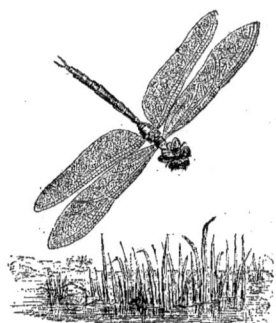

L'Æschne tachetée.

de nos plus belles libellulides. La larve et la nymphe de l'æschne tachetée sont d'un vert sombre nuancé de brun.

ÆTHUSE, s. f. Bot. Genre de plantes de la famille des ombellifères, dont l'espèce principale est connue sous le nom de *petite ciguë* ou *ciguë des jardins*, ou encore sous celui de *persil des fous*. Cette plante, qui croît souvent dans les jardins potagers, mélangée au persil, auquel elle ressemble beaucoup à première vue, est très vénéneuse ; il importe donc de pouvoir la distinguer de celui-ci, ce qui est d'ailleurs facile, même pour l'odorat, car la petite ciguë a une odeur vireuse nauséabonde. En outre, ses fleurs sont blanches, tandis que celles du persil sont jaunes ; sa tige est rougeâtre, maculée et lisse, au lieu de la tige verte, immaculée et cannelée du persil ; ses feuilles tripinnées, et non bipinnées. Ces caractères suffiront à faire reconnaître du persil l'æthuse, que les bestiaux toutefois mangent impunément ; la différence des tiges suffirait à elle seule à déceler sa présence dans un bouquet de persil. Une autre espèce l'*æthuse meum*, a une grosse racine âcre, dont les propriétés excitantes ont été jadis utilisées par la médecine.

AÉTIENS, ou ANOMÉENS, s. m. pl. Disciples d'Aétius l'Athée, hérésiarque du IVe siècle. Ces hérétiques repoussaient le mystère de la Trinité, professant que la nature du Fils était inférieure à celle du Père et que le Saint-Esprit n'était que la première des créatures. Suivant Aétius, Dieu ne demande pas autre chose à ses créatures que la foi ; il tenait donc pour inutiles les œuvres : le jeûne, la pénitence, etc., et niant le libre arbitre, était d'avis que les actions même les plus infâmes, ayant la nature pour mobile et dirigées par la fatalité, ne pouvaient être imputées à crime au point de vue religieux. Cette doctrine, malgré sa morale facile, ne survécut pas longtemps à son fondateur. V. AÉTIUS.

AÉTION, peintre grec qui florissait sous Adrien et les Antonins. Il peignit un tableau représentant le mariage de Roxane et d'Alexandre, lequel, exposé aux Jeux olympiques, gagna à l'artiste non seulement le prix offert, mais de plus, la main de la fille du président des Jeux. Lucien décrit minutieusement ce tableau.

AÉTIUS L'ATHÉE, fondateur d'une secte d'ariens aux opinions plus accentuées, et à laquelle on a donné le nom d'*Anoméens* ou celui d'*Aétiens*. Il était natif de Cœle-Syria et avait été dans sa jeunesse ouvrier chaudronnier, puis valet d'un maître de grammaire ; et c'est probablement dans cette dernière position qu'il acquit des connaissances suffisantes pour se faire ensuite docteur ambulant, disputant principalement sur les questions de médecine. Il eut d'abord pour maître un de ces docteurs nomades, appelé Sopolis, qui lui indiqua la voie. Possédant un véritable talent oratoire et une rare puissance de controverse, il résolut de se mêler à l'agitation théologique suscitée par les Ariens. Il étudia donc la théologie avec Paulinus, évêque d'Antioche, Athanase, évêque d'Anazarbe et le prêtre Antoine de Tarse. Aétius fut ordonné diacre par Léonce d'Antioche en 350 et commença son apostolat; mais comme il prêchait l'arianisme à Alexandrie, l'empereur Constance le fit arrêter et le bannit (356). Cependant, Constance étant mort et Julien l'Apostat lui ayant succédé, Aétius fut rappelé d'exil; l'empereur lui donna une importante propriété dans l'île de Lesbos, et le retint quelque temps à la cour; enfin, il fut consacré évêque par Eudoxe, patriarche de Constantinople. A l'avènement de Valens (364), Aétius se retira dans sa propriété de Lesbos; mais il reparut bientôt à Constantinople, où il mourut en 367. — Saint Épiphane nous a conservé, grâce à la *Réfutation* dont il l'accompagne, son *De Fide*, contenant quarante-sept propositions contre le mystère de la Trinité.

AÉTIUS, général romain, né à Dorostole, en Mœsie, vers la fin du IV° siècle. Faisant partie des gardes d'Honorius, il fut envoyé comme otage au roi des Huns Rhuas, dont il sut obtenir la faveur, en même temps qu'il acquérait une grande influence, qui devait lui être utile plus tard; car les barbares qu'il commandait. Il conduisit à Rome une armée de 60,000 Huns, qu'il employa d'abord à soutenir l'usurpateur Jean, et ensuite, Jean étant mort, à obtenir de l'impératrice-mère Placidie, régente pour le jeune Valentinien III, le commandement suprême de l'armée en Gaule, qu'il ambitionnait. Sa rivalité avec Boniface, comte de l'empire, ayant amené entre eux un combat où Aétius fut vaincu, mais où Boniface reçut des blessures dont il mourut, il tomba en disgrâce, mais ses Huns le firent réintégrer dans son commandement. Aétius exerça d'ailleurs ce commandement avec honneur et de manière à prolonger d'un siècle, ou du moins l'existence de l'empire d'Occident. Après avoir maintenu les hordes germaniques, malgré tous leurs efforts, au delà des frontières de la Gaule, il couronna sa carrière déjà brillante par la défaite d'Attila, dont il mit l'armée en déroute, à Châlons-sur-Marne, le 20 sept. 451. Après cette victoire, Aétius se rendit à la cour de Rome, dans l'espoir d'obtenir la main de la fille de l'empereur pour son fils Gaudentius. Valentinien le reçut en audience privée, et comme il craignait qu'il ne voulût lui disputer l'empire et que c'était une bonne occasion de se débarrasser de cette inquiétude, il en profita pour assassiner Aétius de sa propre main, ne laissant pas toutefois de lui reprocher d'avoir laissé échapper les Huns, en manière de prétexte (454).

AÉTIUS, médecin grec, natif d'Amide, sur le Tigre, en Mésopotamie, vers le commencement du V° siècle. Il étudia à Alexandrie, eut pour maître, entre autres, Lucius et fut médecin de la cour de Constantinople. Aétius fut le premier médecin chrétien dont nous ayons des écrits concernant la médecine; il excellait surtout dans la pratique de la chirurgie oculistique. Il a laissé un ouvrage intitulé *Tétrabiblos*, en seize livres, compilation des ouvrages de ses prédécesseurs et en particulier de ceux de Galien pour la plus grande partie; les huit premiers livres seulement ont été imprimés à Venise, par les Aldes, en 1534; les autres se trouvent en manuscrit à la bibliothèque impériale de Vienne. On a plusieurs éditions latines du *Tétrabiblos* d'Aétius.

AFANASIEF, ALEXANDRE-NICOLAÏEVICH, philologue russe (1825-1871). On doit à ce savant, dont la vie est peu connue, deux ouvrages d'une valeur considérable: les *Contes populaires russes* et un traité en 3 vol. sur *l'Idée de la Nature chez les anciens poètes slaves*, qu'il eut juste le temps d'achever avant de mourir. Il publia, en outre, un grand nombre d'articles sur l'archéologie et la littérature slave dans diverses revues de son pays.

AFAR, contrée de l'Afrique orientale, formant la partie nord du pays d'Adal. Cette contrée est traversée par les deux routes qui conduisent en Abyssinie, l'une de la baie d'Amphilla, l'autre de Zulla (Adulie).
— *Adj*. Qui appartient ou se rapporte à l'Afar ou à ses habitants. *Les tribus nomades de l'Adal parlent le dialecte afar.* V. ADAL.

AFER, DOMITIUS, orateur latin (16-60). Né à Nîmes, il florissait sous le règne de Tibère et de ses trois successeurs immédiats, et fut le maître de Quintilien, lequel assure n'avoir jamais rien entendu d'aussi éloquent que ses plaidoyers, émaillés de traits d'esprit qui bientôt couraient les rues; il cite de lui deux livres *Sur les Témoignages*, dont nous ne savons rien de plus. Domitius Afer doit, d'autre part et malheureusement pour sa gloire, un courtisan de l'espèce la plus vile, allant jusqu'à l'espionnage et à la délation de quelques-uns des personnages les plus distingués de Rome, suspects de n'être pas aussi satisfaits que lui de la conduite des césars. Un trait qui peint l'homme, en dehors toutefois de l'infamie à laquelle nous venons de faire allusion, c'est celui-ci: Domitius avait érigé une statue en l'honneur de Caligula, avec une inscription rappelant qu'il avait été deux fois consul à 27 ans. Au lieu de se trouver flatté de cette mention, Caligula n'y voulut voir qu'une allusion à l'infraction aux lois qui avait dû être commise pour amener ce résultat, et fit à son auteur un procès qu'il plaida lui-même. Domitius écouta le plaidoyer de Caligula avec les signes de la plus vive admiration, et lorsqu'il eut terminé, le répéta en partie, au lieu de développer ses moyens de défense, feignant d'être absolument confondu d'une éloquence si brillante; finalement, il se laissa tomber sur les genoux, demandant humblement pardon et déclarant hautement qu'il craignait bien plus l'éloquence de Caligula que sa puissance impériale. Tant de platitude ne pouvait rester sans récompense. Non seulement Caligula accorda le pardon demandé, mais il éleva Afer au consulat. — Afer ne s'entendit pas moins bien avec Néron, sous le règne de qui il mourut en l'an 60.

AFFABILITÉ, s. f. Qualité de qui reçoit et entretient avec douceur et bienveillance quiconque s'adresse à lui. *L'affabilité est une vertu nécessaire aux fonctionnaires publics. Il m'a reçu avec affabilité.*

AFFABLE, adj. Qui a de l'affabilité, aimable. *Ce n'est pas un homme simplement poli, il est très affable.*

AFFABLEMENT, adv. D'une manière affable.

AFFABULATION, s. f. Moralité d'une fable, partie où le sens moral en est dévoilé.

AFFADI, IE, part. pas. de AFFADIR.

AFFADIR, v. a. Rendre fade. *Affadir une sauce, une boisson* en y ajoutant de l'eau. — Fig. *Affadir une épigramme*, en enlever le piquant par une correction maladroite. — Se dit aussi des choses qui provoquent le dégoût. *L'abus des sirops affadit le cœur. Ces flatteries excessives m'affadissaient...*
— S'AFFADIR, v. pr. Devenir fade. *Ces liqueurs s'affadissent en vieillissant.*

AFFADISSANT, ANTE, adj. Qui affadit.

AFFADISSEMENT, s. m. Action d'affadir et son résultat.

AFFAIBLI, IE, part. pas. de AFFAIBLIR.

AFFAIBLIR, v. a. Rendre faible, au propre et au figuré.
— S'AFFAIBLIR, v. pr. Devenir faible. *Ma vue s'affaiblit.*

AFFAIBLISSANT, ANTE, adj. Qui affaiblit. Débilitant.

AFFAIBLISSEMENT, s. m. Diminution de force. Action d'affaiblir et résultat de cette action. Débilitation. *L'affaiblissement de la santé, des facultés. Ce régime lui a causé un affaiblissement général inquiétant.* — *Affaiblissement des monnaies*. Abaissement de leur titre ou de leur poids.

AFFAIRE, s. f. Se dit de tout ce qui est l'objet d'un travail, de soins quelconques, de tout ce qui est à faire, en un mot. *J'ai une grosse affaire sur les bras. Laissez cela, j'en fais mon affaire. C'est l'affaire d'une minute.*
— Se dit particulièrement des procès. *Affaire civile, commerciale, correctionnelle, criminelle. J'ai à plaider une affaire épineuse.* — Convention, marché, transaction. *Je viens de traiter une affaire dont j'espère de bons résultats. Nous n'avons pas fait affaire ensemble.* C'est dans ce sens que l'on dit *Un homme d'affaires. Un tripoteur d'affaires.* — Occupation commerciale ou industrielle. *Il est dans les affaires. Les affaires vont mal. Retiré des affaires.* —Action de guerre. *Il a été tué à l'affaire de Fou-Tchéou.* — Difficulté, querelle, danger qui en résulte. *Affaire d'intérêt. Il s'est fait une mauvaise affaire. Il a su se tirer d'affaire. L'affaire s'est arrangée.* — *Affaire d'honneur*, querelle motivée sur le point d'honneur. Duel. — *Affaire de cœur*, Intrigue galante.

Par une extension parfois abusive, *affaire* est un terme qui s'applique à une foule de choses très diverses, et assez souvent sans autre raison que de ne point se servir du terme propre auquel on le substitue. Au fond, cependant, on pourra s'assurer que l'expression implique toujours quelque embarras évident ou caché, quelque soin nouveau et quelque chose à faire. C'est ainsi qu'on appelait *chaise d'affaires*, sous l'ancienne monarchie, la chaise percée du roi, et que le privilège d'entrer dans le lieu où le roi était sur sa chaise d'affaires s'octroyait par brevet, appelé *brevet d'affaires*. *C'est sur sa chaise d'affaires*

Assassinat de Henri III sur sa chaise d'affaires.

que Henri III fut assassiné par Jacques Clément. De là l'expression *Aller à ses affaires*, qu'on emploie pour qu'on va satisfaire un besoin naturel. — En parlant d'une femme, on dit *Elle a ses affaires*, pour *Elle a ses règles*; *Elle a eu affaire avec quelqu'un*, pour *Elle a eu des relations avec quelqu'un*. — *Avoir affaire à quelqu'un*, c'est être en discussion, en querelle ou en négociation avec quelqu'un. *C'est à lui que j'ai affaire. Si vous recommencez, vous aurez affaire à moi.* — *Avoir affaire de...* se dit, mais rarement, pour *Avoir besoin de...* Il en est ainsi de beaucoup d'autres locutions que les Dictionnaires ont soin de relever au grand étonnement de leurs lecteurs. — Faucon. *Oiseau de bonne affaire. Oiseau bien dressé, bien affaité.* — Arg. *Avoir son affaire.* Avoir reçu un coup mortel. Être ivre-mort... *Faire son affaire à quelqu'un.* Le tuer, ou tout au moins le mettre hors d'état de s'opposer à la résistance. Mais comme ceux qui pratiquent cette langue pittoresque sont des gens généralement pressés, ils abrègent et disent de préférence: *Avoir son aff...* et *Faire son aff...*

AFFAIRÉ, ÉE, adj. Qui a beaucoup d'affaires ou qui agit comme s'il en avait beaucoup. Remuant.

AFFAISSÉ, ÉE, part. pas. de AFFAISSER.

AFFAISSEMENT, s. m. État de ce qui est affaissé.

AFFAISSER, v. a. Faire ployer sous le faix. Faire baisser en les tassant des choses superposées. *Affaisser la paille chargée sur une voiture. Affaisser la terre sa à charrue.* — Fig. Affaiblir, accabler. *Il est affaissé sous la douleur. Le despotisme affaisse les caractères.*

— S'affaisser, *v. pr.* Etre affaissé. *Ce toit s'affaisse visiblement. Ce vieillard s'affaisse sous le poids du chagrin plus que sous celui des années*

AFFAITAGE, *s. m.* Faucon. Action d'affaiter.

AFFAITÉ, ÉE, *part. pas.* de Affaiter.

AFFAITEMENT, *s. m.* Faucon. Résultat de l'action d'affaiter. — Tann. Apprêt des peaux.

AFFAITER, *v. a.* Faucon. Apprivoiser un oiseau de proie, le dresser pour la volerie. On dit aussi Affaiser.

AFFALÉ, ÉE, *part. pas.* de Affaler.

AFFALER, *v. a.* Mar. Aider un cordage à glisser dans la gorge d'une poulie, dans un anneau. — Mettre une embarcation à la mer en la faisant glisser sur des cordes. *Affale le youyou!* — Échouer à la côte. *Le navire est affalé.* — Arg. Jeter dans un coin. *Nous l'avons affalé sous l'escalier.*

— S'affaler, *v. pr.* Mar. Se laisser glisser sur une manœuvre, en parlant d'un matelot pressé de descendre. S'échouer, en parlant d'un navire. — Arg. Se jeter dans un coin, se laisser tomber, par impossibilité d'aller plus loin, en parlant d'un homme ivre. *Il s'est affalé sous la table.*

AFFAMÉ, ÉE, *part. pas.* de Affamer. Fig. Avide. *C'est un homme affamé de jouissances grossières.*

AFFAMÉ, *s.* Se dit de quelqu'un qui a habituellement très faim. Glouton. Grand mangeur.

— Curios. physiol. — Il y a des *affamés* qui doivent leur appétit excessif à un exercice violent habituel, d'autres à une névrose de l'estomac appelée « cynorexie, » vulgairement *faim canine.* Les premiers se rassasient, car ils n'ont à compter qu'avec un besoin naturel de réfection, plus grand que celui qu'éprouvent le commun des hommes, mais c'est tout; tandis que les seconds sont insatiables. Par conséquent, les *affamés* de cette dernière catégorie accomplissent des exploits dignes d'être recueillis par l'historien; et l'histoire est, en effet, remplie de faits de ce genre, plus ou moins authentiques, et surtout plus ou moins embellis et exagérés, parmi lesquels nous ferons un choix.

Les temps héroïques ont été particulièrement féconds en affamés célèbres, et pour ne pas remonter à la création, tout le monde connaît l'histoire de Milon de Crotone traversant le stade d'Olympie (long de 185 mètres environ) avec un bœuf sur les épaules, déposant son fardeau à la *funda*, l'assommant d'un coup de poing et le dévorant séance tenante. Le difficile n'était pas de le manger, cependant, mais de le digérer... N'y insistons pas. Au reste, l'athlète Buthus, qui vivait au IIIe s., mangeait, lui aussi, un bœuf à son repas, l'arrosant du contenu d'une outre de vin faite de la peau de sa victime. Le comédien Phagon mangea un jour, en présence d'Aurélien, un sanglier, un cochon de lait et 100 pains ronds, arrosés de vingt-quatre amphores de vin. Enfin, pour ne pas trop nous étendre sur les exemples que nous offre à profusion l'antiquité, nous rappellerons que l'empereur Albinus déjeunait avec 33 douzaines d'huîtres, 10 melons de bonne taille, 100 becfigues, 10 pêches et 20 livres de raisin. — Passons à d'autres temps...

Pendant la période suédoise de la guerre de Trente Ans, dont l'histoire abonde en récits du même genre, on raconte qu'un paysan bohémien se fit admettre dans la tente du roi de Suède, qui pour lors assiégeait Prague, sous prétexte de lui procurer le divertissement délicat de dévorer en sa présence un cochon de la plus forte taille. Le général Kœnigsmarck, l'un des plus brillants officiers de Gustave Adolphe, était présent à la réception, et se permit de plaisanter le solliciteur. Celui-ci en marqua aussitôt sa mauvaise humeur en lançant au général un regard féroce; puis, se retournant vers le roi, il ajouta: « Si Votre Majesté voulait persuader cet honnête gentilhomme de retirer *seulement* ses éperons et son épée, je me chargerais volontiers de le manger d'abord... Après, nous passerions au quadrupède. » La chronique ajoute que le rustre faisait en parlant ainsi des grimaces et des contorsions de mâchoire tellement effrayantes que Kœnigsmarck, si brave sur le champ de bataille, s'empressa de battre en retraite; mais elle ne dit mot de ce qu'il advint du cochon et du paysan. A peu près vers la même époque, un soldat polonais était présenté à la cour de l'électeur de Saxe, comme un prodige de voracité; et, en effet, il mangea à son repas, en présence d'une commission compétente, la bagatelle de vingt livres de veau rôti. Vingt livres de veau constituent un assez plantureux repas; mais de là à un porc et un général en grande tenue (sauf les éperons et l'épée), il y a un abîme! — Un digne pendant à ce rustre de Bohême, c'est ce Nicholas Wood, dont parle Taylor, le *Poète d'eau* (*the Water Poet*), qui florissait sous Charles Ier, autant comme tavernier que comme poète. C'était un paysan du Kent à qui « deux queues de mouton et une longe de veau produisaient autant d'effet que trois sardines à n'importe qui. » Mais ceci est tout simplement une figure poétique qui perd étrangement de sa valeur après la déclaration que le poète vient de faire, qu'entre autres repas mémorables, Wood dévora une fois trois douzaines de pigeons, et une autre fois un mouton tout entier et *cru!* « Un jour, raconte Taylor, à la résidence de sir Warham Saint-Léger, il s'escrima si bravement des dents et de l'estomac, qu'il allait faire disparaître une quantité de nourriture suffisante pour trente personnes, si sa panse n'avait menacé de faire banqueroute et d'éclater. Il fallut que les valets le tournassent du côté du feu, et lui frictionnassent le ventre, avec de la graisse et du beurre, pour que la peau s'étendît, de manière à donner quelque facilité au travail de la digestion. » Le naturaliste allemand Rodolphe Bœhmer cite, dans un traité latin écrit exprès, le cas d'un homme de Wittemberg (Prusse) qui, dans diverses occasions, aurait fait et gagné le pari de manger soit un mouton, soit un veau tout entier. — Si nous passons à des temps plus rapprochés de nous, les exemples de cynorexie n'abondent pas moins; ils ont plus de vraisemblance, leur authenticité est moins contestable, voilà tout. C'est ainsi que Brillat-Savarin cite un haut fait de l'espèce qui nous occupe, dont le héros fut le général Prosper Sibuet, qui, sortant de table, entre chez un aubergiste de Belley où il avait accoutumé de venir chaque soir manger des marrons et boire du « vin bourru » avec des amis; on venait de tirer de la broche un magnifique dindon « beau, bien fait, cuit à point et dont le fumet aurait tenté un saint. » Le futur général, qui n'avait aucune prétention à la béatitude, s'écrie d'inspiration à cette vue: « Je ne fais que sortir de table, mais je n'en gage pas moins que je mangerai ce gros dindon à moi tout seul! » Un gros fermier qui était là prend le jeune homme au mot, s'engageant à payer le dindon, si Sibuet le mange; et ainsi fut fait... du moins, s'il en resta, ce fut sur la prière instante du gros fermier, qui voulait absolument goûter à une volaille si appétissante, dont il devait solder le prix. En regard de cette anecdote, l'auteur de la *Physiologie du goût* place l'histoire du curé de Brégnier, qui déjeunait à midi avec la soupe et le bouilli, un gigot de mouton à la royale, un chapon et une salade « copieuse. » « Seul et sans aide, ajoute le narrateur, il se débarrassa du tout, savoir: du gigot jusqu'à l'ivoire, du chapon jusqu'aux os, et de la salade jusqu'au fond du plat. » Sans parler d'un « grand fromage blanc dans lequel il fit, en manière de clôture, une brèche angulaire de quatre-vingt-dix degrés. » C'est une véritable félicité, du moins je le présume, qu'un estomac aussi... élastique, quand on a en même temps les moyens de satisfaire son appétit, quelque robuste qu'il soit; mais il y a des situations dans la vie où c'est, au contraire, une calamité épouvantable: c'est lorsque l'individu doué de cette puissance d'absorption est dans une situation à n'y satisfaire que très rarement ou jamais; ou bien lorsque cet individu, membre d'une famille nombreuse et peu aisée, condamne inconsciemment les autres à l'abstinence. On parlait, il y a bien près de cent ans, d'un mendiant de Gœttingen (Hanovre), qui mangeait à l'occasion douze livres de viande dans un seul repas. Ce malheureux n'était-il pas à plaindre? Sa profession de mendiant nous est un sûr garant qu'il n'y mettait pas d'amour-propre. A sa mort on ouvrit son corps, et on trouva dans son estomac diverses substances (notamment des cailloux) absolument impropres à l'alimentation. Le docteur Copland cite, entre autres, le cas d'une petite fille de sept ans dont l'appétit était insatiable. Tout ce qu'elle pouvait attraper en dehors des repas, qui se prêtât la moindre des choses à être mangé, elle le dévorait aussitôt, même cru. Une fois, elle s'empara d'un lapin non accommodé, d'une demi-livre de chandelles et d'un morceau de beurre qu'elle fit aussitôt disparaître. La mère de cette enfant, qui jouissait d'ailleurs d'une santé parfaite, déclarait au docteur que, s'il lui eût été possible de l'obtenir, elle aurait certainement mangé, à elle seule, plus que les six autres membres de la famille ensemble. En 1865, il y avait à l'hôpital des incurables de Naples une vieille femme qui dévorait tous les jours, en un seul repas, cinq rôties, soixante-dix œufs, « plusieurs pains et autres aliments, sans préjudice du macaroni national, » disait en propres termes une feuille locale, la *Patria.* Il était question, en 1871, des exploits d'un jeune homme originaire de Monaco qui venait d'arriver en Californie. A l'âge de trois ans, ce jeune vorace parvenait à triturer et à digérer du bœuf séché en quantité considérable. A dix-neuf ans, sa voracité avait pris de telles proportions, que le prince, craignant, disait-on, qu'il réduisît à la famine toute la principauté, l'expédia en Roumanie, d'où il passa aux États-Unis. En arrivant à Los Angeles, ce jeune phénomène déjeuna de 34 livres de nourriture composée de porc, graisse dudit, huile de baleine, suif, etc.; après quoi, profitant de la bonne volonté d'un hôtelier que cet exploit avait mis en belle humeur, il s'ingéra toute la provision de viandes froides que possédait l'établissement de celui-ci, qui a malheureusement oublié d'en préciser le poids.

On pourrait multiplier ces exemples presque à l'infini, la matière ne ferait pas défaut avant longtemps; et si nous abordions le chapitre des paris ayant la gloutonnerie bestiale pour objet, comme il ne se passe pas d'année où quelque fait de ce genre ne se produise, il serait superflu de songer à s'arrêter jamais. Nous citerons seulement un de ces faits, pour éviter l'accusation de négligence. Vers la fin de 1872, deux charbonniers de Montrouge tinrent, contre un boucher qui en fit les frais, le pari de manger à eux deux un mouton rôti et deux litres de haricots secs en six heures. Le tout devait être arrosé de huit litres de petit bleu. Le pari fut honorablement gagné; toutefois, un seul des deux charbonniers en profita: une maîtresse indigestion emporta l'autre.

AFFAMER, *v. a.* (lat. de *ad*, à, et *fames*, faim). Causer la faim. Priver d'aliments. Intercepter des convois de vivres. *Affamer une place assiégée.* — Fig. et fam. Donner l'exemple à table. *Le voir manger vous affame, en dépit qu'on en ait.* — Pêche. Attirer les sardines à la surface de l'eau, au moyen d'un appât, en bonne place pour être prises dans le filet tendu d'avance.

AFFANGISSEMENTS, *s. m. pl.* Amas de vase (fange), obstruant un cours d'eau.

AFFECTATION, *s. f.* Toute façon d'être ou de paraître qui s'éloigne de la nature. Imitation. *Parler, agir avec affectation. Cette personne est pleine d'affectation. Joie, douleur, tout n'est qu'affectation chez l'hypocrite.* — Attribution, application. *Affectation de certaines choses à un objet déterminé. Affectation d'un local à un commerce, à une industrie plutôt qu'à d'autres, d'une somme à des dépenses prévues.*

AFFECTÉ, ÉE, *part. pas.* de Affecter.

— *Adj.* Qui a de l'affectation, où l'on reconnaît de l'affectation. *Style, langage, gestes affectés. C'est une personne affectée.*

AFFECTER, *v. a.* Faire paraître des sentiments, des qualités, même des défauts qu'on n'a pas. *Affecter la modestie, la vertu, la bonhomie, la rudesse.* — Faire un usage abusif. *Affecter le style archaïque, les manières orientales, une allure cavalière.* — Marquer une prédilection pour... *Affecter certains lieux, la compagnie de certaines personnes.* — Aspirer avec

passion à... Ambitionner. *Il affecte les grandeurs, les hautes fonctions.* — Appliquer, destiner *Nous affectons cette somme aux frais annuels de réparation. Affecter un objet à certain usage.* — Avoir une disposition à prendre, paraître, en parlant des choses. *Cette montagne affecte la forme d'un cône tronqué. Dans la nature, on trouve des cristaux de soufre affectant la forme octaédrique.* — Méd.Exercer une mauvaise impression. Déterminer une affection. *L'usage prolongé de ce médicament finit par affecter sérieusement l'estomac.* — Fig. Émouvoir, faire impression, affliger. *Le malheur des autres ne manque jamais de l'affecter profondément. C'est un égoïste, rien ne l'affecte.*
— S'AFFECTER, *v. pr.* S'émouvoir. *On ne s'affecte pas d'événements imaginaires.*

AFFECTIF, IVE, *adj.* Qui affecte, dans le sens d'émouvoir; qui inspire l'affection. — Philos. Qui se rapporte aux passions, aux sensations. *Facultés affectives,* se dit par opposition à Facultés intellectuelles. *L'homme n'apporte en naissant que des facultés affectives.*

AFFECTION, *s. f.* Attachement à une personne ou à une chose. Sentiment qui porte à préférer, à aimer cette personne ou cette chose. Amitié. Amour. *Affection maternelle, filiale. Il a pris ce pays en affection. Nous avons reçu de cette personne d'éloquents témoignages d'affection.* — Méd. Syn. de Maladie. *Les affections du cerveau sont presque toujours dangereuses*

AFFECTIONNÉ, ÉE, *part. pas.* de AFFECTIONNER.
— *adj.* Dévoué, attaché de cœur à... *Je vous suis affectionné plus que jamais.* En style épistolaire, il s'emploie à la fin des lettres comme formule de politesse: *Votre affectionné serviteur...* *Votre fils bien affectionné...*
— Subst. Se dit des gens qu'on aime ou dont on se sait aimé: *Sont-ce là vos affectionnés?* — Épist. *Je suis votre affectionné...*

AFFECTIONNER, *v. a.* Éprouver de l'affection pour... Aimer toujours. *J'affectionne tout particulièrement cette personne. Il s'étend dans ce sens aux choses. C'est une promenade qu'il affectionne par-dessus tout. Il est curieux de voir comme il le fait par affectionner les objets les plus vulgaires dont il a coutume de se servir. Affectionner ses travaux.*
— S'AFFECTIONNER, *v. pr.* S'attacher à... *On s'affectionne d'autant plus à son œuvre qu'elle vous a coûté plus de peine.*

AFFECTUEUSEMENT, *adv.* D'une manière affectueuse.

AFFECTUEUX, EUSE, *adj.* Qui a, ou témoigne de l'affection; Qu'on sait capable d'éprouver ce sentiment. *C'est un homme très affectueux. Il m'a écrit une lettre affectueuse.*

AFFÉRENT, ENTE, *adj.* Jurispr. Se dit de la part revenant à chacun dans un partage. *Part, portion afférente à tel ou tel.* — Anat. Se dit des vaisseaux lymphatiques apportant (du lat. *afferens,* apportant) les liquides absorbés aux ganglions qui se trouvent sur leur chemin; on les appelle alors *vaisseaux afférents*; mais à leur sortie de ces mêmes ganglions, ils deviennent *efférents,* sans cesser d'être *afférents* pour les suivants.

AFFERMAGE, *s. m.* Action d'affermer.
AFFERMÉ, ÉE, *part. pas.* de AFFERMER.
AFFERMER, *v. a.* Donner à ferme ou prendre à ferme.

AFFERMI, IE, *part. pas.* de AFFERMIR.
AFFERMIR, *v. a.* Rendre ferme, donner de la consistance, de la fermeté. Consolider.
— Fig. Assurer, soutenir. *Affermir quelqu'un dans sa résolution. Affermir un fonctionnaire dans sa place. Affermir le courage.*
— S'AFFERMIR, *v. pr.* Devenir ferme, au propre et au figuré.
— SYN. AFFERMIR, RAFFERMIR. La synonymie entre ces deux mots n'est complète, ainsi le disent bien au propre qu'au figuré; le sens de l'un comme de l'autre est Donner de la fermeté. Toutefois, AFFERMIR suppose une action initiale; RAFFERMIR, une action secondaire. On *raffermit* ce qui, *affermi* une première fois, a perdu ou menace de perdre cette fermeté.

AFFERMISSEMENT, *s. m.* Action d'affermir. État de la chose qui a subi cette action.

AFFÉTÉ, ÉE, *adj.* Qui est plein d'afféterie, d'affectation mignarde.

AFFÉTERIE, *s. f.* (du v. franc. *Affectérie*). Affectation limitée aux grâces. Manière précieuse de parler, d'écrire ou d'agir. Coquetterie mignarde.

AFFETTUOSO, *adj.* (de l'ital. *Affettuoso,* affectionné, tendre.) Mus. Terme employé pour indiquer qu'un morceau doit être exécuté avec une expression de tendresse affectueuse. — Rem. Il est mis pour *Affettuosamente,* qui aura paru trop long, ce qui le fait prendre pour un adverbe par quelques auteurs.

AFFICHAGE, *s. m.* Action d'afficher, de poser des affiches.

AFFICHE, *s. f.* Feuille écrite ou imprimée d'un seul côté, destinée à être appliquée, par l'autre côté, sur un mur ou quelque autre surface bien apparente et située dans un lieu très fréquenté, pour inviter les passants à prendre connaissance de ce qui y est imprimé ou écrit. — Pêche. Engin servant aux pêcheurs à tendre le verveux. Longue perche ferrée qui leur sert à arrêter la marche du *bachot* et le maintenir pendant le temps nécessaire à la manœuvre du filet.

— HIST. ET STATIST. L'usage d'informer le public, par voie d'*affiche,* de choses qu'on est en position de lui demander ou de lui offrir, remonte certainement à la plus haute antiquité. En Grèce et en Italie, les affiches consistaient en inscriptions peintes sur un espace réservé à la façade d'un édifice et couvert de plâtre blanc, désigné en grec sous le nom de *Leucôma* et en latin sous celui d'*Album.* (V. ce mot.) Elles étaient aussi variées qu'elles le sont de nos jours et ne fourmillaient pas moins de promesses trompeuses du charlatanisme politique ou industriel. On fixa ensuite des feuilles de parchemin sur les piliers des édifices, mais sans abandonner l'affiche peinte. De même au moyen âge, où le cri à son de trompe dans les rues et carrefours prit une extension considérable, nous ne croyons pas que l'affichage proprement dit ait été tout à fait abandonné. L'invention de l'imprimerie, en tout cas, pouvait seule donner à ce système d'annonce le développement qu'il comportait, et ce développement n'a fait que s'accroître depuis. Voici, à ce propos, des renseignements intéressants que nous empruntons à une notice sur l'affichage à Paris publiée par le *Journal officiel.*

L'affichage est la plus ancienne forme de l'annonce. Il a été pratiqué à Paris dès le XVIe siècle, et s'est probablement trouvé, dès lors, assujetti à des règlements de police, sauf dans les époques d'agitation, comme la Ligue, la Fronde et le milieu de la Révolution. Dans les années qui ont précédé la dernière guerre, le seul affichage mural étalait aux yeux deux millions et demi d'annonces collées ou peintes. Ce chiffre a subi une diminution notable, à la vérité, mais certainement passagère. Il y a trois genres d'affichage: les feuilles collées, les peintures sur muraille ou sur toile encadrées, les peintures sur vitres éclairées la nuit. Dans le dernier recensement de l'industrie parisienne, on a compté 358 emplacements d'affichage mural désignés par l'autorité, et, en outre, 300 kiosques, 332 urinoirs et 150 colonnes recevant des peintures ou des affiches de théâtre. Les pans de mur se louent à des conditions très différentes, selon les quartiers où ils se trouvent et les dimensions qu'ils offrent. Tel en mur, rue des Gravilliers, qui n'est affermé que pour 50 centimes par an; un autre, non loin de là, rue de Rambuteau, qui rapporte 1,768 francs. Les kiosques et les colonnes sont taxés 50 fr. chacun; la taxe des urinoirs va de 7 fr. 50 à 40 fr. Ces trois catégories donnaient à la ville, en 1874, un revenu de 33,767 fr. 50 fr. Ce revenu a été porté à 34,942 fr. 50 au budget de 1875. Mais les compagnies qui ont traité avec la ville pour en disposer, vendent la publicité à un tout autre prix, représentant à la fois leurs diverses dépenses et leurs bénéfices. L'affichage mural proprement dit, qui comprend l'affichage des actes du Gouvernement et les avis administratifs, se pratique de deux manières: par la simple pose de feuilles qui s'étendent un peu partout, surtout au moment des élections, et non pas seulement sur les emplacements loués, et par la mise en cadres ouverts ou fermés qui répond à deux degrés de conservation. La durée du premier est de huit ou dix jours; la durée du second, d'un ou de plusieurs mois. Il suffit maintenant de quinze ou seize afficheurs pour faire habituellement le service. La pose des affiches ordinaires se paye de 3 à 18 fr. le cent. Les marchands de journaux sous-louent leurs kiosques à une compagnie dite de publicité diurne et nocturne, à raison de 5 fr. par mois dans les plus mauvais endroits, et de 30 fr. dans les meilleurs. On estime que, tous frais faits, chacun gagne de 3 à 6 fr. par jour. L'affichage sur les kiosques lumineux, pour 6,000 carreaux environ, donne un produit brut d'environ 170,000 fr. Sur les colonnes lumineuses et opaques, pour 1,200 carreaux et cases, un produit de 15,000 fr. L'exploitation des urinoirs, au nombre de 69, dont 65 appartiennent à la compagnie, produit 69,000 fr. pas comprise dans ces chiffres. La compagnie est, en outre, la première de la publicité des chemins de fer. Dans le département de la Seine, pour 17 gares et environ 1,200 affiches, le produit n'est guère que de 5,000 fr. — Ces chiffres sont peu de chose, en somme, auprès de ceux de certaines grandes villes, et en particulier de Londres, de New-York et d'autres villes américaines principalement; mais ils ne laissent pourtant pas d'avoir de l'importance.

Aff. de théâtre. — Les affiches de théâtre ont une histoire à part, qu'il ne serait pas juste de négliger. Il paraîtrait que leur origine est certain auteur dramatique espagnol du commencement du XVIe siècle, nommé Cosme d'Oviedo, lequel n'a guère fait de bruit dans le monde, et n'en sera pas vivant. Avant lui, on annonçait par les rues et les carrefours, au son du tambourin. À Paris, avant Théophile, Racan, Moiret et Gombauld, le nom de l'auteur d'une pièce ne se mettait pas sur l'affiche. Il était connu et n'avait pas besoin d'être nommé. On resta bien plus longtemps

L'afficheur parisien.

encore sans désigner les acteurs sur l'affiche: les comédiens y trouvaient leur compte, parce que le public espérait toujours voir les chefs d'emploi; mais souvent cette attente trompée donna lieu à des scènes tumultueuses. Les théâtres alors en exercice se distinguaient par la couleur de leurs affiches; elles étaient jaunes pour l'Opéra, vertes pour le théâtre de la rue Mazarine et rouges pour l'hôtel de Bourgogne. Cependant, elles furent longtemps encore à ne point porter les noms des comédiens, et l'on voit que ceux-ci, par une délibération en date du 9 décembre 1789, suppliaient le maire de Paris de ne pas leur ordonner de mettre leurs noms sur l'affiche, ce qu'ils considéraient comme très contraire à leurs intérêts. Mais cette affiche, sans noms d'auteurs et de comédiens, n'en était pas moins très détaillée. Elle entretenait le passant de la nombreuse assemblée du jour précédent, du mérite de la pièce qui devait suivre et de la nécessité de pourvoir aux loges de bonne heure, surtout lorsque la pièce était nouvelle et que *le grand monde y courait*. On y faisait au besoin l'éloge raisonné de la comédie du jour. On supprimait l'affiche, quand on craignait la cabale, pour une pièce nouvelle. — Les choses ont bien changé depuis, surtout quant à la mention des noms des acteurs, qui paraît être aujourd'hui l'affaire principale; et ce sont des disputes incessantes pour avoir son nom en *vedette*, imprimé au moyen de caractères faits exprès, de la plus grande dimension possible.

AFFICHÉ, ÉE, *part. pas.* de AFFICHER.

AFFICHER, *v. a.* Appliquer des affiches sur un mur, etc. — Par. extens. Publier. *Je ne me bornerai pas à raconter cette histoire, je l'afficherai.* — Fig. Faire étalage de... *Afficher sa fortune, ses triomphes. Afficher sa honte.* — *Afficher une femme.* Se montrer publiquement avec elle, de manière à la compromettre aux yeux des personnes qui la connaissent.
— S'AFFICHER, *v. pr.* Ne s'emploie guère qu'au figuré et absolument, et signifie se montrer en compagnie compromettante. *C'est s'afficher que de paraître en public avec un pareil gredin. Cette femme s'affiche effrontément.*

AFFICHEUR, *s. m.* Celui qui fait profession de poser des affiches.

AFFIDÉ, ÉE, *adj.* (ital. *fidato*, fidèle). Fidèle, sûr, En qui l'on a confiance. *Une personne affidée ira à votre rencontre.* — Se dit substantiv. *C'est un de ses affidés.*

AFFIDHEGI ou AFFIDAGI. Alch. Nom donné par les anciens chimistes arabes à la céruse.

AFFILAGE, *s. m.* Action d'affiler.

AFFILÉ, ÉE, *part. pas.* de AFFILER. — Fig. *Une langue bien affilée*, se dit d'une personne qui parle beaucoup, rapidement et habile surtout à médire.

AFFILER, *v. a.* Techn. Donner le fil, aiguiser un tranchant. — Hortic. Planter des arbres en file. — Tir. d'or. Engager dans la filière un fil métallique à étirer. — Fig. Aiguiser une épigramme, une pointe.

AFFILEUR, *s. m.* Techn. Celui qui affile les outils. — On dit plus généralement *émouleur*.

AFFILIATION, *s. f.* Association à une compagnie, à une corporation, à une communauté, qui est censée vous admettre comme un fils (lat. *filius*). — Par extens. Association à un complot.

AFFILIÉ, ÉE, *part. pas.* de AFFILIER.
— Subst. *C'est une société puissante, qui a de nombreux affiliés.*

AFFILIER, *v. a.* Associer, Admettre dans son sein, en parlant d'une société civile, d'une corporation, d'une communauté religieuse, etc. *Il s'est fait affilier à la Compagnie de Jésus.*
— S'AFFILIER, *v. pr.* S'associer à une société, etc. *Il s'est affilié aux sociétés les plus diverses.*

AFFILOIR, *s. m.* Techn. Nom donné en général à tout instrument servant à affiler, et en particulier à une tige d'acier presque cylindrique, appelée aussi *fusil*.

AFFILOIRES, *s. f. pl.* Techn. Pierres à affiler assorties et encastrées dans un même fût de bois.

AFFINAGE, *s. m.* Chim. Action d'affiner, c.-à-d. de purifier les métaux, le salpêtre, le sucre, de les débarrasser des substances étrangères qu'ils contiennent en combinaison, à raison de leur *affinité* pour ces substances. — Pour le sucre et le salpêtre, toutefois, l'usage a fait prévaloir, quoique à tort, le terme RAFFINER.

— AFFINAGE DES MATIÈRES D'OR ET D'ARGENT. V. DÉPART.

— AFFINAGE DE LA FONTE. La fonte est composée essentiellement de fer et de carbone; pour en obtenir du fer pur, il faut donc lui retirer son carbone ; tel est l'objet de l'*affinage*. En théorie, c'est une opération extrêmement simple. Le carbone et les autres matières contenues dans la fonte, telles que la silice et un peu de soufre, de phosphore et de manganèse, ont plus d'affinité pour l'oxygène que le fer; il s'ensuit que ces matières brûleront les premières, si l'on porte la fonte à une température élevée, et qu'il restera dès lors du fer pur, si l'on arrête là l'action de l'oxygène, qui autrement s'emparerait du fer lui-même à son tour. La pratique offre plus de difficultés que ne le laisserait supposer cette théorie si simple. — On affine la fonte par deux méthodes principales, dites méthode ancienne, ou *affinage au petit foyer*, et méthode moderne, ou *affinage à la houille*, par opposition à la précédente, qui emploie le charbon de bois. Nous décrirons sommairement ces deux méthodes.

1° Le petit foyer, ou *foyer comtois*, a la

Coupe du petit foyer.

forme d'un creuset à quatre pans, doublé d'épaisses plaques de fer à l'intérieur; une tuyère inclinée, alimentée par deux soufflets alternant, projette l'air vers le fond de ce creuset. On remplit le foyer de charbon de bois, auquel sont mêlés les morceaux de fonte placés près de la plaque opposée à celle que traverse la tuyère. Le feu allumé, on donne le vent et le tout s'embrase; le métal rougit, s'amollit et finalement coule entre les charbons dont le vent de la tuyère active encore l'incandescence; et au fond du creuset va se former une sorte de verre composé de charbon, de silice, d'alumine, de soufre, de phosphore, d'oxyde de fer, que le forgeron agite avec un ringard et ramène à la surface. Le travail est pénible à cette chaleur intense, il est long et exige beaucoup d'attention. Enfin, sous l'action puissante et surtout incessante du soufflet, toutes les substances étrangères finissent par être oxydées; on les fait couler, on recueille le fer en le tournant au fond du creuset, autour du ringard, pour en former une *loupe*, qui est portée, après avoir été un peu refroidie, sous le marteau frontal où elle est *cinglée*. Cette opération a pour objet de débarrasser le fer affiné des scories, qui jaillissent en étincelles sous les coups répétés du puissant engin ; cela fait, on divise la loupe en deux *lopins* à l'aide d'une tranche; et ces lopins, rechauffés et étirés au martinet, constituent le fer forgé.

2° La méthode moderne d'affinage, dite aussi *méthode anglaise*, exige, avec de puissants moteurs, des appareils également puissants, coûteux, et un emplacement considérable: mais elle agit sur de grandes masses, et le fer obtenu est moins cher. Le foyer, très grand, reçoit le vent de 6 à 8 tuyères, quelquefois plus; on le bourre de coke; sur une première charge de ce combustible, on jette la fonte en gros morceaux, 100 kil. en moyenne, on le remplit de coke. On embrase le tout, et la température devient élevée à tel point que tout fondrait, jusqu'aux tuyères, sans les soins incessants que l'on apporte à les rafraîchir. Dans ce foyer, la fonte ne subit qu'un demi-affinage; on la recueille en plaques minces, qu'on refroidit en jetant de l'eau dessus pour les rendre cassantes, et on lui fait subir l'opération décisive appelée *puddlage*. Il ne reste plus guère que du carbone dans la fonte traitée comme nous venons de le dire; cette opération s'exécute dans des fours à réverbère, à foyer particulièrement large; le combustible est ici la houille, étendue en

Coupe du four à puddler.

couche peu épaisse sur la grille en fonte, également très large; le courant d'air est produit par le seul tirage d'une cheminée, dont la hauteur atteint souvent 10 mètres; la voûte surbaissée, à laquelle le fourneau à réverbère doit son nom, rabat la flamme du foyer sur la fonte étendue sur la grille, la *déchant* d'un bout à l'autre avant d'atteindre la cheminée. Pendant toute la durée de l'opération, un *puddleur* brasse continuellement, avec un ringard à crochet introduit par la *porte de travail*, le métal en fusion, exposé à une chaleur terrible et obligé néanmoins de déployer une force herculéenne pour vaincre la résistance de la masse qu'il remue, résistance qui augmente à mesure que cette masse s'épaissit. L'opéra-

Puddlage.

tion terminée, ce que le puddleur doit reconnaître à l'aspect et à la consistance du métal, il ouvrier recueille la charge entière en un certain nombre de loupes, qu'il met à tenir chaudes sous la flamme, en attendant qu'elles soient *cinglées* au *marteau-pilon*, puis étirées au *laminoir*, etc.

Le terrible métier de puddleur est généralement confié aujourd'hui à des machines. Du reste, dans la fabrication de l'acier par le procédé Bessemer (V. ACIER), on sait que la première opération consiste dans l'affinage de la fonte, et que le *convertisseur* n'est pas autre chose qu'un puddleur mécanique.

AFFINÉ, ÉE, *part. pas.* de AFFINER.

AFFINER, *v. a.* Purifier. Rendre plus fin. *Affiner les métaux. Affiner le sucre* (V. RAFFINER). — On affine également les clous, les

AFFL　　　　　　　　　　　AFFO　　　　　　　　　APFR　　　　117

aiguilles, les épingles, etc., c'est en former la pointe. *Affiner la terre*, c'est l'ameublir, le ciment, la réduire en poudre fine. *Affiner le lin, le chanvre*, etc., en rendre les fibres plus déliées et plus souples. *Affiner le carton*, en couvrir les surfaces de papier. *Affiner le verre*, en faire disparaître les bulles formées au moment de la fusion. *Affiner le fromage*, lui faire prendre un goût plus fin, par un séjour prolongé à la cave. *Affiner les draps*, leur donner la dernière tonte.
— S'AFFINER, *v. pr.* Devenir plus fin, se purifier. *Le fromage s'affine par un séjour à la cave. La fonte s'affine au moyen du puddlage.* — Fig. *Son esprit s'affinera dans ce commerce avec des gens instruits.*

AFFINERIE, *s. f.* Atelier où s'opère l'affinage. *Porter la fonte à l'affinerie.* En t. d'atelier, toutefois, on dit la *finerie*.

AFFINEUR, *s. m.* Ouvrier qui affine les métaux précieux.

AFFINITÉ, *s. f.* Degré de proximité déterminé par le mariage entre l'un ou l'autre des époux et la famille de son conjoint. *L'affinité qui existe entre lui et moi provient de ce qu'il est mon beau-frère.* On dit *Affinité spirituelle* de celle qui existe entre le parrain ou la marraine et son filleul, et qui autorise l'Église à refuser de consacrer le mariage entre le parrain et la marraine, et réciproquement. — Conformité, rapport qui existe entre plusieurs choses. *Affinité entre les goûts, le caractère. Il y a affinité entre ces deux expressions.* — Se dit aussi des personnes, pour marquer une conformité de caractère, de goûts. *Ils devaient s'unir fatalement, car il y a entre eux une grande affinité.* — Mus. Affinité des tons. *Le ton d'ut a de l'affinité avec les tons de sol et de fa, ses adjoints, ou de la mineur son relatif* (Lit.). — Chim. Force en vertu de laquelle on suppose que des molécules de nature différente se combinent ou tendent à se combiner.

AFFINOIR, *s. m.* Techn. Sorte de peigne servant à *affiner* les fibres textiles.

AFFIQUAGE, *s. m.* Techn. Opération que l'on fait subir au *point d'Alençon*, et qui consiste à passer dans tous les points, pour lus faire ressortir, une patte de homard.

AFFIQUET, *s. m.* Objet de parure, d'ajustement de toilette. Il ne s'emploie guère qu'au *plur.* dans ce sens et ironiq. *Elle est deux heures à s'habiller tant elle a d'affiquets.* — Porte-aiguilles à tricoter, petit instrument qu'il est loin de rencontrer dans les mains d'une tricoteuse, de sorte qu'on a peu d'occasions d'employer le terme qu'en vers à le désigner.

AFFIRMATIF, IVE, *adj.* Qui affirme. *Il est très affirmatif.* — Log. *Proposition affirmative.* Qui est exprimée sans négation.

AFFIRMATION, *s. f.* Action d'affirmer, dans tous les sens.

AFFIRMATIVE, *s. f.* Se dit de toute proposition affirmative. *Je tiens pour l'affirmative, et vous*...

AFFIRMATIVEMENT, *adv.* D'une manière affirmative.

AFFIRMÉ, ÉE, *part. pas.* de AFFIRMER.

AFFIRMER, *v. a.* Assurer qu'une chose est vraie. — Jurisp. L'assurer avec serment. — Log. Exprimer qu'une chose est. — S'AFFIRMER, *v. pr.* Être affirmé. *Sa réputation s'affirme de jour en jour.*

AFFIXE, *s. f.* Se dit des lettres ou particules s'ajoutant aux mots pour en modifier le sens. *De telles lettres, des particules affixes.* — On dit substantiv. *Un affixe. C'est le nom commun des préfixes*, qui se mettent au commencement des mots à modifier et des *suffixes*, qui se mettent à la fin.

AFFLEURANT, ANTE, *adj.* Techn. Se dit spécialement dans la papeterie, d'une pile à *affleurer*, c.-à-d. à délayer la pâte de papier.

AFFLEURÉ, ÉE, *part. pas.* de AFFLEURER.

AFFLEURÉE, *s. f.* Techn. Pâte de papier délayée à la pile affleurante.

AFFLEUREMENT, *s. m.* Action d'affleurer. État de ce qui est affleuré.

T. I.

AFFLEURER, *v. a.* Être ou mettre de niveau. *La Seine affleure les quais. Le filon métallique affleure le sol.* — Phys. *Affleurer un aréomètre.* L'enfoncer dans un liquide jusqu'à une marque déterminée. — Techn. Délayer la pâte de papier à la pile affleurante. — *v. n.* Se dit de deux choses qui sont exactement de même niveau. *Ces deux chevrons affleurent bien.*

AFFLICTIF, IVE, *adj.* Qui frappe directement. Jurisp. Il ne s'emploie guère qu'au féminin et pour désigner des peines ayant sur le condamné un effet direct et physique et que l'on qualifie *peines afflictives*. Mais on sent que ce terme pourrait être aussi bien employé au masculin, et d'une manière générale, dans les deux genres.

AFFLICTION, *s. f.* Chagrin, Douleur morale. État d'une personne affligée. *Cet événement l'a plongé dans une grande affliction.* — Se dit aussi de l'événement même qui cause l'affliction. *Je ne survivrai pas à cette affliction.*

AFFLIGÉ, ÉE, *part. pas.* de AFFLIGER. — Se dit substantiv., en parlant des personnes dans l'affliction. *Ce sont de pauvres affligés.*

AFFLIGEANT, ANTE, *adj.* Qui cause de l'affliction. *C'est une nouvelle affligeante.*

AFFLIGER, *v. a.* (lat. de ad, et *fligere*, frapper). Causer de l'affliction, de grands dommages. *Cette peste nous afflige beaucoup. Le choléra affligeait le midi de la France, dans l'été de 1884.* — Mortifier. *Affliger sa chair par les macérations.*
— S'AFFLIGER, *v. pr.* Éprouver l'affliction. *Il ne faut pas s'affliger ainsi, cela n'avance à rien.*

AFFLOUAGE, *s. m.* Mar. Action d'afflouer un navire.

AFFLOUER, *v. a.* Mar. Remettre à *flot* un navire échoué.

AFFLUENCE, *s. f.* Écoulement abondant, principalement de liquides. *L'affluence des eaux renverse tout sur les deux rives.* — Fig. Grande abondance. *Affluence de richesses. Affluence de monde.*

AFFLUENT, ENTE, *adj.* Qui afflue.

AFFLUER, *v. n.* (lat. ad et *fluere*, couler). Couler vers. *Les fleuves affluent vers l'Océan.* — Fig. Abonder, arriver en abondance. *L'argent afflue dans sa caisse. Le peuple affluait sur la place.*

AFFLUX, *s. m.* Méd. Action d'affluer, en parlant des liquides du corps. *L'afflux des humeurs. L'afflux du sang vers la tête.*

AFFOLÉ, ÉE, *part. pas.* de AFFOLER. — Mar. *Aiguille affolée.* Aiguille de boussole influencée par quelque cause extérieure et qui ne marque plus le nord, errant comme une folle.

AFFOLEMENT, *s. m.* Action de devenir fou. État d'une personne affolée.

AFFOLER, *v. a.* Rendre fou, ou plutôt comme fou. Inspirer une passion qui va jusqu'au dérangement de l'esprit. *Cette femme l'affolera.* — Mar. Déranger l'aiguille aimantée, en parlant des causes extérieures. *Un coup de foudre affola l'aiguille aimantée.*
— S'AFFOLER, *v. pr.* Se rendre fou, s'enthousiasmer, s'engouer. *Il s'affole de toutes les femmes. Il s'est affolé de cette idée.*

AFFORESTAGE, *s. m.* Eaux et For. Droit d'usage exercé dans la forêt.

AFFOUAGE, *s. m.* Eaux et For. Droit qu'ont les habitants d'une commune de prendre dans une forêt communale le bois nécessaire à leur chauffage.

AFFOUILLEMENT, *s. m.* Dégradation produite par la pénétration des eaux dans le sol, les murs, etc. *Cette catastrophe est due à l'affouillement des eaux, qui ont miné les fondations.*

AFFOURAGER, *v. a.* Donner du fourrage sec aux bestiaux rentrés.

AFFOURCHE, *s. f.* Mar. Se dit des instruments servant à *affourcher* un bâtiment. *Ancre, Câble d'affourche.*

AFFOURCHÉ, ÉE, *part. pas.* de AFFOURCHER. — Fam. Placé à califourchon.

AFFOURCHEMENT, *s. m.* Action d'affourcher.

AFFOURCHER, *v. a.* Disposer à la façon d'une fourche. — Mar. Jeter à la mer deux ancres que l'on dispose de manière que leurs câbles soient croisés, fassent la fourche. *Affourcher un navire.* — Charp. Joindre deux pièces de bois par un assemblage croisé. Fam. Mettre à califourchon. *Je le trouve affourché sur la rampe de l'escalier.*
— S'AFFOURCHER, *v. pr.* Se disposer en fourche. Se mettre à califourchon. *Le bâtiment s'affourche. Il s'affourcha sur un baudet.*

AFFOURER, *v. a.* Syn. d'AFFOURAGER, s'appliquant plus spécialement aux bêtes à laine. *Affourer un troupeau*, lui donner du fourrage. — Rem. L'étymologie, FOURRAGE, exigerait *affourrager* et *affourrer*; l'usage a fait prévaloir l'r unique, au lieu des deux rr qu'on ne prononcerait jamais.

AFFRAICHIE, *s. f.* Mar. Se dit de la brise qui fraîchit.

AFFRANCHI, IE, *part. pas.* de AFFRANCHIR.

AFFRANCHI, *s. m.* Esclave libéré. *Horace était fils d'un affranchi.*
— HIST. — A Athènes, les affranchis quittaient ou modifiaient leur nom d'esclave de manière à le rendre méconnaissable. Leur liberté n'était pas complète; leurs maîtres ne cessaient pas d'avoir sur eux une certaine autorité, et ils devaient leur rester attachés, leur marquer du respect, leur rendre des services publics et privés que la loi leur imposait, à peine de rentrer en esclavage. En retour, les maîtres étaient tenus de protéger leurs affranchis, de les aider de leurs conseils, de leur crédit et de leur influence en toute occasion. — A Lacédémone, les affranchis ne jouissaient pas non plus de tous les privilèges des citoyens. Ils ne paraissaient pas aux assemblées du peuple et n'avaient aucune part aux affaires du pays; ils avaient seulement la faculté de vivre où ils voulaient sans en rendre compte à personne. Ce n'est que dans les circonstances extraordinaires qu'ils étaient admis dans les rangs de l'armée, où ce n'était pour suivre et servir leurs maîtres.

De même qu'à Athènes, un affranchi était, à Rome, un esclave auquel son maître avait donné la liberté et qu'il avait fait admettre au nombre des citoyens, mais non sans condition. On l'appelait *libertus* ou *libertinus* suivant le cas. *Libertinus* exprimait la condition nouvelle de l'esclave libéré : *homo libertinus*, homme de condition affranchie. *Libertus* était relatif au maître : *libertus Ciceronis*, c'est-à-dire affranchi de Cicéron. Les affranchis avaient la tête rasée et portaient une sorte de bonnet caractéristique. Ils n'étaient point admis, quoique devenus citoyens eux-mêmes, comme les citoyens nés libres, désignés sous le nom d'*ingenui*, ne jouissaient que des privilèges abandonnés aux citoyens du bas peuple; ils étaient classés dans les tribus des villes exclusivement, parce que c'étaient les moins considérées. Pour le service militaire, on faisait également une grande différence entre les citoyens et les affranchis; ces derniers étaient généralement enrôlés dans la marine, parce que le service de la marine était moins estimé que celui de l'armée de terre, et ce n'était que dans des cas exceptionnels qu'ils en admettaient dans celle-ci. Leur fortune, qui était quelquefois considérable, ne leur servait de rien pour s'élever; et ils devaient croupir toute leur vie dans la condition d'affranchis, quels que fussent leurs talents et leurs vertus. Mais il en fut autrement sous les empereurs, et ils devinrent fréquemment l'anneau des chevaliers, plus souvent pour payer des services inavouables, et même pour leur donner le rang de consulaires... L'affranchi romain, par reconnaissance pour le maître qui lui avait donné la liberté, se faisait un devoir de porter le nom de ce maître, et quelquefois son prénom, ajoutant son nom d'esclave pour surnom. Les affranchis étaient tenus de se rendre chez leur maître deux fois par jour, devaient se trouver à même de lui rendre divers services dont il pouvait avoir besoin, de l'accompagner par la ville en grossissant son cortège par leur présence. S'il venait à tomber dans la pauvreté,

16

c'était à ses affranchis de l'assister. Ils devaient en toute circonstance lui témoigner le plus grand respect. Il y avait une sanction légale à toutes ces obligations de l'affranchi qui, s'il y manquait, pouvait être remis en esclavage ou envoyé aux mines.
— Arg. *Fagot affranchi*, forçat libéré.

AFFRANCHIR, *v. a.* Rendre franc, décharger, exempter. *Affranchir d'impôts. Affranchir une lettre, un paquet* de la taxe qui les frapperait à l'arrivée dans le cas contraire, en payant d'avance cette taxe. — Rendre libre. *Les esclaves des colonies françoises furent affranchis en 1848.* — Fig. Délivrer d'une dépendance, tirer de peine, délivrer d'un mal quelconque. *Je l'affranchirai de cette corvée. Je voudrais voir cette nation affranchie du despotisme étranger. La mort affranchit de tout.*

S'AFFRANCHIR, *v. pr.* Se rendre franc, libre. Se décharger, s'exempter. *S'affranchir du despotisme, d'une sujétion quelconque. S'affranchir de toute crainte, de tous préjugés. Les envois ne s'affranchissent, pour cette destination, que jusqu'un port d'embarquement.*

AFFRANCHISSEMENT, *s. m.* Action d'affranchir, dans toutes les acceptions de ce verbe. — État de la personne ou de la chose affranchie.

— HIST. L'esclave lacédémonien, si dure que fût sa condition, pouvait du moins nourrir l'espoir de s'en voir affranchir un jour. Chose remarquable, l'affranchissement d'un esclave ne pouvait être prononcé par le maître dont il cultivait les terres, mais seulement par le peuple assemblé, qui, d'ailleurs, ne se montrait pas prodigue de pareilles grâces et ne les accordait que pour des services exceptionnels rendus aux citoyens qu'ils accompagnaient à la guerre, ou à la République dans des circonstances difficiles, soit par l'avance de sommes considérables dont elle se trouvait avoir besoin, soit par d'autres actes inspirés par les événements. Le peuple se rassemblait alors, et en déclarant libre celui qui s'était signalé à sa reconnaissance, lui plaçait une couronne sur la tête, signe de liberté, dans toute la Grèce aussi bien qu'à Sparte. — Les esclaves athéniens pouvaient racheter leur liberté moyennant une somme déterminée par la loi. L'esclave faisait ses offres, et le maître était obligé de présenter le solliciteur au polémarque archonte et de le déclarer libre, en lui posant la main sur la tête; alors un héraut annonçait l'événement au peuple. Souvent aussi, cette grâce était accordée par le peuple, aux esclaves qui, enrôlés dans l'armée avec les citoyens dans une circonstance extraordinaire, s'y étaient particulièrement signalés, ou qui s'étaient fait remarquer par quelque grand fait de guerre, comme ceux qui battirent les Lacédémoniens près de l'île d'Arginuse et ceux qui se distinguèrent à la bataille de Chéronée. En pareil cas, on ne se contentait pas de les déclarer libres, mais on les élevait au rang de citoyens.

Dans le but de fortifier la République par l'augmentation du nombre des citoyens, Servius Tullius décréta une loi qui permettait aux maîtres d'affranchir leurs esclaves. Telle est l'origine de l'affranchissement à Rome; mais il se passa encore un long temps avant que cette loi portât tous ses fruits. L'affranchissement des esclaves s'opérait, à Rome, de trois manières: par le cens ou dénombrement, par la baguette et par testament. Pour obtenir son affranchissement par la première manière, un esclave que son maître voulait affranchir devait se faire inscrire sur les registres publics, avec la mention de la valeur de ses biens: cela suffisait. L'affranchissement par le P. Valerius Publicola, l'année qui suivit celle de l'abolition de la royauté (509 av. J. C.), en faveur de l'esclave de Brutus qui découvrit la conspiration des jeunes patriciens voulant rétablir la royauté. Cet esclave fut appelé *Vindicius* ou *Vindex*, et de ce nom, la cérémonie en question prit le nom de *vindicta*. On faisait raser la tête de l'esclave qui devait être affranchi; puis son maître le menait devant le préteur, et en le lui présentant il disait: « Je veux que cet homme soit libre. » Le préteur s'adressant alors à l'esclave prononçait ces paroles: « Je te déclare libre, selon l'usage des Romains. » Et il lui donnait un léger coup de sa baguette sur la tête. D'après quelques auteurs, le préteur ajoutait au coup de baguette un soufflet, mais légèrement appliqué, et il faisait faire à l'esclave affranchi une pirouette sur le talon. L'affranchissement par testament n'a pas besoin de longues explica-

Affranchissement par la baguette.

tions. Un maître, en mourant, léguait la liberté à ses esclaves comme il leur eût légué autre chose: le malheur est que ces sortes d'actes d'affranchissement étaient presque toujours dictés par l'égoïsme et la vanité, c'est-à-dire par l'ambition d'augmenter le nombre des pleureurs qui devaient être bientôt des communs, ce devaient être bientôt des communs, ces villes entières qui réclameraient leur affranchissement, et le réclameraient les armes à la main. Nous ne rappellerons pas tous les soulèvements provoqués, sous le régime féodal surtout, par l'avidité insatiable, le despotisme, la folie des seigneurs; nous sortirions fatalement de notre cadre si nous nous laissions entraîner à ces digressions. Mentionnons seulement l'ordonnance de Philippe le Bel, permettant aux serfs qui pouvaient le faire de se racheter de la servitude, et l'acte de son successeur, Louis X, affranchissant d'un seul coup tous les serfs des domaines de la couronne (1315) et déclarant que, « selon le droit de nature, chacun doit naître franc. » L'exemple ne fut pas suivi par les seigneurs avec beaucoup de hâte; mais peu à peu, toute trace d'esclavage, de servitude si l'on préfère, avait fini par disparaître en France, à l'exception des corvées, lorsque Louis XVI monta sur le trône. Cet infortuné monarque supprima ce dernier vestige du servage, et le 4 août 1789, l'Assemblée nationale décrétait l'égale répartition des impôts, l'abolition des Justices seigneuriales et le rachat des droits féodaux. C'était l'affranchissement général.

La première République avait également décidé l'abolition de l'esclavage des nègres dans nos colonies (car tandis que l'homme blanc cherchait à reconquérir sa liberté dans l'ancien monde, dans le nouveau il réduisait l'homme noir en esclavage, sous prétexte de couleur); mais les esclaves des colonies françaises ne furent effectivement affranchis qu'en 1848. La question de l'abolition de l'esclavage fut le prétexte de cette longue lutte fratricide qui ensanglanta les Etats-Unis de 1861 à 1865, mais ce n'en fut pas la cause unique. Quoi qu'il en soit, l'affranchissement des esclaves en fut la conséquence immédiate. Les autres Etats de l'Amérique suivirent cet exemple. Le Brésil fut le dernier, mais enfin l'affranchissement graduel y a été proclamé, et s'il y a encore des esclaves au Brésil, du moins les fils de ces esclaves naissent-ils libres. Par un ukase en date du 19 février (3 mars 1861), l'empereur de Russie Alexandre II affranchit 23 millions de serfs répandus sur tous les domaines seigneuriaux de son vaste empire. D'après la loi qui consacre cette émancipation, les seigneurs conservent la propriété de la terre, mais abandonnent en usufruit perpétuel à leurs ci-devant serfs, la ferme ou les terres qu'ils exploitaient, moyennant des redevances déterminées, et avec droit de rachat, du moins sauf le consentement du seigneur; de sorte que le paysan russe peut ainsi devenir propriétaire libre à son tour. La pratique n'a pas justifié les espérances qu'avait fait naître la théorie; l'élite seule des paysans affranchis a profité des nouveaux droits que leur assure l'ukase impérial de 1861. Il faut reconnaître que c'est beaucoup déjà et que, du reste, ce n'était pas la question. V. ESCLAVAGE.

AFFRE, *s. f.* (à long). Grande crainte, frayeur extrême. Ne s'emploie guère qu'au pluriel et dans cette phrase: *Les affres de la mort.*

AFFRE, DENIS-AUGUSTE, archevêque de Paris (1793-1848). Il naquit à Saint-Rome-de-Tarn le 17 septembre 1793, et entra à l'âge de 14 ans au séminaire de Saint-Sulpice, à Paris, dont son oncle maternel, Denis Boyer, était directeur. Ses études étant terminées avant qu'il eût atteint l'âge pour l'ordination, l'abbé Affre devint successivement professeur de théologie au séminaire de Saint-Sulpice, aumônier de l'hospice des Enfants-Trouvés, puis vicaire général à Luçon et à Amiens et coadjuteur de l'évêque de Strasbourg. En mai 1840, il était, après un long siège archiépiscopal de Paris. — Mgr Affre publia plusieurs traités empreints de l'esprit gallican, comme tous les actes de sa vie, du reste. On lui doit aussi une intéressante dissertation sur des inscriptions hiéroglyphiques découvertes en Egypte. Mais c'est par sa mort tragique, plus que par ses talents et par sa vraie charité, dont il donna une dernière preuve dans cette occasion, que son nom est devenu immortel. Lors de la terrible insurrection de juin 1848, et quand depuis deux jours le sang ruisselait dans Paris, Mgr Affre alla trouver le général Cavaignac, et ne pouvant rien tirer de mieux du dictateur, lui fit part de sa détermination de se présenter entre les troupes et les insurgés, afin de tâcher, par des paroles de paix, de mettre un terme à cette boucherie. C'était un rêve généreux, mais c'était un rêve, car les insurgés eussent mis bas les armes que la boucherie n'en aurait pas moins continué; seulement les victimes eussent toutes été du même côté: le généreux prélat n'entendait rien aux guerres civiles. Pour le faire revenir sur sa résolution, Cavaignac lui représenta qu'il risquait sa vie. Le prélat lui répondit que sa vie n'avait pas d'importance et qu'il était prêt pour le sacrifice. Alors des ordres furent donnés aux troupes, pour qu'elles cessassent le feu, et l'archevêque, accompagné de ses deux grands vicaires, se rendit à la barricade du faubourg Saint-Antoine (25 juin, vers 4 heures). A son apparition, le feu cessa d'un commun accord des deux côtés de la barricade; mais à peine, le visage tourné vers les insurgés, ouvrait-il la bouche pour leur faire entendre des paroles de conciliation, qu'une balle l'atteignit aux reins. Le vénérable prélat expirait le 27, en prononçant ces paroles admirables: « Que mon sang soit le dernier versé. » Le bon Pasteur donne sa vie pour ses brebis. »

Il avait à peine rendu le dernier soupir que d'immondes placards, échos inconscients des journaux les plus honnêtes et les plus modérés, étaient criés dans les rues de Paris. Ils racontaient dans tous ses détails « l'*Assassinat de monseigneur l'archevêque de Paris* par les insurgés du faubourg Saint-Antoine, etc. » Non seulement les journaux du temps, mais les rapports officiels, mais des ouvrages moins éphémères ont publié que l'archevêque de Paris fut tué par les insurgés, intentionnellement ou non. Auguste Barbier, l'auteur des *Iambes*, écrivit une nouvelle dans laquelle, faisant parler un ancien insurgé de juin 1848,

Mort de Mgr Affre.

il lui fait dire : « Oh ! je n'étais pas avec ceux qui ont tiré sur l'archevêque. » Nous pourrions citer bien d'autres exemples, mais on sait comment, avec la complicité du gouvernement d'alors, la conviction s'est faite dans beaucoup d'esprits. — Une lettre du pasteur Basile s'y entendait, lorsqu'il conseillait de semer la calomnie, si invraisemblable qu'elle fût.
A l'Assemblée du 26 juin, lendemain de la catastrophe, un représentant, M. Charles Buclay, apprenait à ses collègues comment les choses s'étaient passées. Il parlementait lui-même avec les insurgés, à quelque distance; il donna l'ordre de battre le tambour. On crut qu'il s'agissait d'un appel aux armes, on tira des deux côtés et il y eut une dizaine d'hommes tués ou blessés. « Monseigneur, dit-il, était avancé un peu davantage dans le faubourg : c'est de notre côté qu'il a reçu la balle. ». Cette déclaration très franche et très nette souleva les murmures de l'Assemblée : il fallait que la balle vînt des insurgés !
Nous n'insisterons pas sur ce lugubre épisode, mais nous voudrions qu'il fût élucidé une fois pour toutes. La chose est on ne peut facile, car voici la déclaration écrite d'un des grands vicaires qui accompagnaient Mgr Affre à la barricade du faubourg Saint-Antoine :

« Je soussigné, vicaire général de l'archevêque de Paris, qui avais l'honneur de l'accompagner dans la mission de paix et de charité qu'il avait entreprise, atteste, autant qu'il a été possible d'en juger au milieu d'une grande confusion, qu'il n'a pas été frappé par ceux qui défendaient les barricades.

« 26 juin 1848.

« Signé : JAQUEMET, vic. génér. »

AFFRÉTÉ, ÉE, part. pas. de AFFRÉTER.
AFFRÉTEMENT, s. m. Action d'affréter. — Dr. mar. On appelle affrétement, nolisement ou charte-partie, toute convention ayant pour objet le louage d'un navire. Le prix du loyer est appelé fret ou nolis; le bailleur fréteur et le preneur affréteur. L'affrétement est régi, quant à sa forme, à ses conditions fondamentales et à son mode de preuves, par la loi du lieu où l'acte a été passé, quoiqu'on pût invoquer des arrêts donnant gain de cause à la thèse contraire; telle est, en tout cas, la jurisprudence de la Cour de cassation. L'acte d'affrétement, la charte-partie est comprise dans les pièces du bord. Elle doit énoncer le nom et le tonnage du navire, le nom du capitaine, celui du fréteur et de l'affréteur, le lieu et le temps convenus pour la charge et la décharge, le prix du fret, l'indemnité à payer en cas de retard, etc. (C. com., 216,273).

La preuve testimoniale est repoussée par la loi, en l'absence d'acte écrit; mais les cours et tribunaux ont prononcé, en pareil cas, des arrêts basés sur des présomptions graves, sur l'aveu de la partie et sur d'autres causes résultant du débat. L'acte peut être fait sous seing privé, à moins que les parties contractantes ne sachent signer, cas qui ne se présente guère aujourd'hui, mais qui, s'il se présentait, exigerait l'intervention d'un notaire pour que l'acte fût valable.
AFFRÉTER, v. a. Mar. Prendre un navire à louage.
AFFRÉTEUR, s. m. Mar. Celui qui affrète.
AFFREUSEMENT, adv. D'une manière affreuse.
AFFREUX, EUSE, adj. Qui excite ou est propre à exciter de l'horreur, soit au moral, soit au physique. *Il poussa des cris affreux à ce spectacle. Ces pauvres gens sont dans une misère affreuse.* — Détestable, laid avec excès. *Un temps affreux. Une figure affreuse.* — Fig. Se dit d'une personne excessivement laide aussi bien au moral qu'au physique. *C'est un être affreux.*
AFFRIANDÉ, ÉE, part. pas. de AFFRIANDER.
AFFRIANDER, v. a. Rendre friand, allécher. *Le premier service l'avait affriandé.* — Attirer au moyen d'un appât. *Affriander le poisson.* — Fig. Attirer par quelque chose d'avantageux ou d'agréable, en fait par un appât. *On est aisément affriandé par un premier succès.*
AFFRIOLÉ, ÉE, part. pas. de AFFRIOLER.
AFFRIOLER, v. a. Syn. d'AFFRIANDER dans le sens figuré.
AFFRIQUE (SAINT-), ville de France, ch.-l. d'arrond., à 75 kil. |S. de Rodez et à 680 kil. S. de Paris. Pop. 6,860 hab. C'est une ancienne et jolie ville, triple dans un agréable vallon, entre deux montagnes dont les pentes sont couvertes de vignes. Saint-Affrique, d'après les traditions, aurait été fondée au VIe siècle par saint Affrique ou saint Fric. C'était, en tout cas, un château fort bâti sur un rocher et défendu par des murailles du côté où il était accessible. Pendant les guerres de religion, les huguenots s'en emparèrent et en firent leur place forte. Condé assiégea en vain en 1628; Louis XIII la démantela en 1629. — Tribunaux de 1re instance et de commerce, société d'agriculture, collège, palais de justice, hôpital. Grand commerce de fromage de Roquefort; fabriques de draps, molletons, filatures de coton et de laine, tanneries, mégisseries.
AFFRONT, s. m. (de à et front). Injure, outrage fait en face et publiquement. *Un pareil affront est de ceux qu'on ne pardonne pas.* — Honte, déshonneur. *Il fait affront à sa famille.* — Fam. *Vous ne me feriez pas l'affront d'un pareil reproche. Votre mémoire vous a fait affront.*
AFFRONTÉ, ÉE, part. pas. de AFFRONTER.
AFFRONTER, v. a. Braver en face. *Affronter l'ennemi.* — Fig. Affronter les plus terribles dangers. — B.-Arts. Mettre en face, front à front. — Blas. Se dit de deux pièces, animaux particulièrement, disposées en face l'une de l'autre. — AFFRONTER se dit également pour Tromper avec effronterie, mais ne s'emploie plus guère dans ce sens.
— S'AFFRONTER, v. pr. S'attaquer de front.
AFFRONTERIE, s. f. Action d'affronter, dans le sens de tromper. — Ce mot, conservé précieusement par l'Académie, est complètement hors d'usage.
AFFRONTEUR, EUSE, s. Celui, celle qui affronte, plus particulièrement dans le sens de tromper.
AFFRY (Comte d'), LOUIS-AUGUSTE, officier français d'origine suisse, né à Versailles en 1713. Il était capitaine des gardes lorsqu'il prit part à la bataille de Guastalla, où son père fut tué (1734); fit la campagne de 1746-48, et devint maréchal de camp. Le comte d'Affry fut plus tard envoyé en qualité d'ambassadeur en Hollande, d'où il revint en 1767 et fut nommé colonel de la Garde suisse. La

Révolution le trouva à ce poste, qu'il, n'abandonna qu'en 1792, après la journée du 10 août, pour se retirer à Fribourg, berceau de sa famille.
AFFRY (Comte d'), LOUIS-AUGUSTIN-PHILIPPE, fils du précédent (1743-1810). Il était maréchal de camp en 1792, lorsque son père et lui quittèrent la France devant la Révolution triomphante. Membre du Grand conseil lors de l'invasion de la Suisse, il reçut le commandement des troupes fédérales. Bonaparte ayant proposé sa médiation, il fit partie de la députation envoyée à Paris pour arrêter la rédaction de la nouvelle constitution helvétique. Il reçut alors des mains du premier consul l'acte de médiation, qui le nommait *landamman* et l'investissait de pouvoirs extraordinaires jusqu'à la réunion de la diète. Entre autres missions dont il fut chargé auprès de Bonaparte devenu empereur, on peut citer celle de l'aller complimenter sur son mariage avec Marie-Louise; à son retour, il fut emporté par une attaque d'apoplexie.
AFFRY (Comte d'), CHARLES-PHILIPPE, fils du précédent (1772-1818). Après avoir fait partie de la Garde suisse comme son père et son grand-père, au lieu de les suivre en Suisse, il prit du service dans l'armée de la République et fit la campagne de 1812 à la tête d'une division. D'Affry devint colonel d'un des régiments suisses reformés par Louis XVIII en 1815.
Un autre membre de cette famille, Guillaume d'AFFRY, s'est distingué par son patriotisme, à l'époque de l'occupation de la Suisse par les troupes françaises. Il était né vers 1780 et mourut en 1860.
Sa fille, Adèle d'AFFRY, devenue duchesse Colonna de Castiglione, s'est fait un nom dans les arts sous le pseudonyme de MARCELLO. V. COLONNA DE CASTIGLIONE.
AFFUBLÉ, ÉE, part. pas. de AFFUBLER.
AFFUBLEMENT, s. m. Accoutrement grotesque. Action de s'affubler.
AFFUBLER, v. a. (lat. *affibulare*, de *ad*, et *fibula*, boucle). Habiller d'une façon grotesque ou désordonnée, avec une hâte visible. *Qui vous a ainsi affublé?*
— S'AFFUBLER, v. pr. S'habiller sans goût ou sans précaution.
AFFURAGE ou **AFFURE**, s. f. Arg. Bénéfice résultant d'un vol.
AFFUSION, s. f. Méd. Pratique hydrothérapique qui consiste à verser en nappe de l'eau froide sur le corps, pendant un temps variant de quelques secondes à quelques minutes. L'affusion est salutaire dans quelques fièvres et dans le grand nombre d'états nerveux. Chez les jeunes personnes anémiques, à tempérament paresseux, les affusions sont excellentes pour compléter l'action des amers et des ferrugineux.
AFFUT, s. m. (le *t* final ne se lie dans aucun cas). Appareil construit en bois, en bois et métal ou tout en métal, qui sert à supporter une bouche à feu, soit pour la maintenir en place pendant le tir, soit pour la transporter.

Affût de canon.

— Par extens. Affût d'une machine à vapeur. Affût d'un télescope, etc. — Chasse. Lieu où l'on va attendre le gibier, en se dérobant à sa vue. — Fig. *Être à l'affût* d'une personne ou d'une chose, la guetter. — Arg. *Un homme d'affût*. Un habile, toujours à l'affût de quelque mauvais coup à faire.

AFFUTAGE, s. m. Action d'affûter, dans les divers sens de ce verbe. — Techn. La varlope et le rifflard d'un menuisier ou d'un ébéniste, outils qui se complètent nécessairement l'un par l'autre dans la pratique, sont désignés par l'ouvrier sous le nom d'*affûtage*.

AFFUTÉ, ÉE, part. pas. de AFFUTER.

AFFUTER, v. a. Mettre sur son affût. *Affûter un télescope, un canon*. Dans ce dernier sens, il est devenu hors d'usage. — Aiguiser, émoudre. *Affûter son couteau, un outil.* — Chass. Chasser à l'affût.
— S'AFFUTER, v. pr. S'aiguiser. — Arg. *S'affûter le sifflet*. S'aiguiser la langue à force de boire.

AFFUTIAU, s. m. Affiquet, objet sans valeur. *Que faites-vous de tous ces affûtiaux?*

AFGHAN, ANE, adj. Qui appartient, est relatif aux Afghans ou à l'Afghanistan.
— S. Aborigène de l'Afghanistan. — V. AFGHANISTAN.

AFGHANISTAN. Nom donné d'abord par les Persans à la région montagneuse située entre la frontière orientale de la Perse et le N.-O. de l'Inde, dans la population de laquelle prédomine l'élément afghan; mais cette dénomination a reçu depuis un siècle environ une application plus étendue, que les Afghans eux-mêmes n'acceptent pas; au reste, il n'existe pas, pour eux, d'état véritable portant ce nom d'Afghanistan. — Nous empruntons à une description très étudiée de ce pays, par M. Charles de Coutouly, la plus grande partie des détails géographiques, politiques et ethnographiques contenus dans cette notice concernant une contrée fort peu connue avant l'expédition anglaise de 1879-80.
— Géoga. L'Afghanistan est plutôt une expression géographique qu'un état dont il soit facile de dessiner nettement les contours. Cela ne tient pas seulement aux révolutions incessantes qui modifient la face de cette contrée; cela tient surtout à l'organisation féodale du pays. Ainsi les khanats du nord et les tribus de l'Ouest font partie de l'Afghanistan, mais tiennent au pouvoir central par un lien assez lâche. Ces réserves faites, on peut délimiter comme suit le territoire afghan : au N., il a pour frontière à peu près constante l'Oxus, depuis ses sources jusqu'à un point situé en dessous du gué de Kélif; à partir de là, une ligne idéale qui se termine aux environs de Saraks. De ce côté, il confine à la Boukharie et à Khiva. A l'O., il est borné par la Perse : Hérat a été longtemps revendiqué par les Persans; ils ont renoncé à leurs prétentions sur cette partie du Khorassan par un article du traité signé à Paris, en 1857, entre le shah et la reine d'Angleterre. Une autre province disputée est le Séistan. Le général anglais Goldsmith fut désigné en 1870 pour régler officiellement, comme médiateur, cette question de frontière; il procéda, deux ans après, à Téhéran, à un partage qui n'a satisfait ni les Persans, ni les Afghans, et l'arbitrage de 1872 est resté un des griefs de Chir-Ali contre l'Angleterre. Au S. l'Afghanistan est limitrophe du khanat de Kélat (Bélouchistan); à l'E. sa frontière suit la ligne des monts Souleiman, qui le séparent du Punjab, c'est-à-dire de l'Inde anglaise ; au-dessus de Péchawar, elle se prolonge au longeant tour à tour celles de Souat, du Kafiristan et du Turkestan chinois (Altichar ou ancien royaume de Kachgar). Au point de vue militaire, l'Afghanistan est un vaste massif montagneux pénétré par un réseau de vallées. La moitié N.-E. est toutefois beaucoup plus montagneuse que l'autre : c'est le Caboulistan proprement dit. Les montagnes courent généralement de l'E. à l'O. Nous décrirons les chaînes principales. C'est d'abord l'Indou-Koh, prolongement de l'Himalaya, grande muraille de partage entre le pays qui subissent l'influence de l'Angleterre et ceux où se fait sentir l'influence russe. L'Indou-Koh se continue par le massif du Koh-i-Baba et une double chaîne se dirigeant vers Hérat (*Koh* signifie montagne dans la langue du pays). Le Séfid-Koh est traversé par les défilés du Khaiber. La rangée des monts Souleiman forme la barrière orientale de l'Afghanistan. Les monts Indou-Koh sont couverts de neiges éternelles, et leurs sommets atteignent une altitude de près de 5,500 mètres.

Les principales rivières sont le Caboul-Daria, le Balkh-Daria, le Mourgab, qui coule vers

La gorge de Deronta sur le Caboul-Daria.

Merv et se perd dans les sables ; le Hari-Roud, qui passe à Hérat et le Helmund, qui se jette dans le lac Hamound (Séistan). Il y a peu de chose à en dire, aucune n'étant navigable, excepté le Helmund à partir de Guirichk, et toutes présentent le caractère de gaves irrégulières plus ou moins guéables, suivant la saison.
— CLIM. — Le climat et le sol de l'Afghanistan varient fort. Les vallées sont bien cultivées en général; mais on trouve de nombreuses régions où l'eau manque et où la nature du terrain ne se prête pas à la culture. L'été est extrêmement chaud dans les plaines du S.-O. Dans la partie N.-E., la succession des saisons se fait régulièrement comme chez nous. L'hiver commence à la fin de novembre, et la neige bloque alors complètement les rues de Caboul.
— PROD. NAT. La faune de l'Afghanistan comprend le tigre, le léopard, l'hyène, le chacal, l'ours, le loup, le renard ; les oiseaux de proie y sont nombreux et le gibier abondant; les reptiles sont rares, et, en général, inoffensifs ; on y trouve aussi beaucoup de tortues de terre; le chameau, le cheval, le bœuf à bosse, les moutons, les chèvres, les chiens et les chats sont les animaux domestiques. — Le règne végétal n'est pas parfaitement connu. On trouve dans les montagnes plusieurs espèces de pins, le chêne, le cèdre, le cyprès, le noyer, l'olivier sauvage, le noisetier, le bouleau ; dans les plaines, le tamarin, le mûrier, le platane, le saule, le peuplier et une foule d'espèces européennes; la vigne, le pistachier, le dattier, le cotonnier, la canne à sucre et les plus belles de nos fleurs européennes. L'agriculture y est assez avancée : on y fait dans les plaines deux récoltes par an et les principaux produits qu'on en tire sont le blé, l'orge, les pois, les haricots, les lentilles, etc. pour la récolte de printemps; le maïs, le millet, le riz pour la récolte d'automne. Quelques contrées montagneuses ont aussi deux récoltes annuelles, mais elles sont rares. On y cultive encore le tabac, la garance, la luzerne, les plantes potagères, etc., outre le cotonnier et la canne à sucre dont nous avons déjà parlé, et qui, du reste, n'y font pas un très grand étalage. — Les productions minérales comprennent l'or, le fer, le cuivre, le plomb, le sel, le plâtre, l'alun; le soufre; mais il y a peu de mines importantes, ou bien on les connaît mal ; le minerai de fer, toutefois, est excellent et le salpêtre abonde.

ETHNOGR. — Bien que les principales langues de l'Afghanistan soient des dialectes iraniens, la population, avec un fond iranien resté pur, se compose de races différentes et mélangées. Par sa situation intermédiaire entre l'Iran proprement dit, le Touran et l'Indoustan, c'est un pays qui tient de trois domaines ethnographiques. Sur le nombre total des habitants, on n'a que des données approximatives; l'é-tat-major russe, dans une statistique détaillée, dressée par provinces, l'évalue à 6,000,000, le Kafiristan compris. Ce chiffre indique un faible peuplement, la superficie de l'Afghanistan étant celle de l'Allemagne, qui a 40,000,000 d'âmes. — On ne compte pas moins de neuf races distinctes : les Afghans, les Tadjiks, les Kizilbachis, les Hézaris, les Ouzbeks, les Indous, les Djats, les Arabes et les Kafirs.

Afghans. — Les Afghans, qui sont la race dominante, forment la moitié de la population : ils sont environ 3 millions et se divisent en cinq grandes tribus, les Batanaïs, les Mattaïs, les Gourgouchtaïs, les Sarabanaïs et les Karalanaïs. Les tribus se divisent en 405 clans. Dans ces tribus, 277 revendiquent le nom d'Afghans proprement dits; 128 s'appellent Pathans. Ce sont les deux rameaux d'une seule et même branche. On les trouve disséminés dans tout le pays et groupés en masse compacte dans c'est et le sud-est : les Afghans sont un peuple essentiellement montagnard. On a beaucoup disserté sur leur origine. Ils se disent eux-mêmes de race juive et prétendent descendre du roi Saül. Des historiens les ont supposés issus des dix tribus d'Israël que le roi d'Assyrie emmena de force dans la cité des Mèdes. On défend cette thèse en assurant qu'ils ont le type juif, que leurs traditions sont formelles, qu'ils sont divisés en tribus, en clans et en familles, qu'ils pratiquent la cérémonie du bouc émissaire et qu'ils établissent des lieux de culte sur les hauteurs. Ce seraient, en tout cas, des Juifs du type primitif, turbulents, batailleurs, extrêmement braves et aventureux. La race est fort belle. Mais cette théorie soulève une grave objection : il n'y a pas trace d'éléments hébreux dans la langue afghane, évidemment iranienne. Les voyageurs s'accordent à vanter la beauté des deux sexes chez les Afghans. Le corps est bien proportionné, vigoureux; les traits sont réguliers, le teint très pur. Ils aiment les exercices athlétiques, les jeux d'adresse, l'équitation, la chasse et à guerre. Ce sont d'excellents tireurs et des cavaliers de premier ordre. On loue moins leurs qualités morales. Ils sont, en général, réputés traîtres et vindicatifs. On dit chez l'Inde : « Il y a trois vengeances implacables, celle d'un éléphant, celle d'un cobra et celle d'un Afghan. » Leurs mœurs passent pour détestables, et présentent des particularités difficiles à indiquer ici. Ils font généralement de mauvais sujets. A ce titre surtout, ils voient donc dans le sultan l'héritier légitime des khalifes, et haïssent les Persans comme chiites.

Tadjiks. — Sous les noms de Tats, Tadjiks, Sarthes, Galchas, Parsivans, on retrouve partout, de l'Indus à l'Iaxarte, formant tantôt le fond de la population, tantôt des colonies éparpillées, la race iranienne primitive à l'état de conservation pure ; c'est l'élément qui a résisté aux immigrations continuelles de races étrangères. Les Tadjiks l'emportent dans tout l'ouest de l'Afghanistan. Ils sont divers *paysans*, par opposition à *guerriers*. Ils se divisent en une portion sédentaire, se donnant elle-même le nom de Parsivans et une portion nomade, connue sous celui d'Aymaks. Ceux-ci parcourent les montagnes de la province de Hérat. La même nationalité prévaut dans la région des sources de l'Oxus, où elle jouit d'une situation à peu près indépendante, et les montagnards du Wakhan sont peut-être les meilleurs représentants connus des anciens Aryas. Dans les autres parties de l'Afghanistan, les Tadjiks vivent dispersés, cultivant le sol comme fermiers des Afghans et occupant une position très inférieure. C'est une race laborieuse, douce, qui donne d'excellents maris, et réputée pour cela. Ils ont, comme soldats, des qualités de discipline précieuses.

Kizilbachis. — On appelle ainsi des Persans transportés dans l'Afghanistan par Nadir-Chah en 1737. Ils sont restés Persans à tous égards et forment la partie la plus instruite de la population. Ils ont à Caboul une colonie influente.

Hézaris. — Ce sont des Touraniens dont l'origine tartare est parfaitement reconnaissable, mais qui ont adopté la langue persane à une époque où l'influence des Afghans n'était pas encore prédominante. D'après une tradition, ils descendent d'un millier de familles que Tamerlan transporta, l'an 799 de l'hégire, sur les bords du Mourgab, et qui furent appelées « les mille » (hazarahs, hézaris). Ils comprennent cinq tribus et un grand nombre de clans, mais ne comptent pas en tout plus de 100,000 âmes. Ils sont en général nomades; beaucoup vivent dans les villes et louent leurs services aux autres races. Mais, à l'état indépendant, ils montrent un caractère insoumis qui fait d'eux les ennemis des Afghans.

Ouzbeks. — D'autres Touraniens, les Ouzbeks, issus des conquérants turcomans de l'Afghanistan, peuplent la partie septentrionale du pays, c'est-à-dire les khanats semi-indépendants des bords de l'Oxus. Ils représentent cette vieille race turque dont l'origine se perd dans la nuit des temps. L'extension des Mongols a été considérable après la mort de Gengis-Khan; mais ils n'ont pas conservé en général leur langue, et on ne trouve dans tout l'Afghanistan qu'un seul clan parlant le mongol pur, dans les montagnes de Gour, au sud de Hérat.

Indous. — Il y en a 300,000, de la caste des guerriers *(kchatra)*, vivant principalement dans les villes.

Djats. — Les Djats, au nombre de 300,000, d'origine inconnue, mais probablement aborigènes, sont répandus sur tout le territoire.

Arabes. — Les Arabes, connus sous le nom de Séids, ou descendants du prophète, forment un groupe compact dans le Caboulistan septentrional. On les retrouve aussi disséminés dans le pays.

Kafirs. — 150,000 Kafirs environ habitent en Afghanistan les frontières du Kafiristan propre. Leur origine reste à expliquer. Ils ont le type caucasien; on s'est parfois plu à soutenir qu'ils étaient chrétiens. Les Kafirs sont, en réalité, idolâtres; ils honorent un dieu nommé Odrakhanof.

L'Afghanistan, expression géographique, n'est donc pas une unité nationale. « Le sentiment du patriotisme, dit sir Henry Rawlinson, tel que nous le connaissons en Europe, ne saurait exister chez les Afghans, car il n'y a pas pour eux de patrie commune. A sa place, on trouve un amour vivace et inquiet de la liberté, qui se révolte naturellement contre toute autorité exercé par les Anglais, les Russes, les Persans ou les Douranis (aristocratie afghane). Il n'y a pas de raison naturelle ou ethnographique pour que Hérat ou Candahar suivent les destins de Caboul. Les populations, de ce côté, n'ont aucune communauté de sentiment avec les Afghans du sud et de l'est, prédominants à Caboul et spécialement opposés à l'influence anglaise. » — ORGAN. POLIT. — Il semble, remarque M. de Coutouly, qu'on devrait dire le *mir* et non l'émir de Caboul, car le mot *mir* existe dans la langue afghane et signifie prince. Certains territoires, en Afghanistan, sont gouvernés par des mirs; par exemple, le mir du Vakhan. On retrouve ce radical dans le mot persan *mirza*. Cependant, c'est bien sous la forme d'émir, directement tirée de l'arabe et consacrée par l'usage, qu'on doit désigner Chir-Ali-Khan. On va voir pourquoi. Le fameux aventurier du Khokand qui fonda, il y a une vingtaine d'années, le royaume de Kachgar, et qui est mort en 1878, Yacoub-Beg, simple condotière parvenu, après avoir chassé les conquérants mandchoux de l'Turkestan chinois, dont Kachgar est la capitale, s'intitula d'abord *Ataligh Ghazi*, « Chef de fait de la *confédération des sept villes*, ou Altichar. » Musulman sunnite, souverain d'une population de grande partie sunnite, quand il se fut fait reconnaître par la Russie, ce qui était pour lui une impérieuse nécessité de voisinage, et de recherche pour son autorité toute fraîche, et il envoya un émissaire à Constantinople. L'idée d'une alliance panislamite sous l'hégémonie des khalifs, avait jeté à Constantinople des racines assez profondes pour que le sultan crût devoir accorder à Yacoub-Beg le titre d'*Emir-el-Moumnénin*, ou « Commandeur des croyants, » malgré les efforts, dit-on, du général Ignatief, un des meilleurs connaisseurs de l'Asie centrale de toute la diplomatie européenne. C'est de la même manière et pour des raisons analogues que Chir-Ali, khan suprême des Afghans, s'appelle *émir*. Ce titre arabe marque en quelque sorte le lien qui rattache les Afghans à la grande famille sunnite.

Le régime politique de l'Afghanistan est un féodalisme compliqué d'éléments fédératifs. Le pays est nominalement divisé en cinq provinces qui sont : 1. Le Caboulistan, com-

Une rue du village de Kushin (Caboulistan).

prenant le Caboulistan propre et le Kafiristan; 2° le Hézar; 3° le Khorassan, comprenant la province de Candahar (Khorassan méridional) et les dépendances de Hérat (Khorassan septentrional), et les dépendances de Hérat; 4° le Turkestan-Afghan, comprenant les khanats riverains de l'Oxus; 5° le Séistan. Mais ce ne sont pas là des divisions administratives. — Si nous commençons par le nord, nous y trouvons sept petits khanats où les gouverneurs, même nommés par l'émir, deviennent bien vite, par la force des choses et l'ascendant des mœurs, des khans vassaux. La province de Hérat est en fait un royaume à part, administré par un vice-roi à peu près maître de ses actions, le plus grand mandataire de la couronne. Partout, l'organisation politique repose sur une organisation sociale que tribus, clans et familles, qui laisse au pouvoir central fort peu d'attributions avec une autorité assez précaire. Elle est commune aux quatre races principales, les Afghans, les Tadjiks, les Hézaris et les Ouzbeks. Elle comporte, d'ailleurs, de nombreuses différences locales ou nationales. Les chefs s'appellent indifféremment *mirs, khans, malliks, sirdars, kelkoudts*, etc. Le régime spécial des différentes tribus peut offrir despotique, oligarchique, aristocratique ou primitivement constitutionnel. Mais, en outre, il y a dans cette grande confédération féodale des confédérations partielles, naturellement condamnées à se déformer et à se reformer sans cesse. Ce sont les *fraternités* de tribus, comme la ligue des Outmans, la triple alliance des Chiranis, des Ouchtéranis et des Kazranis, etc. Enfin, il y a les tribus absolument indépendantes, nombreuses surtout vers la frontière du Pundjab. Rien ne serait donc plus faux que de se figurer l'émir de Caboul comme un souverain placé à la tête d'un État fortement organisé et d'une nation marchant comme un seul homme sur un signe de lui. L'Afghanistan, simple expression géographique, ensemble ethnographique complexe, est un chaos politique. Toutefois, un sentiment commun, la haine de l'étranger, le trait le plus caractéristique des populations de l'Afghanistan, peut réunir dans une seule main, à un moment donné, la direction de ses forces sans lien étroit entre elles, et les Anglais ont dû se rappeler qu'en 1841, les chefs afghans

achetés par eux à prix d'or, transigeant tout à coup, massacrèrent les troupes qu'ils devaient guider et soutenir, lorsqu'après la paix de mai 1879, Caboul tout entier se soulevait et massacrait le résident anglais, sa suite et la faible garnison qui occupait la capitale de l'émir. Cette mémorable campagne, qui dura deux années, coûta énormément, en argent et en hommes, à la rivale insatiable de la Russie en Orient; et elle craignit fort, pendant un moment assez long, de ne revoir plus jamais l'armée qu'elle y employait.

Les villes principales de l'Afghanistan sont : Caboul, ch.-l. de la province du Caboulistan et résidence de l'émir; env. 60,000 hab.; Ghuzner (même prov.), 12,000 hab.; Hérat, ch.-l. de prov. également, d'une importance à peu près égale à celle de Caboul; Candahar, ch.-l. de prov., 20,000 hab.; Djelalabad, ch.-l. du Séistan. — V. ces noms.

— HIST. L'Afghanistan, si difficile à délimiter même aujourd'hui, l'est plus encore à retrouver dans la géographie ancienne. Ses portions plus ou moins considérables de son territoire, sinon le tout, furent tour à tour sous la domination des califes de Bagdad, des Mèdes, des Perses; Alexandre le Grand s'en empara, puis Gengis Khan et enfin Tamerlan, vers la fin du XIV° siècle. Mais, la plupart du temps, lorsqu'il est question de l'Afghanistan ancien, c'est la Drangiane qu'on entend, soit la partie sud-ouest de ce pays, tel qu'il existe aujourd'hui et qui n'est formée que du Séistan et d'une partie du Candahar; de sorte que, pour être exact, il faudrait suivre, en outre, la destinée des autres portions de ce pays, alors distinctes. Baber, petit-fils de Tamerlan, fondateur de l'Empire mogol, s'emparait de Caboul en 1523; il mourut en 1530, et l'Afghanistan, ou ce qu'il y en avait, fut partagé entre l'Indoustan et la Perse, qui le gardèrent deux siècles, au bout desquels les Afghans reconquirent leur indépendance, de conquis devinrent conquérants et soumirent la Perse; mais chassés de ce pays par Nadir-Chah en 1728, ils retombèrent sous la domination persane en 1737. A la mort de Nadir, ils se soulevèrent de nouveau, ayant à leur tête Ahmed-Chah, de la grande tribu des Douranis, qui fonda en 1747 un véritable empire afghan comprenant toute la vallée de l'Indus; ses successeurs, Timour, arrivé au pouvoir en 1773, et Zemaun, qui y accéda en 1793, maintinrent l'intégrité de leur héritage, au milieu de discussions intestines et de querelles incessantes avec leurs voisins. La politique française cherchait alors des ennemis à la puissance britannique, et la mission du général Gardanne en Perse, sous le premier empire, eut pour contre-coup immédiat l'envoi d'une mission anglaise à Caboul. L'Angleterre, à cette époque, voulait se faire de l'Afghanistan une barrière contre la Perse, alliée avec la France. Une révolution de palais allait détrôner cette dynastie de chahs qui se montrait accessible à l'influence anglaise. Trois frères, Zemaun-Chah, Mahmoud-Chah et Choudja-oul-Moulk, se disputaient la suprématie. Le second avait à peine eu le temps de crever les yeux au premier, qu'il était lui-même renversé et aveuglé par les frères de son grand vizir Foutté-Khan, mort victime de sa colère. Le plus énergique de ces frères était Dost-Mohammed, le père de Chir-Ali, l'adversaire malheureux des Anglais dans la dernière campagne. Dès lors, les khans régnèrent à Caboul à la place des chahs. Après deux tentatives inutiles pour chasser l'usurpateur, le frère encore vivant de Mahmoud, Choudja-oul-Moulk, se réfugia dans l'Inde pour implorer l'appui de l'Angleterre. Comme Dost-Mohammed s'était empressé de briguer la protection de la Russie, le chah déposédé fut accueilli par les Anglais à bras ouverts. Telle fut l'origine de la mission du capitaine Burns à Caboul, en réponse à celle du capitaine russe Vikovitch, et ainsi se prépara l'expédition de 1839. Par le traité tripartite de Lahore (26 juin 1838) entre le gouvernement anglo-indien, le chef de la Confédération des Sikhs, Rundjeet-Singh et Choudja-oul-Moulk, ce dernier renonçait, en échange du service qu'on allait lui rendre, à toute prétention sur Péchavar et sur les autres possessions enlevées aux Afghans par les Sikhs. Cette guerre, longue et pénible, échoua finalement. Ce fut une leçon pour le gouvernement anglo-indien, qui adopta dès lors, en matière de politique afghane, le principe de « l'inactivité magistrale ». Dost-Mohammed mourut en 1863, et des luttes sanglantes mirent aux prises les membres de la famille des Barouksels. Chir-Ali, successeur désigné par son père, eut à combattre successivement trois de ses frères, Mohamed-Afzal et Mohamed-Azim, apanagés dans le nord, et Mohamed-Azim, son feudataire à Candahar. Les deux premiers ont trouvé un instrument précieux dans la personne d'Abdurrahman-Khan, fils de Mohammed-Afzal et gendre de l'émir de Boukhara. Il y a eu un temps où Chir-Ali, chassé de Caboul, ne gardait plus que Hérat et Candahar. En 1869, sa fortune changea par la victoire décisive de Ghuzni. Abdurrahman, qui commandait l'armée d'Azim, dut s'enfuir; il se réfugia chez les Russes, et ceux-ci, en retenant chez eux ce prétendant toujours prêt à rentrer en scène, surent se ménager un moyen fort simple de plier Chir-Ali à leurs désirs. Afzul était mort en 1867; Azim mourut vers la fin de 1869. Dans ces guerres civiles, Chir-Ali avait été puissamment secondé par son fils, Yacoub-Khan, dont il avait fait le vice-roi de Hérat. Mais ce vice-roi devint facilement le rival de son suzerain; une première rébellion de Yacoub, en 1870, lui aliéna l'esprit de son père, et tout en ayant l'air de pardonner, Chir-Ali n'oublia pas. En 1873, il désigna pour le remplacer sur le trône, Abdoullah-Djan, fils de sa femme favorite. C'était frustrer Yacoub-Khan. Le vice-roi de Hérat, étant imprudemment venu à Caboul, fut saisi et emprisonné. Son oncle maternel, Nouroz-Khan de Laipoura, chef des Badjours, tribu voisine des défilés de Khaiber, leva aussitôt et avec succès l'étendard de la révolte. Les montagnards firent reculer les troupes de l'émir et les rejetèrent sur la rive gauche du Caboul-Daria. Yacoub-Khan put s'échapper, mais son père, Abdoullah-Djan, l'héritier désigné, mourut en 1878.

Candahar.

Cependant Chir-Ali, comptant sur l'appui de la Russie, rompait avec l'Angleterre, en refusant d'admettre le *résident* envoyé près de lui par cette puissance (octobre 1878). Battu par le général, depuis sir Frédérick Roberts, le 2 décembre suivant, et sans secours de la Russie, Chir-Ali dut abandonner Caboul. Sa mort, arrivée le 20 février 1879, porta Yacoub au pouvoir. Après avoir résisté quelque temps aux Anglais, le nouvel émir, qui avait marché de défaite en défaite, demanda la paix, qui lui fut accordée (mai 1879) à des conditions fort dures. L'Angleterre lui imposa son protectorat et Caboul reçut une garnison an-

glaise; l'émir devait en outre lui payer un tribut annuel de 3 millions de francs. La population, indignée, ne tarda pas à se soulever; le résident anglais et sa suite furent massacrés; Yacoub, épouvanté, se réfugia au camp anglais, et la guerre fut rallumée (septembre). Le 13 octobre, le général Roberts rentrait à Caboul. Quelques jours plus tard, la forteresse de Bala Hissar, qu'il se disposait à ren-

Forteresse de Bala Hissar, à Caboul.

forcer considérablement, sautait, sans qu'on ait jamais bien su par quel accident. Mais l'Afghanistan était tout entier en armes, et bientôt les Anglais furent assiégés dans Caboul, qu'ils durent abandonner pour se réfugier dans le camp retranché de Sherpur, près duquel ils défirent l'armée afghane, le 23 décembre. Ils rentrèrent alors dans Caboul ruinée, déposèrent Yacoub et reconnurent son compétiteur Abdurrahman. Mais le dernier mot de ce drame sanglant n'était pas dit. — Vers la fin de juillet 1880, les troupes du général Burrows étaient complètement entamées par celles d'Yacoub-Khan, à Maïwand, et c'est avec peine que ce qui en restait put rejoindre la garnison de Candahar, commandée par le général Primrose, lequel s'attendait d'un moment à l'autre à être attaqué par le vainqueur. Par chance, Yacoub hésita, perdit du temps, et Candahar fut secouru par le général Roberts, venant de Caboul à la tête de 9,000 hommes de troupes d'élite, laissant Abdurrahman-Khan, l'émir reconnu par l'Angleterre, occuper Caboul derrière lui, et le général Stewart le soin de diriger la retraite du reste de l'armée vers le Pundjâb, par la passe du Khaïber. Le général Roberts ayant perdu de ses communications avec les autres corps d'armée, fut trois semaines sans avoir de ses nouvelles, et on commençait à s'abandonner aux pressentiments les plus sinistres, lorsque tout à coup il parut devant Candahar, et fit éprouver à Yacoub une défaite décisive. — Depuis lors Abdurrahman, fils aîné d'Azim, et petit-fils de Dost-Mohammed, frère aîné de Chir-Ali par conséquent, règne, ou à peu près, sur l'Afghanistan.

APICIONADO, adj. et s. Syn. espagnol de *dilettante*, *amateur*, en parlant de choses d'art ou de sport.

AFIN, conj. Sert à marquer la fin vers laquelle on tend, le but qu'on se propose d'atteindre. — *Afin* reçoit la préposition *de* suivie d'un infinitif, ou la conjonction *que* suivie du subjonctif. *Afin d'obtenir tel résultat. Afin que nous obtenions tel résultat.*

AFINGER, Bernard, sculpteur allemand, né en 1813, à Nuremberg; est fils d'un luthérand et a été lui-même ouvrier ferblantier jusqu'à l'âge de dix-sept ans. Tout en exerçant sa profession, il suivait dans ses loisirs les cours de l'École des arts, et ce fut sa copie de la *Madone en prière*, de Nuremberg, qui attira l'attention sur lui et le fit mettre en état d'aller achever ses études artistiques à Berlin. Les premières œuvres de M. Afinger sont des sujets religieux, exécutés dans le style du moyen âge. Quoiqu'il n'ait jamais complètement abandonné cette branche importante de l'art du « tailleur d'images, » il a fait à diverses reprises, et avec succès, des incursions dans les autres. On a de lui, notamment,

une statue de *Rachel*, qui date de 1850. On lui doit également les statues d'un certain nombre de savants et d'artistes allemands : Humboldt, Kaulbach, etc., etc., de plusieurs princes ou princesses, ainsi que le monument commémoratif du quatre-centième anniversaire de la fondation de l'université de Greifswald (1856), groupant les statues de ses professeurs les plus illustres. Celle du théologien protestant Arndt, surtout, a été reproduite à un grand nombre d'exemplaires. On cite encore de cet artiste, qui n'a exposé qu'en Allemagne, une statue de *Pénélope* et un *Monument funèbre* élevé dans la chapelle de l'Hôtel des Invalides de Berlin. — Il est membre de l'Académie des beaux-arts de Berlin depuis 1873.

AFIOUME, ou Afium, s. m. Lin d'Orient, remarquable par sa finesse extrême.

AFIUM, s. m. Nom donné à l'opium indigène. On l'obtient en recueillant le suc laiteux qui découle d'incisions faites aux capsules du pavot pourpre. L'afium contient un millième de morphine.

AFIUM-KARA-HISSAR, ville de la Turquie d'Asie, dans le puchalik d'Anatolie, à 320 kil. de Smyrne et à 80 kil. de Kutaïeh. Pop. 60,000 hab. Sa situation sur la route des caravanes entre Smyrne et l'Asie occidentale d'une part, l'Arménie, la Géorgie, etc. de l'autre, lui donne une activité commerciale très grande, et ses bazars sont remplis des marchandises de l'Orient et de l'Europe. On cultive, dans le voisinage, l'opium, ou du moins le produit, connu en abondance et l'opium constitue l'article principal du commerce d'Afium-Kara-Hissar, d'où son nom, qui signifie *Château noir de l'opium*. On y trouve, en outre, des fabriques de feutre, de tapis, d'armes et d'importantes selleries. Afium possède plusieurs mosquées, dont une fort belle, et est le siège d'un évêché arménien.

A FORTIORI, loc. lat. qui signifie *à plus forte raison*. Juger, raisonner *à fortiori*, c'est juger ou raisonner d'après un rapport du petit au grand, du moins au plus, fournissant une preuve certaine. *Ce que je ferais pour un étranger*, à fortiori *le ferai-je pour un ami.*

AFRAGOLA, ville d'Italie, prov. et à 10 kil. N.-N.-E. de Naples. Pop. 17,000 hab. Importantes manufactures de chapeaux de paille.

AFRANIUS, Lucius. Poète latin qui vivait environ un siècle av. J.-C. Il écrivit des comédies à l'imitation de Ménandre, et était vanté, par Cicéron et Quintilien notamment, pour son esprit et la richesse de son style. Les fragments de ses œuvres qui nous sont parvenus ont été réunis par Bothe dans les *Poeticæ Scenici Latini*, et par Neukirch, dans ses *De Fabula Togata Romanorum*. Il est le premier qui ait abordé la peinture des mœurs romaines dans ses pièces.

AFRANIUS, Lucius. Partisan dévoué de Pompée, dont il fut un des lieutenants. En l'an 60 av. J.-C., il fut élevé au consulat principalement par le crédit de Pompée, et il s'y conduisit avec l'incapacité qui distingue assez souvent les soldats investis de fonctions civiles. L'année suivante, étant gouverneur de la Gaule cisalpine, il obtint les honneurs du triomphe; et après l'attribution de l'Espagne à Pompée (55), il fut chargé, avec Petreius, du gouvernement de ce pays. Lors de la rupture qui survint entre Pompée et César, les deux gouverneurs cherchèrent à se maintenir en Espagne, mais après une courte campagne, ils furent obligés de mettre bas les armes et de se rendre à César, à Herda (49); ils n'obtinrent leur grâce qu'à la condition qu'ils ne porteraient plus les armes contre l'heureux dictateur. Mais Afranius rejoignit Pompée, malgré sa promesse, à Dyrrachium, et à la bataille de Pharsale, il avait la garde du camp. Pompée ayant été complètement défait par son rival, Afranius, n'espérant plus de pardon de César, passa en Afrique et assistait à la bataille de Thapsus (46), qui ruina les dernières espérances des partisans de Pompée dans cette partie du monde. Il put s'échapper du champ de bataille, avec un corps de cavalerie; mais il fut fait prisonnier, avec Faustus Sulla, par les troupes de Sittius et conduit à César, dont les vétérans, désappointés de voir qu'il n'ordonnait pas son exécution immédiate, se jetèrent sur lui et le tuèrent.

AFRICAIN, AINE, adj. Qui appartient, qui est relatif à l'Afrique ou à ses habitants. *Les races africaines. Le soleil africain.* — S. Aborigène de la terre d'Afrique. *Les Arabes ne sont pas des Africains, mais des Asiatiques.*

AFRICANUS, Sextus Julius, historien chrétien du IIIe siècle, né en Afrique suivant les uns, et suivant d'autres à Emmaüs, en Palestine, d'une famille d'origine africaine. Il vivait à Emmaüs, en tout cas, et cette ville ayant été ruinée, il se rendit auprès de l'empereur Héliogabale, le prier de la faire rebâtir (218). Sa demande lui fut accordée, et quelques années plus tard, une ville nouvelle s'éleva sur les ruines d'Emmaüs, mais on donna à cette ville le nom de Nicopolis. Quelque temps après son retour, il se rendit à Alexandrie. Il est probable qu'il reçut la prêtrise, d'aucuns même en font un évêque, mais rien n'est moins sûr; et le fait est qu'on ne connaît de sa vie que fort peu de chose. Africanus écrivit une histoire du monde depuis la création jusqu'en l'an 221, sous le titre: *Pentabiblion Chronologicon*. Cette histoire, d'après ses calculs, embrassait une période de 5723 ans, attendu qu'il comptait 5499 ans depuis la création jusqu'à la naissance de Jésus, et antidatait celle-ci de trois années. Ce système, connu sous le nom *d'ère alexandrine*, fut accepté par la plupart des Églises d'Orient. Nous ne connaissons cet ouvrage que par les fragments que nous en ont transmis Eusèbe dans son *Chronicon*, Cédrène, Syncelle et le *Paschale Chronicon*. Eusèbe donne aussi des extraits de sa lettre à Aristide, conciliant les versions de saint Luc et de saint Mathieu sur la généalogie de Jésus. On possède, en outre, d'Africanus une lettre à Origène contre le livre apocryphe, d'après lui, de la chaste Suzanne, ainsi que la réponse d'Origène; l'une et l'autre ont été imprimées à Bâle en 1674. L'ouvrage intitulé *Kestoi*, traitant d'agriculture, d'histoire naturelle, d'art militaire, de médecine, etc., qu'on lui attribue généralement, ne paraît pas être de lui, à raison du peu de rapport de cet ouvrage avec les matières habituellement traitées par Africanus; quelques auteurs pensent, toutefois, qu'il aurait pu l'écrire dans sa jeunesse.

AFRIQUE. Une des trois parties du monde connu des anciens, et des cinq parties du monde actuellement connu.

Étym. — L'origine et la signification du nom de ce grand continent, appelé *Libya* par les Grecs et *Africa* par les Romains, a donné lieu à beaucoup de conjectures ingénieuses de la part des philologues et des antiquaires. Varron faisait dériver *Libye* du mot grec *Libs*, qui est le nom du vent du sud; et Servius, commentateur de Virgile, faisait venir *Africa* du latin *aprica* (exposée au soleil) ou du grec *aphriké* (sans froid). Il paraît, toutefois, plus probable que le nom de Libye fut dérivé par les Grecs de celui de *Lehbym* ou *Loubym* employé dans l'Écriture pour désigner les peuples qui habitaient à l'ouest de l'Égypte. Quant à *Africa*, Suidas nous apprend que c'était proprement le nom de la grande cité que les Romains nous ont fait connaître sous le nom de Carthage et que les Grecs appelaient Karchedon. Cette étymologie est peut-être la plus sérieuse de toutes, à tout le moins pour ce qui concerne *Africa*, car il est certain que ce nom fut appliqué dans l'origine à Carthage et au pays qui l'entourait, et qui est tout ce que connurent d'abord de ce continent les Romains qui, à mesure qu'ils s'y étendaient, étendaient en même temps l'application du nom qu'ils avaient apporté. Pour quiconque a fait la guerre de conquête, cette extension abusive ne laisse pas l'ombre d'un doute. Quant à la signification propre du nom, elle n'est pas moins concluante, car, dans la langue des Carthaginois, le mot *afrigah* voulait dire établissement séparé, autrement dit colonie; et c'est précisément ce qu'était Carthage par rapport à Tyr; de sorte que les Phéniciens de la métropole devaient, car nous n'en sommes pas absolument sûrs, désigner Carthage comme leur *afrigah*; de même que nous désignons l'Algérie, le Sénégal et nos autres établissements d'Afrique et d'ailleurs comme nos colonies. Il convient de remarquer, d'autre part, que les Romains ne commencent à faire usage de ce nom qu'après la première guerre punique, alors qu'ils ont acquis une connaissance suffisante du territoire qu'ils devaient plus tard désigner sous le nom d'*Africa propria*. Enfin, chose curieuse entre toutes, les Arabes d'aujourd'hui donnent encore ce nom d'*Afrigah* ou *Afrikiyah*, à la même contrée exactement, c'est-à-dire au territoire de Tunis.

— Géogr. Les géographies et les encyclopédies représentent encore aujourd'hui le continent africain comme une vaste *presqu'île*, de forme *triangulaire*, tenant à l'Asie par l'isthme de Suez. C'est une double erreur: depuis que l'isthme de Suez est traversé par un canal, qui vaut assurément bien qu'on en tienne compte, quoique fait de main d'homme, l'Afrique est purement et simplement une île; et quant à sa forme, il faut beaucoup de bonne volonté pour y voir un triangle. Cette forme est en réalité fort irrégulière; elle se termine bien en pointe comme un triangle, mais par une poire renversée, mais sur la carte elle rappelle plus fortement encore les contours d'un nid de guêpes des bois fait précipitamment. La superficie de l'Afrique, comprise les îles qui en dépendent, quoique déterminée avec une exactitude nécessairement imparfaite, est de près de 30 millions de kilom. carrés. Elle est située entre 38° de lat. N. et 35° de lat. S. et est par conséquent presque tout entière sous la zone torride. Son point le plus septentrional est un petit cap situé un peu à l'O. du cap Blanc, en face de la Sicile, par 37°20' 40" de lat. N. et 9°45' de long. E.; son point le plus méridional est le cap des Aiguilles, par 34° 49' 15" de lat. S.: la distance entre ces deux points est d'environ 8,000 kil. De l'O. à l'E., ses points les plus éloignés sont le cap Vert et le cap Guardafui, situés, le premier par 17°33' de long. O. et le second par 51°21' de long. E., et tous deux par 10°25' de lat. N.; la distance entre ces deux points étant à peu de chose près la même que celle du N. au S. (7,800 kil. env.). Les côtes occidentales sont baignées par l'Atlantique, les côtes orientales par l'océan Indien, les côtes septentrionales par la Méditerranée, et les côtes du nord-est par le canal de Suez, la mer Rouge et le détroit de Bal-el-Mandeb. La ligne des côtes, qui se développe sur une étendue de 27,000 kil., est très régulière et présente peu de baies et de péninsules. La dépression principale est formée par le golfe de Guinée, à l'ouest, avec ses deux subdivisions, la baie de Bénin et la baie de Biafra. Sur la côte nord, on peut citer les golfes de la Sidre et de Gabès; sur la côte orientale, le golfe Arabique, ou mer Rouge, qui même n'est plus un golfe, mais un véritable détroit, communiquant avec la Méditerranée par le canal de Suez, et avec l'océan Indien par le détroit de Bab-el-Mandeb, et le golfe d'Aden, prolongement oriental du golfe Arabique.

On peut, d'une manière générale, considérer le continent africain comme formant deux divisions distinctes : l'Afrique boréale et l'Afrique australe, la première renfermant principalement des plaines immenses et de grandes dépressions, la seconde plus particulièrement montagneuse et couverte de hauts plateaux réunis sur des chaînes de montagnes. Les basses terres du nord comprennent le Sahara, la région du lac Tchad et la vallée du Nil inférieur. Le Sahara n'est pas, à beaucoup près, un pays plat dans toute son étendue; sa plus grande partie est, au contraire, couverte de plateaux élevés, d'où émergent des massifs montagneux atteignant 1,800 m. d'altitude et souvent davantage; mais relativement aux régions montagneuses de l'Afrique australe, celle-ci peut être considérée, en général, comme une vaste plaine. Le Sahara n'est plus l'immense et monotone mer de sable si souvent décrite; il offre, au contraire, la plus grande variété non seulement dans sa configuration, mais dans sa formation géologique. Au nord, le grand désert est bordé de vastes plateaux dont quelques-uns émergent brusquement de la plaine de Barbarie; s'étendant à travers le Maroc, l'Algérie et la Tunisie, et le plateau de Barca, haut de 460 m., s'abaissant graduellement vers le delta du Nil. Une vaste dépression succède à cette région élevée, et s'étend depuis la grande Syrte, ou golfe de la Sidre, jusqu'à l'Égypte centrale, comprenant les oasis d'Augila et de Siouah. Cette dépression est si marquée, en certains endroits, que l'oasis de Siouah se trouve à 30 m. et Bahrein à plus de 50 m. au-dessous du niveau de la mer: A l'ouest, entre les deux oasis, Gerhard Rohlfs a constaté, en 1869, que le sol était partout de 30 à 45 m. au-dessous du niveau de la

Ca te d'Afri ue.

Méditerranée, tandis que M. de Lesseps constatait, de son côté, que le sol de la partie orientale s'abaissait sensiblement plus bas que le niveau du Nil. Cette région est immédiatement suivie d'une grande étendue de plateaux, en longueur et en largeur, à partir du golfe de Gabès vers le sud, suivant la côte tripolitaine et atteignant le Nil, près de la première cataracte, après avoir traversé, autant qu'on peut le croire, le désert de Libye. Au nord-ouest, jusqu'à Sokna, s'étend l'Hamadah, vaste plateau désolé, de 700 à 600 m. d'élévation, qui se rompt près de Sokna, formant ce qu'on appelle les Montagnes Noires (Djebel-es-Soda), et sur la route qui conduit de Mourzouk en Égypte, formant un groupe de roches escarpées connues sous le nom de El-Harouyé. Toute la partie centrale du Sahara septentrional, considérée comme limitée au sud par le plateau d'Aïr ou d'Asben, est couverte de semblables plateaux dénudés, mais plus bas et séparés par des dunes de sable. De nombreux oueds, ou cours d'eau, d'ailleurs à sec la plupart du temps, traversent les seules parties habitées de cette région, s'encoupant ces plateaux. Du Djebel-Haggar ou Ahaggar paraissent descendre les plus considérables de ces rivières sans eau. Une partie se dirige au nord, vers la grande dépression qui existe dans le voisinage du golfe de Gabès; l'un d'eux, l'oued Igharghar, a un cours de près de 1,000 kil. Ces oueds contiennent plusieurs lagunes salées recouvertes de quelques ondes d'eau en hiver, mais parfaitement sèches en été. D'autres descendent de l'Haggar se dirigeant vers l'ouest et le sud-ouest, dans cette région inconnue du Sahara jusqu'à la rive septentrionale du Niger. La région la plus déserte du Sahara est une bande irrégulière de dunes de sables mouvants, appelée l'Erg, s'étendant depuis les lagunes salées voisines de la Méditerranée, dont nous avons parlé, jusqu'aux rives du Sénégal et de l'Atlantique, en une chaîne ininterrompue d'environ 3,200 kil., sur une largeur moyenne de 300 kil. Les cours d'eau descendant du versant intérieur du plateau de Barbarie se perdent dans cette mer de sable, sauf l'oued Saura, qui traverse l'Erg au pied de l'Atlantique, et l'oued Dràa qui se prolonge jusqu'à l'Atlantique, où il se jette, sur la limite du Maroc et du Sahel. A partir de l'oued Dràa, une grande plaine s'étend jusqu'aux rives du Sénégal, en longeant la côte; peut-être même jusqu'au lac Tchad, en passant par Timbouctou. Il résulte donc de cet exposé, que la partie occidentale du Sahara est entourée d'une large ceinture de plaines et de dépressions de terrain, tandis que la partie centrale est couverte de terrains et de plateaux, avec quelques massifs montagneux tels que celui qui constitue le fertile pays d'Aïr, dont les points culminants varient entre 1,200 à 1,500 m. d'altitude. La

Vue de Timbouctou.

partie orientale, pour ce qu'on en sait, a à peu près la même altitude générale, et vers son centre quelques régions montagneuses et fertiles; tels sont les pays de Tibesti au nord et de Borgou au nord-est du lac Tchad.

A l'est et au sud du Sahara, on peut considérer le continent africain comme une masse continue de terrasses, de hauts plateaux et de chaînes ou de massifs de montagnes. Le grand massif du plateau africain se trouve au sud du 10e parallèle de latitude nord, mais il se prolonge vers l'est presque jusqu'à la côte septentrionale, par le plateau abyssinien et par les montagnes qui s'élèvent depuis le Nil jusqu'à la mer Rouge, et par le Djebel Attaka, à l'ouest de Suez (alt. 800 m.), qui est le terme de ce côté. De ce point, l'arête orientale du grand plateau se prolonge jusqu'à l'extrémité sud du continent, presque sans solution de continuité. Ses points culminants, avant d'atteindre le plateau abyssinien, sont les monts Elba (1,800 m.) et Soturba (2,100 m.), vers le milieu de la côte africaine de la mer Rouge. Entre ces montagnes et le Nil, toutefois, dans la région inconnue de la Nubie, il est probable qu'il se trouve des sommets plus élevés. Le versant oriental du plateau abyssinien commence au sud de Massouah, s'élevant brusquement du terrain plat qui forme ici les rives de la mer Rouge, d'une hauteur de 210 mètres, et s'étendant sur une longueur de près de 1,300 kil.; le point culminant de cette chaîne est l'Abba-Jared, qui atteint 4,500 m. au-dessus du niveau de la mer. Le Kenia (5,480 m.) et le Kilima-njaro (5,720 m.), les sommets les plus élevés de toute l'Afrique, en marquent l'extrémité orientale sous l'équateur; plus au sud, sur la route de Zanzibar au Taganyika, s'élèvent les monts Rubeho, d'une hauteur de 1,740 m., ainsi que le passe par lequel les caravanes le franchissent; plus au sud encore, elle forme une sorte de rempart au lac Nyassa. De ce point, les monts Zomba (2,135 m.) près du lac Shirwa, Milanje (2,440 m.) et Clarendon (1,830 m.) la continuent vers le sud, jusqu'à l'endroit où le Zambèze rompt pour la première fois cette longue chaîne uniforme. Le fleuve traversé, on trouve encore à l'est les monts Mashona et Matoppo (3,000 m. env.), faisant partie du royaume de Mosilikatsi, et desquels descendent les principaux affluents du Limpopo, puis le Hooge Veldt, dans la République du Transvaal, lequel se relie au Kathlamba ou Drakenberg. La partie de la chaîne qui porte ce dernier nom est particulièrement élevée; elle se dirige vers le sud en une gigantesque muraille de rochers escarpés, qui soutiennent le plateau africain parallèlement à la côte, sur une étendue de 800 kil., et jusqu'à 240 kil. de largeur, ayant le pays de Zoulous, Natal, la Cafrerie établis sur les pentes des branches qu'elle dirige vers la côte. Dans le Transvaal, au point où le Drakenberg se joint au Hooge Veldt, l'altitude atteint 2,660 m.

au-dessus du niveau de la mer; mais elle est plus grande au point où elle forme la limite intérieure de Natal, où le pic Cathkin atteint 3,150 m. De même qu'en Abyssinie, cette partie du système oriental est la grande distributrice des eaux, qui arrosent le continent africain, et les cours d'eau qui forment le fleuve Orange descendent à pente intérieure. La chaîne se poursuit sans solution de continuité, faisant une courbe, à partir du Drakenberg, pour former le massif de montagnes et de terrasses alternés de l'intérieur de la colonie du Cap, prenant successivement, de l'est à l'ouest, les noms de Storme-Berg (monts des tempêtes), Zuur Berg, Schnee Berge (monts des neiges), Nieuwe-Veld et Rogge-Veld, ce dernier tournant vers le nord, suivant la courbe de la côte occidentale. Son plus haut sommet, à l'intérieur de la colonie du Cap, est le Compass Berg, sommet des Schnee Berge, qui atteint 2,600 mètres. Les terrasses extérieures de la colonie du Cap, dans lesquelles on peut distinguer deux lignes principales, s'étendent plus rapprochées les unes des autres et de la côte; entre elles et la chaîne principale se trouve la région élevée appelée Grand Karrou; leur sommet le plus élevé est de 2,325 m., c'est le Petit Zwart Berg. La montagne de la Table, masse de granit à sommet aplati comme un dessus de table, qui surplombe presque la ville de Cape-Town, a 1,100 m. de hauteur; elle est comme le noyau de la péninsule qui s'étend vers le sud pour former le cap de Bonne-Espérance. La ligne occidentale du grand plateau africain est généralement moins élevée que la ligne orientale. En approchant de l'embouchure du fleuve Orange, les chaînes que nous venons de décrire s'abaissent sensiblement. Leur altitude, à leur point de réunion, au Petit Namaqua, est encore considérable, et l'on y trouve le mont Welcome, avec 2,500 m. de hauteur; au delà, dans le Namaqua et le Damara, la chaîne se poursuit parallèlement à la côte, et l'on y rencontre le mont Omatako (Dumara), qui a 2,680 m. d'altitude. Au nord, passant par Benguela et Angola, la chaîne se divise en séries de branches moins importantes et de terrasses, et le Congo la traverse aux cataractes de l'étroite gorge de Yellala. Les Portugais appellent Sierra Complida cette partie de la chaîne occidentale, qui passe entre le Congo et les rapides du bas Ogooué. Au bord du plateau et sur le côté sud du fleuve, il existe d'après du Chaillu une montagne de 3,660 m. de hauteur, et il atteint sur l'Ogooué un endroit qu'il décrit comme avoisiné de hautes montagnes. En traversant l'Ogooué pour suivre la côte de la baie de Biafra, la chaîne prend le nom de Sierra de Crystal. Les monts Camaroun, à la pointe du golfe, forment une haute péninsule de montagnes volcaniques, s'élevant à 4,175 m.; mais elles sont isolées et semblent appartenir à la ligne de montagnes volcaniques dont on rencontre les principaux sommets dans les îles de Fernando-Pô, du Prince, Saint-Thomas et Annobon, vers Sainte-Hélène. De la Sierra de Crystal, la crête du plateau s'abaisse dans la direction du bas Niger, vers un point situé au-dessus de son delta et au-dessous du confluent du Bénoué; puis elle tourne brusquement vers l'est. Les hauteurs bordant la côte nord du golfe de Guinée, s'étendant jusqu'aux sources du Sénégal et de la Gambie, et sur le versant intérieur desquelles le Niger prend également sa source, ne sont qu'une extension du plateau principal; mais elles sont, en général, d'une altitude peu considérable. La ligne septentrionale du grand plateau est à peu près inconnue; mais il n'est pas douteux qu'elle se dirige vers l'est entre les 4e et 8e parallèles nord, sur un point où on la continuit bien et qu'arrosent les eaux du Nil, formant une succession de rapides au-dessus de Gondokoro. D'ailleurs, le Bénoué, dont le cours supérieur, à partaitement le caractère d'un fleuve dont la source est dans une montagne; et les monts Alantika (3,000 m.) et Mindiff (1,830 m.), qui s'élèvent au sud du lac Tchad, semblent marquer les points extrêmes de la chaîne où ce fleuve prend sa source. Au delà du Nil, le bord du plateau décrit une courbe vers le nord pour former le versant intérieur du plateau abyssinien.

La surface du grand plateau africain dont nous venons de tracer les limites dans la mesure du possible, présente beaucoup d'irrégularités, à raison de dépressions très accusées, occupées par de grands lacs tranchant sur les élévations formées par les hauts sommets. Plus important de ces massifs intérieurs, généralement inexplorés, est celui qu'on appelle les Montagnes bleues et dont on doit la découverte à Baker, lequel s'élève sur la rive occidentale du lac Albert, à 3,000 m. d'altitude. On croit que les Montagnes bleues s'étendent vers le sud jusqu'aux monts Baleyga, au nord-ouest du Taganyika, découvert par Livingstone en 1871, et d'autre part, vont rejoindre les montagnes qui s'élèvent à peu près à mi-chemin des lacs Victoria, de l'Albert-Nyanza et du Taganyika, divisant les eaux de ces grands lacs et atteignant, à 3,000 m. au mont M'fumbiro, une altitude de plus de 3,000 mètres. Une autre grande ligne centrale de hauteurs qui a également une part importante à la distribution des eaux dans le sud de l'Afrique, part du nord du lac Nyassa, où il prend le nom du plateau de Lobisa, traverse les monts Muchinga, qui divisent les eaux du Loualaba de celles du bassin du Zambèze, et se dirige vers l'ouest, à l'intérieur d'Angola, où elle forme les monts Mossamba, d'où de nombreux cours d'eau coulent dans toutes les directions. — Quant au plateau de Barbarie, au nord du continent, c'est un système isolé et distinct. Il part du cap Bon sur la Méditerranée, se dirigeant au sud-ouest, jusqu'à l'Atlantique, traversant la Tunisie, l'Algérie et le Maroc, et formant la partie orientale, en Algérie et en Tunisie, offre des altitudes variant de 600 à plus de 900 m. en général, des crêtes extérieures se réunissant à l'ouest pour former la haute chaîne de l'Atlas, dont le point culminant, appelé le mont Miltsin, atteint 3,600 m. d'altitude. Les autres cimes principales de l'Atlas sont le Djebel Aurès et le Djebel Amour (2,500 m.) et le Djurjura (2,350 m.).

L'Afrique paraît être la partie du monde où il se trouve le moins de volcans. On y connaît le Mongo-Malaloh, dans les monts Camaroun, sur le bord du golfe de Guinée; l'Artali, entre le plateau abyssinien et la mer Rouge; le Njemsi, entre le Kénia et le lac Victoria; le Djebel-Dubbeh, à l'est. Les principaux cours d'eau qui se jettent dans la mer Méditerranée sont: le Nil, en Égypte; le Medjerdah, dans la Tunisie; le Chélif, en Algérie; la Moulouia dans le Maroc. Ceux qui se jettent dans l'océan Atlantique sont: le Sébou et le Tensift, dans le Maroc; le Sénégal, la Gambie et le Rio-Grande, dans la Sénégambie; l'Assinie, la Volta, le Lagos, dans la Guinée; le Niger, dans le Soudan et la Guinée; le Gabon, l'Ogooué, dans la Guinée; le Congo sur le haut plateau de la haute Afrique et dans la Guinée inférieure; le Coanza, dans la Guinée inférieure; le fleuve Orange, dans l'Afrique australe. Enfin les cours d'eau qui se jettent dans l'océan Indien, sont: le Limpopo, dans le Transvaal et le Mozambique; le Zambèze et la Rovuma, son affluent principal, sur le plateau de la haute Afrique et dans le Mozambique; le Lufija ou Loffih, le Rufiji, le Sabaki et le Djuba, qui paraissent traverser d'immenses espaces dans l'Afrique orientale et ont leurs embouchures sur les côtes du Mozambique et de Zanguebar. (V. ces divers noms).

Les grands lacs qui constituent un des traits caractéristiques principaux de l'hydrographie africaine, se trouvent principalement dans les régions méridionale et orientale du continent, et ne sont pour la plupart connus des voyageurs européens et des géographes que depuis très peu de temps. Quelques-uns, comme les lacs Albert et Victoria, sont de véritables méditerranées d'eau douce. Nous signalerons les principaux de ces grands lacs de l'Afrique, ainsi que des autres, connus depuis plus longtemps et qui sont : en Algérie, les lacs ou chotts Fetzara, El-Gharbi, El-Chergui, Zahrez, El-Saïda, Melghir; dans la Tunisie, les chotts El-Kébir, El-Fejej, Gharnis; dans la vallée inférieure du Sénégal, les lacs Cayar et Guier; dans le Soudan, les lacs Debo ou Dibbie, le grand lac Tchad, à 250 m. au-dessus du niveau de la mer, et bordé d'immenses marécages qui sont complètement inondés pendant la saison des pluies; dans la Guinée inférieure, le lac Aquilonda; sur le plateau de la Haute Afrique, le lac Ngami, découvert en 1849 et situé au nord du désert de Kalahari, à plus de 1,100 m. au-dessus du niveau de la mer; le lac Dilolo, qui traverse la Liba, affluent du Zambèze; le lac Nyassa, et le lac Chiroua, qui se déversent dans le Chiré, également affluent du Zambèze; le lac Taganyika ou Ujiji, long de 500 kil. env. du nord au sud, suivant les saisons. Le lac Victoria, long de 450 kil., large de 360 kil. env. et dont le côté sud-est et l'angle nord-est sont encore très peu connus; le lac Albert ou M'woutan Nzigé, situé à l'ouest du Victoria, large d'env. 150 kil. et long de 700 à 800 kil.; les lacs Moero, Oulengé, Bangouéolo, Liemba, Lincoln, encore inexplorés; dans le bassin central du Nil, le lac Nou, formé d'une succession d'immenses marécages que traverse le fleuve; en Abyssinie, le lac Dembea, que traverse le Nil Bleu; en Egypte, le lac Birket-el-Keroun, ancien lac Morris, qui communique avec le Nil par une dérivation; les lagunes ou lacs Mariout, d'Aboukir, Edkou, Bourloz, Menzaleh, où se jettent les principaux bras du Nil.

CLIMATS. L'Afrique est la seule partie du monde qui s'étende d'une manière à peu près égale au nord et au sud de l'équateur, sans toutefois que les moitiés s'aventurent trop loin vers les zones froides, ou même tempérées, au delà de leur ligne tropicale respective. Il en résulte que l'Afrique est non seulement le plus chaud de tous les continents, mais encore celui où la distribution de la chaleur solaire est la plus également répartie, au nord comme au sud, suivant les saisons. La température africaine, en général, n'est pourtant pas aussi complètement insupportable, par sa chaleur excessive, que sa distribution climatérique pourrait le faire supposer : l'élévation du sol procure jusque sous l'équateur un air frais et doux, quelquefois même un froid assez vif et piquant; mais les plaines inférieures et les plages maritimes subissent toute l'ardeur du soleil zénithal, à laquelle viennent seulement faire diversion les vents constants et les brises réglées. Des pluies torrentielles viennent chaque année grossir toutes les rivières intertropicales, dont les débordements couvrent et fécondent les terres riveraines : les crues du Nil sont fameuses parmi les plus reculés. L'époque qui succède immédiatement à la saison des pluies est un moment critique, où l'humidité chaleur de l'air occasionne de dangereuses maladies, jusqu'à ce que les vents aient assaini l'atmosphère. Mais ces causes de maladies, auxquelles les Européens sont surtout sensibles, pourraient être facilement écartées, affaiblies de beaucoup en tout cas, si la population de ces contrées était plus dense et plus industrieuse. — Au point de vue spécial du climat, on distingue plusieurs zones, qui sont : la zone méditerranéenne, la zone saharienne, la zone soudanienne, les zones côtières centrales et la zone australe. La première n'est qu'une partie de la zone tempérée, et par conséquent, diffère à peine de celui du midi de l'Europe sous aucun rapport. Après celle-ci, on procédant vers le sud, vient la zone désolée du Sahara. Rafraîchie et désaltérée ni par les pluies, ni par l'évaporation des rivières, ni par la végétation, elle est une des parties du globe terrestre où la chaleur est la plus insupportable. L'Egypte, excepté vers le Delta, placé entre le Sahara et les déserts de l'Asie, participe de ce climat : le thermomètre monte au Caire à 40° et il descend à 2° ou 3° en hiver ; dans toute l'année on ne compte guère plus d'une douzaine de jours de pluie. La zone du Soudan et du grand plateau central s'étend du 16° degré de lat. N., jusqu'au tropique du Capricorne. Elle a le climat des régions in-

tertropicales, un hiver avec des pluies torrentielles et une saison sèche, généralement plus chaude que dans les autres parties du monde traversées par l'équateur. Dans le Soudan, les mois qui suivent l'équinoxe de printemps sont souvent desséchés par le vent du désert; sur le plateau de l'Abyssinie où, à cause de l'altitude, la chaleur est tempérée, la saison des pluies qui s'étend de mars à septembre, est marquée chaque jour par de violents orages. Les zones côtières, situées entre les deux tropiques, ont aussi la température et les saisons des régions équatoriales; mais le voisinage de la mer et des lagunes rend le climat moins favorable et beaucoup plus humide que sur le plateau; leur salubrité, par exemple, se ressent beaucoup de cette humidité. La chaleur est plus lourde sur la côte occidentale, dans le golfe de Guinée, que sur la côte orientale, quelque peu rafraîchie par les moussons; mais les pluies d'orage sont abondantes, fréquentes, presque continuelles même, de l'une comme sur l'autre. Au sud du tropique du Capricorne commence la zone australe, dont la température rappelle le climat du littoral méditerranéen, avec plus de douceur et d'uniformité qu'à l'intérieur de la zone septentrionale. Toutefois, le régime des pluies s'y montre très irrégulier et il n'est pas rare d'y voir les cultures absolument anéanties par des sécheresses trop prolongées. Il n'y a pas de chutes de neige absolument régulières en Afrique, même à ses deux extrémités nord et sud, sauf sur ses cimes les plus élevées, telles que l'Atlas, les pics du système abyssinien, les plus hauts sommets des Montagnes du Cap et ceux du Kénia et du Kilima-njaro, qui s'élèvent du plateau situé immédiatement au-dessous de l'équateur. L'intensité du rayonnement, et son influence sur la température, surtout dans la zone saharienne, est un phénomène bien connu. Dans le jour, les rayons solaires sont rapidement absorbés par les sables du désert; mais le rayonnement nocturne, que n'arrêtent ni nuages, ni brouillards, les refroidit si rapidement, qu'on a pu y observer la formation de la glace. — Les vents dominants sur toute l'étendue du continent africain ont, en général, une direction orientale. Au nord de l'océan Indien, l'année est divisée entre la mousson du sud-ouest qui souffle de mars à septembre vers le continent asiatique, et la mousson du nord-est, qui vient à l'inverse normal, qui souffle vers les côtes d'Afrique d'octobre à février, et dont l'influence est salutaire. Sauf à la côte du sud-est, sous le vent du Maurice et de la Réunion et dans le Sahara pour d'autres causes, les grands ouragans sont à peu près inconnus en Afrique. L'Afrique septentrionale est particulièrement exposée aux tempêtes produites par le vent sec et brûlant du désert, appelé simoun (ou mieux cimoun) en Algérie, chamsin en Egypte, achoum au Maroc et harmattan sur les côtes de l'Atlantique et jusqu'au golfe de Guinée; ainsi qu'au sirocco, vent du sud-est, qui porte son influence, sous une bienfaisante, comme à l'époque de l'épidémie cholérique de 1884, jusque sur les côtes de l'Europe, de l'autre côté de la Méditerranée. Le désert de Kalahari, au sud du continent, est également visité par un vent chaud et sec analogue au simoun et à ses trombes de sable comme au Sahara.

— PRODUCTIONS NATURELLES. L'Afrique abonde certainement en produits minéraux de toute nature, mais on ne connaît qu'une faible partie de ses richesses en ce genre. On trouve le sel sur un grand nombre de points du continent, quoique des régions entières en manquent absolument: en Algérie, dans le Fayoum, le Fezzan ; en Abyssinie on le tire du pays plat qui borde la mer Rouge, et on en fait tant de cas sur les hauts plateaux, qu'on se sert de morceaux de sel pour monnaie; dans quelques royaumes indigènes du sud de l'Afrique centrale, le sel est propriété royale et est gardé très sévèrement, on semble indiquer que les districts à sel y sont peu nombreux. On y trouve également à Madagascar et dans les îles du Cap Vert. L'Algérie et le Congo produisent le sulfatre, et cette dernière contrée le corindon, l'onyx, le marbre se rencontrent en Algérie. Madagascar produit également du marbre. L'Egypte des émeraudes, et les champs de diamants du Cap et du Trans-

vaal sont exploités régulièrement et avec fruit depuis déjà longtemps. On trouve de la houille

Les champs diamantifères du Cap.

sur la côte de Libéria, les rives du fleuve Orange et à Madagascar, qui produit aussi du kaolin. De récentes découvertes ont montré, contrairement aux premières suppositions, que les métaux les plus variés existent en Afrique. Les champs d'or sont, en effet, nombreux dans la région qui s'étend depuis le Transvaal jusqu'au Zambèze et en Guinée; mais ils ne sont pas abondants, du moins les premiers. Le Congo est le pays de l'argent. On trouve du cuivre dans les montagnes de l'Atlas, au Darfour, sur la côte de Libéria, au Congo, au Cap, à Madagascar; Livingstone a visité dans son dernier voyage des gisements situés dans les montagnes de l'intérieur et le métal se trouve en grande quantité. Le fer abonde dans l'Atlas, le Darfour, le Bornou, l'Abyssinie, la Sénégambie, Libéria, le Congo, l'Ounyamouézi, l'Orange, Mozambique et Madagascar; le plomb dans l'Atlas, Madagascar, etc.

Quoique l'Afrique appartienne tout entière à la zone torride, ses productions végétales diffèrent essentiellement avec les différentes parties du continent. L'extrême nord produit le froment, l'orge, le maïs, le riz, la canne à sucre, l'indigo, le tabac, le coton, l'olivier, l'oranger, le figuier, le laurier, le myrte, la vigne, le pêcher, l'abricotier, l'arbousier, le jujubier, le dattier, le chêne, le mélèze, le chêne-liège, le pin maritime, le cyprès, les fougères arborescentes au parfum délicat, etc. Dans la région du Sahara et du Soudan, c'est le dattier qui domine, à raison de la facilité avec laquelle il s'adapte aux dures conditions d'existence des climats très chauds et très secs; c'est la richesse du désert, où l'opulent propriétaire compte le nombre de ses palmiers. Passé la limite méridionale du Sahara, le paysage change : le dattier disparaît pour faire place aux plus riches variétés de la famille des palmiers, notamment l'avora (V. ce nom), aux baobabs; puis, sous l'influence des pluies tropicales, une végétation extraordinairement puissante, une flore d'une beauté et d'une richesse incomparables se développent dans toute leur féerique splendeur, et la surface des marais est souvent couverte d'innombrables feuilles de papyrus. Aux champs de céréales connues du nord, le cassave (manioc), l'yam, le pois à pigeon (espèce de cytise), la noix de terre, etc., plantes farineuses, se trouvent substitués ; le papayer, le latanier, le tamarin, etc., remplacent la vigne et le figuier. Dans la région australe, les formes tropicales ont disparu pour faire place principalement aux plantes grasses, telles que les stapélies, les mésembryanthèmes, les aloès, les pélargoniers ; les euphorbiées, les crassules, les protées, les cycadées. Les arbousiers y sont en grand nombre, et on y cultive avec succès la vigne, les fruits du nord et diverses céréales.

Les singes anthropomorphes sont assez nombreux, principalement dans les régions intertropicale et occidentale. Les membres les plus importants de cette intéressante famille sont le gorille et le chimpanzé. On y trouve aussi le babouin et le mandrille et quelques macaques qui se rencontrent jusqu'au Maroc. A Madagascar, le vrai singe est remplacé par une variété spéciale de quadrumane, le makis, ou lémur et par l'aye-aye. — L'ours n'existe que dans les montagnes de l'Atlas, et il y est assez rare ; la loutre se rencontre dans le nord. L'espèce canine est représentée par le chacal, répandu dans toute l'Afrique; le loup, le renard, qui ne s'éloignent guère de l'extrême nord ; l'hyène qu'on y trouve à peu près partout; et l'*aard-wolf*, ou loup de terre, animal spécial à la Cafrerie et à la colonie du Cap. Les félins y sont très nombreux. Le lion est partout, se repliant lentement vers l'intérieur devant le colon ; il en est presque de même du léopard, du serval, du caracal ; la civette est habitante du nord. Les espèces chevaline et asine ont en Afrique une grande variété de représentants, qui sont le couagga, qui habite l'extrême sud ; le zèbre des montagnes, dans le sud et le zèbre des plaines qu'on trouve jusqu'en Abyssinie ; l'onagre ou âne sauvage du nord-est et de l'île de Socotra, dont une espèce distincte vit en Abyssinie. Le cheval, qui est domestique dans les autres régions, n'a pu s'acclimater dans la région orientale intertropicale. Le chameau à une seule bosse, ou dromadaire, est employé dans toute l'Afrique septentrionale et jusqu'au lac Tchad et aux rives du Niger. Le bœuf du Cap remonte jusque dans la Guinée à l'ouest et l'Abyssinie à l'est. Une autre espèce de bœuf est particulière à l'Afrique occidentale. On trouve le mouton dans le nord, l'ibex (bouquetin) jusqu'en Abyssinie. A partir de la limite sud du Sahara, d'immenses troupeaux d'antilopes se rencontrent partout. La girafe habite depuis la limite de la colonie du Cap jusqu'au Sahara et à la Nubie. L'oryctérope du Cap, appelé là-bas *aard-wark*, c'est-à-dire cochon de terre, fait le désespoir des colons avec ses nombreux terriers qui défoncent le sol. On trouve également au Cap la taupe dorée, à la fourrure brillante ; le hérisson et la chauve-souris. Madagascar possède un curieux animal, qui parait appartenir à la famille du hérisson, mais qui est privé de la faculté de se rouler en boule dont celui-ci est si heureusement gratifié. Le porc-épic est répandu sur les côtes du nord et de l'ouest et dans le sud-est de l'Afrique ; l'hyrax dans l'Afrique orientale et sur une partie de la côte occidentale ; le lièvre, au nord et au sud seulement ; les écureuils un peu partout, sauf une espèce qui porte des soies très raides et très dures mêlées à son poil, et très particulière aux régions australes. L'Afrique intertropicale et australe nourrit aussi l'éléphant, auquel elle ne demande que son ivoire, et plusieurs es-

Le retour des chasseurs d'ivoire.

pèces de rhinocéros ; enfin ses lacs et ses grands fleuves sont peuplés d'hippopotames. — Les oiseaux des régions de l'Afrique avoisinant l'Europe et l'Asie sont les mêmes que dans ces contrées ; mais les déserts sont habités par des espèces particulières, singulièrement bien adaptées à un tel milieu. On ren- contré l'autruche dans presque toutes les parties du continent africain surtout au désert et dans les plaines sans limites ; dans les régions montagneuses elle ne s'aventure que pressée par la faim. Le cheval le plus rapide à la peine à le suivre à la course. Le secrétaire, ou messager, ou serpentaire, un des plus remarquables oiseaux de l'Afrique, est commun dans les environs du Cap ; il se nourrit de serpents et d'autres reptiles et rend ainsi de grands services. Parmi les oiseaux de basse-cour, l'Afrique ne possède que la pintade ; cet oiseau, dont il y a trois ou quatre espèces, va par troupes de 400 à 500, le plus souvent dans les taillis voisins des étangs ou des rivières. Plusieurs espèces de cailles et de perdrix se trouvent dans différentes parties de l'Afrique, ainsi que des oiseaux aquatiques variés ; des oiseaux de proie aussi : hiboux, faucons, vautours : ces derniers rendent d'importants services en dévorant les charognes et les ordures de toute sorte. Beaucoup de petits oiseaux africains sont remarquables par l'éclat et la variété de leur plumage ou la singularité de leurs mœurs ; nous citerons les perroquets, le lamptornis, les alcyons, l'oiseau-soleil, etc. — L'Afrique nourrit moins de reptiles venimeux que les autres contrées tropicales, à cause de la sécheresse de son climat. Ceux qui vivent dans les régions désertes se bornent à des lézards inoffensifs ou agames et à quelques serpents de petite taille, mais souvent très venimeux. La grenouille et la tortue y sont représentées par quelques espèces ; la tortue surtout y est très nombreuse. Mais le plus remarquable des reptiles africains, c'est le crocodile, qu'on rencontre dans la plupart des grands fleuves et des lacs des tropiques ; il abonde aussi dans le Nil, au-dessous de la première cataracte. Le caméléon y est aussi très commun ; et parmi les reptiles venimeux, les deux espèces connues de najas, plus dangereuses l'une que l'autre, la vipère à dard et la vipère à corne, ou céraste. — On trouve dans toutes les eaux africaines des poissons alimentaires de toutes les variétés en grande quantité. Les eaux douces de l'Égypte produisent le bichir gigantesque, les coffres, les pimelodes. Les poissons de la mer Rouge ressemblent aux saxatiles des mers chaudes d'Asie. Burton a décrit cinq espèces de poissons trouvées dans le Tanganyika, et il en existe en quantité dans les autres grands lacs de l'intérieur, qui paraissent leur être spéciales, ou tout au moins aux eaux de cette région de l'Afrique. Les mollusques présentent également une grande variété de formes élégantes et les couleurs les plus riches et les plus délicates. Les polypes, les madrépores étalent leurs richesses sur les côtes ; le corail rouge et les éponges sont péchés en abondance dans la Méditerranée ; dans la mer Rouge et ailleurs, on exploite des bancs d'huîtres perlières, riches et abondants. — Les insectes de l'Afrique se dénombrent par milliers d'espèces, plus brillantes, plus intéressantes, et souvent plus dangereuses les unes que les autres. Nous signalerons seulement le criquet voyageur, cette plaie d'Égypte qui s'étend à toute l'Afrique, à tort désigné sous le nom de *sauterelle*; la mouche *tsetsé*, dont la piqûre venimeuse tue les animaux domestiques qu'elle blesse, ce qui empêche de nombreuses tribus de l'intérieur d'élever des bestiaux (il est assez curieux que la piqûre de la tsetsé ne soit dangereuse ni pour les animaux sauvages, ni pour l'homme) ; les termites, qui détruisent tout là où ils se sont installés, et diverses espèces de fourmis qui ne valent pas mieux ; enfin le scorpion, dont la piqûre est presque toujours mortelle.

— POPULATION. La population de l'Afrique est évaluée à 200 millions et demi d'habitants environ, répartis comme suit dans les diverses parties du continent, avec la plus grande approximation possible :

Afrique septentrionale.

Maroc........	2.750.000	
Algérie........	2.921.146	
Tunis.........	2.000.000	
Tripoli(compris Barca et le Fezzan,	750.000	28.421.146
Égypte.......	16.000.000	
Sahara.......	4.000.000	
A reporter......		28.421.146

Report......		28.421.146
États musulmans du Soudan central.................		38.800.000
Soudan oriental, du Sénégal au bas Niger, compris la Guinée supérieure.................		38.500.000
Notamment :		
Sénégambie française......	209.162	
Liberia........	718.000	
Dahomey......	180.000	
Possessions anglaises........	577.313	
Possessions portugaises.......	8.500	
Afrique orientale...........		29.700.000
Dont pour l'Abyssinie........	3.000.000	
Afrique australe...........		16.000.000
Notamment :		
Territoire portugais de l'Est.	300.000	
Territoire portugais de l'Ouest.	9.300.000	
Colonie du Cap.	682.600	
Natal.........	269.362	
État libre d'Orange........	37.000	
République du Transvaal.....	120.000	
Régions équatoriales.........		43.000.000
Îles de l'Atlantique.........		99.145
Notamment :		
Archipel du Cap Vert.......	67.347	
Saint-Thomas et Principe....	19.295	
Fernando-Poet Annobon......	5.590	
Ascension.....	6.800	
Sainte-Hélène.		
Tristan d'Acunha.........	53	
Îles de l'océan Indien.........		6.000.000
Notamment :		
Socotra.......	3.000	
Abd-el-Kuri...	100	
Zanzibar......	380.000	
Madagascar...	5.000.000	
Comorres et Mayotte......	64.600	
Réunion......	209.737	
Maurice et dépendances......	322.924	
Total......		200.520.291

— ANTHROP. ET ETHN. — Trois races humaines habitent l'Afrique : la race blanche, la race noire et la race malaise, à moins qu'on ne voie dans cette dernière qu'une variété de la précédente, manière de voir assez généralement adoptée par les anthropologistes et à laquelle nous n'avons rien à objecter.

Race blanche. La race blanche est représentée en Afrique, abstraction faite des Européens qui s'y trouvent disséminés, par les Berbères, les Abyssins, les Égyptiens, les Arabes et les Juifs, dont ces derniers d'origine asiatique, et appartiennent à la branche sémitique. Les Berbères occupaient, dans l'antiquité, tout le vaste territoire qui s'étend depuis la mer des Indes et la mer Rouge, jusqu'aux colonnes d'Hercule et à l'Atlantique en une masse compacte, quoique nomade, et puissante. On les appelait Libyens, Numides ou Maures, suivant les endroits qu'ils habitaient. Nous ne ferons pas l'historique des invasions successives qui ont affaibli et disséminé cette grande nation, qui l'ont chassée presque entièrement du pays qui porte encore aujourd'hui son nom, c'est-à-dire des *États barbaresques* (car de Berbère on a fini par faire très improprement *barbare*), et y ont mêlé dans une assez forte proportion l'élément arabe. Il nous suffira de dire qu'aujourd'hui comme jadis, et par des raisons identiques, les Berbères forment trois groupes distincts, les *Chellouhs* au Maroc, les *Kabyles* en Algérie et les *Touaregs* au Sahara. Le Berbère est généralement de taille élevée. Son visage est un ovale moins allongé que chez l'Arabe ; il a des yeux brun foncé, grands et bien fendus ; un nez droit ou busqué, à la racine échancrée; des cheveux noirs, droits et abondants; la barbe également noire, mais rare. La race est laborieuse, industrieuse et économe, hospitalière et charitable, d'un caractère franc, très amoureuse de l'indépendance, belliqueuse et farouche. Les Chellouhs forment plusieurs tribus qui habitent le sud du Maroc et dont la plupart ont su conserver leur entière indépendance. Les Kabyles sont également divisés en plusieurs tribus; ils résident dans la partie de l'Atlas algérien à laquelle nous avons en conséquence donné le nom de Kabylie. Les institutions kabyles sont très démocratiques. Chaque village a son conseil municipal élu (djemâa), lequel vote l'impôt, réunit les pouvoirs législatif et judiciaire, décide des travaux publics à exécuter, et a pour chef exécutif un amin nommé également à l'élection. Lors de la conquête française, réalisée en 1857, après quatorze expéditions tentées vainement dans l'espace de dix-sept ans, les conquérants trouvèrent ces institutions politiques florissantes et les respectèrent. Leurs mœurs diffèrent aussi beaucoup de celles des Arabes, et en mieux; elles valent mieux même que leurs lois, qu'elles corrigent souvent. Ce qu'il faut surtout louer en eux, c'est leur franchise, leur bravoure et leur générosité. Seulement la vendetta (rokba) y fait peut-être un peu trop souvent parler la poudre; mais il est juste de reconnaître chez la plupart des peuples où l'habitude de se faire justice soi-même est le moins en faveur, ce n'est ni à la bravoure ni à la générosité de ces peuples qu'est dû le renoncement prudent. Il est, en effet, difficile aux peuples généreux et braves de se résoudre à attendre les effets d'une justice lente et pleine de modération, tant désintéressée, dans la poursuite de la réparation d'une injure. Ici la famille tout entière se lève contre celle de l'insulteur, qu'elle confond dans son ressentiment : c'est la vendetta ou la rokba; là, l'insulté se lève seul et court sus à son ennemi : c'est le duel. Toutes les sévérités législatives, toutes les subtilités des gens de robe n'y pourront jamais rien. Les Berbères étaient jadis un peuple nomade; mais ils ont bien changé depuis, du moins les Chellouhs et les Kabyles. « Chassés des plaines, dit Duval, resserrés sur d'étroites surfaces, les Kabyles ont dû modifier leurs habitudes primitives, nomades, comme celles de tous les peuples à leur origine. La tente s'est convertie en gourbi, cabane construite en pisé ou en pierre, la mapalia des Romains. Des jardins et des champs cultivés avec soin ont fourni l'alimentation, qu'on ne pouvait demander à de vastes espaces. Fixé au sol par la maison, le Kabyle a pu y fixer encore des plantations. De beaux arbres taillés, greffés, plantés de sa main, achèvent de lui créer une patrie locale, des intérêts, des affections sédentaires, comme aux populations d'Europe. Des villages et des petites villes se sont fondés, image exacte par leur défaut d'alignement, leur saleté, leur incommodité, le type brut de leur architecture, des villages et des villes fondés dans les premiers âges de l'humanité. Dans ces étroites limites, pressé par le besoin, le Kabyle est devenu industriel : forgeron, maçon, armurier, taillandier, fabricant de monnaie, même de fausse monnaie. Entouré de mines, il a su en tirer parti pour son bien-être. Dans ses habitudes laborieuses, son caractère est venu s'empreint d'un cachet spécial; l'homme est devenu pratique, positif, mais simple et rude, comme l'artisan sans éducation intellectuelle. Doué, par une tradition héréditaire qui est passée dans le sang et l'esprit de la race, du don de l'imagination et de l'aptitude des doigts et des mains, il n'attend, pour devenir mécanicien habile, que des maîtres et des modèles. » La femme kabyle est, comme beaucoup de peuplades de l'Afrique et d'ailleurs, un être légalement inférieur, que son mari achète à sa famille, que celle-ci vend à l'épouseur et qui, toujours répudiable, avec interdiction de contracter une nouvelle union, occupe toute sa vie une situation en quelque sorte servile. Dans la pratique, il en va tout autrement; la femme kabyle jouit au contraire d'une entière liberté et joue un rôle considérable dans la société. « Non seulement, dit Oscar Mac Carty, elle va toujours visage découvert, elle se mêle aux hommes, se charge des rapports de la maison avec le dehors, mais elle est considérée, elle peut aspirer aux honneurs et au pouvoir dévolu à la sainteté. Chez les Kabyles seuls, on voit des koubbas dédiées à

Kabyles.

des femmes maraboutes... Le plus souvent, elles suivent les hommes à la guerre et les excitent à la bravoure. On a même vu, à notre dernière expédition de Kabylie, une prophétesse kabyle, Lalla-Fatma, relever le courage de ses compatriotes, leur communiquer son enthousiasme, ramener au combat les faibles et les découragés et, après la défaite, prisonnière elle-même, consoler les vaincus et toiser les vainqueurs. » Le Kabyle est d'une malpropreté habituelle presque incurable. Vêtu d'une espèce de tunique de laine et d'un pantalon dont il se débarrasse sous le moindre prétexte, il laisse littéralement la tunique pourrir sur son corps, avec lequel elle se trouve en contact immédiat. Cette malpropreté, toutefois, s'arrête à l'homme, et semble un privilège de sa condition supérieure. La femme kabyle est propre; elle va même plus loin que la propreté, car elle se pare avec une véritable coquetterie et porte des bijoux fort jolis, de forme élégante et variée, qui se fabriquent dans le pays.

Les régions sahariennes qui s'étendent du Touat à Timbouctou, du nord au sud et du Fezzan au Niger, de l'est à l'ouest, constituent ce qu'on a l'habitude d'appeler le pays des Touaregs. Ils semblent avoir été poussés vers le désert comme vers un refuge inexpugnable où la conquête arabe ne pourrait les relancer, et où ils étaient sûrs de conserver intacte leur indépendance qu'ils préféraient à tout. Ce sont les Arabes qui les traitent de Touaregs (maudits), ils les assurent qu'ils les traitent comme le scorpion, ». A ce nom de Touaregs, qui est une injure, ils répondent en se donnant à eux-mêmes celui d'Imouchards, qui semble mieux les peindre, puisqu'il les représente comme francs, indépendants et pillards. Quoi qu'il en soit, beaucoup de voyageurs n'ont eu qu'à se louer de leur hospitalité et de la généreuse franchise de leur conduite; mais il en est d'autres qui ont eu à souffrir de leur perfidie et de leur cruauté. Les uns et les autres peuvent avoir raison, soit que l'état politique du désert fût différent, soit que, parmi les nombreuses tribus dont se compose cette branche considérable de la famille berbère, il s'en trouve un certain nombre de mœurs et de sentiments opposés. « Dans leur état actuel, dit Lejean, les Touaregs se partagent en deux grandes divisions : les blancs et les noirs, les nomades et les agriculteurs. Dans les langues d'Orient, ces noms de blancs et de noirs prennent par extension dans le sens de libres et de soumis. Pour le nomade qui traverse fièrement le désert au galop de son mehari, l'homme attaché au sol est toujours asservi ou à la veille de l'être. Peut-être aussi le nom de Touaregs noirs signifie-t-il simplement que, par suite d'alliances avec les nègres Haoussas et Kanouris, vaincus et razziés par eux, leur sang a subi un mélange considérable. Quoi qu'il en soit, ces Touaregs sédentaires sont fixés dans le Hoggar et l'Air, où ils possèdent de nombreux villages et de grandes villes comme Agadès, R'at, Djanet. Leurs frères blancs (el-beïda) parcourent en tous sens le désert, en quête de caravanes à piller ou à rançonner. Leur ruineuse protection est du moins efficace, et une kafila qui a un sauf-conduit d'un chef Imoucher, ou seulement un homme de cette race comme conducteur, pourra circuler sans crainte d'attaque sur tout le territoire où règne la langue tamachert. » Les Touaregs sont de taille élevée, bien faits quoique maigres, secs, nerveux et pourvus de muscles d'acier; ils ont le crâne haut et étroit, résultat d'une compression de la tête qu'on leur fait subir dès leur plus bas âge; leur peau, blanche d'abord, se bronze rapidement sous l'action du soleil. Les femmes sont également grandes et belles, et se rapprochent plus, par les traits du visage, des femmes de l'Europe que les femmes arabes. Elles ont le port majestueux. Il est vrai que les hommes se font remarquer aussi par une démarche grave et lente, à grandes enjambées, qu'on a comparée avec une justesse qui s'explique à celle de l'autruche et à celle du chameau, ces animaux du désert. Nous ferons toutefois remarquer que le cavalier n'a pas généralement la démarche du moineau franc. « Le costume des gens aisés, dit M. H. Aucapitaine, se compose de deux gandouras ou grandes chemises en cotonnade du Soudan, l'une blanche, l'autre bleue, d'un ample pantalon serré à la cheville et d'un burnous. Les pieds sont chaussés d'élégantes sandales en cuir de Tafilet; un haut chachia rouge, placé sur le sommet de la tête, est fixé par un mouchoir roulé en turban qui maintient un voile bleu descendant jusqu'à la bouche, tandis qu'un autre mouchoir, venant de l'occiput, cache le bas de la figure en descendant sur la poitrine. A cette espèce de vêtement ils doivent le surnom de hall-el-litham

Touaregs.

(les gens du voile). Son emploi, qui remonte à bien des siècles, puisque Cardonne, Jean Léon, El-Bêki en font mention, est évidemment une précaution hygiénique contre la poussière impalpable consciemment soulevée par les vents brûlants venus de l'équateur. Les Touaregs ont oublié cette origine, et ils disent, lorsqu'on les interroge à ce sujet : « Des gens de notre dignité ne doivent pas se

« laisser voir. » A l'assertion du voyageur que nous venons de citer, relativement à l'origine et à la raison d'être du voile que portent les Touaregs, on peut opposer ce fait connu, que ces enfants du désert ne quittent jamais leur voile, pas même pour se livrer au sommeil. Enfin les femmes n'en portent pas. Le costume de celles-ci se compose de deux ou trois *gandouras* serrées à la taille par une ceinture de laine rouge. Elles ont par-dessus une pièce de laine blanche, rouge, ou rayée de ces deux couleurs dans lesquelles elles se drapent avec une certaine coquetterie. Leur chevelure arrangée en bandeaux est recouverte d'une pièce d'étoffe plus ou moins précieuse, et leur chaussure, semblable à celle des hommes, est toutefois plus ornée et plus légère. Suivant M. Henri Duveyrier, la femme touareg mariée jouit d'autant plus de considération qu'elle compte plus d'amis parmi les hommes; mais, pour conserver sa réputation, elle ne doit en préférer aucun. Une femme qui n'aurait qu'un ami ou qui témoignerait de la préférence pour l'un de ses adorateurs, serait considérée comme pervertie et montrée au doigt.

Le grand désert est fréquemment sillonné dans tous les sens de caravanes qui transportent de l'une à l'autre de ses extrémités des marchandises de toute sorte; ces caravanes ont généralement pour conducteurs des Arabes. « Répandus depuis le premier siècle de l'hégire, dit un voyageur, sur toute la surface du continent africain, ils promènent ainsi dans toutes les régions de cette partie du monde leur religion et leurs habitudes, qu'ils ont fait adopter à un grand nombre de populations ; et ce sont eux qui ont établi des relations commerciales entre toutes ces contrées qui, même lorsqu'elles se trouvaient voisines, ne songeaient pas à augmenter leur bien-être par l'échange de leurs productions naturelles. En quelques points de l'Afrique, les Arabes se sont fixés, principalement dans la partie du désert qui confine à l'Algérie et que l'on nomme le Sahara algérien ; mais c'est là une exception et, presque partout, que l'Afrique australe soit au Soudan, comme dans les déserts qu'ils traversent en caravanes, comme dans l'Algérie, ils reproduisent un type uniforme et se présentent avec les habitudes traditionnelles de leur race et de leur religion. Ils passent des journées entières, en marche avec leurs chameaux ou assis auprès de leurs troupeaux, dans une rêverie et une observation profonde de la nature. Le soir, ils se dédommagent de ce silence prolongé par ces récits et ces longs discours qui charment également leurs frères de la Péninsule Arabique et des déserts de l'Asie ; comme ceux-ci, ils font tout d'un coup succéder au long silence une parole bruyante, un langage expressif et parfois éloquent. » Sans doute, les Arabes ont créé des relations commerciales entre les divers peuples de l'Afri-

Traite des esclaves.

que et entre ceux-ci et l'Europe; du nord au sud et de l'est à l'ouest, on est sûr de rencontrer leurs caravanes, chargées de toute sorte de marchandises, et surtout de celles dont la vente assure les plus gros bénéfices : aussi la chasse et la traite des esclaves constituent-elles la branche principale de leur industrie.

On trouve aussi dans le bassin du Niger un peuple d'origine berbère, ou du moins auquel on est assez d'accord de donner cette origine : Ce sont les Foullanes, ou Foulbés. Soumis jadis aux noirs du haut Niger, ils secouèrent le joug au commencement de ce siècle et asservirent à leur tour leurs anciens maîtres. Ces hommes ont le visage ovale, le nez long et arqué, les lèvres minces et les cheveux droits

Abyssins

et abondants ; leur taille est svelte et bien prise, et leurs extrémités fines et déliées. Leur teint, par exemple, varie du blanc mat au rouge cuivré. Ils dominent aujourd'hui tout le pays depuis les rives du haut Niger jusqu'au Sénégal. Très industrieux et rappelant beaucoup les Kabyles en ce point, ils sont agriculteurs et travaillent les bois, les métaux, etc. ; aussi des expéditions nombreuses et récentes ont-elles été surtout entreprises dans le but d'établir des relations commerciales plus directes entre ce pays et notre colonie algérienne. On rencontre également, dans le Soudan central, quelques groupes d'hommes dont les traits, le système pileux, le teint trahissent la même origine, en dépit des croisements répétés avec la race noire qui les entoure.— Quant aux Abyssins, nous leur avons consacré une notice spéciale. V. ABYSSIN.

Avant l'expédition d'Égypte, les Coptes ou Cophtes étaient universellement considérés comme les descendants directs des anciens Égyptiens. Les savants emmenés par Bonaparte leur dénièrent, toutefois, le droit de se prévaloir de tels aïeux ; mais alors, quelle serait donc leur origine? « Les Coptes, dit Champollion jeune, sont le résultat d'un mélange confus de toutes les nations qui ont successivement dominé sur l'Égypte. » C'est se donner beaucoup de peine pour assembler un « mélange confus » de mots qui ne disent rien ; car le Copte provient d'un mélange avec les Persas, les Grecs, etc., d'un mélange de qui, si ce n'est d'Égyptiens ! Les Coptes forment donc, avec les Fellahs, l'une des deux branches de la famille égyptienne, et la plus fidèle aux anciennes traditions, du moins en ce sens qu'ils ont conservé la langue des Pharaons, bien entendu avec mélange de grec et autres, tandis que les Fellahs ont adopté la langue et la religion de leurs conquérants, les Arabes. Les Coptes ont également conservé la religion chrétienne et n'ont fait que passer de l'Église grecque à la secte jacobite. Ils habitent le Delta du Nil et la Haute-Égypte. Ils sont de petite taille, ont les cheveux crépus, le front plat, le nez court, les yeux demi-clos, relevés aux angles, la bouche grande, plate et trop éloignée du nez, la face bouffie, la barbe rare, le teint basané. Leurs jambes sèches et arquées et leurs pieds plats donnent une attitude disgracieuse à tout le corps. Ils se tiennent généralement à l'écart et ne s'allient qu'entre eux. Sombre et dissimulé, le Copte est plat et rampant avec ses supérieurs, jaloux jusqu'à la haine avec ses égaux, intraitable avec ses subalternes ; d'ailleurs fin, cupide, propre au commerce, il

réussit très bien dans les affaires et est très recherché comme comptable, même dans l'administration gouvernementale. Les Fellahs semblent avoir conservé les principaux traits physiques du type égyptien avec une grande exactitude; ils ont conservé, en outre, beaucoup des coutumes des anciens Égyptiens et se servent encore de bien des instruments dont les monuments de l'époque pharaonique nous offrent les modèles incontestables. *Fellah* est un mot arabe qui signifie paysan au sens insultant du mot, nous ne pourrions en trouver le véritable équivalent français qu'en argot ; le Fellah est en effet cultivateur avant tout ; mais il est terrassier à l'occasion, pour creuser le canal de Suez par exemple, batelier sur le Nil, portefaix, etc. On a beaucoup vanté et plaint le malheureux Fellah, pressuré, bâtonné impitoyablement, vivant dans une misère abjecte ; sans vouloir excuser les errements de l'administration égyptienne, nous ne pouvons taire cependant que le fellah est fainéant au plus haut point, ne travaille que poussé par la nécessité et, s'il reçoit une paye régulière, ne bouge sous la menace, suivie d'effet aussi souvent que possible, de Martin-Bâton. Aucun moissonneur, même en Europe, ne travaille avec plus de courage et d'obstination que le Fellah ; mais la récolte achevée, il ne bouge plus de sa chambre, ou journées entières à l'ombre d'un dattier, quand la récolte ait été abondante ou misérable. « Malgré cette inertie singulière, dit un écrivain, le Fellah est naturellement vif, alerte et actif. » Quand il le veut bien, ajoute un autre auteur nous donne sur la femme fellah et sur la vie dépendante qu'elle mène au foyer domestique, les renseignements suivants : « La femme fellah est cordialement patiente, sou-

Ânier du Caire (Fellah).

mise, affectueuse. Son humeur est plus égale, son activité plus constante que celle de l'homme, et elle supporte avec une résignation tranquille les dédains et souvent les mauvais traitements de son maître (*sidi*). Une grande inégalité règne entre ces deux êtres réunis dans une communauté de misère : le *sidi* est dur et impérieux ; il mange seul sa maigre repas ; à peine sa femme s'assoit-elle devant lui ; elle ne parle qu'après en avoir reçu l'autorisation, quoiqu'il l'appelle mon âme (*rhodi*) ou mes yeux (*ayouni*). Elle partage cependant les plus rudes travaux, auxquels viennent s'ajouter ceux du ménage ; et, lorsque son mari succombe sous les exigences du fisc impitoyable, lorsqu'il est accablé de coups et qu'il est jeté en prison, son obéissance et sa piété conjugales n'en demeurent pas moins constantes, et tous ses efforts se réunissent pour amener la libération de son mari. » Le Fellah réunit donc en lui ce double caractère de lâcheté envers le maître et de tyrannie envers le subordonné que nous avons rencontré trop souvent dans notre chemin et dont on peut trouver des exemples fort passables sans aller si loin, mais seulement à l'état d'exception. Ajoutons que le Fellah n'hésite pas à tirer vengeance d'une épouse infidèle, en la précipitant dans le Nil avec une pierre au cou. Au physique, le Fellah est plus intéressant qu'au moral ; ses traits, plus grossiers que ceux de l'Arabe, sont toutefois plus réguliers, plus beaux incomparablement que ceux du Cophte. D'une taille élevée et bien prise, les hommes sont d'une constitution robuste, leur poitrine est large et bien développée et leurs membres solides et bien proportionnés. Ils ont le visage d'un ovale régulier, le front large, la bouche bien faite, les dents belles, le menton lourd, les lèvres longs, noirs et brillants, quoique demi-clos, la barbe et les sourcils, ainsi que les cheveux, noirs, le teint olivâtre ou bronzé. Ces caractères sont les mêmes pour les femmes, avec plus de délicatesse dans les proportions et dans les traits du visage où l'on remarque surtout leurs yeux noirs, brillants, fendus en amande et ombragés de cils longs et soyeux ; leur démarche est singulièrement élégante et fière.

Races de couleur. Outre la race noire éthiopienne, répandue inégalement et dont nous avons rencontré en Abyssinie les spécimens les plus remarquables, sans parler des Gallas, des Nubiens, des Vouahoumas de la région

Nubiens.

des grands lacs, qu'il convient de réunir aux Abyssins, ainsi que de nombreuses peuplades métisses ou supposées telles, l'Afrique abonde en nègres de toute nuance, depuis le noir d'encre jusqu'au rouge et au jaune noirâtre, mais différant peu du type bien connu. On divise généralement cette population en nègres du Soudan, de la Guinée et du Nil. Les nègres du Bornou, du Naoussa, de l'Ouadaï, du Darfour, etc., appartiennent à la première famille ; dans la deuxième, la Guinéenne, on remarque surtout les Yolofs, les Sérères, les Mandingues, les Feloupes, les Fantis, les Auras, les Achantis, les Dahomeyens, les Ibos, les M'pongwés, les Pahouins ou Fans ; et la famille dite *Nilotique* comprend principalement : les Niam-Niams, les Momboutos, les Akkas, les Dinkas, les Noubas, les tribus de l'Ouganda et de l'Oungoro, etc. — Il nous reste à mentionner la race Cafre qui habite la Cafrerie proprement dite, Natal, le pays des Zoulous, Mozambique, au sud du Zambèze, le pays des Betchuanas, celui des Makololos et des Matebélés, et à laquelle on rattache les Malgaches de la Sakalaves de Madagascar. La race hottentote, la plus laide du monde, répand dans la colonie du Cap, la République du Fleuve Orange et la Hottentotie vient après. Enfin viennent les Hovas de Magadascar, de race négro-malaise.

Parmi les nègres du Soudan, ceux du Darfour méritent une mention particulière, d'abord parce que leur pays est, depuis 1875, annexé à l'Égypte, ensuite à cause de leurs mœurs particulièrement dégradées. Gais,

bruyants, grands amis du plaisir et du merveilleux, les Darfouriens, malgré leur conversion à l'islamisme, font participer les femmes à toutes leurs réjouissances ; seulement, défense expresse de manger en présence de leurs époux. Outre des habitants des villes et des villages, en grande majorité arabes et adonnés au commerce et à l'agriculture, plusieurs tribus habitent les montagnes où ils font paître des troupeaux nombreux. Ces tribus sont absolument sauvages et même féroces. Les mœurs du tout sont de l'espèce la plus abjecte. Le gouvernement du Darfour était despotique ; il n'y avait d'autre loi que le bon plaisir du souverain, dont le droit de vie et de mort sur ses sujets était entier. Un harem, amplement approvisionné et gardé de près par des eunuques, était entretenu pour les besoins du sultan. Le dernier souverain noir du Darfour, Hassab-Allah, battu et fait prisonnier par les troupes du khédive, s'installait dans un vaste palais du Caire, avec toute sa suite, le 17 juin 1875. — Les Mandingues, les Yolofs, les Sérères habitent la Sénégambie. Les Yolofs sont de taille élevée et bien prise, leurs traits sont réguliers, ils ont les lèvres épaisses, les cheveux laineux et le teint d'un noir magnifique. Ce sont, en fait, les nègres les plus beaux de l'Afrique occidentale. Ils suivent tant bien que mal une espèce de mahométisme et sont d'humeur douce, hospitalière, généreuse même. Les Mandingues, qui habitent les hautes terres de la Sénégambie, suivent une religion peu différente de celle des Yolofs ; grands et bien faits comme leurs voisins, ils se distinguent par des lèvres plus épaisses et un nez aplati. Ils se livrent au commerce et font de grands voyages dans ce but. Leur langue se sent de ces expéditions lointaines ; plus riche que celle des autres nègres, surtout par l'introduction de mots arabes, elle peut être considérée comme la langue commerciale de l'Afrique occidentale. Nous avons dit que les Mandingues professent une espèce de mahométisme ; *une espèce* est bien dit, car il y a bien des coutumes qu'un bon musulman repousserait avec indignation. Ainsi les mariages se contractent chez ces nègres de la manière suivante : Le prétendant s'assure les bonnes grâces des parents de celle qu'il a choisie au moyen de cadeaux répétés, et par le même moyen et la même occasion celles de sa future ; ensuite le prix qu'il entend mettre à son bonheur est débattu avec les parents : c'est ordinairement un, deux ou trois esclaves, suivant les mérites de la jeune personne ou l'étendue de la passion amoureuse du jeune homme. C'est à la mère que le prix convenu est payé et c'est celle-ci qui, en échange, donne le consentement sollicité. Là-dessus, grande fête, ordinairement nocturne, aux frais du jeune époux, et le mariage est consommé sans autre formalité religieuse ou administrative, sinon sans tambour ni trompette. Le chef de la famille est un maître révéré chez les Mandingues. Accroupi sur sa peau de bœuf et entouré de ses armes, il commande, dirige, distribue les provisions, sans que la plus légère réclamation ose jamais se faire jour. Il le fait avec dignité, impartialité et douceur ; les Mandingues sont d'ailleurs intelligents, polis et hospitaliers.

Parmi les peuples de la Côte d'Or et de cette partie de l'Afrique occidentale qui l'avoisine, nous avons eu l'occasion déjà d'étudier les Achantis (V. ACHANTIS). Leurs voisins du Dahomey ont des mœurs peu différentes. Ces nègres sont de petite taille, mais robustes, agiles et bien découplés. La pauvreté leur fait de la sobriété une vertu nécessaire, mais lorsqu'ils peuvent se régaler aux frais d'autrui, ils sont d'une gloutonnerie révoltante. Toutefois, ils semblent avoir des penchants à l'ivrognerie, car il leur serait très facile de s'enivrer avec leur vin de palme si captifs ; cependant, quand ils peuvent se procurer de l'eau-de-vie ou du rhum, ils en boivent outre mesure. Ils sont doux, hospitaliers, d'humeur gaie, mais ce sont en même temps d'incorrigibles voleurs, tout en étant relativement laborieux. Leur respect pour les supérieurs est poussé aux dernières limites, et les *cabécères* ou chefs de la plus haute dignité n'abordent le roi qu'en rampant, qu'en se couvrant la tête de poussière, qu'en donnant les marques

de la servilité la plus abjecte. Il faut dire aussi que le roi peut d'un signe faire tomber la tête de chacun et qu'il ne marche qu'accompagné de son bourreau, le *minghan*, sans cesse armé du grand sabre dont le pommeau représente un coq. Le souverain est, d'ailleurs, le seul qui puisse disposer de la vie de ses esclaves ; mais il abuse singulièrement de ce droit précieux dans les fêtes religieuses dites *coutumes*. Les Dahomeyens ont des serpents-fétiches qu'ils adorent dans des temples fastueux, dont ils ne laissent pas, malgré cela, de s'échapper quand ils le peuvent. Ils pratiquent la polygamie : c'est par centaines que le roi compte les femmes de son harem ; les chefs en ont un grand nombre, et chaque Dahomeyen peut avoir autant d'épouses qu'il

Sacrifices humains au Dahomey.

peuten acheter. Les Dahomeyennes ne sont pas trop laides pour des négresses, elles sont naturellement bien faites, elles ont les extrémités petites et fines, la peau extrêmement douce, et les yeux grands et brillants. Elles se drapent dans un grand pagne, pour tout vêtement. Dans la maison, elles remplissent les fonctions de servantes, vont au bois et à l'eau, font la cuisine et servent leur mari à genoux, sans oser boire ou manger devant lui ; ce sont elles aussi qui fabriquent l'huile de palme. Les hommes libres ne se livrent qu'à la chasse et à la pêche, en temps de paix, ils passent le temps à boire, à dormir, ou à fumer, tandis que les femmes et les esclaves sont absorbés par tous les travaux manuels. Ceux-ci sont assez bien traités, mais le roi en fait saisir continuellement pour lui servir de victimes dans les sanglants sacrifices qu'il offre en toute occasion importante aux fétiches sanguinaires du Dahomey ; par conséquent, leur sort est peu enviable. Une institution propre au Dahomey qu'il ne faut pas oublier, c'est celle du corps d'Amazones formant la garde du roi et en même temps sa troupe d'élite. Agadjah, 4ᵉ roi du Dahomey, vaincu par le roi des Eyeos, fit appel au courage de ses sujettes, et, avec son armée de femmes, il prit sur son ennemi une revanche éclatante ; telle serait l'origine du corps d'Amazones. Le nombre de ces femmes varie de 3 à 4,000 ; elles sont divisées en trois brigades qui portent les titres de garde royale, d'aile droite et d'aile gauche. On distingue ces trois corps à leur coiffure. La garde royale a la chevelure rasée au sommet de la tête de façon à simuler un turban et ornée de filets étroits et de crocodiles en drap de couleur ; l'aile droite a la tête complètement rasée à l'exception de deux boucles de cheveux ; l'aile gauche, au contraire, porte tous ses cheveux. Leur uniforme consiste en une tunique de coton blanc sans manches, pour ne pas gêner les bras, et descendant le roi au-dessous du genou. Les amazones sont armées de fusils de traite, d'arcs et de flèches ; chacune d'elles porte un poignard à l'aide duquel elle tranche impitoyablement la tête de l'ennemi tombé sous ses coups. Leur courage est, dit-on, indomptable et leur élan irrésistible. Ces femmes doivent vivre dans le célibat. Malheur à celui qui tenterait d'en séduire une; sa vie serait immanquablement sacrifiée pour ce crime. Toutefois, le roi peut faire entrer dans son harem celles qui ont su lui plaire, ou bien il en donne en mariage, à titre de haute récompense, à ses plus braves guerriers ou à ses favoris. Tous les Dahomeyens doivent présenter à la cour leurs filles lorsqu'elles sont arrivées à un certain âge, et parmi ces enfants, le roi choisit celles qui lui paraissent devoir faire de robustes et hardies amazones; les filles des chefs deviennent officiers et les cadres sont remplis par les filles du peuple.

Toute la côte de Guinée, principalement dans le voisinage des bouches du Niger, du Gabon, du Congo, etc., sans parler de l'intérieur, est couverte de peuplades nègres dont les mœurs diffèrent peu, en somme, et dont les annales sont remarquablement pauvres. Plus ou moins sanguinaires, plus ou moins extravagants sous le rapport de la décoration personnelle, très amateurs de rhum et de bière d'Afrique, quelques tribus, comme les Apingés du Gabon, se font pourtant remarquer par leur douceur et leur industrie; mais alors elles sont les victimes des tribus voisines que distinguent justement les qualités opposées. D'autres, par exemple, comme les Mossolonghis du Congo, ont ajouté à leur industrie traditionnelle, qui est le vol à main armée, l'art plus relevé de la piraterie. Toutes ces tribus sont gouvernées par des rois, dont le despotisme, au moins, est indiscutable. Sans nous y arrêter davantage, nous passerons aux Cafres et aux Saabs, cette dernière famille comprenant les Hottentots et les Boschimans.

Le pays des Hottentots (la Hottentotie) est borné à l'O. par l'Atlantique, au N. par la Cimbébasie, à l'E. par la Cafrerie et au S. par la colonie anglaise du Cap. Les Hottentots sont maigres et de taille petite, mais bien proportionnée; ils ont la tête petite, le front triangulaire, les pommettes hautes et saillantes, le nez aplati, les yeux bridés et très écartés l'un de l'autre, les lèvres épaisses et bizarrement saillantes, comme celles de l'orang-outang, des dents très blanches, le teint jaune brun, des cheveux noirs laineux, la barbe peu fournie, les extrémités petites. La femme, d'après nos idées européennes sur la beauté plastique, est beaucoup plus repoussante que l'homme: les masses graisseuses qui donnent aux fesses un développement si exagéré, l'appendice membraneux retombant sur les cuisses et auquel on a donné le nom caractéristique de tablier, les seins flasques et pendants, le ventre protubérant, sont autant de traits que la statuaire mettrait peu d'enthousiasme à reproduire. Cette branche de la famille Saab passe pour être la plus dégradée de toute l'Afrique, sinon du monde entier; mais ce jugement est probablement téméraire. Le vêtement du Hottentot se compose d'une sorte de manteau en peau de mouton, de gazelle ou de veau; une ceinture de peau également entoure leur corps, accompagnée chez la femme d'un tablier de 25 centimètres de longueur. Ils s'enduisent la peau d'une espèce de mastic fait de graisse et d'ocre ou de cendre, font usage d'anneaux de cuivre, de verroteries, de ronds de cuir pour ornements et vivent dans des huttes de branchages couvertes de peaux; ils ont pourtant construit des villages importants, mais ils préfèrent errer au milieu des troupeaux qu'ils élèvent. Paresseux, mendiants, voleurs à l'occasion, ils sont divisés en tribus dont les chefs exercent une grande autorité. Ils sont idolâtres pour la plupart, monogames, et punissent sévèrement l'inceste et l'adultère. Toute veuve qui se remarie doit se faire couper une phalange: cette coutume singulière et cruelle se retrouve dans certaines tribus de l'Hindoustan, ce qui vaut la peine d'être relevé. Les Hottentots n'ont guère d'autres armes que la massue, l'arc et les flèches, en y ajoutant le bouclier défensif. Ils vivent principalement de laitage, et en fait de commerce, se bornent à l'échange des pelleteries et des plumes d'autruche provenant de leurs chasses contre du tabac et de l'eau-de-vie. Peu belliqueux, refoulés d'ailleurs par le nombre, soit par les Européens colonisateurs, soit par les Cafres, les Hottentots se sont évidemment mêlés plus ou moins aux peuplades voisines. Ce mélange accentué est l'origine du groupe Boschiman, auquel nous devons consacrer quelques lignes.

Les *Boschimans* occupent une contrée sauvage, située au nord de la colonie du Cap, et s'étendent jusqu'à 200 kilom. à l'intérieur; ils doivent leur nom qui, en hollandais, signifie *hommes des buissons*, à leur coutume de chercher un asile un peu primitif dans les dépressions profondes du sol, dans les cavernes, surtout dans les buissons. Divisés en tribus, ils errent plus volontiers en familles; ils élèvent quelquefois des huttes de paille ou de branchages comme les Hottentots et vivent soit du produit de leurs troupeaux ou de leurs chasses, soit d'insectes, sauterelles, fourmis, etc., et même de couleuvres. Le type boschiman se rapproche beaucoup du type hottentot, c'est-à-dire qu'ils sont petits et fort laids; mais ils sont robustes et agiles au point de dépasser à la course le cheval et l'antilope. Leur costume se compose d'un manteau de peau pour la partie supérieure et d'une peau de chacal pour la partie inférieure du corps; ils portent généralement des sandales. Le sentiment religieux leur fait défaut, et les missionnaires n'ont jamais pu obtenir d'eux qu'un nombre dérisoire de conversions.

Les *Cafres* sont répandus sur toute la partie du continent africain qui s'étend depuis le 10e degré de latitude sud jusqu'à la pointe extrême, c'est-à-dire jusqu'au Cap, sauf le territoire occupé par les peuples dont nous venons de parler. A l'est, ils ne font pas défaut à Mozambique, Zanguebar et dans les îles de la mer des Indes, y compris Madagascar. Ils se divisent en quatre peuplades, obéissant à des chefs principaux ou rois, auxquels sont soumis les chefs de tribus. Ce sont: les *Amakosas*, au nord, voisins de la colonie; les *Tamboukis*, à l'ouest et au nord-ouest; les *Mamboukis* et les *Zoulous*, à l'est, sur les côtes du canal de Mozambique et de la mer des Indes. Les Cafres sont des hommes de haute taille, bien proportionnés, robustes, à la démarche noble; leur front est développé, leur nez presque droit; mais ils ont les lèvres épaisses du nègre et les pommettes proéminentes du Hottentot; leur barbe est toutefois moins clairsemée et leurs cheveux noirs moins laineux que ceux du nègre. Les femmes, plus petites, sont d'une rare perfection de formes et gracieuses à un point qu'on ne saurait imaginer. Le teint des Cafres est gris-noirâtre. Ils se couvrent de l'inévitable manteau de peau, mais ayant à sa partie supérieure un simulacre de collet; devant, pendant de la ceinture, ils portent une espèce de tablier, toujours de peau, orné de verroterie et d'anneaux de laiton; ils vont tête nue. Le manteau des femmes leur enveloppe tout le corps et elles se coiffent d'un bonnet de peau d'antilope. Les deux sexes se peignent tout le corps d'ocre rouge délayé dans l'eau et recouvert, en guise de vernis, lorsqu'il est sec, d'une couche de graisse. A demi nomades, les Cafres se livrent toutefois à l'agriculture, au jardinage et à l'élève des troupeaux dont les produits forment la base de leur nourriture. Ils se construisent des huttes comme les Hottentots, et sont armés de la massue, de la zagaie et, depuis la fréquentation des Européens leurs voisins, du fusil. Ils sont polygames et leurs sentiments religieux sont à peu près nuls; pourtant, très bienveillants les uns pour les autres, ils poussent en outre l'hospitalité envers les étrangers jusqu'à l'extrême. Parmi les réjouissances auxquelles le Cafre se livre volontiers, l'une des principales est la danse.

Les *Betchuanas* occupent au nord de la colonie du Cap un territoire d'une grande étendue vers le nord, borné à l'ouest par la Hottentotie et à l'est par la République du Transvaal. Ils se divisent en plusieurs tribus dont les principales sont celles des Bakouains, des Bushmen (il est bon de remarquer que le mot anglais *buchman* a la même signification que le mot hollandais *bosjesman*, qui veut dire *homme des buissons* et dont nous avons réussi à faire *boschiman*), des Bakalaharis et des Makololos, habitants des rives du Zambèze. Les derniers explorateurs africains, Livingstone, le capitaine Burton, etc., nous ont transmis des renseignements précieux sur ces diverses tribus, et certainement à leur gloire. Les Betchuanas sont de race cafre. Ils ont les cheveux laineux et le teint couleur café brûlé, plus ou moins foncé; les nez droits et arqués, les lèvres minces ou à peu près ne sont pas rares parmi eux; leurs yeux sont expressifs et ils donnent aisément des preuves de sensibilité. Doués d'une espèce de civilisation et d'une langue soumise à certaines règles grammaticales, ils montrent de grandes dispositions à apprendre. Doux et pacifiques, ils se livrent avec une sorte de passion à l'agriculture et à l'élève des troupeaux; leurs vêtements de peaux d'animaux sont propres, leurs maisons bien construites. Les Bushmen font toutefois exception en ceci qu'ils vivent en nomades, ne cultivent pas, n'ont pas de troupeaux et vivent principalement du produit de leur chasse. Ils habitent, avec les *Bakalaharis*, le désert de Kalahari.

Ces derniers sont les plus anciens et ont été jadis les plus riches en troupeaux de tous les Betchuanas; mais, repoussés par l'immigration des tribus qu'on désigne plus particulièrement aujourd'hui sous ce nom, ils se sont établis dans ce désert de Kalahari, appelé désert seulement parce qu'on n'y trouve pas de cours d'eau et non parce que le sol y est stérile. Cette grande infortune des Bakalaharis n'a rien qui étonne, quand on sait que le caractère distinctif de cette tribu n'est pas seulement la douceur, mais la timidité, la couardise si l'on veut. Ils poussent cette timidité à un tel point que la moindre manifestation hostile de leurs voisins les met en fuite aussitôt, et qu'ils préfèrent souffrir du manque d'eau que de vivre avec la crainte incessante d'une invasion. La découverte d'une source est une rare fortune pour eux, et ils la dissimulent ingénieusement, en la remplissant de sable, pour que nul ne puisse la leur dérober. Ce sont les femmes qui font les provisions d'eau pour le ménage; elles ont recours pour cela à un moyen curieux: Elles se munissent de vingt ou trente coquilles d'œufs d'autruche percés par un bout d'une ouverture à y introduire le doigt, et les mettent dans un filet ou un sac qu'elles portent sur le dos. Arrivées au lieu où se trouve la source, elles fixent une touffe d'herbe au bout d'un roseau d'environ deux pieds de long, et l'enfoncent à moitié dans le sable, en l'assujettissant avec du sable mouillé qu'elles appliquent et foulent tout autour; puis, elles posent à côté du roseau la coquille d'œuf qu'il s'agit de remplir, s'accroupissent, appliquent leurs lèvres à l'extrémité libre du roseau et aspirent l'eau qui s'élève bientôt jusqu'à leur bouche d'où un brin de paille, dont elle suit l'extérieur, la conduit dans la coquille-réservoir. Ces coquilles d'œufs, remplies toutes, sont ensuite soigneusement bouchées avec une touffe d'herbe puis emportées à la cave et profondément enterrées pour servir suivant le besoin. L'illustre Livingstone nous a laissé sur ces peuples de l'Afrique des renseignements pleins d'intérêt dont nous ne pouvons profiter ici dans la mesure que nous désirerions. Mais nous avons hâte de passer en revue les principaux types de la grande famille nilotique: Chillouks, Dinkas, Dioûrs, Bongos, Niam-Niams, Mombuttos, Akkas, etc.

Les *Chillouks* occupent, sur la rive gauche du Nil blanc, environ 3,000 villages renfermant chacun de 45 à 200 huttes, et forment une population, singulièrement compacte pour l'Afrique, de plus d'un million d'individus. Ils se livrent à l'agriculture, à l'élève du bétail, à la chasse et à la pêche. Moitié par coquetterie, moitié par préoccupation hygiénique, les Chillouks se couvrent le corps de cendre, de cendre de bois pour les gens du commun, de cendre de bouse de vache pour les gens d'importance, soucieux de se faire reconnaître d'un coup d'œil, car, de la cendre de bois qui est grise, l'autre se distingue par une couleur rousse des plus élégantes. Le but hygiénique de ce barbouillage est de protéger la peau contre la piqûre des insectes, et il constitue le plus clair de leur habillement. Les hommes se pommadent en outre de gomme, d'argile et de bouse de vache; au moyen de ce cosmétique, ils donnent à leur chevelure les formes les plus étranges. Les femmes sont un peu plus vêtues: elles portent un tablier de peau attaché à la ceinture et descendant aux genoux; par contre, leur système capillaire se borne à une série de petites boules.

Au sud, les Chillouks ont pour voisins les *Dinkas*, pasteurs comme eux, comme eux se barbouillant de cendre. Ils coupent leurs cheveux ras, gardant seulement au sommet de la tête une petite touffe qu'ils ornent de plumes d'autruche. Il en est cependant qui gardent leurs cheveux longs, les lissent autant que possible, les maintiennent droits à l'aide d'épingles et les lotionnent d'urine de vache, ce qui finit par leur faire prendre une couleur d'un roux fauve des plus étranges, pour leur ôter toute idée de retourner à l'état crépu. Le pays des Dinkas est marécageux, aussi ont-ils la jambe longue et sèche. Leur corps est robuste et nerveux, avec des épaules horizontales et anguleuses. Ils ont le cou long; la tête déprimée au sommet et par derrière, le front bas, les sourcils courts, la mâchoire très large. Cependant, d'après le docteur Schweinfurth, tout cet ensemble, peu séduisant en détail, ne manquerait pas d'harmonie. Les hommes et les femmes s'arrachent les incisives de la mâchoire inférieure, ce qui contribue sans doute, suivant eux, à accroître leur beauté naturelle; ils se percent les oreilles en plusieurs endroits pour les orner d'anneaux de fer ou de petits bâtons ferrés. En outre, le sexe aimable se pare la lèvre d'un grain de verroterie retenu par une épingle de fer. Les femmes sont vêtues ordinairement de plusieurs tabliers descendant jusqu'aux chevilles et bordés de clochettes, d'anneaux de fer et de perles; elles ont aussi des anneaux de fer aux poignets et aux chevilles, autant qu'elles en peuvent porter et que leurs moyens le leur permettent. Les hommes préfèrent les bracelets d'ivoire; ceux qui ne peuvent atteindre à un tel luxe se contentent de bracelets de peau d'hippopotame et de colliers faits de lanières de cuir tressées.

Les *Dioûrs*, habitants des hautes terres où ils subissent le voisinage incommode des Nubiens, se distinguent par leur industrie. Le pays est riche en mines de fer qu'ils exploitent par les moyens les plus primitifs, sans doute, mais avec courage et intelligence. Ils fondent et forgent, tandis que leurs femmes s'occupent de la culture des champs et des soins du ménage. Chez eux, comme chez tous les peuples laborieux, les affections familiales sont très développées, et ils ne ressemblent par conséquent, sous ce rapport, que fort peu aux peuplades qui les entourent.

Les *Bongos* ont le teint brun rouge. Ils s'habillent d'une bande d'étoffe attachée à la ceinture et retombant devant et derrière, pas très bas. Le vêtement des femmes se compose ordinairement d'une branche feuillue ou d'une petite botte d'herbe qu'elles renouvellent tous les jours; mais elles sont chargées, en revanche, d'une quantité de ferraille et de verroterie qui bat la mesure de leur marche; elles en ont de toutes les formes: en anneaux, en croissants, en plaques, en clous, et partout: aux oreilles en quantité, aux lèvres, au nez, en un mot à toutes les protubérances cartilagineuses ou charnues. — Il paraît qu'une femme Bongo pesant 400 livres est un objet assez commun et très apprécié.

Viennent ensuite les *Niam-Niams*, que certains voyageurs gratifient d'un appendice caudal que le docteur Schweinfurth a reconnu postiche. Leur pays s'étend très loin vers l'ouest et ils y sont nombreux. Ils sont de taille moyenne, ont le buste long, le nez grand et large, les yeux fendus en amande, très écartés, les cheveux tombant en tresses jusqu'à la ceinture. Leurs dents sont aiguisées en pointes. Vêtus de peaux de bêtes, les chefs seuls ont le privilège de se coiffer d'une espèce de bonnet de même *étoffe*. Ils sont agriculteurs, mais élèvent principalement des poules. Un tout petit défaut, du moins à notre point de vue, s'oppose à ce que nous en pensions tout le bien que nous voudrions: ce sont des anthropophages déterminés.

Les *Mombuttos* ou Mombouttous, leurs voisins du sud, ne sont pas moins qu'eux amateurs passionnés de chair humaine; ils vont même plus loin dans cette voie malheureuse que les Niam-Niams, car non-seulement ils font de l'homme leur gibier favori, mais encore ils en recueillent la graisse dont ils se servent comme assaisonnement. Après une victoire signalée, ils mangent ce qu'ils peuvent des cadavres restés sur le champ de bataille, salent le reste, et emmènent leurs prisonniers qu'ils traitent de façon à les engraisser s'il est possible, pour les approvisionner de viande fraîche quand besoin est. Cette fâcheuse dépravation du goût n'empêche pas que les Mombuttos ne soient la peuplade de beaucoup la plus intelligente de ces contrées. Ils ont un état social réglé et pratiquent plusieurs arts avec une grande habileté.

Dans le voisinage des Mombuttos vit la peuplade naine des *Akkas*. La taille des Akkas ne dépasse pas 1 mètre 1/2. Ce sont de vilains petits nègres à mâchoire proéminente, ayant toutefois les extrémités petites, fort agiles et chassant l'éléphant avec plus d'adresse que ne sauraient le faire bien des colosses de notre connaissance. Le docteur Schweinfurth voulait emmener un spécimen de cette curieuse peuplade en Europe, mais il mourut en route. Ce qui frappe dans les Akkas, d'après le voyageur allemand, c'est, en même temps que le ventre proéminent et pendant, l'extrême ténuité des membres comparativement à la longueur de la partie supérieure du corps, ténuité jointe à une étroitesse et à une petitesse remarquables des articulations de la main et du pied. Le thorax, trop ouvert en bas, est, entre les épaules, extrêmement plat et comprimé; le dos creux, les jambes arquées et les tibias ployés en dedans. Le crâne présente le type le plus complet du prognathisme et affecte la forme sphérique. Les lèvres sont très longues, et l'obliquité du menton les fait paraître d'autant plus proéminentes. La peau est d'un rouge de cuivre ainsi que les cheveux, très crépus, courts et peu abondants, assez semblables à de l'étoupe goudronnée. L'agilité, la sveltesse et l'aptitude à sauter des Akkas sont incroyables, étant donnés leurs jambes courtes et leur ventre proéminent. Ils ont pour armes la lance, l'arc et la flèche, mais flèche, arc et lance de si petite dimension, qu'ils ressemblent à des joujoux, ce qui ne les empêche pas de chasser le buffle et de s'attaquer même, comme nous l'avons dit, aux éléphants, qu'ils percent de leurs lances après leur avoir crevé les yeux à coups de flèche.

Il nous faut maintenant revenir au sud et faire connaissance avec les populations des îles de l'océan Indien, principalement, en commençant par l'Etat de Zanzibar, composé de l'île de ce nom et de quelques petites îles voisines, outre une portion assez considérable du littoral qui lui fait face. La population de Zanzibar est de sang très mêlé, Les aborigènes, les nègres Souahelis, par exemple, sont des métis de nègres et d'Arabes, bien supérieurs, au physique surtout, aux nègres de race pure, comme leurs compatriotes Ouazaromos et Ouakhoutous. Robustes et bien constitués, l'expression de leur visage dénote l'intelligence. Leur teint est brun noir, leur barbe assez fournie, leurs cheveux épais, que les hommes portent coupés ras tandis que les femmes les tressent; leurs dents sont généralement belles, quoique colorées en rouge par la mastication du bétel. Quant au caractère des Souahelis, il règne une grande diversité d'opinion parmi les Européens qui habitent Zanzibar. La majorité cependant les représente comme des gens débonnaires, quoique emportés, hospitaliers et tolérants, mais menteurs et fort intéressés. La plupart des nègres de Zanzibar sont esclaves, mais leur esclavage comporte une somme de liberté à laquelle on ne s'attendrait pas. D'abord, c'est dans une espèce de bureau de placement qu'on doit se rendre pour vendre ou pour acheter un esclave, et non au marché; ensuite l'esclave est payé, par une somme d'argent dans les villes, par une certaine étendue de terre cultivable à la campagne (de sorte qu'il n'est pas rare de voir des esclaves propriétaires acheter des esclaves pour leur propre service); enfin, il peut se racheter; il peut, en outre, forcer son maître, coupable de mauvais traitements à son égard, de le vendre, s'il ne peut rien de plus. Par contre, le maître vend rarement ses esclaves, et jamais ceux nés chez lui et qui y fondent des familles que ne vient jamais visiter la crainte de voir se disperser leurs membres. Il est rare, d'un autre côté, qu'un esclave se rachète; il y a plus d'intérêt pour lui à se procurer un esclave avec ses économies. Celui-ci l'aide dans ses travaux, et comme il ne donne que cinq jours par semaine à son maître, que les autres jours il ne travaille presque jamais du matin au soir, il ne manque pas de temps à consacrer à ses propres affaires. Les nègres de Zanzibar sont musulmans ou bouddhistes; mais ils professent toutes les formes de la superstition. « On croit encore à Zanzibar, dit un voyageur, pouvoir connaître l'avenir d'une façon infaillible par différents moyens: pour savoir la bonne ou la mauvaise issue d'une entreprise, on effeuille une couronne de roses en prononçant une certaine formule, comme ont coutume de le faire les jeunes filles de nos campagnes avec les feuilles de pâquerettes, tantôt c'est par des procédés de nature plus difficile, où il faut déjà avoir une certaine instruction pour les exécuter selon la règle. A ces derniers appartient l'usage de l'*abedjed*, petite règle carrée qui porte des lettres sur chaque côté. On prononce une prière et, au premier mot qui commence par la même lettre que le jour de la semaine pour lequel on demande un oracle, on fait tomber l'abedjed. On lit la lettre qui vient dessus, on ouvre le Coran au hasard et on cherche sur la page du côté droit une ligne qui commence par la lettre trouvée. L'oracle est toujours le même; cependant, et c'est naturel, son sens est souvent très obscur et nécessite une grande subtilité pour présenter quelque analogie entre la demande et la réponse. » L'âge du mariage, pour les filles, est de douze à quatorze ans. — Le mariage, entre Souahelis, est soumis à une foule de formalités dont la plupart procèdent d'ailleurs des mœurs musulmanes. Lorsqu'un jeune homme a choisi celle dont il se propose de faire sa fiancée, ce n'est pas qu'il connaisse, surtout de vue, celle qui a fixé son choix; il connaît seulement sa famille et la position de fortune de celle-ci, son honorabilité, son influence. Il met alors l'affaire entre les mains d'un entremetteur officieux qui s'abouche avec le père de la future convoitée, s'assure de ses intentions relativement aux projets de son client, procède avec lui aux « accordailles » s'il y a lieu, et mange le festin qui termine ces négociations ardues. Le fiancé est alors admis à faire sa cour, mais à une fiancée qu'il ne peut voir que le visage couvert d'un voile, qui ne peut recevoir un mot de lui et lui en transmettre un autre que par le ricochet d'une personne tierce, et accepter un présent que s'il a passé par les mains de ce témoin assommant, mais indispensable. Enfin, le grand jour arrive! La cérémonie a lieu ordinairement chez le père de la fiancée, ce qui implique le consentement de celui-ci. Le *cadi* obtient sans peine du futur la promesse de bien traiter celle qui sera sa femme, il s'assure que le père du marié consent à l'union projetée, et le mariage est fait. Le mari, qui ne connaît toujours pas — ou est censé ne pas connaître — sa femme, se rend dans un appartement obscur où celle-ci, entourée de ses amies, l'attend. Il pose sa main sur la tête de sa jeune compagne et prononce une invocation de circonstance. Alors les réjouissances commencent; la table reste ouverte plusieurs jours consécutifs; mais les mariés n'ont pas attendu le dernier pour se retirer dans leur maison, présent ordinaire du père de la mariée. — La mort a aussi ses cérémonies spéciales, chez les Souahelis. Les femmes y ont seules droit à un cercueil; on enveloppe leur corps, lavé avec soin, dans un linceul tissé expressément dans une mosquée, on l'enferme dans le cercueil et après la cérémonie sacrée, on le porte au cimetière où on l'inhume la tête tournée vers le levant. Le corps de l'homme est aussi soigneusement lavé par ses parents, vêtu ensuite de son linge le plus riche et enfermé, en attendant l'inhumation, dans une chambre spéciale. Lorsqu'il s'agit d'une femme, le mari n'est pas admis parmi ceux qui ont le soin de laver son corps, ses attouchements étant considérés comme une profanation dans cette circonstance.

Les nègres de Zanzibar sont loin d'avoir le tempérament mélancolique, s'il faut en croire le voyageur déjà cité. « Depuis l'après-midi jusqu'aux premières lueurs du matin, dit-il, le tambour ne cesse de rouler, avec accompagnement de cornet à bouquin : c'est la musique des nègres pour la danse qu'ils appellent *nyoma* et qui constitue leur plaisir principal. Bien que, tout le long du jour, ils soient souvent occupés aux travaux les plus pénibles, on les voit cependant, le soir, livrer leurs membres, presque sans interruption, à tous les exercices imaginables, au point que la sueur leur coule du front, et on les entend accompagner la musique avec un cri distinctif. Dans les circonstances particulières, comme mariages, conjurations de démons ou dans les jours de fête, hommes et femmes se réunissent pour danser; tous se parent de la façon la plus choquante avec des tatouages, des fourrures, des grelots et des plumes. Le sérieux particulier avec lequel ils portent tout cet attirail produit une impression des plus comiques, et on peut donner libre cours à son hilarité, car les nègres ne s'en fâchent pas, ils s'en réjouissent plutôt, et souvent leur rire, partant du cœur, se joint au vôtre... »

De Zanzibar à Madagascar, il n'y a qu'une enjambée; faisons-la. La population de cette grande île de l'océan Indien, qu'il nous importe beaucoup de connaître, à raison des rapports plus étroits que les Français sont certainement appelés à avoir avec elle, est désignée en plusieurs groupes distincts, quoique tous d'origine malaise plus ou moins, en raison de ses croisements avec les Arabes, les Cafres et les nègres, c'est encore. Ce sont : les *Sakalaves*, anciens habitants et maîtres de l'île où ils forment encore le groupe le plus nombreux; les *Hovas*, maîtres actuels, vainqueurs des Sakalaves, moins nombreux cependant; les *Bestiles*, les *Betsimkares*, les *Antianos* et autres tribus sauvages errant dans les steppes de l'extrémité méridionale de l'île. Les plus intelligents des hommes formant cette population distincte, sont les Hovas qui, jadis, occupaient seulement le haut plateau d'Ankova, dans l'intérieur de l'île; ils sont de beaucoup de plus sociables de l'île; plus intelligents, ce qui explique en partie que, sous la direction de leur roi Andrian Ampousine, et avec l'appui ostensible des Anglais, ils aient conquis sur les Sakalaves et les Bestiles, les territoires occupés par ceux-ci jusqu'à la côte occidentale, et forcé la plus grande partie des Sakalaves à se réfugier à Nossi-Bé et à Mayotte, devenus depuis établissements français. Après les Hovas, viennent

Hovas.

nent les Bestiles. Les Betsimkares, fortement mélangés d'Arabes, occupent la côte nord-est de l'île; ils ont une réputation de férocité plus ou moins justifiée; le tout cas, ce sont des vaincus, mais non des soumis, persistant à considérer les Hovas comme des êtres inférieurs et même immondes et leur tenant tête

autant qu'il est possible. En général, l'industrie est peu développée à Madagascar, malgré le contact des Européens; cependant les Hovas et les Bestiles de l'intérieur travaillent fort bien le bois, le fer et les métaux précieux; ils tissent le coton et la soie, élèvent les vers à soie et fabriquent des tapis magnifiques.

Les Hovas ont le teint cuivré et la chevelure noire et lisse des Malais. Intelligents, adroits, méfiants, cauteleux, ils sont tout particulièrement propres à la pratique des affaires et à la diplomatie; on les dit faux, cela se comprend, et poltrons, ce qui nous paraît moins bien établi. Leurs mœurs se modifient tous les jours sous l'influence européenne, et l'habit noir remplace chez les hommes la pièce de drap, dont ils se servaient comme d'un manteau drapé à l'espagnole, et qui constituait à elle seule à peu près tout le costume national malgache.

Les Sakalaves habitent en grande partie Mayotte et Nossi-Bé, comme nous l'avons dit; il en reste toutefois un grand nombre dans le nord de l'île de Madagascar où ils se maintiennent en dépit des Hovas, en leur payant tribut toutefois. Certains voyageurs les représentent comme fainéants, voleurs et ivrognes; cependant le préfet apostolique de la mission de Madagascar les dit bons, il leur reproche seulement leur indifférence en matière religieuse et leur exigence à vouloir qu'on leur montre le Dieu des chrétiens dont il leur parle toujours, mais qu'il ne leur fait jamais voir; ils trouvent, en outre, que ce Dieu n'est pas un bon esprit, puisqu'il fait mourir les hommes. Tout leur système religieux paraît se borner à la vénération qu'ils professent pour les *esprits* de ceux qui ne sont plus, et par conséquent à l'idée d'une vie future. — Le riz cuit à l'eau, le maïs, les patates et les racines forment la base de la nourriture des Sakalaves.

Une autre peuplade non moins digne d'arrêter l'attention, habite la région méridionale de l'île; c'est celle des Vèses. Comme les Sakalaves, ils se nourrissent principalement de végétaux, de riz, de maïs, etc., de poisson quelquefois, mais rarement; ils mangent pourtant de la viande, et de la volaille surtout. Ils sont très braves. Quant à leurs notions religieuses, ce sont à peu près celles des Sakalaves. En retour, la superstition fleurit chez eux dans toute sa force; témoin ce que rapporte un voyageur autrichien, M. de Jedina, sur ce qui se passe à l'occasion de la construction d'un mortier à riz, l'ustensile de ménage indispensable. « Pendant qu'on fait tomber l'arbre dont ce mortier doit sortir, on abat un bœuf. Dès que l'arbre est couché sur le sol et que le morceau désigné a été creusé avec la hache, il n'est plus permis de lever celui-ci de terre, et il faut le conduire, en le traînant, au lieu de sa destination. Quiconque levait de terre ce morceau était autrefois condamné à mort; maintenant encore, il expie sa faute par l'esclavage... Les mariages ne se contractent qu'avec la permission des chefs; les hommes recherchent ordinairement les femmes d'un certain âge, et volontiers les veuves ayant des enfants, parce que la richesse en progéniture est très estimée. La cérémonie des noces est des plus simples. On convoque les anciens du village, on égorge le bœuf obligatoire et l'on en distribue la viande, ainsi que du rhum; après quoi, fiancée et fiancé déclarent, en présence de l'assemblée, qu'ils se sont volontairement choisis l'un l'autre; puis ils font successivement les promesses usitées de fidélité. Quelque relâchées que soient les idées de moralité régnant parmi ces enfants de la nature, quelque libre et sans contrainte que soit la conduite des jeunes filles célibataires, on n'en estime pas moins comme sacré le lien conjugal. Une fois mariées, les femmes vèses se consacrent entièrement à leur famille, et l'on raconte d'elles les témoignages les plus touchants de leur attachement à leur mari et à leurs enfants... »

Voici comment, d'après le même voyageur, sont construites les habitations des Vèses. Dans la seule mobile sont enfoncés quatre pieux de bois, sur lesquels repose un toit de feuilles de palmier, sur lesquels repose un toit de feuilles de palmier, à un mètre au-dessus du sol. Les murs latéraux sont également composés de feuilles enlacées de

palmier ou de jonc mince. Les gens de qualité couvrent de nattes de paille le plancher qui comprend à peine trois à quatre toises carrées; chez d'autres, la *kitanda*, sorte de lit de repos, est immédiatement placée sur le sable. Le feu pour cuire le riz et griller les poissons se fait devant la maison. Les quelques ustensiles de pêche sont cachés dans une barque qui se trouve dans le voisinage, et les rares provisions de bouche sont mises à couvert dans un petit bâtiment adjacent, un peu élevés au-dessus de la terre. Afin de les préserver des rats, on garnit abondamment d'épines et de coquilles pointues les pieux du soubassement.

DIVISIONS POLITIQUES. — On peut partager l'Afrique en six grandes divisions, qui sont : l'*Afrique septentrionale*, comprenant les États barbaresques (Maroc, Algérie, Tunisie et Tripolitaine) et l'Égypte; l'*Afrique occidentale*, comprenant le Sahel ou région des Maures, la Sénégambie, la Guinée supérieure, la Guinée inférieure ou Congo; l'*Afrique australe*, comprenant le Hottentotie, la colonie du Cap, la Cafrerie, l'État libre du fleuve Orange, le Transvaal, le pays des Betchuanas, le pays des Zoulous; l'*Afrique orientale*, comprenant le Mozambique, le Zanguebar, le pays des Gallas, le Somal, l'Abyssinie, la Nubie; l'*Afrique centrale*, comprenant le Sahara ou Grand-Désert, le Soudan ou Nigritie, la région des grands lacs et celle du haut Zambèze; enfin l'*Afrique insulaire*. Toutes ces grandes divisions devant être, à leur rang alphabétique, l'objet de notices spéciales, ainsi que les subdivisions nombreuses qu'elles comportent, il n'est pas nécessaire de parler plus longuement ici d'autre chose que des îles, qui sont nombreuses, tant dans l'océan Atlantique que dans l'océan Indien.

Les Iles. Ce sont, dans l'Atlantique, les îles de Madère, situées à environ 560 kil. N.O. de la côte occidentale d'Afrique. La principale de ces îles, qui appartiennent au Portugal, porte ce même nom de Madère; elle a environ 160 kil. de circonférence et est renommée pour sa beauté, la richesse de sa végétation, ses vins et la douceur de son climat. Funchal, sa capitale, a 18,000 habit. C'est une station régulière pour les transatlantiques anglais. — Les Canaries (les Iles Fortunées des anciens, croit-on), à 480 kil. S. de Madère, appartiennent à l'Espagne. L'archipel compte treize îles, toutes d'origine volcanique, dont la plus grande est Ténériffe, remarquable par son Pic, volcan assoupi seulement peut-être, qui s'élève à 3,700 mètres au-dessus du niveau de la mer. — Le groupe des îles du Cap Vert, à environ 500 kil. du cap du même nom, appartiennent aux Espagnols. — Fernando-Po, dans la baie de Biafra, île très montagneuse et couverte d'épaisses forêts, appartenant à l'Espagne. — Saint-Thomas et Principe, établissements portugais, le premier immédiatement sous l'Équateur, le second dans la baie de Biafra; puis, par 2º de lat. S. Annobon, établissement espagnol. — Viennent enfin l'île de l'Ascension, rocher volcanique dont la cime est la plus élevée atteint 860 m., station des navires anglais, et Sainte-Hélène, d'une altitude à peu près égale, mais à jamais célèbre par le séjour de Napoléon.

Dans l'océan Indien, on trouve d'abord Madagascar, la plus importante des îles d'Afrique et l'une des plus vastes du monde, séparée de la côte de Mozambique par le canal de ce nom, large d'environ 400 k. Sa superficie dépasse 400,000 kil. carrés, et sa capitale, Antananarive, renferme environ 80,000 hab. — Viennent ensuite Sainte-Marie, Nossi-Bé, possessions françaises, les Comores, l'une desquelles, Mayotte, est aussi possession française, dans le canal de Mozambique; plus haut Zanzibar; puis, à l'Est de Madagascar, la Réunion, possession française, à 340 kil. de la côte; Maurice, à 140 kil. de la Réunion, cédée à l'Angleterre par la France en 1814, et dans la dépendance politique de Maurice l'île voisine de Rodriguez; puis les Amirantes et les Seychelles, plus au nord. Enfin, à l'Est du cap Guardafui, Socotra, renommée pour ses aloès, grande île appartenant à l'iman de Mascate, mais où les Anglais ont établi une station pour leurs paquebots de la Compagnie Péninsulaire et Orientale, faisant le voyage de l'Inde par Suez et la mer Rouge.

— EXPLORATIONS ET DÉCOUVERTES. — Les anciens ne possédaient, sur le vaste continent africain, que des notions sérieuses fort limitées. Il faut considérer que le grand désert, qui s'étend presque dans toute sa largeur, est resté une barrière infranchissable, tant que les Arabes n'eurent point importé le chameau en Afrique; d'autre part, aucun autre fleuve que le Nil ne pouvait conduire les explorateurs à l'intérieur du continent. Toutes ces raisons expliquent suffisamment que les Grecs et les Romains n'aient pas poussé leurs investigations fort loin au delà de la côte septentrionale. Par contre, les côtes de la Méditerranée et de la mer Rouge furent connues à une époque très reculée. Il y a plus de 3,000 ans, probablement, que les Phéniciens fondèrent des établissements dans le nord de l'Afrique; la conquête de l'Égypte par Cambyse remonte à 525 av. J.-C. Les Asiatiques connurent donc de bonne heure la côte septentrionale de l'Afrique; quant aux deux autres, nous ne nous arrêterons certes pas à examiner les raisons présentées pour et contre l'hypothèse qu'elles leur furent également connues, car ce serait perdre le temps. D'après Hérodote, le roi d'Égypte Néchao aurait envoyé une expédition phénicienne autour du continent africain, et cette expédition serait revenue, affirmant au pharaon qu'elle avait accompli entièrement la mission qu'il lui avait confiée : dans tous les cas, et sans nous arrêter encore aux disputes soulevées par le passage d'Hérodote, le fait est que si les explorateurs phéniciens réussirent aussi complètement dans leur voyage de circumnavigation autour de l'Afrique, la géographie n'en a guère profité (vii e. av. J.-C.). Environ un demi-siècle plus tard, le Carthaginois Hannon, envoyé pour fonder ce que nous appellerions des *comptoirs* sur la côte occidentale, descendait jusqu'à l'embouchure de la Gambie, et peut-être jusqu'au Gabon. Quant à la côte orientale, prise dans des disputes également, on paraît être tombé d'accord que le périple de la mer Érythrée s'avance jusqu'au sud de Mozambique et de l'île de Madagascar. Même sous les Ptolémées, et quoique habituellement le seul grand fleuve qui, du continent africain, se jette dans la Méditerranée, les Égyptiens n'étendirent point leurs connaissances géographiques au delà de leurs frontières; et les Romains, devenus maîtres de l'Égypte, n'étendirent pas leurs découvertes au delà du Fezzan d'un côté, et plus loin de la Nubie, de l'Abyssinie et des régions du Haut-Nil, d'autre part. Des marchands carthaginois seraient allés jusqu'aux rives du Niger dans l'intérieur de l'Afrique, mais dans ce cas, ils n'ont laissé aucun souvenir de leurs voyages. Le récit d'Hérodote relatif à des Nasmons ayant traversé le désert pour arriver à une grande rivière peut tout aussi bien s'appliquer au Nil qu'au Niger. Les premières notions sérieuses sur l'intérieur de l'Afrique septentrionale, nous le devons aux Arabes qui, grâce à leurs chameaux, réussirent vraisemblablement les premiers, à franchir le grand désert pour atteindre le centre et sur les deux côtes, jusqu'au Sénégal et à la Gambie à l'ouest et jusqu'au Sofala à l'est; sur cette dernière, ils établirent même des colonies au Sofala, à Mombaz, à Mélinda et ailleurs.

Le xv e siècle fut l'ère des découvertes maritimes, et les Portugais furent les premiers à nous fournir une idée exacte de la configuration des côtes d'Afrique, que l'établissement de colonies françaises, hollandaises et anglaises permit enfin de relever systématiquement, en même temps que de reconnaître une certaine étendue de territoire à l'intérieur. L'ère des découvertes véritablement sérieuses et utiles est enfin ouverte; les explorateurs se succèdent, marchant dans le sang de leurs devanciers et à peu près assurés de tremper de leur propre sang le sol nouvellement découvert. Nous passerons rapidement en revue les explorations tentées en Afrique depuis le milieu du xviii e siècle jusqu'à nos jours, car c'est le seul moyen de nous rendre compte du développement, loin encore d'être complet, de nos connaissances géographiques dans le continent africain. En 1763 l'Écossais Jacques Bruce partait à la recherche des sources du Nil. Il fit surtout connaître en Europe l'Égypte, l'Abyssinie et la Nubie. Quant aux sources du Nil, il crut les avoir découvertes, mais ce n'étaient que celles du fleuve Bleu, que le missionnaire portugais Paez avait d'ailleurs signalées avant lui. Quinze ans après le retour de Bruce, en 1788, une « Association africaine » se formait à Londres. L'année suivante, l'Association envoyait un premier agent, John Ledyard, ancien compagnon de Cook dans son dernier voyage. Ledyard devait explorer le cours du Niger; mais trois mois après son arrivée au Caire (décembre 1788), il y succombait aux atteintes d'une fièvre bilieuse. Un autre voyageur, Lucas, envoyé par une route différente, ne put dépasser Tripoli. En 1791, l'Association envoyait dans la Sénégambie le major Houghton, ancien consul à Maroc. Le malheureux expirait peu de temps après à Djarra, village nègre du Ludamar, après avoir été dépouillé par ses guides maures qui l'avaient abandonné ensuite, soit par suite des privations et des fatigues endurées, soit assassiné, comme on l'assure, par les nègres de Djarra. Le 21 juin 1795, Mungo Park, de retour des Indes depuis 1792, débarquait sur les rives de la Gambie : il n'avait pas vingt-quatre ans. Il reprit la route fatale de Houghton; mais il fut plus heureux au début que l'infortuné major et arrivait chez le roi de Kaarta après avoir traversé des régions habitées par des peuplades inoffensives, hospitalières même. Là, la prudence lui commandait de s'arrêter, le roi de Kaarta, qui lui montra beaucoup de bienveillance, étant en guerre avec un voisin, le roi de Bambarra, pouvait le prendre pour un espion et le traiter en conséquence; mais il craignait le venue des pluies et voulut passer outre, malgré les représentations de son hôte. Il prit la route du Ludamar, où Houghton avait trouvé la mort. Deux jours de marche lui restaient à faire pour se trouver hors des limites, lorsqu'il fut attaqué et dépouillé par les Maures, qui le conduisirent ensuite à leur digne souverain de qui il avait sollicité et obtenu l'autorisation de traverser le Ludamar. Après une captivité cruelle, Park fut emmené à Djarra par le roi Ali; mais il réussit à échapper en route à ses persécuteurs. Muni d'une boussole, pourtant, un cheval et un peu d'effets, il rencontre une autre bande de Maures, qui achèva de le dépouiller; des nègres fugitifs qu'il rencontra bientôt après, heureusement, lui donnèrent quelques secours en échange des boutons de son habit, et il put continuer son chemin jusqu'aux rives du Niger, qu'il découvrait le 20 juillet 1796. Après bien des épreuves, un séjour prolongé, pour cause de maladie, au village de Kamalia, Mungo Park revoyait la Gambie en juin 1797 et l'Angleterre en septembre suivant. Il rapportait les premiers renseignements précis sur le Niger, signalé par les géographes anciens. — Dans le même temps, c'est-à-dire de 1792 à 1796, George Browne explorait également l'Afrique où il avait pénétré par l'est, découvrait le Darfour et divers États voisins et, après avoir éclappé d'être à divers terribles, revenait avec une ample moisson de renseignements géographiques sur cette partie du continent africain. — Un autre voyageur envoyé par l'Association africaine, Horneman, explorait de son côté le Fezzan et la Tripolitaine; mais il était obligé de renoncer à pénétrer dans l'intérieur.

Frappé des résultats du premier voyage de Mungo Park, le gouvernement britannique organisait, dès 1804, une expédition dont Mungo Park fut nommé le chef, avec mission de reprendre l'exploration du Niger au point où il avait dû forcé de l'abandonner, et s'y étant construit une embarcation convenable, allait s'abandonner au cours du fleuve, afin de découvrir son embouchure exacte. Le jeune et hardi voyageur quitta l'Angleterre en 1805. Le 16 novembre, après avoir construit un bateau à fond plat pour descendre le fleuve, il quittait Sansanding et s'abandonnait, plein d'espoir, malgré les tribulations qui n'avaient pas cessé de l'assaillir, au courant du Niger. Il avait remis au guide Isaac, pour le faire parvenir en Angleterre, un journal de la première partie de ce voyage, qui devait avoir une si triste fin. « Une caravane d'Européens, » disait-il, « a donc réussi à pénétrer dans l'intérieur de l'Afrique, à travers une étendue de pays de 500 milles anglais, et cela malgré les obstacles les plus insurmontables, sans verser une goutte de sang et en restant toujours en bonne intelligence avec les nègres. Il est ainsi démontré, pour l'avenir, qu'il est possible de transporter des marchandises par terre, des côtes de la mer et du fleuve de Gambie jusqu'à l'endroit où le Niger est navigable, pour être expédiées de là, par eau, dans les grands marchés du Soudan. » Et ailleurs : « Je m'embarque pour l'est; je m'abandonne au courant du Niger, avec la ferme résolution de découvrir son embouchure ou de périr dans cette entreprise. Tous ceux qui sont avec moi doivent mourir, et moi-même fussé-je à demi mort, je poursuivrai ma course, et si je n'atteins pas le but de mon voyage, le Niger, du moins, sera mon tombeau. » Ce fut malheureusement cette dernière prévision qui se réalisa. Du moins fut-il massacré avec ses compagnons, à Boussa, par la trahison d'un de ses guides indigènes. Les détails de ce tragique dénouement, falsifiés d'abord par le traître, ne furent exactement connus qu'en 1846.

La liste des martyrs de la géographie africaine commence seulement. Après Houghton et Mungo Park, ce sont Nicholls, Rœtgen, Peddie, Campbell et Kummer, le capitaine Tuckey et ses dix-sept compagnons (1816), le major Gray, Rouzey, Belzoni, Bodwich, Dupuis et Hutton, etc., etc. En 1818, le Français Gaspard Mollien, fils du ministre, monte de l'Empire, remonta le cours du Sénégal et du Rio-Grande, après avoir échappé au naufrage de la *Méduse*; il découvrit les sources du premier de ces fleuves et visita celles de la Gambie. Celui-ci le revit et entreprit d'autres voyages moins importants. En 1820, Cailliaud remonta le Nil jusqu'au Bahr-el-Azrak. «Les sources du Niger furent découvertes en 1822 par le major Laing, à peu de distance de Falaba. Mollien et Laing donnent sur les peuples qu'ils ont visités des renseignements dont nous avons fait notre profit

Caravane traversant le désert.

plus tard. Le malheureux major, d'abord fort maltraité par les Touaregs sur la route de Tripoli, pillé et blessé, alla se faire étrangler par les nègres de la tribu de Zaouat, pour s'être refusé à reconnaître, Mahomet pour le prophète de Dieu. Dans le même temps que le major Laing était à la recherche des sources du Niger, c'est-à-dire au commencement de 1822, trois Anglais, le capitaine Clapperton, le major Denham et le docteur Oudney se mettaient en route, dans le même but, par Tripoli et le Sahara. Bien accueillis partout, à Sokna, à Mourzouk, à Kuka dans le Bornou, la saison des pluies força nos voyageurs à séjourner dans cette dernière ville jusqu'à fin 1823. Ils en profitèrent pour étudier les mœurs des indigènes. Aussitôt que les pluies eurent cessé, le major Denham explora le lac Tchad sur les rives occidentales et le pays des Baghirmis, tandis que Clapperton et le docteur Oudney se rendaient à Sakatou. Le docteur mourut en route le 11 janvier 1824, et son compagnon arrivait à Kano, la ville de l'indigo par excellence, le 20 février. Le 15 mars, Clapperton atteignait Sakatou où il fut bien reçu par le sultan Bello. De retour à Kuka au commencement de juillet, Clapperton y retrouva Denham et repartit avec lui pour Tripoli. Les deux voyageurs arrivèrent en Angleterre en juin 1825. — Le 27 août suivant, Clapperton repartait pour Sakatou. Il voulut cette fois pénétrer en Afrique par le sud-ouest, de manière à pouvoir se vanter, en cas de succès, d'avoir traversé entièrement l'Afrique du sud-ouest au nord. Il entra en conséquence dans le golfe de Benin le 26 novembre. Il remonta ensuite le Lagos et arriva à Katonga, capitale de l'Yoruba, où il dut séjourner deux mois, le roi du pays faisant des difficultés pour le laisser poursuivre. Enfin, il put partir pour Boussa, sur le Niger, qu'il quitta le 2 avril, et arriva à Sakatou en octobre. Le sultan Bello reçut notre voyageur moins cordialement que celui-ci l'avait espéré. Il savait qu'il devait également se rendre auprès du cheik du Bornou, avec lequel il était en guerre, et, en conséquence, il le retint auprès de lui. Mais le désappointement de se voir ainsi arrêté au moment où il touchait au but, porta le dernier coup à sa santé déjà bien éprouvée par l'influence d'un climat terrible et des fatigues de toute sorte. L'infortuné capitaine tomba sérieusement malade et mourut, à trente-huit ans, le 13 avril 1827. — Clapperton, malgré son désir et son rare courage, au bout de compte, n'avait pu pénétrer dans la ville mystérieuse de Timbouctou. Le succès était réservé à un Français, René Caillé, après un voyage aux péripéties dramatiques, dont nous nous réservons de parler plus amplement à son nom. Le 19 avril 1828, Caillé entrait à Cabra, port de Timbouctou, et il pénétrait dans la ville le lendemain. Rentré chez lui, Caillé, épuisé des fatigues de ses voyages en Afrique, mourait comme Clapperton, à trente-huit ans. — Après la mort de ce dernier, son domestique, Richard Lander, qui avait continué le journal de son maître depuis le moment où il était tombé malade à Sakatou, avait voulu poursuivre le voyage en si bonne voie déjà; mais il en avait été empêché par diverses circonstances et était revenu en Angleterre. Vers la fin de 1829, il obtint le commandement d'une nouvelle expédition ayant pour mission de continuer l'œuvre de Mungo Park, c'est-à-dire de descendre le Niger depuis Boussa, lieu du meurtre de Park, jusqu'à son embouchure quelle qu'elle soit. Richard Lander quitta Plymouth, le 9 janvier 1830, emmenant avec lui son frère John. Après bien des retards et des difficultés, toujours les mêmes, l'expédition parvenait à s'embarquer sur le Niger le 20 septembre, et, au bout de deux mois de navigation périlleuse, elle atteignait l'embouchure de ce grand fleuve dans la baie de Biafra. Richard Lander retourna dans ces régions en 1832. Cette fois, il devait y rester : assailli par une bande de nègres dans une île du Niger, il reçut un coup de hache de l'un d'eux. Il mourut peu après des suites de cette horrible blessure, dans l'île de Fernando-Po. En 1832 également, Douville explorait le Congo.

Cependant, de nombreux explorateurs français visitaient le nord-est de l'Afrique : la Nubie, l'Abyssinie, le pays des Gallas, le Somali; ce sont Édouard Combes et Tamisier, Rochet d'Héricourt, les frères d'Abbadie (1837-48), etc., etc. Mais il nous faut passer rapidement sur ces expéditions d'importance secondaire au point de vue géographique, ainsi que sur celles du capitaine Trotter (1841), du malheureux enseigne Maizan, écorché vif par les féroces habitants de ces contrées, peu après avoir quitté Bagamoyo pour l'intérieur (1843); celle des missionnaires protestants Krapf et Rebmann, qui s'engageaient dans l'intérieur et découvraient les Baringo et Zambourou, ainsi que les deux pics couverts de neige du Kilima-njaro et de Kénia (1844-49); celle dirigée par d'Arnaud, sous les auspices du vice-roi d'Egypte, qui partit en 1849 à la recherche des sources du Nil et parvint jusqu'à Gondokoro; celles de Brun-Rollet, des Italiens Bolognesi et Anti-

nori, au Gabon, au Fouta-Djalon et en Abyssinie. En 1849, James Richardson quittait l'Angleterre avec le docteur Henry Barth et le docteur Overweg, chargé d'une mission auprès des chefs dont les États avoisinent le lac Tchad, avec mission d'assurer l'abolition de la traite des esclaves. Richardson et Overweg mouraient de fatigue en chemin ; seul, Barth survécut, et il poursuivit ses explorations jusqu'en 1855, visitant non seulement les rives du lac Tchad, mais le Soudan presque en entier, jusqu'aux rives du Niger et jusqu'à l'Adamaoua et un des voyages les plus productifs qui aient encore été entrepris. En 1856, Vogel était mis à mort par les naturels de l'Ouadaï, qui le soupçonnaient de mauvaises intentions parce qu'il prenait des notes. — C'est maintenant, par ordre de date ou à peu près, le tour de l'illustre docteur Livingstone, lequel, comme agent de la Société des missions de Londres, travaillait, depuis 1840, à la conversion des indigènes établis au nord de la colonie du Cap. Il commença, en effet, ses voyages d'exploration dans l'été de 1849 et se dirigeait vers l'est, parallèlement au Zambèze ; il explora les rives méridionales du lac Nyassa, et continua vers l'est jusqu'à l'embouchure de la Rovuma, qu'il atteignit après un voyage de quatorze mois. En 1852 et 1853, il fit deux nouveaux voyages; il fut le premier Européen qui navigua sur le haut Zambèze, et du pays des Makololos, partie centrale du bassin de ce fleuve, il atteignit, avec une troupe d'indigènes, la côte portugaise de Loanda en 1854. En 1853, un voyageur portugais, Silva Porto, quittait Benguela et se dirigeait vers l'est, parallèlement au Zambèze; il explora les rives méridionales du lac Nyassa, et continua vers l'est jusqu'à l'embouchure de la Rovuma, qu'il atteignit après un voyage de quatorze mois. En 1855-56, Livingstone entreprenait un nouveau voyage au nord, descendant le Zambèze jusqu'à son embouchure et découvrant en chemin les magnifiques chutes Victoria. Mme Ida Pfeiffer visitait Madagascar en 1857. En 1857 aussi, Hahn et Rath exploraient la terre de Damara, au sud-ouest, et le docteur Bastian, le Congo et Angola. Du Chaillu entreprenait à la même époque son premier voyage dans les régions équatoriales couvertes de forêts de la côte occidentale et habitées par les Fans. Enfin, sous les auspices de la Société de géographie de Londres, les capitaines Burton et Speke, qui s'étaient déjà distingués par un premier voyage au pays des Gallas et des Somalis, quittaient Zanzibar

Vue de Zanzibar.

pour explorer la région des grands lacs intérieurs; ils découvraient le lac Taganyika, entre 3° et 8° de latitude sud, extrémité méridionale d'un lac encore plus important, au nord du précédent, et que Speke, qui le découvrit, supposa être la source du Nil. Dans un nouveau voyage, en 1859, Livingstone, accompagné du docteur Kirk, remontait le Chiré, affluent septentrional du Zambèze, jusqu'à sa sortie du lac Nyassa. C'est vers le même temps également que les Petherick, les Lejean, les Miani, les Poncet, les Antinori, les Debono, les Pency ajoutaient, par leurs explorations, à la somme de connaissances acquises sur le cours du Nil blanc, tandis que le lieutenant d'infanterie de marine Lambert explorait le Fouta-Djalon, les lieutenants Vallon et Répin le Dahomey (1860), et que M. Duveyrier explorait le nord du Sahara (1861). En 1860 Speke, accompagné du capitaine Grant, revenant aux grands lacs intérieurs, particulièrement à celui dont il n'avait pu reconnaître qu'une partie, et

auquel il donna le nom de Victoria. Il suivit alors le fleuve qui en sortait et dont il suivit le cours jusqu'au Nil blanc, à Gondokoro. Cependant, Livingstone essayait de remonter le Rovums, qui se jette dans l'océan Indien près du cap Delgado, jusqu'au lac Nyassa, où l'on supposait qu'il prenait sa source ; mais ce fleuve cessant presque immédiatement d'être navigable, il retournait du Chiré (1861), franchissait ses rapides, et enfin arrivait au lac, qu'il explorait dans toute son étendue. Vers le même temps, Rohlfs explorait le Maroc et le Sahara marocain, et le baron Von der Decken la cime neigeuse du Kilima-njaro ; Baines traversait le désert de Kalahari, du Damara aux chutes du Zambèze ; Petherick visitait la région du Nil, à l'ouest de Gondokoro (1861). En 1864, un second grand réservoir des eaux du Nil était découvert par Baker, non loin du lac Victoria, et auquel il donnait le nom de lac Albert. D'un autre côté, Rohlfs poussait jusqu'au Touat, et, se dirigeant vers Ghadamès et Tripoli, d'où il repartait en 1865 pour le lac Tchad, et enfin se dirigeait au sud-ouest. Il arrivait à la Moeroe (septembre 1867), le lac Bangouelo ou Bemba (juillet 1868), près duquel il mourait le 4 mai 1873 ; ce dernier lac forme un nouveau système relié au Tchambèze, qui devient le Louapoula, le Loualabe, le Zaïre et enfin le Congo. En 1869, il explorait les immenses forêts marécageuses du Manyouema, au cœur de l'Afrique australe, étudiait le cours du Loualaba et découvrait le lac Kamolondo et un autre lac totalement inconnu auquel il donna le nom de Lincoln (1871). — En 1867, l'officier français Le Saint explorait le Nil blanc. Il mourait à la peine, à trente-trois jours de Khartoum.

Cependant, la découverte de l'or dans les montagnes qui séparent le Zambèze et le Limpopo, par Mauch (1866-67), ouvrait à la nouvelle impulsion à l'exploration de ces contrées. D'autre part, l'expédition d'Abyssinie (1867-68) faisait mieux connaître ce pays. Le docteur Schweinfurth, en 1869-71, étudiait le réseau compliqué des nombreux affluents que reçoit le Nil blanc, à l'ouest de Gondokoro ; tandis qu'une expédition militaire égyptienne dirigée par sir Samuel Baker vers le haut Nil ; elle atteignait enfin l'Équateur, et ses résultats, qui ne se sont point maintenus toutefois, ont été la prise de possession de tout le pays parcouru et soumis au nom de l'Égypte, mais surtout, pour ce qui nous importe le plus, une connaissance plus exacte de ces contrées. Sur l'autre portion du continent africain, depuis la République du Transvaal jusqu'au Zambèze, les Mauch, les Mohr, les Baines, les Saint-Vincent Erskine, etc., ont rendu ces régions presque aussi accessibles désormais qu'un pays habituellement fréquenté depuis des siècles. Ces explorations ont même pris un intérêt d'une nature particulière, à la découverte faite par Mauch, en 1871, des ruines d'une ancienne cité appelée Zimboé, à 300 kil. environ du Sofala, et qui n'est certes pas de construction africaine, ni d'origine récente. Mais n'oublions pas la découverte, en 1869, dans la vallée supérieure du fleuve Orange et dans celle de son affluent le Vaal, de riches champs diamantifères, qui n'ont pas cessé d'être exploités et ont été la cause d'un courant d'émigration considérable vers ces contrées. En 1869 également, le Dr Nachtigal apportait au sultan du Bornou, sur le lac Tchad, des présents du roi de Prusse. Il en profitait pour explorer le Sahara oriental, visitait le Kanem, le Baghirmi; pénétrait jusqu'à l'Ouadaï, d'où il se rendait, à travers des régions inconnues, jusqu'au Nil, et visitait enfin le Darfour (1874). — Nous n'avons pas à faire plus que rappeler le voyage de Stanley à la recherche de Livingstone; mais le major Cameron, parti en 1873 avec la même mission, découvrit le Loukouga, affluent du Loualaba et détermina la position des lacs Kassali et Koouamba, ainsi que le point de partage des affluents du Zambèze et du Loualaba (1874-75). — Les explorations se multiplient désormais sur tous les points de l'Afrique, avec un caractère de plus en plus pratique, mais non sans aboutir trop souvent à une fin sanglante, comme celle de Dournaux-Dupéré et Joubert, massacrés par des Touaregs, non loin de Ghadamès, en avril 1875. Nous signalerons encore dans cette direction les voyages de MM. Paul Soleillet, en 1874 et années suivantes; Largeau, en 1875 et 1876; les sondages exécutés par le commandant Roudaire, dans le Sahara; les expéditions de MM. Marche, marquis de Compiégne, et Savorgnan de Brazza sur l'Ogooué; de M. Laurent, mort sur les rives du Congo (1898); des Anglais Carter et Cadenhead, dans la région des grands lacs, où ils trouvèrent la mort; le long séjour de M. Bonnat chez les Achantis; l'expédition anglaise dans ce pays, en 1873-74, entre temps.

En 1878, sur l'initiative du roi des Belges, une Association internationale africaine était créée, pour favoriser les explorations en Afrique et y établir des stations servant de points de repère aux explorateurs. C'est sous les auspices de cette association que partit à cette époque l'expédition du capitaine Gambier, et que Stanley a fondé depuis des stations sur le Congo, où il s'occupe principalement de contrecarrer notre compatriote Savorgnan de Brazza, agissant au nom de la France sous le Congo était la chose. Citons toutefois encore les principales explorations qui ont précédé cet état de choses fâcheux. Dans son rapport de fin d'année, le secrétaire de la Société de géographie de Paris, M. Maunoir, passait en revue les résultats des expéditions envoyées dans diverses contrées en 1880; nous résumons comme suit la partie de ce rapport concernant l'Afrique : Les missions envoyées au Sahara, pour l'étude du terrain, en vue de l'établissement possible d'un chemin de fer reliant l'Algérie à la Nigritie, ont rapporté des observations précieuses : le colonel Flatters a reconnu une partie de l'Ighargbar, qui fut jadis un fleuve majestueux; M. Choisy a poursuivi ses études au delà de l'oasis d'El-Goba. Notre gouvernement du Sénégal envoyait en même temps deux expéditions vers le Dioliba; celle du capitaine de Galliéni est dirigée vers Ba-Foulabé; un de ses membres, le docteur Bayol, a remonté le cours inconnu du grand fleuve à travers le pays des Mandingues et le pays de Bouré, depuis longtemps signalé pour la richesse de ses terrains aurifères. Nous avons créé un commandement du Haut-Sénégal; un fort a été construit à Ba-Foulabé, sur la route qui conduit au royaume de Ségou, dans la contrée qu'arrosent le Ba-Khory et le Ba-Oulé. De ce côté, une brigade topographique, sous les ordres du commandant Derrien, s'est chargée des reconnaissances ayant pour objet la création éventuelle d'un chemin de fer se dirigeant vers Timbouctou. Viennent ensuite l'expédition de MM. Zweifel et Moustier à la découverte des sources du Dioliba; l'exploration de la Sénégambie par M. O. Pastré; la tentative de l'abbé Debaize, funeste à cet explorateur, vers Oudjiji; les voyages de M. le pasteur Coillard dans le Transvaal, chez les Bassoutos, les Zoulous et les Betchouanas; l'expédition de M. Savorgnan de Brazza au Gabon, celle de M. Bloyet dans le Zanzibar, pour l'établissement de stations scientifiques et hospitalières, etc. La région des grands lacs est toujours parcourue par les missionnaires anglais. Les missionnaires belges sont également à l'œuvre, en quatre groupes, dans l'Afrique orientale. Mentionnons encore le Dr Lenz, voyageur autrichien, parti du Maroc et arrivé à Timbouctou par les pays à peu près inconnus de Baguena et d'El-Hodh; l'infatigable Stanley qui, partant de Boma, remonte le Congo; Thomson, qui a exploré le

Zoulous.

lac Nyassa; les fleuves Loukouga et Loualaba; Hildebrandt, qui pénètre dans l'intérieur de Madagascar; Moreno, qui, depuis 1875, sillonne en tout sens la Patagonie.

En 1881, les travaux de 1880 sont continués, notamment par MM. Baillot, Savorgnan de Brazza, Galliéni, Derrien. Les stations se multiplient dans l'Afrique équatoriale. D'autre part, la mission Flatters est massacrée traîtreusement par les Touaregs en février; le commandant Galliéni est obligé de se battre contre les Bambarras, qu'il réussit à repous-

Marocains.

ser, mais avec de grandes pertes. Signalons cependant le voyage de M. A. Raffray en Abyssinie, de M. P. Soleillet à Obock, sur le détroit de Bab-el-Mandeb, où M. Arnoux était assassiné (1882); l'expédition du colonel Borguis-Desbordes dans le Haut-Sénégal, de M. G. Révoil au pays des Somalis; du Dr Bayol au Haut-Niger et dans la vallée du Rio Nunez, des Allemands Pogge sur la côte occidentale et Robert Flegel sur la côte orientale; de M. Mutchinson dans le Sénégal; du prince Borghèse et du Dr Matteucci dans le Soudan et au golfe de Guinée; du commandant Quinquandon, sur le Haut-Niger; de M. Tarry, au Sahara; de M. Foureau, au Sahara et au Soudan (1882-83); du P. Delpechin, jésuite, dans la région du Zambèze, où il fut massacré; de M. d'Andrada, également dans le bassin du Zambèze; de M. Sacconi, au pays des Somalis, où il fut assassiné au commencement de 1884, etc. — L'immense soulèvement dont le Soudan, le Darfour et les régions voisines sont le théâtre depuis 1883, interdisent toute nouvelle exploration dans ces régions, tant que les partisans du Mahadi tiendront la campagne, et l'Égypte n'est pas en état d'en avoir raison. Mais au sud, il en est autrement, et au moment où nous écrivons, les rives du Congo fixent particulièrement l'attention de l'Europe par les établissements rivaux qui s'y sont créés sous la direction de MM. Stanley d'une part et Savorgnan de Brazza de l'autre. On ne peut malheureusement prévoir encore ce qui pourra sortir de cet état d'hostilité, évidemment dû au caractère peu conciliant de l'ancien reporter du New-York Herald, ou à d'autres motifs moins avouables.

AFZELIUS, Adam, naturaliste suédois (1750-1836). Il naquit à Larf (Gothland oriental) et fit ses études à Upsal, sous Linné. Devenu professeur de littérature orientale à l'université de cette ville en 1777, puis démonstrateur de botanique en 1785, il résida ensuite sur la côte occidentale d'Afrique en 1792 et 1794, en qualité de botaniste de la compagnie de Sierra-Leone. Il passa pendant plusieurs années, secrétaire de l'ambassade suédoise à Londres, il rentra à l'université d'Upsal comme professeur de matière médicale, en 1812, et mourut dans cette ville en 1836, après avoir légué à l'université ses collections botaniques. — Outre un grand nombre de mémoires qu'il a fait publier dans les recueils de l'Académie de Stockholm et de la Société linnéenne de Londres, en particulier sur certaines plantes de la Suède et de la Guinée, ainsi que quelques monographies publiées à part, Afzelius a publié l'autobiographie de Linné, son maître et son ami (Upsal, 1823).

AFZELIUS, Arwid August, poète et historien suédois (1785-1871). Né à Fjellnker, il fut quelque temps instituteur à Stockholm, puis entra dans les ordres et devint prêtre paroissial à Enköping, où il résida jusqu'à sa mort. De 1811 à 1848, il publia de nombreuses poésies; à cette dernière date, il mit un terme à sa carrière poétique en publiant ses Adieux à la harpe suédoise. Avec le célèbre Geijer, il colligea et publia trois volumes de Chants populaires suédois; enfin il est fait une réputation européenne par son Histoire du peuple suédois, que la mort l'empêcha de poursuivre au delà de l'année 1709 (1839-70). On lui doit en outre une traduction des légendes mythologiques scandinaves Sæmundar, Edda et Herwara-Saga.

AGA ou **AGHA**, s. m. Commandant, chef militaire supérieur, en Turquie, chez les principales puissances orientales et en Algérie parmi les Arabes. L'aga des janissaires, l'aga de l'artillerie. — En Arménie, c'est plutôt un titre familier, une formule de respect équivalant à seigneur. — En Turquie, il s'applique à tous les officiers militaires, avec des charges spéciales, à la personne du sultan ou à la garde du sérail, par extension aux eunuques d'un certain rang attachés à celle du harem.

AGABUS, s. m. Entom. Genre d'insectes coléoptères de la famille des carnassiers aquatiques ou hydrocanthares, comptant un très grand nombre d'espèces vivant dans les mares, les flaques d'eau, les rivières où l'eau séjourne quelque temps. Les agabus sont généralement noirs; il en est cependant quelques espèces de couleur jaune pâle saupoudré de brun. Ces insectes sont très voraces et dévorent principalement les larves d'autres insectes, vivant également dans l'eau. L'agabus serricornis, qui est propre aux contrées septentrionales, la Suède, à la Laponie, etc., présente des antennes épaissies à leurs extrémités, ce qui est une forme anormale dans cette famille.

AGAÇANT, ANTE, *adj.* Qui cause de l'agacement, ou Qui fait des agaceries.

AGACE ou **AGASSE**, *s. f.* Autre nom de la pie.

AGACÉ, ÉE, *part. pas. de* AGACER.

AGACEMENT, *s. m.* Sensation pénible produite sur les dents, par le contact de substances trop acides; quelquefois par des sons aigus ou discordants, sur le système nerveux.

AGACER, *v. a.* (ç devant a et o). Causer de l'agacement. *Les fruits verts agacent les dents. Cette musique agace les nerfs.* — Fig. Faire des agaceries. *Cette fille agace tout le monde. Il faut l'agacer pour le tirer de cette apathie.*
— S'AGACER, *v. pr.* Être agacé. Devenir agacé. *Cessez, je m'aperçois qu'il s'agace.*—Fig. Se faire des agaceries. *Ils s'agaçaient du regard.*

AGACERIE, *s. f.* Actes, paroles ayant pour objet d'attirer l'attention. Il se dit particulièrement d'une femme qui cherche à attirer l'attention d'un homme. *Voyez quelles agaceries elle lui fait.*

AGADA, *s. m.* Mus. Instrument très des Egyptiens et des Abyssins. Il a la forme de la taille d'une flûte, mais son embouchure est munie d'une anche assez semblable à celle d'une clarinette.

AGADÈS, capitale du roy. d'Aïr ou d'Asben, dans l'Afrique centrale, par 17°2' de lat. N. et 8°5' de long. E. Cette ville est bâtie sur la crête d'un plateau de 760 m. d'altitude. Anciennement, elle ne comptait pas moins de 50,000 hab. et était le centre d'un commerce considérable; mais elle est bien déchue aujourd'hui : des quartiers entiers sont déserts ou en ruines et sa population n'excède pas 7,000 hab. Les maisons d'Agadès sont construites en terre, basses et à toit plat; sa principale mosquée, surmontée d'une tour de 30 m., est le seul édifice remarquable. Il y a peu d'activité commerciale. Le principal objet de commerce y est le grain, et c'est le millet qui y sert de moyen d'échange. Agadès a conservé quelque importance à raison de sa situation sur la route directe des contrées du nord-est à Sakatou et d'autres grandes villes de l'intérieur; les grandes caravanes de sel y passent nécessairement, ainsi que les pèlerins se rendant à la Mecque. Le climat est salubre et les alentours d'Agadès fertiles.

AGADIR, ville marit. du Maroc, le meilleur port de l'empire, sur l'Atlantique, près du cap Ghir. Démantelée en 1773, à la suite d'un soulèvement, Agadir n'a plus recouvré son importance passée et ne compte guère plus de 500 hab. aujourd'hui.

AGALACTIE, *s. f.* Méd. Absence de lait. Se dit du défaut de lait chez une nourrice.

AGALI KEMAN, *s. m.* Mus. Instrument à archet des Turcs. Il est monté sur un pied et se joue à peu près à la façon de notre violoncelle.

AGALLOCHE, *s. m.* Bot. Arbre de la famille des euphorbiacées, qui croît au Japon, en Chine, en Cochinchine, dans l'Inde orientale, à Ceylan, à Malacca, aux Moluques, etc., où l'on préfère les terrains marécageux. On l'appelle *bois d'aloès*, à raison de l'amertume caractéristique du suc laiteux qu'il laisse échapper lorsqu'on le blesse; *arbre aveuglant*, parce que les premiers qui tentèrent de l'abattre, sans précaution, furent aveuglés, dit-on, par ce suc laiteux qui leur sauta au visage; *bois d'aigle*, parce que la teinte brune de son bois présente des dispositions ornementales, sous forme de veines blanches, rappelant celles du plumage de l'aigle. Enfin ce bois, très employé dans la tabletterie et la marqueterie, prend alors le nom de *bois de calambac*, sans compter que le bois de *calambourg*, de couleur verdâtre, qui nous vient de la Chine, provient d'une espèce du même genre. — Méd. On employait autrefois, en médecine, les fumigations d'agalloche comme céphaliques.

AGAMI, *adj.* (du gr. *agamos*, célibataire). Bot. Se dit des plantes qui manquent d'organes sexuels, ou chez lesquelles ces organes n'ont pas été découverts; telles les algues et les champignons. V. ACOTYLÉDONES.

— *S. m.* Erpét. Genre de reptiles sauriens. Sortes de lézards hideux de formes, mais inoffensifs, qui habitent les déserts de l'Afrique centrale.

AGAMEMNON, roi d'Argos et de Mycènes, était fils d'Atrée et d'Érope, suivant Homère. Choisi par les autres princes grecs pour général en chef de l'armée qui marchait contre Troie, il partit; mais ayant été arrêté par la tempête en Aulide, il fit vœu d'immoler ce qu'il y avait de plus beau dans son royaume aux dieux, s'ils le tiraient de ce mauvais pas, et il dut leur immoler sa propre fille Iphigénie. Sa querelle avec Achille, à qui il avait enlevé Briséis, forme le sujet de l'*Iliade*. Après la prise de Troie, Cassandre, fille de Priam, qu'il aimait, chercha à le détourner de rentrer dans son royaume, l'assurant qu'il courrait à la mort. Il ne voulut point l'entendre, mais rentré dans son palais, Agamemnon fut en effet assassiné par Égyste, fils de Thyeste, qui était devenu l'amant de sa femme Clytemnestre, au milieu d'un festin donné par celle-ci en réjouissance de son retour, bien qu'elle fût d'accord avec son amant.

AGAMI, *s. m.* Ornith. Genre d'échassiers, voisin des cigognes, quoique ayant quelques caractères qui le rapprochent des gallinacées, et qui habite l'Amérique méridionale. On l'appelle aussi *oiseau trompette*, à cause de son cri. C'est un bel oiseau, dont le corps est

L'Agami.

gros à peu près comme celui d'une oie, mais monté sur de jambes de cigogne, et le cou presque aussi long que celui de cet échassier. Son bec est noire, mais changeante sur le plumage puis le bleu d'acier jusqu'au rouge doré, avec des reflets métalliques splendides. A l'état sauvage, l'agami va par troupes, poussant son cri étrange et faisant des sauts brusques sans autres raisons apparentes que son besoin d'amusement. A l'état domestique, il est infiniment plus intéressant, et il est très facile à apprivoiser. Dans ce dernier état, en effet, l'agami s'attache à son maître comme un chien, le suit partout, lui fait toute sorte de caresses, prévient ses désirs, manifeste une sollicitude affectueuse pour tout ce qui lui appartient et une excessive jalousie, par exemple, envers tout être qui voudrait partager son affection. L'agami n'est pas enfermé la nuit comme les autres habitants de la basse-cour, dont il s'est institué le maître. Le matin, c'est lui qui conduit les canards à la rivière ou à l'étang, et les volailles à la mangeoire; si quelque individu mal inspiré tente de s'écarter des rangs, il le ramène promptement au sentiment d'une saine discipline au moyen d'un coup de bec bien appliqué. Un écrivain anglais assure même qu'on lui confie parfois la garde d'un troupeau de moutons, et qu'il n'y a pas de chien bien dressé qui puisse rivaliser avec l'agami pour ramener au bercail, à grand renfort de coups de bec et

d'ailes, une brebis égarée. Si un chien s'approche de quelque troupeau gardé par un agami, en trahissant quelque intention coupable, celui-ci n'hésite pas à tomber dessus, et la plupart du temps, le chien, effrayé des cris de l'oiseau autant que de son agilité à manœuvrer du bec et des ailes, refuse le combat et détale. A l'heure du repas, il prend place auprès de son maître, dans une attitude affectueusement expectante, mais ne souffrant la présence d'aucun autre animal favori, et regardant de travers les allées et venues des domestiques. Il ne réclame point sa nourriture, mais, comme un chien bien élevé, l'attend de la main de son maître, avec une réserve pleine de dignité, tempérée seulement par quelque légère caresse de rappel.

AGAPANTHE, *s. m.* Bot. Jolie plante bulbeuse, originaire de l'Afrique australe, famille des liliacées, cultivée dans les jardins du centre de l'Europe sous le nom de *tubéreuse bleue*; mais qui doit être rentrée avant les premières gelées, auxquelles elle est très sensible. — Il existe une variété à fleurs blanches. — Hortic. Terre légère et substantielle. Orangerie.

AGAPE, *s. f.* (du gr. *agapê*, amour). Nom donné au repas que les premiers chrétiens faisaient en commun dans l'église, sans distinction de rang ni de fortune, en mémoire de la cène de Jésus-Christ. Mais à ces repas, où le riche apportait la part du pauvre, le riche ne tarda pas à prétendre manger à part; puis il se dispensa d'y paraître. Le concile de Gangra (360) lança l'anathème contre quiconque manquerait aux agapes, mais ce fut en vain. Divers conciles et synodes, ne pouvant rendre à ces repas d'union et d'amour leur caractère primitif, prirent le parti de les supprimer, d'autant plus à propos qu'il s'y commettait de véritables abus. Ce fut le concile de Carthage (397) qui prononça leur condamnation, mais il se maintinrent encore un certain temps après. — Diverses sectes religieuses célébrèrent encore les agapes.

AGAPET Ier, pape (535-536). Il était Romain et succéda à Jean II. Comme l'empereur Justinien Ier voulait qu'il entretînt de bonnes relations avec Anthime, patriarche de Constantinople, qui était Eutychéen, il résista et obtint au contraire la déposition de ce dernier. On a de lui plusieurs épîtres. — Il eut pour successeur Sylvère.

AGAPET II, pape (946-955). Romain. Il succéda à Marin II. Agapet appela en Italie Othon, plus tard empereur d'Allemagne, contre Bérenger II, qui avait usurpé la couronne d'Italie, et montra d'autre part une réelle sagesse dans le règlement de quelques différends entre évêques. Il mourut à la fin de 955 et eut Jean XII pour successeur.

AGAPET, diacre de l'église Sainte-Sophie de Constantinople, au IVe siècle. Il présenta à l'empereur Justinien Ier, en 527, une sorte de mémoire intitulé *Charta Regia* (*Schedè basilikè*), où il exposait ses idées sur les devoirs d'un prince chrétien. Cet ouvrage, très estimé, a été plusieurs fois réimprimé, notamment dans les *Imperium Orientale* de Banduri (Paris, 1711), et traduit en français, du latin, par Louis XIII, avec l'assistance de David Rivault, son précepteur.

AGAPÈTES, *s. f. pl.* (du gr. *agapétos*, aimable). On donnait ce nom, dans l'Église primitive, à des filles qui vivaient dans des communautés d'hommes, ou à des femmes diaconesses qui demeuraient chez des ecclésiastiques et leur rendaient divers services. En dépit des intentions les plus pures, ces associations bizarres dégénérèrent bien vite en libertinage, et les conciles, pour faire cesser le scandale, durent contraindre les prêtres à se séparer de leurs compagnes. Saint Athanase cite un prêtre appelé Leontius, qui offrit de se mutiler si l'on lui permettait de garder la sienne. — Il y eut aussi des clercs qui vécurent dans des communautés de femmes, y causèrent les mêmes scandales, et à qui on donnait également ce nom d'*agapètes*.

AGAR, concubine d'Abraham, qui l'avait ramenée de Memphis et dont il eut Ismaël. Les choses allèrent bien tant que la femme légitime, Sarah, resta stérile; mais elle eut un fils à son tour, Isaac, malgré ses 90 ans : la concubine égyptienne fut chassée avec son enfant devenu inutile, et tous deux seraient morts de soif dans le désert, sans l'intervention opportune d'un ange.

AGAR, Jean-Antoine-Michel, comte de Mosbourg, homme politique français (1771-1844). Il était originaire du département du Lot et fut élu député de Cahors en l'an IX. Appelé en Toscane par Murat, pour organiser le pays, il le suivit dans le grand-duché de Berg, où il devint son premier ministre. Murat lui donna une de ses nièces en mariage et le fit comte de Mosbourg; puis il l'emmena à Naples et lui confia le portefeuille des finances. En 1815, Agar revint en France et demeura dans la vie privée jusqu'à la chute de Charles X. En 1830, il fut élu de nouveau député, et créé pair de France en 1834.

AGAR, Florence-Léonide CHARVIN (dite), artiste dramatique, née à Saint-Claude (Jura) en 1836. Venue à Paris à l'âge d'environ 22 ans, elle vécut d'abord de leçons de piano, puis entra comme chanteuse au café-concert du Cheval-Blanc. En 1859, elle chantait au théâtre Beaumarchais, comme personnification de la France, une cantate en l'honneur de la victoire de Solférino. Sur les conseils de Ricourt, qui l'avait remarquée, elle étudia la tragédie et se fit d'abord entendre dans divers rôles, notamment dans celui de *Phèdre*, sur la petite scène de la rue de La Tour-d'Auvergne. Son succès lui ouvrit les portes de l'Odéon, où elle débuta précisément dans le rôle de Phèdre. Outre divers rôles de l'ancien répertoire, Mlle Agar créa quelques drames modernes à ce théâtre. Après son succès dans le rôle de la reine-mère de la *Conjuration d'Amboise*, l'auteur, Louis Bouilhet, lui confia celui de *Faustine*, joué à la Porte-Saint-Martin. Revenue à l'Odéon, elle remportait un nouveau succès dans le rôle de Sylvia, du *Passant* de M. Coppée (1869); puis elle joua, la même année, la *Lucrèce* de Ponsard. En juillet 1870, Mlle Agar remportait un succès d'une autre nature, en chantant la *Marseillaise* sur la scène du Théâtre-Français. En mai 1871, dans une fête organisée aux Tuileries au profit des blessés de la Commune, elle dit quelques vers, et quoique ce fût, assure-t-on, sur l'invitation pressante de l'administrateur de la Comédie-Française, on lui en fit si bien un crime, qu'elle dut rester éloignée de notre première scène dramatique pendant plusieurs années, qu'elle passa en province. Elle rentra brillamment au Théâtre-Français par la création du rôle de Mme Bernard des *Fourchambault*, d'Emile Augier (1878). — Mlle Agar a paru sur différentes scènes de Paris, à la Gaîté, au Châtelet, à la Renaissance, etc., outre celles déjà citées, et a fait à diverses reprises de fructueuses tournées en province.

AGARD, Antoine, antiquaire français du XVIe siècle. Il était orfèvre à Arles, et se forma à ses loisirs un cabinet de médailles et d'antiquités dont il dressa et publia le catalogue sous ce titre : *Discours et rôle des médailles et autres antiquités, etc., recueillies et rangées dans le cabinet du sieur Antoine Agard* (Paris, 1581).

AGARDE, Arthur, antiquaire anglais (1540-1615). Né à Foston, dans le comté de Derby, il fit son droit, mais renonça à la profession légale pour entrer en qualité d'employé dans l'administration du Trésor et utilisa ses nombreux loisirs aux études archéologiques. Il fut, avec sir Robert Cotton et Camden, ses amis, l'un des membres fondateurs de la Société des Antiquaires de Londres. On lui doit un certain nombre de mémoires et d'articles sur l'*Origine du parlement*, l'*Antiquité des comtés*, l'*Autorité et les privilèges des hérauts*, etc. Il fut enterré à Westminster.

AGARDH, Charles-Adolphe, célèbre botaniste et mathématicien suédois (1785-1859). Né à Bastad, il fit ses études à l'université de Lund; après quoi il professa les mathématiques, tout en faisant de la botanique une étude toute spéciale, peu à peu circonscrite à l'étude des plantes marines. Nommé en 1812 professeur de botanique et d'économie pratique à l'université de Lund, il abandonnait peu après sa chaire pour étudier la théologie, et recevait la prêtrise en 1816. L'année suivante, il était élu député à la diète, et en 1834 nommé au siège épiscopal de Carlstad. Il siégeait toujours à la diète, sur les bancs du parti libéral. Agardh mourut en 1858 à Carlstad; il était membre de l'Académie des sciences de Stockholm et de diverses sociétés savantes nationales et étrangères. On lui doit divers traités sur les mathématiques, la théologie et l'enseignement, outre un grand nombre de mémoires et d'ouvrages distincts sur les algues, un *Essai sur les principes fondamentaux de la physiologie végétale* (1828); un *Essai sur le développement intérieur des plantes* (1829); un *Traité de botanique* (1831, 2 vol.), etc. C'est à Agardh que l'on doit la découverte du mode d'alimentation des plantes marines par les pores et non par les racines, qui ne leur servent que d'attaches pour les maintenir au rocher ou au fond marin. Parmi ses ouvrages de mathématiques, nous citerons une *Note sur une méthode élémentaire de résoudre les équations numériques d'un degré quelconque, par la somme des degrés* (1847); un *Essai sur la métaphysique du calcul différentiel* (1848). Et dans un autre ordre de connaissances : *La Suède depuis son origine jusqu'à nos jours* (1855) et *Essai de statistique économique de la Suède* (1858, 2 vol.).

AGARDH, Jacques-George, botaniste suédois, fils du précédent, né à Lund en 1813. Devenu professeur de botanique à l'université de sa ville natale, il s'attacha principalement à la poursuite des travaux de son père sur les algues et à compléter la collection de plantes marines formée par celui-ci. Ses ouvrages, tous écrits en latin, sont exclusivement consacrés à l'étude des plantes marines.

AGARIC, *s. m.* (lat. *agaricus*, de *Agaria*, ville de Sarmatie où, suivant Dioscoride, ce champignon abondait). Bot. Genre de cryptogames de la classe des champignons, comprenant un grand nombre d'espèces, les unes comestibles, les autres vénéneuses. Ce genre est caractérisé par des lames simples rayonnantes, généralement libres sous le chapeau. On trouve les agarics dans les lieux humides; ils poussent principalement dans les caves, sur les fumiers vieillis, le bois pourri, dans les prairies basses ou l'humidité est constante, dans les bois épais et ombreux. Le mousseron, l'oronge, la morille, sont les principales espèces comestibles; la fausse-oronge, la principale espèce vénéneuse. V. Champignon.

— Chim. Avec les sels de fer, l'agaric fournit une teinture noire. On en obtient même une espèce d'encre de Chine.

— Méd. et Chir. Il y a deux espèces d'agarics qui ont été fort employées, la première en médecine, la seconde en chirurgie; ce sont : l'agaric blanc, ou bolet du mélèze et l'agaric amadouvier, dit aussi bolet amadouvier et agaric du chêne. V. Bolet. De l'agaric blanc la vieille thérapeutique disait le plus grand bien. Il guérissait la jaunisse, l'épilepsie et la morsure des bêtes venimeuses, d'après le Livre des simples, de Galien; il était bon pour purger le poumon, le foie, la rate et les reins, si l'on en croit Mesué; il était efficace contre les douleurs de tête, l'apoplexie et la rage, de l'avis de Démocrite; en somme, disait Dioscoride, l'agaric est bon à toutes les maladies intérieures, pris tantôt dans de l'eau, tantôt dans du vin, d'autres fois avec du miel, selon l'âge ou la constitution du patient. Toutes ces belles propriétés ont fait leur temps, et ce n'est guère que pour mémoire qu'on cite l'agaric blanc dans les livres modernes. Dans l'édition de 1872 de son *Formulaire magistral*, le professeur Bouchardat se contente d'écrire ceci : « L'agaric blanc n'est plus guère employé aujourd'hui comme drastique, on le prescrit encore quelquefois pour combattre les sueurs nocturnes des phtisiques : c'est la poudre qu'on emploie, à la dose de 2 ou 3 décigrammes en une prise, le soir, en se couchant. » L'agaric amadouvier n'a fait son entrée dans la thérapeutique qu'en 1750, au dire du docteur Léon; seulement, il est probable que les chirurgiens s'en serviront longtemps encore après que l'agaric blanc aura disparu des officines. L'agaric amadouvier n'est autre chose que le vulgaire amadou des fumeurs, moins le salpêtre dont on l'imprègne pour le rendre plus inflammable. Pour le préparer on enlève d'abord de l'agaric la partie supérieure, qui est très coriace, puis on coupe en tranches la partie spongieuse, située au-dessous, et on la bat au marteau, jusqu'à ce qu'elle devienne tout à fait souple. Ainsi préparé, l'agaric sert à arrêter les hémorragies en s'appliquant et se collant sur l'ouverture béante des petits vaisseaux. Tout le monde sait, dit le Dr F. Brémond, qu'on ferme les piqûres faites par les sangsues avec un morceau d'amadou, mais on oublie trop souvent que pour obtenir sûrement ce résultat il faut, pendant quelques minutes, maintenir le doigt sur la petite plaie. C'est pour avoir omis cette compression indispensable que, en maintes circonstances, on s'est effrayé d'une effusion de sang trop prolongée, et qu'on s'est cru obligé de recourir à l'hémostatique irritant, le perchlorure de fer, alors que l'amadou bénin aurait pu suffire. L'agaric amadouvier sert encore aux chirurgiens comme auxiliaire de certains appareils compressifs. Je n'avais pas encore pris ma deuxième inscription à la Faculté de Paris, que déjà mon premier maître, Morel-Lavallée, me montrait comment on superpose des plaques d'amadou, de diamètre décroissant, pour faire des compresses graduées. Il est encore un usage de l'amadou que je voudrais bien passer sous silence : on l'emploie, en Orient surtout, pour l'opération révulsive barbare appelée *moxa*. Cette façon de brûler la peau des gens à petit feu me paraissant dénuée de tout avantage sérieux, on me permettra de ne pas insister sur ce mode de cautérisation, bien qu'il ait été vanté par le chirurgien le plus honnête du monde, l'illustre Larrey.

AGARICE, *s. f.* Minér. Variété de calcaire blanche dont la texture offre quelque ressemblance avec celle de l'agaric. On l'appelle aussi *agaric minéral, moelle de pierre, lait de lune, farine fossile*, etc.

AGARICINES, *s. f. pl.* Zooph. Genre de zoophytes coralliaires ressemblant plus ou moins, par leur forme, aux agarics.

AGASIAS, fils de Dosithée, fameux sculpteur d'Éphèse qu'on suppose avoir vécu vers le IVe siècle. Il est l'auteur de la statue connue sous le nom de *Gladiateur Borghèse*, découverte au commencement du XIIIe siècle, avec l'*Apollon du Belvédère*, dans les ruines d'un palais impérial d'Antium.

AGASICLES, roi de Sparte. C'était un des plus sages et des meilleurs princes de son temps. Au rapport de Plutarque, il avait pour maxime qu'un roi qui gouverne ses sujets comme un père ses enfants est le plus ferme appui de l'État. — Tous les rois ont la prétention d'agir d'après cette maxime, et peut-être sont-ils sincères; par malheur, il y a des pères qui gouvernent fort mal leurs enfants.

AGASSIN, *s. m.* Vitic. Bourgeon de vigne placé le plus bas de tous et qui ne donne jamais de grappe.

AGASSIZ, Jean-Rodolphe-Louis, célèbre naturaliste suisse (1807-73). Il naquit sur les bords du lac de Morat, au village de Motiers, dont son père était pasteur, le 28 mai 1807. Son père fut son premier précepteur; il fut ensuite placé au gymnase de Bienne et de là à l'Académie de Lausanne, où il commença à trahir son penchant pour l'histoire naturelle; puis fréquenta successivement les universités de Zurich, d'Heidelberg et de Munich, où il se rendait en 1826. A Munich, il eut pour maître Oken, Martius et Dœllinger, et pour camarades les botanistes Schimper, Braun et Burckardt dont il partageait les travaux. Martius, professeur de botanique au Jardin des Plantes de Munich, avait fait, avec Spix, de 1817 à 1820, une expédition scientifique à travers le Brésil, et Spix, qui était chargé de la partie zoologique, venait de mourir avant d'avoir pu décrire les poissons dont il avait rapporté les échantillons nombreux de cette expédition, principalement des poissons recueillis dans l'Amazone; Martius offrit à Agassiz de se charger de ce travail, et le jeune savant accepta avec empressement, bien que ses études n'eussent pas été dirigées jusque-là vers l'ichtyologie qui devait être l'objet principal des travaux de sa vie. Le résultat de ces travaux : *Selecta genera et species piscium*, etc., parut en 1829; mais pendant qu'il préparait cette publication, ayant décidément pris goût à l'ichtyologie, il publiait, dès 1828, une description d'une espèce nouvelle de cynocéphale, et une description d'un nouveau cyprinoïde; puis une *Histoire des cyprinoïdes et autres poissons trouvés dans le lac de Neuchâtel*. En 1830, il lançait le prospectus d'un grand ouvrage intitulé : *Histoire des poissons d'eau douce de l'Europe centrale*, dont la première partie ne parut, toutefois, qu'en 1839. Aussitôt son prospectus publié, Agassiz se rendit à Vienne pour étudier les poissons du Danube. Il était l'année suivante à Paris, où il se lia avec Cuvier, Blainville et Valenciennes; et ses relations avec ces savants, surtout avec le premier, eurent pour effet de porter son attention vers la paléontologie et de l'inciter à faire pour les poissons fossiles ce que Cuvier avait fait pour les mammifères disparus. De retour en Suisse, sur les conseils de Humboldt, qu'il avait rencontré à Paris et qui l'avait reçu avec beaucoup de bienveillance et de distinction, il s'établit à Neuchâtel, alors ville prussienne, comme professeur d'histoire naturelle au gymnase de cette ville. Il y eut pour élèves, entre autres hommes distingués, E. Desor et Charles Vogt, qui furent ses collaborateurs dévoués; fonda, en 1833, la Société d'Histoire naturelle de Neuchâtel, qui devint bientôt un centre scientifique très important; mais surtout explora les ardoises de Glaris et les calcaires de Monte-Bolca, dans un but dont personne n'avait eu l'idée avant lui, la recherche des poissons fossiles. De 1833 à 1844, Agassiz ne publiait pas moins de 5 volumes de ses *Recherches sur les poissons fossiles*, splendidement illustrés par Dinkel, et qui constituent son principal titre de gloire. Ses études paléontologiques ne tardèrent pas à lui démontrer la nécessité d'une classification des poissons sur de nouvelles bases, et il s'y mit aussitôt; son système, qui classait les poissons en quatre groupes principaux, ne fut toutefois adopté qu'en partie par les ichtyologues. Un autre résultat de ces études fut d'amener Agassiz, imbu, du reste, de la théorie cuviérienne de l'inaltérabilité de l'espèce, à se prononcer nettement contre la théorie darwinienne non encore formulée. « Le résultat le plus incontestable, disait-il, dès 1844, des recherches paléontologiques modernes, dans l'examen de la question qui nous occupe ici, c'est le fait, maintenant incontestable, de l'apparition simultanée de types particuliers de toutes les classes d'animaux sans vertèbres, dès les temps les plus anciens du développement de la vie à la surface du globe. L'histoire de ce développement démontre jusqu'à l'évidence l'impossibilité de rattacher les premiers habitants de la terre à un petit nombre de souches qui seraient allées en se différentiant sous l'influence des modifications des conditions extérieures d'existence. » Il nous a toujours paru étrange, dit à ce propos M. A. Vernier, que sa conception originale du parallélisme entre le développement embryonnaire et le développement des espèces successives à travers les différentes faunes géologiques ne l'ait pas conduit à l'idée de la transformation graduelle des espèces. Il semble qu'il n'y ait qu'un pas de l'une de ces théories à l'autre; mais ce pas, Agassiz s'est toujours refusé à le franchir. Il est resté ferme jusqu'au bout aux idées de sa jeunesse; les espèces lui semblaient comme les lettres de l'alphabet mystique de la nature; mais il n'admettait pas que ces lettres pussent jamais se confondre les unes avec les autres. Si la pensée créatrice était unique, éternelle, quoique toujours changeante, les signes de cette création, si l'on peut donner ce nom aux espèces, ne pouvaient changer : c'est de même qu'avec des mots en nombre limité, le poète peut exprimer une foule de pensées.

Cependant, l'activité d'Agassiz, pendant les années qu'il passa à Neuchâtel, était extraordinaire : nous lisons dans une lettre de Charles Vogt, qui travaillait alors avec lui : « L'imprimerie demandait de la copie, la lithographie des dessins ; avec cela, le travail et les recherches ne cessaient pas : à peine avions-nous parfois le temps nécessaire pour les faire. Agassiz avait toujours des plans nouveaux, s'imposait de nouvelles tâches. Chaque pensée qui lui passait par la tête se transformait en un grand ouvrage avec des centaines de planches in-folio, des centaines de feuilles de texte; en cela, il était passé maître, ainsi que pour rassembler des matériaux pour ses travaux. Il savait mettre à contribution toute l'Europe. » Il arriva ce qu'il était facile de prévoir : c'est qu'Agassiz se vit bientôt encombré de documents, de manuscrits, d'épreuves, de dessins et de clichés, mais endetté à ne plus en sortir, et dans l'impossibilité de continuer ses publications, le pire malheur de tous. L'aide qui lui vint d'Angleterre lui permit, du moins, de parer à ce dernier; mais il n'en était pas moins ruiné. Dans l'automne de 1846, Agassiz traversa l'Atlantique avec le double dessein de poursuivre ses investigations sur ce terrain nouveau de l'Amérique et de faire des conférences sur la zoologie à l'institut Lowell. Les offres séduisantes qui lui furent alors faites le décidèrent à s'établir aux Etats-Unis. Il fut donc nommé professeur de zoologie et de géologie à l'université de Cambridge (Massachusets) en 1847. Il quitta cette chaire en 1851, pour celle d'anatomie comparée de Charlestown, mais il y revint en 1853. En Amérique, Agassiz put donner le plus libre cours à tous les projets qui lui passaient par la tête. Jamais, par exemple, il ne fut arrêté par le défaut d'argent, car les offres venaient toujours au-devant des demandes et les dépassaient toujours. En 1848, il fit un voyage d'exploration sur le lac Supérieur. En 1865, il mettait à exécution un projet longtemps caressé (depuis, en fait, ses premières études ichtyologiques), celui d'un voyage au Brésil, dans lequel sa femme l'accompagnait. Mme Agassiz, au retour, publia une intéressante relation de ce *Voyage au Brésil*. En 1871, il explora les côtes de l'Amérique sur les deux Océans, opérant des sondages à grande profondeur, d'où il tira certains types dont on ne connaissait que des représentants fossiles; il explora la mer des sargasses du Pacifique, où il fit également d'intéressantes découvertes, notamment celle d'un poisson nidifiant, le *chironechte*, dont il décrivit les mœurs. Revenu de cette longue exploration, il fut mis en état, par les libéralités d'un négociant de New-York, M. John Anderson, de réaliser un autre de ses grands projets : la création d'une école pratique de zoologie. M. Anderson lui fit don de la petite île de Penikese, sur la côte orientale de New-York, des constructions qui s'y trouvaient déjà et d'une somme de 250,000 francs; un autre bienfaiteur américain lui fit présent d'un yacht de 80 tonneaux pour lui permettre de draguer les eaux environnantes. Agassiz se mit à l'œuvre; il construisit des aquaria, des bâtiments pour les collections et pour les dissections, etc. Mais sa santé, ébranlée depuis plusieurs années, ne lui permit pas de mener à fin cette grande entreprise. Après une leçon publique faite le 2 décembre 1873, force lui fut de prendre le lit; il ne devait plus le quitter que pour la tombe : il mourut le 14 décembre, d'une paralysie des organes de la respiration. « Depuis bien des années, écrivait à propos de cette mort le professeur Silliman, la splendide constitution d'Agassiz laissait voir que ses prodigieux travaux dépassaient son élasticité. Sa force herculéenne, qui ne lui avait jamais permis de ressentir de fatigue de corps ou d'esprit, cédait à l'influence pernicieuse du climat de l'Amérique et aux demandes toujours croissantes qui l'assaillaient de toutes parts. Son long voyage à San Francisco lui rendit ses forces. Mais lui-même et ses amis ont reconnu qu'il ne pouvait plus travailler avec son ancienne activité. Cependant, pour lui, la vie c'était le travail, et son désir était de mourir sous le harnais plutôt que de vivre sans pouvoir être encore utile à l'humanité. »

Agassiz avait revu l'Europe en 1859, et il avait présidé une assemblée de naturalistes dans son pays. A l'occasion de ce voyage, l'Académie des Sciences de Paris lui décerna son grand prix et le ministre de l'instruction publique lui fit l'offre d'une chaire à la Faculté des Sciences. Elu correspondant de l'Institut de France en 1849 et associé étranger en 1872, Agassiz était officier de la Légion d'honneur.

On doit à cet illustre naturaliste, dont nous n'aurions pu citer les ouvrages à mesure de leur publication : *Recherches sur les poissons fossiles* (1833-42, 15 vol. in-4°, 400 pl. in-8°); *Histoire naturelle des poissons d'eau douce de l'Europe centrale*, dans lequel Charles Vogt écrivit l'*Embryologie des salmonidés* (1839 et suiv.); *Description des échinodermes fossiles de la Suisse* (1839 et suiv.); *Monographie des échinodermes fossiles et vivants* (1839 et suiv.); *Mémoire sur les moules de mollusques* et *Etudes critiques sur les mollusques fossiles* (1840); *Etudes sur les glaciers* (1840); *Monographie des poissons fossiles du vieux grès rouge* (1844); *Nouvelles études sur les glaciers* (1847); *Principes de zoologie* (1848); *Bibliographie zoologique et géologique* (Londres, 1848-50, 4 vol.), sorte de catalogue, dressé pour son propre usage; *Recherches sur les poissons du lac Supérieur* (1849); *Contributions à l'Histoire naturelle des Etats-Unis* (1850, 4 vol.); *Zoologie générale et Esquisses générales de zoologie, contenant la structure, le développement, la classification, etc., de tous les types d'animaux vivants et détruits* (1854 et suiv.); *De l'Espèce et de la classification en zoologie* (1869); *Le Monde ab ovo* (1873); outre un grand nombre de mémoires et de monographies dans les diverses publications scientifiques des Etats-Unis et de l'Europe.

AGATE, *s. f.* Variété de quartz ou cristal de roche, contenant de 75 à 96 p. 100 de silice, de couleurs vives et variées, plus ou moins transparente, et à laquelle la taille et le poli donnent un bel éclat. On l'emploie beaucoup pour faire des coupes et divers petits meubles d'ornement. La pesanteur spécifique des agates varie suivant leur degré de dureté, de pureté et même suivant leurs couleurs.

— Min. Pline rapporte qu'on trouvait sur les bords du fleuve Achates, en Sicile, une pierre précieuse à laquelle le même nom était donné, et qui prenait un très bel éclat par la taille. Cette pierre était évidemment l'agate, mais nous perdrions notre temps à chercher à quelle variété elle pouvait bien appartenir. L'agate se rencontre presque toujours sous forme de cailloux roulés, détachés et isolés, dans les sables, les champs, les districts miniers et les terrains volcaniques. « Quand un silex est parfaitement dur, entièrement transparent, ayant le tissu serré, fin, uni et luisant dans l'endroit de la fracture, susceptible d'un poli vif et éclatant, orné de couleurs vives, très variées, comme le marbre, et de pommelures (bouillons ou mamelons), alors, dit Valmont de Bomare, on le nomme *agate fine, agate orientale*. Si ce silex est d'un grain moins fin, d'un tissu moins serré, surchargé de couleurs qui obscurcissent sa transparence et son éclat, ou qu'on n'y remarque point ces protubérances intérieures appelées *pommelures*, on le nomme *agate occidentale* ou *agate d'Allemagne*. » Quelque pures que soient les agates, elles ont toujours un œil laiteux. La différence des couleurs et des figures qu'on remarque dans cette pierre en a fait faire des divisions abusivement multipliées; nous nous bornerons à distinguer les espèces proprement dites et les variétés principales. Ce sont : L'*agate orientale*, dite aussi agate de Perse; elle est incolore, pommelée ou bouillonnée et est la plus pure et la plus fine de toutes. L'*agate grise*, à fond gris, ornée de taches et de lignes en spirales ou en cercles de différentes couleurs, rubanée, quelquefois cristallisée en son centre; on la trouve principalement en Allemagne, aux environs d'Oberstein et d'Idar. L'*agate fauve* ou *léontine*, à fond fauve, très ondée; on la rencontre aussi variée de rouge, de jaune et de noir ou mouchetée; c'est alors une espèce de sardoine jaspée. L'*agate veinée de rouge*, d'un rouge brun avec des veines plus claires; on la trouve aux environs de Freyberg et en Transylvanie. L'*agate jaspée* ou jaspe-agate, ressemblant au jaspe vert à points sanguins; on en trouve aussi de jaunes avec des veines ou des points incolores, leur semi-transparence suffit à les distinguer du jaspe, qui est opaque; on les trouve principalement en Saxe. L'*agate ondulée*, noirâtre, brune ou grise, avec des taches, des boucles ou des ondulations blanches; lorsqu'elle est d'un blanc laiteux et opaque, c'est le *cacholong*. L'*agate quadricolore* ou *tricolore*, ainsi nommée du nombre de couleurs qui s'y rencontrent réunies. L'*agate arborisée*, ou herborisée, où l'on croit distinguer très nettement des arborescences variées; les agates de cette espèce viennent presque exclusivement de Moka

(Yémen); on donne ainsi à certaines agates des noms qui se rapportent aux figures curieusement bizarres qu'elles représentent souvent, mais, toutes, elles appartiennent à l'espèce arborisée. Les *agates mousseuses*, au fond presque transparent et contenant généralement des végétaux de la famille des byssus; elles se trouvent aussi aux environs d'Oberstein. L'*agate enhydre*, contenant une goutte d'eau au milieu. On distingue encore les *agates lenticulaires*, en forme de lentilles ou même de graines de lin; elles sont blanches, grises ou bleuâtres et se trouvent ou isolées dans le sable, ou enfermées dans des agates plus grosses. D'autres espèces d'agates sont connues, d'après leur forme, la variété de leurs dessins et de leurs nuances, sous les noms d'*onyx*, de *cornaline*, de *sardoine*, de *calcédoine*, de *jade*, de *girasol*, d'*opale*, d'*œil de chat*, d'*œil du monde*, de *cacholong*, de *chrysoprase*. Nous avons dû nous borner ici aux variétés de l'agate proprement dite; aux noms que nous venons de mentionner, on trouvera la description des espèces auxquelles ils sont appliqués.

Agate noire. Nom que l'on donna longtemps à l'obsidienne, substance volcanique vitreuse, noirâtre, généralement opaque, très dure et très pesante et susceptible d'un beau poli, mais qui n'a que des rapports d'origine avec l'agate. On lui donne aussi le nom d'*agate d'Islande*, parce que c'est surtout au pied de l'Hécla qu'on les trouva tout d'abord; mais on en a découvert depuis dans d'autres lieux voisins des volcans, et jusqu'au pied des volcans du Pérou et de l'Equateur. — On a également donné ce nom d'*agate noire*, mais plus improprement encore, au jais ou jayet.

— Industrie. L'industrie de la taille des agates a son siège le plus important à Oberstein, dans la Bavière rhénane, où elle s'est établie depuis des siècles, grâce aux mines abondantes découvertes parmi les roches volcaniques du voisinage; mais ces mines ou carrières étaient épuisées ou du moins abandonnées, que l'on n'en continuait pas moins à y tailler des agates; elles furent abandonnées vers 1830, lorsque des Allemands établis sur les rives de l'Uruguay, dans l'Amérique méridionale, ayant fait la découverte de magnifiques agates dans les sables de ce fleuve, en eurent envoyé des spécimens dans leur pays. Depuis cette époque, l'exportation en Allemagne des agates de l'Uruguay n'a pas cessé. Ces pierres, sous le nom d'*agates du Brésil*, y sont disposées en plusieurs lots et vendues à l'encan sur le pied de 375 fr. le quintal en moyenne, pour les qualités ordinaires, aux industriels d'Oberstein, qui les transforment en *agates orientales* ou *occidentales*, suivant leur beauté.

La taille des agates s'opère à l'aide de meules de grès rouge de 1m,50 de diamètre, cannelées suivant la forme à donner à la pierre, et, autant que possible, mues par une chute d'eau. Le métier est rude. L'ouvrier est couché sur une sorte de *banc* peu élevé construit de manière à bien prendre la poitrine et le ventre et à laisser les membres libres; et tandis que des mains il presse la pierre contre la meule, il s'appuie fermement des pieds contre des blocs de bois vissés dans le plancher, la réaction lui permettant de presser avec plus de force encore sa pierre contre la meule en mouvement, qui fait généralement trois tours par seconde, produisant, grâce à l'énergie de la friction, une belle lumière phosphorescente. Les plus belles pierres sont polies sur de petites roues d'acier enduites de poudre d'émeri ou de diamant, mais les communes ne subissent pas ce traitement. Le dernier poli est donné sur des cylindres de plomb ou de bois, couverts de poudre de tripoli humectée.

Mais tailler et polir n'est pas tout : il faut encore pouvoir ajouter par des moyens artificiels à l'insuffisance de la nature sous le rapport de la variété des couleurs. Une agate est formée de couches qui diffèrent beaucoup de porosité et qui, par conséquent, prendront la teinture à un degré variable. Voici comment on opère : une agate bien choisie et parfaitement séchée est immergée dans de l'eau miellée ou de l'huile d'olive, et tenue ainsi exposée à une douce chaleur, pendant au moins trois jours, au bout desquels on la lave bien, on la fait sécher et on la met dans un vase contenant assez d'acide sulfurique pour la recouvrir; ce vase est alors exposé à une chaleur modérée jusqu'à ce que les couches poreuses de la pierre aient pris une nuance plus foncée. Le phénomène est dû à ce que ces couches ayant été saturées d'huile ou de sirop, l'acide sulfurique y détermine une réaction en décomposant la matière sucrée ou huileuse et formant à sa place un dépôt de carbone. C'est par ce procédé que l'agate rubanée est convertie en onyx aux couches blanches et noires, employée beaucoup par les graveurs de camées et d'intailles. — D'autre part, sachant que l'exposition aux rayons d'un soleil ardent donne une teinte rougeâtre aux agates grises, on en est venu à chauffer fortement ces agates pour en faire des cornalines. A Oberstein, on commence par bien sécher de belles pierres, puis on les sature d'acide sulfurique; après quoi on les place dans un creuset de terre réfractaire que l'on porte au rouge; on les laisse refroidir lentement, et l'on a des pierres d'une couleur rouge éclatante. Mais les Allemands vont plus loin encore, car ils sont parvenus à teindre réellement des agates de toutes sortes de couleurs que la nature leur refuse; ils ont même appliqué les couleurs d'aniline à cet usage, mais leur succès n'est pas de ceux dont on puisse se vanter. Enfin, les agates pourraient, dit-on, être produites artificiellement de toutes pièces. King, dans sa *Natural History of Gems*, affirme qu'un anatomiste de Florence possédait, il y a longtemps, le secret de cette fabrication, qui par malheur mourut avec lui. « A l'hôpital de San-Spirito, dit King, les incrédules peuvent voir encore un dessus de table formé de cœurs, de poumons et de foies ainsi *agatizéd* en un large plateau, — table à manger pour un festin de vampires!... » On connaît des agates renfermant des restes organiques, mais non à ce point; et c'est à se demander si King n'a pas été l'objet d'une mystification.

On trouve également en Ecosse des agates petites, mais très belles par l'éclat et la variété de leurs couleurs, plus connues sous le nom de *cailloux d'Ecosse*. Ces agates sont taillées à Edimbourg, et la bijouterie écossaise en fait une grande consommation.

AGATHARCHIDES, célèbre écrivain et géographe grec, natif de Cnide, qui florissait vers le milieu du IIe siècle av. J.-C. De ses ouvrages, entièrement perdus, on ne connaît que des fragments cités par Diodore de Sicile et quelques autres, et dans lesquels il décrit les mines d'or de la Haute-Egypte et donne la première explication scientifique des inondations du Nil, qu'il attribue aux pluies abondantes des montagnes d'Ethiopie. C'est aussi Agatharchides qui décrivit le premier le rhinocéros.

AGATHARQUE, peintre grec, natif de Samos, qui florissait vers 480 av. J.-C. Vitruve nous apprend qu'il fut le premier à tirer parti des lois de la perspective dans la peinture architecturale, et qu'à la sollicitation d'Eschyle il appliqua avec succès ces principes au décor de la scène.

AGATHE (Sainte). Elle était de Palerme, d'origine noble et d'une beauté ravissante. Le gouverneur de Sicile, Quintianus, en devint éperdument amoureux; mais Agathe ayant repoussé ses propositions, il la fit rouler nue sur des charbons ardents; après quoi il la jeta en prison, où elle mourut au bout de quelques jours, des suites de ses atroces brûlures (v. 251).

AGATHIAS le Scolastique, poète et historien grec. Il était de Myrine, où il naquit vers 536, fit ses études à Alexandrie et se rendit à Constantinople en 554; après avoir étudié quelques années le droit romain, il exerça dans cette ville la profession d'avocat, d'où son titre de *scholasticus*. Des poésies d'Agathias, il reste fort peu de chose; son recueil de poèmes érotiques, intitulé *Daphniaca*, est entièrement perdu; de son *Anthologie des écrivains anciens et contemporains*, il ne reste que l'Introduction; on n'a donc de lui, dans ce genre, que des *Epigrammes*, dans l'*Anthologie grecque*. Son principal ouvrage est une *Histoire* qui commence à la date où finit celle de Procope, c'est-à-dire avec la 26e année du règne de Justinien (553) et continue la relation des événements de ce règne jusqu'en 558. Cet ouvrage a de la valeur en tant que chronique, mais le style en est boursouflé, et il trahit une ignorance complète de l'histoire et de la géographie de l'Occident. Le président Louis Cousin en a donné une traduction française dans le 2e vol. de sa collection des *Auteurs de l'Histoire byzantine*.

AGATHO, poète tragique grec, que Platon cite dans son *Protagoras* pour sa beauté et ses vertus. Il était d'Athènes et fut disciple de Prodicus et de Socrate. Une de ses tragédies remporta le prix, dans la 4e année de la 90e olympiade ; il avait à cette époque un peu plus de trente ans. On ne connaît de ses ouvrages que des citations dans Aristote, Athénée et quelques autres.

AGATHOCLE, fameux tyran de Syracuse. Il était fils d'un potier de terre de Rhegium (Reggio), devint chef de brigands, puis se fit soldat, et, grâce à sa bravoure, parcourut rapidement tous les grades jusqu'à celui de général. Non content de cette rapide fortune, il s'empara une première fois du pouvoir, et bientôt fut renversé et chassé; mais les Syracusains le rappelèrent pour lui donner le commandement suprême de l'armée envoyée contre les Carthaginois. Il gagna plusieurs batailles, et finit par chasser les ennemis de la Sicile. Alors il passe en Afrique et va attaquer les Carthaginois chez eux, brûlant ses vaisseaux pour forcer son armée à vaincre ou à mourir. Mais il est battu et ses soldats, dont la solde est d'ailleurs fort arriérée, se mutinent, massacrent ses fils et le contraignent de fuir. Il se relève encore une fois, va au secours de Corcyre (Corfou) assiégée par Cassandre, brûle la flotte macédonienne, ravage la côte méridionale d'Italie et s'empare d'Hippone. — Il passa les dernières années de sa vie en proie aux infirmités et troublé par les rébellions de son petit-fils Archagathe, qui finit par l'empoisonner. Il mourut à soixante-douze ans (290 av. J.-C.), après un règne de vingt-huit ans. On dit que, pour mettre un terme à ses souffrances, il se fit porter sur un bûcher; mais, à la vérité, il n'est même pas bien sûr qu'il ait été empoisonné.

AGATHOCLE, fils de Lysimaque, l'un des successeurs d'Alexandre. Fait prisonnier par les Gètes, il fut racheté et épousa Lysandre, fille de Ptolémée-Lagus. Son beau-père lui donna le commandement d'une flotte avec laquelle il s'empara du royaume d'Antigonus; il bâtit ensuite la ville d'Ephèse et y appela les Libadiens et les Colophoniens. Il fut tué peu de temps après, dans une bataille qu'il livrait à Séleucus.

AGATHON (Saint), pape (679 à 682). Il était de Palerme et appartenait à l'ordre des Bénédictins, lorsqu'il fut élu pape le 11 avril 679, succédant à Donus. Il condamna les monothélites et fit cesser le tribut que le Saint-Siège était dans l'obligation de payer aux empereurs, à chaque nouvelle élection. Léon II lui succéda.

AGATHYRSES, *s. m. pl.* Géog. anc. peuples de l'Asie, voisins des Scythes. Ils possédaient de l'or en quantité, paraît-il, et n'étaient pourtant ni ambitieux, ni avares. D'après Hérodote, ils vivaient dans l'indolence et la mollesse et se peignaient le visage et le corps de différentes couleurs. Juvénal les représente comme barbares et cruels. — Les femmes étaient communes chez les Agathyrses, afin, disaient-ils, que le peuple entier ne fût véritablement qu'une grande famille.

AGAVÉ, *s. m.* (du gr. *agauê*, admirable). Bot. Genre de plantes de la famille des amaryllidées, tribu des agavées, très répandues dans le nord et le sud de l'Afrique et dans l'Amérique méridionale. Cette plante, qui a le port de l'aloès, est souvent désignée sous ce nom, mais à tort, car elle appartient à une famille tout à fait distincte. Le genre compte un certain nombre d'espèces, dont une, l'*agavé américain*, a été naturalisée dans le midi de l'Europe. L'*aloès de Nice* n'est pas autre chose que l'agavé américain. — Les feuilles de l'agavé renferment des faisceaux de fibres qui, préparées, servent à faire des cordages, des filets, des sacs d'emballage, etc., bien entendu sous le nom de *fils d'aloès*. — A. de

Humboldt rapporte qu'au Mexique on tire des fleurs de cette plante une liqueur fer-

Agave.

mentée dont il est fait une grande consommation dans le pays.

AGAZZI, Agostino, compositeur italien, né à Sienne (1578-1640). Attaché au service de l'empereur Matthias (1612), il fut ensuite maître de chapelle du collège allemand à Rome, puis du séminaire, et enfin revint dans son pays, vers 1630, pour y remplir les fonctions de maître de chapelle de la cathédrale jusqu'à sa mort. Il avait publié, en 1638, un petit traité de la *Musique ecclésiastique*. Comme compositeur, on lui doit un grand nombre de morceaux de musique religieuse : messes, psaumes, motets, chants sacrés, publiés en recueils successifs tant à Venise et à Rome qu'à Sienne. Il était membre de l'Académie des *Intronati*.

AGDE, ville de France, ch-l. de canton du départ. de l'Hérault, à 51 kil. S.-O. de Montpellier, sur la r. g. de l'Hérault, à 4 kil. de son embouchure et sur un embranchement du canal du Midi. Pop. 9,800 hab. — Cette ville est très ancienne; ayant été fondée par les Ligures, elle devint colonie marseillaise sous le nom d'*Agatha*. Elle est située au milieu d'une plaine fertile, mais sur un sol d'origine volcanique; on trouve même dans le voisinage un cratère éteint, et la ville est entièrement construite en lave basaltique, qui sert également au pavage des rues, ce qui ne laisse pas de lui donner un aspect assez lugubre. On y remarque une belle cathédrale, élevée sur les ruines d'un temple païen. Son port, construit par Richelieu en 1634, est défendu par le fort de Brescou; il est visité annuellement par plus de 400 navires, et fait un cabotage très actif. Manufactures de savon, de vert-de-gris, construction de navires, entrepôt des mines de Graissessac. Agde possède un collège, une école de navigation et un tribunal de commerce. Elle a été le siège d'un concile en 508.

AGE, s. m. Agric. Partie de la charrue destinée à transmettre au corps de l'instrument le mouvement qui lui est donné. L'age sert de support au régulateur, sur lequel il a l'avant-soc. Il se construit en bois ou en fer. — L'age est horizontal ou incliné, droit ou courbe (Lit.).

AGE, s. m. Durée de la vie. Indication du temps qui s'est écoulé depuis la naissance. *Il doit avoir tel âge. Trente ans, c'est le bel âge. Les progrès de l'âge se font bien sentir.* — Durée d'une génération. *Il a vu passer quatre âges au moins.* — Se dit aussi pour siècle. *Cette invention sera la merveille de notre âge. D'âge en âge. Les premiers âges du monde.* — Entre deux âges, ni jeune ni vieux. — Sur l'âge, Déjà vieux. — D'un certain âge, D'âge mûr. — Age du monde, Temps écoulé depuis la création. — Astr. *Age de la lune*, Temps écoulé depuis son renouvellement. — Poésie. *Les quatre âges du monde*, Les quatre périodes désignées sous les noms d'âge d'or, d'âge d'argent, d'âge de bronze et d'âge de fer. — Hist. *Moyen âge*, Période de l'histoire qui s'étend depuis la chute de l'empire romain jusqu'à la prise de Constantinople par les Turcs (1453), ou jusqu'à la découverte de l'Amérique (1492). L'Histoire du monde est en outre divisée en plusieurs âges, généralement formés par les chronologistes : le premier s'étend jusqu'au déluge, le second jusqu'à l'arrivée d'Abraham au pays de Chanaan, le troisième à la sortie d'Égypte, le quatrième à la fondation du temple de Salomon, le cinquième à la prise de Jérusalem, le sixième à la naissance de Jésus et le septième jusqu'aux temps actuel, ou plutôt jusqu'à la fin du monde. — Fr. maçon. *Age maçonnique*, formule purement allégorique, ayant une valeur différente suivant les rites, et se rapportant aux grades. — Géol. *Ages de la terre*. Périodes parcourues par les diverses transformations géologiques, ordre de succession des différentes substances minéralogiques stratifiées. La chronologie géologique compte ainsi quatre âges, dénommés *primaire, secondaire, tertiaire* et *quaternaire* et répondant à autant de systèmes de terrains. Le système primaire comprend, en procédant du centre de la terre vers sa surface, les terrains cambrien, silurien, devonien et carbonifère; le système secondaire, les terrains permien, triasique, jurassique et crétacé; le système tertiaire, les terrains éocène, miocène et pliocène; le système quaternaire, les terrains diluvien, alluvien et moderne (V. Géologie). — Paléontol. En ethnographie paléontologique on divise encore l'histoire du progrès de l'industrie humaine en trois âges principaux, qui sont l'*âge de la pierre*, pendant lequel les hommes se contentaient de la pierre pour fabriquer leurs armes et leurs divers ustensiles; l'*âge du bronze*, où ils employaient le bronze aux mêmes fins; enfin, l'*âge du fer*, s'étendant de l'époque où ils conquirent le fer jusqu'aux temps modernes. — Philos. Les philosophes modernes ont aussi divisé, d'après les points de vue souvent différents, l'histoire de l'humanité en un certain nombre d'âges. Auguste Comte, par exemple, distingue trois âges, établis dans chacune de ces périodes. Ce sont : l'âge du surnaturel ou de la fiction, l'âge de la métaphysique ou de l'abstraction et l'âge positif ou de la science, dans lequel nous entrons à peine. — Fichte établit une autre division, en cinq âges, suivant la prédominance intellectuelle relative à chacune de ces périodes. Dans le premier âge de l'humanité, c'est l'instinct qui prédomine; dans le cinquième, c'est la raison : c'est l'histoire de l'homme étendue à l'humanité tout entière, et elle n'est pas plus complètement exacte dans un cas que plus haut. On pourrait aller loin dans cette voie sans rencontrer une formule absolument satisfaisante; mieux vaut s'en tenir là.

— Myth. Hésiode, dans son poëme didactique, *les Travaux et les Jours*, décrit minutieusement les *cinq* âges successifs pendant chacun desquels, d'après lui, la terre fut peuplée par une race distincte. Pendant l'*âge d'or*, qui fut le premier, les hommes vivaient dans un bonheur parfait, des fruits produits par une terre vierge, n'exigeaient aucun travail; ils ne souffraient d'aucune infirmité ou maladie, et s'endormaient doucement du dernier sommeil, pour devenir après la mort gardiens de cette terre qu'ils avaient quittée, peut-être sans regret, car ils avaient dû s'y montrer terriblement. Dans le second âge, ou *âge d'argent*, la race était déjà dégénérée; les hommes refusaient d'adorer les dieux immortels et étaient enterrés après leur mort. La race de l'âge de bronze était plus dégradée encore, elle était belliqueuse et cruelle et périt par des guerres intestines. Le quatrième âge est celui de la *race héroïque*, qui combattit à Troie et à Thèbes et produisit les héros et les demi-dieux, lesquels, en récompense de leurs exploits, eurent, après la mort, le droit de moissonner trois fois l'an les produits naturels de la terre. Le cinquième, enfin, est l'*âge de fer*; c'est celui auquel Hésiode lui-même confesse appartenir; il l'humanité y est plongée si profondément dans tous les vices, qu'il faut renoncer à jamais l'en tirer, et que n'importe quel changement qui pourrait se produire serait préférable à un tel état de dégradation physique et morale. Pourtant des poëtes modernes assurent que nous valons beaucoup moins que les contemporains d'Hésiode... Ovide a suivi, dans ses *Métamorphoses*, le système d'Hésiode pour la division de l'Histoire de l'humanité, en omettant toutefois l'âge héroïque, que le *vieillard d'Ascra* ne paraît avoir introduit dans sa nomenclature que pour flatter le sentiment populaire, en faisant revivre les principaux mythes en faveur dès lors chez les Grecs ; car on peut fort bien, à ce qu'il paraît, mépriser et diffamer son âge et cependant rechercher la popularité, c'est-à-dire les suffrages des plus dégénérés de cette race dégénérée au milieu de laquelle on n'a la consolation de vivre qu'à la condition de pouvoir la traîner dans la boue.

— Physiol. et Méd. Solon divisait la vie de l'homme en dix âges, de chacun sept ans, et il est assez curieux de constater que cette méthode est restée populaire. Beaugrand définit les âges, de la façon suivante : « Les âges, chez les êtres vivants, sont marquées par des changements appréciables dans l'état des organes et, par suite, dans les fonctions. Bouchut, se plaçant à un point de vue plus médical, écrit : « Si l'âge indique le temps écoulé depuis la naissance, il signifie également une constitution organique spéciale qui prédispose à certaines maladies et qui impose aux médecins l'adoption de certaines règles thérapeutiques. La succession des âges suffit souvent pour amener la guérison de certaines maladies qui avaient résisté à tous les remèdes employés contre elles : l'épilepsie infantile, les scrofulides cutanées, certaines maladies de la peau, la bronchite et l'arthrite chroniques guérissent souvent à la puberté sous l'influence de la révolution organique du changement d'âge. » Enfin, voici comment le célèbre Hallé, le médecin le plus érudit de son temps, comme cela se sent, a établi cette division des âges : — 1. La première enfance (*infantia* des Latins, mot dont le sens étymologique est « privation de la parole »). Cet âge le plus tendre et qui commence à la naissance, finit à sept ans. On y distingue trois époques. La première âge caractérisent les phénomènes qui signalent la naissance, la vie en quelque sorte purement organique de l'enfant, et que borne à six ou sept mois l'apparition du premier travail de la dentition; la seconde, que manifeste la première dentition, aux orages de laquelle participe spécialement, s'étendant de sept mois à deux ans, origine de ce travail, à deux ans, qui en est le terme, et dans laquelle les rapports de l'enfant avec ce qui l'entoure commencent à s'établir par suite du premier développement des organes sensoriaux et locomoteurs. La troisième, enfin, commence à deux ans, finit à sept, prepare et achève la seconde dentition, développe de plus en plus l'appareil locomoteur, et produit un très grand nombre de maladies spéciales. — 2. La seconde enfance (*puerilia*) n'offre qu'une seule et même époque, s'étendant de sept ans aux premiers signes de la puberté. Elle est caractérisée par un développement général de tout le corps, lent, mais successif; elle manifeste la perfection particulière des os, l'exposition au rachitisme et les dangers qui peuvent suivre l'habitude trop ordinaire de l'onanisme. — 3. L'adolescence (v. ce mot) succède à la seconde enfance et est signalée par le développement de la puberté. Elle commence avec celle-ci, à une époque variable, suivant le sexe, le climat, le genre de vie, et qui est généralement chez nous de onze à douze ans pour les femmes, et de quatorze à quinze ans pour les hommes. Elle se termine, suivant le sexe, à vingt et un ans ou à vingt-cinq ans. Elle donne au corps le complément de son organisation. — 4. L'état adulte, ou *virilité*, commençant à vingt et un ans pour la femme, à vingt-cinq ans chez l'homme, se caractérise par la perfection à laquelle toutes les parties de l'organisation sont arrivées, et par la véritable aptitude à la reproduction de l'espèce. Il finit, sous nos climats, aux approches de cinquante ans pour la femme, à soixante pour l'homme. Cette longue période de la vie offre trois époques distinctes. La *virilité croissante*, qui se prolonge suivant le sexe, de vingt et un à trente ans, ou de vingt-cinq à trente-cinq ans, et pendant laquelle la consistance, la vigueur du corps et le système de la pensée acquièrent encore une nouvelle perfection. La *virilité confirmée*, prolongée pour la femme de trente à quarante ans et pour l'homme de trente-cinq à cinquante ans, et dans laquelle l'individu conserve, sans les accroître, toutes ses prérogatives acquises. La *virilité décroissante*, enfin, qui s'étend chez la femme de quarante à cinquante ans et chez l'homme de cinquante à soixante ans, et qui est marquée, comme son nom l'indique, par l'affaiblissement de l'état viril, lequel, tout en se maintenant, montre cependant qu'il arrive à son déclin.

— 5. La vieillesse, dernier âge de la vie, commençant à cinquante ans pour la femme, à soixante ans seulement pour l'homme et même au delà, et caractérisée par la cessation de la faculté reproductrice, le décroissement du corps et l'affaiblissement des forces physiques et morales. Ainsi que la première enfance et la virilité, la vieillesse offre trois époques distinctes : la *verte vieillesse*, qui s'étend jusqu'à soixante ou soixante-dix ans suivant le sexe, et qui n'est encore que le prélude des infirmités de l'âge avancé ; la caducité, ou *vieillesse confirmée*, que les Latins paraissaient avoir distinguée de la précédente par la désignation par le nom particulier de *senium*, et qui s'étend jusqu'à quatre-vingts ans passés, en offrant les traces les plus sensibles de la décadence physique et morale ; la *décrépitude* enfin, ou la détérioration universelle de l'économie, dans laquelle l'homme traîne le reste de sa pénible existence, depuis quatre-vingts ou quatre-vingt-trois ans jusqu'à la mort. Il est, toutefois, des circonstances qui modifient sensiblement le cours des âges, et l'on voit des vieillesses se prolonger *vertes* jusqu'au siècle révolu, tandis que dans d'autres exemples, la décrépitude succède presque immédiatement à l'âge viril et même apparaît plus tôt ; mais ce sont des exceptions, et nous ne pouvons tenir compte que d'une règle générale. — *Âge critique* ou *âge du retour* (*ménopause*). Époque de la cessation des règles chez la femme et des accidents qui résultent de ce phénomène physiologique.

AGÉ, ÉE, adj. Qui a un certain nombre d'années. *Une petite fille âgée de deux mois. Un vieillard âgé de quatre-vingts ans*. — Se dit absolument pour Qui a un grand âge ; un grand nombre d'années. *C'est une personne âgée*.

AGÉLADAS, célèbre sculpteur grec, d'Argos. On est loin d'être d'accord sur l'époque à laquelle il vivait, si loin, que quelques auteurs sont d'avis qu'il y ait eu deux sculpteurs de ce nom, nés à Argos, où ils vécurent à quelque distance l'un de l'autre. On sait seulement qu'il fut le maître de Phidias, de Myron, et de Polyclète.

AGELNOTH ou ÆTHELNOTH, prélat anglais du XIᵉ siècle. Élevé au monastère de Glastombury, il obtint divers bénéfices et devint doyen de Cantorbéry et chapelain du roi Canut, sur l'esprit duquel, d'après Guillaume de Malmesbury, il eut une grande et heureuse influence, car il aurait été l'inspirateur de la politique qui amena la fusion entre les Danois et des Saxons et leur union contre les Normands. En 1020, il fut élevé au siège archiépiscopal de Cantorbéry, devenu vacant. Il fit un voyage à Rome en 1022 et reçut le pallium des mains de Benoît VIII. Agelnoth restaura et embellit sa cathédrale, tant à ses propres frais qu'au moyens de subventions obtenues du roi. La confiance de celui-ci ne paraît pas, du reste, avoir été mal placée. En effet, Canut, au moment de mourir, fit promettre à l'archevêque de rester fidèle à ses fils, et Agelnoth tint si bien parole, que l'usurpateur Harold ne put se faire consacrer que par son successeur. — Agelnoth mourut en 1038.

T. I.

AGEN, ville de France, ch.-l. du départ. de Lot-et-Garonne, sur la rive droite de la Garonne, à 87 kil. S.-E. de Bordeaux et à 720 kil. S.-O. de Paris, Pop. 20,485 hab. Siège d'un évêché et d'une cour d'appel ; collège. Située dans une plaine vaste et fertile, cette ville est sillonnée de rues tortueuses et

A_en.

assez mal bâties, mais elle possède une magnifique avenue d'ormes, appelée la promenade du Gravier, reliée à la rive gauche de la Garonne par trois ponts, dont un pont-aqueduc jeté sur le canal latéral, et qui passe pour le plus bel ouvrage d'art de ce genre de toute l'Europe. On y remarque l'église cathédrale de Saint-Caprais, commencée au XIᵉ siècle ; l'église des Jacobins, du XIIIᵉ siècle ; l'hôtel de la préfecture, ancien palais épiscopal ; l'hôtel de ville, ancien château du sanguinaire comte de Montluc ; la bibliothèque publique et les chapelles souterraines du mont de l'Ermitage, jadis construites par des solitaires. Agen est la patrie de Sulpice Sévère, de Joseph Scaliger, de Bernard Palissy, de Lacépède, de Bory Saint-Vincent et du barbier-poëte Jasmin. Manufactures de serges, de cotonnades, d'amidon, teintureries, tanneries, etc.

— Agen (*Agennum* ou *Agedinum*) était la capitale des Nitiobriges, qui participèrent avec les Arvernes au soulèvement décisif de Vercingétorix. Saint Martial y prêcha l'Évangile. Prise et reprise par les Goths, les Huns, les Normands, etc., elle apparaît successivement, au moyen âge, aux comtes de Périgord, puis à la couronne de France, aux ducs d'Aquitaine, à l'Angleterre, aux comtes de Toulouse ; de nouveau au roi de France, au roi d'Angleterre, et redevint française définitivement en 1453. Elle souffrit beaucoup des excès de la lutte religieuse, prit parti pour la ligue, et se soumit enfin après l'entrée d'Henri IV à Paris.

AGENCE, s. f. Charge d'agent, Lieu où cette charge est exercée. *Il est passé à l'agence Havas pour avoir des nouvelles*.

AGENCEMENT, s. m. Action d'agencer. État d'une chose agencée. *Il lui a laissé son magasin avec tout l'agencement*.

AGENCER, v. a. (c devant a et o). Arranger, ajuster, ajuster, mettre de l'ordre. *Il faut que les bureaux soient agencés avant de nous y installer. Comment êtes-vous agencé ?* — B.-Arts. Disposer, arranger au mieux des draperies, des figures, des accessoires dans un dessin, un tableau, etc.

— S'AGENCER, v. pr. S'arranger, s'attifer. *Elle met toujours à s'agencer un temps infini*.

AGENDA, s. m. (lat. de *agere*, faire). Carnet sur lequel on prend note des choses dont on doit faire, des rendez-vous auxquels on doit se rendre. Les agendas (pron. *aginda*) sont divisés par mois, semaines et jours pour faciliter cette inscription, ou plutôt la recherche ultérieure.

AGÉNÉSIE, s. f. Méd. Impossibilité d'engendrer, impuissance.

AGENOUILLÉ, ÉE, part. pas. de AGENOUILLER.

AGENOUILLEMENT, s. m. Action de s'agenouiller.

AGENOUILLER, v. a. Faire mettre à genoux. — Fig. Humilier. *Il l'a complètement agenouillé*.

— S'AGENOUILLER, v. pr. Se mettre à genoux.

AGENOUILLOIR, s. m. Escabeau ou coussin sur lequel on se met à genoux.

AGENT, s. m. Se dit de tout ce qui agit, personne ou chose. *Un agent chimique plus puissant est nécessaire pour obtenir ce résultat. C'est un agent thérapeutique des plus anodins*. Il se dit par opposition à Patient : *L'agent et le patient*, pour distinguer la cause agissante du sujet sur lequel elle agit. — On appelle *agents naturels* les forces que l'homme peut emprunter de la seule nature : l'air, l'eau, le feu, l'électricité, etc. — Un agent est, en général, une personne ayant mission d'agir pour autrui, pour le gouvernement, une administration quelconque ou les particuliers. *Agent d'affaires*, qui fait les affaires des autres. *Agent consulaire* ou *diplomatique*, celui qui est chargé d'une mission consulaire ou diplomatique et qui n'est pas nécessairement un consul ou un ambassadeur. *Agent comptable*, employé chargé de la comptabilité et du maniement des fonds ; dans l'administration militaire, on dit de préférence *Officier* ou *Officier d'administration comptable*. *Agent de change*, entremetteur privilégié pour la négociation des effets publics et des matières métalliques. *Agent de la force publique*, chargé de maintenir l'ordre public par la force, comme les gendarmes, les gardes champêtres, gardes forestiers, etc. *Agent de police*, employé subalterne actif de la police. *Agent provocateur*, dont la mission est de provoquer une manifestation coupable qui justifie une répression préméditée. *Agent secret*, Espion. — Gram. Agent pourrait recevoir le féminin sans que l'édifice de la langue en fût ébranlé. Littré l'admet ; l'Académie hésite et se borne à l'accepter quand le terme est pris en mauvaise part. *Je découvris que, dans cette intrigue, elle était la principale agente*. — En principe, l'agent diffère de tout autre fonctionnaire en ce qu'il ne peut déléguer à personne le mandat dont il est investi, d'après la vieille maxime *Delegatus non potest delegare* ; il doit *agir* personnellement. On va douze fois toujours, à la vérité, le titre d'agent à tous ceux qui sont chez nous ; mais on devrait le faire. En Angleterre, on désigne sous le nom d'agents jusqu'aux procureurs ou *solicitors*, qui *agissent* pour les plaideurs dans la préparation des procès, bien qu'ils n'agissent pas toujours personnellement.

— AGENTS DE CHANGE. Anciennement, les agents de change étaient, comme l'implique leur titre, de simples changeurs, comme l'implique leur titre. Ils sont aujourd'hui exclusivement chargés de négocier les effets publics admis à la cote officielle (admission dont ils décident), ainsi que les lettres de change, billets et valeurs diverses, et d'en constater les cours, c'est-à-dire le prix auquel se concluent les négociations, pendant le temps de l'ouverture de la Bourse, résultat des offres et des demandes qui se sont produites dans cet intervalle. Ils ont également seuls le droit de constater les cours des matières métalliques, sur lesquelles ils peuvent se livrer à toutes négociations ou courtage. L'agent de change ne peut, en effet, par conséquent, ni ne peut se livrer à aucune opération pour son propre compte, à peine d'amende et même de destitution. Il doit le secret à ses clients. Il y a une chambre syndicale des agents de change dans toutes les villes importantes. Cette chambre syndicale, outre le soin de la discipline intérieure et la connaissance des contestations qui peuvent s'élever entre membres de la compagnie, est investie du droit de vérifier les livres de ceux-ci, afin de s'assurer de la régularité des opérations auxquelles ils se livrent et de leur situation personnelle, et d'intervenir quand elle le juge utile. Les agents de change doivent fournir un cautionnement dont l'importance varie avec celle du lieu où ils exercent leur charge ; à Paris, le cautionnement est de 250,000 francs. A toutes ces mesures prises pour donner la plus grande sécurité possible au public et pour justifier du même coup le monopole attribué aux agents de change, la compagnie de Paris avait ajouté

19

une garantie de plus : elle avait une caisse syndicale garantissant les pertes que ses membres pouvaient subir, et par suite les opérations engagées pour le compte des clients. Cette caisse eut plus d'une fois l'occasion d'intervenir, mais un jour, la faillite scandaleuse d'un des membres de la compagnie trouva la caisse insuffisante pour combler l'énorme déficit : la chambre syndicale s'en tira par une déclaration d'insolidarité, et la catastrophe fut complète. On aurait dû répondre à la déclaration de la chambre syndicale par l'abolition du monopole des agents de change, monopole qu'elle défend en toute occasion avec une ardeur excessive; mais cette garantie suprême ne lui était pas légalement imposée, et puis on était sous l'empire. La forme de gouvernement a changé depuis; c'est en vain, malgré cela, que les partisans de la liberté choisirent le moment où la liquidation des opérations engagées eût présenté le moins de difficultés, et indiqué les moyens les moins onéreux pour le Trésor d'opérer le remboursement des cautionnements et le règlement du prix des charges : bien des monopoles d'une importance plus apparente que réelle ont disparu ; celui-ci a été conservé comme une relique.

C'est en 1572, sur la proposition du chancelier de l'Hospital, et plutôt dans l'intérêt du Trésor que dans l'intérêt public, que Charles IX créa la corporation des *courtiers de change, deniers et marchandises*, faisant un privilège vénal de fonctions exercées librement jusque-là. L'édit de Charles IX fut confirmé par plusieurs de ses successeurs, et le nombre des privilégiés, qui prirent alors le titre de *conseillers du roi et agents de banque, de change, commerce et finances*, fut porté à cent seize par ordonnance de Louis XIV. Il ne faut pas oublier que le monopole existait sous la Régence, époque des catastrophes financières les plus attristantes. Il disparut sous la Révolution avec les autres privilèges et fut rétabli, avec beaucoup d'autres, en 1801. Les attaques les mieux justifiées n'ont pu en avoir raison depuis.

— Agents de police. On comprend généralement sous le nom d'agents de police : les gardiens de la paix, inspecteurs de police, agents de la *sûreté* à tous les degrés, appariteurs, etc., en un mot tous les employés de l'administration de la police chargés de fonctions actives. — A Paris, chacun des vingt arrondissements est divisé en quatre quartiers, ayant chacun un poste de police en communication constante avec le commissariat. L'arrondissement compte 250 à 300 agents de police en uniforme portant le nom de *gardiens de la paix*. Le quart reste au poste ; une cinquantaine d'hommes sont distraits du service actif et affectés aux fonctions de secrétaires et de télégraphistes, en correspondance avec l'administration centrale. Ces agents ont un jour de demi-repos sur trois, et une nuit de veille sur trois également. Le demi-repos dont nous venons de parler n'est que de quatre heures. Il n'y a pas lieu d'insister sur les détails du service extérieur. Nous dirons seulement que chaque gardien est chargé réglementairement de surveiller un espace déterminé de son quartier, appelé *îlot*, pendant la durée de son service. Rien de ce qui s'y dit, de ce qui s'y fait, de ce qui s'y passe, ne doit lui échapper. Dans ce long périmètre qu'il a à parcourir, il faut qu'il ait des yeux de lynx; car l'*îlot* dans lequel on le place, en raison du peu d'hommes dont dispose le poste de police, est deux fois plus grand que ne le voudrait le règlement. Sur le nombre de cinquante agents, il faut encore retirer : le planton à la porte du poste, deux hommes de service qui y séjournent en cas d'alerte, et deux autres chargés de recevoir les prisonniers rabattus par les gardiens postés sur la voie publique. Ce qui réduit encore le personnel actif des gardiens de la paix, c'est le contingent des gardiens attachés aux stations des voitures, aux passerelles, aux queues des grandes maisons de banque, des spectacles, des réunions publiques, du tirage au sort, des passages dangereux dans les rues. Alors on arrive, pour le travail permanent, de défalcation en défalcation, à n'avoir, dans chaque quartier d'arrondissement, que dix agents de la paix en faction sur la voie publique. Et comme les malfaiteurs ont soin de s'assurer qu'il n'y a pas d'agents dans le voisinage pour accomplir leurs exploits, voilà pourquoi on entend si fréquemment se plaindre que les gardiens de la paix sont arrivés sur le lieu où un crime vient de se commettre quand il n'était plus temps de le prévenir. Pour un service si dur, dans lequel sa vie est souvent exposée, le gardien de la paix reçoit 4 fr. 30 par jour, l'uniforme et une indemnité de logement dérisoire.

Il est aidé dans son service par des *indicateurs*, espions payés par l'administration de la police pour *indiquer* ou *dénoncer* la présence des malfaiteurs dans l'étendue de leur ressort. Ce sont en général des marchands ambulants ou stationnant sur un point déterminé de la voie publique et offrant aux passants des objets dont personne n'a besoin et que personne n'achète, de faux mendiants, etc. Mais il y a des indicateurs à tous les degrés de l'échelle sociale, et les Domitius Afer abondent; ils abondaient surtout sous l'empire, où la délation était partout. « Les agents indicateurs, dit l'auteur des *Mémoires de M. Claude*, avaient pris, depuis le complot de l'Opéra-Comique et des ouvriers de l'usine Cail, une position prépondérante et très caractéristique. Certains de ces agents étaient payés jusqu'à 1,000 francs par mois; les moins rétribués touchaient 125 francs; le plus grand nombre 200 francs. Bien que les bureaux de la division politique dépensât à la préfecture près de 25,000 francs par mois, le bureau des fonds secrets pour le bureau de M. Lagrange était inscrit annuellement pour la somme de 3,000 francs. Les indicateurs qui émargeaient au livre de la préfecture de police, signaient des noms vulgaires, quelquefois cocasses, toujours très fantaisistes. Une liste de ces noms bizarres prouve que l'espionnage césarien ne s'exerçait pas qu'en France, qu'il s'étendait à l'étranger pour surveiller les exilés boudant l'Empire et conspirant toujours. Une de ces listes est ainsi intitulée : *Note des dépenses des indicateurs placés sous les ordres de M. le commissaire spécial Lagrange dans le courant du mois d'avril* 186... On y lit les noms de ces indicateurs : W..., agent à Londres ; B..., à Turin ; G..., à New-York ; Cantoni, en Italie ; Fromont, *légitimiste;* O..., républicain, etc. Les manœuvres de ces indicateurs, dont M. Lagrange était l'âme, s'opéraient avec tant de mystère qu'elles étaient inconnues des fonctionnaires de la préfecture, dont le personnel ordinaire, composé, comme celui du ministère, de gens fort honorables, rendant quotidiennement des services considérables au point de vue de l'ordre et de la sécurité publique, était étranger à ces machinations ténébreuses. » (V. Police.)

— Agents provocateurs. L'agent provocateur est par excellence un agent politique. Dans le jargon policier, on désigne ces sortes d'agents sous le nom pittoresque d'*allumeurs*. Sous l'Empire, ces allumeurs ne provoquaient pas seulement les manifestations hostiles des mécontents, ils avaient aussi la mission de provoquer les ovations enthousiastes sur le passage de Leurs Majestés. Nous n'insisterons pas sur ce côté sans grandeur de leur rôle multiple, et nous insisterons fort peu, même, sur le plus important. Ces agents étaient généralement choisis parmi les agents indicateurs doués de quelque intelligence. « Par ordre, dit l'écrivain déjà cité, ces agents se faisaient surtout agréer dans une grande fabrique, comme ouvriers, sous des noms d'emprunt. Ils avaient pour consigne d'être d'une exactitude modèle dans leur travail. Ils ne devaient faire de la politique que pendant les repas et les jours de fête. Ils ne se rendaient à la préfecture que les dimanches soir, après minuit, pour y recevoir de nouvelles consignes, de l'argent et y donner leurs renseignements. Ils payaient à boire à tous ceux qui se laissaient embaucher. Une fois qu'ils avaient sous la main un certain nombre de dupes, ils leur donnaient rendez-vous le lendemain, jour fixé pour la *grande révolution* ou l'*enlèvement* de l'Empereur. Cinquante-sept ouvriers furent arrêtés de la sorte par la police, au complot de l'Opéra-Comique. Dès l'installation de l'*Internationale*, rue des Gravilliers, la composition de son bureau fut dénoncée par plusieurs de ses membres. » Les émeutes de 1869 furent également organisées et conduites jusqu'à la fin par des agents provocateurs en blouse blanche marchant en bande, et ainsi désignés aux sergents de ville, qui assommaient les gens inoffensifs tout en épargnant ces messieurs. Au convoi de Victor Noir, tué par le prince Bonaparte, les agents provocateurs figuraient en grand nombre, sous les ordres de chefs bien connus, dont le principal était l'Italien Sapia, auteur d'une *Vie de Mazzini*, et qui avaient distribué la veille, à ceux qu'ils voulaient entraîner, un grand nombre de revolvers sans marque de fabrique, comme s'ils provenaient de quelque manufacture secrète et naturellement révolutionnaire. On sait enfin que, pour rendre populaire la guerre de 1870, on se servit d'*allumeurs* qui parcouraient les rues en hurlant la *Marseillaise* et le cri *à Berlin*, et qui poussèrent le souci de la couleur locale jusqu'à faire une manifestation hostile devant les bureaux du *Constitutionnel*, journal ministériel, mais opposé à cette guerre. — Il ne faut pas croire, pourtant, que l'agent provocateur soit une invention du second empire. Tous les gouvernements, lorsqu'ils se sentent menacés, ont invariablement recours à la provocation, afin de ne pas laisser aux forces insurrectionnelles le temps de s'organiser ; mais l'institution a été surtout florissante sous le gouvernement de Juillet, où les forces de l'opposition active s'épuisèrent en quelques années dans des émeutes incessamment renouvelées. A la suite des journées d'Avril 1834, qui se terminèrent à Paris par le massacre de la rue Transnonnain (ministère Thiers), des cartes de police furent trouvées sur le cadavre d'un certain nombre d'insurgés : ceci est de notoriété publique, mais on oublie vite en France, et certains faits ont besoin d'être rappelés bien peu de temps après qu'ils se sont produits. De même, l'insurrection de Juin 1848 fut l'œuvre d'agents provocateurs exerçant leur ignoble industrie sur des malheureux qui n'avaient presque pas le choix. — Mais nous reviendrons sur ces faits de notre histoire, trop souvent dénaturés.

AGÉRATUM, *s. m.* Bot. et Hort. Genre de plantes dicotylédones, de la famille des composées, dont deux espèces sont cultivées dans nos jardins. — *Agératum du Mexique*, fleurs bleu violet en corymbe terminal, plante annuelle de 0,40; il se multiplie de graines semées au printemps, en pleine terre ordinaire, et fleurit tout l'été et une partie de l'automne. — *Ageratum à fleurs roses*, plante vivace, un peu plus grande que la précédente, donne de jolies fleurs roses en corymbe terminal aux mêmes époques; il se multiplie soit de graines semées sur couche au printemps, soit de boutures, en août et septembre.

AGÉRONIE, *s. f.* Entom. Genre d'insectes lépidoptères diurnes, de la famille des papilionides, propre à l'Amérique du sud. L'Agéronie est un beau papillon noir semé de taches bleues. La chrysalide se rapproche de celle des piérides, en ce qu'elle s'attache au milieu du corps par un lien transversal et se pend ainsi aux branches, mais les pattes antérieures sont imparfaites et tenues repliées. La chenille est inconnue. De nymphe, on ne connaît, du reste, que celle de l'*Ageronia*

Ageronia feronia.

feronia : sa partie antérieure est couverte d'une sorte de masque bizarre, pourvu de deux longues oreilles projetées en avant. L'insecte parfait a le vol rapide, mais court, et se pose à chaque instant, de préférence sur le tronc des orangers; il produit pendant le vol, fait remarquable parce qu'il est unique dans l'ordre des lépidoptères, un bruit de vieux parchemin froissé dont on ignore l'origine.

AGÉSANDRE, de Rhodes, célèbre sculpteur, qui florissait sous le règne de Vespasien. Il est l'un des trois auteurs du fameux groupe du Laocoon.

AGÉSIAS, philosophe platonicien, de Cyrène, en Afrique. Il tenait à Alexandrie une école dans laquelle il enseignait que l'âme est immortelle. Cet enseignement ayant conduit au suicide plusieurs des disciples d'Agésias, curieux d'en vérifier l'exactitude, le roi Ptolémée fit fermer son école.

AGÉSILAS II, fils d'Archidamus, sixième roi de Sparte. Il fut élevé au trône après la mort d'Agis II, son frère, et au préjudice de son neveu Léotychide, en 398 av. J.-C. Peu de temps après son avènement, il entrait en Asie, ravageait la Phrygie et remportait, près du Pactole, une grande victoire sur les Perses commandés par Tisapherne. Il battit ensuite, près de Coronée, dans le Péloponèse, les Athéniens et les Béotiens alliés contre Sparte (394). Enfin, il vainquit dans une autre occasion les Acarnaniens, et s'empara de Corinthe (361). Il mourut dans la Cyrénaïque vers 356. — Il paraît qu'Agésilas était boiteux, petit et laid ; mais, outre sa bravoure personnelle et ses talents militaires, il était simple dans ses habitudes et d'une grande sobriété. Il défendit qu'on lui élevât des statues, disant que ses actions étaient des monuments suffisants à sa gloire. — Sa sœur, CINYSCA, est la première femme qui remporta le prix aux jeux Olympiques, avec des chevaux qu'elle avait elle-même dressés.

AGÉSILAS, frère de Thémistocle. Envoyé par les Athéniens pour reconnaître l'armée de Xerxès, il se travestit en Perse, pénétra jusqu'au roi et tua son capitaine des gardes, Mardonios, qu'il avait pris pour lui. Arrêté aussitôt et conduit devant Xerxès, celui-ci le condamna à être immolé sur l'autel du Soleil. Arrivé près de l'autel, Agésilas plaça sa main droite au-dessus du brasier et la laissa se consumer sans proférer une plainte, assurant à Xerxès que tous ses compatriotes étaient gens à le faire comme lui, et que, pour preuve, il se brûlerait de même la main gauche, ce qu'il fit. Xerxès lui fit grâce de la vie. Nécole, père d'Agésilas, avait, paraît-il, été averti de l'événement par un songe et l'avait laissé partir. — Mutius Scœvola ne fut donc qu'un imitateur.

AGGÉE (Joie en hébr.). L'un des douze petits prophètes d'Israël. On lui attribue plusieurs psaumes, et une prophétie de la venue de Jésus-Christ dont on ne découvrit la vraie signification que longtemps après qu'il l'eut faite (v. 520 av. J.-C.), car il y annonçait simplement que « le second temple serait plus illustre que le premier ».

AGGLOMÉRAT, *s. m.* Minér. Masse de substances hétérogènes réunies par un ciment naturel.

AGGLOMÉRATION, *s. f.* Action d'agglomérer et résultat de cette action.

AGGLOMÉRÉ, ÉE, part. pas. de AGGLOMÉRER. Bétons agglomérés.

AGGLOMÉRER, *v. a.* (lat. de *ad* et *glomus*, peloton). Réunir en masse, en peloton. *Les sables agglomérés ont fini par former une masse solide.* Population agglomérée.
— S'AGGLOMÉRER, *v. pr.* Se réunir en peloton, s'entasser.

AGGLUTINANT, ANTE, *adj.* Méd. Se dit des substances emplastiques qui adhèrent fortement à la peau, telles que le diachylon. Mais on dit mieux AGGLUTINATIF dans ce cas. On appelle aussi *substances agglutinantes*, ou substantiv., *agglutinants*, des substances supposées propres à recoller les parties divisées. — Linguist. *Langues agglutinantes*, celles dans lesquelles l'agglutination des mots prédomine.

AGGLUTINATIF, IVE, *adj.* Qui agglutine. V. AGGLUTINANT.

AGGLUTINATION, *s. f.* Action d'aggluti-
ner. — Linguist. Procédé qui consiste à faire entrer en quelque sorte dans un mot un ou plusieurs mots qui se trouvent dans un rapport de dépendance avec celui-ci et de fondre le tout ensemble en prononçant la phrase entière comme si elle se composait d'un mot unique.

AGGLUTINÉ, ÉE, part. pas. de AGGLUTINER.

AGGLUTINER, *v. a.* (lat. de *ad* et *gluten*, colle). Recoller, réunir.
— S'AGGLUTINER, *v. pr.* Se recoller.

AGGRAVANT, ANTE, *adj.* Qui aggrave.
— Dr. crim. *Circonstances aggravantes*, circonstances qui rendent plus grave un délit ou un crime. La préméditation est une circonstance aggravante qui, du meurtre, fait un assassinat. L'effraction, l'escalade, etc., sont des circonstances aggravantes du vol pur et simple et qui, de délit, le transforment en crime.

AGGRAVATION, *s. f.* Action d'aggraver. Augmentation de mal, de peine.

AGGRAVE, *s. f.* Seconde fulmination d'un monitoire, qui menace des dernières censures de l'Église.

AGGRAVÉ, ÉE, part. pas. de AGGRAVER.

AGGRAVÉE, *s. f.* Art vétér. Inflammation des tissus vasculaires des pieds du chien et du porc, causée par une marche prolongée sur un sol dur, raboteux, hérissé de cailloux. On a également observé l'aggravée chez le mouton. Des cataplasmes argileux ou astringents ont généralement raison de cette maladie.

AGGRAVER, *v. a.* (lat. de *ad* et *gravis*, pesant). Rendre plus grave, plus pesant. *Aggraver une peine. Vous aggravez votre position par votre attitude. N'aggravez pas vos torts envers lui en le calomniant.*
— S'AGGRAVER, *v. pr.* Devenir plus grave. *Sa position s'aggrave d'heure en heure.*

AGHRIM ou AUGHRIM, village d'Irlande, dans le comté de Galway, célèbre par la victoire décisive remportée par les troupes de Guillaume III sur celles de Jacques II, commandées par le général français Saint-Ruth, le 12 juillet 1691. Les Irlandais, malgré des prodiges de valeur, furent taillés en pièces, leur général ayant été tué par un boulet presqu'au début de l'action. Découragés par cette catastrophe, les Jacobites renoncèrent à la résistance, et la soumission de tout le pays suivit de près la victoire d'Aghrim. Les troupes de Guillaume étaient commandées par le général Ginkell.

AGI, IE, part. pas. de AGIR.

AGIAU, *s. m.* Techn. Table sur laquelle le doreur pose le livret de feuilles d'or dont il va avoir à se servir.

AGIER, FRANÇOIS-MARIE, homme politique français. Il était avocat et défendit en 1804, son début, deux complices de Moreau. Après avoir refusé aux Cent jours de signer l'acte additionnel, il vint, à la tête d'une compagnie de volontaires royalistes, apporter à la Chambre des représentants une pétition demandant le rétablissement des Bourbons. Au retour de ceux-ci, il entra dans la magistrature, fut révoqué en 1818 pour l'exaltation gênante de ses opinions royalistes, et rappelé sous le ministère Villèle. Élu député des Deux-Sèvres, il vota avec les 221. Sous la monarchie de Juillet, Agier remplit diverses fonctions, dont il dut se démettre en 1848. Il rentra dès lors dans la vie privée.

AGILE, *adj.* (lat. *agilis*, de *agere*, faire, agir). Actif, agissant avec facilité, alerte, dispos, souple et léger de corps. *Cet acrobate est singulièrement agile.*

AGILEMENT, *adv.* Avec agilité.

AGILITÉ, *s. f.* Activité. Légèreté, vivacité dans les mouvements, souplesse de corps.

AGILOLFINGER, *s. m. pl.* Nom de la première dynastie des ducs de Bavière, fondée par Agilof, qui délivra son pays du joug des Ostrogoths en 553; laquelle s'éteignit en 788.

AGIO, *s. m.* (ital. *aggio*, droit de change). Banque. Ce mot sert à désigner la différence qui existe entre la valeur nominale et la valeur réelle des monnaies, et entre celles-ci et
les valeurs de banque. Par extens., il se dit du bénéfice résultant de cette différence pour le banquier changeur. Quand les espèces sont rares sur le marché, comme en France après le payement de l'indemnité de guerre, et en Italie plus récemment, l'agio sur l'or s'élève à proportion. *Je me suis procuré de l'or à 16 ¹/₄ d'agio*, c'est-à-dire de l'or, pour avoir mille francs en or, j'ai dû donner un billet de banque de mille francs, plus 16 fr. Le bénéfice que le banquier tire de ce commerce de l'or n'est réel qu'à la condition qu'il n'aura pas besoin de se procurer de l'or à son tour, ou moins au même taux : par conséquent, dans une négociation de valeurs quelconques, l'agio se paye au moyen de l'escompte, de l'intérêt et de la commission de banque. — De même, lorsqu'on paye une dette quelconque, en monnaies d'or et d'argent de son pays, à un correspondant étranger d'un pays où le titre des monnaies est supérieur, il faut ajouter la différence, et cette différence s'appelle *agio*. De là le trafic des monnaies et la spéculation sur la hausse et la baisse des effets publics, appelés d'abord agio, puis agiotage.

AGIOTAGE, *s. m.* Spéculation sur les fluctuations du marché des fonds publics et des valeurs industrielles. Il se prend en mauvaise part, par une allusion sous-entendue aux manœuvres trop fréquentes des spéculateurs.

AGIOTER, *v. n.* Faire l'agiotage.

AGIOTEUR, *s. m.* Celui qui fait l'agiotage.

AGIR, *v. n.* (conjug. avec l'auxil. *avoir*). Être en action ou avoir une action. *Le moment est venu d'agir et non plus de pérorer. Un traitement purement hygiénique n'agit sur l'économie qu'avec le temps.* — Se comporter. *J'agirai comme il convient à ma position.* — Poursuivre en justice. *Dites-lui que nous serons forcés d'agir, s'il ne se rend à nos raisons.*
— S'AGIR, *v. pr.* Il s'emploie impersonnellement, pour indiquer l'objet en question. *Voilà de quoi il s'agit.*

AGIS. Quatre rois de ce nom régnèrent à différentes époques sur Lacédémone. — AGIS Iᵉʳ, fils d'Eurysthènes, fondateur de la dynastie des *Agides*, régnait vers 1060 av. J.-C. On croit que ce fut sous son règne qu'eut lieu le soulèvement des habitants de la ville d'Hélos, qui furent réduits en servitude et ont été désignés depuis sous le nom d'*Ilotes*. — AGIS II succéda à son père Archidamus en 427 av. J.-C. Il se distingua dans la guerre du Péloponèse en commandant les Spartiates à la bataille de Mantinée. — Il mourut en 399. — AGIS III succéda à son père Archidamus III, en 338. Il prit part à la ligue formée par les États de Grèce contre Alexandre le Grand ; et, à la tête de l'armée confédérée, remporta une brillante victoire sur les Macédoniens, commandés par Corragus. Mais il fut battu ensuite par Antipater, près de Mégalopolis, et fut tué dans l'action (331 av. J.-C.). — AGIS IV, fils d'Eudamidas II, auquel il succéda en 244. Il se distingua davantage par les réformes qu'il tenta d'introduire dans la république lacédémonienne, que par ses qualités militaires. Il voulut restaurer à Sparte les institutions de Lycurgue, et prêchant d'exemple, commença la réforme par sa famille. Il fut appuyé par le peuple et par la généreuse jeunesse, mais les riches lui firent une vive opposition, et son collègue Léonidas, s'étant mis à la tête des mécontents, propagea le soupçon qu'Agis aspirait à la tyrannie ; ne se flattait « les mauvais instincts de la multitude » que pour arriver à ses fins. Ce fut son but. Vint enfin le jour où Agis présenta au Sénat la proposition de loi portant abolition des dettes et partage des terres entre les citoyens ; cette proposition fut rejetée, mais à la majorité d'une voix. Le triomphe de Léonidas fut court, cependant. Accusé de violation des lois, il refusa de se défendre et fut dégradé et banni, et son gendre Cléombrotus élu à sa place. Après diverses intrigues qui retardèrent l'accomplissement des projets d'Agis devenu possible, les Achéens ayant sollicité l'aide de Sparte dans leur guerre contre les Étoliens, Agis prit le commandement de l'armée lacédémonienne et ne reparut à Sparte qu'après la campagne. Il la trouva en pleine révolution, provoquée par la conduite maladroite de son oncle Agésilas. Léonidas avait été rappelé. L'infortuné roi se réfugia dans le temple de Minerve, mais il en fut tiré violemment par ordre de Léonidas, et après un semblant de procès, condamné à être étranglé. Sa mère et sa grand'mère essayèrent vainement d'obtenir la révocation de cette sentence inique, demandant qu'on lui fît son procès, mais publiquement. On feignit de prendre les malheureuses femmes en pitié, on leur accorda l'autorisation de visiter leur fils dans sa prison : mais on ne les en laissa plus sortir et elles partagèrent le sort de celui qu'elles avaient voulu consoler, n'ayant pu réussir à le sauver (240 av. J.-C.).

AGISSANT, ANTE, adj. Actif. Qui agit, se donne beaucoup de mouvement.

AGISSEMENT, s. m. Manière d'agir. Il ne s'emploie guère qu'au pluriel et en mauvaise part. *Il faudra surveiller leurs agissements.*

AGITANT, ANTE, adj. Qui agite. Peu usité.

AGITATEUR, s. m. Celui qui agite. Se dit plus particulièrement de celui qui cherche à provoquer l'agitation parmi le peuple ou dans une assemblée, pour amener un soulèvement. — Chim. Baguette de verre aux bouts arrondis et servant à *agiter* les liquides, pour en opérer le mélange intime. — Antiq. rom. A Rome, on appelait Agitateur, c.-à-d. *Agitator*, un cocher, un conducteur de chevaux, de bestiaux et plus spécialement, ce mot n'étant accompagné d'aucun terme qui en modifie le sens, Un conducteur

Agitator.

aux courses de chars du cirque. Autrement, il y avait l'*agitator equorum* (cocher), l'*agitator aselli* (ânier), etc., etc. On ajoutait aussi au nom de Diane l'épithète de *sylvarum agitatrix*, pour marquer que sa principale occupation était de battre les bois, ce qui est certes une façon de les agiter. — *Agitateur* n'a pas de féminin en français, mais il y a quelquefois nécessité de lui en donner un. *Louise Michel est une agitatrice incorrigible.* Nous serions, en effet, bien embarrassé de remplacer le mot *agitatrice* dans une phrase de ce genre.

AGITATION, s. f. Action d'agiter. Etat de ce qui est agité, au propre et au figuré.

AGITATO, adj. ital. Mus. On place ce mot en tête d'un morceau de musique pour en indiquer le caractère troublé, agité. Comme l'agitation ne s'entend guère sans une certaine rapidité d'exécution, le mot *allegro* (vif) doit être sous-entendu lorsqu'il n'accompagne pas celui d'*agitato*. — Pris substantivement, *agitato* sert aussi à désigner le morceau lui-même : *un bel agitato.*

AGITÉ, ÉE, part. pas. de Agiter.

AGITER, v. a. Exciter des mouvements divers, Remuer, Ebranler. *Ils agitèrent leur mouchoir en signe d'adieu. La brise avait fraîchi, la mer était agitée. Il agita les dés.* — Fig. Troubler les sens. *Le son de sa voix m'agite au dernier point.* — Mettre en discussion. *C'est une question qu'on agitera à la prochaine assemblée.* — Chercher à soulever un parti. *Dan O' Connell n'a pas cessé d'agiter l'Irlande, même après sa mort.*

— S'AGITER, v. pr. Etre agité. Se tourmenter. S'emporter. Etre discuté. *Il s'agite beaucoup trop. Ne vous agitez pas, ce serait inutile. Cette question s'agitera tout à l'heure.*

AGLABITES, s. m. pl. Nom de la dynastie arabe qui régna sur l'Afrique septentrionale de 800 à 908. Fondée par Ibrahim-ben-Aglab, gouverneur de l'Afrique pour Aroun-al-Raschid, elle disparut sous Ziadat Allah, dépouillé de ses Etats par les califes fatimites en 908.

AGLAÉ (*Pur éclat*). Myth. Nom de l'une des trois Grâces.

AGLAÉ. s. m. Entom. Insecte lépidoptère, de la famille des papilionides, genre des argynnes. On voit, en juillet et août, voltiger autour des grandes haies ou dans les allées des bois, un papillon de près de 6 centimètres d'envergure, aux ailes fauves légèrement dentées, avec des points noirs en dessus ; en dessous, les inférieures présentent des taches argentées environnées de verdâtre. Ce joli lépidoptère est l'*Aglaé* ou *Grand Nacré*. Sa chenille vit sur les violettes.

AGLAOPHAMOS, philosophe grec, premier maître de Pythagore.

AGLAOPHON, peintre grec. Il était de Thase, fils de la mère Egée, et florissait vers la 70e olympiade. Quintilien lui attribue l'invention de la peinture.

AGLAURE, fille de Cécrops, roi d'Athènes et sœur d'Hersé et de Pandrose. Mercure, épris d'Hersé, chercha à corrompre Aglaure pour obtenir l'accès de l'appartement de sa sœur. Mais elle s'y refusa avec opiniâtreté, et pour se venger d'elle, le dieu ne trouva rien de mieux que de la changer en pierre.

AGLY, riv. de France. Elle passe à Rivesaltes et se jette dans l'étang de Leucate après un cours de 75 kil.

AGNADELLO, bourg de l'Italie septentrionale, prov. de Milan, à 14 kil. N.-E. de Lodi. Louis XII y remporta une grande victoire sur l'armée vénitienne en 1509. En 1705, le duc de Vendôme y battait les Impériaux commandés par le fameux prince Eugène.

AGNANO (LAC D'). Lac semi-circulaire, qui se trouve près de Naples, sur la route de Pouzzoles. Le cratère d'un volcan éteint, mesurant plus de 3 kil. de circonférence, lui sert de réservoir. Sur ses rives sont situées les *stufe* (étuves) de vapeurs sulfureuses naturelles de San Germano, très fréquentées par les rhumatisants, et sur le côté opposé à San Germano, la fameuse *Grotta del Cane*, une grotte est tout simplement une petite excavation artificielle pratiquée pour l'extraction de la pouzzolane ; elle a 3m,60 de long sur 1m,50 de large et un peu moins de 2 m. d'élévation.

AGNAT, s. m. (pron. ag-na). Dr. rom. et Dr. fr. anc. Se disait des collatéraux descendant exclusivement par mâles d'une souche masculine ; par opposition à *cognat*, qui désignait les descendants d'une souche féminine.

AGNATION, s. f. Lien de consanguinité des agnats. *La loi salique fixa l'ordre de succession au trône de France en suivant l'agnation.*

AGNATIQUE, adj. Qui appartient aux agnats. Ligne agnatique.

AGNEAU, s. m. (lat. *agnus*). Le petit de la brebis. Chair de cet animal que débite le boucher. *Un quartier d'agneau. Gigot, côtelette d'agneau.* — Fig. *Doux comme un agneau.* Se dit d'une personne, ne disant mot à une bête, fort douce ; en effet, il serait difficile de trouver plus doux qu'un agneau. — Myst. L'Agneau sans tache. Expression par laquelle on désigne Jésus, mort innocent, pour le rachat des péchés du monde. — Blas. Symbole de la douceur et de la sincérité peint avec l'écu ; avec une banderole tenue entre les pattes, l'animal figure l'agneau pascal.

— AGNEAU PASCAL. L'agneau que les Juifs mangeaient à la fête de Pâques, en commémoration de celui autour duquel leurs pères

s'étaient réunis lorsqu'ils se préparaient à quitter l'Egypte, et dont le sang avait servi à marquer leurs portes, afin que l'ange exterminateur, chargé de tuer tous les premiers-nés des Egyptiens, ne commît pas quelque lamentable erreur. Les premiers chrétiens conservèrent assez longtemps la cérémonie de l'agneau pascal, qui n'est plus qu'allégorique aujourd'hui.

AGNEL, s. m. Métrol. Anc. monnaie d'or de France, principalement du XIIe au XVe siècle, dont le type ordinaire était l'agneau pascal. Il y eut des agnels de différentes valeurs.

AGNEL, EMILE, avocat et philologue français, né en 1810, à Paris, où il fit ses études et fut inscrit au tableau des avocats dès 1831. On a de lui des *Codes manuels spéciaux à l'usage des propriétaires et des locataires* (1839 et nombreuses éditions successives), *des propriétaires ruraux et des fermiers* (1848), *des artistes* (1850), *des assureurs et des assurés* (1861), etc. ; une traduction des *Métamorphoses d'Ovide* (1854), en vers ; *Observations sur le langage des environs de Paris* (1855) ; *Tableau synoptique des modifications subies par les primitifs latins qui ont servi d'éléments à la formation de la langue française* (1864); *De l'influence du langage populaire sur la forme de certains mots* (1860). M. Agnel a également publié, en 1858 : *Curiositès judiciaires et historiques du moyen âge*, contenant de très intéressantes révélations, notamment sur les procès intentés aux animaux.

AGNELAGE, s. m. Action de mettre bas, en parlant de la brebis. Se dit aussi de l'époque où cette mise bas a lieu.

AGNELÉE, s. f. Se dit de la portée d'une brebis, quelle qu'elle soit et sans son importance.

AGNELET, s. m. Petit agneau.

AGNELIN, s. m. Peau d'agneau mégissée, mais dont on a conservé la laine.

AGNELINE, s. f. Comm. Laine agneline, Laine provenant de la première tonte d'un agneau.

AGNELLE, s. f. Féminin de AGNEAU, mais assez peu usité.

AGNELLEMENT ou AGNÈLEMENT, s. m. Syn. de AGNELAGE. *L'agnellement a lieu vers le cent cinquantième jour après la conception* (Litt.).

AGNELLI, SALVATORE, compositeur italien, né à Palerme, en 1817. Il commença ses études dans sa ville natale et les acheva au Conservatoire de Naples, où il eut Donizetti pour dernier professeur, et qu'il quitta en 1834. La même année, il faisait représenter au Teatro Nuovo, de Naples, son premier opéra : *i Due Pedanti*. Vinrent ensuite : *il Lazzarone napoletano* (1838), au même lieu ; *Una notte di carnevale*, opéra bouffe (1838), à Palerme, au théâtre Carolino ; *i Due Gemelli* ; *i Due Forzati* (1839), au Nouveau Théâtre de Naples ; *la Locandiera* (1839), au Nouveau Théâtre de Naples ; *la Sentinella notturna* (1840), au théâtre Parthénopéen ; *l'Omicidio immaginario*, à la Fenice (1841) ; *i Due Pulcinelli simili* (1841), et *il Fantasma* (1842), au même théâtre. — Fixé en 1846 à Marseille, M. Agnelli a fait représenter au Grand Théâtre de cette ville : *la Jacquerie*, grand opéra en 3 actes (1849); *Léonora de Médicis*, grand opéra en 4 actes (1855) ; *les Deux Avares*, opéra comique en 3 actes (1860), écrit sur le poème de l'opéra de Grétry, en conservant la *marche* célèbre du maître français. — M. Agnelli a en outre écrit à Marseille la musique de trois ballets ; il a fait entendre, il y a plusieurs années, dans un salon parisien, des fragments de son opéra inédit de *Cromwell*. On lui doit encore un *Stabat mater*, et une cantate : *l'Apothéose de Napoléon Ier*, exécutée en 1856 dans le jardin des Tuileries.

AGNENI, EUGENIO, peintre italien, né à Sutri, prov. de Rome, en 1819. Elève de Fr. Coghetti, il s'adonna à la peinture historique et religieuse. Chargé de peintures pour le théâtre Apollo, il exécuta notamment une grande fresque représentant *Apollon couronnant les auteurs de Mélastase*, qui commença sa réputation. Il fit ensuite des tableaux religieux et autres travaux pour les églises de Rome et de la contrée. En 1848, Agneni prit part à la défense de Rome contre l'armée française, à la tête d'un bataillon de volontaires. Rome tombée, il dut chercher son salut dans la fuite la plus rapide, et alla s'établir à Gênes. Il peignit dans cette ville : *Abraham conduisant Isaac sur le mont Morija, Un souterrain de l'Inquisition, Sapho retirée de la mer par les Néréides*, et différents ouvrages pour des particuliers, notamment l'*Italie triomphante*, grande fresque, au palais Piama. En 1853, il vint s'établir à Paris, et exposa chaque année quelques ouvrages au Salon, jusqu'à celui de 1857, qui reçut son dernier envoi.

AGNÈS, *s. f.* Ingénue, Fille innocente et timide. *C'est une agnès*, Par allusion au personnage principal de l'*Ecole des femmes*, comédie de Molière.

AGNÈS (Sainte). Elle n'avait pas treize ans, lorsqu'elle fut décapitée à Rome, pendant la grande persécution de Dioclétien (vers 303).

AGNÈS DE MÉRANIE, reine de France, femme de Philippe-Auguste, qui avait répudié Ingeburge de Danemark pour l'épouser. Forcée de s'éloigner de Philippe qui, sous les menaces du pape, avait rappelé sa première femme, Agnès se retira à Saint-Corentin, près de Mantes, où elle mourut et fut inhumée en 1201.

AGNÈS SOREL. V. Sorel.

AGNESI, Maria Gaetana, mathématicienne italienne (1718-99). Fille d'un professeur de mathématiques à l'université de Bologne, elle naquit à Milan le 16 mai 1718. A neuf ans, elle rédigeait et publiait un discours *latin* dans lequel elle défendait les droits de son sexe à une instruction libérale ; et à treize ans, elle possédait le grec, l'hébreu, le français, l'espagnol, l'allemand et d'autres langues encore, disent ses biographes. Deux ans plus tard, son père commença à réunir chez lui, à des intervalles éloignés, une société des savants les plus éminents de Bologne, devant lesquels elle lui toute une série de thèses sur les questions philosophiques les plus abstruses. Le président de Brosses, qui assista à une de ces curieuses séances, en fait une description intéressante dans ses *Lettres sur l'Italie*. Cependant Maria, qui aimait la retraite, ne prenait part à ces réunions que contre son gré, et elles finirent par prendre fin. A partir de ce moment, elle avait à peine vingt ans, la jeune fille vécut dans une retraite quasi conventuelle, se livrant à l'étude des mathématiques avec une véritable passion. Elle publia à Milan, en 1748, son premier ouvrage : *Instituzioni analitiche ad uso della Gioventù italiana* (2 vol.). Une traduction française du second volume, traitant des quantités infinitésimales, avec des additions de Bossut, parut en 1775 ; et une traduction anglaise de l'ouvrage entier, après la mort de l'auteur. Maria Agnesi écrivit, en outre, un commentaire sur le *Traité des sections coniques* du marquis de l'Hospital, mais elle ne le publia pas. En 1750, son père étant tombé malade, le pape Benoît XIV l'appela à occuper la chaire qu'il laissait vacante ; mais après la mort de son père, arrivée en 1752, la jeune savante abandonnait la science pour la théologie. Elle fut quelque temps directrice de l'hôpital Trivulzio, de Milan, desservi par des sœurs bleues, et finalement, entra dans cette congrégation et y mourut en 1799.

AGNESI, Maria Teresa, musicienne italienne, sœur aînée de la précédente, morte en 1780. On lui doit un grand nombre de cantates, des morceaux variés et trois opéras : *Sofonisbe, Ciro in Armenia* et *Nitocri*.

AGNODICE. Première sage-femme. Elle était d'Athènes et prit des vêtements d'homme pour suivre les leçons du médecin Hérophile, interdites à son sexe. Un jour, elle se présenta devant une femme prête d'accoucher et dont la pudeur se révoltait à l'idée de se découvrir devant un homme ; alors Agnodice trahit son sexe et fut agréée. Très recherchée des femmes dans la suite, les médecins, auxquels elle faisait grand tort, la déférèrent à l'aréopage, pour *exercice illégal de la médecine*; mais ses clientes firent tant, que le résultat du procès d'Agnodice fut l'abrogation de la loi interdisant l'exercice de la médecine aux femmes.

AGNOÈTES, *s. m. pl.* Hist. eccl. Hérétiques du VIe siècle, qui soutenaient que la nature humaine du Christ n'était pas devenue omnisciente par son union avec sa nature divine. Cette secte avait été fondée par Themistius, diacre des monophysites d'Alexandrie ; elle fut anathématisée par Grégoire le Grand.

AGNOLO (d'), Baccio, sculpteur et architecte italien (1460-1543). Il naquit à Florence, fut d'abord sculpteur sur bois, et avait acquis une très grande réputation dans cet art lorsqu'il tourna son attention vers l'architecture, qu'il alla étudier en Rome en 1530. Il continua cependant à travailler le bois, et son atelier fut bientôt le rendez-vous de tout ce que Rome comptait d'artistes célèbres : Michel-Ange, le Sansovino, les frères Sangallo, etc. A son retour à Florence, il se voua surtout à l'architecture, et la plupart des palais et des villas de cette ville furent construits sur ses dessins, notamment le palais Bartolini et la villa Borghèse. Le palais Bartolini est la première maison particulière qui eut des frontispices à colonnes aux fenêtres et aux portes, ces sortes d'ornements étant jusque-là réservés aux églises. Cette innovation le couvrit de ridicule d'abord, mais il y persista et finit par triompher de la critique florentine. On lui doit aussi le campanile du clocher de l'église de *Santo Spirito*, à Florence. Il travailla également à la coupole de *Santa Maria del Fiore*, mais Michel-Ange ayant critiqué ses plans, le travail fut laissé inachevé, et il l'est encore. — Baccio d'Agnolo mourut en 1543, laissant trois fils, tous trois architectes, et dont l'un, Giuliano, termina les ouvrages laissés inachevés par son père.

AGNONE, ville de l'Italie méridionale, au pied du mont Capraro, à 30 kil. N.-O. de Campobasso. Pop. 11,000 hab. Manufactures de cuivre renommées.

AGNUS, *s. m.* Cire bénite par le pape et sur laquelle la figure d'un agneau est imprimée. On donnait ces *agnus* de cire aux écoliers qui avaient été sages ; aujourd'hui, on leur donne des images de piété ornées de broderies, mais ces images ont hérité de ce nom d'*agnus*.

AGNUS CASTUS, *s. m.* (lat. *agnus*, agneau, et *castus*, chaste). Bot. Arbrisseau du genre gattilier, famille des verbénacées, appelé aussi *vitex, poivre de moine*, etc., dont les branches ploient comme l'osier, et dont les fleurs campanulées en longs épis d'un blanc violet, étaient chez les anciens l'emblème de la chasteté, d'où son nom. Toutes les parties de cette plante, mais surtout le fruit, qui a la forme d'un grain de poivre, ont joui d'une grande réputation, parfaitement usurpée d'ailleurs, comme antiaphrodisiaques, et étaient recherchées en conséquence de tous ceux que leur destinée vouait au célibat. D'après Pline et Dioscoride, pendant la célébration des thesmophories, fêtes en l'honneur de Cérès, les femmes vouées au célibat couchaient sur des lits d'*agnus castus*. De semblables lits ont, du reste, été en usage dans certains couvents, depuis l'origine du monachisme ; et Arnauld de Villeneuve, au rapport du docteur Witkowski, avait une si grande confiance dans l'influence de l'*agnus castus*, qu'il suffisait, disait-il, de porter sur soi « un couteau dont le manche était fait avec le bois de cet arbrisseau, pour apaiser les aiguillons de la chair ». — J'aurais eu plus de confiance, quant à moi, dans la lame.

AGNUS DEI, *s. m.* (lat. *agneau de Dieu*). Liturg. Moment de la messe où le prêtre officiant se frappe la poitrine, en répétant trois fois à haute voix les mots *Agnus Dei*, commençant la prière qui précède la communion : *Agnus Dei, qui tollis peccata mundi, miserere nobis*. — Mus. Cette prière a été introduite dans le missel par le pape Serge Ier (687-701). On a pris l'habitude de désigner par les deux mots qui la commencent le moment de la messe où ils sont prononcés. *Je n'ai pu arriver avant l'Agnus Dei*. — Cette partie de la messe chantée est appelée à inspirer un sentiment de tendre pitié. L'*Agnus Dei* se place entre le *Pater* et la Communion : comme le *Kyrie*, le *Gloria*, le *Credo*, le *Sanctus*, il a son chant propre à chaque degré de fête ou à chaque temps.

AGOBARD, prélat franc. (779-840). Né près de Trèves, il devint coadjuteur de Leidrad, archevêque de Lyon, en 813, et lui succéda après sa mort (816). Il fut un des principaux appuis de Lothaire et de Pépin dans leur rébellion contre leur père Louis le Débonnaire, et fut, pour la peine, déposé par le concile de Thionville, en 834. Mais s'étant réconcilié avec l'empereur, il fut réinstallé dans son siége en 837. Il mourut en Saintonge en 840. Agobard était un prélat instruit et éclairé. Il écrivit contre Félix d'Urgel, fondateur de la secte des *Adoptiens* (v. ce mot), mais surtout contre le culte des images, la superstition sous toutes ses formes, les duels juridiques et l'abominable et ridicule épreuve par l'eau et le feu. Ses écrits furent réunis par Papire Masson, qui les avait découverts chez un relieur de Lyon au moment où il se disposait à les déchirer, et publiés en 1606. Baluze en donna une édition meilleure et enrichie de notes en 1666 (2 vol. in-8°).

AGOBILLE, *s. f.* Arg. Outil, instrument, dans le jargon des voleurs. Ce mot sert à désigner les instruments ordinaires d'un voleur par effraction, tels que pince, ciseau à froid, rossignols, etc. Il s'emploie principalement au pluriel. *Passe-moi les agobilles*.

AGOGÉ, *s. f.* Mus. Mot qui, dans la musique grecque, exprimait soit la progression des intervalles, soit le mouvement rythmique. Suivant Aristide Quintilien, l'*agogé* était *directe* lorsqu'on procédait du grave à l'aigu, *rétrograde*, dans le cas contraire, et *tortueuse*. quand elle comportait les deux formules mélodiques précitées. A en croire le même auteur, l'*agogé rithmique* n'aurait pas été autre chose que ce que nous appelons proprement le *mouvement*.

AGONALES, *s. f. pl.* (lat. *agonales dies*, de *agon*, combat, exercice, sacrifice). Antiq. rom. Fêtes en l'honneur de Janus. Elles se célébraient en janvier par des jeux, des combats, des exercices divers, et le roi des sacrifices y immolait un bélier.

AGONES, *s. m. pl.* Antiq. rom. On appelait ainsi ceux qui étaient chargés d'assommer les victimes, dans les sacrifices.

AGONIE, *s. f.* (gr. et lat. *agon*, combat). Lutte suprême de la nature contre la mort. *Il a eu une agonie terrible*. — Fig. Grande douleur morale. Angoisse extrême. *Il est dans une agonie lamentable, mieux vaudrait pour lui une solution quelconque*. — Par extens. Dernier degré de décadence. *La société des Bitumes du Maroc est décidément à l'agonie*.

— Méd. L'agonie ne se présente, naturellement que dans les maladies où la vie s'éteint par degrés. Sa durée est généralement de 6 à 18 heures, mais ce n'est qu'une moyenne : on a vu des agonies se prolonger pendant plusieurs jours, et d'autres n'avoir qu'une ou deux heures de durée. D'un autre côté, l'agonie présente des caractères différents selon la maladie et les âges ; mais, en général, les agonisants ont les traits altérés et immobiles, la langue sèche, les lèvres livides, le pouls intermittent. La face semble humide, le regard est éteint. La plus petite quantité de liquide introduite dans la bouche produit le bruit sinistre appelé *râle de la mort*. L'agonie commence souvent par le délire, d'autres fois l'intelligence reste parfaite jusqu'à la fin.

AGONIQUE, *adj.* (gr. *a* priv. et *gônia*, angle). Magnét. *Lignes agoniques*. Lignes imaginaires de la surface du globe terrestre où la déclinaison de l'aiguille aimantée est nulle. Ces lignes, dont il y a deux principales, varient de temps en temps.

AGONIR, *v. a.* (du v. franç. *ahonir*, faire honte). Injurier avec abondance (triv.).

AGONISANT, ANTE, *adj.* Qui est à l'agonie.

AGONISER, *v. n.* Être à l'agonie.

AGONIUS. Myth. Divinité qui présidait aux fêtes caractérisées par des exercices de corps, des luttes, des concours, ainsi qu'aux sacrifices, V. Agonales.

AGONOTHÈTE, *s. m.* (gr. *agon* et *tithênai*,

poser). Antiq. gr. Président des jeux sacrés chez les Grecs.

AGONS MUSICAUX, *s. m. pl.* Luttes ou concours entre chanteurs ou instrumentistes, ainsi que cela se pratiquait aux jeux de la Grèce antique. Lorsque le prix offert au vainqueur n'était pas un objet de valeur, c'est par l'obtention d'un emploi convoité qu'on récompensait le plus habile.

AGORA, *s. f.* (gr. *ageirein*, rassembler). Antiq. gr. Nom donné par les anciens Grecs à la place où se tenait le marché public, et où le peuple se rassemblait pour discuter toutes les questions politiques et sociales à l'ordre du jour. L'agora des villes grecques, en un mot, correspond exactement au forum romain. Quelques villes cependant, Sparte dans le nombre, avaient une place spéciale pour les réunions publiques. Toutefois, le mot *agora* servait également à désigner les assemblées mêmes du peuple, convoqué par le pouvoir souverain pour délibérer et voter sur une question qu'il devait lui soumettre. Il est probable que c'est là l'origine de ce mot. — L'ancien agora d'Athènes était situé à l'ouest de la citadelle; il était orné d'arbres plantés par Cimon, avait les statues des Perses, et entouré de beaux édifices, notamment de

Agora d'Athènes.

Sénat. Le nouvel agora fut établi au nord de l'acropole. Les assemblées populaires eurent lieu dès lors au Pnyx. Les écrivains de l'antiquité nous ont laissé la description des agoras d'Athènes, de Corinthe, de Mégalopolis, de Sparte, de Messine, etc.

AGORACITE, de Paros, sculpteur grec. On lui doit la *Vénus* de Rhamnus (si tant est que ce soit une Vénus), vers 480 av. J.-C.

AGORANOME, *s. m.* Antiq. gr. Magistrat dont les fonctions et l'autorité étaient identiques à celles des édiles à Rome.

AGORDO, ville d'Italie, prov. de Venise, à 20 kil. N.-O. de Bellune. Pop. 3,000 hab. Dans la vallée imperina, voisine d'Agordo, se trouvent les mines de cuivre les plus riches de l'Italie.

AGOSTA, ville de Sicile, prov. et à 22 kil. N. de Syracuse, bâtie sur une presqu'île qui n'est reliée à la Sicile que par une étroite chaussée. Pop. 10,000 hab. Cette ville, fondée par l'empereur Frédéric II, vers le commencement du XIIIe siècle, fut très éprouvée par les guerres qui eurent lieu dans les siècles suivants et plusieurs fois saccagée, notamment par Charles d'Anjou, en 1268. Elle était dans un état florissant, toutefois, lorsqu'en 1693 elle fut détruite par un tremblement de terre, pendant lequel, pour comble de malheur, la poudrière et la citadelle firent explosion ; elle perdit un tiers de sa population dans cette catastrophe. La ville fut rebâtie plus régulièrement, de maisons plus basses, en prévision d'un nouveau sinistre possible. Elle est for-

tifiée du côté de la mer et du côté de la terre; son port, d'accès assez difficile, est commode et bien abrité; elle exporte principalement du sel, du vin, de l'huile, du fromage, du miel et des sardines. — En 1676 eut lieu près d'Agosta un combat naval dans lequel la flotte française, commandée par Duquesne, battit la flotte hollandaise, dont le commandant, l'illustre amiral Ruyter, fut blessé mortellement.

AGOSTINI, LEONARDO, antiquaire italien du XVIIe siècle, né à Sienne. Il rassembla et organisa les collections d'œuvres d'art du palais Barberini; après quoi, le pape Alexandre VII, qui était de Sienne également, le nomma surintendant des antiquités dans les Etats pontificaux. Il publia une nouvelle édition des *Médailles siciliennes*, de Paruta, augmentée de 400 spécimens nouveaux; et en collaboration avec Ballori, un ouvrage sur les *Pierres gravées antiques*, qui fut traduit en latin par Gronovius (Amsterd., 1685).

AGOSTINO et AGNOLO DA SIENA, architectes et sculpteurs italiens, qui florissaient vers le milieu du XIVe siècle. Suivant l'usage de l'époque, ils n'étaient désignés que par leur prénom auquel est joint le nom de leur ville natale; on croit en conséquence qu'ils étaient frères, mais rien ne le prouve, et Della Valle, entre autres critiques, affirme qu'ils ne l'étaient pas. Ils furent l'un et l'autre, en tout cas, élèves de Giovanni Pisano, et furent nommés conjointement, en 1317, architectes de la ville de Sienne, pour laquelle ils dessinèrent la Porta Romana, l'église et le couvent de San Francesco et d'autres édifices. A la recommandation du célèbre Giotto, qui les considérait comme les meilleurs sculpteurs de l'époque, ils furent choisis pour exécuter le tombeau de Guido, évêque d'Arezzo, sur les dessins de Giotto. Cette œuvre, regardée comme la plus belle de ce genre de tout le XIVe siècle, fut malheureusement détruite par les soldats du duc d'Anjou.

AGOSTINO, PAOLO, musicien italien (1593-1629). Né à Valerano, fit ses études musicales sous Nanini et succéda à Ugolini comme maître de chapelle de Saint-Pierre de Rome. Il a laissé de nombreuses compositions de musique religieuse. On cite principalement un *Agnus Dei* pour huit voix parmi les morceaux les plus estimés.

AGOUB, orientaliste arabe (1795-1832). Natif du Caire, il vint en France dès le bas âge et fit ses études au collège de Marseille. Il devint plus tard professeur d'arabe au lycée Louis-le-Grand, à Paris, et a laissé quelques ouvrages estimés sur les langues de l'Orient.

AGOULT (D'), GUILLAUME, poète provençal du XIIe siècle. Il était gentilhomme et, paraît-il, l'homme le plus beau et le mieux fait de son temps. Il a laissé un certain nombre de chansons provençales et un poëme intitulé : *La Maniera d'amar dal tems passat*, dans lequel il s'efforce de démontrer qu'on ne peut être heureux qu'à la condition d'être honnête, honnête qu'à la condition d'être amoureux, et que, pour se vanter de savoir aimer, il faut qu'on n'ait d'autre souci que l'honneur de sa dame. — Au beau temps des cours d'amour, poëme qui certainement eut en son temps un grand succès.

AGOULT (COMTESSE D'), MARIE-CATHERINE-SOPHIE DE FLAVIGNY, plus connue dans les lettres sous le pseudonyme de *Daniel Stern* (1805-76). Née de parents français, à Francfort-sur-le-Mein, elle fut élevée à Paris, au couvent du Sacré-Cœur, et épousa le comte d'Agoult à l'âge de 22 ans. Très instruite, familiarisée avec les principales langues européennes, elle débuta à la Presse, en 1841, par une nouvelle, *Hervé*, suivie d'une autre nouvelle, *Valentia* (1842); elle fit en outre, au même journal, le compte rendu des Salons de 1842 et 1843 ; puis donna à la *Revue des Deux-Mondes* des études très remarquables sur l'Allemagne, dont la *Revue indépendante* de Pierre Leroux et George Sand publia la suite. Mme d'Agoult étant les idées les plus aristocratiques, Mme d'Agoult devint, par une pente insensible, devenue républicaine, et même socialiste de l'école de Pierre Leroux; après avoir salué février comme l'aurore d'une ère nouvelle, on peut dire qu'elle était du côté

des vaincus, au moins de cœur, en juin suivant. — Dès ses débuts dans la vie littéraire, la comtesse d'Agoult avait pris le pseudonyme de *Daniel Stern*, qu'elle conserva. Outre les travaux précédemment cités et quelques autres, comme les *Lettres parisiennes* publiées dans le *Courrier français*, en 1848, on doit à Daniel Stern : *Nélida*, roman (1845); *Essai sur la liberté, considéré comme principe et fin de l'activité humaine* (1846); *Esquisses morales et politiques. Pensées, réflexions et maximes* (1849); *Histoire de la Révolution de 1848* (1851, 2 vol.), plusieurs fois réimprimée et certainement la plus sincère, la plus exacte et la mieux faite qui existe; *Trois journées de la vie de Marie Stuart* (1856); *Florence et Turin* (1862); *Dante et Gœthe*, dialogues (1866); *Histoire des commencements de la République des Pays-Bas, 1569-1625* (1872) et un volume intitulé : *Mes Souvenirs 1806-1833*, publié après sa mort (1877). — Elle fut emportée par une fluxion de poitrine, le 5 mars 1876.

AGOUT, riv. de France, affluent du Tarn. Elle prend sa source dans les Cévennes. arrose principalement Castres et Lavaur, et se jette dans le Tarn après un cours total de 180 kil.

AGOUTI, *s. m.* Mamm. Genre de quadrupèdes de l'ordre des rongeurs, que l'on rencontre dans l'Amérique du Sud et quelques îles des Indes occidentales. Il ressemble à notre lapin, mais avec la taille du lièvre, du moins le *Dasyprocta aguti*, qui est l'espèce la plus commune, souvent désignée sous le nom de *lapin des Antilles* ou de *lièvre des pampas*. L'espèce appelée communément *acouchi* n'est pas plus grosse que notre lapin. Lors de la découverte des Antilles et des Bahamas, ces îles étaient remplies d'agoutis, qui étaient les plus gros quadrupèdes qu'on y eût rencontrer. Ce rongeur cause de graves dégâts aux plantations de cannes à sucre, dont il dévore les racines; aussi lui fait-on une guerre sans merci. Sa chair est tendre et de bon goût; elle constitue un article d'alimentation ordinaire au Brésil et à la Guyane principalement. L'agouti est très facile à apprivoiser.

AGRA, ville de l'Indoustan anglais, chef-lieu du district de ce nom et de la division administrative et sous-gouvernement des provinces du nord-ouest, comprenant les six districts d'Agra, Etawah, Mainpuri, Farrakhabad, Etah et Mathura; anciennement capitale de la province, Agra a été dépossédée à la suite du soulèvement de 1857, et le siège du gouvernement transféré à Allahabad. Elle est située sur la rive droite de la Djumna, à 200 kil. S.-S.-E. de Delhi. Sa population est estimée à 150,000 habitants. On y remarque la forteresse bâtie au XVIe siècle par l'empereur mogol Akbar, dont Agra était la capitale. Elle occupe une grande étendue de terrain au bord du fleuve et a près de 2 kil. de circonférence. En 1803, les Mahrattes, possesseurs du pays depuis 1784, s'y enfermèrent pour résister aux Anglais; mais ils durent capituler après 24 heures de bombardement. Pendant la rébellion de 1857, les habitants européens et les chrétiens de toute nationalité se réfugièrent dans la forteresse d'Agra, sous la menace des Cypayes révoltés. Les autres monuments d'Agra dignes de mention sont la *mosquée de perle* ou Moti mesjid, la plus élégante mosquée de l'Inde musulmane; le palais et la salle d'audience de Chah-Jehan ; enfin le Taj-Mahal, splendide mausolée élevé par Chah-Jehan à son épouse favorite, Mumtaz-Mahal, et où lui-même fut enterré. C'est un monument octogone en marbre blanc de Jeypore, élevé sur une terrasse de 6 m. d'élévation, également toute en marbre blanc ; de chaque angle s'élèvent d'imposants minarets de même matière; la décoration extérieure et intérieure de cet édifice est des plus riches. On cite notamment des incrustations en pierres précieuses du plus haut prix, qui servent toujours de modèle aux artistes actuels. Agra, en effet, est toujours renommée pour ses incrustations, mosaïques ou marqueterie. « Les incrustations d'Agra, dit le docteur George C.-M. Birdwood, sont une mosaïque de cristal, de topazes, de perles, de turquoises, de cornaline, de jade, de corail, améthystes, sanguines, escarboucles, saphirs, jaspe, lapis-lazuli, grenats, agates, et calcédoines sur marbre blanc; elles s'appliquent spécialement aux meubles d'ornement et aux objets d'art d'intérieur. Cette industrie a tiré son origine des décorations exquises du Taj à Agra par Austin de Bordeaux; après avoir presque disparu comme industrie locale, au moment de la dissolution de l'empire mogol en 1803, elle fut remise en honneur, 5o ans après environ, grâce aux efforts du D' T. Murray, ancien inspecteur général des hôpitaux au Bengale. C'est à ses soins paternels que l'on doit presque tous les spécimens que l'on voit en Angleterre, à Windsor et ailleurs. Tout en étant d'origine et de style florentin, les dessins ont un caractère local qui leur est propre, et à moins d'avoir été influencés par une direction européenne peu judicieuse, ils sont strictement fidèles aux principes et aux méthodes de l'ornementation indienne. La mosaïque, lorsqu'elle est appliquée sur le marbre blanc brillant de Jaypore, a pourtant l'inconvénient de paraître vulgaire, à moins de faire un choix très judicieux des pierres qu'on y emploie. »

Agra est, en outre, renommée pour ses étoffes de soie dites *shuja khani*, ses calicots imprimés sur fond de couleur, ses tapis, etc. C'est un centre commercial important, portant principalement sur les châles, tapis, étoffes de soie et de coton, l'indigo, le sel gemme, le sucre, fruits, droguerie. On y vend aussi beaucoup de chevaux et de chameaux.

AGRAFAGE, s. m. Action d'agrafer. — Techn. Sorte de soudure employée dans la préparation du plaqué et dans la fabrication des vases de ferblanterie destinés à être soumis à une température très élevée.

AGRAFE, s. f. Crochet s'engageant dans un anneau appelé porte de l'agrafe, pour assujettir quelque partie du vêtement en en réunissant les deux extrémités. — Antiq. La *fibule* romaine n'était autre chose, le plus souvent, qu'une agrafe servant à attacher les bords opposés du vêtement. Il y en avait de toute sorte de modèles et de substances très diverses : or, argent, bronze, ivoire, etc., enrichies de pierres précieuses. Elles ressemblaient soit à des agrafes du modèle populaire, soit à des broches; les fibules employées à attacher une ceinture, par exemple, ressemblaient davantage aux agrafes d'aujourd'hui seulement, au lieu de *portes*, elles s'engageaient

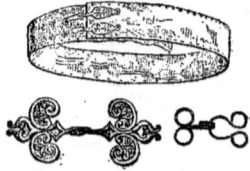

Agrafes.

geaient dans des œillets correspondants : c'était généralement ainsi que se fermaient les ceinturons militaires. Le mot *fibula* s'étendait, toutefois, à une foule d'instruments qui avaient pour mission de maintenir réunis divers objets et surtout les deux parties extrêmes d'un objet. — Chir. Les chirurgiens grecs employaient déjà une sorte d'agrafe (*aghter*) pour rapprocher les bords d'une plaie et le suturer, qu'on employait quand il y avait impossibilité ou inutilité de recourir à la suture. — Bot. Filaments rudes, recourbés en crochet qu'on remarque sur diverses plantes. — Jardin. Ornement fantaisiste et arbitraire qui relie deux figures d'un parterre. — Archit. Crampon de fer destiné à maintenir deux pierres assemblées. *Les fondations des phares construits sur des écueils battus par les flots sont assemblées à queue d'aronde et agrafées.* — Ornement de sculpture réunissant deux motifs d'architecture. — Serrur. Pièce de fer qui en accroche une autre. — Vann. Brin d'osier tortillé sur le bord d'un panier, d'une manne, etc. — Arg. Griffe, pour main. *Serrer les agrafes*, serrer les doigts pour y retenir quelqu'un ou quelque chose.

AGRAFÉ, ÉE, part. pas. de AGRAFER.
AGRAFER, v. a. Attacher au moyen d'agrafes. — Arg. Arrêter. *Il s'est laissé agrafer comme une pante*. — Arg. Accrocher, mettre au clou, c.-à-d. à la salle de police. Consigner. *Au moment de sortir, l'officier de semaine m'agrafe.*

S'AGRAFER, v. pr. S'attacher avec des agrafes. *Cet ajustement ne se boutonne pas, il s'agrafe.* — Arg. Se prendre aux mains. *Ils s'agrafèrent solidement.*

AGRAIRE, adj. (lat. *agrarius*, de *ager*, champ). Nom donné dans l'antiquité aux lois ayant pour objet de régler le partage des terres. *Loi agraire*.

— Hist. La première loi agraire dont l'histoire fasse mention est celle donnée par Moïse aux Hébreux, lors de leur entrée dans le pays de Chanaan, réglant le partage des terres conquises et les conditions de la propriété. Les républiques de l'ancienne Grèce eurent aussi leurs lois agraires, et Lycurgue, d'après Plutarque, publia une loi agraire portant division du territoire entier de la Laconie en 39,000 parts, dont 9,000 attribuées à autant de familles spartiates, les lots d'égale importance et 30,000 aux citoyens. Agis IV, vers le milieu du III° siècle av. J.-C., présenta une nouvelle loi agraire au sénat de Lacédémone, qui la repoussa seulement à une voix de majorité; elle visait cependant à un nouveau partage des terres, sans parler de l'abolition des dettes. — On donne toutefois plus communément le nom de *lois agraires* aux dispositions prises par le gouvernement romain pour la distribution des terres du domaine public (*ager publicus*) entre les citoyens, qui les détenaient non à titre de propriétaires, comme on l'a cru longtemps, par une fausse interprétation du terme *possesseur*, mais comme de véritables fermiers de l'État. Le modeste territoire sur lequel Romulus étendait sa domination était divisé en trois parties : un tiers était réservé pour le service des dieux et le domaine royal, un tiers pour pâturage commun, et le dernier tiers était distribué comme nous venons de le dire à tous les citoyens, à la fois cultivateurs et soldats. Dans la suite, les conquêtes agrandirent considérablement le domaine public. Les terres provenant de cette source n'étaient pas toutes partagées ; leur sort dépendait, d'ailleurs, de leur nature et de leur position; on en vendait ordinairement une partie aux enchères, et si ces terres se trouvaient à proximité de la ville, elles étaient fréquemment concédées par petites portions de sept *jugera* (un peu moins de 2 hectares) à ceux des citoyens peu fortunés qui s'étaient distingués à la guerre, tandis qu'en pays ennemi ou de frontière, les colonies militaires étaient établies, dont chaque membre recevait une étendue de terrain déterminée par les circonstances; dans ces deux cas seulement, les terres concédées devenaient la propriété des occupants. D'autres fois, les terres conquises, après avoir été déclarées propriété publique, étaient laissées entre les mains des anciens propriétaires, devenus fermiers de l'État pour une période fixe et moyennant une redevance. Il existait bien d'autres dispositions légales concernant la réglementation de la propriété des terres à Rome, et nous ne les connaissons pas toutes. Celles-ci concernaient surtout les terres cultivables, dont on tirait un profit immédiat. On compte, du reste, jusqu'à la chute de l'empire romain, une vingtaine de lois agraires très diverses. La première eut pour auteur le consul Spurius Cassius Viscellinus, et remonte à l'an 486 av. J.-C.; mais on ne sait pas exactement ce qu'étaient les stipulations de cette loi. Trois nouvelles lois agraires parurent dans le cours du IV° siècle, dont la plus importante est la loi *Licinia*, publiée par C. Licinius Stolo, tribun du peuple, en 367; elle limitait le droit de propriété, ou plutôt d'occupation des terres domaniales et le nombre de têtes de bétail que chacun pouvait avoir sur les pâtures communes, fixant en outre, le nombre proportionnel de laboureurs libres que chaque occupant devait employer à la culture des terres qui lui étaient confiées par l'État. Deux siècles se passèrent sous l'empire de cette loi, dont les riches *possesseurs* des terres domaniales, en possession d'autre part

des plus hautes charges de la République, ne tardèrent pas à ne tenir aucun compte; or, les guerres puniques, suivies des confiscations inévitables, avaient considérablement augmenté le domaine de l'État. Les riches s'étaient étendus en proportion; les petits propriétaires, renonçant à la lutte, avaient disparu, et le nombre des prolétaires devenait de plus en plus grand. Tibérius S. Gracchus proposa, en 133, une modification à la loi *Sempronia*, fut publiée; mais elle fut cause de la mort de Tibérius et de son frère Caius; quant à la loi elle-même, elle était morte avec Caius. Deux dernières lois agraires nous restent à rappeler, celle de Jules César et celle de Nerva; mais elles ne visent que la délimitation des terres. — Une chose est à remarquer, dans cette lutte entre les pauvres et les riches, entre le peuple et la classe improprement qualifiée patricienne : c'est que ceux qui y prirent parti pour le peuple, les auteurs de lois agraires, étaient patriciens, Cassius, Licinius et les Gracques, étaient patriciens, des patriciens éclairés, et qui prévoyaient que la ruine de Rome serait la fin de cette lutte. Tous les hommes de sa classe que le peuple romain réussit à faire entrer au sénat, pour défendre ses intérêts, se renièrent et ne s'occupèrent que de leurs propres intérêts.

On a donné, dans les temps modernes, le nom de *lois agraires* aux projets imaginés et proposés par quelques chefs d'écoles socialistes, depuis la première Révolution, dans le but de provoquer le partage par portions égales du territoire de la République entre tous les citoyens. Ces faiseurs de projets ne manquent pas de s'appuyer de l'exemple de Rome, où jamais partage de ce genre ne s'est fait, même au début, et où la lutte prolongée entre plébéiens et patriciens n'a jamais eu un objet aussi déraisonnable. Machiavel a feint de s'y tromper, il est vrai, mais c'était au profit de son système, dans lequel l'État seul doit être riche et tous les citoyens pauvres; ce n'est, en effet, ce que serait la réalité d'une semblable expérience. — Par extension. *Question agraire, Mouvement agraire*. La question agraire est la cause principale de l'agitation chronique de l'Irlande, où les anciens propriétaires du sol ont été odieusement spoliés par les Anglais leurs vainqueurs, au profit de parvenus anglais avides de fiefs seigneuriales, et surtout de traîtres. Les lois agraires qui ont eu pour but apparent de régler les conditions de la propriété en Irlande, depuis lors, n'ont rien fait de plus que de confirmer et sanctionner cette spoliation, et d'irriter davantage les spoliés.

AGRAM, ou ZAGRAB, capitale de la Croatie (Austro-Hongrie), agréablement située sur une colline, près des rives de la Save, à 256 kilom. S. de Vienne. Popul. 20,500 habit. Agram est le siège du gouvernement de Slavonie-Croatie, d'un évêché, des réunions de la Diète provinciale et d'une cour d'appel; elle possède une belle cathédrale, un lycée, un gymnase, un musée et une vaste bibliothèque. On y fabrique des soieries et de la porcelaine. Commerce de grains, de tabac, de sel, de potasse, de miel, etc.

AGRANDI, IE, part. pas. de AGRANDIR.
AGRANDIR, v. a. Rendre plus grand, Accroître, Étendre, Exagérer.
— S'AGRANDIR, v. pr. Devenir plus grand. *Accroître ses biens. Décidément, Thomas s'agrandit.*

AGRANDISSEMENT, s. m. Action d'agrandir. Résultat de cette action. Accroissement.

AGRÉABLE, adj. Digne d'être agréé. Aimable. *C'est une personne agréable, de manières agréables.* — *Avoir pour agréable*. Être disposé à agréer. — S. m. *Joindre l'utile à l'agréable*. — S. 2 g. *Faire l'agréable*.

AGRÉABLEMENT, adv. D'une manière agréable. *Cette nouvelle m'a surpris agréablement.*

AGREDA, ville d'Espagne, prov. de la Vieille-Castille, à 37 kil. N.-E. de Soria, ch.-l. du district montagneux du même nom. Pop. 3,200 hab. Agreda s'élève au pied de la sierra

Moncay, sur les rives du Queiles, qu'on y traverse sur un beau pont de pierre d'une seule arche. Commerce de laine assez considérable.

AGREDA (D'), MARIA. Religieuse cordelière espagnole, supérieure du couvent de l'Immaculée Conception d'Agreda (1602-65). Elle est célèbre par ses extases, ses visions et les prétendues révélations qu'elle ne cessait de recevoir d'en haut, et surtout par sa *Mystique cité de Dieu*, qui est une vie de la Sainte Vierge révélée à l'auteur par la Vierge même, et qui n'en fut pas moins censurée à la fois par le Saint-Siège et par la Sorbonne.

AGRÉÉ, ÉE, part. pas. de AGRÉER.

AGRÉÉ, s. m. Défenseur autorisé devant les tribunaux de commerce.

AGRÉER, v. a. Recevoir favorablement. — Approuver, accepter pour bon. *Je ne puis agréer vos raisons. Agréez mes civilités.*
— V. n. Plaire. *Je crains qu'il ne m'agrée pas autant que vous l'espérez. Il m'a agréé dès la première rencontre.*

AGRÉGAT, s. m. Didact. Masse formée par la réunion de substances diverses au moment de leur formation.

AGRÉGATION, s. f. Admission dans une compagnie, une société ou communauté quelconque. — Enseign. Admission, après concours, au grade d'agrégé de l'Université. — Phys. Assemblage de parties sans liaison propre, mais tenant assez fortement les unes aux autres pour ne pouvoir être séparées sans efforts. *Agrégation d'atomes, de grains de blé*, etc.

AGRÉGÉ, s. m. Enseign. Membre de l'Université ayant concouru avec succès pour l'agrégation et reconnu apte en conséquence à professer dans un lycée et à être élevé au rang de professeur; ou qui, dans l'enseignement supérieur, a été admis au rang de professeur supplémentaire, après concours également. *C'est un agrégé à la faculté de médecine de Montpellier.* — AGRÉGÉ s'est dit anciennement pour *agrégat*.

AGRÉGÉ, ÉE, part. pas. de AGRÉGER.

AGRÉGER, v. a. Associer à un corps, à une compagnie. — Phys. Former une agrégation.
— S'AGRÉGER, v. pr. S'associer à une compagnie, afin de jouir des privilèges accordés à ses membres.

AGRÉMENT, s. m. Consentement, approbation. *Nous ne pouvons nous passer de leur agrément.* — Qualité de ce qui est agréable. *C'est une personne sans beauté, mais pleine d'agrément. Les agréments de la conversation.* — Plaisir, sujet de contentement. *Nous avons eu beaucoup d'agrément à la campagne. — Propriété d'agrément*, celle dont on ne tire d'autre profit que celui de l'habiter, par opposition à Propriété de rapport. C'est un peu dans le même sens qu'on qualifie *arts d'agrément* la musique, la danse, la peinture, telles qu'on les enseigne dans les pensionnats de jeunes filles. — *Agrément* se dit aussi, surtout au pluriel, de figures ornements ajoutés aux vêtements, aux meubles, aux tentures, pour en relever le fond trop sévère ou trop uniforme.
— Mus. En musique, il se dit de notes accessoires ajoutées, par un interprète plus ou moins bien inspiré, aux notes principales d'un morceau. Au temps de J.-J. Rousseau, on appelait *agréments* « certains tours de gosier » dont les principaux étaient : l'accent, le coulé, le flatté, le martellement, la *cadence pleine*, la *cadence brisée*, le *port-de-voix*. — De nos jours, ce vocable a été remplacé par le mot ORNEMENTS. — Arg. En argot de théâtre, *agréments* se dit pour applaudissements.

AGRÉMENTÉ, ÉE, part. pas. de AGRÉMENTER.

AGRÉMENTER, v. a. Ajouter des agréments. — Fig. et fam. *Il lui adressa de vifs reproches, agrémentés de citations latines.*

AGRENER, v. a. Chasse. Semer de la graine dans un endroit déterminé pour y fixer le gibier à plumes.

AGRÈS, s. m. pl. Mar. Se dit collectivement du gréement, des ancres, des avirons, du gouvernail d'un navire; en un mot, de tout ce qui s'y trouve, outre les mâts nus, les munitions, les armes et les appareaux.

AGRESSEUR, s. m. (lat. *aggressor*, de *aggredi*, attaquer). Celui qui attaque, qui a frappé le premier dans une rixe.

AGRESSIF, IVE, adj. Qui tient de l'agression. *Une attitude agressive.*

AGRESSION, s. f. Action d'attaquer, de frapper le premier coup. *Il ne s'attendait pas à cette brutale agression.* — Rem. L'Académie définit l'agression, *Action de celui qui est LE PREMIER à attaquer*, et l'agresseur, *celui qui attaque LE PREMIER*. Si nous nous reportons à ATTAQUER, nous voyons que la signification de ce verbe est *Etre l'agresseur.* C'est là qu'est la vérité : on n'attaque jamais le second.

AGRESTE, adj. (lat. *agrestis*, de *ager*, gr. *agros*, champ). Qui a le caractère champêtre. *Site agreste.* — Fig. *Homme agreste*, qui a des allures ou des goûts de paysan. *Manières agrestes, Humeur agreste, Mœurs agrestes.*

AGRESTE, s. m. Entom. Espèce de papillon du genre satyre (*satyrus semelé*), famille des nymphalides. Le corps de l'agreste mesure environ 0m,015 de long. Ses ailes, de 0m,05 d'envergure, sont brun noirâtre, dentées; les supérieures marquées d'une bande jaunâtre avec deux yeux écartés; les inférieures ont le dessous réticulé de cendré et de brun, avec une bande anguleuse blanchâtre. L'agreste paraît en juillet et août dans les bois de la France centrale; il se fixe souvent sur le tronc des arbres, et par son vol saccadé, peu puissant, échappe rarement au chasseur qui le convoite.

AGREYEUR, s. m. Techn. Ouvrier qui étire à la filière des fils de fer.

AGRICOLA, CNEIUS JULIUS, général romain (37-93). Il était fils de Julius Græcinus, chevalier, gouverneur de Provence, et naquit à Fréjus (*Forum Julii*). Il fut envoyé dans la Grande-Bretagne, par Vespasien, comme lieutenant de Vettius Bolanus, puis nommé gouverneur d'Aquitaine. Après trois années passées dans ce dernier poste, il retourna à Rome, fut fait consul, puis renvoyé en Grande-Bretagne. Il s'occupa activement de réformer les mœurs trop rudes des Anglais en leur inspirant le goût des mœurs romaines; les encouragea à bâtir des temples magnifiques, des bains et des édifices divers, et parvint même à convaincre les nobles de faire instruire leurs fils. Cela ne l'empêchait pas d'étendre vers le nord ses conquêtes chaque année. Dans sa troisième campagne, il poussa jusqu'à la Solway; dans la quatrième, il soumit les peuples habitant toute la contrée qui s'étend de la Solway jusqu'aux embouchures du Forth et de la Clyde, et éleva cette hauteur une véritable chaîne de forts chargés de maintenir en respect les peuples qu'il n'avait pu conquérir. C'est au cours de sa sixième campagne qu'il chargea sa flotte d'explorer les côtes de la Grande-Bretagne, ce qui amena la découverte que ce pays était une île; ce que les Romains ignoraient encore. Au printemps suivant, les Anglais rassemblaient une armée de 30,000 hommes, sous le commandement de Galgacus, afin de s'opposer aux progrès de l'envahisseur, et peut-être de l'expulser du pays conquis. Les deux armées se rencontrèrent au pied des monts Grampiens, et quoiqu'ils eussent incontestablement le droit de leur côté, les Anglais furent taillés en pièces et perdirent 10,000 hommes dans cette terrible bataille (85). Cependant, l'empereur, qui était alors Domitien, jaloux de la gloire acquise par Agricola, le rappela, sous prétexte de lui confier le gouvernement de Syrie, mais se défaire de lui plus sûrement. On dit, en effet, qu'il l'empoisonna. Agricola mourut le 23 août 93, à l'âge de 55 ans. — Tacite, qui était son gendre, a écrit sa vie.

ACRICOLA, GEORG LANDMANN (dit). Célèbre géologue et minéralogiste allemand (1494-1555). Né à Glauchau (Saxe), il fit ses études à Leipzig et en Italie, puis revint s'établir comme médecin à Joachimsthal (Bohême). Nommé en 1531 professeur de chimie à Chemnitz (Saxe), il se livra à ses goûts pour la géologie et la minéralogie avec d'autant plus d'ardeur qu'il se trouvait au centre d'un des plus riches districts miniers de l'Allemagne. Il ne quitta plus cette ville, où il mourut le 21 novembre 1555. — On a de ce savant, qui sut élever la minéralogie à la dignité d'une science : *De Re Metallica* (Bâle, 1546), où l'on trouve décrites les diverses méthodes d'exploitation des mines et de traitement des minerais, avec accompagnement de gravures sur bois très curieuses; *De Ortu et Causis subterraneorum, De Animantibus subterraneorum, De Natura fossilium*, et divers ouvrages, traités ou mémoires moins importants sur le même sujet.

AGRICOLA, RODOLPHE, ou Roelof HUYSMANN (dit), littérateur hollandais (1442-1485). Né à Baflon, près de Groningue, il fit ses études à Louvain et vint ensuite à Paris où il résida plusieurs années. En 1476, il partit pour Ferrare, où il suivit les leçons de Théodore Gazza sur la langue grecque; puis visita Pavie, Rome, etc., et était de retour dans son pays en 1479. Il était syndic de Groningue, lorsqu'en 1482, sur l'invitation de Dalberg, évêque de Worms, il accepta une chaire à l'université d'Heidelberg, où il fit pendant trois années un cours de littérature grecque et romaine. On lui attribue la renaissance des belles-lettres en Allemagne, due plus encore à son enseignement et à son influence personnelle qu'à ses propres écrits, malgré sa vaste érudition classique et la grande pureté de son style. Ses ouvrages ont été imprimés à Cologne en 1539; le plus important est intitulé *De Inventione dialectica*, et combat la philosophie scolastique en honneur de son temps.

AGRICOLA, JOHANN SCHNEITER (dit), théologien protestant allemand (1492-1566). Il naquit à Eisleben et fit ses études à Wittenberg, où il gagna l'affection de Luther, qu'il accompagna en 1519 à la grande assemblée protestante de Leipzig, en qualité de secrétaire rapporteur. Il retourna ensuite à Eisleben, où il fut, jusqu'en 1536, professeur à l'école Saint-André et prédicateur à l'église Nicolaï. Appelé à Wittenberg par l'offre d'une chaire, il ne tarda pas à entrer en lutte avec Luther et à défendre une doctrine qui fit un certain nombre de prosélytes que le grand réformateur désignait sous le nom d'*Antinomiens* (v. ce mot). En 1540, Agricola quittait secrètement Wittenberg pour Berlin. L'électeur de Brandebourg, Joachim II, le nomma surintendant général et prédicateur de la cour électorale, fonctions qu'il remplit jusqu'à sa mort. Agricola écrivit de nombreux ouvrages théologiques, intéressants seulement pour l'histoire des commencements de la Réforme. Il a laissé en outre un curieux recueil de proverbes allemands, le premier de ce genre qui ait été publié, en six centuries et commentaires. L'édition de ses œuvres la plus complète est celle de Wittenberg (1592).

AGRICOLA, JOHANN FRIEDRICH, compositeur et organiste allemand (1720-1774). Né à Dobitschen (Saxe-Altenbourg), il étudiait le droit à Leipzig, lorsqu'il se décida pour la musique et devint élève de l'illustre Jean-Sébastien Bach. Il partit pour Berlin en 1741, étudia la composition avec Quanz, tout en se faisant comme organiste une réputation considérable. En 1759, à la mort de Graun, il fut nommé maître de chapelle de Frédéric II. On lui doit un grand nombre de compositions, morceaux de concerts et de musique religieuse, plusieurs opéras, dont *Iphigénie en Tauride*, et divers ouvrages théoriques et critiques sur la musique.

AGRICOLE, adj. Adonné à l'agriculture. *Peuple, nation agricole.* — Qui se rapporte, qui est spécial à l'agriculture. *Industrie agricole. Produits agricoles. Comices agricoles.*

AGRICOLE (SAINT). Il était évêque de Châlons au VIe siècle. On ne sait rien de sa vie, mais il a laissé une réputation d'éloquence, et surtout d'affabilité et de vertu sévère fort rare chez les prélats de ce temps.

AGRICULTEUR, s. m. (lat. *agricultor*, de *ager*, champ, et *cultor*, qui cultive). Celui qui cultive la terre. *Peuple d'agriculteurs.*
— Adj. *Les Touaregs agriculteurs sont considérés par les nomades comme des esclaves attachés à la terre.*

AGRICULTURE, *s. f.* Art de cultiver la terre. *L'agriculture est le premier des arts.*

Hist. — Chercher l'origine de l'agriculture serait peine inutile, lorsqu'on ne sait pas même à quelle époque faire remonter l'invention de la charrue. Il est vrai que les poètes attribuent cette invention à Osiris, tandis qu'Isis enseignait aux Egyptiens la culture des céréales, mais cela ne nous avance pas beaucoup. Ce qui est hors de doute, c'est que les anciens Egyptiens étaient d'habiles agriculteurs. A chaque page, la Bible fait allusion à la richesse agricole de l'Egypte, qui récoltait des céréales, principalement, en telle quantité que, malgré la densité de sa population, elle pouvait en exporter dans les contrées environnantes. — Diodore de Sicile, d'autre part, nous apprend que les Egyptiens étaient très habiles à adapter à chaque terrain la culture qui lui convenait le mieux, et pratiquaient la méthode des assolements. Pendant la durée des inondations annuelles du Nil, ils nourrissaient leurs bestiaux de foin et les faisaient paître les prés en d'autres temps; leurs troupeaux étaient tondus deux fois l'an et leurs brebis agnelaient également deux fois chaque année. Grands éleveurs de volaille, on sait que c'est à leur exemple et après de longs essais infructueux, que nous pratiquons aujourd'hui le couvage artificiel. L'importance de la récolte, en Egypte, dépendait et dépend toujours de la hauteur atteinte par les eaux du Nil dans ses inondations périodiques; lorsque la crue est insuffisante, de vastes étendues de terrains ne peuvent être ensemencées, et la famine peut s'en suivre; lorsqu'elle dépasse de beaucoup l'étiage maximum, des villages sont envahis par les eaux et détruits, les habitants et les bestiaux noyés, et quand vient le temps des semailles, beaucoup de terres sont encore sous l'eau, qui par conséquent ne produisent rien : le trop, comme le trop peu, est donc une cause fatale de disette, et les anciens Egyptiens étaient peut-être plus capables que les modernes, non de comprendre la situation, mais d'en amoindrir les conséquences dans la mesure du possible. — Mais le témoignage de l'histoire, en ce qui concerne les mœurs agricoles de l'Egypte ancienne, est peu de chose auprès de celui des peintures murales contemporaines. Celles-ci, découvertes à une époque relativement récente, nous montrent, en effet, la propriété de campagne égyptienne organisée avec autant de soin que de nos jours. Outre la maison d'habitation distribuée en appartements nombreux et bien disposés, nous y voyons représentés les jardins, potagers, vergers, viviers, réserves pour le gibier, etc. Dans la cour de la ferme se trouvent les hangars, les étables, les écuries, les remises. Il y avait un chef de culture, un intendant dirigeant les travaux, surveillant les laboureurs et les autres ouvriers et tenant compte des dépenses et des recettes. Les grains étaient emmagasinés dans des pièces voûtées ayant une ouverture supérieure accessible du dehors par laquelle on vidait les sacs dans les greniers; une autre ouverture, pratiquée dans le plancher, permettait d'en tirer sans peine la quantité dont on avait besoin et à mesure du besoin. Le blé était converti en farine au moyen de moulins mus à bras d'hommes ou par des bœufs. Dans une de ces peintures, représentant les semailles, on voit d'abord une charrue tirée par une paire de bœufs; vient ensuite le semeur, tirant la graine d'une sorte de corbeille et la jetant dans les sillons; il est suivi d'une seconde charrue, après laquelle vient un rouleau traîné par deux chevaux attelés de front. Enfin, pour compléter le tableau, le chef de culture surveillant l'opération.

Au temps des patriarches, les Hébreux menaient la vie nomade des peuples pasteurs, mais ils ne laissaient pas de pratiquer l'agriculture; et surtout, lorsqu'on voit mentionner parmi leurs troupeaux le bœuf, c'est une indication à peu près certaine de la pratique du labourage. Job, par exemple, en dehors de ses nombreux troupeaux de petit bétail, possédait, d'après l'Ecriture, 500 paires de bœufs qu'il employait au labour. Isaac joignait également l'agriculture à l'élève des bestiaux, puisqu'il est écrit que, dans les terres de Gerara, il récolta cent pour une des graines qu'il avait semées. Et la parabole du semeur, n'est-elle pas un témoignage précis de la pratique de l'agriculture en Palestine? De même que les Babyloniens, les Egyptiens et les Romains, les Hébreux peuvent être considérés comme une des grandes nations agricoles de l'antiquité; mais c'est principalement à leur séjour en Egypte qu'ils durent le meilleur de leurs connaissances agricoles. Dans le pays de Chanaan, ils trouvèrent une population très dense et dans un état très florissant, grâce aux soins donnés à un sol naturellement très fertile. Du reste, l'invasion hébraïque date de 1605 av. J.-C., et déjà quatre siècles auparavant, les Chananéens de l'intérieur étaient réputés comme agriculteurs. Les terres distribuées entre les vainqueurs ne furent pas moins bien soignées. On voit, en effet, les Hébreux se livrer à des travaux de drainage, fumer leurs terres, mettre en pratique le système des jachères en les laissant reposer une année sur sept, pour ne pas épuiser le sol, malgré sa fertilité, brûler les mauvaises herbes et les chaumes et enterrer les cendres. Ils cultivaient principalement le blé, le millet, l'orge, les haricots et les lentilles, et probablement aussi le riz et le coton. Ils employaient l'âne et le bœuf au labourage : toutefois, les Hébreux ne mutilant pas les animaux, ce n'étaient pas en réalité des bœufs, mais des taureaux qu'ils mettaient à la charrue. Le temps des semailles arrivait à la fin d'octobre, c'est-à-dire au commencement de la saison des pluies, et se prolongeait, pour l'orge, jusqu'en février. Les graines étaient enterrées tantôt à la charrue, tantôt à la herse, suivant la nature des terres et l'état du temps. La moisson commençait généralement en avril et se prolongeait jusqu'à la fin de mai, sauf les retards causés par la prolongation des pluies. Sur les coteaux poussaient avec vigueur la vigne et l'olivier, et les districts montagneux des déserts environnants offraient d'abondants pâturages pour les troupeaux. L'agriculture, chez les Hébreux en possession du pays de Chanaan, était donc dans un état de progrès assez rapproché de son état actuel en Europe.

A l'exception des Lacédémoniens, les anciens Grecs tenaient l'agriculture en grand honneur et en faisaient leur principale occupation. Les Athéniens, qui prétendaient l'avoir inventée, la considéraient comme le premier des arts utiles. Cependant, la littérature grecque nous donne fort peu de détails sur la manière dont l'agriculture était pratiquée dans ce pays de philosophes, de poètes et d'artistes. C'est parce que le « premier des arts » ne tarda pas à être abandonné aux esclaves, tandis que les citoyens se vouaient de préférence à la carrière des armes ou à quelque occupation plus délicate. Il faut dire que, sauf quelques contrées, telles que la Béotie, la Grèce n'a jamais eu un sol bien favorable, et qu'il a fallu peu de choses pour en faire le désert monotone que nous connaissons. Cependant on sait qu'on y débarrassait les vallées des marais et des lacs au moyen d'un drainage intelligent, qu'on y couvrait parfois de terre végétale des surfaces rocheuses et radicalement stériles en conséquence; les Grecs possédaient également d'excellentes races d'animaux domestiques, élevés en grand nombre; et ce sont là des indices certains d'un état avancé de l'agriculture. Mais les Grecs ont eu beaucoup trop de poètes, sans compter les bons, et pas assez d'agronomes.

L'agriculture était tenue en haute estime par les anciens Romains. Romulus ne connaissait que deux occupations vraiment dignes d'un homme : l'agriculture et la guerre; et ses compagnons estimaient les biens qu'ils retiraient du travail des champs au-dessus de ceux que la guerre leur assurait, à moins que ce ne fussent des terres nouvelles. Depuis le sénateur jusqu'au dernier des plébéiens, tout le monde était laboureur à Rome, et tous les laboureurs étaient soldats. Les personnages les plus importants de la république, même quand, par des conquêtes trop étendues, la corruption étrangère eut commencé à s'introduire dans les mœurs, se glorifiaient de cultiver leurs terres de leurs propres mains, et beaucoup prouvaient que ce n'était pas chez eux une simple ostentation, en préféraient aux honneurs et aux richesses le charme modeste mais réel de la vie des champs. L'amour de l'agriculture chez les Romains est prouvé d'une manière frappante par ce fait que, à une époque où les arts, les sciences, la poésie, la littérature générale étaient d'importation grecque, Rome avait une littérature nationale uniquement inspirée par le travail des champs, les choses de l'agriculture, plaisirs ou peines. Peu d'ouvrages, d'ailleurs, où l'agriculture n'ait sa part d'attention. Caton parle d'irrigations, de labourages fréquents et de l'emploi du fumier comme des moyens les plus propres à augmenter la fertilité du sol. Virgile recommande la mise en jachère des terres une année sur deux. « Et ce serait à la fois juste et profitable, remarque Pline, à la condition qu'un homme ait assez de terres pour pouvoir supporter un pareil chômage. Mais si l'étendue de son domaine n'est pas suffisante? Alors, dans le champ où il aura récolté ses fèves, ses pois ou sa vesce, qu'il sème l'année suivante du froment; car il est vraiment remarquable que certaines plantes ne paraissent semées que pour préparer la nourriture des autres. » Pline donne d'autres indications relatives aux travaux agricoles, dont il s'occupe avec une assez grande sollicitude, quoique déjà l'agriculture ne soit plus en aussi haute estime auprès des Romains, à beaucoup près, que du temps des rois et du temps de la République. Il y a bien des propriétaires ruraux, il n'y a plus de vrais agriculteurs, et la décadence fait des progrès effrayants, parallèlement à la corruption des mœurs. Columelle, contemporain de Pline, dans son traité *De Re Rustica*, s'écrie avec un accent que nous qualifierons de prophétique : « Je vois partout des écoles ouvertes aux rhéteurs, à la danse, à la musique, aux saltimbanques; les cuisiniers, les barbiers sont en vogue; on tolère des maisons infâmes où les jeux et tous les vices attirent la jeunesse imprudente; tandis que pour l'art qui fertilise la terre il n'y a rien, ni maîtres, ni élèves, ni justice, ni protection. Voulez-vous bâtir, vous avez à chaque pas des architectes; voulez-vous courir les hasards de la mer, vous trouvez partout des constructeurs; mais souhaitez-vous tirer parti de votre héritage, améliorer des procédés qui vous semblent mal entendus, vous ne trouvez ni guides, ni gens qui vous comprennent. Et si je me plains de ce mépris, on me parle aussitôt de la stérilité actuelle du sol; on va jusqu'à me dire que la température actuelle est changée! Le mal est plus près de vous, ô mes contemporains! l'or, au lieu de couler sur les campagnes qui nourrissent les villes, est jeté à pleines mains au luxe, à la débauche, aux exactions. Ecoutez-en mon expérience : reprenez le manche de la charrue et vous me comprendrez! » Mais on ne prit pas cette peine, et à la fin de l'empire, l'agriculture était tout à fait négligée et ceux dont elle était la profession regardés avec mépris; de nombreuses régions jadis cultivées avec le plus grand soin, et produisant en conséquence d'abondantes récoltes, étaient maintenant totalement abandonnées à la nature; et tandis que tant de terres fertiles présentaient l'aspect de la plus navrante désolation, Rome tirait d'Egypte ou de Sicile le grain dont elle avait besoin.

Sous la domination des conquérants barbares, l'agriculture paraît être tombée en Europe au dernier degré de la négligence et de l'abjection, et c'est aux Sarrasins d'Espagne que nous devons sa renaissance, comme celle de tous les arts et de toutes les sciences. Grâce à eux et à leurs successeurs les Maures, l'agriculture fut portée en Espagne à un degré de perfection qui n'a peut-être pas été dépassé depuis en Europe. Les ruines de leurs travaux d'irrigation attestent encore aujourd'hui leur industrie, en présence de la profonde incurie de leurs successeurs. De même dans l'Amérique espagnole, où des traces imposantes des travaux agricoles des indigènes protestent hautement contre la prétention des conquérants d'avoir porté la civilisation dans ces contrées. En Europe, le système féodal était peu favorable aux progrès de l'agriculture; de misérables serfs et de petits fermiers presque aussi misérables, à la merci de seigneurs plus occupés de dévaster les domaines de leurs voisins que d'améliorer les leurs, composaient toute la nation agricole d'alors : une population de découragés. Cependant les croisades eurent une certaine influence sur l'agriculture en Europe, non seulement parce que les croisés importèrent d'Asie des plantes alimentaires nouvelles, mais parce que les événements dont ils furent les acteurs donnèrent un coup fatal au système oppresseur de la féodalité et provoquèrent les premières émancipations de serfs. Avec un peu plus de liberté, il y eut un peu plus de vivacité dans les idées, et ceux qui possédaient la terre arrosée de leurs sueurs commencèrent à porter plus d'attention à leur travail, car ils pouvaient enfin espérer que le produit leur en appartiendrait. Mais il y avait beaucoup à faire pour récupérer le temps perdu et surtout pour reconstituer les notions oubliées. A cette époque d'ignorance et d'insécurité, on ne cultivait guère que quelques céréales; on n'y employait qu'une faible partie

AGRICULTURE. — La charrue primitive.

des terres cultivables, laissant le reste à l'abandon, pour servir de pâturages aux animaux abandonnés eux-mêmes à toutes leurs fantaisies. On commença quelques défrichements, mais c'est surtout aux moines qu'on doit les progrès faits dès cette époque sous ce rapport, car seuls encore ils pouvaient entreprendre des travaux dont il fallait attendre les résultats pendant des années; et il faut leur savoir gré de les avoir entrepris, car ils rendirent un véritable et très grand service aux populations des campagnes et à l'agriculture.

Au XVIe siècle, l'élan est donné; plusieurs ouvrages sur l'agriculture voient le jour. Ce ne sont que des compilations faites le plus souvent sans grande intelligence de choses dont elles traitent et bourrées de recettes empiriques, la plupart ridicules; mais il y a là un indice précieux : on s'occupe sérieusement d'agriculture. Enfin, en 1600, paraît le Théâtre de l'Agriculture et mesnage des champs, d'Olivier de Serres, qui est un agriculteur, un praticien de grand mérite et qui prêche d'exemple sur son domaine. Le style en est clair, net, presque élégant et, avantage plus précieux, on sent que l'auteur sait parfaitement ce qu'il dit. Une preuve évidente de l'intérêt qu'inspire l'agriculture à cette époque, c'est que l'ouvrage d'Olivier de Serres atteint le chiffre invraisemblable de huit éditions du vivant de l'auteur, qui mourut vers le milieu de 1619. Parmi les ouvrages qui l'avaient précédé, nous serions toutefois ingrats de ne pas citer le Prædium rusticum, de Charles Estienne (1554), dont la traduction française, augmentée, par Jules Liébault, agronome dijonnais, devint populaire sous son nom français de Maison rustique (1564). Olivier de Serres s'était déjà fait connaître par un traité sur la sériciculture : La cueillette de la soye par la nourriture des vers qui la font (1599); et écrivit plus tard un traité de la culture du mûrier, intitulé : La seconde richesse du mûrier blanc (1603).

A partir du commencement du XVIIe siècle, les progrès de l'agriculture ne s'arrêtent plus.

Encouragée par Sully, négligée par Colbert, qui avait d'autres préoccupations, entravée dans son essor par les malheurs des temps ou par l'ignorance des gouvernants, elle ne cessa cependant de se perfectionner, et la Révolution, en donnant le dernier coup à la féodalité perpétuée jusque-là dans quelques lois iniques, en faisant un homme absolument libre, un propriétaire-agriculteur, du simple paysan, à moitié serf encore la veille, donna l'impulsion décisive qui manquait pour compléter l'œuvre. Les progrès des sciences, surtout ceux de la chimie, ont été d'un grand secours à l'agriculture, quoique, à notre sentiment, ils lui aient bien fait un peu de mal, par trop de précipitation dans l'application de phénomènes imparfaitement observés; mais l'expérience d'une pratique rationnellement conduite, en ouvrant l'esprit de l'ouvrier agricole aux idées nouvelles, a fait plus que tout le reste pour l'avancement de l'agriculture. Pour nous résumer, les progrès réalisés dans cette dernière période peuvent être ramenés à quelques points principaux, qui sont : le repos stérile des jachères remplacé par l'alternement des cultures, la pratique des prairies artificielles, l'introduction de la pomme de terre et de la betterave, le perfectionnement des instruments aratoires, l'indispensable nécessité des engrais mieux comprise, et enfin l'assainissement des terres humides par l'application beaucoup trop restreinte encore du drainage, les encouragements et l'exemple donnés par les sociétés d'agriculture et les comices agricoles. La voie dans laquelle est entrée l'agriculture est assurément la bonne, le progrès ne s'arrêta plus; mais, dans notre impatience d'améliorations nouvelles, n'oublions pas qu'elles ne pourront sortir que de la consolidation des résultats déjà obtenus; sans doute que la terre paye généreusement les sacrifices qu'on lui fait, mais les semailles doivent précéder la moisson, et n'est pas en voulant aller trop vite qu'on progresse le plus sûrement. — Nous n'avons pas voulu nous arrêter aux lois économiques souvent contradictoires, dont l'agriculteur se plaint quelquefois à trop juste titre, parce que ces lois, quand elles sont mauvaises, sont impuissantes pour arrêter l'agriculture même et ne frappent que le commerce des produits agricoles : je ne dis pas que l'agriculture n'en ressent le contre-coup, mais pas assez profondément pour entraver sa marche. — Les expositions ont aussi fait beaucoup, surtout pour la diffusion des machines agricoles qui se perfectionnent tous

AGRICULTURE. — La charrue à vapeur.

les jours et de quelques instruments aratoires dont le perfectionnement réside en général dans une simplification ingénieuse, lesquels proviennent pour la plupart des États-Unis et sont nés de circonstances nouvelles.

Nous nous sommes surtout occupé de la France, dans cette dernière partie de notre résumé historique, bien que les autres contrées européennes ne soient pas restées en arrière, mais parce que leurs progrès n'of-

front rien de particulier. Nous terminerons par une statistique générale de notre pays.

Statistique agricole de la France. — On compte en France, sous le rapport de la culture, sept espèces différentes de sols, réparties dans chaque département comme il suit, d'après les documents les plus récents : 1° Terres grasses : Aisne, Aude, Eure, Eure-et-Loir, Nord, Oise, Hérault, Pas-de-Calais, Seine, Seine-et-Marne, Seine-et-Oise, Lot, Loiret, Seine-Inférieure, Somme, Tarn, Haute-Garonne, Deux-Sèvres, Vendée. 2° Terres à bruyères ou de landes : Côtes-du-Nord, Loire-Inférieure, Finistère, Morbihan, Ille-et-Vilaine, Maine-et-Loire, Orne, Calvados, Manche, Gironde, Dordogne, Lot-et-Garonne, Ariège, Hautes et Basses-Pyrénées, Landes, Gers, Aveyron, Gard. 3° Terres à craie : Marne, Ardennes, Aube, Haute-Marne, Loir-et-Cher, Indre-et-Loire, Charente, Charente-Inférieure, Vienne. 4° Terres à gravier : Nièvre et Allier. 5° Terres pierreuses : Meuse, Meurthe-et-Moselle, Vosges, Haut-Rhin (territoire de Belfort), Côte-d'Or, Haute-Saône, Doubs, Saône-et-Loire, Jura, Ain, Yonne, Rhône, Loire. 6° Terres de montagne : Cantal, Lozère, Ardèche, Pyrénées-Orientales, Corrèze, Haute-Loire, Drôme, Hautes-Alpes, Basses-Alpes, Alpes-Maritimes, Savoie, Haute-Savoie, Var, Bouches-du-Rhône, Vaucluse, Isère, Puy-de-Dôme. 7° Terres sablonneuses : Cher, Creuse, Indre, Mayenne, Sarthe, Haute-Vienne. — Chacune de ces diverses qualités du sol est l'objet d'incessantes expérimentations; aussi les produits en ont-ils doublé depuis trente ans; on les évalue à une somme de 18 milliards de francs, qui se répartit ainsi :

Culture............... 5.000.000.000
Pâturages............. 2.000.000.000
Cultures diverses industrielles............ 1.500.000.000
Vignes, cidre, poiré... 1.500.000.000
Forêts et bois........ 2.000.000.000
Animaux domestiques.. 6.000.000.000

Total.... 18.000.000.000

— NOTIONS GÉNÉR. Nous ne saurions concevoir l'ambition, surtout dans les limites restreintes qui nous sont imposées, d'enseigner la pratique de l'agriculture; mais quelques notions générales auront, sans doute, la double utilité de permettre aux personnes étrangères à l'agriculture d'en apprécier l'importance de premier ordre et au cultivateur praticien de se rendre un compte plus exact de la théorie des opérations auxquelles il se livre journellement, bien que, sous ce rapport, un simple article de Dictionnaire ne puisse prétendre à tenir lieu des traités spéciaux, presque tous excellents et tous très volumineux, qui abondent aujourd'hui.

L'agriculture a fait de nos jours d'immenses progrès, mais il ne faut pas oublier que c'est grâce au concours de la science; la mécanique, la physique, la chimie lui font part tous les jours de leurs propres progrès, dont elle fait son profit; et une pratique plus éclairée donne aussi des résultats meilleurs, que la routine dans laquelle on l'accusa si longtemps de se complaire, l'empêchait jadis d'obtenir. L'agriculteur n'hésite plus à recourir à la puissance de la vapeur, qui supplée au manque de bras dont il se plaignait sans cesse et lui permet d'aller chercher autre chose, pour une foule de travaux qu'il ne peut attendre sans préjudice, et qui permet de rendre à la culture d'immenses étendues de terrain improductif sans son secours. Les travaux d'irrigation, de desséchement, de drainage prennent un développement qui augmente tous les jours. La chimie enseigne ce qu'il faut ajouter ou retrancher au sol, suivant ce qu'on en attend ; quels sont les éléments nutritifs qui conviennent à telle ou telle plante, et, comment en conséquence il convient de régler les assolements, qui ont si avantageusement remplacé dans la pratique le système perfois ruineux des jachères; quelle, par suite, doit être la composition des engrais destinés à telle ou telle culture. L'histoire naturelle fait mieux connaître la plante, sa nature, ses propriétés; les animaux, et les soins qu'il convient de donner à chaque espèce; mais surtout la formation géologique du terrain sur lequel on opère;

connaissance d'une importance capitale. L'agriculture est donc une science aujourd'hui ; nous ajouterons que c'est une industrie véritable, lucrative, et vers laquelle les capitaux intelligents commencent à se laisser attirer.

Le terrain. — L'agriculteur a besoin de bien connaître avant tout la nature du sol qu'il cultive, car chaque variété de sol nourrit, pour ainsi dire, ses plantes familières et est souvent tout à fait impropre à en nourrir d'autres. La plante, qui emprunte une partie de sa nourriture à l'air atmosphérique par l'intermédiaire de ses feuilles, en reçoit la plus importante part de la terre, où s'enfoncent ses racines ; il faut donc nécessairement que toutes les plantes de même espèce soient semées dans des terrains réunissant des éléments nutritifs semblables. De plus, comment le cultivateur parviendra-t-il à amender convenablement un sol ingrat ou épuisé s'il n'en connaît pas bien la nature? Récapitulons donc les diverses espèces de terres cultivables qu'offre l'écorce terrestre aux travaux de l'homme. — Il y a d'abord le sol calcaire, contenant la pierre à chaux, la craie, le marbre; les terres granitiques, schisteuses, où l'on rencontre les roches, les grés, l'ardoise ; les terres sablonneuses, légères et sèches, se laissant pénétrer facilement par l'eau, d'un labour généralement facile jusqu'à l'excès; les terres argileuses et marneuses, qui retiennent l'eau, au contraire, et sont humides, pâteuses, compactes en conséquence et d'un travail pénible; les terres d'alluvion formées des dépôts limoneux des fleuves et des cours d'eau, et qui sont les meilleures. Les autres ont des inconvénients qu'elles rachètent dans une mesure plus ou moins grande par des qualités à elles propres, ou qu'on peut corriger par un traitement approprié. D'une manière générale, les terres légères et sèches exigent des engrais humides; les terres lourdes et mouillées ont besoin d'un drainage intelligent qui en expulse l'excès d'eau, dont l'action pourrirait les racines; certaines terres calcaires resteraient stériles sans un mélange d'argile, ces terres réclament l'engrais humide. — Mais la connaissance du sous-sol, qui n'est pas moins importante que celle de la surface, peut modifier ces indications. Son influence, en effet, est souvent décisive. On sait que le sous-sol d'un terrain est cette partie qui en forme le fond et que les instruments aratoires n'atteignent pas. Il est dit *actif* lorsqu'il continue la couche végétale et *inerte* s'il est d'une nature différente et s'oppose au libre développement des racines. Un sous-sol argileux, retenant l'eau, exerce une influence favorable sur la couche végétale supérieure, dont il entretient l'humidité; mais s'il est d'une nature spongieuse, se laissant traverser rapidement par l'eau, son influence est funeste, car la couche supérieure est ainsi promptement desséchée et la récolte est compromise. L'influence des climats est pour beaucoup aussi dans la qualité des terres. Ainsi les terres calcaires, granitiques, schisteuses, sablonneuses, sèches et légères conservent généralement assez de fraîcheur sous les climats humides ou brumeux. D'autre part, les terres argileuses et marneuses, que l'eau qu'elles retiennent rend fraîches longtemps et qu'on appelle *terres fortes*, à raison de la difficulté du labour et *terres herbeuses*, parce qu'elles produisent beaucoup de mauvaises herbes, ces terres sont de meilleure exploitation dans les pays où règne une grande sécheresse que dans les contrées pluvieuses. Quant à la connaissance du sous-sol, on a vu de quelle importance elle peut être : elle peut amener à modifier en connaissance de cause la nature d'un terrain; elle met en garde contre l'erreur ruineuse assez commune, qui fait qu'un cultivateur, obligé de changer de domaine, si le sol du nouveau domaine lui paraît de même nature que celui de l'ancien, y transporte ses méthodes de culture sans y regarder de plus près.

Ces indications ne sont pas absolument scientifiques, mais elles sont pratiques; et ce n'est pas tant faute de place que nous ne nous sommes pas étendu sur ce sujet autant peut-être qu'il paraîtrait nécessaire, que parce qu'à notre avis, et malgré les services rendus par la science à l'agriculture, il vaut toujours mieux être sobre de théories purement scientifiques que d'en noyer son sujet, comme c'est le défaut d'une foule de théoriciens.

Météorol. — Nous avons étudié les terrains dans lesquels la plante développe ses racines et prend sa nourriture; nous allons étudier maintenant les principaux phénomènes atmosphériques dont l'action ne s'exerce pas seulement sur ses rameaux, ses feuilles, mais encore sur le sol même où elle est plantée. — L'influence de l'air, de la chaleur et de la lumière sur les plantes est décisive. L'air, qui tient en suspension des vapeurs et des gaz nécessaires à la végétation, n'est pas indispensable seulement à la respiration des plantes, mais aussi à leur alimentation ; la chaleur, en vaporisant les liquides environnants afin de permettre à la plante de s'en assimiler les éléments, engraisse positivement celle-ci, augmente son volume; la lumière : sans lumière point de couleur, et le maraîcher liant ses salades pour en dérober les feuilles intérieures, le cœur, à son influence et les faire blanchir, nous le prouve suffisamment. Le plus ignorant sait bien, d'autre part, que la végétation est morte-née à l'ombre d'un arbre ou même d'une simple haie, et que les tiges du seigle ou du blé semé trop *dru*, et par conséquent manquant d'air, poussent étiolés et malingres, élevant le plus haut possible leurs épis effilés et vides? Les effets de l'air et de la chaleur étant, toutefois, plus familièrement connus que ceux de la lumière, nous nous arrêterons un peu plus longuement sur ces derniers, pour faire bien comprendre l'influence puissante de cet agent de vie universelle sur la vie des végétaux. C'est, en effet, sous l'influence de la lumière que s'opère l'assimilation. La plante fixe le carbone dans ses tissus, par inspiration, pendant le jour; et la nuit, elle le brûle en partie et expire le reste, en s'assimilant les matériaux nécessaires à l'entretien de son existence. La quantité de ces matériaux assimilés dépend donc entièrement de l'action de la lumière; et plus cette lumière est claire, plus l'assimilation sera considérable. Qu'on place une plante quelconque dans un lieu obscur, elle vivra; puisant dans le sol les éléments nutritifs qui lui sont nécessaires, et les fixant dans ses tissus, sa croissance ne sera pas suspendue; mais la respiration, d'autant plus importante que la température est élevée, s'accomplit pendant toute la durée de la végétation ; la plante soumise à ce traitement consomme en conséquence, par la respiration, tous les produits dont elle peut disposer, et il s'ensuit que son poids utile est diminué d'autant. Le rôle actif de la lumière dépend donc de la qualité et non de la quantité, comme celui de la chaleur; de sorte que, plus une année sera claire, plus la récolte sera belle. Des années chaudes, mais sombres, ont souvent donné de mauvaises récoltes, tandis que des années plus fraîches, mais très claires, en ont donné de fort belles. L'idéal, serait une année à la fois claire et chaude. De ces deux agents, la lumière et la chaleur, ce dernier est à la vérité le plus puissant, mais l'autre exerce également une influence considérable, comme on voit. Le développement de la plante modifie nécessairement l'action de la lumière, qui n'est vraiment immédiate et importante que jusqu'à la floraison. Celle-ci est donc en partie amenée par les radiations lumineuses du soleil. C'est ainsi qu'on explique ce fait en apparence contradictoire, que la durée de la végétation diminue avec la latitude et l'altitude. En effet, plus on s'éloigne de l'équateur, plus les jours d'été deviennent longs, plus les végétaux restent à la lumière, et plus vite arrive la floraison. Il en est de même de l'altitude, à cause de la convexité de la terre et de la durée des deux crépuscules.

On peut appliquer ce qui précède, concernant l'assimilation, à la transpiration des végétaux, en tenant compte des actions secondaires causées par l'état hygroscopique de l'air et des terrains. La transpiration est surtout abondante lorsque l'évaporation n'est plus possible, les pluies ayant trop humecté la terre. Dans l'état atmosphérique qui prévaut dans nos contrées, la transpiration est la plus importante des deux fonctions qui constituent l'exhalation aqueuse. La somme de l'eau évaporée et transpirée par les végétaux est, pour ainsi dire, constante et réglée sur la quantité d'eau versée par les pluies, absorbée par le sol, puisée par les racines végétales. Plus une plante transpire, plus l'eau qui se transporte des racines aux feuilles dépose de matériaux utiles à son élaboration générale, réglée ainsi à la fois sur la transpiration et l'assimilation. L'influence de la lumière n'est donc pas de mince importance et exige qu'on en tienne compte pour présager dès la floraison l'état probable d'une récolte. Tout végétal exige une quantité d'eau déterminée, et qui lui est spécifique, pour faciliter l'élaboration des produits qu'il s'est assimilés; les racines de la plante puisent dans le sol une certaine quantité d'eau qui s'évapore par les feuilles, presque en quantité égale. Plus un sol est humide, plus les végétaux qui y vivent exhalent d'eau. Ils se sont donc assimilé une plus grande quantité des matériaux nutritifs que l'eau tient en dissolution. De sorte que les plantes qui exhalent le plus d'eau, qui poussent dans les terrains les plus frais, sont celles qui donnent les récoltes les plus abondantes; la preuve, c'est que les récoltes de luzerne sont bien plus abondantes que celles de blé. Si donc les eaux d'arrosage sont chargées de ces matériaux nutritifs, les récoltes en profiteront. Plus on arrose les plantes, plus on augmente leur pouvoir exhalant; mais la richesse des récoltes des végétaux arrosés est justement proportionnelle à la puissance d'exhalation aqueuse, tandis que toute cause amoindrissant cette puissance est funeste à la santé de la plante. C'est à raison de ces principes que les travaux d'irrigation et de drainage ont pris une telle extension.

L'eau enlevée à la terre sous forme de vapeur lui est rendue sous des formes diverses, suivant le degré de condensation. Pendant les grandes chaleurs, au coucher du soleil, il arrive qu'elle retombe en pluie avant de s'être formée en nuages : c'est le *serein*. Les couches inférieures de la vapeur atmosphérique se précipitent en eau, grâce à leur contact avec les surfaces terrestres refroidies par le rayonnement nocturne : c'est la *rosée*. Si les surfaces en contact avec cette vapeur sont amenées à une température inférieure à zéro, la rosée devient la *gelée blanche*, si funeste aux jeunes plantes. Disons ici, toutefois, qu'un courant d'air sec peut, en balayant l'air saturé de vapeur qui va opérer le dépôt d'humidité qui constituerait le phénomène, garantir la plante contre le danger qui la menace, ne fût-ce que momentanément; c'est pourquoi, malgré l'abaissement de la température dans les nuits sereines, où aucun obstacle ne retient la chaleur terrestre, s'il souffle un vent violent, il n'y a pas de gelée. Mais il faut qu'il souffle sans interruption et ne cesse que pour céder la place aux rayons solaires, comme dans la fable du bon La Fontaine. Ainsi, de deux choses l'une : ou le ciel chargé de nuages s'opposera au rayonnement nocturne et au refroidisssment qui en est la conséquence, ou le vent préviendra la rosée et par extension la gelée blanche, si funeste aux jeunes pousses; le cultivateur sait bien cela, quoiqu'il ne puisse toujours l'expliquer théoriquement et attribue à la *lune rousse*, en dépit de cause, l'influence funeste dont il souffre, quand celle-ci se montre au milieu d'un ciel pur. Les gelées de printemps ont lieu, en effet, le plus souvent à l'époque de la lune rousse, à quelques jours près de plus ou de moins, c'est-à-dire du 25 avril au 15 mai. Mais ce n'est pas une raison pour en rendre responsable la *lune rousse* (v. LUNE), ni les *saints de glace*, ni les *quatre cavaliers*, bien innocents du phénomène, dû, nous le répétons, à la température naturellement basse de l'atmosphère à cette époque de l'année, coïncidant avec une nuit claire, que la lune brille au firmament ou ait disparu à l'horizon. — Mais on arrive à neutraliser l'influence du rayonnement nocturne sur les plantes et en particulier sur les vignes, en élevant au-dessus d'elles un rideau de fumée provenant de feux humides allumés de distance en distance et sous le vent. L'expérience a prouvé que, par un temps sec, une température de 2° au-dessus de zéro n'est pas à craindre; or sous les nuages artificiels ainsi disposés, la température reste au moins à 3°, et le péril est conjuré. — Ce n'est pas, d'ailleurs, une méthode nouvelle, car, au témoignage de Garcilasso de la Véga, surnommé le *dernier des Incas*, les indigènes du Pérou créaient ainsi des nuages artificiels pour protéger leurs récoltes contre les gelées précoces, en brûlant de la paille, du fumier, etc. Les pionniers de la civilisation espagnole substituèrent à ces moyens grossiers et barbares, la procession des reliques des saints : les récoltes ne tardèrent pas à se sentir du changement.

Si la gelée est mortelle aux plantes, au sol même elle est au contraire très favorable. En effet, l'eau contenue dans la terre, en se congelant la dilate, détruit la cohésion de ses molécules, et alors, au retour du printemps, la fait éclater et tomber en morceaux; la division du sol est donc d'autant plus complète qu'il a été plus fréquemment atteint par la gelée, et le dicton populaire que « la gelée purifie la terre » est parfaitement juste. Ce sont surtout les terres végétales qui profitent des gelées d'hiver, à cause des combinaisons chimiques provoquées dans leur sein par l'absorption des gaz de l'atmosphère, qui produisent des substances de la plus grande importance à l'alimentation des végétaux. Et c'est une raison puissante en faveur des labours d'automne. — L'influence de la neige sur la terre qu'elle recouvre est fort justement caractérisée par cet autre dicton : « Chaque couche de neige vaut une couche de fumier. » On dit également : « Année de neige, année de blé. » Cette influence est, en effet, des plus heureuses, car elle empêche la chaleur intérieure du sol de s'échapper, en même temps qu'elle s'oppose à l'introduction de l'air froid ambiant. La pousse vigoureuse du jeune blé, après un long emprisonnement sous la neige, est là pour témoigner des services rendus. — Nous ne croyons pas utile de nous étendre davantage sur un sujet dont nous n'avons négligé rien d'important. C'est ainsi que, pour la prévision du temps, il nous a été démontré dans une foule de circonstances que l'habitude des travailleurs de la campagne les mettait moins souvent en défaut à ce sujet que tous les calculs des météorologistes. On trouvera d'ailleurs plus de détails au mot Météorologie.

Aménagement des eaux. V. Drainage et Irrigation.

Constructions rurales.— Les constructions rurales sont presque partout, mais surtout en France, fort défectueuses. En dehors des épidémies résultant de l'insalubrité des bâtiments destinés à l'habitation des personnes comme à celle des animaux, il est pourtant certain que la bonne construction de la ferme exerce une influence considérable sur les résultats de l'exploitation; et elle dépend, la plupart du temps, d'un peu de soin seulement. Un savant agronome, cultivateur praticien en outre, M. P. Joigneaux, donne à ce sujet d'excellents conseils, ayant surtout en vue le petit fermier, car pour le riche propriétaire, on conçoit qu'il n'en ait pas besoin : s'il s'installe mal, c'est sans doute qu'il le veut ainsi. « Songe aux bâtiments, dit M. Joigneaux à celui qu'il conseille si judicieusement, et place-les, si c'est possible, au beau milieu de la propriété. Si ce n'est pas possible, fais les choses pour le mieux. Note bien qu'il te faut maison, chambre à four, grange, écurie, étables, hangar et aussi de quoi loger les porcs et la volaille. Tourne ta maison du côté du soleil levant, et fais en sorte que, de la porte et des fenêtres de derrière, on voie, d'un côté, les portes des étables et écuries, et de l'autre, la grange et le hangar. Tu auras ainsi trois corps de bâtiments séparés et exposés au levant. Si le feu prend à l'un, tu conserveras au moins l'espoir de sauver les deux autres. Relie-les, si tu le veux, avec des palissades pour avoir une cour fermée. Dépense le moins que tu pourras en bâtiments; ne fais que le nécessaire, jamais de luxe. Il y a plus de mérite à montrer de belles récoltes aux passants que de belles façades. Ne néglige rien pour rendre ta maison saine et empêcher les maladies d'y entrer... Il y a des gens qui, plutôt par économie que par misère, se refusent l'air et la lumière du jour et n'en prennent que par une lucarne, comme de choses très chères, afin de payer moins d'impôts. N'imite point ces gens-là. Ce qu'on économise en air et en lumière, on le dépense en tisane et en visites de médecin. Ouvre donc de larges fenêtres sur le devant, sur le derrière; prends de l'air à pleins poumons, du soleil à plein visage, et paye l'impôt. — Il y a des gens qui, par économie aussi, ne creusent point de cave sous leur maison. N'imite pas non plus ces gens-là. La cave assainit le logis et rend en hiver de gros services au cultivateur. Il n'y met pas seulement son vin, sa bière, son cidre; il y met encore des pommes de terre, des racines, des fruits, des provisions de toute sorte. — Il y a des gens qui regardent de près à quelques mètres de maçonnerie, qui se mettent à l'étroit sans raison, et dépensent ensuite beaucoup d'argent dans l'intérieur à faire de petites chambres et de petits cabinets. Ne les imite pas non plus, mets-toi tout de suite à l'aise. Ne place pas le four dans la maison; place-le en dehors, de peur des incendies. Si tu le peux, fais la laiterie dans la cave ou bien réserve-lui, dans un coin de la maison, un lieu calme, frais, éclairé seulement par deux petites fenêtres, avec grillages et volets en dedans. Le lait veut du repos et souffre des secousses des voitures qui passent. Eloigne donc un peu la laiterie de la cour et des chemins; le lait redoute les mauvaises odeurs; éloigne-le des fumiers, des égouts, des éviers qui puent et des personnes malpropres.

« La malpropreté n'amène pas seulement les maladies, elle amène encore le dégoût et le désordre. Quand la maison est mal tenue, les comptes sont mal tenus, et c'est mauvais signe. Commence donc par mettre de l'ordre dans tes affaires. Mobilier qui reluit, maison qui prospère; mobilier qui se rouille, maison qui décline. Si tu es soigneux, ta maison ne sera jamais trop petite; si tu ne l'es pas, elle ne sera jamais assez grande... Quand les choses sont à leur place, on sait où les trouver; quand elles n'y sont pas, on perd la moitié des journées à les chercher, et on ne les trouve pas toujours. La propreté dans la maison, c'est la propreté sur les personnes, c'est-à-dire la santé, le travail, le bien-être et la satisfaction de soi-même.

« Après le logement des hommes, le logement des bêtes. La longueur, la largeur et la hauteur des écuries et des étables dépendent du nombre d'animaux qu'on y veut mettre. Rappelle-toi que, pour vivre à l'aise, les chevaux ont besoin chacun de 30 à 35 m. cubes d'air, et que pour les leur donner, il faut que l'écurie ait 4 m. de hauteur, 5 m. 50 de largeur, dont 4 m. pour le cheval et sa mangeoire et 1 m. 50 pour le passage des gens. Quant à l'espace à réserver entre les chevaux, compte sur 1 m. 50. — Rappelle-toi qu'à l'étable les vaches doivent être à 1 m. 30 l'une de l'autre, que cette étable doit avoir de 3 à 4 m. de hauteur et 5 m. de largeur, lorsque les bêtes se trouvent sur un seul rang. — Rappelle-toi que les vétérinaires demandent pour chaque mouton à la bergerie, un espace de 2 m. carrés au moins... Place ton écurie sur un terrain sec, pave-la en briques sur champ, si tu le peux, et ménage derrière les chevaux une rigole en pente douce qui conduira les urines dans un réservoir, à l'un des bouts, ou, mieux, en dehors. Si tu peux faire une citerne bien maçonnée et voûtée, fais-la; et si tu ne le peux, contente-toi d'un tonneau cerclé en fer, que tu enterreras au fond de l'écurie et masqueras par un large couvercle en bois. Ton écurie aura une porte à deux battants assez large pour que le conducteur et son cheval puissent y passer de front; deux fenêtres à volets, haut percées et se regardant, serviront à renouveler l'air, et resteront ouvertes toutes les fois que les bêtes seront au travail. Les murs de ton écurie seront blanchis à l'eau de chaux; le plancher ne devra pas tamiser le poussier de foin. Si tu trouves les planches trop chères pour ta bourse, remplace-les par des perches et étends des gazons par-dessus, l'herbe en bas, la terre en haut. A l'une des extrémités de l'écurie, réserve une place cloisonnée et vitrée pour y mettre un lit, et, tout à côté, une autre place pour y accrocher les harnais. — Choisis, pour élever ton étable, un terrain sec aussi et un peu plus haut que le niveau de la cour; ménage, comme dans l'écurie, une pente douce et une rigole pour que les urines en excès aillent dans une citerne ou un tonneau; soigne les murs et le plancher, et donne de l'air au besoin au moyen de deux fenêtres. — Place aussi la bergerie sur un terrain sec, donne beaucoup de largeur à la porte d'entrée, n'épargne pas les ouvertures aux murs et renouvelle souvent l'air. — Quant au logement des porcs, c'est la moindre affaire. Pourvu qu'ils puissent se retourner facilement dans leur loge, qu'ils aient de la fraîcheur en été, de l'air souvent renouvelé, de la litière toujours propre ou un plancher à claire-voie lavé tous les jours, une auge qu'on puisse remplir et nettoyer sans entrer dans la loge, rien qu'en soulevant un couvercle, tout ira pour le mieux... » M. Joigneaux termine par quelques indications, données par acquit de conscience, pour le logement des poules. En effet, l'élève des volailles n'a jamais été à proprement parler une industrie agricole, et c'est maintenant une industrie toute spéciale; et le cultivateur intelligent n'élève de poules que pour sa propre consommation. L'architecture de leur logis n'exige donc pas une longue description.

Les instruments. — V. Instruments agricoles, et aussi les principaux au nom de chacun.

Labours. — Le labour qui suit immédiatement l'enlèvement de la récolte est de toute nécessité, pour débarrasser la terre du chaume et des mauvaises herbes qui la couvrent. Ce n'est pas d'un labour à fond qu'il est ici question, mais de ce labour superficiel qu'on appelle *déchaumage*. Dans nos régions du Nord, le déchaumage suit immédiatement la moisson; il arrive même souvent que les champs sont déchaumés avant l'enlèvement des gerbes. Déchaumer n'est donc pas labourer; il s'agit tout simplement de déchirer la terre à quelques centimètres de profondeur et non de la labourer profondément, comme on le fait ordinairement à l'époque des ensemencements. Le déchaumage est une opération de la plus grande importance, puisqu'elle a pour but de nettoyer les terres et de les débarrasser des plantes parasites qui font tant de tort aux récoltes, et qu'elle est encore, suivant Mathieu de Dombasle, un moyen propre à faire germer plus promptement les graines que l'on confie à la terre. Dans les terres légères, on peut déchaumer au moyen d'un hersage vigoureux qu'on fait suivre d'un coup de rouleau; dans les sols de consistance moyenne, on se sert avec avantage du scarificateur ordinaire; dans les terres fortes, il faut employer le scarificateur renforcé et faire suivre la charrue; mais, en aucun cas, on ne doit aller à plus de 6 centimètres de profondeur. Il est toujours bon de compléter l'opération par un coup de rouleau, lorsque la terre est sèche. Après une récolte, il se trouve toujours des semences de plantes nuisibles ayant mûri avant la récolte, ou en même temps, et qui sont répandues sur la terre. Ces semences, laissées dans cet état, ne pourront se conserver longtemps sans germe, et si on les enterre par un labour de 14 à 16 centimètres, elles peuvent rester intactes, sans germer, pendant plusieurs mois et plus longtemps même; et elles infesteront le sol, lorsque de nouveaux labours les ramèneront à la surface et les placeront dans des circonstances favorables à leur germination. Le déchaumage a pour but d'activer la germination de ces graines, afin que les plantes produites par le prochain labour disparaissent pour longtemps et ne se renouvellent pas sans cesse.

Lorsqu'on tire de la terre d'une certaine profondeur pour la ramener à la surface, elle ne produit rien, ou fort peu et mal, quelque graine qu'on y sème; mais avec le temps, cette terre s'engazonnera, sous la double influence de l'air et du soleil. Il est donc clair, comme nous l'avons démontré plus haut, qu'il importe de soumettre la terre à ces influences, et c'est pour arriver à ce but que nous la labourons avec tous les instruments à notre disposition pour cet objet : bêche, houe, charrue, etc. Les résultats ne se produisent pas tout de suite : pour une terre vierge et compacte, profondément défoncée, il faut attendre des années; mais il suffit de quelques mois si la terre est déjà faite, ou encore si la couche ramenée du fond à la surface n'est pas très épaisse. Dans tous les cas, c'est une attente nécessaire et utile; et par suite, un second labour trop rapproché des précédents ferait plus de mal que de bien, puisqu'il s'opposerait à l'action de la nature. Donc, l'objet du labour est d'amener la couche inférieure du sol en contact avec l'air et la lumière, dont la surface a seule encore reçu l'influence bienfaisante. Par le labour d'été, une plus grande superficie de terre est exposée à la chaleur, à la lumière et à l'action des météores. Pour peu que la terre soit humide, la fermentation s'opère dans toutes les substances végétales et animales qui ont été enterrées, et de cette fermentation résulte nécessairement la décomposition de ces substances. Par le second labour, ou hivernage, la terre du champ est préparée, mais d'une manière différente : les graines enterrées des plantes qui ne craignent pas le froid germent, poussent et végètent, dès que la chaleur de l'atmosphère est au degré qui leur convient, ce qui produit de nouvelles herbes pour l'hiver ; et par conséquent de nouveaux engrais qui seront enterrés par le premier labour après l'hiver: les frimas, la neige, la glace, etc., sont les meilleurs engrais connus. Il résulte donc du labourage avant l'hiver, d'abord la germination d'une quantité considérable de plantes nuisibles, puis une division considérable des molécules de la terre, enfin la conservation, par la neige, de l'air fixé qui serait évaporé sans cela ; voilà pourquoi on dit que la neige engraisse la terre. On donne un troisième labour après l'hiver, c'est-à-dire à l'époque où la plus grande partie des *mauvaises herbes* sera sortie de terre. Ces nouveaux germes rendront infiniment plus de principes à la terre qu'ils ne lui en auront dérobé. Ces trois labours peuvent être appelés préparatoires, parce qu'ils ont pour but d'empêcher les mauvaises plantes de grainer, de les enfouir afin de créer de leurs débris la terre végétale, et de mettre la terre en disposition de s'imprégner des effets des météores. Il ne faut pas perdre de vue que l'action mécanique du labourage a pour but de diviser les molécules de la terre, et de ramener à la surface une portion plus ou moins forte de la couche inférieure, qu'on pourrait appeler terre vierge. Ordinairement on ouvre le premier sillon sur une ligne droite, et le second coupe le premier à angle droit, ce qui forme la croix ; cette coutume est défectueuse, parce qu'il n'y a que la terre du sillon qui est remuée, tandis que l'intérieur du carré reste intact. Les labours en losanges sont infiniment préférables, toute la terre se trouvant ainsi soulevée.

L'objet du labour étant de ramener à la superficie de la terre une partie de la couche inférieure, il est important que le cultivateur examine préalablement à quelle profondeur il doit labourer; il doit sonder le terrain et voir si la charrue a amené à la surface une partie de la couche de dessous, qui est différente de celle de dessus; alors il pique plus profondément ou soulève moins, suivant les circonstances; c'est la nature du sol et la qualité de la couche inférieure ou sous-sol, qui doivent lui indiquer de rapprocher ou d'allonger la flèche de la charrue, suivant qu'il vient trop ou trop peu de terre de dessous, et surtout suivant sa qualité. Il importe de se défier des argiles et des marnes, qu'il ne faut ramener que par faibles quantités à la fois à la surface, où elles amèneraient bientôt la stérilité. Mais comme ces terres ont justement plus besoin d'air que les autres, on obtient un excellent résultat en faisant marcher à la suite de la charrue à versoir, une charrue fouilleuse, qui remuera le sous-sol sur place, et par conséquent sans aucun des inconvénients à craindre.

Binage, sarclage, hersage. — Le binage, qui consiste à remuer la terre dans les récoltes sarclées, a pour but d'aérer le sol, de ralentir l'évaporation de l'eau et de favoriser par ces moyens la végétation. C'est une sorte de petit labour. — Le sarclage consiste à arracher les mauvaises herbes ; il a pour but, d'abord d'en débarrasser les plantes utiles, et ensuite de ménager l'engrais, dont elles prenaient indûment leur part. Dans cette opération, on soulève nécessairement plus ou moins la terre, et l'air s'y introduit d'autant : elle peut donc également être regardée comme un petit labour. — Reste le hersage des prairies et des récoltes au printemps. C'est encore un petit labour, une sorte de binage, qui ouvre l'accès à l'air dans les terrains trop compacts. — Quand l'air et la lumière ont produit leurs effets, il devient aussi nécessaire de tasser la terre qu'il l'était auparavant de la diviser ; car une fois la graine semée, il ne faut plus que la terre bouge. Les terres argileuses se tassent d'elles-mêmes ; mais les terres légères y mettent du temps, il faut donc les aider. Lorsqu'on sème en lignes, il convient de fouler le fond des rigoles qu'on a pratiquées avant d'y jeter la semence ; la roue d'une brouette est le meilleur objet dont on puisse se servir pour cela ; mais si l'on se sert d'un semoir, c'est inutile, la roue du semoir remplira parfaitement cet office.

Ecobuage. — Ecobuer une terre, c'est la nettoyer des herbes et broussailles qui la couvrent à l'aide d'une *écobue*, c'est-à-dire d'une houe ; les herbes séchées, on les met en tas et on les brûle, puis on en répand les cendres sur le terrain et on les y enfouit au moyen d'un labour. C'est un travail de printemps. Jadis, et peut-être même aujourd'hui encore, il existait des contrées dont l'écobuage faisait, par force, tout le système d'engrais. Beaucoup de ces pays aux terres pauvres profitent toutefois d'une découverte récente de la science, qui leur a donné le noir animal provenant des raffineries, et qui, dans les Landes par exemple, a permis de remplacer l'écobuage par le défrichement à la charrue, et la misère par la prospérité que répand autour de lui un sol fertile et bien cultivé. Mais les circonstances ne permettent pas toujours le choix de la meilleure méthode ; l'écobuage a aussi du bon, et c'est un procédé fort économique en lui-même. Lorsqu'il a été pratiqué au printemps, un seul labour suffira au sol, et on pourra ensemencer dès l'automne. La dépense est sensiblement plus grande pour le défrichement à la charrue, mais rien n'arrête celui-ci, tandis que le mauvais temps peut entraver l'écobuage ; en outre, après deux récoltes, trois au plus, il faut laisser le terrain en friche se couvrir de nouveau d'herbes et de broussailles, que l'on traitera comme devant : c'est là le côté de la médaille le plus désagréable et le plus onéreux. Lorsque ailleurs on a pu remplacer le système onéreux des jachères par celui des assolements, ici on est obligé de le perpétuer ; on comprend donc qu'on ne pratique l'écobuage que dans les contrées où il est impossible de faire autrement, du moins d'une manière systématique et avec l'objet que nous venons d'indiquer, qui est celui dont cette opération tire sa véritable importance.

Amendements. — Amender une terre, c'est corriger ses défauts par un mélange de substances convenables, pour la rendre plus consistante si elle est trop légère, plus légère si elle est trop compacte. Pour les terres argileuses et trop fortes, un mélange d'argile calcinée en poudre est un excellent amendement, car elle les rend plus poreuses, plus facilement perméables à l'eau ; on se sert aussi avec avantage, pour cet objet, de cendres de charbon de terre. Les cendres de bois introduisent dans les terres privées en tout ou partie de calcaire une grande quantité de carbonate de chaux, amendement extrêmement favorable. Les cendres de varech fournissent plus de sel marin, de soude et de potasse que les précédentes et que toute autre, et par conséquent exercent une action stimulante d'une très grande énergie. On emploie également la suie avec avantage, mais un mélange de suie et de cendres de bois est bien supérieur. La chaux éteinte sèche a une bonne influence sur beaucoup de terrains, mais ce chaulage ne doit pas exclure le fumier, sans quoi le sol s'épuiserait rapidement. La marne, par elle-même stérile, constitue un bon amendement pour les terres légères et sablonneuses ; on la répand comme la chaux. Le plâtre calciné et réduit en poudre, est aussi un excellent amendement ; on le répand au printemps, à raison de deux hectolitres par hectare, et par ce moyen on peut tripler une récolte de trèfle, de luzerne, etc.

Engrais. — Il faudra nécessairement nous étendre, pour traiter cette question complexe des engrais à laquelle les découvertes de la chimie donnent une si grande importance, au delà de ce que nous pourrions faire dans cette notice générale, déjà trop étendue en dépit de nos efforts pour la réduire aux proportions les plus modestes ; nous nous réservons donc de le faire plus loin, dans un article spécial, où nous serons moins gêné. — V. Engrais.

Cultures. — Les plantes de grande culture forment six divisions, établies d'ailleurs par les cultivateurs eux-mêmes, d'une manière qui n'est pas absolument parfaite ; mais c'est de quoi nous n'avons pas à nous préoccuper ici. Ce sont : 1° *Céréales*. Froment, épeautre, seigle, orge, maïs, avoine, sarrasin, riz, millet ; 2° *Plantes légumineuses farineuses*. Haricots, pois, féverolles, lentilles, vesces ; 3° *Tubercules et racines*. Pommes de terre, patates, topinambours, betteraves, choux-raves, carottes, navets, turneps, rutabagas ; 4° *Fourrages artificiels*. Trèfles, luzerne, sainfoin, vesce, ray-grass, millet, navette, lupin jaune, lupin blanc, serradelle, spergule, etc. ; 5° *Prairies naturelles ;* 6° *Plantes industrielles*. On divise ordinairement ces plantes en oléagineuses, textiles, tinctoriales et diverses. Les plantes oléagineuses comprennent le colza, la navette, le pavot, la cameline, le madia et le navet ; les textiles se bornent encore chez nous au lin et au chanvre ; les plantes tinctoriales comprennent la garance (bien déchue aujourd'hui de son importance ancienne, à tort, on commence à s'en apercevoir), le safran, la gaude et le pastel ; enfin, les plantes industrielles diverses comprennent le tabac, la moutarde, la cardère ou chardon à foulon, la chicorée à racine, le sorgho et le houblon. Viennent ensuite la vigne, l'olivier, le mûrier, le pommier, également considérés au point de vue de leurs produits industriels, c'est-à-dire le vin, le cidre, l'huile d'olive, l'alimentation des vers à soie. Ces divisions de la grande culture se répartissent fort inégalement dans les douze régions agricoles de la France, régions établies par l'administration non moins arbitrairement que ces divisions elles-mêmes.

On trouvera tous les détails nécessaires sur la culture de ces végétaux, en même temps que leur description botanique, au nom de chacun.

Assolements. — On appelle assolement la méthode de culture qui consiste à faire succéder dans le même champ des cultures différentes, des plantes qui, n'appartenant pas aux mêmes espèces, n'ont pas les mêmes besoins, et par conséquent trouveront la nourriture qui leur convient après que la récolte précédente aura été bien repue. Car lorsqu'une plante a bien pompé les sucs nourriciers de la terre, il n'en reste plus, naturellement, pour une autre plante à laquelle les mêmes sucs conviendraient ; mais ceux qui conviendraient à une plante organisée d'une matière toute différente ont été laissés intacts, et par conséquent cette plante y trouvera sa nourriture. Ainsi, là où l'on a récolté une céréale, qu'on mette ensuite une plante fourragère ou une plante industrielle, et réciproquement, tout ira bien alors. Qu'on ne s'imagine pas que, parce qu'elles viennent dans la même terre, toutes les plantes d'une région y prennent la même nourriture. Il en est des plantes comme des animaux qui peuvent vivre dans un même district, et nous n'avons pas besoin d'insister beaucoup là-dessus, puisqu'on rencontre dans ce même district des animaux carnivores à côté d'animaux herbivores. Non seulement toutes ne prennent pas la même nourriture, mais les unes prennent la leur à la surface, et les autres plus ou moins profondément.

Ce nom d'*assolement*, employé pour caractériser cette méthode de culture, vient de ce que, dans la pratique, on commence la mise en culture par une division, d'ailleurs arbitraire, du terrain en trois ou quatre parties, ou plus, si l'on peut, qu'on appelle *soles*. Ici on met une plante industrielle, là une céréale, plus loin une plante fourragère, herbe ou racine ; et il suffit alors de changer de sole ces plantes diverses pour avoir la même récolte, et l'avoir constamment. L'assolement triennal ancien, complètement abandonné aujourd'hui, comportait une année de jachère sur trois ; mais pour ne pas ramener trop souvent les mêmes plantes sur un même sol, on a eu recours à des périodes plus longues et à des assolements plus complexes, laissant un long intervalle s'écouler entre deux apparitions d'une culture sur la même sole. Pour un assolement quadriennal, M. Hervé-Mangon indique la rotation suivante : 1re année, culture sarclée, avoine, trèfle, blé; 2e année, avoine, trèfle, blé, culture sarclée; 3e année, trèfle, blé, culture sarclée, avoine; 4e année, blé, culture sarclée, avoine, trèfle. « Chacune de ces soles, ajoute-t-il, pourrait elle-même se partager en plusieurs lots consacrés à diverses cultures; ainsi, par exemple, les céréales seraient en partie remplacées par le lin, ou autre culture analogue; les cultures sarclées pourraient comprendre, sur un certain espace des betteraves, sur un autre du colza, et ainsi de suite. » L'éminent agronome, passant en revue les divers systèmes d'assolements, repousse l'assolement de deux ans, utile seulement dans des circonstances exceptionnelles. « L'assolement de trois ans, dit-il, est également trop court; cependant il est fréquemment employé. Ainsi, dans les contrées où le navet forme un des éléments essentiels de la nourriture des bestiaux, on adopte souvent l'assolement suivant : 1re année, navets fumés et pâturés: 2e année, orge; 3e année, blé. Ou bien encore : pommes de terre fumées, orge ou seigle, trèfle ou lupuline. Dans les terres plus fortes, on peut prendre : 1re année, fèves fumées et binées; 2e année, blé ou avoine; 3e année, trèfle. Pour éviter le retour trop fréquent du trèfle, on peut lui substituer le sarrasin comme fourrage, ou les vesces. Dans le Midi, l'assolement triennal s'enrichit de plantes propres au climat. Ainsi on y observe les différents assolements suivants : 1re année, maïs, pommes de terre, fèves ou betteraves; 2e année, récolte pâturée, trèfle, blé, froment; 3e année, céréales, seigle, maïs, ou maïs fourragé. L'assolement de quatre ans est déjà de beaucoup préférable au précédent. Il est assez répandu et a été l'objet de beaucoup d'expériences... » Ces deux systèmes d'assolements, triennal et quadriennal, sont en somme les systèmes types; l'assolement de cinq ans convient dans des circonstances particulières; ceux de six, sept et huit années peuvent être, en général, comme la réunion de deux assolements de trois et de quatre ans. « Quelquefois, cependant, l'assolement de sept ans a un caractère bien spécial. En voici quelques exemples : — 1re année, vesces d'automne ou de printemps; 2e, pommes de terre fumées; 3e, avoine et trèfle; 4e, trèfle; 5e, froment; 6e, racines fumées; 7e, céréales. — 1re année, pommes de terre fumées; 2e, avoine; 3e, trèfle; 4e, froment ou seigle et sainfoin; 5e, 6e et 7e années, sainfoin. — 1re année, sarrasin et genêt; 2e, 3e et 4e, genêt; 5e, avoine; 6e, seigle fumé; 7e, pommes de terre : ce dernier assolement est souvent suivi dans les plus pauvres terrains de la Sologne. »

D'autre part, Mathieu de Dombasle, pour le centre et le nord de la France, en assolement quadriennaire, indique les deux rotations suivantes, dont la première applicable aux bonnes terres, et la seconde aux terres moyennes : — 1re année, betteraves fumées; 2e, colza d'hiver, repiqué avec trèfle; 3e, trèfle; 4e, blé. — 1re année, pommes de terre, betteraves ou choux; 2e, orge ou avoine; 3e, trèfle; 4e, blé ou colza. Pour les terres plus fortes, il recommande : 1re année, fèves; 2e, blé, puis trèfle; 3e, trèfle; 4e, blé, colza ou avoine. — 1re année, gesses coupées en vert; 2e, avoine ou trèfle; 3e, trèfle, 4e blé. — 1re année, carottes ou tabac; 2e, froment; 3e, colza; 4e, avoine. Mais dans le Midi, le succès du trèfle, qui a sa place dans presque toutes ces rotations, n'est pas assez assuré pour que l'assolement de quatre ans y puisse donner tous ses avantages.

Il serait facile de multiplier ces exemples; mais la combinaison d'un assolement productif dépend aussi de diverses circonstances, non seulement du terrain, du climat, mais des besoins locaux, notamment; avec l'expérience et l'intérêt pour guides, il n'est pas probable que le cultivateur soit longtemps embarrassé de faire un choix judicieux, dont l'influence sur la prospérité d'une exploitation agricole est si considérable.

Animaux domestiques. — Malgré l'importance de cette branche de l'industrie agricole, qui concerne l'éducation et l'instruction des animaux domestiques, elle ne peut être ici que l'objet d'une étude rapide, portant sur les notions indispensables, mais qui sera complétée ailleurs. On divise ordinairement les animaux de la ferme, dont on exclut les animaux de basse-cour, en bêtes de travail et bêtes de rente, élevées pour le profit qu'elles donnent par la vente de leurs produits. Ils appartiennent aux races chevaline, asine, bovine, ovine, porcine et quelquefois caprine, que nous examinerons successivement dans cet ordre. Auparavant, nous rappellerons qu'outre leur travail, leur lait, leur laine, leur viande, leur lard, etc., ces animaux donnent encore à l'agriculteur leur fumier, précieux produit et digne de beaucoup de considération.

Le choix d'un animal étant d'une importance capitale, nous commencerons par conseiller de donner la préférence au cheval qui aura une tête plutôt petite que grosse, sèche et courte; une tête forte est l'indice d'un caractère difficile, de l'entêtement. Il faut aussi choisir des oreilles moyennes; les oreilles couchées en arrière sont d'une bête rétive et méchante, en avant d'une bête ombrageuse, se portant en avant et en arrière alternativement d'une bête capricieuse ou ayant une mauvaise vue : lorsque ces appendices si éloquents se dirigent avec attention, mais sans précipitation, du côté d'où un bruit quelconque s'est élevé, elles indiquent l'intelligence. Il faut aussi s'assurer que l'œil est brillant, grand ouvert, et non enfoui sous l'orbite comme l'œil d'un sournois, ce que serait d'ailleurs le cheval pourvu d'un tel œil. Enfin, que l'animal ait la poitrine bien développée, les épaules larges, le garrot long et maigre, les reins courts, les genoux larges et velus, la corne luisante et la fourchette bien saine; et s'il réunit tous ces caractères, vous pouvez être sûr d'avoir mis la main sur une bonne bête. — La base de la nourriture du cheval, c'est le foin, la paille et l'avoine : 2 kilos de foin, autant de paille, 2 litres d'avoine, constituent un ordinaire suffisant pour le cheval qui ne fatigue pas; c'est la ration convenable du cheval de selle, sauf pour les jours de travail excessif. Dans tous les cas, l'augmentation de nourriture devra être proportionnée à l'augmentation de fatigue de l'animal, et porter principalement sur l'avoine. On peut, en cas de grande fatigue, élever la ration d'avoine d'un cheval jusqu'à 10 à 12 litres, celle de foin jusqu'à 8 kilos, et celle de paille à 3 kilos seulement, et on prendra la peine de la hacher. Un poulain est ordinairement sevré à cinq mois. On peut dès lors lui donner à manger de l'avoine concassée, des fèves cuites et du pain. — Mais c'est ici le lieu de dire un mot de l'usage de comprimer les foins, pratiqué depuis peu dans les grandes exploitations agricoles. L'armée a depuis longtemps donné l'exemple, mais cet exemple n'a été suivi en premier lieu que par la Compagnie des Omnibus de Paris, qui, on le sait, utilise un très grand nombre de chevaux. Les avantages qu'offre le foin comprimé sont bien constatés. D'abord, le foin peut être récolté moins sec que le foin non comprimé. Il conserve mieux son arome, sa sapidité et se laisse plus difficilement pénétrer par la poussière. Il occupe trois fois moins de place, il se prête mieux à un rationnement régulier au moyen du pesage, et enfin le transport en est beaucoup moins coûteux. Il est reconnu qu'un wagon ne peut contenir que 500 bottes de foin ordinaire. Chargé de foin comprimé, il en contient 1,300. Pour un parcours de 60 kilom., le wagon coûte 5 fr. dans les deux cas; le transport du foin comprimé est donc diminué de 8 fr., moins les frais de pressage 5 fr., soit 3 fr. Il en résulte donc une économie qui n'est pas à dédaigner, surtout quand on a une grande quantité de foin à expédier. Le foin comprimé, par tous les avantages que nous venons d'indiquer, étant appelé à un grand avenir, tous les agriculteurs auront intérêt à se procurer, isolément ou en société, une *presse-fourrages*. C'est un instrument facile à utiliser collectivement, puisqu'on peut différer sans inconvénient la compression pendant un mois et plus, après la fenaison; il coûte environ 600 fr. Il peut suffire très largement à comprimer tous les foins d'une commune.

L'emploi de l'âne et du mulet, en France, n'a qu'une importance secondaire : ce sont surtout des animaux de transport, et leur éducation n'est bien suivie que dans le Poitou et la Gascogne, où l'on élève les deux races principales d'ânes, dont les étalons atteignent souvent un prix très élevé. Mais l'âne est généralement robuste, sobre et fournit un fumier de première qualité : de sorte qu'il rendrait de grands services, surtout dans certaines localités pauvres : il faudrait, par exemple, le traiter un peu mieux qu'on n'a accoutumé de le faire, j'ignore pourquoi. — Il n'a jamais été fait d'expériences systématiques, que nous sachions, sur l'alimentation de l'âne, ni sur la somme de travail qu'il peut produire. C'est un animal beaucoup trop dédaigné, décidément.

Elevé pour le profit de sa viande, le bœuf doit avoir une tête fine et courte, de préférence ornée de cornes de peu d'étendue, les membres courts, la taille peu élevée par conséquent; son poil doit être fin et luisant, son œil tranquille et calme. La bête de labour, au contraire, doit avoir des membres robustes où les muscles paraissent, et il n'y a pas d'inconvénient à ce qu'il ait une grosse tête et de longues cornes; du reste, il n'y a pas à insister sur le choix d'une bête de labour : chaque pays produit les siennes et c'est dans son voisinage, naturellement, que le cultivateur les choisit. Une de nos meilleures races de bœufs, tant pour la boucherie que pour le travail, c'est la charolaise; c'est peut-être la seule qu'il y ait avantage à se procurer de loin, quand on a besoin des unes et des autres. Les bœufs de labour demandent à être bien traités, j'entends à n'être point brutalisés; avec une douceur relative on obtient aisément tout le travail qu'ils peuvent donner, on n'en fait rien de bon avec la méthode contraire. — Le bœuf, comme animal de labour, ne convient guère qu'aux terres légères; le cheval, au contraire, est indispensable pour les terres fortes et fraîches, qu'il amende, en outre, très avantageusement de son fumier chaud. Il est vrai qu'il en produit beaucoup moins que le bœuf, mais il donne beaucoup plus de travail; enfin, lui seul peut être employé aux transports lointains. Par contre, il coûte plus à nourrir et à harnacher; à partir de l'âge de six ans, il perd notablement de sa valeur chaque année, et lorsqu'il n'est plus propre au travail, en dépit du développement de la boucherie de cheval, il n'y a plus grand'chose à en tirer ; tandis que le bœuf, à la fin de sa carrière, est encore très propre à être engraissé et vendu à peu près sans perte, comme viande de boucherie.

La vache bonne laitière, contrairement à la plupart de nos autres animaux domestiques, ne flatte point l'œil par l'élégance des formes extérieures. On doit, en effet, choisir pour laitières des bêtes longues, fines d'encolure, avec des épaules très maigres, courtes et obliques; l'échine maigre aussi, les reins et les flancs larges, la poitrine étroite, le ventre gros et long, les hanches larges, la queue effilée et très longue; la tête doit être petite, maigre et creuse; les yeux à fleur de tête, doux et expressifs ; les oreilles minces et arrondies, très souples et couvertes d'écailles jaunâtres intérieurement; les cornes luisantes, minces, légèrement aplaties et très effilées; la peau fine et souple. Le pis doit être gros, avec une peau fine et bien tendue recouverte d'un fin et long duvet très doux au toucher, et porter de petites pellicules jaunâtres en forme d'écailles vers la partie supérieure, entre les cuisses; les veines bien marquées partout, celle du pis se terminant par un trou très apparent, appelé *fontaine*, dans lequel on peut fourrer le doigt. Tels sont les principaux signes auxquels on peut reconnaître une bonne vache laitière; mais ils sont généraux, et le cultivateur peut en trouver de particuliers que nous ne saurions prévoir, et qui pourtant peuvent lui suffire. A sept ans, la vache porte à la base des cornes un quadruple bourrelet; comme après cet âge, la laitière ne peut plus que décliner, il est important de faire attention à cette particularité. La bête qui ne donne plus de lait est engraissée pour être livrée à la boucherie, comme le bœuf.

Le bœuf destiné à la boucherie, et par conséquent mis à l'engrais, exige pour sa nourriture de 25 à 30 kilos de foin par jour; la bête de labour, 100 kilos de fourrage vert; la vache laitière, ou moitié de cette dernière quantité de fourrage vert environ ou 12 kilos de foin. Le pâturage, excellent dans une certaine mesure, ne saurait nous arrêter; il y a d'ailleurs un intérêt considérable dans l'alimentation à l'étable, c'est l'abondance du fumier recueilli.

Le mouton, surtout le mouton destiné à la boucherie, doit avoir la tête petite, l'échine droite, horizontale et large, la poitrine également large, les flancs courts, les côtes écartées, l'ensemble du corps présentant à peu près l'apparence d'un baril, les jambes grêles. On ne peut tirer de l'élève du mouton à la fois une laine fine et tassée et une viande de qualité supérieure. Il faut donc opter, et c'est généralement la différence des localités qui dicte le choix de l'éleveur. Dans les pays secs, jouissant d'une température douce et égale, l'élève du mérinos convient parfaitement; on préférera les races anglaises, à laine longue, dans les contrées humides, à température moyenne; enfin, dans les montagnes, il vaut mieux s'en tenir au profit résultant de la vente de la chair que de viser à celui que pourrait donner la tonte, et en conséquence on élève de préférence les races robustes de France et d'Écosse. — Il faut pour la nourriture d'un mouton, en moyenne : 1 kilo de foin ou 4 kilos d'herbes et de racines par jour, les racines entrant pour moitié environ dans le poids total. On arrose d'eau salée le fourrage destiné à l'alimentation des bêtes à laine, ou bien, surtout dans les temps humides, on saupoudre d'un peu de sel leur nourriture. Il suffit de 1 kilo de sel par semaine pour préparer ainsi la nourriture quotidienne de 40 moutons.

La chèvre est un animal de rente très précieux, puisqu'on a reconnu que son produit annuel équivaut à son prix d'achat. Il y a peu à dire cependant sur cet animal, peu difficile sur le choix des aliments, peu embarrassant à tous les points de vue; si ce n'est qu'il vaut mieux traire les chèvres trois fois par jour que deux fois, car on en obtient alors plus de lait. En frappant la peau des trayons d'une chèvre stérile avec des orties, légèrement, cela suffit pour en obtenir du lait.

La destinée du porc n'est autre que d'être engraissé et mangé. C'est donc au point de vue de l'engraissement qu'il doit être considéré, et voici les caractères extérieurs qui dénotent ses aptitudes particulières à cette fin utile, sinon glorieuse: Une tête mince, courte, à groin pointu, accompagnée d'oreilles souples et tombantes, larges et arrondies; les yeux doivent être très vifs; le cou épais et court, bien attaché aux épaules qui, de même que les cuisses, doivent être fortes et saillantes; le dos et la poitrine larges, les côtes arrondies, les pattes fines, la queue courte et portée ordinairement tombante; les os doivent être petits, les muscles très développés; la peau sans plis, couverte de soies fines, clairsemées, très brillantes. L'engraissement d'un porc en vue d'en obtenir du gros lard ne commence pas avant l'âge de quinze mois au moins; mais pour avoir du petit salé, on peut l'engraisser dès l'âge de dix mois à un an. — La pomme de terre, la carotte et la betterave cuites, écrasées, mêlées de farine, arrosées de petit-lait et légèrement salées, constituent peut-être la meilleure nourriture qu'on puisse offrir au porc; le gland vert, ou desséché à l'air ou au four (il est plus avantageux desséché), les eaux grasses, l'avoine, l'orge, les pois, sont des aliments excellents. Au moment du sevrage, c'est-à-dire à l'âge d'environ deux mois, on donne au jeune porc un barbotage clair de son et de carottes cuites et écrasées dans du petit-lait; un peu plus tard on ajoute à ce mélange de la farine d'orge ou de seigle et des eaux grasses; ou à défaut, surtout lorsqu'il a atteint six mois, 12 kilos environ, par jour, de laitues, chicorées, orties cuites, trèfle, luzerne; ou bien des racines cuites indiquées plus haut. Le cochon à l'engrais doit recevoir d'abord des racines cuites, des eaux de vaisselle, du lait caillé ou écrémé; on ajoute ensuite de la farine de maïs, d'orge, de seigle ou de sarrasin; on termine par une pâtée épaisse de farine délayée dans des eaux grasses. Certains industriels, considérant que les porcs son doués d'un appétit permanent et qu'il est convenu que tout leur est bon, engraissent les leurs avec des tourteaux d'huile, des suifs et d'autres déchets infiniment plus dégoûtants. Les meilleurs de ces aliments ne valent rien. Les animaux qui en sont nourris engraissent rapidement, il est vrai, mais il ont un lard mou, inconsistant huileux et de mauvais goût. Ceux à qui on donne à manger de la chair ont un lard exécrable au goût et malsain; et de plus, ils sont sujets à la constipation et méchants au point d'être fort dangereux.

Vices rédhibitoires. — Le 30 juillet 1884, la Chambre des députés votait une nouvelle loi, déjà adoptée par le Sénat, sur les ventes et échanges d'animaux. Nous rappelons ici les principales dispositions de cette loi, modifiant celle de 1838, contre laquelle les populations agricoles réclamaient depuis si longtemps. Voici ces dispositions : L'article 1641 du Code civil (résiliation de marchés) est désormais applicable aux maladies ou défauts ci-après : — Pour le cheval, l'âne et le mulet : la morve, le farcin, l'immobilité, l'emphysème pulmonaire, le cornage chronique, le tic proprement dit avec ou sans usure des dents, les boiteries anciennes intermittentes, la fluxion périodique des yeux — pour l'espèce ovine : la clavelée; cette maladie reconnue chez un seul animal, peut entraîner la rédhibition de tout le troupeau, *s'il porte la marque du vendeur;* — pour l'espèce porcine : la ladrerie. L'action en réduction de prix, autorisée par l'article 1644 du Code civil, ne pourra être exercée dans les ventes et échanges d'animaux, lorsque le vendeur offrira de reprendre l'animal vendu, en restituant le prix et en remboursant à l'acquéreur les frais occasionnés par la vente. Aucune action en garantie, même en réduction de prix, ne sera admise pour les ventes ou pour les échanges d'animaux domestiques, si le prix, en cas de vente, ou la valeur, en cas d'échange, ne dépasse pas 100 fr. Le délai pour intenter l'action rédhibitoire sera de neuf jours francs, non compris le jour fixé pour la livraison. L'acheteur, à peine d'être non recevable, devra provoquer, dans le délai de neuf jours francs, la nomination d'experts chargés de dresser procès-verbal. Le vendeur sera dispensé de la garantie résultant de la morve ou du farcin pour le cheval, l'âne et le mulet, et de la clavelée pour l'espèce ovine, s'il prouve que l'animal, depuis la livraison, a été mis en contact avec des animaux atteints de ces maladies.

AGRIFFÉ, ÉE, *part. pass.* de S'AGRIFFER.

AGRIFFER (S'), *v. pr.* S'attacher, se suspendre au moyen des griffes. *Les chats s'agriffent à tout.*

AGRIGENTE. Géog. anc. Ville célèbre de la côte de Sicile. V. GIRGENTI.

AGRION, *s. m.* Entom. Genre d'insectes névroptères de la famille des libellulides. Les agrions ont le corps grêle, l'abdomen en forme de baguette cylindrique; les palpes de la lèvre ont trois articles. L'espèce la plus mignonne est l'*agrion puella*, au corps bleu gris-perle. Parmi les espèces les plus grandes, formant le sous-genre *calopteryx*, on remarque l'*agrion vierge*, dont le mâle est d'un bleu métallique avec une large bande bleu-verdâtre sur les ailes, tandis que la femelle est d'un vert brillant doré.

AGRIONIES, *s. f. pl.* Myth. Fêtes nocturnes célébrées en Béotie tous les ans, en l'honneur de Bacchus. Les femmes seules y étaient admises, avec les prêtres s'entend, et l'on s'y couvrait de feuilles de vignes ou de branches de lierre. Ces fêtes avaient été instituées en mémoire d'un fait lugubre rapporté ainsi : Les filles de Minyas, chef des Minyens, s'étant moquées des rites du culte de Bacchus, furent prises d'une folie soudaine pendant laquelle ils dévorèrent l'enfant de l'une d'elles. Les agrionies étaient donc des fêtes expiatoires, en quelque sorte; il semble, toutefois, qu'elles différaient peu des bacchanales.

AGRIPAUME, *s. f.* Bot. Genre de plantes de la famille des labiées, à bractées épineuses, à feuilles laciniées et à fleurs petites, velues, blanches ou pourpres, qui croissent sur le bord des chemins et dans les lieux incultes. — Pharm. Recommandée jadis, comme tonique léger et amer, l'agripaume n'a toutefois jamais été très usitée. Elle était également vantée, en infusion, contre la rage.

AGRIPPA, *s. m.* (gr. de *agra*, capture, et *pons*, pied). Nom donné par Pline à tout enfant qui vient au monde les pieds en avant.

AGRIPPA, MÉNÉNIUS, consul et général romain. Vers 502 av. J.-C., il fut envoyé contre les Sabins, les battit complètement et reçut les honneurs du triomphe. Plus tard, le peuple de Rome, accablé de misère, s'étant retiré sur le mont Aventin, il réussit à le ramener dans la cité en lui faisant l'apologue des *Membres et l'estomac.* Agrippa mourut si pauvre, qu'il fallut que le peuple fit les frais de ses funérailles.

AGRIPPA, MARCUS VIPSANIUS, consul romain, gendre et favori d'Auguste, qui lui dut l'empire. Pendant son premier consulat, il vainquit les Gaulois révoltés et fut le second Romain qui franchit le Rhin. Il battit ensuite Pompée, après ses lieutenants, et eut une grande part à la victoire d'Actium remportée sur Antoine et Cléopâtre; enfin il détruisit complètement la flotte de Sextus Pompée. Agrippa, consulté par Auguste, lui conseilla de rétablir la République; mais Auguste préféra écouter Mécène, qui lui conseillait de fonder l'Empire. Le nouvel empereur adopta toutefois Agrippa et le désigna pour lui succéder au trône; mais celui-ci le précéda dans la tombe, vers 12 av. J.-C. — C'est Agrippa qui fit bâtir à Rome le Panthéon.

AGRIPPA Ier, HÉRODE, fils d'Aristobule et de Bérénice et petit-fils d'Hérode le Grand (11 av. J.-C. — 4 A.D.). Il fut élevé à la cour de Tibère et avec son propre fils, Drusus, il mena alors une vie si dissolue et si extravagante que, accablé de dettes lorsqu'arriva la mort de Drusus, il dut quitter Rome et se retira en Judée, auprès de son oncle Hérode, qui lui fit don d'une forte somme, mais refusa ensuite de satisfaire à ses dépenses, en voyant qu'il y mettait si peu d'économie. Agrippa se décida donc à rentrer à Rome, où il fut bien reçu par Tibère et s'attacha d'abord à Tiberius Nero, fils de Drusus, qu'il quitta bientôt pour Caius, plus tard l'empereur Caligula, et qui était alors universellement populaire. Un jour qu'il exprimait tout haut le désir que Tibère mourût et que Caius fût élevé au trône, il fut entendu par un de ses affranchis, nommé Eutyches, qui s'empressa de l'aller dénoncer. Agrippa fut jeté en prison, mais Tibère étant mort peu après, Caius Caligula l'en fit sortir, en lui donnant d'abord une chaîne d'or du poids de la chaîne de fer qu'il y avait portée, puis la tétrarchie de Batanée et de Trachonitis, qu'avait possédée avant lui Philippe, fils d'Hérode le Grand, à laquelle il ajouta celle que possédait Lysanias. Hérode retourna en Judée pour prendre possession de son royaume. Lorsque Caligula fut assassiné (41), il était à Rome et appuya chaudement la cause de Claude qui, en récompense, lui donna le gouvernement de la Judée, et à sa requête, le royaume de Chalcis à son frère Hérode. Il gouverna la Judée à la grande satisfaction des Juifs, mais non à celle des chrétiens, sur lesquels il exerça des cruautés dont l'Écriture a perpétué le souvenir. Il fit mourir saint Jacques et il avait fait jeter saint Pierre en prison, attendant l'occasion de le faire mettre à mort à son tour, mais celui-ci lui échappa (44). Ceci se passait pendant les fêtes de Pâques. Les fêtes terminées, Agrippa se rendait à Césarée pour présider aux jeux qui y étaient donnés en l'honneur de l'empereur Claude. Comme il donnait audience aux Tyriens et aux Sidoniens, qui venaient solliciter la paix, il aperçut un hibou perché au-dessus de sa tête : on lui avait prédit que, lorsque ce fait se produirait, ce serait pour lui annoncer sa mort dans le délai de cinq jours. Pris d'une peur atroce, Agrippa se mit au lit et mourut dans le délai fixé... *rongé des vers*, ajoute l'Écriture.

AGRIPPA II, HÉRODE, fils du précédent (27-100). Il succéda à son oncle Hérode comme roi de Chalcis (48); mais l'empereur Claude lui retira son royaume au bout de trois ou quatre années, lui donnant d'autres provinces en échange, et Néron y ajouta ensuite quatre villes. Lorsque Vespasien envoya des troupes pour réduire les Juifs révoltés, Agrippa, quoique juif lui-même, lui envoya 2,000 hommes de ses propres troupes et combattit en personne. Il fut blessé au siège de Gamala et prit part à celui de Jérusalem. Agrippa II mourut à Rome, la troisième année du règne de Trajan; il avait été le septiémee et dernier roi de la famille d'Hérode le Grand. — Ce fut devant lui et en présence de Bérénice sa sœur, avec laquelle on l'accusait d'avoir un commerce incestueux, que saint Paul plaida sa propre cause, à Césarée.

AGRIPPA VON NETTESHEIM, Heinrich-Cornelius, philosophe, médecin, historien et prétendu magicien allemand, plus généralement connu sous le nom de Cornelius Agrippa (1486-1535). Il appartenait à une famille noble de Cologne, où il naquit et fit ses études, et entra fort jeune au service de l'empereur Maximilien qui l'envoya en mission à Paris en 1506. Après l'expédition de Catalogne, à laquelle il prit part, il s'occupa de l'organisation d'une société secrète de théosophistes (1509); puis, la même année, il alla faire des conférences sur le *De Verbo Mirifico* de Reuchlin à l'université de Dôle, qui lui conféra le titre de docteur en théologie. Mais il s'attira du même coup la haine des moines, lesquels le dénoncèrent, par la voix d'un certain Catilinet, qui prêchait à Gand devant Marguerite d'Autriche, gouvernante des Pays-Bas, comme impie et hérétique cabalistique (1510). Cornelius Agrippa, qui recherchait le patronage de cette princesse et lui avait, dans ce but, adressé la dédicace de son traité *De Nobilitate et Praecellentia Feminei Sexus*, retarda la publication de cet ouvrage, qui ne parut qu'en 1532. Pour une raison semblable, la publication de son traité *De Occulta Philosophiæ*, écrite dès le printemps de 1510, ne fut publié qu'en 1531. En l'écrivant, il avait espéré obtenir le patronage de l'abbé Trithème de Wurzbourg, qui lui fit également défaut. Envoyé en mission à Londres vers la fin de 1510, il suivait, à son retour, l'empereur en Italie, où il gagna ses éperons de chevalier. Dans l'automne de 1511, sur l'invitation du cardinal de Santa Croce, il assista au concile schismatique de Pise comme théologien. Cette démarche augmenta encore l'hostilité du parti papal contre lui. Après avoir visité la Suisse, à la suite du marquis de Montferrat, Agrippa, invité par l'université de Pavie, alla faire dans cette ville des conférences sur le *Pimander d'Hermès Trismégiste*, et reçut le titre de docteur en droit et en médecine de cette université (1515). Il menait cependant une existence très précaire et dut, pendant trois années encore, rester au service tant du marquis de Montferrat que du duc de Savoie. En 1518, il fut nommé syndic à Metz; dans cette position, il acheva de se mettre absolument mal avec les dominicains, et principalement avec l'inquisiteur Nicolas Savin, devant qui il eut l'audace de défendre une malheureuse obligée de sorcellerie. Il fut en conséquence obligé de quitter Metz et retourna à Cologne en 1520. En 1522, il alla s'établir médecin à Genève, d'où il partit pour Fribourg l'année suivante, ayant été nommé médecin de la ville. Nommé en 1524, médecin de la cour de la reine-mère Louise de Savoie, à Lyon, avec des émoluments convenables, il put croire son existence assurée; mais ces émoluments ne lui furent jamais payés, de sorte qu'il vécut de privations plus que jamais dans cette brillante situation ; à quoi il se décida en écrivant, en 1526, son fameux traité satirique *De la vanité des sciences et des arts (De Incertitudine et Vanitate Scientiarum et Artium atque Excellentia Verbi Dei Declamatio)*, dans lequel, insistant sur l'état des sciences et les prétentions des savants de son temps, il prétend démontrer qu'il n'y a rien de plus pernicieux pour les hommes, tant pour leur tranquillité dans cette vie que pour celle de leur âme dans l'autre, que la science. Ayant écrit contre la reine quelque pamphlet, il dut pour se payer comme il pourrait, il dut quitter Lyon précipitamment et se réfugia aux Pays-Bas. En 1529, il fut nommé historiographe de l'empereur Charles-Quint, grâce à l'appui de la princesse Marguerite, et en cette qualité, il écrivit une *Histoire du règne de Charles-Quint*. Mais il ne fut pas plus payé de cette charge qu'il n'avait accoutumé de l'être de toutes celles qu'il avait remplies jusque-là. Mis en prison pour dettes à Bruxelles, il en sortit on ne sait comment, et retourna à Cologne, sa ville natale, dont il fut expulsé pour la même cause. Errant et misérable, ne sachant où arrêter ses pas, on le retrouve en 1535 sur un lit d'hôpital, à Grenoble, où il termina sa triste existence. Ses œuvres furent publiées en 2 vol., à Leyde, en 1530. Son *De Philosophia occulta* a été traduit en français par J. Levasseur.

Le caractère de Cornelius Agrippa a été très diversement apprécié ; il a d'ailleurs été, au début, grossièrement dénaturé par les calomnies des dominicains et des autres ordres de moines, dont il avait constamment ridiculisé les momeries hypocrites et dénoncé les excès, et qui ont été, pour prouver à quel point ses satires frappaient juste, jusqu'à affirmer qu'il ne payait qu'en monnaie qui se changeait après son départ en cuir, en corne ou en quelque autre substance sans valeur: ils osaient mieux fait de dire qu'il ne payait pas du tout. On lui reprocha aussi une énormité absolument damnable, c'est d'avoir soutenu que le péché d'Adam consistait dans son commerce charnel avec Ève ! Cornelius Agrippa n'a jamais prétendu à la magie, et la preuve s'en trouverait assez dans sa défense d'une sorcière devant l'inquisiteur Nicolas Savin. Malgré toutes les sottises débitées pour le noircir, c'est un philosophe éminent, un érudit, un grand critique, qui tiendrait le premier rang dans une époque comme la nôtre, si seulement il savait mieux se faire payer de ses débiteurs.

AGRIPPÉ, ÉE, part. pas. de Agripper.
AGRIPPER, v. a. Saisir brusquement. Agriffer. Accrocher. Enlever sournoisement.
AGRIPPINE, fille de Vepsanius Agrippa et de Julie, fille d'Auguste. Mariée à Germanicus, elle suivit son époux en Allemagne d'abord, puis en Orient, et lorsqu'il eut été empoisonné à Antioche par le gouverneur Pison (19), sur l'ordre de soupçonne-t-on Tibère, Agrippine apporta ses cendres à Rome, poursuivant Pison de ses accusations et le forçant en quelque sorte à recourir au suicide pour éviter la déclaration publique d'infamie. Cependant Tibère ne bougeait, n'osant porter la main sur la veuve d'un prince aussi populaire que Germanicus; mais Agrippine, par sa témérité, lui fournit l'occasion qu'il attendait. Après avoir fait saisir et mettre à mort plusieurs personnes, hommes et femmes, notoirement attachées à la famille de Germanicus, il fit arrêter Agrippine avec ses deux fils Néron et Drusus et les fit transporter à l'île de Pandataria, où était déjà morte Julie, mère d'Agrippine, et où celle-ci se laissa mourir de faim (33), à moins qu'elle n'ait été condamnée à cette mort. Tibère ordonna l'exécution de ses deux fils. Il eut, toutefois, assez curieux qu'il ait désigné un autre de ses fils, Caius Caligula, pour lui succéder au trône.

AGRIPPINE, fille de la précédente, célèbre par de tout autres raisons que sa mère, et mère de l'empereur Néron (15 60). Elle naquit à Oppidum Ubiorum, dite aujourd'hui *Colonia Agrippina Ubiorum* et aujourd'hui Cologne. Elle épousa en 28 Cn. Domitius Ahenobarbus, qui mourut en 40 ; puis Crispus Passienus, qu'on l'accusa d'avoir empoisonné au bout de quelques mois de mariage à peine. Le scandale de sa conduite la fit exiler à l'île de Pontia par Caligula. Mais celui-ci ayant été assassiné en 41, elle s'empressa de revenir à Rome. Après la mort de Messaline (48), l'empereur Claude, son oncle, l'épousa. Elle obtint de Claude qu'il écartât du trône son propre fils Britannicus et adoptât Domitius Néron, son fils à elle; après quoi, ayant réussi à éloigner de la cour tous ceux qui la gênaient, elle empoisonna son troisième époux, afin de pouvoir régner elle-même, en qualité de régente, pendant la minorité de son fils (54). On lui avait prédit, cependant, que ce fils la ferait assassiner; mais elle avait répondu : « Qu'importe, pourvu qu'il règne ! » ce qui était d'une bonne mère, après tout. Très soumis d'abord aux exigences de sa mère, Néron changea d'attitude lorsqu'il eût atteint sa majorité, et finalement envoya des gardes, sous la conduite d'un centurion, à sa villa du lac Lucrin, avec mission de la tuer. Comme le centurion la poursuivait l'épée à la main, on rapporte qu'elle l'interpella en ces termes : « Frappe au ventre, lâche, elle le punir d'avoir porté un pareil monstre ! » Ces paroles n'arrêtèrent point le centurion. Néron avait chargé précédemment son favori Anicet de noyer Agrippine au moyen d'un bateau à fond mobile ; mais cet ingénieux projet avait échoué.

Agrippine écrivit sur son temps des mémoires que Tacite et Pline citent avec éloge, mais que nous ne connaissons pas autrement. — C'est d'elle que la capitale des Ubiens, devenue colonie romaine, et où elle naquit, prit le nom de *Colonia Agrippina*. On la désignait fréquemment alors sous le nom d'Agrippina, tout court c'est aujourd'hui celui de Colonia (Cologne) qui a prévalu.

AGRONOME, s. m. (gr. Agronomos, de *agros* et *nomos*, loi, direction). Celui qui est versé dans la théorie de l'agriculture.
AGRONOMIE, s. f. Théorie de l'agriculture.
AGRONOMIQUE, adj. Qui a rapport à l'agronomie. Société agronomique. Stations agronomiques. Sociétés, stations où l'on s'occupe d'enseignement agronomique.

AGROSTEMME, s. f. Bot. Genre de plantes de la famille des caryophyllées, dont plusieurs espèces, désignées sous les noms vulgaires de *nielle* et de *coquelourde*, croissent dans les champs. — Hort. Deux espèces d'agrostemmes sont cultivées dans les jardins. Ce sont *l'agrostemma cœli rosa*, ou lychnide rose du ciel, plante annuelle de 40 c., qui donne en juillet des fleurs roses nombreuses (variété à fleurs blanches); et *l'agrostemma coronaria*, ou coquelourde des jardins, plante bisannuelle, de 50 c., à feuilles oblongues, cotonneuses, simples ou doubles, en forme d'œillet, blanches, roses ou rouges, de juin à septembre. — L'une et l'autre espèces se multiplient de graines semées en avril, pour la première, en juin pour la seconde. Toute terre, tout terrain.

AGROSTIDE, s. f. Bot. Genre de plantes de la famille des graminées, annuelles ou vivaces, qui croissent dans les prairies naturelles, *l'agrostis stolonifera*, dite traînasse, dans

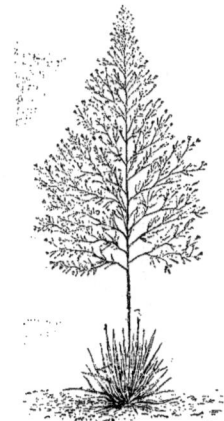

Agrostis vulgaris.

les terrains humides, et *l'agrostis vulgaris* dans les terrains frais de préférence; les bestiaux les recherchent beaucoup. Une troisième espèce, originaire du midi de la France, *l'agrostis elegans*, est cultivée dans quelques jardins.

AGROTERAS THUSIA. Antiq. gr. Fête annuelle célébrée à Athènes en l'honneur d'Arthémise ou Diane, pour se conformer au vœu fait par cette ville, la veille de la bataille de Marathon, de lui offrir en sacrifice un nombre de chèvres égal à celui des Perses tués dans le combat, en cas de victoire. Le nombre des victimes fut ensuite réduit à 500.

AGTELEK, village de Hongrie, comitat de Gomor, sur la route de Pesth à Kashan. Près de ce village se trouve la célèbre grotte de stalactites de Baradla. L'entrée, très étroite, donne accès dans un labyrinthe de cavernes dont la plus grande, mesurant 275 mètres de long sur 28 m. de large et 30 m. de hauteur, est désignée sous le nom de *Jardin des fleurs*, à cause des élégantes et bizarres stalactites qui s'y trouvent et qui forment des figures de la plus grande variété. Un ruisseau traverse cette grotte.

AGUA (Volcano de). Volcan de l'Amérique centrale, à 40 kil. S.-O. de Guatemala, entre le volcan de Pacaya au S.-E. et celui de Fuego à l'O. La hauteur de cette montagne volcanique est de 4,570 m. et son sommet est couronné par un cratère mesurant 128 m. de long sur 110 de large, dont les éruptions sont formées de pierres et de torrents d'eau bouillante, ce qui lui a valu son nom, qui signifie *Volcan d'eau*.

AGUADO, Alexandro-Maria, marquis de Las Marismas, célèbre banquier espagnol, d'origine juive, né à Séville (1784-1842). Après avoir combattu avec distinction pendant la guerre de l'indépendance espagnole, mais dans les rangs des partisans du roi Joseph, il entra dans l'armée française (1808); il y était parvenu au grade de colonel, aide de camp du maréchal Soult, lorsqu'il quitta en 1815, et se fit commissionnaire à Paris, pour l'Espagne et les colonies espagnoles. Le succès de cette entreprise lui permit bientôt de se livrer aux opérations de banque, et le gouvernement espagnol le chargeant de négocier sur la place de Paris les emprunts de 1823, 1828, 1830 et 1831, Ferdinand VII, en récompense de ses services financiers, le créa marquis de Las Marismas del Guadalquivir. Aguado négocia également l'emprunt grec de 1834. Devenu propriétaire de biens considérables en France, comprenant le célèbre vignoble de Château-Margaux, Aguado s'était fait naturaliser Français en 1828. Au cours d'un voyage en Espagne, pour visiter les mines qu'il y possédait, dans l'hiver de 1842, il se trouva pris par les neiges, forcé d'abandonner sa voiture et de poursuivre à pied une route extrêmement pénible, il l'ouvrier occupé à réparer quelque partie du bâtiment où il ne se trouva pas de secours dont il avait besoin, et y mourut, laissant une fortune évaluée à plus de 50 millions de francs.

AGUAS CALIENTES (Eaux chaudes), ville du Mexique, capitale de l'État du même nom, à 432 kil. N.-O. de Mexico. Elle doit son nom aux sources thermales qui jaillissent dans les environs. Cette ville, qui compte 21,600 hab., est entourée de jardins magnifiques, produisant en abondance les olives, le raisin, les figues et des fruits de toute sorte. Manufacture de draps. Commerce florissant.

AGUERRI, IE, part. pas. de Aguerrir.

AGUERRIR, v. a. Habituer à la guerre. Fig. Habituer à des choses pénibles et dont le caractère est de provoquer une sorte de lutte, un état hostile, *Ça n'est pas la première humiliation qu'il supporte: il est aguerri.*

— S'Aguerrir, v. pr. S'accoutumer à la guerre, aux luttes de la vie, aux choses pénibles.

AGUESSEAU (d'), Henri-François, magistrat français, chancelier de France (1668-1751). Né à Limoges et reçu avocat du roi au Châtelet à 22 ans, il était nommé avocat général presque aussitôt, procureur général en 1696 et chancelier en 1717; mais étant opposé à la désastreuse expérience du système financier de Law, il fut forcé de donner sa démission (1718) et se retira dans sa terre de Fresnes.

Rappelé quand la catastrophe prévue fut devenue inévitable (1720), il réussit à écarter la menace d'une banqueroute complète. D'Aguesseau, qui s'était naguère énergiquement opposé à l'enregistrement de la bulle *Unigenitus*, y consentit enfin, quoiqu'on ne sait à quel sentiment, si ce n'est à une faiblesse de caractère dont il donna d'autres preuves. Au conseil, il avait pour adversaire le trop célèbre cardinal Dubois, qui ambitionnait la présidence et finit par le faire exiler de nouveau (1722). Enfin il redevint chancelier en 1727; reprit les sceaux en 1737 et se retira définitivement en 1750; avec une pension de 100,000 fr., dont il ne profita pas longtemps. D'Aguesseau était un grand orateur, un savant jurisconsulte et un érudit de premier ordre; mais de plus, il se fit remarquer par une grande dignité de caractère, une probité à toute épreuve et le souci de la chose publique au milieu de l'insouciance coupable, de l'improbité habituelle et de la corruption la plus sous le titre d'*Instruction à mes petits-enfants*, un véritable cours d'éducation judiciaire, ouvrage plusieurs fois réimprimé; on a aussi de lui des *Lettres* publiées en 1824. — La statue assise du chancelier d'Aguesseau figure devant la façade du palais Bourbon, à Paris, à côté de celle du chancelier de l'Hospital.

AGUESSEAU (marquis d'), Henri Cardin Jean-Baptiste (1746-1826), magistrat français, petit-fils du précédent. Avocat général au parlement de Paris, puis conseiller d'État et enfin prévôt-maître des cérémonies, il fut élu député aux États généraux, en 1789, par la noblesse du bailliage de Meaux. Disparu pendant les années périlleuses de la Révolution, il fut nommé par le premier consul président du tribunal d'appel de Paris, puis ministre plénipotentiaire en Danemark. La Restauration lui ouvrit la porte de la Chambre des pairs. — Le marquis d'Aguesseau était entré à l'Académie française en 1787, sans y avoir les mêmes droits, à beaucoup près, que son grand-père.

AGUETS, s. m. pl. (de à *et guet*). *Être, se tenir aux aguets.* Être, se tenir aux écoutes. Épier. — Ne se dit que dans les phrases indiquées, mais était employé jadis et pourrait l'être encore comme tout autre substantif, non seulement pluriel, mais des deux nombres. *Tendre un aguet*, une embuscade; *Venir d'aguet*, en guettant, etc. On remarquera, du reste, que *Tendre une embuscade*, aguet n'est pas remplacé par embuscade, et pourtant nous ne possédons pas de meilleur équivalent.

AGUI, s. m. Mar. Cordage muni d'une aguiée. Nœud qui réunit et cordage à l'aguiée.

AGUIÉE, s. f. Mar. Sangle ou cordelette disposée au bout de l'agui, de manière à former une traverse sur laquelle peut s'asseoir l'ouvrier occupé à réparer quelque partie du bâtiment où il ne se trouve pas de point d'appui plus convenable.

A GUI L'AN NEUF, ou mieux Au gui l'an neuf. V. Gui.

AGUILAR (marquis d'), Melchior-Louis-Bon de Margarit, poète français (1755-1813). Il naquit à Perpignan, puis, établi à Toulouse, y devint mainteneur des Jeux floraux, et publia dans le recueil de l'Académie ce nom un grand nombre de pièces de vers. Il a publié de plus: *Recueil de vers* (1688); une traduction en vers d'un certain nombre de *Poésies de Lope de Vega*, précédées d'une étude sur la littérature espagnole; des *Stances dithyrambiques* (1834), etc. Le marquis d'Aguilar était membre de la plupart des sociétés et académies littéraires du Midi.

AGUILAR, Grace, femme de lettre anglaise, d'origine israélite (1816-1847). Fille d'un riche négociant juif de Londres, elle ne quitta point le sein de sa famille, où elle fit son éducation tout entière, et débuta très jeune dans la carrière littéraire. Ses ouvrages, écrits dans un style élégant, agréable, touchant, sont principalement des romans religieux, tels que le *Martyr*, l'*Influence du foyer domestique*. On lui doit aussi l'*Esprit du Judaïsme* et d'autres ouvrages écrits pour la défense de la religion de ses pères et de celle de ses ministres, lesquels lui valurent un riche présent de la part de ses sœurs en Israël, mais qui lui par-

vint sur son lit de mort. Grace Aguilar avait été atteinte, à dix-huit ans, d'une attaque de rougeole particulièrement grave, dont elle ne s'était jamais remise, et était restée maladive. Dans l'automne de 1847, comme elle se rendait à Schwalbach, elle mourut en chemin, à Francfort.

AGUILAR DE LA FRONTERA, ville d'Espagne, à 36 kil. S.-S.-E. de Cordoue, près des rives de la Cabra. Pop. 12,000 hab. Les maisons de Aguilar sont bien bâties, régulières et propres; la ville compte trois belles places publiques. Les principaux édifices sont l'église paroissiale, la maison du chapitre, la nouvelle mairie, la prison et les marchés; près de l'église, on voit les ruines d'un magnifique château mauresque, rappelant qu'au temps des Maures, Aguilar était le boulevard du royaume de Cordoue. Aux environs, vignes renommées d'où l'on tire le fameux *montilla*; mines de cuivre; commerce d'huile d'olive et de céréales.

AGUILON (d') François, mathématicien belge (1566-1617). Entré dans la société de Jésus à 20 ans, il fut successivement professeur de philosophie à Douai, professeur de théologie puis recteur du collège d'Anvers. F. d'Aguilon fut le premier à introduire l'étude des mathématiques dans les collèges de jésuites des Pays-Bas. On lui doit un *Traité d'optique* en 6 livres, publié à Anvers en 1613, et qui jouit longtemps d'une grande réputation; il laissa des manuscrits.

AGULHAS (Cabo de las). Pointe la plus méridionale du continent africain. V. Aiguilles (cap des).

AGUYA, s. m. Ornith. Espèce d'oiseau rapace du genre spizaète, famille des falconidés, qui habite l'Amérique méridionale. V. Spizaète.

AH! *Interjection* dont on se sert indifféremment pour exprimer la joie, la douleur, l'étonnement, une résolution subite. *Ah! quel bonheur. Ah! que je suis malheureux. Ah! la bonne histoire. Ah! nos nerrons.* — Ah! sert souvent à donner plus de force à une phrase. *Ne le croyez pas cela. Ah! croyez-en mon chagrin.* — Ah! Ah! exprime plus particulièrement l'ironie. *Ah! Ah! Nous y voilà donc!* — Substantiv. *Il poussait des ah! lamentables.* — Ah! ne prend pas la marque du pluriel.

AHAGGAR, contrée montagneuse du Sahara, entre l'Algérie et le lac Tchad. V. Hoggar.

AHAN, s. m. Grand effort, ou mieux gémissement qui accompagne cet effort, tel le cri du geindre braissant son pâte. — *Suer d'ahan*, suer en gémissant sous l'effort.

AHANNER, v. n., geindre sous l'effort que nécessite un travail pénible, et par ext., exécuter ce travail, Peiner.

AHANTA. Territoire de la côte d'Or d'Afrique, situé sur la seconde parallèle O. C'est une des contrées les plus riches et les plus fertiles de cette partie du continent africain. Sa capitale, Axim, doit sa fondation aux Hollandais; elle appartient aujourd'hui aux Anglais.

AHASVERUS. L'un des noms ou des surnoms du Juif-Errant. Nom donné également, dans l'Écriture, à plusieurs princes babyloniens ou syriens, et étendu par les critiques modernes à des princes perses ou mèdes.

AHEURTÉ, ÉE, part.pas. de S'Aheurter.

AHEURTEMENT, s. m. Action de s'aheurter, de s'attacher opiniâtrement à une idée. Entêtement. Obstination.

AHEURTER (S') v. pr. S'entêter, s'obstiner dans une idée. Se heurter à. *On n'a jamais vu personne s'aheurter à si petite chose.*

AHI! interj. Sorte de cri arraché par le sentiment d'une douleur soudaine et imprévue. Toutefois, il suffit de prêter l'oreille pour s'assurer que c'est bien *aïe!* que s'écrie la victime de cet accident, en dépit de l'Académie.

AHLBORN (dame), Léa Lundgren, artiste suédoise. Son père, graveur à la monnaie de Stockholm, où elle naquit vers 1820, lui enseigna son art. Elle se fit une réputation distinguée dans son pays, par l'exécution d'un grand nombre de médailles fort remarquables. Madame Ahlborn s'est également fait connaître en France, notamment par l'envoi de médailles à l'exposition de 1855.

AHLE, JEAN-RODOLPHE, compositeur alsacien, né à Mulhouse (1627-1673). Après avoir fait ses études à l'université de Goettingue, il devint directeur de l'École musicale de Saint-André, à Erfurt, mais retourna à Mulhouse comme organiste, en 1649. Il fut successivement conseiller, puis bourgmestre de sa ville natale. On lui doit un assez grand nombre de compositions musicales, publiées en recueils : symphonies, motets, chants religieux, etc., oubliées aujourd'hui ; plus une méthode de chant et quelques petits traités sur la musique, écrits en latin.

AHLE, JEAN-GEORGES, compositeur et écrivain alsacien, fils du précédent (1650-1706). Il prit, comme organiste, la succession de son père, et comme lui publia un certain nombre de pièces : motets, chœurs, chants, prières, etc. On lui doit en outre des *Dialogues* dont l'objet est de donner des règles sur l'harmonie et la composition, et des dissertations sur la musique, accompagnées de compositions instrumentales, et intitulées : *Clio*, *Calliope*, *Erato*, *Euterpe*, *Thalie*, *Terpsichore*, *Melpomène*, *Polymnie*, *Uranie*, *Apollon*, publiées de 1676 à 1681.

AHLQUIST, AUGUSTE-ENGELBERT, philologue finnois, né à Kuopio en 1826. Il fit ses études à l'université d'Helsingfors et se livra de bonne heure aux recherches concernant les vieux idiomes finnois. Il fonda à 20 ans, avec quelques amis, un journal littéraire et philologique appelé *Suometar*, et devint professeur de langue et de littérature finnoises à l'université d'Helsingfors en 1862. Outre les livres, M. Ahlquist alla étudier la langue finnoise sur place, c'est-à-dire jusque dans les bourgades de la Russie septentrionale, comparant les idiomes locaux et se faisant renseigner sur les différences qu'il y rencontrait. A son retour de cette exploration, qui ne dura pas moins de six ans (1853-1858), il en publia une *Relation* en langue finnoise (1860). Il publia aussi la traduction finnoise de quelques poésies de Schiller ; un recueil de poésies finnoises intitulé *Etincelles* (Sakenia); une *Grammaire wothique* (1855); *Recherches sur les langues ouralo-altaïques* (1871); *Du perfectionnement des langues finnoises* (1874), etc.

AHM, s. m. Métrol. Mesure allemande de capacité (Hambourg), représentant litres 144. 80.

AHMED, nom de plusieurs sultans ottomans. V. ACHMET. — Rem. C'est, du reste, très arbitrairement que nous orthographions *Ahmed*; si c'est dans le but d'approcher davantage de la prononciation indigène, nous commettons une grosse erreur, car *Achmet*, quoique ne donnant pas absolument la prononciation correcte, en approche certes beaucoup plus que *Ahmed*. Mais dans le classement des mots d'un dictionnaire, nous devons suivre l'exemple de nos devanciers, pour ne pas ajouter à la confusion résultant d'une foule de fantaisies du même genre.

AHMEDABAD, grande ville de l'Inde anglaise, ch.-l. du district de ce nom, dans la prov. de Guzerat (présidence de Bombay), sur la rive gauche du Sabarmati. C'était anciennement une des plus grandes et des plus florissantes villes de l'Inde, célèbre par son commerce considérable et par ses riches manufactures de soieries, d'étoffes de coton, de papier, d'acier et son orfèvrerie, ses émaux, ses incrustations, ses perles fines, ses meubles, ses laques, etc.; son commerce portait principalement sur les étoffes de coton, l'indigo et l'opium. Ahmedabad est encore aujourd'hui renommée pour son orfèvrerie, ses ouvrages en cuivre, ses bijoux et principalement ses bijoux d'or taillade, ses riches étoffes de brocart aux teintes brillantes et lamées d'or, appelées *kincobs*, et ses autres soieries richement ornées, ainsi que ses tissus d'or et d'argent. Il y existe aussi deux manufactures de coton mues par la vapeur. Enfin c'est une des stations les plus importantes du chemin de fer de Bombay-Baroda-et-l'Inde centrale. Pop.

116,800 hab. Sous la domination des Marhattes, qui s'en emparèrent en 1756, la prospérité d'Ahmedabad commença à décliner. Les Anglais s'en rendirent maîtres en 1780, mais durent la rétrocéder aux Marhattes peu de temps après ; enfin ils la reprirent définitivement en 1818, et si on les en croit, elle n'a cessé de prospérer depuis. Il est vrai qu'ils y ont introduit la vapeur et imposé leurs modèles de Birmingham et de Manchester, progrès peu oriental après tout. — Les principaux édifices d'Ahmedabad sont le temple Jain appelé Seth Hathisinh, du nom du riche marchand qui l'a fait élever vers le milieu du présent siècle, Hathi Sinh, et la grande mosquée ou Juma Mesjid. Le temple est loin d'être une merveille d'architecture et sert tout simplement à donner la mesure de la décadence de l'ancien style jain, si justement célèbre. La grande mosquée d'Ahmedabad, quoique de proportions plus modestes que ne le ferait supposer son nom, est un des édifices de ce genre les plus beaux de tout l'Orient, offrant d'ailleurs un spécimen très remarquable de l'art jain.

AHMED-ABOU-MAZAR, médecin arabe du IXe siècle, attaché au service du calife Al Mamoun, à Bagdad, en qualité d'interprète des songes. Il a laissé un ouvrage sur l'interprétation des songes dont la Bibliothèque nationale possède les manuscrits, et qui a été traduit en grec, en latin, en français, en italien, etc., à la plus grande gloire des charlatans de tous les siècles.

AHMED-BEN-AMAR, célèbre chasseur de fauves arabe, d'origine tunisienne. Né ou Keff, il quitta, étant encore enfant, le territoire de la régence avec son père, qui, fuyant une sorte de *vendetta* arabe, vint s'établir près de ce qui est aujourd'hui la ville algérienne de Souk-Ahras. Le père d'Ahmed, étant lui-même un chasseur intrépide, initia de bonne heure son fils aux dangers de cette redoutable industrie, où il devint bientôt d'une habileté qu'égale seule son audace. Ahmed est en effet un des rares chasseurs de fauves qui tirent le lion en plein jour et face à face ; mais, conséquence naturelle, il est peut-être celui dont la peau tannée (Ahmed est mulâtre) est le plus lacérée de blessures. Pour reconnaître les services rendus à la colonie par cet intrépide chasseur, le maréchal Pélissier lui remit, en 1863, une médaille d'or et un diplôme d'honneur. Le chiffre de ses victimes montait à cette époque à quarante lions et dix-neuf panthères, et celui de ses blessures à *vingt-trois*. Un journal algérien, le *Numidie*, établissait, en mars 1876, le compte de fauves tués par Ahmed à cette date, ce qui donne le *solde* net actuel, à vingt-huit panthères.

AHMED-BEN-THOULOUN, fondateur de la dynastie des Thoulounides, qui régna en Egypte jusqu'en 905 (835-884). Fils d'un esclave du calife Al Mamoun, qui avait lui-même profité de la faveur de son souverain, Ahmed, de gouvernement en gouvernement, réussit à s'élever au pouvoir suprême. Il s'empara de plusieurs villes, mais pendant qu'il était en Syrie, laissant ses conquêtes à la garde d'un esclave affranchi auquel il avait donné sa confiance, celui-ci fit comme lui, il se souleva contre son maître, qui, trop éloigné, mourut avant de l'avoir puni.

AHMED-CHAH, fondateur de la dynastie douranie qui régna sur l'Afghanistan (1724-1773). Il était fils de Sammoun Khan, chef héréditaire de la tribu des Abdalis. Étant encore enfant, il était tombé entre les mains de la tribu hostile des Ghilzais, lorsqu'il fut remis en liberté, en 1738, par Nadir Chah, qui lui confia peu après le commandement d'un corps de cavalerie composé en grande partie d'hommes de sa tribu. Lors de l'assassinat de Nadir (1747), Ahmed essaya de s'emparer du trésor persan, mais ayant échoué, il se replia sur l'Afghanistan, où il réussit à persuader les principaux chefs de tribus à reconquérir leur indépendance et à se choisir pour souverain. Il fut couronné à Candahar en octobre 1747, et ce fut à la même temps qu'il changea le nom de sa tribu en celui de Douranis. Ahmed affermit son pouvoir à l'intérieur par une sage administration, se mêlant aux rôles de l'administration particulière des différentes tribus et n'exigeant d'elles

qu'un tribut raisonnable et leur participation également modérée au service militaire. Il entretenait, d'autre part, son armée dans des guerres continuelles, d'où résultaient des conquêtes toujours nouvelles et de gros butins souvent répétés. Ayant intercepté un convoi adressé au nouveau chah de Perse et portant un trésor considérable, possesseur du fameux diamant Koh-i-Noor, ou *Montagne de lumière*, il jouissait de tous les avantages d'un trésor bien rempli, avantages précieux pour un conquérant. Il franchit l'Indus et s'empara de Lahore en 1748 et prit Nichapur en 1750 ; en 1751, il devint maître du Pundjâb tout entier, et soumit le Kachemyr l'année suivante. Mais Lahore ayant été reprise par le Grand Mogol, Ahmed s'empara de Delhi en 1756, y entra en triomphe, et livra la ville au pillage pendant plus d'un mois ; lui-même ajouta à ses femmes une princesse de la famille impériale et en donna une autre à son fils Timour, qu'il fit gouverneur du Pundjâb et du Sirhind. Il laissa un vice-roi à Delhi et se retira ; mais à peine avait-il traversé l'Indus, que le visir mahométan fit enlever le vice-roi, assassiner le Grand Mogol et placa sur le trône un jeune membre de la famille, son instrument. Les chefs Mahrattes voulurent profiter des circonstances pour s'emparer de tout le pays, et Ahmed fut plus d'une fois forcé de traverser l'Indus pour défendre le territoire conquis contre les entreprises de Mahrattes et des Sikhs, qui le harcelaient ses garnisons. En 1758, les Mahrattes réussirent à s'emparer du Pundjâb, mais ils en furent complètement expulsés par Ahmed, à la grande bataille de Pânipat, le 6 janvier 1761. Dans une dernière expédition, il infligea une défaite complète aux Sikhs. Mais il fut forcé de retourner en toute hâte en Afghanistan, pour réduire une insurrection qui venait de s'y produire ; pendant son absence, les Sikhs reprirent l'offensive, et le Pundjâb fut décidément perdu pour Ahmed.

Tombeau d'Ahmed-Chah, à Candahar.

Ahmed-Chah mourut en 1778, après de longues et cruelles souffrances, d'un cancer à la face. Son fils, Timour Chah, lui succéda. Le tombeau d'Ahmed est un des plus beaux édifices de Candahar.

AHMEDNAGOR, ville de l'Inde anglaise, ch.-l. du district du même nom, dans la province de Guzerat. Pop. 32,900 hab. Station importante du Great Indian-Peninsular Railway. — Ahmednagor fut fondée en 1494, par Ahmed-Nizam-Chah, sur l'emplacement d'une autre ville, ruinée, appelée Bhingor. Ahmed est le fondateur de la dynastie nouvelle qui disparut avec le dernier de ses représentants Chah-Jehan, en 1636. En 1759, le Peshwar parvenait à corrompre le gouverneur mahométan de Ahmednagor et le Nanexerit sans autre forme de procès ; cédée au chef Mahratte Daulat-Rao-Sindhia, par le Peshwar, en 1797, les Anglais, sous le commandement du général Wellesley, s'en rendirent maîtres, non sans peine, en 1803. Ils le rendirent aux Mahrattes peu après, mais en reprirent définitivement possession en 1817, conformément aux dispositions du traité de Puna.

AHMED-RESMI-HADJI, diplomate ottoman. Après avoir rempli divers postes, notamment celui de chancelier, sous Othman III, Ahmed fut envoyé par le nouveau sultan, Mustapha III, en ambassade à Vienne; près de l'impératrice Marie-Thérèse (1758), puis, près de Frédéric II, à Berlin (1763). Ahmed-Resmi publia à son retour une intéressante relation de ses deux ambassades, laquelle, comme elle témoignait d'une vive admiration pour les talents variés du grand Frédéric, fut immédiatement traduite en allemand.

AHMED-RIFAAT-PACHA, homme d'Etat égyptien (1825-1858). Fils aîné d'Ibrahim-Pacha, qu'il accompagna dans ses campagnes en Syrie et ailleurs, il vint ensuite à Paris et suivit les cours de l'Ecole d'état-major. De retour en Egypte à la mort de son père, il voulut introduire dans son pays, et surtout dans ses propres domaines, certaines réformes dont il avait pris le goût en France. Les preuves de capacité qu'il donna dans cette occasion le rendirent suspect au nouveau vice-roi, Abbas; ce que voyant, Ahmed se rendit à Constantinople, où le sultan Abd-ul-Medjid le reçut favorablement et le fit général et pacha. Il retourna au Caire en 1854, son oncle Saïd ayant succédé à Abbas, et devint président du Conseil d'état. — Un wagon dans lequel il se trouvait étant accidentellement tombé dans le Nil, le 14 mai 1858, Ahmed Rifaat s'y noya, généralement très regretté.

AHMED-VÉFIK-PACHA, homme d'Etat ottoman, né à Constantinople vers 1820. Il fit ses études à Paris, au lycée Saint-Louis, et à son retour dans son pays, entra au bureau de traduction de la Porte, dont il devint bientôt le chef. En 1849, Ahmed-Vékif remplaçait Fuad comme commissaire dans les Principautés danubiennes; puis il était envoyé en Perse, en mission extraordinaire ayant pour but de prévenir une alliance russo-persane, à quoi il réussit (1851-1855). Il fit alors partie du Conseil d'état, du tanzimat ou conseil des réformes et du haut conseil de guerre, et fut enfin appelé au ministère de la justice en 1857. En 1860, il était accrédité à Paris pour protester contre notre occupation de la Syrie, à la suite des récents massacres de chrétiens; puis comme représentant de la Porte à la conférence chargée de régler cette épineuse affaire. A son retour il reçut le titre de pacha.

AHMET. V. Ahmed.

AHN, Jean-François, professeur de langues allemand (1796-1865), né à Aix-la-Chapelle. Il s'adonna à l'enseignement des langues étrangères et est connu en France par sa *Nouvelle méthode pratique et facile pour apprendre la langue allemande* dont la première édition remonte à 1843, mais que, profitant du mouvement passager qui eut lieu en France, après la guerre de 1871, la maison Brokhaus, de Leipzig, réédita alors à notre usage. Le premier cours atteignit cinquante éditions en moins d'une année, mais le second en eut à peine la moitié et le troisième, pas vingt. C'est que, si cette méthode est vraiment « pratique et facile », ce ne peut être que pour des enfants ayant dix années d'études devant eux. Il en est de même, du reste, de ses *Nouvelles méthodes* d'anglais et d'italien. Ahn a publié, en outre, des grammaires, recueils de thèmes et livres de conversation pour l'étude des langues qu'il enseignait, et l'*Allemagne poétique, ou choix des meilleures poésies allemandes des deux derniers siècles* (1860), choix assez judicieux, par exemple.

AHRENS, Heinrich, jurisconsulte et homme politique allemand (1808-1874). Né à Kniestedt (Hanovre), il termina ses études à l'université de Gœttingue. En 1831 Ahrens, qui s'était déjà signalé par une thèse sur l'application du régime représentatif à l'Allemagne, prit part aux mouvements politiques qui signalèrent cette époque agitée et fut forcé de fuir. Il vint à Paris où, après une étude approfondie de la langue française, il se trouva en état de collaborer à la *Revue encyclopédique* et à diverses autres publications. En 1836, il ouvrit à Paris un cours gratuit de philosophie. Il sollicitait une chaire de l'université, mais en 1839, fatigué d'attendre, il accepta, à Bruxelles, une chaire de philosophie qu'il conserva jusqu'en 1848, époque à laquelle il fut envoyé au parlement de Francfort par sa ville natale. Il y suivit la politique des autres députés hanovriens et se retira avec eux. En 1850, il acceptait les propositions de l'université de Grætz, et ne quittait plus guère dès lors les Etats autrichiens. On lui doit : *De Confederatione germanica*, sa thèse de doctorat (1830); *Cours de psychologie* (Paris, 1837-38, 2 vol.); *Cours de droit naturel, ou Philosophie du droit* (id. 1838); la *Science politique fondée sur la philosophie et l'anthropologie* (1850 et suiv.): *Encyclopédie du droit et de la science politique fondés sur la morale* (1855 et suiv.); *Fausse direction du nouvel esprit allemand, etc.* (1872), etc.

AHRENS, Franz-Ludolph-Heinrich, helléniste allemand (1809-1881). Il naquit à Helmstaedt (Brunswick) et termina ses études à Gœttingue. Après avoir dirigé, dans le Hanovre, divers établissements d'enseignement, il entra à la Chambre haute en 1849, pour y représenter les intérêts de l'Université, et devint membre du synode hanovrien. On a de lui, notamment : *De Græcæ linguæ dialectis* (1839-43); *Bucolicorum græcorum reliquiæ* (1855, 2 vol.); et quelques ouvrages classiques, souvent réimprimés, tels que : les *Eléments d'Homère; Théorie du dialecte homérique et attique*, etc.

AHRIMAN ou Arimane. Myth. Le principe du mal dans le *Zend-Avesta*, opposé à Ormuzd, principe du bien. Dans l'Avesta, cette opposition est figurée par une lutte terrible entre les deux principes, laquelle doit durer 12,000 ans et se terminer par le triomphe d'Ormuzd. Il est vrai que Zoroastre enseignait qu'Ormuzd, c'est-à-dire le Bien, est seul éternel et qu'Ahriman, le Mal, était créé; mais la doctrine des Mages enseigne que les deux sont éternels. V. Zoroastre.

AHUN, ville de France, ch.-l. de canton du département de la Creuze, à 345 kil. S. de Paris. Pop. 2,800 hab. Elève de bestiaux, mines de houille aux environs. Ahun est bâtie sur une colline élevée, au pied de laquelle on voit les ruines de l'abbaye de Moutier, de l'ordre de Cluny, fondée en 997.

AHURI, IE, *part. pas* de Ahurir. Horripilé (du vx fr. *huri*, hérissé). — Il s'emploie substantiv. *Vous avez l'air d'un ahuri. Les ahuris ont aujourd'hui leur journal.*

AHURIR, *v. a.* Troubler, surprendre au dernier point, stupéfier, hébéter. *Vous ahurissez les gens avec vos cris.*

AHURISSEMENT, *s. m.* Etat d'une personne ahurie, action d'ahurir quelqu'un. *Il vit dans un ahurissement perpétuel.* Il procède *par ahurissement, c'est sa méthode.*

AHWAZ, ville de Perse, à 160 kil. N.-E. de Bassora, sur la rive g. du Karoun. Ahwaz est une ville par elle-même insignifiante, édifiée sur l'emplacement d'une grande et importante cité dont les ruines s'étendent sur le bord de la rivière à une distance de 20 kil. On y remarque les ruines d'un beau pont, d'un vaste palais, de moulins à eau, de canaux d'irrigation, etc., attestant une prospérité commerciale bien loin aujourd'hui. C'est sous les premiers califes mahométants qu'Ahwaz atteignit son plus haut degré de prospérité. Elle compte à peine un millier d'hab. aujourd'hui.

AI, *s. m.* Mamm. Genre de quadrupèdes de l'Amérique du Sud, auquel on donne également le nom caractéristique de *Paresseux*, à raison de l'extrême lenteur avec laquelle ils se meuvent. L'aï a à peu près la taille d'un chat ordinaire, de longs poils grisâtres et raides, et un aspect général fort laid; mais sa voix est singulièrement mélodieuse, et le P. Kircher n'hésite pas à déclarer que, si la musique avait été inventée en Amérique, elle dériverait nécessairement du *chant* de l'aï.

AI, *s. m.* Chir. Crépitation douloureuse des tendons. Cette étrange affection, qui peut s'étendre à tous les tendons, mais qui siège plus particulièrement dans ceux de l'avant-bras, a été décrite de la manière suivante, par le docteur Larger, de Maisons-Laffitte (S.-et-Oise), en février 1882, devant la Société de médecine publique de Paris : « On appelle *tenosite crépitante* une maladie professionnelle assez commune dans laquelle les mouvements de la main sur l'avant-bras s'accompagnent d'une crépitation particulière et de douleurs assez vives pour faire pousser des cris au malade, d'où le nom d'*aï douloureux* qu'on a encore donné à cette affection. D'après les uns, le siège du mal serait au poignet et consisterait en une inflammation de la gaine synoviale tendineuse des muscles radiaux externes ou de celle des muscles long abducteur et court extenseur du pouce. Or, j'ai démontré, à la Société de chirurgie, qu'il n'en était pas ainsi, et que l'aï douloureux siégeait non pas au poignet, mais à l'avant-bras, au niveau de l'entrecroisement des muscles long abducteur et court extenseur du pouce d'une part, et des muscles radiaux externes de l'autre, dans une gaine nouvelle dont j'ai révélé la présence en cet endroit. La tenosite crépitante est une maladie professionnelle par excellence. Elle s'observe principalement chez les personnes qui, par leur métier, sont exposées à faire habituellement des mouvements répétés de torsion de la main sur l'avant-bras. Parmi les professions dont les ouvriers seraient le plus fréquemment atteints, on cite les menuisiers qui manient le rabot, les moissonneurs qui lient les gerbes de blé, les blanchisseuses enfin qui tordent leur linge. A ces professions indiquées par les auteurs, nous pouvons ajouter celles de maître d'armes (avant-bras droit), et de maître de gymnastique (bilatéral), chez lesquels j'ai eu plusieurs fois occasion de constater cette affection dans l'armée. Dans la population civile, j'ai encore rencontré l'aï douloureux chez les déménageurs, les débardeurs, mais surtout chez les vignerons, qui y sont particulièrement sujets (avant-bras gauche) : à Sartrouville, la maladie est si fréquente qu'elle en a reçu un nom dans le peuple; cela s'appelle « se fouler le nerf du bras ». On l'observe exclusivement au printemps, époque à laquelle les échalas se fichent dans la vigne. A Sartrouville et dans toute la région d'Argenteuil, le vigneron se sert pour cet usage d'un levier en fer terminé par une fourche. L'échalas étant saisi verticalement de la main gauche, on l'engage près de son extrémité inférieure entre les deux branches de la fourche, lesquels mordent solidement sur lui. Le levier s'appuie alors d'un côté sur l'échalas et de l'autre sur le sol : au même instant, le pied droit imprime une pression énergique au levier (troisième genre), et l'échalas est fiché en terre, non sans subir une torsion brusque dont la violence se communique à la main gauche de l'ouvrier, qui maintient toujours vigoureusement l'extrémité supérieure de l'échalas. Cette affection présente généralement peu de gravité, et les moyens les plus simples suffisent pour en amener la guérison. Il convient toutefois que le malade ne fasse pas usage de son membre avant la guérison complète; autrement il se forme une synovite chronique à poussées aiguës, intermittentes, pouvant amener chez les individus prédisposés, des fongosités, et partant la tumeur blanche. Faisons remarquer enfin que la plupart des ouvriers appartenant aux professions ci-dessus énumérées, se distinguent par une saillie, une tuméfaction dont il est facile de constater la présence sur l'avant-bras, à la simple inspection, tuméfaction occupant le siège ordinaire de l'aï, et due à une hypertrophie des muscles long abducteur et court extenseur du pouce, et, probablement aussi, à un épaississement de la gaine et du tissu cellulaire péritendineux des muscles radiaux externes. C'est là un signe d'identité professionnelle qui pourrait, dans certains cas, trouver son utilité en médecine légale.

AI, ville royale des Chananéens, près de laquelle Abraham vint planter sa tente, suivant ce que nous apprend la Genèse; elle était située à l'est de Béthel, et les troupeaux du patriarche paissaient entre les deux villes. Toutefois, Josué lui assura une gloire plus durable en la ruinant complètement. Aï fut rebâtie plus tard et est encore mentionnée par Isaïe, et même après la captivité; mais au temps d'Eusèbe et de Jérôme, il n'en existait plus que quelques misérables ruines.

Ces ruines, divers savants se sont mis à leur recherche; ils croient, chacun de leur côté, les avoir retrouvées; mais comme ils sont loin de s'accorder entre eux, le mieux est de les considérer comme perdues.

AI, ville de France, dans l'ancienne province de Champagne, ch.-l. de canton de l'arrond. de Reims (Marne), à 140 kil. S.-E. de Paris Pop 3,500 hab. Elle est située au pied d'un coteau planté de vignes, qui donnent le célèbre vin de champagne mousseux d'Aï — On emploie le nom d'*Aï* substantiv. pour désigner le vin provenant des vignobles de cette ville. L'*aï pétille*.

AIBAR, ville d'Espagne, prov. de Navarre. Cette ville est célèbre par la bataille dans laquelle les Maures battirent Don Garcia de Navarre en 885, et par celle où Jean Ier de Castille battit en 1451 Don Carlos, son fils, révolté.

AI-BEG, Azed-ed-Dyn, premier sultan d'Egypte, de la dynastie des Bibarites. Il était généralissime des armées égyptiennes à la mort de Touran-Chah, dont la femme favorite, portée au trône, l'épousa. Les assassins de Touran-Chah se disposaient à égorger les prisonniers, parmi lesquels se trouvait saint Louis, mais il s'y opposa. prêt xiant la foi jurée. Il fit avec succès la guerre au sultan de Syrie; mais ayant formé le projet d'épouser la fille du sultan de Mossoul, l'ancienne favorite de Touran le fit assassiner, après trois ans de règne (1257).

AIGARD, Jean, poète et littérateur français, né à Toulon, le 4 février 1848; il est fils d'un écrivain distingué, professeur à Toulon, dont on n'a qu'un Cours d'histoire nationale (1849) publié à part. M. J. Aicard a publié : *Jeunes croyances*, poésies (1867) ; les *Rébellions et les apaisements* (1871) ; *Poèmes de Provence* (1874) ; la *Vénus de Milo*, recherches sur l'histoire de sa découverte, d'après des documents inédits (1876) ; la *Chanson de l'enfant* (1876) ; *Au clair de la lune* (1879) et *Pygmalion* (1872) à l'Odéon ; *Mascarille*, à-propos en vers pour l'anniversaire de Molière (1873), aux Français; *Smilis*, drame en 4 actes, représenté pour la première fois le 23 janvier 1884 (Français). — M. Jean Aicard a collaboré, en outre, à diverses revues et publications périodiques.

AICHA, fille d'Abou Bekr et seconde femme de Mahomet (611-678). Opposée aux prétentions d'Ali, elle lui fit la guerre, mais fut vaincue et prisonnière de son ennemi, qui se borna à la renvoyer, libre, à la Mecque, où elle mourut.

AIDAN (Saint), premier évêque de Lindisfarne, en Irlande. Il faisait son éducation au monastère de Iona, lorsque Oswald, roi de Northumbria, ayant sollicité des moines de Iona l'envoi d'une mission pour travailler à la conversion de ses sujets, Aidan fut choisi pour cet effet de cette mission; son quelque complet le désignait naturellement comme le pasteur du troupeau converti par lui, il fut consacré évêque de Lindisfarne, ou *Ile Sainte*, vers 634. Saint Aidan mourut le 31 août 615. On lui attribue de nombreux miracles.

AIDANT, ANTE, adj. Qui aide.

AIDE, s. f. Secours, assistance. *Implorer l'aide de quelqu'un. Venir en aide à quelqu'un, Venir à son secours, l'assister. — A l'aide! loc. adv. ellipt., Venez à notre aide!* — A *l'aide de, loc. prépos* Avec le secours de, au moyen de. *Il le fendit à l'aide d'une hache.* — Se dit d'une église ou d'une chapelle succursale d'une église paroissiale. — Au *pl.* il se disait, des subsides ou impôts levés sur les marchandises pour *aider* aux dépenses de l'État. — *Cour des aides* Cour souveraine instituée pour juger les affaires relatives aux contributions et impôts de toute nature. — Archit. se dit des petites pièces de dégagement don flanque les pièces d'apparat ou autres grandes pièces, dans la construction d'une maison. — Manège. Se dit des moyens à la disposition du cavalier pour diriger sa monture. On dit que les aides sont *les aides fines* lorsqu'il agit sur son cheval avec méthode, précision et douceur ; et du cheval, quand il est très sensible aux aides et n'en exige pas la répétition pour exécuter le mouvement indiqué.

AIDE, s. Celui ou celle qui prête son concours. *Aide de camp*, officier attaché à un prince ou à un chef militaire. *Aide-major*, titre que portaient jadis les adjudants de place ; il se donne aujourd'hui au chirurgien militaire dont le grade vient immédiatement après celui de chirurgien-major, par abréviation de *chirurgien aide-major*. *Aide-vétérinaire*, vétérinaire du rang inférieur, dans les régiments de cavalerie. Il y a aussi des *sous-aides major* et des *sous-aides* vétérinaires. —Ce terme s'étend. du reste, à tout employé, officier ou ouvrier en sous-ordre: *Aide des cérémonies, aide de cuisine, aide du bourreau, aide-maçon, couvreur*, etc. Dans ce dernier exemple, toutefois, on dit plus communément *garçon maçon*, etc. — De même, dans une foule de cas où le mot aide viendrait à propos, on lui substitue celui d'*adjudant*, d'*adjoint* ou d'*assistant*.

AIDÉ, ÉE, part. pas. de Aider.

AIDER, v. a. Donner de l'aide, secourir, seconder. *Aider quelqu'un de ses conseils, de sa bourse, de son crédit*.
— V. n Je ne lui aiderai pas à faire ce travail. Il a promis d'aider au succès de l'affaire autant qu'il le pourra. — Se dit également en parlant des choses. *Le microscope a beaucoup aidé aux découvertes des entomologistes.* — Fig. *Aider à la lettre*, éclairer un texte dont le sens est obscur.
— S'Aider, v. pr. Se porter aide, secours. *Il faut s'aider les uns les autres. Aide-toi, le ciel t'aidera* (prov.). — Suivi de la préposit. *de*, il signifie Se servir de. *Il s'est aidé, pour cet ouvrage, de documents inédits fort curieux. Il faut s'aider de ce qu'on a sous la main.*

AIDIN, ou Guzel Hissar, ville de la Turquie d'Asie, ch.-l. du vilayet du même nom, dans le pachalik d'Anatolie, sur le Méandre, à environ 110 kil. S.-E. de Smyrne, à laquelle elle est, depuis 1866, reliée par un chemin de fer. Pop. 30,000 hab. Sur une hauteur voisine se trouvent les ruines de l'antique Tralles. Aidin est situé agréablement et célèbre par ses figues, cultivées en abondance dans de magnifiques jardins qui s'étendent jusqu'au nôtre. Les rues de la ville sont ombragées par des allées d'arbres qui leur donnent, en outre, un aspect très pittoresque. Aidin possède plusieurs églises grecques ou arméniennes, des synagogues, de nombreux bazars très actifs ; c'est un centre commercial important.

AIE ! interj. Cri de douleur.

AIEUL, LE, s. Grand-père ou grand'mère. *Aïeul maternel* ou *paternel. Aïeule paternelle* ou *maternelle*. Au *plur.* on dit *aïeuls*, lorsqu'on entend désigner spécialement soit le grand-père et la grand'mère, soit le grand-père paternel et le grand-père maternel ; on dit *aïeux* lorsqu'on entend celles des personnes dont on descend ou, d'une manière générale, celles qui ont vécu dans les temps passés. *Les travaillent aïeuls assisteront à la fête. Une longue suite d'aïeux ne saurait tenir lieu d'honnêteté personnelle. Les mœurs de nos aïeux n'étaient pas si différentes des nôtres que l'éloignement nous porte à le croire.*
— Rem. Pourquoi deux pluriels à *aïeul* ? Nos aïeux n'en avaient qu'un seul, c'était *aïeuls*, qu'ils prononçaient *aïaux*. Aujourd'hui, on fait entre ces deux pluriels, mès on ne sait comment, une distinction arbitraire, suivant à laquelle on tient beaucoup ; pour quelques grammairiens, la *règle*, véritable, est un substantif spécial, et non le *plur*. d'*aïeul* ; mais il n'y a pas à discuter de semblables prétentions.

AIGAIRE, s. m. Agric. Rigole profonde servant à l'écoulement de l'eau des pluies.

AIGLE, s. Grand oiseau de proie. *Aigle royal, Aigle noir. L'aigle devient furieuse quand on veut lui ravir ses aiglons.* — Fig. Se dit d'un homme supérieur en son genre par ses talents. *L'aigle du barreau. Cet homme n'est pas un aigle.* — *Avoir un œil d'aigle*, le regard de *l'aigle. Avoir l'œil vif, le regard pénétrant*. — *Crier comme un aigle*. Pousser des cris perçants. — En termes d'armoiries et de devises, *aigle* est féminin. *Eloque à l'aigle éployée d'argent. L'aigle impériale. Les aigles romaines, étendards de la république et de l'empire. Les aigles françaises*, drapeaux de l'armée française sous l'empire, parce que la hampe était surmontée d'une aigle. — S. m. Pupitre d'église représentant un aigle dont les ailes étendues supportent une tablette supérieure.
— Astron. Nom d'une constellation de l'hémisphère nord. — Décor. *L'aigle d'or* (Wurtemberg), *l'aigle blanc* (Pologne), *l'aigle noir, l'aigle rouge* (Prusse), etc. — Techn. Grand aigle. Nom du plus grand format de papier.
— Métrol. *Aigle*, monnaie d'or des États-Unis valant 10 dollars; il y a aussi le *double aigle*, le *demi-aigle* et le *quart d'aigle*. — Bois d'aigle. V. Agallochie.

— Ornith. Genre d'oiseaux de proie, de la famille des falconidés, remarquables par leur grande taille, leur force, leur audace et l'énergie terrible de leurs appétits, pour quiconque ne peut les étudier que superficiellement. Les aigles ont un bec d'une puissance extraordinaire, fortement enfoncés dans l'orbite, les ailes taillées en pointes qui se rejoignent à l'extrémité de la queue, au repos ; la queue est carrée, égale ou étagée suivant les espèces; leurs tarses sont emplumés jusqu'à la naissance des doigts; leurs yeux, quoique assez grands, paraissent enfoncés dans l'orbite, grâce à une saillie qui les recouvre. On a beaucoup exagéré les qualités de l'aigle, que l'ancienne fauconnerie classait parmi les *ignobles*, dans sa division des oiseaux de proie. Sa puissance visuelle, par exemple, est incalculable, car, lorsque lui-même ne forme qu'un point dans le ciel pour l'homme qui est en bas, il sait découvrir sa proie rampant sur le sol, et fond sur elle de cette hauteur. L'aigle préfère la proie vivante, mais à l'occasion, il sait se contenter de chair morte. Vivante ou morte, il importe sa proie dans son aire, établie de préférence sur le bord d'un précipice. Cette demeure est construite de tiges et de racines de bruyère et de jonc s'entrelaçant sur des branches de 2 m. de long, bien assujettis par les deux bouts et constituant une espèce de plancher assez solide pour supporter, avec les aigles et les aiglons, un approvisionnement de vivres souvent fort pesant. Les œufs dépassent rarement le nombre de deux, ils sont de forme ovale ; la coquille, très épaisse et d'un grain fin, est d'un blanc légèrement bleuâtre, ponctué de taches brunes, variant de teinte du violacé au jaunâtre, mélangées d'autres taches d'un gris lilas, du moins pour l'aigle fauve, dit aussi *aigle doré* et *aigle royal* ;

Aigle royal.

ils mesurent de 0,06 à 0,075 sur 0,055. Le mâle prend sa part des travaux et couve à son tour ; dans le cas de mort prématurée de la femelle. il se charge d'élever seul sa progéniture. L'i cubation est d'environ trente jours. Dans tous les cas, l'aiglon, son éducation achevée, est impitoyablement chassé de l'aire et même de la contrée adoptée par ses parents. Un siècle de plus, l'aigle ordinaire de la vie d'un aigle, on a des exemples que cette limite a été dépassée, mais de peu. L'union du mâle et de la femelle n'est dissoute que par la mort.

Le genre aigle compte douze espèces, dont deux, l'*aigle royal* et l'*aigle impérial*, sont cosmopolites. L'aigle royal doré ou fauve, à le plumage brun foncé, roussâtre sur la tête; sa queue est gris foncé avec des bandes brunes, elle est arrondie et un peu plus longue que les ailes. Ce que nous avons dit plus haut se rapporte principalement à cette espèce. — L'aigle impérial se distingue du précédent, surtout par la tache blanche qu'il porte sur les épaules; il est un peu plus petit et ses ailes atteignent à peu près la longueur de la queue. L'aigle criard, qui habite les montagnes boisées de l'Europe et niche sur les grands arbres, doit son nom aux cris plaintifs qu'il ne cesse de pousser. Il n'est pas rare l'été dans les Pyrénées. On l'appelle également *petit aigle* ou *aigle tacheté*. Un tiers plus petit que l'aigle royal, son plumage est brun foncé, plus clair à la tête et au cou et tacheté de blanchâtre sur les ailes, les flancs et les jambes. L'aigle criard n'est pas, à beaucoup près, aussi audacieux que les autres espèces; il ne s'attaque qu'aux petits mammifères et même aux insectes, sans préjudice pour les charognes; mais il s'apprivoise aisément. — L'aigle botté tire son nom de ses tarses emplumés jusqu'aux doigts. De peu près de la grosseur du précédent, un peu plus petit même, il vit comme lui; mais plus courageux, il s'attaque assez souvent à des oiseaux qui le dépassent en volume. L'aigle botté le dessus et les côtés de la tête et du cou d'un fauve roux, avec des taches brunes longitudinales et un bouquet de plumes blanches à l'insertion des ailes, la queue brune en-dessus et grisâtre en-dessous. Il niche sur les arbres, dans les Pyrénées et les Alpes notamment. — L'aigle de Bonelli, dit aussi *aigle à queue barrée* habite en Grèce, en Sicile, en Sardaigne et dans le midi de la France où les montagnes élevées, où il niche dans les crevasses des rochers, pondant des œufs d'un brun rougeâtre marbrés et ponctués d'une nuance plus foncée. Son plumage est brun noirâtre en dessus, avec quelques plumes bordées de blanc au cou et de roux au dos, et blanc roussâtre dans les parties inférieures; la queue est brun cendré marquée de bandes plus foncées. L'aigle à queue barrée a, en outre, les tarses longs et le bec relativement grêle. Il se nourrit principalement d'oiseaux aquatiques et de petits mammifères. — Nous citerons encore l'aigle à queue étagée, qui est l'aigle royal des tropiques, très répandu dans l'Australie méridionale où il a reçu des colons le nom d'*aigle-faucon*. Cet oiseau, réputé pour sa force et son audace, paraît avoir, d'ailleurs, les mêmes mœurs que notre aigle royal. Il attaque de préférence les kangourous de taille moyenne et enlève fréquemment aussi les agneaux des immenses troupeaux qui sillonnent les vastes plaines australiennes. Son aire, toutefois, est placée sur les rochers formant la cime des hautes montagnes. — Il existe encore quelques espèces d'aigles en Afrique, dans les Îles de la Sonde, en Amérique, etc.; nous ne pouvions décrire que les principales.

AIGLE PÊCHEUR, AIGLE DE MER. — V. BALBUZARD et PYGARGUE.
AIGLE VAUTOUR. V. SPIZAÈTE. — AIGLE-HARPIE. V. HARPIE.

AIGLEFIN ou **EGLEFIN**, s. m. V. AIGREFIN.

AIGLETTE, s. f. Blas. V. ALÉRION.

AIGLIAU. s. m. Blas. Sans bec ni serres.

AIGLON, s. m. (Littré indique le féminin AIGLONNE). Le petit de l'aigle.

AIGLURE, s. f. Faucon. Se dit des taches rousses qui purement le plumage de certains oiseaux.

AIGNAN, ETIENNE, de l'Académie française (1773-1824). Né à Beaugency (Loiret), s'est fait connaître par quelques tragédies pitoyables et par des traductions; mais il était aide des cérémonies au palais impérial. Il fut appelé en conséquence à remplacer Bernardin de Saint-Pierre à l'Académie française, en 1814.

AIGNAN (Saint), ville de France, ch.-l. de canton de l'arrondissement de Blois (Loir-et-Cher). Pop. 3,200 hab. Vins rouges ordinaires estimés; tanneries, etc.

AIGRE. *adj.* (lat. *acer*, gr. *akros*, pointu). Qui a une saveur piquante, acide. *Il nous a servi du vin aigre.* — Aigu, désagréable à l'oreille, comme un fruit aigre l'est au goût. *A qui appartient cette voix aigre ?* — Fig. Par opposition à doux. *Un vent aigre. Des manières aigres. Une personne aigre.* — Peint. *Tons, couleurs aigres*, qui sont mal accordés. — Techn. Se dit des métaux qui, malléables de leur nature, ont perdu cette qualité par quelque accident; et par extension, d'outils trempés trop dur et devenus cassants.

AIGRE, bourg de France, ch.-l. de canton de l'arr. de Ruffec (Charente). Pop. 1,800 hab. Distil. d'eaux-de-vie.

AIGRE-DOUX, DOUCE, adj (plur. AIGRES-DOUX, DOUCES). Dont l'aigreur est tempérée par quelque douceur. *Fruits aigres-doux.* — Fig. *Propos aigres-doux*, qui, sous une douceur apparente, laissent percer l'aigreur. Il s'applique également aux manières, au style.

AIGREFEUILLE, bourg de France, ch.-l. de canton de l'arr. de Rochefort (Char.-Inf.). Pop. 1.800 hab. Fabric. et commerce important d'eaux-de-vie dites d'Aigrefeuille.

AIGREFIN, s. m. (étym. *aigre* et *faim*). Homme rusé et peu scrupuleux, chevalier d'industrie. *Méfiez-vous de cet aigrefin.* — Ichtyol. Poisson du genre gade, sorte de petite morue d'Islande, à chair blanche, ferme et feuilletée, plus délicate au goût que celle de la morue commune.

AIGRELET, ETTE, adj. Un peu aigre, au propre et au figuré.

AIGREMENT, adv. D'une manière aigre.

AIGREMOINE. s. f. Bot. Genre de plantes de la famille des rosacées, à tiges herbacées et à fleurs jaunes en grappes ou en épis. L'espèce dite *Aigremoine eupatoire*, qui se trouve partout le long des haies, est employée en médecine, principalement en gargarismes détersifs contre les maux de gorge atoniques.

AIGREMORE, s. m. Charbon pulvérisé servant à la composition des feux d'artifice : du moins, à ce que dit le Dictionnaire de l'Académie.

AIGRET, ETTE, adj. Légèrement aigre. C'est encore là une expression exclusivement académique, à laquelle on préfère généralement AIGRELET et AIGRELETTE.

AIGRETTE, s. f. Bouquet de plumes effilées et droites qui orne la tête de quelques oiseaux. — Par extens. Ornement de tête ayant le même aspect et formé soit de plumes, soit de fils métalliques mus ou décorés de diamants ou de pierres précieuses, soit de fils de verre étirés, soit de crins roides. Se dit, en général, de tout ce qui, dans la nature, présente cette forme. — Ornith. Nom vulgaire du héron blanc, ou *héron-aigrette*. V. HÉRON.

AIGRETTÉ, ÉE, adj. Qui porte une aigrette.

AIGREUR, s. f. Qualité de ce qui est aigre, au propre et au figuré. — Rapports provoqués par l'action sur l'estomac d'aliments incomplètement digérés. *Aigreurs d'estomac.*

AIGRI, IE, part. pas. de AIGRIR.

AIGRIÈRE, s. f. Agric. Barbotage de son et de petit-lait aigri qu'on donne aux porcs.

AIGRIR, v. a. Rendre aigre, donner de l'aigreur, irriter, en parlant des personnes ou des choses.

AIGRISSEMENT, s. m. Action d'aigrir, au propre et au figuré. *Cette chaleur persistante hâte l'aigrissement du lait. Il faut prévenir l'aigrissement des esprits, qui est un phénomène menaçant.*

AIGU, UE, adj. (lat. *acus*, aiguille). Terminé en pointe. — Géom. *Angle aigu*, celui dont le sommet s'accuse en pointe. — Gram. fr. *Accent aigu*, celui qui se place sur l'é. — Gram. lat. et gr. *Accent aigu*, accent qui indique l'intensité de la voix sur la syllabe qui le porte. — Méd. Se dit, par opposition à *sourde*, d'une sensation douloureuse ayant le caractère d'une piqûre soudaine. *Douleur aiguë*. Il se dit aussi, par opposition à *chronique*, de maladies graves, parcourant rapidement leurs périodes; tandis que l'on qualifie *chroniques* celles qui se prolongent au delà de quarante jours. — Acoust. Clair, perçant. *Une voix aiguë. Des sons aigus.* — Mus. Appliqué aux sons musicaux, le terme *aigu* sert à les classer dans une région dite *élevée* de l'échelle musicale. Il est évident que le mot *aigu* traduit assez mal, ici, l'idée qu'il représente; à moins que l'on admette qu'un son d'une extrême acuité cause à l'ouïe une sensation analogue à celle que produit sur l'épiderme, la piqûre d'un objet pointu. Puis, la limite qui sépare les sons *aigus* de leur conséquente, les sons *graves*, est loin rien moins que déterminée : tout ce qu'il est permis de dire à ce sujet, c'est que les sons *aigus* sont engendrés par des vibrations d'autant plus rapides que leur acuité est plus grande, tandis que les sons *graves* ont pour cause des vibrations qui vont s'alentissant de plus en plus, jusqu'à l'extinction sonore. — Il se prend aussi substantivement dans ce sens, pour caractériser l'étendue de l'échelle musicale. *Du grave à l'aigu.*

AIGUADE, s. f. (pron. *égad*). Lieu où l'équipage d'un navire est dans l'habitude de renouveler sa provision d'eau douce. Il se dit aussi, par ext., de la *corvée* ayant pour objet d'aller chercher l'eau à sa source. *Aller à l'aiguade.*

AIGUAYÉ, ÉE, part. pas. de AIGUAYER.

AIGUAYER, v. a. (pron. *è-ga-ié* ou *è-ghè-ié*, la première est préférable). Mener à l'eau, baigner, laver (de *aigue*, nom de l'eau dans l'anc. langue fr.). *Aiguayer un cheval*, le faire entrer dans l'eau de manière qu'il s'y baigne aussi complètement que possible sans perdre pied. — *Aiguayer du linge*, lui faire subir la première partie de l'opération du rinçage, après lesquels il reste à le tordre.

AIGUEBELLE (*Aquabella*), ville de France, ch.-l. de canton de l'arr. de Saint-Jean de Maurienne (Savoie). Pop. 1,300 hab. Située sur un coteau, cette petite ville était naguère encore entourée de vignobles d'un bon produit, dans lesquels le phylloxera y a fait des ravages irrémédiables. — Les troupes du duc de Savoie furent battues à Aiguebelle, en 1742, par une armée franco-espagnole.

AIGUE-MARINE, s. f. (lat. *Aqua marina*, eau de mer). Minér. Pierre précieuse de couleur vert de mer céladon, diaphane, susceptible d'un beau poli; c'est, sans contredit, la moins dure de toutes les pierres précieuses. On trouve les *aigues-marines* en Sicile, dans l'île d'Elbe, en Saxe, en Bohême, en Russie et aussi au Brésil. V. BÉRYL.

AIGUEPERSE (*Aquæ sparsæ*), ville de France (Puy-de-Dôme), ch.-l. de canton de l'arr. de Riom. Pop. 3,000 hab. Gr. commerce de grains. Fabr. de toile et de feutre, chapellerie. Patrie du poète Delille. A quelques kil. s'élève le château de la Roche, où naquit le chancelier de l'Hôpital.

AIGUES MORTES (*Aquæ mortuæ*), ville de France (Gard), ch.-l. de canton de l'arr. de Nîmes, située à 40 kil. S. de cette dernière ville et à 4 kil. environ de la Méditerranée, au milieu des marais. Pop. 4,000 hab. Commerce de sel important.

— Hist. Il est d'usage de répéter qu'Aigues-Mortes se trouvait autrefois au bord de la Méditerranée, ce qui, sans explication, générale, ment, l'origine des étangs qui l'entourent aujourd'hui. Pierre Andoque et Guillaume Catel sont les premiers qui, au XVIIe siècle, frappés de la distance qui séparait Aigues-Mortes de la mer, furent portés à conclure que les étangs de la Marette, du Repausset et de la ville étaient de formation récente et n'existaient pas, par conséquent, du temps de saint Louis. Cette opinion, longtemps accréditée, est tout à fait contre les documents les plus certains. Les lettres patentes accordées par saint Louis et ses successeurs à Aigues-

Mortes, parlent presque toutes d'étangs et de salines situés autour de la ville. Les noms des deux étangs de la Marette et du Repausset se rencontrent dans plusieurs actes des XIIIe et XIVe siècles, et la plage même y est désignée sous le nom de Boucault, nom qu'elle porte encore aujourd'hui chez les populations du littoral ; et d'ailleurs, aucun mouvement rétrograde de la mer n'a été constaté sur cette partie du rivage. Aigues-Mortes était donc, comme Narbonne, un port situé au milieu des terres et qui communiquait avec la mer par un canal, dont l'existence, si contestée, est mentionnée dans les règlements relatifs aux pêcheries de la côte, et qui datent de 1284. Saint Louis est en quelque sorte le fondateur d'Aigues-Mortes. Il n'avait pas de port sur la Méditerranée, et il en avait besoin pour ses croisades. Il acheta aux moines de Psalmodi, dont l'abbaye, au milieu des étangs, était une des plus riches de France, des marécages situés presque dans le delta du Rhône et près desquels existait un village nommé Aigues-Mortes, à cause des eaux stagnantes qui couvraient le pays. Il fit tracer en 1237, autour de ce village, l'enceinte d'une ville dont nous avons déjà parlé attirèrent ses habitants ; en même temps ils firent creuser le canal qui faisait communiquer la ville avec la mer, et qui prit le nom de Canal viel (canal vieux). La ville n'était pas encore fortifiée. Elle n'avait pour toute défense que l'unique tour de Matafère. Saint Louis la fit reconstruire, et elle prit le nom de tour Constance. Aigues-Mortes vit le départ de saint Louis pour ses deux croisades, mais le mouvement de son port ne dura pas longtemps. Philippe le Hardi, successeur de saint Louis, fortifia néanmoins Aigues-Mortes. Il fit élever, par le génois Boccanegra, les remparts qui existent encore aujourd'hui presque intacts. L'enceinte presque quadrangulaire, construite en pierres à bossages, est flanquée de quinze tours et percée de neuf portes. Les deux principales étaient la Porte-Vieille, qui conduisait à l'abbaye de Psalmodi, et la porte de la Marine, qui donnait sur le port. C'est autour de cette porte que se trouvaient les fameux anneaux de fer sur l'existence desquels s'appuyaient tant ceux qui voulaient que la mer baignât les murs d'Aigues-Mortes. Les fortifications ressemblent à toutes celles que les croisés ont élevées en Orient. Saint Louis avait voulu, dit-on, qu'elles fussent semblables à celles de Damiette, mais elles rappellent beaucoup plus celles d'Antioche, et la ressemblance serait complète si Aigues-Mortes n'avait pas la tour Constance, qui lui donne un air si européen. Cette tour, non comprise dans le système de fortifications, communiquant aux murs par une galerie, elle a une hauteur de 29 mètres et est surmontée d'une tourelle qui servait probablement de phare. La tour Constance est devenue tristement célèbre dans la suite. On connaît les excès qui s'y produisirent au XVIIIe siècle, envers les femmes des Camisards qui y étaient enfermées. Le nom de cette tour semble venir d'un mot contenu dans une lettre du pape Clément IV à Philippe le Hardi, où il le félicite de la magnificence qu'il avait *dépensée dans cette constance*. Cette lettre existe encore dans les archives de la ville.

Dans le principe, un fossé entourait les murs, mais il a été comblé et remplacé par une digue qui isole la ville des étangs. Les fortifications d'Aigues-Mortes avaient été construites en vue d'un agrandissement de la ville qui ne s'est point produit, à cause du changement des lieux, comme nous allons le voir. Le *Canal viel* n'eut pas une longue existence. Le rivage d'Aigues-Mortes était dans la zone des inondations du Rhône, et après chaque inondation des *Rhônes* nouveaux, tout le rivage éprouvait des bouleversements considérables. Le grau *Louis*, auquel aboutissait le *Canal viel*, ne tarda pas à se fermer, et le canal, changeant de place, aboutit alors au grau de Croiseton, qui s'était ouvert plus près de la ville. C'est ce canal que suivit Charles-Quint lors de son entrevue avec François Ier. Ce nouveau canal disparut à son tour, et le port d'Aigues-Mortes tomba dans le dépérissement le plus complet. Ce fut en vain qu'en 1725 on construisit un canal qui traversait l'étang du Repausset et qui aboutissait à un grau artificiel, le grau du Roi, qu'on construisit à grands frais ; ces grands travaux ne purent relever le port d'Aigues-Mortes, qui maintenant est presque sans mouvement.

Non loin de l'emplacement de l'ancienne abbaye de Psalmodi, dont il ne reste plus qu'une ferme, se trouve la tour Carbonnière, qui est un des plus beaux ouvrages de défense qui restent du moyen âge. Elle a été construite à la fin du XIIIe siècle, à la même époque que les fortifications d'Aigues-Mortes, et servait de poste avancé du côté du Vistre.

La campagne d'Aigues-Mortes est d'une incomparable tristesse : les marais qui couvrent là à perte de vue frangent l'horizon, dont les lignes sont brouillées par des effets de mirage assez confus. Le sol, pénétré de sel marin, ne donne naissance qu'à des plantes ternes, aux feuilles grasses, aux fleurs incolores : des joncs, des soudes, des salicornes, émaillées çà et là de quelques lis marins. La terre végétale n'existe pas encore, et il faudra peut-être des siècles pour que la culture preune possession des bas fonds de ces étangs saumâtres, dernières lagunes d'une mer disparue. Les blanches mouettes, et les flamands roses, si nombreux en Égypte, animent seuls la surface de ces immenses flaques d'eau, sur les rives desquelles on voit errer silencieusement des troupeaux nomades de taureaux noirs et de chevaux camargues, qui ont conservé l'allure sarrasine de leurs ancêtres ramenés par les croisés. Tout est mort autour de cette ville morte ; en présence de cette enceinte d'un autre temps et d'un autre monde, rien ne rappelle l'Europe moderne, et on se croirait transporté dans les lumineuses et tristes contrées de l'Afrique et de l'Orient que, comme Aigues-Mortes, nous vivent plus que par leur passé. J. Y.

AIGUES-MORTES. Ce nom est porté également par un bourg très ancien des environs de Labrède (Gironde) et dont le nom celtique était *Koma*, dont la signification était à peu près analogue à celle de son nom actuel. Il reste dans la forêt voisine des traces d'une voie romaine, qui fut réparée par le célèbre reine d'Austrasie Brunehaut.

AIGUES-VIVES, bourg de France (Gard), à 20 kil. S.-O. de Nîmes. Pop. 1,500 hab. Carrières importantes de pierre à bâtir.

AIGUIÈRE, s. f. (pron. è-ghiè-r'). Vase contenant de l'eau pour le service de la table ou de la toilette. C'est un vase à anse, à bec et

Aiguière.

à couvercle richement ornés le plus souvent, et de forme élancée et gracieuse. Jadis l'aiguière servait exclusivement aux ablutions ; et comme il y a bien peu d'aiguières qui ne soient des pièces d'orfèvrerie au moins très remarquables, à moins de tomber jusqu'au vulgaire pot à eau, le fait est qu'on ne s'en sert guère de nos jours que comme d'objets de parade. Les métaux précieux, la porcelaine, le cristal sont les principales substances dont on fait les aiguières.

AIGUILLADE, s. f. Longue et forte baguette dont l'extrémité est armée d'une pointe de fer, ou *aiguillon*, pour piquer les bœufs.

AIGUILLAGE, s. m. Ch. de f. Manœuvre des aiguilles d'une voie ferrée pour déterminer le changement de voie des trains en marche.

AIGUILLAT, s. m. (pron. è-gui-ya). Ichtyol. Espèce de squale ou *chien de mer*, ainsi nommé à raison de la pointe cornée qu'il porte en avant des nageoires dorsales. Comme tous les squales, l'aiguillat est pourvu d'un appétit féroce, qu'il satisfait aux dépens de tous les poissons, crustacés et mollusques sur lesquels il tombe, et constitue une véritable peste dans les eaux où il abonde, comme celles de nos côtes de l'Ouest. Mais après tout, le phénomène n'est pas spécial à l'aiguillat. V. CHIEN DE MER.

AIGUILLE, s. f. (lat. *acus*, même sens dans la plupart de ses acceptions modernes et *acicula*, diminutif d'*acus*, mais qui semble plutôt indiquer une infériorité de la matière dont l'aiguille est faite). Tige métallique pointue par un bout, ayant son autre extrémité plus grosse, arrondie et traversée par un trou ou *chas* pour y passer un fil, qui sert à coudre, broder, etc. — *Aiguille à tricoter*, tige de métal, de bois, d'os, d'ivoire sur lesquelles on forme les mailles du tricot à la main. — Chir. Tige d'acier, d'argent, d'or ou de platine, arrondie, aplatie, triangulaire ou courbée, emmanchée ou non, mais ayant toujours une pointe pour pénétrer dans les tissus, et souvent même un *chas* pour y passer un fil, une mèche, une bandelette de linge, etc., qui sert à introduire dans les parties. *Aiguille à acuponcture, à bec-de-lièvre, à cataracte, à contre-ouverture, à fistule, à inoculation, à ligature, à suton, à suture*, etc. La plupart de ces aiguilles comprennent des variétés plus ou moins nombreuses distinguées par le nom du chirurgien qui les imagina. — Phys. et télégr. Tiges métalliques marquant sur un cadran soit l'heure, la minute et la seconde, soit la hauteur barométrique, soit les signes télégraphiques, etc. — Phys. *Aiguille aimantée*. V. BOUSSOLE. — Mécan. *Aiguille d'une balance*, lame métallique pointue placée au centre du fléau et qui doit se trouver exactement à la position verticale quand la pesée est juste. — Ch. de f. Parties mobiles de rails amincies en biseau et qu'on rapproche de parties préparées de même d'un côté ou de l'autre, pour opérer les changements de voies des trains en marche. — Archit. Pointe d'un clocher. Ornements en forme d'obélisque. — Géogr. Rocher en forme d'obélisque dont beaucoup de montagnes sont couronnées. — Arqueb. Tige d'acier dont le choc sur la partie centrale de la cartouche, garnie de fulminate, détermine l'inflammation de la poudre, dont les fusils dits *à aiguille*. — Chim. et min. Cristaux en forme d'aiguilles. — Bot. On appelle ainsi les feuilles des arbres résineux. — Ichtyol. Nom donné à une espèce de syngnathe, et en général à une foule de poissons au corps long et effilé et à la tête pointue. — Fauc. Maladie des oiseaux déterminée par la vermine. — Ce terme s'applique, en outre, mais familièrement, à un grand nombre d'objets fort divers qui n'y ont d'autre droit que leur forme générale, se rapprochant plus ou moins de celle d'une aiguille à coudre.

INDUSTRIE. — La fabrication des aiguilles est un des exemples les plus curieux de la division du travail. L'aiguille passe dans les mains de quatre-vingts ouvriers différents avant de pouvoir être livrée à la vente. Si l'on veut bien remarquer que les aiguilles ne coûtent tout au plus que 10 francs le mille, en moyenne, on arrive à cette conclusion que 8,000 opérations se trouvent renfermées dans la somme de 1 franc. Grâce aux progrès réalisés dans l'art du tréfiler l'acier, c'est surtout avec du fil d'acier fondu que les aiguilles se fabriquent depuis quelque temps. Antérieurement, en Allemagne et en France, on prenait du fil de fer, que l'on convertissait en acier cémenté dans le cours de l'opération. Au surplus, la manière de fabriquer diffère peu.

A Borcette (Prusse rhénane), qui est le centre de production d'aiguilles le plus important de l'Europe continentale, on compte cinq séries d'opérations: 1° la conversion du fil en aiguilles brutes; 2° la trempe et le recuit; 3° le polissage; 4° le triage des aiguilles polies; 5° la mise en paquets. La conversion en aiguilles brutes comprend vingt opérations, dont les principales sont: le calibrage du fil, le décrassage, le dévidage, le coupage en morceaux de longueur égale à deux aiguilles. L'aiguiserie ou empointerie s'opère avec des meules en grès. A l'aide d'un doigtier en cuir, l'ouvrier tient une cinquantaine de fils. Ceux-ci rougissent sous l'action de la meule. Il se produit des poussières de grès et d'acier qui, autrefois, frappaient de phtisie les ouvriers au bout de dix à quinze ans; mais, à l'aide de ventilateurs puissants qui aspirent toutes les poussières, on est parvenu à garantir les ouvriers contre le danger de cette terrible maladie. Après l'aiguiserie, on coupe le fil en deux, on fait l'aplatissage de la tête; on recuit, puis on perce ces têtes une à une avec un poinçon d'acier. Ce sont des enfants qui font cette opération, en moins de temps qu'il ne le faut pour la décrire. Un autre enfant *troque* les aiguilles, c'est-à-dire enlève la parcelle d'acier détachée par le poinçon; ensuite se fait l'évidage, le rangement des aiguilles et, enfin, la cémentation, lorsque cela est nécessaire. La trempe et le recuit des aiguilles brutes exigent neuf opérations, mais on les fait par tas de 15 kilogrammes, contenant plus de 300,000 aiguilles. Le polissage est l'opération la plus longue, quoiqu'on en polisse un million à la fois. Il exige cinq opérations, qui se répètent chacune sept à huit fois. Les aiguilles sont mises en rouleaux avec de petites pierres dures interposées et de l'huile de colza. Les petites pierres s'écrasent peu à peu dans le moulin où les rouleaux sont agités, et c'est le frottement, le polissage, dont les dernières opérations se font avec de l'huile seulement et du gros son. — Le triage des aiguilles polies se fait en cinq opérations, et après le brunissage, opération délicate et importante qui donne le brillant, on fait la mise en paquets. — C'est l'homogénéité du métal qui permet d'obtenir le beau poli. C'est son élasticité jointe à sa dureté qui sont nécessaires pour faire de bonnes aiguilles. L'acier a été choisi parce que, seul, il possède ces trois qualités à un degré suffisant.

Les principales fabriques d'aiguilles de l'Europe sont celles de Borcette (Burtscheid), en Prusse; de Redditch, en Angleterre; et en France, celles de Laigle (Orne), de Rugles (Eure), de Besançon et de Lyon. — On attribue aux Arabes l'introduction des procédés de la fabrication des aiguilles d'acier, qui n'y est devenue vraiment industrielle que vers le milieu du XVIIe siècle.

AIGUILLE (l'). Géog. Montagne des Alpes (Isère), dont le sommet, en forme d'aiguille, a 2,000 m. d'altitude.

AIGUILLÉ, ÉE, *part. pas.* de AIGUILLER.

AIGUILLÉE, *s. f.* Longueur de fil passé dans l'aiguille pour le travail.

AIGUILLER, *v. a.* Ch. de f. Disposer les aiguilles des rails de manière à changer la voie d'un train en marche.

AIGUILLERIE, *s. f.* Manufacture d'aiguilles.

AIGUILLES (Les), bourg de France, ch.-l. de canton de l'arr. de Briançon (H.-Alpes). Pop. env. 750 hab. — Pierres druidiques.

AIGUILLES (Cap des). Géog. Point extrême du continent africain au sud, à environ 150 kil. S.-E. du cap de Bonne-Espérance, par 34° 49′ 15″ de lat. S. et 17° 41′ de long. E.

AIGUILLETAGE, *s. m.* Mar. Action d'aiguiller et son résultat.

AIGUILLETER, *v. a.* Attacher avec des aiguillettes. Se disait surtout au temps où les chausses et les pourpoints s'attachaient ainsi. — Tech. Ferrer des aiguillettes ou des lacets. — Mar. Attacher ensemble avec un petit cordage deux objets de gréement qui ne se croisent pas et peuvent même rester éloignés l'un de l'autre.

AIGUILLETIER, IÈRE, *s.* Ouvrier ou ouvrière qui ferre des lacets ou des aiguillettes.

AIGUILLETTE, *s. f.* Cordon, tresse ou lacet ferré par les deux bouts, qui sert ou paraît servir à attacher quelques parties du vêtement. *Une aiguillette de fil, de soie, etc. Ferrets d'aiguillettes. Aiguillettes ferrées d'argent, d'or. Les officiers d'état-major et certaines armes spéciales, telles que la gendarmerie, portent des aiguillettes à l'épaule droite.* — Mar. Petit cordage servant à opérer l'aiguilletage. *Aiguillette d'amarrage, Aiguillette de bouée,* etc. — Fig. Se dit de tranches minces et effilées de chair. *Couper un canard en aiguillettes.*

— NOUER L'AIGUILLETTE. On employait autrefois cette expression figurée, pour caractériser le résultat de certain maléfice exécuté dans l'intention d'empêcher la consommation du mariage. Mais nous pourrions parler au présent, car un ouvrage sur les maléfices parut en 1870, et qui a pour auteur un vicaire général, l'abbé Craisson, admet encore l'impuissance provenant d'un maléfice de ce genre. — D'autre part, quand il est question de superstition bien ridicule, c'est toujours au *peuple* qu'on l'impute; voici donc un témoignage de Montaigne dont nous croyons devoir faire notre profit, dans l'intérêt de la vérité: « Un comte de très bon lieu, dit-il, de qui j'étois fort privé, se mariant avec une belle dame qui avoit été poursuivie de tel qui assistoit à la fête, mettoit en grande peine ses amis, et nommément une vieille dame, sa parente, qui présidoit à ses noces et les faisoit chez elle, craintive de ses sorcelleries; ce qu'elle me fit entendre. Je la priai de s'en reposer sur moi; j'avois de fortune en mes coffres certaines petites pièces d'or plates, où étoient gravées quelques gravures célestes contre le coup du soleil et pour ôter la douleur de tête, la logeant à point sur la couture du test; et, pour l'y tenir, elle étoit cousue à un ruban propre à la rattacher sous le menton, rêverie germaine de celle de quoi nous parlons. Jacques Peletier, vivant chez moi, m'avoit fait ce présent singulier. J'avisai d'en tirer quelque usage et dis au comte qu'il pourroit courre fortune comme les autres, y ayant là des hommes pour lui en vouloir prêter une; mais que hardiment il s'allât coucher; que je lui ferois un tour d'ami et n'épargnerois à son besoin aucun miracle, qui étoit en ma puissance, pourvu que, sur son honneur, il me promît de le tenir fidèlement secret. Seulement, comme sur la nuit on iroit lui porter le réveillon, s'il lui étoit mal allé, il me fist un tel signe. Il avoit l'âme et les oreilles si battues, qu'il se trouva lié du trouble de son imagination, et me fit son signe à l'heure susdite. Je lui dis alors qu'il se levât sous couleur de nous chasser, prist en se jouant la robe de nuit que j'avois sur moi et s'en vêtist tant qu'il auroit exécuté mon ordonnance; qu'il falloit, quand nous serions sortis, qu'il se retirât à tomber de l'eau, dist trois fois telles paroles, et fist tels mouvements, qu'à chacune de ces trois fois il ceignist le ruban que je lui mettois en main; cela fait, qu'en toute assurance, il s'en retournât à son prix fait. Ces singeries sont le principal de l'effet; leur inanité leur donne poids et révérence; comme il fut certain que mes caractères se trouvèrent plus vénériens que solaires, plus en action qu'en prohibition. »

L'abbé de Lignac, philosophe du XVIIIe siècle, rapporte de son côté le trait suivant, qui montre à quel point cette superstition était ancrée dans l'esprit du peuple des campagnes. « J'ai vu, dit-il, dans un village de Picardie, une fontaine entourée de trois arbres chargés chacun de ligatures mystérieuses faites avec différentes matières. On me dit que ces liens étaient autant de sorts jetés sur des malheureux, et on me montra l'arbre auquel était déposée la force des impuissants: j'exortai vainement plusieurs personnes à abattre ces arbres. Ce serait à tort qu'on tenterait de guérir par des raisons seules un homme qui croit devoir son impuissance à des causes surnaturelles. Qu'opposer à un impuissant qui vous dit: « Mes ennemis ont employé « contre moi le millepertuis et la rue, cueillis « de nuit, en disant des paroles; ces herbes « ont été cousues dans un linge avec une « aiguille qui a servi à ensevelir les morts. « On a de plus employé des caractères écrits « avec du sang de chauve-souris. On a fait « trois nœuds à une aiguillette de trois cou- « leurs, etc.? »

AIGUILLEUR, *s. m.* Employé des chemins de fer qui, au moyen d'un levier, rapproche les aiguilles des rails suivant le changement de voie à donner au train dont l'approche lui est signalée, soit pour imprimer une direction nouvelle, soit parce que la voie sur laquelle il se trouve est déjà occupée. Le poste d'aiguilleur implique donc une responsabilité terrible, ce dont on ne se douterait guère aux émoluments qui y sont attachés.

AIGUILLON, *s. m.* Pointe de fer fixée au bout d'une longue et forte baguette dite *aiguillade*, et dont le bouvier se sert pour piquer ses bœufs et leur faire accélérer le pas. — Entom. Dard dont sont armés quelques hyménoptères et arachnides. — Bot. Il se dit aussi par opposition à *épine*, des piquants qui adhèrent à l'écorce seulement de certains végétaux dont on les détache sans peine: ainsi l'*épine* du rosier est en réalité un aiguillon. — Fig. Stimulant énergique. *L'aiguillon de la faim porte à des résolutions terribles.*

AIGUILLON, ville de France, ch.-l. de canton de l'arrond. d'Agen (Lot-et-Garonne). Pop. 2,400 hab. Autrefois ville forte, Aiguillon fut érigée en duché-pairie, en 1600, en faveur de la famille de Lorraine-Mayenne. Richelieu acheta ce duché en 1736, pour sa nièce, Marie-Madeleine DE VIGNEROT, veuve d'Antoine du Rouse de Combalet, morte en 1665.

AIGUILLON (duc d'), ARMAND VIGNEROT DUPLESSIS-RICHELIEU, petit-neveu de la nièce du cardinal (1720-1787). Favori de la duchesse de Châteauroux, il fut envoyé à l'armée d'Italie par Louis XV, qui voulait se débarrasser de lui. A son retour, il fut appelé au gouvernement de l'Alsace, puis à celui de la Bretagne, où il se couvrit de gloire « et de farine », suivant l'expression de la Chalotais, en attendant dans un moulin, avec son état-major, que d'Aubigny ait repoussé les Anglais, qui tentaient de débarquer devant Saint-Malo (1758). Il se signala, en outre, dans son gouvernement, par toute sorte d'abus et de mesures vexatoires, par sa partialité pour les jésuites banqueroutiers et son animosité contre l'illustre procureur général au parlement de Bretagne, qu'il abreuva de persécutions. Ministre des affaires étrangères, grâce à la protection de la Dubarry, de 1771 à 1774, il agit dans ce poste comme dans son gouvernement de Bretagne, menant la vie la plus dissolue et laissant se consommer le partage de la Pologne sans rien faire pour l'empêcher. Louis XVI s'empressa de renvoyer cet habile ministre, dès son avènement, et peu après de l'envoyer en exil, où il mourut complètement oublié.

AIGUILLON (duc d') ARMAND VIGNEROT DUPLESSIS-RICHELIEU, fils du précédent. Député de la noblesse d'Agen aux États généraux de 1789, il fut le second à renoncer à ses privilèges, faisant ainsi, en quelque sorte, accueil aux principes révolutionnaires. Il remplaça Custine à l'armée du Nord; mais ayant accusé l'Assemblée nationale d'abus de pouvoir, dans une lettre qui fut interceptée, il alla rejoindre l'émigration en Allemagne, (1792) et mourut à Hambourg en 1800.

AIGUILLONNÉ, ÉE, *part. pas.* de AIGUILLONNER.

AIGUILLONNER, *v. a.* Piquer avec l'aiguillon, en parlant des bœufs. — Fig. Stimuler, exciter. Piquer au jeu. *Il est fort capable de grandes choses, pourvu qu'on l'aiguillonne un peu.*

AIGUISAGE, *s. m.* Action d'aiguiser. — Le *Dictionnaire de l'Académie* donne AIGUISEMENT, tout en constatant qu'il est « peu usité »: la vérité est qu'il n'est pas du tout usité, et que l'Académie eût mieux fait d'adopter AIGUISAGE.

AIGUISÉ, ÉE, *part. pas.* de AIGUISER.

AIGUISER, *v. a.* Rendre aigu, au propre et au figuré.

— S'AIGUISER, *v. pr.* Etre aigu, Se préparer à l'acuité.

AIGUISERIE. s. f. Atelier où l'on aiguise les armes et instruments tranchants.

AIGUISEUR, EUSE, s. (L'Académie ne donne pas le féminin). Ouvrier, ouvrière professant l'art d'aiguiser.

AIGURANDE, très anc. ville de France, ch.-l. de cant. de l'arr. de la Châtre (Indre). Pop. 1,800 hab. Élève et comm. de bétail. — C'est l'anc. *Igoranda* des Bituriges.

AIKIN John, écrivain anglais (1747-1822), né à Kibworth-Harcourt, d'un père instituteur. Il étudia la médecine à Édimbourg, à Londres et à Leyde, où il fut reçu docteur en 1780, et vint s'établir à Londres; mais il s'occupa principalement de travaux littéraires, et en particulier de vulgarisation scientifique. Avec sa sœur, Mᵐᵉ Barbauld, il publia dans ce but une série d'ouvrages intitulée *Evenings at home* (Les Soirées à la maison), dont il donna 6 vol., de 1792 à 1795, et qui furent traduits dans la plupart des langues de l'Europe. En 1798, il abandonna complètement la pratique médicale pour se consacrer à la littérature. On lui doit notamment, à partir de cette époque, un *Dictionnaire biographique* en 10 vol. (1799-1815). Il avait publié précédemment : *Mémoires biographiques de médecine* (1780); *Vies de John Selden et de l'archevêque Usher*; *Mémoires de Huet, évêque d'Avranches*; *Esquisses géographiques de toutes les nations*, etc. Rédacteur en chef du *Monthly Magazine*, de 1796 à 1807, il quitta cette revue pour fonder, la même année, l'*Athenæum*.

AIKIN, LUCY, fille du précédent (1781-1864), née à Warrington. Elle collabora activement aux travaux de son père et écrivit d'abord quelques livres pour les enfants. En 1818, elle publia des *Mémoires de la cour de la reine Élisabeth*, qui eurent un très grand succès et auxquels succédèrent : les *Mémoires de la cour de Jacques Iᵉʳ* (1822), et les *Mémoires de la cour de Charles Iᵉʳ* (1833). Mais ces derniers furent moins bien accueillis, surtout par la critique; et son dernier ouvrage important, la *Vie d'Addison*, paru en 1843, fut déclaré par Macaulay, dans l'*Edinburgh Review*, absolument « disappointing ». — Miss Aikin mourut à Hampstead, où elle résidait depuis quarante ans, le 29 janvier 1864.

AIKINS, JAMES COX, homme d'État canadien, né dans la commune de Toronto, comté de Peel (Ontario), le 30 mars 1823, fit ses études à Cobourg, et débuta dans la carrière politique en 1854, comme représentant de son comté natal à l'Assemblée canadienne. Élu membre du Conseil législatif pour la Division intérieure, comprenant les comtés de Peel et de Halton, il siégea dans cette institution jusqu'à sa suppression par la Confédération, après quoi il fut élevé au Sénat. Membre du conseil privé en 1869, il fit partie du ministère Macdonald, comme secrétaire d'État, jusqu'à sa chute en 1873. En 1872, il avait fait adopter par le Parlement la loi sur les terres du domaine public et organisé le Bureau chargé de l'administration des terres acquises dans le nord-ouest, principalement de la compagnie de la baie d'Hudson, lequel est aujourd'hui rattaché au ministère de l'intérieur du Canada. Au retour du ministère Macdonald, M. Aikins reprit son portefeuille de secrétaire d'État (1878). Il est devenu, en 1882, lieutenant-gouverneur de la province de Manitoba.

AIKMAN, WILLIAM, célèbre portraitiste écossais (1682-1731). Il naquit à Cairney, dans le comté de Forfar, et quoique destiné au barreau par sa famille, entra de bonne heure dans l'atelier du premier peintre écossais de l'époque, sir John Medina. Après un séjour de trois ans à Rome (1707-1710), il fit un voyage en Orient, au retour duquel (1712) il s'établit à Édimbourg comme peintre de portraits, sous le patronage du duc d'Argyll. Il se rendit à Londres en 1723, et les concours ne tardèrent pas à affluer dans son atelier. Aikman, très répandu dans le monde littéraire, était lié avec Swift, Pope, Thomson, Somerville, A. Ramsay, etc. Il peignit les portraits de presque tous; mais son chef-d'œuvre, d'un avis unanime, serait le portrait du poète Gay. — Il mourut au mois de juin 1731, laissant inachevée le grande toile réunissant les portraits de la famille royale.

AIL, s. m. (pl. AULX, quoique les botanistes disent *ails*, et que cette forme soit appelée à prévaloir tôt ou tard). Bot. Genre de plantes bulbeuses de la famille des liliacées, nombreux en espèces dont beaucoup sont employées en assaisonnement (lat. *allium*, du celt. *all*, brûlant, âcre). Les principales espèces du genre ail sont l'ail commun (*allium sativum*), l'oignon (*allium cepa*), le poireau (*allium porrum*), l'échalote (*allium ascalonicum*), la rocambole (*allium scorodoprasum*) et la civette (*allium schœnoprasum*). Nous ne nous occuperons ici que de l'ail ordinaire, dont la bulbe, bien connue, représente un oignon à l'odeur et au goût très forts, formé d'un certain nombre de petites gousses réunies sous une enveloppe commune. Son emploi en cuisine est constant. — Méd. L'ail est un stimulant très actif. On le fait entrer dans la composition des cataplasmes maturatifs et des sinapismes, pour les rendre plus excitants. À l'intérieur, on l'emploie comme vermifuge, infusé dans du lait; son action anti-helminthique s'étendrait même au tænia. Il entre enfin dans la composition du *vinaigre des quatre voleurs*, employé comme prophylactique des maladies contagieuses, moins aujourd'hui que jadis, à tort peut-être. — Les prisonniers et les soldats qui veulent s'assurer quelques jours de repos complet, au besoin pour un court traitement à l'hôpital, s'introduisent une gousse d'ail dans le rectum; ils sont alors pris d'une fièvre légère qui trompe le médecin le plus exercé.

— HORTIC. Il paraît que peu de cultures sont capables de donner un revenu aussi considérable que celle de l'ail; c'est ce qui ressort du moins d'une note de M. Bénurand. Il est tuteur à Chives (Charente-Inférieure). L'ail est d'un emploi général dans la cuisine de nos campagnes, dit-il. Dans beaucoup de contrées on se contente de faire une petite planche d'ail dans le jardin potager. On en consomme la plus grande partie en vert, et on emporte le reste pour avoir du plant pour l'année suivante. Dans la Charente, la consommation annuelle de beaucoup de familles dépasse 1,000 têtes. L'ail cuit dans une enveloppe, sous la cendre ou au four et mangé au beurre, est délicieux. L'ail assaisonne champignons, haricots, ragoût et gigot; l'ail est partout, tous les jours il faut de l'ail, et personne ne s'en plaint. Nos gens se portent à merveille, et l'on sait que l'ail cuit n'a aucune odeur désagréable. L'ail occupe donc une place dans l'alimentation, et beaucoup de ménages en consommeraient davantage s'il n'en manquaient pas. L'ail vient dans tous les terrains, mais il affectionne plus particulièrement les terrains argilo-siliceux. On doit éviter les terrains trop secs, où il ne se développe pas assez, et les terrains trop humides, où il ne mûrit pas. Les terrains nouvellement défrichés ou sur lesquels on a remué des débris de démolitions donnent le plus bel ail; il ne pourrit jamais. Il pourrit presque toujours, au contraire, si on est moins de 10 ans avant de le faire revenir sur le même terrain. Nous plantons l'ail en novembre et décembre sur un terrain bien préparé; c'est la meilleure saison, mais on peut au besoin planter jusqu'en mars. Les gousses sont enfoncées à la main et espacées de 0ᵐ,20 sur des lignes distantes de 0ᵐ,40 à 0ᵐ,50, ce qui donne de 10 à 12 plants par mètre carré. Février et le dernier sarclage, on fait entre chaque ligne d'ail une ligne de carottes, de panais, de betteraves ou de haricots. Ces cultures ne nuisent aucunement à l'ail, qui s'arrache à mi-juin. Nous avons ainsi deux récoltes dans une année, et notre terrain est admirablement préparé pour l'ail d'automne. Chaque hectare ainsi cultivé donne un bénéfice net de 1,500 fr. en moyenne.

AILANTE, s. m. Bot. Genre d'arbre, de la famille des rutacées, tribu des simaroubées, dont l'espèce la plus connue, l'*ailante glanduleux*, est très répandue en Europe, surtout en France, comme arbre d'ornement et d'avenue; toutefois, c'est sous un nom auquel il n'a aucun droit qu'il est le plus généralement connu. Lorsqu'il fut introduit en Europe, par la voie d'Angleterre, en 1751, il fut présenté par son importateur comme l'arbre tournissant le *vernis du Japon*, qui est un sumac; soit que le jeune sujet eût été frauduleusement changé en nourrice, on s'aperçut à la longue que celui-ci manquait des principaux caractères distinctifs des sumacs et appartenait à un genre tout différent. On le débaptisa donc, mais *vernis du Japon* il est resté pour l'immense majorité. L'ailante est originaire des Moluques; son nom signifie *arbre du ciel*; il

L'Ailante.

le doit peut-être à l'élévation de sa cime. Il croît également dans toute l'Asie orientale. Ses feuilles, d'un beau vert brillant, rappellent celles du frêne par leur forme, nourrissent une espèce de ver à soie, dit *bombyx de l'ailante* ou *bombyx cynthia*; ses fleurs verdâtres répandent une odeur peu agréable. Il se propage par tous les moyens connus de arboriculteurs et croît très rapidement. — Son bois est d'un blanc jaunâtre agréablement veiné et satiné; d'une structure fine et serrée, il prend facilement un beau poli. Il faut avoir soin, par exemple, de l'employer bien sec; autrement il se tourmente et se gerce une fois travaillé, et l'on a perdu son temps. Il offre, par contre, le très précieux avantage d'être inattaquable par les insectes. — La charpenterie, la charronnage, la menuiserie emploient beaucoup le bois de l'ailante, que le tourneur et l'ébéniste utilisent également.

AILE, s. f. (lat. *ala*). Membres antérieurs des oiseaux, de la plupart des insectes et de quelques mammifères, poissons et reptiles, leur permettant de se soutenir dans l'air plus ou moins. — Poétiq. *Les ailes du temps*, *Sur l'aile des zéphyrs*. — Prov. et fig. *Voler de ses propres ailes*, agir par soi-même. *Elle n'a pas encore quitté l'aile maternelle*, se dit d'une fille sous la protection de sa mère. *On lui rognera les ailes*, on mettra entrave à son autorité, on limitera ses profits. *La peur donne des ailes*, elle précipite la fuite. *Battre de l'aile*, être mal à l'aise. *Ne battre que d'une aile*, avoir perdu une grande partie de sa fortune, de sa santé, etc. *Le malheur a de l'aile*, à la rive avec rapidité. *Il en a dans l'aile*, il est blessé (moralement) soit dans ses intérêts, soit dans ses affections;

il est amoureux, par allusion à la flèche de Cupidon. *Tirer une plume de l'aile à quelqu'un*, le contraindre à se dessaisir de quelque chose, lui extorquer une somme d'argent. *Tirer pied ou aile d'une chose*, en tirer le meilleur parti possible. — Par analogie. Les ailes d'un moulin à vent. — Anatom. On donne le nom d'ailes, en anatomie, à certaines parties similaires situées de chaque côté d'un organe impair et symétrique. *Les ailes du nez*, *Les grandes et les petites ailes de l'os sphénoïde*. — Bot. Pétales latéraux des fleurs dites papilionacées. Prolongements membraniformes situés dans diverses parties des plantes. — Archit. *Ailes d'un bâtiment*, parties latérales d'un bâtiment reliées au corps principal. *Ailes d'une église*, les bas côtés. *Aile de mouche*, ancre servant pour les coffres de cheminées en briques. — *Aile de mouche* se dit aussi, en terme de couvreur, des clous avec lesquels on fixe les lattes. — *Ailes de pont*. Murs qui soutiennent les berges vers les têtes des culées d'un pont. — Fortif. Se dit des longs côtés terminant à drà g. un ouvrage à cornes ou à couronne. — Tour. Planchettes triangulaires qu'on fixe transversalement à la *poupée à ailes* pour servir de support, quand on veut tourner des cadres circulaires. — Horlog. Ce qu'on appelle *dents* dans une roue s'appelle *ailes* dans un pignon, qui n'est autre chose qu'une petite roue. — Cord. Planchettes croisées qui retiennent le fil sur le touret. — Serrur. *Aile de fiche*, partie de la fiche qui se place dans une entaille du bois des fenêtres et des portes que l'on ferre. — Pêche. *Ailes de filet*, nappes ajoutées aux filets. — Cuis. Parties de la lardoire où se met le lardon. — *Aile de pavé*, côté en pente d'une chaussée pavée. — Art milit. Les deux côtés d'une armée, d'un bataillon ou d'un escadron, par opposition au centre. *Le défilé doit commencer par l'aile gauche. L'aile droite de l'ennemi fut débordée au premier choc*. — Arg. Bras. — *Aile* se dit, par analogie, d'une telle quantité de choses diverses, qu'il serait impossible d'en dresser une liste complète. Les exemples cités nous paraissent d'ailleurs suffisants.

AILÉ, ÉE, adj. Qui a des ailes. — Blas. Se dit des animaux, des choses pourvues d'ailes contrairement à leur nature. *Dragons ailés*. *Lion ailé*. — Icon. *Foudre ailé*, symbole de la dévastation rapide. — Bot. *Tige ailée*, *Pétiole ailé*, tige ou pétiole portant une partie de la substance membraneuse de la feuille. Se dit, au reste, de diverses parties d'une plante garnies d'appendices membraneux.

AILERON, s. m. Extrémité de l'aile d'un oiseau. Se dit aussi des nageoires de quelques poissons ; et s'emploie, par analogie, pour désigner une non moins grande variété d'objets que le mot AILE, dont il devient alors le diminutif.

AILETTE, s. f. Petite aile. — Mar. Prolongation des bordages de l'arrière de chaque côté. — Mécan. Appendices en forme d'ailes se détachant de chaque côté de la tête d'une vis, d'un boulon, etc. — Artill. Tenon servant à maintenir dans l'axe de la bouche à feu un projectile allongé. — Cordon. Fragments de cuir cousus à l'empeigne de certains souliers.

AILLADE, s. f. Cuis. Sauce à l'ail.

AILLEURS, adv. (lat. *aliorsum*). Pron. *a-leur*. — En autre lieu. *Si vous ne vous trouvez pas bien ici, voyez ailleurs.* — En parlant d'un passage d'un livre : *Nous avons dit ailleurs...*
— D'AILLEURS, loc. adv. D'un autre lieu, d'un autre principe, d'une autre cause, pour une autre cause. *C'est d'ailleurs que viendra le secours*. — De plus, outre cela. *C'est d'ailleurs, exactement semblable*.

AILLOLI, s. m. Ail pilé et délayé dans l'huile d'olive ajoutée goutte à goutte, jusqu'à ce qu'on en ait obtenu une sorte de pâte ayant la consistance du beurre. Cette pâte entre dans la composition de plusieurs sauces estimées dans le midi, et seule, assaisonne notamment le poisson bouilli de la bouillabaisse.

AILLY (d'), PIERRE, dit l'*Aigle des docteurs de la France* et *le Marteau des hérétiques*, célèbre théologien (1350-1419). Né à Compiègne, de parents pauvres, mais qui n'en eurent pas moins grand soin de son éducation, Pierre d'Ailly fut d'abord boursier au collège de Navarre, puis docteur de Sorbonne (1380) ; ensuite chancelier de l'Université, confesseur et aumônier du roi Charles VI, évêque du Puy, enfin évêque de Cambrai et cardinal. L'un des plus savants prélats des conciles de Pise et de Constance, il soutint, à ce dernier la suprématie des conciles sur le pape et la nécessité d'une réforme de l'Eglise, « si on ne voulait voir les hérétiques se charger de ce soin. » Il n'en poursuivit pas avec moins d'ardeur les promoteurs actifs de cette réforme, Jean Huss et Jérôme de Prague, à la condamnation desquels il eut une grande part. Il était à Avignon, en qualité de légat de Martin V, lorsqu'il mourut, le 8 août 1410. — Son principal ouvrage est un *Traité de la réforme de l'Eglise*, en latin, imprimé mains les œuvres de Gerson, un de ses disciples.

AILRED ou EALRED, historien et théologien anglais (1109-1166). Né à Hexham et élevé à la cour d'Ecosse avec Henry, fils du roi David, il refusa de celui-ci l'offre d'un évêché pour s'enfermer dans l'abbaye de Rievaulx, dans le comté d'York, occupée par une communauté de cisterciens qui le choisit pour abbé en 1146. Il y mourut en 1166. — Ailred est l'auteur d'un assez grand nombre d'ouvrages de théologie et d'histoire. Ces derniers n'ont de valeur que dans les parties qui traitent des mœurs contemporaines.

AILSA CRAIG, îlot rocheux situé à l'embouchure du Firth of Clyde, au large de la côte du Ayrshire (Ecosse). Il est de forme conique, avec une base elliptique irrégulière et s'élève à environ 350 m. au-dessus du niveau de la mer. Ce rocher n'est accessible que du côté de l'est, les autres côtés étant presque perpendiculaires et présentant également d'énormes colonnes, moins régulières toutefois que celles de Staffa. On y voit au nord, une caverne à colonnes, et à l'est, les ruines d'une tour. Une végétation rare suffit toutefois à la subsistance de nombreux lapins et des troupes innombrables d'oiseaux de mer viennent faire leurs nids dans les anfractuosités des rochers les plus escarpés.

AILSFORD, village d'Angleterre (Kent), à 40 kil. de Londres, célèbre par la victoire qu'y Hengist y remporta en 455 sur les Bretons commandés par Vortigern.

AIMABLE, adj. Digne d'être aimé, agréable. — Il s'emploie quelquefois substantivement. *Faire l'aimable*.

AIMABLEMENT, adv. D'une manière aimable.

AIMAGOURIE. Antiq. gr. Fête du Péloponèse, pendant laquelle on fouettait les enfants sur le tombeau de Pélops.

AIMANT, s. m. (gr. *adamas*, indomptable). Chim. et Phys. On donne le nom d'*aimant* ou de *pierre d'aimant*, à une substance minérale (fer oxydulé) qui a la propriété d'attirer le fer, l'acier, le cobalt, le nickel, le chrome et le manganèse, métaux auxquels elle communique à des degrés divers la faculté attractive dont elle jouit, et qui d'ailleurs exerce également sur tous les autres corps, mais à un degré beaucoup plus faible, une influence réelle, soit par attraction, soit par répulsion. La pierre d'aimant a pour gisement ordinaire les mines de fer oxydulé qui s'offrent les montagnes dites primitives. On trouve cette pierre en abondance en Allemagne, en Suède, en Norwège, en Espagne, en Italie, en Corse, etc. Elle est compacte, très dure, pesante, d'une couleur tirant sur le noir. Elle a une action énergique sur l'aiguille magnétique, et sa forme primitive est l'octaèdre régulier.
— Les anciens ont connu cette singulière substance et ils avaient déjà remarqué la propriété attractive dont elle jouit à l'égard du fer. Quant à la direction polaire qu'elle affecte constamment, il ne paraît pas que les anciens lui aient connu cette propriété, qui en fait aujourd'hui toute l'utilité et qui a donné naissance à la boussole, instrument de certaines découvertes dans la marine, dues à une navigation de long cours qu'il était impossible aux peuples de l'antiquité d'effectuer, privés qu'ils étaient de ce précieux moyen. Dans les entrailles de la terre, la boussole n'est pas moins indispensable au mineur pour guider ses recherches et conduire ses pas. Le voyageur égaré dans les sables du désert lui est également redevable de la route qu'elle lui enseigne à retrouver. V. BOUSSOLE.

Aimants artificiels. — La pierre d'aimant constitue l'*aimant naturel*. Au moyen d'un procédé de friction méthodique fondé sur la polarisation de l'aimant naturel, on parvient à faire, avec des pièces de fer et encore mieux d'acier, des aimants artificiels qui prennent dans le commerce le nom de barreaux aimantés. L'aiguille magnétique d'une boussole n'est elle-même qu'une pièce d'acier convertie par ce procédé en un aimant artificiel. Les propriétés des aimants artificiels sont d'ailleurs identiquement les mêmes que celles des aimants naturels. Le pouvoir attractif des aimants s'exerce à toutes les distances et à travers tous les corps ; mais il décroît rapidement avec l'accroissement de la distance et varie avec la température ; à la température rouge, les aimants perdent complètement cette puissance, qui a reçu le nom de *force magnétique*. De même, la théorie physique des aimants porte le nom de *magnétisme*. V. MAGNÉTISME.

La force magnétique n'est pas égale dans tous les points d'un aimant ; on peut aisément s'en convaincre en roulant un barreau aimanté dans la limaille de fer, qui s'attache en se pressant aux extrémités du barreau et finit par manquer absolument à sa région moyenne, dénommée *ligne neutre*, tandis que les deux points extrêmes où elle s'accumule sont appelés *pôles* de l'aimant. Par l'action exercée par les pôles terrestres sur les pôles des aimants, on distingue dans ceux-ci le *pôle boréal*, qui se dirige toujours vers le nord, et le *pôle austral*, dont la direction est contraire. Maintenant, lorsqu'on fait agir des aimants l'un sur l'autre, on découvre que les pôles de noms contraires (boréal et austral) s'attirent, tandis que les pôles de même nom se repoussent. — On donne aux aimants des formes très diverses, surtout depuis les récents progrès de l'électro-magnétisme, où ils trouvent des applications multiples ; les principales sont toutefois le barreau, l'aiguille et le fer à cheval. — *Armer un aimant*, L'envelopper d'une plaque de fer doux qui dirige les résultantes de ses forces attractives de manière à en rendre plus énergique l'effort simultané. — Fig. On donne figurément le nom d'*aimant* à ce qui attire d'une manière irrésistible. *La vertu, la beauté est un aimant*.

AIMANT, ANTE, adj. Naturellement porté à aimer. *Elle est douée d'une âme aimante et sensible*.

AIMANTATION, s. f. Action d'aimanter, de transmettre à quelque substance magnétique, telle que le fer, l'acier, etc., les propriétés de l'aimant. On distingue trois sources principales d'aimantation, qui sont : les aimants, le magnétisme terrestre et l'électricité, dont on utilise de diverses manières. — Dans l'expérience signalée au mot AIMANT, démontrant que les aimants ne pos-

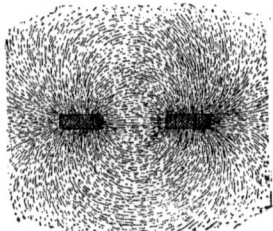

Spectre magnétique.

sèdent pas également la force magnétique partout, on voit la limaille de fer s'attacher aux pôles de l'aimant ; les parcelles de limaille

immédiatement en contact avec celui-ci participent de ses propriétés et, aimantés à leur tour, attirent d'autres parcelles, et ainsi de suite : c'est l'*aimantation par influence*. La limaille, dans cette expérience, prend une disposition filamenteuse se développant en courbes symétriques dénommées *lignes de force* par Faraday et qui constituent ce qu'on appelle le *fantôme* ou *spectre magnétique*. On place sur un barreau aimanté posé horizontalement une petite feuille de carton mince sur laquelle on fait tomber de la limaille de fer d'un tamis. En frappant légèrement cette feuille de carton, on voit les parcelles de limaille, sous l'influence des pôles de l'aimant, se disposer en courbes régulières d'un pôle à l'autre, puis changeant de direction, comme vers un autre pôle dans l'espace. L'aimantation par influence ne dure que le temps de cette influence : qu'on enlève le barreau aimanté, et les parcelles de limaille de fer se détachent du même coup les unes des autres.
— L'*aimantation permanente* par les aimants s'opère par trois méthodes : 1° La *simple touche*, qui consiste à faire glisser le pôle d'un fort aimant le long du barreau à aimanter et à répéter l'opération plusieurs fois, toujours dans le même sens. Cette méthode, qui ne donne qu'une faible aimantation, ne s'applique qu'à de petits barreaux. 2° La *touche séparée*, dans laquelle on place les pôles contraires de deux barreaux aimantés d'égale force au milieu du barreau à aimanter, et on les fait glisser simultanément le long de ce barreau chacun vers l'une des extrémités ; on renouvelle cette double friction, en rapportant à chaque coup les barreaux aimantés à leur point de départ pour les faire glisser vers leurs extrémités respectives, et bientôt le barreau, ainsi frictionné sur toutes ses faces, a acquis une puissance magnétique assez considérable. On obtient un meilleur résultat encore, en plaçant les deux bouts du barreau à aimanter sur les pôles contraires de deux aimants fixes, qui ajoutent à l'action des deux aimants mobiles. 3° La *double touche*, où les deux barreaux aimantés, disposés comme dans la méthode précédente, au lieu de glisser en sens contraire vers les extrémités du barreau à aimanter, sont maintenus à un intervalle fixe par un morceau de bois et glissent de conserve du milieu vers l'une des extrémités et de celle-ci vers l'autre, chaque moitié du barreau recevant le même nombre de frictions. Pour ajouter à la force de l'aimantation, on ajoute, comme dans la touche séparée, l'action d'aimants fixes à celle des aimants mobiles. — *Aimantation par l'action de la terre*. Si on place une barre de fer doux dans le méridien magnétique, parallèlement à l'inclinaison, on lui communique une aimantation très sensible, mais instable, à raison de son défaut de force coercitive ; et en effet, si on retourne cette barre, on s'aperçoit que ses pôles sont aussitôt intervertis. Mais par la raison contraire, la fonte s'aimante très bien de cette façon. On explique par l'influence prolongée du magnétisme terrestre, la formation des aimants naturels, explication insuffisante et incomplète, mais raisonnable après tout, ainsi que la présence de traces d'aimantation dans les vieux objets de fer ou d'acier ; nous reviendrons sur ces questions au mot MAGNÉTISME. — *Aimantation par l'électricité*. Si l'on enroule en hélice, autour d'un tube de verre, un fil de cuivre recouvert de soie et si l'on introduit dans le tube de verre un barreau d'acier, il suffit qu'un courant traverse le fil de cuivre pour que le barreau d'acier soit aussitôt aimanté. Le même résultat est obtenu si, au lieu du courant de la pile, c'est la décharge d'une bouteille de Leyde qu'on fait passer dans le fil de cuivre : l'aimantation par l'électricité n'est pas une propriété exclusive des courants voltaïques. D'autre part, il n'est pas indispensable, pour aimanter un barreau d'acier, de l'enfermer dans un tube de verre ou d'autre substance, il suffit de l'entourer d'un fil de cuivre recouvert de soie serpentant tout le long et d'y faire passer le courant. Les méthodes les plus ordinairement employées aujourd'hui pour l'aimantation par l'électricité sont les suivantes : 1° On se sert d'un *électro-aimant* fixe, sur les pôles duquel on fait glisser alternativement et en sens contraire le barreau à aimanter. L'effet de cette friction est de développer à l'extrémité qui abandonne l'aimant un pôle de nom contraire à celui qui agit, d'où l'on voit que les frictions inverses sur les deux pôles tendent à produire une aimantation dans le même sens. 2° Mais si l'on veut produire une aimantation assez énergique, l'électro-aimant doit être puissant, et dès lors l'adhérence du barreau est telle, que l'opération devient incommode. D'ailleurs, le barreau

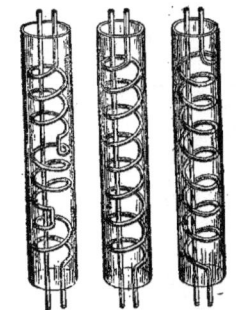

Aimantation par les courants.

peut se trouver fortement rayé par la friction. On préfère dans ce cas faire mouvoir le long du barreau une bobine traversée par un courant. Ces méthodes d'aimantation sont basées sur des principes que nous ne saurions développer ici sans sortir de notre cadre, nous nous bornerons à dire que l'*électro-aimant* se compose d'un barreau de fer doux, le plus souvent en forme de fer à cheval, sur lequel est enroulé un grand nombre de fois, en hé-

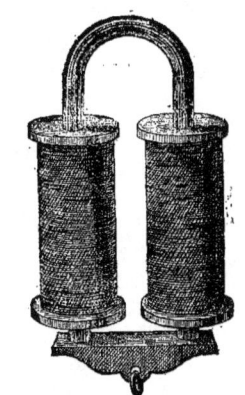

Electro-aimant.

lices superposées, un fil de cuivre recouvert de soie ; lorsqu'un courant traverse ce fil, le barreau est aimanté fortement ; le courant interrompu, l'aimantation disparaît avec lui. Cette propriété du fer doux, due à son manque de force coercitive, a reçu de très nombreuses applications. V. ÉLECTRO-MAGNÉTISME. — *Aimantation par la vapeur*. M. Thomasi a fait en 1875, devant l'Académie des sciences, une expérience des plus curieuses. Il a obtenu des aimants, non plus en soumettant du fer ou de l'acier à l'action d'une hélice dans laquelle passe un courant électrique, mais en plaçant un barreau dans les spires d'un tube creux au sein duquel circule un jet de vapeur. Un tube de cuivre de 2 à 5 millimètres de diamètre est enroulé en hélice autour d'un cylindre de fer ; on fait passer de la vapeur à 5 ou 6 atmosphères dans le tube, et le morceau de fer s'aimante et conserve son aimantation pendant toute la durée du passage de la vapeur. Cette découverte est restée sans application pratique, ainsi que d'autres non moins curieuses, dont il nous paraît inutile, par cette raison, de nous occuper quant à présent, notamment l'*aimantation par compression*.

AIMANTÉ, ÉE, part. pas. de AIMANTER.

AIMANTER, v. a. Communiquer les propriétés de l'aimant à une substance magnétique et en particulier à un barreau d'acier ou de fer.

AIMANTIN, INE, adj. Qui est propre à l'aimant, qui lui appartient. *Propriété aimantine*. — Ce terme n'est plus usité, on dit *Propriété magnétique*.

AIMAR ou AGILMAR, prélat français du IXe siècle. Chassé de son diocèse de Clermont en Auvergne par l'invasion des Normands, cet évêque emporta dans sa fuite les reliques de saint Illis et ceux de saint Vivent, qu'il déposa dans des grottes séparées, situées dans le pays situé entre la Saône et le Doubs, et autour desquelles deux villages ne tardèrent pas à s'élever. Il assista en 877 à l'assemblée de Pavie, où il prêta serment de fidélité à Charles le Chauve ; puis il se rendit à Rome auprès du pape Jean VII, qui le chargeait l'année suivante d'une mission auprès de Louis le Bègue. Aimar, qui siégeait, en 870, au concile de Pontigny, assistait également au concile de Mehun-sur-Loire en 891 ; mais à partir de cette date, on perd toute trace de ce prélat, dont on connaît d'ailleurs bien peu de chose.

AIMARD, GUSTAVE, romancier français, né le 13 septembre 1818, à Paris. Embarqué comme mousse à bord d'un bâtiment faisant voile vers l'Amérique, il fit naufrage et vécut pendant plusieurs années parmi les sauvages. Il parcourut ensuite en aventurier l'Espagne, la Turquie, le Caucase, etc. De retour à Paris vers 1847, il fut nommé, en 1848, officier dans la garde mobile. Après le licenciement de cette arme, il retourna en Amérique et fit partie de l'audacieuse expédition de la Sonora, commandée par le comte de Raousset-Boulbon. — Revenu en France, M. Gustave Aimard résolut d'utiliser l'expérience acquise dans ses aventureuses expéditions, en en fit, en effet, le canevas de nombreux romans, qui lui valurent, dès le début, une grande popularité. Nous citerons, outre un premier ouvrage anonyme, *Un coin du rideau*, publié en 1847 : *les Trappeurs de l'Arkansas* (1858) ; *le Grand Chef des Aucas* (1858) ; *le Chercheur de pistes* (1858) ; *le Cœur loyal* (1861) ; *les Rôdeurs de frontières* (1861) ; *les Francs-Tireurs* (1861) ; *la Main ferme* (1862) ; *Valentin Guillois* (1862) ; *les Nuits mexicaines* (1863) ; *les Aventuriers* (1863) ; *les Chasseurs d'abeilles* (1864) ; *les Fils de la torture* (1864) ; *Zeno Cabral* (1865) ; *le Guaranis* (1865) ; *la Forêt vierge* ; *la Belle Rivière* ; *Aventures de Michel Hartmann* ; *Cardenio* ; *la Guérilla fantôme* ; *les Bisons blancs* (1876), etc. — Il a, en outre, donné en 1864, au théâtre de la Porte-Saint-Martin, une « adaptation » dramatique de plusieurs de ses romans, en 5 actes, en collaboration avec feu Amédée Rolland : *les Flibustiers de la Sonora*.

Au début de la guerre de 1870, M. Gustave Aimard organisa, sous le titre de « francs-tireurs de la presse », un bataillon de volontaires dont il prit le commandement. Mais il résigna ce commandement au bout de quelques semaines, à la suite de difficultés avec ses subordonnés, et d'ailleurs presque contraint par des raisons de santé. — Il est mort le 30 avril 1883.

AIMÉ, ÉE, part. pas. de AIMER.

AIMER, *v. a.* (lat. *amare*). Eprouver un sentiment d'affection, d'attachement pour quelqu'un ou quelque chose. *Aimer sa famille. Aimer son chien. Aimer sa maison. Aimer sa profession, la gloire, la vertu* — Il se dit aussi pour avoir du goût, une préférence pour. *Aimer la musique, le parfum des roses, les femmes, le vin, la parure. Aimer le scandale, le bruit.* — Absolument, *aimer* se dit plus particulièrement de la passion de l'amour. *Il est dangereux d'aimer.* Mais il prend souvent aussi une acception plus générale:

> Aimer, aimer, c'est être utile à soi;
> Se faire aimer, c'est être utile aux autres.
>
> (Béranger.)

Ce verbe entre dans plusieurs proverbes dont le sens est assez clair : *Qui aime bien châtie bien. Qui m'aime aime mon chien. Qui m'aime me suive.* — Gram. Il se joint souvent avec la préposition *à* devant un infinitif, et signifie alors prendre plaisir à. *Vous aimez à plaisanter. Il aime à être encensé. J'aime à lire.* — Il se joint aussi avec la conjonction *que* suivie d'un subjonctif. *Aimez qu'on vous conseille et non pas qu'on vous loue.* — Il se joint enfin à l'adverbe *mieux*, pour marquer une préférence. *J'aimerais mieux tout perdre que de suivre votre avis.*

— S'aimer, *v. pr.* Faire échange de sentiments affectueux. *Ces jeunes gens s'aiment avec passion* — Avoir de l'amour-propre. *Voici un monsieur qui s'aime trop pour aimer personne.* — Il se dit aussi, du moins le Dictionnaire de l'Académie l'affirme, pour Se plaire, en parlant d'un lieu, prendre plaisir à y être. *Je m'aime beaucoup à la campagne.* Mais je ne crois pas qu'il y ait beaucoup de gens disposés à faire usage d'une phrase aussi barbare.

AIMOIN, savant bénédictin, de l'abbaye de Fleury-sur-Loire, au xe siècle. Il est auteur d'une *Histoire de France* dédiée à l'abbé Abdon et de quelques autres ouvrages historiques et théologiques. Les premiers sont, en général, sans grande valeur.

AIMON, prince des Ardennes, père des quatre preux devenus populaires sous le nom des *Quatre fils Aimon*, grâce à une légende célèbre qui n'est qu'un tissu de fables ridicules. Une légende plus vraisemblable assure que Renaud, l'aîné de ces quatre fils, fut un grand guerrier sous Charlemagne, puis se fit moine à Cologne et mourut martyr de la foi.

AIN, département de la France, borné au N. par le départ. du Jura; à l'E. par celui de la Haute-Savoie et la Suisse (cant. de Genève et de Vaud); au S. par le Rhône qui le sépare du départ. de l'Isère et à l'O. par la Saône, qui le sépare des départements du Rhône et de Saône-et-Loire. Il est formé des anciennes prov. de Bresse, du Bugey, du Valromey, du territoire de Gex et de la principauté de Dombes. Le départ. de l'Ain est sillonné par de nombreux cours d'eau : l'Ain, le Rhône, la Saône, la Bienne, la Reyssouse sont seules navigables ; les rivières les plus importantes, après les précédentes, sont: la Seille, la Semine, la Valserine, le Seran, le Furan, l'Albarine, l'Oignin, le Suran, la Veyle et la Chalaronne. On y trouve plusieurs lacs, dont celui de Nantua est seul digne de mention et la plaine de Dombes est couverte d'étangs. La superficie du départ. est de 5,799 kil. carrés; sa pop. de 363,472 hab. Ch.-l. Bourg (18,238 hab.); il compte 5 arr. (Bourg, Belley, Gex, Nantua, Trévoux), 36 cantons et 453 com. Sa richesse est évaluée à 1,500 millions. — L'est du département de l'Ain, traversé par la partie sud de la chaîne du Jura, est généralement très montagneux ; au nord-ouest, sa surface est peu accidentée et le sud-ouest est plat et marécageux. Il est entièrement situé dans le bassin du Rhône. Le climat y est très sain, sauf dans les contrées marécageuses de l'ouest. Le sol est très fertile dans les vallées et les plaines ; il produit du blé, de l'orge, du maïs, du seigle, des fruits de toute espèce, surtout du raisin dont on tire un vin de bonne qualité. Les sommets de beaucoup de montagnes sont couverts de forêts dont les essences principales sont le chêne et le sapin et dont les pentes intérieures offrent d'abondants pâturages à des troupeaux renommés. Les principaux produits minéraux sont l'asphalte, l'argile à poterie, le fer, la pierre à bâtir et surtout d'excellente pierre lithographique. Nombreux moulins et scieries mécaniques ; fabriq. de soieries, toile, coton, lainages ; papeterie, horlogerie, verrerie, peignes et tabletterie ; fromageries du Bugey. — Le départ. de l'Ain est traversé par six routes nationales, dont la principale est la route de Paris à Genève, et par 22 routes départementales. La ligne ferrée de Paris-Lyon-Méditerranée et les embranchements de Lyon à Genève par Culoz, de Mâcon à Genève, de Lyon à Vesoul, de Bourg à Chalon-s.-Saône, de Bourg à Lyon assurent les communications rapides entre les villes du département et avec l'extérieur. — Antiquités celtiques, romaines et du moyen âge.

— Mœurs. Il se célèbre encore, dans diverses parties du département de l'Ain, certaines fêtes dont l'origine est antérieure à l'établissement du christianisme. Ainsi, au mois de mars, à Mézériat et à Polliat, on célèbre la *Fête des serpents*. Sous peine d'être piqué par *un* serpent ou *une* vipère, il faut ce jour-là prendre ses habits du dimanche, entendre la messe et s'abstenir de toute œuvre servile. Rien ne doit ramper ou *traîner* dans la maison ; on ne balaye pas, parce que le balai *traîne*, on n'essuie pas, parce que le torchon *traîne*. Si l'on a besoin d'un fagot pour la cuisine, il est de règle de le soulever sans qu'il puisse raser le sol. Dans d'autres pays, on invoque saint Amable, de tous les saints le plus redouté des reptiles. — La *Fête des rats* commande le repos absolu d'un jour dominical ; la ménagère qui s'aviserait de filer aurait à s'en repentir, tout son linge serait dévoré. Il ne faut à aucun prix, ce jour-là, toucher à un corps gras. — La *Fête des cochons* coïncide avec la Saint-Antoine. Elle consiste en un pèlerinage à la chapelle la plus voisine vouée à ce saint. Les jeunes filles doivent danser à outrance ; plus elles sautent, plus les cochons sont *drus*. — La *Fête des veaux* se célèbre à la Saint-Bonet, le 15 janvier ; elle diffère peu de la *Fête des cochons*.

AIN, riv. de France. L'Ain prend sa source dans le départ. du Jura, près de Comte, à 4 kil. de Nozeroy, et coule dans une gorge très resserrée, en formant plus de vingt chutes, dont la plus remarquable est celle du port de la Siez ; là, le rocher qui forme son lit vient à lui manquer, et les eaux tombent tout à coup d'une hauteur de 16^{m} sur une largeur de 130^{m} ; c'est, probablement, une des plus belles cascades de l'Europe. L'Ain est flottable en trains depuis le pont de Navoy (Jura), et navigable depuis la Chartreuse de Vaucluse (Jura). Sa pente est de 1^{m},50 par kil. ; aussi n'est-il navigable que pour la descente. D'ailleurs, l'escarpement presque continuel de ses bords s'opposerait à la construction d'un chemin de halage. Il entre dans le départ. sur le territoire de la commune de Dortan, passe près de Poncin, Pont-d'Ain, Varambon, Loye, et se jette dans le Rhône par sa rive droite, vis-à-vis du village d'Authon (Isère), après avoir reçu dans son cours de 170 kil., dont 90 environ appartiennent au département, la Bienne, l'Oignin, la Valouze, le Suran et l'Albarine.

AINAD, ville d'Arabie, prov. d'Hadramant, à environ 330 kil. N.-E. d'Aden. Pop. 10,000 hab. — Près de cette ville se trouve le tombeau d'un prophète musulman très fréquenté par les pèlerins, dont l'arrivée coïncide avec une foire annuelle importante.

AIN BEIDA, commune d'Algérie et ch.-l. du cercle militaire du même nom, prov. et départ. de Constantine. Pop. 2,500 hab., avec Meskiana, son annexe. En octobre 1833, un combat eut lieu près d'Aïn Beïda, entre les Français et les Arabes. La tribu la plus nombreuse du cercle d'Aïn Beïda est celle des Haracta, paisible et adonnée à l'agriculture, aujourd'hui du moins ; elle compte 28,000 âmes.

AINE, *s. f.* (lat. *inguen*). Le pli de la cuisse au bas du ventre. — Tech. Morceau de peau de mouton servant à joindre une éclisse et une têtière dans un soufflet d'orgue. — Baguette dont on traverse la tête des harengs pour les fumer.

AINÉ, ÉE, *adj.* Le premier-né des enfants. *Branche aînée*, Branche d'une famille ayant pour souche l'aîné. — *Fils aîné de l'Église*, Titre dont se paraient les rois de France. — *Fille aînée des rois de France*, Titre revendiqué par l'Université avec non moins d'à-propos. — Subst. Il se dit non seulement du premier-né, mais aussi de celui qui est plus âgé qu'un autre avec lequel on le compare. *Je suis l'aîné de la famille. Laquelle est l'aînée de Louise ou de son amie? Je suis votre aîné de plus de deux ans.*

AINESSE, *s. f.* (lat. *ante-natitia*). Priorité d'âge entre frères et sœurs, Qualité de celui qui est l'aîné. — *Droit d'aînesse.* Droit que conférait la qualité d'aîné sur l'héritage paternel, avant la Révolution. Ce droit est encore en vigueur en Angleterre, où l'aîné des enfants hérite du nom, du titre, de la propriété seigneuriale s'il y a lieu, le sort de ses frères et sœurs laissé à peu près à sa discrétion. Plusieurs tentatives ont été faites en France pour rétablir ce droit, mais sans succès : le morcellement des propriétés, que ce droit avait surtout pour but de prévenir, ôterait, du reste, tout intérêt à son rétablissement.

AINETTE, *s. f.* Diminutif de aine. Baguette à saurer les harengs.

AIN-MAHDI, ville d'Algérie, départ. d'Alger, à 270 kil. S.-E. de Mascara, sur les confins du Sahara. Env. 2,000 hab. Cette ville s'élève sur un rocher au milieu d'une plaine aride, mais entourée de jardins boisés et formant une véritable oasis. C'est un point de station des caravanes. — Aïn-Mahdi fut saccagée, en 1838, par Abd-el-Kader, qui l'assiégea pendant quatre mois, sans pouvoir s'en rendre maître.

AINMULLER, Maximilien Emmanuel, peintre-verrier allemand (1807-1870), né à Munich. Sur les conseils de Gærtner, directeur de la manufacture royale de porcelaine, il s'adonna à la peinture sur verre, qu'il étudia tant au point de vue des procédés mécaniques qu'à celui de l'art ; ses progrès furent si grands, qu'il fut nommé directeur de la nouvelle manufacture royale de vitraux peints, de sa ville natale, en 1828. Il perfectionna les procédés en usage et restaura avec bonheur ceux des verriers de la Renaissance, consistant principalement dans l'application directe de la peinture sur le verre, et dans la cuisson de chaque couche aussitôt posée. La réputation d'Ainmüller grandit rapidement et s'étendit en dehors de l'Allemagne. Les premiers spécimens de ses travaux se trouvent à la cathédrale de Ratisbonne; celle de Cologne possède également plusieurs de ses plus beaux ouvrages, et il en a enrichi également de nombreuses églises de la Bavière et du reste de l'Allemagne. En Angleterre, on lui doit presque tous les vitraux de la cathédrale de Glasgow; la cathédrale de saint Paul, le collège Saint-Pierre de Cambridge possèdent également des ouvrages d'Ainmüller. Peintre distingué, on lui doit enfin quelques toiles estimées, représentant : *Notre-Dame de Munich*, la *Cathédrale d'Ulm*, *Saint-Marc de Venise*, *Saint-Etienne de Vienne*, la *Chapelle royale de Windsor*, l'*Abbaye de Westminster*, la *Chambre des prélats*, de Strasbourg, etc. — Il est mort le 9 décembre 1870.

AINOS, *s. m. pl.* Géog. Nom d'un peuple peu nombreux mais très remarquable, qui habite principalement l'île de Yéso, la plus septentrionale, après l'archipel des Kouriles, de l'empire japonais. On ne connaît pas leur origine, mais ils sont tout à fait différents de race et de mœurs des autres Japonais; ils sont petits et trapus, assez bien proportionnés cependant; ont la peau blanche, basanée, la barbe et les cheveux noirs et abondants, des yeux également noirs, de forme plutôt aryenne que mongole, et parlent une langue tout à fait distincte du japonais. On croit qu'ils viennent de l'Occident; mais tout ce qu'on sait de leur passé, c'est qu'ils étaient originairement maîtres d'une grande partie de l'île de Nippon, d'où les Japonais finirent par les expulser. Ils sont de mœurs douces, ignorants mais avides d'apprendre; ils ne reconnaissent d'autre autorité que celle du père de famille. Les Ainos vivent principalement de pêche, de chasse et aussi du riz qu'ils obtiennent des Japonais en échange de poisson ou de gibier. Ils sont vêtus de tuniques de coton ou de peau qui leur descendent aux genoux et se retirent dans des huttes à peu près dépourvues de tout mobilier. Leur nombre ne dépasse pas 50,000.

AINS, *conj. advers.* Mais (hors d'usage).

AINSI, *adv.* De cette manière. *Il s'exprima ainsi. C'est ainsi qu'il faut agir.* — Par conséquent. *Ainsi, c'est chose convenue.* — La formule *Ainsi soit-il* et quelques autres qui font ordinairement l'objet d'une explication spéciale, peuvent parfaitement s'en passer; *ainsi*, en effet, n'y change pas d'acception : *ainsi soit-il* signifie qu'il en soit ainsi, de cette manière, selon le désir qui vient d'être exprimé.

— AINSI QUE, *loc. conj.* De même que, Comme. *La joie ainsi que le chagrin. La beauté ainsi que la vertu. Cela s'est passé ainsi que vous l'aviez prévu.*

AINSWORTH, ROBERT, grammairien anglais (1660-1743), auteur d'un dictionnaire latin bien connu. Né à Woodvale, près de Manchester, il entra dans l'enseignement, professa d'abord à Bolton, puis alla s'établir à Londres, où il dirigea une pension, d'abord à Bethnal Green et ensuite à Hackney. Il se retira de bonne heure avec une petite fortune, et c'est alors, en 1714, que lui fut faite la proposition de préparer un dictionnaire latin. Cet ouvrage, paru seulement en 1736, eut de nombreuses éditions, revues et augmentées par d'autres auteurs et fut longtemps en usage dans toutes les écoles d'Angleterre, malgré son insuffisance reconnue. Ce n'était autre chose, en effet, qu'un simple catalogue de mots, sans classification raisonnée, sans définition exacte et complète de leurs diverses significations; de sorte qu'il était loin de répondre aux besoins de recherches philologiques qui caractérise l'enseignement moderne. Aussi est-il, depuis assez longtemps, remplacé complètement par des ouvrages d'une valeur plus sérieuse.

AINSWORTH, WILLIAM HARRISON, romancier anglais, fils aîné de Thomas Ainsworth, avoué (*solicitor*) de Manchester et arrière-petit-fils du précédent, naquit le 4 février 1805. Ayant fait ses études à l'école libre de grammaire de Manchester, il entra, engagé par contrat, chez un des principaux avoués de cette ville, M. Kay, n'ayant pas encore seize ans. Ayant perdu son père à dix-neuf ans, il vint à Londres pour finir son stage dans l'étude de M. Jacob Phillips. C'est, toutefois, avant d'avoir achevé son engagement qu'il publia son premier roman : *Sir John Chiverton* (1825), dont Walter Scott fit le plus grand éloge. L'année suivante, W. H. Ainsworth épousait la fille de M. Ebers, l'éditeur de Bond-street, et abandonnait le droit pour se livrer entièrement à la double carrière d'écrivain et d'éditeur; il ne conserva toutefois, à proprement parler, que fort peu de temps cette dernière et se borna bientôt à la littérature. — *Rockwood*, qui parut en 1834, établit désormais sa réputation d'écrivain, et eut plusieurs éditions rapides. *Crichton*, qui parut ensuite (1837), eut également un grand succès. Le premier chapitre de *Jack Sheppard*, qui eut une vogue presque universelle, parut en janvier 1839 dans le *Bentley's Miscellany*, dont Charles Dickens, auquel Ainsworth succéda dans ses fonctions, en mars 1840, était alors rédacteur en chef. Le roman de *Jack Sheppard* eut un succès tel, qu'à peine sa publication était-elle achevée dans le *Bentley*, que huit versions différentes en étaient préparées pour la scène. *Guy Fawkes*, qui parut également dans le *Bentley's Miscellany*, et la *Tour de Londres* ajoutèrent encore à sa réputation. En 1841, il publia par parties hebdomadaires, dans le *Sunday Times, Old Saint-Paul's* (la cathédrale de Saint-Paul). Vers la fin de cette même année, M. Ainsworth quittait la direction du *Bentley* et fondait le « Magazine, » qui porta son propre nom et dans lequel parurent successivement : *la Fille de l'avare* (the Miser's Daughter); *le Château de Windsor*; *Saint-James, ou la Cour de la reine Anne*, où il entreprenait courageusement l'œuvre ingrate de la défense du caractère de Marlborough. En 1845, il devenait propriétaire du *New Monthly Magazine*. Trois ans plus tard, il publiait dans le *Sunday Times*: *les Sorcières du Lancashire* (the Lancashire Witches); suivies en 1854 de la *Chambre ardente* (the Star Chamber), et d'un roman de mœurs anciennes, intitulé *la Flèche de lard* (the Flitch of bacon, or the Custom of Dunmow). En 1855, il parut une collection de ses premières nouvelles « Ballads, Romantic, Fantastical and Humorous » et en 1856, un roman précédemment publié dans le *Bentley's Miscellany*, dont Ainsworth était également devenu propriétaire en 1852: *le Dissipateur* (the Spendshrift). En 1857, il reprit et publia par parties mensuelles, *Mervyn Clitheroe*, roman semi-autobiographique dont la publication avait été précédemment interrompue, pour cause d'insuccès sans doute. Après un nouvel intervalle, pendant lequel il composa un poème intitulé *the Combat of the Thirty*, fondé sur une vieille légende nationale, aussi bien française qu'anglaise, il publia en 1860 un roman historique du temps de la République, intitulé *Ovingdean Grange*; suivi du *Gouverneur de la Tour* (the Constable of the Tower), commencé en 1861 dans le *Bentley*, et publié ensuite séparément ; *le Lord-Maire de Londres* (the Lord-Mayor of London, or City Life in the last century), en 1862 ; *Cardinal Pole, or the Days of Philip and Mary* (1863); et *John Law, the Projector* (1864), dont le héros n'est autre que le trop célèbre financier écossais, *faiseur de projets* (projector), qui fut contrôleur général des finances en France. Ses plus récents ouvrages sont: *Spanish Math, or Charles Stuart in Madrid* ; *le Connétable de Bourbon* ; *Old Court*; *Myddleton Pomfret*; *Hilary Saint-Ives*; ces trois derniers sont des romans de mœurs modernes dont les scènes se rapportent à la vie des comtés du sud de l'Angleterre, et qui contiennent des descriptions des sites pittoresques de cette partie du pays. Nous citerons enfin : *Boscobel, or the Royal Oack, a tale of the year* 1651 (1872); *the Lood old Times* ; *the Story of the Manchester Rebels* of 45, etc. (1873); et *Merry England, or Nobles and Serfs* (1874), etc. — Il est mort à Reigate, le 3 janvier 1882.

Les romans de M. Ainsworth, très populaires en Angleterre et en Amérique, ont été traduits pour la plupart en français et en allemand ; en outre, plusieurs d'entre eux ont été ou traduits littérairement ou résumés en espagnol, en italien, en hollandais, en russe, etc.

AINSWORTH, WILLIAM FRANCIS, voyageur et géographe anglais, membre de la Société royale de géographie, de la Société des antiquaires de Londres, etc., ainsi que d'un grand nombre de Sociétés savantes étrangères ; cousin du précédent, né à Exeter, le 9 novembre 1807 ; étudia la médecine et les sciences naturelles et fit un premier voyage scientifique sur le continent, dès qu'il eut été reçu docteur en philosophie (1827), principalement dans le midi de la France. A son retour, en 1829, il prit la direction du *Journal of natural and geological sciences*. Lors de l'invasion du choléra dans le Sunderland, en 1832, il fut un des premiers à se rendre sur les lieux que désolait l'épidémie, pour être plus à portée de l'étudier, et il publia effectivement, ensuite, le résultat de ses observations sous ce titre : *On pestilential cholera*. Il fut alors attaché comme chirurgien aux hôpitaux de cholériques de Saint-Georges, Leicester Square, et de Westport, Ballinrobe, Claremorris et Newport, en Irlande. Étant en 1834, il étudia la géologie du pays et fit un sujet de lectures (ce que nous appelons des *conférences*) à Limerick et à Dublin. En 1835, il fut attaché, à la double qualité de chirurgien et de géologue, à l'expédition ayant pour objet la recherche d'une route de l'Inde par l'Euphrate, et à son retour : *Researches in Assyria, Babylonia and Chaldea* (1838). Cette même année, il fut envoyé par la Société royale de géographie et la Société pour le développement des connaissances chrétiennes, dans le Kurdistan, qu'il venait de parcourir une première fois, avec mission d'étudier la situation des chrétiens de ce pays, notamment des Nestoriens. Ses *Voyages dans l'Asie Mineure, la Mésopotamie et l'Arménie* (1842), et ses *Voyages sur la piste des Dix-Mille* (Travels in the track of the Ten-Thousand Greecks — 1844), furent le résultat de ces deux voyages successifs, qui durèrent plus de sept années. M. Ainsworth a publié en outre : *Claims of the oriental christians; Lares and Penates, or Cilicia and its governors; the Euphrates Valley Route to India.* (La route de l'Inde par la vallée l'Euphrate); *On an indo-european telegraph; by the valley of the Tigris.* (Sur la construction d'une ligne télégraphique indo-européenne passant par la vallée du Tigre); projet mis à exécution depuis par le gouvernement turc; *Autour du monde* (All round the world); *le Dictionnaire géographique universel illustré*, (the Illustrated Universal Gazetteer), etc.

M. W.-F. Ainsworth est l'un des fondateurs du West London Hospital, dont il est aussi l'un des administrateurs et le trésorier. Il est également propriétaire et rédacteur en chef du *New Monthly Magazine*.

AIN-TAB, ville forte de Syrie, à 100 kil. N.-N.-E. d'Alep, sur la frontière septentrionale. Pop. env. 20,000 hab. Grand commerce, principalement en peaux et cuirs tannés. On cultive aux environs une espèce de coton de qualité commune. Grands et beaux bazars. Cinq mosquées et une église arménienne.

AIN-TÉDELÈS, commune d'Algérie, arr. et à 20 kil. de Mostaganem, départ. d'Oran. Pop. 2,500 hab., compris celle de ses annexes, Pont-du-Chélif et Sourk-el-Mitou. Le village est bâti sur un plateau dominant le cours du Chélif, à 2 kil. de ses rives. Pépinières.

AIN-TÉMOUCHENT (l'anc. *Timici* des Romains), commune d'Algérie, arr. et départ. d'Oran (à 72 kil. de cette ville. Pop. 1,800 hab., avec Aïn-Kial et Rio-Salado. Ruines de l'antique Timici, explorées et décrites par divers archéologues.

AIR, *s. m.* (gr. *aêr*). Fluide gazeux formant autour de la globe terrestre une enveloppe désignée sous le nom d'*atmosphère*, ou mieux d'*adrosphère* (v. ces mots).

— PHYS. ET CHIM. Les anciens regardaient l'air comme un des quatre éléments, dont les trois autres étaient l'eau, la terre et le feu. La chimie moderne a ruiné cette théorie, en même temps que la physique montrait qu'un litre d'air pèse 1 gr. 293 et déduisait de cette découverte les conséquences les plus inattendues (V. BAROMÈTRE, BAROSCOPE, MACHINE PNEUMATIQUE, POMPE, etc.)

Analyse de l'air en volume. C'est en 1774 que Lavoisier donna la preuve que l'air est principalement composé de deux gaz, l'oxy-

Analyse de l'air en volume, appareil de Lavoisier

gène et l'azote. Il prit pour cela un ballon contenant du mercure dont le col recourbé s'engageait sous une cloche graduée, et en partie remplie d'air atmosphérique ; il chauffa le ballon pendant douze jours, et reconnut que l'air de l'appareil n'avait plus la propriété de se former sur le mercure des pellicules rouges ; ces dernières, chauffées, donnèrent un gaz qui entretenait la combustion et la respiration : c'était l'*oxygène*; l'air contenu dans l'appareil n'entretenait ni la combustion ni la respiration : il l'appela *azote*. La composition de l'air se détermine au moyen de la première, on en introduit dans un appareil 100 vol. d'air et 100 vol. d'hydrogène pur ; on fait passer l'étincelle électrique, et il reste après la détonation 137 vol., donc, 63 vol. ont disparu pour former de l'eau; d'où on conclut que l'air contient 21 °/₀ d'oxygène.

— On procède à l'analyse de l'air par plusieurs autres méthodes, dont la plus rapide est l'analyse au moyen de l'acide pyrogallique. On se sert d'un tube gradué fermé à l'une de ses extrémités, dans lequel on introduit un certain volume d'air; on agite, avec de l'acide pyrogallique et de la potasse qui absorbent l'oxygène; l'eau monte dans le tube, et il n'y reste plus que l'azote. La méthode la plus simple est celle qui donne l'analyse de l'air au moyen du phosphore à froid. Dans le tube gradué contenant un volume d'air déterminé, on introduit une baguette de phosphore, au bout de quelques heures, l'oxygène de l'air, combiné avec le phosphore, forme de l'acide phosphoreux qui se dissout dans l'eau. Il s'est produit une véritable combustion, ainsi que l'indiquent les lueurs que répand le phosphore; dès qu'il n'y a plus de lueurs, l'oxygène est entièrement absorbé. On retire le phosphore, on applique la main à l'ouverture de l'éprouvette et l'on agite pour absorber les vapeurs acides; on replonge ensuite le tube dans l'eau, de manière que le niveau soit le même à l'intérieur et à l'extérieur, et l'on mesure le volume de gaz qui reste, lequel donne 79 pour cent d'azote, et par conséquent 21 pour cent d'oxygène disparu. — L'analyse par le phosphore à chaud donne des résultats plus rapides, mais l'opération est dangereuse.

Analyse de l'air en poids. La méthode d'analyse due à MM. Boussingault et Dumas est beaucoup plus rigoureuse et donne la composition de l'air en poids. On se sert dans cette expérience de l'appareil montré dans la figure ci-jointe, composé d'un tube muni de

Analyse de l'air en poids et en volume.
Appareil de Dumas et Boussingault.

deux robinets permettant de faire le vide et contenant des copeaux de cuivre; l'une des extrémités de ce tube de cuivre communique avec un ballon à robinet, et l'autre avec une série de tubes destinés à débarrasser l'air de son acide carbonique et de sa vapeur d'eau. Le tube de Liebig contient en avant, contient une dissolution de potasse; les quatre tubes en U qui viennent ensuite sont remplis, les deux premiers avec de la pierre ponce imbibée d'une dissolution concentrée de potasse, et les deux autres avec des fragments de potasse caustique. Le tube de Liebig contient de l'acide sulfurique concentré, et les derniers tubes en U sont remplis de ponce imbibée de ce même acide. Cette expérience donne comme résultat :

En poids { Oxygène..... 23,01 / Azote..... 76,99 } 100.

En volume { Oxygène.... 20,81 / Azote..... 79,19 } 100.

L'air est un mélange et non une combinaison. En effet, les deux gaz qui composent l'air atmosphérique se dissolvent dans l'eau des fleuves et des rivières, suivant leur coefficient de solubilité; de plus, lorsqu'on mêle de l'oxygène et de l'azote, on n'observe ni chaleur, ni lumière, ni électricité, phénomènes qui accompagnent toujours une combinaison. La composition de l'air reste sensiblement la même, car l'acide carbonique exhalé par les animaux, les combustions, etc., est absorbé par les parties *vertes* des plantes; ces dernières s'assimilant le carbone et rejettent l'oxygène. L'air sec ne conduit ni la chaleur ni l'électricité. — L'air en mouvement porte le nom de vent, et est employé comme force motrice, autant qu'il est possible de le maîtriser.

Outre l'oxygène et l'azote, l'air contient encore des traces d'ammoniaque, d'hydrogène sulfuré, d'iode, etc. C'est un gaz incolore, inodore; ses propriétés sont celles de l'oxygène, fortement modérées par l'azote, Il entretient la combustion, la respiration, il oxyde les métaux, etc., comme l'oxygène.

AIR CHAUD. Méc. V. MACHINES.

AIR COMPRIMÉ. Méc. V. MACHINES. — Hyg. Le docteur E. Beaugrand, dans ses additions au *Traité d'hygiène* de Becquerel, parle comme suit des effets produits par l'emploi de l'air comprimé : « Depuis les observations de MM. Tabarié, Triger et Pravaz, certains grands travaux pour le percement de puits à houille (Pollet et Watelle), pour le creusement des fondations des piles destinées à soutenir le pont du Rhin (François), l'emploi de la cloche à plongeur (Hamel), etc., ont fait connaître plus exactement les phénomènes et les dangers que peut occasionner l'air comprimé. Les phénomènes observés, lors de l'entrée des ouvriers dans les caissons, sont des douleurs très vives dans les oreilles, douleurs qui disparaissent quand la pression de l'air contenu dans l'oreille moyenne s'est mise en équilibre avec celle de l'air extérieur. Sous trois atmosphères, la voix devient nasonnée, et l'on ne peut plus siffler, le pouls baisse. Les mouvements sont faciles et énergiques; la salive et l'urine deviennent plus abondantes; le cerveau est un peu excité; la faim se développe. La sortie des caissons est beaucoup plus pénible. La soupape d'entrée ne peut s'ouvrir qu'après avoir laissé échapper l'air comprimé : c'est ce qu'on nomme l'*éclusement*. Pendant cette opération, la douleur d'oreille reparaît, par un mécanisme inverse de celui de l'entrée; la membrane du tympan est alors refoulée de dedans en dehors. Mais ce n'est pas tout : la raréfaction relative de l'air amène un refroidissement très intense et dont les ouvriers souffrent beaucoup. C'est après la sortie que se montrent les accidents suivants : les otalgies sont quelquefois suivies de dureté de l'ouïe et même de surdité temporaire ou permanente; il survient des douleurs articulaires ou musculaires, parfois extrêmement intenses, d'une durée ordinaire de quelques jours, mais pouvant se prolonger plus longtemps et exigeant un traitement antiphlogistique assez énergique; des congestions cérébrales ou pulmonaires parfois fort graves, et même, dans certains cas, plus ou moins rapidement mortelles; enfin du prurit, des hémoptisies, des épistaxis, etc. Quant aux effets généraux sur l'économie, l'appétit, d'abord augmenté, ne tarde pas à diminuer, et il se manifeste un amaigrissement avec dépérissement très appréciable. Ce n'est pas tout : pendant le séjour dans les caissons, les émanations charbonneuses des lampes ou bougies, trop fortement activées dans leur combustion, produisent de graves inconvénients du côté des voies respiratoires. Enfin, comme on en a des exemples, il peut se produire des explosions suivies d'accidents mortels. »

— AIR. Se dit par rapport à la température. *Air sec, humide, vif, pur, sain, malsain,* etc. — *Prendre l'air, sortir de chez soi pour s'exposer au grand air.* — *Donner de l'air à une pièce,* en ouvrir toutes les issues pour donner accès à l'air extérieur. — *Fendre l'air, courir très vite* ou, en parlant d'un oiseau, *voler à tire d'aile.* — Fig. *Ces idées étaient dans l'air,* c.-à-d. prêtes à se dévoiler, à faire explosion. — Peint. *Donner de l'air à une composition,* En détacher mieux les figures du fond. — Prov. *Vivre de l'air du temps,* vivre de rien, sans nourriture. — *Se donner de l'air. Jouer la Fille de l'air* (par allusion à une féerie populaire). *Prendre la fuite.* — En parlant du vent, c.-à-d. de l'air en mouvement : *Courant d'air. Coup d'air. L'air pénètre de toutes parts dans ce taudis.* — L'ancienne chimie donnait le nom d'air à tous les gaz. Le gaz acide carbonique s'appelait *air fixe*; l'hydrogène, *air inflammable*; l'azote, *air phlogistique*; l'oxygène, *air déphlogistiqué, air vital.*

— EN L'AIR, *loc. adv.* Dans l'air. — Fig. En désordre. *Avoir la tête en l'air. Tout est en l'air chez lui.* — Sans consistance. *Projets en l'air.* — En mouvement, agité. *Tout le monde est en l'air.* — Art milit. Troupe en l'air, qui n'est pas appuyée.

AIR, *s. m.* Apparence extérieure. *Ce jeune homme a fort bon air. L'air modeste de cette jeune fille séduit tout d'abord.* — Ressemblance. *Il y a un air de famille entre eux.* — Manière, façon. *Prendre de grands airs, des airs penchés. Un air comme il faut. Un air gracieux.* — B.-Arts. *Air de tête,* individuel dont l'on donne à une tête. — Manège. Allure du cheval. Il s'emploie surtout au pluriel. *Des airs bas, des airs relevés.* — Gram. *Avoir l'air,* paraître. *Avoir l'air bon, méchant,* ou *bonne, méchante.* « Quand le mot *air* est immédiatement suivi d'un adjectif, dit l'Académie, si cet adjectif se rapporte au sujet de la proposition, il doit s'accorder avec le sujet; s'il se rapporte seulement au mot *air,* il doit être mis au masculin. On ne dirait pas d'une femme, *Elle a l'air enceint, Elle a l'air mal fait*; il faudrait dire *Elle a l'air enceinte, Elle a l'air mal faite,* et mieux, *Elle a l'air d'être enceinte, d'être mal faite.* » — En effet, c'est le mieux qui doit être préféré; car si la femme en question n'est pas mal faite, mais on a seulement l'air, ce n'est qu'arbitrairement qu'on peut faire accorder l'adjectif avec le sujet. Dans la conversation, toutefois, le choix des deux accords est libre.

AIR, *s. m.* Mus. « Il est difficile, dit le D⁽ʳ⁾ Pierre Lichtenthal (*Dict. de musique*), de donner une exacte définition du mot *air*, car les progrès successifs de la musique ont fait appliquer ce nom à des compositions de genres fort différents. En général, le mot *air* présente l'idée d'un morceau de musique, exécuté par une seule voix, composé d'un certain nombre de phrases liées ensemble, d'une manière régulière et symétrique, et se terminant, le plus souvent, dans le même ton qu'en commençant. » La nationalité d'un peuple ne se trahit point seulement par sa physionomie, son langage, ses mœurs; elle est aussi, et d'une façon bien frappante, dans sa musique, cette intime émanation de son âme. A l'Italie les *barcarolles,* les *villanelles,* les *tarentelles*, à la Hongrie les *czardas*, à la Pologne les *mazoures*, à la Suisse le *ranz-des-vaches*, à l'Allemagne les *lieder*, à la Scandinavie les *sagas*, à l'Ecosse et à l'Irlande les *songs*, à l'Espagne les *boleros*, à la France, enfin, la *chanson*, fleur éclose au soleil de l'esprit gaulois. Mais ce n'est pas, quant à présent, ici que nous avons à nous occuper; et nous nous occuperons seulement de la pièce musicale qui porte ce nom dans les compositions lyriques. Des stances anacréontiques chantées dans l'*Euridice* de Giacomo Peri (1595) et précédées d'une courte ritournelle, sont généralement regardées comme ayant donné naissance à ce qu'on nomme *l'air,* la chose, à la vérité, n'étant une nouveauté qu'au théâtre. Ce n'est qu'en 1634, dans le *Il Santo Alessio* d'Etienne Landi, que l'air prit une forme plus définie : il était alors coupé en couplets à la manière de nos *vaudevilles*; mais de fréquents changements de mesure, de 3 à 4 temps et *vice-versa,* ne contribuaient pas médiocrement à le rendre passablement monotone. La seconde moitié du XVII⁽ᵉ⁾ siècle vit apporter une modification sensible dans la coupe des airs. Tous les compositeurs de cette époque les commencent par un mouvement lent suivi d'un mouvement vif, passionné; puis, après cette explosion, ils reviennent tranquillement au premier mouvement qu'ils reprennent en entier, détruisant ainsi complètement l'effet dramatique produit. Jomelli est le premier maître qui osa s'affranchir de cette coutume absurde. Dans le XVIII⁽ᵉ⁾ siècle, on imagina des airs qui ne comportaient qu'un seul mouvement : cette tentative n'eut que peu de vogue. En revanche, la coupe en *rondeau* qui consiste à reproduire plusieurs fois la phrase primitive dans le cours du morceau, réussit pleinement. De son côté, Sarti obtint un succès prodigieux lorsqu'il donna le *rondeau* à deux mouvements dont il donna le premier exemple dans *Un amante sventurato.* Jusqu'à Rossini, les airs composés d'un mouvement lent suivi d'un *allegro* furent généralement en honneur. Vint cet homme de génie qui, se trouvant mal à l'aise dans ce cadre charmant, il est vrai, mais par trop étroit, rompit avec la tradition pour faire un premier mouvement *allegro moderato* suivi d'un *andante* ou d'un *adagio*, et terminer par un mouvement dont le rhythme emporté est comme l'apothéose de cette savante gradation des mouvements. — Nous ne ferons pas de citations, nous n'en finirions pas : l'Opéra ayant fourni, dans le genre qui nous occupe, quantité de chefs-d'œuvre que nous avons tous applaudis. Les tendances modernes vers un idéal nouveau, en ce qui touche le drame lyrique, entraîneront infailliblement l'effacement de ce que, aujourd'hui même, nous appelons encore un *air*. Faut-il s'en affliger? *Tot capita, tot sensus.* H.-Ed. B.

AIR, ou Asben, contrée de l'Afrique centrale située entre 16° et 20° de latitude N. et 3° et 8° de long. E. La partie septentrionale, qui est la mieux connue, du pays d'Aïr, est d'un caractère très varié. Elle est sillonnée de nombreuses chaînes de montagnes, dont quelques sommets dépassent 1,600 m. d'altitude, reliées ensemble par des vallées boisées et de vastes plaines. La formation géologique du sol comprend le granit et le grès, avec quelques filons de basalte et de trachyte. Le pays n'est arrosé, par exemple, que par les torrents tumultueux qui descendent des sommets pendant la saison des pluies, d'août à octobre ; le reste de l'année, les puits et les citernes pourvoient aux besoins des hommes et des bêtes. Le mimosa, le palmier aavora, le dattier y abondent et l'exubérante végétation des tropiques recouvre les vallées. On y trouve quelques plaines offrant d'assez abondants pâturages aux chameaux, aux ânes, aux chèvres et aux bestiaux ; les autres ne sont que des plateaux dénudés. Dans les districts les moins fréquentés de l'homme, on trouve des fauves en abondance, la gazelle et le lion notamment. Au sud de cette région, s'élève un plateau désert de 600 m. d'élévation, dépourvu d'eau et fréquenté seulement par le bœuf sauvage, la girafe et l'autruche. Plus au sud encore se trouve le district de Damerghou, nominalement tributaire d'Aïr, pays riche et fertile.

La culture est peu répandue dans l'Aïr, sauf autour des villages, où des esclaves sont employés au labour. Les principaux produits agricoles du pays sont les dattes, le millet, le séné et l'indigo. Tous les ans une grande caravane, composée de plusieurs milliers de chameaux, traverse l'Aïr, transportant du sel de Bilma à Sakatou dans le Soudan. La meilleure part des revenus du roi ou sultan d'Aïr provient du tribut levé sur les caravanes de sel. L'autorité de ce sultan ne paraît pas s'étendre fort loin et est, d'autre part, quelque peu mise en question par les chefs des tribus touarègues du désert, constamment en guerre entre eux. Les habitants actuels du royaume d'Aïr sont, pour la plupart des sangmêlés, combinant les traits corrects des Berbères et ceux des nègres du Soudan. Le vrai nom du pays est Aïr, depuis que les Berbères s'en sont rendu maîtres ; Asben est le nom que lui donnaient les tribus aborigènes. — La capitale est Agadès (v. ce nom).

AIRAGE, *s. m.* Techn. Se dit de l'angle formé par la voile des ailes de moulin à vent avec le plan de la circulation de celles-ci.

AIRAIN, *s. m.* (lat. *æs*). Alliage de cuivre et d'étain ou de zinc, plus sonore et plus fusible que le cuivre. — Antiq. On désignait dans l'antiquité, sous le nom d'airain, non seulement les alliages de cuivre connus aujourd'hui sous les noms de bronze et de laiton, mais des alliages de métaux précieux, le cuivre, le fer, même l'acier. L'*airain de Corinthe*, par exemple, était un alliage de cuivre et d'or ou d'argent. Myth. *Age d'airain*, période intermédiaire entre l'âge d'argent et l'âge de fer (v. age). — Fig. *Un ciel d'airain*. Un ciel sans nuages, où les rayons solaires brillent sans obstacle, produisant une excessive sécheresse. — *Front d'airain*, un front où la rougeur de la honte ne monte jamais, extrême impudence. — *Cœur d'airain*, cœur dur, sans pitié. — Poétiq. *L'airain tonne*, le canon gronde. *Les accents solennels de l'airain*, le son des cloches. *Ecrit sur l'airain*, gravé dans la mémoire de tous.

AIRD, Thomas, écrivain anglais, né à Bowden, dans le comté de Roxburgh (Ecosse), le 28 août 1802 ; fit ses études aux écoles de Bowden et de Melrose, puis à l'université d'Edimbourg. A la mort de James Ballantyne, l'ami de Walter Scott, il fut appelé à la direction de l'*Edimburgh Weekly Journal*, qu'il ne conserva qu'une année. En 1835, il devint directeur du *Dumfries Herald*, organe du parti conservateur, poste qu'il occupa jusqu'en 1863, époque à laquelle il résolut d'abandonner la vie publique. Ses ouvrages principaux sont : *Religious Characteristics* (1827) ; *le Vieux Célibataire* (the Old Bachelor in the old scottish village), volume de nouvelles et d'esquisses (1845) ; *Poetical Works*, recueil de ses principaux poèmes, tant anciens que nouveaux (1848), dont le poème intitulé *the Devil's Dream* (le Rêve du diable) est resté le plus populaire de tous ses ouvrages. M. Aird fut longtemps collaborateur du *Blackwood's Magazine* ; en 1852, sur la demande de la famille du docteur Moir, il fit paraître une édition des poèmes choisis de cet autre collaborateur du *Blackwood*, précédés d'une notice. Il a publié des éditions nouvelles, corrigées et augmentées de ses propres œuvres, sauf, toutefois, ses *Religious Characteristics*, qu'il a lui-même condamnés à l'oubli. — M. Aird est mort le 25 avril 1876.

AIRE, *s. f.* (lat. *area*). Surface plane sur laquelle on bat les grains. — Archit. *Aire de plancher*. Enduit de maçonnerie portant sur la charpente ou *fausse-aire* et sur lequel on pose le plancher. *Aire de pont*, partie du pont où l'on marche. *Aire de bassin*, fond de bassin. *Aire de gravier*, couche de gravier étendue sur une route ou un chemin. — Astron. *Loi des aires*, loi suivant laquelle un rayon mené du centre du soleil au centre de la planète parcourt des secteurs égaux dans des temps égaux, etc., et dont la découverte est due à Kepler. — Géom. *Aire d'une figure géométrique*. Surface d'une figure rectiligne, curviligne ou mixtiligne. — Mar. *Aire des vents*, espace marqué sur la boussole pour chacune des 32 divisions de la rose des vents. Vitesse d'un navire. — Ornith. Nid d'oiseau de proie établi dans un lieu élevé, mais surtout sur une surface plane. *L'aire de l'aigle*.

AIRE, riv. de France. Elle prend sa source près de Ligny (Meuse) et se jette dans l'Aisne, entre Soissons et Vouziers, après un cours de 80 kil.

AIRE, riv. d'Angleterre, dans l'ouest du comté d'York. Elle prend sa source près de Leeds, reçoit la Calder à Castleford et se joint à l'Oule, un peu avant que cette dernière ne se jette dans l'estuaire de l'Humber, au-dessus d'Hull. Elle est navigable à Leeds pour de petits bateaux.

AIRE-SUR-L'ADOUR, ville de France, ch.-l. de canton, arr. et à 21 kil. S.-E. de Saint-Sever (Landes), sur la riv. g. de l'Adour. Pop. 5,200 hab. Fabriq. de chapeaux, tanneries. — Aire fut la capitale des Visigoths, sous Alaric II. Depuis le v° siècle, elle est le siège d'un évêché. Collège. Belle cathédrale.

AIRE-SUR-LA-LYS, ville forte de France, ch.-l. de cant., arr. et à 16 kil. de Saint-Omer (Pas-de-Calais), sur la Lys. Pop. 10,000 hab. Comm. de grains et d'eaux-de-vie. Fabriq. de chapeaux, cotonnade, lainages et laine filée, quincaillerie, savonnerie, huilerie, brasseries importantes. Cette ville est propre et bien bâtie. On y remarque l'église Saint-Paul, belle construction gothique et le beffroi. Au commencement du VII° siècle, il n'existait sur l'emplacement d'Aire qu'un château autour duquel la ville se groupa peu à peu. Elle fut prise par les Normands en 881. Elle appartint ensuite à la maison de Bourgogne et fit partie des Pays-Bas. Prise par les Français et reprise par les Espagnols en 1641, elle retomba au pouvoir de la France en 1676, et la paix d'Utrecht (1713) lui en assura définitivement la possession.

AIRÉ, ÉE, *part. pas.* de Airer.

AIRÉE, *s. f.* Se dit de la totalité des gerbes que p t contenir une aire.

AIRELLE, *s. f.* Bot. Genre de plantes de la famille d s bruyères. L'airelle myrtille (*vaccinium myrtillus*) se trouve partout dans les bois ; ses fruits, connus également sous le nom d'*airelles*, sont de petites baies noires violacées, aigrelettes, de la grosseur des merises ; ils sont agréables à manger et très recherchés des enfants ; on les emploie principalement pour renforcer la couleur du vin ; on en fait aussi une sorte de piquette, du sirop, des confitures. Les fruits de l'airelle ponctuée (*vaccinium vitis idæa*) et ceux de la canneberge ou airelle des marais (*vaccinium oxycoccos*), baies rouges, acidules et rafraîchissantes, sont aussi convertis en conserves. Ils sont un peu employés en médecine, mais ceux de l'airelle myrtille le sont de préférence, comme styptiques et antiscorbutiques.

AIRER, *v. n.* Faucon. Faire son nid, en parlant des oiseaux de proie.

AIREY (baron), Richard, général et pair d'Angleterre (1803-1881). Fils aîné du lieutenant-général sir George Airey et de la baronne Talbot de Malahide, il naquit à Newcastle-sur-Tyne, et fut élevé au collège royal militaire de Sandhurst ; il entra dans l'armée en 1821, comme enseigne d'infanterie, et servit ensuite, soit avec son régiment soit dans l'état-major, au Canada, dans les îles Ioniennes et ailleurs. Nommé adjudant-général en 1838, et secrétaire militaire du commandant en chef des horse-guards en 1852, il fit la campagne de Crimée (1854-55), comme quartier-maître général de l'armée britannique. Dans cette occasion, une partie de la presse voulut faire peser sur lui la responsabilité des souffrances endurées par l'armée dans cette expédition laborieuse ; mais dans sa déposition, qui fut ensuite publiée, devant la commission d'enquête de Chelsea, il se disculpa entièrement des accusations dont il était l'objet. Il fut alors créé chevalier-commandeur de l'ordre du Bain, et devint major général en 1855, lieutenant général en 1862, colonel du 17° régiment en 1860 et colonel du 7° régiment d'infanterie en 1868. Il fut quartier-maître général de horse-guards de 1857 à 1865, époque à laquelle il fut nommé gouverneur et commandant en chef de Gibraltar. Il donna sa démission de ce dernier poste en août 1870, et en septembre de la même année, fut nommé adjudant-général des armées britanniques. Promu général en 1871, il fut créé pair du royaume en 1876, avec le titre de baron Airey.

Lord Airey est mort le 14 septembre 1881. Il était grand-croix de l'ordre du Bain, commandeur de la Légion d'honneur, commandeur de l'ordre militaire de Savoie (première classe), etc.

AIROLO, village de la Suisse, canton du Tessin, sur la r. g. de la rivière de ce nom, à 54 kil. de Bellinzona. Popul. 2,000 hab. Situé sur la route et au pied du versant méridional du Saint-Gothard, Airolo a acquis une grande importance du percement du tunnel qui traverse aujourd'hui cette montagne et dont il garde pour ainsi dire l'embouchure sud. — Près de ce village, les Français soutinrent, en septembre 1799, un combat contre les Russes où, n'ayant à opposer que 6,000 hommes aux 18,000 de Souwaroff, le général Lecourbe opéra une retraite audacieuse, infligeant à l'ennemi des pertes énormes.

AIROPSIS, *s. m.* Bot. Genre de plantes de la famille des graminées, tribu des avénacées.

AIRURE, *s. f.* Min. Fin d'une veine métallique ou carbonifère.

AIRVAULT, ville de France (Deux-Sèvres), ch.-l. de canton, arrond. de Parthenay et à 20 kil. N. de cette ville. On y remarque, à l'église Saint-Pierre, un très curieux portail en ogive fouillé de sculptures représentant le Père éternel entouré des vieillards de l'Apocalypse. — Pop. 1,900 hab.

AIRY, sir George Biddell, astronome anglais, membre de la Société royale de Londres, chevalier-commandeur de l'ordre du Bain, est né le 27 juin 1801, à Alnwick (Northumberland). Il étudia d'abord aux écoles privées de Hereford et de Colchester, puis à l'école de grammaire (école de langue latine) de cette dernière ville, d'où il passa, en 1819, au collège de la Trinité de Cambridge. Reçu bachelier ès arts en 1823, il fut nommé agrégé l'année suivante ; maître ès arts en 1826, il fut élu la même année à la chaire de Lucas ; cette chaire qu'avait illustrée le passage de Barrow et de Newton, était devenue à peu près muette, et la position de professeur conférée à M. Airy, une véritable sinécure; mais celui-ci jugea qu'il en devait être autrement, et ouvrit dès qu'il le put, presque aussitôt son élection, un cours public de physique expérimentale, qu'il continua de 1827 à 1836; c'est le premier où la théorie des ondulations lumineuses se trouve développée d'une manière satisfaisante. En 1828, M. Airy fut nommé à la chaire d'astronomie, poste qui l'investissait de la direction entière de l'Observatoire récemment créé. Il commença alors une série d'observations, et apporta au mode de calcul et de publication de ces observations, des perfectionnements bientôt imités à Greenwich et dans les autres établissements anglais du même genre. Parmi les instruments nouveaux construits par M. Airy ou sur ses plans, pendant son passage à l'Observatoire de Cambridge, nous citerons le télescope de Northumberland. En 1851, une vive discussion s'éleva au sein de l'Université, à propos de l'admission aux grades académiques des membres des Eglises dissidentes; M. Airy fut un de ceux qui appuyèrent le plus chaudement la légitimité de cette admission. En 1835, il succéda à John Pond, comme astronome royal, directeur de l'Observatoire de Greenwich. Dans cette nouvelle position, M. Airy se distingua par des réformes utiles, quoique n'affectant point le plan général qui donne à cet établissement son caractère particulier, perfectionnant les méthodes de calcul, introduisant des instruments nouveaux ou perfectionnant les anciens; donnant, en un mot, à cette institution une importance scientifique qu'elle n'avait pu atteindre avant lui. Sir G. B. Airy, qui revit, édita et publia les observations de Groombridge, Catton et Fallows, et résuma celles de Greenwich depuis 1750 jusqu'à nos jours, a également jeté une vive lumière sur la chronologie astronomique ancienne, en calculant la révolution de plusieurs des éclipses les plus importantes des temps anciens. Trois fois, en 1842, 1851 et 1860, il se rendit sur le continent, dans le but d'observer plusieurs éclipses solaires, et, à cette dernière date, il organisa une expédition d'astronomes nationaux et étrangers en Espagne, désignée sous le nom, emprunté au bâtiment mis à sa disposition par l'Amirauté, de *Himalayan Expedition*. Sir G. B. Airy a développé la théorie de Newton sur la gravitation universelle, déterminé le poids de la terre par une série d'expériences sur les vibrations relatives du pendule à l'orifice et au fond des mines, concouru au perfectionnement des chronomètres de marine et à l'établissement des signaux télégraphiques. En 1838, consulté par le gouvernement sur la déviation de l'aiguille aimantée dans les navires en fer, la théorie qui résulta de ses recherches conduisit au système de correction de cette déviation, au moyen de fer et d'aimants, adopté universellement depuis. Il fut président de la commission chargée de l'examen de la question générale des étalons monétaire et des poids et mesures, et de la commission chargée de la surveillance de la reconstruction des nouveaux étalons des poids et mesures, après l'incendie qui détruisit les anciens, déposés au Parlement, en 1834; en cette qualité, il se montra favorable à l'adoption du système décimal dans son pays. Membre de la commission des chemins de fer, il préconisa le système des voies étroites, contre les voies larges. Ce fut lui, enfin, qui dirigea les opérations astronomiques préparatoires pour la délimitation des frontières du Canada et des Etats-Unis. — Sir G. B. Airy a collaboré activement aux *Cambridge Transactions*, aux *Philosophical Transactions*, aux *Memoirs of the royal astronomical Society*, au *Philosophical Magazine*, à l'*Athenæum* (souvent sous la signature A. G. B.). etc. En 1869, il communiqua à la Royal astronomical Society une *Note* importante *sur la dispersion chromatique atmosphérique et son influence sur les observations télescopiques* (Note on atmospheric chromatic dispersion, as affecting telescopic observations, and on the mode of correcting it). En observant Mercure au moment d'un passage, il avait été trappé de la coloration des bords supérieurs et inférieurs de la planète, aussi bien que de ceux du soleil, laquelle empêchait de les distinguer nettement, et, considérant le prochain passage de Vénus dont le monde savant, principalement les astronomes, s'occupait déjà vivement, et dont l'observation, dans les conditions actuelles, pouvait être imparfaite, sir G. B. Airy se mit immédiatement à l'œuvre; ajoutant à l'oculaire du télescope un prisme de verre d'un angle de réfraction restreint, il prévint ainsi l'inconvénient signalé. Il fut chargé de la direction de la Commission britannique pour l'observation du passage de Vénus, en décembre 1874, dont le rapport fut présenté à la Chambre des Communes en 1877. Plus récemment, il proposait une nouvelle méthode d'application de la théorie lunaire. Aux travaux ordinaires de l'Observatoire royal, l'illustre savant a ajouté un système complet d'observations magnétiques, météorologiques, photohéliographiques et spectroscopiques. — Sir George B. Airy a donné sa démission de directeur de l'Observatoire royal de Greenwich en 1881, à raison de son grand âge; le gouvernement lui accorda à cette occasion une pension annuelle de 1100 livres (27,500 fr.) sur le Trésor.

Ses principaux ouvrages sont: *Gravitation*, écrit pour la *Penny Cyclopædia* (1837), et publié ensuite séparément; *Mathematical Tracts; Ispwich Lectures on Astronomy; Treatise on Errors of observation* (1861); *Treatise on Sound* (1869); *Treatise on Magnetism* (1870); ainsi que *Trigonometry; Figure of the Earth*, et *Tides and Waves*, dans l'*Encyclopædia metropolitana* (1855), publiés depuis séparément. Sir G. B. Airy a reçu la médaille de Lalande, de l'Institut de France, pour ses découvertes en astronomie; la médaille de Copley de la Société royale de Londres, pour ses théories optiques; la médaille royale de la même Société, pour ses recherches sur les marées, et la médaille de la Société royale astronomique, en deux occasions: pour la découverte d'une longue période égale dans les mouvements de Vénus et de la Terre, et pour le rétablissement des observations planétaires. Des universités d'Oxford, Cambridge et Edimbourg, il a reçu les titres honorifiques de docteur en loi civile et de docteur en lois; il est membre de la Société royale de Londres, de la Société royale astronomique, de la Société philosophique de Cambridge, membre honoraire de la Société des ingénieurs civils; il est encore un des huit associés étrangers de l'Institut de France et correspondant d'un grand nombre d'académies étrangères. Nommé l'un des premiers membre du « sénat » de l'université de Londres, il donna bientôt sa démission; il fit enfin partie de la commission royale chargée, en 1868, de discuter sur la question de l'étalon des poids et mesures; fut nommé membre civil de l'ordre du Bain (companion civil of the Bath), le 17 mai 1871, et créé chevalier-commandeur du même ordre, le 30 juillet 1872. Sir G. B. Airy est, en outre, chevalier de la Légion d'honneur depuis 1856. Président de la Société royale de Londres depuis 1871, il donna sa démission le 1er décembre 1873. La Cité de Londres l'admit au droit de bourgeoisie en 1875.

AIS, *s. m.* (lat. *axis*, même sens). Planche.

L'un me heurte d'un ais dont je suis tout froissé...

(Boileau, *Sat.* vi.)

AISANCE, *s. f.* Facilité. Absence d'embarras ou de peine. *Porter avec aisance un fardeau. S'exprimer avec aisance.* — Etat de fortune médiocre, mais suffisant pour mettre à l'abri du besoin celui qui en est favorisé. *Il vit dans l'aisance.* — Au pl. *Lieux, cabinets d'aisances*, latrines. Proprement lieux, cabinets où l'on se met à l'aise. — Jurispr. Servitude prise sur le fonds voisin. *Aisances et appartenances attachées au droit de propriété.*

AISE, *s. f.* Sentiment de quiétude, de bien-être, de contentement. *Tressaillir d'aise.* — *Etre à l'aise, à son aise*, avoir la liberté de ses mouvements. Etre dans l'aisance. — *Etre mal à l'aise, à son aise*, Etre malade, embarrassé dans ses affaires, enfermé dans un dilemme. — *Mettre quelqu'un à son aise*, Permettre à quelqu'un d'agir selon sa nature, l'accueillir familièrement. — *A votre aise*, Comme, ou Quand il vous plaira. — *Se mettre à son aise*, Agir sans souci des convenances. — *En prendre à son aise*, Sans se gêner ou se presser. — *Parler à son aise*, S'exprimer librement sur une question épineuse, mais dans laquelle on est désintéressé. — Au pl. *Prendre, aimer ses aises*, Etre très attaché aux commodités de la vie.

AISE, *adj.* Qui est satisfait, qui éprouve de l'aise. *Je suis bien aise que vous ayez pris cette résolution.*

AISÉ, ÉE, *adj.* Commode, facile, libre, qui se fait sans peine. *Tout devient aisé avec du courage. La critique est aisée... Des manières, des principes aisés. Une carrière, des vêtements aisés. Style aisé. Pinceau, crayon aisé.* — Qui est à l'aise, dans l'aisance. *Ce sont des gens aisés.*

AISÉMENT, *adv.* D'une manière aisée. Facilement.

AISNE, département de la France, sur la frontière N.-E. Il est borné au N. par la Belgique, à l'E. par le dép. des Ardennes, au S.-E. par celui de la Marne, au S. par celui de Seine-et-Marne, et à l'O. par ceux de l'Oise et de la Somme. Superf. 7,352 kil. carrés. Popul. 556,891 hab. Ch.-l. Laon (12,623 hab.). Il est divisé en 5 arrond. (Laon, Château-Thierry, Saint-Quentin, Soissons et Vervins), 37 cant. et 838 communes; sa richesse est évaluée à 3,700 millions. Ce département, formé de diverses parties des anciennes provinces de Picardie et de l'Ile de France, est arrosé par l'Aisne, l'Oise, la Marne, l'Ourcq, la Somme, la Vesle, la Sambre et l'Escaut, qui y prend sa source, ainsi que par les canaux de Saint-Quentin, Crozat, Manicamp, de l'Oise, des Ardennes, de la Fère, de la Somme, de la Sambre à l'Oise, et de l'Aisne à la Marne. Il dépend entièrement du grand bassin de la Seine. Quoique pierreux, le sol du département de l'Aisne est généralement fertile et même très riche en certaines parties. On y récolte le blé, l'orge, le seigle, l'avoine, le lin, la betterave à sucre, la pomme de terre, le houblon, des fruits divers et même du raisin qui, dans la vallée de la Marne au moins, donne de bon vin; haricots de Soissons très renommés. Il y a aussi de bons pâturages, et on y élève des bestiaux, des moutons et des chevaux. Les principales forêts sont celles de Nouvion et de Saint-Michel au nord, de Coucy et de Saint-Gobain au centre, de Villers-Cotterets au sud. Les produits minéraux se bornent à la pierre à bâtir et à l'ardoise. L'Aisne est un département manufacturier très important, dont les principaux produits sont: les étoffes de laine, de coton et de lin; les verreries et cristaux, notamment les célèbres manufactures de glace de Saint-Gobain et Chauny; poteries, quincaillerie, tanneries, sucre de betteraves. Son commerce est important, et facilité par plusieurs lignes de chemins de fer dont les principales sont celles de Paris à Strasbourg et de Paris à Mons, ses rivières et ses nombreux canaux s'étendant sur une longueur totale de 185 kil.

AISNE, riv. de France. Elle prend sa source à Somme-Aisne, près du village de Soulières, dans le département de la Meuse; elle est flottable à Mouron, dans le département des Ardennes, et navigable à Château-Porcien; elle entre dans le département près de Neuchâtel, et en sort à 2 kilomètres d'Attichy, l'ayant traversé de l'est à l'ouest, sur une longueur de 100 kilomètres. Au sortir du département, elle passe dans celui de l'Oise, et vient tomber dans la rivière de l'Oise, à 1 kilomètre en amont de Compiègne, après un parcours total de 234 kilomètres. Il y a peu de rivières que l'on puisse comparer à l'Aisne, pour l'agrément, la variété des sites et la fertilité du sol qu'elle arrose. Elle reçoit dans le département: sur sa rive droite la Miette, petite rivière qui coule du nord au sud pendant 10 kilomètres en alimentant plusieurs usines et 14 ruisseaux secondaires. Sur sa rive gauche elle reçoit 18 affluents dont les principaux sont: la Vesle, qui prend sa source non loin du village de Tilloy (Marne), entre dans le département sur le territoire de Villesavoye, et vient se jeter dans l'Aisne au-dessous de Vailly, après un cours de 120 kilomètres, dont 16 dans le département, son principal affluent est la rivière de Marton ; la Retourne et la Suippe prennent, comme la Vesle, leur source dans le département de la Marne avant de venir tomber dans la rivière d'Aisne ; la Crise et le Vendry, autres affluents de l'Aisne, appartiennent entièrement au département de l'Aisne. Toutes ces petites rivières alimentent des usines et font tourner des moulins

AISSAOUIAS, *s. m. pl.* Membres d'une secte musulmane fondée à Méquinez (Maroc), par Mohammed-ben-Aïssa, et qui compte, dit-on, plus de cent mille adhérents, répandus dans le Maroc, l'Algérie et les Etats barbaresques. Leur collège principal, ou *zaouia*, est à Méquinez : la zaouia de Kairwan (Tunisie) est, toutefois, presque aussi importante. Ces fanatiques paraissent dépasser encore, dans leurs exercices, les turpitudes tant de fois décrites des derviches turcs et indous. « Le 7 novembre (1882), dit un correspondant de Kairwan, à ma requête, le chef de la secte, Si Hamudi, autorisait le colonel Moulin, plusieurs officiers français et moi-même à assister à leurs exercices. Ces fanatiques s'infligent volontairement d'horribles tortures sous l'excitation du tambourin manœuvré par leurs cheiks. Au bout de quelques minutes, la cadence devient plus rapide ; alors les sectaires commencent à imiter les cris des animaux, puis ils se tailladent la peau avec conviction, etc., etc. Dans l'occasion dont je parle, il y avait quelques 700 Arabes présents à la cérémonie ; quarante environ devinrent bientôt en proie à une véritable frénésie, couronnement probable de leurs vertus. En trois minutes, l'un d'entre eux avala une vingtaine de clous d'au moins 5 centim. de long ; un autre dévora à moitié une bouteille en verre ; un troisième se traversa la joue avec un couteau ; un autre se passa une longue pointe à travers le nez ; un cinquième se transperça les omoplates avec de longues broches ; un autre s'imagina d'appuyer la pointe d'un clou contre son estomac, pendant qu'un des assistants le lui enfonçait complaisamment dans les chairs à coups de maillet ; trois gros cactus du genre figuier d'Inde furent dévorés, et finalement un mouton vivant mis en pièces et mangé tout cru par les fidèles. Rien ne semblait capable de mettre un terme à cette scène de folie, mais il suffit de l'imposition des mains par le chef Si Hamudi, accompagnée de quelques paroles mystiques murmurées à l'oreille. »

AISSÉ (Mlle). Esclave circassienne achetée, à l'age de 4 ans, par le comte de Ferriol, ambassadeur de France à Constantinople (1693-1733). Elevée dans la famille de son *propriétaire*, Aissé devint, en grandissant, une jeune fille d'une beauté rayonnante, avec laquelle Ferriol, très paternel jusque-là, en usa comme on peut faire avec une esclave. L'éducation qu'avait reçue la jeune Circassienne ne l'ayant nullement préparée à ce rôle, elle en souffrit d'autant plus que son cœur appartenait tout entier au chevalier d'Aydie, que pourtant, se jugeant indigne, elle refusa constamment d'épouser ; elle en souffrit tant, qu'à la fin elle en mourut. — Une partie de la *Correspondance* de Mlle Aissé fut publiée en 1787, avec des notes de Voltaire ; une nouvelle édition en fut faite en 1846, avec des notes de Sainte-Beuve. Cette dernière édition ayant remis à la mode cette beauté célèbre à la cour du Régent, le Théâtre-Français donnait en 1854 une *Mademoiselle Aissé*, drame en 5 actes d'Alexandre de Lavergne et Paul Fouché. L'Odéon donnait à son tour, en 1872, un drame en 4 actes et en vers portant le même titre, œuvre posthume de Louis Bouilhet.

AISSEAU, *s. m.* Petit ais. — Techn. Planchette en forme de tuile, servant à la couverture des toits.

AISSELLE, *s. f.* Cavité située au-dessous de la jonction du bras avec l'épaule. On la désigne aussi sous le nom de creux *axillaire* (v. ce mot). — Bot. Angle formé par la jonction d'une branche avec la tige principale, et avec celle-ci d'un pédoncule, d'une feuille ou d'une branche secondaire. — Mar. Angle formé par la verge et les bras d'une ancre. *L'aisselle de l'ancre.*

AITCHISON, George, architecte anglais, né à Londres, le 7 novembre 1825. Il fit ses études dans sa ville natale, à l'École des Marchands tailleurs, puis à l'Université, où il prit ses grades en 1850, s'étant fait admettre à l'Académie royale des Arts dès 1847, comme étudiant. Après un voyage de deux années (1853-1855) en France et en Italie, M. Aitchison était de retour à Londres. Il fut élu membre de l'Institut royal des artistes britanniques en 1862 et remplit l'office d'examinateur en diverses occasions. Médaillé aux expositions de Philadelphie, de Sydney et de Melbourne, il fut fait officier de l'instruction publique en 1879 et élu associé de l'Académie royale le 2 juin 1882. M. Aitchison fut chargé d'un cours d'architecture à l'Académie royale, en 1882. Il a construit de nombreux édifices publics et privés en Angleterre, plusieurs châteaux, sans compter les réparations et restaurations d'édifices historiques. Enfin, c'est sur ces dessins que fut aménagée et meublée la section anglaise des beaux-arts à l'Exposition universelle de 1878.

AIT-EL-HASSEM, grand village d'Algérie, dans le cercle de Tizi-Ouzou, sur le Jurjura, départ. et à 135 kil. d'Alger. Pop. environ 5,000 hab. Lors de la conquête. Aït-el-Hassem était le village le plus considérable de la Kabylie. Le maréchal Randon s'en rendit maître, presque sans combat, le 25 juin 1857. — Fabrique d'armes et de bijoux kabyles.

AITON, William, botaniste et horticulteur écossais, né à Hamilton (1731-1793). Après avoir appris son état de jardinier dans son pays, il partit pour l'Angleterre en 1754, et devint aide de Philip Miller, alors directeur du Jardin médical de Chelsea. En 1759, il était nommé directeur du nouveau Jardin botanique de Kew, et conserva cette position jusqu'à sa mort. Le Jardin de Kew, créé sous les auspices de George III pour être le dépôt de toutes les richesses végétales provenant d'expéditions et de recherches dans tous les coins du globe, dut son succès à l'intelligence, à l'activité et à la science de son directeur, grâce auquel des modifications heureuses furent apportées au plan primitif, qui firent de l'établissement de Kew le principal jardin botanique du royaume. — En 1789, W. Aiton publia, sous le titre de *Hortus Kewensis*, un catalogue de toutes les plantes cultivées à Kew (3 vol. in-8°, 13 pl.), qui eut un très grand succès dans le monde scientifique. Son fils et successeur en publia une seconde édition en 1810-1813.

AITZEMA (van), Léon, historien hollandais, né à Dockum, dans la prov. de Frise (1600-1669). Après avoir publié dans sa jeunesse un volume de poèmes latins, sous ce titre : *Poemata Juvenilia* (1617), il entra dans la diplomatie et devint ministre résident des villes de la Ligue hanséatique à La Haye, position qu'il conserva jusqu'à sa mort. Dans ses loisirs, M. van Aitzema composa une *Histoire des Provinces-Unies* (*Historie oft Verhaal van Saaken van Staet in Oorlogh*, 14 vol. in-4°, 1657-1671), embrassant la période qui s'étend de 1621 à 1668, une des plus agitées de l'histoire des Pays-Bas, et abondante en documents d'Etat. Cet ouvrage a été traduit en latin (Leyde, 1754).

AIVAZOVSKI, Gabriel, historien et orientaliste russe, né à Théodosie (Crimée), d'une ancienne famille d'origine polonaise, le 22 mai 1812. Placé à l'âge de 14 ans au couvent des Mékhitaristes de Saint-Lazare, près de Venise, il y prit les ordres et y devint successivement professeur de langues orientales et européennes, de philosophie et de théologie, et finalement secrétaire général de l'Ordre. En 1848, il fut envoyé à Paris, comme préfet des études du collège arménien de Samuel Moorat. Par suite du schisme qui se produisit alors dans la communauté, le P. Gabriel, qui soutenait le principe national contre l'ultramontanisme, résigna ses fonctions, et fonda peu après un nouveau collège à Grenelle. Il est membre de la Société asiatique de Paris, de l'Institut des langues orientales de Moscou, etc. — On doit à M. Aïvazovski, entre autres ouvrages, un abrégé de l'*Histoire de Russie* et un autre de l'*Histoire de l'Empire ottoman*, écrits en arménien (1836) ; un *Atlas arménien* en 10 pl. Il a été l'un des plus assidus collaborateurs d'Aucher dans la composition de son *Grand Dictionnaire de la langue arménienne*, et a publié deux revues arméniennes : le *Pazmaveb*, pendant son séjour au monastère de Saint-Lazare, et la *Colombe de Massis* (franco-arméniene), à Paris.

AIVAZOVSKI, Ivan, peintre de marine russe, frère du précédent. Né à Théodosie en 1817, il fut admis, comme pensionnaire de l'empereur, à l'Académie impériale des beaux-arts de Saint-Pétersbourg en 1833, et y est devenu professeur. M. I. Aïvazovski s'est fait une réputation au moins européenne comme peintre de marine, et est considéré comme le premier des peintres russes en ce genre. Il a exposé à plusieurs salons de Paris, a obtenu une 3e médaille en 1845 et la croix de la Légion d'honneur en 1857 avec son *Café turc à Rhodes* ; il est en outre décoré de plusieurs ordres étrangers, ainsi que de l'ordre de Sainte-Anne de Russie. — A l'Exposition universelle de 1867, M. I. Aïvanovski avait envoyé une *Vue prise sur la côte de Crimée*. Il exposait en 1878 : une *Tempête aux bords de la mer Noire* ; *Une nuit dans l'archipel, près du mont Athos*, magnifique effet de lune sur les flots ; *Brouillard dans le golfe de Naples* et *Avant la fonte (en Crimée), aux bords de la mer Noire*. — L'illustre artiste russe habite en Crimée un palais princier, où, du reste, il a plus d'une fois reçu son souverain avec un luxe tout oriental.

AIX, ou Aix-en-Provence (*Aquæ sextiæ*), ville de France, ch.-l. d'arr. du départ. des Bouches-du-Rhône, à 28 kil. N. de Marseille et à 832 kil. S.-S.-E. de Paris. Pop. 29,000 hab. Siège d'un archevêché dont le titulaire prend le titre d'archevêque d'Aix, Arles et Embrun. Cette ville fut fondée 123 ans avant J.-C. par Sextus Calvinus, qui lui donna le nom d'*Aquæ Sextiæ*. Les Romains connaissaient l'efficacité de ses eaux minérales et l'embellirent de beaux monuments. Elle eut beaucoup à souffrir des invasions des Barbares et fut détruite par les Sarrasins au temps de Charles Martel. Les comtes de Provence la relevèrent de ses ruines et en firent leur capitale. Aix continua d'être la capitale de la Provence jusqu'à la Révolution. Le consul Honoré Puget ouvrit sans coup férir les portes de la ville au connétable de Bourbon, qui, ayant trahi la France, servait Charles-Quint. Les Marseillais marchèrent sur Aix pour la punir de sa lâcheté, et la reprirent sur les impériaux. Honoré Puget eut la tête tranchée et les consuls perdirent le droit de porter la robe rouge et le chaperon. François Ier détruisit les fortifications de la ville et en exila le parlement et les principaux bourgeois. Charles-Quint entra à Aix en 1536, et s'y fit couronner, par l'évêque de Nice, roi d'Arles et de Provence. Il remplaça l'administration municipale par celle d'un vicomte dont l'autorité ne fut qu'éphémère, car les Français se rendirent maîtres de la ville aussitôt après le départ de l'empereur. Le parlement d'Aix sévit avec une atroce rigueur contre les malheureux Vaudois et la ville se montra toujours très hostile au protestantisme ; les réformés ne purent y vivre en paix que grâce à la protection des troupes, ils y eurent deux temples. Le comte de Carces, chef des catholiques, sévit avec la dernière rigueur contre les protestants d'Aix, dont il fit pendre un nombre considérable. Aix embrassa avec ardeur le parti de la Ligue. En 1720, la peste y fit de nombreuses victimes. — Patrie de Vauvenargues, des botanistes Tournefort et Adanson, du peintre Vanloo, d'Émeric David et de l'historien Mignet. — Parmi les édifices religieux d'Aix, nous citerons les suivants : La cathédrale Saint-Sauveur est un bel édifice gothique à trois nefs, surmonté d'un clocher à flèche d'une prodigieuse élévation. A l'intérieur, on remarque le baptistère. Charles-Quint s'est fait couronner roi d'Arles dans cet édifice. L'église Saint-Jean-de-Malte est surmontée d'un clocher à flèche très élevé. L'église Sainte-Marie-Madeleine possède une belle façade de la Renaissance. A côté de la cathédrale, se trouve le palais de l'archevêché, qui est très vaste. Aix possède un temple protestant. Les édifices civils sont : l'Hôtel de ville, d'ordre dorique et le Palais de justice, qui occupe l'emplacement de l'ancien palais des comtes de Provence. Aix avait été décorée par les Romains d'un amphithéâtre, d'un capitole, de thermes, de temples magnifiques :

Aix. — Ancien palais des comtes de Provence.

tous ces édifices ont entièrement disparu. On y voit une belle promenade, nommée le Cours, ornée par la fontaine monumentale de la Rotonde, et une statue élevée au roi René. La ville possède les Facultés des lettres, de droit, de théologie, une Ecole des arts et métiers, un musée, une bibliothèque publique et la cour d'assises du département des Bouches-du-Rhône. La Faculté des sciences est à Marseille. — Filatures de coton, indiennes imprimées, toiles peintes, teintureries, huileries, tanneries, chapelleries, minoteries; fabriq de dragées, de nougats, de biscotins, etc. Grand commerce de grains et farines, de vins, d'huile d'olive, d'amandes, soie, laine, bestiaux, fruits confits, etc. — Aux environs d'Aix se trouvent les champs de Pourrières (Var), où Marius tailla en pièces les Teutons. On y voit aussi le château de Vauvenargues (B.-du-Rhône), vaste bâtiment carré, flanqué de grosses tours ; plus loin est le pittoresque vallon de l'Infernet, où jaillissent de jolies cascades et où l'on visite un vieux mur romain. Du vallon de l'Infernet, on fait l'ascension de la belle montagne de Sainte-Victoire, et l'on visite le canal du Verdon. Citons enfin le bel aqueduc qui conduit à Aix les eaux du Verdon, dont la construction a été achevée en 1875.

AIX-LA-CHAPELLE (all. Aachen, anc. *Aquis Granum*), ville de la Prusse rhénane, ch.-l. du district du même nom, à 4 kil. des frontières belge et hollandaise, à 70 kil. O.S.O. de Cologne, à 650 kil. de Berlin et à 530 kil. de Paris, station importante de la voie ferrée de Paris à Cologne, Hanovre et Berlin. Pop. 85,551 hab., sur lesquels quelques milliers de protestants seulement. Le surnom moderne d'Aix-la-Chapelle lui vient du monument où reposent les cendres de Charlemagne; son surnom antique, d'Apollon Granus, dieu des bains. — L'Hôtel de ville rappelle encore le séjour des Romains à Aix-la-Chapelle, c'est la *Granusthurm*. Ce n'était alors qu'une simple ville de bains fréquentée surtout par les officiers des légions romaines. Plus tard, les Carlovingiens y construisirent un hôtel royal, qui n'était guère qu'une sorte de rendez-vous de chasse; mais la gloire d'Aix jette ses premiers rayons seulement en 796, date à laquelle Charlemagne fait commencer la construction de la chapelle de la cour, qui est la cathédrale actuelle, consacrée par le pape Léon III en 804, avec une pompe extraordinaire; trois cent soixante-cinq archevêques et évêques y assistèrent, y compris deux morts, invités par erreur et qui répondirent néanmoins à l'invitation, assistèrent à l'office et disparurent après la bénédiction pour réintégrer leur tombe, située dans la ville voisine de Maëstricht. — Mais il y a place ici pour une très étrange légende relative à la fondation d'Aix-la-Chapelle et qui explique la prédilection que Charlemagne ne cessa de montrer pour cette ville. Elle est racontée autrement par Etienne Pasquier; le texte que nous donnons a été traduit récemment de la *Chronique manuscrite de Brennwald*, dernier prévôt du chapitre d'Embrach, dans le canton de Zurich (Suisse), et communiqué à M. J. Claretie, qui le publia dans le *Temps* (1er sept. 1882). « Charlemagne, dit cette version, étant à Zurich, logé dans la maison appelée Zumloch, ordonna d'ériger une colonne sur la place où les saints martyrs Félix et Régula avaient été décapités, et d'y suspendre une cloche, d'où pendrait un cordon. Puis il fit publier que quiconque demanderait justice eût à sonner à cette cloche pendant que l'empereur serait à dîner, avec promesse qu'il se lèverait pour connaître et juger la cause. On entendit un jour la cloche; un page se dépêcha pour savoir qui demande justice et revient sans avoir vu personne, — ce qui se répète par trois fois. L'empereur, très émerveillé, ordonna à quelques personnes de se cacher dans le voisinage de la colonne et de faire bonne garde. Au moment après arrive un grand serpent, qui tire le cordon et fait sonner la cloche. Le fait est rapporté à Charlemagne, qui se lève précipitamment de table en disant : Gens ou bêtes, n'importe, je dois la justice à tous mes sujets, sans distinction. Arrivé devant la colonne, il trouve, en effet, le serpent, qui s'incline respectueusement devant Sa Majesté Impériale pour lui rendre hommage, et prend ensuite le chemin de la Limath. Le monarque le suit avec toute sa cour et ne tarde pas à découvrir un énorme crapaud qui s'était emparé du trou où le serpent se retirait et déposait ses œufs. Justice fut promptement rendue : le crapaud fut arraché du domicile dont il s'était emparé, condamné au feu et exécuté sur place. Peu de jours après ce mémorable jugement, le serpent entre dans la salle où l'empereur était à dîner, et, après avoir fait une profonde révérence, il s'élance sur la table, découvre un riche bocal, y laisse tomber une pierre précieuse et se retire non sans avoir réitéré son inclination accoutumée. D'autant plus frappé de ce prodige qu'il arrivait dans un lieu teint du sang des martyrs, le pieux empereur y fit construire une église appelée Wasserkirch, et donna comme un gage d'amour la pierre précieuse à l'impératrice. Or, cette pierre avait la propriété d'un philtre, car aussitôt que l'impératrice l'eut en sa possession, son mari ne pouvait plus la quitter. Était-il obligé de s'absenter! il tombait dans une profonde tristesse. L'impératrice découvrit le secret et, dans sa dernière maladie, glissa cette pierre sous sa langue, de peur qu'elle ne vînt à tomber entre les mains d'une autre femme qui, captivant ainsi l'empereur, lui ferait oublier sa première épouse. L'impératrice, aimant embaumée, la pierre avec elle, mais bientôt Charlemagne la tirer son corps du tombeau, le pendant dix-huit ans le mena avec lui dans tous ses voyages. Un des courtisans, ayant découvert le mystère, fouille le corps de l'impératrice, trouve le précieux joyau sous sa langue et s'en rend maître. Incontinent, l'empereur ressent pour lui la même passion qu'il avait inspirée à la défunte épouse. Celui-ci, ennuyé de ce pouvoir quitter le monarque, et fatigué sans doute du poids de sa faveur, jette un jour la pierre dans un endroit marécageux, remarquable par une source d'eau chaude, d'où il ne fut plus possible de la retirer. Charlemagne conçoit alors pour cette place la tendresse qu'il avait eue pour sa femme et pour le chevalier, et, en preuve de son attachement, il y fait bâtir la ville d'Aix-la-Chapelle. Il y fonde une superbe église et y dote richement un chapitre de chanoines qui établit une fraternité perpétuelle avec le chapitre de Zurich. » — Nous avons assisté à la consécration de cette église, poursuivons maintenant notre description de l'ancienne Aix. Le palais, la cathédrale et les bains royaux étaient réunis dans une enceinte commune. La partie principale du palais occupait l'emplacement actuel du marché et de l'hôtel de ville. Le palais et la chapelle étaient réunis par une colonnade, qui s'écroula peu de jours avant la mort de Charlemagne (28 janv. 814). L'empereur fut enterré dans la chapelle, et l'on mit cette inscription sur son tombeau : « Dans ce tombeau repose Charlemagne, empereur orthodoxe, qui étendit les limites de l'empire franc et qui régna glorieusement pendant quarante-sept ans. Il mourut à l'âge de soixante-dix ans, etc. » L'anniversaire de cette mort est l'occasion de grandes fêtes. En outre, tous les 7 ans, au mois de juillet, a lieu l'exposition de ce qu'on appelle les « reliques de Charlemagne ». Ce sont de pieuses reliques reçues en présents de différentes personnes par l'empereur, et conservées à l'ordinaire dans le *trésor* de la cathédrale. On y remarque un jupon de laine ayant appartenu à la vierge Marie, des langes de l'enfant Jésus, le saint suaire et le drap qui ceignait les reins du Christ sur la croix, le mouchoir qui enveloppa la tête de Jean, etc. Une partie de ces reliques viennent de Jean, patriarche de Jérusalem, qui les offrit à Charlemagne en 799 ; d'autres lui furent données par Aroun-al-Raschid en 806. Cette exposition attire toujours à Aix une grande affluence d'étrangers, qu'on évalue à plus de 500,000. La dernière a eu lieu en 1881. — Les rois de France, en souvenir de Charlemagne, firent souvent de riches présents à la cathédrale d'Aix. A partir du règne de Louis XI, une rente annuelle de 4,000 livres fut servie au chapitre, en retour de laquelle, à chaque nouveau couronnement, le drap mortuaire du roi expirant, envoyé à la cathédrale, était placé sur le tombeau de Charlemagne en grande cérémonie pendant par un *Te Deum* en l'honneur du roi défunt. Trente-sept empereurs d'Allemagne furent couronnés à Aix-la-Chapelle, jusqu'à Ferdinand Ier (1531). Elle n'en continua pas moins, après cela, de jouir de grands privilèges, jusqu'à la chute de l'empire. Elle avait le titre de ville libre du Saint Empire et celui de résidence royale par excellence *(Urbs Aquensis, Urbs regalis, regni sedes principalis, prima regnum curia)*. Son territoire contenait dix-huit villages. Des diètes de l'empire et des conciles furent tenus en grand nombre à Aix-la-Chapelle. Cette ville a donné en outre son nom à deux traités célèbres : celui de 1668, entre l'Espagne et Louis XIV, qui assura à la France la possession de la Flandre, celui de 1748, qui termina la guerre de la succession d'Autriche. A Aix également fut signée, le 9 octobre 1818, la convention arrêtée par le congrès de la Sainte-Alliance, ayant pour but de faire cesser l'occupation du territoire français par les troupes alliées, ainsi que le protocole du 15 novembre.

Aix-la-Chapelle.

Aix-la-Chapelle est située dans une vallée en entonnoir et entourée de hauteurs à pentes douces, pittoresques et bien cultivées. Au sud, les montagnes atteignent une altitude plus considérable et le climat de la contrée y est plus froid. A l'est, au contraire, le sol s'abaisse à une petite distance de la ville et se perd dans la plaine fertile du pays de Juliers. Aix est traversée par trois ruisseaux qui se vont se jeter dans la Wurm, qui passe à l'est de la ville. Au centre est la place du marché, ornée d'un jet d'eau retombant dans un grand bassin d'où s'élève une colonne de 2 m. surmontée de la statue en bronze de Charlemagne. Sur cette place s'élève l'Hôtel de ville, monument gothique du XIVe siècle, bâti sur l'emplacement du palais de Charlemagne. La façade regarde le marché; sur les côtés se dressent deux hautes tours pourvues de galeries et de créneaux décrivant des courbes multiples. La grande salle impériale, mesurant 51 m. sur 19, a été restaurée et ornée de huit fresques représentant divers épisodes de l'histoire de Charlemagne. Non loin de là est la cathédrale. La partie construite par Charlemagne forme une rotonde de 15 m. de diamètre, entourée d'une galerie à 16 pans. A l'est se trouve le chœur, en haut et en bas on a construit des chapelles. Devant le grand portail et de chaque côté, on voit deux socles supportant une pomme de pin et une louve en bronze, probablement d'origine romaine. Au centre de la rotonde, une pierre commémorative avec cette inscription : *Carolo Magno*, au-dessus de laquelle est suspendu un lustre, présent de Frédéric Barberousse. Les portes sont en bronze; la coupole était jadis décorée de mosaïques et de feuilles de cuivre doré. Dans la galerie de la rotonde ou haut dôme, est exposé le trône de marbre blanc où Charlemagne resta assis plus de deux siècles et demi; c'est ainsi que le trouva Othon III, lorsqu'il fit ouvrir le tombeau en 1000. Frédéric Barberousse, qui le fit ouvrir en 1165, fit déposer les restes du vieil empereur dans un sarcophage antique. Le trône servit dès lors au couronnement des empereurs. Le sarcophage, en marbre de Paros, se trouve aussi dans la galerie; mais il est vide, les ossements de Charlemagne, béatifié en 1164, ayant été recueillis dans une châsse en or et argent, par Frédéric, en 1215. Le chœur date de la fin du XIVe siècle et du commencement du XVe. Il mesure 35 m. de haut sur 25 m. de long et 12 m. de large, et compte 13 croisées en ogives. A droite de l'entrée s'élève la chaire, présent de Henri II; elle est recouverte de lames d'or repoussé et ornée d'agates et de pierres précieuses. Sur le côté oriental de l'église se trouve la tour carrée qui contient les cloches, et auprès deux petites tours rondes renfermant les escaliers et reposant sur des voûtes. — Les sources thermales jaillissent en partie dans la ville même, et en partie à Borcette ou dans le voisinage; elles sortent en général de la pierre calcaire, et les ferrugineuses du schiste. Deux de ces sources, dites sources supérieures (*obere Quellen*), viennent du versant de la hauteur où se trouve le marché; la plus importante est la source de l'empereur (*Kaiser Quelle*), appelée de ce nom parce que Charlemagne s'y baignait; elle alimente les bains de Kaiserbad, de Neubad, de la Reine de Hongrie et de l'Elisenbrunnen. L'autre source supérieure est celle de Saint-Quirin (*Quirinusquelle*). Les inférieures sont la *Rosenquelle* et la *Corneliusquelle*; elles jaillissent à 500 pas au nord-est des premières. Aix est fréquentée annuellement pas plus de 8,000 baigneurs. — Non loin de la gare d'Aix-la-Chapelle et Maestricht, à l'extrémité occidentale de la ville, se trouve l'Ecole technique (*Technische Hochschule*), pourvue de laboratoires de chimie industrielle s'étendant sur un espace de 4,000 mètres carrés, et qui est fréquentée par 500 élèves. — Manufactures de draps, de rails et matériel de chemin de fer, et surtout d'aiguilles et d'épingles. A Aix-la-Chapelle et à Borcette, ville manufacturière située à un kilomètre d'Aix, se trouvent les plus importantes fabriques d'aiguilles de tout le continent. (V. AIGUILLES). — A peu de distance au nord-ouest de la ville, se trouve le Louisberg, colline de 262 m. d'altitude, d'où l'on jouit d'une vue magnifique sur Aix et ses environs pittoresques.

AIX-LES BAINS (*Aquæ Gratianæ* ou *Aquæ Allobrogum*), ville de France (Savoie), ch.-l. de canton, arrond. et à 12 kil. N. de Chambéry, à 128 kil. de Lyon et à 569 de Paris. Pop. 4,000 hab. Cette ville possède des eaux thermales qui jouissaient déjà d'une grande réputation à l'époque de la domination romaine. Cette charmante ville s'élève dans une situation délicieuse à une demi-lieue du lac du Bourget, au delà duquel se montre la Dent-du-Chat. Les Romains y ont laissé d'importants vestiges de leur civilisation avancée, savoir: un arc de triomphe élevé par Lucius Pompéius Campanus, un temple construit dans le style ionique et des thermes. Les eaux d'Aix perdirent leur vogue au moyen âge et finirent par être complètement abandonnées. L'établissement thermal actuel fut construit en 1772, par le roi de Sardaigne, Victor-Amédée III. Outre l'établissement royal, il y a encore les thermes Berthollet. Aix-les-Bains possède un magnifique casino, où des fêtes se donnent pendant la saison balnéaire. L'église est assez remarquable. Pendant la saison, le culte protestant y est régulièrement célébré. Les étrangers ne manquent pas de visiter, à Aix, les galeries de captage de la source Saint-Paul. Aux environs se trouvent la cascade de Grésy-sur-Aix, sur le chemin de fer d'Annecy, les eaux sulfurées sodiques de Marlioz et le jardin de Mollard.

AIXE, ville de France (Haute-Vienne), arr. et à 11 kil. de Limoges. Pop. 2,000 hab. Grand commerce et fabriq. de tuiles. Château fort célèbre au XIVe siècle, au temps des guerres contre les Anglais, et dont il ne reste que des ruines.

AIZELIN, EUGÈNE ANTOINE, statuaire français, né à Paris en 1821. Elève de Ramey et de Dumont, à l'Ecole des beaux-arts, il envoya une *Sapho* en plâtre au salon de 1852, et au salon suivant la même, coulée en bronze. Dès lors, M. Aizelin ne cessa plus de produire des œuvres diverses, mais toujours très remarquables. Le plâtre de sa *Nyssia au bain* lui valut une 3e médaille en 1859, et le marbre une 2e médaille en 1861; sa *Pysché*, marbre, aujourd'hui au musée du Luxembourg, fut l'objet d'un rappel de 2e médaille (1863). Enfin, en 1867, M. Aizelin était décoré de la Légion d'honneur: il avait exposé une *Suppliante*, marbre, dont le plâtre avait déjà paru au Salon de 1864. A l'Exposition universelle de 1878, cet artiste obtenait une nouvelle médaille de 2e classe. On lui doit, en outre, des statues en pierre de *Saint Grégoire de Nysse* et de *Saint Cyrille*, pour l'église de la Trinité; de *Saint Honoré* et de *Sainte Geneviève*, pour l'église Saint-Roch; les figures de la *Danse* des façades des théâtres du Cirque et du Châtelet, etc.

AJACCIO, ville marit. de France, ch.-l. du départ. de la Corse, à 1,080 kil. S.-E. de Paris. 18,005 hab. Patrie de Napoléon Ier. Cette ville fut bâtie en 1495, sur l'emplacement d'une ancienne cité lesbienne dont le nom était *Ajasso*, à l'ouest de l'île de Corse. Son port, défendu par une citadelle qui date de 1554 et deux forts, est vaste, commode et bien abrité, sauf du côté sud-ouest. Ses principaux édifices sont la cathédrale, l'hôtel de ville, la citadelle et, par son intérêt historique, la maison où naquit Napoléon, outre une statue en marbre de l'empereur érigée en 1850. Ajaccio est le siège d'un évêché, de tribunaux de première instance et de commerce. Son collège communal a été érigé en lycée national en mai 1884; école normale primaire, séminaire, école de navigation, bibliothèque publique importante, jardin botanique. — Commerce de vin, blé, huile d'olive, cire, bois, oranges, etc.; pêcheries de corail et d'anchois le long de la côte.

AJAN (anc. AZANIA), région de l'Afrique orientale habitée par les Somâlis, et qui s'étend du cap Guardafui presque jusqu'à l'équateur le long de la côte, et dans l'intérieur jusqu'au pays des Gallas. Cette partie de l'Afrique orientale a été peu explorée, et l'a été surtout par des voyageurs qui n'en sont point revenus; elle est donc assez mal connue, et ses limites ne sauraient être fixées exactement. Au sud, la côte est basse et sablonneuse; mais elle s'élève au nord, vers le cap d'Orfui et présente des montagnes assez importantes, séparées par des vallées fertiles. Le cap Guardafui, pointe orientale extrême du continent africain, est un promontoire escarpé, adossé aux montagnes. L'Ajan n'est arrosé que par des cours d'eau peu importants, à sec une partie de l'année; son territoire, en conséquence, est généralement aride. Ses habitants font avec les Arabes un commerce assez étendu, principalement en ivoire, gommes et aromates. Ils possèdent une excellente race de chevaux.

AJAX, fils de Télamon, roi de Salamine et d'Hésione, était le plus brave des Grecs après Achille. Il combattit vaillamment au siège de Troie, et reçut des princes grecs une épée d'honneur en présent. Après la mort d'Achille, il voulut disputer à Ulysse la possession des armes du héros; mais celui-ci le vainquit par l'éloquence. Cette défaite fit perdre l'esprit à Ajax : furieux contre les autres Grecs, il lui arrivait d'exterminer d'innocents troupeaux de moutons, croyant avoir affaire à ses rivaux, ou bien il faisait des bœufs prisonniers, persuadé qu'Ulysse était dans le nombre, et les conduisait dans sa tente. Revenu au bon sens, ou à peu près, il se perça de son épée. Son sang fut métamorphosé en fleur, en hyacinthe suivant les uns, en grande consoude suivant d'autres. — Sophocle écrivit une tragédie d'*Ajax furieux*.

AJAX, fils d'Oilée, roi des Locriens. Il était très léger à la course et habile à lancer le javelot. Il conduisit contre Troie 40 vaisseaux armés par son père, combattit avec bravoure, sauva les dépouilles de Patrocle et les coursiers d'Achille; mais il s'est immortalisé surtout par le viol de Cassandre dans le temple même de Minerve, dont elle était prêtresse, au moment du sac de Troie. Furieuse de ce sacrilège, Minerve, aidée de Neptune, le fit périr dans un naufrage pendant son retour dans sa patrie. Les Grecs prêtèrent longtemps à son ombre, au milieu des combats, les actes d'héroïsme guerrier dont Ajax vivant eût certainement été capable; ce qui prouve qu'ils étaient plus crédules que pieux.

AJEHO, ou ALCHOU-KOU, ville importante et prospère de la Mandchourie, à 48 kil. S. du Soungari et à 190 kil. N. de Kirin. Cette ville est agréablement située au milieu d'une contrée fertile et bien cultivée, produisant en abondance toute sorte de grains, l'opium et les légumes. Sa population, environ 40,000 habitants, est entièrement composée d'immigrants chinois, cultivant pour la plupart des terres qu'ils ont obtenues à un prix purement nominal. Quoique les magasins et boutiques soient d'apparence fort modeste, ils ne laissent pas d'exposer en vente des quantités de porcelaines et autres articles trahissant l'état prospère des habitants d'Ajeho.

AJMIR, ville de l'Inde britannique dans le Radjpoutana, ch.-l. du district du même nom. Pop. 36,000 hab. environ, dont un tiers de musulmans. Grand commerce de sel, d'huile, d'opium. Fabr. d'étoffes de coton, teintureries, huileries. Collège relevant de l'université de Calcutta, résidence de l'agent du gouverneur général pour le Radjpoutana. La ville d'Ajmir, située dans une vallée pittoresque et fertile, au pied du Taragarh, est bien bâtie, percée de plusieurs grandes et belles rues bordées de maisons élégantes, et entourée d'une muraille en pierre dans laquelle s'ouvrent cinq belles portes; la construction des nouveaux bâtiments du collège a été commencée en 1868. Au nord de la ville, se trouve un vaste lac artificiel appelé l'*Anasagar*, qui n'est autre que le réservoir des eaux qui alimentent Ajmir. — Le principal édifice d'Ajmir est la *dargà*, ou tombe d'un fameux saint de l'islam appelé Mayud-ud-din, monument en marbre blanc assez insignifiant comme morceau d'architecture. Il y a aussi un ancien temple jain converti en mosquée, du moins en partie, le reste étant tombé en ruines. Le sommet du Taragarh est couronné par un ancien fort, démantelé par lord W. Bentinck et converti depuis en maison de santé pour les troupes.

— HIST. Ajmir est une ville très ancienne. Elle fut fondée, en effet, vers 145, par Aji, chef de la dynastie qui régna sur le pays, à travers toutes sortes de vicissitudes, jusqu'en 1193, époque à laquelle il fut réuni aux possessions du roi de Delhi. En 1365, le souverain de Mervar s'en empara; il passa ensuite entre les mains de celui de Marwar, en 1532; puis tomba au pouvoir du grand mogol Akbar, en 1559. En 1770, il fut cédé aux Marhattes par les Mogols; et enfin, en 1818, les Marhattes le cédèrent aux Anglais contre payement d'une somme de 50,000 roupies.

AJOINTÉ, ÉE, *part. pas.* de AJOINTER.

AJOINTER, *v. a.* Techn. Joindre par les bouts, principalement des tuyaux.

AJONC, *s. m.* (étym. obscure). Bot. Genre de plantes de la famille des papilionacées, à fleurs jaunes, qu'on rencontre dans les lieux arides, bruyères, etc. On en connaît plusieurs espèces, notamment : l'*ajonc d'Europe*, dit aussi *genêt épineux*, arbrisseau toujours vert, à feuilles terminées en pointes épineuses, dont on fait surtout des haies ; l'*ajonc nain*, auquel on donne vulgairement le nom caractéristique de *bruyère jaune*; l'*ajonc de Provence*, aux feuilles moins pointues.

AJOUPA, *s. m.* Dans la langue de quelques indigènes de l'Amérique, ce mot désigne une hutte formée de pieux recouverts de branchages.

AJOUR, *s. m.* Techn. Ornement *à jour* dans la sculpture, la ciselure, le découpage, etc. — Système de monture des pierres précieuses, consistant à les entourer d'un *serti à jour* qui, laissant les faces libres, permet aux rayons lumineux de les traverser.

AJOURÉ, ÉE, *adj.* Blas. Percé ou percée à jour. *Pièces ajourées*, pièces percées à jour, ou dans lesquelles ces jours sont simulés par l'emploi d'émaux de couleurs différentes de celle du fond.

AJOURNÉ, ÉE, *part. pas.* de Ajourner.

AJOURNEMENT, *s. m.* Retard. Action d'ajourner.

AJOURNER, *v. a.* Différer. Remettre à un autre jour, indiqué ou non. — Pal. Assigner en justice à jour fixé.

AJOUTAGE, *s. m.* Techn. Action d'ajouter une pièce à une autre. *Faire un ajoutage.*

AJOUTÉ, *s. m.* Addition. Se dit surtout des additions faites à un manuscrit. *Il y a des ajoutés à chaque alinéa.* — Géom. Au *fém.*, se dit d'une ligne qui en prolonge une autre. — Mus. Dans le système de Rameau (*Traité de l'Harmonie*), le terme *ajoutée* est employé conjointement avec le mot *sixte (accord de sixte ajoutée)* pour désigner le premier renversement de la septième du second degré, lorsque ce premier renversement fait sa résolution exceptionnelle sur l'accord de tonique (mode majeur). — Remarquons en passant, qu'en considérant cette agrégation harmonique comme un accord fondamental, l'auteur de *Castor et Pollux* détruisait de fond en comble l'économie de sa théorie de la génération des accords.

AJOUTÉ, ÉE, *part. pas.* de Ajouter.

AJOUTER, *v. a.* (lat. *ad* et *juxta*, auprès). Mettre en plus. *Ajouter un étage à sa maison. Ajouter le mépris à l'insulte. A ces sages conseils il ajouta les recommandations suivantes...* — *Ajouter foi à quelque chose*, Y croire.

— S'Ajouter, *v. pr.* Etre ajouté. *Quand le chagrin s'ajoute aux infirmités de l'âge...*

AJOUX, *s. m.* Techn. Lames métalliques qui retiennent les filières.

AJURUOCA, ville du Brésil, prov. de Minas Geraes, sur la rivière du même nom qui y est traversée par un pont, à 185 kil. N. de Rio de Janeiro. Des mines d'or furent jadis exploitées aux environs, mais elles sont épuisées depuis longtemps, et les habitants ne s'occupent plus aujourd'hui que d'agriculture et d'élevage de bestiaux pour le marché de Rio. Le sol est d'ailleurs fertile ; il produit le café, la canne à sucre, le tabac, le millet, le manioc, etc. — Pop., avec les exploitations agricoles environnantes, 12,000 hab.

AJUSTAGE, *s. m.* Action d'ajuster. — Techn. Action d'ajuster les pièces d'une machine ou d'un appareil quelconque. En terme de monnayeur, action de vérifier si les *flans* des monnaies à frapper ont le poids légal, d'y ramener ceux qui seraient trop lourds, en les limant, et de rejeter ceux qui sont trop légers et doivent être refondus. *A la monnaie de San Francisco, l'ajustage est confié à des femmes.*

AJUSTÉ, ÉE, *part. pas.* de Ajuster.

AJUSTEMENT, *s. m.* Action d'ajuster en général. — Parure. *Comment ne serait-elle pas remarquée sous ces coquets ajustements!*

AJUSTER, *v. a.* Rendre juste. *Ajuster un poids, une balance, une pièce de monnaie.* — Faire adapter exactement un objet à un autre, les pièces d'une machine les unes aux autres. — *Ajuster deux personnes en désaccord*, Les mettre d'accord, les concilier. — *Ajuster un appartement, une pièce, un jardin*, Les disposer de manière à les rendre plus agréables. — Habiller, parer. — Viser. *J'ajuste mon lièvre, Je tire : il court encore.*

— S'Ajuster, *v. pr.* Etre ajusté. S'adapter. *Ces pièces s'ajustent parfaitement.* — S'accorder. *Ces gens ne s'ajusteront jamais si je ne m'en mêle.* — S'accommoder. *L'œil s'ajuste aux distances.* — Se parer. *Donnez-lui le temps de s'ajuster.*

AJUSTEUR, EUSE, s. (Dans quelques industries, particulièrement dans celle du monnayage, l'ajustage étant pratiqué par des *ajusteuses*, au moins dans certaines villes étrangères, le féminin nous paraît indispensable). Ouvrier ou ouvrière qui ajuste les flans de monnayage. Ouvrier qui ajuste les pièces d'une machine, d'un appareil, d'un instrument quelconque.

AJUSTOIR, *s. m.* V. Trébuchet.

AJUTAGE, *s. m.* Hydraul. Tuyau court que l'on adapte à un orifice d'écoulement pour en augmenter le rendement.

AKABAH, village d'Arabie, à 4 kil. N. du golfe du même nom. Un fort, occupé par un faible détachement de soldats, y protège les pèlerins musulmans se rendant à la Mecque, dont Akabah est une des principales stations. Dans le voisinage, il y a de grandes plantations de dattiers, toutes sortes de fruits et végétaux divers et de bonne eau en abondance. On croit que ce village occupe l'emplacement de l'Elath de la Bible qui, à une époque reculée, était un centre commercial important. Quelques ruines qui se trouvent vers le sud, près de la mer, passent pour être celles d'Eziongeber.

AKABAH (golfe d'), anc. *Sinus Elanites*. C'est la plus orientale des deux branches formées par la bifurcation de la mer Rouge au N. ; il pénètre dans l'Arabie Pétrée, dans une direction N.-N.-E., jusqu'à 160 kil. à l'intérieur ; sa largeur varie de 20 à 28 kil. L'entrée en est fort resserrée par l'île de Tiran et d'autres, ainsi que par des récifs de corail, et partant assez difficile et même dangereuse ; des vents violents y soufflent fréquemment avec une soudaineté qui augmente encore le danger. Le seul port du golfe qui soit bien abrité est le Port Doré, sur la rive occidentale, à environ 50 kil. de l'entrée, à 47 kil. E. du mont Sinaï.

AKAKIA, Martin, médecin français du xvie siècle. Né à Châlons-sur-Marne, il fut médecin de François Ier et de Henri II, et professeur au Collège de chirurgie. Il représenta l'Université au collège de France et au concile de Trente (1545), publia plusieurs ouvrages de Galien et quelques travaux personnels. Clément Marot lui dédia quelques pièces de vers. Martin Akakia mourut en 1588. — Akakia est la traduction grecque de *Sans Malice*, et c'est dans ce sens que Voltaire emploie ce mot dans sa *Diatribe du docteur Akakia*, pamphlet dirigé contre Maupertuis, alors président de l'Académie de Berlin. Le nom de Martin Akakia, par conséquent, avait la signification de *Sans Malice*; on ignore quel était exactement ce nom : Ce n'était pas, toutefois, comme paraissent le croire quelques auteurs, « Martin Sans-Malice ».

AKAKIA, Martin, chirurgien français, fils du précédent, né à Châlons-sur-Marne. Il fut professeur au Collège royal et médecin de Henri III, et a laissé un ouvrage estimé sur les maladies des femmes : *De morbis mulieribus*, etc. Rayé de la Faculté pour avoir eu recours à la science des médecins étrangers, dit-on, il en mourut de chagrin en 1588.

Son fils, Jean Akakia, mort en 1630, fut médecin de Louis XIII et doyen de la Faculté. — On cite encore le fils de ce dernier, Martin Akakia, professeur au Collège royal de chirurgie, mort en 1644.

AKBAR, ou Akhbar, Jellaladin Mohammed, l'un des plus illustres empereurs mogols (1542-1605). Fils d'Houmaioun, qui avait été détrôné peu de temps auparavant par l'usurpateur Chir-Khan, il naquit à Amerkote, dans le Sindh, le 14 octobre 1542. Après un exil de plus de douze années, Houmaioun ressaisit la souveraineté ; mais il mourut quelques mois après, laissant le trône à son fils Akbar, âgé de quatorze ans à peine (1556), sous la tutelle de Bahram Khan, qui gouverna l'empire en qualité de régent, avec une énergie qui eut d'abord les meilleurs effets, mais qui, dégénérant en despotisme, illustré d'actes de cruauté trop fréquents, finit par mettre en péril le trône du jeune empereur. Ce que voyant, celui-ci se décida à prendre en mains les rênes du gouvernement, ce qu'il annonça par une proclamation (mars 1560). Bahram se souleva contre son souverain, tenta d'établir une principauté indépendante du Malwah, mais ayant échoué, finit par se soumettre. Akbar lui pardonna et lui offrit le choix entre un commandement dans l'armée et une escorte pour effectuer un pèlerinage à la Mecque. Ce fut à cette dernière alternative que Bahram donna la préférence.

Quand Akbar accéda au trône, il n'avait sous son autorité qu'une faible partie de ce qui constitua plus tard l'Empire mogol. Il se mit immédiatement en devoir d'y ramener les provinces révoltées, et le succès couronna invariablement ses efforts. Il réorganisait chacune de ses provinces à mesure de leur soumission et y plaçait un gouverneur dont il surveillait l'administration avec une vigilance infatigable. Il employa tous les moyens pour développer le commerce dans son empire ; y fit procéder à une nouvelle mensuration des terres, afin d'établir des taxes proportionnelles plus justes et surveilla de fort près les agissements des collecteurs de taxes, afin de prévenir leurs extorsions ordinaires. Il ne cessa, en un mot, de gouverner son empire avec une grande sagesse et réussit à y introduire l'ordre, la paix et le contentement, même dans les provinces conquises. Musulman de naissance, mais sceptique au fond, et surtout antipathique à l'intolérance qui forme le principe fondamental de la religion de Mahomet, Akbar inclinait vers un système éclectique qui écartât toutes les causes de querelles engendrées par le fanatisme, et voulut avant d'aborder cette révolution religieuse s'instruire des principes des autres religions. Il fit venir des missionnaires portugais de Goa, les écouta avec la plus grande attention, mais ce fut tout, et après qu'il eut réuni toutes les informations possibles des sources les plus diverses, il s'arrêta à une forme religieuse qui n'était qu'un pur déisme, avec un rituel basé sur le système de Zoroastre. En réalité, ce système religieux ne se répandit pas au delà des limites de la cour impériale et mourut avec Akbar, mais l'esprit de tolérance qu'il y fit naître devait avoir des conséquences peut-être plus importantes que toutes ses autres réformes sociales ou économiques, du moins pour faire accepter son autorité par des peuples divisés par la variété de leurs croyances religieuses et plus fanatiques et intolérants les uns que les autres. Ainsi, il se concilia les Indous, en leur donnant l'entière liberté de professer leur culte ; mais il prohiba certaines pratiques barbares des brahmines, et en particulier celle qui consistait à brûler les veuves sur le bûcher de leurs époux contre leur volonté ; il abolit tout impôt sur les pèlerins, comme contraire au principe de la liberté des cultes, ainsi que l'impôt de capitation établi sur les Indous, pour une cause analogue. Bref, ces mesures inspirées par l'esprit de justice et de tolérance lui valurent le titre de *Père de l'humanité*, et le firent bien des fois offrir pour modèle, mais en vain, aux princes indiens modernes, qui trop rarement imitèrent son exemple. En outre, Akbar établit des écoles partout l'empire, à l'usage des Indous aussi bien que des musulmans ; il protégea la littérature et s'entoura d'écrivains de talent, tels que Feizi, qu'il chargea de traduire en persan de nombreux ouvrages scientifiques écrits en sanscrit, et Abul Fazl (v. ce nom) qui a laissé, dans son *Akbar Nameh*, une histoire du règne de cet empereur ; il chargea également le P. Jérôme-Xavier, missionnaire jésuite, de traduire les quatre Évangiles en persan.

Akbar, malgré sa sagesse et ses succès au dehors, ne fut point aussi heureux dans sa famille. Deux de ses fils moururent jeunes, victimes de leur intempérance, et le troisième, Selim, qui devint empereur sous le nom de

Jehanghir, harcela sa vieillesse par ses continuelles révoltes. Les chagrins domestiques paraissent avoir abrégé la vie de l'illustre empereur, qui mourut à Agra, le 13 octobre 1605. Son corps fut déposé dans un splendide mausolée, à Sicandra, près d'Agra.

A KEMPIS, Thomas de Kempen (dit), fameux chanoine du XVe siècle (1380-1471). Né à Kempen (Prusse rhénane), il prit le nom de son village, qu'il traduisit en latin. Ayant fait ses études à Deventer, dans la communauté des Pauvres écoliers fondée par Gérard Groot, il se fit admettre, en 1399, au monastère des chanoines réguliers du mont Sainte-Agnès, près de Zuoll, où son frère était prieur. Il s'y distingua par ses vertus et par son application continuelle au travail, et y mourut le 25 juillet 1471. — On doit à Thomas à Kempis un grand nombre d'ouvrages, et probablement le plus justement célèbre de tous: l'*Imitation de Jésus-Christ*. Une partie de ses autres ouvrages ont été traduits en français, par l'abbé de Bellegarde, sous le titre de *Suite du Livre de l'Imitation*, et par le P. Valette sous celui de *Elévation à J.-C. sur sa Vie et ses Mystères*.

Le premier qui attribua à Thomas de Kempen ce chef-d'œuvre de l'*Imitation de Jésus-Christ*, fut le savant imprimeur parisien Badius (Jodocus Badius Ascensius); son opinion fut appuyée par le chanoine François de Tol, citant en sa faveur des manuscrits écrits de la main de Thomas. Mais en dépit de ces témoignages, le P. Possevin, jésuite, suivi par les bénédictins de la congrégation de Saint-Maur, fit honneur de l'*Imitation* à Jean Gersen, abbé de Verceil. De là, grande dispute entre les bénédictins et les chanoines réguliers de la congrégation de Sainte-Geneviève. Enfin quelques auteurs, voulant peut-être concilier tout le monde, ou bien séduits par une similitude de nom, indiquèrent Jean Gerson (*Charlier* de son vrai nom) comme le véritable auteur de l'*Imitation de J.-C.* L'opinion n'en est pas moins restée, en grande majorité, favorable à Thomas à Kempis.

AKEN, ville de Prusse (Saxe royale), sur l'Elbe, à 40 kil. S.-S.-E. de Magdebourg. Pop. 5,300 hab. Fabriq. de draps, de cuirs, d'instruments d'optique, de produits chimiques, etc. Importantes sucreries de betteraves dans les environs. Grand commerce de transit par l'Elbe.

AKENSIDE, Mark, médecin et poète anglais (1721-1770). Né à Newcastle-sur-Tyne, où son père exerçait la profession de boucher, il commença ses études dans sa ville natale; puis, se destinant à la carrière cléricale, il alla étudier la théologie à l'université d'Edimbourg, mais dès la première année il abandonnait la théologie pour la médecine. Il se rendit ensuite à Leyde, poursuivant ses études médicales avec ardeur, et s'y fit recevoir docteur le 16 mai 1744 avec une thèse *Sur la formation et le développement du fœtus humain*. De retour en Angleterre, il s'établit à Northampton; mais une concurrence ruineuse le força de quitter cette ville, et il partit pour Hampstead, qu'il quitta à son tour pour Londres, en 1750.

Akenside n'avait pas encore seize ans, lorsqu'il envoya au *Gentleman's Magazine* une pièce de vers intitulée *The Virtuoso*, qui y fut insérée. Il profita de cet encouragement, mais les poèmes qu'il écrivit à l'époque où il étudiait à Edimbourg furent les premiers qui méritèrent d'être conservés. Nous citerons: son *Ode au Solstice d'hiver*, une élégie sous le simple titre d'*Amour* et des vers *A Cordelia*. En 1743, l'éditeur Dodsley allait trouver Pope à Twickenham, pour lui soumettre le manuscrit d'un poème didactique en vers blancs dont l'auteur, disait-il, voulait 3,000 fr. Pope lui conseilla de ne pas marchander, attendu que ce poème, intitulé les *Pleasures of Imagination*, n'était pas l'œuvre du premier venu. La publication de ce poème rendit, en effet, l'auteur célèbre du jour au lendemain. Pendant son séjour à Northampton, Akenside publia son *Epistle to Curio*, que Macaulay comparait aux œuvres semblables de Dryden, et un volume d'*Odes*. A Londres, en dehors de la pratique de son art, il collaborait activement au *Museum* de Dodsley. On lui doit encore l'*Harveian Oration*, écrit par ordre du Collège des médecins; mais son principal titre de gloire réside dans ses *Plaisirs de l'Imagination*, dont il publia une édition revue et augmentée en 1765-66. — Akenside était arrivé à l'apogée de sa réputation, tant comme médecin que comme poète, lorsqu'il fut emporté par une fièvre putride le 23 juin 1770. — Reçu docteur en médecine de l'université de Cambridge en 1753 et membre du Collège des médecins en 1754, il était nommé médecin en chef de l'hôpital Saint-Thomas en 1759.

AKERBLAD, Jan David (1760-1819), savant philologue suédois, célèbre par ses recherches sur les écritures phénicienne, copte et runique. Etant secrétaire de l'ambassade suédoise à Constantinople, il utilisa ses loisirs à visiter Jérusalem, en 1792, et la Troade en 1797. Il passa ensuite quelque temps à Gœttingue, devint ambassadeur à Paris, et enfin mourut à Rome, où il vivait d'une pension que lui faisait la duchesse de Devonshire. — Akerblad était un habile déchiffreur d'hiéroglyphes, quoiqu'il ne réussît pas complètement à déchiffrer la fameuse inscription de Rosette. Ses œuvres comprennent des *Lettres sur l'écriture cursive copte* et *sur l'inscription de Rosette*, adressées à Sylvestre de Sacy, ainsi que de nombreuses brochures sur l'interprétation de diverses inscriptions phéniciennes et runiques.

AKERMAN, ville de la Russie d'Europe, prov. de Bessarabie, sur une langue de terre qui s'avance dans l'estuaire du Dniester, à 60 kil. S.-O. d'Odessa. Cette ville est supposée être l'ancienne *Tyras* ou *Julia Alba*. Pop. 30,000 hab. Commerce important, quoique son port ne puisse admettre que des navires de petit tonnage. De grandes quantités de sel sont tirées des salines du voisinage; les autres objets de commerce sont le grain, le vin, la laine et les cuirs principalement. Akerman est une ville bien bâtie, défendue par des remparts et par une citadelle élevée sur une éminence; elle possède plusieurs mosquées et des églises grecques et arméniennes. Akerman est célèbre par le traité qui y fut conclu en 1826 entre la Turquie et la Russie, abusivement avantageux pour celle-ci, comme toujours, et dont la non-observation amena la guerre de 1828.

AKERMAN, John Yonge, archéologue anglais (1806-1873). Il était du Wiltshire. En 1836, il fondait le *Numismatic Journal*; devenait secrétaire de la Société de numismatique nouvellement fondée, l'année suivante, puis membre de la Société des antiquaires dont il fut également secrétaire de 1848 à 1860. — On doit à cet antiquaire: *Catalogue de monnaies romaines* (1839); *Manuel de numismatique* (1840); *Monnaies romaines de la Grande-Bretagne* (1844), ouvrage couronné par l'Institut de France; *Monnaies anciennes: Espagne, France, Grande-Bretagne*, et *Explications numismatiques du Nouveau Testament* (1846). Akerman fit, en outre, d'intéressantes recherches dans d'autres branches de la science archéologique, et il en résulta les ouvrages suivants: *Glossaire des mots usités dans le Wiltshire* (1842); *Contes du Wiltshire, pour servir à l'explication de son dialecte* (1853); *Restes du paganisme saxon* (1855).

AKHALZIKH, ville de Géorgie (Russie d'Asie), à 176 kil. O. de Tiflis. On y remarque la forteresse, une belle mosquée, collège, bibliothèque importante. Commerce considérable en soie, miel, cire, etc. Pop. 16,000 habitants.

AKHISSAR, anc. *Thyatira*, ville de la Turquie d'Asie (Anatolie), à 90 kil. N.-E. de Smyrne. Cette ville, qui possède une demi-douzaine de mosquées en marbre, a presque toutes ses maisons, basses et incommodes, construites en argile séchée au soleil. Sa population, composée de Turcs, d'Arméniens et de Grecs, n'atteint pas le chiffre de 8,000 hab. Elle est toutefois réputée pour sa teinture écarlate et on cultive aux environs un coton d'excellente qualité. — On trouve çà et là dans la ville des ruines de la cité antique de Thyatira, couvertes d'incriptions.

AKHTYRKA, ville de l'Ukraine (Russie d'Europe), située sur la rivière du même nom, à 70 kil. N.-O. de Kharkov. Manufactures d'étoffes de laine légère, grande foire annuelle en mai. Pop. 17,500 hab. Cette ville, fondée en 1641, possède huit églises, dans l'une desquelles se trouve une image miraculeuse de la Vierge qui est visitée par de nombreux pèlerins. Akhtyrka est entourée de fossés. Les environs sont fertiles.

AKIBA-BEN-JOSEPH, fameux rabbin du IIe siècle, l'un des docteurs du collège de Tibériade. Il eut une très grande part à la diffusion des doctrines du Talmud, et n'avait pas moins, paraît-il, de 24,000 disciples. S'étant déclaré pour Barchochebas, qu'il reconnut pour le vrai Messie, il prit part à tous les actes de révolte de celui-ci et agit en quelque sorte comme son exécuteur des hautes œuvres. Fait prisonnier par les Romains, commandés par Jules Sévère, il fut écorché vif, avec des raffinements de cruauté révoltants, et supporta son supplice avec le plus grand courage. La tradition assure qu'il avait alors 120 ans (135). Longtemps les Juifs visitèrent en pèlerinage le tombeau d'Akiba, dont le nom figure parmi ceux des dix martyrs juifs à la mémoire desquels une prière expiatoire est dite à la synagogue une fois l'an. On attribue à Akiba un certain nombre d'ouvrages, notamment le *Jezira*; mais la plupart de ces ouvrages sont d'origine plus récente.

AKKAS. Géog. Peuple nain de l'Afrique centrale, voisin des Mombouttous. D'après le docteur Schweinfurth, la taille des Akkas ne dépasserait pas 1 m. 1/2 (v. Afrique, p. 131, col. 2). Ce n'est qu'en 1870 que ces prétendus descendants des Pygmées furent découverts.

AKOLA, ville de l'Inde anglaise, ch.-l. du district du même nom, territoire d'Haiderabad. Pop. 12,300 hab. Cette ville est située sur l'embranchement de Nagpour du Great Indian Peninsular Railway. Parmi ses édifices remarquables, il faut citer la prison centrale, pouvant contenir 500 pensionnaires; ses casernes, l'hôtel des postes, l'hôtel de ville, une église, un hôpital civil, etc. Akola a deux marchés par semaine; c'est, en somme, une ville peu commerçante.

AKRON, ville des Etats-Unis, ch.-l. du comté de Summit (Ohio), sur le canal de l'Ohio à l'Erié, à 58 kil. S. de Cleveland. Station de l'Atlantic and Great Western Railway. Pop. 10,000 hab. Usines métallurgiques, minoteries, tissus de laine. Commerce actif. Cette ville a été fondée en 1825.

AKSAKOFF, Serge, écrivain cynégétique et romancier russe, né dans l'Orenbourg (1791-1859). Il fit ses études à Kazan et alla s'établir à Moscou en 1826. Après avoir collaboré à divers journaux et revues, il traduisit Molière en russe et fit représenter une adaptation du *Philoctète* de Laharpe. On lui doit en outre: *Observations sur la pêche*, ouvrage descriptif et les *Mémoires d'un chasseur du gouvernement d'Orenbourg* (1852), *Vie de Sagozkine* (1853); *Contes et souvenirs d'un chasseur* (1855); *Chronique de famille* (1856); son chef-d'œuvre; l'*Enfance de Bagroff* (1858), roman intime comme le précédent, et qui eut un succès égal, etc. Aksakoff s'y était pris trop tard et sa mort, en plein succès, a laissé de très vifs regrets.

AK-SU, ville du Turkestan chinois, à 400 kil. N.-E. de Yarkand. Commerce florissant, entretenu par les caravanes, avec toutes les parties de l'Asie centrale. Fabriq. d'étoffes de coton, sellerie renommée. Mines de fer et de cuivre aux environs, exploitées à l'aide de forçats chinois. Le pays est généralement bien cultivé et on y élève des bestiaux en quantité. Pop. environ 30,000 hab.

AKYAB, ville marit. de l'Indo-Chine (Birmanie anglaise), ch.-l. du district du même nom, dans la province et à 80 kil. S.-S.-O. d'Arakan. Cette ville, qui compte 15,300 hab., est située sur le vaste estuaire formé par la triple embouchure des trois grandes rivières Myu, Koladyne et Lemyu, dans le golfe du Bengale. Elle est bien bâtie et percée de larges rues se rencontrant à angle droit. Le port est commode et mis en communication avec celui de Calcutta par un service régulier de vapeurs tous les quinze jours, sauf pendant la mousson du sud-ouest. Akyab monopolise à peu près tout le commerce du littoral d'Aracan; il exporte des quantités énormes de riz.

ALABAMA, nom de l'un des Etats du Sud de l'Union américaine, borné au S. par le golfe du Mexique et la Floride; l'Etat de Mississipi à l'O.; celui du Tennessee au N.; et celui de Georgie à l'E. Superf. 131,365 kil. car. Pop. 1 million d'habitants. Cet Etat est divisé en 65 comtés, dont la capitale est Montgomery; les autres villes principales sont Mobile, Tuscaloosa (l'anc. capitale), Florence, Huntsville, Selma et Wetumpka. Il est représenté au Congrès par 8 membres; le gouvernement local est composé du gouverneur, d'un Sénat de 33 membres, élus pour quatre ans, et d'une Chambre des représentants de 100 membres, élus pour deux ans.

La chaîne des monts Alleghany traverse le nord de l'Etat; le centre est également montagneux et accidenté; vers le sud, le terrain s'abaisse jusqu'à dépasser de fort peu le niveau de la mer. Les principales rivières sont l'Alabama, le Tombigbee, le Mobile, le Black Warrior, le Tennessee et le Chattahoochee. Le climat, très sain sur les hauteurs, est pernicieux dans les régions basses où sévissent les fièvres. La température moyenne se trouve un peu au-dessous de 16° centigr. — La formation géologique de l'Alabama appartient aux systèmes silurien, carbonifère, crétacé et tertiaire. On y trouve de nombreuses sources minérales, ainsi que de vastes dépôts de houille et de minerai de fer très riche, et même un peu d'or; ses autres produits minéraux sont le marbre, le granit, l'ardoise, la chaux et l'argile à poterie. — Le sol de l'Alabama est plus ou moins fertile suivant les contrées, sauf au sud où il existe de grandes étendues de terres presque incultes et de véritables déserts de sable. Au nord et au centre, il y a de vastes forêts dont les principales essences sont le chêne, le peuplier, l'orme, le pin, le noyer, le cèdre, le cyprès, le mûrier. Les principaux produits agricoles sont le maïs, le blé, le seigle, l'avoine, la pomme de terre, les haricots et les pois, le coton, le riz, le tabac. De vastes prairies permettent d'élever beaucoup de chevaux, d'ânes, de mulets, de bestiaux et de porcs. — Manufactures de coton, minoteries, scieries mécaniques, usines métallurgiques, laminoirs, tanneries, fabriques de machines et de voitures. La capitale commerciale est Mobile, reliée directement au réseau général des chemins de fer des Etats-Unis par plusieurs lignes qui rayonnent dans toutes les directions. Le principal article d'exportation est le coton.

L'Alabama fut exploré pour la première fois en 1541, par des chercheurs d'or espagnols sous la conduite du fameux De Soto. Le territoire où s'élève aujourd'hui la ville de Mobile fut d'abord occupé par des colons français, en 1711; ces possessions françaises, ainsi que toutes celles qui s'étendaient à l'est du Mississipi, furent cédées aux Anglais en 1763. D'abord rattaché à la Georgie, l'Alabama fut annexé au territoire du Mississipi en 1802, puis admis dans l'Union, comme Etat indépendant, en 1819. Entré en 1861 dans la confédération des Etats du sud sécessionnistes, il est rentré dans l'Union américaine après la défaite de la Rébellion.

ALABAMA, riv. des Etats-Unis, dans l'Etat de ce nom. Cette rivière est formée par la réunion du Coosa et du Talapoosa, à 16 kil. au nord de la ville de Montgomery. A 70 kil. au nord de Mobile, l'Alabama reçoit le Tombigbee, et à partir de ce point jusqu'à son embouchure, porte le nom de Mobile. Elle est navigable depuis Mobile jusqu'à Wetumpka, sur le Coosa, sur une longueur de 740 kil.

ALABASTER, William, poète et orientaliste anglais (1567-1640). Né à Hadleigh (Suffolk), il fit ses études à l'école de Westminster et à l'université de Cambridge, prit les ordres et devint chapelain de Robert, comte d'Essex, qu'il suivit dans l'expédition envoyée en France en 1591, pour soutenir Henri IV contre la Ligue. Étant en France, Alabaster se convertit au catholicisme; mais ce ne fut pas pour longtemps. Quelques-unes de ses idées ayant paru à la cour de Rome quelque peu entachées d'hérésie, il fut attiré dans cette ville et jeté en prison par ordre de l'Inquisition; remis en liberté, il resta toutefois interné à Rome, jusqu'au jour où il put s'échapper, disant adieu à la ville éternelle, à la sainte Inquisition et au culte catholique. Il raconta plus tard son odyssée dans la préface de son livre intitulé *Ecce sponsus venit* (1633). De retour en Angleterre, Alabaster devint prébendier de Saint-Paul et recteur d'Hatfield. Sa connaissance de l'hébreu, qu'il étudiait avec passion, lui suggéra l'idée que les paroles de l'Écriture n'avaient pas la signification qu'on leur prêtait, mais une signification mystique qu'il croyait avoir découverte dans le texte hébreu, à force de le torturer. Il exposa ses idées dans son *Apparatus in Revelationem Jesu Christi* (Anvers, 1607) principalement, mais tous ses autres ouvrages s'en ressentent plus ou moins; tels son *Spiraculum Tubarum, sive Fons Spiritualium ex equivocis Pentaglotti Significationibus* (s. l. n. d.); son *Lexicon Pentaglotton* (1637) et son *Commentarius de Bestia apocalyptica* (1621). Alabaster a laissé, en outre, plusieurs manuscrits: *Elisæis, Inventa Bellica, Inventa Adespota*, ce dernier poème inachevé. Son ouvrage poétique le plus connu est une tragédie latine intitulée *Roxana*, que Johnson déclare être le seul ouvrage de ce genre digne d'être cité avant Milton; cette tragédie, écrite pour le collège de la Trinité (Cambridge), fut publiée en 1632, à l'insu et contre la volonté de l'auteur, qui la publia à son tour en protestant contre le premier éditeur; il ne réussit qu'à se faire accuser de plagiat, le sujet de sa tragédie ayant déjà été exploité en Italie, par Groto.

ALABASTRITE, *s. f.* Minér. Variété saccharoïde de sulfate de chaux (albâtre), dite aussi *biscuit de Florence*, dont on fait des statuettes et des vases. L'alabastrite se trouve dans les environs de Volterra; elle est plus tendre, plus opaque que l'albâtre calcaire et se polit moins bien.

ALABU-SARANGI, *s. m.* Mus. Instrument de musique de l'Indoustan, lequel diffère peu de l'ancienne *viole d'amour*: il est monté de quatre cordes de boyau, mises en vibration au moyen d'un archet et de sept cordes métalliques qui résonnent sympathiquement avec les premières. Le Conservatoire de musique de Paris possède un spécimen de ce curieux produit de la facture instrumentale des Indiens: d'après M. G. Chouquet, l'*alabusarangi*, dont la note la plus grave est le *si bémol* de la clef de *fa* (2e ligne), s'accorderait par quintes, exactement comme notre violon.

ALACOQUE, Marguerite-Marie, religieuse et visionnaire française (1647-1690). Né à Lauthecourt (Saône-et-Loire). Clouée dès son jeune âge sur un lit de douleur par ses infirmités, et à peu près abandonnée à elle-même, elle manifesta de bonne heure des dispositions au mysticisme. Guérie enfin, elle attribua cette guérison à la Vierge, prit le nom de Marie en reconnaissance de ce bienfait, et entra en religion au couvent de la Visitation de Paray-le-Monial, en 1671. Elle ne tarda pas à se rendre célèbre par ses visions et ses prétendues révélations d'en haut, et mourut le 17 octobre 1690, ayant pris soin de prédire cet événement. Marie Alacoque laissa un écrit mystique: la *Dévotion au cœur de Jésus*, qui fut publié en 1698 et donna lieu à l'institution de la fête du Sacré-Cœur. Elle a été béatifiée en 1865.

ALACRANES, groupe d'îles et de récifs de corail situés dans le golfe du Mexique, à 100 kil. envir. de la côte de Yucatan, sur une longueur de 22 kil. du nord au sud et une largeur de 18 kil. de l'est à l'ouest. Les Alacranes ont été à différentes reprises le théâtre de naufrages; ils offrent cependant, sur leur côte sud, un port sûr et bien abrité, mais c'est le tout de l'atteindre.

ALACRITÉ, *s. f.* (lat. *alacritas*, même sens), Gaieté, vivacité, enjouement.

ALADIN, ou Ala-ed-Din, prince des Hatchichins ou *Assassins*, secte d'Ismaeliens célèbres par leurs brigandages. Leur chef, légendaire sous le nom de *Vieux de la Montagne*, était la terreur de ses voisins lorsque saint Louis, à son arrivée en Palestine, le força à la soumission et reçut de lui des présents. L'histoire d'Ala-ed-Din et de ses Assassins, telle que nous la connaissons, n'est qu'un tissu de fables.

ALA-ED-DIN, huitième sultan de la dynastie seldjoucide (1220-37). Il combattit le soudan d'Egypte et s'empara de l'Anatolie; mais il fut, à la fin, vaincu par les Tartares. Guerrier fameux, il fut en outre législateur de son peuple; c'était un prince philosophe et instruit.

ALAGOAS, prov. marit. du Brésil, bornée au N. et à l'O. par la prov. de Pernambuco, au S. par le San Francisco, qui la sépare de la prov. de Sergipe. Superf. 104,500 kil. car. Pop. 300,000 hab. Pays montagneux, surtout vers le N.-O., et couvert de riches forêts. Sur la pente orientale des montagnes, on cultive le coton avec succès; plus près de la mer, il y a de riches terres alluviales et les marais nombreux qui ont donné son nom à la province ainsi qu'à son ancienne capitale (*lagoas*, lacs). Ses habitants sont presque entièrement adonnés à l'agriculture; l'industrie y est à peu près nulle. Les principaux produits naturels et articles d'exportation sont la canne à sucre, le coton, le riz, les peaux, les bois d'ébénisterie, principalement le bois de rose, substances tinctoriales, droguerie, etc. Les fruits des tropiques les plus variés y croissent en abondance.

Alagoas, ville du Brésil, ancien ch.-l. de la prov. du même nom, sur le lac Manguaba. Cette ville a perdu considérablement de son ancienne importance depuis le transfert du gouvernement provincial à Maceio. Tabac très estimé.

ALAIN DE L'ISLE (Alanus ab Insulis), célèbre théologien de l'Université de Paris, surnommé le *Docteur universel*. Né vers 1114, mort vers 1202, Alain de l'Isle est parfois confondu par les biographes avec d'autres personnages du même nom; de sorte qu'une grande incertitude règne sur ce qui concerne les événements de sa vie. Il professa la théologie à l'Université de Paris, puis se retira à l'abbaye de Clairvaux, où il connut saint Bernard et enfin termina ses jours à l'abbaye de Cîteaux, laissant un grand nombre d'ouvrages très variés: voilà tout ce qu'on sait de lui. Les ouvrages d'Alain sont écrits d'un style clair, presque élégant, qui n'était pas commun de son temps. Le plus important est intitulé *Anti-Claudianus, sive de Officio viri boni et perfecti*. Il est écrit en vers et a tout le caractère d'une encyclopédie. Nous citerons encore: *De Arte catholicæ Fidei*, dans lequel il prétend donner une base scientifique à la théologie dogmatique, déclarant que l'hérésie doit être combattue non par l'autorité, mais par le raisonnement. On lui doit encore une Exposition des prophéties de Merlin, en 7 livres; et on lui attribue une *Vie de saint Bernard* et un traité contre les hérétiques, mais cette double attribution est contestée. Ses ouvrages ont été imprimés à Anvers, en 1653.

ALAINS, *s. m. pl.* (lat. *Alani*). Géog. anc. Peuples de la Sarmatie européenne ou asiatique, nomades, pasteurs et guerriers. Suivant quelques auteurs, ils habitaient le voisinage du Palus Méotide, s'étendant jusqu'aux frontières du pays des Roxolains, c'est-à-dire jusqu'à la Lithuanie; suivant d'autres, et cette opinion est généralement admise aujourd'hui, leurs cantonnements se trouvaient en Asie, au nord du Caucase, vers les sources du fleuve Hypanis (le Kouban). La contrée, en effet, portait le nom d'Alanie; mais il y a là, peut-être, une simple question de date, et les Alains pouvaient très bien avoir habité l'embouchure du fleuve Hypanis, puis remonté le cours de ce fleuve jusqu'à sa source. Quoi qu'il en soit, après avoir été battus par les Huns en 375, ils se joignirent, avec les Suèves et les Vandales, à leurs vainqueurs, pour envahir les Gaules, au commencement du ve siècle. Ils passèrent ensuite en Espagne, furent exterminés par Wallia, roi des Visigoths (418), et ce qu'il en resta se confondit, les uns avec leurs vainqueurs, les autres avec les Vandales, sauf un certain nombre resté en Gaule et ceux demeurés en Asie. Les premiers, bien que combattant sous Théodoric, avaient conservé de la sympathie pour les Huns et leur chef Attila; ils le prouvèrent à

Châlons (451), où leur désertion changea la victoire des Romains en défaite. Peu après, ils se réunissaient aux Visigoths et disparaissaient comme nation distincte. Les Alains restés en Asie firent encore parler d'eux assez longtemps. Alliés aux Arméniens au VIe siècle, ils reprirent ensuite leur existence autonome. Défaits par Gengis-Khan en 1221, entièrement subjugués par le petit-fils de celui-ci, Batou-Khan, en 1237, leur nom disparaît complètement de la circulation à dater de cette époque.

ALAINS (Monts). Géog. anc. Montagnes situées, croit-on, au nord de la chaîne du Caucase, au pied desquelles on place en conséquence le berceau des Alains qui, suivant Ammien Marcellin, leur auraient emprunté leur nom. On prétend même qu'il existe encore dans cette contrée des représentants de ces anciens peuples.

ALAIS (*Alesia Nova*), ville de France, ch.-l. d'arrond. du départ. du Gard, à 45 kil. N.-O. de Nîmes et à 700 kil. S.-E. de Paris. Pop. 21.000 hab. Alais doit son importance à son industrie, favorisée par sa situation au centre d'un riche bassin houiller et de mines de fer, de plomb et de pyrites. Verreries, fabriques de briques réfractaires et de charbons agglomérés, usines métallurgiques où l'on travaille le fer, le plomb et le zinc. Communication par voie ferrée avec Saint-Ambroix et les mines de houille de Bességes. École de mineurs. — La ville s'élève à l'entrée des Cévennes, sur la rive gauche du Gardon d'Alais, qui la sépare de son faubourg de Rochebelle. Elle a eu souvent à souffrir des inondations désastreuses du Gardon; elle est propre et bien bâtie, en pierres de taille, et possède des quais bordés d'élégants édifices. L'hôtel de ville et le tribunal sont remarquables, mais son plus beau monument est sa cathédrale gothique, qui a pour clocher une grosse tour carrée. Le faubourg de Rochebelle renferme une élégante église neuve. Les protestants sont encore très nombreux à Alais, qui est le chef-lieu d'une consistoriale: on y a construit récemment, non loin de la cathédrale, un des plus beaux temples de France. Cet édifice, bâti en pierre de taille, a une façade percée de trois portes qui se termine par un gracieux campanile; l'intérieur est entouré de tribunes et orné de vitraux peints. La citadelle construite contre les camisards par Louis XIV existe encore et sert encore actuellement de maison d'arrêt. Près de cette citadelle se trouve la jolie promenade de la Maréchale, d'où l'on jouit d'une belle vue sur les forges de Tamaris, couvertes d'un épais nuage de fumée pendant le jour et d'innombrables colonnes de flammes pendant la nuit. — Alais embrassa avec ardeur la cause de la Réforme. Les calvinistes en furent chassés en 1562, mais le reprirent en 1575. Louis XIII et le cardinal de Richelieu prirent Alais, qui était une place forte des protestants, en 1620. En 1632 fut signée la paix d'Alais, qui anéantissait en France la puissance politique des protestants. Le château des seigneurs d'Alais fut démoli, et la ville devint, en 1692, le siège d'un évêché qui a subsisté jusqu'à la Révolution. Louis XIV y fit construire une citadelle destinée à contenir les Camisards. — Patrie de l'illustre chimiste J.-B. Dumas.

ALAISE, *s. f.* V. ALÈZE.

ALAISE (*Alesia*), village de France, arr. et à 25 kil. de Besançon (Doubs). Il est situé au milieu des rochers, près d'Ornans et de la route qui conduit à Salins. Est-ce là l'ancienne *Alesia* des Mandubiens, où succombèrent, avec Vercingétorix, les derniers défenseurs de l'indépendance gauloise? C'est l'avis fortement motivé d'un savant architecte de Besançon, trop intéressé dans la question, peut-être, pour qu'on s'en rapporte à son seul témoignage; mais c'est aussi celui de savants tels que MM. Henri Martin, J. Quicherat, E. Desjardins, André Lefèvre, etc. Malgré cela, c'est un autre village qui, officiellement du moins, a été reconnu pour occuper l'emplacement de l'antique et glorieuse *Alesia*. Ce village est ALISE SAINTE-REINE (Côte-d'Or). Alise avait un avantage précieux sur sa rivale Alaise: Napoléon III, inspiré par Napoléon Ier, s'était déclaré en sa faveur. V. ALISE.

ALAJUELA, ville de l'Amérique centrale, dans la république de Costa-Rica, à 37 kil. O.-N.-O. de Cartago, et à peu près à mi-chemin de cette ville et de la côte du Pacifique. Pop. 12,600 hab. Culture de la canne à sucre. Cette ville est généralement bien bâtie et entourée de maisons de campagne cachées dans les fleurs et abritées sous l'épaisse ramure des arbres. Alajuela, reliée par une route à mulets avec Punta Arenas, le seul bon port que possède Costa-Rica, est un centre commercial très important.

ALAMANNI, LUIGI, poète et diplomate florentin (1495-1556). Bien que son père fût attaché au parti des Médicis, Luigi, sous prétexte d'une injustice commise à son détriment, s'était compromis dans une conspiration avortée dirigée contre Jules de Médicis, plus tard pape sous le nom de Clément VII (1523). Réfugié à Venise, il fut obligé, à l'accession de Clément, de s'éloigner encore et vint en France. Florence ayant secoué le joug papal, Alamanni retourna dans sa patrie et prit une part importante à la direction des affaires de la République; mais les Médicis ayant été restaurés (1530), il dut prendre de nouveau le chemin de la France, où d'ailleurs il composa la plus grande partie de ses ouvrages. Bien accueilli à la cour de François Ier, il devint un favori du roi, qui l'envoya même en ambassade auprès de Charles-Quint, en vue de la préparation du traité de Crépy-en-Laonnois (1544). Quelque temps auparavant, Alamanni avait adressé au roi de France, déjà en guerre avec l'empereur, un poème satirique dans lequel l'aigle à deux têtes d'Autriche était traité d'*oiseau de proie qui, pour dévorer davantage, porte deux becs.* A peine en présence de Charles-Quint, Alamanni entama un discours extrêmement laudatif, où l'aigle à deux têtes paraissait disposé à faire de glorieuses et fréquentes apparitions; mais l'empereur interrompit l'orateur, à la première occasion favorable, par cette citation du poème satirique peut-être oublié déjà du poète devenu diplomate:

. . . . l'aquila grifagna,
Che per piu devorar, duoi rostri porta.

Alamanni ne fut pas décontenancé pour si peu, étant Florentin. « Sire, dit-il, quand j'écrivis cela j'agissais en poète, et aux poètes la fiction est permise; je parle aujourd'hui en ambassadeur, qui est obligé de dire la vérité. » Après la mort de François Ier, Alamanni jouit de la même faveur auprès d'Henri II qui, lui aussi, l'envoya en ambassade à Gênes, en 1551. Il mourut à Amboise en 1556. Les meilleurs de ses ouvrages sont: ses *Opere toscane*, recueil de poésies, principalement de pièces satiriques en vers blancs (1532) et un poème didactique très estimé, imitation des *Géorgiques* de Virgile, intitulé: *la Coltivazione*. Il a laissé inachevé un poème épique sur le siège de Bourges (*Avaricum*), écrit à l'imitation de l'*Iliade* d'Homère: l'*Avarchide*, œuvre de sa vieillesse et d'une moindre valeur que les précédents. — Les compositions d'Alamanni brillent principalement par l'élégance et la pureté du style; il a beaucoup usé des vers blancs, dont on lui a attribué, mais à tort, l'introduction dans la poésie italienne.

ALAMBIC, *s. m* (arab. *al* et *anbiq*, du gr. *ambis*, vase à distiller). Appareil composé essentiellement d'une cucurbite, d'un chapiteau et d'un serpentin, servant à la distillation (v. ce mot). — Fig. *Passer une question à l'alambic.* L'étudier avec la plus grande attention.

ALAMBIQUÉ, ÉE, *part. pas.* de ALAMBIQUER.

ALAMBIQUER, *v. a.* Passer à l'alambic, dans le sens figuré. Raffiner, en parlant du discours, du style. *Alambiquer ses discours.* — Absol. Même sens. *Allons au fait sans alambiquer.* — Fatiguer à des choses subtiles. *N'allez pas vous alambiquer la cervelle à ces combinaisons.*

— S'ALAMBIQUER, *v. pr.* Se fatiguer à des choses subtiles, Se tourmenter. *Il n'y a pas lieu de s'alambiquer l'esprit.*

A-LA-MI-RÉ. Mus. Dans l'ancienne *solmisation*, ces trois syllabes s'appliquaient chacune indifféremment à la note A (*la*), parce que, avec le système des *nuances*, on chantait toujours sur les syllabes *ut, ré, mi, fa, sol, la* (le vocable *si* n'existait pas alors), que le morceau fût conçu dans l'hexacorde d'*ut*, dans celui de *sol* ou dans celui de *fa*.

ALAMO (EL), forteresse du Texas (États-Unis), près de Sant'-Antonio de Bexar. Le 5 novembre 1835, l'état du Texas se séparait du Mexique pour entrer dans l'Union américaine. Le gouvernement mexicain voulut s'opposer par la force à l'exécution de cette décision, mais ses troupes rencontrèrent une résistance acharnée. Le 11 décembre, le général mexicain était contraint de rendre l'Alamo (le Peuplier) aux Texiens; mais le 21 février suivant, le dictateur Santa Anna se présentait devant Sant'-Antonio de Bexar à la tête de forces considérables. Les Texiens se réfugièrent dans la forteresse, dont les Mexicains finirent par s'emparer (5 mars), massacrant jusqu'au dernier ses courageux défenseurs. Cette infamie excita le ressentiment des Texiens, qui prirent pour cri de guerre le nom du fort qui en avait été le théâtre sanglant, et écrasèrent à leur tour les Mexicains, le 2 avril, faisant Santa Anna prisonnier.

ALAMOS (LOS), ville du Mexique, dans l'État de Sinaloa et à 220 kil. N.-N.-O. de la capitale, portant le même nom, au milieu d'une plaine aride où l'eau est rare et la vie assez difficile. Pop. env. 10,000 hab., dont le plus grand nombre est employé dans les riches mines d'argent du voisinage.

ALAMOS DE BARRIENTOS, DON BALTAZAR, homme politique et philologue espagnol, né à Medina del Campo (Castille), vers 1550. Lié d'amitié avec Antonio Perez, secrétaire de Philippe II, il subit le contrecoup de la disgrâce de celui-ci et passa douze années en prison, pendant lesquelles il écrivit une traduction de Tacite, avec commentaires, qui établit sa réputation. Après la mort de Philippe II, Alamos fut remis en liberté et occupa divers emplois à la cour. Il mourut vers 1635.

ALAN, ALLEN ou ALLYN, WILLIAM, dit le *cardinal d'Angleterre* (1532-1594). Né à Rossall (Lancashire), il fit ses études à Oxford et devint chanoine d'York en 1558. A l'avènement de la reine Elisabeth, il fut obligé de quitter l'Angleterre et se réfugia à Louvain. De retour quelque temps après, son opposition active à l'ordre de chose existant et son ardent prosélytisme catholique le forcèrent à s'exiler de nouveau; il se rendit à Douai, où, la nouvelle université lui ayant conféré le diplôme de docteur, il fonda un collège catholique anglais. En 1587, il fut créé cardinal par Sixte-Quint, puis archevêque de Malines en 1589. — Le grand but de la vie d'Alan fut le rétablissement du catholicisme en Angleterre, et il y travailla par tous les moyens. De son collège de Douai il envoyait dans son pays de jeunes prêtres affiliés à l'ordre des jésuites, pour y répandre la bonne parole, lesquels étaient invariablement expulsés, emprisonnés, ou même mis à mort par le gouvernement d'Élisabeth. Il y faisait distribuer abondamment, par ses émissaires, des brochures de propagande, d'attaque contre la Réforme, d'injures souvent ordurières contre la reine. Non content de tout cela, il fut un des intrigants qui décidèrent l'Espagne à l'expédition funeste pour elle de l'« invincible Armada. » En cas de succès, l'archevêché de Cantorbéry lui était, du reste, assuré par le pape. Mais au lieu du succès, escompté d'avance, ce fut un désastre qui termina cette expédition; le pape, furieux, s'en prit à tous ceux qui avaient poussé à cette agression. Il interdit même à Alan l'autorisation de retourner — ou plutôt de s'installer — dans son diocèse; et le cardinal d'Angleterre mourut de chagrin et d'ambition rentrée, à Rome, en 1594, sous le pontificat de Clément VIII, très éloigné de celui de Sixte-Quint, malgré le peu d'années écoulées depuis la mort de ce dernier, arrivée en 1590.

ALAND (ILES D'), archipel de la mer Baltique, situé à l'entrée du golfe de Bothnie, à env. 40 kil. de la côte suédoise et 25 kil. de la côte de Finlande, composé de près de 300 îles ou îlots, dont 80 seulement sont habités, le reste n'étant formé que de rochers désolés.

Ces îles rocheuses continuent l'énorme et dangereux écueil de granit qui s'étend tout le long de la côte de Finlande. Elles appartenaient anciennement à la Suède ; ce fut dans leur voisinage que Pierre le Grand, en 1714, remporta sur les Suédois une victoire navale qui les fit rattacher à la Finlande, et par conséquent au territoire russe, en 1809. En 1854, la forteresse de Bomarsund, bâtie sur l'une de ces îles, fut attaquée et détruite par la flotte franco-anglaise. — La population des îles d'Aland s'élève à 16,000 hab. environ, la plupart d'origine suédoise, marins ou pêcheurs. La plus grande de ces îles, qui donne son nom au groupe tout entier, mesure environ 30 kil. de long sur 23 kil. de large et contient à peu près les deux tiers de la population totale. Il y a plusieurs bons ports, celui d'Ytternaes notamment, d'autant plus précieux pour la Russie, que leurs eaux restent beaucoup moins longtemps gelées que celle des ports de la côte de Finlande. Le sol des îles d'Aland est en général sablonneux ; il produit cependant le seigle, l'orge, le lin et les plantes potagères en quantité suffisante pour les besoins des habitants ; on y rencontre aussi des espèces forestières peu variées, le sapin et le bouleau y dominent ; quelques prairies assez considérables y permettent l'élève des bestiaux, et on y fabrique du beurre, des fromages renommés, que l'on exporte, outre les salaisons et les cuirs verts.

ALANDIER, *s. m.* Techn. Foyer de four à flamme renversée, et en particulier de four à poterie. L'alandier n'est pas une « bouche ou foyer placé à la base d'un four, » comme le disent presque tous les dictionnaires encyclopédiques : dans les fours à plusieurs étages, chaque étage a ses alandiers. Cette disposition est due au marquis de Ginori, célèbre céramiste florentin.

ALANGUI, IE, *part. pas.* de ALANGUIR.

ALANGUIR, *v. a.* Provoquer, faire naître de la langueur. Rendre languissant.

ALANGUISSEMENT, *s. m.* Etat d'une personne alanguie.

ALARCON (de), HERNANDO, navigateur espagnol du XVIe siècle, connu par son exploration de la Californie en 1540-1541. Le premier il établit que la Californie n'est pas une île comme on l'avait cru jusque-là, mais une presqu'île. Il en releva les côtes avec soin, et enfin dressa une carte de la Californie que les géographes estiment à peine différente des cartes d'aujourd'hui.

ALARCON Y MENDOZA (de), JUAN RUIZ, poète dramatique espagnol, né à Tasco (Mexique), dans les dernières années du XVIe siècle, d'une ancienne famille de Cuença. On ne sait rien de sa jeunesse; en 1622 seulement, on le trouve à Madrid, attaché au conseil royal des Indes dont il est nommé secrétaire rapporteur en 1628. La même année, il publiait son premier volume de *Comédies*, avec une dédicace ironique au public, ou plutôt à la multitude. Un second volume parut à Barcelone en 1634; vers la même époque, il remportait le prix dans un concours ouvert pour un libretto dramatique destiné à être joué aux fêtes données en l'honneur de Philippe IV. Dans son premier volume, Alarcon, aussi plein d'orgueil que de talent, insultait le public par sa dédicace; dans son second, déjà victime de plagiats effrontés, il insultait ses confrères, qu'il venait battre ensuite dans un concours officiel. Il récolta ce qu'il avait semé : toute la coterie des gens de lettres l'écrasa de libelles injurieux et diffamatoires, auxquels le public applaudit ; Calderon fut le seul qui ne compromit pas la dignité de son caractère dans cette odieuse exécution. D'autre part, les actes de piraterie littéraire dont Alarcon s'était plaint avec tant d'amertume prirent un caractère tel, que bientôt on ne put indiquer avec certitude une seule pièce de ce poète qui ne fût revendiquée par un autre. Alarcon mourut complètement dépouillé et oublié; on ne sait même pas exactement à quelle date, quoique celle de 1639 soit généralement acceptée; et ce n'est que récemment qu'on s'aperçut qu'il avait existé en Espagne un poète dramatique de ce nom, auquel Calderon et Lope de Vega seuls pouvaient être comparés. Alarcon se distingua à la fois par la correction du style, l'harmonie des vers et l'élévation des sentiments. Une de ses comédies, *la Verdad sospecha*, a servi de canevas au *Menteur* de Corneille. Deux autres : le *Tejedor de Segovia* et *Las Paredes Oyen* (*les Murs ont des oreilles*) n'ont pas encore disparu du répertoire dramatique espagnol. — Une édition complète de ses œuvres a été publiée à Madrid, de 1848 à 1852, par Hartzenbusch.

ALARD, MARIE-JOSEPH-LOUIS-JEAN-FRANÇOIS, médecin français (1779-1850). Né à Toulouse, il s'engagea encore enfant parmi les volontaires de la République, fit la plupart des campagnes de cette époque agitée et rentra dans la vie civile au début de l'empire. Ce fut seulement alors qu'il s'adonna à l'étude de la médecine. Il devint médecin en chef de la maison de la Légion d'honneur de Saint-Denis, grâce à l'amitié de Lacépède et entra à l'Académie de médecine. On lui doit une *Dissertation sur le catarrhe de l'oreille* (1803); une *Histoire de l'éléphantiasis des Arabes* (1806); *Siège et nature des maladies* (1827) et diverses autres études sur les questions les moins connues de l'art médical. Alard dirigea pendant quelques années le *Bulletin des sciences médicales*.

ALARD, JEAN DELPHIN, violoniste français, né à Bayonne, le 8 mars 1815, reçut fort jeune des leçons d'un musicien de l'orchestre de Bayonne, M. Armingaud père, qui le mit en état de faire sa partie dans cet orchestre dès l'âge de huit ans. Admis en 1827, au concours, dans la classe d'Habeneck, il remporta le premier prix de violon du Conservatoire en 1830. Nommé en 1838 membre de la Société des concerts, il devint violon solo de la chapelle des Tuileries en 1840, professeur de violon au Conservatoire en 1843, et violon solo de la Société des concerts en 1845. En 1847, il fondait, avec M. Franchomme, des séances de musique de chambre très suivies pendant une longue suite d'années, et dans lesquelles étaient presque exclusivement exécutées les œuvres de Beethoven, Haydn et Mozart. Les dernières de ces séances ont été données par M. Alard, assisté de son fidèle collaborateur M. Franchomme et de M. Francis Planté, dans la grande salle du Conservatoire, en 1871 et 1872. Il a pris sa retraite de professeur du Conservatoire au mois d'octobre 1875. — On a de lui : l'*Ecole du violon*, méthode adoptée par le Conservatoire; des *Etudes*, des *duos, concertos, quatuors, symphonies*, etc. Il a encore publié dans ces dernières années un grand nombre de compositions pour le violon, consistant principalement en *fantaisies* sur des motifs d'opéras célèbres. M. Alard est membre de la Légion d'honneur depuis 1850.

ALARGUER, *v. n.* Mar. Pousser au large.

ALARIC (germ. *al ric*, allem. mod. *all reich*, tout riche), roi des Visigoths. Il appartenait à la famille noble des Balti et fait sa première apparition dans l'histoire en 394, comme chef des Goths envoyés par Théodose le Grand contre l'usurpateur Eugène. Après la mort de Théodose (395), les Goths reconquirent leur indépendance, et de la Thrace, où ils étaient cantonnés, se répandirent dans la Morée, avec Alaric à leur tête, et ravagèrent la Grèce, presque sans rencontrer de résistance. Stilicon, général d'Arcadius, arriva enfin au secours de la Grèce. Il débarqua à Corinthe, rejeta les Goths sur les frontières d'Elide et les assiégea dans leur camp; mais ceux-ci lui échappèrent et se retirèrent en Epire. Comme Stilicon se préparait à les y poursuivre, il en fut empêché par l'empereur, qui conféra à Alaric la préfecture de l'Illyrie orientale. Ce n'était pas assez pour l'ambition de cet aventurier possédé de l'esprit de conquête. En conséquence, en l'an 300, il envahissait avec ses hordes, qui venaient de le choisir pour leur roi, l'empire d'Occident, marchant d'ailleurs avec une lenteur telle, qu'il n'apparut devant Milan qu'au printemps de 403, mettant en fuite l'empereur Honorius, qui alla se réfugier dans la forteresse d'Asta, en Ligurie, où, bientôt assiégé, il se disposait à capituler, lorsque Stilicon arriva à son secours et remporta, près de Pollentia, un avantage assez faible, mais suffisant pour dégager l'empereur. Peu après, du reste, une nouvelle rencontre avait lieu entre les deux armées à Vérone, et cette fois Alaric fut incontestablement battu et obligé d'accepter des conditions de paix mitigées par des avantages que la crainte qu'il inspirait avait arrachés à Honorius. Stilicon, surnommé le dernier des Romains, quoique Vandale d'origine, était le seul général que Rome pût opposer à Alaric ; mais il avait de nombreux ennemis, et Honorius, qui était son gendre, le suspectait d'autant plus : l'empereur le fit donc assassiner et déchira tous les traités qu'il avait faits avec Alaric. Celui-ci ne tarda pas à répondre à cette provocation, en mettant le siège devant Rome (408). Il consentit pourtant à se retirer sur la promesse qu'on lui payerait 5,000 livres d'or et 30,000 livres d'argent, indépendamment de beaucoup d'autres richesses. Honorius, qui se trouvait à Ravenne, refusa de ratifier quelques conditions insignifiantes de ce traité, qu'Alaric maintint. Le roi goth s'empara alors d'Ostie, menaçant la cité impériale de la destruction immédiate des approvisionnements renfermés dans ce port, si elle ne se rendait. Rome ouvrit ses portes au vainqueur, qui déposa Honorius et lui donna pour remplaçant Attalus, préfet de Rome, lequel ne tarda pas à se montrer honteusement insuffisant. On négociait donc la restauration d'Honorius, toujours à Ravenne, lorsqu'une nouvelle perfidie de celui-ci provoqua un retour offensif des barbares. Dans la nuit du 24 août 410, les Goths pénétraient dans Rome, qui fut livrée aux horreurs du pillage pendant six jours. Le 26, Alaric quittait Rome et dirigeait ses troupes vers le sud, qu'il ravagea pendant plusieurs mois. Vers la fin de l'année, pendant qu'il assiégeait Cosentia (Cosenza), il tomba malade, et mourut au bout de quelques jours. Il fut enterré avec ses trésors dans le lit du Busentinus (Busento), dont le cours avait été détourné dans ce but, et tous les prisonniers qui avaient pris part à ce travail furent immolés sur le lieu même, pour que ce lieu demeurât à jamais inconnu. — Le caractère d'Alaric a été diversement jugé par les historiens. Mais il est certain que les cruautés reprochées à ce *barbare* n'ont jamais été prouvées, et que ses actes d'humanité, au contraire, le sont avec la plus complète évidence. Certainement la comparaison entre Honorius et Alaric est tout entière à l'avantage de ce dernier.

ALARIC II, 8e roi des Visigoths d'Espagne. Il succéda à son père Euric ou Evaric, vers 484. Son royaume comprenait la plus grande partie de l'Espagne et s'étendait en Gaule jusqu'au Rhône et à la Loire. Il était arien, mais tolérant pour les catholiques orthodoxes, ainsi que le prouvent les décrets du concile d'Agde, réuni par lui en 506. Il montra de la sagesse dans le gouvernement de ses Etats et fit faire un choix dans les lois romaines applicables à ses peuples, dont fut formé le code connu sous le nom de *Breviarium Alaricianum*, et quelquefois désigné sous celui de *Corpus Theodosii*, parce qu'il contient six livres du code de Théodose. Alaric était d'humeur pacifique et d'une loyauté parfaite ; il maintint en conséquence, sans la moindre récrimination, le traité conclu avec les Francs par son père. Mais Clovis, désireux de s'approprier les provinces gauloises qu'Alaric possédait, trouva un prétexte de querelle dans son arianisme. L'intervention de Théodoric, roi des Ostrogoths et beau-frère d'Alaric, échoua devant le parti pris du roi franc. Les deux armées se rencontrèrent, en 507, dans les plaines de Voglade (Vouillé), près de Poitiers; les Visigoths furent complètement défaits, et leur roi tué de la propre main de Clovis.

ALARIC (la Tour d'). Archéol. Il existe à Penne, petite ville du départ. de Lot-et-Garonne, une vaste et curieuse construction antique, faisant l'angle de deux rues, plus maltraitée par la main des hommes que par les injures du temps, et qu'on attribue dans le pays au roi des Visigoths Alaric II; cette construction offre un double caractère qui la fait désigner sous les noms de *tour* et de *maison d'Alaric*. « Chaque étage de cette maison, dit M. le chanoine Delrieu, qui vient de décrire longue-

Imprimerie D. BARDIN et Cie, à Saint-Germain.

ment ces restes intéressants, avait sa porte dans cet escalier, dont les murs ont près de deux mètres d'épaisseur et portent la tour; ils n'ont pas souffert de dégradations, tandis qu'on voit les traces de réparations dans la partie supérieure. Au-dessus de son enlacement à petits créneaux, s'élevait en charpente, couverte de tuiles à crochet, une flèche fort haute et fort gracieuse. Des réparations effrayèrent le propriétaire; il la remplaça par un pigeonnier, il n'y a pas trente ans (1874). L'épaisseur des murs dans son départ, le style de cette maçonnerie, la force des quartiers de pierre, ces dalles et ces marches si profondément cavées par le piétinement semblent donner quelque crédit à l'opinion qui veut voir dans cette tour une construction du règne d'Alaric II, en 507. Ce roi des Visigoths, seigneur de l'Agenais, couvrit en effet ses Etats de fortifications pour résister aux invasions du grand Clovis qui le tua de sa main, au milieu de la mêlée, dans les plaines de Poitiers. La tradition au moins n'a jamais cessé de dire la *Tour d'Alaric*, comme elle ne cesse pas de nommer *Ricard* la porte et la fontaine qui sont historiquement de Richard Cœur de Lion. Le terre-plein de la tour et du bastion aboutissait, par un grand circuit, sous les murs qui épaulaient les terre-pleins supérieurs du château, aux entrées de l'est et de l'ouest de la forteresse. Sa largeur et sa hauteur permettaient un déploiement de forces pour résister aux premières attaques contre la place. Des jardins, qui en occupent aujourd'hui la longue surface, on voit, sur plusieurs points, la force des murs du soutènement supérieur. Dans l'arrière-corps du bastion, de vastes salles au rez-de-chaussée et aux deux étages supérieurs, éclairées par de larges baies, avec lours croix, et au-dessus quelques fenêtres fermées donnent on voit encore les ogives à petites colonnettes, surmontées de gracieux chapiteaux. Le sol d'une grande salle s'étant effondré, on trouva naguère un sous-sol avec mosaïques en briquetage rouge et jaune. Du rez-de-chaussée, à l'est, partait un chemin couvert qui communiquait avec la forteresse, montant sous les jardins dans le tuf, jusqu'au préau de la forteresse. Lorsque la ville et le bastion allaient être forcés, le reste des troupes se réfugiait dans la citadelle, comme le marque la Chronique aldegoise en 1212 et Montluc en 1562... » On voit, par la première de ces dates, que l'histoire fait mention depuis une époque assez éloignée de la maison et de la tour d'Alaric: de là à l'origine de cette construction, toutefois, la tradition seule a pu donner naissance à l'opinion qui l'attribue à Alaric; mais il ne manque pas d'attributions d'origine qui reposent sur des bases moins solides encore.

ALARMANT, ANTE, *adj.* Qui alarme.

ALARME, *s. f.* (étym. *à l'arme*). Cri, sonnerie, signal pour faire courir aux armes, pour demander du secours. On *sonne l'alarme. Avez-vous entendu! c'est un cri d'alarme. Le canon d'alarme se fit entendre malgré le fracas de la tempête.* — Emotion causée par l'approche d'un danger réel ou supposé. *L'alarme était au camp. Aussitôt il répandit l'alarme dans la maison.* — Grande inquiétude, s'emploie alors au *plur.* de préférence. *Il est toujours dans les alarmes.*

ALARMÉ, ÉE, *part. pas.* de ALARMER.

ALARMER, *v. a.* Répandre l'alarme. Effrayer. *La seule annonce de ces malheurs alarma tout le monde. Il prend plaisir à alarmer les gens.* — S'ALARMER, *v. pr.* Prendre l'alarme, s'effrayer. *A quoi bon s'alarmer d'avance?*

ALARMISTE, *s.* Celui ou celle qui se plaît, qui est habituellement disposé à répandre l'alarme, l'inquiétude. *J'ai horreur des alarmistes.* — Arg. Chien de garde (Vidocq).

ALARY, PIERRE JOSEPH, de l'Académie française (1690-1753). Né à Paris, il embrassa l'état ecclésiastique et se mêla aux intrigues de cour au profit de son ambition. Accusé, en 1718, d'avoir trempé dans la conspiration de Cellamare, il sut se laver de cette accusation auprès du Régent, qui se montra d'ailleurs excessivement indulgent pour les vrais coupables. Alary tira même de grands avantages de cette circonstance qui l'avait mis en pré-

sence du Régent, et qui, au lieu de le perdre, comme l'espéraient sans doute ses ennemis, fut l'origine de sa fortune. Il fut nommé sous-précepteur du jeune roi Louis XV, puis exerça les mêmes fonctions auprès du dauphin et des enfants de France; enfin, il entrait à l'Académie française en 1733, n'ayant jamais rien écrit, ni mal ni bien.

ALARY, JULES-EUGÈNE-ABRAHAM, compositeur français, né de parents français, à Mantoue, en 1814. Il fut élève du Conservatoire de Milan de 1827 à 1831, et flûtiste du théâtre de la Scala jusqu'en 1833, époque où il vint à Paris, se livra à l'enseignement du chant et du piano et devint, en 1836, chef du chant au casino Paganini (rue de la Chaussée-d'Antin). En 1840, il se rendait à Florence, pour faire représenter un opéra en 2 actes: *Rosmunda*, revenait aussitôt après, et acceptait l'année suivante les fonctions de chef du chant et de bibliothécaire de la Société de musique religieuse et classique. En 1850, il faisait représenter au Théâtre italien: *Rédemption*, mystère en 5 parties; puis, l'année suivante, au même théâtre: *le Tre Nozze*, opéra-bouffe en 3 actes. En 1852, il partait pour Saint-Pétersbourg, où il était appelé pour faire représenter au Théâtre impérial un grand opéra en 5 actes: *Sardanapale*. A son retour à Paris, en 1853, il était nommé pianiste accompagnateur de la Chapelle impériale, fonctions qu'il conserva jusqu'en 1870, c'est-à-dire jusqu'à la chute de l'empire, et devenait en même temps directeur de la musique au Théâtre italien. Il a fait représenter depuis cette époque: *l'Orgue de Barbarie,* 1 acte (1856), aux Bouffes; *la Beauté du diable,* 1 acte (1851), à l'Opéra-Comique; *le Brasseur d'Amsterdam,* 1 acte (1861), à Ems; *la Voix humaine,* opéra en 2 actes (1861), à l'Opéra; *Locanda gratis,* opéra-bouffe, 1 acte (1866), au Théâtre italien. — M. Alary a publié en outre, tant en France qu'à l'étranger, une foule de compositions vocales, scènes, airs, romances, en français, en italien, en allemand, en anglais; des duos, des trios, des quatuors, etc., dont la nomenclature serait beaucoup trop étendue.

ALA-SCHEHR, ville de la Turquie d'Asie (Anatolie), à 130 kil. E. de Smyrne. Pop. 18,000 hab. Par sa situation en pleine fertile de l'Hermus, Ala-Schehr offre à distance, comme la plupart des villes orientales, un aspect superbe; mais de près, cette ville est sale et mal bâtie. Elle occupe l'emplacement de l'ancienne Philadelphia des Grecs, une des *sept Eglises d'Asie* de l'Apocalypse, bâtie deux siècles avant l'ère actuelle, et qui fut visitée par de fréquents tremblements de terre; elle s'est rendue célèbre dans les temps modernes par sa résistance prolongée à la puissance envahissante des Turcs; elle fut enfin soumise par Bajazet II, en 1390, la dernière de toutes les villes de l'Asie Mineure. Ruines antiques nombreuses. Ala-Schehr est le siège d'un archevêché grec. Son commerce, portant sur les produits naturels du pays, est très actif.

ALASCO, IVAN LASCKI (dit), théologien protestant polonais (1499-1560). Il voyagea beaucoup dans sa jeunesse, et pendant un séjour à Zurich, se laissa séduire par les doctrines de Zwingle. A Bâle, en 1525, il était en relations d'amitié avec Erasme, qui lui légua sa bibliothèque. De retour dans son pays, divers emplois ecclésiastiques lui furent offerts, qu'il ne refusa pas, ses opinions religieuses ayant changé. Il quitta de nouveau la Pologne, pour éviter des embarras, voyagea quelque temps, puis devint pasteur d'une congrégation protestante à Embden, dans la Frise orientale. En 1551, sur l'invitation de Cranmer, il se rendit à Londres et devint surintendant de la Congrégation des protestants étrangers, exilés comme lui. A l'accession au trône de Marie Tudor (1553), Alasco fut banni d'Angleterre avec toute sa congrégation. Il retourna en Pologne en 1556 et y mourut le 13 janvier 1560. — Alasco écrivit de nombreux traités théologiques, principalement pour la défense de la doctrine des sacrements professée par les réformateurs suisses, et fut un des dix-huit théologiens qui

traduisirent la Bible en polonais. Cette traduction fut publiée en 1563.

ALASKA ou ALIASKA, territoire des Etats-Unis de l'Amérique du Nord (ci-devant Amérique Russe), dont elle comprend la partie N.-O. bornée au N. par l'océan Arctique, à l'E. par l'Amérique anglaise, au S. et à l'O. par l'océan Pacifique. Le nom d'Alaska, donné d'abord seulement à l'étroite presqu'île qui s'avance dans le Pacifique, désigne aujourd'hui tout ce vaste territoire qui s'étend depuis 143° 30' de long. O. jusqu'au détroit de Behring ainsi que de nombreuses îles disséminées le long de la côte, telles que les îles du Prince de Galles, l'archipel de George III, les îles Kodiak et les îles Aléoutiennes. Une bande de terre d'environ 80 kil. de largeur prolonge au sud, en suivant la côte du Pacifique, le territoire de l'Alaska jusqu'aux frontières de la Colombie britannique. Sa plus grande longueur, du N. au S., est d'environ 1,760 kil., et sa plus grande largeur, de l'E. à l'O., de 290 kil., donnant une superficie totale d'environ 1,500,000 kil. carrés. La population se compose d'environ 8,000 blancs, 15,000 Indiens et quelques Esquimaux habitant la côte septentrionale. — SITKA (anc. *New-Arkhangel*), dans l'île de Sitka, est le siège du gouvernement. C'est une ville fortifiée, comptant à peine 1,500 hab., siège d'un évêché grec; on y trouve des magasins d'entrepôt et un observatoire magnétique.

Sitka, capitale de l'Alaska.

HYDROG. ET OROGR. Ses nombreuses îles, baies, criques et passes donnent à l'Alaska une étendue de côtes de 12,600 kil. au total. Nous citerons, en commençant par le S.-E.: l'entrée de Cook, la baie de Bristol, les golfes de Norton et de Kotzebue; les caps Newenham et Lisburne, le cap du Prince de Galles au détroit de Behring et les caps Lisburne, des Glaces et Point Barrow dans l'océan Arctique. L'exploration des côtes septentrionales est principalement due aux navigateurs anglais Cook, Beechy et Franklin et aux officiers de la compagnie de la Baie d'Hudson. — Le fleuve principal de l'Alaska est le Yukon ou Kwichpak, qui prend sa source sur le territoire anglais, traverse l'Alaska dans toute sa longueur, et après avoir reçu le Porc-épic, son principal affluent, au fort Yukon, le jette dans la mer de Behring un peu au sud du golfe Norton. Ce fleuve majestueux mesure encore, à 1,000 kil. de son embouchure, plus de 2 kil. et demi de large. Les autres cours d'eau importants sont la Copper river, le Suschitna, le Nuschagak et le Kuskokwim, qui se jettent dans le Pacifique, et le Colville dans l'océan Arctique. — Une importante chaîne de montagnes, qui prend naissance dans la Colombie britannique, longe la côte de l'Alaska dans une direction N.-O.; ses cimes sont couvertes de neiges et de glaciers, et son sommet principal, le mont Saint-Elie, qui est un volcan en activité, s'élève à 4,560 m. au-dessus du niveau de la mer. Une autre chaîne règne dans la longueur de la presqu'île d'Alaska, s'étendant à l'intérieur vers l'ouest et se terminant de ce côté par plusieurs cônes volcaniques très élevés; cette chaîne est d'ailleurs entièrement volcanique: une éruption presque générale eut lieu en octobre 1883, dont le signal fut donné par le mont Augustin, voisin de l'entrée de Cook; cette montagne fut fendue en deux de la base au sommet par la violence de l'explosion, et sa partie septentrionale s'éboula au niveau des hautes vallées; à l'extrémité occidentale l'Iliamna, volcan en activité, de 3,650 m. d'altitude, entre autres, subit également une violente convulsion qui causa d'irréparables malheurs. L'île d'Uminak, séparée du continent seulement par une étroite passe, renferme aussi des volcans énormes, atteignant 2,500 m. d'altitude. A l'intérieur et au nord, le pays est généralement montagneux, mais entrecoupé de vastes plaines.

Climat et product. Sur la côte sud-ouest, le climat est assez doux, malgré sa latitude élevée, grâce au grand courant chaud du Pacifique qui baigne ses rives, produisant des effets analogues à ceux du Gulf stream dans l'Atlantique; les modifications qui en résultent dans la température, par exemple, déterminent d'abondantes pluies. A Sitka, notamment, la moyenne de la température est très voisine de 6° centigr. au-dessus de zéro. La moyenne est de beaucoup inférieure dans les autres régions. La production agricole de l'Alaska est absolument nulle. Les céréales et les plantes potagères ne parviennent pas à y mûrir; quelques bons pâturages se rencontrent çà et là dans les vallées, quelques racines alimentaires et d'autres végétaux indigènes, en petite quantité, y croissent plus ou moins abondamment: c'est tout. La principale richesse du pays réside dans ses immenses forêts, dans les fourrures de ses animaux sauvages et dans les poissons de toute sorte qui abondent aussi bien dans ses rivières que sur ses côtes. Les forêts qui, de la côte, s'élèvent sur le flanc des montagnes jusqu'à plus de 600 mètres, sont principalement formées de cèdres, de mélèzes, de cyprès, de sapins et de pins gigantesques. Les bêtes fauves comprennent l'élan, le daim, plusieurs espèces d'ours, le loup, le renard, le castor, l'hermine, la loutre, la marte, l'écureuil et quelques autres animaux à fourrure; près des côtes, le phoque abonde, et dans les rivières, le saumon. La pêche de la morue, du hareng, etc., est très active dans les eaux de l'Alaska, et environ quatre-vingts baleiniers y exercent ordinairement leur industrie. — Les produits minéraux les plus importants seraient le charbon, le soufre, le fer; on a parlé d'argent, et même d'or, mais il faudrait vérifier, et le fait est qu'on ne connaît pas encore la valeur réelle des dépôts minéralogiques dont l'existence est incontestable.

Hist. La côte N.-O. de cette partie de l'Amérique fut découverte et explorée en 1741, par une expédition russe commandée par Behring. Il en résulta l'établissement par les Russes, à des époques et sur des points divers du nouveau territoire, de stations ou comptoirs destinés à faciliter leur commerce de pelleteries et fourrures. Le premier de ces établissements fut celui de l'île principale du groupe des Kadiak, qui date de 1783. En 1799, le czar Paul III accordait un privilège presque illimité à une compagnie russo-américaine joignant au commerce des fourrures l'exploitation des pêcheries, et qui établit son dépôt central à New-Arckhangel (Sitka), avec une quarantaine de stations sur tout le territoire. Cette compagnie exportait annuellement 25,000 peaux de phoques, loutres de mer, castors, etc., et 20,000 défenses de morses environ; son privilège expirait en 1863. En 1867, le gouvernement russe cédait aux Etats Unis, moyennant une somme de 6 millions de francs, ses possessions américaines. La prise de possession officielle fut effectuée le 9 octobre 1867, par l'installation à Sitka d'une garnison américaine. Depuis lors, l'Alaska n'a pas cessé d'être exploré à des points de vue très divers; mais il est peu probable qu'on en puisse tirer un beaucoup meilleur parti qu'on a fait jusqu'à présent.

ALATERNE, *s. m.* Bot. Arbrisseau toujours vert, de la famille des Rhamnées. V. Nerprun.

ALATRI (anc. *Alatrium*), ville d'Italie, prov. et à 10 kil. N. de Frosinone. Pop. 11,400 hab. Siège d'un évêché. Ruines pélasgiques considérables. Aux environs, culture de la vigne et de l'olivier.

ALATYR, ville de la Russie d'Europe, au confluent de la rivière du même nom avec la Soura. Pop. 5,000 hab. Grand commerce de grains.

ALAUDE, *s. f.* (lat. *alauda*, alouette). Ornith. Nom scientifique du genre alouette. V. ce mot.

ALAUS, *s. m.* (gr. *alaos*, aveugle). Entom. Genre d'insectes coléoptères pentamères, de la famille des élatérides, vulgairement appelés taupins.

ALAUX, Jules-Emile, écrivain et professeur français, né en 1828 à Lavaur (Tarn). Reçu docteur ès lettres et agrégé de philosophie, après avoir professé en province, puis à Paris, au collège Sainte-Barbe, il fut appelé à la chaire de philosophie de Neuchâtel (Suisse) et depuis, à la même chaire du lycée de Nice. — M. Alaux a collaboré à la *Revue française*, à la *Revue contemporaine* et à diverses autres publications périodiques; il fut attaché quelque temps au journal le *Parlement*, de Gregory Ganesco (1870), où il rédigea, notamment, le compte-rendu des débats du Corps législatif. On lui doit, en outre: *Essai sur l'art dramatique* (1855); la *Religion au XIX*e *siècle* (1857); *Visions d'amour*, poésies (1858); la *Raison, Essai sur l'avenir de la philosophie* (1860); *Laure*, étude (1861); *Pape et Roi* (1861); la *Philosophie de M. Cousin* (1864); les *Tendresses humaines*, poésies (1867); la *Religion progressive* (1869); la *République* (1871); l'*Analyse métaphysique* (1872); *Etudes esthétiques* (1874); *Histoire de la philosophie* (1882); *Précis d'instruction morale et civique* (1883), etc.

ALAVA, l'une des provinces basques, au nord de l'Espagne. Elle est bornée au N. par le Guipuscoa et la Biscaye, à l'E. par la Navarre, au S.-O. par la prov. de Logrono et à l'O. par celle de Burgos. Superf. 3,120 kil. carr. Pop. 102,500 hab. Cette prov. affecte la forme triangulaire. Sa surface est montagneuse, surtout vers le nord où elle touche aux Pyrénées. Elle est séparée de la prov. de Logrono par l'Ebre; ses autres rivières sont le Zadorra et l'Ayuda. Elle renferme des vallées fertiles qui produisent le blé, l'orge, le maïs, le lin, le chanvre, les olives, le raisin; on y fabrique de l'huile d'olive et un vin de peu de valeur dénommé *chacoli* dans le pays; les montagnes sont couvertes de forêts où se trouvent le chêne, le châtaignier, le bouleau, etc., et dont les flancs renferment du marbre, du fer, du cuivre et du plomb. Manufactures de draps grossiers, chapeaux, souliers, poterie de terre, quelques usines métallurgiques sans importance. — Cap. Vitoria.

ALAVA (de), Don Miguel-Ricardo, général espagnol (1771-1843). Né à Vitoria (Alava), il entra tout jeune dans la marine, d'où, parvenu au grade de capitaine de frégate, il passa dans l'armée avec le grade correspondant. A l'assemblée des notables de Bayonne, en 1808, il se montra l'un des plus chauds partisans de la constitution soumise à l'Espagne par Joseph Bonaparte, son nouveau roi. En 1811, quand la position de Joseph Bonaparte fut devenue périlleuse, il s'empressa de passer dans les rangs des défenseurs de l'indépendance nationale. Envoyé par les Cortès au quartier général de Wellington, il sut si bien gagner la faveur de celui-ci, qu'il le fit son aide de camp. Avant la fin de la campagne, Alava avait été élevé au grade de brigadier général. A la restauration de Ferdinand, il fut emprisonné comme suspect de libéralisme, mais l'influence combinée de Wellington et de Ethenard, son oncle, qui remplissait les fonctions redoutables d'inquisiteur, il fut promptement relâché. Il travailla dès lors à gagner la confiance du roi, y réussit et fut envoyé comme ambassadeur à La Haye en 1815; au bout de quatre ans, il fut rappelé, soi-disant pour avoir montré trop de bienveillance aux exilés politiques espagnols. A la révolution de 1820, Alava fut envoyé aux Cortès par sa province natale, et s'y fit remarquer dans les rangs des *exaltados*; il fut élu président en 1822, et dans cette même année combattit à la tête de la milice, sous les ordres de Ballesteros et de Murillo, pour le maintien de l'autorité entre les mains des Cortès. Envoyé auprès du duc d'Angoulême pour négocier, lors de la prise de Cadix par les Français (1823), le résultat de cette négociation fut la restauration nouvelle de Ferdinand VII, qui s'engageait à suivre une politique libérale, bien décidé, toutefois, à ne pas tenir sa promesse; ce que voyant, Alava s'empressa de gagner l'Angleterre. Il retourna dans son pays à la mort de Ferdinand, prit parti pour Marie-Christine contre Don Carlos, et fut en conséquence nommé ambassadeur à Londres en 1834, puis à Paris l'année suivante. — Après l'insurrection de la Granja, il refusa de signer la constitution de 1812, disant qu'il était *fatigué de prêter de nouveaux serments tous les jours*. Il dut, par suite, se retirer en France, et mourut à Barèges en 1843.

ALAY (Procession triomphale). Cérémonie turque dans laquelle l'étendard de Mahomet est promené processionnellement pour appeler tous les croyants à la guerre sainte. En tête de la procession défilent les artisans, porteurs des principaux outils de leur métier. Cet étendard sacré ne doit être vu que par des musulmans et touché que par des émirs. Les infidèles doivent donc s'écarter prudemment du passage de la procession, ou ils courraient le risque d'être massacrés sur place, ce qui est arrivé déjà.

ALBA (anc. *Alba Pompeia*), ville d'Italie, sur le Tanaro (prov. de Cuneo), à 45 kil. S.-E. de Turin. Pop. 10,000 hab. Siège d'un évêché. Belle cathédrale du xve siècle. — Grand commerce de bétail. Magnaneries, huileries, vin de bonne qualité. Les environs sont très fertiles en grains et fruits variés. Marbre. Sel gemme. — Patrie de l'empereur Pertinax.

Alba Longa. V. Albe la Longue.

ALBA, Marc David, dit La Source, homme politique français (1710-1793). Né en Languedoc, il était ministre du culte réformé lorsque le département du Tarn l'envoya, en 1791, siéger à l'Assemblée législative. Il fit décréter d'accusation le général Lafayette; à la Convention il vota la mort de Louis XVI. S'étant ensuite attaqué à Robespierre, il fut arrêté avec les adversaires du dictateur et périt sur l'échafaud en 1793.

ALBACETE, ville d'Espagne, ch.-l. de la prov. du même nom, à 225 kil. S.-E. de Madrid, station importante du ch. de fer de Madrid à Valence. Pop. 16,000 hab. Cette ville est située au milieu d'une plaine fertile et fait un grand commerce de safran et des produits agricoles du pays. Grande foire annuelle aux bestiaux, en septembre. Albacete est une ville bien bâtie, et possède plusieurs églises, deux hôpitaux et une école normale. Célèbre jadis pour ses fabriques de coutellerie, qui lui avaient fait donner dans le monde industriel le nom de *Sheffield de l'Espagne*, cette ville est restée fameuse pour ses dagues.

ALBACETE (prov. d'). Province de l'Espagne créée en 1833 de districts empruntés à celles de Murcie et de la Nouvelle-Castille. Elle est bornée au N. par la prov. de Cuença, à l'E. par celles de Valence et d'Alicante, au S. par celle de Murcie et à l'O. par celles de Ciudad-Real et de Jaen. Superf. 15,470 kil. carr. Généralement montagneuse, mais ayant aussi de riches plaines et des vallées fertiles, les principaux cours d'eau de cette province sont le Mundo au sud et le Jucar au nord. Les produits agricoles sont les céréales, le safran, les plantes potagères et les fruits de toute espèce; on y fait aussi un vin d'excellente qualité et on s'y livre à l'éducation des abeilles et des vers à soie et à l'élevage du bétail sur une petite échelle, surtout à celui des taureaux de combat, et aussi des mules et des chevaux. Manufactures de poterie de terre et porcelaine, de coutellerie, de draps; filatures de chanvre, distilleries. Grand commerce de bois. Les produits minéraux sont l'argent, le fer, le cuivre, le zinc, le soufre, le gypse et la houille; sources minérales nombreuses, chaudes et froides.

ALBAN (SAINT-), village de France, sur la Loire, arr. et à 9 kil. de Roanne. Sources minérales froides bicarbonatées, ferrugineuses et gazeuses.

ALBAN (SAINT), premier martyr chrétien d'Angleterre, qui florissait vers la fin du IIIe siècle. Dans sa jeunesse, il se rendit à Rome et servit pendant sept ans dans l'armée de Dioclétien. De retour à Verulamium, son pays natal, les instructions d'Amphibalus, moine, de Caerleon l'amenèrent à abjurer le paganisme et à se faire chrétien. Il subit le martyre pendant la grande persécution de Dioclétien; mais les historiens ne s'accordent pas sur la date de cet événement. Quatre à cinq cents ans après la mort de saint Alban, en tout cas, Offa, roi des Merciens, bâtit un grand monastère près de Verulamium, à la mémoire du *protomartyr* breton, autour duquel s'éleva progressivement la ville actuelle de SAINT-ALBANS. V. ce nom.

ALBANAIS, AISE, s. Habitant de l'Albanie. — *Adj.* Qui appartient, a rapport à l'Albanie ou à ses habitants. *La langue albanaise. Le costume albanais.* — Les Albanais de race se donnent le nom de *Skypètars*; ils sont appelés *Arnautes* par les Turcs.

ALBANE (l'), FRANCESCO ALBANI, célèbre peintre italien (1578-1660). Fils d'un marchand de soieries de Bologne, où il naquit, sa destinée paraissait être de succéder à son père dans son commerce; mais celui-ci étant mort, le jeune Francesco, qui n'avait depuis l'âge le plus tendre montré d'inclination que pour le dessin et la peinture, s'adonna dès lors exclusivement à cet état. Il eut pour premier maître Denis Calvaert, dont Guido Reni était également l'élève à cette époque et devint bientôt son guide, puis son ami. Les deux amis quittèrent l'atelier de Calvaert pour celui des Carraches. Mais d'amis, ils ne tardèrent pas à devenir rivaux, au grand profit de l'art, car l'émulation résultant de cette rivalité leur fit produire leurs meilleures œuvres. Quoique leur amitié se fût graduellement refroidie, il est à remarquer, à leur honneur, qu'ils ne perdirent jamais l'un de l'autre qu'avec la plus grande estime. En quittant les Carraches, l'Albane se rendit à Rome, où il ouvrit une académie. Il y peignit, sur les dessins d'Annibal Carrachi, les fresques de la chapelle San Diego, dans l'église de San Giacomo degli Spagnuoli. Ses meilleures fresques sont celles qu'il a peintes sur des sujets mythologiques, comme il en a laissé un grand nombre au palais Verospi (aujourd'hui palais Torlonia). Devenu veuf, il retourna à Bologne; il s'y remaria et y demeura jusqu'à sa mort, jouissant, semble-t-il, d'un bonheur domestique parfait aussi bien que de l'estime de ses concitoyens. Sa seconde femme, qui avait une grande réputation de beauté, lui servit de modèle, ainsi que ses enfants, non moins charmants. « Au point de vue de l'invention, dit Lanzi, Albani est supérieur au Dominiquin, peut-être même à tout autre de l'École (bolonaise); et dans la représentation des formes féminines, suivant Mengs, il n'a pas son égal. Quelques-uns l'ont surnommé *l'Anacréon de la peinture.* Comme ce poète avec ses courtes odes, Albani avec ses petites peintures se fit une grande réputation; et de même, que le premier chanta Vénus et les amours, les jeunes filles et les enfants, le second a toujours sous les yeux les mêmes sujets délicats et gracieux… Possédant une épouse et *douze* enfants tous d'une beauté surprenante, il avait sous la main les plus beaux modèles qu'il pût désirer pour la poursuite de ses études. Il avait, pour comble, la villa la plus délicieusement située, lui offrant en outre une variété d'objets qui lui permettaient de représenter les splendides paysages si familiers à ses yeux. » Un grand nombre d'œuvres de l'Albane se trouvent à Bologne. Parmi les plus célèbres de ses tableaux, nous citerons : les *Quatre saisons, Diane et Vénus* dans la galerie florentine ; la *Toilette de Vénus*, au Louvre ; *Vénus débarquant à Cythère*, au palais Chigi, à Rome. Parmi ses principaux sujets religieux : un *Saint-Sébastien* et une *Assomption*, pour l'église Saint-Sébastien, à Rome.

ALBANI. Nom d'une illustre famille romaine d'origine albanaise, émigrée après la soumission de son pays par les Turcs (1478). Elle a donné à l'Église romaine toute une collection de prélats, quelques cardinaux ou princes et un pape.

ALBANI, Giovanni-Francesco, de Pesaro (1650-1722). Il fut élu pape en 1700, après la mort d'Innocent XII, d'une voix unanime. Il commença par condamner les cinq propositions de Jansénius par sa bulle *Vineam Domini Sabaoth*, condamnant d'autre part les pratiques charlatanesques des missionnaires de la Chine. Enfin c'est lui l'auteur de la fameuse bulle ou *Constitution Unigenitus*, dirigée contre 101 propositions extraites des *Réflexions morales* du P. Quesnel sur le Nouveau Testament, approuvées d'abord par de nombreux prélats. Il a laissé des homélies et quelques autres ouvrages, il eut pour successeur Innocent XIII.

ALBANI, Annibale (1682-1751), fut légat du précédent à Vienne et évêque d'Urbin. Il enrichit le Vatican de riches collections d'objets d'art.

ALBANI, Alessandro (1692-1779), fut cardinal, nonce à Vienne et ministre de Marie-Thérèse. Ce fut sa villa Albani qu'il enrichit de chefs-d'œuvre et de curiosités artistiques.

ALBANI, Giovanni-Francesco (1720-1809), évêque d'Ostie, cardinal, ami des jésuites et ennemi de la France. Il prit une grande part à l'élection de Pie VII au trône pontifical.

ALBANI, Giuseppe (1750-1834), prince-cardinal. D'un caractère violent et cruel, il se mit à la tête des troupes chargées de réprimer le soulèvement dans *l'Ambagi*, qu'elle n'a plus quitté retirer avec la honte d'un échec. Son hostilité envers les Français avait provoqué le pillage de la villa Albani.

ALBANI (Madame), EMMA LA JEUNESSE, cantatrice franco-canadienne, née à Montréal vers 1851, d'un père musicien de talent, qui lui enseigna de bonne heure la musique. Ayant perdu sa mère dès l'âge le plus tendre, elle fut envoyée, avec ses sœurs, au couvent du Sacré-Cœur de Montréal, pour compléter son éducation. A peine sortie du couvent, son père l'envoya en Europe pour compléter, cette fois, son instruction musicale. Elle resta deux ans à Paris, sous la tutelle de la baronne Lafitte, suivant les leçons de Duprez ; puis partit pour Milan, où elle devint l'élève du vieux maestro Lamperti. Plusieurs années se passèrent en études laborieuses, au bout desquelles elle débuta avec succès à Messine, sous le pseudonyme d'*Albani*, qu'elle n'a plus quitté (1870). Elle obtint aussitôt un engagement pour Malte. Dans l'hiver de 1871-1872, elle chantait au théâtre de la Pergola, à Florence, et fut assez heureuse pour faire accepter le *Mignon* d'Ambroise Thomas à un public italien, malgré plusieurs échecs précédents. Madame Albani chantait au Théâtre royal italien de Londres pendant la saison de 1872. Au mois d'octobre de la même année elle débutait au Théâtre italien de Paris dans la *Sonnambula*, et remportait à ce théâtre, quelques semaines plus tard, un succès sérieux dans *Lucia*. Après s'être fait entendre de l'Autriche, en Russie, en Italie, elle était de retour à Londres en 1874, où elle se faisait applaudir dans *I Puritani*, *Amleto* et *Rigoletto* principalement. Au commencement de 1877, madame Albani, attachée au théâtre de Covent Garden par un très brillant engagement, revenait à Paris et y remportait un succès éclatant dans *Lucia*, la *Sonnambula*, *Rigoletto*, etc. Elle retourna ensuite à Londres, puis accepta un engagement aux États-Unis; et depuis lors, l'Angleterre et les États-Unis se disputent cette *prima donna*. En 1883, elle se faisait applaudir à Washington dans *Faust* et *Rigoletto*, puis à Philadelphie dans le *Vaisseau fantôme*. En janvier 1885, elle chantait à l'Opéra italien de Barcelone, ayant pour les mois suivants un engagement pour la Hollande et le Festival de Birmingham, où elle doit chanter sa partie dans le nouvel oratorio de Gounod *Mors et Vita*, outre le rôle qui lui est demandé dans le nouvel opéra d'Anton Dvorak, écrit spécialement pour cette solennité.

ALBANIE (de *albus*, blanc). Géogr. anc. Vaste contrée d'Asie ainsi nommée de la blancheur de ses habitants. Elle était située entre la mer Caspienne et l'Ibérie, la première à l'E., la seconde à l'O., la Sarmatie au N. et l'Arménie au S., et comprenait à peu près exactement les territoires modernes du Daghestan, du Schirvan et du Leghistan. Sa capitale, Cabalaca, était située sur le fleuve Alban, placé par Ptolémée au centre du pays. D'après Strabon, les *Albaniens* menaient la vie pastorale; leur pays étant très fertile, ils se contentaient d'y récolter ce dont ils avaient besoin et que la terre leur procurait, sans la moindre culture, en grande abondance, qu'il en restait toujours plus qu'ils n'avaient pris. Les Albaniens étaient les plus beaux hommes de toute l'Asie; leurs mœurs étaient douces et simples, ils ne faisaient ni le commerce, ni la guerre et n'avaient ni monnaie, ni poids, ni mesures; la flèche et le javelot, le casque, la cuirasse et le bouclier faits de peaux de bêtes, constituaient tout leur armement; ils adoraient le Soleil, Jupiter et la Lune, professaient un grand respect pour les vieillards, mais ne s'inquiétaient plus des morts. Ils firent la funeste connaissance des Romains pendant l'expédition de Pompée contre Mithridate (65 av. J.-C.), et leur opposèrent 60,000 hommes d'infanterie et 22,000 de cavalerie; vaincus, Pompée se gloriña de leur soumission, mais cette soumission ne fut jamais qu'apparente.

ALBANIE. Géog. mod. Vaste contrée du S.-O. de la Turquie d'Europe, bornée au N. par la Dalmatie, le Monténégro (dont elle est séparée par le Moroka) et la Bosnie; à l'E. par la Serbie et la prov. turque de Salonique, qui comprend la plus grande partie de la Macédoine; au S. par la Grèce (dont elle est séparée par le Suli); à l'O. par l'Adriatique et la mer Ionienne. L'Albanie n'a pas de division administrative qui lui soit propre, faisant partie intégrante de l'empire ottoman. Le vilayet de Roumélie, dont le ch.-l., Scutari, est considéré comme la capitale de l'Albanie, se compose essentiellement d'une partie de la Haute-Albanie; celui de Prisrend est composé d'une partie de la Haute-Albanie et de la Haute-Macédoine; celui de Janina, de la Basse-Albanie et de l'Épire. Les côtes de l'Albanie se développent sur une étendue de 450 kil., non compris les échancrures. La population de l'Albanie est évaluée à 1,200,000 hab. par les uns, à près de 2 millions par d'autres; l'immense majorité, en tout cas, est composée d'Albanais proprement dits (*Skypètars* ou *Arnautes*); le reste, de Grecs et de Turcs, outre un certain nombre de Juifs. — Le sol de l'Albanie est très montagneux, étant traversé par un prolongement des Alpes dinariques, continué au sud par la chaîne du Pinde; parallèlement à la côte méridionale s'élèvent les monts Khimara, connus des anciens sous le nom de *Monts acrocérauniens*, et qui se terminent vers le nord au cap Glossa. Il y a trois grands lacs : celui de Scutari au nord, celui d'Okhrida au centre et celui de Janina au sud. Les principaux cours d'eau

ALBANIE. — Lac de Scutari.

sont : le Moroka et la Zenta qui se jettent dans le lac de Scutari, lequel est en communication avec la mer par la Boyana, qui se jette dans l'Adriatique près de Dulcigno; le Drin blanc, qui coule vers le sud et le Drin noir, qui se dirige du lac Okhrida vers le nord, se réunissent pour former le Drin. Nous citerons encore la Skombia, la Voioutza, le Calamas, l'Arta, le Suli ou Gurin (anc. *Achéron*) et le tributaire de ce dernier, le Vuvo (anc. *Cocyte*). — Le climat est généralement sain, quoique un peu froid dans les montagnes ; les régions les plus chaudes, le long des côtes, sont d'ailleurs fréquemment visitées par les vents froids du nord.

COMM. ET INDUST. Quoiqu'il n'y ait plus, pour les raisons que nous avons dites, de capitale de l'Albanie, *Scutari*, sur le lac du même nom, est généralement considérée comme digne de ce rang. C'est une ville d'environ 40,000 hab. Centre d'un grand commerce intérieur. Manufactures d'armes. La langue française y est très répandue. *Prisrend*, au nord-est, est réputée pour ses fabriques de coutellerie et d'armes à feu : 25,000 hab. *Janina*, sur la rive S.-O. du lac du même nom, compte 36,000 habit.; c'était la capitale de l'Albanie au temps d'Ali-Pacha. Les autres villes importantes de l'intérieur sont Jacova, Tirana, Okhrida, Elbasan, Delvino et Metzovo; les ports principaux, Dulcigno, Durazzo, Parga, Prevesa et Arta. — Le commerce de l'Albanie a surtout pour places principales Arta et Prevesa, quoique généralement entre les mains de gros marchands grecs établis à Janina. L'exportation porte presque entièrement sur les produits naturels du pays, tels que chevaux, bétail gros et petit, salaisons, fromages, cuirs verts, calices de glands de chêne pour le tannage, soie, laine, coton, huile, tabac, bois de construction, de chauffage et de teinture, drogueries, grains, etc. — Malgré sa nature montagneuse, le sol de l'Albanie est très fertile dans les vallées et les plaines, et nous venons de voir qu'elle produit plus de grains qu'il n'en est besoin pour la consommation de ses habitants ; elle fait profiter de cet excédent ses voisines, Malte, les îles Ioniennes, l'Italie, etc. Elle est riche, en outre, en gras pâturages. On y cultive avec succès la vigne, l'olivier, le grenadier, l'oranger, le citronnier, le figuier, le mûrier et d'autres arbres fruitiers. — L'industrie albanaise se borne à peu près à la confection des vêtements, vestes et capotes, en drap ou velours brodés de soie, d'argent ou d'or à la fabrication des armes à feu du type et pour l'usage national et de la coutellerie, c'est-à-dire des armes blanches en plus grande quantité que des outils tranchants pour les travaux de la paix ; on y fait toutefois aussi des draps grossiers et des étoffes de coton, et il s'y rencontre quelques huileries, tanneries, etc.

POPULATION. L'Albanais d'origine est de taille élevée ; il a le visage ovale, le teint très blanc, le nez aquilin, son attitude est pleine de majesté ; il est franc, d'humeur plutôt gaie et d'une grande activité. Il méprise le commerce, qu'il laisse au Grec cauteleux et retors, et la profession des armes est la seule qu'il regarde comme noble ; aussi va-t-il toujours armé jusqu'aux dents et se laisse-t-il trop aisément aller à prendre part aux exploits des bandes de brigands qui infestent la Macédoine et la Thessalie. L'armée ottomane compte dans ses rangs beaucoup d'officiers, voire d'officiers généraux d'origine albanaise, et ce sont les meilleurs. — La condition des femmes albanaises est la même que dans toute autre nation musulmane ; dans certaines régions, elles vont librement et sans voile, mais « à être traitées comme « des animaux inférieurs », ainsi que certains voyageurs l'affirment, nous ne connaissons aucune contrée où pareille affirmation puisse être prise au sérieux. — Le costume albanais est varié et pittoresque. Il se compose d'une chemise de coton, d'un gilet et d'une veste courte de drap ou de velours brodé d'or, d'argent ou de soie par des artistes du pays ; d'une fustanelle de coton blanc à mille plis ne dépassant pas le genou et coulissée à la taille sur un soupçon de culotte bouffante ou d'une vraie culotte entière ; de babouches ; des jambières souvent faites de drap écarlate brodé d'or et d'un fez rouge à long gland de soie bleue, posé sur un serre-tête de coton blanc et quelquefois entouré d'un turban peu étoffé ; enfin d'une ceinture épaisse renfermant tout un arsenal de guerre et quelques ustensiles de

Types albanais.

paix tels que le chibouk, la pince fine à prendre le charbon ardent destiné à y allumer le tabac, le sac à tabac, etc. Une sorte de manteau ou plutôt de capote d'étoffe pelucheuse ou de drap, fermé par des agrafes sur la poitrine, est un accessoire obligé pour la saison d'hiver. Le costume des femmes albanaises procède bien de celui des hommes, mais il est plus varié et s'égare généralement dans une fantaisie de détails qui le rend indescriptible ; les jeunes filles se font en outre un ornement de tête original au moyen des pièces de monnaie dont je somme constitue leur dot, qu'elles réunissent ensemble ; en voit dont les cheveux pendent dans toute leur longueur, en tresses épaisses tendues par le poids de leur petite fortune ainsi momentanément transformée en parure de tête. — Pour si pittoresque qu'il soit, de loin, nous devons ajouter, pour être entièrement vrai, que le vêtement de l'Albanais des classes pauvres est trop souvent d'une saleté répugnante ; mais ceci n'est pas spécial à l'Albanais.

HISTOIRE. Le pays connu sous le nom d'Albanie, quoiqu'il n'ait pas d'existence politique que comme partie de l'empire ottoman, comprend l'Épire et la Chaonie, ainsi qu'une partie de la Macédoine et de l'Illyrie. Au temps de Pyrrhus, où l'Épire (nrs. av. J.-C.), et même auparavant, ses habitants jouissaient déjà d'une grande réputation de bravoure ; mais le manque d'union entre les tribus devait leur être fatal : subjugués d'abord par les Lacédémoniens, ils devinrent la proie des Romains insatiables (167 av. J.-C.), mais sans jamais rien adopter de leurs mœurs et soumis de loin seulement à leurs vainqueurs. Sous l'empire grec, à une époque incertaine, cette contrée prit le nom d'Albanie. Son indépendance devint graduellement plus réelle, et enfin, à la prise de Constantinople par les Latins, elle fut hardiment proclamée. Ils la défendirent tour à tour, et avec un succès constant, contre les Latins, les Turcs, les Bulgares et de nouveau les Turcs. Sous la direction de l'illustre Georges Castriot, appelé Scander-Beg par les Turcs, ils déjouèrent tous les efforts de Mahomet II, qui, sa défaite en détaite, fut amené à reconnaître par traité l'indépendance de l'Albanie (1461). Mais Scander-Beg mort, les Turcs revinrent à la charge et finirent par triompher d'une résistance désespérée, mais mal dirigée (1478). La soumission de l'Albanie à l'empire ottoman ne fut toutefois jamais complète ; il y eut de fréquentes révoltes, et les habitants des districts montagneux ne cessèrent point de se considérer comme indépendants. Vers la fin du dernier siècle, le despotisme cruel du féroce et ambitieux Ali-Pacha, Albanais d'origine, ensanglanta le pays sans le réduire. Pendant la grande insurrection grecque (1821-29), les Albanais, amis des ennemis des Turcs, quels qu'ils fussent, voulurent faire des avances aux révoltés ; mais ils furent particulièrement maltraités, souvent même trahis et englobés dans la haine que les Grecs portaient aux Ottomans et qu'ils ne manquaient pas d'assouvir à l'occasion avec la plus révoltante cruauté. Cependant, lors de la guerre de Crimée, une partie de l'Albanie se souleva et les Grecs s'empressèrent de lui prêter main-forte ; il fallut une intervention sérieuse des alliés pour faire cesser cet état de choses, qui menaçait de leur devenir préjudiciable plus encore qu'aux Turcs seuls. L'insurrection albanaise fut donc étouffée cette fois encore, comme dans une occasion précédente (1843). — Toutefois, il y a Albanais et Albanais, il y a surtout des musulmans et des chrétiens ; et lorsqu'on entend dire que, dans une guerre où la question d'indépendance n'est pas directement en cause, les Albanais ont pris les armes contre les Turcs, il est prudent de le vérifier. Ainsi dans la guerre de Crimée, nous lisons partout qu'un grand nombre d'Albanais combattirent sous le drapeau moscovite ; cela n'a rien d'étonnant, et celui qui écrit ces lignes ne peut y opposer qu'un fait personnel peu important ; à savoir, qu'il a fait lui-même cette campagne de Crimée avec un corps de *volontaires* turcs, en majorité composé d'Albanais de la Haute-Albanie, chef en tête et ayant jusqu'à ses armuriers. Du reste, comme nous l'avons déjà dit, l'armée ottomane compte beaucoup d'Albanais parmi ses meilleurs officiers, et tous ne sont pas musulmans.

ALBANO, ville d'Italie, prov. et à 29 kil. S.-E. de Rome, sur le lac du même nom, dans une situation pittoresque et agréable qui en fait un lieu de villégiature d'été très fréquenté. Pop. 6,400 hab. Cette ville s'élève sur l'emplacement des villas de Pompée et de Domitien ; on y remarque quelques ruines romaines, celles d'un aqueduc notamment, assez bien conservées. La ville, bien bâtie, possède une belle cathédrale et est entourée de nombreuses villas, à demi cachées dans des bouquets de verdure constellés de fleurs.

ALBANO (Lac d'). Lac de la Campagne de Rome, au nord-est de la ville du même nom. Il est de forme ovale et mesure environ 12 kil. de tour ; lac qui n'est autre chose que le cratère d'un volcan éteint dont les bords se sont transformés en hautes rives boisées de l'effet le plus pittoresque. Pendant le siège de Véies (IVe s. av. J.-C.), les eaux de ce lac s'élevèrent à une grande hauteur, et l'oracle annonça que Véies ne serait pas prise tant qu'il en serait ainsi. Les Romains se mirent aussitôt en devoir de tailler dans le roc un tunnel de 2 kil. 1/2 de long et de 1 m. 80 de haut sur 1 m. 20 de large, afin d'y mettre ordre ; ce canal, qui existe encore dans un parfait état de conservation, permet de maintenir le niveau des eaux du lac d'Albano à une altitude de 280 m. au-dessus du niveau de la mer. A l'est du lac, le Monte Cavo, l'antique *Albanus*, s'élève à une hauteur de plus de 900 m. Sur son sommet, d'où l'on jouit d'une vue admirable, se trouvait le fameux temple de Jupiter Latialis.

ALBANS (SAINT-), ville d'Angleterre, comté d'Hertford, à 32 kil. N.-O. de Londres. Pop. 9,000 hab. Cette ville s'éleva autour d'un monastère bâti vers la fin du VIIIe ou le commencement du VIIIe siècle, près de Verulamium (Verulam), par Offa, roi des Merciens, à la mémoire de saint Alban, le « protomartyr breton », qui était né ou fut martyrisé dans le voisinage. — Le 31 mai 1455, Richard duc d'York y battit complètement les troupes royales et fit prisonnier le roi Henry VI, chef de la maison rivale de Lancastre, à qui il manquait seulement l'énergie indomptable de sa femme, Marguerite d'Anjou, pour être en état de garder un sceptre aussi pesant.

ALBANY, ville des Etats-Unis, ch.-l. du comté du même nom et capitale de l'Etat de New-York, sur la rive occidentale de l'Hudson, dans une situation pittoresque au milieu d'un pays fertile, à 220 kil. N. de New-York. Pop. 70,000 hab. — Fondée en 1623 par les Hollandais, cette ville fut prise par les Anglais en 1664. Elle portait alors le nom de Beaverwyck, que les vainqueurs changèrent en celui qu'elle porte depuis lors, en l'honneur du duc d'York et d'Albany. En 1797, Albany devint la capitale de l'Etat de New-York. Le principal édifice d'Albany est le Capitole, construit en granit et faisant face à un beau jardin public appelé Capitol Park; à l'est de ce jardin s'élèvent le palais du gouverneur et l'hôtel de ville, tous deux en marbre blanc. Albany renferme plusieurs églises protes-

Une rue d'Albany.

tantes et une cathédrale catholique romaine, une université fondée en 1852, un collège médical, une académie, une bibliothèque publique contenant plus de 90,000 vol. et un Institut pour la diffusion des connaissances scientifiques. Située au point où les canaux Erié et Champlain réunis se jettent dans l'Hudson et desservie par huit lignes de chemins de fer qui la mettent en communication avec les principales villes des Etats-Unis, Albany est un centre commercial très important pour le bois, le blé, l'orge, la laine et le tabac surtout. Fonderies nombreuses, tanneries, brasseries, manufactures de chapeaux, de billes de billard et autres objets en celluloïd, etc. Port très fréquenté. — Le premier bateau à vapeur, construit par Fulton en 1807, exécuta son premier voyage en remontant l'Hudson de New-York à Albany et établit ensuite un service régulier entre ces deux villes.

ALBANY (duché d'), ancien duché du roy. d'Écosse, formé de plusieurs districts et comtés des Highlands et qui était l'apanage du second fils du souverain régnant.

ALBANY (Comtesse d'), LOUISE-MARIE-CAROLINE, fille du prince Gustave-Adolphe de Stolberg-Gedern (1753-1824). Elle naquit à Mons et épousa en 1772 le Prétendant Charles-Edouard, petit-fils de Jacques II d'Angleterre, qui prit alors le titre de comte d'Albany. Beaucoup plus âgé que sa jeune épouse, Charles Stuart joignait à cet avantage celui d'être constamment ivre, et dans cet état, de lui faire subir sur elle aux plus ignobles brutalités. En 1780, elle obtint sa séparation légale et fit placée dans un couvent par les soins du cardinal d'York, frère de son mari, qui plus tard l'installa chez lui, à Rome, où elle fit la connaissance du poète Alfieri dont elle devint l'inspiratrice. En 1788, la mort du Prétendant lui rendit la liberté et lui valut une pension de 60,000 fr. du gouvernement français; la même année, elle épousait secrètement Alfieri. Elle se retira à Florence, continuant à porter le titre de comtesse d'Albany et patronnant les gens de lettres et les artistes. Alfieri mourut chez elle en 1803; elle lui fit élever un monument dans l'église Santa Croce, par Canova, où elle mourut à son tour, en 1824, elle fut enterrée dans le même tombeau.

ALBANY (Duc d'), LÉOPOLD-GEORGE-DUNCAN-ALBERT, comte de CLARENCE, baron ARKLOW, prince de SAXE-COBOURG-GOTHA,

quatrième fils de la reine d'Angleterre. Il naquit au palais de Buckingham le 7 avril 1853, se fit inscrire à l'université d'Oxford en 1872 et reçut de cette université le diplôme honorifique de docteur en droit civil en 1876. A sa majorité, le parlement lui vota une dotation annuelle de 375,000 fr., à laquelle il ajouta 250,000 fr. lors de son mariage avec la princesse Frédérique-Augusta, fille du prince de Waldeck et Pyrmont, célébré au château de Windsor le 27 avril 1882. Il avait été créé pair du royaume, avec le titre de duc d'Albany, en mai 1881. — Le duc d'Albany est mort à Cannes en janvier 1884.

ALBARRACIN, ville d'Espagne, prov. d'Aragon, sur le Guadalaviar, au pied des monts Albarracins. Pop. 3,000 hab. Siège d'un évêché. Belle cathédrale. Manufactures de draps.

ALBATEGNI, MOHAMMED-IBN-JABIR-IBN-SENAN ABOU-ADALLAH, célèbre astronome et mathématicien arabe, surnommé Al-Bategni, du nom de sa ville natale, Batan, en Mésopotamie. Ses observations astronomiques furent exécutées principalement à Rakkah ou Aracta, sur l'Euphrate et à Antioche (Syrie), depuis 877 jusqu'à sa mort, arrivée en 929. Les tables de Ptolémée étant imparfaites, il en dressa de nouvelles sur le méridien de Rakkah et ajouta 11° 30' 20" aux lieux des étoiles tels que les avait déterminés Ptolémée, Et des observations importantes sur la précession des équinoxes, releva l'apogée des mouvements du soleil depuis Ptolémée, etc. Ses observations servirent à l'établissement des *tables alphonsines*. En trigonométrie, il fit également plusieurs innovations heureuses, y introduisit l'usage des tangentes, etc. L'importance de ses découvertes lui a fait surnommer le premier astronome arabe et Lalande le plaçait au rang des vingt plus grands astronomes. — Le principal ouvrage d'Albategny est son *Zidje Sabi*, dont le manuscrit original est à la bibliothèque du Vatican; une traduction latine, due à Plato Tributrinus, et fut publiée à Nuremberg en 1587, sous le titre de *Scientia Stellarum*, et réimprimée à Bologne, avec des notes de Regiomontanus, en 1645. Parmi les ouvrages non publiés, on cite ses commentaires sur l'*Almagest* et le *Makalat* de Ptolémée et un *Traité sur l'Astronomie et la Géographie*. — Albategny appartenait à la secte des Sabéens.

ALBATRE, s. m. (gr. *alabastron*). Minér. Espèce de pierre blanche, tendre, demi-transparente, dont on fait des statuettes, des coupes et des objets d'art de toute forme. Les minéralogistes désignent sous le nom d'albâtre deux espèces distinctes de pierres, qui sont : 1° *L'albâtre calcaire*, ou chaux carbonatée compacte, substance des stalactites et des stalagmites des grottes; on l'a employée en médecine comme absorbant. 2° *L'albâtre gypseux*, ou chaux sulfatée compacte, dénommée aussi *alabastrite* (v. ce mot). L'albâtre gypseux se polit moins bien que l'albâtre calcaire; il jaunit à l'air. — *Blanc comme l'albâtre*, D'une blancheur immaculée. — Fig. Col, bras, sein d'albâtre, éclatants de blancheur.

ALBATRIER, s. m. Ouvrier qui travaille spécialement l'albâtre.

INDUST. ET HYG. Dans un mémoire très étudié, MM. Duchesne et Michel traitant de l'hygiène professionnelle des ouvriers albâtriers dans les termes suivants: « La profession d'*albâtrier* est moins dangereuse que celle de marbrier. Pour arriver à faire des objets d'art en albâtre, voici quels procédés on emploie généralement. Les blocs sont débités au moyen de la scie ou bien taillés à l'aide de la gouge et du marteau ou encore façonnés au tour. Les divers objets ainsi obtenus sont enfin polis par des procédés dont nous nous occuperons dans un instant. La scie détermine une grande quantité de poussière d'une finesse extrême; la grande quantité que l'on vendue dans l'industrie de la parfumerie pour former la base, sinon la totalité des diverses poudres de riz. Mélangée à diverses substances agglutinantes, elle sert aussi aux cromanistes pour faire leur plâtre à mouler, et aux chirurgiens pour leurs appareils; son prix est très minime: environ 1 centime 7

dixièmes le kilo. C'est cette poussière qui agirait sur les poumons, si elle était introduite dans les organes pulmonaires. Mais il semble résulter de l'enquête très sérieuse à laquelle nous avons procédé, que l'âge des ouvriers et de leurs affirmations, que les affections pulmonaires sont, chez eux, relativement rares. Quant à nous, nous n'hésitons pas à attribuer cette absence de nocuité au poids spécifique de la poussière d'albâtre. L'ouvrier se tenant, pour travailler, à une certaine distance audessus de l'objet qu'il façonne, n'en respire qu'une minime quantité, car la poussière, très lourde, tombe rapidement. De plus, grâce à sa finesse, cette poussière est beaucoup moins irritante que celle des pierres meulières, du grès, du marbre, etc., et ne présente pas les aspérités de ces dernières. Pour polir l'albâtre on emploie généralement la prêle ou *equisetum arpense*, de la famille acotylédonée des équisétacées. Ce roseau présente une tige rugueuse, très employée dans l'industrie, et qui sert à polir un grand nombre de corps. Cette opération se fait tantôt à sec (plus rarement), tantôt après avoir mouillé la tige de la prêle. Dans le premier cas, elle peut donner naissance à une certaine quantité de poussière. En, en général, l'ouvrier n'est exposé qu'en très faible quantité, grâce, nous le répétons, à sa densité. Après le polissage à la prêle et pour le compléter, on fait usage de différents corps de consistance molle, dits bouillies à polir; ces bouillies sont composées, en général, de corne de cerf, de savon, de craie, de magnésie, de lait, etc., dans des proportions qui varient suivant les industriels. Le second mode de polissage est exempt de tout danger; c'est à l'état humide qu'il s'exécute et il n'y a point, par suite, naissance à aucune poussière. Mais les polissoirs, et surtout les polisseuses d'albâtre présentent quelquefois, à la partie externe du pouce, une usure de la peau et de l'ongle, qui provient du frottement continu exercé sur cette partie. Tous les ouvriers polisseurs et brunisseurs ont des lésions semblables, au bout d'un certain temps d'exercice de leur profession. Les albâtriers ne contractent aucune mauvaise attitude ; ils travaillent en général assis, le corps assez élevé, et n'ont à ce point de vue rien qui les différencie des tourneurs et des polisseurs. Les considérations qui précèdent nous paraissent démontrer que, malgré quelques auteurs, qui ont peut-être pas recherché suffisamment les faits à la source, le travail de l'albâtre est à peu près exempt de danger et cette profession l'une des plus salubres. Une telle opinion nous a été imposée par l'observation rigoureuse des faits, et cependant il n'y a encore que peu de mois, nous avons observé deux ouvriers albâtriers, le mari et la femme, qui tous deux ont succombé à la phtisie pulmonaire. Notre première conviction était alors bien différente de celle que nous soutenons aujourd'hui, mais un examen plus attentif de ces deux malades nous a fait voir que, tandis que rien, ni dans la marche de l'affection, ni dans l'examen histologique des crachats, ne démontrait l'origine professionnelle de l'affection, il y avait, au contraire, de fortes présomptions pour admettre l'influence de l'hérédité, de mauvaises conditions alimentaires ou hygiéniques. Dans tous les cas, rien dans l'observation de ces deux malades ne nous paraît de croire que la poussière d'albâtre ait pu activer chez eux la marche de l'affection. L'industrie de l'albâtre nous semble donc l'une des moins meurtrières. »

ALBATROS, s. m. Ornith. Genre de palmipèdes longipennes, divisée en trois espèces dont on ne connaît, en réalité, qu'une seule, qui est l'*albatros commun*. On le rencontre dans toutes les parties de l'océan Austral et dans les mers qui baignent les côtes de l'Asie au sud du détroit de Behring; c'est le plus grand et le plus fort de tous les oiseaux de mer : la longueur de son corps, à dater de la naissance de la queue, atteint 1m,25 et il n'a pas moins de 5 mèt. d'envergure; son poids dépasse 12 kil. le bec, très tranchants et la mandibule supérieure se termine par un gros croc rabattu sur l'inférieure. Ils n'ont que trois doigts complètement palmés. Leurs ailes sont étroites, et pourtant leur vol est si puissant qu'on peut les voir suivre un navire pendant plusieurs jours en décrivant des cercles tout autour, par beau ou mauvais temps, sans jamais se reposer ni paraître en avoir besoin ; ils planent ainsi sans qu'il soit possible de distinguer le battement de leurs ailes, sauf par intervalles assez éloignés, ce qui a fait supposer qu'ils pouvaient dormir au milieu des airs, soutenus simplement par leurs ailes déployées. L'albatros se nourrit de poissons peu volumineux, de mollusques nus et de débris d'animaux en décomposition flottant à la surface de la mer, et il s'en gave avec si peu de réserve, parfois, qu'il ne peut plus reprendre son vol et se laisse aller au gré de l'eau

Albatros.

jusqu'à ce que la digestion soit complète. La couleur de son plumage est un blanc sombre, le dos rayé transversalement de bandes noires et brunes et les ailes plus sombres que le corps, et même tout à fait brunes. — La femelle de l'albatros pond un œuf unique, blanc, avec quelques taches brunes et mesurant environ 0^m,10 de longueur. Quand vient l'époque de la reproduction, ces oiseaux gagnent certains groupes d'îles désertes où ils ont leurs nids, ou bien où il faudra les construire, ce qui n'est pas compliqué : un trou naturel ou le sol nu dont ils entourent une portion suffisante d'un rempart de boue, telle est cette construction, au milieu de laquelle la femelle pond et couve son œuf à ciel ouvert. Il y a ordinairement un grand nombre de ces nids dans le même lieu, très rapprochés les uns des autres.

Les Kamtchadales tirent un assez grand parti de l'albatros. D'abord ils en mangent la chair, quoique peu savoureuse et même dure et sèche; des longs os de leurs ailes ils se confectionnent des tuyaux de pipe et d'autres objets analogues; enfin, de leurs boyaux gonflés, en soufflant dedans, ils en font des flotteurs pour leurs filets.

ALBAY, ville de l'île de Luçon (Philippines), chef-lieu de la fertile province du même nom et résidence du gouverneur. Commerce actif. Pop. 13,200 hab. Tout près de la ville s'élève le mont Mayon, volcan en activité, dont les éruptions l'ont dévastée plus d'une fois.

ALBE-LA-LONGUE (*Alba Longa*), ville la plus ancienne du Latium, à 15 milles à l'est de Rome. Elle devait sa fondation à Ascagne, fils d'Énée, vers 300 ou 360 avant celle de Rome, et s'élevait sur une longue crête qui séparait l'*Albanus mons* de l'*Albanus lagus*. C'est de cette dernière circonstance qu'elle reçut le nom de Longue, et celui d'Albe, de la rencontre que fit Ascagne d'une laie blanche sur le lieu où, d'après les prescriptions de l'oracle, il devait la bâtir. Patrie de Romulus et de Rémus, Albe-la-Longue, dont l'histoire est intimement liée à celle de Rome, fut entièrement détruite par les Romains sous Tullus Hostilius, et ses habitants réunis aux vainqueurs.

ALBE (duc d'), FERNANDO ALVAREZ DE TOLEDO, célèbre général espagnol (1508-1582). D'une des plus anciennes et des plus illustres familles de l'Espagne, il fut élevé par son grand-père Frédéric de Tolède, duc d'Albe (*Alva*), qui lui donna tous les maîtres nécessaires et lui apprit lui-même la science politique et l'art militaire. Il entra fort jeune dans l'armée et se distingua à la bataille de Pavie et au siège de Tunis (1535) sous Charles-Quint, qu'il suivit en France. Nommé général des armées espagnoles en 1538, il défendit la Navarre et la Catalogne contre les Français, puis marcha contre les protestants d'Allemagne en 1546, gagna la bataille de Mühlberg (1547) où l'électeur Jean de Saxe fut fait prisonnier avec Ernest duc de Brunswick et d'autres chefs importants; cette victoire fut suivie de celles de Torgau, de la prise de Wittenberg et de la réduction complète des protestants; après quoi le duc d'Albe présidait la cour martiale qui condamnait l'électeur à mort. Envoyé en Espagne avec l'infant Philippe, le duc d'Albe fut rappelé en Allemagne par l'empereur, qui fuyait devant le nouvel électeur de Saxe Maurice (1552) ; il rétablit les choses, puis, contre son gré dit-on, mit le siège devant Metz, qu'il fut obligé d'abandonner après plusieurs mois d'efforts infructueux. Après l'abdication de Charles-Quint, le duc d'Albe fut envoyé en Italie par Philippe II, inquiet des succès des Français. Il entra dans les États de l'Église, battit les troupes du pape, força les Français à abandonner le royaume de Naples et il se préparait à assiéger Rome, lorsque Paul IV abandonné sans scrupule ses alliés, les Français, fit la paix avec l'Espagne. Peu après, le duc d'Albe était reçu à Rome avec les plus grands honneurs (1558). L'année suivante il se rendait à Paris, à la tête d'une fastueuse ambassade, pour épouser au nom de son souverain la princesse Élisabeth de France, fille de Henri II. Cependant, Philippe, qui venait de signer le traité de Cateau-Cambrésis, imaginait d'introduire l'Inquisition dans les Pays-Bas. Cette nouveauté ne fut pas accueillie avec tout l'enthousiasme qu'espérait sans doute le bigot roi d'Espagne; des troubles sérieux éclatèrent et prirent bientôt le caractère d'un soulèvement général. Ce que voyant, Philippe y envoya, à la tête de 10,000 hommes, le duc d'Albe, investi des pouvoirs illimités pour écraser les rebelles et extirper à jamais des Pays-Bas l'hydre de l'hérésie (1567). Dès son arrivée, ce digne représentant d'un prince aussi sanguinaire que superstitieux, instituait un tribunal auquel il donnait lui-même le nom de *tribunal de sang*, dont il prenait la présidence. Il jetait en même temps les fondements de la citadelle d'Anvers. Le tribunal de sang ne tarda pas à agir. Par ses soins, le prince d'Orange et ses frères, avec d'autres seigneurs, furent condamnés à mort; les chefs populaires des protestants, les comtes d'Egmont et de Horn, condamnés également, furent exécutés en place publique, comme une provocation sanglante au peuple. Ces exécutions et bien d'autres n'étaient pas faites pour pacifier le malheureux pays qui en était le théâtre : une explosion était imminente. Le comte Louis de Nassau entra dans les Pays-Bas avec une troupe d'auxiliaires allemands, pour seconder les efforts du prince d'Orange. Mais le duc d'Albe marcha à leur rencontre, les battit, et pour célébrer cette victoire, il fit ériger sur la place d'armes d'Anvers sa propre statue en bronze; pour comble d'insulte, il y était représenté foulant aux pieds deux statues plus petites, personnifiant des Pays-Bas! De nouveaux impôts, qu'il voulut établir quelque temps après, achevèrent de soulever le peuple. — Pendant ce temps les exilés des Pays-Bas se concertaient, organisaient une flotte de corsaires, qui commença ses exploits en s'emparant de la ville de Bruil et les poursuivit en réduisant la flotte espagnole et en chassant la Hollande septentrionale et Mons. Un grand nombre de villes profitèrent de l'occasion pour secouer le joug, tandis que les États généraux, assemblés à Dordrecht, se déclaraient ouvertement pour le prince d'Orange et désavouaient le duc d'Albe représentant l'Espagne. Telle fut, au bout du compte, l'origine de l'affranchissement de la Hollande et des Provinces unies.

Le duc se prépara, avec son activité ordinaire, à résister à l'orage terrible qu'il avait provoqué. Il fit assiéger Mons par son fils Frédéric, qui s'en empara après avoir battu un corps d'armée envoyé à son secours par la France, sous le commandement de Genlis; puis se rendit maître de Malines, de Zutphen; prit d'assaut Waerdan, dont tous les habitants furent massacrés et mit le siège devant Haarlem aussi, prise à son tour, fut livrée au pillage et noyée dans le sang (1573). Les Espagnols, au prix des atrocités les plus odieuses, avaient reconquis presque tout le terrain perdu, mais leur flotte était détruite et ils furent taillés en pièces devant Alkmaar par les Hollandais, qui se battaient en désespérés, et leurs désastres dépassaient leurs succès en importance. Le duc d'Albe, se voyant perdu, demanda instamment son rappel. Il l'obtint aisément et retourna en Espagne, laissant le gouvernement aux mains de Don Luis de Requesens, grand commandeur de Castille (1574). Bien accueilli d'abord à la cour, il se vanta d'avoir, en six années de gouvernement des Pays-Bas, outre ceux qui étaient tombés sur le champ de bataille ou avaient été lâchement massacrés après la victoire, envoyé à la mort 18,000 personnes, le duc d'Albe tomba en disgrâce et fut enfermé au château d'Uzeda. Il en sortit au bout de deux ans, pour prendre le commandement de l'armée envoyée en Portugal contre Antonio de Crato qui venait de s'emparer de la couronne. Le duc d'Albe entrait en Portugal en 1581, battait Antonio, qu'il contraignit à abandonner le royaume; puis il s'emparait de Lisbonne, qu'il pillait de la manière la plus ignoble comme la plus violente, par les chefs plus encore que par les soldats, à tel point que Philippe II se vit forcé de nommer des commissaires pour faire une enquête sévère sur les agissements de l'armée et en particulier de son général. On rapporte que ce dernier, sommé de rendre compte de ses exactions et de ses vols, répondit effrontément : « Si le roi veut que je tienne mes comptes, je n'aurai garde d'y oublier les royaumes conservés ou conquis, les victoires éclatantes remportées durant mes soixante années de service. » Philippe n'insista plus. Quant au duc d'Albe, il ne profita pas longtemps du produit de ses derniers exploits, car il mourut le 12 janvier 1582, laissant une mémoire éternellement abhorrée.

ALBEMARLE (duc d'), GEORGE MONK. V. MONK.

ALBEMARLE (comte d'), GEORGE-THOMAS-KEPPEL, général et écrivain anglais, descendant d'une famille hollandaise élevée à la pairie par Guillaume III en 1696. — V. KEPPEL (VAN). Il naquit à Londres le 13 juin 1799, fit ses études à Westminster, entra dans l'armée comme officier d'infanterie en 1815 et assista à la bataille de Waterloo. En 1821, il devint aide de camp du marquis d'Hastings, gouverneur général de l'Inde; après quoi il entreprit un voyage à travers l'Arabie, la Perse et la Russie (1824). Promu major à son retour en Angleterre, il y devint (simultanément) aide de camp de lord Wellesley, lord-lieutenant d'Irlande et du duc de Sussex en Angleterre, puis officier d'ordonnance de la reine Victoria dès son avènement au trône. M. Keppel fut membre de la chambre des Communes pour le district est de Norfolk de 1832 à 1835, et pour Lymington de 1847 à 1850, et secrétaire privé de lord John Russell en 1846 et 1847. En 1851, il succéda à son frère, décédé, comme sixième comte d'Albemarle. Major général en 1858, lieutenant général en 1866, il était élevé au rang de général en 1874. Le comte d'Albemarle a publié : *Relation personnelle d'un Voyage de l'Inde en Angleterre, par Bassorah, Bagdad, les ruines de Babylone, le Kourdistan, la Perse, la rive occidentale de la mer Caspienne, Astrakan, Nijni-Nowogorod, Moscou et Saint-Pétersbourg, pendant l'année 1824* (1825, 2 vol.); *Relation d'un Voyage dans le Balkan, ainsi que d'une visite à Azani et à d'autres ruines découvertes récemment en Asie Mineure*, en 1829-30 (1831, 2 vol.); *Mémoires du marquis de Rockingham* (1852, 2 vol.) et *Cinquante ans de ma vie*, autobiographie (1876, 2 vol.).

ALBERDINGK THYM, JOSEPH-ANTOINE, écrivain néerlandais, né à Amsterdam le 13 août 1820. Destiné au commerce, il ne tarda pas à aborder la carrière littéraire et fonda, à 22 ans, un recueil périodique intitulé *Spectator*, qui parut jusqu'en 1849; en 1855, il publia l'*Annuaire catholique*, supprimé en 1860. On lui doit, en outre : *Trois poëmes* (*Drie Gedichten*, 1844); le *Clocher de Delft* (1846); *Légendes et fantaisies* (1847); l'*Orgue et la Harpe* (1849); l'*Art et l'Archéologie en Hollande* (1851); *Gertrude d'Est* (1853); *Madeleine* (1854); *De la littérature néerlandaise à ses différentes époques* (1854); *Mademoiselle Leclerc* (1856), etc.

ALBERGE, *s. f.* Nom donné à une espèce d'abricot à pulpe vineuse et fondante, et par extension à une sorte de pêche à chair jaune ou rougeâtre avec des teintes de cette même nuance.

ALBERGIER, *s. m.* Bot. Variété d'abricotier dont le fruit porte le nom d'alberge. Par ext. l'espèce de pêche dont le fruit est également dénommé alberge.

ALBERONI, Giulio, cardinal et homme d'État italien (1664-1752). Fils d'un pauvre jardinier des environs de Plaisance, probablement de Firenzuola, est-on dans l'habitude d'ajouter, mais le fait est qu'on n'en sait rien, même à Firenzuola, il fut littéralement élevé dans le giron de l'Église et d'enfant de chœur devint sacristain de la cathédrale de Plaisance, avant que la protection de l'évêque Barni ne le mît en état de prendre les ordres et par suite d'être nommé à une très humble cure de campagne où il était en apparence destiné à couler des jours tranquilles dans une agréable et saine obscurité. Mais un jour le poète Campistron, qui faisait par là un voyage d'agrément, ayant été arrêté près du village dont Alberoni était le pasteur, par des voleurs qui l'avaient complètement dépouillé, arriva presque nu au presbytère, où il fut accueilli avec la plus grande bienveillance, et qu'il quitta sous les habits du frère du digne curé. Plus tard Campistron, qui était secrétaire du duc de Vendôme, ayant suivi son maître en Italie, se retrouva près du village de son bienfaiteur, au moment où l'armée cherchait qui pût l'aider à découvrir où les habitants cachaient leurs provisions et en particulier leurs grains, dont elle avait grand besoin. Campistron avait peut-être oublié son curé, mais il se le rappela dans cette occasion, et celui-ci, mandé devant M. de Vendôme, n'hésita pas, en effet, à trahir ses paroissiens. Telle fut l'origine de la fortune de l'illustre cardinal Alberoni, lequel, dans la crainte d'être écharpé par ses compatriotes, comme il le méritait sans aucun doute, s'attacha au noble duc et le suivit en France (1706). Après avoir refusé la cure d'Anet, trop maigre pour son ambition, il suivit son protecteur en Espagne (1711). L'influence de la princesse des Ursins sur Philippe V, obligeait M. de Vendôme, retenu à l'armée, à des rapports constants avec elle, Alberoni fut chargé de cette correspondance et en profita pour s'assurer par toute sorte de complaisances cette nouvelle et puissante protection; de sorte que, M. de Vendôme étant mort peu après, l'habile abbé passait immédiatement au service de Mme des Ursins. Grâce à la protection de cette dame, il obtenait du duc de Parme, qu'il le nommât son agent à la cour de Madrid et était en même temps élevé à la dignité de comte. Il est probable qu'il ne réussit aussi bien auprès du duc de Parme, que parce qu'il entretenait déjà celui-ci de son projet de faire épouser sa sœur, la princesse Élisabeth Farnèse, au roi d'Espagne, en quête d'une seconde femme, projet débattu avec la favorite et bientôt accepté par celle-ci, confiante dans les assurances de son abbé relatives à l'humeur accommodante de la future reine. La chose étant résolue, Alberoni fut envoyé à Parme pour conclure le mariage. Tout à coup, la princesse des Ursins apprend qu'elle a été odieusement trompée par le trop habile négociateur, et que le caractère de la princesse de Parme est tout le contraire de ce qu'il le lui a présenté. Menacée dans sa position, elle s'agite pour parer ce coup; un messager est dépêché à Parme pour prévenir la ratification de cet engagement désastreux: il arrive trop tard. — Alberoni avait si bien trompé la favorite, en effet, que le premier acte par lequel Élisabeth Farnèse signala son arrivée en Espagne fut l'expulsion de Mme des Ursins.

On ne peut nier qu'Alberoni ne se soit conduit avec beaucoup d'adresse dans cette affaire : les faits, d'ailleurs, sont là pour le prouver. Nommé immédiatement membre du conseil du roi et évêque de Malaga, il devenait premier ministre en 1715 et cardinal en 1717. Comme ministre, la politique intérieure d'Alberoni s'efface devant sa politique extérieure qui tendait effectivement à relever le prestige de la couronne d'Espagne, à lui reconquérir les Pays-Bas, la Lombardie, Naples, la Sicile, la Sardaigne, etc. En France, il soutint les droits de Philippe V à la régence pendant la minorité de Louis XV, en opposition à ceux du duc d'Orléans; en Angleterre il soutint ceux du Prétendant, pour l'occuper de ses propres affaires; il suscita une occupation analogue à la couronne d'Autriche; conclut une alliance avec la Russie et la Suède, etc. En pleine paix, il envahissait l'île de Sardaigne, puis la Sicile; enfin, il agitait toute l'Europe, qui ne s'attendait à rien moins et commença à regimber. La France, l'Angleterre, l'Autriche et la Hollande conclurent la quadruple alliance contre l'Espagne, et obtinrent de Philippe V qu'il se défît de son trop remuant ministre. Le 5 décembre 1719, Alberoni recevait l'ordre de quitter l'Espagne, la reine Élisabeth, qui lui devait sa haute position, étant peut-être la personne qui avait le plus insisté pour obtenir ce décret de bannissement. Il reprit le chemin de l'Italie, et le pape Clément XI (Albani), qui était son ennemi personnel, ayant donné l'ordre de l'arrêter, il dut se réfugier dans les Apennins jusqu'à la mort de celui-ci. Il reparut alors à Rome et prit part à l'élection d'Innocent XIII, qui le fit mettre en prison peu après, à la demande de l'Espagne. Après la mort d'Innocent (1724), il brigua la tiare pour lui-même et obtint dix votes dans le conclave qui élut Benoît XIII. Clément XII, successeur de Benoît (1730), le nomma légat à Ravenne; mais il dut le remplacer, après qu'il se fut compromis dans les mesures injustifiables qu'il avait cru devoir prendre pour soumettre la petite République de Saint-Marin à la couronne pontificale (1740). L'ancien sacristain de Plaisance se retira alors dans cette ville, où il vécut avec faste et fonda le collège Alberoni. Il y mourut le 26 juin 1752, laissant 600,000 ducats à son collège et le reste de sa fortune, qui était immense, à son neveu. — Le cardinal Alberoni a laissé de nombreux manuscrits: mais le *Testament politique* publié sous son nom à Lauzanne en 1753, comme extrait de ces manuscrits, n'a aucun caractère d'authenticité.

ALBERT, ville de France, ch.-l. de cant., arrd. et à 25 kil. de Péronne (Somme). Sucreries de betteraves, distilleries, filature et tissage du coton, fabriq. de papiers peints, fonderies. Commerce de grains et de bétail. Pop. 4,260 hab. Vaste souterrain, construit dans le lit d'un marais desséché, et qui est rempli de pétrifications bizarres. Restes de fortifications romaines. L'église d'Albert possède une statue qui est l'objet d'un pèlerinage annuel, de moins en moins nombreux, le 8 septembre. — Albert est traversée par la petite rivière d'Ancre, à laquelle elle emprunta d'abord son nom; elle fut érigée en marquisat, en faveur de Concini qui l'acquit en 1610; après la mort de celui-ci, ce marquisat fut donné à Charles d'Albert, duc de Luynes, favori du roi Louis XIII, lequel, peu soucieux de perpétuer le souvenir d'un nom justement abhorré (et qui était celui d'un homme dont il avait hérité après avoir pris une part décisive à sa mort tragique), s'empressa de l'échanger contre son propre nom patrimonial. Depuis lors (1620), Ancre s'est appelée *Albert*. — Elle fut brûlée par le prince de Condé en 1653.

ALBERT (Lac) ou Albert N'Yanza, grand lac de l'Afrique centrale, appelé *Louta N'Zighé* par les indigènes, découvert et exploré en 1864 par M. et Mme Samuel Baker. Il est situé à peu près entre 1° et 2° 50' de lat. N. et entre 28° 12' et 29° 20' de long. E. mesure 700 kil. de longueur sur 120 kil. de largeur et son altitude au-dessus du niveau de la mer est de 830 m. Sur sa rive occidentale s'élèvent les Montagnes Bleues, à plus de 2,000 m. d'altitude; et sur sa rive orientale, un rempart de rochers escarpés dont la hauteur varie de 450 à 600 m. Le Nil Blanc sort du lac Victoria, situé au S.-E. du lac Albert, pour entrer dans ce dernier, et en ressort près de son extrémité septentrionale. Speke et Grant avaient été informés de l'existence de ce lac par les naturels, mais ils n'avaient pu s'en assurer, le temps leur faisant défaut pour cela. C'est le 14 mars 1864 que Baker atteignit ses rives. Il le baptisa Lac Albert ou Albert N'Yanza, en l'honneur du feu prince Albert, l'époux regretté de la reine Victoria.

ALBERT, *s. m. Numism.* Ancienne monnaie des Pays-Bas, frappée sous le gouvernement de l'archiduc Albert d'Autriche, dans les dernières années du XVIe siècle; elle était en argent, se distinguait par une croix de Saint-André sur une de ses faces, ce qui la fait désigner encore sous le nom de *thaler à la croix*, et valait à peu près 5 fr. — L'Autriche, la Prusse, le duché de Brunswick, etc. ont également frappé des monnaies portant le nom d'*alberts*, de celui de leurs souverains, à diverses époques de leur histoire.

Princes.

ALBERT Ier, fils de l'empereur Rodolphe de Habsbourg, duc d'Autriche, puis empereur d'Allemagne (1248-1308). A la mort de son père (1291), il revêtit les insignes de la souveraineté et se proclama lui-même empereur d'Allemagne; mais les électeurs lui ayant préféré Adolphe de Nassau, pendant qu'il était occupé à réprimer une révolte des Suisses, il dut se soumettre (1292). Cependant les électeurs déposèrent Adolphe en 1298 et nommèrent Albert à sa place; les deux compétiteurs en vinrent aux mains, et Adolphe fut battu à Gœlheim, près de Worms, et tué de la propre main de son compétiteur. Albert fut couronné à Aix-la-Chapelle, le 24 août, mais le pape Boniface VIII refusa de sanctionner le choix des électeurs, dont il contestait les droits. Albert résista d'abord ouvertement au pape, puis s'entendit avec lui. Le règne d'Albert n'est qu'une longue suite de guerres aux résultats divers. Il tenta de soumettre la Hollande, la Bohême, la Hongrie sans succès; il voulut serrer de près le joug aux Suisses et ne réussit qu'à provoquer un soulèvement d'où la Confédération helvétique est sortie. Il se disposait à écraser cette révolte lorsque, au passage de la Reuss, à Windisch, il fut assassiné par son neveu, Jean de Habsbourg, duc de Souabe, auquel il avait volé son patrimoine à la mort de son père. Il expira dans les bras d'une mendiante qui passait.

ALBERT II, *le Sage*, duc d'Autriche (1298-1358). Il tenta vainement de réprimer la révolte des Suisses et refusa la couronne impériale que lui offrait le pape Jean XXII.

ALBERT III, duc d'Autriche (1347-1395). Il fonda des chaires de mathématique et de théologie à l'Université de Vienne.

ALBERT IV, *le Pieux*, duc d'Autriche, fils du précédent auquel il succéda. Il s'enferma dans un couvent de Chartreux au retour d'un pèlerinage en Terre Sainte, et y mourut empoisonné, dit-on, en 1414.

ALBERT V, *le Magnanime*, duc d'Autriche, puis empereur d'Allemagne (1397-1439). D'abord duc d'Autriche, il épousa, en 1422, Élisabeth, fille de Sigismond, roi de Bohême et de Hongrie, et à la mort de celui-ci (1437) fut élu successivement roi de Bohême, puis de Hongrie à sa place. Il fut enfin élu empereur d'Allemagne en avril 1438, sous le nom d'Albert II, le seul Albert Ier ayant porté la couronne impériale. On dit beaucoup de bien de sa modération et de son caractère libéral; mais, comme empereur du moins, le temps lui manqua pour appliquer ces précieuses qualités, car il mourut à Langendorf, pendant une expédition contre les Turcs, le 27 octobre 1439, d'une maladie contagieuse d'après les uns, d'une indigestion de melon suivant d'autres.

ALBERT II, empereur d'Allemagne. V. l'art. précédent.

ALBERT, archiduc d'Autriche (1559-1621). Il était le sixième fils de l'empereur

Maximilien II. Elevé à la cour de Philippe II d'Espagne, il entra dans les ordres et devint cardinal et archevêque de Tolède, puis vice-roi de Portugal. Il renonça à ses dignités ecclésiastiques pour épouser une fille de Philippe, qui lui apportait en dot les Pays-Bas, à la condition qui les reconquît, par exemple. Battu dans plusieurs rencontres par Maurice de Nassau, il réussit cependant à s'emparer d'Ostende en 1605 et après un siège de plus de trois ans, une perte de 100,000 hommes, il eut la gloire d'entrer dans une ville complètement détruite par lui, et que ses habitants qui ne l'avaient pas encore fait abandonnèrent aussitôt pour se réfugier en Hollande. Il conclut une trêve de douze ans à la suite de ce succès, mais malgré sa modération et son humanité, qui arrivaient trop tard, il ne toucha jamais entièrement la dot de sa femme.

ALBERT, Frédéric-Rodolphe, archiduc d'Autriche, né le 3 août 1817, fils du feu archiduc Charles et de la princesse Henriette de Nassau-Weilburg; il épousa, en 1844, la princesse Hildegarde de Bavière, qui mourut le 2 avril 1864, laissant deux filles. Entré de bonne heure dans l'armée, il commandait une division en Italie, en 1849, et prit une part importante à la bataille de Novare. A l'issue de cette campagne, il reçut le commandement du 3e corps d'armée et fut nommé gouverneur général de la Hongrie. Pendant un congé du général en chef Benedek, en 1861, il fut appelé au commandement des troupes autrichiennes en Lombardo-Vénétie. Commandant en chef de l'armée autrichienne du Sud, pendant la campagne de 1866, il vainquit les Italiens, commandés par le général Durando, à Custozza (24 juin). Après Sadowa, il fut nommé (13 juillet) commandant en chef de l'armée autrichienne, en remplacement du général Benedek. Il conserva ce titre jusqu'en mars 1869, époque à laquelle il fut nommé inspecteur général. — L'archiduc Albert a publié : *De la responsabilité dans la guerre* (Ueber die Verantwortlichkeit im Krieg, — 1869), ouvrage traduit la même année en français par M. L. Dufour, capitaine d'artillerie, et en anglais par le capitaine W.-J. Wyatt, qui l'a inséré dans ses *Réflexions sur la formation des armées, avec un aperçu sur la réorganisation de l'armée anglaise* (1869).

ALBERT Ier, margrave de Brandebourg, surnommé l'*Ours* à cause de l'emblème héraldique qui figurait dans ses armes (1106-1170). Il était fils d'Othon le Riche, comte de Ballenstædt et d'Elisa, fille du duc Magnus de Saxe. En 1121, il reçut en fief, de l'empereur Lothaire, le marquisat de Lusace, et il servit fidèlement l'empereur dans la guerre de Bohême, en 1126; mais l'année suivante, Lothaire donnait le duché de Saxe à Henri de Bavière, son cousin, au mépris de ses droits, et en 1131, il lui retirait même la Lusace. Il n'en resta pas moins fidèle à l'empire, et en fut récompensé en 1134 par le margraviat de Brandebourg. En 1138, l'empereur Conrad III lui donna le duché de Saxe, mais il ne put le conserver et l'empereur ayant rendu ce duché à Henri le Lion, lui donna la Souabe en compensation (1142); enfin, il fut élevé à la dignité d'électeur à l'extinction de la famille de Staden (1150). Albert l'Ours fit à plusieurs reprises des expéditions victorieuses contre les Wendes, ces incommodes voisins du Brandebourg; la dernière (1157) ayant amené la destruction presque complète de ces barbares, Albert repeupla leurs pays par des cultivateurs des bords du Rhin et des Pays-Bas, qui en améliorèrent considérablement les terres restées incultes. En 1158, Albert l'Ours fit, avec sa femme, un pèlerinage à la Terre Sainte, dont il était de retour l'année suivante. La fin de son règne fut signalée par une guerre qu'il eut à soutenir contre Henri de Saxe et qui ne lui fut pas avantageuse (1164-68). La paix conclue, il abdiqua en faveur de son fils aîné, et après deux années passées dans la retraite, il mourut à Ballenstædt, le 18 novembre 1170.

ALBERT, margrave de Brandebourg et premier duc de Prusse, troisième fils du margrave Frédéric d'Anspach (1490-1568). Elevé par l'archevêque de Cologne, Hermann, il entra dans les ordres et fut chanoine de la cathédrale de cette ville. Mais ayant plus de goût pour la carrière des armes, il suivit son père dans une expédition entreprise contre Venise par l'empereur et assista au siège de Pavie. Le 13 février 1511, il se faisait admettre dans l'ordre teutonique, et peu de jours après, quoique à peine âgé de 21 ans, il était choisi comme grand maître de son ordre, par la raison qu'en sa qualité de neveu de Sigismond, roi de Pologne, on espérait que son influence serait utile pour obtenir les privilèges et immunités que l'ordre réclamait du monarque récalcitrant. Albert ayant refusé le serment d'allégeance à Sigismond, la guerre, après de longues négociations infructueuses, éclata avec la Pologne, en 1520. Une trêve de quatre ans fut conclue à Thorn en 1521; mais Albert s'adressa à la diète de Nuremberg pour obtenir l'appui des princes allemands en faveur de son ordre. La diète n'ayant pu lui donner assistance, il changea de tactique, s'entendit avec Luther, embrassa les doctrines de la Réforme et fut proclamé duc de Prusse, sous la suzeraineté de la Pologne; il prêta alors le serment d'allégeance à Cracovie, le 9 avril 1525. En même temps, il résignait la dignité de grand maître de l'ordre teutonique. En 1527, il épousait Anne-Dorothée, fille du roi de Danemark. Son règne fut marqué par des efforts louables pour développer l'instruction et le bien-être dans son duché, et il accueillit les écrivains avec une grande bienveillance, aidant fréquemment à la publication de leurs ouvrages. Il fonda, en 1544, l'université de Kœnigsberg, malgré une opposition passionnée venant principalement de Rome. — Albert mourut de la peste le 20 mars 1568. Sa seconde femme, la princesse Anne-Marie de Brunswick, atteinte en même temps que lui, succombait le lendemain.

ALBERT (Prince), François-Charles-Auguste-Albert-Emmanuel, prince-époux de la reine Victoria d'Angleterre (1819-1861). Second fils d'Ernest, duc de Saxe-Cobourg-Gotha et de la princesse Louise de Saxe-Gotha-Altenbourg, il naquit au château de Rosenau. L'union de ses parents fut malheureuse; ils se séparèrent en 1824 et le jeune prince ne vit plus sa mère, qui mourut en 1831. Il fit ses études à l'Université de Bonn, s'adonnant principalement à l'étude des sciences naturelles, de l'économie politique et de la philosophie, sous les professeurs Fichte, Schlegel et Perthes, et étudiant entre temps la musique et la peinture, pour lesquelles il eut toujours beaucoup de goût. Ce fut dans un voyage qu'il fit en Angleterre, en 1836, avec son père, que l'idée de son union avec la future reine d'Angleterre, sa cousine, prit corps décidément, union qui fut célébrée à la chapelle Saint-James, le 10 février 1840. L'avant-veille, le Parlement avait voté le bill de naturalisation du prince, auquel il accordait une dotation annuelle de 750,000 fr., au lieu des 1,250,000 fr. demandés par le ministère. Il faut reconnaître que le prince Albert fut accueilli par les Anglais avec une certaine défiance, ou du moins avec un mauvais vouloir évident : non seulement on diminuait des deux cinquièmes une allocation dont le chiffre était scrupuleusement basé sur un précédent et que la cour pouvait croire acquis d'avance, mais lorsqu'il s'agit de déterminer son rang de préséance dans le royaume où il semblait tout naturel qu'il vînt le premier, il fallut que la reine exerçât son droit de prérogative pour fixer ce rang immédiatement après elle-même (5 mars). Le prince Albert fut fait successivement Altesse Royale, feld-maréchal et conseil privé; nommé maréchal de camp dans l'armée en 1840, colonel des hussards, colonel chef de la brigade de carabiniers, colonel des grenadiers de la garde en 1852, etc., il sut garder, dans toutes les occasions où il eût pu abuser des prérogatives de sa position, un rôle effacé, dicté à ce qu'il semble par une modestie réelle ou, en tout cas, par un rare bon sens. Cette position, à la vérité, ne lui donnait *officiellement* aucun droit à se mêler aux affaires politiques de la Grande-Bretagne, mais que la reine fit quelque chose d'important sans prendre son avis, personne ne pouvait le croire. Au début de la guerre de Crimée, il fut même accusé d'avoir outrepassé ses droits en faisant décider une question grave de politique extérieure. Le Parlement s'en émut, mais le ministère interpellé nia avec énergie que le prince eût pesé sur ses décisions : pure comédie, cela va sans dire; mais la politique n'est pas autre chose qu'une longue comédie, et le Parlement passa condamnation. Le prince Albert avait cependant quelque droit à se mêler des affaires publiques, car il avait été nommé régent, par acte en date du 4 août 1840, dans l'éventualité de la mort possible de la reine avant que l'héritier présomptif de la couronne eût atteint sa majorité; autrement, il ne manquait pas d'occasions d'exercer son activité, et au besoin faisait naître ces occasions. — En 1857, il reçut d'une manière formelle le titre de *Prince-Consort*, par lettres patentes de la reine, afin d'éviter certaines difficultés de préséance élevées dans quelques cours étrangères, car il n'avait jusque-là aucun titre officiel.

On sait que la première Exposition universelle (1851) fut suggérée par le prince Albert. Il établit une ferme modèle à Windsor, fit exécuter des embellissements dans les jardins d'Osborne et de Balmoral, et sut diriger avec tant d'intelligence l'exploitation des propriétés du duché de Cornouailles constituant l'apanage héréditaire du prince de Galles, qu'il leur fit produire annuellement 50,000 livres au lieu de 11,000. Dans une autre voie, le prince Albert ne cessa d'encourager les savants et les artistes par tous les moyens que lui offrait sa haute position; il présidait la réunion de l'Association britannique pour l'avancement des sciences, à Aberdeen, en 1859. En 1847, il avait été élu chancelier de l'Université de Cambridge. Dans l'automne de 1861, il s'occupait avec son activité habituelle des préparatifs de l'Exposition universelle de 1862, lorsqu'au retour d'une réunion ayant en vue cet objet important, il tomba malade. Le 14 décembre 1861, il succombait aux atteintes d'une fièvre typhoïde.

Ce prince, si mal accueilli dans son pays d'adoption, avait fini non seulement par s'y faire accepter, mais par en devenir presque l'idole, par des qualités précieuses que nul, dans sa position, n'eût certainement réunies au même degré, et dont les moindres ne sont pas son défaut absolu d'ambition personnelle et son parfait détachement de tout intérêt de parti, quoique libéral par tempérament. Il semble qu'on puisse proclamer hautement, sans crainte du ridicule, qu'il fut à la fois *bon prince*, suivant le cri par lequel le peuple l'accueillait volontiers, bon époux et bon père; sa mort, en effet, mit en deuil outre sa famille, la nation tout entière. La reine ne s'est jamais consolée de cette perte, car la mort de cet époux bien-aimé était, affirmait-elle, le premier chagrin qu'il lui eût jamais causé. Un monument national lui fut érigé au moyen de fonds résultant en partie d'une allocation votée par le Parlement et en partie de souscriptions publiques, et il est peu de villes importantes d'Angleterre qui n'aient aujourd'hui leur statue du prince Albert ou quelque monument élevé à sa mémoire. Le magnifique mausolée de Frogmore où ses restes sont déposés, a été érigé aux frais de la reine et de la famille royale.

Le prince Albert a laissé quelques compositions musicales, parmi lesquelles on cite un *Te Deum*, une *Invocation à l'Harmonie*, un *Sanctus*, une *Hymne de Noël*, un *Choral* et plusieurs *Romances*, *Lieder* et morceaux pour le piano. Il a été publié un choix de ses discours sous ce titre : *Principal speeches and Addresses of Prince Albert*, avec une Introduction (1862).

ALBERT, Edward, prince de Galles (voyez GALLES, prince de).

ALBERT, Frédéric-Auguste, roi de Saxe, est né le 23 avril 1828, et a épousé, le 18 juin 1853, la princesse Caroline de Wasa, née en 1833. Entré de bonne heure dans l'armée, la guerre de 1870 le trouva lieutenant général commandant l'infanterie saxonne. Il accepta du roi de Prusse, vainqueur peu généreux de son père, en 1866, le commandement du 12e corps d'armée, formé du contingent saxon, sous les ordres du prince Frédéric-Charles, avec le grade de général d'infanterie. Après l'investissement de Metz, il fut placé à la tête d'une quatrième armée, composée du corps qu'il commandait déjà, le 12e, auquel le 4e avait été réuni, et reçut pour mission de marcher contre le maréchal de Mac-Mahon, de concert avec le prince royal de Prusse. Nous n'entrerons pas dans les détails des opérations de ces deux armées, opérations dont la capitulation de Sedan devait être le résultat prochain. La capitulation signée, les deux armées se dirigèrent sur Paris; celle du prince de Saxe investit la rive droite, et, entre autres sorties de l'armée assiégée, eut à supporter le choc de celle du 2 décembre 1870, connue sous le nom de bataille de Champigny, qui coûta cher aux troupes saxonnes, bien que nous n'ayons pu en profiter beaucoup. Le prince Albert résigna son commandement aussitôt après l'armistice et rentra en Allemagne, remplacé à la tête de son armée par le général Fabrice, ministre de la guerre de Saxe. Il fut alors nommé par l'empereur inspecteur général des armées et feld-maréchal général. Le 29 octobre 1873, il succédait à son père, le roi Jean, sur le trône de Saxe. Son règne n'a été signalé, jusqu'ici, par aucun événement de quelque importance, quoique le Parlement saxon ait plus d'une fois opposé une certaine résistance aux exigences politiques ou économiques de la Prusse.

Personnages divers.

ALBERT LE GRAND, ALBERT GROOT (dit), célèbre philosophe scolastique et alchimiste allemand, né à Lauingen, en Souabe (1195-1282). Il appartenait à la famille des comtes de Bollstædt et fit ses études principalement à Padoue, sauf pour la théologie, qu'il étudia à Bologne. Admis dans l'ordre de Saint-Dominique en 1223, il donna des leçons à Cologne, où les Dominicains avaient une maison, puis à Ratisbonne, Fribourg, Strabourg et Hildesheim, et vint à Paris se faire recevoir docteur en 1245. En 1254, il était nommé provincial de son ordre, et en 1259 évêque de Ratisbonne, mais il donna sa démission au bout de trois ans. Il passa le reste de sa vie à prêcher en Bavière et dans les contrées avoisinantes, ou en retraite dans quelqu'une des nombreuses maisons de son ordre. Il assista, toutefois, au concile de Lyon en 1274. La défense de l'orthodoxie de son ancien disciple Thomas d'Aquin fut un de ses derniers labeurs importants. Il mourut à Cologne le 15 novembre 1282, à l'âge de 87 ans.

On peut placer en tête des savants de l'Europe chrétienne au XIIIe siècle, l'illustre philosophe comme sous le nom d'Albert le Grand, sans soulever la moindre contradiction. Le séjour qu'il fit à Paris, de 1245 à 1248, laissa de si profonds souvenirs, que la rue qu'il habitait et la place où il enseignait ont conservé son nom : la place Maubert (abréviation de *Maître-Albert* quelque peu altérée par le temps) et la rue Maître-Albert qui donne sur cette place. (Notons cependant que, s'il n'y a pas de contestation pour la rue, il n'en est pas de même pour la place *Maubert*, qui s'appela jadis *Madelbert*, « du nom d'un évêque de Paris » assurent quelques auteurs. Pour nous, Madelbert n'est qu'une corruption d'*Adelbert*, qui est la première forme d'Albert ou plutôt de *Ma Adelbert* (Maître Albert); mais nous n'y insisterons pas). Albert le Grand possédait une érudition extraordinaire; il connaissait les travaux des rabbins et des Arabes, ainsi que les ouvrages d'Aristote, dont il commentait la Physique devant un auditoire toujours avide de l'entendre. Habile mécanicien autant que savant physicien, il dota en outre la chimie de découvertes importantes. Mais la chimie du moyen âge, c'était l'alchimie, et Albert le Grand chercha, comme les autres, la pierre philosophale. Peut-on l'en blâmer? « Pour savoir que la pierre philosophale n'existe pas, dit fort justement Liebig, il a fallu examiner et observer, avec les ressources du temps, tout ce qui était accessible aux investigations, et c'est en cela précisément que consiste l'influence presque merveilleuse de cette idée. » C'est Albert le Grand qui fit le premier l'analyse du cinabre, et on lui doit des descriptions exactes des propriétés du soufre et de l'acide nitrique dont il donne les procédés de préparation, ainsi que de la potasse caustique; ses ouvrages révèlent, au surplus, des connaissances étendues sur les métaux, les pierres, les sels et divers acides. Parmi ses ouvrages, fort nombreux, il va sans dire que les prétendus *Secrets du Grand* et *du Petit Albert* n'ont aucun droit à prendre une place quelconque. — La biographie du grand Albert a tourné de bonne heure à la légende; il nous serait donc difficile d'établir la part de vérité contenue dans l'histoire de l'androïde parlant, construit de ses mains, qu'il avait installé dans son cabinet de Cologne. Ayant invité le plus brillant de ses élèves, celui qui devint saint Thomas d'Aquin, à venir voir cet « être non classé », celui-ci, effrayé des paroles de bienvenue que lui adressa l'automate et croyant avoir affaire au diable en personne, se jeta sur ce chef-d'œuvre et, comme il était doué d'une force herculéenne, le mit en pièces en un instant. En réalité, qu'Albert le Grand eût construit une tête parlante, cela n'aurait pas lieu de nous surprendre: d'autres y ont réussi plus ou moins; mais que Thomas d'Aquin, le disciple favori du maître, qui participait à ses travaux et ne lui cédait guère, dès lors, sur aucun point des connaissances humaines, s'y soit laissé prendre, voilà ce qui enlève à l'anecdote, selon nous, toute apparence de vérité. Mais cela n'a pas grande importance.

Les œuvres d'Albert le Grand ont été publiées à Lyon, par le dominicain Pierre Jammy (1651, 21 vol. in-f°). —V. *La Chimie enseignée par la biographie de ses fondateurs*, par F. Hoefer (1865); *Albert le Grand*, par d'Assailly (1870); *Albertus Magnus, sein Leben und seine Wissenschaft*, p. Sighart (1857).

ALBERT ou ADELBERT, archevêque de Mayence, de la maison des comtes de Saarbrück. Secrétaire du prince Henri, fils de l'empereur Henri IV, plus tard Henri V, il excita celui-ci à se révolter contre son père, à l'instigation du pape Pascal II. Cette révolte ayant réussi, Albert eut naturellement une grande influence sur l'esprit de son maître devenu empereur (1105); il fut envoyé en ambassade à Rome à plusieurs reprises, à propos de la querelle des investitures, toujours ouverte, et devint archevêque de Mayence en 1109, mais non sacré immédiatement. Il suivit l'empereur en Italie, le poussa à faire emprisonner le pape, qui, dans cette situation, jugea à propos de lui céder le droit des investitures. De retour en Allemagne l'année suivante, Henri V usa de ce droit en faveur d'Albert qui, aussitôt, passa à l'ennemi. Il fut arrêté, toutefois, et resta quatre ans en prison (1111-1115). Rendu à la liberté grâce à un soulèvement des Mayençais, Albert se rendit à Cologne où Othon, évêque de Bamberg, consentit à le sacrer. Il prit de nouveau les armes contre l'empereur, qui s'était attiré les foudres de Calixte II et fut contraint de renoncer au droit des investitures; mais après la mort de celui-ci, il paraît avoir été tenu prudemment éloigné de la cour de Lothaire, son successeur. Albert présida le concile de Mayence en 1131 et mourut le 23 juin 1137. — Son neveu, Albert II, lui succéda.

ALBERT, cardinal archevêque de Magdebourg et de Mayence, et électeur de Mayence (1489-1545). Il naquit à Mayence et était le plus jeune fils de Jean, électeur de Brandebourg. En 1513, il fut consacré archevêque de Magdebourg et choisi vers le même temps comme administrateur du diocèse d'Halberstadt; l'année suivante il était élevé à la dignité d'archevêque et électeur de Mayence, sans être obligé d'abandonner aucune de ses autres charges. Pour lui remettre le *pallium*, le pape Léon X exigea 30,000 ducats ou l'autorisation de vendre des indulgences dans toute l'étendue de son diocèse. Albert préféra cette dernière alternative et chargea le dominicain Tetzel de ce service, ce qui fournit à Luther le thème de ses fameuses quatre-vingt-quinze thèses, qui eurent une si grande influence sur le développement de la Réforme. En 1518, il fut créé cardinal en récompense de ses services à la cour de Rome. Albert, voyant l'inutilité de ses efforts pour empêcher dans son diocèse le mouvement qui se déclarait en faveur de la Réforme, jugea à propos d'accorder à ses sujets certaines libertés (1541), mais il eut soin de leur faire payer ce bienfait ensuite, en leur extorquant les 500,000 florins nécessaires au paiement de ses dettes. Il mourut à Mayence le 24 septembre 1545. — Le cardinal-électeur Albert était le patron des savants et des lettrés, et Erasme était de ses amis.

ALBERT, ERASME, théologien allemand du XVIe siècle, né à Sprendingen, près de Francfort-sur-l'Oder. Disciple de Luther, à Wittenberg, où il se fit recevoir docteur en théologie, il prêcha la Réforme dans diverses villes d'Allemagne, non sans accidents, puis devint prédicateur ordinaire de Joachim II, électeur de Brandebourg et surintendant des églises de Brandebourg et de Mecklembourg. Il mourut à Neubrandebourg (Mecklembourg) en 1553. Outre divers ouvrages de polémique théologique, en latin ou en allemand, tout à fait oubliés, Erasme Albert est l'auteur d'un très curieux ouvrage intitulé : *Miroir fantastique et Alcoran des Cordeliers déchaussés*, composé des extraits choisis principalement parmi les plus ridicules du *Livre des Conformités de saint François avec Jésus-Christ* de Barthélemy Albizzi. Voici en quels termes Erasme Albert, dans sa préface, rapporte les circonstances qui lui ont inspiré cette publication : « En faisant, par ordre de l'Electeur, la visite des couvents de Franciscains, je ne trouvai nulle part la Bible dans leur réfectoire, mais quelques livres dont il y en avait qui contenaient les plus horribles blasphèmes. J'ai fait l'extrait de ces livres et surtout de celui des Conformités, dont ils font autant de cas que les Mahométans de leur Alcoran; et quoiqu'il y ait en tout cela des choses horribles, comme elles sont en même temps souverainement ridicules, j'ai cru devoir en faire part au public, pour inspirer aux chrétiens une juste horreur, et pour les faire rire de toutes ces légendes. » Cette compilation fut publiée en allemand, en 1531 (s. l. n. d.) et en latin, à Wittenberg, en 1542, in-4°, avec une préface de Luther, sous ce titre : *Alcoranus franciscanorum, etc.* Le célèbre imprimeur de Genève Conrad Badius le traduisit en français et y joignit un second livre composé de divers passages du *Livre des Conformités*, négligés par Albert. Il imprima la traduction avec le latin en regard à Genève (1560, 2 vol. in-12); il en avait déjà fait une édition en un seul volume, en 1556; une 3e édit. parut, également à Genève, en 1578, une autre à Amsterdam en 1734 (2 vol. in-12) et plusieurs en latin en divers lieux. — On cite encore d'Erasme Albert : *Judicium de spongia Erasmi Roterodami*, etc.

ALBERT, ALEXANDRE MARTIN (*dit*), ouvrier et homme politique français, né à Bury (Oise), le 27 avril 1816; vint de bonne heure à Paris pour y exercer son état de mécanicien modeleur, et prit une part active à la révolution de 1830. Rédacteur en chef du journal *l'Atelier*, qu'il avait fondé en 1840 et qu'il dirigeait tout en continuant l'exercice de son état, M. Albert n'avait pas toutefois acquis une très grande notoriété lorsque éclata la révolution de 1848. L'à-propos de son apparition dans les bureaux de la *Réforme*, au moment où se rédigeait la liste des membres du gouvernement provisoire proposés par ce journal, le fit ajouter à cette liste, bien que le nom d'un autre ouvrier, beaucoup plus connu que le sien dans le monde politique, ait, quelques minutes plus tôt, réuni la grande majorité des suffrages. Accepté, non sans difficulté, par les membres élus à la Chambre des députés, M. Albert n'eut, tant comme membre du gouvernement provisoire que comme vice-président de la commission du Luxembourg, qu'un rôle assez effacé. Elu représentant de la Seine à la Constituante, il eut à peine le temps d'y paraître que, compromis dans l'affaire du 15 mai, cette Assemblée autorisait, à l'unanimité moins une voix, celle de M. Greppo, des poursuites contre lui et deux autres de ses membres, Barbès et de Courtais, lesquelles devaient aboutir à un arrêt de déportation prononcé par la haute cour de Bourges. M. Albert fut alors enfermé à Doullens, puis à Belle-Isle, et enfin au pénitencier de Tours. Rentré à Paris à l'amnistie (1859), M. Albert obtint un emploi à la Compagnie parisienne du gaz, et ne s'est plus, depuis, occupé de politique active.

ALBERT, Auguste-François Thiry (dit), artiste et auteur dramatique français (1811-1864). Après s'être fait expulser du collège de Reims pour une chanson contre les Jésuites dont il était l'auteur, le jeune Thiry vint à Paris, se fit employé de commerce et, par suite de sa fréquentation assidue des théâtres, conçut bientôt le projet de se faire comédien. Son début à l'Odéon, en 1830, fut un échec, dont il ne se découragea pas. Il joua pendant quelque temps au théâtre Molière, puis entra à la Porte-Saint-Martin et passa de ce théâtre à celui de l'Ambigu, où plusieurs créations importantes rendirent son nom populaire. Il devint successivement régisseur du théâtre du Cirque (1850), régisseur général de l'Odéon (1853), directeur de la scène à l'Ambigu (1858) et mourut dans ce dernier poste en 1864.

Thiry avait abordé également de très bonne heure la carrière d'auteur dramatique, et il existe un grand nombre de pièces dans lesquelles sa part de collaboration est plus ou moins considérable. Nous citerons : *Juliette*, drame en 3 actes, avec Labrousse et Alphonse Brot (1834); *Toniotto, ou le Retour de Sibérie* (1835); le *Corsaire noir* (1837); le *Chevalier du Temple* (1838); le *Mari de la Reine* (1840); l'*Orpheline de Waterloo* (1847); *Bonaparte*, grande pièce militaire pour le Cirque (1850); *Pougatcheff* (1852); le *Consulat et l'Empire* (1853); la *Guerre d'Orient*, grand drame militaire en 20 tableaux (1854); le *Drapeau d'honneur* (1855).

ALBERT, Paul, littérateur français (1827-1884). Né à Thionville, il fit ses études à Paris, au lycée Louis-le-Grand, et fut admis à l'École normale (section des lettres) en 1848. Reçu agrégé en 1851, il professa la rhétorique à Angoulême et à Dijon et se fit recevoir docteur ès lettres en 1858. Il fut nommé à la chaire de littérature ancienne à la faculté de Poitiers en 1860; rappelé à Paris pour occuper la chaire de rhétorique du lycée Charlemagne en 1864, il devint, en 1865, maître des conférences à l'École normale et professeur à l'École de Saint-Cyr. M. P. Albert prit une grande part à la fondation de l'Enseignement secondaire des jeunes filles, due à M. Duruy (1866), en faisant, à la Sorbonne, des conférences littéraires très brillantes et très suivies, dont cependant l'éloge fut interdit à Sainte-Beuve dans le *Moniteur officiel*, ce qui motiva son passage au *Temps*. En 1873, M. Paul Albert instituait à Paris un cours libre de littérature. Il était appelé à succéder à M. de Loménie dans la chaire de littérature française du Collège de France, en octobre 1878.

On lui doit : *De Poesin quarta christiania post Christum natum sæcula* et *Saint Jean Chrysostome considéré comme orateur populaire*, ses thèses de doctorat (1858), dont la dernière fut couronnée par l'Académie française; les *Poètes et la Religion en Grèce*. (1863); la *Poésie, leçons faites à la Sorbonne, etc.* (1869); la *Prose, id.* (1870); *Histoire de la littérature romaine* (1871, 2 vol.), prix Monthyon; la *Littérature française, des origines à la fin du* XVIe *siècle* (1872); la *Littérature française du* XVIIe *siècle* (1873); la *Littérature française du* XVIIIe *siècle* (1875), etc., une édition critique des *Lettres de Ducis* (1878), etc.

ALBERT (d'). Nom d'un rameau de la famille Alberti de Florence, établi dans le comtat Venaissin, au Pont-Saint-Esprit, en 1414, souche des maisons de Luynes et de Chaulnes. (V. Chaulnes et Luynes.)

ALBERT (d'), Charles, chorégraphe et compositeur de musique anglais, d'origine française, né près de Hambourg, en 1815. Il est fils d'un capitaine de cavalerie de l'armée française. Après la mort de son père, sa mère l'emmena en Angleterre, où son talent musical attira l'attention de Kalkbrenner, qui en fit son élève. Sous cette direction, il put étudier les œuvres classiques des grands maîtres. Ensuite il se rendit à Paris et suivit les cours de musique et de danse du Conservatoire. De retour à Londres, il fut nommé maître de ballet et premier danseur au théâtre de Covent-Garden; mais il abandonna bientôt la scène et se fit professeur de musique et compositeur. Le talent, nous dirions presque le génie, qui lui fait donner à ses compositions le véritable caractère que promet leur titre, justifie leur succès souvent prodigieux. Ses œuvres principales sont : la *Péri*, *Faust*, les *Fées*, la *Reine du bal*, le *Lis de la vallée*, valses; la *Polka du sultan*, la *Noce*, *Hélène*, *Coquette*, *Isabelle*, le *Roi Pippin*, la *Polka du soldat*, polkas; l'*Express*, *Pélissier*, galops, etc., etc. Ses compositions en ce genre sont littéralement innombrables.

ALBERTI, ou DE'ALBERTI, Leone Giobatta, architecte, peintre, sculpteur, poète, musicien et mathématicien florentin, de l'illustre famille Alberti de Florence. Les lieu et date de sa naissance sont diversement donnés, mais d'après les plus grandes probabilités, il serait né à Venise vers 1404. Son habileté dans la versification latine était si grande et sa connaissance de la langue si parfaite, qu'Alde le Jeune y fut pris et publia comme œuvre de Lepidus une comédie en vers latins, intitulée *Philodoxius*, qu'il avait écrite à vingt ans. Il avait, en outre, la réputation d'être le premier organiste de son temps. Enfin, comme architecte, il mérita d'être surnommé le *Vitruve florentin*. Il fut employé à Rome, par le pape Nicolas V, à la restauration du Vatican et de la fontaine d'Acqua Vergine, ainsi qu'à la décoration de celle de la place de Trevi. Il dessina pour Rimini la magnifique église San Francesco, considérée comme son chef-d'œuvre; la façade de l'église Santa Maria Novella et le palais Ruccellai, depuis palais Strozzi, à Florence; à Mantoue, il fut chargé par Louis de Gonzague de l'érection de plusieurs édifices, dont le plus important est l'église Sant'Andrea. — Alberti a écrit plusieurs ouvrages qui jouissent d'une grande estime, notamment sur la sculpture : *De la Statua*, et sur la peinture : *De Pictura*; mais surtout un traité justement célèbre sur l'architecture : *De Re Ædificatoria*, traduit en italien, en français, en espagnol et en anglais. Il mourut à Rome en 1472 suivant les uns, en 1484 seulement suivant d'autres.

ALBERTINELLI, Mariotto, peintre florentin (1475-1520). Condisciple de Fra Bartolommeo à l'atelier de Cosimo Roselli, il devint son ami, son collaborateur et son émule. Sa meilleure toile est la *Visitation* de la Galerie de Florence. Le Louvre possède d'Albertinelli un *Enfant Jésus dans les bras de la Vierge, adoré par saint Jérôme et saint Zénobe*; le Musée de Berlin, une *Assomption* attribuée à la collaboration d'Albertinelli et de Fra Bartolommeo.

ALBERTINI, Ippolito-Francesco, médecin italien, élève de l'illustre Malpighi, né à Crevalcuore (1662-1738). Il s'établit à Bologne, où il s'acquit une grande réputation comme praticien et comme professeur d'anatomie à l'Université. On lui doit un mémoire sur le quinquina, écrit en italien; un autre sur les altérations de la respiration résultant de la conformation du cœur et de ses annexes, en latin, ainsi que de nombreux opuscules sur des questions d'anatomie pathologique et de thérapeutique plus ou moins importantes.

ALBERTRANDY, Jean-Chrétien (Jan Chrzciciel), historien polonais (1731-1808). Né à Varsovie, d'un père italien, il fut élevé à l'école des Jésuites et se fit admettre dans leur ordre à l'âge de 15 ans. A 19 ans, il était envoyé comme professeur au collège de son ordre à Pultusk. Après avoir rempli diverses fonctions analogues à Plock, Nieswiez et Wilna, il devint, en 1756, bibliothécaire de l'évêque Joseph Zaluski, et prépara le Catalogue raisonné de la bibliothèque confiée à ses soins, laquelle ne comptait pas moins de 200,000 volumes. En 1764, l'archevêque-primat Lubienski le chargea de l'éducation de son petit-fils, le comte Félix Lubienski, plus tard ministre de la justice. En cette qualité, il accompagna son élève dans son voyage en Italie, en 1770, résidant principalement à Rome et à Sienne. Le goût particulier que celui-ci manifestait pour la numismatique, induisit Albertrandy à étudier cette science, dans laquelle il ne tarda pas à passer pour une autorité. A son retour, sur la recommandation de Lubienski, le roi Stanislas-Auguste nomma Albertrandy conservateur de son cabinet de médailles, puis son lecteur et son bibliothécaire. Il profita de cette situation pour représenter au roi de Pologne l'intérêt qu'il y aurait pour l'histoire de son royaume à réunir les documents épars dans les bibliothèques étrangères et en particulier dans celles d'Italie qu'il avait visitées, et Stanislas le chargea de ce soin. Arrivé à Rome en 1782, Albertrandy y passa trois années dans la poursuite de ses laborieuses recherches, dont le résultat est représenté par l'*Excerpta*, entièrement écrit de sa main et qui ne forme pas moins de 110 volumes manuscrits. Il se rendit après cela en Suède, où il savait trouver une véritable mine de documents intéressant son pays; mais il rencontra une difficulté très grande dans l'interdiction de copier même le moindre passage des livres ou manuscrits mis à sa disposition, qui lui fut opposée, et il lui fallut s'en rapporter à sa mémoire, qu'il avait heureusement excellente; et malgré tout, il rapporta des bibliothèques de Stockholm et d'Upsal des extraits faits de mémoire qui portèrent sa collection manuscrite à 200 volumes. — En reconnaissance de ses services, le roi Stanislas lui donna à son retour l'évêché de Zenopolis. Il fut le premier président de la Société des Amis des Sciences de Varsovie, aux travaux de laquelle il prit une très grande part jusqu'à sa mort, arrivée le 10 août 1808.

On cite, parmi les ouvrages nombreux de ce laborieux écrivain : *Annales de la République romaine, depuis la fondation de Rome jusqu'au temps des Césars*, d'après Macquer, avec des additions (1768); *Annales du royaume de Pologne* (1768); *Antiquités romaines expliquées par les médailles frappées sous la République et les seize premiers Césars, et conservées dans le cabinet de Stanislas-Auguste, roi de Pologne* (1805-1808, 3 vol.), outre de nombreux mémoires d'histoire et d'archéologie et des manuscrits importants.

ALBERTVILLE, ville de France, ch.-l. d'arr. du dép. de la Savoie, à 60 kil. N.-O. de Chambéry, au débouché des vallées de l'Isère et de l'Arly. Pop. 4,400 hab. Albertville est formée de deux localités distinctes : *L'Hôpital*, sur la rive droite de l'Arly et *Conflans* sur sa rive gauche, réunies en 1845 sous leur nom actuel par le roi de Sardaigne Charles-Albert, à qui l'on doit également la création d'une fonderie très importante, sur le territoire de l'ancien Conflans, pour le traitement des minerais argentifères recueillis dans les montagnes du voisinage. Albertville possède en outre un établissement pénitencier.

ALBESCENCE, *s. f.* (lat. *albus*, blanc). État de ce qui blanchit ou est blanc (peu usité).

ALBESTROFF, bourg d'Alsace-Lorraine, ancien ch.-l. de canton de l'arr. de Château-Salins (Meurthe), cédé à l'Allemagne par le traité de Francfort du 10 mai 1871. Pop. 700 hab. Belle église du commencement du XIVe siècle.

ALBI (*Albia* ou *Albiga*), ville de France, ch.-l. du dép. du Tarn, sur la r. g. de la rivière du même nom, à 676 kil. S. de Paris et à 66 kil. N.-E. de Toulouse. Pop. 20,380 hab. — Commerce de grains, vins, fruits, pastel, etc. Manuf. de toiles, lainages, minoteries, briqueteries, usines métallurgiques. Siège d'un archevêché, lycée, bibliothèque publique de 15,000 vol., chambre de commerce, tribunal de première instance.

— Hist. L'origine d'Albi est très ancienne. Au temps de César elle était la capitale d'un peuple de l'Aquitaine auquel le proconsul donne le nom d'*Eleutheri*, c'est-à-dire libres. Dans les notices de l'empire, elle est désignée sous le nom de *civitas Albiensium*, et elle faisait partie de la Gaule narbonnaise; son territoire fut sillonné de voies militaires et les Romains y bâtirent des temples et de magnifiques palais. Prise par Mummol, général bourguignon, en 580, pendant l'épiscopat de saint Salvi, puis par les Sarrasins en 730, Pépin le Bref s'en empara en 765; elle fut érigée en vicomté une vingtaine d'années plus tard. En 1208, Albi fut prise par les croisés (il est ici question de la croisade contre les Albigeois, bien entendu), l'évêque leur ayant ouvert les portes; et l'insatiable Simon de Montfort la reçut en récompense de ses odieux services dans cette abominable expédition. Après quelques mutations entre la maison de Toulouse et la couronne de France, résultant des vicissitudes de la guerre contre les Albigeois (V. ci-après), elle est enfin demeurée à celle-ci à partir de 1284. Ville épiscopale depuis le iiie siècle, Albi fut élevée au rang d'archevêché en 1678. — La cathédrale, dédiée à sainte Cécile et bâtie par l'évêque Bernard de Castanet, qui prenait le titre de vice-gérant de l'inquisiteur de France, est un bel édifice gothique dans le style du xiiie siècle, époque à laquelle a commencé sa construction (1275-1480); elle possède une des plus belles chaires qu'il y ait en France et une belle châsse en argent, décorée de mosaïque, renfermant les reliques de saint Clair, premier évêque d'Albi. Avant la Révolution, Albi comptait sept églises paroissiales et un grand nombre de chapelles et d'oratoires; la cathédrale et l'église Saint-Salvi furent seules conservées. Cette dernière, fondée par l'évêque Miron, fut commencée en 942 et a conservé quelques vestiges du style roman de l'époque, notamment une tour carrée d'un effet très pittoresque; mais pour le reste, c'est le style ogival qui domine. On cite encore, parmi les édifices d'Albi, le palais de justice (ancienne maison des Carmes), l'archevêché, les bâtiments du lycée, de construction récente, et ; dans le voisinage, on remarque l'ancienne maison de plaisance des archevêques, transformée en asile d'aliénés et institution de sourds-muets. Albi est mis en communication avec la rive droite du Tarn par deux ponts,

Albi.

dont l'un date de 1035 et fut construit par les deux fils du vicomte Aton II, « sur l'avis des citoyens et bourgeois » de la ville. — L'illustre navigateur Lapérouse est né au Gua, près d'Albi ou à ses habitants, ou bien à Albi même, qui lui a élevé une statue en 1858. — Les états de Languedoc se sont réunis à plusieurs reprises à Albi, pendant les xvie et xviie siècles.

ALBIFICATION, s. f. (lat. albus, blanc et ficare, de facere, faire). Chim. anc. Action de blanchir, ou plus exactement de rendre blanc.

ALBIGEOIS, partie du Haut-Languedoc dont Albi était la capitale. — s. 2 g. Habitant d'Albi. — adj. Qui appartient, qui est relatif à Albi ou à ses habitants, ou bien à l'Albigeois. Le dialecte albigeois. Les mœurs albigeoises. L'hérésie albigeoise. (V. l'article suivant.)

ALBIGEOIS, s. m. Nom donné aux hérétiques qui parurent dans le Languedoc et principalement dans l'Albigeois au xiie siècle, après le concile tenu à Lombers, en 1165, pour condamner leurs doctrines. Ils se donnaient eux-mêmes le nom de bonshommes et se divisaient en parfaits et en simples croyants. Ces qualifications trahissent à elles seules une origine manichéenne, et en effet, c'est comme manichéens qu'ils furent d'abord poursuivis. D'autre part, ce n'est pas dans l'Albigeois que ces hérétiques parurent d'abord. Dès 1022, à Orléans, des manichéens étaient livrés aux flammes; Soissons eut également le spectacle d'un supplice de manichéens en 1115. Mais c'est surtout dans le Midi que ces doctrines se répandirent rapidement. Comme on prétendait qu'elles y étaient empruntées des Bulgares qui les tenaient des Arméniens, ceux qui les professaient étaient appelés communément bulgares ou bougres; en tout cas, elles y furent propagées par Pierre de Bruys et son disciple Henri, ancien religieux; Pierre de Bruys fut brûlé publiquement à Saint-Gilles en 1147, mais Henri poursuivit courageusement sa propagande. Nous ne nous arrêterons pas aux nombreuses appellations par lesquelles on désignait ces hérétiques, il suffit de dire, par exemple, qu'on appela les adeptes de Pierre de Bruys petrobusiens et ceux de son disciple Henri, henriciens, quoique les doctrines des uns et des autres fussent les mêmes. Voici, du reste, d'après Pierre le Vénérable, quels étaient les principes sur lesquels s'appuyaient leurs doctrines damnables: ils considéraient les églises comme inutiles; n'admettaient pas l'adoration de la croix, le baptême des enfants avant qu'ils eussent atteint l'âge de raison; niaient la présence réelle de la chair et du sang de Jésus-Christ dans l'Eucharistie et considéraient comme inutiles les prières faites pour les morts. Il suffisait donc aux catholiques orthodoxes de tirer toutes les conséquences que pouvaient entraîner de pareils principes, pour se croire autorisés à les accuser de brûler les croix et de piller les églises, et par représailles, à les brûler ou à les exterminer par des procédés plus rapides eux-mêmes. La Provence et le Languedoc adoptèrent ces doctrines avec d'autant plus d'empressement que leurs populations intelligentes, industrieuses et artistes souffraient davantage du luxe insolent et du peu de charité chrétienne qu'y étalait le haut clergé et de l'abjection dans laquelle vivaient les simples prêtres et curés, ce qui leur faisait répondre à quelque proposition inacceptable, toute hérésie à part et simplement comme terme de comparaison proverbial : « J'aimerais mieux me faire prêtre ». Il faut donc considérer le développement de l'hérésie des Albigeois comme une protestation contre le luxe, l'orgueil et les turpitudes de toute sorte dont le haut clergé se rendait coupable. La preuve, c'est que lorsque le cardinal Albéric, légat d'Eugène III, se rendit avec saint Bernard à Toulouse pour essayer de ramener les hérétiques dans le giron de l'Eglise, ce dernier, vénérable vieillard animé seulement de l'ambition religieuse, et qui se présente dans l'austère simplicité d'un véritable homme de Dieu, est accueilli avec les marques de plus grand respect, tandis qu'ils font un légat, entouré d'un cortège pompeux, un charivari de première classe (1147). Les Parfaits de la secte étaient vêtus de noir et de bleu, plus simples; on vit d'ailleurs, comme au temps de la primitive Eglise, des gens riches, séduits par la doctrine nouvelle, distribuer leurs biens, et, pauvres désormais, se livrer à l'apostolat. Cependant le concile de Lombers condamna comme hérétiques ces « prétendus bonshommes ». En 1179, le concile de Latran déclarait: « Bien que l'Eglise rejette les exécutions sanglantes, elle ne laisse pas d'être aidée par les plus princes chrétiens; et la crainte du supplice fait quelquefois recourir au remède spirituel. » En 1195, c'est le concile de Montpellier qui jette l'anathème aux Albigeois: ils ne paraissent s'en porter que mieux. On les voit oppresser au concile de Lombers, deux ans plus tard, un concile hérétique présidé par Niquinta, leur pape, à Saint-Félix de Caraman, où se réunirent des représentants des églises dissidentes de l'Albigeois, du pays de Toulouse, de Carcassonne et de la vallée d'Aran. L'hérésie ne se contentait plus même dans le midi de la France, elle débordait sur le nord et sur les pays étrangers, l'Angleterre, la Catalogne, l'Aragon. Ce n'est pas qu'il n'y eût bien des divergences d'opinion dans cette diffusion de l'hérésie, et le nom d'Albigeois couvrait sans doute plus d'une secte. Néanmoins, c'était un formidable ensemble de rébellions contre l'unité catholique. Il était temps d'aviser. Raymond V, comte de Toulouse, se récuse; son fils Raymond VI se déclare nettement pour les bonshommes. Roger II, vicomte d'Albi, gendre du comte de Toulouse, leur permet de s'établir à Lavaur et même à Lombers où s'est réuni le concile qui les a condamnés; il leur laisse le champ libre pour provoquer les évêques à la discussion. En démêlé lui-même avec l'évêque d'Albi, il finissait le débat un beau jour en le faisant mettre en prison, et en l'y laissant garder par des hérétiques. Cette façon d'avoir le dernier mot fut mal prise par la cour de Rome. Le légat, qui s'était rendu à Toulouse, envoya dans l'Albigeois Henri, abbé de Clairvaux, accompagné du vicomte de Turenne et de Raymond de Castelnau, qui devaient lui prêter main-forte. Roger se retira prudemment dans des lieux inaccessibles, et se laissa sans autre souci excommunier dans la ville de Castres, dont son épouse Adelaïde avait ouvert les portes. Il fut déclaré traître, hérétique et parjure. Henri, qui avait prononcé l'anathème, devint lui-même légat du saint-siège peu de temps après. Il retourna en Albigeois, entraînant sur ses pas les catholiques en armes, assiégea Lavaur, qui ouvrit ses portes, et obligea Roger à abjurer l'hérésie et de livrer les hérétiques pris dans cette place (1180). Mais à peine eut-il le dos tourné, que le vicomte et ses sujets revinrent aux doctrines qu'ils avaient feint de quitter, au grand désespoir des tentatives inutiles de l'Eglise. En 1194, Roger mourant laissait la tutelle de son fils à un seigneur hérétique. La situation empirait donc plutôt que de s'améliorer. Le saint-siège redoubla d'énergie. Dès 1198, les frères Gui et Raynier, moines de l'ordre de Cîteaux, parcouraient le Midi comme commissionnés du pape. Leurs successeurs, Pierre de Castelnau et Raoul, moines du même ordre, réunirent dans leurs mains tout le faisceau des foudres pontificales, en vertu d'une bulle qui leur donnait « à détruire, arracher et planter tout ce qui était nécessaire dans les pays infectés d'hérésie. » Ils commencèrent par suspendre tous les évêques modérés, dont la tiédeur eût pu ralentir leur marche impitoyable. Obligés de cacher leurs croyances et leurs réunions, les Albigeois en confiaient le mystère aux ténèbres de la nuit. Pierre de Castelnau se décourageait lui-même, lorsqu'il rencontra l'évêque d'Osma qui voyageait en France avec un de ses chanoines nommé Dominique. « Renoncez, lui dit l'évêque, à ces somptueux appareils, à ces chevaux caparaçonnés, à ces riches vêtements; fermez la bouche aux méchants en faisant et enseignant comme le divin Maître, allant pieds nus et déchaux, sans or ni argent; imitez la manière des apôtres. » Mais le luxe était devenu tellement inséparable de la cour de Rome, que les légats n'osèrent point reprendre les simples habits de moine ; ce serait, disaient-ils, une trop grande nouveauté, les uns ne pouvaient prendre cela sur eux. Ils se bornèrent à suivre l'évêque d'Osma et Dominique, qui se mirent à parcourir pieds nus les campagnes, soutenant des discussions solennelles contre les Albigeois. L'évêque mourut, Dominique resta seul. C'est saint Dominique, et les prédications de ce religieux fanatique n'eurent d'autre résultat que de lui attirer les injures les plus grossières. Raymond VI, sommé par Castelnau de prendre les armes contre les hérétiques, refuse. Castelnau, furieux, se va contenter pas de l'excommunier, il l'accable publiquement d'injures. Peu après, ce légat tombait sous le poignard d'un assassin (1208): cet assassinat, mis au compte de Raymond, fut le signal de l'expédition sanguinaire contre les Albigeois. A la voix du pape Innocent III, à celle d'Arnaud Amalric ou Anneury, abbé de Citeaux, et des moines des nombreux couvents de cet ordre, tout le nord de la France se croisa; ducs, comtes, évêques, chevaliers brodèrent la croix sur leur poitrine (jusque-là elle se portait sur l'épaule). Français, Normands, Champenois, Bourguignons, s'amassent avec joie pour aller combattre ces hommes du Midi, objet de leur aversion; cette gent empestée de Provence; des Méridionaux catholiques les joignirent. Lyon était le rendez-vous de cette armée de 300,000 hommes. Arnaud Amaury, abbé de Citeaux, et Milon, légat *a latere*, en étaient les chefs. D'après les instructions du pape, on devait ménager le comte de Toulouse, qui se laissa prendre à ces apparences, se rendit à Valence à l'appel du légat et lui remit les clefs de sept châteaux forts; puis il alla faire amende honorable à Saint-Gilles, flagellé de la propre main du légat, et ne sortit de l'église que pour prendre les armes contre ses propres sujets. L'armée croisée fondit sur Béziers, qui fut mise à feu et à sang, et dont

Le sac de Béziers.

la catastrophe se résume dans ce mot prononcé au conseil de guerre qui précéda l'assaut de la malheureuse cité, par le sanguinaire Arnaud Amaury : « Tuez-les tous, Dieu saura bien distinguer les siens. — Brûlez-les tous aussi, disait de même Simon de Montfort; si celui-ci parle de bonne foi, le feu lui servira pour l'expiation de ses péchés; s'il ment, il portera la peine de son imposture. » Après Béziers, ce fut le tour de Carcassonne, où lui prit traîtreusement le vicomte Raymond-Roger, qui mourut en prison peu de temps après. Il laissait un fils en bas âge, Raymond Trancavel II, né en 1207. Le bel héritage des quatre vicomtés que cet enfant semblait destiné à recueillir lui fut enlevé, et le légat l'offrit successivement au duc de Bourgogne, au comte de Nevers et à Saint-Pol, qui tous le refusèrent. « Le légat, fort mécontent et embarrassé, offrit en dernier lieu la seigneurie à Simon, comte de Montfort, lequel la désirait et la prit. » Pour intéresser l'Église à lui conserver ces nouveaux domaines, Simon fit à lui consentir que tous les ans, à partir du jour de sa mort, une somme de trois deniers, par feu ou par maison, serait levé au profit de la cour de Rome, sans compter une redevance annuelle qu'il fixa la somme. Le chef des croisés n'occupait encore que Castres dans l'Albigeois; il s'y rendit en personne, s'empara de Lombers; entra dans Albi, dont l'évêque lui ouvrit les portes. Une révolte, excitée par le roi d'Aragon, ne tarda pas à le chasser de presque toutes ces places, mais il y rentra bientôt l'épée à la main. Une bulle du pape le confirma dans la possession d'Albi (1210). — Cependant le comte de Toulouse, effrayé de la marche des croisés, en appela au roi de France et même au pape; mais Innocent III n'était plus en état de maintenir ses légats, auxquels s'était joint l'évêque de Toulouse Fouquet, sans parler de Simon de Montfort. Le concile d'Arles (1211), convoqué par eux, faisait aux deux frères des propositions de paix dérisoires. Raymond, cette fois, résolut de repousser la force par la force. Pendant

tout l'hiver, les croisés ne purent rien faire que se partager les fiefs conquis. Les moines prirent leur part à cette curée; l'abbé de Citeaux se fit évêque de Narbonne et duc, et Pierre de Vaulx-Cernay, évêque de Carcassonne. Pierre II d'Aragon, beau-frère de Raymond, intervint auprès du pape, qui suspendit la prédication de la croisade, mais ordonna à Pierre de quitter le Toulousain. Pour toute réponse, celui-ci assiégeait Muret (septembre 1213). La bataille qu'il livra devant cette place, et qui lui coûta la vie, fut un coup fatal pour les Albigeois. Toulouse prise fut démantelée. Simon de Montfort fut institué « prince et monarque du pays » par les canons du concile de Montpellier confirmés par le pape. Le quatrième concile de Latran, solennelle assemblée de 71 archevêques, 412 évêques et plus de 800 abbés et prieurs (1215), renouvela la réfutation des doctrines hétérodoxes, le symbole de Nicée, et prescrivit les mesures qui, dans le Languedoc, devaient prévenir le retour de l'hérésie. Le concile ratifia la fondation de deux ordres religieux nouveaux, spécialement établis en vue de combattre l'hérésie albigeoise. « L'Église avait été ébranlée par la prédication hétérodoxe : Dominique entreprit de la soutenir par la création d'un ordre exclusivement destiné à prêcher la foi catholique, et sous les auspices de l'évêque Fouquet, il jeta les fondements de l'ordre des prêcheurs dans Toulouse même, la métropole de l'hérésie. L'Église avait été attaquée au nom de l'inspiration mystique et du renoncement évangélique, François d'Assise transporta le mysticisme et la réalisation littérale de la pauvreté et de l'humilité chrétienne dans le sein de l'Église, il fonda un ordre de moines qui renonçaient absolument, non plus seulement à la propriété individuelle, ainsi que les autres moines, mais à la propriété collective, et faisaient vœu de ne vivre que d'aumônes. « C'est en vain que du sein même de l'assemblée catholique quelques voix courageuses protestèrent contre les effets désastreux de la croisade, qu'un chevalier ajournant le pape au jour du jugement s'il ne rendait pas au fils du vicomte de Béziers et d'Albi son héritage, que l'archidiacre du Lyon lui-même s'écria, montrant Fouquet : « Cet évêque fait vivre dans le deuil plus de cinq cent mille hommes, dont l'âme pleure et dont le corps saigne! » Innocent III, disposé à s'attendrir, ne put réserver au fils de Raymond VI que le marquisat de Provence, « s'il s'en rendait digne. » Tout le reste fut donné à Simon de Montfort, qui alla demander au roi Philippe-Auguste l'investiture du comté de Toulouse et du duché de Narbonne (1216) et qui, sur son chemin, se vit accueilli avec des bénédictions par les deux pays de la langue d'oïl ! La mort d'Innocent III, suivie de près de celle de Simon de Montfort, tué devant Toulouse d'une pierre lancée par un mangonneau (1218), mit fin à la première période de la guerre des Albigeois. Amaury, fils de Simon, confirmé par Honorius III dans la possession des conquêtes de son père, entra à Albi; mais attaqué à la fois par le comte de Toulouse et Raymond Trancavel II, héritier dépossédé des quatre vicomtés, il s'enfuit en France (1224). En 1222, Amaury avait offert la cession de ses droits sur le comté de Toulouse à Philippe-Auguste, qui avait refusé, mais que son fils Louis, devenu plus tard Louis VIII, après s'être joint aux croisés une première fois, accepta l'offre d'Amaury, puis marcha contre le Languedoc à la tête d'une armée de 100,000 hommes. Le Languedoc se soumit. Humbert de Beaujeu, gouverneur d'Albi pour le roi, redoubla d'énergie contre Raymond VII, qui finit par céder. Le comte de Toulouse reçut l'absolution, à Notre-Dame de Paris en 1229, s'engageant à démanteler 31 places fortes de ses États. La partie de l'Albigeois située sur la rive gauche du Tarn fut réunie au domaine royal, la rive droite resta au comte. La soumission du comte de Toulouse consomma la ruine de l'hérésie. Il dut même obligé de se tourner contre elle, et s'engageait, par le traité de 1229, à payer pendant cinq ans deux marcs d'argent et dans la suite un marc

à quiconque livrerait un hérétique, à confisquer les biens des sectaires, à les exclure des charges publiques, comme les Juifs. Il ordonna même de raser les maisons des protecteurs et fauteurs des hérétiques. Saint Louis envoya à ses baillis une ordonnance dans le même sens, et le concile de Toulouse organisa l'inquisition permanente, établissant que les évêques « députeraient dans chaque paroisse un prêtre et deux ou trois laïques de bonne réputation, » qui visiteraient « toutes les maisons depuis le grenier jusqu'à la cave. » L'obligation de dénoncer commençait à 14 ans pour les hommes, à 12 ans pour les femmes; on devait alors prêter un serment. Les hérétiques convertis devaient porter sur la poitrine deux croix de couleurs tranchantes. Le concile de Narbonne (1244) obligea les hérétiques en voie de conversion à se présenter tous les dimanches à l'église, nus de corps en partie nu, avec une poignée de verges pour recevoir la discipline. Le comte de Béziers (1246) établit la peine du feu pour tous les Parfaits qui refuseraient d'abjurer. Le concile d'Albi (1254) ordonna la construction de prisons dans chaque diocèse pour recevoir les hérétiques. Le pape Grégoire IX, en 1233, prétendit donner plus de rigueur encore à l'inquisition en attribuant aux frères prêcheurs des pouvoirs absolus, supérieurs même à ceux des évêques. Les protestations de Raymond VII, de Louis IX, du haut clergé de France ne l'arrêtèrent pas. Raymond fut de nouveau excommunié, avec toutes les populations étaient pour lui, et en plusieurs lieux maltraitèrent les inquisiteurs dominicains. Ceux-ci n'en continuèrent pas moins leur sanglante mission jusqu'au règne de Philippe le Bel, qui d'abord envoya des commissaires (1302), puis vint lui-même (1304) dans le Languedoc pour faire cesser la tyrannie des dominicains. Un édit rendu par lui à Toulouse ordonna que les commissaires royaux visiteraient avec les inquisiteurs les prisons de l'inquisition et veilleraient à ce qu'elles servissent « pour la garde et non pour la peine des prisonniers »; que les évêques ou leurs vicaires instruiraient le procès des accusés sur le sort desquels il n'aurait pas été statué. Un peu plus tard, un décret du concile de Vienne, confirmé par Clément V, défendit aux inquisiteurs de procéder contre les hérétiques « sans le concert des évêques diocésains ». Alors seulement, après un siècle de souffrances terribles, le Languedoc respira et le châtiment de l'hérésie albigeoise fut arrêté. Chose singulière, ruinée en Languedoc, elle s'était réfugiée et se relevait dans les pays étrangers, principalement en Lombardie : c'est de là qu'on vit dès lors partir, souvent deux à deux, suivant la règle, des ministres parfaits, qui allaient à leur tour, à travers mille dangers, vêtus de bure, vivant d'aumônes, exhorter les habitants du Languedoc à rester fidèles à la secte.

ALBINI (baron d'), Franz-Joseph, homme d'État allemand (1748-1816). Il fut successivement conseiller de régence au service du prince-évêque de Wurtzbourg, représentant de l'empereur Joseph II auprès de plusieurs petites cours d'Allemagne, et après la mort de ce dernier (1790), ministre de l'électeur de Mayence. Il occupait ce poste lorsqu'éclata la guerre de 1792. Animé d'un ardent patriotisme, Albini proposa au congrès de Rastadt la levée en masse pour la défense du territoire national et l'expulsion des Français des parties qu'ils en occupaient déjà. Il se mit lui-même, en 1799, à la tête de la levée de Mayence, et ne cessa de défendre les intérêts de son pays avec autant de dévouement que d'habileté. A sa mort, arrivée le 8 janvier 1816, le baron d'Albini était ministre plénipotentiaire de l'Autriche près la diète.

ALBINIE, *s. f.*, ou **ALBINISME**, *s. m.* État anormal observé chez l'homme et chez les animaux, et qui résulte d'un défaut de la matière colorante appelée *pigment*. L'albinie est totale ou partielle; on l'appelle aussi *kakerlakisme* et *achrome congénial*. — Bot. État morbide d'une plante élevée dans l'obscurité et qui manque de la matière colorante appelée ici *chlorophylle;* cet état peut toutefois se produire dans une plante cultivée en plein air, par des causes diverses.

ALBINOS, *s. m.* Individu frappé d'albinisme ou d'albinie. Les albinos ont la peau d'un blanc laiteux, les cheveux jaunâtres, la *pupille* rouge, comme les lapins blancs. Breschet dit que la constitution des albinos est ordinairement grêle et leur taille médiocre; la durée de leur vie est moindre que celle des autres hommes; quelquefois leur peau est écailleuse sur toute sa surface, et la membrane rouge des lèvres est d'une couleur très vermeille. Leur intelligence est généralement bornée, quoiqu'on cite quelques exemples du contraire, et notamment celle du docteur Sachs, qui était atteint d'albinisme, ainsi que sa sœur, et à qui l'on doit la meilleure histoire qui ait jamais été écrite sur l'albinisme (1812). « Il est infiniment probable, dit U. Trélat, qu'il a dû exister de tout temps des albinos, cependant leur histoire est toute moderne : on en trouve une mention assez vague dans la vaste encyclopédie de Pline l'Ancien; mais quoique Fernand Cortez en eût signalé l'existence à la cour de Montezuma, dans ses lettres à Charles-Quint, ils ne furent remarqués et décrits que dans le cours du XVIIIe siècle. Longtemps on s'est demandé si les albinos constituaient une race particulière. On sait aujourd'hui, d'une manière bien certaine, que les albinos sont des malades, dont l'affection peut se produire dans tous les pays et sur toutes les races, quoique plus fréquente dans les zones tropicales. L'hérédité, la misère, l'insalubrité, les grossesses multiples, sont les seules causes d'albinisme dont l'influence soit démontrée. »

ALBINOVANUS, CELSUS PEDO, poète latin, contemporain d'Ovide, qui le traite de *divin*, et son ami. Il nous reste de lui une élégie adressée à Livie sur la mort de son fils Drusus, une autre à Mécène, des fragments d'un voyage de Germanicus dans la mer du Nord. Ovide adresse à Albinovanus l'élégie Xe de ses *Pontiques* et Horace l'épître VIIIe de son livre Ier.

ALBINUS, AULUS POSTHUMUS, historien latin. Il fut consul avec Lucullus, en l'an de Rome 602. Il avait écrit une *Histoire de Rome* en grec, dont Cicéron vante le style doux et facile et les preuves d'érudition; mais Caton blâme l'auteur d'avoir écrit l'histoire de son pays en grec, lorsqu'il lui eût été si facile de le faire en latin. Cet ouvrage ne nous est pas autrement connu.

ALBINUS, BERNARD-SIEGFRIED WEISS (dit), anatomiste allemand, né à Francfort-sur-l'Oder (1697-1770). Son père, professeur de médecine pratique, ayant été appelé à la chaire de l'université de Leyde, en 1702, c'est en cette ville que le jeune homme commença ses études sous des maîtres tels que Boerhaave, Bidloo et Rau. Il ne tarda pas à se faire remarquer par son habileté extraordinaire dans l'exécution d'une opération chirurgicale, et Rau, célèbre lithotomiste, l'appelait toujours lorsqu'il avait à faire quelque opération importante. Ses études médicales terminées, Weiss se rendit à Paris, où il étudia plus spécialement l'anatomie et la botanique (1718). Un an plus tard, sur la recommandation de Boerhaave, il était rappelé à Leyde, pour faire des leçons d'anatomie chirurgicale, et en 1721, il y succédait à son père. Sa réputation comme professeur d'anatomie devint bientôt européenne. En 1745, il cédait sa chaire d'anatomie à son frère Fréderic-Bernard, et prenait celle de médecine pratique. Deux fois recteur de l'université de Leyde, Bernard-Siegfried Weiss, dont le nom latin n'est autre que la traduction de son nom allemand, était membre de sociétés scientifiques de Haarlem, de Londres et de Saint-Pétersbourg. Il mourut le 9 septembre 1770. — On lui doit plusieurs ouvrages d'anatomie très importants, parmi lesquels : *De ossibus corporis humani* et *Historia musculorum hominis*, dont les illustrations, dues à Wandelaar, sont exécutées avec une exactitude et une précision de détails inconnues jusque-là.

ALBINUS, PIERRE, poète et historien allemand du XVIe siècle, dont le vrai nom était également WEISS. Il était natif de Sneeberge, dans la Misnie (Saxe électorale), et fut professeur de poésie et de mathématiques à l'Académie de Wittenberg, puis secrétaire de l'électeur, à Dresde. On lui doit une *Chronique de Misnie*, parue pour la première fois à Wittenberg, en 1580, et dont il donna une seconde édition pendant son séjour à Dresde; divers autres ouvrages historiques très estimés et des poésies.

ALBINUS FLACCUS. V. ALCUIN.

ALBION. Myth. C'était un géant, fils de Neptune. Ayant voulu s'opposer au passage d'Hercule dans la Gaule narbonnaise, il y aurait sans doute réussi sans l'intervention de Jupiter, qui l'écrasa sous un monceau de pierres. Cette scène se passait dans les plaines de la Crau (*Lapideus Campus*), où les pierres en effet ne manquent pas.

ALBION (de *alb* ou *alp*, montagne). Nom que portait l'Angleterre, longtemps avant l'occupation romaine. Il s'emploie encore poétiquement. *La blonde Albion. Les enfants d'Albion*, les Anglais.

ALBITTE, ANTOINE-LOUIS, homme politique français, membre de la Convention. Né vers 1760, il était avocat à Dieppe lorsque le département de la Seine-Inférieure l'envoya siéger à l'Assemblée législative, en 1791; il siégea sur les bancs de la Montagne, où il se fit remarquer parmi les plus exaltés. A la Convention, il se prononça pour la vente des biens des émigrés, vota la mort de Louis XVI sans appel ni sursis et fut le promoteur du décret du 23 mars 1793, portant la peine de mort contre tout émigré pris sur le territoire occupé par les armées de la République, qu'il ait ou non les armes à la main. Il fut ensuite commissaire à l'armée des Alpes et se distingua au siège de Toulon. Après l'insurrection du 1er prairial an III, Albitte, accusé d'y avoir pris part, s'enfuit et fut condamné à mort par contumace. Il put rentrer en France grâce à l'amnistie du 14 brumaire an IV, devint maire de Dieppe, puis fut nommé inspecteur aux revues et mourut pendant la terrible retraite de Russie (1812).

ALBIZZI, famille noble et illustre de Florence, aux XIVe et XVe siècles. Elle était originaire d'Arezzo et était à la tête du parti guelfe ou aristocratique, contre les Médici et les Alberti, chefs du parti gibelin. V. FLORENCE.

ALBOIN, roi des Lombards au VIe siècle. Il régna de 561 à 573. Il était en négociation pour épouser une petite-fille de Clovis, lorsqu'il enleva Rosamonde, fille du roi des Gépides Cunimond. Celui-ci l'attaqua, le battit et lui reprit sa fille, mais Alboin s'allia au roi des Avares, battit à son tour Cunimond et le tua (567). Cette victoire, outre qu'elle lui donna la satisfaction d'épouser Rosamonde, lui procura l'alliance des chefs des nations voisines et lui inspira l'ambition de conquérir l'Italie. Il franchit donc les Alpes et envahit le nord et le centre, sans rencontrer de résistance sérieuse; mais il fut arrêté pendant trois années sous les murs de Pavie, dont il s'empara à la fin. Il se disposait à faire massacrer les courageux habitants de cette ville, lorsque, par bonheur pour eux, une chute de son cheval fut regardée comme un avertissement qui le détourna de son projet sanguinaire. Alboin, ayant conquis le nord de l'Italie, divisa son nouveau royaume en 36 duchés et établit à Pavie sa capitale. Ayant contraint sa femme Rosamonde, en pleine orgie, à boire dans le crâne de son père qu'il avait fait monter en coupe, celle-ci se vengea de cette infamie de son barbare époux, en le faisant assassiner à Vérone par son secrétaire Péridée et son amant Hémilchide.

ALBOIZE DE PUJOL, JULES-ÉDOUARD, auteur dramatique français (1805-1854). Il a fait représenter un grand nombre de pièces de tout ordre, écrites en collaboration avec divers auteurs dont les principaux sont : Ch. Desnoyers, P. Foucher, Anicet Bourgeois, Bouchery, Michel Masson, Sauvage, Lafont, B. Lopez, Gérard et Saint-Yves. Nous citerons : les *Chevaux du Carrousel*, la *Croix de Malte*, *Caravage* (1834); la *Guerre de l'indépendance* (1840); *Jacques Cœur* (1841); la *Salpêtrière*, la *Voisin* (1842); le *Secret de famille* (1843); les *Deux perles*, comédie (1844); la *Famille Grandval*, *Agnès Bernau* (1845); la *Tour de Ferrare*, le *Château des Sept-Tours* (1846); les *Monténégrins*, op.-c. (1848); la *Taverne du diable* (1849); le *Paysan*, op.-c. (1850); *Maurice Simon*, op.-c. et l'*Organiste*, op.-c. (1853), etc. — On lui doit en outre : *Histoire de la Bastille*, avec A. Arnoult et A. Maquet (1843-1845, 8 vol.); les *Prisons de l'Europe*, avec A. Maquet (1844-46, 8 vol.); *Fastes des Gardes nationales de France*, avec Ch. Elie (1847).

ALBON, bourg de France, à 8 kil. de Saint-Vallier (Drôme). Pop. 1,500 hab. Ruines du château des comtes d'Albon, dauphins du Viennois.

ALBON (D'), JACQUES, plus connu sous le nom de *maréchal de* SAINT-ANDRÉ. V. ce nom.

ALBON (comte d'), ANDRÉ-SUZANNE, de l'ancienne famille des comtes d'Albon, devenus dauphins du Viennois. Né à Lyon en 1761, Napoléon le nommait maire de cette ville en 1813. Dès l'année suivante, il se tournait contre l'empereur vaincu, refusait aux Lyonnais des armes pour s'opposer à l'entrée des Autrichiens et prenait l'initiative de toutes les mesures réactionnaires et antipathiques que les circonstances pouvaient inspirer à un homme de sa sorte. Elu député en 1816, le comte d'Albon se fit remarquer aux premiers rangs de la réaction et fut un des promoteurs de la loi contre les régicides. Ses électeurs, instruits de ses qualités spéciales, portèrent leurs voix ailleurs, et il fallut que les portes de la pairie s'ouvrissent devant lui pour l'arracher à une retraite forcée (1827). Ce ne fut pas pour longtemps : la révolution de Juillet replongea le comte d'Albon dans l'obscurité de la vie privée, et jamais plus on n'entendit parler de lui.

ALBONI, MARIETTA, célèbre cantatrice italienne, née à Cesena, province de Forli, en 1824. Son père, qui avait un emploi supérieur dans l'administration des douanes, lui fit donner une excellente éducation. Ayant montré de très bonne heure un goût exquis pour la musique et particulièrement pour le chant, sans parler d'une voix magnifique, elle fut mise en état de cultiver ces excellentes dispositions et devint élève de Rossini au lycée de Bologne. A quinze ans, elle débutait au théâtre communal de Bologne, avec tant de succès, qu'un engagement lui fut bientôt offert pour le théâtre de la Scala de Milan. Là, sa réputation s'établit sur des bases désormais inébranlables. Quelques années plus tard, elle pouvait entreprendre une *tournée* artistique dans les principales villes de l'Europe, qui l'acclamèrent successivement. En 1846, elle était à Londres, et paraissait sur la scène du théâtre de Covent Garden, dont le directeur, M. Delafield, pour l'y retenir, éleva spontanément le chiffre de ses appointements de 12,000 à 50,000 fr. Le théâtre de M. Delafield souffrait beaucoup alors de la concurrence du théâtre de Sa Majesté, où tout Londres courait entendre une autre cantatrice, plus vieille à peine de quelques années, mais déjà célèbre : Jenny Lind. La jeune cantatrice italienne contrebalança le succès de sa rivale, au grand bénéfice de la caisse du théâtre de Covent Garden. Venue en France en 1847, elle parut d'abord à l'Opéra dans trois concerts, où elle fit sensation. M. Vatel, alors directeur du Théâtre-Italien, lui offrit un engagement, à ses propres conditions : elle débuta à ce théâtre par le rôle d'Arsace, de *Semiramide;* puis chanta celui de Malcolm, dans la *Donna del Lago;* celui d'Orsinia, dans *Lucrezia Borgia*, etc., etc. Après une courte apparition à Madrid, Mlle Alboni fut appelée à l'Opéra (1850), pour y chanter le rôle de Fidès du *Prophète*, créé en 1848 par Mme Viardot. Après une brillante tournée artistique dans les principales villes des États-Unis, et une autre dans les principales villes de la Grande-Bretagne et de l'Irlande, Mme Alboni, de retour à Paris, rentra au Théâtre-Italien dans la *Nina*, de

Coppola, puis reparut à l'Opéra, où elle créa, en 1854, *Zerline, ou la Corbeille d'oranges*, d'Auber. Elle visita ensuite Lisbonne, Barcelone, Londres et Rouen, et de nouveau fut engagée au Théatre-Italien, tout en faisant à Londres les *saisons*, qui ne correspondent pas aux saisons théâtrales de Paris. Elle chanta à Paris à cette époque: *Rigoletto*, *Marta*, *Il Giuramento*, *Un Ballo in maschera*, *Cosi fan tutte*, etc. Elle quitta définitivement la scène en 1866, après la mort de son premier mari, le comte Pepoli. Après la mort de Rossini, en 1869, elle reparut cependant sur la scène du Théâtre Italien, par une exception qu'un sentiment délicat lui avait seul dictée: pour faire entendre la *Petite messe solennelle* du maître qui avait été son premier guide et son ami, et accepta de M. Strakosch un engagement pour participer aux exécutions de cette œuvre organisées par lui à l'étranger. Elle reparut, aussi par exception, au Théâtre-Italien de Paris, en 1872, dans *Il Matrimonio segreto*; il avait été question un moment de son engagement au même théâtre, en 1876, pour quelques représentations seulement. Depuis sa retraite officielle, c'est surtout dans des concerts de charité qu'on a pu entendre la brillante cantatrice qui, en pareil cas, apporte avec empressement son concours si précieux et absolument gratuit.
— La veuve du comte Pepoli épousait à Paris, le 22 janvier 1877, M. Ch. Ziegler, capitaine de la garde républicaine, passé depuis dans la gendarmerie départementale.

ALBORNOZ (de), Gil-Alvarez-Carillo, cardinal espagnol, allié aux familles royales de Léon et d'Aragon, né à Cuença (1300-1367). Il fut fait chevalier et nommé archevêque de Tolède par Alphonse XI, roi de Castille, après la bataille de Tarifa, dans laquelle il avait rendu de grands services à ce monarque (1340). En 1343, ce fut lui qui dirigea les opérations du siège d'Algésiras. Il ne réussit pas aussi bien avec Pierre le Cruel, dont il s'était permis de blâmer la vie dissolue, et n'échappa à sa vengeance que par une fuite précipitée. Il se réfugia à Avignon, alors ville impériale, auprès de Clément VI, qui l'admit dans ses conseils et le créa bientôt cardinal. Envoyé comme légat en Italie par Innocent VI, en 1353, avec mission de faire rentrer sous l'autorité du saint-siège les Etats romains occupés, Albornoz, à la tête de mercenaires étrangers payés de ses deniers, et usant tant des foudres que des récompenses de l'Eglise en manière de supplément, allait être entièrement maître des Etats de l'Eglise, lorsqu'il fut inopinément rappelé à Avignon (1357). Son successeur au commandement de l'armée pontificale en Italie perdant toutes ses conquêtes beaucoup plus rapidement qu'elles n'avaient été faites, Albornoz y fut bientôt renvoyé; et c'est lui, incontestablement, qui rouvrit le chemin de Rome aux pontifes, dans la personne d'Urbain V (1362). Nommé légat du saint-siège à Bologne, en 1367, il y fonda un collège espagnol (le collège Saint-Clément) et mourut la même année à Viterbe. Pour obéir à ses dernières volontés, on transporta son corps à Tolède, où Henri de Castille lui fit faire des obsèques quasi-royales. — On lui doit un ouvrage sur les *Constitutions de l'Eglise*, imprimé, en 1473, à Iesi (prov. d'Ancône).

ALBRECHTSBERGER, Johann Georg, musicien autrichien, né à Kloster-Neuburg, près de Vienne (1736-1809). Il étudia la composition avec Mann, organiste de la cour, et devint un des plus savants contrepointistes de son temps. Il fut successivement organiste dans diverses villes de province, et enfin nommé, en 1772, organiste de la cour de Vienne, et en 1792, maître de chapelle à la cathédrale de Saint-Etienne. Comme professeur, la réputation d'Albrechtsberger fut très grande; il suffirait d'ailleurs de nommer, parmi ses élèves, Beethoven, Hummel, Moscheles, Eybler, Seyfried, Weigl et Preindel. — Il a publié quelques préludes, fugues, sonates pour piano et orgue; des quatuors pour instruments à cordes, etc.; mais la plupart de ses compositions sont restées manuscrites. On lui doit aussi une *Méthode de Composition* (Leipzig, 1790), de beaucoup la meilleure qui eût jamais été publiée, et qui a été traduite en français par Choron, puis en anglais sur la version française; une collection d'écrits sur l'harmonie, réunie par les soins de son élève Seyfried, a aussi été publiée en 1826.

ALBREDA, ville de l'Afrique occidentale, anc. comptoir français, sur la r. dr. de la Gambie et près de son embouchure (Mandingue). Cette ville, qui compte de 6,000 à 7,000 hab., a été cédée à l'Angleterre par le gouvernement français, en 1857.

ALBRET (Maison d'), l'une des plus anciennes et des plus illustres de France, ainsi nommée du pays d'Albret en Gascogne, érigé en duché en 1556 par le roi Henri II, pour Antoine de Bourbon, roi de Navarre et Jeanne d'Albret, sa femme, mère de Henri IV. Le chef de cette maison est Amanieu, sire d'Albret, qui vivait au XIᵉ siècle; ses membres les plus célèbres sont: Charles d'Albret, comte de Dreux, vicomte de Tartas, connétable de France, qui commandait l'avant garde à Azincourt, où il fut tué, le 25 octobre 1425, il était parent de Charles VI; Louis d'Albret, cardinal, évêque de Cahors et d'Aire, mort à Rome le 4 septembre 1465; Amanieu d'Albret, cardinal, mort le 2 septembre 1520: Charlotte d'Albret, sœur du précédent et femme de César Borgia, morte le 11 mars 1514; Jeanne d'Albret, mère du roi Henri IV, morte en 1572.
— En 1642, le duché d'Albret, réuni à la couronne par l'avènement de Henri IV au trône de France, fut cédé à Frédéric-Maurice de la Tour, duc de Bouillon, à sa maison, en échange de la principauté de Sedan.

ALBUCASIS, Aboul-Kasem-Kalhaf-ben-Abbacel-Zaharavi, médecin arabe du XIᵉ siècle, mort en 1107. Il était de Zahara, près de Cordoue. Chirurgien d'une grande habileté, il apporta des perfectionnements considérables aux instruments alors employés, et répandit l'usage de la cautérisation. On lui doit plusieurs ouvrages, qui ont été traduits en latin, notamment une Méthode pratique de chirurgie, intitulée *Al Tacrif* (*De Chirurgica*, Oxford, 1778) et un Traité de médecine théorique (*Liber Medicinæ Theoricæ nec non practicæ*, Augsbourg, 1519).

ALBUERA, village d'Espagne, prov. et à 21 kil. S.-E. de Badajoz. Ce village doit sa célébrité à la victoire remportée en ce lieu, le 16 mai 1811, par une armée anglo-hispano-portugaise ayant à sa tête le maréchal Beresford, sur une armée française, commandée par le général Soult, plus faible numériquement d'un bon tiers au moins. Les Français, somme toute, ne cédèrent qu'après avoir perdu le tiers de leur effectif et infligé à l'ennemi des pertes sensiblement plus considérables.

ALBUFERA DE VALENCIA (Lagune de Valencia), marécage situé à 12 kil. S. de Valence (Espagne). Il mesure environ 30 kil. de longueur sur 7 kil. de largeur moyenne, et sa plus grande profondeur n'atteint pas 4 m.; il communique avec la mer par un étroit canal qui se ferme à volonté; en été, le marais est presque entièrement desséché à sec le plus souvent. L'Albufera ou lagune de Valence appartient au domaine public, qui en tire, parait-il, un assez grand profit, par la quantité de poisson qu'elle contient et l'abondance d'oiseaux aquatiques qu'y trouvent les amateurs de ces passages. — C'est près de cette lagune que, le 2 janvier 1812, les Français, commandés par le maréchal Suchet, remportèrent sur les Anglo-Espagnols une victoire qui leur ouvrit les portes de Valence, et dans laquelle le général Blake, qui commandait ces derniers, fut fait prisonnier. Le maréchal Suchet fut créé, à cette occasion, duc d'Albufera, avec les revenus du marais pour apanage; mais les choses tournèrent de telle sorte que le maréchal français ne conserva que son titre et que ce fut Wellington qui profita des revenus y attachés.

ALBUFERA (duc d'), Louis-Gabriel Suchet, maréchal de France (1770-1826). Il était de Lyon et s'enrôla comme volontaire en 1791; moins de trois ans après, au siège de Toulon, il était déjà chef de bataillon. Il passa ensuite à l'armée d'Italie, servit sous Schérer, Augereau et Masséna, se signala par sa bravoure dans plusieurs batailles, tant en Italie que dans les Etats autrichiens, et fut promu colonel après l'affaire de Tarvis, en Carniole (1797). Placé, sous les ordres de Brune, dans l'armée d'Helvétie, il était élevé au rang de général de brigade en mars 1798. Brune, ayant pris le commandement de l'armée d'Italie, choisit pour son chef d'état-major Suchet ou Joubert, appréciant ses services, conserva dans ce poste. Après avoir servi de nouveau sous Masséna en Italie, Joubert le rappelait en Italie, dans son poste de chef d'état-major et avec le grade de général de division (juillet 1799). Devenu, l'année suivante, le lieutenant de Masséna tenu en échec, avec 8,000 hommes, l'armée autrichienne, forte de 40,000, qui menaçait d'envahir la France, pendant que Masséna était assiégé dans Gênes. Sa brillante défense du pont du Var, qui fit définitivement échouer cette tentative, aurait suffi pour illustrer son nom. Ayant repris l'offensive, après avoir battu l'ennemi et lui avoir fait 15,000 prisonniers, il se porta rapidement sur Marengo et contribua beaucoup au succès de cette bataille. Devenu commandant du centre de l'armée d'Italie, il se distingua de nouveau à Vérone, à Montebello, etc., et fut nommé gouverneur de Padoue après l'armistice de Trévise (janvier 1801). Après la paix de Lunéville, le général Suchet, rentré en France, fut nommé inspecteur général de l'infanterie dans l'Ouest et le Midi, puis appelé au commandement de la division de Saint-Omer, et enfin nommé gouverneur du château de Laeken, en Belgique. En 1805, à la tête du corps d'occupation de la Silésie et créé comte (mars 1808). Peu après, il suivit Lannes en Espagne, à la tête du 5ᵉ corps. Après avoir pris une part brillante, comme toujours, au siège de Saragosse, Suchet fut appelé au commandement en chef de l'armée d'Aragon, avec laquelle il battait Blake à Maria (1809), O'Donnell près de Lérida (1810); s'emparait successivement de Lérida, Mequinenza, Tortose, Tarragone, Oropeza, Murviedro (déc. 1811) et entrait dans la province de Valence. Ses succès constants lui avaient valu le bâton de maréchal, le 4 juillet précédent; le 9 janvier 1812, il battait de nouveau Blake près de l'Albufera de Valence, faisait même prisonnier ce général anglais et s'emparait de la capitale de la province. Ce fut en récompense de cet exploit qu'il fut créé duc d'Albufera. Au mois d'avril 1813, il réunissait les deux armées d'Aragon et de Catalogne sous son commandement. Mais la défaite de Jourdan à Vittoria (21 juin) rendit inutiles tous ses efforts subséquents comme toutes ses victoires passées. Rentré en France, le duc d'Albufera fut nommé colonel-général de la garde impériale, en mars 1814, il protégeait la rentrée de Ferdinand VII dans son royaume. Nommé pair de France à la rentrée des Bourbons, il accepta pendant les Cent Jours le commandement de l'armée qui défendait les frontières de la Savoie, courut au secours de Lyon sur laquelle 100.000 Autrichiens se dirigeaient, et obtint des alliés que cette ville, qui l'avait vu naître, serait respectée. Rayé de la liste des pairs à la seconde Restauration, pour la part qu'il avait prise à la reprise des territoires français envahi par les amis des Bourbons, il fut replacé le 5 mars 1819. Il est mort au château de Saint-Joseph, près de Marseille, le 3 janvier 1826. — On a de lui des *Mémoires sur la guerre d'Espagne, de 1808 à 1814* (1829, 2 vol.), rédigés par son chef d'état-major, le général Saint-Cyr Nugues, et qui sont considérés comme un des meilleurs ouvrages de littérature militaire que l'on possède. — Lyon a élevé, en 1858, une statue au maréchal Suchet, l'un de ses enfants les plus illustres.

ALBUFERA (duc d'), Louis-Napoléon Suchet, homme politique français, fils du précédent, né à Paris, le 23 mai 1813. Il entra en 1831 à l'École polytechnique, d'où il passa, en 1833, à l'École d'application de Metz ; sorti de cette dernière sous-lieutenant d'artillerie, il fut promu lieutenant en 1835 et capitaine en 1841. Très bien en cour sous le gouvernement de Juillet, ami des princes, pair de France héréditaire, il donna sa démission à la révolution de 1848, et se retira dans son château de Saint-Just, près de Vernon (Eure). Envoyé à l'Assemblée législative en 1852, par les électeurs de la circonscription d'Évreux, il ne cessa d'être réélu jusqu'à la fin de l'Empire. Il ne se présenta pas aux élections du 8 février 1871, mais à celles du 20 février 1876, il posa de nouveau sa candidature dans l'arrondissement d'Évreux, qui l'avait élu tant de fois, mais qui, celle-ci, lui préféra le candidat républicain. Le duc d'Albufera, qui avait été maire de Vernon également pendant presque toute la durée de l'Empire, cessa de l'être après le 4 Septembre. Président du comité central plébiscitaire établi à Paris en 1870, il fut question, à la suite du succès inespéré du plébiscite, de le nommer sénateur, ce qu'il eût encore pu obtenir sous un gouvernement qu'il appuyait pourtant et qui, en retour, patronnait chaudement sa candidature à la députation, et bien qu'il fût ancien pair de France. Les événements ne permirent pas à cette marque de la reconnaissance impériale de prendre corps ; il reçut toutefois le cordon de grand officier de la Légion d'honneur le 18 mai. — Le duc d'Albufera est mort le 22 juillet 1877.

ALBUGINÉ, ÉE, adj. Anat. Se dit de divers tissus, fibres ou humeurs dont le caractère est d'être blancs. *La membrane albuginée de l'œil*, la sclérotique. *Fibre albuginée*, nom donné par Chaussier à l'un des quatre genres de fibres élémentaires.

ALBUGINEUX, EUSE, adj. Anat. Blan châtre. Se dit, d'après Chaussier, des parties formées par la fibre albuginée et que Bichat, les rapprochant dans une description générale, a désignées sous le nom de « système fibreux. »

ALBUGO, s. m. Pathol. Tache blanche, irrégulière, peu ou point saillante, plus ou moins étendue, qui vient sur l'œil, ordinairement à la suite d'une violente ophthalmie, par épanchement d'une lymphe dense et concrescible entre les lames de la cornée transparente. L'albugo diffère du nuage ou *néphélion* en ce que son siège est plus profondément situé, et du *leucome* en ce que celui-ci est une plaie de la cornée, résultant presque toujours d'une lésion externe ; le leucome offre, d'ailleurs, une teinte luisante et une dépression accusée.

ALBUM, s. m. (du lat. *albus*, gr. *leucoma*). Antiq. rom. Portion de mur réservée et recouverte d'une couche de plâtre blanc sur laquelle on écrivait toutes sortes d'annonces au public. La figure ci-jointe, em-

Album.

pruntée au *Dictionnaire des antiquités* de A. Rich, est un *fac-simile* réduit d'un *album* trouvé sur une maison de Pompéi. — Par extens., ce nom d'*album* a été donné à toute espèce de tablettes blanches portant une inscription quelconque, liste des sénateurs ou autre renseignement analogue. C'est à

peu près l'album d'aujourd'hui, lequel, en principe, est un cahier de papier blanc servant à prendre soit des notes, soit des croquis. Mais on a encore étendu ce nom d'album à des recueils de dessins, d'autographes, surtout de portraits ou de vues photographiques, et que par conséquent n'ont plus aucun droit au nom qu'ils portent.

ALBUMAZAR, ou Abou Maaschar, célèbre astronome arabe du Xe siècle (805-885), né à Balkh, dans le Turkestan. Il avait 47 ans lorsqu'il aborda l'étude de l'astronomie. Ses principaux ouvrages : une *Introduction à l'étude de l'astronomie* et un *Traité des conjonctions*, ont été traduits en latin et publiés à Augsbourg en 1489 et à Venise en 1515. On lui attribue aussi un ouvrage sur la *Révolution des années*, dans lequel il établit que le Monde fut créé lorsque les sept planètes étaient en conjonction sous le premier degré du signe du Bélier, et avertit qu'il prendra fin lorsqu'une semblable conjonction se produira sous le dernier degré du signe des Poissons.

ALBUMEN, s. m. Blanc d'œuf. — Bot. Substance qui entoure l'embryon et le nourrit durant la première phase de son développement, dans diverses espèces de graines ; nous citerons celle du froment comme la plus facile à étudier, et comme la plus curieuse celle du *phytelephas macrocarp*', dont l'albumen durci constitue ce qu'on appelle dans l'industrie l'ivoire végétal.

ALBUMINE, s. f. Chim. org. Principe immédiat des animaux et des végétaux composant l'albumen. Le blanc d'œuf est, du reste, de l'albumine presque pure, et c'est ordinairement sur cette substance qu'on étudie ses propriétés. L'albumine pure, c'est-à-dire dégagée des sels et de la matière fibreuse contenus dans le blanc d'œuf et traitée à l'alcool, est blanche, fibreuse, un peu élastique, insoluble dans l'eau, soluble dans les alcalis, susceptible de combinaisons avec les acides et les sels métalliques, coagulable par l'action de la chaleur, de l'alcool, de l'éther et du tannin. Elle se rencontre naturellement dans beaucoup de végétaux, dans le sang, la chair musculaire, la synovie, et accidentellement dans divers produits morbides tels que la liqueur des hydropisies, l'urine des syphilitiques et la sérosité des vésicatoires ; mais, malgré l'identité de composition (oxygène, hydrogène, carbone et azote), l'albumine présente des différences suivant son origine, et se divise en deux types principaux, qui sont le blanc de l'œuf et l'albumine du sang. C'est un premier type que doivent se rapporter les applications dont il nous reste à parler. — Méd. La principale application de l'albumine en médecine est basée sur sa propriété de décomposer la plupart des sels métalliques, surtout les sels de cuivre et de mercure, et de former avec eux des corps nouveaux sans action nuisible sur l'économie : du blanc d'œuf délayé ou battu dans l'eau constitue donc le contre-poison naturel dans le cas d'empoisonnement par ces sels métalliques. Les applications médicinales de l'albumine ne s'arrêtent pas là : on l'emploie encore comme adoucissant dans les affections inflammatoires du tube digestif (diarrhée, dysenterie) ; en gargarismes, en collyres ; en liniment, mélangée avec de l'huile (brûlures), etc. — Indust. L'albumine du sang est employée dans l'impression pour fixer les couleurs ; on l'emploie également le blanc d'œuf : toutefois, les besoins de l'industrie exigeraient trop d'albumine, et dans le plus grand nombre de cas, on est obligé de lui substituer quelque substance réunissant plus ou moins approximativement les propriétés requises, telles que le gluten ou le fromage.

ALBUMINÉ, ÉE, adj. Bot. Pourvu d'albumen.

ALBUMINEUX, EUSE, adj. Contenant de l'albumine. Liquide albumineux.

ALBUMINOÏDE, adj. Physiol. On appelle *matières albuminoïdes* des corps azotés neutres ayant pour type l'albumine et possédant les mêmes propriétés.

ALBUMINURIE, s. f. Méd. Émission d'urines albumineuses, symptomatique d'af-

fections diverses, telles que la néphrite albumineuse, dite *maladie de Bright*, l'éclampsie, la scarlatine, etc.

ALBUQUERQUE, ville forte d'Espagne, prov. et à 45 kil. N. de Badajoz, et à 13 kil. de la frontière de Portugal. Pop. 7,200 hab. — Elle est située sur une éminence et défendue par une forteresse bâtie sur une montagne élevée. — Manuf. de toiles et blanages ; commerce de bestiaux. — Cette ville a été presque entièrement détruite par les secousses de tremblement de terre des 26 et 27 décembre 1884.

ALBUQUERQUE (duc d'), Alphonse, navigateur portugais, surnommé le *Grand* et le *Mars portugais* (1453-1515). Élevé à la cour d'Alphonse V, à la famille duquel il était allié de la main gauche, Jean II, fils et successeur d'Alphonse, le nomma son grand écuyer ; on ne sait exactement rien de plus de sa jeunesse. En 1503, il partit pour sa première expédition, accompagné de son parent Francisco, se rendant dans l'Inde par le cap de Bonne-Espérance. Ayant rétabli sur son trône le roi de Cochin, il obtint de ce monarque, en récompense de ce service, l'autorisation de bâtir à Cochin un fort portugais, premier jalon de la puissance de son pays en Orient. De retour en juillet 1504, le roi Emmanuel le reçut avec distinction et lui confia le commandement d'une escadre de cinq vaisseaux dans la flotte de Tristan d'Acunha qui en comptait seize, et qui partit pour l'Inde en 1506. Après une série d'attaques heureuses contre les établissements maures de la côte orientale d'Afrique, Albuquerque se sépara de la flotte, se dirigeant avec son escadre vers l'île d'Ormuz, dans le golfe Persique, qui était alors un des principaux centres de commerce de l'Orient. Il s'empara de cette île, le 25 septembre 1507, mais ne put la conserver. Avec son escadre augmentée de trois navires, il fit voile pour la côte de Malabar, qu'il atteignait vers la fin de 1508 ; il fit connaître bientôt au gouverneur Almeida qu'il venait, au nom du roi, pour le remplacer dans son poste ; mais Almeida le fit jeter en prison, et il n'en sortit que trois mois après, grâce à l'arrivée du grand maréchal de Portugal, qui l'installa dans son gouvernement. Une attaque infructueuse sur Calicut, en janvier 1510, fut suivie de près par la prise de Goa. Il s'empara ensuite de Malacca, dont il renforça les fortifications, puis repartit, en 1512, pour la côte de Malabar ; une violente tempête l'assaillit ; le navire monté par Albuquerque, et qui portait d'immenses trésors, sombra ; lui-même n'échappa à la mort que par une sorte de miracle. Il arriva en septembre à Goa, y réprima un soulèvement et prit des mesures pour assurer la tranquillité dans cette ville, qui devint bientôt la plus florissante des possessions portugaises dans l'Inde. Il ne dut d'assurer au Portugal la possession exclusive de cette route de l'Inde. Ce fut toutefois sans succès qu'il assiégea Aden en 1513, et son exploration de la mer Rouge, la première qui ait jamais été faite par une flotte européenne, n'aboutit pas à des résultats meilleurs. On lui prête le projet audacieux, pour ruiner la puissance de l'Égypte, de détourner dans la mer Rouge le cours du Nil, afin de condamner à une stérilité incurable le sol égyptien ; en tout cas, ce projet n'eut pas même un commencement d'exécution. En 1515, Albuquerque attaquait de nouveau Ormuz, qu'il n'avait pu conserver et qui capitula presque sans résistance ; cette île est restée en la possession du Portugal jusqu'en 1622. Ce fut la dernière entreprise d'Albuquerque, et sa glorieuse carrière devait s'achever dans une disgrâce immérité. — Comme tous les conquérants heureux, Albuquerque avait à la cour des envieux et des ennemis dont son éclat bien crédit ; il avait aussi plus d'un déni de justice, plus d'un acte d'arbitraire à se reprocher, ou du moins qu'on pût lui reprocher, et n'y manquait pas. A son retour d'Ormuz, il rencontra au port de Goa un navire arrivant d'Europe porteur de dépêches qui lui annonçaient son remplacement comme vice-roi des Indes par Lopez Soarez, son ennemi personnel. Cette nouvelle, si inattendue dans les circonstances, lui porta un coup terrible, au point qu'il en mourut avant d'avoir débarqué (16 décembre 1515). Avant de mourir, il avait eu le temps d'écrire au roi une lettre très digne dans laquelle, exposant ses services et justifiant sa conduite, il réclamait pour son fils les honneurs et les récompenses qu'il considérait comme lui étant légitimement dus. Il fut enterré dans l'église Notre-Dame de Goa, et l'on cite comme une preuve de la sagesse de son administration, ce fait que, pendant bien des années, Maures et Indous, lorsqu'ils avaient à se plaindre de ses successeurs, venaient sur sa tombe invoquer sa protection. Frappé sans doute de cette sorte de culte voué à la mémoire d'Albuquerque le Grand, le roi de Portugal fit droit à sa pétition suprême, en élevant son fils, Blaise-Alphonse d'Albuquerque, aux plus hautes charges du royaume. Celui-ci fit un choix dans les papiers de son père, et le publia sous ce titre : *Commentarios do Grande Affonso d'Alboquerque* (Lisbonne, 1576).

ALBY, Ernest, écrivain français (1809-1868). Né à Marseille, il vint faire son droit à Paris et ne tarda guère à embrasser les doctrines saint-simoniennes, alors (1830) en grande faveur. Après une tournée *apostolique* en province, Ernest Alby revint à Paris, aborda la carrière littéraire et fut attaché à la Bibliothèque royale (nationale aujourd'hui). — On lui doit un assez grand nombre de romans principalement historiques, parmi lesquels on cite: les *Prisonniers d'Abd-el-Kader* (1837); *Catherine de Navarre* (1838); les *Girodouzes de la reine* (1843); l'*Olympe à Paris* (1845); le *Trompette Escoffier* (1848); les *Vêpres marocaines* (1853); les *Camisards* (1857). Il a également écrit quelques ouvrages où l'imagination a moins de part que l'histoire, tels que : *Des persécutions contre les Juifs* (1840) et *Histoire des prisonniers français en Afrique depuis la conquête* (1847, 2 vol.). Il est enfin auteur d'un livret d'opérette : *Le Jugement de Paris* (1859), dont la musique est de M. Laurent de Rillé.

ALCAÇAR (arab. *Al Kasar*, le château). Nom de plusieurs villes, forteresses ou châteaux d'Afrique, d'Espagne et de Portugal, également orthographié Alcazer et Alcazar. (V. ce dernier mot.)

ALCADE, s. m. « Mot emprunté de l'arabe. Nom qu'on donne en Espagne à certains juges ou magistrats : leur attribut distinctif est une longue baguette blanche. » (*Académie*.) — En dépit de l'Académie, Alcade n'a aucune application non seulement en français, mais en espagnol; ceux de nos poètes qui ont chanté l'Espagne ont seuls inventé ce mot, simplement pour la facilité de la rime. Il y a en Espagne l'*alcaide* (arab. *al caid*), qui est un gouverneur militaire de forteresse ou de prison; et l'*alcade* (arab. *al cadi*, juge), qui est un magistrat, un officier de paroisse ou un conducteur de cotillon. Ce nom d'alcade est principalement donné au maire d'une commune et aux juges criminels ou d'appel; dans tous les autres cas, il est suivi d'un qualificatif qui prévient toute confusion — Lequel de ces deux mots hispano-arabes doit être considéré comme l'origine du mot « *alcade* ? Nous l'ignorons aussi complétement que l'usage qu'il conviendrait de faire de ce dernier.

ALCAIQUE, adj. (d'*Alcæus* ou Alcée, poète grec). Sorte de vers d'un latin dont l'invention est due à Alcée (V. ce nom). Vers alcaïque. Ode alcaïque.

ALCALA DE GUADAIRA, ou familièrement Alcala de los Panaderos, ville d'Andalousie (Espagne), prov. et à 12 kil. de Séville, sur le Gundaïra. Pop. 7,000 hab. Ruines mauresques importantes. La réputation de cette petite ville est due à l'excellente qualité de son pain, comme le prouve son surnom, aussi est-ce à *Alcala de los Panaderos* que presque tout Séville se fournit de pain.

ALCALA DE HENARES, ville de la Nouvelle-Castille (Espagne), prov. et à 28 kil. E.-N.-E. de Madrid, sur le Hénarès. Pop. 8,000 hab. Elle a été bâtie par les Maures, en 1083, sur les ruines de l'antique *Complutum*, détruite vers l'an 1000. Récemment encore, Alcala était célèbre par son université, qui a été transférée à Madrid en 1836; elle avait été fondée par le cardinal Ximenez en 1510, et compta, au temps de la prospérité, jusqu'à 10,000 étudiants. La célèbre Bible polyglotte dite *Complutensienne* ou la *Polyglotte de Ximenez* fut en partie préparée à Alcala (1502-1515), aux frais du célèbre archevêque de Tolède. On y remarque le collège de Saint-Ildefonse, également fondé par Ximenez en 1499, et où il a été enterré; ce magnifique édifice a été bâti par Pierre Gumiel, l'un des plus célèbres architectes de l'époque, dans un style composé gothico-mauresque. Alcala possède une académie militaire et diverses autres institutions. Son commerce est sans importance. — C'est la patrie de l'empereur Ferdinand Ier, du poète Figueroa, du naturaliste Bustamente de la Camera, de l'historien Antonio de Solis et de Michel de Cervantes, le plus illustre de tous.

ALCALA-LA-REAL, ville d'Andalousie (Espagne), prov. et à 30 kil. S.-E. de Jaen, sur le Guadcoton. Pop. 11,600 hab. Elle est située dans une haute vallée, à 915 m. au-dessus du niveau de la mer. Son titre de *royale* lui vient de ce qu'elle fut prise, en 1340, par le roi Alphonse XI de Léon, qui y fonda une magnifique abbaye. Le 27 janvier 1810, les Espagnols y furent défaits par les Français sous le commandement du général Sébastiani. — Commerce de laine et vins.

ALCALESCENCE, s. f. Chim. Mouvement par lequel une substance devient alcaline.

ALCALESCENT, ENTE, adj. Qui possède déjà ou qui prend les propriétés alcalines.

ALCALI, s. m. Bot. Plante marine qui produit la soude. — Chim. Produit salin retiré des cendres de la plante marine appelée *alcali*. Toute substance ayant les propriétés principales de la soude. Dans l'ancienne chimie : *Alcalis fixes*, la soude et la potasse; *Alcali volatil*, l'ammoniaque. — Toute substance solide, liquide ou gazeuse, qui verdit le sirop de violettes, rougit la couleur jaune de curcuma, rétablit la couleur bleue du papier de tournesol rougi par les acides et peut se combiner avec ces derniers pour former des sels, est un alcali. On distingue les alcalis minéraux et les alcalis organiques, ou *alcaloïdes* (V. ce mot). C'est aux recherches de Black et de Davy en 1807, que nous devons de connaître la nature et les propriétés des alcalis.

ALCALIMÈTRE, s. m. Chim. Instrument dont on se sert pour déterminer la quantité exacte d'alcali contenue dans les potasses et les soudes du commerce. C'est une simple burette graduée. (V. Alcalimétrie.)

ALCALIMÉTRIE, s. f. Chim. Procédé de dosage de l'alcali contenu dans les soudes et les potasses du commerce. L'alcalimétrie est fondée sur la saturation exacte de un équivalent de soude par un équivalent d'acide sulfurique. Pour essayer une potasse, on en prend 47,11 gr. que l'on dissout dans 500 c. cubes d'eau; on pipette 50 c. cubes de cette liqueur, que l'on verse dans un vase à précipiter avec deux gouttes de teinture de tournesol; puis avec une burette graduée, ou *alcalimètre*, on verse goutte à goutte l'*acide sulfurique normal*, jusqu'à ce que la liqueur ait pris une teinte *rouge pelure d'oignon*; l'opération est alors terminée : on lit le nombre de divisions employées. Pour éviter que le tournesol prenne des teintes *vineuses*, par l'acide carbonique qui se dégage, on peut opérer à chaud dans une petite fiole à fond plat. — Lorsqu'on a affaire à une soude, il ne faut prendre que 31 gr. de matière.

ALCALIN, INE, adj. Qui a rapport aux alcalis, qui possède quelques-unes de leurs qualités. Sel alcalin, Eaux, substances alcalines.

ALCALINITÉ, s. f. Etat caractéristique d'une substance alcaline.

ALCALISATION, s. f. Action d'alcaliser.

ALCALISÉ, ÉE, part. pas. de Alcaliser.

ALCALISER, v. a. Chim. Communiquer à une substance les propriétés des alcalis. Dégager l'acide d'un sel neutre, afin que l'alcali reste seul.

ALCALOÏDE, s. m. (de *alcali* et gr. *eidos*, forme). Chim. Nom par lequel on désigne certains corps extraits des végétaux, également dénommés *alcalis organiques*, parce qu'ils réunissent les principales propriétés des alcalis, verdissent le sirop de violette, bleuissent le papier de tournesol devenu rouge par les acides et se combinant avec les acides pour former des sels. On distingue les alcaloïdes naturels, qui se trouvent tout formés dans les végétaux, et les alcaloïdes artificiels, provenant des laboratoires; ces derniers sont très nombreux. Les alcaloïdes sont généralement solides, comme la morphine et la narcotine, alcaloïdes de l'opium; d'autres sont liquides, comme la nicotine, qui existe dans le tabac. C'est Derosne qui signala le premier, en 1803, dans l'opium, une substance cristallisable ayant les propriétés des alcalis; à partir de cette époque, les alcaloïdes n'ont pas cessé de se multiplier. La thérapeutique s'en est principalement enrichie, car ils présentent, sous un petit volume, la substance d'un médicament énergique d'autant plus facile à administrer : mais ce sont en revanche, pour la plupart, des poisons très violents. — Il existe aussi des alcaloïdes animaux, tels que l'urée, composés neutres jouant le rôle de bases en présence de quelques acides.

ALCAMÈNE, célèbre sculpteur grec, élève de Phidias. Il florissait dans la seconde moitié du ve siècle av. J.-C. Il concourut avec son maître pour une statue de *Minerve* destinée à surmonter une haute colonne, et aurait infailliblement remporté le prix, si les deux statues n'avaient pas dû quitter le sol, mais une fois placée sur sa colonne, la statue de Phidias fit un tout autre effet que celle d'Alcamène, bien qu'elle eût paru disproportionnée et à peine ébauchée avant cette épreuve décisive. On cite comme le chef-d'œuvre d'Alcamène, sa *Vénus Uranie*, dans le temple élevé à cette déesse, à Athènes.

ALCAMO, ville d'Italie (Sicile), prov. et à 35 kil. E. de Trapani, près du golfe de Castellamare. Pop. 20,000 hab. Située dans une contrée fertile et produisant d'excellent vin, cette ville est assez mal bâtie et mal tenue. Château fort, plusieurs églises et couvents. Ruines de l'antique *Segeste* dans le voisinage, dont un beau temple dorique et un théâtre assez bien conservés; ruines mauresques importantes sur une éminence, témoignage de l'occupation de la Sicile par les Sarrasins.

ALCAN, Michel, ingénieur et homme politique français, né le 21 mai 1811, à Donnelay (Meurthe); fils d'un vieux soldat devenu cultivateur, il travailla lui-même aux champs dès son plus jeune âge, et fut ensuite placé à Nancy comme apprenti relieur. Sa journée terminée, il se rendait aux cours du soir, et les rares loisirs que sa position lui laissait d'ailleurs étaient invariablement consacrés à l'étude. Il vint à Paris en 1830, et, après la révolution de Juillet, à laquelle il prit une part active, se remit avec ardeur à l'étude et se fit recevoir à l'École centrale des arts et manufactures, qu'il quitta en 1834, avec le diplôme d'ingénieur civil. Il se rendit alors à Louviers (Eure), puis à Elbeuf, où il fonda un cours scientifique élémentaire gratuit pour les ouvriers et s'occupa de l'industrie du tissage, qui fait la richesse de cette ville, étudia les procédés en usage, y apporta d'importantes améliorations et fit dans cette voie d'utiles découvertes. En 1845, il fut nommé professeur de filature et de tissage à l'École centrale des arts et manufactures. Récompensé des services qu'il avait rendus à l'industrie des matières textiles par les distinctions honorifiques de plusieurs sociétés savantes, notamment par la Société d'émulation de Rouen et la Société industrielle de Mulhouse, M. Alcan fut décoré de la Légion d'honneur à la suite de l'Exposition universelle de 1855. Il était déjà décoré de Juillet. — Élu représentant du peuple à la Constituante de 1848, par le département de l'Eure, il fit partie de la gauche de cette assemblée; membre du comité du travail, on lui doit plusieurs propositions en faveur des ouvriers, dont il s'occupa plus spécialement, ne participant que par ses votes aux manifestations purement politiques de la gauche. Après le 10 décembre, toutefois, il se signala par une vive opposition à la politique de l'Élysée. — Ayant échoué aux élections pour l'Assemblée législative, M. Michel Alcan se retira de l'arène politique et reprit son cours à l'École centrale et ses travaux. — On a de lui: *Essai sur l'industrie des matières textiles* (1847, 2ᵉ édition, 1859), avec atlas; *Traité complet de la filature du coton*, etc. (1864) avec atlas; *Traité du Travail de la laine cardée*; *Études sur les arts textiles à l'Exposition universelle de 1867*; *Traité du travail des laines peignées, de l'alpaga, du poil de chèvre, du cachemire*, etc. Il a collaboré à diverses publications spéciales, notamment au *Dictionnaire des arts et manufactures*, dirigé et édité par M. Charles Laboulaye. — M. Michel Alcan est mort le 26 janvier 1877.

ALCANTARA (arab. *al Kan'ara*, le Pont), ville de l'Estramadure espagnole, prov. de Cacères, sur le r. g. du Tage. Pop. 4,500 hab. Cette ville doit son nom à un magnifique pont construit en 104 par les Romains, en l'honneur de l'empereur Trajan, qui était Espagnol. Ce pont se composait de six arches de diamètres variés, bâties en cubes de granit réunis à sec, c.-à-d. sans mortier ni ciment, avec cette précision extraordinaire dont les Romains ont emporté le secret; il mesurait 64 m. de hauteur sur une longueur de 200 m. Les Anglais firent sauter la seconde arche à compter de la r. dr. du fleuve, en 1809; réparé *provisoirement*, le pont fut de nouveau détruit en partie, en 1836, pour empêcher le passage des troupes carlistes; et depuis, sans plus s'occuper de ce splendide ouvrage d'art, les habitants d'Alcantara et du voisinage passent le Tage au moyen d'un bac.

ALCANTARA (Ordre d'), ordre religieux et militaire espagnol, fondé vers 1156, sous le nom de *San Julian de el Pererro*, par les frères Suarez et Gomez de Barrientos, en vue de combattre les Maures. Il fut confirmé comme ordre religieux suivant la règle de saint Benoît, en 1177, par le pape Alexandre III. La défense d'Alcantara, récemment enlevée aux musulmans par Alphonse IX de Castille (1213), ayant été confiée aux chevaliers de Saint-Julien, ils furent récompensés de leur bravoure et de leur succès dans l'exécution de cette mission par l'autorisation de porter désormais le nom de la ville qu'ils avaient si brillamment défendue. Pendant assez longtemps, l'ordre d'Alcantara resta soumis dans une certaine mesure à la direction du grand maître de l'ordre de Calatrava; mais, à la fin, il eut son grand-maître particulier, nommé à l'élection. Le premier fut Don Diego Sanche. Trente-sept grands-maîtres de l'ordre d'Alcantara, toujours élus, se succédèrent jusqu'en 1495, sous la direction desquels les richesses de l'ordre s'accrurent considérablement. A cette date, le dernier grand-maître, Juan de Zudiga, fut invité par le roi Ferdinand le Catholique à se démettre de la grand-maîtrise en sa faveur, et l'ordre se trouva de fait réuni à la couronne. Cet arrangement fut approuvé par une bulle d'Alexandre VI, et déclaré permanent par une autre bulle d'Adrien VI, en 1523. Le revenu annuel du dernier grand-maître, à l'époque de sa résignation, s'élevait à 150,000 ducats: cela valait la peine. En 1540, le pape Paul III donnait aux chevaliers d'Alcantara l'autorisation de se marier. En 1808, Joseph Bonaparte, devenu roi d'Espagne, priva les chevaliers de leurs revenus, qui leur furent rendus qu'en partie par Ferdinand VII, en 1814. Enfin l'ordre a cessé d'exister en 1835.

ALCARAZ, ville d'Espagne, prov. et à 55 kil. O.-S.-O. d'Albacete. Pop. 7,400 hab. Située dans une région montagneuse et pittoresque, près du Guadarmena, cette ville possède les ruines d'un bel aqueduc romain et celles d'un château fort. Tissage, fonderies de fer, etc. On trouve dans le voisinage des mines de cuivre et de zinc.

ALCARAZAS, *s. m.* Vase d'une terre très poreuse, ce qui facilite l'évaporation de l'eau qui y est contenue et maintient fraîche celle qui y reste. — Ram. Encore un mot espagnol introduit dans la langue française avec des modifications orthographiques arbitraires et même absolument barbares: les Espagnols écrivent *alcarraza*, ajoutant l's au *plur*., et font ce mot du *fém*.

ALCAZAR, **ALCAÇAR** ou **ALCACER** (arab. *al Kasar*, le Château). Nom donné aux forteresses construites en Espagne, en Portugal et en Afrique, par les Arabes ou les Maures, telles que l'Alcazar de Cordoue, l'Alcazar de Séville, l'Alcazar de Segovie, détruit par un incendie en 1866, etc. (V. au nom de ces villes). Par une extension qu'on peut hardiment qualifier d'abusive, ce nom a été également donné à une foule de lieux de plaisir, et en particulier à des cafés-concerts qui ne se donnent même plus la peine d'affecter une architecture plus ou moins mauresque.

ALCAZAR DE SAN JUAN, ville d'Espagne (N.-Castille), prov. et à 70 kil. N.-E. de Ciudad Real. Station du ch. de f. d'Alicante à Madrid. Pop. 7,800 hab. C'est l'anc. *Alcé des Romains*, prise par T. Sempronius Gracchus en 180 av. J.-C. Ville bien bâtie. Manuf. de savon, de salpêtre et de poudre à tirer.

ALCAZAR KEBIR, ville du Maroc, à 120 kil. N.-O. de Fez. Pop. 6,000 hab. C'était le grand quartier général des Musulmans au temps de leurs invasions en Espagne; elle est bien déchue aujourd'hui de son ancienne puissance. Près de cette ville se trouve El-Mahassen, sur les rives duquel les Maures battirent complètement les Portugais, commandés par leur roi Sébastien, qui y fut tué (1578).

ALCÉE, *s. f.* Bot. Plante bisannuelle, fam. des malvacées, plus connue sous son nom vulgaire de *rose trémière* ou de *passe-rose*.

ALCÉE, célèbre poète lyrique grec. Il était de Mytilène, dans l'île de Lesbos, et florissait vers 600 av. J.-C. Il prit une part considérable aux luttes politiques dont son pays fut le théâtre, au temps des tyrans, et ce qu'il faut remarquer surtout par la haine implacable contre Pittacus. Il appartenait à la faction aristocratique. Obligé de quitter sa ville natale, il passa la plus grande partie du reste de sa vie dans l'exil. Le lieu et la date de sa mort sont inconnus. Comme poète, et bien qu'aucune de ses compositions ne nous soit parvenue entière, Alcée fut certainement un des plus grands lyriques grecs; il écrivait dans le dialecte éolien et ses œuvres embrassaient une très grande variété de sujets: hymnes aux dieux, chants guerriers, satires politiques, chansons bachiques, érotiques, etc. Cicéron et Quintilien le proposent à Horace; Horace le prit pour modèle. L'homme, par exemple, paraît avoir été très inférieur au poète: de la lecture d'un de ses fragments il résulte qu'il aurait pris la fuite dans une bataille de la façon la moins excusable, et il passe pour avoir été un débauché de la pire espèce, flagellant de son vers énergique et châtié beaucoup meilleur que lui. On sait qu'il inventa une forme de vers appelé *alcaïque* de son nom. — On trouve la collection complète des fragments des œuvres d'Alcée qui sont parvenus jusqu'à nous dans les *Poetæ Lyrici Græci* de Bergk (Leipzig, 1852, 8 vol.).

ALCÉE. Plusieurs autres personnages célèbres de l'antiquité ont également porté ce nom. Nous citerons Alcée, d'Athènes, qui, d'après Suidas, fut l'inventeur de la tragédie.

AL-CENDI, Jacques, astronome arabe de la fin du IXᵉ siècle.

ALCESTE, fille de Pelias et d'Anaxabie, et femme d'Admète, roi de Phères. Elle consentit à mourir pour sauver la vie de son époux. (V. ADMÈTE.)

ALCESTER, ville d'Angleterre, dans le comté et à 22 kil. O.-S.-O. de Warwick, au confluent de l'Arrow et de l'Alne. Pop. 2,400 hab. Cette ville est située sur une voie romaine et on y a découvert de nombreuses antiquités de toute nature; on y voit aussi quelques vestiges d'un monastère fondé en ce lieu en 1140. Elle possède une belle église dans laquelle on remarque le monument du marquis de Hertford, exécuté par Chantrey. Importantes manufactures d'aiguilles et d'hameçons.

ALCESTER (baron), FREDERICK BEAUCHAMP PAGET SEYMOUR, amiral anglais, né à Londres le 12 avril 1821, étudia à Éton, et entra dans la marine en 1834. Lieutenant en 1842, capitaine en 1854, contre-amiral en 1870 et vice-amiral en 1876, il a été élevé au rang d'amiral en 1882. Il servit comme volontaire et aide de camp du général Godwin, dans la guerre de Birmanie (1853-54) et mérita d'être quatre fois cité à l'ordre du jour de l'armée. En 1854, il combattit les Russes dans la mer Blanche. En 1860-61, étant commandant de la station australienne, il prit part aux opérations de la brigade navale dans la Nouvelle-Zélande, à la suite desquelles il fut fait compagnon de l'ordre du Bain. Nommé aide de camp de la Reine en 1866, puis secrétaire du premier lord de l'Amirauté (1868-70), il commanda l'escadre d'évolution de 1872 à 1874, date à laquelle il devint lord de l'Amirauté. Il fut promu chevalier du Bain en 1877. Après avoir commandé l'escadre de la Manche, puis celle de la Méditerranée, l'amiral Seymour prit, en septembre 1880, le commandement de la flotte des puissances européennes momentanément alliées, pour faire une démonstration sur la côte albanaise, en réponse au refus de la Porte de céder Dulcigno au Monténégro, contre toute espèce de justice, il faut le reconnaître. A son retour, l'amiral reçut les remerciements (en 1881) il était élevé à la dignité de grand-croix du Bain. Comme commandant en chef de la flotte de la Méditerranée, il prit une part importante aux opérations militaires de 1882 en Égypte. Le 6 juillet, il sommait Arabi Pacha de suspendre les travaux des forts d'Alexandrie, sous menace de bombardement; le 10, il envoyait un ultimatum aux ministres égyptiens, portant remise des forts situés à l'entrée du port; et le 11, dès le matin, le bombardement commençait; au bout de quelques heures, les forts étaient en ruines. Le lendemain, Alexandrie liassait le drapeau parlementaire. Arabi avait abandonné la ville, renonçant à une défense impossible. Sir Beauchamp Seymour conserva le commandement suprême jusqu'à l'arrivée de l'armée sous les ordres de sir Garnet (depuis lord) Wolseley. A son retour, il reçut les félicitations du Parlement et fut élevé à la pairie sous le titre de baron Alcester d'Alcester, dans le comté de Warwick.

ALCHIMIE, *s. f.* (arab. *al*, marq. la supériorité et gr. *chemeia*, chimie). Science dont le but principal était la conversion ou or de certains métaux inférieurs, auquel s'est jointe plus tard la recherche d'une panacée universelle. L'étymologie qui donne au mot *alchimie* le sens de chimie supérieure indique clairement que celle-ci a précédé celle-là; et en effet la fabrication du pain, la cuisson des poteries, l'extraction de la pourpre de Tyr, ont précédé la recherche de l'or, et ce sont autant de chimistes sans le moindre doute. Du temps de Moïse n'a pu dissoudre le veau d'or que par un procédé chimique que l'Écriture néglige de nous faire connaître, et Noé ne se serait pas enivré avec le jus de ses vignes s'il ne l'avait soumis au préalable à la fermentation, opération chimique au premier chef. L'étymologie du mot *chimie* lui-même est controversée. On devrait, suivant les uns, attribuer à Alexandre d'Aphrodisée l'idée de conduire cette branche des sciences connues (IIᵉ et IIIᵉ siècles) *chyique* (gr. *chyicon*, de *cheyeon*, fondre); d'après d'autres, la chimie emprunterait son nom de l'Égypte, où elle serait née, et qui s'appelait autrefois, ou du moins l'Afrique connue et les contrées voisines de l'Asie, *Cham* ou *Chemia* (en langue sémitique, *cham* — hébreu *chom* — signifie chaleur), parce que, suivant Plutarque, son sol était noir comme la pupille de l'œil (*chemeia ton ophthalmon*). On l'appela donc « l'art de l'antique Chemia, » et plus tard, par abréviation, *al chemia*. De là à faire remonter l'invention de l'alchimie à Hermès, ou Mercure Trismégiste, qui vivait vingt siècles avant l'ère chrétienne (s'il vécut jamais), la gradation est toute naturelle. Le mot, en tout cas, avec la signification qu'on lui a donnée depuis, ou à peu près, apparaît pour la première fois dans le *Lexique grec* de Suidas, écrit au XIe siècle ou tout au plus au Xe; cette signification est : « art de convertir l'argent en or. »

L'ALCHIMIE CHEZ LES ARABES. — Les philosophes de l'école d'Alexandrie des IIIe et IVe siècles appelaient leur science *art sacré, art* ou *philosophie hermétique*, et en faisaient grand mystère. Cette science avait certainement fait des progrès considérables, puisque, dès le IIIe siècle, Zosime de Thèbes découvre l'acide sulfurique, assigne au mercure sa fonction véritable, dont l'industrie moderne a fait des applications si heureuses après que l'alchimie du moyen âge en avait fait de si folles et de si décevantes, et enfin dégage l'oxygène de l'oxyde rouge de mercure, quel que soit le nom dont il baptise ce corps nouveau, bientôt reperdu, pour être retrouvé seulement quinze siècles plus tard, par Lavoisier. — La conquête de l'Egypte par les Arabes, au VIIe siècle, aurait mis ceux-ci en possession de la science hermétique dont ils n'avaient aucun soupçon; du moins telle est la tradition généralement acceptée. Cependant un savant sinologue anglais, le docteur Porter Smith, croit pouvoir affirmer que les Chinois cultivaient l'alchimie au moins deux siècles avant notre ère, et il part de là pour expliquer comment cette science fut introduite chez les Arabes par leurs trafiquants, depuis longtemps en rapport avec la Chine, et cela antérieurement à la conquête. Cette version n'est pas plus déraisonnable que la précédente; mais si l'alchimie n'avait pénétré qu'à cette époque chez les Arabes, il n'est pas probable que les ouvrages de Geber, qui vivait au siècle suivant, méritassent l'éloge qu'en fait Boerhaave, qui assure y avoir trouvé la description de nombreuses expériences de chimie réputées d'origine moderne. On a beaucoup exagéré, dans ces derniers temps, l'ignorance des anciens Arabes, cela est certain; d'autre part, c'est par une confusion ethnographique trop fréquente qu'on réunit sous la dénomination d'Arabes plusieurs races différentes d'hommes qui n'avaient d'autre lien que celui d'une religion commune. Par exemple, Geber ou Djafar était Sabéen, Avicenne était Persan (de Chiraz), Averrhoès était de Cordoue, le célèbre géographe et géologue, par conséquent alchimiste, Kaswini-Mohammed tirait son nom de celui de sa ville natale, Kasbin (Perse); Mohammed-ben-Zakaria, plus connu sous le nom de Rhazès, était aussi Persan. On doit notamment à Geber la découverte du nitrate d'argent, du sublimé corrosif, des procédés de coupellation de l'or et de l'argent; ceux de la distillation par évaporation, condensation et filtration; il retrouva l'eau forte et l'eau régale, l'ammoniaque, etc.; enfin, chose qu'on oublie, il doutait que la transmutation des métaux fût possible; Rhazès retrouva l'acide sulfurique et l'*aqua vitæ*. Artéphius, qui vivait au XIIe siècle et qu'on suppose d'origine arabe ou juive, a laissé, entre autres nombreux ouvrages, un *Livre secret sur la pierre philosophale*; il passait pour posséder un « élixir de longue vie, » et écrivit aussi un *Art de prolonger la vie*; il avait atteint alors, si on l'en croit, l'âge respectable de 1025 ans : mais on lui doit l'invention du savon. Survient un certain Calid, auteur d'un *Livre des secrets de l'alchimie*, lequel explique comment on ne réussit à rien si l'on se met au grand œuvre avant d'avoir consulté les planètes, avec la manière de s'y prendre; et le fait est que, tout en les consultant, il ne paraît avoir réussi que dans le grand art du mensonge. — Tels furent les premiers charlatans.

L'ALCHIMIE EN EUROPE. — C'est par l'Espagne que l'art hermétique fit son entrée en Europe, et les Juifs ne semblent guère plus étrangers que les Arabes à cette importation. Il s'y répandit partout avec une grande rapidité, grâce à un parfum de mystère soigneusement entretenu par le charlatanisme des *adeptes* et auxquels les savants de bonne foi comme les simples curieux se laissent facilement prendre. A l'époque de la Renaissance, l'alchimie a atteint le zénith de sa gloire; elle donne naissance à la chimie et à la médecine modernes, et devient, ainsi débarrassée de tout ce qu'elle pouvait avoir de vraiment bon, la proie exclusive des charlatans et des escrocs, pendant les XVIIe et XVIIIe siècles, pour tomber enfin sous la risée et le mépris publics. Mais même entre les mains des charlatans du XVIIIe siècle, l'alchimie fit encore des découvertes précieuses, ou du moins fut la cause directe de telles découvertes : il ne faut pas oublier, par exemple, que Bœttger, l'inventeur européen de la porcelaine, avait débuté par faire de l'or au moyen de creusets à double fond, allant de foire en foire comme un moderne *postigeur*. Voilà où était tombée l'alchimie au XVIIIe siècle.

Albert le Grand, un des plus illustres savants du moyen âge, fit revivre au XIIIe siècle les théories de Geber; il ne croyait pas non plus à la transmutation des métaux, et disait très nettement que l'or des alchimistes n'était que du clinquant; il est le premier qui ait parlé de l'affinité des corps. Saint Thomas d'Aquin, son disciple, démasque les charlatans qui prétendent faire de l'or, et aussi de l'argent, qu'il démontre n'être que du cuivre blanchi. Parmi les alchimistes célèbres il faut nommer Roger Bacon, qui toucha à toutes les branches de la science et à qui l'on attribue l'invention de la poudre; mais il s'occupait plus spécialement de physique et de mécanique. Il en était de même, du reste, des précédents. Vers le même temps, c'est-à-dire aux XIIIe et XIVe siècles, nous rencontrons d'abord un roi qui s'occupe d'alchimie, Alphonse X de Castille et de Léon, surnommé *le Savant*, puis un pape, Jean XXII, qui toutefois déclarait dans une bulle que ceux qui prétendaient faire de l'or « promettaient plus qu'ils ne pouvaient tenir ». Ces exemples et bien d'autres suffiraient à prouver que la recherche de l'or et l'alchimie proprement dite ne marchaient pas toujours d'accord; ce qui ne veut pas dire que les alchimistes sérieux ne croyaient pas à la transmutation possible des métaux. Au reste, il convient de rappeler ici que, mis en demeure de se prononcer, sir Humphrey Davy refusa de se déclarer contre les idées des alchimistes; et que, plus récemment encore, notre grand chimiste J.-B. Dumas déclarait que la doctrine isomérique n'avait rien de contraire à la possibilité théorique de faire de l'or. En vérité, la chimie moderne accomplit des miracles que n'eussent pas osé concevoir les alchimistes du moyen âge, même en métallurgie, quoiqu'elle ne crée pas de métaux nouveaux; en chimie organique, c'est bien autre chose encore, et le présomptueux serait celui qui fixerait des limites aux découvertes de cette science. (V. CHIMIE.) — Nous nous bornerons maintenant, pour ne pas dépasser les limites raisonnables d'un article de ce genre, à rappeler les noms des principaux alchimistes, de ceux qui ont laissé dans l'histoire de la science une trace ineffaçable; à ces noms on trouvera une relation de leur vie et un exposé de leurs travaux qui ne sauraient trouver place ici. Ce sont, outre ceux déjà nommés : Raymond Lulle, Arnauld de Villeneuve, Nicolas Flamel, Bernard le Trévisan, Basile Valentin, Paracelse, Joseph Duchesne, Van Helmont, Glauber, Kunkel, Glaser, le maître de Lémery, qui n'était pas lui-même exempt de toute attache à cette science du passé déjà si méprisée du vulgaire; Robert Fludd, Stahl, etc. De Lisle en France, Bœttger en Allemagne, Dee, James II. Price, en Angleterre, ce dernier membre de la Société royale de Londres, et qui se suicida en pleine réunion de cette société pour échapper aux conséquences de sa fourberie (il prétendait avoir trouvé la pierre philosophale et avait envoyé au roi des échantillons de sa prétendue fabrication), ne furent rien de plus que des charlatans, comme beaucoup d'autres dont le nom ne mérite pas même d'être relevé. Par contre, les esprits les plus élevés, qui ont fait à des époques diverses la gloire de la philosophie et de la science, n'ont même pas essayé de se soustraire à la séduction des théories alchimiques. Tels sont, par exemple, Boyle, Newton, Descartes, Leibnitz, Spinoza, Francis Lord Bacon, Bergmann; et ils ont bien fait : un savant doit tout savoir, ou du moins chercher à tout savoir. « Sans cette idée (de la transmutation des métaux), la chimie, dit Liebig, n'existerait pas dans son état actuel de perfection, et il a bien fallu ces quinze cents ou deux mille ans de travaux préparatoires pour la porter au degré où elle se trouve aujourd'hui. » C'est par l'alchimie que le monde scientifique moderne se relie au monde ancien à travers les ténèbres du moyen âge; sans elle il n'y aurait encore rien, ou presque rien. — (V. ASTROLOGIE, CHIMIE, ELIXIR DE LONGUE VIE, PIERRE PHILOSOPHALE, TRANSMUTATION).

ALCHIMILLE, *s. f.* (de *alchimie*, à raison des vertus mystérieuses que lui attribuaient les alchimistes, pour la préparation de la pierre philosophale). Bot. Genre de plantes de la famille des rosacées, dont une seule espèce, l'alchimille commune, dite *pied-de-lion*, a été employée en médecine. C'est une plante herbacée vivace, à fleurs d'un vert jaunâtre, petites et nombreuses, réunies en corymbes, que l'on rencontre dans les prés. — Les sommités de cette plante ont été employées à l'extérieur comme légèrement astringente, vulnéraire et détersive. Toutes les vertus du pied-de-lion sont aujourd'hui sans emploi. — On écrit aussi ALCHÉMILLE (pron. *Alkémille* et *Alkimille*).

ALCHIMIQUE, *adj.* Qui appartient, se rapporte à l'alchimie. *Vertus alchimiques. Recherches alchimiques.*

ALCHIMISTE, *s. m.* Celui qui s'occupait de recherches alchimiques. Les alchimistes se donnaient le nom de *philosophes* ou d'*adeptes*; à la décadence de l'art hermétique, on leur donna par dérision celui de *souffleurs*, allusion à leur occupation constante qui était de souffler leurs fourneaux. *Les découvertes de la chimie moderne rencontreraient des incrédules même parmi les anciens alchimistes.*

ALCIAT, ANDREA ALCIATI, célèbre jurisconsulte milanais (1492-1550). Il professa le droit tour à tour à Avignon, à Bourges, à Ferrare et, en dernier lieu, à Pavie. La pureté et l'élégance de son style l'ont fait beaucoup louer par De Thou, comme rompant avec la barbarie traditionnelle du style judiciaire. Alciat a publié plusieurs ouvrages de droit et des annotations sur les œuvres de Tacite. Ses *Emblemata*, recueil de sentences morales en vers latins, ont été traduits en italien, en français et en espagnol. Il a écrit, enfin, une histoire de Milan sous ce titre : *Rerum Patriæ, seu Historiæ Mediolanensis libri IV*, qui fut publiée près d'un siècle après sa mort (1625). — Alciat mourut à Pavie, des suites de son intempérance, dit-on.

ALCIBIADE, général athénien, fils de Clinias et de Dinomache. Né vers 450 av. J.-C., il devint pupille de Périclès après la mort de son père, tué à la bataille de Chéronée (447). Très beau, riche, il fut entouré dans sa jeunesse des plus basses adulations, et devint aisément vain, fantasque, capricieux, insolent et débauché; disciple de Socrate, il ne se lassait pas de l'admirer, mais sans la moindre envie de mettre ses préceptes en pratique, et se moquait ouvertement de tout ce que les autres hommes avaient accoutumé de respecter ou de craindre. Si grands que fussent les vices d'Alcibiade, il avait pourtant des qualités d'un ordre élevé. Il montra sa bravoure à la bataille de Potidée (432) où, blessé, il fut enlevé du champ de bataille par Socrate; à celle de Delium (424), où il sauva Socrate à son tour, et en bien d'autres occasions. Sa bravoure, sa richesse, sa prodignité, une suite d'ancêtres et de parents que le peuple avait pris l'habitude de regarder comme ses guides naturels, marquaient nécessairement sa place au pouvoir. Il marqua son entrée dans les affaires publiques par la rupture de la trêve, conclue par son rival Nicias, avec les Lacédémoniens, et par la reprise des hostilités (420). L'année suivante, il reçut le commandement de l'armée athénienne et combattit dans le Péloponèse pendant les trois années qui suivirent. Mais les succès qu'il y remporta ne pouvaient suffire à un homme de son importance. Il fit donc adopter par ses concitoyens son projet de conquête de la Sicile, qui dans son esprit n'était qu'un premier pas vers des conquêtes plus importantes. la préface d'une carrière glorieuse qui seule pouvait satisfaire son insatiable ambition. L'expédition de Sicile fut donc résolue (415), et Alcibiade en reçut le commandement, avec Nicias et Lamaque. La nuit même du départ de la flotte, toutes les images d'Hermès qui se trouvaient dans Athènes avaient été mutilées. L'impiété bien connue d'Alcibiade le fit accuser de ce sacrilège, dont il était d'ailleurs fort capable au cours d'une orgie; il avait donc à peine touché la côte de Sicile que la galère sacrée y arrivait à son tour, et s'emparait de sa personne pour le ramener à Athènes, où son procès ne pouvait avoir qu'une issue : la mort. Alcibiade en était bien convaincu; aussi s'enfuit-il en route. Il se rendit alors à Sparte, où il révéla tous les projets que les Athéniens avaient adoptés sur ses instances; fit envoyer contre eux une armée en Sicile, une autre pour fortifier Décélie dans l'Attique, et se porta lui-même en Asie Mineure, où il fit révolter la plupart des villes d'Ionie, puis Chio, contre Athènes, leur alliée. Au bout de quelques mois, cependant, le roi de Sparte Agis II, qui l'accusait d'avoir séduit sa femme, lançait un décret de mort contre Alcibiade, lequel, prévenu à temps, trouvait son salut dans la fuite et un refuge assuré auprès du satrape Tissapherne (412), dont il capta la confiance en lui faisant entendre que s'il cessait d'assister Sparte, les deux grands partis grecs ne tarderaient pas à s'épuiser dans leurs propres querelles, ce qui faciliterait leur expulsion d'Asie. En même temps, il négociait avec Pisandre son retour à Athènes; il échouait avec celui-ci, le chef de la révolution aristocratique qui s'était produite pendant son absence, mais il réussit avec Thrasybule, l'année suivante, et reçut un commandement dans l'armée. Athènes lui fit un accueil enthousiaste, lui décerna des couronnes d'or; ses biens confisqués lui furent rendus et il fut proclamé général en chef des armées de terre et de mer. Il gagna plusieurs batailles sur les Lacédémoniens, notamment les batailles navales d'Abydos et de Cyzique (407); mais il échoua à Andros, et son lieutenant ayant livré bataille en son absence, à Notium, fut vaincu. Thrasybule le fit destituer auprès de ces revers successifs. Alcibiade se retira dans la Chersonèse de Thrace; mais après le désastre d'Ægos-Potamos, craignant pour sa sécurité, il traversa l'Hellespont et se réfugia en Phrygie, auprès de Pharnabaze. Ici, d'après Plutarque et Cornélius Népos, ses ennemis, n'osant l'attaquer de face, mirent le feu à sa maison, et au moment où il en sortait, il tomba percé d'une grêle de flèches; d'autres disent que ce fut sur l'ordre de Pharnabaze et à l'instigation de Sparte qu'Alcibiade fut tué (404). — Ce tort, en tout cas, que la fin d'une telle existence. (V. *Histoire d'Alcibiade et de la République athénienne, depuis la mort de Périclès jusqu'à l'avènement des trente tyrans*, par M. Henri Houssaye, Paris, 1873, 2 vol. in-8.)

— LA QUEUE DU CHIEN D'ALCIBIADE. On raconte qu'une anecdote qui peint bien son caractère, à l'époque de sa jeunesse tout au moins. Il avait un chien qui lui avait coûté 7,000 drachmes, et que tout Athènes admirait pour sa beauté. À la longue, pourtant, ne s'y habituant en vint à passer auprès de lui sans même se retourner; ce que voyant, Alcibiade *coupa la queue de son chien*, et l'attention publique fut de nouveau attirée sur l'innocent quadrupède.
— Par allusion à cette anecdote, on dit d'un homme oublié, ou supposé en passe de perdre la faveur ou l'attention publique, qu'il se livre à une action bizarre ou inattendue, qu'il *coupe la queue de son chien*. Cette allusion a été fréquemment appliquée aux actions de Gambetta par ses ennemis politiques, surtout dans les dernières années de sa vie, mais je crois qu'elle portait à faux.

ALCIDE. Myth. Nom d'Hercule, parce qu'il descendait d'Alcée, fils de Persée et d'Andromède. Les Macédoniens donnaient aussi ce nom à Minerve. — Fig. *s. m.* Se dit d'un homme très fort, par allusion à la force d'Hercule. *Cet homme est un Alcide. L'Alcide du Nord*, surnom d'un lutteur forain.

ALCIDES, *s. m. pl.* Ornith. Nom d'une famille de l'ordre des palmipèdes, ayant pour type le genre pingouin.

ALCIMUS, LATINUS ALCIMUS ALETHIUS, historien, poète et orateur du IVe siècle. Natif d'Agen, il fut consul et préfet des Gaules sous le règne de Julien l'Apostat. Il avait écrit l'histoire de Julien l'Apostat et de Salluste, des Épigrammes, etc. Tout est perdu : il ne nous reste de lui qu'une épigramme sur Homère et Virgile. Ausone, saint Jérôme et Sidoine parlent d'Alcimus avec éloge.

ALCINOUS. Myth. Roi des Phéacés, dans l'île de Corcyre, qui accueillit Ulysse après son naufrage. Il était renommé pour sa justice; les poètes ont chanté la magnificence de ses jardins et de ses parcs.

ALCIONIUS, PETRUS (PIETRO ALCIONI, dit), érudit italien, né à Venise en 1487, mort à Rome en 1527. D'abord correcteur à l'imprimerie d'Alde Manuce, Jules de Médicis l'appela à Florence, en 1522, comme professeur de littérature grecque; et quand, l'année suivante, celui-ci fut devenu pape, sous le nom de Clém.nt VII, il l'emmena à Rome, où il resta jusqu'à sa mort. — Alcioni avait publié à Venise, en 1521, une traduction latine de plusieurs ouvrages d'Aristote, dont l'Espagnol Sepulveda, son contemporain, s'empressa de démontrer l'incorrection. On lui doit aussi un dialogue intitulé : *Medices Legatus, sive de Exilio*, qui fit grand bruit, car il fut accusé par Paul Manuce, qui était son ennemi personnel, de l'avoir composé avec le *De Gloria* de Cicéron, dont l'unique copie qui existât alors avait été entre ses mains, et d'avoir ensuite brûlé cette copie pour prévenir la découverte du larcin. Tiraboschi, dans son *Histoire de la littérature italienne*, a disculpé Alcioni de cette accusation, qui, du reste, avait été faite contre Philelphe, avec bon nombre d'autres du même genre.

ALCIPHRON, auteur grec contemporain de Lucien. Il a laissé un recueil de cent seize lettres écrites dans le plus pur dialecte de l'Attique, et qui sont considérées comme des modèles de style; ces lettres, attribuées à des personnages imaginaires, paysans, pêcheurs, courtisanes, parasites, expriment leurs opinions sur des sujets familiers, donnent d'intéressants renseignements sur la vie privée des Athéniens à cette époque. Les lettres d'Alciphron ont été traduites en français, en 1785.

ALCITHOÉ. Myth. Dame thébaine qui eut le tort, dans le temps comme le sien, de rester chez elle occupée à filer et tisser la laine avec ses sœurs et ses esclaves, au lieu de prendre part aux orgies. Bacchus, indigné de sa conduite, la métamorphosa en chauve-souris, et la trame de son étoffe en lierre.

ALCMAN, ou **ALCMÉON**, poète lyrique, grec du VIIe siècle av. J.-C. Il était Lydien suivant quelques auteurs anciens, Lacédémonien d'après d'autres auteurs. Il écrivait, en tout cas, dans le dialecte dorien, et il ne nous reste que des fragments de ses poésies. Les critiques de l'école d'Alexandrie le déclarent le plus distingué des poètes lyriques de la Grèce; il est regardé, en outre, comme le premier Grec qui ait composé des poésies érotiques.

ALCMÈNE. Myth. Fille d'Electryon, roi de Mycène, et femme d'Amphitryon, roi de Thèbes. Pendant une absence de ce dernier, Jupiter, qui émit tombé amoureux d'Alcmène, prit la figure de son mari pour prévenir tous les obstacles et eut d'elle Hercule. Cette supercherie, beaucoup plus lâche encore qu'adroite, surtout de la part d'un dieu, fait le sujet d'une des plus amusantes et des plus spirituelles comédies de Molière, *Amphitryon*, — d'après Plaute, il est vrai.

ALCMÉON. Myth. Fils du devin Amphiaraüs, roi d'Argos, et d'Eryphile. Obligé de partir pour la guerre de Thèbes, son père lui dévoila la part qu'avait prise Eryphile à l'intrigue qui déterminait son départ, et lui laissa le soin de venger sa mort, qu'il annonça comme prochaine; et, en effet, il mourut à peine arrivé sous les murs de Thèbes. Alcméon fit aussitôt périr sa mère. Poursuivi par les Furies, il se rendit aux Iles Echinades, pour y trouver, d'après l'oracle, au temps où le soleil n'éclairait pas au moment de son crime et qui était le seul où il pût espérer sa délivrance : ces îles de sable, situées à l'embouchure de l'Achélaos, n'existaient pas encore à ce moment. Phégée, roi d'Arcadie, le purifia et lui donna en mariage sa fille Alphésibée; mais Alcméon ayant abandonné sa femme, les frères de celle-ci le tuèrent.

ALCMÉON, descendant de Nestor, fils de Nélée; les Doriens ayant chassé sa famille de la Messénie, il se réfugia à Athènes et y devint le chef du parti aristocratique. Exilé une première fois, il revint à Athènes au temps de Solon et obtint le commandement de l'armée dans la guerre de Cirrha (v. 592 av. J.-C.). Exilé de nouveau, il se retira à Delphes. Il est le fondateur de la famille célèbre des *Alcméonides*, qui compta Périclès et Alcibiade parmi ses membres.

ALCOCK, JOHN, prélat et homme d'Etat anglais, né à Beverley (York) vers 1435. Il fit ses études à Cambridge et était doyen de Westminster en 1462. Envoyé en ambassade à la cour de Castille en 1470, il fut successivement évêque de Rochester (1471), de Worcester (1477) et d'Ely (1486). Henri VII le nomma président de Galles et grand trésorier du grand sceau. Il mourut à Wisbeach le 1er octobre 1500. L'évêque Alcock est le fondateur du collège de Jésus à Cambridge, d'écoles à Kingston et à l'everley, etc. On lui doit : *Mons perfectionis, le psalmus pœnitentiales, Homeliæ vulgares, Meditationes piæ*, etc.

ALCOCK, sir RUTHERFORD, diplomate anglais, né à Londres, en 1809. Il étudia la médecine au collège du Roi (King's College), à Londres. En 1833-34, il servit en Portugal comme chirurgien de la brigade navale, et fut inspecteur général des hôpitaux de la Légion espagnole, sous les ordres de sir de Lacy Evans, en 1835-36. En 1839, il fut appelé comme commissaire à régler les réclamations de cette légion. Envoyé en Chine, en 1844, consul anglais à Foo-Tchéou, il remplit successivement les mêmes fonctions à Shanghai (1846) et à Canton (1846); il fut nommé, en 1858, consul général au Japon, et promu en 1859 au poste de ministre plénipotentiaire à Pékin, fonctions dont il se démit en juillet 1871, après vingt-sept années de service diplomatique dans l'Extrême-Orient. Président de la Société royale de géographie en 1876, sir R. Alcock faisait partie du commissariat britannique à l'Exposition universelle de 1878.

Sir Rutherford Alcock a publié : *Notes on the medical history of the British legion of Spain* (1838); *Elements of Japanese grammar* (1861); *Familiar Dialogues in Japanese*

(1863); *la Capitale du Taïcoun* (the Capital of the Tycoon: a narrative of a three years residence in Japan, — 1863); *l'Art et les arts industriels au Japon* (1878). Il a, en outre, collaboré aux *Quarterly* et *Edinburgh Reviews*.

ALCOLEA, ville d'Espagne, sur la r. g. du Guadalquivir, au point où le fleuve est traversé par un beau pont en marbre. Prov. et à 15 kil. de Cordoue. Pop. 2,000 hab. — En juin 1808, les Espagnols y furent battus par le général Dupont.

ALCON, fils d'Erechthée, roi d'Athènes et père de l'argonaute Phaléros. Archer incomparable, un jour qu'un serpent s'était enroulé autour du corps de son fils, il n'hésita pas à tirer sur le reptile, qu'il tua d'une flèche bien ajustée, sans que l'enfant ait été touché.

ALCOOL, s. m. (arab. *al kohl*, le brûlé, ou plus exactement soumis à l'action du feu; espagn. *alcohol*, alcool, antimoine, alquifoux). Chim. Comme on le voit par cette étymologie, le mot *alcool* fut d'abord appliqué à une poudre impalpable préparée par calcination, et en particulier à la poudre d'antimoine dont les femmes se servaient dès la plus haute antiquité pour se teindre les yeux (sulfure); c'est probablement par analogie que les potiers arabes et espagnols ont conservé le nom d'*alcohol* à l'alquifoux, ou sulfure de plomb, qui leur sert à vernir les poteries. L'usage du mot alcool dans le sens de poudre impalpable n'est d'ailleurs pas si ancien. Moïse Charas, dans sa *Pharmacopée galénique* (1672), dit : « Les pierres, les bois, les terres, le succin, les diamants et quelques parties d'animaux sont réduits en poudre impalpable qu'on nomme alcohol. » Et nous trouvons, près d'un siècle plus tard, cette définition dans la *Pharmacopée universelle* de Nicolas Lémery (1694, 5e éd. 1761) : « ALCOOL. mot arabe qu'on employait en chimie pour exprimer un *esprit* très subtil ou une *poudre* fort fine; ainsy, on appelle *alkool de vin*, de l'esprit de vin très rectifié et du *corail réduit* en alcohol, du corail qui a été broyé en poudre impalpable sur le porphyre. » De sorte que, à défaut d'explication bien satisfaisante de l'extension du mot alcool à la désignation de tout corps très subtil, voici du moins une transition toute trouvée. Ensuite, on n'appela plus alcool que l'esprit de vin; puis, par suite de la découverte d'une série de composés possédant les propriétés de l'esprit de vin, on en fit de nouveau un terme générique s'appliquant à toutes ces substances, obtenues presque toutes par la distillation de divers sucs fermentés, et ayant pour type l'esprit de vin, devenu *alcool vinique*, puis *alcool éthylique*. Ces substances, ces *alcools* pour les appeler par leur nom, sont très nombreux; on les divise généralement en six séries, d'après leur mode de formation, auxquelles on donne des noms pour la plupart empruntés aux corps qui les produisent. Nous nous occuperons ici de l'alcool ordinaire.

— PROPRIÉTÉS ET USAGES. L'alcool absolu est un corps ternaire composé de 4 équivalents de carbone, 6 d'hydrogène et 2 d'oxygène ($C^4H^6O^2$). Il se forme dans le cours de la fermentation dite, à cause de cela, alcoolique ou spiritueuse, par la transformation de la *glucose*. De sorte que les sucs renfermant de la glucose, ou un sucre transformable en glucose, en même temps que des matières azotées, des phosphates, des sels ammoniacaux, étant soumis à une température de 25° à 35°, fournissent de l'alcool, de l'acide carbonique, et la levure de bière y apparaît; tels sont les jus du raisin, de la betterave, de la canne à sucre, le moût obtenu par la saccharification de la fécule. Les liquides alcooliques qui en résultent sont soumis à la distillation pour en retirer l'alcool. L'alcool du commerce contient toujours une quantité plus ou moins considérable d'eau. Lorsqu'il n'en contient que 10 à 15 pour 100 de son volume, on le nomme *esprit-de-vin*; quand il en a 48 à 50 pour 100, on l'appelle *eau-de-vie*. L'alcool pur ou anhydre est dit *alcool absolu*. Dans cet état, l'alcool est liquide, incolore, d'une odeur faible, mais pénétrante, et qui enivre; sa saveur est brûlante; il est très mobile; il brûle avec une flamme peu visible; il est très hygrométrique et absorbe rapidement l'eau avec laquelle il se mêle en toutes proportions; pendant le mélange, la température s'élève un peu, et le mélange éprouve une diminution de volume qui continue jusqu'à ce qu'on ait ajouté 116 d'eau, en volume, à 100 d'alcool; puis la contraction cesse. La chaleur rouge décompose la vapeur d'alcool. Au contact de l'air, l'alcool ne s'altère pas, à moins qu'il ne contienne quelque substance organique altérable; sa vapeur, en contact avec le noir de platine, absorbe l'oxygène et se change en aldéhyde et en acide acétique. En traversant l'alcool absolu, le chlore sec le décompose, produisant une substance chlorée et enfin du *chloral*; le brome se dissout dans l'alcool, puis agit de la même manière que le chlore; l'iode s'y dissout en grande quantité: en chauffant, il se forme de l'acide iodhydrique et de l'éther hydrique ou *iodure d'éthyle*. L'alcool peut dissoudre de petites quantités de soufre et de phosphore. Il dissout les alcalis caustiques. Chauffé avec de la chaux potassée ou sodée, il se change en acide acétique. Certains sels sont solubles dans l'alcool et peuvent y cristalliser; quelques-uns retiennent plus ou moins d'alcool, qui leur donne le nom d'*alcoolates*. Divers sels (chlorhydrate et iodhydrate), chauffés sous pression avec l'alcool à une température élevée, dans des tubes fermés à la lampe, le changent en éther, et d'autant plus complètement que la température est plus élevée. Dans ce cas, la dissolution se sépare en deux couches : la couche inférieure est une dissolution aqueuse d'un sel formé par une base complexe que l'on nomme *éthylammoniaque*, tandis que la couche supérieure est de l'éther. Le chlorure de zinc dissous dans l'alcool un peu aqueux donne à la distillation une grande quantité d'éther; mais, si le chlorure est anhydre et l'alcool absolu, la distillation donne en même temps de l'alcool, de l'éther chlorhydrique et de l'acide chlorhydrique. L'alcool ne dissout pas, en général, les sulfates ni les carbonates; cependant, s'il est étendu d'une certaine quantité d'eau, quelques sulfates s'y dissolvent. Il dissout facilement les éthers, les résines, les huiles essentielles et même les matières grasses, quoique moins facilement que les autres substances; il dissout aussi le sucre, tous les alcalis et un grand nombre d'acides organiques. Lorsqu'on y plonge des substances organisées, des animaux, des fruits, etc., on range séparée des corps des animaux, etc., à la fin de même pour les insectes, dans le but de les préserver également de l'attaque des parasites.—Dans les laboratoires, l'alcool est souvent employé pour séparer certains composés et pour les analyser ou pour les extraire; pour purifier la potasse et la soude caustiques, et pour alimenter des lampes, soit à mèche simple, soit à double courant, lorsqu'on a besoin d'une température plus élevée, par exemple lorsqu'on doit faire rougir un creuset en platine ou en porcelaine. En pharmacie, il sert à préparer certaines teintures que l'on nomme *alcoolats* et à préparer les divers éthers. Dans les arts, il est employé pour la fabrication du fulminate de mercure, pour traiter la pyroxyline et en extraire le collodion en y ajoutant de l'éther. C'est au moyen de l'alcool que l'on prépare les liquides aromatiques, tels que les eaux de mélisse, de Cologne, de Botot, etc.; les savons transparents, les fruits à l'eau-de-vie, les liqueurs alcooliques sucrés ou non, etc.

— ACTION PHYSIOLOGIQUE. — ALCOOLISME.

— HIST. La découverte de l'alcool, ou plutôt de l'*aqua vita*, est attribuée aux alchimistes arabes. Déjà au XIIe siècle, Albucasis en préconisa l'emploi dans diverses maladies, et Raymond Lulle, au siècle suivant, passe pour en avoir fait un fréquent usage. Mais c'est Arnaud de Villeneuve, contemporain de Raymond Lulle, et qui vivait à Montpellier au commencement du XIVe siècle, qui l'introduisit définitivement dans la thérapeutique. Il lui attribue toute sorte de vertus, dans son *Traité de l'art de conserver la jeunesse et de retarder la vieillesse*; de reste, le nom d'*eau de vie* dit tout : c'est l'élixir de vie, la panacée tant cherchée. Il a fallu en rabattre depuis, mais c'est surtout parce que l'alcool, devenu boisson, d'abus s'en est mêlé; c'est peut-être un peu aussi parce que les sources d'où on le tire se sont singulièrement multipliées, les progrès de sa préparation, ses divers modes d'extraction augmentèrent rapidement, et tous les jours on l'emprunte à des substances nouvelles pour suffire à son énorme consommation, qui ne fait qu'augmenter, en dépit des sociétés de tempérance et des révélations des hygiénistes et des statisticiens. (V. DISTILLATION.)

ALCOOLAT, s. m. Pharm. Nom donné à des composés médicamenteux alcooliques chargés par la distillation des principes volatils de certaines substances aromatiques.

ALCOOLATE, s. m. Chim. Résultat de la combinaison de l'alcool avec un sel.

ALCOOLATURE, s. f. Pharm. Médicament liquide obtenu par la macération de substances organiques dans l'alcool.

ALCOOLÉ, s. m. Pharm. Alcool chargé des principes d'une ou plusieurs substances, par solution, macération ou digestion, mais non par distillation.

ALCOOLIQUE, adj. Qui contient de l'alcool. *Boisson, liqueur alcoolique.*

ALCOOLISATION, s. f. Action d'alcooliser et résultat de cette action.

ALCOOLISÉ, ÉE, part. pas. de ALCOOLISER.

ALCOOLISER, v. a. Ajouter de l'alcool à un liquide non alcoolique pour y développer les propriétés qui caractérisent cette substance.

— S'ALCOOLISER, v. pr. Devenir alcoolisé, se saturer d'alcool, s'enivrer.

ALCOOLISME, s. m. Se dit de l'action de l'alcool sur l'organisme, et devrait se dire aussi bien de son action bienfaisante que de l'intoxication résultant de l'abus des liqueurs alcooliques, qui constitue l'*alcoolisme chronique*.

HYG. ET MÉD. — L'alcool est avant tout un aliment précieux. On reconnaît deux sortes d'aliments : les aliments azotés, dits *plastiques*, parce qu'ils ont pour mission de réparer les pertes de l'organisme, qui sont de tous les instants, et les aliments carbonés ou *combustants*, qui entretiennent la chaleur animale. Une bonne alimentation exige l'usage simultané des deux espèces d'aliments. Or, l'alcool appartient à la seconde catégorie; c'est le plus efficace des aliments respiratoires, mais leurs effets sont lents et on ne peut toujours les attendre. C'est pourquoi, dans les pays froids surtout, l'alcool, considéré comme aliment, rend de très grands services. On nous dira que c'est justement dans le nord que l'alcoolisme chronique sévit avec le plus d'intensité. Sans doute : de l'usage rationnel à l'abus, il n'y a qu'un pas, et ce n'est point en des contrées où, cet aliment étant inutile, le goût n'en a pas été contracté, que les esprits faibles, stimulés par l'exemple, se laissent aller à l'excès d'une chose bonne en soi, mais dont l'abus a de si funestes conséquences. Il était donc utile, il était juste surtout, de constater les bienfaits de l'alcool avant d'aborder la liste touffue de ses méfaits. « L'alcool est, dit Brillat-Savarin, le monarque des liquides; il porte au dernier degré l'excitation palatale : ses diverses préparations ont ouvert de nouvelles sources de jouissances; il donne à certains médicaments une énergie qu'ils n'auraient pas sans cet intermédiaire ; il est même devenu dans nos mains une arme formidable, car *les nations du Nouveau-Monde ont été presque autant domptées et détruites par l'eau-de-vie que par les armes à feu.* » Voilà, en quelques lignes, une monographie de l'alcool assez complète et exacte.

L'alcoolisme chronique est une maladie terrible, caractérisée par une détérioration graduelle de l'organisme et par des accidents nerveux plus ou moins graves, qu'un médecin suedois, le docteur Magnus Huss, a étudiée et décrite le premier, dans un ouvrage considérable qui lui a fait une célébrité universelle (*De l'Alcoolisme chronique*, 1852, 2 vol. in-8). L'analyse de cet ouvrage nous conduirait trop loin; mais comme le sujet vaut la peine qu'on s'y arrête un peu, nous emprunterons à d'autres documents les indications qui nous semblent le plus utiles à connaître sur les conséquences de cette peste si soigneusement entretenue par ses propres victimes. Nous retrouvons à propos une note présentée à l'Académie de médecine, en juillet 1871, par le docteur Bergeron, *sur les dangers qu'entraîne l'abus des boissons alcooliques*, dont quelques extraits rempliront une grande partie de notre but.

« Quelle que soit, dit l'éminent médecin légiste, la nature d'une boisson fermentée, c'est surtout par l'alcool qu'elle agit sur l'organisme. On peut donc prendre comme type de l'action de ces boissons, celle qu'exerce sur les organes l'eau-de-vie commune, c'est-à-dire l'alcool pur étendu de son volume d'eau. Lorsqu'il est plus étendu, tel qu'on le trouve, par exemple, dans les boissons usuelles, vin, bière, cidre ou poiré, ses effets sont évidemment moins marqués; ils deviennent terribles, au contraire, lorsqu'il est plus concentré; mais ils constituent alors de véritables empoisonnements aigus, rapidement mortels, et sur lesquels il n'y a pas lieu de s'arrêter ici, parce qu'ils ne sont que des accidents, frappant quelques individus isolés, au milieu des victimes sans nombre de l'abus des boissons fermentées et de l'eau-de-vie. — Introduire dans un estomac vide l'eau-de-vie, même à une dose très modérée, le congestionne, augmente la sécrétion des sucs digestifs, excite ses contractions, etc. Ces effets directs, beaucoup moins prononcés lorsque l'estomac est rempli d'aliments, sont d'ailleurs passagers et disparaissent sans laisser de traces, si l'ingestion de l'eau-de-vie est un fait accidentel. Mais si ce fait se reproduit fréquemment, et surtout s'il devient habituel, la rougeur congestive est plus vive, plus persistante; une véritable inflammation se développe, les sucs digestifs deviennent plus rares et font place à des liquides plus nuisibles qu'utiles au travail de la digestion; puis, à la longue, on voit succéder à l'inflammation, tantôt un travail d'ulcération, tantôt, et plus souvent, un épaississement, une induration qui, en paralysant les mouvements de l'estomac et en arrêtant ses sécrétions normales, le rendent incapable de digérer. A ces états anatomiques correspond une succession d'accidents, tels que la sensation de chaleur et de brûlure au creux de l'estomac; le rejet, par des efforts de vomissement, de liquides plus ou moins abondants, tantôt fades, tantôt acides ou âcres (pituite des buveurs), la perte d'appétit, la lenteur du travail de la digestion; plus tard, des douleurs d'estomac se prolongent sous les côtes et jusque dans le dos, avec de grandes différences d'intensité et de nature, depuis le pincement et la pesanteur jusqu'aux plus atroces déchirements; en un mot, des troubles digestifs d'une gravité croissante et pouvant à eux seuls amener la mort par épuisement, avec ou sans complication ultime de phtisie pulmonaire ou de cancer. — Les effets immédiats de l'alcool sur l'estomac sont loin d'épuiser son action; la plus grande partie du liquide est absorbée par les veines, et, entraînée par la circulation, va exercer sa fâcheuse influence sur tout l'organisme, et notamment sur le cerveau, le foie, les poumons et les reins. Le cerveau est de tous les organes (aucun buveur ne l'ignore) celui qui ressent le plus vivement l'action de l'alcool. Mais les expériences sur les animaux vivants ont en outre démontré que le tissu nerveux est, entre tous, celui qui retient et emmagasine, en quelque sorte, la plus forte proportion d'alcool. Mis en contact, par les petits vaisseaux sanguins, avec la substance cérébrale, l'alcool exalte les fonctions du cerveau, et cette exaltation, dont le degré est en rapport avec la proportion d'alcool absorbé, se traduit, en passant par toutes les phases de l'ivresse, d'abord par un entrain joyeux, presque toujours bienveillant, auquel succède bientôt un intarissable bavardage, avec une tendance marquée à tourner dans le même cercle d'idées; la marche qui, au début, était très alerte, et dont l'allure semblait devoir défier toute fatigue, devient alors moins assurée; puis, la gaieté fait place à un certain degré d'irritabilité qu'accompagne presque toujours un invincible entêtement. A partir de ce moment, la scène change complètement d'aspect; ce n'est plus seulement de l'excitation, c'est une perversion des idées, un véritable délire, plus ou moins querelleur, plus ou moins violent, qui tantôt aboutit à un verbiage incohérent, à un état d'agitation, avec tremblement de tous les membres, qui constitue un accès du *delirium tremens*, délire spécial des buveurs, pouvant à lui seul déterminer la mort, et tantôt dégénère en une crise de fureur dans laquelle l'homme devient capable de tous les crimes, et dont il n'évite d'ordinaire les horribles entraînements que parce qu'il tombe, épuisé par l'excès même de l'excitation à laquelle il est en proie, dans un état de prostration qui en fait une masse inerte: c'est l'homme *ivre-mort*. Lorsque de pareils excès se reproduisent à de courts intervalles, et même lorsque l'action de l'alcool, sans dépasser la légère excitation du début, se répète chaque jour, au simple ébranlement du tissu nerveux qu'a produit d'abord cette excitation, succèdent peu à peu des lésions matérielles, depuis la congestion diffuse, plus ou moins généralisée, plus ou moins persistante du cerveau, jusqu'au ramollissement. Et, alors, ce n'est plus par une effervescence joyeuse, non plus, il est vrai, que par des accès de fureur, que se révèlent ces désordres, mais par des maux de tête persistants, des vertiges, puis bientôt par un affaiblissement graduel des facultés intellectuelles, la paresse d'esprit, la perte de la mémoire, l'embarras de la parole, le tremblement incessant des membres, des accès passagers de délire tantôt calme et tantôt agité, alternant souvent avec des accès d'épilepsie, et finalement la folie, l'imbécillité et la paralysie, qu'a souvent précédées de longue date la stérilité ou une impuissance absolue. L'alcool agit sur le *foie* comme sur le cerveau, en le congestionnant; mais à cette congestion, aussi passagère que celle du tissu nerveux, si l'action de l'alcool a été tout à fait accidentelle, succède bien souvent, lorsque l'usage des boissons alcooliques devient copieux et continu, une véritable inflammation aboutissant, tantôt à la suppuration du foie, ce qu'on observe surtout dans les pays chauds, tantôt, et c'est le cas le plus ordinaire, à une augmentation de volume de cet organe, avec ou sans induration, tantôt enfin à une dégénérescence, soit graisseuse, soit fibreuse (*cirrhose*) du tissu normal. Pour le buveur, tous ces désordres s'annoncent par des troubles digestifs fort analogues à ceux que détermine l'action directe de l'alcool sur l'estomac, en général moins douloureux, il est vrai, mais compliqués de jaunisse et d'hydropisie, et aggravés, dans les dernières périodes, de toutes les angoisses qui, pendant de longs mois, précèdent la mort, lorsque l'eau accumulée dans le ventre refoule les poumons et le cœur. La surface des *bronches* est peut-être la plus large voie d'élimination de l'alcool; tout le monde sait à quel point l'haleine des buveurs en est imprégnée : mais, s'il est rejeté facilement par les *poumons*, l'alcool n'en pénètre pas moins dans tous les sens, ces organes si vasculaires, en les congestionnant et en leur donnant une tendance extrême à s'enflammer, lorsque des excès répétés les soumettent fréquemment à son action; et ainsi s'explique la toux sèche, quinteuse, opiniâtre de beaucoup de buveurs; la fréquence, chez la plupart d'entre eux, de la fluxion de poitrine, de la bronchite aiguë ou chronique, avec ou sans phtisie consécutive, mais presque toujours avec complication de maladie du cœur. Il importe, d'ailleurs, de ne pas perdre de vue que les maladies du cœur, si pénibles à toutes leurs périodes par l'oppression qu'elles causent, et qui se terminent toujours, soit par la mort subite, soit par hydropisie générale, peuvent se produire d'emblée sous l'influence des excès alcooliques, la membrane du cœur et des vaisseaux n'échappant pas plus que les autres tissus à l'action irritante de l'alcool. En traversant les *reins*, qui le rejettent rapidement, et en grande partie décomposé, avec les urines, l'alcool excite les fonctions de ces organes; c'est un fait de notion vulgaire que, à quantité égale, les boissons alcooliques font uriner beaucoup plus que l'eau pure; or, si cette excitation se répète fréquemment, le tissu des *reins*, comme celui du *cerveau*, du *foie* et des *poumons* se congestionne et s'enflamme, en même temps que surviennent des douleurs de reins, des pissements de sang et de pus avec la complication si habituelle de catarrhe de la vessie et de ces inflammations de la prostate qui, par la rétention ou l'incontinence des urines, et la série de douloureuses opérations qu'elles nécessitent, font de la vie des malheureux condamnés à toutes ces misères par leurs excès alcooliques, un affreux supplice qu'ils abrègent souvent par le suicide. — En dehors de ces maladies déjà si nombreuses, il en est d'autres encore, moins redoutables en général, mais graves, néanmoins, par quelques-unes de leurs conséquences, et qu'on est également en droit de rapporter à l'action de l'alcool. Chez tel buveur, cette action se manifestera par l'apparition fréquente de *furoncles* ou d'*anthrax*; chez tel autre, par de simples éruptions de pustules disséminées sur le corps (*acné*, *ecthyma*) ou par des rougeurs persistantes de la face (*couperose*), ou bien encore par des *dartres* plus ou moins rebelles (*eczéma*, *lichen*); chez un autre, enfin, par la tendance à produire un excès d'acide urique (urines rouges briquetées), dont l'accumulation amène presque fatalement la *goutte* et la *gravelle*, si souvent suivie elle-même de la *pierre*.

« Ainsi, l'abus des boissons alcooliques engendre des maladies nombreuses; mais avant même d'avoir produit tous ces désordres matériels et les troubles de santé qu'ils entraînent, il a déjà pour effet d'aggraver les maladies qui se développent accidentellement chez les buveurs, et de compromettre de la manière la plus sérieuse la cicatrisation de leurs blessures, ou le succès des opérations qu'ils peuvent subir. »

— Criminalité. L'alcoolisme a, en outre, des conséquences non moins graves pour la société que pour l'ivrogne qui en est atteint. C'est quand celui-ci, frappé de délire alcoolique, devient criminel. Il est généralement admis que, dans cet état, celui-ci est irresponsable; et voici un exemple de l'embarras dans lequel la justice se trouve en présence d'un alcoolisé devenu assassin. C'est à propos d'un certain Jean Mallet, charron et cafetier dans un village de l'Allier qui, traduit devant le tribunal correctionnel de Moulins (sept. 1884), comme prévenu d'avoir blessé grièvement à coups de revolver deux de ses ouvriers, fut renvoyé des fins de la plainte sur le rapport du docteur Legrand du Saulle, dont voici les conclusions :

« L'ivresse est une infraction spéciale, un accident, et qui ne saurait être élevée dans nos codes au rang des excuses. L'ivrognerie est un état. Une différence très sensible existe entre l'homme ivre et l'ivrogne, entre *ebrius* et *ebriosus*. L'abus des liqueurs spiritueuses doit rester à peu près sans influence sur la responsabilité, tant qu'il ne se manifeste point un véritable délire, avec ou sans hallucination des sens, ou un abaissement évident et permanent du niveau mental. L'ivrognerie, sans accroître ni affaiblir les conséquences de l'acte commis, peut seulement diminuer de beaucoup ou faire disparaître la suspicion d'une ivresse intentionnellement contractée dans un but coupable. La folie alcoolique comprend les différentes formes d'aliénation mentale qui sont la conséquence de l'usage habituel et immodéré des boissons fermentées. Ces formes sont: l'alcoolisme aigu, l'alcoolisme subaigu et l'alcoolisme chronique. Enfin, dans l'alcoolisme chronique, lorsque la dose habituelle de saturation vient à être momentanément dépassée, on peut voir se greffer soudain de l'alcoolisme aigu temporaire sur l'état antécédent.— Dans l'espèce, Jean Mallet est un alcoolisé chronique. Il boit principalement de l'eau-de-vie; il est très facilement irritable; il a eu en 1883 des convulsions épileptiformes; il a été en butte à des idées multiples de persécution; il a cru que des hommes armés de poings ferrés allaient lui faire du mal; il a eu des craintes absurdes, a eu peur d'être empoisonné et plaçait souvent dans son lit son revolver chargé. Le 16 mars dernier, Jean Mallet a subi tout à coup une exacerbation alcoolique aiguë et il est devenu un délirant halluciné des plus dangereux. Il a dû se croire en danger de mort; il a peut-être vu ses ouvriers armés de poings ferrés et, pour défendre sa vie, il serait allé chercher son revolver. Il était si bien aliéné en ce moment qu'il a tiré non seulement sur l'ouvrier avec lequel il se battait, mais encore sur celui qui s'interposait dans la lutte et tentait de le protéger. Ainsi que cela se passe d'ordinaire, l'alcoolisé a éliminé son poison en prison. Sous l'influence réparatrice du régime pénitentiaire, de la sobriété obligée, il s'est rétabli et va très bien aujourd'hui. L'inculpé a eu un délire classique. S'alcoolisant quotidiennement, s'imprégnant lentement, il a éclaté un beau jour et a fait explosion de la manière la plus imprévue. Il avait sournoisement emmagasiné des matières inflammables et il a pris feu. Ainsi que je l'ai maintes fois démontré, tout le secret de la criminalité alcoolique est là. — En conséquence, le 16 mars dernier, Jean Mallet, atteint de délire alcoolique chronique avec exacerbation aiguë, était irresponsable de ses actes. Aux termes de l'article 64 du code pénal, il était en démence au temps de l'action. D'autre part, si sa guérison actuelle est formellement constatée, il ne saurait être conduit dans un établissement d'aliénés, ainsi que l'ont demandé MM. Ambroise Reignier et Petit. Malgré les chances possibles d'une rechute ultérieure, une séquestration serait un acte illégal. On interne un fou, mais on ne saurait interner un homme exposé peut-être à perdre la raison. »

C'est fort bien dit, et l'irresponsabilité momentanée de l'alcoolisé est une théorie parfaitement soutenable, d'ailleurs admise par la loi; mais la colère aussi est une folie momentanée, et il n'y a pas plus de raison pour excuser un crime commis sous l'influence de la folie alcoolique que sous celle d'un accès de fureur; de sorte qu'avec de semblables théories, il se trouve que ce sont les gens sobres et d'humeur paisible qui ont tort contre les autres, et que l'excuse de ce braconnier pris en flagrant délit de meurtre d'un lapin, qui se prétendait en état de légitime défense, n'est pas aussi ridicule et inadmissible qu'elle le paraît.

ALCOOLOMÈTRE, *s. m.* V. ALCOOMÈTRE.

ALCOOMÈTRE, *s. m.* Physiq. Instrument à l'aide duquel on détermine la quantité d'alcool absolu contenu dans une liqueur alcoolique. Il existe des alcoomètres de systèmes divers, plus ou moins ingénieux; mais l'instrument légal en France est l'*alcoomètre centésimal* de Gay-Lussac, c'est donc de celui-ci que nous nous occuperons, après avoir rappelé sur quel principe repose sa construction. — On sait qu'un corps quelconque, plongé dans un liquide, y perd une partie de son poids égale au poids du liquide qu'il déplace. Si ce corps est de même densité que le liquide, c'est-à-dire s'il a le même poids à volume égal, le corps reste en équilibre partout où on le place dans la masse liquide supposée en repos. Si le corps a plus de densité que le liquide, il tombe au fond; mais la force qui le sollicite est moindre que si la chute avait lieu dans l'air. Par exemple, un décimètre cube d'argent pèse environ 10 kil. 4. Si l'on plonge ce corps dans l'eau, il déplace un décimètre cube d'eau dont le poids est de 1 kil., et il ne pèse plus dans l'eau que 9 kil. 4. De même, un décimètre cube d'or pèse environ dans l'air 19 kil. 5, il ne pèsera dans l'eau que 18 kil. 5; l'argent perd donc dans l'eau les 95 millièmes de son poids, et l'or les 52 millièmes. Si le corps plongé est plus léger que le liquide, il ne peut rester en équilibre dans l'intérieur de la masse liquide, il monte à la surface, il flotte. Une partie du corps plonge dans le liquide, une partie est en dehors. Dans ce cas, le poids du liquide déplacé est toujours égal au poids total du corps qui flotte. Par exemple, plongeons dans l'eau un corps d'un décimètre cube de volume et ayant une densité égale à la moitié de celle de l'eau, autrement dit, ne pesant qu'un demi-kilogramme; le corps a déplacé un demi-kilogramme d'eau, et comme un demi-kilogramme d'eau a pour volume un demi-décimètre cube, une moitié du corps plongera dans l'eau, l'autre sera en dehors. Si nous plongeons ce même corps dans l'huile, qui est plus légère que l'eau, le corps déplacera toujours un demi-kilogramme du liquide; mais comme le volume d'un demi-kilogramme d'huile est plus d'un demi-décimètre cube, le corps s'enfoncera plus dans l'huile que dans l'eau. Ainsi quand un corps plonge dans un liquide, il s'enfonce d'autant plus que le liquide est plus léger; et comme les liquides se dilatent quand la chaleur augmente, et se contractent quand la chaleur diminue, nous pouvons dire encore qu'un corps plongé à plusieurs reprises dans un même liquide à des températures différentes, s'enfonce d'autant plus que le liquide est à une température plus élevée.

— L'ALCOOMÈTRE DE GAY-LUSSAC. L'alcoomètre centésimal se compose d'un flotteur formé d'une tige de verre à laquelle est soudé un cylindre ou une boule vide, ou plutôt remplie d'air, et à celle-ci une autre boule plus petite et remplie de mercure, qui sert de lest. Ce flotteur, une fois gradué, sert à mesurer la richesse en alcool d'une eau-de-vie donnée. Voici comment s'opère cette graduation. On plonge le flotteur dans un vase plein d'alcool pur, à la température de 15 degrés du thermomètre centigrade. L'affleurement a lieu à peu près au haut de la tige; on trace une barre sur la tige, et à côté de la barre on écrit le nombre 100. On plonge ensuite l'alcoomètre dans un mélange contenant 95 parties d'alcool pur et 5 parties d'eau, toujours à la même température de 15 degrés. Le nouveau liquide étant plus lourd, le flotteur s'enfonce moins profondément; l'affleurement a lieu un peu au-dessous du précédent, on trace une nouvelle barre, et à côté le chiffre 95. On plonge alors le flotteur dans un mélange de 90 parties d'alcool et 10 parties d'eau; l'affleurement baisse encore, comme de raison; une nouvelle barre est tracée, accompagnée du chiffre 90. On continue l'opération, et enfin on plonge le flotteur dans l'eau pure, pour obtenir une dernière ligne d'affleurement que l'on marque o. On divise en 5 parties égales les distances comprises entre les lignes d'affleurement, et alors la tige se trouve divisée en 100 parties égales, ou degrés. Si on a à déterminer, maintenant, la richesse d'une eau-de-vie en alcool, on y plongera le flotteur gradué, et la ligne d'affleurement déterminera le nombre de degrés d'alcool qu'elle contient. L'eau-de-vie aura, par exemple, 70 degrés si l'affleurement correspond au chiffre 70, ce qui équivaut à dire qu'elle contiendra 70 pour cent d'alcool. L'eau-de-vie à analyser, par exemple, n'a pas toujours la même température. Si l'on se bornait à opérer comme nous venons de le dire, on trouverait que l'eau-de-vie marque plus de degrés en été qu'en hiver, et que, par suite, elle contient plus d'alcool, ce qui est absurde. Nous avons dit plus haut que la température des mélanges à l'aide desquels on a gradué l'instrument était de 15 degrés; par conséquent, lorsqu'une eau-de-vie est à une température au-dessus de 15 degrés, l'alcoomètre accuse plus de degrés d'alcool que n'en possède réellement l'eau-de-vie, il faut donc retrancher un certain nombre de degrés; si la température, au contraire, est au-dessous de 15 degrés, il faut ajouter un certain nombre de degrés au résultat obtenu. Ces corrections se font au moyen d'une table dressée par Gay-Lussac à la suite de nombreuses expériences, laquelle contient, dans une colonne verticale, les températures depuis 0° jusqu'à 30°, et dans une colonne horizontale, les degrés de l'alcoomètre de 0° à 100°; au point de rencontre de la verticale abaissée de la case contenant les degrés alcoométriques avec l'horizontale qui part de la case où se trouvent les degrés thermométriques, se voit, comme dans une table de multiplication ordinaire, le chiffre indicateur de la richesse alcoolique réelle du liquide. — Supposons une eau-de-vie marquant 36° à l'alcoomètre, à la température de 22° : la table donnera comme indication de la richesse alcoolique réelle de cette eau-de-vie, ramenée à la température de 15°, 33° 1; autrement dit, elle établira que c'est 33,1 p. 100 d'alcool (et non 36 p. 100) qu'elle contient.

— L'ALCOOMÈTRE PÉRIER. En 1880, le syndicat de la chambre de commerce des vins de Paris était appelé à faire des expériences sur un nouvel appareil alcoométrique, ayant pour inventeur le docteur Périer, basé sur la différence de tension des vapeurs émises par les liquides alcooliques bouillants, suivant la quantité d'alcool qu'ils contiennent, et remarquable en outre par une sensibilité pouvant s'accroître indéfiniment; de sorte que, un appareil de petite dimension, propre à doser des liquides contenant depuis 0° jusqu'à 15° d'alcool, atteindrait un dixième de degré ou plus d'approximation. Cet appareil se compose d'un petit cylindre renfermant à la partie inférieure une lampe à alcool, au-dessus une capsule où se met le liquide à essayer et à la partie supérieure un petit godet rempli d'eau qui forme un réfrigérant. Dans le liquide à essayer, plonge un tube de verre renfermant un petit manomètre d'une extrême sensibilité. Pour se servir de l'appareil, on met une quantité déterminée du liquide dans la capsule, de l'eau dans le godet et on allume la lampe. Au bout d'une minute environ, le liquide entre en ébullition, aussitôt on voit la colonne de mercure monter rapidement dans le manomètre et s'arrêter à un certain point de l'échelle graduée indiquant le tant pour cent d'alcool contenu dans le liquide. L'opération dure de trois à quatre minutes et n'exige aucune connaissance spéciale de la part de l'opérateur. L'appareil se démonte et peut se mettre dans la poche.

ALCORAN, *s. m.* (arab. *al*, le et *Koran*, livre). C'est le Livre, et très exactement la *Bible* des musulmans. Il suit de là que ce n'est pas l'Alcoran qu'il faut dire, mais *le Coran*, quoique la première orthographe ait longtemps prévalu, grâce à la complicité inconsciente des poètes des deux derniers siècles auxquels la langue française doit le plus. — V. CORAN.

ALCOTT, AMOS BRONSON, philosophe américain, né à Wolcott (Connecticut) le 29 novembre 1799, est fils d'un petit fermier, et, étant encore enfant, voyagea comme colporteur dans les États du Sud. Suivant leur coutume, les planteurs lui offraient une cordiale hospitalité, et beaucoup d'entre eux, hommes instruits et intelligents, ayant remarqué les dispositions du petit colporteur à l'étude, lui prêtaient des livres qu'il dévorait. A son retour dans le Connecticut, renonçant à la vie errante, il entra comme instituteur dans une école d'enfants, puis, ayant imaginé une méthode d'enseignement nouvelle, il se rendit à Boston, où il ouvrit une école, en 1828. Mais sa méthode était en avance sur l'opinion publique, qui voulut persévérer dans les anciens errements ; les élèves manquèrent, et l'entreprise échoua. M. Alcott se rendit alors à Concord (Massachusetts) et se voua tout entier à l'étude de la théologie naturelle et à la recherche de méthodes rationnelles de réforme diététique et des institutions politiques et sociales. En 1842, il partit en Angleterre, où il étudia la méthode d'enseignement de Pestalozzi. Il revint en Amérique, accompagné de deux amis anglais, MM. Lane et Wright, dont le premier acheta à Harvard (Massachusetts) une ferme qui reçut le nom de *Fruitlands*, où ils entreprirent de fonder une communauté nouvelle ; mais ils ne réussirent point, et la ferme fut revendue. M. Alcott retourna alors à Concord, où il mena la vie d'un philosophe péripatéticien, faisant des conférences et des lectures publiques sur une foule de sujets, notamment la divinité, la nature humaine, la morale, la diététique, etc. Il a écrit dans le *Dial*, « magazine » de philosophie transcendantal publié à Boston, une série d'articles mystiques portant le titre de *Orphies Sayings* (1839-42) ; on a encore de M. Alcott : *Entretiens avec des enfants sur les Evangiles* (1836, 2 vol.) ; *Tablets* (1868), et *Concord Days* (1872), contenant des réminiscences de l'histoire de la ville de Concord.

ALCOTT, Louisa May, femme de lettres américaine, fille du précédent, née à Germantown (Pensylvanie), en 1833. Elle commença de bonne heure à écrire, et son premier ouvrage : *Fairy Tales* (Contes de fées), fut publié en 1855. Pendant la guerre de Sécession, elle entra comme infirmière dans un hôpital, ce qui lui permit de publier, en 1863, les *Croquis d'hôpital* (Hospital Sketches), extraits des lettres qu'elle avait écrites à sa famille au cours de ses fonctions. Elle devint, cette même année, collaboratrice de *l'Atlantic Monthly* de Boston. Mlle Louisa May Alcott a en outre publié plusieurs romans, parmi lesquels nous citerons : *Moods* (1864) ; *Morning Glories, et autres histoires*, nouvelles (1867) ; *Little Women* (1868) ; *An Old-fashioned Girl* (1869) ; *Little Men* (1871) ; *Work, a Story of Experience* (1873) ; *Cupid and Chow-Chow*, etc., nouvelles (1873) ; *Eight Cousins, or the Aunt Hill* (1875) ; *Silver Pitchers, et autres histoires*, nouvelles (1876) ; *Rose in bloom*, suite des *Eight Cousins* (1877) ; *Under the Lilacs* (1878) ; *Jack and jill* (1880) ; une série de courtes nouvelles sous le titre général de *Aunt Jo' Scrap Bag* ; *Spinning-wheel Stories*, nouvelles (1884), etc. — Les ouvrages de Mlle Louisa M. Alcott ont presque tous eu un très grand succès ; le tirage de l'ouvrage intitulé *Little Women (Les Petites Femmes)*, par exemple, aurait dépassé un million d'exemplaires en moins de dix ans.

ALCOVE, s. f. (esp. *alcoba*, par l'arab. *al koba*, même sens). Enfoncement d'une chambre à coucher où le lit est renfermé. — Hyg. Les hygiénistes condamnent absolument l'alcôve, qu'on a comparée à un marais d'air vicié.

ALCOY, ville manufacturière d'Espagne, sur la rivière du même nom, prov. et à 30 kil. N.-N.-O. d'Alicante. Pop. 27,000 hab. Elle est bâtie sur une éminence, dans une situation très pittoresque, à l'entrée d'une gorge de la Sierra de Mariola. Elle possède plusieurs édifices remarquables et de nombreuses fontaines publiques. Papeteries importantes, produisant annuellement plus de 200,000 rames de papier, dont 180,000 au moins de papier à cigarettes ; on y fabrique aussi des étoffes de laine grossières, draps, flanelles, etc.

ALCUDIA, ville d'Espagne (Majorque), à 50 kil. de Palma. Pop. 1,200 hab. Commerce de laine important. Centre de pêche pour le corail.

ALCUDIA DE CARLET, ville d'Espagne, prov. et à 28 kil. de Valence. Pop. 3,000 hab. Cette ville fut érigée en duché par Charles IV, en faveur de son ministre Manoel de Godoy.

ALCUDIA, Manoel de Godoy, comte d'Évoramente, duc d'Alcudia, *prince de la Paix*, ministre de Charles IV d'Espagne. — V. Godoy.

ALCUIN, Albinus, surnommé *Flaccus*, restaurateur des études de France au VIIIe siècle. Né en Angleterre, dans le comté d'York, vers 735, il fit ses études à York sous l'archevêque Egbert ; quelques auteurs lui donnent également pour maître Bede, mais, d'après les dates les plus généralement admises, si Alcuin était né avant la mort de Bede, c'est tout ; d'autre part, tandis qu'il parle de l'archevêque Egbert comme de son *maître bien-aimé*, Alcuin ne dit rien de Bede, quoiqu'il ne parle de lui qu'avec la plus grande vénération, qui autorise à croire qu'il l'ait même personnellement connu. On sait d'ailleurs peu de chose de la vie de l'illustre ecclésiastique avant son départ d'Angleterre ; on sait seulement qu'il succéda à Elbert comme directeur du séminaire d'York, et on croit qu'il était abbé de Cantorbéry. Envoyé à Rome par Eanbald, successeur d'Ethelbert au siège archiépiscopal d'York, pour chercher le *pallium*, il s'arrêta en passant à la cour de Charlemagne, qui apprécia ses mérites. A son retour, ayant rencontré l'empereur à Parme, celui-ci le décida à venir se fixer à sa cour, sa mission remplie (782). Alcuin fut fidèle à sa parole. Il commença par donner des leçons à l'empereur et à sa famille, ainsi qu'aux grands officiers de la couronne, et ce n'était pas sans besoin ; il leur enseigna la rhétorique, la logique, la théologie et les mathématiques. Une école ouverte sous les auspices de l'empereur dans son palais même d'Aix-la-Chapelle, d'où son nom d'*École palatine*. De semblables écoles furent ouvertes dans les principaux palais épiscopaux ou les monastères de Fulden, de Paris, de Tours, de Lyon, d'Orléans, de Saissons, etc. : les universités n'ont pas d'autre origine que ces écoles créées par Alcuin ou sous son influence. Il forma, en outre, de nombreux copistes et enlumineurs pour multiplier les manuscrits de l'antiquité choisis avec soin par lui-même ; on assure, toutefois, qu'il interdit dans ses écoles la lecture des poètes classiques. Il combattit avec ardeur la doctrine des *adoptiens* (V. ce mot), enseignée par Félix, évêque d'Urgel et Elipande, archevêque de Tolède, et fut la gloire d'amener le premier à se rétracter, après quelque temps entiers de dispute avec lui, à Aix-la-Chapelle (790). Alcuin fut chargé de diverses missions diplomatiques par Charlemagne, notamment auprès d'Offa, roi de Mercie, mais ce fut à cette occasion (790). Nommé abbé de Saint-Martin de Tours en 796, il se retira dans son abbaye en 801 ; il demeura en correspondance avec Charlemagne et continua son enseignement dans sa retraite jusqu'à sa mort, en 804. — Alcuin écrivit de nombreux traités sur une grande variété de sujets, principalement sur des questions théologiques, historiques et morales ; il a laissé aussi des lettres et quelques poèmes. Ses œuvres furent recueillies et publiées par Duchesne (Paris 1617, in-fol.). Froben en a donné une édition plus estimée (Ratisbonne 1777, 2 vol. in-fol.).

ALCYON, s. m. (gr. de *als*, la mer et *cuôn*, qui produit). Ornith. Nom que les anciens donnaient au martin-pêcheur, parce qu'ils croyaient que cet oiseau fait son nid sur les vagues de la mer. Linné a donné ce nom au genre d'oiseaux composé en grande partie de l'espèce qu'il désignait dans l'antiquité. — Zooph. Genre de polypes alcyoniens massifs.

ALCYONE, s. f. Astron. La plus brillante des six étoiles du groupe des Pléiades (troisième grandeur).

ALCYONIDE, s. m. Zooph. Genre de polypes alcyoniens fossiles.

ALCYONIEN, ENNE, adj. Appartenant à l'alcyon, ou ayant rapport à cet oiseau. — *Jours alcyoniens*. Se dit des sept jours qui précèdent et des sept jours qui suivent le solstice d'hiver, embrassant un intervalle pendant lequel, d'après une tradition ancienne nullement qu'inexacte, la mer est toujours calme, afin de permettre à l'alcyon de faire son nid.

— S. m. Zooph. Famille de polypes anthozoaires (M.-Edw.), divisée en pierreux, dendroïdes, libres, rampants et massifs, soit cinq tribus distinctes.

ALDAN, riv. de Sibérie (Yakoutsk), qui se jette dans la Lena à environ 160 kil. N.-E. de Yakoutsk. Son cours total est de 800 kil., dont la plus grande partie est navigable.

ALDAN (Monts), montagnes de Sibérie. Nom donné à une chaîne secondaire, embranchement de la chaîne principale des monts Stanavoï, qui se prolonge jusqu'à la rivière Aldan suivant les uns, jusqu'au détroit de Behring suivant d'autres.

ALDE. Prénom du chef de l'illustre famille des Manuzio, imprimeurs vénitiens aux XVe et XVIe siècles, par lequel on désigne fréquemment cette famille tout entière. *Les Aldes*. Par extension, on appelle aussi *des Aldes*, des ouvrages issus des presses célèbres de ces imprimeurs. — V. Manuce (Alde).

ALDÉBARAN, s. m. Astron. Etoile de première grandeur, dans l'œil du *Taureau*.

ALDEBURGH, ou Aldborough, petite ville d'Angleterre, sur la côte du Suffolk, à 30 kil. E.-N.-E. d'Ipswich. Pop. 3,000 hab. Ville importante jadis, mais considérablement réduite par les empiétements de la mer, Aldeburgh n'est plus aujourd'hui qu'une petite ville de pêcheurs, mais une station d'été très fréquentée. — C'est la patrie du poète Crabbe, qui y naquit le 24 décembre 1754.

ALDEGRAFF, Heinrich-Albrecht, peintre et graveur allemand (1502-1562). Il naquit à Paderborn (Westphalie) et s'établit de bonne heure à Soest. Élève d'Albert Dürer, Aldegraff s'était si bien approprié le style de son maître que, d'après certains critiques, on pourrait s'y tromper pour certains de ses ouvrages. Il s'agit surtout ici de ses gravures, d'après ses propres dessins le plus souvent, lesquelles l'ont fait surnommer l'Albert Dürer de la Westphalie. Quant à ses toiles, on en connaît peu d'authentiques, outre un portrait que possède le musée de Berlin ; celles des collections de Munich et de Vienne qu'on lui attribue ne seraient pas de lui.

ALDÉHYDES, s. m. pl. Chim. Composés organiques tenant à la fois des alcools et des acides.

ALDENHOVEN, petite ville de la Prusse rhénane, cercle et à 6 kil. S.-O. de Juliers, sur la Merzbach. Pop. 1,870 hab. Fabric. d'objets en bois sculpté. — Victoire des Autrichiens sur les Français le 1er mars 1793, et revanche des Français, commandés par Jourdan, le 2 octobre 1794.

ALDERMAN, s. m. (anglo-sax. *ealdorman*, de *cald*, vieux et *man*, homme). Titre donné chez les Anglo-Saxons aux comtes, gouverneurs de provinces et autres hauts dignitaires. — Aujourd'hui les *aldermen* (plur. d'*alderman*) sont en Angleterre, en Irlande et dans la principauté de Galles des officiers municipaux faisant pour un quart dans le chiffre des membres des conseils municipaux ; en Écosse, les baillis remplissent à peu près les aldermen. La cour des aldermen de Londres se compose de vingt-six membres, dont vingt-cinq élus à vie par leurs quartiers respectifs et le dernier par ses collègues ; ce sont de véritables magistrats, chargés de régler les affaires de la municipalité et ayant à ce sujet des attributions d'ordre judiciaire ; ils font en outre partie du conseil municipal. — Aux États-Unis, les aldermen forment des corps dont les attributions varient suivant les villes et les États ; en général, le corps des aldermen américains a des attributions d'ordre législatif plutôt que judiciaire, quoique dans quelques villes ils jouissent d'une autorité très étendue de cette dernière nature.

ALDERNEY. Nom anglais de la petite d'Aurigny, dans le canal de la Manche. — V. Aurigny.

ALDERSHOTT CAMP, vaste champ de manœuvre et campement permanent pour les troupes de toutes armes de l'Angleterre, fondé en mai 1855, sur les limites des comtés de Hamps et de Surrey, à 56 kil. S.-O. de Londres et à 6 kil. N. de Farnham, la ville la plus rapprochée. Les revues, les grandes manœuvres attirent dans la belle saison de nombreux Londonniens à Aldershott.

ALDIN, INE, adj. Qui se rapporte aux Aldes. *Caractères aldins*, caractères dits aussi *italiques*, et qui sont dus à Alde Manuce le vieux, célèbre imprimeur vénitien. *Editions aldines*, éditions imprimées par Alde Manuce ou ses successeurs.

ALDINI (comte), ANTONIO, homme d'Etat italien, né à Bologne (1756-1826). Il était professeur de droit à l'université de Bologne lors de l'organisation de la république cisalpine, dont il présida le conseil des Anciens; devint ensuite président du conseil d'Etat, puis ministre d'Etat du royaume d'Italie et comte de l'empire. Il avait acheté, près de Paris (porte de la Muette), le château de Montmorency; mais il dut le revendre après l'invasion de 1815, qui le lui avait rendu dans l'état le plus triste.

ALDINI, GIOVANNI, physicien italien, frère du précédent (1762-1834). Né à Bologne, il était appelé à la chaire de physique de l'université de cette ville en 1798, où il succédait à son ancien maître Camerzani; il fut un des membres fondateurs de l'Institut national italien et a beaucoup contribué à vulgariser les sciences physiques et leurs applications aux arts industriels. Possédant parfaitement les langues européennes principales, il publia de nombreux ouvrages à la fois en italien, en français et en anglais, sur le galvanisme, la vapeur, l'éclairage des phares au gaz, etc. Il s'occupa aussi de la fabrication d'un tissu d'asbeste, ininflammable. Ses travaux furent couronnés par l'Institut de France et par la Société royale de Londres, qui lui décerna sa médaille d'or; l'empereur d'Autriche le fit conseiller d'Etat à Milan et chevalier de la couronne de fer. Il mourut à Milan, le 17 janvier 1834, laissant une somme importante pour la fondation d'une école des sciences naturelles destinée à l'instruction des ouvriers de Bologne. — Les frères Aldini étaient neveux de l'illustre physicien Galvani.

ALDOBRANDINI, IPPOLITO, pape, d'une illustre famille florentine qui joua un rôle dans les luttes sanglantes dont Florence fut le théâtre, fut élu, en 1586, à la fuite élu pape après la mort d'Innocent IX, le 30 janvier 1592, et prit le nom de CLÉMENT VIII. Après avoir vu d'assez bon œil les exploits de la Ligue en France, il se rapprocha d'Henri IV, lui donna l'absolution en 1595 et resta son allié jusqu'à sa mort, arrivée le 3 mars 1605. Léon XI lui succéda au trône pontifical. — Clément VIII avait institué en 1597 la célèbre congrégation *de Auxiliis*, devant laquelle Thomistes et Molinistes, autrement dit Dominicains et Jésuites, disputèrent pendant dix mois sur la *grâce* et la *prédestination*, et disputeraient peut-être encore, si le pape Paul V n'y avait mis un ordre en renvoyant les parties dos à dos par un décret en date du 31 août 1607. — V. MOLINA (Luis).

Son frère aîné Giovanni ALDOBRANDINI (1525-1573), évêque d'Imola, puis cardinal, fut envoyé auprès des souverains chrétiens dans le but de former une ligue générale contre les Turcs, idée qui fut reprise par Clément VIII, mais qu'il ne put mener à bonne fin, pour diverses raisons.

ALDRICH, THOMAS BAILEY, poète et romancier américain, né à Portsmouth (New Hampshire) le 11 novembre 1836. Il se préparait à entrer au collège, quand la mort de son père vint s'opposer à la réalisation de ce projet, et le contraignit à accepter un emploi dans la maison de son oncle, négociant à New-York, où il demeura trois années. Pendant ces trois années, M. T. B. Aldrich avait commencé à écrire dans divers journaux de New-York, notamment dans le *Harper's Magazine*, dans l'*Atlantic Monthly*, etc., tant en vers qu'en prose. Il a publié les poèmes suivants: *the Bells* (1855); *the Ballad of Baby Bell, and other poems* (1856); *the Cours of true love never did run smooth* (1858); *Pampinea, and other poems* (1861); *Poems* (1865); *Cloth of Gold, and other poems* (1874); *Flowers and Thorns*, poésies (1876); *Lyrics and sonnets* (1880); *Friar's Jerome Beautiful Book* (1881), etc. Nous citerons parmi ses ouvrages en prose: *Daisy's Necklace and what came of it* (1857); *Out of his head, a Romance in prose* (1862); *the Story of a bad boy* (1869); *Margery Daw* (1873); *Prudence Palfrey* (1874); *The Queen of Sheba* (1877); *Stillwater Tragedy* (1880), etc. M. Thomas B. Aldrich est devenu rédacteur en chef de l'*Atlantic Monthly*, importante revue de Boston.

ALDROVANDI, ULISSE, célèbre naturaliste italien, d'une famille noble de Bologne (1522-1607). D'abord page chez un évêque, puis apprenti négociant à Brescia, il abandonna bientôt le commerce pour l'étude du droit et surtout de la médecine, d'abord à Bologne, puis à Padoue. Accusé d'hérésie, en 1550, il dut aller à Rome se justifier devant le tribunal de l'Inquisition, qui l'acquitta conditionnellement. Ce fut pendant son séjour à Rome qu'il publia son premier ouvrage, un traité sur la *Statuaire antique*. Il y fit en outre une rencontre qui décida de son avenir: celle du naturaliste français Rondelet. De retour à Bologne, en effet, nous le voyons se mettre avec empressement à l'étude de la botanique sous la direction de Lucca Ghino, professeur à l'université. En 1553, Aldrovandi reçut son diplôme de docteur en médecine. L'année suivante, il était nommé professeur de philosophie et chargé d'un cours de botanique à l'université, et en 1560, il était transféré à la chaire d'histoire naturelle, qu'il conserva tant que les infirmités de l'âge le lui permirent. Sur ses instances, le Sénat de Bologne établit, en 1568, un Jardin botanique dont il fut le premier directeur. Il fonda, en outre, le musée de Bologne, dont ses propres collections servirent à organiser les galeries d'histoire naturelle. Pour former ces collections, Aldrovandi parcourut les principales contrées de l'Europe; son seul herbier ne comprenait pas moins de 60 gros volumes in-fol. Entre autres fonctions confiées à Aldrovandi, nous citerons celles d'inspecteur des drogues, qui lui inspirèrent la publication d'un ouvrage intitulé *Antidotarii Bononiensis Epitome* (1574), modèle de toutes les pharmacopées qui suivirent et source où les auteurs de ces ouvrages durent puiser.

Les collections d'histoire naturelle rassemblées par Aldrovandi avaient été recueillies par lui, et à ses frais, comme matériaux d'un grand ouvrage qui devait comprendre toutes les connaissances acquises alors en histoire naturelle. Les trois premiers volumes, comprenant l'*Ornithologie*, furent publiés en 1599; trois autres, comprenant l'histoire des *Insectes* et des *Mollusques*, parurent encore pendant la vie de l'auteur, mais les sept autres furent préparés sur les notes d'Aldrovandi, sous la direction de ses élèves chargés de ce soin par le Sénat de Bologne. L'ouvrage était enrichi de nombreuses illustrations, exécutées, toujours aux frais de l'auteur, par des artistes célèbres au nombre desquels on cite Lorenzo Benini, de Florence, et Christophe Coriolanus, de Nuremberg. Ces dépenses énormes réduisirent de beaucoup la fortune personnelle d'Aldrovandi qui, d'après quelques auteurs, aidé Gui Patin et Moréri principalement, devenu aveugle et sans ressources, serait mort abandonné à l'hôpital celle fois. Il n'est pas improbable qu'il soit mort à l'hôpital, étant devenu aveugle en effet, mais par choix sans doute. Les archives de Bologne fournissent la preuve qu'il fut très libéralement secouru par le Sénat, qui, d'abord, doubla le chiffre de son traitement du professeur, et d'autre part lui alloua par intervalles des sommes dont le total s'élève à 40,000 couronnes; enfin c'est aux frais du trésor public que la publication de son *Histoire naturelle* fut achevée. — Cet ouvrage, dont l'absence de toute critique n'est pas le moindre défaut, n'a de véritable valeur scientifique que par ses dessins; il n'est pas entièrement sans mérite et on y trouve des observations sérieuses et nouvelles, mais noyées dans les fables grotesques que l'auteur s'est borné à extraire des anciens sans commentaire, ainsi que de quelques contemporains ou à peu près, tels que Rondelet, son premier maître probable. — Aldrovandi a laissé un certain nombre de manuscrits restés inédits, et nous avons déjà dit que ses collections sont allées enrichir le musée de Bologne. Il est mort le 10 novembre 1607.

ALE, *s. f.* (mot anglais. Pron. éle). Bière blonde anglaise, obtenue d'abord d'une infusion de malt fermentée, à laquelle on ajoute aujourd'hui du houblon, mais en moindre quantité que dans les autres variétés de bière. Le houblon ne fut introduit de Flandre en Angleterre qu'en 1524; avant cette date, l'Angleterre ne connaissait donc que l'*ale*, et le mot bière (*beer*) n'y fut d'abord employé que pour désigner la boisson obtenue de l'infusion du houblon.

ALEA, *s. m.* (lat. *alea*, même sens), sort, hasard, chance. *Je n'aime point ces sortes d'affaires, il y a trop d'alea*.

ALEA JACTA EST! mots latins dont la signification est: *Le sort en est jeté*, et que César prononça au moment de passer le Rubicon, en dépit de la loi, se mettant ainsi en rébellion ouverte contre le gouvernement de la République. De trop fréquentes allusions ont été faites à cette exclamation d'un ambitieux dénué de scrupules, pour qu'elle ne soit pas entièrement démodée.

ALEANDRO, GIROLAMO, surnommé l'*Ancien*, cardinal italien, savant lexicographe (1480-1542). Né à Motta, près de Venise, il fit ses études dans cette dernière ville et s'acquit déjà d'une grande réputation lorsqu'il fut appelé en France par Louis XII, en 1508, comme professeur de belles-lettres à l'université de Paris, dont il fut quelque temps recteur. Entré ensuite au service du prince-évêque de Liège, il fut envoyé par ce prélat en mission à Rome, où il fut retenu par le pape Léon X, qui le nomma bibliothécaire du Vatican (1519); l'année suivante, il fut envoyé en Allemagne pour représenter le pape au couronnement de Charles-Quint, et au printemps de 1521 il assistait à la diète de Worms où il combattit avec une vive passion les doctrines de Luther, réclamant contre le réformateur les mesures les plus violentes et proposant, du reste, l'édit par la diète et l'empereur adoptèrent en fin de compte. Erasme, qui avait été l'ami d'Aleandro à Venise, rompit avec lui de ce coup. Après la clôture de la diète, le nonce fut envoyé dans les Pays-Bas, où il fit élever sur sa route les bûchers de la persécution religieuse, en commençant par deux malheureux moines anversois, qu'il fit brûler à Bruxelles, et qui se trouvèrent ainsi les premiers martyrs de la Réforme. — Nommé, en 1523, archevêque de Brindisi et d'Oria par le pape Clément VII, il vint à Paris en qualité de nonce, suivit François Ier dans le Milanais et fut fait prisonnier avec lui à Pavie (1525): il obtint toutefois sa mise en liberté, moyennant une forte rançon. Il fut ensuite chargé de missions par le saint-siège, principalement auprès des princes allemands et en vue de les détacher de la Réforme, sans que cette fois il y réussit. En 1538, Paul III lui conféra le chapeau cardinalice. Il mourut à Rome, le 1er février 1542. — La bibliothèque vaticane possède un volume de lettres et autres documents écrits par Aleandro, à l'occasion de ses missions relatives à la Réforme, et qui ont une grande importance historique. On a aussi de lui des poésies latines très estimées, et enfin un *Lexicon græco-latinum*.

ALEANDRO, GIROLAMO, dit *le Jeune*, petit-neveu du précédent, jurisconsulte et archéologue (1574-1629). Il était secrétaire du cardinal Barberini et mourut d'indigestion. On a de lui un *Commentaire sur les Intutes de Caius*, des *Explications sur les antiques* et des poésies latines et italiennes d'un certain mérite.

ALEARDI, Gaetano Aleardo, poète et homme politique italien, né à Vérone (1810-1878). Il fit ses études à Vérone et à Padoue, prit part à tous les mouvements insurrectionnels ayant pour objet d'affranchir l'Italie du joug autrichien, passa en conséquence une partie de sa jeunesse et de son âge mûr en prison, semant avec son chemin ses poésies ardentes et passionnées; et, à partir de 1859, député au Parlement italien, puis sénateur. Il avait accepté la chaire d'esthétique à l'Académie des beaux-arts de Milan.—On a de lui : *Arnoldo Rocca* (1844); *Prime Storie* (1845); le *Monte Circello*, poème imité du *Childe Harold* de lord Byron (1846); *Lettere a Maria* (1848); *Raffaele e la Fornarina* (1857); *Ora della mia giovinezza* (1858); *Tristo dramma* (1859); *I Sette soldati*, avec une dédicace à Garibaldi (1861); *Canto politico* (1862), etc. Cette même année, une édition complète de ses œuvres poétiques fut publiée. — Il est mort à Vérone le 17 juillet 1878.

ALÉATOIRE, adj. Qui implique aléa. *Affaire aléatoire*, affaire dont les résultats dépendent de circonstances non prévues. Affaire chanceuse. — Jurispr. *Contrat aléatoire*, contrat dont les effets sont subordonnés à des événements hasardeux. Un contrat d'assurance est, par exemple, un contrat aléatoire au premier chef; la vente d'une récolte sur pied est par la même raison une vente aléatoire.

ALEATORIUM, s. m. Antiq. rom. Maison ou salle de jeu, où l'on faisait spécialement usage des dés.

ALEAUME, Louis, poète français du XVIe siècle (1525-1596). Il était de Verneuil, en Normandie, et fut lieutenant du roi au bailliage d'Orléans. On lui doit un certain nombre de poésies françaises et latines, publiées après sa mort par son fils; et l'on cite particulièrement de lui un poème latin intitulé *Obscura Claritas*.

ALECSANDRI, Vasili, poète, littérateur et homme politique roumain, d'origine vénitienne, né à Jassy, en juillet 1821. Ses études, commencées dans une école française de sa ville natale, furent continuées à Paris d'où, après s'être fait recevoir bachelier ès lettres, il retourna dans son pays en 1839. Imbu des idées politiques et littéraires qui prévalaient en France à cette époque, il s'empressa de s'associer à la « Jeune Roumanie », dont le rêve était précisément la régénération intellectuelle de son pays par l'introduction de ces idées. Sa première œuvre est la *Bouquetière de Florence*, publiée dans une revue de Jassy, la *Dacie littéraire*. Il a, depuis, publié dans divers recueils littéraires, un grand nombre de poésies et d'articles. Devenu en 1844 co-directeur des deux théâtres français et moldo-valaque de Jassy, il composa plusieurs pièces qu'il y fit représenter avec succès, entre autres : *George de Sadagoure*, *Jassy en carnaval*, la *Pierre de la maison*, la *Noce villageoise*, *Madame Kiriţza*, etc. Il fondait un même temps, avec son associé, l'ancien directeur de la *Dacie littéraire*, Cogolniceano, et avec Ion Ghika, une nouvelle revue, le *Progrès*, supprimée peu de temps après. Après un voyage dans l'archipel grec, une partie de l'Asie Mineure et de l'Italie, il revint à Jassy d'où le mouvement d'avril 1848, que suivit de près la révolution de Bucarest, et dans lequel il se trouva compromis, le força de s'expatrier une fois de plus. Il se rendit à Paris, où il se fit dans la presse l'énergique avocat de la cause moldo-valaque. Rentré dans son pays, il fonda, en 1855, la *Roumanie littéraire*, bientôt supprimée. Partisan de l'union des deux principautés, il composa, l'année suivante, une sorte de « Marseillaise » unioniste, intitulée *Hora de l'Union*. — Ce qui recommande tout particulièrement à l'estime publique M. Alecsandri, c'est l'acte par lequel, rendu maître de sa fortune par la mort de son père (1855), il affranchit d'un coup tous ses esclaves, exemple qui fut bientôt suivi par près de mille propriétaires d'esclaves, et qui ne fut pas sans influence sur la prompte détermination du prince Grégoire Ghika, dont le décret proclamait peu après l'affranchissement général. Membre du divan chargé de préparer la constitution moldo-valaque, à l'époque de la réunion des deux principautés (1857), M. Alecsandri fut appelé au ministère des affaires étrangères, dans le cabinet Ghika, en 1859. Il donna sa démission six mois après et se retira à Jassy en 1865. Il fonda dans cette ville une nouvelle revue, intitulée *Convorbiri literare*, à laquelle il collabora activement. — On a de lui : *Répertoire dramatique* (1852); *Ballades et chants populaires de la Roumanie* (1852), traduites en français par l'auteur et publiés ainsi à Paris en 1855; les *Doina*, poésies (1853), traduites en français par M. Voinesco (1855); le *Collier littéraire* (1857); les *Lacrimioare*, poésies, etc., etc.

ALECTON. Myth. L'une des trois Parques, fille de l'Achéron et de la Nuit, ou, suivant d'autres mythologues, de Pluton et de Proserpine.

À Tisiphone et Mégère,
Il préfèrera, on dit-on,
L'impitoyable Alecton.
(La Fontaine.)

ALECTRION. Myth. Confident du dieu Mars. Lucien rapporte que Mars l'avait chargé de veiller à la porte du palais de Vénus, pendant qu'il était en visite nocturne chez cette aimable déesse, afin que le Soleil ne vînt pas à les surprendre. Mais le confident s'endormit, et le Soleil, indigné, découvrit les deux amants à Vulcain, qui les prit dans un filet solide et convint tout l'Olympe à les contempler dans l'attitude même où il les avait surpris. Mars, furieux d'être ainsi donné en spectacle, ne pouvait cependant rien contre Vulcain : c'était bien assez de l'avoir trompé; il se rattrapa donc sur ce pauvre diable d'Alectrion, qu'il métamorphosa en coq. Et c'est depuis lors que le coq, craignant une nouvelle surprise du Soleil, a soin d'annoncer son lever une heure ou deux d'avance, même lorsqu'il ne doit pas se montrer de toute la journée.

ALECTRYOMANCIE, s. f. (gr. *alektor*, coq et *manteia*, divination). Art de prédire l'avenir au moyen d'un coq, et dont Rabelais fait donner, par Her Trippa, la description à Panurge dans les termes suivants : « Par *alectryomantie* : Je ferni ici un cerne galamentement, lequel je partirai, toi voyant aulcunement, en vingt-quatre portions égales. Sus chascunne, je figurerai une lettre de l'alphabet; sus chascunne lettre, je poserai un grain de froment; puis lâscherai par dedans mon beau coq vierge à travers. Vous voirrez, je vous affie, qu'il mangera les grains posez sus les lettres... » L'alectryomancie, très pratiquée par les Grecs, paraît l'avoir été davantage encore par les Romains du temps de l'Empire.

ALEGAMBE, Philippe, savant jésuite (1592-1652). Il naquit à Bruxelles, puis devint professeur de philosophie au collège de Gratz. Il fut plus tard nommé supérieur de la maison des Jésuites de Rome et secrétaire du général de son ordre. Il travailla principalement à la *Bibliothèque des écrivains de la Compagnie de Jésus*, commencée par Ribadeneira. On lui attribue, en outre, un certain nombre d'ouvrages, parmi lesquels : une *Vie de Cardan* (1630); *Mortes illustres et gesta eorum qui in odium fidei ab hæreticis vel aliis occisi sunt* (1657); *Heroes et victimæ charitatis Societatis Jesu* (1658). — Il mourut à Rome d'hydropisie, le 6 septembre 1652.

ALÈGRE (baron d'), Yves, chambellan de Charles d'Anjou, roi de Sicile. Il descendait d'une vieille et illustre famille de l'Auvergne. Ayant suivi Charles VIII à la conquête du royaume de Naples, il fut fait gouverneur de la Basilicate par celui-ci, et du duché de Milan par Louis XII. Enfin, en 1512, il était gouverneur de Bologne, lorsqu'il fut tué à la bataille de Ravenne.

ALÈGRE (marquis d'), Yves, arrière-petit-fils du précédent (1653-1733). Il se signala dans divers sièges et combats, dans les guerres d'Allemagne et de Flandre; fut blessé à Fleurus; s'empara de Bouchain en 1712; remplit diverses charges à la cour et fut fait maréchal de France le 2 février 1724. Il mourut à Paris le 9 mars 1733.

ALEMAN, Louis, dit le *cardinal d'Arles* (1390-1450). Né dans le Bugey, il devint successivement évêque de Maguelonne et archevêque d'Arles, puis fut créé cardinal par Martin V. L'un des présidents du concile de Bâle, en 1431, et chef du parti qui voulait maintenir la suprématie des conciles sur les papes, contrairement aux prétentions d'Eugène IV, ce fut sur sa proposition que ce dernier fut déposé et Félix V (Amédée de Savoie) élu à sa place (1439). Eugène déclara le concile de Bâle schismatique et dépouilla Aleman de toutes ses dignités ecclésiastiques. Quoique le duc de Savoie, devenu antipape, eût abdiqué peu après, sur les conseils mêmes d'Aleman, ce ne fut qu'après la mort d'Eugène (1447) que ce dernier fut réintégré dans ses charges et dignités, par Nicolas V. — Une gloire autrement éclatante était réservée au cardinal d'Arles : il fut canonisé par Clément VII, en 1527.

ALEMAN, Matteo, écrivain espagnol du XVIe siècle, auteur du célèbre roman intitulé *Guzman d'Alfarache* (Madrid, 1599). On ne sait rien de sa vie, sinon qu'il était de Séville, occupa longtemps le poste de contrôleur des finances sous Philippe II et est mort au Mexique dans les premières années du XVIIe siècle.

ALEMANNI, s. m. pl. Nom d'une confédération de tribus germaniques établie sur les rives du Rhin supérieur. Dion Cassius est le premier qui en fasse mention. Il rapporte que Caracalla les battit sur les bords du Mein, en 213 av. J.-C., d'où il prit le surnom d'*Alemannicus*. Ennemis à la fois des Gaulois et des Romains, ils tiraient surtout mailte à partir avec ces derniers, qui n'ont tout compte que des résultats ou ils furent victorieux, sans toutefois pouvoir les déloger du pays qu'ils avaient choisi, entre le Mein et le Danube. Sous le règne d'Aurélien, en 270, ils se voulurent envahir l'Italie, mais furent repoussés. Plus tard, ils recommencèrent cette tentative, envahirent et saccagèrent la Gaule à plusieurs reprises, et furent à la fin taillés en pièces par l'empereur Julien (357), près de Strasbourg, où leurs forces étaient réunies au complet sous le commandement de sept chefs. Ils n'étaient cependant pas anéantis, à beaucoup près, puisqu'un siècle plus tard, nous les voyons établis dans la Souabe, l'Alsace et la Suisse septentrionale où, malgré leur défaite par Clovis, à Tolbiac (496), ils ont évidemment laissé de nombreux descendants.

ALEMBERT (d'), Jean le Rond, célèbre géomètre et littérateur français (1717-1783). Fils naturel du chevalier Destouches, commissaire d'artillerie et de Mme de Tencin, il naquit à Paris le 16 novembre 1717, fut abandonné le jour même de sa naissance à la porte de l'église Saint-Jean-le-Rond; placé alors chez la femme d'un vitrier, il passa dans cette condition les premières années de sa vie. Tendrement aimé par sa mère adoptive, d'Alembert ne fut pas complètement tiré des plis du foyer; aussi gardait-il pour celle qui l'avait adopté une véritable reconnaissance. On raconte que sa mère, après ses premiers succès, désirant se rapprocher de lui, le fit prier de venir la voir; d'Alembert ne se rendit à cette invitation qu'avec répugnance; sa mère recevant l'accompagna, la jeune homme lui dit : « Mais je suis votre mère ! » — « Vous, ma mère ! Non : ma mère la voici, je n'en connais point d'autre. » Ce disant, il se jeta dans les bras de la bonne femme qui l'avait élevé et l'embrassa en pleurant. Et, comme nous le disions tout à l'heure, il n'eut toujours cette femme, habita longtemps avec elle; devenue veuve et ayant perdu le peu qu'elle avait, d'Alembert tint la promesse qu'il lui avait faite de ne la jamais abandonner. — Seulement, l'histoire de sa rencontre avec sa vraie mère n'est qu'une fable; Mme de Tencin n'étant pas femme à provoquer cette rencontre, ni à se glorifier des succès académiques de son fils. Son père seul lui montra de l'intérêt, en lui servant une pension de 1,200 livres pour l'aider à faire son éducation, mais sans se faire connaître. Né mathématicien, le jeune d'Alembert n'attendit pas la maturité de l'âge pour montrer ses talents. A dix ans, le professeur auquel il avait été confié déclara n'avoir plus rien à lui enseigner. Alors on le fit entrer au collège Mazarin, où il acheva ses études avec distinction; à sa sortie, son penchant pour la géométrie se révéla tout à fait. Il avait à peine vingt-deux ans (1739), lorsqu'il adressa à l'Académie des sciences son premier mémoire : *Sur le calcul intégral*, suivi d'un autre : *Sur la réfraction des corps solides* (1741), qui ne fit admettre au nombre des membres de la docte assemblée. De nombreux travaux suivirent, qui augmentèrent en peu de temps sa renommée. Parmi les plus intéressants, on cite : *Traité de Dynamique* (1743). D'après le principe énoncé dans cet ouvrage, les recherches les plus difficiles de la dynamique ne sont plus que de simples questions d'équilibre ; c'est une règle fondamentale qui a beaucoup simplifié la résolution des problèmes de dynamique. *Mémoire sur la cause générale des vents* (1746), qui valut à son auteur le prix de l'Académie de Berlin, académie où d'Alembert fut reçu par acclamation. *Recherches sur la précession des Equinoxes* (1748). *Essai d'une théorie nouvelle sur la résistance des fluides* (1752). De 1754 à 1756 : *Recherches sur divers points importants du système du monde* (3 vol.). Viennent ensuite une collection de mémoires sur les sujets les plus variés, réunis sous le titre d'*Opuscules mathématiques* (1761-1780, 8 vol.) et les *Eléments de musique* (1762). Il s'associa avec son ami Diderot pour la publication de l'*Encyclopédie*, pour laquelle il écrivit un *Discours préliminaire* qui est un véritable tableau des progrès de l'esprit humain à travers les âges, renversant tous les obstacles pour arriver à la connaissance de la vérité philosophique. L'*Encyclopédie* lui doit, en outre, un grand nombre d'articles scientifiques et quelques-uns d'histoire et de littérature ; enfin, il se chargea d'en revoir tous les articles de mathématiques et beaucoup de physique. En 1754, d'Alembert entrait à l'Académie française, succédant à l'évêque Surian; il en devint le secrétaire perpétuel en 1772. Dans cette situation, il rédigea les *Eloges historiques* des académiciens morts de 1700 à 1770. Avec cet ouvrage et le *Discours préliminaire*, l'œuvre littéraire de d'Alembert se compose des *Mélanges de philosophie et de littérature*, de l'*Essai sur les gens de lettres*, des *Eléments de philosophie*, du *Discours sur la suppression des Jésuites* et des *Mémoires sur Christine de Suède*. D'Alembert fut, sans contredit, l'une des gloires du XVIIIe siècle, et des plus pures; ce fut, en outre, un grand caractère dans toute la force du terme. Il aimait à soulager l'infortune et le faisait noblement. Tout à fait désintéressé, de nombreux incidents de sa vie le démontrent jusqu'à l'évidence. Frédéric II lui offrit, après la mort de Maupertuis (1759), la présidence de l'Académie des sciences de Berlin ; il la refusa. Ce fut ensuite l'impératrice de Russie, Catherine, qui vint lui proposer la charge de précepteur du prince héritier, avec 100,000 livres de traitement annuel et d'autres avantages : elle en fut également pour ses frais, d'Alembert était de ceux qui n'ont pas besoin d'argent et que les gros chiffres effrayent plus qu'ils ne les attirent, quoique mathématicien. La Harpe a, du reste, peint l'homme en ces termes : « Il avait de la malice dans l'esprit, mais de la bonté dans le cœur ; et si on lui a reproché des traits d'humeur ou de prévention, il était incapable de la fausseté et de la méchanceté que Rousseau, son injuste ennemi, lui a très injustement attribuées. Il remplit constamment tous les devoirs de l'amitié et de la reconnaissance ; ceux, les uns et les autres, jusqu'au dévouement ; ceux de ses places académiques, avec une régularité qui était de zèle et de goût, et ceux de l'humanité et de la bienfaisance, avec une simplicité qui était dans son caractère. Ses libéralités ne se bornaient pas à cette classe de jeunes littérateurs dont les premiers travaux ont souvent besoin de secours de toute espèce ; elles descendaient tous les jours jusqu'à cette classe ignorée qu'on appelait par là lui en conformité d'état, et qu'on ne va jamais chercher que par le désir de faire du bien. Si les potentats de l'Europe le connaissaient par son génie, le peuple indigent ne le connaissait que par des bienfaits qu'il lui avaient appris à son nom, et qu'il ne pouvait payer que par des bénédictions et des larmes. » Sa longue intimité avec Mlle de Lespinasse, autre preuve de son parfait désintéressement, a fait dire qu'il ne put survivre à cette amie tendrement aimée. Rien de plus vraisemblable, si d'Alembert n'eût été atteint d'une cruelle maladie, la pierre, dont en réalité il mourut le 23 octobre 1783; et Mlle de Lespinasse était morte en 1776. Son éloge (celui de d'Alembert) fut prononcé à l'Académie des sciences par Condorcet.

ALEMTEJO, prov. de Portugal, bornée au N. par la prov. de Beira, à l'E. par l'Andalousie et l'Estramadure espagnole, au S. par l'Algarve et à l'O. par l'Estramadure portugaise et l'Atlantique. Superf. 24,400 kil. car. Pop. 338,000 hab. Cette province est traversée par une chaîne de montagnes dont l'élévation ne dépasse guère 600 m., sauf le sommet principal de la Sierra de Monchique, qui atteint 1,240 m. d'altitude. Les principales rivières sont : la Guadiana, qui traverse la frontière espagnole et se dirige vers le sud ; le Sado, qui descend de la Sierra de Monchique ; et au nord, le Soro et le Zatas, affluents du Tage. Il y a de grandes plaines, dont celle d'Alemtejo, au S.-O., la plus vaste de tout le royaume, et celle d'Ourique, au S. Le climat des parties basses de la province est chaud, et malsain, dans les régions marécageuses, en été. Dans le sud se trouvent de vastes forêts de chênes, de sapins, de noyers, d'ormes, de chênes-lièges, etc. ; vers la frontière espagnole le sol est fertile, et l'on y cultive principalement la vigne, le figuier, le citronnier, le grenadier, etc. ; on y récolte le froment, l'orge, le maïs, le riz. On s'y livre un peu aussi à l'élève du bétail, des chèvres, des cochons, des ânes et des mulets. L'industrie de la province est à peu près limitée à la fabrication d'huile d'olive d'excellente qualité et à celle de la poterie de terre ; outre quelques fabriques de draps et quelques tanneries. Jambons réputés. — L'Alemtejo est divisée administrativement en trois districts, Beja, Evora et Portalegre, comprenant 50 communes et 315 paroisses. Les villes principales sont Evora, Portalegre, Elvas, Beja, Estamos et Moura. Quoique bornée par l'Atlantique à l'ouest, l'Alemtejo ne possède aucun port de quelque importance.

ALENÇON, ville de France, ch.-l. du départ. de l'Orne, située dans une plaine

Alençon.

vaste et fertile, au confluent de la Sarthe et de la Briante, à 193 kil. O. de Paris. Pop, 17,237 hab. Lycée, tribunaux de 1re instance et de commerce, musée. Eglise cathédrale de Notre-Dame, édifice gothique du XVIe siècle ; églises de Saint-Léonard, même époque et de Monsort, construct. moderne. Hôtel de ville, bâti en 1783, sur l'emplacement de l'ancien château d'Alençon dont trois tours ont été conservées; hôtel de la préfecture. Alençon est une ville propre, régulièrement bâtie sur de larges rues, mais un peu triste. Fabriques de dentelles de « point d'Alençon », de toile, de mousseline, de bougran, blanchisseries, tanneries, taille de cristaux de quartz dits « diamants d'Alençon » trouvés aux environs ; cidre renommé. Commerce de chevaux.

— HIST. Ancienne capitale des Auierques, elle fit partie de la IIe Lyonnaise sous la domination des Romains, puis du roy. de Neustrie sous celle des rois francs et jusqu'à l'invasion normande. Charles le Simple l'enleva aux Normands au commencement du Xe siècle. En 1025, elle tomba en la possession des seigneurs de Bellême, qui l'agrandirent et la fortifièrent, fut prise par les Anglais en 1136, puis cédée à Philippe-Auguste, par la comtesse Alice, en 1221 ; malgré cela, Français et Anglais continuant à se disputer cette ville, les comtes d'Alençon, jusqu'à la fin du XIVe siècle, époque de la création du duché d'Alençon, tinrent tour à tour pour le roi de France ou pour le roi d'Angleterre, qui se l'arrachèrent l'un à l'autre une demi-douzaine de fois. Le duché d'Alençon fut définitivement réuni à la couronne de France en 1525. Quant à la ville, elle eut beaucoup à souffrir encore des guerres de religion, tomba au pouvoir des Ligueurs en 1589 et fut reprise par Henri IV l'année suivante ; les Vendéens s'en emparèrent en 1793, mais Marceau les en chassait quelques jours plus tard. Enfin, le 17 janvier 1871, un corps d'armée allemand commandé par le grand-duc de Mecklembourg-Schwerin entrait dans Alençon, après avoir été tenu deux jours en échec par le général Lipovski, à la tête des habitants de l'Orne et de la Mayenne appuyés par un corps de francs-tireurs. Furieux de cette résistance, le général prussien imposa une contribution de 300,000 fr. aux habitants, en plus des réquisitions ordinaires en grains, fourrage, bestiaux et autres provisions. — Alençon est la patrie du procureur de la Commune Hébert, dit le *Père-Duchêne*, du girondin Valazé, du chirurgien Desgenettes et du naturaliste La Billardière.

— **Alençon** (Point d'). Dentelle très fine, dont la fabrication fut introduite à Alençon par Colbert, avec l'aide d'ouvrières vénitiennes (1666). Avant Louis XIV, dit M. Edouard Didron, Valenciennes, Aurillac et les environs de Paris produisaient des types de dentelles assez intéressants dès la Renaissance. Mais la Flandre, Gênes et Venise avaient le monopole des dentelles précieuses... Colbert se décida enfin à attirer en France des ouvriers de Venise pour essayer d'enlever à la reine de l'Adriatique sa suprématie incontestée. De ce fait important, on le sait, date le *Point d'Alençon* ou *Point de France*.» Le point d'Alençon est fait entièrement à la main, avec du fil de lin dont le prix varie, suivant le degré de finesse, de 200 fr. à 6,000 fr. le kilogr., chiffres qui peuvent donner une idée de la richesse des dentelles exécutées avec ces fils. En 1859, une robe en point d'Alençon fut payée 200,000 fr. par Napoléon III; l'impératrice en fit présent à Pie IX, après l'avoir fait tailler en rochet. Nous avons dit que cette dentelle se fait toute à la main ; aussi qu'une ouvrière n'exécute à la fois que de petites bandes de 20 à 30 centimètres de longueur, lesquelles sont ensuite « rattachées » ensemble par des coutures invisibles. Une aiguille, une petite pince constituent tout l'outillage.

ALÈNE, s. f. (esp. *alesna*). Poinçon d'acier courbé et très aigu dont se servent les cordonniers, les selliers et les bourreliers pour percer le cuir d'un trou où ils passent la soie du fil ligneux, dans l'exécution d'une couture. Ces ouvriers emploient des alènes d'une assez grande variété de grosseur et même de courbure, emmanchées de bois tourné; les manches des grosses alènes sont arrondis à leur extrémité, afin d'y appuyer la paume de la main au besoin.

ALÉNIER, *s. m.* Fabricant d'alènes.

ALÉNOIS, *adj.* (Corruption d'*Orlenois*, qui est une première corruption d'*Orléanois*). Un poète du XIII° siècle, Guillaume de Villeneuve, dans son *Dict. des Crieries de Paris*, fait figurer en effet, à côté l'un de l'autre, le *cri* du cresson de fontaine et celui du cresson *orlenois*; l'étymologie n'est donc pas douteuse. Bot. *Cresson alénois* ou *cresson de jardin*. Plante crucifère, appelée aussi *passerage* cultivé, à feuillage découpé et à saveur âcre et piquante, dont on assaisonne les salades.

ALENTI, IE, *part. pas.* de ALENTIR.

ALENTIR, *v. a.* Rendre plus lent. *Alentir son pas.*

— S'ALENTIR, *v. pr. Mon ardeur s'alentit en présence de tant d'indifférence.*

ALENTOUR ou **A L'ENTOUR**, *adv.* Aux environs, dans le sens de AUTOUR. *Tourner alentour. Les gens d'alentour.* L'Académie regarde comme vieillie la forme *à l'entour de* et préfère *autour de.*

ALENTOURS, *s. m. pl.* Environs. Lieux circonvoisins. *La ville est laide, mais ses alentours sont charmants. Les alentours sont infestés par les éclaireurs de l'ennemi.* — En parlant des personnes, il se dit aussi de ceux qui vous entourent et sont en relations constantes avec vous. *Ce n'est pas lui que je crains, mais ses alentours.*

ALÉOUTIENNES (ILES), groupe de petites îles qui se trouvent au nord de l'océan Pacifique, et ainsi nommées du russe *aleut*, qui signifie rocher escarpé. Cet archipel s'étend de la péninsule de Kamtchatka (Asie russe) au promontoire d'Alaska (Amérique septentrionale). On le divise quelquefois en trois groupes distincts : le groupe Aléoutien proprement dit, à l'est; le groupe Andreanovien, au centre; et les îles des Renards, plus approchées de l'Alaska. Ces îles Aléoutiennes furent découvertes en 1728, et explorées avec soin par une expédition ayant à sa tête le capitaine Krenitzin en 1760; lors de son dernier voyage, en 1778, Cook visita la partie orientale de l'archipel, détermina les positions des principales îles et corrigea les erreurs des navigateurs qui l'avaient précédé. Enfin les Russes y établirent des comptoirs de pelleterie en 1785. Toutes ces îles sont, en général, montagneuses; elles sont évidemment d'origine volcanique et plusieurs ont encore des volcans en activité. Le groupe le plus important est celui des Renards, dont les îles principales sont Unimak et Ounalaska. Le sol, peu fertile, ne produit qu'une végétation misérable : quelques racines alimentaires, des aunes, des bouleaux, des saules nains, impropres même à la construction, réduite à s'emparer des bois jetés sur les côtes par la mer. L'industrie des Aléoutiens se borne à la pêche, à la chasse et à la fabrication des engins nécessaires à l'une et à l'autre. Pour alimenter les comptoirs de pelleteries établis sur divers points du groupe en 1785, la chasse du renard arctique, de la loutre de mer et du phoque y est très active. La plupart des îles Aléoutiennes se complète par l'élan et le chien arctique. La population native s'élève à peine à 8,000 habitants. — Les indigènes appartiennent évidemment à la même race que les habitants du Kamtchatka; quoique convertis au christianisme par les missionnaires de l'Eglise grecque, ils sont polygames et adonnés à l'intempérance. — Ces îles ont été cédées aux Etats-Unis, en même temps que l'Alaska, en 1867.

ALEP, ville de Syrie, ch.-l. du vilayet du même nom, situé à l'extrémité N.-O. du grand désert de Syrie, à 112 kil. E. de la Méditerranée et à 200 kil. N.-N.-E. de Damas, sur l'emplacement de l'antique *Berœa*, dont on trouve de magnifiques ruines à l'O. de la ville moderne. Après la destruction de Palmyre, cette ville devint le grand centre du commerce entre l'Orient et la Méditerranée. En 638, les Sarrasins s'en emparèrent; saccagée par les Tartares, notamment en 1260 et 1401, elle tomba au pouvoir des Turcs en 1517. — Alep est bâtie sur huit

Alep.

éminences entourées de montagnes élevées, au delà desquelles s'étendent des plaines fertiles. Le Koïk (anc. *Chalus*) la traverse, inondant assez fréquemment les jardins qui l'avoisinent. Une muraille de plus de 12 mètres de hauteur, bâtie par les Sarrasins, entoure la ville; elle est flanquée de tours et percée de sept portes. Avant le grand tremblement de terre de 1822, Alep était la plus belle et surtout la plus propre de toutes les villes turques; elle perdit dans cette catastrophe les deux tiers de ses habitants, sans compter la citadelle, plusieurs mosquées et une grande partie des édifices et maisons particulières entièrement ruinées. C'est encore une ville très remarquable, possédant de nombreuses mosquées, plusieurs belles églises chrétiennes, une nouvelle citadelle, des écoles turques, des bibliothèques, de beaux bazars, des hôpitaux, plus de 200 fontaines publiques, etc. Alep est la résidence d'un évêque maronite et de patriarches grecs et arméniens. L'eau est distribuée dans la ville par un aqueduc qui l'apporte d'une distance de 13 kil. Le charme principal d'Alep réside dans ses jardins arrosés par le Koïk, lesquels produisent en abondance des herbes potagères, légumes de toute sorte, fruits variés, et surtout la noix pistache, que l'on débite d'une culture particulièrement soignée. Le climat d'Alep n'est pas insalubre, l'air y est vif et sec; les habitants, toutefois, ainsi que ceux des environs, sont sujets à contracter, principalement dans leur enfance, ce que l'on appelle le *clou* ou *bouton d'Alep*, sorte de furoncle, paraissant à la face de préférence; cette affection dure un an et n'est pas ordinairement fatale : on y voit quittée pour les cicatrices plus ou moins profondes qui défigurent tous les Alepins; on l'attribue à la mauvaise qualité de l'eau, mais aucune étude sérieuse n'a été faite encore pour s'en assurer. La peste, d'autre part, rend de trop fréquentes visites à cette ville : en 1797, elle lui enlevait 60,000 habitants; elle revint y exercer des ravages presque aussi terribles en 1827 et beaucoup moindres en 1876. Outre celui de 1822, signalé plus haut, un nouveau tremblement de terre acheva presque de ruiner Alep en 1830. C'est à la suite de cette double catastrophe que fut bâtie en dehors des murs une sorte de banlieue irrégulière qui porta à 12 kil. la circonférence de la ville. Le choléra de 1832 y exerça également ses ravages. Toutes ces circonstances amenèrent une dépopulation considérable. Alep, qui comptait plus de 200,000 habitants au commencement de ce siècle, en a moins de 100,000 aujourd'hui, dont environ 16,000 chrétiens, 5,000 juifs et le reste musulmans. Les chrétiens ont en plusieurs fois à souffrir du fanatisme de ces derniers. En 1850 et 1860, notamment, le sang chrétien fut versé, et il fallut l'intervention de la force armée pour faire cesser les désordres qui, en 1850, causèrent une perte matérielle de 25 millions.
— Alep avait, au moyen âge, une grande importance commerciale; elle a encore aujourd'hui de relations de commerce avec Diarbékir, la haute Anatolie, et même Moussoul et Bagdad, qui y envoient, ainsi que d'autres contrées du Levant, leurs caravanes, tandis que d'autres caravanes y apportent les marchandises importées d'Europe et d'Amérique, des ports d'Alexandrette et de Lattaklé. Son industrie consiste principalement en tissus de coton, coton et soie, laine et soie (dépine), coton, soie et or ou argent; tissus imprimés, mousseline, tapis, ceintures, manteaux; corderies, teintureries, savonneries, etc. Outre ses tissus, Alep exporte la laine, le coton, les poils de chameau, la soie, les éponges, grains, huile, pistaches, scammonée, noix de galle, cire, tabac, etc.; les importations portent sur les objets manufacturés d'Europe et les produits naturels des colonies. Le commerce général de la province atteint 38 millions de francs en moyenne.

ALEPH, *s. m.* Première lettre de l'alphabet sémitique. — V. A.

ALÉPINE, *s. f.* Etoffe à chaîne de soie sur trame de laine, jadis fabriquée exclusivement à Alep.

ALERIA, Géogr. Anc. ville importante et capitale de l'île de Corse, bâtie par les Phocéens fuyant la domination de Cyrus, leur vainqueur, à l'embouchure du fleuve Rhôtane (le Tavignano), sur la côte E. Cette ville tomba au pouvoir des Carthaginois, puis à celui des Romains après la première guerre punique, et devint colonie romaine sous la dictature de Sylla. Ce n'est plus, aujourd'hui, qu'un hameau de pêcheurs, comptant une soixantaine d'habitants et entouré de ruines magnifiques, témoignage du passé glorieux de l'antique Aléria.

ALÉRION, *s. m.* (lat. *ales*, oiseau). Blas. Aiglon sans bec ni pattes, aux ailes étendues ou baissées, dont la présence sur l'écu rappelle une victoire remportée.

ALERTE! *interj.* (ital. *all'*, à la, et *erta*, flanc d'une montagne qu'il faut gravir. Etym. douteuse). Debout! Attention! Au secours! *Alerte! voici l'ennemi. Alerte! le misérable va nous échapper.*

ALERTE, *s. f.* Inquiétude soudaine. Appel à la vigilance, appel de secours. Sonnerie du clairon de service dans les tranchées pour annoncer un mouvement offensif de l'ennemi, et que le soldat, dans son langage pittoresque, traduit ainsi : *On m'assassi...ne! Sonner l'alerte. A la première alerte, nous prendrons la porte.*

ALERTE, *adj.* Vigilant, attentif, toujours sur ses gardes, agile, vif. *Un garçon alerte et éveillé nous attendait. C'est un vieillard alerte et bien portant malgré les années. X... est très alerte à profiter de l'occasion.*

ALÉSAGE, *s. m.* Techn. Action d'aléser et son résultat.

ALÈSE, *s. f.* V. ALÈZE.

ALÉSÉ, ÉE, *part. pas.* de ALÉSER.

ALÉSER, *v. a.* Elargir circulairement la cavité intérieure d'un cylindre, d'une pièce de canon, d'un tube, d'un simple trou rond, au moyen d'outils spéciaux appelés *alésoirs*.

ALESIA, ville de la Gaule celtique, capitale des Mandubiens, dernier rempart de l'indépendance gauloise, célèbre par le long siège qu'y fit soutenir contre les Romains en l'an 52 av. J.-C., et dont l'emplacement actuel est indiqué diversement. — V. ALAISE, ALISE et ALIZE.

— HIST. Après la défaite des Romains sous les murs de Gergovie, la Gaule jugea César consentir à accepter, par impossibilité de faire autrement sans doute, la Gaule tout entière releva la tête; tous les peuples, sauf les Rèmes et les Lingons, embrassèrent la cause nationale, dans laquelle ils avaient perdu toute confiance. Une confédération se réorganisa, et dans une assemblée tenue à Bibracte (Autun), le vainqueur de Gergovie,

Vercingétorix, fut confirmé dans le commandement suprême. Impatient d'exterminer ses ennemis harassés, le jeune chef réunit 80,000 fantassins et 15,000 chevaux, avec lesquels il voulait leur couper toute communication avec la Province romaine (la Provence), tandis qu'il occuperait celle-ci de son propre salut en envoyant contre elle un corps d'armée spécial. Ce dernier ne réussit point à passer le Rhône. Quant au corps principal, commandé par Vercingétorix, il vint prendre position en face de l'armée de César, à temps pour l'arrêter, s'il était possible, et lui livra bataille aussitôt, près des rives de la Saône. Cette bataille, chacun la voulait décisive; aussi y mit-on de part et d'autre un acharnement sauvage. César faillit être fait prisonnier dans l'action. Un soldat gaulois l'emportait sur son cheval, tout armé, lorsqu'un autre Gaulois, probablement un faux Gaulois, lui cria d'un ton impératif de le lâcher (*Cæcos Cæsar!*). Le cavalier obéit, et l'épée de César seule resta prisonnière des Gaulois, qui furent écrasés dans cette fatale journée où la fortune s'était un moment déclarée si nettement pour eux. Vercingétorix, rassemblant à la hâte les débris de son armée, alla s'enfermer dans la ville d'Alesia, capitale des Mandubiens, dont la situation n'est pas clairement établie, malgré l'érection de la statue colossale de Millet sur le plateau d'Alise-Sainte-Reine. « Cette place, dit César, était située au sommet d'une colline si élevée qu'il fallait un siège pour la prendre. Deux rivières en baignaient les pieds de deux côtés différents. Une plaine d'environ 3,000 pas de long s'étendait devant la ville, que des collines assez rapprochées et d'égale hauteur entouraient sur tous les autres points; sous la muraille, le versant oriental de la colline était entièrement couvert de troupes gauloises, protégées par un fossé et un mur en pierres sèches de 6 pieds de haut. La ligne de circonvallation que tracèrent les Romains formait un circuit de 11,000 pas. Le camp était dans une position avantageuse; on y construisit vingt-trois forts dans lesquels étaient placées des portes pour parer aux attaques soudaines. » Avant l'investissement complet, Vercingétorix avait renvoyé nuitamment tous ses cavaliers dans leurs pays avec mission d'enrôler tous les hommes en état de porter les armes, pour former une armée de secours qui devait arriver promptement, car la place n'avait plus que pour quinze jours de vivres. Toutefois, le jeune chef prit des dispositions pour faire durer le double ces provisions insuffisantes. — Il s'était passé plus de trente jours depuis le départ des cavaliers gaulois, et la famine sévissait dans toute son horreur à Alesia quand l'armée de secours, forte de 240,000 fantassins et 8,000 cavaliers, fit son apparition. L'action s'engagea par un combat de cavalerie dans lequel, après avoir eu le dessus, les confédérés furent battus et mis en déroute par les auxiliaires germains de César. Après s'y être préparés le jour suivant, les Gaulois de l'armée de secours se précipitèrent, la nuit venue, sur le camp romain, pendant que les assiégés faisaient une sortie. La lutte dura toute la nuit, mais au point du jour les Gaulois étaient de nouveau repoussés. Le temps pressait. On en était arrivé à ce point, à Alesia, qu'il n'y avait plus à choisir qu'entre la mort par la faim et la mort sur le champ de bataille. Une attaque générale fut donc résolue pour le surlendemain. Du côté de l'armée de secours, on forma un corps d'élite de 60,000 hommes, sous le commandement de l'Arverne Vergasillaunn, parent de Vercingétorix, qui prit position sur une colline que les Romains, à cause de son étendue, n'avaient pu comprendre dans leurs travaux d'investissement. Tandis que Vercingétorix exécutait une sortie désespérée, Vergasillaunn attaquait les Romains par ce côté faible de leurs retranchements. L'action, engagée vers midi, fut longue et meurtrière. César n'en avait encore soutenu aucune qui pût être comparée à celle-là. Mais la discipline de son armée aguerrie, plus encore que son génie militaire, finit par avoir raison des héroïques efforts des Gaulois. Un moment, le camp romain fut envahi à la fois par les troupes de Vergasillaunn et par les assiégés; mais ils ne purent se rejoindre et durent battre en retraite. Vergasillaunn, poursuivi par la cavalerie ennemie, fut fait prisonnier et son armée taillée en pièces. Les assiégés rentrèrent découragés dans leur ville; le reste de l'armée de secours leva le camp en toute hâte et disparut. C'en était fait de l'indépendance gauloise. Les assiégés, abandonnés, ne pouvaient plus résister. Tout était perdu. — La lutte avait duré sept mois!

Vercingétorix assembla les chefs, non pour les encourager à la résistance, pour les leurrer de vaines espérances, mais pour leur faire le sacrifice de sa vie. Il leur dit qu'il n'avait pas entrepris cette guerre dans un but d'intérêt personnel, mais pour la défense de la liberté commune; que puisqu'il fallait céder à la fortune, il s'offrait à eux pour qu'ils pussent apaiser les Romains soit en le mettant à mort eux-mêmes, soit en le livrant vivant. C'est César lui-même qui rapporte ce fait. On envoya alors des députés à César, qui ordonna de lui apporter les armes et de lui livrer les chefs. Mais Vercingétorix sortit seul de la ville et parut tout à coup en présence de César siégeant à son tribunal. Son apparition causa un certain effroi, car il était d'une haute stature, d'un aspect imposant, revêtu de ses plus belles armes, et montait un cheval harnaché magnifiquement : il s'était paré comme pour le sacrifice... Il fit tourner son cheval autour de César, puis, sautant à terre, il se dépouilla de ses armes, qu'il jeta sur le sol, et sans proférer une parole alla, au milieu d'un profond silence, s'asseoir aux pieds du proconsul romain. Les rudes soldats de César, qui se connaissaient en courage, étaient profondément émus de cette scène; mais le vainqueur, ne voyant dans ce héros vaincu que l'homme qui avait failli lui arracher son auréole de gloire, fut sans pitié comme sans grandeur. Il reprocha amèrement au chef gaulois les relations passées, les avances séduisantes que celui-ci n'avait jamais accueillies, l'amitié trahie!... et lorsqu'il se trouva enfin à court de fiel, il commanda aux licteurs de charger de fers son ennemi tombé, son vainqueur du moins en noblesse et en générosité! — Vercingétorix, après avoir traîné pendant près de six années, de cachot en cachot, une existence misérable et figuré au triomphe de César dans les rues de Rome, fut étranglé clandestinement dans sa prison (45 av. J.-C.). Son sacrifice ne fut point stérile, en tout cas. Il valut la liberté à 20,000 Arvernes et Éduens. Le reste demeura captif et fut distribué aux soldats de César.

ALÉSOIR, *s. m.* Techn. Machine-outil ou simple outil d'acier, trempé très dur, et servant soit à augmenter le diamètre intérieur d'un cylindre creux ou d'un trou circulaire, soit à le polir. Il y a des alésoirs de formes et de tailles très variées, depuis ceux qui servent à *aléser* l'âme des bouches à feu et les cylindres des machines à vapeur, jusqu'à ceux à l'aide desquels on polit les trous des pivots dans une pièce d'horlogerie.

ALESSANDRIA DELLA PAGLIA, ville d'Italie. V. ALEXANDRIE.

ALESSI, GALEAZZO, architecte italien (1500-1572). Né à Pérouse, élève de Caporali et ami de Michel-Ange, il acquit une réputation européenne. Gênes lui doit plusieurs de ses plus magnifiques palais; Milan, le palais Marini et les églises San Paolo et San Vittorio. C'est à lui que sont dus les plans du monastère et de l'église de l'Escurial. Enfin il a laissé des spécimens de son talent non seulement dans diverses parties de l'Italie et en Sicile, mais encore en Flandre et en Allemagne.

ALET, petite ville de France, départ. de l'Aude, agréablement située sur la r. dr. de la rivière de ce nom, au pied des Pyrénées, à 10 kil. S.-E. de Limoux. Pop. 1,200 hab. Sources thermales, et source minérale froide très employée comme eau de table. — Alet ou *Aleth*, d'après l'ancienne orthographe, doit son origine à une abbaye de bénédictins fondée en 813; cette ville fut pendant plusieurs siècles le siège d'un évêché qu'illustra, au XVIIe siècle, l'évêque janséniste Nicolas Pavillon, plus encore par ses vertus que par sa lutte contre les jésuites appuyés par Louis XIV.

ALEUROMANCIE, *s. f.* (gr. *aleuron*, farine et *manteia*, divination). Antiq. Divination par la farine de froment.

ALEVIN, *s. m.* (du vx fr. *alever*, pour élever). Piscicult. Poisson à peine éclos que l'on distribue dans les étangs, viviers, etc. pour les peupler.

ALEVINAGE, *s. m.* Action d'aleviner, de propager l'alevin. — Menus poissons rejetés à l'eau par les pêcheurs.

ALEVINÉ, ÉE, *part. pas.* de ALEVINER.

ALEVINER, *v. a.* Peupler un étang d'alevins.

ALEXANDER, WILLIAM, comte de STIRLING, poète anglais, né à Menstrie, comté de Stirling (Ecosse), vers 1580, mort à Londres en 1640. Il appartenait à une ancienne et illustre famille écossaise. Après avoir terminé ses études à l'université de Glasgow, il entra dans la famille d'Argyle, comme précepteur du jeune comte Archibald, qu'il ne tarda pas à accompagner dans son voyage sur le continent. De retour de ce voyage, pendant lequel on suppose qu'il composa la plus grande partie des sonnets qu'il réunit ensuite et publia sous le titre d'*Aurora* (1604), il parut à la cour et se fit rapidement une grande réputation, tant comme courtisan que comme poète. Il débuta en cette dernière qualité par une série de *Tragédies monarchiques*, dont la première, *The Tragedie of Darius*, fut publiée à Edimbourg en 1603, et réimprimée l'année suivante, augmentée d'une nouvelle *Tragédie de Julius Cæsar* et complétée en 1607 par une troisième, la *Tragédie d'Alexandre*. Entre temps étaient parus son *Aurora* et son *Parenesis to the Prince* (1604). Il était alors gentilhomme de la chambre du prince de Galles, charge qu'il conserva jusqu'à la mort de celui-ci (1612), à l'occasion de laquelle il composa une *Elégie sur la mort du prince Henry*. En 1614, parut son *Doomesday, or the Great Day of the Lord's Jugement*. En 1621, William Alexander reçut du roi Jacques, dont il était le collaborateur et le favori, la plus étonnante récompense qu'un poète ait jamais rêvée : le don du Canada, y compris la Nouvelle-Ecosse ou Acadie et Terre-Neuve. Jacques Ier ignorait l'importance que pouvait avoir un pareil présent, a-t-on dit; mais Charles Ier, qui le confirma plus tard, n'en était pas mieux instruit sans doute. Il inspira, en tout cas, au donataire, un ouvrage de circonstance : *An Encouragement to Colonies* (1624). Alexander fut nommé secrétaire d'État pour l'Ecosse en 1626, et élevé à la pairie en 1630, sous le titre de lord Alexander de Tullibody, vicomte de Stirling; l'année suivante, il était fait juge extraordinaire à la cour des sessions; en 1633, il était créé comte de Stirling et *vicomte de Canada*, titres auxquels il ajoutait, en 1639, celui de comte de Dovan. En 1637, il avait recueilli et publié ses œuvres poétiques sous le titre de *Recreations with the Muses* (in-fol.), lesquelles comprennent un poème sacré intitulé *Jonathan*, bien qu'il soit incomplet, mais non l'*Aurora*. — Le comte Stirling, « vicomte Canada » etc., mourut à Londres le 12 février 1640. On lui attribue, entre autres, les *Psaumes du roi David*, publiés à Oxford en 1631, sous le nom du roi Jacques. Ses *Œuvres poétiques* ont eu récemment les honneurs d'une nouvelle édition en 3 vol., et il fallait bien cela pour tirer de l'oubli le nom de William Alexander.

ALEXANDER, sir JAMES EDWARD, général et voyageur anglais, né à Westerton, comté de Stirling, en 1803, est descendant des Alexander de Menstrie, puis comtes de Stirling (V. la notice précédente); il fit ses études aux collèges d'Edimbourg, de Glasgow, puis au collège militaire de Sandhurst et entra dans l'armée. Il servit dans l'état-major d'abord aux Indes, au Cap, dans l'Amérique du Nord, et prit part aux guerres de Birmanie, de Perse, de Turquie, de Portugal et de Cafrerie. En 1836-37, il fit partie d'une expédition de découverte dans l'intérieur de l'Afrique, et fut fait chevalier en récompense des services qu'il rendit dans cette occasion; un peu plus tard, il était chargé par son gouvernement d'explorer les forêts de l'Amérique anglaise. Il commandait, pendant le siège de Sébastopol, le 14e régiment d'infanterie; il eut aussi un commandement dans la Nouvelle-Zélande, à l'époque de la guerre contre les Maoris. Sir James E. Alexander est auteur de plusieurs relations de voyages, telles que : *Excursions in Western Africa; An expedition into Southern Africa; Explorations in British America; Sketches in Portugal; Transatlantic Sketches; Travels from India to England; Travels through Russia and the Crimea*, etc., et de traductions du persan. On lui doit encore : *Life of the duke of Wellington; Passages in the life of a soldier*, etc. — Sir James, qui est aujourd'hui lieutenant-général dans l'armée anglaise, est décoré de plusieurs ordres étrangers et de plusieurs médailles militaires commémoratives; il est notamment commandeur de l'ordre persan du Lion et du Soleil et de celui de Saint-Jean de Jérusalem, chevalier du Medjidié. Il a été nommé membre (*companion*) de l'ordre du Bain en 1873. Il est enfin membre de la Société royale d'Edimbourg, de celle des antiquaires écossais, et des Sociétés royales géographique et asiatique de Londres. En 1875, ce fut le général Alexander qui alla en Egypte pour arrêter les dispositions relatives au transport à Londres de l'obélisque dit *aiguille de Cléopâtre*, offert par le khédive à l'Angleterre.

ALEXANDER, Stephen, mathématicien et astronome américain, né le 1er septembre 1806, à Schenectady (New-York); fit ses études au collège de l'Union, entra en 1832 au séminaire de Princeton, et fut, en 1834, élu professeur suppléant de mathématiques au collège de New-Jersey. En 1840, une chaire d'astronomie ayant été créée, il y fut appelé aussitôt. En 1845, il reprit la chaire de mathématiques; mais, en 1854, il l'abandonna définitivement pour celle de mécanique et astronomie, qu'il a conservée jusqu'en 1878, époque où il prit sa retraite. Il a publié un grand nombre de travaux sur l'astronomie, les mathématiques, la physique, etc., lesquels attirèrent sur son nom l'attention du monde savant aussi bien en Europe qu'en Amérique. Nous citerons : *Physical Phenomena attendant upon solar eclipses; Fundamental Principles of mathematics; On the origin of the forms and the present condition of some of the clusters of stars* (Sur l'origine des formes et la condition présente de quelques groupes d'étoiles); *Harmonies in the arrangement of the solar system which seem to be confirmatory of the Nebular Theory of La Place*. M. S. Alexander a dirigé deux expéditions ayant pour objet l'observation d'éclipses solaires, l'une au Labrador, en juillet 1860, et l'autre dans l'ouest des Etats-Unis, en août 1869.

ALEXANDER, William, prélat irlandais, évêque de Derry et Raphoe, fils d'un pasteur du nord de l'Irlande, est né à Londonderry, en avril 1824. Il étudia d'abord à l'école de Tunbridge, puis aux collèges d'Exeter et de Brasenose, à Oxford, où il prit ses grades de bachelier, puis de maître ès arts. Entré dans les ordres, il desservit une petite cure du nord de l'Irlande; il devint ensuite recteur de Camus-juxta-Morne, comté de Tyrone, et chapelain du marquis d'Abercorn, lord-lieutenant d'Irlande. En 1864, il fut nommé au doyenné d'Emly. En 1867, il se porta candidat à la chaire de poésie d'Oxford, mais il échoua. Le 12 juillet de la même année, il était appelé à l'évêché de Derry et Raphoe, devenu vacant par la mort du docteur Higgin, et consacré le 13 octobre suivant à la cathédrale de Saint-Colomban, à Londonderry. Peu après son élévation à l'épiscopat, il fut créé docteur en théologie d'Oxford. — En 1860, il avait remporté le prix de l'université d'Oxford pour un poème sur un sujet sacré. Il a publié un *Essai pour le prix de Théologie*, un volume de *Poèmes*, plusieurs *Sermons* et *Conférences*, etc., outre une collaboration fréquente, en prose et en vers, aux publications littéraires périodiques. — Il a épousé Miss Cecil-Frances Humphries, auteur elle-même de *Chants moraux*, d'*Hymnes pour les enfants* et de *Poèmes sur des sujets tirés de l'Ancien Testament*.

ALEXANDER, William Lindsay, ministre indépendant, né à Edimbourg, le 24 août 1808. Après des études préliminaires à l'école de Leith, il acheva son éducation aux universités d'Edimbourg et de Saint-Andrews. En 1828, il fut nommé professeur au collège du Lancashire, alors à Blackburn, transporté depuis à Manchester. En 1835, il devenait ministre d'une église congrégationaliste à Edimbourg, professeur de théologie des congrégationalistes d'Ecosse en 1854, examinateur de philosophie à l'université de Saint-Andrews, en 1861, et membre de la Société de revision de l'Ancien Testament, en 1870. — Les principaux ouvrages du docteur Alexander sont : *Congregational Lectures for 1840, on the Connection and Harmony of the Old and New Testament* (1852, 2e édition); *Anglo-Catholicism not Apostolical* (1853); *Christ and Christianity* (1854); *Life of Dr Wardlaw* (1856); *Christian Thought and Work* (1862); *Saint Paul at Athens* (1865). Il a en outre écrit les articles « Moral Philosophy », « Scripture » et « Theology » pour la huitième édition de l'*Encyclopædia Britannica*. Il a aussi publié une troisième édition de la *Biblical Cyclopædia*, de Kitto. Le docteur Alexander est membre de la Société royale d'Edimbourg.

ALEXANDERSBAD, ville de Bavière, station thermale au pied des monts Kœsseme, dans une situation pittoresque et agréable, entourée de villas charmantes, et ayant le château de Luisebourg à peu de distance. Eau minérale froide pour boisson, dont il se fait un grand commerce. La source thermale qui fait la fortune de cette ville fut découverte en 1734 par le margrave Alexandre, et mise en exploitation en 1782.

Princes de l'antiquité.

ALEXANDRE III, LE GRAND, roi de Macédoine (356-323 av. J.-C.), était fils de Philippe II et d'Olympias. Il naquit à Pella, la première année de la 106e olympiade (juillet 356), le jour même de l'incendie du temple de Diane à Ephèse, et eut pour précepteur Aristote. On raconte des merveilles de sa jeunesse, et l'on cite surtout à ce propos des actes de libéralité et de courage militaire, indépendamment des connaissances étendues et variées qu'il tenait nécessairement d'un maître tel que Aristote; enfin il sauva la vie de son père dans une bataille, trait bien plus merveilleux de la part d'un fils de roi que celui d'avoir dompté Bucéphale. — Alexandre avait vingt ans à la mort de Philippe (336), et cette mort n'est pas plus tôt apprise que de grands mouvements éclatent dans la Grèce et les pays conquis. Mais, en un an, Alexandre a soumis la Thrace, battu les Triballes, les Péoniens et les Gètes, repassé l'Ister et le mont Hœmus, traversé la Macédoine, la Thessalie, et est arrivé aux Thermopyles. Immédiatement il marche contre Thèbes et Athènes qui s'étaient soulevées (335). Thèbes est prise; Alexandre tue 6,000 de ses habitants, en vend 30,000 et fait raser la ville. Il n'épargna que la maison du poète Pindare. Le génie littéraire d'Athènes fléchit ainsi le vainqueur. Toutefois ces rapides succès jettent la terreur parmi les Grecs qui, épouvantés, déclarent Alexandre, à Corinthe, généralissime et lui offrent des secours pour envahir l'Asie. Alexandre laisse Antipater en Macédoine pour tenir la Grèce en respect (334), et à la tête de 30,000 fantassins, de 4,500 cavaliers et d'une flotte de cent soixante galères, il part pour l'Asie, traverse l'Hellespont (Dardanelles) entre Sestos et Abydos. A peine arrivé en Asie, il visite le tombeau d'Achille au promontoire de Sigée, et témoigne son admiration pour le héros qui avait eu Patrocle pour ami et Homère pour chantre de ses exploits. Tout rempli de ce poète, Alexandre portait avec lui ses poèmes revus par Aristote, et qui furent plus tard déposés dans la précieuse cassette conquise sur Darius. L'empire des Perses était depuis longtemps miné par des divisions intestines et énervé par la mollesse. Darius Codoman, ou Darius III, venait d'être élevé au trône par l'eunuque Bagoas, lequel avait empoisonné le plus jeune des fils d'Artaxerxès Ochus. Ce prince ne manquait ni de bravoure ni d'habileté; mais les six cent mille barbares qu'il avait rassemblés n'avaient ni courage ni discipline. La véritable force de l'empire des Perses consistait dans les cinquante mille mercenaires grecs que Darius avait à sa solde, et surtout dans leur chef Memnon le Rhodien. Ce général donna le meilleur avis pour la défense de l'empire : éviter les batailles, changer en un désert tout le pays entre les côtes de l'Asie Mineure et la Babylonie, laisser l'armée macédonienne s'épuiser par la faim et la fatigue dans ces contrées désolées, pendant que lui-même irait à la tête d'une flotte attaquer la Macédoine et soulever la Grèce. Les satrapes, jaloux de l'influence de cet étranger, firent rejeter les conseils de Memnon et livrèrent bataille à Alexandre sur les bords du Granique. Cent dix mille Perses y furent défaits (334). Aussitôt Alexandre se dirige vers Sardes, tandis que Parménion s'empare de Dascylium sur la Propontide. Sardes, Ephèse, Milet, Halicarnasse sont soumises, malgré l'énergique défense de Memnon. Celui-ci se rendit alors dans les îles de la mer Egée, d'où il se proposait de passer en Grèce; il s'empara de Cos et d'une grande partie de Lesbos, mais il mourut au siège de Mitylène, et sa mort délivra Alexandre du seul ennemi qu'il eût à craindre. Longeant ensuite la mer, Alexandre entoure les provinces persiques d'un cercle de villes ennemies, enlève toutes les places qu'il trouve sur son passage en Lycie et en Pamphylie, remonte vers la Phrygie, tranche à Gordion (333) le fameux Nœud Gordien, accomplissant ainsi l'oracle qui doit lui assurer l'empire de l'Asie. Puis il se rend à Ancyre (Angora), où il reçoit la soumission des députés paphlagoniens, traverse l'Halys (Kyzil-Irmak, fleuve), la Cappadoce, force le passage du Taurus, appelé les *Portes de Cilicie*, et arrive à Tarse, capitale de la Cilicie. Il attaque et bat Darius à Issus (333) entre deux gorges de montagnes, où la multitude même des troupes perses devint un embarras pour leur chef. Sans se reposer, Alexandre traverse la Cœlé-Syrie, reçoit de Straton, prince d'Arados en Phénicie, plusieurs villes phéniciennes; deux, Tyr et Gaza, résistent toutefois. Il s'empare (332) de Tyr après un siège de sept mois, enlève Gaza, qu'il repeuple et dont il fait une place d'armes, et arrive à Péluse. Tandis que sa flotte remonte le Nil, il atteint avec son armée Héliopolis et Memphis, où il sacrifie aux dieux égyptiens, redescend par la branche occidentale du Delta, fonde Alexandrie, va consulter dans les déserts l'oracle d'Ammon, et ayant enlevé à Darius toutes les parties maritimes de son empire qui regardaient la Grèce, il se remet enfin à la poursuite de ce prince. Quittant alors l'Egypte, il suit le littoral de la Méditerranée jusqu'à Tyr, puis, tournant vers l'est, il pénètre au cœur de l'empire des Perses, traverse l'Euphrate à Tapsaque, franchit la Mésopotamie et le Tigre au nord des ruines de Ninive, et se trouve de nouveau en présence des Perses dans les plaines de Gaugamèles, non loin d'Arbelles (331). Darius avait réuni plus d'un million d'Asiatiques; mais Alexandre, avec 30,000 fantassins et 7,000 cavaliers, triompha facilement de ces troupes indisciplinées. Laissant fuir Darius, il descend à Babylone et s'empare des autres villes de l'empire : Suze, où il trouve d'immenses richesses; Pasargade, le sanctuaire de la Perse; Persépolis, où, dans une orgie, il incendie le palais des rois perses, pour annoncer à tout l'Orient qu'un nouveau conquérant est venu s'asseoir sur le trône de Cyrus, et peut-être aussi pour venger l'incendie d'Athènes par Xerxès. Alors Alexandre soumet au pas de course, par lui ou par ses généraux, plusieurs peuplades de montagnards, comme les Cosséens et les Uxiens qui habitent entre Suze et Pasagarde, entre dans Ecbatane (Hamadan) huit jours après que Darius en est parti, le poursuit et apprend, en Parthiène, qu'il est prisonnier de trois satrapes; il marche aussitôt contre eux et ne trouve plus qu'un cadavre, qu'il fait ensevelir dans le tombeau des rois de Perse. Retardé dans sa fuite par le soin de garder son prisonnier, Bessus l'avait tué, et retiré en Bactriane, il allait y établir un centre de résistance (330). Alexandre ne lui en laisse pas le temps, il le poursuit avec une effrayante rapidité, traverse l'Arie, l'Arachosie et la Bactriane, et arrive au bord de l'Oxus. Bessus lui est livré, et il l'abandonne à la vengeance de Sisygambis, mère de Darius. Alexandre passe l'hiver dans ces régions, reçoit à Maracande (Samarkande) une ambassade de Scythes, gagne le Jaxartes (Sihoun), bat les Scythes et les Sogdiens qui lui barrent le passage, emporte Cyropolis et cinq autres villes, et bâtit, à la vue d'une armée scythe, la nouvelle Alexandrie, *Alexandria eschata* (Khokand), qu'il peuple de Grecs mercenaires, de barbares voisins et de soldats invalides. Il poursuit le satrape rebelle Spitamène, complice de Bessus. La prise du roi sogdien Petra Oxiana achève la soumission de la Sogdiane, et Alexandre, en y épousant Roxane, fille d'un seigneur perse, assure le repos de ces contrées. C'est pendant cette expédition qu'arriva le supplice de Philotas et de son père Parménion, à la suite d'une conspiration. Alexandre tua aussi, dans une orgie, son ami Clitus (328), et fit périr le philosophe Callisthènes qu'on avait impliqué dans une conspiration. Le soulèvement de la Grèce, à la même époque, comprimé par Antipater, en montrant à Alexandre les dangers qui l'entouraient, l'avait un instant rendu cruel. Alexandre, parti de Bactres (Balk), se dirige vers l'extrémité orientale de l'empire; il rencontre sur les rives du Cophès, Taxile, roi indien, qui invoque son appui contre un autre roi de l'Inde, nommé Porus, et divise son armée en deux corps: l'un, sous Perdicas et Ephestion, doit soumettre la Peucélotide; avec l'autre il prend plusieurs villes où il laisse des garnisons, passe l'Indus et s'avance contre Porus, qu'il bat et fait prisonnier près de l'Hydaspe (327). On sait que Porus, interrogé par Alexandre comment il voulait être traité, répondit: En roi! — Alexandre, afin de perpétuer le souvenir du passage de l'Hydaspe (Behut), fonde Nicée et Bucéphalie, traverse l'Acésine (Jenaud) et l'Hydraote, et charge Porus, dont il agrandit les Etats, de maintenir tout ce pays dans son obéissance. Il veut passer l'Hyphase (Beyah) pour envahir l'Inde, son armée s'y refuse; il élève alors au bord de ce fleuve douze autels autour desquels il célèbre des jeux. Il repasse l'Hydraote, l'Acésine, redescend l'Hydaspe et l'Indus, jusqu'à l'Océan, soumet toutes les peuplades riveraines, les Malles, les Oxydraques et les Sogdes, et fonde des villes, des chantiers et des ports. Enfin, après avoir exploré avec soin les embouchures de l'Indus, il reprend le chemin de Babylone par les déserts de la Gédrosie et de la Carmanie, où nulle armée n'avait encore pénétré (326-325). Pendant ce temps, Néarque, son amiral, parti de Palata avec la flotte macédonienne, longeait les côtes de la mer Erythrée, le pays des Orites, des Ichthyophages, etc. Il a laissé un récit curieux de son périple qui se liait étroitement avec l'expédition qu'Alexandre avait entreprise par terre. Lorsqu'il fut parvenu à Harmozia (au fond du golfe d'Ormuz), il quitta sa flotte et alla trouver Alexandre à Salmonte, sur la frontière de la Carmanie. Il revint ensuite vers sa flotte, la dirigea à travers le golfe Persique jusqu'au Pasitigre et, remontant ce fleuve, il rejoignit à Suze Alexandre, qui revint avec lui à Babylone par l'Euphrate (324). — Malgré les recrues que lui avaient envoyées la Macédoine et la Grèce, Alexandre n'aurait pu fonder tant de villes et maintenir ses sujets dans l'obéissance s'il n'avait usé envers les vaincus d'une sage politique, sacrifiant à leurs dieux, respectant leurs coutumes, laissant entre les mains des indigènes le gouvernement civil du pays et s'efforçant d'unir les vaincus et les vainqueurs par des mariages, comme il en donna lui-même l'exemple en épousant Barsine ou Statira, fille de Darius, quoiqu'il eût déjà pris pour femme Roxane; exemple que 10,000 Grecs et Macédoniens imitèrent, en épousant des femmes perses. Il comptait sur le commerce pour créer entre l'Orient et l'Occident, entre la Grèce et la Perse, des intérêts communs qui feraient de tant de peuples divers un seul et formidable empire. La mort, qui le surprit à Babylone, à la suite de ses excès, le 21 avril 323 (1re année de la 114e olympiade), arrêta ses grands desseins. Personne après lui n'eut assez de force ni d'autorité pour les reprendre. Près de rendre le dernier soupir, il avait remis son anneau à Perdicas; ses autres lieutenants lui demandèrent à qui il laissait la couronne: « Au plus digne, mais je crains qu'on ne me fasse de sanglantes funérailles. » — Il n'avait que trente-deux ans, et il en avait régné treize.

A la différence de la plupart des conquérants, Alexandre s'occupa plus de fonder ou de conserver que de détruire. Bien qu'il fût élève d'Aristote, il montra, par exemple, plus d'ambition que de vraie philosophie. Quelque brillantes que soient les hypothèses qui en ont fait une sorte de demi-dieu, des passions brutales, des crimes sanglants jettent de tristes ombres sur sa vie. Le héros était démesurément orgueilleux; mais il faut dire aussi que, dans les honneurs qu'il se faisait rendre, dans l'opinion qu'il feignait peut-être d'avoir de lui-même, il entrait surtout beaucoup de calcul. Ce caractère est commun à tous les hommes de génie qui veulent imposer leurs lois ou leurs caprices aux peuples ignorants ou crédules. Si l'on veut connaître les vastes desseins d'Alexandre au moment de sa mort, si l'on veut apprécier toute sa pensée, il faut lire quelques passages de son testament que nous a conservés Diodore de Sicile (liv. XVIII, ch. IV): « Alexandre ordonnait de construire mille bâtiments de guerre, plus grands que les trirèmes, dans les chantiers de Phénicie, de Syrie, de Cilicie et de Chypre, pour combattre les Carthaginois et les autres nations qui habitaient sur la côte septentrionale de l'Afrique, ainsi que l'Espagne et les contrées voisines jusqu'en Sicile. On devait ouvrir une route le long de la côte d'Afrique jusqu'aux colonnes d'Hercule; des ports et des chantiers devaient être créés dans ces contrées pour une flotte aussi nombreuse. Alexandre voulait opérer une fusion plus complète entre les populations des divers Etats, transporter des colonies d'Asie en Europe et réciproquement, afin de mêler les deux continents par des mariages, par des alliances de famille, et de les unir par les liens de la parenté et de la concorde. » — Voici, maintenant, le jugement que porte du héros macédonien l'un des hommes les plus capables d'apprécier son génie, sa conduite et son caractère: « Alexandre, dit Napoléon Ier dans son *Mémorial de Sainte-Hélène*, conquiert avec une poignée de monde une partie du globe; mais fut-ce de sa part une simple irruption, une façon de déluge? Non; tout est calculé avec profondeur, exécuté avec audace, conduit avec sagesse. Alexandre se montre tout à la fois grand guerrier, grand politique, grand législateur. Malheureusement, quand il atteint le zénith de la gloire et du succès, la tête lui tourne, ou le cœur se gâte; il avait débuté avec l'âme de Trajan, il finit avec le cœur d'un Néron et les mœurs d'un Héliogabale. » A. Mon.

ALEXANDRE, tyran de Phères en Thessalie (370 av. J.-C.), célèbre surtout par ses cruautés. Il prenait plaisir, notamment, à faire vêtir des malheureux de peaux de bêtes fauves et à leur donner la chasse, les perçant de ses traits ou les faisant déchirer par ses chiens: chasse agréable, sans aucun doute, et surtout exempte de tout danger. Cet aimable prince s'amusait également à enterrer les gens tout vivants. En guerre avec Thèbes, il fut battu par Pélopidas; quelque temps après, pour la peine, ce général s'étant présenté comme ambassadeur à Phères, Alexandre le fit jeter en prison, d'où il ne sortit que par une nouvelle victoire des Thébains, commandés par Epaminondas, son ami. Cependant plusieurs villes de Thessalie, soulevées contre le tyran, vinrent solliciter Pélopidas de se mettre à la tête de leurs forces, ce qu'il accepta. Alexandre fut encore battu, mais Pélopidas fut tué dans l'action (364). En 357, la femme d'Alexandre, Thébé, animée par la jalousie, le fit assassiner dans son lit par Tisiphon, Lycophron et Pitholaus, propre frère du tyran.

ALEXANDRE BALA, roi de Syrie. Célèbre imposteur qui, s'étant fait passer pour fils d'Antiochus Epiphane, et appuyé, par raison politique, par Rome et l'Egypte, usurpa le trône après avoir défait et tué Démétrius Soter (150 av. J.-C.). Vaincu à son tour et détrôné par Démétrius Nicator, il s'enfuit en Arabie et fut tué par l'émir d'Abae, chez lequel il s'était réfugié (145).

Son fils, ou soi-disant tel, Alexandre Zebina, recommença le même jeu avec Démétrius Nicator, qu'il détrôna en 125 av. J.-C. Il fut renversé par ses propres sujets et mis à mort après moins de trois ans de règne.

ALEXANDRE JANNÉE, roi des Juifs, fils d'Hircan et frère d'Aristobule, auquel il succéda en 104 av. J.-C., après avoir assassiné un autre de ses frères, qui prétendait aussi au trône. Il combattit victorieusement en Syrie, en Phénicie et en Arabie et finit par avoir raison d'une révolte qui l'avait d'abord chassé de Jérusalem, laquelle ne dura pas moins de six ans. Son règne n'a, d'ailleurs, été qu'une longue série de cruautés féroces, perpétrées dans le but de se maintenir au pouvoir où il s'était élevé par un premier crime. Il mourut en 79, d'ivrognerie, suivant quelques auteurs.

ALEXANDRE SÉVÈRE, Marcus-Aurelius Alexander Severus, empereur romain (208-235). Né en Phénicie, il était cousin d'Héliogabale, qui l'adopta et auquel il succéda en 222. Cet empereur de quatorze ans mérita le surnom de *Sévère*, dans le sens d'austère, de grave, par opposition au fou furieux qui l'avait précédé sur le trône; mais il était d'un caractère fort doux; il se distinguait également de ses prédécesseurs par une grande modestie qui ne laissait aucune prise à l'adulation. Avec un tel caractère, qui n'exclut pas la fermeté, on comprend qu'Alexandre Sévère eut beaucoup à réformer dans l'empire où florissait la débauche la plus ignoble, le vol, l'indiscipline, et qu'oblige quelquefois de sévir, il dut se créer des ennemis dans son entourage, corrompu jusqu'aux moelles. Il combattit victorieusement les Perses et aurait infailliblement soumis les Germains, lorsqu'il fut assassiné par Maximin, commandant du corps d'auxiliaires thraces, à Sichlingen, près de Mayence (235). Alexandre Sévère s'était montré, en toute circonstance, favorable aux chrétiens, ce qui l'a fait passer pour avoir professé secrètement leur religion; mais cette supposition sans fondement est d'origine relativement récente. Maximin, son assassin, lui succéda, rétablissant les choses à peu près comme elles étaient avant ce règne, qui semblait promettre de nouvelles destinées à l'empire.

Papes.

ALEXANDRE Ier (Saint), cinquième évêque de Rome, selon saint Irénée (109-119). Il était Romain et succéda à saint Evariste. Il souffrit le martyre, d'après Eusèbe, sous le règne d'Adrien. On attribue à Alexandre Ier l'introduction de l'eau bénite et la coutume de mêler de l'eau au vin de la messe. Saint Sixte Ier lui succéda.

ALEXANDRE II, Anselmo Baggio, Milanais (1061-1073). Il était évêque de Lucques, lorsqu'il fut élu pape après la mort de Nicolas II. Mais la sanction impériale, alors nécessaire, lui fut refusée par l'intervention d'Agnès, femme de l'empereur Henri IV, et un concile de Bâle lui opposa Cadolaus, évêque de Parme, qui prit le nom d'Honorius II et marcha sur Rome, mais il fut déposé par un concile tenu à Mantoue. Alexandre II prit pour légat Hildebrand, lequel contraignit les princes normands à rendre les terres qu'ils avaient usurpées sur le saint-siège. Alexandre II favorisa les prétentions de Guillaume le Conquérant en Angleterre; il fit les plus grands efforts pour abolir la simonie et assurer le célibat des prêtres. De son pontificat date la puissance extraordinaire du saint-siège. Hildebrand lui succéda sous le nom de Grégoire VII.

ALEXANDRE III, ORLANDO RANUCCI (1159-1181). Natif de Sienne, cardinal et chancelier de l'Eglise romaine, il fut élu pape après la mort d'Adrien IV. Il eut à lutter contre quatre anti-papes successifs; d'abord les cardinaux Jean Morson et Guido di Crema, ses adversaires, lui opposèrent Octavien, qui prit le nom de Victor IV (1159); celui-ci étant mort, Guido di Crema le remplaça sous le nom de Pascal III (1164); puis Guido étant venu à mourir à son tour, on lui donna pour successeur Jean, abbé de Sturm, qui prit le nom de Calixte III (1168). Ces trois élections successives, confirmées par l'empereur Frédéric Barberousse, en lutte avec Alexandre III, n'empêchèrent point celui-ci de se maintenir à Rome et de jouir de tous les privilèges du pontificat, à l'exception, toutefois, d'un moment critique qu'il dut passer en France, en attendant que les événements le rappelassent (1162-65). Enfin, de guerre lasse, et après la défaite de Legnano, Barberousse se soumit (1176) et consentit à rendre hommage au pape régulièrement élu. Calixte, abandonné, abdiqua et les adversaires d'Alexandre le remplacèrent par un quatrième anti-pape, Innocent III, qui ne fit que passer. Le 1er août 1177, l'empereur se décida enfin à se faire décharger de l'excommunication qui pesait sur lui depuis dix ans, en baisant, à Venise, la mule d'Alexandre, non sans maugréer. Alexandre III fut un pontife énergique, mais il était bien servi aussi; nous rappellerons que, dans ses démêlés avec Henri II d'Angleterre, il avait pour représentant l'illustre archevêque de Cantorbéry, Thomas A. Becket (V. ce nom). Ce pontife introduisit diverses réformes dans l'administration de l'Eglise. Il réserva au pape seul le droit de canonisation, qu'avaient auparavant les métropolitains, et fut le promoteur de la loi qui exige les deux tiers des votes des cardinaux pour qu'une élection papale soit valable, ainsi que de plusieurs autres dispositions qu'il fit ratifier par le troisième grand concile de Latran, convoqué par lui en 1179. C'est aussi à Alexandre III qu'on doit l'institution de la célèbre cérémonie du mariage des doges de Venise avec l'Adriatique, le jour de l'Ascension. — Il eut pour successeur Lucius III.

ALEXANDRE IV, comte RINALDO DI SEGNI (1254-1261). Né à Anagni, neveu des papes Grégoire IX et Innocent III, cardinal-évêque d'Ostie, il succéda à Innocent IV. Il s'opposa à l'accession de Manfred, fils naturel de Barberousse, au trône de Sicile, mais sans succès, malgré l'appui de l'Angleterre, qu'il avait obtenu en promettant l'investiture de ce royaume au prince Edouard. Mais Manfred, couronné à Palerme en 1258, entrait dans les États pontificaux en 1260 et forçait le pape à reconnaître sa souveraineté. Alexandre IV fit tous ses efforts pour réunir les Eglises grecque et latine, suivant en ceci les idées de son prédécesseur, et envoya dans ce but un légat à Théodore Lascaris; il prit la défense des ordres mendiants contre l'université de Paris, et établit l'inquisition en France, à la demande de saint Louis (1255). Il projetait de renouveler les guerres contre les infidèles, lorsqu'il mourut à Viterbe, où il s'était retiré depuis plusieurs années, laissant Rome en proie aux luttes sanglantes des Guelfes et des Gibelins. Urbain IV lui succéda.

ALEXANDRE V, PIETRO PHILARGI (1409-1410). Natif de l'île de Candie, il vivait de mendicité, lorsqu'il fut recueilli par un moine franciscain qui l'emmena dans son couvent, où plus tard il prit l'habit. Il étudia à Oxford et à Paris, devint docteur de Sorbonne, évêque de Navarre, puis archevêque de Milan sur la proposition de Galeazzo Visconti (1402), enfin cardinal (1405). En 1409, le grand schisme d'Occident mettait en présence deux papes: Clément VII à Avignon et Grégoire XII à Rome; pour amener une entente, les cardinaux des deux obédiences se réunirent en concile général à Pise, et, d'accord en apparence avec Grégoire XII, qui s'était engagé par serment, en plein conclave, à renoncer à la tiare dans ce but, déposèrent les deux contendants et élurent Alexandre V; mais au lieu de deux papes, il y en eut trois, le schisme continuant plus que jamais d'exister, et Grégoire ne devant tenir son serment que six ans plus tard et cinq ans après la mort d'Alexandre, qui arriva le 3 mai 1410, après dix mois seulement de pontificat, grâce, dit-on, au poison que lui versa Baltassare Cossa, son successeur sous le nom de Jean XXIII.

ALEXANDRE VI, RODRIGO BORGIA, successeur d'Innocent VIII (1492-1503). Il naquit à Jativa, royaume de Valence (Espagne), le 1er janvier 1431. On lui donne assez communément le nom patronymique de Lenzuoli (traduction italienne du valençais *Llançol*), ajoutant qu'il prit celui de Borgia d'un oncle maternel qui l'adopta; mais il est hors de doute aujourd'hui que son père s'appelait Giofré Borja, dont les Italiens firent *Borgia*, et que Llançol était tout simplement le nom de sa mère. Il fut d'abord avocat, on ajoute ordinairement « et soldat », mais rien n'est moins probable; il n'eut point, du reste, le temps de pousser bien loin une carrière quelconque, son oncle Alphonse Borgia, élevé au pontificat en avril 1455, sous le nom de Calixte III, l'ayant aussitôt appelé auprès de lui. Dès le mois de février suivant, Calixte faisait de son neveu un cardinal, mais secrètement, cette nomination n'étant rendue publique qu'en septembre; en juillet 1457, il était nommé vice-chancelier de l'Église, avec 28,000 couronnes de traitement; il avait, en outre, succédé à son oncle comme archevêque de Valence. Rodrigo avait un frère aîné, Pedro-Luis, venu à Rome en même temps que lui, et que le pape avait fait généralissime de ses armées de terre et de mer. Ces faveurs extraordinaires avaient soulevé contre les Borgia la haine de presque tout le patriciat romain; de sorte qu'à la mort de Calixte III (août 1458) Pedro-Luis n'eut que le temps de s'échapper de Rome, sous la protection du cardinal Barbo, qui l'accompagna jusqu'à Civita-Vecchia, où il mourut de fièvre peu après. Rodrigo s'en tira beaucoup mieux. Il prit une part aussi habile qu'importante à l'élection du nouveau pape, Pie II (Æneas-Sylvius), qui le maintint dans toutes ses charges et dignités, se contentant de lui rogner un peu les ongles. Le successeur de Pie II, Paul II, était ce même cardinal Barbo qui avait sauvé l'aîné des Borgia: tout fut donc pour le mieux pendant les sept années de son pontificat, qui se termina par une indigestion (juillet 1471), pour son digne ami, dont l'influence, un instant menacée, augmentait de jour en jour, si bien qu'à la nouvelle élection, il se trouvait être l'un des trois plus puissants cardinaux qui contribuèrent à l'élévation de Sixte IV. Celui-ci récompensa Borgia par l'opulente abbaye de Subiaco et la dignité de cardinal-évêque. Ce fut vers cette époque qu'il fit la connaissance de la belle Rosa Vanozza de' Cattanei, dont les romanciers ont fait une courtisane de Valence, mais qui était en réalité une dame romaine, laquelle, après avoir donné cinq enfants au cardinal son amant, fut mariée deux fois, chaque fois à un officier subalterne de la cour pontificale, et survécut de longues années à Alexandre VI. Lorsqu'il fallut pourvoir à la vacance du trône pontifical, c'est encore à une coalition dont Borgia est l'âme que Innocent VIII doit la tiare (1484); mais à la mort de celui-ci (1492), arrivée après une longue maladie dont la durée avait été mise à profit par notre habile Rodrigo, le bruit se répandit tout d'un coup que le nouveau pape serait un Espagnol. En effet, les voies étaient préparées et les membres du conclave achetés, sauf *cinq*. Le cardinal Ascanio Sforza avait reçu pour sa part la charge de quatre mules d'argent, le cardinal Orsino le palais Borgia à Rome, le cardinal Colonna l'abbaye de Subiaco, et ainsi des autres, quelques milliers de couronnes ayant eu raison des moindres membres du sacré-collège. Le 11 août 1492, Borgia élu prenait le nom d'Alexandre VI, et adressait aux cardinaux un discours extrêmement édifiant. Les fêtes du couronnement surpassèrent en magnificence tout ce qui s'était vu jusque-là, et les fauteurs de l'élection entrèrent en possession de leurs bénéfices, Sforza étant, par surcroît, nommé vice-chancelier. Alexandre songea alors à sa famille. Sa fille Lucrèce épousait, sous les auspices du sacré-collège, Giovanni Sforza, seigneur de Pesare; son second fils, César, à peine âgé de dix-huit ans (étant né en 1475), était fait cardinal et archevêque de Valence; son troisième fils, Giofré, épousait une fille naturelle du roi de Naples qui lui apportait en dot la principauté de Squillace. Il n'est donc pas étonnant que, lorsque le roi de France, Charles VIII, lui envoya demander l'investiture du royaume de Naples, Alexandre VI répondit par un refus formel à ses ambassadeurs. Les difficultés résultant de cette attitude encouragèrent les ennemis du pontife. Le cardinal della Rovere quitta la cour, s'empara d'Ostie, invitant de là le roi de France à marcher sur Rome, à convoquer un concile et à débarrasser le monde chrétien de ce pape simoniaque. Très inquiet, Alexandre sollicita l'alliance... de qui? du sultan ottoman! Son ambassadeur revenait chargé d'une réponse favorable, lorsqu'il fut arrêté; et la publicité donnée aux pièces dont il était porteur produisit un scandale dont on peut se rendre compte. Dans l'automne de 1494, Charles VIII traversait les Alpes, et à la fin de l'année, il entrait triomphalement dans Rome, tandis qu'Alexandre VI se réfugiait au château Saint-Ange. L'intervention du ministre de Charles VIII, Briçonnet, qui reçut pour sa peine le chapeau de cardinal, amena le pape à accorder l'investiture demandée : ce qui n'eut pas de grandes conséquences, car les Français ne se maintinrent pas en Italie quatre mois, et l'ancien roi de Naples rentrait dans sa capitale le 7 janvier 1495. Débarrassé de cette inquiétude, Alexandre VI tourne son attention vers un but caressé depuis longtemps : l'établissement du pouvoir temporel du saint-siège, et en particulier l'enrichissement de la famille Borgia, par l'abaissement des trop puissants barons romains, vassaux incommodes de l'Eglise. Pour y parvenir, il fallait des hommes et de l'argent; il se procura l'un et, par suite, les autres en vendant les bénéfices, charges et privilèges, en vendant tout ce dont il pouvait tirer parti, ce qui donna lieu à cette épigramme :

> Vendit Alexander claves, altaria, Christum;
> Vendere jure potest, emerat ille prius.

Alors il entra en campagne, assez malheureusement du reste, car, après quelques succès insignifiants, les troupes papales étaient mises en déroute par les Orsini (janvier 1497), dont il fallut l'intervention de l'Espagne pour avoir raison. Le meurtre de son fils aîné, le duc de Gandie, attribué à son second fils, le cardinal César, paraît avoir considérablement affligé le pontife, car il s'enferma et parla d'abdiquer; après quoi il nomma une commission d'enquête pour la réforme des abus de l'Église, que d'autre part Savonarole combattait avec une éloquence passionnée qui devait le conduire au supplice (mai 1498). Des historiens assurent que, dans cette affaire, Alexandre VI ne consentit à faire mourir l'illustre réformateur que par peur des dominicains et contre son gré. C'est possible, car il n'avait rien à y gagner; cépendant un des grands crimes de Savonarole est justement d'avoir dénoncé les crimes et les turpitudes de ce pape, qui avait commencé par l'excommunier. Trois mois après, le cardinal César Borgia renonçait à ses bénéfices ecclésiastiques « pour le salut de son âme », dit-il; en mai 1499, il épousait une princesse de la maison de Navarre et recevait du roi de France, à cette occasion, le titre de duc de Valentinois. En même temps, sa sœur Lucrèce faisait annuler son premier mariage et épousait le duc de Bisceglia, bâtard du roi de Naples. En octobre, une armée française entrait en Italie pour conquérir le Milanais; l'armée papale, d'après une entente préalable, entrait dans la Romagne et s'emparait d'Imola et de Forli. Comme la dépossession du roi de Naples était d'autre part chose convenue, et que par conséquent son fils, le duc de Bisceglia, mari de Lucrèce, n'avait plus aucune importance et devenait plutôt gênant, César le fit assassiner (juillet 1500). L'année suivante, il entreprenait une nouvelle campagne dans la Romagne et, par perfidie plus souvent que par la force des armes, s'emparait de Pesare, de Rimini et de Faenza. En juillet, il partageait les dépouilles du roi de Naples dépossédé. En septembre, ce fut Alexandre en personne qui se mit en campagne contre les Colonna, dont il saisit tous les châteaux. Pendant l'absence du pape, c'était sa fille Lucrèce qui le remplaçait au palais pontifical. On s'occupait alors des préparatifs de son mariage avec Alphonse d'Este, fils du duc de Ferrare, lequel eut lieu en décembre. Pendant qu'on célébrait cet heureux événement avec la pompe habituelle aux Borgia, les forces pontificales réduisaient Piombino et César s'emparait d'Urbin par trahison. Peu après, les Orsini étaient arrêtés, le cardinal Orsino enfermé au château Saint-Ange, et leurs biens confisqués ; mesure qui complétait l'humiliation et la spoliation de l'aristocratie romaine. Au mois de mai 1503, les Espagnols, sous le commandement de Gonzalve de Cordoue, chassaient les Français du royaume de Naples. Dans cette affaire, Alexandre et César étaient passés, au moins d'intention, du côté des Espagnols, complétant ainsi la série de leurs trahisons.

Le pontife ayant dans ce but rempli le sacré-collège de cardinaux espagnols, ses créatures toutes dévouées, s'apprêtait à faire de son fils un roi de la Romagne et à achever de dépouiller l'Eglise au profit de son intéressante famille, lorsque dans la matinée du 12 août, il se leva malade, en même temps que son fils César. On a raconté que tous deux avaient, par mégarde, pris du poison qu'ils destinaient à *dix* cardinaux réunis par eux dans un festin. Non seulement cette tentative d'empoisonnement sur dix cardinaux à la fois est inadmissible de la part de criminels aussi habiles, mais il est avéré que les symptômes n'étaient pas les mêmes chez le père que chez le fils. Quoi qu'il en soit, le pape expirait dans la soirée du 18 août, muni de tous les sacrements. Son corps n'était pas refroidi que les appartements pontificaux étaient mis au pillage par les satellites de César; les soldats et les prêtres se prirent de querelle au moment des funérailles et le corps fut abandonné dans l'église; mais il fallut l'enlever précipitamment, parce que la décomposition se produisit avec une rapidité qui paraît confirmer le soupçon d'empoisonnement, du moins pour ce qui concerne le pape; on l'enveloppa donc dans un vieux tapis, et on le fit entrer de force dans un cercueil trop petit, au milieu des rires et des quolibets les plus indécents. Les restes d'Alexandre VI furent ensuite transférés dans l'église Sainte-Marie de Montserrat, où ils reposent encore. — Il eut pour successeur Pie III.

Alexandre VI n'est pas tout à fait l'homme que nous présente la légende populaire adoptée par presque tous ses biographes modernes, y compris ceux qui appartiennent à l'Église romaine. Politique habile, sinon profond, il était tout à fait dénué de scrupules et trahissait au bon moment ses alliés les uns après les autres; mais dans l'abaissement et la spoliation des hauts barons romains, il n'y a guère à blâmer absolument que la forme; d'autre part, il n'était rien moins qu'un tyran pour le peuple romain, au contraire, et les injures personnelles le laissaient indifférent. Mais il manquait de sens moral et était licencieux au point de se livrer à la débauche même publiquement. L'accusation d'inceste portée contre lui est sans fondement; tous les crimes privés et la plupart des crimes publics qu'on lui impute n'ont jamais été prouvés, et il est prouvé au contraire que cette multiple accusation résulte d'une confusion déplorable entre ses propres actes et ceux de son aimable fils César, qu'il craignait autant qu'il l'aimait, et dont il excusait les violences sanguinaires en disant, à un ambassadeur étranger : « Le duc est vraiment un bon garçon; le malheur, c'est qu'il ne peut supporter une offense. » Ce bon garçon avait, en effet, quelques jours auparavant, massacré le secrétaire favori d'Alexandre dans les bras mêmes de celui-ci, où il s'était réfugié, inondant la robe du pontife du sang de ce malheureux! — Alexandre Gordon a publié en 1729 une *Vie du pape Alexandre VI et de son fils César Borgia ;* c'est à cette source qu'ont puisé depuis la plupart des biographes des Borgia, mais l'ouvrage de Gordon est une espèce de traduction d'un manuscrit italien reconnu pour un « roman historique », et rien de plus, brodé sur un canevas fourni par le journal de Burcard, maître des cérémonies d'Alexandre, dans lequel on a reconnu des interpolations intéressées. La critique est intervenue, et si elle n'a pas pu faire la part exacte de la vérité, elle a assez bien réussi, du moins, à écarter les exagérations grotesques autant que sinistres. Il nous en est resté une figure d'Alexandre VI qui n'est pas, somme toute, belle à contempler; et on ne peut s'empêcher de penser que rien ne le forçait à avoir un fils de l'étoffe de César ou de toute autre. — Alexandre a eu, par contre, ses apologistes; mais il n'y a pas lieu de s'y arrêter.

ALEXANDRE VII, FABIO CHIGI (1655-1667). Il naquit à Sienne le 16 février 1599, fut successivement inquisiteur à Malte, vice-légat à Ferrare et nonce en Allemagne, à la conférence de Munster. Elu pape par le conclave, qui espérait le voir rompre avec le népotisme qui caractérisait le pontificat de son prédécesseur Innocent X, il justifia cette confiance pendant près d'une année, après laquelle il fit comme les autres. Alexandre VII patronna les arts et les lettres, il fit construire notamment la colonnade de la piazza San Pietro; poète lui-même, d'ailleurs, on lui doit un volume de poèmes latins intitulé *Philomati Labores Juveniles*, qui fut imprimé au Louvre en 1556, in-fol. Il confirma la bulle d'Innocent X contre les cinq propositions de Jansénius et prescrivit le formulaire de 1665. Son successeur fut Clément IX.

ALEXANDRE VIII, PIETRO OTTOBONI (1689-1691). Fils de Marco Ottoboni, grand chancelier de la République de Venise, il naquit à Venise le 10 avril 1610, fit ses études à Padoue, puis se rendit à Rome où il obtint divers emplois importants. Il était évêque de Brescia et cardinal lorsqu'il fut élu pape, après la mort d'Innocent XI, atteignant presque sa quatre-vingtième année. Son grand âge fit qu'il se hâta d'enrichir sa famille plus qu'aucun de ses prédécesseurs; comme on lui représentait que les ennemis de l'Eglise pouvaient mal interpréter cet empressement envers les siens, il répondit : « Bast! Il est vingt-trois heures et demie; » donnant à entendre que la vingt-quatrième n'était pas loin. Il mourut en effet après quinze mois de pontificat, laissant le trésor à sec. Il est vrai qu'il y avait emprunté aussi de fortes sommes pour subventionner l'empereur Léopold Ier et les Vénitiens dans leur guerre contre les Turcs. Alexandre VIII lança une bulle contre les quatre propositions adoptées dans l'assemblée du clergé de France de 1682, sur la motion de Bougot, lesquelles consacraient les libertés de l'Eglise gallicane. Il acquit les livres et les manuscrits de la reine Christine, dont il enrichit la bibliothèque du Vatican.

Princes russes.

ALEXANDRE NEWSKI (Saint), grand-duc de Wladimir, second fils du grand-duc Jaroslaw II (1219-1263). Il devint prince de Novgorod à la retraite de son père (1239), son frère aîné étant mort. Tandis que les Tartares ravageaient le sud, les Suédois, les Danois et les chevaliers teutoniques opprimaient le nord de la Russie. Alexandre se porta contre ceux-ci : dans une première campagne, il battit complètement les Suédois et les Danois sur les bords de la Néva, près de l'emplacement actuel de Saint-Pétersbourg, le 15 juillet 1240; c'est de cette victoire sur la Néva qu'il prit son surnom de *Newski*. L'année suivante, il les battit de nouveau et les chassa de Pleskow (Kiew). Enfin, en 1242, il défit les chevaliers livoniens et les força à demander la paix et à se retirer du district de Pskow, dont ils s'étaient emparés peu auparavant. A la mort de son père, son plus jeune frère André s'était emparé du duché de Wladimir; mais il y fut réintégré avec le secours du khan de Kaptchak, district que Batou-Khan avait précédemment soumis à son autorité; il s'en faut donc bien qu'il ait affranchi son pays du joug des Tartares. Il fit une vive opposition aux tentatives du pape Innocent IV pour réunir les Eglises grecque et latine. Cependant une légende, sans aucun fondement sérieux d'ailleurs, le fait entrer dans les ordres dans les dernières années de sa vie. Il mourut à Gorodetz, au retour d'un voyage à Kassimkow, le 14 novembre 1263, universellement regretté de ses peuples. Alexandre Newski est généralement regardé comme le fondateur de la monarchie moscovite. Pierre le Grand, fondateur de Saint-Pétersbourg, construisit un magnifique monastère, à l'est de la ville, en mémoire de la victoire remportée en cet endroit sur les ennemis de son pays par son illustre prédécesseur. Il fonda en outre, en 1722, un ordre de chevalerie sous le nom d'Alexandre Newski. Le monastère qui porte ce nom universellement vénéré en Russie, est le plus riche de tout l'empire ; son revenu annuel s'élève à un demi-million de roubles argent.

ALEXANDRE Ier, empereur de Russie, fils de Paul Ier (1777-1825). Elevé avec soin par sa mère, l'impératrice Marie, fille du prince Eugène de Wurtemberg, il eut ensuite pour précepteur, sous la direction de sa grand'mère, Catherine II, le général Frédéric-César de la Harpe, d'origine suisse. Il monta sur le trône en mars 1801, après l'assassinat de son père. Le début de son règne fut marqué par des mesures d'un libéralisme à coup sûr inattendu dans un pareil empire, et à l'inspiration desquelles on peut croire que les enseignements du précepteur de l'empereur ne furent pas tout à fait étrangers. Alexandre, en effet, amnistia les condamnés politiques, abolit la torture, les tribunaux secrets, la confiscation, les ventes publiques de serfs, la censure; réforma le code criminel, diminua les impôts, fonda des hospices, des universités, des écoles; protégea le commerce, l'industrie, les sciences, les arts, la littérature; il est certainement déplorable que les événements politiques de l'Europe ne lui aient pas permis de pousser plus avant son pays dans la voie des réformes et du progrès. — Trouvant son pays en guerre seulement avec l'Angleterre, il s'empressa de conclure la paix; mais en 1805, il entra dans la coalition formée par l'Angleterre, l'Autriche et la Suède contre la France. Les armées autrichiennes furent défaites dans les rencontres qui eurent lieu du 6 au 13 octobre, et le 2 décembre, Napoléon remportait sur les deux empereurs la grande bataille d'Austerlitz, qui forçait l'empereur d'Autriche de signer la paix de Presbourg, tandis qu'Alexandre rentrait précipitamment sur son territoire. En 1806, il s'alliait à la Prusse, restée neutre malgré les adjurations clairvoyantes de la reine Louise; mais les Prussiens étaient écrasés à Iéna et à Auërstadt avant que leurs alliés eussent passé la Vistule; enfin, les Russes étaient complètement battus à Eylau et à Friedland, ce qui amenait le démembrement de la Prusse et la rencontre dramatique des deux empereurs sur le Niémen, suivie du traité de Tilsitt (8 juillet 1807), par lequel Alexandre devenait l'allié de Napoléon, acceptant le système du blocus continental contre l'Angleterre, et allant jusqu'à l'imposer au roi de Suède, auquel il enlevait la Finlande. L'intérêt de ses sujets, qui entretenaient un grand commerce avec l'Angleterre, souffrait beaucoup du blocus. Cette raison et d'autres, auxquelles Napoléon ne voulut pas entendre, rompit la bonne harmonie qui avait régné cinq années entre les souverains. Alexandre déclara la guerre à la France le 19 mars 1812, et alla rejoindre ses troupes sur la frontière de la Lithuanie. Napoléon répondit à cette provocation en levant une armée formidable, dans laquelle il avait fait entrer de force des recrues autrichiennes et prussiennes, et en envahissant, à la tête de cette armée, le territoire moscovite. La première rencontre eut lieu à Borodino, où 50,000 hommes restèrent sur le terrain. Mais cette désastreuse campagne est caractérisée par l'incendie de Moscou et la retraite épouvantable des Français, qui s'ensuivit; les faits secondaires disparaissent entièrement en présence de cette double catastrophe, au cours de laquelle Alexandre appelait de Varsovie toute l'Europe aux armes contre un ennemi terrassé et dont la seule vue faisait trembler naguère le plus arrogant de tous ces souverains s'apprêtant maintenant à la curée. Il se forma donc une nouvelle coalition, dans laquelle entrèrent avec la Russie, la Prusse, l'Angleterre, l'Autriche et la Suède. Alexandre, qui doit seul nous occuper, assista, dans cette campagne suprême, aux batailles de Dresde et de Leipzig. Sans nos revers en Espagne et l'arrivée de l'armée victorieuse de Wellington par le sud, il n'est pas certain que la coalition eût triomphé; mais elle triompha, et le 30 mars 1814, 150,000 hommes de l'armée alliée prenaient possession de Paris en son nom. Alexandre laissa à Paris une renommée de bienveillance, toute personnelle par exemple; on attribue à son influence le maintien de l'intégrité du territoire français primitif, c'est-à-dire émondé de toutes ses conquêtes depuis vingt ans. Cette affaire achevée, Napoléon à l'île d'Elbe et les Bourbons aux Tuileries, Alexandre se fit reconnaître roi de Pologne par le congrès de Vienne, qui n'avait rien à lui refuser. Mais ce congrès n'était pas encore séparé, qu'on apprenait, avec un étonnement mêlé d'effroi, l'évasion de l'île d'Elbe et l'accueil enthousiaste que Napoléon recevait en France et jusqu'à Paris, tandis que les Bourbons s'empressaient de repasser la frontière en attendant l'heure de la vengeance sans péril. Après Waterloo, Alexandre revint à Paris avec les alliés, moins bien disposé que la première fois et inclinant visiblement vers les mesures de réaction et de rigueur; toutefois, il s'opposa plus que jamais au démembrement de la France, ce qui prouve en faveur de son esprit politique; et à Paris, son intervention prévint la destruction de plusieurs monuments élevés en souvenir des victoires remportées sur les ennemis de la France par les armées de la République et de l'Empire, ce qu'il faut sans doute attribuer à ce qu'il en avait moins souffert que ses nouveaux amis. Il convient d'ajouter que c'est sur la proposition des Prussiens et des Anglais qu'eut lieu la seconde occupation de Paris. Avant de quitter Paris, Alexandre signa avec les autres le traité de la Sainte-Alliance (26 septembre), laquelle n'avait de saint que le nom. De retour en Russie, Alexandre s'occupa de l'administration de son vaste empire, et quoique moins ouvert qu'au début de son règne aux idées libérales, adversaire déclaré, même, des libertés publiques au dehors, conformément à l'esprit du traité de la Sainte-Alliance, il ne laissa pas de poursuivre chez lui les améliorations qu'il avait commencées, et qui furent plus importantes et plus étendues sous son règne que sous celui d'aucun de ses prédécesseurs depuis Pierre le Grand. Il poursuivit l'abolition graduelle de la servitude des paysans, commencée avant lui. L'instruction, l'agriculture, l'industrie, le commerce reçurent une salutaire impulsion de sa part, et il encouragea les lettres et les beaux-arts. S'il eut recours, comme moyen de gouvernement, à une police secrète nombreuse, c'est que les idées de la Révolution française, introduites dans l'empire par la jeunesse russe, n'étaient pas sans lui inspirer de vives inquiétudes, et qu'il n'avait pas moins à craindre des Polonais. Somme toute, et pour un autocrate surtout, Alexandre Ier agit envers son peuple comme un souverain libéral et éclairé, meilleur que la plupart des souverains de l'Europe ses contemporains. — Au commencement de l'hiver de 1825, il quittait Saint-Pétersbourg pour visiter ses provinces méridionales; pris de fièvre intermittente pernicieuse vers le milieu de novembre, il succombait le 1er décembre, à Taganrog. A l'étranger, il passa pour empoisonné, mais on avait suivi les phases bien connues de sa maladie, et le doute n'est guère permis. — Il eut pour successeur son second frère, Nicolas Ier.

ALEXANDRE II, empereur de Russie, fils de Nicolas Ier, auquel il succéda le 2 mars 1855 (1818-1881). Il avait à peine sept ans quand la mort d'Alexandre Ier et la renonciation au trône de son frère aîné, le grand-duc Constantin, y fit monter Nicolas, et le fit héritier présomptif du trône de Russie. Un moment cependant sa propre destinée, en même temps que celle de sa maison, fut sérieusement compromise : à peine Nicolas avait-il pris possession du trône qu'une insurrection militaire se produisit dans la capitale et ne put être étouffée dans le sang que grâce à la défection du capitaine Ignatief, père du diplomate bien connu. Elevé d'abord par sa mère, sœur de Frédéric-Guillaume IV, de Prusse, Alexandre fut confié à des gouverneurs militaires et soumis rigoureusement à la discipline du soldat, pour laquelle, en conséquence, il semble avoir constamment professé une assez vive aversion. Déclaré majeur à seize ans, il fut aussitôt nommé commandant des lanciers de la garde, hetman des Cosaques, premier aide de camp de l'empereur, et soumis à une vie de manœuvres et de parades militaires presque incessantes qui finirent par altérer sa santé. Le czar, craignant sans doute les conséquences d'un pareil régime poussé à l'excès, décida que le jeune prince entreprendrait un voyage en Allemagne. Ce fut dans le cours de ce voyage que le czarevitch conclut son mariage avec la princesse Marie, fille du grand-duc Louis II de Hesse-Darmstadt (28 avril 1841). Chancelier de l'université de Finlande depuis 1826, sans en avoir, naturellement, jamais rempli les devoirs, il fonda, après son mariage, une chaire de langue et de littérature finnoises, patronna l'Académie littéraire finnoise, et défraya plusieurs explorations scientifiques entreprises par des savants finnois; à la mort du grand-duc Michel, il eut en outre la haute direction des écoles militaires de l'empire. Mais le peu de goût du czarevitch pour la vie militaire, sa prédilection évidente au contraire pour la vie de famille et les distractions intellectuelles ne faisaient pas l'affaire du vieux parti moscovite, lequel ne craignit pas de marquer ouvertement ses préférences pour le second fils de Nicolas, le grand-duc Constantin, et fit naître entre les deux frères une antipathie telle, qu'elle devint bientôt l'objet des remarques publiques et même l'occasion de vives querelles intestines. Le grand-duc Constantin, qui était amiral de la flotte, poussa si loin son animosité contre son aîné, qu'un jour où celui-ci se trouvait à bord du vaisseau amiral, il le mit aux arrêts, action que l'empereur Nicolas eut le bon esprit de punir en faisant subir le même traitement, mais plus prolongé, à Constantin. Le czar considérait toutefois avec une telle appréhension cette hostilité croissante, qu'à la naissance du fils aîné d'Alexandre, le feu prince Nicolas (1843), il exigea du grand-duc Constantin le serment de fidélité à l'héritier du trône. En outre, pendant sa dernière maladie, il appela ses enfants à son lit de mort et, tout en remettant à Alexandre la couronne impériale, il obtint des deux frères la promesse solennelle qu'ils demeureraient désormais étroitement unis, afin d'assurer la paix et le bonheur de la patrie commune. Quoique opposé, au début, à la guerre d'Orient, le czarevitch, dans cette occasion, déclara accepter la situation telle quelle et s'engagea à en poursuivre les conséquences dans la mesure exigée par la dignité et l'honneur de son pays. Proclamé empereur, sous le nom de Alexandre II, il recevait le jour même (2 mars 1855) l'hommage des hauts dignitaires et de l'armée stationnée à Saint-Pétersbourg; et, dans un conseil tenu sous la présidence du nouveau czar, la résolution était définitivement prise de n'interrompre en aucune façon la guerre soutenue alors par la Russie contre les puissances alliées. Le premier acte d'Alexandre II, aussitôt après son accession au trône, fut de lancer un manifeste à la nation, lui notifiant son avènement et, en termes généraux, sa résolution de maintenir la gloire de l'empire aussi haut que l'avaient placée Pierre, Catherine, Alexandre Ier et Nicolas Ier. Il appela ensuite, de Varsovie, le général Rudiger et lui donna le commandement de la garde impériale, qu'il avait jusqu'alors conservé; renouvela les pouvoirs de ses plénipotentiaires à Vienne et, par leur intermédiaire, annonça son adhésion aux déclarations faites par le prince Gortschakoff, au nom du feu czar. Au retour de la paix, une des premières réformes accomplies par Alexandre II fut une réduction considérable de l'effectif de l'armée; il fit d'énergiques efforts pour donner une base plus solide aux finances nationales et pour faire naître la prospérité dans les affaires commerciales, et provoqua des réformes importantes dans l'administration de l'empire. Dans l'instruction publique, il abolit les restrictions limitant le nombre des élèves dans les universités russes (octobre 1855); il retira aux officiers supérieurs de l'armée le monopole du professorat au lycée Alexandre et à l'Ecole de droit de Saint-Pétersbourg (février 1856), que l'empereur Nicolas leur avait assuré. Une Faculté des langues orientales fut inaugurée en septembre 1855. Le 27 mai (8 juin) 1856, un ukase impérial autorisait la rentrée dans leurs foyers des émigrés polonais de 1830-31 qui consentiraient à manifester du repentir. D'un autre côté, le succès de ses armes dans le Caucase, qui amenait enfin la capture de Schamyl (décembre 1859), assurait la paix de cette partie agitée de l'empire. La plus grande des réformes intérieures accomplies par Alexandre II, celle qui illustrera son règne dans la postérité, c'est l'affranchissement de 23 millions de serfs répandus sur tous les domaines seigneuriaux de la Russie. L'ukase qui proclame cette émancipation (19 février/3 mars 1861) porte que les seigneurs conserveront leur droit sur la terre, mais laisseront aux paysans, en usufruit perpétuel, la ferme qu'ils font valoir, moyennant des redevances déterminées, avec le droit de racheter cette ferme, ou les terres qu'ils cultivent, bien entendu avec le consentement des seigneurs, et de devenir par ce moyen propriétaires libres. Vers la fin du même mois, le czar accorda à la Pologne la fondation d'établissements d'enseignement supérieur et d'une école de droit; un conseil d'Etat, des conseils électifs, dans les départements et les districts, des municipalités électives dans les principales villes, etc. Ces concessions ne suffirent pas aux Polonais; quelques troubles se produisirent, qui furent réprimés avec rigueur, mais qui, néanmoins, dégénérèrent, vers la fin de 1862, en une insurrection presque générale de la Pologne, laquelle ne put être étouffée qu'après plus d'une année de lutte. Des mesures de clémence, ainsi que diverses réformes plus ou moins bien reçues, notamment l'extension aux paysans polonais de l'affranchissement du servage (1864), suivirent l'écrasement de cette nouvelle insurrection; mais peu après de nouvelles dispositions restrictives furent prises contre les Polonais. L'acquisition de fiefs seigneuriaux leur est interdite par un ukase de décembre 1865; un autre, d'août 1866, ordonne l'usage exclusif de la langue russe dans les affaires publiques. Une révolte nouvelle éclate, qui s'étend jusqu'à la Sibérie, mais qui est, malgré son caractère terrible, promptement étouffée. Alors toutes les mesures bienveillantes précédemment octroyées et auxquelles il n'avait pas été touché encore, sont rapportées : le conseil d'Etat est supprimé (février 1867); l'instruction publique, en Pologne, est soumise à la direction ministérielle de Saint-Pétersbourg (mai 1867); enfin, il n'y a plus de royaume de Pologne, et le territoire désigné ainsi jusqu'alors (avril 1868) n'est plus qu'une simple province de l'empire russe. Les efforts presque incessants de l'empire russe pour s'agrandir du côté de l'Orient ont été bien souvent un sujet d'inquiétude pour les autres puissances européennes. Nous citerons d'abord la guerre entreprise par la Russie contre l'émir de Bokhara (Turkestan), en 1866, et qui se terminait par la défaite complète de l'émir et l'occupation de Samarkand par les Russes (mai 1868). Par contre, en mars 1867, le czar cédait aux Etats-Unis toute l'Amérique russe, un tas de neige et de glace (V. ALASKA et ALÉOUTIENNES (îles), pour une somme de trente-cinq millions de francs. Dans les affaires religieuses, la politique constante d'Alexandre II a été d'accroître l'autorité de la religion d'Etat, au détriment des autres ; la religion catholique romaine a particulièrement souffert dans cette occasion, et l'on interdit à ses évêques de communiquer avec le saint-siège. Mais c'est une question de savoir si ce fut à tort.

Deux attentats dirigés contre la vie de l'empereur Alexandre, mais sans aucun résultat, eurent lieu à une année de distance, le premier, le 16 avril 1866, à Saint-Pétersbourg, où un certain Dimitri Korakosow tira sur lui, au moment où il montait en voiture, un coup de pistolet qu'un paysan russe, Komissaroff, put détourner à temps ; ce paysan fut, en récompense, anobli et enrichi. Le second se produisit à Paris, le 6 juin 1867, et eut pour auteur le Polonais Berezowski, qui tira sur le czar revenant d'une revue passée à Longchamp, en voiture et accompagné de ses fils et de Napoléon III, un premier coup de pistolet qui n'atteignit que le cheval de M. Raimbaud, écuyer de l'empereur Napoléon, fort à propos porté en avant, et un second qui fit éclater le canon de l'arme dans la main de l'assassin. Des deux auteurs de ces attentats, le premier fut pendu, le second condamné, par un jury français qui admit en sa faveur des circonstances atténuantes, aux travaux forcés à perpétuité.

Alexandre II sut profiter de l'état d'écrasement où se trouvait la France, par suite de l'invasion allemande et de l'investissement de sa capitale, pour déclarer qu'il ne se considérerait pas plus longtemps comme lié par les dispositions du traité de 1856 restrictives de ses droits à la navigation de la mer Noire. En conséquence de cette déclaration, une conférence eut lieu à Londres, au commencement de 1871, où la France se trouva tant bien que mal représentée, et qui donna satisfaction aux vœux du czar, si opportunément manifestés. En 1872, le czar se rendit à Berlin, où il se rencontra avec les empereurs d'Allemagne et d'Autriche, lesquels lui rendirent ensuite sa visite à Saint-Pétersbourg. Cette « entrevue des trois empereurs », qui devait porter les fruits les plus abondants et si savoureux pour le plus grand profit de la paix universelle, a été renouvelée solennellement le 11 mai 1876, doublée d'une entrevue des trois chanceliers, MM. de Bismarck, Andrassy et Gortschakoff, et aboutissant à un *mémorandum* à la Turquie, dont les événements tragiques arrivés à Constantinople (30 mai), et imprévus à ce qu'il semble des augustes détenteurs de la paix universelle, ont fait une lettre morte. Alors ce fut le tour des entrevues particulières, à Ems, entre le czar et l'empereur d'Allemagne ; à Reichstadt, entre l'empereur d'Autriche et le czar (8 juillet), pour ne point insister sur les entrevues concomitantes des ministres. Mais les fruits donnés par cette union si intime des trois empereurs du Nord n'ont eu une saveur bien différente de celle qu'on avait prédite, et plus ils « assuraient » la paix universelle, plus s'étendait la guerre... Nous devons signaler, en tant qu'aller plus loin, cette page importante de l'histoire militaire de la Russie sous le règne d'Alexandre II : l'expédition de Khiva (Asie centrale), en 1873. L'armée d'expédition, mise sous le commandement du général Kauffmann, quittait Saint-Pétersbourg le 1er février, se rendant à Tashkend ; le 15 juillet, Khiva tombait en son pouvoir. Le résultat de cette expédition fut l'annexion d'une partie du territoire du khanat de Khiva à la Russie et l'établissement de la suzeraineté du czar sur le khan (14 mars 1875). Pour en revenir au différend russo-turc, après que les Serbes, révoltés à l'instigation de la Russie, eurent été vaincus, leurs provocateurs jugèrent à propos d'intervenir la menace aux lèvres ; et, tandis que le général Ignatieff relançait à Constantinople tout son possible pour obtenir une rupture, l'empereur ordonnait la mobilisation de l'armée,

faisait des discours belliqueux, et enfin déclarait ouvertement la guerre à la Turquie le 24 avril 1877. Cette guerre, entreprise contre une puissance aux trois quarts épuisée, trahie de tous, sous le prétexte mensonger de protéger contre le fanatisme musulman des chrétiens qui ne demandaient qu'à être laissés en paix, se poursuivit plus d'une année dans des alternatives de succès et de revers également sanglants, jusqu'à la défaite de la Turquie, consacrée par le traité de San-Stefano (février 1878), sanctionné, non sans d'importants changements, par le congrès de Berlin (juillet). Tel fut le dernier événement important du règne d'Alexandre II qui, en prévision sans doute, avait réorganisé l'armée et la marine russes, provoqué l'établissement de nombreuses voies ferrées dont la plupart d'un caractère stratégique, développé l'instruction primaire. Malgré toutes ces réformes et l'extension considérable des relations principalement commerciales avec l'étranger par l'amélioration des services postal et télégraphique, ce règne fut marqué par l'éclosion ou le développement d'une foule de sectes et de sociétés politiques secrètes qui, après l'avoir profondément troublé à plusieurs reprises, en avancèrent le terme ; des attentats de toute nature, dont les propriétés de les personnes, surtout contre les hauts fonctionnaires d'une police d'ailleurs impitoyable, furent à la fin couronnés par l'assassinat de l'empereur. Le 13 mars 1881, comme l'empereur rentrait au Palais d'Hiver, une bombe éclata sous sa voiture qui, étant blindée, résista. Alexandre II se fit promptement tiré indemne de cet attentat, s'il n'était sauté à terre en criant : « Les nihi-

Mort d'Alexandre II.

listes ! » A ce moment, une nouvelle bombe éclata sous ses pieds, lui broya les jambes et lui laboura le ventre. Une heure et demie après, il était mort. L'aîné de ses fils lui succéda sous le nom d'Alexandre III. —
Faudrait donc placer à cette époque, la Prusse traversa une période de folie.

ALEXANDRE III, empereur de Russie, fils du précédent, est né le 10 mars 1845. Il succéda à son père, assassiné par les nihilistes, le 13 mars 1881 ; son couronnement n'eut toutefois lieu avant le 27 mai 1883, à Moscou, où il fut l'occasion de fêtes magnifiques. Alexandre III avait épousé, le 9 novembre 1866, la princesse Marie-Frédérique-Sophie Dagmar, fille du roi Christian IX de Danemark. Le parti libéral russe attendait beaucoup de l'avènement de ce prince ; on parlait depuis longtemps, à l'occasion de bruits d'abdication d'Alexandre II, de réformes très importantes ; mais dans les circonstances tragiques qui ont amené cet avènement, depuis lequel le nouveau

czar a vécu surtout à Gatchina, dans une retraite prudente, on conçoit que ces espérances aient pu être trompées. Le règne d'Alexandre II a, jusqu'à présent, que par des découvertes de nouveaux complots et des condamnations de nihilistes vrais ou prétendus ; ce qui n'est pas pour améliorer sensiblement la situation.

Divers

ALEXANDRE KARAGEORGEWITCH, prince de Serbie, fils du célèbre Czerni, dit Kara-Georges, c'est-à-dire *Georges le Noir*, qui est considéré comme le libérateur de la Serbie. Le prince Alexandre naquit en 1806. Après la mort de son père (1817), sa mère l'emmena en Valachie, où il demeura jusqu'à l'avènement de Michel Obrenovitch (1839), qui l'autorisa à rentrer en Serbie, où il fut proclamé Michel, dont la déchéance avait été proclamée par l'Assemblée nationale (septembre 1842). La Russie, toutefois, protesta contre cette élection, qui fut renouvelée, à l'unanimité, le 15 juin 1843, et Alexandre définitivement investi. Ce prince gouverna d'abord avec sagesse, encouragea le commerce, l'industrie, les travaux publics, développa l'instruction, créa des écoles, deux lycées, des écoles spéciales agricole, militaire et d'arts et métiers. Lors de la guerre d'Orient, il fit la sourde oreille aux incitations du parti national, demeurant fidèle à la Porte, et reçut, en reconnaissance de cette attitude, un firman du sultan qui confirmait tous les privilèges de la Serbie ; mais le traité de Paris (1856) ajouta, ou plutôt substitua à cette garantie isolée et précaire, celle des grandes puissances. Malgré ces avantages, dont l'attitude contraire n'aurait sans doute pas assuré l'équivalent à la Serbie, le parti national était fort mécontent ; de sorte qu'un complot se forma pour rappeler le vieux Miloch, l'avant-dernier prince souverain. Dans lequel complot étaient entrés jusqu'au président du Sénat et celui de la Cour de cassation ; le complot ayant été découvert (1857), les deux principaux accusés furent condamnés à la peine capitale, et leurs complices aux travaux forcés. Mais les conjurés eussent vraisemblablement commencé par condamner eux-mêmes Alexandre à la peine capitale, on trouva qu'ils avaient été trop rigoureusement frappés ; la Porte fit surseoir à l'exécution, la Chambre des députés de Belgrade exigea l'abdication du prince (2 décembre 1858), lequel, craignant de pis, passa en Autriche. Le 10 juin 1868, Alexandre étant toujours en exil, deux de ses partisans avérés poignardèrent le prince Michel, les neuf fois, en plein parc de Topchidéré. Les Chambres, sur l'aveu des coupables, renouvelèrent les décrets de déchéance formulés jadis contre Alexandre, et appelèrent le jeune prince Milan, cousin du prince assassiné, à lui succéder. Pendant ce temps, Alexandre, acquitté une première fois par le tribunal de Pesth du crime qui lui était imputé, faute de preuves suffisantes (1870), était condamné à huit ans de prison en appel (janvier 1871). Pendant la guerre de 1876, Alexandre tenta encore d'intéresser les Serbes à sa cause, par le moyen banal d'un manifeste ; mais le moment était trop mal choisi, le prince Milan étant vraiment, pour cette fois, à la tête du parti national serbe, combattant pour une cause nationale. L'appel du prince Alexandre resta donc sans écho.

ALEXANDRE Ier, prince de Bulgarie, second fils du prince Alexandre de Battenberg (Hesse) et cousin de l'empereur de Russie Alexandre III ; sa mère était la fille de l'ancien ministre de la guerre de Pologne, comte von Kauck, devenue princesse par un mariage morganatique. Le prince Alexandre est né le 5 avril 1857 ; il fit la dernière campagne d'Orient avec l'armée russe, dans les rangs du 8e régiment de uhlans, où comme attaché à l'état-major du prince Charles de Roumanie ; il assista au siège de Plevna et traversa les Balkans avec Gourko. De retour en Allemagne, il passa du régiment de dragons de Hesse dans le gardes du corps prussiens, à Potsdam. — Alexandre fut élu prince héréditaire de Bulgarie, par l'assemblée des notables réunie à Tirnova, le 29 avril 1879; et par un vote de l'Assemblée nationale du 13 juillet 1881, il fut investi, pour sept années, de pouvoirs législatifs extraordinaires.

ALEXANDRE-JEAN Ier, prince de Moldavie et de Valachie. — V. Couza.

ALEXANDRE D'APHRODISÉE, philosophe grec de la fin du IIe et du commencement du IIIe siècle, né à Aphrodisée, en Carie. Il enseigna la philosophie péripatéticienne à Athènes. Ses commentaires sur les ouvrages principaux d'Aristote l'ont rendu célèbre et ont fait un peu oublier ses œuvres originales, dont les plus importantes sont: *De Fato* dans lequel il combat la doctrine du fatalisme, et *De Anima*, où il cherche à démontrer que la raison humaine est matérielle et inséparable du corps qu'elle dirige. Ces deux ouvrages ont été imprimés à Venise en 1534, avec les œuvres de Themistius; le premier, traduit en latin par Grotius, a été publié à Zurich en 1824. La plupart de ses Commentaires se trouvent dans l'édition aldine d'Aristote (Venise, 1495-98).

ALEXANDRE DE TRALLES, médecin grec du VIe siècle, natif de Tralles, en Lydie. Il est auteur d'un grand ouvrage, divisé en douze livres, où il traite de toutes les maladies du corps et qui l'a fait placer immédiatement après Hippocrate et Galien. Il fut publié pour la première fois (texte grec) par J. Goupylus (Paris, 1548, in-fol.) et avec la traduction latine, par J. Guinterius (Bâle, 1556, in-8°); Pierre Du Châtel, évêque de Mâcon et grand aumônier de France, en a également publié une édition quelques années plus tard. Outre son *Arte medica*, on doit à Alexandre de Tralles une œuvre sur les lombrices, *De Lumbricis*, qui a été publiée en grec et en latin par Mercuriulis, dans ses *Variæ lectiones* (Venise, 1570, in-4°).

ALEXANDRE DE BERNAY OU DE PARIS, poète français du XIIe siècle, natif de Bernay mais ayant longtemps résidé à Paris, d'où son double surnom. Continuateur de l'*Alexandreide*, roman commencé par Lambert-li-Corps, il employa le premier, dans cette continuation, le vers de douze syllabes, appelé depuis, d'après le nom de l'auteur ou le titre de l'œuvre, *alexandrin*. On a également d'Alexandre de Bernay quelques pièces manuscrites.

ALEXANDRE DE HALES, surnommé *Doctor irrefragabilis* et *Fons vitæ*, théologien anglais du XIIIe siècle. Né dans le comté de Gloucester et élevé au monastère de Hales, il alla étudier à l'université de Paris, où il prit le diplôme de docteur et enseigna la théologie et la philosophie avec une grande renommée. En 1422, il entra dans l'ordre des Frères mineurs et dès lors vécut dans la retraite, tout en refusant de renoncer à son titre de docteur. Il mourut en 1445. Son principal ouvrage, le seul dont l'authenticité soit incontestée, est sa *Summa theologiæ* (Nuremberg, 1452; Venise, 1576); cet ouvrage, entrepris sur l'ordre d'Innocent IV, fut approuvé par Alexandre IV, après examen par une commission de soixante-dix théologiens, pour toutes les écoles de la chrétienté, et y fit loi pendant une longue suite d'années. Il est divisé par demandes et réponses.

ALEXANDRE, DOM JACQUES, religieux bénédictin de la congrégation de Saint-Maur, natif d'Orléans (1653-1734). Il s'occupa beaucoup d'horlogerie et a laissé sur cet art un Traité estimé. On lui attribue, en outre, l'invention de l'horloge à équation, c'est-à-dire marquant à la fois le temps vrai et le temps moyen.

ALEXANDRE, CHARLES, lexicographe français, né à Paris (1797-1870). Entré à l'École normale en 1814, il devint professeur de rhétorique au collège Saint-Louis après avoir professé en province, puis proviseur du collège Bourbon, et enfin inspecteur général des études et membre du Jury d'agrégation; il faisait partie de l'Académie des inscriptions et belles-lettres depuis 1857. On lui doit, outre la traduction de la Cosmologie de Pline, une édition des *Oracula Sibyllina*, etc., une *Méthode pour faire des thèmes grecs* et des *Dictionnaires français-grec et grec-français*. — M. Ch. Alexandre est mort à Paris le 1er juin 1870. Il était commandeur de la Légion d'honneur.

ALEXANDRESCO, GRÉGOIRE, poète et homme politique valaque, né à Turgowiste vers 1810. Il s'était déjà fait connaître comme poète lorsqu'il prit part, avec Campineano, chef du parti libéral sous le gouvernement d'Alexandre Ghika, à la fondation de la Société philharmonique, en 1835. Il publia à partir de cette époque de nombreuses satires et fables politiques qui rendirent son nom rapidement populaire, mais qui lui valurent un internement de plusieurs années dans un monastère, au cours duquel il réussit toutefois à publier *L'an 1840*, sorte de manifeste du parti de la jeune Roumanie. Après avoir été quelques mois ministre des finances dans le cabinet Crezzulesco (1859), il rentra dans la politique militante, publiant dans les recueils périodiques des poésies et des articles de polémique, qui ont été réunis en volume sous ce titre: *Souvenirs et impressions, Lettres et Fables* (Bucharest, 1847).

ALEXANDRETTE, ou SCANDEROUN, ou ISKANDEROUN, petite ville maritime de la Turquie d'Asie, sur la côte de Syrie, à 140 kil. d'Alep. Elle doit toute son importance au commerce qu'elle entretient, au moyen de caravanes, entre cette ville et la côte, où abordent de nombreux navires chargés de marchandises de l'Europe et retournant avec des produits de l'Orient. — V. ALEP.

ALEXANDRI, BASILE, poète roumain. — V. ALECSANDRI.

ALEXANDRIA, ville d'Écosse, dans le comté de Dumbarton, sur la riv. Leven, à 5 kil. env. du ch.-l. du comté auquel elle est reliée par une ligne ferrée. Cette petite ville, qui compte aujourd'hui près de 5,000 hab., doit son originalité entièrement à l'industrie cotonnière. Manuf. de coton imprimé, blanchisseries, etc.

ALEXANDRIA, ville maritime des Etats-Unis d'Amérique, ch.-l. du comté du même nom (État de Virginie), sur le Potomac, à 11 kil. au-dessous de Washington. Pop. 14,000 hab. Cette ville, située dans une contrée pittoresque, est propre et bien bâtie; elle possède un bon port et est reliée à Washington par une ligne ferrée, entre le canal Chesapeake et Ohio, dont c'est ici la tête. Exportation considérable de grains et de farine.

ALEXANDRIE, ville maritime de la basse Égypte, sur la Méditerranée, à 20 kil. du bras gauche du delta du Nil, auquel la relie le canal Mahmoudieh et à 175 kil. N.-O.

Alexandrie.

du Caire, la capitale actuelle de l'Égypte, à laquelle elle est reliée par un chemin de fer depuis 1856; une petite ligne locale la met en communication avec la station balnéaire de Ramleh, située à une distance de 11 kil. Deux ports. Grand entrepôt du commerce de l'Égypte, de l'intérieur de l'Afrique et de l'Arabie. Communications régulières par bateaux à vapeur avec Brindisi, Marseille, l'Angleterre et Constantinople; station de la route des Indes par le canal de Suez. La population d'Alexandrie est très mêlée et se compose d'Arabes, de Turcs, d'Arméniens, de Syriens, d'Italiens, de Maltais, de Grecs, de Français, d'Anglais, etc. Dans l'antiquité, au temps de sa splendeur, elle atteignit le chiffre de 600,000 hab.; sous Auguste, ce chiffre était déjà diminué de moitié; au commencement de ce siècle, il y en avait 6,000, 60,000 en 1840 et 220,000, dont un quart d'étrangers, avant les événements de 1882. Le climat d'Alexandrie est doux et salubre; les chaleurs de l'été étant tempérées par les vents N.-O. qui soufflent du large et dominent pendant neuf mois de l'année, le thermomètre s'élève rarement au-dessus de 29° et demi; il tombe beaucoup de pluie en hiver, et l'air est généralement humide, étant saturé des vapeurs salines émanant de la mer.

— HIST. Alexandrie doit son origine et son nom à Alexandre le Grand, qui la fit bâtir sous la direction de Dinocrate, en 332 av. J.-C., sur un emplacement choisi de manière que la Méditerranée baignant ses murs au nord, elle fût baignée au sud par les eaux du lac Maréotide (Mariouth). En face était l'île de Pharos, devenue presqu'île et où s'élève aujourd'hui le plus grande partie de la ville moderne; elle fut reliée à la ville par une chaussée de sept stades (heptastadium) de longueur, séparant les deux ports. Le lieu était bien choisi, aussi la nouvelle cité prospéra-t-elle rapidement et devint-elle non seulement un grand centre commercial, mais en quelque sorte l'entrepôt de toutes les connaissances humaines. La libéralité éclairée des premiers Ptolémées fit d'Alexandrie la métropole intellectuelle du monde, mais c'est malheureusement aussi sous les derniers représentants de cette dynastie, vicieux et corrompus pour la plupart, que la fortune et l'influence de cette ville célèbre commencèrent à décliner. Enfin, en 89, Ptolémée Alexandre léguait sa ville aux Romains. Mais ceux-ci, occupés à se déchirer mutuellement, ne purent profiter du legs, et ce n'est qu'en 30 av. J.-C., sous Auguste, qu'Alexandrie se soumit définitivement à Rome. Auguste l'éleva au rang de cité impériale, gouvernée par un préfet; mais il la priva de son sénat, et ce ne fut qu'en 196 (A. D.), sous L. Sévère, qu'elle reconquit son indépendance municipale. Elle commença dès lors à reprendre une grande partie de son importance passée, du moins au point de vue commercial, en devenant le grenier de Rome. En 215, Caracalla étant allé visiter Alexandrie, prétendit avoir été insulté par ses habitants et donna à ses soldats l'ordre de mettre à mort tous les jeunes gens de la ville en état de porter les armes; dans l'embarras du choix, les satellites de l'empereur se livrèrent à un massacre général. En 297, Dioclétien s'empara d'Alexandrie révoltée, après un siège long et meurtrier. Elle fut prise en 616 par Chosroës, roi de Perse; puis, en 640, par les Arabes commandés par Amrou, lieutenant du calife Omar, après un siège de quatorze mois, pendant lesquels l'empereur Héraclius ne trouva pas le moyen d'envoyer un seul navire à son secours. D'après le rapport d'Amrou au calife, Alexandrie contenait alors « 4,000 palais, 4,000 bains, 12,000 marchands d'huile, 12,000 jardiniers, 40,000 juifs payant tribut et 400 théâtres ou lieux de divertissement. La célèbre bibliothèque, dont Amrou ne parle pas dans sa statistique un peu sommaire, fut livrée aux flammes sur l'ordre du calife. Reprise par les Grecs peu après, elle retomba au pouvoir des Arabes en 644. En 646, Amrou qui avait été nommé gouverneur des pays qu'il avait conquis et avait su se faire aimer des Egyptiens, fut destitué par Omar: Alexandrie se révolta, en profitant de l'occasion, l'empereur Constantin s'en empara sans beaucoup de peine; mais Amrou, ayant été rétabli dans son commandement, marcha de nouveau contre Alexandrie, qui retomba en son pouvoir, après une résistance acharnée. Au milieu de tant de vicissitudes, la décadence d'Alexandrie ne pouvait que s'accentuer. Prise en 823 par des aventuriers andalous, puis en 924 et 928 par les califes fatimites du Moghreb, elle eut en outre beaucoup à souffrir des croisés à différentes reprises. La fondation du Caire par les Moghrebins, en 969, lui avait créé déjà une rivalité redoutable, lorsqu'en 1497, la découverte de la route de l'Inde par le cap de Bonne-Espérance vint achever sa ruine. Le canal de Suez (ouvert au trafic le 17 novembre 1869) vint fort heureusement relever la fortune d'Alexandrie qui, avant d'en venir là, avait bien d'autres vicissitudes à traverser encore. Des Fatimites, l'Egypte, et par conséquent Alexandrie, passa sous la domination des Ayoubites, puis sous celle des Mamelucks, pour tomber aux mains de Selim, sultan ottoman, en 1517. En 1727, l'un des pachas turcs d'Alexandrie se déclara indépendant; il s'ensuivit une série de guerres aux résultats divers et l'anarchie la plus complète, au milieu de laquelle débarqua Bonaparte (1798). Le 2 juillet, les troupes françaises emportaient la ville d'assaut, et quelques jours plus tard, les chefs religieux et militaires juraient fidélité entre les mains de Bonaparte, après lui avoir remis les forts. Après l'évacuation par les Français, l'Egypte retomba dans l'anarchie, jusqu'à ce que Méhémet-Ali, jeune officier turc, s'empara du pouvoir où, chose bien plus extraordinaire, il sut se maintenir plus de quarante ans (1806-1849). Par une convention en date de 1841, la Porte assura à Méhémet-Ali, le pachalik d'Alexandrie à vie. Sous Méhémet, Alexandrie, dont il avait fait sa résidence, se releva peu à peu et surtout s'embellit considérablement. Nous passerons sur les événements qui se sont déroulés sous son règne ou sous celui de ses successeurs, dont la relation serait une anticipation sur l'histoire politique de l'Egypte, pour en arriver à la dernière catastrophe que cette belle et malheureuse ville eut à subir, au mépris de tout droit et de toute justice. Après les événements du Caire de la fin de 1881, c'est-à-dire le soulèvement du parti national ayant à sa tête, entre autres, le colonel Arabi, une sorte de parlement s'était réuni au commencement de 1882, un ministère national avait remplacé le ministère composé presque entièrement d'étrangers et, en dépit du khédive, l'Assemblée s'était arrogé le droit de voter le budget. Le soulèvement du Caire avait eu son contre-coup à Alexandrie, où les insurgés avaient massacré quelques étrangers et incendié des maisons; mais l'important était cette question de budget, quoique ce ne soit pas ici le lieu de le démontrer. L'Angleterre se décida à intervenir; elle voulut d'abord entraîner la France dans cette aventure, mais les Chambres françaises eurent le patriotique bon sens de refuser au gouvernement l'autorisation et les crédits nécessaires. En conséquence, l'Angleterre agit seule. Le 5 juillet 1882, la flotte britannique, sous le commandement de l'amiral Sir Beauchamp Seymour (depuis Lord ALCESTER, V. ce nom), prenait position devant Alexandrie, que sur la menace des puissances, Arabi mettait en état de défense. Le lendemain, l'amiral anglais envoyait à Arabi Pacha sommation d'avoir à suspendre ces travaux; et le 10, il envoyait au gouvernement égyptien un ultimatum portant reddition immédiate des forts qui commandaient le port. Le 11 juillet 1882 au matin, sans déclaration de guerre préalable, l'amiral Seymour ouvrait le feu contre les forts en question; au bout de quelques heures de bombardement, ceux-ci étaient réduits au silence et démolis, et la plus belle partie de la ville en ruines.

La ville moderne d'Alexandrie s'élève en partie, comme nous l'avons dit, sur l'ancienne île de Pharos, et les principaux édifices publics y sont réunis. L'ancienne ville, au contraire, était bâtie sur le continent, et l'étendue de ses ruines témoigne de son importance. Alexandrie est située sur un terrain plat, sablonneux et stérile; les murs flanqués de tourelles qui l'entouraient jadis sont en grande partie détruits. Comme partout en Orient, le quartier turc, percé de rues étroites et tortueuses, mal bâti, forme un contraste violent avec le quartier franc, qui semble une ville européenne. Les principaux édifices sont : le palais du pacha, l'arsenal, les hôpitaux militaire et maritime, la douane, la bourse, deux théâtres, plusieurs mosquées, églises, couvents, etc. Il y a une école navale et de nombreuses institutions d'enseignement à tous les degrés. L'eau est distribuée dans la ville au moyen d'appareils à l'européenne, elle est prise dans le canal Mahmoudieh à quelque distance de la ville; au lieu que jadis, amenée dans les réservoirs établis dans l'ancienne ville il y a 2,000 ans, et en parfait état encore, par le canal, à chaque crue du Nil seulement, la distribution laissait beaucoup à désirer. Il y a peu de ruines antiques visibles aujourd'hui, mais chaque fouille amène la découverte de véritables trésors. Parmi les reliques du passé encore debout à Alexandrie, nous citerons *l'aiguille de Cléopâtre*, obélisque en granit rose de Syène, couverte d'hiéroglyphes, mesurant 21 m. 60 de hauteur sur 2 m. 30 de diamètre. Cet obélisque avait été offert à la France par Méhémet-Ali, mais il avait tant souffert des injures du temps qu'on préféra aller chercher à Louqsor l'obélisque plus beau, plus grand et presque intact qui se dresse sur la place de la Concorde à Paris; il y en avait un second, que Méhémet offrit en même temps à l'Angleterre : celui-là était couché sur la plage du Port Neuf, aux trois quarts enseveli dans le sable; l'Angleterre s'est décidée à en prendre livraison en 1877. Ces deux obélisques avaient été transportés d'Héliopolis à Alexandrie sous le règne de Tibère et dressés devant la façade du temple élevé à Jules César, ou *Cæsareum*. Non loin de l'obélisque, on voit une vieille tour ronde communément désignée sous le nom de *tour romaine*, mais peu intéressante. Il n'en est pas de même de la *colonne de Pompée*, élevée à l'empereur Dioclétien par un gouverneur du nom de Pompée. Elle s'élève près de la porte sud de la ville. C'est un monolithe de granit rose à chapiteau corinthien, mesurant 32 m. 50 de hauteur sur 3 m. de diamètre, porté sur une base carrée de 4 m. 50 de côté. Au sud-ouest de la ville se trouvent les catacombes où l'on ensevelissait les morts; elles sont creusées dans la roche calcaire et d'une grande étendue. Le canal Mahmoudieh, long d'environ 80 kil., amène l'eau du Nil, prise au village d'Atfeh, à Alexandrie; il fut creusé par ordre de Méhémet-Ali (1820), et bien que l'ancien lit du canal de Canope ait été utilisé, il ne coûta pas moins de 7 millions et demi de francs. Alexandrie a deux ports, comme il a été dit, l'un à l'est et l'autre à l'ouest; ce dernier, dit aussi *Vieux Port*, est de beaucoup le plus grand et le meilleur. Il a environ 2 kil. et demi de large et a trois entrées principales; l'eau y est assez profonde pour permettre aux navires de jeter l'ancre au ras du quai; des améliorations considérables y ont été faites dans ces derniers temps (un colossal brise-lames, dont la première pierre fut solennellement posée en mai 1871, notamment, y a été construit), qui en font le meilleur et le plus beau port de la Méditerranée. Le port oriental, ou *Port Neuf*, où l'ancrage n'occupe qu'un espace limité, est de plus exposé aux vents du nord; mais il fut longtemps le seul ouvert aux chrétiens.

— BIBLIOTHÈQUE D'ALEXANDRIE. V. BIBLIOTHÈQUE.

— ECOLE D'ALEXANDRIE. V. ECOLE.

— MUSÉE D'ALEXANDRIE. V. MUSÉE.

ALEXANDRIE DE LA PAILLE, ville de l'Italie septentrionale, ch.-l. de la province d'Alexandrie, sur le Tanaro, à 80 kil. S.-E. de Turin, anc. ch.-l. du département de Marengo sous la domination française. Pop. 58,000 hab. Siége d'un évêché, académie *de' Immobili* fondée en 1562. Séminaires, collèges, belle cathédrale. Cette ville doit son surnom à ce fait que, dans sa construction hâtive par les habitants de Crémone et de Mantoue, pour tenir en respect Pavie au pouvoir de Frédéric Barberousse (XIIe siècle), ses maisons furent d'abord couvertes de chaume. Elle fut appelée Alexandrie du nom d'Alexandre III, pape, adversaire à la fin victorieux de l'empereur. Prise en 1522 par le duc Sforza, en 1717 par le prince Eugène, les Français s'en emparèrent en 1796 et en 1800; après Marengo, Napoléon y conclut un armistice avec le général autrichien Mélas.

ALEXANDRIN, INE, adj. D'Alexandre ou d'Alexandrie. — *Vers alexandrin*, vers français de douze syllabes (treize en comptant la syllabe muette finale quand la rime est féminine), employé pour la première fois par Alexandre de Bernay (V. ce nom). — *Mosaïque alexandrine*. Mosaïque romaine du genre *sectilia*, destinée à paver les appartements et dont les dessins sont exécutés en deux couleurs seulement, rouge et noir; on lui a donné le nom d'*Alexandrinum opus* sur la foi d'un passage de Lampride paraissant indiquer que l'introduction de cette sorte d'ouvrage est due à Alexandre Sévère; mais l'interprétation est évidemment fautive, puisqu'on a trouvé à Pompéi de nombreux spécimens de soi-disant mosaïque alexandrine. — *Poète alexandrin*, *Philosophie alexandrine*, poète, philosophie de l'école d'Alexandrie. — *Manuscrit alexandrin*, nom donné à un manuscrit grec contenant l'*Ancien* et le *Nouveau Testament*, l'ancien traduit de la Bible des Septante. D'après une note en arabe écrite sur la page contenant la table des divers livres de l'ouvrage, ce manuscrit serait dû à « la martyre sainte Thécla », dont une note en latin de Cyrille Lascaris, patriarche de Constantinople, dit que c'était une dame noble égyptienne qui vivait peu de temps après le concile de Nicée (325); mais cette origine est fort contestée, et les paléographes, tant par le style que par la forme de certaines lettres, jugent que l'exécution de ce manuscrit ne remonte pas au delà du milieu du Ve siècle. Quoi qu'il en soit, le *Codex Alexandrinus* fut offert au roi d'Angleterre Charles Ier, par Cyrille Lascaris (sir Thomas Rowe, ambassadeur à Constantinople, servant d'intermédiaire), en 1628. Cyrille, qui avait été précédemment patriarche d'Alexandrie, l'avait sans doute apporté de cette ville, quoique, d'après quelques critiques, il dût l'avoir pris au monastère du mont Athos, où il avait d'abord résidé. Le manuscrit alexandrin fut transféré de la bibliothèque privée du roi au Musée britannique, où il est toujours, en 1753. Il comprend 4 vol. petit in-fol., dont trois pour l'Ancien Testament et un pour le Nouveau, donnant un total de 773 pages.

— ALEXANDRIN, *s. m.* Se dit du vers alexandrin. *L'alexandrin est aussi désigné sous le nom de vers héroïque.*

ALEXANOR, *s. m.* Entom. Insecte lépidoptère diurne, du genre papillon, famille des papilionides, qui forme avec le Machaon et le Flambé la représentation complète en France de la grande famille des papillons proprement dits, ou porte-queue. Il se rencontre dans les régions méridionales de la France, principalement dans les Hautes et Basses-Alpes.

ALEXINATZ, ville de Serbie, sur la frontière turque, à 30 kil. de Nisch. Pop. 4,000 hab. Point stratégique assez important sur la route de Belgrade à Constantinople et dominant la vallée de la Morave; les Serbes soulevés contre la domination turque, en 1876, y avaient établi leur quartier général. Alexinatz fut emportée d'assaut par les Turcs le 31 octobre 1876; le traité de paix qui suivit obligea les Serbes à démanteler cette place.

ALEXIPHARMAQUE, *adj.* et *s.* (gr. *alexein*, repousser et *pharmacon*, poison, venin), synonyme inusité d'*antidote*.

ALEXIS, poète comique grec, né vers 394 av. J.-C. à Thurii dans la Grande Grèce. Oncle de Ménandre, dont il fut le maître, il écrivit, d'après Suidas, 245 comédies; mais on ne connaît les titres que de 113, desquelles il ne nous est parvenu que de courts fragments conservés par Athénée. Il mourut à l'âge de 106 ans.

ALEXIS Ier COMNÈNE, empereur d'Orient (1048-1118). Après avoir acquis une grande réputation militaire, il usurpa le trône de Constantinople sur l'empereur Nicéphore (1081). Il battit les Turcs, les Normands sous la conduite de Robert Guiscard, repoussa une invasion de Scythes, mais au total avec peu d'avantages, les Turcs notamment ayant poussé leurs conquêtes jusqu'à l'Hellespont. Les hordes de la première croisade parurent alors, non sans causer dans les Etats de notables déprédations. Tout en se débattant au milieu de ces difficultés, Alexis sut obtenir des croisés des avantages importants pour l'empire grec, plus par ruse qu'autrement ; mais la mauvaise foi était égale des deux côtés. Il mourut à temps, après un des plus longs règnes qu'ait vus le trône de Constantinople, ayant lassé jusqu'au de goût, par ses folies, ses exactions et sa tyrannie, ses sujets de toutes les classes. — Sa fille ANNE COMNÈNE a écrit sa vie.

ALEXIS II COMNÈNE, empereur d'Orient, fils de Manuel Comnène auquel il succéda à l'âge de 12 ans (1180). Son cousin Andronic s'empara de la régence de vive force, s'associa bientôt à l'empire et fit bientôt étrangler Alexis pour n'avoir point à partager le pouvoir (1183).

ALEXIS III, L'ANGE, empereur d'Orient, frère d'Isaac auquel il fit crever les yeux (comme celui-ci l'avait fait à Andronic) et qu'il remplaça au trône en 1195. En 1203, Alexis, fils d'Isaac l'Ange, échappé de la prison où l'usurpateur le tenait enfermé, s'emparant de Constantinople, appuyé par les croisés qu'il était allé chercher à Venise; Alexis III, arrêté dans sa fuite, fut jeté en prison, où il mourut en 1210.

ALEXIS IV COMNÈNE, dit le Jeune. Le vieil Isaac, aveugle, fut replacé sur son trône, auquel son fils et libérateur dut être associé (1203). Mais les conditions auxquelles Alexis avait obtenu l'intervention des croisés étaient telles, qu'en les apprenant Isaac montra une réelle consternation. Ce fut bien pis de ses sujets, écrasés d'impôts pour satisfaire aux exigences des Latins, qui ne laissaient pas, malgré cela, de les traiter en hérétiques, c'est-à-dire de les voler, de les piller, de les insulter en toute occasion. Le grand chambellan d'Alexis IV, Alexis Ducas, surnommé Murzuphle, qui appartenait à l'ancienne maison impériale de Ducas, jugea que l'occasion était bonne de récupérer le trône de ses pères; il commença par grouper autour de lui un nombreux parti de mécontents, puis s'introduisit nuitamment, avec les principaux conjurés, dans les appartements d'Alexis, qu'il fit enlever (12 février 1204) et jeter dans un cachot où il fut laissé étrangler un jour de quelques jours plus tard. Isaac avait précédé son fils dans la tombe de quelques semaines.

ALEXIS V DUCAS, dit *Murzuphle*. Murzuphle, parvenu au trône dans les conditions que l'on sait, ne pouvait traiter avec les croisés à aucun prix. Il commença donc par les expulser de Constantinople. Ceux-ci se retirèrent sous des menaces de vengeance à bref délai. Et, en effet, Constantinople fut assiégée et prise de nouveau, Alexis V jeté du haut de la colonne de Théodose et Baudoin, comte de Flandre et de Hainaut, chef suprême de la croisade, proclamé à son tour empereur d'Orient.

Voici en quels termes l'empereur Baudoin le résume lui-même, dans une lettre adressée à l'archevêque de Cologne, les faits qui amenèrent son élévation au trône de Constantinople; ce résumé a pour l'avantage de jeter quelque lumière sur le caractère des trois règnes précédents : « Comme les croisés étaient à Venise, Alexis Comnène, fils d'Isaac l'Ange, empereur d'Orient, vint implorer leur secours contre le tyran Alexis l'Ange, son oncle, qui avait fait crever les yeux à l'empereur et avait usurpé l'empire. Il leur avait promis de payer pour eux aux Vénitiens les vaisseaux qu'ils empruntaient pour passer en Asie, de les aider de toutes ses forces à l'expédition de la Terre Sainte et de soumettre l'Église grecque à l'obéissance du pape. Les Francs, persuadés par ses promesses, font voile vers Constantinople, accompagnés de troupes vénitiennes et de leur doge Dandolo, qui voulut avoir part à cette expédition. Ils attaquèrent la ville et la prirent en 8 jours. Isaac, remis sur le trône, mourut peu de jours après. Son fils Alexis lui succéda et manqua aux promesses qu'il avait faites aux Francs, qui se retirèrent très mal satisfaits de lui. Comme *les Francs avaient commis beaucoup de désordres* à la prise de Constantinople, les Grecs avaient conçu une grande haine contre Alexis, qui les avait amenés. Aussitôt qu'on les vit hors de Constantinople, le peuple se souleva contre lui. Alexis Ducas, surnommé Murzuphle à cause qu'il avait les sourcils arqués extrêmement haut, homme de néant que le jeune Alexis avait élevé à de grandes dignités, se mit à la tête des rebelles, le prit, le fit mourir et se fit déclarer empereur. Cet usurpateur pour complaire au peuple de Constantinople, déclara la guerre aux Francs, qui étaient encore dans la Grèce; l'armée des Francs assiégea une seconde fois Constantinople, et, malgré la résistance des Grecs, qui fut grande, la prit d'assaut. Murzuphle, tâchant de s'enfuir par mer, fut pris et puni en hérétique, c'est-à-dire ainsi rendus maîtres de Constantinople, élurent, le second dimanche d'après Pâques de l'an 1204, pour empereur des Grecs, moi Baudoin, comte de Flandre, et, laissant l'expédition de la Terre-Sainte, s'appliquèrent à maintenir dans l'obéissance l'empire qu'ils venaient de conquérir. »

ALEXIS COMNÈNE, empereur de Trébizonde (1180-1222). Il était petit-fils d'Andronic. Lors de l'avènement de Baudoin au trône de Constantinople, il leva une armée grecque avec laquelle il s'empara de Trébizonde et d'autres villes et prit le titre d'empereur. Son règne fut marqué par des guerres continuelles, surtout avec les Turcs, et après avoir poussé ses conquêtes jusqu'aux portes de Constantinople, il mourut fort appauvri.

ALEXIS MICHAÏLOVITCH, empereur de Russie (1629-1676). Il n'avait que seize ans lorsqu'il succéda à son père, Michel Feodorovitch, fondateur de la dynastie des Romanof (1645). Un soulèvement populaire, causé par une administration détestable (1648), et par les entreprises de deux imposteurs (un quatrième faux Dimitri (1645) et un faux fils de Vasili Ivanovitch Chouïski (1653), troublèrent les premières années de son règne. Alexis ayant enfin pris la direction des affaires publiques, conquit sur les Polonais les provinces de Smolensk, Tchernigof et Séverie et une partie de l'Ukraine (1654-1667), et sur les Suédois une grande partie de la Lithuanie et de l'Ingermani (1653-1658); la paix de Kardis lui enleva toutefois presque toutes ces dernières conquêtes. Il étendit sa domination jusqu'à la frontière de la Chine vers l'est. Alexis était un prince éclairé, d'une grande modération, probablement due à ses habitudes de tempérance. Il codifia les différentes lois des provinces de son empire sous le titre d'*Oulagenié*, et réalisa d'importantes améliorations qui, certainement, ouvrirent la voie des réformes à son fils Pierre le Grand.

ALEXIS PETROVITCH, prince russe, fils du czar Pierre le Grand (1690-1718). L'éducation maternelle avait fait de cet héritier du trône de Pierre le Grand un prince attaché au passé et contraire, par conséquent, aux réformes inaugurées par son père; celui-ci, voyant son œuvre menacée, contraignit ce fils rebelle à renoncer au trône. Le prince Alexis, pour plus de sécurité, s'enfuit secrètement; il alla à Vienne, puis à Naples, d'où le czar, l'ayant découvert, le fit revenir à Moscou. Emprisonné dès son arrivée, il fut traduit devant une sorte de tribunal extraordinaire, composé des principaux membres de la noblesse et du clergé, et condamné à mort, pour crime de lèse-majesté. Le czar Pierre n'aurait pourtant pas osé aller jusqu'à l'exécution d'un pareil arrêt à la face du monde. Il fit grâce de la vie à son malheureux fils, qui fut réintégré dans sa prison, où il mourut quelques jours plus tard, quelques-uns disent le lendemain, peut-être de mort naturelle; mais on comprend qu'il y ait du doute. — Son fils devint empereur sous le nom de Pierre II.

ALEXIS, s. m. Entom. Insecte lépidoptère diurne, genre des polyommates, fam. des papilionides, très commun en France, printemps et été. Ailes entières, bleu violet en dessus chez le mâle, brun noir chez la femelle, avec frange blanche; grisâtre dessous, avec nombreux points ocellés et bande marginale de taches fauves; o m. 025 environ d'envergure.

ALEZAN, ANE, adj. (arab. de *al* et *hazan*, l'élégant). Se dit du poil des chevaux offrant toute la gamme des nuances du fauve. *Un cheval alezan. Un cheval de ro e alezane.* Les nuances diverses de la couleur alezane sont ordinairement indiquées : *alezan doré, alezan cerise, alezan brûlé, alezan moreau.* — ALEZAN s'emploie aussi substantivement pour indiquer un cheval de cette robe. *Il montait un grand diable d'alezan doré chaussé de hautes balzanes postérieures.*

ALÈZE, s. f. (de *lê*, parce qu'on faisait jadis des *alèzes* d'un seul lê de toile). Méd. Drap de lit plié plusieurs fois et que l'on met sous les malades pour garantir leur lit du sang ou des déjections sous le souilleraient; on se sert également de semblables appareils pour soulever les malades, les changer de lit, etc. — On écrit aussi bien ALÈSE et même ALAISE, certains étymologistes voyant dans ce mot une contraction du mot *à l'aise*.

ALFA, s. m. Bot. Nom arabe d'une graminée fort commune en Algérie, dans les Etats barbaresques et en Espagne, et qui est une lygée. C'est une plante fibreuse à feuille ronde et aiguillée, très résistante, mesurant environ o m. 3o de longueur, dont on a toujours fait des cordages, des nattes, des paniers, des chaussons et toute sorte de sparterie, mais dont on fait surtout une consommation énorme depuis quelque temps dans la fabrication de la pâte à papier. — Le nom *d'alfa*, toutefois, s'étend, dans la pratique, à un certain nombre de graminées jouissant des mêmes propriétés; il ne s'agit plus dès lors d'une espèce botanique, mais d'un article de commerce.

AL-FARABI, ABOU-NASR-MOHAMMED-IBN-TARKHAN. L'un des plus anciens philosophes arabes, natif de Farab (Sogdiane); il florissait dans la dernière moitié du xe siècle. Il était médecin à la cour de Seif-ed-Daoulah, et mourut en 670, à Damas, dont l'émir venait de s'emparer. Al-Farabi est supposé avoir étudié à Bagdad et s'être plus occupé de la théorie que de la pratique médicale, malgré ses fonctions à la cour de l'émir d'Alep. On sait, en réalité, peu de choses sur sa vie; ce n'est pas que les détails manquent, mais ils sont absolument légendaires. Beaucoup de ses traités sont restés manuscrits. On cite un *Exposé de la philosophie de Platon et d'Aristote*, un *Traité de morale*, un *Traité de musique*, un *Traité des sciences*, où il donne une classification des sciences en six ordres, qui se rapproche d'une manière frappante des plus récentes classifications modernes; ces six divisions sont : 1º science du langage; 2º logique; 3º sciences mathématiques, comprenant la géométrie, l'arithmétique, l'optique, l'astronomie, l'astrologie, la musique et la connaissance des poids et mesures; 4º les sciences naturelles, au nombre de dix; 5º la science sociale, comprenant la rhétorique et la connaissance des lois; 6º la métaphysique. Sans doute la superstition se mêle dans une large mesure à la science des faits; il y a quelque confusion entre les sciences aujourd'hui si distinctes. et, en fait de lacunes, la science de l'homme fait complètement défaut. Mais Al-Farabi vivait au xe siècle. — Une traduction latine des ouvrages de ce philosophe a paru (titre : *Alpharabii Opera omnia*, 1638).

AL-FARGANI, AHMED-IBN-KOTHAIR, astronome arabe, né à Farab, dans le Sogdiane. Il florissait au temps du calife Al-Mamoun et mourut vers 830. Il revisa les tables de Ptolémée et composa un *Livre des mouvements célestes*, dont Albufarage fait un grand éloge.

ALFÉNIDE, *s. m.* Nom donné, d'après celui de l'inventeur, à un alliage métallique parfaitement blanc, composé de cuivre, de zinc, de nickel et de fer, imaginé en 1850 par le chimiste Halphen, et dont on fabrique principalement des couverts. L'alfénide est, en somme, un maillechort à la composition duquel on a ajouté du fer.

ALFIERI (comte), VITTORIO, célèbre poète tragique italien (1749-1803). Né à Asti (Piémont), il perdit son père étant encore dans la première enfance, et au bout de quelques années sa mère se remariait; il avait alors dix ans. Après une année d'études au collège des Nobles de Turin, il alla passer quelque temps chez un parent qui habitait Coni, et c'est pendant son séjour dans cette ville qu'il produisit son premier essai poétique, sous la forme d'un sonnet. A treize ans, il abordait l'étude du droit, mais il l'abandonna presque aussitôt, rebelle par tempérament, d'ailleurs à toute espèce d'étude. Enfin la mort de son oncle et tuteur le laissa, à peine âgé de quatorze ans, à la tête d'une grande fortune et maître de ses actions. Il s'empressa d'en profiter pour donner à ses études la direction la plus convenable, et suivit en conséquence les cours de l'école... d'équitation, où il prit le germe de cette passion pour les chevaux qui ne le quitta qu'avec la vie. Il atteignit ainsi l'âge respectable de dix-sept ans, et alors se mit à voyager de la manière la plus décousue, en Italie d'abord, puis en France, puis en Hollande d'où il revint en Italie, en proie au plus affreux désespoir d'amour, dont il guérit toutefois assez vite. Il reprit le cours de ses voyages, dans le but avoué d'étudier l'état social des diverses contrées de l'Europe. Ce fut dans ces dispositions qu'il s'établit à Londres, noua avec une dame de haut parage des intrigues d'où il résulta un duel avec le mari, un procès en divorce et tous les agréments ordinaires d'un scandale de cette sorte, qui le contraignirent à quitter l'Angleterre. Il était de retour en Piémont en 1772, après avoir visité l'Espagne (où il avait fait la connaissance plus avantageuse pour lui de l'abbé de Caluso, l'éminent orientaliste) et le Portugal. A Turin, suivant son habitude, il devint amoureux fou d'une dame qui, d'abord, le paya de retour; mais un jour, un dialogue qu'il avait rimé chez elle pour tromper l'ennui d'une attente trop prolongée, lui ayant été ignominieusement retourné, il imagina, dans sa douleur d'amant éconduit, de remanier cette scène de drame, d'en développer le sujet et d'y ajouter le dénouement que la circonstance lui inspirait. Et c'est ainsi que fut composé *Cléopatra*, drame en cinq actes, représenté à Turin en 1775, d'où vient l'erreur commune qui place à cette date les débuts poétiques d'Alfieri qui, en réalité, rima dès l'âge de onze ans et ne manqua jamais de chanter ses passions au moment précis où elles prométtaient d'être éternelles. Après cela, Alfieri se mit à composer ses deux premières tragédies : *Filippo II* et *Polinice*; il les composa en français et en prose d'abord, puis les traduisit en vers italiens, mais il s'aperçut, au cours de cet exercice, qu'il savait moins bien l'italien que le français, à certaines difficultés qu'il rencontra; il se rendit donc en Toscane, résidant alternativement à Florence et à Sienne, polissant son style, achevant ses deux tragédies et formant le plan de beaucoup d'autres. Pendant son séjour à Florence, il fit la connaissance de la comtesse d'Albany (V. ce nom), qui l'absorba au point que, négligeant de s'occuper de l'administration de ses biens, qui étaient très considérables, il les abandonna à sa sœur, la comtesse Cumiana, pour une rente annuelle moitié moins élevée que les revenus qu'il en tirait directement. La comtesse d'Albany s'étant retirée à Rome après sa séparation (1780), Alfieri l'y suivit. Il acheva à Rome quatorze tragédies, dont il avait fait imprimer dix avant la fin de 1783. Il avait été pris, dans cette dernière année, d'un nouveau besoin de voyager. A son retour, à la tête de toute une collection de chevaux qu'il avait été acheter en Angleterre, il apprit le départ de la comtesse d'Albany, qui se trouvait alors à Colmar; il l'y alla rejoindre aussitôt, pour ne la plus quitter, résidant avec elle tantôt en Alsace, tantôt à Paris, jusqu'à sa mort. A Paris, Alfieri publia chez Didot une édition de ses *Œuvres dramatiques*. Chassé de France par la Révolution triomphante, il retourna en Italie et s'établit à Florence avec la veuve du dernier Stuart, ne se doutant guère que la Révolution française devait venir le relancer jusque-là (1799). Furieux contre elle, surtout parce qu'elle lui avait fait perdre, dit-on, beaucoup d'argent placé dans les fonds français, il la combattit avec ardeur à coups de pamphlets parmi lesquels il faut citer sa *Défense de Louis XVI* et surtout son *Misogallo* (titre qu'on peut traduire *Gallophobe*), bien qu'ils ne soient pas précisément de nature à ajouter à sa gloire. Faute d'une instruction première bien dirigée, Alfieri s'était vu forcé, dans son âge mûr, à plusieurs reprises, de se livrer à une étude acharnée; c'est ainsi qu'il était parvenu à s'assimiler les langues classiques, et il touchait à la cinquantaine lorsqu'il se jeta à corps perdu dans l'étude de la littérature grecque; il y mit une telle ardeur, qu'il en tomba malade. Il ne voulut pourtant rien entendre aux conseils des médecins et se traita à sa manière, qui le conduisit un peu plus rapidement au tombeau. Alfieri mourut à Florence le 8 octobre 1803, dans sa cinquante-cinquième année. La comtesse d'Albany, qui l'avait épousé secrètement après la mort de Charles-Édouard (1788), lui fit élever, par Canova, un tombeau magnifique dans l'église Santa Croce, où elle allait le rejoindre en 1824. Fantasque comme nous l'avons dépeint, irritable à l'excès, orgueilleux, Alfieri avait toutes les qualités d'un grand caractère; il était cordial, désintéressé au dernier point, généreux et avait une grande élévation de pensée. Comme poète dramatique, il suffit de dire qu'il releva le théâtre italien d'un état de décadence complète où il croupissait depuis trop longtemps; or, quand on a fait cela, on a bien le droit d'exiger de la critique quelque indulgence pour des défauts d'importance secondaire. Les principales tragédies d'Alfieri sont, outre *Filippo* et *Polinice*, déjà cités : *Oreste*, *Agamennone*, *Maria Stuarda*, *Rosmonda*, *la Congiura de' Pazzi*, *Virginia*, *Ottavia*, *Mirra*, *Saul*, *Bruto I*, *Bruto II*, *Sofonisba*, *Antigone*, *Merope*, *Alceste*, *Agide*, *Don Garcia*, *Timoleone*. On lui doit encore : *l'Etrurie vengée*, poème fondé sur l'assassinat d'Alexandre Ier, duc de Florence; des sonnets, cinq odes sur l'indépendance américaine; un traité de la *Tyrannie*, un autre traité politique intitulé *Del Principe e delle Lettere*; un *Panégyrique de Trajan*; des traductions de plusieurs comédies grecques et latines, de l'*Énéide* de Virgile, des *Histoires* de Salluste. Il a laissé enfin des ouvrages posthumes, parmi lesquels l'histoire de sa *Vie*, considérée comme un modèle de sincérité, des *Satires* et six *Comédies politiques*.

AL-FIROUZABADI, ABOU-TAHER-MOHAMMED-IBN-YAKOUB, écrivain arabe, né à Karezoun d'une famille originaire de Firouzabad (Perse), d'où son surnom (1328-1414). On lui doit, entre autres ouvrages, une *Histoire d'Ispahan* et un *Dictionnaire arabe*.

ALFORD, HENRY, érudit anglais, à la fois poète, philologue, critique, théologien, peintre, musicien, etc. (1810-1871). Né à Londres le 7 octobre 1810, il fit ses études à Cambridge (collège de la Trinité), entra dans les ordres, fut dix-huit ans vicaire dans le comté de Leicester (1835-1853), puis pasteur d'une église de Londres, prédicateur, examinateur à l'université et devint enfin doyen de Canterbury (1857). Ce fut d'abord un véritable enfant prodige, car on assure qu'il débuta à l'âge de six ans par un volume (resté manuscrit) intitulé les *Voyages de Saint-Paul* et qu'il écrivit à neuf ans une volumineuse *Histoire des Juifs* avec un tableau chronologique des événements mentionnés dans l'Ancien Testament. Quoi qu'il en soit, il publiait dès 1833 son premier volume de poésies : *Poems and Poetical Fragments*, que suivit d'assez près l'*Ecole du cœur*, poèmes et sonnets (1835, 2 vol.). En 1839 et 1840, il rédigea une revue intitulée *Dearden Miscellany*, publia en 1841 son *Abbé de Muchelnaye* et autres poèmes, et en 1844 un recueil de *Psaumes et Hymnes*. Mais son œuvre capitale, et qui ne lui prit pas moins de vingt années de son existence laborieuse, c'est la publication de l'Ancien et du Nouveau Testament en grec (1849-1861, 4 vol.) avec notes et commentaire. En même temps, il prêchait, faisait des conférences, traduisait l'*Odyssée* d'Homère, publiait un manuel d'anglais usuel sous ce titre : *The Queen's English*, collaborait à la *Revue d'Edimbourg*, composait des livres de prières et d'hymnes, etc. De 1866 à 1870, il fut rédacteur en chef de la *Contemporary Review*, revue de critique religieuse. Il fit paraître ensuite des *Letters from abroad* (1865); un recueil de ses principaux articles parus dans la presse périodique, sous ce titre : *Essays and Addresses*; son dernier ouvrage poétique de quelque importance : *The Children of the Lord's Prayer* (1869); puis des esquisses de *La Riviera*, illustrées de chromo-lithographies d'après ses propres aquarelles, qui ont fait dire qu'il aurait pu être un grand peintre paysagiste s'il n'eût préféré ses autres occupations plus graves (1870). Le doyen Alford était également un virtuose de première force sur le piano et sur l'orgue; on lui doit, d'ailleurs, plusieurs compositions, hymnes, chants de Noël, etc.; enfin l'orgue, qu'il touchait de main de maître, il avait su l'orner de sculptures de cette même main si rarement inactive, mais trop changeante pour que ce génie universel ait pu atteindre à la célébrité qu'un choix judicieux parmi tant d'applications diverses lui eût assurée sans le moindre doute. Il mourut le 12 janvier 1871. Une statue d'Alford, par Pfyffers, occupe une niche de la façade occidentale de la cathédrale de Canterbury depuis 1872.

ALFORT (MAISONS-), ville de France, commune du département de la Seine, canton de Charenton, sur la rive gauche de la Marne, à 7 kil. S.-E. de Paris. Pop. 8,000 hab. Célèbre école vétérinaire, fondée en 1766 par Bourgelat.

ALFRED LE GRAND, roi des Saxons occidentaux (849-900). Il était le plus jeune fils du roi Ethelwolf, et naquit à Wantage dans le Berkshire. Fort jeune encore, il combattit avec son frère Ethelred les envahisseurs danois. Après plusieurs rencontres dont les résultats ne furent pas tous avantageux, ces derniers furent mis en déroute complète à Ashdown, laissant un grand nombre de morts sur le champ de bataille, dont plusieurs de leurs chefs les plus fameux; mais Ethelred aussi avait été tué dans l'action, et Alfred fut en conséquence acclamé roi à sa place (871). Un mois plus tard, il était vaincu dans une nouvelle rencontre avec les Danois, à Wilton. Les deux partis, en somme, étant presque épuisés, un traité de paix fut signé et les Danois se retirèrent à Londres. Cependant la mer était infestée de leurs pirates, dont Alfred méditait de la débarrasser; il remporta en effet sur eux une victoire éclatante, la première victoire navale de l'histoire d'Angleterre (875); mais l'année suivante, une armée danoise, sous la conduite de leur roi Guthrum, rompant la trêve, débarquait à Wessex, s'emparait successivement de plusieurs villes importantes et se répandait finalement dans tout le pays dont les habitants fuyaient épouvantés devant eux (878). Alfred, qui ne s'attendait à rien, n'était point préparé; mais au lieu de se laisser aller au désespoir, il réunit en quelques semaines une armée avec laquelle il marcha à la rencontre de l'ennemi, qu'il tailla en pièces à Ethandun (Edington). Les Danois demandèrent la paix, et acceptèrent les conditions d'un traité qui les faisait vassaux d'Alfred, fixait les frontières de leurs possessions dans l'est et leur imposait la religion chrétienne. Leur roi Guthrum se fit baptiser avec trente de ses officiers à Wedmore, et Alfred, qui était son parrain, lui donna le nom d'Ethelstan. Alfred profita de l'état de paix qui résulta de cet événement pour réorganiser son royaume. Il y fit d'importants travaux de défense et répara les anciennes fortifications ruinées, divisa le pays en comtés (*shires*); se créa une marine, embryon de la puissante marine britannique moderne; codifia les lois, institua le jury, encouragea le commerce et les découvertes géographiques : on lui doit même une relation des voyages d'Ohthere dans la mer Blanche et de Wulfstan dans la Baltique; quant à l'instruction, il fit plus que l'encourager, il prit une part personnelle importante à son développement par des traductions d'ouvrages choisis de Boèce, de Bède, d'Oroze, etc. Il avait également composé un *Manuel*, qui existait encore au XIIe siècle, assure-t-on, mais qui s'est perdu depuis, lequel contenait, outre des extraits des auteurs latins, divers morceaux dus à sa propre inspiration.

Les réformes, les améliorations de toute nature qui signalèrent cette partie du règne d'Alfred et lui mériteraient le titre de grand même s'il n'eût été un si vaillant guerrier, ne purent être poursuivies sans quelques interruptions causées par les incursions audacieuses des Danois, notamment celles de 885, 893, 895 et 897. Alfred construisit des navires sur un modèle particulier, plus allongés, plus rapides et d'une manœuvre plus facile que ceux des pirates danois, dont il finit par avoir raison, grâce à ce perfectionnement. On ne sait rien des dernières années du règne de ce sage et savant prince, ce qui permet de supposer qu'elles s'écoulèrent tranquilles. Il mourut le 28 octobre 900 et fut enterré à Winchester. — Son fils Édouard, dit *le Vieux*, lui succéda.

ALGALIE, *s. f.* (gr. *argaleion*, instrument à injection). Chirurg. Sonde creuse qu'on introduit dans la vessie, par le méat urinaire, pour l'explorer ou en évacuer l'urine.

ALGARADE, *s. f.* (esp. *algarada*, cri subit, attaque imprévue). Insulte, provocation soudaine et imprévue. *Il faut toujours s'attendre à quelque algarade de sa part.* — Autrefois, Incursion militaire, attaque simulée sur un point pour détourner d'un autre l'attention de l'ennemi.

ALGARDI, ALESSANDRO, dit l'ALGARDE, sculpteur italien, né à Bologne (1602-1654). D'abord élève de Louis Carrache, sa vocation l'entraînant vers la sculpture, il entra dans l'atelier de Conventi. Il fit d'abord des modelages pour l'orfèvrerie et des pièces d'ivoire; mais dès l'âge de vingt ans, il obtenait quelques commandes du duc de Mantoue, qui le recommanda ensuite au cardinal Ludovisi. L'Algarde se rendit alors à Rome (1625), restaura d'anciennes statues et travailla de nouveau pour les orfèvres, la mort de son protecteur l'ayant laissé à ses propres ressources. En 1640, il exécutait pour Pietro Buoncompagni une statue colossale de *saint Philippe de Neri*, en marbre, sa première œuvre importante; puis, aussitôt après, l'*Exécution de saint Paul*, pour l'église des barnabites de Bologne, qui établit sa réputation. L'accession au trône pontifical du cardinal Panfili, de Bologne, sous le nom d'Innocent X, décida de sa fortune. Il retourna à Rome et fut chargé de dessiner la villa Doria Panfili, par le neveu du pontife. Citons encore de l'Algarde: le *Monument de Léon XI*, une statue en bronze d'*Innocent X* pour le Capitole, et surtout la *Fuega d'Attila*, le haut-relief le plus grand que l'on connaisse, dont les deux figures principales, Attila et saint Léon, n'ont pas moins de 3 mètres de hauteur. Ses statues de grandeur naturelle, ses groupes d'enfants sont, toutefois, plus estimés au point de vue de l'art. L'Algarde mourut à Rome, à cinquante-deux ans, possesseur d'une grande fortune; on dit qu'il était devenu fort avare avec l'âge.

ALGARVE. La province la plus méridionale du Portugal, bornée à l'E. par la Guadiana, qui la sépare de l'Espagne (prov. de Séville); au N. par l'Alemtejo; à l'O. et au S. par l'Atlantique. Superf. 5,500 kil. car. Pop. 188,000 hab. Le N. de la prov. est traversé par les sierras de Caldeiraon et de Monchique qui, s'abaissant vers le S.-O., forment le cap Saint-Vincent, extrémité S.-O. de l'Europe. Une plaine étroite, arrosée par les cours d'eau qui descendent des montagnes, s'étend entre les deux chaînes. Les régions montagneuses, stériles, dépourvues de bonnes routes, ont peu d'habitants; les régions basses, voisines des côtes méridionales, sont plus fertiles: on y cultive la vigne, le figuier, le citronnier, l'olivier, l'amandier, le dattier, l'aloès, etc.; la prov. produit peu de céréales et les tire principalement d'Espagne. Pêche du thon et de la sardine sur les côtes; élevage des chèvres sur les versants des montagnes; salines; peu ou point de manufactures de quelque importance; point de marine marchande, quoique les habitants soient réputés les meilleurs marins du Portugal. Le commerce d'exportation, comprenant principalement les fruits secs, le vin, le sel, le thon, la sardine et l'anchois, s'effectue par des navires étrangers, comme le commerce d'importation.— Le nom de cette province est dérivé de l'arabe *al garve*, la terre située à l'ouest. Elle fut enlevée aux Maures par Alphonse III de Portugal, qui prit alors le titre de roi de Portugal et d'Algarve, en 1253. Les villes principales sont Faro, Castro Marino, Portimao, Lagos et Sagres, toutes bâties sur les estuaires des rivières; et Silves, l'anc. cap. maure de l'Algarve, sur le Portimao. Quinze communes, soixante-deux paroisses.

AL-GAZALI, ABOU-MOHAMMED, philosophe arabe et théologien musulman, né à Thous, cap. du Khoraçan (1058-1111). Il appartenait à la secte des Aschariens, ou partisans de la prédestination absolue, et devint directeur du collège théologique de Bagdad en 1091. Son enseignement attira un grand nombre d'auditeurs autour de sa chaire, mais le scepticisme triomphant dans les sphères officielles, Al-Gazali jugea prudent de quitter Bagdad, sous prétexte d'un pèlerinage à la Mecque; il se rendit en Syrie, et après avoir, quoique musulman, visité le saint sépulcre à Jérusalem, s'établit à Damas, où il demeura dix ans dans la retraite et la méditation; après quoi il retourna à Bagdad et reprit son enseignement, qu'il poursuivit quinze années; il se retira enfin à Thous, où il termina sa vie agitée dans la paix contemplative des Sofis, ses premiers précepteurs. Dans son ouvrage intitulé la *Destruction des philosophes*, qui nous est parvenu, il combat la doctrine d'Aristote sur le mouvement des sphères, qu'il attribue à la Divinité. Un autre ouvrage ayant pour titre *Tendances des philosophes*, antérieur au précédent, n'est qu'un exposé des doctrines péripatéticiennes. Partout, au reste, ce chef de l'ultramontanisme musulman, si l'on peut s'exprimer ainsi, est plus théologien que philosophe. Les *Bases de la foi*, dont il est certain qu'il avait conçu le plan, paraissent être restées à l'état de projet. On a, d'ailleurs, d'assez nombreux traités manuscrits de Al-Gazali, dont plusieurs ont été conservés à la Bibliothèque nationale.

ALGÈBRE, *s. f.* Mathém. Science du calcul des grandeurs considérées en général, que l'on représente par des lettres, c.-à-d. par des signes généraux; ou science des lois qui régissent les nombres, par opposition à la science des faits résultant des combinaisons des nombres, qui est l'arithmétique. L'algèbre a été définie de bien des manières différentes. Pour les Arabes, elle est l'art de la restauration, ou du rétablissement; pour les mathématiciens italiens, elle est la règle de la racine et du carré; Harriot la définit l'art analytique, ou de l'équation; Newton, l'arithmétique universelle, définition adoptée par Lacaille, qui expose en quelques lignes les avantages qu'offre cette science et que l'arithmétique ne saurait donner. L'algèbre, dit-il, est une espèce d'*arithmétique universelle*, dont les principaux avantages sont : 1° de démontrer d'une manière tout à fait générale, ce que l'arithmétique ordinaire ne démontre que pour des cas particuliers; 2° de mener rapidement à des résultats qu'il est rare d'obtenir par l'arithmétique sans de longs tâtonnements; 3° d'exprimer avec un laconisme singulier, ces mêmes résultats que l'arithmétique n'exprime ordinairement qu'avec beaucoup de paroles; 4° de résoudre une infinité de problèmes, à la solution desquels la science des nombres ne saurait guère atteindre; 5° de fournir à l'arithmétique même, dans des opérations compliquées, beaucoup de ressources qui facilitent le calcul, en simplifiant le travail.

— LANGAGE ALGÉBRIQUE. Les chiffres ont une valeur déterminée impossible à changer, et ne peuvent servir, par conséquent, à représenter des quantités variables; c'est pourquoi on a recours à des signes conventionnels qui sont les lettres de l'alphabet, pour indiquer des quantités ou *expressions* algébriques. On se sert communément des premières lettres de l'alphabet pour exprimer les quantités connues et des dernières pour les quantités inconnues, pour plus de clarté seulement. On représente par d'autres signes les opérations que l'on peut faire subir à ces quantités. Ainsi, pour ajouter a à b, on écrit $a + b$ (a plus b); pour indiquer que b doit être soustrait de a, on écrit $a - b$ (a moins b). Le signe de la multiplication est $\times$ (multiplié par), on écrit donc $a \times b$ ou $a \,.\, b$; la multiplication est censée faite, toutefois, sur plusieurs lettres qui se suivent immédiatement, sans signes intermédiaires; soit ab, qui signifie que la quantité exprimée par a a été multipliée par une autre quantité quelconque b, et abc, représentant le produit des trois quantités exprimées par ces lettres multipliées l'une par l'autre. La division de deux quantités algébriques se marque ainsi : $a : b$ ou bien $\frac{a}{b}$, indiquant que a doit être divisé par b. Toute quantité isolée, non précédée ou suivie des signes $+$ ou $-$, s'appelle *monôme* : a, abc, $b \,.\, c$ sont des monômes. On appelle *terme* toute expression séparée d'une autre par l'un des signes $+$ ou $-$; et toute quantité qui a deux termes est un *binôme* : $a + b$ est donc un binôme, comme $a - x$. Une quantité composée de plusieurs termes s'appelle, en général, *polynôme*, quoiqu'on donne encore le nom de *trinôme* à une quantité de trois termes. Les termes sont positifs quand ils sont précédés du signe $+$, et négatifs s'ils le sont du signe $-$ (c'est ce qui fait que les deux pôles d'une pile galvanique sont caractérisés par ces deux signes); toutefois, on néglige le signe devant le premier terme positif d'une quantité algébrique, parce qu'on est convenu que ce premier terme est toujours positif dans ce cas. Lorsqu'on a à écrire plusieurs fois les mêmes termes dans une même quantité, au lieu de les répéter, on les fait précéder d'un chiffre indiquant combien de fois ils doivent être ajoutés ou soustraits; soit : $a + a + a - b - b + d$, s'expriment $3a - 2b + d$; les chiffres ainsi employés reçoivent le nom de *coefficients*. Lorsqu'on a à exprimer qu'une quantité est multipliée par elle-même, on l'écrit deux fois de suite, comme on l'a vu; ainsi, aa indique le produit de la quantité quelconque a multipliée par elle-même; aaa ou $aaaa$, le produit de aa ou de aaa par a : on abrège en indiquant au moyen d'un chiffre placé à la droite et un peu au-dessus de la quantité le nombre de fois que cette quantité doit être écrite de suite, $aaaa$ est donc représenté par a^4, et ainsi de suite; les chiffres ainsi employés s'appellent *exposants*. La fonction des coefficients est donc de marquer l'addition, et celle des exposants la multiplication répétée d'une même quantité; ainsi, supposé que $a = 20$, nous aurons $3a = 60$, tandis que $a^3 = 8000$. Les exposants d'une quantité déterminent les degrés des puissances de cette quantité; ainsi, la première puissance de a est a ou a^1, la seconde est a^2, etc. La quantité a est ici la *racine* des produits indiqués par les exposants; ainsi a^2 est le carré de a, a^3 en est le cube; par suite, la racine carrée de a^2 est a et la racine cubique de a^3 est également a. Autrefois, on employait la lettre initiale r de *racine* pour indiquer une extraction de racine à faire, mais pour mieux distinguer ce signe *radical*, on en a altéré la forme ainsi : $\sqrt{\ }$. Lorsqu'on veut désigner la racine carrée de a, on écrit simplement : $\sqrt{a}$; la racine cubique de la même quantité s'exprime en plaçant, en outre, l'exposant entre les deux branches du signe radical, soit : $\sqrt[n]{a}$. Quelques autres signes sont encore employés par l'algébriste : le signe =, déjà rencontré, réunissant deux quantités, indique leur égalité; < indique que la quantité qui suit est plus grande que celle qui précède, et > qu'elle est plus petite.

La résolution d'un problème algébrique est basée sur la comparaison de quantités connues, dites *données du problème*, avec des quantités inconnues, ou simplement *inconnues*. Toute formule exprimant l'égalité de deux quantités, ou plus, s'appelle *équation* et est partagée en deux *membres* par le signe d'égalité =. Le degré d'une équation dépend de celui de la plus haute puissance des inconnues qu'elle renferme; l'équation du premier degré est donc celle qui ne renferme pas d'inconnue plus élevée que la première puissance, et ainsi de suite. Lorsque, dans une équation, le calcul a amené l'isolement de l'inconnue dans un membre tandis que dans l'autre toutes les quantités sont connues, puisque cette quantité inconnue est égale aux quantités connues exprimées d'autre part, il est clair que le problème est résolu. Supposons le problème suivant : La fortune de Paul est 5 fois plus considérable que la mienne, et nos deux fortunes réunies représentent une somme totale de 900,000 fr. Quel est le chiffre de la fortune de Paul et celui de la mienne? Laissant l'arithméticien tâtonner pendant un bon quart d'heure, nous dirons : Je désigne par x le chiffre de ma propre fortune; celle de Paul sera donc représentée par $5x$, au total $6x = 900{,}000$ fr., et voilà le problème mis en équation, ou traduit en langage algébrique, offrant sa solution pour ainsi dire toute faite, car si $6x = 900{,}000$ fr., $x = \frac{900{,}000}{6} = 150{,}000$, chiffre de ma fortune, tandis que la différence, ou 750,000 fr., représente celle de Paul.

— Histoire. Nous trouvons dans l'*Annuaire de l'Observatoire royal* de Bruxelles pour 1882, sous les initiales J.-C. H., qui sont celles de M. J.-C. Houzeau, directeur de cet établissement scientifique, une note relative à l'histoire de l'algèbre, qu'elle embrasse tout entière, l'éclairant de découvertes personnelles qu'il faudrait citer de toute façon : nous préférons reproduire cette note pleine d'intérêt, malgré son étendue, le sujet en valant bien la peine. « Le nom de l'algèbre, dit M. Houzeau, vient sans aucun doute de l'article arabe *al* et du mot *jebr* qui, dans la même langue, signifie *restauration, rétablissement*. On a considéré que les termes négatifs de l'un des membres d'une équation prennent le signe *plus* ou sont rétablis dans l'autre membre. Cette origine est corroborée par la signification du mot *algebra* (réparation d'un membre, dans la chirurgie du moyen âge), et par le terme d'*algebrista* encore usité en espagnol et en portugais pour désigner un chirurgien. — L'algèbre a pris naissance dans l'Inde. Aryabhatta est, en Orient, le plus ancien auteur par lequel nous connaissons les débuts de cette science et dont le nom nous ait été conservé. Il a vécu dans le ve siècle de notre ère. On lui attribue la résolution de l'équation du premier degré à deux inconnues en nombres entiers. Sa méthode est générale et se fonde sur la recherche du plus grand commun diviseur. Brahmegupta et Bhascara Acharya ont également concouru à développer l'algèbre indienne. Brahmegupta est du viie siècle de l'ère vulgaire et Bhascara Acharya du xiie siècle. Ce dernier a laissé deux traités célèbres : l'un est le *Lilawati*, l'autre le *Bija Ganita*, qui a été traduit en persan 500 ans après sa composition. Outre la résolution générale de l'équation du second degré à une seule inconnue, et celle de quelques équations dérivatives des degrés supérieurs, on trouve dans cet algébriste la manière de déduire, d'une seule solution, toutes les autres solutions entières d'une équation indéterminée du second degré à deux inconnues. Il fait usage d'un calcul qui a de la ressemblance avec les logarithmes; il emploie des notations particulières fort ingénieuses. Telles sont, entre autres, la désignation des inconnues par les initiales des noms des différentes couleurs, l'ordonnation des équations suivant la puissance de la variable, l'expression des quantités irrationnelles par un signe spécial, la représentation de l'infini par l'unité divisée par zéro. Une grande généralité dans l'énoncé des problèmes atteste surtout les progrès de l'analyse indienne. Cette science, que les Hindous appliquaient à la géométrie et à l'astronomie, était pour eux un puissant instrument de recherches. Ainsi l'on trouve déjà, dans Brahmegupta, le théorème sur la manière de déterminer l'aire d'un triangle quelconque en fonction des trois côtés. La priorité de cette formule appartient, toutefois, à l'algébriste grec Héron. Les livres algébriques de l'Inde sont encore remarquables par leur forme particulière : ils sont écrits en vers, et ne contiennent que l'énoncé et la solution de la question; leur laconisme, joint à la bizarrerie des expressions dont ils sont remplis, empêche souvent de découvrir la méthode suivie par l'auteur. L'Orient n'en a pas moins été non seulement le berceau de l'algèbre, mais aussi le théâtre des premiers développements de cette science.

« Le Grec Diophante est le fondateur, dans l'Occident, de ce qu'on pourrait appeler l'Algèbre numérique ; mais il est manifestement inférieur aux analystes hindous. Dans ses écrits, les méthodes manquent de généralité. L'équation du premier degré à deux inconnues en nombres entiers, traitée généralement par Aryabhatta, est résolue par Diophante seulement pour des cas particuliers. Le géomètre d'Alexandrie ne fait usage, pour représenter des propositions convenues, que d'un signe pour la soustraction; il emploie des caractères spéciaux seulement pour désigner les inconnues. Quant aux grandeurs connues, il les présente toujours par des nombres déterminés, ce qui rend son algèbre numérique, ainsi que je disais tout à l'heure. Il s'est élevé cependant jusqu'aux équations du second degré, mais sans réussir à les traiter d'une manière générale. Diophante donne, sans un seul mot d'explication ni d'éclaircissement, la règle des signes pour la multiplication des facteurs négatifs ; c'est qu'apparemment il existait des traités antérieurs, où cette règle, ainsi que plusieurs autres, était solidement établie. Quant à ces traités grecs plus anciens, ils nous sont totalement inconnus. Des treize livres écrits par Diophante, il ne nous reste même que les dix premiers, et un autre contenant les nombres multangulaires ou polygonaux. Nous ignorons aussi l'époque à laquelle Diophante a vécu : ce point important n'a pu être jusqu'ici déterminé avec certitude. On est seulement parvenu à fixer des limites. La première (l'an — 200 environ) est donnée par la citation du mathématicien Hypsiclès, qui se lit dans un des livres de Diophante; la seconde par l'article où Suidas met au nombre des écrits de la célèbre Hypatia, qui périt en 415, un commentaire sur cet auteur; ce commentaire ne nous est pas parvenu, et l'ouvrage même de Diophante n'a été connu en Europe qu'au xve siècle.

« Les Arabes, au contraire, en ont eu connaissance cinq cents ans plus tôt, mais ils n'avaient pas attendu cette époque pour cultiver l'algèbre, dont ils paraissent avoir reçu de l'Inde et nullement de la Grèce les premières notions. En effet, leurs méthodes sont générales ; leurs dénominations diffèrent essentiellement de celles des Grecs; ils ne forment pas, comme ces derniers, les diverses puissances par multiplication, mais ils les déduisent les unes des autres par des élévations à puissance, comme les Hindous. Dans les Traités d'algèbre écrits par les Arabes, les objets qui fixent le plus leur attention sont aussi tous différents de ceux dont Diophante s'est occupé. Tandis que cet analyste s'était appliqué principalement à des problèmes indéterminés, Mohammed-ben-Musa, qui a écrit une *Algèbre populaire* sous le règne d'Al-Mammoun, ne résout que des équations déterminées des deux premiers degrés et quelques problèmes d'élimination. Il traite également certaines questions par des méthodes indiennes. Ce sont cependant les Arabes qui ont répandu en Europe, au moyen âge, la première connaissance de l'algèbre. Cette science était cultivée dans toute l'Asie. Ainsi, dans le Souan-fa-ton-tsong, grand ouvrage chinois, on la trouve exposée d'une manière détaillée. Les inconnues y sont désignées par les premiers caractères du cycle chinois. Dans le sixième livre, on voit une figure qui ressemble au triangle arithmétique de Pascal, et qui sert à la détermination successive des divers coefficients du développement du binôme. Les dénominations des puissances ont quelque chose de particulier. La première puissance est la racine; la seconde puissance est appelée *fang* (carré); la troisième puissance est nommée *ping-fang* (carré solidifié), ou *carré où l'on multiplie deux fois*; la quatrième puissance est appelée *carré où l'on multiplie trois fois*, et ainsi de suite. Le Souan-fa-ton-tsong, qui se trouve à la Bibliothèque nationale de Paris, est le seul ouvrage de mathématiques, connu en Europe, auquel les missionnaires n'aient pas contribué. Il porte une date qui correspond à l'an 1593.

« En abordant les travaux des algébristes européens, nous ne devons donc pas oublier que les sources de leurs connaissances ont été puisées dans les ouvrages des Orientaux et particulièrement des Arabes. C'est dans les livres des algébristes maures que Léonard Fibonacci (filius Bonacci), de Pise, se familiarisa avec la science de l'algèbre, alors nouvelle pour les Italiens. Il écrivit en 1202 un Traité de l'Abbacus (mot italien, *Abbaco*, latinisé), dont le quinzième et dernier chapitre est terminé par une algèbre. Tout, dans cette algèbre, est calqué sur les traités arabes : les noms que Léonard donne aux inconnues et aux puissances sont la traduction des termes arabes usités pour désigner les mêmes quantités. Léonard emploie des lettres pour désigner des quantités soit connues, soit inconnues. Il aborde même parfois l'analyse indéterminée. Guillaume de Lunis traduisit la Règle de l'algèbre de l'arabe en italien. Plus tard, Paccioli, né en Toscane vers le milieu du xve siècle, nous a conservé, en les insérant dans ses écrits, plusieurs morceaux de Léonard Fibonacci. L'application de l'algèbre à la géométrie se montre également dans le premier ouvrage de Paccioli. Son contemporain Ghaligai parvint à résoudre plusieurs équations indéterminées assez difficiles; mais cependant, jusqu'au premier quart du xvie siècle, l'analyse ne fit pas de bien grands progrès. Tels ont été les premiers travaux des algébristes européens. Sous ce rapport, nous devons tout à l'Italie. Mais on n'avait pu résoudre encore que les équations déterminées des deux premiers degrés; l'on n'avait jamais considéré les racines négatives ni les imaginaires. Pour bien caractériser l'état de l'algèbre en Europe, depuis le xiiie siècle jusqu'au commencement du xvie, on peut dire que l'on s'était borné à copier et à commenter les travaux des Arabes et peut-être des Hindous, et que les progrès vraiment originaux de l'analyse italienne datent de Ferro et de Tartaglia.

« C'est Ferro qui résout le premier les équations du troisième degré; il mourut sans publier sa découverte, mais il avait confié sa formule à Fiore, qui s'en servit pour proposer des problèmes à différents géomètres, et entre autres, en 1535, à Tartaglia. Ce dernier algébriste fut ainsi amené à trouver de son côté la résolution des équations cubiques. Il voulait réserver pour lui sa découverte, et sa démonstration n'a, en effet, jamais été publiée. Il consentit cependant à communiquer sa méthode à Cardan ; il la lui décrivit dans une pièce de vers, où il expliquait la manière de calculer une racine dans toutes les équations du troisième degré. C'était en 1539 : Cardan, malgré la promesse de secret qu'il lui avait faite, publia la formule de Tartaglia, mais en y joignant une démonstration. Ce fut la cause d'un vif différend, qui divisa par la suite ces deux mathématiciens, et c'est de là que la formule connue aujourd'hui sous le nom de Cardan a été enlevée à son véritable auteur. Tartaglia avait effectué le développement du binôme pour le cas de l'exposant entier et positif; il a donné des problèmes sur les maxima et minima des fonctions algébriques indépendamment de toute considération géométrique. Il n'a pas su le nombre exact des racines de l'équation du troisième degré. C'est Cardan qui a reconnu la multiplicité des racines dans les équations des degrés supérieurs ; c'est lui aussi qui a eu égard aux racines négatives, qu'on avait toujours évitées. Il a découvert le calcul des imaginaires, et il avait déjà vu que, dans les équations, les racines imaginaires vont toujours par couples. On lui doit une méthode pour la résolution approchée des équations, fondée sur le changement du signe qui s'opère lorsqu'on substitue successivement, à la place de l'inconnue, deux nombres entre lesquels est comprise une racine. Il a trouvé plusieurs des relations qui lient les racines aux coefficients des équations. Il a connu et traité les racines égales. Un pareil ensemble de résultats fait le plus grand honneur à cet analyste. La résolution des équations du quatrième degré suivit de près celle des équations du troisième. On la doit à Ferrari, l'un des disciples de Cardan. Elle est générale, et place son auteur à la tête des algébristes de son temps. Cette série d'illustres analystes est dignement fermée par Bombelli, savant de Bologne, qui écrivit méthodiquement sur l'algèbre. Son ouvrage est un exposé complet de l'état de cette science chez les Italiens au XVIe siècle. En outre, c'est Bombelli qui, le premier, a annoncé la réalité des trois racines d'une équation du troisième degré, lorsqu'elles se présentent toutes trois sous la forme imaginaire. Son ouvrage a paru à Bologne en 1572. Cet auteur est venu clore la série des algébristes italiens, qui ont contribué à ce qu'on pourrait appeler la naissance de l'algèbre européenne. Les premiers, avec Léonard Fibonacci et Paccioli, ont transporté chez les chrétiens une science déjà fermée en Orient ; les autres, à la tête desquels figurent Ferro, Tartaglia et Cardan, ont marché d'eux-mêmes, ont agrandi le domaine de cette science nouvelle et étrangère, et se la sont vraiment appropriée. Cette seconde époque a été plus féconde et plus originale. Mais jusqu'ici, l'Italie seule avait eu part à ce mouvement scientifique, et si un Espagnol, tel qu'Ortega, par exemple, s'était occupé d'écrire sur l'algèbre, c'était à Rome qu'il était venu composer son livre.

« Dans le temps même où Léonard Fibonacci exposait l'algèbre aux Italiens, Jordan de Nemours, en latin Nemorarius (dans le Traité de l'Algorisme, de l'Arithmétique spéculative, le livre *De numeris datis*, qui roule sur la résolution des équations du second degré, et le livre *De ponderibus*), et Jean de Séville ou Hispalensis avaient entrepris de faire connaître les écrits des Arabes sur l'algèbre, le premier aux Français, le second aux Espagnols. Mais, depuis ce moment jusqu'au XVIe siècle, on ne compte plus guère d'algébristes hors de l'Italie. La France vit alors Viète, qui opéra dans la science analytique une transformation capitale. Il substitua à l'algèbre numérique l'algèbre littérale. Le premier il a figuré des calculs virtuels à l'aide de lettres, calculs que l'on savait faire seulement sur les nombres. Il a créé les expressions et les formules algébriques, et cet art des transformations qui remplacent de longs et pénibles raisonnements que l'esprit ne pourrait suivre ; il a institué, en un mot, ce qu'on appelle aujourd'hui proprement l'algèbre ou calcul des symboles. Viète est arrivé à ce but non par une sorte d'instinct, si je puis m'exprimer ainsi, non peu à peu et comme par besoin, mais par des raisonnements médités et dans une pensée philosophique. On s'accorde généralement à lui reconnaître ce mérite, et il doit, en effet, en recueillir la gloire ; toutefois, comme tous les innovateurs, il avait été précédé de quelques hommes qui avaient entrevu le même champ, sans en comprendre aussi bien l'importance ni l'étendue. Aristote, les anciens géomètres, Léonard Fibonacci, Paccioli ont fait usage d'une notation littérale ; mais ils n'ont point employé la logistique littérale, qui est la grande invention de Viète. Les algébristes qui ont le plus approché, relativement, de ce grand progrès scientifique, et qui méritent une mention dans l'histoire de cette découverte, sont, à des titres différents, d'un côté Stifel, Pelletier et Butéon, et de l'autre Van Roemen, en latin Romanus. Les trois premiers ont représenté les inconnues par les lettres A, B, C..., et leurs puissances au moyen de signes ou exposants. Le mot *exposant* se trouve dans Stifel, et, quoique ces exposants ne soient pas des quantités numériques, c'était cependant une innovation des plus heureuses, en ce que les expressions usitées par les Italiens pour représenter les différentes puissances des quantités étaient remplacées par une notation spéciale. Les signes +, —, et < ont été inventés en Allemagne. Rudolphe et Risen s'en servaient, le premier en 1522, le second en 1526. Scheubel en fit également usage, et Recorde inventa le signe = en 1557. Van Roemen, algébriste de Louvain et non hollandais, comme on a coutume de le dire, s'est servi de lettres, non pas seulement comme désignation abrégée des quantités sur lesquelles il avait à raisonner, mais dans la pensée de créer une science mathématique universelle, embrassant, sous la forme de symboles abstraits et généraux, les quantités de toutes natures, telles que les grandeurs de la géométrie et les nombres de l'arithmétique. Par exemple, il a énoncé sur des lettres la règle de trois. Il applique aux lettres les signes + et —. Il a eu, en un mot, la première pensée de la grande conception dont le développement est dû à Viète, et c'est lui qui s'est approché le plus de l'algébriste français. Pererius a sans doute fourni le premier germe de cette écriture universelle du calcul, si toutefois les formules numériques, mais non algébriques, par lesquelles Cardan cherchait à indiquer la trace des opérations, n'en offrent déjà pas un indice. Au grand titre de gloire de Viète comme transformateur de l'algèbre et fondateur du véritable art analytique, se joignent plusieurs découvertes mathématiques importantes. Il a imaginé presque toutes les transformations des équations, aussi bien que les différents usages qu'on peut en faire pour rendre plus simples les équations proposées ; il a donné une méthode pour reconnaître, par la comparaison de deux équations qui ne diffèrent que par les signes, quel rapport existe entre chacun des coefficients qui leur sont communs, et les racines de l'une et de l'autre ; il a appliqué les découvertes précédentes à la résolution générale des équations du troisième et du quatrième degré ; il est arrivé à la formation des équations composées par leurs racines simples, lorsqu'elles sont toutes positives ; enfin il a connu la résolution numérique des équations, à l'imitation des extractions des racines numériques. C'est la plus considérable de ses découvertes. C'est encore Viète qui a vulgarisé la méthode pour construire géométriquement les équations, et il a ainsi précédé Descartes dans la création de la géométrie analytique. Cependant il n'a pas développé ce système ; il en a laissé la gloire au philosophe son compatriote. Quant à l'algorithme, il resta pendant quelque temps au point où Viète l'avait laissé. Les premiers pas qu'il fit au delà sont marqués par l'ouvrage de l'Anglais Harriot. Cet algébriste simplifia les notations en introduisant l'usage des petites lettres au lieu des grandes. Il imagina le premier de mettre d'un même côté tous les termes d'une équation, ce qui égale toute l'expression à zéro. Cette transformation précieuse était restée inconnue aux Arabes, et les Italiens n'y étaient arrivés qu'accidentellement. Mais le principal service que Harriot ait rendu à l'algèbre est la découverte de ce fait important, que toutes les équations des ordres supérieurs peuvent être regardées comme produites par la multiplication d'équations du premier degré. Cette manière d'envisager la génération des équations faisait voir clairement qu'il y a toujours autant de racines que d'unités dans le nombre qui exprime le degré de l'équation. Telle est à peu près la part de Harriot. Après lui vint Descartes. Aucun algébriste n'a autant contribué que ce philosophe aux progrès de l'analyse. Ce fut lui qui fit adopter l'usage des exposants numériques, et qui perfectionna ainsi à un haut degré la notation courante. Cependant, il n'est point l'inventeur exclusif de cette notation, car, outre l'introduction des exposants par des signes spéciaux dont j'ai parlé plus haut, La Roche dit Villefranche avait appliqué aux quantités numériques des exposants numériques aussi, et des indices numériques pour l'extraction des racines. Le même La Roche cite un *Traité d'algèbre* de maître Nicolas Chuquet, Parisien, antérieur à l'année 1520. Peut-être la notation des exposants s'y trouvait-elle ; il serait bien à désirer, dans l'intérêt de l'histoire de l'algèbre, que ce dernier ouvrage ne fût pas entièrement perdu. Descartes considéra les racines négatives, et c'est même lui qui en détermina l'usage. Il fit voir qu'elles sont aussi existantes que les racines positives, qu'elles servent comme elles à résoudre une question, et que les unes et les autres ne diffèrent entre elles que par la manière de considérer les quantités qu'elles représentent. Descartes est aussi l'auteur de cette belle règle d'après laquelle on reconnaît le nombre-limite des racines réelles que peut avoir une équation, d'après les seules alternatives de signes qu'ont entre eux les termes qui la composent. Enfin il est l'inventeur de la méthode des coefficients indéterminés. Descartes est encore, non le créateur, à la vérité, mais le fondateur de la géométrie analytique, qui n'est au fond qu'une application spéciale de l'algèbre. L'idée capitale de l'œuvre de Descartes est d'exprimer et de définir la nature de chaque courbe par une certaine relation entre deux lignes variables. Il conçut que, pour trouver cette relation, il suffirait d'écrire en langage algébrique une des propriétés caractéristiques de la courbe. Descartes enseigna donc à exprimer et à connaître les propriétés des courbes par des équations algébriques ; mais, en outre, et en reprenant la question en sens inverse, il ne regarda plus ces équations elles-mêmes que comme des emblèmes de courbes, coupées en des points dont les abscisses sont les racines des équations. Fermat a partagé avec Descartes la gloire d'avoir fondé la géométrie analytique. Il a déterminé les diverses formes de l'équation d'une section conique ; il découvrit ce principe général, qui n'était pas assez précisément établi dans la géométrie de Descartes, qu'il suffit toujours, pour construire une équation d'un degré donné, que le produit des degrés des courbes que l'on emploie ne soit pas moindre que le degré de l'équation. En algèbre proprement dite, il imagina un procédé pour faire disparaître des équations les quantités irrationnelles. Au reste, ses travaux sont demeurés en grande partie cachés : il avait une sorte d'éloignement pour l'impression de ses ouvrages. Deux algébristes anglais, Oughtred et Pell, manièrent l'analyse avec une grande habileté et ont laissé des travaux estimés. Hudde s'adonna particulièrement à l'analyse des équations, et trouva une méthode fort ingénieuse pour reconnaître si une équation d'un degré quelconque a des racines égales et pour déterminer ces racines ; mais tous furent bientôt dépassés par le célèbre Wallis. C'est ce dernier qui, aidé du fil de l'analogie, dont il sut toujours se servir avec succès, observa que les dénominateurs des fractions peuvent être regardés comme des puissances à exposants négatifs. Cette remarque lui permit de mesurer tous les espaces dont les éléments sont réciproquement comme une puissance quelconque de l'abscisse. C'est encore Wallis qui imagina la méthode connue sous le nom d'*interpolation*. En cherchant à y soumettre une certaine progression dont un des termes devait lui donner l'aire du cercle, il ne trouva qu'une série infinie convergente. Peu satisfait de ce résultat, il invita Brouncker à seconder ses efforts. Celui-ci arriva à une approximation plus rapide, par le moyen des fractions continues. La même question attira la première, vers l'analyse, l'attention de Newton. En cherchant aussi à effectuer l'interpolation désirée, et en constatant la loi des coefficients des séries, il arriva à cette formule aujourd'hui si célèbre et si fréquemment employée en analyse sous le nom de *binôme de Newton*. Cependant, ce qui appartient proprement à Newton dans cette découverte, ce n'est que la généralité et l'uniformité qu'il a données aux développements des puissances quelconques du binôme, entières ou fractionnaires, positives ou négatives. Wallis et Pascal avaient, en effet, posé les premières bases de cette découverte. Ce dernier avait même donné une règle pour former un terme quelconque du développement des puissances binomiales, dans le cas où l'exposant de la puissance est un nombre entier. Après ces premiers essais, Newton attaqua au cœur l'analyse des équations. Il en chercha de prime abord la résolution générale; il ne put l'atteindre, à la vérité, mais il recula considérablement les bornes de cette partie de l'algèbre. Il donna une méthode pour décomposer, quand la chose est possible, une équation d'un degré quelconque en facteurs commensurables; il enseigna comment extraire les racines des quantités en partie commensurables et en partie incommensurables. Leibnitz s'était occupé aussi de la résolution générale des équations, mais il n'y parvint pas davantage. Grégory trouva, par une méthode distincte de celle de Newton, la suite infinie que donne la formule du binôme pour la quadrature du cercle; il forma aussi plusieurs autres suites très curieuses. Cramer, qui vint plus tard, simplifia l'art de réduire les équations d'un problème au plus petit nombre possible, et cette matière importante reçut un nouveau degré de perfectionnement des mains de Bézout. Parmi les algébristes plus voisins de nous, les noms d'Euler et de Lagrange sont les plus illustres. Euler en a fait preuve, dans la culture de l'analyse, d'une intensité sagacité et d'un génie aussi profond qu'inventif. Il offrit les premiers exemples de ces longues déductions où, les conditions du problème étant d'abord exprimées à l'aide des symboles algébriques, c'est le calcul seul qui développe et surmonte toute la difficulté. Euler étendit considérablement la théorie des suites; il créa le calcul algébrique des fonctions circulaires, et déduisit d'une seule solution toutes les autres solutions entières d'une équation indéterminée du second degré à deux inconnues. Lagrange est le fondateur d'une méthode particulière pour la résolution des équations numériques. C'est, avec la méthode de Newton, la seule qui soit d'une application commune. Si l'on cherche un rapprochement, on trouve que le procédé de Lagrange, bien que moins expéditif en général, a sur celui de Newton l'avantage de donner à chaque opération une approximation toujours certaine. On pourrait même, à la rigueur, trouver par la méthode de Lagrange les racines commensurables, tandis que celle de Newton, qui, d'après sa nature, donne les valeurs numériques des racines par des fractions décimales, ne fournit pas sous forme exacte la racine commensurable. Les principes que Lagrange avait posés pour la résolution générale des équations lui offrirent une application des plus heureuses à la méthode de Gauss pour la résolution des équations à deux termes, du degré exprimé par un nombre premier. Il sut rendre la théorie de Gauss entièrement indépendante des équations auxiliaires qu'il y fallait considérer, et la délivrer de l'inconvénient qui naissait de l'ambiguïté des racines. Sa théorie des fonctions analytiques a ouvert la carrière à des recherches nouvelles, et, entre autres, à l'étude spéciale que Legendre a faite des fonctions elliptiques. Parmi les derniers progrès réalisés, qui ont une portée pratique pour la résolution des équations, il faut mentionner les théorèmes de Budan, de Fourier et surtout de Sturm, sur le nombre des racines réelles. Le théorème de Sturm, qui est remarquable à plus d'un titre, permet, en particulier, de déterminer le nombre des racines réelles d'une équation, comprises entre deux limites quelconques. Les développements de la théorie des déterminations trouvent aussi leur application à plusieurs inconnues. Mais le progrès le plus important en pratique, pour la résolution des équations numériques, c'est l'addition ingénieuse faite par Cauchy au procédé de correction de Newton, c'est-à-dire au procédé par lequel on corrige une première valeur approchée d'une racine. La considération des dérivées du premier ordre, à laquelle Newton se bornait, laissait parfois une indétermination, que vient lever le terme du second ordre, auquel Cauchy a recours dans cette occasion.

« Au reste, il ne faut pas l'oublier, l'algèbre aujourd'hui, dans les limites où nous l'avons restreinte, n'est pas la partie la plus élevée ni la plus importante de l'analyse mathématique. Aussi longtemps que du sein de cette science n'étaient pas encore sorti le calcul infinitésimal, les efforts de tous les analystes étaient concentrés sur les méthodes proprement algébriques. Il y a dans l'histoire de l'algèbre trois époques distinctes. La première est celle durant laquelle on employa seulement une logistique numérique, une arithmétique générale : telle fut l'algèbre des Hindous, des Grecs, des Arabes et des Italiens; c'est encore celle des Chinois. Dans la seconde époque, l'algèbre se transforme en logistique littérale, raisonnant et opérant sur des symboles; elle devient alors applicable à tous les genres de grandeurs. Telle fut l'algèbre de Viète et de ses successeurs immédiats. Quant à la troisième époque, elle est déterminée par l'œuvre de Descartes sur la traduction géométrique des relations entre les quantités. Dès lors, c'est sur ces représentations matérielles des lois existant entre les analystes se transporte, et c'est pour étudier les propriétés et les combinaisons des courbes que le calcul infinitésimal est inventé. »

ALGÉBRIQUE, *adj.* Qui appartient à l'algèbre. *Langage algébrique.*

ALGÉBRIQUEMENT, *adv.* D'après les règles de l'algèbre. D'une manière algébrique.

ALGÉBRISTE, *s.* Celui ou celle qui suit l'algèbre, s'adonne aux calculs algébriques. *Un bon algébriste.*

ALGENIB, *s. m.* (mot arab.). Astron. Étoile de 2ᵉ grandeur dans la constellation de *Pégase*.

ALGER (arab. AL GEZAÏR, l'Île), ville maritime du nord de l'Afrique, sur la Méditerranée, capitale de l'Algérie et ch.-l. de la prov. et du départ. d'Alger. Pop. 53,000 hab. Elle est située sur le versant nord d'une colline de 118 m. d'altitude couronnée par

Alger.

la forteresse ou *Casbah*, à 700 kil. de Toulon et 767 kil. de Marseille, et à 1.557 kil. S.-S.-E. de Paris ; elle communique par des bateaux à vapeur avec Marseille (34 heures de traversée), Cherchell, Ténez, Mostaganem, Dellys, Bougie, Stora, Philippeville, Bône et Tunis ; par des chemins de fer avec Blidah, Affreville, Orléansville, Relizane, Saint-Denis du Sig, Oran et la Tunisie. — Hsr. Alger doit son nom à une île située en face de la côte et reliée au continent par un môle. Elle occupe l'emplacement de l'antique cité d'*Icosium*, qui, après la chute de l'empire d'Occident, appartint aux Vandales, puis aux empereurs d'Orient après la conquête du royaume des Vandales par Bélisaire, général de Justinien; puis aux Arabes qui firent, sur l'empire d'Orient, la conquête de l'Afrique septentrionale; puis aux califes fatimites du Caire, qui se rendirent indépendants des califes d'Orient. En 935, Zeïri s'insurgea contre les califes fatimites et fonda une principauté dont Alger fut la capitale. Les Espagnols s'emparèrent d'Alger en 1510, mais ils en furent chassés en 1516, par le fameux pirate Barberousse, fils d'un renégat grec, qui y établit le quartier général de ses opérations. Choisi par les Musulmans pour combattre les Espagnols, celui-ci fit d'abord d'importantes conquêtes au nord; mais il fut battu et tué par Charles-Quint à la bataille de Tlemcen (1518). Il eut pour successeur son frère Khaïr-ed-Din, qui commença par se placer sous la protection du sultan Sélim à qui il céda la souveraineté de l'Algérie en qui il ne se réservant seulement que la ville d'Alger. Soliman le Magnifique, successeur de Sélim, le nomma amiral des flottes ottomanes. Khaïr-ed-Din ne s'en tint pas à Biserte et Tunis, mais il fut arrêté dans ses succès par Charles-Quint (1535); il s'en vengea un ravageant le littoral de l'Italie et en faisant agréer ses services au roi de France, François Iᵉʳ, contre son ennemi implacable, qu'il empêcha de s'emparer de Marseille. Après avoir battu les chrétiens à Ambracie et à Candie, Khaïr-ed-Din mourut à Constantinople en 1546. Les Algériens continuèrent de se livrer à la piraterie, et, lorsque, le sultan Amurat IV ayant conclu avec l'Autriche une trêve de vingt-cinq ans, il ne leur fut plus possible d'écumer la mer à leur aise, ils se rendirent indépendants d'un suzerain dont la complaisance laissait par trop à désirer, et poursuivirent le cours de leurs exploits à leurs risques et périls, organisant les républiques d'Alger, de Tunis et de Tripoli. La Porte continua bien d'en envoyer des beys pour les recevoir, mais ceux-ci s'arrogèrent bientôt le droit d'élire leurs deys, et d'ailleurs ils ne les écoutaient seulement quand leur intérêt en faisait un besoin. Ces pirates exercèrent leurs brigandages jusqu'en Islande ; ils furent combattus par les amiraux français Beaufort, Tourville, Duquesne et l'amiral hollandais Ruyter. Le dey d'Alger Mezzomorte se rendit tristement célèbre par ses atroces cruautés contre les chrétiens. Louis XIV, voulant mettre un terme aux déprédations des Barberousse, envoya des flottes qui bombardèrent Alger en 1682, 1683 et 1688. Les Anglais bombardèrent Alger à leur tour en 1816. Charles X, enfin, déclara la guerre à Hussein, dey d'Alger, coupable d'avoir souffleté publiquement et de son éventail le consul français M. Deval ; sa capitale fut bloquée par la flotte française, de 1827 à 1830. Le 25 mai 1830, une armée de 38,000 hommes, commandée par le maréchal de Bourmont, s'embarquait à Toulon sur une flotte commandée par l'amiral Duperré. Forcée, par le mauvais temps, de relâcher à Palma, elle arrivait le 13 juin 1830 devant Alger. Le débarquement eut lieu le 14 juin à la pointe de Sidi-Ferruch. Le 19 juin, une armée de 50,000 Arabes fut taillée en pièces sur le plateau de Staouëli, et le siège d'Alger commença immédiatement. Hussein opposa aux Français, dans le fort l'Empereur, une résistance désespérée. Lorsque la lutte fut devenue impossible, il fit évacuer le corps de ses troupes, qui mirent le feu aux poudres ; l'explosion fut terrible ; Hussein capitula le 5 juillet et nos troupes se trouvèrent maîtresses de la capitale de l'Algérie. Ce brillant succès militaire n'empêcha pas la révolution de juillet 1830, qui précipita Charles X du trône et le remplaça par Louis-Philippe, sous le règne duquel fut continuée la conquête de l'Algérie.

Les remparts d'Alger consistent en une double et quelquefois triple muraille, couronnée de créneaux, percée de meurtrières et terminée en pyramidions. Ils s'étendent sur une longueur de 750 mètres de la Casbah à la mer. Les portes en sont nommées : portes Bab-Azoun, porte de la Marine, porte de la Pêcherie, porte Neuve, porte Sidi-Ramdan, porte de France, porte de Constantine ou d'Isly, porte du Sahel, porte Bab-el-Oued, porte Vallée. Les places principales sont : la place du Gouvernement, les places d'Isly, de Chartres, de la Victoire, Malakoff, Mac-Mahon. Citons aussi : la place Bresson, ci-devant place Napoléon ; le boulevard de la République, la promenade la plus fréquentée d'Alger ; la place Bab-el-Oued, le Jardin Marengo. Les rues d'Alger sont généralement étroites et tortueuses et bordées de maisons à terrasses, comme il convient à une ville orientale ; les rues habitées par les Français sont toutefois larges et bien bâties. — Alger est le siège du gouvernement général de l'Algérie et d'un archevêché catholique. Ses principaux édifices civils sont : l'hôtel du gouverneur général, celui du sous-gouverneur, l'hôtel de ville, l'hôtel de la préfecture. La cathédrale Saint-Philippe occupe l'emplacement de la mosquée de Ketchaoua ou d'Hassan, qui datait de 1791. Ce dernier édifice fut transformé en église catholique, puis en cathédrale, dès les premiers temps de la conquête ; mais son insuffisance ne tarda pas à nécessiter sa démolition. Elle fit alors place à l'édifice actuel, construit dans le style mauresque, et dont la façade est surmontée de deux tours. Les autres monuments religieux consacrés au culte catholique sont : l'église Notre-Dame-des-Victoires, mosquée datant de 1622, l'église Sainte-Croix, mosquée datant de 1817, la Chapelle Saint-Augustin, celle de la rue des Consuls. Alger est aussi le siège d'un consistoire réformé, et possède un temple protestant, situé rue de Chartres, et une jolie chapelle anglicane, construite dans le style anglais et située près de la porte de Constantine. La grande mosquée Djema-Kebir est la plus ancienne d'Alger ; elle date de 1018. La mosquée nouvelle, Djema-Djeddi, nommée aussi mosquée de la Pêcherie, est un bel édifice en forme de croix grecque, et surmonté d'une grande coupole ovoïde et de quatre petites. Les autres mosquées sont : celles de Djema-Sidi-Ramdan, Djema-Safir, Djema-Sidi-Bou-Gueddour, Djema-Sidi-Abd-Allah, la Zaouia, la Koubba de Ouali-Dada. Les juifs sont très nombreux à Alger, et y possèdent une belle synagogue, construite dans le style mauresque. Signalons encore l'ancien palais des deys d'Alger, les quatre aqueducs distribuant l'eau aux fontaines de la ville, et surtout le port. L'enceinte est défendue par les forts Bab-Azoun, des Vingt-quatre heures, Matifou, de l'Eau, des Anglais, Pescade et National (ci-dev. l'Empereur). On remarque aux environs l'hôpital de Mustapha-Inférieur et la maison de plaisance des deys, également transformée en hôpital militaire. — Fabriq. d'armes, d'orfèvrerie et de bijouterie indigènes, de calottes rouges dites *fez* ou *chechias*, soieries, cuirs, tabac. Alger importe des objets manufacturés, meubles, tissus, orfèvrerie, poterie, papiers, huile, vins, eaux-de-vie, céréales et exporte toute sorte de produits de l'intérieur et des articles de fantaisie indigènes.

— ALGER (prov. et départ. d'), au centre de la colonie, entre les provinces de Constantine et d'Oran. Superf. 105,167 kil. car., dont 23,550 kil. car. en territoire civil et 81,617 k. c. en territoire militaire. Popul. 1,072,700 hab. en territoire civil (46 hab. par kil. car.) et 178,900 hab. en territoire militaire, soit au total 1,251,600 habitants. (La distinction de *province* et de *département* réside en ceci, que la province comprend le territoire entier tandis que le département est constitué par le seul territoire civil.) — Le départ. d'Alger se divise en quatre arrondissements ou sous-préfectures, qui sont : Alger, Blidah, Orléansville et Tizi-Ouzou. La division militaire d'Alger comprend six subdivisions et treize cercles.

ALGER DE LIÈGE, ou de CLUNY, savant ecclésiastique du XIIᵉ siècle, né à Liège. D'abord diacre à l'église Saint-Barthélemy de sa ville natale, puis attaché à la cathédrale, il se retira ensuite à l'abbaye de Cluny, où il est mort vers 1145. Beaucoup de ses ouvrages, notamment son *Histoire de l'Église de Liège*, ne nous sont point parvenus ; parmi ceux qui restent, nous citerons : *De Misericordia et Justicia*, extraits des Pères avec notes et commentaires ; *De Sacramento Corporis et Sanguinis Domini*, écrit contre Bérenger, archidiacre d'Angers, qui avait nié la transsubstantiation ; *De Sacrificio Missæ* ; *De Libero Arbitrio*.

ALGER, WILLIAM ROUNCEVILLE, théologien américain, né à Freetown (Massachusetts), le 11 décembre 1823 ; fit ses études au collège d'Harvard et à l'école de théologie de Cambridge ; puis devint pasteur de l'église unitaire, à Roxbury, près de Boston. En 1855, il succédait à Th. Parker comme ministre des « Liberal Christians », qui exercent leur culte au Music Hall de Boston, encore aujourd'hui. Ministre de l'Église du Messie, à New-York, de 1876 à 1879, M. Alger a prêché depuis dans diverses grandes villes de l'Ouest. Il a publié : *Histoire symbolique de la Croix* (1851) ; la *Poésie de l'Orient* (the Poetry of Orient), or Metrical Specimens of the thought, sentiment and fancy of the East, 1856) ; *Histoire critique de la doctrine de la vie future* (1861) ; le *Génie de la solitude* (the Genius of solitude, or the Loneliness of human life, 1867) ; les *Affections des femmes* (Friendships of women, 1870) ; *Prières présentées à la Chambre des représentants du Massachusetts* (1868) ; *Vie d'Edwin Forrest* (1877) ; l'*École de la vie* (1881).

ALGER, HORATIO, écrivain américain, cousin du précédent ; est né à Revere, près de Boston, le 13 janvier 1834. Il fit ses études au collège d'Harvard, qu'il quitta en 1852, pour se vouer à l'enseignement en même temps qu'aux travaux littéraires. Il fit ensuite son tour d'Europe, envoyant à divers journaux des correspondances contenant ses impressions sur les pays qu'il parcourait. De retour en Amérique, il reprit l'enseignement et le cours de ses travaux pour les publications périodiques. En 1865, il se fixa à New-York. Vivement intéressé par le déplorable condition des enfants errants, il écrivit à ce sujet deux séries d'esquisses ayant pour titre, l'une : *the Ragged Dick* (Dick, le mal vêtu), et l'autre : *the Tattered Tom* (Tom, le déguenillé). Outre ces esquisses et une collaboration considérable à divers magazines, M. H. Alger a aussi publié un roman : *Helen Ford*.

ALGÉRIE, contrée de l'Afrique septentrionale, la plus importante sous tous les rapports des possessions coloniales de la France, bornée au N. par la Méditerranée sur une étendue de côtes de près de 1,000 kil., à l'O. par le Maroc, au S. par le Sahara et à l'E. par la Tunisie. Les frontières méridionales ne sont toutefois pas très nettement déterminées, et les statistiques officielles les portent vaguement « jusque vers le 30ᵉ

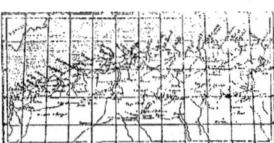

Carte de l'Algérie.

degré de latitude N. » Ainsi établie, la superficie totale de l'Algérie atteint 418,334 kil. carrés, soit : 111,842 k. c. en territoire civil, 206,512 k. c. en territoire militaire et 100,000 k. c. *environ* dans le Sahara. La population, d'après le recensement de 1881, s'élève, en territoire civil à 822,900 habitants, en territoire militaire à 487,500 et dans le Sahara à *environ* 50, soit au total à 3,360,400 individus tout compris. Le climat de l'Algérie est variable suivant l'altitude des régions ; sur la côte, un printemps perpétuel règne presque partout et la température moyenne est de 18° ; dans les montagnes, cette moyenne de température n'est plus que de 16° ; elle est de 22° dans le Sahara, mais le thermomètre peut y varier, en 24 heures, de 40 à 50 degrés et les nuits glaciales, dans l'acception la plus littérale du mot, y succèdent aux journées étouffantes pendant lesquelles le thermomètre centigrade a marqué 45° et plus.

— OROGR. ET HYDROGR. L'Algérie est traversée de l'ouest à l'est par le massif de l'Atlas, formé de plusieurs chaînes parallèles, réunies par de hauts plateaux. Cette configuration du sol permet de diviser le pays en trois régions distinctes : la région septentrionale, appelée le Tell, le long du littoral ; la région des hauts plateaux, au centre ; la région du Sahara algérien au sud. Le *Tell*, mot arabe qui veut dire colline, a une largeur de 100 à 120 kilom. à l'ouest, de 70 à 80 kilom. au centre et de 140 à 150 kilom. à l'est. L'aspect général de cette région est celui d'un vaste amphithéâtre faisant face au nord ; sa surface, partout très accidentée, se compose de montagnes et de collines alternant avec des vallées et des plaines. Toutes les rivières qui l'arrosent sont tributaires de la mer Méditerranée. C'est un pays tempéré, quoique chaud, gêné rarement sain et fertile ; il appartient à la zone méditerranéenne, et sa végétation est la même que celle de l'Europe méridionale. La région des hauts plateaux, une largeur qui varie de 140 kilom. à 60 ou 80 kilom., a une altitude moyenne de 1,200 mètres. Elle est formée de vastes surfaces, presque toujours sans arbres, plates et parsemées de chotts ou lacs salés qui reçoivent les eaux de la région. La végétation se compose de graminées que les troupeaux de moutons viennent brouter en été. En hiver, ces hauts pays sont froids et souvent couverts de neige. La région du Sahara algérien est basse, plate, pierreuse ou sablonneuse ; elle présente des parties absolument stériles et désertes à côté d'oasis peuplées et cultivées et de vastes steppes parcourus par les Arabes pasteurs. Les côtes sont généralement élevées, rocheuses ; de La Calle à Alger elles ont l'aspect verdoyant et cultivé, mais d'Alger à Nemours elles sont escarpées et radicalement stériles. En les suivant de l'est à l'ouest, on rencontre l'îlot de la Tabarque, la rade de La Calle, le cap Rosa, le golfe de Bone, le cap de Garde ou cap Rouge, point extrême du golfe de Bone ; le cap de Fer, le golfe de Storo, renfermant les baies de Philippeville et de Collo ; les caps Boujarone et Cavallo, le golfe de Bougie, le cap Corbon, le port du Dellys, la baie d'Alger, entre le cap Matifou et la pointe Pescade ; la baie de Sidi-Ferruch, le cap Ténez, le golfe d'Arzeu, le golfe d'Oran, le cap Falcon, l'île Rachgoun et le cap Milonia. — Les cours d'eau de l'Algérie sont des torrents aux courants extrêmement rapides, aux cascades sans nombre, qui se jettent dans la mer, après un cours généralement borné et qui n'est navigable en aucun point, par des brèches profondes qu'ils se sont peu à peu creusées dans la roche. Dans le Tell, on peut à peine dire que ces torrents arrosent le pays, ils le traversent, voilà tout : rarement ils présentent ces sinuosités multiples, ondulantes et dormantes, qui caractérisent les cours d'eau des autres pays. Dans la région des hauts plateaux, les rivières sont encore moins importantes ; leur cours est moins étendu, leurs eaux sont moins abondantes ; elles se déversent dans des lacs ou marais intérieurs qui suffisent à les absorber. Dans le Sahara algérien, tous les cours d'eau se perdent dans les sables ; pendant l'hiver, ils débordent fréquemment des ravins qui forment leur lit, et s'étalent çà et là en marécages, mais, pendant l'été, ils tarissent sans exception. C'est dans leur lit desséché, mais gardant encore par places quelques humidités fangeuses que les populations creusent les puits qui alimentent le pays d'une eau saumâtre souvent ; mais la multiplication des puits artésiens a fini par rendre inutiles presque partout ces réservoirs primitifs, peu agréables et insuffisants. Le Tell est arrosé principalement par les cours d'eau suivants : le Medjerdah, qui n'a que la partie supérieure de son cours en Algérie; la Seybouse, qui a son embouchure dans le golfe de Bone; l'Oued-el-Kebir ou Grande rivière, formée par la réunion de plusieurs torrents, et qui finit près du cap Cavallo; le Sahel ou rivière de Bougie, qui finit près de la ville de ce nom; le Sebaou; l'Isser; l'Hamise et l'Harrach, qui arrosent la plaine de la Mitidja; le Chélif, long de 450 kilomètres, qui est le plus grand cours d'eau de l'Algérie; la Mactah, formée par la réunion de l'Habrah et du Sig, et qui finit dans le golfe d'Arzeu; la Tafna, qui reçoit l'Isly, et a son embouchure en face de l'île de Rachgoun. Les cours d'eau des hauts plateaux sont insignifiants. Ceux du Sahara algérien qui méritent d'être cités sont : l'Oued-Djeddi, ou rivière du Chevreau, long de 500 kilomètres, et qui finit dans le chott Melghir, et l'Oued-en-Neça, ou rivière des Femmes, qui traverse l'oasis de Beni-Mzab, réunie aux possessions françaises depuis novembre 1882 seulement. Parmi les principaux lacs ou *chotts*, nous citerons le lac Fezzara, au sud-ouest de Bone; le lac Salé ou lac d'Oran, près de cette ville; le Chott-el-Gharbi et le Gherqui, aussi dans la province d'Oran; les deux chotts Zahrez, dans la province d'Alger; le Chott-el-Saïda et le lac de Tarf, dans la province de Constantine; le chott Melghir, dans le Sahara algérien.

— Produits naturels. Les produits agricoles de l'Algérie offrent une très grande variété. Les principales céréales qu'on y récolte sont : le blé indigène, ou *blé dur*, particulièrement propre à la fabrication des pâtes alimentaires; le blé tendre, importé par les colons européens; plusieurs espèces d'orges, substituées à l'avoine dans l'alimentation des chevaux; l'avoine, destinée à être exportée en Provence; le maïs, le sorgho et le millet. Les autres cultures sont les légumes de primeur, les fruits du Midi et même quelques espèces des tropiques; les orangers, les oliviers, les dattiers (surtout dans les oasis du désert), la vigne; le lin, le chanvre, l'alfa, le colza, le ricin, le tabac, le coton, le safran, le henné, la garance, l'opium et les fleurs pour essences et parfums de toute nature. La culture de la vigne y a pris un très grand développement depuis que les vignobles de la France ont été ruinés par le phylloxera; quant à celle de la garance, abandonnée depuis quelque temps déjà, nous sommes évidemment à la veille de la voir se relever en Algérie comme dans le midi de la France. Les prairies naturelles sont très répandues dans le Tell, où elles donnent d'excellent fourrage. La région des hauts plateaux est couverte de landes, ou steppes, immenses qui constituent des contrées à élevage comme l'Australie seule, peut-être, en possède de plus vastes. Les essences dominantes sont le chêne-liège, le chêne-zéenne bon pour la marine et les traverses de chemins de fer, le chêne à glands doux, le chêne ordinaire, le cèdre, le thuya, le pin d'Alep, l'orme, le frêne, le peuplier, le platane, le genévrier, l'olivier sauvage, l'eucalyptus, emprunté à l'Australie. — L'Algérie est riche en bétail, dont tout y favorise l'accroissement, la nature du pays aussi bien que les mœurs d'un grand nombre de ses habitants. Les chameaux sont nombreux, surtout dans le Sahara, où on distingue le *djemel*, ou chameau de charge et le *méhari*, ou chameau de course. Les chevaux algériens sont bien connus par leur élégance de formes, leur légèreté, leur sobriété, leur résistance à la fatigue et leur docilité. Les ânes et les mulets y servent de bêtes de somme. La race bovine, employée au labourage, est peu remarquable d'ailleurs. Parmi les moutons, très nombreux, on distingue le mouton ordinaire, le mouton touareg à poil ras, le mouton de Barbarie, à grosse queue et fournissant une laine très estimée. Les chèvres se trouvent aussi en assez grand nombre, mêlées généralement aux troupeaux de moutons. Les porcs, au ontraire, regardés avec dégoût par les royants, sont en petit nombre. On compte, u reste, en Algérie, environ 160,000 cheaux, 130,000 chameaux, 300,000 ânes et mulets, 600,000 bêtes à cornes, 7,000,000 de moutons, 2,000,000 de chèvres et seulement 10,000 porcs. Les terres cultivées représentent un chiffre approximatif de 2 millions et demi d'hectares; les prairies naturelles 6 millions, les landes ou steppes 30 millions et les forêts 1 million et demi d'hectares. — Les principaux produits minéraux sont : le fer en abondance, le cuivre, le plomb, l'antimoine, le zinc, les marbres de toutes sortes, l'onyx translucide ou albâtre antique, le gypse en abondance, le salpêtre, la pierre à bâtir, la terre à poterie, le sel fourni par les mines de sel gemme et les lacs salés. Les sources minérales et thermales sont très nombreuses, et ne le cèdent en rien, sous le triple rapport de l'abondance, de la diversité et des propriétés thérapeutiques des eaux, à celles qui font aujourd'hui la prospérité de plusieurs contrées de l'Europe.

— Industrie et Commerce. L'industrie indigène est en décadence, et il ne peut guère en être autrement. L'industrie européenne, en voie de progrès lent mais continu, comprend principalement la pêche du corail sur la côte, y compris la pêche dans les eaux tunisiennes affermées; des moulins, des fabriques de pâtes alimentaires, de papiers, de sparteries, de crin végétal, de cigares, de parfumerie, de meubles en bois de la colonie : des distilleries, des usines à rouir le lin, des ateliers d'égrenage du coton, des verreries, des tanneries et, en général, toutes les petites industries de la France. L'industrie indigène comprend des fabriques d'armes, de couteaux, de bijouterie, de broderie et de passementerie d'or et d'argent, de sellerie, de vannerie, de tissus grossiers, de tapis, de poterie, de cuirs. Le commerce exporte, par ordre d'importance, des laines, des bestiaux, du coton, des peaux brutes, des céréales, des huiles d'olive, du tabac, du minerai de fer, des fruits, des végétaux filamenteux, du plomb, du cuivre; il importe des tissus, de la passementerie et des rubans de coton, des vins, de la passementerie et des rubans de laine, des vêtements et des pièces de lingerie cousues, des tissus, de la passementerie et des rubans de soie, de lin et de chanvre; du sucre raffiné, des ouvrages en peau et en cuir, de la mercerie, des eaux-de-vie et des liqueurs; des peaux préparées, des fromages, du savon, du papier, du coton, des livres et des gravures; de la soie, des outils, des poteries, des matériaux à bâtir, des médicaments. La valeur des exportations est de 200 millions de francs, celle des importations de 155 millions de francs environ. Le mouvement maritime est représenté, entrées et sorties, par 6,000 navires, jaugeant plus d'un million de tonneaux. La marine marchande algérienne compte environ 150 navires jaugeant 5,000 tonneaux.

— Voies de communication. Une ligne de chemin de fer relie Alger à Oran, une autre Philippeville à Constantine : ce furent les premières exécutées; il y a en outre la ligne Bone-Guelma, la ligne de Sainte-Barbe du Trélat à Sidi-bel-Abbès, la ligne non encore terminée qui reliera la frontière marocaine à Tunis, enfin le Transsaharien, mettant l'Algérie en communication avec les peuples des bords du Niger, en construction. Les grandes routes principales sont celles d'Alger à Laghouat, d'Alger à Oran, d'Alger à Constantine, d'Oran à Tlemcen et de Stora à Biskra. — Deux câbles sous-marins relient l'Algérie à la France, avec laquelle elle est en communication fréquente, en outre, par de nombreux paquebots partant de Marseille, de Cette, de Dunkerque, du Havre, pour Alger, Mostaganem, Oran, Stora-Philippeville, Bone; un service bimensuel est fait entre Alger et Southampton par une compagnie anglaise; enfin, d'autres lignes maritimes, ayant leur tête à Alger, desservent les villes du littoral, soit d'un côté : Cherchell, Tenez, Mostaganem, et de l'autre : Dellys, Bougie, Djijelli, Stora-Philippeville et Bone; cette dernière va même jusqu'à Tunis.

— Hist. et Ethnog. L'Algérie est peuplée de Berbères, d'Arabes, de Juifs, de Maures, de Turcs et de Kolouglis, de Nègres et d'Européens. Les Berbères, qu'on désigne sous le nom de Kabyles dans les montagnes et de Touaregs dans le désert, seraient les descendants des Numides et les anciens habitants du pays. Leur langue est le débris de l'ancienne langue libyenne qui, à travers cinquante siècles, s'est ainsi conservée sans livres et sans monuments. Ce sont des peuples belliqueux, farouches, passionnés pour leur indépendance, qui n'ont été subjugués ni par les Romains, ni par les Arabes, ni par les Turcs, et qui sont encore, pour ainsi dire, ce qu'ils étaient du temps de Jugurtha, braves, intelligents, sobres, industrieux. Ils sont agriculteurs, sédentaires, industriels, et se livrent principalement à l'exploitation des mines et à l'industrie du fer. Leurs tribus forment des espèces de petites républiques, dont les chefs sont nommés à l'élection. Ce sont les derniers peuples qui se soient soumis à la domination française, et ce sont eux qui entrent le plus volontiers dans les régiments indigènes. Les Arabes sont les descendants des conquérants qui vinrent dans le VIIe siècle enlever la possession de l'Afrique septentrionale aux Romains du Bas-Empire, et qui, après avoir subjugué les Maures, restèrent les dominateurs du pays jusqu'à la conquête des Turcs. Ils sont généralement grands, bien faits, robustes, agiles, fiers, belliqueux, intelligents, sociables, très attachés à leur patrie et à leur religion. Voyageurs, pasteurs, nomades, ils parcourent à cheval leurs vastes pâturages et promènent d'un champ à l'autre leur charrue, sans sortir toutefois d'une circonscription qui constitue le domaine propre de chaque tribu. Leur gouvernement est presque toujours aristocratique, souvent sacerdotal. Les Arabes et les Berbères sont ennemis; ils ont une langue, des mœurs, des institutions différentes; mais ils professent la même religion. Les Maures semblent descendre des anciens Mauritaniens mélangés successivement avec les Phéniciens, les Romains, les Berbères et les Arabes, et même avec les Vandales et les Européens. Ils ont la peau basanée, mais cependant plus blanche que celle des Arabes. Ils sont propriétaires, commerçants et habitent les villes de préférence. Les juifs algériens n'offrent aucun caractère particulier. Les Turcs, dominateurs du pays jadis, s'y étaient établis à l'époque où, sous le commandement de Barberousse, ils étaient venus débarrasser Alger des Espagnols (1516); ils se sont presque tous convertis aux mœurs françaises, sauf pour la manière de traiter les femmes. Les Kolouglis sont les enfants issus de l'union d'un Turc et d'une Mauresque; ils se sont ralliés aux Français dès le début. Les Nègres sont originaires du centre de l'Afrique. Les Arabes et les Maures eurent de tout temps des esclaves nègres auxquels ils vendaient leur liberté ou qu'ils affranchissaient en mourant. La conquête française leur a apporté, avec la liberté, l'égalité; et le préjugé de couleur n'existant pas chez les Arabes, de nombreuses alliances en sont résultées entre les deux races. Les Nègres pur sang multiplient peu; ils sont manœuvres, portefaix ou ouvriers agricoles. — Depuis les temps les plus reculés de l'histoire, l'Algérie a été habitée par les Numides et les Maures, les premiers dans les plaines, les seconds dans les montagnes. La conquête romaine couvrit ce pays de cités florissantes dont on rencontre les ruines à chaque pas. Les Maures acceptèrent la situation sans trop de difficulté, mais les montagnards numides ne furent jamais soumis entièrement. L'Afrique romaine était divisée en trois provinces : Numidie, Mauritanie césarienne et Mauritanie tingitane. Dans la décadence de l'empire romain, ces trois provinces voulurent se rendre indépendantes, et elles appelèrent à leur aide les Vandales, alors maîtres de l'Espagne. Les Vandales, en effet, passèrent en Afrique, mais en conquérants, non en alliés, et ils en restèrent possesseurs pendant cent ans. Sous Justinien, Bélisaire vainquit les Vandales et fit rentrer le pays sous la domination impériale. Mais dans le VIIe siècle, les Arabes, qui étaient déjà maîtres de l'Égypte, vinrent attaquer l'Algérie, chassèrent les garnisons romaines et soumirent tout le pays à leur religion et à leurs armes. Les Maures embrassèrent l'islamisme et acceptèrent le joug des nouveaux conquérants; les Numides restèrent indépendants, et ce n'est que peu à peu et dans les siècles suivants qu'ils embrassèrent la religion mahométane. Les Arabes d'Afrique fondèrent, sur le versant de l'Atlas, les deux monarchies des Aglabides et des Edrissides, qui furent renversées vers le milieu du XIe siècle par les Almoravides, barbares sortis du Grand-Désert, qui étendirent leur domination depuis le Niger jusqu'en Espagne. L'empire des Almoravides fut à son tour détruit dans le XIIe siècle par les Almohades, et sur ses débris s'élevèrent plusieurs Etats dont les principaux furent les royaumes du Maroc, de Tlemcen, de Bougie, de Tunis. Les royaumes de Tlemcen et de Bougie furent bouleversés par la retraite des Maures d'Espagne en Afrique, et par les conquêtes des Espagnols sur toute la côte. C'est alors que les Turcs, déjà maîtres de Constantinople et de l'Egypte, vinrent s'emparer des villes du littoral et y fondèrent les Etats de Tripoli, de Tunis et d'Alger, vassaux de l'empire ottoman, qui infestèrent la Méditerranée par leurs pirateries. L'Europe chrétienne avait toutefois, depuis longtemps, des relations avec les peuples de l'Afrique septentrionale. Du XIIIe au XVe siècle, les républiques italiennes, la Catalogne, les villes de la Provence et du Languedoc faisaient un commerce très actif avec Bougie, Oran, Tlemcen, Bone, Stora et Constantine. Lorsque Khaïr-ed-Din eut mis Alger sous la domination turque, la France jouit des privilèges que lui donnaient ses capitulations avec les sultans, et un traité de 1520 céda à une compagnie française le droit exclusif à la pêche du corail et à l'exportation des produits du pays, depuis Bougie jusqu'à Tunis. En 1536, un traité stipula la libre navigation des vaisseaux turcs et français dans les eaux des deux empires. En 1564, un consul français fut établi à Alger, et en vertu de capitulations, il devint le protecteur des commerçants de toutes les nations chrétiennes. Mais les traités furent considérés comme lettres mortes presque aussitôt échangées, et les comptoirs français furent pillés plus d'une fois, avant que la France se décidât à recourir à la force. Enfin Alger fut deux fois bombardé, presque coup sur coup, en 1682 et 1683. Le dey fit alors patte de velours et renouvela volontiers des traités qu'il savait bien devoir violer sans retard. En 1827, le dey ayant frappé de son éventail, dans une réception publique, le visage du consul français à Alger, le gouvernement de Charles X résolut de venger cet outrage et en même temps avec ce nid de pirates qui était le déshonneur de l'Europe depuis trois siècles. Après qu'on eut essayé, par un blocus de trois ans, d'obtenir réparation, un corps expéditionnaire débarqua, le 14 juin 1830, sur la presqu'île de Sidi-Ferruch, dans la baie de Torre Chica, et le 14 juillet Alger capitulait. C'était la fin de la domination turque, domination illusoire, à la vérité, à l'égard des populations berbère et arabe; c'était aussi le commencement d'une ère tout à fait nouvelle, l'ère de la domination française, qu'il fallut, par exemple, dix-huit années de lutte incessante pour asseoir d'une manière définitive. Blidah, Médéah tombaient en notre pouvoir quelques semaines, après Alger; puis ce fut Oran (1831); puis Bone (1832), Arzeu, Mostaganem, Bougie (1833). Constantine, énergiquement défendue, tombait à son tour, en octobre 1837, succès chèrement payé. Cependant Arabes et Berbères, qui avaient profité de notre intervention pour se soulever contre la domination turque, si peu sérieuse qu'elle fût, devaient nous opposer une résistance acharnée; mais il est nécessaire de dire, quoique à regret, que les cruautés au moins maladroites exercées sur ces populations au sympathiques ou neutres par les chefs de l'armée française, et en particulier par Savary, duc de Rovigo, étaient bien faites pour les exaspérer et provoquer une prise d'armes générale. Ce fut alors qu'Abd-el-Kader, après son père, le marabout Sidi-el-Hadji-Maheddin, parut sur la scène, non d'abord comme ennemi des Français et en

L'assaut de Constantine.

prêchant la guerre sainte, comme plus tard, mais comme ennemi des Turcs et résolu à profiter des circonstances pour secouer leur joug. Nous avons passé en revue la carrière militaire d'Abd-el-Kader (V. ce nom), et par conséquent toute

Abd-el-Kader prêchant la guerre sainte.

cette partie de l'histoire de la conquête de l'Algérie, nous n'avons donc pas à y revenir. A partir de la reddition d'Abd-el-Kader, l'Algérie fut réellement conquise; mais des insurrections sans cesse répétées nécessitèrent de nombreuses expéditions. Nous citerons celle de 1849, commandée par le général Pélissier, qui propre à donner une haute idée de l'humanité des Français; une autre contre le marabout Bou-Ziom, à la même époque, commandée par les généraux Camrobert et Herbillon, et qui se termina par la prise de la Zaatcha. Plusieurs expéditions eurent également lieu l'année suivante et, en 1851, Saint-Arnaud soumettait la Petite Kabylie. En 1852, Pélissier attaquait la Kabylie méridionale et Mac-Mahon la Kabylie orientale; cette année fut marquée par la prise de El-Aghouat et d'Aïn-Madhy et par la réduction du Djurjura. Ouargla en 1853, Touggourt en 1854 tombaient en notre pouvoir. Enfin, en 1857, le général Randon soumettait les tribus de la Grande Kabylie.
L'année suivante, la première expérience de gouvernement civil était faite en Algérie, sans succès, ayant, je crois, été entreprise expressément dans un moment assez critique, en pleine insurrection des tribus de l'Aurès, soumises d'ailleurs par le général Desvaux sans de grandes peines; le prince Napoléon, gouverneur civil, fut alors remplacé par le maréchal Pélissier (1860), ayant pour adjoint un vice-gouverneur, directeur des affaires civiles. En 1864, la série des insurrections recommença; il y eut çà et là quelques prétextes sérieux, sinon absolument plausibles, à de tels mouvements: la récolte presque entièrement dévorée par les criquets, en 1866, produisit la famine; en janvier 1867, un tremblement de terre détruisit plusieurs villages autour de Blidah; puis ce fut la sécheresse trop prolongée qui ramena la famine, suivie d'une invasion du choléra, qui fit 50,000 victimes. En janvier 1868, Si-Ahmed levait l'étendard de la révolte; il était vaincu et tué; juste une année après, une nouvelle insurrection était écrasée dès le début. La paix régna dès lors en Algérie, jusqu'à ce que, profitant de nos malheurs, Arabes et Berbères (Kabyles) se soulevèrent, les premiers sous la direction de l'agha El-Mokrani, dont les efforts échouèrent toutefois contre les points fortifiés qu'il avait eu l'audace d'attaquer, et qui finalement fut tué dans l'action. Mais, au moment où l'on pouvait croire l'insurrection écrasée, toute la Kabylie prenait les armes sous le commandement du cheik El-Haddad. Les Kabyles, pour la première fois dans les fastes historiques, descendirent de leurs montagnes et envahirent la plaine de la Mitidja, commettant les plus horribles déprédations. Ce ne fut guère qu'après la réduction de la Commune de Paris (qu'on eût mieux fait de ne pas provoquer), qu'on put avoir raison de ce soulèvement. Les vaincus furent frappés d'une contribution de guerre de 30 millions de francs et leurs terres furent séquestrées en garantie; mais on eut du moins l'esprit politique de ne pas pousser les choses à l'extrême: les propriétaires des terres séquestrées purent rentrer en possession à des conditions aisées et les insurgés kabyles furent beaucoup mieux traités, somme toute, que ceux de Paris. Une nouvelle ère de paix s'ouvrit, et l'on put s'occuper d'administration et de colonisation. Le 15 septembre 1871, l'Assemblée nationale votait une loi portant concession gratuite, à certaines conditions stipulées, de 100,000 hectares aux Alsaciens-Lorrains ayant opté pour la nationalité française, ce qui donna lieu à la création d'un certain nombre de villages nouveaux, aujourd'hui en pleine voie de prospérité. La guerre de Tunisie servit de prétexte à quelques fanatiques pour se soulever à l'appel du faux

Soulèvement du Sud-Oranais. Prise du col de Kour-Cheik.

prophète Bou-Amema, mais cette insurrection, un instant menaçante, fut étouffée, sinon très promptement, du moins sans pertes graves (1881). Les massacres d'expéditions françaises ou autres, sur divers points du Sahara, qui se sont produits dans ces derniers temps, n'ont à aucun degré le caractère que quelques écrivains ont cru pouvoir leur donner; si des vaincus des récents soulèvements y ont parfois figuré, ce n'est qu'isolément et mêlés aux Touaregs pillards, véritables fauteurs de ces guet-apens, lesquels n'ont ni foi ni loi et sont de simples bandits, dont il serait d'ailleurs assez facile d'avoir raison une fois pour toutes, comme la première expédition entreprise dans ce but le prouvera.

— ADMINISTRATION. L'Algérie est divisée administrativement en trois provinces ou départements, désignés sous le nom de leur chef-lieu. Ce sont, en allant de l'ouest à l'est, les provinces ou départements d'Oran, d'Alger et de Constantine. Chaque province est en outre subdivisée en territoire militaire et territoire civil ; ce dernier constitue proprement le département, et est en conséquence subdivisé en arrondissements. Chaque département est administré par un préfet, et chaque arrondissement par un sous-préfet. Il y a un conseil général par département, dans lequel l'élément indigène entre pour un quart. Le territoire militaire, formé des communes dans lesquelles domine ou existe exclusivement l'élément indigène, constitue une division militaire, administrée par l'autorité militaire. Depuis le 15 mars 1879, à titre provisoire, et le 15 mars 1880, à titre définitif, l'Algérie est administrée par un gouverneur civil. Le département d'Alger se divise en quatre arrondissements : Alger, Blidah, Orléansville et Tizi-Ouzou ; celui de Constantine en 5 arrondissements : Constantine, Bone, Guelma, Philippeville et Sétif, auxquels un sixième se joindra bientôt (1885), Batna ; celui d'Oran, en quatre arrondissements : Oran, Mascara, Mostaganem et Tlemcen. La division militaire d'Alger comprend 6 subdivisions et 13 cercles ; celle de Constantine, 4 subdivisions et 15 cercles ; celle d'Oran, 5 subdivisions et 12 cercles. Dans l'ordre ecclésiastique, la province d'Alger forme la province d'Alger, siège d'un archevêché ; la province de Constantine, le diocèse de Constantine, siège d'un évêché ; la province d'Oran, le diocèse d'Oran, siège d'un évêché. Les évêchés de Constantine et d'Oran sont suffragants de l'archevêché d'Alger. Dans l'ordre judiciaire, l'Algérie forme le ressort de la cour d'appel d'Alger, et dans l'ordre universitaire, celui de l'académie d'Alger.

ALGÉRIEN, ENNE, s. et adj. Habitant de l'Algérie. Qui appartient à l'Algérie ou à ses habitants. *Produits algériens. Mœurs algériennes.*

ALGESIRAS, ville marit. d'Espagne, sur la baie de Gibraltar, du côté opposé et à environ 8 kil. de cette ville. Commerce de cabotage assez important. Exportation de charbon de bois et de cuir tanné. Algesiras se trouve dans une situation pittoresque ; son port n'est ni commode ni sûr ; la ville, alimentée d'eau potable au moyen d'un aqueduc magnifique, possède un bel hôpital militaire et une forteresse en ruines. Pop. 18,000 hab. — Ancien *Portus Albus* des Romains, Algesiras doit son nom moderne aux mêmes causes qu'Alger le sien. C'est la première ville espagnole dont s'emparèrent les Maures (713) ; elle leur appartint jusqu'en 1344, époque à laquelle Alphonse XI de Castille lui enleva après un siège de 20 mois, qui donna le temps à tous les croisés de l'Europe de venir lui prêter mainforte ; ce serait à ce siège que les Maures employèrent pour la première fois la poudre à canon. Quoi qu'il en soit, la ville maure, complètement détruite par les chrétiens, ne fut remplacée par la ville moderne qu'en 1760, plus de quatre siècles après ! Les flottes anglaise et française se rencontrèrent en 1801, à 6 jours de distance (6-12 juillet), dans la baie d'Algesiras. Vainqueurs dans la première rencontre, les Français furent battus dans la seconde.

ALGHERO, ville marit. d'Italie, prov. et à 22 kil. S.-O. de Sassari, sur la côte occidentale de l'île de Sardaigne. Fortifiée du côté de la mer, elle est défendue par de hautes montagnes du côté de la terre. Alghero est le siège d'un évêché et possède une belle cathédrale bâtie en 1517, plusieurs couvents et écoles publiques, un certain nombre de maisons d'architecture ancienne. Non loin de la ville on voit de belles grottes à stalactites. Beau corail rose près de la côte. Les environs produisent le meilleur vin de la Sardaigne, huile d'olive, fruits variés. Alghero exporte en outre des grains, du tabac, de la laine, des anchois, des eaux, des peaux, etc. Pop. 9,000 hab. — Fondée par les Génois, cette ville fut prise ensuite par les Catalans dont la langue s'y est conservée.

ALGIDE, adj. (lat. *algidus*, qui glace). Méd. Se dit de diverses affections, mais principalement d'une espèce de fièvre intermittente pernicieuse caractérisée par un froid glacial débutant avec l'accès et se prolongeant pendant la plus grande partie de la durée.

ALGLAVE, ÉMILE, écrivain français, n : à Valenciennes le 27 avril 1842. Il acheva ses études à Paris, au lycée Louis-le-Grand, suivit les cours de la faculté de droit, où il obtint le grade de docteur en 1868, divers cours des autres facultés et se fit admettre comme élève pensionnaire à l'École des chartes, où il obtint le titre d'archiviste-paléographe (1864) avec une thèse sur le *Droit mérovingien d'après la loi des Francs Ripuaires*. Reçu agrégé de la faculté de droit, il fut nommé en 1870 professeur de droit romain et de droit administratif à Douai, puis chargé d'un cours d'économie politique à Lille en 1873. En 1864, M. Alglave avait fondé avec M. Yung la *Revue des cours scientifiques* et la *Revue des cours littéraires*, devenues *Revue scientifique* et *Revue politique et littéraire* (le gouvernement du 24 mai (1873) mit M. Alglave en demeure de modifier l'esprit libéral de ces deux publications importantes ou d'en abandonner la direction ; et sur son refus, il fut révoqué comme professeur, malgré les protestations de la faculté de Douai. À la fin de 1878, il était appelé à la chaire de science financière, nouvellement créée à la faculté de droit de Paris. Il avait pris, en 1874, la direction française de la *Bibliothèque scientifique internationale*, série d'ouvrages paraissant périodiquement et à la fois en français, en anglais, en allemand, en russe et en italien. En novembre de la même année, il se porta candidat à la députation dans l'Oise contre le duc de Mouchy, mais sans succès. — Outre les deux revues citées, M. Alglave a collaboré au journal le *Temps* et au *Cours de droit civil* de M. Valette ; il a publié les *Leçons sur les propriétés des tissus vivants* de Claude Bernard, recueillies par lui pour la *Revue des cours scientifiques* (1868). On lui doit en outre : *Droit d'action du ministère public en matière civile et Juridictions civiles chez les Romains*, ses thèses de doctorat (1868) ; *Action du ministère public et Théorie des droits d'ordre public* (1874-76, 2 vol. in-8), édition refondue et considérablement augmentée de sa thèse sur le même sujet ; *Principes des constitutions politiques*, broch.; la *Lumière électrique*, avec M. J. Boulard (1881).

ALGOL, s. m. Astron. Étoile changeante de la constellation de Persée, dite aussi *Tête de Méduse*.

ALGONQUIN, INE, s. m. Nom d'une peuplade aborigène de l'Amérique du Nord répandue principalement au Canada, mais presque entièrement détruite aujourd'hui. — V. ESQUIMAUX.

ALGORITHME, s. m. (mot arabe). Science, théorie des nombres. *Algorithme des puissances. Algorithme des fractions.*

ALGOZA ou ULGHOSAN, s. m. Mus. Espèce de flageolet des Indous. Il est percé de huit trous, dont un en dessous pour le pouce, disposés de manière à fournir une succession de notes chromatiques.

ALGUES, s. f. pl. (lat. *alga*). Bot. Groupe extrêmement nombreux de plantes cryptogames cellulaires, vivant dans les eaux douces ou salées de toute nature et de toute origine, et que l'on nomme aussi *hydrophites*, pour marquer qu'elles forment la limite de la vie végétale. Très variées de texture et de forme, les algues se divisent en trois grandes familles : *ulvacées, floridées* et *fucacées*.

ALHAGI, ou AGUL, s. m. Bot. Sous-arbrisseau épineux de la famille des légumineuses, qui croît en Asie. Il se couvre pendant les chaleurs d'une espèce de manne liquide que condense la fraîcheur des nuits, et qu'on suppose être celle dont les Israélites se nourrirent dans le désert. Cette manne possède une certaine vertu purgative, mais inférieure à celle de la manne de Calabre.

ALHAMA, ville d'Espagne, prov. et à 40 kil. S.-O. de Grenade. Son nom, qui est arabe, signifie *le Bain* et lui vient des eaux thermales que l'on trouve dans la ville et dans lesquelles, au temps des Maures, plus de 14,000 dyspeptiques et rhumatisants venaient chaque année chercher un remède à leurs maux. Alhama est bâtie au bord d'une gorge de la sierra de Alhama, ses rues s'élevant en amphithéâtre les unes au-dessus des autres, sur le flanc de la montagne qui s'élève à 2,500 mètres. Pop. 8,000 hab. — Alhama, fortifiée par les Maures, était considérée comme le rempart de Grenade ; elle leur fut toutefois enlevée en 1482 par les Espagnols, et ce coup détermina la ruine de leur puissance en Espagne. — En décembre 1884 et janvier 1885, Alhama a été presque entièrement détruite par les tremblements de terre qui bouleversèrent à cette époque la province de Grenade. Le bilan officiel de la catastrophe donnait alors en effet, pour Alhama, 1,302 maisons détruites et 280 lézardées, sans compter la perte de nombreuses existences ; le 21 février, de nouvelles secousses faisaient écrouler sur la malheureuse ville une partie de la montagne à laquelle elle est adossée et détruisait en partie, notamment, l'établissement des bains.

ALHAMBRA, s. m. (arab. *al Hamra*, la Rouge), ancienne forteresse et résidence des rois maures de Grenade, ainsi nommée de la couleur des briques employées à sa construction. Ce palais célèbre, situé sur une colline au nord de la villa, a été construit à différentes époques, principalement de 1248 à 1384 ; les décorations de l'intérieur, les peintures, principalement, sont attribuées à Yusuf Ier, qui mourut à cette dernière date. Après l'expulsion des Maures, en 1492, leurs vainqueurs dévastèrent l'Alhambra, en souillèrent les peintures et les dorures, enlevèrent ou enlevèrent les meubles, etc. Charles-Quint détruisit la plus grande partie du Palais d'hiver, qu'il remplaça par des constructions modernes, d'ailleurs restées inachevées. Philippe V compléta à peu près la ruine de ce splendide édifice en murant des appartements entiers. Sous les règnes suivants les dégradations de toute sorte furent encore infligées à l'Alhambra ; en 1812, les nécessités de la guerre forcèrent les Français à démolir une ou deux tours ; enfin le tremblement de terre de 1821 détruisit plusieurs constructions anciennes faisant partie de ce chef-d'œuvre de l'architecture mauresque, dont Isabelle II avait décidé la restauration complète. D'importants travaux y furent entrepris en 1862, mais bientôt l'argent manqua, puis la révolution de 1868 survint. Les tremblements de terre qui éprouvèrent si cruellement Grenade et la province à la fin de 1884 et au commencement de 1885, ne causèrent aucun dommage à l'Alhambra, malgré de dépréciations idiotes. On cite encore la place des Citernes, la cour des Myrtes et le cuarto des Abencerrages (V. ce mot), la salle des Ambassadeurs, la plus vaste de toutes, la salle de justice, la salle des bains, le boudoir de la sultane, la salle des écussons, etc., où se trouvent les merveilles de l'art mauresque, et en particulier de la céramique ; la mosquée, convertie en église, depuis la prise de Grenade ; le Generalife, ancienne résidence de campagne des rois de Grenade, séparée de l'Alhambra par un profond ravin.

AL HAZEN, ABOU-ALI-AL-HASSEN, mathématicien arabe, né à Bassora dans la seconde moitié du Xe siècle, mort au Caire en 1038. Al Hazen est le premier qui fit des découvertes importantes en optique. C'est à lui, et non à Ptolémée, que l'on doit une explication rationnelle du grossissement apparent des corps célestes à l'horizon. Il pensa le premier également que la vision ne pouvait provenir des rayons émanés de l'œil; et écrivit sur la réfraction de la lumière, expliquant la cause des crépuscules du matin et du soir. Il résolut aussi le problème du point d'un miroir convexe où doit frapper un rayon émanant d'un point donné pour être réfléchi sur un autre point donné. Al Hazen était fort pauvre, et était obligé, pour vivre, de copier et de vendre lui-même ses propres ouvrages. On raconte que s'étant vanté de pouvoir construire une machine capable de régulariser les inondations du Nil, il fut appelé en Egypte par le calife Al Hakem; mais, après examen des lieux, reconnaissant l'impossibilité de réaliser son projet, il feignit la folie jusqu'à la mort du calife, arrivée en 1021, pour se soustraire au ressentiment de celui-ci. De ses nombreux ouvrages, deux seulement ont été publiés, le *Traité d'optique* et le *Traité du crépuscule*, en latin; la plupart de ses manuscrits sont conservés dans la Bibliothèque bodléienne, à Oxford.

ALI, ALI-IBN-ABOU THALEB, quatrième calife ou successeur de Mahomet, né à la Mecque vers 600. Son père Abou-Thaleb était oncle du prophète et l'avait adopté à la mort de son aïeul; Mahomet à son tour adopta Ali, dont il soigna l'éducation et à qui il donna en mariage sa fille Fatime. Il était tout désigné pour succéder à son beau-père, mort sans postérité mâle; mais il avait pour ennemie personnelle sa belle-mère Aïcha, et ce ne fut qu'en 656, après que Abou-Bekr, Omar et Othman se furent succédé au califat, qu'il put enfin y faire valoir ses droits. Malgré cela, la haine de cette femme, dont il avait osé suspecter la fidélité, lui suscita des révoltes continuelles pendant tout le cours de son règne, qui eut peu de durée d'ailleurs. Vainqueur des rebelles presque dans toutes les rencontres, il tomba enfin sous le poignard empoisonné d'un sectaire karigite et mourut des suites de cette blessure, à Kufa, en 661. Ali était un prince brave, généreux et instruit; on vante sa franchise et sa loyauté, qualités fort rares en tout temps chez les siens. On a de lui des *Sentences* et des *Poésies*, en partie traduites en français et en anglais. — La question des droits d'Ali au califat a divisé dès le début la grande famille musulmane en deux sectes distinctes, qui existent toujours : les *sunnites*, partisans d'Omar et les *chiahs* ou *chiites*, partisans d'Ali; les Turcs sont sunnites et les Persans chiahs.

ALI, COUMOURDJI (charbonnier), général ottoman, grand vizir d'Achmet III. Il était fils d'un charbonnier d'Andrinople, d'où son surnom, et avait été appelé au sérail par le sultan Achmet II, à cause de sa gentillesse. Devenu grand vizir d'Achmet III, il se signala par son opposition à l'infortuné Charles XII de Suède, qu'il contraignit à quitter le territoire ottoman. En 1715, il décida la guerre contre Venise, et le 5 août 1716, il était complètement battu par Eugène de Savoie, commandant les forces de l'empereur, nouvellement allié à la sérénissime république, à Peterwaradin. Ali, qui commandait les forces ottomanes, succombait quelques jours plus tard des blessures reçues dans l'action, après avoir fait personnellement des prodiges de valeur.

ALI, célèbre aventurier égyptien (1728-1773). Natif du Caucase, il fut vendu comme esclave à Ibrahim-Bey, qui en fit son favori, lui donna de l'instruction, l'affranchit et le nomma gouverneur de district. Devenu gouverneur de province à la mort de son protecteur, il s'empara du pouvoir en 1763, après s'être débarrassé des autres beys soit par l'exil, soit par l'assassinat. Il chercha alors à secouer le joug des Turcs, qu'il vainquit dans diverses rencontres; s'empara de Djedda, de la Mecque, puis de toute la Syrie et de la Palestine. Mais aussitôt après la prise de Damas (1771), son lieutenant, Mohammed-Bey, retournait en Egypte avec ses mamelouks. Ali, se voyant compromis par cette trahison, marcha contre les Turcs, qu'il battit à Sidon, s'empara de Jaffa après un siège de huit mois, et retourna au Caire, rappelé par des lettres dont l'objet était de le faire tomber dans un piège. En effet, il fut attaqué dans le désert par les mamelouks de Mourad-Bey, l'amant de sa femme; vaincu, blessé et fait prisonnier, il fut livré à Mohammed-Bey, son ex-lieutenant, et mourut trois jours après, soit de ses blessures, soit de poison.

ALI, TEPELINI, surnommé ARSLAN (le Lion), pacha de Janina (1741-1822). Né à Tebelen, ville d'Albanie, sur le Voyoutza, d'une famille dans laquelle le titre de bey de Tebelen était héréditaire, mais qui avait été dépouillée de ses biens par les seigneurs voisins avec lesquels elle était toujours en guerre, le jeune Ali n'avait pas quatorze ans lorsque son père mourut; il fut donc élevé par sa mère, femme d'une énergie excessive, dans l'idée qu'il lui fallait à tout prix récupérer ses biens perdus. En conséquence, Ali débuta par le brigandage et, grâce à son audace et à son intrépidité, réunit bientôt sous ses ordres une bande nombreuse, à l'aide de laquelle il réussit en effet à s'emparer du beylik de Tebelen. Une fois là, il commença par égorger son frère et faire mourir sa mère en prison; puis, pour mieux s'assurer sa conquête, offrit son épée au sultan, qui l'accepta. Ali combattit et vainquit au profit de la Porte le pacha de Scutari révolté, et tua Sélim, pacha de Delvino, services qui le firent remettre en possession de tous les biens perdus par sa famille. Nommé lieutenant de Derwend, pacha de Roumélie, qui était chargé d'extirper le brigandage, Ali s'entendait avec les brigands et relâchait ceux qu'il avait été forcé de prendre, moyennant une grosse part de butin; cette façon avantageuse de remplir sa mission causa la disgrâce de son chef et le força à se cacher, mais en cédant aux ministres du sultan une part de ses richesses si bien acquises, il sut écarter le danger, et s'étant distingué en 1787 dans la guerre contre la Russie, il fut fait pacha de Trikala, en Thessalie. Il purgea le pays des brigands qui l'infestaient, mais en les enrôlant dans son armée, s'empara de Janina en 1788, et ayant levé une forte contribution sur ses habitants, il l'envoya au sultan, réclamant en récompense le pachalik de Janina, qui lui fut accordé. Pour agrandir son territoire, il s'empara alors de la partie septentrionale de la Grèce et fit la guerre aux Souliotes, mais sans succès. En 1797, après la prise de Venise, Ali manifesta son admiration intéressée pour Bonaparte, lui demanda des ingénieurs pour fortifier Janina et lui offrit son alliance; mais l'année suivante, après l'évacuation de l'Egypte, il s'emparait des places que les Français possédaient sur la côte albanaise. Il fut quelque temps gouverneur général de la Roumélie (1799). C'est vers le même temps qu'il fit massacrer les habitants de Gardiki, pour venger une insulte faite à sa mère et à sa sœur quelque quarante ans auparavant. Il n'avait pas cessé, cependant, de combattre les Souliotes, qu'il voulait déloger des montagnes de l'Epire; n'y pouvant réussir, il finit par obtenir d'eux, au moyen d'un traité, qu'ils évacueraient le pays et iraient s'établir à Corfou : c'était une ignoble trahison et les braves montagnards, sans défiance désormais, furent massacrés par les brigands d'Ali, dès qu'ils furent hors de leurs montagnes (1803). En 1807, Ali rechercha de nouveau l'alliance des Français, dont le voisinage, grâce à l'occupation de Corfou, l'effrayait, espérant obtenir de Napoléon, Parga, qu'il avait vainement assiégée sept ans auparavant; trompé dans son espoir, il se ligua avec les Anglais qui, s'étant emparés de cette ville en 1814, la lui remirent en effet, en 1817. Cependant Ali avait si bien joué son rôle avec le sultan, son suzerain, que celui-ci le confirma dans la possession de l'Albanie entière, depuis l'Epire jusqu'au Montenegro. Après ce dernier succès, son pouvoir s'étendait donc sur l'Albanie, l'Epire, une partie de la Thessalie et l'ouest de la Grèce septentrionale, tandis qu'un de ses fils tenait le pachalik de Morée; et ce pouvoir était si grand, si incontesté, grâce à la terreur qu'il inspirait toujours, malgré son grand âge, que la Porte ne pouvait plus rien obtenir de lui que des marques de mépris. Le sultan ne cherchait donc qu'un prétexte pour s'en défaire, lorsqu'en 1820, un de ses anciens officiers qui avait passé au service du sultan fut assassiné en pleine rue de Constantinople. Sommé de venir se justifier de ce meurtre dont il fut aussitôt accusé, il se prépara à la résistance, soutint dans Janina un siège de dix-huit mois et, ne pouvant plus tenir, brûla la ville et se retira dans la forteresse avec ses derniers partisans et ses trésors. Prêtant enfin l'oreille à la proposition de se rendre, moyennant pardon complet, que lui fit Kourchid Pacha, chef de l'armée ottomane, il accepta une entrevue avec celui-ci, le 5 février, pour prendre communication du document impérial; mais au lieu de sa grâce, c'est un ordre d'exécution que lui exhiba Kourchid. A cette vue, le vieux pacha bondit sur ceux qui l'entourent, en tue ou blesse plusieurs, mais finit par succomber sous le nombre; sa tête, séparée du tronc, est embaumée et envoyée ainsi à Constantinople : une tête de *lion* de quatre-vingt-un ans!

ALI PACHA, diplomate ottoman, né vers 1835; débuta dans la carrière politique comme référendaire du Divan impérial. En 1858, lorsque Fuad Pacha vint à Paris comme plénipotentiaire de la Porte, à la conférence convoquée pour la discussion de la convention relative aux Principautés-Unies, il s'attacha Ali Bey, qui se fit bientôt remarquer par une vive intelligence et des aptitudes diplomatiques toutes particulières. En 1861, Ali Bey fut nommé premier secrétaire de l'ambassade ottomane à Paris, et en 1862, étant retourné à Constantinople en congé régulier, le gouvernement lui confia la délicate mission de commissaire en Serbie, après le bombardement de Belgrade. Grâce à son habileté, à son tact exquis, il put aplanir presque toutes les difficultés qu'il rencontra. Tout en conservant cette position, Ali Bey fut chargé, en 1865, de la direction politique du vilayet de Bosnie. En 1868, il fut nommé membre du conseil d'Etat, création nouvelle du sultan Abd-ul-Aziz. En 1869, il fut appelé aux fonctions de sous-secrétaire d'Etat au ministère des travaux publics, et conserva ces fonctions jusqu'en 1870. Nommé, à cette époque, gouverneur général d'Erzeroum, puis de Trébizonde, il fut, à cette occasion, élevé au rang de pacha. En 1872, il devint préfet de Constantinople, fonctions dans lesquelles il sut introduire plusieurs réformes importantes et utiles. Ali Pacha a été, de septembre 1873 à janvier 1876, ambassadeur de l'empire ottoman près la République française. Les difficultés résultant, pour le gouvernement turc, du soulèvement bosniaque et herzégovinien firent songer naturellement à un homme qui avait déjà, dans des circonstances presque semblables, rendu de si grands services dans ces mêmes provinces; il fut donc rappelé en janvier 1876 et nommé gouverneur général de l'Herzégovine, élevée expressément pour lui au rang de vilayet. Quelques jours seulement avant sa déposition par les softas (30 mai 1876), Abd-ul-Aziz avait nommé Ali Pacha gouverneur général de Scutari d'Albanie.

ALIAGA, LUIS, dominicain espagnol (1560-1630). Il devint confesseur de Philippe III, puis grand inquisiteur. Inspirateur de l'édit funeste qui chassait d'Espagne les Maures non convertis, il a laissé une réputation de méchanceté et de vénalité bien établie. On lui attribue la *seconde partie du Don Quichotte*, parue en 1614, sous le nom d'AVELLANEDA, avant la véritable seconde partie de Cervantès, et qui a été traduite en français par M. Germond Delavigne (1853).

ALIAS, *adv. lat.* De plus, en outre. Il s'emploie principalement en français, dans le langage juridique, pour indiquer qu'un individu a pris divers noms dont pas un peut-être n'est le sien. *L'accusé Bénard*, alias *Durand*, alias *Meunier*...

ALIBERT (baron), JEAN-LOUIS, médecin français (1766-1837). Né à Villefranche-de-

Rouergue, d'un père conseiller au présidial de cette province, il vint étudier la médecine à Paris, après un court passage à l'Ecole normale, et se fit recevoir docteur en 1799. Fondateur, avec Bichat, de la Société d'émulation, il devint médecin de l'hôpital Saint-Louis, poste qu'il conserva sous le Directoire, le Consulat et l'Empire. Après la Restauration, il fut successivement médecin de Louis XVIII et de Charles X. Il était en outre professeur de thérapeutique et de matière médicale à la faculté de Paris depuis 1821, lorsque la révolution de 1848 lui enleva ses autres emplois. Alibert s'est spécialement occupé des maladies de la peau, dont il tenta une classification aujourd'hui sans autorité. On lui doit notamment : *Dissertation sur les fièvres pernicieuses*, etc. (1799); *Traité des fièvres intermittentes pernicieuses* (1801); *Eléments de thérapeutique et de matière médicale* (1814); *Précis théorique et pratique sur les maladies de la peau* (1818, 2 vol.); *Physiologie des passions* (1825, 2 vol.); *Nosologie naturelle, ou les Maladies du corps disposées en familles* (1827), inachevé; ainsi que divers ouvrages purement littéraires aujourd'hui oubliés. Alibert avait été créé baron par Louis XVIII.

ALIBI, *s. m.* (lat. *alibi*, ailleurs, dans un autre endroit). Jurispr. Preuve qu'une personne peut fournir de sa présence dans un lieu autre que celui où on la soupçonnait d'être dans une circonstance donnée. *Arrêté comme inculpé du crime de X..., il a pu prouver un alibi.*

ALIBIFORAIN, *s. m.* (de *alibi* et *forain*, étranger). Fausse excuse, propos échappatoires. *Je n'ai pu en tirer que des alibiforains* (peu usité). — Rem. Rabelais écrit *alibi forain* en deux mots : *Il est galand et vous sçait tant bien trouver les alibis forains* (Rabelais); or rien, en effet, ne justifie l'autre forme, admise par l'Académie.

ALIBILE, *adj.* (lat. *alibilis*, nourrissant). Qui est propre à la nutrition. — Hyg. On appelle *alibiles* les aliments qui s'incorporent à la masse du sang par l'absorption, au lieu d'être expulsés. Le sucre, qui ne laisse pas de résidu, est un aliment essentiellement alibile.

ALIBORON, *s. m.* Anc. *Un maître Aliboron*, Un fat ignorant et ridicule. — Rem. On trouve ce mot employé dans ce sens non seulement dans La Fontaine *les Voleurs et l'âne*), mais aussi dans Rabelais; antérieurement, nous voyons *Aliboron* signifier personnage important, faisant beaucoup d'embarras; nous le voyons enfin désigner une herbe, sans pouvoir découvrir laquelle. Pour l'étymologie, c'est peu encore : on la tire du latin, du provençal, de l'espagnol, de l'arabe, de l'allemand, plus ingénieusement une fois que l'autre, mais sans qu'il y ait de très meilleures raisons pour choisir celle-ci plutôt que celle-là.

ALIBOUFIER, *s. m.* Bot. Nom vulgaire du Styrax officinal.

ALICANTE, ville maritime d'Espagne, ch.-l. de la prov. même nom, sur la Méditerranée, à 375 kil. S.-E. de Madrid. Pop. 32,000 hab. Elle est bâtie à l'entrée de la baie d'Alicante et dominée par un rocher de 122 m. d'élévation couronné par une forteresse qui tombe en ruines. C'est l'ancienne *Lucentum*, mais en dépit de son antiquité, il n'y a guère que peu de restes des temps romains et modernes. Alicante est le siège d'un évêché, elle possède une belle cathédrale et parmi ses autres édifices ou établissements remarquables, le palais de l'évêque, l'hôtel de ville, un orphelinat, une bibliothèque publique, un lycée, une école navale, etc. On y fabrique des étoffes de coton, de toile et de soie, des cigares. Commerce important de fruits, vanille, safran, huile d'olive, vin d'Alicante. Son port est le troisième de l'Espagne par l'importance de son commerce. — Enlevée aux Romains par les Goths, cette ville tomba au pouvoir des Maures en 1331 et leur fut reprise en 1558 par les Castillans. Elle fut assiégée et prise encore par l'archiduc Charles en 1606 et par les Français en 1709 et 1823. Elle fut en outre le théâtre de soulèvements politiques à diverses époques.

— **ALICANTE** (Province d'). Cette province, formée (1834) d'une partie des anciens royaumes de Valence et de Murcie, est bornée au N., par la prov. de Valence, à l'O. et au S. par celles d'Albacete et de Murcie; au S.-E. et à l'E. par la Méditerranée. Superf. 5,435 kil. car. Pop. 445,000 hab. Le territoire de cette prov. est montagneux au N. et à l'O., plus plat et très fertile au S. On y cultive les céréales, mais surtout l'alfa, la vigne, la canne à sucre, le safran, les fruits des tropiques. L'éducation des vers à soie et des abeilles y est très soignée; on y élève aussi quelques bestiaux. Mines de plomb et de cuivre, sources minérales, etc. Manuf. d'étoffes de coton, toile, laine, soie, rubans, ceintures, etc.; papeteries, tanneries, chapelleries, poteries de terre, tuileries, distilleries, fabriques de savon. Pêcheries actives sur les côtes, pêche et préparation des anchois, salines, soudières, etc. — Les principales villes de la province sont, après Alicante : Denia et Villajoyosa sur la côte; Orihuela, Elche, Villena et Alcoy dans l'intérieur.

ALICATE, *s. f.* Techn. Pince d'émailleur.

ALICHON ou **ALUCHON**, *s. m.* Techn. Planche d'une roue de moulin, qui reçoit l'eau.

ALIDADE, *s. f.* (arab. *al* et *idad*, computation). Nom donné à toute pièce en forme de règle servant à viser et aligner des objets. La ligne de cette règle qui passe par le centre de graduation est appelée *ligne de foi*. L'alidade varie de forme presque à l'infini.

ALIÉNABILITÉ, *s. f.* Qualité de ce qui est aliénable.

ALIÉNABLE, *adj.* Qu'on peut aliéner. *Biens, rentes aliénables.*

ALIÉNATION, *s. f.* Jurispr. Cession, transport d'une propriété d'une personne à une autre. *Aliénation à titre gratuit*, Donation ; *Aliénation à titre onéreux*, Vente ou échange. — Fig. Aversion. *Cette conduite lui a valu l'aliénation des cœurs loyaux.*

— **ALIÉNATION MENTALE**, expression employée par Pinel comme terme générique exprimant le caractère commun des diverses variétés de la folie. — V. ce mot.

ALIÉNÉ, ÉE, *part. pass.* de **ALIÉNER**.

ALIÉNÉ, *s.* Celui ou celle qui se trouve dans un état d'aliénation. Fou, folle. *Un aliéné, asile d'aliénés.* — V. FOLIE et FOU.

ALIÉNER, *v. a.* (lat. *alienare*, m. sens). Céder une propriété, un privilège, un droit quelconque. — Fig. Éloigner, rendre hostile. — Rendre fou.

— S'ALIÉNER, *v. pr.* Être aliéné, en parlant d'une propriété. *Les biens du domaine public ne peuvent s'aliéner.* — Éloigner de soi, se rendre hostile. *Il s'est aliéné son protecteur le plus puissant.* — Devenir fou. *Il s'aliène de jour en jour sous les coups répétés du malheur.*

ALIÉNISTE, *s. m.* Médecin qui traite les aliénés. — S'emploie aussi adjectivement : *Un médecin aliéniste.*

ALIFÈRE, *adj.* Qui porte des ailes.

ALIFORME, *adj.* Qui a la forme d'une aile.

ALIGHIERI, DURANTE, dit DANTE, célèbre poète florentin (1265-1321). L'illustre auteur de la *Divine Comédie*, le plus grand sans contredit dont l'Italie tout entière puisse s'enorgueillir, Dante Alighieri, naquit à Florence le 8 mai 1265, d'une famille noble dont la « tige chérie », suivant son expression, était Cacciaguida, fait chevalier par Conrad III sur le champ de bataille, pendant la troisième croisade, et tué dans cette folle et malheureuse expédition qui coûta la vie à plus de 50,000 hommes. Ce Cacciaguida s'était allié aux Alighieri de Ferrare, dont les armes et le nom passèrent à ses enfants. Le père de Dante s'appelait Alighiero Alighieri, et quant à lui, il reçut au baptême celui de *Durante*, devenu *Dante* par abréviation familière.— Au moment où Dante vint au monde, Florence était en pleine effervescence d'une lutte qui durait, avec des nuances peu appréciables à cette distance, depuis deux siècles, et il s'en était fallu de peu qu'il ne vît le jour dans l'exil, d'où son père, guelfe ardent, venait à peine d'être rappelé par le succès définitif de ses coreligionnaires politiques. Dante était encore enfant lorsqu'il perdit son père. Sa mère, Donna Bella, prit alors soin de son éducation et le confia au célèbre Brunetto Latini, savant, poète, critique, astrologue et homme d'État, véritable encyclopédie vivante, dont son jeune disciple paraît avoir largement profité. Dante, en effet, possédait des connaissances extrêmement étendues pour le temps; et, en particulier, il était presque passé maître dans les arts déjà si brillamment pratiqués du dessin et de la musique. A peine sa mère l'avait-elle confié à ce savant précepteur, qu'elle mourait à son tour. — Dès l'enfance aussi, une gracieuse apparition avait exercé son influence sur le futur poète et provoqué certainement l'éclosion de son génie. Dante n'avait pas dix ans lorsque, le jour de fête donnée le 1er mai par un des principaux citoyens de Florence, Folco Portinari, pour célébrer, suivant l'usage, le retour du printemps, il rencontra une fillette ravissante, à peu près de son âge, dont le charme ingénu le frappa vivement, si vivement, qu'il ne devait plus jamais l'oublier. C'était la fille même de Folco, Béatrice Portinari. « Cette glorieuse dame de mes pensées, nommée Béatrice par bien des gens qui ne savaient pas ce qu'ils nommaient, m'apparut au commencement de sa neuvième année, dit-il dans sa *Vita nuova*, écrite presque au lendemain de la mort de Béatrice, moi étant presque à la fin de la mienne. Elle m'apparut décente et noble, vêtue de pourpre, ornée comme il convenait à son jeune âge. Je dis, en vérité, qu'à cette apparition, cet esprit de vie qui anime le cœur et le pénètre commença à frémir vigoureusement; il semblait dire : Voici, voici le Dieu qui me dominera ! A partir de ce moment, l'amour régna sur mon âme, et il me fallut faire toutes ses volontés. Il me commandait souvent, dans mon enfance, de voir ce jeune ange, et souvent aussi je la cherchais. Je découvrais toujours en elle des manières si gracieuses et de parfaites, Certes, comme Homère, je pouvais dire d'elle; Non, ce n'est pas la fille d'un mortel, mais celle d'un dieu ! » Il nous semble qu'il n'y a pas à se tromper à cette citation, et qu'on ne peut croire, après l'avoir lue, que la rencontre de Béatrice ait pu ramener Dante, âgé de dix ans, à une vie moins déréglée. On y reconnaît, par exemple, le caractère en quelque sorte religieux du sentiment que cette jeune fille lui avait inspiré, caractère que l'amour revêt infailliblement à cet âge et qu'il ne dépouille jamais, après cela, dans les âmes douées comme c'était celle de Dante : ce qui fait qu'il suivit à tout, même à la mort de l'objet aimé ainsi. Béatrice, morte à vingt-quatre ans, vécut toujours, en effet, dans l'âme du poète dont les chants ont rendu sa mémoire impérissable. Cette mort, toutefois, le frappa cruellement. Il rechercha la solitude, tout entier à sa douleur, et, d'après un de ses commentateurs, il aurait même pris, comme novice au moins, l'habit de franciscain. On croit qu'il s'agit seulement d'une affiliation au tiers ordre de Saint-Dominique et Saint-François, qui n'entraînait pas le renoncement au monde, car, poussé par ses amis que sa tristesse inquiétait, Dante finit par épouser Donna Gemma, de la famille des Donati, dont le chef avait bientôt acquérir dans Florence une sinistre renommée. — Cependant, parvenu à la maturité, Dante n'était pas désormais indifférent à la vie publique, aux intérêts de son pays. Deux ans avant la mort de Béatrice, en 1288, il avait pris part à l'expédition des Guelfes florentins contre les Gibelins d'Arezzo, vaincus dans les champs de Campaldino, et s'y était particulièrement distingué, d'après un des principaux du frère de la malheureuse Françoise de Rimini, dont la mort tragique était si prochaine. Un peu plus tard, il figurait avec honneur également dans la guerre contre les Pisans. Marié, il commença à rechercher les fonctions civiles. Les Florentins étaient alors divisés en trois classes : les grands, les riches bourgeois et les *piccioli*, autrement dit les petits. La première classe, composée des anciennes familles féodales dont les droits s'arrêtaient aux portes de la ville, était tout à fait annihilée par les deux autres, lesquelles avaient rendu, en 1282, une loi partageant la population en corporations, dont les principales, dénommées *arts majeurs*, élisaient six prieurs ou échevins, choisis dans leur propre sein et renouvelables tous les six mois. Dante, que la variété de ses connaissances y autorisait pleinement, se fit inscrire dans la sixième corporation, celle des médecins et pharmaciens, et fut élu prieur en 1300. L'institution des prieurs n'empêcha nullement Florence d'être troublée par les dissensions; et pour être aussi bref que le permet un pareil sujet, tout le monde y étant Guelfe, nous dirons seulement que la lutte se trouva circonscrite, mais sans atténuation sensible, entre Guelfes blancs et Guelfes noirs, entre exaltés et modérés. Dante était modéré, c'est-à-dire blanc, et aspirait à la conciliation; le chef du parti noir était Corso Donati, chef de la famille à laquelle appartenait sa femme. Devenu prieur, Dante, croyant par là arriver à l'apaisement, fit rendre une loi qui exilait momentanément les meneurs des deux partis. Il était alors en pleine possession de la gloire, et ce qui vaut quelquefois mieux, de la considération. Il fut, à cette époque, chargé par son pays de plusieurs missions diplomatiques. Mais, pendant son absence, les esprits s'étaient exaltés au dernier point et ne laissaient plus aucune chance à son rôle de médiateur. Boniface VIII, poussé par les noirs, après avoir vainement fulminé contre Florence, lui envoie une armée française, sous les ordres du frère de Philippe le Bel, Charles de Valois. A cette nouvelle, Florence s'émeut et envoie au pape une députation dont faisait partie Dante, arrivé au terme de sa magistrature. A Rome, le poète s'aperçoit bientôt que c'est perdre le temps que d'attendre quelque parole de conciliation de Boniface, et il maudit ce pape orgueilleux, simoniaque et sanguinaire, lorsqu'il assiste de loin à ses manifestations menteuses. Mais cela n'empêche pas Charles de Valois, nommé capitaine du patrimoine de Saint-Pierre, de marcher sur Florence, à la tête d'une armée que grossit le flot tumultueux des noirs qu'il rencontre sur son passage. L'entrée de Charles de Valois à Florence, le 2 novembre 1301, eut tous les caractères d'une médiation pacifique, et le prince jura sur les Evangiles de respecter les libertés de tous; mais les noirs venus à sa suite ne tardèrent pas à piller, à massacrer, à incendier, et quand tout fut fini, à la faveur de la *neutralité* de Charles, celui-ci put mander à Rome que Florence était *pacifiée*, ce qui était vrai, et recevoir les félicitations qu'appelait un si heureux résultat. La maison de Dante fut naturellement des premières détruites; et lui-même, non moins naturellement, fut porté l'un des premiers sur les listes de proscription, même avec une annotation particulière. Une sentence datée du 13 janvier 1302 le condamnait à payer une amende de huit mille livres, dans un délai de quarante jours, et en outre à dix années d'exil; s'il ne comparaissait ni ne payait l'amende dans le délai fixé, ses biens devaient être confisqués et son exil devenait perpétuel. Les noirs vainqueurs l'accusaient de péculat; et en vertu d'une loi monstrueuse d'iniquité, il avait été condamné pour ce crime, dont la voix publique, représentée par deux témoins achetés, avait fourni la preuve *morale!* Dante, qui était à Rome, se réfugia à Sienne, puis à Arezzo, laissant passer le délai qui rendait son bannissement perpétuel. Sa femme et ses cinq enfants étaient restés à Florence. Gemma, que quelques écrivains n'ont pas craint de représenter comme une sorte d'ennemie domestique, avait eu le temps de sauver quelques objets précieux, dont les sept premiers chants de l'*Enfer;* mais, en dépit de ses alliances, c'est à peine si les noirs, dont son parent Corso Donati était le chef, lui laissèrent de quoi ne point mourir de faim, elle et ses enfants; et le fait est qu'elle dut travailler pour vivre. Le délai de quarante jours écoulé, non seulement une seconde sentence, qui comprenait treize autres citoyens, le déclarait rebelle et banni à perpétuité, mais il était condamné en outre à être brûlé vif, comme contumax. Dante alors rompit définitivement avec le parti guelfe, et se rapprochant des Gibelins, incomparablement moins oppresseurs, chercha à les pousser contre les Guelfes exaltés, tyrans de son pays comme de lui-même. Une tentative, mal combinée, échoua misérablement. Alors il quitta Arezzo et se rendit à Vérone, dont le souverain était Cane della Scala, surnommé le Grand. Mais il y resta peu, passa à Padoue, puis dans la Lunégiane, où gouvernaient les Malaspina. Ceux-ci l'ayant chargé d'une mission auprès de l'évêque de Luna, Dante visita un couvent dans le voisinage de cette ville, et confia au prieur son manuscrit de l'*Enfer*. L'illustre proscrit s'éloigna bientôt de l'Italie même, ne s'y trouvant bien nulle part. Il passa les Alpes et vint à Paris, fréquenta l'Université dont il partagea avec ardeur les discussions savantes et où il prit le grade de bachelier. L'avènement de Henri VII au trône impérial le rappela en Italie, où ce prince se préparait à descendre pour soutenir les droits que lui donnait son titre de roi des Romains. Dante court saluer le nouveau César à la traversée des Alpes (1310); il le pousse, dans une lettre, à marcher contre Florence au pouvoir des Guelfes; et en ceci, à l'appréciation de beaucoup de bons esprits, il va certainement trop loin. Mais « le pays avant le parti » est une maxime toute moderne. Henri VII, à peine couronné à Rome, meurt subitement (1313), ruinant une fois de plus les espérances des Gibelins. Dante se trouvait à Pise et venait d'écrire son célèbre traité *De la Monarchie*, désormais sans but. Il se retira à Ravenne, près de Guido de Polenta, ce frère de Françoise de Rimini dont nous avons déjà parlé; et, en dehors de quelques fugues, il paraît y être resté jusqu'à sa mort, qui arriva le 14 septembre 1321. — Ce n'est qu'en 1830, après de nombreuses démarches, que Florence obtint de rentrer en possession des cendres du plus illustre de ses enfants, mort en exil. Le 24 mars, elle inaugurait solennellement, dans l'église de Sainte-Croix, un cénotaphe de marbre qu'une souscription publique avait permis d'élever au poète immortel; et le 14 mai 1866, elle lui érigeait une statue colossale, due au ciseau d'Enrico Pazzi, de Ravenne, sur la place de la Croix. Il est bon de rappeler qu'à cette date l'unité italienne était faite, et que Florence était provisoirement la capitale du nouveau royaume. L'œuvre capitale de Dante Alighieri, c'est la *Comédie de l'Enfer, du Purgatoire et du Paradis*, désignée communément sous le nom de *Divine Comédie*, le poète ayant lui-même reçu le nom de divin après la publication de ce poème, imprimé seulement en 1472. La division de la *Divine Comédie* en trois parties est naturellement tout indiquée; ces trois parties sont elles-mêmes divisées en un certain nombre de *chants*, formant un total de cent à la fin de l'ouvrage. Dante a laissé en outre divers ouvrages, notamment: la *Vie nouvelle*, déjà citée, touchante histoire de ses amours avec Béatrice; le *Convive amoureux; De la Monarchie*, également cité; *De la Juridiction impériale*, ouvrage politique dû à la même inspiration que le précédent, et où il soutient avec énergie que l'autorité impériale ne dépend à aucun degré du pouvoir des pontifes de Rome. Il est hors de doute, d'autre part, qu'il dut écrire, au cours de sa vie agitée par les luttes politiques, de nombreux pamphlets disparus sans laisser de trace.

ALIGNÉ, ÉE, *part. pass.* de ALIGNER.

ALIGNEMENT, *s. m.* Action d'aligner et résultat de l'accomplissement de cette action. — Antiq. celt. Pierres druidiques disposées en ligne.

ALIGNER, *v. a.* Disposer sur une ligne droite. *Aligner des arbres, des maisons. Aligner une troupe de soldats.* — Fig. *Aligner ses phrases,* Ecrire ou parler avec une recherche prétentieuse. — Vén. *Aligner une louve,* en parlant du loup, La couvrir.

— S'ALIGNER, *v. pr.* Se placer sur une même ligne. — Arg. Se mettre en garde pour se battre. *C'est bien. Demain matin on s'alignera.*

ALIGNETTE, *s. f.* Techn. Baguette à enfiler les harengs à saurer et les sardines à presser.

ALIGNY (d') CLAUDE-FÉLIX-THÉODORE CARUELLE, peintre français (1798-1871). Né à Chaume (Nièvre), il vint à Paris à l'âge de dix ans, y fit ses études et fut élève de Regnault et de Watelet. Il débuta au Salon de 1822 par un paysage historique, *Daphnis et Chloé*, et ne manqua guère d'exposer chaque année, depuis lors, quelque œuvre nouvelle en ce genre, un peu délaissé déjà à l'époque de sa jeunesse et de nouveau abandonné aujourd'hui. On cite parmi ses nombreuses toiles : *Massacre des Druides* (1831); *Carrières de grès de Fontainebleau* (1833); des *Vues des environs de Naples, de Ponte Luppo, de Civitella, de la Campagne de Rome, de Capri* (1831-41); *Prométhée sur le Caucase, Jésus et la Samaritaine, Apparition de Jésus aux disciples d'Emmaüs* (1837); les *Bergers de Virgile* (1841); *Hercule et l'hydre* (1842); l'*Acropole*, le *Bon Samaritain* (1844); *Bacchus enfant* (1848); la *Gorge aux Loups, Révolte des Gaulois au IIIe siècle* (1855); *Soleil couchant dans la forêt de Fontainebleau*, la *Tarentelle*, les *Longs Rochers* (1859); le *Tombeau de Cecilia Metella*, les *Baigneuses*, les *Roches scyroniennes* (1861); le *Printemps, Ermitage sur les bords du Rhône* (1863); la *Chasse* (1865); *Hylas et les Nymphes* (1867); *Vue prise dans l'île de Capri* (1869), etc. Il avait obtenu une 2e médaille en 1831, une 1re en 1837 et la croix en 1842. On lui doit, en outre, des dessins à la plume, des fusains, des eaux-fortes. Il avait été élu correspondant de l'Institut et était directeur de l'Ecole des beaux-arts de Lyon depuis dix ans, lorsqu'il mourut dans cette ville le 24 février 1871.

ALIGRE (d') ETIENNE, chancelier de France (1569-1635). Natif de Chartres, il devint successivement conseiller au grand conseil, intendant de la maison de Charles de Bourbon, conseiller d'Etat, garde des sceaux en 1624 et chancelier de France la même année. Au bout de deux années, Richelieu l'obligeait à se retirer dans ses terres, non pas absolument parce qu'il était « un des plus honnêtes hommes de robe, » mais parce qu'il manquait de fermeté. Il y mourut le 11 décembre 1635.

ALIGRE (d'), ETIENNE, fils du précédent (1592-1677). Egalement né à Chartres, il fut aussi conseiller au grand conseil, puis ambassadeur à Venise, conseiller d'Etat, surintendant des finances et chef du commerce maritime (1654); il fut le premier commissaire du conseil royal des finances établi par Louis XIV en 1661; enfin il devint à son tour garde des sceaux, puis chancelier de France en 1674. Il mourut à Versailles le 25 octobre 1677.

ALIGRE (d), ETIENNE-FRANÇOIS, premier président au parlement de Paris (1726-1798). Lors de la convocation des états généraux, en 1788, il se montra hostile à cette mesure, et après avoir lu au conseil du roi un mémoire dans ce sens, qui ne pouvait être accueilli favorablement dans les circonstances, il donna sa démission. Décrété d'accusation après la prise de la Bastille, il fut sauvé par un de ses domestiques qui changea de vêtements avec lui, émigra aussitôt, et, après avoir changé plusieurs fois de résidence, mourut à Brunswick, laissant une fortune considérable, qu'il avait pris soin de mettre à l'abri, et un fils devenu pair de France sous la Restauration.

ALIMENT, *s. m.* (lat. *alimentum*, m. sens). Toute substance qui, introduite dans l'organisme, y entretient la vie, répare ses forces, le nourrit, en un mot. — Fig. Ce qui entretient une chose, est propre à la faire durer. *Les affaires véreuses, les petites infamies fournissent l'aliment nécessaire aux maisons de ce genre. Les journaux doivent* offrir chaque jour un *aliment nouveau à la curiosité publique. Le feu s'est éteint faute d'aliment.* — Hyg. Considérés au point de vue de leur action immédiate, les aliments se divisent en deux grandes classes : les aliments plastiques et les aliments respiratoires. Les aliments plastiques sont ceux qui fournissent directement les matériaux de rénovation des tissus; les aliments respiratoires sont ceux dont l'action indirecte se borne à favoriser le travail de combustion vitale, deuxième terme de la nutrition, appelé par Littré *désassimilation*. Parmi les aliments plastiques ou réparateurs on place, en première ligne, les substances organiques d'origine animale et végétale, puis les carbonates, les phosphates, les chlorures, etc. Les aliments respiratoires, nommés aussi combustibles et désassimilateurs, sont les corps gras, les féculents, les gommes, le vin, l'eau-de-vie, etc. Les aliments animaux sont quelquefois appelés aliments azotés, parce que chez eux prédominent les substances contenant de l'azote. Les sucres, les fécules, les graisses, sont appelés aliments carbonés ou hydrogénés par une raison semblable, tirée de leur composition. — V. ALIMENTATION.

ALIMENTAIRE, adj. Qui est de la nature de l'aliment, propre à servir d'aliment. *Substances alimentaires.* — Qui a rapport à l'alimentation. *Hygiène alimentaire. Régime alimentaire,* régime basé sur le choix des aliments. — Jurispr. *Pension alimentaire.* Pension que doit servir, soit par convention amiable, soit en vertu d'un jugement, quiconque doit ou se reconnaît devoir des aliments. Dans une demande en pension alimentaire paraissant justifiée, il arrive que le tribunal accorde au demandeur une provision, dite *provision alimentaire*, afin qu'il puisse attendre l'issue du procès pendant.

ALIMENTATION, s. f. Action de nourrir ou de se nourrir, de faire prendre ou de prendre soi-même des aliments; résultat de cette action. — Hyg. L'étude de l'alimentation de l'homme constitue une des parties les plus importantes de l'hygiène; car du choix des aliments, de leur quantité, de la manière de les préparer et de les prendre, dépend la santé non seulement pour le présent, mais aussi pour l'avenir, dans ce sens qu'une alimentation bien ordonnée écarte les causes de maladie, et peut même amener seule la guérison du plus grand nombre, ou tout au moins y aider puissamment. L'alimentation doit avant tout, pour l'état de santé, être composée en partie d'aliments dits plastiques et en partie d'aliments dits respiratoires (V. ALIMENTS), ou elle est incomplète; d'où il suit qu'une alimentation exclusivement végétale n'est pas plus rationnelle et peut devenir tout aussi funeste qu'une alimentation entièrement animale. C'est dans ce sens que nous entendons parler de la *qualité* des aliments; il va sans dire, autrement, qu'il est également essentiel de les choisir dans le meilleur état possible de fraîcheur et de propreté : la composition chimique, très importante, ne l'est pas tout. La *quantité* doit être, d'autre part, réglée avec tout le soin imaginable, à peine de désordres organiques qui pourraient avoir des résultats plus sérieux qu'on ne veut généralement le croire. Voici, à ce sujet, quelques notions générales empruntées au *Traité de Physiologie* du docteur J. Béclard : « La quantité des aliments; et des boissons nécessaires à l'homme bien portant, pendant une période de 24 heures (ration d'entretien), doit être basée sur les pertes éprouvées pendant le même temps; en d'autres termes, la réparation est subordonnée à la déperdition. Il va sans dire que la quantité variable des évacuations, quantité variable selon les saisons, les climats, suivant les différences individuelles d'âge et de sexe, modifient les résultats. On ne peut établir, sous ce rapport, que des moyennes générales. L'homme adulte et bien portant de nos climats a besoin généralement de 2 k. 800 de nourriture solide et liquide dans les 24 heures. La somme de toutes les évacuations et exhalations est, en moyenne, égale à ce chiffre. L'homme pèse environ 65 kilogrammes; la ration alimentaire est, à peu près, la vingtième partie du poids de son corps. Les animaux herbivores, qui doivent suppléer à la faible proportion de substances azotées que contiennent les aliments par la masse de nourriture ingérée, prennent généralement, en 10 ou 12 jours, un poids de nourriture égal à leur poids. Les 2 k. 750 de la ration alimentaire de l'homme contiennent une quantité d'eau (tant l'eau prise en nature que l'eau qui imprègne les aliments) qu'on peut évaluer à 1 k. 800. Les 900 gr. de matière sèche correspondent aux principes azotés et non azotés de l'alimentation, et se décomposent ainsi : 150 gr. de matière azotée sèche, correspondant à 16 ou 20 gr. d'azote, suivant la nature de la substance alimentaire, et 750 gr. de matière non azotée représentant 300 gr. de carbone. » Il n'est cependant pas indispensable de peser ses aliments, ni d'en régler mathématiquement la composition chimique, mais on doit considérer ces chiffres comme l'expression d'une moyenne atteinte par l'homme sobre, en état de santé, et qu'il y a danger à rester beaucoup en deçà de cette moyenne, mais surtout à la dépasser de trop loin.

ALIMENTÉ, ÉE, part. pass. de ALIMENTER.

ALIMENTER, v. a. Donner des aliments. Nourrir. — Fig. Approvisionner, entretenir. *Alimenter le commerce d'une ville, une halle, un marché. Alimenter une forge, une machine motrice, un calorifère.* — V. act. Le participe même ainsi commencé et s'arrêtant au prochain alinéa. *Il y a dans cette page un ou deux alinéas dignes d'être retenus.*

ALIQUANTE, adj. (lat. de *alius*, autre et *quantus*, combien grand). Mathém. *Partie aliquante.* Partie non contenue exactement plus d'une fois dans un tout. Cinq est partie aliquante de sept.

ALIQUOTE, adj. (lat. de *alius* et *quot*, combien). Mathém. *Partie aliquote*, partie qui est contenue exactement plusieurs fois dans un tout. Deux, trois, quatre, six sont parties aliquotes de douze. Six, huit, neuf, douze, seize, dix-huit, vingt-quatre, trente-six sont parties aliquotes de 60, 72, 80, 90, 120, 160, 180, 240, 360, nombres dans lesquels ils se trouvent contenus 8, 9 ou 10 fois. *Système des parties aliquotes.* V. COMPTABILITÉ. — Mus. *Sons aliquotes.* V. HARMONIQUES. — Il s'emploie fréquemment comme subst. fém. *Trois est une aliquote de neuf.*

ALISE ou **ALIZE**, s. f. Fruit de l'alisier.

ALISE SAINTE-REINE, village français (Côte-d'Or), à 12 kil. N.-E. de Semur. Pop. 800 hab. Sources thermales de la Fontaine de Sainte-Reine, jadis très célèbres. Alise doit aujourd'hui sa célébrité à un tout autre motif : c'est sur le plateau élevé qui domine ce village qu'un témoignage officiel a fixé l'emplacement d'*Alesia*, capitale des Mandubiens, où succomba définitivement, avec Vercingétorix (52 av. J.-C.), l'indépendance gauloise. Napoléon III, écrivant la *Vie de César*, et voulant se rendre compte de l'emplacement exact de l'antique Alesia, chargea une commission de savants de faire dans le sol du plateau d'Alise, pour lequel cette commission s'était prononcée, des fouilles destinées à corroborer son opinion. Ces fouilles amenèrent la découverte de débris d'armes de bronze, de harpons de fer, de monnaies de plomb, d'objets en plaqué d'argent, etc., ainsi que des vestiges de murailles qu'on attribua nécessairement à un système de fortifications assez difficile à reconstituer, comme on pense. Cela suffit à l'auteur de la *Vie de César*, et il décida que là, et non ailleurs, s'était élevée l'héroïque Alesia, en dépit des protestations d'un autre groupe de savants au moins aussi compétents que ceux de la commission impériale. Une statue colossale de Vercingétorix, en cuivre repoussé, due à l'habile sculpteur Aimé Millet, s'élève en conséquence, depuis 1866, sur le plateau d'Alise Sainte-Reine. — V. ALAISE et ALÉSIA.

ALISHAN, LÉON, poète arménien, vicaire général de la congrégation catholique arménienne des mékhitaristes. Né à Constantinople en 1820, il fit ses études à Venise, entra dans les ordres en 1840 et prit le grade de docteur en théologie en 1841. Il fut alors appelé à la chaire de théologie du collège Raphaël, dont il devint directeur en 1848; il fut transféré en cette dernière qualité au collège arménien de Paris en 1858, puis rappelé à Venise en 1865 et fait vicaire général en 1876. — On doit au P. Alishan, outre une collection de poésies publiées à diverses époques, isolées, et réunies sous le titre de *Poésies complètes* (Venise, 1857-1867, 5 vol.), une *Géographie universelle* (1854); *Arménie moderne* (1855); un *Tableau succinct de l'Histoire et de la Littérature de l'Arménie* (1860); *Chansons populaires des Arméniens* (1867); *l'Arménie pittoresque; Monographies historiques*, 2 vol. (1870); les *Assises d'Antioche*, du connétable Sempad, d'après la version arménienne (1876). Il a donné, en outre, diverses traductions : du *Rodolphe de Habsbourg*, de Pyrker; de plusieurs *Poésies de Schiller*; d'un chant de *Childe Harold*, de Byron ; d'un choix de poésies américaines, sous ce titre : *Lyre américaine*, etc., etc.

ALISIER ou **ALIZIER**, s. m. Bot. L'alisier est un des beaux arbres indigènes de nos forêts. Il appartient à la famille des rosacées, tribu des pomacées; il donne des petites fleurs blanches ou roses en corymbes terminaux, et des fruits également petits, rouges, disposés en bouquets, et d'un goût agréable mangés un peu trop mûrs, mais dont on fait de l'eau-de-vie et du vinaigre quand on en fait quelque chose. La croissance de l'alisier est un peu lente, mais il atteint une grande hauteur et un diamètre fort respectable. Son bois lourd, d'un tissu extrêmement fin et serré, liant, dur, très résistant, est blanc jaunâtre ou rougeâtre. — Indust. Le bois de l'alisier est très recherché dans l'industrie; surtout par les tourneurs et les repousseurs, pour en faire des mandrins, de grosses vis d'étau ou d'établi, des manches d'outils solides; par le menuisier, pour en faire des fûts de rabot et autres outils du même genre; il sert encore à beaucoup d'ouvrages plus élégants de tour, d'ébénisterie, de tabletterie, de lutherie, etc. Quoique facile à polir et à vernir, le bois d'alisier subit ces sortes d'opérations de préférence avec celle de la teinture, qu'il prend du reste très bien, n'étant pas assez beau sous ces ressources de toilette : le plus beau faux palissandre est principalement fait d'alisier teint en rouge et barbouillé de lignes noires ensuite, et le faux ébène fait de ce bois est sans rival.

ALISO. Hist. anc. Lieu du Teutberg vers lequel Varus, poursuivi par Hermann (Arminius), dirigeait sa retraite, mais dont l'emplacement n'a pu encore être déterminé.

ALISON, RÉV. ARCHIBALD, ecclésiastique et littérateur anglais (1757-1839). Fils d'un ancien lord préfet d'Édimbourg, il naquit dans cette ville, fit ses études à Glasgow et à Oxford et reçut les ordres dans l'Église d'Angleterre. Après avoir rempli diverses cures, il rentrait à Édimbourg comme curé de la chapelle Saint-Paul, où il restait attaché pendant trente-quatre ans. Il se retira enfin à Colinton, près d'Édimbourg, et y mourut le 17 mai 1839. On doit au Rév. Archibald Alison une vie de *Lord Woodhouselee*, un volume de *Sermons* souvent réimprimé, mais surtout un volume encore très recherché aujourd'hui, intitulé : *Essais sur la nature et les principes du goût* (1810).

ALISON, sir ARCHIBALD, baronnet, historien anglais, fils du précédent (1792-1867). Il naquit à Kenley (Shropshire), où son père était pasteur, fit ses études à l'université d'Edimbourg et se fit admettre au barreau écossais en 1814, mais sans aborder la pratique de la profession légale. Dès l'automne de cette année, il partit pour une excursion sur le continent et principalement en France, avec le projet de visiter les lieux témoins des grands événements dont l'ère paraissait fermée pour longtemps, et ce fut au cours de ce voyage qu'il conçut le plan de l'Histoire qui devait faire sa réputation. En attendant, il publia à son retour la relation de son *Voyage en France pendant les années 1814 et 1815* (1815). Il exerça quelque temps la profession d'avocat à Edimbourg, puis fut nommé avocat général en 1822. Au cours de ses fonctions, il publia : *Principes de droit criminel écossais* (1832) et *Pratique de droit criminel écossais* (1833). En 1834, il était nommé shérif du Lanarkshire. M. Alison occupait les loisirs que lui laissait cette position élevée et inactive à collaborer activement à la presse périodique et à écrire son *Histoire de l'Europe depuis le commencement de la Révolution française jusqu'à la restauration des Bourbons en 1815*, pour laquelle il rassemblait des documents depuis plus de quinze ans. Cet ouvrage, complété en 1842 (10 vol.), obtint un succès immense, il eut dix éditions en quelques années, fut traduit dans toutes les langues européennes, en arabe et en indoustani. Ce n'est pas un chef-d'œuvre, tant s'en faut, et le parti pris de l'auteur, *tory* renforcé, l'empêche de juger sainement, impartialement, des événements qui, au bout du compte, ont fait l'Europe actuelle et, mieux encore, transformé le vieux monde; mais d'un autre côté, l'auteur a fait un emploi habile de l'énorme quantité d'informations qu'il avait réunies, et nous montre ainsi, comme en dépit de lui-même, le progrès en marche d'un même pas d'un bout à l'autre de l'Europe, qui ne peut soustraire à la plus modeste de ses parties à l'impulsion de la Révolution française. Quatre nouveaux volumes, embrassant la période comprise entre 1815 et 1852, sont venus compléter cet ouvrage (1856), sans retrouver le succès des premiers, gâtés plus encore d'ailleurs par la passion politique, surtout nationale. Les succès littéraires de M. Alison attirèrent naturellement les honneurs sur sa tête. Elu recteur du collège Marischal, d'Aberdeen, en 1845, puis de l'université de Glasgow en 1851, il était créé baronnet en 1852 et recevait le titre honorifique de docteur en droit civil de l'université d'Oxford l'année suivante. Il a publié, en outre, une sorte d'annexe statistique à sa grande Histoire, intitulée *Principes de la population* (1840), en réponse à la doctrine de Malthus; une *Vie de Marlborough* (1847); trois volumes d'*Essais* politiques, historiques et de mélanges réimprimés en 1850; les *Vies de Lord Castlereagh et de sir C. Stewart*. — Sir Archibald Alison est mort à Glasgow, le 23 mai 1867.

ALISON, sir ARCHIBALD, baronnet, général anglais, fils du précédent, né à Edimbourg le 21 janvier 1826. Il a fait ses études aux universités de Glasgow et d'Edimbourg. Entré dans l'armée écossaise en 1846, il était capitaine au 72e régiment de highlanders en 1853, major à brevet en 1856, lieutenant-colonel en 1858 et colonel en 1867. Il servit en Crimée, où il prit part au siège de Sébastopol; aux Indes, pendant la rébellion, où il était secrétaire militaire à l'état-major de lord Clyde, et perdit un bras au siège de Lucknow; et à la Côte d'or (pays des Achantis), comme brigadier général de la brigade européenne et commandant en second de l'expédition (1873-74). Il commandait sa brigade à la bataille d'Amoaful, à la prise de Bequah, à l'action de Ordahsu et à la chute de Coomassie. Héritier du titre de baronnet à la mort de son père, en 1867, sir Archibald Alison fut envoyé comme adjudant général en Irlande, en octobre 1874. Promu major général en octobre 1877, il fut ensuite attaché au ministère de la guerre, puis appelé au commandement de la première brigade de la 2e division de l'armée d'Egypte (1882), avec laquelle il fut d'abord chargé d'occuper la ligne ferrée d'Alexandrie à Ramleh, quelques jours après le bombardement. En septembre suivant, il prenait part à la bataille de Tell-el-Kébir, à la tête de la brigade écossaise; et après la reddition d'Arabi, il demeura en Egypte à la tête de l'armée d'occupation de 12,000 hommes qui y fut alors laissée. Promu lieutenant général en novembre 1882, sir Archibald Alison résigna son commandement en Egypte, par raison de santé, et rentra en Angleterre en mai 1883. En octobre suivant, les habitants de Glasgow lui offraient une épée d'honneur. — On doit au général Alison un traité estimé *Sur la réorganisation de l'armée*, publié en 1869.

ALISON, ALEXANDRE, voyageur et écrivain anglais, né en 1812, à Leith. De 1838 à 1844, il fut l'un des directeurs d'un établissement de forges considérable, employant plusieurs milliers d'ouvriers. Retiré des affaires en 1844, il explora la plus grande partie de l'Europe et de l'Asie, et publia, en 1860, le résultat de ses observations sous ce titre : *Philosophy and History of civilization*. Il fut choisi, en 1861, comme président par la Société pour la réformation de l'Eglise. Il est aussi président de l'Association pour la réforme de la circulation, laquelle réclame l'établissement d'une banque d'Etat d'émission. Outre l'ouvrage cité plus haut, M. Alison a publié : *the Improvement of Society* et *Protestant and Catholic churches compared and criticised*.

ALITÉ, ÉE, part. pass. de ALITER.—S'emploie quelquefois substantivement.

ALITER, v. a. Mettre au lit. Forcer à prendre le lit. *Cette faiblesse l'alitera.*
— S'ALITER, v. pr. Se mettre au lit. *Je crains qu'il ne soit obligé de s'aliter.*

A LIVRE OUVERT, loc. adv. Mus. Chanter ou jouer *à livre ouvert*, c'est chanter ou exécuter sur un instrument un morceau qu'on voit pour la première fois. Il faut être un excellent lecteur pour déchiffrer *à livre ouvert*, ou, comme on dit aussi, *à première vue*, une pièce musicale où, le plus souvent, on a accumulé à dessein les difficultés les plus grandes; et c'est généralement pour donner la mesure de son talent qu'un artiste se voit soumis à ce périlleux exercice.

ALIZARINE, s. f. Matière colorante que l'on extrait de la racine de garance, ou *alizari*. On n'emploie plus dans les arts, aujourd'hui, que l'alizarine artificielle, obtenue synthétiquement de l'anthracine, un des produits de la distillation de la houille.
— V. PHILALÈNE.

ALIZÉ TZERMORE, village de France (Ain), situé à peu de distance de Nantua, et où quelques-uns croient pouvoir placer l'antique *Alesia* des Mandubiens. C'est l'opinion qui a le moins de partisans, dans la grande question de l'emplacement d'Alesia.
— V. ALAISE, ALESIA, ALISE.

ALIZÉ, adj. m. (provenç. *alizatt*, uniforme). Météor. Vent des régions tropicales, ainsi nommé à raison de son uniformité, de sa permanence. Il s'emploie surtout au *plur.*, et souvent substantivement. *Les alizés*. *La région des alizés*.
— Les vents alizés sont des vents permanents, auxquels les Anglais ont donné le nom de *trade winds* (vents du commerce), sans doute à cause des facilités que procurent au commerce leur permanence même et l'uniformité de leurs cours, et qui, dans la zone torride, soufflent perpétuellement de l'est, avec une variation à peine sensible vers le nord. Ces vents ne paraissent pas avoir été connus des marins modernes avant Colomb, qui, ayant passé quelques temps aux Canaries, jusqu'où s'étendent les alizés en été, semble avoir été le premier conçu une juste idée de leur véritable nature. Dans son premier voyage, en effet, après avoir quitté les Canaries, son équipage fut bientôt en proie à une inquiétude mortelle en constatant que de ces régions, les vents, soufflant toujours est ou nord-est, allaient probablement opposer un obstacle infranchissable à leur espérance de retour dans la mère patrie. Mais Colomb savait fort bien qu'il en devait être autrement, et, au retour des îles nouvellement découvertes, il sut, en poussant des bordées vers le nord, atteindre les régions où les vents sont changeants. Depuis lors, la navigation européenne s'est rapidement développée dans l'océan Atlantique et dans l'océan Indien, et la connaissance des vents alizés propagée en conséquence. Les marins se tiennent avec bonheur dans les régions des alizés, non seulement à cause des secours qu'ils offrent aux navigateurs, mais parce que, grâce à leur heureuse influence, la mer est toujours belle, l'atmosphère transparente, le ciel clair et brillant jour et nuit; les levers et les couchers du soleil y ont un éclat, une splendeur incomparables. L'origine des alizés est attribuée par Halley à la raréfaction produite dans l'atmosphère par l'action du soleil, qui donnerait une chaleur suffisante pour provoquer cette raréfaction sur une étendue d'environ soixante degrés de latitude, constituant la portion du globe, compris la *région des calmes*, occupée par les alizés. Par contre, les régions contiguës à celle des alizés sont enveloppées d'une atmosphère plus dense et plus froide. C'est ce transport d'air qui constitue les vents alizés.

ALKÉKENGE, ou COQUERET, s. m. Genre de plantes vivaces de la famille des solanées, dont le type se rencontre communément dans les bois et les vignes de France. Sur une petite baie ronde d'un rouge foncé, renfermée dans un calice vésiculeux large et rougeâtre, est acidule, légèrement rafraîchissant et diurétique; il n'est plus guère employé, en pharmaceutique, que comme participant à la confection des sirops composés de rhubarbe et de chicorée. Il passait autrefois pour guérir la pierre. Il porte également le nom d'*alvekenge*.

ALKEMAAR (von), HEINRICH, poète allemand du XVe siècle, auteur ou traducteur du célèbre poème satirique bas saxon *Reincke de Voss* (Rainier le Renard). Il était, s'il faut l'en croire, précepteur du duc de Lorraine et aurait traduit ce poème de l'italien (*Walsch*). On ust à peu près d'accord, aujourd'hui, pour faire remonter plus haut que le XVe siècle l'origine du *Roman du Renard*, mais on ne suit à qui l'attribuer, et beaucoup pensent que Heinrich von Alkemaar n'est qu'un pseudonyme.

AL-KENDI, ABOU YOUSSOUF, surnommé le *Philosophe des Arabes*. Il florissait au Xe siècle et est mort vers 965. L'un des premiers traducteurs et commentateurs d'Aristote, Al-Kendi est l'auteur original de nombreux traités embrassant la totalité des connaissances humaines, et que Flügel porte à 265; ils porteraient sur la philosophie générale, la logique, la morale, l'arithmétique, la sphérologie, l'astronomie, la météorologie, la géométrie, la cosmologie, l'optique, la théorie de la musique, l'astrologie, la médecine, les arts et métiers, etc., sans parler de ses traductions, commentaires, pamphlets et autres travaux éphémères. De tout cela, hélas! ses traités sur l'astrologie et la médecine nous sont seuls parvenus. Quelques-uns de ceux qui sont perdus aujourd'hui étaient certainement connus des savants du moyen âge, car c'est d'après eux que Roger Bacon place Al-Kendi sur le même rang qu'Al-Hazen, et au premier rang après Ptolémée pour ses travaux sur l'optique. Il est également hors de doute que Gérard de Crémone en a traduit plusieurs en latin, comme il a fait de ceux d'Al-Farabi et d'Al-Hazen.

ALKMAAR, ville forte de Hollande, prov. de la Hollande septentrionale, à 30 kil. N.-N.-O. d'Amsterdam, sur le canal du Helder. Station de la ligne ferrée de Haarlem au Helder. Les rues d'Alkmaar sont d'une régularité et d'une propreté extrêmes, et, traversées par des canaux bordés d'arbres; ses remparts sont transformés en agréables promenades. On y remarque l'église Saint-Laurent, édifice gothique du XVe siècle. Siège de tribunaux de première instance et de commerce. Ecoles, bibliothèque, sociétés scientifiques et littéraires. Pop. 12,500 hab.

Patrie de Métius, l'un des prétendants à l'invention de la lunette. Son principal article est le fromage, pour lequel elle est probablement le plus grand marché du monde ; il faut y ajouter le tabac, les grains et le bétail. Manuf. de toile à voiles, tannerie, vinaigrerie, savonnerie. Alkmaar soutint un siège célèbre contre le duc d'Albe en 1573. Victoire décisive des Franco-Hollandais, commandés par Brune, sur les Anglo-Russes, commandés par le duc d'York, en 1799, à la suite de laquelle ces derniers étaient forcés d'évacuer le territoire hollandais, abandonnant leur artillerie et leurs munitions, s'engageant à libérer, sans échange, 10,000 prisonniers français détenus sur les pontons de l'Angleterre.

ALLA BREVE, *loc. adv.* Mus. Mots italiens que l'on trouve quelquefois en tête de certains morceaux de musique d'église, et qui marquent le mouvement rapide d'une mesure à quatre temps composée de quatre *blanches*, ce qui égale une *brève*. Cette mesure se bat à deux temps à cause de sa rapidité et s'indique par le chiffre 2 ordinaire ou coupé par un trait vertical : 𝄵 ou 𝄴.

ALLA CAPPELLA, *loc. adv.* Mus. C'est l'appellation italienne d'une mesure à deux temps composée de deux *blanch s*, laquelle n'est en pratique que dans la musique religieuse. Son indice est un *C* barré verticalement : ₵.

ALLAH, *s. m.* (arab. *al* et *ilah*, digne d'adoration). Nom arabe de l'Être suprême, adopté par toutes les nations qui professent l'islamisme.

ALLAHABAD, ville de l'Inde anglaise, capitale des Provinces du Nord-Ouest et du district de la division administrative et du district de même nom, au confluent du Gange et de la Jumna et à 760 kil. N.-O. de Calcutta. Pop. 144,600 hab. Fort important, bâti au confluent même des deux fleuves dont il commande la navigation ; à l'intérieur se voient encore les ruines d'un magnifique palais érigé par Akbar, qui en fit quelque temps sa résidence favorite. On y remarque encore la grande mosquée et le sérail ou Jardin de Kashrou. Allahabad, dont le nom arabe signifie *demeure de Dieu*, est un des lieux de pèlerinage les plus fréquentés de l'Inde, parce qu'elle se trouve, d'après la croyance populaire, au confluent des trois fleuves sacrés, le Gange, la Jumna et le Saraswati ; ce dernier, à la vérité, se perd dans les sables du Sirbind, à 640 kil. N.-O. d'Allahabad ; mais, pour les croyants, il rejoint les deux autres par la voie souterraine, comme le témoigne l'humidité caractéristique d'un temple creusé dans le roc sous le fort. Prise par les Anglais en 1765, et assignée pour résidence au roi de Delhi, Chah-Alam, puis, en 1771, au nabab d'Oude, Allahabad fut définitivement cédée aux Anglais par ce dernier, en 1801. Elle est devenue capitale des Provinces du Nord-Ouest en 1837. Commerce important. Foire annuelle considérable à la pleine lune du mois indou de Magh. Station du ch. de fer reliant le Bengale à l'Inde centrale et à Bombay.

ALLAIN-TARGÉ, François-Henri-René, homme politique français, né à Angers, le 7 mai 1832. Ayant fait son droit à Poitiers, il se fit inscrire au barreau d'Angers, en 1853, et fut nommé, en juillet 1861, substitut du procureur impérial près la cour de cette ville. Après avoir, deux ans plus tard, cherché vainement à obtenir la place de substitut du procureur général, il donna sa démission le 26 janvier 1864 et quitta Angers. Désormais fixé à Paris, il fut, peu de temps après son arrivée, attaché à la revue *Courrier du Dimanche*. Il fonda, en 1868, avec MM. Challemel-Lacour et Brisson, la *Revue politique*, supprimée vers la fin de cette même année, et reprit, à la suite de cette suppression, sa place à la rédaction de l'*Avenir national*. Il prit part, en novembre 1871, à la création de la *République française*, dont il resta longtemps un des principaux rédacteurs. M. Allain-Targé fut nommé préfet de Maine-et-Loire, par décret du gouvernement de la Défense nationale en date du 5 septembre 1870, fonctions qu'il conserva un peu plus d'un mois ; il fut peu après nommé préfet de la Gironde. Après le vote des préliminaires de paix, M. Allain-Targé, partisan de la guerre à outrance, donna une seconde fois sa démission de préfet et revint à Paris, où il posa sa candidature à l'Assemblée nationale, aux élections complémentaires du 2 juillet ; mais il échoua. Le 23 du même mois, il était élu conseiller municipal de Paris pour le quartier d'Amérique (XIXᵉ arrondissement) ; réélu en 1874, il devint vice-président du conseil en 1875. Au scrutin de ballottage du 5 mars 1876, ce même XIXᵉ arrondissement de Paris (la Villette) l'envoyait siéger à l'Assemblée nationale. Réélu député le 14 octobre 1877 et le 21 août 1881, M. Allain-Targé fit partie du cabinet Gambetta, comme ministre des finances, du 14 novembre 1881 au 26 janvier 1882. — Outre sa collaboration aux divers journaux que nous avons cités, M. Allain-Targé a publié plusieurs brochures d'actualité politique et financière. C'est surtout dans les questions de finances, d'ailleurs, où les spécialistes sont rares, que M. Allain-Targé, au conseil municipal, à l'Assemblée, à la Chambre des députés, comme dans les colonnes de la *République française*, a montré une compétence indiscutable. Dans la discussion relative au rachat des chemins de fer, il s'est déclaré partisan décidé de l'exploitation par l'État, ce qui fut une des causes de son entrée dans le cabinet du 14 novembre. En mai 1876, il s'était fait remarquer par l'énergie avec laquelle il avait défendu à l'Assemblée nationale une proposition d'amnistie pleine et entière en faveur des condamnés de l'insurrection communaliste de 1871, dont il était un des auteurs : ce fut peine perdue, à la vérité, du moins pour le moment.

ALLAITÉ, ÉE, *part. pass.* de ALLAITER.

ALLAITEMENT, *s. m.* Action d'allaiter et son résultat. *L'allaitement maternel, étranger*, etc. *Un allaitement insuffisant.* — Hyg. L'hygiène distingue quatre espèces d'allaitement du nouveau-né : l'allaitement maternel, l'allaitement étranger, l'allaitement animal et l'allaitement artificiel. Le dernier est le pire de tous : d'après le Dʳ Tarnier, « le biberon tue, à Paris, environ un tiers des enfants qui succombent en bas âge, et environ les deux tiers des enfants qui succombent aux affections gastro-intestinales » ; et le meilleur est incontestablement le premier, mais il faut qu'il soit possible. Toutes les mères ne sont pas des coquettes sans cœur, beaucoup ne peuvent réellement pas allaiter leurs enfants. Comment faire dans ce cas ? L'allaitement par une nourrice étrangère présente bien des dangers, l'allaitement par une femelle d'animal des difficultés nombreuses, enfin on sait les résultats de l'usage du biberon. Dans la séance de l'Académie de médecine du 20 septembre 1882, M. Tarnier posait en principe qu'il ne faut renoncer à l'allaitement maternel que dans les cas où la sécrétion du lait est insuffisante, où la santé de la mère serait fatalement compromise par l'allaitement ; il faut alors, si c'est possible, combiner l'allaitement maternel et l'allaitement artificiel ; mais cet allaitement mixte ne peut même pas toujours être appliqué, et ce n'est pas encore dans cette séance que les moyens propres à écarter ou atténuer les dangers de l'allaitement artificiel ont été présentés d'une manière absolument satisfaisante. En 1878, l'Académie de médecine offrait un prix au travail qui résoudrait ce problème : elle en fut réduite à partager la récompense entre deux mémoires en désaccord sur une foule de points. Nous ne sommes pas plus avancés aujourd'hui ; il nous paraît toutefois utile de reproduire les considérations suivantes sur l'allaitement artificiel, dues à un hygiéniste éminent, M. le docteur Fonssagrives : « L'allaitement par un animal, dit-il, qui n'est pas chose nouvelle, si l'on en juge par la fable d'Amalthée et de Jupiter, a cet avantage que l'enfant prend le lait par succion, c'est-à-dire qu'il le trouve encore vivant, si je puis m'exprimer ainsi, à une température normale, et que, dans ce passage lent de la bouche à l'estomac, il se mêle intimement avec la salive. Ce système, encore suivi quelquefois en Allemagne et en Suisse, est à peu près abandonné en France, ou du moins on le réserve pour les enfants atteints d'affections contagieuses qu'ils pourraient transmettre à une nourrice. Dans ce cas, l'animal est soumis à un traitement médicamenteux dont profite l'enfant, qui trouve à la fois dans son lait un aliment et un remède. La chèvre doit sans doute ses fonctions de nourrice qu'elle a remplies dans l'Olympe, le monopole à peu près exclusif de ce mode d'alimentation : ce qui le justifie par sa docilité, la forme et la longueur de ses trayons, et aussi par la facilité avec laquelle on se procure cet animal un peu partout.

« Au commencement de ce siècle, les administrateurs de l'hospice d'Aix en Provence (découragés probablement par l'insuccès du biberon) eurent la pensée de se servir de chèvres pour nourrir les enfants déposés. On constata bientôt que chacun de ces animaux reconnaissait l'enfant qu'il allaitait, et se plaçait de façon que le nourrisson pût aisément se suspendre à sa mamelle. Ce sont là des qualités affectives et intelligentes qui ont leur valeur ; mais, si l'hygiéniste les apprécie, il songe aussi à la composition de ce lait, si riche en matière grasse, si nourrissant, si différent du lait maternel, et il se demande comment l'estomac d'un enfant naissant pourra s'en arranger. M. Donné a cité le fait remarquable de chèvres qui avaient un lait si riche, que leurs nourrissons en souffraient et dépérissaient comme s'ils avaient été soumis à une nourriture insuffisante. Est-il permis de croire dès lors qu'un enfant naissant puisse s'accommoder d'une pareille alimentation, eût-il l'estomac de Jupiter ? Nous ne le pensons pas, et nous estimons que, dans l'impossibilité où l'on est de se servir de juments ou d'ânesses, à raison de difficultés matérielles que l'on conçoit, il vaut mieux, à défaut de nourrices, recourir au biberon. Cette nourriture est une ressource utile que pour compléter, vers l'âge de six à sept mois, un allaitement normal interrompu par une circonstance fortuite. »

ALLAITER, *v. a.* (lat. *allactare*). Nourrir de son lait.

ALLAMAND, Jean-Nicolas-Sébastien, physicien et naturaliste suisse (1713-1787). Né à Lausanne, il fit ses études hors de cette ville, entra dans les ordres et remplit quelque temps un emploi clérical à Leyde, où il fit la connaissance de S'Gravesande qui protégea ses débuts. Nommé en 1747 professeur de physique et d'histoire naturelle à Francker, il était appelé deux ans plus tard à la même chaire de l'université de Leyde, qu'il occupa jusqu'à sa mort. Allamand rendit de grands services à la science, surtout en traduisant et publiant les ouvrages des savants étrangers, mais on lui doit aussi des découvertes personnelles importantes, notamment dans la branche de l'électricité. On lui doit la première explication rationnelle du phénomène de la bouteille de Leyde, et il soupçonna l'existence d'une électricité négative ; d'autre part, il enrichit considérablement le muséum d'histoire naturelle et le jardin botanique de Leyde des spécimens empruntés à toutes les parties du globe. Sa traduction des *Œuvres de Buffon* fut publiée à Amsterdam (1766-1779, 38 vol. in-4°). Allamand était membre de l'Académie des sciences de Haarlem et de la Société royale de Londres.

ALLA MENTE ou A MENTE, *loc. adv. ital.* Mus. V. Déchant.

ALLA MILITARE, *loc. adv. ital.* Mus. On place ces mots en tête d'une composition musicale pour en indiquer le caractère martial.

ALLAN, David, peintre et graveur écossais (1744-1796). Né à Alloa, il suivit pendant sept ans les cours de l'Académie de peinture et de sculpture fondée à Glasgow par les frères Foulis; puis, grâce à de riches protecteurs, il se rendit à Rome en 1764. C'est qu'il exécuta sa première toile importante, intitulée l'*Origine de la peinture*, représentant la fille du potier Dibutade, de Sicyone, traçant le profil de son amant sur le mur en suivant les lignes de son ombre, et qui lui valut la médaille d'or de l'Académie de Saint-Luc (1773). De retour en Angleterre en 1777, il s'établit d'abord à Londres, comme portraitiste, puis alla à Edimbourg en 1780. Il devint, en 1786, directeur de l'Académie des arts de cette ville. David Allan peignit de nombreuses toiles et exécuta quantité de gravures à l'aqua-tinta qui lui ont fait une grande réputation. On cite surtout le *Mariage écossais*, la *Danse des Highlands*, le *Repentir* et une série de gravures humoristiques sous ce titre : *Illustrations of the Gentle Shepherd*, lesquelles eurent une vogue inouïe et lui valurent, mais à tort, le surnom de *Hogarth écossais*. Il mourut à Edimbourg le 6 août 1796.

ALLAN, sir WILLIAM, peintre écossais (1782-1850). Né à Edimbourg, il fit ses premières études artistiques à l'école de dessin fondée dans cette ville par le conseil d'administration des arts et manufactures; puis, il se rendit à Londres, où il exposa sa première toile, le *Petit Bohémien* et l'*Ave*, à l'Académie royale (1805). La même année, quoique dépourvu de ressources personnelles, il partit pour la Russie, résidant quelque temps à Moscou et atteignant enfin Saint-Pétersbourg, où la protection de sir Alexandre Crichton lui facilita les moyens de vivre de son art et même de visiter le sud de l'empire, la Crimée, la Circassie et la Turquie, prenant partout des croquis nombreux et variés. Il était de retour à Edimbourg en 1814, et les deux années qui suivirent il exposa à l'Académie royale les *Captifs circassiens et Bashkirs conduisant un convoi de condamnés en Sibérie*. Ces deux toiles établirent sa réputation, mais elles ne se vendirent point; et l'artiste, désespéré, songeait à s'expatrier de nouveau, lorsque Walter Scott organisa une souscription de 1,000 guinées pour l'achat de la première, et que le grand-duc Nicolas, plus tard empereur, de passage à Edimbourg, lui acheta ses *Exilés de Sibérie* et *Hasian Gheray passant le Kouban*. Dès lors, les acheteurs affluèrent; l'artiste, à l'abri désormais des préoccupations de la vie matérielle, s'abandonna à son inspiration, qui le portait vers les grandes scènes de l'histoire d'Ecosse. Il donna successivement, entre autres toiles de ce genre : l'*Archevêque Sharpe sur le Magus Moor; John Knox admonestant Marie, reine d'Ecosse* (1823); *Marie, reine d'Ecosse, signant son abdication* (1824); l'*Assassinat du régent Murray*, qui le fit admettre à l'Académie royale en qualité d'associé (1825); *Lord Byron* (1831); *Portrait de Walter Scott*; l'*Orpheline*, représentant Anne Scott assise auprès du fauteuil de son père mort. Atteint d'ophtalmie vers 1830, il avait été momentanément obligé de cesser tout travail et en avait profité pour visiter Rome, Naples et Constantinople. A son retour il exposa le *Marché aux esclaves* à Constantinople et quelques autres ouvrages dans lesquels il utilisa les matériaux recueillis dans ce voyage. En 1834, il visita l'Espagne et le Maroc; puis retourna à Saint-Pétersbourg en 1841. A son retour, l'année suivante, il était créé chevalier. Il peignit alors, pour le czar, *Pierre le Grand enseignant à ses sujets l'art de construire les navires*, exposé à Londres en 1845, aujourd'hui au Palais d'hiver de Saint-Pétersbourg; la *Lettre d'amour mauresque*, et les *Exilés polonais*. Dans les dernières années de sa vie, il s'occupa principalement de batailles et peignit notamment une *Bataille de Waterloo*, qu'il laissa, enfin, inachevé un *Bruce à Bannockburn*. Elu académicien royal en 1835, il devint président de l'Académie royale d'Edimbourg en 1838 et chevalier de la reine en 1841. Sir William Allan est mort à Edimbourg, le 22 février 1850.

ALLAN-KARDEC, HIPPOLYTE-LÉON-DE-NIZARD-RIVAIL (dit), spirite français, né à Lyon (1803-1869). Fils d'un avocat, il livra de bonne heure à l'étude des sciences et de la philosophie; mais son esprit porté au merveilleux l'entraîna bientôt à l'étude des prétendues sciences surnaturelles, du magnétisme animal et du spiritisme; la vogue bruyante des tables tournantes et des esprits frappeurs acheva l'œuvre. M. Rivail se jeta avec ardeur dans le mouvement. Plus instruit que la plupart des suppôts de la « science nouvelle », il tenta de fonder sur les phénomènes spirites un corps de doctrines à la fois morales et religieuses, en faveur desquelles il employa tous les moyens de propagande. Quoique parfaitement sincère, il est à remarquer cependant qu'il crut devoir s'affubler d'un pseudonyme aussi bizarre que les doctrines qu'il professait, quelque médium lui ayant peut-être appris qu'un nom bourgeois comme le sien n'avait aucune chance auprès des esprits dont il se faisait l'agent matériel et terrestre. Allan-Kardec, donc, publia en 1857 le *Livre des Esprits*, puis le *Livre des Médiums*. En 1858, il fondait la Société parisienne des études spirites et son organe naturel : la *Revue spirite*. Depuis lors, il a publié d'assez nombreuses brochures de polémique philosophique et quelques autres ouvrages parmi lesquels nous nous bornerons à citer l'*Imitation de l'Evangile selon le Spiritisme* (1864).

ALLANT, ANTE, adj. Qui va. Qui aime, est disposé à aller. *Il n'est pas bien allant.* — S. m. Celui qui va. Peu usité en dehors de cette expression familière : *Les allants et les venants.*

ALLANTOÏDE, s. f. (gr. de *allas*, boudin et *eidos*, forme). Anat. Sac d'une des membranes appartenant au fœtus de certains animaux.

ALLANTOÏDIEN, ENNE, adj. Anat. Se dit du liquide contenu dans la cavité de l'allantoïde. — On dit aussi ALLANTOÏQUE.

ALLANTOÏNE, s. f. Chim. org. Substance neutre existant dans le liquide allantoïque de la vache, appelée aussi *acide allantoïque*. On l'obtient par l'évaporation du liquide qui le contient.

ALLANTOÏQUE, adj. V. ALLANTOÏDIEN.

ALLA OTTAVA, loc. adv. Mus. V. ALL' OTTAVA.

ALLA PALESTRINA, loc. adv. Mus. C'est le nom d'un style de musique d'église, dans lequel Jean-Baptiste-Pierre Aloïs de Palestrina (Etats pontificaux) acquit, dans le courant du XVI° siècle, une renommée dont l'éclat ne s'est point effacé encore. Le style *alla Palestrina* consiste en un contrepoint fugué à plusieurs parties, mais accompagnement d'orgue, et ayant le plus souvent pour sujet une phrase de *plain-chant* développée d'après les lois les plus rigoureuses de l'art, en se renfermant plus que dans les modes ecclésiastiques, et cela sans se départir, néanmoins, d'une mélodie élégante et pure, et d'une liberté d'allures où la grâce ne le cède en rien à la majesté.

ALLA POLACCA, loc. adv. Mus. Mots italiens qui indiquent qu'un morceau de musique doit être exécuté avec le caractère et dans le mouvement de la *polonaise*, laquelle est écrite en mesure *ternaire* et comporte une allure grave et majestueuse.

ALLARD, JEAN-FRANÇOIS, général français au service de l'Inde (1785-1839). Né à Saint-Tropez, il avait été capitaine dans la garde, et pendant les Cent jours, fut attaché comme aide de camp au maréchal Brune, commandant en chef de l'armée du Var. Après l'assassinat de celui-ci à Avignon, Allard quitta la France, passa en Egypte, puis en Perse, où il servit comme colonel, et enfin dans l'Inde où il entra au service du célèbre roi de Lahore Rundjeet Singh; il instruisit et disciplina son armée, à laquelle il donna le drapeau tricolore, et dont il fut nommé généralissime (1822). Ministre et confident du prince indou, il accomplit pour lui diverses missions diplomatiques. Il accueillit avec joie la révolution de 1830, et le nouveau roi de France, Louis-Philippe, l'accrédita auprès du roi de Lahore comme chargé d'affaires. De retour en France en 1835, il fut l'objet d'un accueil particulièrement bienveillant aux Tuileries, ainsi que sa femme, Sike d'origine, qui se convertit au catholicisme et se retira à Saint-Tropez après la mort de son mari. Allard avait fait don à la Bibliothèque nationale d'une collection de médailles de l'Inde.

ALLARD, NELZIR, général et homme politique français, né à Parthenay (Deux-Sèvres), le 27 octobre 1798. Entré à l'Ecole polytechnique en 1814, il en sortit en 1817, et entra à l'Ecole d'application de Metz comme sous-lieutenant élève du génie; capitaine en 1825, il prit part en cette qualité à l'expédition d'Alger en 1830. En 1837, l'arrondissement de Parthenay l'envoya siéger à la Chambre des députés, où il prit place au centre gauche. En 1839, il était nommé maître des requêtes au conseil d'Etat. Quant à sa carrière militaire, chef de bataillon en 1840, il était nommé lieutenant-colonel en 1844, colonel en 1847, général de brigade en 1852 et général de division en 1857. M. Allard, qui était à cette époque aide de camp du général Valazé et député, a pris une part importante aux travaux des fortifications de Paris, et défendu, par la plume et la parole, le système de l'enceinte continue. Le général Allard devint, en 1858, président de la section de la guerre et de la marine au conseil d'Etat, en cette qualité, soutint devant les deux Chambres, comme commissaire du gouvernement, les projets de lois ressortissant à sa section. Il fut, en 1867, rapporteur du projet de réorganisation de l'armée portant création d'une garde mobile, inspiré par le maréchal Niel, et que l'opposition du général Lebœuf devait laisser inappliqué. On lui doit également un certain nombre de rapports sur des projets de lois relatifs à l'armée pour objet.

L'arrondissement de Parthenay, qui l'avait déjà élu député en 1837, l'envoyait de nouveau siéger à l'Assemblée nationale, aux élections du 20 février 1876, où il avait passé sa candidature sous le patronage du parti bonapartiste. A la première réunion des nouveaux élus, le 7 mars, le général Allard, en l'absence de MM. Raspail et Thiers, se trouva, comme doyen d'âge de l'Assemblée d'ouvrir la séance. Aux élections du 14 octobre de 1877, le général Allard était mourant; il ne se présenta donc pas devant ses électeurs de l'année précédente, et mourut le 25 du même mois. Il était grand officier de la Légion d'honneur depuis 1860.

ALLARDE (baron d'), PIERRE-GILBERT LEROI, économiste français (1749-1809). Né à Montluçon, il fut envoyé aux états généraux de 1789, comme député de la noblesse, par le bailliage de Saint-Pierre-de-Moustier. A l'Assemblée constituante, il s'occupa beaucoup plus d'économie financière que de politique, et rendit en conséquence des services réels à l'administration. Il devint régisseur de l'octroi en 1803. C'est au baron d'Allarde qu'est due l'institution des patentes.

ALLART (dame), MARIE GAY, femme de lettres française (1750-1821). Née à Lyon, elle y reçut une instruction particulièrement soignée, qui lui devint fort utile dans les embarras qui résultèrent pour elle d'une union prématurée et malheureuse. Forcée de se créer des ressources, elle vint à Paris, où elle trouva à faire quelques travaux de librairie, surtout des traductions de romans anglais alors en vogue, tels que ceux d'Anne Radcliffe, etc. On lui doit d'elle, comme œuvre originale, qu'un roman, *Albertine d'Albe* (1818, 2 vol.), qui eut un très vif succès.

ALLART, HORTENSE, dame de MÉRITENS, femme de lettres française, fille de la précédente, est née à Paris en 1801. On lui doit un certain nombre de romans et d'études historiques estimés. Nous citerons : la *Conjuration d'Amboise*, roman historique (1821); *Lettres sur Madame de Staël* (1824); *Gertrude*, roman (1827); l'*Indienne*; *Sextius, ou le Romain des Maremmes*, id. (1832); *Settimia*, id. (1836); *Laurent de Médicis, Cola* de Rienzi, l'Italie, Histoire de la République de Florence, etc., études historiques (1837-1843); Novum Organum (1857); Histoire de la République d'Athènes (1866), etc.

ALLASSEUR, Jean-Jules, sculpteur français, né à Paris en 1818. Élève de l'École des beaux-arts et de David d'Angers, il débuta, en 1846, par un buste en plâtre et reparut au Salon de 1853 avec le plâtre d'un groupe : Moïse sauvé des eaux, dont le marbre figura au Salon de 1859 et valut alors à l'artiste, qui avait déjà obtenu une 2ᵉ médaille en 1853, une médaille de 1ʳᵉ classe. Nous citerons encore de M. Allasseur, une statue en bronze de Rotrou, pour la ville de Dreux (1866); un Saint Joseph, en pierre, pour l'église Saint-Étienne du Mont, de Paris (1867); bustes de Mansard, etc. (1868); portrait de Mᵐᵉ Edmond About, terre cuite (1870); une réduction du Moïse sauvé des eaux (1875); plus de nombreuses statues pour les monuments publics, notamment celles de Malherbe, de Leucothoé, de la Sculpture, de la Pêche fluviale, dans les cours du Louvre ; celles de Saint Charles Borromée, à l'église Saint-Étienne du Mont, de Paris, etc., etc. — M. J.-J. Allasseur était décoré de la Légion d'honneur en 1867.

ALLA ZOPPA, loc. adv. Mus. Ces deux mots italiens qui signifient littéralement : à la boiteuse, désignent une sorte de contre-point dans lequel une note syncopée, placée symétriquement à chaque mesure, communique au rythme de ce contrepoint la démarche incertaine qui lui a valu son nom.

ALLÉ, ÉE, part. pass. de Aller.

ALLÉCHANT, ANTE, adj. Séduisant, attirant. Il m'en fit une description alléchante.

ALLÉCHEMENT, s. m. Action d'allécher et son résultat. — Grav. Se dit du soin avec lequel le burin a été conduit, et dont témoigne la netteté de l'ouvrage.

ALLÉCHER, v. a. (lat. allectare, de allicere, charmer, attirer, engager par caresses). Séduire. Attirer par appât, par caresses, par promesses de plaisir ou de profit.

ALLÉE, s. f. L'action d'aller, l'allée et le retour. On dit toutefois de préférence l'aller et le retour. V. Aller. — Au plur., il se dit fumilièrement par opposition à venues. Allées et venues, pour marquer l'action d'aller et de venir sans cesse, dans des démarches inutiles. Cette affaire me contraint à des allées et venues continuelles. — Passage étroit entre deux murs, entre deux rangées d'arbres, deux haies, deux bordures quelconques. Je me suis réfugié tout honteux dans l'allée de la maison. Une allée de tilleuls conduit à la grille principale. Les allées de ce jardin sont fort négligées.

— Allées couvertes. Antiq. celt. Pierres druidiques disposées en allées et couvertes d'autres pierres.

ALLÉGATION, s. f. Citation d'un fait, d'une parole, d'un texte qui paraît devoir faire autorité. — Proposition contestable. Je ne tiens aucun compte de pareilles allégations. V. Alléguer.

ALLÉGE, s. f. Mar. Bateau de construction spéciale servant à décharger les bâtiments que leur trop grand tirant d'eau empêche d'aborder au quai. Machine propre à soulever un vaisseau. — Ch. de f. Chariot dont on se sert pour approvisionner d'eau et de charbon les machines. — Archit. Mur d'appui d'une fenêtre.

ALLÉGEANCE, s. f. Soulagement, consolation, action d'alléger. — Serment d'allégeance (oath of allegiance). Serment de fidélité au souverain, prêté par toute personne entrant dans les fonctions publiques. L'expression, sinon la chose qu'elle désigne, est spéciale à l'Angleterre. Le serment d'allégeance, dont la formule a été souvent modifiée, y fut imposé par une loi sous le règne d'Élisabeth. Voici la formule actuelle : « I do sincerely promise and swear that I will be faithful and bear true allegiance to Her Majesty Queen Victoria. (Je promets avec sincérité et fais serment d'être fidèle et d'obéir exactement à S. M. la reine Victoria.) »

ALLÉGEMENT, s. m. Résultat de l'action d'alléger, de rendre moins lourd ; et par extension, de soulager d'un fardeau, de consoler d'un chagrin. Ce m'est un grand allégement de vous entendre ainsi parler.

ALLÉGER, v. a. (lat. allevare, m. sens). Rendre plus léger. Diminuer le poids d'un fardeau. — Fig. Diminuer les charges. Alléger les contribuables. Diminuer les charges qui pèsent sur eux. — Consoler, diminuer la peine, calmer la douleur. Une vie active allège les chagrins les plus cuisants.

— S'alléger, v. pr. Devenir plus léger, diminuer. Ma douleur s'allège à votre conversation. — Être allégé. Je saurai m'alléger, si l'on abuse de mon bon vouloir.

ALLEGHANY (Monts), montagnes des États-Unis d'Amérique. On donne souvent ce nom aux Monts Apalaches (V. ce mot); mais il doit se restreindre à la partie de cette chaîne qui s'étend à l'ouest de l'Hudson.

ALLEGHANY, riv. des États-Unis, qui prend sa source dans la Pensylvanie septentrionale et, après un cours de 480 kil. environ, s'unit au Monongahala, à Pittsburg, pour former l'Ohio. L'Alleghany est navigable pour les bateaux à vapeur jusqu'à une distance de 300 kil. au-dessus de Pittsburg.

ALLÉGI, IE, part. pass. de Allégir.

ALLÉGIR, v. a. Techn. Diminuer le volume d'une pièce travaillée. Allégir une poutre, un chevron, un ressort, une pièce de fer, de bois, etc. — Man. Rendre un cheval plus léger du devant en se portant en arrière et en rendant les rênes. — Rem. On pourrait aussi bien dire, et on le fait généralement, allégir, bien qu'il n'est qu'une corruption inutile, favorisée par la complicité de l'Académie.

ALLÉGORIE, s. f. Sorte de fiction dont l'artifice consiste à présenter un objet à l'esprit de manière à lui donner l'idée d'un autre. Le bandeau, les ailes et l'enfance de Cupidon sont une allégorie qui représente le caractère et les effets de la passion de l'amour (Acad.). — Il se dit également, en rhétorique, d'une figure qui n'est autre chose qu'une métaphore prolongée.

ALLÉGORIQUE, adj. Qui tient de l'allégorie, ou qui lui appartient. Une peinture allégorique. Le roman du Renard est un très curieux poème allégorique. Il a fait à la Chambre un discours allégorique fort mal en son lieu.

ALLÉGORIQUEMENT, adv. D'une manière allégorique.

ALLÉGORISÉ, ÉE, part. pass. de Allégoriser.

ALLÉGORISER, v. a. Faire des allégories. Donner un sens allégorique ou expliquer d'après ce sens.

ALLÉGORISEUR, s. m. Celui qui allégorise (se dit par ironie).

ALLÉGORISTE, s. m. Celui qui explique un texte dans un sens allégorique. Les Pères de l'Église ont été de grands allégoristes.

ALLEGRAIN, Christophe-Gabriel, sculpteur français, membre de l'Institut (1710-1795). Il peupla de statues la résidence de la du Barry, à Luciennes, et le Louvre possède de lui un Narcisse, une Diane et Vénus entrant au bain.

ALLÈGRE, adj. (lat. alacris, m. sens). Qui est agile, joyeux, dispos. Il est toujours allègre.

Pour s'échapper de nous, Dieu sait s'il est allègre.
J. Racine.

ALLÉGREMENT, adv. D'une manière allègre.

ALLÉGRESSE, s. f. État de quiconque est dans l'allégresse. — Joie exubérante qui éclate au dehors, publiquement. C'est avec allégresse que je reçus cette nouvelle. Les vainqueurs furent accueillis avec des cris d'allégresse.

ALLEGRI, Antonio, peintre italien. Voy. Corrège (Le).

ALLEGRI, Gregorio, célèbre prêtre musicien, né à Rome, dans la seconde moitié du XVIᵉ siècle, d'une famille apparentée à celle du Corrège, mort le 18 février 1652. Élève de Jean-Marie Nanini, le condisciple et l'ami de Palestrina, il se signala bientôt par la composition de concerts à deux, trois et quatre voix, de motets à deux, trois, quatre, cinq et six voix, qui lui valurent une réputation telle que le pape Urbain VIII lui fit l'honneur insigne de l'appeler au collège des chapelains de la chapelle Sixtine (1629). Mais ce qui a rendu surtout populaire le nom de ce compositeur, c'est le fameux Miserere à deux chœurs qui se chante à Rome pendant la semaine sainte, et à la propriété exclusive duquel les pontifes tenaient au point que les foudres de l'excommunication étaient suspendues sur la tête de quiconque oserait en donner ou en prendre copie; ce qui n'empêcha pas Mozart, encore enfant, de le noter sans une seule faute après deux auditions. Du reste, le mystère n'était plus entier lorsque le docteur Burney publia ce Miserere à Londres en 1771, et on le trouve dans la Collection des pièces de musique qui s'exécutent tous les ans à Rome durant la semaine sainte. À la simple lecture, on s'explique difficilement l'impression extraordinaire produite par ce morceau : certes, il est fortement empreint d'une tristesse poignante, sa facture est d'un maître, malgré qu'on n'y remarque pas d'effets saillants, tant dans l'harmonie que dans la mélodie; cependant sa simplicité apparente ne prépare nullement à l'idée que l'on a sous les yeux une des merveilles de la musique sacrée. C'est que, si les notes expriment bien les sons, elles se refusent à rendre la tradition d'exécution, qui n'a jamais franchi les murs de la chapelle Sixtine. (H. Ed. B.).

ALLEGRO, adv. Mus. Mot italien qui représente, du vif au lent, la seconde des cinq phases principales du mouvement. Son équivalent français est : gai, mais pour les musiciens, il n'a nullement cette acception et indique simplement une certaine rapidité d'exécution, abstraction faite du caractère et de la couleur poétique propre au morceau et titre duquel il est placé. Aussi voit-on fréquemment accompagné de termes d'expression tels que : agitato, animato, con brio, mosso, maestoso, etc. De plus, son degré de vitesse peut être modifié par l'adjonction des mots : moderato, non troppo, molto, assai, vivace, etc. — Allegro se prend également substantivement pour désigner la partie d'un air qui comporte ce mouvement.

ALLÉGUÉ, ÉE, part. pass. de Alléguer.

ALLÉGUER, v. a. (lat. allegare, de al pour ad, et legare, envoyer vers). Invoquer, citer un texte, un fait, une autorité quelconque, réelle ou apparente. J'alléguai vainement un précédent bien connu. J'allègue mes auteurs. — Mettre en avant. Il allègue des raisons absolument mauvaises.

ALLÉLUIA (plur. Alléluias), s. m. Mot hébreu qui signifie « Louez le Seigneur » et que l'Église chante au temps de Pâques, à la fin des traits ou versets. Chanter l'Alléluia. — Fig. et fam. Faire l'alléluia de quelqu'un ou de quelque chose. Louer immodérément quelqu'un ou quelque chose. — Mus. « Chanter les louanges, c'est-à-dire Alleluia, est un cantique des Hébreux. Ce mot signifie Louange à Dieu. L'apôtre saint Jean, dans l'Apocalypse, rapporte que par une révélation de l'Esprit saint, il avait vu et entendu la célébration des anges chantant Alleluia d'une voix formidable comme le tonnerre. On ne doit donc point douter que, lorsque ce mystère de louanges est célébré avec une foi et une dévotion convenables, les anges ne s'y unissent. L'Alleluia, comme l'Amen, n'est jamais traduit de la langue hébraïque en langue latine ; non qu'on ne puisse absolument les traduire l'un et l'autre, mais, comme disent les docteurs, parce qu'on respecte leur antiquité à cause de leur autorité sainte. » (S. Isidorus, De Ecclesiast. offic., libr. 1, c. 13.) — Dans l'Église chrétienne, où il fut introduit par saint Jérôme, l'Alleluia est un chant de joie, d'allégresse : la musique qu'il comporte doit donc être empreinte de ce caractère joyeux, sans toutefois exclure la gravité inhérente à toute composition religieuse. — Bot. Nom vulgaire de l'oxalide-oseille, ou *surelle*, dite aussi *oseille de bûcheron* et *pain de coucou*. On lui donne ce nom d'*alléluia* parce qu'elle fleurit vers le temps de Pâques, où l'on chante *Alleluia*. C'est une plante herbacée, analogue à l'oseille, qui abonde surtout en Suisse, où elle est utilisée comme rafraîchissant. On en tire l'oxalate acidule de potasse, vulgairement s. l d'oseille.

ALLEMAGNE, comm. de France (Calvados), cant., arr. et à 6 kil. de Caen, près des rives de l'Orne. Pop. 1.000 hab. Carrières de pierres dites *carreau d'Allemagne*, abondantes en fossiles.

ALLEMAGNE, comm. de France (Basses-Alpes), cant. de Riez, sur la rive droite du Colostre. Pop. 600 hab. Les ligueurs y furent battus par Lesdiguières en 1586. Restes d'un château féodal. Tumulus celtique à peu de distance du village, vers l'ouest. Allemagne a été longtemps renommée pour ses vins, mais l'oïdium et le phylloxera ont presque entièrement détruit ses vignes.

ALLEMAGNE. Vaste contrée de l'Europe centrale qui, ethnographiquement, comprend l'empire d'Allemagne proprement dit, une partie de l'empire austro-hongrois et le N.-E. de la Suisse. Considéré sous le point de vue, le pays allemand (*Deutschland*) est fort difficile à limiter, d'autant plus que les prétentions des ethnographes allemands sont elles-mêmes sans bornes; mais politiquement, nous n'avons à nous occuper que de l'empire d'Allemagne, tel qu'il a été constitué à Versailles, le 18 janvier 1871, sauf toutefois quand à la géographie physique, qui nous entraînera forcément hors des limites de cet empire.

— BORNES, SUPERFICIE, POPULATION. L'empire d'Allemagne comprend les vingt-six États suivants : les royaumes de Prusse (augmenté des États annexés jusqu'en 1871), de Bavière, de Saxe et de Wurtemberg; des duchés de Bade, de Hesse, de Mecklembourg-Schwerin, de Saxe-Weimar, de Mecklembourg-Strelitz, d'Oldenbourg, de Brunswick, de Saxe-Meiningen, de Saxe-Altenbourg, de Saxe-Cobourg-Gotha et d'Anhalt; des principautés de Schwarzbourg-Rudolstadt, de Schwarzbourg-Sondershausen, de Waldeck-Pyrmont, de Reuss-Greiz, de Reuss-Schleiz-Lobenstein-Ebersdorf, de Schaumbourg-Lippe et de Lippe-Detmold; des villes libres de Lubeck, Brême et Hambourg; de l'Alsace-Lorraine. Il est borné au N. par la mer du Nord, le Danemark et la mer Baltique; à l'E. par la Russie; au S. par l'Autriche et la Suisse; à l'O. par la Hollande, la Belgique, le Luxembourg et la France; s'étendant du 55°50′ à 47°20′ de lat. N. et du 8°25′ à 20°30′ de long. E. Sa superficie totale est de 546,000 kil. carrés environ et sa population de près de 43 millions d'habitants, répartis comme suit :

	SUPERFICIE en kil. car.	POPULATION
Prusse	347.509	25.742.400
Bavière	75.864	5.022.400
Saxe	14.993	2.760.586
Wurtemberg	19.504	1.881.505
Bade	15.084	1.507.180
Hesse	7.678	884.218
Mecklemb.-Schw.	13.304	553.785
Saxe-Weimar	3.636	292.050
Mecklemb.-Strel.	2.930	95.673
Oldenbourg	6.400	319.314
Brunswick	3.700	327.493
Saxe-Mein	2.468	194.494
Saxe-Altenb	1.322	142.844
Saxe-Cob.-Goth	1.068	182.600
Anhalt	2.347	203.505
Schwarzbourg-Rud.	942	76.676
Schwarzbourg-Sond.	862	67.480
Waldeck-Pyrm	1.121	54.743
Reuss-Greiz	316	47.000
Reuss-Schl	829	92.375
Schaumbourg-Lippe	445	33.033
Lippe-Detm	1.134	112.452
Lubeck	283	56.910
Brême	250	142.200
Hambourg	410	388.618
Alsace-Lorraine	14.512	1.532.000

— ETHNOGR. ET HISTOIRE. Nous avons de tout temps donné le nom d'Allemagne à toute cette contrée de l'Europe appelée Germanie par les Romains, et nous sommes restés les seuls à lui donner ce nom, emprunté à l'un des peuples germains qui l'habitaient alors, les Alemanni (V. ce mot), dont les incursions répétées dans les Gaules ont perpétué le nom chez les descendants des Gaulois. Le nom de Germains, lui-même, fut donné aux Tongres, parce que ces peuples formaient une confédération de cinq nations d'origine différente, mais parlant la même langue, et si semblables d'apparence et de mœurs, qu'ils semblaient frères (*germani*), à quelque nation qu'ils appartinssent : telle est, du moins, l'étymologie qui nous paraît la plus sensée; mais il n'en manque pas d'autres. Les uns décomposent le mot *germain* de *gerra*, qui signifie guerre en langue celtique ou de *wehr*, qui signifie encore aujourd'hui armes en allemand, et de *mann* homme; de sorte que *germain* voudrait dire guerrier (homme de guerre ou homme d'armes). D'autres le tirent de *germinare*, produire des rejetons, pulluler, en considération de la fécondité extraordinaire des femmes germaines, prouvée par le grand nombre d'individus que comptaient ces peuples. Il y a des étymologies plus entêtantes encore, auxquelles nous ne saurions nous arrêter. Les anciens géographes ne s'accordent pas bien sur l'étendue de la Germanie. Strabon, Pomponius Mela et autres lui donnent le Rhin pour limite à l'ouest, les Alpes au sud, la Sarmatie (la Pologne) à l'est, la Baltique et l'Océan au nord; Tacite resserre ces limites entre le Rhin, le Danube, la Vistule, la Baltique et

Carte de l'Allemagne.

l'Océan; Ptolémée indique également le Danube comme limite méridionale de la Germanie. Quoi qu'il en soit, cette contrée ne commence à être un peu connue qu'à partir du premier contact de ses peuples avec les Romains; lesquels peuples comprenaient, outre les Tongres, les Cattes, les Chérusques, les Sicambres, les Marcomans et les Teutons ou *Teutschen*, dont le nom, très légèrement modifié (*Deutschen*), a été adopté par ceux que nous appelons Allemands et que la plupart des autres peuples désignent sous le nom de Germains, bien qu'il y ait peut-être moins encore de descendants des anciens Teutons en Allemagne que des autres peuples qui l'habitaient avec eux. Le portrait que Tacite fait du Germain, d'ailleurs, taille élevée, cheveux blonds, yeux bleus, n'est exact aujourd'hui que très exceptionnellement. Le mélange des races est visible, et ailleurs, et ses habitants sont, certes, bien loin d'appartenir à une race homogène, comme ils en affichent la prétention. A l'époque des grandes migrations, les peuples que le nom de Germains allait bientôt servir à désigner, repoussés par les Slaves jusqu'aux rives de l'Elbe, se jetèrent sur les provinces romaines situées au sud du Danube; ils renouvelèrent la tentative à plusieurs reprises, avec des fortunes diverses, mais ils furent en fin de compte repoussés et forcés peu à peu à se soumettre à leurs vainqueurs. En l'an 6, Varus, général d'Auguste, était nommé proconsul dans ce pays; il y resta jusqu'en l'an 9, époque à laquelle Hermann ou Arminius, roi des Chérusques, détruisit entièrement son armée dans les défilés du Teutberg. Mais six ans plus tard, Germanicus vengeait la défaite de Varus à la sanglante bataille d'Idistavisus, sur les bords du Weser, quoiqu'il eût été bien près d'être vaincu lui-même et que le champ de bataille ne lui eût point resté. Peu après, Arminius, qui n'était au fond qu'un ambitieux, était mis à mort par les siens. Les Germains restèrent donc définitivement sous le joug. — Au vᵉ siècle, six peuples habitaient le pays: les Alemanni, les Francs, les Bavarois, les Frisons, les Saxons et les Thuringiens. Du vᵉ au ixᵉ siècle, les Francs y furent en majorité, et leur puissance s'imposait en conséquence à leurs confédérés. Cette prédominance des Francs en Germanie fit que Charlemagne finit par réunir tous les Germains dans l'empire. Par le traité de Verdun, en 843, le territoire à l'est du Rhin fut séparé du reste de l'empire, et forma ainsi un royaume de Germanie, dont Louis le Germanique fut le premier roi. Après sa mort, le royaume se scinda en plusieurs gouvernements particuliers, et la couronne devint élective. Les querelles qui s'élevèrent entre les papes et les empereurs pour la direction du monde chrétien, amenèrent des divisions profondes au sein même de l'Allemagne, qui fut alors livrée à l'anarchie la plus complète. L'avènement de Rodolphe Iᵉʳ, comte de Habsbourg, en 1273, mit fin à cet état de choses. Lui et ses successeurs essayèrent de rétablir la paix intérieure; mais le pouvoir impérial ne se releva plus à sa grandeur d'autrefois. Déjà les princes de l'empire prétendaient plus hardiment à l'indépendance. Lors de son élection, Charles Quint dut signer la première capitulation de l'empire qui sanctionna les droits et privilèges des princes. Les conflits religieux, en amenant la guerre de Trente ans, firent perdre à l'Allemagne sa prépondérance politique et son unité nationale (1618-1648). Le traité de Westphalie, qui termina cette guerre, consacra enfin le grand principe de la liberté religieuse. La décadence de l'empire d'Allemagne fut encore accélérée par la guerre de la succession d'Espagne, et fut complétée par les guerres désastreuses soutenues contre la République française et Napoléon. En 1806, François II abdiqua le titre d'empereur d'Allemagne, ne retenant plus que le titre héréditaire d'empereur d'Autriche; et nul ne se sentit la fantaisie de relever le titre tombé : l'empire d'Allemagne avait vécu, et il ne restait plus d'ailleurs des États qui l'avaient composé que la Prusse, que des États vassaux de la France impériale. Le soulèvement de ces États, à la suite de nos désastres en Russie (1813), ne contribua pas peu à la chute de Napoléon. Aussitôt après, le traité de Vienne (8 juin 1815) réunit tous les pays de l'ancien empire d'Allemagne en *Confédération germanique*, avec une diète fédérale dont toute l'action se borna à peu près à étouffer les aspirations non seulement libérales, mais unitaires alors manifestées par les peuples allemands. Des soulèvements partiels en 1830, un soulèvement général en 1848, échos des révolutions qui agitèrent la France à ces dates, se produisirent en Allemagne. En 1848, la nécessité d'une réforme radicale sur des bases conformes aux besoins du temps et de la nation fut reconnue par tous les gouvernements allemands. Une assemblée nationale fut élue et décréta, le 28 mars 1849, après des débats longs et orageux, la constitution d'un État fédéral sous une autorité monarchique constitutionnelle. Cette constitution ne put entrer en vigueur; une réaction détruisit l'œuvre révolutionnaire, et l'on revint aux anciens errements. En 1866 se déclara la crise que faisait prévoir depuis longtemps la lutte, tantôt sourde, tantôt ouverte, qui existait entre l'Autriche et la Prusse. La possession des duchés danois du Schleswig et du Holstein en fut pour l'occasion. Déclarée le 17 juin, la guerre fut terminée le 3 juillet par la défaite de l'Autriche. Le 23 août suivant, le traité de Prague déclara dissoute la

Confédération germanique. Les États allemands situés au nord du Mein formèrent la Confédération de l'Allemagne du Nord, sous la direction de la Prusse. Quant aux États situés au sud du Mein, ils formèrent la Confédération de l'Allemagne du Sud, qu'une double alliance militaire et douanière unit à la Confédération du Nord. En même temps, la Prusse s'annexait le Schleswig-Holstein, le Hanovre, Hesse-Cassel, Nassau et Francfort ; mais c'est surtout au mot PRUSSE que nous serons autorisé à traiter de l'accroissement de puissance de cet État, sous les yeux de la France, qui avait tout à craindre de cet accroissement et ne paraît pas même s'en être aperçue avant qu'il fût accompli. L'unité allemande était dès lors à peu près faite, malgré quelques résistances que la provocation de la France, habilement préparée par le chancelier de l'empire, fit tomber aussitôt. Ce n'est pas ici le lieu de raconter la terrible odyssée de 1870-1871, et il n'est guère besoin de rappeler que la France fut envahie par toute l'Allemagne soulevée dans un élan patriotique qu'on pouvait croire impossible la veille. Après une série sans précédent de succès partagés en commun, il ne pouvait plus être question de Nord et de Sud. Dès le 3 décembre 1870, le roi de Ba-

Séance au Reichstag.

vière invitait le roi Guillaume de Prusse à restaurer l'empire d'Allemagne, appuyé par les autres souverains alliés ; le 10, une motion dans ce sens était présentée au Reichstag, et approuvée d'enthousiasme ; enfin, le 18 janvier 1871, dans la galerie des glaces du palais de Versailles, Guillaume Ier, roi de Prusse, était solennellement proclamé empereur d'Allemagne. — Voici maintenant la liste chronologique des souverains qui ont ceint la couronne impériale :

CARLOVINGIENS

Charlemagne.................de	800 à	814
Louis le Débonnaire........	814	840
Lothaire Ier...................	840	855
Louis II, le Germanique, roi de Germanie (843), empereur...	855	876
Charles le Chauve...........	876	877
Carloman, roi de Bavière...	876	880
Louis III, le Saxon, roi de Germanie..........................	876	882
Charles le Gros, roi d'Allemanie (876), empereur........	882	887
Arnulf, roi d'Allemagne (887), empereur..........................	896	899
Louis IV, l'Enfant, roi d'Allemagne.........................	899	911

MAISON DE FRANCONIE

Conrad Ier, roi...............	911	919

MAISON DE SAXE

Henri Ier, l'Oiseleur.........	919	936
Othon Ier, le Grand, roi de Germanie (936), empereur.....	962	973
Othon II........................	973	993
Othon III.......................	983	1002
Henri II, le Saint............	1002	1024

MAISON DE FRANCONIE

Conrad II, le Salique........	1024	1039
Henri III.......................	1039	1056
Henri IV.......................	1056	1106
Rodolphe de Souabe (anti-empereur)......................	1077	1080
Hermann de Luxembourg (anti-empereur)......................	1081	1088
Conrad, fils de Henri IV (anti-empereur)......................	1090	1093
Henri V........................	1106	1125

MAISON DE SAXE

Lothaire II.....................	1125	1138

MAISON DE SOUABE (HOHENSTAUFEN)

Conrad III.....................	1138	1152
Frédéric Ier, Barberousse...	1152	1190
Henri VI.......................	1190	1197
Philippe........................	1198	1208
Othon IV de Brunswick, anti-empereur (1198-1208), empereur............................	1208	1215
Frédéric II.....................	1215	1250
Henri le *Raspon*, de Thuringe, anti-empereur...............	1247	1250
Conrad IV.....................	1250	1254
Guillaume de Hollande, anti-empereur.......................	1247	1254

Interrègne

Guillaume de Hollande, roi.	1254	1256
Richard de Cornouailles, roi.	1257	1272
Alphonse de Castille, roi...	1272	1273

MAISON DE HABSBOURG

Rodolphe de Habsbourg.....	1273	1291
Adolphe de Nassau...........	1292	1298
Albert Ier d'Autriche.........	1298	1308

MAISON DE LUXEMBOURG ET DE BAVIÈRE

Henri VII de Luxembourg...	1308	1313
Louis V de Bavière...........	1314	1347
Frédéric le Bel d'Autriche, anti-empereur (1314-1325), puis associé à l'empire............	1325	1330
Charles IV de Luxembourg...	1347	1378
Gunther, comte de Schwartzbourg, anti-empereur........	1347	1349
Wenceslas de Luxembourg...	1378	1400
Robert, comte Palatin.......	1400	1410
Josse de Moravie.............	1410	1411
Sigismond de Luxembourg...	1411	1437

MAISON D'AUTRICHE

Albert II.......................	1438	1439
Frédéric III....................	1439	1493
Maximilien Ier................	1493	1519
Charles-Quint.................	1519	1556
Ferdinand Ier..................	1556	1564
Maximilien II..................	1564	1576
Rodolphe......................	1576	1612
Mathias........................	1612	1619
Ferdinand II...................	1619	1637
Ferdinand III..................	1637	1657
Léopold Ier....................	1658	1705
Joseph Ier.....................	1705	1711
Charles VI.....................	1711	1740
Charles VII de Bavière......	1742	1745

MAISON D'AUTRICHE-LORRAINE

François Ier....................	1745	1765
Joseph II.......................	1765	1790
Léopold II.....................	1790	1792
François II.....................	1792	1806

MAISON DE PRUSSE (HOHENZOLLERN)

Guillaume Ier..................		1871

L'empereur Guillaume et son état-major.

— GÉOGRAPHIE. Nous allons aborder maintenant la description géographique de l'Allemagne actuelle, besogne ardue pour diverses raisons, comme on le verra.

Orographie. Les montagnes d'Allemagne dépendent soit du système alpin, soit du système hercynio-karpathien, qui s'y rattache par les Alpes de Souabe. Du noyau central des Alpes suisses, partent ses chaînes qui, sous le nom d'Alpes rhétiques, carniques et noriques, traversent le Tyrol, la Carniole, la Carinthie et la Styrie, avec des branches parcourant l'Algau de Souabe et la haute Bavière ou remplissant le pays de Salzbourg. Ces chaînes font toutes partie du S.-E. de l'Allemagne, dont les plaines même se trouvent à une altitude exceptionnelle. La vallée du Danube, qui marque la limite des Alpes, est tellement resserrée par endroits, qu'on peut regarder les chaînes alpines comme liées, sur divers points de l'Autriche, au système hercynio-karpathien ; les hautes plaines de la Bavière les en séparent, mais les montagnes de la Forêt-Noire rétablissent la liaison, marquée d'autre part par la chute du Rhin. Nous entendons par monts hercynio-karpathiens, d'après Malte-Brun, dont nous suivons la description, le plateau borné à l'O. par le Rhin, au S. par la vallée du Danube, à l'E. par le Dniester, de la pente N. duquel descendent tous les fleuves qui arrosent les plaines de la Pologne, de la Prusse et du Nord de l'Allemagne, et qui occupe une grande partie de la Wetteravie, la Hesse, la Thuringe, la Bohême, la Moravie, la Haute-Silésie, la Haute-Hongrie et la Transylvanie. Il domine au nord les plaines immenses qui, prolongées depuis le Pas-de-Calais jusqu'au Sund, et des rivages de la Baltique jusqu'aux bords du Pont-Euxin, isolent absolument les élévations de l'Europe septentrionale, des Alpes et des autres chaînes méridionales. Autant les montagnes hercyniennes et karpathiennes s'élancent au-dessus des plaines sarmatiques et teutoniques, autant leurs sommets restent au-dessous de la majestueuse masse des Alpes. Considérées de ce côté, elles ne paraissent plus que comme l'avant-terrasse septentrionale des Alpes et la contre-partie de l'Apennin. La différence principalement de cette dernière chaîne, c'est que les Apennins présentent une chaîne non interrompue et assez régulière, tandis qu'elles offrent moins une chaîne véritable qu'une longue suite de plaines élevées sur lesquelles s'élèvent de petites chaînes distinctes et séparées seulement par leurs sommets. L'ensemble du massif s'incline au nord et au nord-est, comme le démontrent les cours de la Vistule, de l'Oder et de l'Elbe ; mais les chaînes supérieures provoquent des irrégularités locales. C'est ainsi que l'*Erzgebirge* (monts Métalliques) de Saxe semble, de se jetant ses pentes rapides vers la Bohême, interrompre l'inclinaison générale ; mais il est aisé de s'assurer, aux cours d'eau, que l'inclinaison se poursuit vers le nord. Mais passons une revue rapide des pays montagneux et boisés constituant le système hercynien, à l'E. de l'Allemagne. Un long chaînon, les monts Sudètes (*Sudetengebirge*), dont un rameau porte le nom de *Gesenkergebirge* ou monts abaissés, se détache du pied des Karpathes, sépare le bassin de l'Oder et la Silésie du bassin de la Moravie et atteint l'extrémité E. de la Bohême, où il se divise pour former une enceinte de montagnes autour de ce pays. Au N.-E. des sources de l'Elbe, le *Riesengebirge* (monts Géants), qui est la continuation de la même chaîne, nous présente, du S.-E. au N.-O., une série de montagnes liées par une base commune et qu'aucune rivière ne traverse ; elle fait face aux plaines de la Silésie et de la Lusace. L'évaluation de quelques sommets du Riesengebirge proprement dit approche de 1,500 m. Tournant vers l'ouest, la chaîne ouvre un étroit passage à l'Elbe, sans atteindre nulle part 1,200 m., sous les noms de *Lausitzergebirge* (montagnes de la Lusace) et d'*Erzgebirge*, jusque vers la source de l'Eger, dominant les plaines de Saxe et les collines de Thuringe ; à son extrémité occidentale, elle se lie à un mont du petit groupe appelé *Fichtelgebirge* (monts des Pins), tourne au S.-E. sous le nom de *Bœhmerwald* (forêt de Bohême), faisant face à la Bavière et au Danube. Une partie du Bœhmerwald offre des sommets de 1,200 m., mais, vers les sources de la Moldau, les montagnes s'abaissent à 600 m., se dirigeant vers le N.-E. pour rejoindre le Riesengebirge par la chaîne des monts Moraves. A l'intérieur de ce bassin du haut Elbe ou de la Bohême, on voit le *Mittelgebirge* (monts du Centre) suivant le cours de l'Eger, avec ses sommets basaltiques de 600 à 750 m. d'altitude. Sortis de la Bohême, il y a plus que de petites chaînes reliées par des collines. Le *Frankenwald* (forêt de Franconie) et le *Thüringerwald* (forêt de Thuringe), suites du Fichtelgebirge, ne dépassent guère 800 m. et sont reliés par des hauteurs de 450 à 600 m. au *Rœhngebirge*, entre la Franconie et la Hesse, dont les sommets, peu supérieurs, se rattachent de même au *Spessart* et au *Taunus* ou *Homburger Hœhe*, encore moins élevés. En continuant le long de la Werra (source de Weser), ce n'est plus qu'une série de plateaux, d'où émerge le *Meisner* (650 m.). Les hauteurs connues sous le nom de monts *Westphaliques*, qui couvrent la Westphalie, une partie de Munster et de Puderborn et finissent vers Minden, ne dépassent pas 350 m. Une sorte de promontoire s'avance vers le nord, dominant les plaines de la basse Allemagne, et se termine par un sommet de 1,000 m. environ d'altitude, le *Brocken*, qui est le point central du *Harz*, groupe qui s'abaissant et ne se rattache vers le S. que par les collines boisées de l'Eichsfeld à Thuringerwald. — Examinons maintenant les liaisons de ces montagnes avec les Alpes occidentales. Le Fichtelberg, berceau des sources du Mein, est relié par une région montagneuse sous le *Steigerwald* forme une saillie vers l'O., au *Rauhe-Alp* (750 m.), qui côtoie le bassin du haut Danube et s'unit en équerre au *Schwarzwald* ou Forêt Noire, qui se détache des Alpes de Constance, s'élève à 1,400 m. m., séparant la vallée du Rhin de celle du Necker, donne ses sources au Danube. Les hauteurs de la Forêt Noire sont séparées par le Necker de celles de l'*Odenwald*, séparées de celles du Spessart par le Mein. La chaîne des *Vosges*, détachée du Jura, et qui, du mont Donon au col de Valdieu, sert ici de frontière à la France, se poursuit sur le territoire allemand, sous le nom de *Donnersberg* (mont Tonnerre); mais un plateau aride, nommé *Hundsrück* (Dos du chien), s'en détache vers le N.-O., borde le bassin de la Moselle, resserre la vallée du Rhin entre Bingen et Coblentz, et se dirige vers le Taunus et le Westerwald. Le plateau des Ardennes, entre la Moselle et la Meuse, après avoir quitté la France et le Luxembourg, pénètre sur le territoire allemand et y forme le plateau de *Hœhe Veen* et le groupe de collines volcaniques qui portent le nom d'*Eifelgebirge*. — Après les montagnes, les plaines. La plus grande est celle qui, sans autre interruption que celles causées par les cours d'eau, remplit la basse Silésie, l'ancienne Lusace, le Brandebourg, où elle offre de véritables mers de sables; la Poméranie et le Mecklembourg, où elle est semée de quelques collines; le Hanovre, où elle présente une hauteur imperceptible, couverte de bruyères, qui, à travers le Holstein, joint les landes centrales du Jutland; enfin la partie basse de l'ancien cercle de Westphalie, où elle pourrait former d'une vaste tourbière, qu'elle offre déjà particulièrement dans tout son ensemble. Cette grande plaine septentrionale de l'Allemagne forme comme un golfe entre le Harz, l'Erzgebirge et la Thuringe; cette plaine saxonne, dont Leipsick est le centre, se distingue du reste par une élévation supérieure d'un sol plus fertile. Dans le milieu de l'Allemagne, les montagnes laissent peu d'espace à des plaines. Le caractère général de cette partie est celui d'un pays riche en vallées verdoyantes, boisées, arrosées de sources limpides et ornées de vues pittoresques d'un genre doux et uniforme. Les vallées du milieu de la Bohême sont peut-être, avec celles de la haute Souabe, les plus imposantes. Les bords du Mein, de la Fulda, de la Moselle, sont les plus riants, et la vallée du Rhin réunit tout le grandiose d'un vaste tableau à l'image d'une haute fertilité. En descendant le Danube, la grande et haute plaine de Bavière étend au loin ses terres froides, mais fertiles, ses marais et ses bois de sapins. Cependant, en entrant sur le territoire autrichien, on voit bientôt serpenter les branches des Alpes; on franchit des précipices, on traverse des défilés, on s'enfonce dans des vallées plus riches et plus variées que celles de la Suisse; et on ne revoit guère plus de plaines qu'en arrivant dans la basse Autriche, au nord de Vienne.

Château de Hohenzollern.

Hydrographie. Nous examinerons maintenant l'ensemble des fleuves qui arrosent l'Allemagne. C'est d'abord le Danube (*Donau*), qui naît sur les hauteurs de la Forêt Noire, de trois sources : le Brignch, la Brèche et le Donau proprement dit, mince ruisseau, réuni dans un bassin de pierre de la cour de Donau-Eschingen, auprès des deux autres. Le jeune fleuve, coulant rapidement à travers une vallée assez ouverte, reçoit au-dessous de la ville d'Ulm l'Iller, et par cette réunion devient navigable. Le Lech et l'Isar, tous deux descendus du pied des Alpes tyroliennes, et qui, en traversant la Bavière, baignent, l'un les murs d'Augsbourg, l'autre ceux de Munich, lui apportent déjà une grande masse d'eau; de sorte qu'après une coudée au nord, près Ratisbonne, il arrive, aux approches de l'Autriche, au-devant de l'Inn. Ici finit la partie supérieure du bassin du Danube. La partie de son cours depuis Passau jusqu'à Vienne doit être considérée comme une région à part : le fleuve, resserré entre des montagnes, n'y a quelquefois qu'une étroite issue; son propre lit, et même celui ci est embarrassé de rochers qui déjà depuis Passau rendent son cours agité et écumeux. Vis-à-vis de Grein, l'îlot rocailleux de Warth divise son cours en deux; le Hœssgang, qui n'est pas navigable, et le Strudel. A peu de distance plus bas, les eaux, encore agitées par la rencontre d'une pointe de rocher, se précipitent d'un côté dans un gouffre appelé le Lueg, et forment de l'autre un tourbillon nommé le Wirbel, plus écumeux que dangereux. Mais en approchant de Vienne, le fleuve s'étend dans un lit plus large, embrasse des îles nombreuses, et ralentit sa course en quittant le sol attenant. L'Ens, son affluent le plus considérable qu'il reçoit du côté méridional, mais il cède encore à la March, qui lui apporte toutes les eaux de la Moravie. — Le Rhin naît dans la partie sud-ouest du canton des Grisons, où tous les ruisseaux portent le nom de Rhein, ou courant, mot qui paraît celtique ou ancien germanique; aussi il est difficile et de plus oiseux de déterminer si le Rhin d'avant (Vorder-Rhein), formé de plusieurs sources au pied du mont Crispalt, branche du Saint-Gothard, et sur les flancs du mont Nixenadum, ou si le Rhin d'arrière (Hinder-Rhein), jaillissant majestueusement de dessous une voûte de glace attenante au grand glacier de Rheinwald, a le plus de titres à être considéré comme la branche principale. Le prétendu Rhein du milieu (Mittel-Rhein) n'est qu'un torrent peu important, dont le nom propre est Froda, et qui tire aussi d'un village voisin le nom appellatif de Rhein ou courant de Medel. Le Rhin d'en bas (Unter-Rhein) a sa source vers l'extrémité occidentale du canton des Grisons, entre les monts Badus et Crispalt, et reçoit dans sa partie supérieure le Rhin du milieu. Le Rhin d'en haut (Ober-Rhein) prend naissance au glacier du Rheinwald, au pied du mont Muschelhorn, et se grossit de l'Albula. La réunion de toutes ces branches forme le fleuve ou bas du mont Galanda. Descendu de ces hauteurs glaciales, élevées de plus de 1,800 m. au-dessus de l'Océan, le Rhin reçoit la partie des Grisons et se jette à un niveau de 370 m. dans le lac de Boden (Bodensee), en français lac de Constance. En sortant de ce lac et de celui de Zell, il rencontre, un peu au-dessous de Schaffouse, un chaînon inférieur des Alpes qu'il franchit en formant, près de Laufen, la célèbre *chute du Rhin*, qui n'a, toutefois, que 2 m. de hauteur. Après sa chute, le Rhin est encore à 320 m. de hauteur; il n'est plus qu'à 228 m. à Bâle. Cette partie de son cours, d'une rapidité extrême, est interrompue par une chute près de Laufenbourg et par le tournant dangereux de Rheinfelden. Le fleuve s'accroît ici par sa réunion avec l'Aar, qui est comme un second Rhin, et qui lui amène presque toutes les eaux glaciales des lacs de la Suisse, masse d'eau plus considérable que celle qu'il reçoit du lac de Constance. Arrivé à Bâle, le Rhin se tourne au nord, et parcourt la belle et riche vallée qui est sort située l'Alsace, une partie du territoire badois, l'ancien Palatinat et Mayence ; c'est son deuxième bassin : son cours y est encore très impétueux jusqu'à Kehl; mais roulant dans un large lit parsemé d'îles boisées et riantes, il prend tout à fait le caractère d'un grand fleuve, il se couvre de bâtiments et de radeaux. A Mayence, il atteint une largeur de plus de 400 m. et, bordé à quelque distance de superbes montagnes chargées de vignobles, il présente un panorama d'une grande beauté. Il reçoit dans cette partie de son cours le Necker, qui lui apporte la plupart des eaux de la basse Souabe, et le Mein, qui, en serpentant par de larges détours, lui amène les eaux de l'ancienne Franconie. Depuis Bingen jusqu'au-dessus de Coblentz, les montagnes resserrent le cours du Rhin; quelques rochers y forment même des bancs et des flots. Le Rhin reçoit, entre autres rivières affluentes, la Lahn, enfoncée parmi des montagnes, et la Moselle, qui, dans ses innombrables détours, débarrassée de basfonds, de marais, de tout objet désagréable, ressemble à un canal que l'industrie aurait conduit exprès autour des prairies et des vignobles, et qui même, sans avoir été l'objet d'un poème, serait célèbre parmi les plus belles rivières du monde. Le confluent de la Moselle avec le Rhin est comme l'extrémité orientale de l'Allemagne romantique; le Rhin roule désormais sa vaste nappe d'eau, large de 600 m., à travers une contrée ouverte et plane; il reçoit encore, en Allemagne, la *Luhr* et la *Lippe*; puis il pénètre en Hollande. — L'*Ens* est un fleuve digne à peine d'être nommé, surtout après le Rhin; il a pourtant son bassin particulier et présente une embouchure imposante dans le golfe Dollart, formé par les eaux d'inondation; son cours inférieur traverse des marécages déserts et des tourbières. — Le *Weser* est formé par la réunion de la Werra et de la Fulda, descendant des montagnes centrales de l'Allemagne. Ce fleuve reçoit l'Aller renforcé de la Leine, comme principal affluent; son peu de profondeur empêche les gros bâtiments de le remonter jusqu'à Brême. — L'*Elbe*, plus important, prend naissance dans le Riesengebirge par plusieurs sources, dont les principales sont la Fontaine Blanche et les onze fontaines de l'Elbe, dont les eaux réunies se précipitent par une cascade de 75 m. de hauteur dans la vallée dite Elb-Grand. Ce fleuve reçoit de Bohême la Moldau et l'Eger, pénètre par le défilé de Winterberg dans les plaines de la Saxe, puis s'accroît principalement de la Saale et de la Mulde, puis du Havel. Tournant alors à l'ouest, l'Elbe, après avoir passé les collines de Lauenbourg, se partage en plusieurs bras qui entourent les îles au sud de Hambourg, puis prend une largeur extraordinaire longtemps avant d'aller se jeter dans la mer du Nord, en face de Cuxhaven. — L'*Oder* prend sa source dans les montagnes de Moravie, au pied du Gesenkesgebirge, traverse d'un cours désordonné la Silésie, le Brandebourg, la Poméranie, formant de vastes marécages et des lacs tourbeux, la Warta, qui, venant de la Pologne, lui apporte une masse d'eau presque égale à la sienne, présente le même caractère; aussi le bas Oder se divise-t-il souvent en branches qui renferment des îles marécageuses. Entre Garz et Stettin, le bras oriental le plus navigable prend le nom de grande Reglitz ou Kranich, tandis que l'autre bras conserve le nom d'Oder, tous les deux se réunissent dans le lac Dammsch, qui en se rétrécissant prend le nom de Papen-Wasser, et se joint à un grand bassin d'eau douce nommé Stettiner-Haff, et que l'usage local partage en grand et petit Haff. C'est un véritable lac fluvial, puisque l'eau saumâtre n'y pénètre jamais; il communique avec la mer Baltique par trois rivières: la Peene à l'occident, la Swine au milieu, et la Divenou à l'est; celle-ci a le moins de profondeur, et la Peene en a le plus. Les rivages de ces bouches de l'Oder ont subi des changements considérables, et plus d'une ville ancienne établie sur leurs sables a été engloutie par les flots. — Nous pourrions encore citer la *Vistule*, qui prend sa source en Autriche dans les Karpathes, entre en Allemagne au-dessus de Thorn et finit par plusieurs bras dans le golfe de Dantzig, n'ayant que son cours inférieur en Allemagne; comme le *Niémen* n'y a guère que son embouchure, dans la Kurische-Haff. — Quant aux lacs, très nombreux en Allemagne, nous nous bornerons à citer les principaux, soit: le lac de Boden ou de Constance entre la Souabe et la Suisse; le lac de Chiem, en Bavière; celui d'Atter, en haute Autriche; celui de Czirknitz, dans les montagnes calcaires de la Carniole; ceux de Dummer et de Steinhuder, dans le Hanovre; de Waren ou Muritz, en Mecklembourg, et la série des lacs formés par le Havel, dans le Brandebourg.

Château de Babelsberg.

— CLIMAT. Au point de vue du climat, l'Allemagne peut se diviser en trois grandes zones. La première est celle des plaines septentrionales, soumises à une température plus humide encore que froide, et surtout variable au gré de tous les vents. Deux mers envoient à cette région leurs brouillards, leurs pluies et leurs tempêtes; mais la plaine du N.-O., exposée à l'influence de la mer du Nord, éprouve à la fois plus de brumes et des froids moins vifs, mais des ouragans plus dévastateurs que la plaine du N.-E., soumise aux influences moins puissantes de la mer Baltique. La seconde zone embrasse tout le centre de l'Allemagne, la Moravie, la Bohême, la Saxe, la Franconie, la Souabe, les pays sur le Rhin et la Hesse. Dans tous ces pays, les montagnes mettent les habitants à l'abri des influences maritimes; la salubrité de l'air n'est plus troublée par des brouillards, l'ordre régulier des saisons interverti par les vents; mais l'élévation du sol y diminue la latitude si on se trouvait au niveau de l'Océan. Cette zone peut se subdiviser en trois régions: celle de la Hesse et de la Saxe, où la vigne se donne plus de peine qu'un produit peu digne de nom de vin, mais où les abricots et les pêches mûrissent; celle de la Bohême avec la Moravie et une partie de la Franconie, où l'élévation des montagnes rend le séjour des neiges plus long, mais aussi l'effet de la chaleur solaire plus prompt et plus puissant, de sorte que tout dépend des expositions; enfin, celle des pays sur le Mein, le Necker et le Rhin, où la vigne, parmi des produits médiocres, en donne aussi d'excellents, où les châtaigniers et les amandiers forment des forêts, et où généralement la belle saison est même plus que dans la France septentrionale, l'abri des changements journaliers; enfin, cette dernière région, dont Mayence, Heidelberg et Wurzbourg sont les villes centrales, jouit du meilleur climat de l'Allemagne et d'un des plus salubres et même des plus agréables de toute l'Europe. La troisième zone est celle des Alpes, où l'élévation considérable du sol et la rapidité des pentes produisent le rapprochement des températures extrêmes; de sorte qu'au sud du Danube, la culture de la vigne disparait en Bavière et dans la haute Autriche; mais reparait avec une nouvelle vigueur aux environs de Vienne, et que les glaciers éternels du Tyrol et du Salzbourg touchent aux vallées de la Styrie et de la Carniole, couvertes de maïs, de vignobles, et reçoivent pour ainsi dire le parfum des oliviers de Trieste et des citronniers de Reif ou Riva. — PROD. NATURELS. — *Minéraux.* L'Allemagne abonde en eaux minérales de toute nature. Nous citerons les eaux thermales d'Aix-la-Chapelle, de Pyrmont, de Carlsbad, de Tœplitz, d'Ems, de Wiesbaden, de Brucknau; les eaux acidulées de Selters, Driboung, Rohitsch; les eaux purgatives de Sedlitz, etc., parmi les plus célèbres. Cela fait, nous passerons aux produits les plus importants du même règne. Les montagnes de la Moravie, de la Silésie et de la Bohême orientale renferment des mines de cuivre et de fer, quelques indices d'or dans les minerais d'arsenic, ainsi que d'argent dans le plomb; elles contiennent des marbres, des charbons de terre, plusieurs pierres fines, par exemple les chrysoprases de Silésie; mais en général, elles ne sont pas riches en métaux. C'est la chaîne qui sépare le bassin de la Bohême des plaines de la Saxe qui a mérité le surnom de *métallique*, et qui est en effet le plus riche dépôt des minerais d'argent dans toute l'Europe. La richesse de ces montagnes en cuivre en étain et en fer n'est pas moins grande; mais l'étain abonde principalement, et dans la meilleure qualité, du côté de la Bohême, dont les mines rivalisent avec celles de l'Angleterre. Au contraire, les mines d'argent de la Bohême, autrefois extrêmement riches, sont aujourd'hui ou épuisées, ou négligées. Les lavages d'or, jadis très productifs, ne sont plus, et en Bohême et en Saxe, que d'une importance très secondaire; mais l'un et l'autre de ces pays produisent toutes les variétés possibles de métaux en quantité plus ou moins considérable; dans l'un et l'autre on trouve également les variétés les plus précieuses de granites, de marbres et de porphyres; des cristaux et des pierres fines parmi lesquelles il faut mentionner les topazes de Saxe et les grenats de Bohême. Les montagnes de la Thuringe et de l'Eischfeld sont peu riches; cependant, on extrait des entrailles du Harz de l'argent, du plomb, du cuivre et du fer, mais le produit diminue d'année en année, et il n'a jamais égalé celui des Monts métalliques. Le fer est le seul métal généralement répandu et exploité dans les montagnes entre le Weser, le Mein et le Rhin; celles du Westerwald en sont remplies; et la Westphalie, avec le duché de Berg, fournit aux fabriques d'armes de Solingen le meilleur acier de l'Allemagne, après celui de la Styrie; mais l'exploitation du charbon de terre et des salines est plus lucrative. Il en est de même dans les montagnes à l'ouest du Rhin, ou dans les dépendances des Ardennes et des Vosges; dans les premières surtout, les dépôts de houilles, qui tiennent à ceux de la Belgique, sont d'une autre importance. Les laves d'Andernach et la cendre volcanique du même endroit, qui sert à faire le ciment nommé *trass*, sont remarquables comme rappelant les nombreux dépôts volcaniques du bassin inférieur du Rhin. Les lavages d'or de ce fleuve et de quelques-uns de ses affluents n'offrent qu'un objet de curiosité. Les mines de la Forêt Noire donnent de l'argent, du cuivre et du fer, mais en petites quantités. Les branches orientales des Alpes qui parcourent les territoires bavarois et autrichien contiennent bien une variété de minéraux; mais deux objets seuls méritent de figurer dans cet aperçu général: l'un, c'est la longue série de sources salées qui depuis Hall, dans le Tyrol, se lie au pied de la chaîne septentrionale des Alpes par Reichenhall en Bavière, et Hallein, dans le Salzbourg, jusqu'à Ischl, en Autriche, au-dessus d'Ems; l'autre est le riche dépôt du meilleur fer de l'Europe, qui se trouve du côté oriental des Alpes noriques dans la Styrie, auquel on doit joindre les grandes mines de plomb dans la Carinthie, et celles du vif-argent près d'Idria, les plus importantes de l'Europe

Infanterie allemande.

après celles d'Almaden en Espagne. — *Végétaux.* Ce sont les forêts qui tiennent le premier rang, car elles couvrent plus d'un tiers de la surface du pays. Le chêne domine dans le centre, où il est accompagné de hêtres, de frênes magnifiques, d'ormes, de peupliers, de pins et de sapins sur toutes les collines; tandis que dans les positions mieux abritées se trouvent les noyers, les châtaigniers, les pommiers, les poiriers et toute sorte d'arbres fruitiers. Les conifères sont plus nombreux, surtout les pins, dans les plaines sablonneuses qu'arrosent l'Oder et l'Elbe. Aux forêts de pins qui, suivant le cours des rivières, se dirigent du N.-O. au S.-E., s'entremêlent ou succèdent de vastes landes couvertes de bruyères, auxquelles s'ajoutent des prairies et les *marsches* ou terrains d'alluvion des côtes maritimes. Les chênes reparaissent sur les collines du Holstein oriental, du Mecklembourg maritime et de l'île de Rugen. Dans le sud, la pente

N. des Alpes offre d'abord le sapin et le mélèze, et plus bas, le pin rouge, le genévrier, des chênes et des hêtres peu vigoureux, des bouleaux; la pente S., qui appartient à l'Autriche, est beaucoup plus riche, s'étendant jusqu'aux vignes de la frontière hongroise et aux oliviers de l'Istrie. — La flore de l'Allemagne, en général, abonde surtout en ombellifères et en crucifères, auxquelles il faut ajouter pour la région alpine les primulacées et les phytéumes. Les plantes bulbeuses réussissent surtout dans les vallées chaudes de l'Autriche ; et les bruyères, les airelles, les genévriers dans les plaines septentrionales. On trouve sur toutes les montagnes moyennes, dans les prés humides, les anémones, les jacinthes, les muguets, les violettes, tandis que le sureau à grappes, le prunier mahaleb, le rosier à fruit pendant, le néflier, le bugénaudier, le cornouiller, le rosier-cannelle, les églantiers, forment les sous-bois et les haies. L'Allemagne moyenne offre surtout un aspect agréable ; la verdure du printemps y dure longtemps, et beaucoup de fleurs et d'arbustes des Alpes semblent suivre le cours des fleuves depuis leurs sources. Ainsi le faux ébénier ne cesse d'embellir les rivages du Rhin et du Danube. Les céréales de toute espèce prospèrent généralement en Allemagne ; le froment et l'orge sont plus cultivés dans le midi, et on préfère à tout autre le froment d'hiver de Bavière ; l'épeautre domine dans le grand-duché de Bade et dans le royaume de Wurtemberg, sur le Rhin et le Mein ; le maïs est répandu en Styrie, en Moravie, dans le Tyrol ; le blé-sarrasin est plus commun dans les sables du nord. La manne (festuca fluitans) est cultivée sur l'Oder. L'Allemagne, prise dans son ensemble, produit certainement au delà de sa consommation, et fournit des exportations à la Suisse, à la Hollande, à la Suède, et à quelques provinces orientales de la France. Si elle pouvait jamais manquer de céréales, la culture toujours croissante de la pomme de terre, déjà immense dans le Nord, suffirait seule pour empêcher le retour des disettes comme celles qu'éprouvèrent jadis la Saxe et la haute Autriche. Les légumes alimentaires abondent en Allemagne, et quelques-uns parviennent à une excellence inconnue dans d'autres pays ; le chou, par exemple, qu'on exporte au loin sous le nom de sauer-kraut, surpasse même les produits de la Belgique, et les Allemands en disent autant des diverses espèces de navets, de carottes, de pois et de fèves. Il est certain que la culture des légumes, particulièrement conforme au caractère patient des Allemands, est poussée à un haut degré de perfection. Le jardinage varie beaucoup selon les climats, et tandis que le riche Holstein en manque, la culture de contrées moins fertiles dans le centre de l'Allemagne se font une source de revenus par la culture d'arbres fruitiers et de légumes culinaires dont la désignation plus spéciale ne peut trouver place ici. Cette nation doit à une grande consommation d'excellents légumes une partie de sa santé robuste. Parmi les plantes utiles, le houblon est un objet de culture extrêmement important; il trouve ici son sol et son climat ; le produit excellent, surtout aux environs de Brunswick, dans la Bohême et dans la Franconie bavaroise, suffit aux nombreuses brasseries qui soutiennent encore leur antique renommée. La culture du tabac n'est pas poussée à une grande perfection, et le tabac indigène reste très inférieur à celui de l'Amérique et de la Macédoine. La garance de Silésie, le safran d'Autriche, la gaude d'Erfurt, les diverses autres plantes teinturières, aujourd'hui peu recherchées dans les arts, ne sont plus l'objet d'une culture aussi générale. Les vignobles de l'Allemagne ont déjà été indiqués dans nos observations sur les climats. Ceux qui bordent le Rhin et le Mein ont toujours de la célébrité ; le pays même ; le Johannisberg, le Nierenstein, le Leiste, le Stein et autres, sont vantés par tous les géographes et les voyageurs. Tout le nord de l'Allemagne, malgré cela, consomme généralement des vins de la Garonne, introduits par Brême, Hambourg et Stettin. La Silésie boit, comme la Pologne, les vins de Hongrie. Les vignobles de l'Autriche, de la Styrie et du Tyrol, peut-être inférieurs en qualité, produisent un grand profit au pays. Les raisins du bord de la Moselle, du Necker, du lac de Constance, ne donnent qu'un vin plus ou moins médiocre, et les vignobles de Naumbourg, de Gruneberg, ne produisent, comme ceux de Witzenhausen et de Iéna, que du vinaigre. Une culture plus généralement conforme au climat est celle des arbres fruitiers, surtout celle des pommiers, des cerisiers, dans le nord ; des châtaigniers, des amandiers et des pêchers dans la zone centrale ; elle n'est pourtant pas florissante. —

Cavalerie allemande.

Animaux. Dans un pays aussi riche en pâturages, les bestiaux constituent naturellement une des productions les plus importantes. Les bœufs de l'Allemagne sont principalement de deux races : l'une est celle des Alpes, répandue en Autriche, en Bavière, dans le Tyrol et à Salzbourg, où elle est élevée et nourrie absolument à la manière suisse ; mais, chose singulière, au milieu des pâturages aromatiques, elle donne moins de lait et des fromages moins recherchés ; l'autre est celle dite d'Ostfrise, qui s'est propagée en Westphalie, en Holstein, et dans tous les terrains les nommés *marsches*; mais les animaux à chair délicate et à formes gigantesques viennent du Jutland. Le bœuf vraiment indigène est d'une espèce peu remarquable. Dans le pays de Hohenlohe, il y a des bœufs de race suisse dont la chair est excellente. Ceux de la Styrie semblent être d'origine hongroise. Les bêtes à cornes sont estimées, dans les statistiques, à 13 ou 18 millions. Le nombre des bêtes à laines s'élève jusqu'à 30 millions, et le croisement de races est porté très loin, surtout en Saxe et en Silésie. Le cochon, de trois variétés, fourmille en Westphalie, en Bavière et dans la Poméranie. Le cheval allemand, plus remarquable par sa beauté que par sa beauté, est l'objet des soins particuliers du cultivateur allemand ; la race de Mecklenbourg et de Holstein est recherchée pour la remonte de la grosse cavalerie et pour les voitures, celle de l'Ostfrise a des formes plus grossières. La Styrie d'autres provinces voisines des Alpes donnent des chevaux très robustes et très sûrs pour grimper à travers les montagnes ; mais en Bavière on élève maintenant des chevaux propres à la course. La cavalerie légère doit se pourvoir en Pologne et en Ukraine. La volaille abonde dans la plupart des provinces; la Styrie vante ses dindes et la Bohême ses faisans ; la Poméranie produit des couvées d'oies, qui ne manquent pas non plus en Westphalie. Les forêts et les bruyères fourmillent de gibier de toute espèce. Les essaims d'oies sauvages deviennent quelquefois un fléau, dans le nord surtout, où les cigognes jouissent d'une vénération populaire. Le héron habite les bords du Rhin ; l'aigle des Alpes, diverses espèces de faucons, de chats-huants et de corbeaux, distinguent les forêts et les montagnes de l'Autriche, où le *parus pendulinus* suspend aussi ses nids. En général, tous les oiseaux des Karpathes et des Alpes sont communs à l'Allemagne méridionale ; tandis que les plaines germaniques du nord sont plus particulièrement peuplées d'oiseaux qui habitent les rivages de la Baltique. L'industrie allemande, et surtout celle des Tyroliens, fournit des serins, dits oiseaux des Canaries, à tout le nord de l'Europe. La pêche maritime de l'Allemagne est peu considérable, quoique l'activité de quelques navigateurs de Hambourg, d'Altona, d'Ebnaden, aille chercher la baleine jusque parmi les glaçis du Groenland, et les essaims de harengs sur les bancs Shetland. Les délicieux poissons de la Baltique, communs à la Prusse, au Mecklembourg et au Danemark, ne doivent point trouver place ici. Nous jetterons seulement un coup d'œil sur la pêche fluviale des Allemands ; elle est très considérable. Le Danube possède ses énormes husons, toute une foule d'autres poissons, parmi lesquels diverses espèces de *cyprinus* et de *perca* lui sont particulières ; mais l'anguille est bannie de ses eaux et de ses affluents. L'excellent saumon, qui abonde surtout dans l'Elbe, se trouve aussi dans l'Elbe et le Weser. On distingue parmi les poissons de l'Elbe et parmi ceux du Weser, le véron. Les rivières du Harz et de l'Erzgebirge sont riches en truites et en loches ; l'Oder des esturgeons ; les lacs de la Poméranie et du Mecklembourg en murènes. On vante les lamproies de Lunebourg, le saumon argenté du Chiem, l'ombre bleu du lac Wurm, etc. — Parmi les fauves, les aurochs et les élans ont disparu de l'Allemagne, où l'on trouve encore le petit ours, le lynx, le chat sauvage, le blaireau, le loup qui descend principalement des Karpathes et des Ardennes, a peu près disparu du centre ; les hamsters pullulent en Saxe, et un peu partout les mulots et les rats d'eau. On y trouve encore, mais en assez petite quantité, les renards, les castors et les martres, ainsi que le bouquetin et le chamois ; mais les marmottes sont en grand nombre dans la haute Bavière et le Tyrol. Les fauves des Karpathes et des Alpes se réunissent d'ailleurs, généralement, dans les montagnes du sud-est.

Moulin de Sans-Souci.

— INDUST. ET COMM. L'exploitation de ses mines et de ses carrières, ainsi que les produits alimentaires et ses nombreuses usines métallurgiques et ses chantiers, forme en quelque sorte la base de l'industrie allemande, ou du moins l'une des branches les plus importantes. Il suffit de citer la grande fabrique de canons de M. Krupp, à Essen, pour rappeler à quel degré la perfection y a été portée la métallurgie du fer et sa transformation en acier par le procédé rapide de M. Bessemer, ainsi que les développements donnés par cette maison à la manufacture des canons monstres et des blindages destinés à résister à leurs coups. En dehors des industries minière et métallurgique, les manufactures d'étoffes de lin, de chanvre, de coton, de laine, de soie, comprenant la filature, le tissage, la teinture, l'impression, etc., ont une très grande importance générale. Il y faut ajouter des minoteries, distilleries, raffineries, tanneries, fabriques de papier, de tabac, verreries, poteries, fabriques de produits chimiques, de meubles, de tabletterie et bimbeloterie, de jouets, d'instruments de musique et de précision, etc. — Le commerce allemand, favorisé par de bonnes voies de communication, des institutions intelligentes, et surtout l'instruction donnée aux jeunes gens qui s'y destinent, est certainement dans les meilleures conditions de succès. Avant la restauration de l'empire, une association douanière (Zollverein), fondée en 1833, réunissait tous les États de la Confédération germanique sur les bases d'une législation douanière uniforme avec recettes communes et de la liberté commerciale intérieure. Aujourd'hui, le Zollgebiet a remplacé le Zollverein tout naturellement, c'est-à-dire que l'empire constitue un territoire douanier, auquel, en attendant mieux, le Luxembourg est rattaché, avec 8,250 kilom. de frontières. La marine marchande allemande compte 5,200 navires, dont 260 vapeurs, jaugeant un million et demi de tonneaux. Les principaux articles d'exportation sont les tissus, les vêtements, matières textiles, céréales, farines, bétail, métaux, combustibles, bois d'œuvre, peaux, cuirs, produits chimiques, machines, meubles, tabletterie, bimbeloterie, bijoux à bas titre, bières, liqueurs, etc.

Monument de Gœthe à Berlin.

— ORGANISATION POLITIQUE ET MILITAIRE. La constitution du 16 avril 1871 porte que l'Allemagne forme une unité nationale composée des vingt-six États plus haut mentionnés, sous le nom d'empire d'Allemagne. La direction suprême des affaires politiques, avec droit de déclarer les guerres défensives et de conclure la paix, est confiée au roi de Prusse, qui prend le titre d'empereur d'Allemagne. Les lois de l'empire priment celles des États, et sont exécutoires des leur promulgation. De même la nationalité allemande prime celle des États ; c'est Allemand, en un mot, avant d'être Prussien, Badois ou Saxon. L'empereur a la plénitude du pouvoir exécutif ; le chancelier seul est responsable, les ministres ne le sont point. Le pouvoir législatif est réparti entre les représentants des États formant le conseil fédéral (Bundesrath) et les représentants de la nation allemande, formant la diète (Reichstag). Les premiers sont nommés à chaque session ; ils sont plus ou moins nombreux, suivant l'État qu'ils représentent, mais leurs voix sont toujours groupées pour ou contre la mesure en discussion. Les seconds sont élus pour trois ans par le suffrage universel direct. — Les recettes et les dépenses de l'empire sont communes ; c'est-à-dire que le budget de l'empire est composé des budgets particuliers des États. Les revenus de l'empire s'élèvent annuellement à 475 millions de marks environ. — Tout Allemand doit le service militaire « sans exception ni substitution ». La durée du service est de 7 ans, à partir de l'âge de 20 ans, dont 3 ans passés sous les drapeaux et 4 dans la réserve ; il passe ensuite 5 ans dans la landwehr (armée territoriale), et le reste de sa vie dans le landsturm (levée en masse), qui se divise en deux classes, la première comprenant les hommes de 33 à 42 ans, et la seconde ceux qui ont dépassé 42 ans. Sur le pied de paix, l'armée allemande est actuellement de 418,000 hommes environ et de 80,000 chevaux, sur le pied de guerre, de 1,425,300 hommes et de 300,000 chevaux ; l'arrière-ban, dont on estime le contingent à 1,800,000 hommes, n'est pas compris dans ces chiffres. — La marine allemande, en voie de développement, compte environ 80 navires de guerre, avec 530 canons. Les équipages de la flotte, recrutés par un système ayant beaucoup de rapport avec le nôtre (inscription maritime), se composent d'environ 6,000 hommes. L'Allemagne a trois ports de guerre : Kiel et Dantzig sur la Baltique, et Wilhemshafen sur la mer du Nord.

ALLEMAND, ANDE, subst. et adj. (de *Allemagne*). Ce qui appartient à l'Allemagne ou à ses habitants. *La littérature allemande, la musique allemande.* — Nom des habitants eux-mêmes. *C'est un Allemand. La plus grande partie des balayeurs de Paris sont des Allemands.* S'empl. souvent en mauvaise part. *Quel Allemand !* On dit alors plutôt PRUSSIEN. — Prov. *Querelle d'Allemand.* Querelle cherchée avec intention, sans sujet sérieux. *Une tête d'Allemand,* une tête dure, une intelligence lente et obtuse. Se dit aussi d'un entêté. — *Le haut allemand,* la langue allemande épurée, perfectionnée par les bons écrivains et qui l'on parle dans toutes les villes d'Allemagne. *C'est du haut allemand pour moi ;* c'est une chose à laquelle je ne comprends rien. — On dit aussi : *C'est du grec, du chinois,* etc. — S. f. Sorte de danse à deux temps, d'abord spéciale à l'Allemagne et qui a passé depuis dans plusieurs autres pays. Elle s'exécute sur un mouvement *allegretto* assez vif. Ce terme s'applique également aux morceaux de musique écrits pour ces motifs de danse.

ALLEMANDERIE, s. f. Technol. Nom donné à une sorte de petite forge où on réduit le fer en barres. — C'est aussi le nom qu'on donne aux ateliers où ces forges sont en activité.

ALLEMANDS (LES), par le Père DIDON, dominicain. 1 vol. Étude des plus sérieuses et des plus instructives sur nos voisins, nos vainqueurs d'hier et nos adversaires de demain. Le père Didon est allé s'asseoir sur les bancs des universités allemandes, à Leipzig, à Gœttingen, à Berlin, et il a étudié l'Allemagne, non point seulement à la surface, mais en son fond même, sans haine ridicule, sans colère aveuglante, en patriote raisonnable qui comprend combien il est absurde de rabaisser injustement un ennemi. Il montre toutes les institutions concourant à ce seul but : la patrie allemande. C'est dans les universités que se façonne l'Allemagne intelligente et dirigeante. Elle façonne les chefs. Le jeune homme, à l'université, prend conscience de sa race. Il entre en communion avec les poètes, les savants et toutes les individualités puissantes qui sont la personnification la plus haute de la patrie. Quant à l'armée, le père Didon explique que nous ne semblons qu'elle la connaître. Nous n'y voyons qu'une machine organisée allemande, n'est que l'expression de l'esprit général de ce peuple : l'esprit de respect et d'obéissance passive. La race germaine ne critique pas, elle obéit. On retrouve ce phénomène dans la politique, dans les affaires, comme dans l'armée, dans la vie publique comme au foyer. — On ne peut que s'associer à la patriotique conclusion du savant dominicain : « Que ne donnerait pas tous les patriotes, dit-il, pour que la France réalisât enfin ses grands rêves et pût avec orgueil bientôt montrer aux nations qui l'avoisinent le type d'un peuple nouveau, où la fraternité se prouve par une bienfaisance universelle, l'égalité par le règne inflexible de la loi et la liberté par l'initiative personnelle et une large tolérance ! » Ce livre a produit le plus grand retentissement en France et à l'étranger.

ALLENDÉE, s. f. Bot. Genre de plantes de la famille des composées, comprenant plusieurs sortes d'herbes du Mexique, couvertes d'un duvet soyeux et à feuilles largement lancéolées.

ALLÉNISTES, s. m. pl. Hist. relig. Nom d'une secte dissidente de l'Église écossaise, fondée en 1769 par James Allen. Les allénistes ne diffèrent point d'opinions avec les glassistes, mais ils pratiquent les prescriptions de leur doctrine avec plus d'exactitude et de rigidité.

ALLENTHÈSE, s. f. Pathol. Se dit de la pénétration de corps étrangers quelconques dans l'organisme.

ALLER, v. n. Se transporter, se mouvoir, marcher. Au sens pr., ce verbe se dit de tout mouvement de locomotion ou de translation, aussi bien en parlant des êtres animés que des corps quelconques. — Au fig., il renferme toujours une idée de progression. Quelques exemples feront d'ailleurs mieux comprendre les multiples applications de ce verbe, qui est très irrégulier. (Au prés. de l'ind., *je vais* ou *je vas, tu vas, il va, nous allons, vous allez, ils vont* ; au futur, *j'irai,* etc.) *Il allait doucement. Son cheval allait au grand galop. Il vaut mieux aller seul que d'aller en mauvaise compagnie. Légère et court-vêtue, elle allait à grands pas. Tu ne sais pas tout ce que je sens de jouissance à le voir aller et venir.* (Balzac.) — Vivre, durer, en parlant des personnes ou des choses. *Ma tante ira jusqu'à l'éternité.* (Mme de Sévigné.) — Avoir des forces, de la vigueur, de la santé. *Il va bien. Il ne peut plus aller. Comment va votre santé ?* (Acad.) *La digestion va bien.* (Acad.) — Se dit aussi en parlant des affaires. *Le commerce va bien mal en ce moment. L'empire romain allait en décadence.* (Bossuet.) — Faire des progrès, en parlant des études. *Ce jeune homme va bien ; il sera docteur avant un an.* — Continuer, avancer, soit dans le bien, soit dans la voie des excès, des dérèglements, du crime même. *Allez toujours, Dieu est avec vous.* (Bossuet.) *Allez bien, jeune homme, dans douze ans vous serez ruiné. De la manière dont nous allons, nous finirez dans les maisons centrales.* — Exécuter un mouvement régulier, une allure imprimée naturellement ou artificiellement. *Ses moulins, assis sur les rivières de Provins, allaient toujours. C'est un bâtiment qui va à la voile et à la vapeur.* — Couler vers un endroit déterminé. *Ces fleuves vont à la mer.* — Se rendre dans un lieu déterminé en parlant des personnes. *Je m'en vais à Rennes faire mon volontariat d'un an. Ces gentilshommes allaient au feu comme ils seraient allés au bal.* (E. Sue.) S'emploie également au fig. *Tous les jours vont à la mort. Il n'y a pas de route plus sûre pour aller au bonheur que celle de la vertu. Agneau sans tache, elle allait au ciel, ne regrettant ici-bas que sa fille.* (Chateaubriand.) — Aboutir. *Ce sentier va à la fontaine.* (Acad.) — Dans bien des cas, le v. ALLER est suivi d'un infinitif qui en précise la signification et est même complétement explétif. *Quelle diable d'idée tu t'es allé mettre dans la cervelle !* (Molière.) *Je partis le jour même de Vernon pour l'aller voir.* (Mme de Staël.) — Se préparer, être prêt à faire quelque chose. *Il allait monter à cheval. Je vais publier le deuxième volume de mon roman.* — S'aviser de quelque chose. *N'allez pas vous y fier. Voyez où j'en serais si elle allait croire cela !* (Molière.) — S'étendre. *Cette forêt va jusqu'à le rivage jusqu'à la rivière.* — Avoir une certaine conformation. *Il avait une tête dont le sommet allait en forme de cône. Cette étoffe va en pointe.* — S'élever, atteindre. *Les nouvelles levées vont à trente mille hommes.* (Acad.) *La dépense ira assez loin.* — S'emploie aussi au figuré dans ce sens : *La haine qu'ils avaient pour les Romains allait jusqu'à la fureur.* (Bossuet.) *Dieu, sans aller jusqu'à l'impossibilité, va jusqu'au miracle.* (Lacordaire.) — Se dit aussi de la concordance d'une chose avec une autre. *Cette coupe de barbe lui va bien. Ce chapeau ne lui va pas. Le bleu et le rose vont bien ensemble.* (Acad.) — Approcher d'un certain âge. *Ce cheval va sur quatre ans.* (Acad.) — Marcher, fonctionner. *Il faut cent mille francs pour faire aller un dictionnaire.* — S'adapter. *Cet habit ne m'ira jamais.* — Plaire, convenir. *Voilà une chose qui me va. Cette demoiselle m'irait bien.* — Ne pas craindre quelque chose. *Ce soldat va hardiment au feu. Cette porcelaine va au feu.* — Travailler. *Je ne vais pas vite en besogne.* — VA, ALLONS, ALLEZ, impérat. du v. ALLER. Mots qui se disent pour engager quelqu'un à partir, à se hâter. *Allez, vous n'avez que le temps. All right! tout va bien; allez, détachez-moi l'ancre et la corde.* (H. de Gr.) — S'empl. dans un grand nombre de locutions : *Allons donc!* ou simplement *Allons!* témoignage d'incrédulité. — *Aller de pair*, être au même niveau, de même capacité. — *Aller loin*, faire son chemin dans la vie, ou encore, avoir de graves conséquences. *C'est une affaire qui peut aller loin.* — *Ne pas aller à la cheville de quelqu'un ou de quelque chose*; être inférieur. — *Aller aux nues*, avoir un grand succès. *Sa pièce est allée aux nues.* — *Aller son bonhomme de chemin*, continuer quelque chose sans se troubler ni se déranger. — *Aller bon train*, avancer rapidement. — *Aller grand train*, faire des dépenses. — *Aller contre*, être en opposition. — *Aller cahin-caha, clopin-clopant, n'aller que d'une aile*, aller doucement avec des anicroches, ne marcher que par saccades. — *Aller de mal en pis*, de plus mal en plus mal. — *Aller droit*, aller son droit chemin, se conduire honnêtement. — *Aller contre vent et marée*, aller contre tous les obstacles. — *Va comme je te pousse*, se dit d'une chose faite sans goût. — *Aller à vau-l'eau*, être abandonné à tous les hasards. — *Aller où le roi va à pied, où l'on ne peut envoyer personne à sa place*, aller aux latrines. — *Aller à la selle, à la garde-robe*, m. signif. — *Aller au plus pressé*, s'occuper des choses urgentes. — *Allez au diable!* expression d'impatience signif. laissez-moi tranquille. — *Aller au diable vauvert*, V. VAUVERT. — *Allez vous promener!* laissez-moi en repos. — *Aller aux voix*, recueillir les votes. — *Aller au-devant*, prévenir. — *Aller au fond des choses*, chercher le sens le plus caché des choses. — *Y aller*, agir, aller quelque part. *Tu veux y aller carrément.* — *Y aller rondement*, sans feinte ni détour; on dit aussi *y aller de bon cœur, franc jeu bon argent*, etc. — *N'y pas aller de main morte*, ne pas plaisanter. — *Faire aller*, se moquer de quelqu'un en le faisant courir de tous côtés. — *Laisser aller*, ne pas retenir. — *Se laisser aller*, s'étendre négligemment dans un fauteuil. Au fig., se laisser glisser, s'abandonner; se prend le plus souvent alors en mauvaise part. — *Se laisser aller au vol, à la prostitution.* — En parlant d'une jeune fille, se laisser séduire. *La pauvre enfant s'est laissée aller aux promesses du don Juan.* — Dans une acception plus large, être crédule, se laisser déterminer à tout ce qu'on vous conseille. — Impersonn. *On y va. On va y aller. Il y va de ma réputation. Il y allait de la vie de deux mille soldats.* — ALLER entre aussi dans la composition d'un grand nombre de locutions diverses, par ex. : *Aller à la chasse avec un fusil de toile*, signif. en arg. aller mendier. — Au jeu, *y aller* signif. jouer, lorsque l'on est libre de prendre part à la partie. — En escrime, *aller à l'épée*, se dit d'un tireur qui fait de trop grands mouvements avec son épée. *Aller à la parade, à la riposte*, se préparer à riposter, à parader. — En vén., *aller au bois*, aller la veille détourner un animal; *aller au gagnage*, se dit de la bête qui va dans les champs pour y viander; *aller de hautes-erres*, se dit d'une bête passée depuis plusieurs heures; *aller d'assurance*, bête qui marche franchement sans être troublée ou inquiétée; *aller au vent*, se dit des chiens qui lèvent le nez en courant.

— S'EN ALLER, *v. pr. irr.* (*je m'en vais, j'irai, nous allons, nous irons*, etc., se conj. comme le v. ALLER aux autres temps). Partir, quitter un lieu, abandonner un endroit. *Où donc t'en allais-tu par cette nuit sombre?* (Musset.) *Un mort s'en allait tristement.* (La Fontaine.) — Au fig., sign. défaillir. *Soutenez-le, il s'en va.* Se dit aussi pour mourir doucement : *Il s'en va sans avoir perdu un instant connaissance.* — En parlant des choses, s'écouler doucement ou précipitamment. *Venez, votre lait s'en va tout entier sur le feu. Toute l'eau s'en est allée par le trou. Si votre fiole n'est pas bien bouchée, l'esprit s'en ira.* — Suivi d'un infinitif, il marque un futur prochain. *Il semble qu'il est en vie et qu'il s'en va parler.* (Molière.) — Prov. *Va-t-en voir s'ils viennent, Jean!* marque une désillusion, un découragement profonds. — Gramm. Le verbe S'EN ALLER perd l'un de ses pronoms quand il est employé à l'infinitif après faire. Ainsi, on doit dire : *faire en aller tout le monde*, et non : *faire s'en aller tout le monde.* Pourtant, l'Académie admet la locution. *Cette essence fait en aller les taches*, et non *s'en aller.* L'Acad. dit aussi que le v. être s'est employé pour *aller*, mais elle n'autorise la substitution que pour les temps composés. Corneille a donc eu tort en disant :

Il fut jusques à Rome implorer le Sénat…

L'impératif *va* prend l'*s* euphonique devant *y* et *en*. *Vas-y* (Acad.) *Vas en prendre la défense.* — On dit aussi : *va-t'en*, etc.

ALLER, *s. m.* Action d'aller, de marcher, de se transporter. Résultat de cette action. Se dit principalement par opposition à *venir* et à *retour*. *Il lui faut deux heures pour l'aller et le retour.* Ce mot se trouve dans un certain nombre de locutions. — *Billet d'aller et retour*, billet que l'on délivre dans les gares de chemins de fer, avec lequel on a le droit de circuler sur un parcours déterminé d'un lieu à un autre, sans redemander de billet pour revenir. — *Pis aller*, chose dont on se sert à défaut de mieux, de supérieur. *Vous ne risquez rien, vous avez un bon pis aller.* (Acad.) — *Être le pis aller de quelqu'un*, être la dernière personne à laquelle quelqu'un puisse s'adresser pour obtenir une certaine chose qui lui a déjà été refusée par d'autres personnes. — *Au pis aller*, loc. adv. En mettant les choses au pis. *Au pis aller, il en sera quitte pour une amende.* (Acad.)

ALLETZ (PONS-AUGUSTIN), compilateur français, né à Montpellier en 1703, mort à Paris en 1785. Il a laissé plusieurs œuvres, notamment un *Dictionnaire portatif des Conciles*, un *Dictionnaire théologique* et un *Abrégé d'histoire grecque*. Il a également écrit plusieurs ouvrages d'éducation.

ALLEU, *s. m.* (du gr. *a* priv. et *lodiis*, leude, ou, suivant d'autres, du danois *all od*, bien en toute propriété). Bien que l'on possédait en toute propriété et qui n'imposait aucune obligation au possesseur, par opposition au fief, qui était la terre reçue d'un supérieur à titre de récompense, et qui obligeait envers lui à certaines charges. Les premiers *alleux* paraissent dater de la conquête des Germains, et ce furent sans doute les terres que s'approprièrent les vainqueurs au moment de leur établissement. Les propriétaires d'alleux étaient appelés *hommes libres*, par opposition aux *vassaux* qui possédaient les terres à titre de fief. Au Xe siècle, il n'y avait presque plus d'alleux, ni en France ni en Allemagne. L'usurpation, le besoin de protection si pressant dans ces siècles de guerre, et le progrès de l'organisation féodale avaient converti en bénéfices presque toutes les terres indépendantes. Les propriétaires d'alleux allaient eux-mêmes trouver les puissants seigneurs et les leur offraient à titre de fief, demandant en échange leur protection contre tous. Les alleux étaient, malgré leur indépendance, soumis à la juridiction du seigneur justicier. Sous ce dernier rapport, il y avait une différence : les alleux nobles qui avaient justice annexée et censive ou fiefs qui en dépendaient, et les alleux roturiers qui n'avaient ni justice annexée, ni censive, ni fiefs dépendant d'eux, mais qui ne devaient rien à aucun seigneur. Les petits propriétaires d'alleux, c'est-à-dire les hommes libres de condition moyenne, étaient tombés, par la tyrannie des comtes, dans une condition pire que celle des colons et des serfs.

ALLEUDIAL, IALE, *adj.* V. ALLODIAL.

ALLEVARD, ch.-lieu de canton du départ. de l'Isère, à 40 kilom. de Grenoble; 3,150 hab. On voit aux environs les ruines du château où naquit Bayard. Forges, hauts fourneaux et fonderies de fer. Célèbres sources d'eaux minérales, d'ailleurs connues et employées depuis une cinquantaine d'années; elles sont sulfurées, calciques et contiennent des traces d'iode. Elles proviennent d'une seule source qui donne 4,000 hectolitres par vingt-quatre heures. L'eau d'Allevard a une odeur plus forte et un goût moins prononcé que l'eau d'Enghien; elle est fraîche, hépatique, un peu astringente et salée; les malades s'y habituent facilement. Elle excite la vitalité, la circulation et les actes nutritifs, spécialement les fonctions de la muqueuse et de la peau. Elle occasionne même quelquefois la *fièvre thermale* et la *poussée*. L'eau d'Allevard se prend en boisson, en bains, en douches et en inhalations dans un établissement thermal très bien distribué et aménagé à cet effet. Les applications thérapeutiques de l'eau d'Allevard sont celles des eaux sulfureuses en général : maladies de la peau et de l'appareil respiratoire. Le Dr Niepce déclare avoir obtenu les plus grands succès dans le traitement de la phtisie, et n'avoir jamais vu survenir d'hémoptysies après l'usage de ces eaux comme à Eaux-Bonnes. Le Dr Laure, de son côté, affirme, d'après sa longue expérience personnelle, que « l'eau d'Allevard bien administrée peut enrayer la marche de la phtisie, aider à l'expulsion du tubercule et soulager encore dans la période hectique. » L'eau d'Allevard est encore conseillée en boissons et en inhalations contre les affections du larynx, les aphonies, les angines, les catarrhes bronchiques, les pleurésies chroniques, l'asthme, et en bains et en douches contre les rhumatismes, la leucorrhée, etc. Les eaux d'Allevard se conservent très bien et peuvent se boire transportées. — On trouve, dans les environs d'Allevard, de beaux gisements de minerais de fer d'excellente qualité, encaissés dans le micaschiste et fondus en partie par les hauts fourneaux de la localité. Les forges et hauts fourneaux d'Allevard fabriquent des fontes aciéreuses, des aciers et des fers estimés. Les filons de minerai de fer d'Allevard, de Vizille, d'Allemont, ont pour orientation dominante E. 30° S.; leur puissance est variable; rarement elle dépasse de 2 à 3 mètres; le minerai est presque partout du *fer spathique* (carbonate de fer ou sidérose cristallisée), transformé à sa surface en hydroxyde de fer ou *mine douce*. Dans ces minerais manganésés, on distingue deux variétés : les *rives* (petites lamelles cristallines) et les *maillats* (grandes lamelles). C'est sur la commune d'Allevard et dans les communes limitrophes que se trouvent les principales concessions de minerai spathique, dit minerai d'Allevard; ces concessions sont : *La Croix-Reculet, Col-Phoné, les Envers-Nord, les Envers-Sud, l'Eteiller, le Fayard, la Feuillette, Génivelle, Grand-Champ, l'Occiput, Paturel, Planchanet, la Rivoire, Rossignol, Saint-Pierre-d'Allevard, le Taillet, les Tavernes*, etc. Ces minerais sont en partie fondus à Chasse, à Givors et au Creusot.

ALLEVURE, *s. f.* Petite monnaie ayant cours en Suède et dont la valeur est d'un demi-centime environ.

ALLIA, géogr. anc. Nom d'une petite rivière de l'ancienne Italie, affluent du Tibre, et célèbre par la victoire remportée par les Gaulois commandés par Brennus sur les Romains, qui avaient Quintus Fabius à leur tête (vers l'an 390 av. J.-C.). Les Gaulois avaient mis le siège devant Clusium, ville d'Etrurie; les Clusiens demandèrent à Rome son appui, et la puissante cité, qui se croyait réellement maîtresse de toute l'Italie, envoya comme ambassadeurs aux Gaulois les trois fils de Fabius Ambustus. L'aîné ayant demandé à Brennus, chef de l'armée envahissante, quels droits les Gaulois possédaient sur Clusium, celui-ci lui répondit fièrement : « Les mêmes que vous sur toutes les contrées que vous avez envahies. Nos droits sont écrits sur la lame de nos glaives : tout appartient aux braves. » Cette mâle réponse plongea les ambassadeurs dans une fureur folle, ils excitèrent les Clusiens à la guerre et combattirent même au premier rang, oubliant ainsi le caractère de médiateurs dont Rome les avait revêtus. Mais, reconnus dans la bataille par les Gaulois, Brennus, outré, envoya demander à la république que les trois ambassadeurs qui avaient trahi et violé leur mission lui fussent livrés. Le sénat n'osa prendre aucune décision et laissa au peuple la solution de l'affaire; le peuple prit parti pour les ambassadeurs, qu'il nomma même tribuns l'année suivante. Cette insolente bravade acheva d'exciter l'exaspération des Gaulois qui, abandonnant aussitôt le siège de Clusium, se dirigèrent immédiatement sur Rome, répandant l'effroi et la crainte à mesure qu'ils s'avançaient. L'orgueilleuse république affecta de dédaigner cet ennemi qu'elle ne connaissait point encore, et n'opposa qu'une armée de 40,000 hommes mal composée et mal commandée, aux 70,000 guerriers de Brennus. Les deux armées se rencontrèrent à quatre lieues de Rome, au confluent du Tibre et de l'Allia. Quintus Fabius, qui commandait les Romains, ne prit aucune précaution contre cette troupe qu'il regardait comme barbare et inhabile au maniement des armes; il ne fit pas retrancher son camp et étendit ses ailes outre mesure, ce qui affaiblit beaucoup le centre de son armée. Au point du jour, la bataille

Bataille de l'Allia.

s'engagea; les Romains firent d'abord bonne contenance, mais effrayés par les longues chevelures flottantes, l'aspect sauvage et les cris effroyables des Gaulois, ils se débandèrent. Une partie essaya de traverser le Tibre, mais le plus grand nombre des soldats, alourdis par leurs armures, se noyèrent; les autres tombèrent sous les coups des longues épées gauloises. Une autre partie de l'armée se réfugia dans Rome avec tant de précipitation, qu'on oublia de fermer les portes, si bien que les Gaulois auraient pu entrer derrière eux dans la ville, et sans coup férir. Malheureusement, les vainqueurs perdirent trois jours à piller le camp ennemi. Ce court délai put pourtant le salut de la république.

ALLIABLE, adj. Qui peut être allié. Ce metalloïde est alliable. — Au fig., Qui est mélangé. La joie et la douleur ne sont pas plus alliables que l'eau et le feu.

ALLIACÉ, ÉE, adj. (rad. allium, ail). Qui tient de l'ail; qui a l'odeur de l'ail. Odeur alliacée. Ce gigot a une odeur alliacée un peu trop prononcée. — S. f. pl. Bot. Genre de la famille des liliacées qui a pour type principal la tribu des aulx.

ALLIAGE, s. m. (de allier). On désigne sous le nom d'alliages les produits qu'on obtient par l'union de certains métaux entre eux. Les caractères généraux des alliages sont analogues à ceux des métaux : ils ont, comme ceux-ci, l'éclat, la dureté, la conductibilité, l'élasticité, la ductilité, la malléabilité, la sonorité, etc. Les alliages tiennent en quelque sorte le rang de métaux nouveaux, doués de qualités particulières qui les rendent propres à des applications spéciales. On a longtemps considéré les alliages comme de simples mélanges; il paraît plus rationnel de les assimiler à des combinaisons nettement définies, associées avec un excès de l'un ou de l'autre des métaux entrant dans ces combinaisons. En général, la fusibilité d'un alliage est plus grande que celle du plus fusible des métaux dont il est formé; la densité n'est pas la moyenne des densités des composants, et ce caractère nécessite même des précautions exceptionnelles pour assurer l'homogénéité des alliages, en évitant, par un brassage énergique, la séparation du métal le plus dense; mais lorsque le brassage a produit l'homogénéité voulue, elle subsiste tant que l'alliage reste liquide. Durant la solidification lente il arrive que, pour divers alliages, le métal le plus lourd se rassemble à la partie inférieure du creuset : c'est le phénomène auquel on a donné le nom de liquation, et qu'on utilise, dans certains cas, pour séparer des métaux alliés, tels que l'argent et le plomb, quand ils forment un alliage pauvre qu'on ne peut traiter avantageusement par la coupellation.

Considérant les alliages comme des combinaisons chimiques, il faut admettre que les affinités s'exercent avec très peu d'énergie et qu'elles se détruisent facilement. L'action de la chaleur suffit, en effet, pour décomposer la plupart des alliages. Certains métaux se séparent alors par volatilité, d'autres par oxydation.

Voici d'ailleurs quels sont les alliages les plus importants et les plus répandus :

D'abord, et en première ligne, viennent les alliages d'or et d'argent, qui s'opèrent le plus souvent avec le cuivre qui donne la dureté nécessaire pour résister à un long service, aux pièces de monnaies et aux objets d'orfèvrerie et de joaillerie. On appelle titre d'un alliage d'or ou d'argent la proportion de métal pur entrant dans un kilogramme d'alliage. Le titre des monnaies d'or est de 900/1000, des bijoux, 750, 840 et 920/1000; des monnaies d'argent, de 915. Le titre des monnaies d'argent est de 900/1000 et des pièces d'orfèvrerie et de métal, 930/1000. — Après les alliages d'or et d'argent, évidemment le cuivre est de tous les métaux celui qui peut former les alliages les plus variés. Nous venons déjà de le voir entrer dans les alliages d'or et d'argent; mais lui-même joue le rôle de métal principal dans un grand nombre de combinaisons, dont le bronze et le laiton sont sans contredit les plus importantes.

Bronze. Le bronze est en général un alliage de cuivre et d'étain, avec une petite proportion de zinc et parfois de plomb. La composition du bronze varie avec les applications qu'on veut en faire. L'augmentation de la proportion d'étain rend l'alliage plus sonore et plus dur, mais aussi plus cassant; il présente toutefois la propriété remarquable de devenir malléable, lorsqu'on lui fait subir une trempe plus ou moins forte après l'avoir chauffé à une haute température; c'est cette propriété que l'on utilise dans la fabrication des tam-tam et des cymbales. Le bronze industriel, employé pour les coussinets, tiroirs, glissières, et toutes autres pièces mécaniques, se compose de 81 parties de cuivre, 17 d'étain, 2 de zinc. Un autre alliage très employé est celui du bronze dit de canons.

Le laiton, coulé en lingots ou en baguettes épaisses, pour la tréfilerie, qui produit le fil de laiton, se compose de 64 à 65 de cuivre, 33 à 34 de zinc, et 0,8 d'étain et de plomb.

Le similor est un alliage de 80, 84, 86, 88 de cuivre, avec 20, 16, 14, 12 de zinc; la dureté, l'éclat du cuivre, le brillant augmentent avec la proportion du cuivre. L'addition d'une très faible quantité de plomb donne à cet alliage une nuance qui rappelle celle de l'or vert.

Le chrysocale, employé pour la bijouterie, se compose de 90 à 92 de cuivre, 7,9 à 6 de zinc, et 1,6 de plomb ou 2 d'étain.

Ensuite viennent les alliages de nickel, qui ont acquis depuis quelques années une réelle importance, notamment ceux qui ont été appelés maillechort, argentan, packfong, alfénide, métal blanc, etc. Puis viennent les alliages de plomb-étain qui forment la poterie d'étain. La soudure des plombiers est formée de 2 parties de plomb avec une partie d'étain; on l'emploie spécialement pour souder le plomb et le cuivre. La soudure pour fer-blanc se compose de 7 parties de plomb et de 1 partie d'étain. — On arrive alors aux alliages d'antimoine. Le principal de ces alliages est celui qui sert à fabriquer les caractères d'imprimerie. Il est formé de 75 parties de plomb et 25 d'antimoine. Un autre alliage, qui a été employé sous le nom de métal d'Alger, pour la fabrication des couverts, est formé d'étain avec une petite proportion d'antimoine. Quand la proportion d'antimoine est trop forte, le métal devient cassant. Le fer s'unit aussi à l'étain dans la fabrication des fers-blancs, la couche d'étain pouvant être considérée comme formant, au contact même de la surface de la tôle, un alliage qui se trouve recouvert d'une mince couche d'étain pur.

— ARITHM. On appelle, en arithmétique commerciale, règle d'alliage ou de mélange une opération qui consiste à trouver soit le prix moyen de l'unité d'un mélange quand on connaît les quantités de substances mélangées et leur prix respectif, soit les proportions dans lesquelles il faut mélanger différentes substances de prix donnés, pour obtenir un mélange d'un prix moyen également donné. De là deux sortes de règles d'alliage : l'une directe, l'autre inverse. Dans le premier cas, il faut multiplier la quantité de chaque substance par son prix et diviser la somme des produits obtenus par la somme des quantités. Dans le second cas et pourvu que le mélange ne soit pas composé de plus de deux substances, l'opération consiste à prendre la différence qui existe entre le prix du mélange, puis celle qui existe entre celui-ci et le prix le plus fort. C'est une opération qui se présente fréquemment.

— GRAMM. Alliage se dit par ext. de toute sorte de mélanges. C'est un singulier alliage de café et de chicorée. — S'empl. aussi au fig. C'est un alliage de force et de faiblesse, de bonté et de courage, etc. Le brave Chevert appelait les récompenses pécuniaires l'alliage de l'honneur. (Saintentin.)

ALLIAIRE, s. f. (du lat. allium, ail). Bot. Plante annuelle de la famille des crucifères, à feuilles en forme de cœur, à fleurs blanches disposées en grappes terminales, à fruit allongé et grêle, qui croît en France dans les bois, dans les taillis et le long des chemins sombres et ombragés. Ses feuilles dégagent, lorsqu'on les frotte, une vive odeur d'ail, c'est ce qui lui a fait donner son nom. La vulgaire l'appelle encore Herbe-aux-aulx ou Pied-d'âne. — L'alliaire était employée autrefois aux mêmes usages que l'ail. En médecine on utilise ses feuilles, ses fleurs et ses graines, mais lorsqu'elles sont fraîches, car la dessiccation leur fait perdre leurs propriétés. — L'alliaire est considérée comme diurétique, vermifuge à la dose de 30 à 60 grammes de feuilles en infusion. Virey lui a trouvé des propriétés expectorantes et l'avait conseillée contre la phtisie pulmonaire. On a utilisé le suc de la plante pour le pansement des plaies de mauvaise nature. À la campagne, les paysans se servent assez souvent de sa graine, réduite en farine comme celle de la moutarde, pour faire des sinapismes.

ALLIANCE, s. f. (de allier). Acte par lequel plusieurs personnes s'allient; résultat de cet acte. *Nous vivrons avec vous dans une étroite alliance.* (Fénelon.) — Sign. particulièrement *mariage. Il venait de faire faire à sa sœur quelque belle alliance quand il aurait saisi une haute position.* (Balzac.) On donne aussi ce nom à la bague qu'échan-

Alliance.

gent entre eux le mari et la femme le jour du mariage. *Voici une belle alliance. Il lui donna une fort belle alliance d'or.* — Dans un sens plus étendu : *C'est mon cousin par alliance,* par mariage. — Par ext. Accord, union de choses qui paraissent contraires. *La science répudie toute alliance avec la politique.* (Proudhon.) — Théol. Nom d'une sorte de pacte fait par Dieu avec les hommes ; la première *alliance* fut celle qu'il fit avec Adam, il la renouvela ensuite avec Noé et dont l'arc-en-ciel fut le signe, ensuite celle qu'il fit avec Abraham et plus tard avec Moïse, enfin celle dont le Christ fut le médiateur : *ancienne alliance,* le mosaïsme ; *nouvelle alliance,* le christianisme. — Rhét. En littérature, on appelle *alliance de mots,* le rapprochement de deux idées, de deux termes qui semblent s'exclure, réfléchissent l'un sur l'autre une partie du sens qui leur est propre, se modifient, se tempèrent, s'adoucissent mutuellement, acquièrent par leur union plus de grâce et d'énergie, et présentent, finalement, un sens plus distinct de celui qu'il auraient en séparément. — Droit intern. Union de deux ou plusieurs États qui se proposent de se défendre ou d'attaquer un ennemi commun. L'*alliance* peut être offensive, défensive ou tous les deux à la fois. Une alliance entièrement inégale n'oblige pas un souverain, lorsqu'elle n'a pas été volontaire à sa part, et qu'elle devient préjudiciable à ses sujets. C'est par cette raison que François Ier n'a pu être tenu d'accomplir le traité de Madrid, et de céder la Bourgogne à Charles-Quint : il n'était pas libre dans le moment où il contracta l'obligation onéreuse de céder plusieurs provinces contre le vœu et l'intérêt de la France. Il ne pouvait pas même les faire passer sous une domination étrangère, car il n'avait pas le droit d'aliéner le domaine de sa couronne. — *Traité d'alliance,* acte solennel par lequel l'alliance est établie entre deux ou plusieurs États politiques. *Débattre, discuter les clauses, les conditions, les articles d'un traité d'alliance. Violer, déchirer un traité d'alliance.* — *Grande alliance, triple alliance,* ou *alliance d'Augsbourg,* alliance formée en 1687 contre Louis XIV, par la plupart des souverains de l'Europe, ayant à leur tête le prince d'Orange. — *Quadruple alliance,* alliance conclue à Londres, le 2 août 1718, entre l'Empire, la France, l'Angleterre et la Hollande pour le maintien du traité d'Utrecht et les prétentions ambitieuses de la couronne d'Espagne. — *alliance* a plusieurs synon. lorsqu'on associe des États trop faibles, ainsi isolés, pour se défendre, on dit former une *confédération.* Enfin l'*alliance* rend distincts les États alliés, tandis que la *confédération* forme un seul État ou un seul corps politique des États confédérés. Il est des gens en France qui préfèrent l'*alliance* de la Russie à l'*alliance* de l'Angleterre, et qui font grand cas de l'*alliance* de la Turquie. La confédération germanique, la *confédération* des États-Unis. La Suisse est une *confédération.* La *ligue* est une union passagère de desseins et de forces entre divers souverains, des partis, des particuliers puissants. — *La Sainte-Alliance,* pacte mystique conclu à Paris pour l'oppression générale des peuples, entre l'empereur de Russie Alexandre Ier, le roi de Prusse et l'empereur d'Autriche. Il a laissé un bien mauvais souvenir qu'on ne rappelle jamais, sinon d'une façon ironique. *Le libre commerce, c'est-à-dire le libre monopole,* est *la Sainte-Alliance des grands feudataires du capital.* (Proudhon.) — *Ordre de l'Alliance,* ancien ordre de chevalerie suédois créé en 1827 par Gustave Ier, à l'occasion de son mariage avec la fille de l'électeur de Brandebourg. Il disparut à la mort de son fondateur.

ALLIÉ, ÉE, part. pass. du v. **ALLIER**. Joint par alliage. *L'arsenic allié à la plupart des métaux les rend aigres et cassants.* (Lenormand.) — S'emploie également au fig. *Vous avez un immense orgueil, allié à une immense vanité.* (G. Sand.) — Unir par traits, en parlant de puissances ou de nations. *L'Angleterre était la plus riche des puissances alliées.* (Voltaire.) *Etre allié de Rom: et s'en faire un appui.* (Corneille.) — Uni par mariage. *Nous ne sommes point parents, nous ne sommes qu'alliés.* (Acad.) On dit aussi : *C'était un homme de bonne condition, bien allié.* (Saint-Simon.) — Uni par parenté, par intérêt, par amitié. *Il ménageait, dans le cardinal de Noailles, l'allié de madame de Maintenon.* (Voltaire.) — Au fig. *Pour faire du christianisme un allié du despotisme, il a fallu le dénaturer.* (P. Constant.) — Au plur. Ceux qui sont unis par un traité ou par des intérêts, etc. *Les Romains commençaient par se déclarer les alliés des peuples qu'ils voulaient asservir. Avant de prendre la Pologne, Catherine s'était solennellement déclarée l'alliée de Poniatowski. Il n'y a pas plus d'alliés réels aujourd'hui que d'alliances véritables. Après la révolution de Juillet 1830, la France avait pour alliés tous les peuples, et pour ennemis tous les princes. Le moyen d'avoir des alliés, c'est de vaincre.* (Chateaubriand.) — En 1814 et 1815, on appelait *alliés* les coalisés qui envahirent la France. *Les alliés gagnèrent la bataille de Leipzig sur l'empereur Napoléon.* — Fig. *Les oiseaux insectivores ont des droits évidents à la protection de l'homme, dont ils sont les alliés.* (Michelet.)

ALLIEMENT, s. m. Technol. Nom que l'on donne au nœud qu'on fait à la corde d'une grue à laquelle un fardeau doit s'enlever.

ALLIER, v. a. (du lat. *ad ligare,* lier à). Il prend *ont* à la 1re pers. du plur. et *iez* à la 2e pers. du plur. de l'imparf. de l'ind. et du prés. du subj. *Nous allions, que vous alliez.* — Mélanger, combiner, mêler, surtout en parlant des métaux. *Allier l'or à l'argent, le cuivre à l'étain.* — Au fig., Unir, joindre ensemble des choses différentes. *Allier le courage à la bonté, allier le savoir à la modestie. Il est difficile d'allier le vice à la vertu.* (La Fontaine.) — Partic. Unir, joindre par mariage. *Allier une famille à une autre.* — Réunir deux puissances, deux nations par un traité d'alliance. *C'est l'intérêt du commerce qui allie ces deux États.* (Acad.)

— **S'ALLIER**, v. pr. Se combiner. *Ces deux métaux ne peuvent s'allier ensemble.* (Acad.) *Le fer et l'étain s'allient difficilement.* (Lenormand.) — Conclure un traité d'alliance. *Ces deux républiques s'allièrent ensemble.* (Acad.) *Il ne put empêcher que l'Empire et l'Espagne ne s'alliassent ensemble.* (Voltaire.) *S'allier, c'est se compléter.* (Em. de Girardin.) — Contracter une parenté. *S'unir par mariage. J'aurais bien mieux fait de m'allier, tout riche que je suis, en bonne et franche paysannerie.* (Molière.) *Il est honteux de s'allier avec une telle famille.* (J.-J. Rouss.) — Au fig., Se joindre, s'harmoniser. *Tant de corruption peut-elle s'allier à tant de jeunesse ?* (F. Soulié.) *Rien ne s'allie mieux avec la vanité que la bassesse.* (Michaud.) *L'amour sincère du bien peut s'allier à une fausse sagesse.* (Lacordaire.)

ALLIER, s. m. Chass. Sorte de filet dont on se sert pour capturer les oiseaux, et particulièrement les cailles et les perdrix. — On écrit aussi **HALLIER**.

ALLIER (Louis), surnommé d'**HAUTERoche**, célèbre antiquaire et numismate français, né à Lyon en 1766, mort à Paris en 1827. Chargé de plusieurs missions officielles en Orient, il en profita pour se lancer à corps perdu dans l'archéologie et se monter une collection splendide de médailles grecques, qui fut vendue plus de cent mille francs après sa mort. Il a laissé quelques *Notices, Essais* et *Mémoires* sur les antiquités de l'Orient.

ALLIER (Antoine), sculpteur français, né à Embrun en 1793, mort à Paris en 1863. Il suivit d'abord la carrière militaire pendant les dernières années de l'Empire et se livra ensuite à l'étude de la statuaire. On cite parmi ses œuvres qui furent les plus remarquées : *Philopœmen,* l'*Éloquence, Ariane,* l'*Enfant au colimaçon,* et les bustes de *Sully,* d'*Arago,* d'*Odilon-Barrot,* etc. Son département natal l'envoya siéger comme député au Corps législatif, en 1839 ; il y resta jusqu'au coup d'État du 2 décembre 1851, époque où il rentra dans la vie privée.

ALLIER (lat. *Elaver*), 375 kilom. Grande rivière de France, affluent de gauche de la Loire, qui prend sa source dans les montagnes de la Lozère, et de là traverse le plateau central du N. au S. en coulant d'abord dans d'étroits, profonds et pittoresques défilés, puis dans la large plaine de la Limagne, et enfin dans une ample et fertile vallée jusqu'à son confluent avec la Loire. Elle arrose Brioude, Brassac, Issoire, Vichy, Moulins et tombe dans la Loire au Bec-d'Allier, en aval de Nevers. Ses principaux affluents sont : la Dore à droite, l'Alagnon, les Couzes et la Sioule à gauche.

ALLIER (départ. de l'), 730,837 hect., 416,759 hab. Département du centre de la France et du bassin de la Loire, formé de l'ancien Bourbonnais, traversé du S. au N. par la Loire, l'Allier, le Cher, et arrosé par leurs nombreux affluents. Il occupe le versant N. du plateau central, est très montagneux au S.-O., et traversé au centre par la plaine de l'Allier et de ses affluents. Il redevient montagneux à l'O. et au N.-O., où se voient beaucoup de landes et où sont les bassins houillers de Commentry, de Fleins et Noyant, de Bézenet. Climat froid en hiver et chaud en été. Nombreuses forêts, céréales, chanvre, pommes de terre, vins ; beaucoup de moutons et de porcs; exploitation de houille ; mines de cuivre, de plomb, de fer, de manganèse et d'antimoine; carrières de granit et de fines pierres ; eaux minérales de Bourbon-l'Archambault, de Vichy et de Néris. Forges et verreries de Montluçon. — Ch.-l. *Moulins* ; sous-préf. *Gannat, Lapalisse. Montluçon.*

ALLIGATEUR, s. m. (du lat. *alligare,* lier). Antiq. Nom que l'on donnait aux ouvriers vignerons chargés de diriger les jeunes scions de la vigne et de les lier entre le troisième et le quatrième bourgeon pour réprimer l'exubérance du bois et donner plus de vigueur à la partie au-dessous de la ligature.

ALLIGATOR, s. m. (du portug. *al lagarto,* le lézard). Zool. Variété de l'espèce crocodile ; grand lézard très commun dans l'Amérique méridionale et dans les lacs d'Afrique. La voix de cet animal est très forte ; elle ressemble au mugissement du bœuf. Il exhale une forte odeur de musc. L'alligator atteint une longueur de 4 à 6 mètres ; son museau est large et obtus, ses dents inégales. Ce qui le distingue des autres crocodiles, c'est que les quatrièmes dents de la mâchoire inférieure entrent dans des trous correspondants, de sorte qu'on n'a pas lieu de les voir quand la gueule est fermée. La tête des alligators est, en outre, plus oblongue ; leurs pieds de derrière sont dépourvus de dentelures et seulement à demi palmés. On distingue plusieurs espèces d'alligators : le caïman à lunettes, fort commun à la Guyane et au Brésil, et le caïman à museau de brochet, que l'on ne trouve guère que dans les lacs et les fleuves de l'Amérique méridionale.

ALLIGOLET, s. m. Agric. Sorte de vigne qui produit du raisin blanc de bonne qualité.

ALLINGUE, s. f. Mar. Obstacle formé de pieux et de perches qu'on établit dans une rivière pour arrêter le bois flotté.

ALLIONI (Charles), célèbre botaniste italien, né à Turin en 1725, mort en 1804. Il a laissé plusieurs bons traités sur l'histoire naturelle et quelques mémoires sur la médecine. Son meilleur ouvrage est la *Flore piémontaise* (Turin, 1785).

ALLIONIE, s. f. (d'*Allioni*, botan.) Bot. Genre de plantes de la famille des nyctaginées, dont on connaît trois espèces herbacées qui ont quelque ressemblance avec les scabieuses par la disposition de leurs fleurs. Elles habitent, pour la plupart, les régions intertropicales de l'Amérique.

ALLIOTH, s. m. Astron. Nom que l'on a donné à la première étoile de la queue de la Grande Ourse. — On l'appelle aussi, mais plus rarement, Alliath.

ALLITÉRATION, s. f. (du lat. *allidere*, froisser; *littera*, lettre). Rhét. Figure de mots par laquelle on répète exprès, dans la même phrase, les mêmes syllabes, de manière à produire plusieurs fois le même son. C'est un vrai froissement de lettres qui se heurtent. Primitivement destinée à produire l'harmonie imitative, l'allitération dégénéra en cacophonie. Beaucoup d'auteurs et surtout de poètes ont fait usage de cette figure de mauvais goût, dont voici quelques exemples : *Rusé, rasé, blasé* (Beaumarchais). *Notre oncle paternel, éternel, sempiternel. Pas d'anarchie, pas de monarchie. Ce refuse, muse. Qui terre a, guerre a. Qui dort, dîne*, etc. L'allitération peut être d'un très heureux effet, lorsqu'elle produit l'harmonie imitative, comme dans ces exemples : *Il faisait sonner sa sonnette.* (La Fontaine.) *Pour qui sont ces serpents qui sifflent sur vos têtes?* (Racine.) Les poètes du moyen âge employaient souvent l'allitération, dont ils faisaient grand cas.

ALLITÉRER, v. a. Faire de l'allitération. — Ne pas comme *altérer*. — C'est allitérer que de répéter. *Didon dina, dit-on, du dos d'un dodu dindon, ou bien Le rir tenta le rat, le rat tenta tâta le rit.* Au xixe siècle, parmi les Germains, ce sont les septentrionaux qui allitèrent et les méridionaux qui riment. (Ph. Chasles.)

ALLITURIQUE, adj. Chim. Se dit d'un acide qu'on obtient en traitant une solution aqueuse d'alloxantine, mélangée avec un excès d'acide hydrochlorique et concentrée rapidement. *Acide alliturique.*

ALLIUM, s. m. Bot. Nom latin du genre *ail*. On en connaît un grand nombre d'espèces, telles que l'échalote, la ciboule, le poireau, l'oignon, l'ail proprement dit, etc.

ALLIVREMENT, s. m. Cadast. Somme à laquelle le revenu net imposable est fixé pour l'assiette de la contribution foncière. Quand une commune est entièrement cadastrée, on dit qu'elle a son *allivrement*. On donne également ce nom à l'inscription au cadastre, à chacun des articles mentionnés au cadastre et à la partie du territoire qu'il contient.

ALLIVRER, v. a. Administ. Répartir les impôts fonciers en proportion du revenu des possesseurs ou propriétaires. On nommait autrefois *livre* ou *livrée* de terre une portion de terre valant une livre de revenu; de là *allivrer*, pour taxer, imposer.

ALLIVREUR, s. m. Nom donné à l'employé qui était chargé de la répartition des impôts fonciers.

ALLIX (Jacques-François), général français, né à Percy (Manche) en 1776, mort en 1836. Il fit avec honneur les campagnes de la Révolution et de l'Empire et a laissé un *Traité de l'artillerie de campagne.*

ALLOA. Géogr. Ville et port d'Écosse, à 47 kil. d'Édimbourg; 5,600 hab. On trouve, aux environs, d'importantes houillères et de nombreuses filatures de coton. Ruines d'un vieux château des anciens rois d'Écosse.

ALLOBROGES, s. m. pl. Ethnog. Peuples guerriers de la Gaule narbonnaise, qui habitaient cette partie des Gaules appelée plus tard la Savoie, le Dauphiné et le Vivarais. Les Allobroges appartenaient à la race gallique, la première qui paraisse avoir occupé le sol de notre patrie. Braves, intelligents, comme tous les Galls, ils en partagèrent sans doute les dispositions mobiles qui les poussèrent à couvrir le monde de leurs colonies et à porter partout un nom redouté. Les Romains détruisirent leur cité comme ayant favorisé le passage d'Annibal. — Ce mot s'emploie aussi quelquefois comme nom commun pour désigner un homme grossier, d'un esprit lourd et inculte : *A-t-on jamais vu un pareil allobroge!* Le mot *ostrogoth* est plus usité, il faut le dire, dans cette acception, quoique ce soit Voltaire qui ait mis le mot *allobroge* en vigueur.

ALLOBROGIE, s. f. Bot. Genre de plantes appartenant à la famille des liliacées et qu'on appelle aussi *czakia.*

ALLOBROGIQUE, adj. Hist. Qui a rapport aux Allobroges, à leurs mœurs, à leur pays, à leur vie. *Mœurs allobrogiques.*

ALLOCARPE, s. f. Bot. Genre de plantes de la famille des composées, tribu des sénécionidées, qui vivent dans l'Afrique équatoriale. Ce sont des plantes herbacées, rameuses, à feuilles velues et à fleurs jaunes ou blanches.

ALLOCATION, s. f. (pron. *alokacion*, du lat. *allocatio*, formé de *allocare*, de *locus*, lieu; placer, mettre en son lieu). Action d'allouer, d'accorder une somme pour une dépense; résultat de cette action : somme allouée. *Accorder une allocation. Demander une allocation. Refuser une allocation.* — Jurisp. Action de déclarer juste et légitime dans un compte rendu, un article de dépense déjà faite ou qui doit se faire. L'allocation doit avoir lieu de la part de celui à qui le compte est rendu. Ainsi un tuteur qui rend le compte de tutelle à son pupille devenu majeur, porte dans son compte de dépense une somme comme l'allocation pour le mineur, celui-ci alloue l'article, ce qui équivaut à la reconnaissance formelle que la dépense a été justement faite. — Adm. mil. Article porté à un compte, prestation en argent qui fait partie des vivres assignées aux militaires. *Le droit aux allocations est constaté par le certificat de cessation de paiement.* (Gén. Bardin.)

ALLOCÈRE, s. m. Entom. Genre d'insectes coléoptères, tétramères, de la famille des longicornes, tribu des prioniens, dont on ne connaît qu'une seule espèce qui vit au Brésil.

ALLOCHE, s. f. Ichthyol. Espèce de grosse sardine. Dans le Midi, ce poisson est le même que le *grand celerin.*

ALLOCHÉZIE, s. f. Méd. Evacuation des matières excrémentitielles par une voie artificiel ou une ouverture pratiquée ou existant anormalement, dans une partie quelconque de l'intestin.

ALLOCHROÉ, ÉE, adj. (du gr. *allos*, autre, *chroa*, couleur; *allokroa*). Hist. nat. Qui change de couleur *Le botryte allochroé passe peu à peu du blanc au jaune.* — Qui n'est pas partout de la même couleur. *L'agaric allochroé est jaunâtre en dessus et garni en dessous de lames blanches.*

ALLOCHROÏSME, s. m. Changement graduel de couleur. Diversité, ondoiement de couleur.

ALLOCHROÏTE, s. f. Minéral. Nom donné à une variété de grenat jaune paille tirant sur le rouge et plus rarement sur le gris verdâtre et qui a été trouvée dans une mine de fer de Norvège. Fondue par le phosphate de soude, l'allochroïte éprouve de notables changements de couleur. (Brongniart.)

ALLOCHROMASIE, s. f. Physiol. Changement de couleur. Affection de l'œil qui consiste dans la perception fausse des couleurs. — On dit plutôt Daltonisme.

ALLOCUTION, s. f. (pron. *alokucion*; du lat. *allocutio*, formé de *alloquor*; àd, à, *loquor*, je parle). Les Romains désignaient par ce mot la harangue d'un général aux soldats placés sous ses ordres. A Rome, on attachait un prix inestimable à l'art de la parole; on l'exigeait d'un chef d'armée. Mais lorsque les troupes romaines ne furent plus recrutées que de mercenaires et de barbares, d'hommes privés de ces sentiments généreux qui existent chez le citoyen armé pour la défense de son pays, les allocutions perdirent successivement de leur puissance, et elles disparurent avec la nationalité des armées. *Les allocutions de César sont parfois fort remarquables.* L'allocution que Tacite met dans la bouche de Galgacus, chef des Calédoniens, est sans contredit la plus éloquente qui nous soit restée de l'antiquité. C'est là que se trouve cette phrase énergique, si souvent rappelée : *Ubi solitudinem faciunt, pacem appellant* (là où ils font la solitude, ils disent que la paix règne). De nos jours, on donne aussi le nom d'*allocution* au discours adressé par un chef à ceux qu'il commande. *L'allocution de Henri IV à Ivry est justement célèbre. Quelques allocutions de Napoléon Ier sont également devenues historiques. On peut citer parmi les allocutions les plus belles et les plus expressives celle de La Rochejaquelein aux Vendéens, au moment de livrer bataille : Si j'avance, suivez-moi; si je recule, tuez-moi; si je meurs, vengez-moi!* — Se dit parfois d'un simple discours de peu d'étendue, prononcé dans une circonstance plus ou moins remarquable. *Cette allocution terminée, on distribua les récompenses. L'allocution du maire obtint les applaudissements de toute l'assistance.*

— Numism. Médaille romaine représentant un chef qui harangue ses soldats. Le général qui est représenté, sur une plateforme élevée et entouré de ses principaux officiers, avec les troupes et les étendards disposés en face, comme on le voit dans les médailles de Marc-Aurèle et de Trajan. La première médaille frappée ainsi est de Caligula et la dernier d'Auguste dont nous possédons une médaille de Maxence. — Se disait, au moyen âge, de lettres par lesquelles les rois de France annonçaient aux provinces du royaume, l'arrivée des plénipotentiaires appelés *missi dominici*.

ALLODAPE, s. m. Entom. Genre d'insectes hyménoptères mellifères renfermant trois espèces originaires du cap de Bonne-Espérance. — Bot. Genre de la famille des épacridées, qui ne comprend qu'une seule espèce qui vit dans les parties méridionales de l'Amérique.

ALLODIAL, ALE, adj. Jurisp. féod. De l'alleu, qui a rapport à l'alleu. *Bien allodial. Terre allodiale. Domaines allodiaux. Pays allodial. Les propriétaires de terres allodiales étaient appelés hommes libres, par opposition aux vassaux.* (Montesquieu.) — S'empl. aussi substantiv. *Allodial corporel,* fonds tenu en franc-alleu; *allodial incorporel,* rente foncière avec les droits de la mainmorte. *Le clergé avait acquis une grande partie des allodiaux mêmes.* (Montesquieu.) — On disait autrefois Alleudial.

ALLODIALITÉ, s. f. (du celt. *alod*, lot, sort). Féod. Etat, qualité d'un bien allodial, c'est-à-dire d'une propriété pleine, indépendante à déterminer de quel côté est la présomption légale lorsqu'il y a doute sur la question de savoir si un bien est féodal ou allodial, et c'est pour tout prouver dans un cas ou dans l'autre. En Angleterre, tout est fief, et la preuve de l'allodialité n'est point admise contre le roi. En France, sous l'ancien régime, toute terre était présumée féodale suivant la maxime : *Nulle terre sans seigneur*, et il fallait que l'allodialité fût prouvée. En Allemagne, l'allodialité est admise en règle générale, et la féodalité doit être prouvée.

ALLODROME, adj. (du gr. *allomai*, je bondis, et *dromos*, course). Entom. Nom donné à une certaine espèce d'araignée qui court et s'élance en bondissant sur sa proie.

ALLOÉE, s. f. Entom. Genre d'insectes hyménoptères, famille des ichneumonides, dont l'espèce la plus connue vit en Angleterre.

ALLOGONE, adj. Minéral. Se dit d'un cristal qui réunit la forme d'un noyau à celle d'un dodécaèdre à triangles scalènes dont chacun a son angle plan obtus égal à la plus grande incidence des faces du noyau.

ALLOGRAPHE, s. m. (du gr. allos graphos). Bot. Genre de plantes cryptogames comprenant toutes les espèces de graphides à lirelles recouvertes dans leur jeunesse d'une croûte farineuse, souvent colorée, dont leur bord se dégage à peine.

ALLOÏATHÈRE, s. m. Bot. Genre de plantes de la famille des andropagons.

ALLOÏTE, s. f. Minéral. Variété de tuf volcanique ou pouzzolane.

ALLOMORPHE, s. m. Bot. Genre de plantes de la famille des métastomacées, dont l'unique espèce est un arbrisseau qui est très commun dans les environs du détroit de Malacca.

ALLOMORPHIE, s. f. (du gr. allos, autre et morphè, forme). Métamorphose ; passage d'une forme à une autre toute différente.

ALLOMORPHITE, s. f. Minéral. Variété de sulfate de baryte.

ALLONGE ou ALONGE, s. f. Nom qui est donné à tout ce qu'on ajoute à une chose pour en augmenter la longueur. *Mettre une allonge à une corde, à une courroie.* On dit mieux dans ce cas RALLONGE. — Mar. Pièce de mâture placée à la suite d'une autre, de manière que le tout arrive à la longueur voulue. — *Allonges de bateau.* Allonges des couples d'un bateau à vapeur qui s'élèvent au-dessus de la tête du plat-bord et qui forment un prolongement de muraille en dedans des tambours. — Chim. Instrument de grès, de verre ou de porcelaine ayant la forme d'un fuseau et que l'on adapte pour certaines opérations au goulot des cornues. — Comm. Bande de papier que l'on colle au bas d'une lettre de change lorsqu'il ne reste plus de place pour de nouveaux endos. Il se dit aussi de toute addition à une lettre, un mémoire ou à un écrit quelconque insuffisamment long. — Art vétér. Espèce de claudication du cheval, résultant de l'écart violent des membres postérieurs en arrière. — Cordonn. Morceau de cuir placé entre le couche-point et le sous-bout. — Équip. milit. Nom qui est donné à chacune des deux bandes de cuir qui servent à supporter le pendant d'un ceinturon.

ALLONGÉ, ÉE, part. pass. du v. ALLONGER. Rendu plus long. Devenu plus long. *Ayant été réfractée, cette image devint plus allongée.* (Cuvier.) — *Ce qui est long, de forme longue. Le crocodile a la tête démesurément allongée.* (Buffon.) *Les figures des conspirateurs sont des figures pâles et allongées.* (Voltaire.) — Se dit, par ext. et fam., de certaines parties du figuré qui s'allongent sous l'empire d'une expression de contrariété. *Saint-Aignan, revenu chez lui, trouva la mine de ses gens fort allongée.* (Saint-Simon.) — Mathém. Se dit de toutes les figures plus longues que larges. *Rectangle allongée. Ellipse allongée.* — En anat. on appelle *moelle allongée* la protubérance cérébrale et le bulbe rachidien. — En bot. les cotylédons allongés sont ceux qui sont deux fois plus longs que larges. — S. m. pl. Entom. Nom de deux groupes d'arachnides.

ALLONGÉ, peintre, né à Paris en 1833. Il a été nommé officier d'académie en 1880. Son *Cours de fusain* (chez Goupil) est justement estimé.

ALLONGEABLE, adj. Qui est susceptible d'être allongé, qui peut être allongé. — Peu us.

ALLONGEMENT, s. m. Augmentation de longueur. *Allongement d'une étoffe.* État de développement dans le sens de la longueur. *L'allongement de ses jambes me gênait.* — Au fig., Lenteur volontaire et calculée. *C'est un homme qui cherche toujours des allongements dans les affaires.* (Acad.) — Peu us. dans ce dernier sens.

ALLONGER, v. a. ou tr. Rendre plus long. *Ce pantalon est trop court, il faut l'allonger. Cependant le jour fuit, et sa lumière inclinée allonge du Thabor l'ombre indéterminée.* (Méry.) — Déployer, étendre, en parlant des membres. *Il allongea les pieds sur les chenets.* (Victor Hugo.) *L'oiseau alla au-devant de lui, battit des ailes, allongea le cou.* (Voltaire.) — Asséner, lancer. *Il lui allongea un maître coup d'épée qui l'étendit sur le gazon.* (P. Féval.) *Sancho allongeait force bourrades au barbier.* (Cervantés.) *J'avais déjà allongé trois coups d'épée à mon adversaire.* (Alex. Dumas.) — Faire paraître plus long. *L'impatience allonge les instants.* (Parny.) — Par ext., faire durer, étendre. *Les hommes désirent allonger leur vie en gros et la raccourcir en détail.* (Stck.) *Les additions de l'auteur ont trop allongé ce chapitre.*(Acad.) *L'Arménien est fatigant par les plénonasmes qui allongent inutilement ses phrases.* (Renan.) *Théophile Gautier allongeait ses romans à perpétuité.* (Grifardin.) — Le verbe allonger est employé dans un grand nombre de locutions diverses : ainsi, *allonger le pas* signifie presser la marche, comme en équit. il sign. activer la vitesse, l'allure du cheval ; *allonger la courroie,* c'est tirer parti de médiocres revenus ; *allonger le parchemin,* c'est multiplier les écritures par intérêt, comme savent si bien le faire les avoués et les huissiers. — *Allonger la ligne,* en art milit., sign. augmenter la distance entre les soldats, les bataillons, les navires, etc. — En chimie, *allonger une liqueur,* c'est la mêler à une autre. — *Allonger la sauce,* c'est y ajouter du bouillon, de l'eau, etc., selon le mets préparé ; au fig., il veut dire prolonger, par exemple : *Mon roman avait trop allongé, j'en ai allongé la sauce.* — En vénér., il se dit du cerf qui pousse sa nouvelle tête après avoir mis bas, et aussi de l'oiseau quand il se revêt de ses grosses plumes.
— S'ALLONGER, v. pr. S'emploie au pr. et au fig. dans les mêmes acceptions que le v. a. *allonger.*

ALLONGERESSE, s. f. Entom. Nom vulgaire de certaines chenilles, ainsi nommées par leur singulière manière de progression qui s'opère par l'entier et successif allongement de leurs anneaux.

ALLONYME, adj. (du gr. allos, autre, et onuma, nom). Se dit de tout livre ou de tout autre ouvrage que l'on publie sous le nom d'un autre. *C'est une œuvre allonyme.* — Subst. Celui qui publie le livre sous le nom *anonyme,* qui sign. sans nom d'auteur.

ALLOPATHE, s. m. Méd. Médecin qui soigne les maladies selon les anciens procédés et les anciens errements de la médecine hippocratique ou allopathie. (V. ce mot ci-après.) — *Adj.* Qui a rapport à l'allopathie. On dit plutôt ALLOPATHIQUE.

ALLOPATHIE, s. f. (du gr. allos, autre, et pathos, souffrance). Méd. Nom que les partisans de l'homœopathie ont donné, par opposition à leur système, à la méthode de traitement dans laquelle on emploie des médicaments dont l'action est destinée à produire chez l'homme sain des symptômes différents de ceux que présente la maladie qu'il s'agit de combattre. Le système des *allopathes* est tout entier renfermé dans la fameuse phrase : *contraria contrariis curantur.* Dans l'allopathie, la méthode des contraires, on paraît être d'accord avec la raison en employant les astringents contre les hémorrhagies, les antiphlogistiques contre les inflammations, etc. En homœopathie, c'est sinstant le contraire, et la devise des homœopathes est : *similia similibus curantur.* — V. ces mots.

ALLOPATHIQUE, adj. Méd. Se dit de tout ce qui a rapport à la méthode, à la médecine allopathique.

ALLOPATHIQUEMENT, adv. D'une façon allopathique. *On l'a soigné allopathiquement.*

ALLOPATHISER, v. a. Traiter un malade selon la méthode allopathique.—Peu us.

ALLOPHANE, s. f. Minéral. Sorte d'argile, connue en chimie sous le nom d'hydrosilicate d'alumine, trouvée par MM. Reimann et Repert. C'est une substance blanche et opaline qui se résout en gelée dans l'acide nitrique et qui ne fond point au chalumeau.

ALLOPHANIQUE, adj. Chim. Nom qui a été donné à un acide que l'on ne connaît pas, mais sa forme d'un sel métallique, et qui, étant combiné avec une base, donne des *allophanates.* Les combinaisons les plus connues sont l'*allophanate de soude* et l'*allophanate de baryte.* — On donne aussi ce nom à un éther produit par l'action des vapeurs cyaniques sur l'alcool ordinaire. *L'allophanate d'éthyle* cristallise en aiguilles blanches transparentes et d'un grand éclat.

ALLOPHYLE, s. Hist. hébr. Membre d'une tribu étrangère. Mot qui désigne, dans la traduction grecque de l'Ancien Testament, les Philistins.

ALLOPHYLIQUE, adj. Qui appartient à une autre peuple, à une autre tribu, à une autre nation. — Peu us.

ALLOPLECTE. s. f. Bot. Plantes de la famille des gérsnériacées, tribu des épiscléss, originaires des régions chaudes de l'Amérique tropicale. Ce sont de petits arbrisseaux grimpants.

ALLOPORE, s. m. Zool. Genre de polypes entozoaires assez voisin des gorgones et des iris.

ALLOPORIN, INE, adj. Qui ressemble aux allopores, qui a rapport aux allopores. — S. f. pl. Famille de polypes entozoaires dont le type principal est le genre allopore.

ALLOPTÈRE, adj. Hist. nat. Nom que l'on donne quelquefois aux nageoires inférieures des poissons, parce que la position de ces nageoires change beaucoup dans certains genres. — S. f. pl. Les alloptères, les nageoires alloptères.

ALLORI (ALEXANDRE), peintre italien, né à Florence en 1535, mort en 1607, fut élève de son oncle Angiolo Bronzino et prit pour modèles les chefs-d'œuvre de Michel-Ange. Il a laissé plusieurs tableaux remarquables, notamment la *Femme adultère,* le *Sacrifice d'Abraham,* la fuite de *Saint Julien,* une *Madeleine repentie.* Le musée du Louvre possède de lui *Isabelle d'Aragon aux pieds de Charles VIII.*

ALLOS. Géogr. Ch.-l. de cant. du départ. des Basses-Alpes, sur le lac du même nom. Ce bourg a joué autrefois un rôle assez important et a été la capitale d'une ancienne tribu celtique. On y remarque une église assez bien conservée, qui a été bâtie, dit-on, par Charlemagne. Sites agréables. 500 hab.

ALLOSORE, s. m. Bot. Genre de plantes de la famille des fougères, voisines des ptéris et dont la classification est encore un peu vague.

ALLOTERROPSE, s. f. Bot. Genre de plantes de la famille des graminées, dont on ne connaît qu'une espèce qui est originaire de la Californie.

ALLOTIR, v. a. Anc. jurispr. Action qui consistait à partager des lots, à distribuer des lots.

ALLOTISSEMENT, s. m. Anc. jurispr. Partage, division d'un bien en plusieurs lots. — On disait aussi ALLOTEMENT.

ALLOTRETES, s. m. pl. Zool. Famille d'insectes dont le corps est allongé en forme de fuseau et qui possèdent à chaque extrémité une bouche et un anus.

ALLOTRIE, s. m. Entom. Genre d'insectes hyménoptères, de la famille des gallicoles, dont on ne connaît qu'une seule espèce trouvée en Angleterre. — Ornith. Genre de petits passereaux de l'Inde, intermédiaire entre les pies-grièches et les fourmiliers, et dont on connaît deux espèces.

ALLOTRIO. Mot grec qui signifie *étranger* et qui entre dans la composition d'un certain nombre de mots, tels qu'*allotriodontie*, implantation anormale des dents; *allotriologie*, défaut consistant à introduire dans un discours des idées étrangères au sujet principal; *allotriophagie*, maladie qui porte ceux qui en sont atteints, les *allotriophages*, à manger des substances impropres à l'alimentation, et *allotriotechnie*, qui désigne l'expulsion fœtale d'un produit monstrueux.

ALLOTROPHIQUE, adj. Méd. Se dit de l'état qu'acquièrent, au point de vue de la nutrition, certaines substances organiques telles que la fibrine ou l'albumine du sang.

ALLOTROPIE, s. f. Chim. Différence de caractère que présentent certaines substances. Il est connu que quelques corps simples peuvent se présenter avec des caractères, tant physiques que chimiques, différents. L'isomérie des corps composés est due, suivant Berzélius, tantôt à ce que l'ordre dans lequel les atomes de leurs éléments sont rangés est différent, tantôt à ce que l'un ou l'autre de leurs éléments se trouve dans des états *allotropiques* différents. Ainsi, l'ozone est un de ces états de l'oxygène; le soufre en possède six, le phosphore deux et le carbone trois : l'état *amorphe* ou celui du charbon ordinaire, l'état *octaédrique* ou celui du diamant, et enfin celui du graphite.

ALLOTROPIQUE, adj. Qui vient de l'allotropie. — V. plus haut un exemple de l'application de cet adjectif.

ALLOU (Auguste), prélat assistant au trône pontifical, né à Provins, le 21 janvier 1797. Nommé évêque de Meaux, par ordonnance du 19 janvier 1839, préconisé le 21 février, sacré le 28 avril de la même année, ci-devant vicaire général du diocèse. A écrit les *Souvenirs de Sainte-Marie*, chronique du monastère de la Visitation de Meaux.

ALLOU (Edouard), avocat, né à Limoges le 6 mars 1820. Elève du collège Bourbon à Paris, inscrit au barreau de Paris, le 4 novembre 1841. Secrétaire de Liouville, il s'occupa pendant plusieurs années d'affaires civiles. Membre de la commission de réforme du Code d'instruction universelle (1849), avocat de l'administration des hospices et des douanes, il fut élu en 1852 membre du conseil de l'ordre, et bâtonnier en 1866 et 1867. Adversaire de l'Empire, il publia en avril 1869 une lettre à l'*Ouest d'Angers*, affirmant ses opinions libérales. Il échoua aux élections de 1869. En 1875, il défendit la candidature Rémusat contre Barodet. Il a plaidé nombre de causes importantes: l'affaire Poulmann, l'affaire Proudhon (*De la révolution dans l'Eglise*), le procès Patterson, le procès Mirès. Il a été l'avocat d'Aurélien Scholl, de Girardin, de Gambetta, poursuivi en 1877 dans cette affaire. Il prêta un concours actif à la résistance contre le 16 mai. Il a été réélu en 1883 membre du conseil de l'ordre. Elu sénateur inamovible, M. Allou a été président de la commission nommée pour l'expulsion des princes et a défendu la négative. On a remarqué dans son rapport une phrase singulière : « Nous ne songerions néan moins inquiétés aux prétendants, a-t-il dit, que si les masses profondes entraient en scène. » En juillet 1883, il parla contre la réforme de la magistrature et combattit même le déplacement des magistrats sur l'avis du conseil supérieur.

ALLOUABLE, adj. Qui peut être alloué, accordé. *Cette dépense n'est pas allouable.* (Acad.)

ALLOUANCE, s. f. Se dit d'une chose qui est allouée, qui est accordée à quelqu'un dans un but quelconque. *Quelques faibles allouances ont été accordées à des hommes de talent.* (Chateaubriand.) — On dit plutôt *allocation* (V. ce mot).

ALLOUÉ, ÉE, part. pass. du v. ALLOUER. Accorde. *Une somme de cinq cents francs fut allouée par la municipalité pour l'ascension d'un ballon.* (Gratigny.) — S. m. Hist. Nom qui était donné au second juge dans certaines juridictions. — Se disait aussi, en compagnonnage, de celui qui, ayant terminé son apprentissage, continuait à travailler avec son maître.

ALLOUER, v. a. (du lat. *ad locare*, placer là). Accorder, attribuer. *On lui alloua une faible somme. Le budget n'alloue aucun traitement à ces fonctionnaires.* (Acad.) — Par anal. *Son père lui alloue deux cents francs par mois pour son entretien.* (Larousse.) — Se dit aussi par extension. *Tel est le triste sort que la philosophie veut nous allouer en civilisation.* (Ch. Fourier.)
— S'ALLOUER, v. pr. Etre alloué. *Le crédit demandé, étant trop fort, ne pourra s'allouer.*

ALLOXANE, s. f. (de *al.*, abrév. de *allantoïne* et de *oxanique*). Chim. Substance que l'on produit en mettant de l'acide urique en présence d'acide nitrique. Elle a été découverte par Brugnatelli, qui lui donna le nom d'*acide érythrique*. L'alloxane se combine avec les bases et forme des *alloxanates*; neutres, lorsque la base est un oxyde métallique pesant; alcalins, lorsque la base est un alcali; ou acides, s'ils sont plus ou moins solubles. On ne peut les séparer de ses bases sans la transformer en un acide qui décompose les carbonates et qui représente de l'*alloxane* plus 2 équivalents d'eau; c'est alors de l'*acide alloxanique*.

ALLOXANIQUE, adj. Chim. Nom qui a été appliqué à un acide qui se produit pendant l'action de l'*alloxane* sur des bases. On le prépare en décomposant un mélange d'alloxane et de baryte par l'eau acidulée au dixième d'acide sulfurique.

ALLOXANTINE, s. f. Chim. Substance qui se produit quand on dissout l'alloxane dans l'acide dilurique; elle cristallise en prismes rhomboïdaux, incolores, transparents, solubles dans l'eau bouillante. Les agents oxygénants le transforment en alloxane.

ALLRUNES ou **ALRUNES**, s. f. pl. (de *runes*, écriture scand.). Sortes de poupées auxquelles les anciens Germains attribuaient la possibilité de prédire l'avenir. Ils donnaient aussi ce nom soit à leurs sorcières, soit à certaines racines de plantes dont ils attendaient des résultats merveilleux.

ALLSTON (Washington), célèbre peintre américain, surnommé le Titien des Etats-Unis, né en 1779 dans l'Etat de la Caroline, mort en 1843. On a encore de lui : le *Songe de Joseph*, *Saül et la Sorcière d'Endor*, et le *Festin de Balthazar*.

ALLUAUD. Importante famille du Limousin. Le nom d'Alluaud est intimement lié à l'histoire de la porcelaine à Limoges. François Alluaud, fondateur de la fabrique de porcelaine connue sous la raison sociale de François Alluaud et Cie, né à Limoges en 1778 dans cette ville, qui le vit mourir en 1865, entouré de l'estime et des regrets de tous ceux qui l'avaient connu. Sa vie fut bien remplie. Il était, au dire de Brongniart, le fabricant le plus instruit et le plus au courant des choses de son industrie; son activité ne le retint pas toujours à sa fabrique, son courage lui fit accepter les fonctions de maire de la ville de Limoges à l'époque agitée de 1833, fonctions qu'il ne quitta qu'en 1843. Mais il ne déserta pas, et resta dans la carrière comme membre du conseil municipal de Limoges et comme membre du conseil général de la Haute-Vienne. Président de la chambre de commerce, il s'intéressa vivement à toutes les questions à l'ordre du jour; comme fabricant, il reçut la croix d'officier de la Légion d'honneur en 1858 et la grande médaille d'or. Ami de Brongniart, il échangeait avec lui de savantes correspondances. Habile minéralogiste, il découvrit plusieurs gisements de minéraux rares et fit connaître un phosphate de fer et de manganèse auquel on a donné son nom. — Ses deux fils lui ont de ses gendres lui succédèrent dans la direction de la fabrique de porcelaine.

ALLUCHON, s. m. T. de mécan. On donne ce nom à la dent d'une roue d'engrenage, lorsque cette dent n'est pas venue de la même pièce que le corps de la roue, et qu'au contraire elle y est rapportée et ajustée à force dans des mortaises ménagées à cet effet. L'alluchon est composé de quatre parties : la *tête*, le *corps*, le *tenon* et la *clef*. La tête est l'extrémité extérieure, elle est façonnée suivant le tracé adopté pour l'engrenage ; le corps est la partie qui vient au-dessous de la tête, jusqu'au tenon, ou extrémité inférieure, qu'on enfonce dans la mortaise de la roue et qui s'y appuie au moyen de deux épaulements ; enfin, la clef est une cheville ronde ou plate qui passe dans la couronne et le tenon pour maintenir l'alluchon en place.

ALLUMAGE, s. m. Action d'allumer, de mettre le feu. *Il procéda à l'allumage de la mèche. L'allumage du gaz a lieu en hiver, à Paris, à quatre heures du soir.*

ALLUMANT, part. prés. du v. ALLUMER. *Il me semble qu'il ne pleut plus, dit Rodolphe en allumant un cigare.* (E. Sue.)

ALLUME ou **ALLUMI**, s. m. Morceau de bois allumé appelé aussi *flambart* dans quelques ateliers, et dont on se sert pour allumer le feu d'un fourneau, d'un foyer. — Pop. Loc. exclamative qui signifie attention ! hardi ! courage ! *Allons, Lousteau, nous sommes en retard, allume ! allume !* Cette loc. est aussi employée dans le même sens dans la marine.

ALLUMÉ, ÉE, part. pass. du v. ALLUMER. Qui a pris feu, qui est enflammé. *Quand le loup voit des feux allumés, il n'en approche guère.* (Buffon.) — Se dit par anal. de tout ce qui, par la chaleur, la coloration ou l'animation, a du rapport avec l'état physique d'une chose allumée. *Ma chère enfant, pourquoi êtes-vous si allumée et si colère ?* (Mme de Sévigné.) *Ils avaient tous le visage allumé par le déjeuner.* (Balzac.) — Se dit aussi de quelqu'un qui paraît un peu excité par la boisson. *J'étais un peu plus allumé que de coutume.* (G. Sand.) — Au sens fig., sign. commencé. *La guerre était allumée entre la France et les Iroquois.* (Chateaubriand.) — Blas. Mot qui sert à indiquer lorsque les yeux des animaux d'un panneau sont d'un autre émail que le reste du corps, et des flambeaux, des bûchers ou de toute autre pièce dont il sort une flamme d'une couleur différente de celle des autres parties du dessin.

ALLUME-FEU, s. m. Espèce de petite bûchette de bois résineux préparée de manière à allumer, facilement et presque instantanément, du feu. On en vend de différentes sortes. — C'est aussi le nom d'un petit appareil s'adaptant à tous les soufflets et destiné à activer la combustion. Au pl., *des allume-feu*.

ALLUMELLE, s. f. Techn. Nom qui est donné aux morceaux de charbon de bois qui facilite le feu commence à y prendre. — Art milit. Sorte d'épée mince et déliée d'un usage fréquent au moyen âge. — V. ALUDELLE.

ALLUMER, v. a. (du lat. *ad lumen*, lumière). Produire, communiquer le feu, par conséquent la lumière. *Allumer une allumette, une lampe, un charbon, une bougie* ; *allumer du feu. Un homme était entré chez elle pour allumer sa pipe.* (G. Sand.) *L'Eternel a créé la lumière, l'homme a allumé des flambeaux et s'est fait ainsi un jour éternel.* (A. Martin.) *Les Indiens allument le feu en frottant deux morceaux de bois l'un contre l'autre.* (A. Rion.) Cette dernière manière de parler est évidemment un pléonasme, car l'action d'allumer comprend certainement en elle-même l'idée de la lumière et du feu ; on devrait par conséquent dire plutôt faire du feu, mais cette locution a été consacrée par l'usage. — Au fig., Exciter, provoquer en parlant de choses dont le développement parait présenter quelque analogie avec le feu. *Allumer la guerre, la discorde, la vengeance, la colère. La vue continuelle du sang peut en allumer la soif.* (Boiste.) *Une étincelle suffit pour allumer l'enthousiasme.* (E. de Girardin.) *Une sensibilité excessive allume l'imagination.* (Latena.) — En argot, *allumer* sign. regarder de tous ses yeux. *Ouvre les châss et allume !* (Grifardin.) — Métuphore. *L'Être suprême alluma le soleil et le lança avec les autres planètes dans les vastes solitudes des airs.* (Barthélemy.) *Les amants sages allument le flambeau de l'amitié au soleil couchant de l'amour.*

— S'ALLUMER, v. pr. Prendre feu, s'enflammer. *Le gaz s'allume, les feux s'allument. Les quinquets s'allumaient au fond de l'atmosphère sombre du cabaret.* — S'empl. aussi au fig. *Les étoiles s'allumèrent une à une au fond des cieux.* (Graffigny.) *Mon sang s'allumait dans mes veines.* (J.-J. Rousseau.) *Les âmes s'allument l'une à l'autre comme des flambeaux.* (J. Simon.)

ALLUMETTE, s. f. (de *allumer*). Petites tiges de bois ou autre matière aisément combustible, enduites à une extrémité de composition chimique inflammable par friction. On distingue les allumettes chimiques en deux catégories : les *allumettes en bois* et les *allumettes-bougies*.

— HISTORIQUE DES ALLUMETTES. Pour faire de la lumière ou du feu, on était obligé, il n'y a pas encore beaucoup d'années, de recourir à la pierre à fusil, à l'amadou et au briquet. C'est à un élève de Chaptal, J.-L. Chancel, que l'on doit d'avoir perfectionné le briquet ou, pour mieux dire, de l'avoir remplacé. Ayant appris de son maître qu'en faisant tomber une goutte d'acide sulfurique concentré sur un mélange de chlorate de potasse et de soufre, on pouvait facilement l'enflammer, il imagina de mettre au fond d'un vase quelques brins d'amiante imprégnés d'acide sulfurique, et de plonger dans ce liquide des allumettes enduites de soufre et de chlorate de potasse. Ces premières allumettes, qui furent perfectionnées presque aussitôt après leur invention par Cagniard de la Tour, reçurent le nom d'*allumettes oxygénées*; et l'on appela *briquet oxygéné* le flacon contenant l'amiante imbibé d'acide concentré, ou *acide fumant de Nordhausen*. Faute de pouvoir l'exploiter lui-même, Chancel céda son invention à un industriel parisien du nom de Fumade, qui, dès 1806, répandit dans le commerce des boîtes contenant des allumettes et une fiole d'acide sulfurique. Malgré les avantages que semblait présenter cette invention, les briquets du sieur Fumade n'eurent pas grand succès : d'abord leur prix était excessif; de plus, on s'aperçut bientôt que l'humidité mettait rapidement hors de service les allumettes et l'acide, et qu'enfin il y avait *danger* à se servir de ce produit, qui projetait des flammèches au dehors de la boîte, et occasionnait de graves brûlures. Afin de parer aux inconvénients du briquet oxygéné, M. Derosne, pharmacien à Paris, remplaça l'acide sulfurique par du phosphore, et inventa ainsi le *briquet phosphorique*, dont le même Fumade se rendit acquéreur. Grâce à ce nouveau procédé, il suffisait pour enflammer l'allumette, de la plonger dans le phosphore et de la frotter ensuite sur un corps dur. Cette invention de M. Derosne eut un grand succès, surtout en Allemagne, où Wageman et Seybel, de Berlin, le perfectionnèrent et firent du briquet de M. Derosne un ustensile très pratique. Ce n'est qu'en 1832 que parurent les premières allumettes chimiques proprement dites, dont l'inventeur, longtemps resté inconnu, est Jacques-Frédéric Kammerer, né le 24 mai 1796, à Ehningen (Wurtemberg), et mort en 1857, à Ludwigsburg, dans une maison de fous. Ces allumettes, qui possédaient le grand avantage de s'enflammer par simple friction, prirent au début différents noms. On les appela *allumettes à friction* en Allemagne, *allumettes allemandes* ou *électriques* en France, *allumettes à la congrève* en Angleterre. La pâte qui les garnissait était composée de gomme arabique, de sulfure d'antimoine et de chlorate de potasse. Mais le mélange du sulfure d'antimoine à la pâte exigeait une friction trop prolongée, et la quantité trop considérable de chlorate de potasse qui entrait dans sa composition les rendait explosibles et dangereuses. Kammerer remédia à ce défaut en substituant le phosphore à l'antimoine, et en diminuant la proportion de chlorate. Ce fut aussi à peu près vers la même époque que l'on eut une idée analogue et que l'on pensa à faire des briquets phosphoriques. On lisait à ce sujet, dans une sorte de recueil scientifique du temps, ce qui suit : « On a imaginé de faire des bougies phosphoriques qui s'allument qu'elles ont le contact de l'air. »

Soufrage et trempage.

Voici la manière de les préparer : on prend un tube de verre de quatre pouces de long et d'une ligne de diamètre, scellé par un bout; on introduit dans ce tube environ un demi-grain de phosphore, qu'on pousse jusqu'à son extrémité ; ensuite on introduit dans ce tube une bougie de trois pouces de longueur; on a soin d'émécher environ trois lignes de la partie qui doit être en contact avec le phosphore, c'est-à-dire de bien enlever la cire de dessus la mèche et de la carder un peu; dès que la bougie est introduite dans le tube, il faut sceller l'extrémité ouverte, ensuite exposer au feu celle où est le phosphore, qui se fond, se volatilise et se fixe sur la mèche ; on trace avec un diamant ou une pierre à fusil une ligne circulaire à l'extrémité du tube où il n'y a point de phosphore, afin de pouvoir rompre ce tube à volonté, pour pouvoir pincer et retirer la bougie qui prend feu dès qu'elle a le contact de l'air ; mais il faut avoir soin, afin de faire prendre feu à la bougie, de tenir verticalement vers la terre la partie de la bougie où est le phosphore. Si l'on ne conserve point ces bougies dans un étui de fer-blanc, on court risque du feu si les tubes viennent à se rompre.

— FABRICATION DES ALLUMETTES CHIMIQUES. La fabrication des allumettes comprend une série d'opérations successives qui sont : 1º la coupe du bois et la fente des baguettes ou tiges d'allumettes; 2º la confection des boîtes; 3º la mise en presse et en châssis des tiges d'allumettes; 4º la préparation des pâtes ou mastics inflammables; 5º le trempage des allumettes dans les pâtes ou mastics; 6º le dépôt dans l'étuve ou le séchoir; 7º le démontage des presses; 8º la mise en paquets ou en boîtes. — Quelle que soit la pâte chimique employée pour former le bouton des allumettes, leur fabrication exige un assez grand nombre d'opérations. La première est le *découpage du bois* (pin du Sud, sapin, peuplier, tremble), que l'on soumet, soit après l'avoir desséché au four, soit encore frais, à l'action de la machine à raboter, qui se compose d'un rabot animé d'un mouvement de va-et-vient très rapide, et qui opère pour fer un grand nombre de filières tranchantes placées côte à côte. Cette machine débite, en moyenne, 280 allumettes par seconde, soit 16,800 par minute, et, défalcation faite des retards occasionnés par la mise en place des blocs de bois, près de sept millions par jour de douze heures. On a construit une machine spéciale, très employée dans les pays du Nord, pour découper les bois frais et à grains fins. Le bois étant coupé en cylindres de 30 centimètres de longueur, on le présente au couteau de la machine, qui le débite en copeaux ou feuilles. Ces feuilles sont ensuite superposées au nombre de cinquante, et placées sur un laminoir, au bout duquel se trouve un coupoir qui donne aux allumettes la longueur voulue. Cette machine débite, à chaque mouvement du coupoir, environ 300 allumettes; soit 2,160,000 à l'heure, et, déduction faite du temps perdu, 21,600,000 (21 millions) par journée de douze heures. — Au débitage succède le *séchage*, qui se fait à l'aide d'un séchoir formé de feuilles de tôle placées les unes au-dessus des autres et chauffées par un courant d'air chaud. Cet appareil est analogue à celui que l'on emploie dans les malteries pour la dessiccation de l'orge. — Après le séchage a lieu la mise en presse. Cette opération, qui a pour but de faciliter le *soufrage* et le *chimicage* des allumettes, se fait quelquefois à la main; mais le plus souvent à la machine. La presse de l'allumettier consiste en un châssis de bois dans lequel peuvent entrer un certain nombre de plaquettes mobiles, dont l'une des faces est garnie de flanelle, et l'autre de rainures transversales ou *crans*. L'ouvrier dispose le châssis sur une table, et, après y avoir placé une première plaquette, les crans en haut, il introduit dans chacun d'eux une quantité égale de tiges. Ce travail terminé, il en pose un second cadre sur le premier, le garnit comme le précédent, et recommence la même opération jusqu'à ce que le châssis soit tout à fait plein. Il pose alors sur la pile une planchette sans rainures, puis il assujettit le tout au moyen de vis de pression en bois qui, portant sur cette dernière planchette, tournent dans des écrous fixés à la partie supérieure du cadre. Quand toutes les têtes des tiges sont bien mises de niveau à l'aide d'une plaque de fonte sur laquelle il les appuie, l'ouvrier serre définitivement le châssis et le porte au fourneau à soufrer. La mise en presse à la main permet d'apprêter 5 à 6,000 tiges par heure, ou de 65 à

Déroulage.

70,000 par journée de douze heures. Par le procédé mécanique, les allumettes, jetées dans une boîte qui se trouve sur la machine à laquelle un moteur imprime un mouvement oscillatoire continu, viennent se ranger d'elles-mêmes dans les quatre-vingts cannelures d'une plaque d'où un peigne, armé d'un nombre égal de dents, les chasse entre les lames d'un cadre. L'ouvrier règle l'action du peigne au moyen d'une pédale placée au-dessous de la machine. Cette mise en presse se fait avec une telle rapidité qu'on peut garnir en une journée de douze heures jusqu'à cent quatre-vingts cadres renfermant chacun six mille tiges. — Le *soufrage* et le *paraffinage* s'effectuent au moyen d'un fourneau sur lequel est une bassine à fond plat contenant du soufre en fusion. L'ouvrier place à tour de rôle les cadres sur la bassine, puis les retire aussitôt que les bouts saillants des tiges sont suffisamment imprégnés. Il les porte ensuite dans des chambres chauffées et bien ventilées, où elles sèchent jusqu'au moment du *chimicage*. Quelquefois on remplace le soufre, dont les vapeurs sont nuisibles, par de la paraffine ou de l'acide stéarique. Dans ce cas, et pour que le corps gras pénètre bien le bois, on appuie les bouts des allumettes sur une plaque de tôle chauffée au rouge, qui leur fait subir un commencement de carbonisation et les rend ainsi plus poreuses. — Le *chimicage* ou *masticage*, qui consiste à tremper les allumettes dans la pâte chimique, s'exécutait autrefois sur une plaque chauffée au bain-marie et recouverte d'une mince couche de pâte. On appliquait les cadres remplis d'allumettes déjà soufrées sur la plaque où elles se chargeaient d'une couche de pâte d'environ 2 à 3 millimètres d'épaisseur, puis on les mettait de nouveau à sécher, et l'on procédait enfin au *dégarnissage*. Aujourd'hui, et grâce aux nouveaux appareils de M. Sebold et à ceux de MM. Beck et Henkel, l'opération du chimicage s'exécute plus rapidement et sans porter atteinte à la santé des ouvriers. Au lieu de préparer la pâte à l'air libre, comme cela se faisait encore il y a quelques années, on la cuit en vase clos. L'appareil est pourvu d'un *malaxeur* mécanique qui, pendant la cuisson, remue sans cesse la pâte et produit un mélange intime. Un *rafraîchissoir* est placé à côté de l'appareil, et un treuil, fixé à la machine, facilite le transport du plateau à double fond au rafraîchissoir. Quarante minutes suffisent pour la cuite de 20 kilogrammes de pâte. Avec ces machines, le chimicage s'effectue à l'abri de l'air. Les vapeurs phosphoriques, au lieu de se répandre dans l'atelier, s'échappent dans une cheminée d'appel qui les conduit au dehors, ou bien sont brûlées aussitôt leur formation. On peut, avec ces machines, produire jusqu'à 22 millions d'allumettes par journée de douze heures. Une fois enduites de pâte et séchées, les allumettes sont enlevées des presses et mises en boîtes. Ces deux dernières opérations se font quelquefois à la main, mais le plus souvent à l'aide de machines spéciales. La première, dite *dégarnisseuse*, débarrasse les presses de leurs allumettes; la seconde, ou machine à *paquetage* et à *emboîtage*, reçoit les allumettes de la dégarnisseuse, les compte, et remplit les boîtes automatiquement. Elle peut en garnir de 15.000 et plus par jour. — La confection des boîtes d'allumettes se fait aussi soit à la main, soit avec des machines comme celles de M. Sebold et de M. Gauchot. Avec la machine de M. Gauchot, la feuille de carton qui doit former la boîte est pliée en deux par un mandrin qui relève en même temps les quatre côtés intérieurs. Par un second mouvement, ce même mandrin façonne le dessus de la boîte et la présente ensuite à des disques colorés qui déposent un filet de colle sur chacun des côtés. A ce moment, la boîte est enlevée par un piston et rencontre, dans son mouvement ascensionnel, les joues qui rabattent les côtés extérieurs sur les parois intérieures et terminent ainsi la boîte. A chaque tour de la machine, les nouvelles boîtes s'emmagasinent dans une cheminée où elles restent pressées pendant le temps nécessaire à leur parfaite dessication. Deux femmes et même deux enfants suffisent pour faire fonctionner l'appareil de M. Gauchot, lequel façonne environ 35,000 boîtes-portefeuilles par jour. — Les allumettes-bougies, dont les fumeurs font une très grande consommation, se composent d'une mèche de coton filé et tordu que l'on plonge dans un mélange de gomme et de stéarine fondues. Au sortir de ce bain, on fait passer la torsade de coton, composée généralement de douze fils, à travers une filière qui donne à l'allumette sa forme et sa grosseur. Les mèches sont alors coupées de la longueur voulue, puis trempées dans une pâte au bioxyde de plomb avec un chlorate de potasse que l'on colore en bleu avec de l'outremer, ou en rouge avec de l'aniline. Les substances chimiques employées se rattachent aux quatre classes suivantes : 1° phosphore ordinaire émulsionné dans la colle forte ; 2° phosphore ordinaire émulsionné dans une pâte de bioxyde de plomb, qui facilite l'inflammation en fournissant de l'oxygène; 3° phosphore ordinaire émulsionné dans une pâte de chlorate de potasse. Le chlorate joue le même rôle que le bioxyde de plomb, mais avec encore plus de vivacité; et, de plus, étant peu hygrométrique, il a cet avantage de rendre la pâte chimique beaucoup moins altérable à l'humidité. Cette qualité est éminemment favorable à l'exportation par mer. Ces trois mélanges s'enflamment par friction sur toute surface un peu rugueuse; 4° mélange de chlorate de potasse et de matières combustibles sans

Préparation de la pâte.

phosphore. — Voici quelques-unes des meilleures formules employées dans la fabrication des allumettes chimiques et de cire :

Pâte des fabriques de Paris.

Phosphore	17
Blanc de zinc	10
Colle	48
Verre pilé	25

Pâte allemande nouvelle.

Peroxyde de plomb	36
Chlorate de potasse	15
Peroxyde de manganèse	9
Fleur de soufre	8
Tripoli	6
Sable fin	6
Phosphore amorphe	6
Colle	9

Allumettes rondes.

Gomme	11 k.	
Phosphore blanc	3	500
Minium	26	
Acide azotique	15	
Eau	12	

Allumettes paraffinées.

Gomme	1 k.	900
Phosphore blanc	1	300
Azotate de potasse	1	100
Chlorate de potasse	0	550
Blanc de zinc	0	300
Eau	2	400

Pâte sans phosphore.

Chromate de potasse	8
Chlorate de potasse	28
Oxyde de plomb	18
Sulfure rouge d'antimoine	7
Pierre ponce	12
Gomme	3
Eau	36

— Hygiène professionnelle. La fabrication des allumettes chimiques, dont le monopole appartient à l'État depuis la loi du 2 août 1872, est une des industries les plus insalubres. Sans parler des dangers d'explosion et d'incendie auxquels elle expose, et des émanations délétères qui se dégagent des usines, elle détermine chez les ouvriers qui y sont employés une série d'accidents et de maladies terribles. Aussi les fabriques d'allumettes ont-elles été justement rangées dans la *première classe* des établissements insalubres, incommodes et dangereux. La fabrication des allumettes, avons-nous dit, se fait en sept opérations différentes : la coupe du bois, la confection des boîtes, la mise en presse des tiges, la préparation des pâtes inflammables, le trempage des tiges dans la pâte, la mise au séchoir et l'empaquetage. Parmi ces opérations diverses, les trois premières n'exposent à aucune cause diverse d'insalubrité les ouvriers qui les exécutent. Disons toutefois que la mise en presse et en châssis des tiges est accompagnée d'un dégagement de poussière de bois très fine, dont l'absorption finit par produire l'irritation des bronches. Le broiement et le mélange nécessaires à la préparation des mastics, d'après les deux premières formules, qui doivent être employées à chaud, donnent lieu à des vapeurs phosphorées très abondantes, mais n'exposent pas aux déflagrations. Dans la préparation de la pâte d'après la troisième formule, pouvant être employée à froid, le dégagement des vapeurs phosphorées est moindre, mais, en revanche, les explosions se produisent beaucoup plus facilement. Dans tous les cas, les brûlures occasionnées par le phosphore qui fond en brûlant, sont assez graves parce que le phosphore laisse dans la plaie de l'acide phosphorique qui est très corrosif. Quant aux vapeurs de phosphore, elles sont réellement absorbées par les ouvriers : la preuve en est ainsi le fait que, lorsque ceux qui ont passé la journée dans ces vapeurs se trouvent le soir dans l'obscurité, les gaz qu'ils rendent par des éructations deviennent lumineux, de telle sorte que ces malheureux paraissent rendre des flammes par la bouche. Les effets de ces vapeurs phosphorées se font sentir sur toute l'économie. La peau prend une coloration jaune pâle ; les ouvriers éprouvent des maux de tête, des engourdissements des membres, un affaissement de leurs facultés cérébrales. Leur gorge et leurs bronches s'irritent; la toux survient, puis l'asthme et la bronchorrhée. Ils ont des maux d'estomac, de la dyspepsie, des coliques et s'amaigrissent progressivement. Les femmes employées dans les fabriques d'allumettes semblent prédisposées à l'avortement. Mais la manifestation caractéristique, vraiment professionnelle, c'est celle que les ouvriers appellent le *mal chimique* et que les médecins désignent sous le nom de *nécrose phosphorée des deux os maxillaires.* Toutefois, d'après le docteur Magitot, cette terrible affection ne se produirait que chez les ouvriers déjà atteints d'une certaine variété de carie dentaire, la *carie pénétrante*. Pour ce savant praticien, cette carie serait, selon ses propres expressions, la porte d'entrée invariable et exclusive de la nécrose phosphorée. Existe-t-il pour les ouvriers employés à la fabrication des allumettes un moyen de les préserver des accidents produits par les vapeurs phosphorées? Oui. Depuis quelques années on s'est assuré que l'essence de térébenthine jouissait de la propriété de neutraliser le phosphore. Il y a encore plusieurs autres moyens. D'abord, en les préservant, par une bonne ventilation énergique, de l'absorption de ces vapeurs mortelles. Mais le plus sûr remède serait encore bien certainement de rejeter la fabrication des allumettes au phosphore et de les remplacer par la composition des allumettes amorphes, dites « allumettes suédoises » telles que les fabriquent par exemple, MM. Luddström et Boetger. Ce n'est qu'à ce prix, croyons-nous, que l'on parviendra à voir diminuer l'effroyable mortalité qui sévit sur ces malheureux martyrs du travail.

— Commerce. Les allumettes sont l'objet d'un commerce considérable, car, en défalquant les produits vendus par la fabrication clandestine, on évalue la consommation des allumettes fabriquées en France par la compagnie concessionnaire du monopole, à

30 milliards. Ce chiffre énorme représente l'emploi de plus de 25,000 mètres cubes de bois et 30,000 kilogrammes de phosphore. On exporte, année moyenne, pour un million de kilogrammes d'allumettes fabriquées dans les différentes usines appartenant à la Compagnie générale, et qui sont celles de Paris, à la Villette; de Pantin, d'Aubervilliers, de Marseille, de Bordeaux, de Nantes, d'Angers, de Chalon-sur-Saône, de Blénod-lez-Pont-à-Mousson et de Saintines. Le

Mise en paquets.

nombre d'ouvriers employés par cette industrie est d'environ un millier d'hommes et cinq à six mille ouvrières; ces dernières occupées particulièrement à la fabrication des cartonnages, à la mise en boîtes et à l'empaquetage des allumettes. L'importation des allumettes chimiques étrangères se réduit à deux types principaux qui n'entrent d'ailleurs dans la consommation que pour une faible proportion. Ce sont des allumettes de bois autrichiennes et des allumettes de Suède au phosphore amorphe. Le commerce d'exportation porte principalement sur les allumettes de bois rond et sur les allumettes en cire. La vogue de ces dernières à l'étranger tient à leur excellente fabrication et, de plus, aux dispositions ingénieuses et élégantes de leurs boîtes, habituellement décorées de dessins et légendes humoristiques (V. CARTONNAGES). Le poids brut de l'exportation annuelle varie de 800,000 à 1,000,000 de kilogrammes d'allumettes de toutes sortes. Il a été plus considérable dans les années 1872 et 1873, à raison du développement excessif donné à leur production par les usines qui devaient être expropriées par l'État. En effet, la fabrication et la vente des allumettes chimiques ont cessé, en 1873, d'être des commerces libres. A la suite de la guerre, un impôt de consommation sur les allumettes chimiques avait été établi par l'Assemblée nationale (Loi du 4 sept. 1871). La difficulté de perception de cet impôt et son faible rendement, à cause de la facilité de la fraude, déterminèrent le ministre des finances à proposer la création d'un monopole des allumettes au profit de l'État (Loi du 2 août 1872). Ce monopole, qui ressortit à la direction générale des contributions indirectes, est actuellement géré par une compagnie concessionnaire, en vertu d'une adjudication publique faite, avec l'autorisation de l'Assemblée nationale, par le ministre des finances. Les types et les prix des allumettes chimiques sont, par assimilation à ceux des tabacs, fixés par des lois et des décrets. Les allumettes sont fabriquées par la compagnie concessionnaire dans diverses usines, qui sont celles de Marseille au Prado et à la Belle-de-Mai; de Paris, à la Villette, Aubervilliers et Pantin; de Nantes, Angers, Chalon-sur-Saône, Blénod-lez-Pont-à-Mousson, Bordeaux et Saintines. — Qui se rend compte, en achetant une simple boîte d'allumettes de quinze centimes, de ce que les cent brindilles de bois qu'elles contiennent ont coûté de travaux, et par combien de mains elles ont passé avant d'arriver au consommateur!

ALLUMETTIER, IÈRE, s. Celui, celle qui fabrique des allumettes, qui vend des allumettes. — S'empl. aussi adjectiv. *C'est un ouvrier allumettier.*

ALLUMEUR, EUSE, s. Celui, celle qui allume. *Un allumeur de réverbères, une allumeuse de cierges.* — Au fig., Agent provocateur que l'on payait, sous l'Empire, pour exciter les passions populaires et fomenter des troubles. *Ce mouchard doit être un allumeur.*

ALLUMIÈRE, s. f. Boîte aux allumettes. — Se dit aussi de l'endroit où l'on fabrique des allumettes. — Peu us.

ALLUMOIR, s. m. Appareil qui sert à allumer. Les propriétés calorifiques de l'électricité, et particulièrement celles des courants induits de la machine de Ruhmkorff, ont été mises à contribution pour allumer à distance les becs de gaz. Dès l'année 1852, MM. du Moncel et Liais avaient proposé ce moyen pour allumer la mire de nuit de l'Observatoire de Paris, placée à une certaine distance dans le jardin de cet établissement; mais ce n'est qu'en 1874 que l'application de ce moyen si simple d'allumage instantané a été faite sur une grande échelle. C'est à l'éclairage de la salle des séances de l'Assemblée législative qu'il a été adapté, par M. Gaiffe, avec les appareils construits par MM. Chabrié et Jean. A l'aide d'une bobine d'induction et d'un distributeur électrique, ces constructeurs font jaillir un certain nombre d'étincelles au-dessus de chacun des becs de gaz de tous les lustres qui sont successivement allumés en quelques secondes et sans interrompre la séance. Il est probable que l'emploi de ce système d'allumage se répandra de plus en plus et qu'il pourra même être appliqué à l'éclairage des villes, lequel pourra dès alors fait instantanément. Le système est du reste très simple; il suffit d'adapter à chaque bec de gaz deux fils de platine isolés, recourbés devant le jet de gaz et éloignés l'un de l'autre de un ou deux millimètres. Ces fils étant reliés sur des conducteurs recouverts de gutta-percha à un appareil d'induction de Ruhmkorff placé en tel endroit qu'il convient, transmettent l'étincelle à tous les becs au moment où l'appareil est mis en action. — Dans l'art domestique, on se sert également *d'allumoirs électriques*, dont la forme est, à peu de chose près, la même. Nous en donnons ci-contre un dessin. Voici comment fonctionnent ces sortes d'appareils: Deux branches de métal, flexibles à leur partie inférieure, sont réunies en haut par un fil de platine assez mince, qui peut s'éloigner à une assez grande distance au fil de la lampe. Lorsqu'on désire avoir de la lumière, on approche les branches et le fil de platine de la lampe, ce qui fait fonctionner l'appareil électrique placé dans le socle; le fil de platine devient incandescent par le passage du courant développé et les vapeurs de l'essence minérale de la lampe, qui filtrent à travers la mèche, viennent s'enflammer à son contact. Cet ingénieux appareil est muni d'un petit soufflet, comme on peut le voir sur la figure, et de deux bornes pour l'attache des fils de la pile. Dans l'allumoir électrique que M. Ranque a appelé *luciphore*, le fonctionnement de l'appareil est automatique. Il se compose d'une pile au bichromate zinc-charbon, qui, à l'état ordinaire, ne fonctionne pas parce que le liquide actif n'atteint pas le métal de l'élément; sur le couvercle hermétique de cette pile se trouvent la lampe à essence, montée sur deux petits tourillons, le fil de platine avec ses supports comme dans l'appareil précédent. Pour allumer la lampe, on incline l'appareil tout entier; le liquide vient baigner le zinc et les charbons, le courant s'établit, fait rougir le fil de platine et, comme nous l'avons expliqué plus haut, la lampe s'allume. On a multiplié la forme des allumoirs; le *briquet électrique* et le *briquet à gaz hydrogène* ne sont pas autre chose que des allumoirs. On a même lancé dernièrement dans le commerce une *lance*

Allumoir électrique.

pour allumer le gaz, qui se compose d'une espèce de petite machine électrostatique à cylindre de verre, dont l'électricité était recueillie sous forme d'étincelles pouvant mettre en ignition, et même à une certaine distance, des becs de gaz ou tout autre système de production de lumière. Il faut le dire, malgré l'utilité de semblables appareils, les allumettes, qui deviennent d'un emploi coûteux, règnent toujours en souveraines et rien ne fait prévoir le moment où ces ignobles tiges, humides et dangereuses, seront radicalement supprimées pour être remplacées par des allumoirs parfaits, d'un système quelconque mais d'un prix d'entretien presque nul. Pourtant, ce jour-là où nous n'aurons plus que des appareils inoffensifs et ne ratant pas leur effet neuf fois sur dix, comme il arrive avec les allumettes que la régie nous vend, un réel progrès sera accompli, et il y a beaucoup de personnes qui ne se plaindront pas de la suppression des allumettes chimiques.

ALLURE, s. f. (de *aller*). Manière dont on marche, vitesse avec laquelle on marche, attitude qui est particulière en marchant à quelqu'un. *Je le reconnais à son allure.* (Acad.) *En tout, il a horreur de ce qui peut rappeler l'allure bourgeoise.* (Balzac.) — Se dit aussi en parlant des animaux. *Le lion a l'allure fière et grave.* (Buffon.) *L'allure du coq est vive et assurée.* (Cuvier.) — Au fig. sa fait des manières d'agir, se comporter, particulières à certaines personnes ou à certaines choses. *Il faudra bien qu'il change d'allures.* (Acad.) *Ses allures sont un peu vives.* (Lesage.) *Il faut s'incliner devant les allures graves de la justice.* (Alex. Dumas.) *Les allures de cet homme étaient fort louches. Il a des allures cauteleuses et perfides.* — Se dit quelquefois pour *tournure. Cette chose prend une mauvaise allure, une allure inquiétante.* (Acad.) — Mar. Direction de la route d'un bâtiment par rapport à celle du vent. *Il y a autant d'allures qu'il peut exister de routes nécessitant un changement de voilure.* (Bonnafoulx.) *L'allure du navire était tribord amures.* — Vén. Manières différentes dont marchent les bêtes, longueur de leur pas, endroit où se trouvent les empreintes. *Les allures du cerf sont plus grandes que celles de la biche.* (Buffon.) — Minér. État, direction d'un filon dans la roche ou dans le terrain qu'il traverse. — Métall. Façon dont marche le feu d'un fourneau ou d'un four dans une opération métallurgique. — *Art vét.* Manières de marcher propres à certains quadrupèdes et au cheval en particulier. Les allures du cheval sont de trois espèces : naturelles, artificielles ou défectueuses. Les *allures naturelles* sont le pas, le trot et le galop ; les *allures artificielles*, le pas relevé, le course et l'amble ; les *allures défectueuses*, l'aubin et le traquenard. Dans le *pas*, la plus lente de toutes les allures, chaque pied est successivement à l'*appui* et au *soutien*, ils se posent à terre dans l'ordre de leur lever et l'un après l'autre ; dans le *trot*, chaque bipède diagonal pose successivement à terre, cette allure s'opère en deux temps ; dans le *galop*, la progression s'effectue en trois temps : le pied droit de devant, le bipède diagonal gauche et le pied gauche de derrière. L'animal se trouve donc, pendant un instant fort court, détaché du sol. Le galop est, après la course, l'allure la plus rapide et par conséquent la plus fatigante. Dans les *allures artificielles*, c'est-à-dire apprises au cheval dans un but quelconque, l'*amble* est une succession de mouvements pendant lesquels chaque bipède latéral pose à terre. L'amble est une allure familière aux mules et moins fatigante que le trot. La *course*, que l'on ne parvient à apprendre qu'aux chevaux de race supérieure, est une allure pendant laquelle le cheval jette en avant et pose à terre le bipède antérieur et le bipède postérieur, en s'allongeant de toute sa longueur. Dans le *pas relevé*, qui est un peu plus rapide que le pas ordinaire, chaque pied s'élève à son tour en passant près de terre. Parmi les *allures défectueuses*, le *traquenard* est une sorte de trot décousu qui s'opère en trois temps ; l'*aubin* est un galop à quatre temps qui ne se produit que quand on demande ces allures vives à de vieux chevaux usés par l'âge ou dont les reins ne sont plus assez solides. Même dans les allures qui lui sont les plus familières et les plus naturelles, le cheval est sujet à divers accidents que l'on doit connaître afin d'y pouvoir obvier en les ferrant d'une certaine manière (V. MARÉCHALERIE). Quelques-uns se *coupent* en atteignant avec la pointe du fer postérieur, le talon ou le boulet des pieds postérieurs ; d'autres, et ce sont les plus fréquents, *forgent* en atteignant avec la pince du fer de derrière les éponges du fer antérieur ; d'autres encore, principalement en marchant au trot ou à l'amble, se *bercent*, c'est-à-dire donnent un balancement latéral à leur corps, ou *billardent*, en lançant les pieds de côté, ou *harpent*, en sautant brusquement l'un et l'autre pied. Il est donc de toute utilité de connaître toutes ces allures et leurs dérivés dans les cas où l'on possède et l'on fait travailler des chevaux. (C. Lartilleur.) — *Allure* est souvent synon. de *démarche*.

ALLUSIF, IVE, adj. Qui contient une allusion. *Vous venez de nous dire une phrase allusive. Presque toutes les langues, à leur début, étaient allusives dans leurs applications aux idées abstraites.* (Ch. Nodier.)

ALLUSION, s. f. Rhét. (du lat. *alludere*, de *ad*, vers, *ludere*, jouer). Judication voilée, au moyen d'une métaphore, d'un jeu de mots, d'une chose qu'on ne mentionne pas formellement, mais qui est cependant susceptible d'être comprise par l'auditoire ou par le lecteur. C'est une sorte d'allégorie qui consiste dans un mot, dans une phrase et qui insinue plutôt qu'elle ne désigne le rapprochement d'une chose à l'intention de l'autre. C'est une balle qui, détournée de la ligne droite, arrive au but par une espèce de ricochet. *Allusion fine, ingénieuse. Le parterre a saisi toutes les allusions que l'auteur avait eu dessein de faire.* (Acad.) *Benserade faisait au caractère des personnes, des allusions délicates et piquantes.* (Voltaire.) L'allusion se tire de la Fable, de l'histoire, de la mythologie, des œuvres littéraires, des maximes célèbres.C'est une comparaison discrètement indiquée que l'on prête au lecteur les heureux d'achever et qui, d'un mot, fait appel à ses souvenirs. Voici quelques exemples d'allusions : — Le célèbre maréchal de Bassompierre, le plus intrépide buveur de son siècle, était fertile en saillies et en bons mots. Un pou s'étant trouvé sur son habit, Louis XIII le badina longtemps, sans que ce seigneur répondit rien. Le roi continuant ses reproches, Bassompierre lui répondit enfin : « Sire, ne craignez-vous pas qu'on ne pense qu'il n'y a que des poux à gagner à votre service ? » — Après la bataille d'Ivry, Henri IV dit en plaisantant sur le grand nombre d'Espagnols restés parmi les morts : « Quoi qu'en dise la Ligue, je connais bien que je suis roi de France, car j'ai guéri bien des Espagnols des écrouelles ! »

ALLUVIAL, ALE, adj. (d'*alluvion*). Géol. Qui a le caractère d'une alluvion, qui ressemble à une alluvion. *La plaine de Babylone présente bien des formations alluviales.* (Maury.)

ALLUVIEN, IENNE, adj. Géol. Mot que l'on applique aux terrains produits par une action récente des eaux et des plutôt à un dépôt tranquille et lent qu'à un transport énergique et rapide.

ALLUVION, s. f. (du lat. *alluvio*, de *ad*, vers, *luo*, je lave). Géol. Nom donné aux dépôts terreux formés par les eaux sur les rivages avoisinants. Pendant les crues, les torrents d'eaux entraînent avec eux des débris organiques et inorganiques arrachés aux rives, et les sèment sur leurs parcours. Dans les régions polaires, les glaces arrachent des masses de rochers auxquelles elles sont incrustées et les entraînent au large avec elles. Lorsque minées par les courants d'eau chaude qui les supportent, elles fondent et se désagrègent, elles abandonnent ces matières qui descendent lentement au fond de l'Océan qu'elles surélèvent petit à petit. — On donne aussi le nom d'alluvions aux terrains tertiaires ; cependant, comme on l'a remarqué, il s'est formé des alluvions à toutes les époques; ce ne sont donc pas des terrains mais bien des formations, telles qu'il s'en produit beaucoup par l'action des fleuves. Les alluvions d'eaux douces enrichissent la terre quand elles sont principalement composées de limon, comme on le voit par exemple dans la vallée du Nil ; elles l'appauvrissent, la stérilisent même quand elles sont trop chargées de sable. — On nomme souvent aussi *alluvions anciennes*, les dépôts antérieurs à ceux qui se trouvent à des niveaux que les eaux actuelles ne peuvent plus atteindre et par suite étendues qu'elles ne peuvent couvrir. Elles témoignent d'immenses transports, de vastes dépôts dont les rivières et les fleuves d'aujourd'hui ne sont plus capables. — Jurisp. Atterrissement et accroissement qui se forment successivement et imperceptiblement aux fonds riverains d'un fleuve ou d'une rivière. Le propriétaire d'une partie considérable et reconnaissable d'un champ riverain qui a été subitement recouvert par un fleuve ou une rivière a le droit de réclamer la propriété. L'usufruitier jouit de l'augmentation survenue par alluvion à l'objet dont il a l'usufruit. — Au fig., se dit de tout ce qui se transporte avec rapidité d'un lieu à un autre. *Il y a à Lyon 80,000 ouvriers, population flottante, alluvion dont la gestion a toujours embarrassé les autorités locales.*

ALLUVIONNAIRE, adj. Géol. Se dit de ce qui est produit par l'alluvion, par voie d'alluvion. *Terrain alluvionnaire.*

ALLUVIUM, s. m. (du lat. *alluvium*, inondation). Géol. Nom qui a été donné aux dépôts de limon, de gravier ou de sable qui existent généralement entre l'enveloppe superficielle de terre végétale et la roche inférieure. On trouve des exemples d'alluviums dans toutes les parties du monde, depuis les régions polaires jusqu'aux contrées tropicales; on ne saurait considérer comme l'effet d'une cause unique, mais bien plutôt comme le résultat d'actions distinctes pendant une longue succession de périodes géologiques. Ils se composent généralement de matières de transport à leur partie supérieure et de débris de toutes sortes et de forme très irrégulière à leur partie inférieure. — On dit *diluvium* par opposition à alluvium. — Au pl., des *alluviums*.

ALLUX, s. m. Entom. Nom donné à l'avant-dernier article du tarse des insectes quand il offre quelque chose de remarquable, comme dans celui des curculionides.

ALLYL, s. m. (de *allyle*). Chim. Mot qui, précédant un autre subst., désigne une combinaison de l'allyle, ou un corps composé dans lequel on trouve de l'acide allylique. — *Allyl-sulfate*, combinaison d'acide allyl-sulfurique avec une base. — *Allyl-sulfocarbonique*, acide obtenu par l'action de la potasse alcoolique sur le sulfocyanure d'allyle. — *Allyl-sulfurique*, acide qu'on produit en faisant dissoudre de l'hydrate d'allyle dans de l'acide sulfurique très concentré. — *Allyl-urée*, combinaison de cyanate d'allyle fondu dans l'ammoniaque.

ALLYLAMINE, s. f. Chim. Alcaloïde que l'on obtient en faisant bouillir le cyanate d'allyle avec une lessive de potasse concentrée.

ALLYLE, s. m. (du lat. *allium*, ail). Chim. Liquide très volatil doué d'une odeur éthérée analogue à celle du radical; carbure d'hydrogène obtenu en décomposant une sorte d'éther par le sodium. L'allyle (C⁶,H⁵) n'a d'abord été qu'un radical hypothétique, avant la découverte duquel on connaissait ses divers composés : *oxyde d'allyle* ou *éther allylique*, *sulfure d'allyle* (essence d'ail), *sulfocyanure d'allyle* (essence de moutarde), etc. Aujourd'hui, on prépare l'allyle dans les laboratoires par l'action du sodium sur de son iodure.

ALLYLIQUE, adj. Chim. Se dit d'un alcool qui se produit par l'action de la potasse caustique sur l'acétate d'allyle. C'est aussi le nom de l'éther qui se produit par la réaction de l'azotate d'argent et du sulfure d'allyle, et qu'on appelle aussi *oxyde d'allyle*.

ALLYRE (SAINT), nom d'un évêque de Clermont-Ferrand du IVᵉ siècle. Fête le 7 juillet. — Géogr. Nom d'une fontaine pétrifiante célèbre, située dans les montagnes de l'Auvergne et dont les eaux, quoique très claires, contiennent en suspension une notable proportion de calcaires. Sur ses bords on voit de très curieuses pétrifications, produites par l'action du calcaire accumulées depuis longtemps. C'est un lieu d'excursion très curieux pour les touristes qui parcourent les pays de l'Auvergne.

ALMA, adj. Myth. Surnom qui était donné par les anciens à Cérès comme nourricière des hommes. — S. f. Mesure de capacité pour les liquides, usitée à Constantinople, et dont la valeur métrique est d'un peu plus de 5 litres.

ALMA. Géogr. Rivière de la Russie d'Europe, qui se jette, après avoir traversé la presqu'île de Crimée, dans la mer Noire, entre Eupatoria et Sébastopol. Célèbre victoire remportée sur les Russes par le maréchal de Saint-Arnaud et lord Raglan, le 20 septembre 1854. Les Russes étaient commandés par le prince Menschikoff. Ce fut encore cette fois-là, grâce à la hardiesse et à l'intrépidité de l'artillerie française, pourtant numériquement bien moins forte que l'artillerie ennemie, que la bataille fut gagnée. Malgré des obstacles incroyables, nos canonniers parvinrent à installer leurs pièces sur un plateau que Menschikoff croyait inaccessible, et la justesse de leur tir assura à l'armée alliée le succès de la journée. — La bataille de l'Alma a inspiré plusieurs artistes. Gustave Doré en avait brossé un immense panorama qu'il exposa en 1855 ; en 1857, Horace Vernet, notre plus grand peintre de batailles après Gros, en produisit une autre, vraiment digne de la réputation de l'auteur. D'autres peintres ont rendu aussi, d'une façon plus médiocre, les principaux épisodes de cette grande journée militaire. — Un avenue et un pont de Paris, bâti sous Napoléon III, et à l'avenue qui se trouve sur son prolongement.

ALMADA. Géogr. Ville de Portugal (Estramadure), à l'embouchure du Tage, à 6 kilom. de Lisbonne ; 3,000 hab. Non loin de cette ville s'élève le fort Saint-Sébastien, destiné à protéger l'entrée du fleuve.

ALMADEN. Géogr. Ville d'Espagne (province de Ciudad-Real); 12,000 hab. Centre de mines de cinabre très importantes. Les mines occupent près de 4,000 travailleurs et exportent chaque année plus de 15,000 quintaux de mercure. Elles passent pour être les plus riches du monde entier.

ALMADEN DE LA PLATA. Géogr. Ville d'Espagne à 40 kilom. de Séville (Andalousie), où l'on trouve aussi quelques mines de mercure qui étaient déjà connues et exploitées du temps des Romains.

ALMADIE, s. f. Mar. Sorte de grande pirogue de quelques parties de l'Afrique, principalement sur la côte de Malabar. Elle est pointue des deux bouts; sa longueur est d'environ 27 mètres sur 3 seulement de largeur au milieu.

ALMAGESTE, s. m. (de l'arabe *al magistos*, le très grand). Nom donné à un célèbre traité d'astronomie composé par Cl. Ptolémée, sous le règne d'Antonin le Pieux. L'auteur lui donna d'abord le titre de *Megalè Suntaxis (Grande Composition)*, puis les Arabes, qui le traduisirent, celui de *Tehrir al magestis*, devenu par corruption *Almageste*. Dans cet ouvrage, Ptolémée y décrit le système du monde et expose toutes les théories scientifiques de l'antiquité sur l'astronomie. Le monde, d'après Ptolémée, comprenait deux régions : région élémentaire et région éthérée. La région élémentaire était composée des corps que les anciens regardaient comme les quatre éléments : de la Terre, immobile au centre du monde; de l'Eau, qui couvre la surface de la terre; de l'Air, qui est au-dessus de la terre, et du Feu, qui est au-dessus de l'air. La région éthérée enveloppe la région élémentaire; elle est composée de onze cieux tournant autour de la terre comme autour de leur centre. Au delà des cieux est l'Empyrée ou séjour des bienheureux. L'Eglise catholique s'attacha absolument à ce système, malgré que sa fausseté eût été établie plus tard par Copernic, et voulut conserver la Terre au centre du monde. En plus de ce système, l'*Almageste* contient un traité complet de trigonométrie rectiligne et sphérique, un catalogue de 1,022 étoiles, des études sur la distance des autres, des calculs sur les éclipses de soleil et de lune et la description des instruments astronomiques employés à cette époque reculée. — En 1651, un jésuite italien, le P. Riccioli, publia un autre recueil du même genre et auquel il donna le titre d'*Almagestum novum (Nouvel Almageste)*. On y trouve de précieux renseignements astronomiques et un état très complet de cette science au XVIIe siècle. Cet ouvrage est illustré de grandes gravures qui font voir, sous un aspect un peu naïf peut-être, les montagnes de la Lune, les éruptions du Soleil, les éclipses de la Lune et bien d'autres faits, dont l'astronomie contemporaine a justifié la réalité et que le savant jésuite avait devinés.

ALMAGRA, s. m. Minér. Espèce d'argile creuse rougeâtre que l'on réduit en poudre et qui sert de fard dans l'Inde. Elle est connue dans le commerce sous le nom de *rouge indien* et sert au nettoyage de l'or et de l'argenterie et au polissage des glaces et verres bombés.

ALMAGRO (Diego D'), célèbre capitaine espagnol, l'un des conquérants de l'Amérique. C'était un enfant trouvé qui prit pour nom celui de la ville où il était né. Il seconda puissamment Pizarre dans la conquête du Pérou (1520), et fit assassiner l'Inca Atahuelpa. C'était un homme violent, fourbe et cruel. Il pénétra le premier dans le Chili et on le nomma gouverneur par Charles-Quint. La discorde s'étant mise entre lui et Pizarre, ils en vinrent aux mains sous les murs de Cuzco. Almagro fut étranglé dans sa prison par l'ordre de son rival (1538). Son fils vengea sa mort en contribuant au meurtre de Pizarre. Mais vaincu plus tard, ce fils périt aussi par le même supplice que son père, à la même place et par la main du même bourreau.

ALMAGRO. Géogr. Ville d'Espagne (Andalousie), dans la province de Ciudad-Real; 8,000 hab. Fabriques de dentelles et de blondes. Patrie de Diego d'Almagro. Source d'eau acidulée dans les environs.

ALMAIN, Jacques, théologien français, né à Sens à la fin du XVIe siècle. Son traité le plus important est intitulé *De auctoritate Ecclesiæ* (1512).

AL-MAMOUN ou **ABDALLAH III.** Septième calife abasside, fils d'Haroun-al-Raschid, monta sur le trône en 813. Il s'illustra par sa générosité, son goût pour les sciences, les lettres et les arts qu'il prodigua puissamment à une époque où l'Occident était plongé dans un profond état de barbarie. Il fit traduire en arabe les meilleurs ouvrages du temps et fonda plusieurs académies. Il mourut en Cilicie pendant une guerre qu'il avait entreprise contre l'empereur de Constantinople.

ALMANACH, s. m. L'étymologie du mot *almanach* est incertaine. Il se trouve pour la première fois dans un passage de Porphyre, cité par Eusèbe, sous la double forme de *almenacha* ou *almenicha*. Il est difficile, dit Littré, de chercher l'étymologie de ce mot au delà d'Eusèbe. Cependant, le savant lexicographe et les autres auteurs que nous avons consultés enregistrent les étymologies suivantes : en égyptien (copte), *al* veut dire *calcul* et *men, mémoire*, d'où à peu près formé le mot *almanag*: calcul pour aider la mémoire. En hébreu et en arabe, *al* est l'article et *manah* veut dire compter. *Almanach* pourrait donc dériver de ces sources égyptienne et hébraïque. A noter qu'il lui vienne de l'hébreu *al* (l'article) et du latin *manachus*, cercle tracé sur un cadran solaire et servant à indiquer l'ombre pour chaque mois, ou de l'ancien allemand *al monaghit*. Quelques étymologistes prétendent, en effet, qu'autrefois — ils ne disent pas à quelle époque — on traçait le cours des lunes sur un morceau de bois carré qu'on appelait *al monaghit*, c'est-à-dire contenant toutes les lunes. Il y a donc des étymologies pour tous les goûts. Il est probable que nous avons affaire à plusieurs mots venant de sources différentes et convergeant en une seule et même forme, qui est celle dont nous nous servons aujourd'hui. Les almanachs ont été connus de tous les peuples de l'antiquité : les Grecs, les Romains, les Egyptiens, les Chinois les connaissaient; au moyen âge on les collait sur les livres d'église. L'usage des almanachs annuels date de l'invention de l'imprimerie, et les premiers rédacteurs furent des astrologues et des médecins. Cependant, pendant longtemps, l'Eglise se chargea de la rédaction de l'almanach. Chaque année, à Pâques, on rédigeait une nomenclature des jours fériés et on la plaçait sur le cierge pascal. On trouve jusqu'au XVIe siècle des exemples de ces *tables pascales*. Cependant, à la découverte de l'imprimerie, les almanachs populaires se répandirent, remplis d'anecdotes, de contes, de conseils aux travailleurs, etc. Les almanachs perpétuels naquirent alors. Le *Grand Compost des Bergiers* (Paris, 1493) passe pour être le premier almanach imprimé en français; c'est un reflet, comme du reste presque tous les almanachs jusqu'à nos jours, de la science astrologique alors à son apogée. Fait spécialement pour les gens qui ne savaient pas lire, tout y était imprimé en signes conventionnels : par exemple, une tête joufflue figurait le vent, un cercle vide le beau temps, une lancette le moment propice pour se faire saigner, une pilule l'époque convenable pour se purger, etc. Au XVIe siècle, le joyeux curé de Meudon, Rabelais, se redisgna pas l'*Almanach pour l'année 1553, calculé sur le méridional de la noble cité de Lyon*. Vers la même époque apparut l'astrologue Michel Nostradamus, qui mystifia le plus savamment du monde Catherine de Médicis et tous les souvenirs de son temps. C'est de là que date sérieusement en France l'apparition régulière des almanachs, dont ses *Centuries* furent les ancêtres. A peine monté sur le trône, Charles IX,

peut-être effrayé par les prédictions des astrologues auxquels sa mère avait ouvert l'entrée du palais, Charles IX, dit-je, rendit, en 1560, aux états d'Orléans, une ordonnance dans laquelle (article 26) il est défendu, sous peines corporelles, d'exposer aucuns *Almanachs et pronostications préalablement ils n'aient été visités par l'Archevêque ou l'Evêque, ou ceux qu'il commettra*. Ce règlement fut confirmé par Henri III, aux états de Blois (article 36). Mais ces défenses pouvaient-elles produire le moindre résultat alors que les rois eux-mêmes qui les avaient édictées étaient les premiers à recourir à l'astrologie? Louis XIII renouvela, le 20 janvier 1628, les ordonnances de ses prédécesseurs, mais sans plus de succès. C'est alors que parut Mathieu Lænsberg, si connu et si populaire. Mathieu Lænsberg, qui vivait au commencement du XVIIe siècle, était un bon chanoine de Saint-Barthélemy, de Liège, mêlant à une véritable science une connaissance assez approfondie de l'astrologie; son premier almanach fut imprimé en 1635 : *Almanach pour l'année bissextile de Notre-Seigneur Jésus-Christ supputé par Mathieu Lænsberg*. L'almanach de Mathieu Lænsberg ne suivit pas l'impulsion que lui avait donnée son auteur, et ne tarda pas à devenir un mauvais livre dans toute l'acception du mot. Ce fut pour combattre sa pernicieuse influence qu'on publia, un siècle plus tard, le *Bon Messager boiteux*, de Bâle. Malgré la vogue de ce dernier, le *Mathieu Lænsberg*, imprimé sur du papier à chandelles avec des têtes de clous, tirait encore, il y a vingt ans, à 100,000 exemplaires. — L'*Almanach du bonhomme Richard*, que Franklin publia en 1732, fut le premier ouvrage de ce genre qui parlât le langage de la raison. L'*almanach* est le livre populaire par excellence, il était naturel de s'en faire un moyen de vulgarisation et de propagande. Sous la Révolution, l'*Almanach du père Gérard* eut une grande vogue, puis après lui l'*Almanach des Muses*, l'*Almanach républicain*, etc. De 1830 à 1850, une foule d'almanachs virent encore le jour, mais le coup d'Etat de 1851 les fit rentrer dans les limites qui leur étaient assignées. Les plus populaires alors furent le *Grand Messager boiteux de Strasbourg* et ses nombreuses imitations, le *Triple almanach Liégeois*, etc. A l'heure actuelle, le nombre des almanachs est très considérable et leur lecture très assidue. Aussi s'efforce-t-on de les rendre profitables par les conseils moraux, la vulgarisation des procédés scientifiques qu'ils renferment. Citons au hasard : l'*Almanach de Paul Dupont*, les innombrables *almanachs comiques, prophétiques, poétiques*, etc., édités chaque année par la maison Plon et Nourrit. Parmi les *almanachs commerciaux*, l'annuaire Didot-Bottin doit être mis en première ligne; chaque année il prend une extension et se compose aujourd'hui de deux gros volumes (Paris et province-étranger), de 7,000 pages chacun; puis viennent l'*Almanach lantique*, l'*Agnus*, le *Sergeret*, qui sont plutôt, à proprement parler, des annuaires. Les almanachs scientifiques les plus utiles et les meilleurs sont : l'*Almanach du Bureau des longitudes*, l'*Observatoire de Montsouris*, la *Connaissance des Temps*, l'*Almanach Flammarion* (publications supprimées depuis l'année dernière), l'*Almanach scientifique* de M. P. Laurencin, etc. Citons aussi, dans un ordre différent, l'*Almanach de Gotha*, si précieux pour la généalogie des grandes familles d'Europe et qui paraît depuis 1764. — Il se vend, en France, plus de huit millions d'almanachs par an, appartenant à 450 éditions différentes. — Comme la lecture de l'almanach exerce une certaine influence sur une partie de la population, plusieurs gouvernements, tels que la Prusse et la Russie, ont cru devoir s'en réserver le monopole. En Angleterre, il y a quelques années, le droit de publier des almanachs était encore le privilège exclusif d'une compagnie (*Stationer's Company*). Les synonymes les plus ordinaires d'*almanach* sont *calendrier* et *annuaire*, qui ont pourtant entre eux des différences assez sensibles. — Au plur., des *almanachs*.

ALMANIE, s. f. Bot. Genre de plantes de la famille des amarantacées, encore peu connues actuellement. Elles vivent dans les régions tropicales de l'Inde.

ALMANZA. Géogr. Ville d'Espagne (province d'Albacète). Le maréchal de Berwick y remporta une grande victoire en 1707, pendant la guerre de la succession d'Espagne, et ce fut des ennemis du roi Philippe V. Cette victoire fut une digne revanche de la défaite d'Hochstaedt; l'ennemi perdit 5,000 hommes; 10,000 soldats entourés par des forces supérieures et pris entre deux feux, se virent forcés de se rendre. Vingt-quatre canons et cent vingt étendards tombèrent au pouvoir des Français, et cette belle journée devint une des plus mémorables faits d'armes de la campagne de 1707.

ALMANZI (Giuseppe), bibliophile italien, né à Padoue en 1814, mort en 1863. Il a laissé plusieurs écrits remarquables, notamment l'*Almæ Sicarou*, curieux recueil d'anciennes inscriptions tumulaires hébraïques avec notes explicatives de S. D. Luzzato (Prague, 1845, in-4°).

ALMANZOR (Abou-Giafar, en arabe Al-Mansour, le Victorieux). Il succéda en 754 à son frère Aboul-Abbas, et affermit la dynastie des Abassides en faisant massacrer celle des Ommiades. Il fonda, en 762, la ville de Bagdad, y attira tous les savants du temps et commença cette œuvre de civilisation qui fut continuée plus tard avec grand succès par son petit-fils Haroun-al-Raschid. Il mourut en 775 après quelques expéditions sans grands résultats dans l'Asie Mineure. Il se déshonora par l'assassinat de plusieurs de ses parents qui l'avaient pourtant aidé à renverser les Ommiades.

ALMANZOR (Abou-Mohammed), l'un des plus grands capitaines de l'Espagne musulmane, né en 939 près d'Algésiras, mort en 1002 du chagrin que lui causa la perte de la bataille de Calatanasar, où les rois de Castille et de Léon lui avaient tué cinquante mille hommes. Il fut longtemps régent du royaume de Cordoue; il remporta plusieurs victoires sur les chrétiens, prit et détruisit la ville de Saint-Jacques-de-Compostelle.

ALMA PARENS (mots lat. qui signif. *mère nourricière*). Expression souvent employée pour désigner spécialement la patrie, mais dont on se sert très souvent aussi au fig. pour indiquer la source d'où découle l'industrie, l'instruction, etc. On a longtemps donné le nom d'*Alma parens* à l'université de Paris. On dit aussi : *L'Angleterre est l'alma parens de l'industrie moderne.* — Art. Titre d'un tableau du peintre Bouguereau exposé en 1882 à Paris; inspiration médiocre, mais tableau du coloris le plus soigné.

ALMAVIVA. Nom d'un personnage du *Mariage de Figaro*, de Beaumarchais, et qui est resté le type du grand seigneur corrompu et corrupteur, tel qu'il existait au xviiie siècle et qu'il n'a eu que la peine de naître pour se trouver au sein du luxe et de l'opulence. Almaviva est aujourd'hui un personnage, un type classique auquel il est souvent fait allusion.

ALMAZAN. Géogr. Petite ville d'Espagne, dans la Vieille-Castille, sur le Duero ; 3,000 hab. Un traité de paix y fut conclu en 1375 entre Pierre le Cruel et Henri de Transtamare.

ALME, adj. (du lat. *almus*, nourricier). Qui nourrit, qui est utile, bienfaisant. *Le dernier embrassement de l'alme et grande mère*, in fine. (Rabelais.) Vieux mot. — S. f. Nom que l'on donne, dans les Alpes, à des prairies qui, par suite de leur élévation, sont inaccessibles pendant l'hiver.

ALMEIDA. Géogr. Ville de Portugal (province de Beira), 6,000 hab. Elle fut prise par les Espagnols en 1762; sa forteresse fut démolie par les Français en 1810, puis relevée plus tard par les Anglais.

ALMEIDA (François), amiral et premier vice-roi des Indes portugaises (1505-1509). Sous son administration, furent découvertes Ceylan, Madagascar et les Maldives. Il détruisit en 1508 la flotte armée contre le Portugal par le soudan d'Egypte. Il fut tué en 1510, au moment où il venait de remettre son commandement à Albuquerque.

ALMEIDA (b'), professeur de physique et de chimie au Collège de France, né en 1828. Il est sorti de Paris pendant le siège dans le ballon le *Gutemberg*. On a de lui plusieurs bons ouvrages sur les sciences naturelles, notamment un *Cours de physique*, en collaboration avec M. Boutan (Paris, 1874).

ALMÉIDÉE, s. f. Bot. Genre de plantes de la famille des diosmées, dont on connaît cinq ou six espèces originaires du Brésil et qui sont des arbrisseaux à fleurs blanches, rouges, lilacées ou bleues.

ALMEELOVEN, médecin portugais, né en 1657, à Utrecht, mort en 1712, de qui on possède une Histoire de la médecine, *Onomasticon rerum inventarum*, etc. (Amsterdam, 1684).

ALMENAR. Géogr. Petite ville d'Espagne à 15 kil. de Lérida, dans les environs de laquelle les Autrichiens, commandés par l'archiduc Charles, battirent l'armée de Philippe V en 1710.

ALMÉRAS (baron d'), général français né en 1768, mort en 1828. Il se distingua au siège de Toulon et fit sous Bonaparte les campagnes d'Italie, d'Egypte et de Russie. Blessé à Wagram et à la Moskowa, il fut nommé lieutenant général peu après. Fait prisonnier pendant la retraite, il ne rentra en France qu'après la chute de l'empereur. Il fut nommé gouverneur de Bordeaux à l'époque de la guerre d'Espagne.

ALMERIA. Géogr. Ville d'Espagne, ch.-l. de la province du même nom, sur une baie de la Méditerranée. Evêché. Elle fut un instant, au xie siècle, au pouvoir des Maures, et devint très important par son grand commerce. Ferdinand le Catholique s'en empara en 1489. La province compte 250,000 hab., la ville seule, 20,000.

ALMICANTHARAT, s. m. Astron. Nom qui a été donné à des cercles parallèles à l'horizon et tracés sur la sphère. On leur donne aussi le nom de *cercles* ou *parallèles de hauteur*.

ALMICHLECH, s. m. Monnaie turque dont la valeur correspond à environ 3 fr. 50 de notre système monétaire.

ALMODOVAR (Diaz de Ribeira, comte d'), général et homme d'Etat espagnol, né à Valence en 1798, mort en 1850. Lors de la défaite en Espagne du parti libéral, il se réfugia en France, puis rentra dans sa patrie à la mort de Ferdinand VII et fut nommé député aux Cortès qui l'appelèrent à la présidence et le réintégrèrent dans l'armée avec le titre de maréchal de camp (1834). Il fut encore nommé plus tard capitaine général de la province de Valence, ministre de la guerre et directeur du service des affaires étrangères. Lors de la coalition des modérés et des progressistes en 1843, il rentra dans la vie privée dont il ne sortit plus depuis.

ALMOGAVARES ou **ALMUGAVARES**, s. m. pl. Nom que l'on donna en Espagne aux bandes militaires qui avaient été formées, avant l'organisation des armées régulières, pour combattre les Maures.

ALMOHADES. Dynastie de princes musulmans qui régnèrent sur presque toute l'Afrique septentrionale et sur la moitié de l'Espagne, de 1129 à 1273. Son chef fut un fanatique nommé Abd-el-Momen, qui prétendait être un descendant de Mahomet. Avant de fonder cette dynastie de peuples souverains, il fut chef d'abord d'une espèce de secte religieuse qui prétendait professer, seule, et dans toute sa pureté, le dogme de l'unité de Dieu.

ALMON (Jean), écrivain politique anglais né à Liverpool en 1738, mort en 1805. Il était libraire de son état et appartenait au parti des whigs, dont il était l'éditeur. Il a fondé un journal qui paraît encore maintenant le *Journal Parlementaire*) et a donné en 1774 une excellente édition des *Lettres de Junius*.

ALMONACID DE ZORITA. Géogr. Ville d'Espagne sur les bords du Tage à 30 kil. de Gudalaxa; 1,780 hab. Ses environs furent le théâtre d'une victoire remportée en 1809 par les Français sur les Espagnols.

ALMONDBURY. Géogr. Ville du comté d'York en Angleterre, célèbre par ses manufactures de coton; 7,500 hab.

ALMONDE (Philip, van), capitaine de vaisseau hollandais qui contribua beaucoup à la défaite navale de la Hogue, en 1692, sous le commandement de Ruyter (1646-1711).

ALMONTE (Jean), général et homme d'Etat mexicain, né en 1802 à Valladolid, dans l'Etat de Michoacan. Il fut nommé colonel très jeune et prit part à plusieurs batailles, aux côtés de son père, le curé Morelos, dit *Al Monte*. A la mort de son père, qui fut fusillé par les Espagnols, il fut conduit à la Nouvelle-Orléans où il resta, parfaisant son éducation, jusqu'en 1822, époque où Iturbide rappela les proscrits mexicains. Il fut successivement nommé attaché à la légation mexicaine à Londres, puis député au Congrès. Aide de camp du général Santa-Maria, il resta six mois en prison à la suite de la bataille de San Jacintho où il avait été fait prisonnier. Il fut alors nommé général de brigade, puis de division et remplit plusieurs missions diplomatiques en Europe et aux Etats-Unis. Il était en France lorsque éclata le complot qui élevait le pouvoir de Juarez sur les ruines de celui de Miramon. S'étant montré des plus hostiles envers le nouveau président, le fils du patriote Morelos fut déclaré traître à la patrie et ne rentra au Mexique qu'en 1862 à la suite de l'expédition française. A peine arrivé à Orizaba, Almonte provoqua un *pronunciamiento* et rédigea son fameux projet « pour sauver la nation » qui porta à son comble l'exaspération des esprits. L'année après l'entrée des troupes au Mexique, Almonte, Salers et l'archevêque Labastidas furent pourtant nommés membres du pouvoir exécutif, mais l'harmonie ne régna pas longtemps au sein de ce triumvirat, duquel Almonte resta seul jusqu'à l'arrivée de l'empereur Maximilien. Sans contester à Almonte ses réelles qualités militaires en son habileté diplomatique il est impossible de ne pas reconnaître qu'il a joué un triste rôle, étant surtout le fils d'un grand patriote comme il l'était et en ayant reçu de sa patrie les exemples. Il subit toutes les fluctuations du pouvoir, étant toujours l'ami du dernier arrivé au haut de l'échelle qu'il voulait escalader. Il a aussi contribué pour une grande part à l'immixtion des étrangers dans son pays natal et à notre malheureuse expédition du Mexique dont il fut certainement l'instigateur. Sans doute on l'a cru servir les intérêts de sa patrie en invoquant l'intervention européenne, mais l'avenir lui a donné tort et on est forcé de reconnaître qu'il a été pour beaucoup dans les révolutions qui ont, depuis, agité le Mexique. (R. Champ.)

ALMOPS. Myth. Nom de l'un des fils de Neptune. Il était au nombre des Titans qui déclarèrent la guerre à Jupiter.

ALMORAH. Géogr. Ville forte de l'Indoustan anglais occupée par les Anglais depuis 1815; 6,000 hab. Elle est le centre d'un commerce important avec le Népaul.

ALMORAVIDES. Hist. Nom d'une tribu arabe originaire de l'Atlas, qui soumit le Maroc et Fez et donna naissance à une dynastie qui régna pendant environ un siècle sur cette partie de l'Afrique aux xie, xiie et xiiie siècles. Leur nom leur venait de la corruption du mot *almorabeth* qui signif. *champion de la religion*. Les Almoravides furent déposés plus tard par les Almohades. — V. ce mot.

ALMQUIST (Charles-Louis), poète et romancier scandinave, né en 1793, mort en 1842. Il a laissé beaucoup d'ouvrages sur la littérature, l'enseignement et plusieurs volumes de poésies: *Roses d'Eglantier*, les *Seigneurs d'Ekolsund*, *Ancorina*, *Gabrielle Mimauso*, etc.

ALMUCÉDIE, s. f. Astron. Nom qui a été donné à une étoile de la constellation de la Vierge.

ALMUCHABALA, s. f. (mot arabe). Recherche de la pierre philosophale, science de la transmutation des métaux. Synon. d'ALCHIMIE. *La vaste et magnifique forteresse archiépiscopale où l'électeur Werner étudiait l'aimuchabala.* (V. Hugo.)

ALMUD, s. m. Mesure de capacité égale à 5 litres 1/4 et dont on se sert à Constantinople. — S. f. Mesure de capacité usitée en Portugal, de valeur variable. A Lisbonne, l'almude vaut 16 litres, et à Oporto vingt-cinq.

ALMUGÉE, s. f. Astrol. Se disait de la position de deux planètes lorsqu'elles sont vues d'un certain aspect.

ALNAUDER (OLAF-JEAN), bibliographe et antiquaire suédois, vivait à la fin du XVIIe siècle. Il est connu par une très curieuse histoire de l'imprimerie en Suède, *Historia artis typographicæ in Suecia* (Upsal, 1722).

ALNE. Géogr. Petit hameau de Belgique dans la province de Hainaut, canton de Thuirs, près la Sambre, célèbre par les ruines d'une magnifique abbaye incendiée pendant la Révolution française et visitée encore de nos jours par les archéologues. Les poètes et les chroniqueurs placent dans cette abbaye le fameux abbé Martin *qui, pour n'y point, perdit son âne* (asne ou alne). — V. pour l'origine de ce prov. au mot ANE.

ALNITE, s. f. (du lat. *alnus*, cuivre). Végétal fossile appartenant au genre auine, qu'on a trouvé dans les lignites bruns des terrains tertiaires de Wetteraire et dont les rameaux sont parfaitement conservés.

ALOCAISIE, s. f. Bot. Genre de plantes de la famille des aroïdées, tribu des caladiées. Il renferme un petit nombre d'espèces, dont presque toutes sont originaires de l'Inde et que l'on cultive dans les jardins à cause de la beauté de leur feuillage, qui présente des reflets métalliques éclatants.

ALODE, s. m. (du bas lat. *allodium*, francallou). Féod. Bien obtenu et dont on avait la jouissance en franc-alleu. *Les alodes furent les terres qui échurent au vainqueur par voie de partage.* (Guizot.)

ALODIE (SAINTE), vierge chrétienne qui fut martyrisée en Espagne au IXe siècle. — Fête le 22 octobre.

ALOÉEN, ENNE, adj. (du gr. *aloôs*, aire). Antiq. Fête que les laboureurs célébraient à Athènes en l'honneur de Bacchus et de Cérès après la récolte des fruits.

ALOÈS, s. m. (du gr. *aloê*, même signif.). Bot. Genre de plantes liliacées dont les feuilles sont charnues et renferment le suc connu en pharmacie et en médecine sous le nom d'*aloès officinal*. C'est une belle plante se composant d'une tige vigoureuse qui s'élève du centre des feuilles, dont les bords sont armés de forts piquants et dont le sommet porte un bouquet de fleurs tubuleuses bilobées, le plus souvent de couleur rouge et rangées en épis. — On donne aussi le nom de *bois d'aloès* à une substance balsamique que les habitants de l'Inde brûlent comme encens dans les temples de leurs divinités. Le véritable produit. On l'extrait encore en cette substance est *aquilare agalloche*, arbre qui croît dans les montagnes du Thibet. — Le véritable aloès est d'une culture facile; on le met dans une terre légère reposant sur un gros gravier ou sur des plâtras et on lui donne peu d'eau, parce que ses feuilles, qui en contiennent beaucoup, perdent peu par l'évaporation. On compte plusieurs genres d'aloès, qui sont presque tous originaires des régions méridionales de l'Afrique et des îles voisines; on peut les cultiver sous nos climats, mais en serre chaude en leur donnant à peu près le même traitement que les autres *plantes grasses*. Dans le midi de la France, elles poussent très bien en pleine terre. Les plus belles espèces sont : l'*aloès féroce*, l'*aloès à ombelles* et l'*aloès langue de chat* (linguiforme), dont le nom rappelle la forme des feuilles. Chez quelques peuples, l'aloès avait un caractère symbolique et religieux : les mahométans, à leur retour de leur pèlerinage à la Mecque, le suspendent à leur porte comme témoignage de leur long voyage, et les Egyptiens croyaient qu'il avait la vertu d'éloigner les mauvais esprits des maisons qui en possédaient. Enfin, il paraîtrait que les anciens s'en servaient pour embaumer les corps morts : lorsque Nicodème vint pour ensevelir Jésus, raconte un évangile de Saint Jean, il apporta avec lui une composition de myrrhe et d'aloès. Mais aujourd'hui, ce qui fait surtout la réputation de cette plante, c'est le suc gommo-résineux que l'on en peut extraire. —

Aloès.

L'aloès officinal s'extrait de plusieurs manières : la meilleure est de couper les feuilles à leur base et de les mettre debout dans un vase dans lequel s'écoule le suc, que l'on fait évaporer lentement. Ce procédé donne le meilleur produit. On l'extrait encore en écrasant les feuilles, que l'on presse ensuite pour en retirer le suc. Dans certaines contrées, on fait bouillir dans l'eau les feuilles écrasées et lorsque l'eau est saturée, on évapore. Ces différents modes d'opérer, autant que la différence des plantes d'où on les extrait, font la variété des aloès du commerce. Les principaux sont l'aloès sucotrin ou socotrin, l'aloès du Cap, l'aloès des Barbades ou hépatique et l'aloès caballin. — L'*aloès sucotrin* ou *socotrin*, qui croît dans l'île de Socotora, est le plus pur et le plus estimé, mais il est très rare dans le commerce. — L'*aloès du Cap* nous vient du cap de Bonne-Espérance. Il est brun verdâtre et translucide, quand il est en lames minces. Sa poudre est d'un jaune verdâtre. Son odeur est forte et sa saveur très amère. C'est le plus employé dans les pharmacies françaises où il se vend aujourd'hui généralement sous le nom d'aloès socotrin. L'*aloès des Barbades* ou *hépatique* nous vient de la Jamaïque et de Barbade. Il est terne, presque noir à sa surface, et sa masse est de couleur hépatique, c'est-à-dire brun rougeâtre. Son odeur rappelle celle de la myrrhe et sa poudre est d'un jaune rougeâtre. Il est plus soluble dans l'eau et dans l'alcool que l'aloès du Cap et plus estimé que cette dernière variété. — Enfin, sous le nom d'*aloès caballin*, on désigne les variétés impures et dont l'usage se borne à l'art vétérinaire. — La composition chimique de l'aloès est encore imparfaitement connue. D'après deux chimistes anglais, il paraîtrait composé d'un mélange d'*aloïne* et de produits provenant des modifications de cette substance. L'aloïne est une matière jaune, cristallisable, amère, soluble dans l'eau et dans l'alcool, mais se modifiant très facilement sous des influences extérieures. D'après les mêmes chimistes, il contient aussi une substance insoluble et amorphe, à laquelle on a donné le nom d'*aloétine*, ou aloès insoluble. L'aloès traité à chaud par l'acide azotique donne deux acides nitrés, l'acide aloétique et l'acide chrysammique, qui produisent des couleurs vives, solides et variables selon les mordants employés.

— EFFETS. Appliqué directement sur une plaie, l'aloès, en poudre ou en teinture, l'irrite légèrement et pousse à la cicatrisation. Pris à l'intérieur, à la dose de 5 à 10 centigrammes, l'aloès exerce sur l'estomac et l'intestin une action tonique et, par suite, excite l'appétit et amène au bout de plusieurs heures une selle plus ou moins abondante en exagérant la sécrétion de la bile. Si l'on porte la dose à 30, 50 centigrammes et 1 gramme, il produit une action purgative qui se manifeste par des évacuations bilieuses abondantes. Cette action se fait sentir 4 à 6 heures après l'ingestion. Elle peut se manifester 10, 12 et jusqu'à 24 heures seulement après. Lorsque l'aloès est pris à la fin du repas, il purge sans coliques, plus sûrement et plus promptement. Comme tous les purgatifs, l'aloès augmente aussi la sécrétion de l'urine. Son usage répété détermine de la chaleur et de la raideur à l'anus et une congestion des veines hémorroïdales. Chez la femme, il congestionne la matrice.

— L'aloès fait la base de presque toutes les pilules purgatives, soit officinales soit commerciales; les plus connues sont les *pilules écossaises d'Anderson*, les *pilules de Morisson*, les *grains de santé de Franck*, les *pilules gourmandes* qu'on appelle encore *ante cibum*, etc. Il fait également la base de bon nombre d'élixirs, comme l'*élixir de longue vie*, l'*élixir anti-glaireux*, l'*élixir de Garus*, l'*élixir purgatif*, etc. — Le docteur Lecœur, de Caen, a retiré de bons effets de la teinture d'aloès appliquée comme topique sur les ulcères fongueux et atoniques, et Cazenave l'employait avec avantage à l'hôpital Saint-Louis contre les maladies chroniques de la peau et particulièrement contre l'eczéma chronique. L'aloès est contre-indiqué chez les femmes enceintes et chez celles qui sont sujettes aux hémorragies de l'utérus; chez les individus atteints de dysenterie et d'hémorragies intestinales; enfin chez les malades atteints de rétention d'urine, de pissement de sang, de calculs urinaires et d'hypertrophie de la prostate.

ALOÉTINE, s. f. Chim. Suc d'aloès purifié. Lorsque l'aloétine est bien pure, elle se présente sous la forme de petites aiguilles prismatiques d'un beau jaune. C'est une substance très peu soluble dans l'eau, soluble dans l'alcool et qui ne devient purgative qu'à lorsqu'elle a été altérée par l'air ou par la chaleur.

ALOÉTIQUE, adj. Se dit de ce qui a rapport à l'aloès, qui a de la ressemblance avec l'aloès, qui contient de l'aloès. *Pilules aloétiques.* — Chim. Nom donné à un acide appelé aussi *amer d'aloès artificiel* et *acide polychromatique*, qui se présente sous la forme d'une poudre orangée, cristalline, d'une saveur amère. L'ammoniaque, la baryte, la potasse le dissolvent et forment avec lui des *aloétates* de couleur rouge foncé, pour la plupart insolubles dans l'eau froide.

ALOEXYLE, s. m. Bot. Genre de plantes de la famille des légumineuses, tribu des césalpiniées et dont quelques espèces sont arborescentes et viennent de la Cochinchine. Ce nom lui vient de ce qu'on croyait à tort qu'elle fournissait le *bois d'aloès*.

ALOGANDROMÉLIE, s. f. (du gr. *alogos*, anormal, *andros*, homme et *mélos*, membre.) Térat. Monstruosité consistant dans la réunion d'un corps de bête avec des membres humains. — On dit aussi ANDRALOGOMÉLIE.

ALOGES, s. m. pl. Hist. ecclés. Nom qui a été donné aux hérétiques qui niaient l'Apocalypse et l'authenticité de l'Évangile. Cette opinion fut reprise plus tard et reproduite par Caïus de Rome au IIIe siècle et, un peu plus tard, par Denys d'Alexandrie. — On dit aussi ALOGUES et ALOGIENS.

ALOGHERMAPHRODITIE, s. f. (du gr. *alogos*, anormal, et *hermaphroditos*, qui tient des deux sexes.) Tératol. Monstruosité qui consiste dans la réunion de deux sexes sur le même individu. On dit plus ordinairement HERMAPHRODISIE. — V. aussi le mot ANDROGYNE.

ALOGIQUE, adj. Scolast. Se dit de ce qui est certain par soi-même et n'a pas besoin de preuves. — Vx mot.

ALOGNE, s. f. Mar. Sorte de cordage qui servait, dans les anciens navires, à fixer un tonneau, une bouée, etc. — Dans l'art militaire, ce cordage était surtout employé dans la construction des ponts volants et surtout des ponts sur chevalets.

ALOGOS (du gr. *a* priv., et *logos*, discours, c'est-à-dire sans raison). Nom que les Égyptiens avaient donné à Typhon, et représentait la passion brutale et emportée, par opposition à Osiris, dont ils faisaient le symbole de la raison du monde.

ALOGOTROPHIE, s. f. (du gr. *alogos* et *trophê*, nourriture). Pathol. Se dit, lorsqu'une nutrition irrégulière a donné un accroissement anormal à une partie du corps, de cette maladie qui a rendu quelquefois des suites très graves.

ALOI, s. m. (de *à-loi*, c'est-à-dire conforme à la loi). Titre donné à l'or et à l'argent. S'est longtemps dit dans le sens le plus absolu du mot. *Monnaie d'aloi.* — Ce terme s'est pris aussi comme synonyme d'*alliage*, et le sens actuel a même servi de transition à l'emploi actuel du mot aloi, qui est toujours précédé d'un qualificatif quelconque qui sert à préciser la signification. *Pièce d'or, d'argent, de bon, de mauvais aloi.* Aujourd'hui, et dans le langage technique, le mot *titre* a tout à fait remplacé le mot aloi. — Au fig., ce mot s'emploie pour désigner la qualité, bonne ou mauvaise, d'une chose. *Dans les bonnes comédies, son style est du meilleur aloi.* (Sainte-Beuve.) *Ton érudition n'est pas une érudition de bon aloi.* (S. de Sacy.) *Sa tendresse n'est pas de bon aloi.* (Mme de Sévigné.) — *Aloi* se dit aussi par extension, mais plus rarement en parlant d'une personne. *Cela sent le bourgeois du plus méchant aloi.* (Boursault.) *Un philosophe de cour est de très méchant aloi.* (***)

ALOÏDE, s. f. Zool. Nom qui a été donné à une coquille bivalve du genre des corbules.

ALOÏDES. Myth. Nom des deux fils jumeaux de Neptune et d'Iphimédie. Leur nom leur venait de leur père nominal, le Titan Aloeus, époux d'Iphimédie. Il y a deux versions sur leur mort. Selon la première, ils osèrent prétendre à la main de deux déesses : Ephialte, l'aîné, voulait Junon et le cadet, Diane, et, pour les obtenir, ils acquérirent les dieux, entassèrent le mont Pélion sur l'Ossa, afin d'escalader le ciel. Apollon les perça de ses flèches. Selon quelques autres, ils s'entretuèrent dans une querelle, alors qu'ils venaient de soumettre les Thraces.

ALOÏNE, s. f. Chim. Substance cristallisable que l'on extrait de l'aloès et qui se présente sous forme d'aiguilles prismatiques agglomérées en étoiles jaunâtres et qui contiennent le principe actif de l'aloès. Sa saveur est excessivement amère. Elle est peu soluble à froid dans l'eau et dans l'alcool, qui la dissolvent à chaud. Attaquée par l'acide azotique concentré, elle dégage des vapeurs rutilantes et se transforme en acide chrysammique.

ALOÏNÉ, ÉE, adj. Bot. Qui ressemble à l'aloès. — S. f. pl. Plantes de la famille des liliacées, dont le type est l'aloès.

ALOÏQUE, adj. Chim. Acide qu'on obtient en traitant l'aloès par l'acide sulfurique concentré.

ALOISOL, s. m. Chim. Huile incolore, soluble dans l'alcool, insoluble dans l'eau, que l'on obtient en distillant l'aloès avec la moitié de son poids de chaux vive. Trouvée par M. Robiquet en 1863.

ALOMANCIE, s. f. (du gr. *als*, sel, et *manteia*, divination). Sorte de divination basée sur les indications du sel.

ALOMANCIEN, IENNE, s. Superst. Celui, celle qui s'occupe d'alomancie, de divination par le sel.

ALOMATION, s. m. Bot. Nom qui a été donné par Candolle à une plante appartenant au genre arnebette.

ALOMBRADOS, s. m. pl. (m. espagnol sign. *illuminés*). Nom qui fut donné vers 1620 à des sectaires chrétiens qui interprétaient les Écritures d'une façon contraire à celle de l'Église, et qui professaient de dangereuses maximes, principalement sur le mariage et le respect dû aux supérieurs. Ils disparurent d'Espagne vers la fin du XVIIe siècle.

ALOMIE, s. f. Bot. Genre de plantes de la famille des composées, herbacées et à fleurs blanches, originaires du Mexique.

ALOMIÉES, s. f. pl. Section de plantes de la famille des composées, dont le type est l'alomie.

ALOMPRA, nom d'un célèbre roi, et chef de la dynastie birmane, né en 1710, mort en 1760. Les Birmans gémissaient sous le joug de la lourde servitude des Péguans, Alompra qui n'était alors qu'un simple chasseur, âgé de quarante-deux ans, se mit à la tête de quelques compagnons déterminés comme lui et leva l'étendard de la révolte. Après une victoire décisive qu'il remporta le 21 avril 1755, il resta maître de tout le pays. Il s'empara peu après de la factorerie française de Syriam, fit échouer la frégate la *Galatée*, envoyée contre lui par Dupleix, fit massacrer tous les Anglais établis sur le territoire et mourut, laissant la couronne à son fils. — Le *Testament d'Alompra*, qui parut à Paris vers 1820, n'était qu'une longue allégorie sur le règne de Napoléon Ier.

ALOMYE, s. f. Entom. Genre d'insectes hyménoptères, de la famille des ichneumonides dont plusieurs espèces vivent en Europe.

ALONSOA, s. f. Bot. Genre de plantes de la famille des antirrhinées, tribu des verbascées dont les cinq ou six espèces connues sont originaires des Andes et du Chili et dont quelques-unes sont cultivées dans les jardins d'agrément d'Europe.

ALOPA (LAURENT d'), imprimeur italien qui a laissé de très belles éditions d'œuvres grecques beaucoup recherchées aujourd'hui. Il vivait à Florence au XVe siècle.

ALOPE. Myth. Fille de Cercion qui eut de Neptune un fils qui fut appelé Hippothoüs. Elle fut percée de flèches par son père et métamorphosée en fontaine. — C'était aussi le nom d'une des harpies.

ALOPÈCE. Géogr. Petit bourg de la Grèce à 12 kilom. d'Athènes. Célèbre par la naissance de Socrate et d'Aristide le Juste.

ALOPÉCIE, s. f. (du gr. *alôpex*, renard, parce que cet animal est sujet à une maladie qui fait tomber son poil). Pathol. Chute totale ou partielle des cheveux et du poil, qu'elle soit prématurée ou accidentelle. Cette affection, que l'on confondrait cette affection avec la *calvitie* proprement dite. L'alopécie ou chute des cheveux accidentelle est plus souvent partielle que totale, et procède presque toujours par plaques irrégulières. Elle peut être due à diverses causes : la malpropreté du cuir chevelu ; l'application de pommades, de lotions ou de teintures irritantes ; certaines maladies de peau telles que le pityriasis, les teignes, l'eczéma, la syphilis, l'érysipèle ; la convalescence de certaines maladies aiguës, entre autres la fièvre typhoïde, la variole, la rougeole, la scarlatine, les suites de couches laborieuses, l'abus des plaisirs de l'amour, un état d'épuisement ou de faiblesse extrême. Les gastralgiques et les diabétiques ont aussi une disposition particulière à perdre prématurément leurs cheveux. On voit d'après cette énumération combien sont variables les causes d'alopécie. Par suite, on comprend facilement que la seule façon de guérir cet accident consiste à traiter avant tout la maladie qui l'a occasionné.

ALOPÉCIE, s. f. Ichthyol. Genres de poissons de la famille des squales. Ce cartilagineux, commun sur nos côtes et surtout dans la Méditerranée, est remarquable par le prolongement considérable de sa queue ; aussi la longueur de cette immense nageoire lui a-t-elle fait donner par les pêcheurs le nom de *faulx*.

ALOPÉCIÉ, IÉE, adj. Ichthyol. Se dit des poissons qui ont de la ressemblance avec l'alopécie. — S. f. pl. Nom qui a été donné à une tribu de poissons de la famille des squales, dont le type est l'alopécie.

ALOPÉCIQUE, adj. Méd. Qui a rapport à l'alopécie. — S. m. Individu atteint d'alopécie.

ALOPÉCURE, s. f. Bot. Petite plante herbacée de la famille des graminées, connue vulgairement sous le nom de *vulpin* ou *queue-de-renard*.

ALOPÉCUROÏDE, adj. (d'*alopécure* et du gr. *eidos*, forme). Bot. Qui ressemble à l'alopécure. — S. f. pl. Tribu de la famille des graminées dont le type principal est l'alopécure (vulpin ou queue-de-renard).

ALOPHE, s. m. Entomol. Genre d'insectes coléoptères tétramères ressemblant aux charançons, dont on connaît trois espèces. La principale est indigène et se trouve dans les environs de Paris.

ALOPHION, s. m. Bot. Nom que Cassini a donné à un genre de centaurée.

ALOPHOCHLOA, s. f. (a-lo-fo-klo-a). Bot. Genre de plantes de la famille des graminées, réuni aujourd'hui au genre kœlerie.

ALOPHORE, s. m. Entomol. Genre d'insectes diptères, voisin des mouches, formant un certain nombre d'espèces dont les deux principales vivent en Europe.

ALORS, adv. (de l'ital. *allora*, à l'heure, ou mieux du lat. *hora*, pour on a fait *hores*, *lores*, et en y adjoignant la prép. *a* : *alors*). Une semblable prothèse s'est produite dans bien d'autres mots tels que *à l'envi*, à l'entour, etc. *Nous étions alors chez un tel.* (Acad.) — *Alors* signifie aussi dans ce temps-là. *C'était bien les temps alors.* (Acad.) *Ils s'ignoraient pas les principes de la physique, tels qu'on les connaissait alors.* (Volt.) *Alors on dînait à quatre heures, aujourd'hui on dîne à six.* (Lav.) — *Alors* est souvent précédé de locutions interjectives et signifie : puisqu'il en est ainsi, dans ce cas-là, etc. *Eh bien ! alors... Oh ! alors...*
— *Alors que*, loc. conj., signifie lorsque. *Alors que la trompette se fit entendre, tout s'ébranla.* (Acad.) *Il pense se venger, alors qu'il le trahit.* (Volt.) — *Jusqu'alors*, loc. adv. mise pour jusque-là, jusqu'à ce moment. *Jusqu'alors elle n'avait rien éprouvé de semblable.* — Loc. prov. *Alors comme alors*, quand on en sera là, on avisera à ce qu'il faudra faire. *Je ne vous connais pas, retirez-vous ; alors comme alors, nous aurons mis le pouvoir en demeure, nous aurons fait notre devoir.* (Pelletan.) Au reste, le sens de cette locution n'a rien de bien précis et peut être considérablement modifié par la phrase.

ALOSE, s. f. (du lat. *alausa*, même sens). Ichth. Poisson de mer de la famille des clupes, ordre des malacoptérygiens abdominaux dont la ressemblance avec le hareng est très grande. *Les aloses argentées tom-*

bent par masses dans les filets. (Alex. Dumas.) L'alose est la noisette aquatique. (G. Sand.) Les Flamands attirent l'alose par un bruit de clochettes. (Michelet.) — L'alose mâle offre

Alose.

aux gourmets un mets très délicat, mais elle n'est bonne, ni avant son entrée dans les eaux douces, parce qu'elle est alors maigre et sèche, ni après le frai, à cause de la maladie que leur voracité occasionne cet accident. L'alose a la tête et le corps aplatis sur les côtés, ce qui forme une ligne tranchante et garnie de pointes comme une scie; son museau est pointu, sa bouche grande et unie, sans aucune dent; elle a quatre ouïes de chaque côté; son ventre est de couleur argentée et le dessus de sa tête d'un blanc jaunâtre. Ce poisson atteint quelquefois la longueur d'un mètre. Les Anglais l'appellent *la mère des harengs*, à cause de sa ressemblance avec ce dernier. L'alose entre dans les rivières au printemps et dans l'été et remonte assez haut dans les fleuves; dans la Seine, on en prend jusqu'à Provins. Sa chair est délicate à ce moment, mais, quand on la capture en mer, elle est sèche et de mauvais goût. Si l'on en croit le poète Ausone, les anciens estimaient beaucoup peu l'alose, qu'ils ne savaient pas pêcher pendant la bonne saison. On pêche ce poisson au tramail, sorte de grand filet circulaire : il meurt aussitôt qu'on l'a retiré de l'eau.

ALOSEAU, s. m. (dimin. d'alose). Ichthyol. Sorte de petite alose.

ALOSER, v. a. (du latin *laus*, louange). Vieux verbe français qui signifiait louer, donner des louanges, des éloges. — Peu us.

ALOSIER, s. m. Sorte de filet pour prendre les aloses.

ALOSIÈRE, s. f. Alose qui sert d'appât pour pêcher d'autres aloses.

ALOST. Géogr. Petite ville de la Belgique située dans la Flandre orientale à 27 kil. S.-O. de Gand. Elle fut prise et démantelée par Turenne en 1667, abandonnée par les Français en 1706. C'est la patrie de Thierry Martens, qui introduisit l'imprimerie en Belgique. 15,500 hab. Industrie active. Alost possède plusieurs beaux monuments, notamment l'hôtel de ville qui date du XIIIe siècle, l'église collégiale de Saint-Martin, où l'on remarque plusieurs chefs-d'œuvre de Rubens, et les ruines de l'abbaye d'Afflighem détruite pendant la Révolution.

ALOUATE, s. m. Zool. Nom donné à une famille de singes du nouveau continent et

Alouate.

qui appartient au genre *sapajou*. Les alouates se distinguent des autres sapajous surtout par la forme pyramidale de leur tête et leur visage oblique; ils ont environ 0 m. 65 de taille; leurs membres sont très développés, leurs mains très longues, leur queue flexible et préhensible. On leur a donné vulgairement le nom de *singes hurleurs* ou *stentors* à cause de la puissance de leur voix qui est telle qu'un seul animal de cette espèce peut être entendu dans un rayon de 4 kilomètres. Lorsqu'ils sont réunis par bandes et qu'ils se mettent à crier tous ensemble pendant les chaudes nuits tropicales, l'effet est réellement effrayant. Les alouates habitent principalement les forêts de la Guyane, du Brésil et du Paraguay; ils se nourrissent de fruits. On les chasse surtout pour leur chair qui est assez savoureuse et que l'on a comparée à celle du veau ou du lièvre, et pour leur peau qui est employée à divers usages.

ALOUCHE, s. f. Bot. Fruit de l'alouchier.

ALOUCHI, s. m. Pharm. Résine odoriférante que l'on croyait découler du cannellier blanc, mais qui paraît être un produit du *wintera aromatica*. L'écorce de cet arbre ainsi que sa résine ont une odeur aromatique et une saveur piquante, chaude et épicée. On l'employait autrefois dans quelques préparations pharmaceutiques.

ALOUCHIER, s. m. Bot. Nom vulgaire de *l'alisier commun*. Il croît surtout dans les bois montueux de l'Europe, mais on peut aussi le cultiver dans les jardins. Son bois est dur, blanchâtre; il est employé dans l'industrie à divers usages, notamment à faire des *allochons* pour les roues à engrenage des moulins, d'où le nom d'*alouchier* qui lui a été donné. Le fruit de l'alouchien, ou *alise*, est bon à manger.

ALOUETTE, s. f. (du lat. *alauda*, même sens. Ce mot vient de *laus*, *lauda*, louange, parce qu'on croyait que l'alouette s'élevait dans le ciel pour louer Dieu. D'autres étymologistes le font provenir du celte *alchewede*, qui s'élève en chantant). Ornith. Genre de

Alouette.

petits oiseaux de l'ordre des passereaux, famille des dentirostres. Leur plumage est gris, non pas uniforme, mais marqué de gravelures plus foncées à la gorge et à la poitrine; leur bec est cylindrique, allongé, et pointu comme une alêne. La langue est fourchue à l'extrémité, les quatre doigts dénués de membranes, dont le postérieur est très long et presque droit, ce qui rend ces oiseaux très agiles à la course. Les alouettes se nourrissent principalement de petites graines, d'insectes et de vers; elles ne perchent pas, mais elles courent avec une extrême facilité lorsqu'elles sont à terre; elles nichent d'ailleurs sur le sol. Elles se font remarquer par leur vol puissant et soutenu, s'élevant au plus haut des airs et y faisant entendre un chant sonore à des hauteurs où l'œil a peine à les distinguer. L'alouette commune est la musicienne des champs qu'elle égaie pendant la belle saison. Elle commence à chanter au point du jour et s'élève perpendiculairement dans les airs en gazouillant son harmonieuse chanson, sitôt que les joyeux éclairs rayons du soleil levant viennent illuminer de leurs flèches d'or les hauts sommets des collines encore endormies. De même que dans toutes les espèces d'oiseaux, le chant est l'apanage de *l'alouette mâle*, qui se perfectionne même dans l'esclavage. On peut même lui apprendre, comme au merle et au sansonnet, différents airs qu'elle apprend et répète avec une merveilleuse facilité. Du reste, elle s'apprivoise aisément et devient même très familière avec les personnes qui en prennent soin. On doit avoir soin de garnir de toile le plafond de la cage où on la retient l'alouette, sans cela elle se brise presque toujours le crâne contre les barreaux, en cherchant à s'élever perpendiculairement selon son habitude naturelle. — Le mot *alouette* entre dans la composition d'un grand nombre de phrases et de locutions : *Manger comme une alouette*, manger très peu, faire la petite bouche. — *Nœud d'alouette*, forme de nœud très employé dans la marine qui l'appelle aussi *tête de mort*. — *Terres d'alouettes*, terres sablonneuses. — *Se lever au chant de l'alouette*, se lever de bonne heure, au point du jour. — *Il attend que les alouettes lui tombent toutes rôties dans le bec*, allusion à une phrase d'un roman de Cyrano de Bergerac et qui signifie : *il attend sans rien faire que le travail, les honneurs lui viennent*. — *Si le ciel tombait, il y aurait bien des alouettes de prises*, se dit souvent à ceux qui toujours le mot si à la bouche. — *La légion de l'Alouette*, nom que Jules César donna à une légion de Gaulois qu'il introduisit dans son armée. Il fut si content des services qu'elle lui rendit, qu'à leur retour, chaque légionnaire fut nommé citoyen romain. — Méd. Les deux principales variétés, l'alouette commune ou *mauviette*, et l'alouette huppée ou *cochevis*, sont très estimées pour l'alimentation. Rôtie, l'alouette est de digestion facile, mais en salmis ou à la sauce au vin et à plus forte raison en pâté, sa digestion devient laborieuse. Aussi les malades et les convalescents qui auraient envie de manger des alouettes, feront bien de ne jamais les manger que rôties.

ALOUETTERIE, s. f. Ornith. Nom que l'on donne dans quelques parties de la France à l'alouette farlouse.

ALOUMÈRE, s. f. Bot. Nom vulgaire de l'agaric pailler de Thore qui est une espèce très recherchée. L'aloumère croît au printemps et en automne par groupes nombreux au pied des sureaux. Son odeur est très agréable et sa saveur douceâtre.

ALOURDI, IE, part. pass. du v. ALOURDIR. Rendu lourd, devenu lourd. *Je suis tout alourdi.* (Acad.) *Ses couleurs vierges se sont pas alourdis par l'immixtion intempestive du blanc.* (Th. Gautier.) *La royale compagnie se recruta d'hommes d'armes tout alourdis de fer.* (V. Hugo.) *Je remarquai des moutons syriens dont la queue alourdie par la graisse pesait au moins vingt livres.* (G. Sand.) — Par ext., Être alourdi par la fatigue, les excès. Être alourdi par l'ivresse. *Il se dressa sur son séant, le cerveau encore alourdi par les fumées de l'ivresse.* (Eug. Sue.) *Qui n'a eu de ces nuits troublées où grondait l'orage intérieur, où l'âme misérablement alourdie de honteux désirs nageait aux jauges d'un marais?* (Michelet.) *Il avait encore la tête alourdie par le sommeil et la fatigue de l'esprit.* (G. Sand.)

ALOURDIR, v. a. Rendre lourd, pesant. *Ce fardeau m'alourdit.* Il n'est guère employé dans le sens propre du mot. — Au fig., appesantir. *A la manière dont elle levait ses pieds mignons, il était facile de voir que nulle souffrance n'alourdissait comme autrefois ses moindres mouvements.* (Balzac.) *Un repas trop prolongé alourdit la tête et émousse l'appétit.* (Raspail.)

— S'ALOURDIR, v. pr. Devenir lourd, pesant. *Le filet de l'aérostat s'alourdit encore de tout le poids de l'eau qui s'était brusquement condensée.* (Groffigny.) — Par ext. *Le temps s'alourdit. Ma pensée s'alourdit. Eh bien ! cher ange, lui dis-je, la chaîne c'est alourdit, les épines se multiplient.* (Balzac.) *Faces où l'intelligence humaine s'alourdit des linéaments de la brute.* (Th. Gautier.)

ALOURDISSANT, ANTE, adj. Qui alourdit, qui appesantit. *Cette chaleur est alourdissante.*

ALOYAU, s. m. Pièce de viande de bœuf que l'on enlève le long du dos ou des reins. *Aloyau rôti, aloyau braisé.* Quand un professeur veut absolument qu'aloyau vienne de l'arabe, il est difficile de le croire. (Volt.)

J'aime à voir, au milieu de ce brillant cortège
Un énorme *aloyau* que d'abord on assiège.
BRACHAUT.
Ci-gît la gourmande Dubois
Qu'un *aloyau* mit aux abois.

ALOYER, v. a. (du rad. *aloi*). Donner à l'or ou à l'argent l'aloi ou le titre légal. — Se dit particulièrement d'une opération qui consiste à ajouter du plomb où tout autre alliage à l'étain. Le résultat de cette opération s'appelle *aloyage*.

ALOYSIE, s. f. (du lat. *Aloysia*, Héloïse, nom de la mère du roi Ferdinand VII). Bot. Genre de plantes de la famille des verbénacées forinè aux dépens du genre verveine.

ALPACA ou **ALPAGA**, s. m. Zool. Quadrupède de l'ordre des ruminants, originaire de l'Amérique du Sud et qui est très commun au Pérou. Il ressemble au lama, mais il est plus beau monté sur jambes; il est néanmoins très vif et très léger à la course. Son corps est couvert d'une laine épaisse, blanche et soyeuse qui sert à faire des étoffes. L'alpaca se distingue du lama et de la vigogne, avec lesquels on le confond très souvent, par le manque absolu de callosités sur les membres et sur le poitrail. Sa couleur est d'un brun fauve, excepté à la tête qui est grise et à la queue, qui est brune. Il y a aussi des alpacas noirs, d'autres qui sont bruns. Il en existe même qui sont d'un blanc de neige et ce sont ceux

Alpaca.

dont le poil est le plus estimé. — Comm. Étoffe fabriquée avec le poil de l'alpaca. Ce poil peut se mêler avec la laine et la soie et au coton. Uni à la laine il donne des damas pour meubles et des étoffes brochées pour robes. Uni au coton, il sert à fabriquer les orléans et autres tissus ras pour les habillements d'été. Enfin, avec la soie, le coton et la laine réunis ou séparés, il est employé dans beaucoup d'étoffes de nouveautés qui exigent du brillant et de la fermeté. Les premières étoffes d'alpaca ont été fabriquées en Angleterre, mais, il faut le dire, les manufactures françaises luttent maintenant victorieusement avec celles de nos voisins d'outre-Manche. On dit plutôt dans le commerce ALPAGA.

ALPAG. Argot. Parapluie.—S'écrit aussi ALPAGUE.

ALPAGE, s. m. (du celt. *alp*, montagne). Nom que l'on donne dans le midi de la France à un certain droit de pâturage dans les montagnes. On dit aussi ALPEN. — En Suisse, on appelle de ce nom tout pâturage de montagne.

ALPAM, s. m. Bot. Arbrisseau qui habite les lieux découverts et sablonneux de l'Inde dont les feuilles sont persistantes et les fleurs d'un pourpre foncé. Il est utilisé en pharmacie.

ALPARGATES, s. f. pl. Sortes de chaussures grossières fabriquées avec des cordes ou autres substances textiles tressées et ressemblant beaucoup à nos espadrilles. *Il y avait aussi des Valencianos aux jambes bronzées, chaussés d'alpargates brodées de bleu.* Th. Gautier.)

ALPA-VIGOGNE, s. m. Zool. Nom que l'on donne au métis de l'alpaca et de la vigogne.

ALPE, s. f. (du celt. *alp*, lieu élevé). Nom générique qui signifie montagne, lieu élevé quelconque. *On pourrait construire une alpe ou une tour de Babel.* (Texier.) — Au fig. Point extrême où peut s'élever un sentiment, une passion. *Cet homme resta d'un calme terrible: alpe froide, blanche, voisine du ciel et cependant bienfaisante.* (Balzac.)

ALPÉE, s. f. Entomol. Genre d'insectes coléoptères pentamères de la famille des carabiques.

ALPES. Géogr. Grande chaîne de montagnes, l'une des plus importantes de l'Europe, qui s'étend entre la France, l'Allemagne, la Suisse et l'Italie. Elle commence dans cette dernière nation, entre les sources du Tanaro et de la Roya, prend d'abord sa direction de l'E. à l'O., puis se détourne vers le N. où elle monte jusqu'au Valais pour s'incliner ensuite jusqu'aux sources de la Drave et elle va se terminer en Illyrie. De la chaîne principale s'échappent de nombreuses ramifications dont plusieurs s'étendent sur le territoire français, à travers les départements des Hautes, des Basses-Alpes et des Alpes-Maritimes. Elles disparaissent non loin de la mer dans le département du Var. D'autres chaînons s'étendent vers d'autres régions ont reçu différents noms. Les *Alpes cottiennes* vont du mont Viso au mont Cenis; elles renferment les cols de l'Argentière et du mont Genèvre : c'est là, dit-on, qu'Annibal traversa les Alpes. Les *Alpes grecques* vont du mont Cenis au col du Bonhomme. Les *Alpes pennines* sont les plus hautes de la chaîne et même de toute l'Europe; elles vont du col du Bonhomme au mont Rose; on y trouve le mont Blanc (4,810 mètres), le Cervin, le Grand Saint-Bernard, l'aiguille du Géant. Les *Alpes lépontiennes* forment le groupe le plus considérable de la chaîne : on y trouve la Jungfrau et le Simplon. Les *Alpes rhétiennes* vont jusqu'aux sources de l'Adige ; quant aux autres rameaux qui ont reçu également des noms spéciaux, ce ne sont que de simples contreforts de la chaîne principale ; tels sont par exemple les systèmes orographiques du Jura en France, les *Alpes bernoises* en Suisse, les Apennins qui séparent en deux parties la péninsule italique, les *Alpes de Souabe* qui séparent les affluents du Rhin de ceux du Danube et les *Alpes dinariques* qui relient les Alpes proprement dites aux Balkans. Un grand nombre de fleuves et de rivières prennent leur source dans les montagnes alpines; les plus considérables des cours d'eau sont : le Rhin, le Rhône, le Pô, le Danube. Les Alpes sont également très nombreuses dans ces montagnes; on remarque sur le versant méridional, les lacs de Garde, de Lugano, de Côme, le lac Majeur. Sur l'autre versant, on trouve les lacs de Constance, de Neufchâtel, de Zurich et de Lucerne. Enfin, vers le couchant septentrional, on rencontre le lac Léman appelé aussi lac de Genève, qui offre une longueur de 70 kilom. sur 13 kilom. de large, vaste étendue d'eau glacée, d'une profondeur incroyable, traversé dans son plus grand parcours par le Rhône et exposé à des crues subites. C'est dans la même région que l'on admire ces colosses du système orographique européen, les plus hauts de l'ancien continent, après le mont Blanc, que nous avons cité. Là, le mont Viso projette sa cime couverte d'un éclatant tapis de neiges éternelles à 4,000 mètres dans la nue. Plus loin, l'Ortelès, le Pelvoux, le Rosa lui dépassent encore de plusieurs centaines de mètres. A l'horizon, enfin, se dressent le Grand Saint-Bernard (3,525 mètres) et le Gothard (3,320 mètres). Ces imposantes montagnes sont, pour la plupart, couvertes d'un chapeau de neiges éternelles; mais leurs versants offrent une végétation très variée, depuis la vigne et le figuier, jusqu'aux mousses et aux lichens, selon l'altitude où croissent ces plantes. Les pâturages et les forêts de sapins occupent une immense superficie de terrain. Dans le règne minéral, la richesse

des Alpes est comparativement peu considérable, eu égard surtout à leur immense étendue. Elles fournissent néanmoins du fer, du plomb, du cuivre, du mercure; on y a même signalé quelques mines d'or et d'argent. Nulle part en Europe, la flore n'est aussi riche que dans les Alpes; on y compte plus de 2,500 espèces qui vivent à diverses hauteurs et qui appartiennent, au pied, aux climats presque tropicaux, et, au commencement de la région des glaciers et des neiges perpétuelles, à la zone glaciale. Les Alpes abondent en sites admirables, surtout en Suisse, fréquentée pour cela par de nombreux touristes qui viennent chaque année les visiter. Il n'y a pas longtemps que ces montagnes sont sillonnées en tous sens de routes nombreuses, rendant les communications plus fréquentes et plus sûres. Aujourd'hui, les lignes de chemins de fer tracent leurs méandres souterrains dans le sein même de ces massifs pierreux et des routes magnifiques, dues à l'initiative des Français, permettent, en cette saison, l'accès de ces paysages merveilleux. Depuis la percée du mont Cenis, en 1865, on a ouvert un autre tunnel sous-alpin pour faire communiquer, sûrement et par tous les temps, la France avec l'Italie. Ce long boyau, qui n'offre pas moins de seize kilomètres de développement, a été creusé dans la base du Saint-Gothard et débouche à Bardonnèche; il a été fait par les Français, en collaboration avec les Italiens, sous la direction de M. l'ingénieur Favre, qui est mort avant d'avoir vu le couronnement de son œuvre, la locomotive flamboyante traversant avec son hennissement vainqueur cette longue passe, au moyen de laquelle les peuples de l'Italie peuvent se serrer fraternellement la main.

— HISTOIRE. En débouchant des Alpes dans la haute Italie, une armée conquiert du premier coup une puissance énorme en même temps qu'une position stratégique des plus importantes, mais les difficultés de transporter toute une armée avec son matériel et son artillerie de l'autre côté de cet énorme rempart naturel, où règne une température glaciale, ont toujours été si grandes, que ce projet grandiose n'a pu être mis à exécution que deux fois, à vingt siècles de distance, et par deux grands génies, dont l'un s'appelait Annibal et l'autre Napoléon. Dans la première de ces deux expéditions, Annibal, dont le génie mûrissait depuis longtemps le projet d'attaquer Rome dans Rome même, traversa l'Espagne avec une nombreuse armée, entra dans les Gaules et se trouva sur les bords du Rhône alors que le sénat romain le croyait encore sous les murs de Sagonte. Malgré les obstacles accumulés et les nombreuses batailles qu'il fallut livrer pour en arriver là, Annibal résolut de franchir les Alpes sans se préoccuper des peuples ennemis qu'il laissait derrière lui en cas de revers. Il mit quinze jours à les traverser par le col de l'Argentière, son armée qui fut réduite, après ce fait incroyable de hardiesse, à la moitié seulement de son premier effectif. Les malheureux soldats souffrirent horriblement pendant cette route dangereuse sur les cimes glacées, côtoyant sans cesse d'affreux précipices où le moindre faux pas précipitait dans le vide les hommes et les chevaux. Enfin, après cette marche inouïe, ils purent voir les plaines verdoyantes de l'Italie. On sait le reste. — Napoléon qui aimait à glorifier le haut fait du grand général carthaginois, entreprenant, en cette immense course, en mai 1800. Il partit de Lausanne où les troupes s'étaient concentrées, le 2 mai, et résolut de jeter une armée de l'autre côté des Alpes pour tomber à l'improviste sur les Autrichiens. Il choisit comme lieu de passage le Grand Saint-Bernard et donna l'ordre de s'avancer à ses généraux. C'était quarante-cinq lieues à parcourir à travers un pays sauvage, glacé, à travers des rochers affreux, dans la saison la plus dangereuse de l'année, au moment de la fonte des neiges. Pourtant, grâce à l'enthousiasme que le grand capitaine inspirait à tous, grâce à l'habileté, au sang-froid que déployèrent soldats et officiers, on vint à bout de cette tâche gigantesque et tout, jusqu'à l'artillerie, traversa les sombres défilés des Alpes. Sous les feux mêmes du fort de Bard, l'armée pénétra en Italie et le premier consul, à la tête de soixante mille hommes, alla se précipiter comme la foudre sur les Autrichiens et recueillit le prix de ses énergiques efforts par une des plus belles victoires que nous ayons remportées dans ces temps héroïques, la victoire de Marengo. (H. de Graffigny.)

ALPES (départ. des Basses-). Géogr. Département du S.-E. de la France, taillé dans l'ancienne Provence, arrosé par la Durance et ses affluents, la Bléone et le Verdon (131,950 hab.). Il est limité à l'E. par la chaîne des Alpes. Son sol est très accidenté; on y trouve de nombreuses montagnes et, par suite, beaucoup de vallées. Il est formé à l'E. par le versant occidental des Alpes, leurs puissants contreforts et leurs ramifications, qui présentent des sommets de plus de 4,000 mètres de hauteur et où s'échancrent les cols de l'*Argentière* et du *Lautaret*; toute cette partie du département est granitique ou schisteuse. Au contraire, le centre, l'ouest et le midi sont couverts de montagnes calcaires, déscharnées, éboulées, d'une aridité effrayante. Tous les cours d'eau du départ. la Durance y comprise, ne sont que des torrents. Des neiges éternelles, des glaciers couronnent les plus hautes montagnes; au-dessous sont d'excellents pâturages alpestres où l'on mène paître les moutons transhumants. Peu de céréales; chanvre, pommes de terre, culture du mûrier et de l'olivier dans le S.-E. — Ch.-l. *Digne*; s.-préf. *Barcelonnette*, *Castellane*, *Forcalquier*, *Sisteron*.

ALPES (dép. des Hautes-), 558,061 hect. 131,787 hab. Département du S.-E. de la France, séparé de la Savoie et de l'Italie par la crête des Alpes, et s'étendant du N.-E. au S.-O. sur le versant oriental de ces montagnes ; formé du S.-E. du Dauphiné et d'une très petite partie de la Provence; arrosé par la Durance, la Romanche, le Drac, le Buech, principal affluent de la Durance, et par un nombre considérable de torrents. C'est l'un des plus montagneux de la France et le moins peuplé de tous. Il est comme hérissé de pics dont un assez grand nombre, dans la partie haute, ont de 3 à 4,000 met. Il n'existe pas une seule plaine dans toute l'étendue du départ. Sa pointe N.-E., entre la Romanche et le Drac, est occupée par le massif granitique du *Pelvoux* ou de l'*Oisans*, dont les sommités portent de magnifiques glaciers. A l'O. du Drac est le massif du *Dévoluy*, jurassique, couvert de pâturages alpestres. Tout le reste du sol est de nature calcaire et consiste en terrains jurassiques et en craie du Midi. Le climat offre des différences excessives suivant l'altitude : un hiver éternel règne dans les glaciers du Pelvoux; dans les plus hautes vallées, l'hiver ne dure pas moins de sept mois; mais il devient plus court quand on descend à mesure qu'on descend la Durance. En été, la chaleur est extrême dans le midi du départ. On signale beaucoup de petits lacs dans les principaux massifs. Le loup, la marmotte, le chamois, hantent les sommets qui avoisinent la crête des Alpes, le passage le plus fréquenté du départ. des Hautes-Alpes en Italie est le col du mont Genèvre, à 1,849 mètres d'altitude. Les montagnes sont généralement très déboisées; mais beaucoup de massifs forment des pâturages où les moutons mérinos viennent passer l'été. Peu de céréales. La pomme de terre constitue la principale culture. Cependant le mûrier et l'olivier sont cultivés au S.-O. du départ. Il possède beaucoup de gîtes métallifères, mais ils sont peu exploités, à l'exception des minerais de fer, d'argent et de cuivre. Il y a de nombreuses carrières de marbre aux nuances les plus variées. Un bassin houiller assez considérable existe aux environs de Briançon. — Ch.-l. *Gap*; s.-préf. *Briançon* et *Embrun*.

ALPES-MARITIMES (départ. des), 380,900 hect., 226,021 hab. Département de l'extrême S.-E. de la France, entre les Alpes-Maritimes et la Méditerranée, formé en 1860 du comté de Nice et de l'arrondissement de Grasse. Le sol de cet arrondissement n'est qu'un enchevêtrement de montagnes et de plateaux calcaires brûlés du soleil, labourés par le mistral et complètement déserts. Le reste du départ., arrosé par le Var et ses affluents, la l'Inde, la Vésubie, l'Esteron, etc., qui coulent dans de sombres défilés dont les parois sont de hautes roches à pic, est couvert de montagnes dont ces Alpes et courent du N. au S. Climat remarquablement tempéré; hivers d'une douceur extrême sur la côte où sont les stations hivernales de Cannes, de Nice, de Menton, etc. Bois, pâturages, vignobles; mûriers, oliviers, orangers, citronniers dans le voisinage du littoral; culture de fleurs pour les essences et la parfumerie; vers à soie, abeilles, fabriques d'huile de savon. — Ch.-l. *Nice*; s.-préf. *Grasse*, *Puget-Théniers*.

ALPESTRE, adj. Qui a rapport, qui appartient aux Alpes. *Paysage alpestre, la faune, la flore alpestre. Tout autre se rait émerveillé des beautés de cette nature alpestre.* (Balz.) — Se dit aussi au figuré et par comparaison pour signifier âpre, rigide. *M. J. de Maistre est un Bossuet alpestre.* (Lamartine.) — Syn. d'Alpin (V. ce mot).

ALPHA, s. m. Première lettre de l'alphabet grec et qui a tiré son nom de *aleph*, première lettre de l'alphabet hébreu. S'emploie quelquefois pour signifier le commencement d'une chose, par opposition à *oméga*, qui en est la fin. — En astronomie, on désigne par cette lettre plusieurs étoiles de diverses constellations. C'est ordinairement l'étoile la plus brillante ou qui est cataloguée la première, qui reçoit ce nom.

ALPHA et **OMÉGA**. Noms de la première et de la dernière lettre de l'alphabet des Grecs et qui signifient, au figuré, le commencement et la fin d'une chose. *Dieu est l'alpha et l'oméga de toute chose. L'enseignement des connaissances de l'homme et de toutes ses sottises.* (Voltaire.) *La forme de chaque lettre représente dans les anciens alphabets sémitiques, ce que le nom de la lettre signifie.* (Renan.) *Les Phéniciens ont emprunté leur alphabet à l'Égypte plus de quinze cents ans avant notre ère.* (Maury.) — On donne aussi le nom d'alphabet à un petit livre qui contient les lettres de l'alphabet et les éléments de la lecture. *Donnez un alphabet à cet enfant.* — Au fig., signifie la première étude. *Il y a cinquante ans que je repasse l'alphabet de la nature humaine.* (Barbey d'Aurévilly.) — Prov. *N'en être qu'à l'alphabet*, Ne posséder que les premières notions d'une science quelconque. — Loc. prov. *Il faut le renvoyer à son alphabet*, Il parle sans savoir ce qu'il dit, sans connaître la matière qu'il traite.

— Linguistique. Malgré l'extrême diversité des langues et des écritures, la plupart des alphabets offrent, dans le nombre, le nom, l'ordre et même la forme des caractères, des ressemblances qui attestent une origine commune. Les Égyptiens, les Chaldéens et les Phéniciens se disputent l'honneur d'avoir inventé l'écriture alphabétique; selon l'opinion la plus commune, cet honneur appartiendrait aux Phéniciens, dont l'alphabet offre, au reste, de grandes analogies avec ceux des Chaldéens, des Hébreux, des Syriaques, des Arabes, des Persans et des Arméniens. C'est le Phénicien Cadmus qui aurait apporté en Grèce l'alphabet et l'art d'écrire :

Phœnices primi, famae si creditur, ausi
Mansuram rudibus vocem signare figuris.
(Luc., Phars., III, 220.)

Cependant, et malgré tout, l'écriture alphabétique paraît avoir été inventée deux fois, en Égypte et dans l'Inde; de là deux grands systèmes d'écriture alphabétique, auxquels se rattachent tous les alphabets connus et dont chacun a eu son développement propre, indépendant de l'autre : système alphabétique d'origine égyptienne, système alphabétique d'origine indienne. Après l'alphabet phénicien, les plus importants à connaître sont ceux de l'Inde, surtout celui du *Devanagari*, dont l'alpha parfait du sanscrit; on y compte 100 caractères; et au lieu d'être jetées au hasard comme dans nos alphabets, les lettres sont disposées dans un ordre philosophique, d'après leurs analogies naturelles.— « Loin de porter, dit l'*Encyclopédie nouvelle*, comme les alphabets des langues sémitiques, l'empreinte d'une pénible et lente invention encore embarrassée dans les liens des caractères figuratifs, l'alphabet sanscrit semble avoir été conçu et formé par la plus haute intelligence philosophique et analytique qui ait encore paru dans le monde. Aussi les Indiens prétendent-ils qu'il a été révélé par les dieux, et ils ont donné à une forme spéciale de leur écriture le nom de *devanagari*, écriture des dieux. » C'est dans cette forme de caractères, forme très ancienne et sous écrits le plus grand nombre des ouvrages de la littérature sanscrite. Cet alphabet, dans la nature est absolument différente des alphabets sémitiques, a donné naissance à tous ceux qui ont cours dans les deux principales îles de l'Inde, à ceux du Thibet et de l'île de Ceylan. Il possède des signes spéciaux pour représenter les voyelles et les diphtongues, qui sont au nombre de quatorze; les consonnes s'élèvent à trente-quatre; en tout quarante-huit signes distincts formant un système très complet et très régulier. — Les Grecs, en colonisant l'Italie, introduisirent leur alphabet chez les Étrusques, qui le transmirent aux Romains avec quelques variations dans la forme des caractères; les Romains le réduisirent à vingt lettres en les divisant en trois classes pour toute l'Europe. L'alphabet grec, comme le phénicien, n'avait dans l'origine que 16 lettres : α, ϐ, γ, δ, ε, ι, κ, λ, μ, ν, ο, π, ρ, σ, τ, υ. Palamède inventa, dit-on, au siège de Troie à quatre lettres θ, ξ, φ, χ, et Simonide y ajouta, cinq siècles après, les lettres ζ, η, ψ, ω. — L'alphabet latin, apporté de Grèce, dit-on, par l'Arcadien Évandre, ne fut aussi d'abord que 16 lettres, comme le prouvent les inscriptions étrusques; c'étaient : a, b, c, d, e, f, i, l, m, n, o, p, r, s, t, u; ce n'est que plus tard qu'on y ajouta les 7 lettres g, h, k, q, x, y, z. Claude voulut y introduire trois nouveaux signes, mais cette innovation ne dura pas plus que son règne. — On connaît aussi les alphabets runiques appelés aussi runes et qui sont dérivés des anciens alphabets tudesques. On en retrouve quelques vestiges dans le nord de l'Europe, dans quelques inscriptions rongées par le temps. Parmi les alphabets runiques, nous devons mentionner celui qui est particulier aux Scandinaves, et connu sous le nom de *runes danoises*, *suédoises* ou *islandaises*. Il se compose presque exclusivement de lignes droites, et n'admet que fort peu de courbes. Formé sur l'alphabet anglo-saxon, il a été en usage pendant plusieurs siècles dans le Danemark, la Norvège et l'Islande. Plus tard les Allemands adoptèrent l'alphabet latin dans la forme gothique, que lui avait donnée le mauvais goût du XIVe ou du XVe siècle : c'est l'écriture allemande à présent, imprimée ou manuscrite. Les Suédois, les Danois et les Islandais ne se servent seulement que de l'alphabet latin. — Notre alphabet, qui n'est que celui des Latins et qui nous est commun avec presque tous les peuples de l'Europe, a 25 lettres; il n'en avait que 23 quand on ne distinguait pas les lettres i et j, u et v, distinction dont la première idée remonte au XVIe siècle, mais qui n'est bien établie que depuis une soixantaine d'années. Pour être parfait, un alphabet devrait avoir autant de signes qu'il y a d'éléments de la voix à noter (on en compte de 35 à 40) et n'en avoir pas davantage; or, la plupart des alphabets manquent de plusieurs de ces signes (en français, par exemple, on est obligé de donner à la lettre *e* plusieurs valeurs : e, é, è), et en même temps les alphabets ont plusieurs signes surabondants (c dur, k, q, remplissent dans notre écriture le même office). Cette imperfection des alphabets, qui est la principale source des difficultés qu'offrent la lecture et l'orthographe, a fait sentir le besoin d'un alphabet complet, applicable à toutes les langues; Wilkins, Dalgarno et Lodwick chez les Anglais, Leibnitz en Allemagne, Debrosses et Volney chez nous, ont tenté de remplir cette lacune; mais aucun résultat n'a pu être obtenu jusqu'ici. — « La création d'un *alphabet universel*, dit M. Féline, intéresse au plus haut degré la politique intérieure de tous les grands États. Les sujets de la France parlent allemand, italien, breton, basque, arabe et nombre de patois qui diffèrent beaucoup du français. Ceux de l'empire britannique parlent gallois, irlandais, écossais, et font usage d'une multitude d'idiomes dans de nombreuses colonies. La Russie, disent les géographes, compte plus de 100 langues différentes, dont 27 principales. L'Autriche en compte également une quantité considérable dans ses divers États. Les États-Unis sont peuplés en grande partie d'émigrants venus de toutes les contrées du monde... Toutes ces nations doivent appliquer tous leurs efforts à se faciliter réciproquement l'étude de ces nombreux idiomes, surtout de celui qui est adopté par le gouvernement dans chaque pays. Elles atteindraient assurément ce but en apportant à l'alphabet toutes les simplifications dont il est susceptible, et en le rendant commun à toutes les langues. » Le grand obstacle à la création d'un alphabet rationnel et universel est la difficulté de déterminer d'une façon précise et définitive tous les sons, toutes les articulations simples et distinctes que la parole humaine peut produire. En réalité, dans cette détermination, il y aura toujours un élément subjectif et conventionnel, parce que les modifications et les variations de la voix sont, par la nature des choses, indéfinies. Telle articulation, sensible chez un peuple, échappe à l'oreille d'un autre peuple. L'arabe, ayant deux façons de faire entendre le *t*, emploie deux signes distincts. Le polonais a deux variétés pour la lettre *l*. Comparez le son du *w* allemand et celui du *v* anglais, vous trouverez qu'ils se rapprochent, mais qu'ils ne peuvent se confondre. Le *v* grec et le *f* romain, quoique considérés par les modernes comme ayant la même valeur, sont expressément distingués par Quintilien. L'écriture ne peut jamais être, quoi qu'on fasse, la peinture absolument exacte de la langue parlée, parce qu'il n'y a pas de rapport naturel entre les deux modes d'expression, parce que la voix, cette chose vivante, déborde nécessairement les limites dans lesquelles tous les systèmes de signes écrits en enferment la représentation. « S'il fallait, dit l'*Encyclopédie nouvelle*, reproduire par des signes distincts toutes les nuances de l'échelle vocale en commençant par l'*a*, son le plus ouvert, jusqu'à l'*u* français, son le plus fermé de cette échelle, ainsi que toutes les nuances des organes consonnants, il faudrait des séries infinies de signes distincts que l'on serait obligé de modifier sans cesse; car non seulement chaque race d'hommes, chaque peuple a des articulations particulières, mais même chaque individu, et la prononciation des mots d'une langue change sensiblement tous les siècles. On n'arrivera jamais à fixer les articulations d'une langue parlée, aussi rigoureusement que l'on fixe par la notation les sons d'un instrument ou ceux de la voix humaine. Une perfection exagérée dans un *alphabet universel* serait une chicane. » Quoi qu'il en soit, ne désespérons pas, et appelons de tous nos vœux l'*alphabet universel*, qui aura pour conséquence la *langue*, et, un jour, la *fraternité universelle*! — Il a été publié des recueils comparatifs d'alphabets; les plus complets sont ceux de De Bry (*Alphabeta... a mundo creato*, Francf., 1596), de Des Hauterayes (*Caractères et alphabets des langues mortes et vivantes*, dans les planches de l'*Encyclopédie*), des Mallinckrots (*Nouveau traité de Diplomatique*, 1765), la *Pantographia* de l'anglais Ed. Fry, Lond., 1799, et les *Alphabets* publiés par les presses de la Propagande à Rome.

ALPHABÉTAIRE, adj. (al-fa-bé-tê-re; de *alphabet*). Qui concerne l'alphabet, qui a rapport à l'alphabet. *Système, méthode alphabétaire. Principes alphabétaires. C'est par une pure convention alphabétaire que au se prononce o.* — *Table alphabétaire,* Tableau comparatif des différents alphabets.

ALPHABÉTIQUE, adj. (al-fa-bé-ti-ke; de *alphabet*). Qui a rapport, qui appartient à l'alphabet; qui est selon l'ordre des lettres de l'alphabet. *Table alphabétique, Ordre alphabétique. Nous demandons seulement si au temps de Thaut on écrivait en hiéroglyphes ou en caractères alphabétiques.* (Voltaire.) — Par anal. et fam. *Faire une chose par ordre alphabétique,* La faire avec poids et mesure, dans un ordre systématique.

Je ne puis oublier l'appétit méthodique
Du Géta qui mangeait *par ordre alphabétique*.
BARCHOUX.

ALPHABÉTIQUEMENT, adv. (al-fa-bé-ti-ke-man; de *alphabet*). Dans l'ordre de l'alphabet. *Ranger des pièces alphabétiquement.*

ALPHABÉTISER, v. n. Faire l'alphabet, dire l'alphabet. *Les enfants alphabétisaient tous ensemble.*

ALPHABET MORSE. Alphabet inventé par Morse et dont on se sert pour les signaux télégraphiques. — V. TÉLÉGRAPHES.

ALPHABET PHONÉTIQUE UNIVERSEL (analyse, méthode, pratique), par G. DE LA LANDELLE. Résumé très succinct, et néanmoins très clair, de cinquante ans et plus d'études approfondies, car opuscule, enime autres utilités énumérées en son premier chapitre, a pour objet principal de fournir le moyen rationnel de représenter *avec une approximation suffisante,* dans les dictionnaires et dans les grammaires, la prononciation des mots des diverses langues. L'auteur pose, du reste, en principe que : « La réforme complète, — *seule logique,* — des orthographes en usage chez les différents peuples est absolument irréalisable. »

ALPHAND (JEAN-CHARLES-ADOLPHE), ingénieur français, né à Grenoble, le 26 octobre 1817. À l'École polytechnique en 1835, à l'École des ponts et chaussées en 1837. En 1839, chargé de construction de routes et de ponts dans la Gironde. Ingénieur ordinaire à Bordeaux en 1843, il fit la connaissance du baron Haussmann qui, dix ans plus tard, le fit appeler à Paris avec le titre d'ingénieur en chef des embellissements. Ce fut M. Alphand qui fut chargé de dessiner et d'installer les services des promenades, des parcs, des plantations; il créa les squares, transforma les bois de Boulogne et de Vincennes, les buttes Chaumont, les Champs-Élysées, le parc Monceaux. Ingénieur des ponts et chaussées en 1857, décoré en 1859. Depuis 1856, membre du conseil général de la Gironde. En août 1870, il prit les fonctions de directeur des travaux des fortifications et montra le plus grand dévouement dans l'accomplissement de sa tâche. Il est resté sous la République directeur de la voirie et des travaux de Paris, avec le titre d'inspecteur général de 1re classe. Il a fait éditer deux ouvrages de grand luxe : les *Promenades de Paris* et le *Fleuriste de la ville de Paris.* Officier de la Légion d'honneur en 1862 et commandeur en 1867.

ALPHANETE, s. m. Ornith. Nom d'un oiseau de proie originaire des contrées septentrionales de l'Afrique et que l'on dresse à la chasse au vol et à terre. — On dit aussi ALPHANESSE et ALPANET.

ALPHE, s. m. Entom. Genre d'insectes coléoptères, famille des longicornes tétramères, dont les sept ou huit espèces connues sont originaires de la Guyane.

ALPHÉE, s. m. Crust. Famille de crustacés décapodes appartenant au sous-ordre des macroures originaires des Indes et des Antilles et dont quelques espèces habitent la Méditerranée.

ALPHÉE. Mythol. Chasseur qui s'éprit de la nymphe Aréthuse, de la suite de Diane. Il fut changé en fleuve par la déesse, tandis que son amante était changée en fontaine qui mêle ses eaux transparentes au cristal du fleuve. — Hist. chrét. Nom d'un saint qui fut martyrisé en Palestine, vers le IVe siècle. Fête le 17 novembre.

ALPHÉEN, ENNE, adj. Zool. Qui ressemble à une alphée. — *S. m. pl.* Tribu de crustacés décapodes, famille des macroures, ayant pour type principal l'alphée.

ALPHÉNOR. Mythol. Nom d'un des fils de Niobé et d'Amphion. Il fut tué par Diane.

ALPHÉRAT, s. m. Astron. Nom d'une étoile de première grandeur, de la constellation d'Andromède et marquant dans le ciel l'angle supérieur gauche du grand carré de Pégase. — On l'appelle aussi ALPHARAN ou ALPHÉRAZ.

ALPHIONIE. Myth. Nom d'un temple qui avait été élevé à Diane à l'embouchure du fleuve Alphée.

ALPHITE, s. f. Antiq. Farine d'orge grillée dont les Grecs faisaient des gâteaux. Ils donnaient aussi ce nom à une danse mimée, dans laquelle on imitait les mouvements du laboureur qui sème.

ALPHITOBIE, s. m. Entom. Genre d'insectes coléoptères hétéromères, famille des mélasomes dont la seule espèce connue est indigène et vit dans la farine.

ALPHITOMANCIE, s. f. (du gr. *alphiton*, farine et *manteia*, divination). Superstition qui consistait à tirer des pronostics de l'innocence ou de la culpabilité d'une personne à qui on avait fait manger un certain gâteau de farine, d'après la digestion plus ou moins facile du dit gâteau.

ALPHITOMORPHE, s. m. Bot. Espèce de petits champignons microscopiques qui ressemblent à des taches farineuses. On les désigne plus généralement sous le nom d'*érisiphe.*

ALPHITOPOLE, s. m. Entom. Genre d'insectes coléoptères tétramères, famille des longicornes, dont la seule espèce connue habite le Sénégal.

ALPHITOSCOPE, s. m. (du gr. *alphiton,* farine, et σκοπέω, je vois). Appareil servant à examiner la qualité des farines.

ALPHONSE. Nom qui a été porté par un grand nombre de rois espagnols. Voici les faits les plus remarquables du règne de chacun d'eux :
— ALPHONSE Ier, dit le Catholique, roi des Asturies et de Léon (739-757), fit aux Maures une guerre active et les chassa entièrement de Galice. Il a fondé un grand nombre d'églises et de monastères.
— ALPHONSE II, de 791 à 835, fixa sa résidence à Oviedo et fit bâtir comme son prédécesseur un grand nombre de monuments religieux. Ce fut sous son règne qu'ayant trouvé un cadavre à Compostelle, les Espagnols le prirent pour le corps de Saint Jacques et l'honorèrent sous ce nom.
— ALPHONSE III, dit le Grand (866-910), eut à lutter contre de nombreuses révoltes des grands. Il illustra son règne par plus de trente campagnes, il conquit le royaume de Léon et agrandit ses États d'une partie du Portugal et de la Vieille-Castille. Son fils Garcia ayant pris les armes contre lui, il fut contraint d'abdiquer en sa faveur et mourut deux ans après au retour d'une expédition contre les Maures.
— ALPHONSE IV, dit le Moine, petit-fils du précédent (924-927); abdiqua en faveur de son frère Ramire, Ayant voulu ressaisir le pouvoir, il fut mis à mort en 923.
— ALPHONSE V (de 999 à 1027). N'eut rien de remarquable. Il mourut dans une rencontre avec les Maures de Portugal.
— ALPHONSE VI (de 1065 à 1109). Était fils de Ferdinand Ier qui partagea ses États entre ses trois enfants. Il fit assassiner son frère Sanche pour s'emparer des États et dépouilla ensuite son autre frère qu'il fit enfermer dans un monastère et réunit sous sa domination tous les États qu'avait gouvernés son père. Il fit une

guerre acharnée aux Sarrasins d'Espagne et leur prit Tolède dont il fit sa capitale. Épouvantés, les Musulmans appelèrent à leur secours les Almoravides d'Afrique et tous ensemble, ils livrèrent une sanglante bataille à Alphonse VI qui fut vaincu en 1086 à Badajoz. En 1108, Alphonse VI perdit son fils à la bataille d'Uclez. Pénétré de douleur, ce roi mourut l'année suivante, laissant le trône à sa fille Urraque.

— ALPHONSE VII. Le même qu'Alphonse Ier, roi d'Aragon.

— ALPHONSE VIII, roi de Galice, de Léon et de Castille (1126-1157). Comme tous ses prédécesseurs, il ne cessa de guerroyer pendant tout son règne contre les Maures sur lesquels il remporta la brillante victoire de Jaën. C'est lui qui fonda, en 1156, l'ordre d'Alcantara.

— ALPHONSE IX, dit le Bon (1158-1214). Fils du précédent. Il continua l'œuvre de son père qui avait voulu chasser les Maures d'Espagne, mais il ne fut pas toujours heureux dans ses entreprises et perdit plusieurs batailles, notamment celle si funeste d'Alarcos, qui mit l'Espagne à deux doigts de sa perte. Il prit sa revanche à la bataille de Tolosa (1212), qui porta un coup terrible à la domination musulmane en Espagne.

— ALPHONSE X, dit le Sage (1252-1284). Il fut appelé par quelques princes allemands, mais disputa vainement la dignité impériale à Rodolphe de Habsbourg. Détrôné par son fils Sanche, il mourut de chagrin. C'était le prince le plus savant de son temps ; il rétablit l'université de Salamanque, dota l'Espagne de son premier code de lois et fit dresser les premières tables astronomiques, qui furent appelées de son nom *tables alphonsines*.

— ALPHONSE XI (de 1312 à 1350). Gagna sur les Maures la fameuse bataille de Tarifa et mourut de la peste au siège de Gibraltar.

— ALPHONSE XII. Roi actuel d'Espagne, né en 1857, fils d'Isabelle de Bourbon et de Don François d'Assise, monta sur le trône en 1874 à la suite du coup d'État militaire qui mit fin au régime républicain. Son règne jusqu'alors n'a été marqué par aucun événement important.

— ALPHONSE Ier, dit le Batailleur, roi d'Aragon et de Navarre (1104-1134), fut roi de Castille sous le nom d'Alphonse VII. Il avait épousé Urraque, fille d'Alphonse VI, et, à la mort de son beau-père, il fit valoir les droits qu'il croyait avoir à la succession. Mais il rencontra des obstacles insurmontables, dans sa femme elle-même. N'ayant pu réussir à ce qu'il voulait, il entra en guerre contre les Musulmans et leur enleva Saragosse. Mais ayant été vaincu à son tour devant Fraga, il en mourut huit jours après de honte et de douleur. Il avait paru à 29 batailles.

— ALPHONSE II, roi d'Aragon (1162-1196). Il conquit le Roussillon, le Béarn et fit la guerre aux comtes de Toulouse. Il cultiva la poésie romane et on le compte parmi les troubadours.

— ALPHONSE III (1285-1291). Signa avec les rois de France, de Naples et de Castille un honteux traité qu'on l'avait forcé d'accepter.

— ALPHONSE IV (1327-1337). Fut surnommé le Débonnaire. Il soutint une longue guerre contre Gênes pour obtenir la Sicile dont le pape l'avait gratifié, mais sans grands résultats.

— ALPHONSE V, dit le Magnanime. Fut roi d'Aragon, de Naples et de Sicile. Il succéda à Ferdinand le Juste, son père, en 1416, et ajouta à ses États le royaume de Naples, en 1442, après de longs et pénibles efforts. Ce surnom de *magnanime* lui fut donné pour des qualités tout à fait étrangères à la guerre, pour un caractère grand, généreux et bienfaisant. Sa cour était le rendez-vous de tous les grands hommes de l'époque. On lui reproche cependant le dérèglement de ses mœurs et sa prodigalité qui le poussa à accabler son peuple d'impôts. Il mourut en 1458 à Naples, sa capitale.

— ALPHONSE Ier (Henriquez), comte, puis roi de Portugal, fils de Henri de Bourgogne. Il fut proclamé roi à la suite d'une grande victoire qu'il avait remportée à Ourique sur cinq rois maures. Les Cortès reprits de le pape lui conférèrent cette dignité, et il continua ses conquêtes sur les Maures auxquels il enleva Lisbonne en 1147. Il mourut en 1185, après avoir bien organisé la monarchie qu'il avait fondée. Il était né en 1109.

— ALPHONSE II, roi de Portugal (1211-1223), petit-fils du précédent. Il combattit lors de la victoire d'Alcazar-do-Sal sur les Maures et promulgua quelques bonnes lois.

— ALPHONSE III (1248-1270), fils du précédent. Il conquit les Algarves sur les Maures.

— ALPHONSE IV, dit le Brave, naquit à Coimbre en 1290. Il succéda en 1325 à son père Denis le Libéral, contre lequel il s'était plusieurs fois révolté. Sa vie ne fut qu'une suite d'atrocités. Il persécuta l'infant don Sanche et fit poignarder Inès de Castro, que son fils Pierre avait épousée en secret. Il se ligua avec son gendre le roi de Castille, contre lequel il avait eu à soutenir un peu auparavant une guerre opiniâtre, et prit une glorieuse part à la bataille de Tarifa, remportée sur les Maures en 1340. Il mourut en 1366.

— ALPHONSE V, dit l'Africain, succéda au précédent en 1438. N'étant pas alors que de six ans, il fut placé sous la tutelle de son oncle Don Pèdre. Il entreprit, en 1458, une longue campagne en Afrique et s'y empara de plusieurs villes. Il fut moins heureux en Espagne, où il perdit la bataille de Toro, en 1476, contre Ferdinand II. Il fonda à Coimbre une bibliothèque, tandis que quelques navigateurs portugais découvraient les côtes de Guinée et lui en faisaient hommage. Il mourut de la peste en 1481.

— ALPHONSE VI (1656-1667). Ce prince, incapable et débauché, se vit relégué par ses sujets dans l'île de Tercère, où il mourut en 1683. Le pouvoir fut exercé par son frère don Pèdre, qui, à la suite de plusieurs victoires (Amexial, Villaviciosa), fit reconnaître l'indépendance du Portugal par l'Espagne.

— ALPHONSE Ier, roi de Naples. C'est le même qui fut roi d'Aragon sous le nom d'Alphonse V le Magnanime.

— ALPHONSE II, roi de Naples, était le fils de Ferdinand Ier. Il monta sur le trône en 1494. L'invasion de Charles VIII, roi de France, le força d'en descendre l'année suivante. Il mourut en Sicile quelques mois après.

ALPHONSE (J.-B.-François, baron d'), administrateur français, né en 1750, mort en 1821. Il fut membre du Corps législatif sous le Consulat, et plus tard préfet de l'Indre et du Gard, dont il fit des statistiques qui sont le modèle du genre. En 1810, il fut chargé d'organiser l'administration de la Hollande et il représenta le département de l'Allier, de 1819 à 1821.

ALPHONSE. Nom d'un personnage d'un roman d'Alexandre Dumas fils, qui personnifie l'homme qui vit aux dépens d'une femme, du produit de son travail ou de sa prostitution. — S. m. Dans le langage vulgaire, il est synon. de *maquereau* ou *souteneur*. Les *Alphonses* sont presque toujours des repris de justice ou des voleurs, vivant aux crochets d'une fille et ne reculant pas à l'occasion devant un assassinat, lorsqu'il y a de l'argent à voler. Il y a encore une certaine différence entre *l'amant de cœur* et l'Alphonse de barrière. L'amant de cœur est celui que la courtisane ou la femme entretenue reçoit gratuitement dans son lit, tandis que l'*Alphonse* est plus ordinairement un voyou qui vit sans rien faire aux crochets de sa maîtresse et qui lui demande même de l'argent pour la protection qu'il lui accorde. L'Alphonse est en butte à l'ignoble, le rebut de la société.

ALPHONSIN, s. m. Chirur. Appareil inventé par Alphonse Ferry en 1552 pour extraire les balles des chairs. Il se compose de trois branches élastiques, maintenues dans un anneau qui, par son jeu, les rapproche ou leur permet de s'écarter. Il n'est plus employé maintenant.

ALPHONSINE DE RIOM. Hist. Charte donnée en 1270 aux habitants de Riom par Alphonse, comte de Toulouse et quatrième frère de Saint Louis.

ALPHONSINE (Alphonsine Fleury, dite Mlle), actrice française, née à Paris en 1829, morte en 1874. Elle débuta à l'âge de six ans au Théâtre-Enfantin, passa un instant au Petit-Lazari et fut engagée au théâtre des Délassements-Comiques, où elle créa plusieurs rôles. Enfin elle arriva aux Variétés, où elle fut bientôt remarquée par son originalité et son entrain. Elle y a joué dans les *Amours de Cléopâtre*, *l'Homme n'est pas parfait*, les *Mousquetaires du Carnaval*, les *Bibelots du Diable*, *l'infortunée Caroline*, etc. Elle a séjourné aussi un instant, ces dernières années, à la Renaissance et dans quelques autres théâtres, où elle a été toujours appréciée, grâce à son talent et à son brio exceptionnel.

ALPHONSINES (Tables). Tables astronomiques qui furent dressées en 1252 par ordre du roi de Castille, Alphonse X le *Savant*. On les appelle aussi *tables alonsines*, ce qui est plus conforme à l'étymologie. La complication des hypothèses alors admises en astronomie était devenue un argument contre la sagesse divine, et les tables établies par Ptolémée étaient si insuffisantes, qu'Alphonse X résolut de les réformer. Il réunit donc les meilleurs astronomes connus et les chargea, sous la direction de ses précepteurs Aben-Rayen et Al-Cabit, de corriger toutes les erreurs commises par l'ancien cosmographe. Après quatre années d'un travail acharné, les Tables nouvelles parurent; elles avaient coûté 400,000 ducats, et, à cette époque, on les trouva de beaucoup supérieures comme justesse à celles de Ptolémée. Elles étaient calculées sur le méridien de Tolède et pour l'an 1456. Cependant, à mesure que les observations astronomiques se multiplièrent et devinrent plus parfaites, on ne leur accorda plus qu'une médiocre estime, et Tycho-Brahé lui-même, qui était alors un des meilleurs astronomes de son temps, en trouva la solution folle qu'elles avaient coûtée. Enfin Copernic vint et vit tout le monde d'accord en donnant tort à chacune des parties, par sa nouvelle doctrine. On trouve une appréciation de ces tables dans l'ouvrage de Delambre *l'Astronomie au moyen âge*, et la Bibliothèque nationale possède une édition princeps qui a été imprimée à Venise en 1483.

ALPHOS, s. m. Pathol. Espèce de lèpre dans laquelle les parties du corps qui en sont atteintes se couvrent de taches blanches. Cette maladie n'est autre que la *lèpre squammeuse* ou *morphée blanche*, selon le nom qui lui avait été donné au moyen âge.

ALPICIEN, IENNE, adj. Qui tient des Alpes, qui représente aux Alpes. — Se dit surtout en parlant des habitants des départements alpins.

ALPICOLE, adj. Qui croît dans les Alpes. Plante alpicole.

ALPIGÈNE, adj. Bot. Nom qui spécifie quelques espèces de végétaux spéciaux aux Alpes. *Chèvrefeuille alpigène*.

ALPIN, INE, adj. Qui habite, qui croît dans les Alpes, qui se trouve sur les Alpes. Syn. d'Alpestre. *Plantes alpines, climat alpin, populations alpines.*

ALPINI (Prosper), célèbre botaniste italien né à Marostica en 1553, mort à Padoue en 1617. Il fut professeur dans cette ville et exécuta un voyage scientifique en Égypte. Il a, le premier, donné la description du café et a composé un grand nombre d'ouvrages très intéressants sur la botanique. Il a publié aussi un résumé des doctrines médicales des méthodistes.

ALPINIE, s. f. Bot. Nom donné par Alpini à un genre de plantes de la famille des amomées, dont on connaît aujourd'hui une vingtaine d'espèces. Ce sont de grandes et belles plantes vivaces appartenant aux régions tropicales de l'Asie et que l'on cultive dans les serres chaudes de l'Europe. La plus remarquable est l'*alpinie galanga*.

ALPINIÉ, IÉE, adj. Qui ressemble à une

alpinie. — S. f. pl. Tribu de plantes amomées dont le type est l'alpinie.

ALPINS, s. m. pl. Nom d'un ancien peuple ibérien qui habitait sur les rives de l'Elbe.

ALPINSTOCK ou **ALPENSTOCK**, s. m. Mot angl. Espèce de canne dont l'extrémité inférieure est munie d'un fer pointu et qui sert à gravir les montagnes. L'alpinstock est très utile au touriste des Alpes.

ALPISTE, s. f. Bot. Plante du genre phalaris, de la famille des graminées ; à la tige frêle, les feuilles longues et minces, les fleurs disposées en épis ovales et allongés, le fruit oblong. Une espèce, l'alpiste des

Alpiste.

Canaries, produit des graines qui se mangent en bouillie dans l'Espagne, et donne un fourrage excellent. Cette plante sert à la nourriture des oiseaux domestiques, surtout des serins. La farine qu'elle fournit est employée avec succès pour l'encollage des tissus fins. — On remarque encore l'alpiste asperelle, dite riz bâtard, parce que ses graines pourraient remplacer le riz, et l'alpiste chiendent, cultivé dans les jardins à cause de ses panaches de fleurs purpurines et de ses feuilles rayées de jaune et de vert.

ALPON. Géogr. Petite rivière de l'Italie sur laquelle est jeté le pont d'Arcole, si célèbre dans nos fastes militaires. — V. Arcole.

ALPUJARRAS. Géogr. Nom d'une sierra espagnole très riche en minéraux de toute sorte. Elle est située dans la province de Grenade.

ALQUE, s. m. Ornith. Genre d'oiseaux palmipèdes renfermant les familles des pingouins, des macareux et des cérorhynques. Ce sont, pour la plupart, des oiseaux de mer.

ALQUIER, diplomate français, né dans les Vosges en 1759, mort à Paris en 1826. Il était de La Rochelle lorsque sa province natale l'envoya la représenter aux états généraux, où il siégea à gauche. En 1792, il fut élu membre de la Convention, vota la mort de Louis XVI en cas d'invasion étrangère et le sursis à l'exécution. Pendant la Terreur, il garda un prudent silence jusqu'au 9 thermidor. Ensuite, il siégea au conseil des Cinq-Cents jusqu'en 1798, et occupa successivement les ambassades de Munich, Madrid, Florence, Naples, Rome, Stockholm et Copenhague, d'où il fut rappelé en 1814 par Louis XVIII. Proscrit comme régicide en 1816, il se retira à Vivorde en Belgique, où il ne rentra en France qu'en 1818, grâce aux démarches que fit pour lui le marquis Boissy d'Anglas.

ALQUIÈRE, s. f. (al-ki-ai-re). Mesure portugaise de capacité dont la contenance est de 13 litres 1/2.

ALQUIFOUX (mot d'origine arabe), s. m. Nom donné par les potiers à la galène ou sulfure de plomb naturel. Ils l'emploient à l'état pulvérulent pour faire le vernis noir sur les poteries ; ce vernis n'est autre chose qu'un émail très fusible, rendu noir par l'interposition du sulfure de plomb. En Orient, les femmes se servent de l'alquifoux pour se teindre les cils et les sourcils.

ALSACE-LORRAINE, 1,451,200 hect., 1,531,800 hab. Nouvel Etat de l'empire d'Allemagne, formé après la guerre de 1870 aux dépens de la France, et comprenant l'ancienne province d'Alsace et l'extrémité N.-E. de la Lorraine. — L'Alsace, longue de 200 kilom., large de 40 à 45 kilom. en moyenne, est formée par le versant oriental des Vosges et par la plaine d'alluvions comprise entre le pied de ces montagnes et le Rhin. Elle est arrosée dans sa plus grande partie de sa longueur de l'Ill, qui tombe dans le Rhin en aval de Strasbourg et reçoit quantité de torrents descendant des Vosges. L'un d'eux, la Bruche, la divise en haute Alsace au S. et basse Alsace au N. Le climat du pays est éminemment continental ; les étés y sont chauds et les hivers froids. En outre, de brusques et considérables variations de température y surviennent en tout temps. Les Vosges, composées de masses granitiques sur leurs crêtes et de grès rouges sur leurs deux versants, sont couvertes de belles futaies au bas desquelles se voient quelques pâturages. La plaine du Rhin, généralement très fertile, mais coupée par places de surfaces de sable et de forêts, ou la propriété est très divisée, nourrit une population fort dense et laborieuse qui cultive les céréales, le houblon et la vigne, surtout entre Thann et Mutzig. La haute Alsace est principalement industrielle, la basse Alsace essentiellement agricole. Le grand centre d'industrie de la haute Alsace est Mulhouse, connue dans le monde entier par ses filatures, ses manufactures de tissage et d'impression, ses cotons, ses fabriques de draps et de machines. La nouvelle frontière entre la France et l'Alsace-Lorraine suit la ligne de faîte des Vosges, depuis le Ballon d'Alsace jusqu'au Grand-Donon ; là, elle se dirige vers l'O. par une ligne passant au S. de Sarrebourg et de Château-Salins et à l'O. de Metz et de Thionville. La partie N. des Vosges, où est l'important passage de Saverne, appartient tout entière à l'Allemagne et sépare l'Alsace de la Lorraine devenue allemande. — La

Alsace : Types.

Lorraine allemande, arrosée par la Sarre, la Nied, la Seille et la Moselle, reposant sur un sol triasique, est généralement peu fertile, surtout à cause de son climat brumeux. A l'E. de Château-Salins, elle est couverte d'étangs alternativement empoisonnés et desséchés pour la culture ; mais ses richesses minérales sont considérables.

Elle a, dans la vallée de la Sarre, un riche terrain houiller formant le S. du bassin de Saarbrück, des mines de sel gemme entre la Sarre et la Seille (Dieuze, Moyenvic, Sarralbe, Château-Salins, etc.), d'excellents minerais de fer entre la Moselle et la nouvelle frontière française. Elle fabrique, dans ses hauts fourneaux des bords de l'Orne, des fers et des aciers renommés. — L'Alsace a pour capitale Strasbourg et la Lorraine Metz, qui sont devenues deux formidables camps retranchés. Les affaires locales des deux Etats sont réglées par une délégation dont le siège est à Strasbourg, qui est aussi le lieu de résidence du gouverneur général du pays. De plus, il envoie des députés aux Chambres allemandes ou Reichstag. L'usage de la langue française est sévèrement interdit pour tous les actes légaux.

— Histoire. L'histoire de l'Alsace nous montre cette province faisant partie du royaume d'Austrasie jusqu'au IXe siècle sous le gouvernement de ses ducs particuliers, puis passant à Lothaire, fils de Louis le Gros, pour aller, après la mort de ce prince (869), de la maison de Souabe à la maison de Lorraine et vice versa jusqu'en 1228, époque à laquelle la maison d'Autriche se l'appropria. C'est alors qu'apparaît dans tout son jour la fermeté de caractère des populations alsaciennes déjà entrevue au milieu des luttes de princes qui se disputaient sa possession. Bien que relevant de l'Empire, l'Alsace se trouvait, comme toutes les seigneuries de ce temps, divisée en une foule de petits fiefs particuliers dont l'ambition remuante la ruinait sans cesse. Comprenant que tant que les classes privilégiées domineraient, il en serait ainsi, plusieurs villes d'Alsace, profitant de ces troubles, secouèrent le joug, s'érigèrent en républiques et commencèrent cette lutte terrible entre la démocratie et l'aristocratie qui, connue sous le nom de guerre des Rustauds, dura jusqu'en 1429 et se termina par la victoire du bon droit sur la force. En 1648, l'Alsace fut cédée à Louis XIV, mais ne pouvant s'accommoder du régime despotique qui pesait alors sur la France, les habitants gardèrent opiniâtrement leur costume et leur langage en manière de protestation. En 1789, les Alsaciens comprirent qu'une ère nouvelle commençait et ils accueillirent la République avec joie. Tout le monde connaît l'héroïque défense des bords du Rhin. En 1830 et en 1848 enfin, les révolutions trouvèrent toujours un écho dans les cœurs héroïques des Alsaciens, et depuis l'annexion, ils n'ont cessé de regretter la mère patrie dont le Teuton les a brutalement arrachés.

ALSACE (d'), prélat belge, du même nom Louis DE HÉNIN LIÉTARD, né à Bruxelles en 1680, mort en 1759, était un des descendants de Thierry d'Alsace, comte de Flandre. Lors de la prise de Bruxelles, en 1746, il reçut Louis XV et lui adressa un discours plein de dignité. Il devint cardinal, archevêque et doyen du sacré collège.

ALSACIEN, IENNE, s. et adj. Géogr. Qui appartient, qui est spécial à l'Alsace. Faïences alsaciennes. — Habitants de l'Alsace. Les Alsaciens sont de race gauloise.

ALSÉ, s. m. Antiq. Nom que les Grecs donnaient à la forêt sacrée où l'on plaçait les statues des vainqueurs aux jeux olympiques.

ALSEBRAN, s. f. Bot. Nom donné à la joubarbe qui croît sur les toits.

ALSÉIS, s. f. Bot. Genre de plantes de la famille des rubiacées, tribu des cinchonées, et qui est un arbrisseau à fleurs jaunes, originaire du Brésil.

ALSEN. Géogr. Ile danoise dans la mer Baltique, à 300 m. de la côte ; 20,000 hab. Séjour très agréable et très pittoresque. Elle a une certaine importance stratégique et a joué un certain rôle dans toutes les guerres que le Danemark a eu à soutenir contre l'Allemagne.

ALSÉODAPHNÉ, s. m. Bot. Genre de plantes de la famille des laurinées, tribu des perséacées, dont quelques espèces sont arborescentes et sont originaires de l'Inde.

ALSEUOSMIE, s. f. (du gr. alsos, bois, et euosmia, bonne odeur). Bot. Genre de plantes de la famille des caprifoliacées, tribu des cornées, dont on connaît une dizaine d'espèces originaires de la Nouvelle-Zélande, et qui sont de petits arbrisseaux à fleurs odorantes.

ALSIDIE, *s. f.* Bot. Espèces d'algues à frondes rameuses buissonnantes et que l'on trouve dans la Méditerranée.

ALSIN, INE, *adj.* Hist. nat. Qui aime les bois, qui se plaît dans les bois. — On dit aussi ALSINACÉ.

ALSINE (en gr. *alsinê*, nom d'une plante des bois, dérivé d'*alsos*, bois), *s. f.* Bot. Plante du genre *Alsina*, de la famille des caryophyllées. L'*A. media* est cette jolie petite plante si connue sous les noms vulgaires de *mouron des oiseaux* ou de *morgeline* (*Morsus gallinæ*), parce que les oiseaux et les poules en sont très avides. Sa tige est menue, rameuse; ses feuilles sont ovales, aiguës, d'un vert tendre. La fleur est blanche, petite, portée sur un long pédoncule. La plante fleurit toute l'année; elle passe pour avoir des propriétés rafraîchissantes. Il ne faut pas la confondre avec le *mouron rouge* (*Anagallis*), qui appartient aux primulacées.

ALSINÉES (du genre type *Alsine*), *s. f. pl.* Plantes de la tribu des caryophyllées, renfermant les genres *Alsine, Sagina, Buffonia, Queria, Arenaria, Brachystemma, Holosteum, Stellaria, Cerastium, Malachium.*

ALSINELLE, *s. m.* Bot. Plante de la famille des caryophyllées, dont les caractères sont encore peu connus.

ALSODÉE, *s. f.* Bot. Genre de la famille des violariées, dont on connaît quelques espèces qui ont l'apparence de petits arbrisseaux. On les rencontre surtout à Madagascar.

ALSODINÉ, ÉE, *adj.* Bot. Qui a la forme d'une alsodée. — *S. f. pl.* Tribu de la famille des violariées.

ALSOMITRE, *s. f.* Bot. Genre de la famille des cucurbitacées, dont la seule espèce connue habite Java.

ALSOPHILE, *s. f.* Bot. Plantes de la famille des fougères formant quarante espèces presque toutes arborescentes et originaires du nouveau continent.

ALSTATTEN. Géogr. Ville de Suisse, canton de Saint-Gall, célèbre par ses eaux sulfureuses; 6,000 hab.

ALSTON (CHARLES), médecin et botaniste écossais, né en 1683, mort en 1760. Il étudia à Leyde sous Boerhaave où il se lia avec son compatriote Alexandre Monroë. De retour dans leur patrie, ils rendirent, à force de zèle et de patience, l'université d'Edimbourg l'une des plus célèbres d'Europe. Alston y professait la botanique et les sciences médicales. Son principal ouvrage est intitulé *Tircinium Botanicum Edinburgense*, où il développa des idées absolument contraires à celles de Linné.

ALSTONIE, *s. f.* Bot. Plantes de la famille des apocynées, originaires des contrées tropicales de l'Asie et des îles océaniennes et dont quelques espèces sont cultivées dans les serres d'Europe. Ce sont des arbrisseaux assez élevés, à fleurs blanches et lactescentes.

ALSTONIÉ, IÉE, *adj.* Qui a la forme qui ressemble à une alstonie. — *S. f. pl.* Tribu de la famille des apocynées dont le type est l'alstonie.

ALSTRŒMÉRIE, *s. f.* Bot. Genre de plantes de la famille des amaryllidées, ainsi nommées en l'honneur du botaniste Ch. Alstrœmer, et propres à la partie équinoxiale du nouveau monde. L'*A. pèlegrina* ou *lis des Incas*, originaire du Pérou, est une des plus belles fleurs connues; racine vivace, tige haute de 80 centimètres. — *S. f. pl.* Tribu de la famille des amaryllidées.

ALTAÏ (MONTS). Géogr. Chaîne de montagnes asiatique située dans la Sibérie méridionale. Quelques sommets en sont très élevés. On y rencontre quelques mines d'or et d'argent dont quelques-unes sont exploitées par les Russes. On divise cette chaîne en deux parties : le Grand et le Petit Altaï. Ce nom signifie en tatar *monts d'or*.

ALTAÏQUE, *adj.* Ethn. Qui a rapport à la région de l'Altaï. Se dit spécialement de la race dont le berceau est supposé situé dans les montagnes de l'Altaï.

ALTAÏR, *s. m.* Astron. Nom qui a été donné à une magnifique étoile de première grandeur située dans la constellation de l'Aigle. Sa couleur est rouge.

ALTAMURA. Géogr. Ville d'Italie dans la terre de Bari; 18,000 hab. Elle possède une magnifique cathédrale bâtie par les ordres de l'empereur Frédéric II.

ALTAR. Géogr. Nom d'une haute montagne située dans la chaîne des Andes (Amérique du Sud). Son altitude dépasse 6,000 mètres et elle est couverte d'un immense dôme de neiges éternelles.

ALTARISTE, *s. m.* Chanoine particulier de la basilique du Vatican, dont l'occupation est de décorer le maître autel et de conserver les palliums que lui sont livrés par le sous-diacre apostolique.

ALTAROCHE, célèbre écrivain français, né à Issoire (Puy-de-Dôme) en 1811, mort à Paris en 1883. Il abandonna après 1830 l'étude du droit pour s'enrôler avec enthousiasme parmi les journalistes de l'opposition. Il collabora au *Courrier des Électeurs*, à la *Révolution*, au *Diable Boiteux*, à la *Tribune*, à la *Caricature*, au *National*, au *Siècle*. Il fut un des fondateurs du *Charivari* et en prit bientôt la direction qu'il conserva jusqu'en 1848. Il avait publié en outre quelques ouvrages politiques : *Chansons, Contes démocratiques, la Réforme et la Révolution*, avait collaboré au *Dictionnaire politique*, à *Paris révolutionnaire*, à l'*Almanach populaire*. Il avait aussi essayé du théâtre : *Lestocq* (1836), *le Corrégidor de Pampelune* (1843). En 1848, il fut envoyé par Ledru-Rollin, en qualité de commissaire du gouvernement, dans le Puy-de-Dôme, et s'attira l'estime générale par sa modération et son bon sens, dont les électeurs le récompensèrent en l'envoyant à la Constituante par la presque unanimité des suffrages. Il ne fut pas réélu en 1849 à la Législative. De 1850 à 1852, il dirigea l'*Odéon* et y fit jouer l'*Honneur et l'Argent* de Ponsard, une *Tempête dans un verre d'eau* de Gozlan, *Joseph Prudhomme* de Henri Monnier. En 1855, il prit avec Louis Huart la direction du théâtre des Folies-Nouvelles, où il obtint de grands succès avec Joseph Kelm, Dupuys (aujourd'hui aux Variétés), Paul Legrand, etc. Il céda le théâtre en 1859 au fils de Déjazet et s'occupa alors de la création de la station balnéaire de Cabourg-Dives. Dans les derniers temps de sa vie, Altaroche a été nommé membre du Comité de la Société des Gens de Lettres et il était rédacteur au *Charivari* de Pierre Véron, qu'il a publié du pseudonyme de Villiars. Il a donné quelques nouvelles au journal le *Siècle* et à collaboré à quelques recueils que la Société des Gens de Lettres publie chaque année.

ALTDORFER (ALBERT), célèbre peintre allemand, né en 1488 à Altorf (Bavière), mort à Ratisbonne en 1528; fut élève d'Albert Durer et produisit plusieurs œuvres admirables de perspective et de coloris. La *Bataille d'Arbelles*, aujourd'hui au musée de Munich, et, à aussi brillé par ses gravures et Bartsch a décrit sous son nom la brillante collection d'estampes qu'Altdorfer a exécutée.

ALTENBOURG. Géogr. Ville d'Allemagne, ancienne capitale du duché de Saxe-Altenbourg; 14,000 hab. Commerce actif favorisé par un chemin de fer et huit grandes routes. Ruines curieuses aux environs.

ALTENBOURG. Géogr. Petite ville de Hongrie où se trouve un beau château de l'archiduc Charles, ancienne résidence royale. 3,500 hab.

ALTENDORF. Géogr. Nom d'un village de Bavière où Kléber remporta, en 1796, une victoire sur les Autrichiens.

ALTENKIRCHEN. Géogr. Ville de Prusse, à 32 kil. de Coblentz, dans les environs de laquelle Marceau fut mortellement blessé le 19 août 1796, on protégeant la retraite du général Jourdan. 1,800 hab.

ALTEINSTEINIE, *s. f.* Bot. Plante de la famille des orchidées, tribu des ophrydées, dont on connaît trois ou quatre espèces vivant dans l'Amérique méridionale.

ALTÉRABILITÉ, *s. f.* Qualité de ce qui est altérable, de ce qui peut être changé, altéré.

ALTÉRABLE, *adj.* Se dit de ce qui est susceptible d'être altéré, falsifié.

ALTÉRANT, *s. m.* On donne ce nom en thérapeutique à une série de médicaments qui, administrés à petites doses et d'une façon prolongée, ne produisent pas d'effets immédiats sensibles, mais transforment peu à peu et à la longue, les humeurs, le sang et la constitution. Les altérants sont presque tous des poisons qui, pris à doses élevées, tueraient les malades, tandis que pris à doses fractionnées, les produisent des effets curatifs souvent merveilleux. Parmi les médicaments altérants les plus usités, nous citerons : l'argent, l'arsenic, le brome, l'iode, le mercure, l'or, le platine et leurs composés.

ALTERA PARS PETRI, loc. lat. signifiant mot à mot : *l'autre, la seconde partie de Pierre*, et que l'on applique lorsque l'on veut dire que quelqu'un est complètement dénué d'esprit et de raison. Cette locution, qui remonte à l'ancienne scolastique, est aujourd'hui d'un emploi peu fréquent. C'est Rumus qui nous l'a transmise.

ALTÉRATEUR, TRICE, *s. et adj.* Celui ou celle qui altère, qui falsifie des monnaies, des livres ou des traites de commerce. — Mécan. Force qui change le mode d'action d'une autre force.

ALTÉRATIF, IVE, *adj.* Qui altère, qui change, qui modifie les propriétés d'une chose. — Art vét. Remèdes altératifs, remèdes de différents genres qui opèrent doucement et à la longue jusqu'à ce que la santé soit revenue à son point normal.

ALTÉRATION, *s. f.* (du lat. *alter*, autre). Changement ou modification dans la nature, les formes ou les propriétés des corps, qu'ils soient simples ou composés. Les gaz eux-mêmes sont sujets à l'altération. Se dit particulièrement des monnaies, lorsqu'elles sont falsifiées par un excès d'alliage. — Comm. Changements opérés sur des livres de commerce pour cacher des erreurs volontaires ou involontaires. *Mes livres portent des traces d'altération récentes.* — Sophistication des matières alimentaires. *L'altération du lait est un délit justiciable de la police correctionnelle.* — Se dit au fig. et par extension d'un passage de l'état normal à un autre état qui indique un trouble, une souffrance réelle. *L'altération de son visage et de sa voix trahit son émotion. Il y a dans la voix des nuances tellement propres à peindre les altérations de l'âme, que les animaux ne sauraient s'y méprendre.* (Alibert.) *Ses parents s'inquiétaient de l'altération de ses traits.* (G. Sand.) *L'altération de son caractère vient de ses longs chagrins.* (Acad.) — En musique, l'altération est un changement accidentel d'intonation qu'une note éprouve par la rencontre d'un signe destiné à la hausser ou à la baisser d'un demi-ton. — On donne aussi, dans le langage ordinaire, une autre signification à ce mot, qui sert alors à indiquer une grande, soif, un violent désir de boire. *Cette course m'a causé une grande altération.* (G. March.)

J'irais calmer, de Tantale,
La grande altération.
Maître ADAM.

—En agriculture, il veut dire desséché, aride. État de sécheresse auquel une terre se trouve réduite par faute d'arrosement.

ALTERCAS (de l'anc. v. *altercuer*). Débat, contestation. —On dit maintenant ALTERCATION.

Quoi qu'il en soit, cet *altercas*,
Mit en débat la salle et la cuisine.
LA FONTAINE.

ALTERCATEUR, TRICE, s. Querelleur, querelleuse. Celui, celle qui cherche des chicanes, des disputes. — Vx mot.

ALTERCATION, s. f. (al-ter-ka-cion). Dispute, contestation, querelle, débat. *Ils ont des altercations perpétuelles.* (Acad.) *Ils se séparèrent à la suite d'une vive altercation.* (Lesage.) *Ces altercations brisèrent le repos de la famille.* — Du temps des Romains, les altercations étaient une succession de plaidoiries ouvertes procédant par forme de dialogue et consacrées à la discussion des preuves.

ALTÉRÉ, ÉE, part. pass. du v. ALTÉRER. Se dit de tout ce qui se trouve modifié dans ses formes, ses aspects ou ses propriétés. *Couleurs altérées par l'âge.* — Au fig. *Il parlait d'une voix altérée. Son visage était altéré par la douleur.* — Signifie aussi qui a soif, qui éprouve le besoin de se rafraichir. *L'hôte se lassa d'abreuver tant de gosiers altérés.* (Lesage.) *Le cerf altéré court à la fontaine.* (Balzac.) — Au sens moral, sign. troublé.

Ce discours n'a rien dont je sois *altéré*.
A tout événement, le sage est préparé.
MOLIÈRE.

Les nations *altérées* boiront avidement la parole de Dieu. (Lamennais.) *Altéré de vengeance. C'est un monstre, altéré de sang et de carnage.* (Aguric.) Qui est desséché, qui a besoin d'être arrosé. *Les vignobles sont altérés par les temps de sécheresse. Les vapeurs, transformées en nuages, iront abreuver la plante altérée.* (Didier.)

ALTER EGO, mots latins signifiant littéralement : *un autre moi-même.* Se dit, par rapport à un souvenir, de celui auquel il donne pleins pouvoirs pour agir en son nom et qui devient ainsi un autre lui-même. C'était un titre, autrefois en usage dans la chancellerie de Naples, que l'on donnait au lieutenant ou au vicaire général qui le remplaçait et qui avait, par suite, le plein et entier exercice de la volonté souveraine, de telle sorte que les ordres donnés par l'*alter ego* avaient la même autorité que ceux émanant du roi lui-même. Les ministres plénipotentiaires du roi d'Espagne recevaient également quelquefois le titre éminent d'*alter ego. Selon toute apparence, Leicester était l'alter ego de la superbe Elisabeth.* (W. Scott.) *Ben Aïssa devint non seulement le ministre et le confident, mais l'alter ego d'Ahmed-Bey.* (F. Morn.) — Par extension, *alter ego* se dit de toute personne à laquelle on accorde une entière confiance et qui peut vous remplacer en toute occasion. *Léon Faivre, le célèbre mécanicien, fut un moment mon alter ego.* (R.) *Il le reconnait comme son maître, son alter ego.* (Proudhon.) *Le premier de mes acolytes s'appelait Amandus, il devint mon lieutenant et mon alter ego.* (Ch. Nodier.)

ALTÉRER, v. a. (du lat. *alterare,* même sens). Changer, modifier l'état d'un corps ou quelqu'une de ses propriétés. *Le soleil altère ses nuances vives.* — Falsifier. *Altérer les monnaies, c'est tromper sur leur aloi.* — Sophistiquer. *Altérer le beurre, le lait, le vin, sont des attentats à la santé publique.* — Par ext., Exercer une influence défavorable. *Vous pâlissez, quel sujet vous altère?* (Andrieux.)

Un suppôt de Bacchus,
Altérait sa santé, son esprit et sa bourse.
LA FONTAINE.

L'usage fréquent de certains remèdes finit souvent par altérer la santé. (Thévenot.) — *Dénaturer la vérité. Quand il raconte, il altère les dates, la marche des événements, la vérité même.* (Groussot.) — En parlant de certains ouvrages, sign. changer le sens, l'expression. *La langue anglaise altère tout ce qu'elle emprunte en voulant se l'assimiler.* (Marmontel.) — Au fig., est dit pour ruiner, affaiblir. *Mes erreurs passées ont altéré mon jugement.* (J.-J. Rousseau.) *L'occupation française a profondément altéré les manières et les habitudes de la population algérienne.* (Arago.) *Les révolutions politiques sont celles qui altèrent la forme des gouvernements.* (Portalis.) *Il est naturel à l'homme d'altérer*

tout ce qu'il touche. (Ampère.) — En musique, *altérer un intervalle,* c'est élever ou abaisser une des deux notes dont il se compose.

— **S'ALTÉRER,** v. pr. Se modifier en mal, se détériorer, se corrompre. S'emploie au pr. et au fig. *Tout change dans la nature, tout s'altère, tout périt.* (Buffon.) *C'est le sort commun de toutes les langues de s'altérer avec le temps.* (Maury.) *Sa santé s'altérait sans que son âme s'aperçût de la décadence de son corps.* (Lamartine.)

ALTÉRITÉ, s. f. Etat, qualité de ce qui est différent d'une autre chose. *Pourquoi deux substances parfaitement semblables seraient-elles impossibles? On objecte que rien ne les distingue, ne le seraient-elles pas suffisamment par leur altérité?* (Montmeillon.)

ALTERNAIRE, s. m. Bot. Espèces de champignons microscopiques qui paraissent n'être qu'un état particulier des botrytis, et chez lesquelles les cellules seraient alternativement grêles et renflées.

ALTERNANCE, s. f. Action d'alterner, de prendre la place de celui à qui on cède la sienne. *L'alternance des cours a été très bien imaginée.* (Filipon.) — Succession de deux ou plusieurs choses qui se succèdent dans un certain ordre. *A Saint-Michel, en Corse, on a prétendu imiter les alternances des couleurs régulièrement opposées du dôme de Pise.* (Pr. Mérimée.) *Le bonheur, pour le philosophe, c'est l'alternance même et le contraste du plaisir et de la douleur.* (Guyard.) — En botanique, l'alternance est la loi en vertu de laquelle on admet que toute fleur est formée d'un certain nombre de verticilles ou anneaux, d'organes appendiculaires, et que les pièces qui composent chaque verticille sont insérées entre celles du verticille qui précède et, par suite, alternent avec eux. En 1825, Raspail, dans son Mémoire sur les graminées, formula cette loi d'alternance qu'il considéra comme une règle fixe, et qui s'applique aux verticilles de feuilles comme aux verticilles floraux. — Géol. Disposition qu'on observe dans certains dépôts stratifiés, lorsque les différentes roches dont ils sont composés forment des couches qui se succèdent plusieurs fois entre elles et sous une certaine épaisseur. *L'alternance des formations marines sur une grande et une petite échelle, est un fait bien constaté en géologie.* (Ch. Lyell.) — On donne aussi le nom d'alternance à la succession naturelle des espèces végétales sur un sol non cultivé.

ALTERNANT, part. prés. du v. ALTERNER. *Rien n'est plus délicieux que ces champs d'or et de pourpre alternant avec de magnifiques bosquets de verdure.* (J. Favre.)

ALTERNANT, ANTE, adj. Qui alterne, qui change alternativement. *Deux professeurs sont fort tour à tour le même cours sont des professeurs alternants.* (Littré.) — Alternante, nom donné par Fourier à une des trois passions qu'il appelle distributives. *L'alternance est le besoin de variété périodique, situations contrastées, changements de scènes, incidents piquants, nouveautés propres à créer l'illusion, à stimuler à la fois les sens et l'âme.* (Ch. Fourier.) — Géol. Se dit des couches de terrain de natures différentes qui se succèdent naturellement dans une alternance parfaite.

ALTERNANTHÈRE, s. f. Bot. Genre de plantes de la famille des amarantacées, renfermant une vingtaine d'espèces, pour la plupart originaires de la zone équatoriale.

ALTERNAT, s. m. Ordre dans lequel des choses différentes se succèdent plusieurs fois entre elles avec régularité. *Il y a dans un tel ordre, alternat des passions et de la raison.* (Fourier.) — Agric. S'est dit autrefois de l'usage où étaient les agriculteurs de laisser reposer quelque temps les terres qui avaient donné une récolte avant de leur confier de nouvelles semences et de faire alternant ainsi l'état inculte avec l'état de culture. Aujourd'hui on ne donne plus ce nom qu'à une méthode absolument contraire par laquelle on alterne les cultures en forçant le sol à donner des produits successifs de différents genres d'après la

nature de la terre. C'est une des opérations les plus délicates de l'économie rurale. *La terre veut des alternats de semailles et la semence veut des alternats de terrain.* (Ch. Fournier.) — Polit. Privilège en vertu duquel plusieurs villes et puissances deviennent successivement le siège d'un gouvernement ou d'une administration. *Versailles et Paris ont longtemps joui d'une sorte d'alternat pendant l'ancienne monarchie, puisque le roi passait une moitié de l'année dans chacune de ces villes.* — C'est aussi le nom d'un droit en vertu duquel plusieurs Etats, pour conserver entre eux l'égalité, prennent tour à tour le premier rang dans la signature des traités. (Larousse.)

ALTERNATIF, IVE, adj. Se dit de deux choses qui agissent continuellement et tour à tour. *La systole et la diastole du cœur sont deux mouvements alternatifs.* (Acad.) — Se dit ainsi d'une chose exercée à tour de rôle par deux personnes. *Emploi alternatif, charge alternative.* Nom donné aussi aux personnes qui possèdent un semblable emploi. — Mécan. *Mouvement alternatif.* Celui qui se fait tantôt dans un sens, tantôt dans un autre et régulièrement comme, par exemple, le mouvement d'un piston dans son cylindre, d'un tiroir dans sa boîte. *Dans tous les moteurs il fallut changer le mouvement alternatif du piston en mouvement circulaire continu.* — Bot. *Pétales alternatifs.* ceux qui sont insérés aux points qui séparent les lobes du calice. *Préfloraison alternative,* Mode de préfloraison que présente la corolle quand les pétales s'appliquent sur deux verticilles comme les tuiles d'un toit. — Agric. *Culture alternative* (V. ALTERNAT). — Log. *Proposition alternative,* Proposition dans laquelle on énonce deux choses opposées entre lesquelles l'une doit avoir son effet; ex. : *Il faut étudier ou rester ignorant.* — Jurispr. *Obligations alternatives,* Obligations formulées dans une convention et parmi lesquelles on peut choisir celle qui convient le mieux.

ALTERNATION, s. f. Action d'alterner. Ce mot désigne le changement même que subissent les choses, et les personnes en alternant entre elles. Il y a donc une certaine différence entre alternat, alternance et alternation. *Alternat* ne s'applique qu'à l'action même de changer et *l'alternative* signifie plutôt la faculté d'opération entre telle ou telle chose.

ALTERNATIPENNÉ, ÉE, adj. Bot. Se dit des feuilles pennées dont les folioles sont alternées sur le pétiole commun. — On dit aussi ALTERNIPENNÉ.

ALTERNATIVE, s. f. Succession de choses qui reviennent à tour de rôle. *La vie est une alternative de peines et de plaisirs, de craintes et d'espérance. L'Espagnol ne comprend guère que l'alternative du repos et du combat.* (Ampère.) — Option, choix entre deux choses différentes, entre deux partis à prendre. *On lui a donné l'alternative.* (Acad.) *Je n'ai guère le choix de l'alternative.* (L. Faivre.) *Dans quelle triste alternative me trouvé-je en ce moment!* (H. de G.)

ALTERNATIVEMENT, adv. Tour à tour, l'un après l'autre. *Le corps d'armée manœuvra alternativement sur l'une et sur l'autre rive du fleuve. Quatre généraux commandaient alternativement.* (Thiers.) *Le poète français Bouchet est le premier qui mélangea alternativement les rimes masculines et des rimes féminines.*

ALTERNE, adj. (du latin *alternus,* l'un après l'autre). Géom. Se dit des angles formés par deux droites parallèles avec les côtés opposés d'une même sécante. — Minéral. Se dit d'un cristal ayant ses deux parties, l'une supérieure, l'autre inférieure, des faces qui alternent entre elles mais qui se correspondent par leur milieu. *Quatre prime alterne.* — Bot. Se dit des feuilles ou des fleurs qui poussent des deux côtés de la tige ou des branches, mais qui ne sont pas en face les unes des autres; à la différence des feuilles opposées qui naissent de deux points situés à la même hauteur. On

T. I.

34

emploie aussi ce mot pour désigner les feuilles verticillées et les pièces des verticilles floraux quand elles sont situées vis-à-vis des intervalles du verticille qui précède ou qui succède. Alterne, dans ce sens, est alors le contraire de superposé : *Spathelles alternes, ovules alternes.* — Zool. On dit d'un polypier qu'il est alterne quand il offre des groupes divers de cellules alternes sur ses rameaux.

ALTERNÉ, ÉE, part. pass. du v. ALTERNER. *Ces deux professeurs ont alterné toute la semaine.* — Placé alternativement. *Les murailles de Damas sont revêtues de pierres ou de marbres jaunes et noirs alternés avec une élégante symétrie.* (Lamartine.)

ALTERNEMENT, s. m. Action d'alterner. *L'alternement des rimes masculines et féminines.*

ALTERNER, v. n. Remplir la même fonction à tour de rôle. *Dans beaucoup de journaux, plusieurs écrivains alternent pour la rédaction de la chronique ou du courrier.* — En parlant des choses, se succéder avec une certaine régularité. *Le dessin de cette étoffe présente des bandes rouges et blanches qui alternent entre elles.* (M. Lachâtre.) — Bot. Se dit des organes qui se conforment à la loi d'alternance. *Dans beaucoup de fleurs, les pétales alternent avec les étamines.* (Acad.) — Agric. Faire produire successivement à un même terrain des récoltes différentes. *Les céréales alternent avec les prairies artificielles et les cultures sarclées.* (Lecocq.) Dans ce dernier sens, ce v. s'emploie activement. *L'ordre dans lequel il convient d'alterner la culture d'un champ, constitue ce qu'on appelle l'assolement.* (Abbé Rozier.)

ALTERNIFLORE, adj. Bot. Se dit des fleurs qui sont alternes.

ALTERNIFOLIÉ, ÉE, adj. Bot. Dont les feuilles sont alternes.

ALTERNIPÈDE, adj. Zool. Animal qui a les pattes alternativement de deux couleurs différentes.

ALTERNITÉ, s. f. Bot. Disposition que présentent les parties qui alternent autour d'un centre commun. Il y a *alternité* entre les étamines, lorsque leurs points d'intersection répondent aux divisions qui distinguent celles du calice.

ALTERNO-BISÉRIÉ, adj. Bot. Qui est alterne et présente deux séries. *Ovule alterno-bisérié.*

ALTERQUER, v. n. Avoir des altercations. Prendre la parole dans une altercation. — Peu us.

ALTESSE, s. f. (du lat. *altissimus*, très élevé). Titre honorifique qui se donne à certains princes, notamment aux princes du sang, soit en parlant soit en écrivant. Par abréviation, on écrit : S. A. R. ou, au pluriel : LL. AA. RR. pour *Son Altesse Royale, Leurs Altesses Royales*, etc. Sans épithète, le titre d'altesse est ordinairement donné à un prince sans souveraineté. Les princes de sang royal ajoutent à ce titre celui de leur race (royale ou impériale). Les membres collatéraux soit d'une famille royale, soit d'une famille impériale, reçoivent en général le titre d'*Altesses Sérénissimes*. Enfin, ce dernier titre est également donné aux ducs et aux princes souverains d'un ordre inférieur. Dans l'origine, le titre d'altesse avait été spécialement dévolu aux évêques qui le portèrent, en France, sous les rois des deux premières races ; il fut ensuite adopté par les principaux souverains de l'Europe, qui le conservèrent jusqu'à l'époque où ils le remplacèrent par celui de majesté. Ce fut Condé qui y ajouta la qualification de sérénissime pour se distinguer des princes investis de cette qualité. En Allemagne, les princes investis d'électorats étaient qualifiés d'*altesses électorales*. — Ce mot est aussi en parlant de la personne qui porte le titre d'altesse. — Se dit aussi, mais ironiquement. *Traiter quelqu'un d'altesse, donner de l'altesse à quelqu'un. Jouer à l'altesse. Se faire passer pour une altesse, pour un grand seigneur.* — Par comparaison. *Les altesses de la finance, les altesses du barreau. Les altesses financières brillent maintenant au premier rang.* (Scriba.)

ALTHÆA (mot latin tiré du gr. *althaia*, m. sens). Nom scientifique de la guimauve officinale.

ALTHÆASTRE, s. m. Bot. Section de plantes appartenant au genre althœa ou guimauve.

ALTHÉE. Myth. Fille de Thestius et femme d'Enée, roi de Calydon, fut la mère du célèbre chasseur Méléagre. Ce dernier n'avait encore que six jours lorsqu'une des Parques entra dans la chambre de la mère et lui annonça que son fils mourrait lorsque le tison qui brûlait dans le feu serait consumé. Aussitôt Althée s'élança du lit, éteignit le précieux tison et le serra dans un endroit retiré. Plus tard, après qu'il eut tué le fameux sanglier de Calydon, Méléagre fit assassiner deux de ses oncles qui avaient osé mal parler d'Atalante. Furieuse de ce fait, Althée reprit le tison et le jeta dans les flammes ; Méléagre mourut à l'instant où le frêle symbole de son existence fut entièrement consumé. Plus tard, revenue de sa colère, la malheureuse mère se pendit de désespoir.

ALTHÉE, s. f. Hortic. Nom donné par les jardiniers à la ketmie de Syrie. C'est un arbrisseau qui atteint 4 à 5 mètres de haut et qui est remarquable par ses jolies fleurs roses et quelquefois blanches avec une tache pourpre près de l'onglet de chaque pétale. Ses fleurs s'épanouissent en été et ressemblent à celles des roses trémières.

ALTHÉINE, s. f. Chim. Nom que quelques chimistes ont donné à l'asparagine parce que cette substance a été trouvée dans les racines de guimauve.

ALTHEN (JEAN), agronome persan né vers 1710, mort en 1774. Fils d'un gouverneur de province, il fut enlevé étant très jeune et vendu comme esclave en Anatolie, où il travailla pendant quatorze ans à l'exploitation de la garance et du coton. Il réussit enfin à s'évader et arriva à Marseille portant quelques graines de garance qu'il avait ainsi importées au péril de sa vie, la Turquie ayant édicté la peine de mort contre tous les exportateurs de cette graine. Après de nombreuses et infructueuses sollicitations auprès du gouvernement français, il épousa une jeune fille qui lui apportait une dot de soixante mille francs dont il se servit pour mettre ses grandes et fécondes idées à exécution. Il ne réussit pas, tout d'abord, dans la culture de la fabrication de la soie et se perdit une grande partie de ses revenus. Réunissant donc les débris de sa fortune, il résolut de tenter la culture de la garance dans le comtat Venaissin dont le climat et le terrain lui paraissaient les mêmes qu'en Anatolie. Ces essais réussirent aujourd'hui le département de Vaucluse produit pour plus de vingt millions de garance par an. Quant à Athen, il demeura pauvre toute sa vie et laissa une fille unique qui mourut à l'hôpital en 1851, alors que le Vaucluse voyait à son père mis à blette commémorative qui devait être placée au musée Calvet à Avignon. En 1846 — il y avait longtemps qu'Althen était mort misérable ! — on lui éleva une statue sur le rocher de Notre-Dame des Doms.

ALTHÉNIE, s. f. Bot. Genre de plantes de la famille des naïadées, dont l'unique espèce est une petite plante qui croît dans le midi de la France.

ALTHÉRIE, s. f. Bot. Genre de plantes de la famille des sterculiacées, tribu des buttnériées, dont on ne connaît qu'une seule espèce qui vit à Madagascar.

ALTHIONIQUE, adj. Chim. Nom d'un acide qu'on obtient en chauffant de l'alcool avec de l'acide sulfurique qui donne du gaz oléfiant, lequel laisse un résidu acide. Ce résidu, saturé par de la chaux, donne un sel calcaire soluble dans l'eau et qui, décomposé par l'acide sulfurique, fournit un nouvel acide que l'on a appelé *althionique*. Il donne les mêmes réactions que le bisulfate d'éther. Combiné avec une base, l'acide althionique forme des *althionates*. Les principaux composés sont : l'*althionate d'ammoniaque*, qui se présente sous forme de petits feuillets déliquescents ; l'*althionate de baryte* qui présente des groupes sphériques de prismes rayonnés très fins ; l'*althionate de cuivre* est d'un vert pâle et cristallise en lames rhomboïdales très minces ; l'*althionate de chaux* est le seul qui ne cristallise pas.

ALTHON-SHÉE (b'), homme politique français, né en 1810, mort en 1864, figura pendant de longues années à la Chambre des pairs, où il se montra tour à tour orateur dynastique et ministériel et démocrate révolutionnaire. A la révolution de 1830, il s'arma en faveur du mouvement et fut nommé colonel d'une légion de banlieue. Dès lors, on put croire qu'il allait avoir un rôle politique important à jouer, mais la rapidité des événements qui se succédèrent depuis ce moment ne le permit pas. Après le coup d'État du 2 décembre 1851, M. d'Althon-Shée, découragé, rentra dans la vie privée et vécut depuis dans une retraite absolue.

ALTICOPE, s. m. Entom. Genre d'insectes coléoptères tétramères, tribu des charançons, et dont l'espèce type vit principalement en Europe.

ALTIER, IERE, adj. (du lat. *altus*, élevé). Qui marque de la hauteur, de la fierté. Superbe, impérieux. *Lowois était dur et altier.* (Voltaire.) *La colère est superbe et veut des mots altiers.* (Boileau.) — Qui marque, qui indique l'orgueil. *C'est un caractère altier. Incapable de ces passions altières et véhémentes qui sont presque les seules sources du sublime.* (Vauvenargues.) — Dans le style poétique, signifie, en parlant des choses, élevé, orgueilleux. *L'aigle altier. Le pavot dans les champs lève sa tête altière.* (Michaud.) *Lœwe, Jerusalem, lève ta tête altière.* (Racine.) *De l'aigle, un grand génie a le coup d'œil altier.* (Mol.) — Synon. Dédaigneux, fier, haut, hautain, orgueilleux, impérieux.

ALTIÈREMENT, adv. D'une façon altière, d'une manière altière. Qui est présenté fièrement, avec hauteur. — Peu us.

ALTIERI (LUIGI b'), prélat italien, né à Rome en 1805, fut d'abord prélat servant du pape Léon XII, puis, après sa nomination au cardinalat, il représenta la cour de Rome à Vienne en 1840 et fut l'un des commissaires extraordinaires qui, de 1849 à 1850, furent chargés du gouvernement temporel par Pie IX, retiré à Gaëte.

ALTILOQUE, adj. (du lat. *altus*, élevé, *loquor*, je parle). Ornith. Se dit en parlant de certains oiseaux dont le ramage est très bruyant.

ALTIMÈTRE, s. m. (du lat. *altus* et du gr. *metron*, mesure). Appareil qui sert à mesurer la hauteur des objets.

ALTIMÉTRIE, s. f. Géom. Partie de la géométrie pratique qui enseigne à mesurer les hauteurs accessibles ou inaccessibles.

ALTIMÉTRIQUE, adj. Qui a rapport à l'altimétrie. *Les instruments altimétriques sont ordinairement le graphomètre, les niveaux, le théodolite et le baromètre.*

ALTIMÉTRIQUEMENT, adv. D'une façon conforme aux règles de l'altimétrie.

ALTIN, s. m. Monnaie russe dont la valeur est de trois kopeks ou 14 centimes environ.

ALTINGAT, s. m. Alch. Nom que les anciens alchimistes donnaient au vert-de-gris ou sulfate de cuivre ammoniacal.

ALTINGIACÉ, ÉE, adj. Qui ressemble à l'altingie, qui a du rapport avec une altingie. — S. f. pl. Plantes dont on ne connaît qu'un seul genre, le liquidambar, qui a été créé par le botaniste Lindley.

ALTINGIE, s. f. Bot. Plante appartenant à la famille des balsamifluées, genre liquidambar.

ALTINUM. Géogr. anc. Ville de l'ancienne Vénétie qui a formé Venise, après l'invasion d'Attila (IVe siècle).

ALTIQUE, s. m. (du gr. *altikos*, sauteur). Ichthyol. Nom qui a été donné par Commerson à un poisson que Cuvier a appelé *salarias*.

ALTIROSTRE, *adj*. (du lat. *altus* et *rostrum*, bec). Ornith. Se dit des oiseaux dont le bec est plus large que long. — *S. m. pl.* Nom d'une section de la classe des grimpeurs.

ALTIS, bois qui était consacré à Jupiter Altios, aux environs d'Olympie, et près duquel on célébrait les jeux olympiques.

ALTISE, *s. f.* Entom. Genre d'insectes coléoptères tétramères, dont plusieurs espèces sont communes en France. L'altise des potagers fait, depuis le commencement de ce siècle, de grands ravages dans le midi de la France; c'est un insecte très petit qu'on désigne vulgairement sous le nom de puce de jardin ou sauteur de terre. La plus jolie espèce, l'*altise rubis*, est très commune aux environs de Paris, où elle vit surtout aux dépens des crucifères. Elle est d'un rouge doré écarlate avec les ailes vertes ou bleues. Cet insecte est des plus nuisibles. Le trait le plus remarquable de l'organisation des altises, c'est la faculté qu'elles possèdent de sauter, dès qu'on les touche, à la hauteur (prodigieuse pour leur taille) de 40 centimètres. Souvent une plante en est entièrement couverte; vous y touchez à peine, elles disparaissent subitement. Elles exécutent ce saut au moyen des muscles vigoureux de leurs pattes postérieures. L'altise *bleue* vit pendant l'hiver, à l'état d'insecte parfait, parmi les gazons, dans les trous des murs, sous les lambeaux à demi soulevés de la vieille écorce des vignes. Elle paraît, à cette époque, se passer presque entièrement de nourriture; il suffit d'une journée un peu chaude pour que quelques altises se jettent sur les plantes qui végètent dans cette saison. Mais c'est au printemps surtout que ces insectes quittent leur retraite pour commencer leurs ravages. — On a employé, contre ces redoutables ennemis, divers moyens de préservation ou de destruction, qu'il est impossible de décrire ici. La chasse des larves ou des insectes parfaits est encore le moyen qui donne les meilleurs résultats. Elle a lieu de préférence le matin, quand les altises sont encore engourdies par la fraîcheur de la nuit. Dans le Midi, ce sont les femmes et les enfants qui sont chargés de ce travail.

ALTISSIME, *adj*. (du lat. *altissimus*, très élevé). Très élevé, très puissant; superlatif d'altesse. Ne s'emploie guère qu'au fig. et par plaisant. *C'est un écrivain altissime et orgueilleux.* (Félicien Ch.)

ALTISTE, *s. m.* Mus. Nom qui est donné au chanteur qui exécute la partie d'alto dans un chœur. Instrumentiste qui joue principalement de l'alto.

ALTITONNANT, ANTE, *adj*. Épithète imaginée par Scarron qui l'applique à Jupiter, comme dieu du tonnerre.

ALTITUDE, *s. f.* On nomme ainsi l'élévation des parties solides du globe au-dessus du niveau de la mer. Le phénomène physique dominant de l'altitude est la raréfaction de l'air, par suite la réduction de son poids et en même temps la diminution de la tension de l'oxygène. C'est surtout à cette dernière cause qu'il faut attribuer (avec Paul Bert) les accidents si graves qui accompagnent les ascensions élevées: l'oxygène ne peut se dissoudre et se fixer au sang, et il en résulte une combustion incomplète, la production d'acide carbonique et d'urée; ce qui explique les nausées, les vomissements, les vertiges, les accidents convulsifs, les hémorrhagies que les voyageurs éprouvent et qu'ils ont appelées « mal des montagnes ». L'influence de l'altitude sur la température de l'atmosphère se manifeste par les changements successifs qu'on observe dans la végétation lorsqu'on gravit une montagne. Ces changements sont précisément ceux qu'on rencontrerait en partant du pied de la montagne et en se dirigeant, à travers les pays de plaines, vers le pôle. En gravissant, par exemple, le Chimborazo qui est situé dans la chaîne des Andes, au voisinage de l'équateur, on trouvera d'abord la végétation propre aux régions équatoriales, puis celle de la zone torride, celle des zones tempérées, celle des zones glaciales, et la région des neiges perpétuelles. Il faut remarquer que cette dernière région doit nécessairement commencer à une altitude d'autant moindre que la montagne est à une latitude plus élevée. Ainsi à Quito, près de l'équateur, la limite inférieure des neiges perpétuelles est à 4,800, dans les Alpes à 2,700, et dans les montagnes de l'Islande à 936 mètres. L'homme s'est élevé bien plus haut dans la nacelle d'un aérostat, qu'il ne l'a jamais fait sur le flanc des montagnes, et tous les phénomènes physiques qu'amène la dépression atmosphérique, au fur et à mesure que l'on atteint une altitude plus élevée, ont été analysés et étudiés, notamment dans les ascensions de Gay-Lussac, Biot et Barral, Crocé-Spinelli, Glaisher et Tissandier. (V. Ascension et Aérostation.) L'un de ces beaux voyages, qui a été mortel pour les savants qui l'ont exécuté : MM. Sivel et Crocé-Spinelli, est toujours présent à la mémoire, et le *Zénith* restera un des plus glorieux souvenirs de notre histoire scientifique.

ALTITUDINAL, ALE, *adj*. Qui a rapport, qui appartient à l'altitude.

ALTIVOLE, *adj*. Ornith. Qui vole, qui plane très haut dans les airs. — Bot. Se dit aussi de quelques plantes grimpantes qui s'élèvent jusqu'à une grande hauteur. *Rhodolœné altivole*.

ALTKIRCH. Géogr. Ancien ch.-lieu de canton du département français du Haut-Rhin, annexé à l'Allemagne depuis la guerre de 1870-1871. Fait partie du cercle de Mulhouse; 2,900 hab. On remarque dans les environs les ruines du château des anciens comtes de Ferrette. Le commerce, très actif avant l'annexion, est notablement ralenti. On y trouve encore quelques filatures et un assez grand nombre de brasseries.

ALTMUHL. Géogr. Rivière de l'empire d'Allemagne, affluent du Danube. La communication entre ces deux cours d'eau au moyen d'un canal a été exécutée par les soins du gouvernement bavarois.

ALTO, *s. m.* (mot ital. sign. *haut*). Mus. Nom qui était anciennement donné à la plus grave des voix de femme et à la plus aiguë des voix d'homme. — On dit maintenant *contralto* dans le premier cas et *haute-contre* dans le second. — C'est aussi le nom donné à la partie chantée par ces sortes de voix dans un chœur. — En mus. instrum., on donne aussi le nom d'alto à plusieurs instruments, d'abord à un instrument à quatre cordes, un peu plus grand que le violon et un peu plus petit que le violoncelle, entre lesquels il tient le milieu. Dans un orchestre, il joue le même rôle que l'alto dans les voix. On dit aussi *alto-viole*. — L'alto est aussi un instrument de cuivre à trois pistons, un peu plus grand que le bugle, et dont le jeu est le même que le cornet à pistons. Très employé dans les fanfares, son timbre est le même, parmi les autres cuivres, que l'alto-viole dans un orchestre. — On donnait aussi le nom d'altos aux chanteurs de la Chapelle Sixtine qui avaient été privés, par la castration, des organes de la génération, et dont la voix était d'un timbre aigu et enfantin.

ALTO. Géogr. Chaîne de montagnes de la République Argentine, province de Catamarca. — Ce nom est également porté par un département et une ville de la même région. On y cultive la vigne et l'agriculture y est en honneur.

ALTONA, ville du Danemark (duché de Hostsein), la plus grande du royaume après Copenhague, 30,000 hab., sur l'Elbe et tout près de Hambourg, dont elle n'est séparée que par une chaussée. Port franc; construction de vaisseaux marchands. Industrie très active; raffineries de sucre, fabriques de tabac, brasseries, distilleries, huileries, tanneries; fabrication de soieries, de cotons et d'indiennes; produits chimiques, forges et fonderies de fer. Observatoire devenu célèbre sous la direction de Schumacher. Altona n'était qu'un village au commencement du XVIIe siècle; elle fut incendiée en 1713 par le général suédois Steenbock. Dans une église du faubourg s'élève le tombeau de Klopstock.

ALTORE, *s. f.* Bot. Genre de plantes de la famille des euphorbiacées, dont le nom vulgaire est *clutie*.

ALTORF. Géogr. Ville de Suisse, ch.-lieu du canton d'Uri; 2,200 hab. Les environs renferment quelques mines de houille et de zinc, et on y rencontre quelques sites admirables. On y montre le tilleul historique où fut attaché, dit la légende, le fils de Guillaume Tell pour l'épreuve de la pomme.

ALTORF. Géogr. Ville de l'empire d'Allemagne, en Bavière, à 18 kilom. de Nuremberg, célèbre un moment par son université (de 1570 à 1809); 2,100 hab. Fabriques de jouets et d'articles en bois. — Altorf est encore le nom de plusieurs autres petites villes de la même nation.

ALTRUISME, *s. m.* Philos. Terme qui a été créé par M. Auguste Comte pour désigner le sentiment, l'état mental diamétralement opposé à celui que l'on appelle égoïsme. — En physiologie, on donne le nom d'*altruisme* à l'ensemble des penchants ou instincts sympathiques, tels que l'affection, la vénération, la bonté. Elle professe que ces penchants sont innés dans l'homme comme les penchants égoïstes, qu'ils sont la manifestation fonctionnelle de certains organes cérébraux susceptibles d'atrophie ou de développement, qu'ils se sont pas d'ailleurs particuliers à l'espèce humaine, mais que chez certaines espèces animales, ils sont la source de l'état de domesticité et de sociabilité. « Chacun pour soi », telle est la maxime de l'égoïsme; *vivre pour autrui*, celle de l'altruisme. (F. Pillon.)

ALTRUISTE, *adj*. Qui a rapport à l'altruisme, qui découle de l'altruisme. *Doctrines altruistes*. — *S. des 2 g*. Celui, celle qui professe la doctrine de l'altruisme. *Ce philanthrope est un véritable altruiste*.

ALTWASSER. Géogr. Bourg de Prusse, en Silésie; 1,600 hab. Sources d'eaux minérales carbonatées, gazeuses, ferrugineuses et calcaires, connues depuis le XVIe siècle sous le nom d'*aqua antiqua*. Houillères importantes, fonderies de fer.

ALUCITADES, *s. f. pl.* Entom. Genre d'insectes de la famille des lépidoptères, ayant pour type principal l'*alucite*.

ALUCITE, *s. f.* (du lat. *alluceo*, éclairer, briller). Entom. Petits insectes lépidoptères,

Alucite.

à couleurs métalliques très resplendissantes; appartiennent au genre phalène et à la section des tinéites, et ont du rapport avec les teignes, les ptérophores, les pyrales et les ypsolophes. Ce genre a été créé par Fabricius. On distingue : l'*A. xylostelle*, qui vit sur différents arbrisseaux et qui attaque de préférence les choux et les navets parmi les plantes potagères ; l'*A. de la julienne*; l'*A. des grains*, qui fit de grands ravages dans l'Angoumois en 1770, etc. Cette famille d'insectes renferme un assez grand nombre d'espèces, dont une surtout a acquis une fâcheuse célébrité par les dégâts qu'elle cause dans les récoltes de grains ; c'est l'alucite des céréales, désignée dans plusieurs localités sous les noms de *teigne des blés*, *lucite*, *pou volant*, etc. C'est un petit papillon, dont les ailes antérieures sont d'une couleur café au lait en dessus, brun roussâtre en dessous ; les postérieures, d'un gris plombé sur leurs deux faces. La tête, le corps, les antennes et les pattes sont de cette dernière couleur. La chenille est d'un rouge vif, longue de quelques millimètres. Pendant la saison chaude, la femelle pond ses œufs, qui sont aussi d'un rouge vif, sur les épis des céréales. On ne peut pas se rendre compte, sans les avoir vus, des ravages que peut commettre l'alucite. Ses effets sont désastreux. La farine, altérée par le travail de l'insecte et salie par ses excréments, donne un pain détestable. Les grains attaqués sont rejetés par les animaux domestiques, et ne peuvent pas même être utilisés pour semences, car l'embryon est presque toujours détruit ; enfin, le mal s'étend d'une récolte à l'autre, ce qui est le plus désastreux. On a fait beaucoup de recherches pour détruire l'*alucite du blé* ; le meilleur procédé est celui qu'a proposé M. Doyère en 1850 : ce sont les barres de tabac, la vapeur d'essence de térébenthine, l'oxyde et surtout le sulfure de carbone, qui ont donné les meilleurs résultats.

ALUCO, *s. m.* Ornith. Nom que quelques naturalistes donnent au hibou, à la chouette et même à l'orfraie.

ALUDEL, *s. m.* (*a-lu-dèl*). Alchim. Nom donné à un système de poteries de formes diverses construites de manière à pouvoir, en s'emboîtant les unes dans les autres, former un tuyau. L'appareil composé d'aludels servait pour différentes sublimations ; on fait usage aujourd'hui d'appareils plus commodes. — On désignait encore par ce mot l'assemblage des tuyaux, des chapiteaux qui forment le tuyau entier.

ALULE, *s. f.* (du lat. *alula*, petite aile). Ornith. Nom que l'on donne au bout de l'aile d'un oiseau. — Entom. Sorte de petite écaille qui se trouve placée à l'origine de l'aile de quelques insectes diptères.

ALUMELLE, *s. f.* (du lat. *lamella*, petite lame). Lance de couteau ou d'épée. *On les voit tirer glaive et briser alumelle.* (Marot.) — Prov. *Se tuer par sa propre alumelle*, Se faire mourir à force de débauches. — Mar. Nom donné à des plaques de fer clouées dans les mortaises des gouvernails, goindeaux, etc., pour que le bois n'y soit pas rongé par l'effet des barres ou leviers qui agissent dans ces mortaises. — Technol. Outil dont on se sert pour gratter ou pour polir. La partie essentielle du rabot est une *alumelle*. — Vx mot.

ALUMINAIRE, *adj.* Chim. Nom que l'on applique à toutes les pierres d'origine volcanique qui contiennent de l'alun tout formé.

ALUMINATE, *s. m.* Chim. Sel qui résulte d'une combinaison dans laquelle l'alumine sert comme acide. *Aluminate de soude*, *aluminate de fer*. — Minér. Dénomination générique sous laquelle on désigne un certain nombre de minéraux, dans la composition desquels entre l'alumine à l'état d'aluminate. *Aluminate de glucine*, minéral d'un jaune ve, dâtre ou d'un vert d'émeraude, rayant la topaze, se laissant rayer par le corindon, infusible au chalumeau. On lui donne aussi les noms de *chrysolithe orientale*, *chrysopale*, *chrysobéryl*. *Aluminate de zinc*, minéral d'un vert foncé, rayant le quartz et rayé par le corindon, infusible au chalumeau, cristallisant en octaèdres réguliers, composé

surtout d'alumine, d'oxyde de zinc et de protoxyde de fer. Les autres aluminates présentent des qualités et des propriétés spéciales, selon le métal qui joue le rôle de base. Les combinaisons les plus fréquentes sont, avec celles que nous venons de citer : l'*aluminate de plomb hydraté*, minéral d'un gris jaunâtre se présentant sous la forme de petites concrétions globuleuses, l'*aluminate de magnésie* et l'*aluminate de fer*.

ALUMINE, *s. f.* (du lat. *alumen*, alun). Chim. Oxyde métallique très commun dans beaucoup de terrains et dont le radical s'appelle aluminium. L'alumine est très répandue dans la nature, mais on ne la trouve pure que dans quelques pierres précieuses, telles que le corindon, le rubis, le saphir oriental, etc., où elle est diversement colorée par des substances métalliques. Elle forme la base de toutes les argiles qui sont des combinaisons de silice, d'alumine et d'eau. Elle se présente sous l'aspect d'une poudre légère, blanche, insipide, inodore, infusible à la chaleur des plus violents feux de forge. L'alumine est insoluble dans l'eau, avec laquelle elle forme seulement une pâte très liante. Elle se dissout, au contraire, très facilement dans la soude et la potasse caustique. Récemment précipitée d'une de ses combinaisons, elle forme une gelée blanche qui a une très grande affinité pour les matières colorantes, avec lesquelles elle constitue des composés insolubles connus dans les arts sous le nom de *laques*. D'après la composition des corps en présence de l'alumine, au met, l'alumine joue, soit le rôle d'acide, soit celui de base ; par la dessication d'une grande affinité pour les matières organiques ; aussi en présence des matières colorantes, elle absorbe peu à peu la couleur et forme des composés insolubles, connus et utilisés sous le nom de *laques* ; l'alumine hydratée se dissout facilement dans les acides et les dissolutions alcalines avec lesquelles elle forme des *aluminates* dont quelques-uns existent dans la nature, tels que le *rubis*, la *gahnite*, l'*hercynite*, le *cymophane*. On obtient l'*alumine soluble* en chauffant dans l'eau bouillante une solution étendue de bi-acétate d'alumine ; on coagule la dissolution par l'addition d'une petite quantité d'alcali ou d'acide. L'alumine a été artificiellement cristallisée par MM. Ebelmen, Sainte-Claire-Deville, Caron, Gaudin, Debray, de Sénarmont, Fremy et Feil ; ces deux derniers chimistes ont exposé en 1878 de beaux cristaux de cette qualité. Dans les laboratoires, on obtient l'alumine hydratée gélatineuse en précipitant par l'ammoniaque un sel d'alumine dissous dans l'eau, ou en faisant passer un courant d'acide carbonique dans une solution froide d'aluminate de soude ; enfin l'alumine anhydre se prépare par la calcination de l'hydrate ou par la décomposition, à l'aide de la chaleur, de l'alun ammoniacal. Les sels d'alumine ont une importance industrielle considérable, tant par leur emploi direct que comme matières premières de l'aluminium ou des autres composés alumineux. On les reconnaît aux réactions suivantes : 1° par la potasse ou le sulfhydrate d'ammoniaque, ils donnent un précipité blanc soluble dans un excès de potasse et dans les acides ; 2° humectés avec de l'azotate de cobalt et chauffés au chalumeau, la masse se colore en bleu de ciel. L'alumine se combine avec le chlore, l'iode, le fluor pour donner naissance à des chlorures, iodures, fluorures dont deux ont une importance industrielle, le *chlorure double d'aluminium et de sodium* qui sert à préparer l'aluminium, et le *fluorure double d'aluminium et de sodium* ou *cryolithe* employé à la préparation des savons alumineux et à celle de l'aluminium. (V. CRYOLITHE.) — Le *sulfate neutre d'alumine* se fabrique aujourd'hui en grande quantité en traitant le kaolin calciné par l'acide sulfurique ; ce sulfate d'alumine est employé directement ou sert à la fabrication de l'alun par brevetage. — Le *phosphate d'alumine* se trouve dans la nature en combinaison avec d'autres corps pour former la *wawellite* (phosphate d'alumine

et fluorure d'aluminium), l'*amblygonite* (fluo-phosphate d'alumine, de lithine et de soude), la *turquoise* (phosphate d'alumine et de cuivre); enfin la *topaze* (alumine fluatée siliceuse), l'*allophane* (alumine hydro-silicatée, les argiles, etc., sont des composés alumineux naturels.

ALUMINER, *v.a.* Chim. Mélanger, combiner un corps avec l'alumine.

ALUMINERIE, *s. f.* Chim. Lieu où l'on fabrique de l'alumine et ses différents produits. — Ce nom est également donné à une usine où l'on fabrique de l'alun.

ALUMINEUX, EUSE, *adj.* Chim. Qui contient de l'alumine, qui a les propriétés de l'alumine. *Ces terrains sont extrêmement alumineux.*

ALUMINICO-SILICATE, *s. m.* Chim. Sels dans lesquels l'alumine et la silice jouent tour à tour le rôle de base et d'acide. Le mot *aluminico* entre d'ailleurs dans la composition d'un grand nombre de mots pour désigner le mélange d'un sel alumineux avec un autre sel, tels que *aluminico-sodique*, *zincique*, etc.

ALUMINIDES, *s. m. pl.* Minéral. Famille de minéraux comprenant toutes les espèces formées d'alumine, soit seule, soit combinée avec différentes bases à l'égard desquelles elle joue le rôle d'acide.

ALUMINIER, IÈRE, *s.* Celui, celle qui fabrique de l'alun ou de l'aluminium. — La fabrique même. Synon., dans ce dernier cas, d'ALUMINERIE. — Mine d'où l'on tire l'alun. — On l'appelle aussi ALUNIÈRE.

ALUMINIFÈRE, *adj.* Se dit d'un corps qui contient de l'aluminium, d'où on peut retirer de l'alumine.

ALUMINIQUE, *adj.* Chim. Nom donné à tous les sels qui ont pour base l'alumine.

ALUMINITE, *s. f.* Minéral. Variété de sulfate d'alumine; alumine pure native. — *S. m. pl.* Famille de minéraux comprenant ceux qui ont l'alumine pour base.

ALUMINIUM, *s. m.* Chim. Corps simple métallique, radical de l'alumine (équivalents A = 170.90 ou 14). La découverte de l'aluminium remonte à 1827, et elle appartient au chimiste allemand Wœhler qui, le premier, parvint à l'isoler en décomposant par le potassium le chlorure double de ce métal. L'aluminium est un métal blanc présentant une couleur un peu bleuâtre. Il est sonore comme le cristal, malléable comme l'argent, l'or et le platine. Son éclat métallique est toujours un peu terni par la couche très légère d'oxyde qui se trouve à sa surface. Soumis à l'action de la chaleur, il se refroidit beaucoup plus lentement que les autres métaux, ce qui vient de sa grande capacité calorifique et de son faible pouvoir émissif. Il entre en fusion à la température du rouge vif. Loin d'être, comme on le croyait autrefois, un métal très oxydable, l'aluminium résiste à l'action de l'air et de l'oxygène à toutes les températures ; l'eau bouillante ne l'altère en aucune façon. L'acide chlorhydrique seul le dissout à froid. Il doit donc être placé dans la troisième section, à côté du chrome, du fer, du nickel et du cobalt. Ce qui distingue surtout l'aluminium des autres métaux usuels, c'est sa grande légèreté, sa densité n'est que de 2.52 ; il pèse donc, à volume égal, environ quatre fois moins que l'argent. L'aluminium conserve sa blancheur à l'air ; il ne noircit pas, à l'air humide, parce que la couche très faible d'oxyde qui se forme le préserve du contact ultérieur avec l'air. Il ne noircit pas, comme l'argent, en présence de l'acide sulfhydrique ; il n'est pas attaqué, comme la plupart des métaux, par l'acide azotique, et il est très peu par l'acide sulfurique. Traité par l'acide chlorhydrique, il donne naissance à un dégagement d'hydrogène et à du chlorure d'aluminium. Mis en contact avec une dissolution bouillante de potasse ou de soude caustique, il forme de l'aluminate de potasse ou de soude. L'aluminium est très répandu dans la nature ; les argiles les plus grossières en renferment près de 25 pour 100 de leur poids. Or, on sait que les argiles forment une partie considérable de l'enveloppe terrestre. L'aluminium pourrait donc, à la rigueur, devenir plus commun que le fer, le jour où l'on découvrirait un procédé d'extraction aussi simple que pour ce dernier métal. En attendant la solution de ce grand et difficile problème, voici comment on prépare actuellement l'aluminium. On commence par calciner fortement l'*alun ammoniacal* (sulfate double d'alumine et d'ammoniaque). Il en résulte de l'alumine pure que l'on mélange avec du charbon et du sel marin. On soumet alors ce mélange à l'action du chlore, et on obtient un *chlorure double d'aluminium et de sodium*, volatile et liquéfiable, coulant comme l'eau et se figeant à froid. C'est de ce chlorure double que l'on extrait alors directement l'aluminium, en le réduisant au moyen du sodium. Pour cela, on mélange le chlorure double avec du sodium en morceaux, et on introduit le tout dans un four à réverbère incandescent. En moins d'une heure, la réaction est terminée : le sodium s'est emparé du chlore et il ne reste plus que de l'aluminium et du chlorure de sodium (sel marin). On ouvre un orifice inférieur pratiqué dans le four; l'aluminium en fusion s'échappe en entraînant avec lui le chlorure de sodium, dont on le sépare ensuite, soit mécaniquement, soit par l'action dissolvante de l'eau. On fait fondre de nouveau l'aluminium et on le coule en lingots. Par ce procédé, qui appartient à M. Deville, on obtient de l'aluminium pur ou presque pur, ce qui n'avait pas lieu avec le procédé de Wœhler, lequel ne donnait qu'un alliage d'aluminium et de potassium. C'est pour cette raison que les chimistes se sont mépris pendant si longtemps sur les véritables propriétés du métal qui nous occupe. — Les usages de l'aluminium ne sont pas encore très répandus; mais il est facile de prévoir que ce métal est destiné à de nombreuses applications. Sa blancheur, son éclat, son inaltérabilité à l'air, sa malléabilité, sa ductilité, et surtout sa grande légèreté doivent en faire un instrument de première utilité pour une foule d'industries. Dans l'état actuel de sa fabrication, et en raison de ses propriétés, on peut dire que l'aluminium tient le milieu entre les métaux usuels et les métaux précieux. Son prix, à volume égal, est trois fois moins élevé que celui de l'argent, et tout fait espérer qu'il s'abaissera de plus en plus, à mesure que les procédés d'extraction se simplifieront et s'étendront davantage.

ALUMINOXYDE, *s. m.* Chim. Nom que l'on donne à l'oxyde d'aluminium, ou alumine.

ALUMO-CALCITE, *s. m.* Minéral. Substance qui ne diffère que très peu de l'opale; elle est composée à peu de chose près des mêmes équivalents de chaux et d'alumine. Elle est compacte, d'un blanc de lait légèrement vitreux. Plongée pendant un certain temps dans l'eau, elle acquiert un haut degré de transparence avec des reflets nuancés de bleu et de jaune. — On dit aussi ALUMINO-CALCITE.

ALUN, *s. m.* Chim. On donne le nom d'*aluns* à des sels doubles que forme le sulfate neutre d'alumine ($Al^2O^3,3SO^3$) avec les sulfates alcalins de potasse ou de soude et avec le sulfate d'ammoniaque. De là trois espèces d'aluns : alun *à base de potasse*, alun *à base de soude*, alun *à base d'ammoniaque*. Ces trois aluns peuvent être obtenus directement en mêlant ensemble les dissolutions des deux sulfates et en faisant ensuite évaporer les liqueurs. Leur forme cristalline appartient au même système : le cube ou l'octaèdre. Nous ne parlerons ici que de l'alun à base de potasse, qui est le plus important des trois, à cause de ses nombreuses applications industrielles. Il en existe bien d'autres que nous laisserons de côté, par exemple l'alun de chrome, et les aluns ferrugineux. L'alun à base de potasse ou sulfate double d'alumine et de potasse est simplement désigné dans le commerce sous le nom d'alun. C'est un sel blanc à réaction acide, d'une saveur d'abord sucrée puis astringente et amère. Il est beaucoup plus soluble à chaud qu'à froid, et il cristallise en octaèdres ou en cubes volumineux contenant 24 équivalents d'eau de cristallisation. Soumis à l'action de la chaleur, l'alun entre en fusion vers 92°; refroidi en cet état, il se solidifie en une masse vitreuse que l'on appelle *alun de roche*. Si l'on continue à le chauffer dans un creuset, il perd peu à peu son eau de cristallisation et devient anhydre; puis il se boursoufle et s'élève au-dessus du creuset en une espèce de champignon spongieux et opaque qui forme ce qu'on nomme *l'alun calciné*. Enfin, si la température s'élève jusqu'au rouge, l'alun se décompose : un mélange d'oxygène et d'acide sulfureux se dégage, et il reste de l'alumine libre et du sulfate de potasse. A une chaleur encore plus intense, ce résidu peut être lui-même décomposé, de manière à ne laisser dans le creuset qu'un mélange ou plutôt une combinaison d'alumine et de potasse. En calcinant de l'alun avec un excès de charbon très divisé, on obtient un *pyrophore*, c'est-à-dire une matière composée d'alumine, de sulfure de potassium et de charbon, qui prend feu spontanément au contact de l'air humide. L'alun se prépare de différentes manières, selon les localités et les produits naturels dont on dispose. A Pouzzoles, près de Naples, on trouve une matière minérale qui renferme de l'alun tout formé. Il suffit, pour en extraire ce sel à l'état de pureté, de traiter la matière par de l'eau chaude et de faire ensuite évaporer la dissolution. On obtient l'alun en cristaux octaédriques. On trouve encore en Italie, dans les environs de Rome, une roche qui porte le nom d'*alunite* ou *pierre d'alun*. Cette roche est composée d'alun et d'un excès d'alumine hydratée. Pour en isoler l'alun, on la chauffe modérément dans des fours, puis on traite le résidu par l'eau qui dissout l'alun et précipite l'alumine. La liqueur, filtrée et évaporée, donne de gros cristaux cubiques, que l'on désigne sous le nom d'*alun de Rome*. Cet alun est légèrement coloré en rose par une petite quantité de peroxyde de fer. Pour préparer l'alun, on fait réagir l'acide sulfurique sur l'argile calcinée, soit dans des bassins en pierre chauffés par les gaz du four de calcination, soit dans une sorte de chaudière ou cuvette en plomb chauffée par la chaleur perdue du four à réverbère. L'acide sulfurique est à 52° Baumé et la température s'élève de 60 à 80 degrés; lorsque la décomposition est suffisamment avancée (un jour ou deux), on porte la masse pâteuse dans un four à réverbère, où elle est soumise pendant 8 à 10 heures à une température voisine du point d'ébullition de l'acide sulfurique. Le lessivage qui suit la décomposition s'exécute dans une série de cuviers ou de tonneaux sciés par la moitié. Lorsque les eaux des lessives marquent 15 à 18° Baumé, elles sont concentrées jusqu'à 80° dans des chaudières plates doublées de plomb. On les laisse éclaircir pendant quelque temps dans des citernes avant de les soumettre au dernier traitement. Avec ces eaux on peut obtenir du sulfate d'alumine ordinaire, ou bien du sulfate pur à l'épreuve du prussiate, ou de l'alun. 1° Pour obtenir du sulfate d'alumine, on concentre les liqueurs éclaircies jusqu'à ce qu'elles marquent 35 à 40° Baumé; ce point, obtenu on décante vivement le liquide et on le fait couler sur une aire bien dallée ou dans une longue cuvette en plomb très peu profonde : le sulfate d'alumine se solidifie et se prend en masse blanche (*magma d'alun*), que l'on divise en pains rectangulaires promptement embarillés pour les mettre à l'abri de l'humidité. 2° Pour obtenir le sulfate d'alumine pur, on fait subir aux eaux éclaircies les mêmes opérations que dans le cas précédent; seulement on fait usage de prussiate jaune de potasse pour précipiter tout le fer qui altérerait le produit. C'est au sortir du cuvier de lessivage que la dissolution alumineuse est traitée par la solution de prussiate jaune. 3° Enfin, quand le fabricant veut obtenir de l'alun, on évapore les lessives (à 40° pour l'alun potassique, à 25° pour l'alun ammoniacal), on les mélange avec les quantités convenables de sulfate de potasse ou d'ammoniaque et on les transforme en aluns cristallisés. — 3e méthode : *Fabrication des aluns au moyen des schistes alumineux et pyriteux*. Les schistes alumineux, que l'on trouve généralement en couches dans les terrains primaires supérieurs et secondaires, et même associés à des lignites tertiaires, sont des mélanges de silicates d'alumine et de matières charbonneuses, bitumineuses et de pyrites de fer. La Suède, la Norvège, la Bohême, le Hartz, la Hollande, Whitby (Angleterre), Hurlet et Compsie (Ecosse), Bouxwiller, en France, renferment des gisements de schistes alumineux exploités pour l'alun. — Les aluns sont d'un emploi presque général pour la fixation des couleurs; la teinture et l'impression sur tissus en consomment des quantités considérables; ils servent à la fabrication des laques, à la conservation des gélatines, à la préparation des peaux, à l'encollage de la pâte à papier, à l'épuration des suifs, etc. On se sert aussi en médecine de l'alun calciné. Appliqué sur la muqueuse de la langue, l'alun détermine une sensation astringente; appliqué sur les tissus, il les contracte. Pris à l'intérieur à faibles doses, il produit une sensation de serrement à la gorge, une légère irritation de l'estomac, de la tendance à la soif et à la constipation suivie d'une diminution sensible des excrétions; à doses plus élevées, 2 ou 3 grammes, il trouble la digestion, détermine des nausées, des vomissements, tantôt de la diarrhée, tantôt de la constipation. Ce sel paraît être absorbé assez difficilement; cependant Orfila a trouvé de l'alumine dans le foie, la rate et les urines de chiens qu'il avait empoisonnés avec de l'alun. L'alun est peu employé à l'intérieur. Cependant, Trousseau l'a administré avec succès dans le traitement des coliques des peintres ou *coliques de plomb*, comme contrepoison des préparations saturnines qu'il rend à peu près inertes en les transformant en sulfate de plomb. On l'a aussi administré avec succès dans la dysenterie. C'est surtout dans l'usage externe que l'alun trouve ses plus nombreuses applications et donne les meilleurs résultats. C'est ainsi que l'alun en poudre sert en insufflations contre l'ozène, le coryza chronique, les saignements de nez et les ulcérations de la muqueuse nasale; contre certaines maladies des yeux telles que les inflammations chroniques des paupières, conjonctivites granuleuses, taies et ulcérations de la cornée, etc.; contre certaines affections de la bouche et du pharynx, telles que les aphtes, la stomatite mercurielle, les angines simples, pseudo-membraneuses, couenneuses, gangréneuses, l'inflammation et l'hypertrophie des amygdales, l'œdème de la glotte. On prescrit souvent avec succès aux femmes atteintes d'inflammations chroniques de la muqueuse vaginale, de flueurs blanches, des injections d'alun, dans lesquelles l'alun varie, suivant les cas, de 1 à 6 grammes pour 100 grammes d'eau. Certains médecins préfèrent cependant insuffler tous les jours, dans le vagin, 1 gramme de poudre d'alun, ou y introduire un tampon d'ouate saupoudré de 1 gramme de poudre d'alun maintenu en place pendant dix ou douze heures, à l'exemple de Gubler. Enfin, on utilise aussi l'alun dans les affections de la bouche, de la gorge et du pharynx. Cependant, le docteur Young prétend que les gargarismes à l'alun ont des inconvénients chez les personnes dont les dents sont malades. D'après lui, lorsque les dents sont dépouillées en partie de leur émail, la dentine se dissoudrait au contact de l'alun. Pour éviter dans ces cas l'action nocive de l'alun, il faut, après s'être gargarisé, se laver la bouche avec une solution de bicarbonate de soude ou une eau alcaline.

ALUNAGE, *s. m.* Opération qui consiste à tremper les tissus dans une dissolution d'alun avant de les plonger dans la teinture. L'alun possédant une grande affinité pour les matières colorantes, sert à fixer les couleurs à l'étoffe d'une façon complètement inaltérable.

ALUNATION, *s. f.* Chim. Production naturelle ou artificielle de l'alun.

ALUNER, *v. a.* Faire l'opération de l'alunage, imprégner d'alun des étoffes, des laines, etc. *On alune les étoffes pour que les matières colorantes s'y fixent ensuite d'une manière solide.* (Acad.)
— S'ALUNER, *v. pr.* S'imprégner d'alun. *Ces vêtements s'alunent aisément.*

ALUNERIE, *s. f.* Fabrique d'alun. Lieu où l'on traite l'alun. — On dit aussi ALUNIÈRE.

ALUNEUX, EUSE, *adj.* Chim. Qui contient de l'alun. Se dit particulièrement en parlant des terres qui renferment de l'alun naturel : *C'est une contrée aluneuse.* Lorsque l'alun a été ajouté artificiellement, on dit *aluné.*

ALUNIERE, *s. f.* Mine d'alun naturel. *C'est une alunière avec ses vastes monceaux de terre rougeâtre.* (V. Hugo.) — On dit aussi ALUNIÈRE et ALUNERIE.

ALUNIFÈRE, *adj. des 2 g.* Qui contient de l'alun, qui renferme de l'alun. — On dit aussi ALUNIQUE.

ALUNITE, *s. f.* Minéral. Espèce minérale du genre des sous-sulfates alumineux composés d'acide sulfurique, d'alumine, de potasse et d'eau dans des proportions qu'on n'est pas encore parvenu à préciser d'une manière rigoureuse. C'est une substance pierreuse, assez dure pour rayer le verre et qui cristallise en rhomboïdes. On la trouve partout dans le voisinage des terrains trachytiques, ainsi que dans les anciennes solfatares, et elle se forme journellement dans les solfatares en activité, par suite de l'action des vapeurs sulfureuses sur les roches environnantes. En Hongrie et dans les États romains, on exploite l'alunite pour la fabrication de l'alun.

ALUNNO. FRANÇOIS, mathématicien et philologue italien du XVᵉ siècle, né à Ferrare. Ses principaux ouvrages sont : *Observations sur Pétrarque*, insérées dans une édition de ce poète (Venise, 1539); *Richesses de la langue italienne*, ouvrage où il a recueilli par ordre alphabétique toutes les expressions les plus élégantes dont Boccace a fait usage.

ALUNNO, NICOLO, peintre italien, né à Foligno, florissaint de 1458 à 1500. On a prétendu, mais sans preuves certaines, qu'il donna des leçons au Pérugin. Ses tableaux, exécutés à la détrempe, ont conservé jusqu'à nous une grande vivacité de coloris. Le Louvre a de lui un tableau d'autel divisé en six compartiments.

ALUNOGÈNE, *s. m.* Minéral. Sulfate d'alumine hydraté, en petites masses blanches et fibreuses, soluble mais non cristallisable, et d'une saveur aigre acerbe. On le trouve dans les solfatares où il provient de l'action des vapeurs sulfureuses sur les silicates alumineux. Ce serait un corps très utile s'il était assez répandu dans la nature, car on pourrait tirer l'alun en y ajoutant simplement du sulfate de potasse.

ALURNE, *s. m.* Entom. Genre d'insectes coléoptères tétramères, voisin des chrysomèles, et renfermant un petit nombre d'espèces propres à l'Amérique méridionale.

ALUTA, rivière de l'ancienne Dacie, se jette dans le Danube. Navigation difficile.

ALUTA, *s. f.* (a-lu-ta). Nom que les Romains donnaient au cuir mou passé à l'alun, et, par ext., à la chaussure faite de ce cuir, laquelle enveloppait tout le pied et le bas de la jambe, et se laçait devant avec des bandelettes. — On les appelait aussi *ahtes.*

ALUTACÉ, ÉE, *adj.* Qui ressemble à une alute.

ALUTE, *s. f.* Chaussure des anciens Romains. (V. ALUTA.) — Techn. Basane molle et coloriée dont on se sert beaucoup en reliure.

ALUTÈRE, *s. m.* (a-lu-tè-re; du gr. *a* priv., *luter*, qui délie). Ichthyol. Genre de poissons plectognathes, de la famille des sclérodermes, voisin des balistes, et renfermant une douzaine d'espèces, qui toutes habitent les mers équatoriales.

ALVAR. Géogr. Province de l'Hindoustan entre Delhi et Agra, très montagneuse et boisée. — Alvar est aussi le nom de sa capitale. C'est une ville bien fortifiée, bâtie au pied d'une montagne escarpée. Un château fort placé sur le haut de la montagne la défend également.

ALVARADO (PIERRE DE), un des principaux lieutenants de Fernand Cortez, et le conquérant de l'Amérique centrale, né à Badajoz (Espagne) en 1483, mort en Amérique en 1541. Servant à Cuba, sous les ordres de Vélasquez, il fit partie de l'expédition chargée en 1518 d'explorer les côtes du Yucatan, et accompagna l'année suivante Cortez partant pour la conquête du Mexique. Il se signala dans tous les combats livrés dans l'Anahuac, depuis la descente de Cortez sur la plage de la Vera-Cruz, jusqu'à son entrée à Mexico. Investi du commandement de cette ville pendant l'absence de son chef, et chargé de la garde de Montézuma, il faillit devenir victime d'une conspiration des nobles mexicains, outrés des cruautés et des exactions des Espagnols. Mais averti par les sectateurs de Quetzalcohuatl, qui voyaient dans les Européens des maîtres nouveaux, promis et non du ciel, il saisit promptement le fils de la conjuration, et prévenant l'explosion, il surprit les Mexicains rassemblés dans le temple de Huitzilopochtli, et en fit un carnage épouvantable. A la nouvelle de ce massacre, la population entière de Mexico se souleva et marcha contre la forteresse espagnole. Malgré l'exiguïté de ses ressources, Alvarado se défendit pendant vingt jours, jusqu'à ce que Cortez vint le dégager. Quand, par la suite, les Espagnols furent obligés d'abandonner Mexico, il commanda l'arrière-garde, et se rendit probablement tombé entre les mains de ses ennemis, sans un saut qu'il fit pardessus un fossé très large, l'endroit qui a conservé jusqu'à nos jours le nom de *el Salto de Alvarado*. Il fut blessé à l'assaut de la ville de Xochimilco, et contribua puissamment à la reprise de Mexico. Chargé de la conquête de la province de Mixtécapan, il soumit cette magnifique contrée en moins d'un an, et y ajouta les provinces de Soconusco, de Guatemala et de Cuzcatlan. En 1527, Alvarado reçut le titre de Doa, celui d'Adelantado et le capitaine général du royaume de Guatemala. Il mourut à l'attaque de la forteresse indienne de Nochixtlan, le 24 juin 1541. Les Indiens l'avaient surnommé *Tonatiuh*, le *Resplendissant*, à cause de son teint coloré et de ses cheveux blonds. Son caractère violent et cruel, sa soif insatiable de richesses étaient tels qu'il fut un fléau pour les pays qu'il traversa ou qu'il conquit à l'Espagne. Son nom est resté en exécration parmi les populations indiennes.

ALVARDE, *s. f.* Bot. Genre de plantes de la famille des graminées dont on ne connaît encore qu'une seule espèce, *l'alvarde spathacée.*

ALVARENGA (MANUEL DA SILVA), poète brésilien, né à Rio-de-Janeiro en 1758, mort en 1813 à Lisbonne. Il a produit un certain nombre de pièces de vers estimées et est une des gloires nationales du Brésil.

ALVAREZ (don JOSÉ), célèbre statuaire espagnol, né en 1768, mort à Madrid en 1827. Il s'inspira surtout des modèles de l'antiquité et prit Michel-Ange comme modèle. Ses meilleures œuvres, qui lui valurent l'approbation même des grands maîtres de cette époque, Thorwaldsen et Canova, sont *l'Adonis* et une statue en albâtre de *Ganymède.*

ALVAREZ (JUAN), général mexicain, né, en 1780, d'une famille indienne, mort en 1864 à Acapulco. C'est une des grandes figures de cette époque. Il fut l'adversaire du général Santa-Anna, lorsque celui-ci essaya de devenir dictateur du Mexique. Nommé président de l'Assemblée convoquée à Cuernavaca, il forma un ministère et organisa une véritable Assemblée constituante (1855). Après sa mort, ses fils lui succédèrent et furent les plus ardents partisans de Juarez.

ALVEARIUM, *s. m.* Anat. Nom qui a été donné à la partie du conduit auditif externe de l'oreille dans laquelle s'opère la sécrétion du cérumen.

ALVÉOLAIRE, *adj.* Anat. Qui appartient, qui a rapport aux alvéoles dans lesquelles les dents sont enchâssées. *Cavités alvéolaires.* — On donne le nom de *veines* et *d'artères alvéolaires* aux branches des artères et des veines maxillaires internes.

ALVÉOLARIFORME, *adj.* Anat. Qui a la forme d'une alvéole. Qui ressemble à une alvéole.

ALVÉOLE, *s. f.* (du lat. *alveolus*, petit vase). Anat. Sortes de cavités dans lesquelles les dents sont enchâssées. Elles sont plus ou moins grandes, suivant les dimensions des dents qu'elles ont à contenir, et sont percées, à leur fond, de trous par lesquels passent les vaisseaux et les nerfs dentaires. Dans le jeune âge, les alvéoles n'existent pas; elles forment simplement un sillon dans lequel se trouvent rangés les germes dentaires. — Apicul. Cellules que les abeilles construisent pour y déposer leurs œufs et leur miel. *Chaque abeille a son alvéole.* (Acad.) — Bot. On donne le nom d'*alvéoles* à de petites loges qui reçoivent les semences, l'espèce de coupe où le gland et la noisette se trouvent implantés. — Par ext. et par anal., on a donné ce nom à toute cavité dans laquelle une chose se trouve encastrée. *C'était une de ces pierres de taille qu'il s'agissait maintenant d'ébranler de son alvéole.* (Balzac.) — Beaucoup d'auteurs écrivent ce mot au masc. L'Acad. s'est rangée du côté du plus grand usage, et *alvéole* est décidément du genre féminin.

ALVÉOLÉ, ÉE, *adj.* Hist. nat. Qui est composé d'un grand nombre de petites cellules ou alvéoles soudées ensemble. *L'éponge est un tissu alvéolé.*

ALVÉOLIFÈRE, *adj.* Qui a des alvéoles. *Cette plante est alvéolifère.*

ALVÉOLINE, *s. f.* Zool. Genre de foraminifères dont les dix ou douze espèces connues sont fossiles, et que l'on trouve ordinairement dans les terrains crétacés, jurassiques et tertiaires. Ce genre est très voisin des orbiculines.

ALVÉOLITE, *s. f.* Zool. Sorte de polypiers pierreux voisins des subipores, dont il n'existe plus qu'une seule espèce peu connue. Toutes les autres espèces sont fossiles et se rencontrent principalement dans les terrains de transition.

ALVÉOLO-LABIAL, *s. m.* Anat. Muscle de la joue qui prend son origine au tubercule molaire et aux bords alvéolaires du maxillaire supérieur.

ALVÉOLO-NASAL, *s. m.* Anat. Nom qui est donné au muscle abaisseur de l'aile du nez.

ALVÈRE (SAINT-). Géogr. Ch.-lieu de cant. du département de la Dordogne, dans l'arrond. de Bergerac. 500 hab. Ce bourg est bâti dans une situation pittoresque, sur la riv. la Luire. On voit dans les environs les ruines curieuses d'un ancien château fort flanqué de tours.

ALVIANO (BARTHÉLEMY), général vénitien, né vers le milieu du XVᵉ siècle, mort en 1515. Il gagna sur les Français la bataille de Cadora, mais fut battu l'année suivante et fait prisonnier, par Louis XII, à Agnadell. Il ne recouvra sa liberté que plusieurs années après, lors du traité qui fut conclu entre Venise et la France.

ALVIN, INE, *adj.* (du lat. *alvus*, ventre). Méd. Se dit de tout ce qui a rapport au ventre, ou plutôt au bas-ventre. *Évacuations alvines*, évacuation d'excréments, matières fécales; *flux alvin*, diarrhée.

ALVINZY (baron d'), feld-maréchal autrichien que ses défaites ont rendu fameux en Italie. Né en Transylvanie en 1735, et mort à Bade en 1810. Il se distingua d'abord pendant la guerre de Sept ans, puis, nommé commandant d'une division de l'armée du général Landon, il échoua devant Belgrade. Plus tard, ayant reçu le commandement de l'armée autrichienne en Italie, il fut battu par Bonaparte à Arcole, à Rivoli, et il laissa prendre Mantoue, où Wurmser fut fait prisonnier. Accusé de trahison et d'incapacité, il parvint cependant à se justifier et fut nommé, en 1798, gouverneur de la Hongrie, puis membre du conseil intime et enfin feld-maréchal.

ALYATTE, nom d'un roi de Lydie (de 618 à 562 av. J.-C.) qui fit la guerre aux Mèdes, chassa les Cimmériens de l'Asie, prit Smyrne et se rendit redoutable aux Milésiens. Il devint un des princes les plus puissants de l'Asie. Son fils, qui lui succéda, était le fameux Crésus qui lui fit ériger, à sa mort, un tombeau immense qui avait, paraît-il, plus de mille pas de tour.

ALYDE, s. m. Entom. Famille d'insectes hémiptères hétéroptères, voisins des punaises, dont on connaît une vingtaine d'espèces originaires, pour la plupart, d'Amérique. Deux espèces seulement vivent en Europe.

ALYMNIE, s. f. Bot. Genre de plantes de la famille des composées, réunies aujourd'hui au genre polymnie.

ALYMPHIE, s. f. (de a priv. et lymphe). Méd. Absence partielle ou totale de la lymphe.

ALYPE, s. m. Bot. Plante de la famille des globulariées, genre des globulaires.

ALYSCAMPS (LES), cimetière de la ville d'Arles, très célèbre au moyen âge, et dont on disait que le terrain avait été béni et consacré par Jésus-Christ lui-même. On montra longtemps même l'empreinte de ses genoux sur la pierre; une chapelle dite de l'agenouillade fut élevée pour commémorer ce fait merveilleux, et chacun, à une grande distance à la ronde, voulut être enterré dans ce terrain bénit. Ceux qui ne pouvaient pas mourir en Arles faisaient mettre leur corps dans un tonneau fermé avec de la résine et recommandaient qu'on les abandonnât au courant du fleuve qui les amenait jusqu'au cimetière, où il fallait bien les inhumer. Les Alyscamps jouirent de cette vogue jusqu'au xiiie siècle; la translation des restes de Saint Trophime, fondateur de ce champ du repos, à l'église de Saint-Etienne, lui porta un coup mortel. Parmi les monuments qui sont restés debout de cette vaste nécropole, on remarque une abbaye qui fut fondée par Saint Césaire au vie siècle, une chapelle dite des Porcelets, et l'église de Saint-Honorat. Les Alyscamps, avec leur majesté sombre et funèbre, ont inspiré plusieurs poètes; Dante s'en est servi pour une belle description dans son Enfer, et l'Arioste lui a consacré quelques vers.

ALYSICARPE, s. f. Bot. Genre de plantes de la famille des légumineuses, tribu des hédysarées, dont on connaît une vingtaine d'espèces très communes dans les régions tropicales de l'ancien continent.

ALYSIDION, s. m. (du gr. alusidion, petite chaîne). Bot. Sorte de champignons microscopiques, voisins des oïdiums, qui vivent principalement sur le bois pourri des saules.

ALYSIE, s. f. Bot. Genre d'algues très voisin des corallines et dont la principale espèce habite les mers équatoriales. — Entom. Insectes hyménoptères, famille des ichneumonides, dont on connaît un grand nombre d'espèces qui toutes sont indigènes.

ALYSON, s. m. Entom. Genre d'insectes hyménoptères voisin des guêpes, dont toutes les espèces connues habitent l'Europe.

ALYSPHÉRIE, s. f. Bot. Nom qui a été donné à certaines productions cryptogamiques, dont quelques naturalistes ont fait un genre particulier, mais qui semble pourtant n'être, comme le lépraire, que l'état primordial de certains lichens.

ALYSSE. Myth. Fontaine d'Arcadie aux eaux de laquelle les anciens attribuaient la propriété de guérir les morsures des chiens enragés.

ALYSSINÉ, ÉE, adj. Qui ressemble à un alysson. — On dit aussi, dans ce cas, ALYSSOÏDE. — S. f. pl. Section de plantes de la famille des crucifères et dont le type le plus caractéristique est l'alysson.

ALYSSON, s. m. (du gr. a priv. et lussa, rage). Bot. Plantes de la famille des crucifères, tribu des siliculeuses, dont on connaît une vingtaine d'espèces habitant l'ancien continent. Les anciens Grecs attribuaient à cette plante la propriété de guérir de la rage, ce qui n'a jamais été prouvé. On cultive l'alysson dans les jardins comme plante d'ornement. — On l'appelle aussi ALYSSE.

ALYTARCHIE, s. f. Antiq. Dignité d'alytarque.

ALYTARQUE, s. m. Antiq. Nom que les Eléens donnaient au chef des officiers chargés du maintien de l'ordre pendant les jeux olympiques. — Hist. eccés. C'était, dans l'Eglise d'Antioche, le nom du prêtre chargé spécialement de la surveillance des fêtes publiques.

ALYTE, s. m. (du gr. alutos, licteur et sign. ici qui attache, qui lie). Erpét. Genre de reptiles batraciens anoures, de la famille des raniformes, dont la mâchoire supérieure est garnie de dents. L'espèce type, connue vulgairement sous le nom de crapaud accoucheur, est assez commune en France, en Suisse et en Allemagne. Sa voix, qu'il fait entendre pendant les belles soirées d'été, ressemble au son d'une clochette de verre. La femelle de l'alyte pond de 50 à 60 œufs et elle est aidée dans ce travail par le mâle qui, au fur et à mesure de leur sortie, les enroule en chapelets autour de ses cuisses et se retire dans des trous profonds jusqu'à parfaite maturité. A ce moment il les porte dans l'eau, où l'éclosion doit avoir lieu. (D'Orbigny.)

ALYTOSPORION, s. m. (du gr. alutós, indissoluble et spora, semence). Bot. Sorte de champignons microscopiques sur la nature desquels les botanistes ne sont pas tout à fait d'accord. — On dit aussi ALYTOSPORE.

ALYXIE, s. f. Bot. Genre de plantes de la famille des apocynacées. Ce sont des arbrisseaux dont les feuilles sont disposées en épi; elles sont blanches et répandent une agréable odeur. L'alyxie est originaire des régions chaudes de l'Asie et de l'Australie. Plusieurs espèces en sont cultivées dans nos jardins.

ALZATÉ, ÉE, adj. Bot. Qui ressemble à l'alzatie. — S. f. pl. Section de plantes de la famille des célastrinées, dont le type est l'alzatie.

ALZATIE, s. f. Bot. Genre de plantes de la famille des célastrinées, tribu des évonymées et dont la seule espèce qui la compose est un arbre qui habite les forêts de Pérou, près de Massapata.

ALZIRE, héroïne d'une pièce du théâtre de Voltaire portant ce nom. — V. VOLTAIRE.

ALZONNE. Géogr. Ch.-l. de canton du dép. de l'Aude, dans l'arrond. de Carcassonne; 1,650 hab. Cette petite ville, bâtie sur la rivière du même nom, a été prise à plusieurs reprises pendant les guerres de religion, au xvie siècle.

AMABILE, adv. (mot ital. qui signifie aimable). Mus. Terme qui, mis en tête d'un morceau ou d'un passage, sert à indiquer que l'exécution doit en être faite avec grâce et douceur.

AMABILISER, v. a. Rendre aimable. La société des femmes amabilise un homme. (Mercier.)

AMABILISME, s. m. Défaut de celui qui affecte une trop grande amabilité. Propension à rechercher tout ce qui est aimable, gracieux. — Peu us.

AMABILITÉ, s. f. (du lat. amabilitas, m. sens). Qualité d'une personne aimable et qui comprend tout à la fois la douceur, la bonté, l'aménité, l'affabilité et la politesse. *La source de la véritable amabilité n'est pas extérieure, elle est dans le fond de l'âme.* (Thiéry.) *Voilà un pince-sans-rire qui, vingt fois, m'a fait l'amabilité de m'envoyer coffrer.* (Eug. Sue.) — Au plur., s'emploie dans le langage familier pour désigner attention, petits soins, etc. *Il m'a fait mille amabilités. Toutes ses amabilités ont été en pure perte.* (Mably.) — Se dit aussi dans le sens de galanterie. *Cet homme est d'une bien grande amabilité envers les femmes.*

AMACARE, s. m. Entom. Genre d'insectes coléoptères tétramères, voisin des sistèles et dont la seule espèce connue habite les régions chaudes du Brésil.

AMACK. Géogr. Petite île jointe à Copenhague par deux ponts; 7,500 hab. C'est là que se sont installés les maraîchers qui fournissent la ville de légumes.

AMACORES, s. m. pl. Géogr. anc. Nom d'une ancienne peuplade qui habitait l'Hispanie Tarraconaise, le long des rives de la Tuerta, dans la partie qui forma ensuite le royaume de Léon.

AMADÉISTE, s. m. Hist. ecclés. Nom qui était donné aux membres de la congrégation fondée au xve siècle par le franciscain portugais Amédée, laquelle congrégation subsista jusque sous le pontificat de Pie V.

AMADELPHE, adj. Bot. Se dit des plantes qui croissent ensemble et par groupes.

AMADIALS. Géogr. Ville forte de la Turquie d'Asie, dans le Kourdistan; 4,000 hab. Résidence d'un prince kurde, qui ne reconnaît que l'autorité nominale du sultan. Tombeau de Mohammed-Békir, but d'un pèlerinage fameux.

AMADINE, s. f. Ornith. Petits passereaux des régions tropicales de l'ancien continent. C'est à ce genre qu'appartiennent les bengalis et les sénégalis.

AMADIS, s. m. Nom donné à une sorte de manche de robe qui s'applique exactement sur le bras et se boutonne sur le poignet. *Le caneçon qu'elle portait était à manches amadis et mourant au col.* (Duch. d'Abrantès.) — Zool. Nom vulgaire d'une coquille du genre cône, qu'on appelle aussi amiral amadis.

AMADIS DE GAULE. Nom du héros d'un célèbre roman de chevalerie, surnommé le chevalier du Lion d'après ses armoiries et qui doit une sorte de réalité à la grande célébrité qu'a atteinte le roman en question. Amadis est resté le type des amoureux constants qui ne parviennent à la possession de l'objet aimé qu'après mille aventures plus périlleuses les unes que les autres. C'est aussi le type de la chevalerie errante, des redresseurs de torts, qu'il ne faut pas confondre avec don Quichotte, qui n'en est que la caricature. Dernièrement encore, M. Alph. Pagès a apprécié dans un excellent livre le rôle d'Amadis dans la littérature. Le barbier et le curé de don Quichotte, jetant au feu sa bibliothèque, font à Amadis grâce de la vie : « Car j'ai ouï dire, affirme le barbier, que c'est le meilleur de tous les livres de cette espèce qu'on ait jamais composés, et unique en son genre. » M. Pagès a voulu ratifier le jugement porté par Cervantès et surtout le justifier. Il a analysé en une centaine de pages le long poème du moyen âge, prouvant que nos prédécesseurs en art romanesque ne manquaient certes ni d'imagination ni de finesse : « Le cadre est vieux, direz-vous, d'une flagrante imitation des romans de la Table Ronde! Oui, mais, conclut l'auteur, les sentiments généreux qui sont le propre du génie castillan, leur exquise politesse importée en Espagne par les Arabes andalous, mais la connaissance qu'avaient certes l'arrangeur espagnol des beaux poèmes de l'antiquité grecque et romaine, ont donné à cette œuvre complexe un caractère tout particulier que la recherche en vain dans les compositions chevaleresques où elle a cependant pris naissance et origine... Je vois poindre dans l'Amadis et se dégager des ténèbres des vieux âges les premières lueurs du génie moderne. » Le roman d'*Amadis* n'a pas eu moins de succès en France qu'en Espagne, et, au moment même où l'on commençait à le plaisanter de l'autre côté des Pyrénées, en France on le prenait tellement au sérieux que Lanoue, contemporain d'Henri IV, dit que *si quelqu'un eût mal parlé d'Amadis, il se serait fait cracher au visage*. — Au fg., on dit d'un homme galant et entreprenant, que c'est un Amadis. — Lulli a fait, sur des paroles de Quinault, un opéra en cinq actes intitulé *Amadis de Gaule*, et qui a longtemps resté au répertoire.

AMADISÉ, ÉE, *adj*. Se dit de tout ce qui est affecté et prétentieux. *Discours amadisé*. — Peu us.

AMADISER, *v. n*. Affecter le langage ou les sentiments chevaleresques d'un Amadis. — Peu us.

AMADISIEN, IENNE, *adj*. Se dit de ce qui a trait, de ce qui est propre au caractère aventureux d'un Amadis. *La duchesse amena le jeune comte aux générosités scipionesques, aux dévouements amadisiens*. (Balzac.)

AMADOCI. Géogr. Anciens peuples de la Sarmatie, dont la province était située entre le pays des Bastarnes et celui des Roxelanes au pied des Carpathes.

AMADOTE, *s. f*. Nom donné en Bourgogne à une sorte de poire, par corruption de *madame Oudot*, fermière des environs de Beaune qui la cultiva la première.

AMADOTIER, *s. m*. Nom que l'on donne au genre de poirier qui produit l'amadote.

AMADOU, *s. m*. (de la contraction des mots latins *ad manum dulce*, doux à la main). On appelle ainsi une substance spongieuse préparée avec un champignon nommé agaric de chêne. Plusieurs autres cryptogames du genre polypore peuvent également servir à en faire. On leur a donné le nom collectif d'amadouviers. On trouve ce champignon sur le tronc des vieux chênes et des hêtres. On se sert pour fabriquer l'amadou de la partie interne de l'agaric, que l'on découpe en tranches minces et que l'on met tremper dans l'eau pendant quelques jours. On les bat ensuite avec un maillet, et après trois ou quatre opérations semblables, elles sont suffisamment assouplies. Autrefois, tout l'amadou fabriqué était imprégné d'une solution de sel de nitre qui le rendait plus inflammable à l'étincelle du briquet, car son usage principal était de fournir du feu; mais aujourd'hui que les allumettes ont avantageusement remplacé le briquet, on ne lui fait subir que rarement cette dernière opération. En médecine, il sert à chaque instant pour arrêter le sang dans les petites hémorrhagies, celles des piqûres de sangsues, des coupures et autres blessures. Il s'agit pas comme astringent, mais il favorise la formation des caillots, en absorbant très vite le sérum du sang. Il peut servir à faire des moxas, surtout lorsqu'il est nitré.

AMADOUÉ, *part. pass*. du verbe AMADOUER. Attiré, alléché. *Qu'on est facilement amadoué par ces diantres d'animaux-là!* (Molière.)

AMADOUEMENT, *s. m*. Caresse. Action d'amadouer, de rendre doux. — Vx mot.

AMADOUER, *v. a*. Flatter, caresser quelqu'un pour gagner son affection, pour l'apaiser, pour le préparer favorablement à une demande qu'on a à lui faire. *Madame de Soubise amadoua et intimida Châteauneuf*. (Saint-Simon.) *Quant à Voltaire, elle le flatte, le supplie, l'amadoue*. (B. de Saint-Pierre.) *Il comptait amadouer son gardien par son amabilité*. (Alex. Dumas.) *J'ai peur que cet homme ne veuille m'amadouer*. (Balzac.) — Dans le langage ordinaire, amadouer signifie flatter, flagorner quelqu'un pour en obtenir ce qu'on désire.

— S'AMADOUER, *v. pr*. Se laisser amadouer, s'apaiser, cajoler. *C'est par la flatterie que les grands s'amadouent*. (Boursault.)

AMADOUERIE, *s. f*. (a-ma-dou-rî). Lieu où l'on exploite, ou l'on traite l'amadou.

AMADOUEUR, EUSE, *s*. Celui, celle qui essaie d'amadouer, de rendre doux par ces flatteries. *Soyez certain que cette femme est une amadoueuse!* — Celui, celle qui s'occupe de l'extraction et de la fabrication de l'amadou.

AMADOUVIER, *s. et adj*. Se dit de tous les champignons qui sont propres à donner de l'amadou, mais il désigne plus spécialement le *polypore ignaire*, quoiqu'il fournisse une qualité d'amadou inférieure à celle du *polyporus fomentarius*.

AMADULER, *v. a*. Mot composé qui signifie aimer et adluer tout ensemble. *Madame, je vous amadule!*

AMAGA, *s. m*. Bot. Nom que les indigènes des îles Philippines donnent à une espèce d'ébénier.

AMAGALACTE, *s*. (du gr. *ama*, ensemble, et *galactos*, lait). Frère ou sœur de lait. — Peu us.

AMAGAT (Louis-AMAND), avocat, agrégé des facultés de médecine, né à Saint-Flour en 1847. Reçu docteur à Paris en 1872, M. Amagat alla s'installer à Saint-Flour, où il se livra à la médecine. En 1874, sur les conseils du docteur Gubler, il se décida à revenir à Paris et prit la direction du laboratoire de thérapeutique expérimentale du savant docteur. En 1875 et 1876, il accomplit des travaux remarquables sur l'action physiologique du quassia et sur les anters. L'excès de travail ayant altéré sa santé, il voyagea pendant deux ans dans le Midi. En 1878, ayant passé les examens d'agrégation, il se rendit à Montpellier, où il fit un cours d'anatomie comparée. Mais une cabale administrative lui enleva sa chaire, événement qui donna lieu à des troubles à Montpellier. En 1881, il a été élu député de Saint-Flour. Mais son élection contestée fut cassée; il fut réélu en 1882 par 6,704 voix. Il est partisan de la révision de la Constitution et de la séparation de l'Église et de l'État.

AMAGÉTOBRIE. Géogr. anc. Ville de la Gaule ancienne, qui était élevée sur les bords de la Saône et dont Jules César fait mention dans ses *Commentaires*. Célèbre par la défaite d'Arioviste.

AMAIGRI, IE, *part. pass*. du verbe AMAIGRIR. Devenir maigre. *Malgré l'ovale amaigri de sa figure, l'expression de ses traits était remarquable*. (Eug. Sue.) *On a rêvée devant les juges une créature humaine hâve, défaite, amaigrie*. (Lamennais.) *Ces figures, naguère si fleuries, si pleines, étaient hâves et amaigries* (Eug. Sue.) *Oh! oui, je me repens, s'écria-t-il en frappant sa poitrine de son poing amaigri*. (Alex. Dumas.) — Agricult. Se dit d'une terre qui ne produit plus de sucs propres à la végétation. *Les landes de la vieille Armorique sont presque toutes des terrains amaigris*. (H. Graff.)

AMAIGRIR, *v*. Rendre maigre. Il marque le passage lent et successif de l'embonpoint à la maigreur, tandis que *maigrir* exprime plutôt le passage rapide de l'un à l'autre de ces deux états. *La maladie et la misère l'avaient amaigri. Votre jockey est encore trop gras; il faudra l'amaigrir*. — Devenir maigre. *La mauvaise nourriture l'amaigri*. — Ruiner, accabler de charges. *Ce prince amaigrit son peuple à force d'impôts*. — Peint. Amoindrir. *Ce muscle est trop fort, il faut l'amaigrir*. — Agric. Rendre stérile, épuisé. *Le bœuf répare le pâturage et le cheval l'amaigrit* (Buffon). — Techn. Enlever ce qu'il y a de trop en épaisseur à une pièce quelconque, afin qu'elle puisse se placer aisément à l'endroit qui lui est réservé.

— S'AMAIGRIR, *v. pr*. Devenir maigre, perdre de son embonpoint. *Depuis la mort de son mari, elle s'amaigrit à vue d'œil*.

AMAIGRISSANT, ANTE, *adj*. Qui cause, qui amène l'amaigrissement. *Un régime amaigrissant*.

AMAIGRISSEMENT, *s. m*. (a-mé-gri-ce-man). Diminution graduelle du volume du corps. Cette affection peut tenir à une nourriture insuffisante ou de mauvaise nature, à l'abus de liqueurs alcooliques, à des habitudes vicieuses, à une fatigue trop prolongée, etc. Certaines professions prédisposent à l'amaigrissement, entre autres celles qui obligent à travailler dans des endroits où l'air est peu renouvelé, ou dans lesquels on est obligé de respirer une atmosphère chargée de poussières. Les secousses morales violentes, telles que celles que produisent la haine, la jalousie, ainsi que le désir prolongé soit de vengeance, soit d'envie sont, avec la grande tristesse, des causes d'amaigrissement. Une nourriture insuffisante, tant par sa qualité que par sa quantité, est une cause forcée de diminution du volume du corps. Mais souvent, c'est un indice certain de maladie, quelquefois latente, quoique le cerveau n'en soit pas intéressé. Lorsque le cerveau est atteint, il peut se passer le phénomène suivant, et il n'est pas rare de voir des personnes paralysées engraisser au lieu de maigrir. Les névralgies en général déterminent peu ou point d'amaigrissement; il n'en est point de même des effets produits par la présence des vers intestinaux ou par la masturbation, qui causent souvent des ravages considérables. Lorsque l'amaigrissement se produit sans maladie déterminée, il doit préoccuper néanmoins, parce qu'il est l'indice d'une dépense des organes qui n'est plus en rapport avec leur nutrition. Aussi, à force de souffrir, d'être privés, ils pourraient devenir le siège d'une inflammation. Il faut donc chercher à s'opposer à l'amaigrissement et pour cela suivre un régime lacté, manger des aliments féculents, des viandes blanches, prendre des bains d'amidon, etc. Enfin, l'amaigrissement, qui est une diminution du volume total du corps, doit être distingué de l'*atrophie*, qui est un amaigrissement partiel, un arrêt plus ou moins complet d'un membre ou de toute autre partie.

AMAILLADE, *s. f*. Pêche. Filet en tramail.

AMAINE, *s. f*. Mar. Sorte de cheville dont on se sert dans certains bâtiments pour enrouler l'hissan du trinquet à l'un des montants de la rambade.

AMAIOUVIER, *s. m*. Bot. Arbre originaire de la Guyane, qui appartient à la famille des rubiacées. Les indigènes l'appellent *l'arbre à taton*, parce que l'animal de ce nom est très friand de ses graines. Toutes les espèces d'amaiouvier se trouvent dans les régions tropicales de l'Amérique.

AMAIRADE, *s. f*. Pêche. Espèce de filet en usage dans le Languedoc.

AMAKOUZA. Géogr. Nom d'une île de l'archipel du Japon, où les successeurs de Saint François-Xavier firent de nombreux prosélytes.

AMALACTE, *s. m*. Entom. Genre d'insectes coléoptères tétramères, famille des curculionides, dont on connaît trois espèces. Deux appartiennent au Sénégal et la troisième à la Guyane.

AMALAGO, *s. m*. Bot. Nom d'une espèce de poivrier propre aux Antilles et aux Moluques.

AMALARIC. Hist. Nom d'un roi des Visigoths d'Espagne et de Septimanie, fils d'Alaric II. La main puissante de son aïeul Théodoric le protégea d'abord contre les projets ambitieux de Clovis, dont il épousa la fille pour s'allier aux Francs. Amalaric, qui était arien, voulut imposer ses croyances religieuses à sa jeune épouse, qui appela à son secours son frère Childebert. Celui-ci vint avec une armée et vainquit son beau-frère devant Narbonne. Amalaric fut tué dans la tourmente.

AMALASONTE (mot qui signifie *vierge des Amales* en langue gothique). La plus jeune des filles de Théodoric, roi des Ostrogoths et d'Audefléde, sœur de Clovis. Aussi célèbre par sa beauté que par ses qualités morales, elle voulait apporter quelque amélioration au sort misérable des peuples qu'elle gouvernait. Elle protégea les lettres et les arts, eut pour premier ministre le Romain Cassiodore et fit élever son fils à la façon romaine. Enfin elle continua, avec autant de persévérance que d'énergie, la tâche importante que s'était tracée son père Théodoric à qui elle avait succédé et dont elle tâcha d'effacer le sombre souvenir. A la mort de son fils (534), elle s'unit à son cousin Théodat, chef du parti des mécontents, qui la détrôna l'année suivante et la fit étrangler. Sa mort servit de prétexte à la guerre que Justinien entreprit contre les Goths d'Italie.

AMALE, s. m. Entom. Genre d'insectes coléoptères tétramères, famille des curculionides, dont il n'existe qu'une espèce qui est indigène.

AMALEC. Hist. anc. Petit-fils d'Ésaü, père et fondateur de la race des Amalécites.

AMALÉCITES. Géogr. anc. Nom d'un ancien peuple qui habitait les confins de l'Idumée et qui tirait son nom d'Amalec, petit-fils d'Ésaü. Il fut l'ennemi constant des Israélites. Le grand-prêtre Samuel ordonna à Saül d'exterminer ce peuple : « *Écoute la voix du Seigneur*, lui dit-il, *va, égorge tout, les hommes, les femmes, les vieillards, les enfants, jusqu'aux chameaux et aux ânes, n'épargne rien*. » Saül n'exécuta qu'à moitié ces horribles et sanguinaires commandements et laissa la vie à Agag, roi des Amalécites. Samuel, mécontent, égorgea le roi devant le tabernacle, et Saül perdit la couronne pour récompense de l'humanité qu'il avait montrée. David, son successeur, acheva d'exterminer ce peuple dont le plus grand tort était alors de ne pas adorer les mêmes dieux que les Israélites.

AMALES. Géogr. anc. Race de héros de la nation des Goths, à laquelle appartenait Théodoric le Grand. La famille des Amales régnait sur les Ostrogoths, ou du moins elle occupait un rang élevé parmi ces peuples.

AMALFI. Géogr. Ville située sur le golfe de Salerne, dans le royaume de Naples; 3,500 hab. Elle forma longtemps une république indépendante qui prit une grande part au commerce de l'Orient, ce qui la rendit presque la rivale de Venise. Le pape Nicolas II y tint un concile en 1059, pendant lequel il accorda, moyennant tribut, à l'aventurier Robert Guiscard, les terres dont celui-ci s'était emparé. En 1135, Amalfi fut saccagé par les Pisans qui y découvrirent un manuscrit des Pandectes, lequel donna une nouvelle élan à l'étude du droit romain. Ce fut la patrie de Flavio de Gioja qu'on dit avoir découvert la boussole, de Guy d'Amalfi et de Masaniello. — *Tables d'Amalfi*. Code nautique qui fut rédigé à Amalfi vers le x⁰ siècle, et qui forma dans toute l'Europe la base du droit des gens en matière de navigation et de commerce !

AMALFITAIN, AINE, s. et adj. Géogr. Qui est d'Amalfi, qui appartient à la ville d'Amalfi. — Nom que l'on donne aux habitants d'Amalfi.

AMALGAMATION, s. f. Techn. Action d'amalgamer, et principalement en parlant du travail qui consiste à unir le mercure avec un autre métal, ou à extraire, au moyen du mercure, l'or et l'argent de leur gangue. — *Moulins d'amalgamation*, moulins qui servent à l'affinage des métaux et qui consistent en deux segments de sphère, tournant dans une cuve en fonte à fond hémisphérique. — Au fig., fusion, mélange. *Une amalgamation de toutes sortes d'idées et de principes.* — L'amalgamation est souvent employée dans les applications électriques pour rendre moins grande l'usure des zincs des piles voltaïques, et donner en même temps plus de constance à leur action. Le moyen le plus simple pour ce genre d'amalgamtion est d'immerger simplement le zinc dans un liquide composé de nitrate de bioxyde de mercure et d'acide chlorhydrique. Une immersion de quelques secondes suffit pour rendre complète cette amalgamation, quelque sale que le zinc soit à sa surface, et, avec un litre de ce liquide, qui ne coûte pas plus de 2 francs, on peut amalgamer 150 zincs. Voici du reste la préparation de ce liquide : on fait dissoudre à chaud 200 grammes de mercure dans 1,000 grammes d'eau régale ; la dissolution du mercure étant terminée, on y ajoute 1,000 grammes d'acide chlorhydrique. — On emploie encore quelquefois l'amalga-

mation pour les interrupteurs de courants électriques qui exigent l'immersion de pointes de fer dans du mercure. Pour obtenir cette amalgamation du fer, on s'y prend de la manière suivante : sur le fer nettoyé avec soin on verse une solution de chlorure de cuivre dans de l'acide chlorhydrique, et il se dépose une mince couche de cuivre. Sur celle-ci on applique une solution de bichlorure de mercure dans de l'acide chlorhydrique, et toute la surface se trouve ainsi amalgamée. C'est ainsi que sont amalgamées les interrupteurs des orgues électriques du Saint-Augustin, à Paris.

AMALGAME, s. m. (du gr. *ama*, ensemble, et *gamein*, joindre). Alliage intime du mercure avec un autre métal. Les amalgames d'or et d'argent servent à dorer et à argenter les autres métaux ; l'étain amalgame constitue l'étamage des glaces. L'amalgame de bismuth sert à donner aux globes de verre une apparence métallique. Depuis longtemps déjà, les dentistes emploient pour plomber les dents un amalgame d'argent qu'ils appellent mastic de Bell, pâte d'argent de Taveau et minéral succedaneum. En Angleterre, pour le même usage, on utilise un *amalgame de palladium*, et en Allemagne un *amalgame de cuivre*. L'amalgame se dit par ext. d'un mélange de personnes ou de choses de nature différente. *Le peuple romain était un amalgame de toutes les nations.* (L. Nisard.) *Cette société offre un étrange amalgame de tous les rangs.* (Acad.) — Adm. milit. Fusion de militaires, de corps différents, par réunion en une seule troupe.

AMALGAMÉ, ÉE, part. pass. du v. Amalgamer. Se dit de ce qui est combiné, mélangé au mercure, soit naturellement, soit artificiellement. *Voici une glace mal amalgamée. Le mercure se trouve dans la terre amalgamé à d'autres métaux.* — Par ext. Mélangé. *Les plaisirs et les peines sont tellement amalgamés qu'on ne peut éviter les uns sans se priver des autres.* (Mme de Maintenon.)

AMALGAMER, v. a. Chim. Faire un amalgame, un alliage de mercure. Mélanger, combiner du mercure à un autre métal. *Amalgamer l'or*. — Par ext. des choses qui sont amalgamées. *S'amalgamer une glace.* — Au fig. Unir, mélanger des personnes ou des choses différentes. *Comment amalgamer en société des familles dont l'une possède cent mille livres et l'autre pas une obole ?* (Fourier.)
S'amalgamer, v. pr. Être amalgamé. *Le mercure ne peut s'amalgamer avec le fer.* — Au fig. *A la fin du x⁰ siècle, les races commencèrent à s'amalgamer.* (Guizot.) *La doctrine de l'émanation s'amalgame avec le théisme.*

AMALGAMEUR, EUSE, s. Celui, celle qui fait un amalgame, qui vérifie un amalgame, un minerai mercuriel.

AMALIQUE, adj. Chim. Nom qui a été donné à un acide qu'on obtient en évaporant la liqueur résultant de l'action du chlore sur la caféine. Cet acide a surtout été étudié par Orfila. Il forme des sels violets avec la potasse, la baryte et la soude.

AMALLOCÈRE, s. m. Entom. Genre d'insectes coléoptères tétramères, de la famille des longicornes, dont on ne connaît qu'une seule espèce qui vit au Brésil.

AMALLOPODE, s. m. Entom. Genre d'insectes coléoptères tétramères appartenant à la famille des longicornes.

AMALOUASSE, s. f. Ornith. Nom que l'on donne vulgairement aux quelques parties de la France, au gros-bec.

AMALOUASSE-GARE, s. f. Ornith. Nom vulgaire qui est donné, dans quelques parties de la France, au gros-bec.

AMALRIC (Arnaud), abbé de Cîteaux, légat du pape Innocent III, né vers le milieu du xii⁰ siècle, mort en 1225, l'âme de la croisade contre les Albigeois. Ce fut lui qui prêcha cette guerre horrible d'extermination, dont le succès fut acheté au prix des plus impitoyables rigueurs. Il frappa d'interdit les États de Raymond VI, comte de

Toulouse, qui favorisait les hérétiques et il se montra sans pitié. En 1209, il assiégea Béziers, où une foule d'Albigeois s'étaient réfugiés et la mit à feu et à sang. On estime à au moins 50,000 le nombre des victimes. Ce fut lui qui, sur la question qui lui avait été posée par les croisés de savoir comment on reconnaîtrait les hérétiques des catholiques, répondit : « Tuez-les tous, Dieu reconnaîtra les siens ! » Le sanguinaire légat saccagea ensuite Carcassonne dont il fit périr le gouverneur Raimond Roger, malgré la parole donnée, puis s'ayant pris le titre de *duc de Narbonne*, il passa en Espagne, poussé par son humeur guerrière, pour combattre les Maures. Il se brouilla à son retour avec Simon de Montfort, et parut se réconcilier avec le comte de Toulouse. Lorsqu'il fut mort, on transporta son corps à l'abbaye de Cîteaux et on lui éleva un monument. Ce cruel prélat, dont l'existence fut un fléau pour son siècle, était pourtant très instruit : il a laissé plusieurs lettres et des chartes.

AMALTEO (Pomponio), peintre italien, de l'École vénitienne, né en 1505, mort en 1588. Il forma de nombreux élèves. On a encore plusieurs tableaux qui affirment sa réelle science du dessin et la finesse de son coloris, notamment un *Saint François* (actuellement à l'église d'Udine), une *Croix portée par les anges* et un *Jugement de Salomon*, qui, d'après Lanzi, seraient des peintures dignes du Pordenone, qui fut le premier maître d'Amalteo.

AMALTHE, s. m. Zool. Genre de mollusques céphalopodes, établi sur une espèce d'ammonite.

AMALTHÉE. Myth. Chèvre qui fut la nourrice de Jupiter. Les mythologues ne sont pas d'accord sur son identité. Les uns la croient la chèvre avec le lait de laquelle le roi des dieux fut nourri lorsqu'il fut confié par Ops ou Rhée à ses soins ; d'autres la regardent comme la fille même de Mélissus, roi de Crète, qui prit soin de l'enfance du jeune dieu lorsque sa mère l'eût soustrait à la voracité de Saturne. Un jour, en folâtrant dans les bois, Amalthée heurta de ses cornes le tronc d'un arbre et en brisa une ; elle fut immédiatement changée en étoile du firmament (Capella, étoile de la *chèvre*), et, plus tard, sa corne brisée devint la corne d'abondance, symbole de la fécondité de la terre. — Hist. Nom d'une célèbre famille italienne, dont plusieurs membres se livrèrent à la littérature, au xv⁰ et au xvi⁰ siècle. Leurs poésies ont été imprimées à Venise en 1627, sous le titre de *Amaltheorum fratrum Carmina*.

AMALTHOCÈRE, s. m. Entom. Genre d'insectes lépidoptères dont on ne connaît qu'une espèce, originaire du Sénégal.

AMAN, s. m. (mot arabe signif. *être sûr*). Capitulation, amnistie, pardon. *Demander l'aman, obtenir l'aman.* — Cri par lequel les musulmans demandent grâce et merci, dans un combat. — Comm. Toile de coton qui se fabrique principalement à Alep. — Relig. Une des ablutions journalières des Turcs schismatiques musulmans. — Mar. Cordage destiné à supporter l'antenne d'une voile latine. — Se disait aussi au moyen âge de certains officiers ministériels, tels que les notaires, par abrév. du lat. *amanuensis*, secrétaire, copiste, garde-notes.

AMAN. Hist. s. Amalécite qui devint le favori d'Assuérus, roi de Perse et maître de la Judée, et que son maître laissait adorer. Le Juif Mardochée, oncle d'Esther, épouse du roi, ayant refusé d'obéir et de fléchir le genou devant le roi, Aman, irrité, fit signer au roi un arrêt d'extermination contre tous les Juifs, mais Esther ayant révélé à Assuérus un complot formé par Aman contre ses jours, conjuration découverte par Mardochée, le ministre fut pendu au même gibet qu'il avait fait dresser pour le Juif Mardochée. Ce sujet a été mis à la scène par Racine dans sa tragédie d'*Esther* et le personnage historique d'Aman est devenu le type du ministre orgueilleux, du favori insolent dont le nom est un objet d'exécration et de haine publiques.

AMANAPA. Géogr. Port de l'État de Honduras (Amérique centrale), dans l'océan

Pacifique, ou les grands vaisseaux trouvent un excellent ancrage bien abrité.

AMANCE. Géogr. Ch.-lieu de cant. du département de la Haute-Saône, arrond. de Vesoul. Poteries, tuileries, carrières d'argile et de sable.

AMANCEY. Géogr. Ch.-lieu de cant. (Doubs), arrond. de Besançon.

AMAND (SAINT-). Géogr. Ch.-lieu de cant. du départ. du Nord, arrond. de Valenciennes, sur la Scarpe; 6,750 hab. Célèbre par ses eaux minérales, sulfatées, calcaires, sulfureuses, connues des Romains et utilisées depuis le xvi° siècle, d'une température de 20 degrés environ. L'établissement des bains, construit en 1835, est l'un des plus beaux de ce genre qui existent en France. On y donne des bains d'eaux et de boues contre les rhumatismes, les paralysies plus ou moins générales, les atrophies musculaires, etc. On dit aujourd'hui communément : *Prendre les boues de Saint-Amand* (Acad.) au lieu de dire *les eaux*. — On trouve aussi à Saint-Amand d'importantes fabriques de fil pour les batistes, des filatures, des bonneteries, des brasseries et des distilleries. Aux environs, beaux restes d'une ancienne tour gothique haute de cent mètres.

AMAND (SAINT-). Géogr. Ch.-lieu de canton, départ. de Loir-et-Cher, dans l'arr. de Vendôme; 450 hab.

AMAND-MONTROND (SAINT-). Géogr. Ch.-lieu d'arrondissement du Cher, à 58 kilom. de Bourges; 11 cantons, 114 communes et 114,563 hab. Vins, laines, bestiaux. Chamoiseries et tanneries importantes.

AMAND-EN-PUISAYE (SAINT-). Géogr. Ch.-lieu de cant. (Nièvre), arrond. de Cosne ; 1,350 hab. Aux environs, forges, poteries de terre, mines d'ocre et carrières de grès.

AMANDAIE, s. f. Terrain planté d'amandiers.

AMANDAVA, s. m. Ornith. Nom que l'on donne quelquefois et dans certains pays, au bengali.

AMANDE, s.f. (du gr. *amygdale*, m. sens). Bot. Partie de la graine mûre placée sous l'épisperme ou tégument propre. Il n'existe pas de graine sans amande, laquelle est quelquefois formée de l'embryon seul, comme dans le prunier, le haricot, etc., mais le plus souvent d'un autre corps de nature variée qu'on appelle endosperme et qui, à l'époque de la germination, se dessèche et se racornit jusqu'à disparaître presque complètement. *La graine des baies s'appelle pépin, la graine des drupes s'appelle amande*. (F. Pilion.) — Le mot *amande* entre dans la composition de beaucoup de phrases : *En amande*, en forme d'amande. *Ses yeux bleus sont fendus en amande.* (Balzac.) — Prov. *Il faut casser le noyau pour avoir l'amande*, il faut se donner de la peine pour gagner quelque chose. — Bot. *Amande amère*, sorte d'agaric très commun aux environs de Paris. *Amande de terre*, nom vulgaire du souchet comestible. — Géol. *Amandes volcaniques*, fragments de matières en fusion lancés par les volcans et qui, par suite de leur rotation dans l'air, ont pris la forme d'amandes. — Conchyl. Nom donné à plusieurs coquilles dont la forme rappelle celle de l'amande. — Archit. Encadrement elliptique qui, dans les tympans du moyen âge, entoure les portraits du Christ; ornement connu aussi sous le nom de *vesica piscis* (vessie de poisson). — Technol. Nom donné par les armuriers à la partie ovale qui occupe le milieu de la garde de l'épée. — Théol. *Amande mystique*, symbole de la virginité féconde de la Sainte Vierge. — Encycl. Fruit de l'amandier, d'une forme oblongue, dont le brou est coriace et dont la partie ligneuse renferme une matière blanche et compacte. Il en existe deux espèces : les amandes douces et les amandes amères. — Les *amandes douces* sont agréables au goût, quand elles sont fraîches, mais à la longue, elles rancissent et deviennent un peu jaunâtres. Aussi doit-on les examiner et les choisir avant de les employer. Elles viennent en grande partie de la Provence et de l'Espagne. Elles contiennent environ 50 p. 100 d'huile fixe, 24 p. 100 d'émulsine, substance soluble analogue à l'albumine, du sucre, de la gomme, etc. C'est à l'aide de l'émulsine que l'huile fixe de l'amande s'émulsionne et reste en suspension dans l'eau. Elles sont très utiles en médecine et en pharmacie pour plusieurs cas différents. On emploie quelquefois un looch, nommé looch huileux, qui se prépare directement avec 15 grammes d'huile d'amandes douces émulsionnée à l'aide de 15 grammes de gomme arabique dans 150 grammes d'eau sucrée et aromatisée. Ces médicaments sont utilisés comme adoucissants et calmants dans différentes affections de poitrine, telles que la toux, la bronchite catarrhale, la coqueluche et l'asthme, et servent souvent de véhicule à des médicaments actifs, tels que le kermès, l'oxyde d'antimoine, le sirop d'opium, de morphine, etc. Les confiseurs se servent d'amandes pour préparer leurs produits, tels que les dragées, les pralines, le nougat, etc. L'huile d'amandes douces s'extrait des amandes par la pression. Comme elle s'altère facilement, elle doit être employée fraîche. Elle est d'un usage très fréquent, soit à l'intérieur, soit à l'extérieur. La parfumerie en fait une grande consommation. Elle est la base du cérat et du cold-cream. C'est aussi un excellent laxatif. A la dose de 30 à 60 grammes, elle constitue le plus agréable des purgatifs pour les enfants. — Les *amandes amères* renferment les principes des amandes douces, mais elles contiennent de plus une substance particulière nommée amygdaline qui, en présence de l'émulsine et de l'eau, donne naissance à une huile volatile, d'une odeur spéciale, contenant une forte proportion d'acide prussique ou cyanhydrique, qui la rend vénéneuse, mais qui lui donne des propriétés calmantes prononcées. L'huile fixe des amandes amères ne diffère en rien et absolument aux mêmes usages. On peut même dire que ce sont elles qui on fournissent le plus, parce que les parfumeurs vendent sous le nom de pâte d'amandes le tourteau d'où on a extrait l'huile fixe. — Gramm. On a dit longtemps *indécis* pour savoir si l'on devait écrire l'*huile*, *pâte*, *gâteau d'amande ou d'amandes*, mais maintenant la question est tranchée, car, en faisant disparaître l'ellipse, on voit qu'il doit être difficile de faire un gâteau, une pâte ou de l'huile d'*une* amande. On doit donc, dans ce cas, écrire ce mot au pluriel.

AMANDÉ, ÉE. adj. Qui contient un suc, une huile extraite de l'amande. *Savon amandé*, *boisson amandée.* — S. m. Pharm. Synon. inusité d'émulsion au lait d'amandes. *Boire une amande.*

AMANDIER, s. m. Bot. Genre de plantes arborescentes de la famille des rosacées, très voisin du prunier. *L'amandier commun* a

Amandier.

environ dix mètres de hauteur, son bois est dur; il porte au printemps des fleurs blanches d'un arome exquis. C'est un arbre originaire de l'Asie et de Barbarie, importé en France vers 1548, où il prospère parfaitement et donne d'abondants produits. On le cultive en grand sur toute l'étendue des côtes méditerranéennes, où il réussit le mieux ; ses fleurs sont très précoces et s'ouvrent quelquefois vers la fin de janvier. Dans les climats froids, elles peuvent donc geler et compromettre la récolte; dans les zones trop chaudes, au contraire, l'amandier est constamment en végétation et ne fructifie pas. On connaît cinq ou six espèces d'amandiers, dont l'une croît au Mexique. — *Amandier argenté*, petit arbrisseau remarquable par la couleur argentée de son feuillage. — *Amandier nain*, petit arbrisseau qui croît en buissons de soixante centimètres de hauteur environ. — *Amandier des bois*, espèce de *béjuco* de Saint-Domingue. — *Amandier de Buenavista*, arbre observé à Cayenne et décrit sous le nom de *pourrouma*. — Dans le langage des fleurs, l'amandier signif. *imprudence*, à cause de sa floraison, qui, trop précoce, peut être détruite en un instant par une gelée blanche. — On propage l'amandier par le semis, et on choisit surtout pour cela les amandes amères qui sont bien moins sujettes que les autres à être dévorées par les mulots. On les greffe ensuite en écusson, soit à ras de terre, soit à peu de hauteur.

AMANDIER-PÊCHER, s. m. Hortic. Espèce d'arbuste hybride, tenant à la fois de l'amandier et du pêcher.

AMANDINE, s. f. Chim. Produit que l'on tire de l'amande de presque toutes les rosacées, et qui est une sorte de cosmétique dont on se sert pour se laver les mains et le visage. Cette substance se dissout dans les alcools et bleuit par l'action de l'acide chlorhydrique ; elle est insoluble dans l'alcool et l'éther; ses dissolutions aqueuses peuvent être ensuite coagulées par la chaleur et précipitées par les acides. Enfin elle présente dans sa même composition et les mêmes propriétés que la légumine. (V. ce mot.)

AMANDON, s. m. Nom qui est donné, dans le midi de la France, à l'amande lorsqu'elle est encore verte.

AMANDOURI, s. m. Comm. Nom donné à une espèce d'étoffe de coton que l'on fabrique surtout à Alexandrie.

AMANDUS (SALVIUS), général romain sous Dioclétien, vers 260 av. J.-C. Il prit le titre d'empereur dans les Gaules et se mit à la tête des Bagaudes, esclaves révoltés ou fugitifs qui ravageaient les campagnes. — Il fut tué dans un combat contre Maximilien Hercule qui avait été envoyé contre lui.

AMA NESCIRI (mots lat. qui signif. *aimez l'obscurité*). Locution d'un emploi facile quand on veut dire à quelqu'un de ne pas courir après une réputation, après un éclat qui a toujours ses inconvénients et ses ennuis. C'est l'idée reproduite par Florian dans le vers suivant [*le Papillon et le Grillon*] :

« Pour vivre heureux, vivons caché. »

AMANIQUE, adj. Hist. anc. *Portes amaniques*, nom d'un défilé qui conduisait de la Cilicie à la Syrie.

AMANITE, s. f. Bot. Nom donné à tous les champignons du genre agaric de Linné, qui sont pourvus d'une volva avant leur entier développement. Ils renferment, à côté des espèces les plus vénéneuses, celles qui sont bonnes pour la table. Parmi ces dernières, on trouve l'oronge, la coucoumelle, l'amanite solitaire; parmi les vénéneuses, la fausse oronge, la galmotte fausse, etc.

AMANITINE, s. f. Chim. Principe vénéneux de certains agarics, principalement de l'oronge, que l'on obtient en le précipitant par l'acétate de plomb. On sépare ensuite le plomb par l'hydrogène sulfuré et on évapore le résidu jusqu'à siccité. Ce poison est, à très petites doses, un narcotique très puissant.

AMANLIS. Géogr. Joli petit village du dép. de l'Ille-et-Vilaine, à peu de distance de Rennes ; 250 hab.

AMANOA, s. m. Bot. Genre de plantes de la famille des euphorbiacées, qui sont des arbres originaires de la Guyane, et dont le bois est très dur.

AMANOBIENS, s. m. pl. Géogr. anc. Nom d'un ancien peuple de la Sarmatie d'Europe, voisin des Roxolans.

AMANS (SAINT-). Géogr. Ch.-lieu de canton du dép. de la Lozère, arrond. de Mende, sur la rive gauche de la Truyère ; 190 hab. Pays très pittoresque, montueux et sillonné de ruisseaux.

AMANS (SAINT-). Géogr. Ch.-lieu de canton de l'Aveyron, arrond. d'Espalion, dans un pays très montagneux ; 225 hab.

AMANS-SOULT (SAINT-). Géogr. Ch.-lieu de canton du dép. du Tarn ; 1,400 hab. Patrie du maréchal Soult dont il a pris le nom. Commerce de draps et fabriques de laine assez importants.

AMANSIE, s. f. Bot. Genre de plantes appartenant à la famille des phycées dont on connaît actuellement sept espèces qui vivent dans les mers australes et de l'Inde.

AMANT, ANTE, s. (du lat. *amans, amantis*, formé de *amare*, aimer et, selon d'autres étymologistes, d'*Hamant*, nom d'un courtisan, galant d'une femme mariée du xve siècle). Celui, celle qui éprouve l'amour pour une personne d'un autre sexe que le sien. *Amant fidèle, amante joyeuse.* — Se dit habituellement de celui ou de celle dont l'amour est avoué, manifeste et partagé, et, plus particulièrement, de ceux qui ont un commerce sexuel ensemble, soit lorsque ces rapports ont lieu entre des personnes libres de leur corps et de leurs actions, soit lorsque l'une ou l'autre est engagée dans les liens du mariage. *A l'âge de quinze ans, Anise avait déjà eu plusieurs amants. L'amant est tout aussi ennuyeux que le mari.* (Michelet.) *Si vous n'êtes pas l'amant de la duchesse, c'est que vous ne l'avez point voulu.* (G. Sand.) — Par ext. Se dit de celui, celle qui aime passionnément une chose quelconque. *Un amant de la nature. L'amant de la liberté. Ne verrons-nous jamais cet amant de la vérité ?* (Voltaire.) — *L'amant de la lune,* celui qui aime une chose qu'il lui est impossible de posséder. — *L'amant des onze mille vierges,* celui qui ne peut voir une femme sans s'en éprendre (on dit plutôt *amoureux,* dans ce cas). — *Amant transi,* amant qui semble avoir peur, qui tremble devant celle qu'il aime. — *Amants des Muses,* les poètes. — *Amant de cœur,* celui que la courtisane ou la femme entretenue reçoit gratuitement dans son lit (l'Acad. l'appelle *greluchon,* voy. ce mot). *Il y a une grande différence entre l'amant de cœur et l'Alphonse de barrière ou soutener.* (Voy. ALPHONSE.) — Amant a plusieurs synonymes, tels que *galant,* qui signifie plutôt celui qui a un commerce illicite avec une femme et *amoureux* qui s'emploie plutôt dans le style naïf et désigne celui dont l'amour n'a pas encore été agréé.

Beaucoup d'œuvres ont pour titre le mot amant. Nous citerons :

Les Amants magnifiques, comédie en 5 actes, de Molière.
L'Amant jaloux, comédie en 3 actes, d'Heil, musique de Grétry.
L'Amant libéral, comédie en 5 actes, de Scudéry, 1636.
L'Amant indiscret, comédie en 5 actes, de Quinault, 1654.
L'Amant ridicule, comédie en 1 acte, par Bois-Robert, 1655.
L'Amant masqué, comédie en 1 acte, par Dufresny, 1709.
L'Amante difficile, comédie en 5 actes, par Lamotte, 1731.
L'Amant mystérieux, comédie en 3 actes, par Piron, 1734.
Les Amants jaloux, comédie en 3 actes, de Lesage, 1735.
Les Amants inquiets, parodie en 3 actes, de Favart, 1751.
L'Amant de lui-même, comédie en 1 acte, de J.-J. Rousseau, 1752.
Les Amants trompés, opéra-comique en 1 acte, de Marcouville, 1756.

Et parmi les romans et œuvres littéraires :

L'Amant de la Lune, par Paul de Köck.
Un Amant de la nature, par J. Vérité.
L'Amant de cœur, par Edmond Lepelletier.

Nous nous arrêtons ici, n'ayant d'ailleurs pas l'intention d'établir une nomenclature qui nous prendrait une place inutile ; les œuvres que nous avons citées sont suffisantes pour que le lecteur puisse juger du nombre considérable de productions qui ont mis à profit ce titre attrayant.

AMANT-DE-BOIXE (SAINT-). Géogr. Ch.-lieu de canton, arrond. d'Angoulême (Charente) ; 1,582 hab. Chemin de fer d'Orléans. Bons vins, belle église du XIIe siècle.

AMANT-ROCHE-SAVINE (SAINT-). Géogr. Ch.-lieu de canton, arrond. d'Ambert (Puy-de-Dôme) ; 1,689 hab. Mines de plomb argentifère, sources ferrugineuses.

AMANT-TALLENDE (SAINT-). Géogr. Ch.-lieu de canton, arrond. de Clermont-Ferrand (Puy-de-Dôme) ; 1,519 hab. Eaux minérales, chevaux et abeilles.

AMANT (MARQUET, dit), comédien français, né à Paris en 1802, mort en 1860. Il débuta sur la scène des Folies-Dramatiques dans une heureuse création où il obtint un certain succès. Après un séjour de deux ans au Havre, il revint à Paris et débuta au Vaudeville dans *Mademoiselle Marguerite* (1834) et se fit remarquer dans une foule de pièces. En 1848, il passa au Palais-Royal, et plus tard fut nommé archiviste et secrétaire de l'Association des artistes dramatiques. Ses principales créations ont été faites dans *Un bal du grand monde,* la *Grisette* et *l'Héritière,* M. *Daube,* les *Mémoires du Diable,* l'*Homme blasé,* le *Chapeau de paille d'Italie,* un *Garçon de chez Véry, Edgard et sa bonne,* etc., etc.

AMANT ALTERNA CAMENÆ, mots lat. qui signif. *les Muses aiment les chants alternés.* Cette citation, que l'on emprunte à la 3e églogue de Virgile, revient souvent sous la plume des écrivains à propos de deux hommes qui se succèdent dans un même travail, qui défendent tour à tour les mêmes idées et qui concourent alternativement à une œuvre commune.

AMANTELER, v. a. Vieux mot qui signifiait couvrir d'un manteau ; au fig., couvrir, revêtir, cacher.

AMANTHON (CLAUDE-NICOLAS), publiciste français, né en 1760, mort en 1835. Il fut avocat au parlement de Bourgogne, puis maire d'Auxerre et conseiller de préfecture. Il a laissé un grand nombre d'écrits et des travaux historiques ou archéologiques sur la Bourgogne.

AMANUS. Géogr. Nom d'une partie de la chaîne du Taurus, entre la Syrie et la Cilicie, où se trouvait le célèbre défilé des portes amaniques, où Alexandre battit Darius.

AMAPÉ, ÉE, part. pass. du v. AMAPER.

AMAPER, v. a. Mar. Saisir fortement une voile pour la serrer.

AMAR (J.-P.-ANDRÉ), conventionnel, né à Grenoble en 1750, mort à Paris en 1816. C'était un avocat au parlement de Grenoble. Envoyé à la Convention par son département, il siégea à la Montagne, vota la mort de Louis XVI sans sursis et prit part à toutes les mesures violentes de l'époque. Après le 9 thermidor, il rampa dans la conspiration de Babeuf, mais n'accepta aucune fonction du gouvernement impérial. Il ne fut pas, par suite, proscrit quand vint la Restauration.

AMARA. s. m. Entom. Genre d'insectes coléoptères pentamères, voisins des carabiques, dont ils ont les mêmes mœurs.

AMARACARPE, s. m. (du gr. *amara,* sillon et *karpos,* fruit). Bot. Sorte d'arbrisseau japonais de la famille des rupiacées, à rameaux nombreux et à feuilles très petites.

AMARACIN, s. m. Anc. pharm. Nom qui avait été donné à un emplâtre très compliqué et dans la composition duquel il entrait une grande quantité d'aromates.

AMARANTACÉ, ÉE, adj. Bot. Qui a de la ressemblance avec l'amarante. — On dit aussi AMARANTÉ et AMARANTOÏDE. — S. f. pl. Famille de plantes ayant pour type le genre amarante, qui sont, pour la plupart, des sous-arbrisseaux à feuilles simples et alternes, à fleurs disposées en capitules, glomérules ou en grappes, hermaphrodites, polygames, herbacées et colorées. Le fruit est un akène membraneux renfermant une graine lenticulaire à testa très mince et à embryon recourbé autour d'un albumen farineux. La famille des amarantacées contient un assez grand nombre d'espèces, dont les principales sont les *amarantes* proprement dites, les *amarantines,* les *célosias,* les *albersies,* les *cadélaris* et les *polycnèmes.*

AMARANTE, s. f. (du gr. *a* priv. et *marainô,* se flétrir, à cause de la persistance de ses fleurs). Bot. Genre de plantes de la famille des amarantacées, composé de vingt espèces annuelles et bisannuelles, employées comme plantes potagères en Amérique et dans l'Inde, où elles croissent spontanément. En Europe, elles ne servent guère qu'à l'ornementation des jardins, notamment *l'amarante à queue,* qui est ordinairement d'un beau rouge de pourpre velouté. Chez les anciens, l'amarante était le symbole de l'immortalité, et on la consacrait aux morts.

Amarante.

Les plus belles espèces sont : *l'amarante tricolore,* à feuilles tachetées de vert, de jaune et de rouge ; *l'amarante crête de coq* ou *passe-velours,* qui a donné son nom à la couleur amarante, d'un rouge foncé ; *l'amarante paniculée, l'amarante gracieuse, l'amarante à queue de renard, l'amarante mélancolique* et *l'amarante blette,* à tiges rameuses. — Le bois d'amarante dont on se sert principalement en marqueterie est un bois des îles connu en France depuis 1827. — Zool. On appelle *amarante de mer* une espèce de méandrine. — Hist. litt. L'amarante d'or était une des fleurs que les poètes se disputaient aux concours des Jeux Floraux de Toulouse. C'était le prix de l'ode. — Adj. inv. Qui est de la couleur de l'amarante. *Velours amarante.* — Il s'emploie aussi comme substantif masculin pour désigner la couleur amarante d'une chose. *Les nuages au-dessus du soleil paraissaient d'un bel amarante.* (Alp. Karr.) — Hist. *Ordre de l'amarante.* Ordre créé par Christine, reine de Suède, en 1653, à la suite d'un bal ; cet ordre, imaginé plutôt pour flatter la vanité de son entourage que comme une récompense réelle, ne dura que quelques années. Il n'en était déjà plus question en 1700. — Quelques auteurs écrivent, mais à tort, *amaranthe,* sans que la moindre raison semble les y autoriser.

AMARANTE. Géogr. Ville de Portugal, dans la province de Minho ; 5,500 hab. Sources d'eaux minérales ferrugineuses.

AMARANTÉ, ÉE, adj. V. AMARANTACÉ.

AMARANTIENS, s. m. pl. Géogr. anc. Nom d'un peuple de l'ancienne Colchide, aujourd'hui la Géorgie.

AMARANTINE, s. f. Comm. Etoffe légère, de couleur amarante. — Bot. Nom d'une espèce de plantes de la famille des amarantacées, voisines des gomphrènes.

AMARANTOÏDE, adj. Bot. V. AMARANTACÉ.

AMARAQUE, s. m. Bot. Genre de plantes de la famille des labiées, renfermant des arbrisseaux glabres ou laineux que l'on trouve dans l'île de Candie.

AMARDES, s. m. pl. Géogr. anc. Nom d'un ancien peuple de Perse soumis par Alexandre. — Nom d'un autre peuple scythe.

AMARELLEUR, s. m. Techn. Ouvrier qui est chargé, chez les ostréiculteurs, de soigner le parcage des huîtres.

AMAREL, s. m. Bot. Nom vulgaire qui est donné, dans le midi de la France, au cerisier de Sainte-Lucie.

AMARELLE, s. f. Bot. Nom d'une espèce de gentiane.

AMARÈNE, s. m. (du gr. a priv. et maraino, je me flétris). Bot. Genre de plantes de la famille des légumineuses, formé aux dépens des trèfles.

AMARESCENT, ENTE, adj. Se dit en parlant d'une chose qui a un léger goût d'amertume.

AMARI (MICHEL), historien italien, né à Palerme en 1806. Son ouvrage le plus important a été les *Vêpres Siciliennes* qui a eu un grand succès et a été traduit en toutes langues.

AMARI (EMERIC), publiciste italien né à Palerme en 1810, fut nommé, en 1841, directeur de l'hospice des aliénés et professeur de droit pénal à l'Université, puis directeur du nouveau pénitencier de Palerme (1842). Pendant les hostilités, il fut forcé de s'exiler et il passa dans les Etats sardes (1849). De retour dans sa patrie, il fut nommé membre de l'Académie de philosophie italienne ; c'était un philosophe avancé et ses cours ont eu le plus brillant succès. Il avait fondé en 1838, avec l'économiste Ferrada, un journal de statistique. En 1841, il fit paraître un *Essai sur la Théorie du Progrès* et plus tard une brochure sur les *Progrès de l'Industrie*.

AMARIDES, s. m. pl. Entom. Sous-tribu d'insectes coléoptères pentamères, famille des carabiques, dont le principal type est l'amara. Ils vivent sous les pierres et dans les endroits sablonneux.

AMARIE, s. f. Bot. Genre de plantes de la famille des légumineuses. Ce sont des arbrisseaux à feuilles simples de la Nouvelle-Grenade.

AMARI FONTES ou **AMARI LACUS** (mots latins qui signif. *eaux amères, lacs amers*). Lac d'Egypte près d'Hermopolis, qui servait de communication entre le canal de Trajan et la mer Rouge.

AMARIN (SAINT-). Géogr. Ancien chef-lieu de cant. du dép. du Haut-Rhin, appartenant à la Prusse depuis 1870 ; 2,250 hab. Forges, hauts fourneaux. Située dans un riant paysage de la rive gauche de la Thur. Aux environs, ruines de la vieux château de Froldbourg, brûlé par les Suisses en 1637.

AMARINAGE, s. m. Mar. Action d'amariner un vaisseau.

AMARINANT, part. prés. du v. AMARINER.

AMARINE, s. f. Chim. Alcaloïde appelé *picramine* par Berzélius et qu'on obtient en faisant agir l'ammoniaque sur l'essence d'amandes amères.

AMARINÉ, ÉE, part. pass. du v. AMARINER. Se dit de celui, celle qui est habituée à la mer, mais surtout d'un navire pris à l'ennemi et dont on a remplacé l'équipage.

AMARINER, v. a. (du lat. *ad mare*, à la mer). Conduire un équipage au large pour l'habituer à la mer, aux manœuvres et aux fatigues de la mer. *Tous les hommes ne sont pas également faciles à amariner ; cela tient beaucoup de leur ancien genre de vie.* — *Amariner une prise.* Lorsque, après une bataille, un bâtiment ennemi se voit forcé de se rendre prisonnier et qu'il a amené son pavillon, c'est changer et remplacer son équipage, en un mot en prendre pleine et entière possession au nom de l'Etat vainqueur. — Au fig., sign. dans le langage des marins, attraper, jouer un tour. *Je l'ai joliment amariné.*

— **S'AMARINER,** v. pr. Être en train de s'habituer aux dangers, à l'hygiène, aux nécessités de la vie maritime. *Le mousse s'amarine facilement.*

AMARINIER, s. m. Bot. Nom vulgaire donné dans le midi de la France au saule-osier jaune.

AMARINITE, s. f. (du lat. *amarus*, amer). Chim. Nom par lequel on a proposé de réunir plusieurs principes immédiats de végétaux plus ou moins amers.

AMARINTHE. Géogr. anc. Ville de l'ancienne Grèce, située dans l'Eubée, et où l'on rendait un culte particulier à Diane.

AMARINTHIES, s. f. pl. Myth. Nom de fêtes qu'on célébrait à Amarinthe en l'honneur de Diane.

AMARIR, v. n. (du lat. *amaricare*, causer de l'amertume). Vieux mot qui sign. rendre triste, amer, pénible.

AMARITUDE, s. f., Synon. d'AMERTUME. — Peu us.

AMAROÏDES, s. m. pl. Entom. Insectes coléoptères pentamères, dont le type principal est l'amara.

AMAROU, s. m. Bot. Nom donné à diverses plantes qui croissent naturellement dans les champs de blé et qui, mêlées en grande quantité aux céréales, communiquent au pain un goût amer. Les principales sont : le gesse sans feuilles, la mille, le pied d'oiseau, la saponnière des vaches, etc.

AMARQUE, s. f. Mar. Mât, tonneau flottant qui sert à indiquer une passe, un écueil, etc., aux navires. — On dit plutôt maintenant BOUÉE et BALISE.

AMARRAGE, s. m. Mar. Action d'amarrer, d'attacher un bâtiment. Union de deux cordages au moyen d'un troisième plus petit qui fait plusieurs tours symétriques et qu'on appelle aussi *ligne d'amarrage*. Il y a *l'amarrage plat, l'amarrage à fouet, l'amarrage en étuve*, etc.

AMARRANT, part. prés. du v. AMARRER.

AMARRE, s. f. (du celt. *amarr*, lien). Mar. Lien, câble ou cordage servant à arrêter un bâtiment à terre, à le rattacher aux amarres d'une digue, d'un môle, d'un dock. L'ensemble de ces liens constitue les *amarres* qui retiennent le navire. — Aérost. Agrès qui sont destinés à attacher ou ballon au sol : ce sont les ancres, les grappins, les flèches, les guide-ropes et les frotteurs. — Au fig., se dit de ce qui doit maintenir. *La volonté nationale est la robuste amarre de l'Etat.* (V. Hugo.) — *Amarre !* impérat. du v. AMARRER. Commandement usité dans la marine et ordonnant d'attacher au navire au moyen des câbles ou amarres.

AMARRÉ, ÉE, part. pass. du v. AMARRER. Qui est fixé au rivage au moyen d'amarres quelconques. *Les embarcations allaient du Standard amarré, aux rochers du rivage.* (H. de Graf.) — Au fig. Maintenu solidement, établi fermement dans un poste, dans une situation. *Prenez garde ! vous n'êtes amarré que sur une ancre.* (Balzac.)

AMARRER, v. a. Mar. Fixer, retenir, attacher à l'aide de cordages, d'amarres, etc. *On m'arrêta à l'extrémité de l'île et j'y amarrai mon vaisseau.* (Fénelon.) — Aérost. Retenir le ballon, l'ancrer à la surface de la terre au moment de la descente. *J'amarrai le Sirius à un gros arbre.* — Se dit aussi de la façon de fixer les cordes et engins d'arrêts. *La corde d'ancre était mal amarrée.* Par ext. Attacher fortement quelqu'un ou quelque chose. *Ils amarrèrent fortement le malheureux au tronc de l'arbre.*

— **S'AMARRER,** v. pr. Se lier, s'attacher avec un cordage, une amarre. *Il fixe l'ancre dans son écorce d'écaille et s'amarre sous le vent.* (Chateaubriand.) — Au fig. *Le temps est un fleuve sur lequel les barques de la vie ne s'amarrent point, parce qu'il n'y a pas de mouillage.* (Mme de Blessington.)

AMARYGME, s. m. Entom. Genre de coléoptères hétéromères, appartenant à la famille des hélopiens, dont on connaît une dizaine d'espèces qui vivent en Australie, en Malaisie, dans les Indes et au cap de Bonne-Espérance.

AMARYLLIDACÉES, s. f. pl. Bot. Groupe de végétaux qui comprend, avec les genres formant la vraie famille des amaryllidées, plusieurs genres appartenant à d'autres familles naturelles.

AMARYLLIDÉ, ÉE, adj. Bot. Qui ressemble à l'amaryllis. — S. f. pl. Famille naturelle de végétaux monocotylédones, qui a pour type le genre amaryllis et qui n'est qu'un démembrement de la famille des narcissées de Jussieu. Elle renferme des plantes herbacées, à racines bulbifères, à feuilles radicales. Les fleurs en sont quelquefois solitaires et terminales, mais, le plus souvent, groupées en ombelle. Le fruit est une capsule couronnée par le périanthe et divisée en trois graines. Cette famille a beaucoup d'affinité avec celle des liliacées dont elle ne diffère guère que par l'adhérence des ovaires ; quelques-unes des plantes qui la composent sont utilisées en médecine ou dans les arts, mais elles sont d'un emploi encore plus répandu pour l'ornementation des jardins d'agrément.

AMARYLLIDIFORME, adj. Bot. Qui a la forme de l'amaryllis.

AMARYLLIS, s. f. (du gr. *amarusso*, je brille). Bot. Genre de plantes formant le type de la famille des amaryllidées, composé d'une soixantaine d'espèces, presque toutes originaires de l'Amérique méridionale. Elles sont remarquables par la grandeur, la forme et l'éclat de leurs fleurs qui exhalent une odeur très suave. Notre amaryllis jaune ou narcisse est sans doute inférieur aux brillantes espèces exotiques, mais elle n'en est pas moins bien accueillie dans nos parterres. Elle fleurit d'ailleurs dans une saison où les autres fleurs commencent à être rares (au mois de septembre) ; sa ressemblance est assez grande avec la fleur du colchique et du safran. Parmi les plus belles espèces, on

Amaryllis.

distingue : l'*amaryllis très belle*, originaire du Mexique, et qui est également connue sous le nom de *lis de Saint-Jacques* ; l'*amaryllis de Guernesey*, originaire de l'Ile de France, dont les fleurs monocotylédones d'un beau rouge vif ; l'*amaryllis belladone*, que l'on trouve aux Antilles, et qui est remarquable par ses grandes fleurs roses, quelquefois au nombre de huit sur la même tige ; l'*amaryllis jaune* ou *narcisse*, commune en France dans tous les jardins, et enfin l'*amaryllis grenessienne*, que l'on trouve également dans tous les jardins, et qui produit en octobre un magnifique bouquet de fleurs rouges. — Entom

On donne aussi le nom d'*amaryllis* à un joli petit papillon de jour qui vit sur la piloselle. — Au fig., se dit par autonomase pour désigner une personne laide. *Les bergères de la Creuse sont de singulières amaryllis!*

AMARYSSE, s. m. (du gr. *amarussô*, je brille). Entom. Genre d'insectes de l'ordre des lépidoptères diurnes qui a pour type le papillon méchaon.

AMARYTHRINE, s. f. Chim. Corps, substance obtenue par l'action de l'eau ou de l'air sur l'érythrine des lichens.

AMAS, s. m. (du gr. *amaô*, j'entasse). Accumulation, entassement, tas, monceau de choses de même nature accumulées. *C'est un amas de coquilles avec lesquelles on engraisse la terre.* (Voltaire.) *Celui qui n'a vas vu cet amas de palais qu'on appelle Gênes, ne saurait y croire.* (J. Janin.) *Ce formidable amas de lances et d'épées semblait nous attendre.* (Racine.) — Se dit aussi, dans un sens plus vague et plus indéterminé, en parlant d'une réunion de choses disparates, superflues ou même nuisibles. *Ils voient ce globe de terre comme un petit amas de boue.* (Fénelon.) *L'homme, ce vil amas de boue et de poussière.* (Racine.) — Par ext. et le plus souvent en mauvaise part. *C'était un amas de toutes sortes de gens.* (Acad.) — Se dit aussi au fig. *La science de Saint Bernard ne consistait pas dans un amas de connaissances vaines qu'on débite sans fruit et sans onction.* (Massillon.) — Se prend souvent en mauvaise part. *Sa vie est un amas de crimes.* (Acad.)

Je ne sais quel amas de pauvres imbéciles
S'était rué sur ma maison.
V. Hugo.

— Se dit aussi d'une accumulation de sang, de liquide. *L'abcès est un amas sous-cutané ou sous-musculaire de pus.* (Raspail.) *C'était un immense amas d'eau, un lac.* — Géol. Gisement des substances minérales. Ce mot désigne particulièrement dans ce cas les dépôts irréguliers qu'on rencontre dans des masses rocheuses de diverses natures, par exemple des minerais qu'on extrait des carrières pour en tirer les métaux constituent les amas. — Gramm. *Amas* a pour syn. *monceau, accumulation, entassement, tas*, mais il existe néanmoins une certaine différence entre ces divers mots. L'amas diffère du tas en ce que le tas se compose de choses amoncelées de toute nature; l'entassement est le tas fait sans ordre; l'accumulation est l'entassement toujours croissant, et le monceau un tas très volumineux. — Dans tous les cas, amas implique l'idée d'agglomération, de formation successive.

AMASATINE, s. f. Chim. Poudre d'une belle couleur jaune que l'on obtient par l'action de l'ammoniaque sur l'isatine, substance tirée de l'indigo. Elle est transformée en un nouveau composé d'acide misastique sous l'action des acides et de la potasse.

AMASEMENT. Anc. jurispr. Nom donné à un bail à cens ou à charge d'amaser un héritage. — Vx mot.

AMASER. Anc. jurispr. (de *maison, édifice, manoir*). Construire, édifier une maison sur un terrain. — Vx mot.

AMASIE, s. f. Entom. Genre de coléoptères tétramères, famille des chrysomélides, dont on ne connaît encore qu'une espèce, originaire de l'île de Java.

AMASIE. Géogr. Ancienne ville de l'Asie mineure, lieu de naissance de Strabon. Dans le XVe siècle, les sultans turcs y résidèrent, et Bajazet l'orna de belles mosquées. Aujourd'hui elle est le siège d'un archevêché arménien. Les ruines de l'ancienne Amasie sont bien conservées : on y trouve de belles cavernes creusées sous la citadelle; 30,000 habitants. Commerce de vins, soie, essences, grains et garance. Belles grottes aux environs.

AMASIEN, IENNE, s. et adj. Géogr. Qui appartient à la ville d'Amasie ou à ses habitants. Nom des habitants mêmes d'Amasie. Les femmes amasiennes sont d'un très beau type; elles passent pour être les plus belles de l'Asie mineure.

AMASIS, s. m. Entom. Genre d'insectes hyménoptères, famille des tenthrédiniens dont on connaît une dizaine d'espèces qui sont presque toutes indigènes.

AMASIS. Hist. anc. Nom d'un roi d'Egypte (de 569 à 526 av. J.-C.) qui s'éleva jusqu'au trône, de simple soldat qu'il était, à la faveur d'une insurrection militaire. Quoique méprisé des Egyptiens à cause de sa naissance obscure, il essaya de faire oublier son humble origine par ses grandes qualités. Il développa la prospérité égyptienne en ouvrant aux Grecs le commerce à l'intérieur du pays, et prit Chypre aux Phéniciens. Il mourut quelques mois avant l'invasion de Cambyse.

AMASONIE, s. f. Bot. Genre de plantes herbacées, de la famille des verbénacées, originaires de l'Amérique du Sud.

AMASPERME, s. m. Bot. Genre de plantes de la famille des algues, encore non adopté.

AMASSABLE, adj. Qui peut être amassé. — Peu us.

AMASSAGE, s. m. Action d'amasser, de réunir un tas. — Peu us.

AMASSANT, part. prés. du v. AMASSER.

AMASSÉ, ÉE, part. pass. du v. AMASSER. Mis en amas, en monceau, accumulé. *Je m'imagine voir toutes les richesses du monde amassées dans le même lieu.* (Lesage.) *Rassemblé, réuni en parlant des personnes. Tout le peuple est amassé dans la rue.* (Scribe.)

AMASSEMENT, s. m. Synon. d'AMASSAGE. — V. ce mot.

AMASSER, v. a. (de *amas*). Faire un amas, réunir ensemble plusieurs choses de même nature. *Amasser du blé pour l'hiver. J'avais amassé une certaine somme pour mon voyage de Lybie.* (Barthélemy.) *Dans presque toutes les familles du monde, le père amasse les millions et le fils les dépense.* (Ed. About.) *Il se hâta d'amasser des troupes et de l'argent.* (Vertot.) — Rassembler, réunir, en parlant des personnes. *Le charlatan amassa une foule considérable autour de lui.* — Signifie absol. thésauriser, accumuler les richesses. *Celui qui n'amasse point avec moi dissipe.* (Evangile.) *L'avare n'amasse que pour amasser.* (Massillon.) *Le désir d'amasser ne connaît pas de bornes.* (Boileau.) — S'empl. aussi au fig. *Il faut avoir amassé depuis longtemps des matériaux pour rédiger un important dictionnaire. A travailler dans les bibliothèques, on amasse une grande somme de connaissances.* — Prov. *Pierre qui roule n'amasse pas mousse.* Quand on change souvent d'état, de résidence, de place, on ne s'enrichit pas.

— S'AMASSER, v. pr. S'accumuler. *Les eaux s'amassent dans ce bas-fond.* — Se réunir, s'assembler, en parlant des personnes. *A ses cris, les passants s'amassèrent.* — Fig. *Tout à coup un orage s'amassa sur ce front neigeux. Je sentais dans mon sein s'amasser le terreur.* (Ducis.) — S'empl. également impersonnellement. *Il s'est amassé beaucoup de monde aux portes de la ville.*

AMASSETTE, s. f. Technol. Sorte de petit couteau à lame très flexible dont les peintres se servent pour amasser sur la palette les couleurs broyées et les assembler. — Nom d'un instrument pour ramasser la pâte.

AMASSEUR, EUSE, s. Celui, celle qui amasse, qui accumule l'argent, qui thésaurise. *C'est un vieil amasseur.* — S'est dit aussi, mais à tort, pour *amasseur.* — Prov. *Mieux vaut encore bon amasseur que bon amasseur.* Il ne suffit pas d'amasser, encore faut-il savoir garder ce qu'on a amassé. — *A père amasseur, fils gaspilleur.* Syn. du prov. *A père avare, fils prodigue.*

AMASTOZOAIRES, s. m. pl. (du gr. *a* priv., *mastos*, mamelle et *zôon*, animal). Zool. Groupe du règne animal comprenant les vertébrés qui sont dépourvus de mamelles.

AMASTRAH. Géogr. Ville et port de la Turquie d'Asie sur la mer Noire à 270 kil. de Constantinople; 2,500 hab. Très bon port bien abrité. Ville très ancienne, renfermant de nombreuses ruines, notamment celles d'un temple de Neptune. C'était la principale station maritime des Génois qui leur fut enlevée par Mahomet II en 1459.

AMAT, s. m. Poids en usage à Batavia pour les grains. Il correspond à 123 kilogrammes.

AMATA, nom de l'épouse de Latinus. Elle se pendit, de désespoir de n'avoir pu empêcher le mariage d'Enée avec sa fille Lavinie.

AMATE, s. f. Entom. Genre d'insectes lépidoptères crépusculaires.

AMATELOTAGE, s. m. Mar. Action d'amateloter, résultat de l'amatelotement.

AMATELOTÉ, ÉE, part. pass. du v. AMATELOTER. Mis deux à deux pour le bien du service en parlant des matelots.

AMATELOTEMENT, s. m. Mar. Action d'amateloter deux à deux pour que ceux qu'ils puissent alterner ensemble pour les corvées et les manœuvres et s'aider réciproquement. — Dans quelques îles de l'Amérique, association de deux personnes pour l'accomplissement d'un travail quelconque, le défrichement, etc.

AMATELOTER, v. a. Mar. Comme autrefois, le même hamac, le même cadre, devait servir à deux matelots et comme l'un dormait pendant que l'autre était de quart, il résultait une espèce d'association à deux pour régler le service à bord du navire; l'action de choisir les deux matelots qui devaient ainsi être accouplés s'appelait *amateloter*.

— S'AMATELOTER, v. pr. Etre amateloté. — Se dit dans quelques contrées de l'Amérique de s'associer à deux pour le défrichement à frais communs d'un terrain quelconque.

AMATEUR, s. m. (du lat. *amator*, fait de *amare*, aimer). Se dit de toute personne qui a une prédilection particulière pour une certaine chose. *C'est un amateur de beaux chevaux, un amateur d'antiquités. Il est par-dessus tout amateur de la table. C'est un grand amateur de chasse. C'est un amateur de bonnes choses.* — Se dit de quelqu'un qui pratique un art quelconque sans en faire pour cela sa profession. *Il n'est pas artiste, il n'est qu'amateur.* (Acad.) *C'est de la musique d'amateur. On donna un concert d'amateurs.* — Se dit aussi de celui, celle qui a un goût vif pour les arts, et, sans en pratiquer aucun, protège et encourage les artistes en achetant leurs œuvres sans arrière-pensée de lucre ou de gain. — Le mot *amateur* se prend aussi en mauvaise part. Ainsi, un artiste dira d'un tableau médiocre, accusant certaines gaucheries d'exécution : *C'est un tableau d'amateur.* — S'empl. aussi adjectivement. *Cet homme est un sculpteur amateur, c'est un comédien amateur.* — J.-J. Rousseau a dit avec un fém. *amateur : Paris est plein d'amateurs et surtout d'amatrices*, etc., mais l'usage n'a pas consacré cette manière de parler et on dit d'une femme qu'elle est *amateur*, comme on dit d'un bas-bleu : *C'est une femme-auteur.* — Gramm. On confond souvent ensemble les mots *amateur, collectionneur* et *connaisseur*. Un amateur n'est pas nécessairement un collectionneur. Un connaisseur peut n'être ni un collectionneur ni un amateur. Mais un collectionneur, qui est souvent une personne riche et d'un rang élevé, devrait toujours être un connaisseur, pour bien connaître la réelle valeur artistique de ses achats.

AMATHIE. Myth. Nom d'une des cinquante Néréides. — Zool. Genre de crustacés decnopodes, de la famille des oxhyrynques, dont la seule espèce connue se trouve dans la rade du port de Toulon. — Entom. Genre de lépidoptères, famille des nocturnes et voisin des phalènes. — Polyp. Sorte de polypiers appelés aussi sertulaires.

AMATHITE, s. f. Entom. Genre d'insectes coléoptères pentamères de la famille des carabiques, dont on ne connaît qu'une espèce très commune en Égypte.

AMATHONTE. Géogr. Ancienne ville de Chypre sur la côte méridionale, et consacrée au culte de Vénus. Elle avait été bâtie par les Phéniciens. Son nom lui vint d'*Amathus*, fils d'Hercule, ou l'île elle-même fut longtemps connue sous le nom d'*Amathusie*. — Synon. de VILLE DES AMOURS.

AMATHUS, s. m. Entom. Genre d'insectes névroptères de la famille des phryganiens.

AMATHUSIE. Myth. Surnom qui avait été donné à la Vénus d'Amathonte. — S. f. Entom. Genre d'insectes lépidoptères de la famille des diurnes.

AMATHUSIEN, IENNE, s. et adj. Géogr. Nom donné aux habitants de l'Amathusie. Tout ce qui a rapport à Amathonte et à ses habitants. *Les Amathusiennes, environérent Ariane de soins*. (Du Val-Parizot.)

AMATI, célèbre famille de luthiers de Crémone (Italie), dont le plus célèbre est Antoine Amati (1565-1620). Ses violons, dont la douceur et la sonorité sont très remarquables, sont excessivement rares et recherchés.
— S. m. Violon fabriqué par les Amati, luthiers crémonais. Henri IV possédait un *Amati* richement incrusté; c'est une merveille qui existe encore.

AMATI, IE, part. pass. du v. AMATIR.

AMATINANT, part. prés. du v. AMATINER.

AMATINER, v. a. (de matin). Faire lever quelqu'un matin. *Il faut, de bonne heure, amatiner les enfants*.

AMÂTINER ou **AMASTINER**, v. a. Faire couvrir une chienne par un mâtin.
— S'AMATINER, v. pr. Se livrer à la prostitution, s'abandonner à la merci du premier venu, en parlant d'une femme (Pop.).

AMATIR, v. a. (de mat). Techn. Rendre mat l'or et l'argent en leur enlevant leur poli. C'est aussi, en terme de monnayeur, blanchir les flans des pièces d'or ou d'argent.

AMATIVITÉ, s. f. Phrénol. Nom qui a été donné à l'instinct qui attire les individus les uns vers les autres, principalement les individus de sexe différent. Le cervelet paraît être le siège de la faculté de l'amativité. Elle porte surtout les personnes à s'unir pour la reproduction de l'espèce. — On dit aussi d'un homme qui courtise toutes les femmes : *Il a la bosse de l'amativité*.

AMATODE, s. m. Entom. Genre d'insectes coléoptères hétéromères, dont l'espèce type est très commune au Sénégal et en Guinée.

AMATOIRE, s. f. (du lat. *amatorium*, amour). Antiq. Espèce de philtre magique auquel on attribuait la vertu de rendre amoureux. C'étaient des sortes d'aphrodisiaques dangereux et plus semblables à des poisons qu'à des remèdes.

A MATS ET A CORDES, loc. adv. Mar. Se dit lorsqu'un bâtiment fuit vent arrière pendant un gros temps et avec toute la vitesse dont il peut être susceptible.

AMAURI ou **AMALRIC DE CHARTRES**, philosophe et théologien condamné comme hérétique par Innocent III, au commencement du XIIIe siècle. L'ouvrage où il avait développé ses idées sur la formation du règne sur la terre des trois personnes de la Sainte-Trinité était intitulé le *Physion*. Dix de ses disciples furent brûlés en 1210, et les ossements d'Amauri de Chartres, mort depuis quelques années, furent retirés du cimetière et jetés dans les flammes.

AMAURONIE, s. f. Entom. Genre d'insectes coléoptères pentamères, fondé sur une seule espèce très commune dans l'île de Corfou.

AMAUROSE, s. f. Pathol. L'amaurose ne saurait plus être aujourd'hui considérée et décrite comme une affection spéciale. Les progrès de l'ophtalmologie et la facilité avec laquelle on peut explorer toutes les parties de l'œil, ont permis de retrancher de la classe des amauroses un grand nombre d'affections dont les causes et les lésions sont désormais bien déterminées. Cependant, on réserve encore le nom d'amaurose à ces cas mal connus, dans lesquels il existe une perte totale ou presque totale de la vue, sans qu'on puisse constater aucun obstacle à l'arrivée des rayons lumineux au fond de l'œil et sans que cet organe lui-même soit le siège d'aucune altération appréciable; des anciens groupes dans lesquels on divisait autrefois l'amaurose, on ne peut guère conserver aujourd'hui que celui des *amauroses sympathiques* dépendant de lésions d'organes tout à fait étrangers à l'appareil de la vision. On reconnaissait autrefois trois degrés dans l'amaurose : dans le premier degré, l'acuité visuelle était simplement diminuée, c'était l'*amblyopie*; dans le second degré, la vue était très affaiblie, mais le malade distinguait encore la lumière de l'obscurité; dans le troisième degré, enfin, le malade n'avait plus aucune perception lumineuse, c'était l'amaurose complète, absolue. Considérée au point de vue de son étendue, l'amaurose peut être partielle, c'est-à-dire ne porter que sur une partie du champ visuel; dans ce cas, elle en occupe généralement la moitié, et ce trouble de la vue s'appelle *hémiopie* (V. ce mot). Pendant les premiers temps de la maladie, la personne atteinte ne voit pas l'objet qu'elle veut fixer, mais elle distingue les objets placés autour du point de fixation. Bientôt, sur la partie obscurcie, se manifestent des lueurs, des flammes, des éclairs; la région, d'abord obscure, finit par paraître embrasée. C'est là le scotome scintillant. L'affection peut se compliquer de phénomènes généraux : embarras de la parole, perte de la mémoire, paralysie passagère d'un membre, vertiges, tintements d'oreille. Ces troubles ne sont en général que les prodromes d'une migraine interne, décrite par Riony sous le nom de migraine ophtalmique. La durée de l'attaque varie d'un quart d'heure à une demi-heure, mais souvent les crises sont avortées, surtout quand l'affection dure depuis longtemps. L'examen ophtalmoscopique ne révèle aucune altération du fond de l'œil, même pendant l'attaque. Les opinions formulées sur la nature de cette maladie sont d'ailleurs très variables; il est probable qu'il s'agit d'un trouble de l'innervation. L'amaurose temporaire n'est pas une affection grave, mais elle inquiète cependant beaucoup de malades. Le traitement doit être prophylactique et s'adresser à la cause même de la maladie : soit hystérie, dyspepsie, anémie, etc. On peut diminuer la violence de l'accès en plaçant la tête dans une position inclinée, en flagellant la figure avec un mouchoir humecté d'eau froide, ou en donnant immédiatement aux malades frais ou tièdes un gramme de bromure de potassium. On trouve aussi l'amaurose chez les individus empoisonnés par le plomb (amaurose saturnine); elle paraît causée par la grande proportion d'albumine que contiennent les urines. Chez les fumeurs et les alcooliques, la vue est simplement troublée, et, dans un certain nombre de cas, la cause de cette maladie est totalement inconnue. — *Amaurose simulée*. Quelques malades simulent parfois l'amaurose, soit pour se faire exempter du service militaire, soit pour se faire donner des secours s'ils sont indigents. On la rencontre aussi chez les enfants paresseux qui ne veulent pas aller à l'école, et chez quelques femmes nerveuses qui simulent cette affection, soit pour un caprice, soit pour autre chose. Dans tous ces cas différents, on ne la rencontre pas communément avec des signes bien déterminés. Certains médecins ont rencontré plusieurs cas de simulation chez des individus qui, ayant subi un léger traumatisme à la tête ou à l'œil, exagéraient beaucoup leur état dans l'espérance d'obtenir des dommages-intérêts plus ou moins considérables des particuliers ou des compagnies. Toujours ces personnes simulent l'amaurose d'un seul côté. Simuler la cécité complète leur rendrait en effet, la vie insupportable. Malheureusement pour ces malades, rien n'est plus facile que de reconnaître et de démontrer la simulation. Il existe pour cela plusieurs procédés. Si, plaçant le malade dans une chambre noire éclairée par une lampe, on projette brusquement, au moyen d'une loupe, sur l'œil prétendu amaurotique, un faisceau de lumière, on voit la pupille se contracter, ce qui n'aurait pas lieu si l'œil était réellement aveugle. Un autre procédé consiste à placer devant l'*œil sain* un prisme dont la base est tournée en haut ou en bas. L'image vue de cet œil est déviée, mais elle reste simple. Si le malade est ignorant, il accusera deux images qu'il attribuera à l'action du prisme sur l'œil sain. Voici d'autres modes d'emploi du prisme qui peuvent s'appliquer chez les individus les plus rusés et les plus instruits. L'épreuve, connue sous le nom de procédé de Welz, consiste à faire lire à l'examiné un prisme de 14° étant placé devant son œil droit, la base en dehors. Cet œil se déviera pour voir simple et se redressera au moment où le prisme sera retiré, mouvements incompatibles avec l'absence de la vision des yeux.

AMAUROTIQUE, adj. Qui a rapport à l'amaurose, qui est atteint d'amaurose. — S. Personne qui est atteinte d'amaurose. *C'est une amaurotique*.

AMAURUS, s. m. (du gr. *amaurós*, obscur). Entom. Espèce d'hémiptères, de la famille des scutellériens, dont il existe dix espèces vivant dans les régions australes de l'Afrique.

AMAURY, nom de plusieurs rois : AMAURY Ier, roi de Jérusalem, fils et successeur de Baudoin III. Son incapacité et son avarice précipitèrent la ruine des colonies chrétiennes de l'Asie (1165-1113). — AMAURY II, de Lusignan, roi de Chypre et roi titulaire de Jérusalem par son mariage avec Isabelle, veuve de Henri de Champagne. Il tint sa cour à Ptolémais, n'ayant pu rentrer, de toute sa vie, à Jérusalem, occupée par les Sarrasins (de 1194 à 1205).

AMAURY-DUVAL (EUGÈNE-EMMANUEL-AMAURY PINEU DUVAL, dit), peintre, né à Montrouge, le 16 avril 1808, neveu de l'auteur dramatique Alexandre Duval. Élève de M. Ingres. A voyagé plusieurs fois en Grèce. Il s'est adonné surtout au portrait, et le plus célèbre est celui de Rachel, la grande tragédienne. Citons, parmi ses œuvres principales, le *Sommeil de l'enfant Jésus*, le portrait d'*Alphonse Karr*, de Mme *Emma Fleury*, *Psyché*. Il a cessé d'exposer en 1867. Médaillé de 2e classe en 1838, de 1re classe en 1839, chevalier de la Légion d'honneur en 1845 et officier en 1865. Il a contribué à la décoration de plusieurs églises, Saint-Germain-l'Auxerrois, Saint-Merry. Il a publié, en 1878, une première partie de ses *Mémoires* sous ce titre : *l'Atelier d'Ingres*.

AMAUSITE, s. f. Minér. Nom donné à une variété de pétrosilex d'un blanc grisâtre, trouvée à Ædelfors, en Suède. — On écrit aussi AMAURITE.

AMAXICHI. Géogr. Ville des îles Ioniennes, ch.-lieu de l'île Sainte-Maure; évêché grec; 6,000 hab.

AMAZIE, s. f. (du gr. a priv. et $\mu\alpha\zeta o\varsigma$, mamelle). Anat. Se dit d'un être privé de mamelles.

AMAZIRGUES, s. m. pl. Géogr. anc. Nom d'un ancien peuple autochtone qui habitait les hauts sommets des monts Atlas et qu'on appelle plutôt BERBÈRES.

AMAZONE, s. f. (du gr. a et $\mu\alpha\zeta o\varsigma$, mamelle). Antiq. Nom qui fut donné par les anciens Grecs à des femmes guerrières qui habitaient les rives du Thermodon en Cappadoce et qui étendirent leurs conquêtes jusque dans l'Asie mineure. Ces femmes se perpétuaient par un commerce passager avec les hommes des pays voisins, à une certaine époque de l'année; les enfants mâles étaient portés sur la frontière et abandonnés; les filles étaient élevées aux frais de l'État. On a dit que vers la huitième année, elles subissaient une opération qui avait pour but de leur retrancher la mamelle droite afin qu'elles pussent tirer de l'arc avec plus de facilité, mais cette tradition ne semble avoir aucun fondement sérieux, car ni les médailles, ni les bas-reliefs, ni les sculptures antiques représentant les Amazones ne font mention et ne portent trace de cette mutilation qui devait être douloureuse. Le vêtement habituel des Amazones se composait de peaux de bêtes qu'elles tuaient à la chasse. Dans leurs expéditions guerrières, elles se revêtaient d'un corselet formé de petites écailles de fer ou même de

Amazone antique.

métal précieux. Pour armes offensives, elles portaient l'arc, la javeline et la hache (V. fig. ci-dessus); pour armes défensives, une espèce de bouclier en forme de croissant, appelé pelte, et un casque orné de plumes flottantes. Rarement elles s'avançaient à pied, presque toujours elles combattaient à cheval et avec une rare intrépidité. On distingue deux familles d'Amazones : les orientales ou asiatiques et les occidentales ou africaines. Ces dernières, suivant Diodore de Sicile, florissaient avant que les autres ne fussent connues. Elles subjuguèrent les Numides, les Ethiopiens et une grande partie des nations de l'Afrique. C'est environ quatre ou cinq siècles avant la guerre de Troie, ou 1600 ans avant notre ère, qu'on doit placer l'existence encore problématique des Amazones orientales. En rapprochant toutes les légendes antiques qui ont trait à cette histoire, on arrive aux faits suivants : la nation sarmate asiatique établie au nord du Caucase ne vivait que de rapines en faisant des incursions continuelles dans les pays environnants. Fatiguées de ces déprédations incessantes, les nations attaquées se coalisèrent et exterminèrent toute la population sarmate mâle. Les femmes sarmates coururent aux armes pour venger

Amazone de Dahomey.

leurs époux, et après quelques succès, se constituèrent en société guerrière et exer-

cèrent les plus terribles représailles envers l'ennemi. Telle fut, probablement, l'origine des Amazones, qui firent ensuite plusieurs conquêtes le long de l'Euxin et sur les bords du Thermodon. Les plus célèbres de leurs héroïnes furent Iphione qui vint féliciter Jason, lors de son retour de la fameuse expédition de la Toison d'or; Ménalippe, qui donna sa ceinture à Hercule; Hippolyte, qui envahit l'Attique; Antiope, qui fut vaincue par Thésée; la belle reine Penthésilée, qui marcha au secours de Troie et fut tuée par Achille, et Thalestris, qui visita Alexandre. Il est aussi parlé d'Amazones scythes, dont la reine Thomyris vainquit Cyrus et le fit périr, et d'Amazones d'Afrique qui subjuguèrent les Atlantes et furent exterminées par Hercule. Il est vraisemblable que toutes ces traditions n'ont aucun fondement historique. Pour peu qu'on y réfléchisse, on croira que des femmes aient, pendant des siècles, constitué un Etat et soutenu de grandes guerres. On peut encore concevoir que quelques femmes d'un caractère viril et plutôt masculin, aient pris part à une bataille et s'y soient distinguées, comme cela s'est d'ailleurs vu dans plusieurs phases de l'histoire, mais, de là à conduire un gouvernement et diriger une nation, il y a encore loin. La femme n'eût plus été femme alors, si aucun des devoirs sacrés qui lui incombent n'avaient pu la retenir, ni la maternité et les soins à donner à sa progéniture. C'eussent été des espèces d'androgynes, qu'on ne peut imaginer ayant souche pendant des siècles. Cependant, à d'autres époques de l'histoire, et même à l'époque actuelle, on a vu de véritables sociétés de femmes guerrières, d'Amazones, analogues à celles dont l'antiquité nous raconte les hauts faits. Au VIIIe siècle, en Bohême, il en existait une troupe, organisée en corporation militaire et même en société civile, sous le commandement de deux femmes, Lebussa et Vlasta. Ces Amazones construisirent des forts et firent pendant huit années et avec des chances diverses, la guerre au duc de Bohême Przémislas, exterminant ou réduisant en esclavage tous les hommes qui tombaient entre leurs mains. On eut grand'peine à les vaincre. — Aujourd'hui, on trouve encore des Amazones au Dahomey et dans quelques autres parties de l'Afrique centrale. Le voyageur Speke, assistant à une revue de l'armée du roi de l'Ogôoué, Mtesa, vit défiler un corps d'amazones et un corps de chasseresses d'éléphants. Certaines de ces femmes-soldats portent des bracelets, des colliers et des ceintures armés de fers très aigus; dans le combat elles se précipitent sur les ennemis et leur donnent la mort en les serrant dans leurs bras. Elles forment une troupe redoutable d'au moins 5,000 combattantes : elles doivent garder leur virginité sous peine de mort si elles succombent à la tentation. Quelques-unes d'entre elles, quoique appartenant à la race noire, sont très jolies, en plus de leurs colliers à pointes, elles sont armées de lances très courtes et de couteaux. — Les chasseresses d'éléphants sont armées de couteaux de chasse; elles ont sur la tête une coiffure formée de cornes d'antilopes, ce qui leur permet d'avancer auprès des animaux chassés sans que ceux-ci se méfient de leur approche. Ce sont pour la plupart de belles jeunes filles, très légères à la course et très robustes. — Enfin, aux îles Sandwich, on trouve aussi quelques traces d'Amazones mais non guerrières; elles montent à cheval comme les hommes et sont très habiles à tous les exercices du corps.
— GÉOGRAPHIE. L'Amazone ou Maragnon, gnon, le plus grand fleuve du globe, prend sa source dans les Andes du Pérou, au nœud de Pasco, sur lequel est le petit lac de Lauricocha. Il coule d'abord du sud au nord sur un plateau très élevé entre deux chaînes des Andes. Près de Juan de Bracamoros, il tourne à l'est et conserve cette direction générale jusqu'à la mer, tout en décrivant de grandes courbes. Il forme la limite entre la république de l'Equateur et le Pérou, puis traverse le Brésil et se jette dans l'Atlantique par une immense embouchure, large de 200 kilomètres environ, et encombrée de bancs de vase. Le volume d'eau vomi par le fleuve est si

considérable, que le courant se fait encore sentir à une distance de 40 kilomètres de la

Amazone de Sandwich.

côte. Il se produit, à l'embouchure de l'Amazone, un phénomène appelé par les indigènes pororoca. La marée, au lieu d'employer plusieurs heures à monter, parvient en quelques minutes à sa plus grande hauteur et forme une suite de trois ou quatre lames, hautes de cinq mètres environ, qui remontent le fleuve avec une rapidité prodigieuse et un bruit terrible, brisant tout ce qui résiste et arrachant les arbres du rivage. L'action de la marée se fait sentir jusqu'à Gurupa, à 300 kilomètres de l'embouchure, et l'élévation des eaux se constate jusqu'à Obidos, à 700 kilomètres de l'embouchure. L'Amazone est long de 4,500 kilomètres; il est partout navigable et coule généralement entre des rives basses sur lesquelles il déborde, à une distance considérable aux temps des crues; il traverse ainsi des plaines immenses, tantôt nues comme des déserts de sable africains, tantôt couvertes de verdure comme les steppes asiatiques, en étant bordé, çà et là, de rochers ou de grandes forêts. Ses bifurcations nombreuses forment une multitude d'îles et de marécages, qui ont quelquefois plusieurs lieues de largeur. L'Amazone reçoit plus de 200 affluents, dont quelques-uns ont 1,500 et 2,000 kilomètres; les principaux sont, à droite, le Huallaga, qui descend du nœud de Pasco sur le revers oriental des Andes; l'Ucayale, regardé par quelques géographes comme l'origine de l'Amazone, et formé par plusieurs rivières; l'Yucay, l'Apurimac, l'Unini, qui descendent du massif de Cuzco et coulent dans la direction du nord; le Yavari, qui sépare le Pérou du Brésil ; le Jutay, le Jurua, le Teffe, le Coary ; le Purus, qui descend du massif de Cuzco, et dont le cours supérieur se trouve dans le Pérou; le Madeira, le plus grand des affluents, formé par trois rivières : le Beni, le Marmore, le Guaporo, qui naissent sur le plateau de Bolivie; le Tapajos, formé également par plusieurs rivières qui descendent de la Serra dos Parexis; le Xingu, qui vient aussi de la Serra dos Parexis et finit à l'embouchure de l'Amazone. A gauche, les principaux affluents sont : le Paute, le Marona, le Pastusa, le Napo, le Putumayo, qui descendent des Andes de Quito ; le Japura, qui descend du nœud de Pastos dans la Nouvelle-Grenade; le Rio-Negro, qui prend sa source sur les frontières de la Nouvelle-Grenade, du Venezuela et du Brésil, communique avec l'Orénoque par un canal naturel, le Cassiquiare, et reçoit de nombreux affluents; le Guatuma, le Jarmunda, le Gurupatuba, l'Aranïracupu, qui descendent de la Parime.

AMAZONIEN. Myth. Surnom d'Hippolyte, fils de Thésée et de l'Amazone Antiope.
— Monts amazoniens. Nom qui fut donné à une chaîne de montagnes qui se trouve

près du Thermodon, ancien pays des Amazones.

AMAZONIQUE, *adj*. Qui se rapporte aux Amazones, qui a de la ressemblance avec les mœurs ou les habitudes des anciennes Amazones.

AMAZONITE, *s. f.* Minéral. Sorte de variété de feldspath opaque et susceptible d'un beau poli que l'on trouve principalement non loin du bord du fleuve des Amazones. On en trouve aussi des échantillons en Sibérie et dans les monts Ourals.

AMBA, *s. m.* Sortes de plateaux de forme pyramidale ou cubique, qu'on trouve même au milieu des plaines dans certains pays, et dont certains sont très vastes, couverts de forêts et sillonnés de sources. *Les ambas sont fréquents dans l'Afrique orientale et en Asie.*

AMBACT, *s. m.* Nom anciennement donné à l'étendue d'une juridiction féodale. — Peu us.

AMBAGES, *s. f. pl.* Se dit d'un flux de paroles embarrassées, de circonlocutions multipliées pour en arriver à dire peu de chose. *Soyez bref, point d'ambages.* (Molière.) *Pour avoir dit ma pensée en peu de mots, sans ambages, me voici en prison.* (Paul-Louis Courier.)

AMBAGIEUX, IEUSE, *adj.* (du lat. *ambagiosus*, ambigu). Zool. Se dit d'une espèce d'arachnide. *L'épeire ambagieuse est une araignée d'Espagne.*

AMBAÏBA, *s. m.* Bot. Sorte d'arbre du Brésil, de la famille des urticées à bois poreux très inflammable, genre des cécropies, appelé aussi *bois à canon* et *bois trompette*. Les indigènes s'en servent pour allumer du feu par le frottement.

AMBAÏTINGA, *s. m.* Bot. Sous-genre d'ambaïba, commun au Brésil.

AMBALAM, *s. m.* Bot. Sorte d'arbre qui croît dans la Péninsule indienne, dont le fruit est rond et jaune, dont un goût aigrelet, et dont les Indiens se servent souvent pour assaisonner le riz.

AMBALARD, *s. m.* Terme techn. Espèce de brouette dont on se sert dans les papeteries pour transporter la pâte de papier d'un lieu à un autre.

AMBANTES, *s. m. pl.* Géogr. anc. Nom d'un peuple de la Perse, dans le Paropamisus (aujourd'hui province de Kandahâr).

AMBARE, *s. m.* Bot. Nom d'un arbre des Indes ressemblant au noyer, et dont le fruit est apéritif et sert même d'évacuant.

AMBARÈS-ET-LAGRAVE, commune de France dans le département de la Gironde, arrond. de Bordeaux ; 1,550 hab. Vignes sur les côtes avoisinantes.

AMBARRES, *s. m. pl.* Géogr. anc. Nom d'une ancienne peuplade de la Gaule celtique, alliée des Eduens, et qui habitait à l'est sur la rive gauche de l'Arar (la Saône).

AMBARVALE, *adj.* (du lat. *ambarvalis*, m. signif.). Antiq. Se disait de la victime que l'on sacrifiait dans les ambarvalies après l'avoir promenée à travers la campagne. *Frères ambarvales*, les prêtres qui présidaient aux ambarvalies.

AMBARVALES ou **AMBARVALIES**, Myth. Fêtes en l'honneur de Cérès que les Romains célébraient tous les ans aux mois d'avril et de juillet. Ces fêtes consistaient en une procession solennelle à travers la campagne, et dans laquelle on marchait la tête ceinte d'une couronne de chêne, en priant la déesse de protéger les récoltes. Cela ressemblait un peu, comme on le voit, à nos *Rogations* actuelles, à la différence que ce n'est plus la même divinité que l'on invoque. La procession terminée, on immolait les *hosties ambarvales* : une truie, une brebis et un taureau, pour se rendre la déesse favorable. Il y avait des *ambarvales* privées et des *ambarvales* publiques.

AMBARVATE, *s. f.* Bot. Arbre de Madagascar dont les graines sont comestibles. Les feuilles servent de nourriture à une espèce de bombyx qui donne une soie de médiocre qualité.

AMBASSADE, *s. f.* (du lat. *ambactus*, valet qui fait les commissions, d'où est dérivé *ambactia*, mission). Fonction d'un bassadeur. Charge de celui qui est envoyé comme représentant par un gouvernement près d'un autre Etat, monarchie ou république. *Il avait l'air mystérieux et important d'un homme revêtu d'une ambassade.* (La Bruyère.) — On donne aussi ce nom à la maison, à l'endroit où sont installés les bureaux et les appartements d'un ambassadeur. *L'ambassade des Pays-Bas est située rue du Faubourg-Saint-Honoré.* — Se dit aussi du personnel qui accompagne l'ambassadeur. *Une ambassade nombreuse, une magnifique ambassade.* — Par ext. Députation envoyée à un prince, à un monarque par un autre Etat souverain dans différentes circonstances. *Il lui arriva une ambassade de Scythes.* (Vaugel.) — Se dit aussi famil. d'une simple commission qu'on donne à exécuter à quelqu'un. *Il m'a chargé d'une difficile ambassade. Pour achever mon ambassade, je viens vous demander votre fille en mariage.* — Ironiq. *O juste ciel ! j'ai fait une belle ambassade.* (Molière.) — Secrétaire d'ambassade, nom donné à l'employé qui sert de secrétaire à un ambassadeur qui remplace en toutes circonstances, lorsque l'ambassadeur est absent ; il jouit alors des mêmes droits et des mêmes privilèges. *Il fut nommé secrétaire d'ambassade à Rome.* (Lamartine.) — *Attaché d'ambassade*, celui qui est attaché à une ambassade, à une légation, à un titre quelconque et indeterminé.

AMBASSADERIE, *s. f.* Négociation en vertu d'une mission, d'une députation, d'une ambassade, etc. Vieux mot, peu us. maintenant.

AMBASSADEUR, *s. m.* (de *ambassade*), représentant d'une puissance, d'une nation auprès d'une autre puissance, d'une autre nation. Agent diplomatique des relations internationales entre les divers Etats ; il occupe le premier rang de la hiérarchie diplomatique. Il y a quatre ordres diplomatiques, ce sont ; les ambassadeurs proprement dits, les envoyés extraordinaires et ministres plénipotentiaires, les ministres résidents et les chargés d'affaires ; le mot d'*ambassadeur* est donc plutôt un terme générique s'appliquant à tous les agents diplomatiques en général, qu'un titre spécial porté par la personne même représentant le chef de l'Etat qui l'envoie. L'usage des ambassades est presque aussi ancien que les relations entre peuples. L'histoire ancienne nous fait connaître les résultats et les artifices de Gorgias et de Théminstocle en Grèce, ce de tous temps les nations se sont envoyé les unes aux autres. — L'ambassadeur, en pays étranger, a toujours joui du privilège d'*exterritorialité*, c'est-à-dire qu'ils sont absolument inviolables dans leur personne et celle du personnel qui les accompagne, même en cas de rupture entre les deux gouvernements. *Sancti habeutur legati*, disait la loi romaine (les ambassadeurs sont tenus pour sacrés). L'histoire offre de nombreux exemples d'insultes faites à des ambassadeurs et de réparations exigées par les gouvernements qui en avaient été l'objet. L'Algérie a été conquise à la suite d'une insulte faite par le dey d'Alger à notre ambassadeur. — L'ambassadeur doit s'attacher à faire respecter la vie, la liberté et les propriétés de ses nationaux, s'opposer à toute violation du droit des gens à leur égard, donner et recevoir les ordres et les communications politiques, et représenter de son mieux, près du gouvernement qui l'envoie. — Dans certains cas, les puissances envoient des *ambassadeurs extraordinaires*, lorsqu'il s'agit d'un traité, d'une alliance à conclure ; mais les ambassadeurs ordinaires sont toujours à poste fixe depuis le XVIe siècle. Ces missions permanentes ont eu pour effet de créer entre les Etats une certaine égalité et le sentiment du droit, qui sont la base du système européen. — *Ambassadeur* a pour syn. *député*,

envoyé. Les ambassadeurs parlent et agissent au nom de leurs souverains ; les envoyés ne sont que de simples ministres autorisés et qui n'ont qu'une mission temporaire et limitée ; les députés sont envoyés par un corps quelconque à un souverain. — L'ambassadeur du pape (appelé autrefois *légat* et aujourd'hui *nonce*) est, dans les cours catholiques, le premier des ambassadeurs : *primus inter pares*. — Famil. Se dit de toute personne chargée d'un message, d'une commission. *Vous ne pouviez envoyer un plus utile ambassadeur.*

AMBASSADORIAL, IALE, *adj.* Qui appartient à une ambassade. Qui a rapport à une ambassade. *Cortège ambassadorial.*

AMBASSADRICE (fém. de *ambassadeur*). Epouse d'un ambassadeur. *Les Corses tirèrent sur le carrosse de l'ambassadrice qui rentrait alors dans son palais.* (Voltaire.) *Madame de Metternich était une spirituelle ambassadrice. Ils étaient patronnés par madame l'ambassadrice d'Angleterre.* (Eug. Sue.)

AMBASSE, *s. m.* Ichth. Sorte de petit poisson de la famille des percoïdes, vivant principalement dans les eaux saumâtres de l'embouchure des fleuves de l'Inde et dans les étangs salés. Il est assez estimé des Hindous comme nourriture.

AMBATE, *s. m.* Entom. Genre de coléoptères tétramères, famille des curculionides, dont toutes les espèces connues sont originaires des régions chaudes de l'Amérique.

AMBATTAGE, *s. m.* Charronn. Opération qui consiste à garnir une roue de son bandage en fer. — On écrit plutôt EMBATAGE.

AMBAZAC, Géogr. Ch.-lieu de canton du dép. de la Haute-Vienne, arrond. de Limoges ; 2,900 hab. On trouve aux environs quelques vestiges d'un camp romain.

AMBE, *s. m.* (du lat. *ambo*, deux). Combinaison de deux numéros pris ensemble à la loterie et qui, s'ils venaient à sortir l'un et l'autre, rapportaient au joueur un certain nombre de fois sa mise. *Gagner un ambe.* — Au loto, deux numéros sortis et placés sur la même ligne horizontale du carton. — *Ambe déterminé.* Deux numéros sortis ou devant sortir ensemble, et dont l'ordre est indiqué par le joueur. — Aux échecs, l'ambe est formé brutalement par deux cases qui se trouvent à côté l'une de l'autre dans le même rang ; il y a, par suite, des *ambes verticaux*, *arrivés*, *obliques*.

AMBÈGNE, *s. f.* Antiq. Victime que l'on conduisait au sacrifice entre deux agneaux. — Se disait aussi d'une brebis qui avait mis bas deux agneaux à la fois et qu'on immolait en l'honneur de Junon.

AMBEL, *s. m.* Bot. Genre de plantes de l'Asie, dans la péninsule indienne, qui ressemblent beaucoup au nénuphar.

AMBÉLANIER, *s. m.* Bot. Nom donné dans la Guyane qui forme un genre particulier dans la famille des apocynées. C'est un arbre laiteux qui s'élève à environ trois mètres ; il a des rameaux noueux, des feuilles opposées, des fleurs en corymbe, au nombre de trois ou quatre et de couleur blanchâtre. Le fruit est d'un jaune citron, ridé ou chargé de verrues ; macéré dans l'eau pendant quelque temps il devient bon à manger ; les sauvages le gèrement acides. On les confit, après les avoir dépouillés de leur peau en les fermant d'excellentes confitures, qui sont acides et rafraîchissantes.

AMBER-BEER, *s. m.* (am'beur-bir, mots angl.) Sorte de bière fabriquée en Angleterre et dont la couleur se rapproche de l'ambre, ce qui lui a fait donner le nom de *bière-ambre*.

AMBERBOA, *s. m.* Bot. Nom persan donné à un genre de plantes appartenant à l'espèce *amirette*, ainsi appelée par l'odeur ambrée que ses fleurs répandent.

AMBERG. Géogr. Ville fortifiée du royaume d'Allemagne, en Bavière, ancienne capitale du haut Palatinat. Victoire de l'archiduc Charles sur le général français Jourdan en 1796. 10,000 hab., manufactures d'armes, de porcelaines, etc.

AMBERGER (Christophe), peintre allemand né à Nuremberg en 1490, mort à Augsbourg en 1563. Il prit pour modèle Holbein le Jeune mais il lui demeura toujours inférieur. Une de ses meilleures compositions est une *Madone entourée de Saints*. Il réussit plutôt dans les portraits et fit, en 1530, celui de *Charles-Quint* (auj. à la galerie de Vienne). Ce prince, qui le comparait au Titien, le récompensa généreusement.

AMBER-HAPPI. Méd. anc. Espèce d'électuaire ou de calmant dont on se servait à Constantinople et dans lequel entrait un grand nombre de substances telles que le musc, l'opium, le cachou, etc.

AMBÉRIEU. Géogr. Ch.-lieu de canton du dép. de l'Ain, arrond. de Belley ; 2,780 hab. Fromages, toiles; mines aux environs.

AMBERT. Géogr. Ville de France, ch.-lieu d'arrond. dans le dép. du Puy-de-Dôme, à 441 kil. de Paris, ancienne capitale du Livradois ; 7,600 hab. L'arrondissement a 8 cantons, 52 communes et 85,267 hab. On y voit plusieurs vieux monuments, notamment l'église de Saint-Jean, bâtie en 1471, et dont le style Renaissance se rapproche de celui des églises ogivales.

AMBESAS, s. m. (du lat. *ambo* et *as*). Au trictrac, on appelle *ambesas* le coup de dés qui amène deux as. On dit plutôt Beset. — Adjectivem., se dit d'une espèce d'arachnide commune en Géorgie, l'*atte ambesas*.

AMBEZ (Bec d'). Géogr. Nom que l'on a donné à l'endroit où la Dordogne se jette dans la Garonne, à 22 kilom. de Bordeaux.

AMBI, s. m. Nom d'un instrument de chirurgie, inventé par Hippocrate et abandonné aujourd'hui, pour réduire les luxations de l'humérus.

AMBIA, s. m. Minér. Nom que l'on donne dans l'Inde à une espèce de bitume liquide et jaunâtre d'une odeur analogue à celle de la résine tacamahaca ; on s'en sert dans le pays où il croît pour guérir la gale.

AMBIALET. Géogr. Commune du Tarn, arrond. d'Albi ; 290 hab.

AMBIANI, s. m. pl. d'*Ambianum*, ancien nom d'Amiens). Géogr. anc. Nom d'un ancien peuple belge dont les Picards, et dont la capitale était *Samarobriva*, auj. Amiens. Les anciens géographes en font mention.

AMBIANNALAIRE, adj. (du lat. *ambo*, deux et *annulus*, anneau). Chim. Se dit des substances minérales cristallisées en prismes dont chaque base est entourée d'un anneau à facettes.

AMBIANT, ANTE, adj. (du lat. *ambiens*, part. prés. du v. *ambire*, entourer). Se dit d'une chose qui enveloppe de tous côtés, extérieurement parlant. *La température ambiante, l'air ambiant, le milieu ambiant*.

AMBIBARES, s. m. pl. Géogr. anc. Nom d'une ancienne peuplade de la Gaule, dans la troisième Lyonnaise, et qui faisait partie de la confédération armorique. — On dit aussi Ambidariens.

AMBIDENTÉ, ÉE, adj. (du lat. *ambo*, deux et *dens*, dent). Zool. Animal qui possède des dents aux deux mâchoires.

AMBIDEXTÉRITÉ, s. f. Etat d'une personne ambidextre; mouvements exécutés par un ambidextre.

AMBIDEXTRE, adj. et subst. (du lat. *ambo*, deux et *dextera*, droite). Personne qui se sert avec autant d'aisance, d'adresse, de dextérité, de sa main gauche que de sa main droite ; qui dessine, écrit, fait des armes indifféremment avec l'une ou l'autre main. *Tous les mammifères munis de mains sont ambidextres, l'homme excepté*. (Bory de Saint-Vincent.) On a pensé cependant que tous les hommes naissaient ambidextres et que ce n'était que par impéritie et par une longue habitude qu'ils finissaient par présenter la singulière particularité d'une main plus adroite que l'autre, mais cette opinion est difficile à admettre, vu le petit nombre d'ambidextres que présentent les nations sauvages. Il est plus probable de croire, comme on l'a reconnu d'ailleurs, que cette prédisposition accrue peu à peu avec l'habitude, vient de la position de l'enfant dans le sein de sa mère, qui cause un véritable défaut d'équilibre entre le bras droit et le bras gauche. En effet, pendant la gestation, l'épaule, le bras et tout le côté gauche subissent un effet de compression, tandis que le bras droit se meut plus librement dans la cavité utérine. Quoi qu'il en soit, il serait bon de remédier à ce défaut, car il peut toujours être utile de savoir se servir de ses deux mains pour écrire, peindre, etc. ; dans certaines professions, même, telles que la chirurgie, on ne peut bien réussir que si l'on est familiarisé la main gauche à certains exercices difficiles. Ce n'est qu'à la suite d'une longue habitude, d'exercices répétés, qu'on peut espérer de revenir à l'état naturel. Un parfait ambidextre, se servant, pour quelque travail que ce soit, indifféremment de l'une ou l'autre main.

AMBIERLE. Géogr. Bourg du département de la Loire, arrond. de Roanne, à 20 kilom. de cette ville ; 3,000 hab. On y remarque une vieille église qui possède des vitraux imitant la peinture sur verre du XVe siècle.

AMBIEUX, EUSE, adj. (du lat. *ambire*, aller autour). Qui est détourné, qui est tortueux, sinueux. *Des procédés ambieux*. — Vx mot tout à fait inusité.

AMBIGAT. Hist. Nom d'un chef des Gaulois Bituriges sous le VIIe siècle av. J.-C. Ce fut sous son règne que ses deux neveux, Bellovèse et Sigovèse, entreprirent leurs fameuses excursions, si célèbres dans l'histoire.

AMBIGENE, adj. (du lat. *ambo*, deux et *genus*, naissance). Géom. Nom donné à une sorte d'hyperbole qui a l'une de ses branches infinies inscrite et l'autre circonscrite à son asymptote. — Bot. Se dit d'un calice dont la partie extérieure est de la nature ordinaire d'un calice et la partie interne de la nature d'une corolle, comme dans les ornithogales, les grenadilles, etc.

AMBIGU, s. m. (du lat. *ambiguus*, douteux, incertain). Sorte de repas que l'on sert entre l'heure du déjeuner et celle du dîner qui tient de l'un et de l'autre par les mets servis, où l'on sert des viandes chaudes ou froides et le dessert tout entier. *Les grands repas de corps se servent ordinairement en ambigu*. (Acad.) *Cet ambigu n'avait pas mauvaise figure*. (Gérard de Nerval.) — Par anal. Mélange de choses de nature opposée. *C'est un ambigu de précieuses et de coquettes que leurs personnes*. (Molière.) — Sorte de jeu de cartes qui n'est en somme qu'un mélange plus ou moins bien réussi de diverses combinaisons empruntées à différents jeux, tels que la bouillotte, le whist, etc.

AMBIGU, UE, adj. (du lat. *ambiguus*, douteux). Se dit de ce qui présente un double sens et qui par conséquent est douteux, incertain. *Discours ambigu. Réponse ambiguë. Les oracles étaient souvent ambigus*.

Aux deux traits *ambigus* que je viens de conter.
MOLIÈRE.

Se dit, par ext., de tout ce qui n'a pas de nature propre, de caractère bien tranché. *Aristote a dit que le phoque était d'une nature ambiguë et moyenne entre les animaux aquatiques et terrestres*. (Buffon.) — Bot. *Organe dont la disposition, la structure n'est pas bien déterminée. Cloisons ambiguës*, cloison qui n'a point d'origine certaine et qui est attachée à la paroi d'un péricarpe qui ne s'ouvre pas. *Hile ambigu*, hile qui correspond à la fois aux deux bouts réunis d'une graine recourbée ou repliée. *Corolle ambiguë*, corolle qui, dans les synanthéries, est intermédiaire entre deux formes déterminées.

AMBIGU-COMIQUE (Théâtre de l'). Fondé en 1769, sur le boulevard du Temple, par un acteur de la Comédie-Italienne, nommé Audinot, l'Ambigu ne fut d'abord qu'un théâtre de marionnettes, puis d'enfants. Protégé par la Dubarry, le théâtre prospéra et joignit à son répertoire des pantomimes à grand spectacle, avec ballets et divertissements. L'Opéra vit là une concurrence et contraignit Audinot à lui payer une forte indemnité. Mais devenu plus libre en raison de cet arrangement, il agrandit sa salle, gagna une fortune considérable, et céda l'exploitation de l'Ambigu à Corsse, à la fois auteur et comédien. Ce fut alors que le type populaire de Mme Angot fit son apparition dans une féerie célèbre : *Madame Angot au sérail de Constantinople*. Le genre du théâtre était le mélodrame sombre, avec accompagnement d'orchestre, l'âge d'or du trémolo et de la sourdine. A la mort de Corsse, Audinot fils reprit l'Ambigu en 1822 avec *Cardillac*, l'*Auberge des Adrets*. Le 13 juillet 1827, le théâtre brûla et fut rebâti sur l'emplacement de l'hôtel Murinais, boulevard Saint-Martin. En 1830, sous la direction de M. Cès-Caupenne, le drame fleurit de mieux en mieux : citons *Glenarvon*, de Félicien Mallefille, *Ange*, de Félix Pyat, *Gaspardo le pêcheur*, de Bouchardy (1837), le *Naufrage de la Méduse*, *Lazare le Pâtre*, la *Prière des Naufragés*, les *Fugitifs*, le *Vieux Caporal*, le *Marchand de Coco*, *Fanfan la Tulipe*, les *Deux Diane*, *Rose Michel*, la *Vénus de Gordes*, le *Fils de Choppart*, *Belle-Rose*, l'*Affaire Coverley*, *Miss Multon*, le *Roi d'Yvetot*. Depuis quelques années, l'Ambigu a changé nombre de fois de directeur avec des chances diverses. Les pièces les plus importantes qui ont été données sont : les *Mouchards*, par P. Parfait et J. Moinaux ; *Diana*, par Dennery et Brésil (reprise) ; *Nana*, par Em. Zola et W. Busnach; *Petit Jacques*, par W. Busnach et J. Clarette (1881) ; l'*Incendiaire*, par B. Antier et Combérousse ; la *Marchande des Quatre-Saisons*, par W. Busnach ; *Jack Tempête*, par Pierre Elzéar ; les *Cerises*, vaudeville par Vast-Ricouard ; *Bertrade de Montfort*, par P. Hamon (1882). — Sous la direction de MM. Simon et Maurice Bernhardt, on joua *Cartouche*, les *Mères ennemies*, par Catulle Mendès (17 nov. 1883) ; la *Glu*, de M. Jean Richepin (21 janvier) ; l'*As de Trèfle*, de M. Decourcelles (15 mars) ; la *Bouquetière des Innocents* (reprise) (19 mai). — M. Eugène Simon se chargea seul de la direction, lors de la clôture ; les *Deux Orphelines* (reprise) (7 octobre) ; *Pot-Bouille*, par MM. Émile Zola et W. Busnach (13 décembre). En 1885, enfin, on a repris un moment la féerie avec la *Fille du Diable*, mais on est revenu bientôt au drame, le vrai genre du théâtre. L'*Homme de peine*, de Félix Pyat, a été un four magistral, et on s'est empressé de reprendre de vieux drames tels que *Fualdès* et le *Drame au fond de la Mer*, de M. Henri Dugué.

AMBIGUES, s. f. pl. Zool. Nom d'une petite division d'arachnides, dans le genre ctène.

AMBIGUÏTÉ, s. f. Défaut de ce qui présente un double sens, qui peut donner lieu à l'équivoque. *Il faut parler net et sans ambiguïté*. (Acad.) — En rhét., l'ambiguïté est le contraire de la netteté, elle laisse l'esprit incertain sur la véritable sens d'une expression, laquelle, d'après la construction grammaticale, laisse un doute sur ce que l'écrivain a voulu dire. — Ambiguïté a pour synon. *amphibologie, équivoque, double sens*. L'ambiguïté a un sens général, susceptible de plusieurs interprétations. Le double sens a deux significations, dont l'une est comprise de tout le monde et l'autre présente une allusion plus ou moins facile à reconnaître. L'équivoque a deux sens, l'un naturel, l'autre détourné, qui n'existe que dans la pensée de celui qui parle ou qui écrit. Quant à l'amphibologie, c'est une simple équivoque grammaticale exclue du langage. — Droit. Dans les conventions, lorsqu'une clause est ambiguë, on doit l'interpréter soit dans le sens avec lequel elle peut avoir quelque effet, soit dans celui qui convient le mieux à la matière du contrat, soit d'après les usages du pays où le contrat a été passé. Dans le doute, la convention s'interprète contre celui qui a stipulé et en faveur de celui qui a contracté l'obligation.

AMBIGUMENT, adv. D'une manière ambiguë. *L'Église anglicane parle ambigument.* — On écrit aussi quelquefois AMBIGUEMENT.

AMBILATRES, s. m. pl. Géogr. anc. Nom d'un ancien peuple de la Gaule qui occupait le pays situé au midi de la Loire, non loin de l'endroit où s'élève aujourd'hui Châtellerault (Vienne).

AMBINUX, s. m. Bot. Genre de plantes de la famille des euphorbiacées appelé aussi *aleurite* par quelques botanistes. Son fruit renferme deux noyaux.

AMBIOPIE, s. f. Pathol. Maladie des yeux dans laquelle on voit les objets doubles ou entourés d'une espèce d'auréole colorée qui ne permet pas de les voir distinctement.

AMBIORIX. Hist. Roi des Eburons (pays de Liège) lors de la conquête de la Gaule par les Romains. Il battit plusieurs des lieutenants de César, notamment Sabinus et Cotta, mais peu après Jules César luimême lui fit essuyer une défaite terrible, où 60,000 Eburons périrent, 57 ans av. J.-C. A la suite de cette bataille, les Eburons furent presque totalement exterminés par le fameux général romain, qui en avait fait le serment. La tête d'Ambiorix fut mise à prix, mais le guerrier gaulois put gagner les forêts des Ardennes et de la Germanie, où il se tint caché. De là, chaque fois que la guerre se rallumait en Gaule, il accourait combattre les Romains qui avaient détruit son peuple. C'était un homme hardi, courageux et indomptable, mais à la bonne comme dans la mauvaise fortune.

AMBIPARE, adj. Bot. Se dit des bourgeons qui renferment à la fois des fleurs et des fruits.

AMBIPRAVES, s. m. pl. Géogr. anc. Peuple de l'ancienne Norique, qui habitait dans les Alpes près des sources de la Drave.

AMBIR, s. m. Ichthyol. Poisson appartenant au genre mulle, et que l'on trouve principalement dans les eaux de la mer Rouge.

AMBIRA, s. m. Instrument de musique des nègres du pays de Mozambique.

AMBISONTIENS, s. m. pl. Géogr. anc. Nom d'un peuple qui habitait la Norique.

AMBITÉ, ÉE, adj. Technol. Se dit du verre qui, après avoir été affiné, perd sa transparence et semble rempli de boutons.

AMBITIEUSEMENT, adv. Avec ambition. D'une manière ambitieuse. *Rechercher ambitieusement les honneurs.* (Acad.)

AMBITIEUX, EUSE, adj. et subst. (ambi-cieu, euse). Celui qui a de l'ambition. *Madame Roland s'aperçut que Dumouriez était trop ambitieux pour passer longtemps sous le niveau de son parti.* (Lamartine.)

Les honneurs sont vendus au plus ambitieux.
CORNEILLE.

Se dit aussi de celui, celle qui recherche, qui poursuit ardemment une chose. *Il est plus ambitieux de faveurs que de gloire.* (Acad.) — Se dit aussi en parlant d'une chose qui dénote, qui annonce l'ambition. *Les natures énergiques sont ambitieuses, car toute force tend à l'action.* (A. Blanc.) *C'est un esprit ambitieux.* Se dit en parlant d'un style recherché, pompeux, prétentieux. *Style ambitieux; phrase, période ambitieuse.*

Il réprime des mots l'ambitieuse emphase.
BOILEAU.

— Substantiv. Celui, celle qui a de l'ambition. *L'ambitieux a autant de maîtres qu'il y a de gens utiles à sa fortune.* (La Bruyère.) *Les ambitieux ne parviennent au sommet des grandeurs que pour tomber de plus haut.* (Sodo.) *L'ambitieux ne croit point à la vertu ni au mérite de ses concitoyens.* (Millot.)

Jamais ambitieux ne fut sincèrement,
Ni véritable ami, ni véritable amant.
DU RYER.

AMBITION, s. f. (du lat. *ambitio*, de *ambire*, tourner autour, briguer; pron. *ambicion*). Volonté forte, désir puissant, assez fort pour vous user afin d'en arriver à un but élevé, par des moyens honorables. Il y a, pourrait-on dire, deux sortes d'ambition, l'une noble qui porte chacun de nous à s'élever à un poste élevé, compatible avec nos études, nos connaissances, en récompense de longs travaux, ou de longs et patients efforts et que l'on croit mériter. L'autre est ce désir immodéré de richesses, cette soif inextinguible d'honneurs qui poussent ceux qui en sont atteints à employer tous les moyens avouables ou inavouables pour arriver à la célébrité, à la richesse, aux hauts emplois, à ce but quelquefois trop élevé pour eux et qu'ils poursuivent. L'ambition des certains cas, tourne à l'égoïsme ; dans d'autres c'est une sorte de vertu qui a enfanté de grands hommes et de grandes actions, lorsque les idées de l'ambitieux peuvent avoir un certain profit, un résultat quelquefois inespéré pour ceux qui l'environnent. Richelieu, le plus grand ministre qu'ait possédé la France, était un ambitieux qui a fait de grandes choses. Quelle est cette ambition qui pousse chaque année tant de jeunes gens à se distinguer soit dans les combats de la plume ou de l'épée, soit dans toute autre carrière libérale où d'arriver à une célébrité méritée, sinon une louable ambition ? Autant ce stimulant est utile à l'humanité en ce cas, autant il est désastreux lorsque c'est un incapable qui, par suite de quelques circonstances, s'est trouvé élevé aux premiers rangs de la société, et qui en ressent l'aiguillon. Il n'est rien alors qui résiste à sa fureur de domination ; il bouleversera son pays afin de s'enrichir aux dépens d'autrui, ou de laisser un nom qui lui survive. Les peuples, hélas! en ont et souvent un triste exemple en leurs gouvernants à toutes les époques de leur histoire. — Philos. Bacon distinguait trois sortes d'ambitions : celle qui consistait à vouloir gouverner un peuple afin d'en faire l'instrument de ses desseins, celle d'élever son pays et de lui assurer la suprématie sur tous les autres, enfin celle, la plus noble de toutes, d'élever l'humanité tout entière en augmentant le trésor de ses connaissances et de sa puissance sur la nature. Bernardin de Saint-Pierre faisait de l'ambition et de l'amour les deux grands mobiles de l'activité humaine. Ch. Fourier avait fait de l'ambition une des grandes passions affectives. Auguste Comte, le fondateur de la philosophie positive, a placé l'ambition parmi les penchants personnels : il distingue l'*ambition temporelle* ou orgueil qui est le besoin de domination et l'*ambition spirituelle*, ou vanité qui est le besoin d'approbation. — Au fig. L'ambition est souvent mis pour les ambitieux en général. *Presque toujours l'ambition n'a pour toute jouissance que des rêves courts et cruels.* (De Ségur.) — (H. de Graff.)

AMBITIONNANT, part. prés. du v. AMBITIONNER.

AMBITIONNÉ, ÉE, part. pass. du v. AMBITIONNER. *Servir son pays est un honneur qui n'est plus, hélas! ambitionné par beaucoup de monde.*

AMBITIONNER, v. a. Rechercher avec empressement et avec ardeur tous les moyens possibles de s'élever, de s'enrichir ou de dominer. *Je ne veux ambitionner aucune gloire sans la partager avec vous.* — S'empl. souv. suivi d'un verbe. *Ambitionner d'être utile.* — Formule de politesse exagérée. *J'ambitionne l'honneur de vous rendre service.* (Acad.)

AMBITUS, s. m. (du lat. *ambire*, aller autour). Nom que les Grecs et les Romains donnaient à une sorte de petite niche creusée dans les tombeaux et dans laquelle on plaçait une urne. — Au moyen âge, c'était un terrain consacré autour d'une église, servant de lieu d'asile et quelquefois aussi de cimetière. — Mus. Mot qui était employé dans la musique ancienne pour désigner l'étendue de chaque mode et la marche des modulations dans une fugue. Dans la musique d'église, il marque l'étendue de chaque ton.

AMBIVARÈTES ou **AMBIVARITES**, s. m. pl. Géogr. anc. Nom d'un ancien peuple de la Gaule, qui habitait la rive droite de la Loire et dont Nevers était la capitale. Les Ambivarètes étaient tributaires des Eduens.

AMBLAINVILLE. Géogr. Village du dép. de l'Oise, arrond. de Beauvais ; 800 hab. Belle église cruciforme avec un portail style Renaissance.

AMBLAKÈNE, s. f. (du gr. *amblus*, obtus, *a* priv. et *kainô*, je m'ouvre). Bot. Sorte de plantes appartenant au genre achyrophore, caractérisée par leurs fruits obtus.

AMBLANT, part. prés. du v. AMBLER. — Peu us.

AMBLE, s. m. (du lat. *ambulare*, marcher). Allure naturelle des poulains lorsqu'ils n'ont pas les reins assez forts et chez les vieux chevaux usés par l'âge. Chez les chevaux faits et vigoureux, l'amble est toujours appris artificiellement. Dans cette allure, l'animal a toujours deux membres au soutien et deux membres à l'appui; c'est donc une allure en deux temps, dont le premier est frappé par le bipède latéral droit (jambe droite de devant et jambe droite de derrière), et le second par le bipède latéral gauche, ou inversement. La vitesse de l'amble est peu intérieure à celle du trot; elle est bien plus douce pour le cavalier, mais plus fatigante pour les épaules du cheval. Elle est rejetée avec raison des manèges par les écuyers. Au moyen âge un grand nombre de coursiers marchaient l'amble ; les *haquenées*, les *palefrois* des châtelaines y étaient dressés. De nos jours, les mules dont on se sert encore beaucoup en Espagne trottent l'amble. — V. ALLURE.

AMBLÈME, s. m. (du gr. *amblêma*, greffe). Genre de mollusques acéphales, à coquille bivalve, voisin des mulettes et qui n'a pas encore été adopté.

AMBLÉMIDE, adj. Qui a ou qui ressemble à un amblème. — S. f. pl. Famille de mollusques acéphales ayant pour type le genre amblème.

AMBLÉOCARPE, adj. (du gr. *amblus*, faible et *karpos*, fruit). Bot. Se dit d'une plante qui produit peu de semence.

AMBLER, v. n. Aller l'amble. Trotter l'amble. *Vous avez là un cheval qui amble bien.* Vieux mot peu us.

AMBLETEUSE. Géogr. Ville de France dans le département du Pas-de-Calais, à 8 kilom. de Boulogne. C'est une ville très ancienne ; elle était déjà importante au IXe siècle par son commerce. Elle fut ruinée par les Barbares, puis relevée par Renaud de Brie, comte de Boulogne ; Henri VIII, roi d'Angleterre, en fit un moment, en 1544, un insigne général de munitions de guerre sur le continent, mais Henri II, roi de France, s'en empara en 1549 et il fit raser les fortifications de la ville. En 1803, lorsqu'il établit le camp de Boulogne, Napoléon Ier essaya de rendre à ce port sa première splendeur, comme Vauban longtemps avant lui l'avait tenté, mais les travaux ne furent pas achevés. On remarque aux environs une colonne de granit qui fut élevée en 1803 par cet empereur.

AMBLEUR, EUSE, adj. Qui trotte l'amble. *Cheval ambleur, mule ambleuse.* (Peu us.) — S. m. Nom donné autrefois à un officier chargé de la petite écurie du roi. — Véner. Se dit aussi d'un cerf qui, en marchant, porte son pied de derrière au delà de la trace du pied de devant du même côté. — En terme de manège, se dit d'un cheval, d'un jument, etc., qui marche l'amble, dont l'amble est l'allure ordinaire. — On dit aussi AMBLIER et AMBLIÈRE.

AMBLEXTIS, s. m. Entom. Genre de coléoptères tétramères, de la famille des longicornes, dont on ne connaît qu'une espèce originaire du cap de Bonne-Espérance.

AMBLIRION, s. m. Bot. Genre de plantes de la famille des liliacées, tribu des tulipacées, formé aux dépens des lis, mais qui n'est pas encore adopté.

AMBLODON, s. m. Ichthyol. Genre de poissons, du genre sciène, vivant dans la rivière l'Ohio (Amérique du Nord). Il n'a encore été qu'imparfaitement décrit.

AMBLOSIE, s. f. Vieux terme médical, inus. auj. et qui signifiait *avortement*.

AMBLOTIQUE, adj. Méd. Se disait autrefois des médicaments propres à provoquer l'avortement. On ne dit plus aujourd'hui qu'ABORTIF. — V. ce mot.

AMBLYCARPE, s. m. (du gr. *amblus*, obtus, et *karpos*, fruit). Bot. Genre de plantes, famille des composées, tribu des sénécionidées synanthérées, dont on ne connaît qu'une espèce qui est une herbe annuelle ou bisannuelle à fleurs jaunes et trouvée sur les bords de la mer Caspienne.

AMBLYCÉPHALE, s. m. (du gr. *amblus* et *képhalé*, tête). Erpét. Genre de reptiles ophidiens appelés aussi *pareas*. — Entom. Genre d'insectes orthoptères ayant pour type la cigale verte. Synon. de *tettigonie*.

AMBLYCÈRE, s. m. Entom. Genre d'insectes coléoptères tétramères, famille des curculionides, réuni maintenant au genre anthribe.

AMBLYCHE, s. m. Entom. Genre d'insectes coléoptères pentamères, famille des carabiques, réuni maintenant au genre bidister.

AMBLYCHÈLE, s. m. Entom. Genre d'insectes coléoptères pentamères, famille des carabiques et voisin des cicindèles.

AMBLYTE, s. f. (du gr. *amblus*, obtus). Bot. Genre de fougères de la famille des polypodes, mais qui s'en distingue par la distribution des nervures; l'espèce la plus connue est l'*amblye à feuilles de noyer*, que l'on rencontre surtout dans les régions équatoriales de l'Amérique.

AMBLYGLOTTE, s. f. Bot. Genre de plantes de la famille des orchidées. Synon. du genre calanthe. — V. ce mot.

AMBLYGNATHE, s. m. Entom. Genre d'insectes coléoptères pentamères, famille des carabiques que l'on rencontre dans la Guyane.

AMBLYGONE, adj. (du gr. *amblus* et *gônia*, angle). Minéral. Qui a un angle obtus. — S. m. Bot. Genre de plantes de la famille des polygonées, qui sont des herbes annuelles à racine fibreuse, se rapportant au genre *polygonum*.

AMBLYGONITE, s. m. Minér. Substance minérale vitreuse ou blanc verdâtre que l'on trouve dans le granit de Chusdorf, en Saxe, et qui est un phosphate d'alumine et de lithine dont les clivages se coupent toujours sous un angle obtus. On en trouve à Arendal, en Norwége.

AMBLYLÉPIS, s. f. Bot. Genre de plantes de la famille des composées, ayant pour type une plante du Mexique à feuilles jaunes.

AMBLYMÈRE, s. m. Entom. Genre d'hyménoptères, famille des chalcidiens, dont on connaît un assez grand nombre d'espèces, habitant l'Angleterre.

AMBLYODE ou **AMBLYODAS,** s. f. Bot. Nom donné à un certain genre de cryptogames.

AMBLYOPE, adj. (de *amblus*, faible et *ôps*, œil). Pathol. Se dit d'une vue affaiblie ou faible. — Zool. Se dit aussi des animaux qui ont les yeux très petits et qui ne voient que très peu. — S. m. Nom que l'on donne à une personne atteinte d'amblyopie.

AMBLYOPHIS, s. m. Genre d'infusoires verts, dont la seule espèce connue, longue de 1/4 de millimètre environ, vit isolément au fond des marais ou dans les infusions d'herbes aquatiques conservées longtemps.

AMBLYOPIE, s. f. Pathol. Troubles dans la vision accusant souvent des lésions des membranes de l'œil, provenant, soit de l'âge chez les vieillards, soit des habitudes vicieuses chez les jeunes gens, et qui souvent sont les premiers indices de l'amaurose. — V. AMAUROSE. OPHTALMOLOGIE, ŒIL.

AMBLYOPSIS, s. m. Ichthyol. Genre de poissons gobioides, dont le corps est très allongé, presque aplati en ruban et dont les yeux sont très petits et recouverts de peau.

Amblyopsis.

Ils vivent principalement dans les étangs salés qui avoisinent la baie saumâtre de l'embouchure des fleuves pour y trouver leur nourriture.

AMBLYORNIS, s. m. Ornith. Sorte d'oiseau dit *oiseau jardinier*, trouvé par le baron de Rosenberg en Nouvelle-Guinée et nommé scientifiquement *amblyarnis inornata*. L'amblyornis inornata, son nom même l'indique, porte une livrée des plus modestes, le sommet de sa tête, son dos, ses ailes et sa queue étant d'un brun olivâtre, et les parties inférieures de son corps d'un roux verdâtre; il est à peu près de la grosseur d'un merle ou d'une grive, et pourrait être, au premier abord, pris pour un oiseau de ce genre qui n'aurait pas encore son plumage d'adulte, s'il n'avait

Amblyornis.

pas le bec ni les pattes aussi robustes. Par là se révèlent certaines affinités avec les corbeaux et avec les paradisiens, auprès desquels la plupart des ornithologistes se sont décidés à le placer, en dépit de grandes différences dans le plumage. Mais l'étude attentive du squelette nous renseigne à cet égard. Ce qui est certain, c'est que l'amblyornis a des liens de parenté très étroits avec des oiseaux d'Australie qu'on appelle des chlamydodères (*chlamydodera*). Les formes générales sont les mêmes dans l'amblyornis et dans les chlamydodères : le bec est également épais, de couleur foncée, avec les narines arrondies, placées juste à la limite des plumes frontales, ou même un peu cachées sous ses plumes; la mandibule supérieure est convexe et munie d'une petite dent vers l'extrémité; les pattes sont fortes, brunes ou noirâtres, et les doigts, le pouce surtout, se terminent par des ongles crochus. Au lieu de se contenter, comme l'immense majorité des oiseaux, de bâtir chaque année des nids destinés à recevoir sa progéniture, l'amblyor-

nis se donne la peine d'élever des constructions de formes variées qui lui servent de maison de plaisance. Ces cabanes ont parfois 1 m. 20 de longueur sur 1 mètre de large et renferment un couloir étroit dont le plancher est formé par des brindilles; elles sont, du reste, ornées comme d'ordinaire avec des coquillages auxquels l'oiseau entremêle des baies de couleur vive. Le nom de *Tukan-Koban*, que les Malais donnent à cet oiseau, signifie *jardinier*. Quant aux Papous, ils appellent l'amblyornis *Buruk-Guruk* ou *Burum-Guru* (maître oiseau), à cause du talent avec lequel ce passereau singulier reproduit le chant et les cris d'autres oiseaux.

AMBLYPOGON, s. m. Bot. Genre de plantes originaires de la Perse et que l'on regarde comme une section de l'*amberboa* ou *ambrette*.

AMBLYPTÈRE, s. m. Paléont. Poissons fossiles appartenant à la famille des lépidoïdes et que l'on trouve dans les formations inférieures des dépôts jurassiques. — Ornith. Genre de passereaux de la famille des engoulevents, dont on ne connaît qu'une seule espèce qui vit au Brésil.

AMBLYPTÉRIX, s. m. (du gr. *amblus*, obtus, et *pterux*, aile). Entom. Genre d'insectes névroptères, appelés aussi *molannes*.

AMBLYPUS, s. m. Entom. Genre de coléoptères tétramères dont on connaît deux espèces originaires des régions chaudes de l'Inde.

AMBLYRRHAMPHE, s. m. Ornith. Genre d'oiseaux de la famille des troupiales, habitant les roseaux et qu'on désigne, en Amérique, où ils vivent, sous le nom de *troupiale noir à tête rouge* et de *bicolor*.

AMBLYRRHIN, s. m. Entom. Genre d'insectes coléoptères tétramères, famille des curculionides, dont on ne connaît que deux espèces habitant les Indes.

AMBLYRRHYNQUE, s. m. (du gr. *amblus*, obtus et *runchos*, museau). Erpét. Genre de reptiles iguaniens pleurodontes, originaires de la Californie.

AMBLYS, s. m. Entom. Genre d'insectes coléoptères pentamères, famille des sternoxes. — Nom d'insectes hyménoptères de la famille des mellifères.

AMBLYSPERME, s. m. (du gr. *amblus sperma*, semences obtuses). Bot. Genre de plantes de la famille des composées, établi sur une seule espèce trouvée en Australie.

AMBLYTÈRE, adj. Minér. Épithète donnée dans la nomenclature minéralogique de Haüy à un cristal dans lequel tous les bords et tous les angles subissent des décroissements, à l'exception d'un bord situé à la rencontre de deux faces qui forment ensemble un angle obtus. — S. m. Entom. Genre d'insectes coléoptères pentamères, famille des lamellicornes, fondé sur une seule espèce de la Nouvelle-Hollande.

AMBLYURE, s. m. Paléont. Genre de poissons fossiles de la famille des lépidoïdes et dont on ne connaît qu'une seule espèce, l'*amblyure macrostome*, qui provient des lias du lyma rugis.

AMBOINE. Géogr. Ile de la Malaisie hollandaise, la principale du groupe de ce nom, dans l'archipel des Moluques. Elle fut conquise par les Portugais, qui s'en emparèrent en 1564; les Hollandais l'occupèrent en 1607 et les Anglais en 1796; elle a été revendue depuis aux Hollandais qui l'occupent actuellement. — C'est le siège d'un grand commerce de sagou, de tapioca et d'indigo. 60,000 hab. La ville d'Amboine, ch.-lieu de l'île, a 7,000 hab.

AMBOISE. Géogr. Ch.-lieu de canton du départ. d'Indre-et-Loire, arrond. de Tours, sur la rive gauche de la Loire; 5,000 hab. Elle renferme de beaux édifices, notamment le célèbre château fort où naquit et mourut Charles VIII et qui servit de prison à Abd-el-Kader de 1848 à 1852, deux édifices de quatre étages de hauteur, taillés dans le roc et appelés Greniers de J. César; la chapelle Saint-Florentin, qui date de l'an 1041 et l'église paroissiale, bâtie par Saint Martin et célèbre par la conjuration de 1560 contre les Guises; ce furent, on se le rappelle, les calvinistes et une partie de la noblesse française qui avaient voulu arracher le roi François II du pouvoir de ses oncles et assurer le libre exercice du protestantisme en France.

Château d'Amboise.

Les conjurés avaient pour chef ostensible un certain La Renaudie, mais le chef réel du complot semblait être le prince de Condé. Ils devaient marcher sur Blois, où se trouvait alors la cour, quand les Guises furent prévenus de la conjuration par l'avocat parisien Avenelles. La Renaudie, surpris avec ses compagnons au moment où ils se disposaient à partir, périt les armes à la main; d'autres protestants assaillis au moment où ils marchaient sur Amboise, furent faits prisonniers et envoyés à l'échafaud (1560). Le prince de Condé lui-même, soupçonné d'être l'âme du complot, se vit forcé d'affirmer par serment et pour sauvegarder sa sécurité, qu'il n'avait pris aucune part à la conspiration de La Renaudie et des protestants.

AMBOISE (Georges, cardinal d'). Il naquit en 1460, au château de Chaumont-sur-Loire, et fut successivement évêque de Montauban, archevêque de Narbonne, puis de Rouen, cardinal et premier ministre du roi Louis XII. Malgré les difficultés de ces temps guerriers, il sut sagement administrer sans augmenter les impôts, il opéra de grandes réformes dans la législation et dans la procédure, prit des mesures sévères contre la vénalité des charges et mit de l'ordre dans les affaires publiques. Si le cardinal d'Amboise n'a pas laissé la réputation d'un grand ministre, du moins toujours a-t-il été un parfait honnête homme. Il fut nommé légat du saint-siège en France, et crut un moment, malgré sa charge de ministre, qu'il pourrait devenir pape. Mais il eut le tort de se confier au cardinal de Rovère, qui le trompa et se fit élire à sa place sous le nom de Jules II. Frappé de cet acte déloyal, le cardinal se retira à Lyon, où il mourut, dans le couvent des Célestins, en 1510. Il a laissé des *Lettres au roy Loys douze* (imprimées à Bruxelles en 1712).

AMBON, s. m. Archit. Sorte de tribune, en pierre ou en marbre, sur laquelle, dans certaines églises, on chantait, pendant la semaine sainte, la passion et les prophéties; il était accessible par deux escaliers en spirale. Il y avait quelquefois deux ambons. L'église Saint-Étienne-du-Mont, à Paris, en possède un. Il a été remplacé par le jubé presque partout (V. ce mot). — Anat. Sor dit, en anatomie, du bord cartilagineux des cavités de os qui sont destinées à recevoir l'articulation d'un autre os, comme dans la cavité cotyloïde de l'os iliaque qui reçoit la tête du fémur. — Bot. Nom donné à une sorte de néflier qui croît aux Indes.

AMBORE, s. f. Bot. Genre de plantes de la famille des monimiacées, qui croissent principalement à l'Ile de France et à Madagascar.

AMBORÉ, ÉE, adj. Bot. Se dit d'une plante qui ressemble à l'ambore. — S. f. pl. Genre de la famille des monimiacées, qui a pour type l'ambore.

AMBOTAY, s. m. Bot. Nom vulgaire du corosole à petites fleurs.

AMBOTRACE, s. m. (du lat. *ambo*, deux et *trace*). Nom qui a été donné à un instrument qui permet d'écrire sur deux feuilles de papier différentes à la fois, avec la même plume. — V. Hectographe, Autocopieur, Polycopie.

AMBOUCHOIR, s. m. Technol. V. Emboucihoir.

AMBOURNAY. Géogr. Commune du départ. de l'Ain, arrond. de Belley, où l'on trouve de belles ruines romaines, une belle église, qui est aujourd'hui à demi détruite par un incendie, et un magnifique tombeau gothique, 1,850 hab.

AMBOUT, s. m. V. Embout.

AMBOUTIR, v. a. V. Emboutir.

AMBOUTISSOIR ou **EMBOUTISSOIR**, s. m. Terme techn. Appareil composé d'un poinçon et d'une matrice de forme et de dimension respectives et variables, employé pour transformer une plaque de métal ou de toute autre matière malléable, à froid ou à chaud, en un objet concave qui a exactement épousé les formes et les dimensions du poinçon et de la matrice. On ambouti les têtes de clous de tapissiers, les boutons, les culots de cartouches, les douilles de cartouches métalliques, et une foule de menus objets employés dans la fabrication des articles de Paris.

AMBRACIE. Géogr. anc. Ville de l'ancienne Grèce, en Épire, appelée aujourd'hui Arta. Elle fut fondée par Ambrus et devint même, un instant, l'une des plus belles villes de la contrée; aujourd'hui ce n'est plus qu'un vaste amas de ruines.

AMBRACIEN, IENNE, adj. et subst. Géogr. Qui appartient à la ville d'Ambracie ou à ses habitants. — On dit aussi Ambraciquе.

AMBRACIQUE, adj. Géogr. Qui avait rapport à l'ancienne Ambracie. — *Golfe ambracique*, petit golfe de la côte grecque, appelé aujourd'hui golfe d'Arta.

AMBRANLOIRE, s. f. Mécan. agric. Nom que l'on donne à une grosse cheville de bois qui fait partie de l'avant-train d'une charrue à tourne-oreille.

AMBRANT, part. pass. du v. Ambrer.

AMBRARIE, s. f. Zool. Mollusque qui vit au bord des rivières et qui est le type du genre ambrette.

AMBRAS. Nom de l'ancien château seigneurial des comtes d'Andech, dans le Tyrol, fut un instant la résidence de Ferdinand II et de sa première femme, la belle Philippine de Welser, qui y entassèrent une riche collection d'œuvres d'art et de curiosités, transportée depuis au palais du Belvédère, à Vienne. Aujourd'hui le château d'Ambras, transformé en caserne, ne conserve plus rien de son ancienne splendeur que quelques vieux portraits et armures.

AMBRASIENNE, adj. Ce mot ne s'emploie guère que dans la locution : *collection ambrasienne*, qui désigne la collection des œuvres d'art trouvées dans le château d'Ambras.

AMBRE, s. m. (de l'arabe *amber*, même signif.) Nom de deux substances différentes : *l'ambre jaune* ou *succin*, et *l'ambre gris*. L'ambre jaune est une sorte de résine fossile, terne, jaune, diaphane, d'une odeur agréable, sa densité est de 1,09 à 1,11. Dans quelques endroits, notamment dans le Gard, on l'extrait de la terre mêlé au lignite, mais on le trouve surtout en assez grandes quantités sur les bords de la mer Baltique, où il est recueilli à l'aide de seaux, de pelles et de dragues. D'après l'analyse de Schrötter, il contient : carbone 78,82, hydrogène 10,23, oxygène 10,90. Il paraît provenir d'une espèce de conifères antédiluviens dont la résine aurait, en découlant, a subi une transformation au sein de la terre. Les

Orientaux, qui en font un grand usage, reconnaissent l'ambre véritable à ce signe que, frotté contre la laine ou la paume de la main, il exhale l'odeur même d'une feuille de citronnier écrasée. Il est facile, d'ailleurs, de distinguer l'ambre naturel des productions analogues et des composés factices que l'on trouve sous le nom d'ambre dans le commerce : ainsi l'ambre vrai résiste sous la dent, il n'en est pas de même de l'ambre factice ou du copal; celui-ci ne peut entamer l'ambre qui peut le rayer. L'ambre se coupe, se taille, mais on ne peut ni le recoller, ni le souder comme on le fait avec les imitations d'ambre. Enfin l'ambre vrai ne peut se fondre qu'à 400 degrés. La Sicile a fourni presque tout l'ambre aux anciens, qui s'en servaient pour orner les murs, les meubles et les bijoux; ils en faisaient des vases, des statuettes, et l'employaient à graver l'image de leurs divinités. L'ambre jaune, *electron* en grec, devient électrique par le frottement : c'est de ce nom grec qu'est dérivé le mot *électricité*. La production de l'ambre a été, en 1884, de 175,000 kilogr. On emploie les belles qualités pour fabriquer des coffrets, des bijoux, des becs de pipes, des objets de tabletterie, etc. On en fait même des ouvrages de grande dimension. Un fabricant a exposé, en 1873, à Vienne, un lustre en ambre que l'empereur Alexandre a acheté 75,000 francs. — Ambre gris. L'ambre gris, qui est une substance particulière, résultat de la digestion des grands cétacés, principalement du cachalot, se trouve sur les côtes du Japon, de l'Inde, du Brésil, du Chili et de l'Afrique. L'ambre gris se présente en masses irrégulières, soit en grains plus ou moins arrondis, soit en couches concentriques, ayant la consistance de la cire, de couleur cendrée, parsemée de taches jaunes et noirâtres, dégageant une odeur particulière assez marquée, qui s'exhale par le frottement et par la chaleur, ce présente quelques analogies avec le musc, tout en étant cependant plus douce et plus suave. Insoluble dans l'eau, lentement soluble dans l'alcool, très soluble dans l'éther et dans les matières grasses, l'ambre gris se ramollit à la chaleur et fond vers 115 degrés. Il est composé de matière résineuse, d'ambréine, d'acide benzoïque et d'acide sel marin. Cependant, en médecine, il est considéré comme stomachique, antispasmodique et aphrodisiaque. On l'emploie dans les mêmes cas que le custoréum, la civette et le castoréum, à la dose de 25 centigrammes à 1 gramme, en teinture à la dose de 1 à 10 grammes dans une potion. — Au fig. Proverbe : *fin comme de l'ambre*. Se dit en parlant d'un homme adroit et pénétrant, sans doute par allusion à la finesse et aux propriétés pénétrantes de l'ambre.

AMBRÉ, ÉE, part. pass. du v. Ambrer. Se dit de ce qui est parfumé avec de l'ambre gris. *Le maréchal de Richelieu mâchait habituellement des pastilles ambrées.* — Adjectivem. Qui a la couleur, l'odeur de l'ambre jaune. *Le teint ambré et chaud qu'on admire dans les peintures du Titien.* (Th. Gautier.)

AMBRÉADE, s. f. Comm. Nom donné à une sorte d'ambre jaune factice.

AMBRÉATE, s. m. Chim. Nom donné à un sel produit par la combinaison de l'acide ambréique avec une base salifiable.

AMBRÉE, s. f. Conchyl. Coquille fragile et translucide, voisine des hélices, qui fait partie du genre ambrette. L'ambrée vit dans les endroits humides et se rencontre sous toutes les latitudes.

AMBRÉINE, s. m. Chim. Substance blanche, insipide, incolore, insoluble dans l'eau, soluble dans l'alcool et dans l'éther, que l'on trouve dans l'ambre gris et qui offre certains rapports avec la cholestérine.

AMBRÉIQUE, adj. Chim. Nom qui a été donné à un acide obtenu lorsqu'on fait agir de l'acide nitrique sur l'ambréine. C'est un corps mobile et huileux, de couleur jaune, soluble dans l'alcool et l'éther, mais insoluble dans l'eau comme l'ambréine.

AMBRER, v. a. Parfumer au moyen d'ambre gris. *Ambrer des pastilles, ambrer un billet.*

— S'AMBRER, v. pr. Etre ambré, être parfumé au moyen de l'ambre gris.

AMBRES, s. m. pl. Géogr. anc. Nom que les anciens historiens donnent à un peuple de l'Inde qui fut vaincu par Alexandre.

AMBRÉSIAQUE, adj. Qui sent l'ambre. — Peu us.

AMBRÉSIN, INE, adj. Se dit d'une substance à laquelle on a mêlé de l'ambre. — Peu us.

AMBRETTE, s. f. (an-brè-te — rad. ambre). Graine de l'abel-mosch, plante du genre ketmie, originaire de la Martinique, dont les graines exhalent une forte odeur de musc. Elle est employée en parfumerie pour falsifier le musc, entre dans la composition de la *poudre de Chypre*, et, dans certaines parties de l'Inde, on la mêle au café pour en modifier l'arome et lui donner de nouvelles propriétés. On l'appelle aussi *graine musquée*. — En horticulture, on donne le nom de *poire d'ambrette* à une espèce de poire qui exhale une légère odeur d'ambre. — Moll. Genre de gastéropodes pulmobranches; on n'en connaît qu'un petit nombre d'espèces, dont plusieurs se trouvent en France. Ce genre est très voisin des hélices, dont il diffère surtout par sa coquille mince, fragile et de couleur ambrée, ayant l'ouverture très grande. Les ambrettes vivent toujours dans les lieux humides, au bord des eaux et sur les plantes aquatiques, dont elles se nourrissent. Plusieurs espèces fossiles ont été trouvées dans les travertins et les dépôts sableux appelés *loës.*

AMBREVADE ou **AMBARVATE**, s. m. (mot malgache sign. *grélon*). Bot. Nom par lequel les colons de l'île de France désignent une sorte de pois comestible, dit *pois angola*, par suite de sa ressemblance avec les grains de la grêle.

AMBRIÈRES. Géogr. Ch.-l. de canton du dép. de la Mayenne, arrond. de Mayenne. On y remarque les ruines d'un ancien château fort dont il reste encore debout la chapelle, et qui fut construit par Guillaume le Conquérant.

AMBRIN, INE, adj. Qui ressemble à l'ambre jaune.— S. f. Bot. Nom de plantes aromatiques de la famille des chénopodées, dont la plus connue est cultivée dans les jardins sous le nom de thé du Mexique ou ambrosie.

AMBROISE (SAINT), un des plus illustres pères de l'Eglise latine, né à Trèves en 340, mort en 397. Il était fils d'un préfets romains de la Gaule; lui-même entra jeune dans les charges et devint consul et gouverneur de la Ligurie et de l'Emilie, dont Milan était la capitale. Pénétré des idées chrétiennes, sans avoir encore reçu le baptême, il appliqua à l'administration de sa province, modéra la rigueur des lois romaines, et gouverna son proconsul, mais en évêque, c'est-à-dire avec l'équité et la mansuétude évangéliques. Milan était alors divisé entre l'arianisme et la foi de Nicée. A la mort de l'archevêque Auxence (374), les deux partis, prêts à s'ensanglanter la ville en se disputant l'élection d'un nouveau pasteur, se réunirent dans un vœu unanime en faveur du magistrat civil dont ils avaient pu apprécier la douceur, l'impartialité et les vertus. Ce vœu, cette inspiration se manifesta par un cri de tout le peuple: *Ambroise évêque !* qu'un enfant avait, dit-on, prononcé le premier. Ambroise, après une longue résistance, dut accepter le fardeau de l'épiscopat. Il fut en quelques jours ordonné, puis sacré évêque, et bientôt il montra par ses vertus combien il était digne de ces augustes fonctions, dont sa modestie avait redouté l'éclat. Il disposa de ses biens en faveur de l'Eglise et des pauvres, s'affranchit de toute préoccupation mondaine, se plongea dans l'étude des lettres sacrées, et consacra ses nuits et ses jours aux devoirs de son saint ministère. Saint Augustin, qui lui dut sa conversion et

qui reçut de lui le baptême, nous le dépeint comme le plus beau modèle de cet épiscopat chrétien, qui était en quelque sorte la seule magistrature vraiment digne de ce nom, dans ces temps de violence et de barbarie. Aussi jouissait-il d'une immense autorité morale, qui éclata surtout dans sa lutte contre l'arianisme, que protégeaient l'impératrice et son fils, le jeune Valentinien. Sommé de livrer son église aux sectaires, menacé de mort, il résista avec tant de courage et de grandeur, que des officiers de l'empereur envoyés dans sa cathédrale pour se saisir de lui, se rangèrent parmi ses partisans et ses admirateurs. L'un des plus beaux titres de la vie de Saint Ambroise est sa noble conduite envers l'empereur Théodose, à qui il interdit l'entrée de son église, après avoir rétabli l'unité du monde cut commandé l'effroyable massacre de Thessalonique. Théodose ayant essayé, malgré l'excommunication qui pesait sur lui, de pénétrer dans le temple suivi de toute sa cour, le grand prélat l'arrêta sur le seuil et lui reprocha hautement et courageusement sa cruauté. Ce ne fut qu'après une longue pénitence qu'il le réadmit au nombre de ses fidèles, et qu'il l'accepta à la communion. Il n'en eut pas moins dans la suite une grande influence sur l'esprit de cet empereur, qui, après avoir rétabli l'unité de l'empire, travailla à détruire les restes du paganisme, et recommanda en mourant ses deux fils au grand pasteur de Milan, lequel d'ailleurs lui survécut peu. Les écrits de Saint Ambroise portent l'empreinte de la beauté morale de son caractère; la douceur, la sensibilité, l'onction, l'élévation de la pensée en sont les traits les plus saillants. On cite surtout les traités des *Vierges;* sur les *Devoirs des prêtres*, qui est comme un supplément aux *Offices* de Cicéron, et qui tend à former l'homme intérieur; *contre l'Usure;* sur la *Fuite du monde;* sur la *Foi;* sur *l'Esprit saint;* des *Lettres*, des *Discours*, etc. La meilleure édition de ses œuvres est celle des Bénédictins, Paris, 1686-90. Il fut le premier qui régla les formes des chants sacrés, et le *rit ambrosien*, dont il fut le créateur, se perpétua encore en usage à Milan. On lui attribue, mais avec peu de vraisemblance, le beau cantique d'actions de grâce *Te Deum*, qui se chante encore dans toute la chrétienté.

AMBROISE. Nom d'un archevêque de Moscou vers 1760, dont le véritable nom était André Sertis Kamensky. Pendant une épidémie qui ravagea Moscou, il osa faire enlever de la cathédrale une statue de la Vierge à laquelle le peuple attribuait des vertus curatives merveilleuses, mais qui, en réalité, propageait la contagion par suite des attroupements qui se formaient autour d'elle pour l'adorer. Arraché de l'église par ses fidèles mêmes, le vénérable prélat fut massacré aux pieds de la statue par une horde en furie.

AMBROISE, s. f. (du gr. *a* priv. et *brotós*, mortel). Myth. Nom qui était donné par les poètes païens à la nourriture des dieux et déesses de l'Olympe que l'on n'avait pu imaginer pouvoir vivre sans manger. Cette substance, solide suivant les uns, liquide comme le nectar suivant d'autres, était neuf fois plus douce et plus délicieuse que le miel, et elle donnait l'immortalité. Elle coulà, ait de l'écoliastp Callimaque, d'une corne de la chèvre Amalthée, tandis que le nectar coulait de l'autre. Les poètes en ont fait un grand usage dans leurs vers. — Se dit aussi par ext. d'une chose exquise.

AMBROISIEN, IENNE, adj. Se dit de ce qui répand une bonne odeur d'ambroisie. *O pauvre Jupiter, ta barbe ambroisienne grisonne.* (Th. Gautier.)

AMBRONS, s. m. pl. Géogr. anc. Nom d'un ancien peuple de la Gaule transalpine du temps de César, qui habitait l'endroit où se trouve aujourd'hui Arbrum. Après avoir détruit Rome, alliés aux Cimbres et aux Teutons; mais ils furent tous exterminés par Marius à la bataille d'Aix en Provence.

AMBROSIACÉ, ÉE, adj. Bot. Qui ressemble à l'ambroisie. On dit aussi AMBROSIÉ, ÉE. — *S. f. pl.* Genre de plantes de la famille des composées qui a pour type principal l'ambroisie.

AMBROSIAQUE, adj. Qui sent l'ambroisie, qui est parfumé d'ambroisie.

AMBROSIE, s. f. (du gr. *ambrosios*, immortel). Bot. Genre de la famille des composées, qui est une plante herbacée répandue dans les deux continents. Lorsqu'on en froisse les feuilles, elles répandent une agréable odeur.

AMBROSIEN, IENNE, adj. Liturg. Se dit de ce qui est attribué à Saint Ambroise ou au rit qu'il a imaginé.—*Chant ambrosien.* Forme primitive qui fut donnée au plainchant par Saint Ambroise, et qui avait sur la méthode de Saint Grégoire un progrès marqué pour l'exécution, le rhythme et la souplesse. — *Rit ambrosien.* Nom donné à la liturgie particulière de l'église de Milan, qui différait de celle de Rome par certains textes de l'office et du cérémonial, et qui avait été fixée par Saint Ambroise. — *Bibliothèque ambrosienne.* Célèbre collection qui existe encore à Milan et qui fut fondée en 1602 par le cardinal Frédéric Borromée, archevêque de Milan, et, ainsi nommée du nom de Saint Ambroise, patron de la ville. Elle contient plus de soixante mille volumes des plus rares et quinze mille manuscrits aujourd'hui introuvables, tels qu'un manuscrit de Virgile, annoté par Pétrarque, et la collection, également manuscrite, des œuvres de Léonard de Vinci. Quelques-unes de ces richesses furent transportées en France pendant la première campagne d'Italie. Oggiato Muratori, Angelo Maï ont été les bibliothécaires de cette antique librairie. Les *Palimpsestes*, publiés en 1814 par ce dernier, avaient été tirés du fonds Bobbien de cette grande bibliothèque.

AMBROSIENS, s. m. pl. Hist. ecclés. Nom qui a été donné à des religieux appartenant à un ordre dit de Saint-Ambroise.

AMBROSINE, s. f. Bot. Genre de plantes de la famille des aroïdées, dont la racine est tubéreuse et charnue, et que l'on rencontre surtout en Sicile et en Berbérie.

AMBROSINIÉ, IÉE, adj. Bot. Se dit d'une plante ressemblant à l'ambrosine. — *S. f. pl.* Genre de plantes de la famille des aroïdées, dont le type principal est l'ambrosinie.

AMBROSIUS AURELIANUS. Nom d'un ancien roi de la Grande-Bretagne, issu d'une famille romaine. Il fut tué, en 508, dans un combat avec un chef saxon. Arthur, fameux héros anglais, apprit sous sa direction le métier des armes.

AMBUBAIES, s. f. pl. (du lat. *ambubaia*, m. sens). Antiq. Nom que les Romains donnaient à des femmes de mœurs légères qui assistaient à certaines fêtes en qualité de danseuses ou de chanteuses. Il y a encore de ces sortes de femmes au Japon.

AMBULACRAIRE, adj. Zool. Se dit de ce qui offre les caractères de l'ambulacre.

AMBULACRE, s. m. (du lat. *ambulacrum*, allée plantée d'arbres). Horticulture, d'un lieu planté d'arbres régulièrement espacés. — Zool. Nom qui a été donné aux saillies cylindriques dont est couverte la face inférieure du corps des échinodermes et qui leur servent d'organes de locomotion.

AMBULACRIFORME, adj. Zool. Qui a la forme, la disposition d'un ambulacre.

AMBULANCE, s. f. (du lat. *ambulare*, voyager). On désigne sous ce nom un établissement hospitalier temporaire, destiné à donner les premiers secours aux malades ou aux blessés en temps d'épidémie ou en cas de grands rassemblements d'individus, tels que : expositions, fêtes nationales, etc. Ce sont alors des ambulances civiles. Dans la médecine militaire, on appelle ambulances des établissements hospitaliers analogues aux précédents, destinés à donner des soins médicaux ou chirurgicaux immédiats à une armée ou à un corps d'armée en campagne. Dans la nouvelle organisation du service de santé militaire, la loi exige la création de quatre sortes d'ambulances :

1º les *ambulances volantes*, destinées à relever les blessés ; 2º les *ambulances de première ligne*, chargées de desservir les régiments d'infanterie déployés en tirailleurs ou

Ambulance.

les régiments de cavalerie qui servent d'éclaireurs à l'armée ; 3º les *ambulances de deuxième ligne*, qui reçoivent le trop-plein des précédentes, ainsi que les blessés ou malades apportés par les ambulances volantes ; 4º les *ambulances de corps d'armée*, dans lesquelles devront être pratiquées les pansements un peu compliqués et les opérations d'urgence. Des règlements administratifs déterminent le matériel et le personnel de ces diverses ambulances. — On donne aussi, en administ., le nom d'*ambulance* à l'emploi d'un commis dont l'office consiste à parcourir incessamment une certaine région territoriale.

AMBULANT, ANTE, *adj.* (du lat. *ambulans,* part. prés. du v. *ambulare,* marcher). Se dit de ce qui va de lieu en lieu, qui change incessamment de place. *Un musicien ambulant, un rétameur ambulant. Des tribunaux ambulants parcouraient les provinces avec les bourreaux.* (Lamartine.) — Se dit aussi, par ext., des choses qui sont en mouvement. *Un théâtre ambulant, hôpital ambulant, photographie ambulante.* — Qualification donnée à certaines maladies qui changent de siège. Ainsi, on appelle *érysipèle ambulant,* celui qui s'étend de proche en proche ; *rhumatisme ambulant,* celui qui passe d'une articulation dans une autre, etc. — En thérapeutique, on appelle *vésicatoires ambulants,* ceux que l'on promène sur différentes parties du corps. — *S. m.* Celui, celle qui est obligé par son emploi de parcourir incessamment un département, un canton, etc. *J'espérais ne pas être pris pour l'ambulant de la sous-préfecture.* (Balzac.) — Administ. des postes. Les *bureaux ambulants,* les wagons dans lesquels des employés spéciaux, appelés *ambulants,* procèdent, pendant la marche du train, au triage des lettres et à leur distribution, sur tout le parcours, dans les bureaux de poste dépendant des stations de la ligne parcourue.

AMBULATOIRE, *adj.* Se disait autrefois d'une juridiction qui n'avait pas de siège fixe. *Avant Philippe le Bel, le Parlement était ambulatoire.* — Se disait plutôt, au fig., de ce qui était sujet à changer. *La volonté de l'homme est bien ambulatoire.* (Regnard.) Vx dans ce sens. — Ornith. *Pieds ambulatoires,* pieds de certains oiseaux lesquels sont emplumés jusqu'au talon et munis de quatre doigts, trois devant et un derrière. — Entom. *Pattes ambulatoires,* celles qui servent spécialement à la progression de l'insecte sur le sol. — *S. m. pl.* Entom. Genre d'insectes orthoptères renfermant la famille des pharmiens.

AMBULATRICE, *s. f.* Antiq. Nom que les Romains donnaient aux prostituées qui se promenaient dans les rues pour attirer les hommes, ce que nous appelons aujourd'hui *faire le trottoir.* On appelle plutôt ces malheureuses des *ambulants.* Avec les ambulantes, au moins on n'a pas de remords. (D. Poitou.)

AMBULIE, *s. f.* Bot. Genre de plantes appartenant à la famille des primulacées. Leurs fleurs répandent une odeur suave.

AMBULIPÈDE, *s.* et *adj.* Zool. Qui a les pattes conformées de manière à pouvoir marcher.

AMBULON, *s. m.* Bot. Arbre qui paraît être le cirier de la Louisiane.

AMBURBIALES, *s. f. pl.* Antiq. V. AMBARVALES.

AMBUSTION, *s. f.* Chirurg. Nom scientifique de la cautérisation.

AMBYZE, *s. m.* Zool. Nom qui a été donné à une espèce de phoque qui vit dans les mers glaciales polaires.

AME, *s. f.* (du lat. *anima,* souffle, vie). Philos. Selon les spiritualistes, partie incorporelle de l'homme, siège de la sensibilité, de l'entendement, de la réflexion, de la volonté. Suivant les matérialistes, c'est la formule qui exprime l'ensemble des faits de sentiment, d'intelligence et de volonté. Enfin, d'autres philosophes la regardent simplement comme le principe de vie qui anime l'homme, les animaux et même les plantes. *La faculté de penser paraît être l'attribut de l'âme.* (Napoléon I*er*.) *Quand un enfant naît, n'importe à quelle date, il apporte dans son berceau une âme aussi neuve que l'âme du premier aïeul.* (E. Pelletan.) *L'âme est un fluide impondérable.* (Pinel.) — On donne le mot *âme* bien des acceptions diverses. En voici quelques exemples : *J'admire comme le ciel a pu former deux âmes aussi semblables que les nôtres.* Ici l'âme est considérée exclusivement sous le point de vue moral, abstraction faite du corps ; au contraire, dans la phrase suivante : *Lorsque l'âme est agitée, la face humaine devient un tableau vivant où les passions sont rendues avec autant de délicatesse que d'énergie* (Buffon), le désigne seulement le siège des pensées, des sentiments qui meuvent la personnalité. — Se dit aussi par rapport à nos bonnes ou à nos mauvaises qualités. *Il y a des âmes élevées qui se portent aux grandes actions.* (Fléchier.) *Les petites jalousies marquent une âme basse.* (Fénelon.)

*Je suis jeune, il est vrai, mais aux âmes bien nées
La valeur n'attend pas le nombre des années.*
CORNEILLE.

Dans ce sens, le qualificatif peut être quelquefois remplacé par un complément substantif qui ajoute plus d'énergie à la phrase. *Le duc d'Albe était une âme de bronze.* (Voltaire.) *On trouve des âmes de boue, là où la nature avait placé des âmes grandes et bien nées.* (Massillon.) — Se dit aussi par opposition à *corps. L'âme est jetée dans le corps pour y faire un séjour de peu de durée.* (Pascal.) *C'est une dure condition ici-bas, que l'âme et le corps soient si fortement liés l'un à l'autre, que l'âme traîne cette chair, quand elle subisse les hasards et qu'elle en réponde.* (Michelet.) — Se dit aussi de l'esprit considéré par rapport à la religion. *Une âme rachetée par le sang de Jésus-Christ.* (Acad.) *Le soin des âmes est la vraie et grande affaire de l'Église.* (Guizot.) *Retournez dans le sein de Dieu dont vous êtes sortie, âme héroïque et chrétienne.* (Massillon.) — Dans quelques cas, *âme* désigne ce principe immatériel lorsqu'il est séparé du corps par la mort. *Priez Dieu pour le repos de son âme. Les âmes des morts ne reviennent pas tourmenter les vivants.* — Dans un autre ordre d'idées, sentiments élevés et généreux. *Il a l'âme grande et généreuse. Tu es un homme sans âme.* (Victor Hugo.) — Le mot *âme* se trouve dans un grand nombre de locutions. *Rendre l'âme,* mourir. *Être près de mourir. Arracher l'âme,* tuer. *Parler à un autre de vous aider de son argent, c'est lui arracher l'âme.* (Acad.) *Âmes bienheureuses,* celles qui sont dans le ciel et qui voient Dieu face à face. *Les âmes damnées,* celles qui sont tourmentées dans l'enfer. S'empl. plutôt au fig. *C'est son âme damnée,* c'est son *alter ego,* un autre père encore que lui-même. — *Il y a cent mille âmes dans cette ville.* (Acad.) *Il y a cent mille habitants.* — *Ma chère âme,* terme d'affection. — *Donner son âme au diable,* se disait autrefois pour faire un pacte avec Satan à qui on abandonnait son *âme* en échange de certains avantages terrestres. — *Un corps sans âme,*

quelque chose qui manque de sa partie la plus essentielle. *Depuis que Zaïre est morte, je suis comme un corps sans âme. — Être ému jusqu'à l'âme,* être profondément touché et ému. *Il m'a ému jusqu'à l'âme. — Une âme en peine,* une âme livrée aux tourments du purgatoire, ou, plus famil., une personne à qui il semble manquer quelque chose. *Il tourne et vire comme une âme en peine. — Avoir l'âme chevillée dans le corps.* Avoir la vie dure, le tempérament solide. — *Sur mon âme!* loc. excl. sign. entièrement, tout à fait ; *corps et âme.* Pareillement. *Je vous aime dans l'âme. Je suis à vous corps et âme. — Se tourmenter corps et âme. Se donner beaucoup de peine, beaucoup de mal. — Une bonne âme,* une personne simple et charitable. — *Le pays des âmes,* le séjour des morts dans la langue des sauvages. — *Avoir charge d'âmes,* avoir une lourde charge, une grande responsabilité. — *Étoffe qui n'a que l'âme,* étoffe sans solidité. *Personne qui n'a que l'âme,* qui va mourir ou qui en a l'apparence, par suite de sa grande maigreur. *Le mot âme s'emploie au fig. pour désigner l'essence, le principe d'une chose, ce qui en est la source, le fondement, l'aliment. L'âme de l'ordre, c'est le travail ; l'âme du travail, c'est le crédit.* (E. de Girardin.) *L'amour est l'âme de la vie.* (Alphonse Karr.) S'empl. aussi, en parlant des personnes, pour désigner le principal agent, le principal moteur. *Le cardinal de Retz avait été, à vingt-trois ans, l'âme d'une conspiration contre Richelieu.* (Voltaire.) *Dieu est l'âme de la nature.* (Custine.) *J'étais, de ce grand corps, l'âme toute-puissante.* (Racine.) — En littérature, dans le m. sens, se dit d'un ouvrage, d'un principal personnage d'un roman, etc. *Cromwell est l'âme de ce livre.* (Vitet.) *C'est Gil Blas qui est l'âme de tout l'ouvrage.* — Se dit aussi d'un orateur, d'un comédien qui a beaucoup de chaleur. *Il chante avec âme. — Se dit aussi des œuvres d'art. Le sculpture donne de l'âme au marbre.* (Acad.)

— Technol. On donne le nom d'*âme* à un certain nombre d'objets différents : 1º En artillerie, l'âme d'une pièce est le vide intérieur, se divisant en trois parties, les deux bouches à feu se chargeant par la culasse, savoir : le logement de la vis de culasse, de l'obturateur et de la tête mobile ; le logement de la garrousse et du projectile, et l'âme proprement dite, qui va du côté de raccordement jusqu'à la bouche de la pièce. 2º En lutherie, on donne le nom d'*âme* à un petit morceau de bois cylindrique placé dans le fond du violon, à deux lignes derrière le pied du chevalet et à neuf lignes juste d'éloignement du point central de la table. Il est bien entendu que les dimensions de l'âme diffèrent suivant les proportions de l'instrument dont elle fait partie, violon, alto, violoncelle, etc. Les maîtres luthiers du Tyrol et d'Italie avaient merveilleusement appliqué dans la pratique les lois qui président à la place de l'âme dans le violon, et à son rôle dans la structure de l'instrument ; mais ce fut Savart qui, le premier, exposa la théorie des fonctions de l'âme. Pendant longtemps on avait cru que son rôle non seulement l'âme servait à soutenir la table supérieure et l'aidait à supporter le poids des cordes, mais aussi que la sonorité de l'instrument dépendait uniquement de cette petite pièce de bois. Savart, par un procédé ingénieux, trouva moyen de fixer l'âme sur la table et non au-dessous ; cette table perdit en solidité, mais la sonorité du violon n'en fut pas diminuée. Le véritable office de l'âme est donc de mettre en communication la table et le fond et de rendre leurs vibrations normales. Une autre fonction de l'âme consiste à rendre immobile le pied droit du chevalet et, de cette façon, le pied gauche peut communiquer ses mouvements à la barre. Les anciens luths des XVIº et XVIIº siècles contenaient plusieurs âmes, mais celles-ci servaient uniquement à soutenir les éclisses. On fait aussi des âmes en vis de violon. On appelle aussi *âme* de la clarinette un petit trou, gros comme la tête d'une épingle, percé près de l'embouchure, et qui permet de donner au chalumeau une égalité irréprochable. 3° Dans les manufactures de tabac, on nomme ainsi le bâton autour duquel on monte le tabac cordé. 4° Soupape de cuir par laquelle l'air pénètre dans un soufflet. 5° Dans le cordage, fils que l'on place au milieu des torons dont le cordage est composé. 6° Dans un câble sous-marin, l'âme est constituée par le fil de cuivre servant de conducteur et qui se compose de 7 ou 9 brins tordus ensemble. 7° Principale partie d'une machine. 8° Massif sur lequel on applique le plâtre, le stuc, etc., qui sert à former une statue, une figure, etc.; noyau sur lequel on coule une figure ou statue de bronze. 9° Feuilles de carton recouvertes d'une ou de plusieurs feuilles de papier.

— En biologie, le mot âme exprime « l'ensemble des fonctions du cerveau ou l'innervation encéphalique, c'est-à-dire la perception, tant des objets extérieurs que des sensations intérieures; la somme des besoins, des penchants qui servent à la conservation de l'individu et de l'espèce, et aux rapports avec les autres êtres; les aptitudes qui constituent l'imagination, le langage, l'expression; les facultés qui forment l'entendement; la volonté, et enfin le pouvoir de mettre en jeu le système musculaire et d'agir par là sur le monde extérieur. » (Littré et Robin).

— Philos. La question de la distinction de l'âme et du corps, par conséquent de l'existence même de l'âme, n'est autre que celle du *matérialisme* et du *spiritualisme*, le matérialisme ne reconnaissant en l'homme que de la matière et le spiritualisme voyant en lui selon le mot de Bossuet : « *Une substance intelligente née pour vivre dans un corps et lui être intimement unie.* » Pour les matérialistes, en effet, il n'y a rien autre chose dans le monde, que la matière et ses forces régies par des lois physiques, aveugles et fatales; la pensée elle-même (qui, selon les spiritualistes, est une manifestation de l'âme) n'est qu'une fonction du corps, une manifestation de la vie organique et rien de plus. Nous voyons, disait-ils, que les aptitudes intellectuelles et morales varient avec le tempérament, l'état de santé de l'homme et qu'elles sont sous l'action immédiate du climat, du milieu et des agents physiques. C'est que la pensée, loin d'être la manifestation d'un principe distinct du corps, est la fonction d'un de ses organes, le cerveau, comme la digestion est la fonction de l'estomac. La pensée, ajoutent-ils, est en raison directe du poids du cerveau (des hommes illustres comme Cuvier et Napoléon avaient un cerveau d'un grand poids), de sa constitution chimique, de sa structure qui s'élève, par exemple, pendant le travail intellectuel, de la pression atmosphérique qui, insuffisante ou excessive, trouble la pensée. Il est inutile, par conséquent, de chercher un principe supérieur, puisque la pensée naît uniquement d'un mouvement cérébral. Il n'existe rien autre chose dans le corps que ce qui est visible, que ce qui est palpable: jamais un docteur n'a rencontré l'âme sous son scalpel, nous ne la voyons pas, elle n'existe pas, et l'homme n'est que matière. A ce sujet même, il a été publié ces temps derniers un ouvrage en deux volumes, intitulé : l'*Ame, fonction du cerveau*, par M. Émile Ferrière. C'est l'exposé des relations de l'âme et du corps. Dans la première partie, M. Ferrière étudie l'anatomie du cerveau et les méthodes expérimentales à mettre en usage pour la physiologie du cerveau. Puis l'auteur passe à la pathologie cérébrale, aux divers troubles psychiques, à la question de la mémoire et enfin un chapitre entier qui termine le premier volume, la volonté, est consacré à l'unité du *moi* qui, d'après l'auteur, n'est qu'une éventualité. Dans le second volume, M. Ferrière compare l'intelligence des animaux et l'intelligence de l'homme. C'est ce qu'il appelle : « progrès du cerveau et de l'âme. » La fin est consacrée à des comparaisons embryogéniques, à l'étude des anesthésiques, etc. Nous ne croyons pas que M. Ferrière ait ajouté beaucoup de preuves nouvelles à cette vérité, maintenant difficilement contestable, que l'âme est la fonction du cerveau. Néanmoins, ce livre est écrit avec une conviction profonde et qui tient le milieu entre les livres de science et les ouvrages de vulgarisation. Les spiritualistes, contrairement à l'auteur que nous venons de citer, s'appliquent à démontrer la double nature de l'homme formé d'éléments matériels qui se groupent sous l'action prédominante d'un principe central, l'âme. Ils tirent leurs arguments du témoignage de la conscience et du sens commun; est-ce une raison, disent-ils, de ce que nous ne voyons pas l'âme pour nier son existence? Nous ne voyons pas les sons mais nous les entendons, de même nous ne voyons pas l'âme, mais nous en avons *conscience*; est-il possible de se refuser à l'évidence devant le témoignage universel des hommes? Les mêmes philosophes invoquent la différence des attributs de la matière multiple, changeante, inerte, et de ceux de l'âme dont l'unité, l'identité et l'activité nous sont attestées à tout moment par la conscience, soit qu'elle pense, juge ou se souvienne. Le corps, au contraire, est dans un continuel changement et les matérialistes affirment qu'il se renouvelle tous les sept ans. Quant aux arguments tirés des rapports du cerveau avec la pensée, les spiritualistes ne les nient pas, ils se contentent de les interpréter différemment : sans doute, le cerveau est nécessaire à la pensée, mais il ne faut pas confondre l'instrument dont une cause se sert avec la cause elle-même, et le cerveau n'est que l'instrument de la pensée; sans doute, les conditions de volume, de poids, de température influent sur elle; mais non pas d'une façon absolue, et des expériences contradictoires ont souvent détruit les assertions des matérialistes. Pour la philosophie dite spiritualiste, l'âme est donc distincte du corps, c'est une substance distincte, active, principe de la vie et de la pensée. Quant à l'immortalité de l'âme, il est évident d'après ce qui précède, qu'elle sera niée par les matérialistes et acceptée par les spiritualistes, la dissolution de la mort ne pouvant atteindre une substance spirituelle et une. On a demandé quel était le siège de l'âme : Après *Platon*, qui distinguent en l'âme plusieurs principes, place le premier, la raison du cerveau, le second, le cœur ou le courage dans la poitrine, et le dernier, principe des appétits sensuels et grossiers, dans le bas-ventre; après *Aristote*, qui circonscrit l'âme dans le cerveau, et *Descartes* dans une partie de cet organe, la glande pinéale, les spiritualistes modernes ont la conviction que, sans être localisée dans aucune partie du corps, l'âme s'y trouve et répandue en entier et le domine. Il n'en est pas moins vrai que le système nerveux, principe de la pensée et de la vie, se trouve sous la cause de le cerveau. Mais l'âme est-elle le propre de l'homme seul? Telle n'est pas du moins l'opinion des poètes en général. *La Fontaine*, dans un de ses chefs-d'œuvre: les *Deux Rats*, le *Renard et l'Œuf* (livre X, fable I), soutient avec éloquence que l'animal possède une âme tout

« ... Ils disent donc
(c'est de Descartes et de ses partisans qu'il parle ici)

« Que la bête est une machine,
« Qu'en elle tout se fait sans choix et par ressorts.
« Nul sentiment, point d'âme; en elle tout est corps.
« Telle est la montre qui chemine. »

Et par des exemples, il démontre le contraire : le vieux cerf qui oblige par force un plus jeune à se présenter à sa place devant les chasseurs; la perdrix qui, voyant ses petits en danger, fait la blessée, attire le chasseur et le chien sur ses pas, détourne le danger et sauve ainsi sa famille; les castors constructeurs d'admirables travaux dans des pays où l'homme même vit dans une ignorance profonde. L'animal, selon La Fontaine, a donc une âme et en général, les poètes, dont la tendance est d'animer tout dans la nature, semblent partager cette opinion; les philosophes reconnaissent avec eux que l'animal, comme l'homme, est doué d'une activité spontanée, qu'il est sensible, intelligent, et que si la nature a mis entre lui et nous un abime en lui refusant la réflexion, le raisonnement, la science, elle lui a donné l'instinct, qui est comme une science innée et par conséquent infaillible. L'animal a donc une âme, puisqu'il pense et qu'il vit, mais ce qui manque à cette âme, c'est ce qui dans l'homme la rend immortelle et divine, à savoir la liberté morale. Telle est, du moins, l'opinion des spiritualistes. (And. Violet.)

AMÉ, ÉE, *adj.* (par contract. de *aimé*). C'était un terme de chancellerie très employé autrefois et qui a pris son sign. *aimé* dans les lettres et ordonnances des rois de France. *A nos amés et féaux conseillers. Votre féal et amé cousin.* (H. de Graff.) *Nos amés et féaux les gens tenant notre cour de parlement.* (Acad.) — S'empl. substantiv. d'une façon ironique. *Très bien, mon amé sénateur!*

AMÈBE, *s. m.* (du gr. *ameïbô*, je remue). Zool. Genre d'infusoires que l'on trouve particulièrement dans les eaux stagnantes.
— On dit mieux AMIBE.

AMÉBÉ, ÉE, *adj.* Zool. Qui ressemble à un amèbe. — *S. f. pl.* Genre d'animalcules infusoires dont le type principal est l'amèbe. On dit aussi AMIBÉES. — Anc. versif. Se disait d'un chant dialogué où les deux personnages se répondaient par des strophes de même longueur. *Vers amèbes*, nom donné aux vers de ces strophes.

AMÉÇANT, *part. prés.* du v. AMÉCER.

AMÉCÉ, ÉE, *part. pass.* du v. AMÉCER.

AMÉCER, *v. a.* Agricult. Se dit d'une opération dans laquelle on taille tous les sarments faibles d'une vigne, dont on ne laisse qu'un seul assez vigoureux pour tailler plus tard.

AMED, *s. m.* Comm. Droit que payent en Turquie les marchandises indigènes que l'on exporte dans les autres pays.

AMÉDÉE, *s. m.* Entom. Genre d'insectes diptères fondé sur une seule espèce trouvée à la Rochelle par M. Amédée de Saint-Fargeau.

AMÉDÉE. Nom porté par plusieurs souverains de Savoie. — V. SAVOIE.

AMEILHON, érudit français, né à Paris en 1730, mort en 1811. Il a rendu de grands services aux sciences historiques par ses savantes recherches sur l'histoire ancienne. Nommé membre de l'Académie des inscriptions, il termina l'*Histoire du Bas-Empire de Le Beau*, puis conservateur de la Bibliothèque de l'Arsenal, il préserva d'une destruction certaine, pendant la Révolution, les magnifiques collections de cette antique bibliothèque. Parmi ses écrits, le plus remarquable est l'*Histoire du commerce et de la navigation des Égyptiens sous les Ptolémées* (1766).

AMEILLEURER, *v. a.* Rendre meilleur. Ce néologisme de Ch. Nodier n'a pu prévaloir contre l'usage du v. AMÉLIORER.

AMEIVA, *s. m.* (mot brésilien) Erpét. Genre de reptiles de l'ordre des sauriens, famille des lacertiens ou autosaures, très voisins des lézards.

AMEIVADÉ, ÉE, *adj.* Erpét. Qui ressemble à l'ameïva. — *S. m. pl.* Genre de reptiles sauriens qui ont pour type principal le genre ameïva.

AMÉLANCHE, *s. f.* Bot. Fruit de l'amélanchier.

AMÉLANCHIER, *s. m.* Bot. Genre de

Amélanchier.

plantes de la famille des pomacées, tribu

des rosacées et qui n'est pas autre chose qu'une sorte d'alisier. C'est un arbrisseau dont les fruits sont comestibles; on s'en sert aussi comme plante d'ornement.

AMÉLÉON, s. m. Nom donné en Normandie à une certaine espèce de cidre.

AMÉLES, s. m. (du gr. *amélès*, négligent). Entom. Section d'insectes du genre mante.

AMELET, s. m. T. d'archit. Espèce de petit listel qui orne les chapiteaux.

AMELETTE, s. f. (dim. d'âme). Petite âme. (Terme d'amitié). — On a dit aussi AMETTE. — S'est dit aussi pour OMELETTE.

AMÉLETTE, s. f. Bot. Genre de plantes de la famille des lythariées dont la seule espèce connue habite les régions tropicales de l'Inde.

AMELGARD. Nom d'un prêtre belge qui vivait à Liège vers la fin du xv° siècle et qui fut chargé par Charles VII, paraît-il, de la révision du procès de Jeanne d'Arc. On a de lui une *Histoire de Charles VII et de Louis XI*, que quelques personnes attribuent à Basin et dont on trouve le manuscrit inédit à la Bibliothèque nationale de Paris.

AMELIA. Géogr. Ville des anciens États du pape en Italie, à 15 kil. N. de Spolète. Évêché. Vignobles aux environs. 5,500 hab. C'était l'*Amelia* des Romains, l'une des villes les plus anciennes de l'Ombrie; patrie de Roscius, ami de Cicéron.

AMÉLIA. Géogr. Nom d'une île dépendant des États-Unis, dans l'océan Atlantique, sur la côte est de la Floride. Très bon port. Sol très fertile.

AMÉLIE (Reine MARIE-). — V. MARIE-AMÉLIE.

AMÉLIE (MARIE-FRÉDÉRIQUE-AUGUSTA-), sœur du roi de Saxe, Frédéric-Auguste II, née en 1794. Il fut un moment question de lui faire épouser Napoléon Iᵉʳ, vers 1810. Elle a consacré son temps à la littérature et à l'art dramatique. Certaines de ses œuvres, produites sous le pseudonyme d'Amélie Heiter, ont obtenu un vif succès en Allemagne et elles ont été traduites en français par M. Pitre Chevallier. Parmi ses meilleures pièces de théâtre, nous citerons : la *Vérité*, l'*Oncle*, l'*Idée*, la *Fiancée du Château*, la *Cousine Henri*, l'*Anneau de mariage*, le *Beau-père*, la *Demoiselle de Village*, et l'*Héritier du Majorat*.

AMÉLIE (ANNE-). Nom de la sœur de l'empereur d'Allemagne Frédéric le Grand, née en 1723, morte en 1784. Elle fut une musicienne consommée et a laissé un oratorio, intitulé la *Mort de Jésus* (texte de Kumler) et qui est un véritable chef-d'œuvre.

AMÉLIE (MARIE-FRÉDÉRIQUE-). Nom de l'ex-reine de Grèce, épouse d'Othon Iᵉʳ, prince qu'une révolution chassa du trône, en 1862. Elle était née en 1818 dans le grand-duché d'Oldenbourg. Après la révolution qui la renversa, elle se réfugia à la cour de Bavière où elle demeura longtemps.

AMÉLIE-LES-BAINS. Géogr. Nom d'une petite ville de France. Amélie-les-Bains est un bourg, situé à 39 kilom. de Perpignan, dont les eaux, connues du temps des Romains, proviennent de dix-sept sources qui sont toutes sulfurées sodiques et d'une température variable entre 20 et 60 degrés. Ces sources alimentent deux établissements publics et un établissement appartenant à l'État, qui peut loger 600 militaires. Les eaux d'Amélie-les-Bains se prennent en boisson, en bains, en douches et en vapeurs. On les conseille avec succès contre les dermatoses, les catarrhes bronchiques, le rhumatisme, la scrofule, les caries, les tumeurs blanches, les plaies et les blessures anciennes. Le climat d'Amélie-les-Bains est très doux, et fait de cette petite ville une excellente station hivernale. Cette station est très ancienne, elle date des Romains ; Charlemagne donna l'établissement en 780 à un couvent de Bénédictins qui le conserva jusqu'à la Révolution.

AMÉLIORABLE, adj. Qui peut être amélioré.

AMÉLIORANT, part. prés. du v. AMÉLIORER.

AMÉLIORANT, ANTE, adj. Qui est propre à rendre meilleur, plus fécond, plus fertile. En agriculture, il y a des plantes *améliorantes*.

AMÉLIORATEUR, TRICE, adj. Qui rend meilleur, en parlant des personnes.

AMÉLIORATIF, IVE, adj. Qui est propre à améliorer, qui est de nature à améliorer, en parlant des choses.

AMÉLIORATION, s. f. Changement en mieux, progrès dans le bien. *Il y a une grande amélioration dans l'état de ce malade.* (Acad.) *L'amélioration de tous par tous, c'est la civilisation même.* (V. Hugo.) *Toutes les améliorations s'enchaînent; l'une amène l'autre.* (Em. de Girardin.) — En parti- culièrem. des réparations ou des embellissements accomplis dans une propriété quelconque pour en augmenter la valeur ou le revenu. *On est obligé de payer les améliorations à un possesseur de bonne foi que l'on déposséde.* (Acad.) *Toute amélioration du sol et des procédés de culture est un moyen sûr et durable de richesse.* (J. Simon.) — En jurisp. les *améliorations nécessaires* sont celles qui sont indispensables pour ne pas laisser dépérir un bien ; les *améliorations utiles*, celles qui ont pour but d'en augmenter la valeur, et les *améliorations voluptuaires*, celles qui sont toutes dans un but de luxe ou d'agrément.

AMÉLIORÉ, ÉE, part. pass. du v. AMÉLIORER. Rendu meilleur. *Ses terres ont été améliorées par la culture.*

AMÉLIORER, v. a. (du lat. *melior*, meilleur). Rendre meilleur, mettre dans un état supérieur à l'état précédent. *Le régime a fort amélioré sa santé.* (Acad.) *Quelques hommes religieux ont entrepris d'améliorer l'état des prisons.* (Tocqueville.) — Par anal. *Instruire le peuple c'est l'améliorer.* (V. Hugo.) *Tout ce qui élève l'homme et le ramène au soin de son âme l'améliore et l'épure.* (Renan.) — Absol. *La loi préfère frapper, plutôt que d'améliorer.* (Raspail.) — Se dit, en agricult. des travaux faits dans une propriété, sur le terrain, et de nature à en augmenter la valeur. *Il a fort amélioré cette métairie en faisant rétablir les bâtiments qui tombaient en ruines.* (Acad.) — Dans l'ancienne chimie, améliorer un métal, c'était *l'épurer*.

— S'AMÉLIORER, v. pr. Devenir meilleur. *Sa santé s'améliore de jour en jour.* (Acad.) — Par anal. *Les générations se suivent et s'améliorent.* (Proudhon.) *S'instruire, c'est s'améliorer.* (Benjamin Delessert.)

AMÉLIORISSEMENT, s. m. Se disait, dans l'ordre de Malte, pour AMÉLIORATION. — Inus. aujourd'hui.

AMELLAU, s. m. (du petit provençal *amella*, amande). Variété d'olive très estimée dans le midi de la France.

AMELLE, s. f. Bot. Genre de plantes de la famille des composées, tribu des astérées, dont on connaît une douzaine d'espèces que l'on trouve au cap de Bonne-Espérance, mais on cultive aussi quelques types en Europe comme plantes d'ornement.

AMELLÉ, ÉE, adj. Bot. Qui ressemble à l'amelle. On dit aussi AMELLOIDE, ÉE. — S. f. pl. Division de la sous-tribu des astérinées dont le type principal est le genre amelle.

AMELLIÉ, s. m. Bot. Nom que l'on donne vulgairement à l'amandier dans quelques parties de la France.

AMELOT DE LA HOUSSAYE, publiciste français, né à Orléans en 1634, mort à Paris en 1706. Il a laissé une *Histoire du gouvernement de Venise*, des *Mémoires historiques* et différentes traductions, dont celle du *Prince* de Machiavel (Paris, 1722).

AMEN (mot hébreu qui sign. ainsi soit-il). Liturg. Mot par lequel se terminent toutes les prières, dans l'Église catholique. *Il récitait l'action de grâce, l'assistant répond amen.* (Chateaubriand.) — Sempl. famil. dans le langage ordinaire pour dire que l'on consent à une chose. *Il dit amen à tou- tes les propositions qu'on lui fait.* (Acad.) *Amen, lui dit Gobseck en serrant ses pistolets.* — Se dit ironiq. et dans le sens d'*ainsi soit-il* à une personne qui vient de faire un long discours. *Vous avez fini, amen !* — Prov. *Depuis Pater jusqu'à amen*, depuis le commencement jusqu'à la fin. — *Il est toujours là pour dire amen.* Loc. qui sign. Il veut toujours approuver tout ce qu'on dit ou ajouter son mot, quoique ce soit inutile. — Substantiv. *Dire un amen.* — Au plur., des AMEN.

AMENAGE, s. m. (d'amener). La peine, les frais d'amener quelque chose. *L'amenage des bestiaux à l'abattoir s'est fait rapidement.*

AMÉNAGÉ, ÉE, part. pass. du v. AMÉNAGER. Mar. Se dit d'un bâtiment par rapport à son aménagement intérieur. *Voici un steamer bien aménagé.* — Bien disposé. *Ce village est bien aménagé.* — Qui possède un beau ou complet ménage, qui est bien meublé. *Je crois que vous voilà bien aménagés !* — Eaux et forêts. Se dit de ce dont on a réglé les coupes, le déboisement. *Bois aménagé.*

AMÉNAGEANT, part. prés. du v. AMÉNAGER.

AMÉNAGEMENT, s. m. Mar. Distribution intérieure des navires et paquebots destinés à transporter des passagers, en salons, cabines, entreponts, etc. *La Normandie est un transatlantique dont l'aménagement a été des plus soignés.* — Écon. forest. Art de conduire la végétation et l'exploitation des bois et forêts, de convertir les hauts taillis en futaie, de choisir ses réserves, son bois pour faire de la charpente, des planches, du bois de corde, de la billonnette, du contre-plaqué, etc. *D'après notre Code forestier, chacun est libre de suivre pour ses coupes l'ordre et les usages qui lui conviennent ; les bois de l'État et les bois des communes sont seuls soumis à la nécessité d'un aménagement réglé par les ordonnances. Le Code civil ordonne à l'usufruitier de se conformer à l'aménagement réglé par le propriétaire.* — Règlement entre le propriétaire et les usagers, qui assignait à ceux-ci la jouissance spéciale et exclusive d'une portion de la forêt et qui affranchissait le reste de cette forêt du droit d'usage.

AMÉNAGER, v. a. Sylvicult. Diviser une forêt en coupes successives et réglementer l'étendue des coupes annuelles. — *Aménager des chênes*, débiter des chênes en bois de charpente ou de chauffage. — Par ext. Disposer avec ordre. *Il a parfaitement su aménager son appartement.* — S'empl. aussi par plaisanterie. *Depuis 1793, il avait aménagé sa barbe rousse en éventail.* (Balzac.) — Mar. Pratiquer les aménagements d'un steamer, d'un vaisseau.

— S'AMÉNAGER, v. pr. Être aménagé. *Ce bois s'est bien aménagé.*

AMENANT, part. prés. du v. AMENER. *Pierre le Grand reparut en Russie amenant avec lui tous les arts de l'Europe.*

AMENDABLE, adj. Qui se dit de ce qu'on peut amender. *Ce terrain n'est pas amendable.* — Anc. jurisp. Qui qui était susceptible d'être mis à l'amende. — Dr. fénd. *Crimes amendables*, crimes auxquels le châtiment en payant une certaine somme aux personnes lésées. *Certains meurtres et l'adultère étaient des crimes amendables.*

AMENDAGE, s. m. Agric. Action d'amender, d'améliorer.

AMENDANT, part. prés. du v. AMENDER.

AMENDE, s.f. (du lat. *amendare*, corriger). Peine pécuniaire imposée par la justice pour la répression des délits de peu d'importance. *Mon directeur fut condamné à mille francs d'amende et quinze jours de prison.* — Se dit, par ext., dans le langage ordinaire, d'une petite punition infligée pour une infraction à une règle quelconque. *Le premier qui rira sera mis à l'amende. Vous serez à l'amende d'un baiser.* — Dans les théâtres, réunions, sociétés, peine pécuniaire à laquelle on condamne les acteurs ou les so-

SÉRIE

LE

GRAND DICTIONNAIRE

ILLUSTRÉ

DE LA LANGUE FRANÇAISE LITTÉRAIRE, USUELLE ET FANTAISISTE,
AVEC LES RÈGLES GRAMMATICALES, LA PRONONCIATION FIGURÉE QUAND IL Y A LIEU,
LES ÉTYMOLOGIES, SYNONYMIES, ETC.;
DE LA LITTÉRATURE ET DE L'HISTOIRE GÉNÉRALES; DES SCIENCES PURES ET APPLIQUÉES;
DES BEAUX-ARTS, DE L'AGRICULTURE, ARTS INDUSTRIELS, MÉTIERS ET PROFESSIONS;
DE LA GÉOGRAPHIE UNIVERSELLE ET DES VOYAGES; DES RELIGIONS ET MYTHOLOGIES;
D'HISTOIRE ET DE BIOGRAPHIE CONTEMPORAINES, ETC., ETC., ETC.

FORMANT LA PLUS COMPLÈTE

ENCYCLOPÉDIE DES CONNAISSANCES HUMAINES

*Depuis les temps de la civilisation les plus reculés par les récentes découvertes
et dans l'état actuel de leur développement,*

PAR

ADOLPHE BITARD

PARIS
ADMINISTRATION, PASSAGE SAULNIER, 9.

CONDITIONS DE SOUSCRIPTION

AU

GRAND DICTIONNAIRE ILLUSTRÉ

PRIX DE SOUSCRIPTION : 150 FRANCS

PREMIER MODE DE SOUSCRIPTION

La souscription au comptant, c'est-à-dire en versant en souscrivant le prix de l'ouvrage complet, donne droit à la **Prime gratuite** de suite et fait profiter le souscripteur de l'escompte de cinq pour cent. Ce n'est donc plus que 142 FR. 50 CENT. qu'il a à verser.

DEUXIÈME MODE DE SOUSCRIPTION

La souscription aux deux tiers comptant, c'est-à-dire en versant 100 francs, donne droit à la **Prime gratuite** de suite. Le reste du prix de l'ouvrage, soit 50 francs, peut se solder à raison de 10 francs par mois. Le souscripteur ne profite pas de l'escompte.

TROISIÈME MODE DE SOUSCRIPTION

La souscription à raison de **5 francs** en souscrivant et le reste à 10 francs par mois, donne droit à la prime lorsque les deux tiers du prix de souscription, soit **Cent francs**, sont payés.

QUATRIÈME MODE DE SOUSCRIPTION.

La souscription à **5 francs** en souscrivant, et le reste à raison de **5 francs** par mois, donne également droit à la prime gratuite lorsque 100 francs sont payés.

Tous les souscripteurs au GRAND DICTIONNAIRE ILLUSTRÉ ont droit à une **magnifique Montre à remontoir** en or, **contrôlée**, garantie trois ans. Cette montre, sortant d'une des meilleures fabriques de BESANÇON, vaut elle seule 125 francs, dans tous les magasins de bijouterie. Elle est donnée *gratuitement* par l'Administration.

La souscription à 150 fr. ne durera que très peu de temps. Elle sera portée à 200 fr.

ADRESSER TOUTES LES DEMANDES DE SOUSCRIPTION

A l'Administration, 9, Passage Saulnier, Paris.

4049-84. — Imprimerie D. BARDIN et Cⁱᵉ, à Saint-Germain.

www.ingramcontent.com/pod-product-compliance
Lightning Source LLC
Chambersburg PA
CBHW070756170426
43200CB00007B/801